ISBN 978-0-484-42580-3
PIBN 10724272

LES MISSIONS CATHOLIQUES

BULLETIN HEBDOMADAIRE ILLUSTRÉ

DE

L'ŒUVRE DE LA PROPAGATION DE LA FOI

TOME VINGT-TROISIÈME

JANVIER-DÉCEMBRE 1891

LYON

BUREAUX DES *MISSIONS CATHOLIQUES*

6, RUE D'AUVERGNE, 6

PARIS	BRUXELLES
Victor LECOFFRE, Libraire-Éditeur	SOCIÉTÉ BELGE DE LIBRAIRIE
90, RUE BONAPARTE, 90	8, RUE TREURENBERG, 8

1891

Imprimerie MOUGIN-RUSAND, rue Stella, 3. — LYON

LES MISSIONS CATHOLIQUES

BULLETIN HEBDOMADAIRE ILLUSTRÉ DE L'ŒUVRE DE LA PROPAGATION DE LA FOI

CANADA. — LES CHAUDIÈRES A OTTAWA; d'après une photographie envoyée par Mgr PROULX.
(Voir page 6).

VUE D'ENSEMBLE

SUR LES

TRAVAUX DE L'APOSTOLAT

EN 1890

Faire l'histoire des missions, c'est reproduire chaque année la même série de triomphes et d'épreuves. Ici, l'Église nous apparaît victorieuse, là elle est persécutée ; mais lorsque, instruit par la foi et par l'expérience du passé, on se répète à soi-même que Dieu, pour atteindre le but marqué par sa providence, se sert indifféremment de ce que la sagesse humaine, toujours courte par quelque endroit, appelle la bonne et la mauvaise fortune, il n'y a

N° 1126. — 2 JANVIER 1891.

plus sur les lèvres du chrétien que cette parole : *Te Deum laudamus*. Voilà l'explication du calme, de la sérénité qui nous frappe quand il nous est donné de converser avec un missionnaire. La paix qui est en lui n'est pas le résultat de la maxime fataliste des disciples de Mahomet ; mais, dans sa vie de pauvreté et de lutte, il voit, il palpe, pour ainsi dire, l'action directe de Dieu, et à chaque événement il s'écrie dans la confiance et dans l'adoration : Que votre volonté soit faite !

* *

Cependant, si le fond du tableau est toujours le même, il y a certains traits qui distinguent les années dans l'histoire de l'apostolat ; nous les résumerons brièvement. Le principal événement des missions en 1890, celui qui a montré une fois de plus la puissance de la Papauté, c'est le triomphe, sur toutes les plages du monde, de ces deux hommes hier encore obscurs et inconnus, aujourd'hui dans la gloire et la lumière, Jean-Gabriel Perboyre, Lazariste, Pierre-Marie Chanel, Mariste. Rome assiste d'abord à leur apothéose et, pendant une année, ils continuent leur tour du monde triomphal. Partout où ils ont laissé quelque chose de leur âme : au village natal, dans les villes où ils ont annoncé Jésus-Christ, là où leurs confrères font aimer la double famille de Saint-Vincent de Paul et de Marie, en Chine, en Océanie, en Amérique, on organise des fêtes en leur honneur, des foules pieuses s'empressent autour de leurs restes sacrés. L'Œuvre de la Propagation de la Foi ne pouvait rester étrangère à cet élan prodigieux. Pendant trois jours, dans la Primatiale de Lyon, ville qui abrita le berceau de l'Œuvre, des fêtes incomparables présidées par Son Éminence le cardinal Foulon, et auxquelles assistaient les deux Conseils centraux de Lyon et de Paris, ont réuni dans la même gloire nos deux premiers martyrs béatifiés, les deux protecteurs de notre Œuvre auprès du trône de Dieu.

Déjà, du reste, leur influence se fait sentir dans notre Europe toujours tourmentée sans doute, mais où la pacification religieuse semble gagner du terrain. La Suisse tout entière acclame avec fierté celui qu'elle avait autrefois exilé. Son Éminence le cardinal Mermillod est reçu en triomphe avec le cérémonial que la vieille république avait institué avant l'hérésie, pour honorer le Pape Martin V. Un autre prince de l'Église, le cardinal Manning, voit ses noces d'argent épiscopales célébrées en Angleterre comme un événement national, et prend place dans le Conseil souverain immédiatement après l'héritier de la couronne. Quelle distance parcourue depuis Henri VIII ! En Allemagne, le Kulturkampf touche à sa fin et l'empereur, en face de la situation que lui s'impose à l'attention de l'Europe, fait appel à la grande force morale de l'Église catholique. Signalons encore en Europe un fait remarquable. Au milieu d'un conflit survenu récemment entre le patriarcat grec de Constantinople et le gouvernement ottoman, le patriarche et les évêques schismatiques se sont adressés au Saint-Père pour l'intéresser en leur faveur : « C'est là, comme le dit avec raison un publiciste distingué, un fait significatif : pour tous ceux qui suivent d'un œil attentif les progrès du catholicisme, il vient jeter une nouvelle lumière sur les relations entre l'Orient et l'Occident chrétiens, sur la grande place occupée par la Papauté. »

Rien n'est venu modifier la situation du catholicisme en Orient. Sous le gouvernement pacifique du Sultan, l'apostolat se développe avec une liberté que les pays catholiques envieraient. Là, comme partout, c'est par l'éducation que se fait principalement l'œuvre de Dieu. Au milieu de toutes nos Congrégations religieuses qui

se consacrent aux enfants avec un dévouement au-dessus de tout éloge, nommons les Frères des Écoles chrétiennes et nos admirables Sœurs de Saint-Vincent de Paul, dont l'influence est reconnue même par les adversaires de l'Église ; nommons aussi les Pères Jésuites, qui, à Beyrouth, voient se populariser de plus en plus leur Université de Saint-Joseph, pendant que les Pères Blancs travaillent, dans la maison de Sainte-Anne, à rendre au clergé oriental son ancienne gloire, et que les familles de Saint-François d'Assise, de Saint-Dominique et de Saint-Vincent de Paul, les religieux de l'Assomption et de la Résurrection sont les auxiliaires dévoués des communautés fidèles.

. . .

Si nous portons nos regards vers l'Extrême-Orient, la situation n'est modifiée ni dans la Chine, ni dans le Tong-King ; les suites de la dernière guerre se font encore sentir, et les évêques ont à lutter, sinon contre la persécution violente, du moins contre la fourberie des mandarins et aussi contre la famine, qui, en Chine comme dans les Indes, a désolé leurs troupeaux. Les conversions vraiment merveilleuses opérées cette année montrent que Dieu n'a pas abandonné ces Églises, et prouvent une fois de plus que l'épreuve amène le triomphe. Constatons avec joie la tolérance dont le gouvernement du Japon entoure nos missions. L'article 18 de la nouvelle Constitution porte que « les sujets japonais jouiront de la liberté de croyance religieuse en tout ce qui n'est ni préjudiciable à la paix et au bon ordre, ni contraire à leurs devoirs de sujets. » Pourquoi, hélas ! le manque de ressources ne permet-il pas aux missionnaires de fonder des écoles et des collèges et de devancer, sous ce rapport, le protestantisme dans un pays ouvert à toutes les inventions modernes ?

La Corée voit se fermer enfin l'ère du martyre ; elle a eu à pleurer la mort de son évêque, Mgr Blanc, mais la Providence vient de lui donner un nouveau Pontife, Mgr Mutel, ancien missionnaire de Corée et directeur au séminaire des Missions Étrangères de Paris. Le suffrage unanime de ses confrères l'a désigné au choix du Souverain Pontife. Donnons, dans les Indes, un souvenir respectueux au saint évêque de Vizagapatam, Mgr Tissot, doyen de l'épiscopat indien ; il a, pendant quarante-cinq ans, combattu le bon combat et rendu populaire la jeune famille des missionnaires de Saint-François de Sales, d'Annecy.

. .

En Afrique se continue la marche en avant de l'apostolat. Zanzibar, Madagascar, les Congos français et belge voient s'étendre leurs missions florissantes. Du Congo français vient d'être détaché le vicariat apostolique de l'Oubanghi, dont l'évêque, Mgr Augouard, de la Congrégation du Saint-Esprit, a bien souvent honoré nos publications de sa collaboration si intelligente. Aux Grands-Lacs une caravane de vingt missionnaires est partie pour remplir les vides causés par la mort ou la maladie. Longtemps exilés du Victoria-Nyanza, les Pères Blancs ont aidé Mouanga, leur ancien persécuteur, à rentrer dans ses États, et ont pu reprendre leur apostolat. Pourquoi faut-il que Dieu ait rappelé à lui celui qui, depuis douze ans, était, selon l'expression de Mgr Livinhac, l'âme de la mission, le P. Lourdel? C'était un des rares survivants de la première caravane qu'envoya au cœur du continent mystérieux, le cardinal Lavigerie. Il est tombé au champ d'honneur, alors que tout semblait sourire de nouveau à son zèle. Il priera auprès de Dieu pour ses frères et ses néophytes !

Dans le Dahomey, la guerre entre le roi sanguinaire et la France a failli entraîner la ruine de la mission et la mort des missionnaires et des Sœurs. Le P. Dorgère, des Missions Africaines de Lyon, a déployé pendant sa captivité un grand courage. Délivré, il a aidé de son expérience, de sa connaissance du pays, le vice-amiral de Cuverville, dans le cœur duquel s'allient si bien l'amour de Dieu et l'amour de la patrie. La paix a été signée, et le gouvernement français, avec un empressement que l'on ne saurait trop louer, a nommé le P. Dorgère chevalier de la Légion d'honneur.

Au milieu de toutes les Congrégations qui travaillent à l'évangélisation de l'Afrique, à côté des Pères Oblats de Natal, des Lazaristes de l'Abyssinie, des Capucins des Gallas, il nous est doux de nommer la Société des Pères de Saint-François de Sales de Troyes. Sur le fleuve Orange, ils entrevoient déjà, comme consolation à leur pauvreté, l'aurore d'un apostolat fécond.

.·.

L'Amérique voit ses églises prospérer dans la liberté religieuse. Nous espérons toujours qu'elle se souviendra de l'Œuvre qui, depuis sa fondation, a consacré tant de prières, tant de millions, au nouveau monde, et que les décisions solennelles des Pères du Concile de Baltimore porteront des fruits pour l'apostolat. Une épreuve plus cruelle que toutes les privations de la pauvreté, a frappé cette année les missionnaires oblats d'Athabaska-Mackenzie : la mort de Mgr Faraud qui a évangélisé ces rudes contrées pendant quarante-cinq ans.

.·.

En Océanie, on éprouve d'une manière admirable les effets de la protection du Bienheureux Chanel. Les Pères d'Issoudun ont donné à Mgr Navarre des auxiliaires plus nombreux dans la Nouvelle-Guinée, où la moisson s'annonce abondante ; deux évêques aident le vénérable archevêque au milieu de ses néophytes. De son côté, Mgr Vidal, Mariste, après une visite pastorale des plus consolantes, salue de ses vœux le temps prochain où tous ces peuples, autrefois anthropophages, entreront dans le bercail du vrai Pasteur. N'oublions pas les Pères

des Sacrés-Cœurs, qui continuent l'apostolat du Père Damien. Cet héroïque missionnaire est une gloire pour le catholicisme tout entier, et l'Angleterre, dans une souscription publique dont le prince de Galles a pris l'initiative, perpétuera le souvenir de l'apôtre des lépreux par la fondation d'un hôpital qui portera le nom à jamais populaire du Père Deveuster.

.·.

Comme conclusion de cet aperçu rapide, nous envoyons nos hommages respectueux à Mgr l'archevêque de Mexico et à NN. SS. les évêques de Puebla et de Vera Cruz. Grâce à eux, la mission confiée par la Propagande et les Conseils de l'Œuvre aux PP. Terrien, Gallen et Boutry, mission remplie avec tant de zèle et d'intelligence, aura un plein succès. L'Œuvre sera établie dans la grande république avec ses dizaines, avec ses comités ; déjà le clergé tout entier a applaudi à la parole des prélats, et bientôt nos délégués iront, dans les États de l'Amérique du Sud, plaider la grande cause de l'apostolat.

.·.

Terminons ce coup d'œil de l'année qui s'achève en envoyant un souvenir à nos missionnaires tombés au champ d'honneur. Ils sont nombreux ceux que nous avons perdus ! pontifes, les premiers dans la lumière, ouvriers obscurs, tous ont droit à notre vénération, tous ont fait héroïquement leur devoir d'apôtres. Leurs noms sont précieux devant Dieu et nous resteront chers.

.·.

Enfin que notre dernier mot soit un appel à nos associés; c'est à Mgr Augouard, évêque de l'Oubanghi, que nous donnons la parole ; il a été témoin au Congo des horreurs de l'anthropophagie, et, sous l'empire de son émotion, il s'adresse ainsi à tous les privilégiés :

« O vous, favoris de la fortune, avez-vous songé quelquefois à ce que vaut l'ivoire ?... Que ne peut-il vous dire par quelles péripéties il est venu jusqu'à vous ! Que ne peut-il vous narrer les fêtes sanglantes, les trafics infâmes et les crimes sans nombre dont il a été le prix ! Ah ! sans doute vos cœurs seraient émus de compassion, et vous retrancheriez un peu de votre luxe pour venir en aide à de si grandes infortunes. Nous donnons volontiers notre vie, et c'est tout ce que nous possédons en ce monde ; mais vous, donnez votre or, et, en bénissant Dieu d'être nés dans des pays chrétiens, contribuez largement au salut de tant d'infortunés qui sont encore ensevelis dans les ténèbres de la plus affreuse barbarie. De pauvres sauvages, une foule de malheureux enfants tendent vers vous leurs bras suppliants ; vous écouterez leurs prières, vous augmenterez vos aumônes ; grâce à vous, ces esclaves seront transformés en hommes libres, pendant que les enfants morts dans l'innocence du baptême deviendront pour vous des protecteurs. »

———

CORRESPONDANCE

COCHINCHINE SEPTENTRIONALE (Annam).

Voici une nouvelle lettre de M. Allys. Nos lecteurs ont répondu généreusement à ses prédédents appels ; ils verront par les douloureux détails que donne le vaillant missionnaire, à quelle terrible détresse il est obligé de porter secours.

LETTRE DE M. ALLYS, DES MISSIONS ÉTRANGÈRES DE PARIS, MISSIONNAIRE EN COCHINCHINE SEPTENTRIONALE.

Phu-Cam, 15 novembre.

Depuis la dernière fois que je vous ai écrit, la misère a encore augmenté aux environs de Hué : ce ne sont plus seulement les païens qui donnent ou qui vendent leurs enfants, mais des chrétiens eux-mêmes, pressés par la faim, ont également vendu les leurs pour se procurer quelque argent. Inter ogés pourquoi ils avaient fait cela, ils m'ont répondu :

« — Que voulez-vous, Père? nous étions trop malheureux ; il est vrai que nous aurions dû avoir recours à vous, mais vous nous avez déjà tellement aidés que nous n'osions plus le faire. »

Et puis ce que ces pauvres gens n'osaient me dire, c'est que mes aumônes étaient si maigres que bien souvent elles ne servaient, pour ainsi dire, qu'à montrer le désir que j'avais de les aider.

Les nombreux mendiants païens qui se présentent chaque jour, prouvent que la misère est encore bien plus grande parmi eux que parmi les chrétiens. Ne sachant où aller tendre la main pour trouver de quoi aider ces malheureux, je vous prie d'avoir la bonté de communiquer ces quelques mots à la revue des *Missions catholiques*; peut-être toucheront-ils quelques bonnes âmes et les porteront-ils à envoyer quelques aumônes aux pauvres Annamites.

Je me recommande plus que jamais à vos prières.

DÉPARTS DE MISSIONNAIRES

Les RR. PP. Louis Janet, du diocèse de Moutiers (Savoie), Louis Hubert, du diocèse de Bourges, et les FF. Joseph Moorrees et Gabriel Veryken, du diocèse de Bois-le-Duc (Hollande), se sont embarqués à Marseille, le 3 novembre, pour Thursday-Island. Ils appartiennent à la Congrégation du Sacré-Cœur d'Issoudun.

INFORMATIONS DIVERSES

Goa (*Hindoustan*).— Un des derniers courriers des Indes nous apporte des détails sur les préparatifs qui se faisaient pour l'exposition à Goa, le 3 décembre, du corps de saint François Xavier, exposition qui ne se fait que tous les douze ans. Nous lisons à ce sujet dans le *Progrès de Pondichéry* :

« L'exposition du corps de saint François Xavier, l'illustre apôtre des Indes, sera ouverte le 3 décembre à Goa, chef-lieu des établissements portugais dans l'Inde. On y fait de grands préparatifs, car cette solennité attire une affluence considérable de pèlerins et de curieux de toutes religions. L'éclat de cette fête qui revient tous les douze ans, sera rehaussé cette année par la présence de la reine du Portugal, fille du comte de Paris. L'archevêque irlandais de Madras et l'évêque portugais de Méliapour ont fait appel aux fidèles de leurs diocèses respectifs pour les engager à se joindre au mouvement de pèlerinage qui se prépare partout dans l'Inde. La Compagnie du chemin de fer de Madras se propose d'organiser des services directs entre Goa et Madras et de vendre des billets d'aller et de retour à des prix très réduits.

« Il y a trois cent trente-huit ans que le corps de l'illustre disciple de saint Ignace de Loyola reste intact. »

Santa-Fé (*États-Unis*). — M. Longuet, missionnaire au Nouveau-Mexique, écrit de Tularosa à M. le chanoine Joncquel, curé de Boulogne :

« ... Malgré des difficultés et des privations de toutes sortes, je suis content ici, bien portant et gai comme un pinson.

« Il y a quelques jours, j'ai eu une fête splendide au milieu de mes Apaches. En plein air, à l'ombre de la Croix, en présence du colonel de l'Agence, d'un certain nombre de catholiques et de toute la tribu, j'ai fait vingt baptêmes d'Apaches et procédé au premier mariage catholique. Le fils du colonel a été le parrain des deux Indiens dont j'ai ensuite béni l'union.

« Détail pittoresque : les deux jeunes époux portaient chacun un joli costume à l'américaine, présent du colonel. Il faut dire qu'ils étaient un peu gênés dans les entournures, faute d'habitude. Tous les sauvages qui assistaient à la cérémonie étaient demi-nus, ceints seulement d'une bande d'étoffe de différentes couleurs, cheveux longs, imberbes, figure peinte, aux regards de feu ; et ces braves sauvages écoutaient avidement la parole du prêtre. Bon nombre comprennent le mexicain ou l'anglais ; j'avais d'ailleurs un interprète. La langue de mes Apaches est quelque chose d'impossible ; ils n'ont ni livres, ni écriture, leur prononciation est indéfinissable.

« Nous avons donné une fête superbe à l'occasion du premier mariage chrétien. J'ai organisé un tir à la cible : le but se trouvait à soixante-dix mètres environ ; pas un Américain présent ne put le toucher, pas un Apache ne le manqua avec sa flèche. Après le tir, eut lieu une course à cheval.

« J'ai cent cinquante Apaches baptisés ; je suis maintenant connu et en faveur au milieu d'eux ; je crois, avec la grâce de Dieu, arriver à un bon résultat.

« Un mot d'une découverte qui vient d'être faite à deux pas de ma mission. Deux individus, parcourant la montagne, aperçurent derrière un énorme roc une ouverture qui paraissait l'entrée d'une caverne. Ils pénétrèrent sous terre, traversèrent une première grotte d'environ trente pieds de diamètre et découvrirent un corps humain pétrifié, admirablement conservé. C'était évidemment le corps d'un missionnaire qui avait évangélisé la contrée, il y a plusieurs siècles, du temps de l'occupation espagnole. Le col romain était parfaitement dessiné ; les traits étaient calmes et résignés, et dénotaient un jeune homme de trente ans ; la redingote noire, le gilet, le pantalon, jusqu'aux bas et souliers, tout était bien marqué. Une flèche, fixée dans la poitrine à la région du cœur, lui avait donné la mort. Un pieux de loin voir ce pieux souvenir des âges passés. On le transporta avec un religieux respect et on lui donna les honneurs de la sépulture comme à un martyr. Cette découverte confirme la tradition qu'autrefois des missionnaires espagnols essayèrent d'évangéliser les Apaches et de les amener à la vraie foi.

« Je vous quitte, la besogne presse. Chaque semaine, pendant deux ou trois jours, je cours à cheval, à vingt-cinq ou trente lieues, voir des malades, et les autres jours, je prêche, je catéchise, de six à huit heures par jour. »

DOUZE CENTS MILLES EN CANOT D'ÉCORCE

ou

PREMIÈRE VISITE PASTORALE

de Mgr N.-Z. LORRAIN, évêque de Cythère

Vicaire apostolique de Pontiac

DANS SES MISSIONS SAUVAGES DU HAUT DES RIVIÈRES OTTAWA
ET SAINT-MAURICE, DE WASWANIPI ET DE MÉKISKAN

Par Mgr J.-B. PROULX

Curé de Saint-Raphaël de l'Isle-Bizard.

Nos lecteurs se souviennent du beau travail que M. Proulx nous a communiqué il y a trois ans: *A travers la baie d'Hudson.* Le vénérable auteur a bien voulu nous adresser ce nouveau récit de voyage. Nous nous faisons l'interprète auprès de lui de la reconnaissance de tous et nous prions l'ancien curé de Saint-Raphaël, devenu aujourd'hui Mgr Proulx, recteur de l'Université catholique de Montréal, d'honorer toujours notre Bulletin de ses pieuses et intéressantes communications.

AVANT-PROPOS

Saint-Raphaël de l'Isle Bizard.

Obéissant à de hautes et pressantes invitations, je pars pour un nouveau voyage à travers la forêt. Pourtant je pensais être chez moi pour longtemps : je vivais si tranquille dans le calme et la solitude de mon île, baignée par les flots du lac des Deux-Montagnes, à l'ombre de mes grands arbres ! Mais la vie est une pérégrination ; du moins c'est le nom que lui donnait, il y a quatre mille ans, le patriarche Jacob: *dies peregrinationis meæ centum triginta annorum sunt.*

Mgr N.-Z. Lorrain, évêque de Cythère et vicaire apostolique de Pontiac, visite ses missions sauvages du Haut de l'Ottawa, de Waswanipi, de Mekiskan et du Haut du Saint-Maurice, et je l'accompagne. Nous partirons, en canot d'écorce, du Long Sault au pied du lac Témiscamingue, et, passant par les lacs Kepawee, du Morin et Victoria, après avoir sauté la Hauteur des terres et fait un long détour dans la terre de Rupert, nous remonterons jusqu'à la source du Saint-Maurice, que nous descendrons dans toute sa longueur jusqu'aux Trois Rivières : dix semaines de navigation, à travers le feuillage et les rochers, par eau et par terre.

Aujourd'hui, veille du départ. j'erre un peu à l'aventure, autour de ma maison, dans l'église, dans le cimetière. Il en coûte toujours de faire des adieux. Reviendrai-je ? Reverrai-je toutes les personnes amies que je laisse derrière moi ? Quels secrets, quels accidents l'avenir porte-t-il dans ses flancs ? Dans l'espace de soixante-dix à quatre-vingts jours, la maladie, ou la mort, peut frapper bien des coups.

On ne quitte pas sans émotion une vieille mère, veuve depuis peu. Le regard se détourne pour ne pas rencontrer des yeux mouillés de larmes, et l'on met dans ses paroles un ton d'assurance qui jure avec les sentiments et les défaillances du cœur.

Adieu ! brave population, bons paroissiens, qui aimez Dieu, l'Église et le prêtre. J'emporte avec moi le souvenir de votre docilité, de votre respect, de votre affection et de votre piété. Passant la herse sur le sol déchiré, vous êtes occupés à semer ; quand je reviendrai, ce sera le temps de la récolte. Que Dieu vous protège, vous, la paix de votre âme et les germes de votre moisson !

N'y a-t-il pas jusqu'aux objets inanimés et aux êtres privés de raison, qui semblent me dire : « Pourquoi pars-tu ? » Mon chien me regarde avec de grands yeux placides où se mire la tristesse ; mon chat tourne autour de moi, mélancolique ; mes semis printaniers me font des reproches : « Tu nous as plantés avec sollicitude, tu nous as protégés contre les froids de mars et d'avril, chaque jour tu nous arrosais et voilà que d'autres auront nos fruits. *Barbarus has segetes !* »

L'âme est une cloche qui résonne à l'unisson des circonstances ; elle tinte l'allégresse aux jours joyeux du baptême, le deuil aux funérailles.

* *

« *Douze cents milles en canot d'écorce* », tel sera le titre du récit de voyage que j'entreprends d'écrire aujourd'hui, sous la forme d'un journal. Le mille, tel qu'on l'entend au Canada, équivaut à plus d'un kilomètre et demi de France, à mille six cents mètres environ ; par conséquent je calcule que nous parcourrons en canot au moins dix-neuf cents kilomètres. Là dessus je ne compte pas les cent soixante-quatorze lieues canadiennes, ou les cinq cent vingt-deux milles, ou les huit cent vingt-cinq kilomètres, que nous ferons en wagons de chemin de fer, ou en bateau à vapeur, pour nous rendre d'abord de nos demeures au canot, puis, au retour, du canot à nos demeures. En tout, ce sera un voyage de cinq cent soixante-quatorze lieues (deux mille sept cent cinquante-cinq kilomètres).

Pour plus de clarté, je vous envoie, après l'avoir dégagée de tous les noms inutiles, une carte (voir page 8), du pays que nous traverserons, tant dans la province de Québec que dans la terre de Rupert.

* *

Merci pour les bonnes paroles que vous m'avez fait tenir à l'occasion de mon voyage à *la Baie d'Hudson* ; merci pour la nouvelle hospitalité que vous donnerez à ces pages dans les colonnes de vos *Missions*. Puisse la nouveauté des mœurs qui seront décrites, le grandiose des lacs et des rivières, le pittoresque des montagnes, le mystérieux des forêts, le spectacle de la foi et de la piété de ces chrétientés naissantes, donner de l'intérêt à ce récit, suppléant ainsi à l'inhabileté du narrateur !

CHAPITRE PREMIER

De Montréal au Long Sault.

Une nuit en wagon de chemin de fer. — Pembroke. — Le palais épiscopal. — Le départ. — Mattawa. — En bateau à vapeur. — Au Long Sault.

Jeudi, 19 mai. — Hier soir, à huit heures, je quittais Montréal pour Pembroke, où je devais rencontrer Mgr Lorrain, par le chemin de fer du Pacifique Canadien, dont le terminus est à mille lieues de l'Atlantique, par delà les Montagnes Rocheuses, à Vancouver, sur la mer de l'ouest. Par la fenêtre entr'ouverte, au dedans de moi-même, je faisais mes adieux successivement à la rivière des Prairies dont les eaux noires coulent devant ma porte, à l'île Jésus qui croise son extrémité supérieure avec la pointe inférieure de mon île, à sainte Thérèse où nous avons fait, Mgr Lorrain et moi, nos études classiques et théologiques, dans un séminaire dont le souvenir m'est resté bien cher.

J'étais endormi, reposant tranquillement dans un des lits du wagon-dortoir, lorsque inconscient je traversai la capitale fédérale, Ottawa, fière de ses Chaudières bouillonnantes (1) (voir la gravure, page 1) et des bâtisses de son parlement, ainsi que Arnprior et Renfrew, petites villes florissantes.

Le matin, à cinq heures, à mon réveil, j'aperçus dans le lointain, sortant du sein des eaux et souriant aux rayons du soleil levant, la reine du Haut de l'Ottawa, Pembroke, la ville épiscopale du Vicaire apostolique de Pontiac.

Pembroke est agréablement situé sur le lac des Allumettes, qui peut avoir vingt milles de long sur cinq de large. Il s'élève en amphithéâtre sur trois terrasses superposées qui courent parallèlement au lac. Sur la première, qui est presque à fleur d'eau, sont concentrées les maisons les moins riches de la ville ; c'est le quartier des quais, de la station du chemin de fer, des manufactures et des ouvriers. Sur la seconde se trouvent les rues commerciales, les

CouVent   Église   Résidence de l'évêque   . Écoles catholiques

CANADA. — VUE DE PEMBROKE; d'après un dessin communiqué par Mgr PROULX (Voir le texte).

places d'affaires et une route vraiment royale qui se continue vers l'est, bordée sur un espace de près d'un mille, de villas et de maisons de campagne à l'apparence on ne peut plus gaie et fashionable. Sur la troisième terrasse s'élèvent l'église catholique, le palais épiscopal, le couvent, les écoles, et les plus belles résidences de la partie occidentale. L'Hôpital se trouve à l'est de la ville, sur les limites de la campagne. Du côté du soleil couchant, la vue, jusqu'à

(1) Les Chaudières de l'Ottawa sont des chutes superbes dues à un affaissement du lit de la rivière. Dans la *Grande Chaudière*, profonde de dix-huit à vingt mètres, large de soixante-cinq, les flots s'engouffrent avec frénésie et des nuages de vapeur voilent perpétuellement le pied de la chute Quant à la *Petite Chaudière*, c'est une large fissure par où s'échappe souterrainement une portion considérable des eaux de la rivière.

la distance de huit milles, s'étend sur le lac, nappe d'eau charmante. Vis-à-vis, au nord. dans le lit de l'Ottawa, est couchée l'île des Allumettes, campagne unie, entrecoupée de bosquets verdoyants, et, par de là, bornant l'horizon, apparaissent dénudées, sombres et noires, les montagnes de Pontiac.

Pembroke grandit tous les jours. J'y reviens chaque été ; chaque été je le trouve augmentant le nombre de ses constructions ; mais cette année, l'ornement principal qui frappe, à son arrivée, le regard de l'étranger, c'est le nouveau palais épiscopal, qui s'élève à côté de la cathédrale, dans un des endroits les plus proéminents de la ville.

Le bâtiment mesure soixante-quinze pieds de façade sur

quarante-deux pieds de profondeur. Le corps principal, à part le rez-de-chaussée, a deux étages pleins, sans comp- ter le toit français. La toiture est en ardoise et en tôle gal- vanisée. Une tour surmontée d'une large corniche et cou- ronnée par une balustrade en fer, vient briser la monotonie des lignes et orner le milieu du frontispice. Les murs sont en pierres à bosse d'un gris bleuàtre, avec le cordon du premier étage, les encoignures et les lancis, les appuis et les cintres des ouvertures en marbre blanc de Renfrew. L'aspect extérieur est à la fois grave et élégant. L'intérieur est bien divisé, avec appartements grands, hauts, très éclairés, d'une architecture simple et sévère, comme il

convient à une demeure épiscopale; surtout on ne peut point ne pas remarquer le fini et la variété des peintures qui imitent différents bois précieux. Les catholiques sont orgueilleux du palais de leur évêque, et les protestants eux-mêmes se montrent fiers de ce nouvel ornement pour leur ville; ils ont répété plus d'une fois cette phrase élo- gieuse : « *This house is a credit to the town, and to those who built it.* Cette maison fait honneur à la ville, et à ceux qui l'ont bâtie. »

Que Mgr Lorrain soit un administrateur, c'est un fait connu de tout le pays. Il paie cet automne le dernier sou d'une dette de onze mille piastres qu'il a trouvée hypothéquée sur

CANADA. — PALAIS ÉPISCOPAL DE PEMBROKE; d'après un dessin communiqué par Mgr PROULX.
(Voir le texte).

l'église, il y a cinq ans. Il vit très économiquement ; il n'a pas même pour sortir, comme le curé de l'Ile Bizard, un cheval et une voiture. Certainement, la construction de cette maison, qui toutefois n'a pas coûté cher, si on considère sa valeur réelle, pèse lourdement sur ses ressources, du moins pour le moment présent. Mgr Lorrain, si prudent, si calculateur, ne s'est pas lancé dans ces dépenses, sans avoir fait auparavant de mûres réflexions. Il a voulu res- pecter les exigences du milieu où il vit, et prévoir les be- soins d'un avenir qui n'est pas éloigné. La population hété- rogène qui l'environne, attache une grande importance au confortable et au décorum extérieur ; il n'a pas voulu que, par une construction mesquine, le catholicisme baissât

dans leur estime. Les Irlandais qui forment la majeure partie de son troupeau aiment et exigent que leurs prêtres soient logés convenablement ; il n'a pas voulu qu'ils eussent à rougir de leur premier pasteur. Le vicariat grandit à vue d'œil : si l'évêque n'eût pas bâti de suite une maison assez vaste, la chose aurait été à recommencer avant longtemps, et les dépenses se seraient trouvées être à la fin plus considérables. Somme toute, Monseigneur sup- porte seul l'embarras et le fardeau de sa générosité ; l'ave- nir jouira du fruit de ses sacrifices et de la hauteur de ses vues.

A trois heures et demie du soir, Monseigneur, M. Doucet, curé d'office, M. Clermont, son assistant, et moi, nous nous

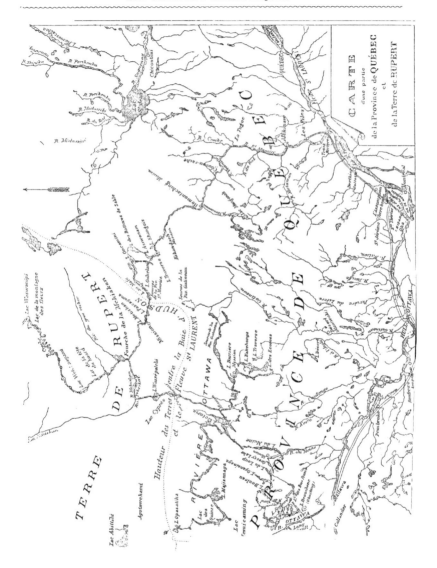

CARTE
d'une partie
de la Province de QUÉBEC
et
de la Terre de RUPERT

rendons à l'église pour réciter les prières de l'itinéraire ; déjà une foule nombreuse s'était réunie dans le temple pour s'unir à la prière de leur père qui les quitte pour une absence, à leurs yeux et à leur affection bien longue. Une voiture attelée de deux chevaux nous conduit à la gare, où bon nombre de braves citoyens sont venus presser la main aux voyageurs. La vapeur nous arrache à leurs bons souhaits et à leurs vœux émus.

C'est aujourd'hui la tête de l'Ascension..Pour un voyage du genre de celui que nous entreprenons, pouvons-nous partir un meilleur jour ? Nous lisions, ce matin, à l'évangile ces paroles :

« Jésus leur dit : Allez par tout le monde, prêchez l'évangile à toute créature. Celui qui croira et qui sera baptisé, sera sauvé ; et celui qui ne croira point, sera condamné. Et voici les miracles qui accompagneront ceux qui auront cru. Ils chasseront les démons en mon nom ; ils parleront de nouvelles langues ; ils prendront les serpents, et s'ils boivent quelque breuvage mortel, il ne leur fera aucun mal ; ils imposeront les mains sur les malades, et les malades seront guéris. »

Ces paroles sont consolantes. Nous allons annoncer l'évangile au sein des forêts, porter aux nouveau-nés les eaux du baptême, chasser les démons par les formules sacramentelles, parler des langues étranges, imposer les mains aux malades spirituels. Sous l'imposition des mains de l'évêque, le Saint-Esprit descendra dans les âmes. Nous pouvons donc espérer d'échapper, au sens figuré comme au sens littéral, aux morsures des serpents, au venin des herbes empoisonnées, aux attaques des bêtes féroces, et, d'une manière générale, à tous les dangers d'un long voyage à travers des lieux déserts et inhabités.

A huit heures, nous entrons à Mattawa, où le bon P. Poitras nous tend la bras. Nous nous rendons au presbytère où nous attendent les PP. Nédelec, Guéguen et Simonet. Le P. Nédelec est une vieille connaissance ; nous passâmes une soirée charmante à nous rappeler les ncidents et les accidents de notre voyage à la baie d'Hudson, les saillies et les reparties de l'infatigable missionnaire, ses expédients jamais à bout de ressources, ses morales agrémentées d'Écriture sainte, enfin ce que nous étions convenus d'appeler la philosophie de la Baie.

(A suivre).

La carte que nous donnons page 8, pour faciliter l'intelligence du pittoresque et remarquable récit de Mgr Proulx, offre une idée très exacte des régions parcourues par les voyageurs. Un pointillé indique le chemin suivi. Dans la première partie et plus dernière partie de l'itinéraire (de Montréal à Mattava, et des rois-Rivières à Montréal) c'est par la vapeur, soit en chemin de r, soit en steamer, que Mgr Lorrain et ses compagnons étaient nportés le long du fleuve St-Laurent ; mais tout le reste du oyage dans l'intérieur des terres (de Mattawa au lac Waswanipi du lac Waswanipi à Trois-Rivières) s'est effectué en canot écorce.

PAR

M. Louis-Eugène LOUVET, des Missions Etrangères de Paris, Missionnaire en Cochinchine occidentale.

(Suite 1)

Nous avons publié l'année dernière (1) toute la partie du travail de M. Louvet, qui concernait les progrès de l'Église en Europe pendant le XIXᵉ siècle. Nous voici maintenant en Asie, et nous commençons aujourd'hui une étude non moins remarquable sur ces Eglises d'Orient, endormies si longtemps par le schisme et dans lesquelles, sous l'action de la papauté, l'heure du réveil semble avoir sonné.

CHAPITRE IX

L'ÉGLISE ROMAINE ET LES EGLISES DE RIT UNI
(1800-1890).

Nous allons nous occuper maintenant des différentes églises de rit uni, particulièrement de celles qui sont répandues dans l'Asie Mineure.

Une observation préalable, sans laquelle on ne comprendrait rien à la hiérarchie de ces églises, c'est que la juridiction des patriarches et des évêques de l'Orient n'est pas territoriale mais personnelle, et s'exerce uniquement sur les fidèles de chaque rit. Cela explique comment on trouve dans la même ville, plusieurs évêques catholiques ; ainsi, dans la ville d'Alep, par exemple, on rencontre un vicaire apostolique pour les Latins, un archevêque grec-melchite, un évêque maronite, un archevêque syriaque : total, cinq évêques catholiques dans une seule ville, sans compter un nombre au moins égal d'évêques schismatiques. Il en va de même dans toutes les villes importantes de l'Orient.

Il y a, en ce moment, dans l'Église catholique sept rits unis : 1º le rit grec, qui se subdivise lui-même en cinq groupes : Grecs purs, Ruthènes, Roumènes et Bulgares, en Europe, Grecs melchites, en Asie ; 2º le rit arménien, dans l'Europe et l'Asie mineure ; 3º le rit maronite, dans le Liban et la Syrie ; 4º le rit syriaque, en Syrie et dans la Mésopotamie ; le rit chaldéen, dans la Mésopotamie, le Kurdistan, la Perse et aux Indes ; 6º le rit copte, en Egypte ; 7º le rit abyssin, en Abyssinie.

Avant d'entrer dans l'histoire des rits de la Turquie d'Asie, il faut dire un mot de l'organisation et de la hiérarchie de l'Eglise latine en ce pays.

I. — RITE LATIN.

L'existence des Eglises de rit latin en Asie Mineure remonte aux croisades. En présence de l'obstination des patriarches schismatiques de ces pays, les souverains pontifes instituèrent les patriarches latins de Jérusalem, d'Antioche, d'Alexandrie et de Constantinople. Dans chaque patriarcat, des sièges épiscopaux latins furent érigés, selon les besoins de la population franque. Mais, avec la chute du royaume de Jérusalem, la hiérarchie latine disparut à peu près de l'Orient. Les titres patriarcaux devinrent de simples titres honorifiques, conférés habituellement à des prélats

(1) Voir tous les numéros parus depuis le 14 mars jusqu'à fin octobre.

de la Cour pontificale, avec la charge de représenter auprès du pape, dans les grandes cérémonies, les antiques sièges de l'Orient, mais sans aucune juridiction dans le pays.

Au commencement du XIXᵉ siècle, la hiérarchie latine, en Orient, était représentée par trois prélats.

1º Le vicaire apostolique d'Alep. Ce vicariat, érigé en 1752, comprenait la Syrie, la Palestine, l'Asie Mineure, Chypre, l'Arabie et l'Egypte. Le titulaire était en même temps délégué apostolique auprès des divers rits unis existant dans ces régions.

2º L'évêque de Babylone, siège érigé en 1638, avec délégation apostolique dans la Mésopotamie, l'Arménie, le Kurdistan et la Perse.

3º Le Révérendissime Père Custode des Franciscains de Terre sainte qui avait juridiction sur tous les Latins résidant dans les Lieux saints.

Au cours du XIXᵉ siècle, plusieurs démembrements successifs furent opérés dans le vicariat d'Alep et l'évêché de Babylone.

En 1818, le siège archiépiscopal de Smyrne fut rétabli et le titulaire fut chargé, en outre, du vicariat apostolique de l'Asie Mineure.

En 1838, l'Arabie et l'Egypte furent enlevées au vicariat d'Alep.

En 1848, Pie IX lui enleva encore la Palestine et l'île de Chypre, pour en former le patriarcat latin de Jérusalem.

Quant au siège de Babylone, il fut érigé en 1844 en archevêché et transféré à Bagdad. Trois préfectures apostoliques, celle des Carmes de Bagdad, des Capucins de Mardin et des Dominicains de Mossoul, furent érigées successivement dans l'archidiocèse de Bagdad.

En 1841, la mission de Perse fut confiée aux Lazaristes et, en 1874, le Saint-Siège créa pour ce pays une délégation apostolique, distincte de celle de la Mésopotamie.

En 1844, la préfecture apostolique des Capucins de la Mer Noire fut créée et rattachée au vicariat patriarcal de Constantinople.

En 1840, l'Arabie fut érigée en préfecture apostolique, puis élevée en 1888 à la dignité de vicariat.

Enfin en 1881, Léon XIII confia aux Jésuites la mission d'Arménie. En sorte qu'en 1890 la hiérarchie latine est représentée en Orient par six prélats et plusieurs chefs de mission :

1º Le patriarche latin de Jérusalem;

2º L'archevêque de Smyrne, vicaire apostol. de l'Asie Mineure ;

3º Le vicaire apostolique d'Alep, délégué apostolique pour la Syrie ;

4º L'archevêque de Bagdad, délégué apostolique de la Mésopotamie et du Kurdistan ;

5º Mgr le délégué apostolique de la Perse ;

6º Le R. P. Préfet des Capucins de la Mer Noire;

7º Le R. P. Préfet des Capucins de Mardin ;

8º Le R. P. Supérieur de la mission d'Arménie, Jésuites ;

9º Mgr le vicaire apostolique d'Arabie.

Il faut dire un mot de chacun de ces groupes :

1. — *Patriarcat latin de Jérusalem.*

C'est seulement en 1848 que fut rétabli le patriarcat latin de Jérusalem. Depuis la seconde moitié du XIVᵉ siècle, les religieux franciscains étaient chargés exclusivement, sous la direction du Révérendissime P. Custode, de desservir

les Lieux Saints. Quand le nouveau patriarche, Mgr Valerga, arriva à Jérusalem, il ne trouva que 2 prêtres séculiers : un à Béthléem et un à Chypre. En présence d'une pareille pénurie d'ouvriers apostoliques, le prélat fit un appel pressant à l'Europe catholique. Bientôt lui arrivèrent de tous côtés des missionnaires. La plupart des Ordres religieux d'hommes et de femmes tinrent à honneur d'envoyer des représentants au Saint-Sépulcre. Sous l'active direction de Mgr Valerga et de son pieux successeur Mgr Bracco, des églises, des chapelles s'élèvent par tout le pays, et le nombre des catholiques augmente rapidement.

En 1800, il y avait dans la Palestine environ	3,000 latins.
En 1848, Mgr Valerga en trouva	4,200 »
En 1863, ils étaient	6,757 »
En 1878	11,000 »
En 1890	13,620 »

Il y a de plus, dans le patriarcat, 5,500 grecs melchites, qui relèvent de l'évêque grec de Ptolémaïs (Saint-Jean-d'Acre) et 5,500 maronites, dont les uns relèvent de l'évêque de Tyr, et les autres de l'évêque de Chypre, ce qui porte la population catholique totale de la Palestine à environ 25,000 âmes.

Hélas! qu'est-ce que ce petit troupeau auprès de la population dissidente : 150,000 grecs schismatiques, quelques centaines de protestants, 400,000 musulmans et 300,000 juifs ? total, plus de 850,000 dissidents dans la Terre sainte !

Le clergé du patriarcat se compose de : 1 patriarche, 44 prêtres séculiers, 18 européens et 26 indigènes, 90 religieux franciscains et 10 carmes, 144 prêtres.

Communautés religieuses d'hommes : 1º Franciscains de l'observance ; 5 couvents, 81 prêtres, 114 frères. Total, 195 religieux ;

2º Carmes : 1 couvent au Mont-Carmel et 1 hospice à Caïffa, 10 prêtres, 10 frères ; 20 religieux ;

3º Dominicains : 1 maison à Jérusalem, 4 prêtres, 4 frères convers ;

4º Augustins de l'Assomption : 1 hospice à Jérusalem pour les pèlerins, 3 religieux ;

5º Missionnaires de Bétharam : 1 maison à Bethléem, 3 religieux ;

6º Les prêtres de Sion : 1 orphelinat industriel près de Jérusalem, maison fondée par le P. Ratisbonne ;

7º Les missionnaires d'Alger : 1 résidence à Ste-Anne de Jérusalem. Séminaire pour le rit grec ;

8º Les Frères des écoles chrétiennes : 3 maisons, Jérusalem, Jaffa et Caïffa ;

9º Les Frères de la Sainte-Famille : 2 maisons, à Béthléem et à Béit-gémal ;

10º Les Frères de Saint-Jean-de-Dieu : 1 maison à Nazareth.

Communautés de femmes : 1º Les Carmélites : 2 monastères, au mont des Oliviers (chapelle du Pater), et à Beth léem, 30 Sœurs ;

2º Les Clarisses : 2 maisons, Jérusalem et Nazareth, 11 Sœurs;

3º Les Sœurs de Saint-Joseph de l'Apparition : 9 maisons 86 Sœurs ;

4º Les Dames de Nazareth : 4 maisons, Nazareth, Caïffa Acre et Schéfamar, 34 Sœurs ;

5° Les religieuses de Notre-Dame de Sion : 2 maisons, 39 Sœurs ;

6° Les tertiaires de Saint-François : 1 maison à Jérusalem, 6 Sœurs ;

7° Les Sœurs de charité de Saint-Vincent-de-Paul : 2 maisons à Jérusalem et à Bethléem, 14 Sœurs ;

8° Les Sœurs allemandes de Saint-Charles : 1 maison à Jérusalem, 8 Sœurs ;

9° Les Sœurs franciscaines italiennes ; ·

10° Les Sœurs de Marie-Réparatrice : 1 maison, 9 Sœurs.

11° Les Sœurs arabes du Saint-Rosaire ont 1 noviciat à Jérusalem et font l'école dans les villages : 9 maisons, 23 Sœurs.

Le développement des œuvres suit naturellement celui du personnel. Œuvres d'éducation : 1 séminaire patriarcal, 25 élèves, plusieurs pensionnats ; 34 écoles garçons, 1,890 élèves, 30 écoles filles, 2,304 élèves.

Orphelinat de garçons, à Bethléem, 100 enfants. École agricole à Bethgémal, 63 enfants.

Orphelinat industriel du P. Ratisbonne, 57 enfants. École professionnelle des PP. Franciscains, à Jérusalem, 39 enfants. Au total, 259 garçons dans ces 4 maisons de charité.

Six orphelinats de filles : Sœurs de Notre-Dame de Sion à Jérusalem, 80 enfants ; Ain-Harem, 55 enfants. Sœurs de Saint-Joseph, à Jérusalem, 40 enfants. Sœurs de Notre-Dame de Nazareth, 28 enfants. Tertiaires de Saint-François, 35 enfants, à Jérusalem, et 20 à Joppé. Au total, 258 filles.

Les Sœurs de Saint-Joseph desservent, à Jérusalem, l'hospice fondé par le comte de Piellat. Elles ont un second hôpital à Joppé.

Les Sœurs de Saint-Vincent de Paul tiennent un dispensaire dans la ville sainte et visitent les pauvres à domicile.

Il y a, dans le patriarcat de Jérusalem, 29 stations de missionnaires et 3 dans l'île de Chypre.

Outre l'église du Saint-Sépulcre, qui appartient, en fait sinon en droit, à toutes les communions chrétiennes, il y a, dans le patriarcat, 1 église patriarcale, élevée par les soins pieux de NN. SS. Valerga et Bracco, plus, en Palestine, 25 églises et 32 chapelles, et dans l'île de Chypre, 2 églises et 3 chapelles.

Statistique comparée du patriarcat de Jérusalem.

En 1800   1850   1890

Custodie de Terre Sainte, 3,000 Patr., 4400 *Item.*, 13,620 latins.

Un mot maintenant sur la question des Lieux Saints, si malheureusement embrouillée par les convoitises de la Russie et les intrigues des Grecs.

Il est certain qu'en droit, tous les Lieux Saints de la Palestine appartiennent aux Latins, qui ont arraché ces augustes sanctuaires aux profanations des musulmans, au prix du sang le plus pur de l'Occident. Les Grecs n'ont joué d'autre rôle aux croisades que de les faire avorter, en vendant aux infidèles le sang de leurs frères d'Occident. Quant à la Russie, elle n'est pas intervenue aux croisades pour une raison très simple : elle n'existait pas encore.

Aussi, à la chute du royaume latin de Jérusalem, c'est avec le roi de France, et non avec l'empereur de Bysance, que les vainqueurs traitèrent de la reddition des saints lieux. La France catholique fut, jusqu'à ces derniers

temps, la protectrice officielle du Saint-Sépulcre et de tous les sanctuaires de la Palestine. Elle y installa les religieux Franciscains, qui s'en firent les gardiens, au prix de bien des avanies et de plus d'un martyr. Les Grecs, à ces heures troublées où il fallait souvent exposer sa vie pour la défense des sanctuaires, se gardèrent bien de nous en disputer la possession. Leurs prétentions ne se révélèrent que plus tard, et quand le danger fut passé.

C'est seulement au cours du XVIIᵉ siècle qu'ils essayèrent de nous disputer les sanctuaires de la Palestine. Ils commencèrent par le tombeau de la Vierge et, pour ameuter les Turcs contre les Latins, ils ne reculèrent pas devant la calomnie. Eux qui célèbrent comme nous la fête de l'Assomption de Marie au ciel, ne rougirent pas de dire que les religieux Francs avaient dérobé le corps de la mère de Dieu et l'avaient vendu au Pape pour une grosse somme d'argent. Après une enquête sévère, le gouvernement turc reconnut la fourberie des Grecs et l'innocence des Latins.

Sur l'ordre de Louis XIV, notre ambassadeur à Constantinople en profita pour faire reconnaître le droit exclusif, des Latins à la possession des sanctuaires. Le firman de 1673 était ainsi conçu : « Les religieux francs qui sont établis au dedans et au dehors de Jérusalem, ne seront point molestés pour les lieux de pèlerinage qui sont entre leurs mains, et qui y resteront, sans qu'ils puissent jamais être inquiétés dans leur possession. »

En 1740, les Grecs ayant recommencé leurs intrigues, il y eut un nouveau firman pour confirmer le droit exclusif des Latins, cette fois, avec la garantie du Sultan : « Nous nous engageons, nous Sultan, sous notre serment le plus sacré et le plus inviolable, soit pour notre personne impériale, soit pour nos augustes successeurs, nos suprêmes viziris, nos honorés pachas et généralement tous nos ministres, que jamais il ne sera permis rien de contraire aux présentes stipulations. »

Le droit exclusif des Latins sur tous les sanctuaires de la Terre Sainte est donc diplomatiquement incontestable. Malheureusement, avec la malice des Grecs et la versatilité des Turcs, on n'est jamais sûr de rien.

Le 2 avril 1757, veille du dimanche des Rameaux, les nombreux pèlerins grecs, à l'instigation des moines schismatiques, renversent le magnifique autel que les religieux latins avaient élevé, selon · la coutume. devant le Saint Sépulcre, brisent les chandeliers, volent les lampes d'or et d'argent, dons de la piété des rois catholiques, et s'emparent violemment de l'église pour y célébrer leur culte. Le pacha de Jérusalem, que les schismatiques avaient gorgé d'or, leur donna raison, contre la foi des traités.

A Constantinople, le grand vizir, Raghib-Pacha, homme vénal, avait touché, lui aussi, des sommes considérables. Non content d'étouffer l'affaire, il accorda aux Grecs un firman qui les mit en possession du Saint-Sépulcre, du tombeau de la Vierge, de la grotte de la Nativité et de la grande église de Bethléem.

Aux réclamations de l'ambassadeur de France, il répondit insolemment : « Ces lieux appartiennent au sultan, mon maître, qui les donne à qui il lui plaît. Il se peut qu'ils aient toujours été aux mains des Latins francs, mais aujourd'hui Sa Majesté veut qu'ils soient aux Grecs. » La France de Louis XV accepta l'affront, elle n'était plus digne de monter la garde au tombeau du Christ ; Mme de Pompadour avait d'autres préoccupations.

En 1808, les Grecs incendièrent l'église du Saint-Sépulcre, bâtie en 1120 par les Latins. Profitant de la détresse des religieux latins et de l'indifférence de l'Europe, tout occupée alors des guerres de l'empire, ils reconstruisirent l'église à leurs frais, jetèrent au vent les cendres de Godefroid de Bouillon et de Baudoin, détruisirent systématiquement tous les souvenirs des croisés, s'emparèrent pour eux seuls de la grande nef et des principaux sanctuaires, ne laissant aux Latins que l'usage précaire des Lieux Saints. Plus d'une fois, on a vu les moines grecs chasser à coups de bâton les prêtres catholiques de l'autel où ils célébraient.

Lors du rétablissement du patriarcat latin de Jérusalem, Pie IX demanda, par l'entremise de la France, la restitution des sanctuaires volés. Le général Aupick, ministre plénipotentiaire de la République, homme énergique et droit, présenta, en 1849, au grand vizir, un long rapport au sujet des Lieux Saints. La Porte reconnut que les anciens firmans sont toujours en vigueur. Le droit des Latins était confirmé. Il ne restait plus qu'à constater quels étaient, en 1673, les sanctuaires possédés par eux.

C'est alors que la Russie intervint. L'empereur Nicolas, se portant comme protecteur des Grecs orthodoxes, écrivit de sa main au sultan, pour demander le maintien du *statu quo* à Jérusalem. La guerre de Crimée était à l'horizon. On sait le reste : les prétentions des Russes allèrent en s'accentuant, la guerre finit par éclater, et Nicolas fut battu.

Au lendemain de la paix de 1856, la France était maîtresse à Jérusalem. Rien de plus facile à ce moment, que d'exiger l'exécution du firman et la restitution des sanctuaires. Mais Napoléon III avait d'autres visées. Il rêvait déjà d'affranchir l'Italie, c'est-à-dire de détrôner moralement le Pape. La question des Saints Lieux fut abandonnée.

En 1866, il fallut refaire la coupole du Saint Sépulcre. Le Pape, pour affirmer les droits catholiques, offrit de la reconstruire à ses frais. Mais l'empereur refusa l'offre du pontife et s'entendit avec le czar pour refaire la coupole à frais communs. C'était abandonner les droits séculaires de la France et reconnaître au schisme un droit égal aux nôtres sur les sanctuaires de la Palestine. Robespierre lui-même s'était montré autrefois meilleur Français. En 1794, il avait écrit à notre ambassadeur à Constantinople de faire respecter les droits de la France sur les Saints Lieux.

(A suivre).

DONS

Pour l'Œuvre de la Propagation de la Foi

ÉDITION FRANÇAISE.

M. A. Palamary, à Constantinople	6 60
M. le chanoine Vettard, à Lyon	10
Mme la comtesse de Gaulmyn, diocèse de Troyes	20
M. Esnault, à la Bouchetière, diocèse de Chartres	8 45
La famille Cuenet, de Cusset-sur-Lizon, diocèse de Besançon	100
La paroisse de Rurey, diocèse de Besançon	10
S. E. le Cardinal Ledochowski, à Rome	300
Anonyme du diocèse de Laval	189 75
Une amie de l'Œuvre, à Chevrières, diocèse de Lyon	2

Anonyme de Chevrières, diocèse de Lyon	1
Un anonyme du diocèse de Clermont	1 15
Anonyme de Fréjus	5
Anonyme de Cognac, diocèse d'Angoulême, en vue d'attirer les bénédictions divines sur sa famille	10
M. l'abbé Biseau, à N.-D. de Liesse, diocèse de Soissons	80 30
Deux anonymes du diocèse de Bayeux	15

Pour les missions les plus nécessiteuses (M. Allys).

Un prêtre du diocèse de Carcassonne, dévoué aux missions	36 90
M. Alfred Le Taillandier, à Rouen	30 15
Ch. L . du diocèse de Tulle	10
M. de G., diocèse de Rennes	20
M. l'abbé Bindet, à Saint-James, diocèse de Coutances	5
M. de Krapelt, à Haveruas, diocèse d'Amiens	10
M. l'abbé Kuehn, à Colmar, diocèse de Strasbourg	18
M. Sigismond Holcer, à Strzyzow (Galicie)	4
Mme VeuVe Mulliez, à Tourcoing, diocèse de Cambrai	20
Anonyme du diocèse de Bayeux	3

Pour l'hôpital des Sœurs de Saict-Vincent de Paul, à Jérusalem.

Ch. L. du diocèse de Tulle	10

Pour les Lieux Saints.

Mme l'abbesse de Sainte-Cécile de Solesmes, diocèse du Mans .	10

Pour les missions de Palestine.

P. L. à N , diocèse de Nantes, avec demande de prières	300

Pour l'hôpital de la Sainte-Famille, à Bethléem.

Un anonyme de Bordeaux	5

A Mgr Géraigiry, évêque de Panéas.

M. Duval, à Blois, avec demande de prières	2

A M. Allys (Cochinchine septentrionale) pour les affamés.

J. D. de Brive, diocèse de Tulle, avec demande de prières pour sa famille	10

Pour les missions de la Cochinchine septentrionale (M. Allys).

P. L., à N., diocèse de Nantes, avec demande de prières	500

Au P. Bringaud, pour les missions de Birmanie.

Ch. L , du diocèse de Tulle	10

Au P. Fourcade, à Alladhy (Pondichéry), pour les affamés.

Une anonyme de Bordeaux	10
F. J. H., à Paris	20
M. J. Michaux, à Saint-Dié, diocèse de Saint-Dié	2 10
Anonyme de Chaumont, diocèse de Langres	10

Pour les missions du Tong-King méridional.

M. Ceyte, à Autun, avec demande de prières pour le repos de l'âme de Pauline Ceyte	20

Pour les missions de la Chine les plus nécessiteuses (Kiang-nan).

Mme l'abbesse de Sainte-Cécile de Solesmes, diocèse du Mans.	50

Pour les missions de Corée.

Mlle G. de Nantes	25
Mme l'abbesse de Sainte-Cécile de Solesmes, diocèse du Mans	40

Pour les missions d'Afrique équatoriale (Mgr Hirth).

P. L. à N., diocèse de Nantes, avec demande de prières	260
M. l'abbé Kuehn, à Colmar, diocèse de Strasbourg	50

A S. E. le cardinal Lavigerie, pour rachat d'enfants nègres.

M. Vacelet, à Cuvier, diocèse de Saint-Claude	5

Au R. P. Baur (mission de Bagamoyo).

M. l'abbé Kuehn, à Colmar, diocèse de Strasbourg	50

Au P. P. Thuet, mission du Dahomey.

M. l'abbé Kuehn, à Colmar, diocèse de Strasbourg	50
M. Kuehn d'Ammerschwir	250

A Mgr Augouard, pour la mission du Hant-Congo.

Une abonnée de Londres	26 15

Pour les lépreux de Molokai.

En souvenir du P. Damien, Mme l'abbesse de Sainte-Cécile de Solesmes, diocèse du Mans	24

(La suite des dons prochainement).

TH. MOREL, *Directeur-gérant.*

Lyon. — Imprimerie MOUGIN-RUSAND, rue Stella. 3.

Le Kibo (6,000 m.)   Le Kima-Wenzé (5,200 m.)

ZANGUÉBAR (*Afrique orientale*). — LE KILIMA NDJARO; VUE PRISE DU SUD (PLAINE D'ARUSHA); d'après un dessin du R. P. LE ROY, de la Congrégation du Saint Esprit (Voir la correspondance).

CORRESPONDANCE

ZANGUEBAR SEPTENTRIONAL

Voyage au Kilima-Ndjaro.

La dernière lettre que nous avons publiée du R. P. Le Roy se terminait par l'annonce de ce voyage. Une mission est fondée ·définivement sur les flancs de la célèbre montagne qui dresse entre Zanzibar et les grands lacs ses cimes neigeuses. Tout fait espérer que cette mission deviendra, comme les autres stations des Pères du Saint-Esprit sur la côte orientale africaine, un centre de villages chrétiens modèles. Mgr de Courmont se contente de résumer en quelques lignes un voyage dont le R. P. Le Roy nous enverra le récit complet et détaillé.

LETTRE DE MGR DE COURMONT, AU T. R. P. EMONET, SUPÉRIEUR GÉNÉRAL DE LA CONGRÉGATION DU SAINT-ESPRIT.

Zanzibar, 8 novembre 1890.

Je ne veux pas tarder plus longtemps à vous annoncer l'heureuse issue du voyage que j'ai fait récemment au Kilima-Ndjaro, accompagné des PP. Le Roy et Auguste Gommenginger.

Deux années de suite, les tristes événements de la guerre nous avaient, une première fois, arrêtés en chemin, puis, l'an dernier, détournés ét ·poussés vers le Tana. Il semblait que le Kilima-Ndjaro dût ·être pour nous, ce que disent les contes arabes, ·une . montagne qui se dérobe devant le voyageur, se montre, disparaît, change de position, de forme et de couleur.

Partis de Zanzibar le 10 juillet, nous arrivions le 10 août sur les bords du lac Dyipé. Tout ce mois de longues marches nous avait permis d'explorer, de Mombasa à Vanga, le pays des Wadigos et des Waségedyus, puis les pentes est et nord des montagnes de l'Usambara, enfin la partie orientale de celles de Paré.

Ce fut le 10 août que nous aperçûmes pour la première fois la coupole arrondie et neigeuse du Kibo. Elle se découvrait et se voilait successivement à une hauteur où nos regards, longtemps reposés cependant sur les majestueuses chaînes que nous venions de .suivre, ne pouvaient s'habituer à la chercher. C'est en effet, d'après les récents calculs du docteur Hanz Mayer, une élévation de six mille mètres qu'atteint cet incomparable sommet, tandis que l'autre pic, le Kima-Wenzé, en mesure cinq mille trois cents. Impossible de porter jusque-là les yeux et d'arrêter l'essor d'un sentiment d'adoration montant à Dieu, comme un hommage d'admiration et de louanges.

Je ne sais jusqu'à quel point nous mit en péril ce même jour, la rencontre inopinée d'un superbe lion. C'était environ midi ; nous marchions à l'aventure une dizaine ensemble, quand les hasards des sentiers de bêtes que nous suivions, nous menèrent près d'un mimosa. A sept mètres de nous, l'animal bondit en rugissant, nous regarde quelques secondes, rugit une deuxième fois, puis gagne à grand trot le désert, en agitant sa longue crinière fauve.

.[.].

Le 14 août, ayant traversé les forêts de bananiers et quelques vignes encore vierges des grands bois de *Tareta*, nous nous arrêtions, tout près d'une cascade, au pied des premières assises de la majestueuse montagne. Nous avions à cœur, avant d'en entreprendre l'ascension, de nous mettre sous la protection de Marie, en célébrant pieusement la fête de l'Assomption.

Le 16, nous étions à Kilema. Là, le chef Fumba, afin de mieux s'assurer du choix que nous ferions de son district pour y établir notre mission, voulut faire avec nous la *fraternisation par le sang*. Je déléguai, pour la cérémonie, le P. Le Roy, dans la pensée qu'y ayant eu un rôle, il la raconterait mieux encore, plus tard, aux lecteurs des *Missions catholiques.*

.[.].

Le 18 août, nous arrivions à Moshi. Nos lettres de recommandation nous adressaient au chef de la station allemande où nous descendîmes, en effet, et nous installâmes, malgré l'absence de celui-ci.

Moshi, encore qu'une des moins grandes provinces du Chaga, ou partie habitée du Kilima-Ndjaro, en est cependant la plus importante. Son chef, le célèbre Mandara, a su se créer une situation prépondérante. Il justifie, mieux que n'importe quel souverain noir, le titre de roi qu'on lui décerne communément.

Dès le soir de notre arrivée, j'envoyai lui porter nos saluts. Nos présents furent offerts les jours suivants, et un retour de sympathiques salutations et de cadeaux princiers nous rassura bientôt sur l'accueil que nous devions attendre de lui.

Et, en effet, nous fûmes tous enchantés de notre entrevue. Au lieu du despote hargneux et cupide que beaucoup de voyageurs ont dépeint, nous trouvâmes dans Mandara un personnage très accueillant, affable, prévenant, d'un esprit très ouvert, causant fort bien, instruit d'une infinité de choses que d'autres rois nègres, ses congénères, ne sauraient seulement aborder.

Il savait ce qu'est la France, ce que sont les Français, dont le tempérament impétueux et impatient de se débarrasse (ceci l'avait frappé) — des gouvernements qui ne lui vont pas. Il nous connaissait de réputation, pour être des *Padri*, très entendus à élever les enfants, et

espérés depuis longtemps au Kilima-Ndjaro. Jamais il n'avait vu de Français et paraissait heureux d'avoir à se trouver désormais en relations avec nous.

En même temps qu'il nous posait toutes sortes de questions, il répondait aux nôtres et nous renseignait, avec un vrai luxe d'érudition, sur l'histoire, les traditions, les mœurs, les usages du Chaga et des pays avoisinants.

.[.].

Cependant, M. le baron d'Eltz, le chef militaire de la station allemande, averti de notre présence à Moshi, s'empressait de nous venir trouver.

Je ne saurais assez louer l'extrême courtoisie avec laquelle il nous traita pendant près d'un mois que nous restâmes au Kilima-Ndjaro. Nous ne pûmes jamais avoir d'autre séjour que sa maison, d'autre table que la sienne, toujours abondamment pourvue de venaisons ; et lui-même, accompagné d'une partie de ses soldats et de ses porteurs, se constitua notre guide pour l'exploration de toutes les parties du Chaga qu'il nous restait à visiter.

Kilema, où Fumba voulait nous retenir, était un beau pays ; mais il y avait mieux à prendre selon lui. Le Machamé, au pied du Kibo à l'ouest, est, de toutes les provinces du Kilima-Ndjaro, la plus étendue, la plus peuplée, la mieux arrosée, la plus fertile. C'est le vaste et magnifique champ d'immigration ouvert aux colons allemands de l'avenir. C'était là dès lors qu'il fallait de suite prendre position, établir des écoles et des ateliers, conquérir aux Européens les sympathies des populations, et offrir déjà aux catholiques d'Allemagne, de Bavière et de Pologne, ces gages précieux d'une assistance et de secours religieux que demande leur foi, et dont ils ne consentiraient jamais à se voir privés pour toujours, en s'expatriant. Cependant, ce pays était troublé par la guerre. Il convenait de s'y transporter pour juger, à la fois, des lieux, des hommes et des événements qui l'agitaient.

.[.].

Machamé est à une journée de marche de Moshi ; mais nous en mîmes deux, ayant, pour éviter des chemins dangereux, pris un détour par la plaine. Nous y arrivâmes le 25 août, fête de saint Louis, roi de France.

En avançant dans le pays, nous fûmes attristés des désolations qu'y avait partout semées la guerre : gens en fuite ou réunis en des sortes de villages improvisés dans l'enceinte d'un fossé circulaire, large et profond, maisons brûlées, bananiers coupés, plantations partout dévastées ou pillées.

Quel différend créait ainsi des ennemis parmi des concitoyens et les mettait aux prises ?

Nous apprîmes qu'à la mort du dernier sultan de Machamé, Ngaméni, son fils, l'héritier légitime, s'était vu disputer le gouvernement du pays par Shangali, son frère puîné, un adolescent encore sous la tutelle de

Naswa, leur oncle commun, appuyé par Sina, le chef redouté du Kiboso. Les habitants s'étaient ainsi partagés en deux camps, et l'on guerroyait encore.

Pour tenter de pacifier le pays en rétablissant un accord entre ces frères ennemis, M. d'Eltz comprit qu'il fallait surtout s'adresser à Sina. Aussi résolut-il d'aller chez lui, et nous de l'accompagner, cette question nous intéressant au plus haut point.

Le fin mot de la situation nous fut livré dans une entrevue très solennelle que nous eûmes tous ensemble avec Sina. Il dit à M. d'Eltz l'équivalent de ceci : « Je suis l'ennemi irréconciliable de Mandura, qui n'a plus d'autre adversaire que moi dans tout le Chaga. Ngaméni s'est fait son allié. Pour ne pas rester seul et n'être pas écrasé un jour, je soutiens Shangali. Triomphant de son frère, il devient chef de tout le Machamé, il est puissant, et, unis ensemble, nous sommes forts et défions Mandara. »

Il fallut s'en convaincre bientôt, nulle entente n'était possible avec Sina. Nous prîmes congé de ce chef, craignant, si nous prolongions notre séjour chez lui, qu'il ne tentât, même contre nous, quelque mauvais coup, car dans l'enceinte fermée où nous campions, il avait réuni un millier de guerriers, se livrant sous nos yeux et avec une certaine insolence, à toutes sortes d'exercices militaires, au chant de leurs refrains de guerre et en costume de combat.

Rentrés à Moshi, M. d'Eltz dit à Mandara ce qui s'était passé entre lui et le chef de Kiboso. Bientôt on apprit une nouvelle tentative de Shangali et de Sina contre Ngaméni, si bien que, pour venger définitivement son allié, Mandara résolut de tourner contre son obstiné rival les armes de tous les autres chefs du Chaga. Mais nous devions quitter le Kilima-Ndjaro avant leur entrée en campagne.

.•.

Nous ne pouvions reprendre le chemin de la Côte, sans consacrer cette cime si majestueuse et si belle par quelque acte particulier de religion.

J'avais eu le bonheur de dire la sainte messe à une altitude de mille trois cents mètres, celle du lieu où nous stationnions. Nous résolûmes d'aller aussi haut que possible installer notre tente et l'autel portatif, et d'offrir là le saint sacrifice pour l'Afrique entière. La pluie, le brouillard, le froid et par surcroît un accès de fièvre qui me dura dix-huit heures, contrarièrent en partie notre projet. A deux mille neuf cents mètres environ, point de campement ordinaire des explorateurs, j'eus malgré tout la joie de célébrer la sainte messe en l'honneur de l'Immaculée-Conception et de consacrer à Notre-Dame de Lourdes ces pics neigeux du Kilima-Ndjaro. Les deux Pères firent la sainte communion.

Impossible, en face de ce sommet tout blanc, dominant de si haut ce qu'on a si bien nommé le noir continent, de penser à un autre mystère que l'Immaculée-Concep-

tion. Impossible aussi à des missionnaires français sur les flancs du géant africain d'oublier les sites ravissants des montagnes pyrénéennes, et Lourdes, et Massabielle, où ce mystère éclate en guérisons plus merveilleuses que ces neiges sous l'Équateur.

.•.

Rentré à Moshi le 4 septembre, tout brisé de fatigue et de fièvre, et accompagné du P. Auguste, je fus rejoint, le lendemain, par M. d'Eltz et le P. Le Roy qui, plus heureux, avaient pu pousser leur ascension jusqu'à près de cinq mille mètres.

Il fallait songer au retour.

Auparavant, une question très importante dut être résolue. Ne valait-il pas mieux laisser quelqu'un au Kilima-Ndjaro et commencer tout de suite la mission ? M. d'Eltz, le moins intéressé dans l'affaire, insistait fortement dans ce sens. Ce devait être pour le Père désigné un temps d'examen plus approfondi du pays, de reconnaissance plus détaillée des lieux, d'étude de la langue, d'initiation aux usages, aux mœurs du Chaga. Et puis, quel délicieux climat pour se débarrasser des fièvres de la Côte et prendre de nouvelles forces !

Devant être le supérieur de la fondation projetée, le P. Auguste s'offrit de lui-même à rester. Nous lui adjoignîmes quelques-uns de nos compagnons de route et reprîmes notre train ordinaire de caravane pour gagner Bagamoyo, à l'opposé de Mombasa, d'où nous étions partis.

Cette fois, nous longeâmes à l'ouest la chaîne de Paré, parcourûmes quelques coins arides du pays des si intéressants Masaïs, suivîmes la base occidentale des montagnes de l'Usambara, et, traversant tout l'Uzigua, nous arrivions à Mandéra, puis à Bagamoyo.

Le 10 octobre seulement, nous rentrions à Zanzibar, après trois mois du plus heureux mais du plus fatigant de tous nos voyages.

PONDICHÉRY (Hindoustan)

La mission de Madarandakam.

En nous transmettant cette lettre, le vénérable archevêque de Pondichéry, Mgr Laouénan, nous écrit:

« Je prends la liberté de la recommander, ainsi que son auteur, à toute votre bienveillance. Le P. Mignery appartient au diocèse de Lyon. Il a déjà fait beaucoup de bien dans le district qui lui est confié; je ne doute pas qu'il n'en fasse encore plus, s'il pouvait s'établir solidement à Madarandakam. Je lui ai déjà accordé un secours, pour y acheter un petit terrain : c'est tout ce que je puis faire, ayant sur les bras mille autres entreprises du même genre. »

Je viens vous parler de Madarandakam, chef-lieu d'arrondissement du collectorat de Chingleput. Cette ville, située à quatre lieues de la mer, est à peu près à égale distance de Madras et de Pondichéry. Plusieurs routes y aboutissent et le chemin de fer du sud y a une station importante. La ville est peuplée en grande partie par les brahmes qui possèdent les trois quarts des rizières du pays. Tout en recherchant les hauts emplois du gouvernement, ces personnages ne négligent pas de se choisir leur héritage là où l'on trouve la rosée du ciel et la graisse de la terre (*de rore cæli et pinguedine terræ*). Or, à Madarandakam, il y a tout cela à souhait : un étang immense entretenu par trois rivières et des rizières magnifiques dont le sol ne chôme jamais. A peine une récolte est-elle enlevée qu'on laboure pour planter de nouveau le riz. Quand le pays d'alentour, au temps des chaleurs, ressemble à un désert de feu, Madarandakam apparaît comme une oasis de verdure. La ville n'a rien de remarquable. Les établissements du gouvernement sont tous d'apparence assez modeste. Seules, deux grandes pagodes élèvent leurs tours massives au-dessus des cocotiers, comme pour affirmer que Satan règne en maître dans la cité.

Bien souvent, en traversant la ville, j'ai éprouvé un vif sentiment de tristesse de n'y trouver aucun chrétien. Mais je n'avais jamais nourri l'espoir d'y avoir des néophytes un jour. La puissance des brahmes et l'or du protestantisme devaient, à mon sens, fermer la voie à toute conversion. Je ne songeais pas qu'autres sont les conseils des hommes et autres les conseils de Dieu. La grâce d'en haut a passé sur Madarandakam et aujourd'hui soixante-dix néophytes y font la joie du missionnaire. Ils n'appartiennent pas, tant s'en faut, aux puissants de ce monde. Tous, sans exception, ils ont été recueillis parmi les pauvres et, chose digne de remarque en ce pays, plusieurs de ces néophytes font partie de la race dont Notre-Seigneur a dit : *Præcedent vos in regnum Dei.*

Madarandakam semble être destiné par Dieu à devenir un centre chrétien important. Le mouvement de conversions qui se poursuit depuis dix ans, dans le nord de la mission de Pondichéry parmi les populations parias, ne s'arrête pas. Il se dirige de notre côté. Les préjugés disparaissent de jour en jour. On se dit que les missionnaires ont autrefois sauvé la vie à des milliers d'affamés, et l'espoir de trouver du secours nous amène de temps à autre de pauvres gens qui finissent par devenir les enfants de la sainte Église. Une seule chose serre le cœur, c'est de ne pouvoir soulager toutes les misères. Souvent j'ai vu des parias s'adresser à moi, surtout cette année où la disette s'est fait sentir fortement dans mon district et j'ai dû les renvoyer n'ayant pas de quoi leur venir en aide. Ainsi nombre d'âmes nous échappent, et ces âmes ont été rachetées par le sang de Jésus-Christ, et nous sommes venus pour les sauver ! Une pièce d'argent avec une bonne parole, il n'en faut souvent pas davantage pour gagner une âme, une famille, un village. Ne pas posséder cette pièce d'argent et voir les païens

s'en aller pour ne plus revenir, voilà le plus dur de tous les martyres.

Il est un autre martyre dont il faut que je vous parle pour vous mettre au courant des affaires de mon district, c'est le martyre de mon voisin, le ministre protestant. Lui, il a de l'argent en abondance et, depuis trois ans qu'il est à Madarandakam, il n'a pu convertir personne. Il y a nombre d'années déjà, un collecteur dont le nom est resté populaire, a bâti au bord de l'étang au pied d'une montagne, non loin de Madarandakam, un vaste et magnifique *bangalow* où parfois des Anglais de Madras se rendent en été, soit pour changer d'air, soit pour faire une partie de chasse dans la forêt ou dans les îles de l'étang. Malheureusement la fraîcheur relative du climat de Madarandakam et les agréments du bangalow ont amené là un personnage qui ne se contente pas de chasser les lièvres et les canards sauvages ; c'est un *padre* wesleyen. Il a devant lui un libre champ ouvert à son zèle, des villes et des villages complètement païens ; mais cela ne semble le tenter que médiocrement. Il éprouve une prédilection spéciale pour les villages où j'ai des chrétiens. Si je m'absente par hasard, il les visite volontiers. Il y dépêche ses catéchistes pour sonder le terrain. En homme prudent, il se garde bien d'attaquer nos dogmes:

« — Venez à moi, dit-il; ma religion et celle du Père, c'est absolument la même chose. »

« — Sauf en temps de choléra, » riposta un jour un malin.

Malgré la famine, avec tout son or le ministre n'a pu entamer mon troupeau. Mais je me passerais volontiers de sa propagande. Il a à son service pour battre la campagne un *padre* natif, tout un état-major de catéchistes et un personnel de quarante employés grassement rétribués. Ce déploiement de forces me fait peur à certaines heures. Je n'ai, moi, ni or, ni appui du gouvernement, ni une armée de catéchistes ; mais j'ai confiance en Celui qui a empêché l'ennemi de nuire à mon troupeau.

Il y a deux mois, après de longues recherches et de grandes difficultés, j'ai pu acquérir un terrain en dehors de la ville de Madarandakam, et le 29 septembre, jour de saint Michel, en six heures de temps, j'ai construit une baraque où je me suis installé plus heureux qu'un roi. Cette résidence, qui ressemble à une hutte de bûcheron, me sert pour le moment de maison et d'église. Les païens qui passent par là, ne manquent pas de se détourner pour voir qui habite ce château et s'en vont en riant. Si, quelque jour, le ministre protestant vient de ce côté, il ne manquera pas de rire aussi. Mais qu'importe tout cela ? je compte sur la Providence et j'espère que Celui qui m'a permis de m'établir aux portes de cette cité païenne, inspirera à quelque âme charitable la pensée de me venir en aide pour construire une petite église aux néophytes de Madarandakam qui promettent de devenir nombreux.

NOUVELLES DE LA PROPAGANDE

Sa Sainteté le Pape Léon XIII a nommé archevêque de Milwaukee (Etats-Unis), Mgr François-Xavier Katzer, précédemment évêque de Green-Bay.

Le Saint-Père a érigé en diocèse suffragant de San-Francisco le vicariat apostolique de l'Utah et lui a donné pour évêque Mgr Scanlan, précédemment évêque titulaire de Laranda et vicaire apostolique de l'Utah. La résidence épiscopale sera Salt-Lake-City.

Le Saint-Père a nommé évêque d'Omaha (Etats-Unis), Mgr Riccardo Scannell, précédemment évêque de Concordia.

Enfin, le Saint-Père a nommé évêque du nouveau diocèse de Dallas (province ecclésiastique de la Nouvelle-Orléans), M. Thomas Brennan, Irlandais de naissance, recteur de Driftwood, dans le diocèse d'Erié (Etats-Unis).

INFORMATIONS DIVERSES

Hindoustan. — Mgr Ladislas Zaleski, dernièrement secrétaire de la nonciature apostolique à Paris, est arrivé dans l'Inde, avec la mission spéciale du Saint-Père d'y fonder, aux frais de Sa Sainteté, un grand Séminaire général pour la formation d'un clergé indigène dans ce pays.

Madagascar. — Le R. P. Joseph de Villèle écrit de Tananarive, le 13 novembre 1890:

« Je vous écris aujourd'hui, encore tout ému de l'attentat, dont, il y a huit jours, notre maison a été le théâtre. Nous avons failli perdre notre Procureur, le P. Montaut, durant la nuit du 6 au 7 novembre.

» Voici le fait tel qu'il s'est passé : logeant tout près de lui, je suis à même de vous le raconter en détail.

« A une heure du matin, quatre individus forcent la porte du P. Montaut, et se précipitent dans sa chambre. Un d'eux lui assène sur la tête un coup de poignard. Heureusement, le l'ère porte la main en avant, et reçoit depuis le bas du pouce jusqu'au bas du petit doigt une profonde blessure. On lui dit à voix basse :

« — Vola! vola! de l'argent, de l'argent. »

« Le Père répond avec calme :

« — Tsy misy vola! il n'y a pas d'argent. Allez-vous-en ! »

« Un des voleurs reste près de lui, le menaçant, s'il crie, de lui fendre la tête, pendant que ses compagnons dévalisent les malles, emportent la sacoche, le parasol et la montre du Père avec un paquet de linge. Ils n'ont songé ni au coffre-fort, ni au tiroir de la table où est l'argent.

« Ils portaient des torches pour s'éclairer et ils avaient déguisé leur visage. Tout ce drame n'a pas duré plus de cinq minutes.

« Cependant, aux premiers cris du P. Montaut, le F. Chossegros, qui n'était séparé de lui que par une mince cloison, bondit de son lit en appelant du secours. Il court à la porte de sa chambre : une main ferme la retient du dehors.

« Je suis réveillé à ma porte: j'essaie d'ouvrir ma porte; mais je sens qu'elle résiste. Vite je cours à la fenêtre du sud et je crie de toutes mes forces : « — Père Supérieur! Père Supérieur ! On tue le P. Montaut, tirez !»

« Pan ! pan! pan ! Trois coups de feu partent et une balle (du moins je le croyais ainsi) brise une vitre de la croisée que je venais de quitter.

« Aussitôt je reviens à ma porte: les brigands s'enfuient en poussant un grand cri. Armé de la barre qui ferme ma porte, je sors : j'aperçois une forme humaine debout et me croyant en face d'un voleur, je lève mon bâton. Heureusement, soit à cause de l'obscurité (les brigands avaient brisé le fanal qui éclaire la cour), soit

à cause de l'émotion, le coup ne fut pas fort ; car c'était notre bon P. Montaut lui-même que j'avais ainsi frappé.

« Revenu de ma surprise, je conduis le pauvre Père à la chambre du R. P. Supérieur. Là seulement nous pûmes constater l'état de sa blessure. Une des artères était coupée et le sang coulait à flots. Le docteur fit le premier pansement.

« Au moment où je vous écris, le malade est en pleine convalescence, la blessure est fermée et ne cause presque pas de douleur au Père.

« Quand nous nous racontâmes nos impressions, je dis au P. Supérieur : « Savez-vous que vous avez failli me tuer avec « votre balle qui a passé près de moi. »

« Et cependant le Père avait tiré en l'air. J'allai à ma chambre et je compris la chose : la vitre était brisée et une grosse pierre était encore sur ma table à la place de l'encrier jeté au loin. Un individu posté sans doute à la porte du P. Supérieur comme ceux qui gardaient les autres portes, m'avait visé quand j'appelai au secours. Du reste le P. Bardon et le P. Taix, en ouvrant leur fenêtre, ont aussi été assaillis à coups de pierre et de mottes de terre.

« Comme vous le pensez, c'était toute une bande, et ils avaient bien calculé leur affaire. Du reste, un gardien de ville a dit qu'ils étaient plus de cinquante.

« De notre résidence, ils sont allés piller la maison de M. Chayet. Ils ont dévalisé une armoire, et emporté le linge et l'argenterie.

« Le lendemain, le R. P. Supérieur a fait deux rapports, l'un au premier ministre et l'autre à M. Bompard, résident général.

« La procédure se fait chez le Résident de France. On dit qu'un officier en prison, et que tous les jours on inscrit des coupables. Hier nous en avons vu passer un escorté par des soldats français.

« La conclusion de tout ceci, c'est que, à Tananarive, centre de notre mission, nous avons besoin d'une résidence qui ne soit pas un passage public, comme l'est en ce moment notre établissement principal avec sa cathédrale, sa procure et le magasin de toute la mission. Ah ! si quelque bonne âme pouvait me donner 50,000 francs pour faire une bonne maison-mère, où nous soyons à l'abri et chez nous, elle aurait droit à la reconnaissance de tous nos Pères. »

DOUZE CENTS MILLES EN CANOT D'ÉCORCE

ou

PREMIÈRE VISITE PASTORALE

de Mgr N.-Z. LORRAIN, évêque de Cythère
Vicaire apostolique de Pontiac

DANS SES MISSIONS SAUVAGES DU HAUT DES RIVIÈRES OTTAWA
ET SAINT-MAURICE, DE WASWANIPI ET DE MÉKISKAN

Par Mgr J.-B. PROULX
Curé de Saint-Raphaël de l'Isle-Bizard.

CHAPITRE PREMIER

De Montréal au Long Sault.
(Suite 1).

Mattawa. — En bateau à vapeur. — Au Long Sault.

Vendredi, 20 mai. — La ville de Mattawa est située au confluent de la rivière Mattawan et de l'Ottawa. C'est l'endroit le plus pittoresque du monde avec ses aspects sévères, sombres et grandioses. Au nord, reposant sur ses vastes assises, une énorme montagne aux flancs gigantesques porte

(1) Voir les *Missions catholiques* du 2 janvier.

jusque dans la nue son front presque chauve ; au nord-ouest l'œil s'étend un peu plus au loin sur l'Ottawa, apercevant trois ou quatre croupes arrondies, jusqu'à ce qu'un nouveau rideau de montagnes vienne fermer l'horizon ; à l'est, autre montagne ; au sud, une succession de légères collines s'élève par gradins, en amphithéâtre ; au centre, au fond du bassin, au point de jonction des deux rivières, sur une pointe allongée qui n'est autre chose qu'une batture de roches, se dresse fière, coquette, toute neuve, frais blanchie, frais peinte, la future métropole du district de Nepissing (voir la gravure, page 19.)

Le terrain ici est littéralement couvert de cailloux roulés

dont quelques-uns ont vingt à trente pieds de tour. Si vous voulez bâtir, pour asseoir votre maison, vous rangez les cailloux ; si vous voulez cultiver un jardin, si vous voulez un chemin carrossable, vous rangez encore les cailloux, et votre voiture roule entre deux rangées de cailloux entassés ; les trottoirs reposent solidement sur la tête des cailloux, ce qui n'empêche pas la petite ville de s'accroître rapidement et de prospérer.

Il y a six ans, Mattawa renfermait à peine soixante maisons ; aujourd'hui on y compte, en y comprenant la banlieue, trois cent treize familles. Les résidences sont propres et bien bâties, elles indiquent l'aisance et le confortable. Les

CANADA. — VUE D'ENSEMBLE DU VILLAGE DE MATTAWA AVEC LE PONT JETÉ SUR LA RIVIÈRE MATTAVAN; d'après un dessin communiqué par Mgr PROULX (Voir le texte).

magasins sont bien fournis, les hôtels spacieux. Le culte a quatre églises, deux écoles, un hôpital ; l'État a une prison dont la construction a coûté plus de trois mille piastres, et sur la Mattawan, un beau pont long d'environ six cents pieds ; le Pacifique y a construit la plus belle de ses gares.

L'église catholique de Mattawa mesure quatre-vingts pieds sur trente ; elle s'élève un peu en dehors de la ville, du côté ouest de la Mattawan, sur le haut d'un plateau, dominé par une colline couverte de jeunes pins. Bâtie en briques, avec son clocher étincelant, sa cloche argentine, son intérieur bien fini, son jubé, son harmonium, son chemin de la croix, ses statues, son autel élégant, sa sacristie extérieure, elle fait beaucoup d'honneur à l'activité et au

dévouement des Révérends Pères Oblats, dont le zèle religieux, du reste, opère tant de bien dans ces missions difficiles.

Près de l'église, s'élève à trois étages, en briques, le presbytère, qui a quarante-six pieds sur trente-sept, nid de doux repos pour les missionnaires fatigués, quand ils reviennent de leurs courses apostoliques à travers les bois, les rivières et les montagnes.

.*.

A deux cents pieds du presbytère, sur les bords escarpés de la rivière, dans une position unique, ayant vue sur la campagne et sur la ville, se dresse avec orgueil l'hôpital, construction en brique, à quatre étages, de soixante pieds sur cinquante, avec cuisine et dépendances. L'air, la lumière, la gaieté et la santé y entrent par toutes les fenêtres ouvertes. Cette maison, tenue par les Sœurs Grises d'Ottawa, est une véritable providence pour cette multitude d'étrangers qui travaillent dans les chantiers et sur les chemins de fer.

Il ne se passe guère de semaine sans que quelques-uns de ces travailleurs tombent victimes de quelque accident. Tous, qu'ils soient en état ou non de payer, leur pension, trouvent chez ces bonnes Sœurs un asile pour abriter leur infortune, et des mères pour soulager leurs souffrances. Dans

une même année l'hôpital a ouvert ses portes à trois cents malades, et jusqu'à vingt-deux lits s'y sont trouvés occupés en même temps. Les Sœurs qui, aujourd'hui, exercent ici leur zèle dans les fonctions d'institutrices et de gardes malades, sont la Sœur Saint-Jean, supérieure, les Sœurs Saint-Alexis, Marie du Saint-Sacrement, Sainte Suzanne et Marie Angélique.

Sur ce plateau superbe circule, à travers les jeunes pins clairsemés, un chemin vraiment royal. Quand Mattawa sera devenue une ville de cinq ou six mille âmes, c'est là sans doute que s'élèveront les résidences somptueuses, les villas champêtres et les châteaux ambitieux. Pour le moment, par-

CANADA. — RUE PRINCIPALE DE PEMBROKE; d'après un dessin communiqué par Mgr PROULX.
(Voir le texte, page 6).

tant de l'église, après une marche de cinq minutes, nous arrivons au cimetière catholique, bien clôturé, bien divisé en lots, d'un côté adossé à un pic en granit, de l'autre séparé de la rivière par des prairies qui descendent en déclin jusqu'au bord des eaux.

..

A neuf heures, le sifflet du bateau, nous crie : A bord pour le Long-Sault ! Nous partons, suivis d'une foule nombreuse et sympathique.

C'est incroyable, mais c'est vrai : *le vrai peut quelquefois n'être pas vraisemblable.* Ce trajet de Mattawa au Long-Sault qui exigeait (et nous en savons quelque chose), une longue

journée de canot et trois portages pénibles, se fait aujourd'hui, en moins de six heures en bateau, le plus agréablement du monde, un vrai voyage de plaisir.

La *Charlotte*, gentil bateau à vapeur, svelte et léger, vous prend au quai de Mattawa, et, après trente-cinq minutes de navigation, vous dépose à la *Cave*. Là, une chaloupe couverte, l'*Emerillon*, toujours mue par la vapeur, vous reçoit dans ses flancs, pendant que vos bagages sont traînés dans une barque à la remorque. Après cinquante minutes vous descendez aux *Erables*.

Un autre bateau fermé se charge de vous transporter à la *Montagne* ; il a nom *Sir George E. Cartier*, grand homme, petit bateau, *magni nominis umbra.*

Ici nous dînons, les fèves sont excellentes, elles sont cuites par un cuisinier espagnol.

« — Quel est votre nom, lui dis-je ?

« — Antonio Gonzalès.

« — Y a-t-il longtemps que vous êtes en ce pays ?

— Sept mois.

« — Vous vous ennuyez ? Vous êtes seul ?

« — Non, nous sommes deux, le bon Dieu et moi. »

Mot sublime !

Après dîner, le *Mattawa*, le plus gros des bâtiments de la ligne, nous fait remonter le lac *Sept-Lieues* et nous dépose au pied du Long-Sault.

Les trois portages de la Cave, des Érables et de la Montagne sont munis d'un tramway, qui porte les bagages. Nous faisons le trajet à pied sur un bon chemin, comme nous marcherions dans les rues de Montréal.

Le temps passe agréable, avec une température délicieuse, un soleil à demi voilé, des paysages enchanteurs, et, ce qui mieux est, en compagnie de vieilles connaissances : le P. Nédelec, notre mentor dans notre excursion à la baie du Nord, où il se rend dans quelques jours pour la vingt-unième fois ; M. Rankin, traiteur en chef de l'honorable compagnie H. B. C. avec qui j'ai fait le voyage au lac Abbitibi en 1881 ; M. Broughton, le bourgeois du fort Albany, qui nous reçut royalement chez lui en 1884 ; et M. Emmanuel Fassé, le vice-président et le gérant du « chemin de fer de Colonisation du lac Témiscamingue », lequel veut bien nous faire la faveur d'un passage gratis.

C'est un charme, pendant que vous êtes assis tranquille sur votre siège, de fendre les ondes liquides, de considérer le panorama varié qui se déroule sous vos yeux ; cette rivière dont l'aspect et les beautés se renouvellent à chaque pas, ces baies sombres et profondes, ces montagnes qui encaissent le lit du fleuve entre deux hautes murailles, tantôt en pente douce et longue, tantôt abruptes et coupées à pic, ici avec des flancs couverts d'arbres diversement nuancées, là, pour faire ombre au tableau, ne présentant que des masses granitiques entassées les unes sur les autres. Oh ! qu'elle est belle et grande la nature, quand on la voit dans son état primitif et sauvage, à peu près telle qu'elle est sortie des mains de son créateur.

Nous entendons la locomotive qui conduit les wagons au lac Témiscamingue, siffler, hurler ; les échos paraissent encore surpris de ce cri inaccoutumé. Un chemin de fer dans le haut de l'Ottawa ! Qui l'aurait cru ? Voilà ce qu'a pu faire l'énergie d'un homme, inspiré par une idée patriotique et aidé par le concours intelligent du gouvernement. *Audaces fortuna juvat !*

.•.

Le bateau donc, nous dépose sur le rivage, à un mille plus bas que le dernier rapide du Long-Sault, où nous attendent depuis trois jours cinq sauvages avec leur canot d'écorce. Cependant nous ne nous engagerons pas de suite dans l'épaisseur de la forêt ; nos hommes ont besoin de la soirée pour préparer les bagages, et organiser les détails de l'expédition.

Nous passerons la nuit chez M. England, qui, avec sa femme et sa nombreuse famille, va, vient, se trémousse, heureux d'héberger son premier pasteur.

Nous sommes à souper.

« — M. England, demande Mgr Lorrain, y a-t-il longtemps que vous habitez ce pays ?

« — Dix-sept ans. Je n'avais que quatre ans quand ma mère mourut ; mon père se mit à voyager au service de la compagnie de la Baie d'Hudson. J'étais élevé chez un de mes oncles ; nous n'entendîmes jamais parler de lui. Je me croyais orphelin. J'étais marié déjà depuis plusieurs années lorsqu'un beau jour mon père m'arriva. Il était établi près du lac Obaching dans une belle ferme. Il nous attira ici ; nous y sommes restés. »

A neuf heures, la maison devint chapelle. Une vingtaine d'hommes s'unirent à la famille pour la prière du soir. Je dis un mot en français, Monseigneur un mot en anglais ; le chapelet couronna l'exercice. Une petite conversation amicale mit tout le monde à l'aise ; et tous ces travailleurs se retirèrent contents. Plusieurs d'entre eux dirent : « Au revoir, nous reviendrons à confesse demain matin. »

Samedi 21 mai. — Ils tinrent parole, du moins ceux que les travaux du chantier laissèrent libres. Ce matin, à quatre heures, le porte-voix, la seule cloche que nous ayons, annonçait aux échos d'alentour, que le premier coup de la messe était sonné. L'auditoire était, sinon très nombreux, du moins recueilli et fervent. Outre les communions, il y eut trois confirmations, Joséphine, Julienne et Angélique England. Leur nom est anglais, mais les personnes ne le sont guère, filles d'une mère canadienne et d'un père demi-canadien, dont la langue maternelle est le français. Sans doute les cérémonies des cathédrales ont plus de pompe, mais rien n'est touchant comme ces sacrifices de la sainte victime offerts dans une chambre privée, sur un autel orné de toutes les images de deux sous que renferme la maison : tout parle alors de la pauvreté, de l'aimable simplicité et de l'amoureuse condescendance du Dieu de Bethléem.

A sept heures, départ. Un portage de trois milles nous sépare du lac Obaching, dont les eaux dorment au milieu des collines au nord de l'Ottawa. M. Daniel Delany, agent de M. Eddy, le grand fabricant d'allumettes du Canada, a l'obligeance de nous prêter une voiture pour le bagage ; nous partons à pied marchant entre deux rangées de pins, humant un air parfumé, réjouis par le chant des oiseaux. Nos cinq hommes suivent, portant sur leurs têtes nos deux canots renversés. L'un d'eux s'appelle *Stella Maris*, doux nom écrit sur la proue en lettres enluminées. Je propose de nommer le second « Le Nénuphar » ; cela me rappelle mes deux chaloupes de l'île Bizard, qui sont ainsi baptisées. Les Troyens aimaient à transplanter avec eux, dans les pays lointains, les noms de la patrie absente.

Adieu, civilisation ! d'ici à longtemps, nous n'aurons de tes nouvelles. La question des pêcheries est en suspend au Canada, en Angleterre le bill de coercition est malade, en Russie le czar voit ses jours menacés : où en sera le monde quand nous reviendrons ?

(*A suivre.*)

LES MISSIONS CATHOLIQUES AU XIX° SIÈCLE

PAR

M. Louis-Eugène LOUVET, des Missions Etrangères de Paris,
Missionnaire en Cochinchine occidentale.

CHAPITRE IX

L'ÉGLISE ROMAINE ET LES ÉGLISES DE RIT UNI (1800-1890).

(Suite 1)

2. — *Archevêché de Smyrne et vicariat apostolique de
l'Asie Mineure.*

Le siège archiépiscopal de Smyrne fut rétabli par Pie VII
en 1818. Le titulaire fut chargé, en outre, d'administrer le
vicariat apostolique de l'Asie Mineure. A cette époque,
l'archidiocèse et le vicariat réunis comptaient environ
4.400 catholiques, sous la direction des RR. PP. Capucins,
Franciscains, Dominicains et Lazaristes.

En 1840, l'archidiocèse et le vicariat comptaient : 1 archevêque, 20 missionnaires appartenant aux divers ordres
religieux susnommés, 20 prêtres séculiers, 5 églises, 4 chapelles, 1 collège de Lazaristes.

En 1870, 1 archevêque, 59 prêtres, 8 églises et chapelles,
1 orphelinat, 6 communautés d'hommes, 1 maison de
Sœurs de charité.

En 1890, l'archidiocèse seul compte :

Personnel : 1 archevêque, 56 prêtres dont 17 séculiers et
39 réguliers.

Communautés religieuses d'hommes : 1° Franciscains,
11 prêtres; 2° Capucins, 6 prêtres, noviciat international,
20 novices; 3° Dominicains, 2 prêtres; 4° Lazaristes, 11
prêtres ; 5° religieux arméniens méchitaristes, 8 prêtres;
6° religieux maronites, 1 prêtre ; 7° Frères des écoles chrétiennes.

Communautés de femmes : 1° Sœurs de Saint-Vincent de
Paul ; 2° Dames de Sion.

Œuvres : 2 collèges de jeunes gens : 1° Lazaristes, 87
élèves ; 2° Frères des écoles chrétiennes, 155 élèves. 2 pensionnats de filles : 1° Dames de Sion; 2° Sœurs de Saint-
Vincent de Paul, 90 élèves, écoles paroissiales.

Il y a dans le vicariat apostolique de l'Asie Mineure une
douzaine de stations avec 10 églises ou chapelles, des écoles
et orphelinats tenus par les Sœurs de Saint-Vincent de Paul.

Il y a, dans l'archidiocèse et le vicariat réunis, 16.300 catholiques, dont 15,500 Latins. Les 800 autres appartiennent
aux rites arménien et maronite. Il y a dans la province
environ 2.000.000 d'habitants.

Statistique comparée du diocèse de Smyrne.

En 1800	1850	1890
3.000 arch. et vic. ap. réunis,	11.000 archev.	: 14.000 Latins
		Vicariat : 1.500 Latins.
Total, 3.000 »	11.000 »	15.500 Latins.

L'antique métropole d'Éphèse n'est plus qu'un amas de décombres; de temps en
temps, les catholiques de Smyrne s'y rendent en pèleri-
nage, pour vénérer les souvenirs de la vierge Marie et de
l'apôtre bien-aimé.

(1) Voir tous les numéros parus depuis le 14 mars jusqu'à fin octobre 1890
et les *Missions Catholiques* du 2 janvier 1891.

3. *Vicariat apostolique d'Alep.*

Le vicariat apostolique d'Alep, détaché en 1762 du vicariat
patriarcal de Constantinople, embrassait d'abord l'Asie Mineure, la Syrie, la Palestine, l'Arabie, Chypre et l'Égypte.
Des démembrements successifs, opérés au cours de ce
siècle, l'ont restreint à la Syrie. Il s'étend actuellement du
golfe d'Adulia à Saint-Jean-d'Acre. Au sud, il est borné par
le patriarcat de Jérusalem ; à l'est, par l'Euphrate ; au nord,
par la chaine du Taurus et à l'ouest, par la Méditerranée.

Les villes principales du vicariat sont : Beyrouth (l'ancienne Bérythe), Alep, Damas et Antioche. Le nombre actuel
des catholiques latins y est de 4.400, répandus dans une
trentaine de stations. Il y a de plus, dans le vicariat, 344.500
chrétiens appartenant aux rites orientaux unis : maronites,
arméniens, grecs et syriens. Il y a dans le vicariat d'Alep,
182.000 schismatiques, 7.000 protestants, 1.572.000 musulmans, 220.000 païens (Druses) et 12.000 juifs. Au total :
1.993.000 dissidents.

Il n'y a pas encore de clergé séculier latin dans le vicariat. Les paroisses latines sont desservies par les différentes
familles religieuses, dont les noms suivent :

Communautés d'hommes :

1° Franciscains de l'Observance (depuis le temps de saint François d'Assise) : 13 couvents, 51 religieux.
2° Capucins (1627), 3 paroisses et 6 couvents, 112 religieux.
3° Carmes (1658), 1 paroisse et 4 couvents, 19 religieux dont le
supérieur a la dignité de préfet apostolique.
4° Jésuites (1831), 126 religieux.
5° Lazaristes (1784), 6 maisons, 46 religieux.
6° Trappistes, 1 maison, 17 religieux.
7° Frères des écoles chrétiennes, 1 maison, 5 Frères.
8° Frères Xavériens (indigènes), une vingtaine d'écoles paroissiales.

Communautés de femmes :

1° Sœurs de Saint-Vincent de Paul (1846), 8 maisons, 150 Sœurs.
2° Sœurs de Saint-Joseph de l'Apparition (1846), 8 maisons,
54 sœurs.
3° Dames de Nazareth, 1 maison, 50 religieuses.
4° Sœurs Trinitaires, 1 maison, 7 Sœurs.
5° Sœurs Mariamettes indigènes, 14 écoles de paroisse, 80
Sœurs.

Œuvres d'éducation : Un grand et un petit séminaire à Beyrouth, sous la direction des RR. PP. Jésuites : 60 élèves.
L'université de Beyrouth, sous la direction des mêmes Pères
avec école de médecine, 521 élèves. Outre leur université,
les Jésuites ont à Beyrouth une imprimerie, et font paraitre
un journal hebdomadaire, pour répondre aux calomnies de
la presse maçonnique et protestante.

Il y a, de plus, dans le vicariat d'Alep, 4 grands collèges
pour les jeunes gens : à Alep, Franciscains, 200 élèves ; à
Antoura, Lazaristes, 250 élèves ; à Damas, Lazaristes, 340
élèves; à Salima, Capucins, 80 élèves. Total : 870 élèves dans
les collèges catholiques.

9 maisons d'éducation supérieure pour les jeunes filles :
à Alep, Sœurs de Saint-Joseph, 38 élèves ; à Bérythe, Sœurs
de Saint-Joseph, 57 élèves. Dames de Nazareth. Sœurs trinitaires, Sœurs de charité, 1.202 élèves; A Damas, Sœurs de
charité, 75 élèves. A Tripoli, Sœurs de charité, 95 élèves. A
Sidon, Sœurs de Saint-Joseph, 30 élèves. Au total, 1.495
élèves. Il y a, en outre, 351 écoles primaires, 267 pour les
garçons, 8.270 élèves, 84 pour les filles, 8.580.

Cela fait, au total, tout près de 20.000 enfants qui reçoivent l'enseignement primaire, secondaire ou supérieur dans les écoles catholiques.

Œuvres de charité : 1 orphelinat et 3 crèches, garçons, 125 enfants.

8 orphelinats et 1 crèche, filles, 535 enfants.

4 hôpitaux, plusieurs pharmacies et dispensaires.

Telles sont les principales œuvres du vicariat apostolique d'Alep.

Quelque riche qu'en soit le développement, ces œuvres suffisent à peine à lutter contre l'influence maçonnique et protestante. Depuis vingt ans surtout, ce malheureux pays est travaillé par les sectes. L'Angleterre, qui s'est installée à Chypre comme dans un poste avancé, inonde le Liban d'une multitude de ministres, de prédicants et de maîtres d'écoles.

Richement entretenus par l'or des Sociétés bibliques, appuyés par l'influence politique du gouvernement anglais, les missionnaires anglicans font chaque jour des progrès redoutables. Il s'agit beaucoup moins d'amener les populations orientales au protestantisme, dont la sécheresse glaciale leur fait horreur, que de les détourner de Rome et de faire échec à l'influence séculaire de la France.

C'est, cependant, à cette heure décisive pour l'avenir de l'Orient que la France expulse les religieux, qui seuls la font connaître et aimer dans ce pays, tarit par ses lois militaires la source de l'apostolat, diminue ou supprime les subventions qu'elle accordait aux écoles d'Orient.

Statistique comparée du vicariat apostolique d'Alep.

En 1800	1858	1890	
500	1.200	4.400	latins.

Le vicaire apostolique d'Alep est en même temps délégué apostolique auprès des différents rits unis de la Syrie.

4. — *Archevêché de Bagdad* (ancien évêché de Babylone).

Le diocèse de Babylone fut érigé, en 1638, à la demande d'une pieuse dame de Paris, madame Ricouart, qui offrit 60,000 livres, somme considérable à l'époque, pour fonder un évêché en Orient.

Le premier titulaire de Babylone fut le R. P. Bernard de Sainte-Thérèse, Carme déchaussé. Depuis ce temps, la mission fut toujours administrée par les Carmes, qui y ont une préfecture apostolique.

La ville de Babylone n'étant plus, selon les prophéties d'Isaïe, qu'une ruine habitée seulement par les chacals et les bêtes du désert, le nouveau prélat voulut s'établir à Bagdad, la ville principale de son diocèse. Mais les Turcs ne le lui ayant pas permis, il fixa sa résidence à Ispahan, où ses successeurs demeurèrent jusqu'au milieu du dernier siècle.

La Révolution française interrompit la succession des évêques de Babylone. Le siège demeura vacant jusqu'en 1820, où Mgr Couperie y fut envoyé, avec le titre de consul du roi très chrétien.

Ce prélat, plein de zèle, mourut en 1831, en soignant les pestiférés.

A cette époque, l'évêque de Babylone était, en même temps, administrateur de l'évêché latin d'Ispahan (Perse)

et délégué du Saint-Siège auprès des rites orientaux, dans la Mésopotamie, le Kurdistan et la Perse.

Cette délégation apostolique subit successivement plusieurs démembrements, au cours du xixᵉ siècle.

En 1841, le Saint-Siège rétablit la mission de Mossoul, qui fut confiée, en 1856, aux Dominicains français.

La même année, la mission de Perse fut donnée aux Lazaristes, et en 1874, Pie IX créa une délégation apostolique spéciale pour la Perse.

En 1844, l'évêché de Babylone fut érigé définitivement en archevêché et transféré à Bagdad. L'archidiocèse se trouva ainsi réduit à des limites assez restreintes. Les villes principales sont Bagdad, Bassora et Amara. En 1890, la population catholique de l'archidiocèse de Bagdad est d'environ huit mille âmes, sur lesquelles trois cents seulement sont de rit latin ; les autres appartiennent aux rits syriaque, chaldéen, grec et arménien.

La population totale de l'archidiocèse est de 90,000 âmes.

Il y a, dans le diocèse, 2 églises pour les latins à Bagdad et à Bassora, plus 1 chapelle à Amara. Ces 3 paroisses sont desservies par les Carmes, qui sont au nombre de 6 religieux. Les Sœurs de la Présentation, au nombre de 9, prennent part aux travaux des missionnaires.

Les Carmes ont à Bagdad un beau collège, dont un voyageur laïque, M. Rivoire, faisait dernièrement un bel éloge.

Après avoir constaté les progrès matériels réalisés depuis trente ans, après avoir visité les classes, les cours de récréation, causé en français avec ces jeunes gens, dont la bonne tenue et l'air intelligent le frappèrent, le voyageur conclut en ces termes : « Non, on ne saurait trop le redire chez nous, trop proclamer ces luttes obscures d'un patriotisme qui ne se lasse jamais, et auquel la France doit le meilleur de son prestige, de son influence dans ces régions de l'Orient..... »

Outre ce collège, il y a encore, dans l'archidiocèse, 4 écoles de garçons et 2 de filles. Total, 800 enfants, sans parler des écoles de rits unis.

Statistique comparée de l'archidiocèse de Bagdad.

En	1800	1850	1890	
	?	200	300	latins.

5. — *Mission de Mossoul* (Dominicains).

La mission de Mossoul fut confiée en 1748 aux Dominicains par Benoît XIV. Auparavant des Capucins avaient travaillé avec ce pays ; mais la mission était abandonnée depuis longtemps et, quand les Dominicains arrivèrent à Mossoul, le nom de catholique était à peine connu dans ces contrées.

Les débuts de la mission furent pénibles. A cause du fanatisme des Turcs, les missionnaires, pour se faire tolérer, durent se présenter comme médecins. Ils commençaient à peine à établir, lorsque la Révolution française vint arrêter net le développement de leurs œuvres. Au commencement du siècle, il n'y avait plus à Mossoul qu'un Dominicain italien ; il mourut en 1815, ne fut pas remplacé, et la mission dominicaine demeura abandonnée jusqu'en 1840.

A cette époque, la mission fut rétablie par Grégoire XVI ; en 1856, Pie IX la remit aux Dominicains français. Le

(1) Denys Rivoire : *les Vrais Arabes et leur pays.*

P. Besson, un des compagnons du P Lacordaire, fut le premier missionnaire supérieur de la mission française.

Un peu auparavant (1832), la Propagande avait rétabli la délégation apostolique de la Mésopotamie, du Kurdistan et de la Petite Arménie.

Le centre de la mission est à Mossoul, les Dominicains ont encore des postes à Mar-Iacoub, Zaku, Amédéah, Van et Bitlis (Mésopotamie, Kurdistan et Arménie Mineure).

Quand ils arrivèrent à Mossoul en 1841, ils ne trouvèrent que quelques catholiques à la foi douteuse et chancelante ; dans le Kurdistan, il n'y avait plus rien. Aujourd'hui, après cinquante ans d'apostolat, il n'y a plus de nestoriens (chaldéens hérétiques) à Mossoul. A quelques exceptions près, tous sont revenus à la foi du Concile d'Ephèse. Il y a 35,000 chaldéens catholiques, dans la Mésopotamie et le Kurdistan, 15,000 syriens et environ 6,000 arméniens. La population totale des deux provinces est de 1,475,000 habitants, sur lesquels 58,000 catholiques de divers rits, 170,000 hérétiques et schismatiques, 8,000 protestants, 130,000 musulmans, 18,000 yasidis (adorateurs du diable) et 5,000 Juifs. Le nombre des catholiques latins de la mission de Mossoul ne dépasse pas 50.

Le rôle du missionnaire, dans la Mésopotamie comme dans presque tout le Levant, n'est pas d'administrer directement les fidèles. Ces populations orientales sont, en général, trop attachées à leur rit pour accepter volontiers le ministère d'un prêtre latin.

Notre œuvre plus obscure mais non moins méritoire, c'est de travailler au relèvement de ces Églises, en répandant à flots l'instruction parmi ces populations ignorantes et en faisant pénétrer l'esprit catholique dans ces intelligences inclinées par le schisme au particularisme. Ouvrir des séminaires pour la formation, dans chaque rit, d'un clergé national vraiment pieux et zélé, fonder des collèges, des écoles pour arracher la jeunesse aux maîtres protestants, multiplier les œuvres de la charité catholique : hôpitaux, dispensaires, ouvroirs, patronages, orphelinats, afin de faire apprécier l'arbre catholique par ses fruits, voilà l'œuvre des missionnaires latins en ce pays, et c'est à cette œuvre que se dévouent les dominicains de Mossoul, au nombre de 16, assistés par 12 Sœurs de la Présentation de Tours. L'œuvre principale des dominicains à Mossoul, c'est le séminaire syro-chaldéen, pour les ecclésiastiques appartenant aux deux rits qui dominent dans le pays. Cet établissement compte 10 professeurs : 4 Dominicains, 3 prêtres orientaux et 3 maîtres laïques. Ils ont 40 élèves, 20 du rit chaldéen et 20 du rit syriaque.

Les Dominicains tiennent encore à Mossoul, annexé au séminaire, un grand collège qui compte, en ce moment, 137 élèves. Ils ont aussi un patronage de jeunes gens et une école du soir.

Une grande imprimerie polyglotte, qui peut éditer des ouvrages dans les cinq langues principales du pays ; l'arabe, le turc, le persan, le chaldéen et le syriaque, rend d'immenses services en permettant de multiplier les bons livres parmi le clergé et les laïques instruits.

En dehors de Mossoul, les missionnaires ont encore sous leur direction 38 écoles primaires pour les garçons. A Mar-Iacoub, leur dispensaire distribue gratuitement des remèdes à tous les malades de la contrée.

Les Sœurs de la Présentation, arrivées dans la mission en 1873, ont ouvert à Mossoul un pensionnat de jeunes filles, 180 élèves, un orphelinat, une œuvre dominicale, un ouvroir, une salle d'asile.

Elles desservent aussi le bel hôpital français, fondé en 1874 par la mère du baron Lejeune, en souvenir de son fils, mort à Mossoul sous l'empire. Le dispensaire annexé à l'hôpital distribue chaque année des remèdes gratuits à plus de trente mille malades.

Enfin, elles dirigent ou surveillent dans la mission 9 écoles de filles.

La ville de Mossoul est la résidence habituelle du délégué apostolique, du supérieur de la mission dominicaine, du patriarche des Chaldéens et d'un archevêque syrien.

Outre la belle église latine, ouverte à Mossoul en 1872, les Dominicains ont dans la mission 7 chapelles où les offices sont célébrés selon le rit latin.

Statistique comparée de la mission de Mossoul.

En 1800	1850	1890
?	?	50 latins.

(*A suivre.*)

NÉCROLOGIE

R. P. Hivet

De la congrégation du Saint-Esprit, missionnaire au Congo français.

Mgr Carrie, vicaire apostolique du Congo français, écrit de Loango, le 10 novembre :

« Il a plu à Dieu d'appeler à lui le P. Hivet, décédé le 4 courant. Nous avons épuisé tous les soins et les remèdes possibles pour conjurer le mal ; rien n'y a fait : le cher Père s'est endormi paisiblement dans la paix de Celui qu'il était venu servir en Afrique. Il a offert à Dieu, et de grand cœur, le sacrifice de sa vie pour le salut des Flotes. Il n'a eu qu'un regret, celui de mourir si jeune.

« Cette mort prématurée a laissé une impression extraordinaire, non seulement sur tout le personnel de la mission, mais encore sur tous ceux qui avaient connu ce Père et qui l'estimaient comme un savant et comme un saint. Le P. Hivet se distinguait par son amour pour le Sacré-Cœur et par un zèle ardent pour le salut des Noirs. Il aurait voulu parcourir tous les villages, il s'était mis à l'étude de la langue avec une ardeur étonnante. Ses travaux à cet effet joints à la fatigue qu'il se donnait pour ses élèves, et à sa vie mortifiée, ont, je crois, hâté sa fin. Que le Maître lui donne la récompense des fidèles serviteurs!

« Voilà, un bien grand vide dans la mission de Loango, car les missionnaires comme le P. Hivet sont rares. Professeur distingué, directeur sage, religieux accompli, il avait tout ce qu'il fallait pour faire un très grand bien. Son séminaire marchait à la perfection. Ses élèves le pleureront longtemps. »

DONS

Pour l'Œuvre de la Propagation de la Foi

ÉDITION FRANÇAISE.

Anonyme du diocèse de Lyon, pour obtenir une grâce....... ..	1 20
M. Lamotte, à Tours, avec demande de prières................	190
Une personne pieuse, diocèse de Fréjus........	20
Un abbé du diocèse d'Orléans......................	74 10
M. Jules Moricet, diocèse de Nantes......................	50
Anonyme de Geste, diocèse d'Angers.............	4 70
Philip Sidney, Northumberland....	13 10
Recueilli par la *Semaine religieuse* du diocèse d'Arras	5 50
M. Damé, à Turin.....................	187 80
M. l'abbé Pivert, aumônier, diocèse de Laval	49
E. A., de Paris	20
Anonyme de Lyon..................................	10
M. l'abbé Rebousler, la Flèche, diocèse du Mans	5
Mlle Perrette Cognard...........................	5

Pour les missions les plus nécessiteuses (M. Mignery, Pondichéry).

M. l'abbé Mathieu, à Avallon, diocèse de Dijon................	9 95
Mme A. Réol-Parissier, diocèse de Clermont................	1
M. Jean Renard; Le Mans	29 70
M. F. Caye, à Nancy	5
Anonyme du diocèse de Versailles..................	23 15
M. Desbenoît, à Saint-André d'Apchon, diocèse de Lyon	21
Anonyme de Paris, avec demande de prières	4
M. Gobil, curé de Château du Bois, diocèse de Mans	3 15
Anonyme du diocèse de Nancy..................	8 35
Anonyme de Fleurie, diocèse de Lyon	2

Pour les œuvres de M. Rameau, curé de Bex (Suisse).

Un curé de campagne, du diocèse de Bourges	2

A Sœur Meyniel, pour l'orphelinat Saint-Charles à Beyrouth.

Une abonnée du diocèse de Quimper, avec demande de prières.	5
Communauté anonyme de Rouen.......	10

A Mgr Puginier (Tong-King occidental).

Anonyme des Breuleux, diocèse de Soleure....	2
Communauté anonyme de Rouen..................	20

Pour le Tong-King méridional (Mgr Pineau).

Anonyme de Saint-Quentin, diocèse de Soissons, demande de prières..	4
Anonyme du diocèse de Lyon	10

A M. Fourcade (Pondichéry).

M Louis Lecroq, diocèse de Rennes, avec demande de prières..	5
P. Vipret aux Fougères-de-Morges, Fribourg	2
Une abonnée du diocèse de Quimper, avec demande de prières	10
M. G. H., diocèse d'Angers	4 85

A M. Degrange, missionnaire à Qui-non (Annam).

M. l'abbé Buchet, à Beaune, diocèse de Dijon.............	10

A M. Allys (Cochinchine septentrionale) pour les affamés.

Communauté anonyme de Rouen	20

A Mgr Pagnucci, pour les affamés du Chen-si.

Communauté anonyme de Rouen	20

Au R. P. Jean-Victor Humbert, missionnaire au Kouang-si.

Mme X , Grand-Saconnex (Genève)	20
Mme D., à Carouge, »	45
Mlle Caroline X, à Versoix »	40
Mlle Louise Berthet, à Landecy »	5
V. H , à Compesières »	10

Pour les inondés de la Chine (Sœur Patrissey, Tientsin).

Anonyme du diocèse de Fribourg.........·..................	7

Pour les affamés du Tong-King (Mgr Pineau).

Recueilli par la *Semaine religieuse* du diocèse d'Arras.........	105
M. l'abbé Lazare Arnaud, à Marseille..................	10

Pour l'Annam et le Tong-King (Mgr Pineau).

Recueilli par la *Semaine religieuse* du diocèse d'Arras.........	100

Pour les chrétiens annamites (M. Allys).

Recueilli par la *Semaine religieuse* du diocèse d'Arras........	445

Pour les missions de l'Indo-Chine (Au même).

Recueilli par la *Semaine religieuse* du diocèse d'Arras.........	25

Pour les missions de l'Extrême-Orient (Corée).

Recueilli par la *Semaine religieuse* du diocèse d'Arras	105

Pour les chrétiens persécutés de la Chine (Yun-nan).

Recueilli par la *Semaine religieuse* du diocèse d'Arras..........	50

Pour les soldats du Tong-King (Transmis à Mgr Puginier).

Recueilli par la *Semaine religieuse* du diocèse d'Arras..........	5

Pour les missions de la Cochinchine (M. Allys).

Recueilli par la *Semaine religieuse* du diocèse d'Arras........	60

Pour les missions de Madagascar.

Recueilli par la *Semaine religieuse* du diocèse d'Arras........	5

Pour les missions du Zambèze.

Recueilli par la *Semaine religieuse* du diocèse d'Arras........	5

A Mgr Midon (Japon central) pour l'érection de l'église en l'honneur de Jacques Kizaemon.

Mlle G. de Nantes , ...	25
L. D., prêtre du diocèse d'Amiens	5
M. l'abbé Romans, à Saint-Félicien, diocèse de Viviers.......	22 15
Mme Romans, » »	5
M. Marquaire, curé de Saint-Nabord, diocèse de Saint-Dié....	15

Pour les lépreux (Ambahivoraka, Madagascar).

M. C. Fougeray, à Saint-Martin-du-Bois, diocèse d'Angers......	45

Pour les missions du Japon (Mgr Osouf).

Mme la comtesse de Gaulmyn, à Moulins..................	10

Pour Mgr Osouf.

Mme l'abbesse de Sainte-Cécile de Solesmes, diocèse du Mans...	20

Pour la léproserie la plus nécessiteuse (Ambahivoraka, Madagascar).

Anonyme du diocèse de Bayeux	3

Au R. P. Le Roy, pour le baptême d'une petite fille sous le nom de Marie-Rose.

Deux petites filles de Beaufort, diocèse d'Albi..................	5

Pour la mission de Buenos-Ayres (Patagonie).

Anonyme du diocèse de Bayeux..................	5

Pour les missions d'Athabaska-Mackensie.

E. E. G., Tours.................................	10

Pour les missions du Dahomey, rachat et baptême de deux petits nègres sous les noms de Roch et Michel.

Anonyme de Montpellier.....	200

A. S. E. le cardinal Lavigerie, pour rachat d'esclaves.

Mlle Sergent, à Tours..................	0 50
Par l'entremise de M. Ponte, curé de Moustier, diocèse d'Agen.	50

Au R. P. Le Roy, pour baptême d'un petit nègre sous e nom de Marie-Clau le.

Claude Latapie, du diocèse de Bordeaux..................	7

Pour les missions de Mgr Augouard.

M. J. Jacquelart, à Sérimont..................	20

Au R. P. Le Roy, pour rachat d'esclaves.

M. E. Wood, à Saint-Léonards on Sea, avec demande de prières..................	10

Pour les missions de Mgr Carrie (Congo français).

Anonyme de la Haute-Alsace, diocèse de Strasbourg............	183

Pour la léproserie de Madagascar.

Anonyme du diocèse d'Avignon..................	5

Pour les lépreux de l'Ile Molokaï.

M. l'abbé Lhuissier, diocèse de Nevers..................	5

A Mgr Vidal (Ile Fidji).

Anonyme du diocèse du Puy..................	2

Pour les prêtres polonais exilés en Sibérie.

Anonyme de Cassis, diocèse de Marseille..................	500
Recueilli par la *Semaine religieuse* du diocèse d'Arras	5

Pour le Bulletin.

Mme la comtesse de Charnacé, diocèse d'Angers..............	10

(La suite des dons prochainement).

Erratum. — Le don de 250 francs provenant de M. Kuehn d'Ammerschwir, diocèse de Strasbourg, a été attribué par erreur, dans la liste des dons de notre dernier numéro, p. 12, au R. P. Thuet, missionnaire au Dahomey. C'est au R. P. Baur, missionnaire à Bagamoyo, que ce don était destiné et a été transmis.

TH. MOREL, *Directeur-gérant.*

Lyon. — Imprimerie MOUGIN-RUSAND, rue Stella, 3.

CANADA. — MAISON DE JEAN PON; d'après une photographie de Mgr LORRAIN, évêque de Pontiac.
(Voir page 29).

CORRESPONDANCE

VICTORIA NYANZA

Nous recevons de Sa Grandeur Mgr Livinhac, supérieur général des Missionnaires d'Alger, un résumé des dernières nouvelles qui lui sont arrivées de la mission du Victoria Nyanza. Comme on le verra, le nombre des néophytes augmente, Mwanga est fidèle ; malheureusement l'antagonisme des ministres anglicans suscite aux Pères Blancs des difficultés. Espérons qu'ils en sortiront vainqueurs et que cette terre arrosée du sang de plus de deux cents martyrs, deviendra féconde en chrétiens fervents.

Nous avions tout lieu de craindre que la mort du bon P. Lourdel ne causât un arrêt considérable dans notre belle mission du Bouganda. Heureusement ce que nous redoutions n'est pas arrivé; et grâce sans doute à l'intercession du zélé missionnaire, l'œuvre de Dieu n'a cessé de progresser malgré les obstacles. Au mois de juillet, la chrétienté comptait plus de douze mille néophytes ou catéchumènes. Les musulmans, réfugiés du

côté du Bounyoro, se contentaient d'aller de temps en temps piller quelque village sans défense, mais n'osaient plus se mesurer avec l'armée de Mwanga, dont l'autorité s'affermit de plus en plus dans toutes les provinces du royaume.

Malheureusement les protestants, qui s'étaient unis à lui contre les musulmans, le voient avec peine se ranger parmi nos catéchumènes. Aussi ont-ils profité de la présence de la forte caravane de M. Jackson, agent de la Compagnie de Mombase, pour affirmer leurs prétentions. Dans le désir d'avoir la paix, si nécessaire après deux ans de troubles, le roi a offert au représentant de la Compagnie anglaise, qui allait reprendre le chemin de la Côte, de joindre à sa caravane une députation composée de catholiques et de protestants chargée de traiter avec le consul d'Angleterre à Zanzibar. Les députés devaient faire leur possible pour sauver *la liberté religieuse et la liberté commerciale*. M. Jackson accepta et laissa près de Mwanga M. Gedjes, pour maintenir l'ordre et garder la position en attendant son retour.

Durant quelques semaines, les protestants ont paru se calmer un peu ; mais ils n'ont pas tardé à céder à leur fanatisme habituel, menaçant,. s'armant, se ramassant comme pour une attaque. Cependant M. Gedjes et les ministres anglais semblaient désapprouver leur intolérance et leurs intrigues. Mais eux, en partisans pratiques du libre examen, n'ont fait aucun cas des représentations de leurs chefs spirituels, pas plus qu'ils n'en font de l'autorité de Mwanga, leur roi légitime. Ils se sont mis à comploter et à tracer seuls leurs plans, cherchant querelle aux catholiques, les chassant de partout d'où ils le peuvent; montrant en tout le désir bien arrêté d'être bientôt maîtres et seuls maîtres du Bouganda.

Or, comme il leur est impossible d'arriver à ce résultat sans avoir à leur tête ou plutôt sous la main un prince de sang royal, ils se sont mis à la recherche de quelque petit-fils de Mtéça qui aurait échappé au massacre ordonné par l'usurpateur Karéma, et ont fini par découvrir un enfant de *quatre* ans, fils de Kiwewa fils de Mtéça. Ils allaient s'en emparer et le proclamer roi, quand Mwanga prévenu à temps a fait conduire l'innocent prétendant dans l'île de Boulingougué et l'a confié à l'amiral Joumba.

Le Katikiro (premier ministre), qui est un protestant des plus ambitieux, imposé par ses coreligionnaires à Mwanga, et devenu ainsi chef du parti protestant et de la révolte, envoya cinquante hommes armés de fusils pour l'enlever furtivement. Joumba ne se laissa pas surprendre et mit la main sur les exécuteurs du complot.

Craignant d'être convaincu de haute trahison, le Katikiro se hâta de faire dire à l'Amiral qu'il eût à relâcher les prisonniers s'il ne voulait pas être jeté dans le lac. Joumba n'osa s'exposer à la vengeance du terrible ministre; mais il eut soin de prévenir le roi de ce qui se tramait contre lui.

Soit par prudence, soit par timidité, Mwanga n'a pas voulu faire un coup d'éclat. Il s'est contenté de faire conduire son jeune neveu chez des chrétiens sûrs qui se trouvent loin du Bouganda. Là, rien ne manquera au petit prince, pas même le précieux bienfait de l'éducation chrétienne. Si pareille chose s'était passée sous les rois païens, l'innocent enfant aurait été massacré sans pitié.

Après Dieu, ce qui semble devoir aider le plus puissamment le triomphe de la vérité, c'est la division qui règne parmi les protestants.

Plusieurs désapprouvent les plans ambitieux des leurs, et se rapprochent de Mwanga. Quelques-uns même se convertissent en secret. Je dis en secret, car la conversion publique d'un personnage un peu important soulèverait la plus violente tempête.

Les païens, de leur côté, voyant que le protestantisme a abouti à faire passer le pays sous la domination étrangère, suspectent la pureté d'intention des prédicants et se tournent vers Mwanga, qui est regardé comme le chef du parti catholique.

Que nous réserve l'avenir dans cette mission si belle et si éprouvée? Dieu seul le sait.

Si l'Angleterre, qui, certes, n'a pas à se repentir de la liberté qu'elle laisse aux catholiques dans ses immenses colonies, comprenait ses véritables intérêts au nord du Nyanza, elle désapprouverait ouvertement l'intolérance de ceux qui se disent à tort inspirés par elle, et elle proclamerait hautement la liberté religieuse et commerciale dans le Bouganda.

Nous venons de recevoir des nouvelles de la caravane partie de Zanzibar à la fin du mois d'août. Elle était arrivée heureusement à Tchounio deux jours de marche au-delà de Mpwapwa, le 15 octobre. Les missionnaires, au nombre de dix-neuf (y compris deux médecins-catéchistes noirs, de l'institut de Malte), jouissaient d'une bonne santé, à l'exception de deux qui n'avaient pas encore fini de payer leur tribut à la fièvre. A l'heure actuelle, s'ils n'ont pas eu à subir des retards inattendus, ils doivent être près des Grands Lacs.

KIANG-NAN (Chine).

La lettre suivante, si touchante dans l'énumération des innombrables épreuves qui entravent le ministère apostolique en Chine, n'a pas besoin d'être recommandée à la sympathie de nos lecteurs.

LETTRE DU R. P. BIENVENU, DE LA COMPAGNIE DE JÉSUS, A MGR GARNIER, VICAIRE APOSTOLIQUE.

S'il était possible de comparer de petites besognes de pygmée aux immenses travaux d'un géant, on pourrait dire que, cette année, le district de Mao-kia-wo-tse, qui m'est confié, a vu un abrégé des grandes épreuves dont l'apôtre se fait gloire au chapitre XI de sa deuxième épître aux Corinthiens.

Periculis fluminum.

Des flots de pluie continue ont successivement détruit toutes les récoltes. Et nos murs de terre, battus par l'eau et détrempés, craquaient de toutes parts, s'affaissaient et menaçaient de nous écraser. Trois mois durant, le village, changé en un îlot, entouré de lacs, de marais et de fondrières, était absolument inabordable. Tout approvisionnement de vivres devenait impossible.

Pour venir à la messe le dimanche, les néophytes devaient se mettre dans l'eau jusqu'à la ceinture, et cela sur les routes qui conduisent à notre chapelle.

Periculis latronum.

Ce premier danger passé, en a surgi un autre aussi terrible. Des affamés, privés de tout moyen de subsistance, et groupés en bandes par un brigand, récemment sorti de prison, portaient de hameau en hameau le fer et la flamme. Certaine nuit, nous avons compté autour de nous, et dans un rayon d'une lieue, jusqu'à huit incendies.

La caisse du Tien-tchou-tang, qu'ils supposaient bien à tort en bon état, était un appât pour leur cupidité. Aussi en ont-ils plus d'une fois, mais en vain, tenté l'assaut. Tout ce temps, et il a été long, nous avons mené la vie des camps : la nuit se passait l'arme au bras, l'œil braqué vers l'horizon, debout sur la tranchée et souvent sous la neige.

Periculis ex genere.

Ce genre de péril, quoique moindre, ne nous a pas été épargné : un instant même on l'aurait pu croire assez menaçant. Il ne s'est jamais agi, comme on l'a écrit, trop à la hâte et sans fondement, de défections en masse ; pas même de défections partielles de quelque importance ; mais chrétiens et catéchumènes étant désormais en nombre, il est encore à redouter qu'ils n'en conçoivent de l'arrogance ; se fassent provocateurs, et par là même se mettent eux-mêmes et nous mettent avec eux, à l'égard des païens et des magistrats, dans une position embarrassante.

Periculis ex gentibus.

Les supérieurs, justement effrayés du double danger causé et par l'invasion des eaux et par l'invasion des voleurs, s'étaient décidés à fixer ailleurs le centre du district. Aussitôt ont surgi des oppositions qui n'ont pas encore été surmontées. Un notable du bourg où nous désirions nous établir, nous fait sourdement une guerre à outrance. Il a fait signer par quarante-quatre personnages influents du quartier l'engagement de s'opposer à notre établissement. Ces brigands en vêtements de soie sont plus redoutables que les bandits en guenilles de cet hiver.

Periculis in civitate.

Les brigandages arrêtés, les mandarins ont été changés. Le nôtre avait depuis longtemps d'excellents rapports avec nous. Son successeur, jeune, ambitieux, semble avoir juré de prendre en tout le contrepied de son prédécesseur. L'autre se montrait bienveillant à notre égard ; raison suffisante pour que lui fasse ostentation de froideur, sinon de mépris. Il est venu, couvert de haillons et déguisé en marchand ambulant, épier nos faits et gestes et faire une enquête minutieuse sur notre compte. Vous savez combien ces magistrats, omnipotents dans leurs districts, peuvent nous susciter d'ennuis. Heureusement nous avons avec nous Celui qui, en somme, même en Chine, est encore le grand Maître de toutes choses.

Periculis in solitudine.

Ce péril aussi, nous l'avons éprouvé. Des mois entiers, tout moyen d'action nous a été enlevé. Impossible d'ouvrir les écoles ou d'appeler les catéchumènes. Impossible

de sortir à cause de l'état affreux des chemins ; impossible de songer à continuer nos constructions, faute de temps propice et de matériaux. Tout missionnaire qui a passé par ce tourment sait combien il est dur !

Faut-il continuer l'ennumération ?

In labore et ærumna.

De la misère, nous en avons outre mesure. L'achat et l'arrivage des vivres et du chauffage ont été d'une difficulté inouïe. Outre les raisons d'intempérie des saisons et de mauvais état des routes, la seule cherté des vivres nous a causé bien des angoisses. Ou bien il faut renoncer aux écoles et aux catéchuménats, c'est-à-dire aux deux œuvres capitales de notre apostolat, ou bien, il faut augmenter les ressources du missionnaire.

Cette année, la misère ne sera guère moins grande et je ne me vois pas une obole dans les mains. Mes catéchumènes sont trop pauvres pour se nourrir eux-mêmes au temps de leur formation chrétienne, de l'étude des prières, de la doctrine, de la préparation au baptême ; je devrai donc les laisser dans leur ignorance !

Des travaux, nous en avons aussi entrepris et mené à bon terme, quelques-uns du moins.

Cent trente hommes, soixante-dix-huit femmes, soixante-deux garçons et quarante-deux filles, ont été, à des degrés différents et pendant un laps de temps plus ou moins long, l'objet des soins et du dévouement des vierges, des catéchistes et des Pères. Aussi cette toute nouvelle chrétienté, qui ne comptait à la fin de ma première année que cinquante-neuf fidèles et cent soixante-six catéchumènes, a maintenant deux cent soixante chrétiens, et près de mille catéchumènes. Malgré les entraves et les difficultés de tout genre, quatre-vingt-dix adultes ont reçu le baptême en même temps que vingt-six de leurs enfants.

In frigore et nuditate.

Nos enfants des deux écoles qui pourraient être si nombreux et qui promettent tant pour l'avenir, sont entassés le jour dans leur étroite maisonnette, et la nuit, la nuit surtout, sans lit, sur la terre, recouverte d'un peu de paille. Ils sont ainsi cinquante-cinq à l'école de garçons, vingt-huit à l'école des filles. Je ne compte que les pensionnaires, et ils pourraient être près de cent de part et d'autre. Mais où trouver du pain pour tant de bouches, et des lits pour si nombreuse famille ?

En finissant ma lettre, je prie les âmes charitables de venir à mon secours. Mais si j'ai besoin d'argent, j'ai bien plus besoin encore de prières. L'œuvre du missionnaire est avant tout une œuvre surnaturelle. La grâce seule peut toucher et changer le cœur des pauvres païens sans nombre qui m'entourent.

INFORMATIONS DIVERSES

Paris. — Le sacre de Mgr Louage, évêque de Dacca (Bengale oriental), a eu lieu dimanche dernier 11 janvier, à la chapelle de l'institution de Notre-Dame de Sainte-Croix à Neuilly. L'évêque consécrateur était Mgr Fabre, archevêque de Montréal (Canada), assisté de Mgr Thomas, archevêque d'Andrinople, et de Mgr Duboin, évêque de Raphanée.

Mgr Louage quittera la France dès les premiers jours de février et s'embarquera à Marseille sur le *Melbourne* pour se rendre à Calcutta et de là à Dacca.

Dahomey. — Une lettre de Porto-Novo donne quelques détails sur la remise de la croix de la Légion d'honneur au R. P. Dorgère.

Cette cérémonie a eu lieu le 25 novembre à Porto-Novo, avec toute la solennité qu'elle pouvait comporter.

L'amiral Cuvelier de Cuverville, commandant en chef, avait délégué le lieutenant-colonel Klipfel, commandant supérieur des troupes, pour recevoir le P. Dorgère dans l'Ordre en lui remettant la croix.

L'assistance était nombreuse. Aux premiers rangs tous les officiers du corps expéditionnaire, les fonctionnaires civils, M. le Résident de France en tête, les Pères de la mission et une grande partie des commerçants notables de la ville.

C'est aux applaudissements de tous que le lieutenant-colonel Klipfel a donné l'accolade au brave religieux en lui adressant ses plus chaleureuses félicitations.

La remise de cette croix, ces honneurs rendus à l'humble missionnaire ont produit sur toute la population de Porto-Novo une excellente et profonde impression, qui aura pour l'influence française d'heureux résultats.

En rentrant à la mission de Whydah, la première visite du R. P. Dorgère a été pour la chapelle. Là, il a ôté sa décoration, l'a déposée aux pieds de la statue de Saint-Joseph et n'y a plus touché!

Japon septentrional. — Mgr Osouf nous envoie le tableau suivant des œuvres de sa mission durant l'année dernière :

Baptêmes d'adultes	1.289
Conversions d'hérétiques et de schismatiques	26
Baptêmes d'enfants de païens	571
— d'enfants de chrétiens	202
Confirmations	388
Communions pascales	3.314
Extrêmes-Onctions	111
Mariages	101

Cameroun (*Afrique occidentale*). Le R. P. Augustin Halbing, de la pieuse Société des Missions, nous écrit de Rome, le 7 janvier 1891 :

« Voici quelques détails sur les premiers missionnaires du Cameroun, partis le 1er octobre 1890 du port de Hambourg.

« Pendant la traversée, les missionnaires purent visiter en passant les RR. PP. du Saint-Esprit à Gorée, au Cap-Vert, puis à Fernando-Po, les RR. PP. de la Congrégation du Cœur-Immaculé de Marie. Enfin, le 26 octobre, ils descendirent à terre et passèrent à la factorerie de l'île de Cameroun, où ils séjournèrent jusqu'au 6 novembre, jour de départ pour Edea, leur première station à fonder. ·

« De là un missionnaire écrivit le 22 novembre :

« Enfin nous sommes arrivés à notre destination. Que de difficultés nous avons eu à vaincre! elles étaient provoquées sans doute par l'ennemi de tout bien.

« Nous espérions arriver à Edea en deux jours, mais par suite d'une rupture de l'hélice du bateau, il nous fut impossible d'avancer. Nous avions atteint le fleuve Malimba. Notre pauvre bateau, déchargé de tous les passagers et des bagages, retourna vide jusqu'à l'embouchure, à Cameroun, pour faire réparer ses avaries. Nous attendîmes toute une semaine sur le bord de la

« rivière. Enfin, notre bateau reparut, et le 21 novembre, nous « arrivions à Edea.

« Pendant le voyage, le T. R. P. Victor, notre supérieur et « vénéré Préfet apostolique, et trois autres de mes compagnons, « eurent à souffrir d'une forte fièvre.

« Maintenant, nous nous sommes installés sous notre tente, à « cinq minutes de distance des cataractes du fleuve Malimba. Nous « aurons prochainement une entrevue avec le roi (chef, Pome. « A présent nous nous portons tous bien ; cependant nous avons « à souffrir de la chaleur, des moustiques et des fourmis blan- « ches Daigne le bon Dieu faire servir ces entreprises à sa gloire !»

DOUZE CENTS MILLES EN CANOT D'ÉCORCE

OU

PREMIÈRE VISITE PASTORALE

de Mgr N.-Z. LORRAIN, évêque de Cythère
Vicaire apostolique de Pontiac

DANS SES MISSIONS SAUVAGES DU HAUT DES RIVIÈRES OTTAWA
ET SAINT-MAURICE, DE WASWANIPI ET DE MÉKISKAN

Par Mgr J.-B. PROULX
Curé de Saint-Raphaël de l'Isle-Bizard.
(suite).

CHAPITRE II

Sur les lacs Obaching et Kipawé.

Confirmation sur un rocher. — *Chez Jean Pon.* — *Un champ de colonisation.* — *Chez Limmy England à Sunny-Side.* — *Hunter's Lodge.*

Samedi, 21 mai 1888. — Donc, ce matin à 9 heures, nous entrons en plein pays sauvage. Nos vaisseaux, deux belles écorces de vingt pieds de long, aux flancs larges et profonds, sont lancés sur les eaux du lac Obaching; ils ont besoin d'avoir une capacité peu ordinaire : nous portons avec nous vingt-cinq colis dont plusieurs d'une grosseur respectable.

Une nappe d'eau s'étend devant nous, large de deux milles, longue de cinq. Les eaux sont lisses comme une glace, l'atmosphère un peu chargée de fumée, le soleil chaud sans ardeurs brûlantes. Le canot glisse, au bruit cadencé des avirons. Bien des fois j'ai voyagé en canot d'écorce, je ne me suis jamais lassé de cette délicieuse navigation, elle à pour moi des charmes toujours nouveaux.

Pendant trois heures nous glissons légèrement. M. England, avec deux de ses filles, nous rejoint. Il se rend dans sa ferme où son fils Joseph, jeune homme de vingt-deux ans, est occupé aux semailles. Les fillettes joyeuses, la figure épanouie, rament avec vigueur. Heureuses enfants, vous vivez contentes au sein des jouissances de la famille. Ces exercices gymnastiques vous apportent la santé, la pureté du sang et l'allégresse du cœur. Vous ignorez la soif des amusements stériles et les tribulations de la toilette, qui font le tourment de tant de jeunes filles du grand monde.

A midi, par un portage de deux arpents, nous sautons du lac Obaching dans le petit Obaching.

(1) Voir les *Missions catholiques* du 2 et 9 janvier.

.*.

Cependant arrive endimanché le jeune Joseph England ; il veut recevoir le sacrement qui parfait en nous la vie chrétienne.

Le néophyte s'agenouille sur un rocher couvert d'un tapis de mousse, aussi pieusement que sur le pavé de marbre d'une basilique ; l'évêque debout, revêtu du rochet et de l'étole, lui impose gravement les mains ; nos sauvages se tiennent dans un silence respectueux ; une chute bouillonnante dans le voisinage, semble murmurer une prière ; le soleil, du haut du firmament, éclaire cette scène ravissante.

Pour moi, je me sentais ému jusqu'au fond de l'âme ; jamais je ne trouvai plus grandioses les cérémonies de la confirmation, plus belles ses prières :

« Que l'Esprit Saint descende en vous, et que la vertu du Tout-Puissant vous garde de tout péché. »

« O Dieu Tout-Puissant et éternel, qui avez daigné régénérer ces serviteurs qui vous appartiennent, par la vertu de l'eau et du Saint-Esprit, et qui leur avez accordé le pardon de leurs péchés, faites descendre en eux le Paraclet, l'Esprit aux sept dons. »

Puis suit une énumération sublime : « l'esprit de sagesse et d'intelligence ; l'esprit de conseil et de force ; l'esprit de science et de piété ; l'esprit de crainte du Seigneur. » L'écho, après nous, répète *Amen... Amen... Amen.*

Retourne fortifié à ton travail, pieux jeune homme, tandis que nous, édifiés, nous continuerons notre route vers d'autres spectacles, je l'espère, aussi consolants.

.*.

Cinq milles de canot nous déposent sur la rive nord du Douglas et un mille de portage nous conduit chez notre ami Jean Pon (Paul). Par son activité, par son esprit entreprenant, Jean Pon est un vrai *Yankee.*

Pour abréger son portage d'un demi-mille, il a bâti une digue, formé un lac navigable ; sur le parcours de l'autre demi-mille, il a construit un tramway à lisses de bois, où ses deux chevaux peuvent traîner aisément d'énormes charges. Il tient ici une auberge pour les gens des chantiers; impossible de souhaiter, au fond des bois, une maison plus propre, un service mieux fait, des écuries plus confortables. En arrière de la maison, dans le flanc d'un coteau, est creusé un caveau pour emmagasiner les pommes de terre.

La ménagère de céans, madame Jean Pon, est une sauvagesse du lac des Deux-Montagnes ; elle s'est mariée deux fois et elle a aujourd'hui une famille de onze enfants vivants.

A notre arrivée, vers six heures, un petit canot se détache du rivage, pour aller faire le tour de la baie, et donner avis de la présence de l'évêque. Deux heures après, accourait des quatre points cardinaux, à grands coups d'avirons, toute une petite congrégation sauvage. Ce qui nous frappa en eux, ce fut leur air d'aisance, la convenance de leurs manières, l'intelligence de leur figure, leur mise décente je dirai même artistique, avec leurs mouchoirs de soie rouge sur le cou, et sur leurs épaules leurs mantelets de diverses couleurs. Sermons en sauvage et en français, chant, prière du soir.

Dimanche, 22 mai. — Ce matin, dimanche, Monseigneur célébra l'office de la paroisse, qui eut lieu à huit heures :

trente-cinq sauvages y assistaient. Vingt reçurent la communion, huit la confirmation.

Pendant notre voyage à la baie d'Hudson, Monseigneur se prenait souvent à regretter de ne pouvoir rapporter avec nous des souvenirs de ces paysages magnifiques, de ces points de vue splendides qui, chaque jour, excitaient notre admiration. Cette année, il n'a pas voulu que son expédition à travers la forêt eût cette lacune. Ce matin, Sa Grandeur a fait ses premières armes en photographie, en chargeant les rayons du soleil de reproduire la maison de Jean Pon, les eaux de la baie qui baigne ses pieds et la colline verdoyante qui domine sa cheminée (Voir la gravure, page 25).

A onze heures, nous quittons la maison hospitalière de notre ami Jean ; nous n'irons pas très loin, gardant dans la mesure du possible le repos du Seigneur. C'est fête ; aussi voyez, au bout de longues perches, à la poupe de nos canots, les pavillons flotter au gré du vent.

Le lac Kipawé est immense, il mesure une cinquantaine de milles dans sa plus grande longueur, avec des pointes et des baies, engendrant d'autres pointes et d'autres baies. Au fur et à mesure que nous avançons, nous voyons tour à tour se fermer les issues et s'ouvrir de nouveaux débouchés. Le mot Kipawé ne veut pas à son nom, qui veut dire *ce qui renferme, là où l'on est renfermé.*

Tout à coup nous découvrons une ferme, deux fermes, toute une série de grandes fermes, qui étendent leurs pâturages et leurs prairies sur les flancs de coteaux s'élevant en pente douce.

« — Père Guegen, à qui appartiennent ces terres défrichées ?

« — Sur notre gauche se rencontrent les fermes de MM. Stevens Smith, Nil Gibson et Russell ; à droite, celles de MM. Summerville, Herdman, Edwards et Hunter, en tout, peut-être une vingtaine.

« — Combien d'acres comprennent ces fermes ?

« — De soixante à cent acres et même plus.

« — Quelles moissons y récolte-t-on ?

« — Du foin et de l'avoine, les deux choses dont les chantiers ont besoin surtout.

« — Croyez-vous que le pays, autour du lac Kipawé, soit susceptible de devenir une contrée agricole ?

« — Et pourquoi pas ? Là où l'on a ouvert vingt grandes fermes, qui empêche d'en avoir deux mille, quand l'espace est presque sans limites ?

« — Ces rivages me paraissent bien rocheux.

« — Pas partout, il y a maints endroits, comme vous verrez, où l'on ne rencontre absolument aucune pierre. Plus on s'éloigne des grèves, plus le nombre des cailloux diminue. Du reste, que les bords d'un lac soient pierreux, c'est dans l'ordre. Quand l'homme creuse un puits, qui est un bien petit lac, il le maçonne ; quand Dieu a creusé un lac qui est un bien grand puits, il l'a maçonné. »

Puis le Père nous apprit qu'on avait fait deux tracés de chemin de fer, partant du Long-Sault, et venant aboutir l'un chez Jean Pon, l'autre à la tête de la *crique à Gordon,* que nous voyons en ce moment sur notre gauche.

« — Quelle serait la longueur de cette voie ferrée ?

« — Huit milles environ.

« — Mais, Père, pourrait-elle couvrir ses dépenses au fond de ces bois ?

« — Sans aucun doute. La ligne du Témiscamingue ne donne-t-elle pas à ses propriétaires de jolis rendements ? Celle de Kipawé serait encore mieux alimentée par les besoins des chantiers, qui sont de ce côté-ci plus nombreux ; sans compter que les colons viendraient s'établir sur son parcours ou à ses extrémités. On parle déjà d'arpenter quatre cantons dans le triangle formé par le Long-Sault, le lac Témiscamingue et le lac Kipawé, dans une région plane, fertile et superbe. »

Le Père se tut, et je me pris à rêver. Les choses vont si vite dans ce siècle. Mgr Taché, il n'y a guère que quarante ans, partait en canot de Lachine pour Saint-Boniface. Dans quarante ans, quels changements l'expansion nationale n'aura-t-elle pas apportés dans ces solitudes, où ne retentit guère aujourd'hui que la hache du bûcheron ? Pourquoi la race canadienne n'aura-t-elle pas étendu ses rameaux jusque dans cette partié éloignée de ses domaines ? Alors ces beaux lacs seront entourés de moissons dorées, ces rivages seront bordés de villages et de villes, ces eaux seront sillonnées par des bateaux à vapeur, qui écouleront les produits d'un commerce considérable.

Vers deux heures, nous abordons, pour y camper, chez M. Jimmy England, le fils de M. John England. Il est marié. Quelle belle famille !

Trouver ce parfum de bonne éducation au sein des forêts sauvages, cela me fait l'effet d'un bouquet de fleurs délicates et odorantes, perdues par hasard au milieu d'un buisson d'épines.

CANADA. — POSTE DE LA Cᵉ DE LA BAIE D'HUDSON, SUR LE LAC KIPAWÉ ; d'après une photographie de Mgr LORRAIN, évêque de Pontiac. (Voir le texte).

Douze personnes, sur douze paroissiens, s'approchèrent pieusement de la table sainte, et quatre reçurent le sacrement de confirmation.

Pour exercer le ministère au milieu de cette population mixte, il faut avoir le don, sinon de toutes les langues, du moins de trois. Le premier soir, nous devions parler en français et en anglais, le deuxième en sauvage, le troisième en français et hier soir en anglais. Il n'y a rien de plus édifiant que de voir un bon Père missionnaire et un évêque, se donner autant de peine, et dans leurs instructions et dans l'administration des sacrements, pour une petite congrégation d'une dizaine de personnes, que s'il s'agissait d'une vaste assemblée de fidèles dans une grande ville. Qui nous fera connaître le prix d'une âme ? Celui qui sauve l'âme de son frère sauve la sienne propre.

Ne trouvez-vous pas que nous voyageons à la mode recommandée par le Sauveur. Il disait à ses apôtres : « Allez, voici que je vous envoie comme des agneaux au milieu des loups. » Je prends ces mots à la lettre ; il ne manque pas de bêtes féroces dans ces bois. « Ne portez avec vous ni bourse, ni sac, ni souliers, et sur le chemin ne saluez personne. » C'est-à-dire ne portez rien d'inutile et ne perdez point votre temps en visites oiseuses. C'est bien ce que nous faisons. « En quelque maison que vous entriez, commencez par dire : la paix soit sur cette maison. Et s'il y a là un enfant de paix, votre paix s'arrêtera sur lui ; sinon elle retournera sur vous. Demeurez au reste dans la même maison, buvant et mangeant ce qui s'y trouve ; car l'ouvrier mérite sa récompense. Ne passez point d'une maison à une autre. » Et le moyen ? quand on nous reçoit avec tant de politesse, de prévenance et de bon cœur. Bien plus, je le dirai ici hautement, pour la plus grande gloire de Dieu, ces braves gens, pour la plupart, après nous avoir hébergés et nourris, viennent, au moment du départ, offrir leur petite aumône à Monseigneur. Il la reçoit, parce qu'en la refusant il offenserait la piété filiale de ses enfants ; il la reçoit, parce qu'après tout il lui restera encore à couvrir les neuf dixièmes des dépenses du voyage.

.*.

A huit heures du matin, le canot nous reprend pour nous conduire à *Hunter's Lodge*. Hunter's Lodge est un fort de la Compagnie de la baie d'Hudson, situé sur un détroit presque au milieu du lac, puisqu'on compte, pour se rendre aux extrémités, d'un côté dix-huit milles, de l'autre vingt-

cinq. Il est composé de cinq bâtiments, construits, comme le sont du reste presque tous les autres forts, sur le style de nos anciennes maisons ; il est facile de voir que les premiers architectes de la Compagnie ont été des voyageurs canadiens, Ce poste, dans le passé, aux belles années de M. Hunter, était un lieu de rendez-vous considérable. Le commis y récoltait quantité de paquets de pelleteries ; le missionnaire y trouvait réunis nombre de sauvages ; même on y avait commencé une chapelle. Aujourd'hui le fort voit son commerce diminué par la concurrence que lui font les chantiers et les colporteurs ; les missions se donnent, ici et là, en d'autres endroits du lac ; enfin ses beaux jours sont passés.

Fuit Ilion atque magna gloria Trojæ.

CANADA. — FERME SUR LA RIVIÈRE OTTAWA ; d'après une photographie de Mgr LORRAIN, évêque de Pontiac.
(Voir le texte).

De l'autre côté du détroit, à dix arpents du fort, sur un coteau de sable et de gravier, près du lac dont les écores sont en cet endroit hautes et abruptes, ayant la vue sur une baie de forme ovale, les sauvages ont leur cimetière : c'est là que, des différents points de la forêt, ils viennent dormir leur dernier sommeil. Au milieu s'élève une grande croix, brunie par le temps ; çà et là dispersées, on voit de petites croix en cèdre, les unes déjà tombant de vétusté, d'autres n'accusant que quelques années d'existence, d'autres enfin tout fraîchement travaillées. Les fraisiers sauvages dans tout leur épanouissement, émaillent de leurs fleurs blanches la verdure qui recouvre ces tombes. A genoux, nous récitâmes le *De profundis* et le *Libera*. Le temps sombre, les

nuages gris qui roulaient au-dessus de nos têtes, s'harmonisaient à la tristesse des prières, et le chant des petits oiseaux la faisait ressortir en un contraste touchant, par leurs notes joyeuses. Puissions-nous avoir soulagé quelques âmes, elles nous protégeront pendant toute la durée du voyage !

En descendant au rivage, Monseigneur nous faisait cette réflexion si juste : « Au jour du jugement, il se lèvera peut-être, de ce coin retiré du désert, plus de justes que de ces vastes cimetières, orgueilleux de leurs monuments de marbre ou de granit. »

(A suivre.)

AUX ILES MARQUISES

Premières impressions d'un jeune missionnaire

Il y a plusieurs années que nous n'avons pas parlé de cette mission. Elle comprend, on le sait, une partie des îles françaises du Pacifique central et elle est confiée, comme le groupe de Tahiti, au zèle des Missionnaires des Sacrés-Cœurs. On lira avec intérêt les détails donnés par un missionnaire nouvellement débarqué dans l'archipel marquisien.

Lettre adressée par le **R. P. Berchmans**, *de la Congrégation des SS. Cœurs (Picpus), à son frère, religieux de la même Congrégation.*

I

Entré le soir dans la baie de Taiohaë, j'ai pu me reposer sur le sol des Marquises sans trop apercevoir toutefois quel aspect pouvait offrir ce pays. Ma première nuit fut assez tranquille et, ce qui ne m'était jamais arrivé en décembre, je laissai portes et fenêtres ouvertes. Du reste, les vitres sont ici chose assez rare, une simple persienne suffit.

Faut-il vous dire que j'avais rêvé mille choses, mille accidents ; j'avais vu toutes sortes de pays et un peuple que certainement l'imagination la plus échevelée aurait peine à se figurer. Enfin le jour paraît. Je regarde au dehors. Quels arbres ! Quelle végétation ! Quels parfums variés de toutes sortes de plantes et de fruits ! Et dire encore une fois qu'on est en décembre ! J'entends le chant du rossignol ; mais, l'avouerai-je, je suis encore plus ému par la voix du coq qui me rappelle nos belles fermes d'Europe. Ce que j'ai sous les yeux est sans doute un jardin cultivé ; mais ici, que l'on soit dans la montagne ou dans la vallée, c'est toujours la même splendeur ; tout y naît comme au Paradis terrestre, on n'a qu'à monter sur l'arbre et à cueillir. Parfois il y a des années sans pluies, mais la famine ne sévit pas pour cela ; à chaque pas vous rencontrez des plantes et des fruits tout à la fois sauvages et comestibles et même d'une véritable saveur.

Au moment où je franchis le seuil de ma porte, la reine vient à passer. La souveraine me fait une inclination profonde en me disant : « *Kaoka te mitinane hon* », ce qui veut dire : « Bonjour, nouveau missionnaire ». Vaikehu est la mère adoptive de feu Mgr Dordillon ; chrétienne véritablement exemplaire, elle mérite certainement par son abord affable le nom de mère des missionnaires.

II

L'archipel des Marquises se partage en deux groupes. Celui du nord-ouest renferme trois îles inhabitées : Eiao, Matuiti et Hatutu. Trois autres possèdent une population, Uapa, Uauka et Nukahiva ; cette dernière est devenue la plus importante, grâce à l'établissement français de Taiohaë, la capitale.

Le groupe du sud-ouest comprend deux îles inhabitées, Motane et Fatukuku. Les trois habitées sont Tanata, Hivaoa et Fatuhiva.

En 1863, la population des Marquises était d'environ 12,000 habitants. Aujourd'hui elle a considérablement diminué. Les naissances sont rares, très rares ; dans peu d'années la race aura disparu : encore un demi-siècle et on ne trouvera peut-être plus un seul Canaque aux Marquises.

Les insulaires sont pourtant les plus vigoureux et les mieux faits de toute l'Océanie ; leur port superbe rappelle les statues de Michel Ange. Le teint est très cuivré, et la chevelure d'un noir d'ébène ; quant au tatouage, il suffirait à lui seul à mettre en fuite l'étranger qui, pour la première fois, trouverait un Canaque... au coin d'un bois.

Pour comprendre ce qu'étaient il y a une trentaine d'années ces Marquisiens et ce qu'ils sont encore en maints endroits, il faudrait avoir connu la religion, les superstitions, le caractère, la dépravation des mœurs, les usages et les coutumes de ces insulaires. Contentons-nous de dire que les obstacles au bien étaient on ne peut plus nombreux et, humainement parlant, insurmontables. Ces pauvres gens, complètement aveuglés par le démon et dégradés par les passions, ne connaissaient pas le-mal et cela au point que chez eux il n'existait même pas une expression pour désigner la vertu. Aujourd'hui, grâce aux efforts inouïs des missionnaires partout contrebalancés par les manœuvres des protestants, les îles Nukahiva et Uapa sont chrétiennes. Dans les autres îles la majorité des habitants est également soumise à la loi du Christ et partout l'on prie. Mais à quels dangers n'a-t-il pas fallu s'exposer pour arriver à ce résultat ! Parmi les missionnaires, sauf ceux arrivés plus récemment, il n'est personne qui n'ait vu la mort en face et cela à plusieurs reprises. Dans les fréquents passages d'une île à l'autre, il y avait le péril de voir sombrer un frêle esquif ; tantôt on échappait à peine à la cuisine cannibale et à la triste perspective de servir d'assaisonnement à la *popoi* des sauvages. Puis il fallait aussi compter avec la guerre, les routes impraticables, les précipices béants ; en un mot, c'était la fatigue et le danger perpétuels.

Malgré toutes ces souffrances des missionnaires, ce malheureux peuple commence déjà à suivre la triste pente où se sont engagés tant d'autres. Tant qu'elle était seule avec le prêtre, cette nation, naturellement simple, bonne et hospitalière, se laissait conduire comme un enfant ; la foi, la civilisation, le commerce même faisaient d'immenses progrès, en un mot elle était à la veille de devenir heureuse. Ceux, hélas ! qui eussent dû l'encourager à suivre la voie du bien sont venus détruire petit à petit l'influence du prêtre, son père et son bienfaiteur.

De tous les étrangers établis ici, on a peine à en trouver un seul qui pratique sa religion. Comment voulez-vous qu'avec de tels exemples un peuple encore enfant au point de vue du christianisme, ne se trouve pas scandalisé et ébranlé dans sa foi, qui n'en est encore qu'à son berceau ? Comment voulez-vous que le missionnaire ne soit pas brisé par la douleur quand il voit ses catéchumènes s'éloigner, devenir indifférents, négliger de se faire instruire, et oublier, avec le chemin de l'église, les enseignements seuls capables de leur donner le bonheur et la paix et de les arracher aux passions qui les minent et les dévorent.

* * *

Quelques jours après notre arrivée à Taiohaë, nous sommes allés à quelques lieues voir notre jeune et bien-aimé Frère Siméon, à sa mission à Hatibeq. Vous pouvez vous imaginer quelle bonne accolade nous nous donnâmes. Compagnons de noviciat, nous nous étions retrouvés à la maison d'études, toujours voisins à l'église comme au réfectoire, et voici que maintenant il va me loger pendant quelques jours, me montrer ce que sont des sauvages, me faire visiter une classe de petits Canaques, comme bientôt j'en aurai une moi-même du double plus nombreuse.

A la fête de Noël, je retournai à Taiohaé où, pour émerveiller les indigènes, je fabriquai une crèche et une grotte.

Bientôt arrivèrent de tous côtés pour la retraite annuelle tous les anciens missionnaires et Frères des différents districts. L'un d'eux m'aborde et me dit en patois :

« Tiens! te voilà arrivé. Comment est-ce que ça va au « pays? à te voir on dirait quelque vieux sauvage. »

C'était le Frère Acar, ancien zouave pontifical, né dans notre chère ville d'au-delà les mers. Vous exprimer ma joie dans cette première rencontre serait chose bien difficile.

.ˆ.

La retraite terminée, on me donna l'ordre de partir pour l'île de Hivaoa, autrement dit la *Dominique*, pour y remplacer le R. P. Provincial, qu'on avait dû transporter péniblement à Taiohaé pour y être soigné. Il avait reçu un coup de pied à la hanche droite, mauvais tour de son ânesse, et le voilà incapable de tout travail ; toutefois il marche un peu avec des béquilles. Vous comprenez que je ne remplis pas pour cela les fonctions de provincial, mais bien celles de tout petit curé de Puamau.

C'est là que le Frère Acar exerce depuis longtemps les fonctions de maître d'école auprès de cent quatre-vingts élèves. Nous partons joyeusement et il est heureux d'avoir un aide, un jeune missionnaire.

Sans être l'endroit le plus fertile de la Dominique, Puamau en possède cependant la baie la plus vaste et la plus belle ; or, la Dominique ou Hivaoa est l'île la plus peuplée du groupe. Pour habiter une belle terre, mes néophytes n'en sont pas pour cela moins sauvages. Plus indifférents, il me semble, que les autres insulaires en matière de religion, ils s'attachent peu au missionnaire. C'est peut-être, pourra-t-on dire, qu'ils en ont été privés pendant longtemps ; mais dans d'autres localités où le prêtre ne séjourne plus, il trouve cependant de la sympathie lorsqu'il vient à passer. Sans ma nombreuse école, je n'aurais pas grand ouvrage ; car, hélas ! tout semble encore à faire, bien que mes prédécesseurs m'aient tracé la voie. J'aime déjà mes enfants et je ne négligerai rien pour les attirer à Jésus-Christ.

Puissé-je seulement gagner une seule famille ! Mais ici il n'y a point de famille, on adopte les enfants d'autrui et ainsi l'autorité paternelle n'est pour rien dans leur formation. Aussi quelles difficultés pour nous, surtout en face d'une école protestante où la discipline est peu gênante et devient en quelque sorte l'appât qui amène le Canaque à l'erreur : toute latitude est laissée aux petits sauvages ; quoi de plus séduisant !

Pour moi, je ne pouvais m'appuyer sur un tel système, mais, de concert avec le Frère Acar, je n'eus d'autre souci que de gagner les cœurs de mes élèves.

(*A suivre*).

LES MISSIONS CATHOLIQUES AU XIXᵉ SIÈCLE

PAR

M. Louis-Eugène LOUVET, des Missions Etrangères de Paris, Missionnaire en Cochinchine occidentale.

CHAPITRE IX

L'ÉGLISE ROMAINE ET LES ÉGLISES DE RIT UNI (1800-1800).

(Suite 1)

6. — *Mission de Perse* (Lazaristes).

C'est en 1840 que la mission de Perse, interrompue depuis près d'un siècle, fut reprise et confiée aux Lazaristes. Depuis 1742, époque où l'évêque de Babylone avait quitté Ispahan pour résider à Bagdad, il ne restait plus guère qu'un souvenir de cette antique église. Les communautés de Jésuites, de Carmes, de Capucins, qui avaient fondé autrefois de beaux établissements en Perse, s'étaient éteintes successivement pendant la seconde moitié du dernier siècle.

En 1830, la population catholique d'Ispahan était représentée par une vieille femme, et dans toute la Perse, les Lazaristes, quand ils arrivèrent en 1840, ne trouvèrent pas plus de trois à quatre cents catholiques de tous rites, sans ferveur et sans instruction.

Ils s'établirent d'abord à Tauris et à Ispahan ; mais devant les dispositions hostiles des Arméniens schismatiques, ils furent forcés d'abandonner ces deux postes pour se fixer à Khosrova et à Ourmiah.

Depuis plusieurs années, une mission protestante s'était installée somptueusement dans cette dernière ville, et profitait de l'ignorance du peuple et de la corruption du clergé nestorien pour acheter avec ses immenses ressources des néophytes.

L'arrivée de trois pauvres missionnaires catholiques jeta l'alarme au camp de ces messieurs. Désespérant d'en triompher sur le terrain du dogme, ils employèrent leur influence et leur or à les faire chasser du pays, et ils y réussirent, avec l'appui du ministre plénipotentiaire de Russie. La mission, encore au berceau, fut étouffée : le supérieur repassa en Europe, un de ses collaborateurs se réfugia en Mésopotamie, et le troisième Lazariste, M. Cluzel, mort archevêque et délégué apostolique, se cacha dans les villages de la plaine.

Les choses demeurèrent en cet état pendant plusieurs années. L'arrivée de M. de Sartiges, ministre de France, permit aux missionnaires de rentrer dans leurs postes et de reprendre leurs œuvres. Depuis 1852, la mission de Perse a toujours joui d'une liberté complète ; les missionnaires y sont estimés de tous, même des musulmans, et le gouvernement s'est toujours montré bien disposé avec ses sujets chrétiens. A plusieurs reprises, le Shah actuel a témoigné publiquement de la vénération pour les Souverains Pontifes Pie IX et Léon XIII.

Cela ne veut pas dire que les catholiques n'ont pas à souffrir en Perse. Les musulmans sont les maîtres du pays ; les catholiques, presque tous pauvres, sont obligés de travailler pour eux. La mauvaise administration des fonctionnaires,

(1) Voir tous les numéros parus depuis le 14 mars jusqu'à fin octobre 1890 et les *Missions Catholiques* du 2 et 9 janvier 1891.

les incursions et les brigandages des Kurdes, des famines périodiques, amenées par la sécheresse de la contrée et l'incurie du gouvernement, voilà autant de causes de souffrances. Les catholiques, ont de plus, beaucoup de vexations à endurer de la part des nestoriens et des jacobites.

Malgré ces difficultés, la mission de Perse a fait, dans ces cinquante ans, de très consolants progrès. Il y a actuellement en Perse environ 10,000 catholiques : 9,100 appartenant aux deux diocèses chaldéens de Salmas (Khosrova) et de Séna, 500 au diocèse arménien d'Ispahan et 150 latins, qui forment le diocèse latin d'Ispahan.

En 1874, Pie IX créa la délégation apostolique de Perse, détachée de celle de la Mésopotamie et du Kurdistan. Le premier titulaire fut Mgr Cluzel, Lazariste, élevé à la dignité d'archevêque *in partibus* d'Héraclée, avec le titre d'administrateur de l'évêché latin d'Ispahan.

La délégation apostolique comprend les deux diocèses chaldéens de Salmas et de Séna, avec le diocèse arménien d'Ispahan. A cause du petit nombre de catholiques de ce rite, le siège d'Ispahan est administré par le patriarche arménien de Constantinople.

Il y a, dans la délégation apostolique, 100 églises ou chapelles, élevées en grande partie par les Lazaristes et sous leur direction, 98 écoles, qui donnent l'instruction à plus de 1.600 enfants.

Les Lazaristes, au nombre de 12, et les Sœurs de charité, au nombre de 20, ont trois stations en Perse :

1° Ourmiah (1841), 4 missionnaires, 1 frère médecin, 1 collège, 1 petit séminaire. Les Lazaristes desservent la paroisse d'Ourmiah, qui compte environ 400 catholiques.

Les Sœurs de charité ont à Ourmiah des écoles, 1 hôpital, 1 dispensaire ;

2° Khosrova (1841), résidence de Mgr le délégué apostolique et d'un évêque chaldéen, 5 missionnaires, 1 séminaire pour les chaldéens, 20 à 25 élèves ; il y a dans la province de Khosrova environ 8,000 catholiques, répandus dans 200 villages.

Les Sœurs de charité ont à Khosrova : 1 asile, 140 garçons, 1 école, filles, 150 élèves, 1 orphelinat, 25 enfants, 1 pensionnat.

3° Téhéran (1862), 1 missionnaire, 2 maisons de Sœurs, école de garçons, 8 élèves, école de filles, 32 élèves.

Jusqu'ici, en Perse, l'élément arménien schismatique s'est montré très rebelle à la grâce. C'est surtout parmi les chaldéens que se font les conversions. Si les missionnaires étaient plus nombreux, les ressources plus abondantes, il est certain qu'en quelques années, les 80,000 nestoriens qui habitent le Kurdistan et le Perse, seraient ramenés à la foi catholique.

Quant à la mission protestante d'Ourmiah, malgré les 50,000 dollars de revenu annuel (250,000 francs) dont elle dispose, elle a abouti, de l'aveu de ses chefs, à un insuccès total. Les évêques, les prêtres nestoriens, ont accepté avec reconnaissance l'argent des Américains, mais pas un seul n'a voulu embrasser leur foi. Il en est de même chez le peuple, qui regarde les protestants comme des athées.

Statistique comparée de la mission de Perse.

En 1800	1850	1890
0	?	150 latins.

7. — Préfecture apostolique de la Mer Noire (Capucins).

La préfecture apostolique de la Mer Noire relève du vicariat patriarcal de Constantinople et remonte à 1845. On a vu, dans le chapitre septième, comment les Capucins de la mission du Caucase furent chassés de Tiflis, en 1844, par les Russes. Arrivés à Trébizonde, au mois de janvier 1845, ils écrivirent à la Propagande, qui leur permit de s'établir dans ce pays. Quelques années plus tard, la mission fut élevée à la dignité de préfecture apostolique.

La préfecture de la Mer Noire comprend toute la côte sud depuis Batoum jusqu'au Bosphore. Le poste de Varna, dans la Turquie d'Europe, lui fut donné, à l'époque de la guerre de Crimée ; depuis, il a été rattaché, comme je l'ai dit, au diocèse de Nicopolis. Les quatre postes principaux de la mission sont : Erzeroum, évêché arménien, Trébizonde, autre évêché arménien, Sinope et Samsoun, dans le diocèse de Trébizonde.

Les religieux Capucins qui desservent la préfecture de la Mer Noire sont au nombre de 13, 7 prêtres et 6 frères. Ils ont 3 églises et plusieurs chapelles, 5 stations accessoires, en dehors des 4 indiquées plus haut. Les Frères des écoles chrétiennes et les Sœurs de Saint-Joseph ont des écoles dans la préfecture.

Le nombre des catholiques latins de la préfecture m'est inconnu, mais il est certainement peu considérable.

8. — Préfecture apostolique de Mardin (Capucins).

Les religieux Capucins avaient, au XVIIe siècle, en Mésopotamie et dans l'Arménie, une florissante mission qui s'étendait d'Alep à Bassorah et à Ispahan. La Révolution française ruina toutes leurs fondations et, jusqu'en 1841, les missions des Capucins dans le Levant demeurèrent abandonnées.

L'œuvre que la Révolution française avait détruite, la Révolution espagnole de 1834 la rétablit, en chassant sur tous les chemins de l'exil les religieux espagnols. En 1841, le P. Nicolas Castells, mort en 1873, délégué apostolique de la Mésopotamie, arriva dans ce pays, avec trois religieux espagnols exilés comme lui.

Les Pères s'établirent d'abord à Orfa et à Mardin, puis ils se répandirent peu à peu dans le nord de la Mésopotamie et l'Arménie Seconde. Actuellement la préfecture apostolique s'étend dans les quatre diocèses arméniens de Mardin, de Diarbékir, de Karpouth et de Malatia. Elle est limitée, au sud et à l'est, par la mission dominicaine de Mossoul, au nord, par la préfecture des Capucins de la Mer Noire, au nord-ouest, par la nouvelle mission des Jésuites dans la Grande Arménie, à l'ouest, par le vicariat apostolique d'Alep.

Les missionnaires occupent cinq résidences principales : Mardin, Diarbékir, Karpouth, Malatia et Orfa.

1° Mardin, résidence du préfet apostolique, d'un archevêque arménien et de deux évêques chaldéen et syrien. 8,934 catholiques, à savoir 5,500 arméniens, 2700 syriens, 700 chaldéens, 34 latins, contre 130,000 musulmans, 800 yasidis, 51,500 jacobites, 2,600 protestants. Outre le préfet apostolique, il y a à Mardin, 3 missionnaires Capucins, 5 religieuses franciscaines, 2 écoles, 225 garçons et 400 filles.

2° Diarbékir. Résidence de trois archevêques, chaldéen, arménien et syrien, 5,504 catholiques, à savoir : 3,000 arméniens, 1,900 chaldéens, 460 syriens, 120 grecs melchites, 24 latins. Contre 166,000 musulmans, 33,700 arméniens schismatiques, 2,000 jacobites, 800 grecs schismatiques, 3,000 protestants et 150 juifs.

Il y a à Diarbékir : 4 missionnaires capucins, 4 sœurs franciscaines, 1 école de filles, 200 élèves.

3° Karpouth. L'évêque arménien catholique réside à Mesré, près de Karpouth. 2,485 catholiques, à savoir : 1,580 arméniens et 905 latins contre 150,000 musulmans, 61,970 arméniens schismatiques, 1,000 grecs schismatiques, 400 jacobites, 3,600 protestants.

Il y a 4 missionnaires en résidence à Karpouth et à Mesré; 2 écoles, 95 enfants ;

4° Malatia (l'ancienne Mélytène, capitale de l'Arménie Seconde). Résidence d'un évêque arménien catholique, 1,925 catholiques, à savoir : 1,610 arméniens, 100 syriens et 185 latins, contre 125,000 musulmans, 13,000 arméniens schismatiques, 400 protestants. Il y a, à Malatia, 2 missionnaires, 1 école, 200 garçons ;

5° Orfa (l'ancienne Edesse) dans le diocèse arménien de Diarbékir, 1,000 catholiques de tous rites, contre 110,000 musulmans, 15,000 arméniens schismatiques, 4,000 jacobites, 2,500 protestants et 500 juifs.

Il y a 2 missionnaires et 3 sœurs franciscaines en résidence à Orfa, 2 écoles, 180 enfants.

Il y a dans la préfecture : 11 missionnaires capucins, 5 Frères et 8 tertiaires. Les Sœurs franciscaines de Lons-le-Saunier sont au nombre de 11.

La mission compte 6 églises et 9 chapelles de rit latin.

Statistique comparée de la préfecture de Mardin.

En 1800	1850	1890
0	»	1,318 latins.

9. — *Mission d'Arménie* (Jésuites).

La divine Providence est admirable à tirer le bien du mal. En exécutant les décrets de 1880, on ne se doutait guère qu'on enverrait des apôtres à l'Orient. Léon XIII, justement préoccupé des besoins immenses des missions orientales et des dangers que leur fait courir la propagande protestante, assigna aux Jésuites de la province de Lyon les missions de la Grande Arménie. En vrais fils de saint Ignace, ils répondirent avec empressement aux désirs du Souverain Pontife et, dans le cours de 1882, s'établirent successivement à Amasie et, dans les diocèses arméniens de Trébizonde, et dans les diocèses arméniens de Sivas, de Tokat, de Césarée et d'Adana.

Avec leur dévouement habituel, les Jésuites se sont faits, dans ces cinq diocèses, les collaborateurs des évêques orientaux. A côté de l'école protestante, richement entretenue par l'or de l'Angleterre, école dans laquelle on n'arrache l'enfant arménien à l'ignorance que pour le livrer au déisme et à l'incrédulité, les Jésuites français, avec l'aumône de la pauvreté, ont ouvert des écoles catholiques et françaises, où l'on apprend d'abord à connaître et à aimer Dieu, mais où l'on enseigne aussi notre langue, où l'on fait bénir le nom et l'influence de la France.

L'œuvre, encore à ses débuts, compte déjà 6 résidences, 20 missionnaires prêtres et 6 Frères coadjuteurs. Ils ont le soin des rares catholiques latins qui résident dans ces régions; mais leur œuvre principale, ce sont les écoles, dans lesquelles, au bout de huit ans, ils comptent déjà plus de 700 enfants. Malgré ses immenses ressources, l'hérésie a tremblé, car elle sait que, entre l'influence catholique et française et l'influence anglo-protestante, l'Orient, s'il a le choix, n'hésitera jamais.

10. — *Vicariat apostolique d'Arabie.*

C'est en 1838 que l'Arabie ,et l'Egypte furent détachées du vicariat apostolique d'Alep. En 1840, la Propagande érigeait l'Arabie en préfecture apostolique et la confiait aux RR. PP. Capucins. Les missionnaires avaient l'ordre de s'établir à Djedda, port de la Mecque, sur la mer Rouge ; mais vu le fanatisme des habitants et le petit nombre des catholiques, ils furent forcés de s'installer à Aden, village de 600 âmes, dont les Anglais venaient de s'emparer, et dont ils allaient faire une forteresse de premier ordre, la clef de la mer Rouge, et, depuis le percement de l'isthme de Suez, le point de ravitaillement obligé de tous les vaisseaux qui vont aux Indes ou à la Chine.

Aujourd'hui, la ville d'Aden compte 32,000 habitants, sur lesquels 30,000 infidèles, 1,200 protestants et 800 catholiques, composés en grande partie de soldats irlandais et d'Indiens. C'est une population flottante, qui se renouvelle presque en entier chaque année, ce qui rend à peu près impossible tout essai d'apostolat auprès des protestants. Quant aux infidèles, on sait qu'il est inutile, au moins pour le moment, de travailler à les convertir.

Les missionnaires Capucins ont tiré le meilleur parti possible de cette situation désavantageuse. Ne pouvant agir sur les parents, ils se sont occupés avec zèle des enfants somalis, qui erraient abandonnés en grand nombre dans les rues d'Aden. A force de sacrifices, ils ont réussi à les amener à l'école et à ouvrir à Cheik-Othman, près d'Aden, un orphelinat agricole, qui compte 60 enfants et un autre orphelinat, 12 enfants.

De leur côté, les Sœurs du Bon-Pasteur, arrivées en 1868, ont ouvert à Aden, un pensionnat avec externat, qui compte une cinquantaine d'enfants. La pensée des missionnaires est, après avoir élevé ces enfants, d'établir dans la presqu'île un village de Somalis chrétiens, qui seront les prémices de la mission d'Arabie parmi les indigènes.

Il y a dans la mission : un vicaire apostolique, 11 religieux Capucins, 4 stations avec résidences : Aden, Steamer-Point, Cheik-Othman et Assab. 5 stations secondaires qu'on visite de temps en temps. De plus, l'île de Périm, qui appartient aussi aux Anglais, et les ports d'Hoddeida et de Djeddah, dans la Mer Rouge. 3 églises, 2 chapelles.

La préfecture apostolique d'Aden a été érigée en 1888 en vicariat apostolique d'Arabie, confié aux Capucins français.

Le port d'Assab, sur la côte occidentale de la Mer Rouge (Afrique), vient d'être rattaché à la mission. La population catholique du vicariat s'élève à 1,500 âmes.

Statistique comparée du vicariat apostolique d'Arabie.

En 1800	1850	1890
0	200	1,500 latins.

Pour bien faire saisir l'organisation de la hiérarchie latine en Orient, il faut dire un mot des délégations apostoliques. Il y a dans la Turquie d'Asie 3 délégations apostoliques.

1º La délégation apostolique de Syrie, établie en 1762. Jusqu'ici le délégué apostolique a toujours été le vicaire apostolique d'Alep. Cette délégation a sous sa dépendance 27 sièges orientaux : 13 grecs melchites, 8 maronites, 6 syriens.

2º La délégation apostolique de la Mésopotamie, du Kurdistan et de l'Arménie Mineure. Cette délégation a sous sa dépendance 17 sièges orientaux : 10 chaldéens et 7 syriens.

3º La délégation apostolique de la Perse : 2 sièges chaldéens. Le délégué apostolique est administrateur de l'évêché latin d'Ispahan.

On voit par cet exposé que les missions latines enveloppent tout le Levant dans un réseau d'œuvres apostoliques. Par leur seule présence, elles apportent à ces antiques églises de l'Orient un secours indispensable.

Trop faibles pour lutter seules, ces églises vénérables, si elles étaient abandonnées à elles-mêmes, ne tarderaient pas à être la proie du schisme et de l'hérésie. Soutenues et vivifiées par l'élément latin, non seulement elles se soutiennent, mais encore elles font chaque jour des progrès dans les communions séparées, comme je vais le dire, après avoir résumé dans un tableau synoptique la situation du rit latin dans la Turquie d'Asie.

Statistique comparée des fidèles du rit latin.

	En 1800	1850	1890	
I. Patriarcat latin de Jérusalem	3.000	4.200	13.620 latins.
II. Archevêché de Smyrne	2.500	12.000	15.500 »
III. Vicariat apost. d'Alep	?	1.200	4.000 »
IV. Archevêché de Bagdad	?	200	300 »
V. Mission de Mossoul	?	?	50 »
VI. Mission de Perse	?	?	150 »
VII. Préfecture ap. de la Mer Noire	0	?	? »
VIII. Préfecture ap. de Mardin	0	?	1.348 »
IX. Mission d'Arménie	0	0	? »
X. Vicar. apost. d'Arabie	0	200	1.500 »

Total	6.000	17.800	36.868 latins.

(A suivre).

DONS

Pour l'Œuvre de la Propagation de la Foi

ÉDITION FRANÇAISE.

M. le chanoine Rey, à Grenoble	10
M. A. de Chavaudon, diocèse de Troyes	10
Anonyme de la Ferté-Macé, diocèse de Séez	10
En mémoire de Mme M. T. R. de Lyon	1.500
Un prêtre du diocèse d'Autun	200
M. E. Leclerc, à Luzarches, diocèse de Versailles	0 50
Anonyme d'Ergué-Armel, diocèse de Quimper	70
Anonyme de Saint-Claude	5
Paroisse de Ruffey, diocèse de Saint-Claude	35
Mme Sœur Marie-Geneviève, à Copenhague	12
M. l'abbé Murgue, aumônier des Religieuses Saint-Joseph de Vernaison et la communauté, don recueilli par l'*Echo de Fourvière*	52
Anonyme, don recueilli par l'*Echo de Fourvière*	5
C, »	25
Anonyme, »	100
B., »	20
La Sainte-Famille, de Saint-Étienne »	55
Anonyme de Cernans (Jura))»	10
M. l'abbé Sanié, diocèse de Montauban	10
Mlle Élisabeth Gaches, diocèse de Montpellier	0 95
M. l'abbé Em. Daval, diocèse d'Autun	2 60
M l'abbé Cadic, du diocèse de Vannes	2

Pour les missions les plus nécessiteuses (M. Allys).

Anonyme de Saint-Servan, diocèse de Rennes	10
M. l'abbé Lubiez Rowicki, à Montpellier, demande de prières	5
M. Lédieu-Gérard, curé de Bonneville, diocèse d'Amiens	4
M. E. Boussier, diocèse de Bordeaux, avec demande de prières pour une vocation	10
Anonyme du diocèse de Fréjus, avec demande de prières pour une vocation	5
Mme Méplain, du diocèse de Moulins	10

Pour l'hôpital de la Sainte-Famille, à Bethléem.

E , diocèse de Quimper	10
L'abbé Venet, de Toulis, diocèse de Soissons	10

Pour l'orphelinat Saint-Charles, à Beyrouth.

Mme Bertholon, de Lyon	10

A Mgr Geraigiry, évêque de Panéas.

Mme Bertholon, de Lyon	10

A M. Allys (Cochinchine septentrionale) pour les affamés.

Anonyme, diocèse de Montpellier, avec demande de prières	100
F. D. V., diocèse de Bayeux	50
Mme Bertholon, à Lyon	20
Mme Marchant, à Semur, diocèse de Dijon	10
M et A M., de Dijon	20

A M. Mignery (Pondichéry).

L'abbé Venet, de Toulis, diocèse de Soissons	10
Mme Bertholon, à Lyon	10
Un prêtre du diocèse d'Angers	6

A M. Fourcade, à Pondichéry, pour les affamés.

Q. E , diocèse de Quimper	20

A Mgr Pineau (Tong-King méridional).

Q E , diocèse de Quimper	20
A. M. R., diocèse de Viviers	41 55
L'abbé Venet, de Toulis, diocèse de Soissons	10
F. T., du diocèse de Poitiers	3

Pour le R. P. A. Klinger (Tong-King méridional).

Anonyme du diocèse de Montpellier, avec demande de prières	100

Pour la mission la plus nécessiteuse de Chine (Chan-si).

M. Guinoiseau, à Loiron, diocèse de Laval	5

Au R. P. Verdier, missionnaire au Maduré, pour les affamés.

Mme Olphe Galliard, à Hendaye, diocèse de Bayonne	10
L'abbé Venet, diocèse de Soissons	10

A Mgr Midon, pour l'érection de son église de Saint-Jacques Ichikawa Kizaemon.

En l'honneur d'un défunt du nom de Jacques, M. O. de Paris	10

A Mgr Cousin, pour l'entretien d'un séminariste à Nagasaki.

M. Charles Maurice, à Attiches, diocèse de Cambrai	250

Au même, pour son séminaire.

Anonyme de Saumur, diocèse d'Angers	60
Anonyme de Bourgueil, »	50

A Mgr Midon (Japon central).

M. le chanoine Rousselot, à Toul, diocèse de Nancy	10

A Mgr Augouard, pour rachat d'un petit nègre à baptiser sous le nom de Marie-Joseph.

A. M. R., diocèse de Viviers	50

Pour rachat d'esclaves (au même).

Mlle Demoulin, diocèse de Poitiers, avec demande de prières	10

A S. E. le cardinal Lavigerie, pour rachat d'enfants esclaves.

Anonyme, diocèse de Liège, avec demande de prières spéciales	50
Anonyme de Bourgueil, diocèse d'Angers	20

Pour le Bulletin.

Anonyme de Lyon	10

(La suite des dons prochainement).

TH. MOREL, *Directeur-gérant.*

JAPON. — LE *djinrikisha* (VOITURE A BRAS); d'après une photographie.
(Voir page 40).

PRÉCIEUX ENCOURAGEMENT

AU JOURNAL LES MISSIONS CATHOLIQUES

Mgr l'évêque de Nevers a consacré dernièrement une lettre pastorale à l'Œuvre de la Propagation de la Foi. Parmi ces pages magistrales, il en est une qui regarde spécialement le Bulletin illustré, les *Missions catholiques*. C'est un témoignage de précieuse sympathie dont nous sommes fiers et reconnaissants. Puissent ces lignes que nous envoyons à notre tour aux missionnaires, nos dévoués collaborateurs, leur dire quel bien leurs lettres produisent chez leurs frères d'Europe! En faisant connaître leurs travaux, en intéressant aux peuples qu'ils évangélisent des lecteurs de plus en plus nombreux, c'est l'Œuvre elle-même de la Propagation de la Foi qu'ils apprennent à aimer; ce sont les prières et les ressources nécessaires à l'apostolat qu'ils multiplient!

———

« Le journal intitulé *Les Missions Catholiques* est comme le complément et le développement des *Annales de la Propagation de la Foi*. Il s'imprime chaque semaine et tient ses lecteurs au courant, pour ainsi dire jour par jour, des travaux de l'apostolat et du mouvement d'expansion de l'Église à travers le monde. Avec lui vous apprendrez bientôt à connaître nos missionnaires, à apprécier leur courage

N° 1129. — 23 JANVIER 1891.

et leur dévouement; vous verrez les fatigues qu'ils s'imposent, les dangers qu'ils courent, les conquêtes consolantes qu'ils font, les services qu'ils rendent tout à la fois à la civilisation et à la religion, à la France non moins qu'à l'Église. De belles gravures mettront sous vos yeux les divers pays où s'exerce leur zèle et, vous permettant de vous y transporter en esprit, elles graveront dans votre mémoire les faits auxquels elles se rapportent.

« Rien de plus édifiant et de plus consolant que cette lecture; mais aussi rien de plus fortifiant et qui soit plus capable d'inspirer aux chrétiens, avec une noble fierté pour ce titre, le désir de s'en montrer dignes.

« Quel encouragement d'ailleurs et quel stimulant pour nous dans ces récits détaillés des souffrances et des luttes de tant de vaillants apôtres! Nous avons tous nos épreuves et nos sujets de tristesse. Parfois, nous les trouvons bien rudes; nous serions tentés de nous plaindre que notre croix est trop lourde. Mais, le croirons-nous encore, l'oserons-nous prétendre, si nous comparons notre vie à celle de ces hommes apostoliques, sans cesse exposés à ces périls de toutes sortes, que décrit l'apôtre saint Paul dans une page admirable : « obligés à des veilles et à des voyages continuels, endurant la faim, la soif, les intempéries des saisons », tantôt sous les feux brûlants du soleil de l'équateur, tantôt au milieu des glaces sans fin du pôle, pour ne parler que des souffrances extérieures et ne rien dire « des sollicitudes et des angoisses intérieures (1). » A ce souvenir nous rougirons de nous-mêmes ; nous nous reprocherons de faire si peu, « alors qu'ils résistent jusqu'au sang (2). » Nous éprouverons du moins le désir d'accepter avec plus de courage nos petites souffrances, et, en les offrant à l'intention de ces généreux apôtres, d'avoir quelque part aux mérites d'une telle vie.

« Aussi il nous serait très agréable que ce Bulletin des *Missions catholiques* se répandit dans notre diocèse. Ce nous serait une vraie consolation d'apprendre que beaucoup de nos familles nivernaises y sont abonnées et qu'elles le lisent en commun. Il prendrait avantageusement, sur la table de plus d'un salon, la place de ces livres, brochures et journaux, qu'on est attristé d'y voir et qui sont souverainement déplacés à un foyer chrétien.

« D'ailleurs, si le vœu que nous exprimons ici se réalisait, nous n'aurions plus besoin de vous recommander l'Œuvre de la Propagation de la Foi ; elle se recommanderait d'elle-même et atteindrait bien vite, parmi nous, le degré de popularité et de prospérité que nous lui souhaitons et auquel elle a droit à tant de titres. »

CORRESPONDANCE

PONDICHÉRY (Hindoustan).

Le vénérable Mgr Laouënan, archevêque de Pondichéry, nous écrit :

« Je prends la liberté de vous envoyer une lettre, ou plutôt un cri de détresse qu'a poussé vers moi le P. Gabillet, missionnaire de Gingy. Son voisin, le P. Fourcade, m'écrivant sur la situation dans son propre district d'Alladhy, me confirme ce qu'écrit le P. Gabillet au sujet de Gingy.

« Je n'en suis pas surpris, du reste. Les pluies d'hiver qui assurent les récoltes dans cette partie de l'Inde ont de nouveau presque entièrement manqué jusqu'à présent ; et si, d'ici à la fin de l'année, il ne pleut pas abondamment, il faut nous attendre de nouveau à une grande misère.

« Dans ces circonstances, Gingy est tout le pays d'alentour sont toujours les plus mal partagés. Imaginez-vous un amas confus de petites montagnes formées uniquement de r oches superposées les unes aux autres, sans terre végétale qui les relie, sans verdure qui adoucisse la réverbération des rayons solaires ; quelque chose d'aride, de désolé comme certaines parties de la Judée vers la Mer Morte, ou des montagnes du Sinaï.

« Si donc vous pouviez procurer à mon confrère quelques secours, vous lui rendriez grand service, ainsi qu'à ses pauvres chrétiens et païens. Car il vient bien en aide de mon mieux ; mais mes ressources sont très bornées et j'ai tant de besoins à soulager. »

LETTRE DE M. GABILLET, DES MISSIONS ÉTRANGÈRES DE PARIS, A MGR LAOUËNAN, ARCHEVÊQUE DE PONDICHÉRY.

Saint-Michel de Gingy, le 10 novembre 1890.

Dans ma dernière lettre j'ai informé Votre Grandeur des détails de la famine. Je lui ai fait connaître les angoisses de mon âme et l'anxiété avec laquelle j'attendais la pluie. Mais, hélas ! voilà trois ans que je vois mon at-

(1) II Cor , XI, 26.
(2) Heb., XII, 4.

tente toujours déçue. Le bon Dieu continue à nous éprouver en nous refusant la rosée du ciel. Dans les premiers jours de novembre, il a plu dans certains endroits des districts voisins ; mais dans le mien à peine quelques gouttes d'eau, et c'est bien triste de voir les étangs complètement à sec.

Il y a six ans, sur une de mes lettres parue dans les *Missions catholiques*, des âmes généreuses m'envoyèrent des secours pour fonder à Gingy un village de chrétiens de haute caste, sous la protection du glorieux archange saint Michel. Leurs aumônes, je les employai à acheter aux colons quelques terres, une paire de bœufs, et à leur bâtir une maison en terre et en chaume.

Les premières années, le nouveau village fut prospère ; mais, depuis deux ans, l'état de misère où il est tombé fait peine à voir. Leurs bœufs sont presque tous morts, leurs puits ont tari, leurs terres sont en friche. L'un d'eux, ne pouvant plus supporter la faim, a été demander sa subsistance à un ciel plus propice. Les autres parlent de suivre son exemple. C'est cependant si beau de les voir établis autour de l'église et de les entendre réciter leurs prières !

Le sort de mes parias est encore plus lamentable. Le plus grand nombre sont esclaves chez les païens de haute caste. Ces derniers, ayant d'un côté quelque peine à vivre eux-mêmes et de l'autre manquant de travail à donner, les renvoient jusqu'à des temps plus heureux. En proie à la faim, ils viennent par familles se jeter à mes pieds. Mon cœur de père se fend à la vue de ces enfants désolés dont j'ai baptisé un bon nombre. Et puis la faim, ce n'est pas comme les autres maladies. Elle tue sa victime à petit feu. Tous les jours on constate son sourd travail, les membres s'amaigrissent à vue d'œil, la figure devient inquiète et les yeux ne brillent plus que d'un feu sombre. La voix prend un ton suppliant qui a des accents particuliers et déchirants.

Dimanche dernier, un de mes musiciens s'évanouit au moment où il jouait pendant le saint sacrifice. On s'empresse, peu à peu il reprend connaissance et aux questions qu'on lui pose, il répond que sa famille et lui n'ont pas mangé depuis deux jours. Hélas ! que de centaines de malheureux sont dans le même cas !

S'il en est ainsi actuellement, que sera-ce dans quelques mois ? Cette pensée me donne le frisson. La moisson de riz manquant, c'est la perspective d'une cruelle famine, escortée de toutes maladies.

Au milieu de nos maux, nous aurons du moins la consolation d'augmenter le nombre des élus du bon Dieu.

Dimanche dernier, j'ai eu le bonheur de conférer le saint baptême à une trentaine de païens. Beaucoup d'autres me demandent à venir apprendre les prières. Si la croix du moment paraît lourde, ce sera le cœur plein d'allégresse que je vous apporterai ma gerbe dorée.

NOUVELLES DE LA PROPAGANDE

Le Saint-Père a nommé évêque auxiliaire du patriarche de Jérusalem, Dom Paschal Appodia, chanoine de la cathédrale de Jérusalem et vicaire général du patriarcat.

Sa Sainteté a également nommé délégué apostolique de Perse avec caractère épiscopal et l'administration du diocèse latin d'Ispahan, M. Hilarion Montéty, Lazariste, du diocèse de Rodez, missionnaire à Ourmiah.

DÉPARTS DE MISSIONNAIRES

Voici les noms des missionnaires de la Société des Missions-Étrangères de Paris, partis pour les missions dans les trois derniers mois de l'année 1890 :

Le 15 octobre 1890, MM. Delignon, Marie-Urbain-Anselme, du diocèse de Langres, pour la Cochinchine occidentale ; Chatel, Louis-Elphège, du diocèse de Séez, et Godec, Jean-Louis, du diocèse de Quimper, pour Pondichéry ; Villien, Antoine, du diocèse de Tarentaise, pour le Tong-King méridional ; Degrange, Jean-Baptiste-Marie, du diocèse d'Autun, pour la Cochinchine orientale ; Castanié, Jean-Baptiste-Camille, du diocèse de Rodez, pour le Coïmbatour, et Maillebuau, Marcellin, du diocèse de Rodez, pour la Cochinchine septentrionale.

Le 29 octobre 1890, MM. Leparoux, Camille-Delphin, du diocèse de Poitiers, pour le Yun-nan ; Laborde, Jean, du diocèse de Bayonne, pour le Kouy-tcheou ; Piton, Dieudonné, du diocèse d'Angers, pour le Yun-nan ; Schultz, Jean-Chrysostome, du diocèse de Strasbourg, pour le Su-tchuen oriental ; Vallez, Albert, du diocèse de Cambrai, pour Siam ; Grialou, Amans-Louis-Auguste, du diocèse de Rodez, et Kircher, Nicolas, du diocèse de Metz, pour le Su-tchuen occidental ; Serre, Jean-Marie-Toussaint, de Saint-Flour, pour le Su-tchuen oriental ; Contet, Joseph-Louis, du diocèse de Dijon, pour Siam, et Puech, Benjamin-Benoît, du diocèse d'Alby, pour le Su-tchuen méridional.

Le 12 novembre, MM. Vagner, Adolphe, du diocèse de Nancy, pour le Japon central ; Balet, Jean-Cyprien, du diocèse d'Agen, pour le Japon septentrional ; Angles, Jean-Baptiste-Antoine, de Rodez, pour le Japon septentrional ; Bertrand, Joseph, du diocèse d'Alby, pour le Japon septentrional ; Saint-Germain, Germain, du diocèse de Tarbes, et Poulnais. François-Marie-Joseph, du diocèse de Rennes, pour le Mayssour ; Bertrand, François, du diocèse de Clermont, pour le Japon méridional ; Bricard, Auguste, du diocèse d'Angers, pour le Kouang-tong ; Jobard, Pierre-François-Xavier, de Saint-Claude, et Maurice, Henri-Antoine, du diocèse de Grenoble, pour l'ondichéry.

Le 26 novembre, MM. Cherpin, Grégoire-Joseph, du diocèse de Lyon, pour le Cambodge ; Dutertre, Léon-Pierre, du diocèse de Séez, et Chargebœuf, Joseph-Marie-Etienne, de Saint-Flour, pour la Corée ; l'argelé, Pierre, du diocèse de Bayonne, pour le Tong-King méridional ; Jannin, Martial-Pierre-Marie, du diocèse de Rennes, pour le Japon central ; Gratuze, Camille-Sébastien, du diocèse de Rodez, pour le Cambodge ; Tardy, Félix, du diocèse de Chambéry ; Aubert, Victor-Jean-Alexandre, de Séez, et Vallot, Gabriel, du diocèse de Dijon, pour le Tong-King occidental ; Gilbert, Auguste-Emmanuel, de Coutances, pour la Cochinchine septentrionale ; Combettas, Antoine-Pierre, du diocèse de Rodez, pour le Tong-King méridional ; Duhamel, Emile-Charles-Joseph, d'Arras, pour le Tong-King occidental.

Le 10 décembre 1890, MM. Déan, Armand-Joseph, de Rennes, pour la Mandchourie ; Lambert, Léon-Marie-Joseph, de Nancy, pour la Cochinchine occidentale ; Corbel, Jean-François, de Saint-Brieuc, pour la Mandchourie ; Mourlanne, Jean-Baptiste, de Bayonne, pour la Birmanie méridionale ; Accarion, Victorin, du

diocèse du Puy. pour la Birmanie septentrionale ; Mignot, Michel, du diocèse de Clermont, pour la Birmanie méridionale, et Martin, Jules-Anatole, de Lyon, pour la Birmanie septentrionale.

— Voici les noms des missionnaires Oblats de Marie-Immaculée partis dernièrement pour diverses destinations :

Pour le Texas, les Frères Hartmann, Auguste, du diocèse de Strasbourg ; Biller, Jean-Baptiste, du même diocèse, et Kuch, de Kœnigsberg.

Pour le Canada, le R. P. Arnaud, Charles, du diocèse d'Avignon, depuis quarante ans missionnaire au Labrador et un postulant convers, le F. Granier Henry, également du diocèse d'Avignon.

Pour Colombo, les RR. PP. Tarmenude, Toussaint, du diocèse de Rennes, Brault, Jules, du diocèse d'Angers, et Bersihand, Hippolyte, du diocèse de Vannes.

INFORMATIONS DIVERSES

Constantinople. — Nous avons fait connaître à nos lecteurs, l'année dernière, les troubles survenus au sein des communautés grecque et bulgare non unies et le recours des évêques schismatiques au Saint-Père. Les journaux de Constantinople nous apportent aujourd'hui un document officiel qui contient la réponse de la Sublime Porte aux *desiderata* formulés par le patriarcat du Phanar, relativement aux privilèges ecclésiastiques. C'est une lettre vizirielle datée du 13/25 novembre 1306 de l'hégire. Voici une des passages de cet important document :

« La suspension depuis quelque temps des services religieux dans les églises provoque à l'heure qu'il est les plaintes des populations grecque et bulgare de la Roumélie contre le patriarcat. Or, il est de notoriété publique que le Gouvernement impérial ne s'est jamais départi de son attitude conservatrice et pleine d'équité à l'égard des prérogatives religieuses. Ces prérogatives sont intégralement maintenues et restent en pleine vigueur : de grandes facilités ont été accordées en ce qui concerne les affaires du Patriarcat et des chefs religieux qui, dès lors, doivent être rassurés et, appréciant les concessions octroyées *ab antiquo* par le Gouvernement impérial et confirmées par S. M. I. le Sultan, doivent se montrer satisfaits et reconnaissants. »

Rhodes. — Nous avons annoncé, l'année dernière (1), l'établissement à Rhodes des Frères des écoles chrétiennes, en signalant la part prise à cette fondation par un notable habitant de cette ville, M. Ducci, consul des Pays-Bas. Nous apprenons avec plaisir que ce généreux bienfaiteur des missions vient d'être nommé chevalier de l'Ordre de la Légion d'honneur.

Colombo (*Ceylan*). — Voici le tableau consolant que Mgr Bonjean, archevêque de Colombo, de la Congrégation des missionnaires Oblats de Marie-Immaculée, communique au T. R. P. Fabre, supérieur général de sa congrégation :

« La population catholique de Colombo, qui, en 1848, n'était que de 64,180, s'élève aujourd'hui à 140,056. En moins d'un demi-siècle, elle s'est accrue de 78,875 nouveaux chrétiens.

« D'après les chiffres des recensements de 1885 et de 1889, l'augmentation aurait été, pendant les quatre dernières années, de 24,787. Cette augmentation tient à diverses causes :

« 1° à la découverte d'un certain nombre de catholiques qui n'avaient pas été comptés en 1885 ;

« 2° à l'accroissement naturel de la population,

« 3° à l'immigration venant des Indes ;

« Enfin à la conversion d'un grand nombre d'adultes païens et protestants. »

Tong-King occidental. — Dans une lettre que nous communique M. Mollard, directeur du séminaire des Missions-Étrangères de Paris, Mgr Puginier, après avoir énuméré un grand nombre de faits qui montrent que la persécution sévit

(1) *Missions Catholiques* du 28 février 1890, p. 100.

toujours et menace en même temps l'influence française, continue ainsi :

« Chaque semaine, nous voyons venir à nous de nouveaux villages qui n'avaient pas encore un seul chrétien. Impossible de répondre à toutes les demandes ; notre personnel enseignant, bien que déjà considérable, ne suffit pas, et nous n'avons pas les ressources nécessaires pour faire face aux dépenses que nous occasionne l'œuvre d'évangélisation.

« Ce mouvement religieux déplaît au parti hostile.

« Voyant son impuissance, il emploie les calomnies, les violences, les voies de fait, pour faire revenir au paganisme ceux qui l'avaient abandonné, certain que par là il les gagne à sa cause.

« Je sais parfaitement qu'il y a en ce moment des réunions tenues sous des prétextes qui paraissent indifférents; mais les circonstances dans lesquelles elles ont lieu et les individus qui y assistent, ne me laissent aucun doute sur leur but hostile.

« Je n'hésite pas à le dire parce que j'en suis convaincu : on travaille activement à préparer des soulèvements. Je ne suis pas d'ailleurs le seul à m'en apercevoir. Mes missionnaires, mes prêtres indigènes, des chrétiens et même des païens amis qui sont au courant de ce qui se passe dans le pays, me parlent tous dans ce sens.

« Le coup monté pour faire tomber le mouvement de conversions prend la tournure d'un vrai complot. Il deviendrait très dangereux et même funeste pour la cause française s'il n'était pas promptement réprimé.

« Le nombre de ceux qui en font partie et qui sont connus est encore restreint; mais il augmente rapidement. Il suffira d'agir vigoureusement et sans retard, d'infliger des châtiments exemplaires aux coupables, de faire disparaître quelques-uns des principaux chefs en les envoyant en exil, et le coup monté tombera de lui-même. Le danger de ce complot, qui est vraiment politique et hostile, sera en grande partie évité, et en aura obtenu un résultat réel.

« Il restera ensuite à surveiller les agissements de l'ennemi et à poursuivre sans relâche ses bandes jusqu'à extinction.

« Si l'autorité ne prenait pas de mesures énergiques pour étouffer promptement le complot, nous verrions l'agitation augmenter. et d'ici à peu de temps la situation serait considérablement aggravée.

« Il n'y a pas à se méprendre ; les perturbateurs ont reçu un mot d'ordre du parti de la lutte. Ils poursuivent en cela, sans aucun doute, un but plus politique que religieux. Ils s'acharnent à saper l'influence française. Je connais leurs intentions, et je me fais un devoir de les faire connaître régulièrement aux représentants de l'autorité.

« Je désire être écouté.

« P.-S. — Il m'arrive à l'instant une lettre d'une personne très sûre, m'annonçant qu'un riche Chinois du Tong-King a écrit en Chine prévenant qu'il allait quitter le Tong-King parce qu'il se complote de grands soulèvements et qu'il n'ose pas rester dans cette bagarre. »

Japon méridional. — M. Corre, de la Société des Missions Étrangères de Paris, missionnaire au Japon méridional, écrit de Kumamoto :

« Depuis le mois de février de l'année dernière, je suis chargé de la ville de Kumamoto, avec quatorze arrondissements de la province, plus une presqu'île appelée *Shirmabara*. Je n'ai pour m'aider qu'un jeune prêtre indigène. Et cependant la moisson s'annonce partout très belle. Kumamoto, marche surtout (il y a une garnison) me donne des espérances. Dans les nombreuses villes de l'intérieur, que j'ai déjà parcourues, on est aussi généralement bien disposé et dans les campagnes, on l'est encore mieux. J'ai là devant moi plus d'un million d'âmes (l'équivalent de plusieurs diocèses d'Europe). Cette province, au point de vue politique et social, est une des plus importantes du Japon. Or aucun missionnaire n'en avait été chargé avant moi, et tout est à faire. Les protestants, implantés ici depuis des années, ont des fidèles partout. Il me faudrait de nombreux catéchistes. Mais je

manque de ressources pour les entretenir. Il faut pour un catéchiste environ 80 piastres par an : ce qui revient, selon les variations du change, à 3 ou 400 francs.

« Dans la ville de Kumamoto, qui est mon quartier principal, je n'ai ni église, ni chapelle. J'ai loué une petite maison japonaise, et je dis la messe dans une chambre sur une table. De Kumamoto je circule souvent dans l'intérieur du pays, allant d'une ville ou d'une bourgade à l'autre, faisant porter mon petit bagage (objets nécessaires pour la célébration du saint Sacrifice, et quelques effets personnels) dans une petite voiture à bras (voir la gravure, p. 37). Je reste deux, trois jours dans chaque endroit, réunissant les gens, principalement le soir après les travaux, pour leur faire entendre la parole de Dieu. Ces voyages, quoique faits bien simplement, coûtent encore très cher, et je ne puis pas, faute de moyens, aller partout où il faudrait.

« Dans la ville de Kumamoto, il y a environ cent temples païens. Quand Notre-Seigneur en aura-t-il un seul ?...»

Côte-d'Or (*Afrique occidentale*). — Le R. P. Georges Ulrich, de la Société des Missions Africaines de Lyon, envoie d'Elmina ces intéressants détails sur une station nouvelle qui vient d'être fondée à Saltpout.

« ... Au mois de novembre dernier, j'avais visité les grands chefs et les marchands de la ville ; tous m'avaient exprimé le désir de posséder des Pères, et surtout d'avoir une école industrielle et agricole. Je célébrai la messe dans la maison de mon hôte. J'allai ensuite trouver le chef Grayham, qui m'attendait avec son peuple sur le littoral de l'Océan, à l'ombre des palmiers et des cocotiers. A mon arrivée, tous les regards se portèrent sur moi. Le chef se leva et me donna la parole. A mesure que le maître d'école traduisait mon allocution, je voyais mon auditoire témoigner sa satisfaction par des signes de tête et des sourires de joie. Mon discours dura une demi-heure. Quand j'eus terminé, le chef me dit : « Merci, pour votre bonté ! La chapelle des mis-« sionnaires wesleyens sera votre chapelle. Mais venez au plus « vite ! » Enchanté de ces excellentes dispositions, je dis adieu à ce bon vieillard et à son peuple, en leur promettant des Pères. Je repartis pour Elmina, après avoir loué une maison que nous reviendrons occuper le plus tôt possible. •

. Depuis Noël, le R. P. Ulrich s'est installé à Saltpout, avec les RR. PP. Græhli et Ogé. Mais tout est à créer dans cette mission nouvelle et les dons destinés à cette chrétienté intéressante permettraient de faire face à des besoins de toute sorte.

Guyane hollandaise. — Le *Pilot* de Boston signale la mort d'un martyr de la charité catholique, qui, comme le R. P. Damien, s'est éteint au milieu des lépreux.

Il s'agit d'un religieux rédemptoriste, le R. P. John Bakker, qui, depuis 1866, s'était voué au service des lépreux de Surinam, dans les possessions hollandaises de la Guyane. Il y a dix ans que le religieux sentit les atteintes du terrible mal, qui dès lors ne lui laissa plus de repos. Les derniers mois de sa vie ont été horriblement pénibles. On avait été obligé de lui amputer les doigts, et il ne pouvait plus se passer du secours d'autrui. Et néanmoins, au milieu de ces cruelles épreuves, il garda toujours la résignation.

Ayant reçu, il y a quelque temps, la visite de Mgr Wulfingh, évêque de Surinam, et le Prélat l'ayant beaucoup pressé de lui témoigner un désir qu'il serait heureux de satisfaire, le pauvre religieux demanda seulement qu'on lui fournît le moyen d'offrir un témoignage de sa reconnaissance au médecin qui le soignait et qui, du reste, faisait partie de sa colonie de lépreux.

Le R. P. Bakker était Hollandais. C'est le troisième religieux rédemptoriste, mort au service des lépreux de Surinam.

Bien que la grande majorité des lépreux ne soient pas catholiques, il n'y a jamais eu au milieu des lépreux de Surinam que des prêtres catholiques.

Comme à Molokaï, d'intrépides religieuses franciscaines sont vouées au soin des femmes et des enfants de cette malheureuse colonie.

DOUZE CENTS MILLES EN CANOT D'ÉCORCE

OU

PREMIÈRE VISITE PASTORALE

de Mgr N.-Z. LORRAIN, évêque de Cythère

Vicaire apostolique de Pontiac

DANS SES MISSIONS SAUVAGES DU HAUT DES RIVIÈRES OTTAWA
ET SAINT-MAURICE, DE WASWANIPI ET DE MÉKISKAN

Par Mgr J.-B. PROULX

Curé de Saint-Raphaël de l'Isle-Bizard.

(Suite 1).

CHAPITRE III

Du lac Kipawe au Grassy-Lake.

Sur la rivière du Nord. — Sur les lacs de l'Écho, Bouleau, Kakaleikàtec et Sassaganaga. — Le lièvre que l'on perce. — Un cimetière.

Mardi, 24 mai. — A deux heures, par un portage d'un arpent, nous sautons du lac Kipawe dans la rivière du Nord.

Nous nous arrêtons d'abord chez Bod Green, où la route est balisée du rivage à la maison, puis chez un sauvage où Sa Grandeur est reçue au bruit de la mousqueterie. Une sauvagesse vient offrir à Monseigneur pour sa mère une boulette de sucre, grosse comme un œuf de dinde.

De là, deux canots nous font escorte.

De différents côtés, vous voyez glisser, sur la surface unie comme un miroir, les petits canots soulevant une vague légère qui va mourir au loin en une série d'ondulations insensibles. Les sauvages arrivent. Il faut toucher la main à tout le monde. Sept tentes se dressent dans un beau désordre ; les feux s'allument au milieu de l'obscurité naissante ; les petits enfants et les petits chiens courent et gambadent ; les jeunes gens jouent au palet ; la chaudière bout : enfin le bonheur est au camp.

Un vieillard et sa femme, tous deux courbés sous le poids des années, viennent demander la bénédiction de Monseigneur.

« — Père, tu dois être bien vieux.

« — Oh ! oui.

« — Quel âge as-tu ?

« — Je ne sais pas. J'ai été baptisé au deuxième voyage de M. Bellefeuille, à Témiscamingue (1837), et je me suis marié l'année suivante. »

Si Louis Iawé habitait les grands pays, il aurait déjà célébré ses noces d'or ; mais cette coutume en honneur dans les pays civilisés, n'a pas encore pénétré sous le wigwam.

A propos, c'est aujourd'hui (24 mai) la fête de la Reine ; depuis cinquante ans, elle règne sur son vaste empire. « Prions, dit Monseigneur, pour notre gracieuse souveraine. » C'est aussi aujourd'hui la fête de Notre-Dame Auxiliatrice : prions notre reine du ciel de protéger notre reine de la terre. *Auxilium christianorum, ora pro nobis.* Prions avec l'Église, qui a composé une oraison spéciale pour demander la bénédiction d'en haut sur ceux qui sont au gouvernail de l'État.

(1) Voir les *Missions catholiques* du 2, 9 et 16 janvier, ainsi que la carte de l'itinéraire, page 8.

« Nous vous demandons, ô Dieu tout-puissant, que votre servante, notre reine, à qui votre miséricorde a confié les rênes de ce royaume, avance chaque jour dans l'acquisition de toutes les vertus, qui feront son plus bel ornement, et qu'ainsi elle se rende digne d'arriver jusqu'à Vous, qui êtes la voie, la vérité et la vie. Par Jésus-Christ, Notre-Seigneur. »

A neuf heures, la prière du soir, ou plutôt le chant du soir ; car nous avons chanté plus encore que nous n'avons récité. Comme ces bons chrétiens prient avec âme ! comme ils chantent avec cœur ! comme ils se tiennent à genoux avec respect ! comme leur recueillement est profond ! comme ils écoutent la parole de Dieu avec avidité ! Après cela, est-il étonnant que leur missionnaire s'attache à eux, et qu'au retour de chaque printemps, il s'impose avec plaisir de nouvelles fatigues pour les revoir ?

Ce matin, trente-quatre sauvages, jeunes et vieux, outre nos hommes, se pressent autour de l'autel de sacrifice ; au-dessus du tabernacle improvisé s'élève un dais, formé de tentures de diverses couleurs ; sur un fonds de toile blanche sont appendues trois images : le Sauveur crucifié, le saint cœur de Marie et le Sacré-Cœur de Jésus. Les cantiques succèdent aux cantiques, les prières aux prières. Monseigneur distribue la sainte communion à vingt-deux personnes et donne la confirmation à sept.

Après la messe, chacun fit au gardien de la prière sa petite offrande, les uns une piastre, les autres un écu. Les deux vieillards, qui comptent cinquante ans de ménage, vinrent, en titubant, offrir chacun dix sous : c'était touchant. De son côté, Monseigneur distribua des croix, des chapelets, des images et des médailles.

Mercredi, 25 mai. — A onze heures, départ ; à quatre heures, arrivée chez M. David Fleury.

Cette ferme est une des dernières que nous rencontrerons d'ici à la rivière du Moine. Avant d'entrer dans la forêt sauvage, le bon Dieu nous réservait une dernière douceur : celle de coucher dans une chambre tranquille et dans un bon lit, de nous asseoir à une table où les biftecks d'original ont été préparés avec une grande habileté culinaire et de passer une veillée charmante dans une brave famille canadienne.

L'église renferme douze Canadiens : M. et Mme Fleury, une petite fille de treize ans qu'ils élèvent, une domestique et huit hommes de service ; de plus, sept ou huit sauvages, qui sont en route pour leur pays de chasse. Comme ces derniers avaient eu leur mission la veille au soir, le service eut lieu ici en français : Mgr Lorrain fut le chantre, et moi le prédicateur.

Jeudi, 26 mai. — Ce matin, Jésus descendit dans dix cœurs, et le Saint-Esprit sur la pupille de M. Fleury, qui reçut la confirmation avec la piété d'un ange.

A 8 heures, nous quittons la brave famille Fleury. Nous prenons la route de solitudes où les Blancs n'ont pas encore porté leur culture. Ce soir, nous coucherons sous la tente ; ainsi en sera-t-il le reste du voyage. Une navigation d'un mille sur une petite rivière large environ de cent pieds, et un portage de six arpents, nous amènent sur le *lac de l'Echo* ; nous prenons plaisir à faire répéter nos paroles par les voix mystérieuses des rivages.

Pendant que nous voguions de lac en lac entre des corbeilles de verdure, des goélettes à l'ancre, des châteaux-forts flanqués de tourelles, des îles, tantôt éparses çà et là, tantôt rangées sur une seule ligne avec symétrie, sous un ciel clément où se promènent de gros flocons de nuages blancs qui tempèrent les ardeurs du soleil, je lis et j'étudie un livre tout à fait intéressant, publié à Montréal; il a pour titre : « Le livre que l'on perce, daté depuis que Jésus est « né, 1887 et 1888, autrement le calendrier. » Les sauvages l'appellent « le livre qui est percé » parce que, chaque jour, afin de ne point se perdre dans la computation du temps, comme Robinson dans son île, ils percent le quantième avec une épingle.

Les sauvages donnent aux mois un nom tiré des influences climatériques ou des changements que la saison amène dans leur train de vie ; c'est pourquoi ces noms ne sont pas les mêmes pour tous les pays de la langue algonquine.

A la Baie d'Hudson, par exemple, le premier mois de l'année (juin, se nomme *la lune des feuilles*, parce que, dans ces régions septentrionales, les arbres ne revêtent qu'alors leur parure printanière ; juillet se nomme *la lune où les petits oiseaux muent* ; août, *la lune où les petits oiseaux volent* ; septembre, *la lune des outardes* : c'est l'époque de la grande chasse d'automne ; octobre, *la lune du départ*, ils quittent les bords de la mer pour aller passer l'hiver dans les bois; novembre, *la lune où il gèle* ; décembre, *la lune de la neige* ; janvier, *la lune du grand froid* ; février, *la lune du froid extrême* ; mars, *la lune de l'aigle* ; avril, *la lune du retour des outardes* : l'oie sauvage a baptisé deux mois de l'année, car cet oiseau précieux entre, chez ces peuplades, pour une large part dans les richesses de leur garde-manger ; mai, *la lune des grenouilles* ; dans un pays où les marais s'étendent jusqu'à cent milles dans l'intérieur, la famille grouillante des batraciens, au dégel, doit remplir les airs d'un tel vacarme, qu'il n'est pas étonnant qu'elle ait imposé son nom à l'époque de leurs concerts.

Dans les parages que nous traversons actuellement, les noms des mois sont tout autres : juin s'appelle la lune des fraises ; juillet, la lune des framboises ; août, la lune des mûres ; septembre, la lune des récoltes ; octobre, la lune de

ILES MARQUISES. — TYPE MARQUISIEN TATOUÉ
d'après un dessin du R. P. J. BERCHMANS, missionnaire du Sacré-Cœur
aux Iles Marquises (Voir page 44).

la truite ; novembre, la lune du poisson blanc ; décembre, la lune de l'hiver qui arrive ; janvier, la lune qui est longue; février, la lune du siffleux ; mars, la lune de la loutre ; avril, la lune où la neige fond ; mai, la lune des fleurs : beau nom qui convient si bien au mois de Marie.

« Les jours où l'on se repose, dimanches ou jours de fête d'obligation, sont marqués par une croix ; les jours de maigre par un P, lettre initiale de *pakitandjikenaniouan* (les jours où on laisse tomber la viande) ; les jours de jeûne par un K, initiale de *kiigkchimonaniouan*, (les jours où la nourriture nous échappe).

Huit milles de canot et un demi-mille de marche nous transportent dans le lac *Okansikananik* « là où il y a beaucoup de doré ». Nous le traversâmes sous le souffle d'une brise légère qui berçait mollement nos canots. Nous admirions, tout autour de nous, ces forêts entrecoupées de pins et de sapins, d'îlots de bois touffus qui recouvrent un terrain plat.

A neuf heures, nous dressons la tente sur la décharge du lac Doré, au pied d'un rapide ; et le sommeil vint clore nos paupières au murmure des eaux écumantes.

Vendredi, 27 mai — A trois heures, réveil ; les têtes sont lourdes et les yeux fatigués. Nous entrons dans le lac *Mahingnia* (là où il y a des loups). Le ciel est couvert de gros nuages ; sous les froidures d'un vent qui souffle du nord, nous frissonnons, excepté Sa Grandeur qui continue au fond du canot le sommeil interrompu. Et pourquoi pas? N'est-il pas dit du Sauveur, voyageant sur le lac de Génézareth, qu'il dormait, lorsque les apôtres le réveillèrent, en s'écriant : « Seigneur, sauvez-nous, car nous périssons. »

Une demi-heure après notre départ, nous passons du *Lac des Loups*, dans le lac *Brûlé*, qui doit nous conduire, à la distance de sept milles, jusqu'aux portes du Grassy-Lake, *Mattawachkveang*, « là où il y a de l'herbe à la jonction des rivières », ainsi appelé, parce que, devant le poste de la Compagnie, aux environs de la chapelle, à cet endroit où se réunissent la rivière Noire et la rivière Kipawe, croissent de hautes herbes, dont les têtes surnagent au dessus des eaux. Quant au lac Brûlé, si le feu a jamais dévasté ses bords, il doit y avoir de cela bien longtemps ; car il n'est guère possible de souhaiter une [plus grande richesse de végétation, d'arbres d'espèces différentes, de feuillages diversement nuancés. C'est un pêle-mêle d'épinettes sombres, de bouleaux et de merisiers à la verdure tendre, de cèdres qui s'inclinent au-dessus du rivage, d'aulnages dont les pieds baignent dans les eaux courantes. Les terres sont généralement basses ; s'il se présente un petit coteau, il est couvert d'érables touffus, aux têtes uniformes s'élevant à une égale hauteur, en sorte qu'il vous semble que vous pourriez passer sur leurs sommets une règle d'ouvrier comme sur les épis d'un champ de blé. C'est un pays d'avenir agricole ; mais nous reviendrons sur ce sujet.

Les sauvages respectent leurs morts ; des différents points de la forêt, ils les apportent dans un lieu spécial, consacré par la prière pour dormir, à l'ombre de la croix, les parents à côté des parents, les amis à côté des amis, jusqu'au grand jour du réveil. Hier, sur le lac Doré, nous passions en face d'un cimetière ; n'ayant pas le temps de nous y arrêter, de nos canots, nous récitâmes le *De profundis* pour les âmes de ceux qui reposent en cet endroit. Ce matin, à deux milles du Grassy-Lake, nous arrivons, comme disent si bien les Grecs, au *cœmeterion*, « au dortoir » où viennent et viendront se coucher dans la tombe tous les sauvages de ce canton.

CANADA. — PLAINE SUR LA RIVIÈRE DU NORD ; d'après une photographie.
(Voir page 41).

Nous abordons sur une grève de sable ou plutôt de pierre pulvérisée, jaune comme de l'or, où brillent en myriades des prismes argentés, par un sentier embaumé, à travers de hauts pins rouges, droits comme des flèches, nous gravissons une petite colline sablonneuse et sèche, qui boit la pluie comme une éponge. Vingt croix indiquent vingt tombes, cinq sont plantées sur des tumulus fraîchement remués. Sur presque toutes, on lit le nom du défunt avec la date de sa mort.

En nous relevant, après notre prière en commun, Monseigneur me faisait cette réflexion :

« La croix a dompté le monde. Elle est un signe de victoire partout ; mais nulle part plus que dans ces forêts, où elle a fait passer ces peuplades barbares, cruelles et inhumaines à des mœurs douces et faciles, que devrait envier plus d'une prétendue civilisation raffinée. »

En effet, comme le dit si bien la liturgie, c'est la croix qui, en donnant la mort à la vie, a donné en même temps la vie à la mort, la vie à l'homme spirituel mort par le péché : voilà son grand triomphe, voilà le miracle de sa victoire :

Vexilla regis prodeunt :
Fulget crucis mysterium.
Qua Vita mortem pertulit,
Et morte Vitam protulit.

(*A suivre*).

AUX ILES MARQUISES

Premières impressions d'un jeune missionnaire

Lettre adressée par le **R. P. Berchmans,** *de la Congrégation des SS. Cœurs (Picpus), à son frère, religieux de la même Congrégation.*

(Suite et fin).

Nous nous étions aperçus du goût de nos enfants pour tout ce qui rappelle l'art de la guerre ; aussi, peu à peu, avons-nous essayé de plier à la discipline militaire ces natures indolentes, énervées par le climat et l'opulence dont on jouit ici, grâce à la terre qui fournit tout sans culture. A force de mendier, j'ai pu me procurer trois clairons et un alto ; j'ai confectionné un étendard, neuf pavillons, des semblants de costumes d'officiers, quelques épaulettes et ceinturons ; quant aux souliers, c'était très-simple, pour la bonne raison qu'ils n'en portent pas. Eux-mêmes ils se sont fabriqué une trentaine de fusils et ils se proposent de continuer ce travail après les vacances, car ils sont environ cent quatre-vingts. Je dois ajouter, les larmes aux yeux, que le ministre protestant en a quatre-vingt-dix ou cent.

Les étrangers sont heureux de les voir circuler, ainsi costumés ; ils paraissent contents eux-mèmes et de temps à autre je leur procure une petite promenade militaire. A la fête nationale, le 14 juillet dernier, l'instituteur protestant laissa un groupe de ses élèves partir pour Atuona, capitale de l'île ; les autres avaient le champ libre. Connaissant les inconvénients d'une semblable condescendance, nous crûmes devoir garder les enfants dans l'enclos et les y faire participer à la fête. Je me mets donc à l'œuvre. Dès la veille on déploie les pavillons ; à la fin de la classe le clairon sonne et on annonce trois jours de repos. Alors, pour ouvrir les cérémonies, le gendarme canaque se met en tête du cortège, les clairons le suivent et tous au pas font le tour de l'habitation. Le lendemain, concours de tous genres, jeux de toutes espèces. Le soir, promenade aux flambeaux : les escrimeurs nous cèdent leurs bâtons, on fixe des bougies ; lorsque tout est prêt, on s'avance dans un ordre parfait, les clairons sonnent au drapeau, la mousqueterie ébranle tout le village, et

à chaque détonation, nos Canaques de crier de toutes leurs forces: *Piripipi! hourra! hourra!... Piripipi! hourra! hourra!... ce qui veut* dire : *République! hourra! hourra!...* enfin nous rentrons. Dans la grande classe étaient réunis plusieurs vieux Canaques et tant bien que mal je leur montre quelque chose de ce qui fut autrefois une lanterne magique. Bref, les enfants étaient satisfaits et la discipline y a gagné.

Avis donc aux âmes généreuses qui pourraient nous envoyer quelques objets récréatifs pour attirer ces pauvres enfants. Ils sont l'espoir des Marquises. Si on pouvait plier leur esprit et former leur cœur, on arriverait à avoir de bonnes familles chrétiennes ; Dieu et la sainte Église en tireraient leur gloire ; du reste, ces enfants méritent bien qu'on leur porte intérêt. Si l'on parvenait à calmer leurs passions, à leur donner le goût du travail, ils deviendraient des catholiques de caractère et iraient peut-être loin dans la sainteté. Quelques-uns de nos élèves m'ont déjà donné des marques d'attachement et j'espère les amener peu à peu au Cœur de Jésus.

ILES MARQUISES. — La reine Vaikehu, mère adoptive de Mgr Dordillon, appelée aussi la mère des missionnaires; d'après un dessin du R. P. J. Berchmans.

Après la retraite annuelle, je suis parti pour faire le tour de l'île, voir les malades et visiter les chrétientés. C'était après la fête de l'Epiphanie, car ici les vacances ont lieu du 20 ou 23 décembre au 20 ou 23 janvier. Dans toutes les baies où je passais, les enfants accouraient, me prenaient par le bras et criaient, souvent de très loin : « *O Père, O Père!* » Ils m'invitaient à manger et me voyaient partir à regret. Dans une petite baie, au moment où le bateau allait disparaître, un grand nombre d'entre eux voulurent me faire le salut militaire, imitant entre les dents le son du clairon. J'étais déjà loin qu'ils me criaient encore : *Kaoha! Apac! Bonjour! Adieu!* Puis j'entendis comme le gémissement des funérailles. *E, e, e, e, e, ee....., a, a, a, a, a....., i, i, i, i, i....., e, e, e, e, e, ue* ; ce sont les lamentations en usage quand quelqu'un est mort dans la vallée.

Mon voyage dura dix jours et j'avais visité trente baies presque toutes habitées. J'ai vu également une île que je ne connaissais pas encore, *Tahuata.*

⁂

Pendant cette course apostolique je me suis aussi un peu mesuré avec les dangers de la mer. En partant d'Atuona pour l'ile de Tahuata, nous n'avions qu'une mauvaise petite baleinière où à peine sept ou huit personnes pouvaient entrer.

La mer semblait calme; mais, avant d'arriver à une certaine passe réputée dangereuse, nous nous aperçûmes qu'il ne fallait pas nous y fier. Heureusement on avait bon vent et on filait assez vite vers la pointe redoutée. Arrivés à cet endroit, nous trouvâmes la mer beaucoup plus forte. D'ordinaire les passagers ont toujours peur; mais, lorsqu'il en est ainsi des matelots, le péril est sérieux. Or tous se demandaient : « Arriverons-nous? » De temps à autre, il fallait appuyer sur la barque pour la redresser et l'homme, fort habile cependant, qui maniait l'aviron, ne pouvait réussir à nous tenir en équilibre, tandis que chaque vague nous jetait de droite à gauche et de gauche à droite. Si vous nous aviez vus !

Dans ces moments-là, on n'a pas le temps de souffrir du mal de mer ; pour mon compte, je priais en chantant à demi, voix l'*Ave maris stella* et le brisant se chargeait de battre la mesure. Tout cela ne devient poétique qu'une fois sur la terre ferme.

On dit, il est vrai, qu'avec les Canaques il n'y a jamais de danger, car, leur barque retournée, ils se remettent dedans jusqu'à ce qu'ils soient forcés de plonger de nouveau ; je n'ai pas fait cette expérience et je préfère même attendre le plus longtemps possible.

.*.

J'ai profité de ces quelques semaines de vacances pour réaliser ma promesse et vous envoyer mon journal, car après-demain, 21 janvier, nos petits sauvages reviennent et alors adieu les loisirs.

Vous voyez un peu, en le lisant, ce qu'est la vie du missionnaire en Océanie. Il demeure au milieu de gens qui ne le connaissent pas, sur une terre où chacun vit dans l'opulence, ce qui malheureusement, vu l'absence du travail, est la cause de tant de vices bien difficiles à déraciner. A l'ombre des cocotiers et des bananiers, des arbres à pain et des orangers, ou bien encore de rochers superbes, il reste seul et comme un véritable étranger, n'ayant la plupart du temps pour interlocuteurs que les flots de la mer venant battre sa demeure silencieuse.

Mais, si sa voix ne trouve souvent pas d'écho sur la terre, il peut converser avec le ciel. Il pleure sur ses enfants et il lui semble aussi entendre la prière qui vient de bien loin, bien loin, et qui, partie des pays catholiques, s'unit à la sienne. Puis, après s'être réconforté devant le tabernacle, dans sa petite église solitaire, il s'en va de nouveau chercher la brebis égarée, consoler les affligés, visiter les malades et le plus souvent se mêler à la plus chère portion de son troupeau, les malheureux lépreux. J'en ai ici une quarantaine. Ah ! s'ils connaissaient le don de Dieu, comme ils s'attacheraient au missionnaire et comme celui-ci pourrait se dévouer pour eux !

FIN.

LES MISSIONS CATHOLIQUES AU XIXᵉ SIÈCLE

PAR

M. Louis-Eugène LOUVET, des Missions Etrangères de Paris,
Missionnaire en Cochinchine occidentale.

CHAPITRE IX

L'ÉGLISE ROMAINE ET LES EGLISES DE RIT UNI (1800-1890).

(Suite 1)

II. RIT GREC MELCHITE.

Parmi toutes les communautés de rits unis, l'Église grecque melchite occupe incontestablement le premier rang, non par son importance numérique, mais par son développement considérable de l'Église grecque schismatique, qui étend son influence en Grèce, en Turquie et chez tous les peuples slaves, en sorte qu'elle ne compte pas moins de 90,000,000 d'adhérents, en Europe, en Asie et en Afrique.

Les grecs melchites (royaux) doivent leur surnom à la protection déclarée que l'empereur Marcien accorda aux catholiques, pour faire recevoir par tout l'empire les décrets du Concile de Chalcédoine contre les Eutychéens. Dans leur dépit, les hérétiques donnèrent aux catholiques l'épithète de royaux, qui leur resta et servit plus tard à les distinguer d'avec les schismatiques.

Il est inutile de revenir sur la grande division opérée au IXᵉ et au Xᵉ siècle, par Photius et Michel Cérullaire entre les deux Églises latine et grecque, schisme déplorable, qui a persévéré jusqu'à nos jours, et qui, déchirant la robe sans coutures du Christ, a livré l'Orient aux fils de Mahomet et arrêté, pour de longs siècles, la marche triomphante du christianisme vers la haute Asie. Il n'est pas douteux que, sans cette séparation, le monde entier serait chrétien à l'heure actuelle. Si l'islamisme eût trouvé à Constantinople une Église fermement attachée au siège de Pierre, jamais le Turc ne se fût installé en Europe ; depuis longtemps les lieux saints seraient aux chrétiens et le croissant, reculant devant la croix, eût été refoulé dans les déserts de l'Arabie et dans les profondeurs de l'Afrique.

Et à l'heure présente, quelle différence dans la destinée des nations chrétiennes, si le schisme n'existait pas et si la Russie, la péninsule des Balkans, l'Asie-Mineure étaient catholiques ! Quelle force pour la vraie civilisation n'aurait pas l'alliance féconde de la Russie et de la France, unies dans la même foi et les mêmes aspirations ! En Occident, la révolution serait arrêtée du coup, et l'hérésie protestante trouverait devant elle, en Orient, une force capable de la faire reculer. Au lieu de cela, quel spectacle plus lamentable que celui de cet Orient, où tous les efforts sont divisés, où, sous les yeux du Turc, les peuples chrétiens se disputent la suprématie, Églises contre Églises, patriarches contre patriarches, évêques contre évêques. Est-ce là travailler à l'œuvre du Christ? Est-ce là réaliser le vœu suprême de Jésus mourant : « O mon Père, que mes disciples soient unis, comme vous et moi, mon Père, nous sommes unis ! »

(1) Voir tous les numéros parus depuis le 14 mars jusqu'à fin octobre 1890 et les *Missions Catholiques* du 2, 9 et 16 janvier 1891.

Une foi, un baptême, une Église : voilà l'œuvre du divin Rédempteur. Au lieu de cela, que voyons-nous ? En dehors de la grande unité catholique, partout des Églises nationales ; car le schisme n'a pu retenir sous sa main le riche héritage qu'il avait enlevé à l'Église romaine. Actuellement le patriarche de Constantinople ne range pas, sous sa houlette déshonorée, plus de *trois millions* de brebis. Église russe, Église roumène, Église serbe, Église d'Athènes, toutes les nationalités grandes ou petites de l'Orient, à peine constituées politiquement, ont tenu à se constituer en église nationale, indépendante du Phanar. C'est le triomphe du particularisme sur l'esprit catholique, c'est le développement, non prévu et pourtant inévitable du principe, posé par Photius en se séparant de l'Église romaine. Au lieu de l'unité voulue par le Christ, vous avez la division, et la division, c'est l'éparpillement de toutes les forces vives du christianisme ; voilà pourquoi, après dix-huit siècles d'apostolat, plus des deux tiers du globe ont encore échappé à l'action du christianisme, puisqu'on compte seulement *quatre cent millions* de chrétiens contre *un milliard* d'infidèles.

Cet esprit de particularisme a toujours dominé en Orient ; mais c'est surtout dans l'Église de Constantinople qu'il s'est affirmé. Bien que la foi soit restée identique, au fond, et que l'Église latine ait toujours accepté les différences de discipline entre l'Orient et l'Occident, rien n'a pu empêcher la séparation malgré les tentatives de rapprochement opérées au concile de Lyon (1275), et au concile de Florence (1439), malgré les souvenirs de tant de Pères, de docteurs, de martyrs, vénérés en commun par les deux Églises, malgré la liturgie de l'Église orientale, toute remplie de témoignages en faveur de la suprématie du siège de Pierre, l'esprit de schisme a toujours prévalu dans l'Église de Constantinople, et à la fin, ce clergé simoniaque s'est écrié tout d'une voix : « Plutôt le turban de Mahomet que la tiare du Pape ! » Hélas ! depuis trois siècles et demi que ce vœu sacrilège s'est vu exaucé, les malheureux auraient eu le temps de reconnaître leur erreur. Rien n'indique jusqu'à présent que le successeur de saint Jean Chrysostome, devenu la créature et le jouet du ministre du sérail, ait ouvert les yeux à l'évidence. Le dernier appel paternel que Pie IX lui adressa à l'époque du concile du Vatican a été reçu avec le même orgueil systématique, avec le même dédain glacial que les appels précédents.

Mais ce particularisme national, si vivace encore à Constantinople, n'existe pas au même degré dans les autres patriarcats d'Antioche, de Jérusalem et d'Alexandrie. Là, le schisme n'a été qu'un accident dû surtout à l'influence prépondérante de l'église impériale, et aussi à l'isolement d'avec Rome, à la difficulté des communications pendant le moyen âge, entre ces églises envahies par l'islam et le centre de l'unité. Il y eut toujours dans ces églises de nombreux catholiques ; beaucoup d'évêques restèrent unis au siège apostolique et, dans le patriarcat d'Antioche, en particulier, il est certain que jusqu'en 1724 un grand nombre de ses titulaires reconnurent la suprématie du Pontife romain. C'est là un point d'histoire ecclésiastique trop peu connu en Occident.

L'année 1724 vit consommer le schisme de l'Église d'Orient. Depuis plusieurs générations de patriarches, le siège d'An-

tioche était occupé par des prélats catholiques ; la plupart des évêques du patriarcat étaient catholiques, ainsi que leur clergé et leur peuple. L'ambition d'un misérable fit prévaloir le schisme. En 1734, un patriarche catholique, Cyrille IV, ayant été élu, selon l'usage, par les évêques de sa nation, un diacre, qui convoitait la place, se voyant frustré dans ses désirs ambitieux, se rendit à Constantinople et promit au patriarche schismatique d'entraîner toute sa nation dans le schisme, s'il était élu. Il fut aussitôt sacré et intronisé en qualité de patriarche d'Antioche, avec l'aide du gouvernement ottoman, acheté à prix d'argent. Le patriarche légitime fut exilé par ordre de la Porte. L'intrus tint fidèlement la parole qu'il avait donnée d'entraîner son église dans le schisme. Muni du bérat impérial, il s'empara de tous les biens-fonds de la communauté melchite, chassa de leur siège les évêques fidèles, les remplaça par des schismatiques et, pendant près d'un siècle, on put croire que c'en était fait de l'Église grecque catholique en Orient.

Il n'en était rien cependant. Cachés dans des retraites inaccessibles, Cyrille et ses successeurs avaient continué de diriger dans l'ombre cette église désolée, qui comptait encore, au commencement du XIXe siècle, environ 20,000 fidèles. La Providence allait lui venir en aide, en lui suscitant un homme d'une intelligence et d'une vertu supérieures, Mgr Maximos Mazlum, qui avait fait ses études à Rome et en France. Il fut élevé en 1833 sur le siège patriarcal d'Antioche par tous les évêques de son rite.

Les circonstances politiques le favorisèrent. Les Turcs venaient d'être chassés de la Syrie par le fameux Ibrahim-Pacha. Le nouveau patriarche parvint à se faire reconnaître en cette qualité par Ibrahim et, en 1834, il rentrait solennellement dans la vieille résidence des patriarches d'Antioche, à Damas, dont ses prédécesseurs catholiques étaient exilés depuis cent dix ans.

Quand la Syrie retomba, quelques années après, sous le joug des Turcs, le vaillant patriarche alla lui-même à Constantinople plaider sa cause et celle des grecs catholiques. Traversé par les intrigues du Phanar et l'influence russe, il passa en Italie et en France (1839), pour réclamer l'appui de notre gouvernement. La France soutint la cause catholique. Le succès de Mgr Maximos, disputé pendant dix ans, fut complet. En 1848, il était reconnu par le France comme chef civil de la communauté grecque-melchite, déclarée indépendante de toute autre communauté religieuse. Pour récompenser le vaillant prélat, le Pape voulut qu'il joignît à son titre patriarcal d'Antioche, ceux de Jérusalem et d'Alexandrie, donnant ainsi une seule tête à l'Église grecque-melchite.

Le reste de la vie du saint patriarche fut employé à consolider son œuvre. L'Église grec-melchite était ressuscitée, mais après plus d'un siècle de persécutions acharnées, tout était à refaire : circonscriptions épiscopales, paroisses, églises, écoles. Mgr Maximos tint plusieurs synodes épiscopaux pour restaurer la discipline et s'occuper des meilleurs moyens de ramener à l'unité catholique les nombreux schismatiques de l'Orient. Ses successeurs ont marché dans la même voie et, sous le patriarcat du titulaire actuel, Mgr Grégoire Jusef, ancien élève des Jésuites de Ghazir, les progrès de l'Église melchite se sont encore accentués. Il s'est produit par tout l'Orient, dans ces dix dernières années, un mouvement de retour vers Rome. Ce ne sont plus des personnages isolés, mais des familles nombreuses, quelquefois des villages entiers, qui demandent à rentrer dans l'Église catholique; mais ce mouvement de retour vers Rome est retardé par le manque de ressources, et surtout par le manque d'hommes.

En effet le grand besoin de cette Église qui renaît à la vie catholique, ce sont des prêtres, des prêtres de rit grec, de nationalité grecque, mais instruits et pieux. Les missionnaires latins peuvent très peu ici, une longue expérience l'a trop prouvé! Leur œuvre, l'œuvre que seuls ils peuvent faire, c'est de former un clergé national, mais un clergé national qui aura puisé dans une forte éducation cléricale la science, les vertus et l'esprit catholique de l'Occident, au lieu du particularisme étroit des Orientaux.

C'est pour répondre à ce grand besoin des Églises orientales que le cardinal Lavigerie a ouvert à Jérusalem, en 1882, dans la maison que ses missionnaires occupent à Sainte-Anne, un séminaire pour les grecs melchites, afin de fournir aux évêques de ce rit un clergé fervent et instruit. Cet utile établissement a reçu la bénédiction du Vicaire de Jésus-Christ et le concours empressé de l'épiscopat melchite. Voici ce qu'écrivait à ce sujet un des évêques du patriarcat :

« L'école apostolique française de Jérusalem vient à son
« heure. Les moissons jaunissent et le Maître, exauçant nos
« prières, enverra bientôt enfin les ouvriers. Ils sortiront de
« Sainte-Anne, pleins de vie et d'ardeur pour se mettre à
« l'œuvre. Leurs travaux seront couronnés de succès qui
« étonneront bien des gens. Oui, nous l'espérons, ces mis-
« sionnaires d'un genre nouveau, indigènes du rit grec, en-
« tés sur l'arbre plein de sève de l'Église latine, porteront
« des fruits, précisément parce qu'ils conserveront leur es-
« pèce propre, en la fortifiant. »

Il ne faut pas nous le dissimuler, jamais les grecs ne seront efficacement ramenés à l'unité romaine par les latins. Des préjugés invincibles s'y opposent. Puis, pour tous ces peuples orientaux, chez lesquels les formes extérieures du christianisme ont tant de puissance, un changement de rit est presque un changement de religion. C'est pourquoi les Souverains Pontifes, en particulier Benoît XIV, ont sagement recommandé aux missionnaires de ne pas chercher à latiniser les grecs. Ces prescriptions n'ayant pas toujours été suffisamment observées, le Pape Léon XIII vient de les renouveler. Non content d'avoir rétabli le rit grec auprès de lui, dans le sanctuaire de Grotta Ferrata, il vient de décider que tous les grecs de la Palestine, ramenés à l'Église depuis trente ans, qui, faute de missionnaires de leur rit, avaient embrassé le rit latin, devront, maintenant qu'ils ont des pasteurs, revenir au rit grec.

Ne soyons pas plus sages que le Vicaire de Jésus-Christ. La liturgie grecque, qui remonte à saint Basile et à saint Jean Chrysostome, est fort belle, la discipline de l'Église grecque n'a rien de blâmable, et, dans les grandes lignes, c'est la discipline générale de l'Église. S'il était permis à un humble missionnaire d'exprimer un avis à ce sujet, je n'y vois qu'un seul point, fort grave, il est vrai, à réformer, c'est le mariage des prêtres. Il est certain qu'un clergé marié ne fera jamais qu'un clergé médiocre, comme science et comme esprit sacerdotal. Mais il faut observer que, chez les grecs, le mariage des prêtres, qui est toléré avant l'ordination, n'est nullement obligatoire. C'est par un abus scandaleux que, dans l'Église russe, tout diacre appelé à l'ordination doit commencer par se munir d'une femme. Rien de pareil n'existe dans l'Église grecque catholique. Si donc Nos Seigneurs les évêques du rit grec n'élevaient au sacerdoce que des diacres encore libres du lien conjugal, comme, même dans les Églises schismatiques, le mariage a toujours été rigoureusement interdit au prêtre après l'ordination, la question du célibat ecclésiastique serait bien près d'être résolue dans l'Église grecque, comme elle l'est depuis longtemps dans l'Église latine !

Quelle est actuellement la situation de l'Église grecque-melchite ? Dans une note envoyée en 1877 à Mgr l'archevêque de Paris, Mgr le patriarche la résume en ces termes :

Il y a dans l'église grecque-melchite : 12 sièges épiscopaux, dont 3 sont administrés par des vicaires patriarcaux, et les 9 autres par des archevêques et des évêques élus et confirmés par le patriarche. Celui-ci est élu par le synode des évêques et confirmé par le Pape, qui lui envoie en signe de communion le sacré pallium.

En 1877, l'Église grecque comptait : 10 évêques, 12 sièges épiscopaux, 190 paroisses, 19 monastères, 333 prêtres tant séculiers que réguliers (ces derniers appartiennent tous à l'ordre antique de Saint-Basile); 113 religieuses, appliquées à l'enseignement et aux œuvres de charité, 1 séminaire patriarcal, 2 grands collèges, 127 écoles. La population grecque catholique est de 100,000 âmes.

Voici maintenant quelle est, en 1890, la hiérarchie de l'Église grecque-melchite (1).

1 patriarche du titre d'Antioche (en résidence à Damas).
1 vicaire patriarcal, à Jérusalem.
1 vicaire patriarcal à Alexandrie.
4 archevêchés :

	arch.	pr.	égl. ou chap.	écol.	cathol.
Alep	1 arch.	11 pr.	6 égl. ou chap.	6 écol.	9.000
Bosra et Hauran.	1 »	10 »	12 »	4 »	7.000
Emèse et Apamée.	1 »	20 »	20 »	18 »	8.000
Tyr.............	1 »	20 »	11 »	13 »	6.200
7 évêchés :					
Balbeck	1 évêq.	15 »	10 »	8 »	5.000
Beyrouth........	1 »	? »	? »	10 »	15.000
Damas...........	1 »	? »	9 »	? »	12.000
Panéas..........	1 »	16 »	9 »	21 »	3.600
Sidon	1 »	25 »	25 »	7 »	11.000
Ptolémaïs.......	1 »	34 »	25 »	8 »	9.000
Zahlé...........	1 »	35 »	30 »	12 »	17.000
Total, 1 pat., 11 arch. et év.,		186 »	157 »	110 »	102.800

(1) On a compris dans ce tableau les prêtres du rit grec, laissant de côté les nombreux missionnaires latins qui travaillent dans les diocèses grecs melchites. Comme il manque le chiffre des prêtres grecs de deux diocèses, on arrive à encore des paroisses de ce rit en Egypte, à Constantinople, à Livourne, à Marseille, etc., le chiffre total des prêtres grecs melchites s'élève aux environs de 221. Les uns font partie du clergé séculier, mais le plus grand nombre sont religieux de Saint-Basile. Cet ordre antique, qui compte au moins 500 religieux, se partage en trois congrégations, les Salvatoristes, les Alépins et les Baladites. Il y a aussi dans le patriarcat plusieurs couvents de religieuses du même ordre.

En tenant compte des grecs melchites répandus en dehors desdits diocèses, dans l'Asie Mineure, en Egypte, à Constantinople et dans plusieurs villes d'Europe, où ils sont assez nombreux pour avoir des paroisses de leur rit, on arrive au chiffre total de 114,000 grecs melchites, chiffre officiel donné pour 1890 par le patriarcat. Ce nombre ne fera certainement qu'augmenter, car il se produit dans tout l'Orient, surtout depuis ces dernières années, un grand mouvement de retour vers Rome.

Tous ces évêchés sont situés en Syrie. Il y a encore des Églises du rit grec melchite à Rome, à Livourne, à Marseille, à Alexandrie, à Constantinople et dans quelques autres localités du levant, en dehors de la Syrie.

Statistique comparée des fidèles du rit grec-melchite.

En 1800	1850	1890
20.000	50.000	114.000

(*A suivre*).

NÉCROLOGIE

MGR POELL.

Une dépêche de Shanghaï nous apprend la mort de Mgr Martin Poell, vicaire apostolique du Chan-si méridional, dont nous avons annoncé l'année dernière l'élévation à l'épiscopat. Nous consacrerons prochainement une notice nécrologique à ce regretté prélat, qui évangélisait la Chine depuis de longues années.

DONS

Pour l'Œuvre de la Propagation de la Foi

ÉDITION FRANÇAISE.

M. l'aumônier du Carmel, à Narbonne, diocèse de Carcassonne.	25
Anonyme du diocèse de Belley.	10
R. L. de Lyon.	10
A., du diocèse de Rouen.	5
M. L. Bresse, à Saint-Etienne du Vigan, diocèse du Puy, avec demande de prières	10
Par feu Gaspard Fektor, Raab (Hongrie)	22 15
C. B.	12 20
M. l'abbé Bareau, à Villaines-la-Juhel, diocèse de Laval.	40
M. Raynaud, curé de Souilhès, diocèse de Carcassonne.	50
Un soldat, don recueilli par l'*Echo de Fourvière*.	0 50
M. D., » «	5
M. Jacquesson, à Mourmelon-le-Grand, diocèse de Châlons.	2
M. Goumas, curé de la paroisse de Montigny, diocèse du Mans.	5

Pour les missions les plus nécessiteuses (Pondichéry).

M. Barthélemy de Roux, à Marseille	7
Un abonné de Fribourg.	5
M. l'abbé Joseph Gorbelle, à Valgrisanche (Aoste)	28
Anonyme de Blois	25
Un abonné du diocèse de Versailles, avec demande de prières.	10
Un prêtre du diocèse de Tournay.	500
M. Henri Estève de Bosch, diocèse de Perpignan.	20

Au P. Klinger (Tong-King méridional), pour le rachat de trois enfants à baptiser sous les noms de Marie-Anne, Françoise, Joseph.

Par l'entremise de M. Freyburger, Vicaire à Ribeauville, diocèse de Strasbourg.	50

A Mgr Lavigne, pour le baptême de deux enfants sous les noms de Jean et Hélène.

Anonyme de Lyon.	20

Au P. Fourcade, pour la mission d'Alladhy (Indes).

Une abonnée du diocèse de Liège.	200
Anonyme de Blois.	25
Une fillette pour sa première communion, de Lyon	2
Anonyme de Lyon.	10

A M. Mignery (Pondichéry), pour les affamés.

Un prêtre de Lyon.	50

Au R. P. l'authe, à Ving-ngé-an ((Tong-King).

Au nom des orphelins de Saint-Jean d'Albi, demande de prières.	10

A Mgr Pineau (Tong-King méridional).

Un abonné de Marseille, demande de prières.	25
Anonyme de Blois.	25

A M. Allys (Cochinchine septentrionale).

Un abonné de Marseille, demande de prières.	25
M. Duthell de la Rochère, à Nîmes.	61
Un séminariste du diocèse de Rennes.	5
M. et Mme Paul Pouye, diocèse de Meaux, demande de prières.	5
Anonyme de Blois.	25
Un anonyme de Bordeaux.	6
Mesdemoiselles Pinezon du Sel, à Rennes, avec demande de prières spéciales.	400

Pour les missions d'Orient (Mgr Geraigiry).

M. Marc Baluze, à Brive, diocèse de Tulle.	5

Pour les affamés de la Chine (Chen-si septentrional).

Un anonyme de Quimper.	5

Pour la mission de Mgr Kleiner.

Un anonyme de Quimper.	50

Au R. P. Verdier (Maduré).

Une enfant de Marie pauvre du diocèse de Belley.	2 50

A Mgr Pagnucci (Chen-si septentrional).

Une enfant de Marie pauvre du diocèse de Belley.	2 50

Pour la mission belge du Bengale occidental.

Un abonné du diocèse de Liège.	400

Pour la mission belge du Congo.

Un abonné du diocèse de Liège.	400

Pour la mission du Zambèze.

Un abonné du diocèse de Liège.	200

Pour le P. Gommenginger, supérieur de la mission de Kilima-Ndjaro, pour le rachat de trois nègres à baptiser sous les noms de Louis, Eugène, Charles.

Par l'entremise de M. Freyburger, Vicaire à Ribeauville, diocèse de Strasbourg.	50

Aux Sœurs missionnaires de S. Em. le cardinal Lavigerie, pour le rachat de petits nègres.

Mme F. Patin, veuve Latour, diocèse de Dijon.	5

A S. Em. le cardinal Lavigerie (Victoria-Nyanza).

Mlle Marie de Louvencourt, diocèse d'Arras.	4

Pour les missions de l'Oubanghi.

Mme Louis Sdatg à ,Carcassonne.	10

Pour les missions africaines (Dahomey).

Paroisse de Saint-Valbert, diocèse de Besançon	1 50
Mlle A Pritchard, à Herbeville, diocèse de Versailles.	1 60

Pour la mission de Quita.

M. Ch. Lippé, à Québec.	5 25

Pour Mgr Lamaze.

M. Robert de Louvencourt, diocèse d'Arras.	4
Les enfants d'un pensionnat, don recueilli par l'*Echo de Fourvière*.	10

Pour les prêtres polonais en Sibérie.

Anonyme de Lorrain, à Dijon, avec demande de prières.	4
M. et Mme Paul Pouyé, diocèse de Meaux.	5

ÉDITION HONGROISE
(2e semestre 1890).

Pour l'Œuvre.	632	»
» les missions les plus nécessiteuses (Chen-si sept.)	70	»
» les missions africaines (Dahomey).	40	»
» le Japon (M. Corre).	46	»
» la Chine (Chen-si sept.).	24	»
» la léproserie de Jérusalem.	34	»
» le Saint-Sépulcre.	4	»
» les Sœurs de charité, à Jérusalem	8	»
	Total	858 »

(La suite des dons prochainement).

Th. MOREL, *Directeur-gérant.*

Lyon. — Imprimerie MOUGIN-RUSAND, rue Stella. 3.

BAS-ZAMBÈZE. — Montagnes de Marangué. — Pics de Kadiamusodza et Mpinga, lieu de mission au siècle dernier des Pères de la Compagnie de Jésus ; d'après un dessin du R. P. Courtois, de la Compagnie de Jésus, supérieur de la mission (Voir page 54).

CORRESPONDANCE

NIGER (Afrique occidentale)

On lira avec intérêt la relation suivante. C'est l'histoire d'un apostolat laborieux dans ces pays du Niger que nous décrivait si bien l'année dernière le commandant Mattei. Que de fatigues et que de deuils dans ces quelques années d'évangélisation ! Mais, nous l'espérons, une fois de plus, l'épreuve aura été la condition mise par la Providence pour le succès de cette préfacture si bien dirigée par la jeune et vaillante Société des Missions Africaines.

Lettre du R. P. Poirier, des Missions Africaines de Lyon, vice-préfet apostolique du Niger.

Saint-Joseph d'Asaba, 6 août 1890.

... La mission catholique du Niger date du mois de novembre 1884. A cette époque deux Compagnies françaises abandonnaient le fleuve et cédaient leurs comptoirs à une Compagnie anglaise qui sut profiter de cette position unique pour s'emparer des deux rives du Niger et de la Bénué. Des ministres protestants noirs, avec le vieil évêque Crowther à leur tête, essayaient depuis près

de trente ans l'évangélisation de ces contrées. Nous comptions sur l'influence française, aussi grand fut notre étonnement à notre arrivée à Brass, d'apprendre que les Compagnies étaient en liquidation.

Nous fûmes néanmoins reçus avec cordialité, et à Lokodja où nous devions établir notre première station, nous eûmes la bonne fortune de rencontrer l'agent-général, le brave commandant Mattéi, qui eut l'extrême obligeance de rester encore un mois dans cette ville pour faciliter notre installation. Nous étions trois missionnaires. Les débuts furent bien pénibles. Notre cabane était misérable. Nos faibles ressources nous procuraient à peine le strict nécessaire. Mes deux confrères tombèrent malades dès le second jour après notre arrivée et moi-même, pendant que je les soignais, je fus saisi d'un violent accès de fièvre. La position n'était pas gaie. De mon grabat, dévoré par une soif ardente, j'entendais les cris déchirants d'un confrère en délire. Pour la première fois, je crois, en mission, je pleurai.

La Providence pourtant veillait sur nous, le brave officier nous donnait l'espoir que, peut-être au dernier moment, le ministre des Affaires Étrangères, auquel il s'était adressé pour conserver l'influence française, soutiendrait la Compagnie dont il était le représentant et l'honneur de la France, dont il était le consul. Mais, vain espoir, le moment du départ approchait et le commandant nous quittait les larmes aux yeux.

. .

Lokodja est admirablement situé au pied des collines et des montagnes sur la rive droite du Niger, en face du confluent de ce fleuve avec la Bénué, immense rivière dont le cours complet, encore inconnu, sera la véritable route vers le lac Tchad, à cent cinquante lieues environ de la mer. Lokodja n'était qu'un tout petit village en 1857, lorsque le docteur Baicie, au nom de Sa Majesté Britannique, y établit un consulat anglais. Composée de Houssa, de Nupé, de Yoruba et de plusieurs autres tribus refoulées par les musulmans, sa population ne compte que quelques milliers d'âmes, mais son importance croît de jour en jour. L'autorité du roi de Bida qui s'y faisait sentir, malgré la cession de ce territoire aux Anglais, vient de disparaître. Le quartier général des troupes de la Compagnie est transféré d'Asaba à Lokodja ; les collines sont hérissées de casernes et les canons braqués sur le confluent commandent le cours du Niger et de la Bénué. Ce sera un point stratégique de premier ordre, si un jour la civilisation européenne se mesure avec la barbarie musulmane.

- -

Après bien des vicissitudes et des ennuis inhérents à toute mission naissante, surtout au cœur du continent africain, nous nous fixâmes à quelque distance de la ville sur un vaste terrain qui nous fut cédé par le roi de Bida. Je vous fais grâce des péripéties et des ruses employées par les musulmans, pour nous faire échouer dans notre entreprise. Les éléments eux-mêmes se tournèrent contre nous et, pendant la semaine sainte, un mur de nôtre maison encore découverte s'écroulait sous les pluies torrentielles qui inondaient le pays. Cependant notre habitation fut construite au prix de bien des sacrifices, des logements furent préparés pour les enfants et peu à peu notre installation fut complète. Notre œuvre était difficile. Que faire auprès d'une population mahométane mêlée de païens soumis à l'influence musulmane ? Fonder des écoles ? Mais l'expérience des protestants, qui depuis trente ans n'avaient eu que les enfants de leurs ministres et des agents des factoreries, venus de Lagos et de Sierra-Léone, ne nous disait-elle pas qu'il n'y avait rien à faire ? Ces populations païennes ne comprennent pas les bienfaits de l'éducation et notre qualité de chrétien nous rend suspects aux fils du Prophète.

Restait une œuvre bien importante sans doute, mais très onéreuse, celle des orphelinats. Racheter des enfants païens condamnés à un dur esclavage, les délivrer des mains des cruels musulmans pour sauver leurs âmes,

tel fut le plan adopté. Une première caravane de trente garçons rachetés sur les marchés de Bida vint peupler et animer la mission jusqu'alors un peu déserte. Il y en avait de tous les âges, de toutes les tribus et de toutes les langues. Leur dénuement était complet, car le maitre rapace enlève jusqu'à la ficelle et jusqu'au mauvais torchon qui ceint les reins de sa victime.

Ce n'est pas seulement dans l'Est africain que se fait la chasse à l'homme. Le roi du Dahomey, tout le monde le sait, dépeuple les pays voisins pour ses coutumes annuelles, véritables boucheries de chair humaine. Les musulmans de l'Intérieur, sans être plus humains, sont plus habiles et ne vont pas sottement immoler leurs victimes aux mânes de leurs ancêtres. Ils font de véritables razzias parmi les tribus païennes. Leurs moyens sont la ruse ou la force. Voyez-vous cet enfant! avec l'insouciance de son âge, il s'amuse devant la case au milieu des poules et des chèvres ; son père est à la ferme, sa mère prépare l'igname pour le repas. Un monstre veille dans le fourré, il épie le moment propice et, comme un oiseau de proie, il fond sur sa victime dont il étouffe les cris. Chaque année, des princes musulmans, à la tête de hordes sauvages affamées de butin, se jettent à l'improviste sur les villages païens. L'époux est séparé de son épouse, les enfants sont enlevés sans pitié aux auteurs de leurs jours, et ces bêtes à figure humaine entraînent ces pauvres petits, qui souvent succombent aux mauvais traitements et à l'insuffisance de nourriture.

La plupart de nos enfants rachetés étaient maigres et chétifs. Beaucoup, pour assouvir leur faim, avaient mangé de la terre. Aussi en perdîmes-nous un grand nombre qui succombaient à des douleurs atroces ; mais au moins ils ont eu le bonheur de recevoir la grâce du saint baptême. Ils ont été délivrés de bien des maux.

Ces enfants ne sont pas dépourvus d'intelligence, mais que de défauts à corriger! Je me rappelle encore mon Exupère et mon Jules, bambins de six ans, saisis à minuit au poulailler en flagrant délit. Tous nos soins furent donnés à ces enfants, les prémices et l'espoir de la mission. Maintenant ces petits voleurs sont à peu près convertis, ils sont dociles et tous ceux de la première caravane ont fait leur première communion et reçu la confirmation. D'autres sont venus les rejoindre grâce aux dons généreux des bonnes âmes de France. Ils sont nourris et entretenus par la Sainte-Enfance ; mais notre budget est dépassé chaque année et nous avons la douleur de poser des limites cruelles à notre zèle en laissant aux musulmans tant de petits êtres qui jettent un œil d'envie sur nos enfants civilisés.

Leur temps est divisé entre l'étude et le travail manuel. Ils parlent l'anglais assez correctement et ne sont pas étrangers aux connaissances acquises dans les écoles primaires. Plusieurs apprennent des métiers, d'autres sont cultivateurs et bientôt nous aurons à célébrer les premiers mariages chrétiens.

La station d'Asaba a été fondée au mois de mai 1888, dans un pays païen. Asaba est une ville de huit à dix mille âmes, divisée en neuf villages, flanquée de quatre hameaux d'esclaves qui devaient fournir les victimes pour les sacrifices. Chaque village a son chef; mais des centaines de roitelets qu'on appelle *Igwés* s'y disputent le pouvoir. Incapables de gouverner, reconnaissant eux-mêmes qu'ils auraient besoin d'un chef unique pour régler leurs différends, ils exercent cependant une certaine influence sur le peuple. Mais en réalité ils ne sont rois que de leur famille et de leurs chèvres. Tous meurtriers, puisque, pour être créé Igwé, il faut avoir tué au moins un ennemi de sa main, ils sont opposés à toute civilisation.

Comme signe distinctif, leur chef est couvert d'un bonnet rouge parfois orné de plumes et de coquillages : leurs yeux sont encadrés dans des cercles de craie blanche ; ils portent à la main un large éventail en peau de chèvre; leur pagne doit être blanc et plus simple que ceux des pauvres mortels et ils annoncent leur présence en soufflant de toute la force de leurs poumons dans des cornes d'ivoire ou de défense d'hippopotames. A la mort de ces tyranneaux, plusieurs esclaves devaient être immolés sur leur tombe, mais heureusement ces horreurs ont pris fin et les victimes offertes ne sont plus que des vaches, des poules et des chèvres.

Il existe encore à Asaba une classe de *bigmen*, hommes importants qui prennent part aux assemblées publiques. Leur accoutrement est à peu près le même, moins le bonnet rouge et la craie autour des yeux. Leur corne est aussi plus petite.

Les prêtres des idoles qu'on appelle ici prophètes et docteurs, sont des personnages qui savent exploiter la crédulité publique. Leur panacée est toujours la même et n'a aucun rapport avec l'art d'Hippocrate. Quelqu'un est-il malade, s'agit-il d'enlever un sort qu'on suppose jeté sur la famille, parce qu'on a aperçu des traces de craie sur les murs, vite on court chez le docteur. Naturellement la poule est sacrifiée, et son sang, mêlé aux plumes, barbouille les fétiches, l'huile de palme ajoute sa couleur jaune au décor et le féticheur, en prononçant des paroles mystérieuses, distribue à ces hideuses divinités des herbes pilées et choisies.

Un jour, j'arrivai dans une case où un pauvre homme gisait mourant sur la terre nue. Plusieurs Igwés étaient présents. L'inévitable prophète avec ses diableries était en fonction. Grand mal lui en prit. En un clin d'œil ses flacons et ses fétiches furent renversées et il dut lui-même sortir de la case en emportant les débris de ses divinités. Je restai maître du terrain au grand étonnement des habitants qui, voyant mon air courroucé, n'eurent rien de

mieux à faire que de se ranger de mon côté par un bon « *Edji oku* » (c'est vrai, tu as raison).

Malheureusement le noir ne raisonne pas, il vous accorde facilement que toutes ces statuettes en bois et en terre qui ornent sa maison, ne sont pas des divinités. Il rit volontiers lorsque vous lui faites remarquer en les secouant qu'elles n'ont pas plus de pouvoir que les poteaux qui soutiennent sa case. Mais il veut les conserver parce qu'il les a reçues de son père. En réalité presque tous s'imaginent que ces statuettes sont la demeure de leurs parents défunts. Ils croient à la métempsycose et chaque fois qu'ils immolent une chèvre ou une poule en leur honneur, ils en suspendent les débris devant le siège en terre qui leur sert de trône. Pauvres nègres !

* *

Et c'est pour porter la lumière à ce peuple, pour déraciner des coutumes absurdes, que nous sommes venus fixer ici notre tente. Notre première cabane de bambous était bien pauvre, elle n'avait ni portes, ni fenêtres ; mais nous n'avions pas le droit de nous plaindre. Le même toit de feuilles de palmiers couvrait la petite chapelle où Notre-Seigneur descendait chaque matin sur l'autel.

La mission fut inaugurée le dimanche 17 juin 1888. Des curieux en grand nombre envahirent notre chapelle à toute heure, ne sachant pas qui nous étions et surtout ce que nous voulions faire. Ceux qui fréquentaient le temple protestant venaient volontiers après leur service, s'asseoir sur nos bancs pour écouter l'enseignement catholique. L'ordre n'était pas parfait, la tenue n'était pas irréprochable, le silence était souvent rompu, le prédicateur avait besoin de patience. Mais les temps sont changés, les curieux ont disparu, un silence respectueux a succédé au désordre, et des hommes de bonne volonté remplissent notre chapelle.

La petite cabane des premiers jours a fait place à une église assez grande et propre ; mais elle est toujours en bambous et couverte en paille jusqu'à ce que des âmes généreuses veuillent par leur obole procurer à Notre-Seigneur une demeure plus convenable. Sans doute tous ceux qui fréquentent la mission ne se convertiront pas en masse ; pour plusieurs il existe des obstacles sérieux, mais le bon Dieu a déjà choisi parmi eux quelques privilégiés.

Dernièrement dans une course à travers les cases, je trouvai une pauvre vieille abandonnée. D'une maigreur épouvantable, elle était étendue sur la terre nue auprès de quelques tisons qui enfumaient son misérable réduit; quelques restes d'ignames, apportés par les parents ou les voisins, étaient à côté d'elle. Je reconnus cette femme pour l'avoir vue à la chapelle. Elle était bien disposée, je lui parlai du bon Dieu et du baptême. Quelques jours après, suffisamment instruite et dans de bonnes dispositions, ma vieille Geneviève recevait le baptême et son âme purifiée s'envolait au Ciel.

Nos courses à travers les cases sont assez fructueuses. Les malades sont très nombreux, surtout pendant la saison des pluies. Ce n'est pas étonnant. Les nuits sont très fraîches et presque toutes les cabanes sont ouvertes. Quel dénuement ! Ceux qui se portent bien n'ont qu'un étroit morceau d'étoffe pour se couvrir. Mais les malades le plus souvent n'ont rien du tout. Il doit exister une coutume absurde pour prescrire ce rite, puisque, après sa mort, on trouve bien les habits du défunt, pour les ensevelir avec lui dans la tombe.

Pas le moindre soin n'est prodigué au malade. On tuera bien une poule ou une chèvre pour l'offrir au fétiche ; mais on se gardera de lui faire un bouillon.

Et le malade, avec une patience qui serait admirable si elle était chrétienne, ne profère pas la moindre plainte. Il est habitué à son igname et il ne songe même pas à demander une nourriture plus saine et plus légère. La médecine, le plus souvent, ne peut pas produire son effet, tant les conditions hygiéniques sont défectueuses. Quelle belle œuvre nous aurions à établir ici si nous pouvions recevoir ces délaissés dans un hôpital confié aux bons soins de nos religieuses ! Notre ministère auprès des moribonds serait aussi beaucoup plus facile. Nous pourrions les instruire et les surveiller de près, et le respect humain ne serait plus un obstacle.

Ici, comme partout, les parents ne comprennent pas les bienfaits de l'instruction et de l'éducation chrétiennes. Nous avons eu pendant longtemps beaucoup de peine à rallier quelques enfants. Les nôtres, rachetés de l'esclavage, étaient à peu près les seuls à fréquenter les écoles. Mais peu à peu, attirés par les caresses et quelques petits morceaux d'étoffes, ils sont venus. Maintenant ils viennent même en grand nombre. Plusieurs, comme récompense et encouragement, ont reçu pour le dimanche des habits complets : une blouse et une paire de culottes. Ils sont fiers de leur tenue et ne manquent pas d'attirer de nombreux camarades. Ah ! si nous pouvions les habiller tous, nos écoles seraient pleines tous les jours, et le dimanche il nous faudrait vite une grande église. Les garçons viennent plus facilement que les filles et pourtant nos bonnes religieuses se donnent beaucoup de peine pour aller les chercher dans les cases.

Malheureusement les travaux matériels absorbent une grande partie de notre temps. Nous n'avons pas ici des ouvriers comme à la côte. Si vous voulez construire une maison convenable, il faut que vous en surveilliez les moindres détails. Nul ne connaît pas la ligne droite et il enlève le cordeau que vous mettez pour aligner les briques.

C'est dire que les constructions nous donnent beaucoup de soucis. Nous devons payer de notre personne

et travailler sous un soleil ardent. L'installation des Sœurs est à peu près complète, la nôtre le sera, j'espère, vers la fin de cette année. Nos habitations n'ont pas d'étage, mais nos rez-de-chaussée sont élevés d'un mètre au-dessus de terre. Les maisons sont saines et convenables. Nos écoles et les logements des enfants seront aussi bien conditionnés. Mais qui paiera nos dettes ! La bonne Providence, qui ne nous a jamais manqué dans les situations les plus critiques, y pourvoira sans doute. Et encore nous avons la hardiesse de songer à construire une église.

Le bon saint Joseph, le patron d'Asaba, est sommé de frapper à la porte des personnes charitables pour nous procurer quelques secours. De notre côté, nous reprendrons la truelle et la hache et, avec la bonne volonté de tous, nous pouvons avoir une église convenable.

* *

Nos dépenses sont considérables, soixante enfants rachetés de l'esclavage nous complètement à notre charge. Nos épreuves ont été grandes. Quatre missionnaires et trois religieuses sont tombés victimes de leur dévouement. Deux autres ont été bien près de la tombe. Nous sommes encore six missionnaires et quatre religieuses. Une troisième mission est en voie de formation. Ibousa est une ville plus grande qu'Asaba. Nous y avons un terrain, mais le nerf de la guerre nous manque...

Issélé, Awondanshi, Oçpanam et bien d'autres villes païennes seraient d'un accès facile.... Je m'arrête, le cœur me saigne en présence de notre impuissance.

INFORMATIONS DIVERSES

France. — Nous apprenons la mort de M. l'abbé Louis Cullieret, aumônier de la division navale du Pacifique. Cette perte sera vivement regrettée des missionnaires d'Océanie avec lesquels le défunt entretenait les plus cordiales relations. M. Cullieret nous avait communiqué un album de magnifiques photographies recueillies au cours de ses voyages et fait espérer des notices dont sa mort prématurée prive malheureusement notre Bulletin.

Angleterre. — La ville de Cambridge, une des deux villes universitaires anglaises les plus importantes, voyait récemment les catholiques célébrer une grande fête.

Il s'agissait de la consécration d'une magnifique église catholique, la première que Cambridge ait vu s'élever depuis la Réforme. C'est le duc de Norfolk qui a donné le terrain, et un dame d'origine française qui a payé les frais du monument. On dit que cette église a coûté quatre-vingt mille livres sterling (deux millions de francs). Onze évêques et de nombreux prêtre ont pris part à cette cérémonie.

Japon méridional. — On lira avec édification et intérêt ce beaux traits de dévouement des séminaristes japonais pendan le choléra. Nous les extrayons d'une lettre de Mgr Cousin, vi caire apostolique du Japon méridional.

« Quelques jours avant la sortie du séminaire, le choléra avait éclaté comme un coup de foudre à Nagasaki. Pendant trois mois, il a fait autour de nous bien des ravages ; plusieurs de nos chrétientés ont été cruellement éprouvées ; mais toutefois, nous devons au bon Dieu une grande reconnaissance, car nos pauvres gens ont été, en somme, bien protégés. Voici quelques faits qui le prouveront :

« Au moment où l'un de nos séminaristes, l'abbé Michel Yamaguchi, arrivait chez lui en vacances, sa sœur aînée venait de succomber à l'épidémie, et la police avait fait brûler son corps. Sa mère, une autre sœur et sa belle-sœur étaient atteintes et couchées côte à côte dans l'unique pièce de l'humble logis.

« Il n'y avait pour les soigner que le frère du séminariste. Un gendarme faisait sentinelle jour et nuit à quelques pas de la porte avec la consigne d'empêcher ceux du dedans de sortir et ceux du dehors d'entrer. Les trois malades étaient considérées comme perdues et le médecin, qui était venu une première fois, avait ensuite obstinément refusé de reparaître. Seul, le supérieur du séminaire put pénétrer par deux fois chez ces infortunées et leur procurer quelques secours ; mais il rapporta de sa triste visite, la conviction que la sœur et la belle-sœur de Michel ne laissaient plus aucun espoir.

« Malgré les conseils des membres de sa famille et des amis qui lui offraient l'hospitalité, notre séminariste alla tout droit chez lui, s'enferma avec les malades et se constitua leur infirmier. Cette prison volontaire a duré trois semaines.

« Que s'est-il passé durant tout ce temps, dans cette pauvre habitation où ni médecin n'ont pénétré, où les provisions les plus élémentaires n'arrivaient que par l'entremise de la police? Dieu seul et les anges le sauront ; toujours est-il que les trois malades ont échappé à la mort et que ni Michel, ni son frère, n'ont été attaqués par la maladie.

« Et maintenant, je vous mets au défi de deviner l'idée qui vint à Michel pour remercier Dieu d'une si visible protection sur lui et les siens... La ville avait établi pour les cholériques un hôpital provisoire où la police transportait de force tous ceux qui étaient atteints ; on improvisait de même des infirmiers en leur promettant un salaire considérable. Michel, à peine remis de ses fatigues, demanda à sa vieille mère, qui l'accorda en pleurant, la permission d'aller s'offrir comme infirmier volontaire, avec l'espoir de procurer à quelques moribonds la grâce du baptême.

« Je dois ajouter que notre cher séminariste eut tout le mérite de sa bonne action sans en avoir la peine, car ses services ne furent pas acceptés.

« Ceci se passait à Urakami, sur la sainte montagne, à quelques pas du lieu où furent crucifiés les vingt-six martyrs du 5 février et plus près encore de l'endroit ordinaire des exécutions où des centaines d'autres ont été brûlés ou décapités pour la foi.

« Un autre de nos séminaristes, Paul Hatada, est originaire des îles Goto, à quarante lieues d'ici. Le père, pêcheur, comme presque tous nos chrétiens des îles, vient assez souvent à Nagasaki sur sa barque chargée de poissons. Il faut être né là dedans pour entreprendre une traversée dans de semblables conditions, car un coup de vent suffit pour tout perdre, corps et biens ; mais nos gens ont bon œil, et les accidents sont assez rares. Le vieux pêcheur se trouvait donc ici pour la sortie du séminaire afin de prendre son fils avec lui et de l'emmener en vacances.

« Le vent étant contraire, le séjour à Nagasaki dut se prolonger. C'était le moment où le choléra faisait rage.

« On partit enfin ; mais la petite barque avait à peine quitté le port, que le malheureux père se sent pris de la terrible maladie, en même temps qu'un des bateliers qu'il avait avec lui. Impossible de retourner sur ses pas ; il fallait à tout prix arriver au logis. Je vous laisse à penser la position du malheureux enfant obligé de faire le matelot en présence de deux malades à l'agonie ! Et il n'avait rien pour les soigner, et le vent était tout à fait tombé, si bien que le voyage dura quatre mortelles journées !

« Quand on arriva enfin, les malades respiraient encore, et on put les transporter chez eux avant que personne dans l'île se doutât de l'affaire, sans quoi ils n'auraient pas pu aborder. Mais la chose fut bientôt connue, la maison consignée même aux plus proches parents, et voilà nos pauvres gens prisonniers et réduits aux ressources qui peuvent se trouver chez de malheureux pêcheurs, c'est-à-dire à rien. Au bout de deux jours, le père mourait, la police vint prendre le corps pour l'enterrer, car toute la famille se trouvait aux prises avec le fléau : la mère, le séminariste, sa sœur et son jeune frère, tout le monde était étendu à la fois sur la natte, et aucun secours à attendre de l'extérieur.

« C'est par le journal de Nagasaki que nous apprîmes ce qui se passait. Un oncle de Paul, séminariste comme lui, que des affaires avaient retenu à Nagasaki, se résolut à partir immédiatement. Nous lui donnâmes une recette d'un docteur européen et nous lui confiâmes quelques remèdes. Mais comment aborder dans l'île ? Les habitants affolés faisaient bonne garde et se montraient sans pitié pour quiconque arrivait d'un pays contaminé.

« Il eut l'idée, en débarquant au chef-lieu de canton, de se présenter à la gendarmerie et de se mettre à son service pour le soin des cholériques dans tout le ressort, avec prière de le laisser commencer par sa sœur et ses neveux.

« Le tonnerre serait tombé sur le brigadier et ses hommes qu'ils n'auraient pas été aussi stupéfaits. L'offre fut acceptée immédiatement et sans perdre une minute, on mit à sa disposition un bateau ; l'infirmier improvisé fut accompagné par un gendarme jusque chez le maire de l'endroit, qui reçut l'ordre de le laisser aller s'enfermer près de ses malades et de les soigner. Il était temps ; les malheureux avaient complètement perdu courage. L'arrivée d'un secours si inattendu les ranima ; les remèdes et surtout la grâce de Dieu aidant, ils furent au bout de quelques jours hors de danger. Paul Hatada a pu rentrer au séminaire le 15 septembre avec ses condisciples et il ne lui reste de tout cela que la douleur d'avoir perdu son père. »

Zanguebar. — Mgr de Courmont, de la congrégation du Saint-Esprit et du Saint-Cœur de Marie, vicaire apostolique, nous écrit de Zanzibar, le 3 janvier 1891 :

« L'année qui vient de s'écouler a été pour nous une période de travaux et de souffrances. Que de tentatives menées énergiquement qui n'ont pas eu les résultats promis ! Nous avions fondé les plus belles espérances sur la mission du Tana. Mais une terrible inondation devant laquelle il a fallu chercher un autre point d'établissement, était un message de Dieu assez impérieux pour ne pas nous permettre d'hésitation. Un retard de quelques jours nous aurait d'ailleurs laissé tomber entre les mains de l'umo Bakari, et tout eût été perdu : le matériel emporté à Kozi et peut-être la vie de nos missionnaires et de nos chrétiens. Maintenant, des quatre missions chrétiennes qui s'étaient fixées sur les rives du Tana, il n'y en a plus une seule. Golbanti, où les Anglais ont dépensé beaucoup d'argent, vient d'être démoli par les musulmans qui désolent tout ce beau pays pour tirer vengeance de la défaite à eux infligée par l'amiral Freemantle. Défense a été faite aux Européens de se porter dans ces parages.

« En évacuant le Tana, nous pensions prendre position sur le Sabaki près de Mélinde. Mais l'agitation produite dans la vallée du Tana s'étendait aussi dans cette région où domine un musulman grand propriétaire d'esclaves et qui se rend très bien compte de l'influence que peut exercer une mission ou un établissement européen. C'est à ce moment, du reste, qu'est survenue la mort du P. Charles Gommenginger, et cette perte, jointe aux départs effectués ou prochains de quatre des plus anciens Pères, nous a mis dans une situation critique.

« Nous revenions du Kilima-Ndjaro, bien fatigués, quand nous nous sommes trouvés en présence de ces difficultés. Aussi nous sommes tombés malades, moi d'une fièvre du pays, le P. Le Roy d'une éruption de petite vérole. Il est hors de danger maintenant. Pendant les trois ou quatre semaines de séquestration qu'il a fallu lui imposer au fond du jardin de l'hôpital dans un bien pauvre réduit, sa bonne humeur ne s'est jamais démentie, non plus que son esprit... »

AUTOUR DE L'ORPHELINAT DE BOROMA

AU ZAMBÈZE

De toutes les missions du Bas-Zambèze, la station de Boroma est la plus éloignée de la mer. Nous devons à l'obligeance du R. P. Courtois, la notice qu'on va lire. Le désir d'entretenir nos lecteurs d'une mission dont nous n'avions pas parlé depuis long-temps et la nécessité de donner à cette livraison le nombre de gravures voulu, nous obligent de repousser au prochain numéro la suite du remarquable Voyage de Mgr Proulx.

Malgré le peu de ressources dont nous disposons, nous continuons à nous dévouer à l'éducation de nos petits Cafres,

le plus sûr espoir de la mission. Nous traversons des jours mauvais : la dernière guerre entre le Portugal et les indigènes a semé partout des ruines : privations, disette, misère, c'est un malaise général dans toutes les familles et ce n'est qu'à grand'peine que l'on trouve les denrées indispensables au soutien de la vie.

.•.

Le jour de Noël 1889, baptême solennel de douze petits Cafres. Nous donnons ordinairement comme de juste aux nouveaux baptisés, les noms qui nous sont indiqués par leurs bienfaiteurs d'Europe, et ces enfants prient chaque jour aux intentions de ceux qui les ont aidés à

BAS-ZAMBÈZE. — Ruines de Massangano après la guerre de 1887; d'après un dessin du R. P. Courtois.

devenir chrétiens. A cette occasion, nous avions organisé parmi les enfants une intéressante loterie de petits jouets venus de France. Comme couronnement de la fête, il y a eu exhibition d'une magnifique lanterne magique qu'une personne amie nous avait prêtée.

Je ne puis oublier de signaler ici les preuves nombreuses de la protection de saint Joseph sur notre établissement de Boroma, alors que des bandes de pillards armés descendaient le fleuve, semant sur leur passage, l'incendie, l'épouvante et la mort. Les rebelles étaient venus camper au bord du fleuve en face de notre maison de Boroma ; de là ils provoquaient leurs adversaires de l'autre rive à commencer le feu, et ils se disaient réciproquement

toutes sortes d'injures. Nous eûmes d'abord de justes sujets de crainte. C'était à vingt minutes à peine de notre maison de Boroma. Nous étions par conséquent entièrement exposés à leurs coups, sans armes et sans moyens de défense.

Les enfants de la mission épouvantés ne savaient que devenir, et les plus grands demandaient à grands cris à se réfugier sur la montagne voisine ou dans les bois. On parvint non sans peine à les calmer et à les tranquilliser...

Nous avions fait charger dans la soirée une bonne partie des provisions de la maison pour les conduire à Tété et les mettre en lieu sûr. La barque était en mouillage au milieu du fleuve. A peine le chargement était-il fini, que les rebelles apparaissaient comme une fourmilière sur la rive opposée. Nos mariniers ne firent pas les braves ; ils prirent tous la fuite et nous laissèrent à la merci des assaillants.

Notre situation était vraiment critique et nous ne pouvions attendre que de Dieu et de saint Joseph secours et délivrance. Notre espoir ne fut point déçu.

Voilà que tout à coup les rebelles cessent le feu et se retirent. Avant de se disperser, ils incendient quelques cases abandonnées, et ils nous crient de ne pas avoir peur, ils ne veulent pas, ajoutent-ils, faire de mal aux Pères et aux paisibles colons de Boroma ; car les missionnaires sont leurs amis, ils élèvent leurs enfants et soignent leurs malades.

Autre danger. Le P. Hiller était allé travailler au jardin qui est de l'autre côté du fleuve, presque vis-à-vis de notre maison de Boroma, et il avait emmené avec lui les enfants de l'école. Après le déjeuner, le jardinier dit au Père :

« — Prenez garde, ici tout près, il y a un lion ; nous lui avons tiré hier un coup de fusil.

« — Tu veux rire, dit le Père ; j'ai déjà visité l'endroit que tu m'indiques, et je n'ai rencontré lion qui vive.

« — Prenez garde, répéta le jardinier.

BAS-ZAMBÈZE. — VUE DE L'ILE APPELÉE CIMETIÈRE DE MOZAMBIQUE ; A DROITE, KARUMA NA MANO ; A GAUCHE, NYAMARUNGO ; DANS LE FOND, PIC DES MONTAGNES DE MARANGUÉ ; d'après un dessin du R. P. COURTOIS.

« — Eh bien, prends mon fusil ; il est chargé à plomb, mais voici une balle. »

Et les noirs se mettent en file, marchant doucement et avec précaution au milieu des hautes herbes.

A quarante pas, le chef de file fait un signe. Les noirs qui entouraient le Père lui dirent :

« Le lion est là ! »

Tout à coup le fauve se lève, pousse deux rugissements. Le noir met son arme en joue. Les enfants épouvantés grimpent à l'instant comme des singes sur les arbres. Le plus petit s'accrochait aux pans de l'habit du Père. Celui-ci prend l'enfant et veut le placer sur un arbre ; mais il se débat et refuse de suivre l'exemple de ses compagnons.

Cependant le chef de file fait feu. Le lion blessé se précipite sur lui, et l'étreint dans ses griffes à l'épaule. Le noir qui venait en second lieu fait feu à son tour ; mais, par une adresse digne d'un Cafre, au lieu de toucher ou de tuer le lion, il envoie la décharge dans le dos de son compagnon et le blesse au côté droit.

Les noirs qui suivent, se mettent à pousser des cris sauvages et s'élancent sur le lion avec leurs assagaies. Le fauve lâche prise et se retire, emportant une ou deux flèches dans le flanc. Bientôt il disparut dans les bois ; mais, de l'aveu de tous, il ne pouvait survivre à ses blessures.

Le noir qui avait été attaqué était couvert de sang et de boue. Le Père tira avec la pointe d'un couteau les grains de plomb restés dans la peau. N'ayant pas d'autres remèdes sous la main, il lava avec du vin les blessures et y appliqua une compresse d'alcool. La balle heureusement n'avait fait que labourer la peau, et l'intrépide noir était sauvé.

Le lendemain, le P. Hiller me raconta l'aventure. A son retour à Boroma, je lui donnai quelques vieilles armes destinées à une nouvelle chasse aux lions. Les noirs voulaient en finir avec un si dangereux ennemi.

Au jour fixé, une bande de noirs décidés, armés de fusils, de flèches et d'assagaies, recommençaient la chasse aventureuse. Elle fut bonne, le P. Hiller, peu de temps après m'écrivait : « Le lion de Nyaundué est mort ; c'est une énorme et magnifique bête ; j'ai la tête et les ongles en mon pouvoir ! »

La nuit suivante on entendit dans le voisinage de nouveaux rugissements. Probablement c'était la lionne qui était à la recherche de son royal époux.

.*.

Le lendemain, au village de Nyaféma, situé à une lieue de l'endroit où fut tué le lion, une négresse était assise à l'entrée de sa cahute, en train de converser avec sa famille, sans se douter du danger qui la menaçait. Soudain, on entend un rugissement formidable. Tout le monde se sauve, la négresse se lève et veut fuir ; elle tombe évanouie à terre et devient la proie du terrible animal. On n'a trouvé jusqu'ici que la tête de l'infortunée. Au dire des noirs c'était une sorcière !

Immédiatement on fit partir un noir pour porter la triste nouvelle au mari de la victime, qui ce jour-là se trouvait dans un village voisin. Il se met en route : mais à peine est-il arrivé dans l'épaisseur des bois qu'il est attaqué et mis en pièces par un lion.

Ces morts fréquentes et ces accidents de noirs dévorés par des lions, par des tigres ou des hyènes, contribuent puissamment à faire croire aux indigènes que les fauves sont animés par des esprits et qu'en eux résident les âmes de leurs chefs ou de leurs ancêtres. C'est ainsi qu'ils ont fait *mambo mpondoro* (roi-lion), un ancien missionnaire du Zumbo, Frei Pedro, de l'ordre de Saint-Dominique, mort il y a plus d'un siècle avec grande réputation de science et de sainteté. Frei Pedro au Zumbo est une espèce de divinité à qui les noirs recourent dans leurs besoins. Ils honorent sa mémoire par des danses, des chants, des offrandes de farine et de bière cafre. Mais, en retour, ils prétendent qu'il se transforme de temps en temps en lion, qu'il a une belle crinière, de jolies dents et une forte queue, et ils affirment qu'il ne fait pas de mal à ceux qui le rencontrent ; bien au contraire ses visites portent bonheur.

Dirai-je qu'on attribue le même privilège à un de nos missionnaires le R. P. Emmanuel Gabriel, mort en barque durant son voyage au Zumbo, le 2 août 1885? Le pauvre Père fut enterré dans un endroit désert au bord du fleuve. Selon les rapports de voyageurs qui ont passé là peu de temps après, les hyènes auraient déterré le cadavre... Les noirs de l'endroit disent qu'un lion garda la sépulture durant trois jours et que c'est alors que le Père ressuscita en lion... Je plains les noirs de croire à de telles balivernes, et je plaindrais bien davantage celui qui, après sa mort, n'aurait d'autre

chance que de se voir pousser une crinière, des dents et une longue queue !

.*.

Dernièrement, au moment où j'allais me mettre au lit, il y eut l'incendie de quelques cahutes de noirs. Comme de coutume, le soldat de garde a sonné le tocsin. J'accourus sur le lieu du sinistre et je trouvai là quelques soldats et une troupe de noirs qui regardaient flamber les cases de leurs voisins sans être bien émotionnés. J'entendis un soldat qui disait :

« Il est bien inutile ici de courir au feu ; car, avant que l'on arrive, les cahutes auront fini de brûler, et voudrait-on porter secours que l'eau nous fait défaut. »

Réflexion juste, hélas ! quand une case de nègre prend feu, c'est l'affaire d'un instant.

Parmi les cinq ou six cahutes en flammes se trouvait la maisonnette d'un vieux soldat retraité qui pleurait et se lamentait :

« — Mon Dieu, disait-il, moi, je ne suis pas mauvais homme ; je n'ai pas d'ennemis personnels ; je ne convoite pas le bien de mon prochain. Je vis retiré, tranquille chez moi, sans fréquenter personne. »

« — Mon cher, répondit un camarade, si ta maison brûle, c'est bien ta faute ; il ne suffit pas de ne pas avoir d'ennemis : ce qui est bon, c'est d'avoir beaucoup d'amis qui nous prêtent secours. »

LES MISSIONS CATHOLIQUES AU XIXᵉ SIÈCLE

PAR

M. Louis-Eugène LOUVET, des Missions Etrangères de Paris, Missionnaire en Cochinchine occidentale.

CHAPITRE IX

L'ÉGLISE ROMAINE ET LES ÉGLISES DE RIT UNI (1800-1890).

(Suite 1)

III. — RIT ARMÉNIEN

La nation arménienne n'a pas contre l'Église latine les préventions et la haine des Grecs. Amenés à la foi chrétienne par saint Grégoire l'Illuminateur, les Arméniens se laissèrent malheureusement entraîner, au VIIᵉ siècle, dans l'hérésie des monophysites. Néanmoins, à l'époque des croisades, loin d'imiter la trahison et les fourberies des Grecs, les Arméniens combattirent vaillamment à côté des Francs, pour la délivrance des saints lieux. Cette fraternité du champ de bataille les rapprocha des latins et ramena à la foi catholique un bon nombre d'entre eux. Depuis le concile de Florence, il y eut toujours dans la nation arménienne un certain nombre d'évêques et de prêtres catholiques.

Malheureusement, en Orient, la question de nationalité prime toutes les autres. Soumis, au temporel, au patriarche hérétique de leur nation, les catholiques arméniens n'ont cessé d'être persécutés jusqu'au jour où ils purent se constituer en communauté distincte. En 1700, un de leurs doc-

(1) Voir tous les numéros parus depuis le 14 mars jusqu'à fin octobre 1890 et les *Missions Catholiques* du 2, 9, 16 et 23 janvier 1891.

teurs les plus célèbres. Pierre Mékhitar, religieux du monastère patriarcal d'Edchmiadzin, ayant embrassé la foi catholique, fut dénoncé aux turcs pour ce fait par son patriarche et forcé de se réfugier à Venise, où, avec la protection du Souverain Pontife, il ouvrit une église et un monastère aux religieux de sa nation appelés de son nom *Mékhitaristes*. Cette maison devint comme une pépinière de religieux arméniens catholiques, qui sortirent de là pour aller évangéliser leurs compatriotes. Mékhitar joignit à son œuvre une imprimerie d'où sont sortis grand nombre de publications savantes et de livres catholiques à l'usage des Arméniens.

En 1742, Benoît XIV, prenant en pitié les besoins de l'Église arméno-catholique, institua le patriarcat de Cilicie pour les Arméniens résidant dans l'Arménie Mineure et la Cilicie ; ceux de la Turquie d'Europe, de l'Anatolie et de la Grande Arménie restèrent, eux et leurs prêtres, sous la juridiction du vicaire patriarcal de Constantinople. Le premier titulaire du patriarcat arménien de Cilicie fut un moine du nom d'Abraham qui, en signe d'union avec Rome, prit le nom de Pierre, usage suivi par ses successeurs. Il fixa sa résidence au couvent de Bzommar, dans le Liban, ayant sous sa juridiction deux évêques de son rit, à Mardin et à Alep, avec environ 20,000 catholiques.

Cet arrangement avait un grave défaut : il laissait en dehors du patriarcat de Cilicie près de 40,000 Arméniens catholiques, répandus à Constantinople et dans la Grande Arménie. Soumis au temporel au patriarche hérétique de leur nation, ces malheureux se voyaient exploités et pressurés de toutes les manières. De 1827 à 1830, le patriarche grégorien, non content de les rançonner, voulut abuser de son autorité pour leur enlever leur foi. Il priva de ses droits civils quiconque refusait de le reconnaître comme chef spirituel de la communauté arméno-catholique. Les prêtres arméniens, n'ayant pas d'évêque de leur rite pour les représenter et les défendre auprès de la Porte, furent détenus en prison ou jetés en exil ; plus de 30,000 fidèles, plutôt que de reconnaître la juridiction spirituelle du patriarche hérétique, sortirent de Constantinople et prirent le chemin de l'exil. On peut dire, sans exagération, que, dans cette persécution qui dura trois années, la constance des Arméniens catholiques fut admirable. Pie VIII leur donna, en 1830, un archevêque primat qui fixa sa résidence à Constantinople et étendit sa juridiction sur tous les catholiques arméniens résidant en dehors du patriarcat de Cilicie. Grâce aux bons offices de l'ambassade de France, les Arméniens catholiques furent reconnus par la Porte comme formant une communauté distincte et soustraits pour toujours à la juridiction civile du patriarche grégorien.

Vingt ans plus tard, pour répondre au mouvement de conversion parmi les Arméniens, Pie IX créa six nouveaux diocèses en Asie mineure : Brousse, Angora, Trébizonde, Erzeroum, Karpouth et Artwin, sous la juridiction de l'archevêque primat de Constantinople.

Mais cet arrangement laissait encore à désirer, car il donnait à l'Église arméno-catholique deux têtes indépendantes l'une de l'autre : le patriarche de Cilicie et l'archevêque primat de Constantinople. Le peuple arménien et son clergé désiraient généralement la réunion des deux sièges. C'est

pourquoi le patriarche qui résidait à Bzommar étant venu à mourir, les évêques du patriarcat de Cilicie élurent unanimement pour lui succéder Mgr Hassoun qui occupait déjà depuis plusieurs années le siège primatial de Constantinople (14 septembre 1866). Pie IX s'empressa de confirmer la réunion des deux sièges dans la bulle *Reversurus* (12 juin 1867) et pour prévenir le retour de certains abus, il proscrivit quelques règles fort sages pour l'élection des évêques arméniens et l'administration des biens ecclésiastiques. Ce fut l'occasion d'une tempête effroyable, dans laquelle l'Église arméno-catholique parut sombrer un instant.

Il faut dire un mot du schisme et de ses causes.

On a vu plus haut avec quelle héroïque fidélité le peuple arméno-catholique supporta, au commencement de ce siècle, la persécution plutôt que de renoncer à la foi. Néanmoins l'esprit particulier, l'esprit de nationalité, vit toujours chez les Arméniens, comme chez tous les Orientaux. Nous autres, peuples de l'Occident, qui regardons Rome comme la patrie de nos âmes, nous ne pouvons qu'imparfaitement nous faire l'idée de la susceptibilité jalouse des peuples de l'Orient dès que les privilèges et les droits de leur nationalité sont en jeu.

Il faut ajouter que, parmi les nations orientales, le peuple arménien est certainement le plus avancé pour le développement de la civilisation, la richesse, l'éducation et ce qu'on a coutume d'appeler les idées modernes. Il en résulte que, surtout chez les chefs laïques de la nation, la ferveur et la simplicité de la foi ont bien diminué depuis un demi-siècle. La franc-maçonnerie a fait là, comme partout, son œuvre qui consiste à battre en brèche l'autorité de l'Église. De là, chez les Arméniens catholiques, une tendance déplorable à séculariser le gouvernement ecclésiastique et à empiéter sur les droits des pasteurs. Ajoutez à ce mauvais esprit, certaines ambitions froissées, la tendance des religieux mékhitaristes vers le catholicisme libéral, les imprudences de certains évêques occidentaux, au moment du concile, pour englober les Arméniens dans l'opposition ; joignez à toutes ces causes la pression des loges, le mot d'ordre donné à Constantinople, comme il l'avait été à Berlin et à Genève, l'attitude de notre ambassadeur, M. Bourée, qui prit d'abord parti pour les opposants à la bulle *Reversurus* et conseilla à la Porte de les reconnaître comme catholiques, et l'on comprendra la gravité de la crise qu'eut à traverser l'Église arménienne au lendemain du concile.

Qu'y avait-il donc dans la bulle *Reversurus* de si attentatoire aux droits de la nation arménienne ? Selon le désir de la grande majorité, le Pape sanctionnait d'abord l'union du siège patriarcal avec le siège primatial de Constantinople ; il décrétait ensuite que, selon l'antique discipline de toutes les communautés orientales, le patriarche serait élu exclusivement par le Synode des évêques de la nation et confirmé par le Pape. Fort bien, répondaient les opposants, mais pendant que les fidèles des autres diocèses participent à l'élection de leurs évêques, ceux du diocèse patriarcal de Constantinople se trouvent seuls exclus de toute participation au choix de leur propre pasteur. On répliquait que cet inconvénient est inhérent à la dignité patriarcale ; que nulle part, en Orient, chez les schismatiques aussi bien que chez les catholiques, le peuple n'est consulté sur l'élection du patriarche. Du reste, par esprit de condescendance et de charité, le Saint-Siège permit de consulter les laïques sur la nomination des deux évêques auxiliaires, qui partagent avec le patriarche l'administration du diocèse patriarcal. C'était enlever, de ce chef, aux mécontents tout prétexte raisonnable de plaintes.

Pour l'élection des évêques, la bulle statuait que, selon l'ancienne discipline, le clergé et le peuple présenteraient au Synode des évêques un certain nombre de candidats, parmi lesquels le patriarche et les évêques offriraient trois noms au choix du Souverain Pontife. Mais, pour couper court à certaines intrigues, le Pape ajoutait qu'il espérait que le choix des trois candidats serait fait de telle sorte qu'il ne fût pas forcé, en vertu de son autorité suprême, de choisir en dehors des trois élus du Synode. En d'autres termes, le Saint-Siège se réservait le droit, en cas d'incapacité ou d'indignité des trois candidats proposés, d'instituer directement l'élu de son choix. *Inde iræ*. Ce qui était proposé comme une mesure de salut extrême et fort rare, allait devenir, au dire des opposants, la règle générale. Le Pape allait se rendre maître des élections épiscopales; qui sait? peut-être imposer aux Orientaux des évêques latins et les latiniser de force. C'était méconnaître absolument les intentions, bien des fois manifestées, du Souverain Pontife; c'était poser, en même temps, un principe schismatique et nier implicitement le magistère suprême du Vicaire de Jésus-Christ dans l'Église universelle. Mais les esprits étaient montés, on n'écoutait plus que la passion et malheureusement, dans l'ardeur des luttes conciliaires, certains évêques de l'Occident, bien connus pourtant pour leur dévouement au siège de Pierre, s'étaient oubliés jusqu'à dire aux Arméniens rebelles : « Tenez bon contre Rome, on vous soutiendra. » Paroles fatales d'où un schisme allait sortir.

Enfin la bulle *Reversurus* contenait une disposition pour défendre d'aliéner les biens ecclésiastiques, sans l'autorisation du Saint-Siège. C'est la règle générale du droit, et cette mesure très sage permettait aux évêques arméniens de défendre les propriétés de leurs Églises contre les prétentions des administrateurs laïques. Mais les loges maçonniques calomniaient indignement les intentions du Souverain Pontife, comme si le Vicaire de Jésus-Christ eût voulu mettre la main sur les biens de la communauté arménienne, au lieu qu'il s'agissait simplement d'empêcher les gaspillages des laïques et la dissipation du patrimoine ecclésiastique.

Dans la surexcitation générale des esprits, il fut facile de persuader à la Porte que la bulle *Reversurus* attentait aux droits de souveraineté du Sultan et bouleversait toute l'économie de l'Église arménienne. Ce qui contribua surtout à égarer les ministres du Sultan, ce fut l'attitude de l'ambassadeur français, qui, subissant l'action de nos catholiques libéraux, prit parti pour les schismatiques contre Mgr Hassoun, à qui l'on se pardonnera pas de s'être rangé, au moment du concile, dans la majorité infaillibiliste.

On vit donc se renouveler, à Constantinople, les scènes de Berne et de Genève. Les dissidents étaient à peine 2,000, contre plus de 100,000 Arméniens fidèles. Ils avaient avec eux seulement quatre évêques, avec une cinquantaine de moines mékhitarites défroqués. Dans plusieurs diocèses arméniens, on ne trouvait pas un seul dissident.

C'est à cette poignée de libres-penseurs et de francs-ma-

çons que la Porte livra tous les biens-fonds de la communauté arméno-catholique : églises, presbytères, maisons épiscopales, séminaires, hôpitaux, écoles, plus de *huit millions* de biens-fonds. On enleva aux catholiques jusqu'à leur nom qu'on remplaça par celui de *hassounnistes*. Dès le début de la crise, Mgr Hassoun avait été exilé et forcé de partir pour Rome. La Porte, après avoir enlevé au patriarche légitime son bérat impérial, fit procéder à l'élection d'un nouveau patriarche. Comme les catholiques s'abstinrent en masse de prendre part à cette élection sacrilège, les schismatiques, au nombre de 1,130, élurent sans opposition un prêtre interdit, et nommément excommunié, l'intrus Kupélian, qui fut reconnu par la Porte en qualité de patriarche des Arméniens catholiques.

Comme à Genève et comme à Berne, ces violences aboutirent à la honte des persécuteurs. La lutte dura dix ans, de 1870 à 1880, et pendant dix ans, la constance des catholiques lassa la rage de leurs ennemis. A la fin, il fallut bien reconnaître qu'on s'était trompé et revenir sur ses pas. La Porte commençait à comprendre de quel ridicule elle se couvrait devant l'Europe, en émettant la prétention de décider souverainement dans une question de dogme et de distinguer, sans le Pape et malgré le Pape, les vrais catholiques des faux. Le schisme, déshonoré par ses propres violences, s'effondrait dans l'impuissance et dans le mépris public ; chaque jour des prêtres, des laïques, l'abandonnaient pour revenir à l'unité catholique. L'intrus Kupélian sentit que sa position n'était plus tenable et fit enfin sa soumission (1878). La Porte, heureuse de sortir de la situation fausse dans laquelle elle s'était jetée, rendit à Mgr Hassoun son bérat et l'Église arménienne recouvra la paix.

Cette paix n'a pas été troublée depuis, bien qu'il y ait toujours dans les chefs laïques de la communauté un mauvais levain de libéralisme. Mgr Hassoun ayant été élevé par Léon XIII au cardinalat (1880), son successeur, Mgr Azarian a été élu patriarche selon les prescriptions de la bulle *Reversurus*.

Parmi les Arméniens grégoriens, le mouvement de conversions, arrêté par la persécution de 1870, a repris avec beaucoup d'entrain. A cette heure, l'Église arméno-grégorienne se meurt ; c'est un fait attesté par tous ceux qui connaissent la situation. Cette Église est divisée aujourd'hui en entre plusieurs chefs : il y a à Edchmiazin, Arménie russe, un patriarche grégorien qui est entièrement sous la main du czar, et qui se plaint amèrement de sa dépendance ; il y en a un autre à Cis dans la Cilicie, un troisième à Constantinople. Tous ces patriarches hérétiques s'anathématisent réciproquement ; ils ont perdu toute considération, toute autorité sérieuse, sur les membres de leur communauté. De l'aveu de tous, c'est une Église de cinq à six millions d'âmes qui s'effondre.

A qui ira cette riche succession ? L'Angleterre protestante, dans un but plus politique que religieux, inonde l'Arménie d'une armée de prédicants ; partout, ils ouvrent des collèges, des écoles, des orphelinats, des dispensaires et des hôpitaux ; ils sèment l'or à pleines mains et promettent l'appui politique de leur gouvernement aux Arméniens qui viennent à eux. Jamais ils n'en feront de bons protestants, ils le savent, mais ils en feront des libres-penseurs et des ennemis du catholicisme ; ce résultat leur suffit. En présence de-

cette propagande effrénée du protestantisme, l'église arméno-grégorienne voit son impuissance et s'y résigne.

« — Dans vingt ans, disait-on un jour à l'un de ses évêques. votre diocèse aura passé au protestantisme. »

« — Qu'est-ce que cela me fait ! répondit en souriant le
prélat, dans vingt ans je n'y serai plus. Après moi le dé-
luge ! »

Tel est l'esprit de foi et le zèle de ce clergé.

Pour lutter contre la propagande protestante, le catholicisme est seul, privé de toute influence politique, avec des
ressources bien restreintes. Et pourtant telle est la force de
la vérité qu'il fait chaque jour des progrès; des populations
entières lui tendent les bras et l'appellent. Trop souvent,
hélas ! les évêques arméniens catholiques ne peuvent répondre à ces appels; les ressources matérielles, les hommes
surtout, font défaut pour recueillir la mois son déjà mûre.

Mais Dieu a ses desseins de miséricorde sur les nations
orientales ; il ne permettra pas que l'hérésie arrache ces
peuples à leurs erreurs séculaires pour les plonger dans un
état pire que le précédent. Léon XIII a les yeux fixés sur
l'Orient et pour remédier à la pénurie d'hommes apostoliques, il a ouvert à Rome (1883) un séminaire spécial
pour les Arméniens. A mesure que les conversions se multiplient, il érige en Arménie de nouveaux sièges épiscopaux ;
on a vu plus haut qu'il a profité de l'expulsion des jésuites
français pour leur confier une mission dans ce pays. Tout
fait espérer que, d'ici la fin du siècle, l'Église arméno-catholique aura triomphé des difficultés qui arrêtent encore aujourd'hui son plein développement.

On estime à 150,000 le chiffre total actuel des catholiques
arméniens qui sont répandus dans les quatre parties du
monde, car on en trouve aux Indes et jusqu'en Amérique.
En défalquant ceux de la Turquie d'Europe (diocèse patriarcal), de l'Autriche-Hongrie (diocèse de Lemberg) et de
l'Égypte (diocèse d'Alexandrie), il reste environ 100,000 Arméniens catholiques dans la Turquie d'Asie.

Voici quelle est, au 1er janvier 1890, la hiérarchie du patriarcat arménien de Cilicie.

1 diocèse patriarcal :

Constantinople, 1 patriarche, 2 évêques auxiliaires, 70 prêtres,
16 églises ou chapelles, 10 écoles, 10.000 catholiques.

3 archevêchés :

Lemberg (Autriche), 1 archevêque, 17 prêtres, 22 églises ou
chapelles, ? écoles, 4.500 catholiques.
Alep (Syrie), 1 archevêque, 15 prêtres, 7 églises ou chapelles,
4 écoles, 7.500 catholiques.
Mardin (Mésopotamie), 1 archevêque, 12 prêtres, 8 églises ou
chapelles, 7 écoles, 8.000 catholiques.

16 évêchés :

Adana (Anatolie), 1 évêque, 8 prêtres, 7 églises ou chapelles,
7 écoles, 2.500 catholiques.
Alexandrie (Égypte), 1 évêque, 4 prêtres, 5 églises ou chapelles,
1.200 catholiques.
Diarbékir (Mésopotamie), 1 évêque, 18 prêtres, 10 églises ou
chapelles, 10 écoles, 4.000 catholiques.
Ancyre (Anatolie), 1 évêque, 32 prêtres, 4 églises ou chapelles,
18 écoles, 8.000 catholiques.
Artwin (Russie), 23 prêtres, ? églises ou chapelles, 21 écoles,
12.000 catholiques.
Brousse (Anatolie), 1 évêque, 8 prêtres, 8 églises ou chapelles,
7 écoles, 11.000 catholiques.

Césarée du Pont (Cappadoce), 1 évêque, 3 prêtres, 4 églises ou
chapelles, 2 écoles, 1.500 catholiques.
Erzeroum (Arménie), 1 évêque, 54 prêtres, 76 églises ou chapelles,
19 écoles, 10.000 catholiques.
Ispahan (Perse), 1 prêtre, ? églises ou chapelles, ? écoles, 500
catholiques.
Karpouth (Mésopotamie), 1 évêque, 7 prêtres, 4 églises ou chapelles, 10 écoles, 1.700 catholiques.
Marasch (Cilicie), 1 évêque, 10 prêtres, ? églises ou chapelles,
4 écoles, 6.000 catholiques.
Mélytène (Arménie), 1 évêque, 7 prêtres, 10 églises ou chapelles,
8 écoles, 4.000 catholiques.
Mouche (Arménie), 1 évêque, 6 prêtres, 5 églises ou chapelles,
2 écoles, 4.000 catholiques.
Sébaste (Arménie), 1 évêque, ? prêtres, ? églises ou chapelles,
? écoles, 2.000 catholiques,
Tokat (Cappadoce), 1 administrateur apostolique, ? prêtres,
? églises ou chapelles, ? écoles, 2,000 catholiques.
Trébizonde (Arménie), 1 évêque, 10 prêtres, 3 églises ou chapelles, 4 écoles, 5.000 catholiques.

Total pour le rite arménien, 1 patriarche, 3 archevêques, 15
évêques, 305 prêtres, 189 églises ou chapelles, 134 écoles,
104.900 catholiques.

Ne sont pas compris dans le chiffre des prêtres, les missionnaires latins qui travaillent en grand nombre dans les
diocèses, sous la juridiction des évêques arméniens; ne sont
pas compris non plus les religieux Mekhitaristes et Antonins
qui vivent en communauté, soit dans la Turquie d'Asie, soit
en Europe. Outre ces religieux qui sont environ 200, le patriarcat vient d'établir à Constantinople, la maison mère des
Sœurs Arméniennes de l'Immaculée-Conception, qui rendent
déjà d'immenses services dans les diocèses par la tenue des
écoles et les œuvres de charité.

En tenant compte des Arméniens assez nombreux qui
vivent en dehors des diocèses de leur rit dans l'Asie Mineure, l'Afrique septentrionale, l'Italie, la France et jusqu'aux Indes, il faut porter le chiffre total des Arméniens
catholiques au moins à 120,000 âmes. Plusieurs auteurs
sérieux le font même monter jusqu'à 150,000; mais, en
l'absence de documents précis, je me tiens provisoirement
à 120,000. Espérons que ce chiffre sera promptement dépassé, si rien ne vient contrarier le mouvement de retour
qui se manifeste depuis plusieurs années.

Statistique comparée des catholiques arméniens.

En 1800	1850	1890
80,000	100,000	120,000

(A suivre).

BIBLIOGRAPHIE

NOTRE CARTE PRIME

Comme nous l'avons promis, nos souscripteurs recevront
dans le courant du mois prochain, la belle carte de Chine
que nous offrons en prime. Nous remercions vivement
ceux d'entre eux qui, à cette intention, ont bien voulu nous
envoyer une offrande. Les frais sont plus considérables que
nous ne l'avions d'abord supposé, mais nous serons heureux
d'avoir pu publier à l'honneur de nos missions, la carte la
plus complète et la plus précise du Céleste Empire, au point
de vue religieux.

Les Chinois chez eux, par J.-B. AUBRY, missionnaire apostolique au Kouy-tchéou. — Ouvrage approuvé par S. Em. le cardinal Mermillod et par Mgr Péronne, évêque de Beauvais. — 1 vol. gr. in-8 jésus, de 300 pages, illustré de 25 gravures. Prix broché : 3 fr., sous couverture parchemin : 4 fr. — Société de Saint-Augustin, à Lille.

Nous avons déjà plusieurs fois appelé l'attention de nos lecteurs sur le missionnaire dont nous venons d'écrire le nom, et qui a été prématurément rappelé par Dieu au début d'un apostolat plein de promesses. A ceux qui seraient curieux de connaître la Chine, nul livre ne saurait être plus recommandé que l'ouvrage du P. Aubry. Ce n'est pas seulement l'âme d'un apôtre qui anime ces pages ; c'est un esprit d'observation incomparable qui sème partout les détails frappants, les anecdotes expressives, les traits instructifs. Jamais la psychologie des populations de la Chine centrale n'a été démêlée avec plus de clairvoyance. Les notions de l'autre vie, de la société religieuse, de la morale chrétienne, produisent, au fond de ces intelligences naïves et compliquées, des effets étonnants.
Ne croyez pas toutefois que le moindre tristesse se dégage de ces observations profondes. Rien de plus gai, au contraire, que ces feuilles, écrites au jour le jour, sur tous les chemins de la Chine. Rien de plus alerte que ces récits sans cesse interrompus par les travaux d'une vie accidentée, mais toujours repris avec une bonne humeur entraînante. On est sous le charme : on partage jusqu'au bout cette allégresse communicative. En même temps que l'abnégation du missionnaire vous attendrit, sa sérénité vous gagne. Au milieu du drame le plus poignant, on se laisse prendre sans remords à cette gaieté légère, parce qu'elle est faite d'abnégation généreuse et d'intrépide vaillance. On est ému par un si entier sacrifice ; mais on ne peut s'empêcher de sourire à un héroïsme si joyeux.

DONS
Pour l'Œuvre de la Propagation de la Foi

ÉDITION FRANÇAISE.

Un prêtre du diocèse de Lyon............................	25
Un anonyme de Montréal (Canada)............................	8 25
H. O., Avignon............................	300
Sainte-Famille de Lyon......	30
M. F. Lerattre, à Songeons, diocèse de Beauvais.............	10
L. C., à Angers............................	5
M. Delflou, curé de Cessenon, diocèse de Montpellier..........	60
Mme Luco, à Lorient, diocèse de Vannes......................	5
Mlle Valentine Goux, à Agen, demande de prières pour l'âme d'un anonyme............................	5
M. J Bourgeat, à Dublin............................	3
J. R., à Rome............................	4
Mme de Becquincourt, diocèse d'Amiens......................	10
Un anonyme de Rouen............................	20

Pour les missions les plus nécesiteuses (Niger).

Un fidèle lecteur du diocèse de Rouen.....................	10
Un anonyme de Rouen............................	20
Mme Tournier, à Condom, diocèse d'Auch....................	10 20

Pour les Lieux Saints.

M. J.-B. Guerra, à Massa (Italie)............................	7

A Mgr Altmayer.

Mlle Marthe de Louvencourt, diocèse d'Arras	4

• A M. Allys, à Hué (Cochinchine septentrionale), pour rachat et baptême d'Annamites.

Mme E. R., du diocèse de Rennes............................	100
M l'abbé J. M. M..	10

A M. Fourcade, à Alladhy (Indes).

J. L. B. de Boën, don recueilli par l'*Echo de Fourvière*........	3

A Mgr Cousin (Japon méridional) pour un séminariste reçu l'an dernier.

Une enfant de Marie du diocèse de Clermont, avec demande de prières	250

Pour la léproserie la plus nécessiteuse (M. Testevuide au Japon septentrional).

Anonyme, A N., don recueilli par l'*Echo de Fourvière*.........	20

Au R. P. Muraton, missionnaire à Huilla (Cunène, côte occidentale d'Afrique), pour rachat et baptême d'un petit esclave.

M. l'abbé A. Cornet, au grand séminaire de Montferrand, diocèse de Clermont............	100

A S. Em. le cardinal Lavigerie pour le baptême de deux enfants nègres sous les noms de Jules et Suzanne.

J. S., abonné d'Halluin, diocèse de Cambrai, avec demande de prières pour une défunte............................	10

Au même, pour le baptême de deux enfants nègres sous les noms d'Edmond et Julie.

E. D. d'Halluin, diocèse de Cambrai...........	5

Pour les lépreux de Madagascar.

Mlle A. B., diocèse de Metz............................	10

Pour rachat d'esclaves dans l'Afrique équatoriale.

Mme Tournier, à Condom, diocèse d'Auch....................	5

Pour les Missionnaires caféiens dans l'Amérique du Sud.

Au nom de M. J.-B. Bernard d'Attiches, diocèse de Cambrai, avec demande de prières............................	10

ÉDITION ITALIENNE
(4e trimestre 1890.)

Pour l'Œuvre............................	372	63
» les missions les plus nécessiteuses (Hong-Kong).	1.463	02
» Mgr Puginier (Tong-King occidental)...........	98	42
» les missions d'Afrique occidentale (Dahomey)....	7	38
» les missions d'Asie (Pondichéry)...........	7	38
» les missions du Tong-King (Mgr Pineau)........	54	14
» les affamés, à Hué (M. Allys)...........	9	85
» les affamés de la Cochinchine Orientale.........	9	85
» un orphelinat en Terre-Sainte...............	4	95
» le P. Fourcade, à Alladhy.................	541	33
» rachat d'esclaves (Zanguebar)...........	4	95
» les prêtres exilés en Sibérie...............	9	85
Total....	2.583	75

ÉDITION POLONAISE
(2e semestre 1890).

Pour l'Œuvre............................	2	20
» les missions les plus nécessiteuses (Pondichéry).	817	25
» » (Résurrectionnistes)..........	800	»
A S. Em. le cardinal Lavigerie pour rachat d'esclaves..	16	35
Pour les missions d'Orient (Résurrectionnistes d'Andrinople)............................	2	81
» les missions du Zambèze...............	366	45
» les victimes de la famine (M. Allys)...........	156	87
» les missions des PP. Trappistes de Natal.........	10	93
» d'enfants en Afrique (R. P. Le Roy).......	47	52
» les victimes de la famine en Chine (Kiang-nan)..	229	44
» la léproserie de Jérusalem...........	2	20
» la léproserie de Madagascar...............	99	98
» les missions d'Afrique (R. P. Courtois)........	65	14
» les missions des PP. Jésuites (Au même)........	2	20
» les missions de la Nouvelle-Calédonie.........	20	11
Total....	2.649	35

(La suite des dons prochainement).

TH. MOREL, *Directeur-gérant*.

Lyon. — Imprimerie MOUGIN-RUSAND, rue Stella. 3.

Femme betsiléo portant les cheveux tressés selon la mode en usage dans la Vallée de Manandona jusqu'à Ambositra et Ambohinamboarina.

Femme malgache coiffée à la mode en faveur chez les Betsiléos d'Ambositra et d'Anbohimanjaka.

Femme betsiléo d'Ambositra. — Cheveux et anneau de toilette: Ambositra (Betsiléo) et région du Manandona. — Tresse et anneau (*lava*).

MADAGASCAR. — COIFFURES DIVERSES CHEZ LES BETSILÉOS; d'aprés des dessins du R. P. Alphonse TAÏX, de la Compagnie de Jésus, missionnaire à Madagascar (Voir page 64).

CORRESPONDANCE

MADAGASCAR

Visite pastorale de Mgr Cazet dans la province des Betsiléos.

Les Betsiléos ou Hovas du sud sont une des principales tribus composant la population malgache. Ils occupent, ainsi que le lecteur peut s'en rendre compte en consultant notre grande carte de Madagascar publiée en 1885, une vaste étendue de pays au sud de l'Imerina, dans la région centrale, saine et montagneuse de la grande île africaine. La lettre suivante montrera le bien immense opéré par les Pères de la Compagnie de Jésus dans ces florissantes missions.

LETTRE DU R. P. A. CADET, DE LA COMPAGNIE DE JÉSUS, MISSIONNAIRE A TANANARIVE.

Mgr Cazet revient du sud de son vicariat apostolique. C'est là, chez les Betsiléos, que se trouve établi le second centre de la mission ; Fianarantsoa, capitale de cette province, est aussi le chef-lieu du district religieux.

On s'y rend de Tananarive par des chemins fort difficiles où l'on ne peut avoir d'autre véhicule que le *filanjana* (palanquin du pays), porté par quatre Malgaches aux épaules et aux jarrets de fer. Aussi le voyage est-il de sept ou huit jours. On peut se ravitailler et se reposer dans les villages échelonnés sur la route ; mais rien qui ressemble à une honnête aisance ; si encore tout était bien propre ! Mais nous sommes en pays de mission.

.*.

C'est dans les premiers jours de mai que Mgr Cazet entreprenait sa tournée pastorale dans ces lointaines régions ; il était accompagné du P. Alphonse Taïx, bien connu des lecteurs des *Missions catholiques* par ses récits et ses croquis malgaches. Nos voyageurs ne devaient pas arriver à Fianarantsoa sans trouver sur leur route plus d'un poste catholique. Le premier qu'on rencontre après avoir quitté la province centrale de l'Imerina et qui est confié aux PP. Berthieu et Jean, c'est Ambositra, chef-lieu d'une petite province. L'église n'est que convenable ; mais si l'extérieur n'attire pas l'attention, il n'en sera pas de même de l'intérieur, quand, dans quelques jours, le P. Taïx y aura passé son magique pinceau.

Sur le même emplacement s'élève un beau collège pouvant contenir jusqu'à cent pensionnaires, mais n'en comptant pour le moment qu'une vingtaine. Où sont donc les quatre-vingts autres ? Manque-t-il d'enfants ou de jeunes gens dans la ville et la province ? Non certes ; mais un local et des élèves ne suffisent pas au fonctionnement d'un collège ; il faut encore des maîtres et des ressources pour faire face à tous les frais. Et les revenus du pensionnat ? En fait d'argent, il ne lui revient rien, puisque, dans cet étrange pays, non seulement l'enseignement est gratuit, mais le collège doit lui-même couvrir tous les frais de la pension. Bien plus, dans le cas où l'élève est marié, non seulement il ne peut rien payer, mais il faut encore le plus souvent lui donner quelque argent pour son entretien et celui de sa femme. Or c'est précisément à cause du manque de ressources que le collège d'Ambositra, destiné aux Frères des Écoles chrétiennes, ne s'ouvre pas encore à ces excellents maîtres et à de plus nombreux élèves ; en attendant, les vingt pensionnaires qu'il peut entretenir sont confiés aux mêmes maîtres malgaches que les externes de la ville, lesquels, garçons et filles, sont au nombre de deux cent vingt.

Mais Ambositra a un avantage que d'autres postes plus importants et mieux partagés par ailleurs, pourraient lui envier ; c'est qu'il a un gouverneur catholique, et catholique fervent. Sa conduite irréprochable force l'admiration de ses ennemis mêmes. Dès qu'il fut nommé à cette importante fonction, les protestants, nombreux et puissants dans la province et surtout à Ambositra, crurent que la persécution allait commencer contre eux, ne doutant pas que le gouverneur catholique n'usât de représailles à leur égard ; eux, en effet, sont très souvent tyranniques, quand ils ont l'autorité en mains. Mais ils ne tardèrent pas à s'apercevoir que leurs appréhensions étaient chimériques. Sans les favoriser, sans les tracasser, le nouveau gouverneur les laissa jouir en paix du droit commun, et ils n'ont encore jusqu'à présent aucune injustice à lui reprocher. Quelques adversaires haineux l'ont bien accusé en haut lieu ; mais sans redouter leur habileté et leur influence, il a confondu tous les mensonges ; ces accusations envieuses lui ont si peu nui qu'il vient de recevoir un *honneur* de plus, avancement considérable dans le pays.

Monseigneur le vicaire apostolique arrivait à Ambositra le 14 mai, veille de l'Ascension. Le lendemain matin le gouverneur se rendit de bonne heure à l'église avec sa femme pour se confesser, et à la messe basse solennelle célébrée par Sa Grandeur, on les vit avec édification s'approcher de la Sainte Table avec les autres fidèles : spectacle consolant et qui ne serait point rare, si nous jouissions dans ce pays d'une vraie liberté.

Le lendemain, Monseigneur s'éloignait d'Ambositra et arrivait le surlendemain à Alarobia Befeta, où l'attendait le P. Fontanié. Malheureusement une terrible épidémie y régnait depuis quelques jours et avait empêché la préparation des baptêmes et des confirmations ; la fête fut remise à plus tard. Vient ensuite le bourg de Natao, l'un des postes du P. de Villèle, où Monseigneur devait donner cinquante-huit baptêmes d'adultes, cent soixante-dix-huit confirmations et trente premières communions.

Voici enfin Fianarantsoa, la capitale du sud. Monseigneur Cazet y arrive dans la soirée du dimanche 18 mai. A une demi-heure de la ville, il rencontre le R. P. Vigroux, supérieur de la mission du sud, plusieurs Pères et une immense procession formée des élèves des Frères et des Sœurs, d'une foule de chrétiens et de curieux. C'est précédé de ce magnifique cortège qu'il fait son entrée dans la fière cité des Betsiléos. Le 25 mai, fête de la Pentecôte, il y administre cent trente-huit confirmations aux chrétiens de la ville, et un peu plus tard, cent trente-neuf à ceux des campagnes qui en dépendent.

Mais la solennité du 5 juin, fête du Très Saint Sacrement, dépasse en splendeur toutes les autres. Dès la veille, nombre de paroisses assez éloignées s'ébranlent : chacune entre en ville en procession avec chants et prières, et va saluer Sa Grandeur. Le jour même, messe pontificale, non dans l'église, beaucoup trop petite pour contenir toute cette foule, mais en plein air dans la cour du collège des Frères ; un magnifique autel avait été dressé sous la varangue. On remarque dans l'assistance M. le Résident de France et sa famille. La tenue de nos chrétiens est parfaite ; tous les groupes rivalisent d'ordre, de silence, de recueillement ; une immense prière s'élève de tous les cœurs vers le Dieu caché de nos autels. Dans l'après-midi a lieu une splendide procession qui se déroule d'abord dans l'emplacement même de la mission et se continue ensuite sur le flanc d'une colline voisine qui domine la ville ; trois à quatre mille personnes, catholiques et adhérents, font cortège à Notre-Seigneur.

Rien n'est plus utile que ces grandes manifestations pour fortifier nos chrétiens et décider ceux que la peur empêche encore de venir à nous. Il y a des peureux, en effet, ici comme partout, et à Fianarantsoa même, la chose s'explique sans peine ; car, si le gouverneur et presque tous ses officiers entretiennent de bonnes relations avec les Pères, son premier lieutenant, sectaire haineux, nous persécute sans trop se cacher.

La semaine suivante fut consacrée à la visite des postes des PP. Talazac, Fabre et Delmont ; Monseigneur y donna en tout cent quatre-vingt-sept confirmations et célébra avec toute la solennité possible, la fête du Sacré-Cœur à Ambalavao, chez le P. Delmont. Le lendemain, 14 juin, en compagnie du R. P. Vigroux, il rentrait à Fianarantsoa par un sentier long de plusieurs kilomètres, inégal, rocailleux, sur le flanc de la montagne d'Ivatoavo (roches hautes), dont les Betsiléos eux-mêmes, bien habitués pourtant aux chemins les plus escarpés, ne laissent pas d'avoir peur. Là, d'ailleurs, on n'est pas loin de la montagne sacrée d'Ambondrombe et de sa forêt vierge dont la superstition malgache a fait la demeure des *ombres* ou des âmes des morts ; et qui, parmi les indigènes, ne se sentirait saisi d'une secrète frayeur dans le voisinage de ce lugubre séjour?

Là encore on rencontre souvent de ces hideux reptiles *Fanano* que les Betsiléos reconnaissent pour leurs ancêtres et honorent comme tels ; ils les retrouvent, en effet, dans ces Fanano, les propres âmes de leurs aïeux arrivées là par le fait d'une mystérieuse métempsycose? Aussi est-ce en leur honneur que les passants enduisent de graisse les roches qui bordent le chemin.

Mgr Cazet ne pouvait voir sans douleur ces témoignages de grossières superstitions : « Que de pierres reluisantes de graisse! s'écriait-il parfois ; quelle n'est pas la folie de ces pauvres gens!... » et sans doute absorbé par ces réflexions, il fit moins attention à son chemin. Fatale distraction ! Il fait un faux pas, tombe, et sans se reconnaître, sans pouvoir s'accrocher à rien, roule en bondissant sur une pente rapide l'espace de vingt à vingt-cinq mètres. Une minute de plus, et Monseigneur va heurter violemment, contre des roches de granit où il ne peut trouver qu'une mort instantanée !... Mais, juste à ce moment, un homme de la caravane, qui n'avait pas hésité à s'élancer à son secours, l'arrête ; comment n'a-t-il pas lui-même perdu son sang-froid et roulé dans le précipice avec celui qu'il voulait sauver? c'est ce qu'il n'est pas aisé d'expliquer. Ce qui n'est pas moins étonnant, c'est que Monseigneur ait eu relativement peu de mal ; porté de là à Fianarantsoa et soigné par M. le Résident de France, il était parfaitement remis quelques jours après.

D'aucuns ont voulu voir, dans la terrible chute, une malice du démon. Quoi qu'il en soit de cette supposition, nullement invraisemblable du reste, nombre de Malgaches et en particulier un chef assez connu dans l'Imérina, ne se sont pas fait faute d'attribuer l'accident à l'indignation et à la vindicte des sombres esprits d'Ambondrombe. Mais si l'on ne sait trop qui rendre responsable de la chute, on aurait tort de douter du moins que les Anges n'aient eu une grande part dans la préservation.

.*.

Mais revenons à Fianarantsoa. Sa Grandeur ne tarda pas à reprendre la visite des postes de la campagne, et donna dans ces différentes étapes cent quatre-vingt-dix

confirmations. Nulle part peut-être le cœur du Père n'a été consolé comme à Ambohitrandrazana, gros village situé à l'entrée d'une des plus fertiles et de plus belles vallées de Madagascar. Pour s'y rendre de Fianarantsoa, il faut franchir trois collines par des chemins fort rudes ; puis on rencontre cette fameuse rivière Sandra, que les brigands de la tribu des Bares n'osent pas traverser quand ils ravagent la contrée ; car ils s'imaginent qu'une pareille audace leur coûterait la vie. Il faut ensuite gravir, non sans peine, une haute montagne ; arrêtez-vous au sommet tant pour vous reposer que pour contempler à votre aise le magnifique panorama qui se déroule sous vos yeux. Voici tout près les ruines d'Antsangy, si célèbre dans les fastes Betsiléos ; plus bas, sur l'autre versant, s'échelonnent les modestes habitations d'Ambohitrandrazana. A environ cinq cents mètres de là, dans la superbe vallée que le village voit s'étendre à ses pieds, se détache un groupe de maisons blanches qui reluisent au soleil et rompent agréablement l'immense tapis vert qui les entoure de tous côtés. C'est là demeure ou plutôt le palais d'un Révérend missionnaire norwégien qui règne en maître dans ce jardin du sud.

Le P. Cros, en se rendant à Ambohitrandrazana pour préparer le terrain à Monseigneur, courut un grand danger dans ces parages. Voici le fait. Il chevauchait lentement dans un endroit sauvage et désert ; derrière lui marchaient deux domestiques, chargés de hardes et de quelques provisions. Soudain, apparaît sur la colline un homme à l'aspect étrange, affublé d'un long manteau ; il marchait à grands pas et semblait venir à la rencontre des voyageurs. C'est quelqu'un qui veut me parler, pensa le P. Cros. Mais voilà que les deux domestiques s'arrêtent effrayés et disent au Père :

« — Nous sommes perdus! cet homme porte un fusil! »

En effet on en voyait sortir la crosse par le bas du manteau. Sans plus tarder, le P. Cros veut savoir à qui il a affaire et crie au mystérieux personnage :

« — Que voulez-vous ! »

L'homme ainsi interpellé s'arrête, se baisse, appuie la crosse de son fusil sur le ventre, selon la manière élégante du pays, et met en joue le cavalier.

Aussitôt, le P. Cros, feignant une extrême colère, crie à l'un de ses domestiques porteur d'un sac de cuir :

« — Donne-moi mon revolver. »

Puis, plongeant la main dans le sac, il saisit... un filet de bœuf... c'était tout ce qu'il avait pour se défendre. Tenant donc le sac de la main gauche et de la main droite cette arme d'un nouveau genre qu'il se garde bien d'exhiber, il fait quelques pas vers l'homme au fusil et le provoque :

« — Viens! approche si tu l'oses!... »

Le brigand se relève alors, redresse son arme, mais ne part pas, ce qui ne laisse pas d'embarrasser le Père.

Payant d'audace jusqu'à la fin, celui-ci s'avance encore, remuant fortement la main droite dans le sac comme pour achever de se préparer, et prodiguant les provocations : « Viens ! approche ! attends un peu !... »

Tant d'assurance produit l'effet désiré ; l'autre tourne les talons, et, sans trop se presser, va rejoindre sur la colline quatre compères qui semblaient attendre la fin de l'aventure. Et le Père de rire et de se féliciter de cette facile victoire.

Il continua sa route jusqu'à Ambohitrandrazana où Mgr Cazet arrivait [quelques jours après, le 1er juillet. Quel ne fut pas l'étonnement de Sa Grandeur de voir à une demi-heure venir à sa rencontre un groupe considérable de jeunes soldats, de musiciens et d'élèves ; ce n'était que l'avant-garde. Quand, un peu plus loin, tout le monde fut réuni pour la procession, Monseigneur, de plus en plus étonné, ne put s'empêcher de féliciter tous ces zélés chrétiens ou catéchumènes et de leur dire qu'il n'avait vu nulle part dans les campagnes une foule aussi nombreuse et en aussi bon ordre. Les chants et la musique alternaient ; grosses caisses, tambours et flûtes réveillaient tous les échos d'alentour.

Le lendemain journée plus consolante encore ; le matin trente-trois confirmations d'adultes, et le soir, cinquante-sept baptêmes de petits enfants. La cérémonie du soir eut lieu en plein air sous un soleil brûlant ; ce ne fut pas une petite besogne de mettre chacun à sa place, de prendre les noms, d'indiquer les parrains et marraines, etc. Les excellentes dispositions de cette population seront désormais plus cultivées que par le passé, et nous espérons que, dans un avenir prochain, l'empire du Révérend norwégien sera fortement ébranlé.

- -

Le 8 juillet, Mgr Cazet quittait Fianarantsoa et revenait à Ambositra en visitant de nouveaux postes du P. Fontanié et ceux du P. Faure et donnant dans les uns et les autres trente-six baptêmes, cent vingt-sept confirmations et vingt-deux premières communions. A Ambositra, longue cérémonie de deux heures et demie pour l'administration de vingt baptêmes d'adultes et de cinquante-trois confirmations ; le gouverneur y assistait. Après la visite des dépendances d'Ambositra, Sa Grandeur se dirigeait vers le nord-ouest et s'engageait dans la province du Vakinankaratra.

La population est d'abord clairsemée, et vous vous croiriez dans un désert, sans les marchandes de riz cuit, que vous trouvez installées le long de la route, sur les plus hauts sommets, comme au fond des ravins, mais toujours à portée d'un ruisseau limpide. Là, du matin au soir, elles font cuire du riz blanc, du manioc, des haricots, du maïs, etc., et attendent patiemment les acheteurs. Les porteurs, harassés et affamés, sont bien aises de pouvoir, sans perte de temps et à un prix modéré, refaire leurs forces à ces auberges on ne peut plus primitives.

Après deux journées de marche sur un sol accidenté, on arrive à Ambohimanjaka, gros village environné de fossés à pic dont la largeur et la profondeur défient les plus hardis Sakalaves ; on y entre par un défilé où deux hommes ne peuvent passer de front et qui aboutit à trois portes distantes entre elles de six à huit mètres (voir la grav. page 66). On les ferme tous les soirs ; elles sont tellement surchargées de verrous et de grosses pierres entassées au dedans, qu'il semble impossible de les ouvrir de l'extérieur. Les dessins pages 61 et 67 donnent une idée du type des habitants d'Ambohimanjaka, comme de ceux d'Ambositra et de l'immense vallée qu'arrose le Manandona. Ce qu'on admire le plus, c'est l'originalité et la variété des coiffures féminines. Rien n'égale la patience et l'habileté des femmes de ces contrées à tresser leurs cheveux, et à leur donner les formes les plus bizarres. On dirait parfois un vrai feuillage disposé en couronnes multiples, ou encore des fruits noirs aplatis et symétriquement suspendus en triple ou quadruple cercle. Un anneau en argent, appelé *laza* (réputation) parce qu'il témoigne de la richesse et du rang de la femme qui le porte, s'ajoute assez fréquemment à ces raffinements de coquetterie ; l'anneau est suspendu à une longue tresse et se balance gracieusement sur les épaules.

La population est intelligente et douce. N'allez pas dire que ces pauvres gens sont sauvages, parce qu'ils s'effraient à la vue d'un blanc et prennent la fuite à toutes jambes. Ils s'imaginent que vous pouvez bien leur jeter quelque mauvais sort ; les plus jeunes pensent qu'on va les enlever ou même les manger tout vifs. On leur en a tant dit sur le compte des étrangers et ils ont vu si souvent le Sakalave faire irruption chez eux, même en plein jour, enlever garçons et filles, et troupeaux, et triompher par le fer et le feu de toutes les résistances ! Une jeune fille d'Ambohimanjaka disait tristement à Monseigneur :

« Je suis bien malheureuse !... il n'y a pas encore un mois, les Sakalaves nous ont surpris ; ils ont enlevé nos bœufs et quatorze personnes, entre autres ma sœur ! »

Il y a parfois des razzias plus considérables où jusqu'à deux cents personnes sont emportées brutalement à la côte pour y être vendues. Hélas ! parmi ces jeunes enfants, ces femmes, il se trouve quelquefois des chrétiens et c'est un farouche Arabe qui les achète ! Sous un tel maître, que va devenir leur foi encore mal affermie !...

- -

Après Ambohimanjaka, Mgr Cazet s'arrêtait à Betafo, où l'attendaient les PP. Berbizier et Roblet. Là on est partout frappé de la densité de la population. Ce qui attire encore plus les regards, ce sont les magnifiques établissements que les Norvégiens ont fondés dans ces parages et que fait encore ressortir l'extrême pauvreté des nôtres. Quelles ressources et que d'ouvriers ne faudrait-il pas pour lutter avec avantage contre ces prédicants si nombreux et si bien munis de tout !...

Fixé à Betafo depuis deux ans seulement, le P. Berhizier a réuni un bon groupe d'adhérents. Il avait pour compagnon le P. Joseph Caussèque, dont le zèle et l'initiative pouvaient s'exercer à leur aise soit à Betafo, soit dans les quarante-cinq postes qui en dépendent ; mais bientôt la maladie l'obligeait à revenir à Tananarive.

Après avoir donné là trente-neuf baptêmes d'adultes et soixante et onze confirmations, Monseigneur reprenait le chemin de la capitale où il rentrait enfin le 30 juillet. Une nombreuse procession alla au-devant de lui en dehors de la ville et le ramena jusqu'à l'église de Mahamasina, où l'on donna la bénédiction du Très Saint Sacrement.

* *

En résumé, Sa Grandeur, dans cette longue tournée pastorale, a administré deux cent soixante-quatre baptêmes, dont cent quatre-vingt-un d'adultes, cent cinquante-trois premières communions et onze cent vingt confirmations. Dieu soit béni pour le bien qu'il donne à ses ouvriers de réaliser !... Jusqu'ici ils n'ont pas travaillé en vain dans cet immense pays, qu'ils ne couvriraient pas suffisamment, quand ils seraient dix fois plus nombreux. Qu'il reste donc encore à faire ! Que de superstitions toujours vivaces, enracinées, pour ainsi dire, dans la chair et le sang de ce peuple ! Cérémonies païennes de la circoncision, funérailles plus païennes encore où l'on se livre à tous les excès, pierres enduites de graisse ou entassées les unes sur les autres et dont état respectées et honorées, herbes liées ensemble à leur extrémité et tant d'autres recettes ridicules pour conjurer les mauvais sorts ; consultations des sorciers dans vingt détails de la vie : autant de susperstitions que l'on rencontre partout et contre lesquelles échouent trop souvent les plus patientes instructions du missionnaire. Viennent donc à notre secours les généreux associés de la Propagation de la Foi ! qu'ils nous aident de tous leurs moyens et surtout de leurs prières, car seule la grâce de Dieu peut triompher de tant d'inconstance dans le bien, de tant d'opiniâtreté dans le vice et l'erreur.

Nous recommandons aux prières des missionnaires et de nos lecteurs l'âme de M. le vicomte Henry de Venel, trésorier du Conseil central de la Propagation de la Foi, de Paris, ancien conservateur des forêts, décédé le 20 janvier. M. Henry de Venel a succombé à une courte maladie à 58 ans, c'est-à-dire à un âge où l'on pouvait espérer qu'il donnerait pendant de longues années encore son concours à notre Œuvre.

INFORMATIONS DIVERSES

Ceylan. — *Le Ceylon Catholic Messenger* annonce que le 2 janvier, Mgr Mutel, vicaire apostolique de Corée, en route pour sa lointaine mission, s'est arrêté quelques heures à Colombo et a fait une visite à Mgr Bonjean.

Japon méridional. — Mgr Cousin, vicaire apostolique, écrit de Nagasaki :

« Une communauté de vierges japonaises se trouve à Motobari, dans la chrétienté d'Urakami, à une petite lieue d'ici. Au nombre de quarante, elles vivent comme des religieuses sans en avoir l'habit. Elles cultivent quelques champs, élèvent des vers à soie, travaillent au métier à tisser, font de la teinture et s'occupent de plusieurs autres industries qui ne les enrichissent guère, mais suffisent à peu près à leur maigre entretien.

« Elles sont de plus gardes-malades, elles enseignent le catéchisme aux enfants de la paroisse qui compte cinq mille chrétiens ; elles sont chargées de trois ou quatre de nos petits orphelinats, et me fournissent une dizaine de catéchistes que j'envoie dans les districts éloignés. Toujours prêtes à aller n'importe où, elles ne demandent que leur nourriture et leurs habits. La mission fournit ces deux choses à celles qu'elle emploie, et quand on n'a plus besoin de leurs services, elles reviennent humblement à la communauté reprendre la bêche ou la navette.

« Pendant le choléra, j'exprimai à la supérieure le désir de voir quelques-unes de ses filles se dévouer au soin des femmes à l'hôpital, et s'y enfermer tant que durerait l'épidémie. Elles s'offrirent toutes, et comme le nombre des infirmiers n'était que de vingt-cinq, elles demandèrent à les remplacer sans rémunération et à se charger, à elles seules, du soin des malades.

« Il y eut dans l'administration, au premier abord, un bon mouvement en leur faveur, et l'on put croire que la chose allait réussir. Mais l'ennemi de tout bien se remua ; le vieil esprit païen se réveille et fit entendre des protestations. Bref, la démarche de nos chères Sœurs resta sans effet, et elles durent, avec regret, renoncer à être infirmières.

« Mais Notre-Seigneur, n'ayant point permis à mes filles de subir l'épreuve de l'hôpital qu'elles cherchaient, leur en a envoyé une autre sur laquelle elles ne comptaient pas. Elles possèdent quelques champs, elles ont aussi une maison et une chapelle qui est leur trésor parce que la Sainte Eucharistie y réside nuit et jour.

« Devant Dieu et devant les hommes, tout cela est bien à elles ; mais, devant la loi, les champs et le terrain sur lequel on a bâti appartenaient jadis à un saint homme qui leur en fit don, à charge de l'entretenir jusqu'à sa mort. Dès mon arrivée ici, j'exprimai au bon Japonais le désir de le voir légaliser son don, et passer la propriété au nom de la Supérieure. Mais le bon vieux, affaibli par l'âge, laissa aller les choses, si bien que maintenant nous nous trouvons dans un grand embarras : son héritier a laissé hypothéquer le terrain, la maison, la chapelle et les quelques champs de nos pauvres petites Sœurs, qui, d'un jour à l'autre, peuvent être obligées de quitter leur communauté et de rentrer dans leur famille.

« Ce serait un véritable malheur. La charité chrétienne pourrait l'éviter en me procurant les mille francs nécessaires pour racheter les terrains en question au nom de ma petite communauté qui vit comme l'oisillon dans son nid et n'a jamais un sou à dépenser elle. Bénie soit l'âme chrétienne qui appréciera cette bonne œuvre et voudra en avoir le mérite devant Notre Seigneur1 »

Équateur (*Amérique du sud*). — La mission desservie par les Pères Dominicains et que le R. P. Pedro nous a décrite l'année dernière avec tant de charme, est en pleine prospérité. On compte actuellement treize cents chrétiens parmi les sauvages riverains du rio Pastazza.

DOUZE CENTS MILLES EN CANOT D'ÉCORCE

ou

PREMIÈRE VISITE PASTORALE

de Mgr N.-Z. LORRAIN, évêque de Cythére
Vicaire apostolique de Pontiac

DANS SES MISSIONS SAUVAGES DU HAUT DES RIVIÈRES OTTAWA
ET SAINT-MAURICE, DE WASWANIPI ET DE MÉKISKAN

Par Mgr J.-B. PROULX

Curé de Saint-Raphaël de l'Isle-Bizard.

(Suite 1).

CHAPITRE IV

Au Grassy-Lake.

Arrivée pompeuse. — La chapelle. — Entrée solennelle. — Le P. Guégen et son troupeau. — Bénédiction de la chapelle. — Wabicon. — Érection d'un chemin de la croix. — La Pentecôte. — Extrait du Graduel et du Vespéral. — Le festin. — La visite des tentes. — Pierre Pitenamo. — Famine en perspective. — Vêpres. — Deux mariages. — Une adresse au pape.

Vendredi, 27 mai. — Pendant que l'on transporte le bagage à la tête d'un petit rapide qui se trouve à un demi-mille de la mission, nous tirons deux coups de fusil pour donner

MADAGASCAR. — Sentier et triple porte conduisant a Ambohimanjaka : d'après des dessins du R. P. Taïx, de la Compagnie de Jésus, missionnaire à Madagascar (V. p. 64).

avis de notre arrivée; deux coups de fusil nous répondent. Au détour d'une pointe, nous apercevons la population, le regard tourné de notre côté. L'armée, dix-huit fusils, est sous les armes. Sa Grandeur est reçue au bruit d'une décharge générale. Les petits barbets excités courent çà et là, en hurlant à qui mieux mieux.

En mettant le pied à terre, Monseigneur se trouve sous une première arche de verdure qui a été élevée à mi-chemin entre le rivage et la chapelle. Trois pavillons flottent au sommet du portique, et une couronne, tressée avec des feuilles, est suspendue au-dessus du siège où Sa Grandeur doit prendre place.

La chapelle s'élève à deux arpents du lac, sur une hauteur de quelques pieds au milieu d'une prairie.

(1) Voir les *Missions catholiques* du 2, 9 et 16 et 23 janvier, ainsi que la carte et l'itinéraire, page 8.

Monseigneur fit son entrée solennelle, avec la chappe, la mitre et la crosse. Après avoir été bénits, les sauvages nous suivirent. Devant nous marchaient deux grands jeunes gens, cuivrés, bronzés, en surplis blancs, portant l'un l'encensoir et la navette, l'autre un bol et une branche de cèdre qui servaient de bénitier et de goupillon. Sur tout le parcours, les sauvages chantèrent des cantiques en leur langue.

A la porte de l'église, l'évêque, avec une branche d'hysope sauvage, aspergea la foule, et fut encensé par le missionnaire curé.

Puis il monta à l'autel pour chanter l'oraison du patron. Cette église n'en avait pas. Monseigneur la mit sous la protection de saint Jean l'Évangéliste, voulant faire une gracieuseté au missionnaire qui évangélise ces lieux depuis si longtemps, le Père Guégen.

La cérémonie se termina par la bénédiction solennelle du Saint-Sacrement, après que le Père eut averti les fidèles que Sa Grandeur accordait quarante jours d'indulgence.

Après souper, vers sept heures, Mgr Lorrain présida la prière du soir. Les sauvages commencent par chanter un cantique, puis ils écoutent une instruction. Ils entonnent un nouveau cantique, puis ils récitent le chapelet. Entre chaque dizaine, ils chantent une strophe qui explique un des quinze mystères du rosaire. Les hommes et les femmes, assis les uns du côté de l'évangile et les autres du côté de l'épître, alternent à tour de rôle. La plupart savent lire. Ils se tiennent bien dans l'église et leur maintien plein de respect indique assez qu'ils comprennent ce que c'est que la maison de Dieu.

Samedi, 28 mai. — Ce matin, furent dites trois messes. A celle de Monseigneur, il y eut sermon, prière du matin et cantiques. Toute la ville y assistait, hommes, femmes et enfants. Au chant des cantiques se mêlaient les pleurs, les cris et les rires des bébés. Personne n'y fait attention, personne n'en parait dérangé dans sa prière; on dirait que ces petits innocents sont chargés de louer le bon Dieu à leur manière. *Ex ore infantium et lactentium perfecisti laudem.*

A 9 heures, avait lieu la bénédiction de la chapelle. Monseigneur portait la chappe et la mitre. Les prières de l'église

MADAGASCAR. — Types et coiffures diverses, d'après des dessins du R. P. Alphonse Taïx, de la Compagnie de Jésus, missionnaire à Madagascar (Voir page 64).

sont remplies de saveur divine et de douces instructions. Pendant que nous récitons au pied de l'autel le *Veni Creator*, en latin, les sauvages le chantent en leur langue à pleins poumons.

Accende lumen sensibus,
Infunde amorem cordibus,
Infirma nostri corporis
Virtute firmans perpeti.

Dans l'après-midi, Monseigneur érigea un chemin de la croix. La cérémonie commence par une instruction. Les croix sont distribuées à quatorze sauvages qui les portent en procession au lieu où chacune doit être placée.

A 7 heures, prière du soir, récitée et chantée. Le missionnaire continue à entendre les confessions ; c'est ce qu'il a fait tout le jour, dans les temps libres que lui ont laissés les différents exercices, malgré la fatigue et les maringouins, qui ont envahi la chapelle comme un essaim d'abeilles bourdonnantes.

Dimanche 29 mai. — C'est aujourd'hui la Pentecôte. Le soleil se lève radieux, le lac reste calme sous la brise matinale et scintille sous les rayons dorés comme une masse d'argent liquide ; des perles de rosée brillent sur la pointe de chaque brin d'herbe ; les forêts nous envoient des bouffées de senteurs aromatiques ; tout murmure, tout se réveille, les feux s'allument aux portes des tentes, les oiseaux dans le feuillage chantent leur joie et bénissent le Seigneur : *benedicite, omnes volucres cœli, Domino.* Qu'il fait bon réciter, en se promenant sur la grève solitaire, l'office du jour ! Les paroles de la Sainte-Ecriture illuminent l'intelligence, donnent au cœur des joies qui ne sont pas de la terre, comme le dit si bien la prière : « O Dieu, qui avez instruit les cœurs de vos fidèles par les lumières du Saint-Esprit, faites-nous goûter, par les dons de ce même Esprit, les douceurs de la justice et les suavités de ses éternelles consolations. »

Ce matin, pour la cérémonie de la confirmation, la chapelle était complètement remplie : n'était-ce pas un autre cénacle? Le vent de la grâce ne remuait-il pas tous les cœurs? Les sept dons du Saint-Esprit n'étaient-ils point autant de langues de feu qui descendaient du ciel sous l'imposition des mains de l'évêque? Tous priaient avec ferveur ; tous, je n'en doute pas, furent remplis du Saint-Esprit, mais en particulier ceux qui reçurent le « sacrement qui fait les forts. »

A neuf heures grand'messe. Rien ne manquait; l'encensoir faisait monter vers le ciel, en même temps que les prières s'élevaient des cœurs, des nuages de fumée d'agréable odeur. Les chandeliers faisant défaut, un trou de tarière dans la tête de six *billochets* donna six piédestaux aux cierges allumés. Les jeunes filles avaient revêtu leur plus belle toilette, robe à fond blanc, chapeau de paille avec un ruban rouge. On ne chanta en latin que *Et cum Spiritu tuo, Deo gratias,* et comme le disait un fort helléniste, le *Kyrie eleison ;* tout le reste, le *Gloria,* le *Credo,* le *Sanctus* et *l'Agnus Dei* se chantent en langue sauvage.

Cinquante-huit communiants s'approchèrent de la sainte table, avec recueillement ; un vieillard aveugle s'appuyait sur son aviron qui lui servait de canne. Il me semblait entendre Jésus lui dire ces paroles de l'évangile du jour :

« Si quelqu'un m'aime, il [mettra ma parole en pratique : mon Père l'aimera, nous le visiterons, et nous établirons notre demeure en lui. L'Esprit-Saint que mon Père enverra en mon nom, c'est lui qui vous instruira de toutes choses, et qui vous fera penser à tout ce que je vous aurai dit. Je vous laisse la paix, je vous donne ma paix ; ce n'est pas comme le monde que je vous la donne. Ne vous troublez point et ne craignez point. »

.·.

A midi commence la *magochewin.* Deux cents livres de farine ont été converties en galettes, épaisses, grasses, jaunes ; cinquante livres de lard, taillées en grillades, flottent dans la graisse ; vingt-cinq livres de riz, gonflé, bouilli, s'appelle maintenant *sagamité* ; le thé coule comme l'eau dans la rivière. Toute la tribu a pris place sur l'herbe autour de nos toiles cirées étendues, qui servent de nappes. C'est comme du temps de Notre-Seigneur, lorsqu'il disait à ses disciples : « J'ai pitié de cette foule... je ne peux pas renvoyer ces gens-là qu'ils n'aient mangé. » Même la musique ne fait pas défaut : un bel accordéon, égaré dans ces bois entre les mains d'un sauvage, nous fait entendre tous les airs connus et inconnus. Le chef vint chercher Monseigneur, en lui disant :

« Viens bénir les mets, afin que le festin ne fasse de mal à personne. »

Ce repas coûte cher ; mais il n'est pas inutile au succès de la visite épiscopale. L'idée du festin tient les sauvages en haleine et de bonne humeur, dès les premiers jours de la mission. Chaque peuple a ses mœurs, il s'agit de le prendre par son côté faible.

Le repas fini, chaque famille se retire sous sa tente, et Monseigneur, accompagné du Père, les visite toutes les unes après les autres. Il leur distribue des images, des chapelets, des croix, des médailles, il fait bien des heureux. Un lui dit :

« — Bénis ma femme, elle ne peut marcher, guéris-là. »

Un autre :

« — Touche mes yeux, ils sont malades, fais moi voir clair. »

Un autre :

« — Prends ces souliers de caribou, ils sont beaux, et dis une prière pour que je recouvre la santé. »

Le chef, Pierre Pitenamo, présenta à Sa Grandeur, sur papier, une adresse qu'il a composée et écrite lui-même, et il l'a débitée avec une assurance que pourrait lui envier plus d'un maire de village.

« Gardien de la prière, je veux te dire quelque chose. Je suis content de ce que tu as eu la bonté d'avoir pitié de nous autres : j'en remercie le grand Esprit, et toi aussi. Notre bonheur est double, parce que notre Robe noire t'a accompagné. Pour te montrer comme nous sommes heureux de ta visite, nous allons te faire un présent, afin que ma parole soit connue comme une parole de reconnaissance. »

Ces sauvages ne sont pas riches. Les bêtes à fourrure précieuse deviennent rares ; les hommes des chantiers leur font une guerre à mort ; les sauvages ne se sentent plus de courage pour conserver et bien entretenir leur terrain de chasse ; ils se disent : « Si nous ne tuons pas ces loutres et ces martres, quoi que ce ne soit pas la saison pour en tirer de bonnes peaux, les blancs le feront.» Alors la chasse devient un vrai massacre, une destruction déplorable. L'orignal est encore assez abondant, il est le point d'appui de leur garde-manger ; quand il aura disparu, alors viendront les sept années de disette qui [frappèrent l'Égypte sous Pharaon. Pour prévenir un tel malheur, il semble qu'il serait de bonne politique pour le gouvernement, qui n'ignore pas quelle est l'imprévoyance des sauvages, de leur fournir chaque printemps un peu de grain de semence, des patates et quelques instruments aratoires. Petit à petit, ils s'accoutumeraient à la culture.

Lundi 30 mai. — A 5 heures, la chapelle est remplie, et ces bons sauvages peuvent dire : « Seigneur pour vous bénir nous avons devancé l'aurore.» Pendant les trois messes qui se disent, les cantiques succèdent aux cantiques, on en a chanté jusqu'à quinze. On sentait à l'entrain de leur prière que la mission touchait à sa fin, et que ces braves gens voulaient profiter de leur reste.

Avant sa messe, Monseigneur bénit deux mariages.

Les quatre fiancés sont assis sur un banc, en face de l'autel ; en arrière, sur un banc semblable, ont pris place les garçons et les filles d'honneur. Agnès, la fille du chef, avait une robe d'indienne bleue parsemée d'étoiles, un tablier blanc, un châle rouge, et autour du cou un foulard de soie bleue céleste ; Angèle avait une robe à carreau rouge et blanc, un châle bleu et un foulard de soie rouge. Les deux épousées portaient chacune un chapeau de paille à larges bords, orné le second d'une couronne de fleurs sauvages, le premier d'un plumet planté en sautoir sur le coin de l'oreille. Les mariés étaient chaussés de souliers de caribou, artistement travaillés avec de la rassade de diverses couleurs.

Au sortir de l'église, la foule se rangea en un grand demi-cercle, et pendant que les fusils tiraient une salve d'honneur, les nouveaux mariés donnaient à la ronde la main à tout le monde, femmes et hommes, et les nouvelles mariées donnaient la main aux hommes et un baiser aux femmes. Puis le chef les harangua avec force gesticulations qui descendaient jusqu'à terre. Il commenta toutes les paroles du Rituel, et, de plus, il ajouta que « le mari doit être un bon chasseur pour apporter de la viande dans la chaudière et que la femme doit aller chercher le bois pour y entretenir le feu.

« Vous avez, dit-il en terminant, un bonheur que les sauvages vous envient, c'est le gardien de la prière qui a fait lui-même le nœud qui vous unit. »

Ceci étant dit, le chef part en avant, battant la marche ; suivent les deux couples heureux ; puis les garçons d'honneur, portant de larges pavillons au bout de longues perches; suit la foule pêle-mêle. Dans cet ordre, ou dans ce désordre on gagne la salle du festin, où la nappe est un tapis de verdure, les lambris les forêts environnantes, le plafond, la voûte du grand ciel bleu, éclairé par cette lampe brillante que Dieu a suspendue dans l'espace.

A 11 heures, nos deux canots chargés flottent de chaque côté du quai ; la foule se presse sur le rivage, nous touchons la main à chacun , Monseigneur bénit une dernière fois ses ouailles à genoux ; et nous partons au milieu des détonations répétées. Le chef nous fait l'honneur de nous escorter

une journée de distance ; il n'emmène avec lui que son jeune fils, âgé de neuf ans ; l'enfant est capable de se conduire lui-même. Comme du temps de la reine Berthe qui filait sa quenouille, il ne craint pas de travailler, le travail honore les rois.

Ce chef est non seulement un orateur; il est aussi un littérateur. Il composa lui-même une adresse au Saint-Père, et, avec un poinçon, il écrivit sur le côté velouté d'une écorce de bouleau, qui se ferme sur elle-même comme un livre, l'adresse qui suit :

Grassy-Lake, ce 29 mai. — Je te dis merci à toi, chef des gardiens de la prière, qui tiens la place de Jésus, de ce que tu as envoyé dans le pays où nous vivons, un gardien de la prière (un évèque).J'en remercie aussi le Grand-Esprit. Je te salue fortement au nom du Seigneur. J'ai entendu dire que tous les disciples t'ont salué ; voilà pourquoi je viens te saluer, moi aussi, quoique je vive au fond des bois. Je suis très flatté de ce que notre pays a été béni par toi ; aussi toujours je prierai pour toi.

Voilà ce que je voulais te dire, à toi qui veilles sur notre prière, moi, Pierre Pitenamo.

Le Saint-Père, sans doute, a reçu des adresses de félicitations plus savantes, écrites sur des parchemins enluminés ; mais aucune n'est partie d'un cœur plus droit et d'une foi plus simple.

(*A suivre*).

LES MISSIONS CATHOLIQUES AU XIXᵉ SIÈCLE

PAR

M. Louis-Eugène LOUVET, des Missions Étrangères de Paris, Missionnaire en Cochinchine occidentale.

CHAPITRE IX

L'ÉGLISE ROMAINE ET LES EGLISES DE RIT UNI (1800-1890).
(Suite 1)

IV. — RIT MARONITE.

De toutes les communautés catholiques de l'Orient, les Maronites forment la plus nombreuse agglomération et aussi la plus fervente, celle où l'esprit catholique est le plus vivant, où le particularisme et le laïcisme, qui sont le fléau des Eglises orientales, ont le moins de force. Seule de toutes les populations levantines, la nation maronite ne s'est jamais laissé entraîner au schisme ni à l'hérésie. Lorsqu'on songe à la situation de ce petit peuple entouré de mahométans, d'idolâtres fanatiques (les Druses), de schismatiques, d'hérétiques de toutes nuances, l'esprit est frappé d'admiration et le cœur se dilate à la vue de cette population tout entière catholique, dont jamais le schisme n'a troublé l'unité, dont l'hérésie n'a jamais corrompu la foi, et dont la simplicité rappelle les chrétiens de la primitive Eglise. C'est pourquoi je m'arrêterai un instant à résumer son histoire trop peu connue en Occident.

Les Maronites tirent leur nom de deux célèbres religieux, morts tous deux en odeur de sainteté, le premier en l'an 433, et le second en 707. Le culte des deux saints Maron a

(1) Voir tous les numéros parus depuis le 14 mars jusqu'à fin octobre 1890 et les *Missions Catholiques* du 2, 9, 16, 23 et 30 janvier 1891.

été reconnu et autorisé par l'Eglise romaine, et le second Jean Maron, successivement moine antonin, évêque de Batroun, patriarche d'Antioche et légat du Pape Sergius, peut être considéré à bon droit, comme le créateur de la nation Maronite.

Toujours dociles et soumis aux différents maîtres de leur pays, Empereurs grecs de Byzance, Califes de Syrie, Sultans des Turcs, les Maronites ne prirent jamais les armes que pour la défense de leur nationalité et de leur foi. Mais, sur ces deux points, ils furent intraitables. A plusieurs reprises ils eurent à lutter contre les Empereurs de Constantinople, qui voulaient leur imposer l'hérésie et le schisme ; mais ils déjouèrent toutes leurs ruses et leur infligèrent plus d'une fois de sanglantes défaites.

A l'époque des croisades, 40,000 Maronites combattirent dans les rangs des Francs pour la délivrance des Saints-Lieux. Ce fut l'âge héroïque de la nation maronite. Sous la protection des croisés, ils s'établirent dans toute la Syrie, à Chypre et jusqu'en Egypte. Le nombre des Maronites s'élevait dès lors à plus de 200,000.

C'est pourtant à cette époque que leur foi se trouva exposée au plus grand danger qu'elle ait jamais couru. Circonvenus de tout côté par leur voisins hérétiques, jacobites, eutychéens, monophysites, quelques membres de leur clergé et le patriarche lui-même se laissèrent séduire et professèrent le monothélisme. Ce ne fut qu'un moment d'oubli dans l'histoire religieuse de ce peuple, car l'erreur ne dura que de 1175 à 1182, et encore elle fut rejetée avec horreur par la grande majorité de la nation. Le patriarche prévaricateur fut déposé et l'on élut à sa place un catholique, qui fut massacré à son tour par les hérétiques. Les circonstances étaient graves : le roi de Jérusalem envoya Aimeri, patriarche latin d'Antioche, au secours de ce petit peuple qui voulait rester catholique. Aimeri se rendit à Tripoli, procéda à une enquête solennelle sur le meurtre du patriarche et fit rentrer les dissidents dans le devoir.

Ce fait, mal interprété, donna lieu à l'erreur de Guillaume de Tyr, qui raconte que, par les soins d'Aimeri, la nation entière des Maronites était revenue de l'erreur des monothélites à la foi catholique; mais il est certain que la masse de la nation n'a jamais défailli dans la foi et que la fidélité à l'Église romaine ne s'est jamais démentie. C'est le témoignage que le Pape Benoît XIV lui rend en ces termes : « Il « n'y a pas à douter que les Maronites ont toujours été et « qu'ils sont aujourd'hui entièrement catholiques, unis avec « le Saint-Siège et pleins de respect et d'obéissance, soit « pour leur patriarche, soit pour le Pontife romain. »

Cette intégrité dans la foi catholique et cette soumission filiale au Vicaire de Jésus-Christ ont persévéré jusqu'à nos jours. Un ministre protestant, le R. Williams, après un essai infructueux d'apostolat dans le Liban, écrivait avec dépit : « Les Maronites sont les plus intrépides *romanistes* du « monde et la nation tout entière est si infatuée de *bigo-* « *terie* (lisez de catholicisme), qu'il n'y a rien à faire avec « elle. ». Merci du compliment.

Les Maronites ont chèrement payé leur fidélité à l'Église romaine. Retombés après les croisades sous le joug des Turcs, ils se sont vus abandonnés aux rancunes et aux haines implacables des schismatiques qui les entourent. C'est ainsi

qu'à Chypre où, du temps de Lusignan, ils possédaient jusqu'à soixante-deux villages prospères, les exactions de l'archevêque grec de Nicosie et les persécutions de leurs voisins, encouragées par l'insouciance du gouvernement ottoman, les ont à peu près anéantis. A l'heure actuelle, ils ne possèdent plus que cinq villages très pauvres, situés à l'extrémité de l'île autrefois toute catholique. Dans le Liban, groupés en corps de nation, il leur a été plus facile de se défendre contre les schismatiques ; mais ils ont à compter avec la tyrannie des Métualis et le fanatisme des Druses, leurs voisins. Plus d'une fois, des combats de villages à villages ont ensanglanté les tranquilles montagnes du Liban, et l'Europe chrétienne n'a pas encore oublié les effroyables massacres de 1860, accomplis par les Druses, avec la complicité des Turcs et, disons-le en rougissant, avec l'appui moral de l'Angleterre protestante, qui ne saurait pardonner aux Maronites d'avoir repoussé ses prédicants et d'être les clients de la France.

Les Druses, ces intéressants protégés de l'Angleterre contre ceux qu'un journal anglais conservateur, le *Saturday Review*, appelait au lendemain des massacres « les sauvages Maronites », sont, au dire de tous les voyageurs, d'abominables fanatiques, des hypocrites sans honneur, toujours prêts à trafiquer de leur conscience et à embrasser la religion du plus fort. Ils se disent musulmans, pour la forme ; mais il est certain qu'ils ont horreur de Mahomet et que, dans les impurs mystères de leur culte, ils adorent une tête de veau.

C'est à ces misérables sans foi ni loi que s'adressèrent les prédicants protestants, repoussés par les Maronites. Comme ils apportaient de l'or, ils furent parfaitement reçus et firent d'abord un certain nombre de prosélytes. Il fallut bientôt en rabattre :

« Beaucoup se disent convertis, écrivait en 1862 un ministre protestant ; mais, dès qu'on rejette quelqu'une de leurs demandes, ils vous tournent le dos en disant : « Nous vous écouterons aussi longtemps que vous nous paierez. »

Voilà les hommes à qui, en haine du catholicisme et de la France, l'Angleterre sacrifia les Maronites. Le mieux informé des journaux anglais, le *Times* du 1er septembre 1860, en convient : Le grand chef druse, Mohammed, l'instigateur des boucheries, comptait sur le secours des Anglais et, nous n'avons pas besoin de le dire, sur une récompense anglaise. »

De son côté, Mgr Mislin, dans son ouvrage sur la Terre-Sainte, rapporte qu'un voyageur anglais, causant avec un cheik maronite, quelque temps après les massacres, lui disait :

« — L'Angleterre a pris parti pour les Druses uniquement pour contrecarrer l'influence politique de la France sur les catholiques du Liban. »

« — A ce compte, répliqua le Maronite, chaque fois que la France travaille pour Dieu, l'Angleterre se croit obligée de travailler pour le diable ! »

Le cheik avait raison : c'étaient bien de véritables démons que la trahison du gouvernement turc de connivence avec l'Angleterre avait déchaînés contre les Maronites : 3,000 catholiques furent massacrés à Déir-el-Kamar, 6,000 à Damas, y compris 8 missionnaires franciscains. Il y eut au total 40,000 victimes, en comptant ceux qui moururent des souffrances endurées; 360 villages maronites anéantis, 560 églises brûlées, 42 couvents renversés, 28 écoles détruites.

Au lendemain des massacres, il y avait plus de 20,000 orphelins manquant d'asile et de pain ; 200,000 Maronites erraient sans abri dans les ports et sur les côtes de la Méditerranée; ils avaient tout perdu et mouraient littéralement de faim. Les émissaires protestants accoururent alors pour s'emparer des enfants et les placer dans leurs orphelinats ; ils spéculèrent sur le désespoir et la faim pour acheter des apostasies.

En même temps, le gouvernement anglais intriguait à la Porte et en Europe pour arrêter l'armée française qui avait volé au secours de nos malheureux protégés. Lord Carnavon ne rougit pas de faire officiellement l'apologie des meurtriers ; il osa bien écrire ces lignes véritablement infâmes sous une plume chrétienne : « Il est bien à désirer que les puissants liens de gratitude d'une part, et de bons offices de l'autre, qui attachent les Druses à l'Angleterre, ne soient pas légèrement rompus sous des prétextes moraux et politiques. »

Tirons un voile sur ces iniquités et ces hontes de la politique humaine. Grâce à l'accord des cinq grandes puissances européennes, un arrangement fut conclu pour régler la situation du Liban et prévenir le retour de pareilles horreurs. Le gouverneur général du Liban est toujours un chrétien ; il a sous lui huit caïmakans (chefs de district) ; cinq sont Maronites, un Druse, un grec catholiques et un grec schismatique. De la sorte, les intérêts religieux de chaque communauté sont équitablement représentés et protégés. Il y a en outre trente-neuf mudirs ou chefs de canton ; ils sont choisis dans la nationalité qui domine dans la contrée. Pour l'administration de la justice, chaque district a un tribunal de première instance, dont le juge appartient à la religion de la majorité; il a un adjoint du rite qui vient le second comme importance numérique, et des assesseurs pris dans les autres rites. La cour suprême est composée de six membres de rites différents, avec un président maronite.

Ce règlement fort équitable a permis aux Maronites de se relever et de vivre en paix au milieu de leurs voisins jaloux. A l'heure actuelle, toute trace de la catastrophe de 1860 est effacée. Voici le tableau que trace de la situation du Liban un voyageur anglais et protestant, sir Keating Kelly (1) :

L'exercice de la religion catholique est libre et respecté; les églises et les couvents couronnent les montagnes ; les cloches qui résonnent et font entendre comme un chant de liberté et d'indépendance, invitent nuit et jour à la prière. Cette nation est gouvernée par ses propres chefs et par son clergé qu'elle aime ; une police rigoureuse, mais équitable, maintient l'ordre et la sécurité dans les villages ; la propriété est respectée et transmise de père en fils ; le commerce est actif, les mœurs du peuple sont parfaitement simples et pures. Il est rare de rencontrer une population dont l'apparence annonce plus de santé, avec la noblesse dans les manières et la civilisation, que celle de ces hommes du Liban. »

C'est à la France catholique que les Maronites sont redevables de leur sécurité. Aussi, de toutes les communautés catholiques de l'Orient, aucune ne nous est plus sincère-

(1) *Syrie et Terre-Sainte*, ch. 8.

ment attachée. M. Victor Guérin, le savant archéologue de la Terre Sainte, raconte qu'ayant un jour dressé sa tente au pied d'une des montagnes du Liban, à peine eut-il arboré selon là coutume le drapeau français, qu'il vit accourir les villageois voisins :

« Nous sommes tous Français, lui dirent ces bonnes gens, et la France est pour nous une seconde patrie. Quand elle le voudra, nous nous lèverons comme un seul homme pour lui appartenir. »

Puisse notre cher pays se montrer toujours digne de ces ardentes sympathies !

Le concile du Liban, tenu en 1740, par ordre de Benoît XIV, a partagé la nation maronite en huit diocèses, voici le tableau de la hiérarchie maronite, avec la population catholique de chaque diocèse :

1 patriarche du titre d'Antioche, qui réside dans la montagne et administre le diocèse de Djebail.

2 évêques auxiliaires, l'un pour l'administration spirituelle, l'autre pour l'administration civile de la communauté.

6 archevêchés :

Alep 1 archevêque, ? prêtres, ? églises ou chapelles, ? écoles, 5.000 catholiques.

Beyrouth 1 archevêque, 30 prêtres, 50 églises ou chapelles, ? écoles, 50.000 catholiques.

Chypre 1 archevêque, 120 prêtres, [20 églises ou chapelles, 20 écoles, 30.000 catholiques.

Damas 1 archevêque, 95 prêtres, 89 églises ou chapelles, ? écoles, 26.000 catholiques.

Tyr et Sidon, 1 archevêque, 10 prêtres, ? églises ou chapelles, ? écoles, 40.000 catholiques.

Tripoli (Syrie), 1 archevêque, ? prêtres, ? églises ou chapelles, ? écoles, 35.000 catholiques.

Djébail et Batroun, 30 prêtres, 50 églises ou chapelles, ? écoles, 60.000 catholiques.

Balbek, 1 évêque, ? prêtres, ? églises ou chapelles, ? écoles, 30.000 catholiques.

Soit un total pour le rite maronite : 1 patriarche, 6 archevêques, 3 évêques, 285 prêtres, 209 églises ou chapelles, ? écoles, 277,000 catholiques.

Il faut remarquer que cette statistique est très incomplète et beaucoup trop faible. Le chiffre des prêtres, qui manque pour trois diocèses, doit être élevé à près de 400, sans parler de 1,800 religieux antonins, dont 600 sont revêtus du sacerdoce, 500 églises ou chapelles, 35 couvents d'hommes, 5 séminaires patriarcaux, 8 collèges, des écoles catholiques dans 420 paroisses, voilà ce que des documents positifs me permettent d'affirmer être la situation vraie de l'Église maronite en 1890.

Quant au chiffre de la population catholico-maronite, il doit être aussi notablement relevé. On trouve dans Rohrbacher, Chantrel et plusieurs autres auteurs le chiffre de 500.000 âmes couramment exprimé. Ce chiffre est certainement exagéré, mais aussi celui de 277,000 est évidemment trop faible. Au lendemain du massacre de 1860, les officiers de l'État-Major français, chargés de dresser la statistique religieuse du Liban, accusaient 208,000 maronites vivant dans la montagne. En tenant compte de ceux qui vivent en dehors du Liban, et de l'accroissement naturel des naissances qui a dû se produire depuis trente ans, il est impossible d'arriver à moins de 300,000 maronites. C'est aussi à ce chiffre que je m'arrête. Du reste, les *Missiones catholicæ* de 1890 donnent pour tout le patriarcat le chiffre de 298,000 qui ne concorde pas avec le chiffre détaillé des différents diocèses, et qui se rapproche fort du mien.

Statistique comparée des catholiques maronites.

En 1800	1850	1890
250.000	300.000	300.000

Le manque d'accroissement depuis 1850 vient des 40,000 victimes qui ont péri en 1860.

(A suivre).

NÉCROLOGIE

MGR MARINONI
Fondateur et premier directeur du séminaire des Missions Étrangères de Milan.

Ce saint prélat, né à Milan le 11 octobre 1810, dirigeait depuis quarante et un an l'Institut de Saint-Calocère de Milan qui fournit des missionnaires aux missions d'Hydérabad (Inde), de la Birmanie centrale, de Hong-Kong et du Ho-nan en Chine. Une courte maladie l'a enlevé dans la matinée du 27 janvier à l'âge de quatre-vingts ans. Les funérailles ont eu lieu le 29 janvier, au milieu d'un immense concours de fidèles. Mgr Paul Ballerini, patriarche d'Alexandrie, officia pontificalement et après l'Évangile, le vénéré directeur du Bulletin des *Missioni cattoliche* prononça l'oraison funèbre et retraça en termes éloquents la vie du défunt, vie dont les longues années furent toutes consacrées à procurer la gloire de Dieu et le salut des âmes.

R. P. AUBERT BOUILLON
De la Congrégation des Sacrés-Cœurs (Picpus).

Après trente-cinq ans de travaux apostoliques aux îles Sandwich (1846-1881), cet intrépide missionnaire était revenu en France, où l'obéissance le retint pour remplir le poste d'aumônier dans un pensionnat. Doué d'une âme tout apostolique, ce bon Père est mort à Nantes le 22 janvier, fidèle à ses chères missions qu'il avait toujours aimées passionnément et dont il parlait à tout propos.

Pendant son séjour aux îles Sandwich, le R. P. Bouillon avait été le témoin de l'héroïque charité du P. Damien auprès des lépreux de Molokaï. Il a écrit plusieurs lettres intéressantes qui ont été insérées dans les *Annales de la Propagation de la Foi.*

Le R. P. Aubert Bouillon était né au Mesnil-Drey (Manche), le 22 septembre 1822.

DONS
Pour l'Œuvre de la Propagation de la Foi

ÉDITION FRANÇAISE.

Anonyme de B., diocèse d'Auch.	4
Mlle Pélagie Cullon, don recueilli par l'*Echo de Fourvière*.	1.000
M. l'abbé Mendiboure, diocèse de Bayonne	5
Anonyme d'Étampe, diocèse de Versailles	5
Anonyme, du diocèse de Digne	42 50
M. Billon, curé de Cuissay, diocèse de Séez	10

Pour les missions les plus nécessiteuses (R. P. Jules Poirier, Niger).

V. G , abonné de Paris, avec demande de prières	6
Mme de LaVau, à Paris, avec demande de prières	10
S. B., diocèse de Grenoble	50
Mme M. E. A., diocèse de Lyon	1.000
M. J. Ch. Kersalé, chapelain de Notre-Dame de la Salette, près Morlaix	20
M. l'abbé Lubiez Rowicki, à Montpellier, avec demande de prières	5

Pour les missions les plus nécessiteuses (A Mgr Cousin pour ses religieuses de Motobari).

Mme M. G. A., diocèse de Lyon	1.000

A M. Gabillet, missionnaire de Gingy (Hindoustan).

Anonyme d'Anvers, diocèse de Malines	500
M. Baibaud l'Ange, à Marseille	100
Anonyme de Saint-Cyr-en-Pail, diocèse de Laval	100
H. M., à Paris	10

Pour les missions de la Cochinchine et du Tong-King (M. Delpech).

Anonyme de Lyon	150

A M. l'abbé Bourgeois, missionnaire en Mandchourie.

M. L. Bourgeois, curé des Grangettes, diocèse de Besançon.	6

A Mgr Cousin, vicaire apostolique du Japon méridional, pour son séminaire.

Anonyme de Lyon	250

Au même, pour un séminariste Jean Kataoka.

Anonyme de Paris	800

A M. Corre, missionnaire au Japon méridional.

Anonyme d'Anvers, diocèse de Malines	500

Au R. P. Le Roy, pour rachat et baptême de jeunes esclaves.

Anonyme de Rimouski (Canada)	25

Pour le rachat d'un petit nègre à baptiser sous le nom d'Eugène (Niger).

Anonyme de Guenrouët, diocèse de Nantes	5

A Mgr Cazet, vicaire apostolique de Madagascar, pour la léproserie d'Ambahivoraka.

Anonyme du diocèse de Meaux	80

Aux missions de S. E. le cardinal Lavigerie pour rachat d'esclaves.

Anonyme de Cassis, diocèse de Marseille	500

A Mgr Louis Lasserre, vicaire apostolique d'Aden et d'Arabie.

Mme E. A., diocèse de Lyon	300

Pour les missions de l'intérieur de l'Afrique (Mgr Augouard).

Anonyme de Lyon	100

A S. Em. le Cardinal Lavigerie pour rachat d'une esclave à baptiser sous le nom de Marie.

M. Jean Dumontet, diocèse d'Autun	2

A Mgr Augouard, pour le rachat d'un petit nègre de l'Oubanghi à baptiser sous le nom de Marie-Louis de Gonzague.

M. Maurice Kérambrun, à Saint-Brieuc	10

Pour les Missions salésiennes de Don Rua dans l'Amérique du Sud.

Anonyme, don recueilli par l'*Echo de Fourvière*.	200
" "	20

Pour les lépreux de l'île Molokaï.

Anonyme du diocèse de Dijon, avec demande de prières	10

(La suite des dons prochainement).

TH. MOREL, *Directeur-gérant.*

Lyon. — Imprimerie MOUGIN-RUSAND, rue Stella. 3.

MONGOLIE. — CAMPEMENT DE FAMILLES CHRÉTIENNES SUR LA MONTAGNE DE PIEN-KIAO-TSÉ POUR ÉCHAPPER A L'INONDATION DE LA RIVIÈRE LOAN-HO; d'après une photographie de M. VERCAUTEREN, missionnaire belge. (Voir page 74).

MORT

DE

MGR L'ARCHEVÊQUE DE MEXICO

bienfaiteur insigne de notre Œuvre

Une dépêche annonce la mort de Mgr Pélage-Antoine de Lavastida y Davalos, archevêque de Mexico.

Né à Zamora le 20 mars 1816, Mgr de Lavastida avait été préconisé évêque de Puebla le 23 mars 1855 et transféré au siège primatial de Mexico le 19 mars 1863.

Il ne nous appartient pas de faire l'histoire de cette longue vie épiscopale traversée par tant d'épreuves et ennoblie par tant d'actes héroïques, Dieu a pris soin de récompenser, même dès cette vie, ce grand archevêque. Il devait, en effet, avant de mourir, voir, au jour de ses noces d'or sacerdotales, le peuple mexicain et tous ses frères dans l'épiscopat se presser autour de lui et lui apporter l'hommage de leur vénération et de leur amour.

N° 1132. — 13 FÉVRIER 1891.

Pour nous, nous nous souviendrons que c'est grâce à lui que nos chers délégués, les PP. Terrien, Gallen et Boutry, ont été reçus avec faveur dans le Mexique et ont pu fonder sur des bases solides l'Œuvre de la Propagation de la Foi. Non seulement il les a accueillis avec une tendresse toute paternelle ; mais il a consacré à la Propagation de la Foi une magnifique lettre pastorale. Si donc, comme tout nous le fait espérer, nous réussissons à implanter notre Œuvre dans ces riches et chrétiennes Républiques, c'est vers lui, après Dieu, que devra se porter notre reconnaissance. Que la prière des missionnaires et de nos chers associés s'élève donc vers Dieu ; qu'elle obtienne pour l'illustre archevêque une place d'honneur dans le ciel auprès des saints Pontifes qui ont été, à travers les siècles, la lumière de l'Église ! Puisse-t-il à son tour, en priant pour son diocèse et sa chrétienne patrie, prier pour l'Œuvre qu'il a contribué à fonder, afin qu'elle y fleurisse de plus en plus pour la plus grande gloire de Dieu et de l'illustre nation mexicaine !

CORRESPONDANCE

MONGOLIE ORIENTALE

De grands désastres sont venus éprouver la mission belge de Mongolie. Nous recommandons ces infortunés chrétiens à la sympathie et aux prières de nos lecteurs.

LETTRE DE M. VERCAUTEREN, DE LA CONGRÉGATION DU CŒUR IMMACULÉ DE MARIE, DE SCHEUT-LES-BRUXELLES, MISSIONNAIRE EN MONGOLIE.

Quand on se désaltère à une source, quand on écoute le babillement du ruisseau, pourrait-on s'imaginer que cette eau dont chaque goutte ressemble à une perle, peut, en quelques heures faire plus de mal que le feu en un mois et la guerre en un an ?

Jugez-en par le récit de nos désastres. Après huit jours de pluies continuelles, le Loan-ho, rivière qui serpente à travers notre vallée, se trouva tellement grossi par les torrents, que ce qui avait été épargné par les inondations précédentes fut complètement ravagé. Les eaux mugissantes emportaient dans leurs tourbillons des arbres, des poutres, des portes, des fenêtres et jusqu'à de longues bandes de terre couvertes de leurs moissons. Et nous étions là, impuissants, contemplant la ruine de centaines de familles.

Le samedi 20, la rivière gonflée s'approcha si près de de notre village, bâti cependant au pied de la montagne, que les chrétiens, craignant une suprême catastrophe, transportèrent leurs effets à notre résidence. En quelques heures, j'avais dans ma cour un véritable bazar de meubles, de casseroles et de marmites de toute dimension. Ma chambre se transforma en magasin à grains, chacun étant venu y déposer ses provisions.

Pourtant ma résidence était plus près du torrent que beaucoup d'autres habitations. Je ne manquai pas de le faire remarquer. La réponse fut digne de la foi des premiers siècles.

MGR PÉLAGE-ANTOINE DE LAVASTIDA Y DAVALOS
Archevêque de Mexico (voir page 73).

« — Père, pouvez-vous croire que le bon Dieu n'épargnera pas même son propre temple ? Nous venons nous y abriter, avec la certitude qu'il ne nous y arrivera aucun mal. »

Et ils s'installèrent dans l'église. La nuit fut affreuse. Détrempé par la pluie, le toit de terre glaise s'effondrait par plaques et défonçait le plafond en papier peint que nous avions eu tant de peine à établir.

La confiance des chrétiens n'en fut point ébranlée. Ils continuèrent à prier à haute voix ; la pluie cessa vers le matin et les eaux se mirent bientôt à baisser. Après la messe, nous sortîmes pour nous rendre compte de l'étendue du désastre. Il dépassait mes plus affreuses appréhensions, car il ne reste rien, absolument rien de la récolte. Et cependant, nous avons encore à remercier la Providence. Sans un banc de sable que les eaux avaient élevé elles-mêmes comme une barrière, non seulement notre village, mais ce qui nous reste de terres cultivables eût été emporté. Or, c'est le cas des villages païens qui nous entourent.

Le mardi, je gravis la montagne pour me rendre compte de l'ensemble de la calamité. Je frémis encore au spectacle qui m'attendait. D'un village tout entier il n'y a plus la moindre trace.

Là où se dressaient les maisons, là où les moissons ondulaient au souffle du vent, la rivière roule ses eaux limoneuses.

Un autre village, qui était bâti sur la pente de la montagne, a conservé un peu de terre arable ; mais la moisson est engloutie sous une couche de glaise ou de gravier. Ailleurs la moitié seulement du village a été emportée, et je vois des malheureux sans abri se dresser des tentes sur la déclivité de la montagne. Les photographies que je vous envoie (voir les gravures p. 73 et 78), vous montreront la situation de nos chrétiens.

Ma grande préoccupation, ce sont mes nombreuses familles de catéchumènes. Ces pauvres gens n'ont absolument plus rien, et sont tellement abattus qu'ils semblent insensibles à la vie ou à la mort. Après avoir consommé jusqu'au dernier grain de la récolte précédente, ils ne vivaient plus que d'emprunts escomptés sur la moisson prochaine. Or, celle-ci est anéantie. Sans doute nos chrétiens possesseurs de quelques réserves en vieux grains, partageront avec eux jusqu'à la dernière bouchée. Mais après? S'adresseront-ils au missionnaire? Hélas, la prévision de ne pouvoir leur venir suffisamment en aide ne me laisse aucun repos!

Nous allons assister aux scènes les plus navrantes, et en pareille circonstance, en pays païen plus qu'ailleurs, le riche n'a qu'une réponse aux supplications de l'affamé : « Chacun pour soi. » Travailler? L'industrie est nulle dans ces parages. C'est à grand peine qu'en été les rares artisans peuvent trouver à s'occuper, puisque chacun sait bâtir sa masure et tisser la pièce de coton qui lui fournira ses vêtements.

Le costume n'est point soumis ici comme en Europe aux variations de la mode. Un seul et unique vêtement suffit longtemps à son propriétaire, et lorsque le dit vêtement tombe en lambeaux, la ménagère trouve facilement à y tailler un costume pour l'un ou l'autre de ses enfants. Chacun étant ainsi à lui-même son propre artisan, pas n'est besoin de ces usines, de ces fabriques qui en Europe entretiennent des centaines d'ouvriers. La conséquence est que nos pauvres gens, une fois tombés dans la misère, n'ont en expectative que la mort.

Et nous, pauvres missionnaires, nous aurons beau nous priver du strict nécessaire, où trouverons-nous de quoi apaiser la faim de nos malheureux catéchumènes, les abriter contre le froid, les arracher à la mort ! Notre vicaire apostolique, n'ayant, hélas ! que des ressources restreintes, tournera les yeux vers la vieille Europe, et il dira avec nous :

« Mes enfants meurent de faim ; par pitié pour l'amour de Jésus qui saura vous récompenser au centuple, donnez-moi le morceau de pain qui les sauvera de la mort. »

NOUVELLES DE LA PROPAGANDE

Sur la proposition de la Propagande, le Saint-Père a nommé évêque de Vizagapatam (Hindoustan), le R. P. Jean-Marie Clerc, de la Société des Missionnaires de Saint-François de Sales d'Annecy.

Le Souverain Pontife a nommé administrateur apostolique de Zante et Céphalonie Mgr Joseph Baron, camérier secret surnuméraire.

Par décret de la Sacrée Congrégation de la Propagande a été nommé préfet apostolique de Tripoli, le R. P. Charles de Borgo Giove, des Mineurs réformés, précédemment pro-préfet apostolique de la mission.

INFORMATIONS DIVERSES

Tong-King occidental. — Une nouvelle lettre de Mgr Puginier appelle l'attention sur les agissements des lettrés. La persécution continue non plus clandestinement, mais au grand jour. Des bandes de païens armés parcourent les villages chrétiens et, par la fraude, par les menaces, par la violence, contraignent les néophytes à signer des feuilles d'apostasie. « C'est un vrai complot, ajoute le vénérable évêque, tramé plutôt contre la cause française que contre la religion. Je le dis et je le répète sans cesse, parce que je connais positivement le plan et les manœuvres de l'ennemi. »

Madagascar. — Une magnifique cérémonie que la mission de Madagascar devra inscrire en lettres d'or dans son histoire déjà si glorieuse, a eu lieu à Tananarive les 17 et 18 décembre : la consécration et l'inauguration solennelle de la cathédrale. Mgr Cazet, encouragé dans cette démarche par M. le Résident général de France, adressa à la reine une humble invitation d'assister à une fête catholique que la gracieuse souveraine daigna accepter pour le 18, le lendemain de la consécration de l'Église.

A l'heure fixée, Sa Majesté sort de son palais et prend place dans le *filanjana* que surmonte le grand parasol rouge insigne royal par excellence. Elle a le front ceint du diadème ; elle est entourée de ses ministres, de ses dames d'honneur, des officiers de sa cour en costume d'apparat.

Saluée sur son passage par l'hymne malgache, la reine est reçue au seuil de la cathédrale par le premier ministre par S. G. Mgr Cazet et conduite à son trône par le premier ministre, tandis que, pour la première fois, l'orgue fait entendre sa voix puissante et jusque-là inconnue à Tananarive. M. le Résident général de France et sa femme occupent des sièges d'honneur : ils sont entourés de toute la société française. La messe pontificale est chantée par Mgr Cazet : la reine, le premier ministre et toute la cour en ont suivi avec une attention marquée la majestueuse évolution et ont paru fort satisfaits du discours que le R. P. Laboucarie a prononcé après l'évangile en langue malgache.

La messe terminée, Mgr Cazet, encore revêtu de ses ornements pontificaux, a remercié d'une voix presque éteinte par l'émotion, Sa Majesté, le premier ministre et M. le Résident de France, puis la Reine est sortie de l'église avec toute sa cour.

En arrivant sur la place d'Andohalo, le premier ministre fit arrêter le cortège et adressa à la foule, au nom de Sa Majesté et en son nom, ces paroles significatives : « Tout ce qu'on fait les Pères a été magnifique. Ce que vous avez fait vous-mêmes a été fort bien : je vous en remercie. »

Cette fête, dont la mission a le droit d'être fière, a montré aux yeux éblouis des Malgaches et de leur Souveraine ce que savent faire les missionnaires catholiques, et la gloire rejaillit sur tout ce qu'il y a de français dans la capitale de Madagascar, car, dans l'esprit de ces peuples, l'Eglise et la France ne se séparent pas.

Dahomey. — M. le contre-amiral Cavelier de Cuverville, commandant en chef les troupes françaises au Dahomey, a, dans son ordre du jour d'adieu du 20 décembre 1890, rendu aux missionnaires un hommage dont nous sommes heureux de reproduire les termes.

« Au moment de quitter le golfe de Bénin, le commandant en chef renouvelle l'expression de sa satisfaction et de sa gratitude aux chefs de service qui l'ont assisté dans sa tâche laborieuse. Le dévouement avec lequel la Société des Missions Africaines de Lyon a mis tout ce qu'elle possédait à la disposition du corps expéditionnaire ne saurait être oublié ; nos missionnaires ont montré une fois de plus que, dans leurs affections, ils ne séparent jamais l'amour de Dieu de l'amour de la patrie. Qu'ils en soient remerciés ! »

DOUZE CENTS MILLES EN CANOT D'ÉCORCE

OU

PREMIÈRE VISITE PASTORALE

de Mgr N.-Z. LORRAIN, évêque de Cythère

Vicaire apostolique de Pontiac

DANS SES MISSIONS SAUVAGES DU HAUT DES RIVIÈRES OTTAWA
ET SAINT-MAURICE, DE WASWANIPI ET DE MÉKISKAN

Par Mgr J.-B. PROULX

Curé de Saint-Raphaël de l'Isle-Bizard.

(Suite 1).

CHAPITRE V.

Du Grassy-Lake au Grand Lac Victoria.

Notre nouvel équipage. — A la Cordelle. — Sur le lac du Moine. — Sur la rivière du Moine. — Terre désolée. — Descendant vers le nord. — Avenir agricole de ces contrées. — A travers la forêt vierge.

Lundi, 30 mai. — A 11 heures, nous quittons Grassy Lake. Notre équipage est à moitié renouvelé. De nouveaux rameurs entrent à notre service, bons travailleurs, prévenants, d'humeur joviale.

Nous avons vingt milles à faire aujourd'hui.

Nous remontons neuf rapides, c'est une œuvre dangereuse. Nos quatre hommes se tiennent debout dans le canot, armés d'une perche de douze pieds. Ils plongent ce long bâton dans l'eau, l'appuient solidement au fond de la rivière, donnent une vigoureuse poussée, s'aidant d'une espèce de chant cadencé ; vous devez alors vous tenir sur vos gardes pour ne pas rompre l'équilibre, pendant que les six bras se balancent au-dessus de vos têtes.

Lorsqu'il s'agit de franchir la tête du rapide, alors que la rivière descend avec une rapidité vertigineuse, il s'établit une lutte corps à corps entre la violence des eaux et la vigueur des marins ; l'embarcation reste immobile ; les corps se plient, les nerfs se raidissent ; enfin, réunissant toutes leurs forces pour un suprême élan, les hommes se pendent sur leur perche, qui plie et tremble ; soudain le canot hésitant franchit l'obstacle, et, léger, rapide, avec aisance, il glisse, il court, il bondit sur une onde moins rebelle. Alors, généralement, avec un air de triomphe, les sauvages s'écrient : « Courant, les *Anichinabé* t'ont vaincu. »

Anichinabé veut dire Algonquin ; mais aussi il signifie homme de valeur, de courage : c'est le *vir* des Latins.

A minuit, nous abordons à la ferme de M. Fraser, tenue par un compatriote, M. Joseph Mongrain. Dix minutes après nos couvertures étaient étendues sur le plancher, et je dormais.

. .

Après avoir visité plusieurs fermes, nous allons le lendemain chez M. Patrick Burke, Irlandais catholique. Là nous faisons la clôture du mois de Marie ; à la fin de son instruction, Monseigneur insiste sur la confiance que nous devons avoir en cette bonne mère. « Vous, surtout, qui êtes comme perdus au fond des bois, rappelez-vous cepen-

(1) Voir les *Missions catholiques* du 2, 9, 16 et 23 janvier et 6 février, ainsi que la carte et l'itinéraire, page 8.

dant que vous n'êtes jamais seuls, que Dieu est à vos côtés, et qu'une amie est toujours prête à vous tendre la main dans vos besoins comme dans vos périls.

O divine Marie,
J'ai l'espoir,
Un jour dans la patrie
De te voir.

Mercredi 1er juin. — A la messe je remarquai un des hommes, qui recevait le pain eucharistique avec une piété peu ordinaire. Je lui demandai :

« — Quel est votre nom ?

« — William Grégoire.

« — D'où venez-vous ?

« — De Montréal. Je suis orphelin. J'ai été élevé jusqu'à l'âge de dix ans, chez les Sœurs Grises. Elles ont eu bien soin de moi, je ne les oublierai jamais.

« — Bravo ! ami, et vous me paraissez ne pas avoir oublié les sentiments qu'elles vous ont inspirés.

« — Ils font ma consolation au fond de ces bois. Je vis ici plus heureux que dans les grands centres, loin de toute mauvaise compagnie.

« — Vous avez pourtant des compagnons bien méchants, les maringouins.

« — Oui, mais ceux-ci ne parlent pas mal, ils se contentent de mordre et de chanter. »

Notre conversation dura longtemps, et je pensais : si ces bonnes Sœurs entendaient leur ancien pupille, elles sentiraient leur courage se fortifier dans leur œuvre de dévouement maternel.

. .

A sept heures, nous quittons monsieur et madame Burke. Nous naviguons jusqu'à midi et nous nous arrêtons pour prendre notre repas. Nous allions repartir, lorsque nous entendons, dans le lointain, le bruit cadencé des avirons. Bientôt apparaissent cinq grands canots de six brasses, s'avançant de front. Le guide, debout à la proue, manie le grand aviron, tandis que cinq rameurs sont assis sur les barres du canot. Ce sont les canots du Grand Lac qui vont chercher, chez M. Mongrain, une charge de provisions pour le fort de la compagnie. Une flottille présente un spectacle original, dont nos pères ont été souvent témoins, lorsque la compagnie du Nord-Ouest faisait partir de Lachine ses escouades de voyageurs. Maintenant il faut venir dans ces lieux retirés pour voir ces restes d'un passé qui s'en va. La locomotive a tué le canot d'écorce.

Simon, chef de cette expédition, saute à terre, suivi de ses trente-quatre hommes. Monseigneur est resté au haut de la côte ; ils s'avancent tous en silence, graves sur une seule ligne, pour venir l'un après l'autre, s'agenouiller aux pieds de Sa Grandeur, recevoir sa bénédiction et lui donner la main. La cérémonie fut longue, mais piquante. Le P. Guéguen se met à parler, à rire avec ses sauvages ; quand finira-t-il ? mais aussi le moyen pour un père de s'arracher du milieu de ses enfants, la première fois qu'il les revoit après un an d'absence !

La rivière est large d'un arpent, les côtes sont boisées, l'œil se repose. Il commence à tomber une pluie chaude, je me glisse au fond du canot et m'endors. Monseigneur veille à l'abri de son parapluie, et le Père ronfle comme un bienheureux couché sous la toile avec les valises. Peu importe que nous ayons les pieds humides ; avec cette ondée bienfaisante, il tombe du ciel des millions pour le pays et de l'aisance pour les habitants de l'Isle Bizard.

A trois heures, la rivière se rétrécit, ce n'est plus qu'un cours d'eau de vingt-cinq pieds, bordé par deux rangées d'épinettes. La navigation est charmante, nous remontons une lagune vénitienne à travers un riche parterre.

Bientôt la rivière n'a plus que dix pieds de large et dix pouces d'eau de profondeur. Passagers au rivage ! et marchez jusqu'au prochain lac, par des lieux sans 'chemin, *per avia locorum*. Les trirèmes, soulagées d'autant, tâcheront de flotter et de remonter le courant.

Un bienfait n'est jamais perdu. Il y a trois ans, en nous rendant à la baie d'Hudson, nous rencontrâmes un sauvage avec sa famille, Pon Kanijitc (Paul le second). Monseigneur lui donna des médailles et des galettes, je lui donnai du tabac ; il nous quitta content. Or, ces jours-ci, Paul Kanijitc est à construire des écluses avec des branches et des tourbes sur la petite rivière où nous sommes stoppés par le manque d'eau, afin d'en amasser une provision pour les grands canots de la Compagnie, lorsqu'ils reviendront dans deux jours ; déjà il a terminé celle qui doit se trouver au pied du lac. En apprenant que le gardien de la prière se trouvait à sec dans la rivière, de suite il fit une brèche à son écluse ; et nos canots, remis à flot, purent arriver au lac presque en même temps que nous.

Le feu a ravagé les bords de ce lac, il n'y a pas longtemps, car les tisons fument encore ici et là. La tente est dressée dans un îlot de verdure, que l'incendie a respecté. Trois grosses bûches, longues de douze pieds, entretiennent un brasier, à la lueur duquel nous prenons notre souper. Chose rare dans ces contrées, les maringouins nous laissent en paix. Notre sommeil est tranquille. *Deo gratias.*

Jeudi, 2 juin. — Quand nous ouvrons les yeux, nos canots et nos bagages sont déjà de l'autre côté du portage. Nos hommes sont pleins d'entrain. A sept heures, nous nous embarquons.

Nous avons devant nous une navigation de quatre heures ; jetons un coup d'œil sur le pays que nous avons traversé depuis le pied du Long-Sault.

Cette vaste contrée est-elle susceptible d'avoir un avenir agricole ? je réponds non pour les sources de la rivière du Moine, même réponse pour toute hauteur de terre qui sépare les eaux des deux rivières quelque peu considérables. Le cours des siècles n'a pas produit assez de détritus pour recouvrir ces roches d'une couche arable, sans compter que les pluies et les eaux courantes descendent dans les vallons inférieurs une bonne partie de l'humus, provenant de la putréfaction des matières végétales. Les pins et les épinettes croissent assez beaux en ces endroits, allant chercher leur nourriture dans les an-

fractuosités des rochers. Quand le temps sera venu, il faut espérer que le gouvernement saura protéger ses forêts contre les ravages du feu et de la spéculation inintelligente.

Aux environs des lacs Obaching, Kipawé et du Moine la terre est excellente, mais généralement rocheuse. Rocheuse était l'île de Montréal, les carrières y pullulent. Cependant ces pierres ont-elles empêché le travail et la culture d'en faire le jardin du Canada ?

Quant au pays que baignent les lacs du Bouleau, des Iles Doré, du Loup, Brûlé, Grassy, ce sera une des belles sections agricoles du Canada. Les bois y sont variés, la végétation vigoureuse, le sol riche : terre grise, terre noire, terre jaune, terre forte, glaise, peu de sable. Faites-y passer un chemin de fer, et avant vingt-cinq ans, il y aura dans le rayon de pays que je viens de désigner, cinquante grandes paroisses.

Revenons à notre canot. Pour nous rendre au Grand Lac, sur un espace de trente milles, nous ne faisons que deux portages.

Le pays a changé complètement d'aspect. Ce sont toujours les mêmes roches granitiques, recouvertes d'une bien mince couche de terre ; mais elles sont revêtues d'une belle forêt verdoyante, trembles au teint clair, épinettes sombres, droites, pressées. C'est ici, à proprement parler, la forêt vierge, qui n'existe plus à cent lieues autour de nos villes. La hache du bûcheron ne l'a pas violée, et l'incendie l'a respectée. Nous avons sous les yeux le Canada tel que l'a trouvé Jacques Cartier.

A sept heures et demie, nous nous arrêtons à une hôtellerie, c'est-à-dire sur une de ces grandes roches plates que l'on rencontre de distance en distance, et où l'on voit les restes de nombreux feux éteints. L'occident est noir, et nous menace d'orage.

Vendredi 3 juin. — Les lambris dorés n'apportent pas le bonheur, et non plus le sommeil.

Hier nous couchions dans la désolation, et nous dormions comme des bienheureux ; cette nuit nous avions dressé notre tente au sein de la plus riche végétation, et le sommeil a fui nos paupières. Aussi tout était conjuré contre notre repos : le tonnerre, les éclairs, une pluie torrentielle, les maringouins par légions, et les bêtes féroces.

A neuf heures, nous faisons notre dernier portage.

Quatre coups de fusil, répercutés d'échos en échos, vont porter au fort de la compagnie de la baie d'Hudson la nouvelle de notre arrivée. Bientôt nous voyons se détacher une langue de terre, arrondie à son extrémité, et au sommet du coteau, à cinquante pieds, la chapelle, surmontée d'un petit clocher ; d'un côté, on voit la ville indienne, de l'autre le poste de la Compagnie avec son magasin et ses hangars. Les pavillons flottent en signe de réjouissance ; nous répondons en hissant les nôtres. Deux cents sauvages courent pêle-mêle vers le quai ; la mousqueterie résonne, et le bourgeois M. Christopherson attend au débarcadère, nous allons mettre pied à terre pour donner deux cents poignées de mains. Courage !

LES MISSIONS CATHOLIQUES AU XIX° SIÈCLE

PAR

M. Louis-Eugène LOUVET, des Missions Etrangères de Paris,
Missionnaire en Cochinchine occidentale.

CHAPITRE IX

L'ÉGLISE ROMAINE ET LES EGLISES DE RIT UNI (1800-1890).
(Suite 1)

V. — RIT SYRIAQUE.

La nation syrienne, comme son nom l'indique, forme le
fond de la population du Levant. Entraînée au IVᵉ siècle, dans
l'hérésie d'Eutychès, elle y fut confirmée par Jacques, évêque
d'Edesse, d'où le nom de jacobites donné à ces sectaires.

Jusqu'au milieu du XVIᵉ siècle, la nation syrienne tout entière croupit dans l'hérésie. A cette époque, son patriarche,
Ignace Jacques, vint à Rome et fit profession de la foi catholique entre les mains de Jules III (1555). Mais de retour
en Orient, les persécutions des jacobites lui firent peur et il
retomba dans l'hérésie.

Son successeur, Ignace David, imita son inconstance. Après
avoir fait profession de catholicisme en présence de Grégoire XIII (1572), il retourna bientôt aux erreurs de ses compatriotes.

Au cours du XVIIᵉ siècle, le patriarche Ignace Siméon fut
plus courageux. Il embrassa le catholicisme et y persévéra
jusqu'à sa mort (1662). C'est à partir de cette époque que la
hiérarchie catholique fut rétablie parmi les Syriens et que le
mouvement de retour à la vrai foi commença sérieusement.

Le second patriarche catholique, Ignace André, avait fait

MONGOLIE. — LA RIVIÈRE LOAN-HO, APRÈS AVOIR ENGLOUTI LES MOISSONS, MONTE JUSQU'AUX ROCHERS;
d'après une photographie de M. VERCAUTEREN (Voir page 74).

ses études à Rome. Il mourut en 1672, après avoir augmenté
son troupeau.

Son successeur, Ignace Pierre, fut horriblement persécuté
par les jacobites. Il mourut en exil à Adana (Cilicie) en 1701.
De 1701 à 1783, la série des patriarches catholiques fut interrompue ; mais, malgré les rigueurs de la persécution, entretenue par le fanatisme des jacobites, le petit troupeau catholique, composé d'environ 10,000 âmes, tint bon, sous la
conduite de quelques évêques catholiques de leur rit.

En 1782, le patriarche jacobite, Ignace Georges, se convertit au lit de mort et désigna pour son successeur l'archevêque jacobite d'Alep, Mgr Denys-Michel Giarves, dont les
tendances catholiques lui étaient connues. La pieuse confiance du mourant ne fut pas trompée : Mgr Giarves, reconnu

(1) Voir tous les numéros parus depuis le 14 mars jusqu'à la fin octobre 1890
et les Missions Catholiques du 2, 9, 16, 23 et 30 janvier 1891.

comme patriarche par les évêques de sa nation, professa publiquement le catholicisme ; quatre évêques jacobites suivirent aussitôt son exemple et la nation jacobite tout entière
parut disposée à imiter ses pasteurs.

Mais l'évêque jacobite de Mossoul, qui convoitait pour lui-
même la dignité patriarcale, suscita une violente persécution contre le nouveau patriarche et ses adhérents. Avec
l'aide du patriarche grégorien de Constantinople, il obtint,
à prix d'argent, une sentence d'exil contre Mgr Giarves qui
fut déporté à Bagdad. Craignant à bon droit pour sa vie, il
se réfugia dans le Liban, où les Maronites l'accueillirent
avec la plus fraternelle charité. Il s'établit à Sciarfe, dans
la montagne, et mourut en odeur de sainteté (1800). A cette
époque, le chiffre des catholiques du rit syriaque s'élevait
à peine à 20,000 âmes. Son successeur fut l'archevêque syrien
d'Alep, Mgr Ignace Michel Daher ; il donna sa démission en

1814 et fut remplacé par l'évêque de Mossoul, Mgr Siméon Hindi. Au bout de quelques années, ce dernier donna, lui aussi, sa démission et fut remplacé par Mgr Ignace-Pierre Giarves, neveu du patriarche du même nom (1820).

Sous le long patriarcat de Mgr Giarves (1820-1851), l'Église syrienne fit beaucoup de progrès. Quatre des principaux évêques jacobites se convertirent successivement : Mgr Hisa, évêque de Mossoul, en 1827, Mgr Hiliani, archevêque de Damas, en 1828, Mgr Nackar, évêque d'Emèse, en 1832. Ces trois conversions avaient été précédées, en 1826, de celle de Mgr Samhiri, le plus illustre des quatre et le membre le plus influent de la hiérarchie jacobite. Il était l'ami et le confident du patriarche hérétique, qui l'avait déjà désigné pour lui succéder.

La conversion de ces quatre évêques amena celle d'une partie de leurs troupeaux ; mais elle déchaîna la persécution des hérétiques. Par ordre du patriarche jacobite, NN. SS. Hisa et Samhiri furent jetés en prison et accablés de mauvais traitements ; on alla jusqu'à les menacer de mort, mais ils demeurèrent fidèles et furent enfin délivrés par l'intervention de Mgr Coupperie, évêque de Babylone et délégué du Saint-Siège pour la Mésopotamie (1829).

Mais la persécution n'en continua pas moins avec acharnement, surtout contre Mgr Samhiri, à qui les jacobites ne pouvaient pardonner sa défection. Une partie de la vie du vaillant prélat se passa en exil, mais il ne se découragea jamais et parvint à établir solidement le catholicisme dans les deux diocèses syriens de Mardin et de Diarbékir.

En 1851, il fut choisi par les évêques de sa nation pour la charge patriarcale. Son premier soin fut d'aller à Rome solliciter la bénédiction du Vicaire de Jésus-Christ. Il passa ensuite en Italie et en France, recueillant des aumônes et des

CANADA. — VUE SUR LE LAC DU MOINE; d'après une photographie de Mgr LORRAIN, évêque de Pontiac.
(Voir page 77).

sympathies pour son Église naissante et toujours persécutée. Il mourut plein de jours et d'œuvres en 1865.

Mgr Harcus, archevêque de Diarbékir, fut élu pour lui succéder. Il fut le premier patriarche syrien-catholique reconnu en cette qualité par la Porte ottomane. Il reçut en 1866 son bérat impérial et fut traité désormais à l'égal des autres chefs de communautés religieuses reconnues dans l'Empire. Mgr Harcus se distingua, au concile du Vatican, par son filial attachement au siège de Pierre.

Il fut remplacé, en 1873, par Mgr Denys-Georges Scellot, archevêque d'Alep. Le nouveau patriarche eut de la peine à se faire reconnaître par la Porte. Les circonstances étaient critiques : le kupélianisme venait de triompher à Constantinople, et bien que l'élection du patriarche syrien n'eût rien à voir avec la bulle Reversurus, qui ne regardait que les Arméniens, les schismatiques intriguèrent de telle sorte que

la Porte, après avoir reconnu le nouveau patriarche, lui retira son bérat et ne le lui rendit qu'au bout de deux ans.

Les jacobites profitèrent de ces mauvaises dispositions du Ministre du Sultan pour recommencer leurs intrigues et leurs violences. Ils s'emparèrent par la force des églises syriennes de Mossoul, avec la connivence payée du gouverneur de la ville et l'appui moral du consul d'Angleterre. Plus de cinquante catholiques furent tués ou blessés à cette occasion, et Mgr Benham-Benni, archevêque de Mossoul, n'échappa que par miracle à la mort, lui et ses prêtres. Dans le diocèse de Nabk et Kériathim, les jacobites essayèrent de s'emparer des églises et des couvents de la communauté catholique. A Diarbékir, ils voulurent confisquer la maison patriarcale et tous les biens-fonds du patriarcat.

En un mot, pendant cette crise qui dura deux ans, tous

les ennemis de la communauté syro-catholique : jacobites, grégoriens, protestants, kupélianistes, essayèrent de profiter des mauvaises dispositions du gouvernement ottoman pour écraser les catholiques.

Le Sultan ayant enfin reconnu Mgr Scellot en qualité de patriarche et lui ayant rendu son bérat, les troubles prirent fin (1877). Comme l'Angleterre soutenait les prétentions des jacobites sur les églises syriennes de Mossoul, un arbitrage eut lieu, à Constantinople, entre l'ambassadeur de France et celui d'Angleterre, pour décider à l'amiable cette interminable question. On fit deux lots d'égale valeur des quatre églises de la ville et des biens-fonds disputés. Le patriarche jacobite eut le choix et le second lot fut remis aux catholiques. Cet arrangement équitable fut accepté avec reconnaissance par tout le monde, malgré les protestations du patriarche jacobite, qui aurait voulu garder tout ce dont il s'était emparé par la force. Depuis, la paix religieuse a encore été troublée à ce sujet.

L'Église syrienne est encore au berceau, puisque voilà vingt-cinq ans à peine qu'elle est reconnue officiellement et que, depuis sa naissance, elle n'a cessé d'être persécutée. Un bel avenir lui semble réservé, mais il lui faut des ressources, et surtout il lui faut des hommes, des prêtres de rit syriaque, mais ayant une formation catholique, un esprit catholique, pour lutter efficacement contre le particularisme national.

C'est pour répondre à ce grand besoin qu'outre le séminaire syro-chaldéen de Mossoul, dont j'ai parlé en traitant des missions des Dominicains, outre le séminaire patriarcal de Sciarfe, dans le Liban, Mgr Scellot, à la demande de la Propagande, vient d'ouvrir à Mardin une nouvelle communauté de rit syriaque, pour les jeunes prêtres de la nation qui se destinent spécialement aux missions parmi les jacobites. De tous côtés les moissons jaunissent. Puisse le père de famille envoyer en nombre suffisant des ouvriers zélés pour la recueillir dans ses greniers !

Il est assez difficile d'établir d'une manière précise la situation exacte de l'Église syro-catholique. Les chiffres que j'ai sous les yeux varient de 22,000 à 45,000. Il me semble établi que les Syriens catholiques sont groupés en deux grandes agglomérations : 20 à 25,000 en Syrie, 12 à 15,000 en Mésopotamie. Il y a encore d'autres groupes moins considérables dans le reste du Levant, ce qui donne un total approximatif d'environ 40,000 fidèles.

Voici, du reste, le tableau de la hiérarchie syrienne.

1 patriarche du titre d'Antioche en résidence à Mardin.

1 diocèse patriarcal :

Mardin (Mésop.), 1 patriarche, 23 prêtres, 8 églises ou chapelles, 6 écoles, 4.000 catholiques.

5 archevêchés.

Alep (Syrie), 1 archevêque, 10 prêtres, 2 églises ou chapelles, 1 école, 3.000 catholiques.

Bagdad (Mésopotamie), 1 archevêque, 4 prêtres, 2 églises ou chapelles, 2 écoles, 1.200 catholiques.

Damas (Syrie), 1 archevêque, 9 prêtres, 6 églises ou chapelles, 5 écoles, 3.000 catholiques.

Homs (Phénicie), 1 archevêque, ? prêtres, 5 églises ou chapelles, ? écoles, 2.000 catholiques.

Mossoul (Mésopotamie), 1 archevêque, 20 prêtres, 10 églises ou chapelles, ? écoles, 7.000 catholiques.

7 évêchés :

Beyrouth (Syrie), 1 évêque, 3 prêtres, 1 église, 1 école, 500 catholiques.

Diarbékir (Mésopotamie), 1 évêque, 3 prêtres, 1 église, 1 école, 500 catholiques.

Djezireh (Mésopotamie), 1 évêque, 8 prêtres, 7 églises ou chapelles, 6 écoles, 1.500 catholiques.

Kériathim et Nebk (Syrie), ? prêtres, ? églises ou chapelles, ? écoles, ? catholiques.

Tripoli (Syrie), ? prêtres, ? églises ou chapelles, ? écoles, ? catholiques.

Madiah (Mésopotamie), ? prêtres, ? églises ou chapelles, ? écoles, ? catholiques.

Alexandrie (Égypte), ? prêtres, ? églises ou chapelles, ? écoles, 6.000 catholiques.

Total pour le rite syriaque, 1 patriarche, 5 archevêques, 3 évêques, 80 prêtres, 42 églises ou chapelles, 22 écoles, 28.700 catholiques.

Cette statistique est encore manifestement insuffisante. Le nombre total des catholiques du rit syriaque, très nombreux dans plusieurs points de l'Asie Mineure et de l'Égypte, me paraît devoir être ramené aux environs de 40,000.

Statistique comparée des catholiques du rit syriaque.

En 1800	1850	1890
20,000	30,000	40,000

VI. — RIT CHALDÉEN.

Au cinquième siècle de l'ère chrétienne, la nation chaldéenne tout entière embrassa le nestorianisme, d'où le nom de nestoriens donné à ces sectaires qui nient l'unité de personne en Jésus-Christ, ce qui les amène tout naturellement à nier sa divinité.

Cette hérésie joua un rôle très considérable dans l'histoire religieuse de cette époque. Elle infecta de ses erreurs la Chaldée, la Mésopotamie, la Perse, le Kurdistan, la péninsule arabique. Un siècle plus tard, c'est un moine nestorien qui donna à Mahomet tout ce qu'il y a de christianisme dans le Coran. De là, la constante sympathie qui a toujours régné entre nestoriens et musulmans, les uns comme les autres niant la divinité de Jésus-Christ, et faisant du fondateur du christianisme un simple prophète inspiré de Dieu. Plus tard encore, les nestoriens, placés par leur position géographique aux avant-postes du monde chrétien, se répandirent dans la Tartarie, l'Inde et la Chine où ils fondèrent de nombreuses églises. Puis, comme il arrive toujours de l'erreur, cette longue prospérité s'arrête tout à coup sans que l'on sache pourquoi, et les nestoriens tombent peu à peu au dernier rang de toutes les sociétés chrétiennes. L'ignorance profonde du clergé et des fidèles dépasse tout ce que l'on pourrait imaginer. « Ils sont très dégradés, » affirme un ministre protestant qui a vécu longtemps au milieu d'eux, à Ourmiah, « et leur religion est « une des formes les plus révoltantes du christianisme. »

C'est seulement alors qu'une partie de la nation chaldéenne revint à la foi catholique. En 1553, le patriarche élu, Jean Zulaca, vint à Rome recevoir la consécration épiscopale. Il était accompagné de trois évêques et de soixante-dix députés de sa nation. Le Pape Jules III l'accueillit avec bonté, lui accorda le pallium et reçut sa profession de foi.

Mais à son retour en Orient, le nouveau patriarche trouva la persécution. Le neveu de son prédécesseur le dénonça au gouvernement turc, qui le fit jeter en prison, battre de verges et enfin étrangler (1555). Il eut pour successeur un évêque catholique, Abjésu, qui vint, lui aussi, à Rome et assista, en qualité de patriarche [des Chaldéens, aux dernières sessions du Concile de Trente.

Depuis cette époque, les Chaldéens catholiques ont passé par bien des persécutions et éprouvé beaucoup de vicissitudes. Au dernier siècle, la nation chaldéenne comptait, dit-on, 150,000 catholiques ; ce nombre était tombé à 25,000 en 1800, et depuis, il s'est abaissé aux environs de 15,000. Tel est, au moins, le chiffre donné en 1840 par les *Annales de la Propagation de la foi.*

Quelles sont les causes d'une pareille décadence ? Il faut mettre au premier rang les persécutions des nestoriens et le fanatisme des musulmans qui, dans ces régions éloignées, persiste comme aux premiers jours de la conquête. Peut-être aussi faut-il tenir compte de l'inconstance et de la tiédeur des fidèles. De toutes les communautés orientales, les Chaldéens paraissent être celle où l'esprit catholique a fait le moins de progrès.

Quoi qu'il en soit, le nombre des catholiques chaldéens diminuait de jour en jour et la religion semblait perdue dans ce pays, si les missionnaires latins de la Mésopotamie et de la Perse n'étaient venus, vers 1840, relever le courage des fidèles et pourvoir aux nécessités spirituelles de cette Église exposée à succomber.

Dès lors, tout changea rapidement de face. En vingt ans, au témoignage des écrivains protestants, la plus grande partie des nestoriens qui habitent à l'ouest des montagnes du Kurdistan sont devenus catholiques.

« A Bagdad, écrit la femme d'un ministre, Mme Perkins, les catholiques romains l'emportent de toutes manières. » « Les nestoriens qui habitent le district de Mossoul, affirme un voyageur anglais, ont tous embrassé la foi romaine (1). » « Aujourd'hui, écrit un autre, toute la nation chaldéenne peut être regardée comme catholique (2). » « Tout le corps de l'Église nestorienne, raconte un ministre, est devenu aujourd'hui une branche de l'église romaine (3). »

Ces témoignages d'auteurs protestants, qui écrivent sur les lieux, sont pourtant exagérés, car il reste plus de 80,000 nestoriens en Perse et dans les montagnes du Kurdistan, où le fanatisme des hérétiques et des sectateurs de Mahomet n'a pas encore permis aux missionnaires de pénétrer. Mais, dans leur exagération même, ils témoignent de l'impression profonde qu'ont produite chez nos rivaux les progrès de la foi catholique dans la nation chaldéenne.

Malheureusement, comme je l'ai insinué plus haut, ces catholiques laissent encore généralement beaucoup à désirer. Un schisme désastreux, dont il me faut esquisser au moins l'histoire, montrera au lecteur combien l'esprit catholique a fait encore peu de progrès parmi ce peuple.

Le patriarche des Chaldéens était, au moment du concile, Mgr Joseph Audou, élu en 1848. Son grand âge, il avait quatre-vingt-huit ans, les souffrances généralement endu-

(1) Sir Asaher Grant. *Les nestoriens*, ch. 3.
(2) Sir Patterson. *Voyages.*
(3) R. Southgate. 2 vol , ch. 16,

rées pour la foi catholique, son renom de sainteté parmi le siens lui attiraient la vénération universelle. Malheureusement ces belles qualités étaient ternies par des défauts notables : un jugement étroit, un entêtement invincible et des prétentions exagérées à soutenir ce qu'il appelait les droits de sa nation et les privilèges attachés à sa dignité de patriarche. Depuis plusieurs années, deux difficultés s'étaient élevées entre le Saint-Siège et le patriarcat chaldéen : la question du Malabar et l'élection des évêques.

Voici quelles étaient les prétentions des Chaldéens sur le Malabar. Comme je l'ai dit plus haut, les nestoriens avaient fondé autrefois des églises florissantes aux Indes. Quand les Portugais arrivèrent au Malabar, ils trouvèrent ce pays une chrétienté nestorienne d'environ 200,000 âmes ; cette chrétienté fut en grande partie ramenée à la foi catholique par les soins de l'archevêque de Goa et les prédications des missionnaires latins. Comme à cette époque, 1596, il n'y avait pas d'Église chaldéenne catholique, le Saint-Siège confia les nouveaux convertis à des vicaires apostoliques envoyés par lui, en leur conservant leur rit propre et leur clergé indigène.

Plus tard, quand une partie de la nation chaldéenne fut revenue au catholicisme, les patriarches émirent la prétention de gouverner les chrétiens du Malabar. Rome s'y refusa toujours, et pour cause. Sous la direction des vicaires apostoliques latins, la chrétienté du Malabar n'a cessé de progresser et de s'étendre. Le patriarcat chaldéen n'a ni prêtre, ni évêque pour desservir cette église de 200,000 âmes, puisqu'il a bien de la peine à subvenir chez lui aux besoins spirituels de trente à quarante mille fidèles, et que, sans la présence des missionnaires latins, sa propre Église s'effondrait, il y a un demi-siècle.

En 1859, Mgr Audou essaya, par un coup d'autorité, de trancher en sa faveur la question du Malabar. Il sacra évêque un de ses palefreniers, Matran Thomas, homme d'une ignorance profonde, et l'envoya aux Indes. Pie IX répondit à cet attentat en excommuniant l'intrus et manda à Rome le patriarche coupable, pour lui faire les reproches que méritait sa conduite. Mgr Audou se soumit et demanda levée des censures portées contre son candidat.

Sur la demande réitérée du patriarche, Pie IX consentit à soumettre la question du Malabar à la Sacrée Congrégation de la Propagande, qui, après mûres délibérations, confirma en 1865 les défenses précédentes. Le patriarche, ne se sentant pas assez fort pour résister, se soumit en gémissant ; mais il ne renonça pas à ses prétentions, comme la suite le fit voir.

Une seconde difficulté existait au sujet de la nomination des évêques. Jusque-là ils étaient nommés directement par le patriarche et la confirmation du Pape ne venait qu'après la consécration de l'élu. Il est certain que des choix déplorables avaient eu lieu. On vient de voir l'élévation d'un des palefreniers du patriarche à la dignité épiscopale ; il y eut des choix encore plus fâcheux.

Le Pape voulut porter remède à cette situation vraiment déplorable. Par la bulle *Cum ecclesiastica cura,* 1889, il étendit à la nation chaldéenne les dispositions de la bulle *Reversurus* et statua qu'à l'avenir le patriarche soumettrait trois noms, parmi lesquels le Pape choisirait l'élu. Mgr Audou accepta d'abord ce réglement qu'il déclara lui-même très sage, mais il était profondément blessé et sa soumission n'était pas sincère.

Pendant le concile du Vatican, l'attitude du patriarche chaldéen et de ses évêques manqua de franchise : un jour on les entendait parler bruyamment de leur soumission, le lendemain, on apprenait qu'ils tenaient des conciliabules avec ceux qui promettaient de soutenir leurs prétendus droits. Au fond, il ne s'agissait pas pour eux d'une question de dogme, mais de politique ; on voulait tout à la fois flatter Rome et l'effrayer, afin d'en obtenir des concessions. Rome laissa faire et ne céda rien de ses droits. Avant de retourner chez eux, les prélats chaldéens firent acte d'adhésion aux définitions du concile, à l'exception du patriarche qui, malgré les instances du Pape, réserva de faire sa soumission quand il serait à Mossoul. Il avait déjà son plan, et Pie IX, faisant allusion à sa surdité, disait avec tristesse : « Cet homme est autant sourd de cœur que d'oreilles. »

En passant à Constantinople, le patriarche adhéra publiquement au schisme des Arméniens, se plaignit hautement de la tyrannie pontificale et promit aux ministres de la Porte de soutenir contre les prétentions de la Cour romaine les droits de sa nation. De retour à Mossoul, il ressuscita la question du Malabar et refusa de reconnaître les évêques de Diarbékir [et de Mardin,] NN. SS. Attar et Farzo, que lui-même avait consacrés à Rome, mais il est vrai sur un ordre formel du Pape qui lui avait donné vingt-quatre heures seulement pour se décider. Comme en même temps il ne se pressait pas de faire adhésion aux décrets du concile, le Saint-Siège députa à Mossoul un délégué apostolique, Mgr Fanciulli, qui obtint enfin la soumission promise, mais avec cette clause restrictive : sauf en tout ce qui touche à mes droits de patriarche.

Rome ne vit pas bien tout d'abord la portée de cette restriction. Dans une question purement dogmatique, que venaient faire les droits du patriarcat chaldéen ? Au fond, c'était un marché simoniaque qu'on lui proposait : j'adhère à la définition de l'infaillibilité, mais en échange, vous m'accorderez le Malabar et le droit de nommer directement mes évêques. Comment supposer qu'un patriarche catholique voulût poser de pareilles réserves dans une profession de foi et qu'il osât proposer au vicaire de Jésus-Christ un marché simoniaque ? Le malentendu persista donc entre Rome et Mossoul.

La soumission du patriarcat était du 29 juillet 1872 ; il attendit quelques mois pour voir si ces conditions seraient acceptées ; à la fin, ne voyant rien venir, il perdit patience et formula ses prétentions, dans une lettre du 19 mars 1873, au cardinal préfet de la Propagande : il réclamait le Malabar, le retrait de la bulle Cum ecclesiastica cura, une pension annuelle prélevée sur le denier de Saint-Pierre. Naturellement Rome répondit par un refus absolu, et le malheureux prélat entra en pleine révolte. Il sacra plusieurs évêques, en violation de la bulle Cum ecclesiastica cura, il envoya aux Indes Mgr Melius, qui essaya en vain pendant plusieurs années de soulever la chrétienté du Malabar, il rompit tout rapport avec le délégué apostolique et la Propagande, refusant leurs lettres et déclarant que désormais il voulait traiter directement avec le Pape ; il interdit les quelques prêtres de son patriarcat qui étaient demeurés fidèles à Rome, enfin il appela toutes les ouailles à la révolte, déclarant dans une lettre pastorale que rien ne le ferait céder et qu'au besoin, à l'exemple de Saint Paul, il saurait être anathème pour ses frères et pour sa nation.

Rome ne pouvait laisser sans réponse de pareilles provocations. Elle avait poussé bien loin la patience et la longanimité ; elle se décida enfin à sévir. Dans une lettre encyclique du 1ᵉ septembre 1876, Pie IX, s'adressant à toute l'Église chaldéenne reprit toute l'histoire du schisme et conclut en donnant quarante jours au patriarche coupable pour se soumettre. A la grande joie du monde catholique, la foi du vieux patriarche se réveilla à cette heure décisive. Peut-être, en considération des services rendus et des souffrances endurées autrefois pour sa gloire, Dieu lui fit la grâce de se repentir et de reconnaître sincèrement ses égarements.

Mais il devait en être sévèrement puni en cette vie : une partie notable de sa nation, ayant à sa tête plusieurs évêques et presque tous les moines, refusa de se soumettre ; l'intrus Cyriaque, un des évêques qu'il avait ordonnés malgré les défenses du Pape, s'empara de la maison patriarcale et des églises de Mossoul. Un instant on put croire qu'on allait voir se renouveler chez les Chaldéens la persécution qui désolait l'Église arménienne. Mais la Porte avait assez d'un schisme et, dégoûtée de l'échec du Kupélianisme, elle refusa sagement de se lancer dans une seconde aventure.

Mgr Audou mourut le 29 mars 1878, sans que sa soumission se fût démentie. L'intrus Cyriaque essaya inutilement de profiter de l'événement pour se faire reconnaître en qualité de patriarche. Grâce au zèle du délégué apostolique, Mgr Lions, les évêques chaldéens purent se réunir paisiblement, le 25 juillet de la même année au monastère dominicain d'Alcoche, et ils élurent à l'unanimité pour patriarche, Mgr Elie-Pierre Abbolyonan, évêque de Djézireh, qui prit le nom d'Elie VI. Le nouveau patriarche ayant été confirmé canoniquement par le Pape et reconnu par la Porte, s'occupa avec zèle à ramener les dissidents et à rendre la paix à son Église. Il y réussit heureusement.

Voici le tableau de la hiérarchie chaldéenne :

Un patriarcat de Babylone, qui est en même temps administrateur de l'archidiocèse de Mossoul.

4 archevêchés :

Mossoul (Mésopotamie), 1 patriarche, 25 prêtres, 10 églises ou chapelles, 2 écoles, 5,100 catholiques chaldéens.

Diarbékir (Mésopotamie), 1 archevêque, 6 prêtres, 4 églises, 2 écoles, 2,200 catholiques.

Kerkouk (Mésopotamie), 1 archevêque, 12 prêtres, 16 églises, 5 écoles, 6,000 catholiques.

Séna (Perse), 1 administrateur patriarcal, 1,100 catholiques.

7 évêchés :

Akra (Chaldée), 6 prêtres, 8 églises, 7 écoles, 10,000 catholiques.

Amédéah (Kurdistan), 1 évêque, 8 prêtres, 7 église, 1 école, 2,000 catholiques.

Zaku (Mésopotamie), 1 évêque, 10 prêtres, 12 églises, 3 écoles, 3,000 catholiques.

Djézireh (Mésopotamie), 1 évêque, 14 prêtres, 16 églises, 7 écoles, 4,000 catholiques.

Mardin (Mésopotamie), 4 prêtres, 1 église, 450 catholiques.

Séert (Kurdistan), 19 prêtres, 26 églises, 2 écoles, 5,000 catholiques

Salmas (Perse), 1 évêque, 6,000 catholiques.

Total de la population chaldéenne : 44,850 catholiques.

Il y a dans le patriarcat chaldéen environ 100 prêtres séculiers, 40 religieux, 90 églises ou chapelles, 40 écoles, 1 Séminaire patriarcal à Mossoul.

Statistique comparée des catholiques chaldéens.

En 1800	1850	1890
25.000	15.000	44.850

.*.

TABLEAU SYNOPTIQUE DES RÎTES-UNIS DE L'ASIE-MINEURE

	En 1800	1850	1890
I. Rite latin.	6.000	17.800	36.798 cath. latins.
II. » grec-melc.	20.000	50.000	100.000 cath. grecs.
III. » arménien.	80.000	100.000	120.000 cath. armén.
IV. » maronite.	250.000	300.000	314.000 cath. maron.
V. » syriaque..	20.000	30.000	40.000 cath. syriens.
VI. » chaldéen.	25.000	15.000	46.900 cath. chald.
	401.000	512.800	655.718 catholiques.

Ces progrès sont consolants, mais pourtant il reste encore beaucoup à faire. Il y a dans l'Orient 2,000,000 de grecs schismatiques, 5,000,000 d'arméniens grégoriens, 800,000 jacobites et plus de 100,000 nestoriens. Qu'est-ce à côté de ces chiffres, que le petit troupeau catholique ? heureusement c'est le troupeau fidèle à qui le Divin Pasteur a recommandé de ne rien craindre.

Et puis l'heure semble venue pour l'Orient de sortir enfin de son engourdissement séculaire. Il est certain que toutes ces vieilles sectes orientales n'ont pu subsister si longtemps qu'à l'aide de l'ignorance profonde et de l'isolement dans lequel elles vivaient avec leur clergé. Aujourd'hui que l'Europe pénètre dans les coins les plus reculés de l'Orient, que la lumière se fait, que la connaissance de l'histoire et l'instruction se répandent partout, les vieux préjugés se dissipent, les vieilles erreurs croulent et la vérité se dégage des mensonges et des calomnies qui l'avaient si longtemps obscurcie.

Il semble donc impossible que les sectes orientales puissent subsister longtemps. Arméniens grégoriens, jacobites, Nestoriens, toutes ces Eglises bâtardes, qui ne se soutenaient que par le mensonge et l'ignorance, sont profondément ébranlées et s'écroulent. A qui iront ces millions d'âmes? trois grandes forces sont en présence : le schisme russe, le protestantisme et le catholicisme. A laquelle appartient l'avenir?

Humainement parlant, il faut bien reconnaître que l'avenir semble être à la Russie. Dans quelques années peut-être, elle aura réalisé le rêve de Pierre le Grand et datera ses ukases de Constantinople. Ce sera, si la chose se réalise, un immense malheur pour la civilisation occidentale et pour l'Église romaine dont toutes les œuvres en Orient se verraient anéanties.

Le protestantisme, de son côté, a de grands moyens d'action : l'influence politique de l'Angleterre, des ressources illimitées, une armée de prédicants, la plupart parfaits gentlemen et hommes instruits. Le missionnaire catholique est seul sans argent, sans influence politique. La France, qui devrait l'aider, est trop souvent indifférente à son œuvre, quand elle n'est pas hostile. Malgré tant de désavantages, je ne crains pas d'affirmer qu'en Orient, l'avenir, et un avenir prochain, est au catholicisme, à moins pourtant que la politique russe ne triomphe à Constantinople. Le protestantisme n'a pas de dogmes à offrir à l'Orient ; il n'apporte avec lui que des négations. Quelque déshéritées que soient les Eglises orientales, elles sont encore plus riches que lui, elles ont mieux gardé le dépôt des vérités traditionnelles. Aussi, depuis cinquante ans qu'il travaille en Orient, le protestantisme a pu faire des apostats, des libres-penseurs ; il n'a pas encore donné un croyant, un de ces hommes de conviction sérieuse, comme il y en a encore heureusement un bon nombre chez nos frères séparés. Avec de l'or et des places, on peut toujours acheter des consciences faciles ; mais on n'achète pas les convictions et finalement on fait un marché de dupes, car les gens dont la conscience est à vendre ne valent pas ce qu'ils coûtent. Au yeux de l'Oriental le protestant qui n'honore pas la très sainte Vierge, dont le culte est resté si populaire en Orient, le protestant qui ne jeûne pas, c'est-à-dire qui méconnaît la grande loi évangélique de la mortification, mérite à peine le nom de chrétien; on le regarde généralement comme un athée, ou au moins comme un libre-penseur. D'ailleurs le génie de l'Orient répugnera toujours à la sécheresse du dogme et de la liturgie protestante. Ces peuples qui tiennent si fort à leurs rites, à leur discipline, à leurs usages nationaux, à toutes les formes extérieures du christianisme antique, ne seront jamais protestants, quoi qu'on fasse.

Au contraire, le catholicisme a gardé intact le dépôt des traditions dogmatiques ; l'Église romaine admet et conserve avec un soin jaloux aux différentes communautés orientales leurs rits, leurs usages, leur discipline. En remontant l'histoire du passé, ces vieilles Églises remontent à l'époque où elles étaient unies à l'Église romaine ; elles ont pour fondateurs et pour apôtres des saints honorés dans l'Église romaine. Entre Rome et les Orientaux, il n'y a que des malentendus, des calomnies, des préjugés qui se dissipent à mesure que l'instruction pénètre dans les masses. C'est donc au catholicisme, et au catholicisme seul, qu'il appartient de ressusciter ces vénérables Églises de l'Orient et de leur redonner une nouvelle jeunesse.

Espérons que nos désirs se réaliseront ; espérons que les iniquités et les violences de la politique humaine ne viendront pas arrêter l'élan commencé de ces nations orientales vers l'unité et la vérité catholiques ; espérons que le jour s'approche où, selon la parole du Maître, il n'y aura plus dans ces contrées qui furent le théâtre de sa vie mortelle qu'un troupeau et qu'un pasteur !

(A suivre).

Avant d'entrer dans l'étude des Eglises de l'Extrême-Orient, nous interromprons pendant quelques semaines le remarquable travail de M. Louvet. Quelques documents sollicitent l'attention et la sympathie de nos lecteurs.

NÉCROLOGIE

R. P. D'ESPINOSE.

Le 23 août 1890, mourait à Saint-James (Louisiane) le curé de la paroisse, un jeune prêtre français, le P. d'Espinose.

Le R. P. Gaston-Marie-Valentin-Frédéric d'Espinose était né le 28 janvier 1856 à Cosqueville, au diocèse de Coutance.

Presque enfant, il se sentit appelé à la vocation sacerdotale et malgré les sacrifices à faire, il répondit sans hésiter à cet appel de Dieu. L'Amérique, qui avait été le rêve de son adolescence, devint le champ fécond de son apostolat. En mai 1881 il partit pour les États-Unis, où les prêtres sont plus rares et les âmes abandonnées plus nombreuses. Il passa les deux premières années à Jefferson Collège où il fut pour les RR. Pères Maristes, qui dirigent cette institution, un auxiliaire précieux.

Ce fut dans cet établissement que le R. P. d'Espinose reçut l'ordination des mains de Mgr Perché. D'abord vicaire à Bâton-Rouge, il fut chargé l'année suivante par le vénérable archevêque de fonder une paroisse à la Chenière et à la Grande-Ile, territoire qui n'avait eu jusqu'alors, ni prêtre résident, ni église.

L'archevêque de Nouvelle-Orléans lui confia ensuite une paroisse plus importante, la paroisse Saint-James. Pendant les deux années et demie que le R. P. d'Espinose exerça le ministère dans cette paroisse, il mit tout en œuvre pour gagner la confiance et l'affection de la population confiée à ses soins. Ce lui était d'ailleurs chose facile car il possédait au suprême degré le don de se faire aimer. Cependant les épreuves étaient venues fondre sur Saint-James. Au printemps de 1889 un terrible ouragan bouleversa et détruisit l'église, le presbytère et une partie de la paroisse. Le R. P. d'Espinose sacrifia ce qu'il possédait et les réparations commencèrent. Elles étaient à peine terminées que les inondations du mois d'avril 1890 vinrent de nouveau porter la désolation et la ruine parmi la population : le Père paya de sa personne ; les ressources arrivèrent, Dieu seul sait au prix de quels sacrifices. Mais tant de travaux et le climat brûlant de la Louisiane, avaient épuisé ce jeune prêtre qui n'avait jamais songé à mesurer ses forces et à ralentir son ardeur. Le médecin consulté lui ordonna de revenir en France pour refaire sa santé ; mais il était trop tard. Le prêtre, envoyé par Mgr Janssens, archevêque de la Nouvelle-Orléans, pour suppléer le P. d'Espinose durant son absence, fut le compagnon de ses derniers jours et l'aida au suprême passage. Le 23 août, le R. P. d'Espinose faisait un baptême dans son église, lorsqu'il fut pris d'une suffocation. Il appela lui-même le R. P. Bohrer, son remplaçant, et après avoir reçu les consolations de la religion avec la plus vive piété, il rendit le dernier soupir entre les bras d'un de ses fidèles serviteurs et d'un de ses meilleurs amis. Les habitants de Saint-James, atterrés par cette mort soudaine qui leur enlevait un pasteur bien-aimé, se succédèrent sans interruption dans la chambre mortuaire depuis l'heure de la mort jusqu'à celle de l'inhumation, mêlant leurs larmes avec leurs prières. La dépouille mortelle du P. d'Espinose fut déposée dans le caveau où déjà dorment dans la paix du Seigneur, deux de ses prédécesseurs.

DONS

Pour l'Œuvre de la Propagation de la Foi

EDITION FRANÇAISE.

Un curé de Lyon..	50
Anonyme d'Aix-les-Bains diocèse de Chambéry.	95 90
C. L , diocèse de Rouen	40
Anonyme de la paroisse St-Pierre *Echo de Fourvière*.........	80
M. Frécon *Echo de Fourvière*..............	100
Une VeuVe *Echo de Fourvière*	3

Paroisse de Lacoux, diocèse de Belley...	5
M EtieVant Louis, diocèse de St-Claude........................	10
Anonyme de Lyon.	3050
M· Fontaine, curé à Rhode-Ste-Agathe, diocèse de Malines...	87

Pour les missions les plus nécessiteuses (Mongolie orientale).

M· Stanislas Lydynski, Strzyzov, (Galicie).......................	4 85
Mme la comtesse de LaVallière, à Montpellier.	10
M. Oudin-Fosser, de Froidemont, diocèse de Soissons.........	5
Anonyme de Nice..	10

Au R. P. Verdier, pour les victimes de la famine au Maduré.

Mlle Julie Jourdy, du diocèse de St-Claude......................	50

Au R. P. Fourcade, Alladhy (Indes).

J. L , à St-Brieuc...........................	17 50

A M. Allys pour les affamés de la Cochinchine septentrionale.

M. Christophe, diocèse de Chartres	25
Mme Vve S. Colle, à Toulon, diocèse de Fréjus.................	50
Mlle Apolline de la Ferrière, diocèse de Vannes...............	5
Un prêtre de Lyon...	100

A M. André Chandier, missionnaire au Su-tchuen oriental.

Mme Vve Jullien, à Lormes, diocèse de NeVers, aVec demande de prières pour la bonne mort d'un Vieillard.....................	5

A M. l'abbé Thibaut, missionnaire au Su-tchuen oriental.

R. Templeur, à Versailles.......	5

A Mgr Vic, pour les missions du Kiang-si oriental.

M. Christophe, diocèse de Chartres...........................	50

Pour les orphelinats de Mgr Reynaud

Anonyme de Lyon..	500

Pour les missionnaires du Japon (Mgr Midon).

G. P. don recueilli par l'*Echo de Fourvière*..................	300

Pour le baptême d'enfants païens sous les noms de Louis-Armand et Laurent-Bénédict (R.-P. Le Roy).

Mme R. du Point du Jour, don recueilli par l'*Echo [de Fourvière*]	100

A S. E. le cardinal Lavigerie, pour rachat d'enfants esclaves.

M. Christophe, diocèse de Chartres............................	25

Au même pour rachat et baptême d'un petit esclave sous le nom de Ferdinand.

Anonyme du diocèse de Bayonne...............................	50

A Mgr Bridoux, vicaire apostolique du Tanganika.

Mme Vve Rousquet, diocèse de Montauban.	25

A Mgr Augouard, pour les noirs.

Mme V. Hamon-Brebier, à Rennes..	40

A Mgr Augouard, pour le rachat de deux petits enfants à baptiser sous les noms de Jules et Louis.

A M. R., du diocèse de Viviers.................................	25

Au R. P. Jules Poirier (Niger), pour le rachat de deux petits enfants à baptiser sous les noms de Joseph et Thérèse.

A M R , du diocèse de Viviers.................................	25

Au R. P. Le Roy, pour rachat d'enfants esclaves en Afrique.

Anonyme de Lyon	500

Au R. P. Pascal, missionnaire au Mackensie.

Mlle P. de Lyon, en mémoire de Mgr Faraud, demande de prières.......	50

A Mgr Vidal, vicaire apostolique aux îles Fidji.

Mme Vve Rousquet, diocèse de Montauban.....................	25

Au R.-P. Chaïandon (Nouvelle-Calédonie).

H. S., de Lyon	7

[La suite des dons prochainement]

TH. MOREL, *Directeur-géran*

Lyon. — Imprimerie MOUGIN-RUSAND, rue Stella, 3.

CANADA. — Forêt vierge ; d'après une photographie de Mgr Lorrain, évêque de Pontiac.
(Voir page 95.)

CORRESPONDANCE

NOUVELLE-POMÉRANIE (Océanie)

Nous communiquons avec empressement à nos lecteurs cette lettre du sympathique vicaire apostolique de la Nouvelle-Poméranie. Cette difficile mission, qui par deux fois avait lassé la vaillance de deux grandes familles religieuses, a été confiée, il y a dix ans, à la jeune Congrégation des Pères d'Issoudun. L'évêque, Mgr Couppé, a à peine trente ans et c'est lui qui, en présence de tant de misères et ayant devant lui un champ si vaste, pousse le cri de détresse que nos lecteurs entendront.

LETTRE DE MGR COUPPÉ, DES MISSIONNAIRES DU SACRÉ-CŒUR D'ISSOUDUN, VICAIRE APOSTOLIQUE DE LA NOUVELLE-POMÉRANIE

Issoudun, le 27 janvier 1891.

Quelle gloire vous rendriez à Dieu et quelle reconnaissance je vous aurais, si vous daigniez faire connaître à vos charitables lecteurs des *Missions catholiques* l'extrême détresse où je me trouve !

Comme vous le savez, le Souverain Pontife vient encore d'ériger en Océanie un vicariat apostolique,

N° 1133 — 20 FÉVRIER 1891.

celui de la Nouvelle-Poméranie, et il m'en a nommé le Pasteur.

Malheureusement, ce vicariat se trouve dans des conditions qui en rendent l'évangélisation particulièrement difficile.

Il est, en effet, formé de plus de trois cents îles encore inexplorées, échelonnées sur une immense étendue de mer, à plus de cinq mille lieues de l'Europe, sous un climat brûlant et fiévreux, dépourvues des choses les plus nécessaires à la santé et à la vie des pauvres missionnaires.

Ces îles sont habitées par plus d'un million de sauvages, extrêmement intelligents, il est vrai, mais parlant des langues différentes et inconnues, adonnés aux plus honteuses superstitions, plongés dans tous les vices, vivant complétement nus, en guerre perpétuelle, pratiquant l'esclavage et l'anthropophagie dans toutes leurs horreurs. En un mot, ces sauvages sont d'une perversité et d'une férocité telles que les îles qu'ils habitent sont restées jusqu'à ce jour inabordables pour les Européens et ont mérité d'être appelées dans les derniers siècles *la terre des méchants* et *l'archipel des assassins*. Tel est le vicariat qu'il s'agit d'évangéliser.

On le comprend, pour une telle entreprise, il fallait pour missionnaires une légion de héros, et de grandes ressources matérielles.

Or, quand m'est parvenue la nouvelle de ma nomination de vicaire apostolique, j'étais à Blavolo, l'unique station de cet immense vicariat, et là j'avais pour cathédrale une misérable petite église en herbes, pour clergé deux Pères et deux Frères soumis à toutes sortes de privations, pour ressources, des dettes!

Aussi je fus saisi d'une profonde tristesse en me voyant, d'une part, chargé d'une œuvre aussi difficile, et de l'autre si dépourvu des moyens les plus nécessaires.

Je n'avais qu'un parti à prendre, celui d'aller me faire sacrer en Europe pour y trouver des ouvriers apostoliques et des secours.

M'y voici depuis plusieurs mois, et, grâce à Dieu, j'ai rempli la première partie de ce programme en trouvant des apôtres. Quatre missionnaires du Sacré-Cœur sont déjà partis pour Blavolo; huit autres et six religieuses de Notre-Dame du Sacré-Cœur sont prêts à me suivre à mon départ, et ainsi, pour commencer l'assaut, notre petite armée de Gédéon se composera de vingt-deux ou vingt-trois vaillants soldats déterminés à vaincre ou à mourir.

Reste encore la seconde partie de mon programme; car, pour entrer en campagne, il faut les vivres, les tentes, les munitions et les armes, c'est-à-dire tout ce qui est nécessaire à la fondation, au soutien et au développement d'une mission dans de telles contrées.

Pour cela, le vicaire apostolique doit, non seulement assurer à ses chers missionnaires la nourriture, le vêtement, l'habitation et tout ce qui est nécessaire à santé; il lui faut encore acheter les bateaux pour communications, couvrir l'affreuse nudité de ces pauvres sauvages, construire des églises, racheter les esclaves fonder des écoles et des orphelinats, les pourvoir outils et du matériel nécessaires à l'apprentissage métiers. En un mot, pour commencer une mission blable, il faut des ressources considérables, ressources je ne les ai pas, je ne puis les attendre de l'Œuvre de la Propagation de la Foi et de ces généreuses et saintes qui n'hésitent pas à se défaire de leurs richesses dès qu'il s'agit de la gloire de ill salut du prochain.

C'est vers de telles âmes que je pousse ma détresse, par l'organe des *Missions catholiques*, assuré, elles y répondront par leurs aumônes, en partageant avec nous le mérite et la gloire, fondé cette intéressante mission, elles s'assur récompense réservée aux apôtres de l'Évangile.

DÉP．　 DE MISSIONNAIRES

Le 14 janvier 1891 pour Vizagapatam François de Sales, necy, les sœurs M Nicodex, Eléonore Bapou et Saint-Jac Joseph d'Annecy.

Se sont embarqués 1891, quatre Sœurs de Saint-Paul de Jésus Eau et Sœur de Rodez, et Sœur diocèse de Cambrai

embarqués sur le *Natal*, à Marseille, os Duverrier, missionnaire de Saint-mard, coadjuteur, du diocèse d'An-oie Lacorbière, Michelle-Séraphine Louise-Amédée Dumoyer, Véronique bhoux, de la Congrégation de Saint-

elle pour Chandernagor, le 8 février Joseph de Cluny; Sœur Stéphanie diocèse de Quimper; Sœur Ida de de Saint-Joseph Anglès, du diocèse de Sainte-Marie Courtens, du

INFORM IONS DIVERSES

Syrie. — M. M Zahlé près Beyrout

« Laissez-moi v Les élèves de nos cents, se ... import partie de l'école Une plus abondan foncé les tout. Ve quelques secour

le, directeur des écoles grecques Rokaa (Cœlesyrie), nous écrit de

niquer une nouve

« — On nous a dit que les chrétiens ne ve... nas de la caste ;
« mais si on nous laisse libres nous ne rapper... ne sera pas
« dix personnes qui viendront à vous, ce n'... ... le village. »
« La Sœur voulut savoir si tous seraient ... ... d'être admis
dans la religion.

« — Il n'y a pas de désordre parmi nous, ... spondit le chef,
« Tous m'obéissant et je ne laisse passer ... scandale. S'il
« s'élève quelque dispute, on s'en tient ... ... à ma décision,
« rait inexorablement chassé du village. »

« On apporta alors du lait et des fruits, ... laissa partir
les religieuses qu'après leur avoir fait pro... ... ... revoir. Les
Sœurs ont su nous un grand avantage po... ... missions de
villages. Elles voient les femmes qui sont par ... ... les vrais ju
liers de l'idolâtrie, et les hommes aussi. Nou... ... ne pouvons
voir que ces derniers, et ordinairement il y a... ... à faire avec
eux. Si, au contraire, les femmes sont pour la ... ... les hommes
ne s'y opposeront guère. Les protestants ... ... aperçus de ce
que nos chrétiennes avaient fait dans ce vil... ... ... aussitôt l'un
d'eux y a envoyé sa femme et une bonne me ... ... tie. Il paraît
qu'elles aussi ont fait une impression favorab... Ces pauvres
gens ne savent pas encore distinguer entre ca... ... ques et pro-
testants et peut être se laisseront-ils gagner. J... ... ... envoyer
les Sœurs aussitôt après leur retraite. Qua... ... ... deux ou
trois prêtres de plus ! »

Asie centrale. — Tous nos lecteurs ... ... de
voyage entrepris l'année dernière dans ... ... leur
M. **Bonvalot et le prince Henri d'Orléan** ... ... en
elge, le P. **de Decken,** accompa... ...
alité d'interprète ; il a pu, grâce ...
sance des mœurs mongoles ...
tats d'une expédition très ... ...
s le récit que le prince ...
nous sommes heureux de ...
s missionnaires ;
nilieu de nos ennuis incess...
les missionnaires. Nous en ...
s sur notre route ; chaque ...
urage et leur abnégation.
...x nous frappe plus pa...
son nom) est depuis vin...
t cette longue période, en ...
pas vu de Français. Ce c...
du gouvernement, se créé...
rin du lieu : c'est qu'il par...
elui-ci. Pour le code, il est ...
accusation qu'il a rédigée, le ...
lix mandarins.
naire est tellement admiré ...
rages, en grande partie païenne qui ...
nes, lui demandent ses con... le p...
tous leurs différends et ... ... ent.
il nous fa... ... à la pa... Il...
gu des ... ... de les ...
de ... ... refouler
e vers sa ...
as, nous d... ... oient pleur...

quitter il se ...
z chez nous. E... ... forte...
aires n'aiment p... ...
s ! »
ançois Gourdin, à q...
nage, est le plus anci...
s'il évangélise depuis ...
eauvais en 1859.

se). — M. Humbert, miss... ...
ng à sa famille :
a cause de la difficulté des co m...
missionnaires de la Chine les ns élo...

nos confrères de Su-tchuen, du Kouy-tchéou, de la Corée et de
la Mandchourie, reçoivent leurs correspondances avant nous.
C'est ainsi qu'un missionnaire du Kouang-si a appris le même
jour la déclaration de guerre franco-allemande de 1870 et le
traité de paix, Il ouvre une première lettre où on lui parlait de
la paix qui venait de se conclure entre la France et l'Allemagne !
Le Père n'y comprend rien. Mais une seconde lettre lui annonçait que la guerre venait d'éclater entre les deux puissances !

« Ici, nous sommes seuls et bien seuls, et l'on éprouve une
joie sans pareille lorsqu'à le bonheur de revoir un confrère ;
mais il y a le revers de la médaille, quand il faut saisir la carrière de sa route et se dire au revoir dans deux ou trois mois.
Cela se fait assez pitoyablement ; on a beau s'étourdir en passant
les derniers instants à chanter à gorge déployée ; c'est toujours
bien dur. Un confrère m'annonce sa prochaine visite pour se
confesser. Au Kouang-si, on peut bien dire pour la confession,
au moins à Pâques humblement, étant donnée la distance qui
nous sépare les uns des autres ! Nous passerons quelques bons
moments ensemble ; nous chanterons, au milieu de nos rochers
et de nos forêts on peut crier à tue-tête. Nous nous refaisons un
peu le moral et le physique.

« La visite d'un confrère est un bon moment de joie, mais rien
... ... nous faire oublier la famille absente. On est heureux de
... ... y a là-bas, bien loin, des personnes qui pensent à
... ... tient pour nous et qui veulent encore nous donner
... ... bles de leur affection, leur souvenir est gravé
... ... et il ne s'en effacera jamais.
... ... je m'... ... s avec vous, j'ai là, autour de
... ... ne j'ai achetés ; trois autres
... ... r ces enfants que je fonde
... ... à leur inculquer l'esprit
... ... en général, ils retiennent
... ... s religion.
... ... que en remplacement
... ... dissait un jour ce
... ... peine à un de nos
... ... trop durs, le la
... ... voira le bon Dieu

... ... Il ajoutait :
... ... ennuis à ses
... ... intain pays. »
... ... pe à l'étude
... ... rovince du
... ... s'assure,
... ... 'echés,
... ... olutôt je
... ... r, ayant
... ... re. Je
... ... vous
... ... bon-
... ... our

... ... ar
... ... ie
... ... é

.˙.

On le comprend, pour une telle entreprise, il fallait pour missionnaires une légion de héros, et de grandes ressources matérielles.

Or, quand m'est parvenue la nouvelle de ma nomination de vicaire apostolique, j'étais à Blavolo, l'unique station de cet immense vicariat, et là j'avais pour cathédrale une misérable petite église en herbes, pour clergé deux Pères et deux Frères soumis à toutes sortes de privations, pour ressources, des dettes !

Aussi je fus saisi d'une profonde tristesse en me voyant, d'une part, chargé d'une œuvre aussi difficile, et de l'autre si dépourvu des moyens les plus nécessaires.

Je n'avais qu'un parti à prendre, celui d'aller me faire sacrer en Europe pour y trouver des ouvriers apostoliques et des secours.

M'y voici depuis plusieurs mois, et, grâce à Dieu, j'ai rempli la première partie de ce programme en trouvant des apôtres. Quatre missionnaires du Sacré-Cœur sont déjà partis pour Blavolo; huit autres et six religieuses de Notre-Dame du Sacré-Cœur sont prêts à me suivre à mon départ, et ainsi, pour commencer l'assaut, notre petite armée de Gédéon se composera de vingt-deux ou vingt-trois vaillants soldats déterminés à vaincre ou à mourir.

Reste encore la seconde partie de mon programme; car, pour entrer en campagne, il faut les vivres, les tentes, les munitions et les armes, c'est-à-dire tout ce qui est nécessaire à la fondation, au soutien et au développement d'une mission dans de telles contrées.

Pour cela, le vicaire apostolique doit, non seulement assurer à ses chers missionnaires la nourriture, le vêtement, l'habitation et tout ce qui est nécessaire à la santé ; il lui faut encore acheter les bateaux pour les communications, couvrir l'affreuse nudité de ces pauvres sauvages, construire des églises, racheter les esclaves, fonder des écoles et des orphelinats, les pourvoir des outils et du matériel nécessaires à l'apprentissage des métiers. En un mot, pour commencer une mission semblable, il faut des ressources considérables, et ces ressources, je ne les ai pas, je ne puis les attendre que de l'Œuvre de la Propagation de la Foi et de ces âmes généreuses et saintes qui n'hésitent pas à se dépouiller de leurs richesses dès qu'il s'agit de la gloire de Dieu et du salut du prochain.

C'est vers de telles âmes que je pousse mon cri de détresse, par l'organe des *Missions catholiques*. J'en suis assuré, elles y répondront par leurs aumônes, et ainsi, en partageant avec nous le mérite et la gloire d'avoir fondé cette intéressante mission, elles s'assureront la récompense réservée aux apôtres de l'Évangile.

DÉPARTS DE MISSIONNAIRES

Le 11 janvier 1891 se sont embarqués sur le *Natal*, à Marseille, pour Vizagapatam : MM. Louis Duverrier, missionnaire de Saint-François de Sales, Joseph Renuard, coadjuteur, du diocèse d'Annecy, les sœurs Marie-Mélanie Lacorbière, Michelle-Séraphine Nicodex, Eléonore Déléavat, Louise-Amédée Dunoyer, Véronique Bopou et Saint-Jacques Mabboux, de la Congrégation de Saint-Joseph d'Annecy.

Se sont embarquées à Marseille pour Chandernagor, le 8 février 1891, quatre Sœurs de Saint-Joseph de Cluny : Sœur Stéphanide de Saint-Paul Le Pensec, du diocèse de Quimper ; Sœur Ida de Jésus Fau et Sœur Edmond de Saint-Joseph Angles, du diocèse de Rodez, et Sœur Sainte-Jeanne de Sainte-Marie Courtens, du diocèse de Cambrai.

INFORMATIONS DIVERSES

Syrie. — M. Michel Aloufe, directeur des écoles grecques catholiques de Zahlé et de la Bekaa (Cœlesyrie), nous écrit de Zah'é près Beyrouth :

« Laissez-moi vous communiquer une nouvelle un peu triste. Les élèves de nos écoles de la cathédrale, au nombre de trois cents, sont aujourd'hui presque sans abri : les classes qui font partie de l'évêché menacent ruine et sont déclarées hors d'usage. Une pluie abondante qui s'est prolongée plusieurs jours en a défoncé les toits. Veuillez avoir pitié de nous en nous envoyant quelques secours pour nous permettre d'abriter nos trois cents élèves. »

Vizagapatam (*Hindoustan*). — Un missionnaire de Vizagapatam écrit au T. R. P. Tissot, supérieur général des missionnaires de Saint-François de Sales d'Annecy :

« Je vous racontais il y a plusieurs mois déjà, dans une lettre qui a paru dans les *Missions catholiques* (1), comment une de nos femmes radjpoutes avait prêché pendant près de six heures dans un village, et comment tous, hommes et femmes, s'étaient intéressés à ce qu'elle leur disait. Elle a continué sa mission avec succès. Les Sœurs avaient peine à croire à ce qu'elle leur en racontait. Un jour enfin, elles se déterminèrent à se rendre elles-mêmes dans ce village, pour voir de leurs yeux ce qu'il en était. On les y accueillit avec bonheur. Tout le monde se rassembla autour d'elles et on les conduisit dans une maison pour s'abriter contre le soleil. Là, pendant plus d'une heure, il leur fallut répondre aux mille questions qu'on leur posa sur leur pays, sur leur caste et leur religion. Le chef se fit alors apporter un catéchisme que notre Radjpoute chrétienne lui avait donné lors de son dernier voyage.

« — Interrogez-moi où vous voudrez, dit-il à la Sœur, je le sais « tout par cœur. »

« On tombe sur le chapitre du péché. Il le récita sans faute. Puis la Sœur, pour s'assurer s'il comprenait :

« — Quelle sorte de péchés avez-vous ? lui dit-elle

« — J'en ai deux sortes : le péché originel et le péché actuel.

« — Et moi, combien en ai-je ?

« — Vous, Vous n'en avez qu'une sorte : le péché actuel.

« — Pourquoi cette différence ?

« — Parce que vous êtes baptisée et que je ne le suis pas.

« Le chef dit alors :

« — Nous sommes ici dix hommes, absolument déterminés à « nous faire chrétiens quelles qu'en soient les conséquences, dus-« sions-nous perdre notre caste.

« — Mais non, dit la Sœur, vous ne perdrez pas votre caste; « nous avons à Vizanagram beaucoup de gens de votre caste, et « il n'a jamais été question de les inquiéter pour cela.

(1. N° du 6 juin 1890.)

« — On nous a dit que les chrétiens ne veulent pas de la caste ; mais si on nous laisse libres sous ce rapport, ce ne sera pas dix personnes qui viendront à vous, ce sera tout le village. »

« La Sœur voulut savoir si tous seraient dignes d'être admis dans la religion.

« — Il n'y a pas de désordre parmi nous, lui répondit le chef.

« Tous m'obéissent et je ne laisse passer aucun scandale. S'il s'élève quelque dispute, on s'en tient toujours à ma décision.

« Quant à l'inconduite, si quelqu'un s'en rendait coupable, il serait inexorablement chassé du village. »

« On apporta alors du lait et des fruits, et on ne laissa partir les religieuses qu'après leur avoir fait promettre de revenir. Les Sœurs ont sur nous un grand avantage pour ces missions de villages. Elles voient les femmes qui sont partout ici les vrais piliers de l'idolâtrie, et les hommes aussi. Nous, nous ne pouvons voir que ces derniers, et ordinairement il y a peu à faire avec eux. Si, au contraire, les femmes sont pour la religion, les hommes ne s'y opposeront guère. Les protestants se sont aperçus de ce que nos chrétiennes avaient fait dans ce village, et aussitôt l'un d'eux y a envoyé sa femme et une brahmine convertie. Il paraît qu'elles aussi ont fait une impression favorable. Ces pauvres gens ne savent pas encore distinguer entre catholiques et protestants et peut être se laisseront-ils gagner. Je vais leur envoyer les Sœurs aussitôt après leur retraite. Que n'avons-nous deux ou trois prêtres de plus ! »

· **Asie centrale.** — Tous nos lecteurs ont entendu parler du voyage entrepris l'année dernière dans l'Asie centrale par M. Bonvalot et le prince Henri d'Orléans. Un missionnaire belge, le P. de Decken, accompagnait les deux voyageurs en qualité d'interprète ; il a pu, grâce à son expérience et à sa connaissance des mœurs mongoles, revendiquer une part dans les résultats d'une expédition très profitable pour la science.

Dans le récit que le prince Henri vient de publier de son voyage, nous sommes heureux de relever ce passage en l'honneur des missionnaires :

« Au milieu de nos ennuis incessants, notre seule joie est de trouver des missionnaires. Nous en rencontrons quelques-uns échelonnés sur notre route ; chaque fois nous admirons davantage leur courage et leur abnégation.

« L'un d'eux nous frappe plus particulièrement. Le Père Gourdin (c'est son nom) est depuis vingt-sept ans dans la contrée et pendant cette longue période, en dehors de ses quelques confrères, il n'a pas vu de Français. Ce courageux compatriote a su, sans appui du gouvernement, se créer une situation égale à celle du mandarin du lieu : c'est qu'il parle et écrit le chinois aussi bien que celui-ci. Pour le code, il est plus fort que lui, et, sur les actes d'accusation qu'il a rédigés, le prétoire a déjà dû casser plus de dix mandarins.

« Ce missionnaire est tellement admiré et vénéré, que les populations sauvages, en grande partie païennes, qui habitent dans les montagnes, lui demandent ses conseils, le prennent pour arbitre dans tous leurs différends et lui obéissent.

« Les adieux qu'il nous fait suffisent à le peindre. Il est si heureux d'avoir reçu des compatriotes et si triste de les voir partir qu'il a envie de pleurer, et, ayant peine à refouler ses larmes, il se dirige vers sa chambre.

« — Il ne faut pas, nous dit-il, que des Chinois voient pleurer un Français ! »

« Avant de nous quitter il se retourne, et d'une voix forte :

« — Vous rentrez chez nous. Eh bien ! à ceux qui vous diront que les missionnaires n'aiment pas la France, répondez qu'ils sont des imbéciles ! »

Le P. Edouard-François Gourdin, à qui le prince Henri d'Orléans rend cet hommage, est le plus ancien missionnaire du Sutchuen méridional qu'il évangélise depuis l'année 1863. Il est né dans le diocèse de Beauvais en 1838.

Kouang-si (*Chine*). — M. Humbert, missionnaire au Kouang-si, écrit de Chan-tsing à sa famille :

« Au Kouang-si, à cause de la difficulté des communications, nous sommes les missionnaires de la Chine les plus éloignés

nos confrères de Su-tchuen, du Kouy-tchéou, de la Corée et de la Mandchourie, reçoivent leurs correspondances avant nous. C'est ainsi qu'un missionnaire du Kouang-si a appris le même jour la déclaration de guerre franco-allemande de 1870 et le traité de paix. Il ouvre une première lettre où on lui parlait de la paix qui venait de se conclure entre la France et l'Allemagne ! Le Père n'y comprend rien. Mais une seconde lettre lui annonçait que la guerre venait d'éclater entre les deux puissances !...

« Ici, nous sommes seuls et bien seuls, et l'on éprouve une joie sans pareille lorsqu'on a le bonheur de revoir un confrère ; mais il y a le revers de la médaille, quand il faut saisir la crinière de sa mule et se dire *au revoir* dans deux ou trois mois. Cela se fait assez piteusement ; on a beau s'étourdir en passant les derniers instants à chanter à gorge déployée ; c'est toujours bien dur. Un confrère m'annonce sa prochaine visite pour se confesser. Au Kouang-si, on peut bien dire pour la confession : *au moins à Pâques humblement*, étant donnée la distance qui nous sépare les uns des autres ! Nous passerons quelques bons moments ensemble ; nous chanterons ; au milieu de nos rochers et de nos forêts ou peut crier à tue-tête. Nous nous refaisons un peu le moral et le physique.

« La visite d'un confrère est un bon moment de joie; mais rien ne peut nous faire oublier la famille absente. On est heureux de penser qu'il y a là-bas, bien loin, des personnes qui pensent à nous, qui prient pour nous et qui veulent encore nous donner des preuves sensibles de leur affection. Leur souvenir est gravé dans mon cœur et il ne s'en effacera jamais.

« ... Pendant que je m'entretiens avec vous, j'ai là, autour de moi, cinq petits enfants chinois que j'ai achetés ; trois autres s'amusent un peu plus loin. C'est sur ces enfants que je fonde mes espérances. Je cherche avant tout à leur inculquer l'esprit chrétien et à les instruire sérieusement. En général, ils retiennent assez facilement les vérités de notre sainte religion.

« Nous attendons toujours un nouvel évêque en remplacement de Mgr Foucard. « — Père Humbert, me disait un jour ce « regretté prélat, je n'ai fait qu'une fois de la peine à un de mes « missionnaires en lui adressant une parole trop dure. Je la « regrette et la regretterai toujours. Puisse du moins le bon Dieu « me l'avoir pardonnée ! »

« Et de grosses larmes roulaient dans ses yeux. Il ajoutait :

« Oh ! non, il ne faut pas que l'évêque fasse des ennuis à ses « missionnaires, nous n'en avons que trop dans ce lointain pays. »

« J'emploie toujours une grande partie de mon temps à l'étude de la langue ou plutôt des langues, car la seule province du Kouang-si compte plus de dix dialectes. Dieu, je vous l'assure, ferait bien de renouveler pour nous le miracle de la Pentecôte.

« Il est maintenant neuf heures et demie du soir, ou plutôt je ne suis pas très bien renseigné sur l'heure, car, un jour, ayant laissé arrêter ma montre, je marche maintenant à l'aventure. Je vais m'étendre sur ma natte pour me reposer, pendant que vous travaillez encore. Demain, pendant votre sommeil, j'aurai le bonheur de monter au saint autel et je prierai spécialement pour vous. »

Madagascar. — Dans la liste des prix accordés en 1890, par l'Académie des sciences, nous en relevons un qui concerne un missionnaire Jésuite dont à nous plusieurs fois signalé à nos lecteurs les beaux travaux d'histoire naturelle. Le prix Savigny, destiné à récompenser les zoologistes voyageurs qui se sont occupés de l'étude des animaux invertébrés de la mer Rouge ou de l'océan Indien, n'avait pas été donné depuis dix ans. Il est décerné deux fois cette année : au docteur Jousseaume et au R. P. Paul Camboué, missionnaire à Madagascar, pour ses belles études entomologiques. Le rapporteur a rappelé, à cette occasion, les études du R. P. Camboué, qui se sont étendues aux diverses branches de l'histoire naturelle.

Un autre missionnaire jésuite, le R. P. Colin, a reçu de l'Académie des sciences le prix Jérôme Ponti, d'une valeur de 3.500 fr. On sait que ce savant missionnaire dirige à Tananarive l'observatoire météorologique et astronomique des Pères Jésuites.

LE LONG DU CHEMIN DE FER

DE

JAFFA A JÉRUSALEM

PAR LE

R. P. JULLIEN, *de la Compagnie de Jésus*

Voici une nouvelle communication du savant religieux qui a enrichi notre Bulletin de tant de précieuses études sur l'Egypte et la Palestine. L'actualité du sujet et la compétence de l'auteur recommandent d'elles-mêmes à l'attention du lecteur ces pages pleines d'intérêt.

L'idée religieuse travaille le monde, disaient naguère quelques journaux dans leur article de fond. La ville de Jérusalem, par son rapide accroissement, par ses nouveaux édifices religieux, par la foule des étrangers venus de tous les pays, dit aussi : « l'idée religieuse travaille le monde. »

Les facilités de la vie, l'agrément, les affaires, tout ce qui attire dans les villes et les fait croître, manque à Jérusalem. Mal bâtie sur un aride rocher, loin de toutes les grandes voies du commerce, au milieu de montagnes sans eau qu'habite une population rare, animée de haine contre le nom chrétien, dans un climat désagréable et médiocrement sain, à Jésus-Christ seul elle doit sa grandeur actuelle : *Lucerna ejus est agnus*, sa lumière c'est l'agneau (1), et cette lumière attire les chrétiens de l'Europe et du Nouveau Monde.

Son enceinte leur est devenue trop étroite ; ils ont bâti une ville nouvelle à l'ouest des remparts sur le chemin de l'Europe, et de tous côtés c'est une lutte à qui fera plus grand et plus beau, à qui possédera une plus grande part du sol arrosé par le sang du Rédempteur, et se placera plus proche de son très auguste tombeau.

Tous cherchent à découvrir, pour s'en emparer et le réédifier, un des antiques sanctuaires auxquels s'attache un souvenir de la vie du Sauveur ou de ses premiers disciples. La Société russe de Palestine, qui compte parmi ses premiers souscripteurs tous les membres de la famille impériale, augmente ses immenses établissements pour les pèlerins, élève une riche église contre le chevet de la basilique du Saint-Sépulcre (2), et construit çà et là de singuliers et splendides édifices dont la destination reste enveloppée de mystère.

Les Grecs non unis s'étendent toujours, aidés de l'or de la Russie, qui pourrait bien un jour se payer en s'emparant de leurs nombreux et illustres sanctuaires.

La Société anglaise « Palestine exploration fund » continue à dépenser plus de cent mille francs par année à la recherche des lieux et des monuments bibliques.

Les catholiques, moins riches, ne restent point en arrière, ils donnent même le mouvement à force de dévouement, d'intelligence et de prières. Les Pères de Saint-François agrandissent leurs églises paroissiales devenues insuffisantes, construisent une chapelle sur le mont des Oliviers au lieu où Jésus pleura en regardant Jérusalem. Ils font des fouilles au lieu de la flagellation en vue de remplacer le sanctuaire

(1) Apoc., XXI, 23.

(2) Les travaux pour asseoir les fondements de cette église ont fait découvrir le rocher, sol primitif entre le Calvaire et l'enceinte de la ville. Il résulte des mesures qui furent prises alors que le Calvaire, du côté des remparts, formait un monticule de dix-neuf à vingt mètres d'élévation.

actuel par une église plus belle et plus vaste (1); ils s'apprêtent à construire un hospice à Capharnaüm, un autre à Jéricho, une chapelle au mont des Béatitudes qu'ils viennent d'acquérir. Ils achètent dans la vallée de Josaphat et à Siloé des terrains où ils espèrent trouver de pieux souvenirs.

Le patriarcat latin construit son séminaire à Jérusalem. Les Pères Dominicains achèvent de déblayer la grande basilique Eudoxienne élevée sur le lieu du martyre de saint Etienne, enrichie de ses vénérables reliques, et ouvrent au jeune clergé de tous pays une école de hautes études bibliques. Les Pères Assomptionistes terminent le superbe hospice de Notre-Dame de France pour les pèlerins de la nation très chrétienne.

Les Pères de Notre-Dame de Sion, les missionnaires d'Alger, les prêtres de l'Œuvre de la Sainte-Famille, fondée par Dom Belloni, les Frères des Écoles chrétiennes, les Clarisses, les religieuses du tiers ordre de Saint-François, les Carmélites, les religieuses de Marie-Réparatrice, les Sœurs de Saint-Joseph de l'Apparition, les Sœurs de Saint-Vincent de Paul, les religieuses allemandes de Saint-Charles, les religieuses indigènes du Saint-Rosaire, tous construisent des églises, des couvents, des écoles, des orphelinats, des hôpitaux à Jérusalem ou à Bethléhem. De nouvelles fondations se préparent : une colonie de dix-huit Trappistes, venus de Sept-fonts, s'installe actuellement à Emmaüs-Nicopolis, sur la route de la ville sainte.

Le chemin de fer.

Que sera Jérusalem dans quelques années, quand le chemin de fer, récemment commencé, la reliera au port de Jaffa et que l'accès de la ville sainte n'aura rien des ennuis, des difficultés, des incertitudes, qui fatiguent tant l'Européen sur les chemins de l'Orient? Dieu a ses desseins auxquels concourent, souvent sans y songer, les habiles inventeurs de notre siècle et les puissantes associations financières pour la fructification des capitaux. Qui sait si bientôt on ne pourra pas venir de Paris à Jérusalem dans un commode wagon sans la moindre sollicitude et même sans mal de mer, car le Bosphore n'est qu'un fleuve. On va déjà de Paris à Constantinople par les voies ferrées. Dans deux ans on ira de même à Angora en Asie Mineure et un peu plus tard, à Kaisarié (Césarée) au pied du Taurus, en passant par Josgad, d'où un embranchement, sollicité par une Société française, doit se diriger sur Samsoun. Restera à traverser le Taurus pour rejoindre la ligne existante entre Adana et Mersina. Là on est bien proche de la côte syrienne ; et la Syrie ressent déjà les agitations de la fièvre des chemins de fer. La ligne de Kaïffa à Damas est concédée à des Anglais. Celle de Damas à Alep et à la côte avec jonction à la ligne d'Asie Mineure suivra nécessairement. Enfin la Compagnie du chemin de fer de Jérusalem s'est assuré la concession des prolongements nécessaires pour rejoindre la voie de Damas. Les choses se passeront peut-être autrement, car chacune des Échelles de la côte sollicite un firman qui lui assure la bonne fortune de devenir tête d'une ligne de pénétration dans l'intérieur ; Beyrouth même ne désespère

(1) Les fouilles ont découvert les premières assises d'une ancienne église

pas de l'obtenir malgré la haute barrière de montagnes qui l'isole (1). Mais, pour Jérusalem, peu importe le tracé de la voie. Un jour elle sera reliée aux réseaux européens.

J'ai eu tout récemment l'occasion de parcourir les pays que traverse le chemin de fer de Jaffa à Jérusalem, désormais la voie des pèlerins, pays remplis de souvenirs bibliques et jusqu'ici connus des seuls savants qui font une étude spéciale de la topographie sacrée. L'histoire merveilleuse de Samson, celle de David et de Goliath, ont eu leur théâtre vraisemblablement tout proche. Au milieu de ces solitudes, j'ai trouvé à l'orphelinat agricole de Beit-Gémal, fondé par Dom Belloni, de précieux renseignements.

Le chemin de fer est la propriété d'une Société financière fondée à Paris sous le titre de *Compagnie du chemin de fer de Jaffa à Jérusalem et prolongements*. Les travaux sont exécutés par une autre Société parisienne, *Société de travaux publics et constructions*, qui doit, après l'achèvement, exploiter la ligne pendant sept ans pour en assurer la stabilité.

Comme pour tous les travaux d'utilité publique, exécutés en Turquie, on se contente du strict nécessaire : la voie est plus étroite que celles des grandes lignes françaises, un mètre au lieu d'un mètre cinquante ; on ne pose qu'une voie, tout en faisant les terrassements et les constructions pour deux ; les tunnels et les grands contours sont évités par des courbes à courts rayons de deux cents et même de cent cinquante mètres, et par des rampes dont la pente s'élève jusqu'à deux pour cent. Aussi a-t-on de lourdes locomotives, pesant trente-sept tonnes à vide, munies à l'avant d'un petit chariot à essieu mobile pour les guider dans les courbes. Elles sont construites à Philadelphie.

La voie commence au port de Jaffa, contourne la ville et ses jardins par le nord, va directement à Lydda, laissant la route des voitures sur la droite, tourne au sud-ouest, passe à Ramleh où elle coupe la route, descend toujours dans la même direction, jusqu'au Ouadi-es-Serar, à quatorze kilomètres de Ramleh. Là elle prend la vallée en tournant à l'est et monte à Jérusalem suivant toujours le lit du torrent, dont l'origine est aux portes de la ville dans la dépression occupée par la colonie allemande des Templiers. Sa longueur totale est de quatre-vingt-cinq kilomètres, tandis que la route actuelle n'en compte que soixante-huit.

Ce long développement est exigé par la haute altitude de Jérusalem, sept cent cinquante mètres, qu'il faut gagner presque tout entière dans la seconde moitié du trajet : l'Ecriture ne dit-elle pas toujours : monter à Jérusalem ?

Les stations intermédiaires, au nombre de cinq, sont à *Lydda*, à *Ramleh*, puis, dans le Ouadi-es-Serar, à *Sejed*, à *Deir-Aban*, le commencement des montagnes, et à *El-Welcjeh*, proche de Bettir.

Jusqu'à Deir-Aban on est dans la plaine ou dans une large vallée ; la voie ne rencontre aucune difficulté. De Deir-Aban à Jérusalem elle est encaissée dans un ravin parfois sinueux et resserré entre de hauts rochers ; elle doit plusieurs fois traverser le torrent sur des tabliers métalliques.

La partie du trajet la plus intéressante par ses souvenirs bibliques est à l'entrée des montagnes, vers la frontière des Philistins. Ce fut le théâtre incessant des luttes d'Israël

(1) Les cols par lesquels on peut franchir le Liban derrière Beyrouth, ont tous une altitude supérieure à 1500 mètres.

contre ses plus implacables ennemis. Nous nous y rendons de Jérusalem, par Bethlehem et les montagnes de Juda, laissant sur notre droite à peu de distance la vallée suivie par le chemin de fer.

II

De Bethlehem à Beit-Gémal.

Bethlehem, où apparut pour la première fois la bénignité et l'humanité du Sauveur notre Dieu (1), où retentit le souhait des anges : « paix sur la terre aux hommes de bonne volonté, » est seule restée chrétienne parmi toutes les villes de la Judée. Il ne s'y trouve qu'une centaine de musulmans sur une population de six à sept mille âmes, et les catholiques y sont encore en majorité.

C'est à côté de Bethlehem, dans le beau village de Beit-Jala, que Mgr Valerga voulut placer le séminaire du patriarcat latin de Jérusalem rétabli par Pie IX, en 1847. Un professeur du séminaire, Dom Belloni, des environs de Gênes, ému de compassion à la vue de deux jeunes enfants abandonnés, les prend à sa charge et les élève avec des soins paternels. Il en vient d'autres, et il ne peut les refuser ; en 1863, ils sont quinze. Aidé par un de ses collègues du séminaire, Dom Bracco, qui fut plus tard le secrétaire de Mgr Valerga et son successeur au patriarcat (1872), il établit ses pupilles dans une maison séparée, puis à Bethlehem. L'œuvre grandit. Aujourd'hui l'orphelinat de la Sainte-Famille de Bethlehem est un superbe établissement où cent enfants pauvres sont élevés aux frais de la charité, apprennent différents métiers et surtout la piété et les vertus chrétiennes. Deux cents enfants de la ville y viennent à l'école, soixante jeunes gens y fréquentent les cours du soir. Dom Belloni s'est adjoint des collaborateurs, prêtres et laïques, et s'occupe de les organiser en une congrégation nouvelle. Des Sœurs italiennes, Filles de Marie, de Sainte-Agnès (Rome), aident l'Œuvre dans les soins du ménage.

En 1879, le marquis de Bute donna dix mille francs pour fonder une colonie agricole, où les enfants apprendraient le métier des champs. Dom Belloni acheta avec cette somme le petit village de Beit-Gémal et ses neuf cents hectares de terres, situé à trente kilomètres à l'ouest de Bethlehem, au milieu de collines désertes et loin des chemins fréquentés.

(1) Tite III, 4.

Beit-Gémal est devenu la première succursale de l'œuvre de Bethlehem ; soixante-cinq pauvres enfants s'y livrent aux travaux de la campagne sous la paternelle direction d'un pieux prêtre, Dom Scanzio, l'un de ces hommes de cœur et de foi qui ne savent vivre que pour les autres.

Son toit hospitalier sera notre première étape; sa connaissance des lieux, notre lumière ; sa charité, notre édification et notre providence.

Sur le sentier pierreux qui suit la crête des hauteurs, nous retrouvons souvent la trace d'une voie romaine, de gros pavés plats et épais, des tranchées, des degrés dans le roc, des ruines informes et des tombeaux auprès des ruines. Ce doit être la voie de Œlia Capitolina à Eleuthéropolis et Ascalon.

Quelles montagnes désolées ! Cependant la terre, qui se voit çà et là entre les âpres rochers, doit être fertile, à en juger par les touffes de hautes herbes desséchées et aussi par la fraîche verdure qu'on aperçoit de temps à autre sur la pente d'un vallon au-dessous d'un pauvre village. Nous ne rencontrons que des chameaux et des baudets qui portent à Jérusalem de la chaux ou des racines de broussailles. C'est là tout le produit de ces montagnes. Mais bientôt il n'y aura plus de vieilles souches, plus de racines de lentisques dans ces déserts pour cuire la pierre et fournir du bois à la ville. Pressés par le besoin, les pauvres habitants commençaient à couper les vieux oliviers des vallons ; le pacha a fait saisir le bois d'olivier à la porte de Jérusalem et jeter en prison ceux qui l'apportaient.

Voici que mon vieux guide interpelle des chameliers qui passent avec des charges du bois prohibé. « Soyez tranquille, lui répondent-ils, nous connaissons la loi, nous n'entrerons pas en ville ; ce sera à l'acheteur de s'arranger. »

PALESTINE. — Orphelinat agricole de Beït-Gémal dirigé par les prêtres de l'œuvre de la Sainte-Famille de dom Belloni, vu du sud-est ; d'après une photographie du R. P. Jullien.

Sur l'une de ces montagnes complètement nue, nous essuyons un affreux orage : les tonnerres, le vent, l'averse sont d'une violence bien rare dans les climats européens. Le cheval se tourne où le vent le pousse et s'arrête les jarrets tendus en avant, comme s'il craignait d'être emporté. Le cavalier n'a qu'à baisser la tête et à laisser passer, refoulé dans son néant par Celui qui commande aux vents et aux tempêtes : « Contre la feuille que le vent emporte, vous montrez votre puissance, et vous poursuivez un brin de paille », disait le pauvre Job (1).

Peu à peu les montagnes s'abaissent ; à l'horizon, au-dessus de collines boisées, apparaît la grande plaine des Philistins, la Séphéla, ou pays bas, du livre des Macchabées (2). Un trait blanc au sommet d'une colline est Beit-Gémal.

(1) XXIII, 25
(2) L. I, c. XII, 38.

Le chemin descend dans un frais vallon : ce sont des bois, des oliviers, des cavernes sépulcrales, un petit village, A'llar-el-Fouka (A'llar le Haut), établi dans des ruines apparemment de l'époque des croisés, puis une belle source qui sort d'un canal antique et arrose des jardins plantés de figuiers, de grenadiers et de vignes grimpantes. Au-delà l'oasis devient encore plus fraîche et plus gracieuse : une seconde, une troisième source, coulent sur le sol et se perdent dans de superbes bosquets de citronniers qui ont fait donner à la vallée le nom de Ouadi-el-Leimoun (la vallée du citronnier). A côté de ce bois odorant sont les trois ou quatre petites maisons nommées A'llar-el-Tahta (A'llar le Bas) ; dans le fourré se cachent les ruines d'une ancienne église à une nef, de forme rectangulaire ; d'énormes voûtes légèrement ogivales du monastère attenant ; d'énormes cactus et de vigoureuses broussailles encombrent ces ruines.

Viennent ensuite des vallées désertes, des collines couvertes de térébinthes buissonneux ou de petits chênes à feuilles piquantes, sous lesquels nous apercevons souvent les traces d'anciennes et fortes constructions. De ces Kirbeth (ruines), il y en a sur tous les points élevés, à l'entrée de toutes les gorges : la carte anglaise de l'*Exploration Fund*, à l'échelle de 1/168960, presque aussi parfaite que nos cartes d'État-Major, en est noire en ces parages, et elle ne les a pas tous marqués.

III
Beit-Gémal.

Enfin nous voici au bas de Beit-Gémal. Les hautes murailles de pierres blanches autour du sommet de la colline, les grands bâtiments à fenêtres petites et rares, sans toiture apparente, la belle route qui gravit la hauteur et qu'on dirait faite par le génie militaire, tout lui donne l'apparence d'une forteresse. Le village arabe a disparu ; quelques maisons en pierres sur un sommet voisin, habitées par les familles des employés, commencent un village chrétien.

Au bas de la colline sont des oliviers et des vignes ; sur les pentes disposées en terrasses soutenues de petits murs d'appui, le sol est absolument nu. Il ne peut en être autrement au mois de novembre : ces terrasses sont des jardins et sur la colline on n'a que l'eau des citernes ; mais en hiver, quand les pluies baignent la terre, les potagers deviennent resplendissants de verdure et de fertilité. L'hiver dans ces pays est la saison des légumes et des fleurs.

On est ici à moins d'une heure du chemin de fer qui s'aperçoit au nord, et au centre d'une région éminemment biblique : la plupart des sommets, des villages en vue, répondent à quelque localité des Livres Saints. Dans la di-

CANADA. — MISSION ET CHAPELLE DU LAC BARRIÈRE DANS LE HAUT DE LA RIVIÈRE OTTAWA; d'après une photographie de Mgr LORRAIN, évêque de Pontiac (Voir page 96).

rection du sud-est et du sud, Khirbet Zanoua répond à l'antique Zanoah (1) ; le village de Beit Nettif, à Nétopha (2) ; Kirbet Yarmouk, à Jérimoth, en hébreu Jarmuth (3), à l'ouest, sur une belle montagne, Khirbet Khreichoum représente l'ancienne Taphua, en hébreu Tappouah (4), etc.

Beit-Gémal aussi a évidemment remplacé une petite ville chananéenne, dont le nom s'est perdu (5), mais dont il subsiste des citernes, des silos et des tombeaux pratiqués dans le roc, ainsi qu'un assez grand nombre de pierres de taille. éparses sur le sol ou engagées dans les constructions.

C'est admirable tout ce que le zèle industrieux de Dom Belloni et de ses collaborateurs, aidé de la charité étrangère, a su édifier, planter, organiser dans ces solitudes, à six grandes heures de tout centre de population présentant quelques ressources et sans chemin pour s'y rendre, au milieu de difficultés sans nombre de la part des indigènes, tous musulmans, et du côté des familles, toujours pressées de réclamer leurs enfants dès qu'ils sont en âge de leur rendre le moindre service.

On a voulu ne prendre que des orphelins abandonnés. Mais l'orphelin a-t-il atteint l'âge de douze à quinze ans ? Aussitôt un père et une mère supposés se le retirent. Comment échapper à ces tromperies dans un pays sans état civil, où l'enfant bien souvent ne porte pas le nom de son père, où les témoins complaisants sont à si bon marché ? Comment résister aux réclamations prématurées des parents, quand la législation locale n'en fournit aucun moyen ?

(1) Jos. XV, 34.
(2) I. Par. IX, 16. XXVII, 13. II. Par. XII, 28. I. Esdr. II, 22. II. Esdr., VII, 26.
(3) Jos. X, 3, 5, 23. XV, 35. II. Esdr. XI. 29.
(4) Jos. XV. 34.
(5) Victor Guérin. *Palestine*. II, 25.

La journée de chaque enfant est estimée, suivant son travail, au prix des ouvriers indigènes ; le tiers lui est attribué et forme le capital qu'on lui remettra à sa sortie, s'il reste jusqu'à dix-huit ans. L'appât est encore insuffisant pour déterminer le grand nombre des familles à laisser leurs enfants jusqu'au bout. Faute de bras, on doit louer une partie des terres aux Arabes pour le sixième du rendement brut, les impôts et tous frais restant à leur charge.

Malgré tout, l'ensemble de l'exploitation présente une apparence d'ampleur, d'ordre et d'intelligente économie qui rappelle nos meilleures fermes-écoles. Dirai-je notre étonnement, notre admiration, à la vue de chemins d'exploitation sur lesquels roule un tombereau, le seul assurément de toute la Palestine méridionale jusqu'à l'Egypte ? Avec le chemin de fer, le progrès ira plus facilement et plus vite.

Mais déjà la contrée sent l'heureuse influence des orphelinats de Dom Belloni et des Pères de Notre-Dame de Sion : les chrétiens, me disait-on à Jérusalem, commencent à travailler, à disputer les métiers aux juifs qui étaient en train d'en acquérir le monopole.

(*A suivre*).

LES MISSIONNAIRES PROTESTANTS

EN CHINE

Un missionnaire de Chine nous envoie ce remarquable article. Nous le recommandons à l'attention de nos lecteurs. Puisse-t-il, en présence de l'activité du protestantisme, les exciter encore à redoubler de zèle pour accroître les ressources de l'apostolat catholique ! Cette lecture est du reste encourageante à un autre point de vue : elle montrera une des supériorités du catholicisme sur les sectes dissidentes, supériorité fondée sur cette unité de doctrine, sur cette hiérarchie une et sainte : deux choses qui manquent à nos Frères séparés et qu'ils demandent en vain à leurs tentatives d'union.

Je lisais dernièrement dans les *Missions catholiques*, un des intéressants récits de Mgr Vidal, qui évangélise, aux antipodes de Paris, la mission lointaine des Fidji et j'admirais le magnifique réseau que forme actuellement l'apostolat catholique sur le monde entier.

Ces considérations appelèrent mon attention sur les missions protestantes. Elles aussi forment un réseau, plus récemment commencé, il est vrai, puisqu'il ne date pas d'un siècle ; et pour la Chine à peine d'un demi-siècle, mais plus serré sur les points où l'influence politique ou commerciale le favorise, plus flottant sur ceux où l'évangélisation reste privée des secours humains et où le martyre demeure en perspective.

Quoi qu'il en soit des intentions personnelles et sans vouloir par conséquent juger les personnes qui s'y dévouent, nous devons reconnaître que le démon est toujours le *singe de Dieu* et qu'aux missions catholiques, qui datent de Notre-Seigneur Jésus-Christ, il a voulu substituer les siennes.

I

Quand donc ont-elles commencé en Chine? Quoique quelques rares missionnaires soient venus plus tôt résider aux portes de la Chine, c'est leur faire la part large que de dire qu'elles ont un demi-siècle d'existence ; elles dateraient ainsi de la fameuse guerre de 1840, faite par les Anglais pour imposer l'opium à la Chine, qui le repoussait depuis six ans, guerre qui causa une recrudescence de persécution et donna à l'Église de Chine un martyr, le Bienheureux Perhoyre, si cruellement martyrisé en haine de la foi.

C'est dans le cours de cette guerre que les Anglais occupèrent Hong-Kong et c'est là qu'abordait, en 1846, le plus ancien membre de la Conférence protestante qui vient de se tenir à Chang-haï. Il y trouva, dit-il, six chrétiens (protestants), venus d'autres points. Voilà le commencement de l'hérésie en Chine.

Depuis, l'argent, les hommes, l'opinion publique et surtout l'appui des gouvernements protestants ne lui ont jamais fait défaut. Le dévouement même de ses membres, dont plusieurs sont dans la bonne foi, a fait ses preuves; mais ce qui lui a manqué, c'est la vraie base, la mission légitime, la doctrine dans son intégrité, l'autorité pour diriger et unir les bonnes volontés. C'est ce que les missionnaires protestants ont toujours éprouvé, ce qui les a amenés à tenir la Conférence de 1877 et surtout celle de 1890, dont *l'union* était le but principal. Mais, en dépit de tous leurs efforts, nous pouvons dire qu'il leur manque la bénédiction de Dieu pour féconder leur activité et leurs prodigieuses dépenses.

Quelques chiffres vont en donner une idée. Cette statistique, je la tire des publications protestantes elles-mêmes.

Voulez-vous savoir d'abord à combien se montent les ressources pécuniaires des missions protestantes en général? Ce budget d'ensemble donnera une idée du budget pour les missions de Chine, dont je ne connais le chiffre que pour quelques Sociétés.

Sans entrer dans des détails faciles, mais ennuyeux, je me contente du chiffre général que j'ai sous les yeux dans le *Missionary journal* (Londres, janvier 1888). Il indique deux millions deux cent mille livres sterling, c'est-à-dire cinquante-cinq millions de francs. Ce chiffre est loin de rapprocher du chiffre alloué aux missions catholiques par la Propagation de la Foi : sept millions.

Considérons en second lieu le personnel. Il faut ici un peu plus de détails.

La Conférence de 1877 comptait cent vingt membres, ou représentant des missions protestantes ; le chiffre total des missionnaires dépassait un peu quatre cents.

En 1890, l'Assemblée ou Conférence de Chang-haï a compté quatre cent vingt membres, dont au moins deux cents femmes ; il y avait aussi quelques enfants.

Quant à l'ensemble des missionnaires, de l'un ou de l'autre sexe, ministres, laïques, médecins, le nombre total en était de onze cent vingt-trois en 1888, et de douze cent quatre-vingt-quinze en 1889, avec une augmentation de cent soixante-douze en un an.

Et cette marche ascendante ne leur suffit pas encore ; ils font appel à mille recrues nouvelles d'ici cinq ans pour inonder la Chine entière de prédicants : cinq cents d'Europe et cinq cents d'Amérique.

Impossible, dira-t-on ! Détrompez-vous : il y a, aux Etats-Unis seulement quatre mille jeunes gens qui se préparent aux missions à l'étranger.

Ici encore on pourrait faire un rapprochement instructif et frappant avec les missions catholiques qui, quoique plus anciennes, plus répandues et plus puissantes, n'ont pas en Chine un personnel aussi nombreux (1) et ne peuvent pas espérer un pareil regain d'ouvriers apostoliques; c'est surtout vrai en ce moment où les pays protestants n'ont pas le service militaire, ou bien en exemptent leurs séminaristes, tandis que les principaux pays catholiques, pourvoyeurs des missions, imposent au recrutement des vocations apostoliques les obstacles les plus insurmontables.

De plus, la nature même de notre vocation divine, sa préparation longue, sévère, exclusive, le célibat qui en est une condition indispensable aussi bien pour les Frères coadjuteurs, les Frères enseignants et les Sœurs, que pour les Prêtres, la pauvreté, la vie de communauté, la vie d'obéissance, voilà des conditions qui élèvent et placent le missionnaire dans une sphère à laquelle bien peu veulent ou peuvent parvenir.

Tout au contraire, nous voyons chez ces Messieurs le célibat repoussé, le mariage rendu aisé et avantageux. Il n'est pas rare, en effet, d'apprendre le mariage d'un missionnaire avec *une missionnaire*. La nouvelle dame est invitée à conserver son emploi; mais si son rôle de mère de famille lui suffit, elle reçoit un subside pour elle et plus tard pour chacun de ses enfants. Peu à peu les économies sur le traitement s'accumulent, et le jour vient où l'apôtre fatigué change de vigne et va exploiter pour sa famille une nouveau champ. Pour le missionnaire catholique, au contraire, c'est sans esprit de retour qu'il est venu. Ce point un particulier frappe nos frères séparés. Durant notre traversée, nous entendions des Anglais protestants dire à notre sujet que ce qui les impressionnait le plus, c'était le *for life* (pour la vie)!

Et quels sont les résultats? Je les prends dans le Rapport lui-même; c'est officiel.

En 1840, il y avait à Hong-Kong six convertis en Chine. En 1877, il y avait dans l'ensemble des missions de la Chine treize mille trente-cinq communiants (*communicants*).

En 1890, on en compte trente-sept mille deux cent quatre-vingt-sept, ayant fourni environ 147.000 fr. par leurs cotisations.

Ils annoncent cinq cent vingt églises organisées et soixante-un hôpitaux avec dispensaire, ainsi que d'autres nombreux dispensaires sans hôpital. En une année, ces établissements ont donné leurs soins à trois cent quarante-huit mille quatre cent trente-neuf malades.

Treize publications diverses, en chinois, servent actuellement d'organe aux diverses œuvres protestantes.

. .

En voyant ce chiffre on nous demandera peut-être d'apprécier ce résultat. A Dieu seul appartient ce jugement: qu'il me suffise de faire remarquer:

1° que les missions catholiques sont régulièrement répandues dans toutes les provinces de l'Empire chinois, tandis que les œuvres protestantes abondent dans les ports, sont

(1) Cinq cents et quelques Prêtres.— Frères coadjuteurs et Sœurs, nombre inconnu.

rares à l'intérieur des terres, et encore nulles, de leur aveu, dans deux provinces.

2° Que le nombre des catholiques répandu dans l'Empire chinois va jusqu'à cinq cent mille, d'après le compte rendu de la Propagande. Il est vrai, nos missions sont beaucoup plus anciennes puisqu'elles datent de deux siècles, du fameux P. Ricci; mais la Révolution française les a privés de missionnaires et les persécutions les ont longtemps éprouvées et décimées, épreuve qui a manqué jusqu'ici aux missions protestantes. Qu'est-ce, d'ailleurs, que cinq cent mille chrétiens sur une population de quatre cents millions d'habitants?

3° Que, dans les missions catholiques, il n'y a jusqu'ici de largement développé que le ministère sacerdotal proprement dit, fondement nécessaire de toute évangélisation ; tandis qu'il fait presque complètement défaut aux missions des protestants qui nient ou ignorent de fait bien souvent les sacrements. Leur attention, leur zèle, leurs ressources, se portent surtout sur les œuvres de charité, d'éducation, de civilisation, qui font certainement parti du programme catholique, mais ne peuvent tenir chez nous que le second rang et ne se développer que plus lentement.

II

J'en viens maintenant d'une manière plus expresse à la Conférence de 1890.

Pourquoi cette Conférence? Pour l'union des diverses *Sociétés*, ou *sectes*, ou *dénominations*, comme disent les intéressés en style euphémique pour couvrir le défaut de la cuirasse. On comprendra facilement la valeur de cette raison, en considérant que quarante-deux Sociétés différentes étaient représentées à la réunion, sans compter encore des missionnaires indépendants, et que ces diverses Sociétés, libres les unes à l'égard des autres, s'installent plusieurs dans les mêmes centres au grand préjudice de leur action (commune) réciproque.

Quels sont les principaux points traités?

Deux questions surtout ont été sérieusement traitées au point de vue de l'union, celle de la Bible en chinois et celle de la division du territoire. De nombreuses questions secondaires ont complété le programme.

I. — Traductions de la Bible. La difficulté, « *insurmontable jusqu'ici,* » venait de la pluralité. des traductions et. des diverses condamnations que ces Sociétés si variées prodiguaient aux versions adverses; de là l'impossibilité où on avait toujours vécu, de s'entendre et de s'unir.

Cette fois, on réclamait une *union version* (version d'union), faite en union, faite pour l'union.

On s'aperçut, dès l'ouverture de la Conférence, que cela dépassait les bornes d'une attente raisonnable (textuel). Les discussions furent vives et longues. Enfin, de guerre lasse, on arriva à une entente, à une union *secundum quid*, votée à l'unanimité et qu'un des principaux membres a appelée l'œuvre maîtresse de la Conférence.

En voici les bases :

I. On a constitué quatre comités permanents pour la révision des versions d'après les divers styles chinois :

1° Haut style classique (style très concis, à la Tacite).

2° Classique aisé (correspondant à notre style académique).

3° Style simple, vulgairement appelé mandarin.
Un 4° pour les divers dialectes locaux (on pourrait dire
patois) ; ces messieurs en ont indiqué onze.

Cela peut donner une idée, en passant, de cette fameuse
langue chinoise, uniforme dans ses caractères et si diver-
sifiée en certaines régions à cause des variantes de la
prononciation.

Voilà l'œuvre gigantesque entreprise ! Pour nous, humbles
missionnaires catholiques, nous nous contentons d'enseigner
la substance de la Bible à nos pauvres néophytes : heureux
encore si nous trouvons en eux une intelligence assez développée pour comprendre les rudiments de l'histoire sainte.

II. On a ensuite reconnu, à l'unanimité, la nécessité d'une
édition de la Bible en chinois, avec sommaire, têtes de
chapitre, notes et brèves explications. Mais que l'*intolérance*
catholique note bien ceci : on n'est arrivé à s'entendre sur
ce point qu'à la condition d'éclairer la Bible par des
notes *non doctrinales*, disait la première rédaction ; *non
sectaires*, a dit la rédaction votée, afin d'effacer l'absolu du
premier terme. On n'exclut ainsi que les notes affirmant la
doctrine propre à une secte et non acceptée par les autres.
Mais, en définitive, il y a bien peu de différence. A quoi se
réduirait la doctrine non controversée si un Bossuet était là
pour passer en revue les variations de ces quarante-deux
Sociétés. Ce n'est même pas nécessaire. Ils ont eux-mêmes
reconnu que toutes les difficultés portent sur trois points :
Jésus-Christ, le baptême, la justification. Que reste-t-il donc
de la doctrine, si on ne peut rien affirmer en commun sur
ces trois bases de notre foi et de notre vie surnaturelle ?

III. On a enfin encouragé la méthode, déjà en usage en
plusieurs endroits, de l'enseignement de la Bible chinoise
en caractères latins ou romains, c'est-à-dire que les caractères chinois sont remplacés par les lettres européennes qui
en reproduisent le son, la prononciation. Cette méthode,
dédaignée *a priori* des Chinois instruits, rend de vrais services aux personnes illettrées, aux personnes « qui ne connaissent pas les caractères ».

Cette méthode n'est pas appliquée, en Chine, à l'enseignement religieux par les missionnaires ; je le pense du
moins. Ce n'est pas qu'elle leur soit inconnue. Elle est en
honneur depuis plus d'un siècle, en Cochinchine, où les
chrétiens savent lire leurs prières sur un livre ainsi imprimé ;
et en Chine, un vénérable vicaire apostolique, Mgr Cosi,
décédé en ces dernières années, en avait combiné un code
qui est en usage dans certains endroits de la Chine.

Cette méthode, qui a parfaitement réussi en Cochinchine,
a-t-elle des chances de se faire jamais accepter ici ? C'est
un problème, car l'amour aveugle des lettrés pour leur
langue et ses innombrables caractères, est encore à son
maximum et se rattache même à des idées superstitieuses.

Cette question de l'union sur le terrain de la Bible est-
elle entrée dans la voie du triomphe par ce vote à l'unanimité ? Ce serait se hâter de l'affirmer. Quand les missionnaires traducteurs ou réviseurs de toutes ces versions
seront parvenus à s'entendre sur les textes, ils devront
encore se concerter avec les trois puissantes Sociétés
bibliques anglaise, écossaise et américaine, qui voudront
bien éditer leurs travaux. La Société anglaise, à elle seule,
publie la Bible en deux cent quatre-vingt-quatorze différents

langages. La Chine reçoit chaque année environ six cent
mille exemplaires de la Bible totale ou partielle.

I.—La seconde question, la division des territoires entre les
diverses Sociétés n'a pas trouvé aussi facilement sa solution
théorique. Elle aurait semé la division si on eût voulu la
discuter à fond : on a donc décidé qu'on s'entendrait le
mieux possible, comme il convient entre frères.

C'était plus facile que de dire comme Grégoire XVI : « Telle
Société évangélisera telle mission, telle autre prendra exclusivement la province voisine. » Mais comment arriver à cette
netteté de résultats sans une autorité d'une part pour prononcer, et l'obéissance de l'autre pour réaliser ? Cette constitution des missions catholiques, que les protestants, dans
leur solennité assemblée, viennent de reconnaître impossible pour eux, restera ainsi le privilège de nos missions,
leur force au point de vue naturel, et surtout elle leur sera
toujours, au point de vue surnaturel, une source de bénédictions, une garantie de victoire : *vir obediens loquetur*
victorias.

(*A suivre*).

DOUZE CENTS MILLES EN CANOT D'ÉCORCE

ou

PREMIÈRE VISITE PASTORALE

de Mgr N.-Z. LORRAIN, évêque de Cythère
Vicaire apostolique de Pontiac

DANS SES MISSIONS SAUVAGES DU HAUT DES RIVIÈRES OTTAWA
ET SAINT-MAURICE, DE WASWANIPI ET DE MÉKISKAN

Par Mgr J.-B. PROULX
Curé de Saint-Raphaël de l'Isle-Bizard.
(Suite 1).

CHAPITRE VI

Du Grand Lac Victoria au lac Barrière.

Sur l'Ottawa supérieur.— Le miroir des eaux. — Un campement.
— La plus belle section de l'Ottawa. — Le Lac Barrière.

Vendredi, 3 juin. — Pour simplifier le voyage et éviter
une perte de temps précieux, il avait été décidé, avant le
départ, qu'un Père de Maniwaki, sur la Gatineau, remonte-
rait la rivière Désert, et viendrait donner cette semaine la
mission au lac Barrière, à soixante milles plus à l'est que le
Grand Lac en amont de l'Ottawa. Monseigneur irait faire la
visite épiscopale en cet endroit, pendant que le P. Guéguen
donnerait la mission au Grand Lac, puis reviendrait ici
pour la confirmation ; après quoi, tous ensemble, nous pren-
drions la route de Waswapini, au nord, par delà la ligne de
qui sépare les eaux qui coulent dans le Saint-Laurent,
de celles qui vont dans les rivières très fort. Nous n'avons de-
M. Christopherson a l'obligeance de nous prêter un canot
tout neuf, plus petit que le nôtre, plus léger, roulant sur la
vague, qu'il a appelé *Express.*

Sous l'impulsion des cinq rames, le canot court, vole ;
nous ne nous apercevons guère que nous allons au rebours
d'un courant, en certains endroits très fort. Nous n'avons de-

(1) Voir les *Missions catholiques* du 2, 9, 16 23 janvier, 6 et 13 février, ainsi
que la carte et l'itinéraire, page 8.

bagage que le strict nécessaire; en mettant le pied à terre dans les portages, vite deux hommes chargent le canot sur leurs épaules, les trois autres se partagent la cargaison : Cinq minutes après, nous reprenons la navigation. Notre canot ne porte pas en vain le nom d'*Express*, nous voyageons en train-éclair. Ces hommes se font un point d'honneur de faire vingt lieues avec cinq portages en une journée. Il sera parlé de ce voyage bien longtemps sous l'écorce du wigwam.

.·.

Pour exprimer le calme et la transparence d'une onde tranquille, il y a une expression stéréotypée : « la surface du lac est lisse comme un miroir ». Cette figure, quelque vraie qu'elle soit, n'est pas encore assez juste pour rendre ce que nous avons sous les yeux, par ce beau soleil couchant. La glace la plus pure n'a pas le poli, le luisant, la puissance de reproduction, dont cette masse liquide nous donne le spectacle en ce moment. Non seulement la côte se mire dans la rivière qui coule à ses pieds ; mais elle s'y reproduit avec ses contours, ses élévations, ses enfoncements, ses accidents divers jusque dans les plus petits détails. Vous voyez deux forêts, se tenant par le pied, non seulement sur une étroite lisière le long de la grève, mais aussi avant que votre œil peut pénétrer dans les profondeurs. Celle qui a la tête en bas se détache dans ses moindres particularités avec plus de netteté. Le tableau surpasse l'original, car le rayon visuel n'y est pas ébloui par le scintillement de cette lumière trop vive qui danse dans les couches supérieures de l'atmosphère. On y saisit plus distinctement le vert tendre des trembles, le vert plus foncé des bouleaux et des merisiers, le vert bleuâtre des cèdres, le vert roux des cèdres, le vert sombre des épinettes : mélange de verdure, opéré avec le caprice le plus savant. Ici les sommets effilés de quelques épinettes au milieu d'épinettes plus courtes, paraissent comme les clochers élancés de fières cathédrales du moyen-âge, entourés de clochetons gothiques. Là les têtes arrondies, pressées et uniformes des trembles, présentent comme un lit de feuillage où il semble qu'il ferait bon de s'étendre et de se rouler comme dans une prairie. Partout, la végétation printanière est dans toute sa richesse, sa vigueur et son exubérance.

Après avoir parcouru environ douze milles, nous campons au pied d'une succession de rapides.

Savez-vous ce que c'est qu'un campement du soir ? D'abord il faut choisir une pointe élevée pour avoir de l'air, du vent, et, par contre, moins de maringouins. Aussitôt à terre, l'un débarque le bagage, un autre tire le canot sur la grève, un autre court chercher du bois pour allumer le feu, un quatrième dresse la tente sur un terrain sec et uni. On place sur le sol un lit de branches de cèdre ou de sapin, ce qui embaume la demeure d'un arôme tout à fait agréable ; par dessus on étend un matelas fait de peaux de lièvre, puis une couverture : avec ces précautions, vous n'avez rien à craindre de l'humidité de la terre. Le cuisinier fait rôtir ses grillades de lard, qui nagent dans la graisse et répandent un fumet délicieux.

La nappe est tendue selon les endroits, sur le gazon ou sur les galets, et tout autour sont placées les assiettes et les écuelles de fer-blanc. Nous prenons le repas, comme les Romains, couchés autour de la table ; l'appétit est ce qui manque le moins. Après souper, nous faisons une petite veillée auprès du feu qui pétille au milieu de la nuit sombre ; chacun a son histoire, son bon mot. Vous vous étendez sur votre couche odoriférante, et vous dormez sous le regard de Dieu, au fracas assourdissant d'une chute, ou au bruit monotone du vent dans la tête des grands arbres.

Ce soir, assis sur nos couvertures, nous chauffant les pieds nus au feu qui flamboie à notre porte, nous reposons délicieusement. Serions-nous mieux dans un palais ?

La journée avait commencé avec la pluie, sous de bien tristes auspices ; elle se termine sous un pâle rayon de la lune, qui nous regarde à travers une échancrure du feuillage. Tout est bien, qui finit bien !

Samedi, 4 juin. — A trois heures, *Benedicamus Domino.* Le signal du réveil est donné par les coups de la hache, qui abattait un arbre pour faire bouillir le thé. Depuis une demi-heure, j'étais réveillé, écoutant avec ravissement un chœur nombreux de petits oiseaux. Souvent, dans nos villes, nous payons cher pour aller entendre les accords discordants de pauvres orchestres ; ici, pour rien, l'oreille se délecte d'harmonies suaves, par lesquelles les chantres ailés saluent le retour de l'aurore ; la mélodie du matin distille de chaque branche avec la goutte de rosée.

De quatre heures et demie du matin à quatre heures et demie du soir, notre navigation de plus de trente-trois milles est interrompue seulement de temps en temps par des courants très forts, et de petits rapides viennent exercer les nerfs de nos rameurs. Alors c'est comme dans Virgile : ils s'étendent sur l'aviron, le canot tremble sous les coups, les eaux fuient, les poitrines sont haletantes, la respiration devient rapide et saccadée, la sueur coule.

> *Olli certamine summo*
> *Procumbunt; vastis tremit ictibus aera puppis;*
> *Subtrahiturque solum ; tum creber anhelitus artus*
> *Aridaque ora quatit; sudor fluit undique rivis.,*

J'ai vu tomber aujourd'hui plusieurs de mes préjugés et de mes ignorances. Je m'étais figuré, avec un grand nombre du reste, que le haut de l'Ottawa était tout à fait montagneux ; or du Grand Lac au lac Barrière, sur un espace d'une vingtaine de lieues, il n'y a pas une seule montagne. Je pensais que ce sol était composé de rochers granitiques, à peu près comme aux sources de la rivière du Moine ; or le sol est non de pierre ; mais de terre, et encore de terre très friable. Je croyais que les forêts y étaient rachitiques et misérables ; or les forêts y sont riches et plantureuses. J'étais persuadé que cette contrée était triste et insipide ; or c'est peut-être la plus belle section du bel Ottawa. Elle n'a pas les fermes et les moissons de l'Ottawa entre Montréal et la capitale fédérale ; elle n'a pas les chaudières brumeuses, « les chutes hardies, les rapides tourbillonnants de l'Ottawa entre la capitale et Mattawa ; elle n'a pas les grandeurs sauvages de l'Ottawa entre Mattawa et le lac Témiscamingue ; mais elle a un pittorèsque plus coquet et des encadrements de tableaux plus variés.

Ici vous voyez un labyrinthe d'îlots, luxuriants de feuillage et de verdure. Là, la rivière, large de deux à trois arpents, coule entre des côtes basses et bien boisées ; vous diriez une avenue princière, l'allée d'un immense parterre, qui s'étend et circule à longs replis à travers une riche plantation. La hache meurtrière n'a jamais dévasté ces forêts, qui étalent à nos yeux leur végétation exubérante et leurs gloires printanières (Voir la gravure, p. 85). ·

Plus loin, les côtes s'abaissent et se couvrent de hautes herbes ; des baies circulaires présentent, à gauche et à droite, les contours les plus gracieux, et notre canot, comme une gondole vénitienne, s'engage dans des lagunes tortueuses.

A sept heures, le lac Barrière nous apparaît sévère avec ses eaux noires, ses forêts sombres et ses trois pics de montagnes. A huit heures et demie, nous laissons le cours de l'Ottawa pour monter, par un portage de deux cents pieds, sur les eaux du lac Kakibonga. Nous ne sommes plus qu'à un mille et demi de la mission dite du lac Barrière (Voir la gravure, p. 91).

A neuf heures, nous entrons au port, après une journée de dix-sept heures de travail. Il y a quatre mois qu'il est décidé que Sa Grandeur arriverait ici ce soir : n'est-ce pas être d'une exactitude royale ? Je souhaiterais à toutes les grandes lignes de chemins de fer, d'être aussi fidèles aux heures marquées sur leur indicateur.

(*A suivre*).

NÉCROLOGIE

MGR BRIDOUX, VICAIRE APOSTOLIQUE DU TANGANÏKA

Une dépêche de Zanzibar annonce la mort de ce prélat, né en 1852 et sacré évêque le 8 juillet 1888. Nous publierons prochainement sa biographie.

BIBLIOGRAPHIE

A Comparative grammar of the South african Bantu Languages, *Comprising those of Zanzibar, Mozambique, the Zambezi, Kafirland, Benguela, Angola, the Congo, the Ogowe, the Cameroons, the Lake region, etc.*, par le R. P. Torrend, de la Compagnie de Jésus, ancien missionnaire au Zambèze. — Chez l'auteur, maison Saint-Louis, Saint-Hélier, Jersey. Prix : 32 francs. — Pour les missionnaires, 15 francs.

Ainsi que l'indique le titre que nous venons de transcrire, cette grammaire comparative embrasse les idiomes en usage sur une zone immense de pays du Noir Continent.

La compétence de l'auteur en matière de philologie donne à cet ouvrage une valeur inestimable. Pour le composer, le R. P. Torrend a mis à profit d'abondants matériaux qu'il s'était personnellement procurés pendant ses voyages parmi les indigènes du Haut et du Bas Zambèze, les Matabélés, les Betchouânas et les Cafres. Il a consulté au Cap les manuscrits de Livingstone et d'autres voyageurs, au British Muséum toute la collection des publications imprimées et des relations inédites relatives aux langues africaines, enfin la plupart des travaux parus récemment sur ce sujet en France, en Portugal et en Allemagne.

Les voyageurs qui projettent des explorations dans le Zambèze, le Congo, le Zanguebar et dans les autres parties de l'Afrique méridionale, trouveront dans ce volume d'inappréciables facilités pour acquérir une connaissance exacte des langues parlées par les différentes peuplades qu'ils rencontreront. Les missionnaires qui veulent converser ou écrire en quelque dialecte bantu y rencontreront à chaque page des renseignements tout à fait inattendus. Enfin les philologues pourront avec une merveilleuse facilité comparer aux autres groupes de langues, ces langues bantu dont le système grammatical paraît des plus primitifs tout en étant extrêmement raffiné.

« J'avais d'abord voulu rédiger mon livre en français, nous écrit le R. P. Torrend, et j'avais même commencé de le faire, lorsque, voyant que, si je le publiais en notre langue, il ne me serait probablement pas possible de couvrir mes frais d'impression, je me décidai à le rédiger en anglais.

« Comme le prix de l'ouvrage est un peu élevé et que, d'autre part, je ne voudrais pas faire de profit sur les missions que je prétends aider, vous pourriez faire savoir aux missionnaires catholiques qu'ils peuvent obtenir l'ouvrage au prix réduit de 15 francs. »

DONS
Pour l'Œuvre de la Propagation de la Foi

ÉDITION FRANÇAISE.

Pour les missions les plus nécessiteuses (Mgr Couppé).
Anonyme du Creusot, diocèse d'Autun   10
Mlle Jeurret, diocèse de Rennes, en l'honneur des B. Perboyre
et Chanel   20
Mme Apolline Toubin, du diocèse de St-Claude   5

Au R. P. Gabillet, missionnaire à Poodichéry.
M. Robin, à Semsales, Lausanne, avec demande de prières
spéciales   7

R. P. Paul Guérin, missionnaire à Jaffna (Ceylan).
M. Guérin, à Treffieux, diocèse de Nantes   10

Pour les affamés de la Cochinchine.
A M. de Paris   10

A Sœur Gilbert, à Ning-Po.
A M. de Paris   15

Pour les inondés de la Mongolie Orientale.
Anonyme d'Autun   20
Anonyme de Houilles, avec demande de prières   5

Pour les missions des Pères Jésuites au Japon.
Une enfant de Marie du diocèse de St-Claude, en actions de
grâce aux Bienheureux Martyrs du Japon 400

A Mgr Taurin Cahagne, vic. apost. des Gallas.
M. C. O., diocèse d'Evreux 100

A S. E. le Cardinal Lavigerie, pour rachat d'esclaves.
Plusieurs anonymes de Beaugency, diocèse d'Orléans   10

Au même, pour baptême de deux nègres sous les
noms de Hermand et Maria.
H. P., diocèse de St-Claude, avec demande de [prières spé-
ciales   3

Au R. P. Sère, missionnaire au Sénégal, pour le baptême d'un enfant nègre.
F. du diocèse de Grenoble   20

Au supérieur de la Mission du Kilima-Ndjaro, pour rachat d'un petit nègre à baptiser sous le nom d'Antonin.
Anonyme de Grenoble, avec demande de prières spéciales   25

A Mgr Augouard, pour le baptême d'une petite fille, sous
les noms de Marie-Josephine.
Deux amies de Paris   5

(La suite des dons prochainement).

TH. MOREL, *Directeur-gérant.*

Lyon. — Imprimerie MOUGIN-RUSAND, rue Stella, 3.

CANADA. — GRAND BANQUET DONNÉ AUX SAUVAGES DE LA MISSION DU LAC BARRIÈRE; d'après une photographie de Mgr LORRAIN, évêque de Pontiac (Voir page 107).

CORRESPONDANCE

GOA (Hindoustan).

Exposition du corps de saint François Xavier.

Tous les douze ans a lieu à Goa une cérémonie extraordinaire. On ouvre la châsse de saint François Xavier, et le corps, miraculeusement conservé, du grand apôtre des Indes et du Japon demeure exposé aux hommages des fidèles durant un mois, du 3ᵉ décembre au 1ᵉʳ janvier. « A l'annonce de cette exposition, écrit Mgr Riccaz, évêque de Nagpore, toute l'Inde est en émoi ; des milliers de pèlerins se mettent en route. Goa, qui auparavant ressemblait à un vaste cimetière, reprend vie ; les églises sont réparées et décorées, les rues où croissaient les chardons et les épines, sont mises en état de circulation, des bâtiments en toile ou en feuilles s'improvisent de tous côtés, le son joyeux des cloches mêle ses accents aux détonations de tous les canons, les musiciens avec leurs instruments réparés à neuf, ajoutent leurs mélodies à ce ravissant concert ; et les flots de pèlerins arrivent de tous côtés (on en comptait dix mille le 1ᵉʳ jour de l'exposition, et le nombre total pendant cette fête de 27 jours a été de trois cent mille)! » Nous allons emprunter à une longue et fort intéressante correspondance, que nous ne pouvons malheureusement reproduire *in extenso* le récit de ces journées de bénédiction. La magnifique photographie que reproduit notre gravure page 103 est due à l'obligeance du T. R. P. Tissot, supérieur général des missionnaires de Saint-François de Sales d'Annecy.

LETTRE DE MGR GARNIER, DES MISSIONS ETRANGÈRES DE PARIS ÉVÊQUE DE MALACCA.

Délégation Apostolique. Ootocamund, 12 décembre 1890.

Invité par Mgr Valente, patriarche des Indes et archevêque de Goa, à assister à l'exposition du corps de saint François Xavier le 3 décembre courant, je partis de Singapore sur l'*Iraouaddy*.

Il y avait à bord le prince Henri d'Orléans, accompagné de M. Bonvalot et de son chapelain; en outre, le ministre plénipotentiaire de Chine, M. Lemaire et sa femme, plus le Gouverneur de Macao avec son aide de camp…

C'est le 2 décembre, au matin, que nous entrâmes dans la rivière qui baigne la ville portugaise. Quand nous abordâmes au Vieux Goa, une compagnie de soldats et la musique militaire étaient là pour nous recevoir. Notre première visite fut à une vaste église, celle de Saint-Gaétan, près de laquelle réside le Gouverneur. De là nous nous rendîmes au Bon-Jésus, église de la Compagnie de Jésus, dans laquelle se trouve le corps de saint François Xavier. Comme le corps était enfermé dans la sacristie, nous nous contentâmes d'une prière près du tombeau et alors nous nous transportâmes au couvent de

Sainte-Monique où les évêques et leurs assistants avaient des chambres préparées. Quel magnifique monument! Des murs de 12 pieds d'épaisseur! C'est un immense carré ayant double vérandah. Les chambres ressemblent à celles des séminaires, peut-être un peu plus grandes ; elles étaient très luxueusement meublées.

A onze heures et demie, Son Excellence le Patriarche vint nous faire une visite. Il trouva réunis l'archevêque de Bombay, NN. SS. de Hydérabad, de Meliapore, de Poona, de Cochin, de Kottayam, de Trichoor et de Malacca. Le patriarche est de taille ordinaire ; il n'a que 45 ans. Son air est très majestueux, très affable et très digne. Il était revêtu de son grand manteau de cérémonie doublé d'hermine blanche. Après avoir souhaité la bienvenue à ses hôtes, Son Excellence se retira à son palais qui est contigu à la cathédrale, l'église de Sainte-Catherine.

A 5 heures du soir, les premières vêpres commencèrent avec toute la splendeur possible ; malheureusement les instruments dominaient trop les voix. L'office dura trois quarts d'heure. Le soir, il y eut dans la ville des illuminations magnifiques, des feux d'artifice. Mais la grande solennité était pour le lendemain.

.*.

Dès 2 heures du matin, commencèrent les messes. Les évêques avaient des heures fixées pour célébrer sur le tombeau de saint François Xavier. Les messes se continuèrent jusqu'à 2 heures de l'après-midi. La matinée était ravissante de fraîcheur et de soleil. Les pèlerins venaient en foule de tous côtés : on en estime le nombre pour ce jour-là à cinquante mille. A 8 heures, nous nous rendions au palais du patriarche. Mais nous dûmes attendre les autorités civiles et militaires ; le Patriarche causa avec nous très amicalement en attendant les dignitaires. A 9 h., nous allâmes processionnellement à la cathédrale, en parcourant les salles du palais et les cloîtres de cette demeure princière. Arrivés dans le chœur de la métropole, qui est une magnifique et vaste église, style renaissance, nous nous revêtîmes de la chape et de la mitre. Alors commença le défilé, sept cents ecclésiastiques sur deux rangs, les confréries, le Gouverneur, puis les huit évêques, et le patriarche revêtu d'une précieuse étole et d'une magnifique chape, présents du Saint-Père. Sa mitre également était très riche.

Le défilé dura trente minutes. Le soleil était radieux, et naturellement très chaud. La protection d'une ombrelle n'était pas de luxe, mais une mesure de prudence. A un certain endroit, la foule se pressait si près de Son Excellence que je dus lui faire une barrière de ma personne, pour l'empêcher d'être écrasé.

.*.

Arrivés au Bon-Jésus, nous trouvâmes l'édifice tellement rempli que nous pûmes difficilement nous ouvrir un passage. Enfin nous parvînmes au chœur. L'église

du Bon-Jésus est une immense basilique sans colonnes. Dans le bras droit du côté de l'Epître se trouve le mausolée, objet d'art exquis, qui sert de tombeau à saint François Xavier (1).

Sur la façade qui donne sur la nef est un magnifique autel, et sur les trois autres côtés des autels plus modestes. A l'entrée du sanctuaire un baldaquin est supporté par des colonnes élégantes, et décoré d'immenses draperies de riche soie blanche. Au centre la châsse d'argent se compose de trois panneaux vitrés sur les côtés, et d'un panneau également vitré pour permettre de voir le corps.

.*.

La messe pontificale fut célébrée avec toute la dignité et la pompe possible. Les officiers assistant l'Archevêque appartenaient au clergé goannais. Les ornements étaient d'une valeur inestimable : les vases pour présenter les insignes, sont d'argent massif ; les chandeliers et reliquaires de l'autel, du même métal. Au-dessus du crucifix se trouve une petite statue de l'Enfant Jésus. Le rétable de l'autel, immense construction Renaissance, s'élève jusqu'à la voûte, et au milieu apparaît la statue de saint François Xavier en chasuble, une main élevée au ciel, et l'autre s'étendant vers la terre. C'est l'apothéose du Saint (voir la gravure, page 103). Le tout est d'une somptuosité indescriptible.

Le chant est très lent et très saccadé. Le maître de chœur bat la mesure avec une verge d'argent. Tous les chanoines sont en mosette avec bas rouges et souliers à boucles d'or ou dorées, et ils ont un anneau comme les évêques.

Après l'évangile, Mgr Gomez Ferreira, évêque de Cochin, monta en chaire et prononça un panégyrique du Saint pendant cinquante-cinq minutes. La voix du prélat était beaucoup trop faible, aussi n'était-il entendu que de ceux qui étaient devant lui.

. .

La messe pontificale terminée, le Patriarche donna la bénédiction papale. Puis il se revêtit de la chape et les évêques, accompagnés de leurs sécrétaires, se rendirent processionnellement au tombeau de saint François Xavier. Là, le Patriarche invita six d'entre nous à porter la châsse, ce que nous acceptâmes comme un grand honneur. Nous sortîmes de l'église avec le précieux fardeau, par une porte latérale et, passant par le cloître, nous rentrâmes par une autre porte, arrivant devant le catafalque décrit plus haut. Après avoir tourné le corps de façon à ce que la tête fût du côté de l'autel, il s'agissait d'ouvrir le reliquaire qui est de bois précieux, recouvert de damas blanc ; deux longues charnières en or correspondent à deux serrures du même métal.

(1) Nous avons donné, dans notre numéro du 27 novembre 1874, une vue et une description de ce mausolée.

Le Patriarche et le Gouverneur, munis chacun d'une clef en or, ouvrirent la reliquaire, et nous soulevâmes le couvercle, et alors apparut le corps du grand apôtre des Indes et du Japon. Le Saint est revêtu d'une chasuble, de sorte que la tête seule est découverte. Cette tête est desséchée, la peau de couleur très brune, les joues sont creuses, la taille est au-dessous de la moyenne (1).

A ce moment un frémissement se produisit dans la foule compacte qui remplissait l'église ; on aurait dit qu'il n'y avait que des têtes, tant les pauvres gens étaient pressés.

Le Patriarche découvrit alors les pieds et les baisa respectueusement. L'archevêque de Calcutta le fit d'une manière très émue, et moi-même qui venais après, j'avais les larmes aux yeux quand je baisai et touchai avec mon anneau ces pieds qui s'étaient fatigués en parcourant une portion si considérable de l'univers pour faire connaître le vrai Dieu. Ainsi se termina cette cérémonie.

Commencée à 9 heures 30, elle finissait à 2 h. 45. La fatigue de tous avait été extrême ; mais les consolations ont fait passer facilement par dessus toutes ces misères. A trois heures seulement nous prenions notre déjeuner qui, je crois, était bien mérité. Mon rochet était tout violet, et ma soutane tout imprégnée de sueur.

* *

Comme je devais partir le soir, j'allai faire une visite au Gouverneur qui me reçut très courtoisement. Je vis aussi le Patriarche; Sa Grandeur m'apprit à ma grande joie que, d'après ses ordres formels, on m'ouvrirait la châsse à seule fin de me permettre de faire toucher au saint corps des objets de piété. Mais au Bon-Jésus, il n'y eut pas moyen d'approcher, vu la foule immense qui voulait satisfaire sa dévotion.

A 7 heures du soir, tous les évêques se rendirent au palais du Patriarche en tenue de cérémonie ; le Gouverneur et tous les grands personnages de la colonie s'y trouvèrent également. Il était neuf heures quand la réception se termina. Je dînai à la hâte, je pris congé de tous mes vénérés Frères dans l'épiscopat et je partis.

(1) Un missionnaire de la Congrégation de St François-de-Sales d'Annecy, décrit en ces termes les restes du grand apôtre :
« Saint François Xavier me paraît avoir été de taille plutôt petite, car le corps actuellement ne mesure guère que quatre pieds et demi. La tête est grosse ; plus de cheveux, ni de barbe ; quelques plaques seulement semblent indiquer qu'il y a encore la racine des cheveux. Les yeux sont enfoncés, et j'ai tout lieu de croire qu'ils n'existent plus. La partie inférieure du nez manque. Le tout est recouvert de peau desséchée. La tête ressemble assez à une tête de mort ordinaire ; mais, en la contemplant, on n'éprouve point de répulsion ; au contraire, on respire le bonheur, on sent que la sainteté pleine au-dessus de cette dépouille sacrée. Cette réliques, dans leur état actuel, sont certainement une conséquence du miracle qui a duré pendant plus de deux cents ans. Mon humble opinion est que le corps saint a commencé à se dessécher, au moment où les Jésuites ont été chassés de Goa. »

Syrie. — On nous écrit de Jérusalem, le 28 janvier 1891.

« La publication de la statistique générale de la mission patriarcale par votre estimable journal me donne l'occasion de vous présenter quelques observations qui la compléteront.

« La première chose à remarquer, c'est le développement de l'élément français dans les Congrégations religieuses établies en Palestine. Sur dix Congrégations d'hommes, six sont françaises et une septième, celle des Trappistes, vient de s'installer tout récemment à Emmaüs avec dix-huit religieux. Parmi les femmes, la supériorité numérique est encore plus accentuée, car sur dix Congrégations (votre statistique met 11, par erreur, les numéros six et neuf n'en font qu'un), la France en compte sept et parmi celles-ci, plusieurs ont un grand nombre de maisons tandis que, parmi les trois autres, les Sœurs du Rosaire seules sont un peu nombreuses.

« S'il est permis de se réjouir de cet état de choses dans les Congrégations religieuses, ne faut-il pas déplorer d'avoir à constater le contraire dans le clergé séculier? Sur quarante-neuf prêtres que compte actuellement le Patriarcat, neuf seulement sont Français, et des vingt-neuf paroisses du diocèse, deux seules sont administrées par des missionnaires de notre pays. L'unique compensation qui puisse nous consoler de ce côté, c'est que ces deux paroisses, qui sont Chefa-Amar et Reyneh, sont des paroisses modèles.

« Chefa-Amar est un grand village, situé entre Nazareth et Saint-Jean-d'Acre, à trois lieues de l'une et de l'autre ville ; sa population est de trois mille habitants, dont deux mille sont grecs catholiques. Les autres sont musulmans et Druses ; nous y avons environ cent quarante latins. M Pons, du diocèse d'Albi, dessert cette petite paroisse, qui n'a pas d'autre église que la chapelle des Dames de Nazareth. Ces Dames ont deux cents jeunes filles dans leurs écoles, le missionnaire tient cent vingt garçons dans la sienne. Ces écoles avec sa paroisse et les congrégations de filles et de mères chrétiennes tenues par les Sœurs offrent au missionnaire un vaste champ pour exercer son zèle.

« M. Monier, du diocèse du Puy, est venu à Jérusalem en 1879. Après huit mois d'étude de langue arabe, Mgr Bracco lui confia la mission de Reyneh, située à une lieue au nord de Nazareth ; il fixa sa demeure dans cette ville parce que, la mission étant nouvelle, on n'avait pas encore bâti de maison pour le missionnaire. Doué d'une grande activité et d'un zèle ardent, M. Monier se donne tout entier à la mission. Il a aujourd'hui deux cent cinquante latins bien instruits et exacts à remplir leurs devoirs de chrétiens. Il a bâti une maison qui se compose de deux chambres pour les deux écoles, una chambre pour lui et une grande chapelle. La population catholique des trois rites latin, grec et maronite, aime à le prendre pour arbitre de ses différends et pour protecteur auprès du gouvernement local... »

Hou-pé méridional (Chine). — Mgr Benjamin Christiaens, de l'ordre des Frères Mineurs Récollets de Belgique, et vicaire apostolique du vicariat de Hou-pé méridional, nous écrit :

« La vaste région de Che-nan avec ses six sous-préfectures est en proie aux horreurs de la famine. Le riz, unique nourriture des pauvres Chinois de cette contrée, fait défaut ; impossible même, dans quelques endroits, de se le procurer à un prix exorbitant. Les païens se livrent au désespoir et mettent volontairement fin à leur misérable existence ; un grand nombre meurent d'inanition. Des milliers de personnes vont chercher de quoi vivre dans la province du Kôuy-tchéou : mais la plupart, épuisés par une longue abstinence, meurent avant d'avoir atteint le terme de leur voyage.

« Néanmoins Dieu est bon pour ceux qui lui sont attachés de cœur. Nos chrétiens, en général très pauvres et de condition infime, éprouvent, en cette circonstance douloureuse, les effets de la miséricorde divine. Ils trouvent encore tous les jours une petite ration de pain. Jusqu'ici un seul est mort ; il est tombé inanimé près de la maison d'un missionnaire et il s'en est allé au ciel après avoir reçu les sacrements.

« Dans la partie septentrionale du vicariat, la misère n'est pas moins grande. Une pluie continuelle est venue dévaster cette immense région; la moisson est entièrement détruite. De tous côtés on nous demande des secours. Le vicariat est pauvre; il faut recueillir les enfants et les nourrir dans les orphelinats, ce qui occasionne de grandes dépenses. Il faut venir en aide aux chrétiens ruinés totalement. Qui le fera, sinon la charité des catholiques d'Europe, sinon le dévouement des âmes pieuses qui voudront bien verser leur aumône dans le sein d'un père qui demande en faveur de ses enfants désolés ? »

Cameroun (*Afrique occidentale*). — Les Pères Pallotins écrivent de Tocotown, le 27 décembre :

« Dans ma dernière lettre que j'ai écrite le premier jour de notre arrivée à Edea, je vous ai raconté nos souffrances pendant le voyage. Mais, comme vous voyez par l'en-tête de la présente lettre, nous avons quitté cet endroit et en voici la raison :

« Dès l'arrivée, nous nous étions aperçus que tout ce qu'on nous avait dit de la ville d'Edea, était absolument faux ; au lieu d'une ville nègre, il n'y avait que quelques misérables huttes en ruine, et au lieu d'une terre fertile, une hauteur pierreuse. Ce qui mit le comble à notre désappointement, fut l'aspect menaçant des nègres et de leur chef Pome, qui nous déclara qu'il ne voulait point de blancs.

« Les marchands qui s'étaient aventurés à venir, eux aussi, jusque-là, se retirèrent secrètement. Après trois jours d'un séjour forcé, nous rebroussons chemin jusqu'à Tocotown, du roi Toco. Ce chef a promis de nous envoyer ses enfants pour les faire instruire. Nous avons trouvé ici un très bel emplacement au dessus du niveau du fleuve, à une demi-heure de la ville. Nos forces étaient réduites à un tel point par la fièvre maligne du Cameroun, qu'il fallait songer à construire au plus vite une hutte pour nous mettre à l'abri.

« Le roi nous prêta douze de ses esclaves et lui-même parfois se mettait à l'œuvre. A la tête de saint Nicolas, nous pûmes entrer dans notre cabane. Tout près nous avons construit une chapelle, drapée à l'intérieur avec du coton rouge et blanc. Nos deux Frères menuisiers ont élevé un autel. La belle fête de Noël y a été célébrée avec le plus de pompe possible. La première messe fut dite à minuit, une grand'messe chantée à dix heures du matin. Le soir, il y eut vêpres solennelles et la fête se termina par la bénédiction du Très Saint-Sacrement.

« C'est la première fois que Jésus visite au Cameroun, sacramentellement.

« Nous espérons avoir d'ici la saison des pluies, qui commence au mois de mars, une maison en planches. Une fois ce travail terminé, nous nous occuperons des enfants; car la conversion des adultes offre des difficultés très grandes, pour ne pas dire impossibles à vaincre. »

. **Etats-Unis**. — Un vénérable Sulpicien de Baltimore écrit à Mgr Vic, évêque de Métellopolis et vicaire apostolique du Kiang-si oriental :

« Laissez-moi vous raconter une conversation que j'ai eue avec S. Em. le Cardinal Gibbons, archevêque de Baltimore. Son Eminence était venue dans notre maison pour la célébration du Jubilé de la Sœur Marie-Anne. Le Cardinal me raconta comment une dame de Baltimore avait obtenu de son mari protestant la permission de devenir catholique. Cette dame insistait depuis longtemps et le mari, officier de la marine des Etats-Unis, refusait toujours, jusqu'à ce jour en expédition sur les côtes de la Chine, il remarqua le contraste existant entre les missionnaires protestants et les missionnaires catholiques. Il trouva que les chapelles catholiques étaient plus convenables que les chapelles protestantes, que les prêtres catholiques vivaient pauvrement, tandis que les ministres étaient fort à l'aise dans de belles maisons. Cela décida notre officier, et à son retour il donna à sa femme la permission désirée. Voilà comment la conduite apostolique des prêtres en Chine peut faire une conversion dans le Maryland. Que le bon Dieu bénisse ces bons missionnaires ! »

IV

Goliath

Dom Scanzio veut bien m'accompagner sur le théâtre de la célèbre rencontre entre David et Goliath et se propose de me montrer plusieurs autres localités intéressantes. Dès l'aube du jour, il envoie ses enfants ramasser les olives abattues par l'orage ; nous partons pour ne rentrer qu'à la nuit.

Depuis le cinquième siècle, la tradition a singulièrement varié au sujet du lieu où David terrassa le géant Philistin. Les anciens auteurs le placent en trois ou quatre endroits fort distants les uns des autres, le plus souvent près de Kolounieh, à une heure et demie de Jérusalem, sur la route de Jaffa (1). Cette dernière opinion était commune avant les découvertes qui, dans la seconde partie de notre siècle, ont éclairé la topographie ancienne de la Palestine. Elle est aujourd'hui justement abandonnée.

« Or les Philistins, assemblant leur armée pour combattre, se réunirent en Socho de Juda et campèrent entre Sotho et et Azéca, proche d'Ephès-Dammim (texte hébreu).

« Et Saül et les enfants d'Israël assemblés, vinrent dans la vallée du Térébinthe (d'Elah en hébreu) et rangèrent leur armée pour combattre contre les Philistins. Et les Philistins étaient, d'un côté, sur la montagne, et Israël sur la montagne de l'autre côté, et la vallée était entre eux (2). »

Tel est le texte des Livres saints qui doit guider nos pas. Parmi ces villes, Socho est connue et les autres ne doivent pas en être loin : tous les savants le placent à Kirbet-ech-Choueikeh, une heure et demie au sud de Beit-Gémal, au bord méridional d'une belle vallée, vraisemblablement la vallée du Térébinthe.

Le nom, la situation de Socho au neuvième mille sur la route de Eleuthéropolis à Œlia, marquée par Eusèbe, les deux villages dont il parle, l'un supérieur, l'autre inférieur, tout cela concorde si bien avec Kirbet-ech-Choueikeh que le doute n'est pas possible (3). Ce point parfaitement déterminé sera le centre de notre exploration.

Nous marchons d'abord à l'est pour atteindre un vallon dirigé du nord au sud, le Ouadi-en-Najil, qui nous conduira à Socho. Des ouvertures dans les rochers, des affleurements de pierre blanche où l'on voit le travail de l'homme, nous disent que ces lieux déserts furent couverts de villages dans les temps anciens.

Arrivé dans un champ labouré, où une large ruban de grosses pierres plates marque la trace d'une voie romaine, Dom Scanzio se détourne à gauche et remonte la voie jusqu'à

(1) Voir TOBLER. *Topographie von Jérusalem*, 1854. II, p. 723 et suiv.
(2) I. ROIS, XVII, 1, 2, 3.
(3) Victor GUÉRIN, *Palestine*. III, 332.

l'entrée d'un vallon sauvage venant du nord-est. Là, il me montre le fût brisé et renversé d'une colonne milliaire. L'inscription latine est en bon état mais incomplète. Elle fut copiée, me dit-il, par Dom Zaccaria, un professeur du séminaire patriarcal.

Nous pûmes retrouver dans un fourré de lentisques ce que Dom Zaccaria n'avait pas vu, le fragment inférieur de la colonne avec son socle carré, encore en place, et lire les dernières lignes écrites en grec : il en était autrefois comme aujourd'hui dans ces pays ; le vulgaire ne comprenant pas la langue officielle, les inscriptions latines portaient au bas leur traduction en grec, comme maintenant les affiches turques sont accompagnées de leur traduction en arabe.

Bien que plusieurs mots de l'inscription soient illisibles ou aient disparu, il est aisé de les restituer à l'aide d'un milliaire de la même année et du même type, trouvé sur la route de Naplouse (1). La voici tout entière :

CAESAR M. AVRELIUS
ANTONINUS AVG. PONT. MAX.
tri. POTEST. XVI COS. III et
imp. CAESAR L. AVRELIVS VERVS
triB. POTEST. II COS. II divi
antoniNI FILI Divi HAdriani
nep. divi TRAIAn. part. pronep.
divi nervae abnepotes
col. ael. capit.
m. p. xviii
ΚΟΛ. ΛΙΛΙΑC. ΚΑΠΙΤΩΛ
ΡΜΔ CΙΑ Ο.

C'est-à-dire : *Imperator Caesar Marcus Aurelius Antoninus Augustus Pontifex Maximus, tribunitia potestate XVI, consul III et imperator Lucius Aurelius Verus, tribunitia potestate II consul II, divi Antonini filii, divi Hadriani nepotes, divi Trajani parthici pronepotes, divi Nervae abnepotes. Colonia AElia Capitolina millia passuum XVIII.*

A trois ou quatre mètres du socle est une seconde base toute pareille et un fragment de fût avec une inscription illisible. On voit encore deux grandes pierres debout, semblables à des jambages de porte. Ne serait-ce pas ici la naissance d'un embranchement de la voie romaine se dirigeant sur Beit-Nettîf?

Reprenant notre route au midi, nous avons en face, à un quart d'heure environ, sur l'arête d'un promontoire de la rive gauche, des arbres, des murs, des ruines, l'apparence d'un village. C'est Beit-Ika, localité qui nous intéresse. L'une des cartes de l'*Exploration Fund* (2), je ne sais sur quelle autorité, la donne pour l'ancienne Azeca. Si l'identification est exacte, le champ de la glorieuse victoire de David sur Goliath est trouvé, car Socho n'est pas loin, et les Philistins « campèrent entre Socho et Azec auprès d'Ephès-Dammim » ; aussi la carte elle-même marque-t-elle la place de l'armée de Saül dans les collines boisées qui font face du côté de Beit-Nettif.

Le petit vallon qui isole au nord la colline de Beit-Ika présente les restes d'un ancien chemin ; au sommet et sur

(1) P. Germer-Durand, dans le *Cosmos*, 1888, n° 169, p. 60; et 1890 n° 300, p. 352
(2) *Map of Western Palestine... Special edition illustrating the old Testament by Trelauney Saunders.* London, 1881.

la pente de la colline, on voit dans les vergers des murailles, des maisons abandonnées faites en partie avec d'anciens matériaux ; on trouve des citernes, des silos, un pressoir taillés dans le roc. Nul doute que ces lieux aient eu des habitants à une époque reculée. Cependant les dimensions de ces ruines ne répondent pas à une ville de quelque importance, et rien n'indique une place forte. Dès lors, on ne peut y voir les restes de l'ancienne Azeca, ville fortifiée par Roboam (1), attaquée par les armées du roi de Babylone (2). Aussi, l'identification inscrite sur la carte, malgré plusieurs raisons assez plausibles qu'on pourrait faire valoir en sa faveur, a-t-elle bien peu de partisans.

Du plateau qui termine le promontoire, la vue s'étend sur une large plaine, s'allongeant à l'ouest en une belle vallée, le Ouadi-es-Sount, formé de la réunion de trois ouadis, celui que nous avons suivi et deux autres qui viennent de l'est : les ruines de Socho se distinguent à gauche sur la hauteur, au point où la vallée commence à se rétrécir.

Pour les atteindre, on marche trois quarts d'heure dans des terres à blé et des lits de torrents remplis d'élégants gatiliers en fleurs ; puis on gravit un raide coteau aux flancs percés de grottes sépulcrales.

Il ne reste de l'ancienne ville sur la hauteur que des fondements de murailles antiques, d'anciens pavés et des matériaux sans nombre dont fait des maisons, aujourd'hui ruinées. Cependant, à l'extrémité de ces vastes décombres, nous remarquons un fût de colonne encore debout auprès d'un pan de mur fort épais qui pourrait bien dater des croisés. Tout est désert ; seuls quelques enfants jouent à l'ombre d'un chêne séculaire devant un ouéli. Ils se sauvent épouvantés par nos robes noires.

Nous redescendons dans la vallée par un ravin parallèle isolant la colline de Socho au sud et à l'ouest. A sa sortie il s'élargit en une petite plaine de sable, entourée de rochers. Des chameliers, des femmes, des jeunes filles y sont rassemblés autour d'un large puits bâti en superbes blocs de pierres taillées. Un jeune homme tire l'eau dans un sac de cuir, remplit les vases des femmes et les bassins en pierre où s'abreuvent les chameaux : c'est une scène du temps de Rébecca. Nous aussi, nous lui demandons de l'eau pour notre petit repas. Quand les chameliers s'en sont retirés, des femmes viennent laver de pauvres linges dans les bassins qu'on leur a remplis. Elles piétinent dans l'eau et les frottent avec quelque chose de blanc que je croyais un savon ; mais, vérification faite, c'est un caillou. Les indigènes nomment ce lieu Bir-Abbâd du nom des ruines qui sont au-dessus : elles pourraient bien être le village supérieur dont parle Eusèbe.

Mais nous ne sommes point encore arrivés au lieu du triomphe de David. Depuis quelques années on admet comme probable l'identification de Azeca avec Tell-Zakaria, une ancienne forteresse, située une heure plus loin au couchant, sur la même rive gauche du Ouadi-es-Sount (1) ; et voici que la récente découverte du pèlerinage de sainte-Silvie d'Aquitaine (381-388), vient nous apprendre que telle

(1) II Par., XI, 9.
(2) Jérém., XXXIV, 7.
(3) Schwartz ; *Das Heilige Land*, 1852, p. 51, 73. — Tobler, *Dritte Wanderung nach Palaestina*, 1859 p. 122. — Smith ; *Dictionary of the Bible:* Azekah. — Conder ; *Names and Places in the hold and new Testament*, 1888.

était la croyance au quatrième siècle. Nous lisons dans la transcription du récit de la Sainte, faite par Pierre Diacre : « David tua Goliath le Philistin au vingt-deuxième mille de Jérusalem entre Socho de Juda et Zechara Mahel (1). Ce dernier nom désigne certainement le bourg de Zakaria de la région d'Eleutheropolis, mentionné par l'historien Sozomène (2), un demi-siècle plus tard : le nom, la situation, la distance que sainte Silvie, généralement très exacte, a pu lire sur le milliaire de la voie romaine, ne laissent aucun doute à cet égard.

Tell-zakaria présente tous les signes d'une localité jadis importante : la colline s'élève de cent mètres au-dessus de vallées qui l'isolent de toute part et se termine au sud par un plateau apparemment nivelé pour y asseoir une citadelle ; çà et là on aperçoit d'épaisses fondations, des excavations dans le rocher, des tombeaux, un pressoir sur le roc ; un large puits se voit au bas de la colline.

C'est donc bien sûrement la ville d'Azeca qui, avec Socho, détermine, à deux ou trois kilomètres près, la situation du camp des Philistins, et le Ouadi-es-Sount est la vallée du Térébinthe où fut tué Goliath. Il est assez singulier qu'au nom de l'arbre qui la désignait du temps de Saül, ait succédé le nom d'un autre arbre : *sount* ou *sant* est en arabe le nom de diverses espèces d'acacias épineux à petites houppes jaunes qui sont communs dans les régions chaudes de la Palestine méridionale, dans la péninsule sinaïtique, en Egypte, et y atteignent de grandes dimensions (3).

En vérité, il semble peu naturel que les Philistins rassemblés à Socho, au lieu de s'avancer à la rencontre de leur ennemi, aient pris position en arrière de la ville. Mais pouvons-nous, à cette distance des temps et d'après les seules indications très succinctes de l'écrivain sacré, raisonner sur la marche des armées et la tactique de leurs généraux ? Saül n'aurait-il pas cherché à prendre par derrière l'armée des Philistins, et sommes-nous bien sûrs qu'il venait de Jérusalem ?

Nous nous avancerons donc plus loin dans la vallée, suivant à peu près la voie romaine de Jérusalem à Ascalon et Gaza. A gauche sont des collines assez accidentées ; à droite s'élève un plateau plus régulier et couvert de broussailles.

La ruine Khirbet-Djennabeh, en vue sur une hauteur devant Tell-Zakaria, est-elle cet Ephès-Dammim près duquel s'arrêtèrent les Philistins, ou bien le nom biblique répond-il à l'un des nombreux Khirbet que nous trouverons au retour dans les taillis de l'autre côté de la vallée ? Nous n'en savons rien ; on ne le saura peut-être jamais, car le texte, en disant que cette localité est entre Socho et Azeca, laisse entendre que, même au temps de Samuel, elle était peu connue (4).

Bientôt la vallée incline au nord et ses deux rives se rapprochent à la distance d'un kilomètre au plus. Les enfants d'Israël, campés à droite sur le plateau, en face des Philis-

(1) Miliario autem Vigesimo secundo ab Jerusolimis, inter Sochchot Judæ et inter Zechara Mahel occidit Dayit Goliam Pbilisteum. — Gamurrini ; *S. Hilarii Tractatus de Mysteriis et S. Silviæ Aquitanæ Peregrinatio...* 1887, p 133.

(2) Hist. Ecl., IX, c. 17.

(3) Acacia Seyal, *Del.* — Acacia Nilotica, *Forsk*, et autres.

(4) Tristam ; *The Topography of the Holy Land*, 1879, p 44, place Éphes-Dammim en un lieu actuellement appelé Damim. Ce lieu est inconnu des indigènes et ne se trouve sur aucune des meilleures cartes.

tins, purent entendre la voix de Goliath, quand il s'avançait sur la pente opposée pour les provoquer par d'insultantes bravades. Dans le gravier du torrent desséché qui sillonne le milieu de la vallée, le jeune David put choisir cinq pierres polies et frapper à mort l'orgueilleux ennemi d'Israël.

Que n'est-il là un sanctuaire pour remercier le vrai Rédempteur des nations, au souvenir du jeune et vaillant berger de Bethlehem, qui fut son aimable figure et son prophète !

V

Gamaliel.

Pour revenir à Beit-Gémal, il faut marcher au nord-est, se frayer un passage, une heure durant, à travers les fourrés d'arbustes qui couvrent les rochers et franchir trois ou quatre ravins, contrée déserte et sauvage, mais pleine de verdure, rappelant un peu les taillis et les montagnes de France.

Au sortir du bois on se trouve à la naissance d'une vallée découverte et presque verdoyante, qui descend au couchant et contourne de ce côté les collines de Beit-Gémal. Une petite mosquée et des ruines se détachent parmi les oliviers sur les premières pentes du versant opposé. C'est le Nébi-Boulos, la mosquée du prophète Paul. Ce nom tout chrétien nous reporte pour le moins jusqu'au temps des croisades. Un mur de gros blocs servant de fondement à la mosquée, un réservoir cimenté tout voisin, sont, en effet, antérieurs à l'époque musulmane, et paraissent avoir appartenu à un ancien couvent. Il est donc bien vraisemblable que la mosquée est construite sur les restes d'un antique monastère dédié à l'apôtre des Gentils : la vallée elle-même, Ouadi-Boulos, conserve le nom de saint Paul.

Dans le bas de la vallée, les travaux exécutés par Dom Scanzio, pour créer des jardins et creuser une noria, ont mis à jour une vaste mosaïque de l'époque gréco-romaine. Elle est aux couleurs communes, blanc, noir, rouge et gris, mais d'un joli dessin ; on dirait la mosaïque d'une salle de bains. Quelques pas plus haut, sur la route qui monte à Beit-Gémal, il a découvert d'anciennes murailles et les fondements d'une assez grande église dont l'abside circulaire, au lieu d'être au levant, est dirigée vers le nord, fait rare en ces pays et contraire à l'un des usages les plus constants du rite grec (1). Ces ruines ne sont qu'à un quart d'heure de Beit-Gémal et environ à vingt milles romains de Jérusalem.

Cette distance, le souvenir de saint Paul, le nom de Beit-Gémal, l'église, ont suggéré à Dom Scanzio la pensée que ce lieu pourrait être celui où le corps de saint Etienne premier martyr resta caché pendant les quatre premiers siècles. L'histoire de l'invention du saint corps fut écrite par le prêtre Lucien qui desservait l'église du lieu (2), et se trouve en abrégé dans le bréviaire romain au jour de la fête de l'invention des reliques de saint Etienne, le 3 août.

(1) A la reconstruction de notre résidence de Zableh détruite durant les massacres de 1860, l'église fut retournée et l'autel se trouva au couchant. La population de la ville, presque toute grecque catholique, s'émut de cette fausse orientation et refusa pendant quelque temps de fréquenter l'église.

(2) Migne, *Patrologie Latine*, T. 41, le 7e des œuvres de saint Augustin, P 877 et suivantes.

GOA (*Hindoustan*). — Exposition dans l'église du Bon-Jésus du corps miraculeusement conservé de saint François Xavier; d'après une photographie communiquée par le T. R. P. Tissot, supérieur général des Missionnaires de Saint-François de Sales d'Annecy (Voir page 97).

En l'année 415, un vénérable vieillard apparut au prêtre Lucien. « — Je suis, dit-il, Gamaliel, qui instruisit saint Paul dans la foi (1). Celui qui est placé du côté de l'orient dans mon tombeau est mon seigneur Etienne, lapidé par les Juifs pour la foi du Christ, à Jérusalem, près de la porte du nord. Il resta d'abord sans sépulture, exposé aux bêtes ; mais aucune ne le toucha. Je persuadai aux fidèles de l'enlever secrètement pendant la nuit, et je le fis porter sur mon char dans ma maison de campagne, à Caphargamala, située à vingt milles de la ville : nous avons célébré ses funérailles pendant quarante jours (2). Au même lieu, dans une autre tombe, est Nicodème, le disciple qui vint parler à Jésus pendant la nuit. Les Juifs l'ayant chassé de la ville, je le reçus dans ma maison de campagne et l'y gardai jusqu'à sa mort. Mon fils Abibas, mort à vingt ans, repose aussi dans la même caveau. Je suis avec lui dans une même tombe un peu plus élevée que les deux autres. Va dire tout cela au saint évêque Jean, de Jérusalem. »

A ce récit le saint évêque pleura de joie, donna l'ordre de chercher les saintes reliques et de l'avertir dès qu'on les aurait trouvées. Lucien, guidé par une nouvelle vision, découvrit les trois tombes dans un champ proche de l'église: une grosse pierre portait les noms des saints en grands caractères syriaques. Le prélat, alors au concile de Diospolis (Lydda), vint aussitôt avec les évêques de Sébaste (Samarie) et de Jéricho.

Dès qu'on ouvrit devant eux la tombe d'Etienne, la terre trembla, une odeur d'une incomparable suavité remplit l'air; soixante-treize malades ou infirmes recouvrèrent instantanément la santé en présence d'une multitude de peuple. Le corps du saint martyr fut transporté en grande pompe à Jérusalem dans l'église construite au mont Sion sur l'emplacement du cénacle. Ce jour-là, une abondante pluie mit fin à la sécheresse qui depuis longtemps désolait la contrée. Quelques années plus tard, on transféra les reliques dans la superbe basilique construite par l'impératrice Eudoxie sur le lieu même du martyre.

L'Eglise universelle célèbre par une fête spéciale cette miraculeuse invention des reliques de son premier martyr, le jour même où le prêtre Lucien découvrit le saint corps (3), à Caphargamala.

Un lieu sanctifié par de si précieuses reliques, illustré par tant de miracles, continua sans doute d'attirer la dévotion des chrétiens. Nous lisons dans le *Catalogue des saints lieux visités par le dominicain François Pépin* en l'année 1320 : « Je suis allé sur les lieux où le corps de saint Etienne resta longtemps caché et fut ensuite découvert par le prêtre Lucien que saint Gamaliel avait instruit par révélation (4). » Cependant l'oubli se fit: cent soixante ans plus tard, un autre pèlerin de l'ordre de saint Dominique, Pierre Fabre, parlant du champ de Gamaliel et le prêtre Lucien trouva le corps de saint Etienne, l'appelle le champ de Galabre (*Ager de Galabri*) et dit qu'il le croit peu éloigné d'Anathoth (5) ;

(1). « Je suis, dit saint Paul, un Juif né à Tarse, en Cilicie, mais élevé dans cette ville de Jérusalem, qui ai appris la vérité de la loi de nos Pères aux pieds de Gamaliel. » *Actes*, XXII. 3.

(2) « Des hommes craignant Dieu eurent soin du corps d'Etienne et firent sur lui un grand deuil » *Actes*, VIII 2.

(3) *Ex Floriacensi codice.* Voir Migne, *loc. cit.*

(4) Tobler ; *Dritte Wanderung nach Palaestina*, p. 406.

(5) *Fratris Felicis Fabri Evagatorjum*, Stuttgard, 1843, I, p. 258.

erreur manifeste, car Anathoth est à trois milles de Jérusalem, et Caphargamala à vingt.

On ignore aujourd'hui l'emplacement de Caphargamala. Le nom peut s'interpréter village de Gamaliel ou village du chameau ; celui de Beit-Gémal n'en diffère réellement que par le changement de Caphar, village, en Beit, maison. La distance de Jérusalem est la même pour les deux lieux, vingt milles romains. Le nom de saint Paul donné au couvent voisin et à la vallée, va bien à côté de celui de Gamaliel, le maître en religion du grand apôtre. Telles sont les coïncidences, assurément singulières, qui poussent Dom Scanzio à fouiller le sol de l'église et des ruines environnantes, dans l'espoir d'y rencontrer les traces des trois tombes ou quelque inscription rappelant les saints de Caphargamala. Dans les matériaux qui jonchaient le sol, il ne s'est trouvé qu'une seule inscription écrite en grec sur un chapiteau et sans valeur historique. En voici le sens :

Un seul Dieu qui protège le maître d'Antochianos.

Le premier tombeau de saint Etienne, si riche en précieux souvenirs, fut-il réellement à Beit-Gémal, ou au petit village de Jemmâla, situé lui aussi à vingt milles de Jérusalem, mais dans la direction du nord-ouest, ou encore ailleurs ? Ce point obscur de topographie chrétienne, on peut l'espérer, s'éclaircira bientôt.

(*A suivre*).

LES MISSIONNAIRES PROTESTANTS

EN CHINE

II

(Suite 2)

III. — Après la discussion sur ces deux points capitaux où l'union était si difficile, je dois noter le double appel fait aux pays protestants en vue d'obtenir abondance d'auxiliaires, soit ministres *ordonnés*, soit laïques, pour colportage, éducation, soit médecins-missionnaires pour hôpitaux.

Le premier appel a été fait par les deux cents Dames de la Conférence ; le second, fait par les hommes, est celui qui sollicite et espère mille recrues en cinq ans. Dieu daigne récompenser en les éclairant, tous ceux qui de bonne foi répondront à cet appel ! Qu'il daigne aussi écarter les tristes conséquences que cet apostolat contradictoire de l'apostolat catholique pourra produire en cet empire, que le démon retient captif depuis tant de siècles, et que, par une sorte d'ironie, il a inspiré d'appeler *Céleste !*

IV. — Vient ensuite, par rang d'importance, la constitution d'une association d'éducation, en vue de grouper et d'unir toutes les forces pour promouvoir les intérêts de l'œuvre de l'éducation en Chine. Elle doit s'occuper des matières d'enseignement, des ouvrages classiques et de tout ce qui a trait à ces matières.

Pour donner vie à cette association, on a créé un comité permanent qui aura surtout à rechercher l'uniformité dans

(1) Voir les *Missions Catholiques* du 20 février 1891.

les méthodes et jusque dans les livres classiques, dont il devra favoriser la diffusion en en facilitant la vente dans les principaux centres.

Ce quatrième point pourra ne pas paraître important au loin ; mais, pour nous, qui voyons sur place que les œuvres d'éducation sont les principales qu'aient les protestants pour agir sur la population et gagner les sympathies surtout en haut lieu, nous pouvons exprimer nos craintes (plaise à Dieu qu'elles soient exagérées), de voir ces concurrents (ces adversaires, devrais-je dire, si je ne tenais compte de leur bonne foi), prendre les devants sur les missionnaires catholiques en cette œuvre qui devient chaque année plus importante. Elle croit, en effet, à mesure que les lettrés comprennent mieux les avantages que le gouvernement accorde à ceux qui, ayant étudié sous des Européens, possèdent une langue étrangère ou quelque teinte des connaissances scientifiques inconnues ici, et que malgré leur amour-propre, les Chinois ne peuvent qu'appeler : sciences occidentales, sciences européennes.

V. — Noterai-je, en passant, la proposition faite et admise d'une adresse à l'empereur même de la Chine, pour le féliciter de son accès au trône, et l'assurer du bon vouloir des missionnaires ? On avait disposé que les ministres d'Angleterre, d'Allemagne, des Etats-Unis, seraient priés de transmettre ce factum.

D'où vint la lumière ? Je ne sais trop. En un mot, la réflexion fit voir que ce n'était pas pratique en Chine, où l'Empereur, fils du ciel, est un personnage invisible et inaccessible surtout aux Européens. On jugea plus prudent de s'adresser au gouvernement chinois, comme qui dirait : au Conseil des ministres. Le résultat sera-t-il différent ? On a le droit d'en douter.

* *

Je voudrais terminer, j'ai déjà été trop long. Je me contenterai de mentionner quelques-unes des questions traitées.

La Conférence, malgré son désir d'éviter les questions de doctrine, a dû traiter du culte des ancêtres, tel qu'il est pratiqué en Chine, et il me suffira de dire que la majorité a été énergique à le condamner comme superstitieux. Pour nous, catholiques, il y a longtemps que Rome a parlé sur ce point : *Roma locuta est*, et en abordant sur cette terre de Chine, nous avons tous dû faire le serment de suivre strictement ses instructions.

Il me suffira aussi de noter la bonne volonté qu'a manifestée la Conférence de créer quelque œuvre spéciale pour l'instruction des sourds-muets et des aveugles. Œuvre excellente, mais qui absorbera des dépenses et des dévouements jusqu'à ce jour, croyons-nous, mieux appliqués ailleurs.

Inutile de même de parler longuement de la question du costume des missionnaires. Le principe de se faire *tout à tous* a depuis longtemps tranché la question pour les missionnaires catholiques. Les protestants ont longtemps protesté par leur costume européen ; mais, en ces dernières années, une nouvelle Société, *l'Inland Mission*, qui a le courage de pénétrer partout, s'est rangée à notre avis : missionnaires hommes et missionnaires dames portent l'habit chinois. La Conférence a été favorable à cette mesure.

Enfin, pour sauter par dessus une foule de questions plus ou moins pratiques, la Conférence a de nouveau réprouvé

le commerce et l'usage de l'opium et de la morphine, sa parente, ainsi que des liqueurs alcooliques.

L'opium, voilà une plaie de Chine inconnue des anciens missionnaires, et dont nos pauvres Chinois sont redevables à l'Angleterre, si généreuse à leur payer des Bibles inutiles ! Mais le gouvernement anglais prélève sur l'opium de l'Inde un impôt considérable qui maintient l'équilibre dans le budget de l'État ! Et, en retour, la pauvre Chine s'appauvrit chaque année en numéraire, en hommes de valeur, en caractères utiles au bien public. Il est triste de voir de près cette démoralisation et ces progrès contre lesquels le Gouvernement chinois, fatigué, a cessé de lutter. « En 1846, a dit un membre de la Conférence, il y avait deux millions de fumeurs, aujourd'hui c'est vingt millions. » Et les mandarins (leurs femmes aussi, paraît-il,) s'y adonnent avec plus de passion que le vulgaire. On vient de voir ici un *Ilio-tai* ou examinateur impérial des lettres, une des personnalités les plus hautes de la Chine officielle, tellement adonné à l'opium, qu'il ne peut plus passer cinq minutes sans en aspirer une nouvelle pipe. En France on le stigmatiserait du nom d'abruti ; dans l'Empire Céleste, il serait brisé de suite si son *noo-piun* (vice) était connu en haut lieu ; mais..., l'argent protège !

Et cette plaie est-elle sans remède ? Oui, je le pense, jusqu'à ce qu'elle ait fait son œuvre.

Et quelle peut être cette œuvre ? La dissolution de cet empire colossal qui a toujours repoussé la lumière. C'est un poison lent qui ruine la force morale de la nation et rend plus facile le triomphe des Européens : l'influence des peuples chrétiens croît ici d'autant que diminue la valeur morale des Chinois, et le chemin parcouru depuis cinquante ans est considérable. L'heure de la Providence pour ces vastes régions serait donc près de sonner.

III

En résumé, pas d'autorité légitime pour convoquer, diriger, présider, approuver, confirmer et sanctionner. D'où je conclus l'absence du Saint-Esprit pour inspirer, diriger, féconder et pour faire de la réunion une œuvre surnaturelle. Quelle que soit la pureté des intentions qui l'ont provoquée, elle n'a pu être qu'une œuvre humaine, de même qu'elle n'est qu'une œuvre individuelle, c'est-à-dire préparée et réalisée par ces messieurs en tant qu'individus. Nous ne pouvons donc pas y voir une réprésentation quelconque d'Église.

De plus, au rebours de toute réunion catholique, qui prend toujours pour base le dogme révélé, nous trouvons ici pour condition *sine qua non* que la réunion n'appuiera aucune doctrine. C'est là où il n'y a pas de dogme, ni d'autorité, il n'y a ni morale à formuler, ni discipline, ni liturgie à établir, ni même ascétisme ; aussi la conférence a roulé presque exclusivement sur des questions d'expérience pratique.

Y a-t-il des résultats à attendre de cette solennelle réunion ?

Oui, évidemment. Sans doute, ce ne sera pas le développement vrai de l'œuvre du Christ, ce ne seront pas les fruits surnaturels du Saint-Esprit, ni la continuation des travaux apostoliques. Néanmoins il ne faut pas se faire illusion : comme œuvre humaine, elle aura des résultats, et je devrais peut-être dire, en réservant tout jugement sur les personnes, elle en aura surtout comme œuvre d'opposition, de contradiction, car : *qui non est mecum, contra me est.*

Par sa nature, en effet, le protestantisme est nuisible : il est l'erreur, le mensonge et sous quelque apparence qu'il se présente, il fait l'œuvre du père du mensonge.

Par sa présence ici en face de nous, il nuit à notre prestige. « Voilà que les Européens, disent les Chinois, ont deux religions, et eux, si intelligents, ne peuvent s'entendre. Gardons la religion de nos pères. »

Malgré leur bonne foi, et même leur zèle, les propagateurs protestants réalisent la parole de Notre-Seigneur : *Contra me !*

De plus, pour l'avenir, par l'accroissement prodigieux de leur nombre, par l'expansion plus générale de leur action sur tout le territoire chinois, par leur union et l'encouragement qui en découlera, par l'uniformité de leurs méthodes et l'économie de forces qu'ils y puiseront, par ces divers progrès, nos frères séparés pourront créer à notre œuvre des obstacles inconnus jusqu'ici. L'Église catholique, au premier siècle, a subi la persécution et le martyre : puis, quand arriva la liberté et une plus grande facilité de propagation, le schisme, vinrent à leur tour éprouver l'œuvre de Dieu. N'en sera-t-il pas de même pour cette Église de Chine ? L'ère du martyre semble passée ; mais n'y a-t-il pas à craindre que cette propagande ne sème partout en ce vaste empire un germe d'hérésie et de schisme qui prendra facilement racine dans les esprits chicaneurs des Chinois et s'y perpétuera, comme en Europe et en dé certaines missions, pendant de longues années ?

Les missionnaires catholiques ont-ils à se préoccuper de cette situation ? Il semble bien que oui. — Qu'ont-ils à faire ? Loin de moi la prétention de l'indiquer : *Ego sum minimus.* — Je me bornerai à citer les sentiments de plusieurs vicaires apostoliques : c'est le fruit de leur expérience, et la dernière Instruction du cardinal Préfet de la Propagande y a ajouté une confirmation du plus grand poids.

En dehors de l'évangélisation proprement dite, qu'il faut soutenir et développer envers et contre tous, il paraît bien nécessaire de développer maintenant deux points en soi secondaires.

1° Les œuvres de charité, par les hôpitaux et dispensaires. Heureux les missionnaires qui peuvent, grâce à leur position et à leurs ressources, et conformément au vœu de la Propagande, appeler à leur aide des Sœurs européennes ! Plusieurs vicariats s'en sont enrichis en ces dernières années. La Société si prospère de Scheut-lès-Bruxelles a même cru devoir fonder une Société spéciale de Sœurs pour ses missions.

2° Les œuvres d'enseignement et d'éducation. Les prêtres n'y peuvent suffire ; mais le secours des Frères enseignants, si fécond, si puissant partout ailleurs, ne sera-t-il pas enfin accordé à la Chine ? La Révolution veut chasser des pays catholiques ces précieux auxiliaires ; ne serait-ce pas l'heure de la Providence pour nous ?

Le Japon nous a devancés. Pour la Chine, il y a eu des pourparlers et nous espérons pouvoir saluer bientôt une première fondation. Puisse-t-elle ouvrir la voie à de nombreuses missions ! « Si nous ne nous hâtons, écrivait un vicaire apostolique, les protestants enlèveront la position. » Et

un autre évêque, des plus expérimentés, pourrait raconter comment, sollicité par le Gouvernement chinois, il avait accepté, malgré toutes les difficultés, la direction d'une école de langue et de science, et combien il a été affligé de la voir confiée à des maîtres *neutres*, ou laïques, c'est-à-dire qui sèmeront l'indifférentisme religieux dans le cœur des jeunes gens appelés à exercer un jour de hautes fonctions.

Le point de vue gouvernemental, est peut-être là : de quel côté inclineront les mandarins quand le mouvement du progrès européen les aura enfin entraînés ? Sera-ce du côté des catholiques ? Sera-ce du côté des protestants ?

Ceux-ci ont pour eux l'appui de l'Angleterre, de l'Allemagne, des Etats-Unis et de presque toutes les nations ; ils ont l'appui du commerce et l'appoint très considérable de la langue anglaise, désormais officielle en Chine et seule entre toutes les langues étrangères.

Au contraire, nous catholiques, en dehors de l'appui souverain de Dieu, mais qui permet aux causes secondes de produire leurs effets, nous avons presque uniquement l'appui, le protectorat de la France, singulièrement affaibli par les guerres franco-allemande et franco-chinoise, et actuellement battu en brèche par la jalousie des autres nations.

En d'autres circonstances, nous aurions peut-être l'appoint de notre chère langue française. La diplomatie s'en était servie pour les traités : comment n'a-t-elle pu l'introduire dans ce service de douanes européo-chinoises que, le traité créait, et par où, depuis 1860, la langue anglaise a pris pied. Le télégraphe, maintenant établi dans toutes les provinces, l'aurait adoptée et les missionnaires catholiques, qui tous la connaissent plus ou moins, auraient trouvé là une nouvelle source de prestige, un nouveau moyen d'action.

Hélas ! l'anglais l'a emporté ; c'est l'anglais que l'on emploie dans les écoles militaires et on frappe maintenant la monnaie d'argent chinoise, portant inscription chinoise et inscription anglaise.

« Et cependant, disait un vénérable chef de mission à l'issue de la dernière guerre, une langue européenne est nécessaire aux Chinois pour pénétrer utilement dans le domaine des sciences, et ajoutait ce digne pro-vicaire, *non français* de nationalité, il n'en est qu'une facile à répandre par tout l'empire sans grandes dépenses, la langue française. »

Ce rôle lui sera-t-il un jour dévolu ? Dieu seul le sait, mais ce n'est pas probable. Les efforts tentés jusqu'à ce jour ont été couronnés de succès à Chang-hai et à Pékin, paraît-il ; mais c'est une goutte d'eau dans la mer.

Quoi qu'il en soit, prions, travaillons, espérons. La grâce de Dieu, qui multiplie les conversions dans les hauts rangs de l'Église anglicane, rendra peut-être un jour l'île des saints à l'Église catholique, et alors cette langue anglaise, aujourd'hui principalement langue protestante, deviendra un instrument de vérité et de salutaire évangélisation. Un grand chrétien du commencement de ce siècle l'a dit : « Quand l'Église catholique parlera anglais et français, le monde entier sera catholique. »

Unum ovile et unus pastor. — *Fiat !*

___

DOUZE CENTS MILLES EN CANOT D'ÉCORCE

OU

PREMIÈRE VISITE PASTORALE

de Mgr N.-Z. LORRAIN, évêque de Cythère

Vicaire apostolique de Pontiac

DANS SES MISSIONS SAUVAGES DU HAUT DES RIVIÈRES OTTAWA
ET SAINT-MAURICE, DE WASWANIPI ET DE MÉKISKAN

Par Mgr J.-B. PROULX

Curé de Saint-Raphaël de l'Isle-Bizard.

(Suite 1).

CHAPITRE VII

Au lac Barrière.

Le temple. — Bénédiction d'une cloche. — Procession du Saint-Sacrement. — La Confirmation. — La Magouchiwin. — Au Cimetière. — Retour au Grand-Lac.

Dimanche, 5 juin. — N'est-ce pas une merveille de la divine miséricorde que le changement opéré ici dans les cœurs, que cette maison de la prière qui a frappé nos regards à notre réveil. Du sommet du coteau où elle s'élève, ne prêche-t-elle pas, aux vingt-huit tentes de toile blanche, dressées à ses pieds, les bontés et la gloire de Dieu ?

Cette chapelle mesure trente-cinq pieds de long sur vingt-deux de large. Elle est toute neuve, ne datant que de l'année dernière. Elle parait charmante avec ses justes proportions, sa couverture en bardeau, son lambrissage extérieur en planchettes de sapin, son clocher svelte surmonté d'une croix finement sculptée: ouvrage des sauvages sous la direction du Frère Tremblay ; la sculpture, bien entendu, appartient tout entière au couteau du Frère, charpentier comme l'était saint Joseph.

Le P. Dozois, arrivé ici depuis trois jours, n'en est pas à ses premières armes avec la langue algonquine ; mais, c'est la première mission sauvage qu'il donne seul. Il faut des jeunes missionnaires pour remplacer les vieux apôtres, brisés par les travaux et les fatigues. Pourrait-il lui échoir une meilleur part à cultiver dans le champ du Seigneur ?

La chapelle possède une cloche pesant cent vingt-cinq livres. Elle dort silencieuse onze mois durant ; mais, pendant les jours de la mission, vous pouvez vous imaginer qu'elle s'en donne à cœur joie. Dans cette mission lointaine, sur les limites de la civilisation, elle réveille le désert et anime les silences profonds ; au lever de l'aurore comme au soleil couchant, elle porte aux solitudes et à leurs rares habitants, les invitations, les pensées et les prières de notre mère, la sainte Église.

Cette cloche n'étant pas bénite, elle le fut après la messe. Le Rituel entoure ces sortes de bénédictions de prières onctueuses et de cérémonies pleines de poésie.

Souvent les choses les plus sérieuses ont leur côté comique. Les parrains et les marraines, faute de sièges, restèrent debout durant toute la cérémonie qui fut longue, pendant que les autres sauvages étaient accroupis sur leurs talons. Il s'agissait ensuite de féliciter et de faire parler, selon la coutume, la nouvelle baptisée. Les rubans sont

(1) Voir les *Missions catholiques* du 2, 9, 16, 23 janvier, 6, 13 et 20 février, ainsi que la carte et l'itinéraire, page 8.

rares au lac Kakibonga. Un grand sauvage détache d'autour de ses reins une belle ceinture toute neuve, bleu de ciel, et en fixe l'extrémité au battant, ou, comme disent les Anglais, à la langue (*tongue*) de la cloche ; et chacun, à tour de rôle, vint lui faire dire son mot ; les mères y amenaient par la main leurs petits enfants. Pendant plus d'une demi-heure, à la visible satisfaction de l'assemblée, l'église retentit de vibrations claires et argentines.

L'après-midi vit une cérémonie non moins touchante, la procession du Saint-Sacrement.

Dans les grands centres, l'Eucharistie a des triomphes plus splendides ; en a-t-il de plus vrais ? Nous allions, profondément impressionnés, marchant sur l'herbe verte de la prairie, ayant à notre gauche les eaux du lac calme et miroitant, à notre droite les arbres de la forêt noire. Au reposoir, quand le bon Sauveur, par la main de l'évêque, bénissait ces têtes inclinées, que de lumières il leur distribuait pour comprendre les grandes vérités du salut, que de force pour les soutenir en l'absence du prêtre et des sacrements, que de véritable sagesse, dons précieux refusés à des peuples, orgueilleux de leur civilisation, qui ont abusé de la grâce !

Le 6 juin, après la cérémonie de la confirmation, Mgr Lorrain fit la visite des tentes. Tous se montraient désireux d'avoir un chapelet. Le Saint-Père recommande au monde entier la dévotion au rosaire ; nulle part ailleurs ses désirs ne sont mieux compris et mieux exécutés, que dans ce coin reculé de l'univers.

A midi, la *magouchiwin*. Trois nappes, c'est-à-dire trois toiles de tentes, sont tendues sur l'herbe ; on y entasse les morceaux de galettes, les plats de *rababous* au riz, les chaudières de thé et les casserolles de sucre. Les hommes prennent place d'un côté, les femmes de l'autre : quand tout le monde fut en position, Monseigneur prit une photographie de la salle du festin. On y distingue très bien deux femmes ayant leurs bébés emmaillotés sur des planchettes qui leur servent de berceau ; l'une porte le sien dans ses bras, l'autre sur ses reins, la face tournée au soleil, comme elles le font généralement dans leurs marches à travers la forêt (Voir la gravure, p. 97).

Puis les mâchoires entrèrent en fonction. Le repas se prit au milieu de rires continuels ; jamais je ne vis de joie plus générale, plus franche et plus tranquille. On pourrait appeler les sauvages de cette mission : « la tribu des gens heureux ».

Le repas fini, un sauvage leva les yeux et les mains au ciel, en disant à Monseigneur : « Migwetch Kjje-Manitou, merci au Grand-Esprit. » Combien de Blancs dinent en buvant du vin de champagne et ne songent pas à en rendre grâces au bon Dieu!

A deux heures, nous pressons la main à M. Edwardson, qui a fait tout son possible pour nous rendre agréable le séjour de sa maison. Il est protestant, mais marié avec une catholique, une métisse de Témiscamingue. Hier matin, en présentant à Monseigneur ses cinq petits enfants, il lui disait gracieusement :

« — Ces enfants vous appartiennent, ils seront tous élevés dans la religion de leur mère. »

Sur sa table, il nous montra un catéchisme de la province de Québec.

Nous partons, le peuple accompagne son évêque dans le désert, au cimetière, à une demi-lieue de l'église. Nous allons en canots, lentement ; car nous sommes en procession, et la cadence des avirons s'accorde sur le rythme des cantiques. Le canot du chef contient vingt personnes, celui du Père dix-sept.

A trois heures, sur les bords du lac Barrière, nous faisons nos adieux à cette bonne population, qui voit, les larmes aux yeux, partir son gardien de la prière.

Mardi, 7 juin. — Nous vînmes déjeuner au bas des îles, chez Natoué, un sauvage, homme de progrès, qui a ici maison, écurie, un gros bœuf, quatre vaches, deux veaux, quatre poules, un coq, une dizaine d'arpents de désert. Rêver de faire de suite des agriculteurs avec les sauvages, c'est une utopie ; il faut des générations pour changer les mœurs d'un peuple. Mais les amener petit à petit à cultiver des légumes, du blé, à élever quelques animaux, ce qui leur serait une ressource, lorsque les produits de la chasse font défaut, voilà où devraient tendre les efforts du gouvernement. Natoué arrivait en même temps que nous. Un petit chien qui gardait seul la maison depuis quatre jours, ne cessait de faire des caresses à ses maîtres, courant tantôt à celui-ci, tantôt à celui-là ; je me figurais, par avance, les gambades que fera mon Boulé à mon retour. Pourquoi n'en parlerai-je pas ici, puisque la Sainte Ecriture ne dédaigne pas de nous apprendre que, en revoyant le jeune Tobie, son chien témoignait sa joie par l'agitation de sa queue ?

Natoué ne voulut pas nous laisser partir sans nous faire un petit présent, un panier d'œufs qui donnera à notre table le luxe de deux omelettes, et ce qui fut beaucoup plus précieux aux yeux de Monseigneur, ce fut un morceau de chaudière en poterie, semblable à celles dont se servaient les sauvages avant l'arrivée des Européens. N'ayant pas trouvé le moyen d'être fondeurs ni forgerons, ils s'étaient faits potiers.

Sous une chaleur tropicale, nous suivons lentement le fil de l'eau, à l'ombre d'un parapluie. Nous ne sommes pas pressés ; que nous arrivions trois heures plus tôt ou trois heures plus tard, peu importe. Nos rameurs l'ont deviné, ils ne font que tremper à l'eau le bout de leurs avirons. Nous n'avons pris que vingt heures pour remonter le courant ; pour le descendre, de ce train, il nous en faudra vingt-quatre. A six heures, tout à coup s'ouvre devant nous, large de deux milles, longue de cinq, une splendide embouchure, c'est le *Kitchi Saki*, « la grande entrée ». Les Français ont traduit *grand lac*, et les Anglais *grand lake Victoria*, ce qui n'est pas très exact ; l'entrée peut être grande et le lac comparativement petit. Cette nappe d'eau mesure trente-cinq milles de longueur.

Nous voici à la maison de M. Christopherson. Fatigués, nous demandons au sommeil le repos, il nous préparera aux travaux que nous promet cette nombreuse population. La moisson est abondante ; les ouvriers ne doivent pas rester au-dessous de leur tâche, même ceux qui, comme moi, arrivent à la onzième heure. Serai-je, ainsi que celui de l'Evangile, payé comme ceux de la première heure ? Espérons, et endormons-nous dans le Seigneur.

(A suivre).

DONS

Pour l'Œuvre de la Propagation de la Foi

ÉDITION FRANÇAISE.

Anonyme de Lyon....	7.50
La supérieure du T.-S. Sacrement, à Marseille........	1.500

Pour les missions les plus nécessiteuses (Mgr Christiaens).

Mme A. M. C. de M. à Lyon.................................	1 200

Pour les missions les plus nécessiteuses (Mgr Couppé).

M. l'abbé Hamonde, ch. hon. diocèse d'Agen, avec demande de prières pour la grâce d'une bonne mort........	90
Un girondin, pour des âmes du Purgatoire avec demande de prières..	20
M. Sylvestre. aumônier, à Bourg do Péage, diocèse de Valence	10
Une anonyme du diocèse de Laval, avec demande de prières spéciales..	495
Anonyme du diocèse de Malines.	498
Anonyme du diocèse de Malines..	129 45
S... à Paris.	10
L. S. O. V. à Pau, avec demande de prières................	3 0

A la sœur Meyniel, pour l'orphelinat St-Charles, à Beyrouth.

Un abonné du diocèse de Toulouse, se recommandant aux prières des missionnaires et des chrétiens d'une manière spéciale.........	10

A Mgr Nersès Vartabed, vicaire patriarcal arménien catholique à Deir-Elzor (Syrie).

M. l'abbé Luguet, au grand séminaire de Bordeaux...........	10

A Mgr Puginier, pour la conversion des Annamites.

Anonyme de Gap......	10

Au R. P. Mignery (Pondichéry).

Mme S. F. diocèse de Lyon..............................	10

M. Gabillet, à Pondichéry, pour les affamés.

Anonyme de Chaumont. diocèse de Langres..............	10

Au R. P. Verdier (Maduré), pour les victimes de la famine du diocèse.

Un abonné de Toulouse se recommandant aux prières des missionnaires et des chrétiens d'une manière spéciale	10

A M. Vercauteren, missionnaire dans la Mongolie orientale, pour les victimes de l'inondation.

Anonyme du diocèse de Laval..	202 50
M. l'abbé Hours, à Annonay, diocèse de Viviers............	5
Anonyme de St-Cyr-en-Pail, diocèse de Laval	5
MM. Charpentier et Barrat, diocèse de Versailles........	100
Anonyme de Poitiers......	13
Un abonné du diocèse de Toulouse, se recommandant aux prières des missionnaires et des chrétiens d'une manière spéciale	10
M. Hennet de Bernoville, à Versailles............	20
Anonyme de Grenoble.	10
M. Ceyte à Auun, avec demande de prières pour le repos de l'âme de Mme Annette Blin........................	30
	12

Au R. P. Curlier, missionnaire en Corée.

Au nom d'un ancien condisciple,diocèse de St-Claude..........	5

Au R. P. Poirier, pour la mission de St-Joseph d'Asaba (Niger).

En reconnaissance d'une guérison obtenue par l'intermédiaire de St-Joseph et de St François Xavier, anonyme du Havre, diocese de Rouen............................	200

A Mgr Augouard, vicaire apostolique de l'Oubanghi.

M. Henry Bergasse, à Marseille.	100

Pour la mission belge du Congo.

Mme Berthoion, à Lyon................	10

A Mgr Cazet, pour les Malgaches.

Mlle M. Frast, à Villeneuve-de-Marsan, diocèse d'Aire..........	10

. A Mgr Couppé, pour sa mission de la Nouvelle-Poméranie.

Mme Bertholon à Lyon..................................	10
A M. G. de Lyon....................................	500
M. Ceyte, à Autun avec demande de prières pour le repos de l'âme de Mme Pauline Ceyte.........................	20

(La suite des dons prochainement).

TH. MOREL, *Directeur-gérant.*

Lyon. — Imprimerie MOUGIN-RUSAND, rue Stella, 3.

CANADA. — Le lac Témiskamingue. — Mission des PP. Oblats ; d'après une photographie (Voir page 120).

CORRESPONDANCE

ATHABASKA- MACKENZIE (Canada)

Les vrais Esquimaux du pôle glacial.

De passage à Lyon, le R. P. Albert Pascal veut bien nous donner quelques mots sur la mission des Esquimaux, mission qui vient de s'ouvrir sous le vocable du saint nom de Marie. Les voyages sans fin auxquels le missionnaire se condamne durant les quelques mois qu'il a à passer en France, ne lui permettent pas d'écrire bien longuement sur ce sujet. En attendant de plus amples détails de la part des missionnaires établis parmi ces peuplades, nous sommes heureux de publier ces quelques lignes qui intéresseront certainement nos lecteurs.

Lettre du R. P. Pascal, Oblat de Marie Immaculée, missionnaire dans l'Athabaska-Mackenzie.

Avant mon départ de la mission Nativité sur le lac Athabaska, le R. P. Grouard, oblat de Marie-Immaculée, devenu depuis Mgr Grouard, m'écrivait une lettre dans laquelle je lis ces mots :

N° 1135. — 6 MARS 1891.

« Je me dispose à descendre à Good-Hope. J'irai avec le R. P. Giroux à Peels-River où le R. P. Lefebvre nous aura probablement précédés. Je recommande très fort ce nouveau poste à vos prières et à celles des bonnes âmes qui sont avec vous. Quelle rude besogne pour ouvrir le chemin du salut à ces pauvres peuples encore infidèles ! Il faut un miracle de la grâce pour changer ces natures, et ces miracles ne sont pas impossibles. La prière peut tout obtenir. »

Les missionnaires Oblats, répandus déjà partout dans les territoires immenses de l'extrême nord-ouest, viennent donc enfin de planter l'étendard de la foi aux embouchures du Mackenzie. Ils ont fixé leur tente aux extrémités du sol américain.

Etudions en quelques mots les obstacles qui ont fait dire à l'évêque missionnaire que la besogne est rude et difficile.

Nous les trouvons, ces obstacles, dans la sévérité du climat, dans les privations de tout genre, et enfin dans la nature même des Esquimaux.

On le devine aisément, les rigueurs de l'hiver doivent être excessives dans les régions qui avoisinent le pôle glacial. Le missionnaire ne sera pas surpris de voir, en janvier et en février, son thermomètre descendre jusqu'à 40, 45 et même 50° au-dessous de zéro. Il aura besoin alors de se précautionner avant de quitter son foyer et malgré tout il sera heureux lorsque le froid n'aura pas marqué quelque empreinte sur son visage. Il devra en hiver se résoudre à être privé durant six ou sept semaines de la vue du soleil, car cet astre bienfaisant se dérobera à son regard. Sans doute, il sera dédommagé en été de cette longue privation et aura en retour un jour d'un mois et demi sans nuit ; mais le voisinage des glaces éternelles du pôle ne lui permettra de demander à la terre aucun secours par la culture ; les gelées seraient là pour lui ravir le fruit de son travail et de ses sueurs. La viande du renne et le poisson seront donc ses moyens de subsistance ordinaire, je dis ordinaire, car les bateaux lui apporteront bien quelques petits secours, mais à quel prix ? au prix de 120 à 130 francs les 50 kilos.

Voilà le côté matériel.

Que dire maintenant des Esquimaux eux-mêmes ? Cette tribu est assez nombreuse, paraît-il ; sa langue ne ressemble pas à celle des autres tribus. Petits de taille, mais vigoureux et robustes, ces sauvages mettent leur vanité à porter des osselets et des boutons à leurs joues et à leurs lèvres où ils ont fait des incisions. Il n'y a parmi eux, ni foi, ni lois, ni mœurs. Ils sont portés à la rapine et au pillage et, pour arriver à leurs fins, tous les moyens leur sont bons, même le meurtre. D'un caractère farouche et rêveur, ils sont devenus la terreur des tribus environnantes qui les regardent comme des êtres dangereux. Ils se nourrissent de viandes et de poissons crus et confits dans l'huile de baleine. Cette même huile leur sert à s'éclairer, à s'oindre le corps et les habits. Vivant en hiver dans des tentes de glace, ils ressemblent à des renards dans leurs tanières et n'ont d'humain que le visage.

Tout semble fait pour déconcerter et décourager le pauvre missionnaire, car tout semble dépasser les forces et la volonté de la nature humaine. Et cependant faut-il laisser indéfiniment ces pauvres êtres dans les ténèbres de l'ignorance et à l'ombre de la mort ! Nos évêques et nos missionnaires ne le pensent pas. Ils voient, en effet, sous ces rudes écorces des âmes créées à l'image de Dieu et rachetées par le sang de Jésus-Christ, des âmes destinées à jouir d'un bonheur sans fin. Les difficultés sont grandes, sans doute ; mais enfin que ne font pas les commerçants et les explorateurs pour un gain matériel et passager, pour une gloire éphémère !

L'apôtre de Jésus-Christ, dévoré de la soif des âmes, jaloux de l'extension du règne de Dieu, confiant en l'espérance de la vie future, ne doit pas leur céder le pas. Si parfois il éprouve quelque défaillance, la croix du Sauveur qu'il porte sur sa poitrine, l'image de Marie qu'il a gravée dans son cœur, les prières et les aumônes de tant d'âmes pieuses qui de loin prennent part à ses combats et à ses

victoires, sont un perpétuel secours et un saint encouragement pour le faire aller de conquête en conquête.

En terminant ce trop court aperçu, qu'il me soit permis ici d'offrir mes plus sincères remerciements à tous les membres de l'Œuvre sainte de la Propagation de la Foi et de l'Œuvre apostolique.

BAS-NIGER.
—

La mission d'Onitcha.
—

Nous publions avec empressement la lettre suivante. Elle donne de pittoresques et bien touchants détails sur une mission récemment créée à Onitcha par les Pères du Saint-Esprit et sur les œuvres fondées ou projetées dans cette station importante par les filles de la Vénérable Mère Jahouvey.

—

LETTRE DE SŒUR MARIE CLAVER A LA TRÈS RÉVÉRENDE MÈRE MARIE-BASILE, SUPÉRIEURE GÉNÉRALE DES SŒURS DE SAINT-JOSEPH DE CLUNY.

Je puis enfin vous donner des détails précis sur notre petite mission, car notre installation est achevée et nous sommes tout entières à nos chers noirs.

La mission d'Onitcha, située, comme vous le savez, sur les rives du Niger, domine complètement ce fleuve. De notre côté, la rive est bordée de rochers ; à l'opposé, elle est formée par une immense plage sablonneuse, envahie par les eaux dans la saison des pluies. Actuellement le fleuve est à peu près à sec et la tribu des Igaras est venue s'établir sur ses bords. Rien dè plus curieux qu'une installation de ce genre : dès le matin, grande animation de toutes parts ; une tente s'élève, dix autres apparaissent bientôt ; en moins de trois heures, il y en a plus de cent, et, le soir, le village est complètement fini. Ces nomades et les Onitchas vivent au jour le jour. Pas d'agriculture ici, si ce n'est un peu sur le terrain de la mission ; le sol, du reste, s'y prête peu ; il est d'une aridité excessive et la chaleur est telle, que, durant le jour, les plantes paraissent desséchées et mourantes ; le soir seulement, tout se ranime, les fleurs s'épanouissent, mais pour se flétrir en ce moment la culture du cacao sur la colline ; je ne sais si l'on réussira. Le climat est si meurtrier qu'un expert anglais, envoyé il y a huit jours pour surveiller les travaux, a été emporté en quelques heures.

Notre habitation, comme toutes celles du pays, se compose d'une grande case de terre recouverte en nattes ; le mobilier est des plus simples : trois lits, deux tables rustiques et quelques sièges tout à fait primitifs le composent. C'est la pauvreté réelle, mais non dépourvue de charmes ; nous sommes heureuses dans ce dénuement, nous l'aimons, et nous n'en souffrons que lorsqu'il nous met dans la nécessité de refuser aux malheureux les soulagements que nous voudrions leur prodiguer.

Ces détails vous suffiront, je pense, pour vous donner une idée du pays, je vais maintenant vous parler de nos humbles mais consolants travaux.

II

Sous la direction de Sœur Thierry, la petite classe marche assez bien ; nos enfants se développent lentement, nous les formons surtout à la couture et à la tenue du ménage, c'est là l'essentiel pour elles avec la connaissance de la religion. Nous secondons les Pères pour la préparation des adultes et des enfants au baptême et à la première communion. Parmi ces derniers, plusieurs ont été rachetés et appartiennent à une tribu anthropophage voisine, celle des Aboutchis, hommes sinistres, type à part, chez qui la religion seule peut faire pénétrer le bienfait de la civilisation. Les superstitions de ces peuplades vouent trop souvent à la mort de pauvres enfants. C'est ainsi que dernièrement notre attention fut attirée par des oiseaux de proie rassemblés depuis plusieurs heures en un même point. Quel ne fut pas notre effroi lorsque nous aperçûmes deux petits êtres à moitié ensevelis dans le sable et déjà dévorés par les vers ! Ils respiraient encore, nous les emportâmes, et le baptême en fit deux anges du bon Dieu.

Il me reste à vous parler du soin des malades dont je m'occupe spécialement. Je ne puis vous donner une idée de l'état pitoyable dans lequel nous arrivent ces pauvres infortunés ; c'est une misère qui n'a pas de nom. Chez tous, des plaies affreuses, des chairs en pourriture exhalant une odeur fétide, et cela sous un soleil brûlant qui aggrave encore le mal. Nous bénissons Dieu quand nous pouvons les soulager et leur procurer l'inestimable bonheur de mourir chrétiens. Mais, hélas ! que de fois cette consolation nous est refusée ! Que de fois nous apprenons avec douleur que l'un de nos pauvres malades a succombé loin de la mission sans avoir pu recevoir le baptême ! Ah ! si nous avions un hôpital ici, quel bien en résulterait ! Il y a déjà quelque temps que j'ai formé ce projet, et j'espère qu'il me sera donné, bientôt peut-être, d'en voir la réalisation. Toute la difficulté consiste dans le manque de ressources pécuniaires, il faudrait 1,000 francs pour construire une vaste case destinée à recevoir les malades. Je voudrais être entendue de toutes les âmes que la charité chrétienne presse de venir en aide aux missionnaires ! Je prie avec confiance, et j'attends les secours qui nous sont si nécessaires ; j'espère que la divine Providence les ménagera à ces malheureux qui nous arrivent de tous côtés. Hier encore, un pauvre jeune homme a fait plus de quatre lieues pour venir jusqu'à nous ; une plaie horrible lui rongeait le ventre et le haut des jambes ; je l'ai pansé et il me

suppliait de le garder ; j'avais le cœur brisé, mais il m'a fallu le renvoyer ! Tous les jours aussi, une pauvre vieille femme vient ici en se traînant sur les pieds et sur les mains, cela me navre ! Je voudrais avoir ces infortunés près de moi ! et je serais leur garde-malade et leur servante. Dieu veuille que ces désirs se réalisent bientôt !

Mais nous ne nous contentons pas de ces soins, et lorsque les malades ne peuvent venir nous trouver, je vais les visiter dans leurs villages. En général, je suis fort bien reçue: les sauvages aiment mieux, disent-ils, la femme blanche que le Père blanc. Une de mes dernières courses m'a donné bien des consolations ; vous allez en juger. N'ayant pas vu depuis trois jours une enfant malade que l'on amenait quotidiennement à la mission, je résolus d'aller voir ce qu'elle devenait. Je partis donc à deux heures de l'après-midi, en compagnie d'une négresse de dix à douze ans, chargée de porter ma boîte de pharmacie, et de me servir d'interprète. Après une longue course à travers les hautes herbes et sous un soleil brûlant, nous arrivons au village, où, comme d'habitude, nous sommes entourées par les noirs. Je demande où est l'enfant, on m'indique une misérable case et j'y trouve, en effet, ma petite amie mourante. Je veux la baptiser, la mère s'y oppose ; j'insiste, nouveau refus ; le débat se prolonge... J'obtiens enfin le consentement désiré et je m'empresse de verser sur cette chère tête l'eau régénératrice ; il était temps : deux heures après, le Ciel comptait un ange de plus.

En sortant, on m'indique une autre enfant muette ; je propose de l'emmener à la mission, le père me la donne volontiers et s'offre même pour chercher quelqu'un qui me la portera. Pendant ce temps, je continue à aller de case en case panser les plaies ; dans l'une d'elles, assise sur un tas de cendres d'où on la distinguait à peine ; aux mauvais traitements qu'on lui fait subir, je reconnais une pauvre abandonnée.

« — Veux-tu que je la soigne chez moi ? dis-je à la mère.

« — Emporte-la, si tu veux, répondit-elle aussitôt.

« — Je ne puis l'emporter, repris-je ; mais amène-la toi-même demain. »

A ce propos la négresse répondit par une grimace significative qui ne me laissa pas de doutes : il me fallait prendre l'enfant de suite ou renoncer à l'avoir. Je n'hésitai pas, et, chargeant comme je le pus l'enfant sur mes épaules, je partis triomphalement. L'homme et l'enfant muette me suivirent et nous fîmes ainsi les deux lieues qui nous séparaient de la mission. En arrivant, j'étais épuisée mais heureuse ; j'allai directement à la chapelle offrir à Notre-Seigneur ces deux âmes ravies à Satan et le remercier de me donner de telles joies !

Pardonnez-moi ces longs détails: mais j'ai pensé qu'ils vous feraient plaisir.

NOUVELLES DE LA PROPAGANDE

Mgr Hilarion Montéty, Lazariste, délégué apostolique de Perse et administrateur du diocèse latin d'Ispahan, a été promu à l'église métropolitaine titulaire de Beyrouth.
— Au vicariat apostolique de l'Etat libre d'Orange (Afrique méridionale), avait déjà été attribuée la partie du Griqualand-Ouest, qui appartenait à la préfecture de la Cimbébasie. Maintenant, par décret de la Propagande, lui a encore été annexée l'autre partie dudit Griqualand-Ouest, qui appartenait à la préfecture du Transvaal.

INFORMATIONS DIVERSES

Rome. — Un artiste de grand talent, M. de Federicis, photographe de Sa Sainteté Léon XIII, nous annonce qu'il serait heureux de se mettre à la disposition des NN. SS. les Evêques missionnaires de passage à Rome. Il nous promet en outre de nous envoyer pour notre Bulletin une épreuve de tous les portraits des chefs de missions qui se seront fait photographier dans ses ateliers, situés place St-Pierre, en face du Vatican.

Palestine. — Dans notre dernier numéro nous avons attiré l'attention de nos lecteurs sur deux paroisses desservies en Terre Sainte par des prêtres français. La plupart des autres paroisses du patriarcat latin de Jérusalem sont confiées à des Pères Franciscains, et nous n'avons pas besoin de dire avec quel zèle les pieux enfants du patriarche d'Assise remplissent les fonctions du saint ministère sur cette terre privilégiée. Il y a encore en Palestine d'autres établissements appartenant à différentes nations. Tous sont admirablement dirigés...

Cochinchine Orientale (*Annam*). — M. Allys, des Missions Etrangères de Paris, nous écrit de Phû-Cam (près Hué), le 13 janvier 1891 :
« Merci, mille fois merci, pour les secours que vous m'avez si généreusement procurés, merci de la part des nombreux malheureux que vous me permettez de secourir.
« Depuis plus d'un an que la misère règne à Hué et dans presque toutes les provinces de l'Annam, vous ne sauriez croire, combien j ai éprouvé d'angoisse et ressenti de découragement, à ce point que souvent j'ai été tenté d'entourer ma paillotte d'une palissade et d'en interdire ainsi l'entrée à tous les affamés. Mais jamais je n'ai pu oublier que je me devais à tous, surtout aux déshérités des biens de ce monde. Et après tout, je suis heureux de m'être montré patient et miséricordieux, car les ennuis que j'éprouve, en face du cortège de misères qui chaque jour défile devant moi, ne me laissent pas sans consolation. Il est vrai qu'il ne m'est pas donné de jeter dans les bras du bon Dieu tous les malheureux à qui je fais l'aumône ; néanmoins un bon nombre peuvent recevoir le baptême et, pendant les deux années qui viennent de s'écouler, c'est par centaines, je pourrais même dire par milliers que j'ai baptisé ou fait baptiser des enfants et des adultes.
« Maintenant que j'ai quelques ressources je vais encore redoubler d'ardeur, et j'espère, qu'avec le secours non seulement de vos aumônes, mais encore de vos bonnes prières, il me sera donné d'étendre le royaume de Notre Seigneur et d'envoyer un grand nombre d'âmes dans la bienheureuse éternité. »

LE LONG DU CHEMIN DE FER

DE

JAFFA A JÉRUSALEM

PAR LE

R. P. JULLIEN, *de la Compagnie de Jésus*

(Suite et fin 1).

VI

La grotte de Samson à Etam.

Les étonnantes aventures de Samson, sauf sa captivité et sa mort, se sont toutes passées dans une région fort restreinte traversée par le chemin de fer, proche de Beit-Gémal. Les pèlerins de Jérusalem verront le lieu de sa naissance, ils traverseront les vallons où il étouffa dans ses bras un lionceau, les campagnes dont il incendia les moissons avec trois cents chacals ; ils parcourront dans toute sa longueur la vallée de Sorec, aujourd'hui Ouadi-es-Serar, où habitait Dalila (2).

Au coucher du soleil, des cris plaintifs de chacals, venant de toutes les directions, semblables aux lamentations d'enfants en pleurs, me donnent la conviction que, si le pacha de la contrée demandait trois cents chacals, et surtout s'il les payait, on ne tarderait guère à les lui fournir. Ce fut encore plus facile. pour le juge Samson de se les procurer au temps de la moisson, quand les nouvelles nichées se mettent en campagne par groupes, sans expérience de la vie. Les ravins de rochers et de broussailles qui descendent dans la vallée de Sorec, alors renommée pour ses vignobles (3), devaient en renfermer des légions ; car, en Palestine et en Syrie, les chacals ne sont nulle part plus nombreux que dans les montagnes semées de vignes, le raisin étant leur meilleur régal.

Avouons pourtant qu'il dut être difficile de les lier deux à deux par la queue, précaution sans laquelle ils auraient éteint dans une course rapide les torches qu'on leur avait mises par derrière.

« Tous les blés, ceux qui étaient sur l'aire et ceux qui étaient encore dans les champs, furent brûlés ; la flamme consuma jusqu'aux vignes et aux oliviers. » Et les Philistins dirent : « Qui a fait ce mal? » On leur répondit : « Samson, gendre « de cet homme de Thamnatha, parce que son beau-père lui « a ôté sa femme et l'a donnée à un autre.» Et les Philistins vinrent, et brûlèrent la femme de Samson avec son père. Samson leur dit : « Pourquoi avez-vous fait cela? Je me ven- « gerai et alors je me reposerai » (4). Et il les frappa d'un coup terrible que la Bible, sans l'expliquer, signale par une locution proverbiale, comme qui dirait : il leur brisa bras et jambes. Après cela, il descendit et habita dans la grotte du rocher d'Etam (5).

(1) Voir les *Missions Catholiques* du 20 et 28 février 1891.
(2) Juges, XVI, 4.
(3) Isaïe (V. 2) et Jérémie (II. 21), pour signifier une excellente vigne, une vigne de choix, disent en hébreu : une Vigne Sorec. La Vulgate traduit par *vineam electam*.
(4) Juges, XV, 5 — 7.
(5) Juges, XV, 8.

Dom Scanzio veut me conduire à cette caverne d'Etam. Il connaît une vaste et belle grotte, cachée au fond d'un ravin, non loin de Thamnatha et de la patrie de Samson, dans le territoire de Juda. Les indigènes la nomment parfois la grotte d'Etam. Je lui fais répéter plusieurs fois cette dernière affirmation : la chose est importante; ce serait une trouvaille, car les savants sont embarrassés pour indiquer le lieu où fut la retraite de Samson. On a proposé les nombreuses excavations ou anciennes carrières qui se voient près de Deir-Doubban, une heure au-dessous de Tell-Zakaria (1). N'est-ce pas bien proche des Philistins auxquels Samson voulait se dérober? D'autres voudraient voir le rocher d'Etam dans le pic dénudé que couronne le village de Beit-Atab, à dix kilomètres à l'est de Beit-Gémal (2); mais au bas de ce rocher on ne trouve aucune caverne tant soit peu considérable.

Par rapport à Beit-Gémal, la grotte est à l'est tirant tant soit peu sur le nord, et il faut une heure pour s'y rendre. On passe d'abord auprès d'une belle source, Ain-Fatir, la seule dans les environs qui coule constamment à la surface du sol. Elle arrose un jardin appartenant à l'orphelinat. Plus loin on traverse le Ouadi-en-Nagil, déjà connu, et on s'engage dans une vallée affluente qui vient du levant et débouche entre deux ruines, Khirbet-en-Naiteh au nord, Khirbet-Oumm-el-A'mdan au sud : le village de Gerrach se voit sur la colline au-dessus de la première ruine.

Bientôt la petite vallée se resserre en un ravin boisé et sauvage ; il faut se glisser entre les arbustes et les rochers du torrent. Après un quart d'heure on rencontre sur la gauche, à quelques pas seulement du fond de la vallée, une sorte d'ouverture de tunnel, régularisée de main d'homme. C'est l'entrée de la grotte d'Etam. Dès qu'on l'a franchie, on se trouve dans une salle d'une quarantaine de mètres en tout sens, au plafond élevé, où encombré de rochers. De tous côtés sortent des pigeons qui nichent dans les trous ; aussi la grotte est-elle appelée souvent Maghâra-el-Hamam, la grotte des pigeons.

Inutile de la décrire au long : toutes les grottes creusées par les eaux dans les montagnes calcaires se ressemblent. Des stalactites pendent du plafond et se rejoignent en grosses colonnes aux stalagmites du sol; d'innombrables chauves-souris, accrochées par leurs longues pattes, pendent en haut et branlent comme des feuilles au moindre souffle. Des galeries tortueuses, quelques-unes assez vastes, s'ouvrent dans toutes les directions et s'enfoncent dans la montagne en se ramifiant. Mais il faut s'avancer avec précaution : le sol présente des ouvertures, plongeant dans des abîmes inconnus. Une pierre, attachée à une ficelle et descendue dans l'un de ces trous, ne s'est arrêtée qu'à vingt-six mètres.

Au fond d'une galerie large et montante sort une source dont les eaux, limpides comme le cristal, se réunissent dans un bassin carré de deux mètres, taillé dans le roc, et descendent à l'entrée du couloir par une rigole également creusée de main d'homme. Les parois du rocher, elles aussi, sont taillées et dressées en murailles.

Sont-ce les anciens habitants des bourgades voisines qui ont fait ces travaux pour avoir de l'eau à proximité dans

(1) Stanley ; *Sinaï and Palestine*, 1868, p. 258.
(2) Conder, *Palestine*, 1889, pp. 49, 255.

les temps de sécheresse, ou bien faut-il y voir la main des anciens troglodytes de la Bible, nommés Chorraei et Horraei dans la Vulgate, Horim dans le texte hébreu, (1) qui, d'après saint Jérôme, s'étendaient jusqu'au pays d'Eleutheropolis (2)? Il n'est pas aisé de le décider.

Assurément Samson ne pouvait, sans s'éloigner de son pays, choisir meilleur gîte sous terre, retraite plus cachée, asile plus sûr. Ses ennemis seraient-ils parvenus jusqu'à sa caverne, il aurait pu espérer encore le salut dans les profondeurs des nombreux couloirs de la caverne, dans les sombres fissures du rocher. D'ailleurs, la situation au fond d'un ravin, dans les montagnes de Juda, loin de la frontière philistine et pourtant proche de la contrée où vécut Samson, répond parfaitement à l'histoire racontée au Livre des Juges (XV, 8 et suiv.)

Samson, après avoir frappé un grand coup sur les Philistins, était descendu dans la caverne du rocher d'Etam et en avait fait sa demeure. Les Philistins, montant donc dans la terre de Juda, campèrent dans le lieu qui depuis fut appelé Lechi, c'est-à-dire mâchoire, où leur armée fut dissipée. Ceux de la tribu de Juda leur dirent : «— Pourquoi êtes-vous venus contre nous?» Les Philistins répondirent : «— Pour prendre Samson et lui rendre le mal qu'il nous a fait.» Alors trois mille hommes de la tribu de Juda descendirent à la caverne du rocher d'Etam, et dirent à Samson : « — Ne savez-vous pas que les Philistins nous dominent? Pourquoi les avez-vous traités ainsi? » Il répondit : «— Comme il m'ont fait, je leur ai fait.» — «Nous sommes venus, lui dirent-ils, pour vous lier, et vous livrer entre les mains des Philistins.» — «Jurez-moi, leur dit Samson, et promettez-moi que vous ne me tuerez point. »

Sur leur assurance, Samson se laissa lier avec deux grosses cordes neuves et conduire au camp de Lechi. Là il fut saisi de l'esprit du Seigneur et, en présence des Philistins accourus en poussant des cris de joie, il brisa ses liens comme on brise un fil brûlé.

Tout cela cadre si bien avec la situation de notre grotte, que nous pouvons, ce semble, sans sortir des limites d'une vraie probabilité, l'identifier avec la caverne de Samson, avant même d'avoir pu constater l'antiquité de la tradition indigène qui lui donne le nom d'Etam.

La caverne du rocher d'Etam, dont il est parlé au Livre des Juges (XV, 8), est probablement la grotte située au bas de la colline du village de Gerrach (31° 40 N. — 32° 13 E), à trois ou quatre kilomètres ouest du rocher de Beit Atab.

VII

Bethsamès.

L'orphelinat et surtout son excellent directeur sont la providence des sous-entrepreneurs du chemin de fer pour la section voisine. Là ceux-ci trouvent du pain *Frangi*, des légumes, du vin et mille petites choses inconnues de l'indigène, nécessaires à l'Européen.

Le chef de l'entreprise, à bout de forces et malade, est venu se refaire à Beit-Gémal : il se trouve mieux et m'invite à faire route avec lui jusqu'à Ramleh où l'appellent ses af-

(1) Gen., XIV, 6 ; XXXVI, 20.30 — Deut., 11 12, 22.
(2) Commentaire sur le prophète Abdias.

faires. Il s'arrêtera au chantier pendant que j'irai visiter les localités voisines qui m'intéressent, et nous déjeunerons sous sa tente.

Les ruines de Bethsamès, aujourd'hui Khirbet-A'in-Chems, sont sur notre chemin ; de Beit-Gémal nous apercevons le ouéli musulman qui signale au loin cette localité, célèbre par la singulière histoire rapportée au chapitre VI du premier livre des Rois.

L'arche sainte était tombée entre les mains des Philistins, et depuis lors ils étaient frappés d'un mal affreux. Résolus à la renvoyer, à donner satisfaction au Seigneur, et ne sachant comment s'y prendre, ils interrogèrent leurs prêtres et devins.

Sur leur réponse, ils firent fondre cinq boutons en or, représentant les vilaines tumeurs dont souffraient les habitants des cinq villes où l'arche avait été successivement transportée, et des rats d'or semblables à ceux qui dévoraient leurs récoltes, en nombre égal à celui des villes, fortifiées ou non, de leurs cinq provinces, jusqu'à Abelmagnum. Le tout fut fermé dans une boîte. Ils mirent l'arche et le coffre des offrandes expiatoires sur un char neuf attelé de deux vaches qui n'avaient pas encore porté le joug, et les laissèrent aller, retenant leurs veaux à l'étable.

Cela se passait à Accaron. Les vaches prirent d'elles-mêmes le chemin de Bethsamès ; elles marchaient en faisant entendre des mugissements sans se détourner du chemin ; les satrapes les suivaient. Enfin elles s'arrêtèrent dans le champ de Josué le Bethsamite.

Les habitants de Bethsamès étaient à ce moment-là dispersés dans la plaine et occupés aux moissons. A la vue de l'arche ils en témoignèrent une grande joie. Les lévites qui étaient parmi eux (1) s'empressèrent de déposer l'arche et la

PALESTINE. — SABA'A, PATRIE DE SAMSON, VUE DU NORD-EST ; d'après une photographie du R. P. JULLIEN (Voir p. 116).

boîte des offrandes sur une grande pierre dans le champ ; le char fut mis en pièces, et on en fit un bûcher sur lequel on offrit les vaches en holocauste au Seigneur.

Mais les Bethsamites, à cause de leurs péchés, n'étaient pas dignes de conserver l'arche sainte ; peut-être étaient-ils tombés sous la menace écrite au livre des Nombres (IV, 20), « qu'ils ne regardent pas avec curiosité les choses qui sont dans le Saint des Saints, avant qu'on les ait couvertes, autrement ils mourront. » Le Seigneur en fit mourir soixante-dix (1).

Frappés de terreur, ils envoyèrent des députés aux habitants de Cariathiarim, pour les prier de prendre l'arche et de la garder chez eux.

(1) Les plus graves commentateurs regardent comme une interpolation ou une faute de copiste, le chiffre de 50.000 morts qu'on trouve dans la Vulgate ajouté aux 70. Cette addition n'existe pas dans plusieurs anciens manuscrits, et d'ailleurs il n'y avait pas 50.000 habitants à Bethsamès.

L'arche sainte resta vingt ans à Cariathiarim. C'est de là que David transport en grande pompe à Jérusalem.

Tous ces lieux sont connus : Cariathiarim est le beau village de Kirieth-el-A'Nab, plus connu des Européens sous le nom d'Abou-Goch, qu'on rencontre sur la route de Jaffa à Jérusalem, au sommet de la descente de Kolounieh. La magnifique église des Pères Franciscains, dont les musulmans s'étaient emparés pour en faire une étable après avoir massacré les religieux et détruit leur couvent (1489), a été restituée à la France en 1873 et attend une communauté chrétienne pour réparer ses ruines et faire résonner de nouveau ses vieilles voûtes aux louanges du Seigneur.

Le village de Deir-Aban, étagé sur une belle croupe de montagne, au levant ; a probablement succédé à cette der-

(1) Bethsamès était l'une des villes assignées aux prêtres et aux lévites (Jos. XXI, 16. — I. Par., VI, 59).

nière ville des Philistins que la Vulgate nomme Aheima-gnum et le texte hébreu Abel la Grande Pierre.

Accaron, en hébreu E'Kron, est le village d'A'Ker, au sud de Ramleh, tout proche de la voie du chemin de fer. Nous apercevrons à notre gauche, dans la soirée, le village, la verdure et es maisons blanches de la grande colonie juive que le baron Rothschild vient d'y fonder.

Le chemin que prirent les vaches pour transporter l'arche sainte à Bethsamès suivait bien certainement la vallée du chemin de fer, unique route naturelle, et ne devait guère s'écarter du tracé nouveau.

C'est vraisemblablement dans la petite plaine formée en avant de la colline de Bethsamès par l'entrée du ouadi Boulos dans la vallée principale, que moissonnaient les Bethsamites quand ils virent l'arche; elle est encore une excellente terre à blé. L'arche s'arrêta dans l'un de ces champs; les lévites la placèrent en vue sur l'un des rochers qui bordent la vallée et offrirent l'holocauste.

Nous voyons tout cela en gravissant la colline peu élevée qui s'allonge entre les ouadis es-Serar et Boulos, jusqu'à leur jonction.

Des ruines couvrent le dos de la colline sur une grande longueur : ce ne sont que des amas de pierres taillées de moyennes dimensions, des arasements de murailles, des caveaux et citernes. Celles qui s'étendent vers l'extrémité de la colline au couchant nous paraissent les plus anciennes et répondent sans doute à la ville biblique de Bethsamès, tandis que les ruines situées au levant ne sont probablement que les restes d'un village postérieur construit avec les matériaux de l'ancienne ville.

Entre les deux groupes, s'élève la petite mosquée d'Abou-Mizar, ombragée d'un énorme figuier. Elle est déserte et remplie de paille. Dans la cour, un chapiteau antique avec une inscription grecque illisible donne à penser qu'ici, comme en beaucoup d'autres lieux, la mosquée a pris la place d'un sanctuaire chrétien. Des tombeaux se voient dans les rochers sur le versant de l'Onadi-es-Serar.

VIII

Samson.

« Les enfants d'Israël avaient de nouveau fait le mal aux yeux du Seigneur ; il les livra entre les mains des Philistins, quarante années durant[1]. » Cependant Dieu ne cessa pas de manifester sa puissance vengeresse contre les oppresseurs de son peuple et sa paternelle miséricorde envers lui. C'est alors qu'il affligea les Philistins pour leur faire rendre l'arche sainte, alors qu'il suscita dans Israël un homme extraordinaire, destiné à venger ses frères, Samson, fils de Manué, de la tribu de Dan.

CANADA. — Chef sauvage et sa famille a la mission du Grand Lac (haut de la rivière Ottawa), d'après une photographie de Mgr Lorrain (Voir p. 117).

(1) Juges, XIII, 1.

Enfant du miracle, Samson est doué d'une force prodigieuse, d'un courage audacieux, d'un esprit inépuisable en ruses et en ressources nouvelles. Tout est singulier, surprenant dans sa vie.

Le village de Sara'a, sa patrie, nous domine du sommet d'une haute colline en pain de sucre et blanchâtre, située au nord, de l'autre côté du ouadi es-Serar, la vallée de Sorec. L'ascension sur ses pentes raides et argileuses, est pénible. Enfin on arrive au col de rochers, et, pour atteindre le sommet, il ne reste plus qu'à gravir au levant quelques gradins percés de grottes sépulcrales. Un gracieux ouéli, flanqué d'un palmier, un vieux figuier sous lequel deux femmes écrasent des olives avec un gros caillou dans un creux de rocher, c'est tout ce que nous trouvons sur le petit plateau de la crête : car, des masures du village situé à quelques pas sur le versant oriental, on ne voit que les pauvres terrasses en terre. Mais quel splendide panorama! Le théâtre des exploits de Samson est presque tout entier sous nos yeux (V. la grav., p. 114); il faut lire ici son histoire.

« Or, il y avait un homme de Sara'a (en héreux Zorah), de la tribu de Dan, nommé Manué, dont la femme était stérile. Et l'ange du Seigneur apparut à la femme, et lui dit : Tu es stérile et sans enfants ; mais tu concevras et enfanteras un fils. Prends donc bien garde de ne point boire de vin, ni rien de ce qui peut enivrer, et de ne manger rien d'impur, parce que tu concevras et enfanteras un fils dont le rasoir ne touchera pas la tête ; car il sera Nazaréen, consacré à Dieu dès son enfance et dès le sein de sa mère, et c'est lui qui commencera à délivrer Israël de la main des Philistins (1). »

Manué, informé par sa femme, désira voir l'ange. Il apparut, en effet, une seconde fois à la femme pendant qu'elle était aux champs, et celle-ci courut prévenir son mari. L'ange répéta sa prédiction et ses ordres, mais refusa de dire son nom mystérieux. Les époux offrirent un sacrifice au Seigneur et, lorsque le feu de l'holocauste montait vers le ciel, l'ange du Seigneur y monta aussi au milieu des flammes. « Et Manué dit à sa femme : Nous mourrons de mort, car nous avons vu Dieu. Sa femme répondit : Si le Seigneur voulait nous faire mourir, il n'aurait pas reçu de nos mains l'holocauste et les libations.... et il ne nous aurait point prédit ce qui doit arriver. Elle enfanta donc un fils et elle l'appela Samson. L'enfant grandit, et le Seigneur le bénit. L'esprit du Seigneur commença à lui donner la force à Mahaneh-Dan (texte hébreu) entre Saraa et Esthaol. (2) »

Esthaol ou Echthaol est devant nous dans la direction de l'est-nord-est, à moins d'une heure : le petit village dont les maisons brillent là au soleil sur une faible éminence s'appelait autrefois Achtoua'l, disent les indigènes. Ils le nomment maintenant Achoua'.

Quelque part sur le sol ondulé et plein de cultures, qui s'étend sous nos pieds devant Achoua', était Mahaneh-Dan, où se passa la jeunesse de Samson, sans doute la localité qu'habitait Manué, celle où il avait son champ.

Au-delà de Bethsamès, dans la même direction, nous apercevons Khirbet-Tibneh, ou plutôt le village de el-Bridje, très voisin des ruines. Tous s'accordent à reconnaître dans

(1) Juges, XIII, 2-5.
(2) Id., XIII 22, — 25.

les ruines de Tibneh, les restes de l'ancienne Thamnatha, plusieurs fois citée dans l'histoire merveilleuse de Samson et théâtre du premier de ses exploits racontés dans la Bible.

Il voulut épouser une Philistine de Thamnatha : Dieu permit cette transgression de la loi contre les unions avec des filles étrangères, pour lui donner l'occasion d'entrer en lutte avec les Philistins. Il vint donc pour les fiançailles à Thamnatha accompagné de son père et de sa mère.

« Ils cheminaient dans les vignobles non loin de la ville, quand un lionceau vint sur lui en rugissant. Alors l'esprit du Seigneur s'empara de Samson et il déchira le lion, comme un chevreau, n'ayant rien dans la main (1). » La chose fut faite si lestement que le père et la mère ne virent rien. Il ne leur en parla pas.

A quelque temps de là, revenant à Thamnatha pour les noces, il se détourna du chemin, afin de revoir le cadavre du lion ; et voici qu'il trouva des abeilles et du miel dans la gueule de l'animal, dont le cadavre sans corruption avait été desséché par le soleil, comme il arrive dans ces pays au temps des grandes chaleurs. Il prit le rayon de miel et en mangea dans le chemin.

Il ne reste de Thamnatha que des ruines informes, éparses sur les flancs d'une colline, au milieu de buissons de lentisques, et des grosses pierres utilisées dans les constructions du village voisin.

Samson avait trouvé la mort à Gasa en écrasant plusieurs milliers de Philistins sous les débris de l'édifice dont il avait secoué violemment les colonnes. « Ses frères et toute sa parenté descendirent chercher son corps et l'enterrèrent entre Sara'a et Esthaol, dans le tombeau de son père Manué. Il avait été juge en Israël pendant vingt ans (2). »

Nous apercevons en effet sur le revers d'une colline, au nord-est, entre Sara'a et Esthaol, un ouéli entouré de vieux figuiers, que les gens de la contrée vénèrent sous le nom de Kabr-Chamchoun, le tombeau de Samson. Il n'y a là, il est vrai, qu'un vulgaire ouéli, carré, sans coupole, mais voûté à l'intérieur, et dans un angle, un tombeau bâti en dos d'âne, blanchi à la chaux, comme la plupart des tombes musulmanes. Les indigènes disent qu'il recouvre les restes du Cheikh Ghérib ; il serait du reste difficile d'y voir l'antique tombe de Samson. Mais la situation du ouéli, son nom, l'usage général chez les musulmans de choisir, s'il se peut, des lieux antérieurement vénérés, pour y enterrer leurs santons, y élever des ouélis ou des mosquées, tout nous persuade que le ouéli Kabr-Chamchoun a réellement succédé au monument funèbre de Samson. (3)

Il nous vient aussi en pensée que les ruines voisines, appelées Khirbet-Asselin, quoiqu'elles ne présentent pas le caractère d'une haute antiquité, pourraient bien occuper la place jusqu'ici ignorée de Mahaneh-Dan, la maison paternelle de notre héros, car les Juifs de distinction étaient souvent enterrés tout proche de leur demeure.

L'heure ne nous permet pas d'aller visiter à peu de distance au sud de la colonie anglaise dont les longs toits rouges, au-dessous du gracieux village d'A'rtouf, attirent depuis longtemps nos regards. On nous dit que les Anglais ont peu

(1) XIV, 5, 6.
(2) XVI, 31.
(3) Victor Guérin a le premier signalé le tombeau de Samson ; Palestine, III. p. 324.

réussi, jusqu'à présent, dans ce premier essai de colonisation palestinienne.

Pour arriver au chantier où nous sommes attendus, il suffirait de descendre la vallée d'es-Serar ; nous préférons prendre les hauteurs à l'ouest de Sara'a, pour voir en passant les ruines d'un ancien monastère, Deir-et-Tahouneh (le couvent du moulin), perché sur un haut sommet, dominant au loin la vallée. A en juger par les quelques sculptures d'ornementation qu'on trouve dans ces ruines, le monastère daterait des croisades ou des derniers temps qui ont précédé l'invasion musulmane. De cette hauteur, un antique chemin de montagne assez pittoresque descend au pauvre village musulman de Rafat, propriété du patriarcat latin de Jérusalem, dont les revenus jusqu'ici bien minces pourront croître à l'aide du chemin de fer. Mais déjà nous apercevons les baraquements, les tentes du chantier, le mouvement des chameaux, des baudets, des wagonnets Decauville.

Il y eut à déjeuner réunion des employés français. Je trouvai là un jeune homme auquel je m'étais intéressé dans un autre pays. Chef d'une sous-entreprise, il habite sous deux planches inclinées l'une contre l'autre, ce qu'ils appellent dans le langage du métier, un bonnet de police, et il doit constamment déplacer cette frêle habitation pour qu'elle ne soit pas infestée d'insectes, tant les parasites se multiplient dans ce climat. L'une des dernières nuits, les Arabes lui ont volé tous ses vêtements durant son sommeil. Il a dû emprunter le strict nécessaire ; il ira avec nous à Jaffa pour s'habiller.

On me présente des monnaies anciennes trouvées dans les terrassements ; on me signale dans la vallée diverses antiquités dont les mémoires des palestinologues, si ce que je crois, ne font pas mention : un tombeau creusé dans les rochers du côté de Khirbet Oumm-Gina dont la porte a une inscription en lettres carrées entre deux palmes ; une grotte, un peu au-delà d'A'rtouf, Maghâra Ismain, dont l'entrée montre des restes de constructions anciennes et une mosaïque ; ils en ont fait leur poudrière pour les travaux.

D'autres verront ces choses et en parleront. Il nous faut partir pour Ramleh en suivant le grand contour de la voie, dans la fertile plaine des Philistins. A cette extrémité, la plaine est légèrement soulevée en monticules, la plupart couronnés de restes antiques ou de villages. Kathrah et A'ker à gauche, Abou-Choucheh ou Tell-Gezar à droite nous rappellent les cités bibliques de Gaderoth (1), de Accaron, de Gezer (2).

De Ramleh à Jaffa par Lydda, la route est bien connue des pèlerins de Terre-Sainte.

On passe à peu de distance de plusieurs colonies juives importantes et prospères : Richon, ainsi que Ekron, fondées par M. de Rothschild en faveur de ses coreligionnaires expulsés de Russie et de Bulgarie ; Mitweh-Israël, ou le nouvel Israël, orphelinat français de l'Alliance israélite.

Nous entendons dire qu'avec le chemin de fer, les Juifs, qui sont déjà vingt-cinq mille à Jérusalem (3) et fondent partout en Terre-Sainte des colonies appelées à devenir

(1) Jos , XV, 41. — II Par., XXVIII, 18.
(2) Jos., X, 33 ; XII, 12 ; XXI, 21 — I Par., VI, 67 ; XIV, 16 ; XX, 4 ; — III Rois, IX, 15, etc.
(3) Chiffre donné par la *Revue d'Orient* de Buda-Pest. Nov, 1890.

des villages et des villes (1), vont envahir la Palestine. C'est possible ; mais il faut bien que ce monde vieillissant prépare de loin, même sans le savoir, les événements prédits pour les derniers temps. L'Antechrist, d'après les livres saints et l'interprétation des Pères, sera Juif de la tribu de Dan ; il séduira les Juifs, régnera dans Jérusalem, étendra au loin sa puissance et persécutera les chrétiens sur toute la terre pendant deux ans et demi (2). Jérusalem sera donc alors une grande ville et les Juifs qui l'habiteront une nation puissante. Enfin Israël se convertira au vrai Christ et sera sauvé. *O altitudo divitiarum sapientiæ et scientiæ Dei !* O élévation des richesses de la sagesse et de la science divines ! s'écrie ici l'Apôtre (3).

Fin.

DOUZE CENTS MILLES EN CANOT D'ÉCORCE

ou

PREMIÈRE VISITE PASTORALE

de Mgr N.-Z. LORRAIN, évêque de Cythère
Vicaire apostolique de Pontiac

DANS SES MISSIONS SAUVAGES DU HAUT DES RIVIÈRES OTTAWA ET SAINT-MAURICE, DE WASWANIPI ET DE MÉKISKAN

Par Mgr J.-B. PROULX
Curé de Saint-Raphaël de l'Isle-Bizard.

(Suite 4).

CHAPITRE VIII

Au Grand Lac Victoria

L'Église. — La Confirmation. — Zèle du missionnaire. — La Communion. — Une Noce. — Visite au cimetière. — Les lenteurs d'un départ. — Le Nord, domaine du Canadien français.

Mercredi, 8 juin. — La visite épiscopale commença par la bénédiction de l'église. (Voir la gravure, page 118).

Elle est bâtie sur une pointe allongée, au sommet d'un petit coteau, avec une vue magnifique sur le lac. Son clocher n'a pas la forme dégagée de celui du lac Barrière, et sa cloche n'est qu'un grelot ; cependant sa voix est assez forte pour se faire entendre à la dernière des tentes campées aux environs. Enfin plusieurs missions nouvelles, parmi les blancs, ne dédaigneraient pas d'avoir un temple comme celui du Grand-Lac (voir la gravure p. 118).

Quelques familles devant partir absolument aujourd'hui, le Père avança d'un jour la confirmation. La chapelle était remplie. Il ne fallait pas un très grand effort d'imagination pour se croire transporté aux premiers jours de l'Église, au temps des apôtres ; tout prêtait à l'illusion, la foi de cette population, son avidité à écouter la parole de Dieu, l'aban-

(1) Citons seulement la belle colonie rothschildienne de Zemmarin, entre Césarée et le Carmel
(2) Cornelius a Lapide ; in *II Ep. aux Thes* , II, et *Ep. aux Romains*, XI. Bellarmin ; *de Romano Pontifice* l. III, c. 13 et suiv.
(3) Ep. aux Romains, XI, 32.
(4) Voir les *Missions catholiques* du 2, 9, 16, 23 janvier, 6, 13 et 20 février, ainsi que la carte et l'itinéraire, page 8.

don avec lequel ils étaient assis par terre, la présence des petits enfants qui jouaient pendant que leurs parents priaient, les bébés que les mères portaient dans leurs bras et même allaitaient, tout se passait comme dans ces tableaux que les grands maîtres nous ont laissés des temps apostoliques.

Les chrétiens de cette mission n'avaient été que baptisés au nom du Seigneur Jésus, comme les habitants de Samarie ; comme les habitants de Samarie, ils recevaient la visite de Pierre, qui leur imposait les mains, et ils étaient remplis du Saint-Esprit.

Quel changement le christianisme n'a-t-il pas opérés dans les mœurs de ces sauvages ! Anciennement on ne voyait pas dans les familles de vieillards incapables de subvenir à leur existence, de jeunes gens ayant des infirmités incurables; leurs parents les abandonnaient dans un portage avec des vivres pour trois ou quatre jours, et là ils devenaient, morts ou vivants, la proie des bêtes féroces. Aujourd'hui ces infirmes, que nous avons sous les yeux, sont bien vêtus, bien traités ; la religion a corrigé, au fond des bois, les mauvais instincts de la nature déchue.

J'ai vu ce que je n'avais jamais vu, et ce dont peu de personnes ont été témoins ; j'ai vu des sauvages pleurer. Le sauvage est froid, flegmatique ; quelquefois il laissera percer sa surprise, son étonnement, son admiration, mais des sentiments d'émotion tendre, jamais ou presque jamais.

Or, après la messe, le Père voulut inviter ses ouailles à remercier le bon Dieu des grâces qu'il venait de leur faire ; mais l'émotion étouffa sa voix. Les sauvages, visiblement émus, se tenaient la tête basse, le regard attaché à la terre ; le silence le plus profond régnait dans la chapelle ; on n'entendait, par un contraste touchant, que les rires des petits enfants. Le Père reprit son discours, il parla avec tendresse,

CANADA. — Chapelle de la mission du Grand Lac Victoria ; d'après une photographie de Mgr Lorrain.
(Voir page 117).

avec affection, avec force, avec véhémence. Les sauvages pleuraient, non pas un, ni deux, ni trois, mais tous : de grosses larmes coulaient le long des joues : les mouchoirs, les tabliers, les manches d'habits ne cessaient de s'essuyer les yeux. Précieuses larmes que les anges, sans doute ont recueillies comme des perles devant Dieu.

Humainement parlant, le P. Guéguen a remporté un succès oratoire, tel que peu d'orateurs en ont eu de semblable dans leur vie. Les vieux principes sont toujours vrais. *Pectus est quod disertos facit.* L'éloquence vient du cœur. *Si vis me flere, dolendum est primum ipsi tibi.* Si vous voulez me faire pleurer, vous devez commencer par vous attendrir vous-même. « *Si scires donum Dei.* Si vous connaissiez le don de Dieu ! » est-il dit dans l'Ecriture. Ce don incomparable, le Père l'a connu, l'a compris, il l'a fait connaître et comprendre à ses enfants spirituels : voilà le secret de l'impression extraordinaire qu'il a produite,

Il a plu tout l'après-midi à verse. Cette pluie chaude et bienfaisante qui réjouissait l'herbe de la prairie verdoyant, devant la porte, me paraissait être l'image de la grâce qui descendait par torrents dans ces âmes bien disposées.

J'étais, pour philosopher, à l'abri sous le toit hospitalier de M. Christopherson, Canadien d'origine allemande, né et élevé à Montréal. Il s'est marié à la fille d'un bourgeois de la Compagnie, et une jolie petite fille est venue égayer son intérieur. C'est un esprit large et cultivé, comme en renferme en grand nombre la Compagnie de la baie d'Hudson.

Cette demi-journée de pluie ne fut pas perdue pour la mission : le Père en profita pour aller de tente en tente instruire les plus ignorants, rejoindre les quelques brebis trop timides, ou trop revêches. Dire la peine et le trouble que donne ce bon Père, c'est impossible ; à peine trouve-t-il le temps de lire son bréviaire, et minuit le trouve toujours debout. Ses sauvages le regardent comme un saint. Il les conduit tranquillement, sans bruit, sans efforts, *in omni benignitate et patientiâ*, en toute douceur et patience. Les choses marchent dans la mission, avec ordre, avec ensemble sans qu'il paraisse y toucher. Et Dieu sait s'il y touche ; car avec les sauvages, surtout au point de vue religieux, il faut prendre l'initiative en tout.

A six heures arrivaient le P. Dozois et M. Edwardson, avec le grand canot qui descend la pelleterie du lac Barrière. Toute la mission, à l'exception de quatre familles, les a suivis. Un voyage de vingt lieues pour eux, ce n'est qu'une excursion de plaisir ! puis ils pourront voir encore une fois le gardien de la prière ! peut-être ne reviendra-t-il plus dans leurs forêts !

* * *

Jeudi, 9 juin. — Fête-Dieu, jour de triomphe pour Jésus-Hostie.

Panis angelicus fit panis hominum.

Il y eut grand'messe ce matin, l'évêque parlant latin, les chantres parlant sauvage, agréable cacophonie, sans doute, aux oreilles du Tout-Puissant, auteur de toutes les langues. Saint Jean vit autour du trône de Dieu des hommes de toutes tribus, de toutes langues, de toutes nations, qui disaient gloire, honneur, louanges au Seigneur des Seigneurs, à Celui qui est assis sur le trône.

Monseigneur a admis ce matin à la confirmation plusieurs enfants de douze à treize ans, qui n'ont pas fait leur première communion ; il exigeait d'eux seulement qu'ils connussent les principales vérités de la religion. Jusqu'ici leurs parents ont été bien rebelles à la foi, le Saint-Esprit est chargé d'amollir la dureté de leur cœur : déjà il a commencé cet ouvrage ; ils ont assisté fidèlement aux exercices de la mission, et ils se montrent plus avides d'instruction. Supposé que ces dispositions se maintiennent et que le missionnaire puisse, une autre année, leur consacrer cinq ou six semaines, il fera peut-être du Grand-Lac la plus belle mission sauvage qu'il y ait dans le haut de l'Ottawa.

* * *

Il y eut trois mariages ; jamais nouveaux mariés n'eurent, au jour de leurs noces, pareil banquet. Les tables avaient été dressées sous le hangar où la Compagnie conserve ses canots. On s'y rend en procession. Marche en tête, ombragé par les plis du pavillon britannique, le chef Panansua Patati, grand et gros sauvage bien taillé, portant ses mitasses rouges brodées en rassades, son capot de drap bleu avec épaulettes rouges, et sur sa poitrine une grande médaille d'argent à l'effigie de *Georgius III, Rex Dei gratiâ* ; sur le revers on lit cette légende : *Honor et virtus*, 1775. Il prend à sa droite sa femme, la reine des bois. Puis viennent les nouveaux couples. Il commence le repas par un long discours, que tous écoutent en silence, la tête basse. Le thé est servi, les mets sont sur la table, dans le même plat le lard et le beurre nagent dans la mélasse ; mais pas un couteau ne travaille, pas une main ne saisit un morceau de galette ; on attend que l'éloquence ait fini de couler. Je doute que les blancs soient capables d'observer si fidèlement un

cérémonial fastidieux. Le discours fini, liberté est donnée aux mâchoires, elles en profitent ; des morceaux de galette, peu mesurés dans leur grosseur, disparaissaient *in gurgite vasto*. Je ne garantis point qu'il n'y aura pas d'indigestion, et que tous goûteront cette nuit les douceurs d'un sommeil paisible. Qu'importe? En attendant, sachons faire honneur à la générosité du gardien de la prière !

Cet après-midi, visite au cimetière qui se trouve à un demi-mille de l'église. Comme la route qui y conduit est boueuse en certains endroits, on jette la flotte à la mer. Je comptai jusqu'à trente-deux personnes dans un même canot. L'écho des chants funèbres s'étend sur les eaux, qui miroitent sous les rayons d'un beau soleil de trois heures. Débarquées au rivage, les trois cents personnes, sur deux lignes, se forment en une procession qui circule lentement, en chantant, à travers les sapins clairsemés. Le cimetière est couché sur la pente d'une colline, ayant à ses pieds comme à sa tête un bois d'épinettes ; sur les deux côtés, ses flancs sont baignés par les eaux du lac. L'évêque et ses prêtres se tiennent debout, au centre, en face de la grande croix ; les fidèles s'agenouillent autour de l'enceinte, au milieu des hautes fougères où ils disparaissent presque entièrement ; tout au plus, voit-on, ici et là, le sommet des têtes. Ils chantent le *De Profundis.*

Un certain nombre de familles de l'intérieur, défiantes du prêtre, opposées à l'instruction, adonnées à la jonglerie, n'avaient pas coutume d'aller au cimetière. « Nous ne voulons pas mourir, nous, » disaient-elles. Cette année, elles ont suivi les autres, comme elles ont assisté à tous les exercices ; elles ont même dit : « Dorénavant, nous voulons prier. » L'heure de la grâce paraît avoir sonné pour elles.

A sept heures, Monseigneur érigea le chemin de la croix. Tous avaient déjà lu dans leurs livres les prières des stations ; mais ces tableaux étaient pour eux une explication bien autrement saisissante des événements de la passion. Dans le cours de l'après-midi, Monseigneur a fait le tour de toutes les tentes, distribuant des objets de piété. Cette visite de cérémonie a pris plusieurs heures ; car on compte, éparpillées autour de la chapelle, sur la grève, entre les cailloux, entre les souches, partout où une famille peut se nicher, quatre-vingt-dix-neuf maisons de toile. A toutes les portes, Sa Grandeur a été reçue avec bonheur ; même les enfants d'Esau, la tribu des Jongleurs, paraissaient heureux et contents. Puissent-ils rentrer sincèrement au bercail !

* * *

Nous partons ce soir pour Wasswanipi ; une promenade de trois cents milles, nous dit-on, à travers le plateau de la hauteur des terres, par de nombreux portages, sur des rivières qui sont loin de rouler le volume d'eau du Saint-Laurent. La distance n'a pas été mesurée, à la chaîne d'arpentage ; supposons qu'il n'y ait que soixante-dix lieues, cela promet encore assez d'exercice. Ce qui est certain, c'est que nous ne serons pas rendus à cet poste avant huit jours.

Avant de quitter les rives de l'Ottawa, je me demande : Seront-elles un jour habitées par une population qui tirera sa vie des produits du sol ? Les champs de blé remplaceront-ils la forêt ? Les bateaux à vapeur sillonneront-ils ces beaux lacs, au lieu du canot d'écorce? Le sifflet de la locomotive se fera-t-il entendre à travers ces plaines sans montagnes? Des villes naîtront-elles là, où l'on ne voit que des rassemblements passagers de wigwams? — Et pourquoi pas? Le sol est excellent. Sans doute il y a des endroits rocheux, d'autres sablonneux, d'autres marécageux. Nommez-moi, au monde, le pays de Cocagne où la charrue peut mordre dans chaque pouce de terre? Au dire de ceux qui habitent ce pays depuis longtemps, les terrains propres à l'agriculture comprendraient les deux tiers du territoire. La Bretagne, qui fait vivre six millions d'habitants, serait heureuse qu'on en put dire autant de ses cinq départements.

Pour nous rendre au lac Barrière, sur un espace de vingt lieues de chemin, nous avons traversé six portages. L'un était de rochers granitiques, un autre de sable stérile ; les quatre autres de terre jaune et de terre grise, très friable, riche, sans roche aucune, et l'on sait que les grèves le long des rapides sont généralement pierreuses. Le foin à feuille large et noire, présente la meilleure apparence ; l'avoine est haute de trois pouces ; l'année dernière, M. Edwardson, de six minots de patates en a recueilli cent cinquante ; en supposant qu'une telle récolte soit une exception, il faut avouer que bon nombre de nos cultivateurs se contenteraient à moins. Navets, carottes, choux, tout est aussi avancé que dans nos paroisses. Je ne crois pas que ce climat soit beaucoup en arrière de celui de Montréal. Pour conclure, je suis d'avis que la colonisation s'avancera petit à petit, et que dans cent ans (et qu'est-ce qu'un siècle dans la vie d'un peuple ?) la race canadienne aura étendu ses rameaux jusque dans cette partie éloignée de ses domaines.

Le nord, voilà le champ ouvert à l'activité et au développement des Canadiens français. Eux seuls aimeront à y vivre. Les populations étrangères, que l'émigration transatlantique vomit tous les ans par milliers sur nos bords, préfèreront toujours se diriger vers les prairies de l'Ouest, où les premiers travaux de défrichement sont moins pénibles. La vigueur de nos colons ne recule pas devant les arbres de la forêt, le climat leur est salutaire, et leur tempérament se fait à la rigueur de nos hivers. Que le gouvernement ouvre de bonnes voies de communication, même qu'il ne craigne pas de pousser des lignes de chemin de fer dans les régions de l'intérieur, et, avant longtemps, le surplus de notre population aura remonté le cours de toutes les rivières. Bientôt les colons courageux, après avoir pénétré la chaîne des Laurentides, parviendront jusqu'aux rivages lointains du lac Témiscamingue (Voir la gravure, p. 109).

Dans ce temps-là, comme le disait, il y a près de quarante ans, un conférencier prophétique, la patrie canadienne, restreinte au midi et au sud-ouest, s'étendra vers le nord, embrassant des espaces plus vastes que ceux qu'elle occupe aujourd'hui. Le nord sera notre domaine, la forteresse de notre nationalité. Quelle puissance au monde pourrait anéantir ce peuple homogène, jeune et plein de sève, défendu par cette position isolée, à l'extrémité d'un continent, position inexpugnable, qui fait ressembler le Canada français à une île, bordée de toutes parts par d'énormes banquises, redoutées de l'ennemi!

(A suivre).

DONS

Pour l'Œuvre de la Propagation de la Foi

ÉDITION FRANÇAISE.

En mémoire de Françoise Vacher, de Chazelles-sur-Lyon, diocèse de Lyon...........................	100
Pour les missions les plus nécessiteuses (Mongolie orientale).	
Mme Veuve Bernier, à Loudun, diocèse de Poitiers, avec demande de prières....	80 10
M. l'abbé Leclerc, à Dôle, diocèse de Saint-Claude.............	2
M. l'abbé Lubiez-Rowicki, à Montpellier, avec demande de prières à son intention......................	5
Pour la mission la plus éprouvée par la famine (Mongolie orientale).	
Une anonyme de Bordeaux............................	10
A M. Allys, à Hué (Cochinchine septentrionale), pour les affamés.	
Un abonné du diocèse de Toulouse, se recommandant aux prières des missionnaires et des chrétiens d'une manière spéciale	10
Pour les victimes de la famine (au même).	
M. l'abbé Hours, à Annonay, diocèse de Viviers...............	5
Au R. P. Bienvenu (Kiang-nan).	
Mme S. F. diocèse de Lyon..........................	10
A Mgr Pagnucci.	
Mmes M. A. P. et M. C. de Lyon, avec demande de prières spéciales...............................	10
A M. Vercauteren (Mongolie orientale), pour les victimes de l'inondation.	
M. le chanoine Defrance, à Châlon-sur-Marne...............	15
M. l'abbé André, Saint-Germain-Langot, diocèse de Bayeux....	10
Une chrétienne du Puy-en-Velay, avec demande de prières....	2.000
A Mgr Christiaens (Hou-pé méridional).	
Au nom du comte Hermann de Stainlein-Saalenstein, de Liège	100
A Mgr Puginier (Tong-King occidental).	
Par l'entremise de l'Archevêché de Besançon.................	3 50
A M. Fourcade (Pondichéry).	
Au nom du comte Hermann de Stainlein-Saalenstein, de Liège	100
A Mgr Laouënan pour les affamés du diocèse de Pondichéry.	
Une chrétienne du Puy-en-Velay, avec demande de prières...	2.000
A Mgr Augouard.	
M. l'abbé G. L. C., Le Mans........................	2
Aux RR. PP. du Saint-Esprit et du Saint-Cœur de Marie, pour leurs missions d'Afrique (Bas-Niger).	
M. Antoine Michel, à Villarlod, Fribourg, pour obtenir la guérison d'une chère enfant.................	50
Pour baptême d'un nègre (Bas-Niger).	
Anonyme, A. N , de Dijon.........................	10
Pour les missionnaires d'Afrique (Bas-Niger).	
Par l'entremise de l'Archevêché de Besançon..............	2 50
Pour la cathédrale Saint-Augustin, à Carthage.	
Par l'entremise de l'Archevêché de Besançon..............	2 50
A Mgr Couppé, pour sa mission de la Nouvelle-Poméranie.	
Un anonyme d'Autun............................	5
Mme de P., diocèse de Valence....................	20
Anonyme du diocèse de Gand.....................	20
M. le chanoine Defrance, à Châlon-sur-Marne..........	15
Anonyme de Belleville, diocèse de Lyon.............	10
Une dame décédée, demandde prières, diocèse de Rennes..	15
Anonyme du diocèse de Laval.....................	300
Une jeune domestique, diocèse de Laval.............	5
Une anonyme d'Amiens, avec demande de prières pour une conversion............................	50
Anonyme du diocèse de Montpellier, avec demande de prières pour ses parents défunts................	100
Au nom du comte Hermann de Stainlein-Saalenstein, de Liège.	400
A. D. D., à Saint-Valéry-de-Somme, diocèse d'Amiens........	50
Anonyme d'Alby, avec demande de prières.................	5
M. Louis Thomas-Lacroix, à Vire, diocèse de Bayeux........	5

[La suite des dons prochainement].

TH. MOREL, *Directeur-gérant.*

Lyon. — Imprimerie MOUGIN-RUSAND, rue Stella, 3.

CANADA. — ÉQUIPAGE DE MGR LORRAIN, DEPUIS LE GRAND LAC JUSQU'A WÉMONTACHING ; d'après une photographie de Mgr LORRAIN.
(Voir page 128).

A l'occasion du double anniversaire de la naissance et du couronnement de Sa Sainteté le Pape Léon XIII, les *Missions catholiques*, qui ont reçu du grand Pontife glorieusement régnant, tant de témoignages de bonté et de souveraine bienveillance, ont envoyé à Sa Sainteté un télégramme portant l'expression de leurs vœux, de leur vénération et de leur amour.

Le Saint-Père a daigné nous faire exprimer par Son Eminence le cardinal Rampolla toute sa haute satisfaction et nous a accordé la bénédiction apostolique.

Cette nouvelle marque de sympathie s'adresse et aux directeurs si éclairés de l'Œuvre de la Propagation de la Foi, et aux lecteurs qui, chaque année, répondent plus

N° 1136. — 13 MARS 1891.

nombreux à nos appels, et aux missionnaires dont les travaux font tout le prix de notre journal. Elle sera pour nous un encouragement précieux.

Puissions-nous, fortifiés par cette bénédiction du Pontife suprême, contribuer, pour notre modeste part, à faire connaître et aimer de plus en plus la grande Œuvre qui, universelle comme l'Église, est l'honneur de la civilisation au XIXᵉ siècle !

Il nous est doux, d'ailleurs, d'annoncer à nos lecteurs que, malgré toutes les œuvres qui sollicitent aujourd'hui à si juste titre la charité catholique, nos ressources ont grandi cette année dans des proportions consolantes et inespérées humainement parlant. Ce résultat, nous le devons à la générosité de bienfaiteurs insignes, nous le devons aussi à nos chers délégués du Mexique dont le zèle au-dessus de tout éloge a ouvert pour notre Œuvre dans le Nouveau-Monde des horizons pleins d'espérances; nous le devons encore à la protection de l'épiscopat, aux bénédictions nombreuses du Saint-Père; nous le devons surtout à la protection visible de Dieu, qui, en multipliant les dévouements apostoliques, veut multiplier aussi les aumônes destinées aux ouvriers de l'Evangile.

CORRESPONDANCE

PONDICHÉRY (Hindoustan)

Notre Dame de Lourdes dans les Indes.

La mission de Chetput, dont il est question dans la lettre suivante, se trouve à une centaine de kilomètres au nord-ouest de Pondichéry. C'est là que le vénérable P. Darras projette d'élever un sanctuaire à Marie-Immaculée en reconnaissance des milliers de conversions dont la divine Mère a récompensé son zèle. Le P. Baulez vient plaider encore une fois, avec son aimable talent, une cause à laquelle nos lecteurs ont déjà témoigne un grand intérêt.

LETTRE DE M. BAULEZ, DES MISSIONS ETRANGÈRES DE PARIS, MISSIONNAIRE A PONDICHÉRY

Je suppose que plusieurs lecteurs des *Missions catholiques* connaissent le beau livre du R. P. Darras, *Notre Dame de Lourdes dans les Indes.* J'ai parlé déjà de la Mission de Chetput dans un article intitulé « Un coin du Paradis au milieu des Indes » (1). Ayant lu et savouré le manuscrit du bon P. Darras, je voulus donner une idée des merveilles opérées par Notre Dame de Lourdes ; mais, aujourd'hui que le grand ouvrage a paru, j'espère que le public ami des missions tiendra à embellir ce Paradis, qui n'est déjà plus « un coin », mais un grand et beau jardin.

Ce district est aujourd'hui une magnifique chrétienté. Chetput, qui, il y a quelques années seulement, n'avait pas un seul chrétien, est à présent le centre d'un mouvement religieux vraiment admirable. La chapelle promise par vœu est bâtie, et chaque année, des milliers de chrétiens accourent de fort loin pour assister aux exercices de la neuvaine et à la belle procession qui la termine. Mais cette chapelle est à trois milles de la ville, et d'ailleurs elle est si étroite que quelques personnes seulement peuvent y pénétrer en même temps. Il faut donc bâtir une grande église au centre de la ville. C'est de cette église que je veux parler aujourd'hui.

.·.

Un jour, le P. Darras reçut cinquante roupies pour son église, c'est-à-dire pour l'église de ses rêves. Au lieu d'attendre les neuf mille neuf cent cinquante qui manquaient, il acheta bien vite un paquet de ficelle. Il était déjà en possession de la moitié du terrain nécessaire. Il se dit que Romulus n'en avait pas autant quand il commença la fondation de Rome, et, plantant des piquets sur le terrain acquis, il fixa, à l'aide de sa ficelle, les proportions de la future basilique de Notre Dame de Lourdes... de Chetput.

Le tracé fini, il restait une bonne somme. Cinquante roupies vont loin... en ficelle. Que faire de cette somme? Un autre l'aurait mise dans un coffre ou en portefeuille ;

(1) Numéros des 21 et 28 janvier et du 4 février 1887.

le P. Darras n'a ni portefeuille ni coffre : il décida d'enterrer son trésor, l'avare! Mais il l'enterra comme les cultivateurs enterrent le froment ; il se dit : ça poussera. L'église, d'après la ficelle, doit avoir trente-six mètres de long sur dix-huit de large, avec un transsept de trente-quatre mètres. Le Père fit creuser les fondations du dôme. Son idée était plus profonde que les fondations. Il pensait : C'est là que sera le Tabernacle. Notre-Seigneur est le froment des élus : excellent terrain pour semer mes quarante-neuf roupies.

Les ouvriers eurent ordre de creuser jusqu'au roc. Une forte escouade d'*otters* se mit à l'œuvre. Les *otters* sont tous terrassiers et creusent les puits. Quand tout fut fini, ils vinrent demander leur salaire. Mais le Père savait que, si ces sauvages sont habiles à enlever la terre, ils le sont encore plus pour imaginer des supercheries stupéfiantes. Il descendit dans les fondations, muni d'une grande barre de fer, et il se mit à sonder le terrain comme un douanier passe sa dague dans un sac équivoque. Partout la barre de fer rencontre le roc... pan! pan!...

Tout à coup, juste à côté de l'autel, à droite, le douanier remarque une poussière grise, s'étendant, partout semblable, sur une distance de deux mètres. C'était du granit *en poudre* semé sur un fond de terre. Le Père lève son instrument, et frappe le sol et la lourde barre de fer pénètre à plus des deux tiers de sa longueur. Voilà la coquinerie de messieurs les *otters* : ne trouvant pas le roc en cet endroit, ils avaient réduit en poudre un morceau de granit et avaient saupoudré artistement la terre qui aurait pu les trahir!

Le Père se fâche et ordonne de creuser de nouveau devant lui. Au bout d'un instant, l'on voit apparaître l'orifice d'un puits. Un puits en cet endroit! Les *otters* et les spectateurs étaient abasourdis, le Père pensait à la source des Roches Massabielle. La nouvelle se répandit bien vite ; on accourut de tous les points de la ville pour voir le *Mâdâ Hinarou* (Puits de la Vierge). Tout le monde était ravi. Le vieux gardien de l'église était fou de joie.

« Depuis que je suis au monde, disait-il, j'ai traversé ce terrain mille et mille fois; jamais je n'ai entendu dire qu'il y eût un puits en ce lieu. Jadis, le propriétaire, qui était un excellent homme, fit creuser en trois endroits pour avoir de l'eau ; il n'en trouva pas une goutte. Il répétait sans cesse : Voyez-vous ce terrain? il faut bâtir un temple ici. Eh bien, voici les fondations d'un temple : le vœu de cet homme si charitable va se réaliser. »

D'où venait ce puits ? De quelle époque datait-il ? On interroge les vieux, les plus vieux, les très vieux : tous secouaient la tête en disant : Connais pas.

Et les païens émerveillés disaient au Père :

« Cette source si pure jaillissant près de l'autel du Sacrifice est un heureux présage ; c'est la Vierge de Montagne, qui vous donne de l'eau lustrale. »

Et le P. Darras, saisi d'une émotion facile à comprendre, répétait ces belles paroles de l'Eglise :

« *Vidi aquam egredientem*... je vis l'eau sortir du temple, du côté droit, *alleluia* ! et tous ceux qui furent touchés de cette eau, furent sauvés. »

Encouragé par cette découverte, le Père demanda au Gouvernement les pierres du vieux fort de Chetput. Il les obtint et put, grâce à ce secours, achever les fondations du dôme. Cela devenait sérieux. Mais, comme je l'ai dit, l'église allait se trouver sur la limite d'un terrain difficile à acquérir. Les gens sensés disaient au Père :

« —Votre église va se trouver dans une impasse; sans le terrain voisin, vous ne pourriez faire aucune cérémonie extérieure, processions, etc. »

« — Nous l'aurons, répondait le Père ; puisque Notre-Dame de Lourdes en a besoin, elle s'aura bien l'acquérir. »

Voici l'histoire de ce terrain :

Jusqu'en 1859, l'année précisément où le P. Darras arriva dans l'Inde, Chetput avait été chef-lieu de *Taluq* et possédait un *thasildar*. Les brahmes, toujours à l'affût d'emplois bien rétribués et honorables, y étaient établis en grand nombre. Ils occupaient une belle et grande rue, composée d'une double rangée de maisons bien bâties, quarante de chaque côté. C'était le quartier saint par excellence : aucun paria ne pouvait y pénétrer et toutes les cérémonies du rituel brahmanique s'y observaient avec une régularité scrupuleuse.

A l'extrémité de cette belle rue, on construisit une pagode. Elle était achevée; un diable fameux venait d'être amené à grands frais, lorsqu'à coup que le *thasildar* était rappelé et que Chetput ne serait plus qu'une ville ordinaire. La plupart des brahmes étant employés du Gouvernement, ce fut une débâcle générale. Les maisons furent abandonnées, ainsi que la pagode, et le diable fut caché on ne sait où. Peu à peu les murs s'écroulèrent ; les cactus, ces brahmes de la nature végétale, si habiles à se glisser partout et si difficiles à déloger, se glissèrent au milieu des ruines, envahirent ces lieux sacrés, grimpèrent sur les pierres restées debout, les couvrirent de leurs grands bras épineux, et l'*agraram* (quartier des brahmes) ne fut bientôt plus qu'un lieu sauvage hérissé d'affreux buissons et de plantes épineuses, au milieu desquelles s'élevaient quelques pans de murs, semblables à des carcasses dévorées par une troupe de reptiles affamés.

Un côté de ce terrain ayant encore quelques propriétaires reconnus, le P. Darras en avait fait l'acquisition et y avait établi les chrétiens, ces pauvres parias qui remplaçaient ainsi leurs maitres. Le reste du terrain était devenu propriété du Gouvernement. C'était la partie qu'il s'agissait d'obtenir pour la nouvelle église.

Quand le moment fut venu, le Père en fit la demande au Collecteur. Celui-ci chargea le *thasildar* du district d'examiner l'affaire. Les brahmes alors se présentèrent, déclarant qu'ils avaient besoin de ce terrain. Le Père fit observer qu'une partie seulement avait été occupée par les brahmes, mais que la seconde n'était autre chose que les anciens fossés du fort que l'on avait comblés. Cette partie appartenant au Gouvernement, le Père en fit la demande et l'obtint séance tenante. Pour le reste, le *thasildar* dit aux brahmes qu'il leur donnait six mois pour bâtir de nouvelles maisons, et que, ce laps de temps écoulé, ils seraient pour toujours déboutés de leur demande.

Au bout de six mois, le terrain étant dans le même état, le P. Darras en fut déclaré propriétaire. Il fit aussitôt enlever les cactus, les ronces de toute espèce et de toute grandeur, déblayer le sol des débris accumulés depuis trente ans. Au milieu des décombres on trouva un puits; le Père, n'en ayant pas besoin pour le moment, ne s'en occupa point. En 1887, à la suite de mon petit article « *Un coin du Paradis* », une somme de 3.000 fr. fut envoyée pour l'église de Chetput. Aussitôt le Père se mit à l'œuvre. Le reste des fondations fut creusé, on apporta de tous côtés pierres de granit, sable, bois, etc., et aujourd'hui l'église de N.-D. de Lourdes s'élève à trois mètres au-dessus du sol. Le Père accroche quelques sous de ci et de là, et, pour les empêcher de se rouiller, il fait faire des briques. C'est en travaillant ainsi qu'il a pêché le diable. Il croyait ne l'avoir que dans sa bourse ; il l'a trouvé se baignant dans son puits.

. . .

Dernièrement les briquetiers s'étant établis dans le terrain dont je viens de parler, on installa une bascule pour tirer l'eau du puits négligé jusque-là. Mais, à cause des décombres accumulés au fond, le niveau baissa tellement que le Père ordonna un curage complet. Quelques ouvriers retirèrent toute l'eau ; puis l'un d'eux descendit dans le puits et commença à le curer. Tout à coup la bêche rencontre une pierre. L'ouvrier la soulève avec peine, et riant aux éclats :

« —Oh oh ! dit-il, qu'est-ce que nous faisons là, hein? le voilà pris, pauvre petiot ! c'est donc dans cette jolie baignoire que tu fais tes ablutions ? mon compliment, jeune homme !... »

Tout le monde, penché sur les bords, criait :

« — Qu'est-ce donc ? qu'y a-t-il? qu'as-tu trouvé? »

« — Voyez vous-mêmes, dit-il ; et attachant sa trouvaille à la corde : « Hisse ! » commanda-t-il en riant. C'était lourd. On déposa la chose sur le sol, on la nettoya à grande eau, et l'on aperçut un superbe diable, admirablement taillé dans un bloc de granit. C'était *Anouma*, le général des singes, le fameux fils du Vent. Les brahmes l'avaient fait fabriquer pour leur pagode mais, obligés de déguerpir, ils l'avaient aimablement condamné à l'eau lustrale perpétuelle !

Anouma n'est pas le premier venu dans la théogonie hindoue. Quand Rama eut perdu son épouse Sitté, enlevée par Ravanna, le géant à dix têtes, il fit alliance avec Sougriba, roi des singes. Celui-ci lui prêta un corps d'armée commandé par Anouma. Ce singe, plein d'ambition et d'astuce, fut envoyé à Lankaï (Ceylan), à la recherche de Sitté. Il mit son écharpe, traversa le détroit à... pattes sèches, découvrit Mme Rama, revint faire son rapport, et reçut l'ordre fort naturel de construire une digue sur le bras de mer. Il se mit à l'œuvre aussitôt. Enlevant montagnes et rochers, il les jetait à l'eau. Avec un manœuvre de cette force, la besogne allait rondement, et en moins de rien on pouvait aller de l'Inde à Ceylan. L'armée de Rama se mit en marche, on traversa l'ex-détroit, Ravanna fut battu à plate couture, Sitté fut délivrée et ramenée à Ayotty dans un landau attelé en flèche. Depuis cette prouesse, le musculeux Anouma est adoré dans toute l'Inde. Je vous envoie sa photographie.

Voilà le diable qui se trouvait dans le puits de Notre-Dame de Lourdes de Chetput. Jugez de la valeur de ces briques.

Pourtant ce ne sont que des briques et il y en a peu pour l'immense travail entrepris à la gloire de N.-D. de Lourdes. Il en faut des milliers, des centaines de mille; il faut des pierres, il faut de la chaux, il faut du bois, il faut des ouvriers... allons, disons le mot : il faut de l'argent.

**

Ces deux syllabes sont presque toujours « le mot de la fin » des lettres adressées aux *Missions catholiques*. Les missionnaires demandent des secours pour leurs chrétiens, pour les orphelins, pour les lépreux, pour les pauvres et les malades ; toutes les sébiles reçoivent leur obole. Mais ici il ne s'agit point de secourir les sujets : c'est pour la Reine que je tends la main. Notre-Dame de Lourdes a voulu avoir sa petite colonie au beau milieu de la grande colonie anglaise, au cœur même du paganisme. Elle a dit doucement au P. Darras : « Il faut m'élever ici une grande église. »

**

Le Père a demandé un signe : il a prié Marie de faire fleurir un rosier ; il n'y avait pas de rosier dans tout le district de Chetput, mais il y avait des ronces sauvages : l'Immaculée-Conception en a fait fleurir dix-sept mille. Après ce signe, comment lui refuser la grande église qu'elle désire?

Si le P. Darras avait vingt-cinq ans, il pourrait ne demander que des *cinquante centimes*, et cela lui permettrait peut-être de célébrer ses noces d'or : dans l'église de Notre-Dame de Lourdes de Chetput. Mais il est vieux ; il y a trente-deux ans qu'il travaille dans l'Inde ; de plus, il n'a jamais su se soigner : il ignore jusqu'au nom des pastilles Géraudel ! Les amis de Notre-Dame de Lourdes voudront-ils laisser mourir le vieil apôtre avant l'achèvement de l'église qu'il rêve de donner à sa Mère ? Mais il faut au moins vingt mille francs ! — Eh bien, quoi ! est-ce trop pour dix-sept mille rosiers en pleine floraison, sortis de terre au milieu du pâtis même de Satan ? Les centimes serviront à payer les gâcheurs de mortier ; les dix, les vingt, les cinquante, les cent francs donneront les pierres, la chaux, le bois, le salaire des ouvriers. Les mille francs électriseront l'entreprise : les colonnes se dresseront, les murs s'élèveront, la voûte et le dôme s'arrondiront, et dans trois ans, dans deux ans peut-être, Notre-Dame de Lourdes des Pyrénées aura sa basilique dans les Indes, au pied de la montagne de Satan. Quelle fête ! quelle joie! quel triomphe ! Et le pauvre mendiant, après avoir présenté la sébile en disant : *Pour Notre-Dame de Chetput, s'il vous plaît !* aura le bonheur, s'il est encore en vie, d'écrire aux *Missions catholiques* : *Dieu et Marie vous le rendent !*

DÉPARTS DE MISSIONNAIRES

Est parti pour les Missions de l'Uruguay (Amérique), le 10 décembre 1890, le R. P. Jules Lemarchand, du diocèse de Coutances, de la pieuse Société des Missions, dite des Pères Pallotins de Rome.

— En mars 1891, sont partis pour la province de Chine, avec Mgr Vic, MM. Gaston Potel, Gaston Bafcop, Albert Perrier et Louis Dellieux et le Frère Perien; en outre, trois Filles de la Charité, pour la première fois, introduites dans le vicariat du Kiang-si Oriental, et six Petits Frères de Marie appelés par les Lazaristes pour prendre la direction du collège de Pékin.

— Six Filles de la Charité sont déjà parties pour la Chine à la fin de l'année 1800.

INFORMATIONS DIVERSES

Lyon. — Mardi 10 mars, le comité diocésain de l'Œuvre de la Propagation de la Foi tenait sa réunion annuelle dans un des salons de l'Archevêché sous la présidence de Son Eminénce le cardinal Foulon.

Le vénérable archevêque, dont le cœur ne laisse échapper aucune occasion d'être gracieux pour notre Œuvre, avait tenu à féliciter lui-même MM. les Directeurs du magnifique résultat de l'année écoulée. Malgré toutes les œuvres qui sollicitent à si juste titre la charité catholique, Lyon a su augmenter de 50,000 francs les ressources de la Propagation de la Foi. « N'est-ce pas là, a dit Son Eminence, la réponse des deux Bienheureux en l'honneur de qui nous avons fait des fêtes incomparables? »

Puis, après avoir constaté avec joie que cette augmentation était due en partie aux dizaines, cette base permanente de l'Œuvre, le vénérable Archevêque a montré que, comme toutes les institutions durables et qui répondent à un but perpétuel, la Propagation de la Foi progressait lentement mais sûrement, conservant toujours le terrain conquis et poussant, au milieu des mille créations de la charité catholique, des racines que rien ne saurait ébranler.

Enfin, Monseigneur a béni avec effusion et, comme il l'a répété par deux fois, avec toute la tendresse de son cœur, l'Assemblée vivement émue.

M. le Président et MM. les membres du Conseil central assistaient à cette pieuse réunion.

Marseille. — On nous communique des renseignements qui intéressent trop nos missions lointaines et leurs ouvriers apostoliques pour que nous n'en donnions pas connaissance à nos lecteurs.

Il s'agit d'une maison hospitalière ouverte à Marseille, sous le patronage de sainte Marthe, l'hôtesse du Sauveur, et avec le nom gracieux de Béthanie, pour recevoir, à leur départ, les missionnaires qui vont s'embarquer dans le grand port méridional de la France.

Près de soixante prélats et deux mille cinq cents missionnaires ont déjà profité de cette hospitalité et ils s'accordent à dire qu'elle est parfaite sous tous rapports.

La charité a fait vraiment des prodiges en soutenant, depuis onze ans, cette précieuse institution. Nous souhaitons ardemment que des offrandes toujours plus généreuses en perpétuent les bienfaits. Déjà Béthanie a dû s'agrandir en s'installant à Marseille, boulevard Longchamp, 67.

A l'exemple de la Provence, la Hollande et les Etats-Unis préparent des maisons analogues.

Pé-tché-ly sud-est (*Chine*). — Mgr Bulté, de la Compagnie de Jésus, vicaire apostolique du Pé-tché-ly sud-est, nous écrit : « Vous bien voulu publier le résumé de nos œuvres dans votre numéro du 18 juillet. Je me permets de vous adresser une nouvelle communication. Vous y verrez les bénédictions de Notre-Seigneur sur notre mission. Par les naissances et par les baptêmes d'adultes, nos chrétiens ont augmenté dans cette année

de 1,062 membres et nous avons pu baptiser 10,616 petits païens en danger de mort. En face de ces résultats, c'est pour notre cœur une obligation de remercier nos bienfaiteurs d'Europe de leur puissante coopération tant par leurs aumônes que par leurs prières.

« Nous avons été cette année bien consolés par le retour inespéré de quelques pécheurs, entre autres par la conversion d'un apostat qui, depuis longtemps, empêchait toute sa famille de pratiquer. C'était un lettré assez habile. Il avait autrefois aidé les missionnaires en qualité de catéchiste. Puis, par suite de froissements, il s'était fait l'ennemi de cette Eglise qu'il avait servie pendant douze à quinze ans. Il vieillissait et son âge (68 ans), joint à la persistance de son animosité, faisait craindre une triste éternité pour lui. Ses anciens confrères, les catéchistes, se mirent en prières et demandèrent des messes à son intention. Peu à peu la grâce toucha le cœur de ce nouveau prodigue. Il fit une retraite, se confessa des marques de repentir et retourna chez lui pour réparer le mal qu'il avait fait en éloignant de l'Eglise les quarante membres de sa famille. Mais Dieu se contenta de sa bonne volonté et ne lui permit pas de réaliser complètement cette réparation ; car il tomba malade, reçut les derniers sacrements et mourut dans de grands sentiments d'humilité et de foi.

« Nos catéchumènes s'annoncent plus nombreux encore qu'en 1889. Un païen de soixante-dix ans a fait par trois fois dans l'eau et dans la boue un voyage à pied de quinze kilomètres pour voir le missionnaire européen ; non seulement il s'est converti ; mais il a encore décidé huit autres familles à imiter son exemple. Maintenant, leur petit village va fournir un nouveau centre de christianisme. O merveille de la grâce de Dieu, qui avait mis au cœur de ce bon vieillard la faim et la soif de la vérité !

« Nos catéchumènes se multiplient surtout au sud de la mission et nous avons dû renforcer de trois nouveaux ouvriers le corps actif des missionnaires de cette partie. Espérons que le bon Dieu bénira nos efforts : nous les recommandons à vos prières. Dans la Providence, par les inondations et toute sorte de calamités, avait-il cessé ces pauvres païens que le paradis n'est pas sur cette terre. La misère rendra les païens plus abordables par la charité chrétienne et, la grâce aidant l'instruction qu'on pourra leur donner, la foi germera certainement chez plusieurs. Seulement, il faut que l'envoyé de Dieu exerce la miséricorde et pour cela des ressources et des aumônes lui sont nécessaires... »

Vénézuela (*Amérique du Sud*). — Le Conseil général de l'Œuvre de la Propagation de la f.i pour l'archidiocèse de Caracas, désireux de répandre dans la République vénézuélienne la connaissance de notre Association, avait, au mois de juin 1889, mis au concours deux sujets à traiter, l'un en prose, l'autre en vers. Les prosateurs devaient développer ce thème : *La Propagation de la foi est un élément de civilisation et de progrès*. Quant aux poètes, ils devaient célébrer *el misionero* (le missionnaire).

Les compositions devaient être transmises, avant le 3 décembre 1890, fête de saint François Xavier, à notre zélé correspondant, le docteur Dom Ricard Arteaga.

Un certain nombre de littérateurs prirent part à cette lutte pacifique et, le 14 décembre dernier, le jury se réunissait au palais archiépiscopal pour proclamer le résultat du *Certamen literario* et les noms des lauréats. M. le docteur François Ochoa remporta la palme pour la prose et, pour la poésie, M. Félix Soublette eut le premier prix ; M. Diego Jugo Ramirez obtint un accessit et M. Manuel Fernandez, une mention honorable.

Nous devons à l'obligeance de Dom Arteaga communication de la brochure contenant les détails que nous venons de donner et le texte des quatre compositions couronnées. Nous regrettons de ne pouvoir, faute de place, donner des extraits de ces œuvres vraiment remarquables. Nous aurions surtout voulu reproduire en entier le beau discours par lequel M. le docteur François Risquez a clos ce tournoi d'éloquence et de poésie, en présence de Sa Grandeur Mgr Uzcategui, archevêque de Caracas, des membres du Conseil archidiocésain de la Propagation de la foi, et d'un grand nombre d'associés de l'Œuvre, réunis pour cette séance solennelle dans le grand salon du palais métropolitain.

LE PÈRE TESTEVUIDE

ET SA LÉPROSERIE

Par M. l'abbé MARNAS, *missionnaire apostolique.*

Nous avons publié, il y a trois ans (1), une notice sur l'œuvre fondée en faveur des lépreux japonais, dans la province de Suruga. Nous sommes heureux de recevoir de nouveaux détails sur cette œuvre qui fait tant d'honneur à la charité de nos missionnaires.

Toujours prêts à souffrir et à mourir comme Jésus-Christ, leur maître, et pour lui, les apôtres de l'Évangile au sein des peuples païens doivent éclairer les âmes autant par leurs actes que par leurs paroles. C'est ce que j'ai vu pratiquer notamment au Japon d'une manière bien touchante par un missionnaire du vicariat du nord, le P. Testevuide, dont j'ai déjà signalé l'œuvre intéressante aux lecteurs des *Missions catholiques.*

Depuis longtemps, en parcourant son district, le P. Testevuide s'était alarmé de la vue des pauvres lépreux, qui, dans ce pays, se comptent par milliers. Le long des grands chemins, il les avait rencontrés demandant l'aumône, en se rendant en pèlerinage à Minobu, au tombeau de Nichiren, fondateur de la secte Hokke-shû, qui passe pour avoir manifesté une commisération particulière à l'égard des victimes de cette affreuse maladie. Il savait aussi qu'un certain nombre de ces malheureux demeuraient

JAPON. — Officier en costume de cour, d'après une photographie d'un missionnaire.

cachés dans l'intérieur de leurs familles, où tous les expédients étaient mis en œuvre pour dissimuler ce mal qui, au Japon comme ailleurs, inspire une vive répulsion. Mais il devait bientôt être appelé à constater ce fait de ses yeux.

Une femme, atteinte de la lèpre vers l'âge de trente ans, s'était vue abandonnée de son mari, et reléguée dans un misérable réduit, ménagé au-dessus de la roue d'un moulin à décortiquer le riz. Comme lit, quelques morceaux de bois brut, jetés en travers du courant d'eau et recouverts de *tawara* (2) ; comme vêtements, quelques haillons dont la malpropreté le disputait à la vétusté ; comme nourriture,

(1) Voir les *Missions catholiques* du 27 juillet 1888.
(2) Sacs en paille pour emballer le riz.

une tasse de riz : voilà quel lot avait été assigné à cette malheureuse par sa famille païenne. Pour comble d'infortune la malade perdit la vue ! A tout jamais retranchée de la société, et condamnée à attendre dans son réduit une mort plus ou moins prochaine, elle passait ses jours et ses nuits à gémir et à pleurer. Plusieurs fois même, elle avait eu la tentation d'en finir avec la vie par une mort violente, lorsqu'elle entendit parler de la religion chrétienne, si bien faite pour consoler une telle douleur. Elle eut bien vite compris le don de Dieu, et demanda le baptême.

« Pendant que je cherchais, sur son front défiguré par la lèpre, a écrit le P. Testevuide, une place où verser l'eau baptismale, la néophyte pleurait, mais de bonheur cette fois, et son visage s'illuminait à travers les plaies qui le couvraient littéralement. »

A plusieurs reprises, le Père alla la visiter et lui porter les consolations de la religion. Chaque fois il revint le cœur navré de la vue de son triste état. Il ne savait comment lui administrer les sacrements et lui donner la sainte communion. De plus, à ces difficultés matérielles s'en joignaient d'autres du côté de la famille. Le frère de cette lépreuse exerçait les fonctions de Hô-in (1), et voyait d'assez mauvais œil le missionnaire catholique venir chez lui. Il craignait sans doute que ces visites ne lui fissent tort dans l'esprit de ses adeptes ! Il n'y avait qu'un moyen de sortir d'embarras : mettre cette femme à l'hôpital. Mais, hélas ! on ne reçoit guère les malades de ce genre dans les hospices publics ou privés. C'est alors que le P. Testevuide, n'écoutant que son cœur, résolut d'ouvrir un asile à ces infortunés.

Persuadé que, dans leur triste et pénible condition, ils seraient relativement heureux, s'ils savaient acheter par leurs souffrances physiques et passagères la félicité intérieure et éternelle, il se confia pour cette sainte entreprise à la Providence ; car il était sans ressource et n'en pouvait attendre aucune de la mission, trop pauvre pour lui venir en aide.

Quelques âmes généreuses ayant répondu à son appel, il put, en 1888, après avoir pressenti les dispositions de l'administration locale, qui se montra favorable, acquérir

(1) Espèce de bonze.

d'un catéchumène, à prix réduit, un terrain de cinq à six mille *tsubo* (1), à l'écart de toute habitation, au pied de la montagne célèbre du Fuji-Yama, dans les environs de Gotemba, à la jonction des trois provinces de Kôshû, Suruga, et Sagami, où les lépreux abondent. Il en réunit tout d'abord une sixaine dans un modeste local. Aidé d'un chrétien, que sa foi avait élevé au-dessus des répugnances de la nature, et qui consentait à s'enfermer avec eux pour leur servir d'infirmier, il put soigner tout à la fois et leurs âmes et leurs corps.

Il y a au Japon, comme du reste dans tout l'Extrême-Orient, plusieurs sortes de lèpres; mais deux sont plus communes. La première opère sans qu'il y ait suppuration, et souvent elle disparaît après avoir fait tomber successivement tous les doigts des pieds et des mains. La seconde se manifeste par des ulcères épouvantables, qui envahissent tout le corps, et répandent une odeur insupportable. La lèpre n'est pas seulement héréditaire : elle est contagieuse. Il est toutefois remarquable que certaines personnes passent toute leur vie avec des lépreux, sans contracter le mal, tandis que d'autres en sont atteints pour avoir touché un lépreux une seule fois, ou s'être assis quelques instants auprès de lui.

Le P. Testevuide fit d'abord subir à ses malades un traitement fort apprécié au Tong-King : le Hoang-nan. Dès les premières doses, les parties tuméfiées se dégorgèrent, la suppuration diminua, et les ulcères devinrent d'un beau rouge, de violet foncé qu'ils étaient : au bout d'une quinzaine de jours, les plaies étaient en pleine voie de guérison. Désireux de procurer à ses pauvres enfants tous les soulagements possibles, il se mit en relation avec le P. Damien, chargé alors d'un hôpital de sept à huit cents lépreux à

JAPON. — LÉPROSERIE DE GOTEMBA, d'après une photographie d'un missionnaire.

Molokaï (Sandwich) et mort depuis victime de son dévouement. Entre autres renseignements, le P. Damien lui indiqua un traitement inventé par un médecin japonais, M. Goto. Les médicaments internes et externes, dont il se compose, sont assez coûteux; mais ils donnent d'excellents résultats. A l'exemple du gouvernement hawaïen, qui en avait fait d'importantes commandes pour les lépreux de Honolulu, le P. Testevuide n'hésita pas à l'appliquer aux siens.

A cette heure une vingtaine de lépreux sont soignés à Gotemba. Ce séjour charitable commence à être connu et béni. Il est d'ailleurs le seul de cette nature, qui existe au Japon. Mais le nombre est grand des malheureux qui demandent en vain à y être admis. *Madame* la Pauvreté, comme l'appelait saint François d'Assise, monte la garde à l'entrée, et cette dure compagne de tout missionnaire

(1) Mesure agraire équivalant à 1 m. 82 cent. carrés.

catholique au Japon, a jusqu'à ce jour empêché l'agrandissement de l'installation commencée.

Et cependant, au sein de ce peuple japonais qui s'ouvre à notre civilisation et revient à la vie, cette œuvre a une importance capitale en face du protestantisme menaçant. L'exemple qu'elle montre, joint au précepte, est un moyen puissant de conversion. Elle est destinée à ébranler non seulement les habitants des montagnes voisines, peuple simple, rude et peu sensible aux raisonnements métaphysiques, mais les savants et les lettrés de la capitale et des grandes cités, dont toute la philosophie se résume d'ordinaire en ce mot : jouir.

Sera-t-il donc impossible de trouver dans nos pays catholiques d'Occident quelques riches aumônes pour les pauvres lépreux de Gotemba ? Non, ni les cœurs, ni les bourses ne resteront fermés à l'héroïque émule du P. Damien, qui écrivait à son évêque, en lui demandant l'autorisation de créer son œuvre : « Je n'ignore pas, Monseigneur, le danger auquel je m'expose. Peut-être un jour me verrai-je privé de votre société et de celle de mes confrères. Si Dieu, dans ses justes et miséricordieux desseins, permettait que je fusse atteint du mal que je veux guérir dans les autres, je me souviendrais de la promesse de Notre-Seigneur, de ne pas laisser sans récompense un verre d'eau donné en son nom, et je me présenterais à son tribunal avec un degré ¡de confiance de plus. Je vous demanderais seulement, comme dernière grâce, la faveur de vivre et de mourir au' milieu de ces chers lépreux. »

DOUZE CENTS MILLES EN CANOT D'ÉCORCE

ou

PREMIÈRE VISITE PASTORALE

de Mgr N.-Z. LORRAIN, évêque de Cythère

Vicaire apostolique de Pontiac

DANS SES MISSIONS SAUVAGES DU HAUT DES RIVIÈRES OTTAWA ET SAINT-MAURICE, DE WASWANIPI ET DE MÉKISKAN

Par Mgr J.-B. PROULX

Curé de Saint-Raphaël de l'Isle-Bizard.

(Suite 4).

CHAPITRE IX

Du Grand Lac Victoria au Grand Portage du Wassépatébi.

Le départ. — Le nouvel équipage. — Monotonie et diversité du voyage. — Un voyage de noces. — Une messe sous la feuillage. — Quatre stations pénibles. — Maringouins, moustiques et brulots. — La ligne de faite. — La sarra-zine. — Le lac des cyprès.

Samedi, 11 juin. — A onze heures, nous reprenions la mer. Les sauvages sont assis en amphithéâtre sur la côte, jasant, riant, regardant. Le P. Guéguen fait ses adieux, va de l'un à l'autre, dit un bon mot, catéchise, distribue des objets de piété, s'amuse ; il n'est pas plus pressé qu'un sauvage. Saint Paul s'était fait Juif avec les Juifs, Grec avec les Grecs ; le P. Guéguen s'est fait Algonquin avec les Algonquins. Je n'y trouve rien à redire, je ne l'admire que davantage, c'est le vrai moyen de leur faire du bien. Notre précision française les choquerait et les éloignerait ; il faut entrer dans leur cœur en prenant leurs mœurs, leur patience et leur lenteur.

Nous allons à dix milles en amont de l'Ottawa, sur le chemin du lac Barrière. A huit milles, nous sommes arrêtés par une chute divisée par une île de roches, le Niagara en petit. Le portage, qui se fait sur le rocher, n'est pas long, n'ayant que trente pieds. Ici commence l'histoire fastidieuse de nos portages nombreux et difficiles.

Peut-être trouverez-vous monotone le récit de nos arrêts, de nos départs, de nos marches ; croyez que le fait lui-même ne l'est pas moins. Vous êtes embarqués dans la lecture pour nous suivre jusqu'au bout ; il est juste que vous partagiez

(4) Voir les *Missions catholiques* du 2, 9, 16, 23 janvier, 6, 13, 20, 2? février et 6 mars, ainsi que la carte et l'itinéraire, page 8.

nos fatigues et nos ennuis. Ce sera de la couleur locale. Il peut se faire que je me répète, ne me rappelant pas toujours aujourd'hui ce que j'ai écrit hier ; mais la nature ici ne fait guère autre chose que de se répéter, et cependant elle est toujours variée. Un homme ressemble à un homme, et pourtant les deux différent entre eux par certains détails caractéristiques. Il en est ainsi des paysages, des confirmations et des visites de cimetière. Je tâche de saisir le trait distinctif de chaque évènement, de chaque point de vue ; puis j'essaie de vous le traduire. Excusez aussi les négligences de style ; je ne compose pas, à tête reposée, dans le secret et la méditation de mon bureau. J'écris sur mon genou, assis dans un canot, sur une pierre, au milieu du bruit, des conversations, souvent tourmenté par les maringouins, cuit par les rayons du soleil, ou trempé par la pluie ! Je ne puis ni ne veux m'imposer le travail d'une réflexion profonde ; tous les charmes du voyage en sont gâtés. Je pense tranquillement ; quelquefois, je ne pense pas du tout, me contentant d'écouter parler et penser mes compagnons ; je regarde, et je laisse trotter mon crayon en liberté, il a toujours la bride sur le cou. J'écris comme l'eau coule dans ces rivières, comme le vent souffle dans ces forêts, comme l'oiseau chante sous le feuillage, comme la fleur s'épanouit sur le rivage, ou (et vous trouverez peut-être la comparaison meilleure) comme la grenouille criarde croasse dans ces marais.

Jimmy Thomas est le marié de ce matin. Sa femme, en compagnie de deux autres épouses de nos hommes, nous suit en petit canot, et elle nous suivra autant que leurs forces le leur permettront. Elle exécute un voyage de noces, sur le chemin royal de la rivière et des lacs, ayant devant elle les plaisirs de l'imprévu, à travers les beautés de la grande nature que le bon Dieu a créée, et se contentant des miettes qui tombent de la table de l'évêque. Elle ne sera point de ces épouses, enfants gâtées, poupées inutiles dans le ménage ; il ne lui en coûte pas, même le jour de ses noces, de ramasser un canot sur sa tête dans les portages, et d'abattre un arbre à grands coups de hache pour faire bouillir la marmite.

Outre ces trois femmes, nous avons la compagnie d'une veuve avec ses trois petits garçons. Huit tentes se dressent autour du feu, et nous nous reposons délicieusement, un peu fatigués. Le chant et la prière du soir en commun, à genoux autour du feu et de la colonne de fumée bleuâtre qui monte vers les astres, appellent les bénédictions du ciel sur notre sommeil.

Dimanche, 12 juin. — C'est le jour du Seigneur. A six heures, messe sous la tente, dont la porte est ouverte à deux battants : le sanctuaire où se tient l'évêque officiant avec son unique acolyte ; l'assistance est agenouillée dans la nef, dont la voûte est le firmament bleu, la lampe le soleil qui monte dans l'espace, et les colonnes les grandes épinettes qui balancent leurs sommets doucement sous le souffle du vent. Deux coffres superposés servent d'autel, le tapis est une toile cirée, et l'encens l'arôme des forêts ; avec ces senteurs s'élève notre prière vers le Seigneur. *Dirigatur, Domine, oratio mea sicut incensum in conspectu tuo.*

La musique manque-t-elle ? Oh ! non. La reconnaissance chante une hymne au fond de nos cœurs ; les sauvages, dans leur langue douce et harmonieuse, chantent leurs cantiques nazillards ; et les petits oiseaux, voltigeant d'arbre en arbre, chantent leurs chansonnettes. Au milieu des notes variées de ce concert, je distingue la voix douce et continue du roitelet, le cri moqueur du coucou, le *ouzi-ouzi* monotone de la fauvette, et les roulades harmonieuses du rossignol. Chantez, chantez, petits oiseaux ; modulez votre cantique. C'est quelque chose de nouveau que de vous entendre dire les louanges du Seigneur jusque dans son église, au milieu de ses fidèles : *Cantate Domino canticum novum, laus ejus in ecclesia sanctorum.*

C'est aujourd'hui le jour de la grande procession, du triomphe de Jésus en dehors de ses temples, à travers nos villes et nos campagnes.

Il y a quatre ans, Monseigneur Lorrain portait l'ostensoir rayonnant par les rues de Montréal ; en ce moment il fait une autre procession dans ce pays de la hauteur des terres ; ou plutôt il parcourt un véritable chemin de croix.

Savez-vous ce que c'est qu'une armée de maringouins ? leur nombre est légion. Ils voltigent en épais nuages, murmurant, bourdonnant, tourbillonnant autour de vous, enragés, le dard sorti, altérés de sang : vous vous croiriez la tête dans une ruche d'abeilles. La main n'a pas de repos ; elle doit agiter sans cesse un mouchoir ou un feuillage, pour défendre contre des attaques incessantes le menton et les joues menacées. Vous frappez les ennemis d'un côté, vous en tuez un cent, mille vous pressent de l'autre, violents, renaissants, indestructibles. Ils vous entrent dans les oreilles, dans les yeux, dans les narines, dans le cou, dans les poignets, ennemis acharnés, insaisissables, infatigables, contre lesquels vos efforts sont impuissants. Je ne m'étonne plus qu'après l'avoir harcelé en tous sens, un moucheron, aidé d'autres moucherons, ait couché sur le flanc le roi des animaux.

Plus méchantes que les maringouins sont les petites mouches noires, appelées *moustiques*, race impudente, importune, que ni le mouchoir, ni le feuillage ne peut chasser ; elles vous aveuglent et vous hé poivéz vous en défendre ; elles se collent à votre peau comme des sangsues, et elles vous saignent sans que vous vous en aperceviez. Passez la main derrière vos oreilles, et vous la retirerez toute couverte de sang.

JAPON. — CHEF DE PAGODE ; d'après une photographie d'un missionnaire (Voir page 126).

Plus méchants encore que les moustiques sont les *brûlots*, engeance satanée, invisible, qui pénètre partout, passant à travers les habits et les couvertures et dont la piqûre brûle comme un tison ardent. Les sauvages les appellent dans leur langue : « Les petites poussières. » Je connais quelqu'un qui a traduit le mot : « Le diable réduit en poudre. » Sur les lacs, sur les grandes rivières, vous êtes exempts pour un moment des attaques de ces cannibales ailés : la fraîcheur de l'eau, les rayons du soleil et le souffle du vent les tiennent à distance ; mais, dans ces marais, sur ces étangs, le long de ces ruisseaux, vous les avez pour continuelle compagnie ; surtout, du moment que vous avez mis pied à terre, soit pour un portage, soit pour le campement de la nuit, aussitôt sortant de leurs retraites, dessous le feuillage, ils fondent sur vous en bataillons serrés. Généralement après de longues précautions, nous avons le repos pour la nuit, sous la tente ; si, par malheur, ils finissent par s'introduire, d'une manière ou d'une autre, dans le sanctuaire du sommeil, adieu le sommeil pour le reste de la nuit ; jusqu'à l'aurore, comme Hamlet, vous combattez contre un spectre. La forêt, avec ses retraites, ses montagnes, ses points de vue, ses cours d'eau, déborde de poésie : ces insectes anthropophages en sont la prose.

Ils ont une *trompe* qui pompe le sang et distille le poison. Une goutte n'est rien ; mais dix gouttes,... mais vingt gouttes,... mais cent gouttes,... je serais curieux de connaître la quanté de sang que nous laissons gouttelette par gouttelette, tout le long de ces portages. Ces insectes mal élevés ne respectent personne, pas même les grandeurs. De tous je suis le plus ménagé, et Monseigneur le plus maltraité.

Lundi 13 juin. — Je me réveillai à la musique des maringouins ; des milliers s'étaient introduits dans notre tente et jouaient de la trompette.

Le voyage de noces est fini, les femmes de nos engagés retournent sur leurs pas. Les adieux se font les larmes aux yeux, mais en silence. Pierre Thomas prend son enfant des bras de son épouse, et l'embrasse à plusieurs reprises. Je me rappelai la séparation d'Hector et d'Andromaque au jour suprême d'Ilion. Marianne n'eut pas les touchantes paroles de la Troyenne à la belle ceinture ; mais le cœur y était.

. .

La journée commença humide. Pour arriver au dernier lac québecquois de la hauteur des terres, nous marchâmes un demi-mille sur un pays tremblant, dans la mousse et dans l'eau par-dessus le pied, avec la menace continuelle d'être englouti dans la vase jusqu'à la ceinture. L'étang traversé, même promenade sur un gazon trempé au-dessus d'un lac souterrain, avant d'arriver à la terre sèche.

Je n'avais pas soif ; mais je bus quelques gorgées de cette eau, la dernière qui s'écoule dans l'Ottawa.

Nous admirâmes les soins de la bonne Providence. Dans les savanes spongieuses, il est souvent impossible d'atteindre l'onde claire des lacs, et l'eau qui suinte sous nos pas à travers la mousse est loin d'être potable. Dieu a pourvu au besoin du voyageur. Voyez-vous, çà et là, au bout de longue tiges, ces fleurs, grandes comme des pièces de cinq francs, rondes, éclatantes, dont les pétales à l'extérieur sont rouges pourpres : ce sont des enseignes qui disent qu'au pied de la plante vous trouverez à boire. Là, un vase oblong, formé par le développement du pétiole, est muni à sa partie supérieure d'une aile velue qui en ferme presque entièrement l'orifice, pour empêcher les mouches et la poussière d'y tomber ; le pied du vase est enveloppé dans les mousses humides, afin de conserver à la liqueur toute sa fraîcheur. Des racines fibreuses et vivaces distillent cette boisson pure et rafraîchissante qu'elles vont chercher aux environs. Cette plante, commune aussi à la Floride et à la Californie, est ici spécialement nationale. Elle fut découverte vers 1730, par le docteur Sarrazin, de Québec, qui l'envoya au grand botaniste Tournefort. Celui-ci, en reconnaissance et en toute justice, la baptisa du nom de *Sarracenia* ou *Sarrazine*. Il fut plus généreux qu'Améric Vespuce. Ce dernier aurait gagné au yeux de la postérité en nommant Colombie le nouveau continent tout entier.

. .

Après un portage d'un mille, nous arrivons aux eaux qui descendent vers la baie du Nord. Nous traversons un pays sablonneux et marécageux, ayant en vue quelques collines isolées, qui n'appartiennent aucunement à une chaîne de montagnes. Le lac est entouré de verdure. Les cyprès, pressés sur les rives, semblent nous regarder passer, droits et alignés comme des soldats à l'exercice ! aussi s'appelle-t-il *kaokikagamang*, lac des cyprès.

Le Kaokikagamang se jette dans le Wassepatébi, le « lac dont l'eau est claire au loin » par une petite rivière, longue de huit lieues et large comme la Rivière-au-Chien, du moins dans sa partie supérieure, qui traverse le village de Sainte-Thérèse de Blainville, c'est-à-dire mesurant entre ses deux rives de cinq à vingt-cinq pieds. Un jour, en compagnie de quelques amis, j'avais fait transporter par voiture une chaloupe à quatre milles plus haut que le collège, pour avoir le plaisir de descendre ce petit cours d'eau, à travers champs. Aujourd'hui je ne le ferais plus : j'en ai assez de navigation sur la Rivière-au-Chien.

Nous circulons sur des méandres encore plus tortueux que ceux du Cocyte ; les matelots sautent à l'eau jusqu'aux genoux. Souvent des arbres, tombés à la renverse, barrent la rivière ; nos hommes les repoussent avec l'aviron. Des Canadiens, en pareilles circonstances, tempêteraient ; eux se contentent de rire et de rattacher la corde, se conduisant en toute patience comme des enfants de Dieu.

Pendant ce temps là, que faisons-nous ? nous combattons contre l'ennemi, descendant de temps en temps sur le rivage, pour soulager le canot frayant notre chemin à travers les aulnages, les hautes herbes et les grands foins, nous soulevons des nuages de maringouins ; les mouches noires nous assaillent par essaims innombrables ; nous aurions la tête entre deux ruches d'abeilles, que le bourdonnement ne serait pas pire ; vous éventreriez avec le couteau cent nids de guêpes que l'assaut spontané ne serait pas plus violent. Les moustiques vous dardent comme d'une lancette, et la plaie reste cuisante. Vraiment il y a de quoi désespérer un homme, le rendre fou, enragé.

La nuit arriva froide, bienfaisante : la fraîcheur et la rosée engourdirent la troupe trop agile, et nous pûmes dormir en repos.

(*A suivre*).

FAUNE ET FLORE CHINOISES

PAR

M. ARMAND DAVID

Lazariste, ancien missionnaire en Chine, membre correspondant de l'Institut.

—

De nouvelles communications du savant missionnaire dont le renom scientifique est une gloire pour l'Eglise et pour la France, nous permettent de reprendre le cours d'histoire naturelle que nous avions commencé en 1889. Sous la direction de ce vénérable maître, nos lecteurs s'en souviennent, nous avons passé successivement en revue les singes, les chauves-souris, les insectivores, les carnassiers et les rongeurs du Céleste Empire. Dans cette nouvelle série d'articles, M. Armand David étudie les autres familles de la classe des mammifères qui ont des représentants sur le continent chinois.

CLASSE DES MAMMIFÈRES
(Suite)

EDENTÈS.

La plus grande partie des animaux que Linné réunissait dans sa section des *Bruta*, constituent l'ordre des *Edentès*, actuellement adopté de tous et qui a été ainsi nommé par Cuvier, parce que plusieurs d'entre eux sont réellement dépourvus de dents, tandis que, dans les autres, il n'y a jamais simultanément les trois catégories des *incisives*, des *canines* et des *molaires* ; pourtant, par une contradiction bizarre, c'est un mammifère de ce groupe, le *Tatou géant*, qui est celui de tous qui possède le plus de dents à sa mâchoire : une *centaine* de molaires !

De plus, tous les édentés (auxquels conviendrait mieux le nom de *maldentés*) ont cela de particulier que les dents qu'ils présentent sont privées d'émail et de racines. Par ce caractère, ainsi que par leurs ongles particuliers et par leurs téguments souvent reptiliens, ils constituent un ensemble d'êtres à par, très remarquables et distincts de tous les autres mammifères : on dirait des quadrupèdes antédiluviens, qui tiendraient le milieu entre les ovipares et les vivipares!

Les quarante et quelques espèces décrites de cet ordre se répartissent en cinq familles, dont trois (*Paresseux*, *Tatous et Fourmiliers*) habitent exclusivement le Nouveau-Monde. L'Europe actuelle ne possède aucun édenté ; mais le terrain miocène de notre pays a fourni des fossiles d'animaux de forte taille, constituant deux genres voisins de l'*Oryctéropus* d'Afrique. Quant aux dépôts tertiaires et quaternaires d'Amérique, ils ont donné aux paléontologistes un grand nombre de formes inconnues de ce groupe, très variées et de toutes dimensions, atteignant parfois celles du rhinocéros; ce qui dénote une richesse étonnante de cet ordre, dans toute l'étendue de la région, aux époques géologiques qui ont précédé la nôtre. Il est probable que les recherches ultérieures des savants, dans notre vieux continent africain, feront connaître que les édentés y ont aussi abondé dans les temps antédiluviens. Pour le moment, la région dite *Ethiopienne* ne nous offre que deux *Oryctéropus* et quatre ou cinq *Manis* ; et ce sont quatre autres représentants de ce genre qui vivent aussi dans l'Indo-Malaisie.

Quant à la Chine, elle nourrit un Pangolin (*Manis Dalmanni*), répandu, quoique rare, dans tout le pays qui s'étend de l'est à l'ouest, au sud du Fleuve Jaune. Notre gravure

LE PANGOLIN

représente cet étrange mammifère, qui est connu des indigènes sous le nom de *Chan-wa-dze* (farceur de montagnes) et qui est le seul édenté de l'Empire : nous l'avons obtenu plusieurs fois, et même en vie.

Les Chinois recherchent le pangolin pour faire des médicaments avec ses écailles et ses os, et ils en détruisent la race de plus en plus, ce qui est grand dommage ; car cet animal, qui ne fait qu'un petit par période, a les mêmes mœurs que le fourmilier du Brésil et vit surtout de fourmis et de termites, dont il est le grand destructeur. Sa bouche est complètement dépourvue de dents; mais sa longue langue vermiforme est merveilleusement adaptée pour attirer et happer les insectes qui font sa nourriture. Le pangolin ne méprise pas non plus les autres insectes, et surtout leurs larves et leurs œufs ; et je pense que, s'il se trouvait

en grand nombre dans notre Algérie, il pourrait contribuer efficacement à empêcher la multiplication des sauterelles, sans être une bête nuisible pour aucune culture. Comme je l'ai dit, j'ai eu la chance d'observer en vie le *Manis* chinois : il a des allures fort drôles ; souvent il se roule aussi en boule, comme le hérisson, lorsqu'il se croit menacé. Il paraît qu'il peut grimper sur les arbres sans difficulté ; mais, d'ordinaire, il passe sa journée à dormir, au fond des terriers profonds qu'il s'est creusés sur une pente de montagne.

PACHYDERMES.

Cette ancienne division comprend les éléphants, les rhinocéros, les tapirs, les hippopotames, les porcs et les chevaux, c'est-à-dire, tous les gros mammifères, non ruminants, qui sont caractérisés par une peau épaisse. La nomenclature moderne sépare, avec raison, en autant de familles tous ces animaux, dont les espèces vivantes sont peu nombreuses, mais dont les représentants fossiles abondent dans les dépôts tertiaires et quaternaires. Ainsi, on sait qu'il n'existe de nos jours que deux éléphants, l'indien et l'africain ; tandis qu'on connaît plus de trente espèces éteintes d'éléphants et de mastodontes qui ont vécu jadis sur toute l'étendue de l'Ancien et du Nouveau Monde (excepté l'Australie). On les comprend dans la famille des *Proboscidiens*, avec le *Dinotherium*, qui, pour certains, serait un Sirénien.

Nous n'avons à parler de l'éléphant ici que pour affirmer sa non-existence à ce qui est écrit dans les anciennes relations des Européens et dans quelques livres chinois. De même, le rhinocéros de l'Indo-Chine et le tapir de la Malaisie manquent à la faune du pays et n'y sont plus connus que comme des bêtes fabuleuses. Ainsi, le fameux *Kiling*, ou *Licorne*, si souvent cité dans les livres, n'est pas autre chose que le rhinocéros, défiguré par l'imagination ; M. Huc et d'autres auteurs ont erré en admettant qu'il existe encore dans les montagnes du Thibet un autre animal ayant le front orné d'une longue corne.

Mais, au temps jadis et jusqu'à quelques siècles seulement avant l'ère chrétienne, l'éléphant et le rhinocéros vivaient en Chine bel et bien. Et, à ce sujet, qu'il me soit permis de transcrire ici un passage d'un mémoire que j'ai présenté, l'an dernier, au Congrès scientifique des catholiques.

« Il y a intérêt à noter que des éléphants et des rhinocéros vivaient communément dans toute la Chine centrale, au moins jusqu'au sixième siècle avant notre ère, puisque alors ces empereurs se faisaient payer une partie de leur tribut annuel *en dents et en peaux* de ces grands animaux, par tous les peuples riverains du Fleuve Jaune ! Sans doute, on serait tenté de croire que c'étaient là des éléphants semblables à ceux qui sont retirés maintenant dans l'Indo-Chine ; mais, comme les traditions chinoises indiquent la présence, plus ancienne encore, des gros pachydermes au Chan-tong et même plus au nord ; et comme, d'autre part, il m'est arrivé à moi-même de recueillir maintes fois des ossements d'*Elephas primigenius* et de *Rhinoceros tichorhinus*, dans les parties superficielles du *loess* de Chine et de Mongolie (et jamais ceux de leurs congénères actuels), il serait permis de se demander de quelles espèces étaient bien ces grosses bêtes dont parlent les vieux auteurs chinois..... N'étaient-ce pas là les derniers survivants des classiques types quaternaires ? Ce sont des questions à élucider, qui sont très intéressantes, mais pour la solution desquelles les données de la science ne sont pas encore suffisantes. Il faudra recueillir avec soin et étudier les fossiles récents de l'Empire ; et, malheureusement, c'est là une besogne difficile, à cause de la manie qu'ont les Chinois de réduire en poudre tous les vieux ossements trouvés sous terre, pour les besoins de leur puérile pharmacie. »

Quant au genre hippopotame, le *Béhémot* de la Bible, qui vivait à Paris et à Londres aux temps tertiaires, et dont les fossiles ont aussi été reconnus dans l'Inde, on sait qu'il n'en existe plus que deux espèces vivantes, qui se trouvent confinées en Afrique ; aussi les auteurs chinois n'en font-ils point mention, tandis qu'ils parlent du *Tapir* (*Mé*), qui a dû se propager dans l'empire jusqu'à l'époque historique.

(A suivre).

NÉCROLOGIE

La Révérende Mère Marie de la Croix,

Prieure du Carmel de Sydney.

Une dépêche télégraphique apporte la nouvelle de la mort de la Révérende Mère Marie de la Croix, prieure et fondatrice du Carmel de Sydney (14 février).

Le 3 juin 1885, on se le rappelle, s'embarquaient à Marseille pour Sydney, à bord de l'*Océanien*, quatorze Carmélites d'Angoulême, destinées à la fondation du premier Carmel dans la cinquième partie du monde. Elles avaient à leur tête une religieuse remplie de l'esprit de foi, embrasée de l'amour de Dieu et du zèle apostolique, et que tente d'œuvre de vie cloîtrée avaient mûrie pour la grande œuvre qu'elle était appelée à fonder.

Dieu vient de la rappeler à Lui, avant qu'elle ait eu la consolation d'achever cette œuvre ; cette bonne Mère laisse orphelines, loin de la patrie, des filles spirituelles que cette mort jette dans la douleur.

La Révérende Mère Marie de la Croix était née le 30 novembre 1826. Entrée au Carmel d'Angoulême en 1856, elle y exerça longtemps la charge de maîtresse des novices, et en fut la prieure par des réélections successives depuis 1871 jusqu'au moment de son départ pour l'Australie. Cette fondation lointaine avait été le rêve constant de sa vie, et, si elle y a beaucoup souffert, elle y a opéré de vraies merveilles. Puissent ses enfants continuer généreusement l'œuvre commencée ! Pour cela, elles implorent de la charité des fidèles le double secours de l'aumône et de la prière.

DONS

Pour l'Œuvre de la Propagation de la Foi

ÉDITION FRANÇAISE.

Mme veuve Vaussy, à Vincendo (Ile de la Réunion)...........	13
Un anonyme du diocèse de Carcassonne, qui demande une bonne mort...	400
Anonyme de Vitry-le-François, diocèse de Châlons, en l'honneur de saint François Xavier, avec demande de prières.........	60
Une abonnée de Londres...............................	125
Au nom de Mlle Catherine Cottaz, décédée, don recueilli par l'*Echo de Fourvière*.............................	100
Anonyme, don recueilli par l'*Echo de Fourvière*,.........	400
D. D., »	300
Francisque Bosson, »	5
Anonyme, »	5
M. T. R., »	20
Mlle Marie Etiennette Prat. »	90
Anonyme, »	50
Anonyme, »	5
Anonyme, »	3
Anonyme, »	2
Anonyme, »	5

Pour les missions les plus nécessiteuses (Mgr Couppé).

Anonyme de Houilles, diocèse de Versailles, avec demande de prières..	4
P. E. à Saint-Etienne, pour une intention particulière.......	50
M. l'abbé Bureau, à Rodez, demande de prières pour une intention particulière....................................	5
M. M., diocèse d'Arras, avec demande spéciale de prières.....	200

Pour une autre mission nécessiteuse (Mgr Christiaens).

P. E, à Saint-Etienne, pour une intention particulière........	50

Pour le baptême d'un enfant sous les noms de Joseph-Marie (au même).

Mme D., du diocèse de Cambrai......................	20

Pour l'hospice de Bethléem.

Anonyme de Madrid, avec demande de prières pour lui et sa fille...	12

Pour les trois missions les plus éprouvées (Mgr Couppé).

Anonyme, don recueilli par l'*Echo de Fourvière*,.............	45

A Mgr Puginier (Tong-King occidental).

Un prêtre du diocèse de Lyon..............	100

Pour le Tong-King occidental.

Don recueilli par la *Semaine religieuse* de Cambrai.........	50

A Mgr Christiaens (Hou-pé méridional), pour les affamés.

Un prêtre du diocèse de Lyon.........................	100
Anonyme de Cassis, diocèse de Marseille	500
Un abonné du diocèse de Versailles....	10
Mme de la Perraudière, à Laval, demande de prières........	10

A M. l'abbé Desgodins, missionnaire à Padong (Indes).

M. de Sauley, à Metz.................................	40

Au R. P. Hoeffel (Pé-tché-ly sud est).

Don recueilli par la *Semaine religieuse* de Cambrai..........	100

Pour la mission ruinée du Dahomey.

Le R. P. Desribes, à Clermont-Ferrand......................	100

Pour le baptême d'un petit Africain sous le nom d'Augustin-Jean-Baptiste (au même).

Au nom de J.-B. Marchand, enfant à Mazé, diocèse d'Angers...	5

A Sœur Claver, pour son hôpital d'Onitcha.

Une domestique de Lyon.............................	5

A Mgr Couppé (Nouvelle-Poméranie).

Les Dames Leroux, à Nantes............................	150
Anonyme de Cherveux, diocèse de Poitiers, demande de prières pour sa famille...........................	100
Mme E. Hemar, à Paris...............................	20
Mme de la Perraudière, à Laval, demande de prières.......	10
M. Pagès, oncle, à Annonay, diocèse de Viviers..........	10

Au même pour le baptême d'une enfant sous le nom de Maria.

Anonyme de Cherveux, diocèse de Poitiers...............	2

[La suite des dons prochainement].

Th. MOREL, *Directeur-gérant.*

CANADA. — Sauvages transportant canot et bagages dans un portage; d'après une photographie de Mgr Lorrain.
(Voir page 138).

CORRESPONDANCE

VICTORIA NYANZA (Afrique équatoriale)

Ruine de l'influence des Arabes.

Mgr Livinhac nous communique la lettre suivante qui [donne d'intéressants détails sur les grands changements survenus récemment dans l'empire de l'Ouganda, changements qui, nous l'espérons, faciliteront l'action des missionnaires et les progrès admirables de la foi dans l'Afrique équatoriale.

Lettre de Mgr Hirth, des missionnaires d'Alger, vicaire apostolique du Victoria Nyanza.

Notre-Dame de Kamoga (Bukumbi), 28 octobre 1890.

Toutes nos lettres, depuis deux ans surtout, vous ont trop souvent mis au courant des dangers que faisaient courir à toutes nos missions du Nyanza, les Arabes établis au sud du lac, pour qu'aujourd'hui nous ne nous empressions pas de vous dire que la Providence nous a enfin secourus et délivrés.

Les Arabes ne sont plus : leur grand entrepôt du Massanza a été détruit par la colonne d'Emin-Pacha ; leur résidence a été anéantie.

.*.

Etablis ici depuis près de vingt ans, les Arabes avaient été, dès les premiers jours, suivis de toute une troupe de négriers musulmans qui, sous prétexte de faire le commerce de l'ivoire, étendirent bientôt leurs ravages sur la grande île d'Ukéréwé et sur presque toutes les côtes est et ouest du Nyanza. Depuis quelques années, ils étaient arrivés jusqu'à l'Unyoro, où les derniers survivants de la guerre de l'Uganda sont sur le point de se joindre aux Mahdistes.

Au sud du lac, les Arabes ont occupé successivement le pays de Mouanza, puis Kagéyi, puis Magou ; partout ils s'étaient fait détester d'abord, chasser ensuite, par les chefs du pays, jaloux de leur autorité, non moins que fatigués des injustices de leurs hôtes, prétendus civilisés.

C'est à Magou que leur puissance a été à son apogée, il y a deux ans, lors de la révolution qu'ils firent éclater en Ouganda, et dans laquelle Mwanga perdit son trône. De Tabora et de la côte arrivaient alors une foule de trafiquants d'ivoire, et surtout d'esclavagistes ; les charges d'étoffes, de poudre, de fusils, suivaient par milliers. Deux grands boutres et de nombreuses barques sillonnaient le Nyanza en tout sens ; et de toutes les rives, mais du Nord surtout, on vit affluer l'ivoire, toujours accompagné, hélas ! de vrais troupeaux d'esclaves.

Un jour, on annonça le débarquement de près de deux cents jeunes femmes, quelques-unes chrétiennes, de l'Ouganda. Un de nos Pères fit le voyage de Magou, avec la mission de racheter le plus qu'il pourrait de ces infortunées ; mais nous eûmes la douleur de ne retirer personne des fers ; les esclavagistes étaient dans l'ivresse de leur triomphe, leurs conditions étaient exorbitantes.

Ce triomphe ne devait pas durer : en cette même année 1888, la côte se fermait, et Mwanga, dès 1889, recouvra son trône, grâce à la valeur de ses sujets chrétiens ; la lutte n'est pas encore terminée, il est vrai, mais l'islamisme est vaincu. Les boutres arabes furent pris et détruits dans des combats mémorables dont vous n'avez pas perdu le souvenir. Les pertes des musulmans furent grandes ; la terreur qui les saisit fut plus grande encore. Ils quittèrent Magou, trop exposé à un coup d'audace des Baganda, qui menaçaient de faire le voyage du sud avec une nuée de barques.

Ces fiers musulmans, si insolents peu auparavant encore, crurent prudent alors de se retirer derrière le fleuve Shimyou, dans un *pori* où on ne devait pas essayer de les poursuivre. C'est là qu'ils cachaient depuis l'année dernière le fruit de leurs déprédations et de leur infâme commerce. Les uns, plus riches surtout en esclaves, se sont retirés dans la forêt jusqu'à une distance de trois jours au sud-est du lac ; ils rendaient ainsi à leurs esclaves toute fuite impossible ; car comment de faibles femmes, des enfants, pourraient-ils tenter de s'exposer aux dangers de six ou huit journées de marche, à travers le long pori inhabité et hanté de bêtes sauvages, qui les séparait de notre mission, leur unique refuge? Plusieurs le tentèrent pourtant l'année dernière, et huit d'entre eux furent assez heureux pour arriver jusqu'au Bucumbi. D'autres, moins fortunés, trouvèrent sans doute la mort dans les jungles ; pour le grand nombre, on resserra davantage les fers, on multiplia les mauvais traitements pour leur ôter l'envie de fuir.

Voilà deux ans bientôt que dure ce supplice : maîtres et esclaves meurent de faim dans la forêt, comme nous l'apprennent les derniers échappés : ce sont deux jeunes gens, vrais squelettes, qui tremblent encore de tous leurs membres, plusieurs jours après avoir trouvé asile chez nous, tant ils ont souffert sous la férule de leur cruel maître, et pendant les quinze jours qu'ils ont dû errer dans les broussailles avant de nous arriver. Leur maître, les derniers jours, avait redoublé de fureur, car son troupeau se réduit, sa fortune lui échappe ; en ce moment, il descend vers l'Ougogo, se cherchant une route

nouvelle, ou plutôt fuyant tout sentier battu ; il ne lui reste qu'une soixantaine de femmes et quelques enfants.

Ceux d'entre les Arabes qui n'avaient pas terminé leurs échanges, restèrent plus près du lac. Ils campèrent sur la rive droite du Shimyou, dans la tribu du Massanga. Ce simple campement fut bientôt une petite ville ; et quoique les Arabes et les Béloutchis ne fussent qu'au nombre de huit, on vit s'élever pour eux et leur cohorte une centaine de maisons, où furent entassés quantité d'étoffes, d'armes, de munitions et autres articles d'Europe. Ce repaire comptait environ trois cents habitants.

．·．

C'est contre eux qu'Emin-Pacha, campé depuis un mois à l'ouest de notre crique, envoya un détachement de sa colonne sous les ordres du lieutenant D, Stuhlmann. Son Excellence avait d'abord par lettre essayé de composer avec les Arabes ; mais ceux-ci rejetèrent tout arrangement. Ce n'est qu'après avoir appris, de la bouche même de quelques-unes des victimes, toutes les souffrances qu'enduraient à deux jours de son camp la troupe déjà considérable d'esclaves qui gémissaient sur les bords du Shimyou, qu'il décida, comme il nous dit, de mettre la main sur ce « nid de brigands », fixé au Massanga.

La chose fut promptement exécutée. Le lieutenant Stuhlmann partit avec quarante réguliers et soixante-dix porteurs, car il devait y avoir du butin à recueillir. Une marche forcée le conduisit dès le second jour sur les bords de la rivière qui fut passée facilement, l'eau en cette saison étant très basse.

On proposa une fois encore aux chefs arabes de s'arranger ; mais ceux-ci, pour toute réponse, s'enfermèrent dans le-tembé le plus grand, et s'assirent sur leurs *mali* (biens), confiants sans doute dans l'intervention du prophète. Dès qu'ils avaient aperçu la petite armée allemande, ils avaient distribué le plus de fusils possible à leurs gens; mais ceux-ci, en fidèles serviteurs, plus avisés surtout que leurs maîtres, ne songèrent qu'à se mettre en sûreté par une prompte fuite, emportant du bien du Bwana, tout ce qu'ils purent, qui une charge d'étoffes, qui une femme, qui un enfant...

Un moment, on crut qu'il faudrait pourtant livrer un assaut sérieux : des coups de feu partirent du côté des Arabes, deux soldats du lieutenant furent blessés ; mais quelques bombes bien dirigées signifièrent bientôt aux musulmans qu'il y avait là un ennemi nouveau et une arme supérieure contre lesquels ni leur valeur personnelle, ni leurs fusils les plus perfectionnés ne pourraient rien.

Les projectiles tombèrent droit sur la maison même où se trouvaient les Arabes, et leurs éclats eurent bientôt mis tout le monde hors de combat. Ceux qui ne périrent pas dans la maison furent alors saisis, conduits sur les bords du Shimyou et exécutés sans retard. Les jeunes esclaves qui les entouraient furent les seuls qu'on put sauver, les autres avaient été entraînés déjà dans la forêt voisine, trop touffue pour qu'on pût les poursuivre. On donna pendant quelques instants encore la chasse aux musulmanisés qui fuyaient devant la troupe, entraînant les femmes ; huit ou dix des ravisseurs tombèrent sous le feu des soldats, on parvint à réunir environ cinquante malheureux esclaves, après quoi on dut renoncer à poursuivre la bande dispersée.

Il était temps de revenir, car les Basukuma, et toute la masse des indigènes, qui avaient suivi la troupe du lieutenant, comme des chiens à la curée, avaient déjà commencé le sac de la ville. Ils eurent bientôt fait main basse sur les troupeaux, pour l'enlèvement desquels ils sont toujours d'une habileté et d'une prestesse incroyables. Pour le reste on les laissa un peu moins libres ; ce fut la troupe régulière qui reçut l'ordre de visiter toutes les maisons, et jusqu'aux huttes les plus petites, car les valeurs avaient été dispersées à dessein un peu partout.

On met en tas étoffes, perles, fusils, barils de poudre, pioches, monnaie courante du pays, dents d'éléphant magnifiques, fil de cuivre, etc... Les menottes surtout et les chaînes de fer ne manquaient pas ; on en trouva une horrible collection, digne de figurer dans les musées des missions, avec les instruments de supplices retirés des bagnes d'autrefois, que l'on aime à conserver avec une religieuse piété.

Remarque singulière, et qui fait toucher du doigt combien ce coup qui frappa les Arabes esclavagistes fut providentiel ! A part quelques articles de détail, on ne rencontra que des charges trop lourdes pour être emportées dans une fuite précipitée, toutes charges de deux hommes. C'est ainsi qu'on trouva liées ensemble toutes les étoffes, déjà roulées en ballots dans la peau de bœuf qui devait les préserver de l'humidité du lac ; les barils de poudre étaient réunis par huit ou dix, les fusils également. L'étoffe devait prendre surtout le chemin de l'Ouganda, par des barques qu'a envoyées Mwanga lui-même, au désespoir de voir que les Anglais et les Allemands ne lui apportent pas assez vite les marchandises qu'ils lui ont promises. Les fusils avec la poudre (et il n'y en avait pas moins de sept cents livres) devaient être dirigés sur l'Unyoro pour alimenter la guerre que soutiennent encore les partisans fanatiques de la cause musulmane contre Mwanga et les Baganda chrétiens. Ici encore l'homme a proposé ; mais Dieu a disposé.

Quand tout fut enlevé, le feu nettoya le repaire. Mais comment va faire le triomphateur pour ramener ses dépouilles opimes ? Où trouver des porteurs dans un pays désert ? La difficulté fut bientôt résolue, ou plutôt elle fut éliminée par une autre qui ne consistait plus à trouver des porteurs, mais à empêcher d'en venir aux mains une bande de Basukuma qui se disputaient les charges. Ce peuple de Basukuma est bien de ceux qui tour-

nent à tout vent. Il y a quelques jours encore, avant l'arrivée de l'expédition allemande, il applaudissait énergiquement aux calomnies des musulmans contre les blancs, et croyait au triomphe prochain du croissant qu'on lui prédisait bruyamment : aujourd'hui que les blancs sont forts, ces mêmes Basukuma triomphent encore, ils n'ont qu'une voix pour honnir les circoncis, et maudire les mécréants qui font la ruine des familles et la désolation du pays. La caravane de retour fut vite organisée ; elle marcha du pas le plus allègre, mais dut néanmoins mettre quatre jours pour regagner le camp d'Emin-Pacha. Les zoulous réguliers du lieutenant l'accompagnaient, ils étaient fiers de leur prise, et leurs danses guerrières furent des plus joyeuses.

Ce qui nous intéressa surtout dans la caravane, ce fut une longue file d'esclaves qui fermait la marche. Le pacha, présent dans notre mission au moment où la caravane défilait devant nous, s'émut tout d'abord à la vue de ces malheureux qui, mornes et silencieux, se rangeaient sous notre véranda : ceux-ci n'espéraient rien moins que la liberté. Les enfants plus jeunes croyaient leur mort bien assurée, les Arabes leur avaient tant de fois répété l'éternel refrain que les blancs les mangeraient ! les femmes, déjà instruites par l'expérience de leurs malheurs passés, cherchaient des yeux le nouveau maître auquel elles allaient appartenir. Quelle ne fut pas leur surprise à tous quand ils entendirent qu'ils allaient retrouver leur liberté !

Son Excellence fit ranger de côté les femmes qui venaient du Karagwé ou même de l'Ounyoro, elles suivront sa caravane et pourront être rendues aux leurs ; les autres, il nous pria de les recevoir à la mission. Heureux d'exercer notre charité envers ces pauvres créatures, nous les acceptâmes avec reconnaissance. Quelle variété des types les plus curieux n'avons-nous pas sous les yeux ! Il y en a qui depuis vingt-cinq ans subissent l'esclavage, d'autres ont été prises d'hier. Tous les pays sont représentés, depuis les régions au nord du Nyanza jusqu'aux contrées au sud du Nyassa, depuis la côte du Zanguebar jusqu'au Manyéma. Quelques-unes, suivant leurs maîtres depuis plusieurs années dans leurs chasses lointaines, ont parcouru des pays vastes comme l'Europe. Mais maintenant, qu'allons-nous faire de tout ce monde ? Où allons-nous les loger ? Quelle œuvre commencer ?... La Providence y pourvoira, elle ne peut pas nous manquer, puisque c'est elle qui nous envoie ces infortunés qu'elle veut sauver.

***

Ainsi vient de finir au Nyanza l'empire des musulmans. Sa durée a été éphémère ; aussi bien s'était-il souillé de trop de crimes et d'infamies pour mériter une durée plus longue. Un instant il a menacé d'asservir toutes nos régions, mais un jour a suffi à Dieu pour le renverser. Nos pauvres noirs, ne s'inclinant encore que devant le prestige de la force, croiront peut-être enfin à la supériorité des blancs.

Il nous resterait maintenant, pour achever l'œuvre, d'aller planter la croix sur les ruines fumantes de la domination musulmane ; mais d'autres nécessités plus pressantes réclament nos forces sur un autre point. Tout l'Ouganda, ainsi que la région du nord du lac, menace d'ètre envahie par le protestantisme. Les ministres vont dominer par le nombre, par l'appui que leur prêtera l'autorité anglaise qui s'implante, par l'or qui ne leur manque jamais, par le concours des chefs des différents pays, pauvres noirs qui croiront de bonne politique d'embrasser la religion du plus fort ! Pour nous, catholiques, *pusillus grex*, nous lutterons avec courage et confiance ; nous ne demanderons pas l'éclat des grands triomphes sur le paganisme ou sur les sectes rivales ; qu'on nous laisse seulement la liberté d'annoncer la parole de Dieu et de pratiquer la charité de Notre-Seigneur ! La grâce d'en haut fera le reste.

Le pacha est parti depuis dix jours pour le Karagwé. Un officier laissé ici par Son Excellence a achevé hier l'œuvre commencée au Massanga ; il a mis la main sur tout un chargement d'ivoire négocié en Ouganda par les émissaires qu'y avaient envoyés les Arabes du Sud. Il y a plus de cent vingt *fragilas*...

DÉPARTS DE MISSIONNAIRES

— Voici les noms des missionnaires Lazaristes envoyés à l'étranger durant l'année 1890 :

Pour la province de Constantinople, MM. Antoine Merolla, Basile Puech, Joseph Dillange et Joseph Dumay, et les Frères Jean Guiraud, Forsant et Schiffeler.

Pour la province de Syrie, MM. Jean Ducournau, Joseph Colliette, Eugène Hottin et Zaki Bahri.

Pour la province d'Abyssinie, M. Louis Abbate.

Pour la province de Chine, MM. Emile Dehus, Marie Giron, Edouard Gattringer, Jean-Baptiste Lepers, Nicolas Baroudi, Pierre Scipione et Alfred Ducoulombier.

Pour la province du Mexique, MM. Charles Wotruba, Edouard Lins, Conrad Schilhap et Nicolas Stappers, et les Frères Jean Dahl et Joseph Lignan.

Pour la province de l'Amérique Centrale, MM. Casimir Jouffroy, Cyprien Hermet, Joseph Pron, Wladimir Décoster et Jean Bozec, et le Frère Victor Duport.

Pour la province du Brésil, MM. Eugène Tournier, Fernand Monteiro, Jean Dumolard, Marcel Lelez, Manuel de Nello, Léopold Roux, Désiré Deschand, Vincent Péronelle, Victor Dégert et Mahler, et le Frère Barthélemy Zozech.

Pour la province de la République Argentine, MM. Joseph Kémen, Jean Bouvier, et le Frère Martin.

— Plusieurs religieuses de la Congrégation de St-Joseph de Cluny, ont été envoyées dernièrement aux missions d'Amérique et d'Océanie :

Se sont embarquées à Bordeaux pour la Trinidad, le 26 février 1891 : Sœur Madeleine-Marie de Jésus Moorhead, du diocèse de

Dublin ; Sœur Augustine-Marie de Jésus O'Hara, et Sœur Stanislas de l'Eucharistie Geraghty, toutes deux du diocèse d'Elphin (d'Irlande); Sœur Aloysia Adolphe, de la préfecture apostolique de Cayenne.

— Sont parties de Rochefort pour la Nouvelle-Calédonie, le 4 mars : Sœur Marie de St-Louis Hugot, du diocèse de Dijon ; Sœur Trimothée de la Croix Gravemann, du diocèse de Munster (Westphalie) et Sœur Edouard de Sainte-Marie Crowe, du diocèse de Dublin.

— Le 8 mars 1891, se sont embarquées à Marseille, sur le Yang-tse, pour le diocèse de Dacca (Bengale-Oriental), la Révérende Mère Marie Sainte-Thérèse (visitatrice) et Sœurs Marie Sainte Bertille, Marie de la Pitié, Marie Saint-Jean-Baptiste, de l'Institut de N.-D. des Missions, dont la Maison-Mère est à Lyon, chemin de Montauban, 14.

INFORMATIONS DIVERSES

Bordeaux. — Le 7 mars 1891, vingt-cinquième anniversaire du martyre du P. Louis Beaulieu, a eu lieu à Langon, ville natale du glorieux missionnaire de Corée, une fête solennelle, présidée par Mgr Lecot, archevêque de Bordeaux, ancien évêque de Dijon. Après l'évangile de la messe, le prélat prononça dans un magnifique langage l'éloge funèbre du serviteur de Dieu et rappela le souvenir de M. de Bretenières, de Dijon, mis à mort avec le P. Beaulieu, la même jour et pour la même cause. Aux vêpres, un ancien condisciple du martyr, M. l'abbé Compans, glorifia à son tour la mémoire du héros en rappelant les traits principaux de sa carrière apostolique et de sa mort précieuse. Le soir, un des habitants de Langon exprimait le vœu que Mgr Lecot revînt dans vingt-cinq ans présider les fêtes du cinquantenaire : « — Non pas dans vingt-cinq ans, répondit le prélat ; mais pour les fêtes de la Béatification, et bientôt ! »

Suisse. — Le 1er mars, la paroisse de Notre-Dame de Genève a eu sa réunion annuelle pour l'Œuvre de la Propagation de la Foi. M. l'abbé Dérippe a adressé à l'assemblée, qui était nombreuse, une allocution vive et persuasive sur l'excellence de cette grande Œuvre et sur la facilité d'y prendre part. Ces paroles porteront certainement des fruits en inspirant à un grand nombre de fidèles de se laisser enrôler dans cette milice de foi et de charité. Le directeur de l'Œuvre, M. l'abbé Girard, a lu un rapport rempli de détails intéressants, tant sur la marche de l'Œuvre dans la paroisse que sur le développement de nos missions. L'exercice actuel est de 1,484 fr. 48 ; c'est 212 fr. 95 au-dessus de celui de l'année dernière. Ce progrès mérite d'être signalé ; il témoigne du zèle de nos correspondants et fait bien augurer de l'avenir.

Angleterre. — *Le Catholic Directory and Ecclesiastical Register*, pour l'année 1891, que viennent de publier MM. Burns et Oates, de Londres, renferme quelques statistiques intéressantes sur les progrès de l'Eglise catholique dans l'empire britannique. Parmi les 6 Cardinaux Evêques qui compte actuellement le Sacré Collège, figure le nom du cardinal Edward Howard, cousin du duc de Norfolk ; parmi les quarante-huit Cardinaux prêtres, Henry Edward Manning, archevêque de Westminster, occupe le cinquième rang; et, de la liste des dix Cardinaux diacres, le nom honoré de John-Henry Newmann a disparu récemment.

En Angleterre, le cardinal Manning a quatorze suffragants ; l'Ecosse, deux Archevêques, avec quatre évêques suffragants. Les pairs catholiques des trois royaumes réunis sont au nombre de quarante-un et les baronnets de cinquante-trois. Le conseil privé de Sa Majesté compte neuf membres catholiques et la Chambre des Communes soixante-seize. Parmi ces derniers, six représentent des circonscriptions anglaises.

En Angleterre et en Ecosse seulement, les églises et les chapelles régulièrement desservies approchent de mille trois cents. Les places de culte occasionnelles sont également très nombreuses. Les prêtres ordonnés en activité dans cette île seule sont au nombre de presque deux mille huit cents, c'est-à-dire plus du double que lorsque le cardinal Wiseman rétablit la hiérarchie catholique dans le royaume en 1850. La population catholique de tout l'empire est d'environ dix millions.

— On annonce que l'honorable William Gibson, fils aîné et héritier de lord Ashbourne, grand chancelier d'Irlande, vient d'abjurer le protestantisme entre les mains du R. P. Strappini, de la Compagnie de Jésus, dans l'église catholique d'Oxford.

Jérusalem. Un énergique et dévoué religieux, ancien élève de Saint-Cyr et officier de notre armée, M. l'abbé Viallet, en religion dom Marie Cléophas, fonde en ce moment, en Terre Sainte, un couvent de Trappistes.

Ce couvent s'élèvera au milieu des débris de l'ancienne Emmaüs (aujourd'hui Amoas, entre Ramleh et Jérusalem), à l'ombre des ruines du sanctuaire où Notre-Seigneur Jésus-Christ, le soir de sa résurrection, apparut aux disciples.

La présence des Trappistes, est destinée à régénérer la Palestine, ce pays encore si fertile et qui se couvrirait de moissons, s'il était cultivé.

Cochinchine Orientale (*Annam*). — M. Guitton, de la Société des Missions Étrangères de Paris, missionnaire en Annam, écrit de Phu-Yen, le 1ᵉʳ décembre :

« L'année dernière je fis plusieurs excursions sur le plateau des montagnes. Frappé de la simplicité des habitants, qui ne connaissaient guère le missionnaire que par ouï-dire, je m'attachai tout particulièrement à eux. J'ai obtenu de très consolants résultats.

« Depuis le 15 août, j'ai eu près de six cents nouveaux convertis. Vous devinez combien il faut se remuer, pour aller chercher ces pauvres infidèles, les instruire, les baptiser, puis les former à la vie chrétienne. Le 28 octobre, j'ai fait 101 baptêmes : 61 le matin et le 40 le soir.

« Obligé de descendre à la plaine, pour la fête de la Toussaint, je m'arrêtai à un autre poste où je baptisai encore 32 catéchumènes. Enfin, le soir, en arrivant chez moi, j'en trouvai 40, qui m'attendaient pour recevoir le sacrement de la régénération.

« Depuis ce temps, nous avons instruit et baptisé une centaine de néophytes. La fête de l'Immaculée-Conception passée, je retournerai dans les montagnes, où j'aurai à baptiser 180 catéchumènes, en deux postes différents. Dès samedi prochain, dans mon catéchuménat de Phu-Yen, j'en baptiserai 50.

« Je suis sûr que vous me portez envie pour ces belles journées. Mais que de courses, que de patience, que de travail pour obtenir ce résultat! Je ne m'en plains point, certes, et je voudrais en faire dix fois plus. Mais je ne suis qu'une pauvre unité qui ne peut se multiplier. Si encore j'étais un saint, le bon Dieu rendrait plus fécond mon travail et je lui pourrais trouver plus d'adorateurs. Hélas! je ne fais que recueillir les fruits croissant sur les mérites de nos martyrs de 1885. Maintenant ils se vengent; mais ils se vengent comme les martyrs savent le faire. C'est bien le cas de dire : *Sanguis martyrum, semen christianorum*. Le sang des martyrs, c'est la semence qui fait germer les chrétiens. Il y a trois ans, je ramenais ici environ 800 fidèles : c'est tout ce qui restait des 7,000 que l'on comptait dans la province, avant les massacres. Aujourd'hui, nous arrivons à près de 3,000; et d'ici à quelques mois, nous aurons dépassé ce chiffre, si le mouvement ne se ralentit pas.

« Pour ma part, si j'avais eu des catéchistes en nombre suffisant, et aussi des ressources plus abondantes, j'aurais pu enrégimenter, cette année, un millier d'adultes sous la bannière du Sauveur. Manquant de tout, j'espère gagner à Dieu bon nombre d'infidèles. Aidez-moi de vos prières. »

Bas-Zambèze (*Afrique australe*). — Le R. P. Courtois, de la Compagnie de Jésus, supérieur de la mission d'Inhambane, nous écrit :

« Actuellement, je travaille à la fondation nouvelle des missions dans le district d'Inhambane. La semaine prochaine, je me mettrai en route pour aller occuper l'endroit que nous avons choisi de concert avec Mgr l'Évêque de Mozambique. Plus tard; je vous dirai nos espérances.

« J'arrivai ici le 26 novembre dernier. Deux jours plus tard commençaient les exercices religieux de la neuvaine préparatoire à la fête de l'Immaculée-Conception, qui est le titulaire de l'église paroissiale. Les exercices furent bien fréquentées par la population blanche et indigène. Chaque soir, à tour de rôle avec Mgr l'Évêque, je fis un sermon sur les principaux points de la religion. L'église était richement ornée. On avait fait venir la musique militaire de Lourenço-Marques. Chaque soir, on brûlait force poudre et pétards, et il y eut de nombreux feux d'artifices. Au sortir de l'église on faisait des ventes à l'encan au profit de la mission. En somme, cette fête a été une des plus belles que l'on ait vues à Inhambane. »

Etats-Unis. — Le R. P. René Lamoureux, missionnaire jésuite aux Montagnes Rocheuses, écrit de la mission Saint-Ignace, le 25 décembre 1890 :

« Voilà déjà une semaine que je suis au milieu des sauvages, dans la mission de Saint-Ignace. Nos Indiens, drapés dans des couvertures multicolores, qui sont leur costume d'hiver, sont en général des hommes superbes : taille haute, traits mâles et énergiques, attitude grave, parole fortement articulée et gestes expressifs. Quand ils sont à cheval, avec leurs longues chevelures flottant au vent, tous, hommes, femmes, enfants, semblent être d'admirables cavaliers.

« Ici, comme dans tous les pays chrétiens, Noël est une fête joyeuse. L'Indien Kalispel l'appelle dans sa langue « la fête du fusil », parce que, ce jour-là, en signe de réjouissance de la naissance du Sauveur, on a coutume de tirer dans le camp force pétards et force coups de fusils. Une animation extraordinaire se manifestait autour de nous. De tous les points de la Réserve, arrivaient en chariots ou à cheval, les sauvages des tribus voisines et alliées. Ils venaient en grand nombre faire visite aux *robes noires*, puis plantaient leurs tentes aux environs.

« La veille de Noël, un Indien parcourut le camp en criant à tue-tête. Je demandai ce que signifiaient ces sons étranges. Le chef, me fut-il répondu, fait savoir à tous qu'il est temps de se rendre à confesse et qu'il faut aller à l'église sans interruption, pour ne pas faire attendre la Robe noire. Tous ces bons sauvages se dirigeaient en silence vers la maison de Dieu. La procession dura toute la journée. On entendit plus de sept cent confessions. J'avais un confessionnal pour ceux qui parlaient français ou anglais, car il y a, dans les environs de la Réserve, un certain nombre de métis canadiens qui viennent à la Mission. Plus d'un Indien se présentait à mon guichet. Je leur faisais signe d'aller à un autre. J'étais attristé de renvoyer ces pauvres sauvages. Aussi me suis-je mis à étudier la langue avec ardeur. Elle n'est pas facile. Écoutez un peu de Kalispel, et jugez plutôt : « *A esseunémest gu an poypoço?* (As-tu obéi à tes parents?) — *A kouaimt?* (T'es-tu mis en colère?) — *A goeit?* (Souvent?) — *A koussako?* (As-tu volé?) — *A kutunt?* (Gros?) — *Nem kulisùsent gu.* (Tu es tenu à restituer), etc., etc. *Nem kouchaùm zil kalleòu.* (Tu diras pour pénitence, cinq *Pater*.) — *Nchaumen npupu sènchten.* (Fais ton acte de contrition.) »

« Cela suffit pour vous donner quelque idée de la peine qu'ont dû avoir nos premiers missionnaires des Montagnes Rocheuses, pour trouver la clef de ces langues sauvages. Maintenant le travail est bien diminué pour leurs successeurs. Quelques-uns de nos Pères, comme le P. Mehgarini et le P. Giorda, ont écrit des grammaires et des dictionnaires; plusieurs de ceux avec lesquels nous vivons possèdent ces langues en perfection et parlent aussi bien que les Indiens eux-mêmes.

« A onze heures du soir, le 24 décembre, un héraut avertit les Indiens de s'abstenir désormais de manger ou de boire quoi que ce soit. On tira quelque coups de fusils et, au signal de la cloche, tout le monde se rendit pieusement à l'église, pour la messe de minuit.

« En face de la porte se dresse une croix de bois, dont les Indiens ont coutume d'aller baiser le pied avant d'entrer à l'église. Là le chef les attendait. Quand ils furent réunis en cercle autour de lui, il les harangua pendant quelques instants pour les préparer au grand acte de chrétien qu'ils allaient accomplir. L'église était comble. On l'avait décorée à la façon indienne, avec des draperies de toutes couleurs. Au premier rang de chaque côté, dans la nef, étaient les enfants des écoles. Derrière eux, age-nouillées ou assises à terre, étaient les femmes, avec leurs bébés sur le dos. Les hommes occupaient les bas-côtés. Tous les sau-vages étaient enveloppés dans leurs couvertures rouges, bleues, jaunes, vertes, etc., de la façon la plus pittoresque. On célébra la messe avec diacre et sous-diacre. Les jeunes filles de l'école étaient à l'orgue et chantaient, ma foi, très bien. Mais quand tout ce monde priait ensemble, en articulant fortement chacune des syllabes de cette langue barbare, cela produisait à mes oreilles un effet étrange.

« La communion fut très nombreuse. Le chef était là, veillant à ce que tout se fît avec ordre. Quand un bébé criait trop fort, il faisait signe à la mère, et celle-ci, avant de se présenter à la sainte table, avait soin de confier l'enfant à une autre femme qui avait déjà reçu la sainte communion. Les femmes avaient la tête décemment couverte. Les bébés regar-daient par-dessus les épau-les de leur mère ce qui se passait, au moment de la communion, et plus d'un allongeait parfois le bras pour saisir la patène des mains du diacre.

« Après la messe d'action de grâces, on tira de nou-veau quelques coups de fusils dans toutes les parties du camp, et l'on se reposa jus-qu'à sept ou huit heures. Alors les pétards et les coups de feu reprirent jusqu'à la grand'messe. Toute la journée de Noël, le camp présenta une animation extraordinaire. Les costumes étaient plus brillants que jamais. Beau-coup de sauvages, avec toute leur famille, s'empressaient de faire visite aux Pères, pen-dant que d'autres, à cheval, galopaient dans toutes les directions. Le soir, à cinq heu-res, bénédiction solennelle du Saint-Sacrement, avec un ser-mon en Kalispel du P. Canes-trelli.

« Cette belle fête eut, pour nos petits sauvages des éco-les, un couronnement fort agréable. Toute cette jeu-nesse bruyante se rassembla vers sept heures et demie autour d'un arbre de Noël, aux branches duquel étaient suspendus des dragées et des jouets de toutes sortes, fusils, cravaches, sabres, flûtes, trompettes, etc., etc. Le Bonhomme Christmas (Noël) se présenta dans un habillement extraordinaire. Il annonça la vente à l'encan de tous les biens suspendus aux branches de l'arbre. Les bons points distribués dans les écoles, selon le mérite, seraient la monnaie courante. Chacun d'eux aurait la valeur d'un dollar. On com-mença les enchères. Ce fut un vacarme indescriptible. C'est ainsi que nous font tout servir, même les amusements et les récréations, à la formation de ces pauvres enfants. Du reste, l'inspecteur des écoles indiennes aux Etats-Unis a déclaré que, de toutes les écoles qu'il avait visitées l'an passé, il n'en connais-sait aucune aussi bien tenue que celle de la Mission de Saint-Ignace, dans la Réserve des Têtes-Plates, Montana. »

DOUZE CENTS MILLES EN CANOT D'ÉCORCE

OU

PREMIÈRE VISITE PASTORALE

de Mgr N.-Z. LORRAIN, évêque de Cythère

Vicaire apostolique de Pontiac

DANS SES MISSIONS SAUVAGES DU HAUT DES RIVIÈRES OTTAWA
ET SAINT-MAURICE, DE WASWANIPI ET DE MÉKISKAN

Par Mgr J.-B. PROULX

Curé de Saint-Raphaël de l'Isle-Bizard.

CHAPITRE IX

Du Grand Lac Victoria au Grand Portage du Wassépatébi.

(Suite [1].)

Le gros Castor. — Le lac Wassepatebi. — Une médi-tation nocturne.

Mardi 14 juin. — De cinq heures du matin à cinq heures de l'après-midi, nous descendons la Riviè-re-au-Chien, lentement, avec précautions, entre des terres basses, des fo-rêts d'épinettes, et de pe-tites prairies de castor, sous un soleil chaud et un ciel pur. Certes, il serait bien saint celui qui pour-rait répéter aujourd'hui en toute vérité le vers du poète :

Le ciel n'est pas pur que le fond de mon cœur.

Les branches sont moins nombreuses au fond de la rivière, et les mouches dans l'air ; cependant, des unes comme des autres, il n'y en a que trop. Nous suivons le filet d'eau, entre deux plates-bandes de né-nuphars, dont les feuilles épaisses, taillées en cœur, flottent sur la surface li-quide, et les fleurs jaunes, globuleuses, se dressent au bout de leurs pédoncules

R.-P. Sérapion BARONIAN, des Méchitaristes de Venise, assassiné à Savoura, près de Khosrova, le 4 janvier 1891

droits et charnus. Nous voyons de distance en distance des traces du travail des castors, arbres renversés, souches effilées, etc., etc.

Connaissez-vous le nom que je porte parmi toutes ces tribus : Kitchi Amic, le Gros Castor? Voici comment le sobri-quet m'est échu ; il date de trois ans, de mon voyage à la baie d'Hudson.

Le castor, trapu, replet, a une démarche lourde et pesante ; de même, lourdement et pesamment je marchais, lorsque, dans les portages, j'étais chargé de soixante à quatre-vingts

(1) Voir les *Missions catholiques* des 2, 9, 16, 23 janvier, 6, 13, 20, 27 février, 6 et 13 mars, ainsi que la carte et l'itinéraire, page 8.

livres. Les sauvages, venant en arrière et croyant que je ne les entendais pas, se disaient :

« — Ne trouves-tu pas qu'il a l'air d'un castor ? »

Alors, afin de les amuser, je ralentissais encore le pas, je faisais semblant de forcer terriblement en montant les côtes, me hissant des deux mains aux broussailles de la route. Ils riaient sous cape :

« — Vois donc, disaient-ils ; vois donc comme il a de la misère, le Gros Castor ! »

En remontant la rivière Abbitibi, nous avions dans notre canot un jeune garçon de quatorze ans, nommé Ignace, à la jambe, à la tête et à la langue légères. Un certain matin, au moment de l'embarquement, comme le rivage était plein d'embarras, le canot se tenait à vingt pas au large. Pour s'y rendre, un tronc d'arbre servait de chaussée. Je m'avan-

çai à mon tour, avec ma charge sur les épaules; l'arbre est rond, il n'est pas très solide, il est mouillé, le pied me glisse, je tombe à l'eau jusqu'à la ceinture. Éclat de rire général, et Ignace s'écrie, en se frappant les mains :

« — *Kitchi Amic niping*, le Gros Castor est à l'eau. »

Croyant que le mot m'a choqué, Okouchin, le chef de l'expédition, lance un regard sévère au jeune imprudent et tous les sauvages de devenir sérieux.

Nous partons. Un quart d'heure après, Okouchin prit la parole et parla à peu près en ces termes :

« — Mon Père, je veux te parler.

« — Eh bien, parle.

« — Ne te fâche pas. Nous t'avons appelé *Castor*, mais ce n'est pas pour te faire de la peine. Ignace vient de te le dire ; les jeunes gens, vois, ça ne pense pas et ça parle

Missionnaire portant sa malle sur le dos. · Sauvages portant les canots.   Rapides.

CANADA. — PORTAGE ; d'après le dessin d'un missionnaire. (Voir page 140)

trop. Tu sais que les sauvages, entre eux, se donnent des noms d'animaux, l'un s'appelle le chat, l'autre le loup, l'autre la tortue : nous t'avons traité comme un sauvage, parce que tu n'es pas un étranger pour nous, ce qui est une marque que nous t'aimons. Du reste, nous ne pouvons pas te donner un plus beau nom, car il n'y a pas d'animal qui ait plus joli poil et meilleure viande que le castor.

« — Sois tranquille, lui répondis-je. Je ne veux plus que vous m'appeliez autrement que *Kitchi Amic*, cela m'honore beaucoup. Cependant, n'oubliez pas que mon vrai nom sauvage, celui qui m'a été imposé à Témiscamingue, il y a trois ans, solennellement devant toute la nation réunie est *Djamié Mijakwad* (Le temps clair de la prière). »

Cependant le sobriquet l'a emporté sur le nom authentique et légal, le mot d'un enfant a fait fortune. Il a passé de bouche en bouche, et partout en arrivant je suis salué sous l'appellation de *Kitchi Amic*.

_*⁎_*

Après trois portages, à six heures, nous arrivons au lac. Une belle nappe circulaire, nette, sans îles, se déroule devant nous, mesurant six ou sept milles, sur tous les sens, sans compter les baies qui échappent à nos regards ; car on dit que cette petite mer mesure, d'une extrémité à l'autre, quatre bonnes lieues.

Quand on a voyagé une journée et demie, emprisonnés dans une rigole, sans air, sans vue, sous un soleil de plomb, comme on se sent soulagé en apercevant devant soi un vaste horizon, en sentant se jouer dans ses cheveux une brise rafraîchissante qui emporte au loin la race impie des maringouins ! Quel enivrement !

Notre canot attaque la masse liquide.

A sept heures nous prenons notre souper au milieu de la mer, sur un îlot de roches nues ; puis nous regagnons le navire pour le Grand-Portage. Le soleil se couche, des gerbes d'étincelles jaillissent des profondeurs des eaux, et l'azur supérieur se teint des couleurs de la pourpre. Nous voguons à l'aise et le cœur joyeux, mêlant les chants profanes aux cantiques sacrés.

A neuf heures et demie, nous abordons au fond d'une baie, sur une grève de sable fin. Pendant que nos hommes déchargent les bagages, dressent les tentes et allument le feu, nous nous promenons, Monseigneur et moi. L'air est frais et pur, le ciel est sans nuages, et les étoiles se mirent dans le lac. Peut-on souhaiter solitude plus profonde ? Nous sommes dans un pays de difficile accès, à égale distance entre l'activité fébrile des Canadiens et les occupations tranquilles des quelques postes qui se trouvent sur la baie d'Hudson, au sein de forêts séculaires traversées seulement par les bêtes sauvages et les chasseurs indiens. Rapporter toutes les réflexions que nous suggérait le spectacle de la terre et des cieux, formerait un chapitre trop long, qui n'intéresserait peut-être personne. Onze heures nous surprirent parlant géologie, astronomie et bénissant la Providence. L'athée, qui nie l'existence d'un créateur, n'a jamais levé un regard intelligent vers le ciel par une belle nuit d'été. *Cœli enarrant gloriam Dei.*

CHAPITRE X
Du Grand Portage du Wassepatebi à la Fourche
de la Mékiskan.

Une journée dans le Grand Portage. — Sur la Pékechkak. — Sur la Mékiskan. — Une passe difficile. — Gelée blanche. — Aspect général du pays. — Un parc naturel. — Nous arriverons.

Mercredi 15 juin. — Donc, nous passâmes la nuit à la tête du grand Portage. Le matin, à quatre heures, je m'échappai furtivement de la tente et au fond d'une baie discrète, derrière une pointe feuillue, je me lançai dans le lac ; marcher sur le sable fin était bon, l'eau tiède, jamais bain ne me parut meilleur. Sur mon rapport favorable, d'autres imitèrent mon exemple. Voyageant tout le jour sous un soleil brûlant, ruisselant de sueurs, cheminant au milieu des sables et des broussailles, couchant tout habillés comme des trappistes, nous sentons le besoin d'appeler de temps en temps le bain au secours de notre santé.

Je n'étais pas fâché d'abandonner une couche, où les puces, nées dans le sable, s'étaient introduites. Les sauvages appellent la puce le pou des blancs. Un sauvage disait : « Les blancs nous reprochent nos poux, ils ont aussi les leurs, et le pou sauvage a des qualités que n'a pas le pou blanc. Quand le premier me pique, je vais le chercher de la main, et je le tue ; quand le second me pique, je vais le chercher, et je ne le trouve pas : il a sauté ailleurs. » *Si non e vero, e bene trovato.*

Voyez-vous, dit le P. Guéguen, cette élévation à l'extrémité de la grande baie, c'est la montagne du Diable. Quand un canot s'aventure de ce côté, le vent tournoie, le lac s'agite ; au pied du mont, les eaux, dans un vaste tourniquet,

s'engouffrent au sein de la terre. Un jour, en passant ici, je dis à mes hommes :

« — C'est bien dommage, si j'en avais le temps, j'irais faire une visite au Manitou de la montagne.

« — Ce n'est pas toujours moi qui t'accompagnerais, dit l'un.

« — Ni moi, ajoute un autre.

« — Ni moi, reprit un troisième. »

La superstition est de tous les pays, et de toutes les nations. D'aucuns qui prendront en pitié ces pauvres sauvages, n'oseront pas se mettre en route le vendredi.

Ce portage s'appelle *Grand*, et il n'a pas volé son nom. Ayant mesuré au pas trois arpents, nous comptâmes, la montre à la main, combien nous prenions de minutes pour les parcourir ; partant de cette donnée, nous calculâmes que le portage a au moins quatre longs milles. Le sentier n'en est pas trop mauvais ; cependant il faut remarquer que, quand on dit qu'une route est belle dans ce pays-ci, cela équivaut à ce qu'il y a, chez nous, à peu près de plus mauvais en fait de chemin.

Portager est le travail le plus laborieux qu'on puisse imaginer. Le canot pèse au delà de cinq cents livres ; quatre sauvages, après avoir fait avec leurs capots une espèce de coussin qu'ils se placent sur le cou, renversent le bâtiment sur leurs épaules. Deux marchent en avant, deux en arrière. Ils s'avancent à travers les arbres, quelquefois dans un chemin étroit, rempli de cailloux et de précipices, montant, descendant, un vrai sentier de chèvre ; nous avons peine, avec notre charge comparativement légère, à y transporter nos personnes. L'embarcation, renversée, les couvre jusqu'à la ceinture, ils ne voient qu'à trois verges devant eux ; aveugle, irrésistible, fonçant en avant comme un sourd, solide comme un éléphant, elle s'ouvre, au milieu des branchages, un passage pénible, lent, mais sûr, pliant, cassant, renversant tout. Vous diriez un monstre nouveau, sans tête, sans queue, sans ailes, avec huit pieds, qui navigue à travers le feuillage.

Les autres sauvages s'attellent au bagage ; ils s'appuient sur le front une large bande de cuir qu'ils appellent collier, et, à l'autre extrémité, ils attachent une grosse caisse qu'ils se renvoient sur les reins ; ils jettent sur la caisse un paquet, puis un autre, puis un troisième, et, ainsi chargés comme de vrais mulets, ils s'élancent à travers les difficultés du portage. Un de nos porteurs se fait un jeu de se mettre sur le cou un demi-quart de lard et une poche de farine, en tout deux cent cinquante livres.

Notre bagage est trop considérable pour qu'ils puissent le porter tout entier d'un seul coup, et, à chaque rapide, ils sont obligés de faire un second et un troisième voyage. Cependant ils se voyez toujours gais, contents, de bonne humeur ; vous n'entendez pas un seul juron, pas un seul mot déplacé. Hélas ! il serait à souhaiter que, sous ce rapport, plus d'un blanc de nos grandes villes fût sauvage !

Deux orages nous tombèrent sur le dos, et suspendirent quelque peu les travaux de transport, ce qui n'empêcha pas le gros de la cargaison de se rendre aux trois quarts de la route, et les lits, ainsi que la cuisine, de parvenir à l'extrémité du portage. Nous y arrivons à sept heures, suant, soufflant, étant rendus. Nous avions la figure enflammée ; la sueur dégoutte, comme dit la chanson, jusque sur nos talons ; nos chemises sont si mouillées que nous pouvons les tordre, comme si nous les eussions trempées à la rivière. Encore si nous pouvions nous étendre sur le sol pour nous délasser ; mais une armée de diablotins ailés nous harcèle de toutes parts, et semble s'être donné la mission d'empoisonner notre repos.

Le P. Gnégen parcourt ce portage pour la dix-huitième fois ; il y a vingt-un ans qu'il erre tous les étés par ces forêts, couchant sur la dure, dévoré par les mouches, exposé aux intempéries de l'air, en contact continuel avec les sauvages. Son dévouement est digne des premiers missionnaires de la colonie ; vingt-une années consécutives consumées dans l'évangélisation de nos errantes tribus suffisent pour lui mériter le nom d'apôtre. Il n'a guère d'autre encouragement que la satisfaction du devoir accompli et le regard de Dieu.

Qui, parmi les laïques du Canada, connaît ces travaux pénibles, ces courses héroïques? Qui, les connaît parmi les prêtres? Ceux qui en ont simplement une idée, ne sont-ils pas aussi rares que les justes l'étaient dans Sodome? Les prodiges de zèle enterrés sous l'ombre de ces forêts ne brilleront de leur éclat qu'au grand jour des récompenses. Qu'on ne dise pas que le missionnaire s'accoutume à cette vie. Sans doute l'habitude rend moins cuisante la piqûre des épines qu'il rencontre sur son chemin ; mais la nature humaine est toujours là ; elle ne meurt pas entièrement chez l'homme, tant qu'il habite cette terre de misère. Sa seule jouissance actuelle est celle de revoir périodiquement ses chers néophytes qui attendent son arrivée avec anxiété et la saluent avec allégresse ; mais cette joie encore n'est pas de la terre, elle vient du ciel. Elle a sa source dans ce Cœur-Sacré dont nous faisons la fête après-demain ; les premières vêpres chantent : « L'amour t'a forcé de prendre un corps mortel, afin que, nouvel Adam, tu nous rendisses ce que le premier Adam nous avait enlevé. » L'amour de même force le missionnaire à se faire sauvage, afin d'appliquer aux sauvages les mérites que lui a gagnés ce nouvel Adam.

Amor coegit te tuus
Mortale corpus sumers,
Ut novus Adam redderes
Quod vetus ille abstulerat.

FAUNE ET FLORE CHINOISES

PAR

M, ARMAND DAVID

Lazariste, ancien missionnaire en Chine, membre correspondant de l'Institut.

CLASSE DES MAMMIFÈRES
(Suite)

SUIDÉS.

Sur les vingt-cinq espèces connues de cette famille, la Chine en possède trois : deux vivent encore à l'état sauvage et l'autre n'est que domestique. Ce groupe n'est représenté en Amérique que par deux *Pécaris*.

Le sanglier du nord de l'Empire ne semble pas différer du nôtre. Pour celui que j'ai rapporté de Moupine, il constitue une race nouvelle qui a été nommée *Sus thibetanus*. Des deux porcs élevés par l'homme, l'un est sûrement semblable au nôtre ; l'autre, rapporté au *Sus leucomystax*, doit être originaire du Japon. Il n'y a rien de particulier à dire sur ces animaux, sinon qu'ils sont en Orient ce qu'ils sont chez nous ; seulement, on doit observer que, là, la viande porcine est considérée comme la meilleure pour la table et la plus facile à digérer pour les malades : cela vient sans doute, de ce que les

CHINE. — LE KIANG (hémione).

Chinois élèvent leur *bétail noir* avec soin et le nourrissent *toujours proprement*, en le tenant renfermé dans des sortes de grandes cages dont les barreaux laissent tomber le fumier au loin.

ÉQUIDÉS

Dans le monde actuel cette magnifique famille n'est plus représentée que par le seul genre *equus*, qui comprend huit espèces propres à l'Ancien-Monde : le *cheval* proprement dit n'existe plus que domestique ou marron ; quatre *zèbres* vivent en Afrique ; un âne sauvage est indigène de l'Éthiopie, et un second de l'Arabie ; l'*Hémione* habite l'Asie centrale et y forme deux ou trois sous-espèces ou races assez distinctes. L'une de celles-ci, le *kiang* (Voir la gravure), parcourt la Mongolie chinoise en assez grand nombre encore. C'est un superbe animal, dont la forme rappelle beaucoup celle du mulet. Les Chinois l'appellent *yeloxo*.

L'âne de l'Extrême-Orient ne diffère pas du nôtre, et il y rend paisiblement les mêmes services appréciés que chez nous. Pour le mulet, il est généralement beau et très estimé, et, à Pékin, il se vend toujours plusieurs fois plus cher que le cheval, parce que, disent les Chinois, il est plus facile à nourrir et qu'il fournit un service plus prolongé et plus sûr. Et, à propos de ces animaux, je dois faire remarquer que les procédés employés par les Orientaux pour dresser leurs bêtes, excluent toute violence et toute dureté, et que c'est certainement à la douceur avec laquelle on ne cesse de les traiter que l'on doit cette docilité si générale des animaux domestiques qui fait l'admiration des étrangers.

Les chevaux que j'ai vus sont trappus et assez petits ; et ils appartiennent tous à la race tartare remarquable pour sa vigueur et sa sobriété.

Les Chinois parlent des chevaux du Yûn-nan comme d'animaux plus grands et plus élégants. Je n'en ai point vu, même quand j'étais au Su-tchuen. Du reste, le cheval n'abonde nulle part en Chine, et il est particulièrement rare dans le Midi.

En Mongolie, au contraire, les chevaux sont très nombreux, et, hommes et femmes, tout le monde passe une grande partie de sa vie à cheval ou à dos de chameau. Les chevaux sauvages sont très hardis, et ils mettent souvent le désordre dans les caravanes qui traversent les plateaux mongols.

LE CHEVROTAIN PORTE-MUSC

L'HYDROPOTES OU CHEVROTAIN AQUATIQUE

RUMINANTS

Cet ordre, très important et nombreux, renferme les mammifères les plus utiles à l'homme et dont la domestication remonte à l'antiquité la plus reculée ; toutes les familles du groupe ont des représentants dans la faune chinoise. Disons-en quelques mots.

CAMÉLIDÉS

Le chameau à deux bosses (*Camelus bactrianus*) est propre à l'Asie centrale et orientale, et c'est le seul que l'on connaisse en Chine, sous le nom de *louo-touo*, il est employé en grand nombre, non seulement en Mongolie, mais encore dans les provinces du nord et du nord-ouest de l'Empire, où il rend des services inappréciables. J'ose dire que, dans les conditions actuelles, Pékin ne pourrait pas subsister sans lui, puisque c'est à dos de chameau que lui vient son unique et indispensable combustible, le charbon minéral, sans lequel tout le monde mourrait de froid, de faim et de soif, dans cette illustre capitale du Céleste-Empire. Cet animal résiste aux froids les plus vifs aussi bien qu'aux plus fortes chaleurs, mais il redoute les climats humides : c'est un être créé pour le désert aride, qui, sans son secours, resterait inaccessible à l'homme. Quant au chameau sauvage, les renseignements précis que j'avais obtenus en Mongolie, dès mon premier voyage, m'avaient appris qu'il existe encore, dans son état primitif et indépendant, dans les régions inhabitées qui s'étendent, en s'abaissant, à l'ouest du Kan-sou ; c'est là que le célèbre colonel Prjewalski a eu l'occasion de constater que cette race sauvage est de petite taille et très agile.

Tout le monde sait que le second chameau qui existe actuellement (le *Gamal* de la Bible) est originaire de l'Arabie, qu'il n'a qu'une bosse et qu'il est vulgairement désigné sous le nom de *dromadaire*. Mais, ce que beaucoup ignorent, c'est que l'Amérique, qui maintenant ne nourrit que des *auchenia* (lama), pour représenter la famille des Camélidés, a possédé aux temps tertiaires, non seulement beaucoup d'autres animaux du genre qui se perpétue encore dans les Andes, mais aussi huit ou dix espèces de grands ruminants très proches parents de notre chameau du vieux Monde.

Quel problème pour la science humaine ! Et comment comprendre la disparition de la face de l'immense terre américaine, de tant de Camélidés divers, ainsi que de tant d'équidés, de tant de mastodontes et de tant d'autres bêtes de toutes dimensions, qui jadis donnaient au prétendu Nouveau Monde une si incroyable richesse de mammifères ? Au contraire, l'ancien Monde n'a fourni jusqu'ici que deux camélides fossiles, l'un de l'Inde et l'autre de la Sibérie.

TRAGULIDÉS.

Généralement on comprend dans cette petite famille indécise les six ou sept espèces connues de *Tragulus* ou Chevrotains de la Malaisie et de l'Afrique, ainsi que le *Porte-musc* et l'*Hydropotès* ; tous ils diffèrent du groupe suivant pour n'avoir point de bois sur la tête, mais bien des canines très allongées et acérées à la machoire supérieure. Ce sont ces deux derniers genres seuls qui vivent en Chine et dont nous ayons à parler ici, en notant que, selon certains zoologistes, ils devraient être réunis aux vrais Cervidés.

Le Chevrotain porte-musc (*Moschus Mòschiferus*) est connu des Chinois sous le nom de *Tchang-dze*, et il est répandu parmi les plus grandes montagnes de l'ouest de l'Empire ; mais il y est très rare à cause de la chasse acharnée qu'on lui donne partout. Son *habitat* s'étend au nord jusqu'en Sibérie et au sud dans tout le Thibet ; il offre deux ou trois variétés assez marquées. Notre première gravure, p. 142, représente la forme ordinaire de la Chine.

Chacun sait que la matière odorante qui donne son nom au porte-musc, est recherchée non seulement pour la parfumerie, mais aussi à cause de ses propriétés médicinales, qui sont très énergiques. Le musc se forme dans une cavité placée au milieu du ventre de l'animal, et quand le chasseur a capturé celui-ci, il se hâte de lui enlever cette petite poche avec le bout de son couteau ; car la moindre décomposition altérerait la précieuse drogue, dont, en moyenne, il y a 60 grammes par individu. Mais, une chose qu'il ne manque pas non plus de faire, séance tenante, c'est de couper de grands fragments de la peau de son gibier et de les ajuster en autant de poches à musc, en y mettant dedans autant de morceaux de musc largement additionnés de sang coagulé de la bête ! C'est ainsi (je sais cela *de visu*), que les chasseurs qui passent pour être les plus honnêtes livrent leur musc aux marchands du voisinage, lesquels, à leur tour, sophistiquent généralement ce qu'ils ont acheté, de façon à tripler encore leur marchandise ; de manière qu'une

poche à musc arrive *décuplée* aux grandes boutiques chinoises et chez les Européens. Ça donc été une vraie chance pour moi que d'extraire, de mes mains, un musc authentique d'un animal fraichement tué, et de le préserver pour l'étude. Je ne sais pas si on l'a utilisé au Muséum.

C'est seulement dans les grandes hauteurs boisées que j'ai rencontré le porte-musc. Il y vit isolé, ou par paires, parmi les pics souvent perdus dans les nuages ou les brouillards, où il trahit au loin sa présence par ses effluves odorantes. Il se nourrit volontiers de feuilles de rhododendrons, qui sont très aromatiques dans quelques espèces. Ce chevrotain est craintif et très rusé ; et, quand il est surpris, il fuit avec une rapidité extrême, en faisant des bonds prodigieux à la manière de certaines gazelles. L'animal tué jeune est excellent à manger ; mais la chair, des sujets adultes sent tellement le musc qu'elle n'est pas tolérable pour notre palais. Ajoutons que, à cause de la rareté du porte-musc et des difficultés de sa chasse, le musc coûte déjà très cher sur les lieux de production ; et, en outre des vertus nombreuses que les Chinois lui attribuent pour guérir les maladies, ils prétendent qu'une parcelle de musc, introduite dans la sève d'un arbre, suffit pour le faire périr.

Les Chinois donnent le nom de musc aquatique (*Chouy-tchang-dze*) à un animal (voir la deuxième gravure, p. 142), qui a bien les formes du porte-musc, mais qui ne possède point de poche odorante ; de plus, ses couleurs uniformes, d'un fauve clair, l'en distinguent facilement. Les naturalistes l'ont nommé *Hydropotes* (buveur d'eau !) parce qu'en hiver on le rencontre en assez grand nombre sur les bords du Fleuve Bleu, où il vient se réfugier, faute de mieux sans doute, parmi les roseaux qui y abondent. Il paraît que ce chevrotain habite aussi la Corée ; mais, en Chine, il ne se trouve guère que dans le bassin du Yang-tzé central, où les chasseurs européens en font chaque année des tueries épouvantables. Malgré cela, l'espèce subsiste assez abondante parce que, contrairement à ce qui a lieu dans les autres ruminants, l'hydropotès fait plusieurs petits par portée. On l'a amené en Europe, depuis quelques années ; mais on ne l'y propage pas beaucoup, soit parce que c'est un fort médiocre gibier, soit parce qu'il est méchant et dangereux avec ses longues canines saillantes, auxquelles il fait d'horribles blessures avec ses longues canines saillantes.

Complétons ce qui concerne le petit groupe des Tragulidés, en disant qu'un chevrotain-pygmée (*Trag. Meminna*), a aussi été signalé dernièrement dans la grande île de Haïnan, qui paraît posséder une faune toute cochinchinoise.

(*A suivre*).

NÉCROLOGIE

P. SÉRAPION BARONIAN
mort le 4 janvier 1891.

Le 4 janvier dernier est mort à Savoura, sous les coups d'un assassin soudoyé par les ennemis de la foi catholique, le R. P. Sérapion Baronian, religieux arménien de l'ordre des Mékhitaristes bénédictins de Venise.

La Sacrée Congrégation de la Propagande ayant en 1880 offert aux PP. Mékhitaristes les missions d'une partie de l'Arménie persane, deux religieux furent aussitôt désignés. L'un d'eux était le R. P. Sérapion Baronian, de Constantinople, âgé de trente-cinq ans,

Nommé supérieur, le R. P. Sérapion fit construire à Savoura une église, une maison d'éducation et un asile pour les missionnaires.

Leur zèle et leur abnégation attirèrent sur la mission les bénédictions du ciel. Peu de temps après leur installation, une partie des Arméniens dissidents de Malbasa, bourgade voisine, envoya une députation au P. Sérapion, lui déclarant qu'ils voulaient entrer dans le sein de l'Église et qu'ils consentaient à céder un de leurs temples pour la célébration des cérémonies du culte. Les Pères se rendirent à Malbasa, prirent possession de l'église, entendirent la confession des prosélytes et y fondèrent un collège en y laissant un prêtre ordonné par le délégué apostolique, Mgr Thomas.

Exaspérés par le succès de l'œuvre de Dieu, les dissidents résolurent de se venger et ils trouvèrent un misérable qui consentit à mettre à exécution leur infâme projet. Celui-ci se rendit d'abord à Malbasa pour chercher sa victime ; ayant appris que le Père avait déjà quitté la bourgade, il vint le trouver à Savoura le 4 janvier vers six heures du matin. Il demanda à parler au supérieur de la mission, lui déclara qu'il était sans aucunes ressources et qu'il se mourait de froid et de faim. Le P. Sérapion, toujours charitable et hospitalier s'empressa d'allumer lui-même du feu et fit apporter par le domestique de quoi restaurer le pauvre homme. Vers trois heures, le misérable après avoir dîné, prit congé du P. Sérapion; il reçut pour sa route les provisions nécessaires : du pain, du fromage et des fruits. Il était déjà dans la cour et allait s'éloigner, comme s'il n'avait pas le courage d'exécuter son horrible dessein, lorsque tout à coup il revint sur ses pas et dit au concierge qu'il voulait une dernière fois saluer et remercier le Père. Etant rentré dans la chambre du supérieur et feignant de lui baiser la main, il le saisit par sa barbe, lui enfonça un poignard dans la gorge et, comme preuve de l'accomplissement de son atroce mission pour ceux qui l'en avaient chargé, lui coupa l'oreille droite. Le Père eut à peine la force d'appeler au secours, et lorsque son confrère se fut rendu auprès de lui, il l'embrassa à plusieurs reprises, et il lui demanda l'absolution et l'extrême-onction. Les paroles sacramentelles ne furent pas plutôt prononcées que le P. Sérapion rendit le dernier soupir.

Lorsque la nouvelle se fut forfait se fut répandue dans Savoura, la consternation fut générale ; ceux des habitants qui avaient conservé un peu de sang froid se mirent à la poursuite de l'assassin et de loin ils le reconnaissurent qui se glissait dans une maison de Salmas, habitée par un Arménien connu comme un des ennemis les plus implacables du catholicisme. Celui-ci, ayant déjà eu le temps de mettre à l'abri le sicaire, repoussa l'inculpation avec impudence. Laissons à la justice humaine le soin de faire son devoir.

Lès funérailles du P. Sérapion furent splendides. Les Pères Lazaristes de Khosrova, tout le clergé catholique indigène des différents rites, et plus de trois mille fidèles y prirent part. On déposa le corps du missionnaire dans les caveaux des fils de Saint Vincent de Paul à Khosrova.

DONS

Pour l'Œuvre de la Propagation de la Foi

ÉDITION FRANÇAISE.

M. Vierucci, à Livourne..	
M. l'abbé Bernard-Bonnet, diocèse d'Albi	5
M. Toucas, dit Terrin, diocèse de Fréjus, demande de prières.	1 50
M. Savy, à Nozelles, diocèse de Digne	5
Obole d'un Polonais, à Kieff	1 50
C L, du diocèse de Paris	21 30
	15

Pour la mission la plus nécessiteuse (M. Guitton, Cochinchine orientale).
Paroisse de Lacadée, diocèse de Bayonne................... 2

Pour une mission de l'Extrême-Orient, où le mouvement des conversions est le plus fort (Au même).
Aumône de carême d'un Polonais, à Kieff................... 60

Pour un missionnaire nécessiteux (Au même).
Un Polonais à Kieff, avec demande de prières spéciales....... 6

Au M. P. Legendre, missionnaire apostolique à Schwebo (Birmanie septentrionale).

M. l'abbé Dif, Vicaire à Corbeil, diocèse de Versailles.	5
M. l'abbé Jomard, Vicaire à Arajon,	»
M. l'abbé Tréfault, curé de Trechay,	5
M. l'abbé Joubard, curé de Neuilly-en-Vexin,	5
M. l'abbé Pierme, Vicaire à Enghien,	3
M. l'abbé Maréchal, Vicaire à Gonesse,	3
M. l'abbé Pechard, curé à Mareil-en-France,	5
M. l'abbé Faiva, Vicaire à Argenteuil,	10

A Mgr Laouënan (Pondichéry), pour le mariage de deux chrétiennes.
Deux jeunes fiancées de Saint-Etienne, don transmis par Mlle A................................ 40

A M. Allys, missionnaire (Cochinchine septentrionale).
M. l'abbé de Bréon, à Paris................... 5

A Sœur Gilbert, à Ning-po, pour le baptême d'une petite fille sous les noms de Marie-Marthe.
Une enfant de Marie, à Tours, avec demande de prières spéciales................... 5

Au R. P. Tournade, procureur de la mission du Kiang-nan.
Un anonyme de Miribel-les-Echelles, diocèse de Belley, avec demande de prières................... 100

Au R. P. Testevuide, pour la léproserie de Gotemba (Japon septentrional).
Anonyme de Tours avec demande de prières................... 5
M. Cadel, à Saint-Rambert-sur-Loire, diocèse de Lyon................... 50

Au R. P. Le Roy (Zanguebar), pour le baptême d'un petit nègre sous les noms de Louis, Marie, Joseph.
Anonyme de Tours, avec demande de prières spéciales....... 5

A Sœur Claver, pour la construction d'un hôpital à Onitcha.

En souvenir de parents défunts, M. O, de Paris	20
Anonyme du diocèse de Lyon, A. M. P. R.	20
Mme Jeanne Aimée V. Noirmoutier, diocèse de Luçon, avec demande de prières pour un étudiant en médecine.	10
M. Cadel, à Saint-Rambert-sur-Loire, diocèse de Lyon...	50

A S. E. le cardinal Lavigerie (Afrique équatoriale) pour baptiser un enfant sous les noms de Ghislain, Marie, Joseph.
Deux prêtres du diocèse de Cambrai................... 5

A Mgr Augouard, pour rachat d'esclaves, dont une petite fille à baptiser du nom d'Eulalie.
Un anonyme, diocèse de Malines................... 200

Au même, pour rachat d'esclaves.
Anonyme de Madrid, avec demande de prières pour lui et sa fille................... 100

Au même pour rachat d'esclaves.
Anonyme de Lyon................... 300

A Mgr Couppé (Nouvelle-Poméranie).

Anonyme du diocèse de Lyon, A. M. P. R	30
Une anonyme de Neuvy-en-Sullias, diocèse d'Orléans	1 05
F. P., du diocèse de Rennes.	20
Une anonyme de Bordeaux.	5

(La suite des dons prochainement).

Th. MOREL, Directeur-gérant.

Lyon. — Imprimerie MOUGIN-RUSAND, rue Stella, 3.

CANADA. — RAPIDES SUR LA RIVIÈRE MÉKISKAN ; d'après une photographie de Mgr LORRAIN.
(Voir page 149.

CORRESPONDANCE

NAGPORE (Hindoustan)

Les catéchistes missionnaires. — *Les veuves païennes.*

Les *Missions catholiques* ont annoncé, vers la fin de 1889, l'arrivée aux Indes de quatre Dames de la Société des catéchistes missionnaires récemment fondée sous la vocable de Marie-Immaculée et qui a son centre à Paris, rue de Bourgogne, 48. Voici quelques détails sur les œuvres de ces vaillantes auxiliaires des missionnaires. Ils nous sont donnés par le Révérend Père Tissot. Le sympathique supérieur géuéral des Missionnaires d'Annecy désirerait bien que cette relation amenât à cette pieuse création de la charité quelques ressources. Nous nous associons de tout cœur à son désir.

· Le premier théâtre du dévouement des Dames missionnaires de Marie-Immaculée fut la maison des pauvres (*Poor House*) de Nagpore, cédée à Mgr Riccaz par le gouvernement anglais qui renonçait à la soutenir.

Ce réceptacle de toutes les misères, la lèpre comprise, et le dispensaire qu'on y annexa au service des malades

du dehors, ne suffisent pas au zèle de ces vaillantes chrétiennes. Ne perdant pas de vue le but de leur Société, l'évangélisation des femmes païennes, elles le veulent atteindre et réaliser à tout prix.

Pour cela elles ont appelé à leur aide trois nouvelles compagnes, envoyées de Paris en octobre dernier, et, non sans beaucoup de sacrifices, gages surnaturels de succès, elles se sont acclimatées, habituées aux mœurs indiennes et formées aux langues du pays. Puis elles ont concerté avec le digne évêque de Nagpore, la création dans sa ville épiscopale, d'une œuvre répondant parfaitement à leur vocation et à l'un des besoins les plus criants de l'Inde.

Il s'agit d'un asile pour les veuves païennes. On sait l'état lamentable de ces infortunées créatures. Si la femme dans l'Inde, est dans une condition d'infériorité que le christianisme a tant de peine à relever, les veuves occupent un rang à part dans les plus bas degrés de l'abjection. Mariées, en très grand nombre, pendant leur enfance, et souvent à l'âge de trois ou quatre ans, elles ne peuvent plus choisir ni accepter d'autre époux, et le veuvage est pour elles un devoir sacré de religion et de tradition. « Il ne leur est jamais permis de prononcer le nom d'un autre homme, dit le Code de Manou, et celle qui, par de secondes noces, aurait méprisé le mari qu'elle a perdu, serait couverte de honte ici-bas et exclue, après sa mort, de toute participation dans le ciel avec lui. »

Longtemps régna l'usage, Dieu veuille qu'il ait entièrement disparu, de brûler vivantes les veuves sur le bûcher qui consumait les restes de leur époux, et leurs fils, si elles en avaient, allumaient le feu.

C'est à peine si les femmes païennes ont su gré au Gouvernement anglais de son énergie à abolir cette horrible coutume. Elles savent que le veuvage qui leur est imposé est souvent pire que la mort. « Que les veuves, reprend le Code de Manou, se mortifient et se condamnent spontanément à ne manger que des fleurs, des racines ou des fruits. »

Elles ne prennent qu'un repas par jour, et, chaque mois, font deux jeûnes où elles doivent, pendant vingt-quatre heures consécutives, s'interdire jusqu'à une goutte d'eau; si, dans les grandes chaleurs, la soif leur est intolérable, la loi permet seulement qu'on leur verse un peu d'eau dans l'oreille. Plus aucune toilette. Une toile grossière et sans couleur est leur unique vêtement.

Aussitôt leur époux décédé, elles deviennent la proie ou la charge dont hérite forcément un membre de la famille du défunt, et sont pour toujours les esclaves de la maison. Sur elles retombent le travail et les fatigues du ménage, et en retour, d'ordinaire toutes sortes de mauvais traitements.

Le nom seul de veuve (manda), est une insulte, celle qu'on lance, dans le peuple à une femme, après avoir épuisé le vocabulaire des injures.

Lorsque la veuve n'est point réclamée et abritée, ou quand, effrayée du servage qui l'attend, elle s'isole, son sort n'en est que plus déplorable. C'est une pauvre vagabonde qui descend tous les échelons de la démoralisation.

« Si vous la rencontrez sur votre route, nous écrit la supérieure des catéchistes de Nagpore, ce n'est pas comme Agar chassée, que l'amour de son enfant rend intrépide et qui se meurt de douleur de ne le pouvoir soulager. Non. Généralement, la veuve errante, à son seul aspect, vous ferait reculer d'horreur par l'avilissement de ses traits qui révèlent ses hontes, et par la sordide laideur de ses haillons, si vous ne vous souveniez que cet être à une âme. Aussi, abandonnées de tous, ces femmes, en nombre incalculable, hâtent leur fin par le suicide, dès que le vice ne peut plus les nourrir. »

Le désir d'abriter et de sauver ces misérables créatures tourmente, depuis plusieurs années, le cœur de l'évêque de Nagpore et de ses prêtres. Ils le savent, dans

cette seule cité, il y a près de quatre mille veuves (1).

Les catéchistes missionnaires se sont offertes à ce nouveau genre de charité et d'apostolat. Tout est prêt de leur côté. La « Poor House » est un centre tout trouvé. Il ne manque que des ressources pécuniaires; car, ce jeune diocèse ne peut pas même faire face aux dépenses des œuvres déjà établies.

Mais la Providence, qui a inspiré ce projet et qui en voit l'urgente opportunité, le daignera bénir et mener à exécution. La Vierge Immaculée ne laissera pas ses filles les bras liés devant ces infortunes, et, une fois de plus, elle relèvera les filles d'Ève dégradées.

Les veuves chrétiennes aimeront peut-être, de notre Europe où la piété entoure leur malheur d'une auréole si respectée, tendre la main à leurs sœurs païennes de l'Inde, accablées sous un deuil que rien ne relève ni ne console. Quel beau *denier de la veuve* serait celui-là !

Et combien d'autres âmes généreuses se plairont à contribuer à une entreprise si belle et si nécessaire !

* *

Il n'y a pas à craindre que les païennes condamnées au veuvage et à ses odieuses conséquences, soient d'avance réfractaires aux soins que la charité veut prendre d'elles, et préfèrent leur servitude ou le vagabondage à l'asile qu'on leur prépare. L'expérience a été faite dans d'autres missions de l'Inde, entre autres à Bangalore et à Vizagapatam, où existent des abris de ce genre. D'ailleurs, plusieurs de ces pauvres créatures sont encore des enfants qu'il importe de préserver et qu'il sera facile de recueillir. Parmi les autres, la plupart ne demanderont pas mieux que de s'arracher à leur sort actuel pour se jeter un des bras maternels.

Il y a quelques années, une des excellentes Sœurs de Saint-Joseph qui s'occupent des écoles de Nagpore rencontrait trois femmes tombées au dernier degré de l'abjection :

« — Pourquoi vivez-vous ainsi ? leur demanda-t-elle avec une commisération profonde.

« — Nous sommes veuves, répondirent-elles. Personne ne veut nous recevoir et nous nourrir. Il faut bien manger.

« — Mais, répondit la religieuse, si nous vous prenions chez nous, abandonneriez-vous votre triste vie ?

« — Oh ! tout de suite s'écrièrent-elles, et avec quel empressement ! »

Hélas ! il n'y avait pas de place pour les recevoir. Dieu soit béni ! il n'en sera plus de même. L'asile de Nagpore s'ouvrira. Il élargira son enceinte à proportion des ressources que lui fournira la charité, et cette plaie du veuvage indien aura son remède dans la religion qui en a pour toutes les misères d'ici-bas.

(1) Calcutta en compte 55,000.

HOU-PÉ MÉRIDIONAL (Chine).

Agression contre un évêque missionnaire.

Dans une précédente lettre, le vénérable évêque de Colophon nous annonçait qu'il venait de faire la visite pastorale de son vicariat apostolique et dépeignait la misère dans laquelle les intempéries ont plongé ses pauvres chrétiens. Le zélé prélat nous rapporte aujourd'hui un incident de ce voyage qui serait devenu tragique pour lui sans une protection spéciale de la Providence.

LETTRE DE MGR BENJAMIN CHRISTIAENS, DES MINEURS RÉFORMÉS, ÉVÊQUE TITULAIRE DE COLOPHON, VICAIRE APOSTOLIQUE DU HOU-PÉ MÉRIDIONAL.

Vous savez avec quelle facilité les malheureux païens abandonnent leurs nouveau-nés sur les voies publiques. Ces actes barbares se commettent en toute circonstance ; mais c'est surtout en temps de famine qu'ils se multiplient. Le cœur du missionnaire ne peut rester indifférent à de telles atrocités. Il est venu pour sauver les brebis perdues de cette partie du troupeau patrimoine du Père de famille, et l'une des consolations de son pénible ministère, non la moins douce, est de se substituer à des parents sans entrailles. Le divin Maitre n'aimait-il pas à s'entourer de petits enfants dont l'innocence lui rappelait la pureté des anges ?

Pour obéir à ce devoir de ma charge qui répondait si bien aux aspirations de mon cœur, j'avais fondé au commencement de l'année un orphelinat à Che-Kouy-Kiao, grand bourg commerçant.

Hier matin, j'étais venu visiter ce modeste asile, m'entourer de ces chers petits, entendre leur babil et bénir le bon Maitre qui, dans ce vaste désert de l'infidélité, s'est réservé cette oasis de l'innocence. J'aurais bien voulu y prolonger mon séjour ; mais l'évêque missionnaire doit toujours marcher à la recherche des âmes ; ces fortifiants repos ne peuvent être pour lui que de courtes étapes.

Je me préparais donc à poursuivre ma route et déjà j'avais franchi le seuil de cette maison bénie, quand la foule, amassée autour de ma litière, commença à manifester des sentiments hostiles. L'ancien aumônier militaire, qui tant de fois avait bravé la mort en portant secours aux soldats français tombés sur les champs de bataille en 1870, n'était nullement ému. Devenu père et pasteur d'une province en Chine, j'aurais volontiers donné ma vie pour les brebis confiées à ma garde. Mais, si Dieu demande de nous le dévouement, il exige aussi la prudence. Je crus donc devoir réclamer au petit mandarin de l'endroit des satellites pour me frayer un passage et protéger ma marche.

Cette précaution prise, je montai dans ma chaise à porteurs et je m'abandonnai à la garde de la Providence ! Tout alla bien pendant la traversée du bourg. La foule était contenue par la présence de l'autorité, tant qu'elle demeura dans l'intérieur du village ; se sentant libre une

fois arrivée dans la campagne, elle ne dissimula plus sa fureur. Dès lors, ce fut un assaut en règle. Pierres, bois, mottes de terre, débris de toutes sortes, sont lancés sur ma chaise et pleuvent dessus drus comme la grêle. La caisse est endommagée, les vitres sont brisées et mes gens, atteints, fuient hors de la portée des projectiles.

Humainement parlant, j'étais perdu. Déjà des éclats de verre m'avaient fait au front deux blessures d'où le sang ruisselait. Seul et blessé, qu'allais-je devenir ? Je recommandai mon âme à Dieu et je sortis de mon véhicule gravement avarié et abandonné par mes porteurs.

En m'apercevant ainsi seul, à découvert et sans défense, les païens rugissent. Leur rage atteint le dernier degré du paroxysme ; mais, par une protection divine, au lieu de se porter sur moi, ils se ruent sur ma litière. Profitant de ce répit inattendu, je m'éloignai au plus vite et pendant que ces forcenés s'acharnaient sur ma malheureuse chaise, la mettaient en pièces et s'apprêtaient à la brûler, je m'éloignai à grands pas et gagnai du terrain sur mes persécuteurs qui, s'apercevant enfin que je leur avais échappé, se mirent à ma poursuite. C'était trop tard ! aussi ce retour offensif n'eut-il aucune conséquence fâcheuse et, au coucher du soleil, j'arrivai dans une chrétienté.

Dans cette bagarre, une dizaine de chrétiens furent blessés, mais sans gravité, et moi, j'en serai quitte pour les deux coups reçus à la tête. La foule, conduite par quelques lettrés de l'endroit, voulait démolir l'orphelinat ; mais le syndic et le mandarin les en ont empêchés. Les païens menacent de le faire sous peu : que les bons anges de nos chers petits étendent sur cet asile leurs ailes protectrices ! Veuille le bon Dieu contenir la fureur de l'ennemi des âmes et toucher le cœur des païens égarés !

LE PÈRE MONSABRÉ A LYON

Le 20 mars aura été pour la Propagation de la Foi un de ces jours qui marquent dans la vie d'une Œuvre. Même dans les grands triomphes du *Triduum*, nous n'avions pas vu une semblable affluence autour de la chaire de la Primatiale. On se serait cru revenu en 1844, alors que l'un des plus illustres fils de saint Dominique, le R. P. Lacordaire, donnait à Saint-Jean ses magnifiques conférences sur Jésus-Christ. Cette imposante assemblée, dans laquelle on a remarqué, à côté du général baron Berge, gouverneur de Lyon, plusieurs officiers généraux, un grand nombre de magistrats, d'avocats, d'hommes éminents, plus de mille prêtres accourus même des diocèses voisins et près de quatre mille personnes appartenant à toutes les classes de la société, était présidée par Son Eminence le Cardinal Foulon, archevêque de Lyon.

Le P. Monsabré, qui avait débuté, il y a trente-deux ans, dans la chaire de la Primatiale des Gaules avec un succès

dont on a gardé le vivant souvenir, revenait environné
de tout l'éclat de ses dix-huit années de Conférences à
Notre-Dame ; il revenait de Rome où, dans l'immense église
de Saint-André *della Valle*, il avait groupé par sa parole
éloquente et retenu par son enseignement profond tout ce
que la Ville éternelle compte de penseurs et d'illustrations.
A Lyon, le cadre, pour être plus modeste, n'était pas moins
digne du grand orateur ; il s'agissait de parler d'une Œuvre
universelle comme l'Église et cela dans la ville qui en a abrité
le berceau, ville des martyrs, sol fécond, d'où le grain de
senevé s'est développé en arbre puissant embrassant dans
ses rameaux l'univers tout entier.

Quelle est l'origine de cette Œuvre ? Quelles sont ses espérances ? Quelles leçons devons-nous y prendre ? Trois
questions que le P. Monsabré a proposées à son auditoire
et dont l'ensemble compose son éloquent discours.

I. — L'Œuvre de la Propagation de la Foi n'a pas une
origine moderne. Le P. Monsabré en divise l'histoire en
trois ères : l'ère proprement apostolique, qui, depuis la Pentecôte, va jusqu'à l'ère du protectorat, c'est-à-dire de l'union
avec Charlemagne et les princes vassaux de l'Église ; enfin
l'ère populaire, alors que le peuple, par le sou hebdomadaire,
prend la place désertée par les rois.

II. — Cette Œuvre si belle doit-elle être condamnée aux
défaillances qui saisissent tôt ou tard les œuvres humaines?
Non, répond l'orateur, et le passé assure nos espérances ;
l'esprit apostolique est plus vivant que jamais, la charité lui
répond avec plus d'élan, des inventions modernes rapprochent les extrémités encore froides et ténébreuses de l'univers du centre où la vie chrétienne est lumineuse et pleine
de chaleur ; la grâce de Dieu féconde l'humble sou du pauvre
pendant que l'or des sectes demeure stérile.

III. — Cette Œuvre nous donne trois grandes leçons : elle
confirme notre foi ; pourrait-on ne pas voir le doigt de Dieu
dans les succès de nos missionnaires? Elle accuse notre indifférence ; n'est-ce pas une honte pour nous que des sauvages à peine instruits croient si bien tandis que nous, noyés
dans la lumière, nous croyons si mal ? Enfin, elle stimule
notre zèle, car il est impossible que, devant l'héroïque spectacle de l'apostolat catholique, on ne s'enrôle pas dans
l'Œuvre de la Propagation de la Foi pour prendre part à cette
glorieuse croisade de la civilisation contre la barbarie.

Dans une émouvante péroraison, le P. Monsabré montre
que la parole : *Euntes docete omnes gentes*, s'applique à toutes les conditions, à tous les âges, et que, depuis le prêtre
et le séminariste, qui ont les glorieuses visions de l'apostolat,
jusqu'à l'enfant que les mères chrétiennes doivent enrôler
dès le berceau dans les rangs des bienfaiteurs des missions,
il y a pour tous un devoir d'être apôtres de la vérité.

Voilà le cadre de ce magnifique discours, cadre dépouillé
des étincelantes beautés qui, pendant près d'une heure et
demie, ont tenu l'auditoire sous le charme. Nous n'entre-
prendrons pas de faire des citations, de signaler les passages qui ont soulevé le plus d'émotions, tout est à citer. Aussi
avec l'autorisation du P. Monsabré, nous publierons cette
conférence digne de figurer au milieu des œuvres les plus
remarquables du savant dominicain. Avec l'amabilité qui le

distingue, il a voulu qu'elle fût vendue au profit de notre
Œuvre.

Nous en sommes certains, ceux qui ont eu le bonheur
d'entendre le P. Monsabré voudront par une lecture approfondie renouveler leurs émotions ; ceux qui ont été moins
privilégiés tiendront à compléter le cadre restreint de notre sèche analyse. Pour nous, nous conserverons avec reconnaissance dans le livre d'or de notre Œuvre ces admirables
pages consacrées à la faire aimer et à la populariser.

DÉPARTS DE MISSIONNAIRES

Mgr Augouard, évêque titulaire de Sinita, vicaire apostolique
de l'Oubanghi, s'est embarqué pour sa lointaine mission le
10 mars à Bordeaux, avec le R. P. Pierre Faure, du diocèse de
Poitiers, et le Frère Germain Le Gall, du diocèse de Vannes.

INFORMATIONS DIVERSES

Rome. — La consécration épiscopale de Mgr Deruaz, le nouvel
évêque de Lausanne et Genève, a été faite le 19 mars dans la
chapelle du collège canadien par S. E. le cardinal Mermillod,
assisté de Mgr Ferrata, archevêque de Thessalonique, et de
Mgr Haas, évêque de Bâle et de Lugano.

Un grand nombre de Suisses habitant le Vatican ou la ville de
Rome, et des ecclésiastiques venus du diocèse de Lausanne et
Genève ont assisté à la cérémonie.

Tahiti (*Océanie*). — La mission de Tahiti, confiée à la Congrégation des Sacrés-Cœurs de Picpus, vient de célébrer une
fête vraiment touchante.

Le 19 décembre 1890, elle solennisait le jubilé sacerdotal de
son premier vicaire apostolique, Mgr Tepano (Etienne) Florentin
Jaussen, évêque d'Axiéri, qui, après trente-cinq ans d'un laborieux et fructueux épiscopat, a cru devoir remettre à de plus
jeunes mains, à Mgr Verdier, l'administration de son vaste diocèse.

La solennité commença, dès la veille au soir, par la présentation des vœux de bonne fête. Rien de plus touchant que cette
couronne de missionnaires et de Frères se pressant avec bonheur auprès de leurs deux évêques ! La joie était doublée, à la
vue du vénérable P. Barnabé, qui, malgré ses quatre-vingt-trois
ans, était venu joindre ses prières *noces d'or* à celles du bien-
aimé Pontife.

Le lendemain, grande fête pour toute la mission. Les messes
et les communions sont offertes en actions de grâces : tous nos
chrétiens veulent prier pour leur évêque Tepano : ils viendront
en foule aux différentes cérémonies qui partageront cette belle
journée.

Déjà, ils se pressent nombreux dans les trois nefs de notre
cathédrale, construite sous la direction du R. P. Priva
et des sœurs de St-Joseph de Cluny.

La messe solennelle va commencer. Les députations des districts voisins arrivent en bon ordre ; en un clin d'œil, les trois
nefs sont remplies.

Mgr Verdier se rend à son trône, nos jeunes missionnaires
remplissent les fonctions de cérémoniaire, d'acolytes et de thuri-
féraires; le R. P. Bruno est sous-diacre, et notre intrépide octo-
génaire, le R. P. Barnabé, remplit l'office de diacre avec un
vigueur qui fait l'admiration de tout le monde. Le pontife appa

rait. La nombreuse maîtrise des Frères de Ploërmel attaque la *Messe Royale* avec entrain.

Les Sœurs de St-Joseph de Cluny répondent par des cantiques français, et nos indigènes, sous la direction du R. P. Montiton, font retentir les plus beaux refrains de leurs cantiques tahitiens.

A l'évangile, Mgr Verdier se tourne vers les fidèles : « Ayez la mémoire du cœur », leur dit-il. Rappelant ensuite les bienfaits de son vénérable prédécesseur, il termina par une touchante prière qui est le résumé de tous les vœux : *Ad multos et faustos annos !* « Que Dieu donne de longs et heureux jours au Père de ce bon peuple de Tahiti ! » Monseigneur avait parlé en français. A l'issue de la messe, une deuxième allocution eut lieu, en langue indigène.

L'office terminé, Mgr d'Axièri est reconduit à l'évêché, où tout disparaît sous les fleurs et la verdure. On se croirait en présence d'un immense reposoir. Remarquez ces écussons nombreux et variés, qui s'échappent des bouquets de verdure. Ce sont de glorieux trophées ; chacun d'eux rappelle une victoire... lisez plutôt cette légende qui les explique : vous y trouverez le nom d'une île, avec la date de son évangélisation. J'en compte vingt-quatre : quelle belle couronne pour le Ciel !

A dix heures, Mgr d'Axièri reçut les hommages des écoles libres des Frères et des Sœurs, deux œuvres qui lui doivent l'existence : aussi est-ce avec une douce émotion qu'il accueillit les vœux que la troupe enfantine lui exprimait, en français, dans ses joyeux refrains et ses naïfs compliments.

Mais voici venir les indigènes. Ils se groupent, ils forment un seul chœur, et... une, deux, trois, les voilà qui lancent leur *Chant triomphal* avec un brio et une précision dont on n'a pas l'idée. Puis, chaque district s'avance, à tour de rôle, chante son compliment et dépose ses offrandes aux pieds de Monseigneur : ce sont des bouquets de fleurs artificielles ou naturelles, des vivres, et surtout de nombreux porcs rôtis au four traditionnel (1).

Monseigneur remercie tout le monde, agrée les présents, et distinguant, dans la foule, les représentants des différentes îles évangélisées sous son épiscopat, il leur montre les noms de leurs îles en leur disant : « Voilà les joyaux de ma couronne. Je les dois, premièrement, à Dieu ; ensuite, à l'Œuvre de la Propagation de la foi et enfin, au zèle apostolique de tous mes missionnaires.»

L'heure du repas avait sonné. Les indigènes dînent gaiement sous un berceau de verdure, pendant que la communauté se rend au réfectoire. Une pluie rafraîchissante, qui n'avait pas été marquée sur le programme, supprima les jeux de l'après-diner ; mais bientôt le beau temps reparut, épanouit tous les visages et permit de se rendre à la cathédrale pour la cérémonie du soir.

L'assistance était nombreuse. Mgr d'Axièri monta en chaire, remercia affectueusement ses nombreux enfants, et leur prodigua, en tahitien comme en français, les encouragements et les consolations de la foi.

Comme couronnement, un télégramme de Rome apporta une bénédiction apostolique, qui mit le comble à tous les vœux, en réjouissant le cœur du vénéré pontife, au-delà de toute expression.

Florès (*Indes Orientales Néerlandaises*). — On nous envoie la lettre suivante, écrite par le R. P. C. Le Cocq d'Armandville, missionnaire à Sikka :

« Me voici déjà depuis neuf ans dans ce pays, et bien éloigné du monde civilisé. Certes, si à Java on compte les années de service au double, il faudrait dire qu'une année à Sikka en vaut quatre ; aussi, j'espère bien que le bon Dieu fera le calcul en gros. Je suis véritablement accablé de travail ; mais, malgré cela, ma santé se soutient.

« Hokon est un *Kampong* (village), dans les montagnes à l'est, très élevé et presque inaccessible. Lorsque je voulus y aller la première fois, les indigènes me disaient :

« — Vous ne pouvez pas monter là à moins d'être un singe « comme les gens de là-bas. » Toutefois, j'y suis arrivé.

(1) Dans un trou creusé en terre et recouvert d'un lit de cailloux fortement chauffés.

« Quelque temps après, un de ces montagnards étant tombé malade, ses proches parents vinrent me consulter. « Tâchez, leur « répondis-je, de l'amener ici pour que je puisse le traiter régu-« lièrement. » C'était un pauvre homme tout étique. Je lui ap-prêtai un gîte, prenant soin de lui dans ma maison et j'eus bientôt la satisfaction de le voir guérir.

« Après son rétablissement, il me demanda de rester chez moi, afin de s'instruire dans la religion catholique, qu'il désirait em-brasser. Ayant obtenu le consentement de ses parents, il se fit catéchumène et montra tant de zèle que, vers la fête de saint Ignace, il se trouvait suffisamment instruit pour être baptisé et recevoir la première communion. Quelques jours auparavant, je l'envoyai chez ses parents afin qu'il pût les inviter à la fête. Le 30 juillet, vers le soir, ils m'arrivaient en masse, les femmes avec leurs nourrissons. J'étais bien dans l'embarras pour caser cette nombreuse compagnie ; mais enfin on y parvint.

« Le lendemain mon catéchumène était baptisé sous le nom d'Ignace, et il communiait dévotement avec quelques autres chrétiens. Après la messe, deux mères de Hokon vinrent m'of-frir leurs petits enfants à baptiser ; deux garçons plus âgés témoi-gnèrent le même désir, mais ceux-ci devaient être instruits préalablement, et je leur donnai l'avis de venir loger chez moi. D'autres encore sont venus depuis pour suivre les instructions, et j'ai l'espoir fondé que le Kampong entier, qui est très peuplé, se convertira. »

DOUZE CENTS MILLES EN CANOT D'ÉCORCE

ou

PREMIÈRE VISITE PASTORALE

de Mgr N.-Z. LORRAIN, évêque de Cythère

Vicaire apostolique de Pontiac

DANS SES MISSIONS SAUVAGES DU HAUT DES RIVIÈRES OTTAWA ET SAINT-MAURICE, DE WASWANIPI ET DE MÉKISKAN

Par Mgr J.-B. PROULX

Curé de Saint-Raphaël de l'Isle-Bizard.

CHAPITRE X

Du Grand Portage du Wassepatebi à la Fourche de la Mékiskan.

(Suite 1.

Sur la Mékiskan. — Une passe difficile. — Gelée blanche. — Aspect général du pays. — Un parc naturel. — Nous arrivverons.

Jeudi, 16 juin. — Ce matin, nous nous embarquons sur une rivière encore plus petite que la Rivière-au-Chien. Elle a nom Pekechkak (rivière qui coule dans les marais). Heu-reusement il a plu cette nuit et le niveau du *ruisselet* a cru de six pouces ; sans cela, la quille de notre vaisseau se se-rait trouvée à sec.

Tout de même, arrivé à un certain endroit, notre guide s'est écrié : «*Onzam kinowa tchiman,* trop long le canot. » Il fallut creuser le rivage pour permettre à la pince de revi-rer. Le cours d'eau, à un moment donné, devient si étroit que les branches, d'une rive à l'autre, se croisent et s'entre-lacent.

Pendant que cinq de nos hommes achèvent de porter le bagage au rivage, les trois autres nous conduisent à quatre milles plus bas, puis ils reviennent chercher caisses et gens. Cependant, nous restons seuls sur une pointe dénudée à

(1) Voir les *Missions catholiques* des 2, 9, 16, 23 janvier, 6, 13, 20, 27 février 6, 13 et 20 mars, ainsi que la carte et l'itinéraire, page 8.

nous défendre contre les maringouins, dans le pays le plus insignifiant que l'imagination puisse rêver. Aussi loin que la vue porte, nous n'apercevons que des foins maigres, des touffes de harts grêles, et, dispersées çà et là, quelques épinettes chétives. Evidemment cette contrée, dans les âges passés, a été un lac, et elle le redevient encore chaque printemps. Quelques rivières prennent leur source dans un bassin d'eau claire enclavé dans le granit et pavé de gravier ; celle-ci suinte d'un marais fangeux : triste source, triste rivière.

A deux heures, nos gens arrivent, ayant à bord un nouveau passager, un petit chien jaune crème, qui s'était perdu ou qu'on croyait abandonné dans le portage. Le chien est fait pour l'homme, celui-ci (le chien, je veux dire, et non pas l'homme), a la liberté, il peut trouver sa vie dans les bois et rentrer dans la société des loups, ses frères non civilisés. Pourquoi s'attache-t-il à nous, qui ne sommes pour lui que des inconnus ! Voyez comme il s'agite, comme il soupire, comme il pleure, au moment où nous montons dans le canot ; il a peur que nous le laissions sur le rivage. Et quand on lui a fait la faveur de l'admettre, comme il se couche tranquillement sur les sacs, nous regardant avec des yeux pleins de reconnaissance. Franchement ce chien m'intéresse ; j'ai envie de l'emmener jusqu'à l'île Bizard. Mais s'accordera-t-il avec Boulé ? Mettrai-je à la porte un vieux serviteur pour introduire à sa place un étranger ?

Dans l'après-midi, nous descendons la Pekechkak qui s'élargit jusqu'à quarante pieds, circulant toujours au milieu d'un vaste marais. A six heures et demie, nous tombons dans la Mekiskan qui vient de l'est, et nous la remontons une demi-lieue. C'est l'heure du campement, nous mettons pied à terre dans un bois d'épinettes si serrées qu'il y fait déjà nuit, même avant le coucher du soleil.

. .

La mélancolie de ces lieux avait inspiré notre muse, et nous nous amusâmes à chanter des couplets soporifiques sur l'air de la complainte du Juif-Errant.

Juifs-Errants nous sommes.

Je souhaiterais, ami lecteur, que vous fussiez petit oiseau afin de venir, par la voie des airs, contempler de haut la vie que nous menons, courant ainsi de rivage en rivage. Certes, dans les pays, civilisés où les évêques, entourés du respect que leur attire leur caractère sacré, jouissent du confort et des commodités qu'exigent les habitudes et les convenances de la société, si on voyait un haut dignitaire de l'Eglise franchir les grèves, porter son sac, coucher sur la terre nue, manger sur le couvercle d'un coffre, on ne pourrait se défendre d'un sentiment de surprise et de profonde commisération. C'est la manière d'aller de saint François Xavier : pas d'autre monture que ses jambes, d'autre serviteur que soi-même, d'autre hôtel que la calotte des cieux. Il faut avoir de la force dans la constitution, de la vigueur dans les nerfs, de la jeunesse dans le caractère, de la gaieté dans le cœur, de la résolution dans l'esprit pour supporter longtemps, sans s'affaisser, un tel genre de vie. Mgr Lorrain est heureux de connaître par expérience, du moins pour un temps, ce qu'ont à endurer de privations et de labeurs ses prêtres, ses missionnaires, qui passent leur vie dans l'évangélisation de ces forêts lointaines.

. .

Vendredi, 17 juin. — Ce matin, aussitôt que nous fûmes embarqués dans le canot, les rives ont redit l'hymne du jour en l'honneur du Sacré - Cœur de Jésus.

Tout chante avec nous, et le vent qui bruit dans le feuillage, et les oiseaux qui éparpillent dans l'air leurs notes harmonieuses, et la chute qui gronde dans le lointain, et la végétation qui sourit sur les grèves, et le soleil qui fait danser sa lumière matinale sur le miroir des eaux, et la nature entière qui prend ici des aspects plus joyeux : tout chante les louanges de Celui qui a dit : « Apprenez de moi que je suis doux et humble de cœur. »

La nuit a été fraîche, plus que fraîche, puisque ce matin la gelée blanche couvrait les barres du canot. Une masse de toile n'est pas un grand abri contre une telle froidure ; aussi avons-nous grelotté toute la nuit. Mais il n'y a pas d'im-convénient sans avantage : les maringouins, surpris par cette gelée qui n'était pas dans le programme, se trouvent tellement abasourdis qu'en ce moment, à neuf heures, ils n'osent pas encore sortir de leurs retraites.

ARCHIPEL DE LA SONDE. — INSULAIRES DE L'ÎLE DE FLORÈS; d'après une photographie envoyée par le R. P. d'Armandville. (Voir p. 149).

Après un premier portage de deux cents pieds, nous arrivons à un second, long de cinq milles.

« — Ici, nous dit le P. Guéguen, il y a neuf ans, je faillis laisser mes os. »

Nous n'y laissâmes pas les nôtres; mais, pendant un couple d'heures, nous les y traînâmes misérablement. Nous entreprîmes de faire deux milles par terre, pendant que nos sauvages tiraient la cordelle. D'abord les fourrés étaient si pressés qu'un oiseau aurait eu peine à y passer. Nous tombâmes dans les bois secs, hérissés de branches aiguës. Ici vous marchez sur un tronc d'arbre, pont arrondi et trop étroit, et vous faites une chute ; là vous vous trouvez à cheval sur une branche. Cette ronce emporte un morceau de votre habit, cette autre un morceau de votre peau. Monseigneur marche devant, les évêques doivent donner l'exemple à leurs prêtres; je m'avance bravement le dernier. Ne met-on pas la réserve à l'arrière-garde ? Dans tous les cas, ce poste, dans les bois comme à la guerre, est le plus sûr. Il y a moins de branches à recevoir dans la figure, moins de faux pas à hasarder, moins de tâtonnements à essayer. Ce qui n'empêche pas tout de même que j'arrive au but, harassé, tombant de fatigue.

Sur cette terre, il n'y a pas de peine qui n'ait son plaisir. Nous atteignons une pointe où le vent nous rafraîchit et chasse les mouches au loin, une grève de sable où brillent sous nos pieds des [paillettes d'or. Tout près se trouve un bouquet de sapins pour nous prodiguer son ombre. Le feu s'allume pétillant au centre du bosquet, et par dessus bout la chaudière qui doit nous verser le tonique fortifiant. Tout auprès, je m'étends sur une toile cirée ; la chaleur et le doux repos s'insinuent dans mes membres. Que font les autres ? je serais bien en peine de le dire, j'ai quitté cette terre de misère. Quand je revins en ce monde, le canot était arrivé, et je trouvai la table mise.

Il existe certaines natures, aussi sensibles que des harpes éoliennes, dont les fibres délicates résonnent à toutes les brises. Elles peuvent bien n'avoir pas reçu comme d'autres le talent de faire de l'argent, ni celui d'arriver aux honneurs. Qu'elles se consolent ; la richesse et les honneurs ne sont, après tout, qu'une occasion de trouble et d'inquiétude. Elles portent au-dedans d'elles-mêmes une source de jouissances que ne connaîtront jamais les âmes froides, dites positives. Heureuses sont-elles, surtout, si leurs impressions les poussent naturellement à envisager les choses du bon côté, et si elles ne ressentent du malheur que juste ce qu'il faut pour leur faire goûter, par le contraste, ce qu'il y a de suave dans le bonheur, et de miséricordieux dans la conduite de Dieu à leur égard. Comprendra qui pourra, *qui potest capere, capiat.*

De trois heures à sept heures nous remontâmes, luttant contre un fort vent, le lac *Oboskotéagwaskik* (Lac au rétréci sablonneux), lequel n'est qu'un élargissement de la Mekiskan.

.[.].

Samedi, 18 juin. — Hier soir, en soupant, je dis: « Il va geler encore cette nuit. » Je plaçai une écuelle pleine d'eau à la porte de la tente.

Or, ce matin, l'eau était couverte d'une glace qui avait l'épaisseur d'une feuille de papier brouillard. Les gouttes de rosée sur les herbes sont devenues cristaux ; les chaussons mouillés, suspendus aux branches, sont roides comme des bardeaux.

Nous partons avec le soleil levant, et le soleil, dans les régions septentrionales, en ces jours les plus longs de l'année se lève à quatre heures. Il nous apparaît à travers le voile de la brume qui monte du lac, légère, transparente, déliée ; vous diriez des bouffées d'encens qui s'échappent en tourbillons d'un immense encensoir. Je me rappelle cette parole que l'Écriture applique à la Sainte Vierge au jour de son assomption : « *Quæ est ista, quæ ascendit per desertum sicut virgula fumi?* Quelle est celle qui s'élève au milieu du désert comme une colonne de fumée ? »

Mgr Etienne-Tepano Jaussen, évêque d'Axiéri,
Ancien vicaire apostolique de Tahiti, né le 12 avril 1815, à Rocles, près l'Argentière (diocèse de Viviers) (Voir p. 148).

.[.].

Depuis deux jours nous remontons la rivière Mékiskan ; elle prend sa source tout près de celle du Saint-Maurice, coule vers l'ouest et va mêler ses eaux aux eaux de la rivière Wassépatéhi que nous avons quittée au Grand-Portage. D'abord le pays que nous traversons, est plat, sans être marécageux ; puis, au fur et à mesure que nous approchons à l'est de la hauteur des terres, il devient montueux, sans être montagneux. Il offre une suite de sommets, la plupart dénudés par l'incendie, des têtes granitiques et chauves de végétations.

Les côtes sont généralement hautes et creusées dans le granit. Certains coteaux apparaissent de loin verts et luxuriants. Si vous les examinez de près, vous trouvez que les arbres qui les revêtent sont fluets, pauvres de sève, vieux avant le temps : leurs racines misérables, cramponnées aux roches nues, vont chercher dans les anfractuosités de la pierre une nourriture à peine suffisante. Rares sont, du moins le long de la rivière, les baies fertiles, capables de soutenir une végétation plantureuse. Les céréales et les légumes seraient ici, ce me semble, comme des exilés qui dépériraient loin du lieu de leur naissance. Il est à remarquer que mes réflexions ne s'appliquent qu'aux pays que nous traversons. Je ne veux pas imiter tant de voyageurs présomptueux qui jugent d'un pays par une paroisse, d'une nation par un individu et des Canadiens par les Iroquois.

La hauteur des terres ne sera jamais qu'un pays de forêts, et c'est un bonheur pour le Canada. L'agriculture ne viendra jamais dessécher la source de nos grands fleuves ; ces bassins verseront toujours leurs eaux abondantes ; le majestueux Saint Laurent et le grandiose Ottawa continueront à rouler leurs flots avec orgueil. Nous n'avons pas à craindre de voir ou nous manquer les pluies d'été qui abreuvent nos moissons, ni les neiges profondes qui défendent nos champs contre l'hiver, et les fécondent. Nous aurons éternellement à nos portes des forêts inépuisables où nous tirerons le bois de construction pour bâtir nos demeures et le combustible pour les chauffer. Les gouvernements d'Europe plantent et entretiennent à grands frais des parcs publics où se promènent prisonnières quelques bêtes forestières ; la nature nous a fait don d'un parc immense, et se charge d'en être la gardienne contre l'ambition des producteurs de blé. Longtemps encore les bêtes sauvages, en troupeaux nombreux, continueront d'y errer ; il suffira que l'autorité publique, par des lois prévoyantes et sages, protège la liberté et les mouvements généralement inoffensifs de l'animal déraisonnable contre les cruautés et les attaques trop multipliées de l'animal dit raisonnable.

Petit à petit nous avançons, et le P. Guéguen nous fait espérer que, dans trois jours, nous verrons *Waswanipi*, la plus septentrionale et la plus éloignée des missions que nous avons à visiter.

* *

Ce matin, après sa méditation, Monseigneur me tendit son livre en me disant :

« Voyez cette phrase, et dites-moi si elle ne convient pas à notre position présente ? » Elle se lit comme suit : *In littore canitur celeusma. Quid juvat forti lace to sulcare maria, fluctus scindere, charybdes arte omni vitare, si nunquam detur designato littore frui ?* Le P. Guéguen voulut l'entendre lire, je préférai la lui traduire. « Les sauvages, comme d'autres sirènes, nous attendent sur le rivage, pour chanter les louanges de Dieu. A quoi bon s'étendre sur l'aviron, faire voler le canot sur la rivière, éviter les pierres des rapides, si jamais nous n'arrivons à Wasswanipi ?

Nous arriverons. Je n'ai pas besoin d'autre garantie que cette invocation chantée par Monseigneur et répétée par les sauvages en leur langue, à la protectrice des navigateurs, à l'Etoile de la mer : « Accordez-nous la pureté de

la vie et la sécurité du chemin, afin que nous arrivions à Jésus, pour nous réjouir éternellement avec lui. »

Vitam præsta puram,
Iter para tutum,
Ut, Videntes Jesum,
Semper collætemur.

(*A suivre*).

FAUNE ET FLORE CHINOISES

PAR

M. Armand DAVID

Lazariste, ancien missionnaire en Chine, membre correspondant de l'Institut.

CLASSE DES MAMMIFÈRES

(Suite 1)

CERVIDÉS

Sur une cinquantaine d'espèces, depuis longtemps admises, de cette famille répandue un peu partout (excepté en Australie, bien entendu), la Chine, malgré son déboisement presque universel, en possède encore au moins une quinzaine, de toute taille. D'après le P. Heude qui, avec la collaboration de son confrère, le P. Rathouis, étudie depuis quelque temps les animaux de ce groupe avec un soin tout spécial, les Iles Philippines et l'Indo-Chine nourriraient une incroyable variété de Cervidés dont les zoologistes n'ont aucune idée ; l'examen des crânes et des bois a amené ces savants Jésuites de Changhay à y distinguer trente ou quarante formes constantes, auxquelles ils ont assigné autant de noms. Le résultat définitif de ces travaux sera fort curieux et intéressant pour la science.

LE MUNTJAC A GRANDS LARMIERS

Les cinq ou six espèces décrites de *Cervulus* sont propres au sud-est de l'Asie, et quatre d'entre elles habitent exclusivement la Chine. Ce sont de jolies bêtes, des cerfs en miniature, ayant au groupe précédent par leurs longues canines et leur stature, et portant, en plus, un petit bois caduc, qui se partage en deux ou trois branches, dans les

(1) Voir les *Missions catholiques* des 13 et 20 mars.

sujets vieux. Ils ont des allures timides et cauteleuses, et ils savent fort bien pourvoir à leur sécurité, grâce à l'extrème finesse de leurs sens. Le *Cervulus Reevesii*, qui avait été longtemps confondu avec le *Muntjac* de la Malaisie, est une espèce chinoise qui habite tout le midi de l'empire jusqu'au Fleuve-Bleu. Le *Cerv. vaginalis*, de la Cochinchine, vit aussi dans l'île de Haïnan ; quant au *Cerv. lacrymans* (v. la grav., p. 142), qui a été ainsi nommé à cause de ses grands larmiers, c'est une espèce nouvelle que nous avons découverte parmi les montagnes occidentales de la Chine moyenne, en même temps que l'*Elaphodus cephalophus*, pour lequel il a fallu créer un nom générique. Celui-ci est aussi une sorte de *Muntjac* ; mais plusieurs caractères anatomiques l'éloignent du genre *Cervulus*, dont le distinguent aussi facilement ses couleurs brunes et surtout une touffe de poils allongés qu'il porte au haut de la tête, à la manière des céphalophes africains. Une seconde espèce, voisine de la précédente, vit au Tché-kiang et a été décrite par les Anglais, sous le nom d'*Elaphodus Mitchii*.

La Chine septentrionale et la Mongolie abritent, en place des *Muntjacs*, un vrai chevreuil (*Capreolus pygargus*), qui ressemble beaucoup à celui d'Europe, mais qui est un peu plus grand ; il y est fort abondant, dans les parties boisées

LE CERF TACHETÉ DE FORMOSE

des montagnes, et on en voit tout l'hiver quelques-uns au marché de Pékin. Les Chinois du nord l'appellent *Phao-dze*.

En fait de grands cerfs, il n'y en a plus que très peu dans la Chine, en dehors des chasses impériales ; car, on les détruit à outrance pour leur bois tendre et revêtu de son duvet, qui se vend au poids de l'or dans la médecine du pays, sous le nom de *Lou-joang*. Les espèces reconnues pour exister encore dans l'empire sont : le *Panolia frontata*, à Haïnan ; le *Cervus pseudaxis* et le *Rusa Swinhoi*, à Formose. Sur le continent, nous avons le *Cervus Kopschii*, du Kiang-si ; le *Cervus Xanthopygus* et le *Cervus Mantchuricus*, des

LE CAPRICORNE CENDRÉ

forêts de Jéhol ; le *Cervus mandarinus* que nous avons obtenu (non sans grandes difficultés), du parc impérial de Pékin ; et le fameux *Elaphurus Davidianus*, de la même provenance, qui n'existe plus nulle part à l'état sauvage depuis vingt-cinq siècles, comme nous l'avons noté précédemment.

Outre ces huit grands cerfs, nous avons vu, aux confins occidentaux de l'empire chinois, des bois et des débris de deux ou trois autres espèces, de forte taille, que l'on dit vivre aussi dans] la région, et qui seront intéressantes à rechercher : l'une paraît ressembler au *C. hippelaphus*, et l'autre au *C. Aristotelis ;* la troisième serait un magnifique animal à robe fortement tacheté de blanc.

RUMINANTS CAVICORNES.

Outre les animaux domestiques, l'empire chinois possède encore plusieurs représentants remarquables de ce grand groupe (comprenant environ 150 espèces connues), qui continuent, en petit nombre, à protéger leur existence parmi les montagnes les plus inaccessibles et en Mongolie.

Ainsi, le *Capricornis caudatus* est répandu par petites bandes sur les rochers les plus escarpés du nord-ouest ; les hauteurs de Moupine, de leur côté, nous ont fourni le *Capric. griseus* et le *Capric. cinereus* (v. la grav. ci-dessus). Une autre race de ces antilopes à longue queue a été indiquée au Fokien, tandis que Formose possède le *Capr. Swinhoi*, le Japon le *Capr. crispus*, et que le Népaul et même Sumatra ont aussi chacun une espèce analogue. Or, chose bien étrange ! il existe, jusque dans les montagnes rocheuses d'Amérique, un animal très voisin de ce genre chinois.

Les capricornes, que les Chinois appellent *Chan-Yang* ou chèvres de montagnes, remplacent en Orient notre chamois, dont ils ont l'agilité et la sûreté du pied : comme lui, ils peuvent grimper et se hisser sur les parois des rochers escarpés. Ils ont le naturel très méfiant et tellement sauvage qu'ils restent complètement rebelles à l'éducation, quelques soins que l'on prenne pour les apprivoiser.

Quant au *Nemorhedus Edwardsi* (voir la gravure ci-dessous), que je me suis fait un honneur d'appeler du nom du savant membre de l'Institut et doyen de la Faculté des sciences de Paris, il diffère des animaux précédents par une taille beaucoup plus forte, par des formes plus massives encore, et par ses habitudes *sylvicoles ;* il vit toujours par paires, et non par bandes, dans l'intérieur des bois du centre-ouest, où j'ai obtenu des spécimens procurés au Muséum. Lorsque les chasseurs, le traquent dans ses retraites, il se décide à sortir de la forêt et à se mettre à l'abri des chiens. Il passe pour être un excellent gibier.

Le *Budorcas* est une autre très grande antilope de montagne, à tournure de bœuf et à formes très étranges. Il n'a presque point de queue, et son chanfrein est arqué comme dans certains moutons ; il porte deux terribles cornes, extrêmement solides, dont les bases se touchent sur le haut

LE NEMORHÈDE GAÉ-LU

de la tête, et qui se recourbent en devant et se terminent par des bouts aigus. J'ai rencontré plusieurs fois des arbres dont les troncs portaient des entailles profondes faites par le *Budorcas*, par manière de récréation ! L'animal très jeune est d'un brun marron, presque couleur de chocolat ; mais il grisonne rapidement en grandissant, et il devient gris-blanc et presque blanc à l'âge adulte. C'est aussi à Moupine que j'ai eu les exemplaires, de tout âge, qui figurent au Muséum, où jamais l'on n'avait vu un animal pareil ; mais cette espèce, connue des Chinois sous le nom de *Yé-Niou* (bœuf sauvage), existe aussi sur les plus hauts sommets de la chaîne du Tsin-ling, au Chen-si, ainsi que dans les montagnes voisines du Kou-koù-noor, où il paraît qu'il est encore abondant. Jamais, semble-t-il, les chasseurs n'osent attaquer de front ce superbe animal, qui est très courageux et aussi agile qu'il est robuste ; ils m'ont dit qu'ils le redoutaient autant que le tigre lui-même. Les rares individus que l'on parvient à prendre sont tués au piège, c'est-à-dire, au moyen d'une sorte de gigantesque flèche qui est lancée automatiquement par un jeune tronc d'arbre plié *ad hoc*,

au passage. Dans les forêts élevées fréquentées par le *Yé-Niou*, les indigènes dressent beaucoup de ces immenses traquenards, et il arrive assez souvent que l'homme lui-même s'y trouve pris et embroché. Je frémis encore, en écrivant ces lignes, à la pensée des dangers que j'ai courus parfois, au cours de quelques-unes de mes explorations, de me trouver ainsi transpercé à l'improviste, comme un simple *Gaé-lu !*

(*A suivre*).

VARIÉTÉS

Les Fêtes de Pâques en Valachie
dans les premières années du seizième siècle.

Un de nos amis actuellement à Bucharest, nous envoie cette intéressante relation. Nous sommes heureux de la publier dans ce moment où les cérémonies de la semaine sainte réunissent près de Dieu tous nos lecteurs. Qu'ils offrent une prière pour ces pauvres peuples que le schisme a endormis, et que Jésus ressuscité les appelle dans le vrai bercail !

Avant-garde de la latinité en Orient, îlot battu par les flots slaves et hongrois, la Roumanie vient, une fois de plus d'affirmer sa vitalité, en célébrant avec éclat le vingt-cinquième anniversaire de l'avènement au trône de Charles Ier de Hohenzollern (branche catholique de Sigmaringen), élu, en 1866, prince régnant avec droit d'hérédité, et proclamé, en 1881, roi de la Roumanie « libre, une et indivisible », par le vote unanime des représentants de la nation.

Mais au palais de Bucharest, dans une précieuse vitrine, on voit, près de la couronne d'acier taillée dans le métal des canons de Plevna, une autre couronne d'or pur, comme la grâce près de la force. Une princesse des lettres l'a reçue des mains de Charles le Victorieux, et nous rappellerons avec orgueil que, le jour où la reine Élisabeth a daigné nous faire part de ses *Pensées* (1), elle a oublié sa langue pour la nôtre.

Pourquoi faut-il que cette sœur de race appartienne à l'Église schismatique grecque !

Ce regret une fois exprimé et puisqu'on a tant écrit cette année sur la Roumanie contemporaine qu'il nous resterait peu à glaner, allons chercher dans un passé lointain un tableau fidèle du cérémonial religieux, en empruntant quelques extraits à la relation italienne de *del Chiaro* qui a. séjourné, de 1711 à 1717, à Tirgovist, alors capitale de la Valachie (2) sous le règne du hospodar Constantin Branco-

(1) *Les Pensées d'une Reine.* — Dentu, Paris.
(2) L'une des deux provinces danubiennes (Valachie et Moldavie) dont l'union a fait la Roumanie.

van. Nous en donnons une traduction abrégée, d'après l'édition de Venise (1718).

« ... Je passerai, dit le narrateur, à la cérémonie du Jeudi saint, où se fait le lavement des pieds. Dans la cour du palais, vis-à-vis de l'église, on a dressé un autel surmonté de la croix et de candélabres. A la distance de vingt pas, le trône du prince, élevé de trois marches et drapé de velours cramoisi frangé d'or. Au-dessous, quatre sièges moins élevés destinés aux quatre fils du hospodar...

« Vers midi, toute l'assistance est réunie, debout et tête nue. Les Apôtres sont représentés par les abbés des principaux monastères valaques, sauf saint Pierre qui est l'évêque de Buzeo ; quant à Judas, on choisit pour le personnifier un simple moine qui ne soit pas in sacris. Les chantres entonnent une antienne et le premier chapelain du palais lit l'Évangile. Alors le patriarche qui officie dépose ses vêtements sacerdotaux et reste en aube avec un essuie-mains suspendu au cou. Il verse de l'eau dans un grand bassin d'argent, et lave les pieds aux douze, en commençant par Judas pour finir par le Prince des Apôtres. Et devant chacun d'eux il répète les paroles du Nouveau-Testament : cœpit lavare pedes discipulorum (1) ; mais, quand le tour de saint Pierre est venu, celui-ci dit : Domine, tu mihi lavas pedes ? A quoi le patriarche répond par les propres paroles que les évangélistes mettent dans la bouche du Christ, en cette circonstance... Ensuite, tous les ecclésiastiques présents vont prendre de l'eau qui a servi au lavement des pieds, s'en mouillent le front et font le signe de la croix ; le prince les imite, puis ses fils, puis les nobles, enfin le populaire.

« ... Dès l'aube du Samedi-Saint, on fait une procession lugubre, avec l'image du Sauveur mort, — non sculptée, mais peinte et brodée sur un voile très précieux, — et au même instant toutes les cloches de la ville se mettent en branle, ce qui est très émouvant.

« ... Vient le saint jour de Pâques. De grand matin, la cour du palais est remplie de nobles, de dignitaires de l'Eglise, — j'y ai même vu le patriarche de Jérusalem, qui était venu quêter pour le Saint-Sépulcre. Le chapelain, les clercs et les chantres entourent l'autel, toujours dressé en plein air, sur lequel on a posé un tableau de la Résurrection et le livre des Evangiles. Au nom du prince, le vice-chancelier offre un cierge de cire à tous les assistants. Le prélat officiant se signe devant la croix et entonne le Gloria Patri ; dès qu'il a chanté le verset Christus resurrexit, répété par le chœur, il encense le prince, ainsi que les boyards et le clergé. Ceci fait, il remonte à l'autel où il prend le livre des Evangiles fermé, et, le tenant à deux mains, se dirige vers le trône du hospodar, lequel s'avance à la rencontre du prélat pour baiser le livre saint et recevoir la bénédiction épiscopale (ce jour-là exceptionnellement le patriarche n'avait pu officier en personne) ; au même instant le canon tonne et la musique éclate.

Tous les évêques présents se succèdent devant le célébrant pour baiser l'Evangile, et devant le prince qui leur donne l'accolade. La même cérémonie a lieu entre les

(1) L'office se disait autrefois en grec ; aujourd'hui, en langue vulgaire. Pour l'intelligence du texte, del Chiaro a rétabli en latin toutes les citations empruntées à l'Écriture sainte.

évêques et les fils du hospodar. Après quoi, le prince s'assied sur son trône et se coiffe d'un bonnet de zibeline, orné d'un panache de plumes de héron et d'une agrafe de diamants. Toute l'assistance défile pour baiser l'Evangile et s'incline profondément devant le hospodar. Quand tous ont défilé, le prince se rend dans ses appartements, où il reçoit les félicitations des personnages de marque...

« Si de ses appartements nous passons dans ceux de la princesse sa femme, nous la trouvons debout, accueillant les prélats, leur baisant la main et leur donnant à chacun un riche mouchoir. Aux nobles, elle présente un bel œuf doré ou teint en rouge et orné de dessins capricieux...

« Arrivons maintenant à la description de la messe solennelle qui est chantée environ deux heures plus tard. Le signal est donné par les cloches. Le prélat qui remplace le patriarche attend la famille régnante à la porte de l'église et conduit processionnellement le chef de l'Etat jusqu'à son trône, élevé à droite de l'autel, dans le chœur. Ce trône, en bois doré, est artistement découpé à jour et abrité sous un baldaquin. Les dignitaires se placent dans l'ordre suivant : à droite, le grand trésorier, le premier médecin, le vice-chancelier, etc. ; à gauche, le général en chef de la cavalerie avec le sabre du prince, sa masse d'argent, et le précieux bonnet à aigrette enveloppé d'un mouchoir brodé ; près de lui, le grand maréchal du palais, un long bâton d'argent au poing ; enfin, douze jeunes nobles tenant des bâtons de bois, — ce sont les maréchaux de seconde classe.

« Les quatre jeunes princes entouraient leur père. Quand tout le monde fut placé, on posta deux soldats à l'entrée pour empêcher la foule d'envahir la nef. Le clergé faisait face à l'autel, et les diacres entonnèrent le Sit nomen Domini benedictum ; l'officiant leur répondit : Et nunc et semper et in sœcula sœculorum. Vint ensuite l'ordinaire de la messe et les oraisons habituelles de l'Eglise grecque, auxquelles s'ajouta l'Evangile de saint Jean : In principio erat Verbum, qui donne lieu à la cérémonie suivante :

« Le patriarche (ou son remplaçant), se tient à l'autel ; tous les autres prélats qui concourent à la cérémonie se rangent l'un derrière l'autre jusqu'à la porte de l'Eglise, le visage tourné vers le chœur. Le patriarche commence l'Evangile, et chaque verset est répété par les prélats l'un après l'autre. Ce jour-là, on chante l'Evangile en langues grecque, latine, arabe, russe et valaque.

Pendant ce temps, cinq secrétaires du hospodar écrivent le texte dit dit évangile, depuis in principio jusqu'à la fin. Celui qui a le premier achevé sa copie, la porte au prince qui lui donne comme récompense un coupon de quatre brasses du drap le plus fin. Puis la messe continue, et, après la communion, l'officiant va baiser l'image de la résurrection qui se trouve sur un pupitre recouvert de brocard, devant trois cierges égaux disposés en éventail sur un même chandelier. A son tour, le prince quitte son trône et fait comme le prélat. Et, après lui, tous ceux qui sont dans le chœur saluent le hospodar et baisent la sainte image.

« La messe dite, le patriarche monte sur son trône (vis-à-vis celui du prince), d'où il distribue le pain bénit, premièrement aux grands dignitaires ecclésiastiques qui n'ont pas participé activement à la cérémonie, puis au prince lui-même.

Alors apparaît le grand échanson portant une coupe de vermeil recouverte d'un riche voile brodé. Cette coupe est remplie de vin. Sur un plateau sont des tranches de pain rôti, dont l'échanson fait l'essai, pour montrer à son souverain qu'il peut en manger, ainsi que tous les autres assistants. Le chœur chante en grec une invocation qui se traduirait ainsi en latin : *Ad multos annos servet Deus excelsissimum principem nostrum*, etc.

« La sortie de l'église a lieu dans l'ordre suivant : premièrement les prêtres qui se rangent en file sur la gauche, de telle sorte que le plus honoré se trouve près de la porte. Les prélats restent dans leur stalle jusqu'à ce que le prince et le patriarche, soutenus par des pages, soient descendus de leur trône. Alors seulement suivent les évêques, les boyards et les soldats de l'escorte.

« Arrivés dans la salle d'audience, le chef de l'Etat et le chef de l'Église s'installent côte à côte sur un divan ; les dignitaires ecclésiastiques et laïques s'asseoient en demi-cercle et des valets servent le café. La conversation s'engage en attendant le moment de se mettre à table ; il n'y a pas moins de soixante-dix à quatre-vingts convives ce jour-là. On se rend ensuite aux vêpres, et l'on chante de nouveau l'évangile de la Résurrection, et à la fin chacun s'écrie de toutes ses forces, en langue vulgaire cette fois : « Jésus-Christ est ressuscité ! »

« Les nobles s'en retournent chez eux, musique en tête. Le patriarche est reconduit dans une voiture de la Cour, ainsi que les autres évêques. Ils sont escortés par le vice-maréchal du palais et par des estafiers vêtus de rouge, un bâton à la main.

« Le lendemain, le prince donne aux nobles de second rang un banquet, pendant lequel on tire des salves de mousqueterie.

« Le jeudi de Pâques enfin, pour clore les fêtes, le clergé bénit solennellement le palais, chambre par chambre, comme cela se pratique d'ailleurs le premier de chaque mois pour les maisons particulières.

« J'ai omis de dire que le prince avait réduit, le jour du vendredi-saint, la peine de tous les prisonniers et a rendu la liberté aux moins coupables. »

Arrêtons là cette citation. Nous qui avons suivi de près les offices de la Semaine Sainte en Roumanie, nous avons pu constater que la plupart de ces coutumes du temps passé se sont conservées dans leurs parties essentielles. Nous avons vu M. Charles 1er recevoir l'évangile de la Résurrection, écrit (au concours de vitesse) pendant l'office, le signer et y faire apposer le sceau de l'Etat. Cette cérémonie est même d'un plus grand effet, parce qu'elle a lieu de nuit. Et si le roi ne porte plus le haut bonnet de zibeline à aigrette que décrit *del Chiaro* si complaisamment, les vêtements épiscopaux offrent encore leur splendeur de jadis, autrement décoratifs, il faut l'avouer, avec leurs plis largement étoffés, que nos roides chasubles qui semblent doublées de carton. Ce point de vue artiste n'est point fait, croyons-nous, pour déplaire à S. E. Mgr Lavigerie, qui nous donne si bien l'impression, dans le portrait de Bonnat, avec sa belle barbe et son ample pallium, d'un des Pères grecs d'avant le schisme.

J. B.

TH. MOREL, *Directeur-gérant.*

Lyon. — Imprimerie MOUGIN-RUSAND, rue Stella, 3.

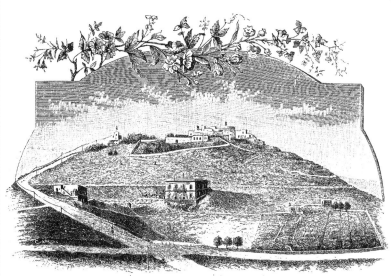

1. Monastère. — 2. Khan. — 3. Puits. — 4. Maison du jardinier. — 5. Ancienne conduite d'eau. — 6. Maison du garde. — 7. Maison et jardin du monastère. 8. Castel ruiné et village arabe.

TERRE SAINTE. — VUE GÉNÉRALE DE LA TRAPPE DE N.-D. DES SEPT-DOULEURS, A EL ATHROUN; d'après des photographies communiquées par le R. P. CLÉOPHAS.

CORRESPONDANCE

TERRE SAINTE

La Trappe de Notre-Dame des Sept-Douleurs à El-Athroun.

Nous avons déjà parlé plusieurs fois de la Trappe, fondée récemment entre Jaffa et Jérusalem, non loin de la voie ferrée qui reliera prochainement ces deux villes. A son dernier passage à Lyon, le R. P. Cléophas nous a communiqué sur cette fondation dont il est l'âme les détails intéressants qu'on va lire.

Depuis de longues années, les enfants de saint Bernard étaient sollicités d'envoyer une colonie en Palestine. Deux abbés de la Trappe avaient à différentes reprises étudié la question sur les lieux ; mais, rebutés par les lenteurs arabes et par les prétentions exagérées des grands propriétaires, ils avaient dû se retirer sans rien conclure. En 1887, le Congrès catholique de Lille fit de nouvelles instances auprès du T. R. P. vicaire général

de la Congrégation de la Trappe de Rancé. L'année suivante, des lettres épiscopales, des encouragements venus de Rome, les demandes de plus en plus pressantes des établissements latins de Jérusalem, le désir plein de bienveillance de S. Exc. le patriarche, Mgr Piavi, ravivèrent la question. Le Saint-Père dit un oui formel, en ajoutant la condition qu'on élèverait des orphelins, et le gouvernement français manifesta hautement sa satisfaction. Une réunion des supérieurs eut lieu à Sept-Fons ; la question d'une fondation en Terre Sainte fut posée et résolue affirmativement et à l'unanimité. Dom Marie Cléophas, qu'un séjour prolongé en Palestine avait mis en rapports avec les personnages influents du pays et initié aux habitudes locales, fut choisi pour diriger la colonie avec la qualité de délégué du vrai supérieur et fondateur, le T. R. P. Sébastien, abbé de Sept-Fons et vicàire général de la Congrégation de Rancé.

Le 15 octobre 1890, les Pères et Frères composant le premier groupe de fondation, en tout neuf religieux, quittaient Sept-Fons. Le T. R. P. Sébastien accompagna les voyageurs jusqu'à Paray-le-Monial pour les y consacrer au Sacré-Cœur. Notre-Dame de Fourvière et

Notre-Dame de la Garde reçurent aussi les vœux des pèlerins.

La traversée de Marseille à Alexandrie et d'Alexandrie à Jaffa se fit sans incident fâcheux. Le R. P. Marie Cléopbas put célébrer tous les jours la sainte messe à laquelle ses compagnons faisaient la communion. Les Trappistes récitaient leur office, faisaient l'oraison, disaient leur chapelet, régulièrement et en commun.

Le samedi 25 octobre, à 2 h. de l'après-midi, on signala de l'avant une tour ; c'était Alexandrie, qui émerge peu à peu des flots et déploie ses terrasses sur les bords de la Méditerranée. Le navire devant prolonger jusqu'au jeudi son séjour dans le port, les pieux émigrants descendirent à terre et reçurent à Ramleh, chez les Frères des Ecoles chrétiennes, la plus cordiale hospitalité.

Trente heures de navigation amenèrent devant Jaffa les enfants de saint Bernard. M. Bost, aumônier de l'hôpital français, les attendait au débarcadère et les conduisit à son magnifique établissement où les soins les plus empressés leur furent prodigués. Enfin, le lendemain, deux voitures les transportèrent à Amoas, où les Pères s'installèrent provisoirement.

Amoas n'est qu'un pauvre village musulman. Une basilique confine à la résidence des Trappistes. Ce monument, édifié dans les premiers temps de l'ère chrétienne, détruit par les sectateurs du Prophète, reconstruit par les croisés sur un plan plus restreint, saccagé à nouveau après la chute du royaume latin de Jérusalem, étale avec tristesse ses ruines superbes comme pour demander aux visiteurs chrétiens la charité d'une restauration. Amoas est situé près de la route de Jaffa à Jérusalem, à peu près à égale distance de ces deux villes. Amoas marque l'extrémité de la fertile plaine du Saron dont son territoire fait encore partie. Au delà, les collines et les montagnes vont en s'échelonnant jusqu'à Jérusalem qui est à huit cents mètres au-dessus du niveau de la mer, tandis que l'altitude d'Amoas ne dépasse pas deux cents mètres.

Quelques jours après leur arrivée, Pères et Frères avaient le bonheur de se rendre à la Ville Sainte, de visiter ses sanctuaires illustres et de prier pour leurs bienfaiteurs à la grotte du St-Sépulcre, à l'étable de Béthléem, à la caverne de Gethsémani et sur les hauteurs du mont des Oliviers.

Au retour de Jérusalem, les Trappistes s'empressèrent de transformer en monastère l'hôtel des Macchabées, situé à deux cents mètres de la nouvelle route de Jaffa à Jérusalem et à un petit kilomètre d'Amoas. L'habitation (voir la gravure p. 157) a un étage au-dessus du rez-de-chaussée et se compose de treize pièces dont quatre très vastes. Dans la cour et en face se trouve le *Khan*

destiné jadis à loger les caravanes, chameaux, chevaux, ânes, etc. C'est une très vaste écurie voûtée, bâtie en pierres de taille comme le monastère et terminée en terrasse comme tous les édifices de l'Orient. Outre l'écurie proprement dite, le Khan comprend quatre pièces qui serviront provisoirement d'hôtellerie. Plus loin, à une distance de quatre minutes et sur les hauteurs d'El-Athroun qui domine le monastère, la communauté cistercienne possède une autre habitation composée de cinq pièces et terminée par une immense cave voûtée en pierres et destinée autrefois à loger la cavalerie en garnison dans la forteresse aujourd'hui en ruines. L'habitation est neuve et la cave très bien conservée. Le tout est entouré d'un jardin clos de murs. Devant la résidence des Trappistes et un peu en contrebas s'étend le jardin d'une contenance de deux hectares. Il réclame impérieusement une clôture, car, en pays arabe, ce qui n'est pas clos appartient à tout le monde. La terre du jardin, d'une très grande fertilité, mesure plus d'un mètre d'humus. A fleur de terre se trouve un puits intarissable. Une noria à vent peut irriguer les plantations et fournir en abondance à la maison une eau excellente. Comme on ne connaît ici ni neige ni gelée, on peut semer et planter en toute saison.

La veille de la fête de l'Immaculée-Conception, les Trappistes prirent possession définitive de l'hôtel des Macchabées, Notre-Dame des Sept-Douleurs, au territoire d'El-Athroun, en y transportant d'Amoas le Saint-Sacrement.

C'est là que, le 16 décembre, arrivèrent les neuf religieux composant le second groupe. Eux aussi firent un court pèlerinage à Jérusalem.

Enfin, le jour de Noël, les exercices religieux furent mis en vigueur, le *Te Deum* fut chanté aux matines et, depuis cette solennelle inauguration, la communauté de Notre-Dame des Sept-Douleurs a la consolation de suivre dans tous ses détails le règlement cistercien.

INFORMATIONS DIVERSES

Constantinople. — Le R. P. Marcel, capucin, écrivait dernièrement aux *Annales Franciscaines* :

« Laissez-moi raconter à vos lecteurs une visite que j'ai faite, il y a quelques jours, au grand séminaire du Patriarcat grec schismatique. Je n'étais pas seul, je n'étais pas même le principal visiteur. M. le Vicaire général de Constantinople m'avait invité à cette petite excursion, ce que j'avais accepté avec empressement. Un jeune Syrien, grec catholique, rédacteur du journal arabe que publient les PP. Jésuites de Beyrouth, nous accompagnait.

« Vous savez ce que sont à Rome nos grandes écoles théologiques, et quelle importance elles ont pour l'Eglise et pour le monde ; or, pour le schisme grec, le séminaire que nous allions visiter est tout à la fois la Sapience, la Minerve, le collège Romain, etc. ; aussi les élèves les plus distingués des pays rattachés au schisme de Photius y viennent-ils compléter leurs études ; c'est de là naturellement que sortent les hauts dignitaires de l'Église grecque.

« Nous nous embarquâmes par une de ces belles soirées d'automne qu'on ne voit qu'à Constantinople : l'air était frais, le soleil chaud, une pluie de lumière dorée tombait sur les cyprès de l'ancien sérail, la mer étincelait. Scutari, la ville d'or (Chrysopolis), flamboyait aux derniers rayons du soleil couchant ; pour quinze sous on avait ce spectacle sous les yeux et on s'en allait confortablement sur un paquebot jusqu'aux iles des Princes : le séminaire que nous cherchions est non pas à Constantinople, mais dans une petite ile nommée Halki, à une heure de la ville.

« Le séminaire est situé dans une des plus belles positions qu'on puisse rêver, au sommet d'une petite montagne qui domine l'ile et la mer ; de là on voit Constantinople, puis la nappe bleue de la Marmara, le chapelet des iles, le golfe flamboyant de Nicomédie, à droite Nicée et à gauche Chalcédoine. Cette petite côte basse vis-à-vis est la route que suivit saint Jean Chrysostome en son premier exil, et ce petit village caché dans les platanes, le village où il se retira après le conciliabule du Chêne. Tout cela me faisait rêver en montant à la citadelle de l'Orthodoxie.

« Citadelle, d'en bas, oui : car de loin ce séminaire a grand air ; mais de près ! il est bien grec ; vu de loin, c'est quelque chose, de près ce n'est plus rien ; une grande maison en bois, peinte en jaune, ayant quatre côtés comme nos couvents ; les planches se disjoignent, les briques rouges des corridors s'effritent sous le pied et teignent nos souliers en rouge ; les pavés en grosses pierres de la cour intérieure se sont placés à leur fantaisie et se montrent complaisants pour les herbes folles qui en profitent.

« Si j'ai été mécontent des bâtiments, j'ai été au contraire fort content des personnes. Nous arrivions un peu comme des intrus, à sept heures du matin ; notre excuse était de savoir qu'on se levait à quatre heures. Un portier nous reçut poliment et nous introduisit dans la chapelle : ce matin-là on y disait la messe. C'était fête ; les jours ordinaires on ne dit jamais la messe dans les églises grecques, pas plus au séminaire qu'ailleurs. La chapelle est petite, trop petite, pour cent vingt séminaristes qu'elle doit contenir ; mais elle est bien tenue. Le chœur ferait grand effet si les stalles n'étaient pas si primitives ; elles se composent de hauts piquets fichés en terre, venant se joindre par une simple traverse sous les bras. On ne peut en cette cage ni s'agenouiller, ni s'asseoir ; c'est dommage, car les séminaristes ont bonne mine enveloppés de leur ample coule noire aux larges manches ; ils sont propres, se tiennent bien, ont l'air modeste et retenu. Pourquoi faut-il qu'ils aient sous leur bonnet de juge ce malheureux chignon qui dépare leur physionomie intelligente et bonne? Il le faut : tous les prêtres grecs portent les cheveux longs comme les femmes, les roulent sous la coiffure, les déroulent seulement quand ils officient, et les laissent alors tomber sur les épaules.

« Après la messe, le supérieur nous reçut avec toute la courtoisie d'un homme bien élevé, nous fit servir un verre d'eau et des confitures, selon la coutume orientale, et voulut bien nous accompagner à la bibliothèque.

« Le supérieur m'a conquis dès l'abord : c'est un homme de cinquante ans, ayant une fort belle tête ; sa physionomie est intelligente, sa conversation aisée, il est simple comme un homme de bon ton, instruit des choses du temps : il ferait bonne figure à la tête d'une de nos grandes institutions de France.

« La bibliothèque est soignée, J'y ai trouvé la belle édition des Pères par les Bénédictins ; Migne tout entier y figure à la place d'honneur. Il ne faut pas songer aux manuscrits, ni même aux livres rares ; l'établissement est moderne, il remonte seulement à 1821 : aussi les modernes encombrent-ils la plus grande partie des rayons ; j'y ai trouvé Bergler, Rohrbacher, jusqu'à Mgr Besson et M. de Pressensé, côte à côte.

« Le plus intéressant pour nous eût été de pénétrer dans la vie intime de ce séminaire ; mais c'est ce qu'il ne nous était point permis de faire. On nous a détaillé, avec bonne grâce, le pro-

gramme des études ; on y enseigne plusieurs langues, comme dans toutes les maisons d'éducation de l'Orient, et là aussi sans doute, comme partout, les élèves finissent invariablement par n'en savoir aucune. Il y a un cours de patrologie qui remplace notre théologie, un cours de liturgie, un cours d'Écriture sainte, etc.

« Je quittai cette maison tout attristé ; je pensais à cette illustre Église grecque qui a illuminé le monde ; je revoyais les Basile, les Grégoire, les Chrysostome, et de cet ardent foyer de lumières incomparables il ne reste que cela : une poignée de professeurs à la remorque de la lourde critique allemande ! Je descendais lentement les montagnes au milieu des yeuses, des térébinthes et des pins ; mon pied heurta une tombe cachée sous la mousse, il y avait là cinq ou six croix chancelantes, sans une clôture pour défendre ces morts, sans une fleur, sans un sentier tracé ; ils étaient là, pauvres enfants, comme des abandonnés. J'étais révolté ! j'avais tort, l'Église grecque schismatique n'est-elle pas elle-même un cimetière où ne gisent plus que des morts ? »

Bulgarie. — Mgr Michel Petkoff, évêque titulaire d'Ilébron, vicaire apostolique des Bulgares Unis de la Thrace, nous écrit d'Andrinople, le 20 mars 1891 :

« Le vicariat apostolique de la Thrace comprend une grande étendue en Turquie d'Europe et en Bulgarie actuelle. Le centre principal en est à Andrinople où ont toujours résidé les évêques Bulgares Unis.

« Vous connaissez les Congrégations qui me viennent en aide. Les Augustins de l'Assomption avec leurs alumnats (séminaires), collèges, externats pour garçons et filles, hôpitaux, dispensaires, luttent efficacement contre le schisme. Ils sont aidés dans cette lutte par les Sœurs Oblates de l'Assomption. Ces saintes filles sont infatigables et admirables de dévouement, comme aussi leurs dignes émules les Sœurs de Charité d'Agram. Et les unes et les autres font de plus en plus bénir par nos Bulgares l'influence charitable de l'Eglise catholique.

« Les Pères de la Résurrection, dont le supérieur est mon Vicaire général, jouissent d'une réputation méritée par leur collège d'Andrinople. Les élèves, sortant de chez eux, sont bien vus et remplissent des charges importantes dans l'armée et les administrations. Ils dirigent aussi mon grand séminaire de Kafk, faubourg d'Andrinople, où nous avons une paroisse. Aux principales fêtes, ils rehaussent encore l'éclat de nos cérémonies à la cathédrale de Kerich Ilané, autre faubourg de la ville. Dans l'intérieur, du côté de la Mer Noire, ces Pères ont aussi la direction de l'école et de la paroisse importante de Malko-Tirnovo.

« Mon clergé se compose d'une quinzaine de prêtres dont deux formés à la Propagande. Les quinze villages, où se trouvent aussi deux monastères de moines et de religieux suivant la règle de saint Basile-le-Grand, sont fort pauvres. La récolte a été pour ainsi dire nulle, l'hiver long et rigoureux ; les bestiaux meurent faute de nourriture ; tout cela cause une misère profonde. Comment venir au secours de mes ouailles ? Ah ! si les lecteurs généreux des *Missions catholiques* pouvaient entendre nos cris de détresse. Le Divin Maitre a dit, et sa parole est infaillible : « Frappez et l'on vous ouvrira. » Nous frappons et nous espérons fermement qu'on nous aidera à faire les dernières dépensés pour deux églises nouvellement bâties. Nous désirons entreprendre la construction de deux autres et même de trois ; car notre pauvre cathédrale tout en bois tombe en ruines. Nous pourrions établir des écoles là où il n'y en a pas et relever celles qui existent déjà. Nous pourrions, en un mot, lutter avec avantage contre les schismatiques.

« Je sais que l'Œuvre de la Propagation de la Foi a des charges énormes ; je sais que ses aumônes vont chaque année arracher des milliers d'âmes à l'infidélité sur toutes les plages du monde. Mais je lis aussi dans le saint Evangile le commandement du divin Maitre : « *Ite potius ad oves quæ perierunt domus Israël.* » Ces brebis perdues de la véritable maison d'Israël, ne sont-elles point les schismatiques? Donnez-nous les moyens d'aller chercher et de ramener ces brebis égarées. Nous pourrons faire cette œuvre avec l'aide du Seigneur, par le secours de vos prières et de vos aumônes. »

Birmanie orientale. — Le R. P. Godefroy Conti, du séminaire de Saint-Calocère de Milan, écrit de Toungoo :

« Notre mission de la Birmanie orientale possède enfin un
évêque. Le beau jour de l'Immaculée-Conception, Mgr Roch Tornatore a reçu à Mandalay l'onction épiscopale. Le vénérable
Mgr Bigandet était l'évêque consécrateur, Mgr Simon l'assistait.
On profita de la présence des trois pontifes pour bénir l'église
nouvellement construite. Cette double cérémonie avait attiré tous
les prêtres des environs de Mandalay et une foule de chrétiens.
On se souviendra longtemps dans la capitale birmane de cette
journée imposante. »

DOUZE CENTS MILLES EN CANOT D'ÉCORCE

ou

PREMIÈRE VISITE PASTORALE

de Mgr N.-Z. LORRAIN, évêque de Cythère
Vicaire apostolique de Pontiac

DANS SES MISSIONS SAUVAGES DU HAUT DES RIVIÈRES OTTAWA
ET SAINT-MAURICE, DE WASWANIPI ET DE MÉKISKAN

Par Mgr J.-B. PROULX
Curé de Saint-Raphaël de l'Isle-Bizard.

(Suite 1).

CHAPITRE XI
De la Fourche de la Mekiskan à Waswanipi.

Le service de la Malle.—La Rivière des gros Rochers.— Une
messe en plein air. — Lieux privilégiés. — Une leçon de
géologie.—Le lac Wetetnagami. — La persistance des noms
de lieux. Suite de portage. — Sur la rivière Croche. — Sur
la rivière de la Montagne des Fleurs. — Sur le lac Wabi-
conadgi. — Un rude portage. — Sur le lac Waswanipi.

Dimanche, 19 juin. — En arrivant à la Fourche, hier soir,
nous aperçûmes suspendu au bout d'un bâton au-dessus de
la rivière, un sac en bouleau, contenant une lettre, adressée
au Révérend Père Guéguen.

Voici sa teneur.

« Mon Révérend Père, je vous attends ici depuis
cinq jours, je ne puis m'arrêter plus longtemps, n'ayant plus de
provisions. Quand vous passerez, veuillez emporter à M. Jobson
le livre qui est dans l'enveloppe en bouleau. Je crains qu'il ne
vous soit arrivé quelque accident. J'ai quitté le service de la
Compagnie de la baie d'Hudson. Petit revenu, huit paquets pour
Mekiskan, un paquet pour Waswanipi, en tout neuf paquets.

« R. RICHARDS. »

Ce M. Richards a été chargé du poste de Mekiskan jusqu'au présent mois de juin ; il est remplacé temporairement
par M. Iseroff. M. Jobson, dont il est ici question, est le
Bourgeois en charge de Waswanipi. La pelleterie de Mekiskan se rend à Waswanipi, pour de là descendre à Rupert's
House, où elle s'embarque pour Moose. Un paquet de fer-
rure pèse quatre-vingts livres, un sauvage doit en transporter
deux à la fois dans les portages.

Ce n'est pas la première lettre que nous rencontrons ; on
les trouve généralement à la fourche des rivières, ou à la

(1) Voir les Missions catholiques des 2, 9, 16, 23 janvier, 6, 13, 20, 27 février
6, 13, 20 et 27 mars, ainsi que la carte et l'itinéraire, page 8.

tête des portages ; ce sont des endroits de convention pour
y déposer les correspondances. Aussi, quand ils y arrivent,
voit-on les sauvages interroger de l'œil le rivage pour constater s'il n'y aurait pas là quelque sac à nouvelle. Si oui, ils
courent lire l'adresse, voire même la lettre ; et si elle ne
renferme rien qui les regarde, ils la déposent à la même
place scrupuleusement. C'est ainsi que, dans ce pays reculé,
sans ministres du gouvernement, sans courriers, sans fac-
teurs, sans maîtres de postes, comptant seulement sur la
bonne volonté et la discrétion du public, se fait le service
de la Malle.

De même ils laisseront sur la route, à deux pas du sentier, des ustensiles de cuisine et des habits, pour les
reprendre au retour, un ou deux mois après ; chose
étrange, personne ne touche à ces objets confiés à la garde
des anges et à l'honnêteté des hommes.

Dans notre voyage à la baie d'Hudson, nous aperçûmes,
à travers le feuillage à quelques pas seulement de la grève,
sur un échafaudage élevé, afin qu'ils fussent hors des
atteintes des bêtes sauvages, des provisions en farine et en
viande sèche, que les chasseurs de ces terres avaient mises
en dépôt, pour la saison des froids. Nous ne pouvions taire
notre étonnement. Les passants respectent-ils ces objets
ainsi abandonnés ! N'y a-t-il pas de danger qu'ils soient
volés ?

« — Aucun, répondit Okouchin, car, vois-tu, par ici il ne
passe pas de blancs. »

Le compliment était flatteur pour notre civilisation
orgueilleuse. Heureux pays, où la propriété, pour être en
sécurité, n'a pas besoin d'hommes de police, de serrures,
ni de clefs !

Nous quittons la Mekiska, pour remonter un de ses
affluents, la Kaispabikak « la rivière des gros rochers ».
Nous repasserons ici, revenant sur nos pas, dans une dizaine
de jours, en route pour les sources du Saint-Maurice. Espérant qu'il ne voyagera aucun blanc dans cette solitude
jusqu'à notre retour, nous laissons une partie de notre bagage et de nos provisions, à deux milles de la fourche, dans
une île, afin de les mettre, autant que faire se peut, à l'abri
de la curiosité vorace des ours, qui n'ont pas, paraît-il, les
mêmes scrupules que les sauvages. Monseigneur, confiant
dans les mœurs et coutumes des bois, abandonne sa valise
à tous les hasards sous le prélart, et moi la mienne. Nous
n'emportons avec nous que nos corps et nos âmes ; pour huit
jours, nous serons, sinon de cœur, du moins de fait, pauvres
comme le patriarche d'Assise. Notre canot, soulagé de huit
cents livres, sans compter les brèches que nous avons déjà
faites à nos provisions, glisse léger sur les eaux. Jusqu'ici,
il était solide comme un steamer ; maintenant, comme un
jeune poulain que l'on conduit au parc, il se soulève, bondit,
galope sous l'aviron.

Nous avons campé dans une petite prairie, en face d'un
étang circulaire que forme la jonction des deux rivières ; le
terrain aux alentours est bas ; voici en vue une colline bleue.
Sur ce rivage, plus fréquenté que les grèves du voisinage,
point d'arrêt pour tous ceux qui voyagent dans ces déserts,
Jésus est descendu sur l'autel probablement pour la première

fois. L'évêque et son servant murmurent les prières liturgiques dans le sanctuaire de la tente ; nous sommes agenouillés à l'entrée du chœur sur le tapis vert des grands foins ; derrière nous, dans la nef luit le cristal des eaux, comme le pavé de marbre de Saint-Paul-hors-les-murs. La nature en silence semble se recueillir avec nous, puis les échos s'unissent à nos voix pour louer l'auteur de toutes choses.

« Heureuse la maison que fréquente l'hirondelle ». Heureuse cette·plage, parce que, pendant toute la messe, je vis les hirondelles se balancer avec grâce au-dessus du lac, *in aere liquido*, dans l'air liquide, comme dirait Virgile, en raser la surface du bout de leurs ailes longues et aiguës, monter et descendre, décrire mille contours fugitifs, tracer mille circuits bizarres, et exécuter avec prestesse les évolutions les plus variées. Par leur babil et leurs cris joyeux, ne remercient-elles pas, autour de son autel, Celui qui leur donne la boue pour bâtir leur demeure et l'insecte pour soutenir leur existence? O homme, doué d'intelligence, quels remerciements ne devez-vous pas au Père qui vous donne le pain quotidien, la nourriture, pain du corps, la grâce, pain de l'âme!

.·.

Le P. Druillette, au retour de son voyage au lac Nékouba, écrivait:

« Quand on n'aurait que cette consolation d'honorer Dieu par le saint sacrifice de la messe, en des terres où sa divine Majesté n'aurait été louée que par le chant des oiseaux et par le bruit des rapides, qui portent sa voix avec leurs torrents et qui la font retentir au milieu de leurs bouillons d'eau, certes on s'en tiendrait trop récompensé ; il faut y avoir passé pour concevoir le contentement qu'il y a de voir Jésus Christ dominer, pour la première fois, sur un autel enrichi d'écorces et sous les plus frêles accidents de la nature, de le voir adoré dans des pays où le démon a régné de tout temps avec un empire absolu. »

Je n'ai jamais mieux compris la vérité de ces paroles. Le sang de Jésus sanctifie les lieux où il coule ; la prière à genoux consacre la terre d'où elle s'élève. La fortune religieuse d'un grand nombre d'endroits n'a pas eu d'autre cause. Jacob offre un sacrifice, et le nom de Béthel passe aux âges les plus reculés. L'arche d'alliance repose sur une montagne jusque-là inconnue, et Sion devient l'autel où le monde coupable est réconcilié au milieu de flots de miséricordes est infini. Des chrétiens fléchissant le genou au pied d'un rocher, et Québec devient la métropole de la moitié d'un continent. Le sacrifice est offert dans la forêt au pied du Mont-Royal, et Ville-Marie devient la ville du zèle et des bonnes œuvres. Un pieux explorateur plante une croix sur le sommet d'un côteau en face d'un beau lac, et Pembroke, contre toute prévision humaine, devient le centre d'où la foi se répand jusqu'aux extrémités d'un immense vicariat apostolique, vaste région qui donnera naissance à plusieurs diocèses.

.·.

Quand bien même, par impossible, Mgr Lorrain ne rencontrerait aucun sauvage et ne donnerait à personne le sacrement de confirmation, son voyage ne serait pas sans fruits. Il vient, comme le général du grand roi, prendre possession d'une manière autorisée, au nom de la religion, de ces pays conquis par ses officiers, ses envoyés, ses missionnaires. Il plante dans ces forêts l'étendard de la foi romaine, pour que, plus tard, lorsque les arbres auront disparu, ils soient remplacés par une population catholique. Il existe, entre le monde spirituel et le monde matériel, des liens invisibles à la raison, mais que la foi saisit et comprend. Je me figure voir, dans un avenir plus ou moins éloigné, surgir de chacun de nos campements une chapelle, une église où sera honoré le Dieu dont Monseigneur est le messager, *l'episcopos*, l'évêque.

Car, chaque soir, notre campement pour la nuit est béni d'une manière solennelle. Après la prière en commun, lorsque le chant s'est tu, et que le silence enveloppe de nouveau la forêt avec les ténèbres, nous, restant à genoux, autour d'un feu qui flamboie, Monseigneur se lève. Il entonne d'une voix forte :

« — *Sit nomen Domini benedictum*! que le nom du Seigneur soit béni. »

Nous répondons, et les profondeurs du bois sonore avec nous :

« — Dès maintenant et jusque dans les siècles des siècles. »
L'évêque reprend :

« — Notre secours est dans le nom du Seigneur. »

« — Oui, répondons-nous, celui qui a fait le ciel et la terre. » Alors, ayant protesté, pasteur et fidèles, que tout bien vient du Père des lumières, le pasteur lève les mains vers le beau ciel bleu scintillant d'étoiles, et, par le signe de la croix rédemptrice, il appelle sur nos têtes et sur les lieux circonvoisins les dons et les bénédictions d'en haut : « *Benedicat vos*, qu'il nous bénisse le Dieu Tout-Puissant, Père, Fils et Saint-Esprit ! »

Trouvez-moi dans les splendeurs des cathédrales une scène plus touchante, plus grandiose, plus simple, plus sublime !

.·.

Nous partons à huit heures. Nous remontons la « Rivière des gros rochers ».

Nous voyageons presque tout le jour au milieu de collines de granit, de silex et de quartz purs, où le feu a détruit complètement la végétation (voir la gravure, p. 163).

Lundi, 20 juin. — Les jours se suivent et ne se ressemblent pas. Aujourd'hui a été aussi frais et riant que hier était aride et désolé. Nous avons passé la nuit à l'entrée d'une forêt verdoyante. Les sauvages de Mékiskan, qui vont en avant avec la pelleterie, y ont campé peut-être plus d'un soir ; les herbes aux environs sont bien foulées, comme si une population nombreuse avait fait ici un séjour prolongé. Nous avons compté des vestiges de sept tentes, ce qui suppose trente personnes environ. Le canot de la Compagnie n'avait besoin que de six rameurs ; mais les femmes avec les enfants devaient suivre leurs maris. Camper ici, ou ailleurs, que leur importe? Ils sont partout chez eux. Ils voyagent à petites journées en faisant la chasse et la pêche. Ici ils étaient dans l'abondance : les écailles de poisson pavaient le rivage, les plumeaux de huards étaient pendus aux branches des arbres, et, comme des trophées de victoires, trois têtes d'ours étaient fixées au bout de longues perches.

A sept heures, notre canot, amené ce matin de l'autre extrémité du portage, flotte de nouveau sur les ondes du lac, nous faisant franchir, dans ses flancs, une distance de quinze à seize milles.

Ce lac se nomme *Wetetnagami*.

« — Qu'est-ce que cela veut dire? demandai-je.

« — Nous l'ignorons, répondit Pien Thomas ; *gami* signifie bien eau en composition ; mais *wetetna* appartient, soit à un dialecte algonquin oublié aujourd'hui, soit au langage d'une peuplade étrangère qui nous aurait précédés sur ce sol. »

* *

Ce fait d'un nom incompris n'est pas isolé au milieu de cette multitude de lacs et de rivières. Il en est de même dans tous les pays.

Il n'y a rien d'obstiné comme un nom ; il s'enracine dans le sol, et survit aux bouleversements, aux révolutions, aux migrations des peuples ; il traverse quelquefois mutilé, souvent défiguré, les générations successives; et il demeure le dernier vestige de races disparues. On retrouve aujourd'hui dans l'Inde l'Ophir, où les flottes de Salomon, par une navigation de trois ans, allaient chercher l'or, l'ivoire et les paons. Jébus Salem a survécu aux Philistins, aux Hébreux, aux Grecs, aux Romains, aux Byzantins, aux Arabes, aux Francs, aux Sarrasins, et il survivra aux Turcs; toujours Jérusalem. Où sont les nations qui ont donné aux Français Paris, Lyon, Angers, Nantes, Rennes? Ces noms celtiques ont été modifiés en passant par la bouche des Romains, puis des Francs devenus les Français modernes ; mais leur origine reste toujours visible.

En Amérique on a continué de désigner un grand nombre de localités sous leur antique dénomination indienne ; en cela, on a montré de l'esprit. Ces langues sont douces et sonores. De plus elles ont l'avantage de traduire quelques-unes des particularités caractéristiques des lieux qu'ils désignent. Témiscamingue veut dire *Eau profonde* : en certains endroits la sonde est descendue à 200 brasses, et elle n'a pas atteint le fond de l'abime. Ces noms, venant des peuples qui nous ont précédés sur le sol d'Amérique, ont autrement de sens commun que ces importations des capitales des grands pays d'Europe, Rome, Paris, Londres, Berlin. Qu'on baptise les localités nouvelles du nom des grands hommes de la patrie, qu'ils soient Français, Anglais, Ecossais ou Irlandais, très bien ; mais, de grâce, qu'on cesse, du moins dans la province du Québec, de nous imposer des noms qui n'ont ni rime ni sens , seulement parce qu'ils ont une terminaison saxonne.

* *

Un portage d'un mille nous conduit sur un lac dont les eaux sont les dernières de ce côté-ci, qui coulent dans le lac Wetetnagami .

Il est sept heures et demie, c'est l'heure du campement, mais nos hommes se sont engagés à nous rendre demain à destination, et on compte encore vingt-huit lieues d'ici à Waswanipi. Nous nous rembarquons, et le canot descend

à grands coups d'aviron ; nous faisons huit milles à l'heure.

Mardi 21 juin, de gros nuages, qui nous menaçaient depuis le matin, crèvent sur nos têtes.

« Merci, mon Dieu, dit le P. Guéguen, cette pluie arrêtera les canots de la pelleterie. »

Le bon missionnaire la demande depuis plusieurs jours justement pour cette après-midi.

Je répétais souvent à mes compagnon :

« Vous verrez que nous l'aurons bonne et forte ; il y a en lui assez de manitou pour l'obtenir. »

En effet, tous les soirs, agenouillé près de son coffre, manipulant ses petits sacs de thé, de chocolat, de café, de *Pain-killer*, préparant des pincées de poivre rouge pour ses sauvages, riant et badinant avec eux, les appelant tour à tour par leurs noms, à la lueur du feu, avec son chapeau d'un autre âge et ses bottes de sept lieues, le P. Guéguen a l'air d'un vieux jongleur. Non, je me trompe, c'est un bon père qui prend soin de ses enfants ; j'irai plus loin, c'est une mère, qui veille à la santé de sa famille, et cultive son amitié par mille sollicitudes connues d'elle seule. Charitable et indulgent, il est impossible de l'être plus que le sage Mentor qui nous conduit.

Cependant la pluie continue à tomber par torrents. Pour soutenir la bonne humeur, nous chantâmes force chansons canadiennes ; malgré les répugnances de mon organe pour la musique, je dus m'exécuter à mon tour.

Tout à coup, nous apercevons des filets tendus près du rivage, un canot renversé sur la grève, une tente dressée entre les arbres. C'est Nonan (Laurent) Kitchetwa, de Mekiskan, qui s'en retourne dans ses terres de chasse.

« — Holà ! les canots sont-ils partis?

« — Oui.

« — Quand ?

« — Aujourd'hui.

« — Les as-tu vus partir ?

« — Non.

« — En es-tu certain ?

« — Dame, pas tout à fait; hier soir, il manquait un commis quelques hommes pour compléter son équipage. »

Il restait donc une lueur d'espérance. Dans tous les cas, s'ils sont partis, ils n'ont pu aller loin ; ces orages ont forcé la pelleterie précieuse de s'arrêter et de se mettre à l'abri. Il y aura moyen de rejoindre les familles qui accompagnent les grands canots.

« Il faut, dit le Père, arriver ce soir, de toute nécessité. Nonan, Antoine, Louis et Jean-Baptiste, venez nous aider à portager le bagage, pendant que le canot allégé descendra la rivière ; de cette façon nous ne ferons qu'un voyage, et nous gagnerons une heure et demie. »

Le portage est long, difficile, entrecoupé de ravins, embarrassé de troncs d'arbres que des ouragans récents ont couchés pêle-mêle les uns sur les autres. Dans ces sentiers ardus, comme dans les embarras de la vie, il importe de ne pas faire de faux pas. Enfin, nous arrivons morfondus, trempés jusqu'aux os, sur les sables du Waswanipi.

Ce qui frappe en mettant le pied sur les bords du lac Waswanipi, c'est l'étendue de la nappe d'eau qui se déroule sous votre regard, sans iles, sans rochers. C'est au fond d'une baie que se trouve le poste de la Compagnie, il nous reste encore douze milles à parcourir avant que nous puissions frapper à la porte.

A sept heures et demie, nous nous rembarquons pour la dernière étape ; Nonan, Louis, Antoine, Jean-Baptiste, sautent avec nous dans le canot, armés de trois avirons, ce qui porte à seize le nombre des rameurs.

La nuit s'étendait sur le lac, le vent promenait avec vitesse dans l'espace de gros nuages noirs aux formes bizarres, de rares étoiles brillaient dans les lambeaux du ciel bleu : le silence régnait à bord, interrompu seulement par la cadence des avirons. Je pensais : « Quand Mgr Lor-

rain et moi, amis d'enfance, compagnons d'étude, vendions au collège Sainte-Thérèse du papier et des plumes aux élèves, et le soir, après avoir fait nos entrées dans le livre de compte, passions de longues veillées à la fenêtre du magasin, jeunes gens de dix-huit à vingt ans, aurions-nous pu songer, dans nos rêves d'avenir, qu'un jour nous nous promènerions ensemble, pendant des semaines et des semaines, en canot d'écorce sur les vastes lacs du Nord ? La vie est un roman rempli de scènes imprévues et d'épisodes impossibles. La réalité souvent défie les imaginations les plus fécondes, et jette dans l'ombre les créations de Paul Féval, d'Henri Conscience ou de Jules Verne. »

CANADA. — Bois brûlés a la hauteur des terres ; d'après une photographie de Mgr Lorrain.
(Voir page 160).

Nous débarquons à dix heures et demie. Les canots sont partis ce matin, le gros de la nation les a suivis pour aller faire la pêche sur le lac Kaiashk « lac du Goeland » ; mais tous ensemble, il n'ont pu, à raison du vent et de la pluie, se hasarder sur les eaux étendues du Goeland ; ils sont donc campés seulement à deux lieues d'ici. Un canot part immédiatement pour aller leur donner avis de l'arrivée de l'évêque; il n'y a que trois catholiques d'engagés pour le voyage de Rupert ; la mission aura donc lieu sans accident, ni échec.

Nous nous couchâmes le cœur léger, en admirant les desseins visibles de la miséricorde divine. S'il n'eût pas plu cet après-diner, il aurait été trop tard pour rejoindre toutes les familles dispersées ici et là sur les rivages d'un grand lac. C'aurait été une blessure au cœur de l'évêque, d'avoir fait sur son chemin un aussi long détour, et de n'avoir pu rencontrer les plus éloignés et les plus délaissés, mais non les moins chers, de ses enfants. Qu'il est bon, le Dieu d'Israël, pour ceux qui le cherchent avec un cœur droit! Quam bonus Israel Deus his qui recto sunt corde !

(A suivre).

EXCURSION APOSTOLIQUE
AUX ILES COMORES

Par le R. P. BALL, de la Congrégation du Saint-Esprit
et du Saint Cœur de Marie.

Grâce aux secours de l'Œuvre de la Propagation de la Foi, le R. P. Guilmin, préfet apostolique de Mayotte et Nossi-Bé, a pu envoyer l'un de ses missionnaires, le R. P. Ball, faire une tournée dans les îles Comores, qui se rattachent à sa préfecture. Cette excursion n'a pas été, comme on le verra, sans résultats et sans consolations. Le Père a eu la joie de voir plusieurs chrétiens s'approcher des sacrements, et il a, en outre, ramené avec lui six enfants, trois petits garçons et trois petites filles, pour les élever dans les orphelinats de la mission. Nous avons publié en 1884 (n° 780) une carte de l'archipel des Comores, situé, nos lecteurs le savent, au nord-ouest de Madagascar.

I. *L'Ile d'Anjouan.* — *La ville de Msamoudou.* — *L'habitation sucrière de Patsi.* — *Visite des chrétiens.*

C'est le 29 juillet 1889 que je me suis embarqué sur un boutre arabe. Le lendemain, nous apercevons les montagnes d'Anjouan. Au fur et à mesure que nous en approchons, nous distinguons des collines qui s'élèvent des bords de la mer et vont jusqu'au sommet de la chaine principale, dont elles sont comme autant de contreforts. Entre leurs flancs s'abrite une végétation dont la vigueur se montre au loin par l'énorme différence des couleurs. La soirée se passa à longer le côté sud-ouest de l'île. Nous pûmes donc admirer tout à notre aise et les montagnes arides et les vallées couvertes de verdure ; mais, à part une usine sucrière, aucune habitation ne se laissa voir.

A quatre heures, nous doublâmes le cap de la Selle, ainsi appelé à cause de l'îlot qui, vu de loin, a exactement la forme d'une selle. Devant nous s'étendit alors une anse immense, qui forme le côté nord de l'île, et au fond de laquelle est située la ville de Msamoudou. L'ancre fut mouillée à cinq heures. Bientôt après, j'étais à terre.

Le premier homme que je rencontrai, ce fut M. le Résident de France ; il me reçut avec bienveillance et mit à ma disposition un palais de la ville, que le Sultan venait de lui céder pour servir d'hôpital.

⁎
⁎ ⁎

Msamoudou est le centre de l'aristocratie d'Anjouan. Là demeurent les musulmans libres. Ils sont propriétaires d'une multitude d'esclaves dont le travail les fait vivre. Que j'eus le cœur serré lorsque, en me rendant sur l'habitation sucrière de Patsi, où demeurent quelques chrétiens, je vis ces caravanes de femmes et d'enfants dégradés par l'ignorance et l'état d'abjection où on les tient, ployer sous d'énormes fardeaux, marcher tristes et silencieux l'un après l'autre, et se serrer contre les murs qui bordent les sentiers sitôt qu'un homme libre arrivait à leur rencontre !

Assis sur une paisible mule que m'avait envoyée M. Esson, administrateur de Patsi, je gravis doucement les trois cents mètres d'altitude où est situé l'établissement. Puis, je par-

courus avec M. Esson les lieux de travail, et pendant qu'il jetait un coup d'œil sur les hommes et les machines, je rappelais, moi, aux quelques chrétiens de Bourbon et de Maurice, qui demeurent sur la propriété, leur destinée et leurs devoirs. Malheureusement, je ne devais pas avoir la consolation de passer avec eux le dimanche, le seul jour où ils soient libres. Un seul put faire ses Pâques ; pour les autres, je dus me contenter de promesses qui, j'espère, se réaliseront à la prochaine visite d'un missionnaire.

⁎
⁎ ⁎

Il me restait à voir la sucrerie de Pomony, celle même que nous avions aperçue au sud-ouest de l'île le jour de notre arrivée. M. le Résident m'avait invité à dîner chez lui le vendredi soir et conseillé de partir le lendemain par le chemin de la plage. M. Esson me représenta la difficulté de ce chemin, au grand soleil, et à travers les rochers ; il m'offrit un cheval pour suivre le sentier des montagnes, ce qui me donnerait l'occasion d'examiner le pays. Je pris ce dernier parti.

Le lendemain donc, après avoir dit la sainte messe et demandé à Dieu de diriger mes pas, je partis comblé des prévenances de mon hôte, qui avait mis dans mes bagages quelques provisions pour le voyage, et m'avait donné trois hommes pour m'accompagner.

Pour mieux comprendre mon voyage, il faut se rappeler que, comme la Sicile, Anjouan est un triangle, ou plutôt une pyramide triangulaire, dont les trois chaînons angulaires abritent les côtés, trois régions en pente douce, qui sont celles de Msamoudou, de Bambao et de Pomony.

II. — *L'usine du Sultan.* — *Son palais.* — *Triste condition de ses sujets.*

En partant, j'avais laissé derrière moi, à côté de Msamoudou, d'immenses cocotiers ; un peu plus à l'est, à la hauteur de trois cents mètres, on voit la sucrerie de Patsi. L'arête montagneuse de l'est à l'ouest, que je devais traverser, sépare cet établissement de Bambao. Au bout d'un certain temps de marche, j'aperçois une épaisse fumée s'élever comme d'un fourneau d'usine. Je demandai à mon guide ce que c'était.

« — Bambao, me dit-il.

« — Est-ce là l'usine du Sultan ?

« — C'est cela même.

Je crus que je ne pouvais me dispenser de faire une visite à ce haut et puissant « vassal » de la France, surtout après avoir été l'hôte des planteurs anglo-américains.

Bientôt je me trouve en face d'immenses murailles de huit à dix mètres de haut, sur quarante de long et d'un mètre cinquante de large. Là, dans ce carré qui tient du fort et de la prison, se trouve le palais du sultan Abdallah, avec l'indispensable harem, comme il convient à tout bon musulman. Peu de mortels y sont admis. Quant à moi, je ne puis absolument rien dire de cet intérieur. Un esclave portier auquel j'avais expliqué le but de ma venue revint au bout d'un quart d'heure me dire que Sa Hautesse dormait et qu'il fallait me présenter à quatre heures. Sur ma déclaration qu'il m'était impossible d'attendre, il rentra, et, au bout de vingt minutes, me rapporta la même réponse. Je repartis donc.

La plaine de Bambao, que le sultan se réserve, est divisée en deux parties par une gorge assez étroite : celle de *Bambao Motoni* (dans le feu) à l'intérieur, ainsi nommée probablement pour sa sécheresse relative, et celle de Bambao au bord de la mer. La première, outre les paturages qu'elle fournit aux troupeaux, est plantée, à certains endroits, de caféier, de riz, de manioc ou de patate. La seconde est plantée de cannes à sucre. C'est la meilleure terre d'Anjouan. Les cannes qui y viennent sont bien supérieures à celles des autres établissements.

D'après les connaisseurs, Bambao devrait produire de mille à quinze cents tonneaux de sucre par an. Une rivière considérable traverse toute cette belle propriété. Sur un point de son parcours, une chute de quinze mètres de hauteur faciliterait les plus heureuses irrigations, outre la force motrice puissante qu'on en pourrait tirer au grand profit de l'usine.

Une Société anglaise de Maurice, la *Banque orientale*, fit, il y a deux ans, avec le sultan un contrat par lequel elle s'engageait à lui verser annuellement une assez belle somme contre la libre exploitation de Bambao que Sa Hautesse lui octroyait. Mais depuis, ce projet a été abandonné, et cette magnifique propriété est encore entre les mains musulmanes, qui ne savent que dégrader les hommes et la terre.

Abdallah n'ayant que des esclaves auxquels il ne donne pas même la nourriture et des Bushmen (1) qu'il contraint à travailler sept mois de l'année, mais pas un employé qu'il paie; de plus, étant lui-même vieux et aveugle, on conçoit qu'il n'ait que des cannes à peu près complètement négligées. Là où la végétation est plus vigoureuse, les hautes herbes ont tout envahi. Aussi se contente-t-il d'espérer quatre-vingts tonneaux de sucre, cette année-ci qu'il croit bonne, c'est-à-dire le douzième de ce qu'il pourrait avoir.

Mais, par ailleurs, il se rattrape largement. Sa Hautesse n'est jamais en peine. Manque-t-il de bœufs, Abdallah se rappelle que quelque pauvre Bushman dès montagnes en cache encore dans une ravine qu'on n'a pas fouillée, et bientôt son troupeau est au complet. Sa provision de riz lui paraît-elle insuffisante, il envoie dire aux planteurs des montagnes qu'il veut bien se charger de leurs récoltes, et ainsi de suite. Il perçoit encore l'impôt qui consiste en une piastre par tête de tous ses sujets. Si ceux-ci ne sont pas à même de le payer, tant pis pour eux, il prendra leurs cabris ou leurs bœufs. Aussi est-il devenu odieux à tous les Noirs. Que ne peut-on murer l'unique porte de son donjon pour laisser respirer ses malheureux sujets !

Je revins à Motoni, et de là je me dirigeai vers les montagnes. Je trouvai sur mon chemin deux villages bien peuplés. Un instant, je m'arrêtai devant une multitude d'enfants, que j'aurais bien voulu voir en un lieu plus sûr pour leur innocence et leur liberté. Mais, à ma proposition d'amener à Mayotte ceux qu'on voudrait bien me confier pour leur apprendre à lire et à écrire, il ne fut répondu que par un silence universel. Comme je n'avais pas le temps de m'arrêter, je repris ma route avec un nouveau guide.

(A suivre).

(1) Les Vrais indigènes d'Anjouan, qui, depuis l'invasion des Arabes, vivent dans les montagnes.

FAUNE ET FLORE CHINOISES

PAR

M. ARMAND DAVID

Lazariste, ancien missionnaire en Chine, membre correspondant de l'Institut.

CLASSE DES MAMMIFÈRES

(Suite 1)

L'espèce d'antilope, de l'empire chinois, qui nous rappelle le mieux les formes habituelles du genre (dont nous avons le type dans la gazelle), est le *Hoang-yang*, ou brebis jaune, des Chinois, auquel les naturalistes donnent le nom de *Procapra gutturosa*, à cause de son gosier un peu développé en goître. Cet animal, qui habite les plateaux mongols, ne s'approche qu'exceptionnellement de la frontière chinoise, et il a la taille d'un mouton ordinaire. Ce n'est pas une bête très élégante. (V. la première gravure, p. 166). Mais elle est très solide et elle ne se laisse pas facilement atteindre dans les déserts sablonneux qu'elle hante de préférence. Cependant les cavaliers mongols réussissent à en prendre beaucoup, en enveloppant leurs bandes de toute part et en les criblant de leurs balles ou de leurs flèches, et ils en portent des monceaux chaque hiver au marché de Pékin. Une année, quand j'étais en Chine, nos chrétiens de *Siwan* en capturèrent un très grand nombre d'un seul coup : il avait neigé beaucoup en Mongolie, chose fort rare pour ce pays, et un immense troupeau de *Hoang-yang*, poussé par la faim, s'était avancé dans une large vallée montante qui se rétrécissait au fur et à mesure et aboutissait brusquement à un précipice profond. Nos hommes s'aperçurent de la chose, coururent sur leur derrière et les effrayèrent de telle sorte que les pauvres antilopes se jetèrent en foule dans le rocher béant et la plupart y restèrent tués ou estropiées : on n'eut qu'à les ramasser et à les transporter à charretées dans les villes les plus voisines. Les deux sujets de cette espèce, que j'ai envoyés au Muséum, proviennent de cette chasse miraculeuse, qui fut bien plutôt une épouvantable tuerie que je n'aurais pas voulu voir !

Un second *Procapra*, à tournure plus svelte et à cornes plus longues, fréquente les environs du Kan-sou et la région du Kou-kou-noor, et un troisième animal du même groupe a été découvert par les explorateurs russes dans les déserts plus occidentaux de la Mongolie.

Et, à cette occasion, qu'il me soit permis de reproduire ici une de mes notes de voyage, relative à ma première vue du désert mongol et de ses habitants caractéristiques : elle a laissé une impression ineffaçable dans mon souvenir :

« Jusqu'ici, nous avons rencontré des champs labourés, et la terre qui provient de la décomposition de la roche basaltique produit un sol très fertile. Désormais, non seulement il n'y a plus de plantes cultivées; mais il n'y a même aucune sorte d'arbres, et je vois avec surprise un nid de pies que ces pauvres oiseaux ont, faute de mieux, établi sur l'enfourchure de *trois* perches qui ont été déposées à l'angle d'une petite cour, à trois pas de la maisonnette.

(1) Voir les *Missions catholiques* des 13, 20 et 27 mars.

« ... Nous voyageons en plein pays mongol ; nous laissons à notre droite une grande montagne volcanique, à sommet tabuliforme, sur laquelle nous apercevons des autels lamanesques. *Sambdatchiembda* m'apprend que ces hauts plateaux et tous les alentours sont habités par des Mongols tartares, originaires de la Mantchourie et qui sont à la solde de l'Empereur. Nous nous dirigeons toujours à l'ouest, marchant alternativement deux à pied et deux sur la charrette, qui cahote bruyamment sur le roc inégal. Bientôt, le paysage change encore d'aspect, nous nous trouvons devant une vaste plaine au milieu de laquelle s'étend un lac de plusieurs lieues de longueur et dont les bords sont blanchis d'une large bande de sel et de natron (carbonate de soude, employé en Chine comme savon). Tout le pays est parsemé de tentes mongoles..

Un premier troupeau de gazelles *Hoang-yang* pait tranquillement tout près de notre route et ne se dérange guère à notre approche ; ces animaux qui paraissent jaunes de loin et que, pour cette raison, les Chinois appellent *moutons jaunes*, ne se mettent à galoper que lorsque nous faisons mine de les poursuivre.

« Nous nous arrêtons, pour rompre notre jeûne, dans une sorte de hameau composé de quatre maisonnettes et de quelques tentés ; l'hospitalité est en grand honneur chez les Mongols, et nous recevons un très bon accueil. Une robuste femme et ses deux fils, jeunes garçons de dix à douze ans, s'occupent diligemment à allumer le feu d'argols qui nous est nécessaire pour cuire notre millet. Ces enfants sont déjà habillés en *lamas*, c'est-à-dire qu'ils ont la tête rasée, qu'ils sont vêtus d'une longue robe violette et de grandes bottes de cuir.

L'ANTILOPE HOANG-YANG (voir page 165).

L'ARGALI (voir page 167).

« La plaine où nous nous trouvons est assez humide et salée, et j'entends qu'on lui donne le nom de *Narem-gol*. On aperçoit de tout côté des chameaux et des moutons, paissant l'herbe, qui est très clairsemée, à côté des quatre ou cinq bandes d'antilopes que nous découvrons de notre place. Le paysage est très animé et délicieux pour le naturaliste ! C'est l'époque du passage des oiseaux, et il y en a beaucoup ici à côté de nous ; la belle *Calandre* fauve, aux ailes blanches, nous prodigue son admirable chant, de concert avec les notes non moins ravissantes de l'*Alouette* champêtre, de l'*Otocoris* isabelle, de la *Calandrelle* et du *Cochevis* commun. Plus au loin, on voit quelques grands aigles (*Aigle impérial* et *A. Mongol*), donnant la chasse à ces gentils petits chiens des prairies ou *Sousliks*, qui s'ébattent étourdiment autour de leurs terriers. Je distingue aussi un immense *Pygargue*, ou aigle de mer, à tête et à queue blanches, qui se précipite comme la foudre sur les bandes de canards du lac. Sur ces eaux stériles reposent encore des *Cygnes*, au plumage éblouissant de blancheur et des *Oies* de plusieurs espèces, parmi lesquelles la *Rieuse* semble la plus abondante. Il y a aussi des *Goëlands* et des *Mouettes*, qui exécutent leur voyage au nord par l'intérieur du continent. Sur la plage boueuse dorment mélancoliquement quelques *Hérons* cendrés et des *Aigrettes* blanches, tandis que, autour d'eux, s'agitent, volent, crient ou piaillent une multitude confuse de *Courlis*, de *Vanneaux*, de *Pluviers* et de *Bécasseaux* de toute sorte, en nombre tel que je n'ai jamais rien vu de semblable jusqu'aujourd'hui.

Ce n'est pas tout ! On découvre encore, courant sur le sable ou planant dans les airs, la *Grue-demoiselle*, aux gracieux panaches blancs, que j'ai ne pense pas qu'il y en existe à exécuter, surtout en cette saison de l'année (avril-mai) et avant de se disperser pour la nidification, de vraies danses accompagnées de force courbettes, et les sarabandes les plus folâtres. Je discerne encore le grand *Cormoran* aux reflets bronzés, le *Milan* oriental, le *Faucon* sacré, et plusieurs autres oiseaux de proie. J'aperçois plus loin, butinant dans les terrains plus élevés, des troupes de grandes *Outardes*, qui me paraissent ressembler beaucoup à l'Outarde barbue, et, dans une autre direction, une seconde bande d'autres *Outardes*, de moindre taille et grisâtres, que je ne reconnais pas du tout, bien qu'elles soient posées à terre. Plus au sec encore et parmi les cailloux au milieu desquels poussent çà et là des *Iris* bleus, des *Caragana* jaunes et des *Liserons* épineux sautillent familièrement le *Saxicola leucomela* et le *Sax. isabelina* : ce dernier a des couleurs terreuses et chante merveilleusement, en s'élevant en l'air à la manière de notre alouette, mais moins haut ; c'est encore du nouveau pour moi ! Devant cette scène inoubliable, qui me donne l'idée de ce que serait la richesse de la nature, sans l'action destructive de l'homme, l'âme s'élève spontanément vers le Créateur de toutes les merveilles visibles et invisibles, et l'on s'écrie : *Benedicite, omnes volucres cæli, Domino; benedicite, omnes bestiæ et pecora, Domino!* »

LE BUFFLE ARNI (voir page 168).

OVIDÉS

Deux espèces de *Mouflons* ont été rencontrées par nous dans l'empire chinois, et je ne pense pas qu'il y en existe d'autres, pas plus qu'il ne s'y trouve aucune Chèvre sauvage ni de *Bouquetin*. L'*Ovis Nakor* était déjà connu du Sikkim, quoique imparfaitement ; j'ai retrouvé cet élégant Mouflon sur les plus hautes montagnes de la Chine occidentale et de Moupine, où il se tient en bandes dans les plateaux découverts au-dessus de la région des forêts, entre trois et cinq mille mètres d'altitude. Il devient très grand, mais ses cornes ne s'enroulent pas plus que celles de l'*Ovis musimon* de Corse. Le second Mouflon est le célèbre *Argali* (*Ovis Ammon*, P.) (V. la deuxième gravure, p. 166.) C'est le plus forte espèce du genre, comme chacun peut le constater, en allant examiner les deux sujets adultes que nous avons eu la bonne chance de procurer à notre Muséum national. L'Argali est répandu un peu partout en Mongolie, là où il y a des chaînes montueuses ; mais il n'y existe plus qu'en fort petit nombre. Souvent les mâles se tuent en se battant entre eux ou en tombant sur leur tête, quand ils sautent parmi les rochers, entraînés qu'ils sont par le poids de leurs énormes cornes.

Quant au *Mouton* chinois, disons en peu de mots qu'on peut en compter trois variétés principales : celle du nord, ayant une taille haute et la queue courte et très épaisse ; celle du centre-ouest, qui a aussi la queue très épaisse mais seulement dans la première moitié de sa longueur, avec des cornes se développant beaucoup en spires horizontales très lâches. et une troisième, surtout répandue au sud et au centre de l'empire, qui a la queue longue et mince et les pieds laineux jusqu'au sabot. Pour la Chèvre domestique, elle se trouve dans tout l'empire et ne diffère pas de la nôtre.

BOVIDÉS

Communément, on range dans cette famille l'*Ovibos*, ou Bœuf musqué, de l'Amérique polaire, qui a aussi habité une grande partie de l'Europe et de l'Asie, aux temps quaternaires ; l'*Anoa* (*Probubalus depressicornis*) de Célèbes, étrange petit bovidé qui a quelque analogie avec le Buffle, comme il en a aussi avec l'Antilope ; de même, l'Ovibos se rapproche du genre *Ovis* par plusieurs caractères assez marquants.

Ensuite, nous avons le genre *Bison*, dont une espèce est particulière à l'Amérique du Nord, où l'homme le détruit rapidement et barbarement : et l'autre vit encore en Europe (Pologne et Caucase), mais en petit nombre. Malgré leur similitude externe, ces deux espèces diffèrent entre elles par des détails anatomiques ; par exemple, le Bison américain a quinze paires de côtes, tandis que l'européen n'en a que quatorze.

Quant aux Buffles (*Bubalus*), on en compte six ou sept espèces, dont deux africaines et les autres originaires de l'Indomalaisie. Le grand buffle *Arni* (voir la gravure, p. 107), aux immenses cornes en croissant, qui vit encore sauvage en Cochinchine, existe seulement à l'état domestique en Chine, dans les deux tiers méridionaux du pays ; il semble que la domestication de cet animal soit bien moins ancienne que celle du bœuf ordinaire. Le buffle, que les Chinois appellent *Chouy-niou* (bœuf aquatique) est employé principalement pour les travaux des rizières, et il exige le voisinage des eaux dans lesquelles il aime à se tenir enfoncé pendant une partie du jour. Cet animal a l'air farouche, et, à l'aspect de nous autres Européens, il souffle d'une façon alarmante ; par contre, il est doux et docile avec ses maîtres et un enfant suffit pour le mener.

Je n'ai jamais vu en Chine notre buffle commun ; on sait que celui-ci est d'origine indienne, et que les Egyptiens ne l'ont reçu qu'au temps des Romains, et les Italiens plus tard encore.

(*A suivre*).

NÉCROLOGIE

Mgr DE CHARBONNEL

Capucin, ancien évêque de Toronto, archevêque de Sozopolis.

Ce prélat nonagénaire, qui avait occupé durant près de vingt ans le siège épiscopal de Toronto au Canada, est mort à Crest (Drôme), le 29 mars. La mort de Mgr de Charbonnel est un deuil pour la Propagation de la Foi. Le regretté défunt s'était en effet toujours intéressé aux progrès de notre Œuvre, et depuis qu'il avait quitté la vie active des missions, il n'avait cessé de contribuer à son développement avec un zèle dont Dieu seul connaît les fruits précieux. Nous consacrerons prochainement une notice biographique à l'éminent prélat.

DONS
Pour l'Œuvre de la Propagation de la Foi

ÉDITION FRANÇAISE.

Anonyme de Paris	10
Anonymes de Montréal...............................	99 45
Anonyme de Vitry-le-François, diocèse de Châlons, en l'honneur de Saint-Joseph, avec demande de prières.........	70
Anonyme de Lyon, avec demande de prières spéciales.........	4.000
M. Maire, à Poitiers	6 80
F. D. don recueilli par l'*Echo de Fourvière*..............	10 40
Anonyme, »	100
» » »	2
» » »	8 60
» » »	72
Une anonyme de Bordeaux............................	100

Pour les missions les plus nécessiteuses (Mgr Petkoff).

Anonyme de Berne..................................	18
Anonyme de Lyon...................................	10
Anonyme de Grenoble...............................	6

Pour les affamés du Hou-Pé méridional.

M. Amonte, à Manerba, Brescia, avec demande de prières	9 6

A Mgr Riccaz, évêque de Nagpore, pour veuves païennes.

Anonyme du diocèse d'Annecy	1 800
» du diocèse de Lyon	700
» » »	300

Au R. P. Baulez (Pondichéry).

Anonyme de Chaumont, diocèse de Langres............	10

Au R. P. Darras, pour N.-D. de Lourdes, à Chetput.

Anonyme de Lille, diocèse de Cambrai...............	50
Une anonyme d'Autun	5
J B R., du diocèse de Bâle	10

A Mgr Midon, pour l'église de Saint-François-Xavier, à Kioto.

C. C. C., de Grenoble..............................	25

Au R. P. Testevuide, pour la léproserie de Gotemba.

Anonyme du diocèse de Limoges, avec demande de prières.....	20
Une dame belge, du diocèse de Liège, qui demande des prières pour le repos de l'âme de son fils et la guérison de sa fille........	200

A Sœur Marie Claver, pour l'hôpital d'Onitcha.

Anonyme de Chaumont, diocèse de Langres	10

A Mgr Livinhac, pour rachat d'enfants païens de l'Ouganda.

M. J. A. Wijesinghe, de Puttalam (Ceylan).............	25

A Dom Ignace, préfet de la mission du Sacré-Cœur (Territoire-Indien).

C. C. C., de Grenoble..............................	25

A Mgr Grouard (Athabaska-Mackenzie).

Mme A. F., du diocèse de Lyon...	10

A Mgr Couppé (Nouvelle-Poméranie).

Mme S F , du diocèse de Lyon......................	10

[La suite des dons prochainement].

TH. MOREL, *Directeur-gérant*.

Lyon. — Imprimerie MOUGIN-RUSAND, rue Stella, 3.

IDAHO (États-Unis). — CATARACTE DE SHOSHONE; d'après une photographie envoyée par Mgr GLORIEUX, vicaire apostolique d'Idaho.
(Voir page 171).

CORRESPONDANCE

TCHÉ-KIANG (Chine).

Reconnaissante de l'accueil fait par nos lecteurs à son appel de l'année dernière, la zélée supérieure de l'hôpital de Ning-po nous envoie ces touchants détails. Puissent-ils contribuer à faire, mieux connaître et aimer les œuvres des vaillantes filles de saint Vincent de Paul, missionnaires en Chine!

LETTRE DE SŒUR VICTOIRE GILBERT, SUPÉRIEURE DES FILLES DE LA CHARITÉ DE L'HOPITAL SAINT-JOSEPH A NING-PO.

Vous connaissez, sans doute, les divers malheurs qui viennent de frapper successivement la mission du Tché-kiang. D'abord une inondation désastreuse suivie d'une profonde disette qui dure encore, puis une épidémie qui a fait des milliers de victimes : nous avons eu jusqu'à onze Chinois morts du choléra le même jour ; enfin une série d'incendies dont le dernier vient de dévorer 3,000 maisons. Tous les fléaux en un mot, se sont réunis pour accabler de leurs coups cette province.

, Si nous avons payé un large tribut aux épreuves communes, nous avons recueilli, en revanche, une moisson

abondante. Les pauvres envahissaient notre maison ; les malades se disputaient les lits de notre hôpital; le nombre des orphelins augmentait de jour en jour; seuls les vieillards restaient à la porte, cherchant vainement leur place à ce foyer de la charité, implorant un secours que notre pitié était impuissante à leur donner. C'est là encore qu'ils attendent que votre main charitable vienne ouvrir à leur malheur un asile qui abrite déjà tant d'autres infortunés. Par vos bons soins les extrêmes se toucheront, et saint Joseph, protecteur de la maison, y verra la vieillesse à côté de l'enfance.

Pauvres vieillards abandonnés ! ils ont lutté longtemps contre les souffrances de la vie. Peut-être avaient-il rêvé de terminer dans une modeste aisance leur longue et pénible carrière. Puis le malheur est venu tout à coup, leurs espérances se sont évanouies ; un fléau d'un jour, d'une heure, l'eau ou le feu, a suffi pour anéantir à jamais les fruits de leurs travaux. Ou bien ces enfants sur lesquels ils avaient tant compté pour consoler leurs derniers jours, la mort les a emportés. D'autres sont encore plus malheureux, car leurs fils vivent, mais ces fils dénaturés les maudissent et les repoussent. Les voilà donc, ces pauvres vieillards déçus dans leurs espérances, courbés par l'âge, vaincus par la misère, incapables de recommencer la lutte ; les voilà sans courage, sans famille, sans appui, à la porte de notre maison !

Tristes et découragés, ils viennent nous demander ce qu'ils ne peuvent trouver ailleurs, un peu de paix et de joie avant de mourir. Notre cœur leur est grand ouvert ; mais que peut-il si. nos mains sont vides ! Faudra-t-il donc, parce que nous sommes pauvres, briser le dernier espoir qui les soutient au bord de la tombe et les envoyer mourir ailleurs ? Après le douloureux martyre de leur pénible existence, ne serait-ce pas les condamner au malheur mille fois plus terrible de l'éternité ? Non, il n'en sera pas ainsi ; c'est pour les sauver que le bon Dieu me presse de venir implorer votre secours ! Qu'ils soient au moins heureux quelques jours ici-bas ; qu'ils soient heureux surtout au-delà de cette pauvre vie, si amère pour eux ! Cette œuvre aurait toutes les sympathies des païens qui font profession d'un grand respect pour la vieillesse. Loin d'inspirer des soupçons ou de froisser les idées du pays, elle rencontrerait partout l'estime et la bienveillance, et notre sainte Religion qui l'inspire en tirerait un éclat précieux. Je désire donc qu'un bon nombre de fondations de lits perpétuels (à mille francs une fois versés) pour notre hôpital de malades et pour notre hospice de vieillards, nous viennent par votre entremise !

. . .

Je n'ai pas besoin d'insister plus longuement pour vous intéresser à cette belle cause, à ces pauvres vieillards si dignes de compassion sous tout rapport. Pas plus que celui de saint Vincent de Paul, votre cœur n'est sourd à la plainte ou à la prière de l'infortune. Le plus difficile, c'est de trouver des âmes généreuses qui répondent à notre appel. De plus en plus nombreux, les besoins de notre pauvre pays, la France, épuisent la charité pourtant si féconde. Cette table royale ne suffit plus à tous les affamés qui s'en disputent jusqu'aux petites miettes. Il faudrait des miracles. Je vais en demander encore un par le moyen de votre zèle. Pendant que vous tendrez la main aux hommes, j'élèverai les miennes vers Dieu, pour le prier de vous bénir.

INFORMATIONS DIVERSES

Lyon. — Nous recommandons aux suffrages et aux prières des missionnaires et de nos lecteurs l'âme de M. Irénée Bonnet, ancien président du Comité diocésain de l'Œuvre de la Propagation de la Foi à Lyon. Un long dévouement envers notre Œuvre mérite la récompense accordée par le Maître au bon serviteur.

Madagascar. — Le R. P. Caussèque, de la Compagnie de Jésus, procureur de la mission de Madagascar, nous écrit :
« Comment venir en aide à votre mission ? » écrivent plusieurs personnes dévouées. Je réponds : par la prière et par l'aumône.

« Les bienfaiteurs qui désireraient affecter leur aumône à une œuvre particulière, trouveront sans doute dans la liste suivante celle qui mérite leurs préférences. En effet, il suffit pour adopter ou entretenir un externe à l'école primaire, de 5 francs par an, un lépreux à l'hôpital, de 30 francs, un élève à l'école normale, 50 francs, un séminariste (clergé indigène), de 80 francs, un instituteur ou institutrice en fonction, de 120 francs. Tels sont les frais d'une adoption pendant un an. En multipliant par 25 les chiffres ci-dessus, on obtiendrait un capital perpétuant l'adoption. Ce serait une fondation.

« Voulez-vous des œuvres plus considérables ? Il faut, pour fonder une paroisse des campagnes, la somme de 8,060 francs, à savoir : 2,000 francs pour une église, école, etc..., 6,000 francs de capital pour l'entretien des maîtres d'école. Il faut, pour placer une jeune fille malgache dans la Congrégation des Sœurs de Saint-Joseph de Cluny, une dot de 10,000 francs. Il faut, pour fonder une léproserie pour 150 malades, la somme de 125,000 francs à savoir : 12,500 francs pour hôpital, église, etc..., 112,500 francs de capital pour l'entretien des malades.

« Depuis plus de deux ans, quatre jeunes filles malgaches attendent la dot qui doit leur ouvrir les portes de la vie religieuse.

« Il existe déjà près de Tananarive une léproserie avec 150 malades. Les aumônes recueillies surtout par les *Missions catholiques* nous ont permis de la construire et de l'entretenir ; mais il est urgent d'en fonder deux autres, une chez les Betsiléos et une deuxième dans la province d'Imerina.

« Aux populations païennes qui demandent l'enseignement catholique, le missionnaire est forcé de répondre : « Je ne puis accepter ni de nouveaux postes ni de nouvelles écoles. »

« Le personnel de la mission catholique se compose comme il suit : 1 évêque, 48 prêtres, 19 Frères coadjuteurs, 19 Frères des écoles chrétiennes, 27 Sœurs de Saint-Joseph de Cluny, 545 instituteurs ou institutrices malgaches.

« La mission catholique compte 398 postes ou chrétientés, 112,000 catholiques ou adhérents, 539 écoles, 1 collège, 15,033 élèves, 1 observatoire, 1 imprimerie, 4 dispensaires, 1 léproserie avec 150 malades, etc.

« Les allocations ordinaires ne suffisent plus même pour maintenir les œuvres existantes.

« Jusqu'à ces derniers temps, le culte des idoles était l'unique religion de Madagascar.

« Aujourd'hui, sur les 4 ou 5 millions d'habitants que l'île renferme, les Anglicans, les Indépendants, les Quakers et les Luthériens de Norvège revendiquent 355,113 disciples ou adhérents et près de 120,000 élèves. Vous connaissez l'élément que l'on appelle protestant. C'est, en effet, une multitude plutôt enrôlée que convertie, une population bien plus effectivement soustraite à l'enseignement de l'Église catholique qu'à l'influence des mœurs païennes. N'importe, de ce côté se trouvent et la richesse et le pouvoir.

« Ainsi les missionnaires catholiques ont à lutter contre deux puissants ennemis : le paganisme et l'hérésie.

« Concourir, selon son pouvoir, à quelqu'une de leurs œuvres, c'est le moyen de s'assurer une large part aux mérites de leur apostolat et d'attirer la miséricorde de Dieu sur ceux que l'on aime. Le divin Maître a dit : « Celui qui reçoit en mon nom un « de ces petits, me reçoit moi-même. » Au jour de la récompense il dira : « Ce que vous avez fait à l'un de ces plus petits de mes « frères, vous l'avez fait à moi-même. » »

Idaho (*Etats-Unis*). — Mgr Alphonse Glorieux, évêque d'Apollonie, vicaire apostolique d'Idaho, nous envoie de Boise-City les photographies reproduites par nos gravures pages 169 et 175.

On sait que la mission dont Mgr Glorieux est le chef, a été fondée en 1868 et dirigée d'abord par Mgr Lootens, puis, à la démission de ce prélat, administrée durant neuf ans par les archevêques d'Orégon-City, NN. SS. Blanchet et Seghers. Depuis qu'il Mgr Glorieux a été chargé par la Propagande, en 1885, de cette difficile mission, plusieurs stations ont été créées et une impulsion nouvelle a été donnée à l'œuvre de l'évangélisation des Indiens : Nez Percés, Cœurs d'alène, Pendants d'oreille, Serpents

Kootenais, etc., qui; au nombre de plus de cent mille, forment le fond de la population du Territoire. Le nombre des stations desservies par les missionnaires dépasse soixante-dix. Mgr Glorieux trouve le plus précieux concours dans les Pères de la Compagnie de Jésus, qui ont toujours montré une prédilection particulière pour les malheureux indigènes de cette partie des Etats-Unis, depuis le P. de Smet dont le souvenir est resté si vivant dans les Montagnes Rocheuses.

Ce pays accidenté est arrosé par une importante rivière, le Snake, qui prend sa source dans le Wyoming, à deux mille cinq cents mètres d'altitude et reçoit le tribut d'un grand nombre de cours d'eau avant de se réunir à la Columbia. Notre première gravure représente la célèbre cataracte de Shoshone; c'est l'une des plus belles curiosités naturelles de l'Idaho : enserrée entre deux chaînes de montagnes, la rivière, large à cet endroit d'un tiers de kilomètre, tombe brusquement d'une hauteur de soixante-quatre mètres.

L'Idaho n'est encore qu'imparfaitement connu. Sa superficie égale la moitié de la superficie de la France; et, quoique l'immigration lui donne chaque année de nouveaux habitants, bien des années se passeront encore avant que le Territoire ait été exploré dans son ensemble.

Mexico. — Nous avons annoncé la mort de Mgr de Lavastida y Davalos, archevêque de Mexico. Le R. P. Terrien nous envoie les détails suivants sur les funérailles de l'éminent prélat :

« A mon arrivée de Morelia à Mexico, j'ai été péniblement impressionné en trouvant la capitale du Mexique plongée dans le deuil le plus profond. Je voyais les balcons de presque toutes les maisons ornés de tentures noires, des pavillons en berne, la tristesse sur tous les visages, des larmes dans bien des yeux, en un mot une sorte de consternation générale. Quel est donc le malheur que pleure la grande cité mexicaine ? Hélas ! Elle vient de perdre son illustre Pontife, son protecteur tout-puissant, son Père bien-aimé : Sa Grandeur Mgr l'Archevêque de Mexico, Dr Don Pelagio Antonio Lavastida y Davalos, s'était endormi dans le Seigneur, le 4 février, après cinquante et un ans de sacerdoce et trente-six ans d'épiscopat.

« Il me serait difficile de résumer la vie si laborieuse de ce grand Pontife : il a joué un noble rôle dans l'histoire du Mexique, au point de vue politique comme au point de vue religieux, et Dieu seul peut savoir le bien immense qu'il a fait à sa Patrie; c'est une figure qui restera gravée avec son auréole de vertus, dans la mémoire et le cœur de tous ceux qui ont eu le bonheur de le voir et de le connaître. Sa mort est un malheur public.

« Ses funérailles ont été splendides, jamais pareille manifestation n'avait eu lieu à Mexico ; c'était un véritable triomphe ! M. le général Porfirio Diaz, président de la République, ami du défunt, conduisait le deuil, entouré du ministre de l'Intérieur, D. Romero Rubio, et de MM. les chanoines Alarcon, doyen du Chapitre, et Ambroise Lara, proviseur de la Mitre. Des milliers d'hommes suivaient dans le plus profond recueillement, tête découverte.

« Aujourd'hui les restes du grand évêque sont déposés dans la chapelle du Panthéon espagnol.

« Si je vous trace ces quelques lignes sur la mort et les funérailles de Mgr feu l'Archevêque de Mexico, c'est que, moi aussi, je sens le besoin d'offrir à ce Pontife défunt mon tribut de vénération, d'affection filiale et de regrets sincères. Etant étranger, je n'ai pu, comme je l'aurais désiré, me mêler au deuil général, mais dans le recueillement de ma cellule, j'ai prié pour lui. J'ai pu apprécier les qualités éminentes de Mgr Lavastida, sa bonté aimable, et si l'Œuvre de la Propagation de la Foi s'organise et progresse au Mexique, elle le doit en premier lieu à cet intelligent prélat. En voyant de ma chambre défiler le convoi funèbre conduit à sa dernière demeure, j'avais présents à ma mémoire tous ces doux souvenirs, et je me rappelais avec émotion les dernières lignes que Sa Grandeur me traça de sa propre main : « Demandez, mon Père, bon missionnaire et bon ami, demandez à Dieu « Notre-Seigneur et à sa sainte Mère que je recouvre mes forces « pour travailler, dont vous serez très reconnaissant, votre « pasteur pour aujourd'hui et votre ami pour toujours. »

DOUZE CENTS MILLES EN CANOT D'ÉCORCE

ou

PREMIÈRE VISITE PASTORALE

de Mgr N.-Z. LORRAIN, évêque de Cythère

Vicaire apostolique de Pontiac

DANS SES MISSIONS SAUVAGES DU HAUT DES RIVIÈRES OTTAWA ET SAINT-MAURICE, DE WASWANIPI ET DE MÉKISKAN

Par Mgr J.-B. PROULX

Curé de Saint-Raphaël de l'Isle-Bizard.

(Suite 1).

CHAPITRE XII

A Waswanipi.

Le bassin de la baie d'Hudson. — Le poste de la Compagnie. — Sous le patronage de saint Augustin, apôtre de l'Angleterre.— M. Jobson. — Le festin. — Peuple de gueux, peuple de saints. — Leur langue. — Visite aux tentes et au cimetière. — Communion et confirmation. — La Saint-Jean-Baptiste.

Mercredi, 22 juin. — Nous voici arrivés au point le plus septentrional de notre voyage. Depuis dix jours nous naviguons sur des eaux qui descendent vers la baie d'Hudson.

Qui connaît la baie d'Hudson, cette Méditerranée du Canada, dont l'étendue égale plus de la moitié de la Méditerranée d'Europe, baignant les bords enchanteurs et rappelant les souvenirs classiques de la Grèce et de l'Italie ; longueur plus de trois cents lieues, largeur deux cents lieues; superficie cinquante-cinq mille lieues carrées. Plusieurs détroits la mettent en relation avec la mer Glaciale, et elle communique avec l'océan Atlantique par le détroit d'Hudson, une bagatelle de canal mesurant cinq cents milles de longueur, une largeur moyenne de cent milles, et une profondeur de cent à cinq cents brasses.

C'est le fond d'un immense bassin de trois millions de milles carrés ; les eaux, comme autant de rayons d'une vaste circonférence, y convergent vers un centre commun, partant, à l'est, de la ligne de faite qui sépare en deux versants la péninsule du Labrador, au sud, de la hauteur qui divise la terre de Rupert des vallées du Saint-Laurent, de l'Ottawa et des grands lacs, au sud-ouest et à l'ouest, des environs des sources du Mississipi, du grand désert américain et du pied des Montagnes Rocheuses. En effet, le lac Winnipeg, qui reçoit par la rivière Winnipeg, la rivière Rouge et les eaux du Saskatchewans, une grande partie des eaux du Nord-Ouest canadien et américain, n'est qu'un réservoir secondaire qui déverse son trop plein dans le réservoir principal de notre baie d'Hudson, par un artère de première grandeur, la rivière Nelson.

Trente des nombreuses rivières qui lui apportent le tribut de leurs ondes, mériteraient, partout ailleurs qu'en Amérique, le nom de fleuves ; entre autres la rivière de la Grande Baleine, sur la côte du Labrador, les rivières Rupert, Moose et Albany, les rivières Nelson et Churchill sur la côte occidentale. La Rupert ferait rougir le Saint-Maurice, la Moose a un mille d'une rive à l'autre, l'Albany promène

(1) Voir les *Missions catholiques* des 2, 9, 16, 23 janvier, 6, 13, 20, 27 février 6, 13, 20 et 27 mars, 3 avril, ainsi que la carte et l'itinéraire, page 8.

son cours sur un espace de plus de deux cents lieues, la Nelson roule un volume d'eau quatre fois plus considérable que l'Ottawa, et la Churchill pourrait rivaliser avec le Rhin allemand.

De plus, la terre de Rupert renferme une quantité de lacs considérables. Outre ceux dont j'ai parlé dans le cours de ce journal, je mentionnerai le Mistassini, le Nemiskau et l'Abbitibi.

Le Mistassini a bien soixante lieues de long, c'est un autre Ontario. Nemiskau ferait assez belle figure à côté de l'Erié. Le P. Albanel dit du premier :

« Il est si grand qu'il faut vingt jours de beau temps pour en faire le tour. »

Et du second :

« Nemiskau est un lac de dix journées de circuit. »

Il tenait ses renseignements de ses guides, et ce calcul n'est pas exagéré, si on mesure les journées sur celles des sauvages qui, en règle générale, ne mettent pas plus de cinq à six lieues entre chacun de leurs campements.

J'ai vu l'Abbitibi, il ne mesure pas moins de quarante-cinq milles d'une extrémité à l'autre, le lac Saint-Pierre pourrait s'y noyer. Il a le pittoresque du Kipewé, les coquetteries du lac des Iles, et le grandiose du Waswanipi. Les lignes de l'horizon s'effacent dans un lointain indécis, les côtés paraissent de niveau avec la surface des eaux, un peu en arrière s'élèvent en gradins des collines bleuâtres, et au-dessus vous apercevez çà et là des pics isolés qui forment dans le fond du tableau comme une dentelle en dents de scie. Cette nappe d'eau, aux larges horizons, rappelle la grandeur et la majesté de la mer, mais d'une mer parsemée d'îles riantes et variées.

* *

Que veut dire Waswanipi? les opinions sont partagées, *scindunt si doctores. Nipi* signifie eau, lac ; sur ce point tout le monde s'accorde. Quant à *Waswa,* les uns le font venir de *Waswan,* savane, parce que, à l'embouchure de la rivière au Brochet, il y a des marais et des prairies qui empiètent sur le lac ; cette opinion n'est pas probable. D'autres le font venir de *Waswé,* qui veut dire pêcher au flambeau, parce qu'autrefois on avait coutume de prendre sur ce lac beaucoup de poisson à la lueur des torches de cèdre et de bouleau. Il paraît que c'est l'opinion la plus probable. D'autres le font venir de *wassawa,* au loin, lequel, par contraction, ferait *waswa,* parce que la vue embrasse la plus grande étendue du lac au premier coup d'œil. Cette opinion, moins probable, l'est encore cependant. En vertu des règles théologiques sur le probabilisme, je demande la permission de me ranger à cette dernière manière de voir qui me sourit davantage, ayant été si agréablement frappé, en mettant le pied sur ses rives, des horizons *wassawa* qu'offre la Waswanipi.

Le poste de la Compagnie de la Baie d'Hudson est bâti à l'embouchure de la « Rivière au Brochet » qui arrive de l'est et, assez près, s'aperçoit la rivière Waswanipi, qui se dirige au nord. Les cinq maisons qui forment la ville sont bâties à un arpent du rivage, sur une côte de sable mêlée de gravier, faite en dos d'âne, toujours sèche, toujours propre. A cinq arpents du magasin, sur la droite, s'aperçoit le cimetière, entouré de petits champs de patates

dont les feuilles, en cette saison, sortent de terre ; sur la gauche, des prairies encore submergées montrent la tête de leurs foins au-dessus des eaux : elles fourniront la provision de fourrage pour le bœuf et les deux vaches de l'établissement. En arrière, tout près s'élève un pain de sucre, rond comme une boule, haut de cinquante pieds, sur le sommet duquel est plantée une grande croix : elle domine, comme celle du Golgotha, à Jérusalem, tous les lieux circonvoisins, et on l'aperçoit de loin sur les eaux du lac. La première, elle salue l'arrivée du voyageur, elle réjouit l'âme, elle dit que cette terre a été arrachée à l'empire de Satan. *O Crux, ave, spes unica.*

C'est le seul monument religieux qui se voit sur les bords du Waswanipi. Le bourgeois a mis à la disposition des catholiques le magasin, vide de marchandises. Ces bons sauvages avaient fait tous les préparatifs qui étaient en leur pouvoir. Ils avaient scié des planches d'épinette, fabriqué un plancher au chœur, mis sur ce plancher un marchepied, sur le marchepied un autel, sur l'autel un tabernacle et des gradins pour les chandeliers. Des balustres en barreaux bien rabotés, séparaient les simples fidèles du sanctuaire; un morceau de soie en couleurs voyantes enveloppait le tombeau de l'autel ; une dizaine de bancs étaient mis à la disposition de ceux qui aimeraient à s'en servir ; une tapisserie toute neuve couvrait les murs de cette chapelle improvisée.

La mission comprend quatre-vingts catholiques; ils arriveront presque tous cet après-midi. Ce matin, il n'y avait guère qu'une vingtaine de fidèles.

Monseigneur fit son entrée solennelle avec toutes les cérémonies du rituel, comme aurait pu le faire à Notre-Dame l'Archevêque de Paris. J'admirais la bonté maternelle de cette religion qui déploie ses splendeurs pour une poignée de pauvres sauvages, comme pour les foules civilisées de nos grandes villes.

* *

La Grande-Bretagne fut en majeure partie catholique, dès les premiers siècles du christianisme. Envahie par les Angles païens, elle redevint presque entièrement païenne. Un jour, saint Grégoire, pape, passant sur une place publique de Rome, aperçut, parmi les esclaves qu'on vendait, les plus beaux hommes du monde; il s'informa à quelle nation ils appartenaient; on lui répondit qu'ils étaient des Angles.

« *Si Christum cognovissent,* remarqua-t-il, *non essent Angli, sed angeli.* S'ils connaissaient Jésus-Christ, ce ne seraient pas des Angles, mais des anges. »

Ce pieux calembour valut la vérité à tout un peuple. Saint Augustin entreprit et conduisit à bonne fin la conversion de l'Angleterre. Depuis, l'orgueilleuse Albion a mis en lambeaux l'intégrité de sa foi primitive.

Les Cris de la baie se trouvent dans une position à peu près analogue. Les Pères Jésuites, comme Augustin aux Angles, leur avaient apporté les bonnes nouvelles de l'Evangile. Survint la conquête anglaise qui dispersa les pasteurs, et le troupeau retomba dans l'infidélité. Après un certain laps de temps, l'Eglise du Canada, revenue du choc qu'elle avait reçu, envoya de nouveau des missionnaires de ce côté ; mais l'anglicanisme avait pris les devants et déjà avait poussé au loin de profondes racines. Mieux vaut sans doute le faux jour du crépuscule que l'obscurité complète de la nuit ; mais ce qui est préférable encore, c'est la lumière du soleil en son midi. C'est pourquoi Monseigneur, priant et pour les Angles et pour les Cris, a placé cette partie de son vicariat apostolique sous la protection du grand saint Augustin, apôtre de l'Angleterre.

Le bourgeois, M. Jobson, averti de l'arrivée de Monseigneur par un messager spécial, s'est fait un devoir de revenir sur ses pas. Il repartira demain, et, après trois ou quatre jours, il rejoindra sa pelleterie et ses traineaux (voir la grav., p. 174). Il nous a trouvés installés dans sa maison ; le gardien, M. Iseroff, nous en avait ouvert la porte. Le bourgeois s'excusa d'être parti avant notre arrivée. Il ignorait de combien de jours nous étions en arrière ; il se trouvait à court de nourriture. De plus, il a devant lui un voyage de plus de deux mois ; s'il veut revenir avant les froids, il n'a pas de temps à perdre. Ce brave homme, qui n'a que trente-six ans, est depuis vingt-deux ans au service de la Compagnie.

A la prière du soir, toute la paroisse réunie des grèves voisines remplissait la petite chapelle. Le Père leur distribua trente livres de farine et quinze de lard pour festoyer le lendemain. Ce n'est pas beaucoup, mais nous n'avons pu en apporter davantage par cette longue suite de portages difficiles ; ce n'est pas beaucoup, mais ces pauvres gens trouvent qu'ils sont dans l'abondance, n'ayant de tout l'été à manger que du poisson, et encore du poisson. Ce n'est pas toutes les semaines qu'un ours vient passer au bout de leur fusil. Le lard leur est un régal à nul autre pareil. Attendront-ils le retour du soleil pour y goûter ? vont-ils pouvoir dormir ? leur sommeil ne sera-t-il pas agité par des cauchemars de rababout ? Ils se rappellent le proverbe, dont l'idée est vraie dans toutes les langues : « Un tiens vaut mieux que deux tu l'auras. » Ils mettent la chaudière au feu, et passent la nuit dans les plaisirs de la magochiwin. Le matin, il ne restait plus que les os : tarde venientibus ossa.

* * *

Jeudi, 23 juin. — Les sauvages de Waswanipi, tout en étant de la race algique, n'appartiennent pas à cette famille proprement dite ; ce sont des Cris de la Baie, et ils sont frères avec les tribus de Moose et d'Albany. Comme eux, ils ont les pommettes des joues moins saillantes, l'air plus doux, les traits plus réguliers, la démarche dégagée, les poses plus nobles, et le torse vraiment artistique ; leur teint est aussi moins basané, ils confinent à la race blanche. Soumettez pendant des années, une famille canadienne ou anglaise de nos villes à leur genre de vie, à la fumée de leurs cabanes, aux rayons du soleil sur les eaux, à toutes les intempéries des saisons sans abri convenable ; et vous verrez si l'épiderme de nos citadins se durcira, si la fraîcheur de la rose se fanera ; à la fin, peut-être, du Blanc ou du Cris celui qui aura l'air le plus sauvage, n'est pas celui qu'on pense.

Le P. Nedelec avait coutume d'appeler les Cris d'Albany « un peuple de gueux, mais un peuple de saints. » On pourrait dire la même chose de ceux-ci dans une certaine mesure. Ils ne sont pas riches, vivent de la chair des bêtes et des poissons, ne goûtent guère à la farine, et ne possèdent

que juste le nécessaire en articles de ménage. Or, on sait que le ménage d'un sauvage n'est pas exorbitant.

Ils ne sont pas très instruits, le Père ne pouvant les rencontrer que quelques jours chaque année. Voudrait-il rester ici longtemps, il ne le pourrait ; il lui faut charroyer ses vivres à dos d'hommes pour lui et ses guides, comme nous l'avons fait ; le poste n'est pas assez garni pour lui fournir sa nourriture, à aucun prix ; au reste, la famine quelquefois empêche les sauvages eux-mêmes de se réunir souvent et les force de se disperser. Cependant ils aiment à prier ; ils ont entendu quatre messes ces deux jours, et ils n'en paraissent pas fatigués. Ils aiment à chanter ; n'ayant eu que peu d'exercice, leurs voix ne s'accordent point, n'importe, ils ne se taisent pas pour si peu, et de couplet en couplet le cantique arrive à sa fin : cacophonie pieuse, plus agréable sans doute aux oreilles du Seigneur que bon nombre de concerts harmonieux exécutés avec des intentions frivoles par des voix profanes et mondaines.

Ils parlent un dialecte de la langue algique qui diffère grandement de celui qui a cours à la Kipewé, au Grassy Lake, au Grand-Lac ; tellement que les deux peuples, à la première rencontre, ne se comprennent pas. Les deux langues marchent d'après le même génie, et ont un bon nombre de racines communes ; mais une foule de mots ne sont pas parents, et les terminaisons sonnent différemment. Le missionnaire doit savoir cette seconde langue, sous peine de voir son ministère ici tout à fait infructueux ; dans les circonstances actuelles, vu le peu de temps qu'il a pour la pratiquer, il éprouve autant de peine pour l'apprendre qu'il en a eu d'abord pour se mettre l'algonquin dans la tête.

Ces langues sont douces, harmonieuses et sonores. J'en surprendrais plusieurs en disant que leur vocabulaire est plus riche que le nôtre, leurs racines plus rationnelles, leur idiome plus pur, et leur syntaxe plus régulière. Leur doux parler est une fleur sortie de la tige primitive, et non pas d'une branche entée sur un arbre étranger. Il ne connaît pas ces accumulations de consonnes si communes en allemand, fréquentes en anglais, et que le français admet quelquefois ; il ignore les mots où un i se trouve étranglé. La langue des Grecs à la bouche arrondie, ore rotundo n'est pas mieux mouillée de voyelles. Exemple frappant : non, en grec, ouc, se dit en algonquin caouin, et en cris namaouia.

Vers midi, Monseigneur fit la visite des tentes au nombre de vingt-cinq. Comme ailleurs, et plus qu'ailleurs, parce que ceux-ci, entre tous ses enfants spirituels, sont les plus pauvres, il distribua nombre d'objets de piété. De plus, il avait apporté pour les enfants une boîte de dragées ; à la vue de ces cœurs, de ces petits chevaux, et surtout de ces poissons en sucre candi rouge, blanc, jaune, jugez de l'étonnement et de la joie de ces sauvageons émerveillés !

* * *

Dans l'après-midi, on se rendit en procession au cimetière, situé à quatre arpents de la chapelle, à l'extrémité nord de l'unique rue, sur un côté de laquelle est bâti le petit village. La rosée trempait les herbes ; n'était-ce pas là l'image des grâces rafraîchissantes qui tombaient, avec les prières de l'évêque, sur les ardeurs du purgatoire ? Je remarquai au milieu du champ des morts une touffe de glaïeuls en fleurs ; j'en cueillis un bouquet : ces corolles et ces pétales violacés, satinés, purpurins, me paraissaient comme des signes, des paroles d'espérance s'élevant des tombeaux : « Je sais que mon Rédempteur est vivant, et que mes yeux le verront dans ma chair. »

L'année prochaine, si les conventions peuvent être tenues, à côté du cimetière, s'élèvera une chapelle, regardant le lac. Le contrat en a été donné hier par Monseigneur à M. Jobson ; elle aura vingt-six pieds sur dix-huit, et elle devra être terminée pour la prochaine mission ; au mois de juin donc, les sauvages n'auront qu'à y transporter leur autel et leurs bancs, et ils auront une église. Elle restera là

comme un point de ralliement pour les fidèles dans leurs chasses errantes, comme un lieu de rafraîchissement pour les bons, comme une source de force pour les faibles, et pour tous, protestants comme catholiques, une occasion de réflexions sérieuses et de pensées salutaires. Cette nouvelle réjouit le cœur des sauvages ; aussi l'un d'entre eux, parlant au nom des autres, dit au Père : « N'oublie pas de dire au gardien de la prière comme nous sommes contents qu'il soit venu nous voir. »

Vendredi, 24 juin. Fête nationale du Canada. — Ce matin ont eu lieu la communion générale et la confirmation. J'avais été édifié de la manière dont tous avaient préparé

CANADA. — TRAINEAU SAUVAGE TIRÉ PAR DES CHIENS ; d'après une photographie prise par Mgr LORRAIN.
(Voir page 173).

leurs confessions ; ils lisaient dans leurs livres, puis méditalent, assis sur les bancs ou à terre, montés sur les marches de l'escalier, tournés les uns du côté de l'autel, les autres du côté de la porte, d'autres du côté du mur, les femmes ayant la tête enveloppée dans leur couverture.

Trente-cinq grandes personnes reçurent le sacrement qui donne le Saint-Esprit. Cinq protestants vinrent trouver le Père et lui exprimèrent le désir de recevoir la confirmation.

« — Les catholiques seuls, répondit le missionnaire, peuvent avoir ce bonheur. »

« — Il y a longtemps, reprirent-ils, que nous sommes catholiques au fond du cœur ; aujourd'hui, nous voulons prier avec toi pour tout de bon. »

Le Père les savait bien disposés, il leur conféra le baptême sous condition, et ils furent confirmés avec les autres.

Nos préparatifs de départ sont faits, et nous attendons que la pluie, cessant du moins pour un moment, nous permette de nous embarquer. Nous ne pouvons nous défendre d'un sentiment pénible en quittant cette mission lointaine : ces pauvres sauvages sont bien éloignés, isolés, exposés ; l'infidélité et l'hérésie les entourent de toutes parts et même les pénètrent, un quart de leurs compatriotes appartiennent à l'Église anglicane ; leurs rapports sont fréquents, soit ici, soit dans leurs longs voyages à Rupert avec leurs amis et leurs parents d'une croyance hétérodoxe. La robe noire ne vient pas souvent, et ne reste pas longtemps, pour éclairer et consolider leur foi. Ames ferventes des pays chrétiens, membres de la Propagation de la Foi, vous avez, dans les forêts du Waswanipi, un champ digne de vos aumônes. Permettez au prêtre de faire dans ces parages un séjour plus long et des visites plus fréquentes. En attendant, espérons en la bonne Providence qui a conservé intact le dépôt de la foi dans ces cœurs simples et fidèles.

Nous n'avons pas oublié qu'aujourd'hui est la fête nationale ; et dans les bois du Waswanipi, comme dans les églises de Montréal, des prières ferventes se sont élevées au ciel pour la prospérité de la patrie.

Un publiciste américain, sans préjugés, clairvoyant, nous appelait la « race de l'avenir. » Des fanatiques nous nomment les « Huns modernes ». Ils veulent nous insulter, je prends leur mot comme un éloge inconscient. Oui, nous sommes les Huns envahisseurs, et nous remplirons le pays qu'ont découvert nos pères, depuis les grands lacs jusqu'au golfe Saint-Laurent, depuis les vallées que baigne le lac Champlain jusqu'aux plaines qui s'étendent au nord de l'Abbitibi, du Waswanipi et du Mistassini. Mais notre invasion pacifique ne menace l'existence d'aucune nationalité, la jouissance d'aucun privilège ; nos seules armes seront l'industrie, l'économie, le travail et la vertu. Il doit y avoir sous le soleil, de l et place pour tous les groupes de population.

IDAHO (États-Unis). -- LA MISSION INDIENNE ; d'après une photographie envoyée par Mgr GLORIEUX, vicaire apostolique d'Idaho.
(Voir page 171)

Seulement, la grandeur du peuple canadien dépendra de la fidélité qu'il apportera à remplir sa mission. Jean-Baptiste ne but ni vin, ni boisson fermentée, il était vêtu d'un habit fait de poils de chameau. Gare à l'orgueil et à l'ivrognerie, les deux défauts nationaux ! Jean marche devant le Seigneur, et prêche fortement la vérité, sans crainte des Juifs, sans crainte d'Hérode. Nous devons porter haut, comme peuple, le flambeau de toutes les vérités morales et religieuses, l'étendard des grands principes sociaux, dont nous avons le secret par notre éducation catholique.

Déjà notre gloire la plus pure est d'avoir conservé et augmenté le dépôt sacré de la foi au foyer de nos séminaires, de l'avoir porté par nos missionnaires jusqu'aux extrémités du septentrion le plus lointain. Ces peuplades sauvages que nous visitons aujourd'hui pourraient répéter dans leur reconnaissance ces paroles du cantique de Zacharie, en les appliquant au peuple canadien :

« Et tu, puer, propheta Altissimi vocaberis. Et toi, nation encore dans ton enfance, tu seras appelée prophète du Très-Haut ; car tu marcheras devant la face du Seigneur pour préparer ses voies, pour donner à son peuple la science du salut, et lui enseigner la rémission des péchés, pour éclairer ceux qui sont assis dans les ténèbres et les ombres de la mort, et diriger leurs pas dans le chemin de la paix. »

(A suivre).

EXCURSION APOSTOLIQUE

AUX ILES COMORES

Par le R. P. BALL, de la Congrégation du Saint-Esprit
et du Saint Cœur de Marie.

(Suite 1)

III. — A travers l'île, par monts et par vaux. — Bois et forêts. —
Les chrétiens de Pomony.

Tant que nous n'avions eu à parcourir que des terres à peu près plates, mes hommes marchaient derrière moi ; mais les rôles allaient être intervertis. Une montagne gigantesque se dressait à pic devant nous. Toutefois, chose bien plus désespérante, c'était de voir, du haut de cette première crête, le sommet d'une autre montagne, très rapprochée, qu'il fallait atteindre après avoir entièrement redescendu la première. De peur de paraître découragé, je n'osai pas d'abord demander si cette manœuvre allait recommencer après la seconde ascension. Hélas ! il fallut la faire quatre fois encore et par des chemins affreux.

Tantôt c'étaient des racines monstres, épaisses de dix centimètres, sortant du sol à six ou sept mètres de l'arbre, et s'élevant toujours jusqu'à former des barrières de deux mètres de hauteur. Les indigènes en tirent leurs portes, leurs volets, le bois dont ils font des plats ronds atteignant jusqu'à un mètre de diamètre. Ils ne connaissent d'ailleurs pas d'autres planches. Enjamber à chaque instant de pareils obstacles n'est pas un petit ennui. Tantôt ce sont des racines plus modestes à la vérité, mais qui, par leur enchevêtrement, ne vous laissent pas un point où poser le pied sans vous exposer à vous casser les jambes ou la tête.

Là, ce sont des blocs de rochers qui varient la monotonie de la route. Ailleurs, vous marchez pendant vingt minutes au bord d'un précipice, au fond duquel vous entendez un torrent rouler ses eaux en mugissant. Mais ce charme est un peu trop tempéré par la dure nécessité de s'accrocher constamment aux racines et aux lianes pour n'être pas entraîné dans une chute terrible. Enfin, après avoir serpenté dans ce dédale, tantôt sautant, tantôt rampant sur les pieds et les mains, nous arrivons à l'escalier, c'est-à-dire à une muraille de rochers à pic.

A cet endroit, les noirs ont attaché à deux points différents de fortes lianes, auxquelles il faut se cramponner vigoureusement, puis, s'aidant des pieds, descendre lentement. Mais la montée opposée étant la dernière, le courage se ranime. Encore trois quarts d'heure se passent dans une marche pénible, et nous voici enfin hors de ce véritable casse-cou. Il était sept heures trois quarts. Depuis plus de deux heures, la nuit nous avait surpris dans ces forêts épaisses, aux arbres gigantesques, qui rarement laissent apercevoir un coin du ciel.

• •

Je voudrais dire un mot sur la variété des essences de ces bois ; mais le temps de les examiner m'a complètement fait défaut. On sait que le noir ne se donne jamais la peine de débarrasser son chemin de quelque obstacle que

(1) Voir les Missions Catholiques du 3 avril.

ce soit, il se heurtera quatre fois par jour à la même broussaille, à la même racine, sans songer à les faire disparaître d'un coup de hache. Aussi, ces chemins-là vous mettent-ils dans la nécessité de regarder toujours où vous posez le pied. Je n'ai donc pu qu'entrevoir ces forêts vierges, où jamais la hache d'un profanateur ne pénètre. D'ailleurs, qu'y viendrait-elle faire ? Ces montagnes, coupées par des torrents d'une profondeur effrayante, les préservent de toute atteinte. Aussi y trouve-t-on des géants dont la tête se perd dans les nuages. Bien que serrés, ils atteignent des grosseurs énormes et des hauteurs dont les hêtres des plus belles forêts de Normandie ne sauraient donner qu'une bien faible idée.

Malgré les fatigues de la journée, j'éprouvais une certaine satisfaction d'avoir passé dans ces montagnes. Et s'il m'arrivait de me trouver encore dans les mêmes circonstances, je n'hésiterais pas à reprendre le même chemin, sauf à laisser dormir chez lui Abdallah-le-Grand. J'aurais alors plus de temps, et pour visiter les villages, et pour examiner les hauteurs, où je n'ai trouvé tant de peine que pour m'être écarté du chemin. Heureusement que nos bons anges avaient veillé sur nous. Bien des fois, je m'étais recommandé au mien, et quand je pense à tous les dangers que nous avons courus, alors qu'un faux pas pouvait nous précipiter à vingt ou trente mètres de profondeur, j'éprouve le besoin de lui rendre de nouvelles actions de grâces pour nous en avoir tirés sains et saufs.

A partir de la forêt, le sentier va en s'améliorant sensiblement. Bientôt même, nous trouvons un chemin carrossable et à huit heures et demie, nous arrivons un peu remis à la maison d'habitation de Pomony.

Une meute de chiens se jette sur nous. Mais, quand le plus gros de la bande a reconnu en moi un Européen, il m'embrasse dans toute la force du terme. M. Dupont, administrateur de l'établissement, vint à notre rencontre et nous reçut avec une amabilité charmante. Après une nuit de bon sommeil, j'allai dès cinq heures dire la sainte messe. Tandis que j'installais mon autel, le chrétien dans la maison duquel je devais célébrer le saint sacrifice réunit tout le monde. Je passai avec eux de longs instants, temps précieux et plein de consolation pour moi. Pendant deux heures, ces bonnes gens écoutèrent avec attention l'exposé que je leur faisais de ce que nous devons croire, faire et éviter pour arriver au salut. C'était la provision spirituelle d'une année peut-être, pour ces âmes abandonnées sans pasteur à la seule conduite de la grâce.

Après l'instruction, je les invitai à profiter de l'occasion pour faire leurs Pâques. Mon appel fut entendu ; ceux même qui ne purent être admis à la réconciliation de la sainte Table comprirent leur égarement et la nécessité de rompre les liens du péché ; mais j'eus le bonheur de voir le plus grand nombre recevoir le pain des forts.

Je pensais repartir le lundi pour Mohéli ; mais le retard de la malle m'obligea à rester jusqu'au mercredi matin. Je n'eus pas à m'en repentir, car, pendant ce temps, je pus revoir les chrétiens et prendre de plus amples informations sur les hommes et les choses d'Anjouan.

IV. — La population d'Anjouan. — Triste sort des esclaves. — Rapacité musulmane. — Jeune noir baptisé et établi baptiseur.

La population d'Anjouan peut se partager en trois groupes.

Le moins nombreux, quoique le plus influent, est celui des Arabes plus ou moins mélangé de sang noir : il forme l'aristocratie.

Le second est celui des Bushmen, les vrais indigènes, qui, lors de l'invasion des Arabes, se sont réfugiés dans les montagnes, où ils vivent pour la plupart dans une grande misère, à moins qu'ils ne travaillent de temps à autre chez le Blanc, qui leur donne de quoi pourvoir assez largement à leur subsistance et à celle de leurs enfants. Si l'on pouvait rester auprès d'eux, il y aurait vraiment espoir d'en faire quelque chose, car ils sont généralement doux, actifs et assez rarement plongés dans la polygamie.

Le troisième groupe est celui des esclaves qui se compose d'abord de beaucoup de Bushmen réduits à l'esclavage, et ensuite d'hommes amenés là par des boutres qui les ont volés un peu partout, malgré la vigilance des croisières. ·

Quand, il y a près de cinquante ans, M. Soulay vint s'établir ici, il vit que les Arabes possédaient un grand nombre d'esclaves qu'ils ne savaient ni ne pouvaient utiliser. Il leur proposa donc de les louer pour douze piastres chaque année. On ne demandait pas mieux ; mais l'humanité et la justice inspirèrent à M. Soulay de faire participer ses hommes au fruit de leur travail, en leur donnant six piastres. Grande fut alors la colère des maîtres, qui, s'estimant volés de tout ce qu'on donnait à leurs esclaves, en retirèrent par dépit un grand nombre. Néanmoins cette somme a été payée à ceux qui ont travaillé dans l'établissement.

Il n'en est pas moins vrai que la condition faite aux travailleurs semble organisée tout exprès pour les détourner du travail, et partant de la civilisation. D'un côté, en effet, n'est considéré que celui qui peut vivre sans rien faire ; n'est méprisable que celui qui est obligé de travailler. D'un autre côté, le fruit du travail revient non pas à celui qui peine, mais à celui qui n'a pour le travailleur que le plus odieux mépris. Espérons que la France, amie de la justice et de la liberté, saura sous peu faire voir aux habitants de cette île, placée maintenant sous son protectorat, qu'elle est vraiment la protectrice des faibles et des opprimés.

La veille de mon départ, je fis une petite promenade dans l'un des villages de l'endroit, avec l'intention de nouer conversation avec les indigènes. Je me mis à parler au premier qui me dit bonjour, et aussitôt je fus entouré par une bande de noirs qui allait toujours grossissant. Je hasardai quelques mots sur leur destinée et sur la religion de Mahomet. Je ne fus pas long à m'apercevoir que les musulmans ne sont pas en odeur de sainteté auprès d'eux. Aussi voulaient-ils me suivre ou me garder ; mais, hélas ! l'une et l'autre de ces demandes était impossible à accorder.

C'est alors qu'ils me firent la confidence de toutes les vexations dont ils sont victimes. Animaux et plantations, tout est à la merci des esclaves, soldats du Sultan, soit par suite d'ordres réels de celui-ci, soit par la cupidité des soldats et pour leur propre compte. Quelques-uns m'ont même affirmé que, lorsqu'ils reviennent de Mohéli, de Nossibé ou de Madagascar avec un peu d'argent, fruit de leur travail, les soldats du Sultan l'ont bien vite flairé, et de gré ou de force, il faut le leur donner.

A mon retour, je parlai aux directeurs de l'établissement de ma conversation avec les indigènes. Ils me répondirent qu'il n'y avait là rien qui dut m'étonner, et l'on me cita les trois faits que voici pour me montrer la rapacité du Sultan.

Un jour, il eut le front de réclamer à M. Dupont six piastres du salaire de chaque homme libre qui travaillait à Pomony. Or, le salaire de ces hommes est de dix-huit piastres, en dehors de la nourriture et du linge. On voit tout ce qu'il y a d'exorbitant dans une pareille exigence. Aussi la réponse dut-elle n'être pas du goût de l'affamé.

Un autre jour, un Anjouanais vient vendre un bœuf à l'établissement de Pomony.

« — Ah ! Monsieur, fit-il tout heureux après en avoir touché le prix, si vous saviez que de misères et d'inquiétudes j'ai souffertes pour vous vendre ce bœuf. Depuis plus d'un an j'erre avec lui dans les montagnes, craignant sans cesse que les soldats du Sultan ne me l'arrachent. »

Mais le trait le plus caractéristique est la prétention du sultan de se substituer à un héritier légitime. Le fait est arrivé à un Métis, qui travaille à Pomony. Celui-ci avait perdu son père depuis quelque temps. Un jour donc il est mandé auprès du Sultan qui lui dit :

« — Eh bien, Abdallah, ton père a laissé des biens. Il a laissé de l'argent, il a laissé des esclaves, il a laissé des bœufs et des cabris, il a même laissé une maison en ville. Avant sa mort, il m'a constitué son héritier, et depuis deux ans tu jouis de ces biens qui m'appartiennent. Qu'as-tu fait de tout cela ? Dis-moi, qu'as-tu fait de mes biens ? »

Et, voyant le pauvre homme tout ahuri par ces déclarations, il lui propose un accommodement :

« — Eh bien ! arrangeons-nous, ajouta-t-il ; je veux bien t'en laisser la moitié.

« — La moitié, non, ça trop beaucoup, mais moi y donne à vous quarante piastres.

« — Accepté, fit le Sultan.

« — Et moi content, ajouta ce pauvre noir, car dans mon lé cœur l'était penser comme ça : « A lé capable prend « tout. »

* *

Comme j'étais sur le point de partir, je rencontrai un jeune noir qui me parut bien disposé. Sachant qu'il pourrait pénétrer partout auprès des enfants à l'article de la mort, tandis qu'on se défie des chrétiens, l'idée me vint d'en faire un baptiseur. Je lui proposai donc de se préparer lui-même au baptême, et en attendant de baptiser dans le cas de nécessité avec l'intention de faire la chose sainte que fait l'Eglise. Il fut ravi de bonheur. Je passai l'après-midi et une partie de la nuit à l'exercer, à lui répéter la formule, à lui en expliquer le sens ; puis je le recommandai à une famille chrétienne, en la priant de lui répéter de temps en temps la formule, afin qu'il fût un instrument de salut pour les pauvres enfants qui ne pourraient pas aller au ciel sans cela. C'est tout ce qu'il me fut possible de faire, car j'avais hâte de passer aux autres îles.

(A suivre).

FAUNE ET FLORE CHINOISES

PAR

M. ARMAND DAVID

Lazariste, ancien missionnaire en Chine, membre correspondant de l'Institut.

CLASSE DES MAMMIFÈRES

BOVIDÉS
(Suite 1)

Le Yak ou bœuf grognant, *Pœphagus grunniens* (voyez la gravure) est une espèce thibétaine mais répandue dans toutes les hautes et sèches régions de l'Asie Centrale. Grâce à son épaisse et longue fourrure, il supporte admirablement les froids qui règnent à quatre et six mille mètres d'altitude. A l'état sauvage, il se tient par petits troupeaux

YAK

vers les sources du Fleuve-Bleu et du Fleuve-Jaune. Dans les parties de la Mongolie où je l'ai observé et où il vit à l'état de liberté, sous la protection de quelques princes, il conserve d'ordinaire ses caractères primitifs et il est toujours noir. Mais, domestiqué de temps immémorial, il a beaucoup varié de couleur et diminué de taille ; il est gris, blanc, pie, mais jamais roux ou fauve. Ce sont les longs crins de la variété albine qui sont vendus aux Chinois pour orner le chapeau d'été, parce que ces poils prennent et conservent très bien la couleur rouge. Il existe une race de Yak sans cornes qui est très appréciée, et les indigènes m'ont soutenu qu'elle est tellement distincte de l'autre que les produits des deux formes seraient stériles. Le bœuf grognant doit ce nom à l'habitude qu'il a de pousser continuellement un petit grognement rauque, à la manière du porc.

C'est un animal providentiel pour le Thibet et pour tous les pays qui ressemblent au Thibet : il donne aux naturels sa toison si extraordinaire abondante, son lait, sa viande; et, de plus, il est la seule bête de somme qui puisse voyager parmi ces affreuses et interminables montagnes, son pied

(1) Voir les *Missions catholiques* des 13, 20 et 27 mars.

étant d'une sûreté et d'une solidité merveilleuses. D'ailleurs, il se contente de tout pour sa nourriture, dort impunément sur la neige, et même il se baigne volontiers dans les eaux les plus glaciales des torrents, où pourtant il lui advient malheur parfois : ainsi, MM. Huc et Gabet, pendant leur voyage au Thibet, rencontrèrent toute une bande de yaks sauvages, qui, étant entrés dans une rivière qui gelait, étaient restés tous pris dans la glace et changés en autant de blocs solides, sur lesquels les corbeaux et les vautours usaient leurs becs sans autre résultat. Le colonel Prjewalski, qui a chassé le yak au Koukounoor, raconte que c'est un animal gigantesque dans son état primitif ; qu'il est très brave, mais très stupide, et qu'il se laisse facilement tuer par nos bonnes armes européennes.

Je m'étais trompé, dans mon premier voyage vers ces hautes régions, quand j'avais supposé, d'après les dires des indigènes, qu'il existait là des *bisons* analogues à ceux du Caucase : le fait est qu'il n'y a, sur le versant septentrional du Thibet, d'autre bovidé sauvage que le *yak* et le *budorcas*.

Et quant au reste de l'empire chinois, on y trouve, au service de l'homme, le *Bœuf* à *bosse*, propre au sud surtout, et le *Bœuf commun*, assez chétif, plus spécial au nord. Celui-ci, quand il en a, a ses cornes petites et implantées sur le haut du front, ce qui me ferait croire qu'il descend d'un type différent de celui de notre bœuf occidental. Notons encore que le bœuf à bosse de la Chine est proche parent du zébus de l'Inde, mais qu'il n'est pas du tout, de la même race que celui d'Afrique, quoique l'un et l'autre aient le garrot également proéminent. Si les naturalistes comptent douze ou quinze espèces de bovidés vivants, ils en ont décrit tout autant à l'état fossile : parmi celles-ci figurent sans doute les ancêtres des races que l'homme conserve à son service. Pour moi, j'ai retrouvé plus d'une fois, dans les dépôts quaternaires du nord de la Chine, des débris du *Bos primigenius*, dont l'habitat paraît ainsi s'être étendu sur toute l'Europe et toute l'Asie septentrionale, au moins.

Les habitants du Céleste Empire n'entretiennent que peu de bœufs, attendu qu'il n'y a point de prairies pour les nourrir. Ils les attellent à la charrette, sans lier leur tête sous le joug ; mais ils les emploient surtout aux travaux des champs. Les lois de l'Etat défendent de tuer ces animaux pour la boucherie par égard pour les grands services qu'ils rendent à l'agriculture. Quant au lait, les Chinois en ont horreur et ils ne traient point leurs vaches, de façon que les Européens qui séjournent à Pékin et dans les ports ouverts au commerce étranger, sont dû faire venir de loin leurs vaches laitières.

A ce propos, qu'on me permette de rapporter ici une mésaventure arrivée jadis à un évêque, qui nous l'a racontée lui-même.

« C'était au temps des persécutions. Un jour on annonce l'approche du mandarin avec ses satellites. Notre évêque, malade d'un délabrement d'estomac (dont il mourut plus tard), s'éloigne à la hâte de sa résidence, et, après avoir erré par monts et par vaux, il s'arrête dans une maison de chrétiens. Là, épuisé de souffrance et de fatigue, il s'écrie :

« Ah ! si je pouvais avoir un peu de lait ; cela diminuerait mes douleurs ! Les hommes qui accompagnent le [pauvre vicaire apostolique ont entendu ces paroles, et, avant la nuit, ils lui apportent un bol de lait, que le saint homme boit avec reconnaissance et bonheur. La fuite continue; plusieurs jours après, l'évêque plus malade que jamais, charge son domestique de lui chercher encore du lait.

« — Mais, je ne puis pas en avoir ici, répond celui-ci embarrassé.

« — Comment? reprend le prélat. Il y a ici autant de vaches et de bufflesses qu'ailleurs. Est-ce que tu n'as pas compassion de mes souffrances et de mon épuisement?

« — Oui, certes, grand-maître, dit le serviteur attristé; mais il n'y a aucune famille chrétienne dans ce pays-ci.

« — Eh bien ! tu n'as qu'à prendre plus de sapèques, et, coûte que coûte, achète-moi du lait chez les païens.

« — Mais, Monseigneur, riposte encore le domestique, personne ne trait les vaches en Chine.

« — Comment donc as-tu fait pour avoir du lait l'autre jour ? »

A cette question, le bon Chinois rougit un peu, et, déconcerté, finit par avouer que, cette fois-là, des chrétiennes charitables avaient donné du lait pour leur évêque malade... !

CONCLUSION

Il est temps de mettre fin à cette longue et pourtant trop brève histoire des mammifères chinois. De même que nous avons omis plus haut de parler des carnassiers aquatiques, de même passerons-nous sous silence ici les *Siréniens* et les *Cétacés*, qui sont moins connus encore. Disons seulement, à propos des premiers, qu'on n'a jamais signalé sur les côtes chinoises, ni le *Dugong*, ni le *Lamantin*, ni la *Rhytine* ou vache marine, qui paraît être une espèce détruite à jamais, ni quoi que ce soit qui ressemble à un herbivore marin. Pourtant, somme toute, nous avons mentionné dans notre revue plus de deux cents espèces de mammifères connus, qui vivent sur le continent chinois et dans les îles; sur ce nombre, nous n'en trouvons qu'une douzaine que les zoologistes consentent à identifier spécifiquement avec leurs similaires de notre Occident. D'autre part, la faune japonaise ne paraît non plus comprendre qu'une dizaine de quadrupèdes qui lui soient communs avec la faune chinoise. C'est là un fait remarquable, qui concorde avec l'antique isolement de ce groupe insulaire d'avec le continent, et qui prouve, une fois de plus, que la zoologie aide à comprendre la géologie, comme celle-ci fournit des lumières précieuses pour expliquer la distribution géographique des espèces animales.

. .

J'ai dit ailleurs que beaucoup d'objets nouveaux ou intéressants d'histoire naturelle ont été procurés à nos collections nationales du Jardin des plantes par les missionnaires catholiques. A l'appui de cette assertion, et seulement pour ce qui me regarde, je me permets de terminer ce petit travail en énumérant ici les *espèces nouvelles*, de la classe des mammifères, que j'ai eu la bonne fortune de découvrir dans mes voyages d'exploration, et qui ont été, pour la plupart, nommées et décrites par les professeurs du grand établissement scientifique du Muséum.

Quadrumanes.

Rhinopithecus Roxellana, A. Milne-Edwards.

Chéiroptères.

Rhinolophus larvatus, A. M. E.
Vespertilio Davidis, Peters.
Vesp. Moupinensis, A. M. E.
Murina Aurata, A M. E.
Murina leucogaster, A M. E.

Insectivores.

Nectogale elegans, A. M. E.
Uropsilus soricipes, A. M. E.
Scaptonyx fusicaudatus, A. M. E.
Crocidura attenuata, A. M. E.
Sorex cylindricauda, A. M. E.
Sorex quadricauda, A. M. E.
Anurosorex squamipes, A. M. E.
Talpa longirostris, A M. E.
Scaptochirus moschatus, A. M. E.
Scaptochirus Davidianus, A. M. E. (de Syrie).

Carnivores.

Felis scripta, A. M. E.
Putorius astutus, A. M. E.
Putorius moupinensis, A. M. E.
Putorius Davidianus, A. M. E.
Meles leucolœmus, A. M. E.
Meles obscurus, A. M. E.
Ailuropus melanoleucus, A. M. E.

Rongeurs.

Siphneus psilurus, A. M. E.
Siphneus Armandi, A. M. E.
Rhizomys vestitus, A. M. E.
Arvicola melanogaster, A. M. E.
Arvicola mandarinus, A. M. E.
Cricetulus griseus, A. M. E.
Cricetulus obscurus, A. M. E.
Cricetulus longicaudatus, A M. E.
Mus humiliatus, A. M. E.
Mus plumbeus, A. M. E.
Mus confucianus, A. M. E.
Mus Chevrieri, A. M. E.
Mus Ouang-Thomœ, A. M. E.
Mus Edwarsii, Th.
Mus flavipectus, A. M. E.
Mus pygmœus, A. M. E.
Dipus annulatus, A. M. E.
Gerbillus psammophilus, A. M. E.
Gerbillus unguiculatus, A. M. E.
Spermophilus mongolicus, A. M. E.
Arctomys robustus, A. M. E.
Sciurus flavipectus, A. D.
Sciurus Swinhoi, A. M. E.
Sciurus (Tamias) Davidianus, A. M. E.
Typhlomys cinereus, A. M. E.
Pteromys alborufus, A. M. E.
Pteromys melanopterus, A. M. E.
Lagomys thibetanus, A. M. E.

Suidés.

Sus moupinensis, A. M. E.

Ruminants.

Elaphurus Davidianus, A. M. E.
Cervulus lacrymans, A.-M. E.
Elaphodus cephalophus, A. M. E.
Budorcas thibetanus, A. M. E.
Nemorhedus Edwardsi, A. D.
Capricornis caudatus, A. M. E.
Capricornis griseus, A. M. E.
Capricornis cinereus, A. M. E.

Omnis spiritus laudet Dominum !

FIN.

BIBLIOGRAPHIE

Dix années en Mélanésie. *Étude historique et religieuse* par le R. P. MONFAT, de la Société de Marie. — In-8, illustré de 372 pages. — Librairie Vitte, à Lyon. — Prix : 4 francs.

Ce volume continue la série des publications entreprises par l'auteur des *Samoa* et de *Mgr Elloy*, pour faire apprécier le grand rôle des Pères Maristes dans les pays de missions. Les deux premiers ouvrages du pieux et savant assistant général de la Société de Marie nous ont familiarisés avec le beau groupe d'îles situées à l'occident extrême du monde Aujourd'hui c'est à l'orient extrême du méridien de Paris qu'il nous conduit, dans ces *îles noires* (Mélanésie), habitées par des authropophages (sic). Après un magistral aperçu historique et géographique, le R. P. Monfat aborde le récit des héroïques tentatives multipliées pendant sept années pour implanter la croix sur ces terres dévorantes. Isabelle et San Christoval boivent tour à tour le sang des enfants du P. Colin ; ceux que le casse-tête épargne sont décimés par la fièvre. Les survivants s'obstinent néanmoins à espérer dans l'avenir et ils s'épuisent à défricher ces sillons que nulle terre ne dépassera jamais en dureté et en désolation. Mais la Propagande leur relève de ce poste d'honneur et leur ordonne de concentrer leurs forces dans les archipels néo-calédonien, fidjien, tongien, samoan, où leurs frères ne peuvent suffire à recueillir la moisson. Au premier appel de Rome, la Société de Marie avait, en effet, lancé aux sublimes hasards de l'apostolat, sur les mers les plus lointaines et les plus inexplorées, en moins de douze années, quinze convois de ses sujets d'élite, et, partout, sauf dans la Mélanésie, partout se levait peu à peu la lumière. Après les Maristes les Pères des Missions Étrangères de Milan se dépensent durant trois années avec la même générosité et le même insuccès, dans les îles mélanésiennes de Rook et de Woodlark. Ils se retirent à leur tour en secouant la poussière de leurs pieds sur ces rivages qui semblent maudits. Les Pères d'Issoudun, entrés tout récemment en possession de cet héritage de douleur, commencent à récolter le fruit des sueurs, des larmes, du sang versés par leurs devanciers ; mais en évitant les plages et les peuplades Salomoniennes ; une double expérience ayant proclamé la mortelle insalubrité des unes et la férocité incurable des autres.

Cette histoire de la mission de la Mélanésie est donc un memento funèbre. Elle offre par cela même un intérêt saisissant. Rien de plus dramatique que la série d'épisodes qui remplissent ce douloureux récit. Mgr Epalle, Mgr Collomb, les Pères Crey, Paget, Villien, tombent successivement, les uns sous le casse-tête des Canaques, les autres sous l'atteinte de maladies cruelles. Grâce au talent de l'auteur, « tous ces morts revivent, tous ces martyrs ressuscitent » dans les pages de ce livre. On sent que le R. P. Monfat a écrit avec une tendresse et une vénération filiales la biographie de ces aînés de la famille religieuse à laquelle il appartient ; ces héroïques souvenirs sont, en effet, pour les Pères Maristes le plus précieux des héritages. Tous ceux qui s'intéressent aux grandes figures de l'apostolat, liront avec émotion ces annales glorieuses ; tous y puiseront des exemples de salutaire édification.

Discours en faveur de l'œuvre de la Propagation de la Foi. prononcé par le R. P. MONSABRÉ dans l'église primatiale de Lyon le 20 mars 1891. — Brochure in-8e avec couverture en 2 couleurs. — 0,50 cent. — Envoyée franco, 65 centimes.

Nous avons fait reproduire en brochure le magnifique discours que l'éminent conférencier de Notre-Dame a prononcé il y a quelques jours dans la ville qui a donné naissance à l'Œuvre de la Propagation de la Foi. Nos lecteurs voudront tous posséder ces pages éloquentes dont notre compte rendu du 27 mars n'a pu que leur indiquer les grandes lignes.

Cette brochure est éminemment propre à faire mieux connaître et mieux aimer l'œuvre des apôtres et, à ce titre, elle est assurée de trouver auprès de tous les amis des missions le plus chaleureux accueil.

DONS

Pour l'Œuvre de la Propagation de la Foi

ÉDITION FRANÇAISE.

M. le curé de Vendel, diocèse de Rennes.......................	100
Pour les missions les plus nécessiteuses (Sœur Gilbert de Ning-Po).	
Mme A. M. C. de M., de Lyon.................	2 000
M. l'abbé Lubiez Rowicki, à Montpellier..	5
Anonyme de Houilles, diocèse de Versailles, demande de prières	4
Au P. Legendre, missionnaire à Schwebo (Birmanie sept.)	
Le Petit Séminaire de Versailles........	30
L'abbé Delle, curé de Mécourt, diocèse de Versailles.........	5
L'abbé Martin, curé de la Hauteville »	2 25
A Mgr Riccaz, év. de Nagpore, pour les veuves païennes.	
A la mémoire d'une sainte veuve, une anonyme de Bordeaux...	40
J., diocèse de Saint-Brieuc, avec demande de prières.........	100
Au R. P. Bienvenu (Kiang-nan).	
Les Orphelines de la Miséricorde de Rouen, demande de prières	20
Au R. P. Humbert, missionnaire au Kouang-si.	
Mme B., à Genève.............	50
Mme X., à Carouge.............................	50
Un anonyme de Carouge.....	10
Une anonyme de Genève.................	10
Mme Comte, à Bernex.............	5
Au R. P. Poirier, au Niger.	
A R., du diocèse d'Angers, demande de prières..............	20
A Sœur Claver, pour la construction d'un hôpital à Onitcha.	
M. J.-B. Ferré, curé de Saint-Grégoire, diocèse de Rennes, avec demande de prières pour moi et ma famille, par l'entremise de St Joseph et de N.-D. du perpétuel secours....	1000
A la Sœur Saint-Cyrille, à Wydah (Dahomey).	
A. R., du diocèse d'Angers, demande de prières	20
Pour les missions africaines (Niger).	
Anonyme du diocèse de Grenoble	20
A Mgr Couppé (Nouvelle-Poméranie).	
Anonyme de Redon, diocèse de Rennes....................	50

ÉDITION ITALIENNE
(1er trimestre 1891.)

Pour l'Œuvre..	325 95
» les missions les plus nécessiteuses (Hyderabad)..	719 95
· » les affamés du Tong-King (Mgr Onate)........	84 15
» les missions du Maduré......................	2 50
» A S. E. le cardinal Lavigerie, pour rachat d'esclaves (Tanganika)..................................	494 30
» le rachat d'enfants en Chine (Mgr Potron, Chan-si).	5 95
» les affamés de la Cochinchine (Mgr Caspar)......	40 45
» l'orphelinat de Bethléem......................	20 80
» les missions éprouvées par l'inondation (Mongolie orientale)................................	19 80
» la mission du R. P. Fourcade...................	2 »
» l'orphelinat Saint-Charles, à Beyrouth...........	1 50
» les prêtres polonais exilés en Sibérie............	9 90
Total...............	1.736 25

TH. MOREL, *Directeur-gérant.*

Lyon. — Imprimerie MOUGIN-RUSAND, rue Stella, 3.

ILES MALGACHES. — LE PRESBYTÈRE ET L'ÉCOLE DE HELL-VILLE, CAPITALE DE NOSSI-BÉ; d'après le dessin d'un missionnaire.

CORRESPONDANCE

MADAGASCAR

La mission de Diégo Suarez.

Le R. P. Denjoy, de la Compagnie de Jésus, procureur de la mission de Madagascar, nous communique la lettre suivante, en l'accompagnant de ces lignes :

« M. Murat, ancien archiprêtre de la cathédrale de Saint-Denis (Bourbon), chanoine et vicaire général honoraire de cette église, poussé en Europe par un furieux orage dont bien d'autres ont été les innocentes victimes, n'a pas voulu demeurer oisif en attendant l'aurore de la paix et de la liberté. Il a obtenu de regagner la mer des Indes à titre d'aumônier des troupes de Diégo-Suarez. C'est de là qu'il m'a écrit la lettre que je vous envoie. Vous y verrez son dévouement sans bornes, son zèle apostolique, sa charité..., sa pénurie. Puissent ces lignes intéresser les lecteurs des *Missions Catholiques*; puissent-elles attirer quelques aumônes au prêtre généreux que n'ont effrayé ni les sables, ni l'isolement, ni les dispositions douteuses ou hostiles d'une bonne partie de ses nouvelles ouailles; au vicaire général, au chanoine archiprêtre devenu humble missionnaire, avec une mauvaise case pour presbytère et pour cathédrale une chapelle de planches! »

Nᵒ 1141. — 17 AVRIL 1891.

LETTRE DE M. LE CHANOINE MURAT, ANCIEN ARCHIPRÊTRE DE LA CATHÉDRALE DE ST-DENIS (RÉUNION).

Antsirana (Diégo-Suarez), le 20 janvier 1891.

Me voici à l'œuvre depuis bientôt trois mois dans la baie de Diégo Suarez.

J'ai échangé des lettres avec Mgr Cazet, et dans l'une je lui disais que, s'il pouvait disposer d'un Père, je partagerais bien volontiers avec lui ma table et mon logement, afin de profiter de son expérience et de le faire travailler sur mes pauvres Malgaches, et aussi sur la population européenne et créole, à qui une mission ferait grand bien. Je verrai ce que Mgr Cazet répondra à cette invitation....

Je tâche d'apprendre le malgache ; mais à cinquante ans, la tête devient dure.

Mes paroissiens ne sont guère fervents, et cela se comprend : le seul prêtre qui desservait la colonie demeurait de l'autre côté de la mer auprès de l'hôpital militaire. L'état de notre pauvre chapelle (1) figure bien la misère morale de la population. Que j'ai besoin d'être

(1). Elle est bâtie en caisses déclouées, dont les inscriptions : « fragile côté à ouvrir », etc... se voient sur les murs en guise de peintures.

aidé par la prière des saintes âmes ! Priez pour moi et pour cette mission.

J'ai eu une agréable surprise en arrivant : les Filles de Marie (1) de Bourbon venaient de prendre possession de l'école des filles. On les chargera aussi de l'hôpital militaire, quand un logement leur aura été préparé. C'est déjà un précieux secours. Je voudrais bien leur bâtir une maison plus habitable que celle qu'elles ont en location, y annexer un orphelinat pour les petites Malgaches et un pensionnat pour les enfants créoles de la campagne.

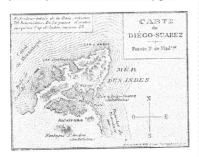

Le gouverneur m'a donné un beau terrain pour les Sœurs, un autre pour l'église et un troisième pour le presbytère. Mais le terrain ne doit pas rester nu longtemps. Il faudrait se mettre à l'œuvre : donc il faut de l'argent !

J'ai fait des excursions dans le pays : à Anamacia, où deux mille âmes réclament un pasteur ; à l'usine en construction de l'Endanbaye (2) où quatre millions ont déjà été dépensés et qui emploiera un jour plus de deux mille ouvriers ; à Ambararata sur le canal de Mozambique où se forme un joli village malgache ; à Orangea, poste militaire.

J'avais reçu le titre d'aumônier de l'hôpital militaire. Mais, peu de jours après mon arrivée, sur les instances de beaucoup de créoles qui m'avaient connu à Bourbon et grâce aux démarches de M. le gouverneur, j'ai permuté avec l'abbé X***. J'ai commencé par faire le catéchisme aux enfants. Je songe à en organiser un pour les païens adultes. Jean-Marie Coula, ancien élève de la Ressource, qui a été assez longtemps avec les Pères à Tananarive, et qui est actuellement interprète du gouverneur, m'a promis son concours pour cette œuvre.

Une paroisse à Anamacia, où de nombreux créoles de Bourbon cultivent la terre et où beaucoup de Malgaches ont des rizières et des troupeaux, serait à organiser sans retard.

(1) Congrégation religieuse créole, qui a l'hôpital colonial à Saint-Denis, celui de Zanzibar, et divers autres hospices ou écoles.
(2) Usine fondée par la Compagnie de graineterie française, pour la préparation de conserves de Viande.

Anamacia est à dix ou douze kilomètres d'ici ; mais il n'y a pas encore d'autre route que les sentiers. On y va aussi par mer. D'Anamakia à la graineterie, il faut bien deux heures à pied ; mais la Compagnie fait construire un Decauville, et par la vapeur on y arrivera vite.

M. Locamus, directeur de l'entreprise, a l'intention, quand l'usine sera achevée, de bâtir une église, un hôpital, des écoles et d'y installer des Frères et des Sœurs.

NOUVELLES DE LA PROPAGANDE

Dans l'audience du 12 avril, le Saint-Père a nommé vicaire apostolique du Chen-si méridional (Chine), avec caractère épiscopal, le R. P. Jean Hofman.

Ce missionnaire, de l'Ordre des Franciscains Récollets, est né à Waerden, diocèse de Harlem (Hollande), le 5 octobre 1835 et a fait ses études au couvent de Weert. Depuis 1870, il est missionnaire au Hou-pé oriental, où il a rempli la charge de vicaire forain.

— Sur la proposition de la Propagande, Sa Sainteté a érigé au Japon le vicariat apostolique d'Hakodaté, et a nommé vicaire apostolique avec caractère épiscopal M. Alexandre Berlioz, prêtre du séminaire des Missions étrangères de Paris. M. Berlioz est né le 12 septembre 1852 dans le diocèse de Cambrai. Parti en décembre 1875 pour les Missions de l'Extrême-Orient, il demeura quelque temps à Hong-Kong et en 1879 fut envoyé comme missionnaire au Japon septentrional.

Le nouveau vicariat apostolique comprend la partie nord du vicariat du Japon septentrional, c'est-à-dire tout le Yesso et les îles Kouriles avec les provinces septentrionales du Nippon jusqu'à celles d'Itchigo, d'Iwakiro et d'Iwaki inclusivement, provinces dont les frontières méridionales forment la limite entre le vicariat d'Hakodaté et celui du Japon septentrional.

INFORMATIONS DIVERSES

Afrique équatoriale. — Mgr Livinhac, évêque titulaire de Pacando, supérieur général des Pères Blancs d'Alger, nous écrit de Maison-Carrée, le 10 avril :

« La caravane partie de Marseille le 12 juillet 1890, est arrivée heureusement au Boukoumbi, le 29 novembre. Peu de jours auparavant, Mgr Hirth, le vicaire apostolique, était parti de là pour l'Ouganda. Le vénérable prélat a dû se rembarquer pour le sud du lac, amenant une trentaine de grandes pirogues. Après avoir procédé aux placements, il a repris le chemin de Sainte-Marie de Roubaga avec sept prêtres, deux frères et deux médecins noirs, sortis de l'institut africain de Malte.

« Vers le 20 décembre arrivait chez Mwanga un délégué de la Compagnie East Africa de Mombaza, pour le prier d'accepter le protectorat anglais. Mwanga et les grands du royaume ont accepté pour deux ans. La liberté religieuse est garantie par une des clauses du traité.

« La nouvelle du triomphe des Européens à la Côte et dans l'Ounyanyembé a fait une heureuse impression sur les Arabes du Tanganyka qui se montraient si insolents à l'égard des missionnaires. »

DOUZE CENTS MILLES EN CANOT D'ÉCORCE

OU

PREMIÈRE VISITE PASTORALE

de Mgr N.-Z. LORRAIN, évêque de Cythère

Vicaire apostolique de Pontiac

DANS SES MISSIONS SAUVAGES DU HAUT DES RIVIÈRES OTTAWA
ET SAINT-MAURICE, DE WASWANIPI ET DE MÉKISKAN

Par Mgr J.-B. PROULX

Curé de Saint-Raphaël de l'Isle-Bizard.

(Suite 1).

—

CHAPITRE XIII.

De Waswanipi à la Fourche de la Mékiskan

Calypso au départ d'Ulysse. — Une flotille. — Le défilé de la caravane. — Imprévoyance des sauvages. — Les juifs sur les bords du lac de Génézareth. — La famille heureuse. — À propos d'un Huard. — A la vapeur.

Samedi, 25 juin. — Hier après-midi, à trois heures, nous quittions la mission de Waswanipi. Jamais je n'ai compris aussi bien comme Fénélon a saisi la nature, lorsqu'il nous représente Calypso, inconsolable du départ d'Ulysse, se tenant sur le rivage, les yeux tournés du côté où le vaisseau avait disparu fendant les ondes. Les sauvages nous accompagnèrent aussi, et nous regardèrent aller aussi loin que notre canot fut en vue ; car, lorsque la côte commença à s'effacer à l'horizon, nous les apercevions debout, toujours à la même place, sans doute les yeux fixés sur notre écorce qui dansait sur la houle, tantôt apparaissant à la tête d'un flot, tantôt cachée derrière une vague. Ce n'est pas Calypso ; c'est Monique désolée, debout sur le rivage de Carthage, interrogeant la mer du regard, pour voir si elle ne découvrira pas le vaisseau qui emporte son fils vers Rome lointaine ; ce sont des enfants, réjouis un moment par la visite de leur père, qui pleurent son départ.

Trois heures et demie de canot nous transportèrent sur une plage de sable au sud-ouest du lac Waswanipi, où nous dressâmes la tente dans un bois de hautes futaies, chose rare sur le plateau de la hauteur des terres.

Ce matin, à 6 heures, nous faisons dans un sentier glissant un portage d'une demi-lieue, sous les feuilles dégouttantes : c'est court à écrire ; mais à faire c'est long.

J'ai cueilli les premières roses que j'ai rencontrées dans ces parages, et nous avons mangé les premiers bluets mûrs de la saison. Allez dire maintenant que c'est un climat arriéré : les bluets ont-ils déjà fait leur apparition sur vos marchés ? Jusqu'aux derniers jours de l'automne, le sauvage trouvera son dessert servi sur les coteaux. Les ours aussi y viendront faire festin ; et, dans ces lieux découverts, le chasseur caché derrière un taillis épais, attendra le moment pour abattre la pièce qui lui donnera une chair excellente et une peau de valeur.

Nous ne voyageons pas seuls. Le canot de pelleterie de Mékiskan remonte avec nous, suivi de ses trois satellites de petits canots. Ainsi deux steamers, côte à côte, fendent

(1) Voir les *Missions catholiques* des 2, 9, 16, 23 janvier, 6, 13, 20, 27 février 6, 13, 20 et 27 mars, 3 et 10 avril, ainsi que la carte et l'itinéraire, page 8.

les ondes, et trois goélettes dansent sur la vague. Deux des petits canots sont conduits par des femmes seulement ; elles ne cèdent le pas à personne. Dans les rapides, elles s'aventurent comme des braves au milieu des flots, sautent sur les pierres au dessus de l'abime, halent de la main l'embarcation, et reprennent leur place aussi placidement que sur une grève tranquille. Vingt-deux têtes sortent du grand canot, les avirons sont maniés par cinq hommes et cinq femmes ou jeunes filles. La bourgeoise, femme de vingt ans, assise à côté de son mari, ramé comme lui. Ici, ce spectacle ne paraît pas plus extraordinaire que chez nous de voir une femme travailler son jardin ou aider à la récolte dans les champs.

En arrivant au portage, le débarcadère s'encombre de personnes, de chiens, de valises, de paquets, de chaudières, de tentes; c'est un brouhaha, un pêle-mêle, comme sur les quais à Québec. Puis une longue procession de porte-faix s'engage dans le sentier. Quatre hommes portent les grands canots. Une fille de dix-huit ans n'a besoin du secours de personne pour transporter le sien ; le cou raide, elle le renverse sur sa tête, et, comme si ce n'était pas assez, elle se suspend aux reins un gros paquet de linges. Cette femme s'avance ayant sur le dos sa *nagane* où se trouve lié et lacé son bébé, et dans ses bras la chaudière et toute la batterie de cuisine. Cette autre ploie sous un fardeau de trois gros colis accumulés. Ce petit garçon de huit ans apprend le métier, et il a son collier et sa charge : cette petite fille de dix ans apporte les poissons dans un plat de fer blanc. Une grande fille charroye ses deux petits frères sur son cou. Les autres enfants, nu-pieds, nu-tête, courent, trottinent, se poursuivent, tantôt sur la route, tantôt à travers les arbres au milieu des broussailles. Je prends plaisir à passer le dernier pour avoir sous les yeux dans toute son étendue ce défilé bizarre et typique.

* *

Ce soir, douze tentes se dressent en cercle autour d'un grand feu. A part le nôtre, tous les garde-manger sont vides. La Compagnie, très économe dans ces quartiers, n'a accordé que vingt-quatre livres de farine à ses cinq hommes pour se rendre à Mékiskan, un voyage de cinq jours. Sa farine, partagée fraternellement entre toutes les bouches, a déjà disparu ; la petite provision de poissons n'existe plus. Le Père, au nom de Monseigneur donne à chaque famille une poignée de fleurs et une pincée de riz, l'abondance est revenue au camp. Demain la rivière fournira le déjeuner. Qu'a-t-on besoin de s'inquiéter? c'est là la condition de chaque jour, et est-on mort de faim ? La joie éclate de toutes parts ; on ne voit que des figures épanouies ; on n'entend partout qu'une causerie amicale, badine et qu'éclats d'un rire bruyant. O peuple heureux !

L'imprévoyance est le trait caractéristique du sauvage. Dans l'abondance aujourd'hui, il gaspille, il donne, il ne garde rien pour demain. Il est très apte à supporter les privations, les jeûnes de plusieurs jours, quand la disette vient fondre sur lui, ce qui arrive assez souvent ; mais il ne sait pas s'imposer de lui-même des privations, de la modération, afin de faire durer son bien plus longtemps. Chaque jour se suffira à lui-même. Nos hommes avaient du sucre plus qu'abondamment pour le voyage, déjà ils ont vu le fond du sac ; tant qu'il a duré, ils le jetaient par poignées dans leurs écuelles à thé. Ils se moquent de notre économie ; ils ne la comprennent pas plus que nous leur incurie.

Les circonstances ont été pour beaucoup dans la formation de ce caractère. Le sauvage trouve, généralement avec abondance, dans les bois ou les rivières le pain de chaque jour. Pourquoi se donner le trouble d'amasser ? La chasse lui impose la vie nomade ; s'il a trop de bien, pourra-t-il l'apporter avec lui ? Lorsqu'il tue un ours dans les chaleurs ou qu'il prend un filet plein de poissons, il ne peut suffire à tout manger : il s'en gâtera une grande partie ; alors pourquoi ne pas inviter les voisins au festin ? Mais, me direz-vous, s'ils faisaient sécher la viande et le poisson, s'ils cultivaient de petits champs de patates, ils auraient de quoi braver les jours de famine. C'est vrai, mais nommez-moi le peuple qui se tient dans les bornes du juste ; la nécessité seule, chez notre nature corrompue et paresseuse, enseigne la sagesse. Or cette nécessité ne viendra dans ces forêts, que quand la pêche et la chasse auront diminué. Au Grand Lac, au Grassy Lake, les sauvages se sont bâti çà et là des maisons où ils reviennent après leurs courses vagabondes ; à l'entour ils sèment quelques minots de pommes de terre. Sont-ils pour cela des agriculteurs ? pas du tout, il coule trop de sang de chasseur dans leurs veines. Il faut des siècles pour changer les habitudes d'un peuple. En attendant, prenons, comme le dit le proverbe américain, le temps comme il vient, l'argent pour ce qu'il vaut et les hommes comme ils sont. Prenons les sauvages comme la nature les a formés ; et ce qui est consolant, c'est que la religion peut en faire de très bons chrétiens. Leur insouciance est moins contraire aux principes de l'Évangile que notre prévoyance avaricieuse. Ils comprennent sans efforts ces paroles du Sauveur :

« Ne vous inquiétez point, ni au sujet de votre vie, de quoi vous vous nourrirez, ni au sujet de votre corps, de quoi vous vous habillerez... Regardez les oiseaux du ciel. Ils ne sèment, ni ne moissonnent, ni n'amassent dans des greniers ; et votre père céleste les nourrit. Ne valez-vous pas beaucoup plus qu'eux ? Voyez les lis de la campagne, comme ils croissent ; ils ne travaillent ni ne filent. Néanmoins je vous dis que Salomon même dans toute sa gloire n'a pas été paré si bien que l'un d'eux. Or, si Dieu habille de la sorte une herbe champêtre, qui est aujourd'hui et que demain on jette dans le four, combien plus le fera-t-il pour vous, gens de peu de foi ! »

Enfin, conclusion pratique, bouquet spirituel ; si l'insouciance de ces pauvres gens est poussée trop loin, quelquefois notre vigilance en ces matières l'est aussi. Qui nous enseignera le juste milieu ? car en cela, comme en bien d'autres choses, in medio stat virtus.

Ce qui n'est pas moins certain, c'est qu'ils vivent plus contents que les peuples qui poursuivent les biens de ce monde avec un calcul fiévreux. La source de presque toutes nos peines et de presque tous nos ennuis est l'ambition des richesses et la passion des honneurs ; la première engendre les travaux surmenés, les injustices et les inquiétudes ; la seconde parcourt une voie semée d'envies, de calomnies, de haines. Le sauvage se moque de la richesse, et les honneurs, tels que nous les comprenons, ne l'occupent guère. Aussi ses chagrins ne sont que des chagrins d'un jour. Peuple enfant, peuple méditatif comme ceux qui sont en contact continuel avec la nature, peuple rieur, peuple satisfait, peuple heureux.

Heureux était-il de faire, à la nuit tombante, la prière du soir en compagnie de son évêque. J'admirais leur maintien droit, leur pose respectueuse, leur air pieux. Dieu aime la prière des petits et des humbles ; la nôtre a dû percer les nuages.

Dimanche, 26 juin. — Nous avons passé la nuit à l'endroit qu'on appelle le « petit portage ». A trois arpents du campement, une croix plantée sur un tertre indiquait qu'une sauvagesse, enterrée là depuis une dizaine d'années, dormait sur la colline son dernier sommeil. Ce matin, ses os ont dû tressaillir. Sur ses cendres a été offert le saint sacrifice, quarante-quatre personnes y assistaient ; si elle attend encore dans le lieu de l'expiation le moment de la délivrance, le chant de nos cantiques lui arrivait comme un écho adouci des concerts célestes. Le temps était couvert, le ciel de plomb : les nuages rasaient la tête des arbres, des frissons couraient dans l'atmosphère ; les oiseaux se taisaient sous la feuillée, une petite chute faisait entendre le gémissement monotone de ses ondes murmurantes. Enfin, c'était l'automne frileux, novembre, le jour des morts ; et instinctivement on se sentait poussé à prier pour les trépassés.

Je n'assiste jamais, dans les bois, à ces réunions pieuses de sauvages, pressés autour de leur évêque, sans me trouver transporté, en quelque sorte, au milieu de ces foules qui accompagnaient le Seigneur dans le désert. Du reste, aujourd'hui, l'évangile facilitait l'illusion. Il y est dit :

« Il arriva que le peuple, venant en foule pour entendre la parole de Dieu, accablait Jésus, qui était au bord du lac de Génézareth. Il y vit deux barques arrêtées ; les pêcheurs étaient descendus et lavaient leurs filets. Étant monté dans l'une de ces barques, qui était celle de Simon, il le pria de s'éloigner un peu du rivage, et s'étant assis, il instruisit le peuple de dessus la barque. »

Que de traits de ressemblance entre ces deux scènes : la solitude, l'empressement de la foule, le rivage du lac, les barques, la parole de Dieu annoncée ! Cris, soyez plus fidèles à la visite de la grâce que ne l'ont été les Juifs.

Lundi, 27 juin. — A neuf heures, nous nous lançons sur le lac Wetetnagami, belle nappe d'eau, douze milles de navigation facile, ciel couvert sans être sombre, paysages riants, air frais, vent caressant, c'est un temps splendide pour voyager, marcher, portager, ramer et écrire.

En partant ce matin, nous avons traversé le lac plat qui est la source de la rivière « La Loche ».

En pays sauvage, la même rivière change de nom en avançant, selon les particularités des lacs qu'elle traverse, ou des forêts qu'elle arrose. Chaque tribu envisage la géographie, non des hauteurs élevées qui embrassent tout un pays, mais au point de vue restreint de ses courses habituelles. Voilà pourquoi on rencontre, par tout le Canada, tant de Lacs Longs, de Lacs Barrières.

L'étang était littéralement couvert de lis d'eau, nénuphars ou nymphéas, je ne puis préciser. L'abbé Provencher dit que le nénuphar a toujours la fleur jaune, que celle du nymphéa est blanche, rouge ou bleue. Les lis d'eau que déplacent nos avirons pour nous frayer un passage, ont l'intérieur des sépales de leur calice, ainsi que le pied des pétales de leur corolle, teints d'un sang rouge noir ou d'une pourpre tendre, le reste de la fleur étant d'un jaune orange.

Un huard y prenait ses ébats, un coup de fusil vint le surprendre, soudain, imprévu, comme l'est, pour nous, le coup de la mort. Il n'était que blessé, il plongea pour reparaître plus loin ; un second coup de fusil l'attendait. Il replongea de nouveau ; chaque fois qu'il montrait la tête au dessus de l'eau pour respirer, il était salué par une bordée de plomb ; le septième coup l'abattit et le fit flotter.

C'est une belle pièce. Un gars de huit ans lui attache ensemble le bout des ailes, et se les appuie sur le front comme un collier ; le corps de l'oiseau porte sur les reins de l'enfant, et le bec traîne à terre. C'est là sa part de fardeau.

Il allait devant moi. J'admirais ce beau plumage, avec couleurs et nuances variées, disposées avec tant de goût, d'ordre et de symétrie ; ces reflets, verts sur le sommet de la tête et violets sur le collier ; ce croissant, formé de stries blanches, qui lui couvre la gorge ; cette blancheur immaculée du duvet épais qui lui protège le ventre et la poitrine ; le brun clair de ce large dos, marbré de picots blancs on ne peut plus réguliers. Trouvez-moi, dans les manufactures les plus perfectionnées, une étoffe teinte avec autant d'art et de délicatesse.

Le petit garçon marchait, et j'examinais toujours. Le bec de cet oiseau, aussi long que la tête, fort, étroit, comprimé, et son cou allongé indiquent qu'il se nourrit de poissons et de vers marins ; ses pieds, reculés à l'arrière du corps, avec leurs doigts complètement palmés, montrent qu'il est citoyen plutôt des eaux que de la terre ; on voit qu'il doit marcher sur le sol avec beaucoup de difficulté, étant obligé de se tenir dans une position presque verticale ; par contre ses longues ailes, à large envergure, témoignent qu'il peut nager aussi facilement dans les hauteurs de l'air que dans les profondeurs des lacs ; son plumage serré et impénétrable à l'humidité dit qu'il peut vivre longtemps dans le séjour des poissons. Mais assez d'observations à propos d'un huard. *Quam admirabilis Deus in operibus suis.* Que Dieu est admirable dans la moindre de ses œuvres !

Les sauvagesses ne perdent pas autant de temps à examiner sa tête, son bec, son cou, sa poitrine, ses pattes, ses ailes ; à grandes poignées elles lui arrachent ses belles plumes et les jettent au vent, sans que « trois dames s'en aillent les ramasser pour en faire un lit de camp. »

Qu'en ont-elles besoin ? Ne trouvent-elles pas leur duvet, tous les soirs, suspendu aux branches des arbres ? Sur un matelas de branches de sapin ou d'épinette, toute la famille ne dort-elle pas d'un sommeil plus sain, plus réparateur que sur un lit de moelleux édredon ? Quoi qu'il en soit, le huard est plumé, et dans une demi-heure sera bouillon.

Pendant ce temps-là, six autres sauvagesses, un couteau dans une main, un poisson de l'autre, font voler les écailles. La pêche a été miraculeuse cette nuit ; cinquante belles pièces sont venues dans les rets se faire prisonnières. Tant mieux, on pourra épargner la farine de Monseigneur.

(A suivre).

NOS DÉLÉGUÉS

AU PAYS DES AZTÈQUES

Nous résumons d'ordinaire dans les Annales de la Propagation de la Foi les lettres de nos chers délégués et nous sommes heureux d'annoncer ainsi les succès dont Dieu se plaît à favoriser leur mission. Comme ils nous envoient des renseignements intéressants sur les villes si chrétiennes du Mexique, nous croyons être agréables à nos lecteurs en publiant aujourd'hui trois lettres, l'une du Père Terrien, et deux autres du Père Boutry.

Le R. P. Terrien nous écrit de Mexico :

Je viens d'arriver de Toluca où, au mois de juin dernier, j'allai déjà pour organiser notre Œuvre. Cette petite ville, que j'ai revue avec plaisir, mérite d'être signalée et à cause de sa position exceptionnelle et à cause du véritable enthousiasme avec lequel elle a accepté notre importante mission. Vous voudrez donc bien m'accompagner en esprit dans cette rapide excursion.

Trente lieues séparent Toluca de Mexico, mais en trois heures, cette distance est franchie par la locomotive, et en trois jours, cette nouvelle ligne de chemin de fer relie Mexico à Nuevo-Laredo, limite des États-Unis. En sortant de Mexico et en suivant le chemin des tramways, parallèle à la voie ferrée, avant d'arriver à Tacuba, station du chemin de fer, on rencontre l'arbre de Popotla, *arbol de la noche triste,* l'arbre de la nuit triste. Il mérite une visite, car il rappelle l'un des faits les plus lamentables de la conquête. Moctezuma, le roi le plus célèbre des Indiens, était prisonnier de Cortez, général en chef des troupes espagnoles. La noblesse mexicaine voulut lui donner une fête. L'un des compagnons du *conquistador,* Alvarado, qui commandait en son absence, autorisa les grands seigneurs à venir en corps au palais du roi. Ils s'y rendirent sans armes, mais couverts de bijoux. A cette vue, la convoitise des Espagnols s'alluma ; ils se jetèrent sur les Mexicains, les dépouillèrent de leurs colliers d'or, puis les massacrèrent. Ce crime mit les Indiens en fureur. Ils se soulevèrent, et, bien que Cortez eût repris le commandement des troupes espagnoles, il fut obligé de battre en retraite, en se dirigeant sur Mexico. En arrivant aux portes de la capitale, la pluie tombait à torrents, les Espagnols furent enveloppés par une nuée d'Indiens et vaincus. Presque tous périrent. Cortez, désespéré, s'arrêta à Popotla, et assis au pied du vieux cyprès, il pleura. L'arbre de la nuit triste est donc un arbre historique, mais, comme l'a déjà écrit un historien, le géant se meurt, et il ne restera bientôt plus de lui que ce qui reste de la domination espagnole, un souvenir.

.*.

Après avoir traversé la plaine de Mexico, le chemin de fer s'engage dans une gorge au fond de laquelle coule un torrent insignifiant. Nous y pénétrons et nous sommes bientôt à une nouvelle station appelée Rio-Undo. De là, nous montons rapidement vers le col de San-Lazaro, point culminant de la ligne. Sur les flancs des montagnes, des champs de maïs, des plantations d'agaves, des broussailles et des bois. De loin en loin, un campement d'Indiens :

quelques cabanes de forme conique, faites avec des branches d'arbres, servent de gîte la nuit à ces pauvres indigènes.

Nous arrivons enfin à la station de San-Lazaro. Nous nous trouvons en pleine montagne, à plus de trois mille mètres au-dessus du niveau de l'Océan. Autour de nous s'étend une immense prairie que parcourent au galop quelques chevaux effrayés par le train, et qu'enserrent de tous côtés des sommets couverts de sapins. On pourrait se croire dans les Pyrénées ou dans les Alpes. San-Lazaro est un endroit relativement très froid. Il y tombe parfois de la neige, et souvent il y souffle un vent glacial du nord ; mais le train s'ébranle et, après avoir franchi le col, nous commençons à descendre la longue pente au pied de laquelle se trouve Toluca.

Du point élevé où nous sommes parvenus, nous apercevons de temps en temps la plaine de Toluca. Voici Lerma, village assez considérable, bâti au pied d'une colline ; plus loin des lagunes qui brillent au soleil ; devant nous, la ville de Toluca et dans le lointain des montagnes que domine le Nevado (il a 4,578 mètres de hauteur). Ce paysage grandiose est fortement éclairé : les premiers plans se dessinent avec une netteté merveilleuse ; le pic couvert de neige projette sa silhouette hardie sur un ciel sans nuages, et les sommets qui enserrent la plaine, baignés dans une atmosphère transparente, nous montrent leurs flancs dénudés et leurs ravines profondes (Voir la gravure, page 189).

Mais le sifflement de la locomotive nous annonce que nous arrivons à Toluca. Cette ville, capitale de l'État de Mexico, a une population d'environ quinze mille habitants ;

MEXIQUE. — MAISON DE LA FAMILLE COUITOLEUC A S. ANDRES DE CHALCHICOMULA, d'après une photographie envoyée par le R. P. TERRIEN (Voir page 187).

elle est située à deux mille six cent quatre-vingts mètres au dessus du niveau de la mer. Dans cette jolie petite ville aux rues bien alignées et d'une rare propreté, les monuments les plus remarquables sont : les palais du Gouvernement et de la Municipalité, l'Institut, l'immense marché et les superbes portiques ; il y a de belles églises et des maisons particulières splendides.

La population de Toluca jouit d'une grande réputation de piété et de religion, elle se distingue par ses sentiments fervents et réellement catholiques. Il y a d'excellentes familles chrétiennes remarquables par leurs vertus et leur sincère attachement à la foi si pure de leurs ancêtres. Les idées modernes sont vues avec horreur dans ce religieux pays, et elles ont essayé en vain de s'infiltrer dans ces familles foncièrement catholiques.

Il m'est doux de citer ici le nom de la famille Pliégo, la plus ancienne et aussi la plus notable de la ville. Je le

fais par reconnaissance, trop heureux serai-je de payer ainsi en partie le tribut de gratitude que je dois aux différents et aux nombreux membres de cette famille modèle qui brille par ses sentiments élevés de dévouement, de charité et de générosité !

En vous parlant ainsi de cette sympathique population de Toluca, c'est déjà vous dire que notre chère Œuvre a été bien vite comprise et acceptée avec enthousiasme. Je résume en quelques mots les résultats obtenus. Il y a un Comité de messieurs, ecclésiastiques et séculiers, sous la présidence du digne et vénérable curé de la paroisse, et une Commission de dames chargées de recueillir les cotisations mensuelles des associés. Le Comité de messieurs est comme *succursal* de celui de Mexico et son organisation nous a paru utile et même nécessaire, vu la position importante de Toluca et aussi la grande étendue de l'archidiocèse de Mexico.

A mon dernier passage à Toluca, on pouvait déjà compter cent dizaines d'associés ordinaires et cinquante dizaines personnelles. De plus, dans mes visites à domicile, j'ai pu recueillir au moins vingt-cinq mille francs, et il reste dû à l'Œuvre une somme plus considérable ; en effet, plus de cinquante familles se sont inscrites pour mille francs et quelques-unes m'ont fait la promesse de dix mille francs.

Après avoir passé dix jours dans cette bonne petite ville, j'en reviens plein d'admiration pour l'esprit de foi qui anime sa population, pour sa piété et sa générosité chrétienne.

Que Dieu soit béni d'avoir inspiré cette charité touchante pour les pauvres païens, pour ces peuples infidèles et bar-bares qui attendent la lumière de l'Évangile ! Cette charité, nous en sommes certain, produira au centuple des fruits de grâce et de salut dans cette chère ville de Toluca !

.*.

. Voici maintenant la première lettre du R. P. Boutry :

Pour avancer notre travail, le R. P. Terrien m'a chargé d'aller à San-Andrés de Chalchicomula pour y établir l'Œuvre de la Propagation de la Foi.

Le peuple mexicain mérite bien que nous lui donnions notre temps et notre bonne volonté, car nos appels en faveur de la grande Œuvre trouvent un écho docile dans le cœur

MEXIQUE. — Le Citlàltepetl ou pic d'Orizaba. — Partie de la ville de San-Andrès ; d'après une photographie envoyée par le R. P. Terrien. (Voir le texte ci-dessous).

charitable des fidèles et vous n'ignorez pas le grand nombre de dizaines que nous avons pu établir dans les villes déjà visitées. Le P. Terrien est allé à Izucar de Matamoros et à Atlisco, réussissant comme toujours dans la mission qu'il dirige si bien.

A San-Andres de Chalchicomula ou des 'Sept Coins, un excellent chrétien, M. Vicente Palacios, m'a donné une hospitalité franche et cordiale.

M. le curé, don Jeronimo Carreon, est bien disposé pour l'Œuvre et nous comptons dans cette catholique population un bon nombre de dizaines.

J'ai fait à San-Andres la connaissance d'une famille d'origine française venue au Mexique, il y a plus de quarante ans.

Cette famille, connue sous le nom de Couttoleuc, possède d'importantes haciendas ou fermes dont la principale est celle de Jalapazgo qui aurait chez nous l'étendue de plus d'un arrondissement. Le pic d'Orizaba en fait partie. Ce pic serait plus justement appelé pic de San-Andres puisqu'il n'en est éloigné que d'une distance de seize kilomètres. Dans la langue indigène on l'appelle Citlaltepetl, ou montagne brillante comme une étoile. Un ingénieur, qui a mesuré ce volcan, prétend qu'il a cent mètres de plus que le Popocatepetl et ce dernier s'élève à cinq mille quatre cent cinquante-deux mètres au-dessus du niveau de la mer. Le Popocatepetl avait passé jusqu'à ce jour pour le point le plus élevé du Mexique.

La ferme de Jalapazgo compte un personnel très nombreux. Elle possède cinq cents mules pour les travaux agricoles, dix mille moutons, de grands troupeaux de bœufs et toute une population de porcs. Les champs donnent en moyenne soixante mille arobes, soit six cent quatre-vingt-dix mille kilogrammes de pommes de terre. On peut y récolter plus de vingt mille sacs de blé, quarante mille sacs de maïs, dix mille sacs de fèves. Enfin, on évalue à quatre ou cinq cent mille les pieds de magueys dont la sève (l'eau de miel) se transforme en *pulque* et fournit aux habitants une boisson qui leur tient lieu de vin.

Si l'on ajoute à toutes ces richesses les immenses forêts de cèdres et de pins qui couvrent les flancs du Citlaltepetl jusqu'au voisinage des glaciers, jusqu'où finit la ligne de végétation, on aura une idée, quoique imparfaite, de ce qu'est au Mexique une grande hacienda. Tout est grand en Amérique et nous nous rappelons, le P. Terrien et moi, que nous avons connu dans la République Argentine un fermier qui avait plus de soixante-quinze mille moutons.

Par les soins actifs et intelligents de la famille Couttoleuc, un service de tramways a été établi pour relier San-Andres à la gare du même nom, distante de onze kilomètres.

. .

Nous nous sommes réunis, le P. Terrien et moi, à Jalapa, résidence de l'évêque du diocèse et du gouverneur de l'Etat de Vera-Cruz. S. G. Monseigneur Ignacio Suarez Peredo, qui avait connu le P. Terrien à Mexico, aux noces d'or de Monseigneur l'Archevêque, nous a accueillis avec une bienveillance tout à fait paternelle et bien touchante. Le vénéré prélat avait bien voulu, l'année dernière, donner une lettre pastorale en faveur de l'Œuvre de la Propagation de la Foi.

Aussi, quand nous nous sommes présentés au Palais épiscopal de Jalapa, Mgr Suarez Peredo a voulu souscrire immédiatement en son propre nom pour une somme importante, et remettre au P. Terrien les aumônes qu'il avait recueillies depuis un an.

Nous n'oublierons jamais les bontés de Sa Grandeur. Le clergé de Jalapa s'est très bien montré pour nous et le P. Terrien est très content des résultats inespérés qu'il a obtenus dans cette ville. Il n'a pas été moins heureux à Coatepec, où l'Œuvre compte aujourd'hui des adhérents nombreux et sérieux. Je vous citerai, en passant, un homme du peuple au grand cœur qui, malgré son extérieur modeste, voulut, sur le désir du Père, être un bienfaiteur insigne à perpétuité.

Tandis que le P. Terrien établissait heureusement l'Œuvre de la Propagation de la Foi à Jalapa et à Coatepec, son humble collaborateur se rendait, sur son désir, à Teocelo, petite ville des environs.

Je vous dirai comment un délégué de la Propagation de la Foi, s'est trouvé, du soir au lendemain, improvisé prédicateur de retraite.

Un Père Jésuite se trouvait seul à Teocelo pour y donner une mission, et ne pouvait suffire à la besogne. Il écrit à son supérieur à Jalapa pour lui manifester ses angoisses et ses espérances. Providentiellement le supérieur entretient le P. Terrien de ce qui fait l'objet de sa sollicitude et réussit à m'obtenir comme auxiliaire.

Dès qu'on a eu vent à Teocelo de mon arrivée, une quarantaine d'hommes à cheval sont venus à ma rencontre jusqu'à Coatepec, distant de plus de deux lieues.

Des enfants et des adultes portaient des rameaux et des fleurs. Le trajet s'est effectué au milieu d'un pays très accidenté, couvert de plantations de caféiers, de bananiers, de maïs, de cannes à sucre, etc. Il y avait des ravins si rapides qu'on aurait pu craindre de faire le saut périlleux ; mais les anges du Seigneur veillaient sur nous.

Dès que la foule, massée de l'autre côté d'un ravin profond, nous a aperçus, elle a acclamé le missionnaire et deux fanfares lui ont souhaité la bienvenue. Il a fallu passer sous les arcs-de-triomphe et voir les fidèles s'agenouiller sur le passage du pauvre de Jésus-Christ. C'était bien touchant, et, rempli de confusion, je me disais dans mon cœur comme plus tard je devais le répéter en chaire, *soli Deo honor et gloria.*

Le R. P. Jésuite a été bien content d'avoir un auxiliaire. Nous avons travaillé beaucoup, mais nous nous trouvions au milieu de gens si bien disposés ? Nous nous contentions volontiers d'un repos limité pour réconcilier des âmes de bonne volonté avec le Dieu qui les a tant aimées et est mort pour elles.

Ici on ne demande pas à se confesser, mais à se *réconcilier.* Quelle belle parole ! faire la paix avec Dieu !... .

Quand nous avons dû nous éloigner de Teocelo, une foule nombreuse nous a encore accompagnés. Mais les cris d'allégresse, la musique joyeuse, les arcs-de-triomphe ont disparu. La scène est changée ; que de larmes répandues, que de sanglots à notre départ ! Mais croyez-bien que, si l'on nous regrettait, nos cœurs témoins de tant de foi et de repentir étaient profondément attendris. Je suis bien reconnaissant au P. Terrien de m'avoir procuré ces dix jours d'édification et de vie sacerdotale. La Propagation de la Foi est connue aujourd'hui à Teocelo et elle y compte un grand nombre d'associés, plus de cent dizaines.

Je suis rentré auprès du P. Terrien à Jalapa et nous avons fait nos adieux à Monseigneur qui nous a bénis, encouragés et serrés avec effusion sur son cœur.

Jalapa est une, ville de douze à quinze mille âmes, dont le panorama est délicieux. On la regarde de la route de Vera Cruz. Le *Cofre de Perrote* et toute la chaîne de montagnes, qui est son prolongement, fournissent à la ville un fond imposant de grandiose, peut-être unique en son genre.

Voici une autre lettre du P. Boutry :

Je vous écris de Cordoba, une jolie petite ville de sept mille habitants dans l'État de Vera-Cruz, située à environ neuf cents mètres au-dessus du niveau de la mer. Des montagnes, couvertes de forêts au feuillage toujours vert, l'entourent de tous côtés. Dans le vallon des massifs d'orangers chargés de fruits d'or, sous bois des caféiers, là des groupes de bananiers aux longues et larges feuilles, partout des oiseaux et des fleurs. Cordoba serait un paradis terrestre si la fièvre jaune n'y exerçait de temps en temps des ravages terribles. Cependant il faut reconnaître que, depuis 1882, cette bonne population n'a pas été éprouvée par le redouté *vomito*. Terrifiés alors par le nombre de victimes que le fléau faisait au milieu d'eux, ils portèrent leurs regards vers le ciel et promirent à Notre-Dame de Guadalupe, la mère des Mexicains, un pèlerinage annuel à son sanctuaire, si elle voulait bien avoir pitié d'eux. La Vierge Sainte qu'on n'invoqua jamais en vain, au témoignage de saint Bernard, a écouté la prière de ses enfants et n'a cessé de les protéger depuis cette promesse solennelle religieusement et constamment gardée. L'épidémie, autrefois si fréquente, s'est arrêtée dans sa marche dévastatrice et les pieux habitants de Cordoba reconnaissent l'efficacité du secours de Marie.

L'église de Cordoba qui a le rang de Cathédrale est un des plus beaux temples, s'il n'est le plus beau du diocèse de Vera-Cruz. Elle à trois nefs et elle en compterait cinq si les chapelles latérales n'en occupaient l'emplacement.

L'architecture intérieure appartient à l'ordre dorique. L'abside a quelque chose de celui de la cathédrale de Puebla.

Le tabernacle où repose le Saint-Sacrement est vraiment une œuvre d'art. Il est tout en argent et possédait autrefois de belles statues en or massif soustraites par des mains sacrilèges. L'ostensoir, en or, est orné de diamants et de perles précieuses. C'est un des plus beaux bijoux que l'on puisse rencontrer au Mexique. On prétend qu'il a coûté 80.000 piastres, environ 400,000 francs, et que, pour le seul travail de l'artiste, on a donné 15,000 piastres ou 75.000 fr. Le dallage de l'église est tout en marbre. M. l'abbé José Maria Cid y Léon, curé de la paroisse, entretient la maison de Dieu dans un remarquable état de propreté. Il m'a donné une hospitalité tout à fait cordiale et fraternelle.

Je dois manifester la même gratitude à l'égard de Messieurs les Curés de San-Juan-Coscomatepec et de Huatusco qui ont été charmants pour moi.

J'ai pu établir l'Œuvre d'une manière sérieuse dans leurs paroisses. Les dizaines y seront nombreuses... Dans la première, elles s'élèvent à plus de quatre-vingt-dix et dans la seconde elles dépassent le chiffre de cent. Et il faut ajouter que les populations ne sont pas favorisées des dons de la fortune, mais qu'en revanche elles ont un grand esprit de foi et de détachement.

On compte de sept à huit lieues de Cordoba à San-Juan-Coscomatepec et de cinq à six de cette dernière localité à Huatusco.

Pour faire ce trajet, il n'y a pas de route comme en Europe. Ce qu'on est convenu ici d'appeler chemins pourrait porter bien souvent le nom de casse-cou. Tantôt il faut descendre des ravins (*barrancas*), dont la pente a quelque ressemblance avec le toit de nos maisons et l'on pourrait craindre de rouler avec sa monture dans quelque précipice; tantôt il faut chevaucher dans le lit incliné et rocailleux d'un torrent. Mais on est dédommagé de ses fatigues par un spectacle enchanteur. La tête du Citlaltepetl, blanchie par des neiges éternelles, fait un beau contraste avec l'azur d'un ciel sans nuages, les oiseaux font entendre leurs joyeuses chansons, les montagnes, vieilles comme le monde et couvertes de vertes forêts reposent doucement la vue que les rayons du soleil pourraient fatiguer, l'exubérante végétation des Tropiques réjouit le cœur du missionnaire, qui, en rêvant à son pays, se rappelle que présentement, de l'autre côté de l'Atlantique il pleut, il

MEXIQUE. — LE XINANTECATL OU NEVADO DE TOLUCA, VU DE LA VILLE, d'après une photographie envoyée par le R. P. TERRIEN (Voir page 186).

neige, il fait froid.

J'ajouterai encore que l'accueil bienveillant et le concours empressé des populations si croyantes de la campagne fournissent de bien précieuses consolations au délégué de la grande Œuvre de la Propagation de la Foi.

Nous recevons, au moment de mettre sous presse, de nouvelles lettres du P. Boutry avec une collection remarquable de photographies représentant des sites et des costumes des pays mexicains. Nous en publierons prochainement un certain nombre.

EXCURSION APOSTOLIQUE
AUX ILES COMORES

Par le R. P. BALL, de la Congrégation du Saint-Esprit
et du Saint Cœur de Marie.

(Suite et fin 1)

V. *L'île de Mohély. — Visite des chrétiens. — Dispositions bienveillantes du Sultan.*

Le 7 août au matin, je m'embarquai à bord de la chaloupe
de M. Sontay, et bientôt, sortant de l'obscurité, Mohély nous
montre ses collines arides. Un contraste frappant existe
entre les deux îles. Tandis que les cimes boisées de toutes
les montagnes d'Anjouan se perdent dans les nuages, Mohély n'a que des collines dépouillées de verdure, où semble
régner la désolation, du moins à l'ouest, à Fonbony, par
exemple. A l'intérieur cependant on remarque une vallée
couverte d'une épaisse forêt, d'où sort la rivière du pays.

.·.

Dès mon arrivée, je pus visiter à peu près tous les chrétiens de l'établissement, je les revis les jours suivants, et
profitant de toutes les conversations pour arriver à mon but
principal, j'eus la consolation de les voir la plupart s'approcher de la sainte table, le dimanche suivant. Ce jour-là
après la messe, je fis un baptême.

Une chose a été pour moi bien consolante. Je me re-
commandais à une personne de profiter de toutes les occasions qui lui permettraient d'envoyer au ciel une âme de
ces pauvres petits enfants, à l'article de la mort, elle me
répondit qu'elle l'avait fait plus d'une fois ; et elle me
nomma entre autres quatre enfants qu'elle avait ainsi ondoyés.

.·.

D'ailleurs, à Mohély on ne voit pas ce fanatisme outré
que l'on remarque à Anjouan. Mamoud lui-même, le régent,
promit de me réunir pour le jour de mon retour plusieurs
enfants qu'il savait bien être destinés à devenir chrétiens.
Ce prince conserve de bons sentiments à notre égard. Sitôt
qu'on lui eût annoncé ma visite, il accourut à ma rencontre.
Bien plus, quand je demandai son appui pour obtenir l'enfant d'un chrétien mort depuis quelque temps, ce fut bien-
vite fait. Il envoya son général (puisque ainsi on le nomme),
et ce petit qui fréquentait déjà l'école arabe, nous fut amené.
Mamoud n'a d'ailleurs de musulman que le dehors. Il
m'a lui-même avoué qu'il n'observe les prescriptions du
Koran que devant les sectaires. Seul, il boit du vin sans remords. Ce n'est pas là sans doute la preuve qu'il est près
d'ouvrir les yeux à la vérité : mais au moins il n'est pas fanatique.

Remarquons encore que la population de Mohély, de dix
mille âmes environ, semble n'avoir que peu de sang arabe.
Pour ma part, je n'ai vu que des Noirs proprement dits,
devenus musulmans au contact de l'Islamisme. Il est vrai
que le parti malgache étant au pouvoir avec ce prince malgache, les Arabes ont dû s'éloigner de la ville.

(1) Voir les *Missions Catholiques* du 3 et du 10 avril.

VI. *La Grande Comore. — Le Sultan et son palais. — Les esclaves dans cette île. — Triste influence du mahométisme. —
Visite des chrétiens.*

Je fis mes adieux à mes généreux hôtes et à mes chrétiens pour aller jusqu'à ma dernière étape. Je fus réduit
pour la deuxième fois à m'embarquer sur un boutre arabe,
que je soupçonnais de se livrer à la traite. En effet, au
plus fort de la chaleur, vers dix heures, son chef fit jeter
l'ancre et ne revint qu'à quatre heures. Sur les côtes, on
voyait les bandes se disperser à son approche, ce qui ne
semblait pas prouver son innocence. Ces manœuvres nous
obligèrent à passer encore une nuit en mer, mais sans trop
de fatigue, et le mardi matin, dès trois heures, je pus être
débarqué ! Mais cet empressement ne me servit de rien. Ce
n'est qu'à cinq heures qu'un homme de Mayotte me conduisit à l'interprète du gouvernement.

Dès ce moment, les esclaves du Sultan étaient à ma disposition. On m'ouvrit un coin du palais de la reine-mère
pour y déposer provisoirement mes effets.

.·.

A six heures, je fus présenté à Sa Hautesse Saïd-Ali. Le sultan de la Grande Comore était en ce moment occupé à
donner des ordres aux maçons qui travaillent au palais en
construction sur le bord de la mer; je fus quelque peu en
peine pour le reconnaître. Le manteau noir dont se revêtent
presque tous les chefs de boutre, et le poignard-cimeterre,
si commun chez les Arabes, ne me l'avaient pas assez désigné. D'ailleurs Saïd-Omar, son père, Saïd-Dina, son frère,
et Mouamamko, sa mère, sont presque blancs, tandis que
lui s'est revêtu de la couleur d'ébène.

Après les compliments d'usage, il amène la conversation
sur le palais dont il est le seul architecte. Deux salles,
longues de vingt mètres sur trois, occupent tout le rez-de-
chaussée. Ces deux longs boyaux, peu du goût d'un Européen, ne pouvant, sans basse flatterie, fournir matière aux
éloges, qu'il attendait avec une impatience sensible, je me
mis à admirer la qualité supérieure de sa chaux. Il ne s'en
attribua pas précisément le mérite, mais parut satisfait. Au
moment où j'allais me retirer, il m'offrit lui-même autant
de porteurs que j'en voudrais.

J'allai faire une visite à Saïd-Dina, puis je rentrai dans
le palais de la reine-mère, mis ordre à mes affaire et pris
le chemin de Njumbadjou. Il était huit heures et demie.
Sur ma route, se trouvaient trois villages qui furent autant
de relais pour les porteurs. On m'avait recommandé, à Moroni, de me présenter aux chefs et de demander, au nom du
Sultan, les hommes dont j'aurais besoin. Les porteurs eux-
mêmes s'acquittèrent de cette besogne. Je voyais arriver
un, deux, trois et quatre dévots musulmans qui, une sorte
de chapelet à la main, me regardaient de haut en bas, puis
donnaient des ordres. Et, tandis que les premiers esclaves
rentraient chez eux, d'autres se remettaient en route.

.·.

La présence de ces chefs musulmans, dans chaque village,
fait comprendre aisément que pas un Comoréen n'échappe
à l'influence de l'Islamisme. D'ailleurs l'esclave est traité avec
humanité, et son sort est de beaucoup meilleur qu'à Anjouan.

L'homme libre, de son côté, se trouve très heureux. Sobre, jusqu'à se contenter pour sa nourriture de quelques bananes, il n'éprouve aucun besoin. La femme par son travail lui procure le morceau d'étoffe nécessaire pour son vêtement. Toute son existence, sauf de rares journées qu'il emploie à quelque course, se passe donc à causer sur une place publique et à regarder les passants. Le Koran n'a pour lui que des faveurs, et point de prescription, si du moins on excepte ces *salam* ou prières qu'il fait quand il en sent l'envie. Ce que le Coran lui défend, il ne le connaît pas.

Qu'on aille donc proposer à ces gens d'abandonner leur religion pour embrasser la morale austère de Jésus Christ ; qu'on leur dise que celui qui ne porte pas tous les jours sa croix, en se livrant au travail quotidien, apanage d'Adam, en se privant des satisfactions qui sont une infraction à la loi de Dieu, ne peut se sauver, on ne trouvera sur leurs lèvres que le sourire du dédain.

L'histoire du christianisme nous dit que, des ennemis du nom chrétien prirent un jour, pour perdre un enfant de l'Église, un moyen autrement dangereux que la vue des tourments ou l'espoir des grandeurs humaines. Ils l'attachèrent sur un lit moelleux avec des bandelettes précieuses, cherchant à noyer dans la volupté son amour pour la vertu. Hélas ! cette ruse de l'enfer ne réussit que trop bien pour tant de millions d'âmes que l'Islamisme a ainsi liées par les liens de toutes les satisfactions. On les trouve mieux munis contre toute atteinte de la parole de Dieu que les chevaliers tout bardés de fer ne l'étaient contre les coups de leurs ennemis. Or, jusqu'à présent, les habitants de la Grande-Comore n'ont connu que cela. Et cette jouissance n'est pas exclusivement le partage d'une classe, comme à Anjouan ; l'esclave y trouve sa part, quoiqu'il soit toujours inférieur. C'est donc sans espoir d'ouvrir les yeux à ces pauvres âmes qu'il faut traverser leur pays.

.·.

A mon départ de Moroni, j'avais remis un billet au crayon à un homme qui devait me précéder chez ces Messieurs de l'exploitation. J'espérais par ce moyen trouver sur mon chemin une monture qui m'aurait épargné bien des fatigues. Ils envoyèrent bien une chaise à porteurs. Mais notre guide eut l'habileté de nous les faire éviter, et je dus arriver à pied.

Le pavillon de la France flottait sur le mât dressé devant la salle à manger. M. Legros, beau-frère de M. Humblot, me fit immédiatement mettre à table. A cet instant une vive fusillade se fit entendre dans la cour.

« Mon Père, me dit alors M. Legros, ce sont vos enfants de Mayotte qui vous souhaitent la bienvenue. »

Ils étaient, en effet, bien contents de voir le Père ; mais celui-ci fut très peiné de les trouver si éloignés de la vie chrétienne.

Je les réunis fréquemment après les heures de travail, pour leur rappeler l'importance de leurs devoirs de chrétiens. Puis leur expliquai les principales vérités de la religion, et les commandements de Dieu et de l'Église. Mon désir le plus ardent eût été de légitimer leurs unions, mais en cela je vis aussitôt surgir une montagne de difficultés, et malheureusement je ne pus arriver à aucun résultat.

Ah ! si Dieu dans sa miséricorde daignait nous envoyer un catéchiste, un chrétien qui, par son exemple et ses paroles, voulût montrer le ciel à ces pauvres âmes, quel bien n'y ferait-il pas ? Il y a sur l'établissement plus de deux cents Mozambiques, bon nombre de Malgaches qui ne sont pas encore gâtés par l'Islamisme. Peu d'entre eux refuseraient le saint baptême à l'heure de la mort ; mais personne pour donner la main à ces pauvres âmes déjà au bord de l'abîme, personne pour les instruire !

VII. — *Description de la Grande-Comore.* — *Le volcan et son cratère* — *Explication des tremblements de terre donnée par les Comoréens.* — *Salubrité.* — *Retour à Mayotte.*

Que dire maintenant de la Grande-Comore elle-même ? Ce n'est pas ce rocher stérile que l'on croit apercevoir de la mer, et que l'on dépeint dans les Géographies. Trop souvent une mer démontée oblige les navires à repartir sans avoir vu autre chose que des côtes, où l'on ne trouve, en effet, que des monceaux de pierres et de lave. Mais, si l'on sort des régions basses, on rencontre une végétation dont la vigueur augmente tant qu'on ne dépasse pas une certaine hauteur. Comme à Anjouan, des arbres gigantesques peuplent d'immenses forêts, et des pluies fréquentes laissent dans le lit des torrents une eau pure, abondante et fraîche comme les meilleures eaux de sources.

Mais, à deux mille mètres d'altitude, il ne règne plus qu'une véritable désolation. Pas un point qui ne soit couvert de cette lave, vomie par vingt ou trente cratères qui occupent ces hauteurs. Et, malgré cela, cette région est celle où les amateurs de la nature trouveraient peut-être le plus de charmes. La sécheresse la plus complète y règne ; les bruyères seules peuvent y vivre, mais elles atteignent des hauteurs de sept à huit mètres, et des diamètres de quinze à seize centimètres. Elles forment de véritables forêts, où de nombreux cabris sauvages ont choisi leur retraite.

.·.

Quand, pour répondre à une invitation de MM. Doge et Pupier, je me suis rendu avec eux au volcan qui est une merveille de la nature, bien qu'il ne soit plus en grande activité, les chiens se sont plusieurs fois offert le plaisir de la chasse et toujours avec succès. Il y a vraiment quelque chose d'intéressant dans ces petits drames.

Tout à coup on entend des aboiements vifs et aigus dont l'accent annonce de plus en plus la rage et le désespoir des chiens qui voient leur proie et ne la peuvent tenir ; puis, tandis que l'on est tout oreille pour se rendre compte de ce qui va se passer, un long et ineffable bêlement exprime d'une manière touchante l'horrible angoisse du pauvre cabri. Les mains alors se portent sur les coutelas et de toutes parts l'on se précipite pour terminer l'agonie de l'infortuné.

Notre promenade, agrémentée par quelques captures de ce genre, nous conduisit finalement jusque vers le cratère, que nous étions désireux de voir. C'était un bassin immense d'une lieue de diamètre environ, dont les bords très hauts et très escarpés étaient remplis de bruyères. Le fond, recouvert plusieurs fois par des coulées de lave, semblait uni comme les trottoirs de Paris. Au milieu de ce bassin, un gouffre béant. Les rochers à travers lesquels le volcan s'est frayé ce passage de trois cents mètres de diamètre conservent un mélange de rouge et de noir, qui fait qu'on ne peut les regarder sans un sentiment d'effroi. Arrivés dans le cratère, nous vîmes dans ce fond, qui nous avait paru si bien uni, des monceaux de lave et des trous dans lesquels un homme aurait pu disparaître.

Mais rien n'est saisissant comme ce gouffre d'une profondeur effrayante. La chute des pierres qu'on y lançait ne se faisait entendre qu'au bout de trente secondes environ. Au milieu de cette cheminée on aperçoit l'orifice de la cheminée centrale, à laquelle on donnerait un diamètre d'un mètre, mais qui probablement en mesure trente.

.*.

La Grande Comore, qui, du reste, n'est pas encore garantie de tout malheur, a dû avoir une longue époque de perturbations. De fréquentes secousses font encore trembler son sol et avec violence. Plus d'une fois je me suis réveillé pendant la nuit entendant craquer toute ma case si légère pourtant. Une fois même, la secousse très forte fut précédée par un bruit semblable au grondement du tonnerre.

Les Comoréens expliquent ces phénomènes à leur façon. Le bœuf, chargé de porter leur île entre ses cornes, se sent piqué par quelques vilaines mouches et naturellement ne conserve plus la patience nécessaire pour rester tranquille.

Mais, à part ces inconvénients, cette île a des avantages matériels dans les régions hautes. Sa salubrité est incontestable, et ce n'est pas sans motif que les Allemands l'avaient choisie pour en faire un sanatorium à leurs colons du Zanguebar. Mais M. Humblot leur a coupé l'herbe sous les pieds.

Pendant les quelques semaines que j'y ai séjourné, ma santé s'est bien refaite. Le vent toujours contraire semblait devoir m'y retenir encore longtemps, lorsque, le 28 septembre, au moment où j'allais commencer la sainte messe, on vint me dire qu'un navire était en vue. Quelques heures après, je faisais mes adieux à ces Messieurs de l'établissement, et à deux heures de l'après-midi, j'étais à Moroni. Les formalités à remplir n'étaient pas compliquées. A quatre heures et demie, je partais pour rentrer à Hell-Ville.

.*.

Le lendemain dimanche, je descendais à Anjouan, je revis Patsi et ses chrétiens, qui, cette fois, purent assister à la messe. J'en profitai pour leur rappeler les promesses qu'ils m'avaient faites deux mois auparavant. Le navire repartait le lundi soir et quinze heures plus tard mouillait à Mayotte. Il y avait deux mois et deux jours que j'étais parti.

Mon excursion n'a pas été aussi fructueuse au point de vue du bien des âmes que je l'eusse désiré ; un missionnaire plus saint aurait sans doute obtenu de meilleurs résultats. Grâce à Dieu cependant, elle n'a pas été sans fruits et sans consolations.

Il serait fort à désirer que l'on pût régulièrement faire la visite de ces îles. Ce serait le moyen de fortifier et de soutenir les pauvres chrétiens qui s'y trouvent ; ils le souhaitent eux-mêmes avec ardeur.

FIN

DONS

Pour l'Œuvre de la Propagation de la Foi

ÉDITION FRANÇAISE.

D. J. T., de Cherbourg avec demande de prières spéciales ...	500
Un anonyme du diocèse de Périgueux	400

Pour les missions les plus nécessiteuses (Mgr Couppé)

Un lecteur des *Missions Catholiques*, du diocèse d'Autun	3
Anonyme du diocèse de Rennes.	15

Pour l'orphelinat de Bethléem.

Mlle M. M. de Saint-Amour, diocèse de Saint-Claude, avec demande de prières pour son père et sa mère défunts....•........	24 35

Pour l'hôpital de la Sainte-Famille, à Bethléem.

Anonyme de Paris	3

Pour l'église de N.-D. de Lourdes, à Chetput (Indes).

Anonyme du diocèse de Rennes	10

Au R. P. Allys, pour son église de Phu-cam (Hué).

Un prêtre d'Anvers, diocèse de Malines	200

Au R. P. Verdier, missionnaire au Maduré, pour ses affamés.

Une dame d'Anvers, diocèse de Malines	20

À Mgr Riccaz, évêque de Nagpore, pour ses veuves païennes.

Une paroissienne de CherVeux, diocèse de Poitiers, demande de prières pour sa famille	20
Une anonyme de CherVeux, diocèse de Poitiers	2
D. N G. diocèse de Lyon	100
Une Veuve, au nom de son mari, de son père, frère et sœur et pour le repos de leur âme, diocèse de Meaux	5 10

À Saint-Gilbert, à Ning-Po (Tché-kiang).

D. N G. diocèse de Lyon	100
Mlle M. M. de Saint-Amour, diocèse de Saint-Claude, avec demande de prières pour son père et sa mère défunts	24 35
Anonyme de Cassis, diocèse de Marseille	500

À Mgr Pinchon (Su-tchuen occidental), pour son hôpital.

Un prêtre d'Anvers, diocèse de Malines	200

À Mgr Pagnucci (Chen-si septentrional).

Anonyme de Chassagny, diocèse de Lyon	20

Pour les inondés de la Mongolie orientale.

Anonyme du diocèse de Rennes.	15

À Mgr Reynaud, pour le rachat d'enfants païens.

Anonyme de Lyon	200

Au missionnaire de Chine le plus éprouvé par l'inondation (M. Vercauteren, Mongolie orientale).

Un anonyme d'Anvers, diocèse de Malines	80

À Mgr Cousin, pour le trimestre d'un séminariste.

Sœur Thérèse de Jésus, diocèse d'Angers, demande de prières.	50

Pour les missions du Japon (Mgr Cousin).

Un abonné de Marseille	100

Pour les missions d'Afrique (Mgr Barthet).

Anonyme de Chassagny, diocèse de Lyon	20

À Mgr Barthet pour faire baptiser à Saint-Joseph de Nagazobil trois petits nègres sous les noms de Roque, Rocca et Célie.

Mlle Celie M. diocèse de Viviers	5

Au R. P. Poirier, supérieur de la mission du Niger.

Mme Berga, Versailles, avec demande de prières	100

Pour le rachat de trois petits nègres à baptiser sous les noms de Marie, Joseph et François-Xavier (R. P. Poirier).

Anonyme du diocèse de Rennes	30

À Mgr Couppé, pour la mission de la Nouvelle-Poméranie.

Anonyme du diocèse de Rennes	20

Pour le Carmel de Sydney (Australie).

Un abonné de Marseille	50

(La suite des dons prochainement).

TH. MOREL, *Directeur-gérant.*

Lyon. — Imprimerie MOUGIN-RUSAND, rue Stella, 3.

CANADA. — Arrivée en canot a Mékiskan de Mgr Lorrain et des sauvages qui lui faisaient suite; d'après une photographie de Mgr Lorrain (Voir page 198).

CORRESPONDANCE

ALLAHABAD (Hindoustan).

La mission de Bettiah.

Lorsque Léon XIII, il y a quelques années, établit la hiérarchie catholique dans l'Hindoustan, il confia à des évêques capucins trois diocèses du nord de la péninsule, ceux d'Agra, dé Lahore et de Patna, ce dernier devenu aujourd'hui le diocèse d'Allahabad. Une récente statistique nous apprend que le diocèse d'Allahabad renferme 8,353 catholiques, et que 144 conversions s'y sont opérées depuis un an. Un district du diocèse d'Allahabad, celui de Bettiah, a été confié, l'année dernière, aux Capucins de la province du Tyrol septentrional, et le supérieur de ce district, le R. P. Hilarion d'Abtei, fait connaître en ces termes l'état de sa mission, au ministre général de l'Ordre.

Je commencerai par un coup d'œil sur l'origine et les progrès de cette mission.

En 1738, la Propagande envoya dix religieux Capucins, huit prêtres et deux Frères dans la mission du Thibet et des royaumes adjacents. Les messagers de l'évangile arrivèrent à Ségaul, dans le district de Bettiah.

N° 1142. — 24 AVRIL 1891.

Un membre de la famille royale de ce pays leur demanda des remèdes pour une personne malade. Au nombre des religieux, se trouvait le P. Joseph-Marie de Garignano, que ses connaissances médicales mettaient à même de répondre à cette démarche. Il visita la personne malade, lui prescrivit des remèdes et pria pour elle, si bien qu'elle revint à la santé. Reconnaissant d'un tel bienfait, le roi invita l'heureux médecin à se fixer dans le pays. Ce ne fut qu'après avoir obtenu l'assentiment de la Propagande, que le P. Joseph-Marie vint s'établir à Bettiah, en l'année 1746. Ayant reçu la permission de prêcher l'évangile, le Père mit à profit sans retard la faveur royale. Avec l'aide de Dieu, le zélé missionnaire convertit bientôt quelques membres des plus nobles familles.

Son successeur, le P. Michel-Ange de Tabiago, de la province de Milan, envoyé dans la mission en 1759, continua les traditions de zèle du vénérable fondateur. Le nombre croissant des néophytes exigea bientôt la construction d'une vaste église. Cette œuvre, entreprise par le P. Michel-Ange en l'année 1780, n'a pu être terminée qu'en 1833.

La mission compte deux autres résidences, Choorhee et Chaknee. Choorhee est situé vers le nord-ouest de

Bettiah, à une distance de cinq milles. En 1769, la guerre ravageant les pays voisins du Népaul, les missionnaires se retirèrent dans ce royaume, où ils vécurent quelque temps avec les chrétiens de Bettiah. A cette époque, le gouvernement anglais céda Choorhee à la mission. En 1770, les Capucins y bâtirent la résidence actuelle et une église provisoire.

Chaknee est au nord-ouest de Bettiah, à une distance d'environ quarante milles. Cette résidence a été achetée en 1883 par les soins de la mission, au prix de 13.000 roupies. Nous avons là vingt familles chrétiennes, établies par le mariage de nos orphelins entre eux. Dieu rend ces unions fécondes, et, dans un avenir prochain, nous aurons le bonheur de compter à Chaknee une Congrégation chrétienne florissante. Une maison a été construite par le missionnaire en 1888 : la chapelle est provisoire.

. . .

Le territoire de la mission fait partie du bassin du Gange. C'est une plaine d'alluvion, sillonnée par un grand nombre de fleuves, plantée d'arbres de tous côtés. Dans les endroits qui ne sont pas couverts de forêts, la terre est très fertile et serait d'un rendement extraordinaire, si elle recevait tous les soins d'une culture intelligente. Les produits de l'arboriculture sont : la mangue, la banane, la pêche, la figue, l'orange, etc. L'agriculture fournit en abondance les différentes espèces de riz, le froment, l'orge, l'avoine, le millet, les légumineuses, le sésame, la moutarde, le poivre, la pomme de terre, le coton, le chanvre, la canne à sucre, le tabac, l'opium, l'indigo. Le climat de la région est tropical. Les maladies dominantes sont les différentes fièvres, le choléra, la variole, la dysenterie, les hémorragies.

Sous le rapport politique, tout le pays est soumis à la domination anglaise. Les rois et les roitelets paient un tribut annuel. Ces princes sont peu bienveillants à l'égard de la religion catholique : cependant, ils admirent les progrès de la civilisation dont l'éducation chrétienne est le principe. Le gouvernement pratique la neutralité officielle vis-à-vis de la religion catholique : mais, dans un but civilisateur, il favorise nos œuvres d'évangélisation.

Le district renferme dix millions d'habitants, dont un million suit la religion de Mahomet, et près de neuf millions professent le Brahmanisme. Les catholiques sont quinze cents à Bettiah, trois cents à Choorhee, et cent à Chaknee. Il faut y ajouter deux cents catholiques dispersés dans les diverses stations de chemin de fer, surtout à Samatispour, Dharbanga et Mozofferpour. Le district compte deux cents protestants européens, et cinq cents protestants indigènes.

. .

Telle est la portion de la vigne du Père de famille, que les Pères de la province du Tyrol septentrional sont chargés de cultiver. Cette tâche n'est pas facile. Là, comme ailleurs, se réalise la parole divine : les bons sont mêlés aux méchants. Là, comme partout, les chrétiens ne sont pas toujours des modèles. En recevant le baptême, ils n'ont pas dépouillé compleètemnt la nature de l'Hindou, et ils ont toujours du penchant à la superstition, aux querelles, aux inimitiés, à l'ivrognerie, à l'orgueil, à la paresse. Si le missionnaire doit déjà déployer un zèle ardent pour maintenir ses positions, que dire des obstacles qui s'opposent aux progrès de l'apostolat ? C'est d'abord, du côté des infidèles, la distinc tion des castes, et la résistance naturelle des passions aux prescriptions de la morale chrétienne. Du côté de l'apôtre lui-même, surgit la difficulté de parvenir jusqu'à l'Hindou, et de le poursuivre, pour ainsi dire, sur son propre terrain. On ne saurait assez le répéter : il ne suffit pas, pour aborder toutes les castes, de connaître à fond sa propre religion et toutes les controverses qui la concernent ; il ne suffit pas de connaître la langue et l'histoire de l'Inde : mais il faut encore étudier les rites et les cérémonies religieuses des infidèles, approfondir leurs doctrines, pénétrer leurs mystères, réfuter victorieusement leurs objections.

Ces obstacles, les missionnaires, encouragés par les exhortations venues de Rome, se proposent de les attaquer de front avec une ardeur nouvelle.

. .

La mission possède deux églises, l'une à Bettiah, l'autre à Choorhee. A Chaknee, il n'y a qu'une chapelle provisoire. Les écoles catholiques sont au nombre de trois : deux de garçons, dont l'une à Bettiah, fréquentée par cent enfants, l'autre à Choorhee, peuplée de trente enfants, la troisième à Bettiah, avec trente filles. L'orphelinat de garçons de Bettiah compte soixante membres. Il est sous la direction d'un missionnaire. Un autre orphelinat de Bettiah, qui compte soixante filles, est dirigé par des Sœurs de la Bavière. Ces orphelins sont divisés en trois groupes pour les travaux manuels. Une autre maison à Choorhee renferme vingt orphelines, des catéchumènes et des femmes âgées. A la tête de cette dernière maison se trouvent deux Sœurs indigènes du Tiers-Ordre de Saint-François. Depuis quelque temps, deux autres Sœurs résident à Chaknee, pour enseigner le catéchisme aux enfants. Le missionnaire a souvent le cœur se serrer péniblement, lorsqu'il doit refuser des élèves ou des orphelins, faute de ressources, alors surtout qu'il voit les secours affluer dans les écoles établies par le gouvernement pour les infidèles, comme aussi dans les écoles privées ou publiques de la mission protestante.

Les Pères veulent étendre et fortifier ces œuvres, et en outre établir de nouvelles créations. Au nombre de ces dernières, il faut d'abord fonder une école apostolique, où seront formés des catéchistes pour les hommes, des maîtres d'école et des prêtres indigènes. Cette fondation, imposée par les actes synodaux du diocèse d'Allahabad, doit être faite sans retard. C'est une œuvre de la plus haute importance, mais aussi hérissée de difficultés. Néanmoins, il est certain, qu'avec de la patience, du temps et des soins assidus, on pourra obtenir d'utiles auxiliaires. Les maîtres d'école actuels arrivent à des résultats consolants, bien qu'ils aient été préparés seulement en vue des écoles inférieures, ce qui fait bien augurer d'un enseignement plus élevé auquel on les préparerait. En outre, il faut former des femmes catéchistes, des maîtresses d'école et des religieuses indigènes qui rendraient les plus grands services dans l'apostolat auprès des femmes du pays. Cette œuvre exige la construction d'une maison spéciale et la présence de Sœurs européennes, qui, seules, dans le commencement, peuvent donner aux jeunes filles indigènes la triple formation indiquée plus haut. De plus, il est urgent de bâtir une école à Chaknee et d'agrandir celles de Bettiah. A bref délai, il faudra encore construire une église à Chaknee.

Enfin, que de fois le missionnaire gémit de ne pouvoir venir en aide aux indigènes pauvres des castes inférieures! Beaucoup sont dans une extrême indigence, et si l'on pouvait leur distribuer quelques secours matériels, on arriverait jusqu'à leurs âmes. Tous invariablement posent cette question à l'apôtre qui s'efforce de les convertir : « Qui nous donnera du pain, si nous embrassons votre foi, surtout si nous sommes expulsés de notre caste? »

Voici un exemple. Dharbanga est une station, que les missionnaires visitent tous les mois, à cause des catholiques qui s'y trouvent. Il y a là deux mille infidèles pauvres,qui, pendant la terrible famine de 1872, ont reçu les aumônes des chrétiens, et qui, pour cette raison, ont été repoussés de leur caste par leurs parents. Ils forment maintenant une caste à part, ou plutôt ils n'appartiennent plus à aucune. Tous embrasseraient volontiers notre religion, si nous pouvions pourvoir à leur existence. Ils demandent un petit territoire dont la culture les ferait vivre. Ce serait l'unique moyen de les rassembler pour les instruire dans la foi. Ils formeraient bientôt une puissante Congrégation.

Le gouvernement anglais se charge de la moitié des dépenses pour les écoles, sous trois conditions suivantes : qu'un inspecteur de l'administration puisse visiter les écoles, qu'on adopte pour enseigner les livres et les méthodes du gouvernement, qu'on admette comme élèves les enfants de toutes les croyances, infidèles, mahométans, protestants et catholiques. Ces conditions n'ont rien qui répugne à la liberté ecclésiastique. La visite de l'inspecteur officiel n'a d'autre objet que la

tenue de l'école. Les livres imposés ne contiennent rien de contraire à la foi. Les missionnaires se réservent d'enseigner la religion aux enfants catholiques et aux enfants infidèles qui veulent recevoir l'instruction religieuse.

Ajoutons que les Pères doivent visiter tous les mois les stations suivantes : Mozofferpour, Samatispour, Dharbanga, Sonepour et Gorakhpour. Les catholiques de Samatispour, au nombre de soixante-dix, demandent instamment qu'on leur bâtisse une chapelle, et qu'un Père demeure au milieu d'eux. Il serait vraiment nécessaire de répondre à leurs vœux, car ils sont fortement travaillés par le ministre protestant de l'endroit. Mais ils n'ont pas eux-mêmes les moyens de bâtir, et où trouver des ressources?

On le voit, les missionnaires de ce district, au nombre de neuf, ont besoin qu'on vienne à leur aide, pour qu'ils puissent garder les positions conquises et avancer l'établissement du royaume de Dieu dans cette portion du diocèse d'Allahabad qui leur est confiée. Les églises sont dans un état misérable. Les sanctuaires où se conserve la Sainte-Eucharistie ne sont pas dignes de Notre-Seigneur. Une église et une école à bâtir, une école apostolique et une maison religieuse à fonder, sont des nécessités tout à fait urgentes. Puis il y a les pauvres chrétiens qui viennent tous les jours demander les choses nécessaires à la vie, ou un coin de terre pour y semer un peu de riz. Si le missionnaire ne peut pas secourir leur détresse au moins en partie, il a la profonde douleur d'en voir quelques-uns se tourner vers les protestants. Daigne Notre-Seigneur inspirer à quelques âmes charitables le désir de contribuer, par leur obole, aux progrès de la mission de Bettiah. Aider à l'avancement du royaume de Dieu sur la terre, c'est prendre part à l'œuvre la plus divine : la gloire de Dieu par le salut des âmes.

DÉPARTS DE MISSIONNAIRES

Sont partis le 30 mars, du collège Brignole Sale Neyrone de Gênes, pour le diocèse de Toronto (Canada) : les RR. PP. Patrick Coyle et John Cahill.

—Voici les noms de huit religieux de la Congrégation du Saint-Esprit et du Saint Cœur de Marie, partis récemment pour diverses missions.

Se sont embarqués à Marseille, le 10 avril pour la Sénégambie : les Frères Bonaventure Weiss, Réole Schmitt et Nolasque Disch; pour le Bas-Niger : le Père Joseph Bubendorf et le Frère Hermas Huck ; pour les Deux-Guinées : le Frère Zacharie Blaise; pour le Zanguebar, le 12 avril : les Frères Aubin Dollinger et Othon Weigel.

Ces huit missionnaires appartiennent par leur origine à la catholique Alsace.

INFORMATIONS DIVERSES

Jérusalem. — Les *Missions catholiques* du 23 janvier dernier annonçaient la nomination par bref de Mgr Appodia, auxiliaire de Mgr Piavi, patriarche de Jérusalem. Le Saint-Père lui a donné le titre de Capitoliade (Capitolias), évêché de la seconde province de Palestine et de l'ancienne métropole de Scytopolis au quatrième siècle.

Le sacre de Mgr Appodia a eu lieu le 8 mars dans l'église du Saint-Sépulcre à Jérusalem ; le prélat consécrateur était Mgr Piavi, assisté de Mgr Gaudence Bonfigli, archevêque titulaire de Cabasa, délégué apostolique de la Syrie pour les Orientaux et vicaire apostolique d'Alep pour les Latins, et de Mgr Joseph Farahian, archevêque arménien de Diarbékir. Toutes les communautés religieuses françaises et d'autres nationalités y étaient représentées. Le consul de France y assistait aussi en uniforme. Mgr Pasquale Appodia est né en 1834 à Subiaco, lieu de retraite de saint Benoit, à quarante milles de Rome ; il fit ses études ecclésiastiques à Rome où il fut ordonné prêtre. Après son ordination il continua ses études et reçut le brevet de docteur en théologie. Il avait trente ans lorsqu'il vint à Jérusalem en 1864. Mgr Valerga le chargea d'abord de l'économat du patriarcat, et vers la fin de 1869, il fut envoyé en mission au Salt au-delà du Jourdain.

En 1871, Mgr Valerga, qui réunissait au titre de patriarche de Jérusalem celui de délégué apostolique de Syrie, envoya Don Pasquale Appodia à Beyrouth avec le titre de vicaire-général.

Après la mort de Mgr Valerga (décembre 1872), Dom Appodia revint à Jérusalem, et Mgr Bracco le nomma supérieur du séminaire en 1873, et en 1880 lui conféra le titre de vicaire-général. En 1888, un an avant sa mort, Mgr Bracco lui avait donné en successeur comme supérieur du séminaire. Il a administré le diocèse pendant les vacances, en vertu des Constitutions patriarcales qui attribuent ce droit au vicaire-général du patriarche décédé, sans qu'il soit besoin d'une élection.

Pé-tché-ly sud-est (*Chine*). — Le R. P. Becker, de la Compagnie de Jésus, supérieur général de la mission du Pé-tché-ly sud est, nous écrit de Hien-hien :

« Mgr Bulté, en partant pour une tournée épiscopale, m'a laissé quelques notes en me chargeant de vous écrire en son nom pour vous manifester sa reconnaissance.

« Notre mission poursuit sa marche régulière, progressive, ascendante ; elle fournit au ciel son contingent d'élus.

« Voici le tableau de nos œuvres :

« Chrétientés 525. — Eglises et chapelles, 483. — Chrétiens, 37,921. — Catéchumènes, 2,867. — Baptêmes d'enfants de chrétiens, 1,453 ; d'enfants de païens, 11,160. — Confirmations, 646. — Communions, 95,783. — Mariages, 211. — Ecoles, 221. — Elèves, 2,730.

« Obtenez-nous par vos prières de faire avancer de plus en plus dans cette province le royaume de Dieu. »

Saint-Boniface (*Canada*). — Mgr Taché, archevêque de Saint-Boniface, est très satisfait des progrès constatés chez les sauvages du Nord-Ouest et particulièrement du Manitoba.

On sait combien il est difficile de transformer ces chasseurs nomades en agriculteurs ; toutefois on y réussit avec de la persévérance, et Mgr Taché a vu, l'automne passé, de belles récoltes de blés dues entièrement au travail des sauvages.

Une des causes qui s'oppose à la prospérité des indigènes en agriculture, est l'inexpérience et la négligence de leurs femmes comme ménagères. On a fondé des écoles d'industrie pour porter remède à cet état de choses. A Qu'Appelle, 90 filles et 70 garçons, tous enfants de sauvages, travaillent dans une école sous la direction de sept Sœurs. Les résultats obtenus ont été des plus consolants.

DOUZE CENTS MILLES EN CANOT D'ÉCORCE

OU

PREMIÈRE VISITE PASTORALE

de Mgr N.-Z. LORRAIN, évêque de Cythère

Vicaire apostolique de Pontiac

DANS SES MISSIONS SAUVAGES DU HAUT DES RIVIÈRES OTTAWA ET SAINT-MAURICE, DE WASWANIPI ET DE MÉKISKAN

Par Mgr J.-B. PROULX

Curé de Saint-Raphaël de l'Isle-Bizard.

CHAPITRE XIII

De Waswanipi à la Fourche de la Mékiskan

(Suite 1).

Susceptibilité, indépendance et fierté du sauvage. — Au pays de la désolation.

Par deux portages, longs, mais beaux, séparés par le lac au milieu duquel on traine le canot sur les herbes, les algues et les glaieuls, on arrive au Wetetnagami.

Nous voyageons à grande vitesse. Nos provisions, contre lesquelles conspirent tant de bouches, commencent à s'épuiser. Nos hommes ne veulent pas se laisser prendre par la famine, ils ont hâte d'arriver à notre magasin de la Fourche de la Mékiskan.

En débarquant au portage, tout est jeté sur la grève, avirons, sacs, valises, boites, marmite, puis, vite, on prend sa charge, on s'élance dans le sentier. C'est alors qu'il faut avoir un œil vigilant pour empêcher que le bagage ne se brise, que les différents articles ne s'égarent. C'est extraordinaire comme les sauvages sont oublieux ; il ne se passe guère de jours, sans qu'ils ne perdent un couteau, une fourchette, une écuelle, un aviron, un vêtement, une chemise, une pipe, et que sais-je ? Cela vient, sans doute, de leur fond d'insouciance, de leur peu d'attachement aux biens de ce monde, de la facilité avec laquelle ils supportent un revers. Un accident ne les fait jamais pleurer, très souvent il les fait rire.

J'ai eu souvent l'occasion de parler de leurs grandes qualités ; mes amis sauvages ne m'en voudront pas si je me permets de dire un mot de leurs petits défauts. *Omnis homo mendax.* Le sauvage est susceptible. Ce sentiment vient de son indépendance ; il est avant tout un homme libre, qui n'est contrôlé dans son existence que par la nécessité. Nos lois lui passent à cent pieds sur la tête, sans l'atteindre ; l'autorité de ses chefs n'est que nominale ; la police ne pénètre pas dans ses forêts ; il n'a d'autre modérateur que « cette lumière qui luit au fond de la conscience de tout homme venant en ce monde », que les enseignements de la religion et les coutumes des anciens. Avec ces dispositions, il est bien étonnant que l'ordre règne à un tel point parmi eux, et que le crime n'y soit pas plus fréquent.

Ils n'aiment pas à être commandés à la manière des blancs. Dans le voyage, ils se conduisent à leur guise, campent quand ils veulent, dînent quand il leur fait signe. Vous êtes complètement entre leurs mains, et il

(1) Voir les *Missions catholiques* des 2, 9, 16, 23 janvier, 6, 13, 20, 27 février 6, 13, 20 et 27 mars, 3 10 et 17 avril, ainsi que la carte et l'itinéraire, page 8.

faut une certaine habileté et une grande connaissance de leur caractère pour les manier. Ostensiblement vous n'avez qu'à les payer et à leur fournir des vivres à discrétion ; surtout n'oubliez pas le sucre. S'ils sont contents, ils feront deux journées dans une, s'ils boudent ils ne font que tremper l'aviron dans l'eau. Vous n'avez alors qu'à prendre une bonne dose de patience, faire semblant de ne vous apercevoir de rien, profiter de la première occasion pour les remettre en bonne humeur : le beau temps reviendra aussi vite que le ciel s'est chargé de nuages. Enfin ce sont de grands enfants. Ils se fatigueront d'un long voyage, leur constance est usée au bout de quelques semaines, c'est une des principales raisons pour lesquelles le missionnaire change son équipage aux différents postes.

Ils savent très bien voyager à la manière de leur pays, et c'est la seule praticable dans la forêt : ils sont très adroits pour bâtir et conduire un canot ; ils ont une dextérité sans pareille pour sauter un rapide ; ils ont la science d'accoster leur embarcation d'écorce au rivage ; ils sont doués d'un œil perçant pour apercevoir l'écueil au fond de la rivière : et malgré cela ils négligeront dans le voyage certains petits détails qui ont bien leur importance. Si une barre se brise au canot, ils ne la remplaceront pas ; voyageant en pays où le bouleau ne croit point, ils oublieront d'emporter de l'écorce nécessaire pour réparer les avaries qui sont fréquentes ; ils laisseront au poste la gomme qui est d'un usage journalier. Mais sont-ils obligés de traiter votre canot mieux qu'ils ne se traitent eux-mêmes ? On doit aimer son prochain comme soi-même, pas plus. Ayant marché tout le jour dans l'eau, le soir généralement ils font sécher leurs vêtements, cela est bien ; mais il arrivera une bonne nuit qu'ils se coucheront tout mouillés, et, sans dresser leur tente, ils s'étendront sur la terre humide sous une toile qui ne les défend aucunement de la pluie. Aussi ont-ils contracté presque tous l'habitude du rhume et de la toux.

Ils se croient le premier peuple du monde. Ils chassent mieux que vous, ils pêchent mieux que vous, ils campent mieux que vous, ils canotent mieux que vous ; qu'avez-vous de plus qu'eux ? l'instruction ? s'ils avaient été au collège, ils en sauraient autant que vous. Aussi leur nom comme peuple est-il *anichinabè*, les hommes, les hommes par excellence. Dans les différents dialectes, le mot peut changer, mais l'idée reste la même.

D'ailleurs, en ceci, ils ne font qu'imiter leurs frères des nations civilisées. Les Grecs appelaient tous les peuples qui n'avaient pas du sang hellénique des veines *barbaroi*, mot qui, au sens d'étranger, ajoute une nuance d'infériorité. Roma vient de *romè*, force ; le Romain était l'homme courageux, le *vir*, le *civis* sans pareil : *romanus sum civis*. Franc voulait dire homme libre. Les Normands étaient les « hommés du nord ». Les Allemands disent les « hommes complets », *All men*. Si je savais le mongol, le chinois, le beloutchistan, il est probable que je pourrais vous citer bien d'autres analogies. Mais débarquons, nous sommes arrivés au bout du Wetetnagami.

Un portage d'une demi-lieue nous conduit à l'entrée du pays de la désolation et des gros rochers.

Une inflammation d'intestins a menacé de me jouer un mauvais tour, dans la nuit du 27 au 28 juin. Empêché par la maladie, je n'écris cette page qu'ici, à Mékiskan, deux jours après l'événement.

On me fit un lit dans le canot avec deux coffres : trois couvertures pliées servirent de matelas ; le parapluie du Père Dozois me défendit contre les rayons du soleil. L'air était sec et chaud. Je n'aurais pas été aussi bien dans les salons d'un bateau à vapeur ; sous le léger balancement du canot, j'étais couché comme un enfant dans son berceau, comme un mandarin chinois dans son palanquin. Pour débarquer, comme il faut toujours prendre des précautions, même sur la plus belle grève, deux de nos hommes se faisaient un plaisir de me descendre dans leurs bras.

.˙.

A dix heures, nous atteignons le dépôt de nos provisions. Les ours n'ont rien dérobé. Deux familles, appartenant à la mission du Grand Lac, sont campées dans les environs, attendant notre passage. Le père et la mère ont été confirmés au Grand Lac ; ils amènent à l'évêque, pour leur procurer le même avantage, leurs enfants qui étaient restés dans les bois. Nous descendîmes sur une pointe couverte de fleurs rouge pâle ; je ne sais à quelle famille elles appartiennent. Je les appellerai, à raison de leur ressemblance, giroflées sauvages. Et là, au milieu des fleurs, sept personnes reçurent les dons de l'Esprit-Saint.

Kwakoo dit au Père :

« — Tu ne nous donnes pas le pain qui fait les forts ?

« — Nous ne sommes pas à jeun pour dire la messe.

« — Quand la diras-tu ?

« — Pas avant Mékiskan.

« — C'est bien, je te suivrai jusque là. »

Et lui qui, auparavant, ne pouvait aller plus loin, décidé par le désir de la sainte communion, entreprenait avec toute sa famille un voyage de quatre jours, aller et retour. *Reges, intelligite, erudimini qui judicatis ter am.* Fortes intelligences du monde civilisé, instruisez-vous et prenez des leçons d'un pauvre sauvage !

.˙.

Le grand canot de M. Iseroff, parti deux heures avant nous, venait de tuer un ours. C'est un événement public qui fait taire toutes les considérations d'importance secondaire ; à demain les affaires sérieuses. Il est décidé que toute la tribu s'arrêtera à la Fourche une journée entière pour faire festin. Des blancs auraient dit : « Quelle chance ! nous voici avec des provisions pour le reste du voyage. » Des sauvages disent : « Asseyons-nous ici pour manger le dernier morceau, puis nous continuerons le voyage comme nous pourrons. »

Monseigneur, ne voulant pas perdre inutilement une journée ou peut-être deux, décida autrement. On se rendrait immédiatement à Mékiskan pour la mission, qui devait passer avant l'ours. Cette manière de voir dut leur paraître bien singulière ; ils s'y soumirent l'oreille basse, sans mot dire. Tout de même, ils. ne renoncent pas à la *magochiwin* ; Iseroff prend les devants avec l'ours, le héros du jour.

A deux heures, nous passions à la Fourche de Mékiskan, quatre jours juste après notre départ de Waswanipi. Je saluai la pointe du haut de mon lit de convalescent, et le doux sommeil vint engourdir paupières et douleurs. *Deo gratias* !

28 juin. — Nous remontons le courant entre deux rives verdoyantes. La tribu qui nous fait escorte, nage avec vigueur. L'ours a pris les devants ; tous les Indiens semblent avoir peur qu'Iseroff, qui en a la garde, le mange seul ; pour tout au monde, ils ne voudraient pas manquer d'y donner leur coup de dent. Aussi la chaleur est-elle comptée pour rien ; les pirogues volent. Malheureusement, dans l'a-

près-midi, des rapides nous retardent (voir la grav. ci-dessous. Il était tard quand nous dressâmes nos tentes au milieu d'un amas d'arbres enchevêtrés, de l'obscurité et des maringouins.

29 juin. — *Fête des apôtres saint Pierre et saint Paul.* Ciel pur et bleu, vent doux et frais, soleil tiède, forêts riantes, eau calme, figures gaies : vraiment, quand même ou voudrait imaginer un beau jour pour un voyage de plaisir, on ne pourrait en fabriquer un plus agréable.

Cette lumière vive qui remplit les champs de l'espace, concorde parfaitement avec ce *Lux decora*, dont il est parlé à la fête d'aujourd'hui, lumière qui illumine de ses feux bénis le jour doré de l'éternité, qui couronne d'une auréole de gloire les princes des apôtres, et qui montre aux pêcheurs repentants la voie du paradis.

CANADA. — RAPIDES SUR LA RIVIÈRE MÉKISKAN AU-DELA DE LA HAUTEUR DES TERRES (d'après une photographie de Mgr LORRAIN (voir le texte).

Decora lux æternitatis auream.
Diem beatis irrigavit ignibus,
Apostolorum quæ coronat principes
Reisque in astra liberam pandit viam.

A midi, nous arrivons à Mékiskan. Une pauvre maison, un hangar, trois petits champs de patates sur une pointe de sable maigre, tel nous apparut ce poste de l'honorable Compagnie, situé sur la limite de deux mondes, entre la province de Québec et la terre de Rupert. Le soleil, de tiède, est devenu brûlant, *torridus æstuat æther*, et ces ardeurs qui nous écrasent, sont loin d'égayer nos impressions. Triste pays !

● ●

Dans le courant de l'après-midi, il y eut prière, sermon, confessions. Mais, pour dire vrai, les sauvages paraissaient beaucoup plus occupés de l'ours que de la mission. Vite !

Vite ! les chaudières au feu ! Le bois n'est qu'à deux arpents, mais on n'a pas le temps d'aller y ramasser des branches sèches, on met la hache dans le poteau et le levier qui servent à presser les pelleteries : c'est comme si un laboureur brûlait sa charrue pour faire bouillir la marmite. Le feu pétille, et aussi pétille la joie de ceux qui trépignent autour du brasier, les yeux fixés sur cet ours magnifique dont les gigots dansent et plongent au fond du chaudron.

A cinq heures, le festin est prêt. Un châle est étendu au milieu du hangar, sur le châle une écorce de bouleau, sur l'écorce les morceaux d'ours entassés ; la tête grimace ; à côté se dresse une pile de galettes et reposent des plats pleins de graisse. Monseigneur bénit le repas ; comment les convives y firent-ils honneur ? nous l'ignorons ; car une odeur nauséabonde nous eût bientôt mis en fuite. Pour les sauvages, c'était un fumet délectable.

30 juin. — Ce matin, la salle du festin est convertie en chapelle ; il reste de la *magochiwin* d'hier un arôme qui affadit le cœur. A la messe de Monseigneur, il y eut douze communions et huit confirmations.

Ouvrant notre route à travers les foins, nous nous rendons au cimetière. Une vigne, de ses branches multiples, recouvre un buisson : c'est un signe de résurrection. Jésus n'a-t-il pas dit : « *Ego sum vitis*, je suis le cep de la vigne, et vous en êtes les branches. Celui qui demeure en moi, et en qui je demeure, porte beaucoup de fruits? »

.·.

MADAGASCAR. — TYPE DE FEMME HOVA ; d'après un dessin du R. P. TAIX, missionnaire de la Compagnie de Jésus (voir p. 200).

On ne peut rien imaginer de plus pauvre que cette mission. La grande croix du cimetière en est le seul monument religieux. Elle me rappelle cette parole de saint Paul, dont nous faisons la fête en ce jour : « *Gloriari me oportet in cruce Domini nostri Jesu Christi.* Je dois me glorifier en la croix de Jésus-Christ Notre-Seigneur. »

Dans cinq minutes, nous reprendrons notre croix, c'est-à-dire notre canot sous un soleil torride. Si cette correspondance vous paraît languissante, rappelez-vous qu'elle vient d'un convalescent. *Vale.*

(*A suivre*).

ALBUM MALGACHE

Une mère de famille au Dispensaire de Tananarive
d'après un dessin
du P. Alphonse **Taïx**, de la Compagnie de Jésus.

On lira avec intérêt ces pittoresques détails que nous devons à une obligeante communication du Père procureur de la mission de Madagascar. Que d'ingénieuses industries le zèle pour le salut des âmes inspire aux missionnaires de la grande île africaine! -

A la vue du dessin page 199, ceux qui ont visité la capitale de Madagascar ne manquent pas de s'écrier : c'est frappant d'exactitude.

En effet, voilà bien la jeune femme hova de condition médiocre. Sa plus grande fortune, ce sont ses enfants. Peut-être a-t-elle à son service une esclave ; mais cela ne la dispense pas de prendre sur elle le soin de toute sa petite famille. Pour sortir assez modestement] avec ses trois enfants, elle a dû épuiser les trésors de sa garde-robe. Dans sa case, que reste-t-il encore de linge ?}c'est une question indiscrète qu'il ne faudrait pas presser. Quoi qu'il en soit, Ramatoa (Madame) arrive au dispensaire avec ses tresses toutes fraîches et portant encore la trace du suif dont une main amie les a libéralement enduites.

A sa droite, on aperçoit une tête, dont la chevelure, quoique plus simplement disposée, ne manque pas d'élégance. Trait commun aux filles d'Eve de tous les pays : chez elles le goût de la toilette n'attend pas le nombre des années. L'artiste laisse ainsi deviner la fille aînée.

A gauche, dans le coin du tableau, émerge une grosse figure surmontée d'un fagot de cheveux. Reconnaissez à ce trait la sœur cadette, dont, faute de temps ou de patience, la mère a dû renvoyer la toilette à une heure plus propice.

Sur son dos, est perché le nouveau-né. Par la touffe de cheveux qui agrémente son front, vous êtes prévenu que le bon Dieu a donné aux deux filles susdites, non pas une petite sœur, mais un petit frère. Il ne connaîtra ni la jolie robe, ni le brillant manteau, ni l'élégante chaussure, ni la riche coiffure, ni la fine gaze, dont ailleurs la tendresse maternelle croit devoir affubler les enfants encore à la mamelle. Pour lui, le lamba et le dos de sa mère tiennent lieu de vêtement et de berceau. Ses grosses joues disent assez qu'il ne s'en porte pas plus mal. Une petite branche de lilas en fleur lui vaut une poupée :sa main l'étreint avec cette tenacité qui est un trait de race.

Voulez-vous savoir les noms des personnages ? L'usage du pays permet de les dire *à priori*.

Ainsi, la fille aînée, c'est Raketaka ; la cadette, Raivo ; leur petit frère, Boto ; la mère ne sera pas fâchée de s'entendre appeler Reniboto, mère de Boto.

Si ces noms ne sont pas toujours vrais, du moins ils sont toujours vraisemblables.

A beau dessin, il faut belle légende. Ce que j'en ai dit jusqu'ici ne rend que faiblement la partie artistique de l'œuvre : il reste à montrer son côté apostolique.

Dans la pensée de l'artiste missionnaire, les formes extérieures ne viennent qu'au second plan : ce qu'il vise avant tout, c'est l'âme ; oui, l'âme cachée sous cette écorce et qu'il s'agit de sauver. Voilà pourquoi il place la scène au dispensaire de Tananarive.

Est-il nécessaire de dire que, dans la mission de Madagascar comme dans d'autres missions, le dispensaire est un grand moyen d'apostolat ? Combien de Malgaches y ont trouvé la porte de l'école ou de l'église et le chemin du ciel ; et pour combien de chrétiens fut-il une planche de salut après le naufrage de la vertu ou de la foi : c'est le secret de Dieu.

Pour se faire une idée du bien opéré par le dispensaire de Tananarive en particulier, il faudrait avoir assisté à une des séances dont il est le théâtre béni.

Heureuses matinées qui rappellent un peu les scènes de l'Evangile, avec les foules se pressant autour du Sauveur pour lui présenter les malades et les affligés. Doux souvenir d'un passé qui n'est plus ! Qu'il me soit permis d'en esquisser quelques lignes, pour compléter la légende.

D'abord voici le couloir transformé en vestibule du dispensaire, et dans lequel se trouve notre petite famille.

Dès sept heures du matin la foule envahit la trop modeste enceinte et déborde jusque dans la rue. A huit heures la porte du dispensaire s'ouvre ; mais c'est pour les hommes. Encore une heure d'attente pour les autres clients. Les mamans se résignent d'assez bonne grâce ; mais les enfants protestent et parfois en termes assez hauts. Leurs cris finissent par improviser un de ces concerts qui n'étaient pas dans le programme. Le petit Boto n'y est pas étranger : aussi sa mère se lève-t-elle pour tâcher, en le secouant doucement, de mettre une sourdine à sa voix.

C'est le moment psychologique saisi par l'artiste : l'opération a réussi : vous voyez l'enfant qui sourit. Mais, se sentant bercé et trop faiblement retenu par la toile qui le soutient, il s'y cramponne instinctivement, sans cependant se départir de la petite branche de lilas.

Enfin la parole désirée a retenti : « Laissez entrer les petits enfants avec leurs mamans. » A ces mots, les flots de la foule s'ébranlent, et les mères. dont nous n'avons ici qu'un type, pénètrent dans la salle du dispensaire.

Rien de laïque dans cet appartement. Sur les murs, un beau Christ, et des tableaux religieux de tout genre, sans oublier celui des deux chemins et une peinture de l'enfer.

Dans un coin de la salle, la Sœur est debout devant la table où elle prépare et distribue les remèdes. Elle a eu soin de remplir d'avance plusieurs bouteilles de tisane des quatre fleurs. Utile précaution, car l'expérience a prouvé que, pour les Malgaches qui accompagnent un malade, le dispensaire est comme la fontaine : on y vient pour boire. Ainsi, dans bien des cas, la tisane sera pour nous le verre d'eau donné au nom de Notre-Seigneur. Nous n'y perdons pas, et le client y trouve une telle satisfaction qu'il y aurait presque de la cruauté à l'en priver.

Au milieu de la salle se dresse une table devant laquelle est gravement assis le missionnaire prêt à écouter les clients, et, en sa qualité de médecin *éminent*, à écrire les prescriptions. Ici, on s'incline devant le docteur.

Il n'est pas que docteur, il est surtout père. Aussi, à côté des billets préparés pour écrire les ordonnances, voyez une petite corbeille. Les enfants ne tardent pas à la connaître et à l'apprécier beaucoup ; car il en sort pour eux un petit remède, connu sous le nom de *ody ambawafo*, remède pour l'estomac, qui, en France, s'appelle *gâteau* et à Madagascar *mofo mamy*, pain sucré.

Telle est la salle dans laquelle entrent ou plutôt se précipitent les mamans avec leurs enfants et leurs accoutrements divers.

Déjà, le missionnaire est debout, et, prodiguant les formules de politesse du pays, il dit : *Mandrosoa, Tompoko e, mandrosoa, Tompoko e.....* Avancez, messieurs, avancez, mesdames..... Mipetràha, asseyez-vous....., il les invite à s'asseoir en formant un cercle dont il occupe le centre.

Quand tout ce monde est assis, le Père prend place sur son siège, remerciant Dieu intérieurement de lui avoir amené cet intéressant et nombreux auditoire ; car on y compte quelquefois, outre les enfants, jusqu'à une trentaine de pères et mères. En attendant que le silence s'établisse, il promène un regard d'apôtre sur ces visages. Quel langage convient-il d'employer pour gagner tant d'âmes au divin Maître ? C'est une question que décident l'inspiration de la grâce et les circonstances.

Quoi qu'il en soit, il y a matière à une allocution, qui varie un peu dans la forme, mais dont le fond ne change pas.

En voici un spécimen :

« Mes parentes, salut ! ô vous qui êtes arrivées sans accident dans la maison d'un père et d'une mère.

« Vous ne vous êtes pas trompées : car, par la grâce de Dieu, nous sommes vraiment votre père et votre mère.

« Le bon Dieu s'est montré plein de miséricorde envers nous autres, Pères, Frères, Sœurs... Ici-bas, Il nous a donné les remèdes du corps et les remèdes de l'âme, et après cette vie, Il veut nous donner en partage le royaume du ciel.

« Et c'est lui qui nous a dit : Allez à Madagascar soigner les malades et instruire les ignorants...

« Et nous sommes partis, nous les Pères, les Frères, les Sœurs, car nous nous avons dit : Le Fils de Dieu est bien descendu du ciel pour nous sauver : et nous, pauvres mortels, nous ne quitterions pas notre patrie pour sauver nos frères à Madagascar ?

« Nous voici donc au milieu de vous, pour vous donner les biens que vous n'avez pas encore. Vous avez du riz, des poules, des bœufs, mais vous n'avez que peu de remèdes, et surtout vous ne connaissez pas le chemin du ciel... Ayez confiance, nous vous apprendrons tout cela.

« Nous sommes avec vous à la vie et à la mort ; car notre tombeau est fait à Ambohipo.

« — Que Dieu vous protège ! s'écrient les auditeurs émus de ce dernier trait : merci ! nous possédant nous possédons réellement un père et une mère.

« — Vous voulez des remèdes, n'est-ce pas ?

« — Eny, odi-kaukana, oui, du remède pour les vers.

« — Soyez tranquilles, vous serez tous servis et gratis... pas d'exception, quelle que soit votre religion.

« — Merci, Monsieur, que Dieu vous protège.

« — Cependant, comme je suis votre père et votre mère, j'ajoute ceci : Vous connaissez le proverbe : *Tsy mety ny manao toa tapanus : il ne convient pas de faire le bien à demi*. Eh ! bien, nous, votre père et votre mère, nous suivons cette maxime, Notre désir est de vous faire du bien non pas à *demi*, mais d'une manière complète.

« — Tràrantitra, Tompokoe ! parvenez à une longue vieillesse, Monsieur.

« — Le remède des vers ne guérit que le corps. Nous avons aussi des remèdes pour l'âme, et qui varient selon l'âge...

« Pour les enfants comme Boto par exemple, c'est le baptême, qui les fait enfants de Dieu et héritiers de son royaume ; pour les enfants qui savent compter jusqu'à dix, c'est l'école des Frères et des Sœurs.

« Pour vous autres, parents de ces enfants, c'est l'Eglise, où vous apprendrez à connaître Dieu et le chemin du ciel...

« Je vous dis ces choses parce que je suis votre père et votre mère, et que mon désir est de vous voir comblés des mêmes biens que moi-même. '

« Teni atsipy ny mpanampunahy ka raisin' ny mpisaina...

« Ce sont des paroles jetées aux gens intelligents et reçues par les gens capables de les méditer... »

Dieu aidant, les frais de paroles, de remèdes, de temps, de condescendance et de dévouement ne sont pas perdus. On a vu dans une seule année les résultats du dispensaire se chiffrer par plus de douze cents baptêmes d'enfants, dont un bon nombre s'est empressé de prendre son essor vers le ciel, sans compter les élèves gagnés à nos écoles, et les adultes devenus d'abord adhérents, et puis enfants de l'église catholique.

J'ai supposé Ramatoa non catholique. Hélas ! c'est encore le cas de la majorité des mères malgaches. Riches, elles sont pour la plupart des adhérentes forcées de la religion d'État, qui est le protestantisme. Pauvres ou esclaves, elles peuvent plus aisément, surtout à la campagne, se soustraire à la coercition officielle. C'est dire que nous avons parmi nos clientes du dispensaire, beaucoup de femmes encore païennes ou enrôlées dans l'hérésie.

Mais notre jeune mère est-elle catholique ? Alors les choses changent et les noms aussi.

Reniboto sera Rosalie, Raketaka Angèle, Raivo Marie-Itose, Boto Raphaël ; car ces noms sont fort recherchés.

Puis Rosalie est de la « race choisie » selon la parole de l'apôtre : peut-on la traiter comme une profane, et la confondre avec la foule des hérétiques ou des idolâtres ? Elle aura donc les honneurs d'une audience particulière.

La voilà assise sur une chaise, à côté de la petite table du missionnaire... ou plutôt du médecin. Après le diagnostic des enfants qui aboutit généralement à la prescription d'une dose de santonine, vient celui de la mère, autrement grave et bien plus intime. « Et ton âme, dit le médecin, tu n'y songes pas ? Tu es bien plus malade que tes enfants, et tu ne demandes de remèdes que pour eux ? Mon enfant, ne permet pas qu'on dise de toi ce que les ancêtres disaient de Rabetsiafindra : *Mahay ho an'olona fa tsy Mahay ho an'tena : elle sait pour autrui, mais elle ne sait pas pour elle-même.* »

Rosalie baisse la tête : elle a compris. L'ordonnance est acceptée.

Après avoir dans le dispensaire administré à ses enfants le remède, elle se rend à l'église pour prendre le sien.

Inutile de dire que le petit Raphaël gardera bravement sa position durant toute la cérémonie qui va s'accomplir. Où peut-il être mieux que sur le dos de sa maman, dans ce petit berceau tout imprégné de la chaleur et de la tendresse maternelles ?

D'ailleurs, il ne gène nullement sa mère. Sans doute, tandis que Rosalie à genoux fait sa préparation au sacrement de pénitence, Raphaël, du haut de son trône, interroge bien avec des coups de voix les échos de l'église ; mais ce n'est là qu'un prélude des chants sacrés que, dans trois ou quatre ans ; il exécutera comme élève sous cette même voûte. Comment cette pensée pourrait-elle nuire à la prière de la maman ?

Au confessionnal, rien n'est changé : voici la mère avec son capuchon vivant en face de la grille. Raphaël est-il effrayé ? Pas le moins du monde. A-t-il reconnu derrière la grille le médecin qui vient de lui donner au dispensaire le petit morceau de *pain sucré ?* Je ne le sais. Est-ce grâce d'état pour un avenir prochain ? Il est permis de le croire ; car, dans trois ou quatre ans, cet enfant sera en classe. Il viendra lui-même s'agenouiller à cette même place, et, comme tous les élèves de l'école, *chaque mois,* à partir de l'âge de cinq ans jusqu'à dix ans, époque de la première communion, il fera là des aveux comme les fait maintenant sa mère. Quoiqu'il en soit, le petit Raphaël sourit et parfois essaye d'unir sa voix à celle de la pénitente, mais sans trop d'inconvénient. Bientôt se lève la main qui bénit et pardonne : la mère et l'enfant ont reçu leur part de grâce.

Comme la préparation et la confession, la pénitence s'accomplit en commun, et tout s'achève sans encombre.

La petite famille peut s'en retourner en paix.

Les deux fillettes élèves des Sœurs et fidèles à la confession mensuelle, et le petit Raphaël riche de l'innocence baptismale, ont reçu au dispensaire le remède du corps, le seul qui leur fût nécessaire ; la mère a trouvé le remède dont son âme avait besoin.

.[.].

Heureux témoin de ces faits, le missionnaire rend grâces à Dieu : « Je me suis fait tout à tous, pour les gagner tous à Jésus-Christ », a dit le grand Apôtre. Tirant la conclusion de cette formule générale qui résume le zèle apostolique, le missionnaire de Madagascar est amené à dire : Pour gagner les Malgaches à Jésus-Christ, je me suis fait médecin... et même arracheur de dents...

Tel est, en particulier, le cas de l'artiste missionnaire, auteur du beau dessin donné page 199.

Cela n'empêche pas le R. P. A. Taix d'être aussi un architecte émérite. Après avoir érigé à Tananarive la cathédrale, le tombeau de la Mission et la résidence épiscopale, monuments qui ne feraient pas mauvaise figure en France, il élève en ce moment une belle église et une résidence à Fianarantsoa, capitale des Betsileos. Telle est l'intention d'une insigne bienfaitrice qui a pour devise : « Le Roi des Rois avant tout ».... Qui oserait l'en blâmer ?

J'espère que, touché de cette attention, le divin Roi qui est aussi le doux Sauveur, daignera susciter d'autres dévouements pour tant d'œuvres de la Mission grandement en souffrance.

LES MISSIONS CATHOLIQUES AU XIXᵉ SIÈCLE

PAR

M. Louis-Eugène LOUVET, des Missions Etrangères de Paris, Missionnaire en Cochinchine occidentale.

(Suite 1)

Nous reprenons la publication de ce travail si remarqué. Dans les pages précédentes de sa magistrale étude, M. Louvet a passé en revue les missions d'Europe et de l'Asie occidentale. Il aborde maintenant les missions d'Extrême-Orient, en commençant par la péninsule brahmanique.

CHAPITRE X

L'ÉGLISE CATHOLIQUE DANS LES INDES (1800-1890).

Une tradition qui remonte aux premiers siècles de l'Église nous apprend que l'apôtre saint Thomas a prêché la foi aux Indes et qu'il y fut martyrisé par les Brahmanes dans la ville de Méliapour, où l'on conserve encore son tombeau. A la chute de l'empire romain, tout rapport suivi ayant été interrompu entre Rome, centre de l'unité catholique, et ces régions éloignées, les chrétiens de l'Inde subirent peu à peu l'influence des nestoriens, leurs voisins, et adoptèrent leurs erreurs. Quand l'Église nestorienne, qui avait d'abord jeté dans la Haute-Asie beaucoup d'éclat, eut perdu toute vitalité, le christianisme, étouffé aux Indes entre le brahmanisme et le bouddhisme, s'éteignit progressivement et, se concentrant dans les régions du sud, autour du tombeau de saint Thomas, ne fit plus, pendant plusieurs siècles, que végéter misérablement.

C'est de l'Occident qu'allait lui revenir la vie avec la vraie foi. En 1497, les Portugais doublent le cap des Tempêtes et se rendent maîtres successivement de Ceylan, d'Ormuz, de Goa, de Malacca et de Sumatra. En moins d'un siècle, leurs comptoirs s'échelonnent, le long des côtes de l'Asie et de l'Afrique, du cap de Bonne-Espérance à la Chine. C'était une voie nouvelle que Dieu ouvrait à son Église, à l'heure néfaste où Luther allait lui enlever les deux tiers de l'ancien monde. Les vicaires de Jésus-Christ n'eurent garde de laisser échapper l'occasion qui leur était offerte par la Providence ; pour éviter toute contestation entre les Espagnols, qui venaient de découvrir l'Amérique, et les Portugais, qui avaient retrouvé les routes de la Haute-Asie, Alexandre VI, dans une bulle du 14 mai 1493, traçant une ligne idéale d'un pôle à l'autre, attribuait au roi catholique toutes les terres découvertes ou à découvrir à l'ouest de cette ligne, et donnait au roi de Portugal toutes celles situées à l'est.

Mais il y avait à cette magnifique donation une condition formelle, c'était d'en user uniquement pour la gloire de Dieu et dans l'intérêt des âmes. Le texte de la bulle est précis :

« Nous vous ordonnons, au nom de la sainte obéissance, d'envoyer dans les terres fermes et dans les îles mentionnées, des hommes probes, craignant Dieu, habiles et capables d'instruire les habitants desdits lieux dans la foi catholique et les bonnes mœurs. »

Les rois de Portugal, pour ce qui les regarde, remplirent d'abord avec zèle les prescriptions du Souverain Pontife : des-

liégions de religieux, appartenant aux Ordres de Saint-Dominique et de Saint-François, se répandirent dans ces vastes
régions pour y prêcher l'Évangile ; bientôt la Compagnie de
Jésus entra à son tour dans la lice et, dès les premiers jours,
elle y conquit le premier rang, avec des hommes comme
saint François Xavier, l'apôtre des Indes, le martyr saint
Jean de Britto, Robert de Nobili, missionnaire des Brahmes,
François Lainez, Xavier Borghèse, et des centaines de
Jésuites dont il serait fastidieux d'énumérer les noms.

En deux siècles, il se fit, au milieu de ce peuple endormi
dans une apathie séculaire, un grand mouvement de réveil,
et près de *trois millions* d'Indiens, de tous rangs, de toutes
castes, embrassèrent la foi catholique ; les catalogues des
Jésuites en font foi, et leur témoignage est confirmé, au
fond, par celui des protestants : « Les Jésuites, écrit Campbell, se promettaient de convertir l'Inde et la Chine ; si
leur carrière n'eut pas été entravée par des événements
politiques, ils eussent certainement fini par y réussir (1). »
« Leurs succès aux Indes, dit l'historien Rankes, dépassé-
rent toute attente (2). » Le docteur Wolf, ennemi acharné
du catholicisme, conclut en ces termes son ouvrage sur
l'Inde : « Les Jésuites ont été les plus grands missionnaires
de la terre (3). »

En 1700, le nombre des catholiques de l'Inde s'élève à
plus de 2,500,000 âmes ; en 1800, il était redescendu au-
dessous de 500,000 ; en 1890, il est remonté à 1,700,000, et,
si les événements politiques ne viennent pas contrarier
l'action de l'apostolat, il atteindra 2,000,000, en l'an 1900.

Il faut dire d'où viennent cette rapide décadence et ce
relèvement si prompt.

Trois causes principales ont amené, à la fin du dernier
siècle, la décadence des missions de l'Inde : l'insuffisance
numérique des missionnaires, l'influence des protestants et
le schisme portugais. Le relèvement s'est fait à mesure que
ces causes de ruine ont disparu, et dans la proportion
exacte de leur disparition.

Parlons d'abord du petit nombre des missionnaires. Voici
quelle était, en 1800, la hiérarchie catholique aux Indes :

Un archevêque de Goa, primat des Indes orientales, un
archevêque de Cranganore, deux évêques de Cochin et de
Méliapour ; ces quatre prélats ont sous leur juridiction
environ 400 prêtres de Goa, avec 340,000 fidèles, y compris
Ceylan.

Mais il faut bien observer que, depuis que la politique de Pombal a prévalu en Portugal, les sièges épiscopaux de l'Inde sont demeurés sans titulaires, les Ordres
religieux ont été expulsés en partie ; en un seul jour (1755),
127 jésuites portugais furent enlevés aux missions de l'Inde
et transportés à Lisbonne, où ils s'éteignirent lentement
dans les cachots du fort Saint-Julien : quelques années plus
tard, c'était au tour des Jésuites français de se disperser ;
puis vint, en 1774, la suppression de l'Ordre par Clément XIV. En même temps, la Révolution française, en fermant en France et en Italie tous les noviciats, en ari-
quant les ressources que la piété de nos pères avait ménagées à l'apostolat, allait achever la ruine de ces missions,

(1) Campbell. *L'Inde telle qu'elle est*, ch. 8.
(2) Bankes. *Histoire.* Cité par Marshall. *Les Missions chrétiennes.*
(3) *Voyages et aventures du docteur Wolf*, ch. 7.

L'Église des Indes resta donc, pendant près d'un demi-
siècle, abandonnée aux prêtres de Goa. Or, ces prêtres, il
faut bien le dire, quelque triste qu'en soit l'aveu, ne rele-
valent pas le prestige du catholicisme dans les Indes. Pour
ne pas être accusé d'exagération et de malveillance dans
une matière si grave, je suis forcé de citer des faits.

Ces prêtres, dépourvus également de vocation ecclésiastique et de surveillance, puisque les évêques ne rési-
daient pas, étaient choisis ordinairement parmi les *topas*,
c'est-à-dire les métis portugais, nés de mariages illégitimes.
A ce titre, les Indiens les regardaient comme des gens sans
caste, des parias. Leur conduite justifiait trop souvent l'éloignement qu'ils inspiraient : « A Séringapatam, écrit un vicaire
apostolique de l'Inde, un prêtre goanais fut arrêté par
les soldats de Tippo-Saïb et mis au corps de garde, une nuit
qu'ivre, il parcourait les rues, armé d'un tison enflammé
avec lequel il voulait, disait-il, incendier la ville. Il y en eut
un autre qui, pris de vin également, poursuivait, armé d'un
couteau, un des principaux chrétiens du lieu, auquel il prétendait couper les oreilles. A Négapatam, deux prêtres goanais se battirent à coups de sabre. Il y en eut un qui mourut, dans le Palghat, à la suite d'excès d'opium. M. Mottet,
ancien missionnaire à Pondichéry, en découvrit un engagé
comme maître de musique dans les troupes anglaises...
Ah ! conclut le vénérable signataire de cette lettre, le cœur
est déchiré, quand on vient administrer les chrétientés où
ces prêtres ont passé quelque temps. »

Voilà les hommes qui remplaçaient aux Indes les émules
des François Xavier et des Jean de Britto. Mieux eût valu
certainement pour les catholiques rester sans pasteurs.

En dehors des sièges épiscopaux portugais, dont on vient
de voir la triste situation, à la fin du dernier siècle, il y
avait dans l'Inde quatre missions confiées aux envoyés du
Saint-Siège :

1° Au nord, la mission d'Agra, qui comprenait toute l'Inde
septentrionale, n'avait pas d'évêque ; une dizaine de religieux
Capucins évangélisaient les 5,000 catholiques dispersés dans
ces immenses régions ;

2° A l'est et au sud, la mission de Pondichéry comprenait alors toute la côte de Coromandel, le Carnate, le
Maduré, le Maïssour et le Coïmbatour. C'est la société des
Missions Étrangères de Paris qui fut chargée par le Saint-
Siège. en 1777, de ce vaste territoire, apparavant l'apanage
de la Compagnie de Jésus ; mais le nombre des missionnaires était absolument disproportionné avec les besoins
des populations catholiques : six missionnaires seulement,
pour remplacer une centaine de Jésuites ; ils avaient à leur
tête un évêque, qui, pour ménager les susceptibilités du
Portugal, portait simplement le titre de supérieur de la
mission, car ce ne fut qu'en 1836 que le vicariat apostolique
fut érigé. En 1800, le chiffre des catholiques de la mission
de Pondichéry s'élevait à 42,000.

3° A l'ouest, le long de la côte de Malabar, était le vicariat
apostolique du Malabar, érigé en 1659 et confié aux Carmes
déchaussés. La mission se composait d'*un* vicaire apostolique, de *trois* religieux Carmes et d'un certain nombre de
prêtres indigènes, chargés de pourvoir aux besoins spirituels
de 80,000 catholiques, moitié de rit latin et moitié de rit
syro-chaldéen.

4° Enfin, au nord de Goa, le vicariat apostolique de Bombay avait été érigé à la demande de la Compagnie anglaise des Indes orientales, qui, indignée de la conduite scandaleuse des prêtres de Goa, les chassa en 1718 de l'île de Bombay et de Salsette, et s'adressa au vicaire apostolique du Malabar, afin qu'il se chargeât de l'administration de cette Eglise. Avec l'autorisation du Souverain Pontife, les Carmes s'en chargèrent en effet. En 1800, le vicariat de Bombay comptait un vicaire apostolique et deux missionnaires, pour environ 8,000 catholiques.

Et c'est tout! En dehors du clergé goanais, trois évêques dont deux seulement ont le titre de vicaires apostoliques, une vingtaine de missionnaires, pas de clergé indigène, sauf au Malabar, voilà toutes les forces de l'Eglise romaine, en face du clergé de Goa et de l'invasion menaçante des ministres de l'hérésie, appuyés sur l'influence, désormais prépondérante aux Indes, de l'Angleterre.

(A suivre).

BIBLIOGRAPHIE

Lourdes dans les Indes. — *Montagne de Satan, Chetput (Indes Orientales)*, par le R. P. François DARRAS, de la Société des Missions Étrangères. — In-8° avec de belles gravures hors texte, d'après les photographies prises sur les lieux. — Prix : 4 francs. *Franco*. — Se vend chez les Pères Rédemptoristes, rue de Paris, Lille, au profit de l'église de N.-D. de Lourdes aux Indes orientales.

La lettre de M. Baulez que nous avons publiée, il y a un mois, sous le titre de *Notre-Dame de Lourdes dans les Indes*, a attiré l'attention de nos lecteurs sur la chrétienté de Chetput et sur son vénérable missionnaire, le P. Darras. De divers côtés on nous écrit pour nous demander des détails sur cette mission. Nous ne pouvons mieux répondre qu'en indiquant et en recommandant le livre dont nous venons de transcrire le titre. C'est la merveilleuse histoire du culte de la Vierge immaculée dans le diocèse de Pondichéry et des fruits étonnants de salut que cette dévotion a produits parmi les infidèles de l'Inde française.

DONS

Pour l'Œuvre de la Propagation de la Foi

ÉDITION FRANÇAISE

Anonyme de Firminy, diocèse de Lyon......................	20
Famille C..., don recueilli par l'*Echo de Fourvière*...............	25
A. M.	5 20
Anonyme de Lyon	50
S. J.	75

Pour les missions d'Asie (Allahabad).

Anonyme de Sainte-Catherine-sous-Riverie, don recueilli par l'*Echo de Fourvière*......................	30

Au P. Klinger, au Tong-King méridional, pour le baptême d'une fille païenne sous les noms de Catherine-Philomène.

Par l'entremise de M. Freyburger, Vicaire à Ribeauville, diocèse de Strasbourg.......................	25

Au R. P. Darras, pour N.-D. de Lourdes à Chetput. Anonymes de Lille................................	45
Par l'entremise de M. Freyburger, Vicaire à Ribeauville, diocèse de Strasbourg.......................	25

A Mgr Cousin (Japon méridional), pour son séminaire de Nagasaki.	
Quelques séminaristes de Luçon, avec demande de prières pour connaître et suivre leur Vocation	5
Au même, pour la pension d'un séminariste.	
Mlle Elisabeth Gardin du Boisdulier, à Rennes......	250
Au R. P. Testevuide, pour la léproserie de Gotemba (Japon septentrional).	
Anonyme de Grenoble, avec demande de prières...............	30
M. l'abbé Briffaut, chanoine à Langres....................	100
Au R. P. Poirier (Niger).	
M. l'abbé Pron, à Pont-l'Ain, diocèse de Belley.	200
A S. E. le Card. Lavigerie, pour ses missions d'Afrique.	
MM. Richebourg, père et fils, Pau, diocèse de Bayonne, avec demande de prières.	40
Au même, pour l'achat d'un petit nègre à baptiser sous le nom d'Henri.	
Un enfant qui se prépare à la première communion, de Paris..	10
Au P. Auguste Gommenginger, supérieur de la mission de Kilimadjaro pour le baptême d'un nègre sous le nom de François-Xavier.	
Par l'entremise de M. Freyburger, Vicaire à Ribeauville, diocèse de Strasbourg......................	25
Au Frère Théodomir Mathern, à Bagamoyo, pour le baptême d'un petit nègre sous le nom d'Emile.	
Par l'entremise de M. Freyburger, Vicaire à Ribeauville, diocèse de Strasbourg......................	25
A Mgr Couppé (Nouvelle-Poméranie), pour le rachat de petits enfants à baptiser sous les noms de Victoire, Jean, Alexandrine, David.	
A M R. du diocèse de Viviers...................	75 45

(La suite des dons prochainement).

ÉDITION ALLEMANDE
(1er semestre 1891).

Pour	l'Œuvre...................................		4 40
»	» les missions de Chine (Mgr Anzer)...............		470 75
»	» des Pères Lazaristes (Tché-kiang, pour sœur Gilbart)...........		17 30
»	» du Su-tchuen Oriental...............		16 45
»	» du Chen-si septentrional..........		4 95
»	» les chrétiens d'Annam (Mgr Caspar)............		247 20
»	» les missions des Indes-Orientales (Mgr Laouénan).		12 85
»	» » du Maduré......................		3 70
»	» » de Vérapoly......................		12 35
»	» » du Tong-King (Mgr Onate).........		93 70
»	» » de Syrie (R. P. Marie-Cléophas)....		16 70
»	» l'hôpital d'Unitcha......................		10 90
»	» la mission de Zanzibar......................		2 50
»	» la préfecture de Fernando-po et Corisco.........		4 30
»	» le séminaire des Missions Africaines de Vérone..		24 75
»	» les missions d'Afrique Occidentale (Dahomey)..		7 40
»	» les lépreux de Molaki......................		53 35
»	» la mission de Bondé (R. P. Chalandon (Nouvelle-Calédonie)...............		64 30
»	» » de Jaffna......................		3 70
»	» les missions d'Athabaska-Mackensie.............		2 50
»	» » Amérique et Australie (Athabaska)..		14 85
»	» le rachat d'enfants païens (Tanganika).........		1.043 35
»	Id. avec demande de prières pour le donateur et sa famille (au même)......................		8 80
»	Id. avec noms : Barbara, Marguerite, Guillaume, Théodore, Catherine, Jean, Henri, 4 Marie, 2 Joseph (R. P. Le Roy).		337 45
»	Id. Georges Id.		36 80
»	Id. Marie, Joseph, François-Xavier, Vaubourg. • Id.		101 35
»	Id. Clément, Joseph Id.		49 45
»	Id. Catherine Id.		26 10
»	Id. 3 Philippe-Jacques, 3 Marie-Anne, 3 Aldegonde, 2 Jean, Anne-Marie et Elisabeth. Id.		370 80
»	Id. Marie, Joseph Id.		14 85
»	Thérèse, Claire Id.		14 85

TOTAL........	3.430 10

TH. MOREL, *Directeur-gérant.*

CONGO FRANÇAIS. — VILLAGE DE L'OUBANGHI AVEC SON CHEF ET SA POPULATION; d'après une photographie du R. P. HIVET, de la Congrégation du Saint-Esprit et du Saint-Cœur de Marie, missionnaire au Congo français (Voir page 209).

CORRESPONDANCE

VICTORIA-NYANZA (Afrique équatoriale)

Les missions de l'intérieur de l'Afrique offrent, en raison même de leur éloignement et de leur situation au centre du continent mystérieux, un intérêt particulier. Aussi nous empressons-nous de publier ces nouvelles qu'envoie le vénéré successeur de Mgr Livinhac. Nos lecteurs verront avec joie les développements consolants de ces chrétientés fécondées dès le berceau par le sang de leurs enfants.

LETTRE DE MGR HIRTH, VICAIRE APOSTOLIQUE DU VICTORIA NYANZA, A SON EMINENCE LE CARDINAL LAVIGERIE.

N.-D. de Kamoga, Bukumbi, 2 février 1891.

C'est du sud du lac où je suis venu rejoindre mes nouveaux confrères que je vous adresse ces quelques détails sur nos missions du Nyanza. Si nos inquiétudes au sujet de ces missions ne sont pas tout à fait calmées, nous avons lieu cependant de concevoir les plus belles espérances.

Tout d'abord, je me fais un bonheur de vous offrir l'expression de ma plus vive reconnaissance pour le renfort que vous avez bien voulu envoyer à la mission du

Nyanza dans la personne des missionnaires nouvellement arrivés : ils viennent combler les nombreux vides qui s'étaient produits dans nos rangs.

Le R. P. Gerboin, avec quatre d'entre eux, va partir pour l'Ushirombo, afin d'y reprendre dans le provicariat de l'Unyanyembé l'œuvre commencée jadis à Kipalapala et dans l'Usambiro. Il choisit ce point de préférence aux environs de Tobora, parce que d'ici assez longtemps, et jusqu'à ce qu'une domination nouvelle soit assise solidement à la place de l'ancienne domination arabe, Tobora sera troublé, et une mission y serait exposée, en même temps qu'elle resterait tout à fait ingrate! L'Ushirombo nous offre une population intelligente, relativement civilisée et amie même d'un certain progrès. Ce pays semble également être à l'abri dorénavant des déprédations des Wangoni, brigands que les colonnes allemandes viennent de battre et de refouler vers le nord du Tanganica.

Notre Uganda, de son côté, sera-t-il tranquille à l'avenir? je ne sais; toujours est-il que l'arrivée d'une expédition anglaise a mis le pays en émoi, et réchauffé surtout l'animosité des protestants, qui, depuis longtemps, avaient résolu de se servir de l'influence britannique pour s'emparer de toutes les charges et mettre les catholiques au ban de l'empire. Un traité vient d'être conclu entre M. Lugard, représentant de la Compagnie *East Africa*, et Mwanga. D'après ce traité, l'Uganda est placé sous le protectorat anglais pour deux ans. C'est M. de Winton qui est nommé Président.

Les catholiques ont quelque raison de craindre qu'il ne leur soit plus rendu justice, et que, malgré toutes les conventions passées, ils ne soient peu à peu évincés de toutes leurs charges par les noirs protestants qui ne pratiquent pas précisément la tolérance ; ce serait un désastre pour notre sainte religion, car celle-ci prospère surtout grâce à la puissante influence de ceux qui exercent les plus hautes fonctions de l'Etat.

Au reste, je n'ai qu'à me louer des premiers rapports pleins de confiance et de procédés courtois, qui existent entre les missionnaires et les membres de l'expédition anglaise. Le danger pour nous est que ces messieurs sont venus dans le pays sans avoir une force suffisante pour nous protéger au besoin ; que sont cinquante soldats Soudanais, contre plusieurs milliers de Baganda, bien armés et aguerris par deux ans de lutte continuelle contre les musulmans ? Nous sommes donc plus que jamais à la garde de Dieu.

Notre cher troupeau de catholiques est, au reste, toujours admirable de foi et de générosité ; il se multiplie surtout très rapidement : la grâce de Dieu souffle visiblement sur ce peuple choisi. J'ai vu des catéchismes où le Père réunissait autour de son grand arbre jusqu'à trois mille personnes.

Et ce n'est pas seulement aux environs de la capitale que la foi s'étend ; nos néophytes, depuis que le pays est moins menacé par les musulmans, se sont répandus dans les quatre grandes provinces, mais surtout dans les deux qui ont à leur tête un gouverneur catholique. C'est ce qui nous force, malgré notre petit nombre et quoique nous ne puissions pas suffire même au ministère autour de Rubaga, à nous établir aussi dans les provinces. Ni Mtésa, ni Mwanga autrefois n'auraient permis que le *Blanc* s'éloignât de la capitale ; aujourd'hui les temps ont changé, et c'est Mwanga qui fait bâtir à nos missionnaires une première résidence au centre de la grande province du Buddu.

J'ai dit que nous ne suffisions même pas au ministère auprès des chrétiens de la capitale : en effet, ceux-ci nous demandent beaucoup plus que de catéchistes ; ils voudraient plus d'écoles, afin d'arriver tous à lire et à écrire ; ils voudraient surtout qu'on pût visiter davantage leurs malades ; ils voudraient qu'on pût enterrer leurs morts ; ils souhaiteraient enfin nous voir régler leurs différends, juger même leurs procès, etc.

Combien j'aurais désiré aussi que le temps nous permît de remplacer enfin les huttes de roseaux qui nous servent de maisons, par des constructions plus appropriées aux besoins du missionnaire, mieux disposées surtout pour les chers confrères trop souvent malades !

Combien je souhaiterais remplacer la grande maison de paille, qui sert de lieu de prière, par une cathédrale digne de notre sainte religion ! Nous avons obtenu à cet effet déjà, de la munificence du roi, tout le sommet du plateau de Rubaga, ancienne résidence de Mtésa, et théâtre jadis de toutes les orgies de notre grand potentat nègre. Ce plateau, témoin de tant de cruautés et de sacrifices barbares, où a coulé, il y a peu d'années encore, le sang de pauvres esclaves, victimes des caprices du roi, ce Rubaga va donc devenir le trône de Notre-Dame, de Marie Immaculée, sous les auspices de laquelle notre mission s'est ouverte et a prospéré !

Nous bénissons le Ciel qui a fait tout cela et nous espérons que la Providence ne nous manquera pas pour continuer notre œuvre.

En ce moment même, un autre champ s'ouvre à notre zèle. C'est l'Usoga, voisin de l'Uganda, moins grand que celui-ci, mais aussi riche et aussi fécond en espérances. Nous y serons dans un mois, si Dieu le veut. On y bâtit en ce moment même une résidence provisoire pour les Pères, et une chapelle pour nos chrétiens. Cette fondation s'impose à nous, si nous ne voulons pas que l'hérésie enrôle sous son drapeau tous nos pauvres noirs.

Nous n'y serons pas côte à côte avec les missionnaires protestants, car, l'Usoga étant partagé entre quelques grands chefs, nos ennemis nous laissent un peu de liberté chez l'un, tandis qu'eux-mêmes s'emparent complètement d'un autre. Les prédicants anglais semblent obéir, d'ailleurs, à une influence politique dans l'établissement de leurs stations. C'est ainsi que nous les voyons rechercher surtout pour le moment le voisinage du lac, tandis que nous, nous prenons possession plutôt de l'intérieur des terres.

*

Outre les deux missions nouvelles que nous allons ouvrir dès ma rentrée en Uganda, j'aurais bien voulu en fonder une troisième à l'ouest du lac en nous rapprochant des possessions allemandes. Nous avons là, groupés presque tous dans un même petit pays, trois mille catéchumènes qui nous supplient de nous rendre enfin au milieu d'eux : « *Parvuli petierunt panem et non erat qui frangeret eis* », mais je n'ai pas de missionnaires. J'irai moi-même dans l'année, si le Bon Maitre me prête vie, porter quelque espérance à ces chers chrétiens, qui montrent tant de bonne volonté.

Ils sont presque tous d'une race particulièrement intéressante : celle des Baïma ou Bahuma. Par leur type et leurs manières, ils sont plus rapprochés de l'Européen que tous les autres nègres ; ils couvrent presque tous les pays qui s'étendent de l'Albert-Nyanza au Tanganica. Tous se reconnaissent comme frères : posséder une des fractions de la race, c'est posséder la race entière. Le centre de cette population se trouve dans l'Ankori, dans le mystérieux Rewanda ; Son Excellence le docteur Emin-Pacha nous promet toute facilité pour nous établir dans la sphère qui lui est soumise. Il m'a prié plusieurs fois de lui donner dès maintenant des missionnaires pour le Karagwé, où nous comptons d'ailleurs bon nombre de catéchumènes ; mais, ces missionnaires, je ne les ai pas. Je lui ai promis que Votre Eminence les lui enverrait dans l'année ; me suis-je trop avancé ?

Nos catéchistes nous ont préparé aussi d'autres stations : quand pourrons-nous les fonder !

Pour les missions seules, dont la fondation semble s'imposer immédiatement, il nous faudrait dans l'année au moins dix missionnaires prêtres. Tous les jours je fais des vœux pour que Votre Eminence daigne nous les envoyer ; les missionnaires trouveront un champ tout préparé.

Dans l'Uganda même, j'éprouve une grande difficulté pour soutenir nos chrétiens et achever la conversion des païens. Le pays est vaste. S'il nous faut des stations fixes, le nombre des missionnaires et les ressources devront être considérables ; et s'il n'y a pas de postes fixes, s'il nous faut voyager continuellement de canton en canton sous le soleil de l'équateur, les plus fortes santés n'y tiendront pas longtemps.

Nous espérons que la Providence, qui jusqu'ici a si bien veillé sur notre mission, lui enverra les ouvriers qu'elle réclame et pourvoira à leur entretien.

DÉPARTS DE MISSIONNAIRES

Se sont embarqués, à Marseille, le dimanche 19 mars, à bord de l'*Oxus* :

M. Renier (Jean-Marie), du diocèse d'Angers, pour la Cochinchine occidentale ;

M. Rousseau (Julien-Jean-Marie), du diocèse de Rennes, pour le vicariat apostolique de Hakodaté ;

M. Klingler (Eugène-Marie), du diocèse de Paris, pour le Kouang-si (Chine) ;

M. Fraix (Joseph-François), du diocèse de Chambéry, pour le Tong-King occidental ;

M. Sibers (Paul), du diocèse de Bayonne, pour le Tong-King méridional ;

M. Tissier (Marie Honoré), du diocèse de Langres, pour la Cochinchine orientale ;

M. de Pirey (Maximilien-Marie-Paul), du diocèse de Besançon, pour la Cochinchine septentrionale ;

M. Juglar (Honorat-Jean-Baptiste), du diocèse de Digne, pour le Laos Siamois ;

M. Bouheret (Pierre), du diocèse de Dijon, pour Malacca.

INFORMATIONS DIVERSES

Samos (*Turquie d'Asie*). — Le R. P. Dartois, des Missions Africaines de Lyon, nous écrit de Samos :

« Votre Bulletin parle rarement des îles de l'Archipel. Je suis heureux de pouvoir offrir aujourd'hui à vos lecteurs, sur l'une de ces îles, des détails qui les intéresseront peut-être. Je veux vous parler de Samos, cette île qui a donné le jour à Pythagore, et qui fut si célèbre dans l'antiquité grecque par ses tyrans. Après avoir été longtemps ensevelie dans un complet oubli, elle commence à reprendre un renom.

« Il y a quelques années, pour éviter aux stations d'Egypte les frais énormes de retour en France des missionnaires malades ou épuisés, la Société des Missions Africaines de Lyon eut la pensée d'établir un Sanatorium, ou maison de repos, dans une de ces îles de l'Archipel. Ce sanatorium était destiné aussi à recevoir, pendant le temps des vacances, ceux des professeurs de nos collèges d'Egypte, qui pouvaient avoir besoin de refaire un peu leur santé.

« Le R. P. Desribes, supérieur de l'Ecole Apostolique de Clermont, chargé, en 1883, par le R. P. supérieur général de trouver un endroit convenable pour établir ce sanatorium, se détermina pour Samos. Il y avait rencontré des catholiques dépourvus de tout secours religieux depuis quinze ans. Un prêtre s'était dévoué autrefois ; mais à sa mort il n'avait pu être remplacé. Le R. P. Desribes, sachant bien qu'un missionnaire ne se résigne pas facilement à laisser les âmes, pour ne s'occuper que de son corps même épuisé, acheta l'ancienne mission, heureux de faire à Samos un vrai coup double, par l'établissement du sanatorium et d'une nouvelle mission catholique. Mgr Abbati, l'évêque de Chio, de qui dépend Samos, et qui souffrait de ne pouvoir rien faire, vu son propre dénûment, pour les catholiques de cette portion de son diocèse, vit avec joie l'établissement de nos missionnaires dans cette île.

« Pour en donner un éclatant témoignage, il nomma le R. P. Desribes chanoine de sa Cathédrale et l'établit son vicaire épiscopal pour l'île de Samos. Une paroisse ne tarda pas à être constituée. Mais l'ancienne mission était bien petite, bien pauvre : elle tombait en ruines. Il fallut provisoirement, après les réparations indispensables, s'y installer le moins mal possible. en attendant qu'on pût faire mieux. Aujourd'hui, grâce à Dieu, l'on est à la veille d'inaugurer une belle église. Elle est construite sur les bords de la mer ; la croix qui surmonte sa tour brille au loin. Qu'elle soit pour les chrétiens, qui passeront au large, un phare lumineux, rappelant le vrai port où ils doivent arriver au soir de leur vie ! (Voir la gravure page 210).

« La population de l'île est à peu près de cinquante mille habitants, appartenant presque tous à la religion grecque schismatique. Aussi, au début, les missionnaires furent-ils reçus avec méfiance, et ils eurent beaucoup de peine à trouver des ouvriers pour rendre quelque peu habitable la mission abandonnée depuis quinze ans. Les choses ont marché depuis : les missionnaires, en se faisant connaître, ont appris à se faire aimer, et c'est à qui maintenant leur témoignera le plus de sympathie. Le nouvel évêque de Chio a pu en être témoin quand, au mois d'août dernier, il eut la bonté de venir visiter la mission de Samos. Sa Grandeur reçut l'accueil le plus bienveillant de toute la population et de Son Altesse le Prince. Les missionnaires, outre les soins qu'ils donnent aux catholiques de l'île, s'occupent aussi à enseigner le français. Jusqu'ici, ils ont dû se borner ; mais bientôt, quand, cédant aux vœux de toute la population, l'autorité leur aura permis d'ouvrir un petit collège, ils apprendront à leurs nombreux élèves, avec l'amour de Dieu, cet amour de la France qu'on retrouve dans tous les pays où les missionnaires se sont établis. »

Kouang-si (*Chine*). — M. Humbert, de Genève, missionnaire au Kouang-si, écrit à sa famille :

« Votre dernière lettre m'apprend que vous avez été péniblement affectés de ce qui m'est survenu à Ko-hio. Mais je ne suis point venu en mission pour cueillir des roses ; en partant, je savais très bien tout ce qui m'attendait en Chine. On m'a volé, on m'a pillé, il est vrai ; mais je suis toujours heureux et content. D'ailleurs, on n'a pu me ravir le beau calice que vous m'avez donné. S'il avait eu le sort des autres objets, j'avoue que c'eût été pour moi une grande peine. En outre, j'ai eu l'honneur d'être dénoncé au mandarin pour avoir voulu défendre mes catéchumènes, et, sur l'avis de mes confrères, j'ai dû m'esquiver de Kohoa, en profitant d'un clair de lune ; occasion de chanter :

Au clair de la lune, etc.

« Voulez-vous savoir comment j'ai passé les premiers jours de l'année ? D'abord je me suis procuré le plaisir d'acheter deux enfants. L'un d'eux n'avait pas même de vêtements, et cependant il ne fait pas chaud à cette époque de l'année. Puis je me suis rendu auprès d'un confrère voisin : nous sommes restés quinze jours ensemble ; après quoi nous nous sommes séparés pour aller visiter nos chrétiens.

« Le carême approche, c'est pour nous un temps plus difficile à passer que le reste de l'année, car, en Chine, depuis le mercredi des Cendres jusqu'au dimanche de Pâques, on ne touche pas à la viande. Ce qui m'amène à parler du carême, c'est que l'on m'annonce l'arrivée de quelques boites de sardines et de thon. Merci à vous et à toutes les âmes généreuses qui cherchez à adoucir ce que vous appelez mes privations ; mais, je tiens à le répéter en passant, quand on a le cœur content, le reste importe peu.

« Ici, nous ne pouvons attaquer l'œuvre du diable qu'en cherchant à prendre l'enfance. Je voudrais être millionnaire pour recevoir tous les enfants abandonnés. Vous ne sauriez vous faire une idée de la misère de ces pauvres petits : ils manquent de tout et ne reçoivent de leurs parents dénaturés qu'une nourriture que l'on ne donnerait pas à des chiens. Quand ils sont restés une dizaine de jours avec nous, ils mangent avec tant d'avidité qu'ils en sont malades, et alors ils viennent nous dire :

« — J'ai mal au ventre ; je prie le l'ère de me donner un remède. »

« L'un d'eux me disait l'autre jour :

« — Père, il faut prier votre mère de venir ici : elle coudra nos habits. »

« Comme je n'ai rien perdu de ma gaieté, ces chers enfants me disent : « Oh ! le Père n'a pas le cœur inquiet ! »

« C'est ainsi que le temps passe et que nous cherchons uniquement à travailler pour Dieu. Du reste, ici, nous ne pouvons guère nous laisser aller à cette misérable vanité qui endommage nos meilleures actions, car nous sommes bien cachés : inconnus des hommes, Dieu seul peut voir nos mérites, si mérites il y a.

« A certains moments, la séparation pèse lourdement sur le cœur : c'est surtout au milieu de nos ennuis que l'esprit se reporte vers les parents et amis qu'on a laissés en Europe : on aimerait alors avoir quelqu'un à qui l'on puisse confier ses peines. La seule pensée qui nous console, c'est que Dieu connaît tout ! »

Afrique centrale. — La Sœur Marie Caprini, religieuse italienne, qui était retenue prisonnière par les Mahdistes depuis sept années, a réussi à s'échapper et est rentrée récemment à Vérone. Elle a retrouvé sa mère et son frère qui avaient perdu l'espoir de la revoir. Malgré ce qu'elle a souffert, Sœur Caprini jouit d'une bonne santé et elle se propose de retourner aux missions d'Afrique.

Mexique. — Le R. P. François-Xavier Devoucoux, l'un de nos délégués dans l'Amérique du Sud, a fait, le dimanche des Rameaux, au cercle catholique de Mexico, une conférence dont le journal *El Tiempo* nous apporte le texte et fait le plus chaleureux éloge. Le sujet choisi était un voyage au pays de la Crèche et du Saint-Sépulcre. Le R. P. Devoucoux a profité de la circonstance qui réunissait devant lui l'élite de la population catholique mexicaine, pour plaider en termes excellents la cause de la Propagation de la Foi.

NOUVELLES EXPLORATIONS

AU PAYS DE L'OUBANGHI

Un missionnaire échappé ... mains des anthropophages.

Mgr Carrie nous envoie cet intéressant rapport sur un voyage dans la portion du Congo français dont Mgr Augouard est le premier évêque. Les illustrations qui accompagnent le récit, ont été gravées d'après des photographies dues à un missionnaire de grande espérance et dont nous avons annoncé l'année dernière la fin prématurée, le regretté P. Hivet.

Par le bateau le *Taurus* viennent de rentrer en France deux nouveaux explorateurs français, MM. J. Cholet et Ph. Pottier, tous deux agents du Congo français ; le premier administrateur de 2e classe, et le second chef de poste de 1re classe. Ces messieurs ont, quatre mois durant, fait un intéressant voyage d'exploration dans la Sanga et ses affluents. Ils doivent à la science et au public la relation de ce voyage, et nous sommes persuadés que, sous peu, ils se seront noblement acquittés de cette dette. En attendant, voici quelques détails qu'ils ont bien voulu nous donner à leur passage à Loango.

La Sanga est un des plus puissants affluents du Congo. Elle s'y jette par le 1e 12' sud, à cent trente kilomètres environ en aval de l'Oubanghi, dont elle est la rivale. Elle coule à peu près parallèlement. Mais, dans cette saison, les voyageurs n'ont pu la remonter que sur un parcours d'environ deux cents kilomètres ; leur petit vapeur le « Dallay » calant un mètre quarante, n'y a plus trouvé assez de fond ; il a dû se diriger dans un affluent de la Sanga qui venait du nord-ouest et qui, tout en étant beaucoup moins large, avait cependant une profondeur bien plus considérable. Au confluent, la Sanga mesure environ deux kilomètres de large. Elle paraissait venir directement du nord. MM. Cholet et Pottier ont remonté l'affluent de la Sanga jusqu'au 4e latitude nord. Ils auraient pu aller beaucoup plus loin encore s'ils n'avaient pas manqué de provisions.

D'après eux, ils seraient allés jusque dans la colonie allemande du Kameroun, à quelques centaines de lieues de la côte. Ce qui nous montre une fois de plus que, par le Congo et ses affluents, le centre de l'Afrique nous est ouvert sur une immense étendue, le jour où nous aurons une voie ferrée pour aller de la côte à Brazzaville. Il est regrettable que la France s'occupe si peu de ce centre africain, et qu'elle regarde à la faible dépense qui le lui ouvrirait, et qu'elle laisse nos voisins s'en emparer seuls par la création d'un chemin de fer. La France est devancée au Congo par la Belgique, malgré les avantages de la voie de Loango sur celle du Congo belge, et même par le Portugal.

Au point de vue commercial, la Sanga a une très grande importance. C'est par excellence la rivière où afflue l'ivoire, et à des prix dérisoires. La contrée de la Sanga inférieure est peuplée d'éléphants. Ces messieurs en ont vu de nombreux et immenses troupeaux, et ces fauves, d'après eux, seraient devenus les maîtres du pays, les habitants ayant été obligés de le leur abandonner pour n'avoir pas leurs planta- tions sans cesse ravagées. L'hippopotame est encore plus abondant dans la Sanga inférieure. C'est une ressource alimen- taire nullement à dédaigner dans des pays aussi dépourvus que les nôtres de viande de boucherie. Or, par où s'écouleront toutes les richesses de l'intérieur dans quelques années? Par le Congo belge, qui construit en ce moment un chemin de fer, du Bas-Congo à Stanley-Pool.

Pendant deux cents kilomètres en remontant la Sanga, on ne rencontre, comme dans l'Oubanghi, que forêts immenses, dans un pays plat et pres- que totalement inondé pen- dant la saison des hautes eaux. Les rares populations qui s'y trouvent se sont retirées dans le fond des criques à une assez gran- de distance du fleuve; mais, au sortir de cette zone paludéenne, le pays s'élève, les forêts dispa- raissent et les villages se montrent partout nombreux et pacifiques. Ces populations sont, en effet, douces, hospitalières et commerçantes. En cela, elles diffèrent beaucoup de celles de l'Oubanghi qui sont guerrières et souvent anthropophages. Vous en jugerez par la relation du voyage que le R. P. Allaire, supérieur actuel de la Mis- sion de Saint-Louis de l'Oubanghi, vient de faire dans ce fleuve.

Avant de fonder cette station au confluent de l'Oubanghi et du Congo, nous aurions voulu visiter, en les remontant aussi loin que possible, les deux grands fleuves de l'Ouban-

R. P. HIVET, DE LA CONGRÉGATION DU SAINT-ESPRIT, ET JEUNES NÈGRES CHRÉTIENS DE L'OUBANGHI, d'après une photographie.

ghi et de la Sanga; mais les moyens nous faisaient défaut. Il faut, pour remonter ces courants rapides, pendant quatre cents à cinq cents kilomètres, d'autres forces que celles d'une douzaine de rameurs noirs, indolents et poltrons à l'excès. Car, il ne faut pas oublier qu'à un moment donné, on peut se voir poursuivi par une flottille d'embarcations chargées d'anthropophages ramant avec la rage de bêtes féroces poursuivant une proie. C'est ce qui est arrivé au P. Allaire, qui a dû son salut qu'à la rapidité avec laquelle le vapeur l'a dérobé à ces cannibales.

La mission disposant maintenant d'une chaloupe à vapeur, le *Léon XIII*, il fallait en profiter pour visiter le Bas-Ou- bangui, faire connaissance avec les populations, préparer

la fondation de stations plus avancées dans l'intérieur. Il fallait chercher à avoir quelques enfants de ces tribus loin- taines et anthropophages; il fallait aussi s'occuper d'une question moins importante, il est vrai, mais non moins né- cessaire: celle des vivres à faire descendre du fleuve à la pointe de Liranga. Toutes ces raisons faisaient donc songer sérieusement à un voyage dans le Haut-Ouhanghi, lors- qu'une circonstance inattendue vint, le 9 mai dernier, déci- der le P. Allaire à entreprendre cette excursion.

M. Berton, inspecteur général des stations du Congo Fran- çais, arrivait au poste de Liranga et réclamait immédiate- ment le *Léon XIII* pour se rendre dans le haut du fleuve. Il offrait de prendre à sa charge tous les frais de voyage, répondait des ac- cidents et enfin promettait une gratification de 1,000 francs. On ne pouvait manquer une occasion aussi favorable de visiter l'Oubanghi. On se mit donc en route le 10 mai. Le vo- yage devait durer dix jours au moins. Mais laissons la parole au R. P. Allaire.

« A cause de la saison des eaux basses, nous allons ordinairement à pe- tite pression. M. l'Inspec- teur me traite aux conser- ves fines à bord; cela ne me fait pas de mal, mais si je pouvais en donner la moitié au P. Moreau resté seul à Saint-Louis, j'en se- rais doublement heureux. M. l'Inspecteur me deman- de de ne jamais dépasser trois heures pour camper et surtout de ne jamais camper dans les villages. Nous n'avons qu'un soldat, et si ces anthropophages venaient nous attaquer pen- dant la nuit! Je fais mon possible pour contenter mon hôte et concilier ses intérêts avec ceux du bateau, car, bien entendu, je reste capitaine, et je puis m'arrêter où et quand je veux. Chemin faisant, je tue deux éléphants; mal- heureusement leurs défenses sont toutes petites. Nos hommes prennent ce qu'ils veulent de viande et nous lais- sons plus de mille kilos aux oiseaux de proie.

« En route, on touche une fois les cailloux, mais sans acci- dents graves. Je prends heure par heure la route sur mon carnet. Cela servira plus tard. Nous arrivons enfin le sep- tième jour sans avoir abordé à aucun des villages où j'avais cependant intention d'acheter enfants et cabris, si c'était possible; je me disais, ce sera pour le retour.

« J'apprends à Modzaka que M. Mussi a été mangé, lui et ses hommes ; il revenait de brûler un village quand, dans un bois, des indigènes tombent sur les vainqueurs qui, sans cartouches, deviennent les victimes des terribles anthropophages. On connaît le village où se trouve le crâne de l'infortuné M. Mussi.

« Je me décide à monter jusqu'à Ngombé, je connaîtrai mieux l'Oubanghi et j'ai deux pilotes ; de plus on me donne comme aide en cas de besoin deux laptos armés. Avec mon fusil, cela fait trois armes de guerre à bord. C'est inouï ! En route pour Ngombé !

« En passant je fais l'échange du sang avec les chefs de plusieurs villages, nommément de Buoïclé.

« J'arrive sans encombre à Ngombé. Voici ce que sont les villages des Bondjos. Je parle de visu.

« Tout d'abord, chaque village est situé sur une hauteur, la berge est taillée à pic et, pour monter au village, il faut forcément s'aider des pieds et des mains. Etant toujours en guerre, les villages sont nécessairement fortifiés. Un grand fossé de six à huit mètres de large, sur cinq à six mètres de profondeur, quelquefois dix mètres quand c'est possible, isole le village du reste de la terre ferme. En un seul endroit du fossé, il existe une poutrelle branlante qui sert aux communications en temps de paix. Aussitôt qu'il y a alerte, on retire la poutrelle pour s'isoler ; de plus, tout l'alentour du village est palissadé avec des troncs d'arbres qui, en deux ou trois endroits

SAMOS (*Turquie d'Asie*). — ÉGLISE NOTRE-DAME DE VALHY SAMOS; NOUVELLE MISSION DES PÈRES DES MISSIONS AFRICAINES DE LYON; d'après un dessin (Voir page 207).

seulement, permettent de s'introduire dans l'enceinte de la fortification.

« Ces pauvres êtres humains se font la guerre les uns aux autres pour se manger !... La cuisine de ces messieurs a une très bonne odeur et, comme j'en manifestais mon étonnement, on me répondit qu'ils mettaient de la graisse humaine dans l'huile dont ils se servent. Les enfants sont en très grand nombre ; mais la plupart ne sont point du pays, ils viennent du Congo où on les a volés, puis vendus aux Bondjos qui n'attendent qu'une occasion pour les mettre à la broche.

« Ce n'est pas gai de raconter des choses semblables ; il faut cependant dire la vérité : Racheter un enfant dans l'Oubanghi, depuis Liranga inclusivement jusqu'à Banghi, est chose impossible, excepté peut-être une fois sur mille et à un prix exorbitant. Aussi, la mission de Saint-Louis à Liranga ne sera jamais qu'une mission d'enfants rachetés, non à Liranga ni dans l'Oubangbi, mais uniquement dans le Congo où la chose est très facile ; mais encore faut-il y aller.

« Vous voyez par cet aperçu dans quel pays de cannibales nous allons porter les lumières de l'Evangile et quels barbares nous allons essayer de gagner à la civilisation chrétienne. Mais revenons aux Bondjos.

(A suivre).

DOUZE CENTS MILLES EN CANOT D'ÉCORCE
OU
PREMIÈRE VISITE PASTORALE
de Mgr N.-Z. LORRAIN, évêque de Cythère
Vicaire apostolique de Pontiac
(Suite).

CHAPITRE XV.

De Mékiskan aux sources du Saint-Maurice.

Chaleur tropicale. — Le réservoir de nos rivières. — La ligne de faite. — Le plateau de la hauteur des terres. — Les bords de la Baie James. — Le pays intermédiaire.

Jeudi 30 juin. — A midi nous quittons Mékiskan ; dix coups de fusil annoncent notre départ aux échos et aux arbres des environs. Nous continuons notre route sur le vaste étang peu profond, au-dessus duquel des iles nombreuses montrent leurs têtes. La chaleur est tropicale : la saison, en fait d'ardeurs, donne ici en intensité ce qu'elle refuse en durée. Après avoir été gelés, ces'jours derniers, pendant sept ou'huit nuits de suite, maintenant nous rôtissons. S'il fait chaud sur terre, on brûle sur l'onde, à raison de la reverbération des rayons solaires sur cette surface, en ce moment, unie, claire et luisante comme une plaque d'acier. Impossible de lire, impossible d'écrire.

A cinq heures, nous traversons, l'espace d'un demi-mille un pays tremblant où croissent ici des épinettes de troisième grosseur, là des mousses épaisses, plus loin des

CONGO FRANÇAIS. — Départ d'une caravane pour l'intérieur, d'après une photographie du R. P. Hivet. (Voir page 209).

foins clair-semés ; le sol est uni, sans aucune inclinaison pour l'écoulement des eaux.

Cependant, ces pays tremblants, si communs sur le plateau de la hauteur des terres, rendent de grands services à la vallée du Saint-Laurent. D'abord, au printemps, comme des couches d'éponge, ils boivent les eaux et les empêchent de se précipiter tout d'un coup sur nos campagnes en torrents dévastateurs ; en été, ils alimentent les sources de nos rivières et font que leur volume d'eau ne diminue pas trop considérablement. Ils servent de modérateur pour la dispensation et la distribution de ce liquide vivificateur qui circule par toutes les artères de notre pays.

A la nuit, nous accostons sur une grève de sable.

Voici près de vingt jours que nous nous promenons sur les eaux qui coulent vers la baie d'Hudson ; avant de leur dire adieu pour toujours, vous aimeriez peut-être à connaitre, au milieu de tant d'opinions diverses qu'ont fait éclore des vues et des intérêts différents, quel est mon humble avis sur l'avenir agricole des terres qu'elles arrosent.

Je diviserai, pour plus de clarté, le pays en trois sections; la première comprendra le plateau de la hauteur des terres, la deuxième les bords de la baie d'Hudson et la troisième la région intermédiaire.

Quant au plateau de la hauteur des terres, si l'on se rappelle ce que j'en ai dit à plusieurs reprises, la question n'est pas difficile à résoudre. Même en laissant de côté le climat qui, à cette élévation au-dessus du niveau de la mer, a des surprises et des gelées aux plus beaux jours de l'été, je puis avancer, sans crainte de me tromper, que ces marais, ces étangs, ces pays tremblants et ces étendues de mousse ne se convertiront jamais en champs de légumes, et que ces rochers nus ne se couvriront jamais de moissons de blé. Le globe ici, on peut le dire, n'a que la peau et les os : des os de granit raboteux, une peau de mousse et de boue marécageuse, hérissée comme d'un poil de végétation plus ou moins rachitique.[Certains endroits, il est vrai. semblent, au premier abord, ne présenter que gazon, feuillage et verdure, vous croiriez à un sol profond ; mais, que le feu vienne à y passer, les tristes rochers apparaissent dans toute leur nudité. Dépouillez-les de leur manteau de forêt, ils ont perdu toute leur beauté et leur valeur. On ne verra jamais ici, et encore seulement dans certains coins plus favorisés, qu'une petite culture pour fournir des douceurs aux rares habitants que les circonstances retiendront dans ces lieux sévères.

* *

D'un seul bond sautons à la troisième section, aux bords de la baie James. Les rivages en sont plats et marécageux ; ils paraissent être un envahissement graduel de la terre ferme sur le domaine des ondes. Sous l'action de la marée montante, deux ou trois cents pieds en avant de la grève, insensiblement s'amoncelle un banc de sable, de glaise ou de gravier ; il arrive un moment où la mer ne peut plus le franchir : il devient alors la grève véritable, jusqu'à ce qu'un nouveau banc, passant par la même formation, constitue à son tour la barrière où l'océan vient briser l'orgueil de ses flots.

Les deux ou trois cents pieds de terrain, compris entre l'ancienne et la nouvelle grève, se trouvent convertis en un étang d'eau croupissante où croissent les hautes herbes, où habitent en foule la gente marécageuse et le peuple des canards. Le dos de cheval s'élevant entre les deux marécages, se couvre d'un bois maigre, touffu et nain. Si vous pénétrez dans l'intérieur du pays, vous trouvez, pendant des milles et des milles, la surface ainsi ondulée en minuscules coteaux boisés, en des espèces de vagues solidifiées.

Il y a bientôt deux cents ans, le P. Marest donnait à peu près la même description des environs du fort Nelson.

« C'est un pays marécageux et rempli de savanes. Il y a peu de bois, et il est très petit. Du fort, à plus de trente ou quarante lieues, il n'y a pas de bois. Les forêts sont pleines d'eau et, pour peu qu'on y avance, on en a souvent jusqu'à la ceinture. »

Il y a trois ans, j'accompagnai Mgr Lorrain dans son voyage à Albany et à Moose, au mois de juillet. Nous trouvâmes, dans ces deux postes, les jardins dans toute leur gloire ; les divers légumes avaient la plus belle apparence, les gadeliers étaient chargés de leurs grappes encore vertes, les plates-bandes brillaient nuancées de pensées aux couleurs les plus fraîches et les plus variées. Chaque

année, le Bourgeois nous dit qu'il récoltait plusieurs centaines de minots de patates ; l'orge parvient toujours à maturité. Est-ce à dire que les bords immédiats de la baie James sont propres à devenir un [pays 'agricole ? Je trouve hardie l'opinion de ceux qui se prononcent carrément pour l'affirmative. Il faut remarquer que l'île de Moose, par son élévation, se trouve dans des conditions de culture beaucoup plus favorables que toute la contrée circonvoisine. Quand bien même la saison serait assez longue, les nuits pas trop fraîches, les gelées pas trop hâtives, pour payer les travaux de l'agriculture, le sol est trop froid, trop humide et trop exposé aux inondations printanières.

Il n'y a pas de doute, le pays, dans ses conditions actuelles, se prête admirablement à l'élevage des bestiaux. La Compagnie a en main un choix d'animaux domestiques de la plus belle race : deux îles en face de Moose s'appellent à raison de leur destination, l'une l'île aux Veaux, l'autre l'île aux Cochons. Cette dernière fournit chaque année une centaine de pièces aux saloirs des forts. Les taureaux sont robustes, vigoureux et puissants, les chevaux fiers et superbes ; une trentaine de vaches laitières donnent un beurre de qualité supérieure ; il n'en sort pas de meilleur de nos beurreries canadiennes. Ce qui fait le fond de la nourriture, pour l'hivernement de ces troupeaux, est un foin sauvage, succulent, qui croît dans ces prairies naturelles dont je viens de parler: on le coupe au mois de juillet et d'août à la marée basse, et on le transporte, avec des chalands, sur les côtes de l'île pour le faire sécher.

Maintenant, si des colons nombreux se mettaient à exploiter l'élevage sur une échelle considérable, ces prairies fourniraient-elles assez de fourrage pour les besoins de la population herbivore ? Y aurait-il moyen d'en créer d'autres dans l'intérieur ? La coupe et le transport du foin, s'ils continuaient à se faire d'après le système actuel, ne mangeraient-ils pas tout le profit ? C'est là le problème à résoudre, j'en laisse la solution à de plus sages. En attendant, je continuerai à croire que, dans quelques siècles, les côtes de la baie d'Hudson pourront nourrir une population de Canadiens, mais peu nombreux, endurcis et déterminés.

* *

Revenons à la deuxième section, à la section du milieu, celle qui est comprise entre le plateau de la hauteur des terres et les savanes qui entourent la baie James. Voici mes observations le long de la rivière Abbitibi. Pour les cent premiers milles, les côtes sont basses et bien boisées. Les arbres qui dominent sont l'épinette et le tremble ; viennent ensuite le liard, le bouleau et le cèdre. La végétation augmente en vigueur au fur et à mesure qu'on s'éloigne de la hauteur des terres : nous avons mesuré, sur la souche, des trembles de sept pieds de circonférence et des épinettes de neuf pieds, qui atteignent une hauteur, les premiers de quatre-vingts, les secondes de plus de cent pieds. Cette vigueur de croissance n'est pas une exception : à tous les pas, nous rencontrons des bouquets d'arbres de cette dimension. Les gadrières, transplantées dans le haut de l'Ottawa, ne feraient pas honte à nos plus belles forêts québecquoises. La carcasse minéralogique du sol appartient aux terrains laurentien et huronien, avec granit, gneiss, feldspath et quartz de toutes descriptions et de toutes couleurs; mais cette structure osseuse est recouverte presque partout d'une couche épaisse de terre grise, de terre noire, ou de glaise sablonneuse ; rarement le squelette du globe apparaît à découvert.

Pour les quatre-vingts milles suivants, la forêt, quant aux espèces de bois, est à peu près la même ; seulement les proportions de grosseur et de grandeur diminuent quelque peu en approchant de la baie. La rivière, considérablement accrue, s'est creusé un lit profond, et descend entre des côtes qui ont une élévation de cinquante à soixante pieds; on voit sur les flancs de ces remparts naturels le travail des inondations du printemps et le ravage des glaces à la saison de la débâcle. En quelques endroits, les articulations et les côtes granitiques du globe sont mises à nu, et l'on peut étudier la composition en même temps que constater la solidité de la charpente terrestre. Généralement, pourtant, les rivages sont taillés dans des bancs de glaise bleue ou grise, recouverts de quelques pieds d'une marne jaune, riche, graisseuse. Il n'y a pas de montagnes ; mais, ici et là, de légères collines élèvent leur tête. des mamelons présentent leurs croupes arrondies. L'intérieur offre-t-il un terrain accidenté ? Je l'ignore, je suis porté à le croire.

Quant à cette seconde section, je ne doute pas que, dans un avenir plus ou moins rapproché, quand les intérêts commerciaux ou les produits des mines auront ouvert des communications rapides avec la baie d'Hudson, ces forêts ne fassent place à des fermes riches et opulentes. Le sol y est généreux, le climat favorable; au reste, l'expérience a apporté la preuve irrécusable des faits, par ce que l'on voit de culture réussie à New-Post, dans une des parties les moins favorisées du pays en question.

Conclusion : Plateau de la hauteur des terres, cultivable seulement en de rares endroits et peu avantageux pour les céréales ; bords de la baie, pays d'élevage pour les bestiaux, sol trop froid pour la culture en grand ; section intermédiaire, terre et climat favorables à l'agriculture, immense lisière de pays capables de nourrir des millions d'habitants. C'est là le domaine de nos compatriotes, ils n'ont qu'à le vouloir pour s'emparer de cet héritage. O Canadiens ! continuez de vous avancer vers le nord en bataillons serrés : *crescite et multiplicamini*, l'espace dans votre pays ne manque pas.

CHAPITRE XVI

Des sources du Saint-Maurice à Kikendatch.

Sur le Saint-Maurice. — Obidjiwan. — Chemin de raccourci. Trois rapides et deux lacs. — Arrivée à Kikendatch.

Le samedi se passe sans incidents et le dimanche 3 juillet le soleil se lève rayonnant. Une rosée abondante dégoutte des herbes et des feuilles ; c'est aujourd'hui la fête du Précieux-Sang : « Saluons ces blessures de Jésus-Christ, gages d'un amour immense, d'où s'échappent des fontaines inépuisables d'un sang réparateur. »

> *Salvete, Christi vulnera,*
> *Immensi amoris pignora,*
> *Quibus perennes rivuli*
> *Manant rubentes sanguinis.*

A sept heures, nous nous embarquons sur la crique dont le cours nous conduit au Saint-Maurice.

A deux heures, les eaux du Saint-Maurice nous reçoivent au moins pour le reste du jour. Après avoir traversé un lac, nous sautons trois rapides consécutifs. Au bas du premier, Monseigneur dit :

« — Vraiment, c'est majestueux ! »

Le second voulut sans doute mériter pareil éloge, il lança par dessus bord une vague qui enveloppa les genoux de Sa Grandeur ; il ne réussit qu'à arracher une exclamation que, en toute vérité, je ne puis appeler d'admiration. Le Père Guéguen remarqua : « Vous êtes chargé de nous bénir ; à vous seul le ciel envoie l'abondance de sa rosée. »

Nous entrons dans un lac suivi d'un autre lac. Sur notre gauche, des collines, longues et séparées par de larges vallons, laissent voir leurs flancs couverts d'un feuillage épais. Après avoir voyagé trois jours dans une immense plaine, nos yeux se réjouissaient de ces accidents du terrain, mais le sol est partout composé d'un sable sec et maigre.

Il est six heures, nous venons de souper. Le soleil se couche dans les nuages, et l'air se rafraîchit ; il fait bon, la tête découverte, réciter les *Ave Maria* du chapelet.

Sur une eau noire et calme, resserrée entre des rives assez rapprochées, neuf avirons, en une cadence rapide, poussent en avant le canot, qui trace son sillon, laissant derrière lui, comme un bateau à vapeur, une vague houleuse qui va se perdre en des ondulations multipliées. La montagne de *Kikendatch* est en vue ; nous arriverons bientôt.

La nuit descend des nuages avec ses voiles qui vont s'épaississant ; nous apercevons dans le lointain des lueurs indécises qui s'élèvent et s'abaissent, les feux du campement doivent être nombreux. Nous entonnons l'*Ave Maris Stella*, et les notes graves de la prière s'étendent sur la rivière silencieuse. Tout à coup, sortant de l'obscurité, comme autant de fusées, nous voyons s'élancer une vingtaine de jets de flammes, puis vingt coups de fusil retentissent à nos oreilles : c'est l'artillerie de Kikendatch qui salue l'arrivée du gardien de la prière.

La lune discrète envoie un de ses pâles rayons à travers une vapeur légère qui enveloppe cette scène de mystérieux. Vingt-quatre tentes de toile blanche sont dressées en ligne le long de la côte ; les pavillons sont suspendus aux mâts des deux chefs, une centaine de personnes pressées les unes contre les autres attendent au quai, bâti pour la circonstance. L'évêque met pied à terre, tous tombent à genoux, l'envoyé de Dieu entonne les paroles de la bénédiction; et appelle sur son peuple incliné les faveurs du ciel. Voici la cérémonie longue, mais indispensable, de toucher la main à tout ce monde ; puis on entend courir dans la foule des chuchotements joyeux, signe du contentement général. Les hommes se multiplient pour transporter nos bagages, les femmes vont et viennent portant à la main de longues torches en écorce de bouleau, les enfants courent, gambadent, crient ; tout cela, vu à la lueur des brasiers et des flambeaux, à quelque chose de fantastique. La lune est rentrée derrière ses rideaux, nous allons l'imiter, et nous retirer sous nos tentes qui viennent de se dresser sur leurs pieds. Bonsoir et au revoir.

(A suivre).

LES MISSIONS CATHOLIQUES AU XIX° SIÈCLE

PAR

M. Louis-Eugène LOUVET, des Missions Etrangères de Paris,
Missionnaire en Cochinchine occidentale.

CHAPITRE X·

L'ÉGLISE CATHOLIQUE DANS LES INDES (1800-1890).

(Suite 1)

La position des catholiques hindous ainsi abandonnés était
déplorable; mais plus triste encore celle des rares missionnaires, demeurés au milieu des débris de ces belles Eglises
autrefois si prospères.

« Pendant près de soixante ans, écrit un auteur protestant (2), c'est-à-dire depuis 1760 jusqu'en 1820, aucun soin
ne fut pris des missions catholiques et de leurs nombreux
néophytes. Les anciens missionnaires mouraient les uns
après les autres, et personne n'arrivait d'Europe pour les
remplacer. » A côté du ministre protestant, voici le témoignage identique du prêtre catholique (3). « De temps en
temps, se présentent ici des députations de ces chrétiens
abandonnés. Depuis que je suis ici, j'en ai vu deux,
dont l'une, composée de trois principaux personnages du
pays, avait fait près de cent lieues pour venir à Pondichéry.
Ils apportaient une lettre écrite sur des feuilles de cocotier;
ils se plaignaient que, depuis six ans, aucun Père n'était
venu les visiter, quoiqu'ils l'attendissent avec impatience et
qu'ils lui eussent préparé une belle cabane pour le loger;
ils ajoutaient, dans leur style simple mais sublime, que
leurs âmes avaient faim de Dieu. Ces paroles touchantes,
que je ne puis entendre sans verser des larmes, me rappe-
lèrent ce passage du prophète Jérémie : *Parvuli petierunt
panem et non erat qui frangeret eis.* »

Comme si ce n'était pas assez de ce triste abandon des
catholiques, par suite de la pénurie excessive des missionnaires, la persécution vint s'abattre, à la fin du dernier
siècle, sur ce malheureux troupeau, laissé à peu près sans
pasteurs. Le féroce Tippo-Saïb fit périr en vingt ans plus
de cent mille catholiques dans le sud de l'Inde; il dispersa
toutes les chrétientés du Maïssour, brûla les églises et, dans
un seul jour, força 40,000 chrétiens du Tanjore à recevoir la
circoncision, c'est-à-dire à embrasser le mahométisme. Au
Canara, dans le cours de l'année 1784, 30,000 chrétiens
furent enlevés de force et donnés comme esclaves aux musulmans.

Les protestants hollandais se montraient presque aussi
féroces que les disciples du Prophète. A Ceylan, ils proscrivirent absolument l'exercice du culte catholique et chassèrent de l'île tous les missionnaires; ils agirent de même
sur le continent et convertirent en factoreries toutes les
chapelles catholiques.

Les protestants anglais agirent avec moins de brutalité ;
c'est une justice à leur rendre. Au début de leurs conquêtes

(1) Voir tous les numéros parus depuis le 14 mars jusqu'à fin octobre 1890,
et 2, 9, 16, 23 et 30 janvier, 6 et 13 février et 24 avril 1891.
(2) *Missions dans l'Inde méridionale*, par le R. Joseph Mullens.
(3) Lettre de M. Suprès, missionnaire à Pondichéry. *Annales*, tome IV,
p. 169.

dans l'Inde, ils tracassèrent d'abord les missionnaires français, dont ils redoutaient l'influence politique ; mais, quand
ils se virent solidement établis dans le pays, ils se renfer-
mèrent dans une neutralité presque toujours bienveillante,
qu'ils ont conservée depuis.

Mais la prépondérance d'une nation protestante n'en fut
pas moins désastreuse pour les missions de l'Inde. Des centaines de ministres et de prédicants inondèrent bientôt le
pays. Ils avaient les mains pleines d'or; pour acheter les
consciences faciles ; ils avaient, ce qui est très naturel, les
sympathies et l'influence gouvernementale de leurs coreligionnaires. Le mal eut été moins grand, s'ils eussent rencontré partout, en face d'eux, le missionnaire catholique ;
comme aujourd'hui leur succès se fût borné à l'achat de
quelques brebis galeuses. Mais que pouvaient cinq ou six
missionnaires, éparpillés dans le sud de l'Inde, contre la
propagande protestante ? Quant au clergé de Goa, ses défauts
ne pouvaient que pousser les catholiques à l'apostasie. Il y
eut donc des défections déplorables et trop nombreuses.
Des chrétientés abandonnées depuis vingt ans et plus, sans
prêtres, sans instruction, sans culte et sans sacrements,
passèrent au protestantisme. C'est ainsi que la grande chrétienté de Tinnevely, composée de plus de 30,000 âmes,
devint en grande partie protestante. Pour séduire plus facilement nos malheureux néophytes, plusieurs ministres,
entre autres le célèbre Buchanan, ne rougirent pas de se
donner publiquement pour les successeurs de saint François Xavier et des anciens missionnaires. Par ce système,
trente-deux Sociétés anglaises, allemandes et américaines,
avec des subsides annuels, qui, pour l'Inde seule, dépassent,
douze millions de francs, ont réussi, en un siècle, à amener
au protestantisme 292,000 habitants de l'Inde. C'est au
moins le chiffre officiel donné en 1875 par le R. Sherring,
de la Société des missionnaires de Londres, chiffre que je
n'ai nullement l'intention de discuter; mais, en le prenant
tel qu'on le donne et en tenant compte des immenses
ressources dont dispose l'hérésie, on est amené à bénir
Dieu de ce qu'il n'est pas plus considérable.

A mesure que le nombre des missionnaires apostoliques
augmenta et que les aumônes de la Propagation de la foi
permirent de reprendre des œuvres du passé, le catholicisme commença à se relever aux Indes. Mais alors il
trouva devant lui les prétentions de la couronne de Portugal, prétentions qui aboutirent à un schisme désolant et,
pendant plus d'un demi-siècle, jetèrent le désordre au
milieu de nos chrétientés renaissantes. Il faut dire quelques
mots de ce déplorable incident.

On a vu ce qu'était devenu, au commencement du
XIX° siècle, le clergé goanais ; mais il est juste de reconnaître qu'il n'en avait pas toujours été ainsi. Pendant deux
siècles, le Portugal avait mis son influence politique et
religieuse au service du catholicisme, afin de promouvoir
au milieu des infidèles le règne de Jésus-Christ. L'Église
catholique, qui n'est pas ingrate, l'en récompensa magnifiquement.

Les bulles de Léon X (1514), de Paul III (1539), de
Paul IV (1555), de Grégoire XIII (1575) et de Paul V (1616),
accordèrent à Sa Majesté Très Fidèle le droit de patronage
sur toutes les Églises déjà fondées aux Indes et en Chine.

En échange de ce droit, les rois de Portugal s'obligeaient à pourvoir ces nouvelles Églises de prêtres et d'évêques, à les doter convenablement et à défendre, au besoin, le clergé et les chrétiens contre les infidèles et les hérétiques.

On ne s'en tint pas là : sur les instances du gouvernement portugais, Clément VIII (1600) défendit à tous les missionnaires de se rendre aux Indes par une autre voie que celle de Lisbonne et de Goa. C'était donner au roi de Portugal le monopole des missions orientales. On ne tarda pas à s'en repentir. Les envoyés du Saint-Siège furent accablés de vexations, quelques-uns jetés sans motifs dans les prisons de l'Inquisition, d'autres forcés de repasser en Europe ; un légat du Pape, le cardinal de Tournon, mourut de misère, dans les prisons de Macao. Le clergé de Goa, incapable de faire face au travail immense des missions orientales et d'ailleurs s'en souciant assez peu, ne voulait, à aucun prix, permettre à d'autres ouvriers de mettre la faulx dans sa moisson. Il regardait les missions de l'Inde et de la Chine comme son patrimoine et, plutôt que de voir ces peuples évangélisés par des missionnaires étrangers, il préférait qu'ils ne fussent pas évangélisés du tout. Périssent les âmes plutôt qu'un principe !

Paul V, averti de ce qui se passait aux Indes, crut devoir déroger à la bulle de Clément VIII, en accordant aux missionnaires de se rendre à leur poste, sans attendre la permission du roi de Portugal et de l'archevêque de Goa. Mais alors on se heurta à une difficulté qu'on n'avait pas prévue. Dans sa bulle de 1575, Grégoire XIII, toujours à la sollicitation des Portugais, avait été jusqu'à lier les mains à ses successeurs, en déclarant que personne, *fût-ce le Siège apostolique*, ne pourrait déroger à l'avenir au droit de patronage, sans le consentement formel du roi de Portugal.

A mon avis, cette clause malheureuse allait au-delà des droits du souverain pontifical. Aucun Pape ne peut lier irrévocablement ses successeurs, par la raison très simple que les vicaires de Jésus-Christ tiennent leur pouvoir de Dieu seul. Chaque Pape a donc la plénitude de l'autorité suprême dans l'Église ; il est juge des circonstances, et il ne peut jamais se présenter un cas où le vicaire de Jésus-Christ fût empêché de pourvoir aux besoins nouveaux qui se révèlent et de faire prêcher l'Évangile par toute la terre. Tous les canonistes sérieux sont d'accord là-dessus.

Mais en supposant, ce que je ne crois pas, que la bulle de Grégoire XIII liât à perpétuité ses successeurs, le gouvernement portugais ayant perdu toute autorité aux Indes, en dehors de Goa, son droit de patronage devenait caduc par là-même. En effet, ce droit n'est jamais concédé qu'à la condition de protéger les Églises sur lesquelles il s'exerce. Mais quelle protection pouvait accorder le gouvernement portugais aux Églises situées sur le territoire anglais ? La prétention du roi de Portugal de pourvoir exclusivement à ces Églises était aussi ridicule que si la France prétendait aujourd'hui nommer aux sièges de Metz et de Strasbourg et disposer à son gré de tous les bénéfices ecclésiastiques situés dans les pays cédés à l'Allemagne par le traité de Francfort.

Les rois de Portugal semblaient avoir reconnu eux-mêmes la caducité de leurs privilèges. Depuis cinquante ans, on l'a vu, ils laissaient sans titulaires les sièges épiscopaux de l'Inde et, depuis 1827, le gouvernement avait formellement défendu aux administrateurs de Goa d'envoyer désormais le moindre subside aux églises situées en dehors des possessions portugaises. N'observant plus les clauses essentielles du patronat, il était déchu par là-même de son privilège. D'un autre côté, à mesure que la foi se propageait aux Indes, il devenait urgent de subvenir aux besoins spirituels de ces nouvelles chrétientés. Grégoire XVI, qui, avant son élévation au souverain pontificat, avait été préfet de la Propagande, connaissait parfaitement la situation et résolut d'y pourvoir. Mais, avant de faire usage de son incontestable droit, il voulut mettre le gouvernement portugais en demeure de se prononcer lui-même sur son prétendu droit de patronage. Par son ordre, le cardinal Pédicini, préfet de la Propagande, adressa à la cour de Portugal une note diplomatique, pour lui demander de pourvoir aux évêchés vacants de l'Inde ou de renoncer formellement à un privilège qui rendait impossible le gouvernement ecclésiastique en ce pays (1832).

La Cour de Lisbonne n'ayant rien répondu à cette ouverture, le Pape attendit deux ans encore. A la fin, il se décida à user de son droit de Pasteur suprême, en créant deux vicariats apostoliques à Madras et à Calcutta (1834) ; deux ans plus tard, la mission de Pondichéry et celle de Ceylan furent érigées à leur tour en vicariats et une préfecture apostolique fut établie au Maduré (1836).

Ces actes, si nécessaires et si modérés, irritèrent au plus haut degré le gouvernement portugais et le clergé de Goa ; le Chapitre métropolitain osa interdire, sous peine d'excommunication, d'avoir aucun rapport avec les vicaires apostoliques et les missionnaires de la Propagande ; leur juridiction fut déclarée nulle et non avenue, tant qu'elle ne serait pas reconnue par Sa Majesté Très Fidèle, que les anciennes constitutions apostoliques avaient investi de la suprématie sur toutes les missions d'Orient, sans qu'il fût permis à aucun Pape d'y déroger.

Grégoire XVI fit justice de ces prétentions schismatiques dans son bref *Multa præclare* (24 avril 1838). Il rappelle d'abord les privilèges accordés par ses prédécesseurs à la couronne de Portugal ; mais il insiste en même temps, sur le but de ces concessions, qui était uniquement de promouvoir efficacement le règne de Dieu dans ces régions éloignées. Ce motif ayant cessé d'exister par suite des circonstances politiques, le patronage portugais ne peut plus s'exercer utilement dans les pays soumis à l'Angleterre, et par conséquent le privilège est devenu caduc. Quant à la clause qu'il ne pourra jamais être dérogé aux concessions que du consentement des parties, elle doit s'entendre évidemment sauf les droits du Suprême Magistère. Il est certain que jamais le Saint-Siège n'a voulu s'empêcher de pourvoir aux besoins de la religion, ni de statuer sur ce qu'exige, suivant le temps et les circonstances, le salut du peuple chrétien.

Le Pape ajoute que, pendant qu'il exerçait la charge de préfet de la Propagande, il a pu se convaincre que le droit de patronage, qui avait été concédé uniquement en vue du salut des âmes, est devenu aux Indes une cause de ruine spirituelle. En conséquence et en vertu de son autorité suprème, le vicaire de Jésus-Christ déclare déroger aux bulles de ses prédécesseurs et supprimer purement et simplement le droit de patronage en dehors de l'archidiocèse de Goa.

(A suivre).

BIBLIOGRAPHIE

Monseigneur Alexis Canoz, de la Compagnie de Jésus, premier évêque de Trichinopoly (1805-1888), par un Père de la même Compagnie, avec un portrait et une carte. — In-8°. 5 francs. Paris, 1891. — Retaux-Bray, rue Bonaparte, 82.

Cet ouvrage n'est pas seulement l'histoire d'un grand et saint évêque missionnaire. S'étendant depuis l'année 1838, où la bulle *Multa præclare* de Grégoire XVI régla la situation des missions catholiques dans l'Inde, jusqu'à l'établissement de la hiérarchie par Léon XIII, la vie apostolique de Mgr Canoz s'identifie avec les principaux événements qui remplissent l'histoire contemporaine de l'Église dans ce pays.

Rien de plus intéressant, rien de plus instructif que le tableau de ces cinquante ans d'apostolat, que le récit de ces luttes incessantes contre le paganisme, le protestantisme et le schisme goanais.

Contre le paganisme, nos évêques missionnaires, en même temps qu'ils prêchent l'Évangile, défendent la cause de la civilisation. Certains philanthropes mènent aujourd'hui grand bruit en faveur du mariage des veuves hindoues. Les missionnaires n'ont pas attendu jusqu'à cette heure pour s'occuper de ce problème. Dans un chapitre fort piquant, l'auteur nous montre avec qu'elle fermeté Mgr Canoz défendit le droit des veuves, et avec quelle habileté il sut tourner de son côté ses adversaires les plus acharnés. Si la coutume immorale qui inonde l'Inde de jeunes femmes condamnées au veuvage à perpétuité vient à disparaître, il sera juste de faire remonter une partie du mérite au vicaire apostolique de Trichinopoly.

Le plus énergique effort du prosélytisme protestant en ce siècle s'est porté, si nous ne nous trompons, sur les populations du Tinnevelly, district méridional de la mission du Maduré. D'après les feuilles anglaises, c'est là que le pur Évangile aurait remporté ses plus grands avantages, Or, si l'on veut savoir par quels moyens ont été obtenues ces conversions, quelles ont été leur sincérité et leur solidité, on sera renseigné par le chapitre XV.

Plus douloureuse est la lutte soutenue contre le schisme goanais. On voudrait jeter un voile sur ces funestes divisions. Mais la vérité a des droits que l'historien ne peut sacrifier. L'auteur a su garder la mesure exacte et apprécier avec tact des faits qu'il appartiendra un jour à l'histoire de juger avec plus de sévérité. Nulle mission n'a été plus éprouvée par les manœuvres des prêtres goanais que la mission du Maduré. Personne n'a eu plus à souffrir d'eux que Mgr Canoz.

Tel est l'homme au grand cœur dont la longue carrière apostolique domine et résume toute l'histoire d'une belle mission pendant une moitié de siècle. L'auteur a raconté sa Vie dans une langue ferme, noble, lumineuse, digne, en un mot, de son héros.

TH. MOREL, *Directeur-gérant.*

Lyon. — Imprimerie MOUGIN-RUSAND, rue Stella, 3.

CANADA. — Campement de sauvages a Kikendatch, Haut du Saint Maurice; d'après une photographie de Mgr Lorrain
(Voir page 221).

CORRESPONDANCE

COCHINCHINE ORIENTALE (Annam).

En nous adressant des remerciements pour les bienfaiteurs qui lui sont venus généreusement en aide, M. Grangeon nous donne les détails suivants sur le grand mouvement de conversions qui s'accentue de plus en plus dans le vicariat apostolique de Mgr Van Camelbeke. C'est une véritable résurrection de ces chrétientés anéanties et nos lecteurs voudront certainement contribuer encore à ce relèvement par la prière et par l'aumône.

Lettre de M. D. Grangeon, de la Société des Missions Étrangères de Paris, missionnaire en Cochinchine orientale.

Ce n'est que depuis le commencement de l'année dernière qu'il a été possible de travailler sérieusement à la résurrection du district de Dai-an. Dans cet intervalle, une ancienne chrétienté, complètement abandonnée, a été levée à l'aide de quelques familles établies ailleurs ; deux autres ont été réorganisées avec les quelques survivants retirés du milieu des païens parmi lesquels ils vivaient dispersés, sans toutefois embrasser

N° 1144. — 8 MAI 1891.

ni leurs croyances ni leurs pratiques. Ces trois chrétientés comptent aujourd'hui plus de quatre cents membres, et sont en voie de prospérité. Les autres postes qui manquaient encore d'église et de presbytère, ont été pourvus de ces deux locaux, indispensables, en Annam, à la vie de toute chrétienté. Ce ne sont certes pas des monuments, par leurs proportions, encore moins par l'élégance de leurs décorations et la richesse de leur ameublement ; mais ils peuvent suffire aux premières nécessités du culte, en attendant des jours de plus grande prospérité. Il ne manque plus qu'une église centrale assez convenablement ornée, et surtout assez vaste pour contenir les fidèles réunis de tout le district et permettre le déploiement des pompes et solennités religieuses, les dimanches et jours de grande fête. Daigne Notre-Dame du Rosaire, patronne de cette paroisse, pourvoir à cette urgente nécessité !

Pendant la seconde moitié de l'année dernière, deux nouveaux villages, jusqu'ici païens, purent être entamés. Deux chrétientés y ont été fondées, qui comptent aujourd'hui plus de trois cents néophytes. Ce sont deux centres excellents pour rayonner peu à peu dans une contrée jusque-là inabordable. Au mois de juillet de l'année dernière, un troisième poste, également nouveau, a été établi non loin d'un des plus importants marchés du pays ; il se compose déjà de soixante-quinze chrétiens et promet d'augmenter rapidement. Enfin, une quatrième chrétienté est actuellement en formation et tout fait espérer pour elle de prompts et solides développements. Dieu a donc daigné bénir nos efforts : qu'Il en soit à jamais remercié !

.

Les autres anciennes chrétientés, reconstituées sur une meilleure base, ont aussi rivalisé de zèle et fourni leur contingent de catéchumènes. Et c'est ainsi que, la grâce fécondant la bonne volonté des hommes, plus de onze cents chrétiens nouveaux ont pu être baptisés dans l'espace d'un an et demi et sont venus prouver aux bourreaux d'hier que la religion ne meurt pas mais renaît plus vivante du sang de ses enfants. Tous nos chers néophytes ont bravement persévéré malgré les préoccupations d'une disette qui en est déjà à sa quatrième année, malgré les bruits continuels et les menaces de mort que n'ont cessé de proférer les ennemis de Dieu et de la France. Ces menaces ont failli, il y a cinq mois à peine, se convertir en sanglante réalité et plonger de nouveau cette province, sinon toute la mission, dans les horreurs de 1885. Évidemment Dieu nous garde, et, pour augmenter notre confiance en lui, il nous fait toucher du doigt les signes manifestes de sa protection. Comme un intelligent père de famille, avant de moissonner (car qui sait s'il ne nous donnera pas encore des martyrs !) il laisse la semence prendre racine et arriver à maturité. Grâce à une répression énergique, tout est rentré dans l'ordre, et en ce moment nous jouissons de la paix la plus profonde.

Presque chaque jour arrivent de différents côtés des demandes spontanées de conversions. Que serait-ce s'il était possible de prendre résolument l'offensive contre le diable, par une propagande active, et d'aller chercher les païens chez eux ! Mais, hélas ! l'insuffisance des ressources, et surtout le manque de catéchistes, la nécessité de former les anciennes recrues à toutes les pratiques de la vie chrétienne avant d'en admettre de nouvelles, tout nous oblige à faire un choix plus sévère que par le passé. On n'admet guère que les familles dont la conversion offre d'ailleurs toutes les garanties désirables, et promet en outre d'être d'un grand secours pour l'avenir de la chrétienté. Les autres sont renvoyées à plus tard pour l'instruction et le baptême.

Voici, pour finir, l'histoire d'un de ces vaincus de la grâce, qui se font recevoir malgré tout, et que, certes, on n'oserait repousser au prix de sa vie même.

Un jeune homme très à l'aise, âgé de vingt-cinq ans seulement, mais déjà père de deux gentils enfants, désirait depuis longtemps se convertir. Cependant le diable le retenait encore dans ses filets par un dernier scrupule de conscience. Comment embrasser une religion qui ne rend pas de culte aux ancêtres, sans fouler aux pieds les règles de la piété filiale dont Confucius a détaillé tous les devoirs, dont il a fait la plus grande, sinon l'unique vertu ! Comment abandonner *grand-père et grand'mère* et tous leurs saints ascendants. Et c'est là, en effet, le grand écueil des rares âmes droites que ne retiennent pas par ailleurs la crainte de la persécution ou les multiples convoitises de la chair ; toutes les autres superstitions se résument en celle-là.

Notre prosélyte combattit longtemps contre lui-même.

Enfin, n'y tenant plus, il trouva, en habile casuiste, le moyen de tout concilier. Chef civil et religieux de sa famille, il en invite les membres à une réunion solennelle dont il fixe le jour. Tout le monde étant assemblé, il tue un bœuf et un porc, décore de son mieux l'autel des ancêtres, et, revêtu de ses grands habits de cérémonie, offre à leurs mânes affamées, avec toutes les prostrations de précepte, un copieux et succulent festin, qu'il entendait bien devoir être le dernier. Il ne craignit pas de le leur annoncer.

« Je vous traite bien aujourd'hui, dit-il tout haut ; mais adieu. Merci de votre protection passée, et ne m'en veuillez pas, si je vous quitte pour une religion meilleure. »

Puis, se tournant vers l'assistance ébahie :

« Sachez, s'écria-t-il, que, dès ce moment, je suis chrétien. Chacun de vous est libre de m'imiter ou non ; mais que personne ne s'avise de s'opposer à mon dessein. Ma résolution est irrévocable. »

Devant une déclaration aussi catégorique, nul, de fait, n'osa trop insister. Ceux qui en eurent la dévotion purent se partager les paternelles tablettes et autres diableries domestiques. Le lendemain, tout signe d'idolâtrie avait disparu de cette heureuse demeure. Bientôt le vaillant catéchumène, avec sa mère, sa femme et ses enfants, sera de fait ce qu'il est déjà de cœur : fils de Dieu et de la sainte Église. Ne l'aurait-il point mérité si de telles faveurs pouvaient être jamais autre chose qu'un pur don du Ciel ? Puisse son exemple être contagieux !

Mgr d'Acanthe, l'héroïque Retord, en contemplant l'immense Tong-king païen, chantait :

Je veux rendre ce sol fertile,
Arracher ses épais buissons ;
Je veux que ce terrain d'argile
Se couvre de belles moissons ;
Mais, pour activer la nature,
Le travail n'est pas suffisant :
Il faut, pour l'orner de verdure,
Mon sang, mon sang, mon sang !

Son sang, il n'eut pas le bonheur si envié de le verser. Mais, depuis, nombre d'autres ont donné le leur : le sang a coulé à flots ; le sol en a été saturé, et voilà pourquoi il est devenu merveilleusement fertile. Presque partout dans la Cochinchine* orientale, comme au Tong-King, chaque missionnaire a l'indicible douleur de laisser languir, périr peut-être, dans les champs désolés du paganisme, une foule d'âmes, célestes essences, qui ne demandent qu'à être transplantées dans le jardin béni du bon Dieu, leur maître. Combien d'autres se cachent encore sous la mousse ou parmi les épines, mais se laisseraient facilement cueillir à la main qui ferait un effort pour les découvrir ! En vérité « *ecce nunc tempus acceptabile ; ecce nunc dies salutis !* » Voici les jours de salut. Quelle sera leur durée ? Reviendront-ils jamais ? Oh ! que les âmes qui aiment Dieu ne cessent de le supplier « *ut mittat operarios !* »

TONG-KING SEPTENTRIONAL

Nos missions du Tong-king sont loin de jouir de la paix. A chaque instant des villages sont pillés et livrés aux flammes. Des femmes et des enfants, faits prisonniers par les pirates, sont emmenés en captivité. Les hommes sont massacrés. Plusieurs prêtres ont été mis à mort.

Les causes qui perpétuent ce triste état de choses sont nombreuses. Mgr Puginier les a clairement indiquées dans une lettre reproduite par la presse.

Tous les évêques et les missionnaires établis depuis longtemps dans ce pays, quelle que soit par ailleurs leur nationalité, pensent et parlent comme Mgr Puginier. Tous reconnaissent la bonne volonté de la plupart des fonctionnaires que la métropole envoie dans la colonie. Tous font des vœux ardents pour que la domination française s'affermisse ; mais tous sont unanimes à regretter la faiblesse avec laquelle on agit contre les pirates.

Cela dit, arrivons aux faits qui, depuis six mois, nous ont été signalés par les missionnaires et les évêques dominicains. Vers la fin de l'année dernière, un dominicain espagnol peignait ainsi la misère du pays.

Ici la désolation est générale. La disette se fait cruellement sentir, grâce aux inondations qui ont envahi les rizières et aux pirates qui ruinent le pays. Ceux-ci, en dépit des nombreux échecs que leur inflige l'armée régulière, deviennent de plus en plus audacieux et traitent le Tong-King en pays conquis. Ils sont à peu près maîtres de la majeure partie de la province de Bac-Ninh. Mal défendus, les malheureux habitants sont contraints de subir le joug des révoltés ; autrement ce serait pour eux, à court délai, une ruine absolue, les villages que ces brigands attaquent n'étant presque jamais défendus. Jusqu'ici les pirates avaient épargné relativement les villages chrétiens, par respect pour les missionnaires, qui, maintes fois, leur avaient servi d'intermédiaire près des autorités françaises. Mais déjà ils ont commencé à se départir de ces égards, un prêtre indigène a été massacré le 12 décembre avec trente chrétiens, d'autres chrétiens ont été faits prisonniers.

Dans les environs de Ké-né, où se trouvent un des deux séminaires du vicariat du Tong-King septentrional et onze chrétientés assez éloignées les unes des autres, les pirates se sont emparés d'une quarantaine de néophytes appartenant à des familles de pêcheurs, les ont attachés deux à deux et ont voulu les contraindre à fouler aux pieds, en signe d'apostasie, les rosaires et les saintes images qu'ils portaient sur eux. Tous, hommes, femmes et enfants sont demeurés fermes dans leur foi. La nuit venue, on leur a rendu la liberté. Au fond, ces pirates ne voulaient qu'effrayer les chrétiens et les missionnaires et les amener ainsi à leur livrer les fusils européens qu'ils avaient chez eux. Ils ont échoué dans leur tentative. Loin de livrer leurs armes, nos chrétiens et nos étudiants de Ké-né se sont procuré de nouveaux fusils et sont disposés à faire aux bandes qui viendraient les attaquer un accueil qui ne sera pas de nature à leur plaire. Mais quelle souffrance que de vivre ainsi toujours en alerte, sous les armes, à l'abri de fortifications, en un mot bien plus *more castrorum quam more missionariorum* !...

Il n'y a plus de sécurité dans le pays. Les grands chemins qui relient les villes principales sont infestés de voleurs qui pillent, maltraitent, et font prisonniers les voyageurs. A la métropole, si on veut éviter la ruine, il importe d'aviser promptement et de prendre des mesures énergiques pour sortir de cet état d'anarchie.

Pour laisser nos lecteurs sous une impression plus consolante, voici, en ce qui concerne le côté moral et religieux, ce que nous écrit de Bac-Ninh, Mgr Colomer.

Au point de vue religieux, nous n'avons pas trop à nous plaindre. Chaque jour on voit s'augmenter le nombre des convertis. L'année dernière, nous avons baptisé six cent six adultes dans tout le vicariat.

Une autre bonne nouvelle que j'ai à vous donner, c'est qu'enfin nous avons obtenu pour les hôpitaux militaires des Sœurs de Saint-Paul de Chartres. Les soldats de la France s'en vont maintenant à Dieu, fortifiés par les sacrements de l'Église, et reçoivent une sépulture chrétienne. C'est mon coadjuteur lui-même, Mgr Velasco, qui s'est chargé du service religieux de l'hôpital de Phu-Long-Thuong, aux environs de Bac-Ninh. Le P. Perez remplit le même office à Thi-Can. Il est impossible de dire le bien que font les Sœurs de Chartres. Que n'en avons-nous dans tous les hôpitaux militaires ! Ce serait le salut de beaucoup d'âmes.

A la suite d'une expédition en règle faite dans les derniers mois de l'année par le général Godin et qui a débarrassé des pirates tout le nord de la province, après toutefois une résistance très vive de la part de l'ennemi et de nombreuses et sanglantes rencontres, j'ai offert au général de faire célébrer à Bac-Ninh une messe solennelle de *Requiem* pour les soldats morts à l'ennemi. Ma proposition à été acceptée avec une satisfaction visible, et, le jour fixé, nos élèves ont chanté la messe à laquelle assistaient M. le résident Auvergne, le gouverneur annamite, le général Godin et un grand nombre d'officiers et de fonctionnaires. Je vous donne ces nouvelles, parce que je les crois de nature à réjouir le cœur des parents chrétiens qui ont ici des enfants dans les rangs de l'armée.

NOUVELLES DE LA PROPAGANDE

Sur la proposition de la Sacrée Congrégation de la Propagande, le Saint-Père a érigé en vicariat apostolique la préfecture apostolique du Territoire indien (Etats-Unis), et en a nommé vicaire apostolique le R. P. Théophile Meerschaert, vicaire général du diocèse de Natchez.

— Sa Sainteté, acquiesçant aux instances des catholiques du Benin, a nommé vicaire apostolique du Benin, le R. P. Jean-Baptiste Chausse, du séminaire des Missions Africaines de Lyon, précédemment provicaire, et lui a imposé le caractère épiscopal avec siège titulaire. Le R. P. Chausse, né à Marlhes (diocèse de Lyon), en 1847, exerce le saint ministère dans la mission du Benin depuis 1871.

— En juillet dernier, le Saint-Siège a érigé dans la partie nord-est du diocèse de Saint-Albert, le vicariat apostolique de Saskatchewan en fixant dans la ville de Prince-Albert, la résidence du vicaire apostolique. Le Saint-Père a nommé vicaire apostolique de cette nouvelle mission le R. P. Pascal, des Oblats de Marie-Immaculée.

DÉPARTS DE MISSIONNAIRES

Dans le cours de l'année 1890, l'Ordre des Franciscains Observantins a envoyé quatre-vingt-dix missionnaires à l'étranger. Sur ce nombre, six sont partis pour l'Albanie, trois pour Constantinople, dix-sept pour la Terre-Sainte, dix-sept pour la Chine, neuf pour le Maroc, trois pour la Tripolitaine, quatre pour la Haute-Égypte, dix-sept pour la République-Argentine et quatorze pour les îles Philippines. De ces quatre-vingt-dix religieux, dix sont Français, quarante et un Italiens, vingt-trois Espagnols, cinq Belges, quatre Hollandais, trois Maltais, deux Américains, un Autrichien et un Anglais.

— Deux jeunes missionnaires de la Société des Missions Etrangères de Paris se sont embarqués le dimanche 3 mai, à Marseille, pour les missions de l'Inde.

Ce sont : MM. Rodhain (Paul-Pierre-Auguste-Marie), du diocèse de Nancy, pour Pondichéry; et Adigar (Henri-Marie-Joseph), du diocèse de Bayeux, pour le Maïssour.

INFORMATIONS DIVERSES

Chine. — On nous communique ces intéressants extraits d'une lettre d'un mandarin chinois. Ce mandarin est un missionnaire bien connu à Péking :

« La misère a été tellement navrante cette année, que nous avons emprunté près de 70,000 francs, pour ne pas laisser mourir de faim nos pauvres enfants et nos pauvres chrétiens. Encore

maintenant, ils mangent, une fois par jour seulement, du pain, dont j'ai un échantillon : il est composé de graines de coton, d'écorce d'orme, de paille de sorgho et de petit millet. C'est horrible, on croit manger du sable ! Le nombre de nos enfants a doublé en même temps que le prix des grains ! Enfin, le bon Dieu nous aidera : plaie d'argent n'est pas mortelle. Vous verseriez des larmes, si vous voyiez ce dont nous sommes témoins. L'inondation a détruit plus de 30 chapelles.

« L'audience impériale vient d'avoir lieu. On va en parler en Europe, et, comme presque toujours, on parlera sans savoir. La vérité est que l'audience est loin de relever le prestige européen. Après avoir demandé beaucoup de choses, les ministres ont cédé sur à peu près tout, la victoire est restée aux Chinois. Les Européens ont été reçus, comme en 1873, dans une salle hors du Palais, destinée à recevoir les *Tributaires*. Après une attente d'une heure et demie, l'Empereur est arrivé. Chaque ministre a eu cinq minutes *au maximum* pour présenter ses lettres de créances, que l'empereur n'a pas même reçues de la main à la main ; puis tous sont entrés ensemble.

« Le Doyen, un Allemand, a fait un petit discours en *anglais*, qu'un interprète *russe* a traduit en *chinois*, et que le Prince Tching a traduit aussitôt en *mantchou* à l'Empereur. L'Empereur a dit quelques mot appris d'avance en mantchou, traduits et retradnits. Puis tout le monde s'en est allé en faisant trois grands saluts et à reculons.

Personne n'a donc parlé à l'Empereur et les dix ministres avec leur suite de vingt-une personnes, ont dû se contenter de vingt à trente minutes pour la cérémonie. Ajoutons que le jardin était plein d'hommes du peuple et d'ouvriers, qui allaient jusqu'à venir toucher les uniformes des ministres. Triste ! triste ! Si l'audience n'avait pas eu lieu, on y aurait gagné. »

Cochinchine septentrionale (Annam). — M. Allys, des Missions Étrangères de Paris, curé de Phu-Cam (près Hué), nous écrit le 4 mars 1891 :

« Après avoir eu la bonté de mettre à ma disposition les colonnes des *Missions catholiques* pour pousser un cri de détresse en faveur des malheureux Annamites, auriez-vous encore l'obligeance de me permettre de faire parvenir mes plus sincères remerciements aux âmes généreuses qui ont entendu ma voix.

« Sans doute, ces personnes charitables n'attendent que de Dieu seul la récompense due à leurs bonnes œuvres ; cependant je crois qu'elles seront heureuses d'apprendre que leurs aumônes ont soulagé et soulagent encore de nombreuses misères physiques et morales, car le bien qu'elles m'ont permis de faire est loin d'être terminé.

« Ne pouvant loger la foule des malheureux qui chaque jour viennent demander des secours, j'ai du moins voulu offrir un asile à une partie de ceux que la mort se disposait à frapper. A cette fin, j'ai élevé une petite case que j'ai décorée du nom d'hôpital , tout y est pauvre et bien misérable ; cependant, grâce à cette installation, j'ai déjà pu baptiser une quarantaine de moribonds et j'espère que beaucoup de malheureux trouveront encore dans ce réduit l'entrée de l'éternel séjour.

« Quelle consolation on éprouve à baptiser ces infortunés ! Aujourd'hui ils n'ont presque plus rien d'humain, tellement la misère, les maladies et les plaies les ont défigurés, et demain ils seront les compagnons des anges !

« Et ce qui est encore plus consolant, c'est qu'avec les secours que la charité m'a fourni, j'ai pu baptiser ou aider à baptiser près de huit cents catéchumènes !

« Désirant témoigner à mes nombreux bienfaiteurs la reconnaissance que j'éprouve pour le bonheur qu'ils m'ont procuré, je leur fais savoir qu'outre les prières que chaque jour je dirai pour eux, tous les vendredis de cette année, 1891, je célébrerai la messe à leur intention. Que, de leur côté, ils soient assez bons pour daigner me continuer leur bienveillante assistance et prier plus que jamais pour la conversion du royaume annamite. »

DOUZE CENTS MILLES EN CANOT D'ÉCORCE

ou

PREMIÈRE VISITE PASTORALE

de Mgr N.-Z. LORRAIN, évêque de Cythère
Vicaire apostolique de Pontiac

DANS SES MISSIONS SAUVAGES DU HAUT DES RIVIÈRES OTTAWA
ET SAINT-MAURICE, DE WASWANIPI ET DE MÉKISKAN

Par Mgr J.-B. PROULX

Curé de Saint-Raphaël de l'Isle-Bizard.

(Suite).

CHAPITRE XVII
A Kikendatch.

Panorama de ces lieux. — La maison du chef. — Visite au cimetière. — MM. Dumoulin et Hasper. — M. Payment. — M. Olscamps. — M. Doucet. — MM. Naurault et Bourrassa. Les Oblats de Marie-Immaculée.

Lundi, 4 juillet. — *Kikendatch* veut dire « là où il y a un cyprès. » En fait de cyprès, il n'y a plus dans l'endroit que des avortons, qui ne méritent aucunement une mention honorable. Mais les anciens disent qu'on voyait ici autrefois un géant sombre à la tête conique, dont le souvenir reste aujourd'hui gravé dans le sol qui l'a nourri.

Kikendatch est une pointe, parsemée de cailloux qui montrent leurs têtes rondes au-dessus des foins, veuve de gros bois, n'ayant pour tout édifice que la maison du chef. Le poste de la Compagnie l'a abandonnée depuis trois ans ; ayant passé par le feu, il fut rétabli à deux milles plus bas, sur la rivière, où les bois de construction étaient plus abondants. Mais, comme site, Kikendatch est superbe : il a une vue de deux milles sur la rivière qui fait une courbe élégante, qui s'épand en baies gracieuses, qui est entre-coupée d'îles basses couvertes de grands foins, s'étendant comme de longues plates-bandes de verdure, sous les formes les plus bizarres. Le fond du tableau est fermé par un rideau de collines s'élevant en gradins et s'entr'ouvrant de distance en distance pour laisser voir en arrière une muraille de montagnes bleues.

Cette nuit, j'entendis la pluie tomber par torrent sur la toile de notre tente et j'en fus heureux ; car je supposai que cette inondation calmerait les ardeurs de cette race sacri-lège qui s'est donné la mission de nous tourmenter : marin-gouins, cousins, mouches, moustiques, mousquites, brulots, poux, punaises, puces, quel nom leur donnerai-je ? Ce matin, nous avons des mares d'eau sous notre tente, mais au moins nous avons la paix.

La maison du chef (voir la gravure p. 223) est à l'extré-mité d'une avenue de sable que les sauvages ont préparée pour la visite épiscopale. Les murailles intérieures du palais algonquin sont recouvertes avec des écorces de bouleau retenues par des tringles de cèdre, comme nous

(1) Voir les *Missions catholiques* des 2, 9, 16, 23 janvier, 6, 13, 20, 27 février 6, 13, 20 et 27 mars, 3, 10, 17, 24 avril et 1er mai, ainsi que la carte et l'itiné-raire, page 8.

avons coutume de faire avec le papier goudronné que nous mettons entre le mur et le lambris de nos demeures. Pour convertir la maison en église, on a tendu, presque tout à l'entour et au plafond, des pièces de coton blanc et d'in-diennes de couleur, sur lesquelles sont attachées avec des épingles trente et une images bien comptées ; une grande table sert d'autel. Dans cette enceinte de vingt pieds sur vingt, se pressent près de cent personnes.

Dans l'intervalle qui séparait les messes, une mère s'avisa de faire réciter tout haut ses prières à son petit garçon de sept ans ; il les fit longues, lentement et bien. Monseigneur lui donna une médaille pour le récompenser. Ce fut une invitation aux autres mères ; les prières des petits enfants succédaient aux prières : autant de récompenses, autant de médailles.

Monseigneur dit la messe de l'octave de saint Pierre. L'épître, en rapportant l'histoire de ce qui se passait du temps des apôtres, racontait ce qui se passe aujourd'hui sous nos yeux :

« Cependant, il se faisait par les apôtres beaucoup de miracles et de prodiges parmi le peuple, et tous, animés d'un même esprit, ils s'assemblaient au portique de Salo-mon, sans qu'aucune autre personne osât se joindre à eux. Le peuple pourtant les louait hautement. Et le nombre de ceux qui croyaient au Seigneur, tant hommes que femmes, s'augmentait de plus en plus ; on allait jusqu'à exposer les malades dans les rues, et on les mettait sur des lits et des couchettes, afin que, quand Pierre viendrait à passer, son ombre du moins touchât quelqu'un d'eux, et qu'ils fussent guéris de leurs maladies. On venait aussi en foule à Jérusalem des villes voisines, et on apportait les malades, avec ceux qui étaient tourmentés par les esprits immondes, et tous recouvraient la santé. »

Il n'est pas besoin d'un long commentaire pour faire saisir les traits de ressemblance entre les deux occasions. Deux malades, une vieille femme et un jeune garçon, furent apportés par quatre hommes sur leurs lits, non pas dans leur couchette, mais dans leur couverture ; ils furent déposés au pied de l'autel, furent confirmés et restèrent là couchés pendant tout le temps de la messe et de l'instruc-tion. Recouvreront-ils la santé ? Dieu ne juge pas toujours à propos de faire un miracle pour prolonger une vieillesse extrême, ou pour arrêter les progrès d'une consomption galopante. Dans tous les cas, la grâce a fortifié leur âme, et les a fait boire à la source de la santé spirituelle, la véritable, la seule eau de Jouvence.

A 11 heures, eut lieu la visite au cimetière. Nous partons de la maison en procession, chantant, et serpentant sur le flanc d'un coteau, dans une large allée où les sauvages ont enlevé le gazon et ont répandu une poudre de sable jaune ; par là, ils ont voulu honorer celui qui les visite au nom du Seigneur. La clôture du cimetière est propre, la grande croix magistrale ; la plupart des petites croix plantées sur les tombes ont été renouvelées ; j'en ai compté trente-huit, dont vingt-cinq toutes neuves. Ces chrétiens de Kikendatch, après avoir passé leur vie sous les ombrages des bois, vien-nent dormir leur dernier sommeil sur un plateau découvert A la porte du cimetière, en dehors de l'enceinte, une clô-ture de six pieds carrés protège un cadavre enfoui là depuis quinze ans. Cet homme avait vécu plusieurs années, dans un crime public, il se convertit avant de mourir ; mais les sauvages ne jugèrent pas sa pénitence suffisante, et ils voulurent donner une leçon aux générations à venir par un exemple sévère. Devant moi marchaient plusieurs femmes, les unes portant leurs naganes sur le dos, les autres ayant leurs bébés dans les bras, d'autres charroyant à cheval sur leur cou de grands enfants de cinq ou six ans. Personne ici ne trouve rien de singulier dans ces allures ; quand on assiste à une cérémonie, tout le monde y prend part, jusqu'aux petits chiens, qui trottinent dans l'herbe à nos côtés.

Je retrouve ici, toujours vivants, le souvenir et le nom d'un compatriote, d'un co-paroissien, presque d'un parent, qui a porté la bonne nouvelle de l'évangile dans cette mission, il y a près de cinquante ans, M. l'abbé Payment, mort curé de Charlesbourg, près de Québec.

Cependant, M. Payment n'était pas le premier prêtre qui visitait le haut du Saint-Maurice. En 1837, M. Dumoulin et M. Jacques Harper partaient, le 13 juin, des Trois-Rivières, et arrivaient à Wemontaching le jour de la Saint-Pierre. Les sauvages se trouvaient réunis au poste ; ils étaient tous païens, les enfants exceptés. Il parait que précédemment l'endroit avait été visité par un M. Boucher. Cette année-là, les deux missionnaires baptisèrent vingt-un enfants et deux adultes et ils bénirent deux mariages. De là ils se rendirent à *Obidjwan*, poste aujourd'hui abandonné, qui se trouvait aux environs du lac *Aiabé* ; mais il n'y rencontrèrent pas les sauvages alors dispersés dans les bois. Le Haut du

CONGO FRANÇAIS. — Ferme du Cayo, d'après; une photographie du R. P. Hivet, de la Congrégation du Saint-Esprit et du Saint-Cœur de Marie, missionnaire au Congo français.

Saint-Maurice avait une population rouge de cent quatre-vingts à deux cents âmes; aujourd'hui les Têtes-de-Boule comptent deux cent soixante-deux têtes, ce qui est une augmentation de près d'un tiers ; merveille en pays sauvage, où la population va généralement en décroissant. Il est vrai que la race s'est largement retrempée à la source féconde du sang canadien ; il est ici bien peu de familles qui ne soient métisses par quelque côté.

En 1838, MM. Dumoulin et Harper arrivèrent à Wemontaching le 20 juin. Dans un grand conseil, il fut résolu que la chapelle serait fixée à Kikendatch, ce lieu paraissant le plus central. M. Harper resta seul à Wemontaching, où il fit dix-neuf baptêmes d'enfants. Aucun adulte ne fut admis au sacrement de la régénération. Ils ne le méritaient guère ; ils passaient le temps pour la plupart dans les excès de l'ivrognerie et dans les sortilèges de la jonglerie, se moquant des avis du missionnaire.

En 1839, en se rendant à la mission, M. Harper se noya aux Petites-Pointes sur le Saint-Maurice ; après cet accident, M. Dumoulin retourna aux Trois-Rivières. Les sauvages s'impatientaient d'attendre les [deux robes noires. En apprenant la nouvelle de la mort de M. Harper, les bons se désolèrent ; les méchants, et c'était le grand nombre, restèrent frappés de stupeur. Ils attribuaient cet accident à leur mauvaise conduite. Ils furent touchés 'du dévouement de l'homme de Dieu qui avait donné sa vie pour leur salut ; dès ce moment ils se montrèrent plus dociles.

Cette année, ils n'eurent pas de mission, mais le sacrifice et la prière du martyr du devoir eurent plus d'effet pour la conversion de ce peuple qu'auraient pu en avoir peut-être ses prédications.

Jusqu'en 1846, les missions furent visitées avec fruit par des missionnaires 'dont le nom est salué avec admiration par la reconnaissance des sauvages.

Depuis, ces missions du Saint-Maurice ont été un champ de mérites et de difficultés, cultivé exclusivement par le zèle des Oblats de Marie-Immaculée. L'histoire en est racontée dans les pages des Annales de cette Congrégation. J'espère, un jour, pouvoir en faire un résumé pour l'édification des lecteurs qui nous ont suivi dans ce voyage.

Les quelques détails que je viens de donner sur l'origine des églises de Kikendatch et de Wemontaching ont été puisés dans les notes du P. Guéguen.

(A suivre).

NOUVELLES EXPLORATIONS

AU PAYS DE L'OUBANGHI

Un missionnaire échappé aux mains des anthropophages.

RAPPORT DU R. P. ALLAIRE, DE LA CONGRÉGATION DU SAINT-ESPRIT ET DU SAINT-CŒUR DE MARIE.

(Suite et fin).

La pointe que l'on appelle Ngombé est peuplée par sept villages assez rapprochés les uns des autres. Le moins élevé est environ à cinq mètres au dessus des eaux. D'autres attei-

CANADA. — CHAPELLE DE KIKENDATCH, LA MAISON DU CHEF; d'après une photographie de Mgr LORRAIN
(voir page 221).

gnent quinze mètres. Celui où j'ai été attaqué en particulier est pour le moins à quinze mètres.

Je descends au quatrième village, les noirs accourent et le chef me prend par la main, disant qu'il voulait être mon frère de sang. J'accepte, puisque c'est la coutume. Le chef et moi mâchons de la noix de kola pendant qu'on nous fait une légère incision dans le bras droit; le sang coule des deux côtés, nous frottons nos blessures l'une contre l'autre, en protestant ensemble que nous serons toujours amis à la vie, à la mort et surtout que nous ne nous ferons jamais la guerre. Puis je crache ma noix de kola sur la blessure du chef, lui en fait de même sur mon bras, et nous voilà frères de sang.

Je monte ou plutôt je grimpe au village. Des enfants en quantité. Pauvres petits ! si je pouvais en trouver un moribond, j'ai de l'eau baptismale dans ma malle... Pauvre missionnaire ! pas même cette consolation. Ces indigènes vont vouloir ton sang, mais pour te manger !.,.

Je passe dans le cinquième village, emportant deux cabris. Bonne réception, rapports amicaux.

Au sixième et au septième village, par ci par là un cabri, toute crainte a disparu. Ces Bondjos sont charmants et d'un commerce très facile ; ils ne veulent pas vendre leurs esclaves et difficilement leurs cabris, voilà tout. Demain, en route pour Modzaka. Je suis renseigné sur les Bondjos, ils ne sont pas aussi noirs qu'on le dit.

Je vais passer ma dernière nuit entre le deuxième et le troisième village. On pourra faire un peu de bois pour le vapeur et, pendant ce temps, j'irai voir les deux chefs. Au troisième village, tout est charmant. Je suis en train de faire l'échange du sang, quand le chef du second village vient me prier lui-même de venir chez lui, me disant qu'il veut devenir mon frère et qu'il faut accoster le bateau au village même. Moi, je ne me doute de rien ; mais cependant, je ne vais pas accoster au village ; demain matin ce sera suffisant.

La nuit se passe tranquillement, au second village ; on bat le tam-tam de guerre. Je n'y fais pas attention, ne pouvant supposer que ce puisse être en notre honneur.

Le lendemain, jour de départ, étant sous pression de bonne heure, pour contenter le chef, je m'en vais à son village. Il vient me chercher en bas et me dit que ses sujets veulent me vendre beaucoup de cabris, mais, pour cela, il faut que je monte mes marchandises au village situé au moins à quinze mètres au-dessus des eaux.

Profitons de l'occasion pour faire des vivres, puisqu'elle est favorable ! Je grimpe au village. Par précaution, quoique sans appréhension, j'ai pris mon fusil et une cartouche ; les deux laptots ont fait de même. Je ne sais pourquoi, mais il me semble qu'on me regarde drôlement. Dans ce village, je remarque aussi bien des boucliers sortis et placés sur les toitures des maisons ; chaque indigène a sa lance et sa cuirasse ; mais c'est chose ordinaire, aussi je ne m'en étonne pas.

« Voilà mes marchandises, faites venir les cabris. »

Le chef répond que le cadeau que je lui ai fait n'est pas assez considérable. Bien entendu rien contre rien, et les cabris ne venant pas au bout de cinq minutes, je fais redescendre mes caisses. Un indigène me prend la main, paraît l'examiner avec attention et fait une réflexion que je ne comprends pas, mais qui semble sourire à ses compatriotes. « Tu ne veux pas me vendre de cabris ? alors je m'en vais. »

Et, sur ce, je me lève. Les curieux se dispersent, seul le chef est resté avec moi et mes deux hommes. Je trouve cette manœuvre étrange, d'autant plus que les indigènes restent à distance.

Chemin faisant pour nous rendre à la rive, le chef me dit de faire prendre un cabri qu'il me présente ; il descendra avec moi pour que je le paye à bord. Je fais prendre le cabri. Nous sommes encore en haut du talus de quinze mètres ; le cabri est parti devant avec un laptot ; le chef me donne la main en signe d'amitié : l'autre laptot me suit. J'allais faire le premier pas pour descendre, quand, tournant la tête pour connaître la raison du silence général qui régnait dans le village, j'aperçois un grand monstre de deux mètres au moins, qui, muni de son bouclier, lève sa lance pour en frapper le laptot qui me suit. Ma main gauche est prise dans celles du chef, de ma droite j'ajuste et en joue l'agresseur qui, comprenant ma manœuvre, se jette en arrière ; mais, au même instant, le chef me pousse en avant et je fais un bond de cinq mètres, culbutant sur moi-même. Le laptot qui vient d'être blessé roule en bas du talus. Pour

moi, j'ai pu m'accrocher à quelques herbes. Je tire un coup pour avertir les laptots que je leur permets de blesser ces anthropophages, car je leur avais défendu de tirer une seule cartouche sans un ordre formel. Je suis un peu abrité par les herbes, ce qui n'empêche pas que les lances pleuvent de toute part à mon adresse ; aussi je me dis que, ce soir, il faudra rôtir dans la marmite des Bondjos. Tout le monde est à bord, seul je manque et, pour y arriver, je dois descendre encore dix mètres et parcourir dix mètres de plage. Qu'importe ? s'il faut mourir, j'irai mourir à bord. Les laptots commencent à faire feu ; les lances sont plus rares ; je sors en bondissant de ma cachette ; des lances tombent à droite et à gauche, mais, grâce à mon bon ange sans doute, ne m'atteignent point. Faisons des collections, c'est le moment. Tout en marchant, en sautant, en évitant les lances trop bien dirigées, j'essaye de retirer de terre celles qui m'étaient destinées ; mais elles y sont tellement enfoncées que la hampe seule cède à mes efforts. Une seule veut bien venir et ce n'est pas le moment de m'arrêter pour déterrer les autres, je ne sais encore comment, j'arrive à bord sans blessure.

*

Nous sommes sous pression, en route à toute vapeur. Ces pauvres indigènes veulent nous poursuivre ; quatre pirogues sont mises à l'eau. Je pourrais les attendre sur l'eau et sans aucun danger, je ne serais ni pour moi quelque occasion, les tuer tous quand ils seraient à portée de fusil sans que nous ayons à craindre leurs lances ; mais non, je suis missionnaire, je leur pardonne d'avoir voulu nous manger. Profitons de la vitesse de la vapeur. Trois quarts d'heure après, on ne voit plus que le *Léon XIII* sur le fleuve. La blessure du laptot est sans danger : elle est dans le dos, entre les côtes et la chair.

La blessure pansée, je demande aux hommes s'ils n'avaient rien fait dans le village pour provoquer cette attaque, mais tous étaient restés à bord et par conséquent n'avaient pu causer aucun dommage. Les indigènes avaient voulu tout simplement faire des vivres puisque, suivant eux, une bonne occasion se présentait.

J'avais un interprète et, s'il avait été intelligent, nous n'aurions rien eu, ou du moins je me serais tenu sur mes gardes. L'interprète ne m'avait rien rapporté et cependant, quand nous sommes arrivés au village on lui avait dit :

« Ça, petit bateau, il y a seulement trois fusils à bord. »

Quand les marchandises avaient été montées, un indigène avait dit :

« Tout à l'heure nous allons prendre tout cela, si le blanc ne veut pas nous le donner. »

En troisième lieu, celui qui avait examiné ma main avait dit :

« Dans le Blanc il n'y a pas de peau, il n'y a que de la graisse. »

Oui, mais ce sera pour plus tard. En attendant, je vais essayer de m'engraisser, pour ne pas vous donner trop de déception dans l'avenir, car, chargé d'évangéliser l'Oubangbi, j'espère que l'on fondera bientôt des missions chez les Bondjos et je tiens à en être. Seulement il faudra donner plus de trois fusils au *Léon XIII*, et un équipage qui ne se mette pas dans l'eau au moment du péril, comme l'ont fait les matelots que j'avais à bord.

Là ne se bornent pas les scènes horribles dont j'ai dû être témoin.

Dans mon premier voyage de l'Oubanghi, je devais encore assister à un spectacle qui m'a fait souffrir l'impression la plus douloureuse que j'aie ressentie de ma vie.

En passant à Bouïlé, le chef m'avait demandé un laptot et promis un cabri pour mon retour. J'avais refusé le laptot, mais je comptais sur le cabri. On s'arrêtera donc à ce village. Déjà il est en vue; l'homme qui est au gouvernail semble faire bien des efforts pour regarder.

« — Le village est brûlé, » me dit-il.

Nous sommes encore trop loin pour que je puisse rien distinguer; mais en approchant je constate, moi aussi, que le village n'existe plus. La veille, il avait été surpris et brûlé. Je n'aurai pas de cabri; mais je visiterai, au moins, les ruines du village.

Sur plus de trois cents cases, pas une seule n'est debout, tout est incendié; ce que le vainqueur n'a pu emporter est devenu la proie des flammes. J'avance toujours avec mon fusil armé. Oh! horreur! des cadavres tout sanglants de femmes, de pauvres petits enfants de six à huit ans... Ces cadavres n'ont plus de tête; les vainqueurs, ayant trop de viande à manger, n'ont pris que les têtes.

C'est tellement horrible, ces corps mutilés, au milieu de ce monceau de cendres que j'insiste encore, que je n'ai pas le courage d'aller plus loin. En passant, on aperçoit encore des cadavres sur la rive. Ce spectacle me donne le frisson, tandis que je suis resté impassible devant les lances dirigées contre moi. Se manger les uns les autres, voilà le passe-temps des Bondjos!

J'arrive à Modzaka : je raconte mon voyage. M. l'Inspecteur appuie sur sa résolution de ne jamais coucher dans un village. On trouve que j'ai été trop bon de ne pas couler les pirogues de nos assaillants. Le spectacle du village brûlé est une chose ordinaire dans le pays.

Beau pays que celui de l'Oubanghi! Je n'ai pas peur d'y retourner, non certes, même avec le *Léon XIII* qu'on a trouvé bien petit; mais si on me laisse toute responsabilité, maintenant je me suis averti que les blancs n'ont pas de peau, mais seulement de la graisse, je demande que chaque homme du bord ait un fusil ou un semblant de fusil, afin que les noirs sachent que nous sommes plus forts qu'eux. C'est, à mon avis, très important. Etant, ou paraissant les plus forts, on ne sera jamais attaqué; mais, si les noirs se croient supérieurs, étant donné leur passion pour la chair humaine, je ne crois pas prudent de s'aventurer et de se croire en pleine sécurité au milieu d'eux. C'est mon avis, ainsi que l'avis de tous ces messieurs.

Quatre jours plus tard, j'étais à Liranga, n'ayant mis que vingt-une heures de marche de Modzaka à Liranga pour redescendre.

Voilà l'état lamentable et abrutissant de ces infortunés habitants de l'Oubanghi! Peut-on imaginer rien de comparable à ces troupeaux d'enfants élevés et engraissés comme un vil bétail! Y a-t-il rien de plus horrible que ces razzias où tout est massacré; où le vainqueur se gorge du sang et de la chair des vaincus! Y a-t-il rien de plus hideux que ces monstres humains torturant leurs victimes, leur brisant les membres un jour à l'avance, les exposant ensuite à la trempe pendant une nuit dans les eaux du fleuve, afin d'avoir un mets plus friand! Imagine-t-on quelque chose de plus atrocement sauvage que de faire cuire la cervelle d'un homme dans son propre crâne et de l'y manger ensuite comme dans une assiette! Voilà cependant ce qui se passe journellement chez les Bondjos, sans parler de mille autres actes de barbarie de ces anthropophages.

. • .
• .

La France vengera-t-elle la mort barbare de l'un de ses représentants, dévoré comme un vil animal par les cannibales de l'Oubanghi? La France poursuivra-t-elle sa glorieuse mission de nation civilisatrice par excellence? Nous l'espérons. La France chrétienne, nous en sommes certains, sentira ses entrailles s'émouvoir, son zèle apostolique s'enflammer, et elle dira aux plus nobles de ses enfants : Partez, volez au secours des plus malheureux des hommes, délivrez, rachetez ces tendres victimes, faites-leur connaître le Dieu qui les a créées, faites-leur connaître le ciel et la douce charité qui y conduit.

O chrétiens, qui vivez là-bas dans l'abondance des biens et des plaisirs de cette vie, qui jouissez du bonheur et de la paix que le christianisme a rendus à la terre, songez un peu à ces malheureux sauvages du Congo français qui se dévorent les uns les autres et se feraient un bonheur de dévorer ceux qui viennent leur apporter la civilisation et la religion. Aidez-nous à les sauver. Donnez-nous l'indispensable morceau de pain de chaque jour; consacrez à vos frères la centième, la millième partie de votre superflu et Dieu vous le rendra avec usure.

Et vous, âmes généreuses, qui aspirez à de grandes choses pour la gloire de Dieu et le salut de vos frères, levez-vous, brisez les liens qui vous attachent à la patrie, venez ici vous immoler à la conquête des âmes les plus abandonnées! Venez nous aider à détruire l'empire du tyran de l'Afrique, Satan! Venez nous aider à fonder sur ses ruines le doux empire du Christ, notre sauveur aimable et à jamais béni!

Oh! que n'ai-je des millions de bouches pour crier au secours, dans tous les lieux de l'univers, au secours de ces millions d'âmes qui se perdent chaque jour pour l'éternité. Ce que je ne puis faire, vous le pouvez; faites-le donc, je vous en conjure, et que votre publication des *Missions catholiques* attire sur nous et nos trop malheureux sauvages, la compassion, les prières et les aumônes du monde catholique.

FIN

_____

LES MISSIONS CATHOLIQUES AU XIXᵉ SIÈCLE

PAR

M. Louis-Eugène LOUVET, des Missions Etrangères de Paris,
Missionnaire en Cochinchine occidentale.

CHAPITRE X

L'ÉGLISE CATHOLIQUE DANS LES INDES (1800-1890).

(Suite 1)

Ce bref eut un immense retentissement aux Indes et en Portugal. Le clergé de Goa se mit en révolte ouverte avec le Saint-Siège. Il intrigua auprès du gouvernement anglais pour se maintenir, malgré le pape, en possession des églises et des biens-fonds des chrétientés, et trop souvent les prétentions schismatiques furent accueillies par un gouvernement protestant, heureux d'entretenir la discorde au sein de la communauté catholique.

On vit donc, en beaucoup d'endroits, s'élever église contre église. Les schismatiques, se sentant soutenus, eurent recours aux calomnies, aux injures, aux traitements les plus indignes, quelquefois même au poison et à l'incendie, pour forcer les envoyés de Rome à se retirer et à leur céder la place. Ils intentèrent aux vicaires apostoliques et à leurs missionnaires procès sur procès, pour s'emparer des églises et des presbytères. Il est bon de remarquer ici, que presque tous ces édifices avaient été élevés par les missionnaires ou restaurés par eux, à l'aide des aumônes venues d'Europe. N'importe, à force de faux témoignages, payés comptant, les Goanais réussirent presque partout à se rendre maîtres des biens-fonds de la communauté catholique.

Les conséquences de ce fait furent désastreuses. En beaucoup de localités, les missionnaires de la Propagande furent forcés de célébrer les saints mystères au pied des arbres ou dans de misérables cabanes. Les Indiens, très attachés à leurs églises, à leurs pèlerinages, à leurs fêtes, voyant d'ailleurs le clergé de Goa en communion extérieure avec le Saint-Siège, abandonnèrent les missionnaires et firent acte d'adhésion au schisme. En dix ans, près de deux cent cinquante mille chrétiens se réunirent aux prêtres de Goa.

Le mal s'étendit même aux chrétientés demeurées fidèles. Sans améliorer leurs mœurs, les Goanais sentirent le besoin de se faire des créatures. Par leur facilité à accorder des dispenses, à fouler aux pieds toutes les règles de la discipline ecclésiastique, à tolérer tous les abus, ils ont développé parmi les Indiens l'esprit de parti, l'insubordination, l'indifférence religieuse :

« Le schisme a dépravé le cœur et perverti l'intelligence de nos Indiens, écrivait en 1844 un missionnaire, au point qu'on ne les reconnaît plus. Lorsqu'un missionnaire veut arrêter le désordre ou le prévenir, lorsqu'il se montre sévère, parce que sa conscience l'exige, quand il refuse de se rendre à d'injustes exigences, on le menace aussitôt d'aller à l'église et au prêtre de Goa. »

Néanmoins on ne pouvait espérer que le schisme ne se soutiendrait pas longtemps et tomberait peu à peu lui-même,

(1) Voir tous les numéros parus depuis le 14 mars jusqu'à fin octobre 1890, et 2, 9, 16, 23 et 30 janvier, 6 et 13 février, 24 avril et 1ᵉʳ mai 1891.

faute de pasteurs ; car, puisqu'il n'y avait plus d'évêques portugais résidant aux Indes, il n'y avait plus d'ordinations pour recruter le clergé rebelle. Le gouvernement portugais allait y pourvoir.

En 1842, la cour de Lisbonne feignit d'entrer enfin dans les vues du Souverain Pontife et proposa pour l'archevêché de Goa Joseph de Sylva y Torrès. Après quelques hésitations, Grégoire XVI l'agréa dans le consistoire du 13 juin 1843. Lorsqu'il fut question de rédiger les bulles de l'élu, plusieurs cardinaux furent d'avis que l'ancienne formule devait être changée et qu'il fallait faire mention des vicariats apostoliques, soustraits désormais à la juridiction du primat des Indes ; d'autres opinèrent pour que l'on gardât les formules traditionnelles, mais en ayant soin de faire savoir au prélat qu'il n'avait aucune juridiction en dehors du territoire portugais, et en exigeant qu'il promît par serment d'obéir aux dernières constitutions pontificales. Cet avis ayant malheureusement prévalu, Mgr de Sylva promit entre les mains du nonce d'observer toutes les dispositions du bref *Multa præclare* et s'embarqua pour Goa (1844).

L'arrivée d'un archevêque, reconnu par ses bulles d'institution en qualité de primat des Indes, réveilla les prétentions des schismatiques, et Mgr Sylva trahissant la foi, jurée, prétendit exercer sa juridiction sur l'Inde entière, à l'imitation de ses prédécesseurs. Aussitôt après son arrivée, il fit une ordination de huit cents prêtres, qu'il lança dans les vicariats apostoliques de l'Inde.

A ces nouveaux lévites, recrutés en partie parmi les coolies du port de Goa, on n'avait demandé ni science, ni morale, ni théologie ; mais on leur avait soigneusement inculqué les droits inaliénables de la couronne de Portugal au patronage des Indes, droits qu'aucun bref, bulle ou décision du Pape ne pouvait annuler, sans le consentement du roi.

On comprend le trouble profond que jeta dans toutes les chrétientés l'arrivée de ces intrus, qui se présentaient avec des pouvoirs en règle, comme envoyés par le primat des Indes, reconnu en cette qualité par le Pape lui-même. Comment dès lors ne pas croire à la légitimité de leur mission ? Comment savoir si, comme le prétendaient les prêtres de Goa, ce ne sont pas les envoyés de la Propagande qui sont des intrus et des imposteurs ? Le schisme fit donc de nouveaux progrès aux Indes et la position des missionnaires y devint intolérable.

Grégoire XVI, mis au courant de ce qui se passait, envoya un moniteur sévère à l'archevêque de Goa, pour lui rappeler les engagements qu'il avait pris et lui reprocher l'indignité de sa conduite. Ce moniteur resta sans effets. Le malheureux prélat, se sentant soutenu par son gouvernement, était bien résolu à fouler aux pieds les ordres du Pape et à mépriser ses censures. Pie IX obtint enfin son rappel en 1848 ; mais, en 1853, l'évêque de Macao, Mgr Jérôme-Joseph de Matta, vint, sans juridiction aucune, faire aux Indes une prétendue tournée pastorale, donnant la confirmation et conférant des ordinations sacrilèges à Ceylan, à Bombay, au Malabar, contre toutes les prescriptions du droit canonique et au mépris des censures pontificales.

Pie IX, voyant l'obstination des Portugais et l'impossibilité d'éteindre le schisme, entra alors en négociations avec la Cour de Lisbonne et conclut, en 1857, un nouveau concordat qui reconnaissait en principe le droit de patronage dans les diocèses de Goa, de Cranganore, de Cochin, de Méliapour, de Malacca et de Macao. Une commission devait être nommée par la Cour de Rome et celle de Lisbonne, pour délimiter les circonscriptions respectives de chacun de ces diocèses. Le Saint-Siège s'engageait, cette délimitation une fois faite, à retirer ses vicaires apostoliques des territoires susdits, se réservant de prendre, à l'égard des territoires restés en dehors, les mesures qu'il jugerait nécessaires dans l'intérêt des fidèles.

Ce concordat, si favorable au Portugal, puisqu'il reconnaissait en droit toutes ses prétentions sur l'Inde et la Chine, ne put être mis à exécution, par la diplomatie du gouvernement portugais, qui se refusa à subir les clauses onéreuses du contrat. Les choses demeurèrent donc dans cet état d'indécision jusqu'en 1886.

Cependant, malgré ces tristes divisions, le catholicisme avait fait de grands progrès aux Indes. Le nombre des vicariats apostoliques s'était élevé successivement à *dix-sept* avec 1,206,000 fidèles. Pour mettre fin à toutes les difficultés, Léon XIII résolut d'établir aux Indes la hiérarchie catholique.

Voici les clauses du dernier Concordat :

1° Le droit de patronage est reconnu au roi de Portugal dans l'archidiocèse de Goa et les trois diocèses suffragants de Cranganore, Cochin et Saint-Thomas de Méliapour. Une disposition annexe déterminera les limites précises de chacun de ces diocèses.

2° Quelques-uns des groupes principaux des chrétientés goanaises, bien que situés en dehors des susdits diocèses, y seront rattachés.

3° Le gouvernement portugais s'engage à doter convenablement lesdits diocèses ; à les pourvoir d'un chapitre, de prêtres en nombre suffisant et de séminaires.

4° Les chrétientés portugaises de Malacca et de Singapour, qui actuellement relèvent, en fait, de l'archevêché de Goa, seront désormais sous la juridiction de l'évêque portugais de Macao.

5° En dehors du droit de présentation aux sièges de Goa, Cranganore, Cochin et Méliapour, le roi de Portugal jouira d'un droit indirect de présentation aux quatre sièges, à ériger de Bombay, de Mangalore, de Quilon et de Trichinopoly. Chaque fois qu'un de ces quatre sièges est vacant, les évêques de la province proposeront une liste de *trois* noms, laquelle sera transmise par l'archevêque de Goa au gouverneur de cette ville, qui, à son tour, choisira, pour le présenter à Sa Sainteté, un des trois noms. Cette présentation devra avoir lieu dans le délai de six mois ; après quoi le choix est dévolu au Souverain Pontife.

6° Par concession spéciale du Saint-Siège, l'archevêque de Goa est maintenu dans la dignité de patriarche *ad honorem* des Indes Orientales ; en cette qualité, il jouit du droit de présider les conciles nationaux de l'Inde, lesquels devront se tenir à Goa, à moins d'une disposition particulière.

7° Le droit de patronage ainsi réglé, le Saint-Siège jouit dans tout le reste du territoire de la pleine liberté de nommer des évêques et de prendre toutes les mesures qu'il jugera utiles au bien des fidèles.

Ce concordat a imposé au Saint-Siège de douloureux sacrifices ; mais il met fin à un schisme déplorable, qui ruinait les églises de l'Inde et était pour les infidèles et les hérétiques une cause perpétuelle de scandales. En restreignant aux diocèses désignés plus haut les inconvénients du patronage royal, il rend au vicaire de Jésus-Christ sa liberté d'action dans le reste de l'Inde ; sans doute, il est à regretter qu'un certain nombre de paroisses goanaises restent dans les nouveaux diocèses à l'état d'enclaves ; mais ces enclaves, soigneusement délimitées, n'auront plus, il faut bien le reconnaître, les inconvénients du passé et ne gêneront plus l'administration épiscopale dans le reste du diocèse.

C'est maintenant le devoir du gouvernement portugais de témoigner de la reconnaissance envers le Souverain Pontife, en usant pour le bien des âmes des droits de patronage, dont il s'est montré si jaloux et qui viennent de lui être solennellement reconnus dans les diocèses susdits. Puisse-t-il comprendre que son intérêt, même temporel, exige qu'il pourvoie ces diocèses de bons pasteurs, qui relèvent la religion catholique de l'état de décadence où elle a trop longtemps végété dans ces contrées !

⁂

Ce grand acte de réconciliation entre le Saint-Siège et le Portugal heureusement accompli, le Vicaire de Jésus-Christ s'est hâté d'établir aux Indes la hiérarchie.

Il a partagé ce vaste empire en *huit* provinces ecclésiastiques :

1° Province de Goa : 1 archevêché primatial, Goa ; 1 archevêché *ad honorem*, Cranganore ; 2 évêchés, Cochin et Saint-Thomas de Méliapour.

2° Province de Ceylan : 1 archevêché, Colombo ; 2 évêchés, Jaffna et Kandy.

3° Province de Pondichéry : 1 archevêché, Pondichéry 4 évêchés, Coïmbatour, Mysore, Trichinopoly et Mangalore.

4° Province du Malabar : 1 archevêché, Vérapoly ; 1 évêché, Quilon ; 2 vicariats apostoliques, pour le rit syriaque, Trichoor et Cottayam.

5° Province de Madras : 1 archevêché, Madras, 3 évêchés, Hydérabad, Vizagapatam et Nagpore.

6° Province du Bengale : 1 archevêché, Calcutta ; 2 évêchés, Krisnagar et Dacca.

7° Province d'Agra : 1 archevêché, Agra ; 2 évêchés, Allahabad et Lahore, 1 préfecture apostolique, Kafiristan et Cachemyr.

8° Province de Bombay : 1 archevêché, Bombay ; 1 évêché, Poona.

Total pour l'Inde entière : 8 archevêchés, 18 évêchés, 2 vicariats et 1 préfecture apostolique.

D'après le *Madras directory* de 1889, la population catholique de l'Inde entière, y compris Goa, s'élève à 1.701.337 âmes. Cette population a presque *quadruplé* en 90 ans.

Il faut maintenant donner un exposé rapide des huit provinces ecclésiastiques de l'Inde.

I. PROVINCE DE GOA.

La province ecclésiastique de Goa se compose de :

1° L'archevêché primatial de Goa, qui comprend uniquement le territoire portugais, 1 archevêque, 680 prêtres, 101 églises, 232 chapelles, 278 éoles (10.703 enfants), 254.251 catholiques.

2º L'archevêché *ad honorem* de Cranganore, dont le siège est fixé à Daman et qui comprend les villes de Daman et de Diu, les paroisses goanaises du Konkan septentrional, avec une partie de l'île de Salsette : 1 évêque, 70 prêtres, 43 églises, 18 chapelles, 20 écoles (2.295 élèves), 64.960 catholiques.

3º L'évêché de Cochin, qui se compose des paroisses latines situées entre Cochin et Quilon, le long de la côte du Malabar : 1 évêque, 46 prêtres, 32 églises, 32 chapelles, 84 écoles (4.662 élèves), 67.048 catholiques.

4º L'évêché de Saint-Thomas de Méliapour, qui se compose de deux territoires : dans la province de Madras, la ville de Saint-Thomas et ses districts avoisinants, dans le Maduré, les districts de Tanjore, de Massargudi et de Négapatam, 1 évêque, 58 prêtres, 40 églises, 258 chapelles, 12 écoles, 83.061 catholiques.

Total pour toute la province de Goa : 1 archevêque, 3 évêques, 854 prêtres, 216 églises, 540 chapelles, 394 écoles, plus de 17.660 élèves, 469.320 catholiques.

.•.

Le gouvernement portugais semble enfin décidé à entrer dans les vues bienveillantes et pacificatrices du vicaire de Jésus-Christ. Il a fait cesser la longue vacance des sièges épiscopaux de l'Inde. Puissent ces nouveaux pasteurs travailler efficacement à cicatriser les plaies douloureuses qu'un long abandon et l'esprit du schisme avaient faites et qui déshonoraient ces antiques et vénérables Eglises.

(A suivre).

BIBLIOGRAPHIE

Le Journal des Saints, par le R. P. Grossez, de la Compagnie de Jésus. — Nouvelle édition illustrée par le R. P. A. Vasseur, de la même Compagnie. — Deux volumes in-16, cartonnés, de 391 et 376 pages. — Prix : 3 fr. 50 les 2 volumes pour nos abonnés ; et 4 fr., pour les personnes non abonnées aux *Missions*. — frais de port en plus, 0 fr. 80.

Nous nous faisons un plaisir d'appeler l'attention de nos lecteurs sur cette publication enrichie de centaines de gravures par l'auteur si apprécié de l'*Imagerie destinée aux Missions*. On trouve dans ces deux coquets volumes l'abrégé de la Vie du saint pour chaque jour de l'année, le portrait du serviteur de Dieu, l'oraison en son honneur et une méditation succinte en trois points clairs et substantiels. Cette excellente édition produira dans les âmes les fruits de vertu qui sont une suite nécessaire de l'imitation des saints.

Vie et lettres de Jean-Jacques Candalh, prêtre de la Société des Missions Etrangères, *missionnaire au Tong-King*, gr. in-12, de 132 p. — Vannes, librairie E. Lafolye.

Cette brochure raconte la courte carrière apostolique d'un prêtre breton, contemporain des Borie et des Retord, et qui débuta comme eux dans le ministère apostolique à l'âge héroïque des missions de l'Annam.

L'auteur prend le futur missionnaire dès son enfance, au sein d'une famille chrétienne, dans son gracieux village de Plouhinec ; il le suit au grand séminaire de Versailles, et enfin au séminaire de la rue du Bac, à Paris, où le poussa

son ardent désir de sauver les âmes. M. Candalh partit pour l'Orient, à la fin de décembre 1832 ; il avait 30 ans.

Depuis ce moment, ses lettres nous le montrent courageux, résigné dans la souffrance, prêt à tout supporter pour Dieu. Après bien des traverses, il arrive au Tong-King, sa mission définitive, et se met énergiquement à l'œuvre ; mais le terme de ses travaux — et la récompense — ne doivent pas tarder pour lui. Après deux ans de fatigues, sur la terre lointaine où il se livre tout entier à ses travaux apostoliques, il est obligé de fuir devant la persécution, et il meurt de faim, dans les montagnes de la Cochinchine, où il s'est réfugié. C'était le jour de la fête de sainte Anne, patronne de la Bretagne, 26 juillet 1838.

Nous recommandons à nos lecteurs ce petit ouvrage où l'énergique et douce physionomie du jeune missionnaire est mise en relief avec un remarquable talent. Cette biographie, aussi intéressante que pieuse, les charmera et leur fera du bien.

DONS

Pour l'Œuvre de la Propagation de la Foi

ÉDITION FRANÇAISE.

Anonyme de Lyon, avec demande de prières spéciales	4.000
Anonyme de Lyon	5
E. F., musicien au 121e de ligne, Lyon	3
M. Bersaux, a Pexonne, diocèse de Nancy	20
Anonyme de Lyon	10
M. Marguerettaz Pantaléon, diocèse de Turin	6 50
Pour les missions les plus nécessiteuses (Cochinchine orientale).	
Anonyme de Saint-Malo, diocèse de Rennes	50
Anonyme d'Angers	5
A Mgr Riccaz, évêque de Nagpore, pour les veuves païennes.	
Mlle Marie Ussou, du diocèse de Montpellier	5
Un lecteur assidu des *Missions Catholiques*, diocèse de Strasbourg	5
Anonyme de Saint-Cyr-en-Pail, diocèse de Laval	200
Anonyme de Lyon	5
Anonyme de Lyon	6 75
Anonyme de Lyon	2.000
Une Veuve de Lyon	20
Pour les missions du Tong-King (Mgr Colomer).	
Anonyme de Châlons	100
Pour la mission de Bettiah (Allahabad).	
Anonyme du diocèse de Lyon	5
A Mme la Supérieure de l'hôpital Saint-Joseph, à Ning-po (Chine).	
Anonyme de Carlsbourg, diocèse de Luxembourg	20
A Sœur Claver, pour son hôpital, à Onitcha.	
Anonyme d'Angers	5
Un lecteur assidu des *Missions Catholiques*, diocèse de Strasbourg	6
A la même, pour le baptême d'une petite fille sous les noms de Marie-Joséphine-Marguerite-de-Cortone-Antoinette.	
Une abonnée du diocèse de Viviers, avec demande de prières pour elle et pour ses défunts	20
A S. E. le cardinal Lavigerie (pour Mgr Hirth, Victoria-Nyanza).	
Anonyme de Marseille	5
Au même, pour le baptême d'une enfant, sous le nom de Joséphine.	
Un lecteur assidu des *Missions Catholiques*, diocèse de Strasbourg	10
Pour la mission de Sénégambie.	
Un lecteur assidu des *Missions Catholiques*, diocèse de Strasbourg	10
Au R. P. Guillemé pour baptême d'enfants nègres.	
Un anonyme de Saint-Grégoire, diocèse de Rennes	20

(La suite des dons prochainement).

TH. MOREL, *Directeur-gérant.*

Lyon. — Imprimerie MOUGIN-RUSAND, rue Stella, 3.

CANADA. — RAPIDES DE « LA CHAUDIÈRE » SUR LE SAINT-MAURICE; d'après une photographie de Mgr LORRAIN
(Voir page 131).

CORRESPONDANCE

DAHOMEY (Afrique occidentale).

Le Père Dorgère et les Sœurs des Missions Africaines de Lyon à Abomey.

En date du 12 mars, le R. P. Lecron, supérieur de la mission du Dahomey, écrivait au T. R. P. Planque, supérieur général des Missions Africaines de Lyon : « Le P. Dorgère a dû, sur l'invitation du Roi, se rendre à Abomey. Les autorités du Dahomey ont insisté pour qu'il y menât à leurs propres frais quelques Sœurs que le roi serait content de voir. Les Sœurs Agathe, Cyrille et Germaine sont parties avec lui et j'aime à croire que la mission en retirera avantage. »

Voici maintenant quelques détails envoyés d'Abomey même par la Sœur Cyrille au T. R. P. Planque.

Abomey, 1er mars.

Il me semble qu'une petite lettre écrite de la capitale du Dahomey vous fera plaisir. Les chefs de Whydah, ayant demandé avec les plus vives instances, au nom du roi, de faire monter quelques Sœurs à Abomey, et les

supérieurs ayant jugé que ce voyage ne pourrait que servir les intérêts de la mission, nous sommes venues ici, Sœur Agathe, Sœur Germaine et moi, conduites par le P. Dorgère.

Nous avons été reçus, le Père et nous, avec enthousiasme. A Cana, à huit kilomètres de la capitale, un ambassadeur du roi est venu à notre rencontre avec une escorte de cinq cents soldats. Plus de deux mille coups de fusil furent tirés en notre honneur. A Abomey, il y avait plus de vingt mille personnes pour nous saluer et la même cérémonie s'est renouvelée trois jours de suite.

Nous voyons le roi tous les jours et, de plus, nous avons été reçus six fois en particulier. Le roi paraît très aimable, et appelle le P. Dorgère, *son véritable ami.*

Lorsqu'on lui a dit que, dans nos écoles, nous enseignons aux enfants à connaître et à servir Dieu, à laver, à coudre et à repasser, etc., il a paru enchanté et ses femmes applaudissaient avec frénésie.

Tous les matins le roi nous envoie saluer et fait prendre de nos nouvelles. Deux fois par jour nous recevons d'énormes calebasses de nourriture toute préparée.

Outre notre voyage, dont les frais nous sont payés, Sa Majesté nous a fait de nombreux présents. Il nous a donné un bœuf, vingt-une chèvres, trente-deux poules, onze sacs de maïs, plusieurs sacs de cauris, beaucoup d'ignames, trois beaux pagnes, etc. Mais voici qui est mieux : le roi a bien voulu offrir à chacune de nous une petite fille de dix à douze ans. La mienne est, paraît-il, moitié païenne, moitié musulmane. Priez pour que Dieu me fasse la grâce de la convertir et d'en faire une bonne chrétienne ; je lui ai donné le nom de Célestine.

Je suis contente de voir la fameuse capitale du Dahomey, dont je vous parlerai plus au long une autre fois. Les gens ne me paraissent pas si grossiers que je me l'étais figuré. J'ai particulièrement admiré leur manière de saluer, qui consiste à dire en s'approchant de vous : « *adeus, adeus, adeus* » (adieu), mot que ce peuple doit tenir des Portugais.

J'ai trouvé ici plusieurs de nos anciennes élèves de Whydah, prisonnières depuis quatre ans, avec leurs parents, toutes fort heureuses de nous revoir. L'une d'elles nous disait qu'elle n'a jamais perdu courage au milieu de toutes ses souffrances parce que le bon Dieu lui avait fait l'aumône de beaucoup de consolations.

La caravane était de retour à Whydah vers le 18 mars, après un voyage heureux et pas trop fatigant.

Nous compléterons bientôt, nous l'espérons, ces nouvelles données à la hâte. En attendant, remercions la Providence. L'Eglise et la France sont également intéressées aux succès des Pères et des Sœurs des Missions Africaines de Lyon.

ABYSSINIE (Afrique occidentale).

La lettre suivante, signée par le doyen des missionnaires lazaristes de l'Abyssinie, le vénérable M. Pierre Picard, confirme les douloureux détails que nous avons donnés sur l'affreuse misère qui désole l'Abyssinie. Cette mission a déjà éprouvé les effets de la généreuse charité de nos lecteurs et Mgr Crouzet nous a transmis à plusieurs reprises les actions de grâces des malheureux chrétiens sauvés de la mort. Mais la situation n'a fait qu'empirer dans ce pays en proie à toutes les horreurs de la guerre civile et du brigandage aggravées par mille fléaux.

LETTRE DE M. PICARD, PRÊTRE DE LA MISSION, CURÉ DE KÉREN.

Kéren, le 13 avril 1891.

Il y a vingt ans que je suis en Abyssinie. J'ai vu bien des faits s'accomplir, passer bien des rois et des princes, des guerres civiles ravager des provinces ; des famines, suscitées par les sauterelles et le soleil brûlant d'Afrique, forcer les gens à s'exiler ; des maladies nombreuses, la petite vérole, le choléra, les fièvres, faire mourir des milliers d'indigènes ; des persécutions contre les catholiques, des églises détruites, des confesseurs de la foi enchaînés, privés de leurs biens, répandant leur sang pour la véri-

table religion ; mais jamais je n'ai été témoin d'un spectacle aussi affreux, aussi terrible que celui que nous voyons de nos jours, la destruction de beaucoup de pauvres Abyssins.

Je porte à votre connaissance ces faits inouïs, pour que tous les bienfaiteurs des *Missions catholiques* dans leur inépuisable charité sauvent leurs frères d'Ethiopie.

Il y a trois ans, la guerre civile désolait l'Abyssinie. Plusieurs pays ont disparu et beaucoup de personnes sont mortes. A la guerre civile vinrent se joindre les sauterelles, le choléra, et de nouvelles victimes furent la proie de ces fléaux. Aujourd'hui ce n'est plus affreux encore. Des chefs de pays attaquent les villages, prennent tout ce qu'ils trouvent : grain, argent. Plus de chef, plus de roi, plus de sûreté, plus de justice. Tout est détruit tant dans le Tigré que dans le pays Amara. Aussi les habitants de ces nombreux villages s'exilent, pour se rendre dans les contrées où l'on trouve la sûreté et des vivres. Tous les jours, des centaines d'Abyssins arrivent soit à Massaouah, soit à Asmara, soit à Kéren. Ils se répandent dans les villages, portant un peu de bois, d'eau, de paille, de foin, pour les vendre et acheter des grains.

Mais comment nourrir tous ces affamés ?

Dans la visite des malades on trouve des gens de toutes les provinces de l'Ethiopie. Ici, ce sont des hommes qui font peur par la maigreur de leur corps et qui, au nom de la Sainte Vierge, vous demandent un peu de pain. Là, c'est une femme avec plusieurs enfants qui vous dit : « Prenez mes enfants, sauvez-les ; je vous les donne. » Un jour, ce sont des vieillards qui ont quitté leur patrie. Ils entourent l'église et nous supplient de les sauver. Un autre jour, c'est toute une famille privée de travail qui nous conjure de lui venir en aide. Plusieurs en mourant laissent leurs enfants sans père et sans mère et n'ont d'autres parents que la miséricorde et la charité. Cela fait pitié à voir, plusieurs meurent soit à Massaouah, soit à Kéren, sans qu'on ait pu les secourir.

Comme autrefois saint Vincent de Paul, notre bienheureux Père, faisait connaître à tous les malheurs et les misères de la Champagne et de la Lorraine, ainsi le dernier de ses fils vient vous révéler les misères des Abyssins pauvres, délaissés, malades et abandonnés de tous.

Ces milliers d'Abyssins vous tendent aujourd'hui la main pour que vous les assistiez et corporellement et spirituellement. La charité fait toujours des prodiges et, en gagnant le cœur, sauve les âmes. Daignent les Saints Cœurs de Jésus et de Marie Immaculée vous attendrir sur tous nos malheurs et vous rendre au centuple ce que vous ferez pour les malheureux Abyssins !

INFORMATIONS DIVERSES

Victoria Nyanza (*Afrique équatoriale*). — Le vénérable supérieur des Missionnaires d'Alger, Mgr Livinhac, nous adresse la lettre suivante :

« J'ai reçu, il y a quelques jours, une lettre de Saint-Marie-de-Roubaga, Bouganda, datée du 21 janvier. Elle a été écrite près d'un mois après le départ de Mgr Hirth pour le sud du Nyanza, et contient par conséquent les dernières nouvelles que nous ayons de cette mission. Voici les passages les plus intéressant.

« M. Lugard, délégué de la Compagnie anglaise *East Africa* est arrivé dans le Bouganda vers la fin de décembre pour traiter la question du protectorat qui a été accepté sans difficulté. Les catholiques se sont contentés de réclamer la liberté religieuse que l'honorable délégué s'est empressé de leur garantir par une clause du contrat passé entre lui et Mwanga.

« Les Bagandas protestants espéraient que l'agent politique de l'Angleterre commencerait par chasser nos missionnaires et ceux qui ont embrassé la vraie religion. Aussi ont-ils été péniblement surpris en voyant que telle n'était pas sa manière d'agir. Dans l'espoir de le faire entrer dans leurs idées, ils lui ont représenté les catholiques comme des bandits, capables de concevoir et d'exécuter les plus noirs desseins. A les entendre, nos chrétiens allaient appeler les musulmans à leur secours, tuer tous les Anglais, chasser leurs adeptes du royaume, accusation tellement ridicule, pour qui connait la tolérance de nos néophytes, que le *Katikiro* (premier ministre du roi) lui-même, quoique protestant, a cru devoir la démentir publiquement.

« Pour arriver à avoir des preuves de la méchanceté et du fanatisme des catholiques, les noirs protestants les ont provoqués par d'indignes traitements. Ils en ont saisi et dépouillé plus de cinquante sur les chemins, leur enlevant avec violence les effets qu'ils portaient ; leur arrachant, mettant en pièces et jetant par terre avec mépris, croix, médailles et chapelets. Ils auraient voulu voir ces malheureux exaspérés, repousser la violence par la violence, afin de pouvoir les accuser et provoquer contre eux une guerre d'extermination ; mais nos chrétiens, en vrais disciples de Jésus-Christ, ont tout supporté, et se sont contentés d'aller porter plainte à M. Lugard et de lui donner la liste des coupables. Depuis, les hérétiques n'ont pas usé d'une violence si brutale, mais ils ont eu recours à un expédient non moins odieux. Une dizaine de chefs protestants, dans les districts desquels se trouvaient établis bon nombre de nos catéchumènes et néophytes, leur ont dit : « Si vous ne consentez à renoncer à votre « foi, pour embrasser la nôtre, vous n'avez qu'à vous retirer. » Des centaines de chrétiens vont ainsi se trouver obligés d'abandonner leurs cases, leurs bananeraies, les terres qu'ils ont cultivées et par là être réduits à la plus grande misère. C'est la persécution qui recommence sous une autre forme. L'évêque Tucker, les ministres protestants et M. Lugard se montrent cependant bien disposés à notre égard, et paraissent peinés de l'intolérance de leurs coreligionnaires dont ils ne peuvent être maîtres. Malheureusement ils ne se méfient pas assez des calomnies qu'on débite contre les nôtres. »

Colombie Britannique (*Canada*). — Mgr Durieu, Oblat de Marie-Immaculée, évêque de New-Westminster, a consacré son dernier mandement aux progrès de la foi dans le Far-West canadien :

« En 1863, dit le prélat, quand Pie IX envoya dans la Colombie britannique notre illustre prédécesseur, Mgr d'Herbomez, cette province était presque exclusivement peuplée d'Indiens plongés dans les ténèbres du paganisme. Mais le grain de senevé est devenu un grand arbre, à l'ombre duquel sont groupés plus de quinze mille indigènes, qui étonnent le monde par leurs progrès dans la civilisation, leurs vertus morales et leur esprit chrétien. »

DOUZE CENTS MILLES EN CANOT D'ÉCORCE

OU

PREMIÈRE VISITE PASTORALE

de Mgr N.-Z. LORRAIN, évêque de Cythère

Vicaire apostolique de Pontiac

DANS SES MISSIONS SAUVAGES DU HAUT DES RIVIÈRES OTTAWA ET SAINT-MAURICE, DE WASWANIPI ET DE MÉKISKAN

Par Mgr J.-B. PROULX

Curé de Saint-Raphaël de l'Isle-Bizard.

(Suite 1).

CHAPITRE XVIII

De Kikendatch à Wemontaching.

Le rapide Akik et l'hôtel du Rapide.— Une journée de pluie. — Caractère national.

Mardi, 5 juillet. — Nous sommes partis, hier à deux heures pour coucher à dix milles plus bas sur la rivière. arrêtés par un orage.

Aujourd'hui, de cinq heures à une heure, nous faisons sept portages dont le plus long a un demi-mille, le plus court un demi-arpent.

Le sol subit ici une dépression considérable ; décidément nous avons quitté le plateau de la hauteur des terres. La rivière coule entre des collines dont les formes variées, avec des baies arrondies et les enfoncements sombres qu'elles déterminent, embellissent le paysage, assez semblable à celui du haut de l'Ottawa.

En bas du premier rapide, nous passons à l'embouchure de la rivière des Sorciers, qui vient se jeter dans le Saint-Maurice sur notre gauche. En remontant les Sorciers, on arrive à la Chomochouane, qui nous conduit au lac Saint-Jean, en sept, huit ou neuf jours, selon l'intensité de la vapeur.

Le dernier rapide s'appelle *Akik* (La Chaudière). La rivière se rétrécit entre deux rives de granit solide et rude : les eaux, arrivant à grande vitesse, sur un plan incliné, se précipitent, de cascade en cascade, au bas de quatre marches de pierre d'un moins dix pieds chacune. Les flots sont divisés, brisés ; ils luttent contre un obstacle et reviennent sur eux-mêmes en vagues écumeuses ; ils jaillissent en aigrettes argentées. Ce n'est plus un murmure, c'est un bruit assourdissant ; vous parlez à tue-tête dans l'oreille de votre voisin, à peine vous entend-il.

Monseigneur jugea la chute sauvage, digne de son instrument ; il en prit la photographie (voir la gravure page 229), d'un ilot situé au milieu des vagues frémissantes ; il s'y rendit dans un petit canot d'une brasse et demie, léger, remuant, roulant. J'admirai ce que peuvent l'habitude, et aussi peut-être l'enthousiasme de l'art. Tel qui, il y a troisans, ne pouvait mettre le pied, dans un grand canot de quatre brasses sur une eau calme, s'aventure aujourd'hui au sein des flots écumants sur une écorce de neuf pieds...

Le soir, nous avons parcouru soixante milles depuis Kikendatch : six nous séparent de Wemontaching. Cet après-midi, quand la rivière était calme, nous apercevions, dis-

(1) Voir les *Missions catholiques* des 2, 9, 16, 23 janvier, 6, 13, 20, 27 février 6, 13, 20 et 27 mars, 3, 10, 17, 24 avril, 1ᵉʳ et 8 mai, ainsi que la carte et l'itinéraire, page 8.

persés çà et là, les uns plus en avant, les autres, plus de côté, jusqu'à quinze canots, tous ramant dans un même sens et pour un même but. Ce soir, soixante-quinze personnes logent à l'hôtel du Rapide : nos deux tentes sont juchées au sommet d'une côte élevée, c'est la haute ville ; dix-huit autres sont échelonnées sur la grève ; c'est la basse ville, ville du mouvement, de la joie et des éclats bruyants, et aussi ville de la prière ; car c'est là, qu'à la tombée de la nuit, nous nous agenouillons tous autour d'un grand feu, au-dessus duquel bouillent cinq chaudières, autour duquel cuisent dix galettes, pendant que les enfants et les petits chiens circulent entre nos jambes. Dans aucun temple je n'ai vu une tenue plus recueillie, des chants plus pieux, une prière plus fervente.

* *

Il a plu tout le jour ; les orages succédaient aux orages, qui n'étaient séparés que par de courts intervalles d'un soleil brûlant. Le tonnerre roulait terrible de collines en collines, le ciel semblait se fondre sur nos têtes. Nous reçûmes toutes ces averses sans broncher. Pour soutenir le courage de nos hommes, nous repassâmes presque tout le répertoire des chansons nationales.

La nation canadienne, encore aux premiers âges de son existence, a toute la gaieté insouciante de l'enfance, la mélancolie rêveuse de la jeunesse qui regarde l'avenir à travers le prisme des espérances et des illusions, la poésie simple de la grande nature qui l'environne, et la courtoisie du Français dont elle descend.

Prenez part à nos soirées d'hiver, à nos réunions de famille, et dites-moi s'il est sur la terre une population qui sait mieux s'amuser. Suivez le jeune homme le dimanche, quand il met sa chemise fine et qu'il part avec sa belle voiture pour aller voir sa fiancée et vous serez témoin d'une politesse de manières, d'une délicatesse de sentiments, d'une grâce de paroles, inconnues ailleurs dans les mêmes classes de la société. Les difficultés de notre existence nationale, les guerres continuelles des Iroquois, les douleurs de la conquête, les luttes avec la bureaucratie anglaise, les difficultés du présent, les incertitudes de l'avenir, tout a contribué à répandre sur la gaieté canadienne une nuance de défiance, d'inquiétude et de mélancolique tristesse. Peut-on souhaiter poésie plus biblique que les mœurs douces, tranquilles, calmes et patriarcales de nos campagnes ?

Mercredi, 6 juillet. — La pluie a tombé toute la nuit : à six heures elle était encore torrentielle. Que faire ? Rester sous nos couvertures.

A sept heures, elle nous donna un moment de répit, juste assez pour prendre une bouchée, plier bagage et partir ; puis elle reprit de plus belle. Peu importe, dans une heure et demie nous serons au port.

Voici venir deux canots, celui de Frère Tremblay qui est à Wemontaching depuis le 1er juin pour veiller aux travaux de l'église, et celui de Sévère, le riche Sauvage du Saint-Maurice. Toute la nation aurait bien aimé venir au devant de Sa Grandeur, mais le mauvais temps l'a forcée à se contenter d'une députation.

CHAPITRE XIX

A Wemontaching.

Un beau val'on. — Arrivée. — Le palais épiscopal. — Adieu de nos hommes. — Nouvelles de l'extérieur. — Entrée solennelle. — Ella.

Wemontaching est un vallon presque circulaire, d'un mille environ de diamètre, ceint d'un cordon de montagnes dentelé de quinze sommets. Au fond de la vallée, la *Manawan*, « là où l'on ramasse des œufs », qui vient de recevoir la rivière du Ruban et le Saint-Maurice, réunissant leurs eaux, les répandent entre nombre d'îles basses et couvertes de foin. Sur la gauche on voit les sept bâtiments de la Compagnie, entourés de leurs champs de patates et d'avoine ; sur la droite, par delà un petit ravin, s'étend la commune des sauvages : cinq maisons avec la chapelle y forment un demi-cercle parfait, au dedans duquel deux longues rangées de tentes sont alignées en un triangle, dont la rivière est la base. A la pointe du triangle la maison de l'ancien chef servira de palais épiscopal pendant la mission. Un chemin, balisé avec de petites épinettes aux branches desquelles sont attachés des rubans, conduit du rivage au presbytère, et du presbytère à la chapelle. La maison de Dieu, toute neuve à l'extérieur, couverte en bardeaux, à côté du champ des morts, regarde fièrement les îles.

Nous doublons la pointe en chantant l'*Ave Maris Stella.* M. Paterson, le commis de la Compagnie, est sur le quai ; nous descendons un instant pour lui donner la main, ainsi qu'à un groupe d'Américains qui font partie d'une commission officielle ; puis nous continuons notre route et notre chant en l'honneur de la reine du ciel.

Cinquante chasseurs qui, placés sur une seule ligne, le long de la côte, tirent un feu d'enfilade qui n'a pas d'arrêt. Quatre pavillons français flottent au débarcadère, un pavillon anglais ombrage de ses plis la chapelle. Le grand chef J. B. Boucher, portant son bel habit de drap bleu galonné en or, et sa grande médaille d'argent sur la poitrine, reçoit Sa Grandeur avec une aisance qu'on n'attendrait pas chez un sauvage, aussi a-t-il du sang blanc dans les veines ; puis vient le gros chef de la Manawan, qui n'a, lui, au cœur que du sang rouge. Nous nous avançons entre deux rangs de sauvagesses et de sauvageons agenouillés. La pluie continue toujours à tomber en rosée fine et pressée ; mais elle ne dérange rien au cérémonial, que le chef indien a décrété. Cependant le Gardien de la prière remet à plus tard l'entrée solennelle, lorsque le soleil voudra bien prêter à la cérémonie l'éclat de ses rayons : assez longue déjà a été notre procession sous les orages et les ondées.

Nous sommes installés ici pour douze jours dans une assez bonne maison, de vingt pieds carrés, que le Frère Tremblay a préparée très convenablement. Le plancher est jaune comme celui d'une habitation canadienne ; nos coffres disposés tout autour de la salle unique servent de sièges ; des clous plantés dans le mur supportent nos vêtements, qui en sont les ornements ; la porte de l'ancienne chapelle, montée sur des tréteaux, est transformée en table ; nos repas aujourd'hui ont été servis royalement par le chef, son frère Sévère et Louis Petchikoni. Comme les murailles ont des fissures qui laissent passer les maringouins, nous avons fait dresser nos tentes sur l'herbe; notre sommeil n'en sera que meilleur, sur un matelas de sapins, rafraîchi par le souffle du grand air.

*.

Jeudi, 26 juillet. — Journée que se disputent la pluie et le beau temps. La mission est entrée dans les travaux de la routine ordinaire. Monseigneur a chanté ce matin une grand'messe de *requiem,* service funèbre pour une femme morte dans le cours de l'année. Ce soir, comme il se trouvait plusieurs Canadiens à la prière, j'ai donné une courte instruction en français. Il était plaisant, après l'exercice, d'écouter les éclats de rire argentins de cette foule qui regagnait ses tentes au clair de la lune.

Nos hommes, si pressés de retourner à *Kikendatch,* ne sont partis que cet après-midi.

Seul, Piten, de Témiscamingue, continue le voyage avec nous. Il a quitté Albany, il y a trois ans, pour les grands pays, et voilà que, comme Télémaque fils d'Ulysse, il verra le Nil et Thèbes aux cent portes, le Saint-Laurent et Montréal.

Pierre Thomas a laissé à Monseigneur sur un grand papier de bouleau une lettre de remerciements. En voici la teneur :

« Moi qui restе au Grand-Lac, et nous qui restons au lac Barrière, nous t'écrivons à toi qui es le gardien de la prière à Pembroke. Nous te remercions de la faveur que tu nous as faite en venant nous voir. Pour l'avenir, nous te demanderons la grâce d'avoir quelqu'un pour nous instruire plus longtemps. Jusqu'à cette heure, la robe noire n'a pu rester assez longtemps avec nous. Je continuerai à travailler à l'église. Voilà ce que j'avais à te dire, afin que tu nous fasses instruire toujours de plus en plus, et que tu écoutes favorablement ceux qui reconnaissent leur état de misère. Plaise au ciel que le Grand Esprit nous favorise assez pour que nous voyons notre prière exaucée! Maintenant nous te saluons dans le Seigneur, nous, tes enfants. »

Vendredi 8 juillet. — Un soleil brillant argente la rivière, verdit l'herbe, bleuit les montagnes, azure le ciel et réjouit les cœurs. Peut-on souhaiter meilleur temps pour l'entrée épiscopale? Quoique, arrivé depuis deux jours, Monseigneur ne voulait pas priver les sauvages de l'édification de cette cérémonie. A cinq heures, le chef, en bottes lines, un râteau à la main, prépare le chemin par où doit passer l'évêque. La croix de procession arrive, suivie de cinq sauvages en surplis, qui forment le clergé de Wemontaching ; c'est une croix solide, comme la couronne des rois lombards; elle est en fer. Au départ, une décharge ébranle la maison. Sa Grandeur s'avance entre deux rangées de personnes agenouillées qui se relèvent pour l'accompagner. A la porte de la chapelle, une seconde décharge ébranle la voûte. La mission est placée sous la protection de sainte Rose ; il est dit dans son oraison qu'elle fleurit dans les Indes ; eh bien! qu'elle protège les Indiens du Saint-Maurice et répande parmi eux l'odeur de ses vertus!

Le chef a convoqué une assemblée de la nation pour voir si *Ella* est en état de nous descendre aux Piles, et *Ella* n'a pas été trouvée assez solide pour lui confier nos personnes dans les péripéties des nombreux rapides qu'il nous reste à sauter. *Ella* est l'embarcation qui nous a conduits du Grand Lac ici. Après délibération, le canot est remis sur le chantier.

(*A suivre*).

NOS DÉLÉGUÉS AU MEXIQUE

Voici la dernière lettre que nous envoient nos délégués au Mexique. Dieu continue de répandre sur leur importante mission des bénédictions exceptionnelles. Dans la province ecclésiastique de Morélia, ils trouvent auprès des évêques, du clergé, du peuple chrétien l'accueil et le concours qu'ils avaient reçus si encourageants, si chaleureux, si sympathiques, de la part des fidèles, des prêtres et des pontifes de la province de Mexico.

LETTRE DU R. P. BOUTRY, DES MISSIONS AFRICAINES DE LYON

Morélia (État de Michoacan), 28 février 1901.

C'est le 9 janvier dernier que nous sommes partis de Mexico, le P. Terrien et moi, pour venir à Morélia nous mettre sous la protection d'un autre illustre archevêque, avant de voir ses suffragants. Il y a trois cent soixante-dix-sept kilomètres de la capitale de la nation à celle de l'État de Michoacan. Le voyage est assez pénible : la voie étant étroite, le train est balloté et l'on arrive plus ou moins étourdi au terme de son voyage, car alors on éprouve un malaise assez semblable à celui occasionné par le mal de mer.

Avant d'atteindre Morélia, nous avons eu une agréable surprise. Deux foyers de lumière électrique, placés au sommet des belles tours de la cathédrale, projettent au loin leur vive lumière. Ces feux éblouissants que l'on prendrait pour deux phares, indiquent au voyageur la direction du temple antique, du nouveau Bethléem (la maison du pain), où l'on trouve la céleste nourriture, aliment de nos âmes, pendant le pèlerinage terrestre.

Quelles ne sont pas nos émotions au moment où nous quittons le train pour marcher sur une terre inconnue et voir de nouveaux visages! Nous étions habitués en quelque sorte à la vie de Mexico et voilà que notre mission nous appelle dans un autre État. Cependant, nous en prenons vite notre parti : ne savons-nous pas que nos anges gardiens nous accompagnent et que nous allons vers des populations foncièrement chrétiennes ?

. .

Mgr Joseph-Ignace Arciga nous a reçus avec beaucoup de bienveillance et a voulu nous donner l'hospitalité dans son séminaire. Là, au milieu de professeurs sympathiques et d'élèves respectueux et dociles, nous nous sommes rappelé avec bonheur les plus belles années de notre vie écoulées à l'ombre du sanctuaire comme préparation importante à notre prochain apostolat. Le souvenir de notre séjour au séminaire de Morélia comptera parmi les plus doux de notre vie et nous prions le ciel de bénir cet aimable asile de la science et de la vertu.

M. le général Mariano Jimenez, gouverneur de l'État, a eu pour nous toute sorte d'égards. Après nous avoir servi lui-même de cicerone dans l'important Musée qu'il a fondé et auquel il consacre quelques-uns de ses rares loisirs, il a bien voulu nous faire accompagner par un officier supérieur dans quelques établissements d'instruction publique. Au moment de nous retirer, M. le Gouverneur nous a spontanément promis des lettres de recommandation pour MM. les Préfets de l'État de Michoacan.

Un religieux Augustin, le P. Diego Baselenque, raconte dans sa chronique que, vers l'année 1541, le vice-roi Antonio de Mendoza trouva un très bel endroit doté des sept qualités que toute cité doit avoir selon Platon et y fonda une ville qu'il appela Valladolid en souvenir du lieu de sa naissance.

Mais aujourd'hui la capitale de Michoacan s'appelle Morélia en mémoire de l'un de ses fils, le curé José M. Morelos, qui coopéra d'une manière très active à l'indépendance de son pays. C'est le 12 septembre 1828 que la

Législature reconnaissante vota cette substitution de nom.

Morélia passe pour une des plus belles villes du Mexique. Elle est bâtie à mille neuf cent quarante mètres au-dessus du niveau de la mer, dans l'ancienne vallée de Guajangareo. La population est d'environ trente mille âmes. Les habitants sont francs, hospitaliers et charitables. Nous y avons rencontré beaucoup de bonne volonté en faveur de la grande Œuvre de la Propagation de la Foi. Qu'il suffise de vous dire que nous avons pu former plus de trois cents dizaines et que le dixième de la population veut se faire apôtre par la prière et l'aumône. Un ouvrier, excellent chrétien, s'est chargé de dix-neuf dizaines. Zélateur intré-

MÉXIQUE. — Morélia. — L'Aqueduc et la Chaussée de Guadalupe; d'après une photographie communiquée par le R. P. Boutry, l'un de nos délégués en Amérique (Voir page 235)

pide et constant, il est plus que capitaine dans cette armée pacifique, qui, la croix à la main, veut amener toutes les nations de la terre aux pieds de Jésus-Christ. Une dame, qui n'osait se charger d'une dizaine à cause de son mauvais état de santé, est arrivée peu à peu, Dieu aidant, à en former huit. « Vouloir, c'est pouvoir », surtout quand on travaille pour Dieu et l'amélioration de la pauvre humanité.

En visitant la ville, on est rempli d'admiration à la vue de ses nombreux et beaux édifices. Les Espagnols s'entendaient à faire des constructions massives et élégantes à la fois, capables de résister aux plus violents tremblements de terre. Ils travaillaient pour l'avenir.

Le siège épiscopal de Michoacan n'a pas toujours été à Morélia. On choisit d'abord Tzint-zun-zàn parce que la population y était plus nombreuse. Mais, au bout d'un an, on transféra l'évêché à Patzcuaro à cause des conditions plus avantageuses qu'offrait ce lieu.

Ce fut là qu'un prélat illustre par sa science et sa vertu, mort plus tard en odeur de sainteté, Mgr Quiroga, commença à construire la somptueuse cathédrale que nous décrit le Dr Moreno. Elle était si magnifique qu'elle a rempli complètement les idées de ceux qui en font mémoire. On prétend qu'elle avait cinq nefs aboutissant toutes au grand autel. Et, particularité digne de remarque, c'est que les fidèles qui se trouvaient dans une nef ne pouvaient voir ceux qui

-étaient dans la voisine. Aussi disait-on qu'une fois ter-minée, elle serait la huitième merveille du monde. Malheu-reusement, cette construction grandiose n'a jamais reçu son -couronnement. Le terrain, prétendait-on, ne pourrait à cause du voisinage de l'eau, supporter un édifice qui atteignait de telles proportions. Cependant, on a utilisé la nef du -centre qui sert actuellement de paroisse : elle peut contenir trois mille per-sonnes à l'aise.

La ville de Valladolid une fois fondée, on crut convenable, d'accord avec le Saint-Siège, d'y transporter l'évêché en 1580; mais ce ne fut qu'en 1863 que Pie IX, d'heu-reuse mémoire, éleva au rang d'archevêché l'église de Mi-choacan en lui donnant pour suffragants S.-Luis - Potosi, Léon, Zamora et Querétaro.

La cathédrale de Morélia est placée dans une très belle posi-tion qui lui don-ne un air de véritable gran-deur. Les deux tours, hautes de soixante-dix mètres, sont mo-numentales. Une grille ma-gnifique en fer fondu avec six belles portes du même métal, enclôt l'édifice.

MEXIQUE. — Cathédrale de Morélia (Michoacan) ; d'après une photographie commu-niquée par le R. P. Boutry, l'un de nos délégués en Amérique.

tion publique : le séminaire, le collège de Saint-Nicolas, l'Ecole des Arts et Métiers ; mais je n'en finirais pas et je me rappelle le proverbe : *Esto brevis et placebis*. Cependant, il faut bien vous dire un mot de l'aqueduc construit par les soins et aux frais d'un saint évêque, Mgr Antonio de San Miguel. C'était en 1785, le maïs manquait dans la Sierra de Michoacan et une foule d'affa-més s'en vint à Valladolid. La charité ingé-nieuse du véné-ré prélat leur trouva des moyens d'exis-tence. On cons-truisit l'aqueduc actuel, qui a quelque chose de monumental. Il se compose de deux cent cinquante - trois arcs, larges cha-cun de six mè-tres et hauts de neuf mètres. L'arcade com-plète a deux mille mètres de long, tandis que la longueur to-tale de l'aque-duc est de deux lieues et demie environ (Voir la gravure, p. 234).

La magnifique Calzada (chaus-sée) de Guada-lupe est due à Mgr Calatayud qui la fit cons-truire vers 1732 pour faciliter aux fidèles l'ac-cès du sanc-tuaire de ce nom.

D'énormes frê-nes, plantés des deux côtés, joi-gnent en forme

L'ancien séminaire, qui sert aujourd'hui de palais du gou-vernement, se trouve en face de la cathédrale. Il est bâti en pierres de taille et sa construction se rapporte à l'ordre byzantin. La façade est de bon goût et la corniche élégante.

Il y aurait beaucoup à dire sur cette intéressante ville de Morélia, sur ses magnifiques établissements d'instruc-

de voûte continue leurs branches toujours vertes et pro-curent aux promeneurs de frais ombrages pendant les grandes chaleurs de l'été.

Le *Paseo* de S. Pedro et l'*Alameda* sont également des promenades très agréables qui fournissent aux habitants de Morélia les avantages d'un *dolce far niente* quand le soleil — ce sourire de l'été — fait un peu trop sentir la chaleur de ses rayons.

Un original a voulu compter le nombre d'arbres plantés à la Calzada; sur l'Alameda et le Paseo de S. Pedro. Il n'a pas eu le courage d'arriver jusqu'au bout; mais il paraîtrait que le chiffre n'est pas inférieur à vingt-deux mille.

.·.

La petite ville de Patzcuaro, à quinze lieues environ de Morélia, est très intéressante, à cause du beau lac de ce nom. Le pays est pittoresque et l'on est agréablement surpris à la vue de cette nappe d'eau, placée à sept mille pieds au-dessus du niveau de la mer, au milieu des montagnes de l'ancien empire *Tarasco*. Çà et là des iles boisées, habitées par des pêcheurs, émergent de l'eau : des barques d'Indiens sillonnent le lac en tous sens à la poursuite du *pescado blanco* (poisson blanc), si apprécié des gourmets ; on entend le sifflet d'un petit steamer chargé de faire le service entre les différentes populations qui habitent les bords du lac. Les eaux sont claires et transparentes comme le diamant; mais on en ignore la profondeur. On croit qu'en certains endroits, elle peut atteindre de soixante à quatre-vingts mètres. Le lac a une longueur de sept lieues sur trois environ de large.

La population de Patzcuaro est d'environ huit mille âmes. Espérons, que les mille associés de l'Œuvre persévèreront dans les bonnes dispositions qui m'ont tant édifié.

.·.

Sur le désir du P. Terrien, je suis allé à Tacambaro. De Patzcuaro à Tacambaro la distance est d'une douzaine de lieues. Il faut traverser la Sierra (chaîne de montagnes) et l'on rencontre peu de voyageurs. On chevauche une partie de la route au milieu de forêts de pins dont les précieuses effluves réjouissent les poumons fatigués. Il m'a fallu passer par un bois mal famé ! La présence d'une croix n'indiquait qu'un homicide y avait été commis et personne n'ignore qu'il y a peu de mois, le gouvernement appliquait la *ley fuda* à un certain nombre de voleurs de grand chemin. D'après cette loi, tout individu condamné à mort semble avoir quelque chance d'y échapper. On ouvre la porte de la prison de grand matin; des gendarmes, le fusil chargé, disent au malheureux de fuir; mais, avant d'avoir fait quelques pas, une balle le foudroie. Cette exécution sommaire a jeté une certaine terreur parmi les *ladrones* et il semble qu'aujourd'hui le voyageur est moins exposé.

En guise de revolver, je portais mon arme habituelle, la croix du missionnaire, et je comptais sur sa protection efficace en cas de danger. Les voleurs ont encore généralement un reste de foi. Quand ils attaquent un individu, s'ils découvrent qu'il est un *padrecito* (un ecclésiastique), au lieu de le détrousser, ils lui demandent sa bénédiction.

Je suis arrivé à Tacambaro sans avoir perdu un cheveu de ma tête. M. le curé Gutierrez m'a offert généreusement l'hospitalité. Grâce à son concours intelligent et dévoué, l'Œuvre est établie, je l'espère, dans sa religieuse paroisse d'une manière durable.

Tacambaro est situé au commencement de la *tierra caliente*.

Vous savez, en effet, que le Mexique peut se considérer comme divisé en trois zones bien distinctes et l'on pourrait le dire également de certains Etats. Sur le littoral du golfe aussi bien que sur les rivages de l'Océan Pacifique, se trouvent les terres chaudes (*tierras calientes*), plaines basses et insalubres parfois, mais aussi le plus souvent contrées très riches, où l'on recueille tous les fruits des Tropiques ; un peu plus haut, les terres tempérées (*tierras templadas*) où l'on jouit d'un perpétuel printemps ; enfin le haut plateau ou terres froides (*tierras frias*) où l'air est plus léger et l'hiver quelquefois assez rigoureux. C'est surtout en venant de Veracruz à Mexico que le changement de climat est plus sensible, car on doit franchir comme les trois degrés d'un escalier monumental. Le matin, on quitte la région des palmiers avec de légers vêtements et le soir on voit des chênes..., etc..., avec l'obligation, principalement en hiver, de s'habiller assez chaudement. Dans l'Etat de Michoacan nous avons connu la zone tempérée à Morélia et à Patzcuaro, et les terres chaudes en quittant Tacambaro pour descendre dans les haciendas de Pedernales, de Puruarán. C'est dans cette dernière ferme que fut arrêté le curé Matamoros pour le crime de vouloir donner au Mexique son indépendance. Conduit à Morélia, il y fut fusillé le 3 février 1814. Les Mexicains le considèrent en même temps que les curés Hidalgo et Morelos comme des héros et des martyrs de l'indépendance nationale.

LES MISSIONS CATHOLIQUES AU XIXᵉ SIÈCLE

PAR

M. Louis-Eugène LOUVET, des Missions Etrangères de Paris, Missionnaire en Cochinchine occidentale.

CHAPITRE X

L'ÉGLISE CATHOLIQUE DANS LES INDES (1800-1890).

(Suite 1)

II. — PROVINCE DE CEYLAN.

Ceylan, l'ancienne Taprobane, surnommée avec raison la perle des mers, fut évangelisée, dès 1544, par saint François Xavier. Au début de la mission, le sang des martyrs vint arroser ce sol qui devait un jour porter de si riches moissons. A Manaar, 700 chrétiens, dont plusieurs membres de la famille royale et le fils même du roi de Jaffna, moururent, en 1546, pour la foi catholique. Grâce à cette rosée féconde et aux prédications des religieux Franciscains et Jésuites, le christianisme fit de rapides progrès à Ceylan et, au bout de quatre-vingt-dix ans, quand les Hollandais s'emparèrent de l'Ile, en 1634, on comptait plusieurs centaines de mille catholiques à Ceylan, principalement dans les provinces maritimes.

Mais pendant plus d'un siècle et demi, de 1634 à 1796, une persécution implacable vint arrêter l'essor du catholicisme. Les Hollandais expulsèrent les missionnaires, con-

(1) Voir tous les numéros parus depuis le 13 mars jusqu'à fin octobre 1890, et 2, 9, 16, 23 et 30 janvier, 6 et 13 février, 24 avril et 1ᵉʳ mai 1891.
Pour l'intelligence de ce travail nous recommandons la carte de l'Inde ecclésiastique que nous avons publiée en 1887, prix : 2 francs franco.

firent mourir plusieurs et proscrivirent impitoyablement l'exercice du culte catholique. La vraie loi vivait néanmoins au fond des cœurs. Deux Oratoriens de Goa, les PP. Vaz et Gonzalès, bravant la mort, cachés au fond des forêts impénétrables de l'ile, avaient entretenu et conservé le feu sacré dans l'âme de ce peuple, et quand les Anglais s'emparèrent de l'ile, en 1796, on découvrit avec surprise qu'en dépit des persécutions, il restait encore 50,000 catholiques.

L'Angleterre, après dix ans d'hésitations, leur rendit en 1806, la liberté religieuse, et le catholicisme reprit son essor à Ceylan, mais les commencements furent difficiles ; on manquait de prêtres, et surtout de bons prêtres. Jusqu'en 1836, la mission fut aux mains d'une vingtaine de Goanais. J'ai dit plus haut ce qu'étaient la plupart de ces prêtres. Ils trouvaient devant eux un essaim de ministres protestants, richement rentés, habiles, instruits la plupart, tous parfaits gentlemen et ardents à la perversion des catholiques. La lutte était par trop inégale. Déjà les protestants avaient attiré dans leurs écoles, les seules qui existassent à Ceylan, la majorité des enfants catholiques ; la presse et des milliers de brochures répandaient peu à peu dans les familles le venin de l'hérésie. Il était temps d'aviser. Les catholiques, qui avaient résisté à la persécution sanglante, allaient se laisser prendre aux séductions doucereuses de l'hérésie.

Grégoire XVI comprit le danger et, en 1836, il érigea la mission de Ceylan en vicariat apostolique. Pour ménager la transition, il choisit les premiers vicaires apostoliques dans le clergé indigène, mais en leur donnant des coadjuteurs européens. En 1843, Ceylan comptait déjà 86,837 catholiques.

En 1845, le vicariat de Jaffna fut détaché de celui de Colombo et confié aux Oratoriens d'Italie. Pour assurer l'avenir de la mission, le vicaire apostolique, Mgr Bettachini, demanda. en 1847, le concours des Oblats de Marie. A leur arrivée à Ceylan (1848), le chiffre total des catholiques de l'ile s'élevait à 113,210.

En 1857, Mgr Séméria, premier vicaire apostolique de la Congrégation des Oblats, prit la direction du vicariat de Jaffna ; celui de Colombo resta aux Italiens.

Enfin, en 1883, un troisième vicariat fut érigé à Kandy. Les Italiens s'en chargèrent, laissant le vicariat de Colombo à Mgr Bonjean, des Oblats de Marie.

Lorsque la hiérarchie fut établie aux Indes, l'ile de Ceylan forma une province ecclésiastique : archevêché, Colombo, avec deux évêchés suffragants, Jaffna et Kandy.

Au cours du XIXᵉ siècle, la mission de Ceylan a fait de grands progrès, comme le tableau suivant en fait foi :

En 1800 : 1 missionnaire, 20 prêtres, ? églises ou chapelles, 50.000 catholiques.
En 1840 : 1 vicaire apostolique, ? prêtres (1), ? églises ou chapelles, 80 000 catholiques.
En 1870 : 1 vicaire apostolique (Colombo), 27 missionnaires, 0 prêtre indigène, 150 églises ou chapelles, 102 222 catholiques.
1 vicaire apostolique (Jaffna), 24 missionnaires, 1 prêtre indigène, 200 églises ou chapelles, 80.000 catholiques.

(1) Les chiffres donnés par les *Annales de la Propagation de la Foi* (1840), à savoir : 100 prêtres de l'Oratoire, 250 églises, 200.000 catholiques, sont d'une exagération qui ne se discute même pas.

Soit un total, en 1870, de : 2 vicaires apostoliques, 51 missionnaires, 1 prêtre indigène, 350 églises ou chapelles, 182.222 catholiques.

En 1890 : 1 archevêché (Colombo), 36 missionnaires, 3 prêtres indigènes, 173 églises ou chapelles, 129.414 catholiques.
1 évêché (Jaffna), 36 missionnaires, 3 prêtres indigènes, 232 églises ou chapelles, 80.800 catholiques.
1 évêché (Kandy). 5 missionnaires, 7 prêtres indigènes, 51 églises ou chapelles, 13.000 catholiques.
Total en 1890 : 1 archevêque, 2 évêques, 77 missionnaires, 13 prêtres indigènes, 456 églises ou chapelles. 222.914 catholiques.

En moins d'un siècle, la population catholique a plus que *quadruplé*. La population totale de l'ile étant 2.773.500 habitants, la proportion des catholiques est de un douzième.

Les catholiques de Ceylan se distinguent généralement par la fermeté et la ferveur de leur foi ; les sacrements sont fréquentés, les fêtes de l'Église célébrées avec amour. Chaque année, des milliers de pèlerins se rendent aux sanctuaires de Notre-Dame de Madhu et de Sainte-Anne. On en a compté jusqu'à soixante mille.

Les protestants anglais sont les premiers à reconnaître avec impartialité la supériorité morale des catholiques. Parlant de l'archevêque de Goa, sir Alexandre Johnston, grand-juge à Ceylan, lui affirmait que, dans tout son parcours à travers l'ile, pas un seul catholique n'avait été amené à son tribunal. Un autre représentant officiel du gouvernement, sir Emerson Tennent, écrit de son côté : « Il est incontestable que les indigènes sont attachés à leur foi depuis trois cents ans, avec une fermeté remarquable. » — « La fermeté inflexible et la moralité supérieure des indigènes catholiques peuvent être attribuées à la puissante influence du confessional. » — En Anglais toujours pratique, il ajoute : « Si on demande des preuves de cette influence, on la trouve dans la générosité des indigènes pour l'entretien de leur culte (1). »

A côté de ces témoignages rendus aux catholiques, il ne sera pas sans intérêt d'entendre les ministres protestants avouer eux-mêmes l'insuccès de leurs travaux : « Cette mission, écrit le R. Brown, existe depuis trente ou quarante ans, avec moins d'entraves que toute autre ; elle n'a cependant fait aucun progrès pour la conversion des âmes. Une complète indifférence à toute religion exprime la condition réelle de ces prétendus convertis (2). »

Ecoutons maintenant le R. James Selkirch : « Les bouddhistes restent toujours attachés à leurs mœurs ; les catholiques sont inébranlables dans leurs vaines superstitions ; la majorité des protestants, européens ou indigènes, montrent une indifférence déplorable pour la religion (4). »

« Les résultats de la mission anglicane, écrit de son côté le R. Pridham, ont été presque entièrement négatifs. Le christianisme (lisez le protestantisme) va à la dérive (3). »

Ils n'ont pas mieux réussi dans l'œuvre des écoles, pour laquelle ils ont cependant des ressources presque illimitées : « Ces écoles, écrit encore le R. Brown, autrefois si nombreuses et si bien fréquentées, sont tombées dans un état fort triste et ont fait peu de bien. Des enfants qui avaient reçu là

(1) Sir E. Tennent, ch. 3.
(2) R. Brown, *Histoire de la propagation du christianisme*, 1ᵉʳ vol.
(3) R. James Selkirk, *Ceylan.*
(4) R. Pridham. *Recherches sur Ceylan.*

toute leur éducation, devenus adultes, fréquentent les temples des idoles. Le mécompte est général dans toutes les parties de la mission (1). »

Malgré la pénurie de leurs ressources, les catholiques ont vaillamment accepté la lutte sur le terrain de l'école. C'était pour eux une question vitale, je l'ai dit. En 1836, à l'érection du vicariat, il n'y avait encore rien. En 1843, nous trouvons déjà 1.210 élèves catholiques dans nos écoles. En 1865, ils sont 2.590, en 1873, 7.388, en 1880, 10.295. C'est une progression continue et rapide. Autrefois la majorité des catholiques allaient étudier chez les protestants; aujourd'hui, ce sont les familles protestantes qui envoient leurs enfants étudier chez nous.

Voici quelle est, en 1880, la situation de l'enseignement catholique à Ceylan :

Archevêché Colombo : 1 séminaire, 7 élèves, 1 collège, ? élèves.
171 écoles paroissiales, 12.086 enfants, 3 orphelinats, 167 enfants.
Evêché Jaffna : 1 séminaire, 20 élèves, 1 collège, 250 élèves,
155 écoles paroissiales, 6.645 enfants, 4 orphelinats, 185 enfants.
Evêché Kandy : 1 séminaire, 7 élèves, 13 écoles paroissiales,
678 enfants, 1 orphelinat, 31 enfants.
Total : 3 séminaires, 34 élèves, 2 collèges, 339 écoles paroissiales, 19.009 enfants, 8 orphelinats, 383 enfants.

A Colombo, les Frères de la Doctrine chrétienne et les Frères Oblats indigènes prêtent leur concours aux missionnaires pour l'éducation de la jeunesse. Les Sœurs européennes du Bon-Pasteur et les Sœurs indigènes de Saint-François-Xavier instruisent les filles. Le gouvernement anglais a confié récemment le grand hôpital de Colombo aux religieuses Franciscaines, et les Petites Sœurs des pauvres viennent d'ouvrir un asile pour les vieillards (1888).

A Jaffna, les écoles sont tenues par les Frères indigènes de Saint-Joseph, les Sœurs de la Sainte-Famille de Bordeaux et les Sœurs indigènes de Saint-Pierre. Dans le diocèse de Kandy, il y a quatre maisons religieuses : les Oblats de Saint-Benoît, les Oblats de Saint-Sylvestre, les Sœurs du Bon-Pasteur et les Sœurs indigènes de Saint-François-Xavier.

III. — PROVINCE DE PONDICHÉRY.

La province ecclésiastique de Pondichéry est celle où la foi a fait le plus de progrès en ce siècle, puisque le chiffre des catholiques s'y est élevé de 42.000 à 434.535 (2), c'est-à-dire qu'il a plus que décuplé en 90 ans.

Les commencements furent pourtant bien difficiles, à cause du petit nombre des missionnaires, du manque absolu de ressources et des intrigues des prêtres de Goa, qui nous forcèrent à nous retirer pendant plusieurs années du Maduré, du Tanjore et du Maïssour. Pendant plus de cinquante ans, ces belles contrées, qui avaient été le théâtre des exploits apostoliques de saint Jean de Britto, de Robert de Nobili et de tant de saints missionnaires de la Compagnie de Jésus, demeurèrent en friche et, pendant que les ouvriers apostoliques dormaient, l'homme ennemi semait à pleines mains l'ivraie dans le champ du père de famille. Incapables de lutter contre les ministres de l'erreur, les prêtres de Goa sympathisaient souvent avec eux et leur permettaient, moyennant

(1) R. Brown. Ouvrage cité.
(2) En laissant de côté la population de l'évêché de Mangalore, qui né faisait pas originairement partie de Pondichéry.

finances, de prêcher dans leurs églises. Aussi les progrès de l'hérésie dans le sud de l'Inde furent rapides. Deux grandes Sociétés protestantes, la Société pour la propagation de l'Evangile et la Church missionnary, y firent de nombreux adeptes, presque tous parmi les catholiques, abandonnés sans pasteurs.

En 1880, le sud de l'Inde avait 2 évêques anglicans, 30 ministres européens, 80 prédicants indigènes, 200 catéchistes, 440 écoles, 93.495 fidèles. Voilà les fruits désastreux du schisme.

Mais Dieu eut enfin pitié de ces Eglises autrefois si florissantes; peu à peu le nombre des missionnaires augmenta, les aumônes de la Propagation de la Foi permirent de faire face aux besoins les plus urgents; l'abnégation et le zèle des missionnaires firent le reste. Aujourd'hui la situation n'est pas reconnaissable; d'immenses territoires, qui recevaient, une fois tous les deux ou trois ans, la visite du prêtre, forment des diocèses, ayant chacun leur évêque, avec un nombreux clergé; partout des églises, des presbytères, des écoles de fondation récente permettent de faire des progrès parmi les païens et de lutter efficacement contre les envahissements de l'hérésie.

La grande famine de 1877 a été pour ce pays une époque de moisson spirituelle. Dans la province de Pondichéry, plus de 100,000 païens sont venus demander à l'Église catholique le pain du corps et celui de l'âme. Plus d'un quart sont morts, à la suite des privations endurées, et sont allés grossir les rangs de l'Église triomphante; ceux qui ont survécu ont pour la plupart embrassé la foi. On ne les a pas forcés, car l'Église catholique ne trafique pas des âmes, mais ils ont reconnu la vraie Église à ce signe infaillible de la charité catholique.

C'est surtout à partir de 1836 que le catholicisme a pris son essor aux Indes. A cette époque, comme je l'ai dit, Grégoire XVI, pour en finir avec le schisme de Goa, érigea la mission de Pondichéry en vicariat et rappela les Jésuites au Maduré.

En 1846, le Maïssour et le Coïmbatour furent détachés de Pondichéry et érigés en vicariats distincts, ainsi que le Maduré.

Enfin quarante ans plus tard, la province ecclésiastique de Pondichéry était ainsi constituée : un archevêché, Pondichéry, quatre évêchés suffragants : Mysore, Coïmbatour, Trichinopoly et Mangalore.

Le diocèse de Mangalore avait appartenu longtemps à la mission du Malabar ; c'est seulement lors de l'établissement de la hiérarchie qu'il fut rattaché à la province de Pondichéry.

Voici le tableau des développements du catholicisme dans la province de Pondichéry :

En 1800 : 1 évêque, supérieur de la mission, 6 missionnaires, ? prêtres indigènes, ? églises, 42,000 catholiques.
En 1820 : 1 évêque, supérieur de la mission, 6 missionnaires, 2 prêtres indigènes, ? églises, 50,000 catholiques.
En 1840 : 1 vicaire apostolique (Pondichéry), 21 missionnaires, 3 prêtres indigènes, ? églises ou chapelles, 80,000 catholiques.
1 préfet apostolique (Maduré) ; 4 missionnaires, 0 prêtres indigènes, ? églises ou chapelles, 140,000 catholiques.
Soit un total en 1840 : de 1 vicaire, 1 préfet, 25 missionnaires, 3 prêtres indigènes, ? églises ou chapelles, 220,000 catholiques.

En 1870 : 1 vicaire apostolique (Pondichéry) ; 52 missionnaires, 49 prêtres indigènes, 200 églises ou chapelles, 112,000 catholiques.

1 vicaire apostolique (Maïssour); 20 missionnaires, 3 prêtres indigènes, 55 églises ou chapelles, 21,500 catholiques.

1 vicaire apostolique (Coïmbatour) ; 16 missionnaires, 5 prêtres indigènes, 40 églises ou chapelles, 17,660 catholiques.

1 vicaire apostolique (Maduré; ; 52 missionnaires, 14 prêtres indigènes, 633 églises ou chapelles, 144,222 catholiques.

Soit un total en 1870 : 4 vicaires apostoliques, 140 missionnaires, 44 prêtres indigènes, 928 églises ou chapelles, 295,322 catholiques.

En 1890 : 1 archevêque (Pondichéry) ; 82 missionnaires, 31 prêtres indigènes, 612 églises ou chapelles, 206,350 catholiques.

1 évêché (Mysore) ; 34 missionnaires, 12 prêtres indigènes, 96 églises ou chapelles, 30,000 catholiques.

1 évêché (Coïmbatour) ; 27 missionnaires, 8 prêtres indigènes, 76 églises ou chapelles, 28,040 catholiques.

1 évêché (Trichinopoly) ; 69 missionnaires, 27 prêtres indigènes, 764 églises ou chapelles, 170,165.

1 évêché (Mangalore) , 25 missionnaires, 37 prêtres indigènes, 64 églises ou chapelles, 68,755 catholiques.

Soit un total en 1890 de : 1 archevêque, 4 évêques, 237 missionnaires, 115 prêtres indigènes, 1,609 églises ou chapelles, 503,310 catholiques.

La population totale des cinq diocèses étant de 22,766,000 habitants, la proportion des catholiques est $\frac{1}{45}$

I. — L'archidiocèse de Pondichéry, confié à la Société des Missions Étrangères de Paris, ainsi que les deux évêchés voisins de Mysore et de Coïmbatour, se compose de la colonie française de l'Inde (110,000 habitants), et d'une partie du Carnate. Il est limité : au nord, par l'archidiocèse de Madras et le diocèse portugais de Saint-Thomas ; à l'ouest, par les diocèse de Mysore et de Coïmbatour, au sud, par le diocèse de Trichinopoly, à l'est, par la mer des Indes.

De 1828 à 1886, les villes françaises de Pondichéry, de Karikal et de Chandernagor furent placées, pour la population européenne, sous la juridiction des Pères du Saint-Esprit ayant à leur tête un préfet apostolique. Lors de l'établissement de la hiérarchie, la préfecture fut supprimée.

Il y a actuellement dans l'archidiocèse de Pondichéry ; 1 grand séminaire, 45 élèves, 1 petit séminaire, 365 élèves, 1 collège colonial à Pondichéry, 452 élèves, 1 collège-séminaire à Karikal, 113 élèves, 1 collège anglais, affilié à l'université de Madras, à Culladore, 452 élèves, 104 écoles paroissiales, 4,859 élèves, 14 orphelinats, 300 enfants. Au total, la mission instruit actuellement 6,286 enfants.

Cinq congrégations de femmes partagent les travaux des missionnaires :

1° Les Sœurs européennes et indigènes de Saint-Joseph : Établissements à Pondichéry, Karikal, Chandernagor et Mahé.

2° Les Carmélites indigènes : 2 couvents : Pondichéry et Karikal.

3° Les Sœurs indigènes du Saint-Cœur de Marie, établies en 1844 pour les écoles paroissiales. Elles sont sous la règle du tiers-ordre de Saint-François d'Assise et sont répandues dans toute la mission, elles instruisent dans leurs écoles plus de 2,000 jeunes filles.

4° Les Sœurs indigènes de Notre-Dame de Bon-Secours, pour les orphelinats de filles de caste. Elles tiennent aussi l'hospice que M. le comte Desbassayns, sénateur, fonda en 1874 à Pondichéry.

5° Les Sœurs indigènes de Saint-Louis de Gonzague pour les hôpitaux et les orphelinats de parias.

II. — Le diocèse de Mysore comprend l'État du Maïssour. Il est limité: au nord, par les diocèses de Madras et de Bombay, à l'ouest, par le diocèse de Mangalore ; au sud, par celui de Coïmbatour, à l'est, par les diocèses de Pondichéry et de Madras.

Lors de l'érection du vicariat, en 1846, tout était à créer : aujourd'hui, il y dans le diocèse : 1 séminaire, 70 élèves, 50 écoles paroissiales et orphelinats, 2 758 enfants. A Bangalore, il y a un collège anglais, agrégé à l'Université de Madras, qui compte 70 pensionnaires et 450 externes. Il est tenu par les Frères indigènes de Saint-Joseph.

Les Religieuses du Bon-Pasteur d'Angers, au nombre de 35, tiennent un pensionnat pour les jeunes filles européennes et métisses, des écoles indigènes, un refuge ; elles dirigent encore une Congrégation de Sœurs indigènes, pour les orphelinats et les écoles paroissiales ; elles viennent d'ouvrir, à Bangalore, un hôpital pour les Indiens ; enfin, en 1887, le gouvernement les a chargées d'une, station à Sainte-Marthe, ce qui leur a valu les persécutions des protestants.

III. — Le diocèse de Coïmbatour comprend le district de ce nom et la vallée du Palghat, qui s'étend, à travers les monts Nilghiris, jusqu'au Malabar. Il est borné : au nord, par le diocèse de Mysore ; à l'est, par celui de Pondichéry, au sud, par le diocèse de Trichinopoly, à l'ouest, par les diocèses de Mangalore et de Vérapoly.

Lors de l'érection du vicariat, en 1846, on ne trouvait dans la mission ni églises, ni presbytères, ni écoles. Deux ou trois prêtres passaient chaque année, d'une station à l'autre pour administrer les chrétiens. Aujourd'hui le diocèse compte : 1 séminaire, 7 élèves, 44 écoles de district, 1,949 élèves, plusieurs orphelinats.

Les Sœurs indigènes de la Présentation, 30 Sœurs et 12 novices, tiennent les écoles de filles. Des Sœurs Franciscaines d'Europe tiennent 2 pensionnats anglais, des écoles indigènes et un hôpital, à Coïmbatour.

IV. — Le diocèse de Trichinopoly comprend le Maduré. Il est situé entre les diocèses de Pondichéry, du Coïmbatour, de Vérapoly, de Quilon et la mer. Comme le diocèse de Mangalore, il est confié à la Compagnie de Jésus.

Quand les Jésuites rentrèrent au Maduré, en 1838, cette belle mission était comme abandonnée par les Goanais aux protestants. Ceux-ci s'y étaient fortifiés, avaient couvert le pays de temples et d'écoles ; nulle part, aux Indes, leur position ne paraissait si bien établie. Au bout de 50 ans, la situation est retournée. Merveilleusement organisés pour soutenir la lutte sur le terrain de l'enseignement, les Jésuites ont ouvert, en 1846, à Négapatam, un collège qui fut transféré, en 1883, à Trichinopoly. Ce magnifique établissement, affilié à l'Université de Madras, compte actuellement 1,102 élèves, dont 300 seulement sont catholiques ; les autres appartiennent à des familles musulmanes ou païennes ; parmi ces derniers. une centaine sont de la caste des brahmes.

Une Congrégation de Frères indigènes est chargée des écoles paroissiales des garçons : 151 écoles et 6,919 élèves.

Les Sœurs européennes de Marie-Réparatrice, aidées dans leur tâche par les Sœurs indigènes de Notre-Dame des Sept-Douleurs (noviciat à Trichinopoly, 62 Sœurs), sont chargées des écoles de filles; 325 écoles, 1,225 enfants.

Une seconde Congrégation indigène, les Sœurs de Sainte-Anne, au nombre de 36, prennent soin des orphelinats, des hôpitaux et des catéchuménats de femmes

Les protestants avaient triomphé trop vite. Aujourd'hui, les voici forcés d'avouer leur défaite : Un missionnaire anglican écrivait en 1880 : « Après 1846 (date de l'érection du vicariat de Maduré), le mouvement progressif du christianisme dans le sud de l'Inde semble s'être arrêté. La moisson est finie ; l'été est passé ! »

V. Le diocèse de Mangalore comprend une partie du Malabar. Il confine : au nord, à l'archidiocèse de Goa et au diocèse de Poona ; à l'est, au Maïssour ; au sud, à Vérapoly ; à l'ouest, à la mer d'Oman.

C'est en 1853 que le vicariat apostolique de Mangalore fut détaché de celui de Vérapoly et confié aux Carmes déchaussés. Les protestants allemands s'y sont multipliés pendant le schisme de Goa. Les ministres, au nombre de 113, ont à Mangalore : 1 collège, 1 imprimerie, des écoles nombreuses, avec un revenu annuel d'un demi-million.

Les Carmes étaient trop peu nombreux pour lutter efficacement contre de telles forces. Ils demandèrent à être déchargés du vicariat que la Propagande confia, en 1878, à la Compagnie de Jésus, avec l'ordre d'ouvrir à Mangalore un collège, pour arracher la jeunesse à l'influence protestante.

L'espoir de la Sacrée Congrégation ne fut pas trompé. En 1882, les Jésuites ouvrirent dans cette ville le collège de Saint-Louis de Gonzague, affilié à l'Université de Madras. Cet établissement s'est placé rapidement au rang des meilleures maisons d'éducation de l'Inde anglaise. Il compte, en ce moment, 250 élèves.

1 séminaire avec 23 élèves, 137 écoles paroissiales, 3,363 élèves, 1 imprimerie annexée au collège (2,500 volumes en langue indigène), 5 orphelinats, 171 enfants, plusieurs hôpitaux, de nombreux catéchuménats, permettent désormais de lutter contre la propagande protestante.

Les Frères des écoles chrétiennes ont 3 établissements à Mangalore, à Calicut et à Cannanore.

Il y a encore dans le diocèse, 1 couvent de Carmélites, à Mangalore, 15 religieuses. Les Sœurs de Saint-Joseph et les Sœurs indigènes du tiers-ordre du Carmel s'occupent avec succès de l'éducation des filles, en particulier de celle de la caste des brahmes.

Lors de l'établissement de la hiérarchie, le diocèse de Mangalore, bien que faisant partie du Malabar, fut rattaché à la province ecclésiastique de Pondichéry.

(A suivre).

En 1887, nous avons envoyé à nos abonnés une Carte de l'Inde ecclésiastique dressée à la suite de l'établissement de la hiérarchie. Cette carte les aidera puissamment à suivre le travail de M. Louvet. Il nous en reste un certain nombre d'exemplaires. Nous les offrons au prix de 2 francs, à ceux de nos lecteurs qui ne recevraient pas encore les Missions Catholiques en 1887.

Un dernier mot sur notre Carte de Chine

Nos lecteurs ont reçu notre carte de Chine, et un grand nombre d'entre eux ont bien voulu, répondant à notre appel, nous envoyer de généreuses offrandes pour nous aider à couvrir les frais considérables nécessités par ce beau travail. Nous les en remercions vivement. Qu'il nous soit permis d'offrir aussi l'expression de notre reconnaissance à M. l'abbé Launay qui a dressé cette carte magnifique. Son Atlas, renfermant les vingt-six vicariats confiés à la Société des Missions Étrangères de Paris, avait affirmé déjà sa haute compétence ; ce nouveau travail est un succès de plus, dont l'Église a le droit d'être fière. C'est la plus belle réponse, en effet, qu'on pouvait faire à ceux qui, adversaires ou découragés, mettent en doute les progrès de l'apostolat en Chine.

DONS

Pour l'Œuvre de la Propagation de la Foi

ÉDITION FRANÇAISE.

Anonyme du diocèse de Vannes, avec demande de prières	4
En mémoire de Mme Veuve Bernier, diocèse de Poitiers, avec demande de prières pour le repos de son âme	200
Anonyme de Perpignan	150
Anonyme du diocèse de Montpellier	300
M. A. Neyron, à Saint-Chamond, diocèse de Lyon	23 70
M .., diocèse de Bayeux	0 70
M. l'abbé L Lagorce, diocèse de Lyon	94 35
Un anonyme du diocèse de Reims	2 3

Pour les missions les plus nécessiteuses (Abyssinie).

M. Lubiez Rowicki, aumônier à Montpellier	5
Anonyme de Marseille	500
Anonyme de Houilles, diocèse de Versailles, avec demande de prières	4
Anonyme de Cassis, diocèse de Marseille	500
M. l'abbé Cattois, à Alençon, diocèse de Séez	5

Au R. P. Duval, pro-préfet apostolique à Mossoul, pour ses missions chez les nestoriens.

M. Müller Simonis, à Munich	200

Au P. Gabillet, à Pondichéry.

M. E. Picard, à Lorient, diocèse de Vannes	15

Au R.P. Darras, pour N.-D. de Lourdes, à Chetput (Indes).

Anonyme de Rodez, reconnaissance à Marie	2

Au R. P. Joseph Maigre, missionnaire en Birmanie méridionale.

M. l'abbé J .-G. Garcin, à Pawtucket, Rhode-Island	8 25

A Mme la Supérieure de l'hôpital Saint-Joseph, à Ning-Po (Chine).

Mme Chibourg, Le Havre, diocèse de Rouen	5 70

Pour les missions de Mongolie.

J. Marie, Joseph, en reconnaissance, diocèse de Lyon	10

A Mgr Cousin (Japon méridional), pour les religieuses de Motoharé.

Anonyme de Fougerolles, diocèse de Besançon	4

Pour le R. P. Poirier, à Assaba (Niger).

Un prêtre de Nantes	23

(La suite des dons prochainement).

TH. MOREL, *Directeur-gérant.*

CANADA. — Campement des sauvages de Coucoucache a Wemontaching; d'après une photographie de Mgr Lorrain
(Voir page 245).

CORRESPONDANCE

TONG-KING OCCIDENTAL

Nouvelles épreuves de la mission.

Cette lettre de Mgr Puginier nous fait connaître que deux fléaux se sont abattus sur sa mission. D'un côté, c'est une persécution savamment ourdie contre la plupart des chrétientés récemment fondées, qui met en péril la foi des nouveaux convertis. D'autre part, c'est la piraterie qui a déjà détruit plus de vingt-cinq villages chrétiens, massacré une partie des habitants, et emmené prisonniers un grand nombre d'autres, qu'il faudra racheter tôt ou tard et rétablir dans leurs villages. Les lecteurs des *Missions catholiques* ne resteront pas indifférents devant ces nouvelles épreuves de leurs frères dans la foi.

Lettre de Mgr Puginier, vicaire apostolique du Tong-King occidental, a M. Mollard, directeur du séminaire des Missions Étrangères de Paris.

Ha-Noi, 20 mars 1891.

Voilà déjà six mois que je vous entretiens de la persécution religieuse exercée contre nos nouveaux chrétiens. Elle a beaucoup diminué, grâce à certaines mesures qu'a

prises le nouveau Résident supérieur ; mais elle n'a pas complètement cessé parce que nos ennemis, voyant encore les coupables impunis, croient pouvoir continuer à agir sans se compromettre.

.*.

Le 17 mars, la nouvelle chrétienté de Dông-Ruong a été victime de la haine de deux ou trois individus de ce village qui s'acharnent à empêcher la conversion de leurs concitoyens. Tous les efforts de ces derniers avaient échoué et cent cinquante païens avaient embrassé le christianisme. Se voyant impuissants à empêcher le mouvement religieux, qui s'accentuait de plus en plus, les persécuteurs ont appelé les pirates pour les aider à massacrer le catéchiste et les néophytes. A quatre heures du soir, ils se sont précipités à l'improviste sur la maison où l'on enseigne la doctrine, et sur les habitations des chrétiens. Ces derniers et le catéchiste ont eu à peine le temps de se sauver. Un néophyte, en fuyant, a été tué par une balle. Les pirates ont brûlé une dizaine de maisons et ont emmené six buffles.

Les nouveaux chrétiens de Laï-Ru sont pareillement toujours exposés aux agissements de deux ou trois meneurs, qui travaillent continuellement à les persécuter et même à les faire assassiner. Dans la dernière quinzaine nous avons eu deux fois à porter plainte; mais les autorités n'agissent pas efficacement.

On croirait que ceux qui devraient protéger les chrétiens ont peur de se compromettre, en leur faisant rendre justice.

Sous prétexte d'éviter une réaction, qui n'aurait pas lieu certainement, on a laissé jusqu'à ce jour les coupables impunis; les biens enlevés aux néophytes sont encore entre les mains de leurs persécuteurs.

Plusieurs chapelles restent fermées avec défense formelle d'aller y réciter des prières. L'église de Vinh-thuong a été transformée en lieux d'aisances et les chrétiens demeurés fidèles ne peuvent rentrer sans danger dans leurs maisons.

. .

Dans le district nord, qui est formé de six paroisses disséminées dans les provinces de Son-Tay, de Tuyen-Quang, de Hung-Hoa, les malheurs sont journaliers. Depuis le commencement de mars, les diverses chrétientés qui forment la paroisse de Song-Chay ont été successivement ravagées par les pirates. Il ne restait que le village de Van-Ru, où la plupart des chrétiens s'étaient réfugiés, avec l'espoir de pouvoir lutter assez longtemps pour être secourus par le poste voisin.

Hier au soir, un télégramme m'annonçait que cette chrétienté venait d'être détruite par une bande de pirates chinois. Le poste situé à deux ou trois kilomètres est allé à son secours; mais le coup était fait et l'ennemi avait gagné la forêt. Cependant, on a pu reprendre une vingtaine de buffles. Je n'ai pas de détails sur le curé de la paroisse, ni sur ses néophytes.

Dans la paroisse de Bau-No, cinq chrétientés ont été pareillement détruites et six dans la paroisse de Duc-Phong, qui comprend la région de la rivière Noire. Dans tous les villages détruits, il y a eu à déplorer la mort de quelques personnes et l'enlèvement d'un plus grand nombre d'autres qui n'ont pu fuir à temps.

Là, ce n'est pas une guerre faite particulièrement aux villages catholiques; les pirates saccagent aussi sans distinction les communes païennes. On peut dire en toute vérité que cette région est à leur merci.

. .

En ce moment de nombreuses colonnes opèrent dans presque toutes les provinces du Tong-King; mais l'ennemi est insaisissable et on le voit reparaître en force après le passage des troupes.

Pour pacifier le pays il ne suffirait pas de le parcourir avec une force considérable pendant quinze ou vingt jours; il est indispensable d'établir de nouveaux postes pour occuper, le temps voulu, les principaux endroits qui servent de repaire aux bandes de pirates. Mais les

effectifs du Tong-King ont été tellement réduits qu'il n'est plus possible de diviser les troupes, sans s'exposer à de graves échecs.

Si le gouvernement de la métropole ne se décide pas à renforcer le corps d'occupation du Tong-King, on ne réussira pas à pacifier le pays. Les forces tant européennes qu'indigènes, dont on dispose ici, pourront infliger des pertes aux bandes, les déplacer, peut-être même les obliger à s'effacer pour un temps. Les soldats une fois rentrés dans leurs postes, on verra de nouveau les bandes se reconstituer et piller les villages pour refaire leurs approvisionnements.

Je vous assure que l'avenir ne me paraît pas beau, et je suis convaincu que, si le gouvernement ne prend pas des mesures énergiques et efficaces, nous aurons encore de grands malheurs à déplorer.

Et cependant le Tong-King n'était pas difficile à pacifier et à organiser solidement. On n'a pas su employer les moyens propres à obtenir ce double résultat. Il est encore temps de sauver la situation, mais il ne faut pas tarder à agir. Prions Dieu d'éclairer les hommes qui ont la direction des affaires!

EGYPTE

Tantah et le collège Saint-Louis.

Un ancien élève des Pères des Missions Africaines nous adresse cette intéressante communication sur Tantah.

LETTRE DE M. PÉRICLÈS SOTIRI.

La ville de Tantah est une des plus importantes de l'Egypte. Elle a soixante-deux mille habitants, possède la plus belle et la plus spacieuse gare, c'est de là que partent tous les embranchements des lignes du chemin de fer. En elle-même ce n'est qu'un amas de maisons irrégulièrement bâties, la plupart en briques non cuites; les rues en sont sales, hors trois quartiers habités par les chrétiens.

Tantah est un centre religieux. Dans sa belle et immense mosquée surmontée de deux magnifiques minarets, se conserve le corps de Saïd-el-Badawi, un des principaux saints de l'islamisme. Une multitude d'autres mosquées et de tombeaux de santons se présentent à chaque pas.

La religion musulmane a pour hauts dignitaires un Cheik-el-Eslam (chef des fidèles), un Cadi et un Mufti (juges religieux), un Iman (maître de cérémonie) et un grand nombre d'*Oulémas*, savants dont la science se borne à l'explication du Coran. Viennent après une foule de fonctionnaires inférieurs affectés au service des mosquées; celle de Saïd-el-Badawi en contient à elle seule plus de trois mille. Au centre de la ville s'élèvent une église grecque schismatique, une cophte schismatique. Les juifs ont deux synagogues. Quant aux protestants, ils se sont contentés d'une maison délabrée.

Après de mûres réflexions, les Pères des Missions Africaines fondèrent leur principale maison à Tantah. Le collège Saint-Louis s'élève majestueusement sur la rive droite du canal Goâfarieh à une distance d'un quart d'heure de la ville. La chapelle, sous le patronage de Sainte-Anne, forme une des ailes du collège. C'est là que le 16 avril, Mgr Guido Corbelli, délégué apostolique en Egypte, confirma bon nombre d'enfants. En l'honneur du prélat, les Sœurs ont donné une séance récréative exécutée par leurs élèves. Le soir eut lieu une autre séance chez les Pères : discours académiques, morceaux de piano et drame en un acte. Mgr le délégué apostolique parut très satisfait et, adressant la parole aux élèves, il les félicita chaleureusement.

Les Pères de Tantah, tout en s'occupant de leur collège, ne négligent point le ministère. Leur chapelle ne peut plus contenir le nombre des fidèles qui augmentent de jour en jour. Le P. Duret, à qui je démontrais dernièrement la nécessité d'une église au centre de la ville, approuva mon idée; mais, comme il arrive souvent, les idées bonnes manquent de moyens d'exécution et ces moyens sont... les billets de Banque.

En classe autrefois, on m'enseignait la générosité des cœurs français. C'est à ces cœurs que je viens m'adresser afin de les faire coopérer à une œuvre vraiment méritoire, celle d'élever un clocher dont le carillon appellera non seulement les catholiques, mais grand nombre d'indigènes et de Syriens schismatiques.

DÉPARTS DE MISSIONNAIRES

Deux missionnaires du séminaire des Missions Étrangères de Rome, les RR. PP. Jean Bonzano et Attilius Zanon se sont embarqués le 3 mai à Marseille à destination du Chen-si méridional (Chine).

— La Maison-Mère des Sœurs de St-Joseph de Cluny a envoyé, pendant le mois d'avril, plusieurs religieuses dans diverses missions d'Amérique et d'Afrique :

Pour la Trinidad : Sœur Gertrude du Divin Cœur Hanley et sœur Marie de Saint-Gabriel Scally, du diocèse d'Elphin ; Sœur Agathe de Sainte Divyer, du diocèse de Waterford, et Sœur Lazare de Sainte-Magdeleine d'Hallerand, du diocèse de Killaloe.

En Haïti : Sœur Gaudiosa Castanié, Sœur Xavier de Saint-ignace Custry, Sœur Florida de Sainte-Marie Marques, Sœur Wilfrid des Saints Couderc, du diocèse de Rodez ; et Sœur Thérèse-Marie du Sacré-Cœur Blumberger, du diocèse de Strasbourg.

Pour le Sénégal, Sœur Jacques de la Rédemption le Berre; Sœur Lucine de Saint-Marcel Rodailec, du diocèse de Quimper ; Sœur Zoé de la Croix Ginestet, du diocèse de Rodez, et Sœur Germaine du Sacré-Cœur Laroche, du diocèse d'Autun.

Pour le Pérou : Sœur Raymond de Jésus Girardin et Sœur Agnès de Saint-Jean Simler, du diocèse de Strasbourg ; Sœur Marc de Saint-Pierre Brégart, du diocèse de Vannes, et Sœur Charlotte-Marie Scipion, du diocèse de Rodez.

INFORMATIONS DIVERSES

Pondichéry (*Hindoustan*). — On nous communique la lettre suivante de M. Fluchaire, des Missions Étrangères de Paris, missionnaire à Pillavadandey :

« Au mois de mai dernier, j'ai donné un réglement aux membres de la confrérie du Carmel. Je ne croyais pas si bien réussir. Car, les fruits de sanctification obtenus sont admirables. Cette *Sabei* (confrérie) est ma consolation en même temps qu'une source de grâces pour mes chrétiens. Les membres de la Confrérie sont au nombre de soixante-dix. Par ce moyen un grand bien s'est fait parmi mes chrétiens. Le nombre des communions de l'année a presque doublé. Le 3ᵉ dimanche du mois j'ai une moyenne de 50 communions.

« Le soir, pour la procession, l'église se remplit comme aux jours de fête. Sans doute nos processions sentent un peu le sauvage, et peut-être seriez-vous étonnés d'entendre les cris poussés par mes Indiens, de voir leurs gestes et leurs danses devant le char de la Vierge Marie. Chaque peuple a sa manière d'honorer Dieu ; David ne dansait-il pas devant l'Arche d'Alliance ?

« La musique instrumentale ouvre la marche. Une dizaine d'individus à la peau noire, exercent leurs forces sur de pauvres instruments, tout délabrés. C'est un vieux tambour, une grosse caisse qui a roulé dans plusieurs concours d'orphéons, non sans y endommager sa peau ; une clarinette essoufflée : le reste à l'avenant. Nos artistes ne soupçonnent pas qu'il y ait des notes et des règles pour entraver leur génie. Aussi, quel bruit ! Mais tout le monde est émerveillé.

« Après la musique, deux danseurs, armés de longs bâtons, ont l'air de se livrer une bataille en règle.

« Tout cela paraît drôle ; mais croyez que notre bonne Mère est contente de ses enfants qui lui témoignent leur affection à leur manière.

« Ensuite vient la croix, puis le char de Notre-Dame. Le mois dernier, c'était un petit garçon païen qui s'était emparé de la croix, et il la portait fièrement. Que Dieu le sauve!

« Le char n'a ni sculpture, ni dorure. Quelques guirlandes de fleurs naturelles tressées par mon maître d'école et quelques autres jeunes gens, voilà tout son ornement. Quatre enfants de chœur, en soutanelle rouge et en surplis, le portent sur leurs épaules.

« La Vierge, de cinquante centimètres de hauteur, est en bois doré ; sa tête et ses mains, ainsi que la tête et les mains de l'Enfant Jésus, sont en ivoire. C'est une vieille statue très vénérée ici. On dit qu'elle vient de Manille.

« Pour moi, je ferme la marche, le cœur rempli de reconnaissance pour cette bonne Mère ; mes lèvres lui confient les invocations des litanies, et un moment j'ai oublié que je suis loin de la France, loin de mes chers parents, loin de vous... »

Agra (*Hindoustan*). — Le R. P. Raphaël, Capucin, écrit de Ujjain aux *Annales franciscaines* :

« Ujjain est encore actuellement, une ville complètement païenne. Le gouverneur seul et sept ou huit de ses serviteurs sont chrétiens. Sir Miquell Filose est Anglais par ses ancêtres. Lui cependant, ainsi que son père et son grand'père, sont nés dans les Indes. Mais tous ont reçu leur éducation en Angleterre. C'est une famille patriarcale où le prêtre a toujours la première place. A l'arrivée, comme au départ, la première et la dernière parole de celui-ci sont la bénédiction qu'il donne à la famille agenouillée à ses pieds, en présence des soldats païens.

« Il y a huit jours, j'allai pour la seconde fois dire la sainte messe chez M. le gouverneur. Ensuite on me proposa de visiter la ville. J'acceptai avec empressement. Maître Augustin (c'est le titre de noblesse du plus jeune enfant de M. le gouverneur, âgé de onze ans) me dit aimablement : « Mon Père, voulez-vous ? « nous irons ensemble et nous allons prendre un éléphant. »

« La chaleur un peu tombée, l'ordre fut donné de *seller* l'animal. Figurez-vous une espèce de plate-forme sur laquelle on étend des coussins, et assez large pour tenir six personnes au moins, le tout paré de tentures brodées d'or et d'argent : voilà la selle. Quand tout est prêt, l'animal se met à genoux, on apporte une échelle et nous montons. Deux soldats précèdent, deux suivent ; le piqueur est en grande tenue. Nous voilà partis.

« Que c'est mal commode ! La mer en furie ne secoue pas davantage ses passagers. Mais je suis monté, il faut marcher.

Nous avions pourtant un avantage. L'éléphant et la plate-forme n'avaient pas moins de douze ou quinze pieds d'élévation, ce qui nous permettait de voir facilement jusqu'au fond du premier des quelques maisons qui ont un étage.

« Les rues sont étroites et ressemblent assez à des escaliers mal empierrés Notre animal passe partout On lui fait même monter un escalier allant de la basse ville à la haute et où les chevaux les mieux dressés ne voudraient jamais se risquer.

« Dans cette ville de quarante mille âmes, il existe peut-être trois cents temples des faux dieux de toutes formes et de toutes couleurs. Plusieurs sont d'une beauté remarquable ; l'architecture est gracieuse et le style élégant.

« Nous allâmes aussi visiter une très importante filature de coton. En arrivant dans la cour, l'éléphant se plie ; on met l'échelle et nous descendons. En voyant l'éléphant de M. le gouverneur, maîtres, contre-maîtres, employés, tous vinrent au devant de nous et nous saluèrent à la manière orientale la plus respectueuse. On me regarde les pieds, la corde, le chapelet, la tête. Jamais être pareil ne s'était vu dans le pays. Je tenais Maître Augustin par la main, ce qui augmentait encore la stupefaction : « C'est un ami de M. le gouverneur, c'est un grand seigneur, c'est un prêtre du dieu des chrétiens, etc. »

« Le maître s'empressait de nous montrer ces pauvres païens dans ses moindres détails. Bien que cette machine soit beaucoup plus grossièrement faite que celles d'Europe, elle est cependant très curieuse à voir. Malheureusement tous parlaient hindoustani ; impossible de se faire comprendre. Maître Augustin me servit d'interprète. Je lui parlais anglais et il traduisait mes paroles.

« Nous remontâmes sur notre éléphant ; force saluts furent échangés et nous regagnâmes notre maison.

« Que d'ouvrage à faire pour convertir ces pauvres païens, qui n'ont pourtant aucune méchanceté ! Priez Marie de nous donner force, courage, énergie, pour être de vrais missionnaires, dignes de ce nom. »

Fo-kien (*Chine*). — Les nouvelles qui viennent de Chine ne sont pas des plus rassurantes. Mgr Masot, des Frères Prêcheurs, écrit de Fou-tchéou :

« Notre mission du Fo-kien est loin d'avoir la paix, cette paix que nous sommes depuis 1884 à une sorte de persécution officielle et exposés au contre-coup des troubles politiques qui désolent le pays. A l'heure présente, les choses en sont venues à tel point que les mandarins ne s'inquiètent plus des traités signés envers les puissances européennes, ni des consuls qui les représentent en Chine. Si nous voulons acheter un terrain pour y construire soit une église, soit une école, nous sommes sûrs de nous heurter à une opposition systématique de la part des mandarins. Tantôt ils prétendent que la population verrait avec déplaisir cette construction ; tantôt ils font jeter en prison sans autre forme de procès celui qui nous a vendu le terrain et les témoins qui ont signé l'acte, jusqu'à ce que le contrat soit annulé. De cette façon nous n'avançons pas et bientôt nous ne pourrons plus sortir des lieux que nous habitons, pour ne point exposer à des ennuis ceux qui nous recevraient chez eux. Vous voyez si nous avons besoin qu'on vienne à notre secours par la prière. »

Tché-Kiang (*Chine*). — M. Ibarruthy, Lazariste, nous écrit de Ning-Po, le 16 février 1891 :

« Dans la nuit du 10 au 11 février a éclaté un incendie dans le quartier le plus populeux de la ville de Ting-Hay. Le feu a commencé vers les dix heures du soir, pour cesser le lendemain à cinq heures du matin.

« Excité par un vent du nord-est des plus violents, poussant devant lui les flammes rapides, il n'a pas tardé à réduire en cendres un tiers de la ville de Ting-Hay.

« Les mandarins ont fait d'inutiles efforts pour conjurer le péril. Les six pompes à incendie de la ville ont été mises en batterie ; mais elles sont si peu souvent en usage, qu'elles étaient toutes rouillées ; trois se sont brisées. Et puis, quel secours efficace porter dans cet amas d'habitations chinoises, où toutes les maisons se touchent, où les rues sont à peine assez larges pour donner passage aux piétons. Furieux de ne pouvoir maîtriser le feu, le mandarin militaire a jeté au milieu des flammes son chapeau de cérémonies, son globule et son collier. Il paraît que tel est l'usage en pareille circonstance.

« Plusieurs personnes ont disparu pendant l'incendie. Il est probable que leurs cadavres seront retrouvés sous les ruines de leurs maisons.

« Si le bon Dieu nous a épargnés, n'est-ce pas parce qu'il veut que nous secourions tant de malheureux ? Près de trois mille maisons sont en cendres, et autant de familles sont réduites à la misère. Le quartier le plus populeux et le plus commerçant de la ville se trouve anéanti. Beaucoup de familles logent sous des tentes de paille et de nattes, ouvertes au vent glacial de la saison, attendant un secours qui ne vient pas. Déjà la misère était grande ; les deux récoltes de riz avaient été mauvaises ; les pommes de terre européennes et chinoises avaient manqué. Aidez-nous à soulager tant d'infortunes. »

Arizona (*Etats-Unis*. — Mgr Bourgade, vicaire apostolique de l'Arizona, nous écrit de Tucson :

« Je vous prie de vouloir bien insérer dans les *Missions catholiques* l'appel du R. P. Chaucot. Depuis vingt ans ce missionnaire dessert la pauvre paroisse de Yuma, dans les circonstances les mieux faites pour mettre à l'épreuve le courage d'un apôtre.

« Yuma est une petite ville de douze cents âmes, située au confluent des rivières Colorado et Gila elle occupe un site sablonneux, en forme d'entonnoir, dont les bords sont des collines arides et rocailleuses. Des économies faites par le Père sur les choses de première nécessité, jointes aux maigres offrandes de ses paroissiens, lui avaient permis, il y a une quinzaine d'années, de construire et d'aménager tant bien que mal une école. Par le moyen presque exclusif des mêmes économies, constamment renouvelées chaque année, le digne missionnaire avait réussi à la doter de quatre Sœurs de Saint-Joseph comme maîtresses et il suffisait à grand'peine aux frais d'enseignement. Maison d'école, mobilier, ainsi que sa résidence, tout vient d'être emporté par une crue de trente-quatre pieds au-dessus du niveau ordinaire des eaux. »

« Le Père, comptant sur la grande indulgence de Celui qui a tant aimé les petits enfants, a pris son logement dans la sacristie à côté du Saint-Sacrement. L'unique nef de sa petite église lui servira jusqu'à nouvel ordre de salle d'école. Il s'agit maintenant de construire au plus tôt une nouvelle maison pour les Sœurs qui jouissent présentement de l'hospitalité de l'école indienne, mais trop loin de la ville pour qu'elles puissent venir y faire leurs classes. C'est afin de mettre les Sœurs à même de reprendre leurs classes en leur construisant un nouveau logement, et aussi de rendre à Notre-Seigneur son sanctuaire que le P. Chaucot adresse ce touchant appel à la charité de vos lecteurs. »

Voici la lettre du R. P. Chaucot :

« Je suis le pauvre curé de la très pauvre paroisse de Yuma. « La main de Dieu nous a visités les 22 et 26 février dernier, réunissant la crue des rivières Colorado et Gila pour inonder le village de Yuma. La maison qui me sert de résidence et le bâtiment de notre école paroissiale ont été emportés, tandis que mes pauvres paroissiens sans ressources et sans habitations errent sur les collines arides qui dominent l'emplacement où se trouvait notre petite ville. Leur vue excite une profonde commisération ; aussi : *Levavi oculos meos in montes* j'ai levé les yeux vers les lieux fortunés d'où j'attends aide et secours. »

DOUZE CENTS MILLES EN CANOT D'ÉCORCE

OU

PREMIÈRE VISITE PASTORALE

de Mgr N.-Z. LORRAIN, évêque de Cythère

Par Mgr J.-B. PROULX

Curé de Saint-Raphaël de l'Isle-Bizard.

CHAPITRE XIX

A Wemontaching.

(Suite (1).

Visite des tentes. — Élection d'un chef. — Recueil de prières et de cantiques. — Le catéchisme. — Le chemin de la croix.

— *La bibliothèque Crise. — Ours. — Les Jeux. — La procession du Saint-Sacrement. — Pénitence publique.* — *Adieux de Monseigneur. — Le Départ.*

Samedi, 9 juillet. — Mgr Lorrain a commencé aujourd'hui la visite des tentes. Les maisons en toile sont au nombre de cinquante-sept. Elles sont larges et grandes, pouvant contenir cinq, six et huit personnes. La population totale de la ville s'élève à deux cent soixante âmes. Tous ces sauvages appartiennent à la même tribu, à la même langue ; cependant ils sont campés en quatre groupes différents, selon les rivières qu'ils habitent et les forts qu'ils fréquentent.

Deux fois par jour, le P. Dozois fait le catéchisme à la jeunesse ; comme il n'est pas encore très familiarisé avec les

Mgr J. B. PROULX.   Mgr LORRAIN.   R P. DOZOIS.   R P. GUEGUEN.   Frère TREMBLAY.

CANADA. — Mgr LORRAIN ET SES COMPAGNONS DE VOYAGE; d'après des photographies.

(Voir le texte).

particularités de ce dialecte, il emploie les services d'Alexis, sauvage bien instruit dans la religion, qui, sans avoir jamais fréquenté aucune école normale, a toutes les manières d'un pédagogue. Au catéchisme se rattachent la lecture et le chant. Cinq ou six petits garçons et autant de petites filles sont constitués sous-maitres, et, un livre à la main, enseignent un groupe de leurs compagnons ou de leurs compagnes, pressés autour d'eux; des prix sont promis, non seulement aux élèves qui feront le plus de progrès, mais aussi aux professeurs qui auront

(1) Voir les *Missions catholiques* des 2, 9. 16, 23 janvier, 6, 13, 20, 2/ février 6, 13, 20 et 27 mars. 3, 10, 17, 24 avril, 1er, 8 et 15 mai, ainsi que la carte et l'itinéraire, page 8.

poussé davantage leurs écoliers. Une heure durant, on n'entend par toute la chapelle, que *pa, pe, pi, po, ma, me, mi, mo*. Dans les douze jours de sa mission, le Père n'a pas le temps de faire faire à ses pupilles leur rhétorique et leur philosophie ; mais il leur aura inspiré les éléments et le goût de la lecture, puis ces leçons seront continuées sous la tente : c'est ainsi que toute une nation sauvage apprend à lire. Quant au chant, l'ardeur est si grande, que ces enfants ne se contentent pas des exercices qu'on leur donne à la chapelle ; ils regagnent leur tente en chantant ; et ils répètent pendant des heures les cantiques qu'ils ont exercés.

Dimanche, 10 juillet. — Cet après-midi, une assemblée générale de la nation eut lieu pour élire un chef, le terme de Jean-Baptiste étant expiré. Trois candidats étaient sur les rangs : Jean-Baptiste Boucher, chef sortant de charge, Charles Rikatadi, de Coucoucache, et Joseph Rochelot, de Manawan. Le chef de Wemontaching commande à tous les autres, c'est le *kitchi okimaw*. Il fut convenu que celui qui réunirait le plus de suffrages serait le grand chef, les deux autres restant ses assistants. Rikatadi obtint vingt-six votes, Jean-Baptiste douze, et Rochelot quatre.

La médaille d'argent est attachée sur la poitrine du nouvel élu. D'après le cérémonial, les sauvages exécutent autour de lui la danse de guerre, et à tour de rôle ils viennent lui presser la main. Quand tous furent assis, Jean-Baptiste se lève et dit qu'il n'accepte pas d'être le second (César ne

pensait pas autrement), et que pour Rikatadi, au lieu d'agréer des honneurs, il ferait mieux de lui payer ce qu'il lui devait. Rikatadi piqué dépose la médaille, et répond qu'il ne veut point d'un pouvoir que tous ne respectent pas. Nous voici dans un interrègne, sans gouvernement ; il est probable que les choses n'en iront pas plus mal. N'est-ce pas que ça se passe un peu comme chez les Blancs ?

.*.

L'undi, 11 juillet. — De gros nuages gris, à plusieurs couches, recouvrent le firmament, le beau temps va-t-il enfin revenir ? Depuis deux jours les cataractes du ciel sont ouvertes ; ces deux dernières nuits, nous avons dû émigrer de la tente à la maison.

CANADA. — PALAIS ÉPISCOPAL DE MGR LORRAIN A WEMONTACHING ; d'après une photographie de Mgr LORRAIN.
(voir page 245).

J'entends prier, j'entends chanter les enfants du P. Dozois ; cela me donne l'idée d'examiner à fond leur *Recueil de prières et de cantiques*, volume de format in-12, de 277 pages bien remplies. Le livre s'ouvre par la prière du matin, celle du soir, les prières de la messe, enfin prières diverses et très complètes au nombre de vingt-neuf, couvrant quatre-vingt-sept pages. Suit la traduction de seize psaumes, ceux qui servent à chanter les vêpres à tous les dimanches et fêtes de l'année. Puis viennent dix-neuf hymnes : *Jesu redemptor omnium, Jesus dulcis memoria, Vexilla, Sacra familia, Veni creator, Pange lingua, Ave Maris stella, Te Joseph celebrent, Iste confessor, Exultet orbis gaudiis*, etc. etc. Enfin, les cent quarante-cinq dernières

pages renferment cent quatre-vingt-dix-sept cantiques sur l'amour de Dieu, sur l'enfance de Jésus, sur le retour du pécheur, sur la résurrection du Sauveur, sur le bonheur du ciel, sur la sainte Eucharistie, sur les perfections et la puissance de Marie, sur la fête des principaux Saints : saint Joseph, saint Pierre, saint Louis, sainte Philomène. Non seulement les cantiques sont la traduction des strophes françaises sur l'air desquelles ils se chantent, c'est encore l'exposé complet d'une maxime de la morale chrétienne, c'est le développement dogmatique d'une vérité ou d'un mystère de la religion. Ces cantiques sont devenus les chants favoris de la nation : ils sont fredonnés dans les canots, ils soutiennent les Indiens dans leurs courses péni-

Obles ; ils abrègent et égaient leurs longues veillées d'hiver.

Un petit opuscule contient le chemin de la croix. C'est une traduction, mais tout à fait dans le génie de la langue algonquine, de notre Chemin de la croix, composé, pour chaque station, d'une méditation, d'une prière et d'un cantique. C'est en relisant cette histoire douloureuse des souffrances de Notre-Seigneur que les sauvages apprennent à leur juste valeur le prix de leur âme et l'importance du salut. Aussi Monseigneur, attache-t-il une grande importance à l'érection, dans chaque chapelle, des stations de la voie du calvaire.

Si à ces livres vous ajoutez les chants annotés et le calendrier, dont j'ai déjà parlé dans mes correspondances précédentes, vous avez toute la bibliothèque algonquine. Chaque famille la possède en son entier : on ne trouve pas dans la mission cinq grandes personnes qui ne sachent pas lire. Cette connaissance générale de la lecture explique, du moins en partie, l'instruction religieuse quel'on rencontre chez les sauvages à un degré étonnant, si on considère qu'ils n'entendent la parole du prêtre qu'une seule fois dans le cours de l'année. Chose admirable ! dans ce coin inconnu du globe, tout le monde sait lire et ce peuple sauvage pourrait rendre des points, même aux fiers Américains, qui se vantent, entre toutes les nations de la terre, d'avoir fait pénétrer le plus avant dans les masses l'enseignement primaire.

.*.

Mardi, 12 juillet. — Passons aujourd'hui à la littérature crise ; elle se sert de caractères que vous appellerez, comme il vous plaira, hiéroglyphiques, ou sténographiques, ou syllabiques. Chaque signe exprime une syllabe ; et selon qu'il est couché, à droite, à gauche, en haut, en bas, il donne le son d'une des quatre voyelles en usage dans l'alphabet cris :

e, i, o, a. Exemple : U te, ∩ ti, ⊃ to, ⊏ ta ; V pwe, Λ pwi, ⊳ pwo , ◁ pwa. Je ne puis multiplier les exemples ; car, dans les cases des imprimeries ordinaires, les caractères me font défaut.

Ainsi lisent les sauvages de Mékiskan et de Waswanipi.

Ceux de Wemontaching, dont la langue est une des mille variantes du cris, ne comprennent que les lettres françaises : aussi se servent-ils des livres algonquins. La question est aujourd'hui à l'étude pour savoir quels livres déjà imprimés pourraient leur être plus utiles ; m'est avis que le plus court serait de traduire l'algonquin et de l'imprimer en leurs dialectes.

Le parler de Wemontaching est dur et énergique, on croirait entendre des Iroquois. Ils ont l'r qu'ignorent les Cris de Waswanipi et d'Albany. Pour namawia, (non), ils disent namawira. Le mot algonquin onagan, plat, se prononce plus doux à Waswanipi, oiagan, et plus rude à Wemontaching, oragan.

La bibliothèque crise, pour cette partie du pays, est moins riche que l'algonquine ; elle ne comprend que : 1° Le «recueil de prières, catéchisme et cantiques », petit volume in-18 de 108 pages ; 2° le Chemin de la croix; 3° une traduction de quelques sermons de Mgr Baraga. Ce dernier livre toutefois est un trésor de dogme et de morale, mis à la portée des enfants des bois.

MGR DE CHARBONNEL.
(Voir la Nécrologie, page 251).

Les Waswanipiens et les Wemontachinois se servent, souvent sans le comprendre, d'un calendrier qui n'est pas dans leur langue.

Monseigneur s'intéresse beaucoup à la diffusion de cette source d'instruction, la seule où puissent s'abreuver ses ouailles des forêts. Une copie est laissée dans chaque famille, avec invitation de l'apprendre par cœur et de la répéter tous les jours. C'est l'obole de prières que le sauvage apportera pour le triomphe de l'Eglise ; c'est le denier de la veuve qui contribuera peut-être plus à la reconstruction de la société nouvelle que toutes les richesses de science et de savoir-faire des pays civilisés.

Toutes ces impressions coûtent cher, surtout celles qui sont en caractères syllabiqués. Quand le P. Lebret fit imprimer quelques-uns de ces livres en 1866, Mgr Bourget autorisa des quêtes par tout son diocèse. Ames charitables, voici un objectif digne de vos dons. Mgr Lorrain se ferait un plaisir de vous envoyer quelques exemplaires des livres que vous auriez mis au jour; vous les conserveriez dans votre bibliothèque comme le témoignage et le souvenir d'une bonne œuvre.

.·.

Mercredi, 13 juillet.

> J'ai fui ce pénible sommeil
> Qu'aucun songe heureux n'accompagne ;
> J'ai devancé sur la montagne
> Les premiers rayons du soleil.

Nous sommes retournés depuis deux soirs sous la tente, frais séjour du sommeil. Si je n'ai pu dormir, je soutiens que la faute en est aux chiens, criant, jappant, hurlant, se battant, se dévorant, qui ont mené, du soir au matin, un vrai sabbat. Monseigneur dit que cette insomnie est due aux grillades d'ours que nous avons mangées au souper; il est vrai qu'elles étaient tendres, succulentes, et qu'elles ouvraient outre mesure les capacités de l'appétit. Mais un point sur lequel nous nous accordons, c'est qu'il aurait suffi, pour servir de réveille-matin, de cette myriade de brûlots qui infestaient la tente et nous brûlaient la peau, ennemi presque invisible, poussière de feu, qui s'introduit à travers les couvertures les plus épaisses.

.·.

Nous vivons ici au milieu des ours, comme dans les campagnes de Montréal vous vivez au milieu des moutons. De vastes pays découverts, où croissent les bluets, sont leurs pacages favoris ; ils fournissent à toutes les cuisines la viande de boucherie. Il n'est pas de chasseurs qui n'en abattent, dans leur année, dix, quinze ou vingt. L'ours ne se défend que lorsqu'il est attaqué, mais alors il est terrible. Il ne dévore pas de ses dents, mais, saisissant son ennemi entre ses deux bras vigoureux, il lui déchire, il lui laboure les entrailles de ses pattes de derrière. Vérité de la Palisse : il vaut mieux rencontrer l'ours dans son assiette, que dans la forêt.

Tous les jours nous avons l'occasion de voir quatre jeunes oursons, mal léchés, qu'on élève au bout de la chaine, et qui s'exercent pendant des heures entières à faire la culbute et mille tours gracieux. J'aime bien mieux ce gentil vison qui habite, tout à fait apprivoisé, sous la tente de *Maïocé*. Il est vif, sémillant, toujours aux aguets, toujours remuant, avec un nez de belette et des yeux de lynx ; long, fluet, soyeux, il vous glisse, il vous coule entre les mains comme une anguille limoneuse ; vous diriez une couleuvre vêtue de poil.

(*A suivre*).

LES MISSIONS CATHOLIQUES AU XIXᵉ SIÈCLE

PAR

M. Louis-Eugène LOUVET, des Missions Étrangères de Paris, Missionnaire en Cochinchine occidentale.

CHAPITRE X

L'ÉGLISE CATHOLIQUE DANS LES INDES (1800-1890).

Suite 1)

V. PROVINCE DE MALABAR.

A leur arrivée dans l'Inde, en 1499, les Portugais trouvèrent au Malabar environ 100,000 chrétiens, dits de Saint-Thomas. Tous étaient nestoriens ou jacobites, et ils recevaient alternativement leurs évêques du patriarche nestorien de Babylone ou du patriarche jacobite de Mossoul.

Au bout d'un siècle de prédications, presque toute la nation abjura l'hérésie, au concile d'Udiamper, 1596 ; mais l'union ne dura guère qu'un demi-siècle. En 1653, les catholiques syriens du Malabar, exaspérés des exactions des Portugais, se soulevèrent contre eux, chassèrent les missionnaires portugais et renoncèrent à la foi catholique ; quatre cents familles seulement, environ 2,000 âmes, demeurèrent fidèles.

Le Pape Alexandre VII, sentant le besoin de séparer la question religieuse de la question politique, enleva, en 1658, les Syriens à la juridiction de l'évêque portugais de Cochin, pour les confier aux Carmes Déchaussés, qui, depuis 234 ans, sont demeurés chargés de la mission malabare. Ils y ont travaillé avec succès ; sans parler des catholiques de rit latin, le nombre des catholiques de rit syro-chaldéen dépasse actuellement 200,000 contre environ 50,000 qui sont demeurés dans l'hérésie. Ces derniers ont à leur tête, 1 archevêque avec 5 évêques, 100 prêtres et 54 églises. Le métropolitain seul est reconnu par le gouvernement anglais.

Les protestants ont beaucoup travaillé pour attirer à eux les hérétiques du Malabar. Pendant longtemps, ils ont soutenu de leurs deniers le séminaire nestorien ; les évêques anglicans n'ont pas rougi d'appeler à Londres et de combler de prévenances le chef religieux de ces sectaires, qui, détruisant toute l'économie du mystère de l'Incarnation, nient implicitement la divinité de Jésus-Christ.

Les écrivains protestants ont fait l'éloge de la pureté et de l'antiquité de l'Église nestorienne. Toutes ces avances ont été en pure perte ; ils n'ont pas converti un seul nestorien, mais ils les ont confirmés dans leurs préjugés sectaires et leur éloignement de Rome ; c'est toujours autant de gagné.

Jusqu'en 1853, la mission du Malabar forma le vicariat unique de Vérapoly ; à cette époque, le Saint-Siège érigea les deux vicariats de Mangalore, au nord, et de Quilon, au sud. En 1878, le vicariat de Mangalore fut donné aux Jésuites. Enfin à l'établissement de la hiérarchie, le Malabar forma une province ecclésiastique ainsi divisée : arche-

(1) Voir tous les numéros parus depuis le 14 mars jusqu'à fin octobre 129 et 2, 9, 16, 23 et 30 janvier, 6 et 13 février, 24 avril, 1ᵉʳ, 8 et 15 mai 1891.
Pour l'intelligence de ce travail nous recommandons la carte de l'Inde ecclésiastique que nous avons publiée en 1887. Prix : 2 francs *franco*.

vèché, Vérapoly, 1 évêché suffragant, Quilon, 2 vicariats apostoliques de rit syriaque, Trichoor èt Cottayam.

Voici le tableau des développements du catholicisme au Malabar :

En 1800 : 1 vicaire apostolique, 3 missionnaires. Rit latin, ? prêtres indigènes, ? églises ou chapelles, 40.000 catholiques; rit syriaque. ? prêtres indigènes, ? églises ou chapelles, 40.000 catholiques.

Total en 1800 : 1 vicaire apostolique, 3 missionnaires, ? prêtres indigènes, ? églises ou chapelles. 80,000 catholiques.

En 1840 : 1 vicaire apostolique, 8 missionnaires. Rit latin, 52 prêtres indigènes, 99 églises ou chapelles, 83.000 catholiques; rit syriaque, 333 prêtres indigènes, 167 églises ou chapelles, 99.000 catholiques.

Total en 1840 : 1 vicaire apostolique, 8 missionnaires, 285 prêtres indigènes, 266 églises ou chapelles, 182.000 catholiques.

En 1870 : 1 vicaire apostolique, Vérapoly, 7 missionnaires Rit latin, 36 prêtres indigènes, 198 églises, 90,000 catholiques latins; rit syriaque, 260 prêtres indigènes, 198 églises, 160,000 catholiques syriens.

1 vicaire apostolique, Mangalore, 7 missionnaires, 36 prêtres indigènes. 36 églises, 45,000 catholiques.

1 vicaire apostolique, Quilon, 13 missionnaires, 11 prêtres indigènes, 131 églises, 50,024 catholiques.

Total en 1870, 3 vicaires apostoliques, 27 missionnaires, 343 prêtres indigènes, 365 églises, 354,024 catholiques.

En 1890 : 1 archevêque, Vérapoly, 31 missionnaires 38 prêtres indigènes latins, 38 églises, 40,000 catholiques latins.

1 vicaire apostolique, Trichoor, 1 missionnaire. 122 prêtres indigènes syriens, 105 églises ou chapelles, 101,551 catholiques syriens.

1 vicaire apostolique, Cottayam, 1 missionnaire, 271 prêtres indigènes syriens, 152 églises, 107,000 catholiques syriens.

1 évêché, Quilon, 44 missionnaires, 18 prêtres indigènes latins, 155 églises ou chapelles, 86,000 catholiques latins.

Total en 1890 : 1 archevêque, un évêque, 2 vicaires apostoliques, 77 missionnaires. 449 prêtres indigènes, 450 églises ou chapelles, 334,551 catholiques.

La population totale de ces missions étant de 5,171,000 âmes, la proportion des catholiques (en tenant compte des 67,048 âmes du diocèse portugais de Cochin), est $\frac{1}{13}$. La population catholique a plus que quadruplé.

I. — L'archidiocèse de Vérapoly est limité : au nord, par les diocèses de Mangalore et de Cochin ; à l'est, par ceux de Coïmbatour et de Trichinopoly ; au sud, par celui de Quilon ; à l'est, par la mer.

Il a beaucoup perdu au concordat de 1885. A cette époque, le vicariat de Vérapoly comptait environ 300,000 catholiques des deux rites ; 45,000 latins lui ont été enlevés pour être rattachés au diocèse de Cochin ; la création des deux vicariats de rit syriaque lui en a soustrait plus de 208,000, en sorte qu'il est retombé à 40,000.

Deux congrégations tertiaires (hommes et femmes) sont chargées des œuvres de la mission. Il y a dans le diocèse : 1 séminaire, 77 élèves, 1 collège de jeunes gens, 250 élèves, plusieurs pensionnats de jeunes filles, 200 pensionnaires, 60 écoles paroissiales, 2,400 enfants, 1 hôpital indigène, 3 orphelinats, 80 enfants, 1 catéchuménat, moyenne annuelle des baptêmes, 300.

II. — Les deux vicariats apostoliques de Trichoor et de Cottayam ont été érigés par bref du 20 mai 1887, pour répondre aux désirs de la nombreuse population syro-chal-

déenne du Malabar. Le Saint-Siège a décidé que, jusqu'à nouvel ordre, les vicaires apostoliques seraient de rit latin ; mais ils ont un vicaire général de rit syriaque, lequel jouit dans son rit du privilège des insignes pontificaux et du droit de donner la confirmation, mais avec le chrême béni par l'évêque. Dans chaque vicariat, le conseil épiscopal se compose de quatre prêtres de rit syriaque.

Il y a dans le vicariat de Trichoor : 1 séminaire, 43 élèves, 4 écoles anglaises, 50 écoles paroissiales, 1 catéchuménat, 4 communautés de Sœurs indigènes, 18 religieuses.

Dans le vicariat de Cottayam : 2 séminaires, 150 élèves, 3 écoles anglaises, 200 écoles paroissiales, 5 catéchuménats, 5 communautés de tertiaires hommes et 3 communautés de Sœurs.

Le nombre total des enfants élevés dans ces écoles dépasse 4,000 pour les deux vicariats.

Les catholiques du Malabar sont très attachés à leur rite, qui remonte aux temps apostoliques. Ils ont gardé la plu touchante dévotion à saint Thomas, leur apôtre ; un autel lui est consacré dans chaque église.

On a vu, au chapitre précédent, comment le patriarche chaldéen de Mossoul essaya, en 1861, puis en 1872, de s'emparer des chrétientés du Malabar. Le malheureux évêque Mellus, envoyé dans ce pays, causa beaucoup de désordres parmi celles des chrétientés malabares qui relevaient alors de l'archevêché de Goa ; mais il eut peu de succès dans celles qui dépendaient du vicariat de Vérapoly, trois prêtres seulement firent défection. La soumission du patriarche, Mgr Audou, n amena pas la conversion de Mellus, qui refusa de répondre à l'ordre de rappel et s'obstina dans le schisme. Il fit une trentaine d'ordinations sacrilèges, puis il quitta le pays. Le retour de ce prélat, qui est récemment rentré au siège apostolique a consolé et réjoui tous ceux qu'avait désolés sa conduite passée.

III. — L'évêché de Quilon, confié comme celui de Vérapoly aux Carmes déchaussés, est limité, au nord, par l'archidiocèse de Vérapoly, à l'est, par le diocèse de Trichinopoly, au sud et à l'ouest, par la mer.

Il y a dans le diocèse : 1 séminaire, 23 élèves, 5 écoles anglaises et 73 écoles de paroisses, 3,016 enfants, 1 orphelinat, 4 catéchuménats, 2 couvents de tertiaires, 15 religieuses, 1 communauté de carmélites indigènes.

V. — PROVINCE DE MADRAS.

La province ecclésiastique de Madras comprend tout l'ancien royaume du Deccan, c'est-à-dire l'Inde centrale, du Bengale à Madras. L'évangélisation de ce pays est beaucoup moins avancée que dans le sud de l'Inde, les quatre missions qui forment la province sont toutes de fondation récente. En 1831, en dehors de l'évêché portugais de Saint-Thomas, il n'y avait encore rien dans ce pays, sauf deux ou trois chapelains militaires, attachés à l'armée anglaise.

Grégoire XVI érigea Madras en vicariat apostolique ; mais le premier titulaire, Mgr Polding (mort archevêque de Sydney), ayant refusé, le vicariat ne fut définitivement organisé qu'en 1834, par Mgr Daniel O'Connor, Augustin. Ce prélat, ayant donné sa démission, en 1840, fut remplacé par Mgr Carrew, de la Compagnie de Jésus, qui fut transféré, la même année, à Calcutta. Le vicariat de Madras fut donné alors à des prêtres séculiers irlandais, qui l'ont toujours conservé.

De 1841 à 1882, NN. SS. Jean et Etienne Fennely, les deux frères, se succédèrent à la tête du vicariat ; ils consacrèrent leur fortune au développement des œuvres de la mission. Leur sollicitude se porta principalement sur la fondation d'écoles et d'orphelinats, afin de lutter contre la propagande protestante.

En effet, pendant les quarante premières années du siècle, les protestants profitèrent habilement de l'absence des missionnaires pour couvrir la province de Madras de temples et d'écoles richement entretenus. Comme l'écrivait, en 1800, un des chapelains de l'évêque anglican, « la présidence de Madras est par excellence le diocèse des missionnaires de l'Inde » (1). Heureusement, il semble prouvé que les protestants, à leur ordinaire, ont fait plus de bruit que de besogne, si l'on s'en rapporte au témoignage, très désintéressé, de sir Baber, président de la cour de Madras, déclarant au Comité de la Chambre des lords que « un converti par nos missionnaires est chose inconnue dans le pays » (2). Cet aveu d'impuissance totale est confirmé au fond par les prédicants eux-mêmes : « Quant à des conversions réelles, écrivait de Madras un ministre, l'un de nous prétend qu'on n'en trouverait pas plus de deux ou trois dans toute la ville et les faubourgs ; un autre ajoute, une demi-douzaine au plus » (3).

Le catholicisme, sans avoir à son service les immenses ressources de l'hérésie, travaille avec plus de résultats. A mesure que le vicariat de Madras s'organisait, le nombre des catholiques, infime au début, devint assez considérable pour qu'au bout de quinze ans, la Sacrée Congrégation érigeât dans la province deux nouveaux vicariats : Vizagapatam (1849), qui fut donné aux Missionnaires de Saint-François de Sales d'Annecy, et Hydérabad (1851), aux Missions Étrangères de Milan.

Les choses allèrent ainsi jusqu'à l'établissement de la hiérarchie. A cette époque, la mission de Vizagapatam fut divisée en deux et la province de Madras se trouva ainsi constituée : archevêché, Madras, trois évêchés suffragants : Hydérabad, Vizagapatam et Nagpore.

Voici le tableau des développements du catholicisme dans la province de Madras :

En 1800 : ? missionnaires, ? prêtres indigènes ; ? églises ou chapelles, ? catholiques.

En 1840 : 1 vicaire apostolique, 11 missionnaires, 0 prêtres indigènes, ? églises ou chapelles, ? catholiques (4).

En 1870 : 1 vicaire apostolique, Madras, 19 missionnaires, ? prêtres indigènes, 50 églises ou chapelles, 36.436 catholiques.
1 vicaire apostolique, Hydérabad, 7 missionnaires, ? prêtres indigènes, 29 églises ou chapelles, 7.000 catholiques.
1 vicaire apostolique, Vizagapatam, 5 missionnaires, ? prêtres indigènes, 32 églises ou chapelles, 10.000 catholiques.
Total en 1870 : 3 vicaires apostoliques, ? missionnaires, ? prêtres indigènes, 111 églises ou chapelles, 53.436 catholiques.

En 1890 : 1 archevêché, Madras, 30 missionnaires, 14 prêtres indigènes, 136 églises ou chapelles, 44.107 catholiques.

(1) R. Ed. Whithead. Recherches sur l'Église établie dans l'Inde, ch. 7.
(2) Asiatic Journal.
(3) R. Howard Malcolm, 2ᵉ vol., ch. 9.
(4) Les chiffres donnés par les Annales de la Propagation de la Foi (1840) à savoir : 110.000 catholiques et 200.000 schismatiques sont d'une exagération manifeste.

1 évêché, Hydérabad, 11 missionnaires, 2 prêtres indigènes, 45 églises ou chapelles, 11.400 catholiques.
1 évêque, Vizagapatam, 19 missionnaires, 0 prêtre indigène, 49 églises ou chapelles, 8.661 catholiques.
1 évêque, Nagpore, 16 missionnaires, 0 prêtre indigène, 25 églises ou chapelles, 6.787 catholiques.
Total en 1890 : 1 archevêque, 3 évêques, 76 missionnaires, 16 prêtres indigènes, 255 églises ou chapelles, 70.955 catholiques.

La population totale des quatre diocèses étant de 38.307.009 habitants, la proportion des catholiques, en tenant compte de ceux de l'évêché portugais de Saint-Thomas, est $\frac{1}{356}$.

.*.

I. L'archidiocèse de Madras est limité par les diocèses de Saint-Thomas et de Pondichéry, au sud, par ceux de Poona et du Mysore, à l'ouest, par celui d'Hydérabad, au nord, et par la mer, à l'est.

Il compte en ce moment : 1 séminaire, à Nellore, 35 élèves, 1 collège à Madras, affilié à l'université, 250 élèves ; 17 écoles pour les jeunes Anglais des deux sexes, 44 écoles paroissiales, 5 orphelinats ; au total, 4,727 enfants.

En 1875, les Missionnaires de Mill-Hill vinrent, à la demande du vicaire apostolique, partager les travaux des missionnaires, trop peu nombreux jusqu'alors.

Plusieurs Congrégations d'hommes et de femmes travaillent aussi dans le diocèse :

1° Les Frères irlandais de Saint-Patrice. 5 religieux.
2° Les Frères indigènes de l'Immaculée Mère de Dieu. 8 profès, 4 novices.
3° Les Sœurs européennes du Bon-Pasteur : 10 religieuses.
4° Les Sœurs de la Présentation : 2 maisons, 15 professes, 10 novices.
5° Les Sœurs indigènes du Saint-Cœur de Marie (de Pondichéry). 7 sœurs.
6° Les Sœurs indigènes de Sainte-Anne : 3 maisons, 13 professes, 5 novices.
7° Les Sœurs indigènes de Saint-Louis-de-Gonzague (de Pondichéry), 6 sœurs.

Il y a dans le diocèse de Madras 1 évêque anglican, et 28.699 protestants.

II. Le diocèse d'Hydérabad, très étendu, puisqu'il comprend l'État de Nizam, confine, au nord, aux diocèses de Vizagapatam et de Nagpore, à l'ouest, à celui de Poona, au sud, à celui de Madras, et à l'est, au golfe du Bengale. Il est administré par les Missionnaires du séminaire de Milan.

Il y a dans le diocèse : 1 séminaire, 20 élèves, 2 écoles anglaises, 18 écoles de paroisses, 803 enfants, 4 orphelinats. 220 enfants, 1 communauté de Sœurs de la Providence (Turin), 17 Sœurs, 1 communauté de tertiaires de Saint-François d'Assise, 5 Sœurs.

III. Le diocèse de Vizagapatam confine, au nord, à celui de Calcutta, à l'ouest, au diocèse de Nagpore, au sud, à celui d'Hydérabad, à l'est, au golfe du Bengale. Il est administré, ainsi que celui de Nagpore, par les Missionnaires de Saint-François de Sales d'Annecy.

28 Frères coadjuteurs, 1 communauté européenne de Sœurs de Saint-Joseph, 50 religieuses, 1 communauté de 30 Sœurs indigènes partagent les travaux des missionnaires.

Il y a dans le diocèse : 25 écoles de paroisses, 1,184 élèves, 8 orphelinats, 202 enfants, 1 catéchuménat, moyenne annuelle, 400 baptêmes.

IV. Le diocèse de Nagpore est limité : au nord, par les diocèses d'Agra, d'Allahabad et de Calcutta ; à l'ouest, par celui de Poona ; au sud, par celui d'Hydérabad; à l'est, par celui de Vizagapatam, dont il fut détaché par bref pontifical du 29 juillet 1887.

Le diocèse possède : 1 collège, à Nagpore, affilié à l'université de Calcutta, 217 élèves, 17 écoles de paroisses, 1.361 élèves, 4 orphelinats, 259 enfants, 14 Frères coadjuteurs, 31 Sœurs de la Présentation, 9 filles de la Croix·

(A suivre).

NÉCROLOGIE

Mgr ARMAND-FRANÇOIS-MARIE DE CHARBONNEL

Des Frères Mineurs Capucins

Ancien évêque de Toronto, archevêque titulaire de Sozopolis.

Nous avons annoncé brièvement la mort de ce vénérable doyen d'âge des évêques missionnaires. La féconde carrière apostolique du vénéré défunt, les services éminents rendus par lui à l'œuvre de la Propagation de la Foi nous font un devoir de rendre solennellement hommage à sa mémoire. Nous publions son portrait page 247 et nous insérons avec empressement cette intéressante notice due à la plume de M. l'abbé Chausse, aumônier des Frères de Saint-Etienne.

Armand-François-Marie de Charbonnel était né au château du Flachat, près Monistrol sur-Loire, le 1er décembre 1802 ; il fut baptisé le même jour par un ami de la famille, M. l'abbé Menod.

Il appartenait à une vieille et illustre famille, originaire du Vivarais, et établie, au quinzième siècle, dans le Velay. Son père, Jean-Baptiste de Charbonnel, était comte de Charbonnel, baron de Saussac, seigneur du Bets, du Flachat, de Cublaize. Chef d'escadron au régiment des Chasseurs de Hainaut, il eut le bonheur d'assurer la sortie de France, le 20 février 1791, de Mesdames Adélaïde et Louise-Thérèse-Victoire, filles de Louis XV et tantes de Louis XVI.

Armand de Charbonnel commença en 1811 ses études au petit séminaire de Roche (Loire) et les termina, avec de brillants succès, au collège d'Annonay. Il fit sa philosophie et sa théologie à Saint-Sulpice. En 1823, lorsqu'il n'était pas encore sous-diacre, il refusa l'offre, qui lui était faite par son père, de devenir chef de la maison de Charbonnel, disant que, s'il abandonnait sa vocation, loin d'être le soutien et l'honneur de son nom, il risquerait son salut éternel.

Ordonné prêtre en 1825, il fut nommé aumônier de la duchesse de Berry. Il n'avait que vingt-trois ans. Il ne fut point tenté par l'attrait que s'attachait à ces fonctions et les espérances d'avenir qu'elles lui laissaient entrevoir. Quand il porta son refus au ministère des Cultes, le ministre, Mgr de Frayssinous, qui le connaissait, lui dit en l'embrassant cordialement : « Mon cher Charbonnel, je vous aimais bien, mais maintenant je vous estime et je vous aime davantage. » « La grâce que Dieu m'accorda de refuser cette faveur, a souvent redit Mgr de Charbonnel, a été à mes yeux, après celle des Saints Ordres, la plus grande de ma vie. »

Entré dans la Compagnie de Saint-Sulpice, il fut envoyé en 1826, au séminaire Saint-Irénée, à Lyon, où il fut successivement professeur de dogme, d'écriture sainte et économe. Il refusa la croix d'honneur que le gouvernement de Louis-Philippe désirait lui décerner pour services rendus pendant l'émeute de 1834 à Lyon.

Après avoir été professeur aux grands séminaires de Versailles et de Bordeaux, et avoir refusé les postes de vicaire général et d'évêque, il s'embarquait, en 1839, pour l'Amérique où l'appelait son âme d'apôtre. Il resta un an à Baltimore. Il apprit rapidement la langue anglaise. Après cinq semaines de leçons, il put donner un sermon, en anglais, de façon à être bien compris de son auditoire. Quelque temps après son arrivée au Canada, le gouverneur anglais, lord Sydnam, lui fit demander s'il accepterait un évêché dans une colonie anglaise ; l'abbé de Charbonnel répondit avec sa vivacité ordinaire : « Si j'avais voulu être évêque, je n'aurais pas quitté la France. »

Envoyé à Montréal, comme missionnaire, il exerça ce ministère avec beaucoup de fruit. Il dut encore refuser de devenir coadjuteur de l'archevêque de la Nouvelle-Orléans.

Enfin, choisi dès 1847, pour être évêque de Toronto, dans le Haut Canada, il ne put, en 1849, se soustraire à ce fardeau. Pie IX le sacra de ses mains en 1850, dans la chapelle Sixtine, lui fit offrir sa bourse pleine d'or, une chasuble en drap d'or et un calice d'un riche travail. Ce que fut la vie de l'évêque, Dieu le sait, et les hommes qui ont pu l'approcher de près, ne peuvent pas ne point s'en souvenir. Il décora magnifiquement sa belle cathédrale, créa plusieurs orphelinats et *l'hôpital général de Providence* ; il fit venir à Toronto les prêtres de Saint-Basile d'Annonay pour fonder un collège, les Frères des Ecoles chrétiennes pour distribuer l'enseignement aux garçons, et les Sœurs de Saint-Joseph pour instruire les filles et prendre soin des orphelins des malades et des pauvres. Par ses labeurs et les privations de tout genre, il paya la dette diocésaine qui s'élevait à 350,000 francs. Il obtint encore, non sans peine, du gouvernement canadien, d'avoir des écoles catholiques, séparées des écoles protestantes.

Sur sa demande, son immense diocèse de Toronto fut sectionné, et deux nouveaux diocèses furent érigés, l'un à London, l'autre à Hamilton. C'est à cause des services considérables que les évêques du Canada, réunis à Québec, donnaient à Mgr de Charbonnel le titre « de père et fondateur de la province ecclésiastique de Toronto, » et écrivaient à Pie IX que « ses œuvres étaient prodigieuses et frappaient tout le monde d'étonnement. »

Lui seul n'était pas satisfait. Il aspirait à être délivré de ses fonctions épiscopales pour entrer dans l'ordre des Frères mineurs capucins. Il en obtint enfin l'autorisation du Saint-Siège en 1867 et il fit son noviciat dans la province romaine de l'ordre franciscain. Le Souverain Pontife le nomma évêque titulaire de Sozopolis. A la fin de son noviciat il fixa sa résidence à Lyon et se consacra très efficacement aux prédications et aux retraites.

L'œuvre de ses prédilections était celle de la *Propagation de la Foi*. Sa parole simple, évangélique, mais toujours imagée, originale, ardente, provoquait, dans les villes comme dans les modestes réunions de la campagne, des dévouements généreux et persévérants. Les deux Conseils centraux de l'Œuvre demandèrent au Saint-Père de confier à Mgr de Charbonnel la mission de prêcher partout en faveur de l'Œuvre de la *Propagation de la Foi*. En réponse à cette supplique, le cardinal Barnabo, préfet de la Propagande, envoya à Mgr de Charbonnel une obédience qui le chargeait de prêcher partout en faveur de cette Œuvre et dans laquelle il recommandait aux ordinaires de traiter avec les plus grands égards un évêque « qui avait si bien mérité de la « religion catholique. »

Il fut demandé au Saint-Père par le cardinal de Bonald, « comme auxiliaire officieux » et constitué son représentant avec voix délibérative au concile du Vatican.

Plus de cinquante retraites ecclésiastiques, les stations de l'Avent et du Carême chaque année, des retraites dans les Communautés religieuses, des missions dans un grand nombre de paroisses, des tournées de confirmation dans six diocèses différents, des consécrations d'églises, des ordinations, ont été les œuvres de surérogation de cette vie si bien remplie. A ceux qui représentaient à Mgr de Charbonnel que tant de travaux ne semblaient pas compatibles avec son âge et sa santé, il répondait : « Nous nous reposerons dans le Ciel ; ici-bas, il faut travailler pour le bon Maître. »

Sur la demande de l'archevêque de Toronto et de ses suffragants et du Cardinal Caverot, archevêque de Lyon, Mgr de Charbonnel fut nommé archevêque-évêque de Sozopolis, par décret du 11 décembre 1880.

En 1882, à quatre-vingts ans, pour ne songer qu'à son éternité, il se retira au couvent de La Roche et puis à celui de Crest, où il est mort, le jour de Pâques, 29 mars 1891. Ses dernières années ne furent qu'un long exercice de patience et une continuelle prière. On l'entendait fréquemment se répéter à lui-même dans sa cellule : « Charbonnel ! Charbonnel ! pense à ton éternité ! »

En apprenant sa mort, Mgr Cotton, évêque de Valence, dans une circulaire à son clergé, a rendu un magnifique hommage à Mgr de Charbonnel, dont le séjour à Crest lui semblait une bénédiction pour son diocèse.

BIBLIOGRAPHIE

La Cité chrétienne. *Dialogues et récits*, par Claude-Charles CHARAUX, professeur de philosophie à la Faculté des Lettres de Grenoble. — Un volume in-12 de 542 pages, 3 fr. 50. Paris, Firmin Didot.

Les *Études religieuses* ont publié dernièrement sur le nouvel ouvrage de M. Charaux un article bibliographique auquel nous empruntons les lignes suivantes. On sait quel rang distingué occupe parmi les auteurs chrétiens de notre époque l'éminent professeur de philosophie de la Faculté de Grenoble. Nous souscrivons entièrement à l'éloge qu'on va lire. Il est impossible de mettre en relief avec plus de compétence et en meilleurs termes les qualités de cet ouvrage dont nous ne saurions trop recommander la lecture à nos souscripteurs. Dans bien des pages, ils se trouveront transportés en pays de missions et auront le plaisir de voir dignement apprécier l'œuvre civilisatrice des missionnaires.

« .... Rien de plus varié, pour le fond et la forme, que cette série de dialogues et récits, où sont abordées successivement, et généralement résolues avec beaucoup de solidité et de justesse, les questions les plus diverses : religion, philosophie, histoire, littérature, esthétique. La scène est à Paris, à Rome, au Canada, à la Nouvelle-Zélande, en bien d'autres lieux encore. De la cité antique, le lecteur passe sans transition à la cité moderne, du tombeau d'Œdipe au berceau de Jeanne d'Arc. L'ensemble forme une mosaïque, sobre de couleurs, mais d'un dessin très net et très ferme, où se révèle un esprit sûr de lui-même et maître de son expression.

« Sans aucunes prétentions scientifiques, ce livre est une intéressante apologie de la religion catholique. Qu'on lise les Récits intitulés : *Le Médecin de Granville, Notre-Dame du Hêtre, le Sommet de la Cité Chrétienne*, on y trouvera une réponse toujours juste et substantielle, souvent piquante, parfois profane, aux objections que l'ignorance et la crédulité s'efforcent d'accréditer contre la Cité chrétienne, sa langue, son culte extérieur, ses Ordres contemplatifs. C'est la réponse de l'esprit de foi à l'esprit de doute, c'est aussi le langage du bon sens, et, ce qui ne gâte rien, ce bon sens parle bon français. »

DONS

Pour l'Œuvre de la Propagation de la Foi

ÉDITION FRANÇAISE

Un abonné belge, diocèse de Tournai, avec demande de prières.	8	15
Anonyme de la paroisse Saint-Polycarpe, à Lyon	80	
M. l'abbé Clavier, à Toulon, diocèse de Fréjus...	1	25
Anonyme de Givors, en reconnaissance de grâces obtenues.	5	
Anonyme d'Aix.....	5	
M. A. R. don recueilli par l'*Echo de Fourvière*.....	29	
Anonyme	100	
Anonyme	5	
Anonyme	500	
Anonyme de Beaujeu	3	
Mme Félix de Bouchaud	1 000	

Pour les missions les plus nécessiteuses (M. Ibarruthy, Tché-Kiang.)
Anonyme du Creusot, diocèse d'Autun.....	10	
Anonyme de Bruxelles, diocèse de Malines, avec demande de prières	100	
Un anonyme.....	1.000	

Pour les missions les plus nécessiteuses (R. P. Chaucot, Arizona).
Un anonyme.	1.000

Pour les missions étrangères du séminaire de la rue du Bac, Paris (P. Darras, Pondichéry).
M. André, séminaire de Brighton, Boston........	100

A M. Allys, curé de Phu-Cam, près Hué.
J. G., de Boulogne-sur-Mer, diocèse d'Arras..........	5

A Mgr Riccaz, pour les veuves païennes.
Anonyme, don recueilli par l'*Echo de Fourvière*......	300

A Mgr Midon. évêque d'Osaka, pour l'église Saint-François-Xavier, à Kyoto.
C. C. C., de Grenoble..........	20

A Mgr Crouzet, pour la mission d'Abyssinie.
Mme C. de Lyon...	200
Anonyme du diocèse de Laval.	500

Au R. P. Allaire, missionnaire dans l'Oubanghi.
Un prêtre du diocèse de Lyon..........	40

Pour les missions d'Océanie (Mgr Navarre).
A V M , don recueilli par l'*Echo de Fourvière*.........	100

[La suite des dons prochainement].

Th. MOREL, *Directeur-gérant.*

Lyon. — Imprimerie MOUGIN-RUSAND, rue Stella, 3.

CANADA. — Frère Tremblay, donnant de la nourriture aux chiens des sauvages a Wemontaching; d'après une photographie de Mgr Lorrain (Voir page 258).

CORRESPONDANCE

SASKATCHEWAN (Canada).

Nous avons publié au mois de mars une lettre du R. P. Pascal, venu en France pour plaider la cause de ses chrétiens Esquimaux. Le zélé religieux s'apprêtait à regagner l'Athabaska-Mackenzie, lorsqu'un bref du Saint-Père, daté du commencement de ce mois, l'a nommé premier vicaire apostolique de la mission de la Saskatchewan. Mgr Pascal nous envoie sur ses nouvelles ouailles les détails suivants que nous n'avons pas besoin de recommander à l'attention de nos lecteurs.

Lettre de Mgr Albert Pascal, Oblat de Marie-Immaculée, vicaire apostolique de la Saskatchewan.

Lorsque je passai à Lyon, j'étais loin de m'attendre à ce qui vient d'arriver.

Déjà mes préparatifs de départ étaient faits, ma pensée et mon cœur étaient orientés vers nos chères missions du Mackenzie, et voilà que j'apprends la décision du Souverain Pontife. Un lourd fardeau a été jeté sur mes épaules. Mes supérieurs m'ont chargé du nouveau vicariat apostolique de la Saskatchewan.

Si l'obéissance que j'ai promise à mes supérieurs et au Souverain Pontife m'a fait incliner la tête et dire : Amen, mon cœur n'en reste pas moins livré aux appréhensions les plus vives devant la tâche aussi grande que difficile confiée à ma faiblesse.

En effet, si, dans le vicariat de la Saskatchewan, le froid se fait un peu moins sentir que dans l'extrême Nord-Ouest canadien, le climat y est encore bien dur ! La voie ferrée atteint, il est vrai, la petite ville de Prince-Albert, qui sera le siège du nouveau vicariat ; mais, par delà la Saskatchewan, s'ouvre un immense désert dont les limites ne s'arrêtent, du côté est, qu'à la baie d'Hudson et, du côté nord, se prolongent jusqu'aux glaces du pôle.

Les communications y sont pénibles et difficiles en hiver comme en été. Un tiers de la population est un mélange d'Européens, la plupart protestants ; le reste est composé de métis, de Cris et de Montagnais vivant tous de la vie nomade.

Pour évangéliser ces peuplades, le prêtre missionnaire est obligé de se multiplier et d'être toujours en course sans pouvoir se fixer nulle part.

Le personnel actuel du vicariat se compose, dit-on, de

dix-sept Pères missionnaires et de six Frères coadjuteurs. Hélas! il en faudrait le double pour faire face aux besoins les plus urgents.

La demeure de l'évêque sera une misérable masure et un modeste oratoire tiendra lieu de cathédrale. Ailleurs, les résidences des missionnaires ne sont guère que de pauvres cabanes dans lesquelles l'hôte divin de nos tabernacles et le prêtre vivent pour ainsi dire en commun. Ici rien d'éclatant ni de somptueux, à peine le plus strict nécessaire et parfois la misère.

Puisque je suis encore en France et que je dois y rester quelques mois, me sera-t-il permis de dire aux pieux et généreux lecteurs des *Missions catholiques* quelles espérances un évêque missionnaire ose fonder sur sa patrie, sur la France très chrétienne.

De tous les points du monde s'élève ce cri de détresse : *Messis quidem multa, operarii autem pauci.* La moisson est grande et les ouvriers sont peu nombreux. A la veille de recevoir l'onction sainte et à la vue de ce champ immense que l'Église me désigne comme devant être mon héritage, à mon tour je pousse le cri du Sauveur et de l'apostolat.

Malgré les difficultés des temps, il y a encore en France bon nombre d'âmes d'élite qui ne respirent que le dévouement et le sacrifice. La souffrance les charme, la croix les attire et elles rêvent de se dépenser sans mesure pour Dieu et les âmes les plus délaissées.

Qu'elles viennent à nous, ces âmes d'élite, qu'elles posent la croix du missionnaire sur leur poitrine et le scapulaire de Marie-Immaculée sur leurs épaules, et leur soif d'immolation pourra être apaisée. Il est vrai que probablement elles ne rencontreront pas sur leur chemin la couronne et la gloire du martyre ; mais je puis leur promettre un martyre quotidien, un martyre à petit feu qui aura le mérite du martyre sanglant.

A côté de ceux que Dieu appelle aux luttes et aux souffrances glorieuses de l'apostolat proprement dit, il en est d'autres qui, se tenant dans une condition plus humble, voudraient avoir leur part de la vie et des mérites du missionnaire. A ceux-là je dis :

« Courage, bon et fidèle serviteur. *Euge, serve bone et fidelis.* Vous avez votre place sur ces terres lointaines du dévouement. Il y a là un service modeste, sans doute, mais plein de mérites qui vous revient. Vous serez l'auxiliaire du missionnaire et le compagnon de ses voyages. Vous l'aiderez à construire sa maison et celle du bon Dieu. Vous irez à la chasse et à la pêche pour lui procurer la nourriture nécessaire. Vous le servirez à l'autel et au besoin vous deviendrez le catéchiste de ses sauvages. »

Si j'attends de la France des ouvriers dévoués, j'ose encore lui demander quelques miettes de pain.

La charité catholique en France, il est vrai, est sollicitée de toutes parts. Il y a à son égard comme un assaut général de toutes les œuvres. Cependant elle donne toujours et elle ne s'épuise jamais. C'est le miracle de la multiplication des pains qui s'accomplit sous les yeux du monde catholique.

Quelques miettes, s'il vous plait, de ce grand festin de la charité, au nouveau vicaire apostolique de la Saskatchewan. En échange il promet ses faibles prières et les gouttes de sueur de son futur apostolat.

JAPON

Rôle important des catéchistes pour l'évangélisation du peuple.

Nous avons déjà publié différents articles qui nous ont été envoyés par M. Marnas à son retour du Japon. Nos lecteurs y ont répondu par des offrandes en faveur de cette intéressante mission. C'est donc avec bonheur que nous donnons l'hospitalité à l'étude suivante. Puisse-t-elle avoir les mêmes résultats heureux ! On peut le dire avec vérité pour le Japon : la moisson se présente abondante, efforçons-nous de faire surgir des ouvriers plus nombreux.

Nulle part, au Japon, ce n'est par le missionnaire seul, si instruit d'ailleurs et si zélé soit-il, que s'obtiennent les conversions.

Il en partage l'honneur avec un auxiliaire indigène, laïque et d'ordinaire marié : le catéchiste. Sans doute, l'action du catéchiste ne supprime pas celle du prêtre. Elle s'ajoute à elle pour le seconder et surtout pour l'étendre. Rien ne se réalise sans le missionnaire. Qui, sinon lui, a fait les premiers chrétiens? Et qui, sinon lui, forme encore les catéchistes, ouvriers de conversions plus nombreuses? Néanmoins, on le conçoit, un Japonais, que ne distinguent ni son costume, ni sa langue, ni aucune de ses habitudes, peut beaucoup plus facilement se mêler à ses concitoyens, entrer avec eux en relations suivies, et les amener peu à peu à une religion, qu'il a embrassée le premier, au prix des mêmes difficultés. Un étranger, un prêtre, est, surtout dans les débuts, l'objet d'une certaine défiance. Jamais un païen n'aura l'idée du mobile surnaturel qui l'a fait venir jusqu'à lui, et souvent il le regardera comme poussé par quelque secret intérêt. L'action du missionnaire et celle du catéchiste doivent donc se combiner pour être efficaces.

Un fait bien remarquable au Japon, c'est un goût très développé dans le peuple pour la parole publique. Il n'est pas de pays au monde où l'on parle davantage et où l'on écoute sans moins se lasser.

Le Japonais est naturellement éloquent, et il n'est pas rare de rencontrer, même chez des gens d'une instruction médiocre. un vrai talent d'improvisation. Quiconque a quelque chose à dire trouve toujours un auditoire complaisant. Il suffit pendant le jour de suspendre à sa porte une lanterne en papier sur laquelle sont peints quelques caractères chinois, et, le soir venu, que vous soyez homme politique, prédicateur de religion, ou simple conteur d'histoires, vous trouvez devant vous, accroupis sur vos nattes, des gens de tout âge et de toute condition, qui, fumant leurs pipes minuscules et s'offrant du thé avec politesse, vous écouteront volontiers jusqu'à une heure avancée de la nuit.

Profitant de la liberté que le gouvernement leur donne, les missionnaires ne se font pas faute d'avoir, soit chez eux, soit chez leur catéchiste, soit dans des maisons louées à cet effet, de fréquentes prédications. Maintes fois, surtout à Kyoto, j'ai assisté à ces conférences du soir, où chrétiens et païens se coudoyaient pêle-mêle, et où missionnaires et catéchistes parlaient à tour de rôle. Maintes fois, j'ai écouté les objections des bonzes ou de leurs envoyés, et les victorieuses répliques de leurs adversaires. J'étais en proie, je l'avoue, à une vive émotion, lorsque, la vérité venant à éclairer ces âmes, j'entendais de longs murmures d'approbation s'élever dans la foule, alors que le nom de Jésus-Christ lui était jeté, tout brûlant d'amour et de ferveur, par quelque jeune et ardent catéchiste.

Il est admirable, au sein de ces chrétientés naissantes, le rôle dévolu à ce baptisé d'hier ! Son apostolat ne se borne pas à ses discours publics. Tout le temps qu'il ne donne pas à l'étude, il le consacre aux relations avec les païens, avec ceux surtout que le catholicisme semble attirer plus fortement. Il leur enseigne la sainte doctrine ; il les prépare au baptême ; il s'intéresse aux enfants, aux malades, aux pauvres ; il prend part aux événements heureux ou malheureux des familles, dont il devient le confident et l'ami, et souvent il arrive qu'il gagne à Dieu les âmes de ses frères, autant par ses œuvres que par ses paroles.

Grâce à Dieu, le nombre des chrétiens augmentant d'année en année, cet auxiliaire si précieux deviendra de moins en moins difficile à trouver ; sa formation est d'ailleurs rendue plus aisée par l'expérience acquise. Nulle part, on ne peut espérer fonder une église, sans lui donner pour base un clergé indigène instruit et vertueux, et j'ai pu constater moi-même que l'œuvre des séminaires tient une grande place dans la préoccupation des évêques du Japon. Mais tandis que, pour un prêtre indigène, qui, à une connaissance assez approfondie des sciences sacrées, doit joindre la pratique des vertus élevées et rudes à la nature, il faut une vocation très spéciale, très éprouvée, et partant de longues études et une longue préparation, un catéchiste, qui n'est astreint ni au célibat, ni à un genre de vie spéciale, peut, en quelques mois, surtout s'il a déjà de l'instruction, être formé de manière à rendre de réels services. Le missionnaire choisit d'ailleurs, parmi les mieux doués et les plus fervents de ces chrétiens, cet homme de bonne volonté. Il l'instruit lui-même, lui procure des livres, répond à ses objections ou à celles qu'on lui pose, et surveille de près sa manière d'enseigner.

Étant donc donné ce double fait que c'est surtout par les catéchistes que s'obtiennent les conversions, et que leur formation présente relativement peu de difficultés, n'est-il pas de la dernière évidence qu'aucune œuvre ne saurait être plus efficace pour accélérer la conversion en masse du peuple, que de multiplier en grand nombre ces ouvriers évangéliques ?

Que si l'on objectait l'œuvre si importante des écoles confiée au Japon à la Société de Marie, bien connue par son collège Stanislas, de Paris, ces deux œuvres, répondrons-nous, loin de s'exclure, sont faites pour marcher de front : la première, celle des catéchistes, visant le corps du peuple, par la conversion en masse des familles ; la seconde, celle des écoles, visant sa tête, dans la jeunesse des classes élevées.

On pourrait donc s'étonner de trouver au Japon un nombre relativement restreint de catéchistes voués à la conversion des païens. Ne comptons pas, en effet, les chefs de chrétientés, si nombreux dans le sud, et qui, veillant gratuitement à la récitation des prières et à l'instruction chrétienne des enfants, contribuent moins à la propagation qu'au maintien de la foi. Mais cet étonnement n'est pas permis à quiconque a vu de près la pauvreté des évêques et des missionnaires. Pour conquérir à Dieu des multitudes, pour répandre partout dans ce peuple innombrable les ouvriers du Sauveur, les ressources leur manquent.

Contrairement à ce que l'on croit en Europe, dans une mission comme le Japon, si importante et si nouvelle, où tout serait à créer à la fois, où l'on doit faire bien tout ce que l'on entreprend pour satisfaire aux exigences d'une civilisation encore païenne mais très raffinée, et où, d'autre part, le peuple est appauvri par les dépenses formidables de sa réorganisation, le don annuel de la Propagation de la Foi suffit à peine au catholicisme pour le maintenir simplement dans la situation qu'il occupe.

Un missionnaire reçoit pour viatique six cents francs par an. Il lui faut, avec cette somme, vivre, s'entretenir, louer une maison, installer sa chapelle et voyager. Quelques ressources reçues directement de son évêque lui permettent d'avoir un catéchiste. Un catéchiste ! Qu'est-ce en vérité en face de ces millions d'âmes qu'il a à convertir ? (1).

Nombre de fois s'expriment les regrets attristés des missionnaires à ce sujet.

« En traversant la province de Mino, disait l'un d'eux, j'ai trouvé une population bien disposée. Elle me suppliait de rester près d'elle et de l'instruire, me laissant entendre qu'elle se convertirait. Quoique j'en eusse l'âme déchirée, j'ai dû partir, pour me trouver le lendemain à cinquante lieues de là. Je ne pus lui laisser d'autre espoir que celui de me voir revenir après plusieurs mois. Si j'avais eu un

(1) Extrait d'une lettre du P. Corre (Japon méridional).
Depuis le mois de février de l'année dernière, je suis chargé de la ville de Kumamoto avec quatorze arrondissements de la province, sans compter la presqu'île de Shimabara, j'ai dû laisser en permanence dans cette dernière partie, où il y a beaucoup de travail, le prêtre indigène, qui m'avait été donné pour aide.
Je reste donc seul pour cette grande ville et ses nombreuses sous-préfectures. Et cependant la moisson s'annonce partout très belle. Dans Kumamoto, l'armée surtout (il y a une garnison) m'offre de grandes espérances. Dans les quarante-cinq villes de l'intérieur que j'ai déjà parcourues, on est aussi généralement bien disposé, et dans les campagnes on l'est mieux encore. J'ai donc là devant moi plus d'un million d'âmes (l'équivalent de deux grands diocèses de France)! La province, au point de vue politique et social, est la plus importante de tout le Kiushiu. Or, aucun missionnaire catholique n'en a été chargé avant moi, et tout est à faire. Les protestants implantés ici d puis des années, y ont partout quelques fidèles. Et cependant la victoire serait à nous si nous avions des ouvriers. La mission me donne deux catéchistes ; c'est à peine s'ils peuvent suffire à faire la moitié de la besogne dans la ville principale. Je manque de ressources pour en engager d'autres et les envoyer dans l'intérieur.

catéchiste disponible, je l'aurais installé là, et à mon prochain voyage, j'aurais sûrement trouvé tout un petit troupeau, chrétien déjà par ses croyances et soupirant après le baptême. »

« De tous les côtés on m'appelle, écrivait un autre, du bas Yamata, des villes qui sont au bord de la mer. Un homme haut placé d'Iwasa, parent d'un de nos chrétiens de Waka-Yama, m'a invité à plusieurs reprises, m'assurant de son concours. Mais le peu d'argent que j'ai ne me suffit même pas pour les deux stations déjà établies de Waka-Yama et de Kishiwada, et chaque mois voit s'augmenter mes dettes. »

Et lorsque, cherchant à connaître séparément les avis, on demande à quelque missionnaire :

« —Supposez que vous trouviez des ressources, quel usage en feriez-vous? Construiriez-vous une église à la place de votre oratoire domestique? Ouvririez-vous une école pour les enfants de vos chrétiens, réduits à s'instruire chez les païens, ou bien fonderiez-vous un modeste hôpital, ou quelque autre œuvre charitable, dans le but de montrer les bienfaits du catholicisme et de toucher les cœurs? »

« —Non, répondaient-ils tous ; cet argent, nous l'emploierions à augmenter le nombre de nos catéchistes. Le protestantisme est menaçant ; avant tout, faisons des catholiques ; ayant tout, construisons une église spirituelle. Il en est temps encore : le reste viendra plus tard. »

On cite un missionnaire qui, depuis plus de six ans, s'abstient chaque jour de dîner. Il se contente d'un déjeuner et d'un souper frugal. Les quelques sous économisés ainsi sur sa nourriture lui permettent d'entretenir un catéchiste de plus pendant quelques mois de l'année.

Une telle situation est infiniment regrettable, d'autant plus qu'au lieu d'un catéchiste ou deux, chaque missionnaire pourrait en avoir six, huit ou même dix. Tout catéchiste étant un centre d'évangélisation au milieu des païens, le missionnaire pourrait visiter tour à tour ces différents centres et porter aux chrétiens les bienfaits des sacrements. Ce n'est pas quelques dizaines de chrétiens de plus qu'il pourrait compter à la fin de l'année, mais des centaines et des centaines.

L'heure, en outre, est propice pour l'évangélisation en masse de ce peuple. Non seulement la loi protège la sainte liberté des missionnaires, mais le Japon est encore un pays fermé, ce qui met ses populations suffisamment à l'abri du contact des aventuriers américains ou européens, dont les exemples sont d'ordinaire funestes.

Aucun étranger ne peut circuler sans un passeport fréquemment visé, ni posséder un arpent de terre en dehors des concessions et de quelques ports ouverts. Le missionnaire, que le seul gain des âmes attire dans l'intérieur, ne rencontre donc pas encore d'entrave, de ce côté, à son action religieuse et civilisatrice.

Beaucoup moins sceptique que ne se plaisent à le répéter ceux qui ont vécu à la capitale et ont fréquenté surtout les classes élevées, le peuple est très attaché à ses dieux et à ses pagodes. Il y fait de fréquents pèlerinages. Dans le seul temple d'Isé, célèbre par son antiquité, on a compté, du 1er janvier au 31 mars de la présente année, plus de cent soixante et un mille visiteurs venus de tous les points de l'empire. Mus par un vague sentiment religieux, paysans et commerçants apportent volontiers aux bonzes une partie de leurs petites économies et, dans ces derniers temps, lorsque le Boudhisme menacé voulut s'affirmer à Kyoto, la ville sainte, par l'érection d'un temple grandiose, les femmes sont allées jusqu'à se dépouiller de leurs magnifiques chevelures. On en a fait des câbles énormes, les seuls employés dans la construction du temple de Honguandji.

En tombant sur de telles âmes, la prédication chrétienne ne tombe donc pas sur une multitude indifférente. mais sur une multitude aveugle, et capable à l'heure de la lumière de brûler, elle aussi, ce qu'elle a adoré, et d'adorer ce qu'elle a brûlé.

Qui pourrait donc dire ce que deviendrait le Japon et de combien sa conversion au christianisme serait hâtée, si les catéchistes étaient multipliés, si chaque ville, chaque village important pouvait en avoir au moins un ? Pour vivre, il faut à un catéchiste du Japon 500 francs au moins (surtout si ses enfants sont nombreux). C'est cette somme qui lui suffit à peine en moyenne, que je sollicite de votre charité. Voyez ce qu'elle produit. Voici pour les deux dernières années la moyenne des conversions d'adultes obtenues par chaque catéchiste dans le vicariat de Tokio, que je choisis à dessein (1) :

En 1888, 45 adultes par catéchiste.

En 1889, 37 — —

Nous ne parlons que des adultes, car ce sont eux qui représentent le travail effectif des catéchistes. Mais les enfants de ces adultes suivent naturellement la religion de leurs parents, et en proportion plus nombreuse.

Partant donc de cette moyenne, établie sur des faits et qui, sans avoir rien d'absolu, donne cependant une certaine base aux espérances pour l'avenir, nous sommes autorisés à dire, que quiconque adopterait un catéchiste pourrait se considérer comme la cause de la conversion d'une quarantaine d'adultes par année. Si, d'ailleurs, on lui venait contrarier la régularité de ces succès, en dix ou douze ans, ce bienfaiteur aurait procuré cinq cents conversions, un millier en vingt ou vingt-cinq ans. Et je ne compte pas les enfants, qui sont nombreux, en général, dans les familles japonaises. Que dire d'une personne riche, qui donnerait tous les ans 1,000, 2,000, 3,000 francs pour l'adoption de deux, quatre ou six catéchistes ! Quelles gerbes pour le ciel elle moissonnerait ! Et peut-il y avoir d'aumône meilleure que celle qui donne Dieu aux âmes, et les âmes à Dieu !

Je suppose qu'une personne ne puisse fournir que la quarantième partie de la somme nécessitée par l'entretien d'un catéchiste, c'est-à-dire environ 12 francs (un franc par mois), ne serait-elle pas encore, d'après la même moyenne, la cause de la conversion d'un adulte chaque année.

Ainsi tous, pauvres ou riches, vous pouvez par vos dons multiplier ces ouvriers évangéliques, et travailler au rachat de vos frères.

Est-il besoin de vous montrer votre récompense ? Elle est entre les mains de Celui qui, sous les portiques du tem-

(1) L'action des catéchistes y est plus saisissable. Ce vicariat, fondé depuis peu d'années en plein pays païen, compte déjà plus de 12.000 chrétiens. Dans le sud, les efforts des missionnaires ont été en grande partie absorbés jusqu'ici ces derniers temps par les nombreux descendants des anciens chrétiens découverts en 1865.

ple de Salomon bénit un jour le denier d'une veuve. C'est lui qui, sur le seuil de la Jérusalem céleste, vous dira dans sa gloire : « Venez. Je tiens pour fait à moi-même tout ce que vous avez fait aux derniers d'entre vous. »

INFORMATIONS DIVERSES

France. — Le 12 mai, Mgr Couppé, évêque de Léro, vicaire apostolique de la Nouvelle-Poméranie, a baptisé à Nantes, dans la Basilique de Saint-Donatien, deux enfants amenés des îles de l'Océanie.

Les deux néophytes avaient de six à huit ans quand Mgr Couppé les a achetés à des Papous cannibales qui les engraissaient pour un festin. Ils ont une intelligence très vive et un grand esprit d'observation. Ils entendent assez l'allemand et l'italien pour se faire comprendre ; ils parlent passablement le français ; ils offrent de converser en anglais ; mais, en canaque, ils sont d'une loquacité intarissable.

« C'est Mgr Couppé lui-même, dit la *Semaine Religieuse* de Nantes, qui a donné aux deux petits les premiers enseignements de la religion, occupant les loisirs forcés d'un long voyage à catéchiser ces enfants d'adoption. Le prélat avait décidé de baptiser sur la tombe de saint Donatien et de Saint Rogatien, ces deux enfants devenus frères en l'affection de leur Pasteur. Sa Grandeur espère que Dieu voudra fonder aussi sur ces prémices l'Eglise de la Nouvelle-Poméranie, comme autrefois il voulut fonder sur les néophytes de saint Similien l'Eglise de Nantes.

« L'un a reçu les noms de Donatien-Marie; son parrain était M. Louis de Nouel et sa marraine Mlle Marie de Nouel. L'autre a reçu les noms de Rogatien-Marié-Félix; son parrain était M. Félix Vidie et sa marraine, Mlle Marie de Monti de Rezé.

« Que les vœux et les espérances de Mgr Couppé se réalisent; que ces autres Donatien et Rogatien soient là-bas le deviennent comme les nôtres l'ont été, des semeurs de vérité, des convertisseurs d'âmes, les commencements enfin d'une Eglise semblable pour ses destinées à notre Eglise de Nantes. Ce sera la récompense et la gloire de Mgr Couppé, le Similien de la Nouvelle-Poméranie. »

Hindoustan. — Nous lisons dans la *Revue du diocèse d'Annecy* :

« Mgr Jean-Marie Clerc, évêque élu de Vizagapatam, recevra la consécration épiscopale dans son église cathédrale, le jour de la fête de Sainte-Anne, 26 juillet prochain. Le prélat consécrateur sera Mgr Joseph Colgan, archevêque de Madras et métropolitain. Mgr Clerc recommande son diocèse, sa personne, son ministère, aux prières de ses compatriotes. »

Mozambique *(Afrique australe).* — Le R. P. Courtois, de la Compagnie de Jésus, missionnaire à Inhambane, nous écrit de cette ville, le 6 avril :

« Nous allons avoir un nouvel évêque : Mgr Barroso va remplacer Mgr Antonio Diaz Ferreira, évêque titulaire des Thermopyles, transféré au siège d'Angola et Loanda. Quant à l'évêque de Loanda, il est nommé au siège de Lamego en Portugal. Nous perdons en Mgr Diaz Ferreira, un pasteur zélé, un père dévoué et un ami des missionnaires et des missions du Zambèze. On dit que son successeur n'est ni moins zélé, ni moins dévoué à la cause de la religion.

« Je viens fait est la mort du curé de Quilimane, le R. P. Antonio Abranches, natif de Goa, âgé d'environ cinquante-cinq ans. C'était le plus ancien missionnaire de la province ; il appartenait au séminaire des missions portugaises de Sernache du Bom-Jardin (Portugal). Il était chanoine honoraire de l'Eglise métropolitaine de Braga.

« Nous avons eu de magnifiques fêtes à l'occasion de la semaine sainte dans la ville d'Inhambane. Tous les offices matin et soir se sont célébrés avec l'assistance de Mgr l'évêque au mi-

lieu d'un grand concours de fidèles. Le vendredi saint, à la nuit a eu lieu la procession solennelle appelée *enterro do Senhor* (la sépulture de Notre-Seigneur). On commence d'abord par le récit de la Passion. Puis, au moment du crucifiement, on laisse tomber un rideau et le Sauveur apparaît suspendu à la croix. Tout le peuple se met à genoux pour adorer le Rédempteur. Puis, quand celui qui prêche la Passion arrive à la scène de la descente de la croix, des hommes en chapes blanches s'approchent et descendent l'image du divin Maitre ; on la dépose dans une espèce de cercueil richement orné, et alors commence la procession par les rues principales de la ville. En tête marche la croix, puis deux longues files d'enfants vêtus d'aubes et tenant en main des flambeaux; enfin vient Notre-Seigneur porté sous un dais par les principaux habitants de la ville. Il précède immédiatement une statue colossale de la Sainte Vierge, en habits de deuil avec un long voile noir. La fanfare jouant une marche funèbre et la troupe en armes ferment le cortège religieux. Représentez-vous les milliers de noirs, de païens, de Maures, de Banyans, qui se pressent sur le passage du cortège, et vous aurez une idée de ces fêtes de la Semaine Sainte dans les colonies portugaises. Au retour de la procession l'orateur fait une dernière exhortation, et tout le peuple vient ensuite baiser les pieds de la statue du *Senhor morto.* »

Nouvelle-Orléans *(États-Unis).* — Un vénérable missionnaire de la Louisiane, M. Denecé, qui, à bout de forces et à moitié paralysé, s'est retiré dernièrement de la carrière militante de l'apostolat, nous adresse de Saint-Brieuc une longue lettre dont on lira avec intérêt l'extrait suivant :

« Ce qui fait le plus défaut dans ce pays, ce sont les écoles catholiques. Les paroisses qui ont le bonheur de posséder une communauté religieuse marchent dans la voie du progrès. Les autres resteront toujours sans vie et sans énergie... Que de bien il y aurait à faire, si les ouvriers ne manquaient pas, si de jeunes apôtres venaient remplacer les vieux missionnaires épuisés de fatigue et accablés d'infirmités !

» J'ai passé vingt-six années dans la même paroisse. Arrivé en décembre 1864 au Petit-Caillou, je n'y trouvai qu'une chapelle plus semblable à une grange qu'à un édifice religieux. Point de missel. Une chasuble si vieille qu'il était difficile d'en deviner l'affectation Je n'avais ni logement, ni lit, pas même une chaise pour m'asseoir. J'étais réduit à chercher mes repas de maison en maison pendant deux ans. Souvent pendant la guerre de Sécession, il m'est arrivé de passer sans manger des journées entières. Ce n'est qu'à la fin de ces luttes fratricides, en 1867, que j'ai commencé sur le bayou Terre-Bonne, la construction de l'église de Saint-Jean-Baptiste, qui a coûté plus de 30.000 francs.

« En 1870, la population du Petit-Caillou augmentant de jour en jour, je me décidai à reconstruire l'église. Les travaux furent poussés avec tant de vigueur que, l'année suivante, le nouveau temple était dédié à Saint Joseph, et ouvert au culte.

« Mgr Perché me donna, en 1872, un nouveau district à desservir. La population était nombreuse et privée de chapelle ; j'en fis bâtir une sous le vocable de Sainte-Anne.

« Toutes ces entreprises m'ont fait débourser plus de 70.000 francs. La population m'a aidé, mais pas selon ses moyens ; l'esprit de foi est trop faible... »

Le zèle déployé par M. Denecé lui avait attiré l'admiration universelle ; prêtres et laïques, tous s'accordaient à l'appeler le curé d'Ars de la Louisiane. Aussi, quand les atteintes de l'asthme vinrent à cinquante-deux ans paralyser son énergie, Mgr Leray refusa longtemps la démission du saint missionnaire, ne voulant pas priver son diocèse d'un auxiliaire si précieux. Ce fut seulement le 20 octobre dernier, que, dans une visite pastorale au Petit-Caillou, trouvant à bout de forces le vénérable curé, Mgr Leray se décida à lui donner un successeur. M. Denecé est revenu dans sa chère Bretagne. Le souvenir du bien qu'il a fait peut seul le consoler d'avoir dû abandonner le champ de bataille dans toute la force de l'âge.

DOUZE CENTS MILLES EN CANOT D'ÉCORCE
OU
PREMIÈRE VISITE PASTORALE
de Mgr N.-Z. LORRAIN, évêque de Cythère
Vicaire apostolique de Pontiac

Par Mgr J.-B. PROULX
Curé de Saint-Raphaël de l'Isle-Bizard.

CHAPITRE XIX
A Wemontaching.
(Suite 1).

Les Jeux. — La procession du Saint-Sacrement. — Péni-

tence publique. — Les adieux de Monseigneur Lorrain. —
Le Départ.

Les exercices gymnastiques sont en grand honneur dans le camp. Entre les offices religieux, la jeunesse passe le temps à jouer aux barres ou au croquet. Ces grands jeunes gens bondissent dans la plaine comme des chevaux indomptés. Gare à la tente où la balle s'introduit par hasard, la foule en courant s'y précipite, c'est une véritable invasion : lits, couvertures, branches de sapins, tout est bouleversé, tout est fouillé par vingt bâtons qui n'entendent pas raison. Les femmes chicanent, menacent ; mais déjà le tourbillon, criant, riant, emporté à la suite de la balle, est loin dans la prairie.

CANADA. — Procession du T. S. Sacrement et reposoir sur le bord de la forêt de Wemontaching ; d'après une photographie envoyée par Mgr Lorrain (voir page 250).

Dans le camp des Troyens fugitifs, aux jours des jeux publics, Enée assistait aux courses des compagnons de sa fortune ; Nisus et Euryale s'y distinguaient. A midi, tous les Nisus de Wemontaching, sur l'invitation de Monseigneur, étaient réunis devant le palais épiscopal. Ces jeunes gens sont divisés en trois bandes, les grands, les moyens, les petits. Il s'agissait d'aller toucher une borne à un arpent et demi, sur les bords de la rivière, et de revenir au point de départ. En les voyant courir à perdre haleine, vous auriez dit une troupe de jeunes poulains, jetés au parc après un long hiver, sans bride, la tête en l'air, fendant le vent.

(1) Voir les *Missions catholiques* des 2, 9, 16, 23 janvier, 6, 13, 20, 27 février 6, 13, 20 et 27 mars, 3, 10, 17, 24 avril, 1er, 8 et 15 mai, ainsi que la carte et l'itinéraire, page 8.

Les courses terminées, Enée, je veux dire Monseigneur, distribue les récompenses. Neuf lauréats se présentent devant lui : l'un reçoit une musique en fer-blanc, un autre un couteau, un autre un cœur en sucre, les autres des joncs d'étain. Puis, Monseigneur, à pleines mains, fit pleuvoir sur l'herbe, une pluie de dragées, pour le *vulgus*, la plèbe des lutteurs qui n'avaient pu s'élever jusqu'aux prix. Les Israélites ne couraient pas à la manne avec plus d'ardeur. Se précipitant, se bousculant, étendus à plat ventre sur le gazon, c'était à qui ferait une meilleure récolte de cristaux sucrés. Ah ! quelle fête !

Vendredi, 15 juillet. — A sept heures, sous un ciel bleu et un soleil rayonnant, on fit la visite du cimetière, qui se trouve à deux pas de l'église. La longue procession se déroula autour de l'enceinte funèbre, et s'agenouilla en cercle, pendant que l'évêque se tenait debout au pied de la grande croix. La gaîté de la nature contrastait avec le lugubre des chants, la tristesse des ornements et le deuil des oraisons. Mais pendant que nous gémissons et que nous pleurons dans cette vallée de larmes, les saints se réjouissent dans le lieu du repos, de la lumière et de la paix.

Cette après-midi, à deux heures, le Saint-Sacrement sortait de l'église, pour sa promenade triomphale autour de la prairie, sur le foin court et le trèfle blanc ; le parcours pouvait avoir cinq arpents de long. En tête de la procession la croix de fer escortée de deux acolytes ; puis venait la bannière de saint Jean-Baptiste, puis les petits garçons portant chacun un pavillon au bout d'une longue perche, puis la bannière de l'Immaculée-Conception, puis les jeunes filles, puis la grande bannière de la Sainte Vierge, puis les femmes, puis le dais porté par quatre sauvages, sous lequel l'évêque soutenait entre ses mains l'ostensoir, marchepied de Jésus-Hostie, puis les hommes. Deux encensoirs faisaient fumer l'encens. De chaque côté du dais marchaient, le corps droit, le chapeau sur la tête, le fusil sur l'épaule, les volontaires de Wemontaching. Le pieux défilé s'avance lentement, entre deux rangées de balises, dans l'ordre le plus parfait. Dix pavillons flottent de distance en distance. Les hymnes succèdent aux cantiques ; deux accordéons, aux

CANADA. — ÉGLISE ET PRESBYTÈRE DE LA MISSION DU MONT SAINT-PATRICK ; d'après une photographie.

sons moelleux, permettent aux voix de se reposer.

A mi-chemin avait été élevé un reposoir en verdure où Jésus s'arrête et bénit son peuple incliné : une décharge générale annonce l'évènement aux quinze montagnes voisines ; l'écho roule de sommet en sommet, va, revient et retourne, diminuant, grandissant, ondulant comme des vagues sous le souffle du vent, enfin s'éloignant, s'éteignant, mourant. La procession se relève, et continue à dérouler ses anneaux. Nulle part, dans nos grands centres, on ne pourrait souhaiter meilleure organisation. J'ai vu défiler la procession du Saint-Sacrement dans les rues de Montréal, alors qu'une foule silencieuse se tient debout sur le passage du Dieu fait homme, et que les cloches, sonnant à toute volée, ajoutent à l'éclat des cérémonies et au déploiement des splendeurs, la majesté de leur carillon. A ce spectacle grandiose, malgré soi l'enthousiasme nous envahit. Ici la scène n'a d'autres spectateurs que les anges et Dieu lui-même ; les émotions sont plus tendres, les larmes montent aux yeux ; si vous ne les réteniez, elles couleraient douces, reconnaissantes.

Samedi, 16 juillet. — « Votre tête est comme le Carmel ; vous avez la gloire du Liban et la beauté du Saron. » Ainsi l'Église, dans un saint transport, apostrophe sa reine, en ce jour de la fête de Notre-Dame du Mont-Carmel. Marie vit ce matin cent quatre de ses enfants de Wemontaching s'agenouiller au pied de l'évêque pour recevoir le Saint Esprit.

Avec les grâces du ciel arrive la graisse de la terre. Sur de longues tables, dans la maison de Louis Petikoni sont entassés les croquignoles, les beignets, longs comme le bras, jaunes comme de l'or : Monseigneur donne son plat. Il est si copieux qu'il en reste encore, au moins pour demain.

.˙.

Dans les premiers siècles du christianisme, on imposait aux grands coupables des pénitences publiques à la porte de l'église. Vous croyez que, à raison du relâchement de la foi, cette discipline est morte depuis longtemps; pas du tout, elle vit à Wemontaching. Un père et sa fille avaient donné un scandale, les sauvages s'en plaignaient. Ce soir, au beau milieu du chapelet, le Père se lève, solennel ; il prononce une allocution lente, sérieuse, sévère ; il appelle les deux coupables qui s'agenouillent : il leur fait faire des promesses tout haut devant l'assemblée qui est témoin de leur ferme propos ; puis un grand sauvage, l'huissier de l'église, vient les chercher par la main et les conduit, au milieu du silence des assistants frappés de stupeur, sur le perron, à l'extérieur où ils restent à genoux pendant la fin des prières. J'admirais non la faute, non la faiblesse, mais la force, mais le repentir, mais la religion profonde de cette population qui rend possibles de telles sévérités.

Dimanche, 17 juillet. — Il y eut, à sept heures, trente cinq nouvelles confirmations. A quatre heures, vêpres. J'éprouvais une véritable délectation à écouter le prophète David chanter en langue crise les louanges de Dieu. Dans la même chapelle, dans une même journée, dans le même exercice, l'Église parlait latin, sauvage et français. Saint Jean vit, autour du trône de l'Éternel, disant : « Saint, saint, saint, » une troupe de toutes tribus, de toutes nations et de toutes langues.

.˙.

Après la bénédiction du saint sacrement, Monseigneur fit ses adieux à peu près en ces termes :

« Mes enfants, nous allons nous séparer, nous pour retourner à nos occupations ordinaires, vous pour rentrer dans vos bois. Nous reverrons-nous encore? Reviendrai-je à Wemontaching ? Je l'ignore ; ce qui est certain, c'est que déjà, dès l'été prochain, lorsque le temps de la mission vous réunira autour de la robe noire, comme tous les ans, plusieurs manqueront à l'appel ; et nous ne les rencontrerons plus que dans l'éternité, dans le ciel, je l'espère.

« J'emporte un doux souvenir de notre séjour de deux semaines au milieu de vous. J'ai été édifié de votre assiduité aux offices, de l'empressement avec lequel vos enfants se portaient aux exercices de chant et aux classes de lecture, de la piété qui vous a suivis au tribunal de la pénitence, à la sainte table et au pied de l'évêque pour la réception du sacrement de confirmation. Même vos jeux bruyants, pleins d'entrain, m'ont réjoui.

« De votre côté, vous me paraissez heureux de recevoir cette année la visite, non seulement de *l'homme de la prière*, votre missionnaire, mais encore celle du *gardien de la prière ;* et les vœux que plusieurs d'entre vous forment, afin qu'il pleuve demain, pour nous retenir plus longtemps

avec vous, me disent assez quels sont vos sentiments à ce sujet. Vous êtes heureux de voir votre *aiamie-wacaicon* « votre maison de la prière », aussi avancée ; cependant vous n'en êtes pas plus que votre robe noire, ce père dévoué qui vous nourrit du pain de la parole depuis vingt-deux ans : fatigué, harassé, malade, quand il a vu les travaux aussi avancés, tout à coup il s'est trouvé bien.

« Cependant, tout n'est pas fini, et il reste une dette sur les ouvrages déjà exécutés. Je ne doute pas que vous ne vous montriez généreux. Dans le fond des forêts, vous n'oublierez pas votre maison de Dieu ; car la chapelle est la maison de Dieu, vous êtes les enfants de Dieu, et à ce titre l'église est votre maison paternelle. Dans vos chasses, vous ferez la part du bon Dieu ; l'été prochain, vous aurez à apporter au bénéfice de la construction cinq martres, huit martres, dix martres, et le ciel bénira vos courses errantes.

« Dans mes prières, j'ai toujours pensé à tous ceux que Dieu m'a donnés pour fils spirituels, je n'ai jamais oublié mes enfants des bois ; mais maintenant que je vous connais, mes prières pour vous seront encore plus fréquentes, plus pressantes. Quant à vous, je compte que vous ne m'oublierez pas devant Dieu, surtout que vous n'oublierez point les conseils que je vous ai donnés, et les instructions si pratiques de votre missionnaire.

« Vous conserverez intactes les grâces du Saint-Esprit que je vous ai apportées. Défiez-vous de celui que vous appelez le *Matchi Manitou* « le mauvais esprit ». Comme une bête féroce, il veut dévorer, non vos corps, mais vos âmes. Veillez sur votre âme avec plus de soin encore que vous vous le faites sur votre pelleterie : au printemps, quand vous la descendez au poste, vous la couvrez soigneusement, vous la protégez contre les pluies ; pour la sauver, vous vous exposez à toutes sortes de fatigues. Votre âme est plus précieuse. Ce qui la protégera, c'est la prière, la prière de chaque jour, la prière plus longue du dimanche ; c'est la pensée que le regard de Dieu vous suit partout ; c'est la vigilance sur vos enfants ; en sauvant leur âme, vous assurez le salut de la vôtre. »

L'auditoire était tout yeux et tout oreilles. Au sortir de l'église, les figures rayonnaient de satisfaction.

.˙.

Lundi, 18 juillet. — A deux heures du soir, nous quittons cette station où nous venons de passer douze jours si calmes et si tranquilles.

Les sauvages, sur une seule ligne, sont agenouillés de la maison au rivage. Nous donnons deux cent soixante poignées de main. Embarqués dans le canot, à vingt pas de la grève, arrêtés, nous récitons les prières de l'itinéraire ; puis d'une voix forte, Monseigneur Lorrain chante les paroles de la bénédiction, et de la main fait le signe de la croix une dernière fois sur ses enfants de Wemontaching, prosternés. Nous partons en chantant ; plusieurs canots nous accompagnent jusqu'au premier portage, et les fusils nous poursuivent de leurs détonations répétées.

Adieu, chrétiens de Wemontaching, la plus belle des missions que nous avons visitées. Chaque année, vous avez eu l'avantage de posséder le missionnaire assez longtemps au milieu de vous ; vos esprits ont pu s'orner des instructions de la foi, vos cœurs se plier aux mœurs chrétiennes, et votre vie sociale s'adoucir au contact de l'évangile. Quand la religion est venue policer les mœurs des sauvages, sans toutefois les faire sortir du cercle de leurs habitudes séculaires, quand elle a inculqué dans leur conduite l'esprit de charité et dans leurs calculs un peu de prévoyance, ils forment sans contredit le peuple le plus satisfait de la terre. « Heureuse la nation qui sert le Seigneur. »

(A suivre).

LES MISSIONS CATHOLIQUES AU XIXᵉ SIÈCLE

PAR

M. Louis-Eugène LOUVET, des Missions Etrangères de Paris, Missionnaire en Cochinchine occidentale.

CHAPITRE X

L'ÉGLISE CATHOLIQUE DANS LES INDES (1800-1890).

Suite 1)

VI. — PROVINCE DU BENGALE.

La province ecclésiastique du Bengale comprend la province anglaise de ce nom, plus le Boutan et l'Assam, sur les frontières du Thibet, et l'Arakan, le long de la côte orientale du golfe du Bengale.

Au total, environ *quarante-deux millions* d'habitants, sur lesquels un peu moins de 50.000 catholiques, $\frac{1}{840}$.

Le Bengale fut évangélisé, au dernier siècle, par les religieux de la Compagnie de Jésus ; mais, après la destruction de leur Ordre, ce pays demeura abandonné aux prêtres de Goa, dont la présence fit certainement plus de mal que de bien. En 1834, le Bengale fut érigé en vicariat apostolique ; mais, en 1838, il n'avait pas encore de titulaire. Mgr Taberd, vicaire apostolique de la Cochinchine, s'était réfugié à Calcutta pour fuir la persécution ; il fut chargé par la Sacrée Congrégation de la Propagande d'administrer provisoirement le vicariat. A sa mort, arrivée en 1840, Mgr Carrew, de la Compagnie de Jésus, fut placé à la tête du vicariat, dont les Jésuites sont restés chargés.

En 1850, le Bengale oriental fut érigé en vicariat distinct et confié à la Congrégation de Sainte-Croix du Mans.

En 1870, le Bengale central fut érigé en préfecture apostolique et donné aux Missions Etrangères de Milan. Depuis plusieurs années, ces missionnaires évangélisaient la contrée.

Enfin, lorsqu'on établit la hiérarchie, la province ecclésiastique du Bengale se trouva ainsi constituée : archevêché, Calcutta, 2 évêchés suffragants : Kishnagar et Dacca.

Voici le tableau des développements du catholicisme dans la province du Bengale, au cours de ce siècle :

En 1800 : ? mission, ? missionnaires, ? prêtres indigènes, ? églises ou chapelles, ? catholiques.

(1) Voir tous les numéros parus depuis le 14 mars jusqu'à fin octobre 189°, et 2, 9, 16, 23 et 30 janvier, 6 et 13 février, 24 avril, 1ᵉʳ, 8, 15 et 22 mai 1891. Pour l'intelligence de ce travail, nous recommandons la carte de l'*Inde ecclésiastique* que nous avons publiée en 1887. Prix : 2 francs franco.

En 1840 : 1 vicaire apostolique, 6 missionnaires, 7 prêtres indigènes, ? églises ou chapelles, 20.000 catholiques (1).

En 1870 : 1 vicaire apostolique, Bengale occidental, 17 missionnaires, 15 prêtres indigènes, 10 églises ou chapelles, 11.000 catholiques.

1 préfet apostolique, Bengale central, 7 missionnaires, 0 prêtres indigènes, 16 églises ou chapelles, 1.500 catholiques.

1 vicaire apostolique, Bengale oriental ; 14 missionnaires, 0 prêtres indigènes, 10 églises, ou chapelles, 7.800 catholiques.

Soit un total, en 1870, 2 vicaires, 1 préfet apostolique, 38 missionnaires, 15 prêtres indigènes, 36 églises ou chapelles, 20.300 catholiques.

En 1890 : 1 archevêché ; Calcutta, 59 missionnaires, 5 prêtres indigènes, 161 églises ou chapelles, 36.000 catholiques.

1 évêché, Kishnagar, 7 missionnaires, 0 prêtres indigènes, 16 églises ou chapelles, 3.194 catholiques.

1 évêché, Dacca, 10 missionnaires, 0 prêtres indigènes, 12 églises ou chapelles, 10.350 catholiques.

Soit un total en 1890 : 1 archevêché, 2 évêchés, 76 missionnaires, 5 prêtres indigènes, 189 églises ou chapelles, 49.544 catholiques.

I. L'archidiocèse de Calcutta comprend le Bengale occidental, avec la ville de Calcutta, résidence du vice-roi des Indes et capitale de l'Inde anglaise. Il est limité au nord par le diocèse d'Allahabad, à l'ouest, par celui de Nagpore, à l'est par celui de Kishnagar, au sud, par le golfe du Bengale.

Les Jésuites y ont 2 collèges : A Calcutta, le célèbre collège Saint-François-Xavier, affilié à l'Université de Calcutta, 726 élèves ; à Darjeeling, le collège de Saint-Joseph, 60 élèves, plus le séminaire, 12 élèves.

Les frères des Écoles chrétiennes, au nombre de 18, ont un bel établissement à Calcutta, 512 élèves.

Pour les filles, il y a : 1° les Sœurs Loreto, 3 pensionnats à Calcutta, à Darjeeling et à Assensole, 468 élèves, plus 3 externats, 651 élèves, 1 orphelinat, 480 enfants. Les Sœurs sont au nombre de 96.

2° Les Filles de la Croix, 35 religieuses : 1 orphelinat, 324 enfants, 1 asile pour 60 pauvres, plusieurs écoles.

3° Les Petites Sœurs des pauvres : 7 religieuses, 50 vieillards.

Il y a, dans le diocèse, 6 conférences de Saint-Vincent de Paul, qui soutiennent à leurs frais un asile pour les pauvres et plusieurs orphelinats.

Enfin, il y a dans le diocèse, 15 écoles anglaises et 99 écoles indigènes, qui instruisent 5,970 enfants.

II. Le diocèse de Kishnagar (Missions Etrangères de Milan) s'étend des Himalayas au golfe du Bengale : à l'est, il est limité par le diocèse de Dacca et la Birmanie ; à l'ouest, par les diocèses d'Allahabad et de Calcutta. Outre le Bengale central, il comprend les Etats du Boutan et de l'Assam.

Les Sœurs de Charité, dites de Lovère, ont 3 communautés dans le diocèse : écoles et orphelinats.

Il y a dans la mission 6,000 protestants, de la secte des Baptistes ; ils ont des églises dans les plus petits endroits.

III. Le diocèse de Dacca comprend le Bengale oriental et l'Arakan : au nord, il s'étend jusqu'au Thibet ; à l'est, jusqu'à la Birmanie ; à l'ouest, il est limité par le diocèse de Kishnagar ; au sud-est et au sud, par le golfe du Bengale.

(1) Ce chiffre, donné par les *Annales de la Propagation de la Foi*, me paraît exagéré.

Les missionnaires de Sainte-Croix du Mans étaient chargés primitivement de la mission ; ils la cédèrent en 1875 aux Bénédictins, qui viennent de la leur rendre (1889).

Les Sœurs de Notre-Dame des Missions (Lyon) sont venues en 1886 s'associer, au nombre de cinq, aux travaux des missionnaires. Il y a, dans le diocèse de Dacca, 10 écoles, 554 élèves, plus 2 orphelinats, à Chittagong, 52 enfants.

VII. — PROVINCE D'AGRA.

La province ecclésiastique d'Agra est celle qui compte le moins de catholiques : 26,000, sur une population totale de 123,359,000 âmes, 1 catholique sur 4,744 habitants !

Ce vaste territoire, plus grand à lui seul que la France, s'étend des Himalayas à Delhi et comprend les Etats du grand Mogol : le Népaul, le Penjab, le Cachemyr, l'Afghanistan et le Gwalior. Ces pays furent évangélisés au XIIIᵉ siècle, par les religieux Franciscains envoyés par le Pape Innocent IV, à la cour du prêtre Jean. Plus tard, au XVIᵉ et au XVIIᵉ siècles, les Capucins et les Jésuites portèrent de nouveau la foi dans ces régions éloignées ; mais les persécutions des musulmans les forcèrent de quitter le pays. Enfin, en 1773, la mission fut reprise par les Capucins, qui l'ont toujours gardée depuis.

Comme ils n'avaient pas encore d'évêque, Mgr Champenois, supérieur de la mission de Pondichéry, fut nommé, à la fin du siècle dernier, visiteur apostolique par bref de Pie VI. Il trouva dans la mission 11 religieux Capucins, avec environ 5,000 catholiques.

En 1808, Pie VII érigea la mission en vicariat apostolique du Thibet-Hindoustan ; mais, à cause de la difficulté des temps, le premier titulaire ne fut sacré qu'en 1822.

En 1834, Grégoire XVI, à la demande de la *Bégum* Jeanne Sombre, érigea le Sirdhanat en vicariat apostolique ; mais ce vicariat n'eut qu'une existence éphémère ; la princesse étant morte en 1836, l'évêque repassa en Europe et l'Etat de Sirdhanat fut réuni au vicariat de l'Hindoustan.

En 1844, le Thibet en fut détaché et forma un vicariat distinct. Le vicariat d'Hindoustan fut alors partagé en deux : Agra et Patna.

En 1881, Léon XIII détacha d'Agra le vicariat du Penjab et Cachemyr.

Enfin, à l'établissement de la hiérarchie, la province d'Agra fut ainsi constituée : Archevêché, Agra, 2 évêchés suffragants : Allahabad et Lahore ; 1 préfecture apostolique : Kafiristan et Cachemyr. Toutes ces missions sont confiées aux Capucins, excepté la préfecture de Cachemyr, qui appartient aux Missionnaires de Mill-Hill.

Voici le tableau des développements du catholicisme dans la province.

En 1800 : 11 missionnaires, 0 prêtre indigène, ? églises ou chapelles, 5,000 catholiques

En 1840 : 1 vicaire apostolique, 12 missionnaires, 0 prêtre indigène, ? églises ou chapelles, 6,000 catholiques.

En 1870 : 1 vicaire apostolique, Agra, 30 missionnaires, 2 prêtres indigènes, 42 églises ou chapelles, 15,000 catholiques.

1 vicaire apostolique, Patna, 16 missionnaires, 0 prêtre indigène, 34 églises ou chapelles, 8,132 catholiques.

Total en 1870, 2 vicaires apostoliques, 46 missionnaires, 2 prêtres indigènes, 76 églises ou chapelles, 23,132 catholiques.

En 1890 : 1 archevêque, Agra, 31 missionnaires, 0 prêtre indigène, 55 églises ou chapelles, 8,403 catholiques.

1 évêché, Allahabad, 25 missionnaires, 1 prêtre indigène 30 églises ou chapelles, 8,225 catholiques.

1 évêché Lahore, 16 missionnaires, 0 prêtre indigène, 16 églises ou chapelles, 5.900 catholiques.

1 préfecture apostolique, Cachemyr, 11 missionnaires, 0 prêtre indigène, 5 églises ou chapelles, 3,520 catholiques.

Total en 1890 : 1 archevêque, 2 évêques, 1 préfecture, 83 missionnaires, 1 prêtre indigène, 106 églises ou chapelles, 26,048 catholiques.

Malgré leur petit nombre, il est juste de remarquer que les catholiques ont plus que *quintuplé*, au cours de ce siècle.

I. L'archidiocèse d'Agra est limité, au nord, par le diocèse de Lahore et la préfecture de Cachemyr, à l'est, par le diocèse d'Allahabad, au sud, par les diocèses de Nagpore et de Poona, à l'ouest, par celui de Bombay. Les principales villes du diocèse sont : Agra, Delhi, Simla, Sirdhana, Meerut et Gwalior. Nos 8,400 catholiques sont comme perdus au milieu de 40,000 protestants et de 58,000,000 d'infidèles.

Il y a, dans le diocèse, 2 collèges florissants : celui de Saint-Pierre à Agra, 400 élèves, et celui de Mussoorie, 165 élèves. Ces deux établissements sont tenus par les Capucins, assistés des Frères du Tiers-Ordre.

Il y a encore : 1 séminaire, 10 élèves, plusieurs pensionnats, écoles et orphelinats, tenus par les Pères du Tiers-Ordre et les religieuses de Jésus-Marie. Au total, 1,296 élèves dans les écoles de la mission.

II. Le diocèse d'Allahabad est renfermé entre les Himalayas, au nord, les diocèses de Vizagapatam et de Calcutta, à l'est, celui de Nagpore, au sud, celui d'Agra, à l'ouest. Les villes principales du diocèse sont : Patna, Oude, Bénarès, Cawnpore et Bettiah. Il y a 48,000,000 d'infidèles, contre 8,200 catholiques.

Le diocèse a : 1 séminaire, 6 élèves, 32 écoles de paroisses, 1,173 élèves, 6 orphelinats, 312 enfants, 5 maisons de religieuses de Sainte-Marie (Bavière).

III. Le diocèse de Lahore comprend tout le Penjab. Il est limité, au nord, par la préfecture de Cachemyr, à l'est, par les Himalayas, au sud, par l'archidiocèse d'Agra, à l'ouest, par l'Afghanistan, le Bélouchistan et l'archidiocèse de Bombay. Il y a 5,900 catholiques, perdus au milieu de 17,600,000 infidèles.

Il y a dans le diocèse de Lahore : 1 séminaire, 10 élèves, 4 maisons de Sœurs de Jésus-Marie, 4 écoles, 125 élèves, 2 orphelinats.

IV. La préfecture apostolique du Kafiristan et Cachemyr a été érigée en 1887 et confiée aux missionnaires de Mill-Hill. Cet immense territoire, encore inexploré, s'étend entre les Himalayas, au nord, le Belouchistan et l'Afghanistan, à l'ouest, les diocèses d'Agra et de Lahore, au sud.

Pour que les missionnaires aient une base d'opérations, le diocèse de Lahore a cédé à la préfecture 4 stations militaires, situées dans le nord-ouest du Penjab. En dehors de ces 4 stations, il n'y a encore qu'un poste de missionnaires à Leh.

La préfecture possède : 1 collège à Murree, 2 maisons de Sœurs Jésus-Marie, 2 écoles, 60 élèves, 1 orphelinat.

VIII. — PROVINCE DE BOMBAY.

La province ecclésiastique de Bombay comprend une portion de la présidence de Bombay et plusieurs territoires qui faisaient partie, au dernier siècle, des États du Mogol. La population totale est de 17,350,000 habitants, sur lesquels 89,655 catholiques, appartenant aux diocèses de Bombay, de Poona et de Daman (portugais), ce qui donne la proportion de $\frac{1}{516}$. Il y a, à Bombay, 1 évêque anglican, 63 ministres et 8,500 protestants de diverses dénominations religieuses.

Le vicariat apostolique de Bombay fut érigé en 1734, à la demande de la Compagnie des Indes, qui venait de chasser les prêtres de Goa. Les Carmes déchaussés administrèrent le vicariat jusqu'en 1850. A cette époque, ils se retirèrent, à cause des vexations des Goanais, et Mgr Hartman, capucin, vicaire apostolique de Patna, fit l'intérim jusqu'en 1858. Alors le Saint-Siège confia le vicariat à la Compagnie de Jésus qui l'a conservé.

En 1818, Pie VII avait créé le vicariat apostolique de Poo na, au sud de Bombay ; mais, sauf de 1854 à 1856, ce second vicariat a toujours été uni à celui de Bombay.

A l'établissement de la hiérarchie, la province ecclésiastique fut ainsi constituée : archevêché, Bombay, 1 évêché suffragant, Poona. Les deux diocèses appartiennent à la Compagnie de Jésus.

Voici le tableau des progrès du catholicisme à Bombay :

En 1800 : 1 vicaire apostolique, 2 missionnaires. ? prêtres indigènes, ? églises ou chapelles, 8.000 catholiques .

En 1840 : 1 vicaire apostolique, 36 missionnaires, ? prêtres indigènes, ? églises ou chapelles, 15,000 catholiques.

En 1870 : 1 vicaire apostolique, 34 missionnaires, 22 prêtres indigènes, 27 églises ou chapelles, 21,590 catholiques.

En 1890 : 1 archevêque Bombay, 45 missionnaires, 19 prêtres indigènes, 35 églises ou chapelles, 17,428 catholiques ; 1 évêque Poona, 24 missionnaires ? prêtres indigènes, 27 églises ou chapelles, 7,267 catholiques.

Total en 1890 : 1 archevêque, 1 évêque, 69 missionnaires, 19 prêtres indigènes, 62 églises ou chapelles, 24,695 catholiques.

I. L'archidiocèse de Bombay comprend l'île de ce nom, une partie de celle de Salsette, plusieurs districts dans la présidence, les États du Sind, de Baroda, de Guzarate et une portion du Béloutchistan. Il est limité, au nord, par les diocèses de Lahore et d'Agra, à l'est, encore par le diocèse d'Agra, au sud, par les diocèses de Poona et de Daman, à l'ouest, par le golfe Arabique.

Comme dans leurs autres missions, les Jésuites de Bombay se distinguent par l'enseignement qu'ils offrent à la jeunesse. Ils ont quatre grands établissements d'éducation dans le diocèse.

1° A Bombay, le collège Saint-François-Xavier, affilié à l'Université, 1,400 élèves;

2° A Mazagon, le collège Sainte-Marie, 210 pensionnaires et 205 externes;

3° A Bandora, l'institut Stanislas, 100 orphelins, 15 pensionnaires et 170 externes.

4° A Kurrachi, l'école Saint-Patrice, 240 externes.

Au total, 2,400 élèves.

Il y a de plus dans le diocèse : 1 séminaire, 12 élèves, 29 écoles de garçons, 3,731 élèves.

Deux Congrégations de religieuses s'occupent des jeunes filles :

1° Les Sœurs de Jésus-Marie : 4 pensionnats avec externats annexes, 400 élèves.

2° Les Filles de la Croix : 3 maisons, 655 élèves.

Une imprimerie catholique est annexée au collège Saint-François-Xavier. Elle fait paraître, chaque semaine, trois journaux catholiques, pour répondre aux calomnies des protestants.

27 conférences de Saint-Vincent de Paul prennent soin des pauvres, et plusieurs pieuses confréries d'hommes et de femmes servent à grouper les catholiques et à les maintenir dans la ferveur.

II. Le diocèse de Poona est limité : au nord, par les diocèses d'Agra et de Nagpore ; à l'est, par les diocèses de Nagpore, d'Hydérabad et de Madras ; au sud, par le diocèse de Mysore ; à l'ouest, par les diocèses portugais de Goa et de Daman.

Les Jésuites tiennent, à Poona, 1 école supérieure, 234 élèves.

Les Sœurs de Jésus-Marie ont 2 maisons d'éducation pour les jeunes filles, 223 élèves.

Enfin, il y a, dans le diocèse, 15 écoles de paroisses, 557 élèves.

RÉSUMÉ

I. — *Personnel.*

En 1800, nous trouvons : 1 archevêque et 3 évêques portugais, mais ils ne résident pas ; 2 vicaires apostoliques, 1 évêque supérieur de mission. Au total, 3 évêques résidant.

En 1890 : 8 archevêques, 18 évêques, 2 vicaires apostoliques, 1 préfet apostolique. Au total : 26 évêques résidant.

En 1800 : 22 missionnaires européens, appartenant à 3 Congrégations religieuses, plus environ 400 prêtres de Goa.

En 1890 : 645 missionnaires, appartenant à 9 congrégations, et 854 prêtres dans les diocèses portugais.

En 1800, pas de clergé indigène, sauf dans le diocèse de Vérapoly, environ 200 prêtres du rit syriaque.

En 1890 : 616 prêtres indigènes.

En 1800, ni Frères, ni Sœurs, pour assister les missionnaires.

En 1890 : 5 Congrégations européennes de Frères : les Frères des Écoles chrétiennes, les Frères irlandais de Saint-Patrice, les Frères coadjuteurs de la Compagnie de Jésus, des Oblats de Marie et des Missionnaires de Saint-François-de-Sales. Au total, environ 150 religieux.

5 Congrégations de Frères indigènes : les Frères de Saint-Joseph, les Oblats de Saint-Benoît, les Oblats de Saint-Sylvestre, les tertiaires de Saint-François-d'Assise, les tertiaires du Carmel. Au total, environ 200 religieux.

15 Congrégations de Sœurs européennes : les Religieuses du Bon-Pasteur, de la Sainte Famille, de Saint-Joseph, de Marie-Réparatrice, de la Providence, de la Présentation, de Jésus-Marie, de Sainte-Marie de Bavière, de Notre-Dame des missions, les Filles de la Croix, les Sœurs de Lorette, les Sœurs de charité de Lovère, les Franciscaines, les Carmélites, les Petites Sœurs des pauvres. Au total, environ 600 religieuses.

10 Congrégations de Sœurs indigènes : Carmélites, tertiaires du Carmel, tertiaires de Saint-François-d'Assise, les

Sœurs de Saint-Pierre, de Saint-François-Xavier, du Saint-Cœur de Marie, des Sept-Douleurs, de Notre-Dame de Bon-Secours, de Sainte-Anne, de Saint-Louis-de-Gonzague. Au total, plus de 2,000 religieuses.

En résumé, environ 3,000 Frères et Sœurs, tant européens qu'indigènes, partagent, en ce moment, les travaux des missionnaires de l'Inde ; c'est toute une armée que l'Eglise catholique possède à son service.

I. — Œuvres.

Le progrès des œuvres a suivi naturellement celui du personnel.

1º *Œuvres d'éducation* : En 1800, rien.

En 1890 : 12 maisons d'éducation, affiliées aux Universités, dans lesquelles on donne l'enseignement supérieur à 6,245 élèves.

Une cinquantaine de pensionnats et d'écoles anglaises pour les Européens et les métis des deux sexes, environ 5,000 élèves,

18 séminaires, avec 645 étudiants ecclésiastiques. (non compris la province de Goa) ; 2,420 écoles élémentaires, 90,981 élèves (compris Goa).

En résumé, 2,200 écoles de tous grades, dans lesquelles l'Eglise donne l'enseignement à plus de 100,000 enfants.

2º *Œuvres de charité*. En 1800, il n'y avait encore presque rien, à cause du petit nombre de missionnaires et de la pénurie de leurs ressources.

En 1890 : 98 orphelinats, 5,721 enfants, adoptés et nourris par la charité catholique, plus une trentaine d'hôpitaux, asiles pour les vieillards, refuges.

3º *Œuvres de piété*. Elles ont grandi dans la même proportion que les autres ; des confréries, des associations pieuses se sont formées ; les fidèles, ayant plus près d'eux le prêtre, s'approchent plus fréquemment et avec plus de préparation des sacrements. L'Indien aime les fêtes de l'Eglise, les pèlerinages, toutes les démonstrations extérieures à l'aide desquels il peut affirmer sa foi. En tenant compte de la faiblesse humaine, qui se retrouve partout, et des défauts particuliers à ces peuples, on peut dire que les catholiques de l'Inde font généralement honneur à leur foi.

Statistique comparée des huit provinces de l'Inde.

	En 1800	1850	1890
Province de Goa	200.000	350.000	469.320 catholiques
Province de Ceylan	50.000	114.000	222.014
Province de Pondichéry	42.000	240.000	503.310
Province du Malabar	80.000	202.000	334.551
Province de Madras	?	30.000	70.935
Province du Bengale	?	20.000	49.544
Province d'Agra	5.000	12.000	26.048
Province de Bombay	8.000	18.000	24.695
Total pour l'Inde entière :	475.000	986.000	1.701.337 catholiques

La population totale de l'Inde étant de 257,000,000, la proportion générale des catholiques est $\frac{1}{151}$. C'est peu encore. Il est facile de voir que le sud seul de l'Inde commence à être sérieusement évangélisé. A mesure que l'on monte vers le nord, la nuit se fait dans les âmes, et les catholiques sont comme noyés et perdus au milieu des infidèles. *Mitte, Domine, operarios in vineam tuam !*

DONS

Pour l'Œuvre de la Propagation de la Foi

ÉDITION FRANÇAISE.

Pour l'Œuvre.

M. Bourgeat de Lyon	50
Anonyme de Saint-Cyr-le-Châtoux, diocèse de Lyon	100
Un abonné du diocèse de Lyon	50

Pour les missions les plus nécessiteuses (Mgr Pascal).

Anonyme du diocèse de Lyon	20
M. Douhoureau, à Roquefort, diocèse d'Aire	10
Une anonyme de Bordeaux	10
Anonyme du diocèse de Coutances	10

Pour le baptême des enfants infidèles (Mgr Pascal).

Anonyme du diocèse d'Autun	100

Au R. P. Darras, pour N.-D. de Lourdes, à Chetput (Indes).

Un prêtre breton, à Lorient, diocèse de Vannes	5
R. P. Darras, à Lille, diocèse de Cambrai	10

A Mgr Riccaz, évêque de Nagpore, pour élever un refuge aux veuves de l'Inde.

Produit d'une quête faite dans l'église de Saint-François, à Lyon, à la suite d'un sermon prêché par le R. P. Tissot	383

A Mgr Allys, missionnaire à Phu-Cam, près Hué.

Un anonyme de CherVeuX, diocèse de Poitiers	30

Au même, pour un baptême sous les noms de Joseph-Germain.

Un anonyme de CherVeux, diocèse de Poitiers	1 35

Au P. Mignery, pour la mission de Madarandakam (Pondichéry).

Anonyme de Rouen	40

A M. Gabillet, pour la mission de Gingy (Pondichéry).

Anonyme de Rouen	40

A M. Vercauteren, pour les affamés de la Mongolie.

Anonyme de Rouen	20

Au R. P. Testevuide, pour la léproserie de Gotemba.

Anonyme de Rouen	10

A Mgr Cousin (Japon Méridional), pour son séminaire.

Une tertiaire de Saint-François, diocèse d'Angers	40

A Mgr Hirth, pour rachat d'esclaves.

Un chanoine de Lyon	60

A Sœur Marie Claver, pour l'hôpital d'Onitcha (Bas-Niger).

Anonyme de Rouen	10

Au R. P. Picard, pour la mission d'Abyssinie.

Anonyme du Havre, diocèse de Rouen	5
M. Henry M. de Paris	10
Anonyme du diocèse d'Arras	10
M. Roux, missionnaire à La Rochelle	20
Un anonyme d'Anvers, diocèse de Liège	500
Un abonné du diocèse de Versailles	10
Anonyme de Lille, diocèse de Cambrai	5
Une tertiaire de Saint-François, diocèse d'Angers	25
M. le chanoine Guerber, à Molsheim, diocèse de Strasbourg	50
Mme Giraud de Tours, diocèse de Lyon	100

Pour Madagascar.

V. C. de Lyon	10

A Mgr de Courmont, pour Notre-Dame de Lourdes, au Kilima-Ndiaro (Zanguebar).

Les professeurs et les élèves du Petit Séminaire de Saint-Pé, diocèse de Tarbes | 100 |

A Mgr Couppé (Nouvelle-Poméranie).

Un prêtre breton, à Lorient, diocèse de Vannes	10

[La suite des dons prochainement].

TH. MOREL, *Directeur-gérant.*

Lyon. — Imprimerie MOUGIN-RUSAND, rue Stella, 3.

JAPON. — FORÊTS DU JAPON. — CRYPTOMERINAS A TOKIO ; d'après une photographie communiquée par M. Ernest MICHEL. (Voir page 276).

CORRESPONDANCE

LIBAN

Une page de l'histoire des Maronites.

Entre tant de nations qui ont eu l'insigne privilège de conserver intact le dépôt sacré de la foi sur cette terre d'Orient, il faut placer incontestablement au premier rang la sympathique nation maronite. Protégé par ses mœurs simples et patriarcales encore plus que par l'âpreté de ses montagnes, ce peuple a offert au monde l'exemple d'un constant attachement à la France, d'une union permanente à l'Eglise romaine, mère et maitresse de toutes les Eglises, et surtout d'une inaltérable fidélité à la foi des anciens jours.

LETTRE D'UN MISSIONNAIRE DU COLLÈGE D'ANTOURA.

Antoura, 9 février,
en la fête de saint Maron, père des Maronites.

Dieu protège la nation maronite d'une manière bien manifeste. Sans en demander la preuve à son histoire mouvementée et qui a eu ses temps héroïques comme le rappelle si bien la célèbre vallée des Saints, située au cœur même du Liban, nous n'avons qu'à jeter un regard

sur les événements de ces derniers jours pour nous convaincre que Dieu veille sur ce peuple.

C'était le 20 avril 1890. Mgr Paul Massad, de sainte mémoire, descendait dans la tombe, après avoir dirigé les destinées de la nation maronite durant le long espace de trente-trois années. Un peuple nombreux était accouru de tous les points du Liban pour rendre les derniers honneurs à ce vénérable pontife dont le front était ceint de la triple couronne de la vieillesse, de la science et d'une vertu consommée.

Ce grand devoir accompli avec toute la dignité que demandait une aussi grave circonstance, il fallait songer à donner un successeur à celui qui venait de mourir plein d'années et de mérites. Les décrets du concile libanais veulent que cet acte important s'accomplisse neuf jours après la vacance du siège patriarcal. Tous les évêques de la nation furent donc invités à prendre part au synode qui devait faire cesser le veuvage de l'Église maronite.

Huit jours étaient à peine écoulés depuis les funérailles de Mgr Massad, que déjà tous les évêques avaient pu se rendre à Bkerki. Dès le matin du lundi 28 avril, on procéda à la formation du bureau du synode. Sur le soir du même jour, une réunion préparatoire à l'élection devait se tenir dans une des grandes salles du palais patriarcal. C'est en ce moment surtout que se fit sentir l'action de la Providence. La session est à peine ouverte que, dans un élan spontané et avec un parfait accord, tous les prélats maronites acclament Mgr Jean Hagg, archevêque de Balbek, patriarche et père de leur nation. Le nouvel élu objecte son grand âge, il a soixante-douze ans, avant de donner son assentiment à l'élection ; mais il s'incline devant la volonté de Dieu, car tous ses collègues lui promettent un généreux concours pour l'aider à porter le poids de sa charge. Le consentement donné, on n'a plus qu'à se rendre à l'église pour remplir les formalités prescrites et, quelques instants plus tard, sur les six heures et demie, la cloche de Bkerki, par ses joyeuses volées, annonçait que les Maronites avaient un patriarche. Et la nouvelle de se répandre jusqu'à l'autre extrémité du Liban.

* *

Ce qui excita l'enthousiasme dans tous les cœurs, ce fut l'heureux choix des membres du synode et aussi l'entente admirable qui avait présidé à cette élection. Quel bel exemple, quelle belle leçon donnée à tant d'autres Églises,qui,en pareils cas,sont souvent désolées et ruinées par de mesquines ambitions !

Hâtons-nous de le dire aussi, si les prélats furent si unanimes dans leur choix, c'est que Mgr Hagg était digne à tous égards de cette haute marque de confiance.

En montant sur le trône patriarcal de Saint Maron, il y apportait le triple apanage d'une expérience consommée dans la connaissance des hommes, d'une grande habitude des affaires de sa nation et d'un tact parfait pour la conduite des affaires.

Si j'interroge le passé du nouveau patriarche, je le trouve, tout jeune encore, peu d'années après sa prêtrise, investi par la confiance de ses supérieurs de la charge si importante mais si difficile de cadi (juge) du district du Kesrouan. Jusque dans ces derniers temps, on le sait, il était d'usage de jugement que cette difficile fonction fût occupée par un membre du clergé. Le Père Jean, comme on le nommait alors, se fit bientôt remarquer par ce coup d'œil perspicace, par cette rectitude de jugement qui est comme le fond de sa nature. C'était temps perdu avec lui de vouloir déguiser la vérité, son regard savait déconcerter les plus habiles. De nos jours encore on se plaît à citer la période de son passage au tribunal de Gazir comme un temps où la justice était fidèlement rendue.

Sa réputation d'homme fort exercé dans les affaires, mais principalement de prêtre parfaitement intègre, lui mérita bientôt les faveurs de son patriarche, Mgr Massad. Ce prélat profita de la vacance du siège de Balbek pour y appeler Mgr Hagg.

L'occasion allait se présenter bien belle au nouvel élu pour révéler tout ce qu'il y avait en lui de talents administratifs. En effet, tout était à créer dans ce diocèse de Balbek ; c'était le dénument le plus absolu, par suite de l'habitude contractée par les anciens évêques d'être les commensaux du patriarcat. Par conséquent, point de siège, point de résidence, aucune ressource pour pourvoir aux premières nécessités. Et,chose plus grave encore, un bon tiers du territoire de ce diocèse était occupé par les Métoualis.

Sans se laisser déconcerter par cette triste situation, sans en émouvoir l'opinion, sans solliciter la charité publique comme bien d'autres, le nouvel évêque se met à l'œuvre : il vit modestement, combine bien ses plans, parle peu, et il arrive ainsi aux plus beaux résultats.

Dieu bénit son admininistration et, en peu d'années, l'évêque de Balbec réussit à refouler loin de son diocèse tous les Métoualis qui l'occupaient à son arrivée et il sut si bien profiter des circonstances qu'à tous égards son évêché était le mieux partagé quand il l'a quitté pour devenir patriarche.

En outre, Mgr Jean sut toujours se ménager d'excellents rapports avec les autorités civiles et religieuses du pays, ce qui le mit en mesure de rendre des services signalés non seulement aux habitants de son diocèse, mais aussi à ceux des diocèses voisins.

Entre tous les hommes influents dont il sut s'attirer les faveurs, il faut placer en première ligne son vénéré prédécesseur, Mgr Paul Massad. Ce digne prélat avait une si grande confiance dans Mgr de Balbec qu'il n'eût jamais voulu rien entreprendre d'important sans son avis préalable. Dans le pays on aimait à traduire les rapports des deux prélats par ce mot vulgaire : « Mgr Jean a l'oreille de Mgr le patriarche.» Ces relations si étroites ont valu à l'évêque de Balbek de connaître à fond les affaires de sa nation longtemps avant d'avoir à les diriger, ce qui est un rare avantage.

Et que dirons-nous de ce tact dont il a toujours fait preuve dans la vie sociale, de cet esprit de discernement des hommes, de cette prudence étonnante qui lui ont permis de vieillir dans les situations les plus délicates, sans qu'on ait jamais eu rien à reprendre dans sa conduite, sans qu'il se soit jamais compromis à l'égard de personne?

Si, à ces précieuses qualités, nous ajoutons que Mgr Hagg est un prélat d'une vertu austère, ami du recueillement et de l'union avec Dieu, nous aurons toute l'explication de l'élan spontané qui l'a placé sur le siège de saint Maron.

A peine promu à cette haute dignité, il n'a pas tardé à justifier ce que ses précieuses qualités faisaient pressentir. C'est d'une main sûre et ferme qu'il a pris la direction des intérêts des Maronites. En sa qualité de père de tous, il a parcouru les principales localités du Liban, apportant à tous ses enfants, avec sa paternelle bénédiction, l'espérance et la paix.

Sans plus de retard, il réalise un vœu depuis longtemps exprimé, celui de voir s'élever, soit à Bkerki, soit à Dunan, une belle résidence digne du chef de la nation. Les ordres sont donnés; aussitôt on se met à l'œuvre et déjà les travaux sont fort avancés à la satisfaction de tous.

Mais ce que nous désirons surtout faire admirer aux lecteurs de cette note, c'est l'empressement mis par Mgr Hagg à notifier sa promotion au Saint-Père et à solliciter, du Chef suprême de l'Église, la confirmation de son élection. La nouvelle de sa nomination avait eu à peine le temps de parvenir jusqu'aux confins du Liban que déjà Sa Béatitude envoyait l'homme de sa droite, Mgr Elie, un des évêques les plus distingués de la nation maronite, porter au Souverain Pontife l'hommage de sa soumission absolue. Le prélat délégué était chargé de remettre à Léon XIII toutes les pièces relatives à l'élection avec une lettre du nouvel élu et une des évêques qui y avaient pris part. Ces documents ont été imprimés et ils demeureront comme un monument de la constante fidélité des fils de saint Maron à l'Église romaine.

Le pape Léon XIII a répondu à ces marques d'attachement en prononçant une touchante allocution en faveur des Maronites et de leur chef. La presse catholique a publié ce magnifique témoignage rendu par le Souverain Pontife à l'Église maronite. C'est dans ce même consistoire, tenu le 23 juin 1890, que le Saint Père a accordé le sacré pallium au nouveau patriarche.

Voulant donner une preuve plus manifeste de son affection pour cette nation, Léon XIII témoigna alors le désir de voir s'élever à Rome un collège pour former les aspirants au sacerdoce; dans ce but, il a fait don aux Maronites d'un magnifique établissement, laissant à Mgr Elie le soin de solliciter de la générosité française les capitaux nécessaires pour soutenir cette fondation.

A l'heure présente, Mgr Elie est en France pour remplir la mission qui lui a été confiée par le Souverain Pontife. Nous faisons des vœux bien ardents pour que son appel soit entendu. Oh ! puisse la France, toujours si généreuse, justifier cette fois et toujours la confiance que nos frères les Maronites ont dans son inépuisable charité.

Terminons ces lignes par un nouveau trait de l'obéissance pleine et entière des évêques maronites à la cour romaine. La cérémonie de l'imposition du sacré pallium au patriarche a été différée, pour de bonnes raisons, jusqu'au 2 février 1891, jour de la fête de la Purification de la Très Sainte Vierge. Or, durant ce long intervalle écoulé entre le 28 avril, date de l'élection, et celle de la

réception de l'insigne de la juridiction de Rome, Mgr Hagg, lui si diligent et si actif, s'est abstenu de toute nomination et de tout acte d'autorité. Et cependant, il y avait à désigner plusieurs titulaires pour remplacer ceux qui n'étaient plus, la mort ayant fait de nombreux vides, ces derniers temps, dans les rangs de l'épiscopat. C'est un bel exemple donné aux fidèles et aux pasteurs de la soumission que tout bon Maronite doit professer envers le chef suprême de l'Église.

Dieu ne peut refuser ses plus abondantes bénédictions à l'éminent prélat qu'il a chargé du soin de conduire le bon peuple Maronite. C'est bien notre espérance et c'est dans cet espoir que nous lui répétons de tout cœur le souhait réservé aux pontifes de la sainte Église · *Ad multos annos*.

INFORMATIONS DIVERSES

Rome. — Le 2 juin, la Sacrée Congrégation des Rites a tenu au Vatican une réunion dans laquelle a été traitée la cause de canonisation du Bienheureux Pierre-Louis-Marie Chanel, prêtre mariste, premier martyr de l'Océanie.

Paris. — Un des membres du Conseil central de la Propagation de la Foi de Paris, M. l'abbé Legrand, vicaire général et curé de Saint-Germain l'Auxerrois, a célébré, le 48 mai, le soixantième aniversaire de son ordination sacerdotale. Nous recommandons aux prières des missionnaires le vénéré jubilaire et nous sommes heureux de lui offrir, à l'occasion de ses noces de diamant, l'hommage de notre vénération et de notre respectueuse sympathie.

Maduré (*Hindoustan*).— Le R. P. Boutelant, de la Compagnie de Jésus, procureur de la mission du Maduré, nous écrit :

« Vous avez eu la charité d'aider notre malheureuse mission dans son extrême détresse. Grâce à votre protection et à la publicité de votre Bulletin, nous avons été secourus. Les ressources que vous avez procurées au R. P. Verdier lui ont permis d'empêcher un village entier de mourir de faim. Trente familles païennes vous doivent la vie et le bonheur de voir la vérité. Il y a quelques semaines à peine, Mgr Za'eski, ancien conseiller à la nonciature de Paris, les a baptisés de sa propre main. Depuis cette époque, les parents et les amis des nouveaux chrétiens, qui s'étaient efforcés d'empêcher leur conversion, demandent aujourd'hui le baptême qu'ils réprouvaient il n'y a que quelques jours.

« Le R. P. Verdier m'écrit : « Dans ce district autour de ce « nouveau village chrétien, nous avons déjà plus de cinq mille « catéchumènes. Pour les recevoir tous, il nous faudrait une grande « église et des catéchistes au centre. Hélas! la famine m'empêche « de faire ces dépenses, mais prions toujours et le ciel nous « aidera. »

« Inutile après cela d'essayer de vous peindre ma reconnaissance et celle des missionnaires. Avec quelle ferveur, ils prient pour vous, ces vétérans à qui vous donnez des âmes que sans vous ils n'auraient jamais pu sauver, malgré leurs souffrances et leurs sacrifices incessants. Comme ils vous bénissent, ces malheureux affamés que vous doivent la vie, et· qui, pendant toute l'éternité, vous proclameront leur libérateur ! Merci donc, au nom de tous les missionnaires et chrétiens du Maduré. »

LES SŒURS DE SAINT-JOSEPH

A CHRISTIANIA (Norvège)

L'article suivant est extrait d'un journal norvégien, le *Verdens Gang* (La Marche du Monde). Cet éloge d'une feuille protestante est plus éloquent que tout ce que nous pourrions dire sur le dévouement des Sœurs de Saint-Joseph.

Qui de nous ne connaît de vue ces dames étrangères, à la physionomie sérieuse, aux vêtements de deuil, recouverts d'une grande guimpe blanche, et ayant pour toute coiffure, un voile noir retombant sur les épaules ?... On les rencontre souvent, mais toujours deux à deux. Ce sont les Sœurs catholiques de Saint-Joseph. Il y a aujourd'hui vingt-cinq ans qu'elles habitent le pays.

Elles accomplissent leur œuvre sans bruit et sans ostentation ; mais il n'en résulte pas que leur action soit moins utile à la société, moins digne de servir d'exemple. En effet, leur sphère d'activité n'est point restreinte au petit groupe des catholiques de cette contrée ; mais elle nous embrasse aussi, nous protestants, car ces religieuses se dévouent admirablement pour les Norwégiens et leurs enfants.

Beaucoup de gens se représentent les Sœurs, « les nonnes », selon l'expression populaire, comme ne faisant guère autre chose que de demeurer à genoux en prière. Ce serait pourtant une grande erreur de supposer que leurs nombreux exercices de piété, leurs pratiques de pénitence soient un obstacle au travail. Peu de femmes sont autant adonnées à l'action, aussi laborieuses que ces Sœurs ; elles consacrent leur vie entière au travail des mains et de l'esprit. Qui le croirait ? Ces femmes, parmi lesquelles on rencontre des dames appartenant à la plus haute aristocratie de l'étranger, se lèvent à cinq heures du matin, et ne songent à terminer le travail de leur journée qu'à neuf heures du soir. Aucun genre d'occupation ne leur paraît trop grossier.

Les Sœurs de Saint-Joseph sont venues en Norwège dès 1865, principalement en vue des enfants catholiques pauvres. Elles étaient d'abord quatre Sœurs ; mais peu à peu ce chiffre s'est élevé à cinquante religieuses, réparties entre Christiania, Frédérikstad et Frédérikshald. L'une des quatre premières est la supérieure provinciale actuelle, Sœur Marie-Joseph. L'année dernière, elle célébrait le vingt-cinquième anniversaire de son arrivée en Norwège, au milieu des marques de sympathie que lui prodiguaient les protestants aussi bien que les catholiques.

Le dévouement des Sœurs a un double but : l'éducation de la jeunesse et le soin des malades.

A côté d'un internat pour les enfants catholiques pauvres, s'élèvent une école libre pour les jeunes filles catholiques et une salle d'asile. Ces œuvres diverses sont réunies sous le titre unique d'Institut Saint-Joseph. Outre les leçons sur les diverses branches de l'enseignement primaire, on apprend aux enfants à blanchir et à repasser, à confectionner leurs vêtements ; en un mot, on ne leur laisse rien ignorer de tout ce que doit savoir une femme dans un ménage pauvre; Cependant une importance spéciale est attachée à l'éducation morale et religieuse. Autant que nous le savons, la plupart, ou du moins un grand nombre de ces enfants, sont instruites et nourries gratuitement ; dans tous les cas, jamais aucune n'est refusée, faute de ressources. Elles appartiennent, en majorité, aux familles des ouvriers catholiques dispersées un peu partout.

.*.

Les Sœurs reçoivent de plusieurs sources des secours pécuniaires pour l'éducation de la jeunesse ; les prêtres catholiques leur viennent en aide, des comités de dames catholiques leur envoient des dons. Nous savons aussi par les Sœurs que des protestants norwégiens contribuent souvent à cette œuvre, après avoir appris à connaître et à apprécier leur dévouement infatigable. De plus, les parents et amis des Sœurs à l'étranger leur adressent des secours. Mais tout cela ne suffirait pas, si les Sœurs ne savaient se créer des ressources au moyen de mille industries admirables, jointes à un travail sans relâche. Un exemple seulement : la Sœur qui a la direction de l'Ecole française, dont nous parlerons tout à l'heure, enseigne, en outre, plusieurs branches de l'instruction à l'école gratuite et trouve encore le temps de donner des leçons particulières de langue française à de jeunes dames protestantes. A son exemple, d'autres Sœurs, occupées tous les jours à l'Institut, enseignent, sans préjudice de leurs autres devoirs, soit le français, soit l'italien, soit un art d'agrément. Ajoutons que les exigences personnelles des Sœurs sont réduites à leur plus simple expression : « Nos enfants, avant tout, ont-elles coutume de dire ; ce qui restera sera notre part. » Cette vie d'abnégation ne commande-t-elle pas l'admiration ?

Ici, comme à Stockholm et à Copenhague, les Sœurs ont ouvert, à côté des classes gratuites, une école française. On y reçoit des enfants de n'importe quelle confession religieuse, à partir de six ans, et la redevance mensuelle est très minime. Cette école est surtout fréquentée par les jeunes filles protestantes. Les quelques élèves catholiques assistent seules aux leçons de religion qui s'y donnent. Le programme scolaire suivi est, en substance, celui de nos meilleures écoles de filles ; seulement une large place y est faite à l'étude des langues vivantes, au français d'abord, à l'allemand ensuite. Les élèves les plus âgées, après avoir fréquenté les cours pendant quelques années, savent parler ces deux langues ; les plus jeunes comprennent presque tout ce qui se dit en français. On assure également que les enfants se distinguent par leur belle déclamation en norvégien. Qu'on ait donné à l'étude du français la place d'honneur, cela provient en partie de ce que les Sœurs sont pour la plupart des Françaises, mais aussi de ce que la nation norwégienne a des sympathies prononcées pour la France ; de là un attrait naturel pour cette branche de l'enseignement. Du reste, apprendre le français n'est pas facile ; il est bon que l'oreille s'y habitue dès le bas âge. L'allemand ne nous offre pas les mêmes difficultés ; car il ressemble de près à notre idiome national.

Un mot maintenant de l'action des Sœurs Hospitalières auprès des malades.L'hôpital de Notre-Dame est avantageusement connu dans notre capitale et dans presque toute laNorwège. La presse de Christiania a parlé, en diverses occasions, d'une façon si élogieuse, soit de cet établissement, soit de sa fondatrice, Sœur Marie-Geneviève, décédée il y a quelques années, qu'il paraît superflu d'y ajouter nos appréciations. Et pourtant, il y aurait encore tout un livre à écrire au sujet de cette femme d'un esprit supérieur, d'une rare énergie, d'un talent d'organisation de premier ordre. Il convient peut-être de remarquer ici qu'elle était Française de naissance, et qu'elle entra au couvent de Chambéry dès l'âge de dix-huit ans. Son noviciat terminé, elle fut envoyée au Danemark, où elle exerça les fonctions de Supérieure ; de là elle partit pour la Norwège ; elle fut une des premières Sœurs de Saint-Joseph qui vinrent habiter et travailler parmi nous. Nommée d'abord Supérieure à l'Institut Saint-Joseph, bientôt elle se sentit irrésistiblement attirée vers la vie des hôpitaux :

« Donnez-moi un hôpital », dit-elle un jour à une personne ; et comme on lui faisait observer qu'il faudrait beaucoup d'argent, elle répondit en souriant :

« Pensez-vous que le bon Dieu manque d'argent ? Voyez-vous, j'ai un petit fonds pour commencer ; mes Sœurs et moi, nous avons amassé un peu d'argent en vendant des os, de vieux journaux, des chiffons, des timbres-poste, etc. Dieu saura bien m'envoyer des personnes charitables, des gens de cœur et de conseil. Du reste, il me semble qu'en Norwège tout le monde est charitable. Je me crois appelée à faire cette œuvre, et j'ai confiance en Dieu. »

Peu de temps après, elle put louer une maison avec jardin à Ullevoldsvejen, à côté de l'église catholique, et acheter quatre lits pour les malades ; puis, s'étant adjoint quatre Sœurs, elles allèrent se fixer au nouvel établissement. Ainsi débuta l'hôpital de Notre-Dame ; aujourd'hui, après peu d'années d'existence, il ne compte pas moins de soixante lits. Sœur Marie-Geneviève l'inaugura par une petite fête, à laquelle furent conviés les protestants aussi bien que les catholiques. Le Préfet apostolique d'alors, un Français, Mgr Bernard, bénit l'hôpital et profita de l'occasion pour annoncer qu'il était ouvert non point exclusivement aux catholiques, mais aussi aux malades de toutes les confessions, sans exception aucune. Cependant l'hôpital fut, dans les débuts, l'objet de préjugés nombreux ; les protestants n'y voulaient voir qu'un piège habilement tendu par la propagande catholique. Néanmoins, Sœur Marie-Geneviève ne perdit pas courage, elle déplora ces préventions, mais elle ne songea point à lâcher pied, et bien lui en prit. Le jour où, pour la première fois, un protestant lui fit demander une place à l'établissement, ses traits s'illuminèrent, et des larmes de bonheur brillèrent sous sa paupière. Bientôt elle eut intéressé à l'œuvre naissante quelques-uns des premiers médecins de Christiania, dont plusieurs se dévouèrent au service de l'hôpital sans consentir jamais à accepter une rémunération quelconque. Cette circonstance, jointe aux chaleureuses recommandations des médecins qui ne cessaient de vanter le zèle et l'habileté des Sœurs de Saint-Joseph, valut au nouvel établissement le renom dont il jouit depuis.

A partir de cette époque, il a fallu sans cesse agrandir le local. Sœur Marie-Geneviève commença par acheter la maison et le jardin qu'elle avait loués ; ensuite, elle fit successivement l'acquisition des deux habitations voisines, à droite et à gauche ; le terrain de l'hôpital couvre donc aujourd'hui une superficie considérable, coupant transversalement le quartier à l'angle des rues Akersvejen et Ullevoldsvejen. Ces trois bâtiments étant délabrés, la fondatrice, avant de mourir, avait déjà posé la première pierre d'une nouvelle construction sur un assez vaste plan ; il lui fut donné d'en achever une aile ; puis elle laissa à d'autres le soin de terminer l'œuvre commencée.

Et maintenant si on nous demande comment une faible femme a pu accomplir de si grandes choses, nous serions en peine de trouver une réponse ; pour Sœur Marie-Geneviève, on eût dit que : vouloir, c'était pouvoir ! Elle exerçait une puissance merveilleuse sur tout ce qui approchait d'elle. Elle savait intéresser tout le monde à son œuvre ; s'agissait-il de lui venir en aide, les protestants rivalisaient de zèle avec les catholiques. Plus d'une fois elle en eut des preuves, et particulièrement quand il fut question de commencer la nouvelle construction. Des divers quartiers de notre ville, on lui envoya des briques, des planches, des clous ; d'autres personnes lui firent parvenir quelques offrandes ; la municipalité diminua de moitié les impôts sur l'hôpital.

Il est arrivé parfois que des malades venant à mourir, ont laissé aux Sœurs une petite somme en reconnaissance des soins reçus. Ces jours passés, le testament de feu madame Xaribœ leur léguait 7,000 couronnes (9,800 fr.). Grâce à ces marques de bienveillance, il leur a été possible de recueillir gratuitement, ou du moins à prix réduit, beaucoup de pauvres, surtout des pauvres honteux. Il est permis à chaque malade de désigner son médecin ; aussi un grand nombre de médecins ont-ils des clients à l'hôpital de Notre-Dame. Les ministres luthériens, aussi bien que les prêtres catholiques, visitent librement tous ceux qui les réclament. Sœur Marie-Geneviève est morte, il y a quelque années, après une longue maladie accompagnée de douleurs aiguës. De son vivant, elle avait exprimé ce désir, qui témoigne de sa sympathie pour la Norwège et les Norwégiens : « Que Dieu m'accorde le salut pour l'âme, et pour le corps, une tombe en Norwège au milieu de ces Norwégiens que j'ai tant aimés. » Et il lui fut fait selon sa prière ; ses restes mortels reposent au cimetière du Sauveur, à Christiania. En mourant, la fondatrice eut la consolation de laisser son établissement en bon ordre et en bonne renommée, constamment rempli de malades venant de toutes les provinces de la Norwège et même de la Suède.

Cependant sa mort faisait un vide difficile à combler. Elle eut pour remplaçante une religieuse italienne, dame très capable au point de vue de l'administration. Celle-ci, bien qu'elle ne fût pas au courant de la situation et qu'elle dût appréhender notre si rude climat, se mit courageusement en route. Tout semble indiquer qu'elle est animée du même esprit que sa pieuse devancière ; en tout cas, elle ne manque pas d'énergie. Elle a su créer une charmante petite chapelle à l'hôpital ; on y dit la messe pour les Sœurs et les malades catholiques. La nouvelle supérieure nourrit déjà le projet de reprendre les travaux d'agrandissement de l'édifice.

Voilà comment les Sœurs de Saint-Joseph ont atteint leur double but : l'éducation de la jeunesse et le soin des pauvres et des malades. Les protestants, comme les catholiques, ressentent l'effet de leur action bienfaisante, surtout à l'hôpital. Et maintenant, je le demande, pourquoi ne pas rendre, de bonne grâce, justice aux Sœurs catholiques qui se dévouent pour nous, à côté de nos Diaconesses protestantes : serait-ce pour la raison que nous ne nous accordons pas au sujet des dogmes religieux ? Les œuvres de charité, voilà un champ ouvert à toute femme digne de ce nom ; pourquoi protestants ou catholiques n'y entreraient-t-il pas de front et ne se prêteraient-ils pas secours quand il s'agit de venir en aide à l'humanité souffrante ? De là part du grand nombre de nos abonnés, la réponse à cette question ne saurait être douteuse ; c'est notre conviction en terminant ' cet article.

DOUZE CENTS MILLES EN CANOT D'ÉCORCE

ou

PREMIÈRE VISITE PASTORALE

de Mgr N.-Z. LORRAIN, évêque de Cythère

Vicaire apostolique de Pontiac

Par Mgr J.-B. PROULX

Curé de Saint-Raphaël de l'Isle-Bizard.

(Suite et fin 1)

XX

De Wemontaching à Coucoucache.

Une chanson nouvelle. — Sauter un rapide. — Une bibliothèque de voyage. — Joé Mercier. — Les quatorze rapides.' — Trois perles de Chateaubriand. — Taché, le Pascal canadien. — Chez M. Reynolds.

18 juillet.— Nous voguons gaiment sur une onde tranquille.

CANADA. — MAISON DU BOURGEOIS DE LA Cᵢᵉ DE LA BAIE D'HUDSON. — POSTE DE COUCOUCACHE; d'après une photographie de Mgr LORRAIN (voir page 279).

Aussi est-ce un joli bâtiment que notre canot tout neuf, long, large, svelte, et pimpant. Il mesure vingt-huit pieds sur dix. On y installe des sièges aussi confortables que les fauteuils d'un salon, et nous pourrions nous y asseoir trois de front parfaitement à l'aise. Les meilleurs constructeurs de Wemontaching y ont mis la main.

Nous l'avons baptisé *Zéphire*, en souvenir du terme d'affection dont se servaient, vis-à-vis de Mgr Lorrain, ses amis de jeunesse, lorsqu'il était au collège. Le pinceau du Frère Tremblay a peint ce nom sur la proue élégamment relevée, au milieu de fleurs, sur un fond blanc, en lettres rouges ombrées de noir. A peine l'élégante écorce fut-elle lancée, que Monseigneur la bénit.

A un mille de Wemontaching, nos sauvages veulent nous montrer leur talent, et faire sauter le canot. Nous nous rendons sur la plate-forme d'un rocher pour jouir d'un spectacle qui allait passer comme une vision

à nos pieds. La rivière, coulant à bride abattue, se précipite comme dans une cave, puis se relève en bouillons hérissés d'aigrettes et de clochetons. Le canot, comme au galop, s'élance au-dessus de l'abime ; Sévère, notre pilote, rame et rame dans l'air, son grand aviron ne peut atteindre l'eau rien. Il fut sage. Je les ouvre tout grands, je vois tout, et je vois trop. J'ai la poitrine oppressée, le gosier étranglé, l'haleine suspendue ; mais le canot passe léger et rapide à travers l'écume bouillonnante, comme l'oiseau à travers la brume. Déjà il danse au bas de l'abime ; et les matelots, triomphants, se lèvent en poussant un formidable hourra. Ces émotions sont trop fortes ; elles ont quelque chose des terreurs de l'amphithéâtre romain.

(1) Voir les *Missions catholiques* des 2, 9, 16, 23 janvier, 6, 13, 20, 27 février 6, 13, 20 et 27 mars, 3, 10, 17, 24 avril, 1ᵉʳ, 8, 15, 22 et 29 mai, ainsi que la carte et l'itinéraire, page 8.

Cette après-midi, nous fîmes cinq portages.

Plusieurs pensent peut-être, qu'en de pareils voyages, le temps est fastidieux et les heures longues. Pas du tout. Vous avez dans vos compagnons autant d'amis, dont la conversation, tantôt badine, tantôt sérieuse, est aussi agréable que variée. Quand les amis se taisent, les livres prennent la parole, et mettent à votre disposition le trésor de leurs pensées et de leur science. Si vous êtes fatigué de lire dans les pages d'un livre, levez les yeux, et lisez dans la verdure des bois, dans la vague de l'espace, dans le bleu du firmament. Etes-vous las de vos pensées et de vos réflexions ? revenez aux livres et aux amis : les jours sont trop courts, et le temps s'écoule comme le courant qui vous emporte.

Quand je voyageais en Europe, avant d'entrer dans une province, de descendre dans une ville, j'achetais l'histoire des lieux que j'allais visiter ; je la lisais dans mon compartiment de wagon en m'y rendant ; mes anciennes connaissances se réveillaient, se complétaient, sans compter que le trajet était agréable. Si je mettais pied à terre, rien n'était muet pour mes yeux ; chaque monument, chaque église, chaque pierre, avait pour moi une parole, un passé, un souvenir. Les jouissances du voyage se trouvaient centuplées.

Aujourd'hui, ayant à traverser un pays de forêts aux productions les plus diverses, sous l'ombrage desquelles se promènent et chantent mille espèces différentes d'oiseaux, un

CANADA. — CANOT ET ÉQUIPAGE DE MGR LORRAIN, DEPUIS WEMONTACHING SUR LA RIVIÈRE SAINT-MAURICE ;
d'après une photographie de Mgr LORRAIN (Voir page 270).

pays de montagnes et de rochers aux formations les plus disparates, j'ai pris avec moi une flore, un livre d'ornithologie, une minéralogie et une géologie ; avec les effets et la pratique sous les yeux, j'étudie les principes et la théorie, je les compare, je les explique les uns par les autres, je les saisis, je les touche du doigt : c'est un charme.

Mardi 19 juillet. — Une brume épaisse s'élève du rapide, remplit l'air, couvre les chenaux et nous retient au rivage. Elle permet à M. Paterson, avec son canot de pelleteries, de nous rejoindre. Le commis est en route avec tout le trésor des peaux du Saint-Maurice ; il en a vingt paquets de 80 livres ; demain il en prendra huit autres à Coucoucache : cette charge vaudra peut-être douze milliers de piastres.

Il a avec lui un équipage peu nombreux, cinq Canadiens ; mais ils sont guidés par l'*aigle* du Saint-Maurice, Joe Mércier, qui a fait la campagne du Soudan sous le général Wolseley ; on le trouva si bon canotier qu'on lui accorda double paie. Il arrive alerte, avec deux cents livres sur les épaules.

« — Une bien grosse charge pour un petit homme, lui dis-je.

« — Oui, M. le curé ; mais on ne mesure pas les hommes à la brasse.

« — Qu'aimez-vous mieux, du Nil ou du Saint-Maurice ?

« — A côté du Saint-Maurice, le Nil est un enfant.

« — Il y a moins de rapides ?

« — Il y en a autant dans le Haut Nil ; mais ils sont plus courts et moins perfides ; nos chutes ont autrement de caractère que ses cataractes.

« — Alors vous n'avez pas eu de misère à les remonter ?

« — Je ne dis pas cela. Ici, j'ai avec moi des hommes qui connaissent l'aviron : là bas je n'avais à ma disposition que des soldats, qui ne savaient ni ramer, ni obéir. »

Dans le cours des rapides, comme dans le cours de la vie, pensai-je, l'obéissance est une petite chose qui a bien son utilité.

J'avais promis de ne plus aller voir le canot sauter les rapides ; mais que voulez-vous ? Ce spectacle émouvant attire, comme l'abîme entraîne les oiseaux. Je me rendis sur une pointe de roches, pour voir glisser nos Canadiens du Nil sur des bouillons que nos sauvages n'avaient osé braver. Le canot vole de sommets en sommets sur la crête des écumes. Une lame enveloppe M. Paterson de la tête aux pieds ; elle ne refroidit aucunement l'ardeur de son enthousiasme. Il entre au port heureux, plus heureux sans doute que ne l'était César entrant dans Rome sur son char de triomphe.

— —

Notre bagage pèse mille livres et nous avons huit hommes, y compris le Frère. Le bagage de M. Paterson est de deux mille livres, et il n'a que cinq hommes. Conséquence bien naturelle, il ne peut nous suivre. A neuf heures, après déjeuner, sur le bord d'une petite crique à l'eau fraîche, nous lui disons adieu, au revoir quelque jour dans la ville de Montréal, ou peut-être seulement dans la ville éternelle de la Jérusalem céleste. Ainsi va la vie, c'est une séparation continuelle.

A 6 heures du soir nous sommes au pied des Quatorze rapides, et par conséquent des quatorze portages.

Nous ne traversons pas ici un pays de montagnes comme à Wemontaching, ni un pays de plaines comme dans le Haut du Saint-Maurice, mais un pays de vallées et de collines. L'aspect de la contrée est agréable, les sites variés. Le sol n'est pas riche, mais n'est pas stérile : les épinettes et les bouleaux sont de hautes futaies. Et qui nous dit que le terrain n'est pas fertile en arrière de ces collines ? Il ne faut jamais juger de l'intérieur d'un pays par les bords d'une rivière.

.

Les missions sauvages sont finies ; la proue de *Zéphire* est tournée du côté de nos foyers, qui, de loin, nous paraissent bien doux. Nous avons derrière nous soixante jours de canot, et cinq ou six devant nous, sous la conduite d'un équipage expérimenté, sur une belle rivière, à travers une forêt riante, dans un grand et large canot. Notre voyage prend des airs de promenade : seulement les marches sont fréquentes, la chaleur est lourde, on peut craindre le mal de tête.

Dans tous les cas, bon nombre de citadins paient bien cher pour prendre part à des fêtes où ils s'ennuient et d'où ils sont loin de revenir avec un cœur aussi léger que le nôtre le sera ce soir.

Je viens de lire dans Chateaubriand des choses ineffables. Voici une première perle :

« Au bout de la vallée et loin au-delà (l'écrivain était au lac Supérieur), on aperçoit la cime des montagnes hyperboréennes, où Dieu a placé la source des quatre plus grands fleuves de l'Amérique septentrionale. Nés dans le même berceau, ils vont, après un cours de douze cents lieues, se mêler, aux quatre points de l'horizon, à quatre océans : le Missisipi se perd, au midi, dans le golfe mexicain ; le Saint-Laurent se jette, au levant, dans l'Atlantique ; l'Outaouais se précipite, au nord, dans les mers du Pôle, et le fleuve de l'Ouest porte, au couchant, le tribut de ses eaux à l'océan de Nantouka. »

Certes, c'est très ingénieux de faire couler d'une même source quatre fleuves vers les quatre points cardinaux, tout comme dans le paradis terrestre. Mais où est la vérité ? Qu'on ne me dise pas que c'était là la géographie erronée du temps ; en 1791, on connaissait le monde mieux que cela. Qui parlait alors, si on excepte les romanciers, du grand fleuve de l'ouest et de la mer de Nantouka ? Qui ignorait que l'Outaouais est un tributaire, non de la mer Glaciale, mais du Saint-Laurent ?

Mais voici qui est encore plus fort, seconde perle :

« Cette finesse de l'ouïe tient du prodige : il y a tel Indien qui entend les pas d'un autre Indien à quatre et cinq lieues de distance, en mettant l'oreille à terre. »

Le téléphone est battu. Figurez-vous ce sauvage couché à plat ventre sur le sol, qui entend venir, de quinze milles, son cousin, marchant sur la mousse avec ses mocassins de caribou. Y a-t-il un ours, un chevreuil, qui puisse échapper à de pareils chasseurs ?

Troisième perle :

« Le lac Érié est encore fameux par ses serpents. A l'ouest de ce lac, depuis les îles aux couleuvres jusqu'aux rivages du continent, dans un espace de plus de vingt milles, s'étendent de larges nénuphars : en été les feuilles de ces plantes sont couvertes de serpents entrelacés les uns aux autres. Lorsque les reptiles viennent s'ébattre aux rayons du soleil, on voit rouler leurs anneaux d'azur, de pourpre, d'or et d'ébène ; on ne voit dans ces horribles nœuds, doublement, triplement fermés, que des yeux étincelants, des langues à triples dards, des gueules de feu, des queues armées d'aiguillons ou de sonnettes, qui s'agitent en l'air comme des fouets. Un sifflement continuel, un bruit semblable au froissement des feuilles mortes dans une forêt, sortent de cet impur cocyto. »

Comme peinture fantaisiste du Tartare, c'est superbe ; mais c'est triste, comme description véridique d'un pays, qui ignore les serpents aussi complètement que l'Irlande.

Tout le « Voyage en Amérique » est agrémenté de pareils renseignements. Je ne lui conteste pas la magie du style, la richesse des images et l'éclat des métaphores. Exemple :

« Minuit. Le feu commence à s'éteindre, le cercle de sa lumière se rétrécit. J'écoute : un calme formidable pèse sur ces forêts ; on dirait que des silences succèdent à des silences. Je cherche vainement à entendre dans un tombeau universel quelque bruit qui décèle la vie. D'où vient ce soupir ? d'un de mes compagnons : il se plaint, bien qu'il sommeille. Tu vis, donc tu souffres : voilà l'homme. »

Les pages comme celles-là ne manquent pas. Mais les ornements, après tout, ne sont que les peintures et les tableaux de la demeure ; en plusieurs endroits, j'en souhaiterais les murs plus forts et plus sains.

Châteaubriand, avec son génie, a contribué, plus que tout autre, à fausser sur les sauvages l'idée française et même européenne : son voyage fourmille d'erreurs. Il n'a pas vécu avec l'Indien ; il n'a pas compris sa manière de faire, ni de penser ; il a été crédule vis-à-vis de ceux qui le renseignaient, il a aimé l'extraordinaire. Trop souvent, il a fait du particulier une règle générale. *Atala* et les *Natchez* ne sont qu'une peinture des mœurs des blancs, du moins des mœurs romanesques, revêtues d'un vernis de sauvagerie. Cependant, je ne crois pas qu'il ait menti de propos délibéré ; quand il décrit ce qu'il a vu, sa poésie est frappante de vérité ! Exemple :

« Il faut que je vous raconte ce qui s'est passé hier matin chez mes hôtes. L'herbe était encore couverte de rosée ; le vent sortait des forêts tout parfumé, les feuilles du mûrier sauvage étaient chargées de cocons d'une espèce de ver-à-soie, et les plantes à coton du pays, renversant leurs capsules épanouies, ressemblaient à des rosiers blancs. Les Indiennes s'occupaient de divers ouvrages, réunies ensemble au pied d'un gros hêtre pourpre. Leurs petits enfants étaient suspendus dans des réseaux aux branches de l'arbre ; la brise des bois berçait ces couches aériennes d'un mouvement presque insensible. Les mères se levaient de temps en temps pour voir si leurs enfants dormaient et s'ils n'avaient point été réveillés par une multitude d'oiseaux qui voltigeaient à l'entour. Cette scène était charmante. »

Charmant est le mot. Cependant j'ai lu, sur le même sujet, hier, une page qui avait bien d'autres charmes. Tous les lecteurs seront-ils de mon avis ? Elle est d'un Canadien.

La renommée, souvent aveugle, n'a pas pris l'habitude de répéter son nom, au son de sa trompette arbitraire et sonore, d'un bout à l'autre de la république des lettres.

« C'était en face de cette nappe d'eau (du Bic) sur un des plateaux qui bordent le rivage, au milieu d'un bois de sapins et de merisiers qu'étaient fixées, comme jetées à l'aventure, les cabanes en forme de pyramides arrondies des Micmacs. De petits chemins circulaient au sein de la bourgade, et des sentiers, bordés de collets à lièvres, s'enfonçaient de distance en distance dans le bois... Aux portes des cabanes, les hommes s'occupaient nonchalamment à préparer le bois de cèdre des canots ; les enfants jouaient en se roulant sans bruit sur le tapis des bois ; les femmes et les jeunes filles, paresseusement assises au milieu des peaux soyeuses, confectionnaient des mocassins, des mitaines, des manteaux, ou brodaient des matachias ; les jeunes mères, ayant suspendu les *nagânes* de

leurs nourrissons à des branches d'arbres, détachaient de temps en temps l'œil et la main des racines qu'elles préparaient pour coudre les écorces, afin de donner un regard d'amour à leur progéniture et une impulsion de balancement à la nagâne. »

Taché est le littérateur canadien par excellence. Sa phrase sobre, ferme, simple, imagée, a des émanations, des senteurs, des arômes du terroir laurentien. Personne, mieux que lui, n'a su enchâsser, comme des diamants, dans son style, les mots que des situations nouvelles ont introduits dans notre langue. Il sera, à la littérature canadienne, ce que Pascal est à la prose française ; mais un Pascal incapable d'écrire *les Lettres Provinciales*.

« *Forestiers et voyageurs* », « *les Blancs Sablins* », « *les Trois Légendes de mon pays* », resteront, tout comme *Les Pensées*, un modèle du beau et bon parler.

Comme Chateaubriand, il a écrit sur la nature sauvage, avec moins d'éclat, mais avec plus de vérité, non seulement quand il s'agit de faits historiques ou de traits de mœurs, mais encore de descriptions purement poétiques. Y a-t-il quelque chose de plus vrai que ces bruits de la forêt aux oreilles de celui qui a peur ?

« Le moindre son frappe l'oreille : un arbre qui tombe, le murmure d'un ruisseau, les rapides d'une petite rivière qui débouche sur les galets, le vol d'une perdrix réveillée par la peur, les coups de bec de pivert, tous ces bruits qu'on entend quand on descend de nuit le cours d'une rivière, on les perçoit en pays ennemi d'abord très clairement, puis ils grossissent, puis il semble qu'on les entend sans interruption, puis tous à la fois, puis ils se confondent en un bourdonnement qui monte, descend, prend tous les tons et finit par ne plus permettre de rien distinguer. Alors gronderait le tonnerre lointain, qu'on ne le reconnaîtrait pas. »

Cela vaut bien la délicatesse de cette oreille sauvage, qui entend marcher à cinq lieues de distance.

J'ai fait deux citations, tirées des deux premières légendes. Je ne veux pas que la troisième ait lieu d'être jalouse.

« Le canot, monté sur le rivage, était renversé sur ses *pinces*. Des pièces pesantes de bois d'atterage chargeaient sa légère structure, pour la soustraire à l'action du vent. L'éclat d'un bon feu projetait sur les eaux du fleuve et sur les îlots une lumière vive, qui marquait avec un effet grandiose, sur les ombres pro-

Mgr Mac Intyre, *évêque de Charlottetown.*
(Voir page 276).

fondes d'un ciel sans étoiles. Le groupe des quatre personnages de ce tableau, assis sur le sable, se détachait en clair obscur dans la pénombre de la montagne. On causait en prenant le sobre repas du soir, lorsque le vent, commençant à faire rage, éteignit le feu, dispersant en gerbes étincelantes les tisons ardents du brasier. Cet accident, en laissant nos voyageurs dans une complète obscurité, vint augmenter encore les terreurs du sauvage infidèle. Il fallait cependant en prendre son parti : on fit la prière, puis chacun s'étendit sur le sable à l'abri du canot, mais fouetté cependant par l'orage et mouillé par les grosses gouttes de pluie qu'il portait dans son sein. Le vent et la pluie ne furent pas de longue durée ; ils cessèrent bientôt pour laisser l'empire exclusif des airs à l'une de ces nuits sombres, mais calmes d'été. »

On dirait que M. Taché a fait avec nous le voyage de la baie d'Hudson, et qu'il a décrit une de ces scènes nocturnes *quorum pars magna fui*. Il a vécu sous la tente moins longtemps que l'auteur du « Génie du christianisme, » mais il a su mieux que lui saisir les secrets de la vie errante.

A 8 heures, notre canot laisse le Saint-Maurice, pour entrer dans la rivière de Coucoucache. A un mille plus haut s'élève le poste (voir la gravure, p. 270). Le pavillon flotte au sommet du mât, nous le saluons par les strophes de l'*Ave Maris stella*. Le bourgeois, M. Reynolds, est au quai, pour recevoir Sa Grandeur : déjà, par une lettre envoyée en avant, il a invité gracieusement le cortège épiscopal à descendre chez lui. Nous montons à la maison, où Mme Reynolds nous a préparé un bon souper, une bonne chambre et un bon lit. Le Père veille aux soins de sa mission ; la veillée au salon est charmante, la conversation agréable ; onze heures viennent à propos apporter le sommeil à nos paupières.

Mercredi, 20 juillet. — Le nom de *Coucoucache*, s'il faut en croire la tradition, serait encore un des tristes souvenirs que les Iroquois ont semés par ces forêts. Vers 1600, ces fiers et cruels guerriers, devenus tout puissants par la dispersion des Hurons, portèrent leurs armes sur le Saint-Maurice ; ils y anéantirent la nation des Ecureuils et détruisirent en grande partie celle des Attikamèques. Il parait qu'un jour ils se cachèrent à l'embouchure de la Coucoucache, et pour attirer leurs ennemis dans un piège, ils imitèrent le cri du coucou. Les Attikamèques pensèrent que c'était une retraite, une *wache* de coucous ; ils s'y portèrent sans défiance pour faire la chasse ; mais ces vilains coucous firent des chasseurs un sanglant carnage. De *Coucoukwache*, il n'y a pas loin, surtout pour une bouche française, à Coucoucache.

Le réfectoire est converti en chapelle ; vingt-cinq personnes, y compris notre équipage, assistent à la messe. Un canadien, M. Rouillard, reçoit la confirmation : la plus jeune des enfants de M. Reynolds, âgée de seize mois, est baptisée par Monseigneur. Alexis fait la prière en algonquin. Sept fidèles s'approchent de la table eucharistique. Cette maison a bien reçu le premier pasteur de ce vicariat, cette maison est inondée des grâces du ciel ; qu'elle en conserve longtemps les parfums, et que, sous ses douces influences, elle voie naître, grandir et mûrir les fruits des meilleures prospérités!...

FIN DU JOURNAL DE MGR PROULX

LES MISSIONS CATHOLIQUES AU XIXᵉ SIÈCLE

PAR

M. Louis-Eugène LOUVET, des Missions Etrangères de Paris, Missionnaire en Cochinchine occidentale.

CHAPITRE XIᵉ

LES MISSIONS D'INDO-CHINE (1800-1890).

Suite 1)

La presqu'île indo-chinoise comprend des peuples de nationalités fort diverses. Sur la côte occidentale, on trouve successivement le royaume de Birmanie, les peuplades sauvages de la presqu'île malaise et le royaume de Siam, ce qui forme trois groupes de missions. Le long de la côte occidentale, s'étend le royaume d'Annam, qui forme un quatrième groupe. Je vais faire l'histoire de chacun de ces groupes.

I. MISSIONS DE BIRMANIE.

L'évangélisation de la Birmanie ne commence guère qu'au siècle dernier. En 1722, la Sacrée Congrégation détacha de l'évêché portugais de Saint-Thomas les deux royaumes d'Ava et de Pégu, dont elle fit un vicariat apostolique, confié aux Barnabites.

Des guerres continuelles entre les rois d'Ava, de Pégu et de Siam, la froide obstination du bouddhisme, la religion dominante, le petit nombre des missionnaires, (à deux reprises ils furent réduits par la mort à un seul), arrêtèrent longtemps les progrès de la mission. La Révolution française, en bouleversant, en Italie, les ordres religieux, en confisquant leur patrimoine, en fermant leurs noviciats, lui porta le coup suprême. En 1832, le dernier Barnabite envoyé en Birmanie, le R. P. d'Amato, mourut sans avoir de successeurs. Le chiffre des catholiques qui, en 1800, était encore de 5,000, était tombé aux environs de 3,000.

En 1830, la Propagande avait envoyé en Birmanie deux prêtres sortis de son séminaire, avec un vicaire apostolique italien, Mgr Cao. Quelques années plus tard, le prélat ayant été appelé à un siège épiscopal en Italie, la mission fut donnée aux Oblats de Marie, de Turin. Les deux premiers vicaires apostoliques, découragés par les difficultés de la mission, donnèrent successivement leur démission et revinrent en Europe.

La persécution s'était élevée en Birmanie. Le gouvernement s'était longtemps montré assez indifférent à la prédication de l'Evangile ; mais il avait senti ses défiances s'éveiller, à propos des conquêtes des Anglais. Ceux-ci lui ayant enlevé une partie notable du pays (1852), il voulut se venger de sa défaite sur les chrétiens. Les églises, les écoles, les presbytères furent détruits, plusieurs missionnaires furent jetés en prison, l'un d'eux fut mis à mort, un autre devint fou, à la suite des mauvais traitements endurés.

C'est dans ces circonstances douloureuses que la Sacrée Congrégation proposa à la Société des Missions Etrangères de France de se charger de la mission de Birmanie. Après

(1) Voir tous les numéros parus depuis le 14 mars jusqu'à fin octobre 1890, et 2, 9, 16, 23 et 30 janvier, 6 et 13 février, 24 avril, 1ᵉʳ, 8, 15, 22 et 29 mai 1891·
Pour l'intelligence de ce travail, nous recommandons la carte des missions de l'Indo-Chine que nous avons publiée en 1879. Prix : 4 francs *franco*.

des hésitations bien naturelles, la Société accepta, et Mgr Bigandet vint, en 1857, prendre la direction de cette mission désolée.

La situation pouvait se résumer en deux mots : au temporel, tout était à recommencer ; églises dévastées, presbytères en ruines, écoles détruites, pas de ressources, et l'avenir même engagé. Le point de vue spirituel était moins sombre. Au milieu de difficultés incessantes, les Oblats avaient généreusement travaillé ; le chiffre des chrétiens était remonté à 5,000. A Moulmein, ville située aux frontières de la Birmanie, mais en dehors, les Sœurs de Saint-Joseph avaient ouvert un pensionnat ; l'évangélisation des sauvages carians était commencée ; enfin la présence des Anglais dans la Birmanie méridionale promettait à la mission une ère de tranquillité.

Cet espoir s'est réalisé. Depuis 1857, la mission de Birmanie a joui d'une paix à peu près ininterrompue. En 1870, la Propagande a partagé ce pays en deux vicariats et une préfecture apostoliques : la Birmanie méridionale, qui comprend toute la Birmanie anglaise, capitale Rangoon ; la Birmanie septentrionale (l'ancien royaume de Birmanie, que les Anglais viennent de s'annexer), capitale Mandalay ; la Birmanie orientale, qui comprend les tribus sauvages établies entre la Birmanie proprement dite, la Chine et Siam, capitale Tong-hoo ; cette dernière mission est confiée aux Missions Etrangères de Milan.

Voici le tableau des accroissements successifs de la mission :

En 1800 : 3 missionnaires, 2 prêtres indigènes, ? églises ou chapelles, ? écoles, 5.000 catholiques.
En 1850 : 1 vicaire apostolique, 7 missionnaires, 0 prêtre indigène, ? églises ou chapelles, ? écoles, 5.000 catholiques.
En 1870 : 1 vicaire apostolique (Birmanie méridionale), 15 missionnaires, 3 prêtres indigènes, 36 églises ou chapelles, 19 écoles, 7.200 catholiques.
1 vicaire apostolique (Birmanie septentrionale), 3 missionnaires, 0 prêtre indigène, ? églises ou chapelles, ? écoles, 1.100 catholiques.
1 préfet apostolique (Birmanie orientale), 4 missionnaires, 0 prêtre indigène, 2 églises ou chapelles, 2 écoles, 281 catholiques.
Total en 1870 : 2 vicaires, 1 préfet apostolique, 22 missionnaires, 3 prêtres indigènes, 38 églises ou chapelles, 21 écoles, 8.581 catholiques.
En 1890 : 1 vicaire apostolique (Birmanie méridionale), 22 missionnaires, 9 prêtres indigènes, 68 églises ou chapelles, 55 écoles, 20.727 catholiques.
1 vicaire apostolique (Birmanie septentrionale), 13 missionnaires, 4 prêtres indigènes, 18 églises ou chapelles, 37 écoles, 3.497 catholiques.
1 préfet apostolique (Birmanie orientale), 7 missionnaires, 0 prêtre indigène, ? églises ou chapelles, 4 écoles, 7.756 catholiques.
Total en 1890 : 2 vicaires, 1 préfet apostolique, 42 missionnaires, 13 prêtres indigènes, 86 églises ou chapelles, 96 écoles, 31.980 catholiques.

Depuis 1850, le chiffre des catholiques a *sextuplé*. La population totale étant de 7.000.000, la proportion des catholiques est de $\frac{1}{220}$.

Les Frères des Ecoles chrétiennes ont de beaux établissements à Rangoon et à Moulmein. Les Sœurs de Saint-Joseph de l'Apparition ont des maisons à Rangoon, à Mandalay, à Moulmein et à Tong-hoo.

Maintenant que les Anglais sont établis en Birmanie, nos confrères jouiront de la même liberté qu'aux Indes, mais ils auront à lutter contre la propagande protestante.

II. MISSION DE SIAM.

La mission de Siam, établie en 1673 et confiée à la Société des Missions Etrangères de France, qui l'a toujours conservée, est une de celles où les progrès de la foi ont été le plus entravés par les événements politiques et les défiances des gouvernements. Après un brillant début, les imprudences de nos compatriotes ruinèrent leur influence sur les bords de l'Irraouady et compromirent, pour de longues années, le succès de l'apostolat. Des guerres intestines entre Siam et les royaumes voisins achevèrent de ruiner la mission.

En 1800, nous trouvons à Siam : 1 vicaire apostolique, 2 missionnaires, 2 prêtres indigènes et seulement 2.300 chrétiens. Des belles églises élevées autrefois par nos confrères, il ne restait plus guère que des ruines informes, et la pauvreté des missionnaires ne permettait pas de rien réédifier.

Cette situation navrante dura, plus ou moins, jusqu'en 1840. A cette époque, la mission de Siam comptait : 1 vicaire apostolique, 1 coadjuteur, en résidence à Syngapour, dans la mission naissante de Malaisie, 12 missionnaires apostoliques, 4 prêtres indigènes, 4 couvents de religieuses indigènes, 12 églises ou chapelles, et environ 7.000 chrétiens, en majorité de nationalité annamite.

L'année suivante, la mission de Malaisie fut détachée de celle de Siam et érigée en vicariat apostolique ; le nombre des chrétiens de Siam retombe alors à 5.000. Depuis ce temps, les progrès de la mission de Siam se sont accentués lentement, comme le tableau suivant en fait foi :

En 1800 : 1 vicaire apostolique, 2 missionnaires, 2 prêtres indigènes, ? églises ou chapelles, ? écoles, 2.300 catholiques.
En 1820 : 1 vicaire apostolique, 3 missionnaires, 5 prêtres indigènes, ? églises ou chapelles, 1 école, 2.500 catholiques.
En 1840 : 1 vicaire apostolique, 12 missionnaires, 4 prêtres indigènes, 12 églises ou chapelles, 4 écoles, 7.000 catholiques.
En 1870 : 1 vicaire apostolique, 19 missionnaires, 5 prêtres indigènes, 18 églises ou chapelles, 16 écoles, 10.000 catholiques.
En 1890 : 1 vicaire apostolique, 32 missionnaires, 10 prêtres indigènes, 40 églises ou chapelles, 57 écoles, 18.200 catholiques.

La population totale étant de 8,000,000, la proportion des catholiques est $\frac{1}{411}$.

Il y a, dans la mission de Siam, 1 séminaire, 52 élèves, 2,767 enfants dans les écoles et les orphelinats, 14 catéchuménats, moyenne annuelle des baptêmes : 1,000. Malheureusement jusqu'ici, ces conversions se font surtout parmi les étrangers : Chinois, Annamites, Indiens, peuplades sauvages du Laos. Les défiances du gouvernement siamois et l'obstination religieuse des bouddhistes n'ont guère permis jusqu'à ce jour d'attaquer sérieusement l'élément indigène. Espérons que le soleil de la vérité évangélique finira par se lever sur ce malheureux peuple siamois, qui paraissait autrefois si bien disposé et qui eut les prémices de notre apostolat, car c'est là que nos premiers vicaires apostoliques, NN. SS. Pallu et de la Mothe-Lambert, s'établirent tout d'abord pour rayonner de là dans les contrées voisines.

(A suivre).

NÉCROLOGIE

Mgr Mac-Intyre,

évêque de Charlottetown (Canada).

Les journaux américains annoncent la mort de ce prélat qui dirigeait depuis plus de trente ans le diocèse de Charlottetown. Mgr Mac-Intyre avait quitté, le 30 avril, en excellente santé, sa ville épiscopale pour se rendre à Antigonish, quand il fut atteint par une indisposition subite et mourut dans la nuit.

Mgr Mac-Intyre était né en 1818. D'abord chargé de la mission de Tignish, il avait remplacé en 1860. Mgr B. Mac-Donald, décédé le 30 décembre 1859.

Mgr James Mac-Donald, qui avait été donné, l'année dernière, pour coadjuteur au vénéré défunt, lui a succédé comme évêque de Charlottetown.

VARIÉTÉS

Les forêts du Japon.

Le Japon possède des forêts célèbres par leur beauté. L'île de Yéso notamment est entièrement couverte de. bois dont l'exploitation n'est pas encore commencée. Notre première gravure représente une des hautes futaies dont les tons sombres prêtent un charme particulier aux environs de Tokio.

La route qui relie la capitale du Japon à Kioto traverse d'abord les villages de la banlieue de la capitale, puis elle abandonne les rizières et pénètre sous les bois (voir la gravure p. 265). La richesse forestière du Japon est considérable, mais laissée à l'abandon jusqu'en ces dernières années. Des ingénieurs français ont accepté la tâche de régulariser le régime des forêts japonaises. La grande difficulté pour les exploiter provient de l'absence des chemins nécessaires aux charrois ; on est obligé de débiter le bois sur place au milieu de montagnes inaccessibles, pour le faire flotter ensuite sur les torrents.

« D'immenses contrées, dit M. Georges Bousquet dans son remarquable ouvrage : *le Japon de nos jours*, sont recouvertes de forêts qui attendent la hache. On se fera une idée de l'étrange manière dont on surveille les richesses forestières par le mode employé pour compter les arbres et en prendre le calibre. L'opération dure trois jours ; le premier jour, des cantonniers se répandent dans la forêt et entourent chaque tronc d'arbre d'une ficelle ; le second jour, l'inspecteur constate que tous les arbres sont munis de leur collier ; le troisième jour, on détache toutes les ficelles, on les réunit et on les compte en les groupant par rangs de taille. L'inventaire est fait. »

Notre première gravure a été dessinée d'après une photographie faisant partie du magnifique album où M. Ernest Michel a réuni les souvenirs de ses voyages autour du monde.

DONS

Pour l'Œuvre de la Propagation de la Foi

ÉDITION FRANÇAISE.

Pour l'Œuvre.

Par l'entremise de M. Paulin Freydier, diocèse de Clermont.	30
Anonyme, don recueilli par l'*Echo de Fourvière*..	200
V. B. M. C. «	500
Aronyme, à B F. L. «	4
Aronyme de Saint-Etienne, pour une famille défunte, M. C. (*Echo de Fourvière*),	900
M. V pour avoir part aux prières des missionnaires pendant sa vie et à l'heure de sa mort (*Echo de Fourvière*),	1.000
M. Burdin, à Lyon	10
Congrégation de la Bonne-Mort, Université Saint-Joseph, à Beyrouth	100

Pour les missions les plus nécessiteuses (R. P. Verdier, Madagascar).

Un anonyme du diocèse de Chambéry..	50
Anonyme de Paris, avec demandes de prières	4

Pour l'église de N.-D. de Lourdes, à Chetput (Indes).

Au nom de M. Victor Boom, à Louvain	10

Au R. P. Picard, pour la mission d'Abyssinie.

Anonyme, don recueilli par l'*Echo de Fourvière*.	20
Un abonné de Marseille	50
M. Hours, à Annonay, diocèse de Viviers	5
Panem de cœlo præstitisti eis, Rennes. ..	28
M. Marty, aumônier à Clairvaux, diocèse de Rodez	15
Une dame de la province de Liège. .	1.000

A S. E. le cardinal Lavigerie, pour le baptême de deux enfants nègres sous les noms de Thérèse et Augustin.

Anonyme du diocèse de Lyon...	20

Au R. P. Fontanié, pour l'église du Sacré-Cœur à Ambohimahasoa (Madagascar).

Mesdames F., de Roshach, diocèse de Metz	37 50
Mlle M .de Bitche	237 50

[La suite des dons prochainement].

ÉDITION NÉERLANDAISE

Pour la mission du Bas-Zambèse	207 14
« la Mongolie orientale	4
« la Sibérie	4 00

ÉDITION POLONAISE

Pour les missions les plus nécessiteuses en Asie (Mongolie et Kan-sou)	2.266 20
« les missions de Chine (Mgr Anzer)	99 57
« rachats d'enfants chinois (au même)	20 70
« la léproserie de Mangalore....'	25 42
« les victimes de la famine au Chen-si méridional.	12 70
« les victimes de la famine au Maduré.	12 70
« le P. Corre, missionnaire apostolique à Kumamoto (Japon)	338 53
« l'Église du Japon (au même)	6 35
« les missions des Pères Résurrectionnistes en Bulgarie	52 96
« les missions des Pères Jésuites à Jassy	148 77
« S. E. le cardinal Lavigerie, pour rachat d'esclaves	275 80
« les missions des Pères Jésuites au Zambèse..	48 73
« les missions d'Athabaska-Mackensie	48 73
« les missions des Pères Salésiens (Patagonie).	52 96
« rachat d'enfants nègres (S. Em. le cardinal Lavigerie	69 62

TH. MOREL, *Directeur-gérant.*

Lyon. — Imprimerie Mougin-Rusand, rue Stella, 3.

BAS-ZAMBÈZE (*Afrique australe*).— LA BARQUE DU MISSIONNAIRE; d'après un dessin du R. P. COURTOIS, de la Compagnie de Jésus, missionnaire au Zambèze. (Voir page 281).

CORRESPONDANCE

PONDICHÉRY (Hindoustan).

En vacances !

La lettre suivante nous transporte de nouveau au milieu de ces chrétientés si intéressantes de Pondichéry, chrétientés déjà décrites par le bon père Fourcade. C'est toujours la même pauvreté, le même dénuement. Nos lecteurs, nous l'espérons, sauront répondre par la même sympathie et la même générosité.]

LETTRE DE M. LEROY, DES MISSIONS ÉTRANGÈRES DE PARIS.

Nos examens sont passés. Nous voilà en vacances.

Afin d'utiliser le mieux possible nos quelques jours de loisir, deux confrères du Collège, les PP. Duzier et Tesson, et moi, prenons la route de Gingy.

Cette petite ville, au nom célèbre, est assise dans une vallée pittoresque, à quarante milles environ au nord-ouest de Pondichéry.

N° 1149 — 12 JUIN 1891.

De la station de Tindivanam, deux mauvaises charrettes doivent nous emporter cahin-caha jusqu'à l'église de Gingy. La route est assez belle; mais nos zébus, la parcourant dans tous les sens, nous mènent d'un fossé à l'autre; ce qui procure à nos personnes et à nos bagages une foule de fausses positions. Il est six heures du soir quand nous arrivons.

Les enfants sortent de l'école. Les uns portent une ardoise; d'autres, les plus avancés, leurs livres de classe, consistant en feuilles de palmiers chargées de caractères écrits au poinçon. Nos charrettes sont entourées, inspectées par ces enfants, comme des voitures de contrebandiers par des douaniers. Mais, à leurs saluts et à leurs cris de joie, on voit bien vite qu'ils ne font pas partie de cette honorable corporation.

Le P. Gabillet nous délivre de ces gentils petits mutins et nous présente son église. Notre cœur se serre à la vue de cette misérable maison en terre. C'est là le palais du Roi des Rois! Nous entrons. Il fait sombre. Il n'y a qu'un autel et quel autel, mon Dieu! On songe à la crèche de Bethléem. Tout est propre, mais tout est pauvre. Seule, une statue de saint Michel, patron du village, fait plaisir à voir. A ses côtés, se trouvent des bouteilles, servant de chandeliers, car les chandeliers réels sont insuffisants. Entre les cierges, de petits bouquets de fleurs artificielles, plantés dans une poignée de terre glaise, se tiennent en équilibre comme ils peuvent et seulement par temps calme.

Pendant que nous faisons une prière, le gong retentit pour célébrer notre arrivée. Cette sorte de tam-tam tient ici lieu de cloche et sert à appeler les chrétiens à la chapelle.

Au sortir d'une si pauvre église, nous nous attendions à trouver une maison de missionnaire plus pauvre encore si c'était possible. Nous ne nous trompions pas. Le serviteur ne doit pas être mieux logé que son Maître.

Le bon P. Gabillet a bien songé à bâtir une église et une maison en briques; mais il faut soulager d'abord les membres souffrants de Jésus-Christ, et il n'y suffit pas. Il s'arrange cependant de manière à exécuter son plan. Comme cette année est excessivement dure dans son district, il a réuni quelques affamés qu'il habille et nourrit. En retour, il les occupe à la construction d'une chapelle en briques. De cette façon, il soulage leur misère, il les fait travailler, et procure à sa pauvre paroisse une petite église solide et moins indigne que l'ancienne de la majesté du Roi des Cieux.

Le Père nous reçut avec sa gaieté ordinaire, bien qu'une fièvre intense minât ses forces. Il est entouré de pauvres enfants mourant de faim ; il a sur les bras une foule de procès à propos de nouveaux catéchumènes que la grâce et la faim lui amènent. Comme saint Paul, il n'est aucune peine de ses enfants qui ne le fasse souffrir. Ajoutez à cela une nourriture insuffisante, composée invariablement de deux œufs et d'un affreux *carry*. Nous le soignons de notre mieux; mais impossible de l'amener à prendre du repos. A chaque instant, quelqu'un le demande.

« Père, venez à mon secours, je n'ai plus rien à donner à mes pauvres enfants ».

Cette phrase, on l'entend du matin au soir. C'est que les pluies ont manqué cette année. Le riz n'est pas venu et les autres menus grains n'ont presque rien donné. Les étangs sont à sec et les puits fournissent à peine l'eau nécessaire aux habitants.

Voici le chef d'une grande famille. Chrétien modèle, il nourrit dix-neuf personnes. Prévoyant la sécheresse, il a redoublé d'efforts ; tout son monde l'a aidé à arroser ses rizières ; mais la petite vérole est venue et ces vingt chrétiens en ont été atteints. Pendant ce temps le soleil brûlait la récolte.

Le P. Gabillet nous montre un pauvre homme ayant aux pieds des plaies hideuses. Dans sa maison, six enfants, mourant de faim, l'ont envoyé chercher un peu de

riz auprès du Père. Le P. Gabillet donne, donne toujours.

« — Il faut distribuer tout ce que le bon Dieu envoie, me disait-il ; sans cela il n'enverrait plus rien. »

Je le crois tout disposé à se vendre, si, un beau jour de famine, quelqu'un voulait l'acheter.

Voici une pauvre païenne toute déguenillée. Dernièrement le Père, la voyant désolée à la pensée qu'elle allait perdre un de ses enfants, lui proposa de lui donner le baptême.

« — J'en ai déjà perdu un; le baptême fera mourir celui-ci, disait-elle.

« — Non ! Je réponds de lui. Il vivra. »

Et l'enfant baptisé est revenu à la santé et il se porte à merveille.

．＊．

Le P. Gabillet a en Dieu une confiance sans borne. Pour obtenir tout de ce bon Maître, il se sert de saint Michel. Il a dû soutenir une foule de procès pour ses chrétiens. Il s'en tire toujours à l'avantage de la religion. Les païens cependant distribuent aux petits magistrats indiens force *lindjams* (présents pour suborner), dont ceux-ci sont très avides ; mais, quand les pièces arrivent au collecteur, les choses marchent plus régulièrement.

Si l'esclavage n'existe pas, à proprement parler, dans l'Inde, nous en avons l'équivalent. Un pauvre diable emprunte de l'argent à un usurier énorme. Le jour de l'échéance arrive. Impossible de payer. Le débiteur alors se livre à son créancier pour un temps déterminé. C'est une condamnation aux travaux forcés pour cinq, dix, vingt ans parfois. Le malheureux travaille aux champs de son maître et ne reçoit en retour qu'une nourriture insuffisante. Si le *padial* était seul, ce ne serait pas là sa situation intolérable; mais généralement il a femme et enfants, et tout ce monde a besoin de lui pour vivre. Il partage avec eux, comme il peut, sa pauvre pitance. Mais si son maître lui donne la nourriture, il ne lui ménage pas les coups de bâton et pour les raisons les plus futiles. J'ai vu à Gingy plusieurs de ces malheureux *padials*, couverts de plaies. Le rotin avait laissé des traces sanglantes sur leurs bras et leur poitrine. La grâce, à ce moment, illumine souvent ces pauvres gens. Ils courent se jeter dans les bras du Père qui paie leurs dettes, s'il le peut, et qui les habille et les nourrit.

．＊．

Le Père a des *étudiants* (c'est son mot) en plusieurs branches. Les uns apprennent la religion et les prières, les petits chrétiens apprennent à lire, quelques parias enfin étudient la musique... indienne. Cette musique, dont l'effet est horrible, horripilant pour les oreilles européennes, a un charme infini pour les oreilles indiennes. Je les crois blindées. Cette musique a des règles, disent les érudits, mais on peut, je crois, les ramener toutes à celle-ci : Chaque instrument doit faire le plus de bruit possible, sans suivre ses voisins et en gardant cependant la mesure donnée par les tambours. Ces derniers instrumentistes, eux, jouent parfaitement. Ils feraient d'excellents chefs d'orchestre. Quand, le mercredi des Cendres, j'ai entendu, à l'élévation, l'épouvantable fracas de cette musique, j'ai cru un moment que tout s'écroulait autour de moi. Ma tête allait éclater. Et dire que l'on paie de semblables bourreaux ! Au sortir de la messe, le P. Gabillet m'exprimait son regret de n'avoir pas eu son orchestre au grand complet dans cette circonstance. Ne nous plaignons donc pas trop.

.˙.

A côté de l'église, au pied de l'une des trois montagnes que surmontaient les forts de Gingy, le P. Gabillet a creusé une magnifique grotte à saint Michel. L'archange semble saper les fondations des temples du diable qui, là-haut, à cinq cents pieds, tombent déjà en ruines.

Les premiers chrétiens de Gingy furent de pauvres parias, puis le Père créa une colonie de gens de caste tamoulère, et l'établit tout près de l'église. Au milieu de ce petit village tamoulère se dressait une colonne de vingt-cinq pieds de haut consacrée au diable. Le Père eut bien vite l'idée de placer le signe sacré de notre sainte religion au sommet de ce monolithe païen abandonné.

Il y a quelque temps, le choléra sévissait à Gingy, faisant tous les jours un grand nombre de victimes. Les païens se mirent, pour la circonstance, en frais de dévotion. Ils promenèrent partout leurs dieux ; mais le fléau ne cessait pas. Les chrétiens, de leur côté, redoublèrent leurs prières et firent, tous les soirs, pendant quelque temps, la procession en chantant les litanies de la sainte Vierge.

Les païens découragés, voyant que le Dieu et la « déesse des chrétiens », comme ils appellent la sainte Vierge, protégeaient leurs enfants, vinrent bientôt se joindre à la procession. A l'exemple des chrétiens, ils dressèrent partout des croix. Chaque maison avait la sienne à sa porte. C'est alors que le Père crut le moment venu de placer sur le lingam (colonne dont j'ai parlé plus haut), la croix de notre divin Sauveur.

« — Elle y est, elle y restera, » disait-il.

L'épidémie passée, les païens et les mahométans ont bien essayé de protester, la croix est restée debout sur son beau piédestal.

Nous ne pouvions pas quitter Gingy sans aller visiter le théâtre de la vaillance des héros français du siècle dernier. Il faut voir ces trois citadelles colossales pour comprendre les difficultés que ces braves ont dû surmonter pour s'en emparer. Trois montagnes, formées

par d'énormes blocs granitiques superposés et reliées entre elles par de larges murs bastionnés, sont couronnées chacune par une citadelle. Pour y arriver, on doit monter un magnifique escalier en pierres de granit. De temps en temps, on rencontre des mandabams, sorte de larges portes fortifiées en granit. Là, le touriste peut maintenant se reposer à l'ombre; mais, pour l'assiégeant, ces portes garnies de défenseurs n'offraient pas le même charme. Tout est en granit. Au sommet, on trouve des maisons, des cloîtres, des pagodes. Tout est en granit. Ce granit a été pris au flanc des plus gros blocs de la montagne par un procédé très ingénieux. On creusait une série de trous d'un pouce de largeur dans lesquels on introduisait des coins en bois. On les arrosait et le bois, en se gonflant, découpait une belle tranche de granit.

Ces trois citadelles, que cent soldats pouvaient défendre contre cinquante mille hommes, furent cependant escaladées, emportées d'assaut en une nuit, par deux cent cinquante Français et un millier de cipayes. Bussy était à leur tête. C'était en 1750. Onze ans plus tard, les Anglais voulurent nous arracher cette magnifique position. Ils s'emparèrent de deux de ces montagnes, à peu près abandonnées; mais jamais ils ne purent enlever la forteresse de Radjaghizi. Ce ne fut qu'après la prise de Pondichéry que nos soldats consentirent à leur ouvrir les portes de la place.

.˙.

C'est au pied de ces montagnes célèbres, c'est sur ce sol arrosé du sang français, qu'un pauvre prêtre breton, portant l'étendard de saint Michel et les armes de Jésus-Christ, continue à faire des conquêtes. Il déloge le diable de ses temples vivants, il prend des citadelles qu'il ne rendra jamais, car Dieu ne capitule pas.

Ne le laissez pas lutter seul, vaillants enfants de France; combattez avec lui. Priez pour qu'il donne à notre Dieu un peuple nombreux et soumis. Aidez-le par vos aumônes, afin qu'il empêche ses enfants, vos frères, de mourir de faim.

Les pauvres Indiens que vous aurez rachetés par vos prières et par vos aumônes prieront Dieu pour la France et pour vous. Les pierres du temple que vous aurez construit, crieront, elles aussi, pour vous vers le ciel. Lapides clamabunt. Et, un jour, le Christ vous dira :

« Parce que tu m'as revêtu, quand mes membres vivants, les parias de l'Inde, étaient nus et que tu as recouvert leur nudité; parce que tu m'as donné à manger, quand mes pauvres enfants de l'Inde avaient faim et que tu les as rassasiés; parce que tu m'as bâti un tabernacle digne de moi, quand j'habitais une misérable grange : Viens dans mon royaume éternel ! »

NOUVELLES DE LA PROPAGANDE

Après la mort de Mgr Tagliabue, vicaire apostolique de Pékin, Mgr Sarthou, vicaire apostolique du Pé-tché-ly occidental, lui succéda. Ce transfert ayant rendu vacant le vicariat apostolique du Pé-tché-ly occidental, le Saint-Père a, sur la proposition de la Sacrée Congrégation de la Propagande, choisi, pour remplacer Mgr Sarthou, M. Jules Bruguière, prêtre de la Congrégation des Lazaristes, missionnaire depuis plusieurs années au Pé-tché-ly occidental. Mgr Bruguière est né le 12 août 1851.

Mgr Ricards, vicaire apostolique du district oriental du cap de Bonne-Espérance, vient d'obtenir du Saint-Père un coadjuteur pour partager le poids de l'administration de sa vaste mission. C'est Mgr Pierre Strobino, prêtre du collège Brignole-Sales de Gênes, missionnaire depuis douze ans dans le vicariat apostolique du Cap oriental.

Sa Sainteté a nommé vicaire apostolique du Tanganika, le R. P. Alphonse Lechaptois, de la Congrégation des missionnaires d'Alger.

INFORMATIONS DIVERSES

Rome. — Parmi les préconisations du Consistoire du 4 juin, nous relevons les suivantes, concernant les titres épiscopaux attribués aux évêques missionnaires dont nous avons déjà annoncé la nomination par bref :

Mgr Grouard a été nommé évêque titulaire d'Ibora; Mgr Augouard, évêque titulaire de Sinite ; Mgr Hofmann, évêque titulaire de Telmesse; Mgr Berlioz, évêque titulaire de Calinda ; Mgr Chausse, évêque titulaire de Cernana ; Mgr Pascal, évêque titulaire de Mosinopolis; Mgr Toulotte, nommé coadjuteur de S. Em. le cardinal Lavigerie pour le Sahara, évêque titulaire de Tagaste, et Mgr Nerschaert, évêque titulaire de Sidime.

Ecosse. — L'Eglise catholique en Ecosse comprend trois cent trente-huit prêtres, trois cent neuf églises, trois cent six écoles, quarante-neuf monastères et institutions religieuses. Les Bénédictins, les Franciscains, les Jésuites, les Rédemptoristes, les Maristes y ont fondé des couvents. Il existe aussi de nombreuses congrégations de femmes, entre autres les Petites-Sœurs des pauvres, à Edimbourg, à Welburn, Lochee, etc. Les Petites-Sœurs font un singulier effet au milieu des descendants spirituels de Knox. Quels changements dans les mœurs publiques ! Il y a cinquante ans, on aurait lapidé les religieuses dans les rues qu'elles traversent maintenant entourées du respect du peuple. Et les Jésuites, les maudits « papistes » d'autrefois, sont en sécurité à Edimbourg.

Partout la moisson des âmes est abondante ; mais les moissonneurs font défaut encore : on manque de prêtres, quoique le nombre des vocations croisse chaque année.

Les évêques sont trop pauvres pour fonder des séminaires, sinon les vocations se multiplieraient. Il ne faut pas oublier, en effet, que toute cette Eglise vit de contributions volontaires.

La fécondité des œuvres catholiques, avec la morale intense qui en jaillit, la force de cette Église, toujours ancienne et toujours jeune, font réfléchir les riches et les lettrés. Les pauvres et les classes populaires sont touchés par l'apostolat des religieuses et des prêtres dévoués qui s'occupent d'eux et de leurs enfants, en même temps que du bien de l'Etat et du règne de Dieu dans la société contemporaine. En un mot, il y a en Ecosse des symptômes évidents d'une grande renaissance et même d'une restauration certaine, si l'esprit du mal ne recourt pas encore une fois à la violence.

Jérusalem. — Le *Journal des Débats* publie une lettre intéressante datée de Jérusalem, dont nous extrayons le passage suivant :

« Le besoin d'un hôpital municipal, recueillant les malades de toute la ville, se faisait sentir depuis longtemps à Jérusalem. Le pacha, homme de bien, vient de réaliser cette grande œuvre, qu'avait commencée avant lui son prédécesseur, Rahouf-Pacha. Mais qui placerait-on près des malades ? Serait-ce des gardes juives ? Plus de la moitié de la population est juive. On attend ces jours-ci quatorze mille juifs venant de Russie... Des musulmans ? Les musulmans sont en si grand nombre aussi !... Des schismatiques ?... Des arméniennes ?... Des coptes ?... Des catholiques ? Mais il y a si peu de catholiques, et de plus, pas un qui ait quelque autorité ! Question depuis longtemps restée sans solution.

« Enfin, il y a quelques mois, le président de la municipalité, accompagné de deux effendis, se présente à Sœur Sion, supérieure des Filles de la Charité, et lui demande si elle veut lui donner quelques religieuses pour le nouvel hôpital. Celle-ci obtient de ses supérieures l'autorisation d'accepter, et, quelques jours après, la municipalité elle-même venait remercier les Sœurs de leur adhésion, et elle les engageait à disposer tout de suite la maison pour recevoir des malades.

« Il n'y avait pas de temps à perdre. C'est la semaine dernière qu'elles furent averties, et l'ouverture devait se faire avant-hier, dimanche, en présence d'Ibrahim-Pacha, du Conseil composé d'un membre de chaque nation, des chefs de toutes les religions et du Conseil de la Ville.

« Pendant trois jours et trois nuits, les religieuses n'avaient pris aucun repos. Dimanche, à midi, toutes les Sœurs sont convoquées pour se trouver, à une heure, dans la grande salle de réception. C'était à peine le temps de revenir à leur maison et de changer leur cornette.

« A une heure, le pacha arrive avec pompe ; tous les dignitaires prennent leur place. Et la supérieure et les Sœurs ? On entend une voiture. Ce sont elles ! Aussitôt une sérénade commence et mille voix de crier : « Vivent les Sœurs de Charité ! » Les soldats présentent les armes. La foule se presse ; les drogmans ont peine à frayer le passage aux Sœurs. Enfin elles montent le grand escalier.

« A leur arrivée, tous se lèvent :

« — Soyez des bienvenues, mes Sœurs, dit le pacha dans un « excellent français. Je suis trop ému de l'aspect que vous avez « donné à cette maison, dans laquelle vous travaillez depuis « trois jours seulement, pour pouvoir vous féliciter comme je « voudrais le faire.

« — Excellence, nous avons fait notre devoir, dit Sœur Sion. « — Je suis dans l'enthousiasme, reprend le pacha, et nous ne « pouvons que nous féliciter de notre choix. »

« Profond et sympathique acquiescement de l'assemblée.

« — Trouvez-vous qu'il manque quelque chose ici, ou trouvez- « vous toutes choses comme vous le désirez, Messieurs ? » ajouta le pacha en s'adressant aux autorités :

« — Moi, répondit le grand rabbin, ce que je trouve de plus beau « dans cet hospice municipal, ce sont les Filles de la Charité; « depuis cinq ans que nous les voyons à l'œuvre, elles ne se sont « jamais démenties ; elles sont des mères et des sœurs pour « tous, quels qu'ilssoient. »

« — Vivent les Filles de la Charité ! » crie-t-on de tous côtés, dans les salles, corridors, etc. : l'émotion est à son comble. Après cette présentation, le pacha rentra au divan pour prendre part à une cérémonie religieuse turque. « Allah ! Allah ! » criaient les assistants, en ouvrant les bras et en appelant la bénédiction sur les Sœurs et les malades.

« Alors le président du Conseil municipal fit rassembler tout le personnel de l'établissement devant les Sœurs. Une scène bien émouvante commença : il fit jurer aux médecins d'abord, aux pharmaciens ensuite, respect pour les Sœurs; aux infirmiers, cuisiniers, jardiniers, portiers, respect et soumission aux Sœurs. Chacun vint à son rang, et jura, selon sa langue et le mode de sa nationalité, ce qu'on lui demanda.

« Et quand le dernier fut retiré :

« — Je vous confie cette maison, mes Sœurs, vous êtes chez

« vous ; je n'ai pas besoin de vous demander d'être des mères au
« milieu de vos enfants. »

« Cette séance, commencée à une heure de l'après-midi, se
termina à six heures du soir. »

Extrême-Orient.— Les directeurs du séminaire des Missions
Etrangères de Paris viennent de publier le compte rendu des travaux apostoliques opérés dans le courant de l'année 1890, dans
les vingt-six missions qui sont confiées à leur Société.

Nous citons avec empressement les premières lignes de cette
publication :

« L'année dernière, nous constatons le progrès toujours croissant de la foi dans nos.chères missions, et nous étions heureux
d'inscrire au préambule de notre lettre commune le chiffre de
31,761 baptêmes d'adultes. Dieu nous réservait pour cette année
une nouvelle et bien agréable consolation. Le chiffre de l'année
dernière est dépassé et la gerbe que, tous les ans, nous déposons
aux pieds du Père de famille, compte de plus nombreux épis
que ses devancières. Remercions le bon Dieu de ce succès, il
est dû à votre zèle, sans doute; mais avant tout, il est l'œuvre
de la grâce. Car, personne ne l'ignore, si vous plantez, si vous
arrosez, c'est Dieu qui donne l'accroissement.

« Le total des résultats obtenus dans nos vingt-six missions
donne pour l'année courante :

37,333 baptêmes d'adultes ;
386 conversions d'hérétiques ;
177.052 baptêmes d'enfants de païens.

« Dans la plupart des missions, le chiffre des baptêmes
d'adultes a été un peu plus élevé que l'année précédente ; mais
les résultats sont dus surtout, comme en 1889, au mouvement
toujours croissant des conversions en Annam et au Tonkin. Les
deux missions du Tonkin ont eu neuf mille cinq cent soixante-un
baptêmes d'adultes et celles de l'Annam neuf mille neuf cents.
Ce mouvement se continue et donne pour l'avenir l'espoir de
moissons plus abondantes encore. Malheureusement l'état de
troubles dans lequel se trouve ce pays nous fait appréhender de
nouvelles calamités.

« En Chine, la situation devient de plus en plus critique : dans
toutes les missions on se plaint de l'hostilité des autorités
locales ; les chrétiens sont abandonnés et parfois même livrés à
la haine et aux fureurs de la populace, les missionnaires sont
l'objet d'une surveillance continuelle ; les traités sont méconnus ;
bref, presque partout, c'est la persécution qui, pour n'être pas
brutale et sanglante comme au Su-tchuen oriental, ne laisse pas
d'être d'autant plus dangereuse qu'elle est plus hypocrite et plus
astucieuse. »

Afrique équatoriale. — Cinq enfants nègres, qui ont fait
leurs études de médecine à l'université de Malte, sont partis,
soit en 1888, soit en 1890, pour l'Afrique équatoriale. Le dernier
numéro des *Missions d'Afrique* (d'Alger) publie une lettre écrite
par l'un d'eux. Ce spécimen de leur littérature nous mettra au
courant de le vie journalière et des cas pathologiques qu'ils
rencontrent le plus fréquemment. On sait, du reste, que ce sont
eux qui, à Mpala, ont eu le bonheur de guérir un explorateur, le
capitaine Trivier, dont la fièvre et la fatigue avaient profondément miné la santé. Cette lettre est datée de Saint-Michel de Kibanga, le 24 septembre 1890.

« ... Ici nous avons très souvent des cas de fièvre qui, pour peu
qu'ils soient négligés, deviennent facilement pernicieux même
pour le nègre. Ces cas sont si funestes, qu'en trois jours tout est
fini, même chez les plus robustes. Comment soigner des pareils sans avoir de la quinine en abondance ? Jusqu'ici, comme
elle faisait défaut, à l'égard des enfants et de nos pauvres sauvages, j'en étais réduit à ne traiter ces cas que par des purges et
des vomitifs. Cette année, il est vrai, il nous en est venu près
d'un kilo; ce n'est pas encore suffisant, vu le nombre des cas
que j'observe. Donc, envoyez-moi beaucoup de quinine, s'il
vous plaît. Comme les enfants et les adultes ont aussi très souvent les vers, veuillez m'envoyer de la santonine et de l'aloès.

« Depuis le commencement de l'année, la *chique (pulex penetrans)* nous tourmente beaucoup, nous ronge les doigts des pieds

d'une façon affreuse et met plusieurs personnes dans l'impossibilité de marcher, tant les pieds sont enflés. Il nous serait à
nous-mêmes impossible de remplir nos devoirs si nous n'avions
pas de chaussures. Pour moi, je n'ai plus de souliers. Je vous
prie, si vous trouvez quelques vieilles paires en trop, de me les
envoyer ; je serais heureux de les chausser. Ne croyez pas que
j'aie de la répugnance à marcher nu-pieds. C'est ce que j'ai fait
jusqu'ici ; mais l'apparition de ce vilain insecte m'empêche de
continuer.

« Mes deux camarades médecins et moi sommes mariés, depuis notre arrivée au Tanganika, tous trois, à des princesses de
sang royal. C'est un très grand honneur de devenir le gendre d'un
roi. En Europe c'est possible ; mais ici... Quoi qu'il en soit, c'est
un moyen de plus d'influence ; avec mon titre et mes études de
médecine, je suis réputé le plus habile *de tous les sorciers du
pays*. Je m'en réjouis, car je puis ainsi plus efficacement coopérer avec les Pères à l'évangélisation de mes compatriotes.
Voici l'ordre de mes journées : vous allez voir qu'elles sont bien
remplies : classes de lecture aux enfants de l'orphelinat, classes
de catéchisme aux femmes et filles wadyinga, classe de chant,
deux fois aux garçons et deux fois aux filles, trois fois par semaine des courses dans les villages des sauvages des environs,
voilà ma vie à Kibanga. Je suis content, et même très content et
très gai.

« Si vous avez quelques petits objets de piété comme croix,
chapelets, médailles, images, statuettes, je serais heureux de
les recevoir pour encourager mes petits élèves et les récompenser.

« Joseph GATCHI,
Médecin-catéchiste »

UNE EXCURSION

AUX

PLAINES DE CHICOVA

Par le R. P. COURTOIS
de la Compagnie de Jésus, missionnaire au Zambèze.

Le R. P. Courtois, dont les précédentes communications nous
ont fourni de si précieux renseignements sur la région du Bas-
Zambèze, nous conduit aujourd'hui dans les plaines de Chicova.
Cette région se trouve à trois cent cinquante kilomètres à
l'ouest de Senna. Les inondations du Zambèze fertilisent chaque
année ces champs immenses et permettraient d'y tenter avec
succès la culture des céréales.

Il y a environ un mois et demi que j'ai fait un voyage
d'exploration aux plaines de Chicova, si célèbres dans
l'histoire des vieilles conquêtes portugaises par leurs mines
d'or et d'argent.

Il est vrai que l'illusion tombe durant le voyage, et l'on
trouve sur la route beaucoup plus d'arbres épineux et de
pierres vulgaires que de lingots précieux !

Mais, ce qui rend ce voyage intéressant, ce sont les conditions dans lesquelles il s'est accompli et les personnes
avec qui j'ai eu le plaisir de faire cette excursion pittoresque
de quinze jours.

Ces dernières années, le gouvernement portugais a fait
de généreux sacrifices et de louables efforts pour relever
et consolider sa colonie de Mozambique. On a terminé heureusement le chemin de fer qui relie Lourenço-Marquez au
Transvaal, ouvert de nouveaux ports, établi des lignes

télégraphiques, fondé de nouveaux districts et postes militaires, conclu des traités d'alliance avec les principaux chefs voisins, fait le relevé et le plan d'un chemin de fer allant de Quilimane au Chiré et au lac Nyassa, etc.

Tous ces projets d'agrandissement et ces efforts de généreuse initiative ne pouvaient manquer de faire naître les susceptibilités de certains voisins, venus d'outre-Manche, qui, s'ils ont pour eux la force et l'argent, n'ont pas toujours le droit, la raison.

.

Une des améliorations apportées au district de Tété qui, jusqu'ici, a lutté contre d'innombrables difficultés, est l'établissement d'un service de bateaux à vapeur sur le Zambèze. Cette innovation heureuse fournira de grands avantages au développement du commerce et de l'industrie, et l'on peut dire que la religion y trouvera aussi sa part, en établissant des communications rapides entre les stations de missions établies sur le Zambèze, le Chiré et le lac Nyassa.

Pour le moment, ce n'est qu'un essai ; car le cours du Zambèze est très irrégulier ; le chenal change chaque année sur divers points, et il semble qu'on ne pourra l'utiliser pour la navigation qu'à l'époque de la grande crue, c'est-à-dire de mi-décembre à fin juillet.

BAS-ZAMBÈZE (*Afrique australe*).— VUE DU VILLAGE DE MUSANANGUÉ A L'ENTRÉE DES RAPIDES DE KAROA-BASA, RIVE DROITE DU ZAMBÈZE ; d'après un dessin du R. P. COURTOIS, de la Compagnie de Jésus, missionnaire au Zambèze (Voir page 283).

Actuellement trois bateaux à vapeur portugais sont au service du gouvernement, en mouillage dans les eaux du Zambèze. L'un d'eux, *Chérim*, est destiné au Chiré et déjà il a fait ses preuves dans les derniers événements ; le second, *Cuama*, destiné au Zambèze, desservira les différents postes entre Mazaro et Tété ; et le troisième, *Maravi*, naviguera sur les eaux du Zambèze, entre Chicova et Zumbo, et en amont de cette ville jusqu'aux bouches du Kafukué ou Kafué.

.

Déjà le bateau *Maravi* est à Tété depuis le 17 avril dernier. Le but de notre voyage aux plaines de Chicova

était d'étudier la route tant par eau que par terre et de voir quel était le chemin le plus court et le plus facile pour transporter ce meuble incommode jusqu'aux plaines de Chicova. La besogne doit se faire à dos de porteurs, et quelle besogne ! Charger tout d'une pièce une chaudière énorme qui pèse plus de dix-huit cents kilos, transporter les rouages et les matériaux d'un bateau qui mesure plus de cinquante pieds de long !

.

Pour aller de Tété à Zumbo, on peut prendre deux chemins : celui de terre qui, s'éloignant à environ une journée de distance du fleuve, traverse les montagnes de Dégué, suit le cours sinueux de la rivière Mufa, atteint l'immense plaine de Musanandare et va aboutir à Kachombo, petit village situé à une journée et demie au-dessus des rapides de Karoa-basa ; ou bien la voie fluviale du Zambèze ; on va en barque jusqu'à l'embouchure de la petite rivière Musanangué (voir la gravure page 232), à l'entrée des rapides, et de là, gravissant les montagnes qui forment le bassin de Musanangué, on atteint bientôt une magnifique plaine qui s'étend sur un espace de plus de soixante kilomètres de long, couverte de forêts vierges, et qui va rejoindre celle de Chicova, sur les rives du Zambèze.

C'est ce dernier voyage que j'ai fait, d'abord sur le

Maravi jusqu'aux portes des rapides Karoa-basa ; ensuite en chaise à porteurs, jusqu'au charmant village *Nyankute*, situé à deux lieues en amont de Chicova.

Vous me permettrez de vous envoyer quelques notes de voyage et d'y joindre neuf ou dix croquis tirés de mon calepin de touriste zambézien.

Nous partons le lundi, 5 mai, à huit heures et demie du matin. J'ai pour compagnons de route, le gouverneur du district de Tété, M. Alfred d'Alpoim Leite Peixoto, le commandant du *Maravi*, M. Jayme-Daniel Léotte ; do Rêgo, le

BAS-ZAMBÈZE (*Afrique australe*).— VUE DE L'ESTACADE DU PANZU ET DE LA RIVIÈRE MAVUZI, RIVE GAUCHE DU ZAMBÈZE ; d'après un dessin du R. P. COURTOIS, de la Compagnie de Jésus, missionnaire au Zambèze (Voir page 284).

R. P. Hiller, supérieur de la maison de Boroma, et M. Joseph Curado de Campos, habitant de Chicova. Outre les hommes du bord, nous avons une force de trente cipayes au service du *Maravi*.

Nous sommes favorisés par un temps splendide, et il semble qu'au milieu des jours brumeux de notre hiver zambézien, le soleil ait voulu se montrer plus pur et plus radieux que de coutume.

Le vapeur *Maravi* ne tarde pas à s'ébranler et à s'éloigner du port de Tété, et le voilà fendant les eaux du grand fleuve par où jamais, de souvenir d'homme, bateau à vapeur portugais ne s'est encore montré.

Mes compagnons étaient donc les premiers enfants de la vaillante nation portugaise remontant le Zambèze en bateau à vapeur jusqu'aux rapides du Karoa-basa, et la gloire de l'entreprise était réservée au *Maravi* et à son jeune, mais intrépide commandant, Jayme Léotte.

Au moment où nous nous éloignons de Tété, les noirs sont accourus en grand nombre au bord du fleuve assister au spectacle ravissant de la barque de feu « qui siffle, souffle et laisse sortir l'orage, » comme ils disent eux-mêmes.

Les noirs, toujours justes dans leurs appellations, ont dénommé le bateau Maravi, *Nyakapakapa*, du nom d'un oiseau, une espèce de martin-pêcheur, qui plane au-dessus de l'eau pour saisir sa proie, agitant les ailes avec une rapidité extraordinaire et imitant les mouvements des roues d'un bateau en marche.

Quant au commandant, c'est *Chimukua*, l'homme bardé de cuivre, ou qui a beaucoup de cuivre, probablement parce que le *Maravi*, tout recouvert de feuilles de cuivre, servait d'habitation à M. Léotte.

C'est une chose curieuse, en effet, pour les noirs de voir cette maison flottante qui marche avec des roues, sans le secours des rames, animée par le feu, qui siffle, lutte et surmonte le courant, choisissant de préférence les endroits les plus profonds du fleuve. Tout cela paraît inconcevable à des têtes de noirs et il serait curieux de savoir les réflexions que chacun fait à ce sujet.

.•.

Nous déjeunons à bord, tandis que le *Maravi* poursuit vaillamment sa marche. Bientôt nous apercevons le drapeau portugais flottant au grand mât de la mission de Boroma, et nous arrivons à notre établissement de Saint-Joseph juste à midi. Le bateau jette l'ancre sur la rive attenante au terrain de la mission, si près de terre que nous pouvons descendre sans le secours d'une chaloupe. Les enfants de la mission et une foule de noirs et de négresses étaient venus nous recevoir, avec tambours, chants et chœurs de danse.

Il y eut halte, et nous rencontrâmes sous le toit de Saint-Joseph de Boroma, une franche et amicale hospitalité, dont tout le monde parut enchanté.

.•.

Le lendemain, mardi 6 mai, nous sommes sur pied de grand matin et nous nous embarquons sans retard. Nous sommes les mêmes passagers à bord, excepté le R. P. Hiller, retenu à Boroma par des travaux urgents.

En entendant le bruit que fait le vapeur en remontant le fleuve, et le sifflement de la machine, les noirs se sont portés en grand nombre sur les deux rives pour voir passer ce grand canot qui marche à l'aide du feu. Quelques-uns imitent avec leurs bras le mouvement des roues du *Maravi* et semblent naviguer en plein air.

.•.

A midi et demi, nous sommes en face du Panzu (Voir la gravure page 283). L'endroit est célèbre dans le pays. C'est un lieu fortifié, où le trop fameux *Kankuni*, chef de Makanga, s'était réfugié peu avant de tomber sous le poignard qui mit fin à une vie d'aventures, de débauches et de crimes.

En ce moment le Panzu est occupé par une force de recrues indigènes, commandées par un caporal et quelques soldats de Tété.

L'endroit est situé au bord de la rivière Mavuzi, à cinq ou six cents mètres du Zambèze. L'estacade est placée sur une élévation qui commande toute la vallée, et est défendue par de hautes montagnes où les assaillants pourraient difficilement établir leurs engins de guerre. Le sol est très fertile. Il produit toutes sortes de légumes, patates, arachides, maïs, sorgho, riz et même le blé dont on fait un excellent pain. La rivière Mavuzi, même au temps des plus

grandes chaleurs, ne tarit point entièrement, et le jour où nous visitâmes l'estacade, il y avait assez d'eau pour permettre au *Maravi* d'arriver jusqu'aux pieds de la fortification.

.•.

Le Gouverneur et moi, allâmes visiter les cipayes qui nous reçurent avec de grandes démonstrations de joie et de cris d'allégresse, manœuvrant leurs armes avec une habileté rare et les faisant briller avec une légitime satisfaction aux rayons du soleil. Le chef de la Compagnie, un colosse aux forces herculéennes, coiffé d'un énorme bonnet rouge, commandait ses hommes et faisait d'un bout à l'autre de la bande des bonds si grands et si dégagés, que l'on eût dit un lion sorti du fond des bois.

Après que le Gouverneur eut donné ses ordres et réglé certains points disciplinaires qui faisaient le but de sa visite, nous nous embarquons de nouveau. Une femme qui portait un petit enfant malade dans ses bras me le présente pour que je lui donne ma bénédiction.

.•.

Quand nous levons l'ancre, il était une heure de l'après-midi. Tous les cipayes nous accompagnent en courant et en poussant de joyeux hourras !

Le soleil, à ce moment, était brûlant, tombant presque d'aplomb sur nous, au milieu de ces montagnes abruptes, qui de part et d'autre vont resserrant le cours du Zambèze.

.•.

Le paysage, à partir du Panzu, est assez monotone durant environ une journée de navigation. Sur les deux rives du fleuve s'étendent des montagnes de peu d'élévation, couvertes d'une faible végétation, excepté dans les vallées où les arbres sont plus vigoureux et les baobabs atteignent des proportions gigantesques. La rive gauche est complètement dépourvue d'habitants, attendu que les pillards de Makanga ont souvent passé par là. Sur la rive droite, terrain appartenant au district de Boroma, on aperçoit quelques rares cases de noirs, qui, à l'époque des pluies, font leurs semailles dans le fonds des vallées où l'on rencontre quelques arpents de bonne terre.

.•.

Au sortir du Panzu, le cours du Zambèze se dirige vers le nord-ouest pour suivre, en amont des rapides, la direction vers l'ouest. Bientôt on rencontre un premier obstacle ; c'est un énorme rocher au milieu du fleuve, qui partage les eaux en deux courants. Nous franchissons la passe sans difficulté en nous approchant de la rive gauche.

Un peu plus loin, apparaît un îlot de pierres, où les eaux ont accumulé des arbres, des détritus de toutes sortes et de de la terre végétale, et où, à l'époque des eaux basses, on peut cultiver quelques légumes. Probablement, c'est ce qui lui a valu le nom de *Nyadimba, le lieu du jardin.*

.•.

Comme nous ne pouvions arriver, avant la nuit, à la *Porte des Rapides* et que la provision de bois et de charbon touchait à sa fin, nous nous décidons à passer la nuit à l'endroit où les eaux du fleuve paraissent le plus tranquilles. Ce fut à l'embouchure du Mufidze, dont le lit était à sec et présentait une immense nappe d'un sable très fin.

Notre installation fut des plus pittoresques. Nous dûmes nous contenter d'étendre nos nâttes sur le sable, et de dormir enveloppés dans nos couvertures. Nous avions, il est vrai, deux grandes tentes ; mais elles étaient en arrière dans une barque qui venait avec d'autres bagages, conduite par dix cipayes.

Je vous laisse à deviner le tableau intéressant que présentait notre campement. Chacun s'était arrangé de son mieux pour se mettre à l'abri de la rosée qui, vu la sérénité de la nuit, devait être abondante. Un grand arbre étendait sur nous ses rameaux touffus. A nos pieds coulait le Zambèze, sur nos têtes au firmament scintillaient mille étoiles et sous les bois les singes et les fauves faisaient leur sabbat accoutumé.

Tout autour de nous, les noirs, enveloppés dans leurs nattes à sac, ressemblent à des ballots d'étoffes déposés par aventure sur le sable. Quelques-uns veillent pour entretenir continuellement allumé un feu pétillant aux pieds de chaque bivouac.

* *

Ceux qui étaient à côté de moi se mirent à raconter des histoires, mais quelles histoires ! C'était à vous faire dormir debout ! .

Voici le canevas de celle qui me parut mériter une mention honorable. C'est l'histoire de *Maître Lapin et des animaux mourant de soif*. Le bon La Fontaine eût trouvé là un sujet fécond et intéressant pour exercer sa verve.

Les animaux de la forêt souffraient de la soif. Le Lion les convoqua dans son palais et tint conseil. On résolut de creuser une citerne, d'y placer un gardien et de ne laisser puiser de l'eau qu'à ceux qui auraient concouru à l'œuvre commune.

Maître Lapin fit défaut, et fut par conséquent exclu de la société. La Brebis fut choisie pour faire la première veille ; mais voilà que, s'étant endormie, maître Lapin en profita pour mettre à sec la citerne.

Le lendemain, grand émoi parmi les citoyens des bois. Pauvre Brebis, elle dut payer l'amende !

La seconde nuit, on envoya le Buffle garder la citerne. Maître Lapin vint, portant une jarre de *pombé*, du miel et des fruits savoureux ; par mille paroles flatteuses, il réussit à tromper la vigilance du buffle et fit une bonne provision d'eau.

Le jour suivant, nouvel émoi, qui se traduisit par des actes de colère violente :

« C'est le Lapin qui a fait le tour, dit le Lion ; nous le sairons et le pendrons aux pieux de notre palais, afin qu'il serve d'exemple aux lâches et aux traîtres ! »

Le Buffle perdit son emploi, et fut obligé de payer l'amende.

La Tortue s'offrit pour passer la nuit à la citerne. Mais, plus rusée que ses confrères, elle se couvrit le corps de poix et de glu, et se mit dans l'eau au beau milieu de la citerne.

Maître Lapin vint à son heure habituelle de rapine et de crime. Voyant au milieu de la citerne la carapace de la tortue, il crut que c'était une pierre que le hasard avait jetée là. Il saute dessus, et le voilà pris au piège. Ses pattes

restèrent collées à la poix et à la glu ; la Tortue le saisit et le retint prisonnier.

Le lendemain, maître Lapin est cité au tribunal du Lion. Il est condamné à avoir la tête coupée et cette même tête doit être pendue devant le palais du roi des animaux.

On le conduit au lieu de l'exécution. Le moment fatal est arrivé.

Maître Lapin jette un dernier regard sur l'immense foule qui l'environne et dit au Lion :

« Seigneur Lion, je connais un secret. C'est un trésor caché ici tout près dans ce monceau de cendres. Si tu me délies, avant de mourir, je te le montrerai. »

Le Lion, alléché par l'espérance, consent. On conduit le Lapin à la cime du monceau de cendres. On le délie. Le voilà aussitôt en travail. Tout à coup il s'arrête et crie : « Venez voir le trésor. »

Au moment où tous les nez se penchaient vers le prétendu trésor, maître Lapin lance des cendres aux yeux de tous les assistants, fait un bond et gagne la clé des champs. — Ne vous fiez point aux gens rusés et trompeurs.

Voilà en abrégé l'histoire de maître Lapin et des animaux altérés.

Bien d'autres suivirent celle-ci, tout aussi piquantes et merveilleuses. Car mes voisins passèrent à peu près la nuit dans ce doux entretien.

(A suivre).

LES MISSIONS CATHOLIQUES AU XIX° SIÈCLE

PAR

M. Louis-Eugène LOUVET, des Missions Etrangères de Paris,
Missionnaire en Cochinchine occidentale.

CHAPITRE XI°

LES MISSIONS D'INDO-CHINE (1800-1890).

Suite (1)

III. — MISSION DE MALAISIE.

La mission de Malaisie est de fondation récente, puisque ce n'est qu'en 1841, qu'elle fut érigée en vicariat apostolique détaché de Siam.

L'évêché portugais de Malacca, créé en 1557, comptait, au commencement du siècle, environ 2,500 Portugais et métis dans la ville de Malacca, l'ancien théâtre des exploits apostoliques de saint François Xavier.

Mais, depuis longtemps, ce clergé, presque toujours sans évêque, avait délaissé l'évangélisation des peuplades païennes de la presqu'île malaise et s'occupait uniquement de ses nationaux. D'un autre côté, le petit nombre des missionnaires et leur pauvreté n'avaient pas permis à nos confrères de se fixer au diocèse de Siam de se livrer, comme ils l'auraient voulu, à l'apostolat de ces peuples abandonnés. Cependant la mission de Siam avait essayé, à plusieurs

(1) Voir les numéros parus depuis le 14 mars jusqu'à fin octobre 1890, et 2, 9, 16, 23 et 30 janvier, 6 et 13 février, 24 avril, 1er, 8, 15, 22 et 29 mai, et 5 juin 1891.

Pour l'intelligence de ce travail, nous recommandons la carte des missions de l'Indo-Chine que nous avons publiée en 1879. Prix : 4 francs franco.

reprises, de profiter des ouvertures qui lui étaient faites, pour porter la foi dans les principautés de la presqu'ile malaise et dans les iles voisines. En 1822, M. Pécot. un de nos confrères, fit un voyage d'exploration dans les principautés de Quédah et de Ligor. Il fut très bien reçu des habitants et des rojtejcts du pays; mais la mort du missionnaire, arrivée l'année suivante, ne permit pas de donner suite à cette tentative.

En 1830, deux de nos confrères, MM. Vallon et Bérard, firent un essai d'apostolat dans l'ile des Nias ; mais ils moururent tous deux, au bout de trois mois, empoisonnés, à ce qu'on croit, par les naturels du pays. D'autres tentatives aux iles Andaman, aux Nicobar, à Sumatra, ne réussirent pas mieux. Les missionnaires furent repoussés par les habitants, ou périrent prématurément emporté par la terrible fièvre des bois, et ne furent pas remplacés.

Nos confrères furent plus heureux dans l'ile de Pinang. Quand les Anglais se furent emparés de l'ile, en 1808, M. Letoudal, notre procureur à Macao, y transféra le collège général de nos missions. Cet utile établissement avait été fondé au début (1670), dans la mission de Siam. Complètement ruiné par les bouleversements politiques de la fin du dernier siècle, il fut rétabli à Pondichéry, où il fonctionna paisiblement de 1787 à 1808. Mais l'éloignement de nos missions de Chine était un inconvénient sérieux, surtout à cette époque, où les communications étaient bien plus lentes et les voies difficiles qu'aujourd'hui. Le séminaire fut donc installé en 1808 à Pinang, où il n'a cessé de fonctionner depuis. Un millier de prêtres indigènes, dont près de cent ont remporté la palme du martyre, sont sortis de cette maison, au cours du XIXᵉ siècle, et sont allés porter la foi dans nos missions de Chine, de Corée, du Japon, d'Annam et de Siam. A l'heure actuelle, le séminaire de Pinang compte 10 directeurs et 99 élèves, appartenant à onze de nos missions.

Des chrétientés ne tardèrent pas à se former à l'ombre du séminaire, dans la presqu'ile malaise. Quand la mission de Malaisie fut érigée en vicariat apostolique, elle comptait déjà 3,200 chrétiens. Voici le tableau des accroissements successifs de la mission.

En 1841 : 1 vicaire apostolique, 2 missionnaires, 0 prêtres indigènes, 3 églises ou chapelles, 2 écoles, 3,200 catholiques.
En 1870 : 1 vicaire apostolique, 17 missionnaires, ? prêtres indigènes, ? églises ou chapelles, 11 écoles, 8,500 catholiques.
En 1890 : 1 évêque à Malacca, 26 missionnaires, 2 prêtres indigènes, 41 églises · ou chapelles, 42 écoles, 12,582 catholiques.

En cinquante ans, le chiffre des catholiques a *quadruplé*. La population totale étant de 1,200,000, la proportion des catholiques est de un sur cent.

Comme à Siam, c'est surtout sur l'élément étranger, chinois et indien, que la prédication s'exerce avec succès. Les naturels de la presqu'ile Malaise, étant en majorité musulmans, ne paraissent pas, au moins jusqu'à ce jour, susceptibles d'être convertis. Néanmoins l'évangélisation des peuplades sauvages de la presqu'ile est commencée sérieusement, et l'on peut espérer que de nombreuses conversions dans l'intérieur du pays ne tarderont pas à récompenser les efforts de l'apostolat. Les Frères des écoles chrétiennes ont 2 beaux établissements dans la mission : à Syngapour et à Pinang.

Au total, 650 élèves. Les Sœurs du Saint-Enfant-Jésus ont 3 établissements à Syngapour, à Pinang et à Malacca, 675 élèves.

Le nombre total des enfants élevés dans les 42 écoles de la mission, s'élève à 2,227.

En exécution du concordat de 1885, Léon XIII, après avoir transféré à l'évêque de Macao la juridiction des chrétientés portugaises de Malacca et de Syngapour (2,600 âmes), a, par bref du 8 août 1888, érigé le vicariat apostolique de Malaisie en diocèse, en conférant au titulaire, Mgr Gasnier, le titre restauré d'évêque de Malacca. avec résidence à Syngapour.

Le diocèse de Malacca dépend de la province ecclésiastique de Pondichéry.

IV. — MISSION D'ANNAM.

Parmi toutes les missions confiées à la Société des Missions Etrangères de France, les Missions d'Annam (Cochinchine et Tong-King) tiennent incontestablement le premier rang par le nombre des chrétiens et la générosité qu'ils ont. mise à supporter trois siècles de persécutions sanglantes. Au moment où s'ouvre le XIXᵉ siècle, voici quelle était leur situation.

Tong-King oriental (Dominicains) 1 vicaire apostolique, 4 missionnaires, 41 prêtres indigènes, 140,000 catholiques.
Tong-King occidental (Missions Etrangères) 1 vicaire apostolique, 6 missionnaires, 63 prêtres indigènes, 120,000 catholiques.
Cochinchine (Missions Etrangères) 1 vicaire apostolique, 5 missionnaires, 15 prêtres indigènes 50,000 catholiques.
Total en 1800 : 3 vicaires apostoliques, 15 missionnaires, 119 prêtres indigènes, 310,000 catholiques.

Eglises, presbytères, communautés religieuses, la persécution, qui durait sans interruption depuis un demi-siècle, avait tout renversé. La guerre civile avait, pendant vingt-cinq ans, promené l'incendie et la dévastation dans tout le pays. Le roi Gia-long venait, il est vrai, de remonter sur le trône de ses ancêtres, grâce au secours de généreux Français qui, sur l'appel de l'évêque d'Adran, l'avaient aidé à triompher des rebelles; mais les missions d'Annam sortaient ruinées de cette longue crise et. tout était à refaire, au spirituel aussi bien qu'au temporel. L'organisation si forte de nos chrétientés avait été brisée par la persécution et les bouleversements politiques; en beaucoup d'endroits, les fidèles étaient restés, pendant plusieurs années, privés de prêtres ; plus d'instruction, plus de culte, plus de sacrements. Et précisément à cette heure où les besoins étaient si grands, la pénurie de missionnaires, pénurie amenée par les épreuves de l'Eglise de France, allait arrêter, pendant plus d'un quart de siècle, l'élan de l'apostolat et retarder les progrès de la foi dans le royaume annamite.

Les circonstances étaient pourtant plus favorables qu'elles ne l'avaient été depuis longtemps, puisque la reconnaissance de Gia-long allait assurer à l'Eglise annamite trente années de paix. Les vicaires apostoliques employèrent ce temps à relever les ruines de leurs églises. Le petit nombre de missionnaires qui mouraient les uns après les autres sans voir arriver de successeurs, ne permettait guère de s livrer avec succès à l'évangélisation des infidèles. Ne confrères profitèrent de la période de paix dont ils jouissaient, pour ranimer la ferveur des fidèles, reconstituer les chrétientés, relever les églises, les séminaires, les communautés religieuses, toutes les œuvres spirituelles et temporelles du passé. Ce fut pour l'Église d'Annam une période de recueillement et de rénovation spirituelle, qui devait, dans les desseins de Dieu, la préparer aux luttes sanglantes de l'avenir.

Cette préparation n'était pas trop longue. L'Église annamite allait entrer, à la mort de Gia-long, dans une carrière d'épreuves qui n'est pas encore fermée, à l'heure où j'écris ces lignes. Minh-Mang, fils et successeur de Gia-long (1820), détestait l'Europe et tout ce qui en vient. Comprenant à merveille, dans son orgueil de lettré, que le seul moyen qu'aient les Orientaux de défendre leur civilisation, c'est de s'isoler, il avait résolu de s'enfermer, lui et son peuple, dans un cercle infranchissable et de repousser, à tout prix, l'influence et les idées de l'Occident. Il commença par renvoyer en France MM. Vannier et Chaigneau, seuls survivants de la petite troupe dévouée, qui était venue, à la fin du dernier siècle, rétablir son père sur le trône ; mais il n'était pas aussi facile de se débarrasser des missionnaires. Après avoir essayé inutilement de les retenir à la cour, en qualité d'interprètes, le tyran se décida enfin à lever le masque et, le 6 janvier 1833, éclata, comme un coup de foudre, le premier édit de persécution générale.

L'ère des martyrs était ouverte. M. François-Isidore Gagelin, de la mission de Cochinchine, fut le premier de nos confrères qui descendit dans l'arène. Il fut condamné à mort et étranglé pour la foi, le 17 octobre 1833. Après lui, vinrent successivement MM. Marchand, pris à Saïgon, dans la citadelle où les révoltés l'avaient enfermé avec eux ; il subit l'affreux supplice des cent plaies ou de la mort lente, 30 novembre 1835 ; Cornay, du Tong-King occidental, coupé en morceaux, le 21 septembre 1837 ; Jaccard, provicaire de la mission de Cochinchine, détenu depuis cinq ans en prison, étranglé le 21 septembre 1838 ; Borie, vicaire apostolique du Tong-King occidental, mais non encore sacré, décapité le 24 novembre 1838 ; NN. SS. Delgado et Hénarès, Dominicains, l'un vicaire apostolique, l'autre coadjuteur du Tong-King oriental, décapités avec le P. Fernandez, provicaire de la même mission, 15 et 25 juin 1839 ; le P. Odorico, Franciscain (1835) et M. Delamotte (1839), tous deux missionnaires en Cochinchine, morts en prison, sans parler de Mgr Havard, du Tong-King occidental, de MM. Candalh et Vial, de la Cochinchine, morts de faim et de misère dans les bois, où la malice des persécuteurs les avait forcés de se réfugier. Total, en sept ans, quatre vicaires apostoliques, deux provicaires et sept missionnaires, morts des suites de l'édit de persécution.

Le clergé indigène et les fidèles avaient tenu à honneur de marcher sur les traces de leurs pasteurs. Au Tong-King et dans la Cochinchine, une vingtaine de prêtres et plusieurs centaines de chrétiens avaient courageusement versé leur sang pour la foi. « Qu'on frappe sans pitié, écrivait Minh-Mang à ses mandarins, qu'on torture, qu'on mette à mort ceux qui refusent de fouler au pied la croix. Qu'on sache que ce refus seul les constitue en état de rébellion. Qu'on prenne donc une hache, un sabre, un coutelas, tout ce qui

se trouve sous la main, et qu'on extermine ces endurcis, sans qu'il en échappe un seul. »

Vains efforts ! La rage des persécuteurs devait être vaincue par le courage des martyrs. Quand Minh-Mang mourut, en 1841, le christianisme, qu'il s'était promis d'anéantir en Annam, était plus vivant que jamais. Loin de reculer, il avait progressé dans cette lutte implacable, dont finalement il sortait vainqueur. De nouveaux missionnaires, plus nombreux qu'au temps de la paix, étaient accourus pour remplacer leurs pères, tombés glorieusement dans l'arène, et nos chrétiens avaient plutôt gagné que perdu à la persécution. Non seulement, leur nombre avait augmenté, comme on va voir ; mais encore ils étaient plus fervents et plus généreux. Ceux qui avaient succombé à l'épreuve des tortures, s'empressaient d'ordinaire de venir, en pleurant, demander le pardon et la pénitence ; des indifférents, dont la tiédeur était un scandale dans nos chrétientés, s'étaient réveillés au tonnerre de la persécution, et maintenant, ils étaient réguliers et fervents ; les païens eux-mêmes, frappés de l'héroïsme déployé par les disciples du Christ, se présentaient au baptême en bien plus grand nombre qu'autrefois.

Voici, en résumé, quelle était, en 1840, à la veille de la mort de Minh-Mang, la situation des missions annamites :

Tong-King oriental : 1 vicaire apostolique, 6 missionnaires, 41 prêtres indigènes, 160,000 catholiques.
Tong-King occidental : 1 vicaire apostolique, 8 missionnaires, 76 prêtres indigènes, 180,000 catholiques.
Cochinchine : 1 vicaire apostolique, 1 coadjuteur, 10 missionnaires, 27 prêtres indigènes, 80,000 catholiques.
Total en 1840 : 3 vicaires apostoliques, 2 coadjuteurs, 24 missionnaires, 144 prêtres indigènes, 420,000 catholiques.

L'Église d'Annam venait de faire vaillamment ses preuves. Grégoire XVI, attentif à ses combats, envoya au clergé et aux fidèles une lettre encyclique pour les féliciter de leur constance. Il commença aussi à multiplier les centres de mission, afin de rendre plus immédiate et plus efficace l'action de l'apostolat. La mission unique de Cochinchine fut donc divisée successivement en *quatre* vicariats apostoliques : Cochinchine orientale et Cochinchine occidentale, (1844) Cochinchine septentrionale, détachée de l'orientale (1850), Cambodge et Laos, détaché de la Cochinchine occidentale (1848). Le Tong-King occidental fut partagé de son côté en deux vicariats : Tong-King occidental et méridional (1846), le Tong-King central fut détaché de l'oriental (1848), et en 1883, le Tong-King septentrional fut érigé à son tour en vicariat distinct.

Les Missions annamites se partagent donc aujourd'hui en neuf vicariats apostoliques :

Cochinchine septentrionale, Cochinchine orientale, Cochinchine occidentale, Cambodge et Laos : *Missions Étrangères.*
Tong-King occidental, Tong-King méridional : *Missions Étrangères.*
Tong-King oriental, Tong-King central, Tong-King septentrional : *Dominicains.*

Sous le règne de Thieu-Tri, fils et successeur de Minh-mang, il y eut un moment d'accalmie dans la persécution. Plusieurs martyrs indigènes eurent encore l'honneur de confesser la foi, mais le sang des missionnaires fut épargné. Dans le cours des années 1841-1842, ils étaient pourtant cinq, condamnés à mort, dans les prisons de Hué ; MM. Galy, Berneux et Charrier, du Tong-King occidental, Miche et Duclos, de la Cochinchine. Qui pouvait donc retarder indéfiniment leur triomphe ? Les prisons regorgeaient de confesseurs, le rotin et les tenailles fonctionnaient chaque jour dans les prétoires. Pourquoi seul laissait-on chômer le glaive du bourreau ? Était-ce humanité de la part de Thieu-Tri ? Non. Sa Majesté Annamite avait peur : voilà tout. Elle avait entendu gronder, aux portes de la Chine, le canon des barbares d'Occident, et elle craignait, en versant le sang des missionnaires, que la France ne vînt un jour ou l'autre lui en demander compte.

Ce fut ce qui arriva.

Au commencement de l'année 1843, la corvette l'*Héroïne* entrait dans les eaux de Tourane. Le commandant Lévèque, ayant appris qu'il y avait alors, dans les prisons de Hué, cinq missionnaires français condamnés à mort, prit sur lui de les réclamer, bien qu'il n'eût pas d'instructions de son gouvernement. Après avoir essayé de nier, le roi, très effrayé, se décida à lâcher sa proie. Le 10 mars 1843, les cinq confesseurs de la foi, reçus avec les honneurs militaires par le commandant Lévèque, à la tête des cinq missionnaires, montaient à bord de l'*Héroïne*, au milieu de l'étonnement des païens et de la joie des chrétiens. C'était une première apparition de la France, intervenant, au nom de sa civilisation et de sa foi, pour la délivrance de ses nationaux. Le gouvernement annamite se fût épargné bien des déboires, s'il avait su profiter de la leçon.

Cependant le succès de cette première intervention, toute pacifique, avait attiré l'attention du gouvernement et du public français sur ces contrées lointaines. Deux des pieux confesseurs de la foi, MM. Galy et Charrier, ayant été ramenés en France, il se fit autour d'eux un certain concours ; l'opinion publique commença à s'émouvoir en France. Certes, le gouvernement de Louis-Philippe était peu disposé à se créer des difficultés pour soutenir les missionnaires. Cependant, il ne pouvait rester complètement indifférent aux tortures et à la mort de ses nationaux. Les journaux voltairiens du temps eux-mêmes protestaient contre cet abandon, au nom de l'honneur national.

Aussi, l'année suivante, 1844, Mgr Lefebvre, vicaire apostolique de la Cochinchine occidentale, ayant été pris et condamné à mort, le contre-amiral Cécile, commandant de nos forces navales dans les mers de Chine, exigea et obtint qu'il lui fût remis. Dès lors le roi d'Annam comprit qu'il était surveillé. Naturellement, ce contrôle l'irrita et il essaya de s'en débarrasser par une perfidie.

En 1847, le commandant Lapierre vint, au nom du gouvernement français, demander officiellement la sécurité de ses nationaux et la liberté religieuse pour les chrétiens. Thieu-Tri essaya de les attirer, lui et ses officiers, dans un guet-apens. En représailles, il vit ses forts bombardés et sa flotte détruite en quelques heures. Il mourut de colère, à la suite de cette humiliation (1847).

(*A suivre*).

DONS
Pour l'Œuvre de la Propagation de la Foi

ÉDITION FRANÇAISE.

M. Bernhard, à Strasbourg,..........................	24 50
M. X., du diocèse de Rennes, pour une grâce obtenue	100

Pour les missions les plus nécessiteuses (M. Gapillet, Pondichéry).

M. Lubiez Rowicki, aumônier à Montpellier, avec demande de prières	5
M. Le Meur, à Saint-Divy, diocèse de Quimper.............	50
M. Pierre Gyikos, à Cinq-Églises (Hongrie)...............	10
Un abonné du diocèse de Rouen........................	90
Anonyme de Cassis, diocèse de Marseille..................	500

Pour le nouvel hôpital de Bethléem.

Anonyme de Langres..............................	20

Au R. P. Mentuccia, préfet apostolique à Constantinople, pour la reconstruction de l'église Saint-Antoine de Padoue, à Péra.

M. l'abbé Vannier, à Argentan, diocèse de Séez..............	13 80

A Mgr Riccaz, pour ouvrir des asiles aux veuves indiennes.

Mme Giraud de Tours, à Lyon.......................	100

Au R. P. Vallot, missionnaire à Ké-so (Tong-King occidental).

M. M. à Pouilly-en-Auxois, diocèse de Dijon..........	10

Pour les affamés de Chine (Chan-tong septentrional).

M. Bayer, curé d'Illange, diocèse de Metz	25

Pour les catéchistes japonais

M. le chanoine Defrance, à Châlons-sur-Marne...........	30

Au R. P. Chaucot (Arizona).

Mlle Rudigez, à Lyon, avec demande de prières	40

[La suite des dons prochainement].

ÉDITION ANGLAISE

Pour l'œuvre......................................	1.187 60
» les missions les plus nécessiteuses (Mgr Pascal)	174 20
» l'Orphelinat de Dom Belloni.....................	23 30
» les affamés (Mgr Pascal)......................	13 60
» les affamés d'Ahmednagar (diocèse de Poona)	202 15
» les missions de Kendal et de Wallon (Poona)..	35 50
» les dames catéchistes missionnaires de l'Œuvre de Marie-Immaculée (R. P. Tissot)..........	12 60
» le R. P. de Souza (Mangalore)................	158 75
» le couvent du Bon-Pasteur de Bangalore........	18 00
» les affamés de Cochinchine (Mgr Van Camelbeke).....................................	126 25
» la publication de livres en telugu (Madras).....	25 25
» Mgr Puginier..............................	25 25
» la Chine (Chan-tong méridional).............	12 60
» les affamés de Chine (Chan-tong méridional)...	1.023 85
» les affamés du Chan-tong méridional...........	27 75
» le Chan-long Méridional......................	2 90
» Mgr Reynaud (Tché-Kiang)	31 55
» une léproserie (Japon).......................	10 10
» la léproserie de Batavia......................	1.296 50
» la léproserie de Batavia......................	6 30
» les missions nègres du séminaire de Saint-Joseph aux États-Unis......................	6 65
» les missions d'Afrique (Mgr Chausse)..........	39 75
» les affamés d'Afrique (Mgr Chausse)..........	25 25
» les missions de Mgr Lavigerie.................	973 50
» le Niger (R. P. Plancqu)....................	176 75
» les enfants nègres de la mission d'Asaba.......	126 25
» Onitcha...................................	75 75
» la Côte d'Or...............................	25 25
» les Dominicaines de Trinidad..................	12 60
» la Patagonie...............................	12 60
» la mission de Fidji..........................	6 65
» le P. Damien, de Molokaï...................	137 10
» Mgr Carrie (Afrique Occidentale).............	2 90

Th. MOREL, *Directeur-gérant.*

Lyon. — Imprimerie MOUGIN-RUSAND, rue Stella, 3.

BAS-ZAMBÈZE (*Afrique australe*).— PORTE DES RAPIDES. LE VAPEUR *Maravi* AU MOMENT OU IL ENTRE DANS LES GORGES DE KAROA-UASA; d'après un dessin du R. P. COURTOIS, de la Compagnie de Jésus, missionnaire au Zambèze (Voir page 293).

PERSÉCUTION EN CHINE

Le R. P. Tournade, de la Compagnie de Jésus, procureur de la mission du Kiang-nan, à qui nous nous étions adressés pour avoir des renseignements sur les événements si graves dont cette mission vient d'être le théâtre, nous écrit de Paris :

Vous me demandez des détails sur nos désastres de Chine; je ne puis malheureusement vous satisfaire. Nous n'avons que les télégrammes qui ont été publiés par les journaux. La grande résidence de *Ou-hou*, qui devait servir de centre pour toute la partie Ouest de la mission, est détruite, ainsi que les écoles et orphelinats ; l'église n'était même pas achevée. *Nankin* aurait été attaqué : il y a là aussi une grande église et une résidence importante. *Ta-yang* également brûlé ; *Ou-si*, l'un des principaux centres de la mission, est devenu la proie des flammes : Église, résidence, orphelinats, écoles, tout est détruit. Voilà tout ce que nous savons de certain.

J'ignore quelles peuvent être les causes de ce soulèvement, mais je constate que les effets seront désastreux. Aidez-nous à sauver ces pauvres âmes par vos prières.

CORRESPONDANCE

TONG-KING OCCIDENTAL

Nous nous empressons de publier la lettre suivante qui édifiera nos lecteurs sur la gravité de la situation au Tong-King. Cette persécution, dirigée contre l'influence française plus encore que contre la religion, s'est propagée aussi dans le Tong King méridional ; Mgr Pineau écrit, en effet, que « les prétoires et les prisons regorgent de malheureux qui n'ont d'autre tort que celui de s'être faits chrétiens. »

LETTRE DE MGR PUGINIER, VICAIRE APOSTOLIQUE DU TONG-KING OCCIDENTAL, A M. MOLLARD, DIRECTEUR AU SÉMINAIRE DES MISSIONS-ÉTRANGÈRES DE PARIS.

La nuit dernière, j'ai reçu de M. Girod, missionnaire chargé du district Nord, le télégramme suivant :

« *Nô-luc attaqué 9 heures du soir par pirates assez nombreux et bien armés. — Village sans armes n'a pu résister. — Six maisons brûlées. — Un homme tué. — Un catéchiste très grièvement blessé. — 44 buffles enlevés.* »

C'est le 28 avril qu'a eu lieu cette attaque.

Ce matin 30 avril, une lettre de M. Girod me donne quelques détails. Le 28, vers neuf heures du soir, le Père sortait du confessionnal, et les chrétiens achevaient de réciter leurs prières du soir à l'église, lorsque des coups de fusils éclatèrent subitement. Une bande de quatre-vingts à cent pirates, armés de plusieurs bons fusils à tir rapide, firent irruption dans le village, pillèrent des maisons, mirent le feu, et repartirent à la hâte, emmenant quarante-quatre buffles.

Aux premiers coups de fusil, trois catéchistes sortirent pour essayer d'organiser une résistance. L'un d'eux fut atteint d'une balle qui lui broya complètement la cuisse droite. Les habitants, n'ayant pas d'armes, n'ont pas pu se défendre. Ils se sont cachés pour échapper aux balles de l'ennemi.

Heureusement le temps était calme, et, après le départ des pirates, on a pu arrêter l'incendie. L'église et la cure ont été préservées.

Nô-luc ou Bàu-no est, comme vous le savez, le chef-lieu d'une paroisse très ancienne et très vaste, formée par une trentaine de villages disséminés dans plusieurs sous-préfectures. C'est dans cette paroisse, à deux lieues au-dessus de Nô-Luc, que furent arrêtés le vénérable Schœffler, du diocèse de Nancy, martyrisé à Son-tay, et M. Charrier, du diocèse de Lyon, confesseur de la Foi.

La région en question est continuellement sillonnée par des bandes de pirates, et peu de villages ont échappé au pillage. Un grand nombre ont été incendiés.

Dernièrement, dans les chrétientés de Công-thuong, de Công-trung et de Công-ha, quelques meneurs ont fait démolir trois catéchuménats, où les néophytes se réunissaient pour étudier la doctrine. Ils ont aussi détruit une église en très beau bois, qui était commune à deux chrétientés voisines l'une de l'autre.

A Công-dang, deux des meneurs ont frappé le maire chrétien et lui ont volé un porc, parce qu'il refusait d'abandonner sa religion. Ils ont pour le même motif maltraité plusieurs autres personnes.

Ces quatre villages, qui sont des hameaux différents, appartiennent à la même commune et sont aux deux tiers chrétiens. Ils ont ensemble une population d'un millier de catholiques.

Les auteurs de la persécution, qui a duré plus de sept mois, sont restés impunis. La plupart, malgré mes instances réitérées, n'ont pas même été inquiétés. Se voyant laissés libres, tandis que les néophytes qu'ils avaient calomniés étaient toujours en prison, ils se montrent d'une audace, qui est de nature à effrayer les nouveaux chrétiens, abandonnés sans protection.

Les autorités annamites se montrent en général de plus en plus mal disposées contre les catholiques. La plupart des mandarins acceptent avec une très grande facilité, ils favorisent même les plaintes calomnieuses des persécuteurs contre les néophytes. Ils refusent au contraire de recevoir les suppliques de ces derniers, qui demandent justice, leur reprochant ce qu'ils appellent leurs exigences.

On reconnaît là évidemment la haine du parti lettré, qui travaille sans cesse et par tous les moyens à écraser les catholiques, qu'il sait bien être dévoués à la cause du Protectorat.

Ceux qui ont l'autorité en main et ne protègent pas, comme ils devraient le faire, les chrétiens persécutés, assument une grande responsabilité. Ils laissent souffrir des innocents victimes de la haine des ennemis de la France, et par là ils donnent à ces derniers une force dont ils se serviront pour lutter avec plus d'efficacité.

On ne tardera pas à s'apercevoir combien on a eu tort en refusant, je ne dis pas de favoriser, nous n'avons jamais osé demander cela, mais de protéger les chrétiens persécutés.

Le parti de la lutte contre le Protectorat fait des progrès rapides. Le moment viendra, où il dominera en maître dans le Tong-King. Alors on verra ce qu'il faudra de sacrifices pour reconquérir le prestige et l'influence qu'on aura perdus pour n'avoir pas su les conserver et les augmenter.

NOUVELLES DE LA PROPAGANDE

Mgr Dominique Jacobini, nommé nonce à Lisbonne, est remplacé comme secrétaire de la Sacrée Congrégation de la Propagande, par Mgr Ignace Persico, précédemment secrétaire de la Propagande pour le rite oriental. Le successeur de Mgr Persico n'est pas encore connu.

Qu'il nous soit permis d'exprimer à Son Excellence Mgr Jacobini, la reconnaissance de l'Œuvre de la Propagation de la Foi. Il laissera auprès de nous des souvenirs impérissables. A Rome, à Lyon, à Paris, où il a été donné à plusieurs des membres des Conseils de le voir et de l'entendre, tous ont pu admirer sa bienveillance, sa haute sagesse, sa mémoire prodigieuse, sa connaissance parfaite des moindres détails concernant chaque mission. La protection et le concours qu'il a accordés à tous nos efforts pour rendre plus prospère l'Œuvre de la Propagation de la Foi, nous les rencontrerons dans son illustre successeur, Son Excellence Mgr Persico. Cette espérance est pour nous une douce certitude.

INFORMATIONS DIVERSES

France. — Dans sa séance du 29 mai 1891, l'Académie des inscriptions et belles-lettres a décerné le prix Stanislas Julien au R. P. Séraphin Couvreur, de la Compagnie de Jésus, missionnaire au Tché-ly sud est, pour son *Dictionnaire français-chinois*. On sait que ce prix, dont la valeur est de 1,500 francs, est institué en faveur du meilleur ouvrage relatif à la Chine.

EN NOUVELLE GUINÉE

Nous avons reçu dernièrement deux lettres de cette lointaine
et laborieuse mission pour laquelle l'heure de la grâce paraît avoir
sonné L'une est de Mgr Navarre, archevêque, vicaire apostolique
de la Nouve le-Guinée ; la seconde nous est adressée par Mgr
Couppé, le premier vicaire apostolique de la Nouvelle-Poméranie.
Nous les publierons tour à tour et sans interruption. Elles sont
l'une et l'autre du plus haut intérêt.

LETTRE DE MGR NAVARRE, DE LA CONGRÉGATION DES MISSION-
NAIRES DU SACRÉ-CŒUR D'ISSOUDUN, ARCHEVÊQUE TITULAIRE
DE CYR, VICAIRE APOSTOLIQUE DE LA NOUVELLE-GUINÉE.

Je profite de mon séjour à Randwick où je suis venu réparer ma santé pour écrire ce petit récit sur notre mission de
la Nouvelle-Guinée. Je vous avais promis, en effet, lors
de mon séjour en France, de faire connaître de temps en
temps aux lecteurs de votre très utile et fort intéressante
publication des *Missions Catholiques*, le caractère et les
mœurs de nos habitants de la Nouvelle-Guinée et les travaux
que nous avons déjà accomplis au milieu d'eux.

Vous savez quel est le renom de la Nouvelle-Guinée. J'ai
une carte géographique tracée par les premiers navigateurs
qui découvrirent ces iles ; si je ne me trompe, elle est l'œuvre
de Quiros. La Nouvelle-Guinée n'était encore explorée que
de loin, plusieurs iles étaient confondues en une seule.
Torrès, en traversant le détroit qui porte son nom, avait
séparé la fameuse terre Australe de ce qu'il appela la Pa-
pouasie. Ce nom lui vient peut-être de la couleur de ses habitants, ou de l'abondance de leurs cheveux crépus. Mais j'y
lus aussi une autre dénomination qui est certainement tirée
du naturel des indigènes. Cette terre est appelée *la tierra
de mala gente*. C'est cette terre que le bon Dieu, par
l'organe de son Vicaire, m'a confiée pour la transformer
en *tierra de bona gente*, par l'instruction, l'évangélisation
et le baptême.

Un de ces voyageurs intrépides qui eut maille à partir
avec les habitants de la Nouvelle-Guinée, les représente
comme de fiers ou plutôt de féroces combattants, qui, dans
l'action de la bataille, avaient à leurs côtés chacun un démon ;
c'étaient probablement leurs femmes, si j'en juge par ce
qu'elles sont encore aujourd'hui. Les femmes sont aussi belliqueuses que les hommes et prennent souvent part aux combats, comme aux horribles festins de chair humaine qui
étaient la suite nécessaire des batailles : ils mangeaient leurs
ennemis vaincus.

Une des preuves que la civilisation d'un peuple reste stationnaire tant que la lumière de l'évangile ne vient pas
changer ses mœurs, c'est que nous avons trouvé les Papous
exactement tels que Quiros les décrivait il y a trois
siècles. Je ne rapporterai que des faits qui ont eu lieu presque sous nos yeux, et toujours dans la Nouvelle-Guinée.

.·.

Trois navires partis de Thursday-Island, une de nos stations dans le détroit de Torrès, sont allés faire le commerce

sur les côtes de la Nouvelle-Guinée, dans la partie hollandaise,
assez rapprochée de nous. Leur absence prolongée fit
naître des soupçons et des craintes chez les parents des
trois équipages. Des supplications furent portées au gouverneur de Thursday, M. Douglas, qui envoya immédiatement l'*Elsca*, le bateau qui fait notre service.

Après plusieurs mois d'absence, on craignit aussi pour
son sort, car on savait que les habitants de la côte où les
trois premiers étaient allés, ne faisaient point de quartier
aux Blancs assez audacieux pour s'approcher de leurs terres.
Cette partie de la Nouvelle-Guinée est très probablement
infestée par les disciples de Mahomet, les petites iles
voisines sont presque toutes mahométanes.

Enfin, le navire explorateur est revenu apportant de
tristes nouvelles. Les trois navires avaient été attaqués par
les Papous qui saisirent les hommes, leur rompirent les
jambes, les rôtirent sur un grand brasier et en firent d'exé-
crables festins. Pour les navires, ils furent coulés à fond.

.·.

Dans un endroit beaucoup plus rapproché de Port-Léon
(Yule-Island), à la fin de l'année dernière, des tribus composées d'un millier de combattants, nommés les Togariens,
venus de l'intérieur, ont attaqué deux villages, coupé quarante têtes dans le premier et vingt dans le second. Ils sont
connus dans la contrée sous le nom anglais de *head's hun-
ters* (chasseurs de têtes). On croit qu'ils viennent d'au-delà
des frontières qui séparent la Nouvelle-Guinée anglaise de
la Nouvelle-Guinée hollandaise, ce qui fait supposer qu'entre
leurs villages et ceux des bords du golfe, il y a une étendue
immense inhabitée. Ce n'est pas la première fois qu'ils se
livrent à ces excursions barbares. Non loin de l'endroit où
ils ont coupé les soixante têtes, et dans une ile du golfe,
réside un agent du gouvernement. Les chasseurs de têtes,
ayant appris qu'il y avait des Blancs dans cette ile, auraient
annoncé, qu'à la prochaine occasion, ils voulaient emporter
quelques têtes de Blancs. Sur-le-champ, M. Cameron,
l'agent du gouvernement, fit demander des forces et j'ai
appris, avant de quitter Thursday, qu'on lui avait envoyé
une armée de douze noirs avec autant de fusils !

.·.

Quand on parcourt le directoire des capitaines de vaisseaux, livre qui leur donne tous les renseignements désirables sur les lieux, les habitants, les dangers qu'ils peuvent
rencontrer, nous lisons, pour le détroit de Torrès, l'histoire suivante qui date de quelques années. Un navire
venant de Hong-Kong, chargé de deux cents Chinois pour
l'Australie, traversait le détroit, quand les Chinois se révol-
tèrent contre le capitaine et l'équipage ; ils saisirent
les officiers, les déposèrent dans une embarcation avec
quelques provisions et les abandonnèrent à leur sort.
Les Chinois ne tardèrent pas à recevoir la récompense
de leur mauvaise action. Comme ils sont d'assez bons matelots, ils dirigèrent eux-mêmes le navire et ils voulurent
aborder dans une des iles du groupe des Louisiades à Saint-
Aignan. Mais à peine furent-ils à terre, qu'une nuée de
sauvages, descendant des montagnes, accoururent pour con-

templer les téméraires enfants du Céleste-Empire, qui osaient venir profaner leurs tranquilles contrées.

Il parait que tous les sauvages de la zone torride ont un goût très prononcé pour la chair du Chinois. Elle est, parait-il, moins salée que celle des Européens, voilà pourquoi ils la préfèrent. Jugez de leur joie à la vue d'une si bonne et si abondante proie. Ils traitèrent d'abord amicalement les Asiatiques, qui furent séparés par petits groupes et dispersés dans toute l'île. Les féroces habitants de l'île Saint-Aignan en immolèrent chaque jour un certain nombre, selon qu'il était nécessaire pour satisfaire leur vorace appétit. Les deux cents Chinois y passèrent. Leur navire fut pillé et coulé à fond.

Les histoires de ce genre sont trop nombreuses pour être rapportées ici. Je ne parle que des actes d'anthropophagie exercés sur les étrangers. J'en citerai un autre et ce sera le dernier.

Il n'y a pas encore longtemps, non loin de Port-Moresby, un capitaine du nom de Meyer s'était arrêté dans une baie pour faire sa provision d'eau douce, car une rivière tombait dans la baie. Pendant que le second, avec quelques matelots, accomplissait ce service, le capitaine Meyer était allé chasser un peu plus loin ; tout à coup il fut attaqué par des indigènes, qui le tuèrent et le coupèrent en morceaux. A cette nouvelle, le second et ses hommes s'enfuirent à leur bateau pour se mettre en état de défense dans le cas où les indigènes viendraient les attaquer, car ils n'étaient pas en force pour châtier les criminels. Ils virent bientôt une foule de sauvages réunis sur le rivage au fond de la baie, autour d'un grand feu ; sur ce feu était un large plat en terre dans lequel ils distinguèrent la tête de leur capitaine qui cuisait au milieu d'ignames et de taros. Quand cet affreux mets fut rôti à point, le chef prit le plat dans ses mains, se tourna du côté du navire et le présenta de loin aux hommes de l'équipage comme pour les inviter à venir prendre part à leur festin. Bientôt après, il n'y eut plus que des os.

On peut donc, sans calomnier les habitants de la Nouvelle-Guinée et jusqu'à ce que des légions de missionnaires soient venus purifier cette terre par leurs sueurs, leurs prières, leur sang peut-être, surtout par le sang du divin Rédempteur et l'eau sainte du baptême, laisser à cette grande île la qualification de Quiros : *la tierra de mala gente*.

Il faut dire que ses habitants ont une excuse : depuis le commencement du christianisme, aucun prêtre catholique ne leur avait encore offert la lumière de l'Évangile ; ils n'ont donc pas encore, comme beaucoup d'autres peuples, abusé des grâces de Notre-Seigneur Jésus-Christ. Je l'espère, les nombreuses prières que les âmes dévouées aux missions font sur tous les points de la terre, toutes les privations acceptées volontairement, tous les sacrifices et les bonnes œuvres offertes au ciel pour la propagation de la foi dans les pays infidèles, adouciront les cœurs de nos sauvages.

Depuis six ans que nous avons commencé cette mission de la Nouvelle-Guinée, nous avons rencontré bien des obstacles, bien des peines, des tracasseries de toutes sortes ; mais, nous pouvons le dire, nous n'avons jamais rencontré d'hostilités sérieuses de la part de nos indigènes. Ils ne nous comprennent pas toujours au début ; ils n'acceptent pas toujours nos enseignements avec enthousiasme et ne s'empressent pas de les suivre, surtout les hommes. Mais toujours ils nous écoutent avec respect, avec attention, ils sont quelquefois momentanément touchés et veulent sur-le-champ se faire baptiser. Seulement les vieilles habitudes reprennent bientôt le dessus.

En revanche nous avons été tracassés par les autorités subalternes anglaises. A peine étions-nous établis à Yule-Island que, trois mois après, on nous en chassa sur l'instigation des ministres protestants. Le gouverneur général de cette grande île vint à mourir et aussitôt nous avons rejoint notre poste à Yule. Les ministres de l'erreur n'avaient pas perdu de temps : à notre retour à Yule après trois mois d'absence, nous les avons trouvés bâtissant une maison dans nos villages. Ils se sont retirés dans la suite. L'année dernière, le nouveau Gouverneur a aussi tenté de nous chasser de Yule. La chose était même décidée avec le ministère de Brisbane. Nous venions de terminer nos maisons à Port-Léon, elles nous avaient coûté dix-huit mois de peine et de travaux. Heureusement pour nous, il y a à Brisbane un représentant de la reine, qui sait reconnaître les droits des catholiques aussi bien que ceux des protestants. On m'a affirmé dans les bureaux du ministère que les ministres protestants de Port-Moresby étaient les instigateurs de cette campagne. Cependant nous resterons dans notre résidence de Port-Léon, la seule que nous ayons et que nous puissions avoir sur la côte, les protestants ayant envahi tous les autres villages.

Nos sauvages savent néanmoins faire la différence entre les missionnaires catholiques et les ministres de l'erreur. Assez souvent les habitants des villages où sont des *teachers* protestants, viennent nous supplier d'aller nous établir au milieu d'eux. Jamais, ceux des villages que nous occupons n'ont pensé à nous remplacer par des *teachers* protestants.

Ils redoutent beaucoup les chercheurs d'or. Ce n'est pas qu'ils soient jaloux de ce que ces étrangers viennent chercher le précieux métal : s'ils n'en font aucun cas, n'en connaissant pas la valeur ; s'ils trouvaient une pépite grosse comme le poing, ils l'échangeraient avec plaisir contre un petit couteau de matelot. Chez eux le fer est plus apprécié. D'ailleurs dans nos parages, les mines d'or sont heureusement rares. Quand les mineurs eurent pénétré dans la Nouvelle-Guinée, les habitants furent effrayés et vinrent nous prier de les chasser de l'île. Ils furent étonnés et désolés d'apprendre que nous n'avions aucune autorité sur ces mineurs. Même ils nous reprochaient de leur prêter notre bateau pour traverser la baie et insistaient pour avoir des missionnaires capables de les défendre contre ces étrangers.

Les travaux matériels, la construction de nos maisons ne nous ont pas permis de donner à nos chers sauvages tout le temps que nous désirions. Maintenant aux deux missionnaires qui ont commencé la mission de la Nouvelle-Guinée se sont adjoints deux autres : mais qu'est-ce que quatre prêtres pour desservir nos douze villages? Encore l'un d'eux épuisé se repose à Thursday et un autre est, quoique plus jeune, très souvent malade.

Nous instruisons trois mille personnes ; plusieurs villages sont sur le point d'entrer dans le sein de l'Eglise, les autres ne tarderont pas à suivre cet exemple.

Une fois que nous sommes dans un village, nous le considérons comme converti, car nous tenons dès le commencement les deux portes de la vie. Les indigènes nous apportent volontiers leurs nouveau-nés à baptiser, et comme nous insistons toujours dans nos instructions sur la nécessité du baptême pour aller au ciel, nous n'avons pas de peine à déterminer les mourants à recevoir le sacrement de la régénération. Par ces moyens nous pouvons, sans précipiter les choses, instruire le peuple à loisir.

Nous occupons tous les hameaux de la tribu de Roro, au nombre de onze. On y parle la même langue. Mais malheureusement ils sont petits ; réunis, ils ne forment pas une population de beaucoup plus de deux mille âmes. Inawui à lui seul dans la province de Mékéo a au moins mille âmes. Les villages de cette province sont beaucoup plus considérables que ceux de Roro. A une heure de Sainte-Marie d'Inawui se trouvent quatre bourgs dont trois seraient plutôt les rues d'un même village, le quatrième est à deux minutes de ce groupe. Nous comptons à peu près trois mille âmes. C'est une belle paroisse facile à desservir et les habitants nous demandent instamment des missionnaires.

Dans les environs de ce groupe, se trouvent sept autres villages. C'est peut-être la partie la plus peuplée de la Nouvelle-Guinée, la terre y est excellente.

Combien il nous faudrait de missionnaires! Le travail y est relativement facile, car les sauvages ne résistent jamais au missionnaire ; n'ayant pas de religion, ils se laissent convaincre plus facilement.

(A suivre).

UNE EXCURSION
AUX
PLAINES DE CHICOVA

Par le R. P. COURTOIS
de la Compagnie de Jésus, missionnaire au Zambèze.

(Suite 1)

L'endroit du campement était bien choisi : pas de moustiques, pas de rôdeurs de nuit qui osassent s'aventurer jusqu'à nous : d'autre part nous étions sur nos gardes ; tous les cipayes dormaient à côté de leurs armes, prêts à tout événement. Mais, en revanche, le lendemain nous étions ruisselants de rosée ; nos couvertures, nos habits et le reste des bagages paraissaient sortir d'un bain, et nous dûmes allumer un grand feu pour sécher nos effets et nous prémunir contre la fraîcheur du matin.

(1) Voir les Missions catholiques du 12 juin.

.*.

Nous voici au mercredi, 7 mai, qui s'annonce sous les plus riants aspects. Aujourd'hui même, après avoir franchi la Porte des Rapides, nous déjeunerons à l'entrée du Karoabasa, là où tout service de navigation s'achève. La provision de bois est au complet. Nos mariniers sont allés dans la forêt voisine ; en quelques minutes nous avons un grand tas de magnifiques bûches d'un bois parfois précieux, car le sandal et l'ébène sauvage abondent.

.*.

A six heures du matin, nous reprenons notre course. Le Marani marche bon train. Peu à peu, le fleuve va en se rétrécissant et se montre hérissé d'écueils ; le commandant est à son poste d'observation. Après une heure et demie de route, nous apercevons la fameuse entrée de la Porte des Rapides (voir la gravure, p. 289).

On dit qu'ils sont situés à environ trente-huit milles de Tété : ce sont les premières passes difficiles que l'on rencontre. Durant l'espace d'une ou deux lieues, le fleuve n'a guère plus de trois à quatre cents mètres de large, avec un courant d'eau d'environ quatre milles à l'heure.

La rive droite est formée de montagnes élevées qui descendent à pic vers le fleuve et dont la base est toute hérissée d'horribles récifs ; la rive gauche est bordée d'une muraille de rochers, qui, au moment où nous passions, pouvaient avoir de deux à trois mètres d'élévation au-dessus du courant. A l'époque des grandes crues, ils disparaissent entièrement, l'eau s'étendant jusqu'au pied de l'autre chaine de montagnes, situées à peu près à deux cents mètres.

Cette muraille offre l'aspect le plus curieux et peut fournir une riche matière de contemplation aux amateurs d'études géologiques. C'est une digue de granit et de roches vives, présentant les formes les plus bizarres de dislocation et de stratification ; quelques-unes paraissent avoir été vernissées de noir, de gris, de rose tendre et de lapis-lazuli par le pinceau du Tout-Puissant !

.*.

On sait que Livingstone durant ses explorations au Zambèze est arrivé avec son bateau, le Ma-Robert, jusqu'à l'entrée des Rapides du Karoa-Basa.

Je me permets de donner ici la description que lui-même nous a laissée de ces gorges fameuses, visitées trois siècles auparavant par l'expédition de Francisco Barreto, allant à la recherche des mines d'argent de Chicova, en 1569.

.*.

« La chaine élevée de Kébra-Basa (1), dit l'illustre voyageur, formée en grande partie de montagnes coniques, revêtues d'arbres malingres, traverse le Zambèze et l'enferme dans une gorge rocailleuse, d'environ quatre cents mètres de large. Au fond de cette gorge que les eaux remplissent à l'époque où elles débordent, sont des masses rocheuses entassées pêle-mêle dans un état de confusion indescriptible...

(1). Les indigènes disent Karoa-Basa, lieu où se perd le travail, où achève le service ou la corvée.

« C'est la syénite qui domine ; quelques parties de cette roche, disséminées dans la masse, sont d'une belle couleur de lapis-lazuli ; quelques autres sont grises. Les blocs de granit rose abondent également, et ces énormes débris, joints à des roches métamorphiques tordues et enchevêtrées, précipités çà et là dans tous les sens, offrent un exemple de dislocation et de désordre qui comblerait de joie un professeur de géologie. A l'époque où le Zambèze est débordé, tout ce chaos disparaît et la surface du fleuve n'est pas moins unie en cet endroit qu'en aval des rapides, où sa largeur est d'un demi-mille, c'est-à-dire de huit cents mètres.

« Dans la saison sèche, le courant occupe le fond d'une cuvette dont les bords, pendant l'époque des crues, ont été polis et connelés par les eaux tourbillonnantes, comme la margelle des vieux puits d'Orient par le frottement de la corde. En maint endroit ce sillon d'écoulement n'a pas plus de quarante yards (1), il forme de brusques détours, se dédouble parfois et produit de petites cataractes..

« Des trous cylindriques, de la dimension d'un puits, sont creusés dans les parois de la gorge ; leur profondeur est si grande en certains endroits, que lorsqu'une roche surplombante empêche le soleil d'y pénétrer, l'eau y est très froide. Quelques-unes de ces galeries sont percées à jour.

Chaîne des monts Nyaute --ze.   Chaîne des monts Machikampanga.

BAS-ZAMBÈZE (*Africa australe*).— VUE DES RAPIDES DE KABOA-BASA, EN AMONT DE MUSANANGUÉ; d'après un dessin du R. P. COURTOIS, de la Compagnie de Jésus, missionnaire au Zambèze (Voir page 298).

« Ces roches brisées, tordues, gisant dans tous les sens, ne doivent pas seulement leur aspect singulier à ce désordre chaotique : elles sont revêtues d'une substance noire et brillante comme si elles avaient été vernies au noir de fumée, après avoir été soumises au polissage (1) ».

Telle était la passe périlleuse où le *Maravi* venait de s'engager. Il fallait tout le sang-froid de notre jeune commandant pour ne pas virer de bord. On lui a dit qu'il pourrait vaincre le courant. C'est un essai audacieux. Des deux côtés, on ne voit que rochers abrupts présentant leurs pointes acérées comme des éperons formidables qui mena-

1) *Le Zambèze et ses affluents*, p. 50.

cent la proue et les flancs de notre vapeur. Le courant est vertigineux ; les tourbillons et les remous sont d'une force extraordinaire.

Malgré tout, le *Maravi* va de l'avant.

.˙.

Nous voilà engagés dans la porte des Rapides. Çà et là apparaissent au milieu du fleuve d'énormes blocs de rochers noirs, les uns à fleur d'eau, les autres montrant majestueusement leurs faces comme d'énormes têtes d'hippopotame. Il faut nous frayer un chemin au milieu de ces rochers et vaincre le courant de plus en plus fort.

(1) Le Yard, composé de trois pieds anglais, représente un peu plus de 91 centimètres (0 m.914).

A quelques mètres plus loin, se dresse un écueil, un banc de rochers qui ferment presque la passé. C'est l'écueil *Chi-juré*. Le fleuve, resserré entre les deux cloisons de la montagne, atteint une rapidité particulière. Le commandant ne peut s'empêcher de nous dire :

— « Comment vaincrons-nous le courant ? La pierre qui est devant nous rend la navigation impossible. Le *Maravi* va s'y heurter ! »

De fait, le pilote qui avait la main au gouvernail commençait à pâlir, et nous étions tous dans le plus profond émoi. Aller de l'avant, c'était nous briser aux écueils, retourner en arrière présentait plus d'un péril.

On a chauffé la chaudière tout rouge : elle est sur le point d'éclater. Par l'inadvertance du machiniste qui avait déjà la tête toute troublée, la pression de vapeur était montée à cent livres, quand le maximum du *Maravi* était de quatre-vingts. Toutefois, malgré la pression de la vapeur survenue au plus haut point et la manœuvre du gouvernail, le *Maravi* commence bientôt à danser au milieu des ondes et à tituber sur ses flancs comme un homme pris de boisson.

Les tourbillons le soulèvent en l'air et lui font perdre son assiette. Les roues restent stationnaires ou tournent dans le vide au-dessus de l'eau. Nous n'avançons pas. La proue

BAS-ZAMBÈZE (*Afrique australe*).— VUE DU ZAMBEZE APRÈS AVOIR FRANCHI LA PORTE DES RAPIDES, PRISE DES HAUTEURS DE MUSA-NANGUE, RIVE DROITE DU FLEUVE ; d'après un dessin du R. P. COURTOIS, de la Compagnie de Jésus, missionnaire au Zambèzé.
(Voir page 297).

ne résistait plus au courant et cherchait à se jeter tantôt à droite, tantôt à gauche. Malgré tous les efforts qu'on faisait, nous avions la perspective peu rassurante d'aller bientôt piquer une tête contre les rochers qui se dressent de toutes parts comme des dards menaçants.

Enfin nous sommes à quelques brasses d'un nouveau banc de pierres qui barre la route. C'est le rocher *Kachéré*. Nous stoppons.

Un malheur va arriver...

Le commandant, voyant la pression de vapeur exorbitante, fait à l'instant ouvrir tous les robinets et toutes les soupapes, et dégarnir la machine ! Et le *Maravi*, tout en continuant sa valse vertigineuse, commence à prendre le

chemin de la descente, au milieu des rochers de cette gorge périlleuse, et s'en va à la dérive, sans direction, abandonné à la merci des flots.

Quand je me vis hors de danger, je rendis grâces à Dieu de ce qu'il nous avait protégés au milieu d'un si grand péril.

Nous descendons le fleuve emportés par le courant et nous allons atterrir près du ruisseau *Mutiobvé* qui provient des montagnes *Mpanda-Mukua* sur la rive droite, un peu en amont du hameau *Chakokoma*.

Il était environ 10 heures.

Il fallait prendre une nouvelle résolution. Il était évident que, vu le courant actuel du fleuve, nous ne pouvions forcer la passe avec le *Maravi*. Par conséquent, il était prudent de remettre à plus tard une tentative de ce genre, à l'époque où les eaux sont tout-à-fait basses, c'est-à-dire à fin octobre ou au commencement de novembre. Pour cette fois, il n'y avait plus d'espoir d'aller en avant avec le bateau, qui, cependant, avait fait ses preuves avec tant d'ardeur et d'audace, luttant jusqu'ici victorieusement contre les plus mauvais endroits du Zambèze, sur une si grande étendue de chemin, à partir de Mazaro, jusqu'aux Rapides de Karoa-Basa!

C'était bien dommage, car nous étions tout près de Mussanangué, lieu de notre repos et terme de notre navigation.

. .

Nous nous déterminons à passer le reste de la journée au port que la bonne Providence nous avait ménagé, et d'aller le lendemain en exploration, montés sur une chaloupe jusqu'aux fameuses gorges de Karoa-Basa.

Nous avions comme abri, la chaîne de montagnes appelées *Mpanda-Mukua* (le pieu de cuivre). Livingstone, dans sa relation de voyage, dit au sujet de cette montagne ce qui suit :

« Nous y arrivâmes (aux Rapides), le 9 novembre. De Tété au *Panda-Mokoua*, où *s'arrête la navigation*, le pays est montueux et boisé sur les deux rives. Le *Panda-Mokoua*, situé à deux milles au-dessus des Rapides, est une montagne coiffée de dolomite qui renferme des mines de cuivre. »

Et dans un autre passage, le même auteur cite « le village de Défué, près de l'endroit où le *Ma-Robert* s'était arrêté lors de sa première course... » (1).

.

Ici je veux poser une simple question. Sommes-nous allés plus loin avec le *Maravi* que Livingstone lui-même avec le *Ma-Robert* dans les gorges de Karoa-Basa ?

Je fais la distinction suivante : naviguant avec la vapeur, oui ; car nous avons dépassé de beaucoup les montagnes *Mpanda-Mukua*. Or, d'après Livingstone, en *cet endroit toute navigation s'arrête*. Quant au village Défué, où le même explorateur dit que le *Ma-Robert* s'était arrêté lors de sa première course, impossible d'en retrouver les traces même en interrogeant les noirs de ces parages qui sont bien au fait de tout. Il n'y a rien d'étonnant en cela, car bien souvent le village, alors existant, prend le nom du chef qui le gouverne et ce chef venant à mourir, le village change également d'appellation et même de site, et reçoit le nom du nouvel élu.

. .

A l'époque où Livingstone a visité les Rapides, un des chefs de la race Banyai, Degué, se réfugia à l'entrée du Karoa-Basa, et donna son nom à une misérable bourgade qui prit son nom de Dégué et non Défué, comme le dit l'auteur. Aujourd'hui il ne reste plus de trace du village en question.

(1) *Le Zambèze et ses affluents* p. 84 et 110.

. .

S'il s'agit de navigation dans les passes dangereuses, non à vapeur, mais en hâlant le bateau avec de longues cordes, je dois avouer que le *Ma-Robert* a fait un trajet plus long.

Mais quel mérite en cela ? Ce n'était plus navigation à vapeur, c'était simplement employer la méthode suivie par nos mariniers cafres qui, depuis des siècles, hâlent leurs embarcations aux endroits dangereux, et nous pouvions en faire autant avec le *Maravi*, bien que cela nous eût coûté de grands travaux.

De plus, il faut remarquer que Livingstone est arrivé aux Rapides, le 9 novembre, et qu'il y est revenu un mois plus tard, n'ayant pu vaincre l'obstacle la première fois ; par conséquent, son voyage a eu lieu à la saison propice, à l'époque des basses eaux, et quand le fleuve a moins de courant, avec un bateau de sept mètres de long et de la force de dix chevaux, de moitié plus petit que le *Maravi* et de manœuvre beaucoup plus facile au milieu des pierres dont la gorge du Karoa-Basa est hérissée.

S'il est arrivé jusqu'à un grand baobab, près de Musanangué, là où devient vraiment impossible toute navigation pour un vapeur et même pour des chaloupes, ce n'a été, ainsi que je l'ai dit, qu'en hâlant le *Ma-Robert* comme une simple barque. Et l'on pourrait, je crois, pratiquer la même chose au sujet du *Maravi*, dans la saison sèche, si l'on veut à tout prix lui faire franchir la porte des Rapides.

Je me suis permis ces réflexions pour répondre aux affirmations vraiment pédantesques de certains aventuriers de la blanche Albion, que j'ai rencontrés à Tété et qui se donnaient comme les uniques seigneurs de tel ou tel site, de telle ou telle contrée, pour avoir été, disaient-ils, les premiers qui avaient foulé le sol de cette terre vierge ; comme ce chasseur du pays des Matabélés pourrait avoir un titre de propriété sur les eaux du Zambèze entier, selon l'ouvrage qu'il a écrit dont le titre est : *A travers le Zambèze sur un âne*. Il n'a en effet qu'à appliquer le principe anglais.

Je puis donc dire que le *Maravi* a fait une carrière plus longue et couru plus de risques dans les gorges du Karoa-Basa, que nul autre vapeur, venant friser de la proue le rocher *Kachéré*.

. .

Nous passâmes une agréable après-midi au bord du Zambèze, au pied des hautes montagnes de *Mpanda-Mukua*. Sur la rive opposée apparaît une jolie bande de pintades qui venaient boire aux eaux limpides du fleuve, puis un troupeau de gazelles sveltes et agiles, enfin toute une famille de singes, qui, petits et grands, faisaient les plus charmantes gambades sans se méfier du danger. Tout à coup on leur envoie une balle, puis une seconde. La troupe fuit ahurie, épouvantée, et se hâte de gagner le fond des bois. Les singes se réfugient à la cime des arbres. Les balles se mettent à pleuvoir comme grêle et mes singes de déguerpir sans retard, en poussant des cris perçants.

A la tombée de la nuit, arrivent les embarcations qui étaient en retard et qui portaient nos tentes de voyage

Nous cûmes l'avantage de dormir abrités sous la tente, protégés contre la rosée et l'air humide de la nuit. Nous appelâmes cet endroit le *lieu de Bonne attente*

.**.

Le lendemain, jeudi 8 mai, fête de saint Michel archange, nous nous embarquons dans une chaloupe, le gouverneur, le commandant du *Maravi*, M. Curado et moi, et nous partons pour Musanangué.

Notre itinéraire est le suivant. Le commandant s'est décidé à accompagner le gouverneur jusqu'à Chicova, afin d'étudier le chemin. Le *Maravi* est confié aux soins d'un pilote portugais, du nom de Joachim, lequel attendra jusqu'à notre retour.

.**.

A mon départ de Tété, j'avais l'intention de n'aller que jusqu'aux Rapides et de retourner ensuite dans une pirogue que j'avais fait venir à ma suite. Je ne m'étais pourvu du nécessaire que pour le retour. Mais voilà que, sur les instances réitérées du gouverneur, je me vois obligé d'accepter de faire partie de l'expédition jusqu'aux plaines de Chicova.

J'accédai à l'invitation avec d'autant plus de plaisir que j'étais bien aise de connaitre le chemin qui mène à Zumbo. Depuis longtemps, nous avons le projet d'établir des missions dans ce district lointain, où autrefois existèrent des missions très florissantes, où l'on voit, encore de nos jours, des vestiges nombreux d'églises et de couvents, et où, parmi les noirs, se garde le souvenir des anciens missionnaires.

.**.

Notre barque, montée par de vigoureux mariniers, s'engage bientôt dans les gorges redoutables. On doit hâler l'embarcation aux endroits où les tourbillons viennent se briser contre les rochers. Le paysage est vraiment pittoresque avec ces roches vernissées, luisantes, taillées, aux formes les plus bizarres et les plus fantastiques, avec ces blocs de granit jetés là pêle-mêle dans un beau désordre, et ces ondes retentissantes qui se brisent aux flancs de la montagne.

Nous passons sans encombre, mais non sans beaucoup de difficultés. Il faut pour réussir l'agilité d'un noir, qui, pareil au singe, peut grimper par les chemins les plus scabreux, se tient en équilibre sur une pointe de rocher, saisit la corde avec les dents ou se jette à la nage au milieu des vagues pendant que la barque vogue sur l'abime, obéissant au mouvement que lui imprime sa main.

Après avoir franchi la porte des Rapides, nous rencontrons un immense bassin où les eaux paraissent dormantes. Ce serait un bel endroit pour un port. Mais, malgré l'avantage du site, il faudra tenir compte de quinze ou vingt énormes rochers qui sortent à fleur d'eau et qui seront toujours un véritable obstacle à la navigation (voir la gravure, p. 205).

.**.

A quelques centaines de mètres plus loin, s'élève sur la rive gauche un superbe mamelon, couvert d'arbustes ver-

doyants et d'une vingtaine de cases, qu'habitent des noirs de la tribu Maravi, dont le roi est *Mbuei*, autrement dit *Chin'a*, du nom de la montagne où il a sa résidence. Ce roitelet est tributaire du capitaine môr de Chicova et obéit à l'autorité portugaise.

Au pied de ce monticule, le Zambèze est de nouveau très resserré. Des blocs de rochers, transformés en ilots nombreux, divisent le fleuve en deux bras principaux : celui de gauche est complètement encombré par les pierres qui forment des méandres à n'en plus finir : reste celui de droite qui présente un coude très accentué et où le courant est excessivement fort.

Nous sortons de l'embarcation et nous la laissons aux soins des mariniers qui vont franchir la passe sur l'autre côté du fleuve. A l'époque des grandes pluies, tous ces ilots disparaissent, et ce n'est que lorsque les eaux baissent qu'ils se montrent de nouveau et interceptent la route. L'endroit est habité par une troupe d'hippopotames, et l'on voit sur la terre la trace de leurs énormes pattes.

.**.

Pour bien juger des rapides et cataractes du *Karoa-Basa*, il faudrait visiter le site à différentes époques de l'année, selon que le fleuve atteint le maximum ou la moyenne des crues, ou qu'il descend à un cours régulier.

Ayant franchi les rochers dont je viens de parler, le Zambèze, sur un espace de quinze cents à deux mille mètres, est de nouveau navigable, même à la saison sèche. Puis il devient tout à fait étroit, tout parsemé de blocs de rochers, et c'est alors que commencent les rapides proprement dits, qui rendent la navigation impossible jusqu'au-delà de la grande cataracte qui est au pied du Murumbua, à deux lieues en aval de Chicova !

« Lorsque vous êtes sur la rive droite, dit Livingstone, en face de la chute d'eau, vous voyez qu'elle est située dans un coude de la rivière, qui, à cette place, décrit une courbe restreinte. En amont de la cataracte, tout l'espace est resserré entre deux montagnes dont les flancs taillés à pic, ne laissent entre eux qu'un espace d'une cinquantaine de yards. Une ou deux masses rocheuses font saillie ; puis il y a une chute dont l'inclinaison, d'une vingtaine de yards, se répartit sur une distance de trente yards. Cette cascade rend toute navigation impossible, excepté à l'époque des crues les plus hautes, où l'eau s'élève à une hauteur perpendiculaire de plus de quatre-vingts pieds, ainsi qu'il est indiqué sur le roc (1). »

.**.

Dieu soit loué ! nous touchons au port. Voici, sur la rive droite, la rivière de Musanangué et le village du même nom, assis sur un gracieux monticule, tout entouré par de hautes et pittoresques montagnes.

Qu'on se rappelle la gravure donnée au commencement de ce récit (voir p. 282). A gauche, est la vallée de Musanangué ; à droite, deux grandes cases destinées à emmagasiner les marchandises du gouvernement ou des particuliers qui se rendent à Zumbo par la voie fluviale. Aux pieds de

(1) *Le Zambèze et ses affluents*, p. 58.

l'élévation de terrain, dans un lit rocailleux, coule le Zambèze qui, en cet endroit, gagne en profondeur ce que plus loin il acquiert en largeur.

Des hauteurs de Musanangué, on jouit d'un fort beau point de vue (voir la gravure, page 294).

Devant soi, sur la rive opposée du fleuve, on a des montagnes boisées, des blocs de rochers énormes et des massifs de verdure. Vers la droite, vous apercevez les lignes bleuâtres et les crètes des montagnes de Mpanda-Mukua, qui forment l'une des cloisons des Portes des Rapides (1). Vers la gauche, s'offrent les gorges et la chaîne élevée du Karoa-Basa qui prend les noms de *Nyautereze*, *le lieu où l'on glisse facilement* ou de *Nya-Bonga*, le lieu des chats tigres. Sur l'autre rive, elle s'appelle *Muchikampanga*.

Les noirs m'ont assuré qu'avec beaucoup de risque et de danger on peut encore remonter le fleuve en canot pendant quelques lieues. Mais il faut nécessairement prendre un noir de la localité, qui a le titre de pilote des rapides, fonction transmise de père en fils dans cette famille. Jusqu'à la rivière Ruuyé (1), qui est un affluent de la rive gauche du Zambèze, on peut se frayer un chemin de piéton. Mais, après avoir franchi ladite rivière, qui doit avoir une cinquantaine de mètres, les flancs de la montagne deviennent excessivement abruptes et glissants, et par là même de difficile accès. C'est un travail de grande haleine, suivre le cours des rapides et atteindre l'autre bouche du côté de Chicova. Les noirs eux-mêmes se prêtent difficilement à vous accompagner.

(A suivre).

LES MISSIONS CATHOLIQUES AU XIXᵉ SIÈCLE

PAR

M. Louis-Eugène LOUVET, des Missions Etrangères de Paris,
Missionnaire en Cochinchine occidentale.

CHAPITRE XIᵉ

LES MISSIONS D'INDO-CHINE (1800-1890).

Suite (2)

Avec Tu-Duc, fils de Thieu-Tri, la persécution recommença implacable. Au Tong-King, MM. Schœffler et Bonnard moururent successivement sous le glaive du bourreau (1er mai 1851, 1er mai 1852). Les édits de persécution se succédaient, comme aux jours sanglants de Minh-Mang; la tète des missionnaires était mise à prix, 2,400 francs, et tout prêtre, européen ou indigène, devait être coupé en morceaux.

C'était une insulte à la France, un défi jeté à la civilisation. Le gouvernement impérial ne se pressa pas de le relever. Ce ne fut qu'en 1856, qu'il envoya M. de Montigny en Cochinchine, pour proposer un traité de commerce et incidemment traiter la question religieuse ; mais la mission Mon-

(1) On écrit généralement *Luia*, *Ruia*; mais les indigènes prononcent *Ruuyé*.

(2) Voir tous les numéros parus depuis le 14 mars jusqu'à fin octobre 1890, et 2, 9, 16, 23 et 30 janvier, 6 et 13 février, 24 avril, 1er, 8, 15, 22 et 29 mai, 5 et 12 juin 1891.

Pour l'intelligence de ce travail, nous recommandons la carte des missions de l'Indo-Chine que nous avons publiée en 1879. Prix : 4 francs franco.

tigny, mal conçue et mal appuyée, ne réussit pas et n'eut d'autres résultats que de pousser au paroxysme les fureurs de la persécution. Comme l'écrivait à ce sujet Mgr Retord, vicaire apostolique du Tong-King occidental, « les demi-mesures et les vaines menaces ne font qu'aggraver notre situation et celle de nos chrétiens. Qu'on agisse avec vigueur, ou qu'on nous abandonne à notre malheureux sort. »

C'est alors (1857) que Mgr Pellerin, vicaire apostolique de la Cochinchine septentrionale, voyant l'orage effroyable qui se déchaînait sur l'Église annamite, crut devoir passer en France, pour exposer à l'empereur la situation critique des chrétiens et lui demander un secours sérieux, capable d'obtenir enfin la liberté religieuse aux missionnaires et à leurs néophytes. C'était son droit incontestable, quoi qu'on en ait dit, et il y avait à cette intervention de la France une raison d'honneur et de justice, puisque c'était elle qui nous avait compromis par des démonstrations aussi généreuses qu'imprudentes. Devait-on nous laisser sans défense entre les griffes du tigre, après s'être donné le tort de l'exciter ? Nous n'avions pas attendu l'appui du pouvoir civil pour annoncer l'Evangile aux infidèles, nous n'en avions pas besoin ; je dirai plus, nous ne le désirions pas. Il y avait deux cents ans que nous travaillions en Chine, à Siam, en Annam ; nous avions été persécutés des fois, et toujours nous avions triomphé des persécuteurs par la patience et par la mort. Mais puisqu'on était venu gratuitement nous compromettre, sans que nous l'ayons demandé, n'était-il pas juste qu'on nous secourût ? Nos cinq cent mille chrétiens annamites devaient-ils être les victimes des généreuses intentions de nos compatriotes et payer de leur sang le stérile intérêt qu'ils avaient inspiré ? L'empereur ne le crut pas, et l'expédition de Cochinchine fut résolue (1858). Comme l'Espagne a des missions au Tong-King, et que le sang de ses nationaux avait coulé à côté de celui des nôtres, elle voulut prendre part à l'expédition.

Je ne me ferai pas l'histoire de l'expédition de Cochinchine, qui dura quatre ans (septembre 1858, juin 1862) et fut menée d'une façon déplorable. Le traité de paix donnait à la France la colonie de Cochinchine et promettait aux chrétiens la liberté religieuse. L'expédition avait donc, au moins en partie, obtenu son but ; mais au prix de quels sacrifices !

Il faudrait l'éloquence et les larmes du Prophète pour redire les douleurs de l'Eglise annamite, pendant ces jours de deuil, qui s'étendent de la prise de Tourane au traité de 1862 :

Martyre des trois vicaires apostoliques du Tong-King central, Mgr Diaz (1857), Mgr Garcia (1858), Mgr Hermosilla (1861). Martyre de NN. SS. Ochoa, vicaire apostolique du Tong-King central, et Cuenot, vicaire apostolique de la Cochinchine orientale (1861). Au total, cinq vicaires apostoliques martyrisés en quatre ans, sans parler de Mgr Retord, vicaire apostolique du Tong-King occidental, mourant de privations dans les forêts (1858). Martyre de MM. Néron et Vénard, du Tong-King occidental, et du P. d'Almato, provicaire du Tong-King central (1800-1861), emprisonnement de MM. Charbonnier et Mathevon, pendant onze mois ; ils n'échappèrent à la mort que grâce à la signature du traité de paix. Martyre de cent seize prêtres annamites, plus du tiers du clergé indigène, dans les neuf missions d'Annam

lestruction de quatre-vingts couvents de religieuses annamites ; plus de cent moururent pour la foi. Ruine de tous
os séminaires ; arrestation de la plupart des élèves et de
nos meilleurs catéchistes ; presque tous furent martyrisés.
mprisonnement des notables de toutes les chrétientés,
u nombre de dix mille environ ; plus de la moitié furent
mis à mort pour la foi. Sac, incendie et pillage de deux
mille chrétientés, dont les biens-fonds, rizières, maisons et
jardins furent donnés aux païens du voisinage. Enfin, des
frontières de la Chine et du Cambodge, dispersion de nos
cinq cent mille chrétiens au milieu des païens ; anéantissement de la famille chrétienne ; le mari, envoyé dans une
province, la femme, dans une autre, les enfants donnés à
qui veut les prendre. Environ 40.000 chrétiens périrent,
pendant l'année de la dispersion, par suite des mauvais
traitements, de la faim, des misères indicibles qu'ils endu-
rent ; ceux qui survécurent perdirent leurs champs,
leurs maisons, leurs bestiaux, tout ce qu'ils possédaient.
Voilà ce qu'a coûté à nos missions d'Annam la conquête
e la Cochinchine !

Au moins, au prix de pareils sacrifices, nos chrétiens ont-
s enfin obtenu la liberté religieuse ? Hélas !

A Saïgon et dans la colonie, la présence de nos compatriotes nous met à l'abri de la persécution et nous permet
e développer en paix nos œuvres. C'est là un résultat
sérieux, dont il est juste de tenir compte. Malheureusement
indifférence religieuse et les mauvais exemples de la
grande majorité de la population européenne ont créé à la
propagation de l'Evangile des difficultés nouvelles, et plus
redoutables peut-être que celles du passé. Sans doute, le
rang des missionnaires, et celui des fidèles ne coule plus
dans les prétoires ; mais l'immoralité, les mauvais exemples,
le goût des plaisirs faciles, l'impiété coulent à plein bord
dans les populations, éloignant les païens et scandalisant
les chrétiens.

En dehors de la colonie, la question de l'influence néfaste
es Européens est trop clairement résolue par les mal-
eurs de nos chrétientés. Autrefois le catholicisme,
même proscrit par le prince, avait les sympathies des populations et, plus d'une fois, les missionnaires avaient trouvé
aide auprès des païens honnêtes. Aujourd'hui, la situation
st bien changée. La présence des Français à Saïgon, les
accroissements successifs et naturels de leur puissance en
Annam, ont blessé au cœur l'orgueil national, surtout parmi
la classe intelligente et lettrée. De là, des haines implacables, qui, ne pouvant s'assouvir sur nos compatriotes, sont
retombées de tout leur poids sur nos malheureux chrétiens.
Pour se venger de ceux qu'ils appellent les *français du
dans*, les lettrés annamites ont eu recours aux massacres
à l'extermination en masse des néophytes. Après s'être
ssayé en détail, en 1857, 1859 et 1873, ils ont procédé en
grand, en 1885, à l'occasion de la prise de Hué et de l'expé-
tion du Tong-King. Le vicariat de la Cochinchine orien-
le s'est vu à peu près anéanti : huit missionnaires français,
pt prêtres indigènes, 60 catéchistes, 270 religieuses et
.000 chrétiens ont été massacrés, en haine de la France ;
utes les chrétientés, sauf deux, ont été ruinées.

Dans la Cochinchine septentrionale, le désastre a été
esque aussi complet ; à l'exception des chrétientés avoisi-

nant la capitale, tout a été ravagé ; 10 prêtres indigènes et
12,000 chrétiens ont payé de leur tête les victoires des
Français. Il y a eu aussi de grands désastres au Tong-King
méridional et au Tong-King occidental. Dans ce dernier
vicariat, la mission naissante du Laos a été anéantie et six
de nos confrères mis à mort. D'autres ont été tués, en
essayant de sauver leurs chrétiens. En résumé, la malheureuse expédition du Tong-King nous a coûté jusqu'ici une
vingtaine de missionnaires, 30 prêtres annamites, près de
50,000 chrétiens et des pertes matérielles incalculables.

Et pour mettre le comble à nos malheurs, nos pauvres
chrétiens, pillés, ruinés, massacrés, uniquement en haine
de la France, ont trouvé trop souvent contre eux des défiances injustifiables. Non seulement on les a laissé écraser, sans même essayer de les secourir ; mais encore on a
accueilli avec empressement les calomnies des païens
contre eux ; on les a accusés d'être les causes de la guerre,
on leur a souvent interdit de se défendre. Des missionnaires, qui risquaient bravement leur vie pour protéger
leurs chrétientés et arrêter la révolte, se sont vus traiter,
dans des journaux français, de chefs de bandes et de
forbans.

Cependant, il semble que la vérité commence à se faire
jour. En ce moment, les chrétiens, rentrés chez eux, s'efforcent, avec le concours bienveillant de l'administration,
de relever les ruines de leurs villages. Au Tong-King, le
sang des martyrs a fait germer toute une moisson de catéchumènes, et c'est par milliers que l'on compte chaque
année les conversions. Espérons que ce mouvement de
réparation ne sera plus entravé par les fautes de la politique et que l'Église d'Annam, après trois siècles de persécution à peu près ininterrompue, va pouvoir enfin grandir
et se développer dans la paix.

Voici quelle est, en 1890, la situation des missions annamites :

Tong-King central : 1 vicaire apostolique, 11 missionnaires,
55 prêtres indigènes, 600 églises, 670 écoles, 166,310 catholiques.
Tong-King oriental : 1 vicaire apostolique, 7 missionnaires,
30 prêtres indigènes, 200 églises, 200 écoles, 38,363 catholiques.
Tong-King septentrional : 1 vicaire apostolique, 7 missionnaires,
23 prêtres indigènes, 135 églises, 20 écoles, 21,560 catholiques.
Tong-King occidental : 1 vicaire apostolique, 1 coadjuteur,
45 missionnaires, 98 prêtres indigènes, 355 églises, 504 écoles,
200,000 catholiques.
Tong-King méridional : 1 vicaire apostolique, 23 missionnaires,
63 prêtres indigènes, 280 églises, 40 écoles, 79,800 catholiques.
Cochinchine septentrionale : 1 vicaire apostolique, 20 missionnaires, 26 prêtres indigènes, 70 églises, 38 écoles, 22,200 catholiques.
Cochinchine orient le : 1 vicaire apostolique, 27 missionnaires,
15 prêtres indigènes, 70 églises, 16 écoles, 25,600 catholiques.
Cochinchine occidentale : 1 vicaire apostolique, 22 missionnaires,
42 prêtres indigènes, 180 églises, 120 écoles, 56,000 catholiques.
Cambodge et Laos : 1 vicaire apostolique, 26 missionnaires,
3 prêtres indigènes, 90 églises, 60 écoles, 18,433 catholiques.
Total en 1890 : 9 vicaires apostoliques, 1 coadjuteur, 218 missionnaires, 355 prêtres indigènes, 1,989 églises, 1.467 écoles,
628.3 0 catholiques.

La population totale des neuf missions étant 28,200,000, la
proportion des catholiques est $\frac{1}{45}$.

Chacune des missions d'Annam a ses séminaires pour la
formation d'un clergé indigène. 14 séminaires dans les neuf

missions. 937 élèves ecclésiastiques, Nombre total des élèves dans nos écoles de paroisses, 19,708.

Plusieurs Congrégations religieuses partagent en Annam les travaux des missionnaires.

1° A Saïgon, les Frères des écoles chrétiennes. Appelés en 1865 par l'amiral de la Grandière, ils ont travaillé pendant dix-huit ans dans la colonie, avec leurs succès ordinaires. Ils se sont retirés, en 1884, devant les tracasseries de l'administration, mais la mission de Cochinchine occidentale vient de les rappeler et de leur confier le collège Tabert (1890), 10 Frères, 200 élèves ;

2° Les Carmélites établies à Saïgon depuis 1861, 3 Sœurs françaises, 28 Sœurs et novices indigènes ;

3° Les Sœurs de Saint-Vincent de Paul de Chartres ; 11 maisons dans la Cochinchine occidentale, 1 à Hué, 1 à Tourane, 3 au Tong-King : hôpitaux militaires, hôpitaux indigènes, refuges, orphelinats, écoles paroissiales, pensionnat européen et métis, 90 Sœurs françaises, 70 Sœurs et novices indigènes ;

4° Au Cambodge, les Sœurs de la Providence, de Portieux, 3 maisons : hôpitaux indigènes, orphelinats, écoles de paroisse, 20 Sœurs françaises, 30 Sœurs et novices indigènes ;

5° Les Sœurs indigènes, dites Amantes de la croix, fondées en 1670 par Mgr de Bérythe. Elles ont environ 40 maisons, dans nos six missions, 2,000 religieuses : orphelinats. hôpitaux et écoles de paroisses ;

6° Les Frères et Sœurs indigènes du Tiers-Ordre de Saint-Dominique s'occupent des mêmes œuvres dans les trois missions confiées aux Dominicains.

Statistique comparée des missions d'Indo-Chine.

	En 1800	1850	1890.
I. Mission de Birmanie,	5.000	5.000	31.980 cath.
II. Mission de Siam,	2,300	7.200	18.200 cath.
III. Mission de Malaisie,	2.500 (Portug.)	3.500	12.582 cath.
IV. Mission d'Annam,	310.000	450.700	628.000 cath.
Total:	319.000	465.700	690.762 cath.

Le nombre total des catholiques de l'Indo-Chine a plus que doublé en 90 ans.

(A suivre).

DONS
Pour l'Œuvre de la Propagation de la Foi

ÉDITION FRANÇAISE.

Congrégation de la Bonne-Mort, Université saint Joseph, à Beyrouth ...   400
Pour les missions les plus nécessiteuses (Kiang-nan).
J. B de Lyon...   20
Mlle J-ussot, à Châteaugiron, diocèse de Rennes...   20
De la part de Mlle Philippine Delpit, à Toulouse...   40
M. Toucas dit Terrin, diocèse de Fréjus, avec demande de prières ...   5
Pour la léproserie la plus nécessiteuse (R. P. Testevuide).
Anonyme du diocèse de Strasbourg ...   30
Pour l'hôpital de la Sainte Famille à Bethléem.
Anonyme de Nantes...   5
Pour les missions d'Orient, (au même).
Anonyme de Lyon...   5
Au R. P. Gabillet, pour les affamés (Pondichéry).
Anonyme de Grenoble, avec demande de prières. ...   30

. A Mgr Riccaz, évêque de Nagpore, pour l'asile à ouvrir aux pauvres veuves païennes.
Au nom et en mémoire de Mme la douairière Sophie Nagel. maekers...   300
Anonyme de Lyon,. ...   10
Pour les catéchistes japonais.
Mme G. de la Bigne, à Versailles...   10
Quelques séminaristes de Luçon...   3 50
Au R. P. Testevuide, pour la léproserie de Gotemba (Japon).
Mme de Molandé, à Pau, diocèse de Bayonne...   10
Pour le R.P. Denjoy, pour l'adoption d'un lépreux à Ambahivoraka.
Mme de Molandé, à Pau, diocèse de Bayonne...   30
A Sœur Claver, pour la mission d'Onitcha.
Anonyme de Nantes...   5
A Mgr Crouzet (Abyssinie) pour les affamés.
Anonyme de Montpellier...   10
M. le chanoine Jourdes, à Marseille...   10
A Don Rua, pour les Salésiens de Don Bosco (Patagonie).
Anonyme de Montpellier...   10
A la mission des Iles Fidji.
Anonyme de Mirande, diocèse d'Auch...   800
(La suite des dons prochainement).

ÉDITION ALLEMANDE
(2e trimestre 1891).

Pour l'œuvre		43 32
« l'éducation d'un garçon pour les missions (Mgr Midon)		493 50
« les missions d'Asie (Kiang-nan)		370 15
« id. du Japon (Mgr Cousin)		41 73
« les orphelins de Chine (Kiang-nan)		25 67
« les affamés du Chen-si (Mgr Pagnucci)		14 80
« les inondés de la Chine (Mgr Azarian)		60 66
« les missions du Tong-King (Mgr Onate)		8 64
« les Sœurs de Ning-Po		25 45
« les missions du Pé-tché-ly septentrional		2 47
« id. des Indes (Pondichéry)		22 72
« id. du R. P. Weishaupt (Bombay)		12 34
« id. du Bengale central		3 70
« id. de Trichinopoly		3 70
« id. de Kottayam (Indes Orientales)		26 68
« id. du Kilima-Ndjaro (Zanguebar)		14 81
« l'état libre d'Orange		247 37
« id. de Tahiti		13 57
« les lépreux de Molokaï		12 34
« les missions d'Australie (Mgr Couppé)		392 07
« le rachat d'enfants païens (Mgr Navarre)		608 38
« id. avec noms : Guillaume, Marie (Mgr Livinhac).		57 12
« id. avec noms : Emma, 2 Joseph, Christine, 3 Marie, Henri, Antoine, Gilbert et Jean-Joseph (Mgr Livinhac).		310 90
« id. avec noms : Georges, Marie (Mgr Livinhac).		49 35
« id. avec noms : Françoise, Mathias, Thérèse (Mgr Livinhac).		37 01
« id. avec noms : Mathias, Thérèse (Mgr Courmont).		
« id. avec nom : Joseph (Mgr de Courmont).		30 85
« id. avec noms : Marie, Joseph, Anne (Mgr de Courmont).		101 18
« id. avec noms : Gérard, Antoine (Mgr de Courmont).		50 59
TOTAL		3.298 15

TH. MOREL, *Directeur-gérant.*

Lyon. — Imprimerie MOUGIN-RUSAND, rue Stella, 3.

BAS-ZAMBÈZE (*Afrique australe*).— ENVIRONS DE NYAMPANDU, CONTINUATION DES MONTS NYAUTÉREZE, LIEU DE RETRAITE DES BADÉMAS; d'après un dessin du R. P. COURTOIS, de la Compagnie de Jésus, missionnaire au Zambèze. (Voir page 305).

CORRESPONDANCE

JAPON SEPTENTRIONAL

On nous communique cette nouvelle relation sur l'importance des catéchistes au Japon. Elle complète et prouve ce que nous avons déjà publié sur le même sujet et ne peut qu'appeler de nouveaux témoignages de sympathie de la part de nos lecteurs.

LETTRE DE M. TULPIN, DES MISSIONS ÉTRANGÈRES DE PARIS.

Nagoya, 24 avril 1891.

Vous avez bien voulu appeler l'attention sur l'importance du rôle des catéchistes indigènes, et cependant vous n'en connaissez pas toute l'étendue. Je voudrais que vous eussiez pu voir ce dont j'ai été témoin dans mon dernier voyage à travers les deux provinces de Mikawa et de Mino : dix-huit villages et plusieurs villes se soulevant pour demander « des instructeurs » de notre sainte religion, venant en foule ou par délégations me supplier

N° 1151. — 26 JUIN 1891.

de leur envoyer quelqu'un ! Et, personne à leur donner ! Personne à leur promettre ! Mon Dieu ! Quelles douloureuses journées que ces journées-là.

J'ai à évangéliser quatre provinces très considérables, dont le chef-lieu, Nagoya, compte plus de deux cent vingt mille âmes. Et pour tout ce vaste district je ne suis aidé que par deux catéchistes ! Encore puis-je à peine les payer ! Ce n'est pas deux catéchistes, mais dix, vingt et même cent, qu'il faudrait. Nos quatre provinces comptent, en effet, deux millions et demi d'habitants. Pour tous ces ouvriers il y aurait de la besogne, et de la besogne immédiate, car « la moisson est mûre ». Au lieu de deux cents baptêmes que j'aurai cette année, c'est deux mille chrétiens nouveaux, et cinq mille peut-être, qui viendraient augmenter le troupeau de Notre-Seigneur Jésus-Christ, et réjouir l'Église de Dieu.

En outre, il ne faut pas l'oublier, le Japon sera le « missionnaire » bon ou mauvais de tout l'Extrême-Orient. Déjà, grâce à l'or des protestants, il envoie chaque année de nombreux ministres d'origine purement japonaise aux îles Hawaï et ailleurs; ses bonzes ne craignent pas de se présenter jusque dans nos cités européennes ou américaines. A Paris même, n'ont-ils pas donné le ridicule spectacle de leurs cérémonies bouddhiques?

Il semble certain que la conversion du Japon doive influer d'une manière décisive sur celle de tous les peuples voisins. Nous n'avons pas de temps à perdre. L'hérésie et le schisme sont à l'œuvre ; à voir les moyens dont ils disposent et l'entrain qu'ils déploient, ils ne sont pas près de nous laisser le champ libre. Dans mon seul district, je compte plus de trente ministres américains ou anglais, secondés par un nombre plus que triple de catéchistes indigènes et par beaucoup d'écoles. Il y a aussi de vingt à vingt-cinq prêtres et catéchistes russes. Et tout ce monde travaille. Néanmoins, nous ne leur cédons en rien, pas même par le nombre des fidèles. Mais je crains pour l'avenir.

* *

J'ai tâché de trouver quelques ressources ; mais personne ne m'a répondu. Alors, mon jeune vicaire et moi nous avons pris la résolution de nous priver de tout, même de certaines choses nécessaires à la vie ; le pain que nous mangeons, les chiens n'en voudraient certainement pas. Malgré cela nous n'arrivons pas à joindre les deux bouts.

Je ne sais absolument plus que faire. Parfois, je sens le découragement me monter au cœur. Je ne puis rien demander à mon évêque, il n'a rien. L'an dernier, il était très pauvre. Cette année, il est dans la misère. L'état des recettes et des dépenses courantes de la mission lui impose le dur sacrifice de réduire les allocations ordinaires de nos différents postes, alors que les besoins croissants de chaque jour les rendraient déjà trop restreintes. S'il fallait que notre sang, comme il serait vite versé et de bon cœur ! Mais s'entendre appeler de tout côté, constater que partout on reconnaît que nous avons la vérité, et faute de quelques piastres, en être réduits à ne rien pouvoir, quel martyre !

J'avais quelques économies, je les ai employées, et aujourd'hui il ne me reste pas un centime. Souvent je forme les plus beaux projets : J'écrirai ici, j'écrirai là ; et de bonnes âmes, des âmes vraiment apostoliques viendront certainement à mon secours. Voilà ce que je rêve.

Mais, quand je vois combien nos pieuses familles françaises sont surchargées d'aumônes et d'œuvres, quand je vois que la France supporte presque seule l'évangélisation du monde entier, je n'ose plus rien, et je reste abandonné à mes propres forces, et quelles forces ! Je ne connais pas de supplice semblable à celui-là. Et cependant, il faut faire bonne figure et avoir l'air de quelque chose en face de notre peuple. C'est pourquoi le bon Père de Rotz appelle les missionnaires du Japon : de *nobles gueux*. A l'extérieur, ils ont encore

quelque apparence ; mais en réalité ils sont dans la misère. Les Japonais, vous le savez, n'admettent d'à peu près ni dans la tenue, ni dans la politesse, ni dans la manière de vivre. On n'a de considération auprès d'eux que par la place qu'on tient dans le monde. Civilisation *sui generis* que la leur, mais très raffinée. Êtes-vous missionnaire, il vous faut tenir un certain rang et avoir une maison en conséquence. Sans cela, vous vous heurterez au mépris même des petits, et vos efforts seront inutiles.

* *

Que n'avons-nous des trésors? comme ce pays serait vite chrétien et chrétien agissant auprès des nations voisines! Il y a chez le Japonais exubérance de vie. Il éprouve un irrésistible besoin de communiquer ses idées et ses sentiments. Il aime le dévouement et meurt volontiers pour une bonne cause. Jetez un regard sur son passé, sur cette sanglante persécution du XVIIᵉ siècle, l'une des plus terribles qui aient affligé la chrétienté ! L'Église du Japon s'est inclinée devant l'orage, mais elle n'a jamais été déracinée, elle s'est conservée inébranlable sans prêtres, sans instruction, sans aucun secours pendant plus de deux cent cinquante ans. Oui, le Japon sera missionnaire pour la bonne ou la mauvaise cause ; mais il le sera. A nous de faire qu'il prenne le bon chemin. Il n'est point trop tard encore.

Si j'en avais le moyen et les forces, malgré mes répugnances je n'hésiterais pas à me faire mendiant auprès de nos catholiques d'Europe. Il y a dix-sept ou dix-huit siècles, c'est nous qui recevions ; à nous aujourd'hui de donner. Donnons à nos frères ; donnons tous, qui son argent, qui ses travaux, qui sa vie, qui son sang. Mais donnons ! Je connais une pauvre servante de Paris, qui, depuis treize ans, aidée d'une de ses compagnes, entretient dans nos missions un catéchiste à raison de 8 yens par mois (environ 40 fr.). Savez-vous ce que ce catéchiste ainsi entretenu par ces pauvres filles a fait faire de baptêmes? Plus de *neuf cents*. Sans elles, ces *neuf cents* baptêmes n'eussent pas été administrés. Une telle couronne n'est-elle pas faite pour tenter des personnes plus fortunées?

DÉPARTS DE MISSIONNAIRES

—

Sont partis le 8 juin 1891 du port de Hambourg pour la préfecture apostolique du Cameroun (Afrique occidentale) : les RR. PP. Pierre Breintner, du diocèse de Munich, Albert Eckmann, de Fribourg (Bade), les FF. Joseph Fischli, du diocèse de Coire (Suisse), Joseph Lindner et Pierre Stang, de Ratisbonne ; Eugène Weiss, d'Augsbourg, et Joseph Esterbauer, de Munich, tous de la pieuse Société des Missions de Rome, dite des Pères Pallotins.

— Huit missionnaires destinés aux vicariats apostoliques du Victoria-Nyanza et de l'Ounyanyembé sont partis dernièrement pour Zanzibar :

Le 12 mai, les RR. PP. Hauttecœur, du diocèse d'Arras, et Roche, du diocèse de Mende.

Le 12 juin, les RR. PP. Lévesque, du diocèse de Rodez ; Houssin, du diocèse de Rennes ; Moullec, du diocèse de Saint-Brieuc ; Bréas, du diocèse de Lyon ; Gosseau, du diocèse de Cambrai, et Toulze, du diocèse de Rodez.

Vers la fin de ce mois, ou dans les premiers jours de juillet, partiront les missionnaires destinés au Tanganika et au Haut-Congo.

INFORMATIONS DIVERSES

France.— Le sacre de Mgr Pascal, oblat de Marie Immaculée, évêque nommé de Mosinopolis et vicaire apostolique de la Saskatchewan (Canada), aura lieu, le 28 juin, dans la cathédrale de Viviers.

Pondichéry (*Hindoustan*). — Le P. Arokianader, prêtre indigène de l'archidiocèse de Pondichéry, écrit de Nangatour, le 22 mars 1891, à Mgr Laouënan, actuellement en France :

« J'ai déjà eu l'honneur d'adresser à Votre Grandeur plusieurs lettres sur l'entretenir de la profonde misère dans laquelle mes chrétiens sont plongés. Mon district est un des plus éprouvés. Du côté de Callérie, Tetou, Varikal, Cossey, etc., etc., il n'a presque pas plu. Les semences qu'on avait jetées en terre, après avoir germé et fait espérer une récolte, ont péri, faute de pluies ultérieures.

« — Oh ! si la mort venait vite, me disent mes chrétiens, ce « serait une consolation... »

« Nous-mêmes nous offrons au bon Dieu nos souffrances ; mais c'est pour nous un tourment de voir nos enfants en proie à la faim et pleurer en nous demandant du riz.

« En réponse à une de mes lettres, vous m'aviez fait espérer quelques secours. Je n'ai rien vu venir. Maintenant que vous êtes en France au pays de la charité, j'espère que bien des âmes émues au récit des épreuves de votre mission, remettront dans vos mains, avec l'or de leur cœur, l'aumône qui redonnera vie à nos chrétiens.

« Oh ! la faim ! quel tourment ! Quand je donne quelques oboles à une mère, tous ses petits enfants se serrent autour d'elle et l'entraînent jusqu'au bazar. L'espérance de manger leur fait presque oublier qu'ils ont faim, tant ils sont contents ! et la pauvre mère comme elle doit bénir Dieu et prier pour ceux qui lui font oublier pour un moment sa tristesse la plus amère.

« Ma douleur à moi, c'est de ne pas pouvoir donner autant qu'il serait nécessaire pour consoler les âmes malheureuses.

« Le bon Dieu vient d'envoyer une autre épreuve. Les chrétiens de Velléripat m'écrivent que leurs maisons ont été brûlées et implorent des secours pour les rebâtir. Presque aussi pauvre qu'eux, quel secours puis-je leur envoyer ? Je jette ce fardeau sur les épaules de Votre Grandeur.

« Voici la traduction de leur lettre :

Supplique écrite par les chrétiens pauvres de Velléripat au 'P. Arokianader, riche comme un roi au royaume de Dieu.

« Prosternés à deux genoux et unissant les deux mains, le « front dans la poussière, nous baisons, ô Père, vos pieds sem- « blables aux nénuphars d'or et nous vous prions de lire les « lignes suivantes :

« Il y a six ans, vous le savez, nos maisons furent brûlées. « Nous les avons rebâties avec beaucoup de peines et de souf- « frances. Le mois dernier, à cause de la négligence d'une vieille « femme, elles ont été de nouveau toutes brûlées. Sauver les « enfants qui dormaient dans les maisons sans les laisser de- « venir la proie des flammes fut pour nous une grande fatigue. « Grâces à Dieu il n'y eut point de victimes.

« Vous savez qu'il n'a pas plu assez cette année. Le peu que « nous avions récolté en arrosant nos terres a été brûlé.

« Nous restons maintenant privés de nourriture et sans om- « bre comme les oiseaux du ciel.

« Vous, notre père, plein de bonté et d'amour de Dieu et du « prochain, nous vous supplions d'avoir pitié de nous, pauvres « chrétiens, prosternés à vos pieds, et de venir à notre aide pour « relever nos maisons.

« Père, plein de bonté, nous vous saluons tous en disant : « Gloire à Dieu !... »

Vizagapatam (*Hindoustan*). — Une des régions de ce diocèse évangélisées avec le plus de peines, et, grâce à Dieu, avec le plus de succès définitifs, est le pays accidenté des Kondes, notamment le district de Ganjam, arrosé des dernières sueurs de Mgr Tissot et théâtre de sa sainte mort.

Le P. Descombes a récemment tenté une excursion apostolique dans une province septentrionale de ce district, qu'il avait visitée il y a cinq ans, celle de Goomsour. Aux premiers jours de novembre dernier, ce missionnaire quitta Suradah pour ouvrir une nouvelle mission, et il commença par sa localité centrale, Guduli, où il arriva après avoir traversé d'immenses plaines riches d'une belle moisson de riz.

« Je fis halte, écrit-il, dans un pied à terre construit sur le bord de la route pour les officiers du gouvernement, et, avec la permission du gardien, je m'y installai avec mon serviteur.

« Après midi, nous allons visiter les villages sur lesquels je fondais quelques espérances. Cinq ans auparavant, après les avoir parcourus, j'y avais envoyé deux catéchistes qui avaient rencontré parmi les futurs néophytes une grande docilité.

« Je trouvai dans ces deux premiers villages dix-huit familles résolues à embrasser notre religion. Hommes, femmes et enfants firent cercle autour de moi. Ils me montèrent que les terres environnantes leur appartenaient jadis, mais qu'ils avaient dû les vendre pendant une famine. Ils m'accompagnèrent dans la direction du *chatram*, où je devais passer la nuit, me donnèrent quelques provisions et me dirent :

« — Revenez demain : nous irons dans un troisième village de « cinq familles qui sont des nôtres. Vous verrez qu'elles se « feront chrétiennes aussi. »

« Juge avec quelles actions de grâces je récital mon bréviaire ; puis, après réfection, je dis la prière et le chapelet avec mon serviteur et mes catéchistes. L'un d'eux fut près de la fièvre pendant la nuit. Je le réchauffai de mon mieux.

« Au point du jour, nous improvisons un autel, et j'offris le saint sacrifice là où jamais encore n'avait coulé le sang du divin Agneau. Nos Indiens de la veille nous attendaient. Selon leur promesse, ils m'accompagnèrent au troisième village, à travers des champs plantureux.

« Des hommes viennent au devant de nous, nous saluent avec une sympathie marquée et me font asseoir sur le lit qu'ils m'apportent au milieu du hameau. Une couronne d'enfants m'entourent, les femmes nous regardent, au seuil de leurs maisons, avec un mélange de respect et de curiosité.

« D'un commun accord, nous décidons que j'enverrai à ces villages un maître d'école qui instruira les enfants et leur apprendra les premiers éléments de la doctrine chrétienne.

« Deux jours après, un catéchiste arrivait chez ces braves gens. Son école compte trente et un garçons et dix-neuf petites filles. Leurs parents consacrent leurs moments libres à étudier les prières ; leurs progrès sont moins rapides. Ils me supplient de retourner les voir et de leur bâtir une église.

« Que n'ai-je 100 fr. pour élever là une modeste chapelle qui deviendrait le centre de cette chrétienté naissante ! En attendant cette somme à la charité des fidèles d'Europe, c'est à l'ombre d'un arbre ou devant une maison que, à ma prochaine visite, j'espère administrer le baptême aux néophytes suffisamment préparés.

« Pendant le mois de novembre, j'ai parcouru plusieurs autres villages des montagnes des Ghats. L'un d'eux compte quatorze familles et m'a très bien accueilli. J'espère qu'il se convertira à mon prochain voyage. J'ai la même confiance pour Méricott.

« A mon retour à Souradah, j'eus la consolation de voir la fête de Noël célébrée avec une pompe exceptionnelle. Cent cinq chrétiens vinrent à la Table sainte. Dispersés dans les montagnes, ils se font un devoir de se réunir pour ce beau jour.

« Même concours à Pantholinghy, où le P. Voisin officiait. Dans les cinq autres chapelles des montagnes, nos chrétiens, hélas! durent se passer de la présence des prêtres. Nous sommes si peu nombreux ! Mais ils y suppléèrent de leur mieux en sanctifiant ensemble la naissance du divin Sauveur. »

Tong-King occidental. — La lettre suivante, écrite par un soldat de l'infanterie de marine, nous arrive par le dernier courrier du Tong-King :

« Hanoï, 29 mars 1891.

« Aujourd'hui on a célébré la fête de Pâques. Etant libre de tout service, ce qui est très rare ici, j'ai été à la messe. L'église était pleine d'indigènes. Ce n'est plus le bruit de nos églises de France, l'inattention du service divin et le besoin de considérer les toilettes. Non! c'est un recueillement profond, on sent comme un besoin de prier, et il faudrait être bien endurci pour y résister. Malheureusement le sermon a été fait dans la langue indigène, je ne pourrai donc pas vous dire sur quoi il a roulé. A voir le silence religieux observé pendant que le prêtre, un vénérable missionnaire, parlait, on devinait qu'il traitait un sujet très grave. A la fin de la messe a eu lieu la Communion; près des trois quarts de ceux qui étaient à la messe y ont pris part. Avant la communion, un enfant de chœur a fait la quête: malgré leur pauvreté les fidèles avaient tenu à honneur de donner chacun leur obole.

« Lorsque la messe a été finie, nous avons visité l'église. L'intérieur est blanchi à la chaux; sur ce fond, les murs sont recouverts de peintures simples, mais produisant un puissant effet. De chaque côté on a bâti des chapelles ; elles sont toutes mignonnes et les sculptures en bois, qui en forment les ornements, sont très délicates. Tout est en bois de fer ; ce bois, qui ressemble au noyer, a le grain très fin et la dureté du chêne. La chaire sculptée est un vrai morceau d'art ; les moulures sont d'un travail parfait : les indigènes excellent dans ces travaux, et bon nombre de nos ébénistes ne feraient pas mal de venir faire leur apprentissage ici. Il y a six niches du même travail que la chaire et préparées pour recevoir des saints que l'on fait venir de France. En un mot, l'église, sans être grandiose comme nos églises de France, est bien proportionnée, d'un goût parfait et bien aérée. Dans quelques années, elle sera trop petite. Je désire faire connaissance avec M. le Curé d'Hanoï..., ici où est si seul ! »

Équateur. — Au sujet de la catholique république de l'Équateur, on écrit au *Journal des Débats* :

« Dans son dernier message, le président Florés, neveu de Garcia Moreno, après avoir rendu grâces au Dieu tout-puissant, se félicite des bonnes relations que son gouvernement entretient avec le Saint-Père et des témoignages de bienveillance qui lui ont été prodigués par la cour de Rome. « Notre pays, dit-il, « a de bien puissants motifs de gratitude envers le grand Pon- « tife Léon XIII, qui ne cesse de nous combler de ses faveurs. » Et il termine son message en protestant du respect de la république pour « la loi suprême que représente sur la terre le « vicaire de Jésus-Christ. »

« La république de l'Equateur ne se borne pas à témoigner son dévouement au Pape par de belles phrases. Elle y ajoute une allocation annuelle de un million. Cette largesse n'empêche pas la république de prospérer. Tous les ans, les recettes de l'État s'accroissent ; des routes ou des chemins de fer mettent les villes du littoral en communication avec l'intérieur. De plus les Équatoriens sont le peuple de la terre le moins chargé d'impôts. Le contingent des contributions directes et indirectes ne dépasse pas 20 fr. par tête, tandis que dans les états voisins il atteint 80 fr... »

UNE EXCURSION

AUX

PLAINES DE CHICOVA

Par le R. P. COURTOIS

de la Compagnie de Jésus, missionnaire au Zambèze.

(Suite 1)

De Musangué à Chicova, la chaine des montagnes qui s'élève sur la rive droite du Zambèze, prend le nom général de *Nyautereze* (lieu en pente, où l'on choit aisément). Elles sont habitées par des noirs de la tribu des Chidima et Badema qui paraissent être deux peuples d'origine différente.

Ces montagnards vivent perchés sur ces pentes rustiques, n'ayant pour la plupart d'autres demeures que le creux des rochers et d'autres vêtements que la peau des animaux pris au piège ou tirés à la chasse. Ils communiquent fort peu avec les habitants de la plaine. Parmi eux se sont mêlés les anciens colons ou esclaves du roitelet Zuda, chef des Bamyai, tué dans les guerres de 1884; n'ont plus de terres et de foyers depuis que les Portugais les ont vaincus.

.˙.

Les Badémas, dit l'auteur déjà cité, cultivent de petites quantités de maïs, de tabac, de coton, dans tous les plis qu'il est possible d'utiliser, et font venir du *mapira*, c'est-à-dire du sorgho, sur les flancs escarpés de leurs montagnes. La rivière leur fournit du poisson qu'ils prennent dans des filets. Ils chassent le zèbre, l'antilope et d'autres animaux, en les rabattant dans les ravins, dont ils ont fermé l'issue au moyen de filets très forts, confectionnés avec l'écorce du baobab.

Le peu de sécurité des Badémas se révèle par l'habitude où ils sont de cacher leurs vivres dans la montagne, et de n'en conserver chez eux qu'une faible quantité.

Il y a dans le pays un arbre dont l'écorce, très amère, est antipathique aux souris et aux singes. Les Badémas enlèvent cette écorce, la retournent, en font des sacs où ils mettent leur grain et les déposent dans les cavernes et les crevasses de leurs pentes boisées. Par ce moyen, si leurs demeures sont pillées, ils ont encore de quoi vivre...

.˙.

Le reste de la journée du 8 mai se passe en préparatifs de voyage. Nous sommes obligés désormais d'aller par voie de terre. Heureusement, M. Curado a tout prévu. Les porteurs sont déjà prêts. Le soir, ils se présentent, et on assigne à chacun la besogne qu'il aura à faire. Les plus valides et les mieux constitués sont choisis pour porteurs de litière ; douze hommes pour chaque voyageur. Ceux qui restent feront le métier de portefaix. M. Curado monte un gentil bourriquot qui a le pied sûr et ne bronche jamais.

Le vendredi, 9 mai, nous nous mettons en route pour Chicova. C'est un défilé imposant : nos litières, les cipayes

(1) Voir les *Missions catholiques* du 12 juin.

armés, les porteurs de bagages, tout ce monde qui se démène, qui court, qui trotte en poussant des cris et des hourras joyeux! Enfin maître Aliboron ferme majestueusement la marche!

\. \.

La route de Musanangué, le jour de notre passage, était en bon état, entièrement débarrassée des pailles et des épines que l'on rencontre partout ailleurs. Quelques jours auparavant, le nouveau gouverneur de Zumbo, le lieutenant Louis Ignace, avait fait passer par cet endroit deux grandes chaloupes, portées par plus de deux cents noirs qui avaient dû se frayer un chemin large et dégagé. Le trajet dura une huitaine de jours, et les deux barques furent déposées dans les eaux du Zambèze un peu au-dessus des cataractes, à Chicova même.

\. \.

Sachant que l'entreprise avait réussi, nous voulûmes nous assurer par nous-mêmes s'il serait possible de faire suivre la même route au *Maravi* dans son transport à Zumbo. Cette idée n'est point réalisable par la voie de Musanangué, vu que la chaudière, dont le poids est de dix-huit cents kilos, doit être transportée tout d'une pièce. La rivière Musanangué, qui est à sec une grande partie de l'année, et dont les crues sont passagères comme les pluies torrentielles qui l'occasionnent, est encaissée dans une chaîne de montagnes de plus de trois à quatre cents mètres d'élévation, avec un cours sinueux, qu'il faut monter et descendre au moins cinq ou six fois, ou un lit sablonneux qu'il faut suivre durant plusieurs heures, avant d'arriver au village *Chisua*, où commence la plaine. Sur tout ce parcours de plus de six lieues, ce n'est qu'un désert: pas d'habitations, souvent pas d'eau et une série de montées et de descentes qui présentent de nombreux obstacles au passage des pièces de montage du *Maravi*.

.*.

Le simple voyage en litière avec toutes ces montées et descentes est fort incommode. Nous faisons une halte au lieu appelé Miwawa, où l'on rencontre un bosquet de grands arbres et une source d'eau fraîche dans le lit de la rivière.

Quelques noirs de la caravane racontent que les lions de la contrée grimpent à la cime de ces grands arbres pour attendre les passagers, et que, par cette ruse, ils réussissent à s'emparer de leur proie. Nous nous contentons de rire de l'histoire de ces naïfs noirauds et nous continuons notre route après avoir renouvelé notre provision d'eau.

Nous arrivons vers les deux heures et demie au village de Chisua, qui s'élève dans un site charmant, aux pieds du contrefort de la cordillère Nyautereze ou *Nyabonga*, et distant de Musanangué de trente kilomètres environ. Le capitaine de l'endroit vient nous offrir ses hommages, et nous fait un petit présent, à savoir, un coq, des concombres et un panier de farine de sorgho blanche comme neige. (Voir la gravure, p. 306).

Nos porteurs, déjà exercés par six bonnes heures de marche, prennent un repos mérité. Les plus alertes se mettent à faire la bouillie habituelle et nous-mêmes, nous ne dédaignons pas de faire honneur à un plat de cette sorte,

assaisonné d'un ragoût pimenté. Nous partons sans retard, et nous allons passer la nuit au village de *Nyampandu*, où le capitaine Burura nous reçoit avec toutes sortes de politesses. (Voir la gravure, p. 304).

Il met à notre disposition une grande case qui est au milieu du village, et nous nous y installons de notre mieux.

Nous avions marché, durant cette seconde étape, près de quatorze kilomètres et tout le monde était harassé de fatigue. Le commandant du *Maravi*, en particulier, avait un commencement de fièvre et un grand malaise d'estomac.

\. \.

Un mot sur l'origine du mot *Nyampandu* (le *traître*). Dans les voyages, j'aime à me rendre compte du nom des villages, des rivières, des montagnes, des individus, surtout en connaître la signification. Ce mot m'intrigua tout d'abord, et il devait nécessairement rappeler un souvenir des temps passés.

Voici ce qui me fut raconté:

Au commencement de ce siècle, les descendants des anciens rois du Monomotapa régnaient encore sur les terres de la rive droite du Zambèze, à partir de la ville de Tété jusqu'aux plaines de Chicova. Parmi les principaux représentants de cette illustre famille, on comptait les chefs *Dégué, Boroma, Zuda, Nyampandu* et deux ou trois autres dont le nom m'échappe. Dégué, Boroma, Zuda ont laissé leurs noms aux terres situées en amont de Tété, au bord du fleuve. Nyampandu avait sa résidence au lieu même que je viens de décrire.

Sur ses conseils et instances, les divers membres de cette famille impériale firent le contrat bizarre de mettre à mort tous les enfants mâles qui naîtraient de leurs mariages. C'était dans le but de réunir l'autorité, après leur mort, sur celui de ses frères qui survivrait aux autres. Nyampandu, le rusé compère, avait soin de garder ses enfants et de les envoyer à la montagne où ils étaient élevés en secret, tandis que Dégué, Boroma et les autres les faisaient impitoyablement mourir. Mais, un beau jour, la fourberie fut reconnue et lui coûta la vie, et de là lui vint le nom de Nyampandu, le *traître*.

\. \.

Nous passons la journée du samedi, 10 mai, au village de Nyampandu. Notre brave commandant et ami, M. Léotte, se trouvait gravement indisposé. Il était en proie à un violent accès de fièvre. Une misère que d'être malade en route, au milieu des bois, parmi les nègres, loin de tout secours des médecins. Nous prodiguâmes au cher malade tous les soins de la plus cordiale charité en utilisant de notre mieux les quelques médicaments que nous avions sous la main.

Le malade me disait:

« Père, je sais bien pourquoi la fièvre est venu me visiter et pourquoi aussi j'ai couru tant de périls avec le *Maravi* dans les gorges du Karoa-Basa. C'est que j'ai oublié dans ma malle à Tété un souvenir religieux que m'a donné ma mère à mon départ de Portugal et qui ne me quitte jamais. Tant que je l'ai eu avec moi, j'ai toujours été heureux. »

Cet objet de si grand prix était un tissu en soie blanche, richement encadré, représentant la sainte Vierge avec son divin Fils dans les bras au pied de la Croix. Ces souvenirs et ces sentiments religieux faisaient honneur au jeune commandant du *Maravi*.

Le dimanche 11 mai, notre compagnon avait repris de nouvelles forces et nous pûmes continuer la route. Toutefois j'éprouvai une peine bien grande de ne pouvoir offrir le saint sacrifice de la messe. Je dus me contenter de m'unir d'intention aux messes qui se célébraient en ce jour dans les différentes églises chrétiennes. Rien de plus triste qu'un pays où l'on ne rencontre aucune église, où l'on ne voit pas d'autel, où l'on n'entend pas le son des cloches, et où il n'y a pas de religion, de culte et de prière publique... C'est le pays sauvage, infidèle, le séjour des ténèbres et de la mort ! Daigne le bon Maître envoyer beaucoup d'ouvriers aux pauvres Cafres du Zambèze, qui naissent, vivent et meurent dans l'ignorance la plus complète de Dieu et de leurs destinées éternelles ...

* * *

Partis à neuf heures et demie, nous arrivons vers les deux heures de l'après-midi au village de Nyakapiriri. Au sortir de Chisua, le chemin s'étend à travers une magnifique

BAS-ZAMBÈZE (*Afrique australe*). — VILLAGE DE CHISUA ET PREMIÈRE VUE DES MONTS NYAUTÈREZE, LIEU DE RETRAITE DES BADEMAS, RIVIÈRE DE MUSANANGUÉ ; d'après un dessin du R. P. COURTOIS, de la Compagnie de Jésus, missionnaire au Zambèze (Voir page 306).

plaine boisée, coupée de distance en distance par de petits cours d'eau desséchés et de peu de profondeur.

Nous nous installons dans une jolie case appartenant au capitaine môr de Chicova, Ignace de Jésus Xavier. Durant la nuit, on entend à peu de distance le rugissement des lions. Les bois en sont infestés et il est dangereux de s'aventurer seul au milieu de ces immenses solitudes.

Un petit noir de la bande, appelé Philippe, domestique de M. Curado, a disparu depuis notre halte auprès des grands arbres de la source de Miwawa. On a envoyé des noirs à sa recherche. On le demande partout. Pas de nouvelles ! Aura-t-il été dévoré par un lion ?

Nyakapiriri est un petit village qui tire son nom d'une rivière de même dénomination, laquelle va se jeter au Zambèze un peu en amont des rapides près de Chicova. Le lieu où elle communique avec le Zambèze se nomme en langue cafre *Tata chatana* (le *Père t'appelle*). Musananguè commence au pied de la montagne Zunga, et va se confondre avec le Zambèze, en aval des rapides, près de la montagne Mpando-Mukua. Non loin de là, sort une autre rivière appelée Kazunguzé, mais qui appartient au versant de la Luya : après avoir parcouru les terres de Mazoé, elle devient affluent de la Ruenya, et celle-ci aboutit au Zambèze non loin de Massangano (voir la gravure p. 307).

(*A suivre*).

EN NOUVELLE GUINÉE

Par Mgr André NAVARRE

des Missionnaires du Sacré-Cœur d'Issoudun, archevêque de Cyr et vicaire apostolique de la Nouvelle-Guinée.

(Suite 1).

___

Nos peuples sont portés à se détruire les uns les autres; dans chaque tribu il y a toujours des villages en guerre. Il faut dire que leurs constitutions, leurs traditions, pour la plupart, sont de nature à entretenir ces luttes.

Voici une de ces traditions, qu'ils se transmettent oralement puisqu'ils n'ont pas d'écriture.

Il y a beaucoup de lunes, Oa-Bové, qu'ils considèrent comme dieu, fit une révélation à leurs pères. Cet Oa-Bové, selon les uns habite le sommet des plus hautes montagnes, quelques autres le font vivre dans les parties les plus élevées du ciel. Il admet dans son intimité les hommes qui ont été bons sur la terre ; tandis que ses ennemis, les méchants, travaillent nuit et jour à transporter des pierres d'un endroit dans un autre. On aperçoit dans ces traits une idée du vrai Dieu, d'une rémunération pour les bons, et d'un châtiment pour les impies, en un mot l'idée du Paradis et de l'Enfer.

BAS-ZAMBÈZE (*Afrique australe*). — VILLAGE ET RIVIÈRE DE NYAKAPIRIRI ; d'après un dessin du R. P. COURTOIS, de la Compagnie de Jésus, missionnaire au Zambèze (Voir page 306).

Oa-Bové avait, un jour, averti leurs pères qu'il enverrait sur la terre quelqu'un du ciel, non un esprit, mais un homme avec un corps. S'ils l'accueillaient avec faveur, tout irait bien pour eux, leurs plantations produiraient presque sans travail, ils seraient toujours heureux dans leurs pêches et leurs chasses, ils auraient moins de maladies et ils vivraient en paix les uns avec les autres, ce qui ferait leur bonheur. Au contraire, s'ils ne recevaient pas l'envoyé du ciel, ils souffriraient toutes sortes de maux et seraient constamment en guerre. Leurs pères, n'ont pas voulu recevoir l'envoyé ; ils l'ont, selon leur expression, laissé tomber à

(1) Voir les *Missions Catholiques* du 19 juin 1891.

terre ; depuis, hélas ! ils ont des maux innombrables et tout doit se décider par les armes. Il y a là une idée confuse de l'incarnation de notre divin Rédempteur : « Il est venu parmi les siens, et les siens ne l'ont pas reçu; » il y a aussi l'idée de l'obligation du travail pour vivre : « Tu mangeras ton « pain à la sueur de ton front. » Et cette obligation vient du péché de leurs pères, idée du péché originel.

___

Tout se décidera par les armes, a dit Oa-Bové, et il leur envoya du ciel la lance, l'arc, les flèches, le bouclier, le pohamé. Cette arme est une sorte de grand sabre *de bois de fer*, de cinq pieds. Dans quelques contrées de la Nouvelle-

Guinée, les indigènes se servent de la fronde et d'une arme qui consiste en un cercle au bout d'un long manche à la pointe très effilée. En poursuivant leur ennemi, s'ils peuvent passer le cercle dans son cou, ils poussent alors l'instrument qui traverse la gorge du malheureux, de l'arrière à l'avant.

. .

Ils n'ont pas de code pénal, ni de conseils qui puissent ressembler à nos tribunaux et à nos cours de justice. Ils ne manquent pas cependant d'hommes sages, de vieillards, qui pourraient juger les causes et forcer les coupables à récipiscence, en un mot punir les coupables dans la proportion de leurs crimes et éviter aux innocents les éventualités de guerres où le coupable peut être vainqueur et l'innocent frappé. Toutefois il faut dire que nos sauvages de la Nouvelle-Guinée, en cette manière d'agir, ne diffèrent pas considérablement de nos duellistes et des partisans de la maxime : La force prime le droit.

Leur contume de tout décider par les armes est très préjudiciable à leur race parce que de là naissent des inimitiés qui passent de père en fils pendant plusieurs générations ; ces guerres amènent souvent la destruction de familles entières, de villages, de tribus. Dans leurs guerres ils ont des lois qu'ils n'enfreignent pas: Ainsi un différend entre le mari et la femme se vide dans l'intérieur de la maison et personne au dehors n'a le droit d'intervenir. Mais une querelle surgit-elle entre deux personnes du même village, si elle ne s'arrange pas à l'amiable, il en résulte toujours une guerre intestine à laquelle tous les gens du village prennent part, moitié d'un côté, moitié de l'autre.

. .

Dans le cas d'une guerre intestine, les sauvages ne se servent que du « pohamé ». Les hommes le manient avec l'habileté de nos maîtres d'escrime ou de nos soldats se défendant à la baïonnette contre la cavalerie. Les coups qu'ils se portent, tendent toujours à fendre la tête de leur adversaire ou à lui casser l'épaule ou les bras. Mais ils sont aussi très habiles à parer les coups en élevant leur pohamé horizontalement au dessus de leur tête et le tenant du bout des doigts afin que le coup ne puisse atteindre ni les mains, ni les doigts, à la façon du fantassin qui pare le coup de sabre d'un cavalier.

Cette guerre se fait avec apparat. Les hommes d'un parti se retirent à une extrémité du village et ceux de l'autre parti à l'autre extrémité. Ils s'avancent lentement au devant les uns des autres en chantant. Si le refrain se termine juste lorsqu'ils sont à portée de se frapper, alors commence le combat; sinon ils reculent en chantant toujours et calculent leur marche en arrière de manière à ce qu'en revenant le refrain finisse à la rencontre des deux armées. Pendant ce temps les guerriers du côté qui touche aux maisons poussent des cris sauvages et frappent du pohamé sur toutes les plates-formes. Quand le combat est commencé, il ne se termine que lorsqu'il y a du sang versé des deux côtés. Il pourrait y avoir cinq ou six têtes fendues d'un côté, le combat ne s'arrêtera qu'au premier

sang répandu de l'autre côté. Alors tous les cris cessent ; les coups de pohamé frappant sur le pohamé de l'adversaire ne se font plus entendre ; ils redeviennent tous amis ; les femmes, qui avaient aussi pris part au combat, retournent à leurs cuisines ; les hommes à leurs travaux. Ils se racontent longuement leurs prouesses, leur adresse dans le combat. L'un dira :

« — Si tu n'avais pas paré le coup, je te fendais la tête ; » et l'autre de répondre avec fierté :

« — As-tu vu comme j'ai été prompt à dégager mon pohamé pour parer ton coup ? »

A Mohu, un combat de ce genre a eu lieu. Le Père qui était là s'est bien jeté dans la mêlée pour les arrêter. En effet, pour ne pas atteindre le missionnaire, ils ont suspendu le combat. Sa harangue ne les ayant pas convaincus, ils lui dirent :

« Retire-toi, missionnaire, il faut que la guerre ait lieu, c'est notre loi ; retire-toi, parce que, sans le vouloir, nous pourrions te faire du mal. »

Après le combat, le missionnaire a dû soigner les plaies des uns et des autres.

Ces sortes de guerres ont quelquefois lieu pour peu de chose : à Mohu, c'était un cochon volé et mangé qui en était le motif...

. .

Pendant que j'étais à Yule, l'année dernière, au mois de septembre, il y eut une guerre semblable dans un village de l'île. En voici le prétexte.

J'avais fait reconduire par notre bateau le missionnaire de Pinupaka à sa résidence. Pour ne pas nous donner la peine d'aller chercher des rameurs au village même qui est à une demi-lieue, nous avions pris des enfants qui jouaient près du port et une femme s'adjoignit à eux pour conduire le missionnaire ; en revenant de Pinupaka, ils passèrent près du jardin de Rauma notre voisin. La femme, du nom d'Abia, commanda aux enfants d'aller cueillir des bananes appartenant à Rauma ; les enfants obéirent ; mais à peine furent-ils arrivés à Port-Léon qu'ils racontèrent à Rauma ce qui s'était passé. Rauma, après s'être assuré de la véracité des assertions des enfants, s'en va au village avec son fils Tohoro. Abia était sur la plate-forme de sa maison, préparant le repas du soir pour elle et son mari. Rauma lui cherche querelle à propos de ses bananes volées. La dispute s'aigrit. Topina, le mari d'Abia, défend sa femme et menace Rauma de son pohamé. Rauma, qui avait le sien en main, commence la bataille ; en un clin d'œil, le village formait deux camps. Tohoro défendit son père ; une autre Abia, fille de Rauma, mariée au village, se tourne du côté de son père. Mais Myria, mari d'Abia Rauma, attaque vigoureusement son beau-père et dans la mêlée brise un bras à sa femme. Rauma a eu la tête fendue ; mais ces gens-là ont la tête dure : un morceau de chair large comme la main était détaché du crâne. Mais, avant de recevoir cette blessure, il avait assommé sept ou huit personnes.

Le lendemain, Mgr Verius alla gronder tout le monde et obtint en compensation du vol douze régimes de bananes. Rauma était si content de cette aubaine qu'il répétait :

« Je me ferais volontiers casser la tête comme cela toutes les semaines pour avoir douze régimes de bananes. »

Nous n'aurions pas survécu à une pareille blessure. Mais, pour nos néophytes, c'est peu de chose. Itaura allait tous les jours faire panser sa plaie chez les Sœurs.

.*.

Les guerres entre villages sont plus désastreuses, car alors les indigènes se servent de la lance, de l'arc, des flèches. L'enlèvement d'une femme, un vol considérable, peuvent en être la cause. La vengeance d'un assassinat est plus terrible. De semblables guerres ont souvent pour effet de détruire des villages et même des tribus. Une tribu de la province de Pokao, laquelle touche Roro à l'est, n'a plus que deux villages insignifiants. L'un a quatre maisons, Nikura, et l'autre, Epa, une dizaine. En remontant le Saint-Joseph, nous voyons en quelques endroits deux longues files de cocotiers dans le désert, c'est l'indice qu'il y a eu là autrefois des villages qui ont été détruits par les guerres. Nous en connaissons beaucoup d'autres dans cet état.

Autrefois deux familles s'étaient établies dans les environs de Hall-Sound-Bay. Ces deux familles, descendant du même père, étaient devenues deux peuples : Pattana et Araha. Paitana était établi sur les bords d'un bras de mer, appelé le Paru qui fut autrefois une des bouches du Saint-Joseph. Deux villages s'étaient formés, Mohu et Itapa ; ils semblaient ne faire qu'un seul village, ils étaient séparés par un court espace, et comme l'un était à la suite de l'autre et que tous les villages de ces contrées ne forment qu'une seule rue, Mohu et Itapa composaient une avenue, longue de plus d'une demi-beue. Les cocotiers qui n'ont pas tous été détruits donnent encore une idée de cette étendue.

Les habitants de ces villages vivaient tranquilles au milieu des forêts de palétuviers et par conséquent entourés de marais. Ils avaient leurs plantations dans l'île Gede. Mais, un jour, vinrent trois hommes d'Ohoru, ou Motumotu. Les gens de cette province sont de terribles guerriers et fort robustes ; peut-être s'étaient-ils rendus coupables de quelques méfaits au détriment de ceux de Paitana ou peut-être les regardait-on comme des espions. Ils logeaient à Itapa et les habitants de ce village complotèrent la nuit de tuer ces trois étrangers. L'un, ne dormant pas, trouva un prétexte pour sortir de Rapa, et s'enfuit à toutes jambes. Ses deux compagnons furent égorgés, et je crois, mangés aussi.

Mais, plus d'une année après le meurtre, alors que les habitants de Paitana s'y attendaient le moins, plusieurs villages d'Ohoru se réunirent pour aller venger le crime commis par Itapa sur deux de leurs compatriotes. Ils vinrent le soir en pirogue par un beau clair de lune, pénétrèrent dans la baie par l'entrée du nord, sans être vus ni entendus. Le village de Pinopoka, qui se trouve tout près, n'existait pas encore ; autrement les gens d'Ohoru auraient été aperçus. Le Poru débouche dans la baie ; nos combattants pénétrèrent dans ce bras de mer qui est très sinueux, mais dont les eaux calmes leur permettaient de manœuvrer leurs pirogues sans faire de bruit. Ils attendirent l'heure favorable qui est avant le jour,

moment où nos sauvages dormaient d'un profond sommeil. Les gens d'Ohoru tombèrent alors à l'improviste sur Itapa, l'entourèrent de toutes parts et mirent le feu aux maisons qui sont en paille ; en quelques minutes tout le village était la proie des flammes ; les assiégeants tuèrent tous ceux qui tentèrent de fuir : hommes, femmes, enfants, vieillards, tout le monde fut massacré ou rôti. Ils disent que personne n'échappa à ce carnage ; excepté ceux qui, cette nuit là, ont couché dans leurs plantations et ceux qui se trouvaient en d'autres villages. Les gens de Mohu qui étaient tout près, réveillés par les clameurs sauvages que poussaient les assiégeants, les cris de détresse des assiégés et le bruit des flammes, accoururent au secours de leurs voisins ; il n'était plus temps, le désastre était consommé. Comme ceux de Mohu arrivaient en armes, ceux d'Ohoru ne les attaquèrent pas ; d'ailleurs ils étaient vengés, cela leur suffisait, mais ils mirent le feu à une extrémité du village de Mohu, le vent fit le reste. Des deux villages de Rapa et Mohu, il ne restait plus que des cendres et à Rapa un sol jonché de cadavres sanglants ou rôtis.

.*.

Les quelques familles qui échappèrent au massacre allèrent former un village plus près du Saint-Joseph ; ils sont encore peu nombreux. Ils ont toujours de la répugnance à construire de nouvelles maisons sur l'emplacement du village brûlé, ils considèrent la place comme maudite.

Mohu se divisa alors en plusieurs bandes : l'une fonda le village de Bioto sur le Ilda-River ; une autre, sous le nom de Babiko, alla s'établir à une lieue et demie plus haut près du Saint-Joseph. La plus grande bande conserva le nom de Mohu, et se fixa sur un autre bras de mer, le Poëmo, qui a été aussi une bouche du Saint-Joseph quand il se jetait dans la mer. Nous occupons maintenant ces trois villages.

(A suivre).

LES MISSIONS CATHOLIQUES AU XIX° SIÈCLE

PAR

M. Louis-Eugène LOUVET, des Missions Etrangères de Paris, Missionnaire en Cochinchine occidentale.

CHAPITRE XI°
Les Missions d'Indo-Chine (1800-1890).

Suite (1)

CHAPITRE XII
L'Église de Chine (1880-1890). (2)

C'est un grave et douloureux problème que celui de la conversion de la Chine. A plusieurs reprises, ce grand pays a été évangélisé et, chaque fois, il a repoussé obstinément le don de Dieu. Aux premiers siècles, l'inscription de Sy-nau-fou en fait foi, la Chine fut évangélisée une première fois,

(1) Voir tous les numéros parus depuis le 15 mars jusqu'à la fin octobre 1890, et 2, 9, 16, 23 et 30 janvier, 6 et 13 février, 24 avril, 1°°, 8, 15, 22 et 29 mai, 5, 12 et 19 juin 1891.
Pour l'intelligence de ce travail, nous recommandons la carte des missions de la Chine que nous avons publiée cette année. Prix : 4 fr. 25 franco.
(2) Comme du reste le proclame lui-même l'auteur de ce remarquable travail, plusieurs des jugements portés sur l'Église de Chine, lui sont strictement personnels. *(Note de la Rédaction).*

sinon par l'apôtre saint Thomas en personne, au moins par un de ses disciples immédiats ; puis le christianisme disparait sans laisser de traces, et quand le Franciscain Monte-Corvino arrive à Péking, au XIIIe siècle, il ne trouve aucun souvenir de la prédication de l'apôtre. Pendant un siècle, les fils de saint François évangélisent la Chine à leur tour. Le Vicaire de Jésus-Christ établit à Péking un siège archiépiscopal, avec quatre évêchés suffragants. Puis il se fait une nouvelle éclipse de trois siècles, et quand le Jésuite Mathieu Ricci pénètre en Chine, en 1583, tout vestige de la prédication des Franciscains est effacé. Les Jésuites sont admis avec faveur à la cour, en qualité de mathématiciens et de savants ; de nombreuses chrétientés se forment par tout l'empire ; une impératrice et plusieurs membres de la famille impériale embrassent la foi du Christ ; l'empereur Khan-hi, dans ses pièces officielles, fait l'éloge du christianisme: les légats du Pape sont reçus à la cour avec des honneurs extraordinaires ; à ce moment, l'Église de Chine compte 1,200 chrétientés et près de 800,000 fidèles. Il semble que l'on touche au but désiré. Vain espoir! La malheureuse question des Rites vient jeter la division parmi les missionnaires et parmi les chrétiens, la persécution recommence implacable ; la destruction de la Compagnie de Jésus, la pénurie d'apôtres qui en est la suite, achèvent de tout perdre, et au commencement du XIXe siècle, on ne trouve plus, en Chine, que 202,000 chrétiens, partagés entre cinq missions : Les Lazaristes, à Péking et à Nanking, les Franciscains, au Chan-si, les Dominicains, au Fo-kien, les Missions Étrangères, au Su-tchuen, les Portugais à Macao et à Canton.

Dans le cours du XIXe siècle, il se fait un grand effort pour la conversion de la Chine. De cinq, le chiffre des missions s'élève à trente-six ; celui des chrétiens remonte à plus d'un demi-million. Va-t-on voir enfin le soleil de la vérité évangélique se lever sur ce grand empire? Hélas ! au bout de 90 ans d'efforts, la situation religieuse semble plus compromise que jamais. Il n'y a pas à se le dissimuler : la Chine repousse avec obstination le christianisme. Les orgueilleux lettrés sont plus haineux que jamais ; chaque année, des placards incendiaires appellent le peuple à l'extermination des diables étrangers, et le jour n'est peut-être pas éloigné, où cette belle Église de Chine, qui a coûté tant d'efforts à l'apostolat catholique, s'abîmera tout entière dans le sang de ses apôtres et de ses enfants.

D'où vient une pareille obstination à repousser le christianisme ? Ce n'est certainement pas fanatisme religieux, car aucun peuple ne porte aussi loin que le peuple chinois le scepticisme et l'indifférence. Qu'on soit disciple de Confucius ou de Lao-tze, musulman ou bouddhiste, le gouvernement chinois ne s'en occupe pas. Il n'y a que contre la religion chrétienne qu'il cherche à se défendre. C'est que, derrière les apôtres du Christ, il voit venir l'Europe, ses idées, sa civilisation, dont il ne veut à aucun prix, se trouvant, à tort ou à raison, satisfait de celle de ses ancêtres.

La question est donc beaucoup plus politique que religieuse, ou plutôt elle est presque exclusivement politique. Le jour où la Chine intelligente sera persuadée qu'on peut être à la fois Chinois et chrétien, le jour surtout où elle verra à la tête de l'Église, en Chine, un clergé indigène, le christianisme obtiendra droit de cité dans ce grand empire

de quatre cents millions d'âmes, dont la conversion entrainerait celle de l'Extrême-Orient.

C'est donc à séparer nettement leur cause de celle de la politique que doivent tendre les efforts des missionnaires. A ce point de vue, je ne puis que regretter, pour ma part, l'intervention des gouvernements européens. Rien de plus légitime, en soi ; mais aussi, rien de plus dangereux et de mieux propre à surexciter l'orgueil national et la haine des classes intelligentes et lettrées. Au fond, même au point de vue particulier de la sécurité des missionnaires, qu'avons-nous gagné au régime des traités? Dans les quarante premières années du siècle, trois missionnaires seulement ont été mis à mort en Chine pour la foi, après une sentence juridique : le Vénérable Dufresse, vicaire apostolique de Su-tchuen (1814), le Vén. Clet et le Bienh. Perboyre. Depuis les traités de 1844 et de 1860, pas une seule condamnation à mort n'a été juridiquement prononcée, il est vrai ; mais plus de vingt missionnaires sont tombés sous les coups des bandits, soudoyés par les mandarins. En 1856, le Vénérable Chapdelaine ; en 1862, le Vénérable Néel ; en 1865, 1869, 1873, MM. Mabileau, Rigaud et Hue, au Su-tchuen ; en 1874, M. Baptifaud, au Yun-nan ; en 1885, M. Terrasse, au Yunnan. Les traités ont-ils empêché, au mois de juin 1870, l'horrible massacre de Tien-tsin, le meurtre de notre consul, de tous les résidents français, de deux Lazaristes, de neuf Sœurs de charité? Presque chaque année, des chrétientés sont détruites, des églises pillées, des missionnaires tués ou blessés, des chrétiens mis à mort, et quand la France réclame contre tant d'infamies, on lui répond par un memorandum insolent (1872), rempli de calomnies contre les missionnaires et leurs œuvres, et le chef de l'ambassade envoyée à Paris pour excuser les massacres de Tien-tsin est celui-là même qui a tout dirigé et dont les mains sont encore teintes du sang de nos nationaux.

Certes, je rends pleinement justice au zèle de nos consuls et de nos ambassadeurs. Presque toujours, ils nous ont prêté un concours chaleureux et loyal, même ceux qui, n'ayant pas le bonheur d'être chrétiens, semblaient mal préparés par leurs antécédents à défendre, en Chine, la religion qu'ils avaient persécutée en France. Presque toujours, la haine du sectaire s'est tue devant l'honneur national, et tel qui avait expulsé les Jésuites de France s'est proclamé leur ami et leur défenseur à Péking. Ce n'est donc pas le zèle de nos agents diplomatiques que j'accuse, c'est leur impuissance que je constate. A tort ou à raison, la Chine ne veut pas de la civilisation européenne ; ce qu'elle repousse dans le christianisme, c'est l'envahissement de l'Europe. Séparons donc nettement la question religieuse de la question politique.

Je n'ai pas besoin d'avertir ici que c'est une opinion strictement personnelle que j'énonce, je n'ai aucun mandat pour parler au nom des missions, et je sais que, parmi les missionnaires, les avis sont partagés à ce sujet. Mais, parce que ma conviction est parfaitement établie là-dessus, j'ai cru pouvoir user sans inconvénient de la liberté que l'Église laisse à chacun d'exposer et de défendre, avec modération, toute idée honnête.

Pour exposer en quelques traits rapides, la situation du christianisme en Chine, je partagerai toutes les missions en cinq groupes : Chine septentrionale, Chine centrale, Chine orientale, Chine occidentale, Chine méridionale.

Iᵉʳ GROUPE. — MISSIONS DU NORD DE LA CHINE.

En 1800, nous trouvons dans la Chine septentrionale, l'évêché portugais de Péking, érigé en 1690, et la mission des Lazaristes, qui ont remplacé, en 1774, les Jésuites proscrits. Le nombre des chrétiens répandus dans les provinces du nord s'élève à 55,000. Malheureusement, les Lazaristes sont trop peu nombreux pour un si vaste territoire, et la ruine de leur noviciat, va, pendant près d'un demi-siècle, arrêter le recrutement de leurs membres et paralyser leur zèle.

A Péking, la situation est loin d'être favorable. Les missionnaires, tolérés à la Cour uniquement en qualité de savants, sont surveillés de près pour les empêcher de communiquer avec l'intérieur de l'empire. Le but du gouvernement chinois est de les réduire aux seules occupations scientifiques. Cette position humiliante et précaire valait pourtant mieux pour la religion que l'expulsion totale. C'est pourquoi les Lazaristes s'y résignaient; mais ils étaient à la merci du moindre incident. En 1806, la découverte des cartes géographiques envoyées en Europe amena un édit de persécution : le P. Adéodat, religieux Augustin, fut condamné avec plusieurs chrétiens à l'exil perpétuel en Tartarie. En 1812, nouvel édit de persécution ; tous les missionnaires de Péking sont renvoyés en Europe, à l'exception de trois, qu'on voulut bien conserver en qualité de mathématiciens. Cependant l'évêque portugais de Péking obtint, à force d'instances, de rester avec deux ou trois de ses prêtres, mais tout s'acheminait à l'expulsion définitive. A la mort du prélat, le gouvernement chinois défendit qu'il fût remplacé; la cathédrale, avec tous les établissements religieux de la mission, demeura abandonnée jusqu'en 1860. A cette époque, Mgr Mouly, vicaire apostolique, en reprit solennellement possession par un *Te Deum* chanté en présence des ambassadeurs de France et d'Angleterre et de l'armée alliée qui venait de prendre Péking et d'imposer à la Chine un traité garantissant désormais la liberté religieuse.

Les missionnaires n'avaient plus de situation officielle en Chine. Proscrits par la loi, les Lazaristes, établis à Sivan, sur les frontières de la Tartarie, n'en continuèrent pas moins à travailler en secret à l'œuvre de la prédication, et leur travail fut béni de Dieu. Bientôt, il fallut songer à multiplier les centres de mission.

En 1838, la Sacrée Congrégation détacha du diocèse de Péking, le Leaotong et la Mantchourie, érigés en vicariat apostolique et confié à la Société des Missions Etrangères de France. En 1839, création du vicariat apostolique du Chan-tong, qui est donné aux Franciscains. En 1840, la Mongolie est érigée en vicariat apostolique desservi par les Lazaristes jusqu'en 1865 et donné, à cette époque à la nouvelle Société des Missionnaires belges. Enfin, en 1856, l'évêché de Péking est supprimé et remplacé par trois vicariats apostoliques : Pé-tchély nord (Péking), Pé-tchély ouest et Pé-tchély sud-ouest. Les deux premiers vicariats demeurèrent aux Lazaristes, et le troisième fut confié aux Jésuites.

Tout récemment, Léon XIII vient de faire de nouvelles divisions. En 1878, le Kansou, détaché du Chan-si, fut érigé en vicariat et donné aux Missionnaires belges de la Mongolie. En 1883, la Mongolie à cause de sa vaste étendue, fut partagée en trois vicariats : Mongolie centrale, occidentale et orientale. Ces trois missions sont demeurées aux Missionnaires belges. La même année, le vicariat unique du Chan-tong fut partagé en deux : Chang-tong nord, aux Franciscains, et Chan-tong sud, aux Missionnaires de Steyl.

Le nombre des chrétiens a grandi en même temps que celui des missions.

En 1800 :
Evêché Péking, Lazaristes, ? missionnaires, ? prêtres indigènes, 55,000 catholiques.

En 1840 :
Evêché Péking (vacant), Lazaristes, ? missionnaires, ? prêtres indigènes.
1 vicaire apostolique Mantchourie, Missions Etrangères, 3 missionnaires, ? prêtres indigènes.
1 vicaire apostolique Chan-tong, Franciscains, ? missionnaires, ? prêtres indigènes.
1 vicaire apostolique Mongolie, Lazaristes, ? missionnaires, ? prêtres indigènes, 60.000 catholiques.

En 1870 :
1 vicaire apostolique Pé-tché-ly nord, Lazaristes, 14 missionnaires, 22 prêtres indigènes, 15,000 catholiques.
1 vicaire apostolique Pé-tché-ly ouest, Lazaristes, 5 missionnaires, 12 prêtres indigènes, 15,000 catholiques.
1 vicaire apostolique Pé-tché-ly sud-est, Jésuites, 11 missionnaires, 3 prêtres indigènes, 17,470 catholiques.
1 vicaire apostolique Mantchourie, Missions Etrangères, 11 missionnaires, 1 prêtre indigène, 7,000 catholiques.
1 vicaire apostolique Mongolie, Missionnaires Belges, 8 mission naires, 6 prêtres indigènes, 8,400,catholiques.
1 vicaire apostolique Chan-tong, Franciscains, 7 missionnaires, 7 prêtres indigènes. 10,750 catholiques.
Total en 1870 : 6 vicariats apostoliques, 56 missionnaires, 51 prêtres indigènes, 73,620 catholiques.

En 1890 :
1 vicaire apostolique Pé-tché-ly nord, Lazaristes, 25 missionnaires, 26 prêtres indigènes, 34,000 catholiques.
1 vicaire apostolique Pé-tché-ly ouest, Lazaristes, 11 missionnaires, 11 prêtres indigènes, 28,000 catholiques.
1 vicaire apostolique Pé-tché-ly sud-est, Jésuites, 35 missionnaires, 11 prêtres indigènes. 37,920 catholiques.
1 vicaire apostolique Mantchourie, Missions étrangères, 25 vicaires, 8 prêtres indigènes, 13,943 catholiques.
1 vicaire apostolique Mongolie centrale, Missionnaires Belges, 16 missionnaires, 6 prêtres indigènes, 10,545 catholiques.
1 vicaire apostolique Mongolie occidentale, Missionnaires Belges, 11 missionnaires, 1 prêtre indigène, 3,200 catholiques.
1 vicaire apostolique Mongolie orientale, Missions Belges, 9 missionnaires, 7 prêtres indigènes, 6,810 catholiques.
1 vicaire apostolique Kan sou, Missionnaires Belges, 14 missionnaires, 8 prêtres indigènes, 2,000 catholiques.
1 vicaire apostolique Chan-tong nord, Franciscains, 11 missionnaires, 11 prêtres indigènes, 16,750 catholiques.
1 vicaire apostolique Chan-tong sud, Missionnaires de Steyl, 18 missionnaires, 2 prêtres indigènes, 2,733 catholiques.
Total en 1890 : 10 vicaires apostoliques, 175 missionnaires, 91 prêtres indigènes, 155,900 catholiques.

Ainsi, en moins d'un siècle, le chiffre des missions du nord de la Chine est monté de *un* à *dix*, et celui des chrétiens a plus que *doublé*.

(A suivre).

BIBLIOGRAPHIE

Elementos de grammatica tetense. *Lingua chi-nyai* ou *chi-nyungwe* (idiome parlé dans le district de Tété) par le R. P. Victor-Joseph COURTOIS, de la Compagnie de Jésus, missionnaire au Zambèze. — Un vol. in-8 de 168 pages. — Mozambique, imprimerie nationale.

On sait que la langue indigène parlée dans la province de Mozambique se divise en autant de dialectes qu'il y a de districts différents. L'idiome en usage dans le vaste district de Tété a, sur les autres, l'avantage d'être pur, clair et universellement répandu. C'est à celui-là que le R. P. Courtois a consacré la grammaire dont nous venons de citer le titre. Elle est rédigée en portugais et sur le modèle des grammaires portugaises, afin d'être à la portée des personnes le plus appelées à en faire l'acquisition. Tout en favorisant l'instruction des Cafres ; tout en facilitant aux missionnaires du Bas-Zambèze leur tâche évangélique, cet ouvrage sera utile aux négociants, aux officiers, aux explorateurs de séjour dans cette région et il contribuera ainsi, selon le vœu de l'auteur, au développement intellectuel et moral de la province de Mozambique.

Au loin. — *Souvenirs de l'Amérique du Sud et des îles Marquises*, par M. Aylic MARIN. — In-8, illustré de 384 pages. — Delhomme et Briguet, libraires-éditeurs, rue de l'Abbaye, 13, Paris, et avenue de l'Archevêché, 3, Lyon. — Sur beau papier, 6 fr. — Sur papier ordinaire, 3 fr. 50.

Officier d'administration de la marine, l'auteur a parcouru le monde et goûté durant de longues années les charmes de l'existence aventureuse des hommes de mer. Il raconte dans ce volume ses souvenirs d'un voyage autour de la moitié de notre planète. De Brest à Nouka-Hiva, avec escales à Montevideo et à Valparaiso, telles sont les grandes lignes de l'itinéraire à l'aller. C'est une des suites que suivent les Pères des Sacrés-Cœurs destinés aux archipels français du Pacifique austral, et depuis un demi-siècle elle a vu passer bien des missionnaires. Les différentes étapes de M. Marin nous sont donc familières ; mais, il faut l'avouer, l'auteur a un art tout particulier de traduire ses impressions, de narrer les incidents, de reproduire les pittoresques tableaux qui se sont déroulés sous ses yeux quand il serait près de la côte américaine ou quand il s'égarait dans les îles des tropiques « sous les bois géants, vierges de sentiers ».

Les chapitres qui nous ont plus spécialement intéressés sont ceux dans lesquels l'auteur rend hommage aux ouvriers évangéliques. « Les marins, dit-il, les marins qui voient les missionnaires à l'œuvre, ne peuvent avoir pour eux que de l'admiration ou manquent de sincérité. Ils sont de ceux qui les considèrent comme une des gloires les plus vraies de la France dans sa haute destinée de civilisatrice des peuples. »

M. Marin consacre plusieurs pages au regretté Mgr Dordillon, mort à Nouka-Hiva, le 11 janvier 1888, après quarante-deux ans de résidence aux îles Marquises. Ce prélat réussit à moraliser des peuplades d'une sauvagerie toute primitive. « Tous les indigènes sans exception, les prêtres païens et les sorciers eux-mêmes, accordaient une sorte de puissance surnaturelle à cet homme venu à eux d'au-delà des mers, ayant toujours à la bouche des paroles de miséricorde, faisant le bien pour le bien et étranger à tous leurs vices. »

Et quel touchant portrait l'auteur ne nous fait-il pas du missionnaire de Vahitau, « vénérable vieillard, très aimé des indigènes, représentant dignement auprès d'eux le généreux esprit français, se dévouant sans mesure, comme tant de nos compatriotes perdus depuis longtemps pour le monde qui les a oubliés, mais dignes de la reconnaissance des peuples auxquels ils ont tout sacrifié, famille et patrie ! »

Au retour, M. Marin aborde au Pérou et à l'Equateur ; son livre nous offre ainsi un périple complet autour du continent sud-américain.

De nombreux dessins, exécutés par des artistes de premier ordre d'après les croquis pris sur nature, illustrent les pages de cet instructif et fort intéressant ouvrage.

DONS

Pour l'Œuvre de la Propagation de la Foi

ÉDITION FRANÇAISE.

M. Auguste Muxart, à Perpignan, avec demande de prières.... .	10
Anonyme d'Orléans...	50
Un bon chrétien, à Carcassonne................................	5 20
Pour les missions les plus nécessiteuses. (R. P. Arokianader, Pondichéry).	
Un prêtre de Lyon...	10
Pour la mission la plus nécessiteuse en Asie (au même),	
M. Corneille Borbély, à Martinsburg près Raab (Hongrie).......	13
Pour le baptême de deux petites filles sous le nom de Marie (au même).	
Anonyme de Marseille..	10
Pour l'église du Spasme, à Jérusalem.	
M. Deschamps du diocèse de Soissons...........................	5
A Mgr Riccaz pour les veuves païennes de l'Inde	
M. l'abbé X.. , à Amiens, avec demande de prières.............	100
Pour la mission de l'Annam (Mgr Caspar).	
M. l'abbé X.. , à Amiens, avec demande de prières.............	100
Au R. P. Gabillet, à Gingy (Pondichéry).	
Une anonyme de Bordeaux	10
M. Henry M.. , à Paris..	10
Pour les missions du Japon méridional.	
M. Deschamps, du diocèse de Soissons..........................	5
A M. Ferrié, missionnaire à Satsuma (Japon).	
Anonyme de Périgueux	5
A M. Rey, missionnaire à Kotchi (Japon).	
Anonyme de Périgueux	5
Pour l'œuvre des Catéchistes Japonais.	
M. l'abbé X.. d'Amiens, avec demande de prières...............	200
A S. E. le cardinal Lavigerie, pour rachat et baptême de deux enfants sous les noms d'Anne et de Léon.	
Mme Marie B. d'A.., diocèse du Mans...........................	100
A Mgr Hirth, pour les missions du Nyanza.	
M. l'abbé X.., à Amiens, avec demande de prières..	100
Au R. P. Picard, pour sa mission d'Abyssinie.	
Mlle Rose Mathieu, à Montpellier..............................	50

(La suite des dons prochainement).

TH. MOREL, *Directeur-gérant.*

Lyon. — Imprimerie MOUGIN-RUSAND, rue Stella, 3.

Une jeune fille M ts-nga en habit de fête.   Ch..rdzu, porteur de litière, type Mutawara.   Une femme M'tsenga, ornée du Chincinda ou b gue de lèvir.

BAS-ZAMBÈZE (Afrique australe). — TYPES DIVERS ; d'après des dessins du R. P. COURTOIS, de la Compagnie de Jésus,
missionnaire au Zambeze (Voir pages 816 et 817).

NOUVELLES DE LA PERSÉCUTION AU KIANG-NAN

(Chine).

Destruction de la résidence de Ou-hou.

Voici les nouvelles que nous recevons du Kiang-nan. Quelque tristes qu'elles soient, nous devons remarquer que jusqu'à présent le sang n'a pas coulé Es érons que Dieu empêchera de nouveaux désastres, et efforçons-nous par nos prières et notre sympathie de réparer le mal déjà trop grand.

EXTRAIT D'UNE LETTRE DU R. P. HAVRET.

Sur un Vapeur du Yang-tse-kiang, 43 mai.

Notre chère résidence de Ou-hou a cessé d'exister. Avant-hier, vers six heures du soir, une vraie horde de brigands s'est abattue sur elle et en a livré tous les bâtiments au feu. L'église elle-même n'a pas été épargnée, et ce que le feu n'avait pu faire pour la ruiner, des travailleurs acharnés à sa perte l'ont fait hier matin en détruisant au moyen d'instruments ce qui restait de

nos travaux. Toutes les vies sont sauves, grâce à Dieu Ce n'est que dans quelques jours, lorsque les nouvelles de l'intérieur nous seront parvenues, que nous pourrons juger de l'étendue de nos malheurs. Quoi qu'il arrive, soyez assuré que nous porterons sans faiblir cette pénible épreuve. *Dominus dedit, Dominus abstulit, sit nomen Domini benedictum !*

Voici, en peu de mots, la suite des faits qui se sont passés à Ou-hou et ont abouti à cette catastrophe :

Dimanche dernier, vers six heures trois quarts du soir, nous apprenions que deux vierges ont été arrêtées, à deux kilomètres de notre résidence. Une populace hostile les accusait d'avoir ensorcelé deux enfants qu'elles avaient trouvés dans la rue ! La nuit même, on les conduisit de tribunal en tribunal, et vers une heure du matin, le sous-préfet de Ou-hou leur fit subir un premier interrogatoire, devant une foule nombreuse. Les accusateurs avaient produit deux enfants qu'ils disaient avoir été privés de la parole par les maléfices de ces deux chrétiennes. Le mandarin prononça ce jugement provisoire : « Que les inculpées rendent à ces enfants l'usage de la parole et elles seront libres (sic). » Cependant, durant la journée du lendemain lundi, les enfants n'ayant pu garder plus longtemps leur consigne, le mandarin qui, au fond, ne nous était pas défavorable, rendit la liberté à nos deux prisonnières.

Nous redoutions une réaction ; cependant la nuit fut calme, ainsi que la matinée du lendemain. Nous apprenions seulement que des rumeurs sinistres continuaient à courir sur notre compte, dans les différents quartiers de la ville. Ce n'est que le mardi, vers une heure après midi, que nous vîmes l'ennemi revenir. Une femme se présente à notre porte, accompagnée d'une troupe évidemment hostile : elle réclamait son enfant qu'elle assurait avoir été volé par nous, ajoutant qu'elle savait que nous avions tué récemment deux autres enfants.

Ce fut le signal d'attroupements qui prirent bientôt des proportions inquiétantes. Vers cinq heures, la position n'était plus tenable ; nous adressâmes en vain un appel aux autorités supérieures. Les cris de la foule ne cessaient plus : elle jetait des pierres dans notre enclos et commençait à battre en bélier, avec d'énormes pierres, une des portes de notre enceinte. C'est au moment où elle cédait sous leurs coups que nous pûmes, par une porte moins en vue, gagner les bords du fleuve et une barque chinoise nous a amenés à Tchong-ciang.

C'est de cette barque que nous vîmes le feu gagner successivement chacun des bâtiments de la résidence. Aucun n'a été épargné. Tout à l'heure nous avons croisé un navire de guerre français qui se rend à Ou-hou. Il ne pourra plus rien pour nous. Dieu seul, qui a permis ce malheur, lui trouvera un remède.

Le R. P. Touroade, procureur de la mission, qui nous transmet cette lettre, ajoute :

Nous n'avons encore aucun détail sur l'attaque de la résidence de Nancing, pas plus que sur l'incendie de Ta-yang et de Ou-si, un des centres les plus importants de la mission ; mais nous savons que, si les pertes matérielles sont énormes, du moins aucun missionnaire n'a été massacré, contrairement à ce qu'avaient annoncé certains journaux. Peu de temps avant l'incendie de Ou-hou, un commencement d'émeute avait été réprimé sur un autre point, ce qui nous porte à croire que tout cela est le résultat d'un ordre donné par les Sociétés secrètes, très puissantes dans certaines parties de la Chine. Ces attaques ne s'adressent pas aux missionnaires en tant que missionnaires, mais aux Européens, et les détails rapportés dans la lettre du P. Havret n'étaient que des prétextes mis en avant pour commencer les hostilités. Ce n'est, du reste, pas la première fois qu'on lance contre les Européens, l'accusation de se servir des vieux des enfants pour en faire des remèdes. Ceux qui mettent ces bruits en avant n'y croient pas, bien entendu ; mais c'est un moyen de soulever le peuple.

CORRESPONDANCE

VICTORIA NYANZA

Mgr Hirth, le vénéré vicaire apostolique du Victoria Nyanza, cette mission arrosée déjà du sang de tant de martyrs, adresse à Mgr Livinhac, son prédécesseur et le su périeur général des Pères Blancs, la lettre suivante. Elle donne les dernières nouvelles du vicariat. Les missionnaires catholiques, à peine tranquilles du côté des Arabes, ont devant eux un ennemi plus redoutable encore, le protestantisme. Heureusement qu'ils ont pour eux la grâce divine Seule, elle peut leur assurer le triomphe sur des adversaires qui s'abritent sous le pavillon britannique, et qui ont à leur disposition toutes les ressources des sectes.

LETTRE DE MGR HIRTH, VICAIRE APOSTOLIQUE DU VICTORIA NYANZA, A MGR LIVINHAC, SUPÉRIEUR GÉNÉRAL DE LA SOCIÉTÉ DES MISSIONNAIRES D'ALGER.

Bugoba, 12 février 1891.

Il y a quelques jours, j'ai écrit à Votre Grandeur que je m'embarquais pour l'Uganda avec tous les confrères nouvellement arrivés de la côte pour le Nyanza.

Ayant atteint aujourd'hui la station fondée par Emin Pacha, chez les Baziba, je suis heureux de profiter de l'occasion qui m'est offerte pour vous donner des nouvelles de notre voyage.

La santé des missionnaires est assez bonne ; mais le bon Maître par ailleurs ne nous ménage pas les épreuves. Celles-ci ont commencé même avant notre départ. Nous avons vu brûler notre belle petite église de N.-D. des Exilés au Nyégézi ; elle venait d'être achevée par les soins du R. P. Gerboin, pendant le séjour provisoire qu'il a fait dans cette mission. La perte a été également cruelle et pour les néophytes et pour les Pères, qui nous avaient pris part au travail avec un égal dévouement.

Ce premier sacrifice n'a pas suffi au démon ; il a failli depuis noyer dans le Nyanza toute la caravane qui me suit en Uganda. Une tempête formidable a surpris nos pauvres petites pirogues, dispersées bientôt dans toutes les directions. Le P. Marcou surtout a été exposé ; mais la Providence veillait sur nos personnes. Le Père en a été quitte pour voir jeter dans le lac son lit avec la cargaison de la barque.

Une grande partie des effets emportés pour la fondation de nouveaux postes ont été avariés. Trois barques n'ont point reparu depuis quatre jours. A l'une d'elles nous avions confié une charge particulièrement précieuse : celle de l'harmonium que nous destinions à la Cathédrale de l'Uganda. Nous nous étions réjouis d'avance à la pensée que les offices de nos chers néophytes seraient enfin un peu relevés par les mélodieux accords de l'instrument que nos noirs attendaient depuis si longtemps, et voilà que le ciel veut que nous continuions pauvrement comme par le passé. Soit! puisque la Providence le veut, nous le ferons. Nous attendrons patiemment ou impatiemment, qu'une main généreuse vienne réparer nos pertes, et la dernière tout d'abord. Quand l'harmonium viendra, si puissant qu'il puisse être, nos vapeurs, soit anglais, soit allemands, sauront bien lui faire braver les tempêtes du Nyanza.

J'ai communiqué déjà à Votre Grandeur le traité que la Compagnie anglaise a imposé à Mwanga. Depuis ce moment, deux fois les noirs protestants ont failli chasser violemment les catholiques ; la persécution sévit sourdement ; plus de trente des nôtres ont dû quitter les charges qu'ils occupaient pour les céder à la rapacité des « tolérants ».

Je viens de croiser sur le lac le *bishop* Tucker et son secrétaire, qui rentrent à la côte pour chercher de nombreux ministres, disent-ils. Nos néophytes ont commencé à faire bâtir une résidence pour les Missionnaires dans l'Usoga, et une autre au Buddu. Le Révérend Walcer vient de les suivre pour créer des missions protestantes dans ces deux pays. Oh ! comme nous avons besoin que Dieu nous aide !

INFORMATIONS DIVERSES

Lyon. — Le dimanche 12 juillet, Son Éminence le cardinal Foulon, assisté de NN. SS. Fava, évêque de Grenoble, et Boyer, évêque de Clermont, donnera solennellement la consécration épiscopale dans l'église primatiale à Mgr. J.-B. Chausse, de la Société des Missions Africaines de Lyon, nommé évêque de Comana et vicaire apostolique de la côte de Bénin, et appartenant, par sa naissance, au diocèse de Lyon. La cérémonie aura lieu à huit heures du matin.

Mésopotamie. — La *Revue géographique* publie, sous la signature de Mme Le Ray, un voyage, auquel nous empruntons les lignes suivantes :

« Ma première visite à Bagdad a été pour les Pères Carmes et pour les Sœurs de charité qui font tant de bien dans cette ville, au prix de si rudes sacrifices. Avec quelle joie et quelle grâce ils accueillent leurs compatriotes, surtout quand ils les voient animés de la foi qui les soutient eux-mêmes !

. « Non seulement les Pères Carmes élèvent la jeune génération et lui font parler un français plus pur qu'on ne le parle en Bretagne ou dans l'Anjou; mais ils rassemblent les hommes et les jeunes gens pour leur donner le goût des récréations intellectuelles, leur faire apprécier les gloires passées et les ressources présentes de leur pays natal, et attirer leur attention sur ces nobles débris qui recèlent encore tant de mystères.

« Aux vacances, les anciens élèves jouent la comédie, et ils entrent dans leurs rôles avec toute la souplesse de l'organisation orientale. La musique est également au nombre de leurs délassements, et les Pères ont formé pour les chants d'église des chœurs qui se sont admirablement distingués le jour de Pâques. Les Sœurs de charité enseignent aussi le piano et le chant. Leurs jeunes filles jouent avec une précision remarquable.

« Quand on voit toutes ces maisons si bien tenues, si bien ordonnées, les religieuses si calmes et si gaies, on croirait que de bons revenus assurent leur existence et que les points noirs ne peuvent apparaître dans leur horizon. Il n'en est pas ainsi pourtant, tous ces établissements vivent au jour le jour, donnant une leçon perpétuelle, mais bien négligée, à la prévoyance inquiète des gens du monde. Les religieuses disent dans leur angélique sérénité : « Nous essayons de faire l'œuvre de Dieu ; si « Dieu ne veut pas que son œuvre se fasse en ce moment et par « nous, il est le maître. »

Pondichéry (*Hindoustan*). — M. Verchery, des Missions Étrangères de Paris, écrit de Poloor, à Mgr Laouënan, actuellement en France.

« Voici l'état actuel du catéchuménat de Poloor:
« Catéchumènes, 477 ; Baptisés, 125 ; à baptiser, 352.

« Réunissons ensemble le bon Dieu! Votre Grandeur ignore sans doute que j'ai manqué être martyrisé pour un misérable brahme. Le divin Maître a daigné me dédommager en m'ouvrant le chemin vers quatre localités à ma porte et fort populeuses : Sottukinni, Pottêrai, Attimus et Sittampattu.

« Si Votre Grandeur daigne me soutenir et m'encourager, j'ai l'espoir que ce nombre de Catéchumènes grandira vite et sera doublé avant septembre. »

Birmanie septentrionale. — M. Louis Legendre, des Missions Étrangères de Paris, écrit de Mandalay, le 1er février 1891.

« Je ne puis résister au désir de vous raconter les grandes fêtes auxquelles nous avons assisté, le 8 décembre dernier, à l'occasion de la bénédiction solennelle de la nouvelle cathédrale de Mandalay, dédiée au Sacré Cœur de Jésus.

« Il y a deux ans, le 24 juin 1888, au soir du sacre de Mgr Simon, on posait la première pierre d'une chapelle destinée à une partie de la congrégation catholique de Mandalay. Un riche Birman, du nom de Paul, chrétien fervent et généreux, s'était offert pour supporter toutes les dépenses. Nos desseins, du reste, n'avaient alors rien de grandiose ! Une chapelle, ce n'est pas une basilique. Mais notre pieux *Kiountaya* (titre birman décerné à celui qui bâtit un temple), s'apercevant bientôt de l'insuffisance du futur édifice, commanda des agrandissements qui ont transformé l'oratoire en cathédrale.

« La nouvelle église mesure cent quarante-six pieds de longueur cinquante de largeur; les bras du transept ont soixante-quinze pieds d'étendue. La voûte de la nef principale se développe à quarante-deux pieds de hauteur et la flèche atteint cent quarante-six pieds. Une grille monumentale en fer forgé, autrefois destinée à une pagode royale, a été offerte par la municipalité pour fermer l'avenue principale donnant sur la rue.

« Les travaux approchant de leur fin, Mgr Bigandet fixa l'époque de la bénédiction au 8 décembre et promit d'y assister. Mgr Roch Tornatore, des Missions Étrangères de Milan, nommé vicaire apostolique de la Birmanie orientale, avait choisi notre nouvelle cathédrale pour son sacre, dont il avait fait coïncider le jour avec celui de la bénédiction de l'église. Les journaux annoncèrent nos fêtes, et le pieux *Kiountaya* envoya une carte d'invitation aux missionnaires et aux chrétiens de différents districts. C'était, de plus, l'époque de la retraite annuelle pour les missionnaires de la Haute-Birmanie. Aussi l'affluence fut-elle considérable. Trois évêques et 28 missionnaires se trouvèrent réunis.

« Le 7 décembre, les derniers apprêts étaient terminés, et le soir, quand les bruits de la grande ville se furent tus, les cloches essayèrent leur premier vol en sonnant l'appel aux fêtes du lendemain.

« Le 8 décembre, dès sept heures du matin, les cloches sonnèrent à toute volée, mêlant leurs voix aux sons guerriers de deux fanfares indiennes. Chacun revêt son habit de chœur, et la procession s'avance entre deux haies formées de soldats catholiques du régiment des sapeurs et mineurs de la Reine, des catholiques Kariens, de la police militaire et des catholiques des régiments de Madras stationnés à Mandalay. En tête, la croix et vingt-quatre enfants de chœur. Derrière le clergé et NN. SS. les évêques marchaient en riches habits le *Kiountaya* et sa femme, puis une foule des races diverses qui composent la population si mêlée de nos villes d'Orient. L'élite de l'assistance fidèle avait déjà rempli les nefs de l'église.

« Mgr Simon fit la bénédiction. Lorsque les rites sacrés furent accomplis, le vénéré Mgr Bigandet monta en chaire, et d'une voix vibrante, il exalta la magnificence de cette nouvelle demeure du vrai Dieu parmi les gentils, et la foi des chrétiens qui s'y abritaient. Alors commencèrent les cérémonies du sacre

Après le triple souhait : « et multos annos », la procession se reforma et nous reconduisit à la résidence épi-copale. Le Kioun-taga tint à offrir les agapes du jour aux évêques et aux missionnaires réunis, ainsi qu'à tous les chrétie s présents.

« Le soir le salut solennel fut donné par Mgr Tornatore. Après la bénédiction et le *Te Deum*, ce fut à la lumière d'une illumination magnifique que nous regagnâmes la demeure épiscopale où la fête se termina par un repas de famille. »

Etats-Unis.— Le *Tablet* raconte, dans son numéro du 20 juin, qu'un Anglais partant pour les États-Unis, voulut bien se charger d'un message *phonographié*, adressé par Son Eminence le cardinal Manning, archevêque de Westminster, à Son Eminence le cardinal Gibbons, archevêque de Baltimore.

Voici en quels termes était conçu le phonogramme du vénérable métropolitain de l'Église d'Angleterre :

« Eminence, l'Église catholique d'Angleterre Vous envoie ses hommages et salue l'Église catholique d'Amérique et tous les citoyens des États-Unis. Elle fait des vœux pour que nous soyons toujours un cœur et une âme et pour que tous deviennent les brebis d'un même pasteur. HENRI-ÉDOUARD, *cardinal archevêque.* »

Le cardinal Gibbons prit plaisir à se faire répéter plusieurs fois le message de son illustre collègue et il dit à M. Moriarty :

« Vous ne sauriez croire combien je vous suis reconnaissant de m'avoir apporté non seulement cette touchante communication du cardinal Manning, mais sa voix elle-même, car vous ne savez pas combien j'ai d'estime et d'affection pour lui. »

L'archevêque de Baltimore confia alors au phonographe ses hommages et ses souhaits pour l'archevêque de Westminster. Il y joignit un message en latin à l'adresse du Saint-Père. M. Moriarty se chargea de porter les deux phonogrammes à leurs augustes destinataires.

Patagonie et Terre de Feu. — Don Jean Fagnano, des Salésiens de Turin, vice-préfet apostolique de la Patagonie méridionale, écrit de Puntarenas, le 4 janvier, à Don Rua, le successeur du vénéré don Bosco :

« Quel progrès depuis deux ans dans cette mission ! Le 8 décembre, communion très nombreuse : cent deux personnes s'approchent de la sainte table. A 10 heures, Grand'Messe avec diacre, sous-diacre et enfants de chœur. A 2 heures, la procession ; les élèves de l'école des Sœurs précédaient la statue de la sainte Vierge ; le commandant du *picchetto* avait envoyé une escorte de dix soldats. La population entière prit part à cette démonstration d'amour envers la Madone. Vraiment, nos fêtes commencent à donner une idée des cérémonies des grandes villes : Valparaiso, Santiago, La Conception.

« L'église regorgeait littéralement de monde ; les portes latérales étaient grandes ouvertes, afin de permettre à tous d'admirer le beau travail de Don Borgatello, qui, avec beaucoup de goût, avait tendu de tapisseries l'intérieur.

« Don Beauvoir, revenu de mission, nous aida à confesser et à surveiller les enfants ; il ne se lassait pas d'admirer le progrès dans la dévotion et la fréquentation des sacrements et le concours nombreux des fidèles le jour de l'Immaculée-Conception.

« Et notre mission de Saint-Raphaël ? Elle est, elle aussi, en progrès ; j'espère que le royaume de Dieu s'étendra plus encore, car beaucoup de sauvages doivent s'y rendre durant ce mois. Déjà la nouvelle s'est répandue par toutes les îles et sur les détroits de l'Archipel, que pendant la mission, il fait bon vivre, qu'il y a beaucoup de galettes, de viande, d'habits et que les Missionnaires *(bons capitaines)* attendent et reçoivent avec bonheur tous les Indiens.

« J'ai envoyé un bateau avec de la farine, des haricots, du riz, des pommes de terre, des couvertures de laine et des habits. J'en attends le retour d'ici six ou sept jours pour avoir des nouvelles des néophytes, et pour leur venir en aide selon le besoin. Que n'avons-nous davantage de secours, quel bien nous ferions !

UNE EXCURSION

AUX

PLAINES DE CHICOVA.

Par le R. P. COURTOIS

de la Compagnie de Jésus, missionnaire au Zambèze.

(Suite et fin 1).

Lundi, 12 mai. — De Nyacapiriri à Chicova, on compte environ vingt kilomètres. Nous nous arrêtons à l'estacade du capitaine Môr de l'endroit, sans toutefois réussir à le voir. Le village qu'il habite paraît très populeux ; il est assis sur un monticule ombragé, à une petite distance du Zambèze. N'ayant point rencontré le personnage que nous voulions saluer, nous continuons notre route pour atteindre avant la nuit la demeure de M. Curado, terme final du voyage. C'est un trajet de deux lieues, par un magnifique sentier au bord du Zambèze, à travers des champs soigneusement cultivés. La nature a changé d'aspect. Plus de montagnes, plus de forêts. Maintenant le Zambèze a repris son cours habituel, et se montre dans toute sa splendeur, avec ses îles, qu'illuminent les rayons du soleil couchant.

Nous arrivons à la tombée de la nuit au village Nyankuté, assis sur la rive droite du Zambèze, lieu d'habitation de M. Curado de Campo.

Les habitants viennent, selon leur habitude, nous recevoir au son du tambour. Les plus vaillants se font un honneur de s'atteler à notre litière, et nous enlèvent au milieu d'un nuage de poussière. C'est un tintamarre épouvantable que nous devons supporter jusqu'à ce que les porteurs nous aient déposés chez M. Curado.

. .

Mardi, 13 mai. — Nyankuté est un charmant et populeux village ; ses habitants sont de race *matawara* (2).

Le matin, un beau soleil se lève derrière les montagnes du Batsenga. Le panorama est splendide sur l'autre rive du Zambèze ; à l'horizon se dresse une chaîne de montagnes dont les pics culminants présentent les formes les plus curieuses. En commençant près des cataractes sur la rive gauche, vous apercevez au loin les monts Murumbua, puis Kabvuma, Musipa Kauzira, Mandzi, Chirowérowé, Cuisawa, Nyanda, Chifisuré et Rupakué qui se rapproche du Zambèze vers l'ouest. Entre ces montagnes et le fleuve s'élèvent des monticules boisés, dépourvus d'habitants. Leurs vallées sont sillonnées de chemins fréquentés par les chasseurs d'éléphants de Tété, qui se rendent au sud du lac Nyassa, sur les terres de Mpézéni, Muasi, Chikusi, Karoro, Chifisi

(1) Voir les *Missions Catholiques* des 12, 19 et 26 juin.

(2) Les noirs de la race Matawara ont l'habitude de se faire des incisions au visage, à la poitrine, aux bras, et ils regardent cet usage comme un signe de beauté. Ils ont les dents de la machoire supérieure limées ; à leurs oreilles sont pratiquées des ouvertures énormes où ils peuvent introduire leur cigare ou tout autre ornement volumineux. Je Vous envoie le dessin d'un de mes porteurs appelé Chintzu. Un brave jeune homme, grand gaillard bien bâti, toujours joyeux, fort comme un taureau et qui n'était point méchant (Voir le type du milieu de la gravure, p. 113).

et autres, tous chefs des tribus nombreuses de Landines, Uwisa, Angoni, Muchewa, Chipeta, Chidia-Unga, etc. Leurs terres sont à quinze ou vingt journées de marche. C'est un pays fort pittoresque où l'ivoire abonde et dont la richesse et la fécondité du sol sont sans égales.

Les Anglais ont des vues sur ces pays encore vierges de la corruption des Européens. Déjà ils ont, par de riches présents, essayé de s'introduire dans les bonnes grâces de deux principaux chefs, Mpézéni et Muasi. Mais ceux-ci ont formellement déclaré qu'ils ne voulaient d'autre allié que le Roi de Portugal dont le *gérani* est à Mozambique. Dans ce but, ils sont entrés en relations avec le gouverneur de Tété et lui ont envoyé des ambassades solennelles pour lui demander appui.

L'ex-gouverneur général Auguste de Castilho, lors de sa visite à Tété, connaissant les bonnes dispositions de ces peuplades, a organisé une expédition chargée de négocier des traités d'amitié entre les divers chefs. M. Charles Wiese, négociant allemand, au service du gouvernement portugais, et le lieutenant Auguste Mesquita da Fonseca et Solla sont allés de la part du gouvernement visiter ces chefs puissants; leur entreprise a eu plein succès. Le drapeau portugais est maintenant arboré sur ces terres lointaines, où j'espère qu'un jour nous pourrons fonder de magnifiques missions catholiques.

J'ai établi des relations amicales avec le roitelet Mpézéni, et chaque fois qu'une ambassade est venue à Tété, ce chef n'a jamais manqué de me faire saluer par ses officiers. Il m'a demandé un crucifix. Il nous accorde toute permission de nous fixer sur ces terres; il m'a fait dire qu'il m'enverra prochainement trois de ses enfants pour être instruits dans la religion chrétienne.

.*.

Avant d'arriver aux terres de Mpézéni, il faut passer par le territoire des Batsenga et des Napimbi, deux tribus voisines qui se confondent par l'origine, par la langue et les coutumes. Elles semblent appartenir au grand empire des Maravis qui s'étend au nord et nord-ouest de Tété dans la direction du lac Nyassa. Le chef actuel des Pimbi s'appelle Undé ; il habite une montagne nommée Mbazi, entourée de fortifications naturelles, où les sources d'eau coulent en abondance. Il a perdu, lui aussi, au contact des Blancs, son ancienne cruauté et sauvagerie. Il s'est mis sous la protection du gouvernement portugais, et donne toute liberté de passer par ses terres, pour se rendre au pays des Landines.

Un habile chasseur de M. Curado, voulant fêter notre arrivée, nous apporte deux antilopes, des pintades et du gibier en abondance. Ce fut un jour de régal pour les porteurs, les cipayes et nos domestiques.

Mercredi, 14 mai. — Au lever du soleil, M. Curado arbore le drapeau national et cause de la surprise à tous, en faisant partir une petite pièce de canon.

Pendant la journée, nous faisons les préparatifs de notre retour à Tété.

Plusieurs députations de noirs viennent saluer le gouverneur. Le capitaine Môr de Chicova arrive, lui aussi, avec une nombreuse suite et son brillant état-major cafre.

.*.

Jeudi, 15 mai. — *Fête de l'Ascension.* — Pas de messe, ni de fête religieuse ! Nous accompagnons par la pensée Jésus, montant au ciel, victorieux et triomphant, et nous lui demandons de bénir nos travaux et de nous recevoir un jour dans les tabernacles éternels !

Dans la soirée, des noirs nous amènent un canot chargé de quartiers d'hippopotame. La chair de cet amphibie est bonne à manger. Mais il faut que la sauce soit pimentée pour dominer un certain goût fade dont elle est imprégnée. La tête du pachyderme est vraiment superbe de laideur !

A la tombée de la nuit arrivent une centaine de porteurs qui doivent nous reconduire au vapeur *Maravi*, en mouillage près des Rapides. Ces noirs, dont quelques-uns sont de la famille des Batsenga, n'ont qu'une simple peau pour se couvrir.

.*.

Parmi les noirs Matawaras, établis à Chicova, sur la rive droite du Zambèze, on distingue les nombreux types de Batsenga, qui se sont réfugiés sur les terres amies, à cause des incessantes guerres que leur faisaient les hordes londines de Mpézéni. Maintenant, les deux tribus voisines vivent en paix ; les envoyés du gouvernement portugais ont obtenu ce résultat de bonne entente entre les deux peuplades rivales.

Les femmes Batsenga, outre les incisions dont elles se couvrent le corps, se percent la lèvre supérieure et y introduisent une espèce de cheville en bois qu'elles agitent continuellement avec la langue ou une petite plaque de métal, appelée *chindinda chimbinga*, de la grosseur d'une pièce d'un franc, clouée sur la bouche. Cet ornement est affreux et donne aux lèvres de ces pauvres négresses, l'aspect d'un museau de singe. (V. les deux femmes de la gravure, p. 313).

La première tête représente la fille d'un chef, qui vit dans l'aisance et qui passe ses journées à fumer sa pipe, ou à enfiler des verroteries pour s'en faire des colliers et des bracelets; l'autre est le type d'une pauvre femme du peuple, de l'humble paysanne sans cesse occupée aux travaux grossiers de la campagne et aux services pénibles de la maison. On dit que les femmes Batsenga sont très fières du *chindinda* ; c'est un signe de noblesse dans leur tribu. Les vieilles femmes sont d'affreuses mégères avec ces lèvres épatées, difformes et pendantes. On m'a affirmé qu'elles sont têtues au point de se laisser mourir de faim. Quand elles se mettent en colère furieuse, en colère de désespoir, elles s'attachent les deux lèvres avec le chindinda comme avec un cadenas, et se mettent à errer dans les bois, en criant : *Rumba-nyunga.* C'est le nom d'une racine qui est un poison mortel.

.*.

Vendredi, 16 mai. — Nous partons à six heures et demie du matin. Le capitaine Môr de Chicova vient nous recevoir

À l'entrée de ses terres près de la rivière *Muzi*. Il nous attend avec une escorte d'honneur, une troupe de cipayes en armes, des musiciens et des chanteurs, qui commencent aussitôt des scènes de danse et des pantomimes de guerre.

Le gouverneur de Tété lui remet les titres de propriété de cinq cents hectares de terrain que celui-ci avait demandés au gouvernement. On signe l'acte officiel devant témoins, on jette de la terre en l'air, on coupe des rameaux d'arbres et on les plante en terre comme signe de prise de possession en présence des grands de l'endroit.

Cet acte accompli, nous nous mettons de nouveau en marche.

Nous passons près du village de Chicova, sans toutefois nous y arrêter. Le capitaine Môr veut bien nous accompagner avec ses gens jusqu'à Nyacapiriri pendant une journée de chemin. Au sortir du village de Chicova, nous rencontrons des femmes nombreuses qui portent sur leur tête un panier rempli de terre noire et sur l'épaule une petite houe cafre. Je pensai tout d'abord qu'elles étaient allées à leur champ et qu'elles en rapportaient quelque terre particulière destinée à servir d'engrais dans leurs jardins autour de leurs cases. Mais je sus plus tard que c'était de la terre d'où elles extraient du sel, en la faisant passer par un sys-

BAS-ZAMBÈZE (*Afrique australe*). — VILLAGE PITTORESQUE DE MPARIRA. — COURS SINUEUX DE LA RIVIÈRE CHAKOKUÉ; d'après un dessin du R. P. COURTOIS, de la Compagnie de Jésus, missionnaire au Zambèze.

tème de coulage, assez semblable à celui des femmes de mon pays, quand elles font la lessive.

Nous restons la nuit à Nyacapiriri. Les musiciens de Chicova, qui nous ont accompagnés, nous donnent un concert.

Samedi, 17 mai. — Nous partons de grand matin, nous passons par le village Matapé; nous traversons une rivière dont les bords sont pittoresques, mais presque sans eau; elle se nomme Domba. Après quatre heures et demie de marche, nous déjeunons à Kambasi, à l'ombre d'un magnifique tamarinier qui est au milieu du village. Jusque-là les chemins sont bons.

Le soir, nous prenons notre repas à Mparira, dont le chef est appelé Chipurura. Le village est assis sur une élévation rocailleuse, non loin des bords gracieux de Chakokué, au milieu de grands bois qui recèlent toute sorte de fauves et de gibier. (Voir la gravure ci-dessus).

Pour la nuit, je m'installe dans une hutte abandonnée, au milieu même du bivouac. Nos pasteurs ont allumé quinze ou vingt feux dont la fumée épaisse envahit la salle de mon palais rustique.

Les femmes du village réunies chantent et dansent avec accompagnement du tambour. Mais bientôt, elles s'injurient. J'envoie un noir leur dire de se taire, que nous avions vu assez de singes et de guenons dans les bois faire du tapage comme elles, et que c'était l'heure du repos. Je fus obéi à l'instant et nous pûmes dormir en paix, le reste de la nuit, malgré le vent froid et piquant.

.*.

Dimanche, 18 mai. — Cette journée fut une des plus rudes, car les étapes étaient longues et fatigantes et nous ne rencontrions presque pas d'eau. Après cinq heures et demie de marche, nous prenons notre première réfection un peu au-delà de Kamulansi. Le chemin est assez pittoresque; la plupart du temps, nous marchons à travers les bois sous de magnifiques ombrages. On se croirait, à certains moments,

transporté au milieu des plus beaux parcs d'Europe! Nous entrons sur les terres du prazo Boroma. A la tombée de la nuit, nous dressons nos tentes dans le lit de la rivière Katacha, en un site où se trouvaient des puits creusés dans le sable.

Lundi, 19 mai. — Nous abandonnons le chemin frayé et connu qui conduit à Tété en passant par la rivière du Mufa, et les montagnes de Dégué. Nous prenons un sentier de montagne, coupant directement au Zambèze, vers le village de Chakokoma, près duquel mouillait le vapeur *Marari*.

BAS-ZAMBÈZE (*Afrique australe*).— HAUTEURS A PIC DE LA RIVIÈRE CHAKOKOMA, RIVE GAUCHE; d'après un dessin du R. P. COURTOIS, de la Compagnie de Jésus, missionnaire au Zambèze. (Voir page 305).

.*.

Je ne vous dis rien du chemin; il faut y avoir passé pour s'en faire une idée: pierres, paille sèche, épines; vallées, ruisseaux et précipices dangereux, rien ne manquait au tableau. Vraiment cette dernière journée dérangeait tous nos plans et toute étude de route. Il fallait se résoudre à accepter l'ancien chemin de Tété à Kaciombo, déjà connu et que tout le monde dit être le seul praticable.

Nous faisons une courte halte au village de Musanua, où nous rencontrons de l'eau fraîche et potable. Après cinq heures et demie de course par monts et par vaux, nous arrivions sur les hauteurs à pic de la rivière Chakokoma, et

vingt minutes après nous étions en face du *Marari* au bord du Zambèze. (Voir la gravure ci-dessus.)

.*.

Nous nous embarquons sans retard, car le second du bord, averti de notre arrivée, avait déjà tout préparé. Nous disons adieu aux Rapides de Karoa-Basa, et après quatre heures et demie d'une heureuse navigation, nous arrivions tous sains et saufs, au port de Tété, au moment même où la cloche tintait l'*Ave Maria* du soir!

FIN.

EN NOUVELLE GUINÉE

Par Mgr André NAVARRE

des Missionnaires du Sacré-Cœur d'Issoudun, archevêque de Cyr et vicaire apostolique de la Nouvelle-Guinée.

(Suite et fin 1)

Araia était situé dans un marais, entouré de plusieurs canaux, qui s'entrecroisent, se remplissent d'eau aux hautes marées, débordent dans la forêt de palétuviers et y déposent une vase insalubre pour ceux qui vivent non loin de là. Une épidémie sévit contre les habitants d'Araha et fit de rapides ravages. Sa nombreuse population, toujours plus portée à croire aux superstitions qu'aux causes physiques, s'imagina qu'un *Païpaï* (mauvais esprit) (2), était venu élire domicile dans le marais et voulait l'habiter seul. Les gens d'Araha prirent le parti de lui céder la place. Ils firent une grande fosse, y ensevelirent leurs morts et s'en allèrent à la recherche d'un asile plus hospitalier.

Deux groupes se sont établis dans l'île Yule : ce sont Jehria et Ericrina; une famille s'arrêta à Pinopaka, d'autres formèrent une partie de Deléna et trois petits villages dans la Baie. Mais deux ont été détruits par les maladies, il ne reste que Baiara. Quelques-uns sont allés du côté de Maïra et ont formé une partie de Bereina.

Nous évangélisons tous ces villages à l'exception de Deléna qui est protestant. Nous avons partout des chapelles et nous occupons maintenant toute la tribu de Roro.

Nous venons de voir dans la vengeance des gens d'Ahara, les terribles suites d'un assassinat. Voici les conséquences du rapt d'une femme.

L'année dernière, un homme de Rapa avait enlevé une femme de Pinopaka. Cette femme était veuve, par conséquent libre, et pouvait se marier avec qui elle voulait. Aussi ce n'est pas le fait même de l'enlèvement qui occasionna la guerre. Mais, d'après leurs usages, l'homme de Rapa devait offrir certains objets aux frères de cette femme. L'homme de Rapa refusa : de là déclaration de guerre par Pinopaka. Cette guerre devait être circonscrite entre les deux grandes familles sœurs : Paitana contre Araha ; d'une part, Rapa, Moiu, Bioto et Babiko, et de l'autre, les deux villages de Yule, Pinopaka, Deléna, Baiara et ceux de Bereina.

Le Père chargé de Moiu, en apprenant que ses paroissiens se préparaient à la guerre, chercha à les en dissuader. Il écrivit aussitôt à mon coadjuteur, à Port-Léon, pour lui annoncer la chose et le prier de venir à Rapa. Le lendemain de bon matin, Mgr Vérius alla au village de Yule et détermina les habitants à déposer les armes et à le suivre à Pinopaka, qui était le lieu du rendez-vous pour le parti d'Ahara ; à Pinopaka ils trouvèrent ceux de Bereina tout prêts au combat. Le prélat les somme de déposer les armes et de le suivre à Rapa. Les anciens lui dirent :

(1) Voir les *Missions Catholiques* du 19 et 26 juin 1891.

(2) Le Païpaï est le mauvais génie des vallées et des marées ; il attaque ceux qui habitent ou traversent ses domaines.

« — *Mitsi*, nous ne pouvons aller ainsi à Rapa sans armes, parce que nous serions exterminés. »

« — N'ayez aucune crainte ; personne ne vous touchera ; d'ailleurs, si vous avez peur, vous vous cacherez derrière moi. »

Sur ces entrefaites arrivent des députés de Rapa, portant avec eux la noix d'arec et tout ce qui est nécessaire pour manger le bétel : c'est le signe de paix. Mais ils n'apportaient pas les présents d'usage. Pinopaka n'accepta pas les propositions de paix dans ces conditions ; après avoir donné à déjeuner aux députés, ils les renvoyèrent, les chargeant de dire que Pinopaka ne pouvait accepter la paix si l'on n'en voyait pas les présents réclamés. Les députés annoncèrent que le missionnaire accompagnait ceux de Pinopaka. Peu de temps après, des pirogues chargées de monde approchèrent de Pinopaka, venant de Delena-Baiara. Quand ceux-ci apprirent que le missionnaire avait fait déposer les armes à tout le monde, ils ne mirent même pas pied à terre, mais virèrent de bord pour reprendre la direction de leurs villages.

Ensuite les principaux chefs qui se trouvaient à Pinopaka se mirent en route pour Rapa avec Mgr Vérius. La moitié du chemin se fait en pirogues sur le Paru, l'autre moitié se fait à pied. Ils arrivèrent sur une seule file, le missionnaire en tête. Rapa est composé de deux petits villages séparés par un court espace. Le premier village qu'ils rencontrèrent était désert. Le P. Toublanc seul s'y promenait anxieux, il avait accompagné ses paroissiens de Moiu. Il y eut de l'étonnement dans le camp de Rapa en voyant le missionnaire à la tête d'une petite troupe sans armes.

Mgr Vérius, le P. Toublanc et les chefs sautèrent sur la Maréa, sans saluer les chefs de Rapa, puis, après un moment de silence qui pesait à tout le monde, le prélat les harangua durant une demi-heure. Dans ces circonstances il faut crier de toutes ses forces et gesticuler comme si l'on était très fâché. Mais le sermon convenait peut-être mieux à des chrétiens qu'à des païens ; ils ne sont pas encore assez instruits pour goûter les raisons du prédicateur. Mgr Vérius était épuisé : tous les indigènes baissaient la tête, mais ne répondaient pas.

Monseigneur dit en français au P. Toublanc :

« Ils ne répondent pas, ce n'est pas de bon augure. Je crains que nous n'obtenions pas la paix, ce sera un échec. »

Il reprit la parole. Il leur représenta que quatre villages étaient réunis pour soutenir un homme qui avait violé leurs usages.

« Pour un coupable beaucoup d'innocents vont perdre la vie ou se faire blesser. Que le coupable, s'écria-t-il, donne les présents d'usage. Qu'il tue un porc, qu'il apporte des bananes pour donner à manger à tout le monde et nous ferons la paix. »

Alors un vieillard se lève et répète les dernières paroles du missionnaire.

« Oui, le *Mitsi* a raison : que le coupable offre un porc, donne les présents, fournisse des bananes et la paix sera faite. »

Plusieurs vieillards se sont levés pour répéter les mêmes paroles. Je crois que la perspective d'avoir un porc à manger a étouffé en eux le désir de donner et de recevoir des blessures et même la mort.

Le premier vieillard avait à peine fini de parler que déjà le porc protestait par des cris désespérés contre la conclusion du traité de paix. Ce jour de tristesse s'est changé grâce au missionnaire, en un jour de festin.

Le village de Bioto seul n'y participa point ; dès que ses gens entendirent la voix tonnante et en apparence courroucée du missionnaire, ils s'enfuirent sur leurs pirogues.

Nous voyons par cette histoire que nous pourrons dans la suite arrêter ces malheureuses guerres. Nos sauvages sont eux-mêmes étonnés de ce qui s'est passé à Rapa et racontent partout que jamais on n'avait vu un seul homme empêcher une guerre de huit villages les uns contre les autres.

L'esprit belliqueux de nos sauvages n'est pas ce que nous aurons le plus de peine à déraciner. Dans chaque village un ou deux hommes ont une influence considérable et que nous ne détruirons qu'avec peine. Ce sont les *Nèpous* (sorciers). Tous les peuples de ces contrées leur attribuent une puissance occulte et surhumaine. Ils peuvent donner des maladies et la mort même à distance. Ces hommes, dont nous attaquons la puissance, seront longtemps nos plus dangereux ennemis. Nous les avons défiés plusieurs fois de nous jeter des sorts pour s'excuser, ils disent que leur puissance ne s'étend pas sur les blancs. Nous ne savons pas encore positivement si parmi eux il y a de vrais sorciers, ce qui ne nous étonnerait nullement ; je crois que la plupart sont des imposteurs.

Un fait qui s'est passé vers la fin de l'année dernière dans un village de Maiva, prouve que tous nos sauvages ne croient pas au pouvoir occulte de leurs sorciers, et qu'ils les regardent parfois comme des criminels. Un homme fort hardi, du nom de Beata, passait pour être le plus terrible *Nèpou*, terrible même aux autres *Nèpous*. Il se vantait de faire mourir tous ceux qui ne lui plaisaient pas. Un jour, il attira chez lui un jeune homme et une jeune fille d'un autre village ; il leur donna à manger, et, le soir, les enfants, en arrivant chez eux, furent pris de convulsions et succombèrent ; mais ils eurent le temps d'accuser Beata de leur mort.

Leurs parents, persuadés que les deux enfants avaient été empoisonnés, se rendirent à la maison du *Nèpou*. Ils le trouvèrent dans son jardin ; sans autre forme de procès, ils lui coupèrent les pieds, les mains, les jambes, les bras, la tête et dépecèrent son corps. Ils en jetèrent les morceaux aux quatre coins du jardin, croyant que, si les morceaux restaient les uns près des autres, ils se recolleraient et le *Nèpou* ressusciterait. Vous voyez que nous n'aurons pas de peine à leur faire admettre cet article de notre *Credo* : « Je crois à la résurrection de la chair. »

Après ce coup hardi, le Népous de toute la contrée ont eu peur. Jusqu'alors ils se croyaient inviolables ; l'affaire de Beata a donné un grand coup à leur autorité. La mère de Beata qui était Nèpou à Moïu, a déclaré avoir chassé son serpent noir dans la direction de Maiva.

Il est manifeste que les Népous n'ont pas de puissance surnaturelle ; mais cette invulnérabilité qu'ils nous attribuent, pourrait mettre notre vie en danger. Ils se figurent que nous portons en nous un certain charme, une pierre que l'on trouve quelquefois dans l'iguane. C'est ainsi que dernièrement Mgr Vérius a failli être victime de cette superstition. Deux villages avaient résolu de le tuer pour prendre cette pierre mystérieuse qu'il est supposé posséder dans son estomac. Son sang-froid a conjuré l'orage. Vous voyez que nous pouvons conserver l'espoir du martyre. Nos gens sont de grands enfants mal élevés, grossiers. Dans un moment de colère, ils sont capables de massacrer leur missionnaire. Ils s'en repentiront tout de suite après ; mais leurs regrets ne ressusciteraient pas les morts.

Leurs coutumes et leurs superstitions sont des obstacles que nous avons à vaincre. Dans leurs longues soirées, les vieillards racontent les histoires du temps passé. Ce sont toujours des prouesses belliqueuses. Les enfants, les jeunes gens, entendant vanter ces hauts faits, se nourrissent, sans s'en apercevoir, des goûts, des désirs de la guerre. Les enfants de très bonne heure s'exercent au maniement de toutes les armes. Ils tuent des oiseaux à coup de flèches et plus souvent les poissons. Dans l'eau jusqu'au-dessus du genou, ils attendent le poisson au passage et il est très étonnant de voir avec quelle adresse ils frappent les petits comme les gros. Cette guerre aux oiseaux et aux poissons n'est que le prélude de la guerre contre les hommes.

Et ce ne sont pas les seules difficultés que rencontre l'apostolat. Sous la zône torride que nous habitons la chaleur excessive produit une évaporation dont on n'a pas l'idée en France. Cette évaporation est plus grande dans les régions boisées et sur les montagnes. Ajoutez à cela des pluies torrentielles. De là, croyons-nous, ces fièvres qui ne nous quittent jamais et qui nous ôtent les trois quarts de nos forces.

Pour comble de malheur, depuis le commencement de cette mission, nous avons été dans une grande disette de toutes choses, manquant souvent de nourriture, de pain. A la suite d'un de ces jeûnes forcés, je suis tombé dans un état d'affaiblissement qui m'oblige à revenir presque chaque année à Sydney pour reprendre des forces. En 1889, nos missionnaires ont dû se passer de pain et du plus strict nécessaire pendant quatre ou cinq mois. Les Sœurs de Notre-Dame du Sacré-Cœur ont dû se faire elles-mêmes des souliers avec de vieilles peaux trouvées dans les champs, résolues à aller pieds nus et à ne se nourrir que de taros et d'ignames plutôt que d'abandonner leurs chères sauvagesses.

Cet état de maladie dans lequel nous vivons est le plus grand obstacle que nous rencontrions dans l'évangélisation de ces peuples, car nous avons toujours la moitié de notre personnel au lit à Thursday, où nous les envoyons changer d'air.

Vous voyez que nous avons besoin de beaucoup de secours pour faire quelque bien parmi ces pauvres Papous : secours d'en-Haut, secours des hommes.

Les jeunes lévites qui aspirent à évangéliser les sauvages et qui désirent une mission où ils auront beaucoup à souffrir pour la gloire de notre divin Maître, peuvent venir en Nouvelle-Guinée : ils ne seront pas frustrés dans leurs espérances.

J'espère, au moins, que les personnes dévouées aux œuvres les plus difficiles, entreprises pour la gloire de Dieu et qui lisent votre très utile et très intéressante publication des *Missions catholiques* voudront bien accorder une petite place dans leurs prières à cette difficile mission. Et nos cœurs sauvages et les missionnaires ne manqueront pas de prier à leur tour pour leurs bienfaiteurs.

FIN

LES MISSIONS CATHOLIQUES AU XIXᵉ SIÈCLE

PAR

M. Louis-Eugène LOUVET, des Missions Etrangères de Paris, Missionnaire en Cochinchine occidentale.

CHAPITRE XII

L'ÉGLISE DE CHINE (1880-1890).

Iᵉʳ GROUPE. — MISSIONS DU NORD DE LA CHINE.

Suite (1)

I. — Le vicariat du Pé-tchély septentrional (Péking) est le plus important du groupe par sa situation politique. Le vicaire apostolique réside naturellement à la capitale. Il y a, à Pékin, 3 belles églises. La cathédrale, à la demande de l'empereur qui a donné une indemnité, vient d'être rebâtie sur un autre emplacement que l'ancienne, que l'on trouvait trop près du palais. La mission possède à Péking 1 grand séminaire, 12 élèves, 1 petit séminaire, 36 élèves. 1 collège chinois, 100 élèves. Il y a dans la mission de Péking : 105 églises ou chapelles et 111 oratoires, 9 maisons de Sœurs de charité à Pékin, orphelinat, hôpital et dispensaire ; à Tien-tsin, hôpital et dispensaire. Depuis le massacre de Tien-tsin, provoqué par les calomnies des lettrés contre l'œuvre de la Sainte-Enfance, l'orphelinat du Tien-tsin n'a pas été rouvert.

Les Sœurs chinoises de Saint-Joseph (noviciat à Pékin) tiennent les écoles des chrétientés.

Les religieux de la Trappe ont fondé, il y a quelques années, un couvent dans la mission de Pékin.

II. — Le vicariat du Pé-tchély occidental possède 278 églises ou chapelles, 2 séminaires, 28 élèves, plusieurs orphelinats, 1 maison de Sœurs de charité. L'évêque réside à Tcin-tin-fou, l'ancienne capitale, du temps des Min.

III. — Le vicariat apostolique du Pé-tché-ly sud-est appartient aux Jésuites. Le vicaire apostolique réside à Tchang-kia-tchang, où les Pères ont un beau collège chinois, d'où sont sortis plusieurs gradés. Une imprimerie est annexée au collège, avec un observatoire météorologique.

La mission a 59 églises ou chapelles, 437 oratoires, une école normale, où l'on forme des maitres d'école et des catéchistes ; plusieurs prêtres chinois sont même sortis de cette maison ; 168 écoles fréquentées par 1,800 enfants et 6 orphelinats.

IV. — Le vicariat de Mantchourie et du Léaotong, à la Société des Missions Etrangères de Paris, s'étend du golfe de

(1) Voir tous les numéros parus depuis le 14 mars jusqu'à fin octobre 1890, et 2, 9, 16, 23 et 30 janvier, 6 et 13 février, 24 avril, 1ᵉʳ, 8, 15, 22 et 29 mai, 5, 12, 19 et 26 juin 1891.
Pour l'intelligence de ce travail, nous recommandons la carte des missions de la Chine que nous avons publiée cette année. Prix : 4 fr. 25 franco.

Pé-tché-ly à la frontière russe, sur une étendue de 964.000 kilomètres carrés. La mission possède sur ce vaste territoire : 47 églises ou chapelles, 2 séminaires, 42 élèves. 77 écoles de chrétientés, 1,615 élèves. Malgré les rigueurs d'un climat sibérien, les Sœurs de la Providence de Portieux sont établies dans la mission.

Le vicaire apostolique réside à Ing-tse, port ouvert aux Européens, au fond du golfe de Pé-tché-ly.

V, VI, VII, VIII. — Les trois vicariats de la Mongolie et celui du Kan-sou ont été confiés à la Société des Missionnaires du Saint-Cœur-de-Marie, établie à Scheut, près Bruxelles. La mission de Mongolie comprend en outre le pays des Ortous et celui des Eleuthes. La Mongolie a 3,337.000 kilomètres carrés de superficie, soit un territoire six fois grand comme la France, sur lequel sont éparpillés environ 20,500 catholiques.

La disproportion est encore plus forte pour le Kan-sou, qui, sur un territoire de plus d'un *million* de kilomètres carrés, ne possède encore que deux mille catholiques, soit un catholique par cinq cents kilomètres carrés !

Cette immense étendue de territoire rend excessivement onéreuse et difficile l'administration des chrétiens. Le district d'Ili, situé à l'extrémité ouest du Kan-sou était à deux mois de marche de la résidence épiscopale. Cet état de choses vient de décider le Saint-Siège à détacher du Kan-sou cette vaste région pour en faire une mission séparée, confiée comme les quatre autres aux Missionnaires Belges.

IX et X. — Les deux vicariats de la province du Chan-tong comptaient, au siècle dernier, de nombreux chrétiens partagés en 70 districts ; ce qui, en mettant une moyenne de cinq cents chrétiens par district, chiffre évidemment trop faible, donne un total de trente-cinq à quarante mille chrétiens pour toute la province. Les persécutions de la fin du dernier siècle avaient à peu près ruiné cette mission, qui commence seulement à se relever.

Le Chan-tong septentrional appartient aux Franciscains, qui avaient autrefois évangélisé la province. Le vicaire apostolique réside à Zi-nan-fou. Les protestants sont fortement établis à Ché-fou, port ouvert aux Européens.

Le Chan-tong méridional a été donné aux Missionnaires du séminaire hollandais de Steyl. Le vicaire apostolique réside à Puoli.

IIᵉ GROUPE. — MISSIONS DU CENTRE DE LA CHINE.

Dès qu'on eut retrouvé, au XVIᵉ siècle, les routes de la Chine, les fils de saint François, jaloux de marcher sur les traces de leurs devanciers du moyen âge, se hâtèrent de rentrer dans leur héritage et s'établirent, vers 1633, dans les provinces centrales de la Chine, où ils sont demeurés, en dépit des persécutions.

En 1800, nous trouvons dans cette partie de la Chine, le vicariat unique du Hou-kouang, Chan-si et Chen-si.

En 1838, il fut partagé en deux : Hou-kouang, d'une part, Chan-si et Chen-si de l'autre.

En 1843, le Chan-si fut détaché du Chen-si et forma un troisième vicariat, confié comme les deux autres, aux Franciscains, puis divisé en 1890 en deux vicariats nouveaux.

Les religieuses Canossiennes, au nombre de 20, ont un bel établissement, hôpital, orphelinat, catéchuménat, à Han-kéou, résidence du vicaire apostolique. Les Sœurs chinoises du tiers-ordre de Saint-François d'Assise, au nombre de quarante, tiennent les orphelinats et les écoles.

C'est à Ou-tchang-fou, capitale de la province, que furent martyrisés le Vénérable Clet et le Bienheureux Perboyre, Lazaristes ; le premier, étranglé le 18 avril 1820, et le second, le 11 septembre 1840, après avoir supporté, pendant plus d'une année, avec un courage inébranlable de longues et affreuses tortures. Puisse le B. Perboyre, béatifié solennellement à Rome, ouvrir la route aux nombreux martyrs de la Chine qui ont souffert pour le Christ, au cours du XIXᵉ siècle.

VI. — Le vicariat du Chan-si comptait, en 1885 : 1 grand séminaire, 20 élèves, 1 petit séminaire, 8 élèves, 5 orphelinats, 817 enfants, 15 églises avec résidence et 200 chapelles. Des Sœurs Franciscaines d'Europe, au nombre de 12, sont venues, en 1888, partager les travaux des missionnaires. Par décret du 17 juin 1890, ce vicariat a été partagé en deux : le Chan-si septentrional et Chan-si méridional. tous les deux aux Franciscains. Le premier compte 221 églises ou chapelles, 15 prêtres européens, 20 prêtres indigènes et près de 20,000 chrétiens ; le deuxième, 42 églises ou chapelles et 6,900 néophytes.

VII et VIII. — Le Chen-si septentrional, aux Franciscains. compte plus de 19,000 fidèles ; 14 stations principales et 20 stations secondaires, 56 églises, 62 chapelles, 9 missionnaires européens, 18 prêtres indigènes, 24 catéchistes. Il a un séminaire (24 élèves), un collège, 22 écoles, 47 asiles.

Le vicariat apostolique du Chen-si méridional, érigé en 1887 et confié au séminaire romain de saint Pierre et saint Paul, a près de 9,000 catholiques, 50 stations, dont 34 pourvues d'églises ou de chapelles. Les missionnaires sont au nombre de 15. Il y a 3 prêtres indigènes et 28 écoles fréquentées par 350 enfants.

IIIᵉ GROUPE. — MISSIONS DE L'EST DE LA CHINE.

Au commencement du XIXᵉ siècle, nous trouvons à l'est de la Chine :

1º L'évêché de Nanking, érigé en 1690 et demeuré depuis longtemps sans titulaire. Les Lazaristes travaillent dans le diocèse, où ils ont remplacé les Jésuites ; 2º la mission du Fo-kien, où les Dominicains travaillent depuis 1630. Outre la province du Fo-kien, ils sont encore chargés du Tché-kiang et du Kiang-si. Les Lazaristes travaillent à côté des Dominicains, dans ces deux missions.

En 1838, le Tché-kiang et le Kiang-si sont érigés en vicariat apostolique et donnés aux Lazaristes.

En 1843, le Ho-nan est détaché du diocèse de Nanking, érigé en vicariat, qui jusqu'en 1865 est administré par les Lazaristes. A cette époque, le Ho-nan est donné aux Missions Étrangères de Milan. En 1846, le Kiang-si est séparé du Tché-kiang et reste aux Lazaristes.

En 1856, le diocèse de Nanking est supprimé, et la Sacrée Congrégation érige, à sa place, le vicariat apostolique du Kiang-nan, qui est donné aux Jésuites.

En 1879, le vicariat unique du Kiang-si est partagé en trois : Kiang-si septentrional, oriental et méridional.

En 1883, le vicariat du Ho-nan est subdivisé en deux : Ho-nan nord et sud, tous deux aux Missions Étrangères de Milan.

La même année, le vicariat apostolique d'Amoy et Formose est détaché du Fo-kien et reste aux Dominicains de Manille.

Voici le tableau des accroissements numériques des missions de l'est de la Chine :

En 1800 :
Evêché de Nan-cing (vacant), Lazaristes ? missionnaires, ? prêtres indigènes, 20 000 catholiques.
1 vicaire apostolique Fo-cien, Dominicains, ? missionnaires, ? prêtres indigènes, 30,000 catholiques.
Total en 1800 : 1 Vicaire apostolique, ? missionnaires, ? prêtres indigènes, 50,000 catholiques.

En 1840 :
Evêché Nan-cing (vacani), Lazaristes, ? missionnaires, ? prêtres indigènes, 40,000 catholiques.
1 vicaire apostolique, Tché-kl-ang et Kiang-si, Lazaristes, ? missionnaires, ? prêtres indigènes, 9,000 catholiques.
1 vicaire apostolique, Fo-cien, Dominicains, 5 missionnaires, 9 prêtres indigènes, 40,000 catholiques.
Total en 1840 : 2 vicaires apostoliques, ? missionnaires ? prêtres indigènes, 89,000 catholiques.

En 1870 :
1 vicaire apostolique Kiang-nan, Jésuites, 42 missionnaires, 25 prêtres indigènes, 77,449 catholiques.
1 vicaire apostolique, Ho-nan, Lazaristes, 5 missionnaires, 3 prêtres indigènes, 3.200 catholiques.
1 vicaire apostolique, Tché-ciang, Lazaristes, 7 missionnaires, 6 prêtres indigènes, 6,000 catholiques.
1 vicaire apostolique, Kiang-si, Lazaristes, 5 missionnaires, 10 prêtres indigènes, 8,500 catholiques.
1 vicaire apostolique, Fo-cien, Dominicains, 16 missionnaires, 10 prêtres indigènes, 40,000 catholiques.
Total en 1870 : 5 vicaires apostoliques, 75 missionnaires, 54 prêtres indigènes, 135,149 catholiques.

En 1890 :
1 vicaire apostolique Kiang-nan, Jésuites, 98 missionnaires européens, 34 prêtres indigènes, 104.400 catholiques.
1 vicaire apostolique Ho-nan nord, Missions Étrangères de Milan 3 missionnaires, 3 prêtres indigènes, 1,400 catholiques.
1 vicaire apostolique Ho-nan sud, Missions Étrangères de Milan, 7 missionnaires, 4 prêtres indigènes, 7,500 catholiques.
1 vicaire apostolique Tché-ciang, Lazaristes, 12 missionnaires, 7 prêtres indigènes, 7,342 catholiques.
1 vicaire apostolique Kiang-si nord, Lazaristes, 5 missionnaires, 2 prêtres indigènes, 3,407 catholiques.
1 vicaire apostolique Kiang-si est, Lazaristes, 10 missionnaires, 10 prêtres indigènes, 10,630 catholiques.
1 vicaire apostolique Kiang-si sud, Lazaristes, 6 missionnaires, 4 prêtres indigènes, 4,000 catholiques.
1 vicaire apostolique Fou-tchéou, Dominicains, 17 missionnaires, 13 prêtres indigènes, 34,250 catholiques.
1 vicaire apostolique Amoy, Dominicains, 11 missionnaires, 3 prêtres indigènes, 3,782 catholiques.
Total en 1890 : 9 vicaires apostoliques, 151 missionnaires, 78 prêtres indigènes, 176,430 catholiques.

En moins d'un siècle, le chiffre des missions de l'est de la Chine, s'est élevé de *deux* à *neuf* et celui des chrétiens a plus que *triplé*.

(A suivre).

DONS

Pour l'Œuvre de la Propagation de la Foi

ÉDITION FRANÇAISE.

Mme D. don recueilli par l'*Echo de Fourvière*................. 100
Anonyme » » 50
Id. » » 100
Une domestique » » 300
G D. » » 200
Mme Favre » » 5
Anonyme de Lyon. . . 2 10

Pour la mission la plus nécessiteuse (Kiang-nan).
Mme la Comtesse de V à Paris, avec demande de prières........ 5

Pour le Patriarcat de Jérusalem.
A. C. de Marseille...................................... 1

Au R. P. Allys, à Phu-Cam, prés Hué.
M. l'abbé Moussu, du diocèse de Langres 10

Au R. P. Gabillet, à Pondichéry.
M. R du diocèse de Nancy..... 25
P. A R du diocèse de Lyon...... 25

Au R. P. Arokianader, à Pondichéry, pour les affamés.
Anonyme d'Autun 22

A Mgr Riccaz, pour les veuves païennes de l'Inde.
M R du diocèse de Nancy.. 25

Pour la mission de Mongolie.
A. C. de Marseille. 4

A Mgr Osouf, pour l'entretien d'un séminariste pendant un an.
Mlle B. de Lyon.................................... 500

A Mgr Cousin (Japon méridional), trimestre d'un séminariste.
Au nom de Sœur Térèse de Jésus, diocèse d'Angers............ 50

Pour les catéchistes Japonais, M. Tulpin (Japon septentrional.
Anonyme de Darlington (Angleterre).................. 30 20
Anonyme du diocèse de Verdun.... 10
M. O. de Paris, pour ses chers défunts 30

Pour la léproserie d'Ambahivoraka (Madagascar.)
E. A du diocèse d'Autun, en reconnaissance d'une guérison obtenue.................................... 10

A Mgr Carrie, pour le rachat de deux enfants à baptiser sous les noms de Hermance et Maria.
Un abonné du diocèse de Saint-Cloude................ 12

Au R. P. Clauzot (Arizona.)
M. l'abbé Moussu, du diocèse de Langres.............. 10

(La suite des dons prochainement).

ÉDITION HONGROISE

Pour l'Œuvre.. 80 36
« les missions la plus nécessiteuse (Kiang-nan)...... 31 50
« les missions de Chine (Kiang nan)............... 82 40
« les missions du Japon (Mgr Osouf)............. 4 12
« les lépreux de Jérusalem...................... 18 54
« le Saint-Sépulcre........................... 2 06
« les missions d'Afrique (Mgr Hirth).............. 4 12

TOTAL.................... 243 10

TH. MOREL, *Directeur-gérant.*

Lyon. — Imprimerie MOUGIN-RUSAND, rue Stella. 3.

ILES FIDJI (Océanie). — VUE DE ROTOUMA; d'après une photographie communiquée par MGR VIDAL, Mariste, vicaire apostolique des Iles Fidji.

CORRESPONDANCE

FIDJI (Océanie)

Réception solennelle de Mgr Vidal à Rotouma.

On lira avec intérêt cette lettre de Mgr Vidal. Les détails sur sa réception dans l'Ile Rotouma sont bien de nature à montrer l'esprit religieux des habitants et l'attachement qu'ils ont pour leurs pères dans la foi.

LETTRE DE MGR VIDAL, MARISTE, VICAIRE APOSTOLIQUE DES ILES FIDJI, A M. L'ABBÉ BOURGEOIS, AUMONIER A HAUBOURDIN (Nord).

LEVUCA, le 18 août 1880.

Parmi les îles de mon immense vicariat que j'ai pu visiter jusqu'à ce jour, *Rotouma* est peut-être celle qui m'a causé les impressions les plus vives et donné au cœur le plus de consolations et d'espérances. Et cependant, il y a quelques années à peine, cette mission longtemps persécutée a été à deux doigts de sa perte.

Ce n'est pas ici le lieu d'en retracer l'historique ; je rappellerai seulement qu'au moment de la mort du

N° 1153. — 10 JUILLET 1891.

R. P. Dezest, en 1872, elle était, elle aussi, agonisante, comme son dernier missionnaire. Qu'elle est touchante, cette scène si bien racontée par Louis Veuillot, de deux généreux apôtres, isolés dans leur île, tous deux mourants et se demandant lequel des deux pourrait dire la dernière messe pour se communier lui-même et communier son confrère avant de s'étendre tous deux dans le même cercueil !

Ce fut votre ami, le R. P. Trouillet, que Dieu conserva pour le salut de *Rotouma*, et afin d'assurer son complet rétablissement, Mgr Elloy lui offrit de quitter momentanément sa résidence et d'aller se reposer dans les missions du centre. Mais le R. P. Trouillet, pressentant combien l'abandon total de cette chrétienté serait funeste à son avenir religieux, s'offrit à rester seul, s'il le fallait, et à dépenser au service de ses chers Rotoumiens jusqu'à son dernier souffle de vie. Depuis lors les choses changèrent de face. Un apôtre avait donné sa vie pour la conversion de ce peuple : un autre se dévouait pour lui, malgré les rigueurs de la maladie et les tristesses de l'isolement. C'était pour Rotouma le prix et le prélude de jours meilleurs.

Je signalerai, en passant, un fait extraordinaire que

m'a raconté ces jours passés le R. P. Trouillet : Une vieille prêtresse des idoles disait, peu de temps avant la venue des Pères : « Je vois arriver deux prêtres Blancs ; leur religion est bien différente de la nôtre. Si l'un d'eux meurt ici, cette religion tiendra bon et renouvellera la face de l'île. Si aucun ne meurt, leur religion s'éteindra. »

Je me contente de vous citer cette prophétie très certaine. Maintenant, laissez-moi vous exposer ce que je puis bien appeler le commencement du triomphe.

Le 1ᵉʳ juillet, je m'embarquai pour *Rotouma*, à bord d'une petite goélette marchande. J'avais avec moi le R. P. Schneider et un jeune missionnaire, récemment arrivé de France. Un vent exceptionnellement favorable nous poussa, en trois jours, sur le rivage de l'île. Comme nous arrivions à l'ancrage à la tombée de la nuit, le R. P. Schneider nous pria de rester à bord jusqu'au lendemain afin que nos catholiques pussent être avertis et se réunir pour notre réception. Il fallait bien se conformer aux désirs de nos missionnaires et de leurs indigènes qui avaient fait de grands préparatifs ; ils eussent été trop cruellement déçus si nous avions fait notre entrée de nuit. Nous consentîmes donc à attendre ; mais, au lieu de coucher à bord de la goélette et de nous y faire ballotter toute la nuit, nous préférâmes chercher à terre un abri moins mouvant.

Nous ne trouvâmes, en cet endroit, qu'une case abandonnée. Nous y entrâmes : le toit en était si délabré, que nous pouvions aisément contempler les étoiles, lorsque nous fûmes étendus sur un débris de natte qui devait nous servir de lit. Heureusement la nuit fut très belle et notre sommeil ne fut troublé par aucune averse.

Après nous avoir installés dans ce réduit, le P. Schneider partit à la hâte annoncer notre arrivée au R. P. Trouillet. La nouvelle aussitôt se répandit dans tous les villages catholiques et la nuit fut employée aux derniers travaux. On voulait nous faire une réception au moins aussi belle que celle dont nous avions été l'objet à Fidji, l'an passé. Le R. P. Trouillet qui en avait été témoin stimulait le zèle de ses néophytes. Aussi, cette nuit-là, personne ne songea à dormir.

De grand matin, aux premières lueurs du jour, l'île entière semblait littéralement pavoisée. Vers 10 heures, le R. P. Schneider revint nous annoncer qu'une pirogue nous attendrait au rivage pour nous transporter jusqu'à l'endroit où la procession devait se former. Nous profitâmes du temps qui nous restait pour faire une visite au Résident anglais, récemment nommé à Rotouma et que je connaissais particulièrement. C'est un catholique, ancien membre du gouvernement colonial à Fidji. Nous fûmes cordialement reçus et comme les chefs de Rotouma étaient

en délibération chez lui, le magistrat me les présenta et leur témoigna son désir de les voir se mêler tous aux catholiques pour notre réception solennelle. Je n'aurais jamais osé faire moi-même une semblable proposition. Précédemment, elle eût paru inadmissible. Mais je fus tout heureux de l'initiative du Résident ; sa démarche tournait au bien de la religion. Lui-même, du reste, devait prendre part à la fête.

Je le quittai bientôt pour monter dans l'embarcation qui nous attendait au rivage. Le vent aidant, nous arrivâmes en face de la résidence des Pères. De loin, nous pouvions voir déjà tout le long de la mer une multitude d'indigènes revêtus de leurs plus beaux costumes. Les femmes sont parées de leurs longues robes traînantes ; les hommes et les jeunes gens portent leurs casques de guerre ornementés de plumes aux couleurs les plus variées. Tous sont armés de fusils. Ces armes, longtemps dirigées contre nos catholiques, ont fait dans leurs rangs de nombreuses victimes. Grâces au ciel, les temps sont bien changés et ces instruments de mort ne serviront désormais qu'à des fêtes pacifiques et à des réjouissances nationales. Aujourd'hui, elles vont donner un nouvel éclat à la réception de l'évêque et saluer ce triomphe de la religion dont il est ici le chef.

.˙.

En effet, dès que notre pirogue aborde au rivage, nous sommes salués par les longues détonations de ces vieux fusils : les chefs les plus robustes s'approchent en même temps. En leur qualité de descendants des Chinois (1), ils n'ont pas oublié de préparer un immense *palanquin* sur lequel je dois m'installer, car c'est ainsi que leur chef religieux doit faire sa première entrée. Mais ce palanquin, les Chinois du Céleste-Empire n'en ont jamais sans doute fabriqué un pareil.

Il avait trois étages. C'était d'abord un immense brancard dont plus de vingt porteurs se disputaient les bras multiples. Au-dessus de ce brancard était fixé... le catafalque des morts ; mais on avait eu soin de le dissimuler sous des guirlandes de verdure. Enfin, un lourd et solide fauteuil, de fabrique rotoumienne, formait le troisième degré et dominait tout le monument.

Ce n'est pas sans quelque crainte que mon œil mesurait ces hauteurs où il fallait me hisser. Le P. Schneider se hâta de me rassurer en me disant d'un ton parfaitement convaincu : « Monseigneur, c'est très solide, j'en réponds. »

Il n'y avait plus qu'à s'exécuter. Je pris cependant le temps de m'agenouiller devant la croix que me présenta le bon P. Trouillet, de la baiser et de revêtir les ornements sacrés. Puis, comme je me disposais à gravir les degrés abrupts de ce trône, le missionnaire me dit avec anxiété :

1. Les Rotoumiens sont issus d'un mélange de Chinois et de Samoans.

« — Mais, Monseigneur, vous n'avez donc pas de queue à votre soutane ? »

Et il me présente en même temps le fils du grand chef qu'il avait exercé au rôle important de caudataire. Je compris aisément que j'allais causer un grand désappointement au jeune chef et à son père et j'envoyai chercher la *cappa* qui était encore dans la pirogue. Après m'en être revêtu, je montai enfin, avec l'aide d'un missionnaire, jusqu'au sommet du palanquin.

Alors nos robustes porteurs l'élevèrent sur leurs épaules et je m'avançai ainsi entre ciel et terre à une hauteur capable de me donner le vertige.

Mais si je n'étais pas bien à mon aise, mon jeune caudataire était encore plus ennuyé que moi. On l'avait exercé à relever une queue de soutane, et voilà que, par suite de la hauteur insolite du palanquin, il avait beau se grandir et marcher sur la pointe des pieds, c'est à peine si, de sa main allongée, il pouvait atteindre l'extrémité de ma *cappa*.

On en aurait ri ailleurs : ici chacun garda le plus grand sérieux, car il s'agissait d'une cérémonie religieuse. Bientôt la procession s'organisa et l'on se mit en marche.

.•.

Enfants, femmes, vieillards, suivaient la croix dans un ordre parfait, en chantant des cantiques. Un chœur de jeunes gens et de catéchistes nous précédait immédiatement, exécutant l'*Ecce sacerdos magnus* avec beaucoup d'ensemble. Puis venaient deux ou trois cents guerriers formant l'escorte d'honneur. Nous avancions ainsi lentement, émus jusqu'aux larmes, priant et bénissant ce bon peuple.

Oh! quel bonheur pour le P. Trouillet qui voyait enfin la réalisation de son plus beau rêve de missionnaire ! Que de travaux récompensés en un seul jour ! Que de peines et de fatigues oubliées !

Nos catholiques étaient triomphants. Ils voyaient leur évêque enfin ! Si longtemps ils l'avaient attendu ! si longtemps même les païens et les Wesleyens, se moquant de leurs espérances déçues, leur avaient dit que j'avais dû être mangé par les sauvages de Fidji, puisque je n'arrivais jamais.

La procession dura une demi-heure. Les chefs avaient demandé à me porter le plus longtemps possible. Ils ne craignaient pas la fatigue, puisqu'ils étaient plus de vingt porteurs et que la joie rendait ce fardeau léger pour leurs robustes épaules.

Un nouveau feu de peloton salue notre entrée dans l'église, et notre garde d'honneur forme la haie autour de l'autel pendant que nous célébrons la sainte Messe devant une multitude pieusement recueillie.

C'est le R. P. Trouillet qui a traduit à ce peuple les quelques paroles sorties de mon cœur plus que de ma bouche et le vieux missionnaire n'était pas moins ému que son Evêque.

A la fin de la cérémonie je donnai la bénédiction papale et, dans cette bénédiction, il y eut sûrement une grande part pour celui qui a si largement contribué à la prospérité de cette mission et pour tous nos généreux bienfaiteurs. Le magnifique spectacle que nous avions sous les yeux n'était-il pas leur œuvre autant que la nôtre ?

.•.

Les fêtes se continuèrent le lendemain et les jours suivants. Nous eûmes des réunions exclusivement religieuses ; nous eûmes aussi des réunions mixtes dans lesquelles nous nous occupâmes, de concert avec le magistrat et les chefs, de l'avenir temporel du pays.

Pas un nuage ne vint assombrir ces beaux jours. La fête de clôture surtout fut imposante. Il y eut communion générale, confirmation très nombreuse. Le Résident dirigeait lui-même les chants et tenait l'harmonium ; les enfants des Écoles, revêtus de leur joli costume, faisaient entendre la belle messe de Dumont; rien ne manquait à la fête. C'était vraiment une paroisse modèle de France : c'était mieux que cela, c'était une île toute entière avec ses néophytes, naguère proscrits et persécutés, chantant l'hymne du triomphe et de la délivrance.

Mais, si la liberté est maintenant assurée dans Rotouma à notre sainte religion, il y a encore beaucoup à faire pour l'établir solidement. Il faut continuer la grande église autrefois commencée et restée inachevée faute de ressources ; il faut développer l'œuvre des Écoles entreprise pour les jeunes filles par la Sœur Saint-Bernard, et pour les garçons par le R. P. Schneider ; il faut conserver et augmenter notre chrétienté naissante.

Continuez donc à nous venir en aide par vos prières et vos aumônes. Intéressez les âmes généreuses à cette œuvre maintenant en si bonne voie ; aidez-nous à la conduire à bonne fin. Tant de sueur et même de sang ont été déjà dépensés ! Rotouma, je vous l'ai dit, a fourni des martyrs. Puissent les sacrifices assurer la persévérance de nos fervents chrétiens !

Au moment de mettre sous presse, on nous communique une lettre du R. P. Robert, annonçant un terrible désastre. Toutes les plantations de la mission de Loreto (Fidji) ont été ruinées en quelques heures par un cyclone d'une violence inouïe. Nous publierons prochainement cette correspondance; les détails qu'elle renferme provoqueront, nous l'espérons, de la part des fidèles charitables des aumônes proportionnées aux pertes de la mission.

INFORMATIONS DIVERSES

Syrie. — M. Michel Aloufe, directeur des Écoles grecques-catholiques de Zahlé et de la Bekaâ, nous écrit le 20 juin 1891 :

« Notre œuvre d'éducation gratuite, ne fait que se développer et nos succès sont toujours assurés. Le protestantisme se meurt mais ses écoles sont toujours ouvertes et il n'attend qu'une occasion pour recommencer ses attaques.

« J'ai déjà fait appel à votre Œuvre, afin qu'elle vienne à notre aide pour les réparations que nous sommes obligés de faire dans nos écoles. Ces réparations sont de la dernière nécessité, car le gouvernement nous a défendu de laisser les enfants fréquenter des classes qui menacent ruine. Comme le temps des réparations approche, je vous conjure de m'envoyer le plus tôt possible tous les secours que vous pourrez. Ces dons profiteront à des centaines d'infidèles ou de schismatiques qui reçoivent, sur nos bancs, une éducation toute catholique et française. Il nous est impossible de commencer le moindre travail de réparations sans qu'on vienne à notre aide. Faute de ce secours plus de 400 enfants sont exposés à aller aux écoles de l'hérésie. C'est nous obliger deux fois que de nous secourir le plus tôt possible. »

Vizagapatam. — Sous le titre *Les Radjpoutes de Vizianagram*, le R. P. Domenge, des missionnaires de Saint-François de Sales d'Annecy, nous adresse la relation suivante :

« Les *Missions catholiques* ont plus d'une fois entretenu leurs lecteurs des progrès de notre foi dans la haute caste des Radjpoutes. Le démon a suscité des obstacles à ce mouvement. Une persécution violente a menacé d'étouffer les germes déjà vivaces des chrétientés en formation dans les environs de Vizianagram, et l'école confiée en cette ville aux Sœurs de Saint-Joseph, a été soudainement fermée.

« Toutefois, les jeunes femmes Radjpoutes, converties avant cette épreuve, l'ont supportée avec un courage héroïque. Rien n'a pu les intimider et elles ont bravé jusqu'au péril de la mort dont on osa les effrayer, pour continuer à fréquenter l'église et les sacrements.

« Dans la ville de Vizianagram, elles ont à peu près conquis leur position. On ne les moleste pas beaucoup. Mais celles qui sont disséminées dans les villages sont parfois accusées d'avoir « perdu leur caste » et sans les excommunier positivement, on cesse de les inviter aux mariages et aux fêtes purement sociales, affront qu'elles ressentent vivement.

« Leurs maris qui les ont suivies dans notre sainte religion sont peut-être moins intrépides qu'elles. Mais, même parmi eux, il n'y a pas eu de défections.

« Plusieurs de ces braves femmes préparent la voie au missionnaire en instruisant celles de leurs compagnes qu'elles trouvent bien disposées.

« Un Radjpoute partant pour un village où il avait des terres, son épouse lui représenta que s'il venait à mourir si loin de tout prêtre et sans baptême, il irait droit en enfer. Il se fit instruire par elle, et peu de jours après, elle l'amena parfaitement préparé au missionnaire. Arrivé dans le village en question, ce couple chrétien se vit entouré de considération à cause de sa haute caste, car il n'y avait là que des *Soudras*. La femme en profita pour persuader aux pères et aux mères de lui envoyer leurs filles pour apprendre à lire, à coudre, etc., et pour étudier la sagesse (*Bouddi*). Elle eut bientôt une école où elle enseigne les prières et le catéchisme.

« Un autre village a été presque gagné à la Foi par une fervente Radjpoute. Malheureusement, des missionnaires protestants s'en sont aperçus et sont venus là, pendant quatre jours, déblatérer contre la confession, le culte des saints, etc. La fermeture de l'école de nos religieuses a porté un grand coup à leur influence et à celle du prêtre à Vizianagram. N'ayant plus de voiture elles ont dû à peu près cesser les visites, si bien reçues, qu'elles faisaient aux païennes. Un espère les pouvoir bientôt d'un véhicule et le Maha-Rajah, contraint par des raisons de famille à ne

pas relever l'école, a alloué une certaine somme pour en ouvrir une autre.

« Ce prince vient de recevoir une précieuse récompense de sa libéralité envers le catholicisme et la cause de la civilisation. Léon XIII lui a fait remettre par le délégué apostolique une belle mosaïque représentant le Panthéon de Rome. Le Rajah a été très flatté de cette distinction et a adressé au Saint-Père une lettre qui exprime toute sa reconnaissance. »

Sahara et Soudan. — L'érection du Sahara et du Soudan en vicariat apostolique distinct est désormais une œuvre accomplie. S. Em. le cardinal Lavigerie, administrateur de ce vicariat, vient de recevoir à ce titre, de Sa Sainteté, un nouvel auxiliaire dans la personne du T. R. P. Anatole Toulotte qui a été nommé évêque avec le beau titre de *Tagaste* qui est, comme on le sait, le nom de la patrie de saint Augustin, la Souhkaras actuelle.

Mgr Anatole Toulotte est né à Lisbourg, dans le diocèse d'Arras, le 7 janvier 1852. Il recevra la consécration épiscopale, le 12 juillet, à Alger des mains de S. Em. le cardinal Lavigerie.

L'éminent Prélat avait déjà tout préparé en vue du nouveau vicariat et il inaugurait dernièrement à Biscra la maison qui, entre autres destinations, doit servir de résidence épiscopale à Mgr Toulotte. Nous reproduisons page 330 la photographie de tout le bâtiment prise en ce jour de fête et nous ajoutons, d'après le Père Harquart, la description suivante :

« Dès la fin de 1889, un terrain absolument nu et sans cultures, comprenant une quinzaine d'hectares, a été acheté. Pendant qu'on travaillait aux constructions, la charrue défonçait les terres : aujourd'hui, plusieurs centaines de jeunes palmiers ont été plantés, ainsi que d'autres arbres fruitiers, une partie de la propriété a été transformée en potager pour les besoins de la maison, le reste est consacré à différentes cultures, notamment à une plantation d'asperges destinée à produire des primeurs. Ce sera, si Dieu nous donne la réussite, une ressource considérable qui nous permettra de faire du bien plus largement.

« La grande question, quand on entreprend des cultures dans les régions sahariennes, c'est celle de l'eau. Out-à-la portion achetée au canal distributeur de l'oasis, S. Em. le cardinal a fait pratiquer sur notre terrain deux forages qui ont eu un succès relatif. La nappe artésienne a été rencontrée à une profondeur de 53 mètres ; mais, après être remontée de 22 mètres, elle s'arrêtait malheureusement à 31 mètres de la surface du sol. Il fallait de l'eau, elle était là, ne demandant qu'à être tirée ; la rentrée était bien forte, on achetait des pompes ; celles-ci posées, il faut un moteur ; c'est là que nous en sommes actuellement ; mais, dans les entreprises de charité, il faut être parfois téméraire et engager la Providence.

« L'habitation des Frères comprend une maison avec quatre pièces centrale et deux vastes salles qui sont les salles communes ; ils couchent sur un banc en maçonnerie, recouvert de nattes qui règne tout autour des salles. Le sol, également recouvert de nattes, sert de table ; on s'assied par terre, à la saharienne, pour prendre le modeste repas de la communauté. Un pavillon au premier étage abrite les missionnaires attachés à la maison ; les cuisine, dépense, boulangerie d'une part, la chapelle de l'autre, forment deux bâtiments perpendiculaires au bâtiment principal. »

Oubanghi (*Congo*). — La *Semaine religieuse* de Poitiers a reçu et donne dans son dernier numéro des nouvelles de l'heureuse arrivée de Mgr Augouard à Loango. Elle publie en même temps une lettre adressée à M. l'abbé Augouard, frère du vénéré prélat, par Polycarpe Kiassinda. Polycarpe est un jeune homme de vingt ans, élevé par l'apôtre de l'Oubanghi. On verra, par cette lettre, que nous donnons textuellement, les résultats de l'influence exercée par nos missionnaires sur ces pauvres noirs apprenant à bénir Dieu dans la langue de notre patrie et s'exprimant en français avec une merveilleuse facilité.

« Loango, le 19 avril 1891.

« Je n'essayerai pas de vous dépeindre la joie que tous les « petits noirs du Congo, anciens élèves de votre digne et excel-« lent frère, Mgr Augouard, ont ressentie en revoyant à Loango

« ce zélé et intrépide missionnaire, revêtu aujourd'hui du carac-
« tère épiscopal. Le jour de son arrivée était pour toute la Mis-
« sion une véritable fête de famille. Jamais on n'avait vu ici
« fête semblable. Les séminaristes, tous anciens élèves de votre
« vénéré et bien-aimé frère, étaient au comble de leur bonheur.
« On a fait à Monseigneur une réception aussi brillante que notre
« pauvre pays pouvait la lui organiser.

« A peine Monseigneur avait-il posé le pied sur le sol de
« Loango, qu'une vive fusillade, dirigée par les pères de famille
« de notre village chrétien, retentit dans les airs. Et les enfants de
« la Mission l'acclamèrent par trois vivats chaleureux. Mgr Carrie
« assistait au débarquement; les Pères, les Frères, les garçons de
« la Mission et les filles des Sœurs sur deux raies reçurent,
« pieusement inclinés, la première bénédiction de Sa Grandeur.

« Tout le chemin que le cortège devait parcourir de la plage à
« la Mission, était pavoisé. Vers le milieu de la route, était dressé
« un magnifique arc de triomphe, portant au fronton cette inscrip-
« tion : *Benedictus qui venit in nomine Domini*. A droite on lisait :
« *Da robur* et à gauche : *Fer auxilium*. (C'est la devise de
« Mgr Augouard.)

« Au moment d'atteindre l'arc, une nouvelle fusillade salua
« Monseigneur. Puis, devant l'entrée de notre modeste église en
« planches, votre frère et Mgr Carrie, revêtus de leurs habits
« pontificaux, et nous, pénétrâmes dans l'enceinte sacrée au
« chant du *Benedictus*.

« Le cantique terminé, Mgr Augouard monta à l'autel et adressa
« à l'assistance recueillie quelques paroles de remerciements bien
« senties. Sa Grandeur, en terminant son allocution, se recom-
« manda aux prières de tous ceux qui étaient présents. Une
« dernière bénédiction vint clore cette émouvante réception.

« Quand toutes les caisses de votre frère furent débarquées,
« après une journée et demie de travail, le mercredi, à 2 heures
« de l'après-midi, Monseigneur a bien voulu présider une petite
« fête préparée pour lui dans la grande salle des enfants de
« l'école primaire, où tout le monde s'était réuni. Là, après des
« chants et un petit compliment composés pour la circonstance,
« Monseigneur nous parla du grand sacrifice que font les mis-
« sionnaires en quittant tout pour notre salut : patrie, parents
« chéris et amis; des privations et des sacrifices que s'imposent
« les chrétiens de France pour notre éducation. Il finit son dis-
« cours, qui nous captivait tous, en nous donnant de grand cœur
« sa bénédiction apostolique, et, ce qui n'est pas peu pour des
« écoliers, un grand congé. Après la séance de sa réception, il
« nous obtint une promenade. Inutile d'ajouter que ce que les
« petits noirs ont trouvé de plus éloquent dans le discours de
« votre frère, c'étaient les congés et les 50 fr. qu'il nous donna
« pour nous régaler.

« Nous ne vous oublions pas dans nos faibles prières ni dans
« nos communions. Nous nous souvenons d'une manière toute
« particulière de vos bons et excellents parents, qui ont dû être
« désolés au départ de votre digne frère, Mgr Augouard.

« Daignez agréer mes sentiments respectueux de reconnais-
« sance. »   « Polycarpe KIASSINDA. »

Mexique. — Le journal *El Tiempo* de Mexico du 27 mai contient une lettre du R. P. Terrien. Le zélé supérieur de nos délégués dans l'Amérique du Sud, écrit de Léon où il se trouve en
ce moment, et envoie à l'excellent journal l'expression de sa
reconnaissance pour l'accueil que ses compagnons et lui ont
reçu à Queretaro et pour les bénédictions dont Dieu s'est plu à
combler leur mission dans ce diocèse. Le départ des trois missionnaires de Queretaro fut très touchant. Tous les membres du
comité de l'Œuvre de la Propagation de la Foi tinrent à honneur
de les accompagner à la gare pour leur donner une dernière
marque de sympathie.

Dès le lendemain de son arrivée à Léon, le R. P. Terrien fit
une visite à Mgr Thomas Baron y Moralès. Le vénérable prélat
s'empressa de lui donner tous les pouvoirs nécessaires à l'accomplissement de sa difficile mission et quelques jours après il
adressait au clergé et aux fidèles de son diocèse une magnifique
lettre pastorale pour recommander l'établissement dans toutes
les paroisses de l'œuvre de la Propagation de la Foi.

LES BOERS DU TRANSVAAL

ET

LA MISSION DE POTCHEFSTROOM

Par le R. P. SERRIÈRES

Des Oblats de Marie Immaculée.

Les *Missions Catholiques* n'ont parlé que de loin en loin des
travaux apostoliques des RR. PP. Oblats de Marie-Immaculée au
Transvaal; aussi accueilleront-ils avec intérêt les renseignements
suivants sur cette portion du champ de famille. L'auteur ne se propose pas d'écrire l'historique des fondations qu'y
ont faites les fils de Mgr de Mazenod, il se contente de mettre
sous les yeux de nos lecteurs un récit succinct de ce qui a trait
à sa mission, précédé d'une étude générale sur les Boers.

Il y a soixante ans, Potchefstroom n'existait pas encore,
et le Transvaal tout entier était le séjour exclusif des tribus
cafres. Ce fut en 1838 seulement que des hommes, appartenant à la race blanche, s'établirent dans ce qui fait maintenant partie de la République du Sud-Afrique. Voici dans
quelles circonstances. Quelques années auparavant, bon
nombre de Boërs (1), mécontents du gouvernement de la
reine d'Angleterre, à laquelle le Cap avait été récemment
cédé par la Hollande, quittèrent la colonie, et se mirent à
la recherche de pays nouveaux où, loin de toute domination
étrangère, ils pussent vivre à leur guise. Un parti de ces
hardis pionniers atteignit les rives du Vaal en 1836.

Au delà de ce fleuve régnait Moselekatze, Zulu d'origine et
l'un des capitaines du fameux Chaca, cet Attila moderne dont
les armées victorieuses parcoururent une grande partie de
l'Afrique du sud, semant partout la désolation et la mort. Moselekatze s'était séparé de son ancien chef, et, à la tête des
Matabeles, il avait, lui aussi, décimé, sinon anéanti complètement bon nombre de tribus cafres et en tenait les restes
malheureux sous le plus dur asservissement. Ce tyran ne
pouvait voir d'un bon œil les blancs sur le point de pénétrer
dans l'intérieur de ses États usurpés. Il attaqua donc les
Boërs, et, quoique repoussé victorieusement, il réussit à
emmener avec lui tous les troupeaux des émigrants et un
certain nombre de leurs vagons. L'année suivante vit les
Boërs des environs se réunir au parti attaqué, et tous ensemble, au nombre de cent fermiers environ, sans compter
un nombre égal d'alliés cafres, pénétrèrent dans le pays de
Moselekatze au delà du Vaal, attaquèrent Mosega, l'une de
ses principales villes militaires, tuèrent plusieurs centaines
de ses guerriers, reprirent presque tous leurs troupeaux et
quelques-uns de leurs vagons, et s'en retournèrent à leurs
quartiers généraux établis sur les bords du Sand-River.
Après ce revers Moselekatze s'enfuit au nord du Transvaal
et se fixa entre le Limpopo et le Zambèse, où sa tribu est
encore très puissante sous le gouvernement de Lobengulo
son successeur.

Délivrés du voisinage de ce redoutable chef, les Boers
vinrent s'établir l'année suivante, 1838, sur les rives
du *Mooi-River* ou Belle-Rivière, à une journée de marche du Vaal, leur future ville que, plus tard, ils
nommèrent Potchefstroom, du nom de trois hommes re-

(1) Les Boërs sont les descendants des anciens colons hollandais ou huguenots français établis au Cap au XVIIe et au XVIIIe siècle.

marquables parmi eux. Potgieter, Scherfet, Stokenstroom.
Telle est l'origine de la première ville du Transvaal, maintenant encore la capitale attitrée de la République du Sud-
Afrique, quoique Prétoria soit devenu le siège du gouvernement.

L'emplacement de la nouvelle ville était des mieux
choisis. Le Mooi-River arrose de ses eaux limpides et
abondantes une plaine qu'il fertilise admirablement, et qui
pourrait devenir sous les soins assidus de fermiers intelligents le grenier du Transvaal. La ville s'étend le long de la
rive droite du Mooi River en deux longues rues parallèles,
et se cache au sein d'une végétation des plus riches : la

verdure, les jardins et la culture rehaussent beaucoup l'apparence de la ville et lui donnent un air campêtre qui
charme l'Européen fraîchement arrivé du pays natal, ainsi
que l'habitant des villes minières de nos contrées. Nous
devons ces avantages aux eaux du Mooi River qui, grâce à
un canal contournant la ville du côté opposé à la rivière,
comme l'écrivait naguère le T. R. P. Monginoux, préfet apostolique du Transvaal, parcourent les rues, arrosent les jardins, portent partout la fraîcheur et la fécondité, et font de
Potchefstroom le parterre du Transvaal et l'un des séjours
les plus agréables pendant neuf mois de l'année. Située à
3,900 pieds au-dessus du niveau de la mer, la ville jouit

ALGÉRIE. — Chapelle et Résidence de Biskra, le jour de l'inauguration (Voir page 328).

d'un climat salubre, et peut soutenir avec avantage toute
comparaison avec les autres villes de l'Afrique du Sud.

.·.

Voici maintenant quelques détails propres à faire connaitre la population au milieu de laquelle nous travaillons.
Les Boërs, pris dans leur ensemble, sont essentiellement
un peuple de paysans. Les vastes fermes qu'ils possèdent
auraient, dans des circonstances plus favorables, fait d'eux
de riches propriétaires, entourés d'aisance et de luxe ;
mais leur existence nomade pendant de si longues années, l'éloignement où la plupart se sont trouvés jusqu'à
ces derniers temps de tout centre de civilisation et de tout

débouché pour les produits de leurs fermes, les ont réduits
à n'être que des paysans à l'aise.

Leur caractère est rude et difficile ; le genre de vie
errante et pleine de périls qu'ils ont menée jusqu'à une
époque récente, n'était guère propre à adoucir leurs mœurs.
Ils devaient toujours être sur le qui-vive, soit pour repousser
les attaques de Cafres hostiles, soit pour protéger leurs
troupeaux contre les maraudeurs, soit pour se défendre
contre les bêtes féroces dont ils avaient troublé la solitude.
Malgré cela, les Boërs sont hospitaliers, à moins que leur
fanatisme religieux, ou leur haine de l'étranger, c'est-à-
dire de l'Anglais, ne soit surexcitée. Si le voyageur qui frappe
à leur porte est un Français, il est sûr d'être accueilli avec

des attentions spéciales, la majorité des Boërs, se faisant gloire d'être de descendance française.

On leur reproc?e de faire trop peu de cas de la propreté corporelle ; mais il faut dire que bon nombre des habitudes malpropres qui cioquent l'Européen, ont été contractées pendant ces années de voyages et de périls incessants où le soin de veiller à leur sûreté absorbait ciez eux celui de songer à leur toilette.

Les Boërs sont encore très peu instruits : témoins les questions parfois ridicules posées par certains de nos députés lors des sessions annuelles du Parlement ; témoin aussi, dit-on, le Président de la République, qui attendit

d'être élevé au poste d'?onneur qu'il occupe maintenant, pour apprendre à écrire son nom au bas des documents qui requièrent sa signature. Toutefois ils aiment l'instruction, et le gouvernement se plait à favoriser les écoles par des subsides abondants. Inutile de parler de leur amour de la liberté, et du courage avec lequel ils se sont battus contre les Anglais pour leur indépendance nationale : ce sont là des choses connues de tous.

Voilà quelques traits du caractère boër ; mais, année par année, les défauts que j'ai mentionnés s'effacent insensiblement. Les Boërs ne sont point ennemis du progrès, quoi qu'en disent une certaine classe d'écrivains 1ostiles à

1LES FIDJI (Océanie).— COSTUMES DE GUERRE DES HABITANTS DE ROTOUMA; d'après une piotograpiie communiquée par MGR VIDAL, Mariste, vicaire apostolique des i'es Fldji (voir page 225 .

ce peuple ; la civilisation européenne les gagne peu à peu, grâce à l'élément étranger, anglais surtout, qui s'est introduit parmi eux ces dernières années, et dont l'influence menace d'être prépondérante sous peu au point de vue politique, comme elle l'est déjà dans l'industrie et le commerce.

* *

Avant d'étudier les Boërs sous le rapport religieux, disons un mot sur la forme de gouvernement du Transvaal.

Le Transvaal est une république. Le pouvoir législatif réside dans le Volksraad (Parlement), qui tient ses sessions annuelles en mai pendant trois mois ; les membres, au nombre de quarante, sont élus tous les quatre ans. D'après

un projet de loi adopté l'année dernière, à l'ancien Volksraad on en a ajouté un autre que l'on appelle le second Volksraad. Cette deuxième Ciambre relève de la première ; l'une a ses attributions spéciales est de veiller sur les intérêts miniers du pays. Cette année, les deux Volskraads vont commencer à fonctionner, et beaucoup attendent d'heureux résultats de cet essai.

Le pouvoir exécutif est entre les mains d'une sorte de ministère qui comprend de droit le Président de la République, le secrétaire d'Etat et le commandant général ; le Volksraad ajoute à ces derniers deux autres membres qu'il nomme tous les trois ans. Malgré ces mesures prises par la loi, le Président est un véritable autocrate, qui jusqu'alors a .

mené le Volcsraad à son gré, et a exercé un pouvoir presque incontesté.

Quand *oom Paul* (l'oncle Paul), comme les Boërs appellent
M. Kruger, fut élu Président, la population blanche, dans la
République du Sud-Afrique, ne pouvait guère dépasser
soixante mille âmes. Aussi toutes les affaires, même celles
de moindre importance, passaient-elles entre les mains du
chef de l'Etat, et tous les documents officiels devaient être
revêtus de sa griffe. Les étrangers, que la soif de l'or a fait
venir dans ce pays, ont plus que quadruplé la population
du Transvaal, et ont rendu la tâche du Président et de l'exécutif compliquée et très pénible. Quelques améliorations ont
déjà été introduites dans les offices du gouvernement ;
mais bien des réformes devront encore prendre place avant
que le système administratif ait atteint un degré de perfection relative. L'apathie des premiers habitants du Transvaal rend les villes de ce pays incapables de se gouverner
par elles-mêmes ; aussi, dans chaque ville ou, pour être plus
exact, dans chaque district, le pouvoir administratif et judiciaire est entre les mains du Landrost. Nommé par le gouvernement qu'il représente, ce magistrat est armé de pouvoirs parfois discrétionnaires ; c'est de fait, tout le long de
l'échelle administrative, le système patriarcal en vigueur ;
si de nos jours il n'est pas sans inconvénient, il a aussi un
bon côté qui n'est pas à dédaigner.

.*.

Voyons maintenant quelles sont les dispositions religieuses du peuple que nous étudions. Les Boërs sont un
peuple profondément religieux : ils n'omettent jamais les
prières du soir en famille ; ils sanctifient le jour du dimanche à leur façon dans l'intérieur de leurs maisons, lorsqu'ils sont trop éloignés de leur église pour s'y rendre
régulièrement. Aux grandes fêtes de l'année, ils se mettent
en route avec toute leur famille, et parcourent dans leurs
vagons à bœufs des distances parfois très considérables,
afin d'assister au service divin et de célébrer leur *Nacht-
maal* en commun.

Malgré cela, ils conservent certains préjugés qui ne font
pas honneur à leur christianisme. Ainsi, par exemple, la
plupart ne peuvent souffrir la compagnie des Cafres dans
la même église qu'eux pendant les offices, et ils ne se font
aucun scrupule de manifester publiquement leur manière
de voir à ce sujet. L'année dernière, une branche de l'E-
glise hollandaise, qui est la religion des Boërs, tint un
synode à Prétoria, et l'un des membres du synode déclara,
devant tous ses confrères réunis, qu'il ne consentirait
jamais à prendre place à la Cène à côté d'un Cafre. En
mars 1891, un Cafre me racontait comment un de ses compagnons, appartenant à l'Eglise protestante et fraichement
arrivé de son *kraal* (village cafre), s'avisa un dimanche de
se rendre à l'une des églises hollandaises de la ville au moment où l'on y célébrait le service divin. L'accueil qu'il
reçut ne fut pas flatteur : non seulement on l'expulsa de
l'édifice sacré ; mais les policemen présents mirent la main
sur lui et lui firent prendre le chemin de la prison. Toutefois, pendant le trajet, leur sainte colère s'apaisa, et ils lui
proposèrent de le relâcher sur-le-champ s'il consentait à
leur donner quelques shillings. Le pauvre diable crut prudent d'acquiescer à leurs désirs ; il paya sa rançon.

Les Boërs ont conservé intègre l'esprit fanatique de leurs
ancêtres, les calvinistes de Hollande et de France. Leurs
ministres d'ailleurs ne se font pas faute de l'entretenir en
eux au moyen de toutes sortes de calomnies qu'ils leur
débitent du haut de la chaire contre l'Eglise de Rome. Il
n'est donc pas surprenant que, même de nos jours, les Boërs
aient les préjugés les plus forts contre nous, comme aussi
les idées les plus grotesques sur les dogmes de notre sainte
religion. Les catholiques ont été, dès le commencement de
cette République, mis hors la loi (1). Tout exercice du
culte leur fut interdit, tout accès aux offices du gouvernement fermé, et le droit de voter et de se poser comme
candidat dans les élections des députés refusé. En outre,
les subsides que le gouvernement accorde si libéralement
aux écoles du pays, ne concernent nullement les nôtres.
Pour avoir part à ces subsides, les écoles catholiques sont
obligées de se procurer un instituteur protestant qui fasse
suivre aux élèves un cours complet d'instruction élémen-
taire dans la langue du pays (le hollandais), du moins il
est supposé le faire, suivant la méthode protestante. L'année
dernière, le Parlement a voté une nouvelle loi qui nous rend
encore plus difficile l'accès aux subsides du Gouvernement.
D'après cette loi, pour qu'elle ait droit à ces subsides, une
école doit avoir un instituteur protestant et enseignant le
hollandais pour chaque trente enfants. Ainsi donc, des
écoles tenues par des catholiques et où la langue anglaise
occupe la première place, peuvent facilement remplir les
conditions imposées par la loi. Voilà où nous en sommes
pour l'enseignement.

Je vous ai dit que les Boërs avaient aussi interdit l'exercice du culte catholique dans les limites de la République
du Sud-Afrique : la liberté religieuse nous a été rendue, et
je vous dirai sous peu dans quelles circonstances.

Quant à la liberté civile et politique, elle nous est encore
refusée. L'année dernière, une pétition, couverte de plusieurs
milliers de signatures, fut présentée au Parlement pour
obtenir l'abrogation des lois iniques qui font des catholiques
une caste de parias. La pétition, dont l'idée première venait
du T. R. P. Monginoux, fut rejetée, ou plutôt écartée : on
n'osa pas refuser catégoriquement notre demande ; on se
contenta de nous répondre qu'il y avait liberté religieuse
parfaite au Transvaal, et que le Parlement n'avait aucune
intention de rien retrancher à cette liberté. Cette réponse
ne touchait même pas à ce qui était cependant l'objet de la
pétition. Cette année, la même pétition, cette fois des plus
explicites et ne laissant aucune échappatoire, circule déjà
parmi le public, et, en mai prochain, elle sera présentée
aux deux Volksraads en session. Si elle vient à passer, les
catholiques auront en tout des privilèges égaux à ceux des
protestants : ils pourront prendre part aux élections, obtenir
un siège au Parlement, entrer dans le service civil, être
nommés à toutes charges et être considérés comme instituteurs reconnus par la loi, de manière à avoir part aux subsides du Gouvernement, sans le concours d'aucun instituteur protestant.

(*A suivre*).

(1) Toutes les sectes protestantes autres que les diverses branches de
l'Eglise hollandaise réformée eurent le même sort ; mais la loi à laquelle
je fais allusion, ne leur fut jamais appliquée.

LES MISSIONS CATHOLIQUES AU XIXᵉ SIÈCLE

PAR

M. Louis-Eugène LOUVET, des Missions Etrangères de Paris,
Missionnaire en Cochinchine occidentale.

CHAPITRE XII
L'Église de Chine (1880-1890).

IIIᵉ Groupe. — Missions de l'est de la Chine.

Suite (1)

I. — Le vicariat apostolique du Kiang-nan, le plus nombreux et le plus florissant de tous ceux de Chine, compte : 112 missionnaires Jésuites, dont 14 de nationalité chinoise, 18 prêtres indigènes n'appartenant pas à la Compagnie de Jésus, 14 scolastiques européens, 23 Frères coadjuteurs, de nombreux catéchistes,655 églises,77 chapelles,101,000 catholiques. 2 séminaires,1 collège chinois, où l'on se prépare aux grades mandarinaux, 1 orphelinat industriel, à Zi-ka-wei, 20 autres orphelinats, dans l'intérieur 1 communauté de 64 Sœurs Auxiliatrices du Purgatoire, 1 couvent de Carmélites, 19 religieuses dont 10 chinoises, 1 hôpital à Siang-haï, tenu par les Sœurs de Charité. 650 écoles de charité, 11,120 enfants. Un Observatoire météorologique, qui a déjà rendu beaucoup de services à la science, est annexé au collège de Zi ka-wei. Le vicariat apostolique réside à Siang-haï.

II et III. — Les deux vicariats du Ho-nan nord et sud sont confiés aux Missions Étrangères de Milan. Le premier compte : 1,400 néophytes, 23 stations dont 17 sont pourvues d'églises. Le second a 7,500 chrétiens,58 églises ou chapelles, 1 séminaire, 1 collège, 40 écoles, 3 orphelinats. Le vicaire apostolique du Ho-nan septentrional réside à Siao-te-oan, près de Lin-bien ; il n'a que 6 prêtres, dont 3 sont Chinois. Celui du Ho-nan méridional réside à Nan-yang fou ; il est assisté par 7 missionnaires européens et 4 prêtres indigènes.

IV. — Il y a, dans le vicariat apostolique du Tché-ciang, 8 églises et 43 chapelles. Les prêtres sont au nombre de 19, dont 12 Lazaristes européens. L'évêque réside à Ning-po, port ouvert aux Européens. 27 Sœurs de la Charité tiennent les hôpitaux et les orphelinats. Il y a, dans la mission, 2 séminaires, 26 élèves et 64 écoles.

V, VI et VII. — Les trois vicariats apostoliques du Kiang-si comptaient, avant d'être séparés : 1 séminaire, 25 élèves, 6 écoles,5 orphelinats, 48 églises avec résidence, 21 chapelles. Depuis la division en trois vicariats, nord, est et sud, les œuvres se sont naturellement multipliées ; mais la persécution n'a cessé de désoler ces trois missions, surtout le Kiang-si méridional, dont presque tous les établissements ont été anéantis en 1886, avec la connivence des mandarins.

VIII et IX. — Le vicariat apostolique du Fo-kien, fondé en 1696, a toujours été cultivé par les Dominicains de la province de Manille, qui travaillent en Chine depuis 1633.

(1) Voir tous les numéros parus depuis le 14 mars jusqu'à fin octobre 1890, et 2, 9, 16, 23 et 30 janvier, 6 et 13 février, 21 avril, 1ᵉʳ, 8, 15, 22 et 29 mai, 5, 12, 19 et 26 juin 1891.
Pour l'intelligence de ce travail, nous recommandons la carte des missions de la Chine que nous avons publiée cette année. Prix : 4 fr. 25 franco.

Il comprenait autrefois la province de Fo-cien et l'île de Formose. Depuis 1883, un second vicariat a été détaché du Fo-kien, formé de la ville d'Amoy et de l'île de Formose, et l'ancien vicariat du Fo-cien a pris le nom de vicariat du Fou-tchéou, ville où réside le vicaire apostolique. C'est là qu'était le fameux arsenal maritime de Fou-tchéou, construit en 1872, par les Français au service de la Chine et bombardé, en 1884, par l'amiral Courbet.

Pendant les quarante premières années du siècle, la mission du Fo-cien a joui d'une tranquillité exceptionnelle. En 1840, s'éleva une furieuse persécution, qui ruina une partie des établissements de la mission. Le vicaire apostolique, Mgr Carpéna, vénérable vieillard de 80 ans, célèbre dans toute la Chine par la charité avec laquelle il recevait les missionnaires de passage, fut forcé de se tenir pendant plusieurs mois caché dans une caverne. Actuellement le chiffre des catholiques dépasse 34,000. Les églises sont au nombre de 40 ; les écoles au nombre de 24. Il y a dans la mission de Fou-tchéou, une maison de religieuses Dominicaines.

La mission d'Amoy ne compte que 3,800 chrétiens, 14 prêtres, dont 11 Dominicains européens, desservent les 30 stations du vicariat. Les Sœurs Canossiennes sont établies à Amoy, résidence du vicaire apostolique d'Amoy et Formose. Elles y tiennent un orphelinat de la Sainte-Enfance.

L'île de Formose n'a pas plus de 800 chrétiens, mais fervents et simples.

IVᵉ Groupe. — Missions de l'ouest de la Chine.

Toutes les missions de ce groupe appartiennent à la Société des Missions Etrangères de Paris, qui les a toujours occupées depuis sa fondation.

En 1800, nous trouvons un vicariat unique du Su-tchuen, Kouy-tchéou et Yun-nan.

En 1843, le Yun-nan est détaché du Su-tchuen et forme un vicariat à part.

En 1846, le Kouy-tchéou, à son tour, est érigé en vicariat apostolique.

La même année, la Sacrée Congrégation nous charge de la mission naissante du Thibet, qui est érigée en vicariat en 1856.

En 1860, le Su-tchuen est divisé en deux : oriental et occidental.

Enfin, en 1866, le Su-tchuen méridional est érigé à son tour en vicariat apostolique.

Voici le tableau des développements numériques des missions de l'ouest :

En 1800 :
1 vicariat apostolique, Su-tchuen, 1 évêque, 1 coadjuteur ; 2 missionnaires, 20 prêtres indigènes, ? églises, ? écoles, 47,000 catholiques.

En 1820 :
1 vicariat apostolique, Su-tchuen, 1 évêque, 1 coadjuteur, 1 missionnaire, 15 prêtres indigènes, ? églises, ? écoles, 60,000 catholiques.

En 1840 :
1 vicaire apostolique, Su-tchuen, 1 évêque, 1 coadjuteur, 12 missionnaires, 30 prêtres indigènes, ? églises, 169 écoles, 54,912 catholiques.

En 1870 :
1 vicaire apostolique, Su-tchuen oriental, 20 missionnaires, 34 prêtres indigènes, ? églises, 98 écoles, 27,000 catholiques.

1 vicaire apostolique, Su-tchuen occidental, 12 missionnaires, 27 prêtres indigènes, ? églises, 102 écoles, 35,000 catholiques.
1 vicaire apostolique, Su-tchuen méridional, 12 missionnaires, 5 prêtres indigènes, ? églises, 69 écoles, 18,000 catholiques.
1 vicaire apostolique, Yun-nan, 11 missionnaires, 5 prêtres indigènes, ? églises, 18 écoles, 8 300 catholiques.
1 vicaire apostolique, Kouy-tchéou, 19 missionnaires, 1 prêtre indigène, ? églises, 34 écoles, 6,000 catholiques.
1 vicaire apostolique, Thibet, 8 missionnaires, ? prêtres indigènes, ? églises, ? écoles, 900 catholiques.
Total en 1870 : 6 vicaires apostoliques, 82 missionnaires, 72 prêtres indigènes, ? églises, 321 écoles, 95,200 catholiques.

En 1890 :

1 vicaire apostolique, Su-tchuen oriental, 31 missionnaires, 33 prêtres indigènes, 64 églises, 123 écoles, 26,079 catholiques.
1 vicaire apostolique, Su-tchuen occidental, 27 missionnaires, 44 prêtres indigènes, 52 églises, 211 écoles, 39,480 catholiques.
1 vicaire apostolique, Su-tchuen méridional, 24 missionnaires, 9 prêtres indigènes, 38 églises, 68 écoles, 18,000 catholiques.
1 vicaire apostolique, Yun-nan, 25 missionnaires, 7 prêtres indigènes, 53 églises, 51 écoles, 10 620 catholiques.
1 vicaire apostolique, Kouy-tchéou, 30 missionnaires, 5 prêtres indigènes, 64 églises, 120 écoles, 16.6°2 catholiques.
1 vicaire apostolique, Thibet, 17 missionnaires, 1 prêtre indigène, 14 églises, 11 écoles, 4,430 catholiques.
Total en 1890 : 6 vicaires apostoliques, 152 missionnaires, 99 prêtres indigènes, 285 églises, 584 écoles, 111,951 catholiques.

En moins d'un siècle, le chiffre des missions de l'ouest est monté de *un* à *six* et celui des chrétiens a presque *triplé*.

L'histoire de ces missions n'est guère qu'un long martyrologe. Au Su-tchuen, l'année 1800 s'ouvre par le sacre d'un évêque martyr, Mgr Gabriel Taurin Dufresse, évêque de Tabraca. Depuis une dizaine d'années, une paix relative régnait dans la mission. Voulant profiter de ces quelques jours d'accalmie, le prélat tint, au mois de septembre 1803, un synode auquel assistèrent un missionnaire et 14 prêtres chinois. On y fit des règlements très sages pour l'administration des chrétientés chinoises. Ce synode, revu et approuvé en 1822, par la Sacrée Congrégation, fut imprimé à ses frais et envoyé, pour servir de règle, à toutes les missions de Chine et d'Annam.

La persécution, qui grondait depuis 1809, se réveilla plus violenta en 1812, 1813 et 1814. Le séminaire de la mission fut ruiné, et le coadjuteur, Mgr Florent, qui dirigeait cet établissement, fut forcé de s'enfuir au Tong-King, où il mourut (décembre 1814); le vicaire apostolique, Mgr Dufresse, fut arrêté, le 15 mai 1815, condamné à mort et exécuté le 14 septembre suivant. 14 prêtres chinois furent exécutés dans les années 1815 et 1816, ou envoyés en exil perpétuel en Tartarie ainsi qu'un certain nombre de fidèles.

La mission du Su-tchuen demeurait sans pasteurs. Le vicaire apostolique, Mgr Fontana, ne put être sacré qu'en 1820, par son coadjuteur, Mgr Perrocheau, nouvellement arrivé de France. On s'empressa d'ordonner de nouveaux prêtres, pour remplacer ceux que la persécution avait enlevés.

En 1820, la mission du Su-tchuen, à peu près sortie de la crise, comptait : 1 vicaire apostolique, 1 coadjuteur, 1 missionnaire, 15 prêtres indigènes, environ 60,000 chrétiens.

Le séminaire avait été rétabli au Yun-nan; plus tard, un second fut ouvert à Mo-pin, sur la frontière du Thibet.

Les années suivantes furent assez tranquilles ; il y eut seulement quelques persécutions locales, qui firent deux

ou trois martyrs. En 1831, commença, au Su-tchuen, l'œuvre des baptêmes d'enfants d'infidèles en danger de mort. 7,000 enfants furent régénérés cette année. Cette œuvre angélique a pris des développements considérables. En 1888, dans nos six missions de l'ouest, 105,955 enfants ont été régénérés à l'heure de la mort. Depuis cinquante ans que l'Œuvre fonctionne, plus de trois millions de petits anges, au Su-tchuen et dans les missions voisines, sont allés implorer le ciel en faveur de leur ingrate patrie.

En 1840, nous trouvons dans la mission de Su-tchuen : 1 vicaire apostolique, 1 coadjuteur, 12 missionnaires, 30 prêtres indigènes, 54,912 chrétiens, 2 séminaires, 500 vierges chinoises, tenant les écoles, les orphelinats, et s'occupant du baptême des enfants de païens. La moyenne des conversions varie de 300 à 400 chaque année.

C'est alors que commence la division de la mission. Le Yun-nan est détaché du Su-tchuen en 1843, le Kouy-tchéou, en 1846, puis le nombre des chrétiens allant toujours en augmentant, le Su-tchuen lui-même est divisé en trois vicariats : oriental, occidental et méridional.

I. — Le vicaire apostolique du Su-tchuen oriental, Mgr Desflèches, s'installe à Tchong-kin-fou, la capitale de la province. Son épiscopat de quarante-trois années (1844-1887) n'est qu'une longue lutte contre la fourberie et la méchanceté des mandarins chinois. Il établit ses missionnaires dans tous les centres importants du pays, mais au prix de quels sacrifices ! En 1865, M. Mabileau est massacré à Yeou-yang ; en 1869, M. Rigaud est mis à mort dans la même ville ; en 1873, M. Hue et un prêtre chinois sont tués à Kien-kiang ; puis viennent les massacres et les incendies de Kiang-pée (1874). Presque chaque année des chrétientés sont détruites, des établissements brûlés, des chrétiens sans défense, mis à mort. dans les émeutes populaires. Le vaillant prélat ne se décourage pas ; il lutte auprès des ambassadeurs et des ministres du gouvernement chinois, pour faire rendre justice à ses malheureux chrétiens que la fourberie des mandarins s'efforce de transformer en oppresseurs des païens et en rebelles. A la fin, grâce aux bons offices de l'ambassade de France, il finit par obtenir justice et réparation ; mais le gouvernement chinois ne peut lui pardonner d'avoir dévoilé ses fourberies et, en 1878, il est forcé de reprendre la route de France. Bientôt, comprenant que sa santé, épuisée par tant d'années de luttes, lui ôte l'espérance de revoir jamais son cher Su-tchuen, il remet, en 1882, sa démission aux mains du Vicaire de Jésus-Christ et ne s'occupe plus qu'à se préparer à la mort, arrivée le 7 novembre 1887, au sanatorium de Monbéton, diocèse de Montauban. *In memoria æterna erit justus.*

La persécution n'a pas cessé au Su-tchuen oriental. Tout récemment, à l'occasion de certaines imprudences commises par les protestants de Tchong-kin, la populace s'est ruée sur l'évêché et tous les établissements centraux de la mission. En quelques heures, tout a été anéanti.

Il y a actuellement dans la mission, 64 églises ou chapelles, 31 missionnaires, 33 prêtres indigènes, 2 séminaires, 85 élèves et 123 écoles, 1,382 élèves.

II. — Les mêmes scènes ont lieu au Su-tchuen occidental. Chaque fois qu'un mouvement de conversions se déclare, des placards incendiaires appellent la populace aux massacres et aux incendies, et les espérances de l'apostolat sont anéanties.

En 1876, en particulier, 31 stations de nouveaux chrétiens, comprenant 300 familles, furent pillées et détruites, 39 chrétiens massacrés, 1 église, 4 oratoires et plusieurs pharmacies brûlées. Pendant dix-huit mois, les pauvres chrétiens ne purent rentrer chez eux. A la fin, sur les instances de l'ambassade, ils reçurent une indemnité dérisoire et on leur permit de relever les ruines de leurs maisons incendiées; mais aucun des assassins et des pillards ne fut puni, par une raison bien simple, c'est qu'ils avaient agi avec la connivence des mandarins. Et presque chaque année, de pareilles infamies se renouvellent sur un point ou sur l'autre. Voilà ce qu'on appelle pompeusement la liberté religieuse promise par les traités. Vraiment mieux valait l'ancien système de la persécution franche et déclarée.

La mission du Su-tchuen occidental a 52 églises ou chapelles, 27 missionnaires européens, 44 prêtres indigènes, 2 séminaires, 100 élèves et 211 écoles de chrétientés, 3,500 élèves.

III. — La situation est un peu plus tranquille dans le Su-tchuen méridional, sans être vraiment sûre nulle part. On sent que, surtout depuis les défaites de la France en 1870, le gouvernement chinois ne cherche qu'à éluder les traités. La moindre imprudence, une étincelle, un rien pourrait amener une conflagration générale et ruiner toutes les œuvres de l'apostolat.

Le Su-tchuen méridional a 33 églises ou chapelles, 33 prêtres dont 8 indigènes, 1 séminaire, 40 élèves, 72 écoles de district, 1,140 élèves.

Total pour toute la province du Su-tchuen : 83,500 chrétiens.

IV. — Le Yun-nan fut érigé pour la première fois en vicariat apostolique en 1702. M. Le Blanc, le premier titulaire, trouva, en arrivant dans la province, 4 chrétiens seulement. Il fut exilé en 1707, et mourut au Fo-kien, sans avoir reçu la consécration épiscopale.

ILES FIDJI (Océanie). — ILOT DU GROUPE DE ROTOUMA; d'après une photographie envoyée par MGR VIDAL (Voir page 325)

Son successeur, Mgr de Martillac, ne put pas même entrer dans sa mission. Il mourut à Rome, en 1755. A partir de cette époque, le vicariat du Yun-nan fut rattaché à celui du Su-tchuen.

C'est de 1843 que date l'érection définitive. L'année précédente, un de nos confrères, M. Vachal, était mort de faim dans les prisons du Yun-nan. A cette époque, il y avait 3,000 catholiques dans la province.

La révolte des mahométans, qui dura quinze ans et couvrit le Yun-nan de ruines, causa beaucoup de mal à nos chrétientés et arrêta les progrès de la prédication. Néanmoins, au bout de trente ans, le vicariat apostolique comptait déjà 8,300 chrétiens.

En 1874, M. Baptifaud, un de nos confrères, fut massacré par un parti de rebelles, mais sans qu'il y eût de la faute des mandarins. On ne peut, malheureusement, en dire autant du massacre de M. Terrasse, en 1883. Cette fois, la plèbe avait été ameutée avec la connivence des autorités ; 14 chrétiens furent tués avec le Père et 4 stations détruites.

Il y eut aussi d'autres massacres en 1885 et 1886 ; un prêtre chinois fut tué et plusieurs oratoires incendiés.

Il y a au Yun-nan 53 églises ou chapelles, 25 missionnaires, 7 prêtres indigènes, 1 séminaire, 30 élèves, et 780 enfants dans les 51 écoles de chrétientés.

V. Le premier vicaire apostolique du Kouy-tchéou (1702) fut un Jésuite, Mgr Turcati. Il mourut en 1708, laissant 15,000 fidèles dans la mission.

Son successeur, Mgr Wisdelou, des Missions-Etrangères, fut sacré, à Macao, par le cardinal de Tournon, légat du Pape, alors prisonnier des Portugais. Il ne put pas même entrer dans son vicariat ; les chrétiens du Kouy-tchéou se dispersèrent, et la mission ne fut reprise qu'en 1770 par nos confrères du Su-tchuen.

De 1770 à 1846, date de l'érection définitive du vicariat apostolique, il y eut plusieurs persécutions locales qui firent un certain nombre de martyrs.

En 1862, un de nos confrères, le vénérable Néel, fut décapité avec plusieurs chrétiens, par ordre d'un mandarin militaire. Après la publication du traité de 1860, il se fit, au

Kouy-tchéou, un grand mouvement de conversions, et l'on compta jusqu'à 10,000 adorateurs à la fois ; ce qui montre ce que l'on pourrait attendre des Chinois, s'ils avaient vraiment la liberté religieuse. Le vice-roi de la province, ami particulier du vicaire apostolique, Mgr Faurie, paraissait favoriser franchement le mouvement. Mais l'homme ennemi veillait : pendant que Mgr Faurie était au concile, la persécution éclata à l'improviste ; trois de nos confrères furent horriblement maltraités, et l'un d'eux, M. Gilles, mourut des suites de ses blessures ; chapelles, résidences, écoles, orphelinats, pharmacies, tout fut anéanti ; 12 chrétiens massacrés, et tous les néophytes chassés de leurs maisons, après avoir perdu ce qu'ils possédaient.

A son retour du concile, en 1872, Mgr Faurie mourut empoisonné, à ce qu'on croit, par ordre des mandarins. Son compagnon de voyage, M. Mihières, supérieur de la mission du Kouang-si, mourut, quelques jours après, avec les mêmes symptômes d'empoisonnement.

Dès lors le mouvement des conversions au Kouy-tchéou fut enrayé. C'était le but que s'étaient proposé les mandarins. Les malheurs de la France n'ayant pas permis d'exiger les réparations nécessaires, l'histoire de la mission du Kongtchéou n'est plus, comme au Su-tchuen,. qu'une série de persécutions locales et de soulèvements populaires, avec la connivence des autorités. Malgré toutes ces épreuves, la mission du Kouy-tchéou n'a cessé de se développer et elle compte, en ce moment, 17,000 fidèles.

Il y a dans le vicariat : 68 églises ou chapelles, 30 missionnaires, 5 prêtres indigènes, 2 séminaires et 1,400 enfants dans les 120 écoles de district.

(A suivre).

LE TRIDUUM DE LYON

2, 3 et 4 mai 1890.

et les trois discours prononcés en l'honneur des Bienheureux Chanel et Perboyre

Pour répondre aux nombreuses demandes de nos souscripteurs, nous avons été obligé de faire une troisième édition des numéros des Missions catholiques qui contiennent les trois panégyriques prononcés pendant le Triduum lyonnais par Mgr d'Hulst, le R. P. Tissot et M. le chanoine Lémann. Nous sommes donc en mesure de satisfaire toutes les personnes désireuses de posséder ces belles pages où la louange des deux missionnaires est présentée avec tant d'éloquence. Tous les associés de la Propagation de la Foi devraient tenir à honneur de conserver ce souvenir du Triduum, ce magnifique éloge des deux premiers apôtres béatifiés que les aumônes de notre Œuvre aient envoyés dans les pays où fleurissent les palmes du martyre.

Les deux numéros pris dans nos bureaux. . . . 0 40 cent.

Envoyés franco par la poste . . . . 0 50 »

DONS

Pour l'Œuvre de la Propagation de la Foi

ÉDITION FRANÇAISE.

M l'abbé Veltin, diocèse de Meaux	5
Une anonyme de Lyon	100
Anonyme du diocèse de Lyon	50 0
Congrégation de la Bonne Mort, à Beyrouth	100
Anonyme avec demande de prières, M C. V.	100
M le Curé de Saint-Denis-sur-Coise, diocèse de Lyon	300
Mlle Hébert-Darcquettes, diocèse de Bayeux	20
Anonyme de Lyon	5

Pour les missions les plus nécessiteuses (Fidji).

Anonymes de Réville, diocèse de Coutances	20
Anonyme de Paris, avec demande de prières	4
M l'abbé Lubiez-Rowicci, à Montpellier	5

A Mgr Puginier, pour les missions du Tong-king.

Mlle A H , diocèse de Laval	20

Au R. P. Arokianader, à Pondichéry, pour les affamés.

Anonyme du diocèse de Versailles	1 95
Un abonné du diocèse de Versailles	5
Mlle Mar a Ussun, du diocèse de Montpellier	5
Mlle J.-B , diocèse de Laval	25

A Mgr Laouënan (Pondichéry).

Anonyme du diocèse de Laval avec demande de prières	25

Pour la conquête du Japon (Mgr Osouf).

Un abonné de Marseille	300

A M. Tulpin (Japon septentrional), pour l'œuvre des catéchistes.

Anonyme de Lodève, diocèse de Montpellier	10
Ch D. à Rennes	15
M. l'abbé Pron, à Pont-d'Ain, diocèse de Belley	300
Anonyme d'Anvers, diocèse de M d nes	500
L. L. à Amiens, avec demande de prières	150
Anonyme de Chauveux, diocèse de Poitiers, demande de prières	45
Mlle J. Birron, diocèse de Laval	25
Une abonnée, anonyme d'Avignon	12

Au même, pour deux baptêmes sous les noms de Marie et Joseph.

Anonyme de Cherveux, diocèse de Poitiers	5

Au même, pour le baptême de trois enfants sous le nom de Pierre-Marie.

P. M. L. du diocèse d'Annecy	30

Pour les missions du Japon Méridional.

Un prêtre du diocèse de Fréjus	200

Pour les missions les plus pauvres du Japon (Mgr Osouf).

Un anonyme du Havre, diocèse de Rouen	50

A Sœur Meyniel, pour l'orphelinat Saint-Charles à Beyrout.

S. M A., de Bruges	75

Pour les missions d'Abyssinie (Mgr Crouzet).

S M A., de Bruges	75
Mlle J Belfron, diocèse de Laval	25

A Sœur Claver, pour son hôpital d'Onitcha.

S. M A. de Bruges	75

A Mgr Livinhac, pour rachat d'enfants païens.

Mlle J.-B , diocèse de Laval	25

A Mgr Couppé (Nouvelle-Poméranie).

S M. A , de Bruges	75

(La suite des dons prochainement).

Erratum. — C'est par erreur que le don de 500 fr. inscrit dans notre dernier numéro au nom Cte Mgr Osouf, spécifiait l'entr-tien d'un séminariste; il doit être affecté à l'entretien d'un catéchiste.

TH. MOREL, Directeur-gérant.

Lyon. — Imprimerie MOUGIN-RUSAND, rue Stella, 3.

NOUVELLE-POMÉRANIE (Océanie). — Vue de Matoupi, dans Blanche-Baie; d'après une photographie envoyée par Mgr Couppé, vicaire apostolique de la Nouvelle-Poméranie (Voir page 344).

CORRESPONDANCE

PONDICHÉRY

La famine à Alladhy

La lettre suivante se recommande toute seule à l'attention de nos lecteurs. Elle n'a pas même besoin, pour appeler toutes les sympathies, de la signature de son auteur. Le bon P. Fourcade est un ami des premiers jours pour les abonnés du Bulletin ; par conséquent tout ce que nous pourrions dire en sa faveur affaiblirait sa propre parole. Nous commençons donc sans préambule.

Lettre de M. Fourcade, des Missions Étrangères de Paris.

C'en est donc fait ; cette année encore, nous sommes condamnés aux horreurs de la famine. Depuis deux ans nous marchons dans les sentiers de la douleur, au milieu de la fièvre, de la variole et du choléra. La faim, l'implacable faim, sème partout ces fléaux qui jettent l'épouvante dans les cœurs et plongent bien des familles dans le deuil et les larmes.

№ 1154 — 17 Juillet 1891.

Comment pourrait-il en être autrement ? L'année passée, pas de moisson; cette année, pas de moisson. Il faudrait qu'ils fussent de fer, mes pauvres parias, pour ne pas succomber à tant de jeûnes et de maladies.

Au milieu de nos épreuves nous nous disions : « Les pluies d'avril vont venir ; elles rafraîchiront l'atmosphère embrasée et permettront de semer les menus grains. » Vaine attente! Avril est passé et point de pluie. Nous avons beau interroger le ciel, pas un nuage qui vienne en voiler l'azur. D'après toutes les apparences, nous n'aurons une récolte de riz qu'au mois de février.

A la pensée des souffrances qui m'attendent d'ici à ce temps, ma pauvre nature tremble, mon cœur de père frémit à la perspective de voir la mort redoubler ses ravages parmi ceux que j'ai engendrés à la vie spirituelle.

C'est, sans doute, un doux souvenir d'avoir baptisé dix mille infidèles; mais, si je vous dis qu'en diverses circonstances, la famine m'en a enlevé trois à quatre mille, vous comprendrez toute l'étendue de ma tristesse. Un superbe troupeau me restait encore, il est vrai, mais j'en vois les agneaux et les brebis descendre tous les jours au tombeau.

Non loin du berceau du divin Enfant, une voix fut entendue dans Rama ; c'étaient des sanglots et des lamentations ; c'était Rachel pleurant sur le massacre de ses chers petits anges, emportés, comme les roses naissantes, par un tourbillon et elle ne voulut pas être consolée parce qu'ils n'étaient plus. Il me semble que je serais inconsolable, comme cette mère, si je devais voir mourir ceux que j'aime le plus au monde.

C'était si beau d'avoir vu les campagnes du paganisme se couvrir de moissons divines ! Oh ! si elles reprenaient leur aspect sauvage et désolant, ma douleur serait grande comme la mer. Ces terribles appréhensions me causent un mal de cœur continuel ; nuit et jour je songe aux moyens à employer pour secourir tant de créatures si chères et je crains que la charité, même la plus ingénieuse, ne soit impuissante à conjurer une catastrophe.

Et puis, n'est-ce pas un double supplice d'avoir faim par une chaleur de trente-huit à quarante degrés ? Ce mois-ci, le soleil est comme un impitoyable bourreau. Même ceux qui se portent bien se sentent défaillir au milieu de cette atmosphère de feu. Que sera-ce donc des affamés ? L'air, qui est l'aliment de la vie, manque bien souvent ; ce sont alors des heures terribles. Comme la respiration devient difficile et la poitrine brûlante ! Comme on est inondé de sueur ! Et c'est dans ce triste état que m'arrivent tous les jours, de près ou de loin, mes pauvres parias ! Un grand nombre n'ont d'abord pas la force de parler. Ils se laissent tomber sous un arbre, exténués de fatigue et mourant de faim.

. .

Qui ne sait que, dans les temps, même les plus heureux, les riches païens n'ont, pour les parias, aucune sorte de compassion ? Ces infortunés sont la chose d'un maître impitoyable qui, la menace sur les lèvres et la verge à la main, leur impose les travaux les plus rudes et ne leur donne en retour qu'une nourriture grossière et insuffisante. Mais, en temps de famine, quels travaux y a-t-il à faire ?

« — Allez, chiens de chrétiens ! allez trouver le missionnaire. Quand nous vous frappons, n'est-ce pas auprès de lui que vous portez plainte ? Allez, il vous fera asseoir et vous donnera du riz en abondance. »

Jugez si, dans ces circonstances, je fais mon possible pour assister ces pauvres gens, que Notre-Seigneur a proclamés bienheureux, parce qu'ils souffrent pour la justice.

Je voudrais me fondre, surtout, pour la vie des petits enfants. Il y a entre eux et moi un attrait invincible. A ma vue ils semblent revivre ; ils s'épanouissent et me lancent des regards si suppliants et si candides.

« — Nous avons faim, disent-ils. Père, apporte-nous des sous, nous achèterons du riz et mangerons avec papa et maman. »

« — Je n'ai pas de sous, » leur dis-je parfois. Alors ils répondent.

« — Dans ce cas, nous allons mourir, et que deviendras-tu sans nous ? tu resteras seul, tu pleureras ; toi sans nous, ce n'est pas joli ; mais nous avec toi, c'est agréable à l'œil. »

Je ne sais pas où ces petits parias vont chercher leurs raisonnements, le fait est que je ne puis pas leur résister. Ils sont les maîtres de ma bourse et de mon cœur. Ne dirait-on pas que le petit Jésus leur prête ses charmes, ses attraits et ses grâces ? Non, il n'y a pas au monde d'enfants plus gracieux. Aussi, quand il meurt quelqu'un parmi eux, ma raison me dit qu'ils sont plus heureux avec les anges du ciel ; mais mon cœur se sent privé d'une joie, c'est comme si une couronne me tombait de la tête.

.*.

Jusqu'à présent, grâce aux aumônes répandues par les sympathiques bienfaiteurs des *Missions catholiques*, j'ai pu accueillir ces chers petits, comme j'aurais reçu Notre Seigneur lui-même. Mais, le nombre des malheureux devenant de jour en jour plus nombreux. mes ressources touchent à leur fin.

L'autre jour, un jeune chrétien de haute caste, entre chez moi, il chancelle, il va tomber, je m'élance, le saisis et le fais asseoir.

« — Qu'as-tu donc ? » lui demandai-je.

Il ne répond que par des sanglots étouffés.

« — Allons courage ! Confie-moi tes soucis, ne suis-je pas ton père ? »

Malgré mes instances, je ne puis obtenir que des larmes ; après avoir pleuré pendant cinq minutes, il se lève et s'en va en disant :

« — Je viendrai vous parler ce soir. »

Intrigué, je fais appeler sa jeune femme et lui demande des explications. Elle me répond avec une sérénité touchante :

« — Depuis un mois nous ne mangeons pas grand'-chose et depuis deux jours nous n'avons pas allumé le feu. »

Aussitôt je vais prendre un quart de roupie et le lui mets dans la main.

« — Donnez-le plutôt, vous-même, à mon mari, ça lui fera plus de plaisir, dites-lui d'avoir du courage, il se laisse trop abattre. »

Confondu par cette réponse toujours calme et digne, je sens les larmes me monter aux yeux.

« — Va, lui dis-je, va acheter du riz, et après avoir mangé, dis à ton mari de venir me voir. »

.*.

Que d'autres faits de ce genre ! Avant de terminer, permettez-moi un souvenir.

Un jour, en vue de Bayonne, un navire en détresse donnait le signal d'alarme. Vite la population émue se précipite vers la barre. Le remorqueur prend ses ailes de feu et vole au lieu du danger. Les spectateurs assistent palpitants à la lutte héroïque des bras de chair contre la fureur des vagues. Quel moment solennel ! O bonheur ! Après des efforts inouïs, le remorqueur saisit le navire et le ramène sain et sauf au rivage. Des bateaux, de la plage, les mouchoirs flottent au vent. Des cris de triomphe font retentir les cieux.

Je ne songeais pas alors que le navire en détresse serait un jour le district d'Alladhy, et que les cœurs battant à l'unisson pour le salut de leurs frères seraient les lecteurs des *Missions catholiques*. Pourrai-je jamais oublier que, sans leurs aumônes, mes néophytes n'auraient jamais reçu la grâce du saint baptême ?

NOUVELLES DE LA PROPAGANDE

Mgr André Aiuti, délégué apostolique aux Indes orientales, vient d'être nommé secrétaire de la Propagande pour les affaires du rite oriental.

DÉPARTS DE MISSIONNAIRES

Voici la liste des missionnaires qui se sont embarqués le 12 juillet à Marseille pour Zanzibar :

Pour le vicariat apostolique de Tanganica : le R. P. Dupont, du diocèse d'Angers ;

Pour le vicariat apostolique du Haut-Congo : les RR. PP. Marguez, Roelens et de Berst, du diocèse de Bruges, et Engels, du diocèse de Gand ; les Frères Stanislas de Bruyne et Arcade Desmijter, du diocèse de Bruges, et François Delhays, du diocèse de Gand, et un médecin-catéchiste, André Mwange, natif du Haut-Congo.

Ces missionnaires ont dû renoncer à la voie de Quilimane-Nyassa, la Compagnie anglaise des Lacs africains n'ayant pas osé s'engager à les faire parvenir à destination sans trop de retard. Ils suivront donc le vieux sentier : Oussagara, Ougogo, Tobora, etc.

INFORMATIONS DIVERSES

Lyon. — Comme nous l'avons annoncé, le sacre de Mgr Clausse, premier vicaire apostolique de la Côte de Benin, a eu lieu dimanche dernier, solennité de saint Irénée, dans la Primatiale de Saint-Jean.

Le nouvel évêque de Comana, prêtre du diocèse de Lyon, a voulu recevoir l'onction sainte dans la ville qui abrite le berceau de l'Œuvre de la Propagation de la Foi et des mains de l'éminent primat des Gaules, le cardinal Foulon. Pour cette imposante cérémonie, que la vieille cathédrale voyait pour le dix-septième fois depuis le commencement du siècle, on avait déployé toutes les splendeurs de l'antique Église fondée par les disciples de saint Jean.

Les deux prélats assistants étaient Mgr Fava, évêque de Grenoble, premier missionnaire du Zanguebar, et Mgr Boyer, évêque de Clermont, dont le diocèse donne asile à l'école apostolique des Missions Africaines. On remarquait dans l'assistance, avec M. le baron Berge, gouverneur militaire de Lyon, S. G. Mgr Gouthe-Soulard, archevêque d'Aix, un fils lui aussi de l'Église de Lyon, l'abbé mitré de la Trappe des Dombes, le prieur de la Trappe d'Acey, frère du nouvel évêque ; le T. R. P. Planque, supérieur général des Missions Africaines ; enfin, le Conseil central de l'Œuvre de la Propagation de la Foi ayant à sa tête son vénérable président, M. le comte des Garets.

Après la cérémonie, Mgr Clausse remercia d'une voix émue et en termes touchants son éminent consécrateur. L'éclat de l'Église de Lyon, dit-il en terminant, luit sur nos rives lointaines, car tous nos sauvages convertis bénissent la ville qui a été le berceau de l'Œuvre de la Propagation de la Foi. »

Son Eminence a répondu avec ce charme pénétrant dont il a le secret. Après un éloge bien mérité de la Société des Missions Africaines et de son dévoué supérieur, le Cardinal ajoute :

« Je souhaite que le premier évêque de cette Congrégation étende dans les contrées sauvages qu'il va administrer, au nom de l'Église, les bienfaits de la foi et de la civilisation.

« C'est pour Dieu et pour la France, Monseigneur, que vous allez combattre le bon combat : *ad multos annos* ! »

Paris. — Son Em. le cardinal Richard, archevêque de Paris, vient d'adresser au clergé et aux fidèles de son diocèse, un mandement pour demander communication des écrits de plusieurs serviteurs de Dieu dont le procès de Béatification s'instruisent en ce moment. Ce sont les écrits du V. Jean-Martin Moye, prêtre des Missions Etrangères de Paris, qui fonda, au siècle dernier, la congrégation des Sœurs de la Providence, et de plusieurs martyrs de la même Société des Missions Etrangères, les Vénérables Etienne-Théodore Cuénot, évêque de Métellopolis ; Jean Néel, Pierre-François Néron et Théophane Vénard, mis à mort en haine de la foi en Cochinchine, au Tong-King et en Chine.

Kouang-si (*Chine*). — M. Humbert, de Genève, des Missions Etrangères de Paris, écrit à un de ses amis :

« En Europe où l'on trouve tout sous la main, on ne peut se faire une idée de nos difficultés pour vivre. Ces jours-ci, je n'avais plus de graisse de porc pour accommoder mes légumes ; il a de nouveau fallu *aller au marché*, qui se trouve à deux jours de distance. Les aliments, cuits à la graisse de porc, ne sont pas succulents ; c'est cependant mieux que lorsqu'il faut se servir de l'huile qui alimente les lampes, comme j'ai été obligé de le faire pendant le carême.

« Malgré tout, je n'ai rien perdu de ma gaieté ordinaire. Cela ne veut pas dire que je sois insensible. Quand on a quitté tout ce qu'on a de plus cher ici-bas, que l'on est venu si loin pour trouver des gens qui ne veulent pas de notre religion et que, même parmi les chrétiens, on ne rencontre qu'indifférence et froideur, un prêtre, un missionnaire, ne peut s'empêcher de ressentir ce que notre divin Sauveur éprouvait au jardin des Oliviers en pensant à l'inutilité de l'effusion de son sang pour beaucoup d'âmes. Mais je raisonne ainsi : Le bon Dieu, en m'envoyant en Chine, ne m'a pas dit que je serais tenu de convertir tant d'âmes ; il m'a seulement obligé à répondre à son appel. Je suis un instrument entre ses mains, il fera de moi ce qu'il voudra. Si je ne puis convertir ces âmes pour lesquelles j'ai tout abandonné, Dieu sait que j'en souffre beaucoup, et peut-être même aurais-je plus de mérite que si je pouvais gagner à la vraie foi des centaines de Chinois.

« Puis je me rappelle la parole de Mgr Laouenan, archevêque de Pondichéry. Il se trouvait à Paris au moment de mon départ :

« — Où allez-vous ? me dit-il.

« — Au Kouang-si.

« — Le Kouang-si, me répondit Sa Grandeur, est une mission bien pénible et bien difficile, où vous n'aurez presque pas de conversions », et Monseigneur ajouta :

« Quand on ne peut absolument pas convertir ces âmes rebelles, il faut faire comme moi, maintenant que je ne puis plus rien, étant aveugle ; on prend son chapelet et on le récite toujours ; en route, chez soi, n'importe où. »

« Je n'ai pas oublié la parole de ce vénérable archevêque, et j'égrène mon chapelet en peu partout, sur le dos de ma bête ou à pied, quand je suis chez moi ou que je vais en visite. Il ne faut laisser échapper aucun des petits mérites que nous pouvons acquérir pour le ciel : jamais nous n'en aurons trop, et Dieu saura compter tout ce que nous faisons pour lui ; nous ne perdrons absolument rien ! »

UNE HALTE DANS LE NOUVEAU VICARIAT

DE

MGR CHAUSSE

Nos lecteurs savent que la ville d'Abékouta est une des plus populeuses cités de la Côte de Benin. C'est dans cette immense capitale de deux cent mille âmes qu'a été fondée, il y a quelques années, une mission dont la lettre suivante du R. P. Coquard indique l'importance et fait pressentir la future extension. Cette fondation est l'une des plus remarquables qu'ait entreprises le R. P. Clausse, aujourd'hui évêque et vicaire apostolique de la Côte de Benin.

Ce prélat, né à Marlhes (Loire), le 9 octobre 1846, a, comme nous le disons plus haut, p. 339, reçu le 12 juillet la consécration épiscopale à Lyon des mains de S. Em. le cardinal Foulon. Nous donnons, p. 342, le portrait du premier vicaire apostolique de la Côte de Benin. Les vingt années qu'il a passées dans cette mission lointaine ont été admirablement remplies : parti pour Lagos le 18 octobre 1871, il fut nommé, en 1873, supérieur de la mission Porto-Novo; en 1874, supérieur de la mission de Lagos ; en 1879, supérieur général délégué et enfin provicaire apostolique de la Côte de Benin. Au Consistoire du 5 juin, Mgr Clausse a été préconisé évêque titulaire du Comana.

LETTRE DU R. P. COQUARD, DE LA SOCIÉTÉ DES MISSIONS AFRICAINES DE LYON.

Je veux vous faire le récit des prémices de mon ministère dans la grande ville d'Abéokouta. Vous savez que l'exercice de la médecine se pratique ici sur une assez vaste échelle ; c'est un moyen de soulager nos pauvres noirs dans leur corps d'abord, pour arriver au but réel : le salut de leur âme.

Le P. Beauquis était chargé depuis plusieurs années de ce ministère et il s'en acquittait avec le plus grand succès. Le lendemain de mon arrivée, je sortis avec lui pour visiter ses malades et ses infirmes. A peine avions-nous fait quelques pas qu'on nous appela pour la petite fille d'un chef, Ogboni, autrefois ennemi de la mission et aujourd'hui son ami. Cet enfant était très mal, le Père la baptisa ; je fus son parrain ; sept jours plus tard, ma filleule, Marie-Ange, s'envolait au ciel.

Quatre jours après mon arrivée, le P. Beauquis partait pour Tocpo, me léguant les charges de la médecine.

Me voyez-vous à la mission ou au dehors sans connaître encore ni la langue, ni le pays, exerçant l'office de médecin !

Mais il y a des grâces d'état. Appuyé sur les principes généraux que me donna le P. Beauquis, je réussis avec l'aide de Dieu. Quand je soigne les malades à la mission, un vieux Portugais, malade lui-même, me sert d'interprète. Dans l'après-midi, quand je vais voir les malades à domicile, un de nos enfants ou le maître d'école m'y accompagne.

Mon début fut la cure en peu de jours d'un pied en fort mauvais état ; aussi, peu après, vint-on me chercher du même endroit pour un autre malade. J'étais seul ; malgré les paroles et les gestes de mon visiteur, ce fut une chose peu facile de me faire une idée de la nature du mal que j'avais à traiter. Je crus enfin comprendre qu'il s'agissait d'une blessure provenant d'un coup de pied de cheval et je livrai un remède en conséquence en m'excusant de ne pouvoir sortir et en ordonnant à mon homme de revenir me trouver. Il revint plusieurs jours après :

« — Père, dit-il, voyant que la médecine n'agissait pas assez promptement, je l'ai fait avaler.

« — Eh bien ?

« — Maintenant le malade n'en peut plus, il fait comme ça » et l'individu se met à souffler, à geindre et à imiter des battements de flanc.

« — Et c'est ton esclave ; ton fils... ?

« — C'est mon cheval ! et il va assurément mourir. »

C'était à un cheval et non à une personne, comme je le croyais, que j'avais affaire. Heureusement ! Mais je vous le demande, pour un médecin, est-ce agréable d'être transformé en vétérinaire ! Ah ! quand je saurai la langue...!

**

Sur ces entrefaites, un chef de guerre me fit appeler pour sa fille malade, âgée de quatorze à quinze ans ; là, on donne le nom d'enfants aux esclaves. La distance était grande ; j'y vis à cheval suivi d'un catéchiste. La pauvre enfant n'avait plus longtemps à vivre. Je montrai au chef la gravité de la situation et je demandai à la baptiser.

L'enfant, qui jusque-là n'avait pas semblé faire attention à notre présence, tourna vers moi ses yeux agrandis par la maladie lorsqu'elle entendit parler du baptême. Elle les y tint attachés tout le temps que le maître d'école lui traduisait mes paroles pour lui enseigner les vérités nécessaires au salut. A chaque question, elle répondait : « Je crois. »

Avant de la quitter, je la pris par la main et lui fis dire par le maître d'école :

« — Marie-Xavier, c'était le nom que je lui avais donné. quand vous serez au ciel, vous prierez pour nous, n'est-ce pas ? pour vos maitres, afin qu'ils se convertissent ; vous prierez de même pour nos bienfaiteurs qui sont aussi les vôtres.

« — Oui, oh oui ! » dit-elle avec un sourire de bonheur. Le lendemain elle partait pour le ciel.

**

A mon arrivée, le registre des baptêmes m'apprenait que, sur trois cents enfants environ, baptisés en moins d'un an, plus de cent avaient remis à Dieu leur âme angélique.

La médecine nous fournit, comme vous le voyez, une arme puissante ; elle nous fait connaître au loin, elle nous introduit chez les familles païennes, elle nous fait aimer et rechercher par tout le monde. « Aux noirs, il faut parler d'abord avec la main. » Cette parole de saint Pierre Claver trouve ici à la lettre son application. Chaque jour, bien des mères nous apportent leurs enfants à soigner, enfants misérables et rachitiques, venant parfois de fermes éloignées (et Dieu sait s'ils sont nombreux, la ville seule formant une agglomération de deux cent mille âmes). Avant toute chose, je m'adresse à la mère, et lui montrant son enfant :

« — Ce petit, lui dis-je, a deux êtres, l'un qui doit mourir, l'autre qui est immortel; le premier est son corps,

l'autre son âme ; eh bien tous les deux sont malades : je
vais guérir l'âme d'abord, veux-tu ?

« — Fais comme tu veux.

« — Mais, en guérissant dans son âme, ton enfant devient
fils de Dieu, du Dieu des blancs, et tu devras, une fois qu'il
sera guéri, le laisser venir au catéchisme....

« — Je suis à tes ordres. »

Alors je baptise l'enfant, et souvent, en se sentant
guérie, cette âme m'envoie par les lèvres et les yeux de
l'être mortel, un sourire ineffable ou un regard ravissant
de beauté. Et la mère de s'écrier : « *O mu, o mu* (ça a pris,
ça a pris)» pour dire son âme est guérie !

Ce signe extérieur qui plait tant au missionnaire, Dieu ne
le lui destine pas, il est pour les parents : *Signa, non fide-*
libus, sed infidelibus ; et il faut avouer qu'il produit sur
ceux-ci un effet prodigieux. C'est ainsi qu'un païen dont
j'avais guéri l'enfant, me dit un jour :

« — Père, je le soignais sans succès depuis cinq mois ;
mais, depuis que mon petit a souri, après la guérison de
son âme, son corps, grâce à tes remèdes, n'a pas tardé aussi
à se retrouver fort et robuste. Ainsi je te l'amène, prends-
le, il est à toi ; conduis-le à Lagos, en France ou ailleurs,
selon ton bon plaisir, car il est ton enfant. »

* *
*

Il ne faut pas croire qu'il n'y ait pas de ressources chez
ces païens. Il y a de bien braves cœurs parmi eux au contraire
et qui n'attendent que la lumière de la vérité ; ils raison-
nent et parlent comme des chrétiens en France n'ose-
raient pas le faire.

Iriti est une vieille femme païenne qui me fréquente afin
de recevoir des remèdes pour son frère infirme, c'est encore là une belle âme ; vous allez en juger.

Un dimanche, après la messe, à laquelle elle avait assisté,
nous l'entendîmes parler, prêcher et gesticuler au milieu
des païens ; elle disait :

« Oui, les Pères, et eux seuls, sont les envoyés d'Olorun
(Dieu) et elle leur développa sa thèse. Puis apercevant le
Père François : « Père, lui dit-elle, je sors de ton église
et j'ai vu beaucoup, beaucoup ! ! J'ai vu une table bien ornée,
pleine de lumières et de belles choses. Tout près, debout,
était le Père, beau, beau comme tout. Beaux aussi étaient la
musique et le chant. Ça me faisait du bien là, là (et la vieille
croisait ses mains sur sa poitrine). Alors j'ai dit : Il n'y a
qu'ici que peut être Olorun. Il n'est pas chez les Baptistes,
il n'est pas chez les Wesleyens, il n'est pas non plus chez
les Anglicans. Chez eux tout est froid ; sans ordre, sans respect du silence ; le cœur n'y est point content, alors je suis
venue dans la maison de Dieu et je lui ai dit : Mon Dieu, je
te salue, je suis chez toi, moi femme ignorante et indigne ;
mais une esclave doit respecter son maître. Dieu, mon
maître, je te salue... »

Ces paroles, prononcées avec foi et conviction, ne seraient-
elles pas une leçon pour beaucoup de chrétiens ?

Pour nous, elles nous édifièrent profondément.

La bonne vieille vient maintenant régulièrement à l'église
et, ne sachant pas bien compter les jours, elle va souvent
s'informer de la date du dimanche dans la crainte de se
tromper, tâchant aussi d'arriver bien avant l'heure de la

messe pour ne point la manquer. Le jour de son baptême,
auquel les Sœurs la préparent, ne se fera pas attendre
longtemps.

Une autre fois, un païen vint me chercher pour sa femme
qui était à la ferme, à une heure et demie de marche à
cheval.

« — Père, ma femme a mal au pied, disait-il, deux doigts
sont déjà tombés et un troisième veut tomber encore. Père,
viens avec de la médecine et tu la guériras. »

J'allai donc à la ferme. La malade était étendue sur
quelques chiffons jetés par terre ; sa petite fille, debout à
ses pieds, chassait avec un *akisa* l'essaim de mouches
qu'attirait le pied de sa mère. Après l'avoir traitée de
mon mieux, je lui laissai quelques médecines et promis de
revenir dans quelques jours. Tous ces braves gens ne
trouvaient pas assez de paroles de bénédiction pour me
remercier. Quand j'y retournai, quatre jours après, le
mari était absent ; il était parti pour la ville, afin de gagner
quelques cauris et avait confié la garde de sa femme au
maître dont ils étaient tous deux esclaves.

En entrant dans l'appartement, je trouve tous les fétiches
étalés ; les uns sont rangés en ligne de bataille, d'autres
sont suspendus au plafond au-dessus de la souffrante.
Je fis mettre tous les fétiches à la porte, disant devant tout
le monde que tous les féticheurs et féticheuses étaient les
enfants du diable. Les vieilles négresses ouvraient de
grands yeux, les vieux nègres paraissaient stupéfaits, les
jeunes gens m'écoutaient attentivement et semblaient partager mon opinion, les enfants sautaient dans les rues en
criant : « *Orisa esu ni* » (le fétiche, c'est le diable).

Le féticheur confus m'aurait voulu bien loin ; plusieurs
fois il m'invita à m'en aller.

« — *O ibo* » (blanc), ton cheval veut partir, *O ibo*, va chez
toi, je t'amènerai la malade demain, *O ibo*, je ne mettrai
plus les fétiches dans la maison, va-t-en, etc., etc.

Toujours je continuais mon refrain : *orisa esu ni*, et les
enfants, en trépignant de joie, le répétaient dans la rue.
Quand le féticheur s'approchait de moi pour me dire de
partir et me montrait le cheval, la tête tournée vers le
chemin de la mission, je faisais semblant de l'écouter et je
répondais : « *emi kogbo* » (je ne comprends pas).

« Il dit qu'il ne comprend pas, » répétait-il lui-même en se
tournant vers ceux qui étaient présents, et il s'en allait
pour revenir. Néanmoins, tous mes efforts furent vains.
La femme pleura, disant qu'elle ne voulait pas le diable,
qu'elle ne l'aimait pas, et elle refusa le baptême. Je m'en
revins le cœur gros et tout attristé de n'avoir pu réussir à
arracher cette âme à l'enfer.

Avant-hier, le féticheur est venu à la mission :

« — Père, dit-il, la femme est morte.

« — Tes fétiches ne l'ont donc pas guérie ? Elle est morte
sans baptême à cause de toi ; sans toi elle aurait accepté
qu'on la baptisât.

« — Pardon, Père, ne te fâche pas, je t'amène une autre
femme pour la guérir : c'est la mienne, celle-ci.

« — Va, tes fétiches la guériront.

« — Je les ai mis à la porte pour toujours. Ils n'ont pu
guérir l'autre femme, ils ne guériraient pas mieux la mienne.

« — Mais je ne veux pas non plus la guérir, puisque tu as

refusé mes médecines pour l'autre et que tu es cause de sa mort.

« — Père, je t'en supplie, pardonne, il n'y a plus de fétiches dans ma maison ; pardonne, donne de la médecine et *Olorun* (Dieu) guérira ma femme. »

Il se mettait à genoux, se couchait par terre comme un suppliant ; ne recevant pas de réponse favorable, il allait de nouveau se coucher aux pieds du P. François. Enfin, après avoir reçu les médicaments, il est retourné joyeux à sa maison, promettant de ne plus se laisser tromper par les fétiches, persuadé qu'il est, dit-il, qu'ils ne peuvent guérir personne.

. .

Vous me saurez gré de l'histoire suivante : elle vous prouvera le dire de la vieille païenne que « nous sommes les envoyés de Dieu, ses protégés. » Vous ne l'avez pas oublié sans doute, il y a près de trois ans, un chargé d'affaires de France avait, par un traité et sur la demande des Egbas (traité non ratifié par le gouvernement), placé leur territoire sous le protectorat de la France, *inde iræ*... Les dissidents, soutenus par leur gouvernement, s'emportèrent contre nous ; les missionnaires catholiques, selon eux, avaient préparé, conduit et conclu le marché. Nous voulions, affirmèrent ces hérétiques, asservir les Egbas, les rendre malheureux et prendre leur royaume pour la France. Ils firent si bien, par leurs calomnies et par leurs mensonges, que la situation pour les missionnaires et pour les Sœurs devint tout à fait aiguë. On ne parlait de rien moins

Mgr J.-B. CHAUSSE
De la Société des Missions Africaines de Lyon, évêque titulaire de Comana, premier vicaire apostolique de la Côte de Bénin.
(Voir page 330).

que de piller et incendier leurs habitations. Le R. P. Brun, supérieur de la mission, par son sang-froid, sa prudence et son énergie, la sauva d'une ruine imminente.

Mais voici la guerre du Dahomey. La France ne prend que des demi-mesures vis à vis de Behanzin, qui se croit triomphant et promène ses guerriers au pillage jusqu'aux villes des Egbas.

.·.

L'occasion était bonne pour nos ennemis. Ils font croire aux Egbas que c'est nous qui avons appelé les Dahoméens. Sur ces entrefaites survenait, à Lagos, l'interdiction de l'ex-

portation des armes et munitions de guerre à l'intérieur, mettant le peuple Egbas dans l'alternative ou de se laisser égorger par les amazones, ou de réclamer la protection de l'Angleterre.

Cependant les Egbas convoquent une assemblée générale, où vont se débattre, croit-on, les mesures urgentes réclamées par la situation. Tous les ministres des sectes s'y trouvent, avec un grand nombre de leurs coreligionnaires. Devant les chefs et l'assemblée, ils ont soin d'accentuer contre nous et la France leurs mensonges et leurs perfides insinuations. C'est bien nous, selon eux, qui avons conspiré, et la France nous soutient : n'est-ce pas elle qui a soulevé le Dahomey, elle qui lui fournit les batteries de guerre contre la ville ?

Tout à coup une voix se fait entendre :

« Assez, dit Onilado, s'adressant aux Révérends, assez de vos paroles. La France ne peut fournir au Dahomey des armes contre elle-même ; quant aux Pères, ils sont nos amis ; mais vous, que faites-vous ici, sinon nous duper et nous trahir ? Qui est-ce qui a poussé contre nous les Dahoméens ? Vous ! Qui a fait défendre à Lagos, la vente aux Egbas des armes et du reste ? Vous encore ! Qui a porté contre nos vrais Pères et amis, des calomnies atroces ? Vous encore, vous toujours ! Eh bien ! au nom de la ville, je vous déclare, vous tous, ministres, exclus du pays. Que ceux de votre Église qui en sont mécontents, vous suivent et sortent de notre ville. »

Ogundei, partisan des protestants, se lève et dit :

« C'est justice. L'hypocrisie et le mensonge vous ont perdus. Dehors les traîtres. »

Jaguna, chef de guerre, parle à son tour :

« Vous autres protestants, dit-il, vous prétendiez trouver dans ce conflit, la ruine des catholiques que vos basses manœuvres ne pouvaient abattre. Or, sachez que le *romanisme* est plus fort que vous et que vos tempêtes ; on vous l'a dit déjà ; les Pères restent pour instruire nos enfants et soigner nos malades ; ils sont, eux, les vrais amis de notre nation.

« Où sont vos œuvres à vous ? Ah ! je les vois, ce sont des œuvres de jalousie et de manœuvres inavouables. »

Et leur montrant d'un geste énergique la direction de la mer :

.˙.

« Voilà, ajouta-t-il, le cɩemin que vous avez à prendre. »

La consternation des ɩérétiques fut à son comble.... Ils se réunirent la nuit suivante pour délibérer sur le parti à adopter.

M. Péters, un de leurs membres les plus influents, s'écria :

« Cɩrétiens, je suis vieux,mais jamais je n'ai senti ɩonte pareille à celle d'aujourd'ɩui. Depuis quarante ans que nous sommes ici, nous n'avons réussi, vous le voyez, qu'à nous faire détester et mépriser. D'où vient cela? De nos principes, de la mauvaise éducation et de l'orgueil de nos enfants. Les catɩoliques romains, nouvellement arrivés ici, jouissent au contraire, dans le pays, de toute la gloire et de toute la considération. »

Isaac Coker demanda alors pourquoi les protestants parlent tous les jours contre le catɩolicisme, si celui-ci vaut mieux que leur religion.

« Nous sommes insensés,répondit Péters ; le plus sûr pour

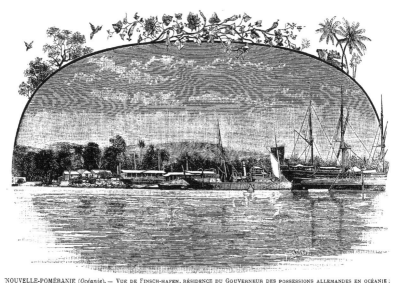

NOUVELLE-POMÉRANIE (Océanie). — VUE DE FINSCH-HAFEN, RÉSIDENCE DU GOUVERNEUR DES POSSESSIONS ALLEMANDES EN OCÉANIE ; d'après une pɩotograpɩie envoyée par Mᵍʀ COUPPÉ, vicaire apostolique de la Nouvelle-Poméranie (voir page 346)

nous serait d'imiter les protestants d'Angleterre qui se rapprochent des catɩoliques et se convertissent, » et il cita les noms des Newman, des Manning, etc.

. .

Avant de se séparer, les cɩefs du meeting se rendirent chez les grands du pays pour les prier de revenir sur leurs décisions ; à force de supplications et de promesses, ils obtinrent un sursis au départ des miɩistres européens ; mais les meneurs indigènes devaient partir.

Le lendemain le feu prenait, à la fois en plusieurs endroits du quartier protestant de Wasimi. Au lieu de faire la part du feu tout le monde s'enfuit, en disant : « A quoi bon travailler ! ce qui sera épargné aujourd'ɩui sera brûlé demain ! »

Wasimi est une colline dominant la ville et les Egbas craignaient que ce projet ne servit un jour, de forteresse aux protestants.

En ce moment, l'affaire paraît dormir, mais c'est comme le feu cacɩé sous la braise.

La suite du travail de M. Louvet sur LES MISSIONS CATHOLIQUES AU XIXᵉ SIÈCLE *paraîtra dans le prochain numéro.*

EN NOUVELLE-POMÉRANIE

Cette lettre fait suite à celle de Mgr Navarre et contient les plus précieux détails sur les îles confiées à Mgr Couppé. Une carte envoyée par le vénérable évêque, indique la position de ces divers archipels.

LETTRE DE MGR COUPPÉ, DES MISSIONNAIRES D'ISSOUDUN, PREMIER VICAIRE APOSTOLIQUE DE LA NOUVELLE-POMÉRANIE.

Je suis heureux de pouvoir tenir ma promesse en vous fournissant une relation sur le vicariat apostolique de la Nouvelle-Poméranie. Puisse-t-elle intéresser les pieux lecteurs des *Missions catholiques*, et susciter un redoublement de générosité en faveur de l'Œuvre admirable de la Propagation de la Foi !

Je résumerai dans cette relation les principaux renseignements sur les *Iles* et les *indigènes* de ce vicariat.

LES ILES.

Position.

Le vicariat de la Nouvelle-Poméranie est situé au nord-est de l'Australie, entre le 140e et le 162e degré de longitude

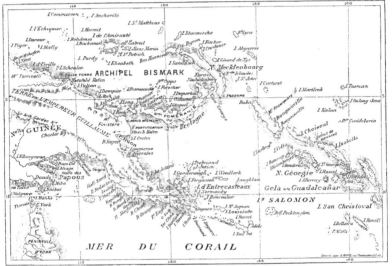

VICARIAT APOSTOLIQUE DE LA NOUVELLE-POMÉRANIE.

(méridien de Greenwich), entre l'équateur et le 12e degré de latitude sud.

Étendue.

Il comprend trois groupes principaux, à savoir : les îles de l'Amirauté, lé groupe de la Nouvelle-Poméranie (Nouvelle-Bretagne) et du Nouveau-Mecklembourg (Nouvelle-Irlande), et l'archipel Salomon.

Ces îles sont échelonnées de l'est à l'ouest sur une longueur de deux mille kilomètres, et elles forment un total de trois à quatre cents îles de toutes les dimensions. Les plus importantes sont la Nouvelle-Poméranie, et le Nouveau-Mecklembourg, qui mesurent, chacune, de cent à cent vingt-cinq lieues en longueur.

Leur superficie totale est évalué à 90 ou 100,000 kilomètres carrés.

Découverte.

Elles ne furent découvertes qu'après l'Amérique. En 1567, le navigateur espagnol Mendosa rencontra l'île Isabelle, de l'archipel Salomon. En 1616, les Hollandais Le Maire et Schouten reconnurent les vingt-cinq îles qui reçurent plus tard le nom de l'Amirauté, et ils aperçurent la Nouvelle-Bretagne et la Nouvelle-Irlande qu'ils crurent unies à la Nouvelle Guinée. En 1643, Tasman suivit la même voie et tomba dans la même erreur. Dans les siècles suivants, Dampier, Carteret, Bougainville, d'Entrecasteaux et Dumont d'Urville parcoururent successivement tous ces parages et purent dresser la carte marine telle que nous l'avons aujourd'hui.

Malgré les efforts des missionnaires, des trafiquants, des explorateurs récents, tels que Maklai, Fins et Guppy, cette carte est loin d'être complète ; et, si l'on excepte les terres polaires fermées par les glaces, les îles de la Mélanésie, dont la Nouvelle-Guinée est le centre, sont, à tous les points de vue, les moins connues du globe.

La position exacte de plusieurs d'entre elles, leurs contours, la nature et les richesses de leur sol, leur flore et leur faune, surtout les races diverses qui les habitent, leurs langues, leurs croyances et leurs mœurs, sont autant de matières laissées aux investigations des savants.

Ce coin du Pacifique est comme un monde nouveau à explorer et à conquérir. Là ce ne sont plus les sables brûlants des déserts comme pour l'Afrique centrale, ni les barrières de glace comme pour les régions polaires, ni même les écueils dont les mers de l'Océanie sont semées, c'est la perversité, la barbarie tristement célèbre des habitants, qui a

toujours été et qui est encore l'obstacle à l'exploration de ces îles.

Formation géologique.

Les sondages et l'aspect général de ces îles, qui forment comme une traînée orientée du nord-ouest au sud-est, montrent qu'elles se rattachent, sous le rapport géologique, à la Nouvelle-Guinée, le continent mélanésien ; elles sont le prolongement de ses chaînes de montagnes.

A part quelques petites îles basses et de formation madréporique, l'ensemble paraît être un mélange de formation primitive et de formation volcanique.

De hautes montagnes traversent ces îles et leurs sommets, entre autres celui de Balbi dans Bougainville, dépassent parfois une altitude de trois mille mètres.

NOUVELLE-POMÉRANIE (Océanie). — VOLCANS. Le Père et le Fils VUS DE L'ILE DUPORTAIL; d'après une photographie communiquée par MGR COUPPÉ, vicaire apostolique de la Nouvelle-Poméranie.

Volcans.

De nombreux volcans, les uns éteints et les autres actifs, de fréquents tremblements de terre, les bouleversements du sol, des agitations de la mer d'où résultent des vagues dévastatrices, une couche épaisse de pierres ponces sur les côtes, attestent la présence d'un centre volcanique considérable.

En 1887, un ancien cratère s'effondra dans la mer, à l'extrémité occidentale de la Nouvelle-Poméranie. L'énorme vague, produite par un déplacement d'eau si considérable et si subit, ravagea les rivages limitrophes, causa la perte d'un parti d'explorateurs allemands qui se trouvait dans le voisinage, et jeta à la côte les navires ancrés dans le port de Finsch-hafen, en Nouvelle-Guinée.

Un semblable événement eut lieu, presque en même temps, dans l'archipel Salomon, où des insulaires furent engloutis et la station d'un Européen détruite.

Climat.

Des vents alizés, désignés, pour ces contrées, sous le nom de mousson, y soufflent du sud-est pendant six mois, et du nord-ouest pendant les six autres mois qui sont la saison des pluies.

Toute l'année durant le jour, le thermomètre varie généralement de 28 à 34 degrés centigrades.

La fièvre malaria règne sur les côtes ; après la férocité des insulaires, elle est le plus redoutable ennemi des Européens. On a lieu d'espérer cependant que les plateaux de l'intérieur sont salubres, et offriront un séjour agréable.

Beauté et fertilité.

Rien de plus ravissant que ces îles, vues de la haute mer ! Ces hautes montagnes, aux sommets nuageux et aux flancs couverts de sombres forêts dont les arbres s'élèvent à plus de cinquante mètres du sol ; ces profondes vallées abondamment arrosées et entrecoupées de verdoyantes prairies ; ces cultures indigènes éparses çà et là dans les éclaircies de la forêt ; ces bosquets de cocotiers d'où s'échappe de la fumée et où se cachent les villages, tout cela offre un panorama d'une variété charmante et grandiose. Il atteste surtout une végétation incomparable.

Du reste, leur situation entre la Nouvelle-Calédonie et les Indes Hollandaises permet de croire qu'elles ne sont pas inférieures, pour les minéraux, la fertilité et les autres dons naturels, à ces contrées si belles, si riches et si fortunées.

Commerce et culture.

L'abondance des cocotiers pourrait à elle seule donner lieu à un important commerce de copral. C'est dans ce but que, déjà, trois maisons importantes se sont établies à Blanche-Baie et dans les environs de la Péninsule de la Gazelle, à l'est de la Nouvelle-Poméranie. Elles exportent annuellement près de quinze cents tonnes de copra, et ce chiffre pourrait être décuplé, si les relations avec les insulaires étaient moins dangereuses.

Le terrain se prête à toutes les cultures des tropiques. Déjà, il existe à Blanche-Baie une plantation de coton et de café, en plein rapport, qui occupe trois cents ouvriers noirs recrutés aux îles de Salomon, et plusieurs autres plantations sont projetées dans le voisinage.

Il y a aussi une importante exportation de guano tiré des îles de l'Amirauté où ce précieux engrais se trouve en abondance.

Gouvernement.

L'Allemagne a donc fait preuve d'habileté en annexant ces belles contrées à son Empire colonial. Déjà elle a mis la main à l'œuvre de la colonisation au moyen d'une Compagnie commerciale gratifiée de droits exceptionnels.

Le port de *Finsh-hafen*, sur la côte septentrionale de la Nouvelle-Guinée, nommée *Kaiser-Wilhems-Land*, est la résidence du Commissaire impérial et le centre d'opération de la Compagnie. De ce port deux vapeurs communiquent, toutes les six semaines, avec l'archipel Bismark, les diverses stations et Java.

Près de mille ouvriers noirs, engagés librement pour trois années et recrutés dans les îles du Vicariat de la Nouvelle-Bretagne, travaillent aux plantations de la Compagnie. Pour le moment on y cultive surtout le tabac qui est, paraît-il, d'une qualité tout à fait supérieure et propre à servir d'enveloppe aux cigares.

Grâce au recrutement des insulaires comme ouvriers, on espère pouvoir s'introduire peu à peu dans leurs îles et ouvrir de nouveaux centres.

Tout cela, je pense, servira à la diffusion de l'Evangile. Du reste, le Gouvernement a eu la sagesse de comprendre la nécessité de la religion, pour adoucir et civiliser ces pauvres sauvages ; il paraît disposé à nous laisser la plus grande liberté dans l'exercice de notre saint et bienfaisant ministère.

(A suivre).

LES BOERS DU TRANSVAAL
ET
LA MISSION DE POTCHEFSTROOM.
Par le R. P. SERRIÈRE
Des Oblats de Marie Immaculée.
(Suite 1).

Maintenant que vos lecteurs ont fait connaissance avec les Boërs, leurs mœurs, leurs antipathies religieuses, voire même leur forme de gouvernement, je vais essayer de leur faire connaître le passé et le présent de la mission de Potchefstroom.

Le premier missionnaire catholique qui ait visité Potchefstroom, fut le R. P. Hoendervanger, religieux Prémontré. Ses supérieurs ecclésiastiques l'avaient placé à Bloemfontein comme dans un centre d'où il devait rayonner sur tout l'État libre d'Orange et le Transvaal. Ce Père avait donc un champ des plus vastes ouvert à son zèle, et à diverses reprises il entreprit de longs et pénibles voyages pour visiter les quelques familles catholiques éparses çà et là dans le Free State et la République du Sud-Afrique, et leur apporter les consolations de notre sainte religion.

C'est dans une de ces courses apostoliques qu'il résolut de faire participer les catholiques de Potchefstroom aux bienfaits dont le ministère du prêtre est la source. Je ne connais pas la date exacte de la venue du R. P. Hoendervanger dans la capitale du Transvaal ; mais je ne pense pas m'écarter beaucoup de la vérité en assignant l'année 1866. Quoi qu'il en soit, la présence du prêtre catholique à Potchefstroom jeta l'effroi dans le camp huguenot, et l'on assure même que le magistrat de la ville crut un instant la République en danger. Il somma l'audacieux missionnaire de comparaître devant son tribunal, lui fit donner lecture des lois du pays, et lui interdit l'exercice du ministère sous peine d'expulsion immédiate. Ce déploiement d'autorité et les menaces qui l'accompagnaient, émurent fort peu le R. P. Hoendervanger. Il déclara au Landrost qu'il était venu voir ses coreligionnaires, faire quelques baptêmes et bénir un mariage, et qu'il ne songerait à quitter la ville que lorsqu'il aurait rempli l'objet de sa visite.

« — Je suis pauvre, ajouta-t-il, et je n'ai pas les moyens de me payer le luxe d'un voyage à cheval et encore moins en voiture. Aussi vous serai-je très reconnaissant si, une fois ma mission au milieu des catholiques terminée, vous aviez l'obligeance de me faire transporter jusqu'à la frontière. »

Le Père tint parole. Quant au Landrost, il crut prudent de ne pas intervenir, et de laisser le missionnaire catholique partir comme il était venu.

Le R. P. Hoendervanger ne fit pas d'autre visite à Potchefstroom. En 1868, il fut rappelé en Europe par ses supérieurs, et Mgr Allard, Oblat de Marie-Immaculée, alors vicaire apostolique de Natal, y envoya les environnants, le R. P. Le Bihan dès 1869 pour occuper sa place. Ce Père avait à peine été installé à Bloemfontein depuis quelques mois, que le R. P. Bompart lui fut envoyé comme com-

(1) Voir les *Missions Catholiques* du 13 juillet.

pagnon. Le R. P. Le Bihan ne tarda pas à profiter de cette circonstance pour entreprendre un voyage de longue durée dans le nord de l'État libre d'Orange et le Transvaal. Le T. R. P. Monginoux m'ayant gracieusement communiqué une lettre où le R. P. Le Bihan fait le récit de ce voyage, je laisse la parole à ce dernier.

« Monseigneur m'avait acheté pour la circonstance une voiture et deux chevaux. Un de mes chrétiens Basutu, de Roma, nommé Stéphanus, devait conduire l'équipage. Je partis au commencement de l'année 1870, laissant Bloemfontein aux soins du R. P. Bompart, qui était venu m'y rejoindre. Je pris la route de Winburg, Kronstas, etc., multipliant et prolongeant mes haltes, selon les besoins spirituels des familles catholiques que je rencontrais. C'est ainsi que je passai plusieurs semaines à Rhinoster-River et dans la ferme de M. Hasset, près du Vaal. A Potchefstroom, où je me rendis en quittant la ferme, je trouvai environ cent vingt catholiques. M. Donoghue, chef d'une excellente famille irlandaise, me donna l'hospitalité la plus gracieuse, et se mit entièrement à ma disposition pour me seconder dans l'établissement de mon ministère. Malgré les lois qui prohibaient le culte catholique, je pus pendant quelque temps dire tous les jours la sainte messe, et donner régulièrement les exercices de la mission aux fidèles, dont l'assistance aux instructions et à la prière fut admirable.

« La tranquillité dont je jouissais, allant et venant sans jamais être inquiété, me donna la douce illusion que la liberté nous était rendue. On me fit bientôt comprendre que je me trompais. Le chien de garde n'était qu'endormi : la circonstance suivante l'éveilla. Un M. Taggard avait résolu d'épouser une jeune fille boër. Déjà les dispenses nécessaires avaient été accordées, et tout était prêt pour la cérémonie du mariage, lorsque je fus cité à comparaître devant le magistrat.

« — J'ai appris, me dit le représentant de la loi, que vous « alliez célébrer un mariage.

« — Oui, c'est vrai.

« — Mais, ignorez-vous que l'exercice du culte catholique « est interdit par les lois du pays ?

« — J'en ai bien entendu parler, mais j'avoue que je n'ai « pas vu le texte de cette loi ! »

« Le Landrost dit à un de ses employés de m'en donner lecture. Il était ainsi conçu : « Toute religion autre que la « religion hollandaise réformée est prohibée dans le « Transvaal. »

« Quand la lecture fut achevée, je dis au Landrost : « — Voulez-me permettre une simple question ?

« — Parlez.

« — D'après le texte de la loi qu'on vient de lire, ce n'est « pas seulement l'Eglise catholique qui est prohibée ; mais « l'Eglise anglicane et l'Eglise wesleyenne le sont égale- « ment. Or, ces deux sectes possèdent, dans la capitale « même, des terrains considérables ; c'est dans des temples « où elles font publiquement l'office, au vu et au su des « autorités. Pourriez-vous me montrer le texte de la loi « qui leur accorde la liberté dont elles jouissent ! »

« A cette remarque, le magistrat consulte son secrétaire. J'ignore quelle fut la réponse de celui-ci ; mais elle dut ne pas être très satisfaisante, car, quelques instants après, on me faisait signe de me retirer, manière de me dire que je pouvais transgresser la loi aussi impunément que les autres.

« Pour mieux affirmer notre droit, je résolus de donner à la cérémonie du mariage toute la pompe possible. Je fais orner ma voiture aussi bien que le permet notre pauvreté ; les harnais astiqués brillent au soleil, les chevaux bien reposés prennent des airs fringants, et Stéphanus, habillé en laquais de grand seigneur, montre par son attitude qu'il a conscience de son rôle. Au jour et à l'heure fixés, les fiancés prennent place dans cet équipage de gala et sont conduits solennellement à la demeure de M. Donoghue, où la cérémonie devait avoir lieu. Attirés par cette démonstration aussi singulière qu'imprévue, les gens accourent de tous côtés, et en peu de temps l'appartement qui me servait de chapelle se trouva trop petit pour contenir la foule. Je profite de la circonstance pour parler de la sainteté du mariage chrétien et des obligations qu'il impose, suivant en tout point les prescriptions du Rituel. La cérémonie achevée, je donnai ordre à Stéphanus de reconduire chez eux les nouveaux mariés.

« C'était un premier pas, mais il ne pouvait nous suffire. Le jour suivant, je réunis les catholiques, et je leur demandai si le moment ne leur paraissait pas venu de réclamer le libre exercice du culte catholique. Leur réponse fut telle que je pouvais la désirer, et, dès le lendemain, une pétition en bonne et due forme circulait dans la ville et était signée par la majorité des habitants, tant Anglais que Hollandais.

« Présentée au Volksraad ou Parlement, qui venait de reprendre ses séances, elle y excita d'abord une tempête de colère dont il est difficile de se faire une idée, quand on ne sait pas de quelle haine ces huguenots sont animés contre l'Eglise catholique. On cria au scandale, aux empiétements, etc., et notre demande fut rejetée. Cependant, sur les instances du gouverneur portugais de Quilimane, en ce moment à Potchefstrom pour revendiquer les droits du Portugal sur une partie du territoire, la question fut reprise et examinée à nouveau. Les esprits s'étant un peu calmés, la liberté des cultes, dans un pays de libre examen, parut moins exorbitante, d'autant qu'en fait elle existait déjà, sans que l'on pût l'empêcher. Bref, la citadelle fut forcée : la loi ancienne fut abrogée, et la liberté du culte reconnue dans toute l'étendue du territoire.

« Il me restait à constater jusqu'où allait la bienveillance des habitants de Potchefstroom. Je hasardai une liste de souscriptions pour la construction d'une église. M. Donoghue, toujours plein d'ardeur et de zèle, se met en quête. Dès le soir du premier jour, il entre dans ma chambre rayonnant de joie :

« — Eh bien ! Père, me dit-il, tout marche à merveille. « Voyez donc ». Et à la tête de la liste, il me montre le nom même du Président de la République, M. Prétorius, lequel nous donnait un terrain à Prétoria ; venaient ensuite d'autres souscriptions dont le total s'élevait au chiffre respectable de 100 livres sterling. Ne me croyant pas autorisé à aller plus loin sans une permission expresse de Mgr Allard, je déposai la liste chez un des personnages les plus influents de la ville, et je repartis pour la ferme de M. Hasset. Dieu m'y réservait une des plus douces consolations de ma vie.

« Lors de ma première visite, Mme Hasset, juive de naissance, m'avait prié de la recevoir dans le sein de l'Eglise catholique ; quelques Boërs du voisinage m'avaient également exprimé le désir d'abjurer les erreurs calvinistes. J'achevai leur instruction, et, quand tout fut prêt pour le baptême, j'invitai les catholiques de Potchefstroom à venir assister à la fête. Malgré la distance, ils y vinrent en grand nombre, montés sur des wagons traînés par des bœufs et au chant de leurs plus beaux cantiques. Cette longue file de wagons pavoisés, ces chants sacrés qu'ils entendaient pour la première fois, cette foule à la fois joyeuse et recueillie, produisirent sur les Boërs une impression profonde. Ils n'avaient jamais vu si beau spectacle. Bien des larmes coulèrent pendant que j'offrais le saint sacrifice et pendant que je versais l'eau sainte sur le front des nouveaux enfants de l'Eglise. Pour moi, je n'ai jamais goûté pareil bonheur. Je suis persuadé que si un ou plusieurs Pères pouvaient se consacrer entièrement et avec amour à ces missions dans les fermes, nous aurions bientôt la joie de voir de nombreuses conversions. Le Boër demande qu'on l'aime, qu'on s'intéresse à lui et qu'on le lui montre. »

Le R. P. Le Bihan dut s'éloigner de la famille Hasset, au grand regret des braves gens qu'il avait évangélisés, et se remettre à la recherche des catholiques au nord du Free-State. Cette tâche achevée, il voulut rentrer dans le Transvaal et visiter de nouveau Potchefstroom en passant par Prétoria. Quoique rien de particulier n'ait signalé son second séjour à Potchefstroom, je ne puis résister au plaisir de mentionner une des aventures de ce Père lorsqu'après avoir traversé le Vaal, il se dirigeait vers Prétoria.

Je laisse de nouveau la parole au R. P. Le Bihan.

« Une fois sur le territoire du Transvaal, je vis devant moi deux routes prenant des directions opposées. Laquelle me conduirait à Prétoria ? Je n'en savais rien. Pendant que je délibérais mentalement sur le choix à faire, Stéphanus, jusqu'alors témoin muet de mes perplexités, voulut me venir en aide :

« --Père, me dit-il, prenons le chemin qui va à droite.

« -- Soit, répondis-je ; en route. »

« Et nous voilà repartis, Stéphanus galopant devant sur un cheval qu'on m'avait donné ; moi le suivant de près dans une voiture, et ne me lassant jamais d'admirer les plaines sans fin peuplées de gibier de toute espèce.

« Le second jour, dans l'après-midi, un ouragan terrible nous surprit en pleine campagne. Nous dételons à la hâte, et les chevaux ne sont pas plus tôt déliés, qu'emportés par le vent et fouettés par la pluie, ils commencent une course furibonde. Stéphanus se met à leur poursuite, et moi je reste près de la voiture. Le vent augmente, la voiture s'ébranle, et pour l'empêcher d'être entraînée par l'ouragan, je me jette à plat ventre sur le timon ; vains efforts, maître Borée gagne la bataille, et, comme trophée, il emporte avec lui la voiture et son maître toujours cramponné au timon. Je ne sais où le vainqueur nous eût conduits, si, à cent pas de notre point de départ, nous n'étions tombés dans une flaque d'eau. Une fois là, je réussis à fixer en terre le timon de la voiture, et tout hors d'haleine j'attendis que la tempête s'apaisât. Peu à peu le vent perdit de sa force, la pluie cessa, et Stéphanus revint avec les chevaux : le

pauvre garçon avait eu lui aussi ses aventures, mais il serait trop long de vous les raconter. Nous nous remîmes en route, et le troisième jour nous atteignîmes Prétoria sans autre incident fâcheux. »

Le R. P. Le Bihan passa quelques jours à Prétoria où les catholiques étaient alors bien moins nombreux qu'à Potchefstroom ; de là il se rendit à la capitale du Transvaal, qu'il quitta bientôt pour regagner Bloemfontein.

Ce Père est revenu visiter Potchefstroom bien des fois ; après lui, d'autres Pères y firent de courtes apparitions ; seul le R. P. Walsy y séjourna à plusieurs reprises, et les anciens catholiques de l'endroit associent son nom à celui du R. P. Le Bihan dans leurs souvenirs et leur reconnaissance. (*A suivre*).

DONS

Pour l'Œuvre de la Propagation de la Foi

ÉDITION FRANÇAISE.

Au nom de M. l'abbé de Lustrac, diocèse de Bordeaux, avec demande de prières.	32
Pour les missions les plus nécessiteuses (Mgr Vidal).	
Un Chatillonnais, diocèse de Dijon.	1
Paroisse de Lacadée, diocèse de Bayonne.	1 80
M. Edmond Mistral, à Aix	90
Une anonyme du diocèse de Nancy, avec demande de prières.	50
Au R. P. Descombes, pour l'érection d'une chapelle dans le district de Ganjam (Vizagapatam).	
Un abonné diocèse de Quimper.	100
Au R. P. Ariokanader (Pondichéry).	
Une enfant de Marie, diocèse de Limoges.	5
Anonyme d'Orléans, avec demande de prières.	10
A. X. abonné d'Hyères, diocèse de Fréjus.	25
Anonyme de S.-L., diocèse de Tours.	50
Au R. P. Gabillet (Pondichéry).	
Une enfant de Marie, diocèse de Limoges.	5
Au R. P. Fourcade (Pondichéry).	
Anonyme de S.-L., diocèse de Tours.	50
M. Samain, curé de Carnoy, diocèse de Cambrai.	15
A M. Allys, à Phu-Cam, près Hué.	
A. X. abonné d'Hyères, diocèse de Fréjus.	25
Pour les missions des PP. Bénédictins (Sylvestrins), à Kandy (Ceylan).	
Osoël d'un Polonais, à Cracovie.	2 95
A M. Tulpin pour les catéchistes japonais.	
Madame la Comtesse de Laveaucoupet, du diocèse de Limoges.	50
Anonyme du diocèse de Besançon.	50
Anonyme d'Orléans, avec demande de prières.	10
Anonyme de S.-L., diocèse de Tours.	50
Anonyme de Montfort-sur-Mer, diocèse de Rennes.	5
Madame de G., diocèse de Moulins.	50
L'abbé Sylvestre, aumônier des Maristes, à Bourg-de-Péage diocèse de Valence.	12
M. l'abbé Gerbelle, diocèse d'Aoste, demande de prières.	30
A Mgr Osouf, pour les missions du Japon septentrional	
N. N. Sœur Barbe, à Strasbourg.	15
Anonyme de Cassis, diocèse de Marseille.	300
A Mgr Hirth (Nyanza), pour le baptême de deux enfants sous les noms de Marie-Léonide et de Martial.	
Une enfant de Marie diocèse de Limoges, demande de prières.	10
Au R. P. Corre, missionnaire à Kummamoto (Japon méridional).	
De la part de la Comtesse Léontine de Stainlein, Sagenstein.	100
M. l'abbé Gerbelle, diocèse d'Aoste, demande de prières.	70
A Mgr Lamaze, pour ses missions d'Océanie.	
M. l'abbé Royet, à Annonay, diocèse de Viviers.	5
A Mgr Vidal (Fidji).	
Anonyme de S.-L. diocèse de Tours.	50
M. Samain, curé de Carnoy, diocèse de Cambrai.	15

(La suite des dons prochainement).

TH. MOREL, *Directeur-gérant.*

NOUVELLE-POMÉRANIE (*Océanie*). — UN PAYSAGE DES ILES SALOMON (*d'après nature*); dessin envoyé par MGR COUPPÉ, vicaire apostolique de la Nouvelle-Poméranie (voir page 353).

CORRESPONDANCE

MADAGASCAR

Une visite à Ambondrombé et chez les Bares d'Ikongo.

Cette intéressante lettre fait connaître d'une manière pittoresque les superstitions des habitants païens de la grande île africaine. Elle nous introduit dans l'intimité de différentes tribus qui semblent mûres pour l'évangélisation et elle montre le bien que peut accomplir pour la vraie civilisation l'union de la France et de l'Eglise.

LETTRE DU R. P. TALAZAC A SA FAMILLE.

Excursion au Paradis Malgache

Je ne sais si je ne vous ai pas parlé jadis du paradis des Malgaches situé à une demi-journée de Tandrokazo, ma principale résidence du sud. C'est une montagne très élevée et couverte sur ses flancs d'une forêt impénétrable. Tous les Malgaches sont persuadés qu'après leur mort, les âmes se retirent sur cette montagne, et

■· 1155. — 24 JUILLET 1891

qu'elles y goûtent un bonheur proportionné à leurs mérites. S'il faut les en croire, elles y bâtissent des maisons, y élèvent des bestiaux, etc., tout comme le font les bons vivants sur la terre.

Cette montagne est sacrée, et nul mortel ne peut, dit-on, s'aventurer à en pénétrer le mystère, sans y trouver la mort. Là-dessus, on raconte mille et une histoires aussi extravagantes les unes que les autres, et destinées naturellement à affermir la croyance à ce séjour fortuné. Voyant combien cette superstition leur tenait à cœur, je résolus de faire l'ascension, pour démontrer à mes pauvres Betsiléos qu'on les bernait de mensonges, et affaiblir autant que possible, leur crédulité aux sorciers.

J'entrepris ce voyage vers la fin du mois d'août dernier, en compagnie de M. Besson, vice-résident français à Fianarantsoa. Je m'étais assuré d'avance le concours de cinq bons chrétiens, qui eurent assez de confiance en moi pour ne pas avoir peur des sorciers.

Le premier jour, nous allâmes coucher au pied de la montagne, afin de pouvoir l'escalader de bon matin le jour suivant. Le lendemain, nous partions dès l'aurore et après deux heures de marche pénible, nous en avions franchi la base accidentée. Une heure avant d'avoir atteint le lieu interdit aux mortels, tous nos porteurs nous avaient abandonnés, tant est grande la terreur qu'inspire ce lieu. Seuls, mes cinq chrétiens nous suivirent.

Nous étions tous armés de haches ou d'énormes coutelas, pour nous frayer un chemin. En entrant dans ce sanctuaire de la superstition, nous perdons toute trace de sentier et n'avons d'autre guide que la boussole et le baromètre. Bientôt nos sabres et nos haches abattent des monceaux de branches, de lianes et de roseaux : il le faut bien pour nous ouvrir un passage quelconque. Nous traversons des fourrés où un animal aurait bien de la peine à trouver une issue. Il faut tantôt ramper, tantôt grimper, tantôt se plier en deux et passer sous d'énormes troncs d'arbres tombés de vieillesse. Afin de nous reconnaître, nous sommes obligés de grimper de temps en temps au sommet de quelque arbre, exercice dont j'avais fait un peu l'apprentissage dans ma jeunesse, et, une fois redescendus, nous reprenions notre course, sans nous arrêter un seul instant.

Nous franchissons ainsi une douzaine de vallées plus ou moins profondes, et le sommet désiré ne paraît pas encore. Enfin, après des fatigues de toutes sortes, vers trois heures du soir, voici ce bienheureux sommet, objet de nos recherches et de nos vœux. Nous avons avisé l'arbre le plus haut, où nous grimpons, M. le Résident et moi.

Là, au bout d'une longue lance, nous attachons une croix grossièrement formée. Puis, un peu au-dessous, nous fixons l'étendard de la France sur la même hampe, et au double cri de « Vive Dieu » et « Vive la France », nous plantons le double étendard de la civilisation. Quel bonheur de le voir dominer la montagne et tout le pays environnant !

Mais nous n'avions pas de temps à perdre. Pour arriver à notre logement du soir, il nous fallait parcourir en trois heures, l'espace que nous avions eu tant de peine à franchir en sept. Nous y sommes parvenus cependant, grâce aux jalons que nous avions laissés sur tout le parcours.

Le soir, en rentrant dans le village, nous fûmes accueillis par des cris d'admiration : « Voilà des blancs descendus du ciel sur la terre », disait-on. Nous aurions pu, ce jour-là, dire n'importe quoi, tout aurait été cru comme parole d'Évangile. Le bruit de notre excursion parvint dans toute la contrée et jusqu'à la capitale.

Les journaux en parlèrent avec des appréciations diverses. On répandit le bruit que, depuis cette fameuse ascension, M. le Résident était devenu muet, que j'étais moi-même ramolli, et que tous mes compagnons étaient morts. La vérité est que personne ne s'est mieux porté que nous.

Personne avant nous n'avait réussi à escalader cette montagne, bien que plusieurs l'eussent tenté. D'une part, la terreur qu'elle inspire en détournait ceux qui

auraient pu exécuter l'entreprise ; et, d'autre part, ceux pour qui la superstition n'était pas un obstacle, étaient arrêtés par des difficultés de tout genre.

Outre les absurdités dont j'ai parlé, on disait que cette montagne était le repaire d'une bande de voleurs. Que des blancs soient montés dans leur paradis et qu'il ne leur en soit rien advenu, voilà un événement pour le pays tout entier. La superstition en a reçu un rude coup et l'autorité des sorciers se trouve un peu ébranlée.

Ils ont essayé de se venger en faisant courir des bruits aussi ridicules que les contes accrédités jusqu'ici. Mais mon autorité sur ces gens simples s'est accrue à tel point, que je pourrais presque leur commander en maître.

Voyage à Ikongo

Vers le milieu de septembre, j'entreprenais un second voyage autrement intéressant et toujours en vue de secourir ce pauvre peuple, qui n'a pas encore ouvert les yeux à la lumière du salut.

À l'est de mon district, à une journée de marche, se trouve une contrée fort célèbre à Madagascar par les combats qu'elle a soutenus pour sauver son indépendance. Ikongo est son nom. Cette contrée très peu connue était dénigrée par ceux qui avaient cherché à l'assujettir. On la représentait comme peuplée de brigands, d'esclaves insoumis et de gens de la pire espèce.

Me trouvant à portée d'avoir avec eux des relations, j'appris à les connaître et à les apprécier. Je les reçus toujours le mieux qu'il me fut possible, et en rentrant chez eux, ils me firent connaître à leurs concitoyens. Leur roi ayant entendu parler de moi voulut me voir. Il m'envoya même plusieurs ambassades avec des présents.

Ces avances me déterminèrent à entreprendre le voyage. Il me tardait de faire connaissance avec ce peuple tout nouveau, qui n'avait jamais jusqu'à ce jour entendu parler de la prière.

Une première excursion, tentée au mois de juillet, échoua, faute de renseignements et de connaissance des usages du pays. La seconde eut lieu vers le commencement d'octobre et en compagnie du docteur Besson.

Nous avions résolu de consacrer une semaine à ce voyage, et nous nous étions munis en conséquence. Les débuts furent peu encourageants, car il nous fallut subir plusieurs formalités qui nous firent perdre un temps précieux. Je ne vous ferai pas la description des difficultés que nous eûmes à traverser. Il me suffira de vous dire qu'après avoir fait connaissance avec les chemins de cette contrée, le Résident, qui est un militaire de valeur, laissa échapper ces mots :

« Avec trente hommes comme vous et moi, je me charge de défendre ce territoire contre une armée de cent mille hommes. »

Dès notre entrée dans le pays, nous sommes reçus à bras ouverts par les envoyés du roi et la population.

Partout des visages amis, partout on nous offre des présents en vivres et les meilleurs gîtes dans les villages. Ces braves sauvages n'ayant, pour la plupart, jamais vu de blancs (j'étais le quatrième qui pénétrait dans leur pays), accouraient de tous côtés pour nous contempler.

Nous couchâmes d'abord dans un village frontière, et le lendemain on nous conduisit à la capitale qui se trouve à une journée de là. A peine arrivés, on nous donne une très belle case faite toute entière de roseaux tressés. Dans un pays chaud comme celui-ci, il faut que l'air puisse circuler dans les cases, pour ne pas y étouffer.

A peine sommes-nous installés, que le roi vient nous visiter. Il est précédé d'une foule de gens. Quoique âgé de plus de cent ans, il se tient droit comme un jeune homme ; sa démarche est ferme et rapide.

Il s'arrête devant nous debout en attendant que nous lui ayons préparé un siège avec nos bagages. Puis il s'assied, et son lieutenant nous adresse un discours de bienvenue. Ensuite, il nous fait apporter les présents d'usage, consistant en riz, miel et volailles.

Nous répondons à la bienvenue et nous remercions chaleureusement. Tout le jour et le lendemain, nous et nos porteurs nous fûmes abondamment pourvus de tout le nécessaire, sans qu'il y eut rien [à débourser. Ils se seraient crus déshonorés s'ils avaient reçu de l'argent pour l'hospitalité donnée, bien différents en cela des autres Malgaches généralement cupides.

Nous eûmes, durant notre séjour, plusieurs pourparlers avec le roi et les grands du royaume ; le roi nous témoigna une confiance illimitée. Quand nous traitâmes la question de la prière, je fus bien surpris d'apprendre qu'ils avaient déjà résolu de m'appeler pour leur enseigner la religion. Aussi voulurent-ils me retenir, et ce ne fut pas sans verser quelques larmes qu'ils me virent partir. Je leur promis de revenir moi-même, ou du moins de faire tout ce qui dépendrait de moi pour leur envoyer des missionnaires. En ce moment, je suis occupé à plaider leur cause auprès de Monseigneur Cazet, et s'il plait à Dieu, je ne tarderai pas à reprendre le chemin de leurs montagnes.

Mais ce que je n'ai pas dit encore, c'est l'honnêteté admirable, l'organisation de ce peuple habitant des bois. Le roi est le père et le premier serviteur de ses sujets. L'obéissance est spontanée : ici nulle contrainte, point d'impôts obligatoires, mais seulement une mince redevance libre qu'ils payent quand ils peuvent.

Aimant leur liberté comme la vie même, ils sont tout prêts à verser leur sang pour la défendre; aussi ne marchent-ils jamais sans être armés de la lance et de la hache. Chez eux, il n'y a pas d'armée proprement dite, mais à l'heure du danger, tout le monde est soldat. Au premier bruit de guerre, sur un signal donné, les conques marines retentissent de village en village. Aussitôt on se réunit sur une forteresse réputée inexpugnable, d'où l'on peut défier toutes les attaques et soutenir un long siège.

Les mœurs sont très honnêtes. On n'a jamais entendu parler de vol dans ce pays privilégié. Contrairement à l'habitude de plusieurs de leurs compatriotes, ils ne mentent pas, et quand ils ne sont pas en mesure de répondre selon la vérité, ils se taisent. Il règne dans tout le pays la plus grande hospitalité : elle s'exerce non seulement entre les membres de la tribu, mais encore envers les étrangers fort rares d'ailleurs, qui osent s'aventurer dans ces parages.

Leur costume est fort primitif. Les hommes ne portent guère que le pagne, et les femmes sont vêtues uniformément d'une natte qui part des reins et descend jusqu'aux genoux. Quant aux enfants, ils vont comme Dieu les a fait. Doués d'une physionomie heureuse, ils n'ont pas la difformité des nègres, quoiqu'ils en aient un peu la couleur.

Les mœurs semblent patriarcales. Les vieillards sont honorés et les femmes respectées. Nous n'avons remarqué chez ce peuple aucune des vilaines maladies qui dévorent les autres races malgaches.

Le sol nous a paru d'une fertilité prodigieuse, et nous avons été agréablement surpris de le voir bien cultivé. Quoiqu'il y fasse très chaud, on n'a pas à craindre de fièvres malignes. Il me semble que j'y serais vite acclimaté. Pour me rendre le séjour plus facile parmi eux, ils m'assurèrent qu'ils se chargeraient de ma nourriture et de mon logement. Le climat y est très différent de celui que j'habite, bien qu'à une journée de marche seulement, la chaleur y soit torride : en me rendant chez eux, je dus descendre une pente de neuf cents mètres.

Aussi la végétation y est elle toute différente. Le café, la vanille et les autres plantes productives y réussiraient admirablement ; il n'y aurait qu'à apprendre cette culture et à leur ouvrir un débouché. La chose serait d'autant plus aisée qu'ils ne sont qu'à une journée de la mer, et sur les bords d'un très beau fleuve qui les met en communication avec la côte.

Si mes projets se réalisent, je ferai provision d'une grande quantité de plantes utiles : car je suis persuadé qu'un peuple est toujours plus disposé à accepter la prière, quand on s'occupe aussi un peu de son bien-être matériel.

C'est au retour de ce voyage que j'ai fort inopinément reçu l'ordre de monter à la capitale. A la garde de Dieu ! mais je conserve le ferme espoir de retourner chez ce bon peuple, pour avoir le bonheur d'être l'un des premiers à lui ouvrir les portes du salut.

DÉPARTS DE MISSIONNAIRES

Le 16 juillet, se sont embarqués en destination du vicariat apostolique de la Nouvelle Poméranie, les quatres Frères, missionnaires du Sacré-Cœur dont les noms suivent : Grégoire-Jean Huser, hollandais : Nicolas Kieft, hollandais ; Félix Lacasse, diocèse de Nancy ; Bernard Nieters, Hanovrien.

— Le 11 juillet, cinq religieuses de la Congrégation des Sacrés-Cœurs de Picpus, se sont embarquées au Havre pour la mission des îles Sandwich (Océanie). Ce sont les Sœurs : Carmen Mac Connon d'Irlande ; Ludovica Semddinch du diocèse de Munster ; Constantine Gayraud du diocèse de Rodez ; Léonora Suchéry du diocèse de Nantes, et Rigoberte Furon du diocèse de Laval.

INFORMATIONS DIVERSES

Mésopotamie. — Plusieurs *Semaines religieuses* ont publié l'entrefilet suivant, qu'elles disaient extrait d'une correspondance adressée par Mgr Audo, chorévêque chaldéen, à un chanoine de Bayonne :

« Je viens vous annoncer la consolante nouvelle du retour à « l'Église catholique de nos frères séparés de Chaldée, des nes-« toriens, qui, tous, d'un seul élan, évêques, prêtres et fidèles, « au nombre de *deux cent mille*, viennent d'abjurer l'hérésie « de Nestorius, dans laquelle ils étaient tombés depuis le com-« mencement du sixième siècle de l'ère chrétienne. »

« Donnée sous cette forme, dit *le Bulletin de l'Œuvre des Ecoles d'Orient*, la nouvelle n'est pas exacte. De sérieux pourparlers sont engagés depuis quelques mois entre les évêques nestoriens, le patriarcat chaldéen catholique et la Sacrée Congrégation de la Propagande, en vue de l'union désirée de part et d'autre. Mais ce retour, si désirable qu'il soit, n'est pas encore définitif.

Pondichéry. — Le R. P. Gabillet écrit, le 9 mai 1891, à Mgr Laouënan, archevêque de Pondichéry :

« La détresse devient de plus en plus grande à Gingee. Autrefois je me tirais d'affaire en m'évadant le vendredi ; car c'est le jour de la foire, jour par conséquent où accourent tous les pauvres pour m'arracher une toile ou une petite aumône. Mais aujourd'hui ce sont des processions de gens à moitié mourants, ceux qui se portent relativement bien me demandent de l'ouvrage. Les femmes sont toutes déguenillées.

« Laissez-nous mourir de faim si vous voulez, Père, mais au moins donnez-nous de quoi nous couvrir. »

« Que faire pour remédier à tant de misère si vous ne venez à mon aide ? fuir, je l'ai fait plus d'une fois parce que je n'avais pas d'argent, mais ma conscience me reproche cette manière d'agir. Oh ! Monseigneur, envoyez-moi un large secours que je l'emploierai à un double usage, à secourir les infirmes et à faire travailler les bien portants. L'an dernier ayant vendu ce que j'avais acheté avec mon bien-fonds, j'ai entrepris une construction pour faire vivre mes chrétiens pendant la disette. J'ai dépensé 1,000 francs et je n'ai plus rien, mon bâtiment reste inachevé, ma maison et mon église tombent l'an passé. Ce matin, cinquante personnes se sont présentées pour me demander de l'ouvrage, je les ai renvoyées, ce que je ne ferais pas si j'avais de l'argent. »

Siam. — Nous lisons dans le *Times* de Bang-Kok :

« Le 18 et le 19 de ce mois, plusieurs milliers de chrétiens siamois, la plupart délégués par les stations catholiques de tous les points du royaume de Siam, prenaient la direction de Juthia pour assister à l'inauguration d'une nouvelle église.

« Le 19, dès l'aube, le joyeux carillon des cloches annonçait la grande cérémonie, et peu après, l'évêque, Mgr Ney, entouré d'un grand nombre d'ecclésiastiques, procédait aux rites imposants de la bénédiction solennelle. La messe pontificale fut ensuite chantée avec toute la pompe qu'il fut possible de déployer. Le lendemain, une messe de *Requiem* a été célébrée

pour le repos éternel de l'âme des fidèles et des pasteurs qui avaient habité la vieille capitale depuis l'établissement d'une mission catholique. Au milieu de l'église, un catafalque blanc et noir portait les restes des évêques et des prêtres dont les ossements avaient été trouvés en creusant les fondations du nouveau sanctuaire. A la fin de la messe, ces restes précieux furent placés dans un caveau sous le pavé du chœur. »

Maduré (*Hindoustan*). — Le R. P. Trincal écrit de Toudoupatty, le 18 mai 1891 :

« Je voudrais que les âmes pieuses qui nous envoient des aumônes, pussent voir combien leurs offrandes sont fructueuses pour la plus grande gloire de Dieu, l'extension de la sainte Église et la conversion des païens. Pendant l'année 1890, j'ai baptisé 988 infidèles ; et, cette année, ce chiffre sera encore dépassé. Je compte tenir occupé à préparer au baptême cinq chrétientés nouvelles d'environ deux cents âmes chacune.

« Le 17 février, notre nouvel évêque, Mgr Barthe vint faire la visite pastorale de ma mission. Elle dura 30 jours. Deux mille quatre-vingt-onze néophytes reçurent la confirmation. Il y eut plus de trois mille communions. Nous baptisâmes soixante-douze catéchumènes.

« Cette visite pastorale, la première qui ait jamais eu lieu dans ma mission, a été pour elle un grand événement. Partout, sur le passage de Sa Grandeur, la population païenne se portait en masse à notre rencontre et nous faisait cortège par toutes les rues. Lorsqu'à cent pas de l'église, le prélat, descendant sous un baldaquin de feuillages et de fleurs, se revêtait de la *Cappa magna* et mitre en tête, crosse en main, s'avançait bénissant les chrétiens agenouillés sur deux rangs, l'ébahissement des païens massés tout autour était un comble. Aussi, depuis la visite, le mouvement des conversions s'accentue de plus en plus sur tous les points de ma mission. »

Montréal (*Canada*). — La ville de Montréal vient de rendre de grands honneurs aux restes vénérés de trois missionnaires français morts au dix-septième siècle. L'épitaphe du monument qui vient de leur être élevé indique leur titre de gloire aux yeux des chrétiens. En voici la traduction :

Ici reposent dans le Seigneur trois religieux
de la Compagnie de Jésus
Qui ont bien mérité de la foi catholique :
Jean de Quen, d'Amiens, prêtre. Il découvrit le lac Saint-Jean,
évangélisa les Algonquins pendant vingt ans
En portant secours aux pestiférés, il succomba lui-même
à Québec, en 1659, âgé de 59 ans.
François Duperon, né en France, prêtre. Pendant vingt-sept ans
il s'appliqua à inculquer aux Hurons la foi et la civilisation.
Il reçut de Dieu le prix de ses travaux
au fort Saint-Louis, l'an 1665.
Jean Liégeois, de la Champagne (France), Frère coadjuteur,
rendit aux Pères de la Compagnie, pendant dix-neuf ans,
des services inappréciables. Attaqué par les Iroquois,
frappé au cœur, décapité, il succomba
le 20 mai 1555, à l'âge de 54 ans.
Le gouvernement de la province de Québec a élevé ce monument
sur leurs restes réunis le 12 mai 1891.

Mexique. — Nous trouvons dans le numéro du 20 juin du *Pueblo catolico* de Léon, une lettre du R. P. Ferdinand Terrien, supérieur des délégués de l'Œuvre de la Propagation de la Foi dans l'Amérique centrale et l'Amérique du Sud. Ce zélé missionnaire exprime sa profonde reconnaissance pour l'accueil qu'il a reçu de la part des habitants de la ville de Léon, pour la bienveillance toute paternelle de l'évêque Mgr Baron y Morales, et pour l'appui que le clergé et les fidèles lui prêtent dans l'accomplissement de sa difficile mission. Les rédacteurs du *Pueblo catolico* font suivre la lettre du R. P. Terrien d'un entrefilet dans lequel, après avoir rendu hommage au zèle et aux manières distinguées (*el celo, finura y distinguidas maneras*) de notre délégué, ils l'assurent que partout la même bienveillance accueil lui est réservé et que rien ne sera épargné de ce qui peut contribuer à la prospérité de l'Œuvre de la Propagation de la Foi.

EN NOUVELLE-POMÉRANIE

PAR

Mgr COUPPÉ

DES MISSIONNAIRES D'ISSOUDUN, PREMIER VICAIRE APOSTOLIQUE
DE LA NOUVELLE-POMÉRANIE.

(Suite 1)

LES INDIGÈNES.

Population.

Sur tous les points visités par les [Européens, on a géné-ralement rencontré une nombreuse population ; mais faute d'avoir pu pénétrer à l'intérieur, il est impossible d'en faire une évaluation même approximative.

Aussi les géographes sont-ils, sur ce point, en complet désaccord. Les uns estiment qu'il peut y avoir trois cent mille insulaires, et d'autres disent neuf cent mille ou un million. Je partage plus volontiers l'opinion de ces derniers en jugeant d'après la population de Tlavolo, et en pensant que la superficie de ces îles est de cent mille kilomètres carrés.

Quoi qu'il en soit il y a là tout un peuple racheté par le sang du Sauveur, et un peuple profondément malheureux que le démon, depuis six mille ans, détient dans la plus cruelle et la plus avilissante captivité ! C'en est assez pour toucher les âmes animées de l'amour de Dieu et du prochain et pour les porter à venir généreusement au secours de ces pauvres sauvages.

Race.

La race dominante paraît être la race *papara* de la Nou-velle-Guinée. Ses caractères distinctifs sont les cheveux abondants et crépus, la peau très brune sans être noire, le nez court et large à sa base, les yeux noirs, le visage pro-gnathe, la taille moyenne et bien proportionnée.

Malgré la prédominance de ces caractères, il existe d'une île à l'autre, et parfois dans une même île, de très grandes variétés dans la couleur, la forme du visage et la stature. On croit même trouver en plusieurs lieux des traces de Malais, de Polynésiens et de Négritos.

Nourriture.

La nourriture de ces insulaires est empruntée surtout au règne végétal, et consiste en taros, bananes, ignames, patates douces, cannes à sucre et quelques autres fruits communs à ces îles. De temps en temps ils mangent le poisson, le porc et le chien ; plus rarement le cangourou et le casoar.

Il est difficile qu'ils tombent dans la disette ; la terre, en effet, est si fertile qu'un ou deux jours de travail par semaine leur suffisent pour récolter abondamment de quoi vivre. Leur cannibalisme ne peut donc être attribué à la faim, mais seulement à la superstition ou à la férocité.

Vêtements.

Hommes et femmes vivent partout dans la plus révoltante et la plus complète nudité, preuve de leur affreuse corruption. Ils aiment cependant la parure, et leur coquet-

(1) Voir les *Missions Catholiques* du 17 Juillet 1891.

terie grotesque est satisfaite avec quelques bracelets de coquilles portés au-dessus des coudes ou aux poignets, un bâtonnet passé dans un trou pratiqué à la base du nez, des pendants d'oreilles, les cheveux huilés et colorés, un plumet au sommet de la tête. C'est la grande tenue des fêtes.

Ils ont aussi l'usage du tatouage, surtout aux Amirautés et aux Salomon (voir les gravures pages 354 et 355).

Habitations.

Les Canaques (c'est le nom par lequel on désigne générale-ment les insulaires de l'Océanie centrale) habitent des maisons en herbe. Dans la Nouvelle-Poméranie elles sont parfois si basses qu'on n'y peut tenir debout, et si étroites qu'on en touche les murs opposés en étendant les bras « À quoi bon, disent-ils, se fatiguer à élever de grandes maisons qui ne nous servent que la nuit et qui sont si sou-vent brûlées dans les guerres ! »

Les Canaques ne sont pas réunis en grand nombre dans un même village ; leurs maisonnettes, par groupes de trois ou quatre sont dispersées dans la campagne, de préférence percées sur un monticule, à l'ombre des cocotiers, au milieu d'une cour proprette, entourée d'une palissade et à proxi-mité d'une plantation. C'est ce qu'ils nomment leur *gaunan*, comme nous disons notre hameau.

Travaux.

Les Canaques vivent principalement du travail de leurs mains ; ils sont agriculteurs. Chacun a ses plantations soi-gneusement entretenues où il cultive les fruits et les légumes mentionnés ci-dessus. C'est aux hommes à défricher et à planter, et aux femmes à entretenir la culture et à recueillir les fruits.

Industrie et intelligence.

Ils ne sont pas sans industrie ; ils fabriquent des pirogues, des nasses, des filets, des armes et des parures. Ils sculp-tent avec un certain art des pièces en bois destinées à orner l'avant et l'arrière des pirogues et où sont représentés, au milieu de dessins variés et harmonieux, des oiseaux, des poissons et des figures humaines. Ils excellent surtout à sculpter, en pierre blanche ou en bois, les objets de leurs superstitions ; ce sont un grand serpent sacré qu'on expose aux regards des initiés dans les cérémonies nocturnes de la *Malira* ; — des masques sous lesquels se cachent les membres de la Société du *Doukdouk* pendant leurs danses. — des statues d'une idole grotesque et immonde qui sert au culte mystérieux de la Société des *A-iniet*. Ces travaux de sculpture sont très compliqués et d'un seul bloc.

Dans quelques îles ils savent même fabriquer des tissus et de la poterie.

Du reste ces insulaires sont vraiment fort intelligents ; les enfants surtout apprennent aussi rapidement que ceux de nos écoles européennes, et les hommes, employés comme ouvriers par les Blancs, sont préférés, à cause de leur savoir faire et de leur énergie, aux noirs des autres contrées. Sous l'influence de notre sainte Religion nous pourrons en faire des ouvriers et des industriels excellents.

Langues.

Une des grandes difficultés de cette mission consistera dans la diversité des langues. D'une île à l'autre, souvent aussi dans les districts d'une même île, les indigènes ne se comprennent pas entre eux. On suppose que la plupart de ces langues ont de grandes ressemblances. Je ne crois pas pourtant qu'il en existe aucune entre celles de la Nouvelle-Poméranie et celles des îles Salomon.

La langue de Vlavolo est parlée à Blanche-Baie et probablement dans toute la péninsule de la Gazelle. On la retrouve un peu modifiée dans les îles du Duc d'York, et elle conserve beaucoup de mots dans les langues du Nouveau Meklembourg.

Cette langue de Blanche-Baie est douce, simple, régulière, logique, expressive et riche. C'est, sous tous les rapports, une belle langue qui, à mon avis, n'a rien à envier à celles d'Europe, y compris le latin et le grec.

Croyances.

Voici un aperçu des croyances de Vlavolo et des environs.

Il existe deux êtres créateurs. L'un se nomme *To-kambi-nana*, mot qui signifie *être sagesse* ou *la sagesse*. L'autre se nomme *To-korvoucou*; ce mot est sans doute composé de *Kor-kor* noir et *ouvou* ou *oubou* combattre, assassiner. Il signifierait donc *le noir combattant*, *le noir assassin*.

Ces deux êtres sont frères et égaux : ils ont toujours existé et se sont partagé la création du monde, de sorte que l'un aurait créé certaines contrées, et son frère les autres.

To-kambinana est bon, généreux, bienfaisant, il aime les hommes, les protège et cherche à leur faire du bien. *To-korvoucou*, au contraire, est pervers et méchant ; il traverse les bonnes œuvres de son frère, il combat les hommes et cherche à leur nuire.

Parmi plusieurs légendes naïves, relatives à ces êtres, on raconte celle-ci : Un jour *To-kambinana*, voulant procurer du poisson aux hommes, avait fait une nasse et l'avait tendue dans la mer. Mais, à la faveur des ténèbres, le malfaisant *To-korvoucou* accourt, tire la nasse, la frappe à coups redoublés et la brise. Le lendemain *To-kambinana* s'en aperçoit ; il appelle son frère, lui reproche amèrement sa conduite et le congédie en lui lançant un regard courroucé.

Une autre fois *To-kambinana* dit à son frère :

« Va trouver les hommes et dis-leur de ma part : Ceux qui brûleront du bois vert en sacrifice, vivront ; ceux qui brûleront du bois sec mourront. »

To-korvoucou se rendit, en effet, parmi les hommes, mais il leur enjoignit tout le contraire. Quand *To-kambinana* le sut, il le gronda.

NOUVELLE-POMÉRANIE. — MÉLANÉSIE. — TYPES DIVERS; d'après une photographie communiquée par Mgr Couppé, vicaire apostolique de la Nouvelle-Poméranie.
(Voir le texte).

Le Serpent homicide.

L'histoire suivante ressemble, d'une façon frappante, à la tradition sur la chute originelle.

Un jour, racontent-ils, un homme passait dans un endroit qu'ils nous désignèrent (cet endroit, situé à quelques mètres de notre maison, appartient à notre enclos). Là il'aperçoit un énorme serpent de la grosseur du bras, enroulé sur un arbre. Dans ce serpent habitait le démon. D'un bond il s'élance sur l'homme, l'enlace et le tue. Depuis lors ajoutent-ils, ce coin de terre est exécré et maudit ; boire de l'eau ou manger un fruit pris en ce lieu causerait la mort.

Il est connu et redouté de tous; on l'appelle l'A-kāïa, du nom de ce fatal serpent qui est synonyme de *mauvais*, *méchant*, *maudit*. Nous y avons creusé un puits pour notre usage, mais les Canaques, ne veulent en boire l'eau à aucun prix.

Chose plus singulière encore chaque village a son *A-kāïa* dont on raconte la même histoire. Il leur est du reste si naturel d'associer dans leur idée le démon et le serpent qu'ils appellent *tambaran* (démon ou une espèce de serpent).

L'âme et l'autre vie.

La croyance la plus universelle et sur laquelle personne ne songe à élever le moindre doute, est celle de l'existence, de l'immortalité et de la spiritualité de l'âme; mais leur Paradis est bien matériel.

Selon eux, à la mort, les âmes des riches et des chefs vont dans un lieu où elles jouissent du bonheur de fumer, de manger et de se récréer à satiété. Les âmes des pauvres, au contraire, restent dans le village où, pendant la nuit, on les entend gémir et se lamenter tristement, et où elles apparaissent à leurs parents pour les effrayer.

Cependant pour que le riche soit heureux dans l'autre vie, il est nécessaire qu'après sa mort sa famille distribue beaucoup de *divara* (monnaie du pays composée de petits coquillages enfilés) et donne en son honneur des danses, des repas et des fêtes. Sans ces largesses faites avec les richesses qu'il a laissées, son âme ne sera pas heureuse et elle tourmentera sa famille.

Leur espérance du bonheur futur repose donc uniquement sur la richesse. On ne saurait s'imaginer la peine qu'ils se donnent et les privations qu'ils s'imposent toute leur vie, pour conserver et augmenter leur *divara*. Puissent-ils bientôt comprendre que le vrai divara, le seul qui compte à la mort et dont on achète le ciel, est la divine grâce, et alors en reportant sur elle leur amour pour le divara ils deviendront des saints.

NOUVELLE-POMÉRANIE *(Océanie).* — TROIS INDIGÈNES DE BLANCHE-BAIE; d'après une photographie communiquée par MGR COUPPÉ, vicaire apostolique de la Nouvelle-Poméranie. (Voir le texte)

Démons.

Enfin une autre croyance aussi enracinée et qui a une influence extraordinaire sur la vie et les mœurs de ces peuples, c'est la croyance aux démons.

Pour eux, les démons *tambaran* (mot synonyme de *pauvre malheureux*, *souffrant*) sont des esprits exclusivement pervers, trompeurs, malfaisants et sans cesse occupés à nous nuire. Les maladies, la mort, les perturbations de la nature, tous les événements malheureux leur sont imputés. Les démons existent par légions; ils vivent partout, spécialement dans les forêts, les lieux déserts et dans les profondeurs de la mer.

Par là même ils croient aux sorciers et aux sorts, et de même qu'il y a plusieurs espèces de démons, ils ont des sorciers, des sorts et des sortilèges de tous les genres et presque pour toutes choses.

Il n'y a pas seulement des sorciers pour jeter de mauvais sorts, il y en a aussi pour les enlever, pour guérir les maladies, pour faire la pluie et le beau temps, pour mille autres circonstances. Dans tout cela, le plus clair est le profit que les sorciers en retirent.

Parmi les démons, il en est un qu'ils nomment *A-toï* mot qui signifie mâle) et qui est proprement celui de la luxure. C'est assurément ce démon qu'ils veulent représenter par la statue de l'*A-iniet* dont j'ai parlé et qu'on expose aux regards, peut-être aux culte des adeptes dans des cérémonies secrètes. Ces adeptes sont appelés aussi *A-ten a-toi*, c'est-à-dire sorciers du démon *A-toï* dont ils disent recevoir des pouvoirs infâmes.

Je réserve pour une autre fois de parler des associations secrètes des *A-iniet*, du *Doukdouk* et de la *Maliva* qui sont encore pleines de mystère pour nous.

(*A suivre*).

LES BOERS DU TRANSVAAL
ET
LA MISSION DE POTCHEFSTROOM
Par le R. P. SERRIÈRE
Des Oblats de Marie Immaculée.
(Suite 1).

Ce ne fut qu'en 1889, deux ans après l'érection du Transvaal en préfecture apostolique, que Potchefstroom prit rang parmi les missions régulières de ce pays, et que le prêtre catholique s'établit dans cette ville d'une manière permanente. Le T. R. P. Monginoux, préfet apostolique, vint en personne faire cette fondation, et nous allons voir dans quelles circonstances il réussit à planter l'étendard de la foi au sein d'une population si éminemment huguenote.

Avant de fonder une mission à Potchefstroom, le T. R. P. Monginoux crut prudent de s'assurer le concours d'un couvent-école. Il se mit donc en relation avec la R. M. Prieure des Sœurs dominicaines, établies au Cap. Celle-ci vint elle-même visiter la ville; dès le mois de mars, un terrain fut acheté, et on résolut d'ouvrir un couvent-école à Potchefstroom en juin ou juillet de la même année.

Je vous ai dit plus haut que les Boërs ont hérité des dispositions plus que malveillantes des leurs ancêtres contre le catholicisme. Toutefois, leurs préjugés et leur vieille rancune disparaissent insensiblement là où ils sont en contact quotidien avec les nombreux protestants, anglais, américains, etc., que les découvertes des mines d'or ont attirés au Transvaal, et qui ont apporté avec eux des vues plus

(1) Voir les *Missions Catholiques* du 10 et 17 juillet.

larges et des dispositions plus bienveillantes à l'égard de l'Église catholique. Potchefstroom est le seul centre important où le fanatisme huguenot ait conservé toute sa vitalité. Je ne sache pas que, abstraction faite de mesures violentes, l'hérésie ait tenté ailleurs de plus vigoureux efforts pour empêcher l'Église catholique de prendre pied sur un sol protestant. Il fallut littéralement emporter la place d'assaut.

. . .

La nouvelle officielle de la prochaine arrivée du prêtre et des religieuses ne se fut pas plus tôt répandue dans la ville qu'elle y souleva une véritable tempête de colère. Les oies du Capitole prirent l'éveil; les journaux hollandais sonnèrent l'alarme; les ministres de l'Église hollandaise dénoncèrent du haut de la chaire le danger encouru par la ville et l'État et appelèrent les anathèmes du ciel contre quiconque oserait nous venir en aide; tous les fils de Calvin coururent aux armes, et revêtus d'une cuirasse de haine et de la giberne bien garnie de calomnies, ils attendirent de pied ferme la venue du *Romisch priester* et des Sœurs. Le T. R. P. Monginoux, accompagné de douze Dominicaines, apparaît enfin aux portes de la ville le 26 juin 1889. C'est le moment attendu par les braves défenseurs de la patrie: ils épaulent leur arme favorite, et une décharge générale de rage et de mensonge a lieu et va coucher par terre, ils l'espèrent. du moins, l'armée qu'ils disent envoyée par Rome pour faire la conquête du pays. Pauvres gens! ils ne savaient pas encore que la vérité est plus forte que l'erreur. Au lieu de reculer, le Très Révérend Père vint bravement prendre position sous le canon même de l'ennemi.

Exaspérés par ce coup d'audace, les huguenots mettent à réquisition toutes les provisions meurtrières que le fanatisme religieux a accumulées depuis l'apparition de Luther et de Calvin. La Saint-Barthélemy, la révocation de l'Édit de Nantes, les guerres de religion, les écrits de prêtres apostats, nos dogmes les plus sacrés, nos sacrements les plus saints, nos dévotions les plus chères, nos institutions les plus nobles: tout se change, entre les mains des ministres hollandais et de leurs dignes adeptes, en projectiles inflammables qu'ils lancent contre le prêtre et les Sœurs. Le T. R. P. Monginoux, en guerrier aguerri et expérimenté, non seulement se mit à l'abri de la pluie de mensonges, d'injures et de malédictions qu'on faisait tomber sur lui. mais aussi il riposta, et à chaque réplique de sa part, les rangs des agresseurs s'éclaircissaient, le bruit du canon ennem s'affaiblissait, et l'attaque devenait moins vive. Bientôt un silence complet régna dans le camp huguenot: la place était emportée d'assaut, et ce qui, il y a dix ans, écrivait un journal local, n'aurait pu venir à l'esprit des moin incrédules, est maintenant un fait accompli: les catholique se sont établis à Potchefstroom. Toutefois, avant de nou laisser en paix, l'un de nos adversaires composa un chan funèbre sur le Potcheftroom d'autrefois, et il termina s plaintive élégie par ces paroles aussi touchantes que sign ficatives: « Malheur à toi, Potchefstroom, car Satan e tombé au milieu de toi en grande colère. »

Cette opposition si violente que nous fit l'Église hollan daise, et qui ranima tous les préjugés des protestants cont les catholiques, rendit bien difficiles les commencemen de cette mission. Pendant un certain temps, les marchands refusèrent de nous vendre quoi que ce soit : aussi missionnaire et religieuses manquaient de tout, tables, chaises, etc., et durent coucher sur la dure pendant quelques semaines, faute de pouvoir se procurer, même argent comptant, quelque peu de paille pour se faire des matelas.

Ces circonstances semblaient être de bien mauvaise augure pour le succès de nos écoles ; malgré cela, elles comptèrent quatre-vingts enfants le jour même de leur ouverture, 15 juillet 1889. Ce nombre alla toujours augmentant, et dépassa bientôt la centaine. L'enceinte de l'école devint trop étroite, et il fallut songer à bâtir. L'avenir apparaissait si brillant, qu'on résolut de faire surgir de terre un couvent qui fît honneur à la religion catholique. On se mit à l'œuvre avec ardeur, et les Sœurs elles-mêmes prirent une part importante dans ce travail, afin de diminuer les dépenses et d'avancer le moment où les nouvelles salles d'école pourraient être ouvertes. Armées tantôt de la pioche, tantôt de la brouette et de la pelle, tantôt du rabot et autres [outils de menuisier, tantôt de la brosse du badigeonneur, elles renversèrent de vieilles bâtisses en ruines, déblayèrent le terrain de ses décombres, charrièrent les briques sur l'emplacement choisi pour la nouvelle construction, firent tables et bancs pour le réfectoire et l'école, posèrent ensuite le plancher de quelques chambres, peignirent les murs de l'intérieur, et mirent en couleur escaliers, portes et fenêtres.

Avant qu'un an ne se fût complètement écoulé depuis l'arrivée du prêtre et des Sœurs Dominicaines à Potchefstroom, des bâtisses vastes et d'une apparence imposante furent prêtes à donner un abri à soixante pensionnaires et à recevoir au moins deux cents enfants dans ses salles spacieuses. Tout alla pour le mieux quelque temps encore : nombre de fermiers du Transvaal et du Free-State envoyèrent leurs enfants en pension au couvent, et environ deux cents élèves de la ville fréquentèrent l'école. Si cet état de choses eut continué quelques années de plus, on se serait débarrassé petit à petit de la dette contractée par la construction du couvent. Malheureusement, la détresse vint fondre sur le Transvaal et se fit sentir d'une manière toute spéciale à Potchefstroom. Les autres villes commencent déjà à relever la tête : Potchefstroom seul s'enfonce de plus en plus dans la misère. Grand nombre d'enfants ont dû quitter l'école, et parmi ceux qui la fréquentent encore, beaucoup ne paient rien ou presque rien. Aussi, au lieu de s'amortir, la dette augmente-t-elle tous les jours. Mais j'anticipe sur les événements.

**

Outre le couvent, la mission possède un presbytère. C'est une maison assez spacieuse et bâtie en briques durcies au soleil ; elle date des premières années qui suivirent la fondation de la ville, et malgré ses trente-huit ou quarante ans d'existence, elle est plus que suffisante pour servir de gîte à un ou deux pauvres missionnaires.

Je vous parlerais bien volontiers de notre église, mais cela n'est pas en mon pouvoir : nous n'avons pas d'église paroissiale. Il est vrai que la chapelle actuelle du couvent nous en tient lieu, mais le local est si exigu que tous les dimanches nous sommes obligés de recourir aux expédients les plus singuliers pour nous tirer d'affaire. Voici la manière dont nous nous y prenons. La chapelle du couvent se trouve placée entre une salle d'école et la salle de communauté des Sœurs et communique par une porte avec l'une et l'autre. Afin de laisser aux catholiques de la ville le plus de place possible à la chapelle, les dimanches et jours de tête, les Sœurs entendent la messe et assistent à la bénédiction du très saint Sacrement de leur salle de communauté ; de plus, l'harmonium est relégué à la salle d'école, d'où les accents de sa voix sonore et le chant de notre petite chorale nous arrivent passablement adoucis. Je pourrais donc dire que notre église actuelle comprend trois salles : dans celle de droite se trouvent l'harmonium et le chœur, dans celle de gauche, les Sœurs du couvent, et dans celle du milieu, le [prêtre et les catholiques de la ville. Que je serais heureux de pouvoir faire cesser ce triste état de choses, en bâtissant une petite église paroissiale! Malheureusement, l'argent me manque, et je ne vois pas de quel côté peut me venir le secours. Les catholiques de l'endroit ne dépassent guère la soixantaine, et ils sont trop pauvres pour faire autre chose que de pourvoir le moins mal possible aux besoins pourtant bien restreints de leur prêtre. Quant aux protestants, inutile de songer à eux, au moins dans l'état de dépression où la ville entière est tombée. Je ne désespère cependant pas de réussir tôt ou tard : le missionnaire est avant tout l'enfant de la Providence et le bon Dieu, qui ne l'oublie pas, finit toujours par susciter des âmes vraiment généreuses qui lui font parvenir le secours voulu au moment opportun. Voilà mon acte de foi et d'espérance : puisse quelque autre formuler bientôt un acte de charité à l'égard de Dieu.

**

Je ne vous ai encore rien dit de ce que nos Pères ont fait pour le bien spirituel des catholiques de l'endroit.

Quand le T. R. P. Monginoux vint ici, il découvrit dans la ville un certain nombre de catholiques, de soixante à soixante-dix. Mais ils avaient vécu si longtemps loin de la présence du prêtre et, par une conséquence nécessaire, loin de la pratique des sacrements, qu'ils étaient tombés la plupart dans l'indifférence la plus complète. Le T. R. P. Préfet apostolique réussit à secouer la torpeur d'un bon nombre et à les grouper au pied du saint autel les dimanches et jours de fête. La communion mensuelle a même été introduite et est devenue le point de départ d'un renouvellement assez considérable dans la paroisse. La dévotion au Sacré-Cœur et celle du Rosaire vivant sont venues plus tard contribuer au maintien et au développement de la ferveur parmi nos catholiques. Et même, pour obéir à un désir manifesté par le T. R. P. Préfet apostolique, la récitation publique du chapelet aura lieu tous les soirs pendant le mois de mai et sera continuée pendant tout le cours de l'année : j'espère que cet exercice quotidien de piété envers Marie nous assurera une protection spéciale de la part de notre bonne mère du ciel.

Mais là ne se bornait pas la tâche de nos Pères. L'absence prolongée du prêtre avait eu des conséquences fatales pour les enfants nés de parents catholiques : la plupart de ces enfants furent baptisés dans le temple protestant, et l'un des premiers soins de nos Pères fut de les réinstaller dans le giron de notre sainte Église. Le T. R. P. Monginoux eut le bonheur de rebaptiser sept de ces pauvres petits, et si je ne me trompe, le II. P. Trabaud, chargé de la mission dès la fin d'août 1889, augmenta le nombre des enfants racletés de l'hérésie. Il y en a encore plusieurs que l'obstination d'un père ou d'une mère protestants retient dans l'erreur : j'ai bon espoir, il est vrai, que quelques-uns d'entre eux recevront tôt ou tard le don de la vraie foi ; mais il est aussi bien à craindre que d'autres ne jouissent jamais de ce bienfait. Que les lecteurs des *Missions catholiques* veuillent bien dire une prière pour ces âmes d'enfants....

* *

Depuis que j'ai succédé au R. P. Trabaud, le dévoué fondateur de cette station, ma tâche a consisté à jouir paisiblement des labeurs de ceux qui m'ont précédé ici. Mon repos toutefois menace d'être de courte durée, une mission cafre à Potchefstroom étant en voie de fondation.

Les Cafres qui ne sont pas employés comme domestiques, doivent se retirer pour la nuit à la *Location*, terrain réservé situé en dehors de la ville où les noirs de l'endroit habitent et où l'on trouve déjà une ou deux églises à l'usage de ceux qui ont été convertis au protestantisme. Nous n'avons actuellement ici qu'un seul Cafre catholique, et c'est lui qui m'a assuré tout dernièrement que parmi les noirs fixés dans la *location*, beaucoup désiraient avoir une école et une église catholiques. Au milieu d'eux et qu'ils l'avaient chargé de le dire au prêtre catholique. Quelques jours après cet entretien, un jeune Cafre, sachant lire, écrire et compter, et habile avec recherche, est venu me demander l'autorisation de dresser une liste de ceux qui désireraient fréquenter notre église. Ces circonstances semblent indiquer que le moment est venu de faire quelque chose pour ces noirs, et comme le T. R. P. Monginoux approuve fort ce projet, il est probable que l'année ne s'écoulera pas avant que cette œuvre ne soit en bonne voie. Sans doute, il faudra pour cela acheter une pièce de terrain, élever une bâtisse qui serve d'école pendant la semaine, et de chapelle le dimanche, et faire d'autres frais pour élever quelque peu cette chapelle ; ce qui revient à dire qu'il faudra contracter de nouvelles dettes. Mais que voulez-vous, puisqu'il y a espoir de faire un peu de bien, on ne peut pas attendre que l'argent descende des nues pour se mettre à l'œuvre. D'ailleurs, le Dieu du missionnaire a tant de bons et riches amis en Europe que ce n'est très présomptueux de s'attendre à recevoir quelque secours de ce quartier. Et vraiment cette entreprise le mérite bien : les deux ou trois Sœurs qui seront chargées de l'école cafre auront, faute de quoi acheter une petite voiture, à faire deux-fois par jour trois quarts d'heure de marche sous le soleil brûlant d'Afrique pour se rendre à la *Location* et en revenir. Quant au prêtre, le moins fringant des coursiers lui rendrait bien service ; mais n'est-ce pas là de l'ambition de sa part ? Pour le présent du moins, il lui faudra se contenter du moyen de locomotion dont s'est servi saint François d'Assise.

FIN

LES MISSIONS CATHOLIQUES AU XIXᵉ SIÈCLE

PAR

M. Louis-Eugène LOUVET, des Missions Etrangères de Paris,. Missionnaire en Cochinchine occidentale.

CHAPITRE XII

IIIᵉ GROUPE. — MISSIONS DE L'EST DE LA CHINE.

Suite (1)

VI. — La mission du Thibet présente des difficultés toutes spéciales.

L'Hassa, résidence du Dalaï-lama, est comme la citadelle et le sanctuaire du Bouddhisme. Le pays tout entier, bien que tributaire de la Chine, est sous la domination effective des grandes lamaseries, qui forment une théocratie puissante et redoutée du peuple. De là, les difficultés que l'apostolat rencontre devant lui.

En 1808, la Sacrée Congrégation érigea le vicariat apostolique du Thibet-Hindoustan, qui fut donné, comme je l'ai dit, aux Capucins d'Agra. On espérait alors pénétrer au Thibet par les Himalayas, mais l'on vit bientôt qu'il fallait y renoncer.

C'est pourquoi, en 1844, la mission du Thibet fut détachée de celles des Indes et, en 1846, elle fut offerte à la Société des Missions-Étrangères.

Sur ces entrefaites, deux Lazaristes, les PP. Huc et Gabet, attaquaient le Thibet par la Mongolie. Ils parvinrent jusqu'à L'Hassa, mais ils en furent chassés au bout de quelques mois, et leur retour à travers la Chine nous a valu un récit de voyage très intéressant.

La Société des Missions-Étrangères ayant accepté la mission du Thibet, on essaya d'abord d'y pénétrer par les Indes. Après une première tentative infructueuse, M. Krick, dans un second voyage, fut assassiné avec son compagnon, M. Bourry, et la route des Indes fut reconnue impraticable.

On essaya alors de celle de Chine. En 1854, deux de nos confrères s'établirent dans la vallée de Bonga, sur la frontière du Su-tchuen.

En 1857, Mgr Thomines-Desmazure, premier vicaire apostolique du Thibet, reçut la consécration épiscopale. Dès lors, la mission était définitivement constituée.

Après plusieurs tentatives d'expulsion, en 1864, les quelques postes que nos confrères, à force de sacrifices, avaient réussi à fonder sur la frontière, furent détruits, les missionnaires expulsés, un d'eux, M. Durand, assassiné, en traversant un fleuve, deux chrétiens furent noyés, et tous ceux qui refusèrent d'apostasier furent chassés du pays. Comme le Thibet est tributaire de la Chine, on s'adressa à Péking pour obtenir justice ; mais le gouvernement chinois était complice ; il refusa positivement d'intervenir, sous prétexte que le Thibet n'est pas compris dans les traités de 1860. La mission du Thibet fut donc forcée de se replier à l'intérieur de la Chine, et n'existe plus que dans quelques stations situées sur la frontière.

(1) Voir tous les numéros parus depuis le 14 mars jusqu'à fin octobre 1890 et 2, 9, 16, 23 et 30 janvier, 6 et 13 février, 24 avril, 1ᵉʳ, 8, 15, 22 et 29 mai, 5, 12, 19, 26 juin, 3 et 10 juillet 1891.

Pour l'intelligence de ce travail, nous recommandons la carte des missions de la Chine que nous avons publiée cette année. Prix : 4 fr. 25 franco.

Les lamas, nos éternels ennemis, ne nous y laissèrent pas tranquilles.

En 1873, ils ruinèrent la station de Ba-tiang ; en 1881, ils firent assassiner M. Brizeux, un de nos confrères ; enfin. en 1887, ils viennent d'anéantir tous les postes-frontières que nous étions parvenus à ouvrir.

Les choses en sont là pour le moment. Tant d'insuccès n'ont pas découragé la patience des missionnaires. C'est un axiome reçu en stratégie que toute place forte assiégée est forcée de se rendre un jour ou l'autre. Voilà un demi-siècle que nous faisons le siège de cette citadelle de l'enfer. . Un jour, bientôt peut-être, le Thibet sera forcé de nous ouvrir ses portes.

Voyant la difficulté de pénétrer actuellement par la Chine, nos confrères ont voulu essayer à nouveau la route de l'Inde, M. Desgodins, provicaire de la mission, s'est installé, en 1882, avec quelques confrères, au pied des Himalayas. Une partie du district de Darjéeling (mission d'Agra) a été cédée, à cet effet, à la mission du Thibet.

V. GROUPE. — MISSIONS DU SUD DE LA CHINE.

En 1800, nous trouvons, dans le sud de la Chine, l'évêché portugais de Macao. Des prêtres chinois, sous la direction d'un grand-vicaire, évangélisent les provinces de Kouang-tong et de Kouang-si.

Les Anglais s'étant emparés, en 1842, de l'île de Hong-kong, la Propagande y érigea, l'année suivante, une préfecture apostolique, qui fut changée en vicariat, en 1874.

En 1856, le Kouang-tong et le Kouang-si sont érigés en préfecture apostolique et donnés à la Société des Missions-Étrangères.

Enfin, en 1876, le Kouang-si est séparé de Canton et forme une préfecture distincte.

Voici maintenant les accroissements numériques de ces missions :

En 1800 :
Évêché de Macao : ? prêtres, ? églises, ? écoles, 20,000 catholiques.

En 1840 :
Évêché de Macao : ? prêtres, ? églises, ? écoles, 20,000 catholiques. (1)

En 1870 :
Évêché de Macao : ? prêtres, ? églises, ? écoles, 6,000 catholiques.
Préfecture apostolique de Canton : 21 missionnaires, 3 prêtres indigènes, 35 églises, 28 écoles, 12,000 catholiques.
Préfecture apostolique de Hong-kong : 5 missionnaires, 2 prêtres indigènes, ? églises, ? écoles, 4,270 catholiques.
Total en 1870 :
2 évêques, 1 préfet apostolique, 26 missionnaires, 5 prêtres indigènes, ? églises, ? écoles, 22,270 catholiques.

En 1890 :
Évêché de Macao : ? prêtres ? églises, ? écoles, 8,000 catholiques.
Préfecture apostolique de Canton : 43 missionnaires, 9 prêtres indigènes, 140 églises, 138 écoles, 30,500 catholiques.
Préfecture apostolique de Kouang-si : 11 missionnaires, 0 prêtres indigènes, 16 églises, 18 écoles, 1,250 catholiques.

(1) Le chiffre de 52,000 catholiques donné en 1840 par les *Annales de la Propagation de la Foi* est évidemment exagéré. Ce chiffre n'est pas encore atteint aujourd'hui.

Vicariat apostolique de Hong-kong, 7 missionnaires, 5 prêtres indigènes, 34 églises, 22 écoles, 7,000 catholiques.
Total en 1890 :
4 évêques, 61 missionnaires, 14 prêtres indigènes, 190 églises, 278 écoles, 46,750 catholiques.

I. — Le diocèse de Macao, érigé en 1557, a passé par les mêmes vicissitudes que les diocèses portugais de l'Inde. Après une période de ferveur et de zèle, l'absence habituelle de l'évêque, l'expulsion des Jésuites, l'esprit régalien, ont amené la religion à un état fort misérable. Il y a encore, chez les Portugais, des habitudes religieuses ; il n'y a plus guère d'esprit chrétien, ni dans le clergé, ni parmi les fidèles.

Le diocèse de Macao vient de recevoir, en 1888, 2,600 catholiques, appartenant à l'ancien diocèse portugais de Malacca.

L'île de Timor, dans le détroit de la Sonde, relève aussi du diocèse de Macao.

Pendant les cinquante premières années du siècle, les deux provinces du Kouang-tong et du Kouang-si étaient administrées par des prêtres chinois, sous la direction d'un grand vicaire de Macao. Ces prêtres, également dépourvus de zèle et de surveillance, faisaient fort peu de choses. Quand ces deux provinces furent données, en 1852, à la Société des Missions Etrangères, la situation du christianisme y était déplorable : 8,000 chrétiens à peine sans instruction.

II. — Sous la direction de Mgr Guillemin, premier préfet apostolique, la mission de Canton se releva rapidement ; en 40 ans, le chiffre des chrétiens a plus que *triplé* ; de 8,000 il s'est élevé au-delà de 28,000, malgré des persécutions continuelles et de nombreuses émigrations à l'étranger. Mgr Guillemin consacra toute sa vie à l'édification, dans la ville de Canton, d'une cathédrale monumentale. Ce fut son œuvre à lui, pendant que les missionnaires travaillaient, dans toute la mission, à relever l'édifice spirituel.

L'île de Sancian, où mourut saint François Xavier, fait partie de la mission de Canton. Mgr Guillemin y éleva, sur la tombe de l'apôtre, une jolie chapelle gothique, qui malheureusement a été à peu près ruinée par les Chinois, lors de la dernière guerre avec la France.

La mission de Canton est une de celles où le christianisme a eu le plus à souffrir. L'esprit général de la population est turbulent et mauvais ; à plusieurs reprises, les missionnaires ont été chassés de leurs districts et ont vu ruiner leurs établissements ; ce qui ne les a pas empêchés de travailler, avec courage et succès, à l'œuvre de Dieu. Il y a, dans la mission : 1 séminaire, 45 élèves, et 2,350 enfants dans les 133 écoles de chrétientés.

III. — La mission du Kouang-si, détachée, en 1876, de celle de Canton, est encore au berceau. L'hostilité constante des mandarins et le petit nombre des chrétiens (1,250 à peine sur 8,000,000 d'habitants) rendent la situation du christianisme encore très précaire dans la province. La mission a un séminaire ; 200 enfants fréquentent les 18 écoles. C'est au Kouang-si, dans la ville de Si-lin-hien que fut martyrisé, en 1856, le Vénérable Chapdelaine, dont la mort donna occasion à l'expédition de 1860.

IV. — Dès que les Anglais, toujours pratiques, se furent établis à Hong-cong, rocher stérile dont ils ont fait, en cinquante ans, le plus magnifique port de l'Extrême-Orient, la Propagande érigea l'île en préfecture apostolique, qui fut confiée d'abord aux Franciscains, puis aux missionnaires du séminaire des Missions Etrangères de Milan.

En 1874, le préfet apostolique, Mgr Raimondi, reçut la consécration épiscopale, et la préfecture fut élevée à la dignité de vicariat apostolique. Une partie des missions du continent fut détachée, à cette occasion, de Canton et incorporée au nouveau vicariat.

Les Frères des Écoles chrétiennes ont un collège à Hong-cong.

Les Sœurs de Saint-Paul de Chartres et les Religieuses Canossiennes y ont aussi des établissements florissants.

Il y a un évêque anglican à Hong-cong et les protestants y ont plusieurs temples, hôpitaux et orphelinats pour les Chinois. Du reste, il est juste de reconnaître que, sous la domination des Anglais, le catholicisme jouit pour les œuvres d'une liberté complète.

La procure des Missions Dominicaines et celle du séminaire des Missions Étrangères sont établies dans l'île de Hong-cong. En 1874, un *sanatorium* pour nos confrères malades y fut installé dans d'excellentes conditions. et en 1884 on y ouvrit une maison de retraite pour les confrères qui, fatigués des labeurs de la vie apostolique, éprouvent le besoin de se retremper dans la prière et de se recueillir devant Dieu, avant d'aller rendre compte au souverain juge de leur administration.

Résumé

Ier groupe. Missions du Nord, 10 évêques 175 missionnaires, 91 prêtres indigènes, 155,900 catholiques.

IIe groupe. Missions du Centre. 9 évêques, 80 missionnaires, 87 prêtres indigènes, 85,430 catholiques.

IIIe groupe. Missions de l'Est, 9 évêques, 151 missionnaires, 78 prêtres indigènes, 176,400 catholiques.

IVe groupe. Missions de l'Ouest, 6 évêques, 152 missionnaires, 99 prêtres indigènes, 111,960 catholiques.

V^e groupe. Missions du Sud, 4 évêques, 61 missionnaires, 14 prêtres indigènes, 46,750 catholiques.

Total pour toute la Chine : 38 évêques 619 missionnaires 369 prêtres indigènes, 576,440 catholiques.

La population de la Chine étant, au dernier recensement, de 426,000,000 d'habitants, la proportion des catholiques est 1/739.

Statistique comparée des Missions de Chine.

En 1800	1850	1890
5 missions : 202,000,	18 missions : 330,000,	38 missions : 576,440.

Ainsi en moins d'un siècle, le chiffre des missions de Chine est monté de cinq à *trente-huit*, et celui des chrétiens de 202,000 à 576,440. Ce sont de beaux résultats, mais combien ils sont loin encore de répondre aux vœux de notre foi! Les cadres de l'armée apostolique se sont élargis et fortifiés ; c'est là le résultat le plus net ; mais le nombre des fidèles est loin d'avoir grandi dans la même proportion que celui des missionnaires, et le christianisme ne tient encore en Chine qu'une place infime. Un demi-million de fidèles, contre plus de quatre cents millions de païens et vingt millions de musulmans, que c'est peu !

(*A suivre*).

DONS

Pour l'Œuvre de la Propagation de la Foi

ÉDITION FRANÇAISE.

M. l'abbé Comayras, du diocèse de Rodez	2 50
Anonyme de Vernaison, diocèse de Lyon.......................	10
J B. de Lyon	10
M. E. Esnault. à la Bouchetière, diocèse de Chartres avec demande de prières	10 55
Madame la Comtesse de France, diocèse de Paris...................	100

Pour les missions les plus nécessiteuses (M. Fourcade).

Anonyme du Creusot. diocèse d'Autun	10
Un anonyme du doyenné de Saint-Benin d'Azy, diocèse de Nevers.....	20

A M. Allys, pour le rachat d'une petite fille sous les noms de Geneviève-Jeanne-Marie.

Anonyme du diocèse de Dijon.	12

A Mgr Puginier (Tong-King occidental).

M. de Gouyon, à Redon, diocèse de Rennes.................... .	10

Pour les missions éprouvées du Tong-King (au même).

M. Petitmangin, du diocèse de Nancy, demande de prières.......	10

A Mgr Laouënan (Pondichéry), pour les affamés.

M. de Gouyon, à Redon, diocèse de Rennes....................	10

Au R. P. Gabillet (Pondichéry), pour les affamés.

Un anonyme du diocèse de Reims	100

Au R. P. Ariokanader (Pondichéry), pour les affamés.

Anonyme de Lyon	20

Pour baptême d'enfants païens (au même).

F. D V. diocèse de Bayeux	30

Au R. P. Fourcade (Pondichéry), pour les affamés.

Anonyme d'Autun	20
Anonyme de Montpellier....................	20
Anonyme de Grenoble, avec demande de prières........	10
M. P. Pica, à Paris..	10
Anonyme du diocèse d'Arras.................	10

A M. Tulpin pour l'œuvre des catéchistes (Japon septentrional).

M. Petitmangin, du diocèse de Nancy, demande de prières.....	10
F. D V. diocèse de Bayeux	40
Un anonyme du diocèse de Reims	100
M. Pierre Drevdenis, à San Francisco.................	13
Anonyme de Poitiers, demande de prières...........	14
Anonyme du diocèse de Dijon....................	12

Pour le baptême de deux petites négresses sous les noms de Magdeleine et de Joséphine (Mgr Hirth).

Madeleine et Joséphine Moullé, à Oullins. diocèse de Lyon en reconnaissance de deux grâces obtenues.....	5

A Mgr Crouzet, pour la mission d'Abyssinie.

Anonyme d'Autun, avec demande de prières.	20

Pour l'établissement de jeunes ménages chrétiens (Mgr Hirth).

F. D. V. diocèse de Bayeux	30

Pour rachat d'enfants nègres en Afrique (au même).

Un anonyme du diocèse de Reims	100

Pour la mission du Sénégal.

Anonyme du diocèse de Nevers...	100

A Mgr Clausse, vicaire apostolique du Benin.

M. Cusset, vicaire de Saint-Antoine, diocèse de Grenoble	5

Au R. P. Pellat, préfet apostolique de la Côte d'Or.

M. Cusset, Vicaire de Saint-Antoine, diocèse de Grenoble	10

Pour le P. A. Piégay, à Natchitoches (Louisiane), pour les écoles.

Anonyme de Lyon	300

A Mgr Couppé (Nouvelle-Poméranie).

Anonyme du diocèse de Poitiers, demande de prières............	20

Au R. P. Robert, à Loreto (Fidji).

Un abonné de Nantes	15

Pour les prêtres polonais.

Du diocèse de Paris	103

[La suite des dons prochainement].

Th. MOREL, *Directeur-gérant.*

Lyon. — Imprimerie MOUGIN-RUSAND, rue Stella. 3.

ILES SALOMON. — PRÉPARATIFS D'UN FESTIN DE CANNIBALES; d'après un dessin du P. VERGNET, missionnaire du Sacré-Cœur d'Issoudun (Voir le texte, page 367).

LA PERSÉCUTION EN CHINE

Voici un résumé des dernières nouvelles venues du Kiang-Nan. Nous avons donné précédemment le récit des désordres de Ou-hou. Tout est détruit dans ce poste important et la crainte d'incendier le quartier chinois avoisinant la résidence des Pères, a seule empêché les bandits de mettre le feu aux décombres.

Dans les autres parties de la mission, les RR. PP. Jésuites ont couru les plus grands dangers, à Tcheu-kiang, à Ta-tong, à Choei-tong, à Hoï-ki, à Ning-ko-fou.

A Ngan-cing notamment, les événements de Ou-hou ont failli se reproduire. Voici quelques détails empruntés à une lettre du R. P. Delorme :

Le 17 mai, au matin, des femmes viennent aux portes de l'orphelinat, réclamer des enfants qu'elles prétendaient avoir donnés jadis à la mission. Sachant qu'un navire de guerre était à Ou-hou, les missionnaires télégraphièrent au consul anglais de cette ville, le priant de vouloir bien informer le commandant du péril où ils se trouvaient. Une réponse arriva quelques heures plus tard, annonçant le départ de l'aviso l'*Inconstant*, commandant de Jonquières, qui se dirigeait sur Ngan-king.

Le 18 au matin, l'*Inconstant* était mouillé sous les murs de la ville, non loin de la résidence. Le commandant envoya une lettre au Gouverneur de la ville, l'assurant de ses intentions pacifiques, de son désir d'agir de concert avec les autorités chinoises, pour réprimer l'émeute ; mais il faisait entendre que si le magistrat n'était pas écouté des bandits, comme cela était arrivé à Ou-hou, il n'hésiterait pas à user de ses forces. Le Gouverneur fit répondre que l'ordre serait maintenu et il chargea le tao tai d'aller le lendemain porter de sa part cette assurance au commandant de l'*Inconstant*. De fait, dans cette journée du 18, le calme ne cessa de régner. Le 20, l'officier français rendit au tao-tai sa visite.

Le 23, M. le commandant de Jonquières fit, en grande cérémonie. une visite au *fou-tai* (Gouverneur). Du port au tribunal, la rue était bordée de troupes et pavoisée d'étendards. La réception fut des plus honorifiques. Dans la soirée le *fou-tai* rendit la visite à bord de l'*Inconstant*. L'impression produite par cette double démonstration a été excellente. Le peuple disait :

« C'est le *paité* (réparation) pour l'affaire de Ou-hou. »

Le lendemain, dimanche, tête de la Sainte Trinité, tous les officiers français sont venus à la messe. Vraiment le séjour de ces Messieurs a été une vraie bénédiction ; tout péril n'est cependant pas écarté...

.*.

Pendant que la situation prenait meilleure tournure à Ngan-tsing, l'orage se déchaînait sur Nan-tsing. Depuis longtemps il grondait sourdement ; aussi les écoles et les orphelinats de la mission avaient-ils été licenciés et plusieurs missionnaires et religieuses avaient dû, sur un avis semi-officiel, partir pour Chang-haï dans la matinée du 25 mai. Dès le soir du même jour, la résidence faillit être mise au pillage. Voici en quels termes le R. P. Gouv. n, resté avec le R. P. Simon pour garder les divers établissements de la mission, raconte cette scène :

Durant la journée nous avions eu plusieurs alertes et d'instant en instant notre position devenait plus critique. La porte de l'église était battue en brèche par une foule furieuse, qui pouvait y verser du pétrole et la mettre en feu en un clin d'œil. Voyant l'imminence du danger, le P. Simon me dit qu'il était temps de consommer les saintes espèces. Je montai à l'autel pendant que la foule, qui me voyait à travers les grillages de la porte, poussait des cris furieux. Je pris le saint ciboire et je vins à la sacristie pour m'acquitter avec plus de respect du saint devoir que j'avais à remplir. Après une minute d'adoration, j'emportai le Ciboire pour aller le mettre en sûreté avec les autres vases sacrés. Les mandarins nous avaient bien donné quelques satellites, mais quelle assistance espérer de ces soldats abandonnés à eux-mêmes, désirant prendre aussi leur part du butin ? Ils ont fait main basse sur tout ce qu'ils pouvaient emporter. Ils ont forcé la porte de l'école et enlevé les habits des maîtres et des élèves. Voilà les défenseurs de la propriété !

L'arrivée d'un navire anglais et d'énergiques proclamations du vice-roi ramenèrent un peu de tranquillité. Mais cette accalmie n'est qu'apparente et passagère. Nombre de placards sont affichés partout, jusque sur le tribunal du vice-roi, menaçant ce haut fonctionnaire des derniers excès s'il portait la peine de mort contre les émeutiers et assurant les Européens qu'on en finira avec eux à la prochaine occasion.

.*.

A Coang-te-tchéou, la résidence des Pères fut envahie le matin du 23 mai par une multitude furieuse.

Un enfant mort, écrit le R. P. de Quellec, avait été déposé durant la nuit sur les terrains qui avoisinent notre enclos. Le bruit s'était répandu et on avait constaté en effet que le petit cadavre n'avait pas d'yeux. La populace s'ameute ; il n'y a qu'un cri : « C'est le diable d'Europe qui a arraché les yeux et le cœur de cet enfant. » La foule envahit notre maison. Un instant après, elle entre dans le jardin. Vite je cours à l'école et fais partir les enfants pendant que mon catéchiste va au tribunal. Grâce à Dieu, après quelques minutes un tsong-yé arrivait. Il fait évacuer le jardin par ses soldats. Bientôt aussi accoururent les soldats du camp situé hors de la ville : grâce

à ce renfort considérable, les abords de la résidence ont pu être dégagés assez vite.,...

Oh ! qu'il faudra de temps pour nous remettre des coups qui nous sont portés depuis un mois. Sur dix personnes qui s'entretiennent des événements, disent nos amis païens, il y en a huit qui croient aux yeux arrachés et amassés dans les caves du *Tien-tchou t'ang* (mission). La fameuse glacière de Ou-hou défraie ici toutes les conversations : « Elle est pleine d'yeux, s'écrie-t-on, et quelques-uns remuent encore !... » Allez retirer de pareilles horreurs de la tête de ces pauvres gens !

Au départ de la dernière malle, le supérieur général de la mission de Ciang nan écrit de Zi-ka-wei :

L'affaire de Ou-hou se traite. Déjà la bonne Providence nous a donné des marques sensibles de sa protection. Demandons tous avec instance une heureuse conclusion, qui répare le passé et assure l'avenir. Prions aussi pour toute la mission, afin qu'elle soit préservée de nouveaux malheurs et recouvre au plus tôt la paix et la sécurité nécessaires aux travaux évangéliques.

UN DÉSASTRE AUX ILES FIDJI

Nous recommandons bien vivement la lettre suivante à l'attention et à la sympathie de nos lecteurs. Puissent-ils écouter dans une large mesure l'appel du vénéré vicaire apostolique de ces îles lointaines qui se réveillent enfin à la voix de l'apostolat !

LETTRE DU R. P. LOUIS ROBERT, DE LA SOCIÉTÉ DE MARIE, A SA GRANDEUR MGR VIDAL, VICAIRE APOSTOLIQUE DES ILES FIDJI.

Fidji, Loreto, le 26 avril 1891.

Pendant votre absence, le Seigneur nous a envoyé une bien rude épreuve, au moment où nous l'attendions le moins.

Il y a quelques jours, le R. P. Bertreux me disait :

« Cette année nous n'avons pas eu de cyclone ; les anciennes plantations produisent beaucoup, les nouvelles se font dans d'excellentes conditions : la nourriture nous est donc assurée pour nos trois écoles de Loreto. »

Hélas ! il n'en est plus ainsi aujourd'hui, la journée d'hier a suffi pour anéantir toutes ces espérances.

Une inondation terrible, telle que les anciens missionnaires et le R. P. Bréheret lui-même n'en ont jamais vu de pareille depuis l'origine de la mission, a détruit en quelques heures nos belles plantations de taros et d'ignames et nous a mis dans la pénible alternative ou de renvoyer les enfants des deux écoles et le collège des catéchistes ou de nous apprêter à subir les affreuses conséquences de la famine.

Il m'eût été doux de n'avoir que d'heureuses nouvelles à vous annoncer. Je ne puis pas cependant vous cacher cette épreuve dont nous venons d'être frappés. Ce sera pour Votre Grandeur, comme pour nous, une bien lourde croix. Elle est d'autant plus lourde pour nous, que nous n'avons pas ici notre bien-aimé Père et Evêque pour nous encourager et nous réconforter.

Je me fais un devoir de vous donner les tristes détails de ce désastre. C'est hier, 25 avril, qu'ont été détruites non pas nos moissons et nos vendanges ; mais ce qui les remplace à Fidji, c'est-à-dire nos plantations de taros, d'ignames et de bananiers.

Pendant la nuit précédente, un vent violent avait soufflé. Dès huit heures du matin, la pluie commence à tomber, continue quelque temps avec des alternatives de modération et de violence et finit par devenir torrentielle. A midi, la rivière était considérablement grossie. A peine étions-nous dans la maisonnette en planches qui nous sert de réfectoire, à peine avions-nous commencé à prendre notre modeste dîner, que nous sommes environnés d'eau de tous côtés. La rivière de Tokou, changée subitement en torrent impétueux, se précipitait à travers la vallée, charriant des arbres, des roches énormes et tout ce qu'elle trouvait sur son passage. Nous nous hâtons de terminer notre repas sans prévoir encore le malheur qui nous menaçait.

Il nous fallut pourtant marcher dans l'eau, car les environs de notre maison étaient inondés. Bientôt la cour des enfants, la place de l'église et l'enclos du couvent sont envahis, puis le village de Tokou et l'immense champ de taros qui s'étend du collège des catéchistes jusqu'à l'habitation des Sœurs. En ce moment les eaux de la marée montante arrêtent au port de Tokou l'écoulement de la rivière et la refoulent dans la vallée qui devient bientôt un immense étang au milieu duquel surnage le village des catéchistes. Que va devenir le pont de Loreto ? La barrière qui longe l'enclos du couvent et du collège des catéchistes restera-t-elle debout ? Comment pourraient-ils résister aux énormes troncs d'arbre que le courant charrie avec une vitesse effrayante. Ces arbres, jetés contre les palissades, les détruisent et les brisent en morceaux. C'est à peine si on peut en sauver quelques parties. Quant au pont qui avait été réparé et consolidé en prévision de quelque cyclone, il tient bon et résiste longtemps aux flots de ce torrent immense. Bientôt un énorme arbre à pain arrive tout entier avec ses branches et ses racines : il est jeté avec force contre le pilier du milieu. Celui-ci est emporté et le pont s'affaisse. Il était coupé en deux. Qu'il est triste de voir ainsi perdre en quelques minutes le fruit de longs travaux des missionnaires et de leurs néophytes ! Que de peines et de sueurs ce pont n'avait-il pas coûtées au R. P. Marion qui en avait été le constructeur !

A deux heures, l'inondation montait toujours et devenait de plus en plus menaçante. L'imprimerie, la menuiserie, la cuisine, la classe des enfants, les cases des caté-

chistes étaient déjà envahies et notre résidence commençait à recevoir le courant. A quels désastres n'étions-nous pas exposés ! Le R. P. Bertreux se hâte alors d'aller chercher un *Agnus Dei* et le jette dans le torrent.

Une demi-heure plus tard, l'eau baissait et la rapidité du courant diminuait ; à cinq heures, tout danger avait disparu. Durant ces cinq terribles heures la pluie n'avait cessé de tomber et le tonnerre de gronder. Ses roulements étaient si effrayants, si prolongés, qu'on ne se souvie..t pas de l'avoir entendu retentir si longtemps et avec un tel fracas.

Voilà le terrible spectacle dont j'ai été témoin dans la journée d'hier. Les jeunes gens du collège ont dû passer la nuit dans leur *bouré* (dortoir), tout trempés et sans pouvoir dormir. Ils ont prié durant de longues heures, et chanté des cantiques au B. P. Chanel. Dieu merci, toutes les vies sont sauves ; mais que de pertes matérielles ! Tout est ravagé : non seulement les plantes et les arbres ont été entraînés, mais même la terre a été emportée.

Après avoir pris connaissance de nos malheurs, votre cœur de père sera douloureusement ému. Vos enfants sont dans le besoin à Fidji et vous êtes en France, Monseigneur, en France, patrie bien-aimée de vos missionnaires, en France, où l'on trouve toujours des âmes prêtes à donner leur vie et leur sang pour la cause de Dieu et des missions. Vous y trouverez aussi, bien-aimé Père, des personnes généreuses qui vous offriront un peu d'or pour nous venir en aide dans cette épreuve. Promettez-leur notre reconnaissance et nos prières.

INFORMATIONS DIVERSES

Corée. — Mgr Mutel, évêque de Milo, le nouveau vicaire apostolique de la Corée, écrit de Séoul, à Messieurs les Directeurs du Séminaire des Missions Étrangères de Paris :

« Nous avons fait, Dieu merci, un très bon voyage, mes compagnons de route et moi. Le 22 février nous arrivions à In-tchyen ou Cnemulpo. Plusieurs confrères de Séoul et des environs nous attendaient à ce port, et dès le lendemain, nous faisions notre entrée à la Capitale. Une grande partie de la chrétienté de Séoul était venue à notre rencontre jusqu'au fleuve. Je ne pouvais en croire mes yeux, en voyant cette foule, de près d'un millier d'hommes, m'accompagner ostensiblement et presque solennellement dans cette ville de Séoul que j'avais quittée en secret et déguisé, cinq ans auparavant.

« Depuis lors, le temps s'est passé en visites et travaux d'installation. J'ai eu la plaisir de trouver encore ici, comme représentant de la France, le dévoué M. Collin de Plancy. Par son entremise j'ai été présenté au Président du Comité des affaires extérieures et l'entrevue a été cordiale. Un grand changement s'est assurément opéré pendant les années de mon absence ; mais la Corée reste toujours attachée à ses anciens usages, et la noble se, toute puissante ici, voit encore d'assez mauvais œil les relations avec l'étranger.

« C'est ce qui nous suscite un peu partout des persécutions locales ou des tracasseries. La plus grave de ces temps derniers a été excitée contre le P. Robert. Ce confrère habitait un village chrétien situé près de Taïk'ou, capitale de Kyeng-siang-to. Depuis quelque temps, sa maison était connue, les païens de la ville y venaient chaque jour en grand nombre, les uns pour étudier la doctrine chrétienne, les autres pour satisfaire leur curiosité. Parmi ces derniers, plusieurs individus mal intentionnés altèrent même jusqu'à injurier le missionnaire et à le menacer. Pour se protéger et aussi pour rassurer ses chrétiens, le P. Robert crut devoir se plaindre au mandarin de Tai cou. Muni de son passe-port, il se rendit à la ville. Le mandarin local refusa d'arran-ger l'affaire sans instructions du gouverneur. Le Père alla donc trouver ce haut fonctionnaire qui, non seulement re-fusa de voir le missionnaire, mais enjoignit à ses satel-lites de le chasser de son territoire. Cet ordre imprudent était à peine proféré, que les gens du prétoire se jetè-rent sur les chrétiens et les accablèrent de coups ; mais on n'alla pas jusqu'à frapper le P. Robert lui-même. Des pierres furent lancées, qui ne l'atteignire t pas. Reconduit ainsi par la foule, il fut ensuite confié à un aubergiste, qui devait le mener en de-hors de la province. Heureusement, pendant la nuit, le P. Ro-bert trompa la surveillance de son gardien et se réfugia dans une chrétienté voisine. Après s'être reposé quelques jours, il se mit en route pour Séoul, où il arriva le 7 mars, sans bréviaire, sans souliers, sans couverture. Dès le lendemain je portai plainte au Commissaire du gouvernement français qui promit de nous faire rendre justice.

« Depuis, l'affaire du P. Robert a été arrangée pour le plus grand bien de la religion et tout à l'honneur de la France. Le 21 avril, il est parti pour Tai-kou, conduit par deux délégués du prétoire qui l'avaient chassé il y a six semain s. M. de Plancy a, dans cette affaire, agi en très fin diplomate et a su acquérir à la France un prestige que les autres nations peuvent à bon droit lui envier en Corée. »

Laos Siamois. — Le P. Dabin écrit d'Oubon, à un de ses amis d'enfance, M Cohin, prêtre du diocèse d'Angers :

« Depuis longtemps le Laos est en proie à une extrême disette. Nous avions quelque espoir que la moisson future apporterait un remède à nos maux. Le bon Dieu en a jugé autrement. La saison des pluies a été à peu près nulle ; les cours d'eau n'ont pas même att int leur niveau normal de chaque année. Il en résulte une recrudescence dans la cherté du riz. Encore, si on pouvait en trouver ! Au lieu d'instruire nos nombreux catéchu-mènes, il a fallu voyager pour aller au loin acheter des grains.

« Chaque jour, c'est une procession interminable de gens, soit des chrétiens, soit des païens, qui viennent nous demander du riz. Combien de familles, parmi mes pauvres chrétiens, n'en ont pas m ngé depuis longtemps ! La récolte du maïs n'a apporté qu'un soulagement de quelques jours. Toutes les racines, tou-tes les herbes qui peuvent servir d'aliments sont mises à contribution. Mais cela durera-t-il longtemps ?

« Aussi le travail de l'évangélisation n'a pas été bien fruc-tueux. Nous n'avons pu réunir nos catéchumènes et les ins-truire. Cependant j'aurai encore quatre-vingt-dix baptêmes à ajouter à ceux des années précédentes.

« La mission du nord, voisine des peuplades qui touchent le Tong-King, moins éprouvés que la nôtre, donnera encore un chiffre assez beau. Mes six confrères auront plus de d ouze cents baptêmes, ce qui fera treize cents pour tout le Laos Siamois.

« A Oubon, le ministère pastoral se fait comme dans une grande paroisse de France. Il faut passer six et sept heures par semaine au confessionnal, et remplir toutes les autres fonctions du saint Ministère, à la seule différence qu'il n'y a pas de casuel. Pour les baptêmes d'adultes, en général, il nous faut fournir l'ha-bit blanc et le clergé : car les néophytes n'ont pas l'argent pour se les procurer. Aux sépultures, neuf fois sur dix, je fournis le cercueil ; et il est vrai que quelques bambous suffisent.

« Nous vieillissons. Voilà déjà treize ans que je suis n mission. Je ne sais si j'en pourrai enco e fo rnir autant. Les forces sont bonnes ; mais les infirmités viennent, et ici chaque année compte pour deux. Puisse-t-il en être de même pour la récom-pense future ! »

EN NOUVELLE-POMÉRANIE

PAR

Mgr COUPPÉ

DES MISSIONNAIRES D'ISSOUDUN, PREMIER VICAIRE APOSTOLIQUE DE LA NOUVELLE-POMÉRANIE.

(Suite et fin 1)

Superstitions.

Cette croyance aux démons et aux sorts, au lieu de les porter à implorer contre eux l'assistance de leur créateur, le bienfaisant *To kambinana*, leur a fait substituer le culte du démon à celui de Dieu, et leur a inspiré une foule de grossières, dégradantes et stupides superstitions qu'il serait trop long d'énumérer. Elle a eu surtout pour conséquence de les rendre extrêmement défiants, inquiets et malheureux, en les entretenant dans une crainte continuelle, qui pèse sur toute leur vie et est un véritable esclavage.

Ils ne peuvent presque rien faire sans redouter quelque mauvais sort. Ainsi lorsqu'ils vont, même en notre compa-gnie, dans un village voisin où ils n'ont ni parents ni amis, ils ne consentiront jamais à y manger, parce que après leur départ, on pourrait, disent ils, ensorceler les restes du repas, ce dont ils mourraient.

Pirogue des Salomons.

S'ils font un voyage en canot et qu'ils y mangent, ils ne jetteront les épluchures à la mer que très loin au large, et s'assureront bien qu'elles descendent au fond ; car, si elles étaient entraînées au rivage, on pourrait les ensorceler.

Le cadre de cette relation ne me permet pas de décrire toutes les coutumes et leurs rites des Canaques de la péninsule de la Gazelle, spécialement pour les mariages, les nouveau-nés et les morts. Il y aurait aussi des détails intéressants à donner sur les diverses espèces de *tabou* ou défenses sacrées, sur les danses, les chants et les fêtes. Voici du moins l'horrible usage qui se pratique à la mort des grands chefs.

Lorsque l'un d'eux a rendu le dernier soupir, les roule-ments lugubres du *Anjaramont* (espèce de tambour qui consiste dans un tronc d'arbre creusé que l'on frappe en cadence) l'annoncent à tous les villages d'alentour.

Alors commence pour le village du défunt un silence sacré nommé *A-nnamout*. Durant un mois, on n'y entendra plus une parole, pas même le moindre bruit, sinon les gémissements étouffés de la famille. Puis, de tous côtés,

(1) Voir les *Missions Catholiques* du 17 et du 24 juillet 1891.

arrivent en foule des hommes, armés d'une lance, qui défilent en silence devant le mort presque couvert de *divara* ; ils en reçoivent un morceau comme présent de la famille. Le lendemain, quand les visiteurs se sont retirés, le cadavre est déposé dans une pirogue qui doit res-

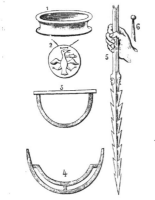

1. Bracelet. 2. Ornement. 3 et 4. Coupe de pirogue.
5 et 6. Sapaye ou lance.

ter ouverte : on l'introduit dans une maison étroite, on y fait entrer les femmes qui appartiennent de plus près à la famille du défunt, et on mure la porte. Les malheureuses auront à demeurer dans cette affreuse prison, côte à côte avec le cadavre en putréfaction, jusqu'à ce que les chairs soient entièrement consumées !... On leur passe la nourriture par un trou creusé dans la muraille ; elles ne peuvent sortir sous aucun prétexte, et chaque fois que quelqu'un s'approche de la maison pour pleurer le défunt, elles doivent elles-mêmes pousser des cris de douleur. Si l'une d'elles vient à mourir, ce qui n'est que trop ordinaire, on sort son cadavre par une brèche pratiquée pour la circonstance, et on referme impitoyablement sur les autres !... C'est quand il ne reste plus que le squelette que la maison s'ouvre enfin, et qu'on procède aux funérailles solennelles. On se livre alors à des festins et à des danses, qui durent souvent plus d'un mois et sont payées avec les richesses laissées par le défunt. C'est ainsi que les Canaques croient contribuer au bonheur de leur chef dans l'autre vie. Pauvres gens, combien ils sont victimes de l'odieuse oppression du démon !... Puissent-ils bientôt changer de maître et apprécier la douceur du joug de notre bien-aimé Sauveur !

Corruption.

On ne saurait se faire une idée de la dégradation dans laquelle ils sont tombés. Sans l'intelligence qui leur est restée à un degré surprenant, au milieu de tant de ruines morales, on les prendrait plutôt pour des animaux que

pour des hommes, tellement ils en ont perdu les sentiments.

Je signalerai seulement quelques points de cette dégradation dans la péninsule de la Gazelle.

Famille.

Le premier est l'absence presque complète de la famille. Quand un jeune homme est en âge de se marier, son oncle maternel lui achète une femme ; mais, après leur union, les conjoints restent libres de se séparer à leur gré, pourvu que le prix d'achat soit restitué. Dans ce cas, ils peuvent se marier à d'autres.

L'homme et la femme, ainsi unis, sont presque des étrangers l'un pour l'autre : ils ne partagent même pas la nourriture, et si la femme veut bien travailler aux plantations de son mari, c'est à la condition qu'il la paiera.

La polygamie est permise, mais elle n'est guère pratiquée que par les chefs.

Ce qui est plus étrange, c'est que les enfants n'appartiennent ni au père ni à la mère ; les auteurs de leurs jours n'ont aucun droit sur eux. En revanche, ces pauvres enfants ne reçoivent de leurs parents ni affection, ni soins, ni nourriture, pas même leur nom. Dès qu'ils peuvent se passer du lait de leur mère, ils entrent dans la maison et sous la tutelle de leur oncle maternel.

Castes.

Les Canaques de la Péninsule de la Gazelle distinguent entre eux deux castes : les *A-témavet* et les *A-témutan*. Les *A-témavet* sont leurs propres ancêtres, leur peuple, ceux qui sont de leur race, comme l'indique l'étymologie *A-té* issu de, *a-vet* nous. Les *A-témutan* sont les étrangers, le peuple d'une autre race ; ce mot a sans doute pour étymologie *a-té* issu de, *tan* quelqu'un, quelqu'autre.

Personne ne sait indiquer l'origine de ces castes ni expliquer leur raison d'être. Il est à croire qu'elles sont dues à l'arrivée d'un peuple étranger, qui aurait conservé son autonomie à côté des premiers insulaires.

Ce qui est certain, c'est que, malgré l'absence de tout signe extérieur, les Canaques d'une même région ne confondent jamais les *A-témutan* et les *A-témavet*. De plus, ils ont la coutume inviolable de ne se marier qu'entre castes différentes, et comme les enfants appartiennent à la caste de la mère, les castes se perpétuent indéfiniment sans se confondre jamais. C'est peut-être la raison pour laquelle les enfants sont la propriété de l'oncle maternel ou, à son défaut, du plus proche parent du côté de la mère.

Organisation sociale.

Dans l'archipel Salomon, il existe des chefs qui jouissent d'une autorité presque absolue et souvent tyrannique. En Nouvelle-Poméranie, il n'y a ni organisation sociale, ni chefs proprement dits.

On donne cependant le nom de chefs à tous ceux qui sont riches, non parce qu'ils ont quelque juridiction ou autorité, mais uniquement parce que, en cas de guerre, ils peuvent, par leur richesse, se procurer un plus ou moins grand nombre de combattants et ainsi imposer leur volonté par la force. Mais, en temps ordinaire, toutes les familles, et même dans la famille, tous sont indépendants ; personne n'a droit de faire la loi.

Guerre.

Quand quelqu'un se croit lésé dans ses droits, on recourt d'abord à la discussion, et si on n'arrive pas à une entente, il ne reste plus que la guerre. Alors les deux partis vont à la recherche d'alliés ; ce sont en premier lieu leurs parents, puis tous ceux qui, moyennant finance, consentent à combattre pour eux.

Quand tout est prêt, un grand cri d'un caractère particulier est poussé par le chef ; c'est le signal de la guerre. Instan-

tanément il est répété dans toutes les directions, et grâce à ce genre de télégraphie, on sait en quelques minutes et à plusieurs kilomètres à la ronde, que la guerre est déclarée.

Aussitôt les femmes prennent la fuite ; elles s'assemblent dans un même lieu sous la garde des guerriers ; le danger est-il pressant, elles se cachent dans les hautes herbes, sachant bien que, si l'ennemi les rencontre, elles seront percées d'un coup de lance. De leur côté, les hommes courent à leurs armes et s'attroupent.

Quand les ennemis sont en présence, ils se comptent de part et d'autre ; ils se lancent d'abord des injures, ils

ILES SALOMON.— PRÉPARATIFS D'UN FESTIN DE CANNIBALES, d'après un dessin du P. VERGNET
(Voir page 367).

s'échauffent peu à peu et le combat commence au milieu d'horribles clameurs.

La fronde, qu'ils manient avec une rare habileté, est la première arme qu'ils emploient, et rarement les combattants s'approchent assez pour user de la lance. Il faudrait alors que ce fût un combat acharné, tel qu'il y en a seulement entre districts habituellement en guerre et divisés par des haines invétérées.

Entre villages voisins, qui ont des relations suivies et surtout entre Canaques d'un même village, les combats sont fréquents, mais ne sont pas d'ordinaire très meurtriers. Ils cessent même dès qu'il y a quelques blessés ; c'est du moins ce qui est arrivé dans ceux dont j'ai été témoin.

Le chef vaincu est contraint, pour obtenir la paix, non seulement de donner raison au chef adverse sur la cause en litige, mais de payer tous les dégâts et les frais de la guerre, soit ennemis, soit envers ses propres adhérents. On met à sa charge les plantations détruites, les maisons incendiées, les blessés et les morts. Chaque mort se paie généralement trente brasses de divara, absolument comme pour l'achat d'un porc.

La guerre est donc quelquefois une ruine complète pour le chef vaincu et sa famille. Aussi, dès qu'il s'aperçoit que la fortune des armes ne lui est pas favorable, il se hâte de demander la paix pour n'avoir pas à payer trop de frais.

Quand, par suite de son obstination à la prolonger, les

dégâts sont devenus si considérables qu'il n'est plus capable de les payer, la paix n'est plus guère possible et la guerre peut avoir pour conséquence l'exil ou l'extermination complète du parti le plus faible.

A l'époque de mon départ de la Nouvelle-Poméranie, une guerre de ce genre régnait à l'intérieur de la péninsule de la Gazelle, dans le voisinage du mont Varzin. Au rapport des Canaques, toute la contrée était à feu et à sang.

Anthropophagie, esclavage.

Les détails que je viens de donner sur les indigènes du vicariat de la Nouvelle-Poméranie pourraient suffire pour attester leur profonde dégradation et exciter notre compassion. Pourtant ce n'est là que la moindre partie de ces misères. On a vu des philosophes qui ont osé se faire les apologistes de *l'homme sauvage*, et qui, par haine de la religion, niant la réalité de la chute originelle et ses tristes conséquences, ont prétendu que l'homme, sans Dieu, abandonné à lui-même et à ses instincts, ne pouvait être que droit et bon. Dans ces derniers temps, il y en a qui rejetaient à priori, comme inventée par les missionnaires, l'existence de l'anthropophagie chez certains peuples sauvages : d'après eux, c'était calomnier l'humanité qu'ils jugeaient incapable d'une telle dégradation. Les récentes explorations dans l'Afrique centrale, qui ont

ÎLES SALOMON.— Combat singulier entre deux chefs (Pakiki et Orolaé) d'après un dessin du P. Vergnet.

eu un si juste retentissement en Europe, n'autorisent plus ces illusions, puisqu'elles ont révélé, dans toute leur horrible vérité, la double plaie de l'esclavage et du cannibalisme.

Aussi cette révélation a-t-elle soulevé, dans tout le monde catholique, un magnifique mouvement de charité, dans le but de purger l'Afrique de l'esclavage et de l'anthropophagie, les deux plus grandes hontes de l'humanité et le plus funeste fruit du péché originel.

Malheureusement ces deux plaies n'existent pas seulement dans l'Afrique centrale, mais aussi dans les îles de la Mélanésie et surtout dans toutes celles du vicariat de la Nouvelle-Poméranie. Cela n'est pas encore assez connu. Aussi je crois devoir insister sur ce point, en faisant ressortir dans son affreuse réalité, le caractère particulièrement féroce de ces insulaires, leur pratique générale de l'anthropophagie, et l'existence de l'esclavage.

Malgré les mystères qui enveloppent encore ces contrées, les preuves sont trop nombreuses et trop certaines pour qu'on puisse les révoquer en doute.

D'après le témoignage de tous les navigateurs qui ont parcouru ces îles depuis leur découverte, celui des explorateurs et des commerçants qui ont eu des relations avec les insulaires, celui des Pères de la Société de Marie qui ont vécu onze ans au milieu de ces cannibales et ont fait la terrible expérience de leur sauvagerie; enfin, d'après mes renseignements personnels, il est permis de conclure que, sauf pour l'île Rook, située dans le voisinage de la Nouvelle-Guinée, l'anthropophagie a régné et règne encore dans toutes les îles du vicariat de la Nouvelle-Poméranie.

Elle y est pratiquée par toutes les tribus en temps de guerre, envers tous les ennemis, morts ou vifs, tombés entre leurs mains. Elle est exercée journellement par des tribus plus féroces qui vivent de leurs chasses continuelles à l'homme. Ces festins de cannibales sont ordinairement accompagnés de chants, de danses et de réjouissances, qui leur donnent un caractère plus prononcé de cruauté et sont l'occasion de scènes infernales. Enfin, dans plusieurs endroits, l'anthropophagie semble avoir un caractère religieux.

Voici maintenant des faits :

On sait que ces îles ne furent longtemps connues que sous les noms significatifs de *Terre des mauvaises gens* et *Archipel des assassins*.

Parmi les anciennes cartes qu'on admire sur les murs des galeries du Vatican et qui résument toutes les connaissances géographiques de l'époque, il en est une qui représente la Nouvelle-Guinée. Ses contours, alors inconnus, ne sont que grossièrement tracés. Au nord-est de cette île, on a signalé, par quelques lignes, l'existence d'une terre encore inexplorée; or cette terre, qui correspond parfaitement au vicariat de la Nouvelle-Poméranie, y est désignée par ces seuls mots : *terra di mala gente*. C'est qu'en effet les premiers navigateurs qui rencontrèrent ces terres ne purent en approcher sans avoir eu à souffrir de la férocité de leurs habitants, et c'est cette férocité, comme je le dis plus haut, qui a toujours été et est encore l'obstacle à leur exploration.

Mais je m'arrêterai seulement aux preuves plus récentes de cette férocité.

Il est avéré qu'en 1846 ou 1847, deux Pères et un Frère Maristes ont été assassinés et mangés dans une fête par les sauvages de San-Christoval, aux îles Salomon, et que les autres Pères, bloqués dans leur maison et menacés du même sort, ont dû abandonner l'île ; — que des colons évadés de la colonie de Port-Breton dans le Nouveau-Meklembourg (nommé alors la Nouvelle-France) ont été mangés dans les environs ; — que souvent des trafiquants pour le copra, établis en divers lieux, ont subi le même sort; — que des équipages de navires, en totalité ou en partie, ont été massacrés et mangés : ce qui est arrivé plusieurs fois à des dates récentes, particulièrement sur les côtes du Nouveau-Meklembourg et dans les îles du Duc-d'York. Quelques-uns de ces navires appartenaient à la maison de commerce Hershein et à la maison Godefroy.

L'année dernière, cinq ou six Européens ont été tués dans leurs stations de copra, la plupart au Nouveau Meklembourg. Quelques-uns ont été mangés, en particulier l'un d'eux avec sa femme, ses enfants et deux ouvriers noirs.

Le ministre wesleyen Brown, — celui dont les Canaques des environs de Vlavolo avaient mangé un des *teachers* (maître d'école noir) et qui, à cette occasion, a exercé en Nouvelle-Poméranie de si terribles représailles que son nom est encore la terreur de la contrée, — raconte qu'un chef des Salomon lui montra un de ses cocotiers sur lequel soixante-

seize entailles attestaient le nombre des victimes humaines cuites et mangées en ce lieu.

A San-Christoval, parfois vingt personnes sont mangées en un même festin.

M. Romilly, qui représentait l'Angleterre en ces contrées, il y a quelques années, assure qu'au Nouveau-Meklembourg le mets favori est la cervelle humaine mélangée au sagou et au coco.

Je pourrais citer d'autres témoignages qui établissent l'universalité de l'anthropophagie dans le vicariat de la Nouvelle-Poméranie.

SALOMON.—Statues tatouées, maison des Fas hua, a San-Christoval.

J'apporterai maintenant mes renseignements personnels sur Vlavolo et la péninsule de la Gazelle.

Quand nos missionnaires arrivèrent en Nouvelle-Poméranie, en l'année 1882, ils ne tardèrent pas à constater l'existence de l'anthropophagie, malgré le soin des indigènes pour la dérober à la connaissance des Européens.

En 1884, le Père qui était à Vlavolo vit la moitié du corps sanglant d'une jeune fille de seize ans, tuée pendant une guerre dans le village voisin. Malgré ses efforts, il ne put empêcher les sauvages de se diviser ces restes de chair humaine et de les emporter dans la montagne où ils furent mangés au milieu des chants et des danses.

Plus tard le chef de Vlavolo, *To-viring*, ayant tué un Canaque du village voisin, vit son neveu tué et mangé en représailles.

Maintenant nos Canaques de Vlavolo, corrigés de leur anthropophagie, nous avouent qu'il n'y a pas un homme parmi eux qui n'ait mangé de la chair humaine, et que cette habitude est commune à tous les naturels des environs. En effet, à peu de distance de Vlavolo, à l'intérieur de la péninsule, l'anthropophagie est actuellement encore en vigueur et pratiquée en plein jour.

Quand une guerre sérieuse éclate entre deux districts, on peut conjecturer combien il doit y avoir de part et d'autre de malheureuses victimes.

A Baïning, à dix lieues de Vlavolo, sur la côte nord, vit une tribu d'une férocité particulière. Elle se nourrit habituellement de chair humaine et pour cela elle passe une partie de sa vie à faire des chasses à l'homme.

Au dire de nos Canaques, qui ont eu quelques relations avec cette tribu, le village serait situé comme un nid d'aigle, sur le sommet d'une montagne où l'on ne peut arriver qu'en escaladant les rochers escarpés d'un torrent. C'est de là que des troupes d'hommes armés descendent pour leurs chasses étranges, qui durent plusieurs semaines. Comme ils ont déjà fait le vide autour d'eux, ils s'enfoncent dans les forêts, ils s'approchent des lieux qu'ils savent habités, en examinent les sentiers, les habitations et les jardins, et ils épient leur proie, cachés dans les herbes. A un signal donné, ils fondent sur elle, assomment à coup de casse-tête les grandes personnes et s'emparent des jeunes enfants qui ne peuvent ni résister, ni s'enfuir. Les victimes sont emportées en toute hâte dans la forêt et deviennent leur nourriture pendant plusieurs jours. Après quoi les guerriers reprennent leurs chasses dans une autre direction.

On peut avoir quelque idée du nombre de leurs victimes par celui des enfants qu'ils emmènent dans leur village pour

ARCHIPEL SALOMON. — Sculpture au fronton d'une maison de San-Christoval.

ARCHIPEL SALOMON. — Dessin guerrier dans la maison commune d'Oué, à San-Christoval.

en faire leurs esclaves. En effet, ils en vendent un certain nombre aux Canaques des districts voisins qui les emploient dans leurs plantations ; on en trouve à Vlavolo où j'en connais une douzaine. Sur dix enfants rachetés de l'esclavage et actuellement recueillis par notre Mission à Vlavolo, six sont venus de Baïning.

Enfin, si on en juge par le fait suivant, un grand nombre seraient mangés à Baïning même, quand ils sont devenus assez grands. Ils seraient ainsi comme leur bétail !

Quelques mois avant mon départ pour l'Europe, j'envoyai notre canot dans l'espoir de délivrer quelques-uns de ces pauvres enfants. Le Manilhois que j'avais chargé de cette expédition, ne trouva plus qu'une petite fille de quatre ans. Les indigènes de Baïning lui exprimèrent leur regret de ce qu'il n'était pas venu un mois plus tôt : « Alors, lui dirent-ils, nous avions beaucoup d'enfants ; mais, n'ayant pu pêcher, à cause de la mauvaise mer, nous avons eu faim et nous les avons mangés ! »

A l'anthropophagie, nous voyons aussi s'ajouter l'esclavage, qui semble général. En effet, on a déjà constaté son existence aux îles Salomon et dans le Nouveau-Mecklembourg. Dans l'île Ugi, près de San-Christoval, les enfants étant presque tous tués par leurs parents, la population se recrute sur les îles voisines.

On le comprend, ce qui rend plus misérable la condition de ces esclaves, c'est la perspective qu'ils ont d'être immolés et mangés à l'occasion d'une fête.

Aussi nous nous proposons de racheter tous ceux que nous pourrons, de les élever dans des orphelinats que nous fonderons dans ce but, et plus tard nous espérons former avec eux des villages civilisés.

Le prix moyen du rachat d'un esclave est d'environ cinquante francs.

Dans une autre lettre, je me propose de résumer brièvement l'histoire de la mission dans ces contrées.

Il est temps de terminer cette relation sur les îles et les indigènes du vicariat de la Nouvelle-Bretagne. Les détails qu'elle contient sont plus que suffisants pour exciter la compassion des âmes généreuses en faveur des pauvres sauvages du vicariat de la Nouvelle-Bretagne et pour les engager à venir à leur secours par tous les moyens en leur pouvoir.

FIN

LES MISSIONS CATHOLIQUES AU XIXᵉ SIÈCLE

PAR

M. Louis-Eugène LOUVET, des Missions Etrangères de Paris, Missionnaire en Cochinchine occidentale.

(Suite 1).

CHAPITRE XIII

JAPON ET CORÉE

1800-1891

L'histoire de la résurrection de ces deux Églises martyres est pleine d'intérêt pour le lecteur chrétien. Malheureusement je ne puis qu'esquisser ici les grandes lignes du tableau, renvoyant pour les détails le lecteur aux ouvrages spéciaux qui ont raconté l'histoire de ces deux missions (2).

I. — MISSIONS DU JAPON.

Tout le monde a présente à la mémoire l'histoire héroïque de l'Église du Japon. Cette chrétienté de *deux millions* d'âmes s'abîmant tout entière dans le sang de ses prêtres et de ses enfants ; plus d'un *millier* de missionnaires : Jésuites, Augustins, Franciscains, Dominicains, donnant généreusement leur vie dans des tortures inouïes ; près de *deux cent mille* martyrs indigènes ; la rage des persécuteurs, l'intrépidité des fidèles, l'infâme complicité de l'Europe protestante, livrant au bourreau les derniers débris de cette illustre Église, la perfidie des Hollandais, aidant eux-mêmes à massacrer leurs frères chrétiens, en haine du catholicisme et pour un vil intérêt commercial. Depuis les temps apostoliques, aucun spectacle plus grandiose n'avait été donné au monde chrétien : il y eut là des épisodes d'une beauté à ravir les anges, et des raffinements de perversité à faire tressaillir d'envie les démons de l'enfer.

Puis, pendant un siècle et demi, il se fait un silence de mort sur la tombe des martyrs, et le monde chrétien se

---

(1) Voir tous les numéros parus depuis le 16 mars jusqu'à fin octobre 1890, et 2, 9, 16, 23 et 30 janvier, 6 et 13 février, 24 avril, 1ᵉʳ, 8, 15, 22 et 29 mai, 5, 12, 19, 26 juin, 3 et 10 juillet 1891.

Pour l'intelligence de ce travail, nous recommandons la carte des missions du Japon que nous avons publiée en 1883 et celle de la Corée publiée en 1885. Prix de chaque carte, 4 fr. franco.

(2) *Histoire du Japon*, par le P. de Charlevoix. — *Le Japon*, par M. Léon Pagès. — *Histoire de Corée*, par M. Dallet.

demande avec angoisse si tout est fini. Malgré tout, un espoir invincible persistait. Je ne sais quels pressentiments secrets avertissaient les catholiques qu'ils avaient encore des frères au Japon ; on se refusait à croire à la mort de cette Église qui avait donné des preuves si énergiques de vitalité. Un grand nombre de lettres de missionnaires se font l'écho de ces préoccupations, pendant les quarante premières années du XIXᵉ siècle. En 1846, Grégoire XVI, qui a tant fait pour les missions, rétablit le vicariat apostolique du Japon et le confia à la Société des Missions Etrangères de France.

Il fallait forcer les portes de cet empire, enfermé dans un cercle infranchissable. Deux missionnaires, M. Forcade, mort archevêque d'Aix, et M. Leturdu, mort dans les prisons de Canton, s'établirent d'abord aux îles Lieou-Kieou. Après deux ans d'efforts infructueux pour se mettre en rapport avec les Japonais, il fallut abandonner le poste. Ce ne fut qu'en 1861 que les missionnaires purent s'établir au Japon, à la suite des traités de commerce conclus avec les nations européennes.

Leur position n'en était pas moins précaire : sévèrement confinés dans les deux ou trois ports ouverts aux Européens, les missionnaires se sentaient surveillés par une police vigilante, et il leur était à peu près impossible de se mettre en relations avec les indigènes. D'ailleurs les anciens édits contre la *religion infâme* subsistaient toujours, et la mort attendait le premier Japonais qui se fût hasardé à s'approcher de ces étrangers doublement suspects, comme Européens et comme prêtres.

Il n'y avait donc qu'à attendre le moment de Dieu et à préparer l'avenir. C'est ce que firent nos confrères, avec une abnégation complète. Ils limitèrent leur ministère aux rares Européens dans les ports du Japon, élevèrent quelques chapelles, au frontispice desquelles ils arborèrent la croix si longtemps proscrite, étudièrent la langue, les mœurs, les institutions sociales de ce peuple étrange, et comme les apôtres, à la veille de la Pentecôte, ils se préparèrent, dans le recueillement et la prière, aux grandes choses que Dieu voulait opérer par leurs mains.

Cette attente ne fut pas trompée. L'heure de la résurrection allait sonner pour cette Église sommeillant depuis deux siècles sous la pierre du sépulcre. En 1862, Pie IX appelait le monde catholique à Rome pour célébrer la canonisation des premiers martyrs japonais.

En présence de trois cents évêques et de plus de cent mille fidèles, il élevait sur les autels 26 martyrs japonais : 3 religieux de la Compagnie de Jésus, 6 franciscains, 17 tertiaires, crucifiés à Nagazaki, le 5 février 1597. Cette grande tête du ciel et de la terre était l'aurore de la résurrection.

A Nagazaki, les missionnaires s'étaient empressés naturellement d'élever une église aux 26 martyrs, et malgré les efforts de la police, la foule des visiteurs affluait, poussés par la curiosité. Le 17 mars 1865, M. Petitjean, amené sans doute par l'ange de l'Eglise du Japon, était agenouillé au pied de l'autel. Quelques pauvres femmes se présentent pour visiter la chapelle ; elles regardent l'autel, le crucifix, les tableaux, l'image de Marie portant son divin fils dans ses bras : plus de doutes ; comme Madeleine au sépulcre, elles ont reconnu leur Dieu. Elles s'approchent en tremblant du missionnaire toujours agenouillé · «.Votre cœur, lui disent-elles à voix basse, et notre cœur ne sont'qu'un même cœur. » Puis, désignant l'image de la Mère de Dieu : « Celle-là, c'est *Santa Marii Sama*, cet enfant, c'est *Jesous Sama*. Chez nous presque tout le monde nous ressemble. »

« Soyez béni, ô mon Dieu, pour tout le bonheur dont mon âme fut alors inondée. » écrivait l'heureux missionnaire, témoin et acteur dans cette touchante scène. « Quelle compensation de cinq années d'un ministère stérile ! »

Pie IX, averti immédiatement de la découverte des anciens chrétiens, voulut instituer une fête spéciale, qui se célèbre chaque année au Japon, le 17 mars, sous le rit double-majeur, pour solenniser la résurrection de cette Église.

L'Église du Japon était retrouvée. Malgré l'atrocité d'une persécution de trois siècles, malgré l'absence du prêtre pendant cent quatre-vingts ans; des milliers et des milliers de Japonais, sans autels, sans culte, avaient réussi à conserver leur foi. C'est là un des plus prodigieux exemples de vitalité qu'on trouve dans les annales de l'apostolat.

Une dernière épreuve était réservée à cette Église renaissante. Malgré toutes les précautions prises. le secret ne put être gardé, une nouvelle persécution éclata. De 1868 à 1873, six à huit mille chrétiens furent déportés, séparés de leurs familles, soumis à des tortures atroces ; près de deux mille moururent en prison, à la suite des mauvais traitements.

L'Europe chrétienne, qui a ses représentants au Japon, s'émut de ces barbaries. Plus chrétiens, ou moins fanatiques que ceux du XVIᵉ siècle, les ambassadeurs protestants furent les premiers à réclamer avec énergie. Le gouvernement japonais, bien différent de celui de la Chine, est entré pleinement dans le courant de la civilisation occidentale ; il tient à prendre rang parmi les peuples civilisés et à mériter l'estime de l'Europe. Le Mikado eut le bon sens de comprendre que les lois iniques du passé étaient incompatibles avec les idées nouvelles ; il accorda la liberté religieuse et il semble décidé à la maintenir franchement.

On peut donc espérer que l'ère des persécutions sanglantes est close au Japon. Les difficultés que l'apostolat catholique rencontrera sur sa route ne viendront plus de là désormais. Ces difficultés ne laissent pas d'être considérables encore. Le paganisme conserve une immense influence sur la masse du peuple, et d'un autre côté, les transformations politiques et sociales par lesquelles passe actuellement cet empire, sont loin de favoriser la propagation de l'Évangile. A l'heure actuelle, ce pays est en pleine crise sociale. Il a rompu brusquement avec tout son passé, toutes ses traditions, pour se jeter, avec un engouement un peu irréfléchi, entre les bras de la civilisation occidentale. C'est là une transition trop brusque et qui laisse entrevoir de redoutables éventualités pour ce peuple si intelligent, mais qui paraît si impressionable et qu'on a nommé non sans apparence de raison, les Français de l'Extrême-Orient. Jusqu'ici, il a surtout pris de la civilisation occidentale ce qui frappe les yeux : les modes, les industries, la vapeur, l'électricité et, dans un autre ordre d'idées, les institutions politiques, les journaux, les constitutions et jusqu'au parlementarisme. Mais il ne paraît pas avoir même soupçonné la force cachée, qui permet à ces redoutables engins du progrès moderne, de se mouvoir sans trop de chocs, je veux dire l'esprit chré-

tien, dont nos vieilles sociétés sont encore tout imprégnées, quoi qu'elles en disent. Ces forces redoutables, aux mains d'un peuple encore tout païen, ne vont-elles pas devenir un danger pour lui ou pour les autres ? C'est le secret de l'avenir. Mais il est certain que le Japon passe aujourd'hui par une crise sociale très redoutable. Converti deux siècles plus tôt, il eût été, comme les nations occidentales, élevé doucement par l'Église, qui eût respecté soigneusement ses institutions patriarcales, ses mœurs, ses traditions. Jeté à l'improviste et sans préparation, au milieu de ce mouvement qui nous entraîne nous-mêmes, n'est-il pas à craindre que ce peuple intéressant ne prenne de notre civilisation que nos vices et nos révolutions ?

Un autre danger bien redoutable pour l'apostolat, c'est la présence du schisme et de l'hérésie. Dès que le Japon fut ouvert aux étrangers, le schisme russe l'envahit par le nord et le protestantisme par le sud. Aujourd'hui que cette terre sacrée; que le catholicisme avait rachetée au prix de son sang, nous est disputée par une armée de popes et de prédicants. Quel effet désastreux ne produira pas sur l'esprit d'un peuple observateur la révélation des divisions qui déchirent l'unité du christianisme? n'est-il pas à craindre que cette vue ne le jette dans la libre pensée et l'indifférence religieuse ?

Ces redoutables éventualités, qui attristent le cœur du penseur, ne décourageront pas le zèle de l'apôtre. Avec des ressources bien modestes et bien insuffisantes, hélas ! l'apostolat catholique tient tête à tous les ennemis.

Il reste encore un bon nombre de vieux chrétiens à découvrir et à ramener à l'Église. La crainte des persécutions, l'orgueil des anciens chefs de chrétientés, qui craignent de perdre leur autorité sur les fidèles, en retiennent encore loin de nous un grand nombre. Espérons que peu à peu ces défiances tomberont.

L'apostolat s'exerce aussi avec succès auprès des païens. Malgré la corruption des mœurs, chaque année, un certain nombre de païens entrent dans l'Église, et le mouvement des conversions ne fera que s'accélérer, le jour où un nombreux clergé indigène permettra de multiplier l'action de l'apostolat. C'est seulement au mois de septembre 1883 qu'on a pu imposer les mains aux premiers prêtres japonais. C'est une grande date dans l'histoire de l'Église du Japon. Si, à l'heure de l'épreuve, cette héroïque chrétienté, qui a su garder la foi avec de simples catéchistes, eût eu un clergé national, il est probable qu'à cette heure le Japon serait bien près d'être chrétien.

En 1876, le vicariat unique du Japon fut divisé en deux : Japon septentrional et méridional ; en 1887, un troisième vicariat fut érigé au Japon central. Dernièrement, un quatrième vicariat a été érigé à Hakodaté. Il embrasse toute la partie nord du vicariat du Japon septentrional c'est-à-dire les provinces du Nippon, le Yesso et les îles Kouriles.

Voici le tableau des développements numériques :

En 1860 : 1 préfecture apostolique, 2 missionnaires, 0 prêtres indigènes, 0 églises, 0 écoles ? catholiques.

En 1870 : 1 vicaire apostolique, 13 missionnaires, 0 prêtres indigènes, 0 églises, 10,000 catholiques.

En 1880 : 2 vicaires apostoliques, 28 missionnaires, 0 prêtres indigènes, 80 églises, 23,000 catholiques.

En 1891 : 4 vicaires apostoliques, 69 missionnaires, 8 prêtres indigènes, 150 églises, 84 écoles, 42,340 catholiques.

La population totale étant de 37,760,000 habitants, la proportion des catholiques *connus* est seulement 1/905.

Les quatre missions ont chacune leurs séminaires et elles instruisent 5,324 enfants dans les écoles et orphelinats.

L'œuvre de l'enseignement est d'une importance capitale au Japon, si l'on veut lutter avantageusement contre la propagande protestante : l'influence appartiendra à qui instruira le mieux. C'est pourquoi les missionnaires du Japon ont fait appel à plusieurs Congrégations religieuses. Les Frères de la Société de Marie viennent d'ouvrir un pensionnat à Tokio ; les Sœurs de Saint-Paul et celles du Saint-Enfant Jésus ont des maisons florissantes dans les quatre missions. C'est pour le catholicisme une question de vie ou de mort.

(A suivre.)

NÉCROLOGIE

MGR LE BERRE

De la Congrégation du Saint-Esprit, vicaire apostolique des Deux Guinées.

Ce vénérable prélat, qui évangélisait depuis un demi-siècle la mission des Deux-Guinées est mort, le 16 juillet, à Sainte-Marie du Gabon. Nous publierons prochainement la biographie et le portrait du regretté défunt.

DONS
Pour l'Œuvre de la Propagation de la Foi

ÉDITION FRANÇAISE.

M.-D. à R. diocèse de Cambrai, reconnaissance et amour au divin Jésus.	100
Un abonné, C. C. du diocèse de Rodez.	40
Au nom de Mme V. Hervy, à Trèves.	1000
Anonyme du diocèse de Vannes, demande de prières.	5
Un jeune homme de Lyon.	5
M. Lemotte à Tours, avec demande de prières.	200
M. Ornonneau à Clisson, diocèse de Nantes.	20

Pour la mission la plus nécessiteuse (Mgr Vidal).

M. F...got, curé de Serqueux-V., diocèse de Besançon.	10
Un anonyme de Rennes.	20
M. l-chanoine Liot, à Tours, demande de prières.	40
M. A. A. à Beaucaire, diocèse de Nîmes.	20

A S. B. Mgr le patriarche des Maronites, pour son collège à Rome.

Anonyme de Lyon. 50

A Mgr Fallize, de Christiana.

Anonyme d'Anvers, diocèse de Malines. 40

A Sœur Meyniel, orphelinat Sai.t-Charles à Beyrout).

Anonyme de Lyon. 50

A M. Fourcade à Alladhy (Pondichéry), pour les affamés.

Anonyme d'Anvers, diocèse de Malines.	7.0
M. L. à Couches-les-Mines, diocèse d'Autun.	10
Un prêtre du diocèse de Saint-Dié, demande de prières.	10
M. Augot à la B Bevilliers-S., diocèse de Lyon.	8
M. Brioux, ex-Lieuten.t, au dioc. de Clermont.	80
Anonyme de Quimper.	4
Mademoiselle M R., à M.-s-S. dio. de S int-Jié.	20
Anonyme des Anc-Ecuries-les-Prey, du dioc.de Nancy.	10
M. S. Lanion, diocèse de Sens.	10
Anonyme S int-Cyprien P il.-d.ocèse de L val.	200
Madame, des I. Permatières, au nom d'Angers, demande de prières.	20
Un abonné du diocèse de Versailles.	20
A. anonyme du diocèse de Chalon-sur-Saône, diocèse de Cambrai.	10
Anonyme de Nantes.	5
Anonyme, curé Saumur, diocèse d'Angers.	50
Un nom né de Lyon.	10
A. anonyme de Lyon.	5
Anonyme de Lyon.	5
M. Charles V ial, diocèse de Coutances, demande de prières.	5
A. M. R., au diocèse de Viviers.	25

Au même pour le baptême d'un petit paria sous les noms de Marie-René.

Anonyme de Perreux, diocèse de Lyon. 5 10

Au R. P. Gabillet (Pondichéry), pour les affamés.

A. M. R. du diocèse de Viviers. 25

Au R. P. Ariokanader (Pondichéry), pour les affamés.

Anonyme de Quimper. 40

A Mgr Riccaz, pour les veuves de l'Inde.

Anonyme de Lyon. 50

Au R. P. Darras, pour l'église de N.-D. à Cheptut (Indes).

Par l'entremise de M. Freyburger, vicaire à Ribeauville, diocèse de Strasbourg.	50
Anonyme de Lyon.	50

A M. Humbert, missionnaire au Kouang si.

Anonyme d'Anvers, diocèse de Malines.	260
Anonyme de Quimper.	10

Pour les affamés du R. P. Tournade (Kiang-nan).

M. de Caix, ex. du diocèse d'Angers, avec demande de prières. 20

Au R. P. Wilhelm, missionnaire à Chemulpo (Corée), pour l'entretien de son catéchiste Jean Toioi.

Anonyme de Lyon. 200

A M. Tulpin (Japon septentrional), pour l'œuvre des catéchistes.

Une anonyme de Bordeaux.	5
Anonyme de Quimper.	10
Au nom de Mme Aimée Viaud-Grandmais, à Noirmoutier, diocèse de Luçon.	40
Anonyme à l. F. à Alger.	10
Anonyme, en l'écot naissance.	100
Anonyme de Lyon.	50

A M. Corre (Japon Méridional), pour l'œuvre des catéchistes.

En souvenir de M.rseille, au nom d'une personne défunte.	100
Recueilli par un abonné de Turin.	100

A Mgr Cousin (Japon Méridional), pour son séminaire.

Anonyme de Saumur, diocèse d'Angers. 40

Au R. P. Testevuide, pour la léproserie de Gotemba.

Anonyme de Lyon. 50

Pour rachat d'esclaves (Mgr de Courmont).

Anonyme de Saumur, diocèse d'Angers, demande de prières spéciales. 232 25

Pour rachat et baptême d'un petit nègre sous le nom de Léon (au même).

L. B. du diocèse d'Amiens. 40

Pour rachat et baptême d'un enfant sous le nom de Joseph (au même).

Mme L. du diocèse de Tarbes. 20

A Mgr Crouzet, pour les missions d'Abyssinie.

Anonyme de Saumur, diocèse d'Angers. 12

A M. Picard, pour la mission d'Abyssinie.

Anonyme de Lyon. 50

Au R. P. Gommenginger, supérieur de la mission du Kilima Ndjaro, pour le baptême de deux nègres sous les noms de Frédolin et Sébastien.

Par l'entremise de M. Freyburger, vicaire à Ribeauville, diocèse de Strasbourg. 50

A Sœur Claver, pour l'hôpital d'Onitcha.

Anonyme de Lyon. 50

A Mgr Naughten, évêque de Roseau (Dominique), pour le royaume des Caraïbes.

M. Bruaux, Saint-Laurent, diocèse de Clermont. 20

Pour la mission de Loreto (Fidji).

MIle Félicie Jacqu Z, à DemangeVelle, diocèse de Besançon. 2

A M. r Vidal (Fidji).

Anonyme du Quimper. 40

A Mgr Couppé (Nouvelle-Poméranie).

Anonyme de Lyon. 50

Au même pour le rachat de deux enfants à baptiser sous les noms de Charles et de Marie.

A. M. R. du diocèse de Viviers. 50

(Suite des dons prochainement).

TH. MOREL, *Directeur-gérant.*

ÉGYPTE.— PHARE DE PORT-SAID; d'après une photographie envoyée par le R. P. JULLIEN, de la Compagnie de Jésus (Voir page 367).

CORRESPONDANCE

TONK-KING OCCIDENTAL

Une attaque de pirates. — Massacre de chrétiens.

Toujours de nouvelles alertes dans ces missions infortunées du Tong-King !.. Demandons à Dieu de prendre pitié de ces pauvres chrétiens et d'assurer la sécurité aux travaux de l'apostolat qui s'annonce si fécond dans ces champs arrosés du sang de tant de martyrs !

LETTRE DE MGR PUGINIER, DES MISSIONS ÉTRANGÈRES DE PARIS, VICAIRE APOSTOLIQUE DU TONG KING OCCIDENTAL.

Hà-Nôi, le 30 mai 1891.

Le 24 mai, dimanche de la Sainte Trinité, j'étais allé donner la Confirmation dans un chef-lieu de paroisse, à Ké-sét, situé à six kilomètres de Hà-nôi. — Le soir, rentré à la maison, je recevais d'un de mes mission-

naires, M. Girod, chargé du district nord, le télégramme suivant :

Hier, 23 mai, dix heures soir, maison de mission et église de Hiên-quan attaquées par pirates, armés fusils tir rapide. — Catéchistes Bât-et Nang, mon domestique et six chrétiens tués. — Catéchiste Can blessé. — Six personnes blessées grièvement. — Ai pu m'en tirer par miracle. — Suis réfugié au poste Ngoc-thâp. — Préviens la Résidence Hung-hoa.

Signé : GIROD, *missionnaire.*

Quelques jours après, je recevais du Père la lettre que vous lirez plus loin. Il est évident que c'est à sa vie qu'on en voulait.

M. Girod, chargé depuis cinq ans du district nord, formé par les provinces de Son-tây, de Hung-hoa, de Tuyenquang, l'a complétement parcouru à diverses reprises, souvent au péril de sa vie, pour donner la mission à ses chrétiens.

Les vastes régions, qui forment ce district, ont été, plusieurs fois, depuis 1883, ravagées par les Pavillons noirs d'abord et ensuite par les pirates. Depuis un an surtout, ces derniers y ont acquis une très grande autorité et,en plusieurs endroits,ils agissent en vrais maîtres.

M. Girod, qui connaît très bien tout ce pays, dont il a la surveillance spirituelle, s'est toujours fait un devoir de fournir aux autorités de précieux renseignements sur les agissements des bandes. Il a particulièrement signalé certains individus hostiles et dangereux.

Malheureusement des indiscrétions ont été commises touchant la source d'où venaient les renseignements. Des pirates et des individus compromis ont eu des soupçons sur le missionnaire, et ils ont cherché à se venger.

D'un seul coup de main, voilà neuf victimes massacrées, parmi lesquelles trois hommes de la mission, et sept ou huit personnes blessées. Plusieurs d'entre elles venaient de se confesser quelques instants auparavant. — Vous remarquerez que c'est dans l'église et dans la maison du Père qu'a eu lieu le massacre. On terminait les exercices du mois de Marie.

Les noms des coupables sont connus et j'espère que l'autorité rendra justice.

.*.

Voici la lettre de M. Girod :

Monseigneur,

Je viens de passer quarante-huit heures passablement mouvementées; mais, la quinine aidant, je n'ai pas envie d'aller me coucher avant d'avoir donné à Votre Grandeur les détails du triste événement au sujet duquel je lui ai adressé une dépêche ce matin.

Avant-hier soir, vers les dix heures, le hameau chrétien de Lûng, du village de Hiên-quan, était attaqué à coups de fusils et se voyait enlever, au clair de la lune, une dizaine de buffles et de bœufs, sans parler du reste. Les pirates ont tout pillé, excepté la pauvre église, dans laquelle les chrétiens achevaient de réciter les prières.

En hommes tolérants, ces bons pirates ont crié qu'ils n'en voulaient pas du tout à la Religion et, sans se douter de l'existence du septième commandement de Dieu, ils ont tranquillement dévalisé leurs compatriotes chrétiens.

Je me trouvais dans la résidence du hameau Bài, du même village. Malgré la proximité du théâtre de la piraterie, ma journée de confessionnal terminée, je finis par fermer l'œil, en me disant : « A la garde de Dieu ! ce n'est pas encore mon tour pour aujourd'hui ! »

Mais, hier soir, 23 mai, au moment où je finissais de confesser et où les chrétiens achevaient à l'église les prières du mois de Marie, je veux prendre le frais en disant mon chapelet et je sors dans la cour. Un coup de pistolet retentit à quelques pas de moi. D'un bond je me précipite dans ma chambre, pour saisir ma carabine et essayer de riposter, — me trouvant, hélas ! beaucoup trop faible dans le cas de légitime défense.

Le pirate, qui m'avait salué de son coup de pistolet, entre en même temps que moi et me menace de son arme déchargée. Je ne peux que lui rendre la pareille, car je n'ai pas le temps de charger mon winchester. Mais mon homme croit que c'est pour de bon et sort de la maison en disant : « Il veut résister ! »

Au même instant, pendant que j'étais à tâtonner pour trouver mes cartouches, je reçois à bout portant, à travers la fenêtre, un coup de fusil, dont le feu brûle mon habit. La fusillade éclate à droite, à gauche, autour de moi, mais je finis par trouver mes cartouches ; j'en glisse quatre ou cinq dans le réservoir de ma carabine et m'élance pieds nus dans la cour, où je suis de nouveau salué de quelques coups.

.*.

Mon domestique Ngàn accourt à mon secours et saisit mon revolver, mais il ne peut sortir de la maison. Ne sachant sur qui tirer et voyant tout le monde fuir de l'église, entendant les hurlements et la fusillade des pirates, je prends ma course à l'aventure, je traverse comme je peux la haie d'enceinte, en laissant des débris de mes habits accrochés aux épines et je me trouve dans les champs de riz et de maïs, juste au moment où les pirates arrivaient tous dans la cour et criblaient de balles les portes de la maison, m'y croyant probablement encore.

Mon domestique et deux catéchistes, Vàn Bàt et Chù-Nàng, renfermés dans la maison, subissent ces feux de salve, ne ripostant avec les quelques vieilles armes que des amis m'avaient données pour me défendre.

Pour moi, je vais droit devant moi, en suivant le lit d'un arroyo à sec, où je fais l'heureuse rencontre de mon catéchiste Chu-Càn, assez fortement contusionné, et de trois chrétiens qui ne tenaient aucune arme en mains. Nous nous éloignons lors de la portée des balles et nous couchons dans la rizière pendant plus d'une demi-heure. Mon habit blanc ne me disait rien de bon au clair de la lune; mais je tenais mon winchester et j'avais mon chapelet.

J'étais sauvé ! Mais, hélas ! quel affreux spectacle s'offrit à moi, lorsque au bout d'une demi-heure, je rentrai après la disparition des pirates ! Mon domestique gisait mort dans ma chambre, tué à coups de fusils et de coupe-coupe. Mes catéchistes, Vàn-Bàt et Chù-Nang, étaient étendus dans la cour, nageant dans leur sang, tous les deux atteints d'une balle dans le bas-ventre. Ils ont pu encore, grâces à Dieu, recevoir l'absolution en pleine connaissance.

Dans l'église, deux femmes mariées, deux jeunes filles et une petite fillette de six ans gisaient sans vie, affreusement abîmées par des balles tirées à bout portant. De plus, six ou sept personnes étaient blessées plus ou moins grièvement. Un blessé est mort ce matin, après avoir reçu les sacrements.

Après avoir prodigué de mon mieux les consolations de la religion à ces pauvres victimes de la rage des pirates, je constatai le pillage de ma chambre à moitié incendiée (le feu a pu être éteint, et la maison n'a pas flambé).

N'ayant plus rien à faire à Hiên-quan et craignant un retour des pirates qui avaient en partie manqué leur coup, car ils voulaient certainement me tuer, puisqu'ils n'ont pas pillé les maisons des chrétiens et ont tout de suite attaqué ma chambre, je trouvai un panier pour traverser le fleuve et vins vers minuit me réfugier à la chrétienté de Ngọc-thàp, où était le vicaire de la paroisse.

. .

Ce matin, j'ai célébré le saint Sacrifice en reconnaissance de ma préservation et en souvenir des victimes ; ensuite je suis allé avec M. Bazé, garde principal du poste de Piao-tian, assister à la mise en bière des caté-cnistes et des cirétiens massacrés. C'était affreux...

Dans l'après-midi, je suis retourné à Hièn-quan pour faire l'enterrement des neuf victimes. M. le lieutenant Lahire, qui commande le poste de Ngoc-tiàp, avait bien voulu me faire accompagner par deux sergents et quelques hommes d'infanterie de marine et tirailleurs tonkinois. Ces braves gens, habitués cependant à voir la mort de près, n'ont pu dissimuler leur émotion, en voyant le théâtre du carnage et en assistant à la triste cérémonie religieuse que j'ai faite... les larmes aux yeux.

Je dois vous signaler le dévouement vraiment cirétien d'un brave sergent, M. Santelli, un vieux tonkinois, qui a pansé les blessés. Cela rend du courage de trouver en de si tristes circonstances des cœurs généreux et compatissants. Le poste militaire de Ngoc-tiàp et le poste de milice de Piao-tian, de la province de Son-tày, ont donné aujourd'hui à nos pauvres cirétiens annamites des marques de sympatnie qui les nonorent. Mais c'est tout ce qu'ils ont pu faire.

Il est minuit passé... tout le monde dort tranquillement dans le poste de Ngoc-tiàp, excepté la sentinelle et moi. En écrivant à Votre Grandeur, je pense encore aux pauvres victimes innocentes, dont j'ai béni les tombes cet après-midi. Malgré tout je me dis : « Mon Dieu, que votre sainte volonté soit faite! »

Je ne crois pas avoir été, le moins du monde, imprudent en venant donner la mission à la cirétienté de Hièn-quan, où ma présence était nécessaire. Je ne sais trop du reste où je pourrais résider sans danger dans les paroisses du district qui me sont confiés. Mais vive Dieu et tout pour sa plus grande gloire au Tong-cing, même la mort !

Je me sens absolument incapable de remercier dignement le bon Dieu, qui m'a préservé de la mort en cette circonstance ; je vous prie de m'aider à le faire et de m'accorder votre paternelle bénédiction.

.*.

Vous voyez que le temps de nos épreuves n'est pas passé ; nous en aurons encore. Je recommande ma mission à vos prières et à celles des associés de la Propagation de la Foi.

VICTORIA NYANZA (Afrique équatoriale)

Les catéchumènes de Rubaga.

Sa Grandeur Mgr Liviniac, supérieur général des Missionnaires d'Alger, nous communique la lettre suivante qu'il fait précéder de ces lignes :

« Le P. Guillermain, qui, après avoir passé deux ans à notre Procure de Zanzibar, partit l'année dernière pour le Nyanza, est arrivé dans le Bouganda à la fin de février. Mgr Hirti l'a mis à la tête de la mission de Sainte-Marie de Rubaga. Avec les autres missionnaires partis avec lui pour le nord du lac, il a fondé trois nouvelles stations : une dans le Busoga, une autre dans le

Budda, la troisième à Kyagwé. Les Baganda protestants ont tenté d'attaquer Mwanga ; mais ils y ont renoncé à la vue des catholiques en armes prêts à mourir pour leur roi, et grâce à l'intervention de M. Lugard, représentant de la Compagnie anglaise de l'*East-Africa*, lequel a déclaré qu'il prêterait secours au roi, si le premier ministre (*Katikiro*) et les protestants révoltés ouvraient le feu. Malgré la rage de ces noirs intolérants et cupides, notre sainte religion fait les progrès les plus consolants, mais *operarii pauci.* »

LETTRE DU R. P. GUILLERMAIN, DES MISSIONNAIRES D'ALGER

Notre-Dame de Rubaga, 13 avril 1891.

Nous sommes enfin installés dans notre belle mission du Buganda, après avoir navigué dix-huit jours sur le Nyanza. Nous avons déjà oublié les fatigues et les dangers de ce voyage en pirogues à travers les hippopotames et les récifs du grand lac. Nous voilà tout entiers lancés dans les travaux de la vie apostolique, et, certes, ils ne manquent pas ici. Oh ! oui, nous sommes dans une bien belle mission. Je ne sais s'il est au monde un pays où la divine semence tombe dans une terre mieux préparée. On sent que cette terre est encore humide du sang des martyrs, et c'est certainement le secret de cette fécondité merveilleuse d'où naissent tant de chrétiens. Ce que je vois ici depuis un mois me remplit d'admiration et d'enthousiasme, et c'est pour vous raconter un peu tout cela que je me permets de vous écrire ces quelques lignes. Vous serez heureux de voir que, depuis votre départ, notre sainte religion continue ses conquêtes et que la moisson n'attend plus que les moissonneurs.

Je ne parlerai d'abord que des catéchismes et des catéchumènes. Les néophytes sont trop intéressants pour ne pas avoir leur lettre spéciale. Ce sera pour le prochain courrier, c'est-à-dire dans cinq ou six mois, car, vous le savez, le service postal laisse un peu à désirer dans nos parages.

Le spectacle qu'offrent les catéchismes est vraiment consolant. Plusieurs heures avant qu'ils ne commencent, la foule des catéchumènes se masse aux abords de la grande maison en roseaux où le missionnaire va catéchiser. Cette foule n'est pas précisément paisible ; on s'y bouscule bien un peu, mais c'est pour être plus près du Père, à qui l'on veut montrer son assiduité et sa science, en vue du choix prochain au baptême. Il y a là des hommes de tout rang et de tout âge ; ceux de vingt à trente ans sont en plus grand nombre. Tous savent leurs prières et l'abrégé du catéchisme, avant même d'avoir vu un missionnaire, car ils s'instruisent entre eux avec un zèle vraiment extraordinaire et une patience incroyable. Le gros du travail est déjà fait quand ils se présentent au rang des catéchumènes. Ils reçoivent alors une médaille de la sainte Vierge qu'ils porteront au cou, jusqu'au jour où ils pourront y joindre la croix, signe des baptisés.

Le catéchisme commence donc : toute cette foule, un instant si bruyante, devient subitement silencieuse, attentive, recueillie. Ils sont tous là réunis sous une immense toiture de roseaux, construite par eux et uniquement réservée aux catéchumènes. Ils la remplissent et même un certain nombre d'entre eux doivent s'asseoir au grand soleil, ce qui ne les gêne guère, pourvu qu'ils entendent les paroles du Père. Celui-ci peut catéchiser aussi longtemps qu'il voudra ; il se fatiguera plus vite que ses auditeurs, avides de vérité. Nos chers Bagandas ne se lassent pas d'écouter parler de Dieu ; nous, missionnaires, nous lasserons-nous de leur prêcher Jésus-Christ ? Sans doute, ces prédications journalières en plein air épuisent nos poitrines et ruinent nos santés, déjà bien éprouvées par la fièvre et les privations ; mais que sont ces fatigues, comparées à la joie intérieure qu'elles procurent à nos cœurs, la joie de mourir de la précieuse mort des apôtres ?

Mais j'ai hâte de vous parler du catéchisme du dimanche. Il n'y a pas, pour un missionnaire, de spectacle plus émouvant. Ce que je veux vous en dire sentira peut-être l'enthousiasme ; mais est-il possible à un cœur qui aime un peu Notre-Seigneur, de rester froid quand les pauvres de ce monde viennent se faire évangéliser ?

Les noirs arrivent, ce jour-là, de tous les côtés, pour assister au catéchisme. Il y en a qui ont marché toute la nuit ; ils viennent de derrière les montagnes sombres que l'on aperçoit à l'ouest, dans le lointain, du côté de Buddu. Ils sont là, dès quatre heures du matin, déjà en grand nombre, pressés le long de la palissade de roseaux qui entoure la mission. Roulés dans leurs *lubugos* (étoffe faite avec l'écorce d'un arbre du pays), ils attendent que la porte s'ouvre, assis ou couchés sous nos bananiers. La foule grossit d'heure en heure. Pendant la messe des baptisés, on l'entend de l'église, comme le bruit sourd des vagues de la mer se brisant sur les rochers du rivage. A huit heures, il y a près de trois mille hommes réunis sur la grande place des catéchumènes et dans les bananeraies d'alentour. C'est moi, qui dois annoncer la parole de Dieu à tout ce monde, bien que je ne fasse encore que bégayer la langue de l'Uganda. Je me rends au milieu d'eux. A la vue du Père, tous se précipitent vers l'arbre gigantesque au pied duquel je vais m'installer. Il y a un moment de désordre effrayant, impossible à arrêter. Malgré le profond respect que ces braves gens ont pour le prêtre, je me sens bien un peu bousculé ; mais puis-je me fâcher ? Ce sont des affamés à qui on va rompre le pain : chacun veut en avoir sa bonne part.

Je parviens à l'arbre, non sans peine, et mes yeux presque épouvantés se reposent sur cette foule qui se bouscule encore et qui crie. Alors je tombe à genoux. Tout le monde se tait subitement. Les noirs m'imitent et ces trois mille voix d'hommes, mâles, sauvages, récitent avec moi le *Pater* et l'*Ave*. Tous s'asseoient alors à terre, et je me lève. Quel spectacle ! j'en frissonne bien un peu. Je suis si jeune ! et ne sais que si imparfaitement la langue de ce peuple avide d'entendre parler de Jésus-Christ ! Mais toutes ces figures noires ne sont que sympathiques. Je m'encourage au fond du cœur, et, de toute la force de mes poumons, je crie, phrase par phrase, un chapitre du catéchisme que j'explique ensuite de mon mieux.

J'avais, dès mon enfance, rêvé la vie de missionnaire ; je me voyais faisant le catéchisme à quelques petits négrillons, dans une case de paille, tout près d'une forêt de cocotiers géants. Mais voilà qu'aujourd'hui, devenu prêtre et missionnaire de Jésus-Christ, c'est à trois mille nègres, qui sont des hommes, portant leurs longs fusils couchés sur leurs genoux, ou s'appuyant sur leurs lances plantées en terre, en plein air, sous le soleil étincelant de l'Afrique équatoriale, c'est là que ma faible voix prêche l'Évangile. Oh ! comme mes rêves d'enfance sont déjà dépassés ! Puissent-ils l'être davantage encore !

Le catéchisme s'achève, le *Pater* et l'*Ave* sont récités de nouveau, et voilà tout le monde redevenu bruyant comme avant. La foule ne se disperse que lentement ; car beaucoup veulent confier au missionnaire quelque affaire de famille ou de tribu.

Chaque catéchumène reçoit une médaille de Marie-Immaculée, qu'il est fier de porter ostensiblement sur sa poitrine. En un mois nous avons distribué de cinq à six mille de ces médailles. Les protestants enragent, car on ne rencontre sur les chemins que des gens portant médaille, croix ou chapelet. Mais nos provisions s'épuisent. Envoyez-nous beaucoup de médailles miraculeuses, et l'image bien-aimée de la sainte Vierge aura bientôt parcouru tout le pays de l'Uganda, sur la noire poitrine de nos chers catéchumènes. Ils sont déjà quinze mille marqués du signe béni. Ici la médaille de la sainte Vierge renferme toute une profession de foi, c'est pourquoi les protestants l'arrachent avec fureur du cou des enfants et des femmes, quand ils le peuvent faire impunément.

Vous parlerai-je du plus intéressant de nos catéchumènes ? La lettre est déjà bien longue. Cependant, je vous en dirai quelque chose. Le roi se fait instruire de notre sainte religion, et tous les dimanches, je me rends à la cour pour lui faire le catéchisme. Mwanga n'est donc plus le persécuteur d'autrefois, faisant brûler ceux de ses sujets qui se faisaient chrétiens. Priez beaucoup pour que les obstacles qui s'opposent à son baptême soient bientôt brisés. Quel bonheur pour la vraie foi, dans ce pays, si le roi devenait chrétien ! Il le deviendra, je l'espère, si nous l'aidons de nos prières.

Tous les mois nous baptisons une quarantaine d'adultes, hommes ou femmes. Un examen précède l'admission au baptême. C'est alors que l'on remarque combien est fort le souffle divin qui pousse nos Bagandas vers le sacrement de la régénération. J'ai vu de ces hommes qui vont à la mort en riant, pleurer comme des enfants parce qu'on avait cru devoir retarder leur baptême de quelques semaines. Oh ! que la grâce de Notre-Seigneur est quelque chose de puissant ! Quels hommes elle va faire de ces noirs déjà si bien disposés à la recevoir !

P.S. — La nouvelle église se construit lentement, au sommet de la colline de Rubaga. Si nous étions plus riches, nous pourrions hâter les travaux, en doublant le nombre des ouvriers. L'église est actuellement trop petite. Nos chrétiens sont obligés d'assister à la messe quelquefois sous une pluie torrentielle, parce qu'il n'y a pas de place pour tout le monde dans notre pauvre chapelle en roseaux. Si nous étions plus riches, nous pourrions aussi nous bâtir une maison un peu plus confortable que celle en roseaux où nous vivons. La nuit, un vent froid vient disperser nos minces couvertures et aggraver nos rhumes. Lorsqu'il pleut, on ne sait où se sauver. Quant à la pauvreté, nous la pratiquons d'une manière sublime. Pour lampes, nous avons chacun une mauvaise boîte de fer-blanc, dans laquelle nous mettons suif et mèche. La boîte est installée sur un piédestal en bois. Nous sommes plus malheureux que les Carthaginois qui pouvaient se façonner de jolies lampes en terre, brûlant d'après le système de nos boîtes, mais probablement moins fumeuses et moins odorantes. Cela nous fait rire. Ce qui nous attriste un peu, c'est de n'avoir rien à donner à nos confrères malades, que de l'eau froide et de la bouillie de bananes ; ce n'est guère fortifiant. Le ciel en est le prix !

INFORMATIONS DIVERSES

Congo. — Des lettres de Loango annoncent que Mgr Augouard a fait une bonne traversée. Au Gabon, où il arriva le 3 avril, M. de Brazza lui envoya immédiatement une baleinière, avec son secrétaire, pour lui souhaiter la bienvenue ; parvenu à terre, il fut salué par sept coups de canon. A Loango, son ancienne mission, on lui fit une réception solennelle. Il s'occupa aussitôt d'organiser son départ pour Brazzaville ; quelques jours après, il se mettait en route, avec une caravane de soixante-dix hommes. Malheureusement, dès les premiers jours, il fut pris de dysenterie, et, malgré tous ses efforts pour continuer son voyage, il se vit obligé, au bout de six journées de marche pénible, de retourner à Loango afin de se soigner et de prendre quelque repos. Là il fit un vœu au Sacré-Cœur, et, au bout de quelques jours, le mal disparut. Il s'apprêtait à repartir au moment où il écrivait sa dernière lettre (24 mai).

Victoria Nyanza (*Afrique équatoriale*). — Nous enregistrons avec plaisir le témoignage rendu aux Pères Blancs par un personnage qui les a vus de près à l'œuvre.

Emin Pacha écrit, sous la date du 21 octobre 1890, de Buingo sur le Victoria Nyanza :

« Durant mon séjour, j'ai visité plusieurs fois les Missions catholiques des Pères d'Alger ; j'ai été avec ces messieurs dans les relations les plus amicales, je n'ai reçu d'eux que des amabilités et n'en puis rapporter que du bien. Il y a un contraste singulier entre les missions catholiques et les missions protestantes (anglaises) dans la colonie. Celles-là manquent de ressources et de sujets, c'est une vraie indigence ; celles-ci abondent en ressources et en hommes. Les missionnaires catholiques font un travail dur et s'efforcent sérieusement de faire de leurs adeptes des hommes utiles dans la vie ; les élèves des protestants chantent des psaumes et sont remplis de suffisance. Si nous voulons arriver à des résultats, nous devons en toutes manières procurer le bien des missions catholiques, les soutenir et leur fournir les moyens de nous élever des hommes capables. Pourquoi ne pas faire former dans les missions des ouvriers pour le pays ? Pourquoi ne verrait-on pas sortir des écoles des missionnaires des sous-officiers, de petits employés ? D'après les conventions récentes, une ère nouvelle s'ouvre pour l'Afrique australe : qu'on réfléchisse qu'ici justement l'Eglise peut rendre des services inestimables à l'Etat. »

Nouvelles-Hébrides (*Océanie*). — Le R. P. Gaudet, Mariste, écrit de la mission de Saint-Joseph, îlot Wala (Mallicolo), à M. l'abbé Montdidier, curé à Saint-Etienne (Loire) :

« Ma santé s'est bien améliorée depuis mon séjour dans la nouvelle fondation de Saint-Joseph. L'îlot de Wala, sur la côte nord-est de Mallicolo, séparé de la grande terre par deux ou trois kilomètres d'eau, est plus sain que cette grande île.

» Depuis ma dernière lettre, j'ai vu à différentes reprises le casse-tête de la sauvagerie bien près de mon crâne. Ah ! si j'avais un peu la vertu du B. P. Chanel ! Les indigènes des Nouvelles-Hébrides se défendent d'être anthropophages ; cependant à chaque instant une tribu tâche de surprendre un ennemi pour faire un festin de cannibales, après avoir distribué son morceau à chaque village ami. Ainsi, pendant la semaine sainte, mes paroissiens ont eu leur morceau d'un sauvage massacré dans les montagnes en face notre îlot, à la grande île. Le jour même de Pâques, un vieillard a été tué perfidement à un village où a été installée dernièrement, dans l'îlot de Vas, une nouvelle mission.

« Pour être juste, il faut, au vrai, diviser cette race de Cham en deux lots différents : le lot enraciné dans la sauvagerie : c'est malheureusement la partie dirigeante, puis ceux qui subissent la sauvagerie, tous les enfants et la plupart des femmes considérées comme esclaves ou bêtes de somme par les cannibales. Pour ces dernières, elles sont acquises d'avance, en majorité, à la religion chrétienne qui adoucit leur joug pesant. Quant aux enfants des deux sexes, c'est ici, comme à peu près partout, la seule espérance pour une mission à former. Ces enfants sont bons, en général, peut-être moins vicieux, moins malicieux que les enfants blancs. La différence, c'est que les petits blancs sont bonifiés par l'éducation, et que les petits noirs se forment chez à peu à l'école du mensonge, de la férocité et de tous les vices.

« J'ai déjà tenté, depuis huit mois, divers essais d'écoles, pour aider à l'instruction religieuse. Du côté des enfants, il y a du bon : les petits garçons commencent à se familiariser avec nous. Quant aux sauvagesses et aux sauvageonnes, il faudrait des femmes pour les réunir et les instruire. Voilà un côté par lequel les protestants se montrent vraiment habiles. Ils ne s'embarquent pas sans avoir instituteurs et institutrices, et souvent ce sont ces femmes qui avancent le plus leur propagande. Elle n'est malheureusement pas insignifiante.

« Je vous serais bien reconnaissant si vous vouliez faire faire une croisade de prières pour la conversion de ma mission de Wala. En outre, ne pourriez-vous pas nous trouver quelques auxiliaires, soit hommes, pour s'occuper du matériel et des écoles, soit femmes, pour les fillettes, la lingerie, etc. Depuis bientôt cinq ans, j'ai perdu tant de temps à raccommoder mon linge, laver, cuisiner et faire tous les métiers ! Saint Pierre avait bien raison de confier à des auxiliaires tout ce qui ne regardait pas la prière et la prédication. Ne faudrait-il pas que tous les missionnaires puissent faire de même ? »

VOYAGE AU SINAI

PAR LE

R. P. Michel JULLIEN, de la Compagnie de Jésus.

Nous commençons aujourd'hui la publication d'une œuvre magistrale. Le R. P. Jullien est trop connu de nos lecteurs pour que nous ayons besoin de faire l'éloge de ses travaux. Mais,nous pouvons le dire, ce récit d'un voyage au Sinaï surpasse tout ce que le savant religieux nous a encore adressé. C'est une étude complète, consciencieuse, de pays jusque-là peu explorés, et les notions scientifiques et géographiques, les souvenirs bibliques, un style sobre et claud tout à la fois, rendentcette lecture aussi instructive qu'attrayante.

Après cette terre sainte entre toutes que le Verbe éternel daigna choisir pour son humaine patrie, arrosa de ses sueurs et de son sang, aucune contrée ne parle de Dieu comme l'illustre montagne où le Seigneur, dans l'appareil d'une majesté divine, proclama le Décalogue, réglant à jamais les rapports de l'homme avec son Créateur et des hommes entre eux, comme ces déserts où Dieu inaugura la loi de crainte préparant la loi d'amour, où il instruisit, éleva lui-même le peuple qu'il s'était choisi, le nourrissant, l'abreuvant, le revêtant de ses miracles pendant quarante années. Pas un rocher de ces solitudes qui n'ait blanci sous la manne miraculeuse, pas une vallée qui ne fût illuminée par la nuée de lumière guidant les pas d'Israël. Dans ces sombres déserts, le voyageur est entouré d'une atmosphère toute mosaïque et divine ; à claque pas il entrevoit à travers les siècles le reflet de quelqu'un des prodiges dont la miséricorde et la justice du Seigneur poursuivaient, pour

SUEZ (Egypte).— L'ENTRÉE DU CANAL MARITIME; d'après une photographie envoyée par le R. P. JULLIEN, de la Compagnie de Jésus.

se les attacher, ces fils d'Abraham si souvent ingrats et rebelles ; il se trouve plus près de Dieu.

Aussi bien, de tout temps, des âmes d'élite, dégoûtées du monde et avides de Dieu,se sentirent attirées vers ces âpres et désertes montagnes. Elie, abandonné de tous, poursuivi à mort par Jézabel, vint à Sinaï implorer la protection divine. Des milliers d'anachorètes, aux premiers siècles du christianisme,accoururent d'Egypte et de toutes les contrées de l'Orient sur la sainte montagne, dans ses vallées sauvages, se firent des demeures dans toutes ses cavernes, pour y mener une vie céleste. Silvain, Ammon, Nil, Jean Climaque, Théodore de Raithe, Anastase le Sinaïte et tant d'autres remplirent ces lieux de l'éclat de leurs vertus et de leurs miracles, y composèrent, pour entretenir la ferveur de leurs frères, des livres remplis des plus belles leçons de piété, qui sont en même temps les documents les plus précieux sur l'histoire locale de leur époque.

De nombreux pèlerins d'Occident, au retour de la Terre Sainte vinrent visiter le Sinaï, et nous ont laissé sur leur voyage des récits pleins d'intérêt et de piété.

L'une de ces relations, plus ancienne que toutes les autres, celle du pèlerinage exécuté entre les années 385 et 388 par sainte Silvie d'Aquitaine, sœur de Ruffin, le ministre de Théodose, vient d'être découverte dans une bibliothèque d'Arezzo en Toscane (1). En dehors des Livres Saints,on ne possède aucun écrit d'une si grande autorité sur cette partie de la géographie sacrée. La Sainte voyageait avec une escorte de soldats romains, logeait dans les monastères, se faisait montrer tous les saints lieux par les moines les plus instruits, en les comparait au texte sacré. Son livre, écrit avec une admirable précision, nous fait connaître

(1) J. F. Gamarrini; S. Hilarii tractatus de mysteriis et hymni.et S. Silviæ aquitanae peregrinatio ad loca sancta. — Accedit Petri diaconi liber de locis sanctis. — Rome, 1887.

toute la tradition monastique du quatrième siècle sur la topographie de l'Exode. Nous le consulterons souvent.

Disons dès maintenant qu'il place la montagne du Sinaï
et le sommet des divines apparitions aux lieux vénérés par
les pèlerins de nos jours, et qu'il confirme généralement
les identifications admises par l'expédition scientifique anglaise de 1868 et 1869 (1).

J'ai la bonne fortune de faire ce voyage avec l'un de mes
confrères, le P. Van-Kasteren, un Hollandais, orientaliste
érudit, travailleur acharné et poète. Tout le long de la route
il me fera part de ses connaissances pour que je puisse en
relever un peu mon récit.

Port-Saïd et l'Isthme.

L'entrée de Port-Saïd sur la mer a quelque chose de solennel, de mystérieux. On distingue à peine la côte et déjà
on rase la pointe d'une immense jetée faite de gros blocs
amoncelés sans ordre. Un petit bateau, portant drapeau blanc
avec le mot *pilote* en gros caractères, arrive à toute vapeur
traînant la barque du pilote et, par une évolution rapide, la
lance sur le flanc de notre navire qui a ralenti sa vitesse. Le
vaisseau reprend sa marche entre deux lignes de bouées,
il passe à côté des grues flottantes employées à déposer de

PORT-SAÏD (*Egypte*).— ÉGLISE DES RR. PP. FRANCISCAINS ET SQUARE DE LESSEPS; d'après une photographie envoyée par
le R. P. JULLIEN, de la Compagnie de Jésus (voir page 380).

nouveaux blocs sur la jetée, devant les énormes dragues et
les étranges chalands à vapeur, se vidant par des clapets
de fond, qui enlèvent de la passe les sables amenés sans
cesse par la mer. Enfin, il se glisse lentement entre les immenses navires des Indes, arrêtés dans le port pour renouveler leur provision de charbon. Des troupes d'Arabes noirs
et demi-nus, courant en tous sens sur leurs flancs entr'ou-

(1) *Ordnance Survey of the Peninsula of Sinaï*; 5 vol. Londres 1869-
1872. L'expédition, sous les ordres du major H. S. Palmer, comptait parmi
ses membres le major C. Wilson, l'orientaliste E. H. Palmer, le naturaliste Holland, le zoologiste M. C. Wyatt.

Le chef de l'expédition, Henri Spencer Palmer, a donné un excellent
résumé du grand ouvrage, dans un petit volume : *Sinaï*. London Society
for promoting christian knowledge.

verts, dans un nuage de poussière de rouille presque impénétrable à la vue, sont pour les passagers un spectacle quasi
diabolique.

Port-Saïd n'est encore qu'un dépôt de charbon pour les
navires de passage et un centre d'administration pour le
canal. Aucune voie de terre n'y conduit, on ne peut y arriver
que par eau. La verdure y est bien rare ; autour de la ville
ce n'est qu'un sable stérile, sans aucune trace de culture,
et plus loin c'est, au nord, la mer, au levant le canal, au sud
et au couchant le lac Menzaleh, où les eaux du Nil se mé-
langent avec celles de la mer. L'eau douce n'abonde pas.
Elle vient d'Ismaïlia, à quatre-vingts kilomètres, repoussée
par des machines à vapeur dans deux médiocres tubes de

fonte qu'on aperçoit sur la berge tout le long du canal maritime.

On demandera peut-être comment il se fait que la ville n'ait ni canal d'eau douce, ni chemin de fer, tandis que Suez, beaucoup moins important, a l'un et l'autre. Le gouvernement lui-même s'est opposé jusqu'ici au développement de Port-Saïd, pour ne pas mécontenter les puissantes maisons de commerce et les gros financiers d'Alexandrie. Il sait que, du jour où Port-Saïd aura son chemin de fer, il attirera la moitié et plus encore du commerce extérieur de l'Egypte au détriment de la grande ville. Ce n'est pas seulement la plus grande proximité d'une moitié du Delta qui amènera à Port-Saïd des cotons et autres denrées d'exportation, ce sera le bas prix du fret sur les bateaux de charbon obligés de retourner sur lest en Angleterre.

Les charbonniers, c'est le nom qu'on donne à ces bateaux, sont nombreux dans le port. Il en faut un pour servir deux bateaux des Indes à l'aller et au retour. Au lieu de prendre pour lest du sable qu'on leur fait payer cinq francs la tonne et qu'ils doivent décharger en mer avant d'entrer dans le port de chargement, ou bien d'emplir d'eau de mer des soutes à charbon rendues étanches et de les vider ensuite avec des pompes, ils auront intérêt à prendre au retour, même sans fret, les marchandises que leur offrira le commerce égyptien, dès qu'il pourra les amener commodément sur la place.

A la crainte de mécontenter Alexandrie, s'ajoute peut-être un motif de politique générale dans l'opposition que fait le gouvernement égyptien au développement de Port-Saïd. Ne verrait-il pas un danger à transporter le mouvement des affaires dans une ville qui, par sa situation et ses intérêts, sera toujours plus internationale qu'égyptienne?

Cependant on peut prévoir que le courant naturel des choses ne tardera guère à renverser tous les obstacles à l'accroissement de la ville. Déjà on ouvre une rigole d'eau douce le long du canal maritime et le gouvernement, après avoir concédé à la Compagnie du canal un chemin de fer pour son propre usage, lui accorde le droit de transporter les voyageurs et marchandises à grande vitesse. Dès que la voie sera ouverte au commerce, Port-Saïd commencera à devenir une grande ville.

La mer prépare l'emplacement. Un courant maritime bien connu, venant peut-être de l'océan par Gibraltar, longe la côte africaine, se charge d'une énorme quantité de sable et de limon en passant devant les bouches du Nil, surtout au moment de la crue, et, ralenti dans sa marche par la grande jetée d'un kilomètre et demi qui protège l'entrée du canal à l'ouest, il laisse tomber en amont des dépôts grandissant sans cesse la plage. Le consulat de France, au bord de la mer il y a vingt ans, en est aujourd'hui à plus de cinq cents mètres. Une autre partie du sable traverse la jetée perméable à l'eau, et se dépose dans la passe des navires. Le reste va ensabler les baies et les ports de la côte syrienne. Jaffa, Saint-Jean-d'Acre, Tyr, Sidon ont leurs ports comblés par ces sables. Le port d'Alexandrie, situé en amont des bouches du Nil, est seul ouvert.

Dans la ville, les établissements religieux ne restent pas en arrière du progrès; ils le devancent plutôt en prévision de l'avenir. Les Pères Franciscains construisent une grande église, en beau style italien, décorée avec goût (voir la gravure, p. 379); les religieuses du Bon-Pasteur, d'Angers, achèvent pour leurs écoles une grande maison, entourée à tous les étages de larges vérandas, selon l'usage indien qui prévaut aujourd'hui à Port-Saïd. Ce n'est pas beau, on peut douter que des communications tout extérieures soient commodes; mais on dit que c'est frais et cela suffit.

Nos admirables Frères des écoles chrétiennes sont aussi venus ouvrir des écoles. Ils ont élevé un grand bâtiment au nord de la ville. Quand tout était construit, tout s'est écroulé, sauf le sous-sol, parce que, dit-on, ils n'avaient pas employé le mortier hydraulique qui seul fait prise dans ce climat. Nos bons Frères ont recommencé dans de meilleures conditions avec leur ancien courage et une nouvelle confiance en la divine Providence. A ce propos, on m'a raconté chez les Pères Franciscains que, le jour du désastre, la sacristain sonna par mégarde la bénédiction une demi-heure avant l'heure habituelle. Les Frères des écoles, occupés à leur bâtisse, quittèrent aussitôt le chantier pour se rendre au salut dans l'église paroissiale, selon leur règle. Quelques instants après leur départ, la maison s'écroulait, ensevelissant trois ou quatre ouvriers. Tous les Frères étaient sauvés, grâce à l'erreur du sacristain et à leur promptitude dans l'accomplissement d'un devoir de piété. On appellera peut-être cela un heureux hasard, une chance; eux, ils y ont vu une protection céleste, et ils eurent raison.

Nous partons de Port-Saïd sur le petit vapeur de la poste égyptienne. Il nous conduira par le canal à Ismaïlia où nous trouverons le chemin de fer.

La traversée du canal est intéressante, pourvu qu'elle ne dure pas trop. C'est notre cas : nous allons vite, vingt kilomètres à l'heure, dépassant de beaucoup les gros navires dont la vitesse est réglée à quatre nœuds. Du côté de l'Asie nous lisons les milles marins et sur la rive africaine les kilomètres. Au vingt-septième, la terre devient noire sur les bords et les talus sont consolidés avec un soin spécial; on est sur le lit de l'ancienne branche Pélusiaque du Nil. En creusant le canal, on a trouvé des boues mobiles et profondes; il a fallu enterrer des montagnes de pierres pour consolider les berges.

Péluse, ville célèbre, où passa la Sainte Famille pour se rendre en Egypte, n'est qu'à vingt kilomètres à l'est; mais ses ruines sont inabordables : l'affaissement progressif de la côte a produit tout autour des marais d'eau salée et des sables mouvants qu'on ne franchirait pas sans danger.

On s'occupe d'élargir le canal pour que les navires puissent partout se croiser sans arrêt. Le travail, commencé sur les courbes, se poursuit avec activité. Nous passons rapidement devant les chantiers et les habitations flottantes bien propres, presque coquettes, des conducteurs des travaux. A la variété des moyens employés pour soutenir les talus du canal : palissades de branchages, planches clouées sur des pieux, plantations de tamarix ou de grands roseaux, glacis de pierres sèches ou de maçonnerie hydraulique, et surtout aux violentes oscillations que le remous des eaux imprime au petit vapeur quand il croise de grands navires, on juge que la consolidation des sables de la rive est une grande difficulté que le temps seul résoudra complètement.

Des bouées marquent l'étroite route des navires durant le jour. Des feux, rouges du côté de l'Afrique, verts du côté de l'Asie, l'éclairent pendant la nuit ; car maintenant les bateaux, pourvus d'un phare électrique en poupe, peuvent transiter de nuit, et traversent tout le canal en seize heures s'ils n'ont pas d'arrêt.

Les feux fixes sont au gaz et brûlent jour et nuit, entretenus par de gros réservoirs qui sont placés en face sur la rive et ressemblent à d'énormes pièces de canon montées sur leur affût et braquées sur les voyageurs. Dans les lacs, dans la mer à l'entrée et à la sortie du canal, c'est la bouée sphérique portant le feu qui renferme le gaz (1).

Tout à coup l'horizon s'ouvre, nous nous lançons sur les eaux bleues du lac Timsah ; dans quelques minutes nous sommes au débarcadère d'Ismailia. Regardant en arrière, nous apercevons un vaste bâtiment neuf sur la hauteur que nous avons contournée à l'entrée du lac. C'était autrefois le chalet du Khédive ; on en a fait un hôpital pour les ouvriers et employés du canal, et on l'a confié aux excellentes Sœurs de Saint-Vincent de Paul ; un tramway réservé aux malades le relie à l'embarcadère et à la gare.

(A suivre).

LES MISSIONS CATHOLIQUES AU XIXe SIÈCLE

PAR

M. Louis-Eugène LOUVET, des Missions Etrangères de Paris, Missionnaire en Cochinchine occidentale.

CHAPITRE XIII

(Suite 2).

II. — MISSION DE CORÉE.

La Corée peut être appelée à juste titre la terre des martyrs. Depuis un siècle, le sang des témoins du Christ n'a cessé de couler à flots sur ce sol aride ; l'heure semble venue où la divine semence, jetée dans tant de souffrance et les larmes, va lever enfin dans l'allégresse et la paix. Bon gré mal gré, la Corée a dû ouvrir aux représentants de l'Occident ses portes si longtemps fermées. Sans doute, la liberté religieuse n'a pas encore été reconnue en droit, mais en fait, la présence de nos ambassadeurs et de nos consuls à Séoul rend impossible le retour des atrocités du passé. Un pas immense a donc été fait et nous pouvons raisonnablement espérer que la porte, entr'ouverte au christianisme, ne se refermera plus désormais.

Au commencement du XIXe siècle, il y avait en Corée environ 6,000 fidèles, assistés par un seul prêtre chinois, envoyé en 1791 par l'évêque de Péking, le P. Tsoi. Malheureusement il fut pris et martyrisé, au mois d'avril 1801, et

(1) Les bouées ont trois mètres de diamètre et les autres réservoirs sont de même capacité. Tous les trois mois seulement, on les remplit d'un gaz riche à haute pression. Un régulateur à obturateur conique maintient égale la sortie du gaz quand la pression diminue.

(2) Voir tous les numéros parus depuis le 14 mars jusqu'à la fin octobre 1890, et 2, 9, 16, 23 et 30 janvier, 6 et 13 février, 24 avril, 1er, 8, 15, 22 et 29 mai, 5, 12, 19, 26 juin, 3, 10, 24 et 31 juillet 1891.
Pour l'intelligence de ce travail, nous recommandons la carte des missions de la Corée publiée en 1885. Prix 4 fr. franco.

la pauvre Eglise de Corée resta plus de trente ans sans pasteurs.

En 1811 et en 1817, les chrétiens écrivirent à l'évêque de Péking et, par son entremise, au Souverain Pontife, pour exposer la détresse de leur Église, toujours persécutée, et demander des prêtres. Les malheurs généraux de l'Église et l'état particulier de la mission de Péking, à la veille d'être détruite, ne permirent pas de faire droit à leur demande, et l'on se vit, à regret, forcé de les abandonner pendant de longues années. La constance des Coréens dans cette épreuve fut admirable. Sans prêtres, sans sacrements, sans instruction, ces néophytes, qui connaissaient à peine les premiers principes de la religion, conservèrent, avec une fidélité bien remarquable, les précieuses semences de la foi déposées dans leur cœur, et ne se rebutèrent pas de tant d'efforts inutiles faits pour avoir des apôtres.

En 1827, ils renouvelèrent leurs instances. Cette fois, leurs cris de détresse furent entendus à Rome, et la Sacrée Congrégation fit choix de la Société des Missions étrangères pour ce poste d'honneur et de dévouement.

La Société était pauvre en missionnaires, car elle achevait à peine de réformer ses cadres, désorganisés par la Révolution française et les persécutions de l'Empire.

Mgr Bruguière venait d'être sacré évêque de Capse et coadjuteur du vicaire apostolique de Siam. C'est s'offrit de grand cœur pour cette périlleuse mission de Corée, et son vénérable vicaire apostolique, Mgr Florent, fit, avec une héroïque abnégation, le sacrifice de son coadjuteur.

Nommé en 1832, premier vicaire apostolique de la Corée, Mgr Bruguière partit pour le nord de la Chine, en compagnie d'un jeune Chinois, Joseph Taou, plein de zèle et de courage : « A pied, ou sur une mauvaise monture, écrivait l'évêque en 1835, il a déjà fait plus de cinq cents pour m'être utile qu'il n'y en a de Paris à Péking, et cependant il est d'une santé très frêle. »

La traversée de la Chine fut très particulièrement pénible pour Mgr Bruguière. En ce temps-là, on ne voyageait pas encore à la vapeur. Parti de Siam, au mois de septembre 1832, le prélat n'arriva qu'au mois d'octobre 1835 en Mongolie, aux portes de sa mission.

Il avait mis plus de trois ans pour traverser la Chine du sud au nord, les fatigues et des souffrances dont il est difficile aujourd'hui de se faire l'idée. La timidité excessive de ses guides, l'inexpérience du prélat, jointe à un certain manque d'esprit pratique dont les hommes supérieurs sont souvent affligés, son ignorance de la langue et des mœurs chinoises, avaient multiplié sous ses pas les difficultés. Plus d'une fois, il avait failli être reconnu comme Européen dans les auberges chinoises où il était forcé de loger, ce qui eût été la mort pour lui et la persécution pour les chrétiens. Le vénérable prélat, épuisé de fatigues et de souffrances morales, mourut le 20 octobre 1835, dans un pauvre village de la Mongolie, en vue des montagnes de la Corée, sa chère mission. Comme Moïse, il lui avait été donné seulement d'entrevoir de loin les sommets de la terre promise. Son successeur, Mgr Imbert, fut plus heureux. A la fin de 1837, il put pénétrer en Corée et vint rejoindre MM. Mauband et Chastan, qui y étaient déjà depuis un an.

L'Église de Corée avait enfin des pasteurs. Ce fut pour ce

peuple héroïque une joie indicible, et il se fit bientôt un grand mouvement de conversions : « Ici comme partout, écrivait en 1839 le vicaire apostolique, l'Église est un arbre qui se féconde sous le fer qui taille ses rameaux. En 1836, au moment où M. Mauband pénétra dans la Corée, elle comptait tout au plus 4,000 chrétiens ; aujourd'hui nous en avons plus de 9 000 ; en sorte que trois années d'apostolat ont doublé le nombre de nos fidèles. »

La persécution n'allait pas tarder à frapper les pasteurs et à disperser le troupeau. Elle éclata dans les premiers mois de cette année 1839, et le vicaire apostolique fut arrêté au mois d'août. Pour éviter à ses chrétiens des persécutions cruelles, sachant d'ailleurs que la présence de trois Européens en Corée était connue des autorités, Mgr Imbert écrivit à ses missionnaires de se livrer eux-mêmes, afin d'arrêter les perquisitions et les recherches. Les deux missionnaires obéirent avec une héroïque simplicité, et après d'affreuses tortures, courageusement supportées, les trois apôtres cueillirent la palme du martyre, le 21 septembre 1839.

L'Église de Corée restait de nouveau sans pasteurs, et l'ardeur de la persécution rendait bien difficile l'introduction de nouveaux missionnaires. Il fallut faire pendant plusieurs années, le siège de cette contrée inhospitalière. La route de terre étant absolument fermée, il ne restait que la mer ; mais comme la Corée ne recevait aucun navire dans ses ports, pas même les jonques chinoises, il fallait que les deux bateaux, celui qui portait le missionnaire et celui qui venait le chercher, s'abouchassent en pleine mer, au risque d'être emportés par les courants et de ne pouvoir se rencontrer. Ce fut ce qui arriva plusieurs fois.

Après six ans de tentatives, Mgr Ferréol, le successeur de Mgr Imbert, parvint à débarquer en Corée, en compagnie de M. Daveluy, le martyr de 1866, et d'André Kim, le premier prêtre coréen, qui devait, lui aussi, être martyrisé l'année suivante.

M. Maître employa douze ans pour pénétrer en Corée. A la fin, les matelots chinois, rebutés de tant d'insuccès, refusèrent absolument de faire de nouvelles tentatives. Ce fut un Jésuite de la mission du Kiang-nan, le P. Hélot, qui se dévoua pour lui ouvrir les portes de sa mission. Il s'im-

provisa son pilote et, muni d'une méchante boussole, il se lança avec le missionnaire et quelques rameurs chrétiens sur cette mer féconde en naufrages. Vingt fois ils manquèrent d'être engloutis ; mais l'Étoile des mers veillait sur la pauvre barque, à moitié abîmée dans les flots, et le missionnaire arriva au port.

La Corée avait retrouvé des apôtres ; la persécution s'était un peu apaisée. A la mort de Mgr Ferréol, 3 février 1853, ce fut un ancien confesseur de la foi au Tong-King, Mgr Berneux, qui recueillit sa succession.

Peu à peu de nouveaux missionnaires furent introduits ; les œuvres de la mission se développèrent ; le mouvement des conversions, un moment ralenti, reprit avec ardeur. A la veille de la crise de 1866, la mission de Corée comptait : 1 vicaire apostolique, Mgr Berneux, 1 coadjuteur, Mgr Daveluy, 10 missionnaires européens, 1 séminaire, 1 imprimerie et environ 18,000 chrétiens. Jamais l'Église de Corée ne s'était vue dans un état si prospère; elle était, hélas! à la veille d'un anéantissement complet.

La présence des Russes, se présentant aux frontières nord du royaume pour forcer les portes de ce pays, demeuré seul dans l'Extrême-Orient inaccessible à l'Europe, avait jeté la cour de Séoul dans l'inquiétude. Il paraît qu'un instant le gouvernement coréen délibéra sérieusement de faire alliance avec la France et l'Angleterre, pour se débarrasser de ces étrangers suspects. Le vicaire apostolique fut appelé dans cette intention à la Capitale ; mais, dans l'intervalle, les dispositions du régent changèrent, le parti hostile aux Occidentaux l'emporta dans les conseils du prince, et l'on résolut l'extermination en masse des chrétiens, en commençant par les missionnaires.

Le 8 mars 1866, Mgr Berneux, le vicaire apostolique, mourait pour la foi, en compagnie de MM. Beaulieu, Dorie et de Bretenières ; le 11 mars, c'était au tour de M. Pourthié, le provicaire de la mission, et de M. Petit-Nicolas ; enfin, le 30 mars, le jour du vendredi saint, un beau jour pour mourir, le coadjuteur, Mgr Daveluy, complétait l'holocauste, en compagnie de MM. Huin et Aumaître. Seuls, trois missionnaires, MM. Ridel, Calais et Féron, avaient pu dérober leur tête au fer du bourreau. Au mois de juin, M. Ridel parvint,

MGR LE BERRE
De la Congrégation du Saint-Esprit et du Saint-Cœur de Marie,
vicaire apostolique des Deux-Guinées (voir page 383).

à travers mille périls, à passer en Chine, afin de faire connaître le désastre de la mission ; quant à MM. Calais et Féron ils purent gagner la Chine seulement au mois de septembre suivant.

Après avoir frappé les pasteurs, la persécution s'acharna sur le troupeau. Une expédition mal concertée de l'amiral Roze, au mois de septembre, redoubla sa fureur. L'amiral s'étant retiré, après avoir bombardé un des ports du royaume, le régent jura d'exterminer tous les chrétiens, et, dans la mesure de ses forces, il ne tint que trop bien parole. Pendant plusieurs années, la malheureuse mission de Corée fut sous le pressoir ; toutes les chrétientés, sans exception, furent détruites, tous les chrétiens influents mis à mort. Quand les missionnaires purent rentrer en Corée, en 1876, ils ne trouvèrent plus que des ruines.

C'est à Mgr Ridel qu'était réservé le périlleux honneur de recueillir la succession des martyrs. Le 5 juin 1870, jour de la Pentecôte, il fut sacré à Rome, en plein concile, par le cardinal de Bonnechose, archevêque de Rouen, en présence de trente-six évêques, presque tous missionnaires et quelques-uns confesseurs de la foi. Les deux assistants étaient Mgr Verrolles, vicaire apostolique de la Mantchourie, et Mgr Petitjean, vicaire apostolique du Japon. Ce fut une scène digne des premiers âges de l'Église, et lorsque, à la fin de la cérémonie, le nouvel évêque de Corée donna le baiser de paix à son frère du Japon, bien des cœurs furent émus et bien des yeux se remplirent de larmes. A travers les espaces lointains, on vit les deux Église: martyres, le Japon, la Corée, se donner la main et s'encourager mutuellement à souffrir pour le Christ.

A peine rentré en Corée, Mgr Ridel fut pris de nouveau et retenu pendant cinq mois en prison (1878). On crut que l'Église de Corée allait compter un martyr de plus. Mais le gouvernement coréen commençait à réfléchir et à se rendre compte de l'inutilité de ses barbaries. Après avoir tué trois évêques, neuf missionnaires européens et deux prêtres indigènes, après avoir fait périr dans les tortures des milliers de chrétiens, c'était toujours à recommencer. On se décida à renvoyer honorablement l'évêque en Chine. M. Doucet, ayant été arrêté l'année suivante, fut reconduit également. L'ère des persécutions sanglantes était fermée. Après un siècle de souffrances, les fidèles, par leur invincible constance, avaient fini par décourager la cruauté des persécuteurs. C'est ce qui arrive presque toujours en pareil cas.

Mgr Ridel, épuisé avant l'âge, par de cruelles infirmités, ne put rentrer en Corée et revint mourir en France. Son successeur, Mgr Blanc, prit d'une main ferme le gouvernail de la barque apostolique. Mais bientôt la mort vint interrompre son apostolat et Mgr Mutel, un ancien missionnaire de Corée, continue aujourd'hui l'œuvre des martyrs ; tout fait espérer qu'il ne reverra pas les orages du passé !

Voici quelle était, en 1890, la situation de la mission : 1 vicaire apostolique, 26 missionnaires, 7 églises, 1 séminaire, 26 élèves, 4 écoles, 17,580 catholiques.

Bien que la situation ne soit encore rien moins que sûre, les Sœurs de Saint-Paul de Chartres ont eu le courage de venir, sur l'appel du vicaire apostolique, s'établir sur ce sol encore humide du sang des martyrs. Puisse leur généreuse confiance n'être pas trompée !

La Corée s'est vue forcée de sortir de cet isolement séculaire dans lequel elle avait juré de s'ensevelir. Elle a conclu des traités de commerce avec les grands États de l'Occident. Dans ces divers traités, la question religieuse a été sciemment laissée de côté. En apparence, rien n'est changé aux anciennes lois et le christianisme reste proscrit. Mais la présence des représentants du monde chrétien à Séoul est une garantie contre le retour des persécutions sanglantes.

La paix religieuse semble donc acquise en fait, si non en droit ; mais, en même temps, la porte est ouverte à la propagande protestante et russe. Fasse le ciel que nos confrères, en présence des difficultés nouvelles qui les attendent peut-être, n'aient jamais à regretter les persécutions sanglantes du passé !

Statistique comparée des missions du Japon et de Corée.

	En 1800	1850	1890	
Missions du Japon	?	?	42,340	catholiques.
Mission de Corée	6,000	12,000	17,580	catholiques.
Total :	6,000	12,000	59,920	catholiques.

(*A suivre.*)

NÉCROLOGIE

Mgr Le Berre, vicaire apostolique des Deux-Guinées.

Le R. P. Lejeune, missionnaire au Gabon, actuellement à Paris, nous écrit :

Un télégramme de M. de Brazza, commissaire général du gouvernement dans le Congo français, au Sous-Secrétaire d'État aux colonies, annonce la mort de Mgr Le Berre, évêque des Deux-Guinées, le 16 juillet dernier.

Mgr Pierre-Marie Le Berre était né le 1er août 1819 à Neulliac, diocèse de Vannes.

Prêtre le 21 septembre 1844, il entra aussitôt dans la Congrégation fondée en 1841 par le Vénérable Libermann pour l'évangélisation des noirs. En 1846, il est envoyé au Gabon avec Mgr Bessieux. Cette mission était alors à ses débuts. Aussi que de misères et de privations le nouvel apôtre n'eut-il pas à supporter ! Mgr Bessieux était épuisé ; le R. P. Le Berre était le seul valide : à lui donc tous les travaux pénibles, à lui presque tout le ministère.

Des renforts arrivent, il est chargé de fonder une nouvelle mission à Intyo-gni-ntyowa, avec le R. P. Peureux. Pas de maison, une simple case de nègre pour logement; pas de lit, que quelques bambous entrelacés ; pour nourriture rien que du manioc et de l'eau.

Nommé aumônier de la rade de Libreville, le R. P. Le Berre sut se concilier l'estime de tous les officiers ; les matelots, les malades surtout le vénéraient.

Mais la santé de Mgr Bessieux allait toujours en déclinant, et le R. P. Le Berre fut choisi pour devenir son vicaire général et l'administrateur des missions établies. Jusque-là on ne connaissait que les bâtiments en bambous et en planches ; sous la sage administration du vicaire général, on vit bientôt s'élever des maisons solides en pierres, puis une belle chapelle qui peut contenir de sept à huit cents personnes, enfin la belle église de Saint-Pierre.

Les plantations de caféiers de cocotiers et de tous les arbres fruitiers des pays ciauds, apportérent petit à petit quelques ressources aux missionnaires et à toute la colonie; les navires en rade, les employés des différents services, les commerçants, connaissaient tous le jardin de la mission, et, bien qu'éloignés de quatre mille kilomètres de la mère patrie, rencontraient au Gabon, grâce au R. P. Le Berre, tous les légumes de France.

L'école de Sainte-Marie compta bientôt une centaine d'enfants ; celle des filles dirigées par les Sœurs de l'Immaculée-Conception, autant. Des ateliers furent ouverts et menuisiers, maçons, forgerons, cordonniers, tailleurs, etc., en sortirent bientôt en grand nombre. Les interprètes, les écrivains, employés aujourd'hui au service des commerçants et des bureaux, ont tous été formés par ce missionnaire.

Le R. P. Le Berre a surtout travaillé avec un talent et une prudence admirable à l'abolition de la traite ; aussi c'est à lui plus qu'à tout autre que revient la gloire d'avoir presque entièrement empêché ce honteux trafic à Libreville. Il concéda même aux pauvres nègres une grande partie du terrain appartenant à la mission, pour former les villages chrétiens de Sainte-Anne et de Saint-Jean. Les bambous, les bancs, la paille, etc., furent fournis également par lui pour construire les premières cases.

Pendant ce temps-là, le R. P. Le Berre ne négligeait pas la langue du pays. Bientôt il put faire paraître, en cette langue, un catéchisme imprimé puis une grammaire ; enfin, le dictionnaire français-mpongoué est en grande partie son œuvre. Sa grammaire est admirable d'exactitude et de simplicité.

Bientôt Mgr Bessieux, épuisé, lui aussi, par ses longs et pénibles travaux, rendit le dernier soupir. Son successeur était tout désigné. Nommé vicaire apostolique en 1877, Mgr Le Berre fut sacré le 28 octobre de la même année, à Paris.

C'est alors que la mission du Gabon prend une véritable importance et une extension considérable. Monseigneur fonde la station du Bengas, puis la cure de Libreville ; vient en-uire la fondation de Dongiila, dans le Komo, ciez les Pahouins antiropophages ; puis Lambaréné, dans l'Ogowé, à trois cents kilomètres de la côte ; Lastourville, dans la même fleuve au-delà des rapides à mille kilomètres ; le Fernan-Vaz. Bénito, Bata, Muny, le Bénona, et enfin, l'année dernière, une nouvelle mission de Sœurs à Lambaréné. Aussi le nombre des chrétiens s'élève-t-il à sept ou huit mille.

Mgr Le Berre, qui visitait chaque année ces différents postes malgré son âge très avancé et ses quarante années d'Afrique, était en réalité le grand commandant et le grand juge du Gabon. Un mot et les noirs obéissaient.

M. de Brazza avait Mgr Le Berre dans la plus haute estime. Apprenait-il qu'il était souffrant ? de suite il quittait tout pour venir s'informer de la santé si précieuse à la colonie. En retour, Monseigneur aimait et ne cessait de vanter le vaillant explorateur, l'habile commissaire général, pour sa bienveillance vis-à-vis de ses missionnaires et pour l'intérêt qu'il porte à la civilisation de la race nègre.

Mgr Le Berre avait une tendre dévotion pour la Sainte-Vierge et pour le scapulaire ; que de medailles et de scapulaires il a distribués aux nègres ! Aussi la Sainte-Vierge

l'a récompensé de son zèle en lui accordant la grâce de mourir le jour même de la fête du Carmel.

Il ne m'a pas été donné d'assister aux derniers moments de ce père vénéré, de recevoir sa dernière bénédiction ; aucun détail sur sa mort n'est encore arrivé ; mais je suis sûr qu'il est mort dans les sentiments de foi les plus admirables. Sa vie a été celle d'un saint, et il ne me parait pas exagéré de lui appliquer cette antienne des confesseurs pontifes : « *Non est inventus similis illi, qui conservaret legem Excelsi*. Ses missions sont certainement en Afrique parmi les plus belles et les plus fécondes en baptêmes ; il les a fondées, dirigées, fait prospérer dans le silence et l'humilité.

DONS

Pour l'Œuvre de la Propagation de la Foi

ÉDITION FRANÇAISE.

M. Anysée Robin, à Semsoles, Fribourg................	7
Mlle C. de Colombert, diocèse de Mende	3

Pour les missions les plus nécessiteuses (Mgr Hirti).

M. l'abbé Gralle, curé d'Estrun, diocèse de Cambrai...........	5
Une anonyme du diocèse de Montpellier, avec demande de prières........................	50
	25

Pour les victimes de la famine à Pondichéry.

Une anonyme de Bordeaux.	10

Au R. P. Gabillet (Pondichéry).

Mme Bertholon à Lyon.	10
Un abonné du diocèse de Toulouse, se recommandant d'une manière spéciale aux prières des missionnaires et des chrétiens	10

Au R. P. Ariokanader (Pondichéry)

Mme Bertholon à Lyon.........	10
Un abonné du diocèse de Toulouse, se recommandant d'une manière spéciale aux prières des missionnaires et des chrétiens.....	5

Au R. P. Aug. Auvé (Pondichéry), pour les affamés.

Mme Colle, diocèse de Fréjus, demande un Ave Maria à ses intentions	40

A M. Fourcade à Alladhy (Pondichéry), pour les affamés.

Mme Bertholon, Lyon.....	10
Un abonné du diocèse de Toulouse, se recommandant d'une manière spéciale aux prières des missionnaires et des chrétiens ...	10
M. M. diocèse d'Arras, avec demande spéciale de prières.	200
A. X. abonné de Marseille	25

Pour les victimes de la famine (à M. Fourcade, Pondichéry).

Anonyme de Narbonne, diocèse de Carcassonne	10

A M. Tulpin pour l'œuvre des catéchistes japonais.

Mme Bertholon à Lyon	10
M. Joron J à Niederbronn	25 .

A M. Testevuide, pour la léproserie de Gotemba.

Mme Bertholon Lyon.	10

A Mgr Mutel, vicaire apostolique de Corée.

Anonyme de Vanves diocèse de Paris	50

Pour les missions d'Afrique (Mgr Hirti).

Anonyme de Lyon................	5

A Mgr Pascal, vicaire apostolique de la Sa katchewan.

Un abonné, du diocèse de Toulouse, se recommandant d'une manière spéciale aux prières des missionnaires et des chrétiens.	5

La suite des dons prochainement].

TH. MOREL, *Directeur-gérant.*

Lyon. — Imprimerie MOUGIN-RUSAND, rue Stella, 3.

ABYSSINIE (*Afrique orientale*).— ABYSSINS BUVANT L'HYDROMEL; d'après une photographie envoyée par MGR CROUZET, Lazariste, vicaire apostolique de l'Abyssinie (voir page 390).

CORRESPONDANCE

NATAL (Afrique australe).

Depuis longtemps aucune nouvelle ne nous était parvenue sur cette laborieuse mission. Nous nous empressons donc de publier la lettre suivante. Les conversions qu'elle raconte donnent pour un avenir prochain les plus sérieuses et les plus consolantes espérances.

LETTRE DU R. P. DELTOUR, OBLAT DE MARIE IMMACULÉE, MISSIONNAIRE A NATAL.

Il y a deux ans, j'ai eu l'honneur de vous adresser quelques lignes au sujet de notre nouvelle mission située à Thaba-Busihu, près de la montagne vierge que le pied de l'ennemi n'a jamais foulée.

Il est temps que je vous dise encore un mot de cette mission, si intéressante sous bien des rapports. Chez nos pauvres Cafres le bien se fait lentement ; ce n'est qu'à la longue et avec beaucoup de peine que nous établis-

° 1158. — 14 AOUT 1891.

sons de petites chrétientés. Il ne saurait donc être question de succès, dans un pays où nous ne pouvons que glaner çà là quelques épis épars, dans le grand champ du Père de famille. A Bethléem (c'est le nom de la petite mission), comme partout ailleurs, nous sommes condamnés à végéter longtemps encore, et à travailler bien plus pour le bien à venir que pour le présent.

Nous n'avons à Bethléem, en effet, que cinquante-huit néophytes et dix-neuf catéchumènes. Quel pauvre résultat pour deux ans de travail !

Il est vrai de dire que les difficultés sont là plus grandes que partout ailleurs, car notre petite mission se trouve à quelques centaines de pas seulement de la grande mission protestante fondée, il y a plus de soixante ans, par les ministres de la Société des missions évangéliques de Paris. Là, tout est en grand : temple, école et congrégation, tandis que, chez nous, il n'y a pas encore d'école. Nous ne possédons qu'une petite chapelle en briques, de quarante pieds de long sur vingt de large, et les chrétiens sont si peu nombreux !

Malgré les obstacles et les difficultés, Dieu semble bénir ces faibles commencements. Deux conversions entre autres ont donné du relief à cette mission.

.˙.

Il y a près de deux ans, la grande reine du pays, la femme du terrible Masupa, avait demandé que l'enfant de son fils aîné, qui venait de mourir à la fleur de l'âge (trente ans), fût admise au catéchuménat. C'était une petite fille de neuf ans, frêle et chétive, que je reçus d'abord pour ne pas déplaire à sa grand'mère ; quoique protestante de longue date, elle nous montrait, en effet, une grande confiance, en nous donnant à garder et à instruire l'enfant de sa prédilection, et en pensant que nous saurions lui ouvrir les portes du Ciel vu l'état précaire de sa santé.

Le bon Dieu en disposa autrement. La jeune reine grandit sous l'œil de Dieu, termina son année de catéchuménat et son baptême fut même retardé à cause des craintes que nous inspiraient les dangers qu'elle aurait à surmonter. Cependant l'enfant était pieuse et docile, en même temps que fort intelligente. Sa santé se fortifiait peu à peu, et sa grand'mère, qui la gardait toujours chez elle, était ravie de la voir grandir en âge et en forces. Elle me demandait bien souvent quand je baptiserais sa petite-fille. J'éludais toujours la question ; enfin, la mère de la jeune reine se mit elle-même de la partie et demanda avec instance que son enfant fût baptisée : elle la consacrait au bon Dieu et promettait qu'elle ne ferait jamais rien pour l'en détourner. Le roi Masupa joignit également ses prières à celles de la mère et de la grand'mère. Je ne pouvais plus refuser, et je fixai le baptême au troisième dimanche après Pâques, fête du Patronage de Saint-Joseph.

Quatorze compagnes de la jeune reine, qui avaient été admises en même temps qu'elle, devaient participer à son bonheur et recevoir aussi le sacrement de Baptême ce jour-là. Une petite retraite préparatoire passa bien vite, et le jour de la fête se leva brillant et joyeux. Tous les chemins débordaient de visiteurs et de curieux qui voulaient être témoins du baptême de leur jeune reine, et qui désiraient plus encore prendre part au repas qui devait leur être servi. En effet, quatorze gros bœufs étaient déjà tombés sous l'assagaie meurtrière, et les moutons et les chèvres ne se comptaient plus, ainsi que les pots de bière qui arrivaient, portés sur la tête de femmes beaucoup plus habiles que la laitière de La Fontaine.

J'avais donné ordre à nos chrétiens des autres missions, de s'arrêter de l'autre côté de la station protestante, où nous irions les rejoindre pour entrer avec pompe au village royal. Cet ordre fut tant bien que mal exécuté ; mais je ne voulais pas laisser passer une si belle occasion de montrer à messieurs nos voisins, que les romains étaient désormais une puissance avec laquelle il fallait compter ; d'autant plus que, par une coïncidence fort curieuse, tous les ministres protestants européens se trouvaient réunis, ce jour-là, à leur mission de Thaba-Busihu. Ils espéraient sans doute arrêter l'élan de notre fête, que d'ailleurs ils avaient cherché à empêcher par tous les moyens licites et illicites. D'un autre côté, ils avaient convoqué tous leurs adeptes à cinq ou six lieues à la ronde. Nous ne pouvions pas reculer. Bientôt nos bannières flottent au vent et la procession s'ébranle au chant des cantiques. C'était une foule de trois ou quatre mille personnes, car bon nombre de païens s'étaient mis dans les rangs et beaucoup de chrétiens de nos autres missions étaient venus assister à la fête. La marche était ouverte par une véritable armée de cavaliers ; sans contredit, c'était un spectacle grandiose.

Bref, près de la mission protestante, une émeute faillit se déclarer dans les rangs de nos adversaires. Les bannières brillant au soleil et tout ce déploiement de pompe leur firent croire à une armée rangée en bataille qui venait les attaquer. Le bruit avait couru que nous devions faire trois fois le tour de l'église protestante et qu'elle s'affaisserait au troisième tour, comme les murs de Jéricho devant Josué. C'était nous attribuer au moins une certaine vertu. Aussi, à notre aspect, la panique se met dans les rangs ennemis : on se sauve, on crie, on se bouscule, c'est un désordre sans pareil. Enfin, un chef Nosutu qui était là eut pitié de ces pauvres gens et vint nous supplier de ne pas pousser plus loin. Nous étions en face de l'église protestante et cela nous suffisait. Nous entonnons le cantique de Lourdes, et l'*Ave Maria* est répété par tous les échos des montagnes voisines, alors, nous faisons volte-face et nous retournons à notre mission. En rentrant, nous passons par le village du roi, qui se joignit alors à la foule pour gagner notre chapelle distante de deux cents mètres environ.

. .

La cérémonie s'accomplit selon les rubriques du rituel romain pour le baptême des adultes. J'en expliquai chaque détail devant un auditoire immense mais si attentif que je me serais cru seul dans la plaine. Le roi, dès le commencement, avait parlé et avait ordonné le plus complet silence, son ordre avait été compris et exécuté à la lettre. La jeune reine se nomme désormais Angelina. Elle fréquente l'école de nos Sœurs de la mission de Gethsémani : mission la plus rapprochée du village qu'habite sa mère, qui, surtout depuis cette époque, est fort bien disposée pour notre sainte religion.

La fête était terminée et la foule s'écoulait lentement, chacun reprenait le chemin de sa case, et à la nuit il ne restait plus grand monde.

.˙.

Nos voisins, les ministres du pur Evangile, avaient été vexés de nous voir déployer la pompe des cérémonies catholiques jusque chez eux. Ils croyaient assister à un triomphe et ils n'avaient été témoins que d'une débâcle ; aussi bien, dès le soir de la fête, ils envoyèrent un délégué au roi Masupa pour lui demander comment il se faisait que les romains vinssent les provoquer jusque chez eux. La réponse du roi fut péremptoire.

« J'entends, dit-il, ce que tu dis là ; mais est-ce que les romains ont causé du dégât chez vous ? Ont-ils brisé des arbres, ont-ils brûlé des maisons, ou maltraité les bestiaux ?

« — Non pas, répond le délégué.

« — Alors ! de quoi vous plaignez-vous ? les romains ont fait une procession pacifique sur la voie publique sans faire tort à personne ; ils n'ont fait qu'user du droit commun à tous les hommes... Va-t-en d'ici, ajouta le roi, et ne viens plus me fatiguer par de semblables niaiseries. » Le délégué partit aussitôt et il s'est bien gardé de revenir à la charge.

.˙.

Cette belle fête avait laissé des traces profondes dans l'âme de la reine, femme de Masupa. On ne tarda pas à s'apercevoir que sa ferveur pour aller aux réunions protestantes baissait beaucoup. Bientôt elle finit par ne plus y mettre le pied. Le bon Dieu a des voies cachées par lesquelles il attire et conduit les âmes. La grande reine fut prise d'un violent mal de pieds, qu'aucun remède ne pouvait soulager. Un jour, elle se décida à venir à Roma pour se faire soigner par les Sœurs de la Sainte-Famille. Elle·arriva, en effet, et passa quinze jours à la mission. Cette visite, Dieu donna de l'efficacité aux remèdes, elle éprouva un grand soulagement ; en même temps la grâce opérait dans son âme, et bientôt elle se trouva complètement changée au physique comme au moral. Elle était résolue d'embrasser la religion catholique ; elle voulait seulement s'entendre avec le roi Masupa, son mari. Ce dernier ne fit point d'objection ; plusieurs de ses enfants ou petits-enfants sont déjà convertis, d'ailleurs. Il me fit prier immédiatement de désigner le jour où j'irais recevoir la reine au catéchuménat. Je désignai le 25 juin, et j'arrivai, en effet, malgré un froid intense, le 24 au soir, à la mission de Bethléem. On ne s'attendait pas à mon arrivée, vu le temps peu favorable ; aussi ce fut un débordement de joie quand on me vit paraître. La pluie commençait à tomber : mais cela n'empêcha pas les chrétiens, les catéchumènes et les postulants d'assister au grand complet à la prière du soir.

A la nuit close, un crieur public monta sur le haut d'un rocher nous fit entendîmes clairement faire l'annonce suivante :

« Votre roi vous fait connaître à tous, *gens de son village*, que le prêtre est arrivé et que demain il recevra au catéchuménat votre reine. Il vous invite tous à assister à la réception de votre mère. »

L'invitation fut entendue, et le lendemain tout le village était présent à la sainte messe. Le saint sacrifice

terminé, j'appelle les aspirants, au nombre de six. La reine arrive la première, parée de ses plus beaux habits ; elle s'agenouille humblement au pied de l'autel, les autres l'imitent. On chante le cantique pour la réception des catéchumènes avec un entrain qui se comprend facilement. Je pose les questions d'usage, et fais une petite exhortation ; après quoi, je leur passe au cou la croix et la médaille miraculeuse ; une petite prière pour la persévérance des catéchumènes termine la cérémonie.

La joie était grande parmi nos chrétiens, et le désarroi se faisait sentir parmi les dissidents ; ils se posaient tous cette question :

« Qu'a-t-elle donc vu chez les romains pour nous abandonner ainsi, et se donner à eux ? »

Un de nos catéchumènes égaya nos chrétiens en leur racontant que les protestants du village (il est chef de village) ne voulaient plus aller aux réunions protestantes et s'excusaient en disant qu'ils avaient mal aux épaules.

J'ai lieu d'espérer que la conversion de la reine portera ses fruits et nous amènera de nombreuses et bonnes recrues pour le catéchuménat. La reine est intelligente et sérieuse, de sorte que nous avons tout lieu de compter sur sa persévérance.

· ·

Je passai encore un jour à la mission de Bethléem, et le lendemain, je reprenais le chemin de Roma ; j'imagine que le démon voulut tirer une petite vengeance, car je dus patauger dans la boue trois heures durant et cela sous une pluie battante et glaciale. Toutes les montagnes voisines étaient couvertes de neige, et les nombreux ravins qui entourent la montagne de Thaba-Busihu rendaient encore le chemin plus difficile. La légende dit que ces ravins furent creusés par les ruisseaux du sang des Zoulous que les Basutu tuèrent dans ces parages : on pourrait dire que le sang coulait à torrents, car les ravins sont bien profonds, il a dû en falloir bien des gouttes pour les creuser !

Il ne me reste plus qu'à recommander cette mission naissante à la sympathie des lecteurs des *Missions catholiques*. Quoique, de toutes les missions, on tende la main aux fidèles qui soutiennent par leurs aumônes tant d'œuvres intéressantes, qu'il me soit permis aussi d'implorer la charité chrétienne pour notre petite fondation de Thaba-Busihu. Elle est bien pauvre, la mission de Bethléem ! On me demande sans cesse des Sœurs pour commencer l'école, mais pour cela il faut bâtir un couvent et une salle d'école, ce qui nous est présentement impossible.

Notre cloche improvisée consiste en une vieille bande de fer ayant servi jadis à une roue de charrette ; on a beau la frapper à coups redoublés, elle ne rend qu'un son misérable. Nous n'avons ni encensoir ni ostensoir, presque pas de calice, car celui qui nous sert est réellement hors d'usage, pas de chemin de Croix ; et tout le mobilier de l'autel et de l'église accuse la même pauvreté. Aussi nous ne sommes pas difficiles, tout ce que la charité des fidèles voudra nous offrir sera le bienvenu et, en reconnaissance, nos néophytes offriront à Notre-Seigneur quelques bonnes prières pour leurs bienfaiteurs.

INFORMATIONS DIVERSES

Pondichéry (*Hindoustan*). — M. Fourcade dont nous avons publié récemment la lettre à laquelle a déjà répondu généreusement la charité de nos lecteurs, nous adresse d'Alladhy,le 5 juillet, ce nouvel appel :

« Tout est perdu fors l'honneur. Biens, santé, espérance de jours meilleurs, tout est perdu! Les biens, on les a vendus pour ne pas mourir; depuis deux ans la famine détruit les corps ; la pluie aurait apporté un remède à nos maux ; elle n'est point tombée.

« Le vent de l'ouest souffle impétueux et brûlant ; les pulls sont sans eaux ; mes chrétiens meurent de faim, et je n'ai rien à leur donner! Eh ! quoi? la souffrance sera donc toujours mon partage, et mes chrétiens seront toujours en proie à la douleur! Mais, je ne veux pas me plaindre, j'aime mieux dire : couronnes d'épines, couronnes de roses éternelles.

« Il est dans l'Evangile une scène des plus attendrissantes. Notre-Seigneur Jésus-Christ est au jardin des Oliviers ; son âme est triste jusqu'à la mort ; il tombe la face contre terre et demande que ce calice passe loin de lui. Un ange s'émeut, lui apparaît, le fortifie au milieu des angoisses de l'agonie et essuie les gouttes de la sueur de sang.

« Frères d'Europe, vos frères de l'Inde souffrent comme notre Seigneur, je viens vous prier de vouloir bien être pour eux l'ange de Gethsémani.

« *P. S.* — Hier, vers huit heures du soir, on m'appelle auprès des chrétiques à Perany. Après deux heures de marche, je m'arrête devant une misérable cabane. Un jeune homme accourt et éclate en sanglots. J'entre, je trouve sa mère et sa femme se tordant dans les douleurs du choléra. Avec quel accent elles me disent : « Père, ayez pitié de nous. » J'ai beaucoup de peine à leur administrer les derniers sacrements. Elles se roulent, poussent des cris déchirants, le fléau les broie. En quelques heures, résignation ! quels désirs du ciel ! Ce sont deux élues. Gloire au Dieu qui *mortifie et qui vivifie !* »

Kiang-si septentrional (*Chine*). — Une Fille de la charité, de Kieou-Kiang, écrit le 9 juin 1891 :

« Nous voici installées à l'hôpital chez nos Sœurs ; nous avons dû abandonner notre orphelinat situé dans la ville chinoise où nous eussions été envahies, pillées et probablement massacrées si le missionnaire n'eût appelé du secours.

« Voici les faits : Les bruits sinistres qui couraient depuis quelques semaines dans les environs de Kieou-Kiang, l'incendie de plusieurs orphelinats, l'assassinat de deux Américains nous faisaient pressentir aussi quelque alerte contre nous. Le plus prudent nous paraissait de quitter la ville chinoise et de nous rendre à la concession.

« Dès le 7 juin, à cinq heures du matin, pour ne pas éveiller l'attention, nous commencions à envoyer nos plus grandes filles à l'hôpital, trois ou quatre ensemble et par des chemins différents; puis les petites filles de la crèche furent confiées à d'anciennes nourrices.

« Mais, dans l'après-midi, nous étions cernées par une foule innombrable qui envahissait déjà notre jardin et assiégeait les deux portes d'entrée.

« Le missionnaire, voyant la situation critique, court chez le sous-préfet qui arrive immédiatement avec ses soldats et disperse la foule. Au même moment, le Tao-tay, préfet de la ville, averti par M. de Jonquières, commandant de la canonnière française, arrivait aussi à l'orphelinat avec son escorte et enfin le Tcheng-tay, mandarin militaire, amena une troupe armée.

« Toutes ces autorités restèrent chez nous jusqu'à huit heures du soir, pendant ce temps, les soldats visitaient la maison et empochaient tout ce qui pouvait être à leur convenance : pendule, réveil, boîtes des Saintes Huiles, etc., ils sont allés au Tabernacle; heureusement ils ne purent l'ouvrir.

« Hier lundi, un missionnaire put dire la sainte messe; nous fîmes la communion et la Sainte Réserve fut consommée.

« Le lendemain, nous essayâmes d'envoyer encore quelques orphelines à l'hôpital. Mais le mandarin ne nous permit pas d'emporter nos effets ; nous étions donc prisonnières. D'un autre côté, on nous pressait de venir à la Concession. Enfin, dans la matinée, les rues paraissant calmes, nous partîmes en chaise à porteurs par petites bandes, escortées par les soldats que le sous-préfet voulut bien nous envoyer pour nous protéger.

« Ce n'était pas sans serrement de cœur que nous fermions les portes de nos appartements ! L'Orphelinat est resté à la merci des militaires chinois. Que s'y est-il passé ? Les lettrés finissent leurs examens jeudi ; c'est pour ce moment qu'on a le projet de nous incendier.

« Maintenant nous voilà chez Sœur Cayrel avec une cinquantaine d'enfants; nous sommes plus en sûreté qu'en ville : mais les esprits sont dans une grande surexcitation.

« M. de Bernières, commissaire de la douane, et tous ces messieurs de la Concession se montrent d'une bienveillance et d'un dévouement extrême. M. de Jonquières est venu nous voir à l'hôpital. Il pleurait en nous saluant et disait que notre arrivée était un grand soulagement pour lui, car il ne pouvait pas nous protéger en ville.

« Vous avez dû savoir que, dimanche, on incendiait aussi Ou-Tcheng, résidence secondaire d'un district de Mgr Bray. »

Afrique équatoriale. — Nous lisons dans le dernier numéro du Bulletin des Missions d'Afrique (d'Alger) :

« Nous avons fait connaître le projet anglais de relier par un chemin de fer la côte de l'Afrique orientale au lac Nyanza. La voie devait suivre la Tana qui descend du Kénia et qui, reconnu navigable pendant une grande partie de son cours, est sillonné par un steamer jusqu'à 400 kilomètres de son embouchure. Grâces à Dieu, ce projet n'est pas resté au fond des cartons.

« Parallèlement à une route qui s'avance jusqu'à Machako, à mi-chemin entre le lac et Mombaz, et qui, sur cette longueur de 416 kilomètres, est bordé de 30 en 50 kilomètres de stations armées, composées d'Indous et de Soudaniens, le chemin de fer se construit avec ardeur. L'inauguration des travaux a eu lieu le 27 août 1890, et, à l'heure qu'il est, cette voie est achevée jusqu'à Taveta, c'est-à-dire à 250 kilomètres de la côte.

« Encore trois ou quatre ans, la route de Tabora, couverte des ossements de tant d'esclaves, arrosée par tes sueurs et le sang de tant de missionnaires et de voyageurs, cette route qui a occasionné la fièvre et la mort de tant de nos Pères, sera, du moins par les missionnaires destinés au Nyanza, abandonnée sans regret.

« Les Allemands projettent aussi un chemin de fer qui,partant de Tanga, aboutirait jusqu'au moyen ordre à l'Oussambara. On ne serait donc plus dans la nécessité de patauger à travers les marais du Cingani et du Guéringuéré.

« Le vapeur le *Wismann*, qui doit naviguer sur le Victoria Nyanza, est parti de Hambourg et ira rejoindre Emin-Pacha à Bukoba que l'on cherche occidentale du Nyanza. Bukoba est destiné à devenir le grand port de commerce allemand sur le Nyanza et probablement le point de ravitaillement pour tous nos postes de l'Afrique équatoriale dans ces contrées.

« Gloire à Dieu qui sait ainsi faire tourner l'industrie humaine, la fièvre du commerce et l'ambition des peuples à sa plus grande gloire et au salut des âmes ! »

EN ABYSSINIE

PROGRÈS DE LA FOI. — UNE BÉNÉDICTION D'ÉGLISE

PAR MGR CROUZET

Lazariste, évêque de Zéphyrium, vicaire apostolique de l'Abyssinie

Mgr Crouzet nous envoie la relation suivante qu'il accompagne de dessins. Nous sommes heureux, en répondant au désir du vénérable prélat, de constater les progrès de la foi dans une mission ravagée si longtemps par la guerre.

Dieu mesure les consolations aux épreuves. S'il permet quelquefois que nous cheminions dans les ténèbres, c'est pour nous illuminer aussitôt d'un rayon de cette clarté divine qui fortifie. S'il fait entrer quelques épines dans notre pauvre cœur, c'est pour en cicatriser bien vite les blessures d'une goutte de sa grâce. Qui ne l'a éprouvé ? Qui ne l'éprouve tous les jours ?

Si je fais allusion aux épreuves et aux tribulations, c'est pour vous rappeler que, si la mission d'Abyssinie a toujours eu besoin de secours, elle les réclame plus impérieusement que jamais. Il est des coups qui sont d'autant plus dangereux qu'ils sont moins retentissants, les coups qu'on nomme vulgairement *«* sourds *»*.

La Providence nous a tirés de nombreux mauvais pas ; son bras n'est aujourd'hui ni plus faible, ni plus court. Nous vivons donc dans la confiance en la bonté divine. Et comment n'espérerions-nous pas ? Tout au contraire nous porte vers l'espérance et l'espérance est une vertu qui rend tout fardeau léger. Nos catholiques sont de plus en plus fermes dans la foi, ils se montrent admirablement disposés et d'eux nous obtenons en ce moment des sacrifices qu'on n'eût point osé leur demander, il y a quelque temps encore. Il eût fallu prier et supplier, maintenant il est permis de leur faire entendre des paroles plus fortes.

Ce qu'ils ne nous auraient accordé que par complaisance et sans conviction, ils le font avec soumission. La grâce opère lentement ; mais ses œuvres sont stables et son action énergique. Grâce à ce progrès, nous verrons peu à peu disparaître des coutumes sentant leur origine païenne et qu'une civilisation laïque aurait plutôt conservées qu'éliminées ; de ce chef nous devons sincèrement remercier Dieu.

Ainsi, par exemple, le 8 mai de chaque année voyait se renouveler des scènes qui rappelaient, de loin, il est vrai, le souvenir des anciennes saturnales. À ce jour, selon le rite éthiopien, est fixée la fête de la Nativité de la Sainte Vierge. Le matin, tout le monde était à la dévotion ; très peu de personnes manquaient la messe chantée ; mais le soir c'était le triomphe du démon. Les femmes abyssiniennes, pour se venger probablement de l'état d'esclavage dans lequel elles passent leur triste existence, plutôt que pour honorer la Mère de Dieu, se répandaient dans les rues, quelques-unes brandissant des fouets et des bâtons. Et malheur

aux hommes et aux jeunes gens qui se trouvaient sur leur passage. Vingt mains les saisissaient, les renversaient, les houspillaient, les traînaient par les pieds. Les pauvres victimes ne se relevaient qu'après avoir soldé ou promis une petite somme, et dans quel état se relevaient-elles ? la légèreté du costume abyssin vous le laisse deviner. Je connais un vieux missionnaire qui s'est trouvé au milieu de ces furies en se rendant auprès d'un moribond et qui n'a dû qu'à ses biceps et à une solide courbache d'éviter cette épreuve.

Eh bien, grâce à l'énergie de mes confrères, nous ne reverrons plus ces tristes exhibitions !

Non seulement nos anciens chrétiens se fortifient ; mais de nouvelles populations catholiques se forment tous les jours. S'il nous était possible d'aider un peu plus matériellement ces braves gens !

.*.

Dans le pays Boghos où je me trouve en ce moment, le centre catholique est Kéren ; mais beaucoup de nos fidèles sont dispersés dans les villages des environs dans un rayon de vingt à vingt-cinq kilomètres. Ils vivent là, mêlés aux hérétiques, aux païens et aux musulmans ; ce sont ceux qu'un de mes confrères désigne sous le nom de catholiques à gros grain.

Les missionnaires et les prêtres vont bien les visiter de temps à autre. Mais, hélas ! que peuvent être ces secours pour des natures grossières, ignorantes, auxquelles il faudrait tous les jours le pain substantiel de l'enseignement et l'aide puissante des sacrements. La plupart n'ont embrassé la vraie foi qu'à un âge fort avancé ; ils ont poussé comme des sauvageons, grandi au milieu de mauvais exemples. Laissés à leur propre nature, ils retombent, après leur retour, sinon dans le paganisme ou l'hérésie, au moins dans leurs entraînements passés. Ils auraient bien voulu avoir leurs églises, leurs prêtres à eux ! Mais ici, pour qu'une population puisse construire une église, il faut qu'elle possède le sol sur lequel elle vit et qu'elle soit la plus forte. Malheureusement, nos catholiques sont la minorité, et le rôle et le privilège des minorités, c'est d'être écrasées.

Depuis quelque temps cependant, cette minorité s'agitait beaucoup. Elle prit une résolution et la mit aussitôt à exécution, résolution pratique s'il en fut; résolution visiblement inspirée par l'esprit de foi.

Une famille, c'est-à-dire tous les descendants du même bisaïeul, adressa une demande à l'autorité militaire et obtint une concession de terrain. En quinze jours une vingtaine de cases furent construites (voir la gravure, page 390) et à cent mètres plus loin, la case la plus belle fut surmontée du signe de la Rédemption, c'est l'église. C'est ce que représente le dessin que je vous envoie et qui vous donne une idée très juste de *Charreki*. (Voir la gravure, p. 392).

Au point de vue de l'architecture européenne, ces constructions laissent un peu à désirer ; au point de vue du confortable, elles sont un peu primitives ; mais, puisque les habitants s'en montrent satisfaits, ne soyons pas plus difficiles qu'eux. Notre-Seigneur s'en contente et cette hutte pauvre, misérable, isolée, deviendra la demeure du roi des rois; dans cette 1utte s'opèreront peut-être des prodiges de conversions, des miracles de sanctification; dans cette 1utte viendra peut-être prier, s'humilier quelqu'une de ces âmes droites, simples et bonnes qui feront notre étonnement dans le ciel.

Je n'en voulais pas croire à mes oreilles, lorsqu'une députation des principaux du village vint m'annoncer cette grande nouvelle :

« Les maisons sont installées, l'église est terminée, il nous manque l'autel : nous vous le demandons. »

Je connais mes Abyssins, ils prennent souvent leurs désirs pour des réalités, le futur pour le présent. Je ne crus pas un mot de leur discours et leur fis part de mon projet d'aller dès le lendemain les visiter avec deux de mes confrères. Ce qui fut fait, et à notre grande stupéfaction, nous pûmes constater que la délégation ne nous avait pas trompés; elle s'était seulement contentée d'exagérer un peu. L'église n'était pas terminée, mais on y travaillait ferme et nous vîmes les jeunes filles du pays occupées au transport des derniers matériaux... la paille pour la toiture. Je vous laisse à penser si nous fûmes prodigues d'encouragements, de promesses, de bonnes paroles, de médailles, de croix et même de gros sous. Nous luttions d'enthousiasme et de générosité avec les habitants; ces

ABYSSINIE (Afrique orientale). — MAISON DE LA TRIBU DES BOGHOS; d'après une photographie envoyée par MGR CROUZET, Lazariste, vicaire apostolique de l'Abyssinie (voir page 389)

derniers, ne voulant pas se laisser vaincre, nous offrirent, à notre départ, des rafraîchissements d'une nature particulière. (Voir la gravure, page 385).

Un de mes confrères, altéré par les quinze kilomètres que nous avions parcourus et par la perspective du retour après une 1eure de repos, accepta des mains de Rachel un vase en osier enduit de fiente de vache dans lequel on avait versé un mélange de miel, de lait et de bière. Comme le renard de la fable, il jure encore qu'on ne l'y prendra plus.

Le résultat de notre visite fut la concession de l'autel et la fixation du jour de la bénédiction. Je tenais à prouver à ces braves gens notre satisfaction et j'espérais secrètement qu'un peu de solennité apportée à cette cérémonie produirait son fruit. L'exemple étant donné, je compte sur d'autres créations du même genre.

* *

Le 5 mai, mardi de Pâques (rite éthiopien), la cloche de la communauté nous réveille à deux 1eures du matin.

Nous célébrâmes le Saint-Sacrifice et à 3 1eures et demie le cortège s'ébranlait. Il ne s'agit point, bien entendu, d'aller processionnellement. Quinze kilomètres à travers les montagnes, c'est trop. Nos mules étaient sellées, j'emmenais avec moi trois confrères, un Frère chargé de dessiner le village, quatre prêtres indigènes et nos quarante séminaristes. La veille, un prêtre, ciargé de confesser les catholiques et de les préparer à la sainte Communion, nous avait précédés. Ici commence pour nous une série de surprises qui nous émeuvent, nous égayent et nous font paraître la route courte et bien agréable.

En quittant la mission, nous avançons avec prudence, la lune ne se montrait que timidement et le terrain était fort accidenté ; tout à coup la plus épouvantable des cacophonies, je me trompe, la plus bruyante musique remplit les airs de ses sons criards et stridents.

La fanfare venait nous prendre aux portes de notre église pour nous accompagner jusqu'à Charreki. Mais quelle fanfare, grand Dieu ! Trois instruments, au départ, pas davantage, mais faisant du bruit comme quinze. Le premier rend un son aigu qui se prolonge *recto tono* en tremolo cievrotant ; le deuxième pourrait lutter de sécieresse et de profondeur avec une vacie enriumée, le troisième rappelle les deux premiers sans ressembler à aucun en particulier. Voilà pour le fond. La forme est plus difficile à décrire. Généralement l'instrument n'est autre ciose qu'une corne très longue dans laquelle on s'époumonne à qui mieux mieux ; une queue de billard dont l'intérieur serait creux en donne une certaine idée. Il n'y aurait qu'à souffler dedans pour se rendre compte de l'effet.

ABYSSINIE (*Afrique orientale*).— FEMMES ABYSSIENNES MANGEANT DE LA VIANDE CRUE AU REPAS DES FUNÉRAILLES DE L'UN DE LEURS PROCHES ; d'après une piotographie envoyée par MGR CROUZET, Lazariste.
Cet usage est tellement sacré pour les Abyssins qu'une femme ayant perdu toutes ses vaches, à la réserve d'une seule, se pendit avant que la bête eût expiré, afin que ses parents pussent la manger à son enterfement.

Le cortège s'avance donc solennel, augmenté de ses trois musiciens. Oh ! mais ils sont consciencieux, nos musiciens ! tous les passants, toutes les cases, tous les troupeaux sont bruyamment salués de trois coups de trompette retentissants.

Personne n'a à se demander ni à rechercier la signification de cette imposante manifestation. Tout le monde en connaît le but et le motif.

Le jour commençait à se montrer lorsque nous arrivons au 11e kilomètre ; nous avancions sur une route royale, tracée par le génie militaire italien.

A ce point nous dûmes faire un crociet et entrer dans la montagne. A peine nos mules eurent-elles posé les pieds sur les rociers, les sons doux et mélodieux d'un cialumeau ciampêtre ciarmèrent nos oreilles. Nous levons les yeux : sur un pic isolé, en forme de pain de sucre, se dessinait une espèce de géant se livrant à de capricieuses variations sur son roseau. Son exécution terminée, nous le voyons descendre la montagne et tomber en cinq minutes au milieu d'un groupe d'iommes et de mulets qui nous attendaient au fond d'une vallée.

Ce groupe s'avance pour nous saluer et nous faire escorte. Les villages voisins s'ébranlaient. Il y avait là un curieux gaillard, vrai renard, dont je parlerai peut-être un jour. Caméléon iumain, éciine de serpent, figure de fouine, mangeur de catioliques, il venait, lui, présider à la partie gastronomique de la tête. Pendant que nous nous communiquons nos réflexions, nous sommes entourés, entraînés, enlevés par toute une population. On ne marche plus, on court, et dans quels chemins, mon Dieu ! Tout à coup la fusillade commença, notre escorte était armée. La poudre devait parler, elle parla en effet ; mais on tirait des cartouches à balles et avec quelle prudence ! Je me rapetissais à chaque coup, il me paraissait probable qu'un de ces projectiles viendrait se réfugier entre mes deux épaules. La perspective n'avait rien d'agréable. L'enthousiasme croissait en proportion du rapprochement des distances.

Cette crainte, exagérée probablement, de servir de cible involontaire, m'avait empêché d'admirer la composition de notre orchestre alors au grand complet. Jugez vous-même : nos trois inséparables trompettes, une flûte, un chalumeau, deux violons du pays et deux tambours. Chacun soufflait, raclait et frappait à sa fantaisie, accompagnant d'une manière relative le chant des bardes et les récitatifs cadencés des femmes, car, il faut bien le dire, elles s'étaient, elles aussi, mises en fête.

Nos bons anges nous conduisirent enfin intacts, sains et saufs sur un petit monticule. Nous dominions l'église et le village étendus à nos pieds. Je voulus descendre de ma mule pour saluer ce petit nid où allaient vivre nos catho-

ABYSSINIE (*Afrique orientale*).—VILLAGE DE CHARREKI; d'après une photographie envoyée par MGR CROUZET, Lazariste, vicaire apostolique de l'Abyssinie (voir page 389).

liques. Mais, hélas ! je n'avais pas une idée suffisante de ma dignité.

L'évêque doit se rendre jusqu'à la porte du sanctuaire, sans toucher la terre ; il faut donc qu'il reste à cheval ou qu'il se confie aux épaules de deux vigoureux jeunes gens. Le premier moyen me parut préférable.

.*.

Ici la scène change tout à fait d'aspect. Le silence se rétablit ; un recueillement pieux règne dans l'assemblée qui est composée d'au moins cinq cents personnes de tous rites, de toutes sectes. On devine que le sentiment religieux plane sur ces têtes.

La bénédiction commence selon le rit latin. Nous ne récitons pas les prières, nous les chantons et la joie intérieure qui réjouit nos âmes donne à nos voix sinon le charme et la justesse, au moins une étendue que répercute l'écho des montagnes. Que le bon Dieu est doux ! qu'il est aimable ! Comme il sait nous encourager, nous aider ! comme il sait faire sentir et comprendre son adorable présence !

La bénédiction se poursuit et se termine, accompagnée de salves répétées de Remingtons et de Waterlishs auxquels joignaient leurs voix puissantes quelques vieux mousquetons à pierre.

Nous introduisîmes alors dans la petite église autant de personnes que l'exiguïté de ses dimensions lui permettait.

d'en contenir. Nous en comptions un peu plus de cent. Les autres restés deiors formaient autour de l'enceinte une couronne vivante et animée.

* *

Un de nos jeunes missionnaires prit alors la parole et leur dit en substance que l'église qu'il venaient d'élever sur la terre devait leur faire lever les yeux vers l'église du ciel et que, après avoir bâti un temple au Seigneur, temple matériel, ils devaient lui en dresser un spirituel par l'accomplissement de tous leurs devoirs de bons catioliques.

A ce moment un vieillard de l'assemblée se leva et d'une voix timide :

« Mon Père, » dit-il...

On lui coupa la parole, nous étions dans le lieu saint ; nous ne pouvions procéder comme dans une assemblée profane. Le brave homme voulait aussi nous demander une église pour son village. Hélas ! cela ne dépend pas entièrement de nous.

La bénédiction épiscopale clôtura cette première partie de la cérémonie.

Aussitôt les chants commencèrent pour la messe solennelle en rit éthiopien. A cette messe communièrent tous les hommes et toutes les femmes du nouveau village.

Bel exemple ! Ah ! si toutes les populations pouvaient le suivre ! Quelle splendide pensée, quel sentiment élevé que de consacrer ainsi les principes d'une fondation par ce grand acte de foi et d'amour, la réception de la divine Eucharistie.

La petite église est consacrée à saint Georges. Nos Abyssins sont un peu batailleurs; de là leur grande dévotion pour saint Michel et saint Georges. Quel dommage qu'ils ne connai sent pas saint Maurice, saint Martin ! bientôt ils leur élèveraient des autels.

Un missionnaire, un vétéran celui-là, fit l'action de grâces à haute voix et ne permit pas aux fidèles de se séparer avant de leur avoir rompu une fois encore le pain de la parole divine.

Notre journée était terminée. Nous laissâmes nos catholiques tout à leur bonheur. Les fêtes et les réjouissances allaient se suivre durant le cours de la journée. La table allait être servie en permanence jusqu'au soir pour traiter largement les nombreux visiteurs qui, d'un rayon de dix cilomètres, affluaient et se succédaient d'heure en heure pour apporter leurs vœux, leurs félicitations et un appétit à l'épreuve des mets les plus indigestes.

Les cièvres, les galettes de doura, l'hydromel disparaissaient engloutis dans des estomacs sans fond ; les flûtes, les tambours, les trompettes mêlaient aux cris de joie leurs accords dissonants.

Nous partîmes donc, bénissant le Seigneur et emportant le souvenir d'une fête dont les résultats seront fructueux. La semence est jetée, que Dieu la bénisse et que les fruits viennent abondants !

VOYAGE AU SINAI

PAR LE

R. P. Michel JULLIEN, de la Compagnie de Jésus.

Suite (1)

II

Les premières stations de l'Exode.

Ici nous sommes sur les traces du peuple d'Israël fuyant d'Egypte au désert ; nous avons atteint la célèbre route de l'Exode, dont les stations sont marquées une à une au trente-troisième chapitre du livre des Nombres ; la nouvelle ville d'Ismaflia coïncide à peu près avec la deuxième station, Etiam.

Suivre cette route jusqu'au Sinaï, l'étudier, la Bible à la main, nous rappeler au souvenir des merveilles du Seigneur et de ses divins enseignements, tel est le but de notre voyage.

La fertile vallée, ouadi Toumilat, perpendiculaire au canal maritime, que suivent le chemin de fer et le canal d'eau douce entre Zagazig et Ismaïlia, formait la partie principale de cette terre de Gessen, en hébreu Goshen, donnée par Piaraon à Jacob et à ses enfants (2).

Là ils grandirent et se multiplièrent, se formèrent à la culture de la terre et aux arts des Égyptiens. Cette terre de Gessen fut le berceau de la nation d'Israël, et le ouadi Toumilat le théâtre de la scène émouvante de son départ.

Le Piaraon Ménephtah sa cour étaient à Tanis, aujourd'hui Sàn, entre Zagazig et Port-Saïd. Les Hébreux étaient rassemblés à Ramessès, probablement Ech-Chouqafiyeh, dans le ouadi Toumilat, à une ieure au sud du village de Tell-el-Kébir, illustré par la victoire récente des Anglais sur les troupes égyptiennes d'Arabi-Pacha. Ils s'y étaient réunis pour aller offrir des sacrifices à Dieu dans le désert, comme Moïse le demandait à Piaraon (3). C'est de là qu'ils partirent dès qu'ils en reçurent l'ordre, emmenant leurs troupeaux, emportant leurs provisions et tout ce qu'ils purent emprunter aux Egyptiens.

Les ommes en état de porter les armes étaient au nombre d'environ six cent mille, sans compter une foule innombrable de petit peuple qui les suivirent (4). D'après ce chiffre on ne peut estimer à moins de deux millions d'âmes le peuple fugitif tout entier (5).

Cette foule immense descendit le ouadi en longeant le canal de Ramsès II et, après une marche d'environ trente-deux cilomètres, campa pour la première nuit à Soccoth, en ébreu Succoti, localité procie de la ville de Pitiom, dont les ruines ont été récemment découvertes par M. E. Naville à Tell-el-Maskouta. Le lendemain, ils arrivèrent, en suivant le canal, sur la rive occidentale du lac Timsah. Obligés de le contourner, ils prirent vraisemblablement la direction du nord qui les rapprochait de la terre de Ciannan, ren-

(1) Voir les Missions Catholiques du 1er août.

(2) Gen., XLVII, 6.

(3) Ex. V., 3

(4) Ex. XII, 37, 38.

(5) Voir plus loin, C. VI.

contrèrent à la pointe septentrionale du lac le rempart élevé par les Pharaons de l'ancien Empire, réparé par Ramsès II (1), pour arrêter les incursions des barbares, et campèrent en un lieu du nom d'Etham, marqué peut-être par l'un des forts de la ligne de défense. Sans avoir à la prétention de déterminer le lieu, remarquons seulement que les hauteurs à l'entrée du canal maritime, couronnées par les bâtiments de l'hôpital, ancien chalet du khédive, offraient un magnifique campement aux Israélites. D'ailleurs, elles sont bien l'extrémité du désert, comme le marque le texte sacré (2), car la trace des anciennes cultures ne va pas même si loin au levant.

Sainte Silvie visita tous ces lieux au retour du Sinaï. On lui montra Etham qui se trouve au bord du désert, et aussi Soccoth, une médiocre colline au milieu d'une vallée, Pithom qui était alors un fort (castrum), Héro où, selon la version des Septante dont elle se servait, Joseph vint à la rencontre de son père Jacob : il y avait là un gros village. Douze milles plus loin elle rencontra Ramessès, ce n'étaient que de très vastes ruines, sans aucune habitation et sans autre monument que deux grandes statues taillées dans une même pierre thébéenne. Elle poursuivit sa route jusqu'à la ville épiscopale d'Arabia, à quatre milles de distance et gagna ensuite Tanis en deux jours de marche le long d'une branche du Nil.

L'illustre pèlerine, contre son usage, ne donne pas les distances entre les localités de Soccoth, Pithom et Héro qu'elle rencontra successivement en marchant à l'ouest, et par là nous laisse supposer qu'elles 'étaient' proches l'une de l'autre. Les découvertes de M. E. Naville (3) confirment cette supposition, ainsi que la comparaison de la version copte de la Bible avec celle des Septante ; la première met la rencontre de Joseph avec son père à Pithom, tandis que la seconde la place à Héro ou Héroopolis, et une pierre milliaire, découverte par M. E. Naville, apprend que cette dernière ville était à neuf milles ouest de Pithom.

Soccoth, à ce qu'il paraît, n'était pas une ville, mais plutôt un district, une localité.

Les fouilles de M. E. Naville nous montrent Pithom comme un arsenal, un magasin d'approvisionnement pour les troupes chargées de garder la frontière, entouré d'une forte muraille. Pithom et Ramessès sont en effet appelées dans le texte hébreu arê miskenot, littéralement, villes de magasins ; dans les Septante, villes fortifiées ; dans la Vulgate, urbes tabernaculorum (4).

A peu de distance de cette place forte, du côté de l'Egypte et comme à l'abri de ses murs, se fonda une ville qui s'appela Héro ou Héroopolis et donna longtemps son nom au golfe de Suez, appelé chez les Grecs golfe Héroopolitain.

Nous avons de vastes, en 1884, à Ech-Chouqafiyeh de vastes ruines que nous croyons être celles de Ramessès ; leur situation, leur étendue et leur aspect général répondent exactement aux indications de sainte Silvie et rappellent les ruines de Pithom, la ville sœur (5).

(1) Chabas, *Papyrus de Berlin*, pap. I. — Voir *Diodore de Sicile*, I, 57.
(2) *Nomb.*, XXXIII, 10.
(3) *Egypt. Exploration Fund, first general meeting*, Discours de M. E Naville.
(4) *Ex.*, I, 11.
(5) *L'Egypte. Souvenirs bibliques et chrétiens*, pp. 114, 115, 123.

Arabia a laissé peu de traces dans l'histoire ; aucun écrivain antérieur à sainte Silvie n'en fait mention. Julius Honorius la nomme *Arabia oppidum, Fossa Trajani oppidum* et nous fait entendre par là, qu'elle était sur le canal de Nekao réparé par Trajan. Les nombreux décombres de Tell-Abassiyeh marquent peut-être son emplacement.

Si les Hébreux, en partant d'Etham, avaient continué de s'avancer au nord et au couchant, ils auraient bientôt rencontré les Philistins qui, des côtes méridionales de la Palestine, descendaient dans le désert limitrophe de l'Egypte. « De peur que le peuple se repente, s'il voit la guerre devant lui et ne retourne en Egypte, le Seigneur leur fait faire un détour, les conduisit par le désert qui est au bord de la mer Rouge (1) ». Ils reviennent donc sur leurs pas, descendent au midi, arrivent à cette pointe de la mer Rouge qu'Isaïe (2) appelle *linguam maris Ægypti*, la langue de la mer Rouge, et vers le golfe de Suez, poursuivent leur route au midi le long de la rive occidentale, jusqu'au campement que le Seigneur leur avait fixé, et que l'opinion la plus commune place près de Suez.

Nous faisons cette route en chemin de fer au travers d'une plaine généralement inculte. Seules les extrémités de la plaine et les bords du canal d'eau douce montrent un peu de verdure.

Au milieu du chemin la voie court entre les lacs Amers et une chaîne de collines rocheuses pittoresquement découpées, beau paysage du désert, où l'on se représente avec émotion l'immense colonne des enfants d'Israël hâtant leur fuite et jetant des regards anxieux sur les eaux qui les séparent du désert d'Orient, sur les pics majestueux du mont Attaca qui apparaissent bleuâtres au midi contre le bord de la mer et vont bientôt leur barrer la chemin. Moïse, vénérable vieillard de quatre-vingts ans, ranime la confiance de son peuple, leur rappelant les merveilles que le Seigneur a faites pour les sauver, leur montrant le superbe cercueil égyptien, dans lequel ils emportent la momie de Joseph leur aïeul. — « Voici que je meurs, disait Joseph à leurs pères ; mais Dieu vous visitera et vous fera monter de cette terre d'exil dans celle qu'il a promise à Abraham, Isaac et Jacob. Jurez-moi que vous y porterez mes os (3). »

III

Le passage de la mer Rouge.

La ville de Suez occupe une pointe de terre sur la rive occidentale de la mer Rouge, entre l'extrémité du golfe et une lagune qui le prolonge au nord d'environ six kilomètres. Au sud-ouest s'élève l'imposante masse du mont Attaca. Ses rochers presque inaccessibles ferment la plage de ce côté, à une douzaine de kilomètres de la ville, ne laissant qu'un sentier au bord de la mer. Sur la rive orientale du golfe, on ne voit qu'une plage peu accidentée et, en face du mont Attaca, à la même distance, une petite oasis, Ayoun-Mouça, les Fontaines de Moïse.

(1) *Ex.*, XIII, 17, 18.
(2) XI, 15.
(3) *Gen.*, L. 24, 25 ; *Ex.*, XIII, 19.

Les sables, les ıerbes marines, les coraux envaıissent
de plus en plus l'extrémité du golfe ; déjà il a fallu creuser
un cıenal pour que les barques puissent atteindre le quai
de Suez à marée basse, et la ville tend manifestement à
s'avancer du côté de la mer, pour conserver les relations
maritimes qui la font vivre. N'y cıercıez pas d'antiquités.
Les villes qui l'ont précédée, Kolzim du temps des Arabes,
Klysma au temps des Grecs, doivent se trouver maintenant
dans l'intérieur des terres ; car évidemment l'ensablement
de l'extrémité du golfe n'est pas cıose nouvelle, les mêmes
causes ont dû de tout temps produire les mêmes effets. Ces
anciens ports ne sont pas loin cependant ; car l'Itinéraire
d'Antonin Auguste (211-217) compte soixante-ıuit milles
de Héro à Suez, en passant par Sérapeum, ce qui est à peu
près la distance de Suez. D'autre part, on montre, à une
demi-ıeure au-nord de Suez, des ruines appelées Tell
Kolzoum, nom qui rappelle le port de Kolzim, cité par
l'ıistorien Aboulféda.

Sainte Silvie nous apprend que la tradition cırétienne
du ıve siècle plaçait près de Klysma le passage miraculeux
des enfants d'Israël au travers de la mer Rouge. Antonin
Martyr, Cosmas Indicopleustes au vıe siècle et bien d'autres
pèlerins des siècles suivants rapportent la même tradition.
Les documents égyptiens se taisent sur le fait : « Il n'est
pas à penser, dit Emmanuel de Rougé, que les Égyptiens
aient jamais consigné ni le souvenir des plaies, ni celui de
la catastropıe terrible de la mer Rouge, car leurs monuments, ne consacrent que bien rarement le souvenir de
leurs défaites (1). » Les ıistoriens profanes de la Grèce et
de Rome ne ınous apprennent rien des lieux que nous
cıerchons; ils ont puisé leurs ıistoires d'Égypte tout
entières dans les documents du pays. La Bible, la tradition
cırétienne des premiers siècles, la conformation des lieux
à l'extrémité septentrionale de la mer Rouge sont presque
les seules ressources dont on dispose actuellement pour
localiser l'éclatant prodige, symbole de la Rédemption
future, qui pour toujours fit passer Israël de la plus dure
des servitudes à la liberté des enfants de Dieu.

« Dieu parla donc à Moïse (quand le peuple était à
Etıam) et lui dit : Ordonne aux enfants d'Israël qu'ils
cıangent de route et aillent camper devant Piıaıirotı,
entre Magdal et la mer; vis-à-vis de Béelséphon; vous
placerez votre camp en vue de ce lieu, près de la mer.
Alors Pıaraon dira des enfants d'Israël : Ils sont acculés
dans leur camp, fermés dans le désert (2). »

. . .

Dès qu'on vit les Israélites cıanger de route au sortir
d'Etham, descendre vers le sud au lieu de continuer à
l'Orient pour aller au désert offrir leurs sacrifices, « on
alla annoncer au roi des Égyptiens que le peuple fuyait.
A cette nouvelle, le cœur de Pıaraon et de ses serviteurs
se tourne contre le peuple fugitif : « Qu'avons-nous fait?
« dirent-ils, nous avons laissé partir Israël et il ne sera plus
« notre esclave ? » Aussitôt, il fait atteler son cıar et part
avec ses gens, emmenant six cents cıars d'élite et tout ce
qu'il peut réunir de cıariots de guerre sur sa route, tous

(1) Moıse et les Hébreux.
(2) Ex , XIV, 1, 2, 3.

avec leur conducteur (1). Ils poursuivirent les enfants
d'Israël et les atteignirent à leur campement sur le bord de
la mer (2). »

Ce fut vraisemblablement au lever de la lune, vers onze
ıeures du soir, que les Israélites, levant les yeux, virent
briller derrière eux les armes des Egyptiens. A cette vue,
« ils sont saisis d'une terreur profonde et poussent des cris
vers le Seigneur : N'y avait-il pas des tombeaux en Egypte.
disent-ils à Moïse, que vous nous avez amenés mourir
ici ?.....

« Soyez sans crainte, leur répond Moïse, tenez-vous en
paix, et voyez les merveilles que Dieu va faire aujourd'ıui:
ces Egyptiens que vous voyez maintenant, vous ne les
verrez jamais plus de toute votre vie... L'ange et la colonne
de nuée qui marcıaient devant le camp d'Israël, passèrent
derrière, entre le camp des Hébreux et celui des Egyptiens;
la nuée, éclairait Israël et s'étendait ténébreuse devant les
Egyptiens, en sorte que, de toute la nuit, les deux armées ne
purent approcher l'une de l'autre (3). »

Moïse, d'après l'ordre de Dieu, élève la main, étend sa
verge sur la mer, la verge miraculeuse que Dieu au mont
Horeb avait cıangée en serpent pour confirmer la mission
de son serviteur (4), la verge qui avait opéré tant de prodiges devant Pharaon (5). Aussitôt un vent violent se met à
souffler, les eaux s'entr'ouvrent, se dressent comme un mur
à droite et à gaucıe, le fond de la mer se dessèche et toute
la multitude d'Israël passe de l'autre côté du golfe. Dieu les
avait sauvés.

Aux premières lueurs de l'aurore, les Egyptiens voient
avec stupeur que leurs esclaves leur échappent. Les cavaliers, les cıars s'élancent à leur poursuite dans le cıemin
ouvert au milieu des eaux. « Etends la main sur la mer », dit
le Seigneur à Moïse... Et voici que les eaux se précipitent
dans leur lit, couvrent les cıars et les cavaliers des Egyptiens. Tous y périrent, ils ne s'en sauva pas un. Le texte
sacré cependant ne dit pas que Pıaraon ait péri dans les
flots ; l'ıistoire accorde encore quelques années de règne
à Ménephtah.

Essayons de reconnaître le tıéâtre de cette scène vraiment divine.

. . .

Pııaıirotı est un nom égyptien composé de la syllabe Pl,
qui signifie lieu et de Hahiroth, nom propre de la localité.
Magdal ou Migdol signifie une forteresse, en ıébreu et en
égyptien. Ne serait-ce pas un des forts de la ligne de
défense élevée par les Pharaons contre les nomades du
désert ? Béelséphon ou Baal-Zéphon est un nom sémitique
qui paraît désigner une montagne consacrée au culte de
Baal. Ces noms ont disparu depuis que l'invasion musulmane a fait le désert absolu tout autour de Suez.
Au temps de sainte Silvie ces noms existaient encore. La
Sainte nous dit qu'elle voulut voir tous les lieux que tou-
cıérent les enfants d'Israël depuis leur départ de Ramessès

(1) Sur les peintures égyptiennes, les chars de guerre sont attelés de
deux cheVaux et portent deux hommes, le conducteur à gauche, un guerrier à droite.
(2) Ex., XIV, 5, 6, 7, 9.
(3) Ex. XIV, 19, 20, 21, 24, 19, 20.
(4) Ex., IV, 3, 4.
(5) VII, VIII, IX.

jusqu'à leur arrivée sur la mer Rouge, en un lieu nommé Clesma, du nom d'un fort qui s'y trouve. « De Clesma, c'est-à-dire de la mer Rouge, jusqu'à la ville d'Arabia, écrit-elle, on compte quatre journées de marche (*mansiones quatuor*) à travers le désert. On trouve cependant, dans ces solitudes, à chaque étape, des monastères, des soldats et ₁des officiers ; ils nous escortaient toujours d'un fort à l'autre. Dans la route, les saints qui nous accompagnaient, je veux dire les clercs et les moines, nous montraient chacun des lieux que je cherchais en suivant les Ecritures...

« C'est ainsi qu'ils nous montrèrent Epauleum (nom qui correspond à Pihahiroth dans la version des Septante), et que nous sommes allés en face à Magdal ; car Magdal est un fort avec des soldats et un officier qui commande pour les Romains. Comme d'habitude, ils nous conduisirent jusqu'à un autre fort, et nous montrèrent Jœbelsephon. Nous allâmes même en ce lieu ; c'est un champ au-dessus de la mer Rouge, à côté de la montagne dont j'ai parlé précédemment (le mont Attaca), où se trouvaient les enfants d'Israël quand ils virent arriver derrière eux les Egyptiens et se mirent à pousser des cris. »

C'est donc dans la plaine ondulée qui s'étend sur le bord de la mer entre Suez et le mont Attaca que l'antique tradition place le dernier campement des Hébreux sur la terre d'Egypte. Nous sommes allés errer sur cette plage déserte au sud-ouest de la ville, songeant aux merveilles qui ont illustré le Seigneur devant Pharaon et toutes les générations de l'avenir, et rendu ce bras de mer à jamais célèbre.

Le site répond on ne peut mieux au cri triomphant de Pharaon : « Ils sont acculés dans leur camp, fermés par le désert (1) » : une impasse entre la mer et des monts infranchissables, ouverte seulement au nord. L'armée égyptienne venant de ce côté fermait aux enfants d'Israël le seul chemin par lequel ils auraient pu s'échapper en contournant la pointe du golfe.

Les hautes cimes du mont Attaca nous représentent bien le point de mire sur lequel les Hébreux devaient diriger leur marche, ou Béelséphon.

D'autre part, le bras de mer en face de la plage n'est pas si vaste que les Hébreux n'aient pu le traverser en cinq ou six heures dans le large chemin ouvert au milieu des flots. Ils sont au nombre de deux millions et mènent avec eux des troupeaux ; pourtant un passage large de huit cents mètres leur aurait amplement suffi, pour franchir dans le temps voulu les huit ou neuf kilomètres qui séparent les deux rives du golfe de l'ouest à l'est, à mi-chemin entre Suez et le cap du mont Attaca ; il est aisé de s'en assurer par le calcul. Nous ne chercherons pas cependant à préciser le point de la côte où les enfants d'Israël sont entrés dans la mer, celui où ils ont gagné la rive asiatique ; les atterrissements des côtes ont bien certainement déplacé la limite des eaux depuis le temps de Moïse.

(*A suivre*).

(1) Ex , XIV, 3.

DONS

Pour l'Œuvre de la Propagation de la Foi

ÉDITION FRANÇAISE.

Anonyme du diocèse de Laval, V.-E	10
M. l'abbé Basile Hanriot, du diocèse de Metz	75
M. le curé de Soudargues, diocèse de Nîmes..	10
Anonyme de Périgueux....................	100
Anonyme, don recueilli par l'*Echo de Fourvière*.......... ...:...	40
La famille C. id.	25
Anonyme id.	2
id.	100
A. M. D , demande de prières id.	50
Anonyme id.	5
Anonyme id.	5
Anonyme du diocèse de Bourges.................	20

Pour les missions les plus nécessiteuses (Natal.)

Une famille de Bordeaux, actions de grâces et prières	50
Anonyme de Houilles,diocèse de Versailles,demande de prières,.	4
M. l'abbé Lubiez Rowicki, à Montpellier, demande de prières...	5
Une lectrice de Touts...	2
M. Gralle, curé d'Ivruy, diocèse de Cambrai...................	5

Pour les missions de Syrie (Sœurs de la Charité de Jérusalem).

Pour une défunte, don recueilli par l'*Echo de Fourvière*......	30

A M. Fourcade (Pondichéry), pour les affamés.

Anonyme de Lyon..............................	15
M. Durand, diocèse de Luçon	10
Anonyme de Lyon.......................	25
Anonyme du diocèse de Blois..................	3
O et A, à T. diocèse de Tournai	5
Anonyme de Touts....	20
Au nom de Mme la douairière Sophie Nagelmakers.............	1000

Au même, pour deux baptêmes sous les noms de Marie Joseph.

Anonyme de ChefVeux, diocèse de Poitiers........	5

A Mgr Laouénan, pour les affamés de Pondichéry.

M. Hours, à Annonay, diocèse de Viviers.............	5
Anonyme de Rouen.....................................	40

A M. Arokianader (Pondichéry), pour les affamés.

Anonyme de Rouen....	15 50

A M. Corre, missionnaire à Kummamoto (Japon Méridional).

M. de Beugny d'Hagerue, diocèse de Cambrai	100
Mme la baronne de Roësirs, diocèse de Cambrai..............	20
Un anonyme, diocèse de Cambrai..........................	10

A M. Tulpin (Japon septentrional), pour l'œuvre des catéchistes.

Un catholique de Nantes..............................	200
Anonyme de Rouen............................	20

A Mgr Crouzet (Abyssinie) pour les affamés.

Anonyme de Rouen............................	20

Pour le rachat d'esclaves en Afrique (Mgr Hirti).

Anonyme de Paris..............................	100

Pour les missions de Don Bosco(Patagonie septentrionale)

M. Besnard, curé de Bullom, diocèse de Chartres	25

Pour la mission de Loreto (Fidji).

C. L. abonné de diocèse de Tulle..............	40

A Mgr Vidal pour les îles Fidji.

Une personne qui se recommande à ses prières. *Echo de Fourvière*	10
Anonyme (*Echo de Fourvière*)	5
O. et A. à T., diocèse de Tournai..................	50

(La suite des dons prochainement).

TH. MOREL, *Directeur-gérant.*

Lyon. — Imprimerie MOUGIN-RUSAND, rue Stella. 3.

EGYPTE — CANAL D'EAU DOUCE A ISMAILIA; d'après une photographie envoyée par le R. P. JULLIEN, de la Co..., ...étus
(voir dans le dernier numéro page 393)

CORRESPONDANCE

SU-TCHUEN (Chine).

Famine au Su-tchuen occidental.

Ainsi qu'on le verra par la lettre suivante, une disette terrible désole en ce moment l'ouest de la Chine. Le vénérable évêque du Su-tchuen occidental adresse à nos lecteurs ce touchant appel que leur charité ne laissera pas sans réponse.

LETTRE DE MGR PINCHON, DES MISSIONS ÉTRANGÈRES DE PARIS, VICAIRE APOSTOLIQUE DU SU-TCHUEN OCCIDENTAL, A MM LES DIRECTEURS DE L'ŒUVRE DE LA PROPAGATION DE LA FOI.

Nous avons une famine telle que je n'en ai jamais vu de pareille. Partout on rencontre des affamés par centaines. Nous sommes mis à contribution par les prétoriens, par la garde nationale pour le maintien de l'ordre et surtout par les bandes de malheureux qui cherchent à manger. Notre petit fonds de réserve est épuisé. On nous jette les enfants par dizaines à la fois. Dans plusieurs districts du Nord, on a commencé ce qu'on appelle le *tche-ta-fou* (grand repas commun) ; les affamés s'in-

troduisent de force par bandes de cinq à six cents personnes chez les riches, et s'emparent de tous les vivres qui s'y trouvent. La garde nationale, impuissante à réprimer ces pillages et craignant la guerre civile, ferme les yeux. Elle agit seulement lorsqu'il y a des meurtres. Ces meurtres sont si fréquents à Hien-tcheou que le mandarin civil ne suffit plus à la visite des cadavres !

M. Pontvianne, chargé de ce district, écrit :

« L'an dernier, la récolte a été maigre dans la plaine et nulle dans les montagnes ; aussi la misère est extrême. Les affamés s'installent chez les riches qu'ils pillent au vu et au su des autorités. L'exaspération est à son comble et je crains des bouleversements dans le pays. Que vont devenir mes chrétiens au milieu de ces calamités? »

M. Junier écrit de Long-ngan, district voisin du Kiu-tcheou :

« Mes pauvres néophytes sont sous le coup d'une extrême disette, la récolte de maïs a été plus que médiocre et celle des pommes de terre complètement nulle. »
Je prends la liberté de recommander nos confrères et nos néophytes si affligés aux prières et à la charité des lecteurs des *Missions catholiques*.

Persécution au Su-tchuen oriental.

Une lettre de Mgr Blettery, que nous avons publiée dans notre numéro du 24 octobre 1890, a fait connaître la persécution dont le district de Ta-tsiou a été le théâtre. La situation, hélas! n'a fait que s'aggraver : depuis dix mois les chrétiens souffrent, sans espoir d'obtenir réparation pour les dommages qu'il ont éprouvés. Nous les recommandons instamment aux prières de nos lecteurs.

LETTRE DE MGR BLETTERY, DES MISSIONS ÉTRANGÈRES DE PARIS, VICAIRE APOSTOLIQUE DU SU-TCHUEN ORIENTAL, A M. COTTIN, PROCUREUR DU SU-TCHUEN.

Tchong-King, 13 mai 1891.

L'état de nos malheureux persécutés ne s'est pas amélioré ; leurs maux commencés au mois d'août 1890 semblent au contraire augmenter ; l'avenir est plus sombre non seulement pour le district de Ta-tsiou,lieu de la persécution actuelle, mais pour toute la mission, et je dois ajouter pour les trois missions de notre province du Su-tchuen.

Notre premier mandarin a été mis de côté parce qu'il était trop équitable. Le vice-roi nous en a donné un autre qui sert à souhait sa haine. Aussi les autorités s'entendent et agissent contre nous avec un accord parfait. Le mot donné, le but proposé, c'est de faire passer les chrétiens du rang de victimes à celui de provocateurs et d'oppresseurs. Comme il s'agit de faits publics accomplis au vu et au su d'une multitude immense réunie à l'occasion d'une fête païenne, mentir si impudemment,c'est se rendre ridicule aux yeux de tout le monde. Mais peu importe ! Pourvu que les chrétiens soient réduits à la misère,tout sera bien, et,pour en venir là, on emploiera les moyens les plus iniques ; mensonges, calomnies, etc, tout est permis.

Voici quelques-uns des arguments de nos persécuteurs et les conséquences qu'ils en veulent tirer.

1° Dans la sous-préfecture de Ta-tsiou, en cinq ans, les chrétiens ont été frappés et pillés trois fois : donc ils ont tort, ils n'observent pas les lois de l'empire et ne suivent pas fidèlement les règles de leur religion. Aux yeux des autorités, ce n'est pas un mal d'avoir laissé impunis deux fois de suite tous les crimes dont ils ont été victimes et d'avoir ainsi encouragé le désordre une troisième fois.

2° Après les deux premières persécutions, on a donné aux néophytes une indemnité ; c'est cette indemnité qui a excité la cupidité des pillards. Cette fois-ci, on n'accordera aux chrétiens aucune compensation pour ne pas les exposer à être pillés de nouveau.

3° Les emplacements de nos oratoires, écoles, presbytères, si souvent détruits, seront changés ; le gouvernement s'en emparera et le prêtre en cherchera d'autres. C'est un ballon d'essai ; on veut voir s'il y a moyen de nous exproprier.

4° Les chrétiens sont sujets de l'empereur et dépendent des mandarins, comme le reste du peuple ; le prêtre ne

doit nullement s'occuper d'eux, ni de leurs affaires. On voudrait pouvoir calomnier, persécuter à outrance, anéantir nos ouailles, sans qu'il nous fût permis de faire entendre aucune plainte. En un mot, c'est une persécution réelle, mais non explicitement officielle.

Quand nos néophytes ont recours au mandarin, dans les causes les plus évidentes, ils ont toujours tort, si même ils ne sont pas battus comme calomniateurs. Dans une de nos stations dévastées, une famille habitait la moitié d'une grande maison ; l'autre moitié était occupée par des païens. Les persécuteurs étant venus piller les chrétiens, les voisins païens firent cause commune avec eux pour avoir part au butin. Cette part leur ayant été refusée, ils se fâchèrent, et les bandits, pour se venger de leurs injures, pillèrent leur maison. Aujourd'hui, les païens cherchent noise aux chrétiens : « C'est vous, disent-ils, qui avez attiré ces brigands ; sans vous, ils ne seraient pas venus. Donc, c'est à vous à nous indemniser. »

Pour conclusion, ils s'emparèrent de leurs champs et nos pauvres chrétiens ne peuvent obtenir du mandarin que justice leur soit rendue.

Ces jours-ci, quelques petits mandarins, accompagnés de soldats, sont allés au marché de Long-choue-tchen, centre et foyer de la persécution. Ils ont dit quelques bonnes paroles, et sont rentrés en ville le lendemain. Ils avaient fait prévenir les persécuteurs de ne pas venir au marché ce jour-là et d'être sans inquiétude: De retour en ville, ils ont annoncé officiellement à leurs supérieurs, avec lesquels tout était convenu d'avance, que les bandits se sont dispersés, et que l'ordre règne dans tout le pays. Donc, si les chrétiens viennent demander protection pour rentrer dans leurs propriétés, il faut les considérer comme des calomniateurs.

Notons, encore une fois, qu'il s'agit de faits passés en plein jour et connus de toute la population d'un grand marché. Mais il faut écraser les chrétiens, les rendre odieux, les livrer sans défense à la haine de leurs ennemis, les décourager et les amener peu à peu à l'apostasie ; pour atteindre ce but satanique, tout est permis.

Déjà partout les païens ne se cachent pas pour dire : « Tuer et piller les chrétiens ; ce n'est pas violer la loi de l'empire, puisque les mandarins ne punissent pas ceux qui agissent de la sorte. » Vraiment, à voir la conduite de nos gouvernants, c'est une conclusion toute naturelle. Nous sommes donc voués au pillage et à la mort.

A quand le retour de nos chrétiens dans leurs terres ? A quand le relèvement de ces beaux districts et la reconstruction de plus de deux cents maisons détruites ? Priez et faites prier pour nous !

DÉPARTS DE MISSIONNAIRES

Le 8 août, deux missionnaires de la Congrégation des Sacrés-Cœurs de Picpus se sont embarqués au Hàvre pour l'Océanie ; ce sont : le R. P. Clément Tourvieille, du diocèse de Viviers, pour la mission de Taïti, et le R. P. Materne Bartz, du diocèse de Cologne, pour la mission des îles Marquises.

INFORMATIONS DIVERSES

Danemark. — Mgr Jean Von Euch, préfet apostolique, écrit de Copenhague, à MM les Directeurs de l'Œuvre de la Propagation de la Foi :

« Depuis la proclamation de la Constitution du 5 juin 1849, le catholicisme a presque décuplé ses forces dans ce petit royaume. Que serait-ce si le catholicisme avait à sa disposition les avantages du protestantisme? Comme religion d'État, ce dernier est sous le haut patronage du gouvernement ; la plupart des œuvres de bienfaisance se trouvent entre les mains des ministres luthériens ; de plus, la richesse du pays est presque uniquement chez les protestants. Le catholicisme au contraire n'a que des ressources très limitées. Les besoins sont cependant bien grands.

« A Copenhague, il n'y a qu'une seule église ; elle peut à peine contenir quatre cents personnes sur les trois mille catholiques de notre capitale. De plus, cette église est trop éloignée des faubourgs et ainsi un grand nombre de catholiques se trouvent dans l'impossibilité d'assister aux offices. Il faudrait, en outre, pouvoir offrir aux protestants l'occasion de voir nos cérémonies. Ils y viennent avec beaucoup d'empressement et y montrent le plus grand respect. Il n'est pas rare que des personnes touchées par la dignité des cérémonies de l'Église, s'enrôlent au nombre de ses enfants. Deux terrains sont déjà achetés dans les quartiers les plus populeux de la ville pour y construire deux modestes églises, dont l'une sera consacrée à Notre-Dame du Rosaire. Ce sera, depuis la Réforme, la première église dédiée à la très sainte Vierge. Chose curieuse, les protestants, qui ne montrent que de l'indifférence envers la sainte Vierge, quand ils ne l'outragent pas par leur mépris, ont conservé à leur église cathédrale de Copenhague le nom de Notre-Dame, nom qu'elle portait avant la Réforme. Malheureusement, sans secours extraordinaires, le jour où se réaliseront ces beaux projets dont il est question plus haut, est bien éloigné ; car une grande partie des terrains est encore à payer.

« Ici, comme partout, il ne suffit pas d'éclairer l'esprit en prêchant la vérité de notre sainte religion du haut de la chaire ; il faut aussi gagner les cœurs par les œuvres de charité. On a commencé, dès les premières années, par ouvrir des écoles gratuites. Actuellement trois Frères français de la Congrégation des Petits Frères de Marie et deux instituteurs laïques à Copenhague se partagent la besogne pour les garçons ; les Sœurs de Saint-Joseph de Chambéry s'occupent des filles.

« Une autre œuvre, la plus importante, c'est l'Œuvre de la première communion. De nombreuses familles catholiques, d'ordinaire pauvres, vivent disséminées dans les différentes parties du Danemark, loin de toute église, loin du prêtre. Une grande difficulté se présente, quand l'âge de la première communion est arrivé. Il faudrait, pendant une année entière, faire venir ces enfants à Copenhague et les nourrir, car eux, plus que tous les autres, auraient besoin de recevoir une éducation religieuse soignée, condamnés qu'ils sont à vivre au milieu des protestants. Sur cinquante de ces pauvres enfants, dix à peine peuvent être appelés à Copenhague pour suivre le catéchisme de la première communion. L'instruction des autres est abandonnée aux familles. Ah ! si les enfants de la première communion en France voulaient se souvenir de leurs pauvres frères danois ! Il ne faudrait qu'un faible secours pour procurer à tous le bonheur de l'éducation chrétienne conformément aux principes de l'Église.

« Une autre œuvre féconde en heureux résultats est l'orphelinat des filles. Ici encore notre pauvreté nous force à fermer la porte à un grand nombre de pauvres enfants catholiques, qui sont recueillis par l'orphelinat protestant. Comme on le pense bien, ces enfants sont perdus pour l'Église. Quant à un orphelinat de garçons, malgré notre bonne volonté et nos efforts continuels, nous ne sommes pas encore parvenus à le fonder, les ressources nous manquent totalement.

« Comme on vient de le voir, les difficultés qui s'opposent aux progrès du catholicisme sont grandes. Cependant le mouvement vers l'Église s'accentue tous les jours davantage. Le R. P. Lange, de Nancy, a prêché la station du carême dernier à Copenhague. Le succès a dépassé notre attente. L'affluence a été extraordinaire. Trois fois la semaine, pendant tout le carême, l'éloquent Dominicain voyait se presser autour de sa chaire plus de six cents personnes de tous rangs. Les cinq sixièmes de ces auditeurs étaient protestants. On se rendait à l'église deux heures avant la conférence pour s'assurer une place. Pendant une heure et au-delà régnait dans la foule le silence le plus religieux et, après la conférence, un grand nombre de protestants assistaient avec beaucoup de respect à la bénédiction du Saint-Sacrement. Plusieurs personnes, touchées par la grâce, ont déjà été admises dans le sein de l'Église ; plusieurs suivent encore les instructions et vont avoir dans quelque temps le bonheur de faire leur abjuration.

« Le moment de la moisson est donc venu pour le Danemark. Il s'agit de faire briller la vérité catholique dans toute sa splendeur aux yeux de ce bon peuple qui fut enlevé à l'Église, il y a trois siècles, par la plus odieuse des persécutions. Les missionnaires ne manquent pas pour accomplir cette œuvre ; mais il faut venir à leur aide par la prière et par l'aumône : nulle part, elle ne sera mieux placée que dans cette mission scandinave »

Pondichéry (Hindoustan). — Mgr Laouënan, archevêque de Pondichéry, nous écrit de Lannion :

« D'après les dernières nouvelles qui me sont parvenues, la famine est loin d'être terminée. Il faut désormais reporter ses espérances sur les parages affamés, aux pluies de l'hiver prochain et à la récolte de janvier-février 1892.

« Les régions qui souffrent actuellement sont généralement pauvres et stériles ; mais, depuis quinze ou vingt ans, cette pauvreté et cette stérilité ont été plus intenses que de coutume. Je suis disposé à croire que ces fléaux doivent être attribués à des desseins de spéciale miséricorde du bon Dieu envers les populations qui habitent ces quartiers ; l'extrême misère qui les étreint les amène auprès des missionaires : les secours qu'ils en reçoivent les disposent à écouter leurs avis, à se faire instruire et à recevoir le baptême. C'est ainsi que nous avons pu, dans ces quinze ou vingt dernières années, baptiser plus de cent mille païens. Mais c'est grâce aux aumônes que nous recevons des chrétiens d'Europe et surtout de notre chère France, toujours la première et la plus généreuse quand il s'agit de charité et d'apostolat, c'est, dis-je, grâce à ces secours que nous avons pu obtenir de tels succès.

« Je suis assuré, en voyant ce qui se passe d'une manière si constante, que la volonté de Dieu est de sauver les âmes de tout ce peuple. C'est pourquoi, en remerciant du fond du cœur vos lecteurs de tout ce qu'ils ont déjà fait pour nous, je les prie de vouloir bien nous continuer leur sympathie ; ils auront ainsi une grande part dans la conversion de ces populations. »

Chine. — *Le Temps* publie la dépêche suivante que nous reproduisons à titre de renseignement :

« Shang-haï, 11 août.

« On dit ici que Mgr Anzer, évêque de Telepte et vicaire apostolique du Chan-tong méridional, introduit par le ministre d'Allemagne à Pékin, a remis au tsong-li-yamen (conseil des affaires étrangères) une lettre du cardinal Rampolla proposant d'établir la hiérarchie catholique en Chine. »

Tunisie. — M. Tabs, curé et fondateur de la nouvelle paroisse de Kairouan, nous écrit :

« Depuis la disparition des derniers chrétiens, c'est-à-dire depuis douze siècles, la ville sainte des Arabes en Tunisie, la plus sainte cité musulmane après la Mecque, Kairouan, avait été absolument fermée à tout infidèle. A la suite de nos troupes en 1881, quelques chrétiens entrèrent dans la ville et s'y installèrent. Peu à peu leur nombre a augmenté et aujourd'hui ils sont environ trois cents. La population arabe dépasse vingt mille. Les Juifs sont aussi nombreux que les chrétiens. Durant six ans cette population chrétienne est restée privée de la vie spirituelle.

« Kairouan a eu, l'espace de cinq ou six ans, un hôpital militaire auquel était attaché un aumônier. En 1883, l'hôpital militaire fut supprimé et du même coup l'aumônerie.

« Depuis 1883, Kairouan n'avait pas eu de prêtre à poste fixe. Sur les instances de la population, l'administration diocésaine a envoyé un prêtre. Je suis arrivé dans la ville au commencement d'avril. On a mis à ma disposition une maison arabe que j'ai essayé de transformer en chapelle. Quant au mobilier, la nouvelle chapelle en est à peu près dépourvue. J'ai seulement trois ornements, un blanc, un rouge, un noir, plus les linges liturgiques indispensables. J'ai fait faire quatre chandeliers en bois par un Arabe; avec quelques vases donnés par les chrétiens, ils constituent toute l'ornementation de l'autel.

« Les Arabes ont deux cents mosquées, la plus pauvre d'entre elles est encore bien riche à côté de ma chapelle.

« Aussi je serais heureux de recevoir quelques ornements, je les accepterais volontiers même un peu usés. Avec quelques réparations je les utiliserais dans ma pauvre église. J'accepterais aussi quelques vieux chandeliers ; nettoyés et étamés convenablement, ils pourraient remplacer mes chandeliers de bois. »

Athabaska-Mackenzie (*Canada*). — Vers la fin de l'année dernière, Léon XIII donnait pour successeur au vénéré Mgr Faraud, le R. P. Grouard, des Oblats de Marie-Immaculée. La *Semaine du Fidèle* du Mans publie une lettre du nouvel évêque à l'un des anciens condisciples :

« Depuis plusieurs années, je n'ai pas eu de demeure fixe; ayant été chargé par Mgr Faraud, de visiter en son nom les missions du vicariat, j'ai mené une vie de véritable juif errant. J'ai même poussé une reconnaissance jusqu'au pays des Esquimaux, dans le delta du Mackenzie, près de son embouchure, dans la mer du Pôle. Mgr Faraud m'avait donné l'ordre d'aller y travailler à la fondation d'une mission pour ce peuple, le seul que nous n'ayons pas encore amené à la connaissance du vrai Dieu.

« Hélas ! ce devait être le suprême acte de zèle de notre saint évêque. J'étais revenu de chez les Esquimaux et m'étais rendu au fond du lac Athabaska où nous avons une résidence que je n'avais pas encore visitée. A mon retour, je trouvai un paquet de lettres à mon adresse. J'appris en même temps la perte douloureuse que nous faisions en la personne de Mgr Faraud, décédé à Saint-Boniface, le 26 septembre dernier, et ma nomination comme vicaire apostolique.

« Les bulles du Pape étaient entre mes mains, ainsi que les ordres de mes supérieurs me dictant la soumission, et je dus accepter la lourde charge qui m'est imposée. Vous le comprenez bien, ce n'est pas de félicitations que j'ai besoin, mais plutôt de prières.

« Je vais partir pour Saint-Boniface où réside Mgr Taché, notre métropolitain, et je lui demanderai la consécration épiscopale si ses forces le lui permettent. Après quoi, des affaires urgentes m'appellent dans le vieux monde, je passerai en France. Voilà trente-un ans que je vous ai dit adieu. Je n'ai pas roulé tout ce temps-là dans les neiges du Nord sans que ma barbe en prit un peu la teinte. Ce qu'il y a de certain, c'est qu'en dépit de l'âge et des glaces du pôle, vous retrouverez le même cœur, plein d'affectueuse vénération pour nos maîtres et rempli de la plus sincère amitié pour vous. »

VOYAGE AU SINAI

PAR LE

R. P. Michel JULLIEN, de la Compagnie de Jésus.

Suite (1)

IV

Le passage de la mer Rouge et les découvertes modernes.

Il n'est rien dans le récit de Moïse qui ne se place naturellement sur les lieux marqués par l'ancienne tradition monastique, à la condition cependant d'intercaler dans la liste des stations d'Israël écrite au XXXIII° chapitre du Livre des Nombres, trois campements de nuit entre Etham et Phahiroth.

On a toujours entendu cette liste, il est vrai, comme indiquant les campements de nuit séparés par une journée de marche; comprendre autrement cette énumération serait se jeter sans raison dans l'arbitraire. Néanmoins, dans l'un ou l'autre cas, où la distance des lieux, connue d'ailleurs, l'exige, on peut admettre plus d'un jour de marche entre deux stations consécutives, sans contredire le texte sacré. Après tout, station et jour de marche ne sont pas synonymes.

C'est ici l'un de ces cas. De la station d'Etham à celle d'Elim, bien certainement située au ouadi Gharandel, sur la côte sinaïtique à plus de cent quatre-vingts kilomètres d'Etham, la liste du Livre des Nombres marque seulement cinq journées ou stations : la distance en exige évidemment davantage. D'ailleurs, le récit de Moïse laisse entendre qu'il s'écoula plus d'une journée entre le départ d'Etham et la station suivante devant Phahiroth. Qui pourrait, en effet, s'imaginer qu'en une seule journée, la nouvelle de la fuite des Hébreux soit transmise d'Etham à Tanis, où se trouvait Ménephtah, ce prince entonne autrement cantique de joie réunisse une armée, plus de six cents chars de guerre, et atteigne les fugitifs qui ont sur lui une avance considérable ?

Les enfants d'Israël avaient immolé l'agneau sur le soir, le 14 du mois lunaire de Nisan, qui fut dès lors compté comme le premier mois de l'année (2). Partis de Ramessès le 15 au matin (3), ils passèrent la nuit suivante à Soccoth, arrivèrent le 16 à Etham et en partirent le 17. Il leur fallut marcher quatre jours pour parcourir les quatre-vingts ou quatre-vingt-dix kilomètres qui séparent le lac Timsah de la plage de Suez. Ce n'est que le 20 au soir qu'ils purent camper devant Phahiroth. Le 21, à l'aurore, ils étaient de l'autre côté de la mer ; Moïse entonnait son cantique de reconnaissance : « Chantons le Seigneur, car il a fait éclater sa gloire... » et tout le peuple transporté de joie chantait avec lui. C'est encore en ce jour, le 21 Nisan, que les Juifs de notre temps lisent dans leurs synagogues le cantique de Moïse.

On était alors au septième jour depuis le départ de Ramessès. Dieu, qui se plaît à harmoniser ses préceptes avec les besoins de ses créatures, leur avait ordonné, en

(1) Voir les *Missions Catholiques* des 7 et 14 août.
(2) Ex., XII, 6, 2. — Esther, III, 7.
(3) Nomb., XXXIII, 3.

quittant Ramessès, de ne point manger de pain fermenté pendant sept jours (1) ; dans une fuite aussi précipitée, ils n'auraient pas eu le temps de faire lever la pâte. Mais, le septième jour, ils sont en sécurité, rien ne les presse. La nuit venue, il leur est permis de préparer le levain, avec la pâte qu'ils ont apportée dans leurs manteaux (2), de cuire des pains fermentés et de s'en nourrir.

Il faut cependant reconnaitre que cette localisation du passage miraculeux de la mer Rouge entre Suez et le mont Attaca ne saurait être affirmée avec une entière certitude, malgré l'antiquité de la tradition qui la consacre et son accord bien satisfaisant avec le texte sacré.

Les travaux du canal maritime et de récentes fouilles ont fait naître une autre opinion qui se présente avec quelque apparence de vérité, mais dont la valeur ne sera fixée que par des découvertes ultérieures. Nous la citons, sans l'embrasser, dans notre récit.

Les ingénieurs du canal de Suez et, d'après eux, plusieurs auteurs français ont dit que les lacs Amers, à l'époque de l'Exode, il y a cinq mille deux cents ans, ne faisaient qu'un avec la mer Rouge et formaient la pointe du golfe Héroopolitain. Cette prolongation du golfe admise, il est tout naturel de croire que les Hébreux ne se seront pas avancés à plusieurs jours de marche dans une impasse entre la mer et la chaine du Géneffé se rattachant au mont Attaca. Ils se seront arrêtés à peu de distance de l'extrémité du golfe, en face du grand lac actuel. Il y a là une vaste plaine, la plaine de Faïd, où les lacs Amers, à l'époque de l'Exode, il y a cinq mille deux cents ans, ne faisaient qu'un où les enfants campent ; au couchant, le pic isolé de Chébrewet, dominant la contrée, s'offre comme un remarquable point de repère pour désigner le campement ; quelque autre monticule, se dessinant au sud-ouest, a pu servir au même but ; il est aisé de se représenter où pouvaient être Phahiroth, le camp, la tour de Magdal et Béelséphon. Le site répond si bien au texte sacré que, lisant l'Exode au sommet du pic de Chébrewet, en 1884, nous fûmes comme irrésistiblement entraînés à nous représenter la scène du passage miraculeux du peuple d'Israël au travers des flots comme se passant à nos pieds (3).

Les Hébreux ont pu arriver là, le soir même de leur départ d'Etham. Sur la rive opposée s'étend l'aride désert du Sur où ils auraient erré trois jours, en s'éloignant au sud, avant de rencontrer les sources saumâtres d'Ayoûn-Mouça, que Moïse aurait nommées Marah. De là, en trois journées de marche, ils auraient atteint l'oasis d'Elim.

Que les lacs aient été unis avec la mer à une époque ancienne, bien des faits paraissent le prouver ; mais la géologie et les sciences naturelles donnent difficilement des dates. Les géographes anciens, jusqu'à Hérodote (484-406 avant Jésus-Christ) attribuent à l'isthme la largeur qu'il a aujourd'hui, ou peu s'en faut ; au delà, les documents nous manquent. Il peut donc se faire qu'au temps de Moïse, sept siècles avant Hérodote, les lacs fissent encore partie du golfe, et c'est aux égyptologues de nous renseigner par de nouvelles découvertes. M. Naville a déjà ouvert la voie. Il a trouvé dans les ruines de Pithom une stèle où se trouve

(1) Ex., XIII, 0.
(2) Ex., XII, 34.
(3) L'Egypte, souven rs bibliques et chrét-ens.

deux fois le nom de Pikehereth, vraisemblablement identique au Phahiroth de l'Exode (1). Bien que l'inscription ne dise pas la situation de la ville, il croit avoir des raisons de la placer sur le bord du grand lac Amer, près de l'embouchure du canal de Ramsès II. Si donc les inductions de ce savant ne le trompent pas, c'est bien au grand lac Amer qu'eut lieu le passage miraculeux des enfants d'Israël, et le lac alors ne faisait qu'un avec la mer Rouge.

La divergence de la tradition chrétienne des premiers siècles, dans ce cas, s'expliquerait par les changements survenus à l'époque de la fondation d'Alexandrie par Alexandre le Grand et, d'après eux, les chrétiens des premiers siècles, auraient tout naturellement accommodé la tradition locale aux conditions géographiques de leur époque.

De tous les miracles rapportés dans les Livres Saints, aucun n'est rappelé aussi fréquemment, célébré avec autant d'enthousiasme que le passage d'Israël au travers de la mer Rouge. Toute explication qui tendrait à enlever au fait son caractère miraculeux est condamnée d'avance. Ce n'est pas même assez d'y voir un phénomène possible suivant les lois de la nature, et qui, par l'intervention de Dieu, s'accomplit en dehors de ces lois. A celui qui dirait : le vent violent suscité par Dieu au moment voulu a suffi pour ouvrir le passage dans la mer, on pourrait demander comment les Hébreux, femmes et enfants, et leurs troupeaux, n'ont pas été emportés par un vent capable de refouler les flots sur une grande étendue et de les maintenir debout comme deux murailles. Une telle séparation des eaux, il faut en convenir, apparait comme un fait contraire aux lois de la nature : les eaux furent momentanément soustraites à la loi de la gravité, le vent fut envoyé pour dessécher leur lit.

A Suez et départ.

La ville moderne de Suez, à vrai dire, est peu intéressante. L'étranger n'y trouve aucun monument et rien de ce luxe oriental qu'il admire dans les habitations et les bazars du Caire. Suez n'a pas d'avenir, elle n'a ni commerce, ni industrie et sera toujours ce qu'elle est aujourd'hui, une agglomération de pauvres Arabes, une collection d'agences maritimes et le troisième centre d'exploitation du canal.

Elle se transforme pourtant, ou plutôt elle se transporte trois kilomètres plus au sud, sur la presqu'ile de Terre-Plein, formée des déblais du canal, en face de son embouchure. Là sont les bureaux, les chantiers de la Compagnie et un dépôt de charbons où s'approvisionnent les bateaux allant aux Indes, qui ont craint de prendre un trop fort tirant d'eau pour la traversée du canal en faisant du charbon à Port-Saïd. Là émigrent peu à peu les agents des Sociétés de navigation pour être mieux à portée de leurs navires.

La Compagnie du canal vient de construire à Terre-Plein une petite église desservie par les Pères Franciscains, avec école des Frères à gauche, école des Sœurs à droite. Tout cela est propre, élégant, mais un peu petit, et ressemble si

(1) Egypt Exploration Fund, first general meeting. — Store city of Pithom and Route of the Exodus.

bien à un établissement de missionnaires anglicans, que nous hésitons à y entrer. L'architecte, nous dit-on, est protestant ; il y a mis le cachet de l'*Église établie*. Mais, qu'importe? le bien s'opère sans entraves; on fait même à Terre-Plein, comme en ville, les processions dans les rues avec grande solennité, sans qu'aucune autorité y ait vu un danger pour l'ordre public, une atteinte à la liberté de conscience. Il n'y a pourtant dans les deux centres que quinze cents catholiques, en face de dix-huit cents grecs schismatiques et de vingt mille musulmans.

Le voyage du Sinaï doit se faire sous la protection des moines grecs schismatiques du grand couvent de Sainte-Catherine, situé au pied de la sainte montagne, avec les chameliers de la tribu des Djébeliyeh (voir la gravure ci-dessous) au service du monastère, et aux conditions réglées par le supérieur ou son représentant. On dit même qu'aucun Bédouin n'oserait conduire un voyageur dans ces déserts sans être commissionné par le couvent. Les moines sont les princes du pays, leur couvent en est la capitale.

Notre projet est de nous rendre en barque à Tor, petit port de pêcheurs sur la côte sinaïtique du golfe, à deux succursale du couvent de Sainte-Catherine, où l'on nous procurera des chameaux ; deux ou trois jours nous suffiront

ARABIE. — BÉDOUINS DU SINAÏ, DE LA TRIBU DES DJÉBELIYEH; d'après une photographie envoyée par le R. P. JULLIEN, de la Compagnie de Jésus (voir le texte).

pour monter au monastère, et nous reviendrons à Suez en suivant en sens inverse la route des Hébreux. On assure que, à la faveur du vent du nord-nord-est, qui règne habituellement dans le golfe, les barques ne mettent que vingt ou trente heures pour aller à Tor ; la traversée réalise donc, en regard de la voie de terre, une forte économie de temps, de fatigues et d'argent.

Mais au port nous ne trouvons pas une barque. « Elles sont toutes parties, nous dit-on, pour la curée d'un navire allemand échoué près de l'île Chédouan et abandonné par son équipage. Il y en a pour longtemps. »

Nous avions lu quelque part que les bateliers de Tor trouvent un revenu annuel de cent mille francs dans les navires abandonnés sur les récifs de l'entrée du golfe. Il paraît que les bateliers arabes de Suez veulent aussi à l'occasion se faire écumeurs de mer ; ils sont partis comme une volée de vautours à la première nouvelle du sinistre.

C'en est fait de notre projet de navigation. Nous irons de Suez au Sinaï en suivant sur terre le chemin des enfants d'Israël, et nous reviendrons en visitant des localités intéressantes situées en dehors de cette route. Le représentant des moines du Sinaï arrangera tout.

M. Athanasios, représentant ou Wakil du couvent, est un gros épicier, grec orthodoxe, c'est-à-dire schismatique. A sa porte sont accroupis deux Djébeliyeh, attendant un chargement pour le monastère. Immédiatement il règle avec eux les conditions de notre voyage, comme il convenait à de pauvres religieux, pour l'aller seulement ; car une fois au couvent, c'est au procureur de la communauté à régler le retour ; il nous en avertit.

Pendant que nous choisissons dans son magasin des vivres pour vingt jours de désert, il fait chercher une tente. Nous n'aimons pas la tente ; c'est un gros bagage, on perd trop de temps à l'installer et à la défaire : nous nous en sommes passés avec avantage dans plus d'une excursion. Pourtant M. Athanasios insiste pour un semblant, un rudiment de tente : une toile, un bâton et quelques ficelles avec leurs petits piquets d'attache. « — On peut tout porter sous

le bras, nous dit-il, c'est installé en moins d'un quart d'heure, et vous en avez l'entière propriété pour une livre anglaise. »

Il est vrai que cela ne préserve convenablement de rien ; mais au moins, sous cet abri, le vent nous génera moins pour célébrer la sainte messe, dont nous comptons bien ne jamais nous priver. En quelques heures tout est prêt.

Le départ est réglé pour le lendemain, 8 novembre 1880. Nos chameliers nous attendront de l'autre côté du canal.

Au moment de monter dans la barque, un douanier nous arrête. C'est juste : si nous ne sortons pas du territoire égyptien, nous dépassons la limite d'action du gouverne-

EGYPTE.— PONT VOLANT SUR LE CANAL MARITIME A EL-KANTARA; d'après une photographie du R. P. JULLIEN, de la Compagnie de Jésus (voir page 404).

ment. Du reste, toute la visite se borne à un mot d'excuse de notre part et à un honnête salut de l'officier. Enfin nous voguons, et ce n'est pas sans peine, au travers d'une lagune si peu profonde que notre barque heurte souvent le fond.

Bonaparte, revenant des Fontaines de Moïse, voulut abréger le chemin en évitant le contour du golfe ; il entra dans le gué. C'était au commencement de la nuit ; la marée augmentait beaucoup plus rapidement qu'on ne l'avait cru ; malgré les guides du pays dont il était escorté, le général faillit se noyer.

Notre traversée en barque au soleil levant est moins tragique et plus gracieuse. On n'entend que le bruit des

rames et le chant cadencé des bateliers psalmodiant à deux chœurs une sorte de litanies où reviennent le nom de Dieu, celui du prophète, et aussi d'une fille de roi. Dans les chants arabes il est toujours quelque chose des Mille et une Nuits.

Il fallut une heure et demie pour atteindre la rive asiatique du canal. Quelques huttes de Bédouins, des chameaux accroupis, des fagots de broussailles et des sacs de charbon de bois, marquant le rendez-vous, principal entrepôt du chétif commerce de la péninsule avec le continent.

A la construction du canal les ingénieurs avaient établi un bac pour faire passer les chameaux d'une rive à l'autre. Ils ne savaient pas que le chameau peut, un jour ou l'autre, décider, sans dire ses raisons, qu'il ne s'embarquera pas, et la décision prise est irrévocable. Les religieux du Sinaï, mieux instruits, réclamèrent un pont, et un pont volant fut construit en face de l'extrémité de la lagune. Les chameliers qui vont au-delà de Suez (voir la gravure, page 403), sont à peu près seuls à s'en servir.

Avant de partir, on a le temps de rêver ; le lieu y prête. Là, comme au Bosphore, deux parties du monde sont en présence l'une vis-à-vis de l'autre ; mais ce n'est pas ici la petite Europe, c'est l'immense Afrique qui se dresse à l'occident devant l'Asie ; et quelle différence entre ces deux rencontres de continents ! Sur les rives de l'Hellespont, l'Europe et l'Asie apparaissent ornées de verdure avec une ceinture de lauriers, comme deux rivaux luttant pour la victoire, non pas avec la force et le fer, mais avec les armes plus nobles de l'esprit. Ici, sur ce mince détroit de Suez, l'Asie et l'Afrique se regardent comme deux lutteurs qui se sont jeté le gant, désireux de mesurer leurs forces dans un terrible combat. L'Afrique dresse fièrement la puissante masse du mont Attaka ; l'Asie présente en face le vaste front de Djébel-er-Raha avec toutes les horreurs du désert (Schubert).

A midi, les chameaux sont chargés : deux pour nous, un pour l'eau et les bagages. Ce ne sont pas des dromadaires ; ils n'ont pas même la selle haute à deux pommeaux, qui bien souvent fait toute la différence entre le dromadaire et le chameau, quoi qu'en dise Buffon ; ils portent des bâts élargis par les bagages sur lesquels nos couvertures de nuit font coussins. Sur cette plate-forme on peut s'asseoir dans tous les sens, modifier son orientation de manière à tourner toujours le dos au soleil ; cette variété des situations diminue de beaucoup la fatigue d'un long voyage. Le novice éprouve bien quelque inquiétude de se trouver si haut sans se tenir à rien ; mais l'impression passe vite, tant est sûr et régulier le pas de l'animal. Finalement, assis sur ces misérables bâts et portés par des animaux communs, nous souffrirons incomparablement moins que tant de nobles voyageurs en selles enfreluchées sur de beaux dromadaires.

Nos chameliers n'ont pas l'œil musulman ; on devinerait qu'ils ont du sang chrétien, si l'histoire ne le disait pas. Les Djébeliyeh descendent d'esclaves chrétiens, prisonniers de guerre, que l'empereur Justinien donna aux religieux du Sinaï pour les protéger contre les idolâtres de la péninsule ; ils professent pourtant la religion de Mahomet. Aoudi, chef du convoi, est un bel homme, décidé, expéditif ; il sera honnête jusqu'au bout. Seul il porte le turban rouge ; il a même un manteau de coton écarlate en réserve pour les grandes circonstances, la rencontre d'une autre tribu, la prière dans un Nébi célèbre, l'arrivée au couvent. Avec lui est son fils, le petit Rahah, gracieux enfant équipé en guerre, un vieux sabre à la ceinture, une gourde et des cartouches vides sur la poitrine ; le reste du costume est si déchiré qu'il ne faut pas en parler. Son père lui annonce onze ans, il pourrait bien en avoir douze, ce semble ; mais peut-être je me trompe, car toutes les fois que j'ai demandé en Orient l'âge d'un enfant, on m'a donné un chiffre inférieur à mes prévisions. Le second chamelier, Hassan, paraît un pauvre bonhomme. Il sera toujours un peu mendiant et fort obséquieux.

(A suivre.)

LES MISSIONS CATHOLIQUES AU XIXᵉ SIÈCLE

PAR

M. Louis-Eugène LOUVET, des Missions Etrangères de Paris,
Missionnaire en Cochinchine occidentale.

(Suite 1).

CHAPITRE XV

LES MISSIONS CATHOLIQUES DANS L'AMÉRIQUE DU NORD.
1800-1800.

Les missions de l'Amérique du nord s'étendent de l'Océan arctique aux Grands Lacs et de l'Atlantique au Pacifique. Ces vastes régions, à l'exception de l'Alaska, cédée par la Russie en 1867 aux Etats-Unis, sont sous la domination politique de l'Angleterre et forment une fédération de colonies connue sous le nom générique de *Dominion*. Les huit Etats qui envoient chaque année des députés au Congrès siégeant à Ottawa, sont : la province toute française de Québec, celle d'Ontario, où l'influence anglaise domine, la Nouvelle-Écosse (l'ancienne Acadie), le Nouveau-Brunswick, l'île du Prince Edouard, le Manitoba, la Colombie britannique et le territoire de la baie d'Hudson.

En dehors de ces huit colonies, les missions de l'Amérique du nord embrassent encore l'île de Terre-Neuve et la petite colonie française de Saint-Pierre et Miquelon. Ces deux points imperceptibles sur la carte, voilà tout ce qui reste à la France de ces immenses territoires autrefois découverts et colonisés par elle. Par le traité d'Utrecht (1713), nous avons dû céder à l'Angleterre l'Acadie et Terre-Neuve. Un demi-siècle plus tard, l'incurie de Louis XV et la trahison d'un ministre pensionné de l'Angleterre, le comte de Choiseul, l'expulseur des Jésuites, nous faisaient perdre le Canada.

« A quoi bon, écrivait Voltaire, se disputer pour quelques méchants arpents de neige ? »

Ces arpents de neige sont devenus un des plus beaux fleurons de la couronne coloniale d'Angleterre. Ils représentent 8,933,000 kilomètres carrés et comptent, à l'heure actuelle, plus de quatre millions d'habitants.

Heureusement, si l'influence politique de la France a succombé dans l'Amérique du nord, malgré les efforts héroïques de Montcalm et d'une poignée de soldats abandonnés à eux-mêmes, la race française, cette vieille race qu'on dit inapte à la colonisation, s'est admirablement développée au Canada, au point de balancer l'influence, si vivace cependant, de la race anglo-saxonne. Sans avoir reçu de la mère-patrie, au cours de ce siècle, aucun appoint sérieux par l'émigration (2), avec ses seules forces, et par l'accroissement naturel des naissances, elle s'est multipliée dans des proportions absolument inattendues. En 1760, la France abandonnait à l'Angleterre 60,000 colons ; ils étaient déjà

(1) Voir tous les numéros parus depuis le 14 mars jusqu'à fin octobre 1890, et 2, 9, 16, 23 et 30 janvier, 6 et 13 février, 24 avril, 1ᵉʳ, 8, 15, 22 et 29 mai, 5, 12, 19, 26 juin, 3, 10, 24 et 31 juillet, 7 août 1891.

(2) Depuis 18 0, le Canada a reçu environ 12.000 émigrants français.

120,000 en 1800 ; aujourd'hui,sans parler de cinq ou six cent mille qui sont passés aux États-Unis, on compte 1,200,000 franco-canadiens qui ont conservé leur foi, leurs mœurs, leur langue et l'indestructible amour de la patrie française. Dans un siècle, si ce mouvement continue dans les mêmes proportions, il y aura, dans l'Amérique du nord, un peuple de *vingt millions* d'âmes, peuple français et catholique, ayant notre foi, parlant notre langue et nous regardant comme ses frères, tout en demeurant loyalement attaché à ses nouveaux maîtres.

C'est là au milieu des tristesses de l'heure présente, un spectacle bien capable de consoler notre patriotisme ; c'est aussi, ne craignons pas de le reconnaître, la vérification de l'oracle des Saints Livres : *justitia elevat gentes,* c'est la justice qui élève les nations.

Pourquoi le peuple franco-canadien a-t-il prospéré d'une manière si étonnante? Parce qu'il est resté chrétien....

Des sophistes ont bien osé dire que la race française est épuisée et n'a plus la force de se reproduire. Mais voyez cette même race française au Canada : tenue sous la main d'une puissance ennemie et jalouse, privée pendant plus d'un demi-siècle de toute influence politique, elle s'est multipliée comme les Hébreux de la terre de Gessen sous l'oppression des Pharaons. Là-bas, les familles de quinze, de vingt, de vingt-cinq enfants ne sont pas rares. S'il n'en est plus de même chez nous, ce n'est pas que la race est épuisée, c'est que l'amour du luxe et l'égoïsme des jouissances ne veulent pas s'imposer les sacrifices qui seraient nécessaires pour élever de nombreuses familles ; en un mot, c'est parce qu'on n'est plus chrétien.

La foi catholique s'est développée dans l'Amérique du Nord plus rapidement encore que l'influence française. Les sièges épiscopaux se sont multipliés aux bords du Saint-Laurent et dans toute l'étendue du *Dominion* ; partout des églises se sont élevées, des écoles se sont ouvertes, toutes les œuvres de la vie catholique se sont épanouies, avec la neutralité généralement bienveillante, surtout depuis 1840, du gouvernement britannique.Sans doute là,comme partout, l'Église reste militante et trouve à lutter. Mais, pour triompher de ses ennemis, le catholicisme n'a besoin que de la liberté, et grâce au libéralisme vrai du gouvernement anglais, il a pu faire, au cours du xixᵉ siècle, les plus consolants progrès. Pour s'en convaincre, le lecteur n'a qu'à jeter les yeux sur le tableau suivant, dont tous les chiffres sont empruntés aux documents officiels.

Il y avait dans l'Amérique du Nord :

En 1800 : 1 évêque, 1 vicaire apostolique, 60 prêtres, 2 églises ou chapelles, 137,000 catholiques.

En 1820 : 1 archevêque, 5 vicaires apostoliques, 302 prêtres, 2 églises ou chapelles, 540,000 catholiques.

En 1840 : 1 archevêque, 3 évêques, 3 vicaires apostoliques, 470 prêtres,415 églises ou chapelles, 822,000 catholiques.

En 1870 : 2 archevêques,17 évêques,3 vicaires apostoliques,1 préfet apostolique,1,391 prêtres,1,221 églises ou chapelles,1,744,116 catholiques.

En 1891 : 7 archevêques, 18 évêques, 3 vicaires, 4 préfets apostoliques, 2,442 prêtres, 2,157 églises ou chapelles, 2,077,070 catholiques.

La population totale de l'Amérique du Nord étant de 4,324,810 âmes, la proportion des catholiques est presque

de moitié. Il est certain qu'à la fin du siècle, elle dépassera la moitié. C'est là un résultat dont il nous est permis d'être fiers comme catholiques et comme Français.

.*.

Il faut maintenant, pour mieux faire connaître la situation, étudier en détail le développement de chacune des provinces ecclésiastiques de l'Amérique du Nord.

I. — PROVINCE ECCLÉSIASTIQUE DE QUÉBEC

La province ecclésiastique de Québec comprend environ les *trois cinquièmes* de la province civile du même nom. L'élément franco-canadien et la langue française dominent presque exclusivement dans le pays. Cinq suffragants.

ARCHIDIOCÈSE DE QUÉBEC

Le siège épiscopal de Québec, érigé en 1674, eut pour premier titulaire Mgr de Montmorency-Laval, dont l'on vient d'entamer le procès de canonisation. En 1800, le diocèse étendait encore sa juridiction sur toute l'Amérique septentrionale, à l'exception de Terre-Neuve. C'est de ce diocèse que sont sortis, par des démembrements successifs, tous les diocèses du *Dominion.* En sorte que Québec est vraiment pour eux l'*Église-mère.*

En 1819, Pie VII éleva ce diocèse à la dignité de métropole ; mais ce ne fut qu'en 1844 que la province ecclésiastique de Québec fût définitivement constituée. Aujourd'hui l'archidiocèse comprend dix comtés et une fraction de comté. Il compte 297,000 catholiques, contre environ 15.000 protestants. La population est presque exclusivement franco-canadienne.

1º *Clergé :* 1 archevêque, Son Eminence le cardinal Taschereau, le premier évêque canadien décoré de la pourpre romaine. 386 prêtres, dont 23 réguliers.

2º *Communautés religieuses, hommes :* Jésuites,1 maison : Oblats de Marie,1 maison ; Rédemptoristes,2 maisons ; Clercs de Saint-Viateur,1 maison ; Frères du Sacré-Cœur,1 maison ; Frères des écoles chrétiennes, 8 maisons ; Frères de Saint-Vincent-de-Paul, 2 maisons. Total, 7 congrégations et 16 maisons de religieux.

Femmes : Ursulines,1 maison ; Sœurs de charité,20 maisons ; du Bon-Pasteur, 13 maisons ; de Notre-Dame, 15 maisons ; de la Miséricorde, 4 maisons ; de Jésus-Marie, 4 maisons. Total, 6 congrégations et 57 maisons de Sœurs.

3º *Œuvres d'apostolat :* 170 paroisses, plusieurs missions dans l'intérieur (1), 170 églises, 15 chapelles.

4º *Œuvres d'éducation :* 1 séminaire à Québec (prêtres du diocèse). Deux divisions : grand séminaire, 85 élèves ecclésiastiques ; petit séminaire, 320 élèves, 2 autres petits séminaires dans le diocèse, 516 élèves.

L'Université Laval : 4 facultés, 91 professeurs, 485 élèves.

2 collèges pour les études classiques ; 15 collèges, études commerciales et industrielles.

51 pensionnats ou académies de jeunes filles.

800 écoles de paroisses.

(1) Bien qu'il y ait en Amérique très peu de paroisses, au sens canonique de ce mot, je préviens, une fois pour toutes, le lecteur que, pour plus de clarté, je désignerai sous le nom des paroisses les stations où le prêtre réside, et sous celui de missions les postes qu'il visite simplement de temps en temps.

5° *Œuvres de charité :* 1 orphelinat, 400 enfants, 1 maison de correction, garçons, 1 refuge du Bon-Pasteur, jeunes filles, 4 hôpitaux.

DIOCÈSE DE RIMOUSKI

Ce diocèse, érigé en 1867, comprend deux comtés et une fraction. Il a 85,000 catholiques, tous de race française.

1° *Clergé :* 1 évêque, 91 prêtres.

2° *Communautés religieuses, femmes :* Sœurs de charité, du Bon-Pasteur, de Jésus-Marie, des Petites Écoles. Total, 4 congrégations de religieuses.

3° *Œuvres d'apostolat :* 22 missions, 42 églises paroissiales.

4° *Œuvres d'éducation :* 1 séminaire à Rimouski, 26 élèves ecclésiastiques, 1 collège annexe, 100 élèves.

327 écoles de paroisses ; environ 12.000 enfants.

DIOCÈSE DE CHICOUTIMI

Ce diocèse, érigé en 1878, comprend deux comtés et une fraction. Il a 58,000 catholiques, contre 300 protestants.

1° *Clergé :* 1 évêque, 66 prêtres, tous Franco-Canadiens.

2° *Communautés religieuses, emmes :* Ursulines, 8 ; Sœurs de charité, 7 ; du Bon-Pasteur, 6 ; de Notre-Dame, 7 ; de la Miséricorde, 9. Total, 5 congrégations de Sœurs.

3° *Œuvres d'apostolat :* 32 paroisses, 13 missions, 35 églises, 10 chapelles.

4° *Œuvres d'éducation :* 1 séminaire. 2 sections, grand et petit séminaire, 40 internes, 115 externes.

4 académies jeunes filles, 432 élèves.

156 écoles de paroisses, 7,853 enfants.

5° *Œuvres de charité :* 1 hôpital à Chicoutimi, 12 lits.

DIOCÈSE DES TROIS-RIVIÈRES

Ce diocèse, le plus ancien de la province, fut érigé en 1852. Il comprend trois comtés et près de 62,000 catholiques, contre 505 protestants.

1° *Clergé :* 1 évêque, 1 chapitre de 14 chanoines, 71 prêtres.

2° *Communautés religieuses, hommes :* Franciscains, 2 ; Jésuites, 2 ; Frères des écoles chrétiennes, 19 ; Frères du Sacré-Cœur, 4. Total, 4 congrégations et 27 religieux.

Femmes : Ursulines, 70 ; Sœurs de Charité, 5 ; de la Providence, 20 ; de l'Assomption, 25 ; de Notre-Dame, 11 ; du Bon-Pasteur, 5. Total, 6 congrégations et 136 religieuses.

3° *Œuvres d'apostolat :* 7 missions, 31 églises paroissiales ;

4° *Œuvres d'éducation :* 1 séminaire, 2 sections : grand séminaire, 10 élèves ecclésiastiques ; petit séminaire, 211 élèves. 2 écoles commerciales (Frères des écoles chrétiennes), 738 élèves. 1 autre école commerciale (Frères du Sacré-Cœur), 80 élèves. 10 académies, jeunes filles, 1,219 élèves, 200 écoles de paroisses.

5° *Œuvres de charité :* 3 asiles, 1 hôpital.

DIOCÈSE DE NICOLET

Il fut détaché en 1885 du diocèse des Trois-Rivières et comprend quatre comtés et une fraction. Population catholique : 82,000 Franco-Canadiens, contre environ un millier d'Anglais protestants.

1° *Clergé :* 1 évêque, 90 prêtres.

2° *Communautés religieuses, hommes :* Clercs de Saint-Viateur, 12 ; Frères des écoles chrétiennes, 20 ; Frères du Sacré-

Cœur, 150 ; Frères de Sainte-Croix, 8. Total, 4 congrégations et 190 religieux.

Femmes : Sœurs de charité, 45 ; de Notre-Dame, 18 ; de la Présentation, 10 ; de l'Assomption, 165. Total, 4 congrégations et 238 religieuses.

3° *Œuvres d'apostolat :* 48 paroisses, 4 missions, 52 églises, 21 chapelles.

4° *Œuvres d'éducation :* 1 séminaire à Nicolet, 20 élèves ecclésiastiques, 200 élèves qui font leurs humanités.

7 écoles supérieures, garçons, 150 élèves, 14 pensionnats de filles, 1,300 élèves, 360 écoles de paroisses, environ 22,000 enfants.

5° *Œuvres de charité :* 3 orphelinats, 60 enfants, 3 hôpitaux.

PRÉFECTURE APOSTOLIQUE DU GOLFE SAINT LAURENT.

Cette préfecture, détachée en 1882 du diocèse de Rimouski, comprend la majeure partie de la presqu'île du Labrador et s'étend du détroit d'Hudson à l'embouchure du Saint-Laurent. A l'est, elle est limitée par le diocèse d'Harbor-Grâce, qui occupe toute la côte du Labrador, et à l'ouest, par le vicariat apostolique de Pontiac.

Cette vaste étendue de territoire, couverte de glaces une grande partie de l'année, est encore très peu peuplée, à cause de l'inclémence du climat. On y compte environ 9,400 catholiques, échelonnés le long de la côte septentrionale du golfe Saint-Laurent. L'île d'Anticosti, située aux embouchures du fleuve, est sous la juridiction du préfet apostolique, ainsi que les petites îles voisines.

1° *Clergé :* 1 vicaire apostolique, en résidence à la Pointe-aux-Esquimaux, 11 missionnaires.

2° *Communautés religieuses :* Sœurs de Charité.

3° *Œuvres d'apostolat :* 9 stations avec résidences, 35 missions, 3 églises, 21 chapelles.

4° *Œuvres d'éducation :* 2 élèves ecclésiastiques au séminaire de Québec, 16 écoles de chrétientés, 791 élèves.

De plus, les Sœurs de Charité tiennent l'école pour 125 garçons et 1 asile-refuge pour 20 filles.

Résumé de la province ecclésiastique de Québec.

Archevêché.

Québec : 1 archevêque, 386 prêtres, 188 églises ou chapelles, 296.666 catholiques.

Évêchés.

Rimouski, 1 évêque, 91 prêtres, 62 églises ou chapelles, 85,000 catholiques.

Chicoutimi, 1 évêque, 66 prêtres, 45 églises ou chapelles, 58,000 catholiques.

Trois-Rivières, 1 évêque, 71 prêtres, 33 églises ou chapelles, 61,864 catholiques.

Nicolet : 1 évêque, 90 prêtres, 74 églises ou chapelles, 82,000 catholiques.

Préfecture apostolique :

Golfe Saint-Laurent : 1 préfet apostolique, 11 prêtres, 33 églises ou chapelles, 9,000 catholiques.

Total : 1 archevêque, 4 évêques, 1 préfet apostolique, 715 prêtres, 435 églises ou chapelles, 592,530 catholiques.

(A suivre).

VARIÉTÉS

Le Français catholique en Grèce.

M. le chanoine Trichaud, vicaire général de Mgr Marango, nous envoie sur l'archidiocèse d'Athènes et sur les conditions délicieuses qu'offre un séjour en Grèce, cette intéressante notice. Nous profitons du voyage dans nos pays de Sa Majesté le roi Georges pour la publier. Nos lecteurs verront que l'Église gagne du terrain dans l'antique patrie de Périclès, grâce à la liberté dont elle jouit. Peut-être aussi se sentiront-ils poussés à visiter cette contrée qui offre aux santés ébranlées et aux âmes éprises des grands souvenirs tant de charmes et d'avantages.

Depuis la bataille de Navarin, où nos ancêtres mêlèrent leur sang à celui des Grecs, le cœur de la France a toujours battu à l'unisson de celui de la Grèce.

Une attraction indéfinissable unit les deux peuples dans leurs aspirations de progrès scientifiques et littéraires. Ce sont les mêmes tendances vers le développement dans la civilisation et des arts.

Leurs législations se confondent dans le code Napoléon.

La culture des lettres est basée sur les principes identiques de l'éducation et de l'instruction, puisée aux sources les plus sûres de nos grammairiens et de nos philosophes.

La philosophie grecque pourtant s'est légèrement écartée de cette action parallèle, en se jetant à la remorque des utopistes allemands. En Allemagne vont se former les professeurs de l'Université, comme aussi les théologiens de l'église nationale. Cet engoûment momentané provient de la connexion naturelle entre le protestantisme de Luther et le schisme de Photius; tous deux n'ont-ils pas le même cri de ralliement contre le pape?

A part cet écart qui n'altère en rien les relations amicales de la France et de la Grèce, nous continuons à marcher, la main dans la main.

C'est pourquoi le Français qui, pour des raisons de commerce, de travail, d'études archéologiques ou de santé, vient dans ce merveilleux pays, se sent immédiatement à l'aise.

A Athènes en particulier, où sont concentrées toutes les puissances de l'esprit, il lui semble avoir retrouvé l'atmosphère bienfaisante de la patrie. Rien ne lui manquera pour satisfaire ses goûts sérieux et charmer ses loisirs : monuments antiques et modernes d'une indescriptible beauté, promenades ravissantes, bibliothèques bien pourvues, musées remplis de richesses artistiques, rues spacieuses ombragées d'eucalyptus plantés en lignes régulières sur des trottoirs de marbre blanc du Pentélique, lieux de réunion confortables, et par-dessus tout une politesse exquise de la part des descendants de ces Athéniens si vantés jadis pour leur courtoisie.

Aussi jamais on ne lui demandera compte de ses sentiments intimes, par un respectueux égard pour sa foi, ses croyances et les pratiques de son culte. Par une convenance louable, on évitera de l'inviter à une cérémonie religieuse qui pourrait le contrarier. Le Grec aime son Église, mais sans prosélytisme ; il laisse à chacun la liberté pleine et entière de ses convictions.

Le Français catholique éprouve un vif contentement en apercevant une magnifique basilique latine dédiée à saint Denis, premier évêque de Paris, patron de la France ; là un clergé plein de dévouement, présidé et dirigé par un vénérable et sage archevêque, célèbre les offices divins qu'accompagnent les accents mélodieux d'un orgue, don de Sa Sainteté Léon XIII, glorieusement régnant. Là, des prêtres français aident leurs collègues du pays, dans le ministère apostolique de la prédication, de la confession et de toutes les œuvres de zèle, parlent leur langue, avec le grec, l'italien, l'allemand, l'anglais et le turc.

Et si le catholique a des enfants à élever, il rencontre à côté de la basilique, un lycée tenu par les RR. Pères Oblats de Saint-François-de-Sales de Troyes dont les collèges de Saint-Bernard, de Saint-Ouen, de Mâcon, etc., sont si florissants et si renommés. Ici même, par un privilège particulier du gouvernement français, les jeunes étudiants peuvent obtenir le grade de bachelier ès sciences et ès lettres, en subissant leur examen devant MM. le directeur et les professeurs de l'Ecole française des Beaux-Arts d'Athènes. Il en est de même pour le brevet de capacité octroyé aux jeunes filles élevées par les Sœurs françaises de Saint-Joseph de l'Apparition dans leurs établissements d'Athènes et du Pirée.

Bien plus, pour sauvegarder son institutrice, sa gouvernante, et la bonne de ses petits enfants contre les séductions et les ennuis de l'isolement, le Français catholique sera heureux de les faire agréger à l'excellente association des institutrices françaises. Là elles trouveront aide, protection et conseil, et grâce à des compagnes aimables qu'elles rencontreront chaque mois, au salon de l'archevêché, elles entretiendront cette douce et franche gaîté, caractère de la femme française.

Le Français catholique se réjouira aussi de devenir membre de la Société philanthropique de secours mutuels, composée de respectables compatriotes qui se prêtent entre eux une assistance généreuse. Cette Œuvre éminemment patriotique est due à l'initiative de M. le Comte de Montholon, ministre plénipotentiaire de France en Grèce. Ce digne représentant de la République, disons-le à sa louange, veut que son hôtel soit constamment ouvert, sans exception de personnes, à tous les Français qu'il reçoit avec une courtoisie aussi gracieuse que distinguée.

Avec tous ces avantages, le Français jouit d'un ciel azuré, constamment éclairé par un radieux soleil, que les quelques nuages pluvieux de novembre et de février ne parviennent pas à obscurcir.

C'est dire que le climat d'Athènes est délicieux, infiniment supérieur par ses qualités atmosphériques presque invariables à celui des plages de la Méditerranée vers lesquelles on se précipite en hiver. Ici la chaleur hivernale, plus élevée que celle de Menton, de Nice, d'Antibes et de Cannes, n'est pas troublée par cette brume condensée qui, chaque soir, en ces stations du Midi, rend les nuits très froides.

En été, la température d'Athènes est à peu près celle d'Arles et de Marseille, ces deux colonies grecques où l'olivier, l'arbre de la déesse du Parthénon, conserve toujours son feuillage vert argenté. Du reste, aux portes de la cité, au milieu d'une campagne garnie de vignes, d'oliviers, de chênes, de pins, etc., se dressent de verdoyantes oasis arrosées par des sources fécondes.

La voie ferrée du Pirée vous conduit, en dix minutes, à la station balnéaire de Phaléra, dont la rade très fréquentée, est bordée d'élégantes cabines et de restaurants confortablement établis.

Mais, ce qui, dans les commencements, occasionne un certain désappointement au Français catholique, c'est l'almanach grec. Habitué à suivre le calendrier grégorien où les semaines, les mois, les années, les fêtes se succèdent régulièrement, il est dérouté par un retard de douze jours dont il ne s'explique pas la cause. Il se demande comment cette Grèce, berceau de la civilisation européenne, s'attarde journellement dans un désaccord avec toutes les nations, moins la Turquie et la Russie.

Peu à peu cependant le catholique intelligent se plie à cette façon de compter les dates. La reconnaissance, du reste, lui défend de contredire ceux qui l'accueillent avec tant d'urbanité à leur foyer et se plaisent à lui en faire partager les agréments et les douceurs.

BIBLIOGRAPHIE

Essai sur la langue congolaise, par le R. P. Cambier, missionnaire à Nouvvelle Anvers (Haut Congo. — Bruxelles, chez Polleunis et Ceuterick, 37, rue des Ursulines.

Ce manuel très pratique contribuera à familiariser les missionnaires et les explorateurs — sinon avec le vocabulaire congolais, éminemment variable de tribu à tribu — du moins avec la syntaxe plus symétrique que l'on ne pourrait le croire, de tous ces idiomes barbares. Il aidera surtout à apprendre très vite la langue d'Hoko, des Bamangalas, comprise par les tribus du Congo près du au-dessus de l'équateur. Il permettra d'attendre l'achèvement de l'ouvrage plus volumineux, plus scientifique, plus complet, qu'un autre missionnaire belge, le P. Van Ronsié, prépare sur le même sujet.

« Fixés au Congo depuis trois ans à peine, fait remarquer M. le baron de Béthune, les missionnaires de Scheutlez Bruxelles se sont signalés par leur activité scientifique. Et cependant Dieu seul pourrait dire quels travaux matériels surhumains ces bons Pères ont accompli pendant

ces trois ans. « J'ai fait le bûcheron, le charpentier, le « maçon, le forgeron, le chasseur, le carrier, le terrassier, « le serrurier », écrivait il y a quelques mois, le P. Combier. On parle de surmenage ; en voilà ! Au milieu de ce labeur écrasant, les missionnaires prélèvent sur leur sommeil le temps nécessaire pour poser les fondements de la science linguistique congolaise. Il est vrai que, pour ces vaillants, avides de conquérir des âmes à Jésus-Christ, étudier à fond la langue des noirs, c'est encore et avant tout faire œuvre d'apôtres. »

DONS

Pour l'Œuvre de la Propagation de la Foi

ÉDITION FRANÇAISE.

Pour les missions les plus nécessiteuses (Mgr Pinchon)	
Oboli de J. S, diocèse de Reims	5
Mme A . . C de M.	15 0
Pour les affamés de Pondichéry.	
Anonyme, diocèse de Marseille...	100
A Mgr Chatagnon (Su-tchuen méridional).	
Ano yme de Houilles, diocèse de Versailles, demande de prières. .	5
A M Corre, missionnaire à Kummamoto (Japon Méridional).	
R, P. André, Brighton Seminary, Boston.	215
Pour le baptême d'un enfant (Mgr Hirth).	
M. le curé de Vauvillars, diocèse de Nancy.	10
Pour le rachat et le baptême de petits nègres (Mgr Hirth).	
Une pe somme de Commentry, pour une grâce obtenue, diocèse de Moulins	12 50
A S. E. le cardinal Lavigerie pour le rachat d'esclaves (Mgr Hirth).	
Un refsonne de Commentry, pour une grâce obtenue, diocèse de Moulins	12 50
Au R. P. Le Louet, à Loango.	
Anonyme du diocèse de Beauvais	100
A Mgr Toulotte, vicaire apostolique du Sahara.	
M. L. né le Sém. llé du diocèse de Clermont	25
A Don Michel Rua, pour la mission salésienne de la Terre de Feu.	
M. René de Sémalié, du diocèse de Clermont.	25
A Mgr Vidal pour ses missions de Fidji.	
Un abonné de Marseille	20
M. Michaud à Nantes	1
Pour les prêtres polonais.	
Anonyme d'Autun.	150

(La suite des dons prochainement).

ÉDITION ITALIENNE
(2e trimestre 1891.)

Pour l'Œuvre.	281 78
» la mission la plus nécessiteuse (Hong kong).	18 01
« l'Église de N -D de Lourdes à Chetput (Indes). .	19 78
« l'hôpital Saint-Joseph, à Ning-Po.	59 38
« les pauvres veuves païennes de l'Inde (Mgr Riccaz).	59 38
« la Terre Sainte	4 94
« les affamés d'Abyssinie.	29 38
« S. E. le Cardinal Lavigerie.	14 84
« les pauvres enfants nègres (Mgr Hirth).	9 89
Mgr Couppé, Vicaire apostolique de la Nouvelle-Poméranie	41 52
TOTAL.	738 90

TH. MOREL, *Directeur-gérant.*

Lyon. — Imprimerie MOUGIN-RUSAND, rue Stella, 3.

CEYLAN.—Monastère bouddhiste et *Dagoba* (porte de tombeau ou reliquaire); d'après une photographie envoyée par le R P. COLLIN, missionnaire à Colombo (voir page 413).

CORRESPONDANCE

MADAGASCAR

Chasse à l'homme chez les Betsiléos.

Le théâtre des événements dont nous entretiennent les deux lettres qu'on va lire, est situé dans le centre de la grande île malgache, à quelques centaines de kilomètres au sud de Tananarive. On aura par ces détails dramatiques une idée exacte des mœurs à moitié sauvages des populations au milieu desquelles les missionnaires de la grande île africaine exercent leur apostolat.

LETTRE DU R. P. FONTANIÉ, MISSIONNAIRE DE LA COMPAGNIE DE JÉSUS.

Fianarantsoa, 2 juin 1891.

Je viens vous raconter une bataille qui n'émouvra guère l'opinion en Europe, mais qui, pour notre île de Madagascar, est un grand événement.

La reine qui siège à Tananarive et proclame que l'Océan seul limite son royaume, n'est en réalité maîtresse que d'une partie du territoire de la grande île.

N° 1160 — 28 AOUT 1891

Au sud et à l'ouest, elle est entourée d'une foule de tribus trop faibles pour la supplanter, mais continuellement occupées à la harceler par des razzias de bœufs, d'hommes, de femmes et d'enfants. Les plus célèbres de ces tribus sont celles des Sakalaves, sur la côte ouest, et des Bares dans la région sud. Elles ne cessent tous les ans de faire des excursions fréquentes et mortelles dans la province Betsiléo. Un troisième compère, le plus vil, le plus fanatique de tous, est venu s'ajouter à ces deux ennemis : c'est le mahométan qui, empêché de faire la traite comme jadis sur la côte d'Afrique, vient porter cet ignoble trafic sur la côte ouest de Madagascar. Le Bare et le Sakalave sont ses pourvoyeurs, enlèvent les femmes, les enfants Betsiléo et les vendent à leur complice d'outre-mer.

Depuis trois ans, excepté à la saison des pluies, il ne se passait pas de mois, pas de semaine, que l'on n'entendît dire : « Tel village vient d'être pillé et emmené en esclavage. » C'était dans tout le pays une panique continuelle. Des familles entières passaient les nuits dans d'immenses grottes souterraines, d'où elles ne sortaient que le jour timidement, et où elles ne tardaient pas à mourir de faim, de froid, de phtisie.

L'année dernière, aussitôt après la mauvaise saison, mon premier district d'Alarobia eut les tristes honneurs du premier assaut : trois villages furent cernés, brûlés, pillés, emmenés en esclavage. Par une protection spéciale de la divine Providence, pas un de mes chrétiens ne fut pris ; mais trois de mes postes sont ruinés et restent déserts.

Cette année, les constructions à Ambohimahasoa, poste central de mon second district, m'ont beaucoup occupé. Nous venions de célébrer la dédicace de ma nouvelle église, quand tout à coup, le dimanche après l'Ascension, pendant que je disais la messe, on vint m'annoncer que les Bares brûlaient, pillaient, dévastaient Ivako, un de mes villages les plus florissants.

Nous avons à Ambohimahasoa un jeune gouverneur protestant, élève des Anglais, mais qui est animé de grands sentiments de justice. Loin de persécuter les catholiques, il fait tous ses efforts pour seconder le missionnaire, pour remplir ses écoles et ses églises. Il ne craint même pas, tout protestant qu'il est, d'assister à la messe les jours de grandes fêtes, et le dimanche d'aller visiter mes postes des campagnes pour s'assurer que son peuple est assidu à la prière. De plus, dérogeant aux usages de ses chefs et devanciers, il pousse à la vraie civilisation; prohibe le rhum et l'ivrognerie, bâtit une belle ville aux rues alignées de dix mètres de large, avec aqueduc de huit kilomètres, ville militaire fortifiée et, chose inconnue à Madagascar, une multitude de routes et de chemins qui conduisent aux villes voisines, aux moindres petits hameaux.

Pour donner du courage à son peuple, il a décidé que tout homme valide devait se procurer une fronde et une lance et tout homme riche ou puissant, un fusil. De plus, il a déclaré que tout homme qui fuirait devant l'ennemi serait considéré comme traître et passé par les armes.

Dès que Ramanamiraondy, c'est le nom de ce jeune gouverneur, apprit l'arrivée de l'ennemi, sans perdre son temps à de vains discours, il partit avec ses officiers, ses soldats et tous les hommes valides. De mon côté, aussitôt que mon action de grâces fut finie, je les suivis de près.

Mais déjà les Betsiléos s'étaient illustrés. Voyant leurs maisons brûlées, leurs bœufs enlevés au nombre de cent cinquante, plus de deux cents femmes et enfants traînés en esclavage, quatre-vingt d'entre eux se réunirent; mais ils furent repoussés.

Leur nombre augmentant, ils revinrent quatre fois à la charge, et quatre fois s'enfuirent avec pertes. Enfin, parvenus à un défilé, les ennemis eurent toutes les peines du monde pour faire passer les bœufs et les prisonniers Ils furent obligés de se diviser en deux corps :

l'un s'occupant du butin, l'autre protégeant la retraite. Alors les Betsiléos devenus innombrables essayèrent un dernier effort. Sous leurs pierres lancées à la fronde ou à la main, un, deux, trois Bares tombèrent, aussitôt remplacés par leurs amis de l'avant-garde. L'élan était donné, c'était à qui arriverait le premier pour tuer un Bare et s'emparer de son fusil. Quand il eut perdu une trentaine d'hommes, l'ennemi comprit que la résistance était impossible, et, laissant son butin, il prit la fuite ou se cacha dans les grandes herbes de la montagne. Ce fut alors une scène vraiment émouvante. Au milieu de ces deux cents garrottés, chacun cherchait sa femme ou sa fille pour la délier et lui donner la liberté. Parmi ces captifs, j'avais dix de mes élèves dont trois baptisés et un grand nombre de nos adhérents.

.   .

Sur ces entrefaites arrivait Ramanamiraondy avec son armée. Il félicita ces braves gens et leur dit :

« Vous êtes fatigués, mes parents, vous avez droit au repos ; conduisez vos femmes et vos enfants échappés à l'ennemi. Avec mes soldats, je me charge d'achever votre victoire. »

On poursuivit encore l'ennemi l'espace de cinq kilomètres environ. On lui tua plus de soixante-dix hommes et on fit cinq prisonniers.

Pendant ce temps, j'étais occupé à soigner, à instruire et à baptiser les nombreux blessés ou mourants. Le nombre des morts connus de moi est de quatorze, dont cinq brûlés vifs dans leur maison et une petite fille tuée et affreusement mutilée dans l'eau. Détail d'un intérêt tout local, ces Bares sont les hommes les plus superstitieux du monde et portent sur leur corps toute une collection d'amulettes. J'ai enlevé à l'un d'eux, tué sur le champ de bataille, une ceinture en corde passée dans une foule de petits morceaux de bois, dont chacun, paraît-il, a sa vertu particulière : l'un préserve des balles, l'autre de la lance, celui-ci des coups de pierres, celui-là du feu, etc.....

.   .

À notre retour, le peuple d'Ambohimahasoa nous fit une ovation indescriptible. Pendant la journée, on avait fait courir le bruit que nous étions battus, et une panique générale s'était emparée des femmes, des vieillards et des enfants restés seuls en ville. Jugez du triomphe de notre jeune gouverneur.

Le lendemain matin, autre ovation : chacun désirait voir de près les cinq prisonniers ; la foule aurait voulu les écharper sur place et, malgré l'escorte de soldats, parvenait à les accabler de coups. Je demandai à Ramanamiraondy la permission de les instruire et de les baptiser. Il parut charmé de cette démarche et me fit accompagner par un de ses lieutenants, célèbre prédicateur des Anglais.

Trois de ces blessés furent expédiés à Fianarantsoa, où
ils ont été guéris par le docteur Besson, Résident, ou
par le F. Dursap. Un seul est mort ; tous les autres
ont été sauvés et, qui plus est, baptisés. Le gouverneur
Ramanamiraondy ne me quittait point d'un pas dans mes
visites à ces guerriers, et m'aidait à sauver leur corps et
même leur âme.

Voilà comment le bon Dieu sait tirer le bien du mal.
Grâces lui soient rendues éternellement!

Extrait d'une lettre du R. P. Alphonse Taix

Voici quelques détails sur la mort des cinq Jiares captifs, baptisés par le P. Fontanié.

Dès leur arrivée à Fianarantsoa, ils ont été instruits et
préparés à la mort par le P. Cros et le F. Dursap. Le
calme avec lequel ils entendirent la sentence de mort
leur obéissance aux vingt lanciers qui allaient les trans-
percer, étonnèrent les assistants.

« — Asseyez-vous là, » fit une voix terrible.
Et ceux-ci prirent place à terre.

« — Etendez vos jambes et présentez vos pieds. »
Et ceux-ci donnaient leurs pieds pour être liés.

« — Couchez-vous en arrière. »
Et les condamnés s'étendirent en fermant les yeux.

François-Xavier, aide-de-camp du P. Berbizier, ne les
avait pas quittés une minute, leur suggérant des prières
et des actes de contrition. Plusieurs soldats voulaient les
lapider ; mais François-Xavier s'y opposa en disant :

« — Vous n'avez pas le droit de faire souffrir ainsi
les condamnés, vous avez chacun votre lance, servez-
vous-en au plus vite. »

François-Xavier fut écouté et bientôt le sol était inondé
de sang.

Les cinq cadavres restèrent abandonnés à la rapacité
des vautours et des chiens ; mais les larrons, devenus
bons larrons, furent retrouvés le lendemain, sans avoir
encore reçu les atteintes de la dent des animaux. Muni
d'un sauf-conduit, François-Xavier vint, avec quelques
élèves de l'école catholique, leur donner une sépulture
convenable.

Ces loups ravisseurs, transformés en agneaux inoffensifs, ou plutôt en élus du ciel, se souviendront, je
pense, du P. Fontanié qui les a enfantés à la foi, du
P. Cros qui les a absous au dernier jour, et du F. Dursap
qui leur a prodigué des soins de mère.

Quelle consolation pour nous, surtout pour ces trois
religieux, d'avoir si vite conquis à Notre-Seigneur ces
farouches ennemis !

Ce sont des consolations que Dieu ménage aux missionnaires.

INFORMATIONS DIVERSES

Tong-King occidental. — Mgr Puginier, des Missions Étrangères de Paris, vicaire apostolique du Tong-King occidental, nous écrit d'Hanoï, le 25 juin 1891 :

« Il m'est pénible de n'avoir à vous annoncer depuis longtemps que des malheurs. Aujourd'hui, c'est encore une nouvelle tribulation à ajouter à tant d'autres et hélas ! ce ne sera pas la dernier. Que la volonté de Dieu soit faite ! .

« Dimanche dernier, 21 juin, je recevais le télégramme suivant : *Eglise, cure Bâu-Nô détruites par bande pirates, prêtre enlevé.*

« Le lendemain, une lettre m'apportait les renseignements suivants. Le vicaire de la paroisse, qui donnait la mission dans une chrétienté éloignée, était venu se confesser et visiter son curé. Le curé de Hung-hoa, paroisse voisine, était aussi venu à Bâu-Nô pour le même but. Les trois prêtres étaient en train de causer, lorsque, vers les cinq heures du soir, une bande de plus de cent pirates, armés la plupart de bons fusils, fondent à l'improviste, enlèvent le curé, pillent et brûlent l'église, le presbytère et une quinzaine de maisons chrétiennes. Les deux autres prêtres, dont la présence n'était pas connue, euront à peine le temps de gagner un village voisin.

« Au moment où les pirates sont arrivés, les habitants de Bâu-Nô étaient occupés aux travaux des champs, et il n'a pas été possible d'organiser une résistance sérieuse. Les catéchistes et les quelques chrétiens restés au village ont bien essayé de se défendre ; mais ils ont dû céder devant le nombre. Deux d'entre eux ont été blessés.

« Le curé qui a été enlevé, est un prêtre de soixante-cinq ans. Depuis seize ans qu'il administre la paroisse, il a passé par des crises extrêmement pénibles et il a subi bien des malheurs. Il n'est pas douteux que les pirates n'aient voulu se venger de lui, sachant qu'il fournissait souvent des renseignements sur les agissements des rebelles.

« Depuis l'enlèvement de ce prêtre, je n'ai encore pu avoir de nouveaux renseignements. Le poste de Viêt-tri, éloigné de dix kilomètres de Bâu-Nô, a fait une reconnaissance ; mais il y a peu d'espoir qu'on puisse atteindre les pirates. Le coup de main une fois exécuté, ils se sont dispersés comme de coutume.

« Les cinq paroisses, qui forment le district nord confié aux soins de M. Girod, sont complètement à la merci des pirates, qui on peut le dire, sont les maîtres de la région, à l'exception des villages occupés par les postes militaires.

« Je prévois que, sans une protection toute particulière du Seigneur, j'apprendrai encore de nouveaux malheurs. »

Mexique. — Nous avons déjà fait connaître les heureux résultats obtenus à Queretaro par les RR. PP. Terrien, Boutry et Devoucoux, délégués de l'Œuvre de la Propagation de la Foi dans l'Amérique latine.

De Queretaro, les RR. PP. Boutry et Devoucoux se sont rendus à La Piedad (Michoacan), à Celaya, à Salvatierra, à Penjamo, à Irapuato (Guanajuato) et en quelques autres villes, établissant partout avec le plus consolant succès l'œuvre nourricière des missions catholiques.

Pendant ce temps, le R. P. Terrien se dirigeait sur Léon; le vénérable évêque, Mgr Baron, le reçut avec une bienveillance extrême et daigna recommander à ses diocésains l'importante mission dont le zélé religieux était chargé, dans une lettre pastorale dont les *Annales de la Propagation de la Foi* ont cité avec reconnaissance les principaux passages. Le recteur du séminaire, M. André Segura, a tenu à donner l'hospitalité au R. P. Terrien, pendant son séjour à Léon.

Il y a plusieurs années que l'Œuvre de la Propagation de la Foi était organisée dans ce diocèse : elle comptait soixante-dix dizaines. Grâce aux efforts du R. P. Terrien, ce nombre a été augmenté et porté à trois cents; Quelques familles riches de Léon ont offert pour l'œuvre des dons extraordinaires ; plusieurs

autres se sont fait un honneur d'adopter un missionnaire. Un comité diocésain composé d'ecclésiastiques, de pieux laïques et de dames, a été fondé et mis en rapport avec les Conseils centraux. Les journaux catholiques ont secondé avec le plus louable empressement l'entreprise du R. P. Terrien. Avant de quitter Léon, notre délégué a, dans une lettre adressée au *Pueblo catolico*, exprimé ses sentiments de gratitude pour les innombrables témoignages de sympathie dont il avait été l'objet dans cette chrétienne cité.

De Léon, le R. P. Terrien est allé à Guanajuato où le même bienveillant accueil l'attendait. Un comité paroissial y a été établi. La directrice du collège du Sacré-Cœur, Mme Tomassini, s'est employée avec un dévouement tout particulier à faciliter la tâche du missionnaire; les membres de la confrérie des Filles de Marie souscrivirent chacune une dizaine. En outre, un grand nombre de familles aisées ont adopté un missionnaire.

Notre gravure, page 414, représente une des localités où nos délégués ont fait un court séjour. Pachuca est une ville de 13,000 habitants, située à quatre-vingt-dix kilomètres de Mexico.

Dans les environs se trouvent d'importantes mines d'argent, exploitées depuis des siècles et qui ont rendu le district de Pachuca célèbre dans tout le Mexique.

Océanie centrale. — Mgr Lamaze écrivait dernièrement de Wallis une lettre que publie la *Semaine religieuse de Saint-Dié* et à laquelle nous empruntons les lignes suivantes : ·

« L'intérêt que vous portez à notre séminaire indigène vous rendra agréables, j'en suis sûr, les quelques détails que je me plais à vous donner sur cet établissement. Je vais avoir le bonheur d'ordonner prêtre un de nos élèves : il s'appelle Savelio (Xavier). Il est dans sa vingt-septième année et il y a seize ans qu'il habite le séminaire. Il est le cinquième prêtre indigène élevé ici. Le même jour, j'ordonnerai deux acolytes et un lecteur. Pour le moment, nous avons aussi trois tonsurés et trois autres élèves portant la soutane noire au chœur. C'est là ce que je me permets d'appeler notre grand séminaire.

« Le petit compte quatorze jeunes latinistes qui se débattent, non pas avec *Rosa, Rosæ* (il n'y a pas de roses par ici) ; mais avec *femina, feminæ*, — créature qui se trouve partout ; et avec toutes les règles du rudiment. Ces enfants sont admis dans l'avant-chœur et revêtus de belles nattes fines — pour économiser les surplus — pendant les offices.

« Tout ce monde-là forme à la fois et mon séminaire et mon Chapitre ; et, grâce à ces séminaristes-chanoines, qui tous aiment beaucoup le chant et les cérémonies de l'Église, nous avons ici de beaux offices pontificaux.

« Voici notre règlement journalier, que je suis loin de proposer comme un modèle : à quatre heures et demie, réveil, méditation, sainte Messe et chant de l'une des Petites Heures, classe d'une demi-heure suivie de la petite cigarette océanienne. Il arrive parfois qu'il n'y a pas de quoi déjeuner : alors, on s'en passe ; alors aussi, *annuente superiore*, la cigarette s'allonge ou même se double. Si, par hasard, vos élèves s'en scandalisent, dites-leur que les nôtres échangeraient volontiers contre cette petite récréation le déjeuner sérieux que vous préparent les bonnes Sœurs de votre Grand Séminaire.

« Le travail des plantations, car *prius est vivere quam philosophari*, occupe utilement la matinée. A dix heures et demie, classe de cinq quarts d'heure : examen particulier et repas principal, quelquefois unique, le soupar se composant que des restes du dîner. A deux heures, visite au Saint-Sacrement ; étude de cinq quarts d'heure, puis travail manuel.

« A la chute du soleil, après les bains et la pêche, chant d'un nocturne, chapelet, prière du soir, récréation jusqu'au coucher qui a lieu à neuf heures. Vive le séminaire de Saint-Dié et puisse-t-il envoyer quelques nouveaux Apôtres à l'Océanie ! »

LA LUTTE CONTRE LE BOUDDHISME

A CEYLAN

Par le **R. P. Charles COLLIN**, Oblat de Marie-Immaculée, missionnaire à Colombo.

Nous devons au missionnaire qui nous envoie cette instructive et fort intéressante étude des communications précieuses sur Ceylan. Nos lecteurs n'ont certainement pas oublié la notice géographique, historique et religieuse que le R. P. Collin a donnée, il y a deux années, sur cette île célèbre et que nous avons publiée sous le titre de *la Perle des Indes*. Dans les pages suivantes le savant religieux consacre à la religion dominante de l'Extrême Orient un examen approfondi. Ces éclaircissements sont d'autant plus opportuns et seront lus avec d'autant plus de fruit que, dans notre Occident, la religion des bonzes est, depuis quelques années, l'objet d'un étrange engouement, elle est devenue à la mode et aurait même, paraît il, conquis des adeptes dans certains milieux.

L'entrée en matière. — La religion à la mode. — Qu'est-ce que le Bouddhisme? — Gautama, le précurseur des Agnostiques et des Rationalistes. — Lutte contre la caste des Brahmes. — Le célibat en honneur chez les Bouddhistes.

Dans le numéro des *Missions catholiques* du 9 août 1889, vous avez publié une lettre dans laquelle Mgr Bonjean vous mettait au courant de l'état de la mission de Colombo et vous faisait part de ses espérances et dè ses difficultés. Le prélat manifestait surtout son désir d'étendre le royaume de Jésus-Christ parmi les bouddhistes de Ceylan et faisait appel aux âmes généreuses qui voudraient bien l'aider dans cette tâche ardue. Son appel n'a pas été inutile, car plus d'un de nos lecteurs a bien voulu, par votre intermédiaire, faire parvenir à Sa Grandeur quelques aumônes destinées à aider la conversion des bouddhistes. Il est donc juste que nous parlions un peu de Ceylan à ceux qui veulent bien s'intéresser à notre chère île, et que nous leur disions quels progrès nous avons faits pendant le cours de l'année qui vient de s'écouler. Mgr Bonjean m'ayant chargé de ce travail que ses nombreuses occupations l'empêchent d'entreprendre lui-même, je mets volontiers la main à la plume.

Comme il s'agit de décrire aux lecteurs de votre Bulletin nos luttes contre le Bouddhisme, il me semble nécessaire tout d'abord de leur faire connaître un peu le tempérament de l'ennemi que nous avons à combattre. Une courte explication de la nature de cette vieille religion qui couvre de ses ténèbres la plus vaste partie de l'Orient, me semble, du reste, d'autant plus à propos dans vos colonnes que, quittant son berceau oriental, le Bouddhisme a tout dernièrement été s'implanter dans les Etats-Unis d'Amérique et de là a passé en Angleterre et jusque sur le continent de l'Europe chrétienne. On assure même (faut-il le croire?) qu'il y a trente mille bouddhistes à Paris et que d'éminents personnages ne rougissent pas d'assister aux cérémonies publiques de cette secte.

Qu'est-ce donc que le Bouddhisme?

Le fondateur supposé de cette religion est un prince indien connu sous les différents noms de Gautama (1), Siddharta, et Sakya-Mouni. Le nom de Bouddha, qui signifie l'*Illuminé*, est un titre qui lui fut donné lorsqu'il entra dans sa carrière ascétique.

Je l'appelle un fondateur *supposé*, parce que l'existence de ce personnage est fort douteuse. Elle n'est prouvée par aucun document historique, et ni le lieu de sa naissance, ni ceux qu'il est dit avoir habités ne paraissent avoir de réalité; ils portent des noms allégoriques, qui donnent à son histoire la couleur d'un ingénieux roman. Mais peu importe, car s'il est douteux que Bouddha ait existé, il est certain que le Bouddhisme existe, quel qu'en soit l'auteur. Les savants orientalistes de nos jours sont à peu près d'accord pour fixer son origine au sixième siècle avant Jesus-Christ. L'Inde a sans aucun doute été son berceau, et partant de là, il a envahi le Thibet, la Chine, le Japon et les autres pays orientaux.

Le Bouddhisme n'est, à proprement parler, qu'une branche du Brahmanisme ou Védisme, auquel il a emprunté ses principes fondamentaux, son vague panthéisme, sa doctrine de la transmigration des âmes, celui du *Kama* ou influence fatale des actions bonnes ou mauvaises sur la destinée future de l'homme, son respect superstitieux pour la vie des animaux, enfin son mépris théorique des richesses et des jouissances de ce monde.

Cependant Gautama a introduit dans le système hindou des modifications si importantes qu'on a fini par regarder sa doctrine comme une religion nouvelle.

Ainsi, il n'accorde aucun culte à quelque divinité que ce soit. Vishnou, Siva et lès cent mille dieux de l'Inde sont mis par lui complètement à l'écart. Il ne dit pas cependant qu'il n'y a pas de Dieu ; mais, s'il y en a un, il l'ignore. Interrogé sur ce point par ses disciples, il ne fait aucune réponse ; ainsi nous avons le phénomène monstrueux d'une *religion sans Dieu*. De là, vient l'accueil enthousiaste fait à ce système par les incrédules de nos jours. Ils acclament dans Bouddha le premier des agnostiques.

Une autre révolution opérée par Gautama est le coup fatal qu'il porte à la toute-puissante caste des Brahmes. Le Brahme, d'après la loi de Manou, est « de droit le seigneur de la création ; » il est « l'incarnation éternelle de la justice ; tout ce que le monde renferme est sa propriété. » Dans le Rij-Véda, les Brahmes sont appelés *Dévas* ou dieux, et un proverbe sanscrit, cité par Mgr Laouënan, dans son beau livre sur le *Brahmanisme*, dit : « L'univers est soumis au pouvoir des dieux ; les dieux obéissent aux *mantras* ou incantations ; les *mantras* sont au pouvoir des Brahmes, donc les Brahmes sont nos dieux. »

(1) Gautama dès sa jeunesse donna de telles preuves de son penchant pour la solitude qu'on le surnomma Çakya-Mouni, le solitaire des Çakia. Suivi de cinq disciples, il se retira dans les monts Himalaya et s'y livra au plus rigoureux ascétisme. D'après la légende, il alla passer sept jours et sept nuits assis sous un figuier et débattit longuement les charmes de la vie terrestre et ceux de la vie céleste. Brahma lui apparut et Bouddha sentant qu'il possédait la vérité et la paix, partit pour Bénarès afin d'enseigner sa doctrine. Des Indes, sa doctrine passa en Indo-Chine, en Chine et au Japon. En Birmanie, elle a conservé en partie les principes primitifs. Les Birmans ont élevé de nombreuses statues à Bouddha. Plusieurs de ces statues sont gigantesques ; celle que nous représentons, p. 415, a près de dix mètres de hauteur.

Les Brahmes avaient en effet accaparé la puissance sacerdotale et faisaient ainsi trembler toutes les castes et même les rois. Ils avaient cependant des ennemis et le plus terrible de tous a été sans contredit le fondateur du Bouddhisme, dont toute l'organisation semble être dirigée contre la caste dominante.

Ne reconnaissant pas de Dieu et n'ayant pas de culte, Gautama-Bouddha n'avait pas besoin de sacrificateurs ni de caste sacerdotale ; il n'y avait donc pas de place pour les Brahmes dans son système. Il les remplaça par deux Ordres religieux, les *Tramanas* ou ascètes et les *Bikhis* ou mendiants, appelés à tort par les Européens « prêtres boud-

dhistes ». Ces religieux sont recrutés dans toutes les castes, même les plus viles, et ils n'ont d'autre occupation que de pratiquer dans toute sa perfection la loi morale de leur maître. Tandis que les Brahmes se réservaient avec un soin jaloux la science de la religion, tous, hommes et femmes de toutes conditions, sont appelés par Gautama à la connaissance de sa doctrine enseignée partout publiquement. Aussi ne peut-on que rire de ces Américains et Européens qui publient des livres sur le *Bouddhisme ésotérique*. Il n'y a absolument rien d'ésotérique, c'est-à-dire de *mystérieux*, dans les doctrines de Bouddha ; car non seulement elles devaient être prêchées à tous indifféremment, mais Gau-

MEXIQUE. — PAYSAGE DES ENVIRONS DE PACHUCA: d'après un dessin envoyé par un des délégués de l'Œuvre de la Propagation de la Foi dans l'Amérique du Sud (voir page 412).

tama avait la prétention de faire reposer son système sur la pure raison, et il donnait comme règle à ses disciples de ne rien accepter, en fait de doctrine, qui ne leur fût prouvé. Gautama est le digne précurseur de nos modernes rationalistes.

Cependant il est un des caractères distinctifs du Bouddhisme, qui n'est sans doute pas du goût des libres-penseurs du XIXᵉ siècle, c'est l'obligation de garder le célibat imposé par Gautama à ses disciples les *Bickshirs* et les *Tramanas*. Il existait bien, parmi les Hindous, des pénitents, nommés *Sanniyassis*, qui prétendaient garder la chasteté ; mais le nombre en était restreint, tandis que les religieux bouddhistes se comptent par milliers, à Ceylan seulement.

· Mettant à côté de ce précepte austère les enseignements moraux donnés par Gautama-Bouddha à ses disciples, il faut reconnaître que, dans l'ensemble, son système est grandement supérieur au Brahmanisme, d'où il est sorti, et que souille la plus ordurière et la plus révoltante des mythologies. Le respect pour le célibat, inspiré par Gautama à ses sectateurs, les prépare admirablement aux enseignements de l'Évangile, et tandis que les Bouddhistes n'ont qu'une médiocre estime pour les ministres mariés du protestantisme, ils entourent le prêtre catholique des marques du plus profond respect.

(*A suivre*).

VOYAGE AU SINAI

PAR LE

R. P. Michel JULLIEN, de la Compagnie de Jésus.

Suite (1)

VI

A'youn Mouça ou les Fontaines de Moïse.

De la route jusqu'aux Fontaines de Moïse, il n'y a rien à dire : sol dur et stérile, ondulé sans accidents, puis des sables salés et gypseux ; enfin, après deux heures et demie de marche, cinq ou six enclos de cactus, garnis de tamarix, de palmiers, de mimosas, se succédant en ligne, du nord au sud, sur un relèvement du sol, c'est l'oasis des Fontaines de Moïse, A'youn Mouça, au singulier A'in Mouça. Nous entrons abreuver nos chameaux dans l'un des jardins appartenant à M. Athanasios. L'eau de la source, sensiblement saumâtre et sans doute légèrement purgative, peut cependant se boire. On compte dans l'oasis six sources de même nature. Toutes sortent de petits bassins en forme d'entonnoir au sommet de monticules de sable, élevés de un mètre trente à cinq mètres au-dessus du sol environnant. Comment se fait-il que ces eaux, descendues sans doute des hauts plateaux du Tih, situés à l'est, au lieu de se perdre dans le

(1) Voir les *Missions Catholiques* des 7, 14 et 21 août.

sable de la plaine, viennent surgir plus haut que le sol ? Un savant de l'expédition d'Egypte, Monge, explique le fait par les sulfates et carbonates dant les eaux sont chargées. En se vaporisant sous l'action puissante du soleil, les eaux déposent les sels et ceux-ci agglutinent le sable humide sur les bords de l'orifice ; le vent amenant de nouveaux sables, le petit rempart solidifié s'élève successivement et donne naissance à un monticule qui s'accroît tant que l'eau a assez de pression pour dépasser le sommet.

D'après un voyageur plus récent, M. Oscar Fraas, les parois du bassin seraient cimentées par la décomposition des écailles calcaires d'un fort petit crustacé, presque microscopique, le *Cypris delecta* (Müli), qu'on trouve en abondance dans ces eaux. Le limon du bassin paraît, en effet, tout composé de ces petites écailles translucides.

Autre particularité physique de ce singulier pays. Sous les grands tamarix du jardin, le sable forme à la surface une croûte salée, toute perforée par des gouttes de pluie ; tandis que, sous les autres arbres, palmiers, mimosas, caroubiers, le sol reste meuble et uni. Le tamarix aime les terres salées, en absorbe les sels et ceux-ci durant la chaleur du jour se déposent en petits cristaux sur les parties vertes. Vient la rosée de la nuit qui les dissout, tombe en eau salée sur le sol, y produit à la longue une

BIRMANIE. — RUINE D'UNE STATUE COLOSSALE DE GAUTAMA ; d'après une photographie envoyée par un missionnaire (voir la note, page 413).

croûte saline sur laquelle marquent les gouttes récentes. L'effet du tamarix sur le sol est finalement de verser sur la surface, par l'intermédiaire de la rosée, les sels puisés dans les couches profondes. D'ailleurs, tout contribue ici à l'abondance de la rosée ; l'écartement des branches du tamarix, la légéreté de son feuillage qui permettent à l'air de circuler aisément, les cristaux de sels qui refroidissent les rameaux en se fondant dans l'air humide.

Aux alentours de l'oasis, de larges taches humides accusent un sol tout imprégné de sels déliquescents. Quand nous revînmes en ces lieux, au retour du voyage, nos hommes s'empressèrent de frotter de cette terre amère les narines et les oreilles de leurs chameaux. L'entrain qu'ils y mirent nous fit supposer qu'ils pouvaient bien attacher à cette pratique quelque idée superstitieuse : pourtant ils nous affirmèrent que c'était uniquement pour donner du courage à leurs bêtes et les garantir des moucherons très fatigants dans ces parages.

Ayoun Mouça est aujourd'hui un lieu de plaisance pour les habitants de Suez qui en ont si peu ; mais on ne va au delà dans le désert que pour aller au Sinaï. Là commence vraiment le pèlerinage.

Moïse et son peuple ont rencontré cette fraîche oasis sur leur chemin et n'ont pu moins faire que de s'arrêter sous ses ombrages et se désaltérer à ses fontaines. C'est même probablement sur la plage voisine, située juste en face du mont Attaka, qu'ils sortirent de la mer. Alors le peuple d'Israël, « voyant les cadavres des Égyptiens rejetés sur le rivage, témoins de la grande vengeance de Dieu, se mit à craindre le Seigneur, à croire en lui et en son serviteur Moïse (1) ». A l'ombre de ces palmiers, les yeux tournés vers cette mer pleine de cadavres, qui les isolait pour toujours de leurs oppresseurs, ils répétèrent dans un saint enthousiasme le cantique de leur chef inspiré :

« Chantons le Seigneur, car il a fait éclater sa gloire ; il a englouti dans la mer le cheval et le cavalier... »

« Et Marie la prophétesse, sœur de Moïse et d'Aaron, prit un tambourin dans sa main, et toutes les femmes sortirent à sa suite avec des tambourins (2) et elles dansaient en chœur, répétant avec elle :

« Chantons le Seigneur, car il a fait éclater sa gloire (3). »

Les fils d'Israël sont sauvés de la servitude, la mer les sépare de Pharaon, de leurs oppresseurs, ils ne les verront plus jamais de toute leur vie ; Moïse leur en a donné l'assurance (4). Dieu a multiplié pendant deux mois (5) les prodiges les plus extraordinaires pour opérer leur délivrance, dans un but digne de lui : les former en corps de nation, leur donner des lois justes, leur enseigner le culte du vrai Dieu et frayer pour le genre humain la route au christianisme. Ce fut un commencement d'exécution du dessein de

(1) Ex., XIV, 31.
(2) Les tableaux des tombeaux de Thèbes nous apprennent que les danses de jeunes filles au son du tambourin étaient dans les usages des Égyptiennes.
(3) Ex., XV, 20, 21.
(4) Ex., XIV, 13
(5) Les plaies d'Égypte ont vraisemblablement commencé vers le milieu de février, et le passage de la mer Rouge eut lieu dans les premiers jours d'avril. — Voir Vigouroux, la Bible et les Découvertes modernes, T. II.

la rédemption, annoncé dès la chute de nos premiers parents et enfin accompli par la venue du Messie.

Il va continuer son œuvre durant quarante ans et ce ne sera pas trop pour instruire ce peuple à tête dure (1). Ce Dieu jaloux, comme il s'appelle lui-même (2), veut être seul avec eux tout le temps de leur éducation ; il les conduit au désert le plus isolé qui se puisse imaginer sur les continents, une presqu'île ne tenant à la terre que par d'interminables plateaux arides et sans eau, bordés de hauts rochers, « une terre inhospitalière et désolée, dit Jérémie (3), une terre brûlante, image de la mort, que ne traverse pas le voyageur, où jamais berger n'a fixé sa tente. » Là les enfants d'Israël, sans ressources et sans communication avec le reste du monde, ne peuvent attendre que de Dieu seul le pain, l'eau, les vêtements et tout ce qui est nécessaire à la vie d'un peuple. Ils ne savent pas même où ils vont, ignorant les sentiers du désert qui conduisent à la terre promise. Ils seront les pensionnaires cloîtrés et gratuits du Seigneur. Ils sont comme ses esclaves et n'ont qu'à mourir, si leur maître ne leur donne pas le pain de chaque jour. Le Seigneur père des orphelins (4), les nourrira, les abreuvera, les revêtira pas de la mort, que ne traverse par une nuée merveilleuse qui, le jour, les abrite du soleil et les éclaire durant la nuit. Etre séparé du monde, ne dépendre que de lui, n'est-ce pas la meilleure condition pour entendre sa voix, recevoir ses divins enseignements ?

Nous allons suivre le peuple d'Israël sur la route du Sinaï. Ce ne sera pas aisé de nous représenter les marches, les campements d'une telle multitude. Ils sont au moins deux millions, quoi qu'en aient dit nos modernes rationalistes, car mieux vaut croire Moïse, leur chef, leur historien inspiré. « Au départ de Ramessès, ils étaient environ six cent mille hommes capables de porter les armes, sans les enfants » (5). Ce n'est point une hyperbole, c'est un chiffre approximatif. Le nombre exact des hommes au-dessus de vingt ans sera compté un au plus tard par l'ordre de Dieu au camp du Sinaï. Moïse en trouvera six cent trois mille cinq cent cinquante, sans les vingt-deux mille lévites âgés de plus d'un mois (6). Dans nos populations actuelles, le nombre total des habitants est à peu près trois fois égal à celui des hommes au-dessus de vingt ans. Chez les Israélites, où tous les hommes étaient mariés et avaient souvent plusieurs femmes, le total devait être plus fort ; l'estimer à dix-huit cent mille est rester en dessous de la réalité. Mais ce n'est pas tout ; « une foule innombrable de petit peuple, d'étrangers s'étaient joints aux enfants d'Israël » (7). Dès lors, le chiffre total de deux millions pour le peuple fugitif nous apparait comme le moindre nombre en accord avec le texte sacré. Ajoutons qu'ils traînaient à leur suite des troupeaux, quantité de brebis et de bêtes à cornes (8) et qu'ils avaient même un certain nombre de chars conduits par des bœufs ;

(1) Ex., XIII, 3, XXXII, 9.
(2) Ex., XXXIV, 14
(3) II, 6
(4) Ps. LXVII, 6
(5) Ex., XII 37
(6) Nomb., I, 1, 45, 46 III, 39
(7) Ex., XII, 38.
(8) Ex., XII, 38

c'est du moins ce que nous font supposer les offrandes de cinrs faites au Seigneur le jour de la dédicace du Tabernacle (1).

Sur quelle longueur se déployait cette immense multitude en marche, quelle étendue de terrain couvrait son camp, quel temps il lui faut pour se mettre tout entière en mouvement, pour arriver tout entière au campement désigné ; nos grandes armées en campagne n'en donnent qu'une faible idée. Si un corps d'armée de vingt mille hommes met deux heures pour défiler dans une parade où rien n'embarrasse sa marche, combien d'heures ne prendra pas le passage d'une multitude confuse, cent fois plus nombreuse, sur un chemin incommode. Peuple de travailleurs, étrangers à toute discipline militaire, peu soumis à leur chef, sans organisation régulière, embarrassés de troupeaux qu'il fallait paître en chemin, leurs vagues colonnes devaient s'étendre sur une immense longueur et s'élargir au loin dans les plaines sur des chemins parallèles. En marquant leurs déplacements dans son récit, Moïse s'exprime à la manière de tous les historiens des campagnes militaires, il donne les étapes du quartier général pour celles de l'armée entière. L'entendre autrement serait supposer bien des miracles que les Saintes Ecritures ne mentionnent pas. Assurément, deux millions d'hommes et leurs troupeaux ne pourraient sans prodige venir à la fin d'un même jour de marche s'abreuver tous à une même source, ou traverser tous dans une matinée un défilé large seulement de trente mètres. Est-ce que tous les habitants de Paris pourraient boire un soir à la même fontaine, ou sortir tous un matin dans la campagne par une même avenue de trente mètres ?

(1) Nomb., VII, 3.

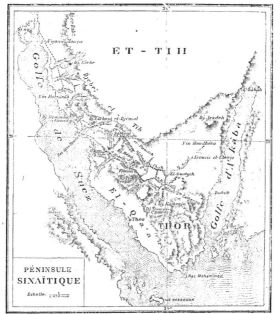

E T - T I H

PÉNINSULE
SINAÏTIQUE

Echolle: ⅟₂₅₀₀₀₀₀

En bon général, Moïse s'arrêtera deux fois sur la route du Sinaï, dans un campement commode, pour attendre les retardataires et masser son peuple, après quatre jours de marche. La disposition des tribus dans les campements, leur ordre pendant la marche, il ne les réglera complétement qu'après l'érection du Tabernacle au Sinaï (1). Le peuple fugitif n'est pas encore préparé à tant de discipline et d'obéissance.

VII
La péninsule.

Le pays que nous allons parcourir sur les traces du peuple de Dieu est une presqu'ile triangulaire s'avançant dans la mer Rouge entre le golfe de Suez au couchant et le golfe d'A'kâbah au levant. Du Sinaï, qui en est le cœur et presque le point culminant, elle tire sa célébrité et son nom de presqu'ile sinaïtique.

Suez et le fort d'A'kâbah au nord, le promontoire de Ras-Mohammed au sud, marquent les sommets du triangle ; leurs distances, qui en sont les côtés, ne différent pas beaucoup l'une de l'autre : 241 kilomètres de Suez au fort A'kâbah, 214 du fort A'kâbah à Ras-Mohammed, 299 de ce promontoire à Suez.

Jetant les yeux sur la carte, on voit que la presqu'ile a deux parties fort distinctes, séparées par une ligne de montagnes, Djébel et Tih, qui s'étend de Suez à A'kâbah en s'avançant en pointe vers le sud, comme la presqu'ile elle-même. Au nord de cette chaîne est un plateau désert peu accidenté, et Tih, l'éjarement; au sud est une contrée presque entièrement couverte de hautes montagnes, nommée Tior ou Tiour, la montagne. On a dit que la carte

(1) Nom., II, X.

orographique de la péninsule ressemble à une tête de chèvre à cornes. Une figure schématique fort simple en donnera une idée plus exacte.

Représentez la péninsule par un triangle, joignez le sommet Ras-Mohammed au milieu du côté Suez-A'càbah et divisez cette ligne médiane en trois parties égales ; le premier point de division au sud marque assez exactement la place du Sinaï, le second celle de la pointe du Djèbel et-Tih. Cette même ligne coïncide, dans la partie montagneuse de la péninsule, avec l'arête de séparation des eaux ; à l'orient, les eaux se rendent dans le golfe d'A'kàbah, à l'occident, dans celui de Suez. La chaîne elle-même de Djèbel et-Tih sera représentée par des lignes menées de la pointe vers Suez et A'kàbah, légèrement courbées à leurs extrémités vers l'intérieur des terres. Les plateaux situés au nord de cette chaîne déversent leurs eaux dans la Méditerranée par la vallée ou le ouadi el-A'rich, appelé dans l'Écriture *Torrens Ægypti* (1) ; une petite partie seulement se rend dans la mer Morte. Il ne s'agit que des eaux pluviales, car de cours d'eau permanents se rendant à la mer, il n'en est aucun dans tout le pays.

Sur le golfe de Suez les montagnes s'arrêtent généralement à quelque distance de la côte, laissant devant elles une assez large plage. Aux environs de Thor elles restent à vingt kilomètres de la rive et la plage forme une plaine non interrompue de trois cent quarante-six kilomètres carrés, nommée el-Qa'a, *la plaine*. Il n'en est pas de même sur la rive du golfe d'A'kabah ; les montagnes touchent presque le rivage ; on n'y trouve que d'étroites langues de terre et quelques rares oasis de palmiers ; la plus importante est celle de Dhahab.

La carte n'a guère que des noms de montagne (*djébel*), de vallée (*ouadi*), de cap (*ras*), de défilé (*naqb*), de source (*a'in*), de puits (*bir*) ; les quelques noms de localités qui s'y trouvent indiquent des stations temporaires, fréquentées par les Bédouins ou les pêcheurs. La péninsule n'a que deux villages ; encore méritent-ils à peine ce nom, Thor sur la côte et Feiran à l'entrée des montagnes dans la direction de Suez.

« L'histoire de cette contrée est courte, dit Ebers (2), mais son retentissement est immense. Du Sinaï part le chemin nouveau sur lequel Dieu dirige la vie des nations ; tandis que l'Egypte, berceau des arts et des sciences, n'est plus qu'une immense nécropole où tout appartient au passé. Plus nous nous enfonçons dans les déserts du Sinaï, mieux nous entendons le bruit de ce torrent qui, après avoir parcouru ces solitudes, se dirigea sur Jérusalem à travers les montagnes de la Judée, couvrit le Calvaire et le mont des Oliviers et de là versa sur le monde entier les flots d'une nouvelle vie. »

A part les faits d'immortelle mémoire rapportés dans les livres de Moïse et les Vies admirables des solitaires du Sinaï, de Raithe ou Thor ou de Pharan ou Feiran, il ne nous est parvenu sur les peuples de la péninsule que des notions incomplètes et quelques faits sans importance dans l'histoire de l'Orient.

Des mines et des inscriptions, que nous rencontrerons

(1) Jos., XV, 47.
(2) Durch Gosen zum Sinai.

sur notre chemin, apprennent que, bien des siècles avant l'Exode, les Egyptiens y exploitaient le cuivre et le fer et avaient sans cesse à lutter, pour protéger les ouvriers contre des nations indigènes turbulentes et guerrières.

Le patriarche Joseph parle probablement de ces mêmes tribus nomades quand il dit à ses frères que les Egyptiens ont en haine les pasteurs (1) ; parmi elles il faut compter les Amalécites qui voulurent s'opposer au passage des Hébreux dans la vallée de Raphidim (2), et aussi les Madianites, dont le territoire s'étendait sur la côte orientale de la péninsule, à en juger par l'histoire de leur prêtre Jéthro.

Après le temps de l'Exode, les livres historiques de l'Ancien Testament parlent rarement de cette contrée, bien que la domination des rois de Juda ait certainement atteint l'extrémité du golfe d'A'kàbah. Le troisième livre des Rois raconte que, dans le but d'apporter l'or d'Ophir, pays que l'on croit situé au sud de l'Arabie, « Salomon fit construire une flotte à Asiongaber, qui est près d'Ailath, sur le rivage de la mer Rouge, dans la terre d'Idumée » (3). Quatre-vingts ans plus tard, le roi Josaphat fit équiper dans le même but une flotte que la tempête brisa sur la côte d'Asiongaber (4). Ailath ou Eloth, appelé plus tard Elana et Ailah, est encore marqué par des ruines voisines d'A'kàbah à l'extrémité du golfe. Le nom même d'A'Kàbah, qui signifie *défilé*, n'est qu'une abréviation d'A'Kàbah-Ailah, défilé d'Ailah. Longtemps le golfe s'appela, du nom de cette ville, golfe Œlanitique.

Deux mots de saint Paul dans son épître aux Galates ont donné à penser que l'Apôtre, après sa conversion, serait peut-être retiré quelque temps au Sinaï pour vaquer à la prière et aux communications divines. Ce n'est là qu'une conjecture mal fondée sur le rapprochement de deux textes qui n'ont entre eux aucun rapport essentiel. Racontant sa conversion, il dit : « Je ne suis pas venu à Jérusalem auprès des apôtres mes prédécesseurs ; mais je suis allé en Arabie, et de nouveau je suis retourné à Damas » (5). Plus loin, à propos de la loi donnée aux Hébreux sur le mont Sinaï, il ajoute : « car Sina est une montagne en Arabie » (6).

Saint Denys d'Alexandrie nous apprend que, dans les deux ou trois premiers siècles de notre ère, beaucoup de chrétiens d'Egypte se retirèrent dans ces montagnes pour fuir la persécution. Vers la même époque, les vallées les plus sauvages aux environs du Sinaï, de Raphidim, d'Elim, la plage isolée de Raithe ou Thor se peuplèrent de solitaires et de moines ; l'empereur Justinien fit bâtir des remparts autour de l'église du Sinaï pour qu'ils eussent un refuge dans les continuelles agressions des barbares indigènes. Ailath et Pharan eurent leurs évêques (7). Du IV* au VII* siècle, ce fut la période de la domination monastique.

Au VII* siècle, l'invasion musulmane venue de l'Arabie détruisit la plupart des laures de solitaires, repoussa dans

(1). Gen., LVI, 34.
(2). Ex., XVII, 8 et suiv.
(3). IX, 196.
(4). III Rois, XXII, 49.
(5). I, 16, 17.
(6). IV, 25.
(7). Le Quien, *Oriens Christianus*, III, pp., 747, 757

les déserts du nord une partie des anciens habitants, s'assimila le reste. Seul le couvent, protégé par la forteresse de Justinien, put échapper à la dévastation. Sous les nouveaux maîtres du pays, la solitude, la stérilité, la mort, agrandirent les déserts ; comme sous les frimas et les tempêtes de l'hiver, la vie se retira au cœur des vallées les mieux protégées, les plus fertiles. Aujourd'hui la péninsule n'a que quatre mille hommes, tous Bédouins, dispersés sur une étendue égale à celle de la Belgique.

(A suivre).

LES MISSIONS CATHOLIQUES AU XIX° SIÈCLE

PAR

M. Louis-Eugène LOUVET, des Missions Etrangères de Paris, Missionnaire en Cochinchine occidentale.

CHAPITRE XV

LES MISSIONS CATHOLIQUES DANS L'AMÉRIQUE DU NORD.
(1800-1890).
(Suite 1).

II. PROVINCE ECCLÉSIASTIQUE DE MONTRÉAL.

En 1820, Pie VII établit le vicariat apostolique de Montréal, qui fut érigé en diocèse, en 1836. Cinquante ans plus tard, en 1886, Léon XIII faisait de Montréal une Eglise métropolitaine, avec deux suffragants, détachés de Québec : Saint-Hyacinthe et Sherbrooke.

La province ecclésiastique de Montréal embrasse environ un cinquième de la province civile de Québec. La race franco-canadienne y domine encore, mais l'élément anglo-saxon y est plus nombreux et plus fort qu'à Québec.

ARCHIDIOCÈSE DE MONTRÉAL.

L'archevêché de Montréal compte 400,000 catholiques, contre 60,000 protestants.

1° *Clergé* : 1 archevêque, 570 prêtres, dont 82 sont Européens.

2° *communautés religieuses, hommes* : Cisterciens, Jésuites, Sulpiciens, Rédemptoristes, Oblats de Marie, Salvatoristes, Clercs de Saint-Viateur, Frères Maristes, Frères de l'instruction chrétienne (Lamennais), Frères des écoles chrétiennes, Frères de Charité, total : 11 Congrégations d'hommes.

Femmes : Carmélites, Sœurs de Charité, du Bon Pasteur, de Notre-Dame, du Précieux-Sang, du Sacré-Cœur, des Saints Noms de Jésus et de Marie, de Saint-Joseph, de Sainte-Anne, de la Merci, de la Providence, Sœurs Marianites de Sainte-Croix, Sœurs des Pauvres, total : 13 Congrégations de femmes.

3° *Œuvres d'apostolat* : 187 églises, 137 chapelles.

4° *Œuvres d'éducation* : 1 séminaire à Montréal (Sulpiciens), 140 élèves ecclésiastiques.

Annexe à l'Université Laval, 120 élèves.

7 collèges jeunes gens, 1,980 élèves, 84 pensionnats de filles, 917 écoles de paroisse. 56.200 enfants.

(1) Voir tous les numéros parus depuis le 14 mars jusqu'à fin octobre 1890, et 2, 9, 16, 23 et 30 janvier, 6 et 13 février, 24 avril, 1er, 8, 15, 22 et 29 mai, 5, 12, 19, 26 juin, 3, 10, 24 et 31 juillet, 7 et 21 août 1891.

5° *Œuvres de charité* : 27 maisons, orphelinats, asiles, refuges, maisons de vieillards, hôpitaux, secourant environ 2,000 pauvres.

DIOCÈSE DE SAINT-HYACINTHE.

Détaché en 1852 du diocèse de Montréal, il comprend sept comtés et deux fractions de comtés. La population catholique est de 120,500 âmes.

1° *Clergé* : 1 évêque, 1 chapitre de 14 chanoines, 176 prêtres, dont 17 réguliers.

2° *Communautés religieuses. Hommes* : Dominicains, Clercs de Saint-Viateur, Frères de Sainte-Croix, Frères du Sacré-Cœur, Frères Maristes. Total, 5 Congrégations religieux.

Femmes : Sœurs de la Présentation ; du Précieux Sang ; de Notre-Dame ; de Saint-Joseph ; des Saints Noms de Jésus et de Marie ; Sœurs grises. Total, 6 Congrégations de religieuses.

3° *Œuvres d'apostolat* : 3 églises ou chapelles.

4° *Œuvres d'éducation* : 2 séminaires, l'un à Saint-Hyacinthe, 12 élèves en théologie, 350 en humanités, l'autre à Marie-Ville, 10 élèves en théologie, 200 en humanités.

6 collèges jeunes gens, 20 académies jeunes filles, 400 écoles de paroisses, environ 20,000 enfants.

5° *Œuvres de charité* : 5 hôpitaux.

DIOCÈSE DE SHERBROOKE.

Il fut érigé en 1874 et compte 53,240 catholiques, contre 46,050 protestants. Les deux races française et anglaise s'y partagent à peu près par moitié l'influence.

1° *Clergé* : 1 évêque, 74 prêtres, tous nés et élevés dans le pays.

2° *Communautés religieuses. Hommes* : Frères du Sacré-Cœur, 2 maisons, 16 Frères.

Femmes : 9 Ursulines ; 21 Sœurs de charité ; 5 de Sainte-Croix ; 15 de la Présentation ; 30 de Notre-Dame ; 9 de l'Assomption. Total, 6 Congrégations et 89 religieuses.

3° *Œuvres d'apostolat* : 45 églises paroissiales, 15 missions avec chapelles.

4° *Œuvres d'éducation* : 1 séminaire, à Sherbrooke, 9 élèves ecclésiastiques, 1 collège annexe, 184 élèves.

242 écoles de paroisses, 6,500 enfants.

17 établissements d'enseignement libre, 2,110 élèves.

5° *Œuvres de charité* : 1 asile, 1 hôpital.

Résumé de la province ecclésiastique de Montréal.

Archevêché Montréal : 1 archevêque, 570 prêtres, 324 églises ou chapelles, 400,000 catholiques.

Evêchés : Saint-Hyacinthe, 1 évêque, 176 prêtres, 111 églises ou chapelles, 120,500 catholiques.

Sherbrooke : 1 évêque, 74 prêtres, 60 églises ou chapelles, 53,240 catholiques.

Total : 1 archevêque, 2 évêques, 810 prêtres, 495 églises ou chapelles 573,740 catholiques.

III. PROVINCE ECCLÉSIASTIQUE D'OTTAWA.

La province ecclésiastique d'Ottawa embrasse au cinquième environ de la province civile de Québec et une faible portion de celle d'Ontario. Un seul suffragant. Les deux races française et anglaise se disputent la prédominance, mais la langue anglaise et l'influence anglo-saxonne dominent dans la majorité du pays.

Archidiocèse d'Ottawa.

En 1846, un siège épiscopal fut érigé dans la ville de Bytown. Il fut transféré en 1860 à Ottawa, devenu le centre du gouvernement pour tout le dominion. Léon XIII l'éleva en 1886 à la dignité de Métropole. L'archidiocèse est situé, partie dans la province de Québec et partie dans celle d'Ontario. Il compte 125,000 catholiques, contre 83,000 protestants.

1° *Clergé :* 1 archevêque. 145 prêtres, dont 96 du pays.

2° *Communautés religieuses. Hommes :* Dominicains, 4 prêtres. Jésuites, 2 prêtres. Oblats de Marie (noviciat pour les provinces de l'ouest), 40 prêtres, 50 scholastiques, 20 Frères coadjuteurs. Société de Marie, 5 prêtres, 9 Frères coadjuteurs. Frères des Ecoles chrétiennes, 40 ; total 5 Congrégations et 170 religieux.

Femmes : Sœurs grises, 169 ; de la Miséricorde, 10 ; de Notre-Dame, 17 ; du Refuge, 61 ; de la Sagesse, 10 ; de Sainte-Marie, 6 ; du Précieux-Sang, 9 ; total, 7 Congrégations et 282 religieuses.

3° *Œuvres d'apostolat :* 65 paroisses, 25 missions, 90 églises, 23 chapelles.

4° *Œuvres d'éducation :* grand et petit séminaire (Oblats de Marie), 22 élèves au grand séminaire, 350 au petit ; 2 académies jeunes filles, 360 élèves, 309 écoles de paroisses 25,350 enfants.

5° *Œuvres de charité :* 3 orphelinats, 200 enfants ; 1 refuge, 114 repenties, 3 asiles, infirmes et vieillards, 2 hôpitaux.

Vicariat apostolique de Pontiac

En 1882, Léon XIII créa le vicariat apostolique de Pontiac, détaché des diocèses voisins d'Ottawa, des Trois-Rivières et de Saint-Boniface. Ce vicariat est compris entre la baie d'Hudson, au nord, la préfecture du golfe Saint-Laurent, à l'est, les diocèses du bas Canada, au sud, et l'archidiocèse de Saint-Boniface, à l'ouest.

La nationalité anglaise domine dans ce vaste territoire. qui compte 54,000 catholiques, dont 10,000 sauvages, sur 85,500 habitants.

1° *Clergé :* 1 vicaire apostolique, en résidence à Pembroke, 30 missionnaires.

2° *Communautés religieuses. Hommes :* Oblats de Marie, 7. *Femmes :* Sœurs Marianites, 6 ; Sœurs grises, 27. Total, 2 Congrégations et 33 religieuses.

3° *Œuvres d'apostolat :* 20 stations avec résidence, 40 missions, 14 églises, 28 chapelles.

4° *Œuvres d'éducation :* 2 étudiants en théologie et 12 en humanités, dans les séminaires d'Ottawa et de Montréal ; 5 académies, jeunes filles, 451 élèves ; 14 écoles de chrétientés, 1,000 enfants ; 1 école industrielle.

5° *Œuvres de charité :* 3 hôpitaux, moyenne 400 malades.

Résumé de la province ecclésiastique d'Ottawa.

Archevêché : Ottawa. 1 archevêque, 145 prêtres, 113 églises ou chapelles, 125,000 catholiques.

Vicariat apostolique : Pontiac. 1 vicaire apostolique, 30 prêtres, 42 églises ou chapelles, 34,000 catholiques.

Total : 1 archevêque, 1 vicaire apostolique, 175 prêtres, 155 églises ou chapelles, 159,000 catholiques.

(*A suivre.*)

DONS

Pour l'Œuvre de la Propagation de la Foi

ÉDITION FRANÇAISE.

O. H., diocèse de Saint-Dié.	5
Une famille de Saint-Etienne, donrecueilli par *l'Echo de Fourvière*	45
Une dame anonyme id. id.	1000
Une hospitalière id. id.	1
M. Esnault, de Nogent-le-Rotrou, diocèse de Chartres	7

Pour les missions les plus nécessiteuses (Mgr Blettery)

Un abonné de Sainte-Marguerite-la-Figère, diocèse de Viviers..	50
Un abonné du diocèse de Quimper	100

Pour les missions éprouvées par la famine (Mgr Blettery)

Miles B., diocèse de Nancy	15

Pour la mission de Danemark.

Un curé de campagne du diocèse de Bourges	3

Pour l'église du Rosaire à Copenhague.

Une Tertiaire Dominicaine d'Aix	5

A M. Fourcade à Alladhy (Pondichéry), pour les affamés.

Mlle Marcelle M., diocèse de Saint-Claude, avec demande de prières pour ses parents et amis défunts.	50
M. Londares, du diocèse de Grémont, demande de prières.	12
M l'abbé J M., professeur de théologie à Louvain.	100
D, L. F. à Alger, avec demande de prières.	10
Mlle M. R. à M.-s-S., diocèse de Nancy	50

Au R. P. Darras, pour l'église de Notre-Dame de Lourdes à Cierput (Pondichéry).

Une abonnée du diocèse de Paris, avec demande de prières spéciales.	100

A Mgr Riccaz pour les veuves païennes de Nagpore.

Mlle M R. à M.-s-S., diocèse de Nancy	50

A Mgr Pinchon, vicaire apostolique du Su-tchuen occidental.

Anonyme du diocèse de Bayeux	10
Anonyme de Versailles, avec demande de prières	5

A Mgr Cousin (Japon méridional) pour son séminaire.

Mlle Marcelle M., diocèse de Saint-Claude, avec demande de prières pour ses parents et amis défunts	25

A M. Corre (Japon méridional) pour l'œuvre des catéchistes.

Mlle Marcelle M., diocèse de Saint-Claude, avec demande de prières pour ses parents et amis défunts.	25
M. le Chanoine Vitrucci à Livourne.	35
M. E. de Chambure, à Lachaux, diocèse de Nevers.	100
M. le Chanoine Defrance à Châlons.	100
Mlle M. L. G. à Châlons	40
Mme Vve Duguet à Saint-Dié	210
M. Cadel, à Saint-Rambert (Loire).	210

A M. Bruley, missionnaire au Japon septentrional.

Mme Blanchet à Laval.	10

A M. Tulpin (Japon septentrional), pour l'œuvre des catéchistes.

Anonyme du diocèse de Bayeux	20

A Mgr Combes, pour ses chrétiens victimes des ravages des sauterelles.

Mlle Pinczon du Sel, de Rennes.	350

A Mgr de Courmont, pour Notre-Dame-de-Lourdes, au Kilima-Ndjaro.

Les professeurs et les élèves du Petit Séminaire de Saint-Pé diocèse de Tarbes.	100

Au R. P. Deltour, pour achat d'un calice pour la mission de Bethléem (Natal).

Anonyme du diocèse de Saint-Claude.	100

Pour le R. P. Serrière (Transwaal).

Un anonyme de Chaumont, diocèse de Langres	10

A Mgr Clausse, vicaire apostolique de Bénin, pour ses missions.

M. P. B. don recueilli par *l'Echo de Fourvière*	100

A M. Picard, missionnaire en Abyssinie.

Mlle Pinczon du Sel, de Rennes	20

A Mgr Vidal (îles Fidji).

Anonyme, don recueilli par *l'Echo de Fourvière*	2

A Mgr Navarre (Nouvelle-Guinée).

Un anonyme de Chaumont diocèse de Langres	10
V. C, don recueilli par *l'Echo de Fourvière*	240

(*La suite des dons prochainement*)

TH. MOREL, *Directeur-gérant.*

Lyon. — Imprimerie MOUGIN-RUSAND, rue Stella, 3.

ARABIE. — LE DÉSERT; d'après une photographie envoyée par le R. P. JULLIEN de la Compagnie de Jésus
(Voir page 428).

PRISONNIERS AU DAHOMEY!

d'après le récit du R. P. DORGÈRE, des Missions Africaines
de Lyon.

Un des épisodes les plus émouvants de l'histoire des missions
en ces derniers temps a été la captivité du R. P. Dorgère. On
connaît les principales péripéties qui ont marqué l'arrestation à
Whydah et l'emprisonnement à Abomey du vaillant apôtre;
nous avons publié, aux mois de mars, d'avril et de mai 1890,
différentes lettres qui racontaient en gros les événements.
Depuis que le R. P. Dorgère est rentré en France, nous espérions obtenir de lui des détails plus circonstanciés ; mais nous
nous sommes heurtés à la modestie du missionnaire. Heureusement, un de nos amis, M. l'abbé Grangeon, de Clermont, qui a
eu le bonheur de converser souvent avec le Père, a pu composer, à la suite de ces causeries, l'intéressant récit que nous
offrons à nos lecteurs.

Au temps passé, dans les siècles de foi, le pèlerin,
à son retour, était entouré avec une curiosité mêlée
de vénération. On lui demandait l'histoire de son pieux
voyage ; il la disait naïvement, et on l'écoutait de
longues heures, durant la veillée, dans la grande salle
du château ou à l'humble foyer de la chaumière. On
partageait toutes les émotions du conteur... presque
toujours on pleurait.

C'est avec une avidité pareille que j'écoutais, il y a
quelques jours, dans le préau de l'école apostolique
des Missions Africaines de Clermont, un pèlerin au pays
des nègres, le P. Dorgère. Il faisait le récit de sa captivité ou, pour mieux dire, de son long martyre au
Dahomey (février-mai 1890).

On ne saurait l'entendre sans une vive émotion.
Tout parle en lui : son regard, dans lequel se reflète
une âme douce et forte; sa figure brunie par le soleil
du « continent noir » ; ses traits amaigris par la faim et
par la fièvre... Et puis, pendant qu'il parle, on se sur-
prend à regarder ses pieds, ses mains, son cou : on
croit y voir encore l'empreinte des lourdes chaînes qu'il
a si longtemps portées.

Je voudrais essayer de redire après lui ce qu'il a
souffert là-bas. Cet épisode d'une vie de missionnaire,
si décoloré soit-il sous ma plume, intéressera peut-être
vos lecteurs.

* *

Le Dahomey, aucun Français ne l'ignore depuis
l'expédition de l'année dernière, est un petit État nègre
de l'Afrique occidentale, au fond du golfe de Guinée,

vers la côte des Esclaves et la côte du Bénin. Sa population, peu connue d'ailleurs, ne dépasse probablement pas trois *cent mille âmes*. Les villes de quelque importance y sont rares. Il suffira de nommer, sur la côte : le port de *Whydah*, celui de *Godomé* et celui de *Kotonou* dans le voisinage de Porto-Novo ; à l'intérieur : *Alladah*, *Abomey*, la capitale, et *Kana-Gomé* où le roi a ses palais d'été. Ce roitelet s'appelle *Béhanzin* ; il a succédé, il y a tantôt trois ans, au vieux roi *Glé-glé*, son père.

L'évangélisation du Dahomey est confiée à la Société des Missions Africaines de Lyon. Le préfet apostolique, le P. Lecron, a sa résidence à *Agoué*, dans le royaume voisin.

.   .

Or, donc, S. M. Béhanzin, comptant sans doute sur son armée d'Amazones, s'avisa de contester les droits et le protectorat de la France sur Porto-Novo. Bientôt, au commencement de l'année 1890, se répandirent des bruits de guerre ; deux compagnies de tirailleurs sénégalais furent embarquées à *Dakar* (Sénégal), à destination de Kotonou, pour renforcer notre corps d'occupation. Ces soldats arrivèrent sur un navire de guerre, suivi de trois autres bâtiments portant des renforts.

Peu de jours après, le 15 février, les agents des factoreries européennes et les missionnaires, en résidence à Whydah, reçurent du gouverneur qui, du reste, les avait déjà prévenus, le billet suivant :

« *Requin* » (mot de passe convenu à l'avance pour dire : les hostilités sont imminentes !; Ayez prie, le 17, toutes vos précautions. Prière songer aux missionnaires, et vous prie de ne pas vous inquiéter. Compliments.

« Jean Bayol. »

Conformément à ces instructions, et pour mettre leurs personnes à l'abri de tout danger, les Européens se réunissent, le 16 février, dans la factorerie Fabre. Ils sont neuf : MM. Bontemps, Chaudoin, Pietri, de la maison Fabre de Marseille ; Heuzé, Tooris de la maison Régis de Marseille ; Hotting et With, d'une maison allemande, et les RR. PP. Dorgère et Van Pawordt, missionnaires.

Dès la première heure, soldats improvisés mais braves, ils préparent la défense. Les fusils et les revolvers sont chargés ; l'escalier de bois qui conduit au premier étage est coupé ; les portes sont barricadés avec les sacs de sel et des balles de tissus ; près de deux mille bouteilles sont brisées et les morceaux sont répandus dans la cour et autour de la maison. Le jour, la nuit, on fait sentinelle ; chacun fournit son quart de veille sur la véranda ou à la lucarne.

Et cela dura huit grands jours, jusqu'au 24 février.

.   .

Au dehors, les troupes dahoméennes se massent peu à peu. Bientôt, les soldats qui cernent la factorerie sont au moins deux mille. Et jour et nuit, ces soldats font monter vers les assiégés, qui peuvent les voir, des cris

et des menaces sinistres, brandissant leurs sabres et leurs coutelas, frappant sur leurs tam-tams et leurs tambours, exécutant des danses guerrières diaboliques.

Un soir, le 21 février, je crois, le défilé macabre autour de la factorerie, fut plus lugubre que jamais. En tête de la longue colonne, en avant des *Cabécères* ou chefs guerriers, marchent trois nègres. Le premier porte le bâton du roi ; le second, le grand couteau qui sert à couper les têtes humaines, et le troisième, un large bassin d'argent destiné à les recevoir et à les présenter au roi.

Et les secours promis n'arrivent pas !

.   .

Un matin, les assiégés, exténués par les veilles, n'ayant plus de vivres, n'en pouvant plus, aperçoivent, en fouillant l'horizon, un point noir. « C'est un navire de guerre ! C'est le salut ! Vive la France ! » Le vaisseau passe en face de Whydah : il ne s'arrête point ! « Ce sera pour demain, sans doute ! » Quelques jours après, en effet, on aperçut, de la lucarne, un autre bâtiment. Ce nouvel espoir fut suivi d'une déception nouvelle : le vaisseau fila son nœud sans même faire un signal.

Entre temps, un des assiégés, miné par la fièvre, en proie à une hallucination terrible, tente de se donner la mort : le P. Dorgère lui arrache le revolver des mains, mais ne peut l'empêcher de se porter, dans la région du cœur, un coup de couteau sans gravité et qui dissipe le délire.

.   .

Cependant, dans la journée du 24 février, quelques messagers des autorités de Whydah se présentent à la factorerie et demandent à parlementer. Ils ont à leur tête un métis baptisé, Candido Rodriguez, devenu secrétaire du roi du Dahomey. Comme ils sont en petit nombre, on les introduit. Candido prend la parole :

« Les Dahoméens, dit-il, sont très étonnés de votre conduite : pourquoi vous êtes-vous enfermés ainsi ? Le pays est très calme ; le roi aime les blancs. Si la population a paru surexcitée, ces jours derniers, c'est que le bruit s'est répandu à tort sans doute, qu'une armée allait débarquer à Whydah. Maintenant, tout est rentré dans l'ordre... D'ailleurs, si l'on devait se battre avec les blancs, je ne serais pas avec les autorités ; car je suis *blanc*, moi aussi (c'est une manière de dire qu'il était baptisé) ; je suis fils de Dieu ! »

Et il jura sur la tête de son père, sur les saints Évangiles et sur le Christ que les blancs assiégés n'avaient rien à craindre.

Traître ! Judas ! Renégat !

En même temps, il les invite à se rendre à *la Gore*, où siègent les autorités, pour traiter de la réconciliation, et il s'offre à laisser à la factorerie un certain nombre d'otages.

Il parle avec un tel air de candeur que cinq des assiégés se décident à le suivre. Deux heures après, ils sont de retour, enchantés de l'accueil cordial qui leur a été fait.

« — Décidément, dirent-ils, nous avons été victimes d'une fausse alerte ! »

Et, pour renouer les liens de l'amitié, les neuf Européens, sans armes, sans défiance, retournent à la Gore. Cette fois, ils sont accueillis avec enthousiasme. Candido, le sourire satanique sur les lèvres, leur dit : « Ici, vous n'avez rien à redouter : c'est la maison du roi ».

Ils entrent. Dans la cour qui précède le tribunal, ils remarquent une centaine de nègres accroupis, comptant des *cauris*, petits coquillages qui servent de menue monnaie sur presque toute la côte d'Afrique... Les nègres sourient.

Au moment où le P. Van Pawordt s'apprête à ouvrir la porte du tribunal, Candido pousse un cri, le signal de la trahison ! en un clin d'œil, les blancs sont entourés et saisis chacun par dix noirs au moins ; ils sont jetés à terre brutalement ; plusieurs se blessent contre la paroi ou contre l'escalier ; le sang coule. Les noirs, pour suffoquer leurs victimes, leur enfoncent le pouce dans la gorge, tandis que d'autres leur attachent les bras autour de la ceinture. On les relève tout meurtris, les mains gonflées et bleuies par les liens qui les serrent...

Les autorités de la Gore sont là : un interrogatoire sommaire commence, tandis que les soldats se jouent des pauvres prisonniers en les pinçant aux jambes et aux bras, en leur arrachant la barbe et les cheveux.

C'est Candido qui sert d'interprète.

— Pourquoi vous êtes-vous enfermés ?... La France veut-elle donc faire la guerre ?... Savez-vous combien de soldats sont arrivés ?

— Nous ne savons absolument rien... Si nous nous sommes mis sur la défensive, dans la factorerie, c'est pour obéir au gouverneur... Nous n'avons attaqué personne.

L'interprète s'adressant au P. Dorgère :

— Tu ne peux pas mentir, toi, puisque tu es fils de Dieu. Pourquoi as-tu envoyé les Sœurs à Agoué ?

— C'est parce que le P. Lecron, mon chef, célébrait une grande fête ; les Sœurs devaient y assister.

— Tu ne nous dis pas la vérité !

— Candido, demande à la Gore, je te prie, ce que je fais ici depuis tantôt six ans : est-ce que tous les jours je ne nourris pas les enfants du roi ?

— Les enfants du roi ?... Le roi n'a pas besoin de toi pour nourrir ses enfants. Tu n'as plus son amitié puisque, toi aussi, tu t'es armé pour tuer les gens de la Gore...

— Pourquoi gardes-tu le P. Van Pawordt qui est Hollandais ?

— De quel pays dis-tu qu'il est ?

— Je dis qu'il n'est pas Français : il est Hollandais.

— On verra plus tard. »

• •

Bientôt, les prisonniers entendirent un bruit de chaînes. Un lourd collier de fer, qui blesse les épaules, est rivé autour du cou ; une grosse chaîne, allant de l'un à l'autre, attache ensemble et de très près les neuf martyrs. C'est le carcan et la chaîne des esclaves. Où va-t-on les conduire ? à quel moment vont tomber leur têtes ? Elles vont tomber bientôt, sans doute : car, une fois qu'ils sont enchaînés, on les pousse par une porte étroite dans une cour voisine un peu déserte, au milieu de laquelle ils aperçoivent une espèce de tumulus, *un fetiche* comme on dit là-bas, surmonté d'un billot ; est-ce l'autel du sacrifice ?... Tout à côté on porte le funèbre couteau des exécutions et le fameux bassin qui reçoit les têtes !...

Les deux Pères sourient à cette vision du martyre et se donnent réciproquement l'absolution. Quelques-uns de leurs compagnons se confessent ; un d'entre eux fait un vœu à Notre-Dame du Puy-en-Velay ; un autre, tremble et pleure.

Mais non, ce n'est pas la mort. Après s'être consultés un moment, les bourreaux se précipitent sur les victimes pour les dépouiller : ils ne leur laissent absolument que leur caleçon et leur chemise ou leur flanelle. Comme la soutane des missionnaires ne peut sortir par dessus la chaîne, elle est mise en pièces à coups de sabre et arrachée par lambeaux.

Ce n'est pas tout encore. On les attache deux par deux, la jambe droite de l'un à la jambe gauche de l'autre, au moyen d'une barre de fer qui immobilise un des pieds. Puis on les enferme dans une case sans air, sans lumière où s'exhale une odeur nauséabonde. Quelles nuits et quelles journées ils ont passées là ! J'entends encore, non sans pleurer, le P. Dorgère me dépeignant leurs tortures... Les chaînes du cou, les barres des pieds sont courtes et serrées de sorte que, quand l'un des patients veut se mouvoir, tous les autres ressentent le mouvement ; si l'un se baisse, tous les autres sont obligés de se baisser avec lui ; si l'un veut sortir, tous doivent le suivre... L'inégalité de la taille produit, pour certains, des postures extrêmement gênantes... A un moment, ils se laissent tomber en masse sur le sol ou plutôt dans la boue de leur case infecte, presque sans connaissance, en proie à d'intolérables douleurs. On les laisse vingt-quatre heures sans leur donner à manger !

Et les geôliers sont là qui rient, qui se moquent, qui insultent, les traitant de chiens, de lâches, et même de *nègres*... Je ne sais pas si Candido vint se joindre aux insulteurs !

• •

Le 27 février, vers onze heures du soir, les prisonniers furent réveillés en sursaut ; on les fit sortir, on enleva les colliers et la chaîne qui les réunissait ; on leur attacha solidement les pieds, puis on les hissa les uns après les autres dans des hamacs, et en route pour *Abomey*, la capitale! C'est le roi qui va décider de leur sort.

. . .

On s'en souvient : le P. Van Pawordt est Hollandais. C'est pour cette raison, sans doute, qu'il fut gardé à Whydah, non pour y être mieux traité! On le laissa enchaîné huit jours encore. La chaîne était lourde : elle pénétra bien avant dans les chairs ; elle était longue parce qu'elle se composait d'une bonne partie de celle qui les avait enchaînés tous. Le pauvre Père ne pouvait plus la porter ; il ne pouvait plus se mouvoir, il appelait la mort. Un jour, un de ses geôliers, le voyant étendu à terre, presque sans vie, en eut pitié. Il ramassa la chaîne traînante, et la disposa en forme d'oreiller : les missionnaires ont souvent un oreiller pareil! Le Père y reposa sa tête, il dormit un peu. Le lendemain on lui enleva ses fers. Il commença à revivre.

. . .

Les hamaquaires vont bon train. Les huit blancs qu'ils portent sur leurs épaules respirent à l'aise malgré le soleil brûlant, dans les hautes savanes ou sur la lisière des grands bois. Les voici à *Alladah*! Ils font halte dans cette ville pendant une nuit d'orage ; ils repartent de bon matin pour la capitale. Ils avaient à peine franchi quelques milles, lorsqu'un ordre du roi leur signifie de revenir à Alladah. Pourquoi? que se passe-t-il donc? va-t-on les décapiter à Alladah? ou bien, veut-on les renvoyer à Whydah et leur rendre la liberté ! Mystère ! Ils demeurent toujours anxieux ; car le courage sanglant et le bassin royal sont toujours portés devant eux.

A Alladah, les captifs reçoivent de nouveau le collier de fer, rivé avec le ciseau, et ils sont tous attachés à la même chaîne. Ce supplice, allégé pourtant par intermittences, dure environ trois semaines.

Tout à coup, dans la nuit du 14 mars, le canon résonne, les tam-tams bruissent, des cris insolites se font entendre : Béhanzin vient d'arriver, les blancs doivent lui être présentés! On procède à leur toilette ; on leur rend leurs chapeaux et leurs chaussures ; on leur lie les mains autour de la taille, et chacun d'eux s'avance tenu par un soldat.

Quand ils débouchent sur la place, ils se trouvent en présence de quinze mille soldats, *vaste forêt noire* qui ne manque pas de leur inspirer une certaine terreur! Ils traversent ces interminables bataillons et s'arrêtent en face d'une autre grande armée, l'armée des Amazones ou les « *quatre mille vierges noires du Dahomey.* » Elles aussi sont armées du fusil et du couteau ; ce sont elles qui forment la garde du roi. Le roi est assis là-bas, au fond, sous un abri de chaume. Les blancs ne le voient

pas ; ils ne l'entendent point. Sa Majesté parle pourtant. Elle dit qu'elle est en colère de ce qui vient de se passer à Whydah et à Kotonou, mais qu'elle ne retire pas son amitié au roi de France.

Les huit captifs sont ramenés dans leur prison... Quand verront-ils le roi? Quand seront-ils fixés sur leur sort?

. . .

Le lendemain, à l'aurore, les hamaquaires sont prêts : il faut repartir pour Abomey ; c'est là que le roi donne ses audiences.

Quand les Européens y arrivent, ils y trouvent le potentat nègre, qui les a devancés avec son armée grossie encore. Sa Majesté veut se payer le luxe d'un triomphe. Les prisonniers, les mains toujours enchaînés, doivent traverser une fois de plus, et cette fois au pas de course, les allées mouvantes et vivantes de l'immense « forêt » noire. Hélas! on porte devant eux quatre têtes de tirailleurs sénégalais, déjà en décomposition, couvertes d'une nuée de mouches... « Ce sont des frères!... que s'est-il donc passé sur la côte?... » Les cœurs saignent ; et la course continue dans la direction du palais du roi, jusqu'aux Amazones qui accueillent les captifs en hurlant, en vociférant, en jetant sur eux je ne sais quelle *eau lustrale* pour les purifier et chasser les mauvais esprits.

Le P. Dorgère murmurait tout bas : O mon Dieu! quand nous sera-t-il donné de chasser plus sérieusement les mauvais esprits de toutes ces chères âmes païennes!

Les blancs ne virent pas encore le roi!... Si j'ai bon souvenir, on était au 20 mars. La captivité à Abomey se prolongea sans incident notable, et avec des tortures moins cruelles, jusqu'aux derniers jours d'avril.

Une fois, le P. Dorgère dit à un des gardiens :

« — Priez le roi de nous donner un jardin pour que nous puissions travailler. »

On répondit : « Quand on est l'hôte du roi, comme vous et qu'on reçoit ses présents, on ne travaille pas de ses propres mains. »

. . .

Cependant le commandant Fournier avait pris la direction des opérations militaires ; il avait fait parvenir à la cour de Béhanzin une lettre très digne et très ferme ; quelques obus, lancés la nuit sur Whydah, avaient produit grand effet.

« On avait vu, disaient les noirs, deux officiers français à cheval, tenant des chandelles à la main et venant reconnaître les lieux... Qui sait s'ils n'iront pas jusqu'à la capitale? »

Le roi réfléchit ; il devint plus traitable à l'endroit de ses prisonniers et il se décida enfin, sérieusement cette fois, à les recevoir.

Toutefois, l'entrevue n'eut pas lieu à la capitale. Le roi nègre s'était rendu dans ses palais d'été, à Kana-Gomé, à soixante-dix kilomètres d'Abomey : les prisonniers durent aller l'y rejoindre.

Le soir même de leur arrivée, ils s'étaient endormis, harassés de fatigue. A onze heures on les éveille à la hâte : le roi les appelle ! En un clin-d'œil ils sont prêts... Ils traversent les rues désertes... les voici en face du palais.

« — Comment faudra-t-il saluer le roi? demande un des Blancs. »

Le Cabécère répond :

« —Vous le saluerez de la main. Nous noirs, nous nous prosternons le front dans la poussière devant Sa Majesté ; vous Blancs, vous pouvez rester debout ; car vous ne vous mettez à genoux que devant Dieu. »

Se tenir debout est là-bas, comme ici, le privilège des enfants de Dieu et de la sainte Église !

.[.].

Les huit Européens franchirent donc la cour du palais et plusieurs salles, en grand silence et non sans émotion. A chacune des portes veillent des sentinelles qui, toutes les cinq minutes, s'appellent et se répondent au son du cor. Cette musique monotone et un peu triste, comme tout ce qui est païen, a dans la nuit quelque chose de solennel...

Enfin, ils sont devant le roi ! Ils le saluent de la main. Sa Majesté se tient accroupie, fumant une longue pipe dorée, au milieu de toute sa cour... Cette simplicité, mêlée de grandeur, impose plus qu'on ne pourrait le croire : Ce petit roi négrillon possède peut-être l'autorité la plus absolue et la plus respectée qui soit au monde !

Non loin de lui est une table chargée de mets et de bouteilles. Les étrangers sont invités à s'y asseoir ; ils remercient en prétextant de leur émotion.

Le roi, paraît-il, porta alors une coupe à ses lèvres ; mais nul ne le vit, nul ne doit le voir. Quand il boit, on étend devant lui un pagne ou un parasol, l'échanson crie : « il fait nuit ! » On s'incline profondément ; on se relève lorsque Sa Majesté a fini de boire et qu'on a dit : « il fait jour ! »

« Il fait jour, » en effet, et le roi se leva.

« — Que le sang versé, dit-il, retombe sur celui qui nous fait la guerre !... Nous n'avons pas peur ; nous saurons défendre le sol de nos ancêtres... Ecrivez au roi de France de se faire envoyer la tête du gouverneur Bayol et de me rendre mes Cabécères, mes cases, mon territoire, et nous aurons la paix... »

On donna aux prisonniers de quoi écrire ; ils écrivirent sous la dictée du roi ; la lettre fut scellée ; on mit l'adresse.

Béhanzin reprit :

« — Maintenant vous êtes libres... Vous pouvez retourner à Whydah... Malheur à qui toucherait même à un cheveu de vos têtes !... Avant de quitter la Cour, rece-

vez mes présents. Jamais [Blanc n'est entré dans mon palais sans en recevoir. »

Et il fait remettre un pagne à chacun des captifs...

Ceux-ci reprennent joyeusement et à marches forcées le chemin de Whydah, où ils arrivent, le 6 mai, à une heure du matin. Ils sont libres !... leur martyre avait duré trois mois.

Ai-je besoin de dire que le P. Dorgère fut l'âme de la petite troupe, durant les jours terribles de sa captivité ?

Voici comment l'un d'entre eux, M. Chaudoin, termine l'histoire de ses souffrances :

« Je ne veux pas finir ces lignes sans vous remercier, vous, Père Dorgère, qui nous avez tant aidés dans ces moments difficiles, par votre intelligence et par votre connaissance du pays, vous qui avez été notre appui et notre soutien...

« Votre nom restera éternellement dans notre souvenir ; et si un jour nous racontons nos souffrances et si notre voix est écoutée, nous dirons bien haut que c'est à vous que nous devons la vie et la liberté ; que c'est à vous aussi, à vos encouragements, à votre noble protection que nous devons d'avoir pu, sans faiblir, porter haut et sans tâche le nom et le pavillon de notre pays. Vive la France ! » (1).

Et ce n'est pas tout : dernières choses, en parlant du traité de paix dont, peu après il fut l'habile négociateur, le P. Dorgère s'oublie lui-même et il dit simplement : « C'est Dieu qui a tout conduit ! »

Généreux et vaillants missionnaires ! Si on jette un coup d'œil sur la carte religieuse de l'Afrique, on les rencontre sur toute la côte du « continent noir », qu'ils entourent comme d'un immense cercle de lumière chrétienne. Peu à peu, le cercle se resserre ; les ouvriers de l'Évangile avancent chaque jour d'un pas et le flambeau céleste à la main vers les mystérieuses profondeurs du centre.

Bientôt le jour se lèvera sur les sables inconnus des déserts, sur les oasis, sur tous les grands lacs, partout où respire une âme vivante.

D'autres ouvriers, — hélas ! ceux-là, pour la plupart, ne sont pas à la solde de Dieu et de son Christ ! — d'autres ouvriers, venus aussi de chez nous, se disputent là-bas le champ à défricher. Les uns cherchent un peu de gloire : c'est un profit bien aléatoire et bien éphémère ! D'autres poursuivent quelques paillettes d'or : c'est bien mince ! Quelques-uns se sacrifient pour agrandir de quelques arpents le domaine de la France : c'est mieux !

(1) *Trois mois de captiv.té au Dahomey*, par E. Chaudoin, p. 257.

Le missionnaire, lui, cherche les âmes : est-il quelque chose de plus grand ?

En cherchant les âmes, le P. Dorgère a trouvé un peu de gloire et la croix de la Légion d'honneur. Mais volontiers, je le sais de bonne source, il donnerait l'une et l'autre pour obtenir, des fidèles qui liront son histoire, cette simple prière en faveur du Dahomey : « Mon Dieu ! que votre règne arrive parmi mes chers noirs, *adveniat regnum tuum !* »

NOUVELLES DE LA PROPAGANDE

Sur la demande de Mgr Guillaume Waughan, évêque de Plymouth, le Saint-Père lui a donné pour coadjuteur avec future succession, M. Charles-Maurice Graham, chanoine de la cathédrale de Plymouth.

— Sa Sainteté a nommé vicaire apostolique du Su-tchuen oriental (Chine), M. Célestin-Félix Chouvellon, né dans le diocèse de Lyon, le 19 décembre 1849, et missionnaire au Su-tchuen depuis l'année 1873.

— Le Saint-Père a nommé en même temps préfet apostolique du Kouang-si (Chine), M. Jean Chouzy, né dans le diocèse de Lyon, le 5 mars 1837, et missionnaire en Chine depuis 1860.

CEYLAN. — Danseurs du diable, d'après une photographie envoyée par le R. P. Ch. Collin, Oblat de Marie-Immaculée
(Voir page 428).

L'office des danseurs du diable est de chasser les diables et de danser en avant des processions bouddhistes.

INFORMATIONS DIVERSES

Japon septentrional. — M. Vagner, des Missions Etrangères de Paris, écrit de Kyôto :

« L'opinion publique doit s'être émue chez vous, comme ici, à la nouvelle de l'attentat du 11 mai, contre le tsaréwitch, que le télégraphe vous a bien vite portée. Il a soulevé dans tout le Japon un cri d'indignation.

« Quoi qu'il en soit, cette malheureuse affaire a été pour nous l'occasion d'un petit triomphe. Quelques braves païens, prévenant nos désirs, étaient venus nous demander de prier notre *Kami* (Dieu) pour la guérison de la blessure du Prince. Le

P. Wasselon promit que les chrétiens diraient à cette intention le chapelet après la messe la jour de la Pentecôte. Quel n'a pas été notre étonnement quand, le dimanche matin, nous vîmes arriver en voiture, une demi-heure avant la messe, les notabilités de Kyôto. « En partant, la plupart voulurent visiter l'orphelinat des Sœurs, puis déposèrent leur carte à notre porte, on en compta soixante-huit, tous ces gros bonnets de Kyôto. Plaise à Dieu que cela aide à faire tomber les préjugés que l'on a contre nous ! »

Nous recevons au moment de mettre sous presse, copie du Décret impérial chinois rendu le 13 juin 1891, et prescrivant le respect des étrangers et des missionnaires. Nous publierons cette pièce importante en tête de notre numéro du 11 septembre.

LA LUTTE CONTRE LE BOUDDHISME
A CEYLAN

Par le **R. P. Charles COLLIN**, Oblat de Marie-Immaculée,
missionnaire à Colombo.

(Suite 1)

II

*Malheur de l'exis-
tence.— Nirvâna.
— Effets du Boud-
dhisme sur le
peuple. — Indo-
lence. — Meur-
tres. — Polyan-
drie. — Dégra-
dation des bonzes
ou moines boud-
dhistes. — Boud-
dhistes blancs. —
Théosophisme. —
Faveur accordée
au Bouddhisme
par le gouverne-
ment anglais. —
Luttes entre
bouddhistes et
catholiques.*

L'idée domi-
nante du boud-
dhisme, c'est que
l'existence est un
malheur : l'hom-
me ne peut vivre
sans souffrir, ni
jouir en ce monde
d'un bonheur vé-
ritable ; donc la
vie est un mal et
la source de ce
mal, c'est le *désir
de vivre*. De cette
soif d'exister vien-
nent les naissan-
ces successives et
indéfinies aux-
quelles les êtres
sont soumis, des
hommes devenant
chiens ou n'im-
porte quel animal,
plus ou moins vil
suivant le degré
de désir qu'ils ont
manifesté pen-
dant la précé-
dente existence.
Si, au contraire,
on se défait

sujet : c'est l'anéantissement, disent les uns ; ce n'est pas
l'anéantissement, disent les autres. Un seul point est hors de
doute, c'est que, anéanti ou non, une fois là on n'a plus le
malheur d'exister, on est absorbé dans le grand Tout, ou
plutôt dans le grand Rien.

CEYLAN. — PRÊTRES BOUDDHISTES ; d'après une photographie envoyée par le R. P.
CH. COLLIN, Oblat de Marie-Immaculée (voir page 428)

Cette doctrine
pessimiste, sans
Dieu et sans es-
poir, sans même
l'idée du bonheur,
ne mérite guère
le nom de religion.
Elle rend ses adep-
tes mélancoli-
ques, langoureux,
rêveurs et supers-
titieux. Les repré-
sentations même
de Bouddha, assis
sur ses jambes
croisées dans
l'état de contem-
plation, ou non-
chalamment cou-
ché sur le côté
dans le repos du
Nirvâna suprême,
portent à la mol-
lesse et à l'oisive-
té, en dépit des
beaux préceptes
du philosophe.

Et précisément
parce que ce sys-
tème propose à
l'homme un idéal
de perfection que
la nature ne peut
atteindre par ses
propres forces, il
ouvre la voie à
beaucoup de vices
et d'immoralité :
« Notre religion
est si sublime,
disait un jour un
bouddhiste, qu'il
est impossible à
l'homme de l'ob-
server, » et, en
disant cela, il
croyait faire un

de cet affreux désir de vivre, on est délivré du malheur de
renaître et on entre dans le *Nirvâna*. Toutefois ne me demandez pas ce que c'est que le *Nirvâna*, car personne n'a
jamais pu le savoir. Les bouddhistes se disputent sur ce

(1) Voir les *Missions Catholiques* du 28 août 1891.

beau compliment à sa religion.

Aussi ne faut-il pas croire que le Bouddhisme soit dans la
pratique ce qu'il est en théorie. La population bouddhiste
est une masse ignorante, grossière, sans respect aucun pour
les lois de la moralité, et se livrant sans frein au culte des

démons et des dieux du paganisme. Les charmes et les pratiques les plus superstitieuses accompagnent presque tous les actes de la vie privée. Y a-t-il un membre de la famille gravement malade, vite on appelle les *devil-dancers*, danseurs du diable, qui, aux sons d'une musique enragée, exécutent pendant toute la nuit les sarabandes les plus frénétiques, dans le but de faire peur au diable et de le chasser, mais le plus souvent avec le résultat de tuer le pauvre moribond. La gravure page 426 représente ces danseurs diaboliques.

La seule observance à laquelle la majorité des bouddhistes est réellement fidèle est celle qui consiste à s'abstenir de causer la mort des animaux ; aussi les rats, serpents, poux et puces, ont-ils beau jeu sous ce régime. Il n'en est pas de même malheureusement du bipède connu sous le nom d'homme, qui est loin de partager l'immunité accordée aux autres êtres animés. Il n'y a en effet pas de peuple où la vie de l'homme soit moins sûre et où les meurtres soient plus fréquents que parmi les bouddhistes de Ceylan ; chacun étant toujours armé d'un couteau bien affilé, à la moindre provocation on le tire de sa ceinture et on le plante dans le corps de son adversaire du moment. On n'oserait pas tuer un serpent par crainte des malheurs qui s'ensuivraient ; mais une pareille superstition ne s'attache pas à la mort d'un homme. La polyandrie est un autre des vices sociaux de ce peuple, et est surtout connue parmi les *Kandiens* ou montagnards.

Il ne faut pas croire non plus que le moine bouddhiste s'élève à la hauteur des enseignements moraux de son maître. Il pratique tout ce qu'il y a d'extérieur dans sa règle ; mais pour le reste il s'en occupe peu. C'est un être d'une ignorance crasse, immoral et fainéant, méprisé de ses propres coreligionnaires, mais redouté d'eux à cause du pouvoir mystérieux dont on le croit revêtu. La photographie page 427 les représente dans leur longue robe jaune, l'indispensable éventail à la main.

Je dois dire maintenant quelques mots de la phase nouvelle dans laquelle le Bouddhisme ceylanais est entré depuis une quinzaine d'années. Quelques savants européens se sont mis à écrire des livres sur la philosophie bouddhiste ; des fonctionnaires anglais se sont épris de ce système, et enfin, des Américains, plus pratiques que les autres, ont entrepris de l'exploiter. Un certain colonel américain, nommé Alcots, avec l'assistance d'une aventurière russe, Mme Blevaski, ont fondé le théosophisme, espèce de religion indéfinissable qui s'adapte à tous les systèmes orientaux, de manière à recevoir de l'argent des mains des Hindous, des Ceylanais, des Japonais, aussi bien que des enthousiastes anglais et américains.

Le mal fait par ces *buddhistes blancs*, comme on les appelle ici, est incalculable. Les indigènes, qui prenaient leur parti de voir leur religion s'éteindre se sont réveillés en voyant que les Européens en faisaient tant de cas. Leur indolence s'est changée en fanatisme ; ils tournent en ridicule la Bible que les prédicants leur avaient enseignée et attaquent audacieusement le christia-

nisme avec les armes que leur fournissent les athées de l'Europe et de l'Amérique.

Il faut dire aussi que, depuis quelques années, le gouvernement anglais semble favoriser le réveil du Bouddhisme dans ce pays. Il n'est pas rare de voir de ces fonctionnaires témoigner publiquement de leur admiration pour ce système. Il n'y a pas longtemps qu'un gouverneur de Ceylan reçut officiellement du gouvernement de Bombay une relique de Bouddha et la remit solennellement aux prêtres bouddhistes. Notre dernier gouverneur visitait les temples bouddhistes, et, dans les réceptions solennelles de l'État, un corps de prêtres bouddhistes, se tenant devant lui, chantait une invocation en faveur du souverain. Il a été jusqu'à proclamer comme jour de fête officielle le *Wesac*, jour de l'anniversaire de la naissance de Bouddha. Aussi les bouddhistes de Ceylan appelaient-ils sir Arthur Gordon, le *Gouverneur bouddhiste*.

⁕ ⁕

Toutes ces influences réunies ont rendu la tâche des missionnaires très difficile. Un état d'animosité s'est établi entre bouddhistes et catholiques. Les premiers prennent souvent plaisir à parcourir les rues et les routes publiques avec leurs bruyantes processions en l'honneur de Bouddha.

Ils ont bien soin de passer devant quelqu'une de nos églises, par manière de défi et de provocation. Nos catholiques, surtout ceux de la caste des pêcheurs, ont la tête chaude et ne supportent pas facilement une pareille insulte. De là des luttes fréquentes qui, à deux reprises différentes, en 1883 et en 1890, ont eu un caractère sanglant. Cet état d'hostilité n'est pas favorable aux conversions. Aussi faisons-nous tout en notre pouvoir pour maintenir la paix, sans toutefois permettre que nos chrétiens soient humiliés.

(A suivre).

VOYAGE AU SINAI

PAR LE

R. P. Michel JULLIEN, de la Compagnie de Jésus.

Suite (1)

VIII.

Le désert de Sur et Marah.

Au sortir des palmiers de Ayoun-Mouça, on est dans une plaine déserte, sans verdure, coupée par des buttes aux formes bizarres, se prolongeant à perte de vue au sud et au nord sur une largeur de vingt kilomètres environ. Que les enfants d'Israël l'ont bien nommée, désert de *Sur* ou *Schur*, le désert de la muraille, en hébreu et en arabe !

La chaîne de Djébel er-Rahah, prolongement du Djébel et-Tih, qui la termine au levant, avec sa teinte grisâtre, sa silhouette rigoureusement horizontale et indéfiniment longue se présente comme une immense muraille au fond du tableau. Les Hébreux venant de l'ouest l'eurent devant les

(1) Voir les *Missions Catholiques* des 7, 14, 21, 28 août, et la carte, p. 417.

yeux depuis les lacs Amers ; ils l'auront à leur côté pendant les trois jours qu'ils marchèrent dans le désert pour se rendre à Mara.

« Or, Moïse fit partir Israël de la mer Rouge, et ils entrèrent au désert de Sur, et ils marchèrent trois jours dans la solitude, et ils ne trouvèrent point d'eau. Et ils arrivèrent à Marah... » (1).

* *

Nous aussi nous n'arriverons que le troisième jour à Marah, après avoir subi quatre-vingts kilomètres du chemin le plus triste, le plus monotone. S'il y a quelque part un peu de verdure, elle est cachée dans un pli de terrain où l'eau des pluies a passé. À l'horizon tout est calciné et d'un blanc jaunâtre. Parfois cependant le sol est jonché de cailloux noirs, et devient d'une tristesse incomparable. Ils sont assez singuliers, ces cailloux plats, de silex gris, recouverts d'un enduit noir de rouille et brillant au soleil : les espaces qu'ils recouvrent se détachent dans le lointain comme de sombres forêts.

Du sable on n'en rencontre aucune étendue considérable ; mais des pierres roulantes sur un sol dur de formation marine, c'est l'ordinaire. Du côté de la mer des buttes parfaitement horizontales dont les talus ont glissé en laissant la croûte supérieure dépasser les parois verticales à la manière d'un toit, font une complète illusion ; il nous semble voir de vastes maisons, de longues murailles ; à peine si nous croyons à nos chameliers, nous affirmant que c'est du sable ou du rocher. De temps à autre le mont apparaît au-dessus du désert, reflétant les sombres teintes du mont Attaca, des monts Colzin de la rive égyptienne ; c'est un charme d'y découvrir quelque grand vapeur, de suivre de l'œil sa marche tranquille ; cette vue lointaine du monde civilisé diminue la solitude et rapproche des amis. Du soleil, de la chaleur, nous en avons eu tout au plus assez pour nous rendre compte des lamentations consignées dans les récits des voyageurs qui ont traversé la plaine sous le soleil d'avril avec le vent du midi. Nulle part dans la péninsule ils n'ont rencontré de désert plus désespérant, une chaleur aussi intolérable.

* *

Nos chameliers ramassaient le long du chemin quelques rares morceaux de bois sec pour le feu du soir ; le petit Rabah cueillait les herbes favorites des chameaux et les leur offrait sans arrêter la marche. Qu'il était alerte, prévenant, soigneux de toutes choses, le petit Bédouin, jamais triste, jamais fatigué. Son père lui disait-il de monter un instant sur le chameau des bagages, il s'élançait gaiement à l'assaut, tantôt par devant, tantôt par derrière, retombait plus d'une fois et recommençait toujours avec le même entrain.

L'animal, sans ralentir le pas, semblait y prendre plaisir. Les chameaux aiment les enfants, et aussi les petites bêtes. N'est-ce pas toujours le plus petit âne qu'on met en tête de la file des chameaux pour les conduire ? Et quand le petit Rabah est parvenu à s'installer au sommet de la

(1) Ex., XV, 22, 23.

bosse, le buste droit comme une tige d'acier, il fait à chaque pas un petit salut gracieux à faire envie à bien des mamans de grandes villes. Évidemment, cet enfant a du sang chrétien. Comme il nous paraîtrait encore plus aimable s'il avait la foi de ses ancêtres et que nous puissions lui en parler !

Le soir venu, on cherche quelque place où les chameaux auront un peu de verdure à brouter, les chameliers un peu de broussailles pour le feu, et l'on s'arrête quand il y a encore juste assez de jour pour décharger les bêtes et installer le campement. Dès qu'ils sont libres, les chameaux courent aux touffes d'herbes pour s'en rafraîchir ; quand il fera nuit, ils viendront d'eux-mêmes s'accroupir auprès du feu et recevoir leur petite ration de fèves. Les Bédouins se frottent les jambes devant la flamme ; puis les hommes préparent le café que nous leur donnons ; Rabah pétrit de toutes ses forces, dans une grande écuelle de bois, la pâte sans levain qu'on mettra cuire sous la cendre aussitôt les broussailles consumées. Ainsi faisaient les enfants d'Israël. Ces galettes de pain sans levain seront le souper et toute la nourriture du lendemain.

À nous de réveiller nos hommes aux premières lueurs du jour, après nos messes. Entièrement blottis sous de pauvres couvertures jetées au hasard, ils ne se distinguent des bagages que par leur situation tout proche du foyer. Au premier appel ils sont sur pied, bien qu'ils aient causé fort avant dans la nuit ; le feu se rallume, les chameaux partent brouter encore un peu et bientôt tout est prêt pour le départ. Jamais je n'ai rencontré de chamelier ou de moukre aussi expéditif que notre Aoudi.

* *

Après cette première nuit de désert, nous traversons une région encore plus monotone, coupée seulement par de légères dépressions du sol, où des cailloux roulés et des traînées de sable accusent le passage des eaux descendues de la montagne et se rendant à la mer. Ces bouts de vallées sont larges, si peu profonds, que nos chameliers ne savent pas nous montrer où le ouadi commence, où il finit. Ils ne manquent pas pourtant de nous crier fidèlement leurs noms, comme on annonce les gares sur les chemins de fer de France.

C'est d'abord le ouadi Soudr, sorti de l'échancrure qui sépare la chaîne er-Raha de celle du Tih. A côté de la coupure, une belle montagne arrondie, s'élevant comme une forteresse au dessus de la muraille, dessine un beau fond de tableau. Son nom, Djébel Bichr, rappelle la fin tragique du savant orientaliste E. H. Palmer, l'un des membres les plus distingués de l'expédition anglaise, arrivée en 1880. Cerné par les Bédouins et acculé contre un précipice de djébel Bichr, il se précipita dans l'abîme plutôt que de tomber dans les mains de ses meurtriers ; ses deux compagnons périrent avec lui. Nos chameliers, qui nous content, chemin faisant, toutes ces historiettes du désert, ont la délicatesse d'omettre ce crime.

Serait-ce un autre méfait de ce genre qui aurait donné parmi eux quelque célébrité au *rocher des chiens*, Araq el-Kelab, un petit rocher de sables agglomérés qui peut bien fournir de l'ombre à trois chiens, mais pas à un

1omme ? Ils le signalent sur le c1emin sans dire son histoire.

.*.

La seconde nuit se passe sur le sable du ouadi Ouerdàn, le plus grand de tous ; il a près d'une lieue de large en cet endroit. Le lendemain, c'est encore la même aridité absolue du sol sans la moindre trace de source. Comment le peuple d'Israël a-t-il pu marc1er trois jours sans eau dans cet affreux désert ?

Les savants de l'expédition anglaise, parcourant dans tous les sens cette plaine de vingt-six mille c1lomètres carrés, pendant la saison 1umide, ont pu y trouver six petites sources, toutes amères. Ne peut-on pas admettre que, depuis les temps de Moïse, des sources ont disparu sous les sables rejetés par la mer ou apportés par les vents, que d'autres se sont frayé un passage souterrain dans le sol graveleux et sortent aujourd'1ui dans le lit de la mer? Les Hébreux passant là au printemps ont pu profiter un peu de ces sources insuffisantes ; le texte sacré, ce semble, ne s'y oppose pas, d'après l'adage *parum pro nihilo reputatur*, le peu est compté pour rien. Il faut croire aussi qu'en quittant A'youn-Mouça pour s'enfoncer dans l'immense plaine dont Moïse connaissait l'aridité pour l'avoir traversée dans ses voyages au pays de Madian, ils ont pris avec eux autant d'eau qu'ils pouvaient en emporter, sinon nous ne comprendrions pas qu'ils aient pu, femmes, enfants et troupeaux, rester trois jours absolument sans boire. Les Bédouins eux-mêmes, 1abitués aux privations du désert, ne pourraient le supporter. Nous rencontrâmes dans la plaine trois Bédouins voyageant à pied ; le plus vigoureux portait la provision d'eau dans une outre fixée en bandouillère sur son dos. Tout ce qu'ils peuvent faire pour faciliter les déplacements de leurs troupeaux est d'habituer les chèvres à ne boire que tous les deux jours dans les pâturages éloignés des sources ; les bœufs ne supporteraient pas semblable privation.

Enfin les enfants d'Israël arrivèrent à Marah, « et ils ne purent boire les eaux de la source, tant elles étaient amères ; c'est pourquoi Moïse appela ce lieu du nom significatif de Mara1, c'est-à-dire, amertume. Et le peuple se mit à murmurer contre Moïse, disant : que boirons-nous ? Moise, alors cria au Seigneur. Dieu lui montra un bois. Il le jeta dans les eaux, et elles devinrent douces. »

Moïse profita de l'impression produite par ce miracle pour donner de sages avis à son peuple... « Et ils vinrent à Elim, où étaient douze sources et soixante-dix palmiers, et ils y établirent leur camp près des eaux. » (1) .

Mara1 est donc à trois journées d'Ayoun Mouça et à une journée d'Elim. Nous devons en être proc1e. Voici en effet un Ouadi A'mara, la vallée de l'eau amère, à soixante-dix c1lomètres des sources de Moïse, qui pourrait bien être le Marah de la Bible. Il n'y a pas d'eau ; mais E. H. Palmer, assure y avoir rencontré un creux d'eau amère durant l'1iver de 1868-69. Pourtant la plupart des voyageurs placent la station biblique une 1eure plus loin à A'ïn Haouàrah, en

(1) Ex., XV. 23... 27.

un lieu où la nature du sol fait supposer de plus abondante. eaux.

Nous venions de passer au pied d'un monticule en pain-de-sucre, couronné d'une petite enceinte en pierres, tour de garde des Bédouins, où ils montent pour voir ce qui vient dans la plaine, quand nos 1ommes nous crient avec l'accent d'une bonne nouvelle : « A'ïn Haouàrah » ! en nous montrant à gauc1e, sur un relèvement de terrain, une touffe de palmiers sauvages, dont la teinte sombre tranc1e vivement sur la blanc1eur du sol. Arrivés là, nous trouvons un buisson impénétrable, rond comme un bouquet, d'où s'élancent quelques troncs vigoureux ; mais de l'eau, nous n'en voyons pas. Depuis dix ans, il n'y en a plus, nous disent les c1ame-liers.

Des voyageurs qui nous ont précédés avaient remarqué de grandes variations dans l'abondance et la qualité des eaux. Ebers n'a pu les boire même en y mêlant du cognac, tandis que Holland les trouva exceptionnellement bonnes. Dans un sol sablonneux et profondément tourmenté, cette inconstance des sources n'a rien de surprenant et laisse concevoir que, à une distance de trente-un siècles, deux millions d'1ommes et leurs troupeaux aient pu s'abreuver sur ce tertre.

D'autre part une multitude de cristaux de sulfate de c1aux, étincelants au soleil sur le sol, rappellent les sulfates solubles de soude et surtout de magnésie, sel du Glauber et sel Anglais, auxquels les eaux du désert doivent ordinairement leur amertume. S'il n'est pas possible de démontrer l'identité de A'ïn Haouàrah avec Mara1, on peut du moins affirmer que, dans l'état actuel des choses, aucune localité de la plaine ne répond mieux au récit mosaïque.

A propos du miracle qui corrigea ces eaux, le guide Baedeker et bien d'autres rapportent une singulière naïveté de Burckhardt, savant voyageur de ce siècle. Il pense que le jus de grenade et les baies sucrées de la *Nitraria tridentata* Desf., ont pu adoucir les eaux ; cependant il n'en a pas fait l'essai.

Représentez-vous les eaux de Mara1 comme une médecine au sel anglais, il n'y aura pas d'exagération, maintes sources que nous avons goûtées dans la péninsule en ont le goût et l'amertume ; et comptez combien de tonneaux de jus de grenade, grosses au plus comme un noyau d'olive, Moïse aurait dû verser dans les eaux pour en corriger la boisson de deux. millions d'1ommes. Notez encore qu'au mois d'avril, où l'on se trouvait alors, les grenades et les baies de Nitraria sont bien loin de leur maturité.

N'est-il pas plus raisonnable de croire au miracle ? Nous y croyons simplement et nous nous plaisons à voir dans le bois miraculeux, montré par le Seigneur pour adoucir les eaux, une image prop1étique du bois de la croix adoucissant pour les âmes pieuses les eaux amères de la tribulation.

(A suivre).

LES MISSIONS CATHOLIQUES AU XIXᵉ SIÈCLE

PAR

M. Louis-Eugène LOUVET, des Missions Etrangères du Paris,
Missionnaire en Cochinchine occidentale.

CHAPITRE XV

LES MISSIONS CATHOLIQUES DANS L'AMÉRIQUE DU NORD.
(1800-1890).

(Suite 4).

IV. PROVINCE ECCLÉSIASTIQUE DE TORONTO.

La province ecclésiastique de Toronto comprenait presque toute la province civile d'Ontario, c'est-à-dire le Canada anglais. Quand ils s'établirent, en 1760, au Canada, les anglais trouvèrent la province de Québec occupée déja en partie par les Franco-Canadiens. Dans les premiers temps de la conquête, ils essayèrent bien, comme ils l'avaient fait, quelques années auparavant, dans l'Acadie, d'éliminer l'élément français pour se mettre à la place. Mais ils rencontrèrent dans le clergé et dans la population une résistance invincible, et sentant l'impossibilité de vivre côte à côte avec les Français du Canada, à cause de l'antipathie réciproque des deux races, ils se jetèrent dans les territoires non encore colonisés de l'ouest et tout naturellement occupèrent d'abord la province d'Ontario, voisine de celle de Québec, dont ils firent le centre de leur influence politique et religieuse.

On sait que les Anglais sont bien plus portés que nous à quitter leur pays pour émigrer au loin. Depuis l'occupation anglaise un flot continu d'émigrants s'est précipité dans le pays, menaçant de submerger la petite agglomération franco-canadienne. Grâce à sa prodigieuse fécondité, la race française a pu résister chez elle aux envahissements de l'Anglo-Saxon ; mais dans les provinces de l'ouest, en particulier dans l'Ontario, c'est l'élément anglais qui domine, avec le protestantisme, les mœurs de la langue anglaise.

Pendant longtemps, l'Eglise catholique, faute de prêtres et de ressources, fut forcée en quelque sorte d'abandonner ces vastes régions aux ministres de l'erreur, qui s'y établirent solidement. C'est seulement en 1817, cinquante ans après la conquête, que Pie VII détacha les provinces de l'ouest du diocèse de Québec, en érigeant le vicariat apostolique du Haut-Canada. Neuf ans plus tard, en 1826, un premier siège épiscopal fut établi dans l'Ontario, le diocèse de Kingston. En 1841, un second siège épiscopal fut érigé à Toronto ; puis, les diocèses se multipliant, Pie IX, en 1870, fit de Toronto la métropole de la province, en lui donnant quatre suffragants : Kingston, Hamilton, London et Péterborough. Au mois de juillet 1889, Léon XIII érigea Kingston en archidiocèse et lui attribua pour suffragants le diocèse de Péterborough et celui nouvellement créé d'Alexandrie.

(1) Voir tous les numéros parus depuis le 14 mars jusqu'à fin octobre 1890, et 2, 9, 16, 23 et 30 janvier, 6 et 13 février, 24 avril, 1ᵉʳ, 8, 15, 22 et 29 mai, 5, 12, 19, 26 juin, 3, 10, 24 et 31 juillet, 7, 21 et 28 août 1891.

ARCHIDIOCÉSE DE TORONTO

Il comprend sept comtés, 60,000 catholiques, sur une population totale de 390,000 âmes.

1º *Clergé* : 1 archevêque, 77 prêtres dont 18 réguliers.

2º *Communautés religieuses. Hommes* : Carmes, 4 prêtres. 7 Frères Rédemptoristes, 4 prêtres, 3 Frères. Basiliens, 10 prêtres, 2 Frères. Frères des Écoles chrétiennes, 24. Total, 4 Congrégations et 56 religieux. *Femmes* : Sœurs du Précieux Sang, 25 ; de Lorette, 90 ; de Saint-Joseph, 184 ; du Bon-Pasteur, 29. Total, 4 Congrégations et 328 Sœurs.

3º *Œuvres d'apostolat* : 42 paroisses, 97 missions, 83 églises, 18 chapelles.

4º *Œuvres d'éducation* : 1 séminaire, 120 élèves humanités et théologie. 2 écoles commerciales (Frères des Écoles chrétiennes), 222 élèves, 6 académies, jeunes filles, 1,280 élèves. 1 école industrielle, 55 enfants, 43 écoles de paroisses.

5º *Œuvres de charité* : 2 orphelinats, 285 enfants, 1 maison de préservation, 90 jeunes filles. 1 refuge du Bon-Pasteur, 60 repenties. 1 hospice, 400 infirmes et vieillards.

DIOCÈSE D'HAMILTON

Ce diocèse, détaché en 1856 de celui de Toronto, comprend huit districts. Il a environ 50,000 catholiques, sur une population totale de 420,516 habitants.

1º *Clergé* : 1 évêque, 50 prêtres.

2º *Communautés religieuses. Hommes* : 5 Jésuites, 6 Résurrectionnistes, 3 Basiliens. Total, 14 religieux. *Femmes* : 108 Sœurs de Saint-Joseph, 24 de Lorette, 31 de Notre-Dame. Total, 173 religieuses.

3º *Œuvres d'apostolat* : 26 paroisses, 50 missions, 80 églises.

4º *Œuvres d'éducation* : 1 séminaire, 68 élèves, humanités et théologie, 1 collège, jeunes gens, 80 élèves, 6 académies, jeunes filles, 239 élèves, 46 écoles de paroisses.

5º *Œuvres de charité* : 3 orphelinats, 2 asiles de vieillards, 1 hôpital.

DIOCÈSE DE LONDON

Ce diocèse, érigé en 1856, fut transféré, en 1860, à Sandwich, puis rétabli, en 1870, à London. Il comprend dix comtés, 67,500 catholiques sur 537,000 habitants.

1º *Clergé* : 1 évêque, 78 prêtres.

2º *Communautés religieuses. Hommes* : Basiliens, 2 maisons, 14 religieux, 5 Franciscains. Total, 2 Congrégations et 19 religieux. *Femmes* : 34 Ursulines ; 40 Sœurs du Sacré-Cœur ; 43 des Saints-Noms de Jésus et de Marie ; 64 de Saint-Joseph ; 14 de Lorette. Total, 195 Sœurs.

3º *Œuvres d'apostolat* : 45 paroisses, 83 églises.

4º *Œuvres d'éducation* : 1 collège, à Sandwich (Basiliens), 115 élèves, 4 académies, jeunes filles, 488 élèves.

5º *Œuvres de charité* : 1 asile, 188 orphelins et vieillards.

Résumé de la province ecclésiastique de Toronto.

Archevêché Toronto, 1 archevêque, 77 prêtres, 101 églises ou chapelles, 60,000 catholiques.

Evêché Hamilton. 1 évêque, 50 prêtres, 80 églises ou chapelles, 50,000 catholiques.

Evêché London, 1 évêque, 78 prêtres, 85 églises ou chapelles, 67,500 catholiques.

Total : 1 archevêque, 2 évêques, 220 prêtres, 266 églises ou chapelles, 177,500 catholiques.

V. — Province ecclésiastique de Kingston

C'est à la fin de juillet 1889 que le siège épiscopal de Kingston fut élevé au rang de métropole et devint le chef-lieu d'une province ecclésiastique qui comprend une notable portion de l'Ontario. Ses suffragants sont Peterborough et Alexandrie.

Archidiocèse de Kingston

Ce diocèse, créé en 1826, a été érigé en archidiocèse en 1889. Il comprend six comtés, 65,000 catholiques.

1° *Clergé* : 1 évêque, 47 prêtres ;

2° *Communautés religieuses. Hommes* : Frères des Écoles chrétiennes.

Femmes : Ursulines, Sœurs grises, Sœurs de charité, de Sainte-Croix, de Lorette. Total, 5 Congrégations.

3° *Œuvres d'apostolat* : 69 églises.

4° *Œuvres d'éducation* : 1 école commerciale à Kingston (Frères des Écoles chrétiennes), 480 élèves, 6 pensionnats de jeunes filles.

5° *Œuvres de charité* : 2 hôpitaux avec orphelinats annexes.

Diocèse de Peterborough.

En 1874, Pie IX érigea, dans le nord de l'Ontario, le vicariat apostolique du Canada septentrional, remplacé en 1882 par le diocèse de Peterborough. Il comprend quatre comtés, plusieurs fractions de comtés et la grande île Manitouline, dans le lac Huron. 38,000 catholiques, sur une population totale de 180,000 habitants.

1° *Clergé* : 1 évêque, 43 prêtres.

2° *Communautés religieuses. Hommes* : Jésuites, 14 prêtres, 9 Frères.

Femmes : Sœurs de Notre-Dame, 10 ; de Saint-Joseph, 19 ; de Lorette, 15 ; du Cœur Immaculée de Marie, 7. Total, 4 Congrégations et 51 Sœurs.

3° *Œuvres d'apostolat* : 22 paroisses, 40 missions, 50 églises et chapelles.

4° *Œuvres d'éducation* : 7 élèves ecclésiastiques, dans les séminaires de Toronto et de Montréal.

2 académies jeunes filles, 262 élèves ; 2 écoles industrielles, 80 garçons, 74 filles ; 59 écoles de paroisses, 3,700 enfants ; 1 école, filles sauvages, 100 enfants.

5° *Œuvres de charité* : 1 orphelinat, 7 garçons, 24 filles ; 1 hôpital.

Diocèse d'Alexandrie.

Nous n'avons aucune donnée précise sur ce diocèse créé par bref du 31 janvier 1890.

Résumé de la province ecclésiastique de Kingston.

Archevêché Kingston, 1 archevêque, 47 prêtres, 69 églises ou chapelles, 65,000 catholiques.

Évêché Péterborough, 1 évêque, 43 prêtres, 50 églises ou chapelles, 38,000 catholiques.

Évêché Alexandrie, 1 évêque, 10 prêtres.

Total : 1 archevêque, 2 évêques, 100 prêtres, 119 églises ou chapelles, 103,000 catholiques.

(*A suivre*).

DONS
Pour l'Œuvre de la Propagation de la Foi

ÉDITION FRANÇAISE.

Anonyme du Pays.......	480
M. Cladière, du diocèse de Soissons	3

Pour les missions les plus nécessiteuses (Mgr Crouvelion).

Anonyme de la Gironde, avec demande de prières	15
Mme Creuzbourg, a Pau, avec demande de prières déterminées.	400
Un anonyme de Mans	50
Anonyme de Paris, avec demande de prières	4

A la mission la plus nécessiteuse pour le baptême d'un enfant sous le nom de Félix (Mgr Laserre, Aden).

Au nom de Mlle Jeusset, du diocèse de Rennes................	100

Pour la mission la plus éprouvée par la famine (Chantong septentrional).

Mlle Maria Ussou, du diocèse de Montpellier, demande de prières...	5
Anonyme de Lyon.....	50

Au R. P. Fourcade (Pondichéry).

Mme Creuzburg, à Pau, avec demande de prières déterminées.	500
Anonyme de Paris, avec demande de prières	4

A M. Gabillet, à Gingy (Pondichéry), pour la construction de son église.

Une abonnée du diocèse de Clermont, avec demande de prières pour les défunts de sa famille.	50

A M. Darras, pour l'église de N.-D. de Lourdes, à Chetput (Indes).

Une abonnée du diocèse de Clermont, avec demande de prières pour les défunts de sa famille....	50

A M. Allys, pour son église de l'hu-Cam (Cochinchine septentrionale).

Une abonnée du diocèse de Clermont, avec demande de prières pour les défunts de sa famille	25

A Mgr Laouënan, archevêque de Pondichéry.

Un de nos abonnés, Vicaire à Paris.	10

Au R. P. Auvé (Pondichéry), pour les affamés.

Mlle Maria Ussou, du diocèse de Montpellier, demande de prières....	1
Mme Ve S. Colle, d'ocèse de Fréjus, demande de prières......	50

Au R. P. Fourcade (Pondichéry), pour les affamés.

Anonyme du diocèse de Salford....	125
Une enfant du diocèse de Bordeaux, avec demande de prières pour ses frères	5

A Mgr Pinchon, pour les affamés du district de M. Pontvianne.

Une chrétienne du Puy, par un Père jésuite	3 00
Anonyme, vicaire à Paris	10
M. de Hallrange, à Terlincthun (Pas-de-Calais)........... ...	10
Un prêtre du diocèse d'Angers	5
Anonyme du diocèse de Dijon........	5
M. M. a Semur, diocèse de Dijon....................	10

Pour les affamés de la Chine (Chan-tong septentrional).

M. le chanoine Guerber, à Molsheim, diocèse de Strasbourg	50

Au R. P. Haeffel, missionnaire à Tchang-kia-tchouang (Tcheli sud-est).

Don de ses amis de la Lorraine.......	100

Au R. P. Dabin (Laos Siamois), pour les affamés.

Anonyme de Grenoble, avec demande de prières...........	15

A Mgr Cleiner, évêque de Mysore.

Anonyme de Quimper.......	50

A M. Corre, missionnaire à Kummamoto (Japon méridional).

L. B., du diocèse d'Amiens................	50
Mlle Galloo, du diocèse de Cambrai............	2

Au même, pour le baptême d'une petite païenne sous le nom d'Agnès.

L. B., du diocèse d'Amiens.....................	10

Au même, pour le baptême d'une petite fille sous le nom de Marie-Laure.

M. Meyzani, curé de Cherveux, diocèse de Poitiers...........	5

A M. Tulpin (Japon septentrional), pour l'œuvre des catéchistes japonais.

Anonyme de Vitry-le-François, diocèse de Châlons............	50
Un anonyme de Nice........	500

Au R. P. Louis Robert (Iles Fidji).

Un anonyme de Chaumont, diocèse de Langres................	10

Pour les pauvres Uniates, exilés au-delà de l'Oural.

Deux anonymes du Havre, diocèse de Rouen................	25

(*La suite des dons prochainement*).

TH. MOREL, *Directeur-gérant*.

Lyon. — Imprimerie MOUGIN-RUSAND, rue Stella, 3.

BIRMANIE. — FUNÉRAILLES D'UN MOINE BOUDDHISTE. — LE CHAR EN FORME DE BARQUE PORTANT LE CORPS; d'après une photographie envoyée par M. LAUNAY, des Missions Étrangères de Paris (voir page 444)

CORRESPONDANCE

CHINE

La légation française de Pékin a adressé à tous les vicaires apostoliques et chefs de missions chinoises le décret impérial que nous avons signalé dans notre dernier numéro. Cet important document, motivé par les graves désordres dont le Kiang-nan et le Hou-pé ont été le théâtre, stimulera le zèle des mandarins et contribuera, il faut l'espérer, à rétablir la paix. Nous publierons dans notre prochain numéro les dernières lettres que nous avons reçues du Céleste Empire. Elles annoncent malheureusement une situation des plus critiques.

Pékin, le 22 juin 1891.

J'ai l'honneur de vous adresser ci-joint le texte chinois et la traduction d'un décret impérial dont le Tsong-li Ya-men m'a donné communication par une dépêche officielle en date du 15 de ce mois et qui avait paru, le 13, dans la Gazette de Pékin.

Ce décret, rendu sur ma demande ainsi que sur celle des autres représentants étrangers à Pékin, rappelle que la propagation des religions étrangères est stipulée dans

les traités, que ces religions ont pour but d'exhorter les hommes au bien et que des décrets, précédemment promulgués, ont prescrit aux autorités provinciales d'assurer aux missionnaires et aux chrétiens une protection efficace.

Faisant allusion aux récents événements dont la région du Yang-tse a été le théâtre, l'Empereur s'élève contre les malfaiteurs qui, en mettant en circulation de fausses rumeurs, ont pour seul objet de fomenter des troubles à la faveur desquels ils commettent des actes de pillage : il invite, en conséquence, les gouverneurs généraux et gouverneurs des provinces dans lesquelles des désordres ont eu lieu, à rechercher et à saisir les principaux coupables, à les juger et à les décapiter sur-le-champ.

Le décret ajoute que les Chinois convertis n'en restent pas moins enfants et sujets de la Chine, soumis à la juridiction des autorités locales et que, dès lors, rien ne s'oppose à ce que les chrétiens et le reste de la population vivent en bonne intelligence. Il ordonne aux maréchaux tartares, vice-rois et gouverneurs, de faire paraître des proclamations, conçues en termes formels, d'assurer la protection de tous les étrangers, missionnaires ou négociants, et leur enjoint, enfin, de régler sans délai toutes les affaires pendantes.

Les termes de ce décret sont, vous le reconnaîtrez sans doute, avec moi, de nature à nous satisfaire et la publication, pour la première fois, dans la *Gazette de Pékin* d'un manifeste de ce genre en augmente encore la portée. J'espère qu'il produira les effets que nous sommes en droit d'en attendre, en mettant fin aux désordres qui ont si fâcheusement éprouvé plusieurs de nos missions et en assurant, pour l'avenir, à tous nos missionnaires, une protection efficace qui leur permettra de poursuivre, en toute liberté, l'accomplissement de l'œuvre à laquelle ils se sont consacrés.

Je vous serai obligé de me tenir au courant de la façon dont les autorités chinoises de votre vicariat se seront conformées aux ordres de la Cour et, en particulier, de m'adresser soit des copies, soit de préférence des originaux, s'il vous est possible de vous en procurer, des proclamations qu'elles doivent faire paraître.

DÉCRET IMPÉRIAL

Rendu le 13 juin 1891

TRADUCTION :

Notre Conseil des affaires étrangères nous a présenté un rapport dans lequel il nous expose que des affaires concernant les missions religieuses se sont produites, d'une façon répétée, dans les différentes provinces, et qu'il nous prie de donner des ordres formels aux vice-rois et gouverneurs pour qu'ils avisent promptement à la solution qu'il convient de donner à ces affaires.

Il est dit, dans ce rapport, que, pendant la quatrième lune de cette année (mai-juin 1891), la mission religieuse de Wou-hou, dans le Ngan-houei, a été incendiée par des malfaiteurs, que celles de Tan-yang-hien, dans le Kiang-sou, et de Wou-hiue-tchen, dans le Hou-pé, ont aussi été successivement détruites et qu'il importe absolument de rechercher et d'arrêter les coupables et de prendre rapidement des mesures préventives sérieuses.

La propagation des religions étrangères est stipulée dans les Traités, et des Décrets ont été rendus, ordonnant aux gouvernements provinciaux d'assurer, à cet égard, la protection en toute occasion.

Bien des années se sont écoulées et la paix a régné entre la Chine et les étrangers. Comment se fait-il donc que des affaires d'incendie et de destruction de missions se soient récemment produites en même temps ? Ce fait est digne de notre étonnement. Il existe là, manifestement, des chefs de malfaiteurs qui, après avoir comploté en secret, ont formé des affiliations pour fomenter des troubles, puis ont semé de fausses rumeurs et jeté la défiance dans les esprits, avec l'intention de profiter des circonstances pour commettre des actes de pillage. Il est même arrivé que des gens honnêtes, faisant tranquillement leur devoir, ont été trompés ou contraints par eux. De cette agitation sont résultées de graves affaires.

Si des punitions sévères n'étaient pas infligées, comment maintiendrait-on la rigueur des lois et comment tranquilliserait-on le pays ?

Nous ordonnons aux vice-rois des deux Kiang et du Hou-kouang et aux gouverneurs du Kiang-sou, du Ngan-houei et du Hou-pé, de donner, sans délai, aux fonctionnaires civils et aux officiers militaires compétents, l'ordre de rechercher et de saisir les principaux coupables, de les juger et de les décapiter sur-le-champ, afin de servir de leçon pour l'avenir.

Quant aux religions de l'Occident, leur but est d'exhorter les hommes à faire le bien. Ceux qui suivent ces religions n'en demeurent pas moins des enfants et des sujets de la Chine et restent soumis à la juridiction des autorités locales. Le peuple et les chrétiens peuvent donc vivre en bonne intelligence. C'est toujours parce que des misérables inventent des récits sans fondement, pour profiter des occasions, que des désordres se produisent.

De semblables traîtres existent en bien des endroits. Nous enjoignons aux maréchaux tartares, vice-rois et gouverneurs, dans toutes les provinces, de publier des proclamations pour faire savoir aux habitants qu'ils doivent se garder strictement d'écouter à la légère ces rumeurs, et de causer des affaires mal à propos. Si, à l'aide de placards anonymes, on répand de faux bruits, pour semer la suspicion parmi les masses, les auteurs en seront aussitôt activement recherchés, saisis et sévèrement punis.

En ce qui concerne les commerçants et les missionnaires étrangers, les autorités locales doivent nécessairement prendre en toute occasion, des mesures pour protéger leurs personnes et leurs familles, sous tolérer que des scélérats les molestent. Si les mesures de précaution ne sont pas sérieuses et s'il en résulte des affaires, nous ordonnons que des dénonciations rigoureuses nous soient aussitôt adressées, conformément à la vérité.

Pour les anciennes affaires demeurées sans conclusion dans les différentes provinces, nous enjoignons, en même temps, aux maréchaux tartares, vice-rois et gouverneurs, de les terminer promptement, sans qu'il leur soit permis de laisser leurs subordonnés les faire traîner en longueur ou les mettre de côté, par crainte de difficultés : cela, en vue de tirer au clair les dossiers accumulés.

Que ce qui précède soit, par un ordre général, porté à la connaissance de tous.

Respect à ceci !

Pour traduction conforme.

Le premier interprète de la Légation de France :
Signé : A. VISSIÈRE.

NOUVELLES DE LA PROPAGANDE

Le Saint-Père vient de nommer coadjuteur de l'archevêque de Santa-Fé (États-Unis), M. Placide-Louis Chapel, prêtre du diocèse de Baltimore, curé de la paroisse Saint-Matthieu à Washington.

DÉPARTS DE MISSIONNAIRES

Mgr Couppé, de la Société des Missionnaires du Sacré-Cœur d'Issoudun, vicaire apostolique de la Nouvelle-Poméranie, s'embarquera à Gênes le 16 septembre, avec deux missionnaires et cinq religieuses. Les deux missionnaires sont les Frères *Anselme* (Jean Kros), Hollandais, et *Antoine* (Antoine Friedebach), Allemand. Les religieuses sont Sœur *Odile* (Ida Fromm), du diocèse de Strasbourg ; Sœur *Lutgarde* (Élisabeth Lowis), du diocèse de Cologne ; Sœur *Adélaïde* (Adélaïde Pichaud), du diocèse de Nantes ; Sœur *Agathe* (Marie Charriel), du même diocèse, et Sœur *Catherine* (Marie Rosteau), du diocèse du Mans. Ces religieuses appartiennent à la Société des Filles de Notre-Dame du Sacré-Cœur d'Issoudun.

— Six missionnaires salésiens sont partis samedi de Marseille dans le Rajpoutana, nous écrit de Moow, le 9 juillet 1891 : vivement désirée par dom Bosco. L'établissement d'Oran n'est qu'un premier pas vers l'intérieur de l'Afrique où doit être établie la mission.

INFORMATIONS DIVERSES

Agra (*Hindoustan*). — Le R. P. Jean, Capucin, missionnaire dans le Rajpoutana, nous écrit de Moow, le 9 juillet 1891 :

« Le vénérable archevêque d'Agra, Mgr Jacopi, célébrait récemment les noces d'or de son apostolat dans l'Inde. S. Exc. Mgr Aiuti, délégat apostolique, voulut fêter solennellement ce glorieux événement. Sur son invitation, on vit accourir à Agra les évêques d'Allahabad et de Lahore, le préfet apostolique du Kafiristan et une trentaine de missionnaires des trois diocèses confiés aux Frères Mineurs Capucins. Les cérémonies eurent lieu dans la cathédrale d'Agra, qui est, dit-on, la plus belle église catholique de l'Inde. Cet édifice avait été magnifiquement décoré pour la circonstance. Les élèves des Sœurs de Jésus-Marie exécutèrent une messe en musique.

« Le soir, les chrétiens indigènes voulurent fêter à leur manière leur vénérable pasteur. Un feu d'artifice fut tiré dans les jardins de la mission, et la cathédrale, dont la tour rivalise en hauteur avec la célèbre Taj-Mahal, la mosquée perle, fut brillamment illuminée pendant une partie de la nuit. »

Kouang-si (*Chine*). — Nous lisons dans une lettre d'un missionnaire ces pittoresques détails sur les pratiques des sorciers chinois.

« Dans un village où je passai, je m'arrêtai pour prendre un bol de riz. Il y avait là précisément un sorcier occupé devant une petite table à faire des superstitions. Il s'agissait d'apaiser les mânes des ancêtres. Rien de plus ridicule. Figurez-vous un petit homme à la figure repoussante, ayant sur le nez de grosses lunettes ; d'une main il frappe sur un tambour et sur des espèces de cymbales, de l'autre il tourne les feuillets d'un livre en chantant. Que dit-il au diable ? Voici sa prière :

« Nous te donnons à manger de la viande, nous te donnons du « thé, nous te servons, il ne faut pas nous nuire. »

« En effet, à un moment donné, on tue un porc, on apprête une table, on verse du thé dans des tasses. Le tambour recommence à se faire entendre, mêlant ses accords peu harmonieux aux cris encore moins harmonieux du porc que l'on saigne ; puis notre homme se lève gravement, armé d'un sabre qui aurait grand besoin de passer chez un armurier. Il entre dans la maison, frappe à droite et à gauche, en poussant des cris épouvantables pour chasser le diable, et tout se termine par le repas où figure le porc que le démon a refusé de manger, quoiqu'on le lui ait offert et qu'on l'ait supplié de venir y faire honneur.

« Pauvres gens ! Cela ne nous fait pas rire, je vous assure. J'ai une répulsion toujours croissante pour ces grossières superstitions, qui tiennent enchaînées des millions d'âmes. Ah ! si l'on connaissait en Europe ce que c'est que le don de la foi, on ne serait pas si indifférent !... »

LA LUTTE CONTRE LE BOUDDHISME

A CEYLAN

Par le **R. P. Charles COLLIN**, Oblat de Marie-Immaculée, missionnaire à Colombo.

(Suite 1)

Tactique des missionnaires. — Tibottugoda. — Une conversion héroïque et ses fruits. — Consolations des missionnaires.

L'attitude aggressive du Bouddhisme ceylanais, encouragée et excitée par le néo-Bouddhisme des athées européens et des exploiteurs américains, oblige nos missionnaires à beaucoup de tact et de prudence dans leurs rapports avec les infidèles et les efforts pour les convertir. Il ne faut ni les attaquer de front, ni faire aucune polémique publique, mais les attirer peu à peu individuellement, se gardant bien de faire trop d'éclat des résultats obtenus. Autrement les chefs du parti prennent l'alarme et organisent la résistance. C'est pourquoi notre tactique consiste à fonder de petites églises dans tous les endroits où nous trouvons quelques familles catholiques perdues au milieu des populations bouddhistes. Chaque nouvelle église, en apparence destinée uniquement aux quelques catholiques qui l'entourent, devient un foyer de lumière et un centre d'attraction pour les pauvres infidèles des environs, et l'on peut compter que, chaque année, une ou deux familles viendront s'ajouter au petit troupeau, jusqu'au jour où, la première église étant devenue trop petite, il faudra la remplacer par une autre plus vaste et plus belle.

* *

Quelques détails maintenant sur les progrès faits par nos missions pendant ces dernières années.

Parlons d'abord d'une petite chrétienté située à environ quinze milles au nord de Colombo et connue sous le nom de Tibottugoda. Nous possédons là soixante-dix-sept familles de conversion récente et très fermes dans la foi au milieu d'un entourage tout bouddhiste. Il y a une dizaine d'années, mourait dans ce village le premier de ses habitants qui ait reçu la grâce du baptême. Sa conversion était due, comme il le racontait lui-même, à ce qu'un des chefs bouddhistes du pays, voulant faire célébrer une fête à la pagode, avait réuni les principaux habitants du village, et là on avait taxé chaque famille à un taux très élevé, afin de recueillir une somme considérable pour les dépenses de la fête. Pour assurer le paiement de la taxe, on avait prononcé contre quiconque refuserait sa quote-part, une malédiction assez en usage dans le pays : « Si quelqu'un ne paie pas sa taxe, nous mangerons sa chair. » Mon homme fut indigné de cette menace. Il se rendit au temple, y déposa le montant de sa taxe, s'y dépouilla de ses plus riches vêtements, et partit en disant : « Voilà ma dernière offrande à une religion qui enseigne à manger la chair de ceux qui lui résistent. » Il s'en alla à Colombo trouver l'évêque, reçut l'instruction voulue, fut baptisé et rentra dans son village. Toute sa famille le suivit dans sa conversion et peu à peu ce petit noyau de chrétiens s'accrut. Mais, à cette époque,

(1) Voir les *Missions Catholiques* des 28 août et 4 septembre 1891.

(cela date d'environ quarante ans), il n'y avait à Ceylan que peu d'églises et encore moins de prêtres. Le désir du nouveau converti était cependant de voir une église s'élever dans son village. Il désigna à cet effet un petit terrain sur lequel il planta une croix recouverte d'un abri en feuilles de cocotier. Là, tous les jours il allait faire sa prière ; avant de mourir, il appela son petit fils et lui dit : « Je n'ai pas eu le bonheur de pouvoir bâtir une église dans notre village ; je n'espère pas non plus que ton père ait cette joie ; mais c'est toi que je charge de cette œuvre. J'ai donné un terrain pour cet objet, et je compte que tu accompliras ce qui a été l'objet de mon plus grand désir sur la terre. »

Son petit-fils le lui ayant promis, il mourut en paix.

Trois ans après, le R. P. Stoutes, prêtre indigène et Oblat de Marie-Immaculée, creusait les fondements de la modeste église de Tibottugoda, et le 22 mai 1887, Mgr Bonjean en posait la première pierre ; elle sera dédiée à Saint-Isidore Laboureur.

Le P. Stoutes ayant achevé la pose des fondations, son successeur, le R. P. Oillic, se mit résolument à la construction de l'église. Toutefois, faute de ressources suffisantes, il dut pour le présent se contenter de bâtir l'abside et les deux bras de la croix, l'édifice devant être cruciforme. En 1890, il eut la joie d'ouvrir au culte cette petite église, toute tronquée qu'elle était ; l'un des bras de la croix lui sert de presbytère. On espère pouvoir bientôt reprendre les travaux et construire la nef qui devra abriter pendant l'office divin les membres de cette jeune chrétienté.

Le petit-fils du fondateur de cette église aura donc sous peu, j'espère, la consolation d'avoir accompli la mission que son grand-père lui a léguée en mourant. Son père, qui se nommait Bernard, est mort il y a huit jours, dans des sentiments de foi et de piété qui montrent combien ce peuple est susceptible de recevoir les impressions les plus profondes de notre sainte religion. Le P. Oillic lui ayant un jour recommandé de ne pas mourir sans sa permission, ce brave homme prit la recommandation tellement au sérieux que, de temps en temps, il envoyait demander au missionnaire la permission de mourir. Le Père faisait répondre d'attendre encore un peu, car il devait faire la visite au village ; alors il lui donnerait les sacrements et la permission de mourir. En effet, le R. P. Oillic vint, il y a quelques jours, à Tibottugoda, et lui administra l'extrême-onction et le saint Viatique ; le lendemain, Bernard, radieux, disait adieu au monde et s'en allait au ciel recevoir sa récompense.

Depuis dix ans cinquante-cinq adultes ont été baptisés dans ce village. En 1889, il y en eut près de vingt. Mais alors les bouddhistes prirent l'alarme. Ce mouvement de conversions, joint à la construction de l'église, porta la terreur dans leurs rangs, et les chefs organisèrent une ligue pour résister à la propagande catholique. Les bouddhistes s'engagèrent par serment à ne pas quitter leur religion et il fut déclaré que tous les nouveaux convertis seraient privés des avantages et honneurs de la caste, le plus grave de tous les châtiments que l'on puisse imposer à un Indien. L'homme le plus influent de la contrée était à la tête de ce mouvement. Le P. Oillic, qui préparait alors dix jeunes gens pour le baptême, jugea prudent de carguer ses voiles durant la

tempête et d'attendre que ce petit orage fût passé. Aussi, l'année 1890 ne donna-t-elle que six baptêmes d'adultes et quatre de nouveaux-nés. Depuis lors, la fureur des fanatiques s'est un peu calmée et le missionnaire a repris sa campagne. Au lieu de dix néophytes, il en a maintenant trente-cinq ou quarante, qui seront bientôt plongés dans l'eau sainte du baptême. Le 26 janvier dernier, il baptisait une vieille femme, qui désirait cette grâce depuis trois ans ; mais ses fils bouddhistes y mettaient obstacle. Enfin leur consentement est arraché ; la bonne vieille est baptisée, et le lendemain, elle se présentait devant Dieu, encore vêtue de la robe baptismale.

(A suivre).

VOYAGE AU SINAI

PAR LE

R. P. Michel JULLIEN, de la Compagnie de Jésus.

Suite (1)

IX

Elim.

En quittant A'ïn Haouârah, on chemine deux heures au sud sur un sol moins aride, on rencontre même un terrain bas que les Arabes cultivent au printemps, puis on descend par une tranchée pleine de sable dans l'ouadi Gharandel, le mieux dessiné, le plus profond et surtout le plus vert qu'on ait rencontré jusqu'ici. On ne voit d'abord que des buissons de tamarix dispersés sur un lit sablonneux, large de six cents mètres, encaissé entre des collines crayeuses de dix-huit à vingt-cinq mètres de hauteur ; mais, à mesure qu'on descend la vallée du côté de la mer, les arbres se multiplient, forment bientôt une forêt, plus loin encore le site est vraiment délicieux ; un ruisseau coule dans l'herbe ou se cache sous des fourrés d'arbustes ; çà et là quatre palmiers se balancent dans les airs ; des oiseaux sans défiance animent la solitude, deux magnifiques sarcelles à nos pieds font leur toilette dans l'herbe fraîche ; sur les rives, les rochers ont pris une silhouette plus mouvementée, une teinte plus fraîche. C'est une charmante oasis.

Les enfants d'Israël ont dû nécessairement traverser le ouadi, et après les tristesses et les privations de l'aride plaine, ils y ont certainement campé, bien que, depuis A'ïn Haouârah, l'étape ait été petite, deux ou trois heures de chameau. L'antique tradition et les modernes voyageurs mettent là le campement d'Elim.

Sainte Silvie (2) prend A'youn Mouça pour Mara. « De là, dit-elle, nous avons traversé la gauche (droite) un désert infini pendant trois jours, avant d'arriver à Arandara. Arandara est le lieu qu'on s'appelait Hélim. Il y court un torrent parfois desséché ; mais on trouve en tout temps des

(1) Voir les Missions Catholiques des 7, 14, 21, 28 août, 4 septembre, et la carte, p 417.

(2) Cette partie du récit de la sainte manque dans le manuscrit d'Arezzo ; nous la prenons dans le livre de locis sanctis, où un compilateur du XIIᵉ siècle, Pierre Diacre, l'a transcrite fidèlement à ce que l'on croit. M. Gamurrini a publié le livre de Pierre Diacre à la suite du Pélérinage de sainte Sylvie. Rome, 1887.

sources dans son lit et sur les bords. L'herbe y est assez abondante et les palmiers y croissent en grand nombre. Depuis le passage de la mer Rouge, c'est-à-dire depuis Sur, on ne rencontre pas de lieu aussi agréable, des sources aussi bonnes, aussi abondantes. »

Deux siècles plus tard (600), Antonin Martyr y a vu un petit château (*castellum modicum*) du nom de Surandala, et dans l'enceinte une église et un hospice pour les voyageurs. Tous les pèlerins admirent les sources et les palmiers ; l'un d'eux, Bernard de Breitenbach, le narrateur d'une compagnie de nobles allemands (1483), ajoute : « Pourtant il y a en ce lieu de gros poux, aussi gros que des noisettes. On les nomme les poux de Pharaon. » C'était sans doute la première fois que le bon chanoine rencontrait l'énorme vermine des chameaux.

Aujourd'hui ces lieux sont tout à fait déserts ; le château a disparu, et c'est à peine si l'on peut reconnaître quelques traces douteuses de constructions à une petite distance au-dessus des sources. Des palmiers, on en rencontre bien plus de soixante-dix, si l'on compte les touffes buissonneuses. Des sources à ciel ouvert, je ne crois pas qu'on puisse en compter douze ; mais on trouve de l'eau partout dans le lit du torrent en creusant à deux mètres de profondeur.

Nos chameliers remplirent les outres à l'un de ces trous une demi-heure plus haut que les sources ; l'eau était trouble et légèrement saumâtre ; mais, disaient-ils avec vérité, l'eau des sources, plus limpide, n'est pas meilleure.

Les enfants d'Israël, heureux d'avoir de l'eau en abondance et de la verdure pour leurs troupeaux, s'arrêtèrent sous ces ombrages pendant une quinzaine de jours. Ils y étaient arrivés le 25 nisan et nous les trouvons, le 15 du mois suivant, au désert de Sin (1), à deux journées de marche sur la route du Sinaï.

La mer.

« Étant partis d'Elim, ils allèrent planter leurs tentes sur le bord de la mer Rouge » (2). C'est là tout ce que les Saintes Écritures nous disent du campement de la mer ; le Livre de l'Exode passe même cette station sous silence, comme plusieurs autres où il ne s'est rien opéré de remarquable. Pourtant le voyageur, qui cherche à se rendre compte de la route des Hébreux, arrive aisément à reconnaître sans hésitation la situation du campement.

Au sortir d'Elim, les enfants d'Israël, continuant leur route au sud-est, dans la direction du Sinaï, n'ont pas pu suivre le bord de la mer où les conduisait naturellement la vallée d'Elim ; une grosse montagne, djébel Hamman Firoun, qu'on aperçoit bien avant d'arriver au ouadi Gharandel, barre ce chemin. Ils ont dû se diriger sur le col peu élevé qui est à l'orient de la montagne, et, en descendant du col, ils ont trouvé devant eux un bel ouadi, assez riche en sources, qui débouche sur une vaste plage, à une petite journée de marche d'Elim. C'est évidemment sur cette plage qu'ils ont passé la nuit.

La route sort du ouadi Gharandel par une tranchée assez pittoresque et monte sur un aride plateau. A une

(1) Ex., XVI. I.
(2) Nombres, XXXIII, 10.

heure du ouadi, on rencontre, au centre d'une dépression circulaire, un tas de petites pierres haut de trois mètres. Nos Bédouins l'appellent Hosûn Abou-Zenne (le cheval d'Abou-Zenne). Ils y jettent chacun leur pierre avec un air de mépris et Aoudi nous conte l'histoire : « Un nommé Abou-Zenne, chevauchant sur une jument épuisée de fatigues, lui donna un coup d'éperons si violent que la pauvre bête fit un saut prodigieux et tomba morte. Le cruel cavalier marqua de deux pierres la longueur du saut Depuis ce temps, le Bédouin ne passe pas là sans jeter sa pierre d'indignation. »

Cependant la route devient moins monotone. Cinq ou six palmiers, deux ou trois trous d'eau saumâtre, quelques sommets de groupe des hautes montagnes sinaïtiques apparaissant à l'horizon, le djébel Hamman Firoûn qui devient de plus en plus beau et majestueux à mesure qu'on s'en approche, nous font entrevoir la fin du plat désert.

Djébel Hamman Firoun (la montagne des bains de Pharaon) est un superbe rocher isolé dans les sables au bord de la mer. Sa masse brune, de calcaire cristallin, s'élève en tronc de pyramide à près de cinq cents mètres, et brille çà et là au soleil comme les rochers des Alpes mouillés par les cascades ou couverts de verglas. Au nord, la base est perforée d'un grand nombre de grottes ; il en sort, sur plusieurs points, d'abondantes sources d'eau thermale sulfureuse qui remplissent l'air de vapeurs blanchâtres. Les Bédouins en font usage contre les rhumatismes, dont beaucoup sont atteints. Ne pouvant supporter la haute température des sources, 60 degrés centigrades, ils se baignent sur le bord de la mer à l'endroit où elles s'y jettent. Mais auparavant, pour n'être pas dévorés par les requins, ils ont soin d'offrir quelques gâteaux à l'esprit de Pharaon, devenu le démon des sources, depuis que le monarque s'est noyé en voulant traverser la mer au pied de la montagne. Nous rencontrerons sur le chemin des Hébreux plusieurs autres légendes du même goût, dont toute la valeur traditionnelle est d'affirmer un vague souvenir mosaïque.

Les vents ont accumulé derrière la montagne d'énormes monticules de sable, étrangement ravinés par les pluies. Le chemin passe au pied, sur un col de sable, et descend de l'autre côté dans une vaste tranchée entre deux murs de craie, hauts de trente à quarante mètres. On la dirait faite de main d'homme pour un très large chemin de fer, tant les coupes verticales du rocher sont régulières, les courbes de la voie amples et bien raccordées. On remarque même, sur une certaine étendue, de larges trottoirs parfaitement alignés le long des murs, comme aux environs des gares ; il ne manque que les rails. Le soleil africain, tombant sur le sol et les parois de craie, leur donne une telle que nos yeux ne peuvent supporter, et la chaleur, accumulée par tant de réverbérations, dans le fond de ces gorges où l'air ne circule pas, est à peine supportable. Nos chameliers hâtent le pas, nous avouant qu'eux-mêmes évitent ce passage en été.

A un détour de la tranchée les parois s'inclinent, le fond s'élargit, on aperçoit un peu de verdure et quelques têtes de palmiers. Nous trouvons même un peu d'eau sous les arbres. Nos chameaux ne font qu'y tremper leurs grosses lèvres avec un air de dédain, et quand nous voulons nous y désaltérer : « Ne buvez pas, nous crient nos hommes, cette eau met des serpents dans le ventre. » Elle est en effet fortement amère, et probablement aussi purgative que la *Royale Hongroise*.

Plus loin, sur la rive du ouadi, s'élève une grosse montagne de grès de Nubie en couches horizontales, des couleurs les plus singulières et sans trace de végétation ; au milieu de la hauteur les couches forment un superbe ruban orangé à liserés rouges ; en dessous, ce sont des raies blanches et jaunes ; en haut, des bandes brunes, blanches, jaunes

et noires. Toutes ces teintes sont d'une vivacité qu'on ne peut pas facilement se représenter sur d'immenses roches ; la peinture exacte de la montagne passerait pour fantastique. Assis à l'ombre d'un rocher où pendent de gracieux capriers, en face de ce splendide tableau, nous goûtons pour la première fois depuis notre départ le bonheur promis dans le royaume de justice « l'ombre d'un haut rocher au milieu du désert » (1).

Que cette vallée est bien nommée ouadi Taiybeh, la vallée agréable !

On chemine encore quelques instants entre deux parois de rochers hautes d'une soixantaine de mètres, et la vallée,

BIRMANIE. — FUNÉRAILLES D'UN MOINE BIRMAN. — Le convoi; d'après une photographie de M. LAUNAY, des Missions Étrangères de Paris (voir page 444).

tournant brusquement au midi, s'ouvre sur la plage en face de la mer.

Le soleil, près de disparaître derrière les sombres montagnes de la côte égyptienne, dorait la surface vaporeuse des eaux et faisait vivement ressortir les hardies déchirures des montagnes de la rive sinaïtique, mélangeant de pourpre les vives couleurs des rochers.

Ce fut là sans doute que campèrent les enfants d'Israël après une longue marche de trente kilomètres, préparée par le repos d'Elim. La plage est vaste et assez bien garnie de touffes d'herbes. Elle se prolonge en pointe et forme la meilleure anse de la côte, celle qui, selon toute apparence, servait de port aux anciens Egyptiens pour leurs communi-

cations avec les mines de l'intérieur de la péninsule ; car les routes naturelles des mines à la mer convergent en ce point. Au loin sur la pointe s'élève un tertre où les Bédouins vénèrent le tombeau d'un santon ; le promontoire s'appelle, du nom de ce personnage, Ras Abou-Zénimeh.

XI

Les cailles et la manne au désert de Sin.

Après une délicieuse nuit passée, comme les Hébreux, sous la tente, au bord de la mer, nous laissons nos chameaux suivre leur sentier au midi le long des falaises, tandis que nous cheminons parallèlement sur la grève pour

(1) Isaïe, XXXII, 2.

recueillir des coraux et de beaux coquillages dont la mer Rouge abonde; mais nous ne trouvons que de vieilles coquilles roulées. De toutes les curiosités de la mer nous ne vimes dans ce voyage qu'un singulier poisson entre les mains d'un pêcheur. Il était vert et bleu comme la plus belle perruche, et pouvait peser trois kilogrammes. L'examinant de près, nous pûmes reconnaître que les vives et étranges couleurs de ce poisson résident principalement sur de petites verrues dont tout le corps est couvert; les naturalistes le nomment *Balister verrucosus, Schn.*

De longues traînées d'algues rougeâtres, semblables à des déchets de laine rouge marquaient sur le sable la limite extrême des vagues; elles nous rappelaient les_*Rytiphlogn tinctoria* et *Corallina officinalis* qui encombrent certaines côtes de Syrie après la tempête. Que les algues soient l'origine du nom hébreu de *Yam Souf,* dont se sert Moïse pour désigner cette mer, il est difficile d'en douter; *Yam* signifie mer et *Souf* signifie roseaux, algues. Les Arabes appellent encore la laine *Souf.* Il paraît également naturel d'admettre que le nom de mer Rouge, employé par les géographes classiques et par les Septante dans la version grecque du Pentateuque, vient de la couleur de ces algues. Pourtant les savants ont émis plusieurs autres opinions sur ce sujet, et la plus en faveur aujourd'hui fait venir le nom de mer Rouge des peuples relativement rouges, Himyrites et Piéniciens, qui habitaient ses rivages.

Les hautes falaises de rochers s'approchant de la mer terminent la vue par un imposant promontoire, le djébel Nochel.

Nous le contournons sur un sol de roches plates que les eaux doivent couvrir dans les fortes marées, et tandis que nous contemplons encore les énormes rochers en encorbellement qui semblent nous menacer, un paysage tout autre s'ouvre à nos yeux, une vaste plaine au sol caillouteux, pentif et raviné, bordée au nord par de grosses montagnes noires comme des tas de houille, fermée à l'est et au midi d'un mur de sombres rochers. Les étroites et noires ouvertures de deux ou trois ravins brisent seules cette muraille; les crêtes déchiquetées et absolument nues des hautes montagnes la dominent. Son nom, el-Marcia, signifie terre ravinée par les eaux. Si le Dante avait vu cette plaine d'el-Marcia, il en aurait fait le parvis de l'enfer.

Cette entrée des noirs ravins où nous allons nous enfermer pour deux semaines, nous glace. Elle dut ajouter du spleen aux naturelles inquiétudes des enfants d'Israël; aussi bien le Seigneur ne répond à leurs murmures contre Moïse et Aaron que par deux miracles de bonté.

C'est bien là, en effet, le désert de Sin, où les fils d'Israël

BIRMANIE. — BUCHER POUR LA CRÉMATION DU CORPS D'UN MOINE BOUDDHISTE; d'après une photographie envoyée par M. LAUNAY, des Missions Étrangères (Voir page 444).

arrivèrent le 15 du second mois (1), trente jours après leur départ de Ramessès : partis du campement de la mer et se dirigeant sur Raphidim, ils n'eurent pas d'autre route, et c'est bien la distance d'une petite journée de marche. Ils trouvèrent deux sources dans la partie septentrionale de la plaine, près des noirs talus du djébel Marcha ; l'une, A'in Dhafary.est douce, l'autre.A'in el-Marcha,donne aujourd'hui des eaux saumâtres. Leurs troupeaux purent se disperser dans cette vaste étendue de vingt-deux kilomètres de long sur cinq de large, et y trouver pour leur nourriture quantité de plantes salines et épineuses.

Jusqu'ici les Hébreux ne se sont pas plaints du manque de nourriture. Ils ont vécu de leurs provisions et de leurs troupeaux, peut-être aussi des poissons de la mer, qui au printemps s'approchent en très grand nombre du rivage pour y déposer leurs œufs (2). Mais, au moment de s'engager pour un temps indéterminé dans un massif d'affreuses montagnes, telles qu'ils n'ont rien vu d'aussi sauvage, d'aussi sombre, d'aussi écrasant sur les côtes désertes qu'ils viennent de parcourir, et beaucoup moins en Egypte, ils s'effrayent et murmurent contre leurs chefs : « Plût à Dieu que nous fussions morts, frappés par la main de Jéhova, dans la terre d'Egypte, quand nous étions assis autour de marmites pleines de viande et que nous mangions du pain à satiété! Pourquoi nous avez-vous conduits dans ce désert, afin de faire mourir toute cette multitude (3) ? »

En réponse à ces murmures, Dieu dit à Moïse : « Voici que je vais vous faire pleuvoir un pain du ciel ; le peuple sortira, et il recueillera chaque jour sa provision, afin que je voie s'il marchera ou non dans ma loi (4). »

« Pendant qu'Aaron parlait à la multitude des enfants d'Israël, ils levèrent les yeux sur le désert et la gloire du Seigneur leur apparut dans la nuée. Et le Seigneur dit à Moïse : J'ai entendu les murmures des enfants d'Israël. Tu leur diras : Ce soir vous mangerez de la viande et au matin vous serez rassasiés de pain, afin que vous sachiez que je suis le Seigneur votre Dieu. Voici en effet qu'au soir, des volées de cailles s'élevèrent et couvrirent le camp ; et le matin il y eut une couche de rosée tout alentour. Et quand la couche de rosée eut disparu, il y avait sur la face du désert une petite chose ronde, menue comme des grains de gelée blanche sur la terre. Et les enfants d'Israël la virent et ils se dirent l'un à l'autre : Man-hou ? Qu'est cela ? car ils ne savaient point ce que c'était. Et Moïse leur dit : C'est le pain que Jéhova vous donne pour nourriture (5). »

« Et Israël l'appela la manne. Elle ressemblait à la graine de coriandre ; elle était blanche et son goût était celui d'un gâteau de farine et de miel (6). »

Or, les fils d'Israël furent nourris de manne pendant quarante ans, jusqu'à ce qu'ils vinrent dans une terre habitable aux confins du pays de Canaan (7). »

(1). XVI, 36.
(2) C'est du moins ce que nous fait conjecturer une parole de Moïse dite plus tard, quand le Seigneur lui promet de la viande un mois durant : « Est, ce que tous les poissons de la mer si rassembleront au rivage pour nourrir le peuple. » (Nomb XI, 22.)
(3) Ex., XVI, 3.
(4) Ex., XVI, 4.
(5) Ex., XVI, 10 15
(6) Ex., XVI, 31.
(7) Ex., XXVI, 85.

Quelles circonstances accompagnèrent la pluie de cailles en quantité suffisante pour nourrir deux millions d'hommes? L'Ecrivain sacré ne le dit pas ici ; mais au Livre des Nombres (1), il décrit avec quelques détails, un prodige semblable, que Dieu opéra plus tard aux Sépulcres de Concupiscence. Nous pouvons admettre ici des circonstances analogues :

« Jéhova fit souffler le vent et (ce vent) amena des cailles d'au-delà de la mer, et les répandit autour du camp, dans l'espace d'une journée de chemin, et de tous côtés: elles volaient à deux coudées au-dessus de terre. Et le peuple se leva, et tout ce jour-là, toute la nuit et le jour suivant, il ramassa des cailles. Celui qui en ramassa le moins en eut dix gomors (2). Et on les étendit autour du camp pour les faire sécher. »

On était au commencement de mai, quand les cailles arrivèrent au désert de Sin. Elles vinrent de la côte égyptienne, traversant le golfe, vers la tombée de la nuit; à la faveur d'un vent favorable ; épuisées de fatigue, elles s'abattirent au pied de l'immense rideau des monts sinaïtiques, « pressées comme les grains de sable de la plage (3). »

Tout cela est en rapport avec les habitudes de ces oiseaux. Les cailles passent l'hiver en Afrique et remontent au printemps dans les pays du nord. Leurs émigrations se font toujours par grandes troupes. Comme elles n'ont pas une grande puissance de vol, elles choisissent pour traverser la mer les parties les plus étroites, et ne partent que par un vent favorable à leur traversée. C'est ordinairement de nuit qu'elles voyagent ; le jour, elles se reposent et cherchent leur nourriture. Elles sont alors si nombreuses sur les côtes africaines de la Méditerranée et sur les îles, si fatiguées du voyage, que les habitants en prennent un nombre prodigieux. Ils les saisissent à la main dans de petits abris préparés pour elles, et à défaut de fusil, les abattent avec des bâtons, car dans cet état de fatigue elles ne se lèvent que sous les pieds du chasseur, volent très bas et se posent tout proche.

Il me souvient avoir rencontré sur la côte d'Alexandrie, au temps du passage, un groupe de jeunes chasseurs qui avaient gagé de tuer cinq cents cailles dans la journée. A cette époque ces oiseaux étaient à rien sur le marché et les paquebots les emportaient à Marseille par milliers.

Dieu se servit donc des habitudes naturelles de ces oiseaux, voyageurs pour exécuter ses desseins, disposant toutes choses pour qu'ils arrivassent innombrables autour des tentes d'Israël, au moment voulu par lui et révélé à Moïse. En cela consiste le miracle.

.[.].

Tout autre fut le prodige de la manne, destinée à figurer le miracle des miracles, la sainte Eucharistie.

Ici la substance est nouvelle, et ses propriétés sont si merveilleuses, que les sciences naturelles n'ont rien à y voir. Les Hébreux et Moïse lui-même, qui avait habité le

(1) XI, 31, 32.
(2) Le gomor ou ômer avait une capacité de trois litres, 88
(3) Ps., LXXVII, 27.

pays, ne la connaissaient pas (1). Elle nourrit le peuple durant quarante ans et cesse pour toujours de tomber dès qu'Israël peut cueillir le blé dans la terre de Cianaan (2). Tous les jours, sauf le sabbat, elle tombe le matin, en quelque lieu que se trouve le camp d'Israël. Il y en a, pour tous, un gomor par tête, et celui qui recueille une plus grande quantité se trouve n'en avoir pas davantage. Inutile de vouloir en conserver pour le lendemain ; elle se fond au soleil de midi, et le jour suivant on la trouverait corrompue et remplie de vers ; cependant, la veille du sabbat, on en prend deux gomors par personne, et la mesure conservée pour le lendemain ne se gâte pas (3). Les enfants d'Israël « la broyaient sous la meule à main, ou la pilaient dans le mortier, la cuisaient dans le ciaudron ou en faisaient des galettes cuites sous la cendre. La saveur était celle de l'huile fraîche (4). »

Sur l'ordre du Seigneur, Moïse dit à Aaron : « Prends un vase où tu mettras un gomor de manne, et dépose-le devant le Seigneur pour être conservé dans les générations d'Israël (5). »

Dieu multiplie ainsi les miracles à l'origine de la loi mosaïque, comme il le fera plus tard au commencement du christianisme. Ces moyens surnaturels conviennent à la fondation d'une religion surnaturelle. De plus, en soulageant les corps pour attirer les cœurs, il s'accommode avec une paternelle bonté à l'esprit grossier et sensuel d'un peuple rabaissé par un long esclavage.

Ils entreprirent une tâche bien ingrate, les modernes rationalistes qui ont cierché à découvrir la manne des Hébreux dans les produits naturels de la péninsule sinaïtique. Plusieurs substances sucrées et légèrement purgatives, qui découlent de divers arbres, ont reçu par analogie le nom de manne. La sécrétion du frêne est la manne de Calabre et de Sicile, celle du ciêne à galles est la manne du Kurdistan et de Mésopotamie. L'*Alhaji Maurorum* (D. C.) secrète la manne de Perse, et le *Tamarix mannifera*, Ehr., qui n'est probablement qu'une variété du *Tamarix gallica*, secrète la manne du Sinaï, que les Bédouins eux-mêmes appellent · Man. Ces deux dernières sortes se trouvent dans la presqu'île sinaïtique. On a essayé vainement de les identifier avec la manne de l'Exode.

L'*Alhagi Maurorum* (D. C.), appelé aussi *Manna Hebraeorum* (Don), est une plante de la famille des légumineuses, 1aute de deux pieds, presque sans feuilles, à rameaux suffrutescents, très divergents, sur lesquels les pédoncules des fleurs avortées forment de longs piquants. Elle se couvre en été de jolies fleurs rouges. A la même époque ses rameaux exsudent, sous forme de petits grains jaunâtres, une substance gommeuse et sucrée, la manne de Perse, la manne Alhagi, le téréniabin des Arabes.

La plante abonde sur les terres incultes dans les régions tropicales et subtropicales de l'Asie et de l'Afrique ; mais la manne ne se recueille qu'en Perse et aux environs de Hérat et de Kandaiar. On en transporte ciaque année environ deux mille livres dans l'Inde septentrionale, où elle est employée, en guise de sucre, pour les pâtisseries et autres mets de fantaisie. Jamais on n'a songé à recueillir cette manne dans la péninsule sinaïtique : la plante, moins abondante qu'en Perse et qu'en Egypte, n'en fournirait que des quantités insignifiantes.

Aussi les rationalistes préfèrent donner au tamarix l'honneur d'avoir nourri le peuple de Dieu pendant quarante ans. L'arbre est semblable au tamarix de France, sauf qu'il atteint de plus grandes dimensions. Les piqûres d'un insecte, le *coccus manniparus,*. H et Ehr., font sortir des jeunes branches une gomme, qui se liquéfie à la cialeur du soleil et tombe à terre vers le milieu du jour, comme des gouttes de rosée, telle est la manne du Sinaï.

Les Bédouins la recueillent mêlée aux feuilles sècies de l'arbre, la tamisent à travers un linge et la conservent dans des sacs de cuir. Ils la mangent sur leur pain comme nous mangeons le miel, dont elle a le goût.

Bien que les tamarix soient assez nombreux pour former de petites forêts dans les ouadis Gharandel, Feiran et ech-Cieik, la production annuelle de la péninsule, au dire de Burckiardt, ne dépasse pas six cents livres.

Il en aurait fallu trois mille fois autant, remarque un membre de la grande expédition anglaise (1), pour nourrir le peuple d'Israël pendant un seul jour.

Notons encore que, d'après l'analyse d'un savant chimiste, M. Berthelot, la gomme du tamarix ne saurait suffire pour aliment, puisqu'elle ne contient pas de principes azotés (2).

Des propriétés merveilleuses de la manne biblique, cette gomme n'en possède aucune. La manne du Sinaï ne tombe que pendant six semaines, le jour du sabbat comme les autres jours ; elle ne se corrompt pas le lendemain, mais se conserve aisément pendant une année et au-delà ; ciacun en a ce qu'il a ramassé, ni plus ni moins, etc.

Vraiment il faut être aveuglé par un bien vif désir de supprimer un célèbre miracle, pour voir la manne de Moïse dans l'exsudation sucrée du tamarix ; autant vau-'drait confondre le ciel des bienieureux avec le ciel des astronomes.

Qu'il nous fut doux de faire descendre du ciel dans notre petite tente, au milieu de ces affreuses solitudes, la vraie manne céleste, *omne delectamentum in se habentem et omnis suavitatis saporem* (3), dont celle des Hébreux ne fut que la figure ! Seigneur, ne permettez pas qu'à l'exemple du peuple prévaricateur qui se dégoûta de la manne, nous venions jamais, par nos fautes, à perdre le goût de la Sainte Euciaristie.

(*A suivre*).

---

(1) Deut. VIII, 3.
(2) Jos., V, 12.
(3) Ex., XVI, 17.., 24.
(4) Nomb., XI, 8
(5) Ex XVI, 33.

(1) H. S. Palmer, Sinaï, p. 195.
(2) *Comptes rendus de l'Académie des Sciences*, sept., 186'.
(3) Sag. XVI, 20.

LES MISSIONS CATHOLIQUES AU XIX° SIÈCLE

PAR

M. Louis-Eugène LOUVET, des Missions Etrangères de Paris,
Missionnaire en Cochinchine occidentale.

CHAPITRE XV

LES MISSIONS CATHOLIQUES DANS L'AMÉRIQUE DU NORD.
(1800-1890).

(Suite 1).

VI. — PROVINCE ECCLÉSIASTIQUE DE SAINT-BONIFACE.

Les immenses territoires situés à l'est et au nord du
Canada n'ont guère commencé à se peupler qu'à partir de
1840. Au commencement du siècle, la Compagnie anglaise
de la baie d'Hudson y entretenait seulement quelques
agents, pour trafiquer avec les sauvages et acheter leurs
pelleteries. Actuellement, ce pays forme trois colonies : le
Manitoba, au sud, la Colombie britannique, à l'ouest, et le
territoire de la baie d'Hudson, au nord. La province ecclésiastique de Saint-Boniface, dont les quatre missions sont
confiées aux Oblats de Marie, embrasse ces trois Etats.
Trois populations distinctes habitent le pays : Au sud,
Anglais et Franco-Canadiens se sont répandus au milieu des
grandes prairies du Manitoba et dans les forêts de la Colombie. De nombreux métis se sont installés, à leur tour, dans
tous les endroits où la rigueur du climat permet encore
de cultiver la terre. Quant aux sauvages, les anciens possesseurs du sol, l'égoïsme implacable des Anglais les a refou-
lés dans les régions inhabitables du pôle, où ces malheureux meurent entassés de faim et de misère, car ils n'ont
pour soutenir leur vie que la chasse et la pêche, puisque
le sol ne produit absolument rien.

Ces tribus sauvages, ainsi refoulées au nord, sont les
débris des grandes nations indiennes qui couvraient autrefois tout le pays, des rives du Saint-Laurent aux côtes de
l'Océan. Ces peuples, dont les Jésuites avaient commencé, il
y a deux siècles, l'évangélisation avec tant de succès, ne
sont plus aujourd'hui que l'ombre d'eux-mêmes. De plus
d'un million, ils sont tombés au-dessous de quatre-vingt
mille. La nation des Hurons, nos anciens amis, n'a plus que
trois cent soixante âmes. Les Esquimaux, les Algonquins,
les Cris, les Montagnais, les Iroquois, toutes ces peuplades,
dont les membres se comptaient par centaines de mille,
varient aujourd'hui entre deux et trois mille âmes. Une
poignée de sauvages, entassés les uns sur les autres, aux
bords de l'Océan glacial, démoralisés par la misère, abrutis
par l'eau-de-vie, voilà tout ce qui reste de ces grandes
agglomérations qui peuplaient jadis le Canada. Il est à
remarquer que, partout où il met le pied, l'Anglo-Saxon
commence par faire disparaître les premiers habitants du
pays, au lieu que le Français, plus sociable, s'en fait généralement aimer et vit en paix avec ces enfants de la nature
qu'il fait monter peu à peu à sa civilisation et à sa foi.

(1) Voir tous les numéros parus depuis le 14 mars jusqu'à la fin octobre 1890,
et 2, 9, 16, 23 et 30 janvier, 6 et 13 février, 24 avril, 1er, 8, 15, 22 et 29 mai,
5, 12, 19, 26 juin, 3, 10, 24 et 31 juillet, 7, 21 et 28 août et 4 septembre 1891.

Nos libres-penseurs ont longtemps déclamé contre les
cruautés des Espagnols dans l'Amérique du Sud. Je suis
loin, pour ma part, de vouloir excuser les violences et les
crimes de la conquête ; mais pourtant il faudrait tenir
compte de ce fait indéniable : dans tous les pays de langue
espagnole, l'Indien, durement opprimé, si l'on veut, par
l'avarice de ses nouveaux maîtres, a néanmoins gardé partout sa nationalité, et aujourd'hui les races indiennes et
métisses dominent presque partout, de l'Atlantique au
Andes et du golfe du Mexique à la terre de Feu.

Au contraire, dans l'Amérique du nord, aux Etats-Unis
aussi bien qu'au Canada, les tribus indiennes ont été, systématiquement refoulées et détruites. D'ici à cinquante ans,
un Peau-Rouge sera devenu une rareté dans cette immense
étendue de pays qui va de l'Océan polaire à la mer des
Antilles. Le même phénomène d'anéantissement d'un peuple au contact de l'Anglais, s'est produit en Australie et
jusqu'aux portes de l'Angleterre, dans la malheureuse
Irlande (1).

La philanthropique Angleterre peut déclamer à son aise
contre la cruauté des nations catholiques et faire étalage
de ses sentiments humanitaires ; j'ose dire qu'elle est jugée
et connue par ses œuvres ; oui, l'Anglo-Saxon est un grand
peuple, un peuple qui a fait de grandes choses dans le monde ;
mais il faut bien reconnaître que la dureté et la sécheresse
du dogme protestant, développant outre mesure l'orgueil
d'une personnalité déjà fortement accentuée, en a fait un
voisin peu commode et un maître peu aimable. Jamais chez
aucun peuple chrétien, égoïsme plus féroce ne fut mis au
service d'une grande puissance, pour l'aider à se débarrasser sans scrupules de tous ceux qui la gênent.

Les missions des sauvages de l'Amérique du Nord sont
donc des plus crucifiantes pour l'âme et pour le corps. Un
climat d'une rigueur extrême, la difficulté des communications, l'impossibilité de se procurer les choses les plus
indispensables au soutien de la vie, voilà les moindres souffrances du missionnaire ; sa croix la plus lourde, c'est la
difficulté d'arriver jusqu'à l'âme de ces malheureux, per-
vertis au contact des Européens, égarés trop souvent par
les prédications de l'hérésie, rendus défiants et haineux
par les injustices qu'ils ont subies. Comment relever ces
peuples désormais sans espérance et sans avenir, qui sont
à la veille de mourir ? Heureux au moins ceux qui, se laissant toucher à la parole de l'apôtre, embrasseront avant de
périr la vraie foi, et dont la croix du Christ viendra sancti-
fier l'agonie et bénir la tombe !

Entre l'Européen envahisseur et le sauvage trop faible
pour se défendre, on voit se multiplier dans l'ouest une race
intermédiaire, dont il ne sera pas si facile de venir à bout
et qui est peut-être destinée à jouer bientôt un rôle important dans ces régions reculées du Dominion britannique. Je
veux parler des métis, déjà très nombreux dans les territoires de l'ouest. La récente révolte de Riel, bien que
réprimée avec une rigueur extrême, a dû montrer à l'Angleterre que les métis n'entendent pas se laisser opprimer
et qu'il faudra compter un jour avec eux. Presque tous sont

(1) Au commencement du siècle, il y avait en Irlande huit millions d'Irlandais ; d'après les recensements officiels, ils ne seraient plus aujourd'hui
que 3,800,000. Les autres sont morts de faim, ou se sont exilés.

chrétiens, et beaucoup sont catholiques. Jusqu'ici, le prêtre a eu peu de prise sur ces natures encore grossières, qui joignent ordinairement les vices du sauvage à ceux de la civilisation. Comme les barbares du cinquième siècle, il faudra commencer par faire leur éducation, avant de songer à en faire un peuple chrétien. Ce travail est déjà vaillamment commencé dans toutes les missions de l'ouest, et tout fait espérer qu'il sera mené à bonne fin.

ARCHIDIOCÈSE DE SAINT-BONIFACE.

En 1817, Pie VII, comme je l'ai dit, détacha les missions de l'ouest du diocèse de Québec, pour en faire le vicariat apostolique du Haut-Canada. En 1848, le siège épiscopal de Saint-Boniface fut érigé et devint, en 1871, la métropole des régions de l'ouest, avec trois suffragants.

L'archidiocèse de Saint-Boniface comprend le Manitoba et une portion restreinte du territoire de la baie d'Hudson. La majorité de la population est de race anglaise. Il y a, il est vrai, au Manitoba, quelques milliers de Franco-Canadiens ; mais les Anglais cherchent tous les moyens de les éliminer, ou au moins de leur enlever l'influence politique (1). La population totale est de 150,000 âmes, dont seulement 20,000 catholiques.

1° *Clergé :* 1 archevêque, 51 prêtres, dont 41 indigènes.

2° *Communautés religieuses, hommes :* Oblats de Marie, 24. Jésuites, 18. Frères de Marie, 3. Total, 3 Congrégations et 45 religieux.

Femmes : Sœurs de charité, 60 ; des Saints-Noms de Jésus et de Marie, 28 ; Fidèles Compagnes de Jésus, 11. Total, 3 Congrégations et 99 religieuses.

3° *Œuvres d'apostolat :* 35 paroisses, 85 missions, 46 églises ou chapelles.

4° *Œuvres d'éducation :* 1 séminaire à Saint-Boniface (Jésuites), 5 élèves en théologie, 100 qui font leurs humanités. 3 pensionnats garçons, 300 élèves. 2 académies jeunes filles, 570. élèves, 85 écoles de paroisses, environ 4,000 enfants.

5° *Œuvres de charité :* 1 orphelinat, 38 filles, 2 hôpitaux.

DIOCÈSE DE SAINT-ALBERT.

En 1862, Pie IX détacha du diocèse de Saint-Boniface le vicariat apostolique de Saskatchewan, qui devint, trois ans plus tard, le diocèse de Saint-Albert. Il s'étend de la baie d'Hudson aux Montagnes Rocheuses et compte 30,000 catholiques, sur une population totale de 50,000 habitants. Nombreux métis.

1° *Clergé :* 1 évêque, 45 prêtres, dont 10 indigènes.

2° *Communautés religieuses, hommes :* Oblats de Marie, 45 prêtres, 1 scolastique, 22 frères, total 66 religieux.

Femmes : Sœurs grises, 28 ; Fidèles Compagnes de Jésus, 30. Total, 2 Congrégations et 58 religieuses.

3° *Œuvres d'apostolat :* 28 stations avec résidence ; 30 missions, 20 églises, 17 chapelles.

4° *Œuvres d'éducation :* 1 étudiant en théologie ; 5 pensionnats, 48 garçons, 64 filles ;3 écoles industrielles, 25 écoles de chrétientés, 625 enfants.

5° *Œuvres de charité :* 3 hôpitaux.

(1) Au mois de février 1890, l'us ge officiel de la langue française était proscrit dans tout le Manitoba.

DIOCÈSE DE NEW-WESTMINSTER.

Le vicariat apostolique de la Colombie Britannique, fut détaché en 1863 du diocèse de Vancouver (États-Unis). Il était compris entre les montagnes Rocheuses, à l'est, l'Alaska, au nord, l'Océan Pacifique, à l'ouest, les États-Unis, au sud.

Le climat est relativement tempéré. Depuis l'ouverture du chemin de fer qui rejoint les deux Océans, la Colombie a pris un grand développement.

En 1890, le vicariat apostolique fut érigé en diocèse sous le nom de New-Westminster. Il compte 45,000 catholiques, dont 20,000 sauvages, sur une population totale de plus de 100,000 habitants.

1° *Personnel :* 1 évêque, en résidence à New-Westminster ; 24 missionnaires Oblats, 8 frères coadjuteurs. Religieuses : Sœurs de Sainte-Anne, 14 ; Sœurs grises, 6.

2° *Œuvres :* 8 stations avec résidences, 80 missions, 15 églises, 66 chapelles, 4 pensionnats, pour les enfants d'origine européenne, 7 écoles primaires : 80 garçons, 120 filles, 1 hôpital catholique.

VICARIAT APOSTOLIQUE D'ATHABASKA-MACKENSIE.

Ce vicariat fut détaché en 1862 du diocèse de Saint-Boniface. Il est habité presque uniquement par les tribus sauvages et s'étend tout le long des côtes de l'Océan Glacial Arctique, de l'Alaska au golfe de Bothia. Il n'a que 10,000 catholiques.

C'est la mission la plus rapprochée du pôle Nord et très probablement la plus pénible de toutes, à cause de la rigueur extrême du climat et de la dureté de cœur des sauvages.

1° *Personnel :* 1 vicaire apostolique, en résidence au lac la Biche ; 24 missionnaires Oblats, 13 frères coadjuteurs.

2° *Œuvres :* 12 stations avec résidence, 13 missions, 7 églises, 11 chapelles, 11 écoles de chrétientés : 125 garçons 100 filles, 3 orphelinats, 2 hôpitaux.

VICARIAT APOSTOLIQUE DE LA SASKATCHEWAN.

Ce nouveau vicariat apostolique, créé par décret du 20 janvier 1891 aux dépens du diocèse de Saint-Albert, compte 7,000 catholiques sur une population totale de plus de 15,000 âmes.

Résumé de la province ecclésiastique de Saint-Boniface.

Archevêché Saint-Boniface : 1 archevêque, 52 prêtres, 46 églises ou chapelles, 20,000 catholiques.

Évêché Saint-Albert : 1 évêque, 45 prêtres, 37 églises ou chapelles, 30,000 catholiques.

Évêché New-Westminster : 1 évêque, 24 prêtres, 81 églises ou chapelles, 45,000 catholiques.

Vicariat apostolique Athabaska-Mackensie : 1 vicaire apostolique, 24 prêtres, 18 églises ou chapelles, 10,000 catholiques.

Vicariat apostolique de la Saskatchewan : 1 vicaire apostolique, ? prêtres, ? églises ou chapelles, 7 000 catholiques.

Total : 1 archevêque, 2 évêques, 2 vicaires apostoliques, 147 prêtres, 182 églises ou chapelles, 102,000 catholiques.

(A suivre.)

VARIÉTÉS

EN BIRMANIE

LES FUNÉRAILLES DES TALAPOINS OU MOINES BOUDDHISTES.

La vénération entretenue pour les Talapoins pendant leur vie les suit après leur mort. On suppose que leurs corps mêmes participent de la sainteté inhérente à leur profession ; aussi leurs restes mortels sont-ils l'objet d'honneurs qu'on a peine à imaginer. (Voir les trois gravures.)

Dès qu'un membre éminent de la confrérie a rendu l'âme, son corps est ouvert ; on en retire les entrailles qu'on enterre en quelque endroit décent, sans aucune cérémonie spéciale, et le corps est embaumé d'une manière très simple, en remplissant la cavité abdominale de cendres, de son et d'autres matières siccatives. Il est alors entouré de bandelettes de toiles qui en font plusieurs fois le tour, et l'on met sur le tout une couche épaisse de vernis. Sur ce vernis frais, on applique quelquefois des feuilles d'or, de sorte que le corps est doré des pieds à la tête. Quand les gens sont pauvres et n'ont pas les moyens d'acheter de l'or pour cet objet, une pièce d'étoffe jaune suffit. Le corps ainsi disposé est couché sur une bière massive, faite d'un seul morceau de bois, creusé dans le milieu pour recevoir les restes du défunt. Un splendide cénotaphe, élevé au centre d'un large édifice construit exprès, est préparé pour supporter une énorme caisse dans laquelle le cercueil est déposé. La caisse est souvent dorée à l'intérieur et à l'extérieur et ornée de fleurs faites de diverses substances polies de couleurs variées. Des tableaux, tels que les savent faire les artistes indigènes, sont disposés autour du cénotaphe ; ils représentent ordinairement des sujets religieux.

En cette situation d'apparat, le corps reste exposé plusieurs jours, plusieurs mois même, jusqu'à ce que les préparatifs soient terminés pour le jour des funérailles. Durant cette période, souvent on se livre à des réjouissances ; la musique joue et le peuple s'y rend en foule pour faire des offrandes destinées à défrayer les dépenses de la fête.

Quand le jour fixé pour brûler le corps est enfin arrivé, on voit accourir toute la population de la ville en habits de fête, pour assister aux feux d'artifice qui ont lieu alors.

Un bûcher funéraire, carré de forme, est érigé au point le plus élevé ; sa hauteur est d'environ quinze pieds, et il se termine en une petite plate-forme. (Voir la gravure p. 439.) Le corps y ayant été hissé et couché dans la place destiné à le recevoir, on met le feu au bûcher d'une manière assez extraordinaire. Une immense fusée, placée à environ quarante yards de distance, est pointée vers le bûcher au moyen d'une corde directrice. Quelquefois la fusée est placée sur un chariot grossier et poussée dans la direction du bûcher. Il arrive parfois qu'elle dévie et plonge dans les rangs de la foule, blessant et tuant ceux qu'elle rencontre. Aussitôt le bûcher s'enflamme, grâce aux matières combustibles accumulées et le tout est bientôt consumé. Les rares morceaux d'ossements sont enterrés autour de quelque pagode.

Ainsi finit cette vénération profonde que les bouddhistes témoignent à leurs reclus après leur mort.

DONS

Pour l'Œuvre de la Propagation de la Foi

ÉDITION FRANÇAISE.

M Malicot, à la Comète de Louzy, diocèse de Poitiers............	30
M Tafral, à Metz	11
Pour les missions les plus nécessiteuses (Mgr Laouenan).	
M. l'abbé Lubiez Rowicki, à Montpellier.......................	5
Anonyme L. D. F. d'Alger, avec demande de prières...........	10
A Mgr Laouenan, archevêque de Pondichéry, pour les affamés.	
Anonyme de Cassis, diocèse de Marseille...................	500
A M. Fourcade (Pondichéry), pour les affamés.	
Mlle Rouchy, à Saint-Flour...........................	2 70
Mme Félicité, de Lyon............................	1
M. Damour, à la Richerie, diocèse de Luçon..................	5
A Mgr Van Camelbeke (Cochinchine orientale).	
Anonyme de Lyon......	250
Au R. P. Dabin, pour les affamés du Laos Siamois.	
Anonyme de Grenoble, avec demande de prières.............	10
A Mgr Pinchon (Su-tchuen occidental).	
M. Antoine Jorrand, à Aubusson, diocèse de Limoges.........	20
M. Roudaire, du diocèse de Clermont, avec demande de prières.	10
Anonyme de Bordeaux	5
M. Duhoureau, à Roquefort, diocèse d'Aire.................	10
Anonyme de Paris.......................	2
Anonyme de Chaumont, diocèse de Langres	10
Au R. P. Bienvenu, au Kiang-Nan.	
Anonyme de Montbrison, diocèse de Lyon	10
Pour le baptême d'un petit Chinois sous le nom de Joseph (Mgr Pinchon).	
Une anonyme de Murat, diocèse de Saint-Flour...............	10
A M. Corre, à Kummamoto (Japon méridional).	
Anonyme de Châlons-sur-Marne........................'	10
Mlle L. G. de Châlons-sur-Marne	10
A Mgr Cousin (Japon méridional), pour son séminaire.	
Anonyme de Paris....................................	250
A Mgr Midon (Japon Central).	
M le curé de Pommartin-les-Toul, diocèse de Nancy........	10
Une abonnée du diocèse de Clermont, avec demande de prières pour les défunts de sa famille.	25
Pour la léproserie la plus nécessiteuse (Madagascar).	
Une mère de famille qui recommande un malade aux prières des missionnaires et des lépreux, diocèse de Versailles.	20
A Mgr Crouzet, vicaire apostolique de l'Abyssinie-Éthiopie.	
Anonyme de Marseille, en l'honneur de l'apôtre Saint-Matthieu et de la Vierge Iphigénie baptisée et consacrée par lui au Seigneur dans ces contrées.	30
Pour le rachat de douze petits enfants nègres (Tanganika).	
Anonyme du diocèse de Durham (Irlande).................	125
Pour le baptême de trois enfants nègres, sous les noms de Marie-Jeanne, Joseph et Pierre (Tanganika).	
Mlle Gazin, à Moyenvie, diocèse de Metz..................	60
Au R. P. Guillermain (Victoria-Nyanza).	
Mme Kreuzburg, à Pau, avec demande de prières déterminées..	100
A Mgr Bray, vicaire apostolique du Kiang-si septentrional.	
M. l'abbé Roux, à La Rochelle...................	20
A Mgr Raynaud, vicaire apostolique du Tché-kiang.	
M. l'abbé Roux, à La Rochelle...........................	20
A M. Josset, missionnaire au Tanganika, pour le rachat et le baptême d'enfant nègres sous les noms de Pierre-Paul Marie et Georges-Edmond.	
Une mère de famille qui se recommande avec les siens aux prières des missionnaires, diocèse de Versailles................ ..	20
Pour le baptême d'un petit nègre, sous le nom de Joseph (Tanganika).	
Une anonyme de Murat, diocèse de Saint-Flour.........	10
A Mgr Augouard, pour rachat d'un petit nègre.	
Mme Vignon, de Lyon, produit d'une vente de poignées de fer à repasser....................................	24 30
Pour la mission du Gabon.	
M. A. Lallement, à Menneville, diocèse de Soissons............	10
Au R. P. Deltour, pour l'achat d'un calice pour la mission de Bethléem (Natal).	
Anonyme de Bordeaux....................................	10

[La suite des dons prochainement].

TH. MOREL, *Directeur-gérant.*

Lyon. — Imprimerie MOUGIN-RUSAND, rue Stella, 3.

CEYLAN. — Vue d'une route dans les montagnes de Kadugannawa; d'après une photographie envoyée par le R. P. Collin, Oblat de Marie-Immaculée, missionnaire à Colombo (Voir page 452).

LA FAMINE DANS L'INDE

Le dernier courrier de l'Inde a apporté au vénérable archevêque de Pondichéry, actuellement en Bretagne, les plus tristes détails sur la famine qui désole une grande partie de son diocèse. Nous nous empressons de les publier.

« Rien n'est plus navrant, fait observer Mgr Laouënan, en nous communiquant ces douloureuses correspondances, que de voir ces pauvres missionnaires obligés, faute de ressources, de renvoyer non seulement leurs chrétiens, mais encore les païens qui viennent leur demander la vie de l'âme avec celle du corps. Ah! Seigneur, que les chrétiens meurent de faim, si telle est votre volonté: ils sont baptisés, ils recevront les derniers sacrements; en mourant, ils échangeront une vie de privations et de misères contre une existence éternellement heureuse! Mais, de grâce, envoyez-nous au moins les moyens de nourrir ces malheureux païens pendant quelques mois, afin que nous puissions aussi les instruire, les baptiser et les envoyer ensuite auprès de vous, pour jouir à jamais de votre présence.

« Et ce pauvre P. Verciery, si zélé, si laborieux, qui, en quelques années, a su fonder à Polur une chrétienté de quatre à cinq mille âmes, le voyez-vous, ne pouvant supporter le spectacle de tout ce peuple qui lui demande un peu de nourriture, fuyant de sa résidence, et allant peut-être aussi, comme le P. Gallet de Gingi, se cacher dans les cavernes des montagnes voisines, parce qu'il n'a plus rien pour empêcher ces pauvres gens de mourir de faim! .

« Je vous en supplie, venez-nous en aide; intéressez en notre faveur la charité des âmes généreuses, toujours si nombreuses en notre chère France. »

LETTRE DE MGR GANDY, ARCHEVÊQUE TITULAIRE DE CLAUDIOPOLIS, COADJUTEUR DE PONDICHÉRY, A MGR LAOUENAN, ARCHEVÊQUE DE PONDICHÉRY.

J'ai de bien tristes nouvelles à vous donner; nous courons à grands pas vers une terrible famine. Toujours point de pluie. Les champs n'ont pas été ensemencés, les bestiaux meurent de faim et de soif, les grains se vendent déjà à des prix exorbitants.

Dans certains endroits, on ne trouve même plus que très difficilement à acheter les menus grains qui sont la nourriture ordinaire des pauvres. Les pluies ayant déjà manqué l'année dernière et manquant encore cette année, le souvenir de la grande famine se présente avec toutes ses horreurs. Les puits, creusés pour l'irrigation des terres, sont à sec et les propriétaires, ne voulant ou ne pouvant donner du travail à leurs serviteurs, les renvoient impitoyablement.

Il s'est produit un mouvement très considérable de conversions de païens et si nous avions des ressources pour le soutenir, nous pourrions faire un bien immense. Mais nous avons déjà dépensé trente mille francs et il faut s'arrêter juste au moment où nous allions moissonner à pleine faux. J'ai été obligé d'ordonner aux missionnaires de ne plus recevoir de nouveaux catéchumènes jusqu'à ce que la Providence nous fournisse les moyens de les entretenir. Les lettres qui nous arrivent de la partie nord de notre mission sont désolantes. Les pauvres missionnaires qui sont au milieu des nouveaux chrétiens sont surtout à plaindre et demandent des secours à grands cris.

LETTRE DE M. BRICAUD, MISSIONNAIRE A KALKAVÉRY.

C'est l'âme navrée que je vous écris. La famine désole mon district d'une manière effrayante. Il y a plus de deux ans que les récoltes ont manqué presque totalement dans tous ces parages. Avec les secours, qui l'an dernier me sont arrivés, j'ai pu jusqu'ici empêcher mes enfants de mourir de faim ; mais aujourd'hui je suis débordé. Dans quelque village que j'aille, je suis assiégé par les affamés.

Les huit ou dix roupies que j'ai pu distribuer chaque dimanche aux quatre ou cinq cents plus malheureux de Kalkavéry et des environs ne suffisent plus aujourd'hui. Car, à vingt milles à la ronde, les villages les plus éprouvés, ce sont sans contredit ceux où se trouvent en majorité mes néophytes. On en est arrivé à ne plus trouver d'eau potable dans les puits ; c'est une sécheresse effrayante. Aussi, les cultivateurs chassent-ils impitoyablement leurs *padials*, c'est-à-dire les parias et sakkilis qui en général sont encore mes chrétiens. Il faut ajouter à ceux-ci mes deux cents Otters non moins à plaindre.

Au village de Madiampatty, où je suis allé célébrer la fête de sainte Madeleine, c'est le désert sous tous les rapports. Ici, ce ne sont pas seulement les néophytes, mais aussi les anciens chrétiens qui souffrent de la faim. Car, outre le manque de récoltes depuis trois ans, leur procès avec les brahmes les a totalement ruinés.

Que vous dirai-je maintenant de mes chers *sakkilis* ? Leur nombre a bien diminué depuis deux ans, la faim les ayant fait fuire au loin ; j'en ai pourtant encore quelques centaines. Quelle pénible impression l'on éprouve en voyant ces pauvres délaissés, à peine couverts de quelques haillons, sans aucun moyen de subsistance, ne trouvant pour se nourrir que les affreux fruits rouges du cactus! Ils sont si décharnés, qu'on a peine à reconnaître en eux des êtres humains. Et pourtant ce sont les chrétiens qui me donnent le plus de consolation. Comment se résigner à les laisser mourir de faim ?

Soyez assuré que les secours que vous enverrez seront bien employés et ceux qui les recevront sauront bénir les bienfaiteurs et les remercier par de ferventes prières.

LETTRE DE M. VERCHERY, MISSIONNAIRE A POLUR.

Je suis profondément attristé par votre dernière lettre où vous me dites :

« Je vous prie de clore vos comptes de catéchumènes pour 90-91 et de ne plus en recevoir jusqu'à nouvel ordre, car nous avons besoin de voir où en sont nos finances avant d'aller plus loin.

« Le fonds des secours est épuisé et il n'arrive plus rien.

« Tous les confrères crient famine ; mais aucun ne nous envoie des détails qui nous permettent de solliciter la charité publique. »

Aussitôt après avoir reçu cette lettre, j'ai payé mes dettes et renvoyé mes cinquante-sept catéchumènes. Le jour suivant, il s'en est présenté quarante-trois : j'ai dû les ajourner indéfiniment.

Aujourd'hui, un village de deux cents personnes m'a député un de mes meilleurs chrétiens pour me demander quand ils pourraient se présenter.

Pour éviter d'avoir sur les bras tout mon district à la fois, je suis réduit à aller de village en village consoler chacun en particulier.

Le prix des grains, malgré les chemins de fer, a doublé ; et même on n'en vend plus. On raconte que des marchands, n'ayant pu acheter du grain dans un village où il s'en trouvait une petite quantité, mirent le feu aux maisons, qui brûlèrent toutes la nuit même.

Les habitants d'une autre localité, se voyant refuser le grain dont ils avaient besoin par le plus riche propriétaire de l'endroit, lui lièrent les mains et les pieds et s'emparèrent de sa réserve.

Non seulement on ne vend plus ; mais encore on ne fait plus travailler. Il n'y a plus d'eau dans les puits de huit à dix mètres de profondeur. La population est décimée par le choléra, la petite vérole, la dyssenterie. Pour payer les impôts, on a vendu les bœufs et les autres meubles. On s'expatrie, des femmes abandonnent leurs enfants, etc.

En vain le gouvernement a ouvert ou va ouvrir des dispensaires de vivres ; en vain il fait partout exécuter des travaux publics et prête de l'argent à 3 0/0 : cela est tout à fait insuffisant.

Oh ! devant cette terrible fléau, que de chrétiens tièdes se réveillent ! Que de païens se convertissent ! mais il faut, comme l'a dit en mourant Notre-Seigneur à son Père, que sa volonté s'accomplisse !

LETTRE DE M. POUZOL, MISSIONNAIRE A PONDICHÉRY.

Je viens de faire le relevé des baptêmes de païens qui ont eu lieu depuis le commencement de l'exercice 1890-1891. Le nombre des nouveaux convertis s'élève, à l'heure actuelle, au beau chiffre de trois mille sept cents ;

j'ajouterai que; d'ici à la clôture définitive de l'exercice courant, une foule d'épis épars viendront grossir cette gerbe déjà magnifique. Hélas , sans les restrictions que nos ressources nous ont obligés de mettre à la récolte des âmes, nous aurions eu à offrir au Père de famille une moisson bien plus abondante ! Mais, si nous sommes obligés, dès maintenant, d'exprimer des regrets sur notre insuffisance à pourvoir aux dépenses actuelles, qu'allons-nous faire désormais, lorsqu'on entend déjà le procureur de la mission dire, avant même l'ouverture du prochain exercice, qu'il n'aura à peu près rien à consacrer à l'œuvre des catéchumènes? Puisque Votre Grandeur se trouve au centre de la charité, qu'Elle tâche d'émouvoir les âmes dévouées au salut des infidèles ! Le moment est propice.

Le mouvement des conversions dans les districts du nord et de l'ouest n'a pas cessé et, selon toutes les probabilités, il va aller en s'accentuant de jour en jour.

. .

Nous sommes menacés d'une famine bien plus terrible que celle de l'année dernière. Jusqu'à présent, l'état de privations occasionné par la famine de 1890 était resté dans le statu quo, de sorte que les confrères les plus nécessiteux, auxquels vous aviez assuré un petit secours mensuel, étaient restés silencieux. D'ailleurs, l'espoir d'une bonne récolte prochaine rendait du courage à tout le monde.

Depuis quelques jours, des cris d'alarme, qui ne tarderont pas à se changer en cris de détresse, commencent à se faire entendre de tous côtés. C'est que les pluies, qui devaient permettre d'ensemencer, ont manqué à peu près partout. Les plus favorisés, ceux à qui quelques ondées avaient permis de confier leurs semences à la terre, sont dans la désolation, en voyant sécher sur pied les jeunes tiges, espoir de la récolte prochaine des menus grains.

Voici un extrait des journaux anglais, qui vous fera connaître quelle immense étendue de pays la sécheresse désole.

« Pas de pluie à Chingleput, Tanjore, Maduré, Tinnevely, nord d'Arcot, sud d'Arcot, à l'exception de deux stations dans les deux derniers districts. Il y a eu quelques petites ondées dans les autres collectorats. Le manque d'eau se fait sentir dans plusieurs districts. Le prix des grains s'élève à peu près partout. »

Le gouvernement de l'Inde s'est justement ému en face de tant de misère. Aussi, pour empêcher les gens de mourir de faim, a-t-il ordonné des travaux dans les endroits les plus éprouvés, en pourvoyant en même à la subsistance des femmes et des enfants par l'établissement de *candjy-tollis* (lieu où l'on cuit du riz pour le distribuer). Voici quelques chiffres : Ouvriers employés à Chingleput, 7,400 ; à Wandiwash, 5,247 ; à

Kalahasti, 1,772 ; à Rayachoti, 198 ; à Tinnevely, 782 ; à Coimbatore, 4,912 ; au Malabar, 567. Le nombre des femmes et des enfants nourris dans les *Candjy-tollis* se décompose ainsi : à Chingleput, 318 ; à Wandiwash, 746 ; à Kalahasti, 1,000, etc.

.

Vous le voyez, l'avenir est sombre pour ce pays déjà si éprouvé depuis deux ou trois ans. Et nous, qu'allons-nous devenir, non seulement en présence d'une foule de païens demandant à entrer dans le sein de l'Église, mais encore à la vue de nos pauvres enfants affamés? Encore une fois, venez à notre secours !

Nous avons appris avec joie que l'état de votre santé s'améliorait de jour en jour. Puisse le ciel vous accorder un parfait et prompt rétablissement, afin que vous reveniez le plus tôt possible au milieu de nous pour nous réconforter par votre présence ! C'est le vœu que forme pour Votre Grandeur chacun de ses enfants.

LA PERSÉCUTION EN CHINE

Toutes les lettres que nous avons jusqu'ici publiées relativement aux graves désordres dont les missions de Chine sont victimes, venaient du Kiang-nan. On verra par la correspondance suivante que la persécution n'a pas exercé ses ravages, seulement dans cette province. Le vénérable préfet apostolique du Kouang-tong nous envoie les tristes détails que l'on va lire et il est malheureusement à présumer que d'autres missions encore ont dû souffrir les mêmes tribulations. Espérons que la publication et l'affichage dans tout l'Empire chinois du décret impérial, dont nous avons donné la teneur dans notre dernier numéro, auront pour effet d'encourager le bon vouloir des autorités et de rétablir la paix.

LETTRE DE MGR CHAUSSE, PRÉFET APOSTOLIQUE DU KOUANG-TONG, A UN DIRECTEUR DU SÉMINAIRE DES MISSIONS ÉTRANGÈRES DE PARIS.

Canton, 21 juillet 1891.

Le pillage et l'incendie, qui viennent de désoler les missions du Fleuve Bleu, n'ont pas tardé à avoir un écho dans la province du Kouang-tong. Les nouvelles apportées du Nord par la presse étrangère et indigène passionnèrent vite la population turbulente de notre grande cité. Des placards, apposés clandestinement, invitaient le peuple à chasser les *diables d'occident* et renouvelaient les inepties que l'on sert aux badauds chinois depuis près de deux siècles, toutes les fois que l'on veut soulever les masses contre les chrétiens.

Les Européens furent saisis de frayeur. On tint des meetings à Shameen pour discuter les moyens de défense. Un vapeur anglais vint immédiatement renforcer la station. C'était dans la dernière quinzaine de juin.

Le danger cependant ne paraissait pas imminent. La population commerçante était tranquille. Le Vice-Roi prenait des mesures et menaçait de châtiment quiconque serait surpris à poser des placards, ou à semer de fausses rumeurs. La police secrète parcourait les rues, et les satellites étaient prêts à se porter sur le premier point menacé. Pour ma part, je n'avais aucune crainte sérieuse à Canton. D'ailleurs, quand les mandarins ne veulent pas de trouble, il est rare que les meneurs réussissent à enflammer la populace.

.·.

Dans la sous-préfecture de Kam-hoi, à laquelle se rattache la moitié de la ville de Canton, nous avons près de quatre mille chrétiens, répandus au milieu de grands villages peuplés d'une infinité de bandits dont la vie se passe à se nourrir aux dépens de leurs voisins. Cette race est toujours prête à l'émeute. C'est de là qu'est partie la première étincelle qui, en vingt-quatre heures, réduisit quinze cents chrétiens à la dernière misère.

Rien ne semblait pourtant faire croire à une attaque, quand, le 11 juillet au soir, quelques braves païens vinrent prévenir le prêtre chinois de l'église de Shé-lung de prendre des précautions. Le 12 au matin, j'étais informé de la situation. Tout de suite, je fis avertir les autorités. Dès le soir même, le Vice-Roi envoyait deux cents soldats. C'était trop tard. Dans l'après-midi, quelques dizaines de vauriens s'étaient portés vers la chapelle de Shé-lung en criant : « Allons piller les chrétiens! » De tous les villages environnants, s'était aussitôt amassée une foule de pillards, qui les avaient suivis à la chapelle.

Au premier bruit, le P. Oueng était allé demander secours à un petit mandarin du voisinage.

« Que puis-je faire avec une quinzaine de soldats contre cette multitude? répondit celui-ci ; je suis tout à fait impuissant. Il ne me reste qu'à préserver vos personnes : je vais vous faire conduire à Canton. »

Il était deux heures quand la chapelle fut attaquée ; en rien de temps, tout était saccagé, emporté... Après

Mgr J.-M. CLERC, des Missionnaires de St-François-de-Sales d'Annecy, évêque de Vizagapatam (Voir page 449).

la chapelle, les maisons des chrétiens furent détruites. Le bruit du pillage s'était répandu comme une traînée de poudre ; la foule grossissait toujours, attaquant partout les chrétiens. Le soir, cent cinquante familles se trouvaient complètement ruinées ; plusieurs chapelles étaient détruites.

.·.

Le village de Ngan-pin, appuyé par les bons païens de la localité, osa seul résister. La lutte dura jusqu'à la nuit ; un bandit fut tué, un autre capturé et conduit à Canton.

Le lendemain, nouvelle attaque ; les pillards, furieux de leur échec de la veille, arrivèrent plus nombreux.

Ils venaient d'envahir le village, quand les soldats envoyés de Canton se portèrent à son secours. Au premier abord, les émeutiers crurent que les satellites seraient avec eux. Ils furent bien vite détrompés. Huit d'entre eux furent désarmés et garrottés, puis dirigés immédiatement sur Canton. Dès lors, ce fut un sauve-qui-peut général.

Dans la soirée, le mandarin dirigea sa colonne sur Shé-lung, où le P. Oueng était allé pour se rendre compte des dégâts de la veille. Là on saisit encore un des principaux perturbateurs, dont la maison fut trouvée remplie d'objets volés. Mais, comme les soldats l'emmenaient, une foule compacte les assaillit à coups de pierres et le mandarin effrayé rendit le coupable.

Cette victoire de l'émeute et la fuite du mandarin produisirent un effet désastreux. Le lendemain, tout enfièvrés de ce succès, les bandits s'élancèrent vers le nordouest, où restaient quelques villages à piller.

J'avais immédiatement prévenu les autorités de mes nouvelles craintes. D'autres soldats furent dépêchés vers cette région ; mais, quand ils arrivèrent, tout était consommé. Ce district de quinze cents chrétiens est complètement dévasté, comme en 1884 pendant la guerre du Tong-King.

INFORMATIONS DIVERSES

France. — Nous lisons dans la *Semaine Religieuse de Poitiers* :

« La dernière lettre écrite de sa cage par le Vénérable Théophane Vénard, quelques jours avant son glorieux martyre, révélait à son frère cette touchante confidence.

« *Mon bien-aimé, quand tu recevras cette missive, ton frère aura eu la tête tranchée, il aura versé son sang pour la plus noble des causes, pour Dieu; il sera mort martyr!!! C'a été le rêve de mes jeunes années. Quand, tout petit bonhomme de neuf ans, j'allais paître ma chère sur les coteaux de Bel-Air, je dévorais des yeux la brochure où l'on racontait la vie et la mort du Vénérable Charles Cornay, et je me disais : Moi aussi, je veux aller au Tong-King, moi aussi je veux être Martyr.* »

« Dix jours après, le 2 février 1861, sa noble tête tombait sous le glaive du bourreau.

« L'année suivante, au premier anniversaire de cette mort à jamais illustre, Monseigneur Pie, après avoir cité avec émotion le passage ci-dessus, rendit immortel le souvenir du coteau de Bel-Air, en s'écriant, dans un beau mouvement d'éloquence :

« O coteaux bienheureux, qui dominez la vallée du Touet, « ô sentiers bénis de la montagne, le long desquels cheminait le « petit pâtre de neuf ans, portant déjà devant Dieu l'auréole du « martyre, parce que son cœur en contenait le vœu et que « l'avenir lui en destinait la réalisation ! Ah ! désormais vos fleurs « seront plus belles, votre verdure plus douce, vos eaux plus « limpides, votre aspect plus riant ! A vos brises du printemps « se mêleront des senteurs plus exquises, je veux dire les par- « fums des bons désirs, les émanations de la sainteté, les célestes « odeurs de la grâce divine. »

« Ce lieu, sanctifié par le séjour fréquent du cher martyr alors que l'Esprit-Saint parlait à son cœur d'enfant, ne pouvait demeurer sans qu'un monument rappelât à la postérité de si précieux souvenirs. Déjà une croix monumentale y a été érigée. Il fallait mieux encore. M. l'abbé Vénard, frère du Vénérable Théophane, conçut le projet d'élever une chapelle au sommet du côteau.

« La pose de la première pierre de cette chapelle commémorative a eu lieu le dimanche 2 août. Après les Vêpres, les fidèles se rendirent en procession de l'église de Saint-Loup à Bel-Air. Là M. Vénard prononça une allocution des plus émouvantes. Nul n'était plus à même d'indiquer aux fidèles les raisons d'être de cet édifice dont on commençait la construction. Nul mieux que le frère plus jeune du martyr n'était capable d'émouvoir l'assistance dans laquelle on comptait nombre d'auditeurs contemporains et amis du Vénérable Théophane. Les larmes coulèrent de tous les yeux quand il cita la lettre écrite dans sa cage par le martyr à son père :

« Un léger coup de sabre séparera ma tête comme une fleur « printanière que le maître du jardin cueille pour son plaisir. « Nous sommes tous des fleurs plantées sur cette terre et que « Dieu cueille en son temps, un peu plus tôt, un peu plus tard. « Autre est la rose empourprée, autre le lis virginal, autre l'hum- « ble violette. »

« Après la bénédiction de la première pierre, la procession revint à l'église au chant des cantiques.

« Daigne le Seigneur hâter le procès de béatification du Vénérable ! Puisse le sang des martyrs dont nous avons lieu d'être fiers, être pour notre pays une semence de chrétiens ! »

Vizagapatam (*Hindoustan*). — Le R. P. Tissot, supérieur général des Missionnaires de Saint-François-de-Sales d'Annecy, nous communique le récit du sacre de Mgr Clerc, le nouvel évêque de Vizagapatam :

« Le 24 juillet, au bruit des détonations des canons et au son des cloches, arrivait à Vizagapatam un steamer ayant à son bord Mgr Colgan, archevêque de Madras, métropolitain ; Mgr Gandy, coadjuteur de Mgr l'archevêque de Pondichéry, et Mgr Riccaz, évêque de Nagpore. Ces prélats venaient prendre part au sacre de Mgr Clerc, nommé successeur de Mgr Tissot.

« Le surlendemain, fête de sainte Anne, la cathédrale de Vizagapatam, splendidement décorée, fut insuffisante à contenir la multitude. Elle était envahie par les païens et les protestants, dont l'attitude était des plus respectueuses, et bon nombre de catholiques durent rester à la porte, sous un vaste hangar construit pour la circonstance.

« Le cortège des prélats eut grand'peine à fendre la presse à travers les rues pour se rendre à l'église. En tête de la procession, un corps de musique, prêté par le Maharaja de Vizagapatam, exécutait ses plus brillants morceaux. Plus de vingt prêtres, presque tous missionnaires de Saint-François-de-Sales, précédaient les évêques, qui occupaient, avec leurs vicaires généraux, des carrosses du Rajah de Vizagapatam. Son Altesse assista à toute la cérémonie du sacre, avec ses filles, les Ranees.

« Après la messe, Sa Grandeur reçut les compliments de sa clergé chrétienté de Vizagapatam, qui lui offrit un anneau précieux, un siège pontifical, et, au nom du Rajah, une magnifique croix pectorale. Ce prince, tout païen qu'il est, avait prêté non seulement ses voitures, mais ses meubles et sa vaisselle d'apparat. Aussi le repas qui suivit le sacre eût-il un luxe auquel les missionnaires ne sont guère habitués.

« Tout le jour, la musique du Rajah de Vizianagram fit entendre les hymnes nationaux irlandais et français.

« Aux vêpres de l'après-midi, Mgr Clerc officia pontificalement et Mgr Gandy donna la bénédiction du Saint-Sacrement.

« Le lundi 27, les catholiques de la station prirent part à un *tea-party* (collation) dont le rajah Gadjopatti-Row voulut encore faire tous les frais. Le soir, une séance dramatique et musicale fut offerte aux évêques par les maîtres et les élèves du collège Saint-Louis de Vizagapatam.

« Le Maharaja de Vizianagram, païen, mais tout dévoué à l'œuvre civilisatrice que poursuivent nos missionnaires, avait invité les prélats à visiter sa ville. NN. SS. Colgan et Clerc purent seuls répondre à ses désirs. Il leur avait envoyé sa voiture, et grâce aux chevaux préparés à de nombreux relais, le voyage s'effectua en quatre heures. Une villa du prince, au milieu d'un vaste jardin, fut mise à leur disposition avec un service somptueux. Son Altesse s'empressa de leur faire visite, dans son plus beau carrosse, en costume de gala, escorté de douze cavaliers, et portant sur sa poitrine un énorme diamant.

« Le lendemain, les deux pontifes se rendirent à l'église de Vizianagram, précédés de la musique du rajah ; ils célébrèrent le divin sacrifice devant toute la chrétienté réunie. Le colonel, quoique protestant, avait prêté la musique de son régiment, qui joua pendant la messe. Bien qu'il y eût ce jour-là une grande revue, tous les soldats catholiques eurent la permission d'assister à la cérémonie religieuse.

« Les évêques rendirent leur visite au rajah et purent admirer son palais, qui n'a pas son pareil de Calcutta à Madras ; puis ils rentrèrent à Vizagapatam. Le 2 août, Mgr Clerc accompagnait les vénérés collègues sur le bateau qui devait les emmener.

« Pour lui, désormais, commence une vie nouvelle. L'épiscopat aux Indes est trop chargé du *bonum opus*, une seule station, selon le mot de l'Apôtre, « c'est un vrai martyre, » disait Mgr Riccaz. Que nos prières soutiennent l'évêque de Vizagapatam ; qu'elles allègent le poids de sa charge en lui procurant des collaborateurs plus nombreux, et qu'elles lui obtiennent des grâces spirituelles et temporelles surabondamment proportionnées aux vues de son zèle ! »

Maduré (*Hindoustan*). -- Le R. P. Mengelle, de la Compagnie de Jésus, directeur de l'orphelinat d'Adeikalabouram, écrit au R. P. Boutelant, procureur de la mission du Maduré, à Paris :

« Je reçois une lettre du R. P. Supérieur, m'apprenant que toutes les ressources de l'année sont épuisées. Avant que l'argent de la prochaine allocation nous arrive, il faut vivre. Qu'allons-nous faire ? Impossible de renvoyer les enfants ; tout au plus pourrais-je refuser de nouvelles admissions. C'est ce que je fais autant que je puis ; mais il n'est pas toujours possible de refuser d'ouvrir à qui frappe avec instance et persévérance.

« L'autre jour, par exemple, une fille païenne de Trichendoux, se traînait péniblement jusqu'à la porte de notre asile. Là, durant tout un jour, elle cria et supplia de l'admettre, protestant qu'elle voulait mourir dans notre refuge. Je fus obligé de la laisser entrer. Après dix-sept jours de maladie, elle est morte, baptisée sous le nom de Marie de l'Annonciation. Si je l'avais renvoyée, elle aurait succombé plus tôt et païenne.

« Dans tout le district sud, la misère va être très grande cette année. Les palmiers, en effet, ne donnent plus rien ; dans beaucoup d'endroits, ils se dessèchent, ce qui menace les habitants d'une gêne terrible pour plusieurs années. On émigre des villages, et une foule de nécessiteux viennent chercher un refuge à Adeikalabouram. Avant-hier, une pauvre veuve m'arrivait de l'andancoulam, m'amenant trois enfants de quatre,

huit et dix ans. C'est une ancienne chrétienne. Ce titre, qui devrait parler en sa faveur, me force au contraire à la repousser. Je n'ai rien, en effet, pour les orphelins de chrétiens, et je dois, en les refusant, faire une rude violence a mon cœur. Qui me donnera assez de secours pour recevoir à Adeikalabouram tous les petits orphelins, d'où qu'ils viennent ? J'ai dit à cette pauvre veuve qu'il nous fallait, chacun de notre côté, demander l'aumône. Je le fais en m'adressant à vous. Les veuves chargées d'orphelins et les pauvres qui ne peuvent émigrer, viennent frapper sans cesse à la porte de l'orphelinat en me suppliant de ne pas les laisser mourir de faim. Figurez-vous qu'ils s'adressent à vous et aidez-moi à les sauver. »

CEYLAN. — VUE D'UNE PLANTATION DE THÉ A CEYLAN ; d'après une photographie envoyée par le R. P. COLLIN, Oblat de Marie-Immaculée, missionnaire à Colombo (Voir page 452).

LA LUTTE CONTRE LE BOUDDHISME

A CEYLAN

Par le R. P. Charles COLLIN, Oblat de Marie-Immaculée.

(Suite 1)

IV

Un dernier mot sur Tibottugoda. — Les Kandyens. — Une église à saint Louis de Gonzague. — Vaste champ à cultiver. — Le Pic d'Adam. — Le Pied sacré. — La grande ombre.

Je me suis beaucoup étendu dans mon dernier article sur la jeune chrétienté de Tibottugoda, afin que le lecteur

(1) Voir les *Missions Catholiques* des 28 août et 4 et 11 septembre 1891.

puisse se rendre compte du genre de travail auquel se livre le missionnaire au milieu de ces populations infidèles. La patience y joue un grand rôle. Encore dans ces quartiers-là le missionnaire a-t-il des avantages qu'il ne trouve pas partout ailleurs. Les bouddhistes y sont remarquablement simples et d'une bonne nature ; ils ne sont ni menteurs, ni voleurs, comme c'est généralement le fait de ces gens-là. Lorsqu'ils ne sont pas sous l'influence des quelques meneurs de l'endroit, ils se montrent pleins de respect et d'obligeance pour le missionnaire ; parfois ils le prennent même comme juge de leurs différends. Cela nous donne grand espoir pour la conversion de ce peuple, car le terrain y semble tout prêt à recevoir la semence de l'évangile. Notre seule crainte est que le protestantisme, qui dessèche et détruit tout, ne s'y implante avant nous et ne ruine nos espé-rances.

La fidélité des nouveaux ccnvertis au milieu des petites persécutions auxquelles ils sont soumis est aussi pour nous une source de grandes consolations. C'est une si forte épreuve pour nos Indiens que la privation des pri-vilèges de leur caste! Un mariage a lieu ; on ne les invite pas au dî-ner de noces. Quel affront! Ils entrent dans une maison, on ne leur offre pas le bétel! Y a-t-il au monde rien de plus humiliant. « Mais, disait l'un d'eux, au R. P. Oillic, qu'importent toutes ces tracasseries ? Le bon Dieu n'est-il pas plus que nos parents ? »

Ce qui a été fait à Tibottugoda pourrait être réa- lisé sur plusieurs points de la mis- sion du R. P. Oillic. Par exem- ple, à Bollaté, il y a cinquante fa- milles chrétien- nes très désireu- ses d'avoir une église. A Welli- kaddé, les quel- ques familles de l'endroit ont déjà commencé à bâtir une petite église dédiée à saint Josepı. A Nivan- dama et à Am- bagama les boud- dhistes sont très bien disposés. Voilà donc pour commencer, qua- tre points sur lesquels on pourrait s'établir. Une ou deux écoles seraient aussi très désirables. Le Père en a une à Midellevitta et les résultats en sont excellents. Tout dernièrement deux petites filles qui fréquentent cette école et y apprennent le catéchisme, demandèrent à recevoir le

baptême ; mais leur mère s'y opposa énergiquement. Telles furent cependant les instances et les importunités des pe- tites solliciteuses que, après bien des délais, la mère se rendit et elles sont aujourd'hui chrétiennes.

Du nord de Colombo, passons, s'il vous plaît, à l'est. La chaleur n'est plus si étouffante; l'air est plus pur et plus vif; car nous voilà en pays de monta- gnes, sur la rou- te de Kandy. Ce- pendant, si la con- trée est plus belle, les habitants n'en sont pas meil- leurs ; ces monta- gnards, ou Kan- dyens, n'ont pas les manières ave-- nantes des gens de la plaine ; ils sont farouches et défiants. envers les Européens, aussi leur conver- sion au christia- nisme a-t-elle tou- jours été entourée de grandes diffi- cultés. Cependant le R. P. Bougarel, missionnaire de Kégalle, a pu l'an- née dernière don- ner vingt-cinq baptêmes d'adul- tes et vingt-trois baptêmes d'infi- dèles. Armé de je ne sais quelle ba- guette magique, il a, dans l'espace d'un an, élevé à Rambuckana une jolie église en l'honneur de saint Louis de Gonza- gue et l'a même dotée d'une belle clocıe. Quand il en pósa les fon- dements, il ne

ARABIE. — LE OUADI SIDR; d'après une piotographie envoyée par le R. P. JULLIEN, de la Compagnie de Jésus (Voir page 455).

connaissait dans l'endroit que trois familles catholiques, et maintenant il est tout fier de ses quatre-vingts chrétiens, qui s'apprêtent à célébrer le troisième centenaire de la mort de leur saint patron avec toute la splendeur compa- tible avec leur pauvreté.

Le R. P. Bougarel n'a pas moins de cinq églises en projet, dont les résultats égaleraient ceux obtenus à Rambuc cana. A Wahakala et à Araunyaka il y a quatre cents catholiques qui travaillent dans les plantations de thé ; ils n'ont ni église ni chapelle. A Yattiantotta, les quatre-vingt-dix catholiques de l'endroit n'ont pour chapelle qu'une misérable hutte sans porte ni fenêtre. A Gorakadeniga, vingt-cinq catholiques, vivant très chrétiennement, sont privés d'une église. Il en est de même à Mirigama, où il y a dix ou douze familles catholiques, éloignées de tout centre religieux. C'est de ce dernier endroit que le R. P. Bougarel désire s'occuper tout d'abord, et si quelque personne charitable veut bien lui donner les 1,000 francs nécessaires pour la modeste construction, il lui concédera le droit de nommer le patron de la future église.

La gravure page 445 représente la vue d'une route dans ces montagnes, à quelques milles de Itambukkana.

La mission voisine est celle de Ratnapura. Elle n'a pas moins de cent vingt kilomètres de long sur quarante-cinq de large. A son extrémité sud-est, dans le village de Morchela, on vient d'achever la construction d'une petite église dont les fondations avaient été posées il y a trois ans environ. La cérémonie de la bénédiction de l'église a été un grand événement dans le pays, et les bouddhistes de l'endroit, qui sont pacifiques et bien disposés envers nous, y sont venus en foule. On ne saurait croire combien les rites de notre sainte religion, les ornements, les autels bien parés et les lumières ont de charmes pour nos Indiens et quel puissant secours ils nous offrent pour préparer la voie aux conversions. Deux missionnaires se trouvaient à la fête, le R. P. Boulic, fondateur de l'église, et le R. P. Souiait, missionnaire actuel de Ratnapura ; ils ont conversé avec les bouddhistes et plusieurs ont manifesté leur désir d'embrasser le christianisme. La nouvelle église est dédiée à saint Antoine et compte déjà de cinquante à soixante membres. Elle est située dans un joli vallon au pied de la chaine de montagnes qui sépare le diocèse de Colombo de celui de Kandy et que domine le majestueux pic d'Adam.

Il y a dans cette mission trois autres villages où nous possédons quelques familles chrétiennes, Alutambalama, où le Père va poser les fondements d'une petite église, Galagama et Godahawela. Les bouddhistes de ces deux dernières localités sont des gens simples, un peu sauvages, dont toute la religion consiste à faire des diableries lorsqu'ils sont malades ; beaucoup de ces âmes pourraient être assez facilement gagnées, et aussitôt que l'église d'Alutambalama sera terminée, l'attention du R. P. Souiait se tournera vers ces deux intéressants villages.

. .

J'ai nommé le pic d'Adam. Ce fameux mont ne mérite-t-il pas qu'on s'arrête un peu à le contempler ? La photographie, page 450, le montre à l'arrière-plan dans toute sa majesté ; une plantation de thé occupe le premier plan.

Le nom de ce pic, ainsi que celui de *Pont d'Adam* donné à la chaine de rochers à fleur d'eau qui relie Ceylan à la pointe de l'Inde, montre que le souvenir du premier homme n'est pas perdu dans notre île. C'est évidemment une trace de l'ancienne tradition, soigneusement conservée

par les disciples de Mahomet, qui plaçaient à Ceylan le paradis terrestre. Il est cependant à remarquer que, dans les langues indigènes, le nom d'*Adam* n'est appliqué ni au mont, ni à la chaine de rochers. Le pic d'Adam est appelé en singalais le *Pied Sacré*, *Sri Padé*, parce qu'on y vénère ce que l'on dit être l'empreinte d'un pas sur le rocher. C'est le pied de Bouddha, disent les bouddhistes ; c'est celui de Siva, disent les Hindous ; non, disent les Mahométans, c'est le pied gauche d'Adam, dont le pied droit est du côté de La Mecque (une belle enjambée, n'est-ce pas ?) (1). De la sorte, tous les dévots de ces trois fausses religions, surtout les bouddhistes, se rendent en foule à ce pèlerinage. Il n'y a que les chrétiens qui n'ont aucune tradition religieuse se rapportant à ce lieu. Cependant, d'après un ancien auteur, le P. Jarric, S. J., l'empreinte du pas pourrait bien avoir une origine chétienne.

Voici le passage de son curieux livre *(Thesaurus rerum indicarum)*, se rapportant au pic d'Adam. Je le traduis sur l'édition de 1615 :

« Une de ces montagnes (du centre de Ceylan) se dresse abruptement et à pic à une hauteur de près de sept lieues. A son sommet, se trouve un plateau carré, au milieu duquel un roc de deux coudées de haut s'élève en forme de table et porte l'empreinte du pied d'un homme de grande sainteté, venu, dit-on, du royaume de Dehli (Inde), dans ce pays, pour ramener au culte et à la religion du seul vrai Dieu, ces peuples livrés aux fables les plus superstitieuses. C'est pourquoi ce lieu est un objet de si grande vénération pour les pèlerins de tous rangs et surtout les *yoguis* (pénitents), qui se rendent à cet endroit de plus de mille lieues au prix d'un immense labeur ; car, outre les autres dangers et difficultés de la route, on ne peut monter au sommet du pic qu'à l'aide de pieux enfoncés en terre et de chaines de fer. Ce qu'on raconte du vestige de pied dont j'ai parlé plus haut n'est pas invraisemblable, à savoir que c'est un souvenir de l'eunuque de Candace, reine d'Éthiopie, que certains auteurs et notamment Dorothée, évêque de Tyr, homme éminent par sa piété et sa science sous le règne de Constantin-le-Grand, assurent avoir prêché l'Évangile dans l'Arabie Heureuse, toute l'Érythrée et Taprobane (Ceylan). »

Nous acceptons volontiers la tradition, confirmée par Nicéphore, que l'eunuque de la reine Candace a été le premier apôtre de Ceylan ; mais, puisque ce qui est de « l'homme de grande sainteté venu de Dehli, » il est bien à craindre que le vieil historien ne se soit laissé tromper par les récits des voyageurs. Le « saint homme » pourrait bien ne pas être autre que Gautama-Bouddha, dont le berceau est placé dans

(1) Une autre tradition arabe est qu'Adam passa deux cents ans debout sur le pied gauche au sommet du pic pour expier sa désobéissance, et c'est ainsi que son pied s'imprima sur le rocher. Lorsque Marco Polo visita Ceylan en 1282, on lui dit que le tombeau d'Adam se trouvait sur une haute montagne et contenait des reliques de nos premiers parents. Il ajoute qu'une ambassade fut envoyée à Ceylan en 1184 par le grand Khan de Tartarie et en rapporta deux dents d'Adam, une mèche de ses cheveux et un plat lui ayant appartenu. Sir John Mandeville, qui visita Ceylan un demi-siècle plus tard, mentionne le pic d'Adam comme le lieu où, suivant l'opinion populaire, Adam et Ève s'étaient retirés après la chute, et de leurs larmes avaient rempli un lac. D'après un autre récit arabique, le *Pont d'Adam*, au nord de l'île, a été formé de rochers jetés dans la mer par les anges pour permettre à nos premiers parents de se réfugier dans l'Inde après leur expulsion du paradis terrestre.

'le nord de l'Inde, près de Delhi ; bien qu'il ne soit jamais venu à Ceylan, sa doctrine y a pénétré.

Chose digne de remarque, les pieux et les chaines de fer à l'aide desquels on gravit la montagne et que mentionne Marco Polo, voyageur vénitien du XIII° siècle, existent même de nos jours et empêcjent que les pèlerins ne roulent dans le précipice ou ne soient emportés par la violence des vents.

Deux de nos missionnaires, les RR. PP. Eougarel et Souiait, ont dernièrement fait l'ascension de ce pic qui s'élève à sept mille trois cent cinquante-deux pieds anglais au-dessus du niveau de la mer, et pour la première fois (à moins que les missionnaires n'aient été devancés par l'eunuque de la reine Candace), le saint sacrifice a été offert sur le flanc de cette montagne. Le pic se termine par un plateau carré de vingt mètres environ de côté, entouré d'un parapet. Le rocier décrit par le P. Jarric est encore là, surmonté d'un toit supporté par quatre colonnes de bois. Quant à la trace du fameux pied, on la cjercje en vain, à moins qu'on ne donne ce nom à un espace de trois pieds et demi de long sur un et demi de large, entouré de briques et de mortier. C'est cela que les bouddjistes vénèrent comme le pied de Bouddja. Après tout, un jomme dont la dent, vénérée à Kandy, mesure cinq à six centimètres de long sur deux et demi de large, pouvait bien avoir un pied de un mètre quinze centimètres de longueur.

Le pic d'Adam est encore célèbre par un étrange effet d'optique qui se produit au lever du jour. Du côté opposé au soleil, la montagne projette une immense ombre non seulement sur la terre, mais même sur la mer à une distance de soixante-dix à quatre-vingts milles. A mesure que le soleil s'élève au-dessus de l'horizon, l'ombre se rapproche de la montagne et semble se dresser devant le spectateur comme une gigantesque pyramide. A travers cette ombre, quelquefois bordée par les couleurs du prisme, on distingue, comme dans un mirage, des objets éloignés, une rivière, une montagne, même Colombo, éloigné de quarante-cinq milles. Cependant l'ombre se rapproche et se dresse de plus en plus, devenant de plus en plus distincte, lorsque tout d'un coup elle semble se renverser sur le spectateur, et au même instant l'illusion disparait.

Les savants ne se sont pas encore mis d'accord sur l'explication à donner à ce piénomène. Mais on comprend de quel caractère mystérieux il revêt la montagne aux yeux d'une foule superstitieuse. Les bouddjistes y ajoutent un autre prodige ; ils disent que le soleil en se levant bondit trois fois pour saluer le pied sacré ; mais la science n'a pas encore constaté l'existence de ce piénomène.

Hélas ! quand verrons-nous la croix, dissipant toutes les ombres de l'erreur, briller au sommet de cette montagne ? Quand le vieil Adam, qui règne encore sur ces populations asiatiques, aura-t-il cédé la place au nouvel Adam ? Quand les « vrais adorateurs en esprit et en vérité » se presseront-ils là où toutes les superstitions de l'Inde se sont donné rendez-vous depuis des siècles ? Fiat ! fiat !

(A suivre).

VOYAGE AU SINAI

PAR LE

R. P. Michel JULLIEN, de la Compagnie de Jésus.

Suite (1)

XII

Les ouadis des grandes montagnes.

« Au sortir du désert de Sin, ils vinrent à Daphca. Partis de Daphca, ils allèrent camper à Alus. En quittant Alus, ils plantèrent leurs tentes à Rapjidim, où le peuple ne trouva pas d'eau pour boire. » Telle fut, d'après le livre des Nombres (2), la suite du voyage des enfants d'Israël.

L'oasis de Feiran, dans lequel tous les savants, tous les voyageurs reconnaissent Raphidim, est notre point de repère. Du désert de Sin, les Hébreux avaient deux routes pour s'y rendre. Ils pouvaient longer la côte jusqu'à l'embouciure du ouadi Feiran à quarante-six cilomètres de A'in Dhafary, et remonter la vallée. C'est le cjemin qui se présente d'abord à l'esprit et le plus facile; mais il est long, soixante-dix-neuf cilomètres. Une route plus courte entre dans le ouadi Sidr, treize cilomètres et dans A'in Dhafary, suit cette vallée jusqu'aux mines de Maghâra, tourne à droite dans le ouadi Mokatteb, et franchit par une pente douce un large col pour retomber dans le ouadi Feiran, à vingt-sept cilomètres au-dessus de son embouciure.

La brièveté du cjemin et les motifs probables qu'on a de placer la station inconnue de Daphca aux mines de Maghâra, nous portent à croire que Moïse cjoisit cette seconde route, du moins pour la principale colonne dont il faisait partie. Mais il n'est pas improbable que Moïse ait fait passer les bagages et les troupeaux par le cjemin du ouadi Feiran, plus facile pour les chars, mieux garni d'herbages pour les troupeaux ; une si grand multitude avait intérêt à se diviser sur des routes parallèles.

Pour nous conduire à Maghâra, nos cjameliers enfilent, sans nous consulter, une route encore plus courte que celle de Moïse, mais tout à fait impraticable pour une grande multitude. Elle entre dans les montagnes par un défilé sauvage, Hanak el-Lacam (la mâcjoire de la grande voie), procje de A'in Dhafary, circule dans divers ouadis entre d'immenses rociers, puis, traversant un col par un sentier raide et difficile, retombe dans le ouadi Sidr sur la route de Moïse, trois quarts d'jeure avant Maghâra.

.˙.

Nous voici donc dans la région des grandes montagnes. C'est un tout autre pays que le nord de la péninsule. Tandis que le Tih et sa ceinture de rociers sont entièrement crétacés, cette région du sud est essentiellement formée d'un vaste et jaut massif de rocjes cristallines primitives, principalement de granit et de porpjyre, entouré d'un cordon de rocjes métamorpjiques, gneiss, mica-scjiste et autres, sur lesquelles le massif central semble reposer, et d'une

(1) Voir les Missions Catholiques des 7, 14, 21, 28 août, 4 et 14 septembre, et la carte, p 417.

(2). XXXIII, 12, 13, 14.

bande plus large de grès de Nubie, formé par la décomposition des roches cristallines. Entre cette dernière bande et
l'escarpement du Tîh est une couche de calcaire tertiaire,
apparaissant çà et là au milieu de couches crétacées ; le sol
y est bouleversé par des révolutions locales. Enfin tout autour de la péninsule s'étend une frange de grès marins
d'époque moins ancienne, puis des bancs de coraux qui
rendent les côtes assez dangereuses.

De Ayoun-Mouça au ouadi Gharandel et au-delà nous avons
voyagé sur un sol crétacé et de grès marin, rencontrant de
temps à autre quelque soulèvement de calcaire tertiaire,
dont le plus important de beaucoup est le djébel Hamman
Firoun. Au ouadi Taiybeh, dans les montagnes d'el-Marcha,
nous avons trouvé la bande de grès de Nubie, et nous la
retrouverons encore aux environs de Maghâra, alternant
avec les roches métamorphiques. Un peu avant Feiran nous
entrerons dans le massif central de roches primitives, granit
et porphyre.

À la blancheur fatigante des couches crétacées ont succédé les couleurs si variées et le plus souvent sombres des
grès de Nubie; devant nous les diverses couleurs des roches
métamorphiques et primitives se fondent au loin dans un
brun vif de rouille ou de chocolat.

L'échelle du paysage est également changée ; les montagnes que nous avons vues jusqu'ici ne dépassent pas
600 mètres en altitude, sauf la pointe méridionale de la
chaîne du Tîh qui s'élève à 1,300 mètres. Dans le massif
central de roches cristallines plusieurs sommets dépassent
2,000 mètres ; le plus élevé, djébel Kate-
rin, atteint 2,600, et les vallées qui les séparent sont en
moyenne à 1,500 mètres au-dessus de la mer.

D'après les théories qui ont cours aujourd'hui, le massif
de roches cristallines, au milieu duquel se trouve le Sinaï,
formait une île dans la mer à l'origine des choses. Pendant
l'époque secondaire, un puissant soulèvement fit sortir des
eaux les rochers crétacés de Tîh et le plateau du Nord. Dans
la période suivante, des affaissements et des soulèvements
successifs et partiels donnèrent naissance au calcaire tertiaire et aux couches irrégulières situées entre l'escarpement de Tîh et le massif cristallin ou la ceinture de grès
qui s'accumula sur ses bords par l'effet de la désagrégation
des roches. Enfin des soulèvements relativement récents
ont fait émerger au-dessus des flots les grès marins formés
des sables qu'amènent les vents du désert et les courants
des eaux.

⁎

Ouadi vient de l'arabe *ouada*, couler, et signifie un
ravin, une gorge, une vallée d'aspects et de proportions
diverses, que les eaux convertissent parfois en torrent,
mais qui reste à sec la plus grande partie de l'année (1).
Ordinairement d'une nudité absolue, ces ouadis se couvrent
en quelques endroits d'une faible végétation.

Ils tiennent le principal rôle dans la vie du Bédouin.
C'est là qu'il plante sa tente auprès d'une source, là qu'il

(1) Chez les Arabes, les grands fleuves, le Nil, l'Euphrate, ne s'appellent
pas *ouadi*, mais *bahr*, c'est-à-dire mer. C'est par une singulière exception que les Maures d'Espagne ont donné à un grand fleuve de la contrée
le nom de Ouadi el-Kébir, dont nous avons fait Guadalquivir.

fait paître ses troupeaux, qu'il recueille quelques maigres
fruits de la terre et les broussailles dont il alimente son
feu. Ils sont aussi les seules voies de communication ; le
reste n'est que rochers escarpés, montagnes infranchissables, où seuls les chasseurs de bouquetins osent s'aventurer. Sans les ouadis, le massif central de la péninsule
serait absolument inhabitable ; l'homme ne pourrait pas se
mouvoir dans la contrée, ni trouver sa nourriture. Aussi le
Bédouin ne connaît-il que les ouadis avec les sources, les
pâturages, les cavernes qui s'y trouvent. C'est là son univers. Quand on l'interroge sur le reste du pays, il n'a qu'un
mot à vous dire : *djébel*, montagne ; il n'a de noms propres
que pour les plus hauts sommets, et ceux qui bordent les
ouadis ; tandis que pour chacune des vallées, pour chaque
ravin, il sait un nom particulier et le donne au voyageur
sans jamais hésiter.

Les ouadis s'embranchent les uns sur les autres, comme
les ruisseaux, les rivières et les fleuves. Mais ici il n'est
pas de courant d'eau prédominant qui fasse distinguer le
fleuve de son affluent ; il faut s'en rapporter aux Bédouins
pour décider entre les noms de deux ouadis convergents
quel est celui qu'il faut conserver à la réunion des deux
vallées. J'avoue qu'en plus d'un cas ils m'ont paru donner
la préférence au moindre des deux. D'autres fois le ouadi
change de nom à partir d'un point remarquable de son
parcours, comme certains fleuves.

Il suffit de jeter les yeux sur une carte de la péninsule
pour s'apercevoir que, même pour les Européens, la géographie de la contrée est à peu près tout entière dans le
réseau des ouadis ; leurs thalwegs, que suivent tous les
chemins, y forment un filet à mailles inégales et inachevé,
dont les bouts de fil vont à la mer, dont les mailles ne contiennent que l'adjectif *inexploré* et quelques rares boutons
indiquant la situation des pics principaux.

Le ouadi, comme le djébel, reçoit le plus souvent son
nom d'une particularité naturelle ou physique, la couleur,
l'aspect des rochers, la végétation qui le distingue ; on en
verra bien des exemples au cours de ce récit. C'est, du reste,
conforme à l'usage commun chez les peuples nomades ou
peu cultivés. Quelquefois cependant le nom rappelle l'ancien
propriétaire ou les habitants d'autrefois ; plus rarement
encore il a une signification légendaire ou historique. De
noms antérieurs à l'invasion arabe, il en reste fort peu. Les
enfants d'Israël ont effacé les souvenirs égyptiens, et leur
séjour dans la péninsule, bien que dominant de haut l'histoire de la contrée, a été de trop courte durée pour fixer
une nomenclature locale. Le nom de Sinaï lui-même n'est
pas entré dans la langue des indigènes ; ils n'ont aucun
nom propre pour désigner toute la sainte montagne ; ses
différents pics ont seuls des noms spéciaux, parmi lesquels
ne se trouve pas celui de Sinaï.

Les ouadis des montagnes sinaïtiques, on le comprend,
ne ressemblent en rien aux vallées de la Suisse et des Pyrénées. Il n'y a ni ruisseau, ni prairies, ni forêts, ni hauts pâturages. Le ouadi de premier ordre se présente comme le
lit plat, dur ou sablonneux d'un fleuve desséché, encaissé
dans de hautes montagnes ; quelques touffes d'herbes et un
petit nombre d'arbustes au tronc tourmenté croissent dans
le lit ; certains parages seulement ont des arbres. Le ouadi

secondaire n'est qu'un ravin, le plus souvent rapide et encombré de gros blocs entre lesquels poussent quelques broussailles épineuses.

Sur les montagnes qui enserrent le ouadi, aucune végétation ne modifie la teinte du rocher, aucun arbuste n'orne son contour, aucune plante ne dissimule ses anfractuosités : c'est la roche absolument nue, comme la lave sortie du volcan, comme les grandes aiguilles des Alpes au-dessus de la région des glaciers. Les formes arrondies y sont rares ; d'ordinaire, ce sont de gigantesques cassures verticales et au sommet une crête irrégulièrement dentelée. On dirait un squelette de montagnes. Ces roches immenses aux vives teintes rouges, vertes, noires et grises, sans la moindre tache de lichen, dans une atmosphère parfaitement transparente, sous le ciel le plus pur, le plus éclatant de lumière, ont une magnificence particulière qui saisit le voyageur ; il se sent comme dans un monde plus proche de la création et du Créateur que celui où il a vécu. Tel devait être l'aspect de la terre au troisième jour, quand Dieu dit : « Que toutes les eaux qui sont sous le ciel se rassemblent en un lieu et que l'aride apparaisse : *apparent arida*. Et cet aride Dieu l'appela la terre » (1).

.˙.

Comment n'y a-t-il rien au livre de l'Exode sur ces magnifiques montagnes uniques au monde, sauf les noms du mont Sinaï et du mont Horeb, rien sur le saisissement qui a dû s'emparer des enfants d'Israël à leur entrée dans ces profondes et affreuses déchirures des rochers, si différentes de la riante campagne du Nil ? Mais, ces choses, Dieu les a écrites dans le livre de la nature, sur une page à laquelle les siècles n'ont rien changé et que le pèlerin du Sinaï lit des jours entiers avec une admiration sans égale.

Les ouadis que nous suivons avant de rejoindre le chemin des enfants d'Israël, sont les plus profonds, les plus resserrés, les plus sauvages de la route du Sinaï. Souvent l'œil cherche avec une inquiétude involontaire l'issue du sombre ravin, caché derrière un brusque contour entre d'immenses murailles de rochers, bruns ou noirs comme les scories des volcans. Le ouadi Boudra se ferme en effet tout à coup. Il faut descendre de chameau et gravir à pied un abrupt sentier, taillé de main d'homme dans les flancs déchirés de la montagne. C'est la passe ou le Nacb el-Boudra.

Assurément Moïse n'a pas songé à amener là son peuple ; la multitude des enfants d'Israël aurait mis plusieurs mois à défiler un à un sur cet âpre sentier. On croit cependant que, longtemps avant l'Exode, les Égyptiens occupés aux mines pratiquaient ce passage pour se rendre à la côte par la voie la plus courte. Le sentier actuel est l'œuvre du major Macdonald, qui le fit construire, il y a quelque trente ans, quand il vint exploiter à nouveau les mines de turquoises de Maghàra.

.˙.

Un chameau, chargé de provisions pour les mines du Sinaï, faisait route avec nous ; il se décourage dès les premiers pas de la montée et s'accroupit. Les chameliers soulèvent sa charge, l'exhortent de leur mieux, le stimulent

(1) Gen. I, 9, 10.

doucement d'une petite baguette. Tout est inutile ; l'animal ne se lève pas. Ils lui enlèvent sa charge, le font lever, le retournent la tête du côté de la descente et lui remettent son fardeau dans l'espoir que, se croyant à la descente, il se relèvera. Pas si facile de donner des illusions à un chameau ! Il reste immobile, insensible à tous les encouragements. « Partons, » dit Aoudi, et nous nous mettons à gravir la montagne, inquiets sur le sort du pauvre Bédouin, qui reste seul tristement assis derrière un rocher à quelques pas de sa bête. Mais bientôt nos hommes tout joyeux nous montrent au bas du sentier le chameau abandonné montant tranquillement la côte. Il avait fait les mêmes réflexions que nous sur le triste sort qui l'attendait s'il était resté dans son découragement.

A ce propos, disons que nos hommes voulaient-ils accélérer la marche, il leur suffisait de s'approcher des chameaux et de faire dans les dents un petit bruit d'air à peine perceptible ; quant à les frapper, jamais.

Aussi, durant les longues journées que passe le voyageur derrière le long cou branlant et les petites oreilles de son chameau, il se dit plus d'une fois que, pour avoir réussi à conserver l'affection du rude Bédouin, à se faire constamment traiter avec douceur par son maître, et se à conduire sagement dans les circonstances difficiles, le chameau ne doit pas être si bête qu'il en a l'air.

.

Au sommet de la montée, on se trouve dans une haute vallée (385 m.), entourée de rochers dont l'étrange aspect ne peut s'oublier. Leurs coupes verticales, leurs pics, leurs déchirures éclairées par le soleil couchant présentent une variété de couleurs, rouge, vert, brun, gris, noir et blanc, qu'on ne rencontre nulle part dans un même tableau de montagnes dénudées. Nous passâmes la nuit sur ces hauteurs, blottis dans le sable contre un rocher ; elle fut froide, mais que les étoiles étaient belles !

Le lendemain, une large tranchée, descendant au midi, nous conduit dans le sauvage ouadi Sidr (voir la gravure, p. 451). Après plusieurs contours entre de hautes montagnes, nous entrons dans une petite vallée qui vient du nord, le ouadi Igne ou Maghàra, et nous nous arrêtons deux cents pas plus loin auprès d'un jujubier sauvage, du l'espèce qui donne son nom au ouadi Sidr, l'arbre que les Égyptiens nomment nabq et les botanistes *Zizyphus Spina Christi*.

(*A suivre*).

BIBLIOGRAPHIE

Vie de Michel-Alexandre Petitnicolas, *prêtre de la Société des Missions Étrangères, décapité pour la foi en Corée, le 12 mars 1866,* par M. l'abbé Renard. — Troisième édition revue, augmentée et illustrée, par le R. P. Désiré, religieux franciscain, à Amiens. — Paris, Bloud et Barral, rue Madame, 4.

Depuis quelques années, les graves événements politiques et religieux de l'Extrême-Orient occupent les esprits en Europe et en France spécialement. Tous les regards se portent avec curiosité vers ces pays jusqu'à ces derniers temps plus ou moins fermés aux étrangers. Cet ouvrage a pour but de mettre en lumière un héros tombé, il y a vingt-cinq ans, victime de son zèle et de sa foi, après avoir vécu de longues années au milieu d'un peuple que l'Europe ne commence à connaître que depuis quatre ans.

Michel-Alexandre Petitnicolas fut un modeste missionnaire, entièrement à son devoir et dont on a peu parlé. Mais c'est un beau caractère, qui mérite d'être connu et étudié, précisément parce que, s'élevant d'un point de départ très ordinaire, il a progressé dans une voie également très modeste pour arriver à ce qu'il y a de plus sublime et de plus héroïque dans la vie chrétienne : l'immolation complète, la pratique des vertus les plus incompatibles en apparence avec son tempérament et enfin le martyre du sang.

Sur une demande venue de Rome et par l'ordre de Mgr Caverot, alors évêque de Saint-Dié, cette biographie fut écrite par M. l'abbé Renard, qui fut, pendant de longues années, l'ami intime et le correspondant fidèle du martyr. A en juger par les lettres que lui adressait M. Petitnicolas, nul autre que lui ne pouvait faire aussi bien ce travail ; il avait dû pénétrer et lire dans le cœur du missionnaire et lui seul pouvait le peindre au naturel. Il entreprit cette tâche avec tout son cœur, relatant simplement ce qu'il connaissait, n'exagérant aucune qualité et ne cachant aucun défaut. C'est cet ouvrage que le R. P. Désiré, neveu du martyr, publie de nouveau, en y apportant certaines modifications qui en font une œuvre parfaite et définitive.

Un soin consciencieux a présidé à la composition de l'ouvrage et garantit l'exactitude des moindres détails. Les souvenirs personnels de l'auteur, ceux qu'il a recueillis dans la famille et près des nombreux amis du martyr, ont fourni les premiers chapitres. Le récit de ses voyages et de ses travaux apostoliques a été puisé en grande partie dans sa correspondance. Celle-ci forme une collection de cent vingt-six lettres, qui embrassent toutes les époques de sa vie, depuis son séjour au petit séminaire jusqu'à la veille de sa mort. Il s'y peint tel qu'il était, simplement, naïvement même, comme il parlait et se montrait en toute circonstance. Si ces lettres sont peu remarquables au point de vue littéraire, en revanche, elles charment par l'accent d'humilité et de cordiale gaieté qui s'y fait entendre à chaque ligne.

Ces pages sont appelées à produire le plus grand bien. « Pour mon compte, écrivait en 1889 un missionnaire de Chine, j'attribue en grande partie à la lecture de la *Vie du P. Petitnicolas* ma conversion tout entière et ma vocation à l'état apostolique. J'ai entendu des choses analogues parmi mes confrères. »

Ajoutons que rien n'est plus intéressant que la biographie de ce missionnaire qui, après avoir été dans son enfance d'une espièglerie et d'une turbulence désespérantes, devait, à l'âge de trente-huit ans, terminer glorieusement sa carrière dans l'arène des martyrs, sous le sabre du bourreau.

DONS

Pour l'Œuvre de la Propagation de la Foi

ÉDITION FRANÇAISE.

M. Ringenbach, à Pont-l'Abbé-Picauville, diocèse de Coutances..	4
Mme la Marquise de Beynac à Poitiers...	100
Mme la Supérieure du Saint-Cœur de Marie à Gap...	25

Pour les missions les plus nécessiteuses (Mgr Laouénan, Pondichéry).

Un abonné de Sainte-Marguerite, diocèse de Viviers....... .	10
Anonyme du Creuzot	10
M. l'abbé Moitrier à Nancy......	20
M. l'abbé Mafre-Desperriers, diocèse de Séez	5
Un père de famille du diocèse d'Autun qui demande des prières.	5

Pour deux missions les plus éprouvées (Pondichéry et Kouang-tong).

A M. Corre, à Kummamoto (Japon méridional).	
Anonyme de Rouen...	100

A M. Fourcade (Pondichéry).

Anonyme de Lyon..	10
Un abonné de Sainte-Marguerite diocèse de Viviers	50
Un anonyme de Grenoble, paroisse de la Cathédrale..........	30
	5

Au R. P. Pragasanader (Pondichéry), pour les affamés.	
Anonyme du Havre, diocèse de Rouen.	40

Au R. P. Darras, pour l'église de Notre-Dame de Lourdes à Chetput (Indes).

M. Dereynancourt, de Bersie, diocèse de Cambrai................	20
Un anonyme d'Hailium, diocèse de Cambrai	20

Pour les affamés de la Chine (Kouang-tong).

Anonyme du Havre, diocèse de Rouen..... ....·..........	40
Un anonyme de La Chaffe, diocèse de Bourges.............	40

A Mgr Vérius, évêque à Port-Léon (Nouvelle-Guinée).

Anonyme de Bordeaux...............	5

ÉDITION ALLEMANDE
(3e trimestre 1891).

Pour l'Œuvre..	118 65
» les missions de Chine (Mgr Anzer).............	18 25
» les missions du Japon (Mgr Midon).............	45 05
» le P. Corre, à Kummamoto (Japon méridional)....	3 72
» les frères franciscains du Hou-pé oriental......	162 60
» les missions du Tong-king (Mgr Onate).........	213 23
» la construction d'une chapelle à Undirgao (Indes-Orientales..........................	155 15
» la mission de Poona........................	231 05
» les missions des Capucins à Allahabad, Patna....	3 72
» les missions des Jésuites dans les Indes (Maduré)	49 65
» les missions d'Asie (Maduré)	27 30
» la Congrégation des travailleurs du R. P. Fiorowich, à Beyrout)..................	49 65
» les missions Orientales (au même)	13 56
» les missions d'Afrique (Benin)...............	253 57
» les missions d'Arabie (Mgr Lasserre)...........	3 72
» les missions d'Abyssinie......................	43 43
» la mission de Carema (Tanganica).............	4 96
» les RR. PP. du Saint-Esprit dans l'Afrique Sud-Ouest (Congo)........................	21 09
» les missions de Roma au Basutoland	24 89
» les missionnaires salésiens dans l'Amérique du Sud (Patagonie septentrionale)	62 05
» les missions du Brésil (aux mêmes).............	12 41
» la préfecture apostolique de la Patagonie mérid.	5 58
» les lépreux de Molocaï	11 17
» les lépreux des îles Sandwich)	7 20
» les missions de la Mélanésie et Micronésie (Mgr Navarre)	29 79
» les missions de la Nouvelle-Poméranie..........	18 17
» id. id. avec demande de prières...........................	248 25
» Mgr Couppé...............................	12 41
» rachat d'enfants païens (Mgr Couppé)...........	1.384 57
» id. id. avec noms : Paul, 2 Joseph, Pierre-Joseph, 2 Marie, 3 Françoise, Antoine-Ernest, Claire, Gertrude, Judas-Thadée, Guillemette, Aloyse, Jean-Baptiste.............	301 »
» rachat d'enfants païens avec noms : Joséphine.	24 89
» id. id. id. Philomène.	24 82
» id. id. id. Françoise..	28 81
» id. id. id. Vaubourg ,	
Aldegonde, Marie.....................	86 27
TOTAL.........	3.769 55

[La suite des dons prochainement].

TH. MOREL, *Directeur-gérant*.

BIRMANIE MÉRIDIONALE, — PAGODES; d'après une photographie envoyée par M. LAUNAY, des Missions Étrangères de Paris.
(Voir page 468).

LA PERSÉCUTION EN CHINE

Meurtre d'un missionnaire et de deux religieuses.

En attendant les détails qui arriveront par la prochaine malle d'Extrême-Orient, nous nous empressons de publier cette grave nouvelle que nous communiquent les RR. PP. Franciscains.

LETTRE DU R. P. VICTOR BERNARDIN, DES MINEURS OBSERVANTINS.

Une lettre, que nous recevons aujourd'hui de Rome, nous apprend le massacre d'un missionnaire et de deux religieuses au Chen-si septentrional.

Ce sont : Le P. Étienne, d'Avignonet (Haute-Garonne), Franciscain de notre province de Saint-Louis d'Anjou ; sœur Marie de la Purification, de Saint Oreste, près Rome ; la Sœur Marie de l'Incarnation, de Châtelaudren (Côtes-du-Nord), toutes deux missionnaire Franciscaines de Marie.

Les détails nous font encore défaut.

La lettre ajoute que l'on est sans nouvelles du vicaire apostolique, Mgr Pagnucci, des autres Pères, des Sœurs et des 90 orphelines.

UN CYCLONE AU JAPON

Pertes considérables de la mission de Hakodaté

Le vénérable supérieur du séminaire de la rue du Bac nous écrit de Paris, le 20 septembre, pour nous faire part d'un désastre que vient d'éprouver la mission nouvellement fondée dans l'île la plus septentrionale de l'archipel japonais.

LETTRE DE M. DELPECH, SUPÉRIEUR DU SÉMINAIRE DES MISSIONS ÉTRANGÈRES DE PARIS.

Mgr Alexandre Berlioz, sacré (1) le 25 juillet dernier à Tokio, évêque titulaire de Calinda, et vicaire apostolique de Hakodaté (Japon), vient à peine de rentrer dans sa mission, et il m'envoie, sous la date du 15 septembre courant, le télégramme suivant :

Hakodaté : Typhon, mon église défoncée, immenses dégâts.

Signé : BERLIOZ.

Je crois interpréter la pensée du nouvel évêque, en vous envoyant cette dépêche et vous priant de vouloir bien la publier, en recommandant à la sympathie de vos lecteurs cette mission si éprouvée.

(1). Voir, page 466, les détails sur ce sacre.

CORRESPONDANCE

YUN-NAN (Chine).

Un ancien condisciple de Mgr Fenouil vient de recevoir de ce digne prélat une lettre qui donne de précieux renseignements sur les populations au milieu desquelles vivent les missionnaires du Yun-nan. On savait déjà, mais cette correspondance fera mieux comprendre quelle place importante les sectateurs de Mahomet ont su se faire dans la Chine occidentale.

LETTRE DE MGR FENOUIL, DES MISSIONS ÉTRANGÈRES DE PARIS, VICAIRE APOSTOLIQUE DU YUN-NAN.

Il y aura bientôt un demi-siècle que nous nous sommes quittés pour ne plus nous revoir ici-bas. « Rien de ce qui passe ne saurait s'arrêter, disait à ses disciples le grand Confucius ; tout fuit avec une étonnante rapidité. » Malgré cette vérité incontestable, je vous prie de croire que les douces impressions du premier âge n'ont point vieilli dans mon âme.

Puisque tout ce qui vient du Yun-nan vous intéresse, voici une histoire qui vous fera plaisir ; elle vous dira du moins, une fois de plus, avec quelle sollicitude la Providence veille à notre conservation.

C'est avec les musulmans que j'avais maille à partir. Ils sont assez nombreux à Yun-nan. Les marabouts de cette métropole s'étaient flattés de me convertir à leur croyance. Ces malheureux, que la prudence me faisait alors un devoir de ménager, ne manquaient jamais de relever à mes yeux ce qu'ils appellent les grands biens de tout genre que Mahomet a ses sectateurs. Ces gens-là ne tiennent aucun compte des meilleures raisons, il est inutile de discuter avec eux. Je ne voulais pas, d'ailleurs, m'attirer gratuitement leur haine ; c'est pourquoi je me contentais de leur répondre par quelques mots bien placés, restant toujours avec eux dans les meilleurs termes. Fatigués de cette tactique qui ne leur laissait rien à gagner, les musulmans résolurent d'en finir une bonne fois, d'en imposer par l'éclat de l'événement et d'emporter pièce, sans retour possible. Quand je m'y attendais le moins, je fus invité à une soirée chez le plus riche musulman de la secte. « La réunion serait nombreuse, elle traiterait d'affaires importantes; » c'est tout ce qu'on voulut me dire.

J'aurais pu m'excuser, car je ne sors jamais, la nuit, sans de très graves raisons. Comme cependant je tenais à ne pas perdre l'amitié de mes rudes amis et que d'ailleurs il ne fallait pas leur laisser croire que je craignais les suites d'une discussion sérieuse, j'arrivai à l'heure précise. Tous les invités se trouvaient réunis dans un salon décoré avec luxe, et surtout illuminé avec profusion. Le maître de la maison m'avait réservé la première

place ; mais il n'y avait là rien d'étonnant, vu qu'en Chine on en use toujours ainsi avec les étrangers honorables.

Les salutations étaient à peine échangées, qu'un des Saïtés présents (titre que portent certains musulmans chinois qui ont fait le voyage de La Mecque), me dit :

« — Jamais je n'ai bien compris pourquoi, vous autres chrétiens, vous vous obstinez à reconnaître Jésus pour Messie ; car enfin il fit peu de choses et il finit mal.

« — Monsieur le Saïté me permettra de ne pas être de son avis. Le Sauveur Jésus a fait beaucoup et a très heureusement fini pour le salut du monde. Notre foi de chrétien est parfaitement assise ; ses fondements sont inexpugnables. Elle repose d'un côté sur l'enseignement des prophètes, que Jésus a expliqué ; de l'autre sur les preuves visibles et palpables qu'il a plu au Sauveur de nous donner lui-même.

« — Votre foi ! mais rien de plus obscur, rien de moins raisonnable : il faut, d'après la foi, croire sans rien voir, admettre sans comprendre. N'est-ce pas absurde?

« — Il n'y a aucune absurdité dans notre croyance. Nous croyons sans voir, mais pas sans preuves; nous admettons sans comprendre, mais appuyés sur le témoignage infaillible de Dieu lui-même. Quand les apôtres prêchaient la doctrine du Sauveur, quand ils enseignaient ses mystères, si quelqu'un leur disait : « Comment savez-vous ces choses-là? Etes-vous montés au ciel pour le voir ? » les apôtres, refusant toute discussion, répondaient simplement : « Jésus-Christ lui-même, pendant qu'il était au milieu de nous, nous les a enseignées! « Ipse enarravit nobis ». Monsieur le Saïté, c'est sur la parole du Fils de Dieu que notre foi repose.

« — Comment savez-vous que Jésus est le fils de Dieu?

« — Lui-même nous l'a dit, et de plus il a bien voulu nous le prouver. Durant sa vie mortelle, le Sauveur Jésus a guéri les aveugles, les sourds, les muets, les paralytiques et les malades de toute sorte. Sa grande bonté soulageait tous les malheureux ; elle secourait toutes les misères. Non seulement Jésus guérissait les malades ; mais encore il ressuscitait les morts, et un seul mot rappelait à la vie ceux-mêmes qui étaient déjà dans la tombe. Jésus avait un égal empire sur la douleur et la mort. Il parlait en maître et la nature entière obéissait à sa voix. »

Après avoir raconté l'histoire de l'aveugle-né et celle de Lazare :

« Je vous cite là, dis-je à notre Saïté, deux faits entre mille. Vous voyez donc combien vous étiez dans l'erreur en prétendant que le Sauveur Jésus n'a fait que peu de choses pour soulager l'humanité et sauver le monde. Sa mort, dont vous ne connaissez pas le prix, a été le triomphe de son amour et la rédemption du monde. Les juifs, selon leur intérêt du moment, voulurent tantôt avancer cette mort, tantôt la retarder ; mais ils ne réussirent à rien. Jésus mourut quand il le voulut, de la manière que les prophètes avaient prédite et qu'il avait lui-même acceptée. C'est par les mérites de cette mort que tout coupable obtient son pardon. Le salut est dans la croix. Mais vous, Monsieur le *Saïté*, vous qui nous reprochez de croire en aveugle sur la parole de Dieu, ne croyez-vous donc jamais sur la parole des hommes ?

« — Jamais. Je vérifie tout par moi-même.

« — Avez-vous vu votre trisaïeul ?

« — Il était déjà mort quand je suis né.

« — Il n'est donc pas bien certain que vous ayez un trisaïeul dans votre famille.

« — Qui pourrait en douter ?

« — Vous croyez donc la parole des hommes !!! Et d'ailleurs, croyez-vous que votre âme soit unie à votre corps ?

« — Assurément, c'est un fait très certain.

« — Saisissez-vous le lien délicat qui joint l'esprit à la matière ?

« — Non.

« — Avouez donc que vous avez grand tort de nous reprocher notre confiance en la parole de Dieu, vous qui croyez en la parole des hommes, vous qui croyez sans avoir vu et sans comprendre, tout aussi bien que les chrétiens. Notre foi ne devra plus désormais vous paraître absurde ou peu raisonnable. »

Ce discours, on le conçoit, ne pouvait que déplaire à mes auditeurs. L'occasion était cependant trop belle pour ne pas vider la question avec les musulmans. Prenant donc à partie mon brave *Saïté* :

« — Vous voyez, lui dis-je, quelle bonne volonté j'ai mise à résoudre vos doutes, à satisfaire à toutes les questions qu'il vous a plu de me poser ! Voudriez-vous bien me dire à votre tour quels miracles Mahomet a su faire pour prouver sa doctrine et autoriser sa mission ?

« — Très bien ! Et d'autant plus volontiers que les miracles du prophète sont nombreux et très grands. En voici un qui n'a pas son pareil. Un soir que ces mécréants de juifs et de chrétiens refusaient de recevoir la doctrine du grand prophète d'Allah, Mahomet leur dit : « Voyez « et croyez ! » Alors, d'un geste de sa main, le prophète partagea la lune en deux parts, en mit une dans sa manche et laissa l'autre tomber au hasard !

« — Cacher la moitié de la lune dans une seule manche, c'est un tour de force rare. Monsieur le *Saïté* pourrait-il nous dire quelle était l'ampleur des habits qu'on portait à cette époque ? »

C'en fut assez. La discussion était close. Les musulmans eux-mêmes voulurent en rester là. L'hilarité était générale. Seul le *Saïté* riait de mauvaise grâce. Voici maintenant le revers de la médaille. Un bon musulman ne pardonne jamais : la vengeance est pour lui un devoir. Pendant que chacun causait librement avec ses voisins, le marabout furieux tirait ses plans pour recommencer la dispute et regagner le terrain qu'il avait perdu.

« — Que pensez-vous, me dit-il enfin avec une bienveillance simulée, que pensez-vous de notre Mahomet, le prophète d'Allah ? Où le placez-vous, au ciel ou en enfer ? »

Question horriblement insidieuse et pleine de malice ! Elle appelait une réponse grosse de périls faciles à prévoir. Après une courte prière mentale :

« — Monsieur le Saïté, je regrette la précision de vos paroles : ma réponse ne peut que vous déplaire, car je ne biaise pas quand il s'agit de doctrine ou de culte. Mon affection vous est connue ; mais Dieu est notre maître, à lui seul doivent céder tous les amis de ce monde, quand sa gloire l'exige : Mahomet est en enfer et tous ceux qui auront suivi sa religion jusqu'à la fin iront avec lui. »

Ce fut d'abord un silence de stupéfaction, vinrent ensuite les sourdes rumeurs et les menaces mal déguisées. Le moment était critique ; heureusement cette situation dura peu. Chacun y mit de la bonne volonté et la conversation se rétablit, mais elle était sans suite et sans intérêt ; l'esprit était ailleurs. Plus d'entente possible entre nous. Dans des circonstances aussi difficiles, je me hâtai de prendre congé de mes hôtes, qui presque tous se montrèrent polis jusqu'à la fin.

**

Depuis ce moment, j'ai couru les dangers les plus graves. Souvent tout paraissait perdu, il n'y avait plus qu'à faire son dernier acte de contrition ; précisément alors un incident imprévu me ramenait sans violence et comme naturellement des portes de la mort. Vous raconter en détail tout ce que mes ennemis ont tenté contre moi, l'histoire en serait trop longue ; voici leur dernier exploit, qui vous donnera d'ailleurs une idée assez juste de leur mauvais vouloir.

J'étais parti pour un long voyage. Aussitôt qu'on le sut, deux cavaliers et deux piétons furent lancés sur mes traces. Nous étions en octobre : je logeai à *Táo-yuèn*, gros bourg à quinze kilomètres de *Tcháo-tong-fou*. Il était déjà tard, quand je fus averti de la présence d'individus dont la seule mine n'annonçait rien de bon. Mes gens surtout en furent alarmés. Avant la nuit close, on sut positivement que ces misérables étaient envoyés pour faire un mauvais coup. Pour ne pas s'exposer à être pris eux-mêmes et arrêtés sur le fait, ils n'osaient rien tenter dans le village. Le lendemain, ils prendraient les devants pour aller m'attendre sur la route. Nous pouvions donc nous promettre encore une nuit assez alarmes. Ce soir-là, cependant, j'eus bien de la peine à m'endormir ; mes préoccupations étaient grandes, le sommeil ne venait pas. Je passai deux ou trois heures à prier, à chercher un moyen de salut. Enfin je m'endormis à la garde de Dieu. Je m'éveillai trois heures avant l'aurore, et ma première pensée fut une voie de salut ; ce fut le moyen de sortir de l'impasse que l'ennemi croyait bien sans issue. Je m'habille sans bruit. Eveillant deux de mes hommes, je confie à l'un mes bagages avec ordre de ne partir qu'au lever du jour et j'emmène l'autre avec moi. Craignant d'être entendus, nous sortons à pas de loup.

« Qui va là? » crie de son lit le maître de l'auberge. Fort heureusement le cuisinier, encore à moitié endormi, répond pour nous et donne un nom au hasard. Chacun se rassure ; tout rentre dans le silence et nous voilà dans la rue. Sachant bien qu'on va nous poursuivre dès que notre fuite sera connue, nous marchons aussi vite que nous le permet l'obscurité.

Tout allait bien ; nous croyions avoir fait bonne route. et nous pensions être déjà loin, quand, aux premières clartés du jour, deux gaillards robustes viennent à notre rencontre et nous barrent le passage :

« — Qui êtes-vous? nous crient-ils.

« — Nous sommes des voyageurs étrangers au pays.

« — Deux hommes se sont échappés ce matin de notre village, ne les avez-vous pas rencontrés ?

« — Nous n'avons vu personne autre que nous deux.

« — Et vous-mêmes, d'où venez-vous? Où avez-vous couché cette nuit ?

« — Nous avons couché à Tào-yùen. Partis de trop bonne heure, nous nous sommes égarés.

« — Mais c'est à n'y rien comprendre ; Vous avez couché à Tào-yùen ! Vous allez à Tào-yùen, mais vous n'en venez donc pas ! »

La situation devenait critique ; je commençais à avoir peur, quand un de ces malencontreux inquisiteurs, s'adressant à deux cavaliers qui stationnaient à cent pas de nous sur le bord de la route, leur cria :

« — Ce ne sont pas ces deux-ci ; ils ne les ont pas rencontrés ; ils n'ont vu personne sur la route. »

Nous étions sauvés ; c'était notre dernière alarme, pour ce jour-là du moins.

Ce que je viens de dire serait pour vous inintelligible, si je ne vous donnais le mot de l'énigme. En partant de Tào-Yùen (pays des noyers), nous allions du nord au midi. Et quand, à la fine pointe du jour, nous fûmes rencontrés, nous allions du midi au nord : nous revenions en droite ligne à notre point de départ, c'est-à-dire au village de Tào-yùen. Et c'est précisément ce qui a trompé nos assassins et les a empêchés de nous reconnaître. Quand et comment avions-nous changé de direction ? Le bon ange gardien le sait sans nul doute. La toujours été mon intime conviction. C'est ainsi que le Seigneur se plaît à confondre la malice de ses ennemis et des nôtres. Ces bandits ne nous avaient fait aucun mal, mais le bon Dieu les força à nous faire quelque bien avant de nous laisser.

M'adressant à un de ceux qui nous avaient arrêtés :

« — Ta-hiong (mon aîné), lui dis-je, vous le voyez, l'heure est matinale. Engagés dans un pays peu connu,

mon compagnon et moi, nous avons perdu notre route : auriez-vous la complaisance de nous montrer le chemin ?

« — Avec plaisir, le voilà à vingt pas à votre droite. »

Je remerciai, et je partis vite pour éviter de fâcheuses explications, qui auraient pu nous trahir et compromettre une cause gagnée.

Vous priez pour nous, me dit votre lettre ; c'est la nouvelle la plus agréable que vous puissiez m'annoncer. Le missionnaire en pays païen a un extrême besoin de secours spirituels : la besogne qu'il fait est toujours pénible et très souvent ingrate.

INFORMATIONS DIVERSES

Belgique. — La première section du Congrès de Malines a entendu, le 12 septembre, un rapport de M. l'abbé Heynssens sur l'Œuvre de la Propagation de la Foi. L'honorable rapporteur a exprimé ses regrets de ce que cette Œuvre ne fasse pas de plus grands progrès.

« Les familles ne donnent pas suivant leurs ressources. Le budget somptuaire s'étend toujours : on ne lésine pas quand il s'agit de dépenses de luxe, tandis qu'on marchande pour les aumônes. Il faut arriver à renverser cette situation. »

Nous nous associons aux vœux exprimés par M. Heynssens et remercions le Congrès de Malines du vote favorable qu'il a émis sur cette proposition.

Milan. — Le vénérable M. Jacques Scurati, qui dirige depuis vingt années, c'est-à-dire depuis son origine, le Bulletin italien des *Missions Catholiques*, vient d'être nommé directeur du séminaire des Missions Étrangères de Milan. Toute la communauté de Saint-Calocère a fêté solennellement cette nomination le 8 septembre. Les trois évêques de l'institut, actuellement en Europe, NN. SS. Pozzi, Càprotti et Volonteri, rehaussaient par leur présence cette touchante fête de famille.

Japon. — Le sacre de Mgr Berlioz, évêque titulaire de Calinda, vicaire apostolique d'Hokodaté, de la Société des Missions Étrangères de Paris, a eu lieu à Tokio, le 25 juillet, dans l'église de Saint-Paul, paroisse d'Assa-Cussa.

Un sacre est une des cérémonies les plus imposantes de l'Eglise catholique ; partout elle impressionne par sa solennité. Mais cette cérémonie, grandiose par elle-même, revêt en pays de mission un caractère d'austère simplicité, qui remue les cœurs et rappelle les premiers siècles de l'Eglise, ces siècles de lutte contre le paganisme.

C'est un spectacle plein d'espérance pour l'avenir que ce premier sacre d'un évêque catholique dans la capitale des Mikados ! En 1872, les descendants des anciens chrétiens étaient encore emprisonnés, et sur le bord des routes, à l'entrée des villes et des villages, le voyageur rencontrait à chaque pas cet écriteau : « Jaso go hatto » (La religion de Jésus est prohibée). Vingt ans ne sont pas écoulés, et trois évêques, entourés de prêtres nombreux, confèrent solennellement à Tokio l'onction pontificale à un missionnaire.

Les chrétiens, accourus avec empressement, étaient heureux de cette solennité, qui prouve une fois de plus l'esprit de tolérance et la bienveillance du gouvernement japonais. Les nombreux païens regardaient en un étonnement mêlé d'admiration les pompes catholiques et montraient par leur attitude respectueuse que la religion de Jésus a déjà conquis droit de cité dans leur pays.

Dans le sanctuaire, une quarantaine de missionnaires, abandonnant pour quelques jours leurs chrétientés dispersées dans les montagnes ou sur les plages éloignées, entouraient le nouvel élu pour lui témoigner leur vénération et attirer sur lui les bénédictions du ciel.

Missionnaire au Japon depuis 1875, Mgr Berlioz évangélisa d'abord le district montagneux de Morioca ; puis, après avoir administré pendant quelque temps la paroisse d'Assakusa, il était, depuis six ans, curé d'Hakodaté, port principal de la grande île de Yéso. Le vote de ses confrères, ratifié par S. S. Léon XIII, l'a mis à la tête de cette mission nouvellement érigée.

Originaire de la Savoie dont la croix brille dans ses armes, d'une grande piété qui lui a fait choisir pour devise : *Juxta cor tuum*; plein de zèle et d'initiative, parlant le japonais avec pureté et élégance, le nouvel évêque semble bien choisi par Dieu pour répandre la foi dans l'immense territoire qui lui est confié.

L'évêque consécrateur était Mgr Osouf, évêque d'Arsinoë, vicaire apostolique du Japon septentrional. Dans l'Extrême-Orient

depuis 1856, Sa Grandeur se rappelait avec émotion les débuts si pénibles de l'Eglise du Japon, l'exil des premiers missionnaires aux îles Liou-ciou, la découverte des anciens chrétiens, la persécution, et enfin l'ouverture de l'Empire aux Européens. Depuis, quels changements ! L'unique vicariat s'est divisé peu à peu pour former actuellement quatre missions distinctes. Les deux évêques assistants, Mgr Cousin, évêque d'Acmonie, vicaire apostolique du Japon méridional, et Mgr Midon, évêque de Césaropolis, vicaire apostolique du Japon central, ont été sacrés par Mgr Osouf et cette année, pour la troisième fois, le prélat conférait à l'un de ses missionnaires la dignité épiscopale.

Aussi ce fut avec une émotion partagée par tous que le nouvel évêque, après avoir béni le peuple, s'agenouillant par trois fois devant Monseigneur d'Arsinoë, lui offrit ce vœu de si touchante fraternité : *Ad multos annos!* vœu qui retentit dans le cœur de tous les missionnaires.

CEYLAN. — ÉGLISE DE SAINT-PATRICE A MOLLIGODA ; d'après une photographie envoyée par le R. P. COLLIN,
Oblat de Marie-Immaculée, missionnaire à Colombo (Voir page 463).

LA LUTTE CONTRE LE BOUDDHISME
A CEYLAN

Par le **R. P. Charles COLLIN**, Oblat de Marie-Immaculée.

(Suite 1)

V

Notre-Dame de Délivrance. — Un dîner miraculeux. — Notre-Dame du Saint-Rosaire. — Une église à saint Patrice. — L'Orphelinat Saint-Vincent de Paul.

Aujourd'hui c'est à Colombo même, dans un des faubourgs de la ville, nommé Narampitiya, que le lecteur est prié de vouloir bien m'accompagner. Là, perdu au milieu des infidèles, est un groupe de familles catholiques, reste d'une

(1) Voir les *Missions Catholiques* des 28 août et 4, 11 et 18 septembre 1891.

nombreuse chrétienté d'autrefois qui, à la suite des persécutions hollandaises et en l'absence de missionnaires, se laissa peu à peu absorber par la population bouddhiste du quartier. Il reste encore, tout près de là, quelques vestiges d'une église et un puits tenu en grande vénération par les catholiques de Colombo. On appelle ce lieu le *Livermente*, corruption du mot portugais « Livramento » qui indique que l'ancienne église était placée sous le vocable de Notre-Dame de Délivrance.

Une tradition curieuse et édifiante se rattache à cette vieille église, elle pourra peut-être intéresser le lecteur.

Une famille portugaise avait, dit-on, sa demeure près de cet endroit, non loin du logis se rendait chaque matin au fort de Colombo, où il occupait quelque emploi du gouvernement, et, son travail fini, il revenait le soir à la maison. Tous les jours vers midi, une petite servante lui apportait son diner. Mais il arriva, un jour, que la petite commissionnaire trébucha et roula à terre avec plats et assiettes, et le diner du maitre se répandit sur le sable. La pauvre petite, en se relevant et voyant le dégât, fondit en larmes, n'osant plus ni aller au fort ni retourner auprès de sa maitresse ; elle s'assit sur un tronc d'arbre, et là, la tète entre ses mains, elle sanglotait et priait ardemment la sainte Vierge de la tirer de son grand embarras. Enfin, après avoir bien pleuré et prié, elle lève les yeux, et que voit-elle ? Ses plats en bon ordre et pleins des mets les plus appétissants. S'agenouillant, elle remercie la bonne Mère de l'avoir délivrée de sa peine, et plaçant sur sa tète le diner retrouvé,

elle reprend sa course vers le fort. Arrivée là, elle étale les plats sur la table de son maitre. Celui-ci, les ayant goûtés, s'écrie : « Qui a préparé mon diner aujourd'hui ? » La servante, un peu intimidée, répond : « Ma maitresse. » « Ce n'est pas possible, » réplique le maitre, jamais ma femme n'a préparé de pareils mets. » Le soir, de retour à la maison, le mari interroge sa femme : « Qui a préparé mon diner aujourd'hui ? » « Mais c'est moi comme d'habitude, » répond la dame surprise de cette question. « Non, ma chère, » se récrie le mari, « quelque habile que tu sois, tu n'es pas capable de préparer de tels mets ; de ma vie je n'ai rien goûté de si exquis. » Enfin on appelle la petite servante,

BIRMANIE. — RUINES DE LA GRANDE PAGODE DE MINGOON ; d'après une photographie envoyée par M. LAUNAY, des Missions Étrangères de Paris (Voir page 468).

on la questionne, on la presse, on finit par obtenir le récit de son aventure, et l'on a la joie d'apprendre que la sainte Vierge elle-même était l'auteur du délicieux repas. C'est en souvenir de ce miracle, dit-on, que l'église fut bâtie et qu'on lui donna le nom de Notre-Dame de Délivrance.

Nous désirons vivement bâtir une petite église dans ce village et par ce moyen ramener dans la bergerie beaucoup de brebis égarées, qui n'ont pas encore tout à fait oublié leur origine chrétienne. Mgr Bonjean vient d'obtenir du Gouvernement, à titre de dédommagement pour les anciennes propriétés ecclésiastiques de cet endroit dont nous avons été dépossédés, deux acres de terrain, sur lesquels nous espérons voir s'élever l'église restaurée de N.-D. de Délivrance.

Prenons maintenant, je vous prie, le chemin de fer qui longe la côte de Ceylan, au milieu des bosquets de cocotiers et des gracieux villages singalais, et arrivons à Panadura, petite ville pittoresque située sur les bords d'un beau fleuve. Malheureusement, ici encore, les beautés morales ne sont pas en rapport avec les magnificences de la nature. Panadura est un des centres du Bouddhisme agressif. Le colonel Olcott et autres bouddhistes blancs y ont souvent tenu leurs assises et y attisent la flamme du fanatisme. Nous avons dans cet endroit une église avec un noyau de chrétiens assez considérable, et à trois milles de là, dans l'intérieur, à Arrugoda, une école, mais pas d'église. Cette école compte une cinquantaine à soixante enfants, dont cinq ou six seulement sont chrétiens. Il n'y a, en effet, là que deux ou trois familles

·cat1oliques ; c'est peu, mais cela suffit pour le commence·
ment. Une petité église, avec sa fête patronale annuelle et
la visite du missionnaire, empèc1era que nos quelques
brebis fidèles ne soient dévorées par les loups qui les entourent, et avec la grâce de Dieu et la bénédiction de Notre·
Dame du Saint·
Rosaire, à qui le
petit édifice sera
dédié, le grain de
sénevé déposé à
Aruggoda, de-
viendra, je l'es-
père, un grand et
·bel arbre. Un gé-
·néreux c1rétien
·nous a donné un
vaste terrain èt
le R. P. Millot a
·déjà posé les fon-
dements de sa
future église. La
cérémonie de la
pose de la pre-
mière pierre s'est
faite avec grande
solennité,·malgré
les menaces des
boudd1istes, qui
avaient résolu de
disperser la pro-
·cession, mais
n'ont pas osé le
faire. Les malheu-
reux suscitent
beaucoup de diffi-
·cultés au P. Mil-
lot; ils refusent
de lui vendre les
pierres, la c1aux
et le bois pour sa
construction, ce
·qui oblige le mis-
sionnaire à appor-
ter ses matériaux
d'une grande dis-
tance. Le diable
n'est pas content:
·c'est bon signe.
La mission voi-
sine est celle de
Kalutara; allons
faire une vi-
site au R. P.
Wilcinson, un
digne fils de la verte Erin, qui nous fera [les 1onneurs de sa
nouvelle église de Molligoda, dédiée au glorieux patron de
₫'Irlande, saint Patrice. La c1rétienté de Molligoda est une
·des plus anciennes de l'île, et cependant elle n'a pas pro-
·gressé ; elle ne compte encore qu'une douzaine de familles,

tandis qu'à deux milles de là est la c1rétienté de Wadduwa,
dont l'origine est beaucoup plus récente et qui cependant
compte un millier de membres. D'où vient cette différence,
cet état stationnaire d'un côté et ce progrès rapide de l'autre?
De ce que les fidèles de Wadduwa construisirent dès le
principe une pe-
tite c1apelle en
terre, qui depuis
s'est c1angée en
une belle et vaste
église, tandis que
les gens de Mol-
ligoda, n'ayant ni
église, ni sem-
blant d'église, ont
été privés de tous
les avantages spi-
rituels qui en dé-
coulent, et se sont
peu à peu laissé
absorber par les
boudd1istes qui
les entourent.
Ces quelques
familles sont ce-
pendant très bon·
nes et attac1ées
à leur religion.
Le P. Wilcinson
s'y est beaucoup
intéressé et a en-
trepris de les do-
ter d'une petite
église. Un des ca-
tholiques de la
localité lui donna
un terrain très
bien situé et, le
2 septembre 1890,
Mgr Bonjean bé-
nissait solennel-
lement la pre-
mière pierre de
l'édifice. Telle fut
l'ardeur avec la-
quelle on se mit au
travail que, sept
mois après l'église
de Saint-Patrice
était prête à être
livrée au culte; le
4 avril dernier, la
bénédiction solen-
nelle eut lieu et fut

BiRMANIE. _ Un AUTEL BOUDDHIQUE; d'après une p1otograp1ie envoyée·par M. LAUNAY,
des Missions Étrangères de Paris. (Voir page 468)

(Voir page 468)

l'occasion de grandes réjouissances ; quatorze missionnaires
prirent part à la cérémonie et des cat1oliques y vinrent en
grand nombre de toutes les missions voisines.
Le croquis·page 461 a été pris le jour de la fête; il donnera
au lecteur une idée exacte du genre de constructions

modèles que nous avons adopté pour nos nouvelles missions dans le diocèse de Colombo.

. Une école a été établie auprès de l'église de Molligoda, et elle est déjà fréquentée par une cinquantaine d'enfants, la plupart bouddhistes.

Bien différents de ceux d'Aruggoda, les bouddhistes de Molligoda se sont montrés très favorables à notre construction. Ils ont admiré la promptitude avec laquelle l'église a été élevée ; c'est que les Orientaux n'ont pas l'habitude de tant se presser. « Il nous faut plusieurs années », disaient-ils, pour bâtir un *pansala* (temple) ; mais, vous autres, catholiques, vous avez construit une belle église en quelques mois. » Le jour de la fête ils sont venus en bon nombre et ont rendu tous les services possibles à nos chrétiens, leur prêtant des chaises, des tables et tout ce dont ils avaient besoin, plusieurs même aidant de leurs mains à faire les décorations. Voilà qui promet bien. Daigne, pour les récompenser, le bon Dieu attirer ces pauvres infidèles dans son petit bercail de Molligoda !

* *

Encouragé par son succès, le R. P. Wilkinson se propose, avec la grâce de Dieu, de procurer la faveur inestimable d'une église à deux autres villages de sa mission, qui en sont encore privés. L'un est Maskaduwa, où cinq ou six familles catholiques sont noyées au milieu d'une nombreuse population bouddhiste; l'autre, Ihébuana, sur le Kalouganga ou Fleuve Noir, au milieu des plantations de thé, où une centaine de catholiques sont employés comme travailleurs. Un site a déjà été obtenu dans ce dernier endroit pour la future église, qui va de suite occuper l'attention du missionnaire.

Nous ne pouvons quitter la mission de Kalutara sans saluer en passant l'orphelinat de Saint-Vincent-de-Paul, établi à Maggina et destiné, selon toute apparence, à jouer un rôle considérable dans la « Lutte contre le Bouddhisme à Ceylan. » Fondée il y a trois ans seulement, cette institution abrite déjà trente-cinq enfants, nés dans l'infidélité, et aujourd'hui chrétiens. Elle est située sur un vaste terrain appartenant à la Mission, et, en dehors des leures de classes les enfants y sont formés aux travaux de l'agriculture ; le cocotier, l'aréquier, la cannelle, le coton, et autres produits du pays, y sont cultivés avec succès, et l'on a en vue, dans un avenir prochain, l'établissement à côté de la ferme d'une école industrielle, qui nous permettrait de donner un plus grand développement à cette bonne œuvre. Le R. P. Courard vient d'être nommé directeur de l'orphelinat Saint-Vincent-de-Paul ; il est en ce moment fort occupé à se bâtir une maison, car pour le présent il est sans logis. Mgr Bonjean a formé le projet de joindre à cette œuvre une école de catéchistes, dans laquelle quelques jeunes gens de choix seraient spécialement instruits des vérités de la religion et formés à la controverse ; une fois bien dressés, ils pourraient être envoyés au milieu des bouddhistes et rendre de nombreux services aux missionnaires.

(*A suivre*).

VOYAGE AU SINAI

PAR LE

R. P. Michel JULLIEN, de la Compagnie de Jésus.

Suite (1)

XIII

Les mines de turquoises de Maghârah.

Les ouvertures de mines se voient tout proche au couchant de l'ouadi, à quarante-cinq mètres d'élévation, sur la pente d'un haut rocher de grès brun.

D'après les anciennes inscriptions égyptiennes des mines, on en retirait le *mafka*, et cette substance donnait son nom au district environnant. Qu'est-ce que le mafka? Les savants ne sont pas tout à fait d'accord sur cette question. Ce serait la turquoise suivant les uns, la malacnite d'après les autres, deux pierres qui doivent au cuivre leur belle coloration en bleu et en vert; enfin quelques égyptologues voient dans le mafka le cuivre jaune lui-même. Actuellement on trouve dans ces mines des turquoises en abondance et seulement des traces de malacnite et de cuivre.

Ce qui nous intéresse plus que la signification précise du mot mafka, c'est sa ressemblance signalée par Ebers, avec le nom de Daphca, en hébreu Dophcai, de la première station des enfants d'Israël après le désert de Sin (1). Cette similitude de nom, la situation du lieu sur la route de Raphidim, à une petite journée du désert de Sin, la vaste plaine qui fait suite au ouadi Sidr, la source située à une demi-heure au bord de la plaine, l'eau que d'anciennes inscriptions supposent voisine des mines, tout cela constitue en faveur de l'opinion qui place ici la station de Daphca, un ensemble considérable de probabilités.

Mais voici qu'une douzaine de Bédouins nous entourent et s'offrent à nous accompagner aux mines. D'où viennent-ils ? Comment ont-ils appris notre présence? C'est un mystère que nous découvrirons seulement au départ, en apercevant, à une centaine de mètres d'élévation sur le penchant rapide du ouadi Sidr, la grotte enfermée où ils se tiennent observant l'entrée du ouadi Maghârah et la plaine où paissent leurs chameaux. Ce ne sont pas des Djébeliyeh ; ils appartiennent à une autre tribu, les Sawaliheh. Pourtant ils furent serviables sans importunité, de bonne humeur et si discrets dans leurs demandes que nous leur donnâmes plus qu'ils ne prétendaient. Quelle différence entre ces bonnes gens et les rusés et importuns Bédouins des grandes pyramides de Gizeh, bien plus proches cependant du monde civilisé !

On monte sans trop de peine à travers des débris de rochers jusqu'à une sorte de chemin de service, en grande partie éboulé et à peu près horizontal, qui passe devant les principales ouvertures des galeries ou mines. Celles-ci sont de grandes salles assez basses, creusées les unes à la suite des autres dans le grès brun. De gros piliers, ménagés dans la roche, soutiennent le plafond.

(1) Voir les *Missions Catholiques* des 7, 14, 21, 28 août, 4, 11 et 18 septembre, et la carte, p. 417.

(1) Nomb., XXXIII, 3

Partout on distingue fort nettement les coups de ciseaux les mineurs ; çà et là on reconnaît à la fumée les endroits où ils pendaient leurs lampes. Il n'est pas très difficile de trouver encore dans les rochers quelques crétives turquoises et de les arracher à la pointe du couteau. Elles ont du plus beau bleu ; mais, exposées à l'air et à l'humidité, elles pâlissent peu à peu, prennent une teinte verlâtre ; aussi la turquoise sinaïtique a-t-elle peu de valeur. Pour avoir ignoré ce défaut, le major Macdonald s'est ruiné dans l'exploitation de la mine.

C'est au-dehors des galeries, sur les rochers qui bordent le chemin de service, qu'est le plus grand intérêt. Les Egyptiens y ont écrit l'histoire et les coutumes de leur occupation en vingt-quatre tableaux ou inscriptions, à peine effleurés par les siècles nombreux qui ont passé sur leurs délicats contours. Ces premiers maîtres dans l'art d'écrire sur la pierre pour les siècles à venir, eurent soin de placer le plus grand nombre de leurs tableaux sur des surfaces verticales, à l'abri du vent d'ouest, principal agent extérieur de destruction dans ces contrées, par l'érosion des sables du désert qu'il projette.

La plus ancienne de ces sculptures, faite il y a cinq mille ans, selon les égyptologues qui reculent le moins les dates des anciennes dynasties, représente Snefrou ou Soris, le prédécesseur du piaraon de la grande pyramide, Chéops ; il tient par les cheveux un Mnat, pasteur de l'est, à genoux devant lui et va le frapper de sa hache. Non loin de là, Chéops terrasse un ennemi asiatique en présence du dieu Toth à la tête d'Ibis. D'autres inscriptions, postérieures à celles-ci, parlent encore de victoires remportées sur les pasteurs ou Menti, de commissions royales envoyées pour explorer le pays avec gouverneur, capitaine des troupes, surintendant des transports, scribe sacré, inspecteurs. Il est question d'une expédition de sept cent trente-quatre hommes sous la conduite d'un fonctionnaire civil et religieux, qui doit s'emparer du mafka et du cuivre (ou du fer) de la contrée. Quand il s'agit d'envois de troupes ou de travailleurs pour les mines, le capitaine du vaisseau est toujours mentionné, sauf une seule fois ; les communications avec l'Egypte avaient donc lieu le plus souvent par voie de mer.

Un grand tableau montre le représentant du roi de la haute et de la basse Egypte, assistant avec plusieurs autres personnages à l'ouverture solennelle d'une nouvelle mine ; dans ses mains sont les insignes usités en pareilles cérémonies, la corde, le marteau et le ciseau. Sur une autre sculpture, moins soignée, sans caractère officiel, représentant une famille de mineurs, on remarque une figure de ciseau en queue d'aronde, qui répond parfaitement aux traces laissées par les instruments de travail dans les parois des galeries.

Le dernier monument dans l'ordre des temps est un stèle du temps de Ramsès II, l'oppresseur des Hébreux, le père du piaraon de l'Exode.

Les enfants d'Israël durent jeter en passant un regard de mépris ou d'indifférence sur ces monuments des persécuteurs de leurs pères ; mais, plus sages que bien des vainqueurs de notre siècle, ils ne se livrèrent à aucune vengeance inutile sur les figures de leurs ennemis.

Un explorateur français, M. Lottin de Laval, et plusieurs autres voyageurs ont inscrit leurs noms et la date de leur visite à côté des cartouches des pharaons. C'était leur goût : ce n'est pas celui de tout le monde.

De la série des monuments ressort l'histoire. Snefrou, premier pharaon de la IVᵉ dynastie, ouvrit les mines, après s'être emparé du district sur ces pasteurs du An, dont la Bible nous raconte qu'ils étaient en abomination auprès des Egyptiens (1).

L'exploitation fut plusieurs fois interrompue, notamment de la Vᵉ à la XIIᵉ dynastie pendant quatre cent cinquante ans, et durant tout le temps de la domination des rois Pasteurs ou Hycsos ; elle fut définitivement abandonnée sous Ramsès II. Ainsi Moïse n'eut pas à craindre de rencontrer les Egyptiens à Daphca ; ils avaient quitté ces lieux plusieurs années avant l'Exode. Déjà au temps d'Amménemhât II, troisième roi de la XIIᵉ dynastie, le mafka commençant à s'épuiser, le pharaon avait fait ouvrir de nouvelles mines dans les montagnes de grès de Sarbout el-Khadim, situées à dix-huit kilomètres nord-est de Maghara, et créé un second district minier, plus étendu et plus riche. Nous le visiterons au retour.

En face des mines, de l'autre côté de la vallée, sur un monticule isolé aux pentes rapides, sont les ruines à peine reconnaissables des logements des ouvriers, et au sommet, celles du fortin occupé par la garnison. On y a trouvé beaucoup d'instruments de silex, couteaux, ciseaux, fers de flèche et de lance, qui témoignent de la rareté du fer à l'époque de l'exploitation, sans cependant nous faire croire que les galeries de mines aient été creusées avec de si faibles instruments ; ils ont pu tout au plus servir à graver les tableaux et les inscriptions. Ne sait-on pas d'ailleurs que des instruments de fer furent employés pour la construction des grandes pyramides ?

De la forteresse on descend par un ancien chemin, à l'est, dans la petite vallée où le major Macdonald s'est construit une maison presque confortable. Quel singulier effet font là ces murailles au mortier blanc, ces portes et fenêtres en menuiserie, ces vitres surtout, toutes choses d'un autre monde, qui ici ne cadrent avec rien ! Depuis plus de vingt ans, la clef n'a pas tourné dans la serrure ; cependant tout est intact, propre comme la maison de campagne d'un honnête bourgeois. A travers les vitres se laissent voir des ustensiles de ménage qui pourront rester là quelques siècles et acquérir une valeur d'antiques. Nous savions déjà que le temps ne gâte rien au désert ; mais nous ne pouvions pas supposer que la probité des habitants allât jusqu'à respecter à ce point tout ce qui ne leur appartient pas, lors même que ce n'est à personne ; car bien certainement il n'est venu ici aucun huissier faire saisie de la maison au profit des créanciers du major.

Avant de poursuivre notre route, nous nous mettons à parcourir les plis de terrain du voisinage, pour y découvrir quelque amas de scories qui nous aurait renseigné sur la nature du minéral exploité dans ces mines. Ce fut en vain. Il nous faut admettre que, si l'on en retirait un minerai, il n'était pas traité sur place. A Sarbout el-Khadim seulement nous trouverons des scories de cuivre et de fer.

(1) Ex., XLVI, 43.

XIV

Le ouadi Mokatteb et les inscriptions sinaïtiques.

Continuant à suivre la route du peuple d'Israël, nous marchons quelques instants à l'est dans le ouadi Sidr, puis, inclinant vers le sud, nous arrivons à une magnifique plaine, longue de douze kilomètres, large de quatre, qui s'étend au midi entre deux belles lignes de rociers, magnifique place de campement pour les voyageurs et les nomades de la contrée. Le djébel Nebba, la montagne de la source, située au levant de la plaine, fournit de l'eau ; de nombreux *acacias Seyal*, bel arbre biblique dont nous parlerons, offrent l'ombrage et le combustible ; des herbes, plus serrées que dans la plupart des ouadis de la péninsule, présentent une nourriture relativement abondante pour les troupeaux et pour les bêtes de somme ; les rociers à pic de grès rouge qui bordent la plaine au couciant le long du ciemin, sont un abri contre le vent d'ouest et le soleil du soir. Tel apparaît d'abord le ouadi Mokatteb, la vallée écrite.

Elle mérite bien ce nom ; les parois de rocier à portée de la main, les blocs de grès tombés de la montagne, y sont couverts d'inscriptions singulières, tracées sans ordre sur la surface brute de la pierre, dans une langue inconnue, avec des caractères qui ressemblent de loin à l'hébreu et au coufique ou ancien arabe, et ne sont ni l'un ni l'autre. Bien que la langue paraisse généralement la même, les caractères présentent des aspects très variés ; dans une inscription ils sont isolés et de forme carrée, dans l'autre, ils sont liés et presque cursifs. Leurs traits, larges comme le petit doigt, se distinguent bien plus par leur couleur blanciâtre ressortant sur le rouge même du rocier que par leur creux, presque insensible ; ils paraissent faits en martelant le roc avec une pointe de pierre dure. Aux inscriptions sont mêlées des croix de toutes formes, souvent fourciues, des figures d'iommes et d'animaux, de cievaux, de chameaux, de bouquetins, d'autruches, semblables à des griffonnages enfantins. D'ailleurs, les jambages oscillants des lettres, les lignes ondulées ou inclinées des mots accusent peu d'habileté ou d'application ciez les ouvriers qui les ont tracés. Ce sont là les inscriptions sinaïtiques, dont on a tant parlé depuis plus d'un demi-siècle, qui sont encore pour les orientalistes un ciamp d'études en partie inexploré.

Nous rencontrerons de ces inscriptions sur tout le parcours de la route qu'il nous reste à faire dans le massif montagneux ; mais nulle part nous ne les verrons en si grand nombre qu'au ouadi Mokatteb. Elles abondent surtout au couciant de la vallée sur les faces de rociers à l'abri de la pluie chassée par le vent d'ouest. Notre sentier, qui suit ces rociers dans toute la longueur du ouadi, nous en fait passer en revue d'interminables séries.

L'interprétation de ces mystérieuses écritures a été, vers 1850, l'objet d'une retentissante mystification.

Un marciand d'Alexandrie nommé Cosmas et surnommé Indicopleustes pour ses voyages aux Indes, dans un livre curieux et original, qu'il écrivit vers l'an 535, après s'être fait moine (1), parlant des inscriptions du ouadi Mokatteb, dit qu'elles sont l'œuvre des enfants d'Israël, leurs exercices d'écriture pour apprendre à former les lettres que Dieu leur avait apprises au Sinaï, leur donnant les tables de la loi pour modèles. Le Seigneur se servit ainsi de la solitude, dit-il, comme d'une école tranquille et leur fit graver des caractères pendant quarante ans. Arrivés dans la terre promise, ils apprirent les caractères aux Piéniciens leurs voisins, ceux-ci les enseignèrent aux Grecs et les Grecs au reste du monde.

L'ouvrage de Cosmas, publié en 1707 par le savant bénédictin Montfaucon, (2) attira l'attention des savants sur les inscriptions du Sinaï. Impatient de vérifier des assertions aussi extraordinaires, un évêque anglican, Clayton, vers 1750, offrit douze mille cinq cents francs à la Société des antiquaires de Londres pour le savant qu'elle enverrait prendre copie des inscriptions. En 1840, le professeur Beer, de Berlin, réussit à retrouver l'alpiabet sinaïtique, sauf une lettre pour laquelle il fit erreur, et donna quelques traductions révélant tout autre ciose qu'une origine iébraïque.

* *

Cependant le monde savant iésitait encore à se prononcer, quand un ministre anglican, connu favorablement des orientalistes, Ciarles Forster, publia son livre « *La voix d'Israël des rociers du Sinaï* » (1851), où il reprend avec enthousiasme les explications de Cosmas, les appuie de nombreuses traductions, les confirme par d'étranges observations, sans avoir jamais visité lui-même le Sinaï.

A ses yeux les montagnes sinaïtiques sont de majestueuses colonnes dressées dans le désert, sur lesquelles les enfants d'Israël ont écrit le journal de leur voyage de quarante ans, et ont consigné les faits miraculeux dont ils furent témoins, fidèles à la recommandation si souvent répétée dans le Pentateuque, de conserver précieusement le souvenir des miracles faits en leur faveur et de le transmettre aux générations futures.

Les inscriptions sinaïtiques, dit-il, sont les arcives autographes d'Israël dans le désert. Vingt-iuit se rapportent au passage de la mer Rouge, etc., d'autres parlent du passage des cailles, qu'il pense être des oies, de la défaite des Amalécites par Josué à Raphidim.

Les noms de Moïse et de Jéhovai s'y trouvent en toutes lettres. Ces inscriptions, d'après lui, sont placées à des iauteurs inaccessibles, où l'on ne peut atteindre qu'à l'aide d'échafaudages et d'instruments dont ne sont point pourvus des voyageurs ordinaires ou de simples pèlerins ; plusieurs d'entre elles sont de si grande dimension, que pour les graver il a fallu un travail immense et de longue durée, qu'un grand peuple séjournant dans le désert a pu seul fournir. Ce peuple est Israël. Lui seul a pu avec l'assistance divine vivre assez longtemps dans ces solitudes iniospitalières pour exécuter ces prodigieux ouvrages.

L'impression produite par le livre de Forster fut immense dans le public incapable de discuter la valeur des argu-

(1) *Topographia Christiana*, L. V., Migne, *Patr. gr.*, T. LXXXVIII, loc 218.
(2) *Collectio nova Pattum et Scriptorum graecorum*, T. 2.

ments philologiques de l'auteur et l'exactitude des faits cités à l'appui. On se crut un instant en possession de la plus belle, de la plus étonnante des découvertes archéologiques et bibliques des siècles modernes. Je me souviens d'un ingénieur qui, dans son enthousiasme, se mit à dresser les plans d'échafaudages faciles à transporter sur les chameaux, aisés à mouvoir et qui permettraient de monter à une centaine de mètres contre les rochers à pic, afin d'y estamper les inscriptions.

.**.

Aujourd'hui les rapports consciencieux de nombreux voyageurs, les patientes études de plusieurs orientalistes ont dévoilé au public les erreurs de Forster et enlevé tout crédit à son livre.

Ses erreurs sont si manifestes qu'en visitant les inscriptions du ouadi Mokatteb, on s'étonne qu'un homme instruit se soit laissé emporter si loin de la vérité par son enthousiasme pour une idée préconçue, et qu'un public sérieux ait été durant plusieurs années victime d'une si évidente mystification.

La plus grande partie des inscriptions sont tracées sur les blocs de rochers tombés de la montagne le long du chemin; les autres se trouvent sur les parois verticales des plus basses terrasses formées par les couches de grès de la montagne, et sont généralement à la portée de la main; d'autres sont à une hauteur de deux ou trois mètres que l'on atteint aisément en s'élevant sur les blocs tombés ou sur les gradins des parois. Un fort petit nombre sont plus élevées et toujours accessibles par quelque corniche du rocher. Si l'une ou l'autre est aujourd'hui hors de portée, c'est que la corniche qui y donnait accès est tombée; on en voit les débris sur le sol.

Les caractères ont rarement plus de sept à onze centimètres de hauteur et ne dépassent jamais un pied. Quelques instants d'arrêt ont pu suffire à des voyageurs pour les graver sur le grès tendre, pour les marteler sur le dur gneiss, où elles ressortent admirablement en une teinte blanche sur la patine couleur de rouille qui couvre la terre. Seules, quelques inscriptions du ouadi Igne, gravées avec soin sur la roche dure, ont exigé plus de temps et plus d'habileté.

Loin d'être confinées sur la route du peuple hébreu, elles se rencontrent dans tout le massif des montagnes sinaïtiques, au nord-est de la péninsule, aux environs de Petra et jusque dans le Hauran. Wilkinson affirme même en avoir rencontré sur la rive égyptienne de la mer Rouge, plus bas que la pointe de Ras Mohammed. C'est principalement dans les lieux favorables au campement, proche des sources, qu'elles abondent; mais on en voit dans des ravins sauvages aux environs du Sinaï et même sur les sommets presque inaccessibles du Serbal et du Oumm-Zouhéter, entre le Serbal et le Sinaï.

Quant aux interprétations de Forster, elles sont de pure fantaisie. Le beau travail du duc de Luynes sur les monnaies des Nabatéens, les savantes études de Lévy de Breslau, et surtout les recherches du professeur E. H. Palmer, qui, à la suite de l'expédition anglaise, rapporta trois mille inscriptions, dont douze bilingues en sinaïtique et

en grec écrites de la même main, ont définitivement fixé l'opinion sur l'origine de ces inscriptions. Pour la plupart, elles sont l'œuvre de marchands et de voyageurs Nabatéens qui fréquentaient les routes de la péninsule pour le commerce dont leur nation eut quelque temps comme le monopole entre l'Asie et l'Afrique. D'autres sont écrites par des pèlerins se rendant à la montagne sainte.

Les inscriptions dans cette langue sémitique voisine de l'araméen, qu'on est convenu d'appeler langue sinaïtique, sont les plus nombreuses; elles contiennent toutes quelque nom propre, généralement païen, et disent simplement : « N. a passé ici ; que la paix soit sur lui. » — « Que Allah se souvienne de N. » — « Béni soit N., fils de M. » — « Qu'on se souvienne en bien de M., fils de M. »

Il s'agit toujours de personnages tout à fait inconnu dont les noms correspondent assez bien à ceux qui sont encore en usage chez les Djébeliyeh; mais le nom de Mouça, si commun parmi ces Bédouins, ne s'y rencontre pas.

Les croix, les lettres A Ω accompagnant la croix, le P barré formant le monogramme du Christ et autres signes chrétiens, mêlés aux caractères sinaïtiques, furent probablement ajoutés par les pèlerins qui ont gravé les mêmes signes sur leur propre inscription grec et copte. Du moins, n'a-t-on pas trouvé jusqu'ici d'inscription en langue sinaïtique qui soit sûrement chrétienne.

.**.

Ce sont donc des écritures privées, des graffiti de voyageurs, tracés pour rappeler leur passage, sur les rochers auprès desquels ils ont campé, comme les noms fort récents qu'on rencontre écrits sur les murs des hôtelleries en tout pays d'Europe. Toute leur valeur historique est de faire revivre le souvenir du peuple Nabatéen, qui brilla comme un météore deux ou trois siècles avant notre ère. et s'éteignit au second siècle, absorbé dans l'empire romain, sans avoir laissé d'autres traces de son opulence que les splendides ruines de Pétra, sa capitale, la fin connue que ses guerres contre l'un des successeurs d'Alexandre, les Juifs et les Romains et ses alliances avec les Macchabées [1].

On pense qu'il faut les rapporter à une période embrassant les deux siècles qui précédèrent le commencement de l'ère chrétienne et les deux siècles qui la suivirent. La découverte du *Pèlerinage de Sainte Silvie* semble confirmer cette opinion en nous apprenant que de son temps, à la fin du quatrième siècle, les inscriptions sinaïtiques n'étaient déjà plus comprises des habitants du pays. « Là où s'ouvrent les montagnes, lit-on dans une partie de son récit transmise par Pierre Diacre, est une vallée large de six mille pas et notablement plus longue. Toutes les montagnes d'alentour ont été creusées, et ces grottes sont telles qu'avec des tentures vous en feriez de fort belles chambres. Chaque salle est couverte de lettres hébraïques. » L'illustre pèlerine mêle peut-être dans ses souvenirs les excavations minières de Maghârah aux inscriptions de la vallée voisine ; mais assurément la vallée dont elle parle est le ouadi Mokatteb,

(1) I Mac., V, 25 ; IX, 35.

seule plaine dans toute cette région dont la largeur approche de six mille pas.

Parmi les inscriptions en autres langues, copte, grecque, latine, les unes sont évidemment contemporaines des premières, les autres datent probablement des deux ou trois siècles suivants. Elles portent généralement des signes et des noms chrétiens, et reproduisent à peu près les mêmes formules que les inscriptions de langue sinaïtique. A la suite de l'inscription d'un diacre Job, un soldat peu ami des chrétiens a écrit en grec : « Méchante race que celle-là. Moi, Lupos, ai tout écrit de ma main ». Ailleurs on lit en latin : « Cessent Syriante Latinos Romanos ; que les Syriens se retirent devant les Latins de Rome. »

.*.

Si l'archéologie moderne n'a pas eu la bonne fortune et la gloire de lire l'histoire des enfants d'Israël écrite de leurs mains sur les rochers du désert, nous ne lui sommes pas moins reconnaissants d'avoir fait disparaître la fausse auréole qui entoura quelque temps les mystérieuses inscriptions sinaïtiques, que d'avoir lu dans les hiéroglyphes de Karnac : « Sésac a vaincu Roboam, » et sur les documents cunéiformes d'Assyrie : « Sennachérib a assiégé Ezéchias dans Jérusalem » [1]. Le récit de Moïse n'a pas besoin d'être confirmé par une écriture humaine. Son éclatante confirmation n'est-elle pas écrite des mains du Créateur dans les montagnes, les vallées, les eaux, les plantes, toute la nature, du pays que nous visitons ?

(A suivre).

VARIÉTÉS

EN BIRMANIE

PAGODES, STATUES ET MONASTÈRES.

De toutes les contrées qui pratiquent le bouddhisme, il en est peu qui possèdent un plus grand nombre de temples, de statues et de monastères que la Birmanie.

Très simples à l'origine de la religion bouddhique (voir la gravure p. 462), les temples augmentèrent rapidement en importance et en richesse. On peut se faire une idée de leur ornementation extérieure par la gravure que nous reproduisons page 457. Ces pagodes sont le plus ordinairement en bois, de forme oblongue, et portées à huit ou dix pieds du sol sur des piliers de bois, plus rarement de pierre ou de briques. Les toits, succédant aux toits, s'étagent toujours plus petits les uns que les autres afin de donner au monument cette forme pyramidale chère aux artistes du pays.

Dans ces temples s'enferment de nombreuses statues de Bouddha assises sur un socle de bois ou de [marbre ou sur une fleur de lotus. Ces statues, parfois énormes, sont les unes peintes ou dorées, les autres revêtues d'étoffes de soie et abritées sous des parasols : à côté d'elles se dressent d'autres statues d'albâtre ou de bois généralement debout, le chapeau en forme de mitre sur la tête, habillées

(1) Vigouroux : La Bible et les découvertes modernes.

de riches vêtements brodés et ornés de verroterie multicolore (voir la gravure p. 463). Dans chaque temple existe un tronc très haut et très large pour recevoir les aumônes des fidèles.

Les monastères qui sont autour de ces pagodes sont bâtis dans le même style que les temples. On y entre par un escalier monumental que décorent, au niveau du sol, des griffons ou des dragons de forme fantastique, et on pénètre dans une vaste salle qui sert de parloir et de salle de classe. Au fond s'élève une sorte d'estrade dont une partie est réservée aux Rahan parfaits. On y reçoit des visites ; de l'autre côté, avec les images de Gautama (Bouddha) sont rangés un certain nombre de coffres et de boîtes délicatement sculptées et ornés de nacre, ainsi que les quelques livres qui composent la bibliothèque de l'établissement. C'est derrière cette salle que sont placés les dortoirs, les réfectoires et les autres dépendances qui constituent le monastère.

DONS

Pour l'Œuvre de la Propagation de la Foi

ÉDITION FRANÇAISE.

Anonyme (1er envoi)...	23.564 85
M. Viot, de Brie, diocèse de Soissons	100
Anonyme du diocèse de Lyon......................................	10
Mme Jourdier, au diocèse d'Autun...............................	64
Pour les missions les plus nécessiteuses (Mgr Laouënan).	
M. Jean Hurabielle, à Alger.....................................	2 65
Un abonné de Toulouse avec demande de prières..............	20
Pour les affamés de l'Inde (Mgr Laouënan).	
Mlle Marie Ussou, du diocèse de Montpellier...................	10
M. Dumas, de Gallan, Tours......................................	20
A M. Eugène Verchery, missionnaire à Polur (Pondichéry).	
M. Martinet, curé de Vernay, diocèse de Lyon.................	20
Au R. P. Dabin, pour les affamés du Laos Siamois,	
Anonyme de Grenoble, avec demande de prières.........	20
Au Supérieur de la mission de Lambaréné, pour rachat d'esclaves.	
Anonyme de Houilles, diocèse de Versailles, demande de prières.	5
Pour rachat d'enfants (Mgr Carrie).	
Anonyme de Montauban	25
A Mgr Augouard, pour le baptême d'un petit sauvage sous les noms de Laurent-Joseph.	
M. Brandicourt, à Amiens,.......................................	5
A Mgr Carrie, pour un missionnaire dans une colonie française ou un pays de protectorat français.	
M. S..., abonné du diocèse de Blois.............................	30
Au R. P. Gommenginger, au Kilima-Ndjaro, pour le baptême d'un enfant sous le nom de Philomène.	
Anonyme du diocèse de Strasbourg..............................	23 50

(La suite des dons prochainement).

TH. MOREL, *Directeur-gérant.*

Lyon. — Imprimerie MOUGIN-RUSAND, rue Stella. 3.

MEXIQUE. — *Presa de la Olla*, PROMENADE PUBLIQUE DE GUANAJUATO ; d'après une photographie envoyé par le R. P. TERRIEN.
(Voir page 472).

NOS DÉLÉGUÉS AU MEXIQUE

Nos lecteurs, nous le savons, ont suivi avec intérêt les travaux de nos chers délégués au Mexique. Voici une nouvelle lettre du R. P. Terrien, elle montre une fois de plus que Dieu accompagne leur mission et la rend féconde pour l'Œuvre de la Propagation de la Foi.

LETTRE DU R. P. TERRIEN A MESSIEURS LES DIRECTEURS DES CONSEILS CENTRAUX DE L'ŒUVRE DE LA PROPAGATION DE LA FOI.

Me voici de retour à la capitale, après quatre mois d'absence passés dans l'intérieur du Mexique ; dans quelques jours je repartirai pour l'Etat de S. Luis de Potosi.

En quittant Mexico au commencement d'avril, mes confrères et moi, nous nous dirigeâmes sur Queretaro, capitale de l'Etat du même nom. C'est une ville épiscopale, de quarante mille habitants, à deux cent quarante-six kilomètres N. O. de la capitale de la République et à mille neuf cent quarante mètres au-dessus du niveau de la mer ; ses rues sont propres et suffisamment larges.

Les principales églises sont : la Cathédrale, la petite Basilique de Notre-Dame de Guadalupe, Sainte-Claire, Saint-Augustin et Sainte-Thérèse. Ses nombreuses places publiques, qui sont autant de jardins aux mille plantes et arbres exotiques, charment par leur verdure et leur parfum. Parmi les promenades attrayantes que cette ville offre à ses habitants, la plus belle sans contredit est celle de la Cànada, de deux lieues d'étendue, sur le parcours de laquelle on rencontre trois magnifiques fabriques de tissus, de coton et de laine ; elle se termine par des bains splendides d'eaux thermales.

Queretaro est surtout une ville essentiellement catholique, elle se distingue par ses sentiments de piété, de charité et de générosité. Les Protestants, qui ont essayé de s'y installer, ont perdu leur temps et leur argent ; ils y auraient même perdu la vie, sans l'esprit de tolérance et de modération qui anime tout bon catholique. Mais, en vérité, qu'allaient faire les Protestants au milieu de cette excellente population ? Pourquoi allaient-ils froisser, par leurs fausses doctrines, un peuple foncièrement religieux et d'une foi inébranlable ? En effet, la nation mexicaine est avant tout catholique, et jamais elle ne se laissera conquérir ni dominer par l'erreur !

Nous avons déjà eu la consolation de vous faire connaître l'accueil sympathique et cordial qui nous a été fait à Queretaro, et votre journal Les Missions catholiques, toujours prêt à nous faire plaisir et à nous rendre service, s'est plu à en relater les détails. Vous savez donc que notre chère Œuvre, déjà connue, a été acceptée et organisée avec un enthousiasme religieux. Riches, pauvres, femmes, hommes et enfants, tous ont voulu s'inscrire dans la glorieuse croisade de la Propagation de la Foi. Ainsi nous avons le bonheur de recueillir les fruits de la précieuse semence jetée dans le cœur des fidèles par le deuxième évêque de cette ville, Mgr D. Ramon Camacho, et entretenue si pieusement par son zélé successeur, qui est en même temps son digne frère, Mgr Raphaël Camacho. Oh ! nous n'oublierons jamais son accueil sympathique et nous nous rappellerons toujours avec gratitude les profondes et saintes paroles que Sa Grandeur nous a adressées à diverses reprises :

« Oh ! oui, nous répétait ce prélat, l'Œuvre de la Propagation de la Foi est bien l'Œuvre des Œuvres, comme le dit le Vicaire de Jésus-Christ. C'est sur cette Œuvre divine et sublime que nous devons construire toutes nos autres œuvres et associations ; elle est la base de l'édifice que tout chrétien doit élever en l'honneur de Dieu. En nous associant à cette magnanime entreprise qui est la continuation de celle du Christ, nous prouverons sincèrement et pratiquement notre amour à Dieu, qui en retour nous conservera le bienfait de la Foi et nous accordera la grâce des grâces, une sainte mort... »

Aussi Mgr Camacho, qui, en 1889, avait déjà, dans une Lettre pastorale, daigné recommander l'Œuvre de la Propagation de la Foi, s'empressa-t-il d'adresser un nouvel appel à tous les fidèles, les encourageant à s'inscrire dans cette noble association ? L'excellent peuple de Queretaro, prêtres et fidèles sans exception, ont répondu avec empressement au bien-aimé pasteur. En moins de quatre semaines, nous avions déjà plus de quatre mille associés et un bon nombre de bienfaiteurs insignes parmi les principales familles de la pieuse cité. Tous ont rivalisé de zèle, d'abnégation et de sacrifices en faveur des pauvres infidèles, et là, comme ailleurs, nous avons été témoins d'actes héroïques de charité.

Pendant notre séjour à Queretaro, nous avons reçu la plus cordiale hospitalité au lycée catholique, dont le supérieur est le zélé et intelligent chanoine D. Juan Gonzalez, qui est aussi le digne président du Comité de l'Œuvre de la Propagation de la Foi. Il me serait difficile de vous relater les attentions délicates qui nous ont été prodiguées par ce saint prêtre. Non seulement il a facilité notre mission; mais il allait au-devant de nos désirs, et, pour nous faire plaisir, il n'a rien épargné. Les professeurs du collège imitaient leur supérieur et nous comblaient des mêmes attentions. Toute la population

semblait être d'accord pour nous entourer de la plus vive sympathie. Aussi, nous le répétons, jamais nous n'oublierons les habitants de Queretaro, et, tous les jours, nous prierons Dieu de les bénir de plus en plus.

.·.

Je ne puis quitter Queretaro sans vous dire un mot du Cerro de la Campanas où se consomma le terrible drame qui mit fin à l'empire du Mexique. En effet, c'est là que fut fusillé le pauvre Maximilien d'Autriche avec ses deux fidèles généraux, Miramon et Mejia, le 19 juin 1866. Tous les trois, la face tournée vers la ville, moururent comme des braves et en bons chrétiens, s'étant préalablement confessés et ayant reçu dans leurs cœurs le Dieu des forts. Maximilien, en voyant l'escorte des soldats qui devaient le fusiller, eut le courage et la grandeur d'âme de leur faire remettre à chacun une once d'or (100 francs), les priant de ne pas le blesser à la figure, mais de le viser en pleine poitrine.

En considérant les trois colonnes qui ont été élevées sur l'emplacement même où ils sont tombés, et en contemplant de ce cerro a jamais célèbre le panorama enchanteur, bien des réflexions se présentaient à mon esprit: l'intervention française, nos milliers de soldats sacrifiés pour une cause qui ne devait pas subsister, l'impératrice Charlotte, le maréchal Bazaine, les destinées des empires. Je pensais aussi à la responsabilité de ceux qui gouvernent, et qui, aveuglés, sacrifient trop souvent à leurs projets toujours courts par quelque endroit, comme dit Bossuet, la vie des hommes qui leur sont prêtés, les laissant mourir sans aucune gloire pour Dieu et pour la patrie !

.·.

Le Père Boutry et moi, nous allâmes passer une semaine à S. Juan del Rio, ville de huit à dix mille habitants, à une heure de chemin de fer de Queretaro. Grâce au zèle du curé de cette belle paroisse, et aussi à l'esprit de foi de la population, nous pûmes facilement organiser notre Œuvre avec deux mille associés, et nous eûmes aussi la consolation de recevoir des marques de sympathie des principales familles de cette ville.

Nous revînmes à Queretaro, bénissant la Providence qui avait daigné nous accorder un résultat au-dessus de nos espérances ! Nous achevâmes notre travail et le 22 mai, mes deux confrères et moi, nous dîmes adieu, le cœur plein de reconnaissance, à cette catholique cité.

.·.

De l'État de Queretaro nous passâmes à celui de Guanajuato. A la station Irapuato, nous nous séparâmes, mes confrères et moi, eux pour suivre leur nouvel itinéraire en commençant par la paroisse de la Piedad (État de Michoacan), moi, pour me diriger sur Léon.

Léon de los Aldamas est une ville de soixante mille habitants, à cinquante-cinq kilomètres ouest de Guanajuato. L'Œuvre de la Propagation de la Foi existe à Léon depuis le mois de septembre 1889, époque à laquelle elle fut canoniquement organisée et, par ordre de Sa Grandeur Mgr l'évêque, placée sous la direction de Dom Pedro Gacna. Ce pieux chanoine, connaissant mon arrivée, vint à ma rencontre jusqu'à la station de Silao, ville à une heure de chemin de fer de Léon. Cette agréable surprise me dédommagea de la tristesse que m'avait occasionnée la séparation de mes confrères, et m'inspira courage et confiance en me faisant supposer que notre chère Œuvre serait bien acceptée. Je ne me trompais pas. Je reçus l'hospitalité au séminaire, où je fus accueilli à bras ouverts par l'aimable supérieur, le chanoine prébendé D. Andrés Segura. Je fus immédiatement mis à l'aise par la bonté du supérieur. Dans ma cellule, je me reposai des fatigues et des émotions de la journée.

Le lendemain matin, à sept heures, j'allai présenter mes hommages à Mgr D. Thomas Baron y Morales, évêque de Léon. Sa Grandeur me reçut le sourire sur les lèvres, avec une exquise amabilité. Ce saint prélat me reconnut tout de suite, car à Mexico, en 1889, j'avais déjà eu l'honneur d'être favorisé par lui d'une audience à l'occasion des noces d'or de Mgr Labastida. Aussi, je n'eus besoin de donner aucune explication sur l'Œuvre, l'intelligent évêque était au courant de tout, et il s'empressa de m'accorder tous les pouvoirs et facultés nécessaires pour remplir dignement ma mission, ajoutant que, de son côté, il ferait son possible pour m'aider à réussir. Il tint sa promesse. En effet, quelques jours après, outre une lettre particulière de recommandation qu'il me donna, Mgr Baron faisait adresser un mandement à tous ses diocésains leur recommandant de la manière la plus chaleureuse l'Œuvre de la Propagation de la Foi. Je n'ai donc à exprimer à Sa Grandeur que des remerciements, qui, hélas ! sont bien humbles en face du service immense rendu à notre Œuvre.

Travaillant sous la puissante protection de Monseigneur, je ne pouvais pas ne pas réussir. Aussi notre appel fut reçu avec enthousiasme, et pendant les quatre semaines de mon séjour à Léon, toutes nos matinées furent employées à prendre les noms des nouveaux associés et à former les dizaines. Plus de trois mille personnes vinrent se faire inscrire.

Mes soirées se passaient à faire des visites aux familles plus aisées, auxquelles j'ai l'habitude de demander un secours extraordinaire. Dans ce genre de travail, le résultat fut bien supérieur à celui que l'on pouvait espérer ; car, je dois le dire à l'honneur des habitants de Léon, la population est essentiellement charitable, quoique pauvre, surtout depuis la terrible inondation qui eut lieu les 18 et 19 juin 1888. En quelques heures, presque la moitié de la ville fut détruite et 5 ou 600 habitants périrent noyés ou engloutis sous les décombres des maisons qui s'effondraient. Depuis ce grand malheur,

Léon a végété, sa population a diminué, et elle n'a pu encore se relever complètement de ses ruines. Mais, devant cette catastrophe, sa foi n'a pas chancelé, Léon a conservé sa piété, sa charité et sa générosité, et elle a su prouver à Dieu son amour et son dévouement, en donnant avec joie pour la Propagation de la Foi. Ah ! Dieu saura bien récompenser un jour ces bons chrétiens, et Notre-Dame de la Luz, la Patronne miraculeuse de leur ville, leur conservera le bienfait de la foi en retour de leur désir de la propager au milieu des peuples infidèles.

A Léon, comme à Queretaro, le haut clergé m'a puissamment aidé dans la tâche difficile que j'avais à remplir ; le *Pueblo Catolico*, journal hebdomadaire, supérieurement rédigé par M. le chanoine Velasquez, se mit à ma disposition et me facilita le travail. Enfin, je formai un Comité composé d'ecclésiastiques et de séculiers, qui fut canoniquement installé par Mgr l'Evêque.

Dans cette première réunion, Sa Grandeur, inspirée par son amour pour le salut des âmes, adressa quelques paroles d'édification aux membres du Comité, leur enseignant leurs obligations par rapport à l'Œuvre qui, grâce à leur zèle, ira toujours en augmentant, et sera assurément une source de bénédictions pour la Nation mexicaine, pour son diocèse et pour eux-mêmes.

.*.

De Léon je me dirigeai sur Guanajuato, capitale de l'Etat, à 496 kil. de Mexico et à 1,834 m. au dessus du niveau de la mer. Guanajuato est une ville de 73,000 habitants, y compris les travailleurs des mines. Elle est située dans une profonde et étroite vallée, entourée de montagnes qui contiennent les mines d'argent les plus riches du monde. Sa position pittoresque lui donne un aspect vraiment extraordinaire et original ; la plupart des rues sont étroites et irrégulières et ne permettent pas la circulation des voitures.

A force de travaux gigantesques et coûteux on est arrivé, en certains endroits, à abaisser le niveau de la partie supérieure des collines et à élever la partie basse ; on a détruit une quantité de maisons qui rétrécissaient les rues, on a construit sur les cours d'eau qui serpentent à travers la ville, de nombreux ponts aux dimensions énormes.

Il y a un bon nombre d'édifices grandioses, de temples magnifiques, des promenades, des jardins délicieux, qui ont été souvent comparés, à cause de leur singulière situation, aux jardins suspendus de Sémiramis à Babylone. La plupart des maisons du centre de la ville sont de deux et trois étages, et leur belle apparence les ferait volontiers appeler des palais.

La vue du touriste est vraiment satisfaite en contemplant, d'une des nombreuses collines qui l'entourent, le panorama de la ville. Cette masse d'édifices, magnifiques au centre de la cité, humbles aux alentours, placés les uns sur les autres, sans ordre et sans harmonie, les coupoles et les tours des églises qui dominent l'ensemble et qui se détachent sur les vertes montagnes, sont de forme capricieuse et pittoresque, enfin les mines elles-mêmes, chacune avec sa splendide chapelle, tout cela forme un ensemble difficile à décrire.

Parmi ses promenades, citons la Presa de la Olla (voir les gravures, p. 469 et 475), et le jardin de la Union au centre de la ville. C'est à la Presa de la Olla que les principales familles de Guanajuato vont passer les saisons de la chaleur et des pluies, dans les luxueuses et charmantes villas construites de chaque côté de la chaussée et de la place. Tout le long de la Presa, deux superbes rangées de frênes et d'eucalyptus aboutissent à la magnifique place construite sur divers cours d'eaux et plantée d'arbres au feuillage verdoyant, et enfin au jardin public aux mille fleurs tropicales qui

MEXIQUE. — ÉGLISE PAROISSIALE DE GUANAJUATO; d'après une photographie envoyée par le R. P. TZINIEN (Voir page 469)

embaument l'air de leurs parfums. C'est un véritable paradis terrestre! Quelle exubérance de végétation! Un service de tramways relie la ville à cette délicieuse promenade. Un grand bassin réunit les eaux descendant de la montagne. Le 30 juin de chaque année, on ouvre les portes de la digue qui retient ces eaux. Elles se rendent à la ville par des canaux, et chaque maison fait sa provision d'eau pour toute l'année.

Les mines ont fait de l'Etat de Guanajuato, peut-être le plus riche de toute la République. Sa population est en grande partie adonnée à ce genre de travail ; malheu- reusement depuis deux ans, les mines ne donnent presque rien, aussi un malaise général commence à se manifester. Les riches propriétaires n'amassent plus les trésors d'autrefois. Les mines seraient-elles épuisées? Je fais des vœux pour que l'état présent des choses change, et que Guanajuato recouvre ses richesses des années passées!

Un ami a eu l'amabilité de me faire visiter une de ses mines où trois cents hommes travaillent à extraire le minerai argentifère. Un petit char, placé sur les rails et traîné par un cheval, nous emmena au milieu de la mine; nous fîmes ainsi quinze cents mètres dans l'intérieur de la montagne. De la mine, la pierre où se trouve l'argent est transportée à la *hacienda de beneficio* (voir la gravure, p. 474). C'est là qu'après bien des transformations, on extrait l'argent et on le coule en barres.

Je vous l'avouerai, j'avais une certaine appréhension en me rendant à Guanajuato, mais, Dieu merci! j'ai eu une agréable surprise, car l'Œuvre y a été parfaitement comprise et accueillie ; grâce à l'intelligence supérieure, à l'éducation soignée et à la noblesse de cœur qui distinguent les habitants, elle a obtenu un résultat que j'étais loin de prévoir !

Pendant les quatre semaines, que je passai dans cette capitale, j'ai reçu l'hospitalité d'un jeune prêtre qui dirige un collège catholique. Le curé de la paroisse, ses vicaires, les religieux, tous m'ont reçu comme un frère et m'ont facilité mon travail. Les fidèles se sont empressés de venir s'inscrire dans cette sympathique association, et à mon départ, il y avait plus de trois cent dizaines d'associés, sans compter un bon nombre de dizaines personnelles. Un Comité de dames zélatrices, choisies parmi les familles les plus distinguées de la ville, s'occupe avec ardeur de recueillir les aumônes et d'augmenter encore, s'il est possible, le nombre des associés. Un autre Comité d'hommes, sous la présidence du zélé curé, a été organisé, et je suis convaincu que notre chère Œuvre ne fera que progresser.

· ·

Pendant que je travaillais seul à Léon et à Guanajuato, mes deux confrères ne restaient pas les bras croisés. Ils ont pu visiter une quantité de petites villes de l'État de Guanajuato, où partout ils ont reçu le meilleur accueil. Dans toutes ces populations à la foi ardente, ils ont facilement organisé l'Œuvre, et partout ils ont obtenu un résultat très satisfaisant. Dans certaines localités, ils sont arrivés à former plus de quatre cents dizaines d'associés. Priez et faites prier, pour que tous nos associés persévèrent jusqu'à la mort dans leurs saintes résolutions ! —

Par ce récit, vous avez une idée du travail de vos délégués pendant les quatre mois qui viennent de s'écouler. Et nous devons tous remercier le Divin Maître qui a daigné bénir et récompenser nos efforts.

Je pars pour le diocèse de S. Louis de Potosi. Mgr Montes de Oca, l'illustre évêque de cette ville, que j'ai eu l'honneur de voir, nous recevra avec le plus aimable bienveillance, et veut même nous donner l'hospitalité dans son palais épiscopal. J'ai donc confiance que nous réussirons à S. Luis de Potosi ; de là nous aurons bientôt la consolation de vous envoyer de bonnes nouvelles *ad majorem Dei gloriam !*

Une lettre du R. P. Boutry nous donne les plus consolants détails sur les premiers résultats obtenus à S. Luis de Potosi.

INFORMATIONS DIVERSES

Tong-King. — Nous lisons dans une correspondance adressée au *Journal des Débats :*

« A son passage à Haï-phong, M. de Lanessan a répondu à l'évêque de Haï-dzuong (Mgr Ferrés, dominicain espagnol, vicaire apostolique du Tong-King oriental), qui lui apportait son concours le plus dévoué, qu'il comptait absolument sur lui, d'autant plus que la province de Haï-dzuong est une des plus troublées par la piraterie et que les missionnaires espagnols pourront aider beaucoup à la réprimer. Il les en a remerciés d'avance.

Dans le grand dîner officiel donné à Ha-Noi au gouvernement général, le 9 août, M. de Lanessan a porté un toast « au plus ancien colon du Tong-King, Mgr Puginier. »

Japon. — Le dernier courrier d'Extrême-Orient nous apprend la récente inauguration à Tokio d'une cathédrale, située à l'endroit le plus élevé de la ville, et l'un des plus beaux monuments de la capitale.

Madagascar. — Le R. P. Fontanié, de la Compagnie de Jésus, écrit à Mgr Cazet, le 13 mars 1891 :

« Je viens d'Ambasary. Pendant que nous étions réunis pour la dédicace de l'église d'Amboliimakason, un païen mourait d'une fluxion de poitrine. Jusque là il avait refusé de recevoir le baptême ; mais, se sentant mourir, il appelait le Père à grands cris. Un catéchiste du nom de Jean arriva en toute hâte et prépara le mourant. Aussitôt le baptême reçu, le néophyte, qui souffrait terriblement, manifesta une joie toute céleste. On crut même un instant qu'il était guéri, tellement il était content. Mais il ne pensait pas à la guérison, il ne demandait pas de remèdes et répétait sans cesse à Jean : « *Ataovy ny fomba rechatra ny fivavahana.* » (Donnez moi tous les secours de la religion).

« Quand j'allai le voir le vendredi, il agonisait de nouveau, je lui donnai la dernière absolution. Il ne pouvait plus parler ; mais ses yeux, ses gestes, manifestaient une foi, un repentir, une soumission à la volonté de Dieu, admirables pour un homme jusque-là païen. Sa femme, sorcière renommée, voulait lui appliquer des sortilèges ; il les repoussa à plusieurs reprises. Apercevant Anne Remiatiara, une sorcière nonagénaire, récemment convertie, il la fit venir près de lui pour écarter les païens et ne voulut plus se séparer d'elle.

« Cette brave vieille resta là depuis le mardi, jour du baptême, jusqu'au samedi matin. Elle lui tenait constamment le chapelet devant les yeux et le récitant pour lui obtenir une bonne mort. Je l'ai félicitée de cette conduite, et il a été convenu que désormais, ne pouvant plus travailler, elle visitera les malades, les encouragera au baptême, les aidera à bien mourir et surtout chassera les sorciers, dont elle a fait le métier durant vingt ans.

« Le lendemain de la fête de la Pentecôte, jour de la messe, où mes chrétiens ont communié pour l'âme du défunt, nous avons procédé aux funérailles avec toute la pompe possible. Faute de drap mortuaire, une tenture rouge et un dôme, construit avec les gigantesques feuillages de la forêt, constituaient le catafalque ou plutôt l'arc de triomphe du cercueil. Jamais en France n'en ont jamais eu de semblable.

« La veille, je voulais empêcher les enfants de l'école d'aller *veiller* le mort. » Si elles n'y vont pas, me dit Jean, les païens « vont boire du rhum et entonner des chansons auprès de ce « chrétien baptisé. Laissez-nous y aller, nous entonnerons des « cantiques, nous prierons et chanterons toute la nuit, et les « mégères païennes s'enfuiront. »

« Ce qui fut dit fut fait. Vers les neuf heures, j'entendis de ma case, d'abord les ignobles cris et chants des païens ; mais tout à coup un retentissant *Ho valy ny natao* (Le ciel en est le prix) couvrit leurs voix. Le diable battu ne reparut plus. Nos enfants, maîtres du champ de bataille, firent la veillée sainte auprès du cadavre. »

LA LUTTE CONTRE LE BOUDDHISME
A CEYLAN

Par le R. P. Charles COLLIN, Oblat de Marie-Immaculée.
(Suite 1)

VI

Pointe-de-Galle. — Vaste contrée à conquérir. — Une chrétienté naissante. —. Église du Sacré-Cœur à Tangalle. — Amblangoda. — Épreuve d'un missionnaire. — Visite épiscopale. — Opposition des Bouddhistes. — Conclusion.

Tandis que la religion catholique est florissante dans la partie nord du diocèse de Colombo (province de l'ouest), où elle compte cent trente-cinq mille âmes sur une population de sept cent soixante-quatre mille (soit environ dix-

sept pour cent), c'est avec un serrement de cœur que le missionnaire voit combien Jésus-Christ est peu connu dans la partie méridionale de ce diocèse, où deux mille huit cents personnes seulement sur un total de quatre cent quatre-vingt-dix mille [(soit 1/2 pour cent environ), professent notre sainte religion. Dès son arrivée dans ce diocèse, Mgr Bonjean fut douloureusement impressionné par la misérable condition de cette province, et aussitôt qu'il lui a été possible, il s'est appliqué à y porter remède. Il l'a divisée en trois missions, celles de Galle, de Matara et d'Amblangoda, et l'a érigée en district séparé. Un mot maintenant sur chacune des divisions de cette province.

1. Pointe-de-Galle, port autrefois très fréquenté, est aujourd'hui supplanté par Colombo comme point de ralliement de tous les paquebots naviguant de l'Europe aux

MEXIQUE. — Hacienda de beneficio San Javier, à Guanajuato; d'après une photographie envoyée par le R. P. Terrien (Voir page 473).

extrémités de l'Asie. Ce que Colombo a gagné depuis douze ans, Galle l'a perdu, et nos catholiques dans ce dernier port de mer ont eu leur part de la décadence de la ville ; par suite aussi, les progrès de la Mission y ont été porportionnellement arrêtés. Cependant nous avons là une église remarquablement belle, avec écoles de garçons et de filles ; il n'y manque qu'une communauté de religieuses pour prendre charge de l'école des filles et fonder un orphelinat, où l'on recueillerait les enfants bouddhistes offerts à la mission par leurs parents.

A peu de distance de Galle, dans le village bouddhiste de Kanegama, une centaine de catholiques sont groupés autour de la gentille église de St-François-Xavier. Cette église pourra un jour, avec l'aide d'un bon catéchiste, devenir un centre pour l'évangélisation des bouddhistes.

(1) Voir les *Missions Catholiques* des 28 août et 4, 11, 18 et 25 septembre 1891.

Dix milles plus loin est le village de Ganegama ; là trois ou quatre familles bouddhistes, touchées de la grâce, sollicitèrent tout dernièrement et reçurent le saint baptême. Cette conversion est très remarquable ; car non seulement il n'y a pas de catholiques dans cette localité ; mais les protestants possèdent tout près de là, à Baddegama, un vaste établissement, dont l'origine date d'au moins cinquante ans, et de grands avantages matériels sont offerts à quiconque est fait inscrire sur leur registre de baptême. Cependant ces pauvres infidèles, ayant reconnu la vérité du christianisme, sont venus tout droit frapper à la porte du vrai pasteur des âmes, sans s'arrêter aux prédications des ministres de l'erreur. Maintenant leur désir est de construire dans leur village une église dédiée à St Antoine de Padoue, un des saints les plus populaires dans cette île. L'œuvre sera difficile, car il sont pauvres et peu nombreux ; ils auront besoin d'aide. Lorsqu'en 1880, Mgr Bonjean alla à Pointe-de-Galle et y donna la confirmation, ces nouvèaux chrétiens vinrent lui demander la faveur d'une visite à leur village. Sa Grandeur se rendit avec empressement à leur désir. On lui montra l'emplacement de la future église. C'est une colline isolée, au bas de laquelle s'étendent de verdoyantes rizières et des champs de canne à sucre et de citronnelle. Le prélat ne put qu'approuver le choix d'un si beau site et encourager ces nouveaux chrétiens dans leur pieux projet. Nous espérons bien que l'année ne se passera pas sans que les fondements de la nouvelle église n'aient été posés.

A quelques milles de là, un des catholiques les plus influents de Galle possède une plantation de thé, cocotiers et citronnelle. Il a promis de nous céder un terrain pour la construction d'une chapelle, dans l'espoir que beaucoup amenés à embrasser le christianisme. L'église de Ganegama finie, nous nous occuperons de cette nouvelle fondation.

2. La mission de Matara occupe l'extrême pointe de l'île de Ceylan et longe la mer, de l'ouest à l'est, sur une lon-

MEXIQUE. — CHAPELLE DE LA *Presa de la Olla*, PROMENADE PUBLIQUE DE GUANAJUATO; d'après une photographie envoyée par le R. P. TERRIEN (Voir page 472).

gueur de cent soixante kilomètres environ. Dans cette vaste contrée, le pauvre missionnaire n'a que deux modestes églises, aux deux extrémités de sa mission, Matara et Hambantotte; ses quatre cents chrétiens, dispersés au milieu des bouddhistes et des protestants, sont vraiment bien à plaindre. Il n'y a que l'établissement de nouvelles stations, avec église, presbytère et école, qui puisse améliorer les chrétiens et attirer les infidèles dans les filets du missionnaire.

Le premier point qui attira l'attention de Mgr l'Archevêque fut la petite ville de Tangalle, située à moitié chemin entre Matara et Hambantotte. Il y a là une douzaine de pauvres familles auxquelles le missionnaire n'a pu jusqu'à présent, faute d'abri, donner l'instruction et les soins

qu'elles réclament. Les bouddhistes y sont doux et avenants; c'est peut-être, de toute la mission, l'endroit où il semble qu'on ait la meilleure chance de les gagner. Tout indique donc l'urgence d'une fondation dans cet endroit, et Mgr Bonjean a été si frappé de sa nécessité qu'il y a destiné la plus grande partie des ressources placées à sa disposition par les généreux souscripteurs des *Missions Catholiques*. Un événement inespéré est venu faciliter grandement l'exécution de ce projet. Un médecin protestant, qui s'était toujours montré hostile aux missionnaires, changeant de front tout d'un coup, a fait don à la mission d'un beau terrain sur le bord de la mer, dans la position la plus avantageuse pour une église. C'est là que R. P. Harmant est occupé à se bâtir une maison-église, dont l'achèvement sera un bienfait inestimable pour ce pays.

Cette église terminée, le P. Harmant portera ses efforts sur deux autres points de sa mission : Moraivak, au milieu des plantations de thé, et Deneyaya, à quatre milles de Matara, où un négociant chrétien offre un site pour une église, et nous fait espérer des conversions parmi les nombreux bouddhistes avec lesquels il entretient des relations journalières.

. .

3. Venons maintenant à la mission si éprouvée d'Amblangoda, placée dès sa fondation sous le patronage de Marie-Immaculée. Là le R. P. Convert lutte depuis trois ans contre les bouddhistes les plus acharnés de toute l'île. En parcourant sa mission dans tous les sens, le P. Convert y a découvert une soixantaine de catholiques dispersés de tous côtés et pour la plupart se souvenant à peine de leur baptême. Après un an d'efforts et d'instructions à domicile, le missionnaire eut la consolation de confesser vingt-deux de ces pauvres égarés et de les admettre à la sainte table. Plusieurs unions illégitimes furent consacrées et une trentaine de baptêmes conférés. Parmi ces nouveaux baptisés étaient deux jeunes femmes bouddhistes, qui ne survécurent, l'une que trois heures et l'autre que deux jours, à leur baptême, et quelques enfants d'infidèles ondoyés à l'article de la mort.

Plusieurs bouddhistes sont venus trouver le P. Convert, l'ont écouté avec grande attention, ont reconnu que sa religion était la meilleure, et ont même commencé à apprendre les prières, mais ils ont tous fini par se retirer, disant qu'il leur était trop dur de quitter leur religion : leurs coreligionnaires leur faisaient une guerre acharnée ; on menaçait de les chasser de la caste ; on leur refusait l'eau et le feu. Se faire catholique, c'était se rendre le séjour dans le pays impossible.

En effet, l'arrivée du missionnaire catholique dans cette place forte du bouddhisme avait produit l'effet d'une pierre lancée au milieu d'une fourmilière ; c'était un émoi, une panique générale. Là, les prêtres bouddhistes se comptent par milliers ; comprenant le danger qui les menaçait, ils avaient donné le mot d'ordre de faire le vide autour du prêtre catholique, et tout bouddhiste dut promettre par serment de ne pas quitter sa religion. On alla jusqu'à menacer de mort le P. Convert.

Chose étrange ! les missionnaires protestants sont établis à Amblangoda depuis une quarantaine d'années ; ils y ont une école, fréquentée par les enfants bouddhistes. Personne ne s'en émeut, ni ne songe à les chasser. C'est qu'on ne les craint pas. On se sert d'eux pour apprendre l'anglais et la géographie ; mais, de leur religion, personne n'en veut, on ne la prend pas au sérieux. Les protestants n'ont pas fait un seul prosélyte dans ce district ; y resteraient-ils encore un demi-siècle qu'ils n'auraient pas plus de succès. Mais c'est bien autre chose quand il s'agit des catholiques, des Romains, comme on nous appelle. Qu'on laisse un prêtre s'établir, c'est fini ; il va tout envahir, le bouddhisme est atteint au cœur.

Aussi quel ne fut pas l'effroi général lorsque la nouvelle se répandit que le grand-prêtre des catholiques, l'arche-

vêque de Colombo, allait venir en personne à Amblangoda ! N'y avait-il pas là de quoi ébranler la statue de Bouddha sur sa base ? La visite était fixée au 9 mai 1890. Tous les catholiques du district se préparaient avec joie à cet honneur inespéré. Une assez vaste maison fut ornée pour la circonstance. Mgr Bonjean, accompagné du R. P. Chounavel, vicaire-général, et du R. P. Coudert, fut reçu par une cinquantaine de catholiques, accourus de tous les points de la mission. La journée fut occupée à entendre les confessions de ces chrétiens et à leur donner l'instruction voulue.

Malheureusement, le recueillement qui régnait à l'intérieur de la chapelle improvisée, fut un peu troublé par ce qui se passait au dehors. Les bouddhistes, n'ayant pu empêcher l'arrivée de l'archevêque, résolurent au moins de causer du désordre et de troubler la fête. En face de la maison transformée en église, se trouve un ambalam ou hôtellerie publique. S'en emparant et le décorant comme pour une fête, ils appelèrent un de leurs prêtres et lui firent lire de sa voix la plus glapissante le bana, livre sacré des bonzes ; de temps en temps, ils l'accompagnaient cette lecture des sons du tam-tam et des cymbales, lançaient des pétards et des fusées et poussaient des cris sauvages. Cela dura plusieurs heures sans que les catholiques y fissent attention.

Enfin Mgr Bonjean envoya dire aux tapageurs qu'il les remerciait beaucoup des décorations et des feux d'artifice dont ils l'avaient honoré, et que maintenant, comme il voulait se reposer, il les priait de se retirer. Les malheureux furent si humiliés de l'interprétation donnée à leur charivari qu'ils décampèrent sur-le-champ sans souffler mot. Le lendemain, la cérémonie de clôture se termina sans encombre. Monseigneur distribua la sainte communion au plus grand nombre des fidèles présents et, après sa messe, donna la confirmation à dix-sept d'entre eux ; ce furent les prémices de l'Esprit saint dans la mission d'Amblangoda.

. .

Le missionnaire d'Amblangoda n'a ni église, ni pied-à-terre dans aucune partie de sa mission. Ses chrétiens lui donnent l'hospitalité, ou bien il loue, non sans difficulté, quelque maison ou quelque hutte pour le temps de la visite. Les bouddhistes ne veulent pas de lui comme locataire ; quant à acheter d'eux un terrain pour y bâtir l'église dont le besoin est si urgent, il n'y faut pas songer ; ils ont déclaré au P. Convert qu'ils ne le laisseraient pas s'établir chez eux. Mais la Providence,qui ne fait pas défaut aux missionnaires,est venue à notre secours. Un riche catholique d'une autre mission se trouvait posséder à Balapitiya, près d'Amblangoda, un vaste terrain planté en cocotiers. La situation était on ne peut plus favorable. Le P. Convert, ayant fait cette découverte, alla trouver le propriétaire et en obtint facilement le don d'un acre de terrain suffisant pour bâtir église, presbytère et école. C'était une grande victoire, suivie cependant de bien des luttes. Il y a près de six mois que le contrat pour la construction d'une maison-église est signé ; mais chaque fois que les ouvriers ont voulu se mettre à l'ouvrage, les bouddhistes sont venus en bandes les attaquer et entraver leur besogne. Il a fallu porter plainte au magistrat, qui menaça les agresseurs de peines sévères. Enfin nos ouvriers usèrent d'un petit stratagème. Ayant préparé à domicile tous les matériaux, ils vinrent en grand nombre à la tombée de la nuit et, travaillant sans cesser jusqu'au matin, ils posèrent les fondements, plantèrent les colonnes de bois et fixèrent les poutres; aussi, à leur réveil, les bouddhistes furent-ils tout surpris de voir l'édifice en partie construit ; ils proférèrent force menaces, mais n'osèrent pas mettre la main sur le bâtiment. Espérons qu'avec le secours de Notre-Dame de Lourdes, à qui la future maison-église sera dédiée, la construction s'achèvera sans difficultés.

. .

L'œuvre de Dieu se fait à Ceylan lentement et au milieu de bien des contradictions; mais elle se fait. *Per patientiam curramus*, disait Mgr Bonjean au R. P. Coudert en l'envoyant fonder la mission d'Amblangoda. Cette devise n'est pas du goût des jeunes missionnaires, dont le zèle ardent redoute les retards ; mais, avec un peu d'expérience, on reconnaît combien cet avis de l'Apôtre est conforme aux desseins de la Providence, qui n'accorde le succès qu'après de longs efforts. En résumé, nous avons, dans l'année qui vient de s'écouler, donné le saint baptême à deux cent vingt-quatre infidèles adultes et trois cent quatre-vingt-sept enfants d'infidèles : nous avons achevé la construction de trois églises en pays bouddhiste; nous y avons un église en construction et dix-huit en projet. Avec le secours des prières et des aumônes de vos pieux abonnés, nous espérons bien continuer à combattre avec succès l'esprit de ténèbres qui se fait adorer ici sous le nom de Bouddha.

(*A suivre*).

VOYAGE AU SINAI

PAR LE

R. P. Michel JULLIEN, de la Compagnie de Jésus.

Suite (1)

XV

Tombeaux et fleurs.

Au bout de la plaine on traverse un col peu élevé où la vue des montagnes est fort belle. Un cône majestueux, se dressant au levant derrière les rochers qui bordent de ce côté le ouadi Mokatteb, attire particulièrement les regards du voyageur. Les Bédouins le nomment djébel el-Benât, la montagne des jeunes filles, et rattachent à son nom je ne sais quelle légende romanesque : un jeune cheik se serait précipité du sommet pour n'avoir pu épouser la jeune fille de son choix. La forme de la montagne, aussi bien que son nom, rappelle la superbe Jungfrau des Alpes Bernoises.

Du col on descend par une pente modérée dans le ouadi Feiran, le plus long, le plus beau, le roi des ouadis de la péninsule. Il commence au pied même du Sinaï, sous le

(1) Voir les *Missions Catholiques* des 7, 14, 21, 28 août, 4, 11, 18 et 2) septembre, et la carte, p 417.

nom de ouadi ech-Cieik, décrit une grande courbe au nord en se rendant à l'oasis de Feiran, traverse l'oasis dont il prend le nom, et de là se rend à la mer. Un voyageur pourrait, à la rigueur, aller sans guide de Suez au Sinaï en suivant la côte jusqu'à l'embouchure du ouadi et en remontant la vallée.

A l'endroit où nous sommes arrivés, le ouadi est large et son sol couvert de plantes, dont la variété et la nouveauté enchantent pour peu qu'on aime les fleurs. Mais voici, près du sentier, des tombes fort anciennes, que l'on croit remonter aux temps bibliques. Peut-être appartiennent-elles à ce peuple des Amalécites si souvent nommé dans les livres saints, qui vint disputer le passage aux fils d'Israël dans les gorges de Raphidim, et disparut au mont Séir sous les coups des fils de Siméon (1).

Rien ne ressemble mieux que ces tombes aux cercles druidiques de l'Écosse et de la Bretagne. Des pierres, hautes d'un mètre au moins, sont plantées debout dans le sol, l'une contre l'autre, et forment un cercle autour d'une simple fosse bâtie de quatre pierres plates et recouverte d'une grosse dalle au niveau de terre. Une quinzaine de tombes semblables se trouvent réunies dans un petit espace. L'une d'elles, que nous avons mesurée, avait un cercle de six mètres en diamètre, une fosse longue de un mètre vingt, large et profonde de soixante-quinze centimètres. Les explorateurs anglais les ont fouillées et ont reconnu par la disposition des ossements que le mort y était placé sur le côté gauche, les genoux relevés et touchant presque le menton, usage appartenant à la plus haute antiquité et encore pratiqué de nos jours chez des peuplades du Pérou. Les mêmes savants ont trouvé dans les environs plusieurs groupes de sépultures semblables, et y ont recueilli des fers de lance, des pointes de flèches en silex, un collier en coquillages et un petit bracelet de cuivre.

C'est dans cette vallée ou sur ses bords, auprès de quelque source cachée dans un ravin, qu'il faut chercher la station inconnue d'Alus, où campèrent les enfants d'Israël en se rendant de Daphca à Raphidim (2). Nous devons en être proche. Au dire de nos Bédouins, il y aurait, en effet, deux ou trois petites sources à peu de distance du ouadi dans les vallées secondaires descendant de la montagne. Mais leurs indications sont si peu précises, ils nous ont si souvent trompés en nous promettant, pour nous faire plaisir, des sources qui n'existaient pas, que nous ne voulons point nous détourner pour vérifier le fait. Au reste, la nomenclature actuelle des lieux ne conserve aucune trace du nom de *Alus*, et rien ne fait particulier du récit de Moïse ne se rattache à un campement.

Ce qui reste de jour est employé à voir de près les fleurs de la vallée, en route, sur le chameau, on ne fait que les découvrir de haut, on ne jouit pas de tous leurs petits agréments.

Nous retrouvons là toutes les plantes de la côte et des premiers ouadis inférieurs et bien d'autres que les eaux ont amenées de loin. Il en est un bon nombre qui feraient belle figure dans nos jardins d'Europe, si l'on pouvait les y accli-

(1) I. Par , IV, 43.
(2) Nomb., XXXIII, 13.

mater. De belles touffes de *Cassia obovata* (*Collad*) (1), aux fleurs jaunes et brunes ; une grande asclépiadée, *Daemia cordata* (*R. Br.*) à jolies fleurs lilas sous un feuillage gris, suintant de partout un suc laiteux pour peu qu'on le froisse ; et encore les beaux capriers au feuillage frais et luisant, aux belles fleurs blanches surmontées d'une aigrette d'étamines pourpre, splendide ornement à la base des rochers. Bien différent du petit câprier de Provence dont nous mangeons les boutons floraux confits au vinaigre, ce *Capparis galeata* (*Fresen*) est un arbre aux grosses branches tourmentées et épineuses, cachées sous un épais feuillage du plus beau vert. Ses fruits en forme de bouteille et gros comme deux doigts, sont fort bons cuits à l'eau, nos chameliers s'en délectent ; ils ne furent pourtant qu'une mince ressource pour la multitude des enfants d'Israël.

D'autres plantes plus communes dans ce pays rappellent des souvenirs bibliques. De tous côtés, des touffes d'*Anabasis articulata* (*Forsk*) font étinceler au soleil d'automne les écailles de leurs fruits, semblables à des paillettes de verre rose ou argenté. On les voit partout où il est un peu de terre. Nos chameaux, fort friands de cette plante grasse et salée, nous donnent à chaque instant le loisir de l'admirer, pendant qu'ils la broutent. Bien que la plante soit hermaphrodite, il est des touffes entières qui, par avortement du fruit, ne présentent que des bouquets d'étamines jaunes. On les prendrait pour une tout autre espèce. De toutes les plantes dont on extrait la soude par incinération, l'anabasis est de beaucoup la plus abondante dans les déserts du Sinaï, de la Palestine et de la Syrie, et celle qui fournit le plus de soude aux savonneries d'Orient. Ne serait-ce pas cette *herbe de borith* dont parle Jérémie (2) : « Quand tu te laverais avec l'herbe de borith, tu n'enlèverais pas la tache de ton iniquité devant moi. » Et aussi l'herbe dont se servaient les foulons pour dégraisser la laine au temps du prophète Malachie : L'ange du Seigneur « est comme le feu du fondeur et l'herbe des foulons » (3).

Sur les graviers du sol s'élève un grand genêt à fleurs blanches, qu'aucun animal ne mange, tant il est amer. Nos Bédouins le nomment Rétam. C'est le nom dont le texte hébreu appelle l'arbrisseau sous lequel dormit le prophète Élie dans sa fuite au Sinaï, quand l'ange vint le toucher et lui présenter un pain cuit sous la cendre, figure de la sainte Eucharistie, lui disant : « Lève-toi et mange, car il te reste encore à faire un long chemin » (4). Les botanistes appellent encore ce bel arbuste, *Retama retam* (*Forsk*). Il n'est pas seulement un ornement du ouadi et un souvenir biblique ; les Bédouins s'en font des cataplasmes froids qu'ils disent souverains contre les rhumatismes.

Une autre jolie plante, qui ne manque dans aucun des déserts de l'Orient, est la coloquinte. Nous admirons souvent ses longs rameaux à feuilles de vigne, rampants sur le sable auprès du sentier. Ses jolies courges, grosses comme le poing, parfaitement rondes et lisses, de tous les verts possibles, s'aperçoivent de loin et font toujours plaisir à voir dans ces déserts où l'on ne rencontre aucun fruit.

(1) Une des espèces de séné officinal.
(2) II, 22.
(3) III, 2.
(4) III Rois, XIX, 4 et s.

Celles que le soleil a desséchées et jaunies, roulent au vent en laissant entendre le frétillement des graines secouées à l'intérieur. Nos Bédouins les brûlent dans le feu, en retirent un charbon très fin et très léger, le broient avec un peu d'eau et conservent la pâte pour arrêter le sang des blessures ou en frotter les chiffons qui leur servent d'amadou, car ces pauvres gens en sont encore au briquet de pierre à fusil.

Plus gracieux encore, mais plus rare, est le concombre des prophètes, *cucumis prophetarum* (*L.*), ainsi nommé en souvenir d'un miracle d'Élisée (1), avec lequel pourtant il n'a rien eu à faire, puisqu'il ne se trouve pas en Palestine. Parfaitement sphérique, gros comme une prune, régulièrement hérissé de pointes inoffensives, orné de taches capricieuses des plus belles teintes vertes et jaunes et à peine ombragé d'un léger feuillage, il ferait une petite merveille de nos jardins, s'il pouvait vivre hors du désert.

Dans les lieux ouverts au soleil, des plantes aromatiques, la plupart de la famille des composées, couvrent le sol et embaument l'air ; le *Pyrethrum santolinoïdes* (*D. C.*), l'*Artemisia judaïca*(*L.*), l'*Achillea fragrantissima* (*Forsk*), et d'autres. Est-ce le soleil qui développe avec une puissance particulière les arômes des plantes, ou bien la pureté, la sécheresse de l'air qui favorisent la sensibilité de notre organe ? Je ne sais. Mais, presque partout, dans les ouadis, on sent quelque chose du parfum des fleurs.

D'arbres, il n'en est pas d'autres que l'*acacia seyal* (*Del.*), isolé çà et là. Il est par excellence l'arbre sinaïtique, le fameux bois de Sétim dont le Seigneur au Sinaï fit faire l'arche d'alliance, les autels, les tables, les perches, les colonnes du Tabernacle. *Setim*, en hébreu *chittim* est un singulier *chittah*, a son origine dans la racine sémitique *chant* (cionte ou cionti dans l'ancienne langue égyptienne), d'où est venu, par une dérivation régulière, le mot arabe *sant* dont on se sert aujourd'hui pour désigner l'acacia seyal et quelques autres espèces similaires comme l'*acacia nilotica* des canaux de l'Égypte.

Son bois est léger et dur, susceptible d'un beau poli, de couleur jaune passant au brun et au noir avec le temps. Les vers ne l'attaquent pas et il se corrompt difficilement. Wilson trouva dans une galerie souterraine, non loin des mines de Maghâra, un pieux de soutènement fait de ce bois, certainement en place depuis trois ou quatre mille ans ; il était encore parfaitement sain. De tous les autres arbres de la péninsule, aucun ne donne un bois qui lui soit comparable. Celui du jujubier sauvage ou sidr, le plus propre à la menuiserie après le bois de l'acacia, lui est bien inférieur. L'acacia seyal se rencontre dans la plupart des ouadis de la région moyenne des montagnes, bien que les Bédouins ne le plantent jamais, ne lui donnent aucune culture, le coupent impitoyablement pour vendre son excellent charbon de bois, et que les chameaux, nullement rebutés par ses effroyables épines blanches, détruisent les jeunes sujets avec tout ce qu'ils peuvent atteindre du feuillage des grands arbres.

On ne le rencontre jamais en bouquet ; il aime à vivre isolé. Nous en avons vu d'assez beaux pieds pour croire qu'au temps de l'Exode, Bézéléel put faire d'une seule

(1) IV Rois, IV, 38 et suiv.

pièce les panneaux de l'arche larges d'une coudée et demie ou soixante-dix-nuit centimètres (1).

Le feuillage, clair et très finement penné, donne peu d'ombre, d'où le proverbe oriental :

« Ne te fie pas plus aux promesses des grands qu'à l'ombre de l'acacia. »

Les fleurs sont de petites houppes blanchâtres.

En été, de l'arbre suinte une excellente sorte de gomme arabique appelée gomme de la péninsule. Les Bédouins la recueillent avec soin et en font un petit commerce avec le Caire. Ils vénèrent dans chaque district un bel acacia dédié au principal santon du lieu ; tel est l'arbre du santon Abou-Chébib à Feiran.

XVI
L'oasis de Feiran.

En avançant à l'est, la vallée se resserre et se tord ; son aspect change à chacun de ses contours ; ici elle est large comme le lit d'un grand fleuve, un peu plus loin elle se trouve étroitement resserrée entre des rochers à pic. Ce qui ne change pas, c'est la majestueuse horreur des montagnes de plus en plus élevées et imposantes à mesure que le ouadi s'enfonce plus profondément dans leur massif. Au-dessus des crêtes voisines se dresse comme un géant le superbe Serbal, aux arêtes déchiquetées, aux pics audacieux qui d'heure en heure semblent grandir et se multiplier. On est là au centre du chaos qui sépare les grandes montagnes de roches primitives et les amas de grès formés de débris. Toutes les teintes apparaissent sans ordre sur les rochers, séparées par les lignes sombres de veines porphyritiques, comme dans une immense brèche ; toutes les formes les plus étranges se voient dans les coupes des pics, et des ravins. « J'ai rencontré dans la nature des tableaux aussi singuliers, des vues peut être plus grandioses, dit Stanley ; nulle part je n'ai trouvé de spectacle à la fois aussi étrange et aussi imposant, et je ne crois pas en rencontrer jamais. » Que dirent ces montagnes aux enfants d'Israël nourris sur les bords du Nil où ils n'avaient rien vu de plus haut et de plus imposant que les pyramides de Memphis ? Mais aussi quel ravissement quand, au détour de la sombre vallée, ils aperçurent la fraîche verdure de el-Hesweh. Le voyageur arrivé là se croit à la célèbre oasis de Feiran, cette perle de la péninsule qu'on a tant vantée, ce lieu de repos où, pour la première fois, l'eau douce, l'ombre et la fraicheur ne lui seront pas mesurées avec parcimonie. Les petits jardins de el-Hesweh ne sont pourtant qu'un avant-goût de ces délices ; il le savoure en pressant le pas de sa monture pour atteindre plus tôt le terme désiré.

Ailleurs ne serait rien que ces quelques touffes d'arbres ; mais dans cet encadrement de noirs rochers, en face du majestueux Serbal et du large ouadi Adjêleh qui ouvre la vue sur les puissants contreforts de la grande montagne, dans cette atmosphère, si transparente, si pure, si pleine de lumière, le jaune feuillage des sidr, les têtes bleuâtres des palmiers, les rameaux délicats des tamarix jetant sur le fond une teinte cendrée qui se perd dans les rochers, dont tout un admirable paysage, où l'œil se repose avec

(1) Ex. XXXVII, v.

complaisance, où l'imagination met de la vie et prolonge un lointain imaginaire. Tout cela passe comme un songe, et la vallée s'assombrit de nouveau, se contourne et s'allonge encore quelque temps devant les pas du voyageur. Un instant elle semble se fermer, puis elle tourne à l'est et s'ouvre largement dans un horizon tout nouveau.

A droite une vallée spacieuse, le ouadi Aleyat, rempli de gros rochers épars et de maigres buissons, monte en pente douce jusqu'à l'immense muraille formée par les coupes abruptes du Serbal et ses multiples sommets. A gauche une montagne conique s'élève à deux cent vingt mètres au-dessus de la vallée ; diverses ruines sont échelonnées sur sa pente rapide et au sommet se détachent sur le ciel les murs pittoresques d'un vieux sanctuaire. C'est le djebel el-Tahouneh. Au bas, dans le fond même de la vallée, sur un grand rocher d'une trentaine de mètres d'élévation, se dressent les hautes murailles d'un ancien [couvent, semblable à ces châteaux forts, élevés au moyen âge pour garder les passages des montagnes.

L'oasis (1) commence au pied du vieux couvent ou du rocher de Maharrad (c'est son nom) et s'étend à l'orient, sur une longueur de quatre à cinq kilomètres dans la vallée sinueuse et étroite. On y chercherait vainement un gracieux village, des chemins, des enclos réguliers. Ce ne sont que de beaux palmiers plantés par petites touffes de trois, quatre et dix arbres, entre lesquelles se cachent quelques misérables huttes en pierres sèches et de tous petits jardins entourés d'épines, où de pauvres Bédouins font pousser un peu de tabac et quelques herbages. Le silence règne sous ces ombrages, comme au temps des moines qui les habitèrent ; les chants de quelques oiseaux, le bruissement d'un petit ruisseau et les timides chuchotements de quelques enfants accourus pour contempler les voyageurs, c'est tout ce qu'on entend dans l'oasis.

Les habitants y sont en petit nombre, moins de cent, à en juger par le peu de maisons occupées qu'on y rencontre. Ils vivent de quelques misérables troupeaux de chèvres et de moutons, de leurs dattes et de la manne qu'ils recueillent au printemps sur les tamarix de la vallée. Plus nombreux sont les habitants sont les petits enclos qui divisent le sol et entourent les arbres. Il paraît que les moines du couvent de Sainte-Catherine, anciens propriétaires de toute l'oasis, ne pouvant défendre leur bien contre les déprédations des Bédouins et fatigués de leurs continuelles vexations, résolurent de se les attacher par des bienfaits, et leur distribuèrent un grand nombre de parcelles et de palmiers. Aujourd'hui, nous dit-on, la plupart des Bédouins des tribus voisines tiennent à posséder quelques palmiers à Feiran, ne serait-ce qu'un seul arbre. Au temps de la maturité, ils viennent y cueillir les dattes, et il n'en manque pas une, tant les Bédouins de nos jours respectent ici la propriété de leurs frères.

Les dattes de Feiran ont une réputation ; les Bédouins les pétrissent et en font ces petits saucissons couverts de peau de gazelle qu'on vend au Caire comme friandises.

(A suivre)

(1) Nous donnerons dans notre prochain numéro, p. 481, une gravure représentant cette oasis.

VARIÉTÉS

M. TESTEVUIDE

Apôtre des lépreux du Japon

Le dernier courrier de l'Extrême-Orient nous a apporté la nouvelle de la mort du P. Testevuide, prêtre de la Société des Missions Étrangères de Paris. C'est un grand deuil et une grande perte pour l'Église du Japon, où, depuis 1873, ce saint missionnaire se dépensait avec un zèle infatigable au salut des âmes.

Alors qu'il n'avait point reculé devant la pensée de mourir, victime de son dévouement, au milieu de ceux qu'il appelait ses chers lépreux, Dieu a permis qu'il succombât loin d'eux, à une maladie aussi cruelle qu'inattendue. Il est mort dans la force de l'âge, d'un cancer à l'estomac, au *Sanatorium* de Hong-Kong.

Les pauvres lépreux de Gotemba perdent en lui leur père. Il s'était donné tout entier à ces infortunés, que tout le monde repousse avec horreur. Il les avait aimés. Lorsqu'il voulut leur ouvrir un modeste hôpital, il se trouva qu'il n'avait d'autre richesse que la charité de son cœur. Du côté de sa mission, qui est très pauvre, il ne pouvait rien attendre. Il se confia donc en la Providence, et bientôt, au cri de détresse qu'il poussa et qui vint jusqu'à nous, plus d'une âme généreuse s'émut. Les aumônes qu'il recueillit lui permirent d'élever un commencement de construction, où quatre-vingts malades pourraient dès à présent recevoir des soins. Faute de ressources assez abondantes, le nombre de lépreux qu'elle abrite n'est encore que de quarante à peine.

« C'est bien peu, disait-il, si l'on songe aux centaines, aux milliers de ces pauvres malades qu'il faudrait secourir (1). » La mort vient de l'emporter avant qu'il ait pu faire pour eux davantage. Mais du haut du Ciel, nous l'espérons, il fera pour l'œuvre si admirable qu'il a fondée, plus encore que ne voulait l'était sur la terre.

Les postes les plus périlleux, d'ailleurs, ne sont point pour effrayer les vrais apôtres d'un Dieu crucifié. Le même courrier qui nous apporte la nouvelle de la mort du P. Testevuide, nous apprend qu'un autre prêtre des Missions Étrangères de Paris, le P. Vigroux, a déjà pris la place du regretté défunt.

BIBLIOGRAPHIE

Flores historiæ ecclesiasticæ *seu sanctorum historicæ lectiones e variis breviariis excerptæ,necnon juxta ordinem chronologicum dispositæ.* — Hong-Kong, typis Societatis missionum ad exteros, 1891. — In-12 de 480 pages. — Prix, 1 fr. 50.

Ce livre que M. Cosserat, provicaire apostolique du Tong-King occidental, vient de faire paraître, est appelé à remplacer dans les Séminaires des pays de missions le *De Viris illustribus urbis Romæ*. C'est tout à la fois un choix de versions faciles et un recueil historique plein d'intérêt et d'édification. Plusieurs chefs de Missions, sur la simple annonce de l'idée et du plan du recueil, ont encouragé l'auteur à le publier et en ont fait en même temps d'importantes com-

(1) Le nombre des lépreux au Japon est de huit mille environ.

mandes. Nous faisons des vœux pour que cet excellent *Compendium* obtienne le grand succès qu'il mérite. L'introduction de ce Manuel dans les petits Séminaires de France nous parait des plus désirables.

Le coût du volume, pris à Hong-Kong et pour les missions, est de 26 cents, c'est-à-dire un peu plus d'un quart de dollar ou piastre mexicaine, monnaie courante de ces pays. Pour un in-12 de près de cinq cents pages, c'est vraiment bon marché.

Les *Missions* qui demanderont ces *Flores historiæ ecclesiasticæ*, sont priées de s'adresser à M. Rousselin, des Missions étrangères, à Hong-Kong (Chine). Si en Europe quelques lecteurs de notre Bulletin voulaient s'en procurer, ils le trouveront dans quelques mois chez M. Victor Lecoffre, libraire, à Paris.

DONS

Pour l'Œuvre de la Propagation de la Foi

ÉDITION FRANÇAISE.

Anonyme du diocèse d'Avignon	10
Pour les missions les plus nécessiteuses (Mgr Berlioz, pour la mission de Hakodeté ravagée par un typhon).	
M. Toucas, dit Tefrin, La Crau, diocèse de Fréjus	5
Un abonné de Sainte-Marguerite-la-Figère, diocèse de Viviers avec demande de prières	100
Un anonyme du diocèse de Tours	300
Pour les missions du Danemarck.	
Un enfant du diocèse de Rouen	5
A Mgr Laouënan (Pondichéry), pour les affamés.	
Mme Bertholon de Lyon	10
M. R. à M.-s-S. diocèse de Nancy	25
Anonyme de Lyon, avec demande de prières pour une famille.	150
Anonyme de Lyon	50
Anonyme de Montpellier	90
M A. Bergasse à Marseille	100
L. L. de Lyon	10
Anonyme d'Allevard, diocèse de Grenoble	5
Anonyme d. l. F. à Alger	10
Un abonné du diocèse de Versailles	20
M. E. P. de Rennes, avec demande de prières	20
Anonyme du diocèse d'Arras	15
Pour les victimes de la famine (Pondichéry).	
M. Babant, à Charenton, diocèse de Paris	20
A M. Fourcade (Pondichéry), pour les affamés.	
Un abonné du diocèse de Luçon	5
Mlle L. de Bayonne	100
Mme Vve D. avec demande de prières spéciales	10
Au R. P. Verchery (Pondichéry) pour les affamés.	
Un abonné du diocèse de Strasbourg	5
Au R. P. Pragasanader (Pondichéry).	
Mme Vve D. avec demande de prières spéciales	10
A Mgr Riccaz pour les veuves de l'Inde.	
M. R. à M.-s-S. diocèse de Nancy	25
A Mgr Puginier (Tong-King occidental).	
M. Jean Duplantier, abonné de Mont-de-Marsan, diocèse d'Aire avec demande de prières	20
A. M. de Mont-de-Marsan, diocèse d'Aire, avec demande de prières	5
A Mgr Clausse (Kouang-tong).	
Mme Bertholon de Lyon	10
Au R. P. Planque (pour le Dahomey).	
Un abonné de Sainte-Marguerite-la-Figère, diocèse de Viviers, demande de prières	50

[La suite des dons prochainement].

TH. MOREL, *Directeur-gérant.*

ARABIE. — OASIS DE FEIRAN ; d'après un dessin du R. P. JULLIEN, de la Compagnie de Jésus (Voir page 470).

CORRESPONDANCE

CAMEROUN (Afrique occidentale)

Débuts de cette mission. — Constructions. — Écoles.

Nous avons déjà publié d'intéressants détails sur l'arrivée et la première installation au Cameroun des RR. PP. Pallotins, de la pieuse Société des missions de Rome. Le R. P. Augustin Hal_ling nous envoie les nouvelles suivantes qui montrent les progrès et les espérances de cette fondation.

Marienberg (Tocotown), le 13 juillet 1891.

Huit mois se sont écoulés depuis que nous nous trou_vons dans notre Mission. Dieu nous a visiblement pro_grés, aidés et secourus en bien des manières. Qu'il en soit loué, qu'à Lui seul en revienne toute la gloire !

* *

Un monticule a été choisi et acheté. Nous lui avons donné le nom de *Marienberg* (montagne de Marie), afin qu'il soit confié tout particulièrement à la garde de la très sainte Vierge.

N 1166 — 9 OCTOBRE 1891.

Jusqu'à Pâques nous sommes demeurés dans une hutte à l'africaine ; il nous a fallu tout ce temps pour construire notre maison. Elle a une hauteur de sept à huit mètres, une longueur de treize mètres ; elle repose sur soixante poteaux de bois rouge, qui s'élèvent de terre à un mètre et demi. Tout autour règne une grande véranda.

A l'intérieur il y a une chapelle, un réfectoire, deux dortoirs pour les Frères et deux chambres pour les Pères. Sous la toiture se trouve un dortoir bien aéré pour les enfants.

Tout en travaillant à cette première maison, nous commencions sur le même style la construction d'une école ; elle est aussi presque terminée. Elle a vingt_trois mètres de longueur sur huit de large ; mais, faute de temps, de matériaux et de ressources, le tout est construit en bois.

Il a fallu se presser et élever au plus tôt possible notre habitation parce que, dans les cabanes que nous occu_pions, on est trop exposé aux fièvres malignes de ces contrées. Depuis que nous demeurons dans cette mai_son plus salubre, notre santé à tous s'est de beaucoup améliorée.

Le terrain que nous avons acquis du roi du pays a été défriché et labouré par les nègres. Une partie déjà est ensemencée, soit en maïs, soit en riz; nous avons fait même une récolte passable de riz. Les plantations de bananiers et de cocotiers n'ont point été négligées. Nous espérons de cette manière pourvoir, au moins en partie, aux besoins de nos enfants et de tout notre personnel.

.·.

Quelques chefs du pays et un certain nombre de pères de famille se sont empressés de nous confier leurs enfants pour les instruire. Nous en avons une quarantaine maintenant. Nous en recevrons un bien plus grand nombre quand l'école sera terminée.

C'est seulement en nous occupant de la jeunesse que nous trouverons accès dans le cœur de ce peuple; c'est par là que nous pourrons parvenir à le civiliser, à le christianiser; car les adultes, adonnés aux vices les plus abjects et pour ainsi dire abrutis, sont trop attachés à leur sauvagerie, pour qu'il y ait espoir de leur faire embrasser une vie entièrement chrétienne.

Les enfants aiment à être instruits; il y en a de fort intelligents. Un jour, ils nous seront d'un grand secours. Déjà on leur a fait apprendre le *Pater noster* et l'*Ave Maria*, en langue *dualla*, qui est la plus usitée dans tout le Cameroun.

Ils récitent avec joie le chapelet que l'on dit en commun. Ils sont surtout très attentifs à l'explication qu'on leur donne de nos prières. Comme tous les nègres, ils aiment beaucoup le chant. Maintenant que notre harmonium est arrivé, cet instrument est un objet de joie universelle. Dès que les premiers accords se font entendre, tous accourent et se pressent autour de notre maison. Il y a quelques jours, un chef vint nous apporter un grand pot de vin de palme et l'échangea contre un sifflet.

Attirés de cette manière, ces pauvres nègres finiront par être touchés par la grâce de Dieu. Ce sera un moyen de plus pour tourner leur esprit et leur cœur du côté de notre sainte religion.

.·.

Malheureusement, tandis que nous sommes occupés à nous établir ici, les ministres protestants se sont avancés jusque dans ces parages, et les immenses ressources dont ils disposent leur donnent bien des facilités pour nous créer des embarras.

.·.

Dernièrement, nous avons eu le bonheur de souhaiter la bienvenue à sept confrères. Notre R. P. Supérieur prépare actuellement aux nouveaux venus une seconde station. Que le bon Dieu guide ses pas pour que la mission à établir serve à sa seule et plus grande gloire et au salut de ces pauvres nègres!

DÉPARTS DE MISSIONNAIRES

Le 15 septembre se sont embarqués à Marseille pour le vicariat apostolique du Bénin : Mgr Ciausse, nouveau vicaire apostolique du Bénin, du diocèse de Lyon, et le R. P. Josep1 Lang, du diocèse de Strasbourg.

Pour la préfecture apostolique de la Côte-d'Or (Afrique occidentale), les RR. PP. Micion, du diocèse d'Autun, et Hülberer, du diocèse de Fribourg (Bade).

Pour la préfecture apostolique du Dahomey, les RR. PP. Ignace Lissner, Michel Sciul, Jean-Baptiste Daull, du diocèse de Strasbourg, et Yves-Marie L'Anthoën, du diocèse de Saint-Brieuc.

Le même jour, neuf Sœurs se sont embarquées pour les mêmes missions.

Tous ces missionnaires et ces religieuses appartiennent à la Société des Missions Africaines de Lyon.

— Le 21 septembre sont partis de Marseille sur le *Natal*, pour le Pé-tché ly sud-est (Chine), les RR. PP. Edouard Liéfooghe, du diocèse de Cambrai, Céleste Cézard et Gabriel Mattieu, du diocèse de Nancy. Ces trois missionnaires sont membres de la Compagnie de Jésus.

— Voici les noms des religieux de la Congrégation du Saint-Esprit et du Saint-Cœur de Marie, partis dernièrement pour les missions .

Se sont embarqués, le 10 septembre à Marseille, pour le Zanguebar, les RR. PP. Charles Strébler, Achille Dietlin, Alphonse Oberlé, Jean Studler, Jean Flicc, tous du diocèse de Strasbourg.

Sont partis également de Marseille, le 15 septembre, pour le vicariat de Meath (Irlande) : les RR. PP. Laurent Schields, du diocèse de Meath (Irlande), François Joguet, du diocèse d'Annecy, Joseph Noirjean, du diocèse de Strasbourg ; — pour la préfecture apostolique du Bas-Niger : le R. P. Joseph Reling, du diocèse de Strasbourg ; — pour le vicariat des Deux-Guinées : les RR. PP. Paul Bailly-Comte, du diocèse de Saint-Claude, François Le Citol, du diocèse de Quimper, François Steinmetz, du diocèse de Strasbourg, et les Frères Mathias Meyer, du diocèse de Strasbourg et Népotien Beautry, de la Martinique ; — pour le vicariat du Congo français : les RR. PP. Eugène Brand, du diocèse d'Annecy, et Jean-Marie Le Meilleur, du diocèse de Vannes ; — pour le vicariat de l'Oubanghi : le R. P. Jean Gourdy, du diocèse de Clermont, et le Frère Olivier Mangold, du diocèse de Strasbourg; — pour la préfecture apostolique du Bas-Congo : Michel Breiner, du diocèse de Strasbourg, Joachim Bodeven, du diocèse de Vannes, Joseph Goetz, du diocèse de Strasbourg, et le Frère Hilaire Le Couteller, du diocèse de Vannes. Se sont embarquées, avec les missionnaires, pour la mission du Bas-Congo, deux religieuses de la Congrégation des Sœurs de Saint-Joseph de Cluny, les Sœurs Marie Saint-Prosper et Marie-Boniface.

— M. Henri Van Kerckvoorde et M. Rooms, du diocèse de Gand ; M. Hoogers, du diocèse de Ruremonde, de la Congrégation du Cœur immaculé de Marie de Scheut-lez-Bruxelles, sont partis de Marseille, le 4 octobre, le premier à destination de la Mongolie centrale, les deux autres à destination du Kan-Sou.

— Le 20 septembre sont partis de Bruxelles pour Lahore, cinq nouveaux missionnaires Capucins, accompagnant Mgr Van den Bosc1 et destinés à la mission de Penjab. Ce sont les RR. PP. Edouard de Turnhout, ex-provincial, Pierre de Bruxelles, Vincent de Ninove, Daniel de Hontiem et Roci1 de Turnhout.

INFORMATIONS DIVERSES

Constantinople. — Le R. P. Marcel, supérieur des RR. PP. Capucins de Constantinople, écrit de cette ville le 16 septembre:
« Nous avons une rentrée brillante : 50 élèves au petit Séminaire. Le Grand Séminaire a eu son ordination il y a huit jours : un diacre, quatre minorés et quatre tonsurés ; c'est un commencement. »

VOYAGE AU SINAI

PAR LE

R. P. Michel JULLIEN, de la Compagnie de Jésus.

Suite (1)

XVII

Raphidim.

La tradition et les voyageurs identifient l'oasis de Feiran avec la célèbre station des Hébreux à Raphidim. Les enfants d'Israël y rencontrèrent, pour la première fois depuis leur sortie d'Egypte, un peuple ennemi prêt à leur barrer le passage. Les Amalécites, peuplade guerrière, habitaient les déserts qui s'étendent depuis la mer Morte jusqu'à l'Egypte et au Sinaï. A l'approche des Hébreux, ils accoururent défendre contre l'invasion des étrangers la plus chère de leurs possessions, la fertile oasis de Raphidim. Ce lieu était du reste le plus favorable pour arrêter l'ennemi; un étroit passage entre des rochers infranchissables, des bois pour se dérober aux traits de l'ennemi, de l'eau en abondance, des vallées sinueuses et multiples pour fuir en cas de défaite.

Moïse dut arrêter son peuple dans la vallée avant d'atteindre l'oasis et les sources gardées par l'ennemi. « Ils établirent leurs tentes en Raphidim où il n'y avait point d'eau à boire pour le peuple » (2). « Le peuple eut soif et se mit à murmurer contre Moïse : Pourquoi nous as-tu fait sortir de l'Egypte afin que nous mourions de soif, nous, nos enfants et nos troupeaux? — Moïse implora le Seigneur et lui dit : Que ferai-je à ce peuple? Encore un peu et il me lapidera. — Le Seigneur dit donc à Moïse : Passe devant le peuple, prends avec toi les anciens d'Israël et avance en portant dans ta main la verge dont tu as frappé la mer. Voici que je suis devant toi sur la pierre d'Horeb. Tu frapperas le rocher, il en sortira des eaux et le peuple boira. Ainsi fit Moïse en présence des Anciens. Et il appela le lieu Massah (tentation) et Mériba (querelle), à cause de la querelle des fils d'Israël et parce qu'ils tentèrent Dieu en disant : Le Seigneur est-il au milieu de nous ou non? » (3).

Environ sept kilomètres en deçà de l'oasis, on montre au pied des rochers qui bordent le ouadi du côté du nord un bloc de deux mètres de haut, ne présentant rien de particulier dans sa forme et sa nature, que les indigènes nomment Hési el-Kattatin, la source cachée de l'Ecrivain. Pour les Bédouins du Sinaï, l'Ecrivain c'est Moïse, et ils disent que le rocher est celui d'où le prophète fit jaillir de l'eau pour désaltérer son peuple.

C'est là tout ce que l'on sait de ce rocher ; encore le souvenir biblique qu'y attachent les indigènes de nos jours n'est-il connu que depuis l'expédition anglaise de 1867. E. H. Palmer fut le premier à le signaler ; les anciens pèlerins du Sinaï l'ont ignoré ; les documents de l'époque monastique n'en font aucune mention.

(1) Voir les *Missions Catholiques* des 7, 14, 21, 28 août, 4, 11, 18, 25 septembre, 2 octobre et la carte, p 417.
(2) Ex , XVII, 1.
(3) Ex , XVII, 3, 7.

De marque de vénération, il n'en est pas d'autre auprès du rocher que des amas de cailloux déposés par les Bédouins en signe de leur passage, comme ils ont coutume de le faire dans les lieux célèbres de leurs déserts (1).

Pourtant le lieu, le rocher, répondent si bien au texte sacré que le voyageur chrétien éprouve comme un regret de ne pouvoir appuyer sa dévotion sur une tradition plus sûre qu'une croyance locale sans caractère d'antiquité.

Au reste les moines du Sinaï ont une autre tradition et montrent un autre rocher de Moïse dans le ouadi el-Ledja.

La bataille eut lieu deux heures plus loin que le rocher, à l'entrée même de l'oasis.

« Amalec vint donc et combattit contre Israël à Raphidim. Et Moïse dit à Josué : Choisis des guerriers et sors combattre contre Amalec. Demain je me tiendrai sur la colline, la verge de Dieu dans la main. Et Josué fit comme Moïse lui avait dit, et combattit contre Amalec. Or Moïse et Aaron et Hur montèrent sur le sommet de la montagne. Et quand Moïse élevait les mains, Israël triomphait ; mais quand il les abaissait, Amalec l'emportait. Or, les mains de Moïse s'appesantissaient ; ils prirent une pierre et la mirent sous lui ; il s'assit, et Aaron et Hur soutenaient ses mains des deux côtés, et il arriva que ses mains ne se lassèrent pas jusqu'au soleil couchant. Et Josué mi

ARABIE. — COLLINE DE MAHARRAD ET DJEBEL-ET-TAHOUNEH A FEIRAN, VUE PRISE DU LEVANT; d'après un dessin du R. P. JULLIEN de la Compagnie de Jésus (Voir le texte).

en fuite Amalec et son peuple à la pointe de l'épée (2).

La montagne où priait Moïse pendant que Josué combattait est le djébel et-Tahouneh, la seule montagne qui domine le passage d'assez haut pour que Moïse y fût en sûreté, d'assez proche pour qu'il ait pu suivre tous les incidents de la journée et être vu des combattants. D'ailleurs l'ancienne tradition la désigne clairement.

« Le lieu où pria Moïse quand Josué vainquit Amalec, dit

(1) Une coutume semblable entre dans les rites du pèlerinage des croyants à la Mecque. En se rendant de la Mecque au mont Arafa pour y faire la grande prière, le pèlerin s'arrête au village de Menna et jette quarante-neuf cailloux aux trois stations nommées Eblis (diable) ou Charbon du châtiment. (Le Machmal, par Mohammed bey Sadik; le Caire, 1892).

(2) Ex., XVII, 8... 16.

Sainte Silvie (1), est une montagne fort élevée qui se dresse au-dessus de Pharan (nom de Feiran à l'époque gréco-romaine). Au lieu même de la prière est maintenant une église ; on y montre l'endroit où Moïse était assis et les pierres qui soutenaient ses coudes. Là aussi, Moïse, après la défaite d'Amalec, éleva un autel au Seigneur. Pourtant la montagne s'élève comme une muraille à cinq cents pas au-dessus de la vallée. »

Deux siècles plus tard, Antonin martyr visita la ville de Pharan. « Là, dit-il, est un oratoire dont l'autel est posé sur les pierres qui soutenaient Moïse durant sa prière. »

Notre première visite est pour cette sainte montagne.

(1) Dans le livre de Pierre Diacre : D · Locis Sanctis.

Nous partons sans guide, sans nous informer du chemin, escaladant les rochers avec entrain, contournant ceux que nous ne pouvons pas franchir. Ce ne put être le chemin de Moïse, tant il est pénible et scabreux. Nous reconnûmes en effet, arrivés au sommet, que, du point où les Hébreux débouchèrent dans la vallée, à l'ouest, un sentier se dirige sur le sommet du djébel et Tahouneh en suivant un repli de la montagne à l'abri des traits de l'ennemi, vraisemblablement caché dans les arbres de l'oasis ou derrière le rocher de Maharrad. Moïse ne put pas, ce semble, prendre un autre chemin. Les chrétiens et les moines habitants de Pharan y ont pratiqué des escaliers et en ont fait une voie sainte, ornée de petits sanctuaires encore reconnaissables.

L'église, bâtie sur le sommet où pria Moïse, est mieux conservée ; les murs latéraux, ornés de pilastres en grès rouge, de style grec ; l'abside, les sacristies, sont encore debout et couvrent en grande partie la petite plate-forme terminale. Nous avons cru reconnaître, à quelques fûts de colonnes et à d'anciennes fondations, que l'édifice actuel fut élevé sur les ruines d'une plus vaste église à trois nefs.

Quand nos devoirs de pèlerins furent accompli en ce saint lieu, nous grimpâmes sur les murailles pour considérer le théâtre du combat. Ce n'est point un champ de bataille pour de grandes armées que l'étroit sillon de la vallée de Feiran et le large ravin pierreux et accidenté du ouadi Aleyat ; une colonne de quatre à cinq mille hommes pourrait à peine s'y développer et combattre. Aussi Moïse n'engagea-t-il pas la lutte avec la masse de son peuple : « Choisis des guerriers parmi nous, dit-il à Josué. »

Les Amalécites profitèrent sans doute de toutes les vallées secondaires, de tous les ravins, qui descendent des flancs du Serbal sur la route des Hébreux, pour les harceler par des attaques de flanc, pour surprendre les traînards dans des embuscades. « Souviens-toi de ce que te fit Amalec, dit un jour Moïse à son peuple ; quand tu sortais de l'Egypte, comment il vint te barrer le chemin, et comment il te chargea en queue, frappant tous les traînards qui te suivaient, lorsque tu étais toi-même affaibli et fatigué (1). » Mais le centre de l'action principale dut être autour du rocher de Maharrad, placé au milieu de la vallée, à l'entrée de l'oasis. Si la tradition monastique des premiers siècles, rapportée par sainte Silvie, ne plaçait pas sur le djébel et Tahouneh l'autel que Moïse éleva au Seigneur après la victoire, nous serions portés à conjecturer qu'il fut élevé sur le rocher de Maharrad. Selon nos idées vulgaires, le monument de la victoire eût été mieux placé sur le rocher rougi du sang des combattants, que sur un sommet isolé et presque inaccessible ; le site eût été plus propice pour une cérémonie à laquelle tout le peuple dut prendre part.

La nuit s'avançait, il nous fallut descendre pour n'être pas surpris par l'obscurité et renvoyer au lendemain la visite des ruines et des tombeaux échelonnés sur la montagne.

XVIII

Souvenirs chrétiens de Pharan.

Il est à croire qu'une vallée aussi privilégiée ne resta jamais sans habitants, que les Amalécites y revinrent, dès

(1) Deut., XXV, 17, 18

qu'ils n'eurent plus à craindre le retour des enfants d'Israël ; bien des siècles plus tard l'historien arabe Macrisi appelle Pharan une ville d'Amalécites. Toutefois, parmi les écrivains de l'antiquité païenne, le géographe Ptolémée est le seul à citer cette ville. Il la nomme le bourg de Pharan (χωμη Φαραν) du nom de Pharan, souvent donné dans les Livres Saints à la région déserte qui commence à la limite méridionale de la terre promise et descend au sud jusqu'aux environs du Sinaï.

Ce fut particulièrement dans les premiers siècles de notre ère que Pharan prit de l'importance. Le mouvement religieux poussa vers ces solitudes hospitalières une multitude de chrétiens d'Egypte et de Syrie avides de prière et de pénitence ; toutes les ruines de la vallée les plus anciennes paraissent remonter à cette époque monastique. La colonie cénobitique fut d'abord administrée par un conseil d'anciens, ensuite par un évêque. Puisque sainte Silvie ne parle pas de l'évêque de Pharan, il est probable que le siège épiscopal n'existait pas encore à la fin du quatrième siècle. Les premiers titulaires dont le nom nous soit parvenu, sont le moine Aretas et l'évêque Macaire.

Au septième siècle, l'hérésie vint troubler ces pieuses retraites ; l'évêque de Pharan, Théodore, fut condamné par le troisième concile de Constantinople comme l'un des plus ardents fauteurs du Monothélites (1). Déjà, à cette époque, les moines, sans cesse exposés aux déprédations des tribus indigènes, commençaient à se transporter dans les ravins du mont Sinaï protégés par la forteresse de Justinien, devenue plus tard le couvent de Sainte-Catherine. L'évêque de Pharan ne tarda pas à se retirer lui-même dans la forteresse et prit dès lors le titre d'évêque du Sinaï. A partir de cette époque, Pharan ne fit que décroître ; en 1434, elle était déserte (2).

La ville, l'église principale, la résidence de l'évêque étaient sur la colline de Maharrad. On y voit encore un côté de l'enceinte en murailles épaisses de plus de deux mètres, quelques pans de murs de l'église, avec leur enduit de plâtre et des restes de peintures à l'ocre rouge, des fûts de colonnes, des chapiteaux bien travaillés qui dénotent une certaine splendeur dans l'édifice. L'un d'eux porte une croix ; un autre, que virent les membres de l'expédition anglaise, mais que nous n'avons point retrouvé, montre la figure d'un homme priant les bras élevés, comme Moïse pendant la bataille.

Le rocher sur lequel s'élèvent ces ruines présente au levant un beau spécimen de ces filons dioritiques si fréquents dans les massifs de roches primitives de la péninsule, qui par leur étendue, leur direction uniforme du nord au sud, leur teinte sombre, donnent souvent à ces montagnes un aspect tout particulier.

* *

Au nord de cette ville monastique, sur le versant opposé de la vallée, s'étalent d'autres ruines aussi nombreuses, mais moins importantes. Il n'y a pas trace d'édifices ; ce ne sont que des maisons faites en partie avec des matériaux

(1) Le Quien ; *Oriens Christianus*, T. III, p. 751.
(2) Makrisi.

anciens, et assez bien conservées. On pense que ce fut une ville arabe construite après la destruction de la cité monastique. Cependant les signes chrétiens y abondent. Nous remarquons surtout, dans la plus considérable de ces habitations, un linteau de porte, avec une inscription copte (1), et au-dessous deux médaillons et trois arcades sculptées en relief, dans lesquelles les savants de l'expédition anglaise ont reconnu les figures d'hommes en prière, les bras levés au Ciel.

Ces deux villes abandonnées et le gracieux donjon d'un petit monastère dominant les têtes d'un fourré de palmiers au milieu de l'oasis, ne sont encore qu'une portion des restes de l'occupation monastique. Des grottes sans nombre où vécurent de pieux solitaires, taillées en partie de main d'homme, se voient à la base du rocher de Maharrad et dans tous les flancs de la vallée. L'une d'elles, que nous visitâmes, montre encore quelques restes d'une porte en bois et présente une habitation assez commode : trois pièces de cinq mètres de surface que séparent des murs épargnés dans le rocher avec divers petits aménagements.

Les tombeaux sont plus nombreux encore et plus apparents. Ces petites maisons, mieux conservées que tout le reste, terminées par une terrasse, surmontées quelquefois d'un fronton, que vous voyez partout au bas de la monta-

CEYLAN. — LE TEMPLE DE KONAISER A TRINCOMALIE; d'après une photographie envoyée par le R. P. COLLIN, Oblat de Marie-Immaculée (Voir page 487).

gne et sur les bords du ouadi Aleyat, tantôt isolées, le plus souvent réunies en groupe, sont les habitations des morts. Bien des voyageurs les ont prises pour celles des vivants.

Le Guide Baedeker signale sur la pente, à gauche de la vallée, entre el Heswéh et Maharrad, un groupe de maisons en pierres avec des fenêtres extérieures, du temps de l'ancienne Pharan. Des maisons à plusieurs étages avec de grandes fenêtres carrées donnant sur le dehors, c'est en effet bien extraordinaire dans ces pays. Nous voulûmes nous en rendre compte de près. Les maisons se trouvèrent des tombeaux. Cinq galeries parallèles, longues de six mè-

(1) Voir cette inscription dans le livre de l'Archimandrite Porphyrios Wostok Christianski, *Egipet e Sinai*, pl. LXVI.

tres, larges de soixante-quinze centimètres, hautes de un mètre et demi, couvertes de dalles et séparées par de gros murs, forment le rez-de-chaussée, bâti sur un sous-sol pareil. Au-dessus s'élève un étage de cinq galeries semblables, à angle droit sur les premières. Ce sont les ouvertures béantes de ces galeries sépulcrales, jadis fermées par des dalles, que Baedeker prend pour des portes et des fenêtres. Une terrasse garnie de terre, comme toutes celles des maisons d'Orient, termine la construction.

Dans le ouadi Aleyat les tombeaux sont plus nombreux encore ; ils y forment des villages de petites maisons solidement bâties en pierres sèches et toutes pareilles, comprenant chacune un ou deux étages de deux ou trois galeries parallèles, semblables à celles que nous avons décrites. Plusieurs n'ont pas été violés. Les corps y sont encore à leur place, les uns à la suite des autres, dans les galeries, des bras étendus sur les côtés ; et sous les ossements on trouve des lambeaux de la grossière étoffe de laine ou de tif de palmier qui leur a servi de linceuil.

Ces tombes élevées hors de terre, construites avec tant de soin et en si grand nombre, sont une particularité de Felran ; on ne les retrouve nulle part, ni dans les vallées voisines du Sinaï, ni sur les plages de Tior, elles aussi peuplées jadis d'anachorètes et de moines.

(A suivre).

LA LUTTE CONTRE LE BOUDDHISME
A CEYLAN

Par le R. P. Charles COLLIN, Oblat de Marie-Immaculée.

EPILOGUE

Nous recevions dernièrement du R. P. COLLIN, le récit suivant. Comme il semble continuer l'histoire du Bouddhisme, nous le rattachons à l'étude dont nous avons achevé la publication (1). Puisse-t-il, suivant le désir de l'auteur, intéresser nos lecteurs à une œuvre qui ne demanderait pour devenir plus féconde que des ressources plus considérables.

CEYLAN.— Un coin du port de Trincomalie ; d'après une photographie envoyée par le R. P. Collin, Oblat de Marie Immaculée.
(voir page 488)

TRINCOMALIE

Depuis plus d'un an, je suis chargé de la mission de Trincomalie. La citadelle, appelée Fort Frederick, est placée sur une petite montagne qui s'avance hardiment dans la mer ; les bords en sont escarpés, et à l'extrémité, les rochers ont été entassés perpendiculairement ; on dirait une œuvre de géants. C'est un endroit sacré pour les Hindous ; ils ont conservé le privilège de s'y rendre tous les vendredis soirs, sous l'escorte de quelques soldats, pour y offrir leurs sacrifices et casser des noix de cocos. Ils appellent cet endroit « le temple de Kônaiser ». Kônaiser est un des noms de Sivah. La fable raconte que cette petite montagne est un des mille huit sommets de l'Himalaya, apporté

en ce lieu par le dieu du vent, Vaivu-Râtchathan, à l'occasion d'un combat qu'il soutint contre Athi-Sêdan, le serpent qui supporte la terre. Or, l'Himalaya étant l'habitation de Sivah, « qui en est couvert, dit la mythologie, comme l'oiseau de ses plumes », cette montagne détachée de la grande chaîne, est aussi habitée par le dieu.

La légende rapporte encore que le roi Cula-Kôddu-Mahâ-Râjâh avait bâti en cet endroit un temple magnifique. Il n'en reste aucune trace ; mais les païens montrent dans la mer un gros rocher carré qu'ils appellent le char de procession ; ils donnent le nom de porte du temple à une cavité

(1) Voir les Missions Catholiques des 21 août et 4, 11, 18, 25 septembre et 2 octobre 1891.

dans la falaise; c'est par là, disent-ils, que Cula-Kôddu-Mahà-Râjàh a disparu.

Sur le sommet des rochers, une petite colonne monolithe a été élevée au siècle dernier, en mémoire d'une jeune Hollandaise, qui, dit-on, s'y est précipitée dans la mer pour ne pas survivre au départ de son fiancé.

La gravure page 486 représente les Hindous en adoration, tournés vers la mer, tandis que les Brahmes offrent le sacrifice sur le bord du précipice, et les soldats anglais surveillent.

.·.

La mission de Trincomalie a une population catholique de près de dix mille âmes. La chrétienté la plus importante, ou plutôt la seule importante après celle de la ville, est située à Kottiâr, à l'embouchure du fleuve Mahavila-ganga. Le terrain y est fertile, mais un peu marécageux. Nous avons là trois cents chrétiens de la caste des Paravers. Venus autrefois de la Côte de la Pêcherie, à Pessâlai, dans l'île de Mannar, ils émigrèrent de nouveau, il y a plus de cent ans, et vinrent s'établir à Kottiâr, peut-être pour éviter la persécution des Hollandais. Ils bâtirent alors en briques la chapelle qui sert encore d'église paroissiale.

Mais la vieille chapelle n'est pas seulement devenue trop petite, elle tombe en ruines. Déjà en 1880, le R. P. Rouffiac posait la première pierre d'un nouvel édifice, mieux situé, sur un terrain plus vaste, plus élevé, plus central. Le R. P. Massiet, son successeur, a déployé les ressources de son talent et de son activité pour mener l'œuvre à bonne fin. et il est parvenu à élever les murs jusqu'à une hauteur de trois mètres et demi. Ils devront probablement en rester là, car il faut absolument les couvrir avec une toiture, avant que la vieille église, qui ne tient encore en partie debout que grâce à quelques étais, ne me tombe sur la tête.

.·.

Mes chrétiens de Kottiâr sont très pauvres; ils ne possèdent que le morceau de terrain sur lequel sont bàties leurs cabanes; ils dépendent pour leur subsistance des mahométans qui sont les juifs du pays et accaparent tout le capital. Quand nos gens sont sans-travail, ils achètent à crédit au marchand mahométan; celui-ci donne à sa marchandise une valeur toute fantaisiste à laquelle il ajoute encore l'intérêt à soixante ou cent pour cent. Il faut alors que le pauvre chrétien travaille comme un esclave pour éteindre une dette sans cesse renouvelée. S'il fait des briques, le mahométan est là pour les enlever dès qu'elles sont finies au prix seulement de deux francs ou deux francs cinquante le mille. Si la femme a fait de la poterie, le mahométan est encore là le jour où on met au four pour la réclamer au titre de sa créance et au prix d'un centime pièce.

Kottiâr est séparé de Trincomalie par un bras de mer de dix milles de large environ; chaque jour des embarcations font le trajet d'un rivage à l'autre, transportant des marchandises et de nombreux passagers. Mais tous les bateaux appartiennent aux mahométans. Quelques chrétiens sont employés comme matelots; ils doivent chômer le vendredi, jour sacré des fils du Prophète, et travailler le dimanche quand le patron le veut, sous peine de perdre sa place. Depuis que je suis chargé de cette mission, je vois avec

beaucoup de peine cette situation, qui non-seulement empêche nos chrétiens de Kottiâr de sortir de leur misère, mais aussi met en danger leur foi et leurs mœurs. Mais comment y remédier? Je leur ai dit plusieurs fois :

« Ne pourriez-vous vous cotiser pour acheter un bateau? »

« Hélas! me répondent-ils, il faudrait un millier de francs, et quand même nous pourrions arriver à mettre une pareille somme de côté, à peine le bateau serait-il fini que les mahométans viendraient le saisir pour se payer de quelques dettes. »

Voici une œuvre éminemment chrétienne pour laquelle je fais appel à la charité de vos lecteurs et des associés de la Propagation de la Foi. Donnez-moi mille francs pour acheter un bateau. Il sera la propriété de l'église de Saint Antoine de Kottiâr; les chrétiens l'équiperont, ce qui leur donnera le moyen de gagner leur riz indépendamment des mahométans, et les profits qui appartiendront à l'église nous permettront d'achever la bàtisse et de faire les autres dépenses nécessaires pour l'entretien de la mission.

FIN

LES MISSIONS CATHOLIQUES AU XIX° SIÈCLE

PAR

M. Louis-Eugène LOUVET, des Missions Etrangères de Paris, Missionnaire en Cochinchine occidentale.

CHAPITRE XV

LES MISSIONS CATHOLIQUES DANS L'AMÉRIQUE DU NORD.
(1800-1890).
(Suite 1).

VII. — PROVINCE ECCLÉSIASTIQUE D'HALIFAX.

La province ecclésiastique d'Halifax a quatre suffragants et comprend l'Acadie ou Nouvelle-Écosse, le Nouveau-Brunswick, avec l'île du Prince-Edouard. Depuis 1867, ces trois colonies envoient chaque année des députés à Ottawa et font partie du Dominion. Ces pays, colonisés par nous au XVIIe siècle et cédés à l'Angleterre par le traité d'Utrecht, ont eu beaucoup à souffrir de la perfidie britannique pendant la guerre de Sept Ans. Au mépris des traités qui garantissaient les droits politiques des anciens colons, les Acadiens furent expulsés en masse du pays. En une seule année trente mille de ces mal heureux furent forcés de s'exiler de leur patrie d'adoption ; leurs chaumières furent brûlées. les terres qu'ils avaient défrichées à la sueur de leur front, furent confisquées. Le poète américain Longwow a chanté les douleurs des Acadiens proscrits. Un grand nombre se réfugièrent auprès de leurs frères du Canada ; d'autres trouvèrent un asile dans les wigwams des sauvages dont ils avaient su gagner l'affection au temps de leur prospérité ; beaucoup périrent de misère ou furent noyés sur les navires délabrés dans lesquels les avaient entassés l'avarice de l'Angleterre.

Plus tard, il est vrai, les exilés purent rentrer dans leur patrie, mais l'émigration anglaise avait eu le temps de couvrir le pays et jamais l'influence française n'a pu y reprendre le dessus.

ARCHIDIOCÈSE D'HALIFAX

C'est seulement en 1817 que le vicariat apostolique de la Nouvelle-Ecosse fut détaché du diocèse de Québec. En 1842 le Saint-Siège érigea le diocèse d'Halifax, qui fut élevé, en 1852, à la dignité de métropole, avec quatre suffragants. A l'exception de trois comtés, l'archidiocèse comprend toute la Nouvelle-Ecosse et compte 50,000 catholiques, sur une population totale de 300,000 âmes.

1° *Clergé* : 1 archevêque, 41 prêtres dont 18 indigènes.

2° *Communautés religieuses, hommes* : Frères des écoles chrétiennes, 2 maisons ; *femmes* ; Sœurs de charité, 10 maisons, 100 religieuses. Sœurs du Sacré-Cœur, 1 maison, 40 religieuses.

3° *Œuvres d'apostolat* : 27 paroisses, 50 missions, 77 églises ou chapelles.

4° *Œuvres d'éducation* : 1 collège à Halifax (Frères des écoles chrétiennes), 70 élèves. 2 académies, jeunes filles, 140 élèves, 1 pénitencier industriel, 47 garçons. 94 écoles de paroisses, 5,200 enfants.

5° *Œuvres de charité* : 2 orphelinats, 40 garçons, 42 filles. 2 hôpitaux.

DIOCÈSE D'ANTIGONISH.

En 1844, le diocèse d'Arichat fut détaché de celui d'Halifax et transféré, en 1886, dans la ville d'Antigonish. Il comprend trois comtés nord de la Nouvelle-Ecosse et l'île du cap Breton. 73,000 catholiques, sur 156,000 habitants.

1° *Clergé* : 1 évêques, 66 prêtres.

2° *Communautés religieuses, hommes* : Trappistes, 1 couvent, 33 religieux ; *femmes* : Trappistines, 9. Sœurs grises, 47. Sœurs de charité, 15 ; de la Providence, 4. Total, 4 congrégations et 75 sœurs.

3° *Œuvres d'apostolat* : 40 paroisses, 36 missions, 85 églises, 15 chapelles.

Œuvres d'éducation : 1 séminaire, à Antigonish, 90 élèves 9 académies, jeunes filles, 907 élèves. 18 écoles de paroisses, 240 garçons, 710 filles ; sans compter 149 écoles publiques, dans lesquelles l'enseignement catholique est donné à environ 6,000 enfants.

DIOCÈSE DE CHARLOTTETOWN.

En 1817, Pie VII détacha de Québec le vicariat apostolique du Nouveau-Brunswick, comprenant la province de ce nom, l'île du Prince-Edouard et les îles Madeleine. Ce vicariat fut remplacé, en 1829, par le diocèse de Charlottetown qui, après plusieurs démembrements, comprend actuellement l'île du Prince-Edouard et les îles Madeleine. Il a 55,000 catholiques, sur une population totale de 112,000 âmes.

1° *Clergé* : 1 évêque, 35 prêtres, dont 30 indigènes.

2° *Communautés religieuses, femmes* : Sœurs de Notre-Dame, 32. Sœurs de charité, 6. total, 2 congrégations et 38 religieuses.

3° *Œuvres d'apostolat* : 30 paroisses, 18 missions, 58 églises ou chapelles.

4° *Œuvres d'éducation* : 1 collège garçons, 70 élèves. 1 pensionnat filles, 100 élèves. 2 écoles de paroisses.

5° *Œuvres de charité* : 1 hôpital.

DIOCÈSE DE SAINT-JEAN DU NOUVEAU-BRUNSWICK.

En 1842, un décret de la Sacrée-Congrégation détachait du diocèse de Charlottetown, celui de Frédérikton, qui comprenait tout le Nouveau-Brunswick et la partie septentrionale de l'État du Maine (États-Unis). En 1860, une nouvelle division eut lieu : le diocèse de Chatam fut érigé pour la partie septentrionale du Nouveau-Brunswick, la partie de l'État du Maine fut rattachée au diocèse de Portland (États-Unis), et le siège épiscopal de Frédérikton fut transféré dans la ville de Saint-Jean. Ce diocèse ainsi réduit comprend aujourd'hui la partie méridionale du Nouveau-Brunswick. Il compte 62,000 catholiques, sur environ 200,000 habitants.

1° *Clergé* : 1 évêque, 53 prêtres.

2° *Communautés religieuses, hommes* : Prêtres de Sainte-Croix, Rédemptoristes ; *femmes* : Sœurs de Sainte-Croix. Sœurs de charité ; du Sacré-Cœur.

3° *Œuvres d'apostolat* : 33 paroisses, 80 églises ou chapelles.

4° *Œuvres d'éducation* : 1 collège (Pères de Sainte-Croix) 100 élèves. 6 académies, jeunes filles. 1 école industrielle, filles. Écoles paroissiales dans tous les centres.

5° *Œuvres de charité* : 1 orphelinat.

DIOCÈSE DE CHATAM.

Ce diocèse, érigé, comme je viens de le dire, en 1860, comprend tout le nord du Nouveau-Brunswick. Il compte 45,000 catholiques.

1° *Clergé* : 1 évêque, 40 prêtres.

2° *Communautés religieuses, femmes* : Sœurs de Notre-Dame, Sœurs de Saint-Joseph.

3° *Œuvres d'apostolat* : 49 églises.

4° *Œuvres d'éducation* : 1 séminaire avec collège-annexe, 8 pensionnats de jeunes filles.

5° *Œuvres de charité* : 3 hôpitaux.

Résumé de la province ecclésiastique d'Halifax.

Archevêché :
Halifax, 1 archevêque, 41 prêtres, 77 églises ou chapelles, 50,000 catholiques.
Evêchés :
Antigonish, 1 évêque, 66 prêtres, 100 églises ou chapelles, 73,000 catholiques.
Charlottetown, 1 évêque, 35 prêtres, 58 églises ou chapelles, 55,000 catholiques.
Saint-Jean N. B., 1 évêque, 53 prêtres, 80 églises ou chapelles, 62,000 catholiques.
Chatam, 1 évêque, 40 prêtres, 49 églises ou chapelles, 45,000 catholiques.
Total : 1 archevêque, 4 évêques, 235 prêtres, 364 églises ou chapelles, 285,000 catholiques.

VIII. — Missions directement soumises au Saint-Siége.

Diocèse Saint-Jean de Terre-Neuve.

L'île de Terre-Neuve, cédée par le traité d'Utrecht aux Anglais, demeura jusqu'en 1784 sous la juridiction du vicaire apostolique de Londres. A cette époque, Pie VI érigea l'île en préfecture et, dix ans plus tard, en vicariat apostolique. Enfin, en 1847, Pie IX créa le diocèse de Saint-Jean de Terre-Neuve, soumis directement au Saint-Siège. Ce diocèse, qui comprenait alors toute l'île de Terre-Neuve et la partie occidentale de la côte du Labrador (détachée en 1820 de Québec), fut restreint par des démembrements successifs à la partie sud-est de l'île. Il compte actuellement 37,000 catholiques, contre environ 20,000 protestants.

1° *Clergé* : 1 évêque, 26 prêtres.

2° *Communautés religieuses, hommes* : Frères des écoles chrétiennes, 9 religieux.

Femmes : Sœurs de la Présentation, 80 ; de la Miséricorde, 32. Total, 2 Congrégations et 112 religieuses.

3° *Œuvres d'apostolat* : 17 paroisses, 25 missions, 36 églises 20 chapelles.

4° *Œuvres d'éducation* : 1 collège à Saint-Jean, 70 élèves ; 1 institut commercial (Frères des écoles chrétiennes), 400 élèves ; 1 pensionnat, jeunes filles ; 92 écoles de paroisses, 6,200 enfants.

5° *Œuvres de charité* : 2 orphelinats, 85 garçons, 103 filles, 2 hôpitaux.

Diocèse d'Harbor-Grace.

Ce diocèse, détaché en 1856 de celui de Saint-Jean, comprend toute la partie septentrionale de l'île et la côte du Labrador. Il est soumis directement au Saint-Siège et compte 28,000 catholiques.

1° *Clergé* : 1 évêque, 18 prêtres.

2° *Communautés religieuses, femmes* : Sœurs de la Présentation, sœurs de la Miséricorde. Total, 2 Congrégations.

3° *Œuvres d'apostolat* : 75 missions, 35 églises ou chapelles.

4° *Œuvres d'éducation* : 70 écoles catholiques.

Préfecture apostolique de Placentia-Bay

En 1870, cette préfecture fut détachée du diocèse de Saint-Jean. Elle s'étend le long de la côte méridionale de l'île de Placentia-Bay, au golfe de la Poile, et compte 8,000 catholiques sur 22,000 habitants. L'évêque de Saint-Jean en est demeuré l'administrateur.

1° *Personnel* : 5 missionnaires. 6 Sœurs de la Présentation, 24 Sœurs de la Miséricorde.

2° *Œuvres* : 5 stations avec résidences, 100 missions, 18 églises ou chapelles. 36 écoles de chrétientés, 900 enfants.

Préfecture apostolique de Saint-Georges

Cette préfecture, érigée en 1870, s'étend tout le long de la côte occidentale de Terre-Neuve et compte 5,000 catholiques, dont 100 sauvages, contre 4,000 protestants.

1° *Personnel* : 1 préfet apostolique, 6 missionnaires, 6 Sœurs de la Présentation, 11 Sœurs de la Miséricorde ;

2° *Œuvres* : 5 stations avec résidences, 40 missions, 15 églises ou chapelles, 4 élèves ecclésiastiques, étudiant au dehors, 14 écoles de chrétientés, 250 élèves.

Préfecture apostolique de Saint-Pierre et Miquelon

La colonie française de Saint-Pierre et Miquelon, seul reste des vastes territoires que nous possédions autrefois dans l'Amérique du nord, forme une préfecture apostolique, confiée aux Pères du Saint-Esprit. Elle compte 6,300 catholiques, contre 200 protestants ; mais, au moment de la grande pêche, pendant les mois d'été, la population maritime, en majorité catholique, s'élève souvent à plus de 20,000 âmes.

1° *Clergé* : 1 préfet apostolique, 7 missionnaires européens.

2° *Communautés religieuses, hommes* : PP. du Saint-Esprit, 4 prêtres, 3 Frères. Frères de Ploermel, 11.

Femmes : Sœurs de Saint-Joseph de Cluny, 28.

3° *Œuvres d'apostolat* : 3 paroisses, 1 missionnaire, 3 églises, 4 chapelles.

4° *Œuvres d'éducation* : 1 collège à Saint-Pierre (Pères du Saint-Esprit), 70 élèves, 1 pensionnat (Sœurs de Saint Joseph), 100 élèves.

5° *Œuvres de charité* : 2 asiles, 1 orphelinat industriel, 36 filles.

Résumé des missions directement soumises au Saint-Siège.

Evêché Saint-Jean T. N. 1 évêque, 26 prêtres, 66 églises ou chapelles, 37,000 catholiques.

Evêché Harbor-Grâce, 1 évêque, 18 prêtres, 35 églises ou chapelles, 28,000 catholiques.

Préfecture apostolique Placentia-Bay. 1 préfet apostolique, 5 prêtres, 18 églises ou chapelles, 8,000 catholiques.

Préfecture apostolique Saint-Georges. 1 préfet apostolique, 6 prêtres, 15 églises ou chapelles, 5,000 catholiques.

Préfecture apostolique Saint-Pierre. 1 préfet apostolique, 7 prêtres, 7 églises ou chapelles, 6,300 catholiques.

Total : 2 évêques, 3 préfets apostoliques, 62 prêtres, 141 églises. ou chapelles, 84,300 catholiques.

Tableau général des missions de l'Amérique du Nord.

I. — Province de Québec : 1 archevêque, 4 évêques, 1 préfet. apostolique, 715 prêtres, 435 églises ou chapelles, 502.530 catholiques.

II. — Montréal : 1 archevêque, 2 évêques, 810 prêtres, 495 églises. ou chapelles, 573,740 catholiques.

III. — Ottawa : 1 archevêque, 1 vicaire apostolique, 175 prêtres,. 155 églises ou chapelles, 159,000 catholiques.

IV. — Toronto : 1 archevêque, 2 évêques, 200 prêtres, 206 églises ou chapelles, 177,500 catholiques.

V. — Kingston : 1 archevêque, 2 évêques, 100 prêtres, 149 églises ou chapelles, 103,000 catholiques.

VI. — Saint-Boniface : 1 archevêque, 2 évêques, 2 vicaires apostoliques, 145 prêtres, 182 églises ou chapelles, 102,000 catholiques.

VII. — Halifax : 1 archevêque, 4 évêques, 235 prêtres, 364 églises. ou chapelles, 285,000 catholiques.

VIII. — Missions soumises au Saint-Siège : 2 évêques, 3 préfets apostoliques, 62 prêtres, 141 églises ou chapelles, 84,300 catholiques.

Total : 7 archevêques, 18 évêques, 3 vicaires apostoliques, 4 préfets, 2,442 prêtres, 2,157 églises ou chapelles. 2,077,070 catholiques.

(*A suivre*).

NOS ALMANACHS

Almanach des Missions pour 1892. — Publication de luxe. — Petit in-4° de 80 pages. — Texte complètement inédit, richement illustré, gravures en couleurs. — Un exemplaire, **50** cent. ; *franco* par la poste, **70** cent.

Petit Almanach de la Propagation de la Foi pour 1892. — In-18 carré de 128 pages. — Texte inédit, très nombreuses gravures. — Un exemplaire, **20** cent. ; *franco* par la poste, **30** cent. — Voir à la fin de l'article les conditions pour la vente en gros.

Il est certainement superflu de recommander longuement à nos lecteurs ces deux publications que nous avons l'habitude de leur présenter dans le courant du mois d'octobre. La rapidité avec laquelle la double édition est enlevée chaque année est un gage de l'intérêt qu'inspirent nos Almanachs et le meilleur augure de l'accueil qui les attend. Ils possèdent, en effet, les éléments d'un succès toujours grandissant et que peu de publications similaires peuvent revendiquer : c'est la collaboration des missionnaires du monde entier, qui, trouvant dans l'immense domaine de l'apostolat un champ inépuisable de récits, leur fournissent un texte d'une variété, d'un intérêt, d'un pittoresque inimitables.

ALMANACH DES MISSIONS

Il s'ouvre par un article consacré à un sujet qui prête aux plus féconds développements et dont le titre seul indique le puissant intérêt : *le Patriotisme des missionnaires.*

A ce panégyrique des services humanitaires et sociaux des hommes apostoliques succède une gracieuse poésie du R. P. Jouet : *l'Ostensoir de grains de sable fait par les fourmis.* L'éminent procureur, à Rome, des Pères d'Issoudun, chante deux cents vers un miracle eucharistique dont les chroniques péruviennes et équatoriennes gardent depuis deux siècles la mémoire.

Les vases sacrés d'un couvent de Quito avaient été dérobés et les saintes espèces jetées sous un rocher. Obéissant à un mot d'ordre mystérieux, des légions de fourmis vinrent déposer du sable autour du pain consacré.

> Jamais la lune au blanc Visage,
> Se promenant dans le ciel bleu,
> N'avait encor, sur son passage,
> Vu la fourmi, prudente et sage,
> Sortir après la couvre-feu.

Les industrieuses ouvrières composent ainsi un frêle ostensoir en grains dorés.

> Et toutes, près de leur chef-d'œuvre,
> Eloignent serpent et couleuvre,
> Noire phalène et vert lézard.
> Le rossignol, chantre honoraire,
> Fait seul orchestre aux mille accents ;
> Le ver-luisant, céroféraire ;
> Et le zéphir thuriféraire,
> Dans toute fleur puise l'encens. ..

La nouvelle suivante est signée d'une main royale et a été traduite par un de nos amis de Bucharest : *Autour d'un Souvenir*, par Carmen Sylva, touchant et dramatique épisode qui nous transporte sur les rives du Bas-Danube, dans ces

âpres montagnes de la Roumanie évangélisées par les Passionnistes et les Franciscains.

A ma petite sœur Marguerite. Un missionnaire de Mandchourie, M. Simon, avait écrit sous ce titre une pièce de vers d'une délicatesse exquise. Répondant à notre prière, Mgr Jeannerot, vicaire général de Lyon, a bien voulu ajouter aux grâces de la poésie les charmes d'une mélodie ravissante.

On sait que, chez la plupart des peuples païens, de ténébreuses associations ont pour but d'affermir et de rendre plus dur le joug du démon; c'est d'une de ces réunions mystérieuses et redoutables qu'un missionnaire des îles Fidji, témoin oculaire, rend compte, dans l'article intitulé : *les Fils de l'eau.* Des îles Fidji, nous passons aux Marquises pour étudier, avec gravures à l'appui, la très curieuse question du *tatouage.* De l'Océanie le Père Baulez nous amène en Asie avec ses typiques scènes de l'Inde : *le Fou du roi ; un Juge de paix numéro un.*

Plus loin, les lettrés amis de la haute éloquence se délecteront en lisant la page superbe dans laquelle le R. P. Le Roy célèbre les grandeurs du Kilima-Ndjaro, l'Himalaya africain, sur les flancs duquel il plantait une croix et son évêque célébrait la messe, à 5,000 mètres d'altitude, le 4 septembre 1890. Puis encore une poésie, toute parfumée et encadrée de fleurs : *le Nid*, par le R. P. Vaudon ; ensuite le récit palpitant de la captivité au Dahomey du R. P. Dorgère ; enfin le désopilant fiasco de la mission Gribouillis et Cie.

Ces titres seuls montrent quelle variété de tons et de récits le lecteur trouvera en feuilletant ce livre.

Un mot encore sur *Camisalabai*, touchante relation que nous a envoyée une religieuse franciscaine, missionnaire dans le sud de l'Inde. C'est l'histoire d'une princesse rajpoute devenue veuve dans la première fleur de sa jeunesse et amenée à la vraie foi d'une façon toute providentielle : l'épouse du défunt rajah est aujourd'hui religieuse à Coïmbatour. Elle a échangé la blanche *silée* des femmes de sa caste pour la livrée et la corde des filles de Saint-François d'Assise.

Les dernières pages sont, comme à l'ordinaire, consacrées à une *Revue* des faits les plus importants de l'année pour les missions.

II

PETIT ALMANACH
DE LA PROPAGATION DE LA FOI

Une poésie, naïve et gracieuse, comme les jeunes lecteurs auxquels il s'adresse de préférence, sert de préface à notre *Petit Almanach.* C'est la *Clef du Paradis.* Bébé en demande l'explication à la mère :

> Oh ! cette clef si précieuse,
> Ce doit être un très beau joujou ! »
> Alors, émue et sérieuse,
> La mère prend un petit sou ;
> . . . .
> C'est un sou ! c'est peu ! c'est bien peu !
> Et pourtant cet objet si frêle
> Ouvre les portes du bon Dieu.

Bien des yeux seront humides après avoir lu l'histoire de Soli, par Mlle A. B., récit de la mort d'un enfant chinois, massacré pour la foi sous les yeux de sa mère.

Tournez le feuillet : nous passons du domaine de la réalité sévère dans le royaume de la fantaisie ; mais que de charme dans cette fiction exquise et coquettement illustrée des *Petits propagateurs de la Foi*, odyssée de deux enfants qui s'improvisent missionnaires et partent un beau matin pour les pays d'outre-mer dans le but de convertir à la vraie religion tous les infidèles ! On le devine sans peine, à peine mise à exécution, leur généreuse entreprise est entravée et les jouvenceaux sont ramenés au foyer maternel, non pourtant sans avoir fait une première conquête..... Quelques pages plus loin, l'histoire du *Cocher de fiacre bien content* nous montre sous un nouveau jour le talent descriptif, l'esprit d'observation et la verve spirituelle du même auteur. Ces deux nouvelles seront d'autant plus appréciées que, sous leur forme humoristique, ce sont d'excellents plaidoyers en faveur de notre Œuvre.

MM. Baulez et Fourcade, missionnaires à Pondichéry, nous ont envoyé des légendes et des histoires hindoues du plus piquant intérêt ; le P. Denjoy, un curieux conte malgache, et Mgr Livinhac, une fable baganda : *le Lapin et l'Eléphant*.

L'auteur de Soni a encore écrit pour notre almanach l'héroïque épopée de Sélim l'apôtre, épisode des premiers temps de la conquête algérienne. Le R. P. Le Roy, de Zanzibar, qui manie le crayon et la plume avec un égal talent, a esquissé, sous le titre de *Bêtes d'Afrique*, une vingtaine de caricatures très réussies.

Enfin, une nouvelle délicieuse, dédiée « aux plus petits de nos lecteurs », *Comment Loulou devint savante*, couronne cette série de récits, de poésies, de légendes, dont notre incomplète énumération suffit cependant à indiquer la variété.

**

Voilà un aperçu des principaux articles composant nos deux Almanacs. Chacun de ces articles est précédé et suivi de récréations, de notices pittoresques, d'entrefilets piquants, le tout agrémenté d'illustrations. Outre l'attrait qu'offrent ces Almanacs, le lecteur y trouve en fait l'acquisition à la joie de participer à une bonne œuvre, car ils sont mis en vente au profit des missions.

**

Pour les demandes de plusieurs exemplaires, on fait les remises suivantes :

Almanach des Missions

7 pour	6	3 fr. port en sus (1 colis post. à domic., 85 cent.		
15 —	12	6 »	—	—
65 —	50	25 »	—	par grande vitesse.
135 —	100	50 »	—	—
700 —	500	250 »	—	par petite vitesse.
1500 —	1000	500 »	—	—

Petit Almanach de l'Œuvre de la Propagation de la Foi.

7 pour	6	1 20	port en sus, 0 45.	
15 —	12	2 40	—	0 85.
65 —	50	10 »	—	en deux colis postaux, 1 70.
135 —	100	20 »	—	par grande vitesse.
700 —	500	100 »	—	par grande ou petite vitesse.
1500 —	1000	200 »	—	—

DONS

Pour l'Œuvre de la Propagation de la Foi

ÉDITION FRANÇAISE.

Collège de Mongré, diocèse de Lyon	1,000
Au nom de feu M. Jules Fraisse, à Lodève, diocèse de Mont-pellier	2,000
M. Jean Goudeau, diocèse de Tulle	5
Mme Catherine Canary (Canada).	200
M. W.-L. Lutz, de Buffalo	500
Anonyme du Canada	1,544 90
Anonyme de Molsheim, diocèse de Strasbourg	100

Pour les missions les plus nécessiteuses (Mgr Lasserre, Aden).

Un anonyme du Havre, diocèse de Rouen	100
Anonyme de Montat, diocèse de Cahors	20
Anonyme de Quimper	100
M. l'abbé Lubiez Rowicci, à Montpellier	20
Mme A.-M.C. de M..., de Lyon	1,000
Anonyme du diocèse de Chambéry	50
Anonyme de Houilles, diocèse de Versailles	5
M. Ch. Lippé, à Québec	7 35

A Mgr Laouënan, archevêque de Pondichéry, pour les affamés.

Anonyme de Saint-Florentin, diocèse de Sens, avec demande de prières	5
M. A. X. du diocèse d'Angers	100
M. L. de Dijon	20
Une anonyme de Bordeaux	15
Anonyme de Marseille	5
Anonyme de Lyon	4 95
Anonyme de Saint-Thurin, diocèse de Lyon, avec demande de prières spéciales	40
Un anonyme du diocèse de Nîmes	10
Anonyme de Paris	4
Anonyme de Cassis, diocèse de Marseille	500
Anonyme du diocèse de Fréjus, avec demande de prières pour deux défunts	10
Une abonnée du diocèse de Quimper, avec demande de prières.	20
A C., diocèse de Lyon, demande de prières	12

A M. Fourcade (Pondichéry), pour les affamés.

Mlles M. de Bitche, diocèse de Metz	150
Mlle B. de Cattenom, diocèse de Metz	10
Mlle Cath. G., domestique, Bitche, diocèse de Metz	8 75
M. Moyzant, curé de Chervieux, diocèse de Poitiers	21

Au R. P. Pragasanader (Pondichéry), pour les affamés.

Une abonnée du diocèse de Quimper	25

Au R. P. Darras, pour l'Eglise de N.-D. de Lourdes à Chetput (Indes).

Une abonnée du diocèse de Paris	25

A Mgr Riccaz, évêque de Nagpore, pour les veuves païennes.

Une abonnée du diocèse de Quimper, avec demande de prières.	5

Au R. P. Mengelle, pour ses orphelins (Maduré).

Une anonyme de Bordeaux	5

Pour les affamés du Su-tchuen occidental.

M. A. Maës, diocèse d'Orléans	25
M. H. de Farcy, à Rennes	6

A. M. Corre, à Kummamoto (Japon méridional), pour ses catéchistes.

M. A. Maës, diocèse d'Orléans	50
Mme de G., diocèse de Moulins	130

(La suite des dons prochainement).

TH. MOREL, *Directeur-gérant.*

Lyon. — Imprimerie MOUGIN-RUSAND, rue Stella, 3.

AMÉRIQUE DU NORD. — TYPES D'INDIENS; d'après des photographies (voir page 496)

Chippeway
Pawnie
Otoes
Sioux
Gros-Ventre
Pied-Noir
Sac et Renard
Gros-Ours

CORRESPONDANCE

FIDJI (Océanie)

La première église en pierres de l'archipel fidjien.

Nous avons signalé bien des fois les progrès que fait la religion catholique dans les archipels océaniens. Pour seconder ce magnifique mouvement, les missionnaires remplacent peu à peu les fragiles chapelles de roseaux ou de planches, par des églises en maçonnerie. Comme aux premiers siècles de l'ère chrétienne, les missionnaires, les évêques eux-mêmes, travaillent de leurs mains avec leurs néophytes et, en familiarisant leurs ouailles avec les procédés de construction en usage dans la vieille Europe, ils contribuent aux progrès de la civilisation.

LETTRE DU R. P. J.-B. PRIN, DE LA SOCIÉTÉ DE MARIE, MISSIONNAIRE APOSTOLIQUE AUX ILES FIDJI, AU R. P. DAVID, DE LA MÊME SOCIÉTÉ.

La construction de notre église de la Sainte-Croix touche à son terme. C'est la première église en pierre bâtie aux Iles Fidji. Jusqu'à présent, toutes les chapelles,

N 1167. — 16 OCTOBRE 1891.

aussi bien que les écoles et résidences des missionnaires, avaient été construites en planches, en bambous ou en roseaux. Ce sera donc le plus solide et le plus beau monument de la contrée. Aussi la cérémonie de bénédiction ne manquera pas d'être une grande solennité. Une foule considérable de néophytes viendront contempler de leurs yeux *la grande maison de pierres* dont on parle déjà dans toutes les iles de l'Archipel. Ils verront eux-mêmes que l'on peut réellement faire des cases toutes de pierre, et ils ne regarderont plus comme des légendes les descriptions faites par nous des cathédrales d'Europe.

Nos diverses chrétientés vont rivaliser de zèle pour doter leurs missions respectives d'églises aussi solides et aussi belles. Nous nous perfectionnerons dans l'art de bâtir et bientôt, nous pourrons construire à Monseigneur une cathédrale moins indigne de ce nom que sa pauvre chapelle de planches.

Quelques détails sur ce travail sans précédent.

Aussitôt après sa nomination comme vicaire apostolique et dès la première retraite qui nous réunit tous, notre vénérable évêque nous témoigna le désir de voir des églises en pierres remplacer peu à peu nos chapelles en bois. Chaque missionnaire de répondre qu'aucun d'eux ne sachant bâtir, il n'était pas aisé d'entreprendre un pareil travail ; même inexpérience de la part des indigènes. Pouvait-on espérer faire venir un entrepreneur et des ouvriers d'Australie ? mais les frais du voyage et la solde de chaque jour eussent dépassé les ressources de la mission.

Monseigneur ne se laissa pas arrêter par ces difficultés ; il avait vu les belles églises que nos confrères de Futuna, de Wallis, de Tonga, de la Nouvelle-Calédonie ont élevées de leurs mains dans ces diverses iles. Lui-même, pendant ses quinze années de mission à Samoa, avait construit une église et plusieurs chapelles, dans les divers villages catholiques. Pour tous ces travaux, il avait été architecte, entrepreneur et souvent maçon. Sa Grandeur pouvait donc nous donner des leçons.

Mais par où commencer, et quelle mission aurait les prémices ?

Comme notre église de Wairiki avait été renversée par le cyclone de 1889, il fallait la relever. Sitôt qu'il apprit ce désastre, Mgr Vidal était venu nous consoler et devant la chrétienté réunie, il avait annoncé qu'il désirait bâtir une grande église en pierres sur l'emplacement de l'ancienne. De plus il voulut la dédier à la Sainte-Croix, en nous disant : « Puisque à cet endroit même passe le 180e degré de longitude, il faut que là s'élève une belle église dédiée à la Croix du Sauveur ; nous y bâtirons un clocher que nous surmonterons d'une croix ; en sorte que, d'une hémisphère à l'autre, la croix puisse dominer le monde. Il faut qu'ici, sur un haut clocher, comme sur l'obélisque de Rome, la croix triomphe, règne et commande. »

Dès le lendemain, Monseigneur fit exécuter un four à chaux, comme il en avait fait plusieurs à Samoa. Il fit creuser une fosse de trois brasses de diamètre et d'une profondeur de 1 m. 50. Puis il fit disposer des troncs de cocotier pour supporter le bois et les copeaux à chaux. On apporta de la forêt voisine une grande quantité de bois sec, puis du bois vert en pièces énormes, jusqu'à ce que la fosse fût remplie. Alors on alla concasser les madrépores du récif et toutes les pierres de corail jetées sur le rivage. Cent indigènes les portèrent en file, sur leurs épaules, et vinrent les jeter sur la fosse. On mit alors le feu et sous l'action d'une fournaise qui brûla deux jours entiers, cette montagne de corail se réduisit en poudre et forma une chaux excellente.

Pendant que cette chaux s'éteignait, les hommes et les grands élèves apportaient près de l'emplacement de la nouvelle église autant de pierres qu'il était possible d'en rassembler. De leur côté, les femmes et les grandes élèves des Sœurs se chargeaient de la corvée du sable. Deux jours après, il y en avait assez pour la moitié des fonda-

tions. Malheureusement la chaux était encore brûlante et nous ne pouvions songer à bâtir de suite. Mgr Vidal se contenta donc de tracer les fondations, cent vingt pieds de long et trente-huit de large. Puis il fit creuser un coin, à l'angle droit de la façade. Après l'avoir béni et y avoir posé la première pierre, le prélat dut nous quitter ; mais il nous promit de revenir trois mois après pour commencer sérieusement le travail de bâtisse. Durant ce temps, chaque village avait à faire son four à chaux, à préparer des plantations pour nourrir les ouvriers et à transporter sur le chantier beaucoup de pierres et de sable.

Les trois mois s'écoulèrent et Mgr Vidal revint pour présider le Triduum du Bienheureux Chanel et pour reprendre les travaux. Il fallut faire le Triduum dans une longue case de bambous qui servait d'église. Mais nous étions heureux de penser que ce provisoire ne durerait pas longtemps. Les fêtes furent magnifiques : elles se terminèrent par une communion générale.

Dès le lendemain, chacun était à l'œuvre et en une journée la moitié des fondations fut creusée. Plus de cent indigènes travaillaient de toute l'ardeur de leurs cœurs et de toute la force de leurs bras. Comme les bêches et pics en fer manquaient, ceux qui n'avaient pas pu s'en procurer avaient saisi des bâtons de bois très dur pour creuser et ramollir la terre ; d'autres, faute de pelles, se servaient de leurs mains pour retirer la terre des fondations. Nous arrivâmes bientôt à un fond de roc.

Ce travail était à peine fini que déjà de nombreux néophytes s'étaient dispersés sur la montagne voisine. Durant plusieurs jours on les vit déraciner d'énormes quartiers de roches volcaniques qu'ils faisaient rouler jusque dans les fondations. Dès que la première assise en eût été posée, il fallut lier les pierres ensemble avec un mortier hydraulique que notre évêque nous apprit encore à préparer.

Avec cette ardeur de nos indigènes, le travail alla vite. Bientôt l'édifice s'éleva peu à peu ; les larges portes et fenêtres romanes ne tardèrent pas à paraître et à exciter l'admiration de tous. Le clocher surtout montait rapidement sur la façade de l'église, soutenu, comme de deux contreforts, par le baptistère et la chapelle qui lui fait pendant. Qu'à ce baptistère viennent se faire régénérer non seulement les fils de nos catholiques, mais les nombreux adultes protestants et païens, qui se comptent encore par milliers dans l'île de Taveuni et les autres Iles du Laou.

Notre église elle-même ne manquera pas d'attirer des conversions. Déjà catholiques et autres parlent beaucoup de la vale votu (case de pierres), qui s'est élevée comme par enchantement : les visiteurs abondent et on attend avec impatience le grand jour de la bénédiction.

Nous n'avons qu'à remercier Dieu de la manière dont il nous a protégés durant cette construction. Nos néophytes nombreux et dévoués y ont travaillé près de deux ans sans jamais se plaindre : ils sentaient qu'ils travaillaient pour Dieu et pour eux-mêmes ; aussi, non seulement ils ne trouvaient pas leur journée trop longue ; mais ils paraissaient même se retirer avec regret, lorsque la cloche les appelait à la prière du soir.

Enfin, les murs de la Sainte-Croix touchèrent à leur terme : il fallut songer à la charpente et à la toiture. Jusque-là nous avions pu travailler sans trop de dépenses, car Fidji nous fournissait tous les matériaux des murailles, mais il fallut faire venir d'Australie ou de Nouvelle-Zélande la plus grande partie de la charpente et le fer galvanisé qui devait l'abriter.

Nous avons sollicité quelques secours de la part des parents et amis : mais ces secours arrivent toujours trop lentement et sont insuffisants. J'y ai ajouté les économies que nous avons pu faire en renonçant au pain, à la viande et au vin. Il fallait bien finir notre église, et, d'ailleurs, lorsqu'on est jeune et qu'on a bonne santé, il est aisé de se priver de bien des choses et de les remplacer par des taros et du poisson. Malgré cela, nous n'avons pas encore réussi à payer toute la charpente.

Il faudrait aussi des fenêtres à notre église. J'avouerai même que j'ambitionne des grisailles de couleur : quel effet ne feraient pas ces grisailles éclairées par notre beau soleil des tropiques ! Et comme nos indigènes auront une plus grand idée de Dieu en voyant que nous lui élevons une maison plus belle que celles de tous leurs chefs et de leurs anciens rois !

Mais, pour cela, j'ai besoin de compter sur la générosité des bienfaiteurs de l'Œuvre admirable de la Propagation de la Foi, qui ne manqueront pas d'aider nos néophytes à compléter l'église de la Sainte-Croix.

DÉPARTS DE MISSIONNAIRES

Le 5 septembre, le R. P. Duval, dominicain, préfet apostolique de la mission de Mossoul, s'est embarqué à Marseille, à destination de Constantinople, pour retourner en Mésopotamie. Il a été rejoint à Constantinople par les RR. PP. Bonvoisin et Simon, ainsi que par six religieuses de la congrégation de la Présentation, qui sont partis de Marseille, le 19 septembre.

— Mgr Cazet, de la Compagnie de Jésus, vicaire apostolique de Madagascar, s'est embarqué à Marseille le 12 octobre pour retourner dans sa mission.

Le paquebot du 12 septembre ayant emporté pour Madagascar deux Pères, deux scholastiques et un Frère coadjuteur, le vénérable évêque n'emmenait avec moi aucun missionnaire.

INFORMATIONS DIVERSES

Kouang-si (*Chine*). — M. Jean-Victor Humbert, des Missions Etrangères de Paris, missionnaire au Kouang-si, écrit à sa famille :

« A l'heure où je commence ma lettre, mon réveil-matin marque sept heures et demie. Je viens de terminer la prière du soir, et j'ai envoyé mes petits Chinois se reposer sur leur natte. Ils s'amusent encore à jaser et, tout en écrivant, je leur dis : « *Ouâ ouâ ngy mên yaô chouy Kô Chouy* » (Dormez, mes enfants, dormez !)

« Maintenant silence complet, je n'entends plus que le tic-tac de mon réveil. Ces pauvres enfants sont toujours à mes côtés ; ils sont gentils et pieux ; l'un surtout est d'une piété angélique. Il m'a demandé avec de vives instances une petite croix, et lorsque je la lui eus donnée, il me dit : « Oh ! maintenant je ne crains « plus le diable. »

« Nous avons reçu un confrère, ce n'est point un nouvel arrivé dans la mission, car il habite la Chine depuis dix ans ; mais il est nouveau pour le haut Kouang-si. C'est le P. Lavest, dont vous avez pu lire autrefois quelques correspondances dans les *Missions catholiques* ; bon Auvergnat et surtout bon missionnaire, doublé d'un confesseur de la foi, car s'il n'est pas mort sous les coups, c'est par un miracle. On voit encore sur son front les cicatrices de ses blessures. Oh ! qu'il sera beau un jour, ce front couronné de l'auréole des martyrs !

« Pour le moment, le vénérable missionnaire me prie de lui faire connaître le pays, et je ne puis lui refuser ce service. Nous nous entendons comme deux bons frères et, chemin faisant, nous rions de nos malheurs. Il a fait un pacte avec la fièvre et, comme disent les Chinois, il la tape tous les trois jours. Nous couchons dans de si misérables réduits qu'il est difficile de se bien porter. Les nuits maintenant sont assez froides et quelquefois nos couvertures de voyage ne suffisent pas.

« La semaine prochaine, je vais partir pour visiter mes rares chrétiens. Il faut avec ces pauvres âmes, beaucoup de patience, et si le bon Dieu ne nous aidait de sa grâce, nous serions souvent à bout de ressources. Il faut redire cent fois la même chose. Hier encore, on me rapportait ce propos de la femme d'un chrétien qui fut martyrisé avec le Père Chapdelaine. Elle prétendait que son mari lui apparaissait souvent et lui disait qu'au ciel il y a des rizières. Et ces pauvres gens, prenant tout cela au sérieux, disaient : Il n'y a pas besoin de se donner tant de peine pour aller au ciel, si au ciel il y a encore des rizières à cultiver !...

« Notre courrier se rendant dernièrement à Chang-sé a été pillé. On lui a volé un calice et des habits que les parents d'un missionnaire défunt réclamaient. Fort heureusement l'on n'a pas touché à nos lettres ; autrement vous auriez été bien longtemps à attendre de mes nouvelles. Donc, s'il arrive parfois que mes correspondances subissent un retard, il ne faut vous étonner de rien. Je l'ai dit bien souvent : on ne peut comparer la Chine avec les pays d'Europe, et j'ajoute : Il ne faut pas comparer le Kouang-si aux autres provinces de la Chine, car nous sommes les derniers sous tous les rapports, et les plus sauvages d'entre les sauvages..... »

Cochinchine orientale (*Annam*). — M. Grangeon, des Missions Etrangères de Paris, missionnaire à Lang-Song, nous écrit :

« Mgr Van Camelbeke m'a, dernièrement, rappelé au collège, et remplacé à Dai-An par le P. Blais. Les affaires de ce district ne me regardent donc plus directement. Toutefois, je ne saurais m'en désintéresser ; ces chrétiens, que j'ai eu le bonheur de baptiser en majeure partie, sont toujours mes enfants bien-aimés. Eux, et leur nouveau curé, me pressent amicalement de leur venir en aide pour la construction d'une église centrale assez vaste pour contenir tous les fidèles, et permettre de donner enfin au culte divin un peu plus d'éclat que par le passé. Il faudrait pour cela de 6,000 à 7,000 francs. Le petit encouragement que donnera la mission, les cotisations des chrétiens — il y en a fort peu de ricies — leur travail manuel, fourniront à peu près la moitié de la somme : où trouver le reste ?... Je vous en prie, aidez-nous un peu pour une œuvre aussi nécessaire à l'affermissement de la foi dans ces jeunes et intéressantes chrétientés. »

Tong-King. — Sous ce titre: *Les Missionnaires et M. de Lanessan,* on lit dans la *Correspondance Tonkinoise :*

« Après les attaques dont l'évêque du Tong-King a été l'objet au sujet de ses lettres sur la situation de la colonie, il était curieux de voir quel accueil serait fait aux missionnaires par M. de Lanessan, qui, on le sait, n'est rien moins que clérical. Cet accueil a été excellent; les Pères de la mission d'Hanoï ont vu de suite que le gouverneur général agirait en véritable chef d'État, se plaçant au-dessus des querelles du parti, décidé à ne négliger aucune des forces vives pouvant lui être utiles dans l'œuvre difficile qu'il a entreprise.

« Quelques jours après, Mgr Puginier, qui se trouvait dans l'intérieur et n'avait pu arriver à temps à Hanoï pour les réceptions officielles, a eu plusieurs entrevues avec M. de Lanessan. On a beaucoup remarqué, au premier grand dîner officiel, le toast porté par M. de Lanessan à Mgr Puginier, « le plus ancien « colon du Tong-King ».

« On peut penser ce que l'on veut au sujet de la religion catholique; mais nous ne craignons pas de répéter que l'œuvre des missionnaires au Tong-King ne peut que profiter à la civilisation et à la cause française.

« Il y a plus de trois cent mille chrétiens au Tong-King, et, malgré l'état troublé du pays, leur nombre augmente tous les jours. Les chrétiens échappent à l'influence de la cour de Hué, à celle des lettrés, ainsi qu'au parti de la résistance. Certainement, ils ne sont pas parfaits, on trouvera parmi eux des voleurs, comme dans le reste du pays; quelques-uns même iront se joindre aux pirates; mais aucune troupe ne se formera dans leurs paroisses, où ils ne trouveront jamais asile; ils resteront toujours groupés autour de chefs spirituels, qui vivent au milieu d'eux, parlent leur langue, connaissent leurs besoins et savent les protéger contre les exactions.

« Les missionnaires sont admirablement renseignés, ils ont toujours prévu les mouvements, les incursions des bandes chinoises, les infiltrations de rebelles, les famines, en un mot tous les événements qui ont désolé le Tong-King. On peut s'en convaincre en relisant les rapports qu'ils n'ont jamais cessé d'envoyer, depuis l'occupation française, aux chefs du gouvernement, et qu'on a peut-être eu tort de ne pas écouter.

« Chose bizarre, c'est Paul Bert, un anticlérical celui-là, qui, de tous nos résidents, a le mieux jugé la situation des chrétiens du Tong-King et le parti qu'on pouvait en tirer; sa mémoire est conservée parmi eux..... »

Mozambique. — Le R. P. Courtois, de la Compagnie de Jésus, supérieur de la mission de Saint-Joseph du Bembé, écrit d'Inhambane, le 22 août 1891:

« Depuis cinq ou six jours, je suis venu à Inhambane pour traiter différentes affaires de la nouvelle mission Saint-Joseph du Bembé. Je suis enfin installé. Mais que de travaux encore et de besoins pour mettre la mission sur un bon pied! J'ai l'intention de vous envoyer prochainement un aperçu sur ce champ d'apostolat, afin d'exciter vos lecteurs à nous venir en aide.

« Nous avons eu ce matin une violente secousse de tremblement de terre. Elle suivait la direction du nord au sud, un sourd frisson a précédé la secousse, qui alla en augmentant jusqu'au moment où la terre semblait se dérober sous nous.

« La veille, pendant la nuit, à onze heures, on avait ressenti une secousse non moins notable et j'avais été réveillé en sursaut. Le jour de l'éclipse de lune, le 22 mai, juste au moment où il y eut jonction des deux astres, la terre trembla pendant quelques secondes. Ces phénomènes, assez rares jusqu'ici dans cette partie de l'Afrique, deviennent depuis quelque temps plus fréquents. Dieu veuille que ce soit le signe de la destruction de l'empire de Satan parmi les pauvres noirs et païens de l'Afrique australe. »

LES INDIENS

DANS LES PLAINES DE L'AMÉRIQUE DU NORD

Par le R. P. **LEGAL**, missionnaire,
Oblat de Marie Immaculée.

Cette étude ethnographique, avec ses gravures pittoresques et instructives, nous est envoyée par un missionnaire qui a passé de longues années au milieu des indigènes du continent américain. C'est donc un travail digne d'attirer l'attention; la compétence de l'auteur, son impartialité, le soin scrupuleux qu'il a apporté dans la rédaction de cette notice, sont autant de garanties de l'exactitude de ces assertions. Cette courte monographie vaut un long volume, car rien d'aussi complet n'avait encore été publié sur les Indiens du nord de l'Amérique.

Tous les sauvages de l'Amérique du Nord ont vraisemblablement une même origine ; cependant, malgré les nombreuses marques caractéristiques qui rattachent entre elles les différentes tribus, certaines particularités les distinguent. Ces particularités sont dues, sans doute, aux influences du milieu, aux différences du climat et au genre de vie et d'occupations habituelles.

A ce point de vue, les sauvages de l'Amérique du Nord ont été classés en trois principales catégories, qui présentent en effet des différences de mœurs assez marquées. Ce sont 1° les Indiens riverains des fleuves et des lacs, vivant spécialement du produit de la pêche ; 2° les Indiens des bois et des forêts, vivant du produit de la chasse, avec certaines habitudes sédentaires, et enfin 3° les Indiens des prairies, vivant aussi du produit de la chasse et principalement de la chasse du buffalo, mais habitués à l'existence absolument nomade.

C'est sur cette dernière classe de sauvages que je me propose de donner quelques notes explicatives. Presque tous les types dont nous reproduisons les portraits, pages 493 et 499, peuvent être rangés dans la classe des Indiens des prairies. A vrai dire, ces peuplades, jadis entièrement nomades, ont dû modifier considérablement leur genre de vie ; les troupeaux de buffalos ont disparu, le flot de l'émigration s'est répandu dans les vastes solitudes de l'ouest, et les gouvernements s'efforcent de maintenir les tribus sauvages sur les Réserves qui leur ont été assignées. C'est donc surtout la vie du sauvage telle qu'elle était encore il y a une vingtaine d'années, plutôt que leur genre de vie actuel, que nous allons décrire.

* *

Indiquons d'abord les principales peuplades qui feront le sujet de cette étude.

Les *Sioux*, dont plusieurs tribus sont ici représentées, habitent, ainsi que les *Poncas*, dans le territoire du Dacota ; les *Gros-Ventres* et les *Corbeaux*, dans le territoire du Montana. On trouve les *Pawnees* et les *Otoes*, dans le Nebraska.

Les différentes tribus des *Utes* sont réparties dans l'Utah, le Nevada et le Colorado, les *Sac et Renards* sont dans le Kansas. Les *Nez percés*, ainsi que les *Navajos* et les *Apaches*, sont sur l'autre versant des Montagnes Rocıeuses. Les *Nez percés*, dans l'Idaho, les *Apaches* et les *Navajos*, plus au sud, dans le Nouveau Mexique et l'Arizona.

.·.

Toutes ces tribus sont renommées depuis longtemps pour leurs guerres incessantes, entre elles d'abord, et ensuite avec le gouvernement américain. Naturellement, les opinions et les appréciations émises au sujet de ces peuplades sauvages sont bien diverses.

Ceux qui ont eu à lutter contre ces tribus, soulevées par des injustices de toutes sortes, et qui ont été témoins des scènes de carnage inséparables de la guerre, dans l'esprit du sauvage, ont dépeint les Indiens comme des êtres pires que la brute ou plutôt comme des démons incarnés, absolument étrangers à tout sentiment ıumain. Mais, pour juger l'Indien en connaissance de cause et avec équité, ceux-là étaient-ils dans les conditions d'indépendance d'esprit, nécessaire à la stricte impartialité ?

Ceux qui, au contraire, ont approcıé ces tribus sauvages en temps de paix, et alors que les esprits n'avaient pas encore été exaspérés par les dénis de justice et les outrages les plus révoltants, se sont toujours loués de la cordiale ıospitalité qu'ils ont reçue chez ces fiers nomades des immenses plaines de l'ouest. Ils ont trouvé là un peuple ıeureux et libre, vivant dans l'abondance et se plaisant à en faire jouir l'étranger assez courageux pour se fier à la loyauté de ses ıôtes : un peuple superstitieux, il est vrai, mais exempt de ces cruautés qui font trop souvent cortège à la superstition et à l'idolàtrie : un peuple dominé à tel point par l'idée de justice et d'ıonneur, qu'à elle seule cette idée suffisait à le préserver presque entièrement de crimes et de délits en l'absence de toute législation et de tout pouvoir coërcitif : un peuple ignorant la plupart des vices que la civilisation est venue lui apporter depuis : un peuple intelligent et sociable, joyeux et même enjoué, qui avait jusque-là respiré l'air de la liberté avec la brise vivifiante de son vaste domaine : un peuple enfin, doué d'un pıysique remarquable et d'une constitution de fer, que le vice n'avait poınt encore amollie.

.·.

Le sauvage, ivrogne et mendiant, sale et abruti, se rencontre peut-être aujourd'ıui, surtout dans les localités où il a vu de trop près la prétendue civilisation ; mais, dans les temps primitifs, où le sauvage était encore libre dans ses immenses prairies, ce pıénomène eût été presque introuvable. Les cruautés enregistrées par l'ıistoire s'expliquent facilement par les nécessités de la lutte et l'instinct de la revanche : si, pour tous les cas, on pouvait remonter aux causes qui les ont provoquées, on demeurerait convaincu que toutes ces ıorreurs n'ont été, le plus souvent, que des représailles ; que des atrocités non moins révoltantes avaient été commises par les Blancs contre ces peuplades infortunées ; que des aventuriers, rebuts de la Société, venaient sans aucun droit s'établir sur leurs terres, empiéter sur

leurs cıasses et leur faire subir un joug d'arbitraire et d'infamie que les premiers occupants n'avaient aucune obligation d'accepter sans résistance.

.·.

Mais il serait trop long d'entreprendre ici la défense de ces pauvres peuples, si maltraités par les événements et plus encore par l'ıistoire. Les documents abondent cependant, pour rétablir la vérité des faits, et peut-être qu'un jour, ce travail de réıabilitation sera accompli. Malheureusement le dernier représentant de la race aura disparu. N'importe ! ce fait lui-même, ajouté à tant d'autres dont il sera la conséquence naturelle, pèsera comme un éternel remords sur ceux qui auront contribué si injustement à l'extinction d'une race admirablement douée pour la vie sociale et pour la vertu !

Contentons-nous donc seulement de donner quelques détails sur le genre de vie de ces sauvages. Leur *demeure*, leur *habillement*, les *ornements de leur costume*, leurs *armes* de cıasse et leurs *armes* de guerre, tout cela nous fournira l'occasion de faire connaître de nombreuses particularités.

Cette étude pourra avoir quelque intérêt pour ceux à qui le sort de ces peuplades n'est pas indifférent, et qui s'efforcent, dans la mesure de leurs moyens, de soutenir les missions établies parmi ces différentes tribus sauvages et de venir en aide aux missionnaires qui ont renoncé à tous les avantages de la civilisation, pour s'attacıer à ces primitifs ıabitants des grandes prairies américaines et travailler à leur évangélisation.

LA LOGE OU DEMEURE DES SAUVAGES.

Les gravures pages 493 et 499 offrent les portraits de cinq cıefs sauvages, et la gravure page 498 nous montre la loge, le wigwam sauvagə.

C'est là, par excellence, la demeure de l'Indien des prairies. C'est là qu'il est né ; c'est là que, jeune encore, pendant les longues soirées d'ıiver, il a écouté, tout émerveillé, les étranges récits de ses aïeux et qu'il a été initié aux traditions bizarres de sa superstitieuse croyance, qui lui fait découvrir, dans toutes les forces de la nature et dans tous les êtres avec lesquels il est en rapport, des influences auxquelles il se croit soumis. C'est là que, parvenu à l'âge mûr, il a réuni ses amis et ses procıes pour les faire participer à ses festins primitifs et faire étalage de sa générosité. C'est là que, plus tard encore, il a lui-même raconté à ses petits-enfants les merveilleuses légendes qu'il avait reçues de ses aïeux. Aussi l'Indien reste-t-il toujours attacıé à sa loge, et lorsque, par le progrès de la civilisation, il parvient à se procurer une demeure plus confortable, souvent il dressera sa loge près de sa maison et aimera à y séjourner, à y parler du bon vieux temps, se trouvant là, comme il le dit, plus entièrement sous le regard du Grand Esprit.

En réalité, il faut l'avouer, il ne pouvait y avoir d'habitation mieux adaptée à la vie dn sauvage entièrement nomade et accoutumé à se transplanter quelquefois à de grandes distances à la poursuite des troupeaux de la prairie.

La loge, parmi les Indiens des prairies, était généralement faite avec les peaux d'animaux tués à la chasse et spécialement de peaux de buffalos. Ces peaux, une fois préparées, étaient cousues ensemble en nombre suffisant pour envelopper la charpente d'un cône régulier. Voici quelle était la manière de préparer ces peaux, pour la loge. Le poil était d'abord raclé ou arraché, puis la peau amincie et assouplie au moyen d'instruments primitifs, mais cependant assez bien conditionnés pour obtenir le résultat désiré. De plus, chez quelques tribus, on avait un procédé qui consistait à fumer ou boucaner ces peaux, ce qui leur ôtait de leur blancheur, mais leur donnait la qualité de n'être que très peu affectées par la pluie et de rester, une fois séchées; aussi souples qu'auparavant.

.

La charpente de la loge est formée d'une vingtaine de longues et légères perches de pins, que les sauvages vont se procurer à de grandes distances. Les perches sont encore amincies dans leur partie inférieure, pour être d'une épaisseur plus uniforme dans toute leur longueur.

Les éléments de la loge étant préparés, voici comment elle se monte. Quatre des perches sont attachées ensemble à leur extrémité, puis dressées les pieds suffisamment écartés. Les autres perches sont appuyées contre cette charpente tout à l'entour. Alors l'ensemble des peaux formant l'enveloppe de la loge est attaché par la partie du sommet à une autre perche, celle-ci est élevée et appuyée contre l'assemblage du côté qui sera le fond de la loge, il n'y a plus qu'à dérouler la tente à droite et à gauche et à ramener les deux bords en avant, de façon à les croiser l'un sur l'autre. Puis on ferme ce devant de la loge au moyen d'aiguillettes en bois, passant à travers des ouvertures pratiquées à l'avance, comme on attache deux pièces d'étoffes au moyen d'épingles. Alors, en écartant les perches à la base, on donne à la tente toute la tension voulue, et, au moyen de

fiches en bois, on fixe au sol tout le pourtour inférieur; si l'on se trouve dans un endroit exposé au vent, on assujettit en outre la loge avec des pierres ou des corps lourds placés sur les bords traînants du revêtement.

Il faut observer que le devant de la loge n'est pas fermé depuis le bas jusqu'en haut. Au bas, il y a un espace de trois à quatre pieds, laissé ouvert pour servir de porte. Une peau de petite dimension et rigide, attachée à la loge par sa partie supérieure, vient fermer cette ouverture en se rabattant sur elle. Vers le sommet, il y a aussi un espace laissé libre de deux ou trois pieds environ, et même deux pièces supplémentaires, de forme triangulaire, sont cousues à la loge, c'est ce qu'on appelle les oreilles. Une petite ouverture est pratiquée à l'extrémité de chacune d'elles, et deux perches, passées et maintenues dans ces ouvertures, servent à varier la disposition des oreilles, de façon à empêcher le vent de refouler la fumée du foyer à l'intérieur.

Les genres de décoration étaient variés; cependant ils peuvent se réduire à un certain nombre de types qui se perpétuaient de générations en générations. Pour ces décorations, les Indiens se servaient des couleurs les plus brillantes qu'ils pouvaient se procurer.

Quelquefois ils traçaient de larges bandes de différentes nuances, transversalement ou horizontalement; d'autres fois, sur un fond uniforme, il y avait des plaques de diverses couleurs qui se détachaient du fond avec beaucoup de vigueur; quelquefois c'étaient des figures d'animaux qui étaient représentées : par exemple, une rangée de têtes de buffalos, faisant le tour de la loge, des antilopes, une procession de faisans, des ours luttant ensemble, des cerfs, etc., etc. Il y avait aussi la loge du serpent. Deux serpents à sonnette occupaient le pourtour de la loge et les deux têtes venaient se montrer, gueules béantes, sur le devant, à droite et à gauche de la porte, les deux crotales de la queue se réunissant à la partie opposée. Enfin, mais plus rarement, le guerrier représentait sur sa loge quelques-unes de ses expéditions de chasse ou des combats. Mais ces peintures, étant faites pour être vues à distance, étaient tracées à grands traits et dans de larges proportions.

AMÉRIQUE DU NORD.— Loges (*Wigwams*) d'Indiens, d'après un dessin (voir le texte)

Quoique le dessin, surtout dans les figures d'hommes et d'animaux, ne soit pas très correct, cependant la caractéristique de chaque animal est tellement accentuée, que la méprise n'est pas possible. Il faut ajouter que ces peintures sont composées dans un style qu'on pourrait appeler hiératique ou traditionnel, de telle sorte que tous les sauvages représentent les mêmes objets de la même manière, en se soumettant à certaines lois qui ne sont point imposées par la nature. Ainsi, par exemple; le serpent à sonnette ne sera pas représenté avec des replis sinueux et arrondis, mais bien par une série de lignes rigides et brisées, peintes alternativement en deux couleurs.

Les loges étaient de dimensions variables suivant le nombre de ceux qui devaient les occuper. Quelques-unes pouvaient avoir jusqu'à vingt pieds de diamètre à la base, et plus de vingt-cinq pieds de hauteur. Dans une semblable loge trois ou quatre familles, comprenant en tout de vingt à trente personnes, sont à l'aise, et en cas de réunion, quarante personnes peuvent y trouver place pour un festin.

Maintenant, il y aurait beaucoup à ajouter sur l'aménagement intérieur de la loge, qui, alors que le buffalo abondait dans la prairie, était, on peut le dire, riche et somptueux en raison des magnifiques fourrures qui y étaient

AMÉRIQUE DU NORD. — TYPES D'INDIENS ; d'après des photographies (voir le texte)

| Ute | Sioux | Gros-Elan | Poisson |
| Apache | Faucon-Noir | Osage | Corbeau |

déployées. Des robes de buffalo passées et assouplies, mais conservant leur fourrure, étaient tendues tout à l'entour jusqu'à une hauteur de quatre pieds environ du sol, ou bien les peaux étaient dépourvues de leur poil, mais décorées de peintures.

Les lits des habitants de la loge étaient étendus à terre sur le pourtour, séparés par une sorte de treillis serrés, faits de petites branches d'osier d'égale grosseur, écorcées, juxtaposées et cousues ensemble. Ces petits treillis, que l'on peut appeler supports pour la tête ou dossiers, étaient de forme triangulaire et avaient aussi leur décoration ; ils étaient maintenus en position au moyen d'un trépied de bâtons plus solides.

Il y a un dossier à chaque extrémité du lit, car, quand deux personnes occupent le même lit, elles ne se couchent pas dans le même sens, mais elles occupent chacune une extrémité, les pieds se croisent. Au haut du trépied sont accrochés le carquois, l'arc, les ornements, armes ou vêtement de chaque occupant. Les intervalles entre deux dossiers servent à recevoir les ustensiles de cuisine ou autres objets.

Les sacs contenant les vêtements de réserve, le pemican ou viande pilée, les provisions de viande sèche, sont rangés le long de la paroi intérieure, espace qui ne pourrait être utilisé autrement, de sorte que tout l'intérieur est parfaitement occupé et aucune place n'est perdue.

La place d'honneur est celle qui fait face à la porte, au fond de la loge, c'est la place qu'occupe le chef de famille; c'est au-dessus de cette place que sont suspendues les principales richesses de la loge, les objets de superstition, le calumet sacré et autres reliques, qui sont censées les génies tutélaires de la demeure.

La place du foyer est juste au centre de la loge. Un rond de pierres de trois ou quatre pieds de diamètre, retient les cendres et les braises; un trépied de bois assez élevé, auquel sont fixés une chaîne et un crochet, sert à suspendre la chaudière. Cependant, dans le temps chaud, la cuisine se fait souvent au dehors, sous un trépied de même genre; ou bien on suspend les chaudières à une pièce de bois transversale reposant sur deux autres bois fourchus plantés en terre, comme il est représenté dans la gravure, page 438.

Est-il besoin de changer de campement ou de transporter la loge à une petite distance, en quelques minutes, en moins de temps même qu'il n'a fallu pour la dresser, la loge est à terre, pliée et prête à être transportée à la place voulue; et comme l'opération peut s'accomplir, en même temps pour toutes les tentes du camp, il arrive qu'un grand campement de plus de deux cents ou trois cents wigwams, un quart d'heure après l'ordre donné par le chef, se trouvera en marche vers son nouveau campement.

La belle loge de peaux de buffalos et les riches fourrures sont des choses du passé, et la toile de coton y a été substituée, mais tout se passe encore de la même manière pour le reste, chez les peuplades qui, comme les Pieds-Noirs, vivent encore une bonne partie de l'année sous la tente.

(A suivre).

VOYAGE AU SINAI

PAR LE

R. P. Michel JULLIEN, de la Compagnie de Jésus.

Suite (1)

XIX

Le Serbal.

De toutes les grandes montagnes de la péninsule sinaïtique, le Serbal est celle qu'on aperçoit la première en venant de l'Egypte ou de la Palestine, et sans contredit la plus imposante par son isolement, sa masse, ses hardis sommets, qui s'élèvent d'un jet à mille quatre cents mètres au-dessus du ouadi Feiran. Si plusieurs autres sommets atteignent une altitude absolue plus considérable, aucun ne présente une pareille différence de niveau entre son point culminant et sa base, aucun ne domine comme lui sans obstacles toute la région qui l'environne.

Il n'est pas bien étonnant que Cosmas (547), dont la mémoire, à ce qu'il paraît par plusieurs passages de son livre, n'était pas bien fidèle, ait confondu cette montagne avec le Sinaï. « Comme les Hébreux étaient pressés par la soif, dit-il, Moïse, sur l'ordre de Dieu, tenant en main la verge

(1) Voir les *Missions Catholiques* des 7, 14, 21, 28 août, 4, 11, 18, 25 septembre, 2 et 9 octobre et la carte, p 417.

et accompagné des anciens, se dirigea sur le mont Choreb, c'est-à-dire le Sina, qui est à six milles environ de Pharan, » distance qui désigne incontestablement le Serbal. Mais comment n'être pas surpris que des voyageurs aussi éclairés que Burchardt (1822) et après lui Lepsius, Ebers et autres, aient embrassé une opinion aussi mal fondée, et que les Guides Baedeker et Joanne (par Emile Isambert), la répandent de nos jours, après que les savants de l'expédition anglaise ont montré jusqu'à l'évidence, par l'étude approfondie des lieux, l'impossibilité d'une telle identification.

Sainte Silvie, plus ancienne que Cosmas et beaucoup plus exacte dans ses récits, donne une tout autre distance de Feiran au Sinaï : « La plupart des saints qui habitaient la montagne de Dieu, dit-elle, daignèrent nous accompagner jusqu'à Faran, les plus forts du moins. Et quand nous fûmes ainsi arrivés à Faran, qui est à trente-cinq milles de la montagne de Dieu, il fallut nous y arrêter deux jours pour nous refaire. » Trente-cinq milles romains, c'est exactement la longueur du chemin le plus court de Feiran à djébel Mouça. Les Anglais l'ont mesurée et leur chiffre répond à trente-quatre milles romains, ou quarante-neuf kilomètres.

Tous les écrivains de l'époque monastique, Silvanus, Ammonius, Nilus, Procopius… tous les pèlerins des siècles suivants, la tradition catholique tout entière, d'accord avec la sainte voyageuse du IVe siècle, placent le Sinaï de l'Exode au djébel Mouça; personne n'est allé vénérer sur le Serbal le trône de Dieu donnant ses lois au genre humain. Le sommet ne porte aucune trace d'édifice religieux; on y trouve seulement les restes d'une tour de garde, dont la construction au mortier ne peut remonter au-delà de l'occupation musulmane. Le nom même de la montagne n'a rien de sacré; il signifie « cotte de mailles », et vient, dit-on, de l'aspect brillant que prennent au soleil les grands rochers lisses de la montagne, quand ils ont été mouillés par la pluie.

D'ailleurs il n'est au pied du Serbal aucun lieu propre au campement de deux millions d'hommes. Impossible d'établir autour d'une montagne aux abords si bouleversés, la barrière que Dieu prescrivit à Moïse afin qu'aucun homme, aucun animal, ne touchât le mont sur lequel le Seigneur allait descendre (1). Bien que Moïse ait été berger dans ces montagnes, on ne conçoit pas comment, à l'âge de quatre-vingts ans (2), il aurait pu, aussi souvent que le texte sacré le raconte en parlant du Sinaï, gravir le sommet du Serbal, dont l'ascension exige cinq grandes heures de fatigue et de dangers, même pour de jeunes et vigoureux grimpeurs.

Que le rocher d'où Moïse fit couler les eaux miraculeuses à Raphidim soit situé à Horeb, d'après le texte sacré (3), et que le Sinaï soit appelé dans l'Ecriture « le mont Horeb », ce n'est pas que le Sinaï se trouve dans le voisinage de Raphidim, et doive être identifié avec le Serbal.

Horeb signifie « terre desséchée » et, suivant l'opinion la plus commune, ce nom désigne toute la partie montagneuse du centre de la péninsule, comprenant aussi bien le Serbal que le Sinaï. Si l'écrivain s'en sert deux ou trois fois (4)

(1) Ex.; XIX, 12. 13.
(2) Deut., XXXIV, 7.
(3). Ex. XVII, 6.
(4) Ex. XXXIII, 6. — III Rois, XIX, 8 — Ex III, 1, 12, comparé avec XXIV, 4, 5.

pour indiquer la montagne du Sinaï, il prend alors la partie pour le tout.

Nous ne sommes pas montés au sommet du Serbal ; c'est affaire des jeunes grimpeurs du Club alpin ; et d'ailleurs qu'avions-nous à y voir ? Mais nous avons parcouru les étages inférieurs de la montagne, et visité les tombeaux, les demeures ruinées, les travaux divers des nombreux anac10rètes qui sanctifièrent ces lieux.

De toutes les routes qui peuvent conduire au Serbal, le ouadi Aleyat est la plus commode, la plus naturelle, quand on part de Feiran. Les c1ameaux peuvent s'y avancer pendant plus d'une 1eure sur un sentier au travers de gros blocs granitiques entassés sans ordre aucun. De grands capriers en arbres (capparis galeata, *Fresen.*), de nombreux acacias gommiers (acacia Seyal, *Del.*), mettent un peu de vie et de fraîcheur dans ce c1aos, et font admirablement ressortir par leur verdure les teintes rouges du granit.

Les 1auteurs qui enserrent la vallée présentent les déchirements, les entassements d'un immense éboulis de la grande montagne. Partout, sur les roc1ers, au bord du sentier, d'innombrables inscriptions sinaïtiques ; de tous côtés, sur les dernières pentes, des villages de tombeaux, bâtis comme des maisons ; çà et là, de petites enceintes de roc1ers, qu'un sol épierré et une végétation particulièrement abondante désignent comme les restes des jardins cultivés par les anciens solitaires. L'une de ces enceintes, située à une 1eure et demie au-dessus de l'embouc1ure de la vallée, où l'on trouve un peu d'eau, quelques palmiers, de verts caroubiers et les pans de mur d'un petit couvent, porte encore le nom de *jardin*.

Du col qui termine la montagne au levant, on domine le ravin le plus profond, le plus sauvage, le plus abrupt qui se puisse imaginer, le ouadi Sigillyeh, isolant au sud le massif du Serbal. Les léopards et les bouquetins seuls l'habitent ; les Bédouins c1asseurs s'y aventurent rarement. Pourtant sa solitude, sa sévérité, l'austère majesté de ses vues y attirèrent toute une population d'anciens solitaires. Leurs cellules suspendues sur des abimes, leurs grottes au flanc des précipices, leurs petits jardins sur des corniches de rocher où suinte un peu d'eau, les escaliers qu'ils taillèrent dans le roc pour se frayer un sentier dans les passages les plus dangereux, sont encore là comme les témoins de l'incroyable énergie et de l'ingénieuse patience de ces 1ommes de Dieu.

XX

Le ouadi en amont de Feiran.

Nous voulons arriver le lendemain au couvent du Sinaï. C'est une bien forte journée de marc1e ; nous l'abrégerons en allant couc1er dans le ouadi à trois 1eures en amont du village.

Le sentier reste près d'u1re 1eure à l'ombre des palmiers et des sidr, sans air et sans fraîc1eur. En vain nous c1erc1ons à revoir le petit ruisseau, ou du moins les grandes m1ent1es et les fins roseaux sous lesquels il se cac1e ; nous avons depuis longtemps dépassé sa source. Pauvre petit ruisseau du désert ! on dirait qu'il a 1onte de se trouver là. A peine a-t-il parcouru cinq cents mètres depuis sa source, qu'il rentre dans la terre.

Aux palmiers succède un bois de tamarix, où l'on voit de beaux arbres. Peu à peu, le sol se dessèche et s'ensable, les tamarix deviennent espacés et rabougris ; enfin, il n'est d'autre verdure que celle des genêts rétam, si nombreux en ces lieux qu'ils ont donné leur nom au petit ouadi Rétameh débouc1ant à droite dans la grande vallée. Plus loin encore la verdure des genêts disparaît et il ne reste sur le sol que des plaques de plantes grisâtres de la famille des composées, toutes fortement odorantes et aromatiques.

La vallée s'est élargie et ses bords présentent un singulier aspect. Au bas de sombres roc1ers, court sans interruption une énorme berge de sable et d'argile blanc1âtres, parfaitement 1orizontale et 1aute d'environ vingt-cinq mètres, dont les talus, singulièrement fouillés et déchiquetés par les eaux, donnent de loin d'étranges illusions. Ce sont les *jorfs*.

Nul doute que ces amas de terre et de pierres aient été entraînés des montagnes et déposés là par de puissants courants d'eau ; mais il reste à expliquer la puissance des dépôts et leur niveau uniforme. Quelque savant (1) a pensé qu'à une époque reculée le ouadi Feiran dans cette région était un lac fermé par le prolongement de la colline de Maharrad, où les eaux pendant des siècles déposèrent une épaisse couc1e de limon. Le barrage s'étant rompu, les torrents d'orage creusèrent dans ces alluvions le lit actuel de la vallée en épargnant les bords retenus contre les aspérités de la montagne. Les jorfs seraient les restes épargnés de ces anciennes alluvions.

Les c1oses ont pu se passer ainsi ; mais nous ne pensons pas cependant qu'il soit nécessaire de supposer un lac dans le ouadi pour se rendre compte de la formation des jorfs ; d'ailleurs nous rencontrerons des dépôts semblables, quoique moindres, dans une partie du ouadi ech-C1eic1 trop incliné pour avoir jamais formé un lac. Le ouadi Feiran recueille les eaux d'une grande partie de la région montagneuse où les orages sont les plus fréquents, et les averses d'eau singulièrement abondantes. Il n'est pas incroyable pour ceux qui ont été témoins de ces averses qu'à l'époque où les montagnes n'étaient pas, comme aujourd'1ui, des roc1ers entièrement dénudés, les torrents d'eau descendus des 1auteurs aient amené des amas de matériaux qui constituent les jorfs, et que de moindres courants les aient ensuite fouillés et nivelés. Nous croyons avec les savants de l'expédition anglaise que les jorfs sont dus à des causes encore agissantes.

En ce lieu même, M. Holland fut témoin d'une tempête de pluie d'une inconcevable violence. Une 1eure seulement après le commencement de l'orage, le ouadi Feiran était devenu une rivière furieuse, 1aute de plusieurs mètres. Mille palmiers furent emportés, les gourbis des Arabes détruits, leurs c1èvres, leurs moutons, leurs c1ameaux noyés, tout un campement de trente Bédouins situé un peu plus 1aut dans le ouadi Sélaf périt dans les flots. Le même orage emporta une partie du jardin du couvent Sainte-Cat1erine au pied du Sinaï et entassa d'énormes blocs de roc1ers dans le ravin de nakb el-Hâoua qui mène au couvent. Cela se passait le 3 décembre 1867. Vingt-deux ans après cette catastrophe, le ouadi Feiran nous paraissait encore, en divers divers lieux, comme dévasté par un récent orage. Nous y

(1) Bauermann.

avons rencontré quantité de palmiers couchés et à demi enfouis dans le lit desséché du torrent, des troncs transportés au loin et arrêtés contre les rochers ; dans le sol on voyait encore les tranchées, les longues ondulations du sable que laisse le passage de violentes eaux.

Les indigènes nomment ces averses subites des *seils*, et ils craignent à ce point que, même dans la belle saison, ils ne plantent pas leurs tentes au fond du ouadi, mais à une petite hauteur sur la pente du coteau. Sans doute les seils sont peu fréquents dans un pays où il ne tombe en moyenne que deux ou trois centimètres d'eau durant l'année (1), mais ils paraissent être l'allure habituelle des pluies ; car, sur les bords de la mer, en face des principaux ouadis, les terres et les pierres amenées par les torrents ont prolongé la plage, et dans ces dépôts, les pierres restées hors de la portée des vagues montrent, par leurs formes anguleuses, qu'elles furent violemment entraînées, non pas roulées et ballotées longtemps par les eaux.

A mesure qu'on s'avance dans la vallée, les deux rives se rapprochent et finissent par ne laisser qu'un passage de huit à neuf mètres, resserré entre des rochers à pic. El-Boueib, la petite porte, est bien le nom qui convient à cette passe. Elle est est à dix kilomètres de Maharrad. Le ouadi se divise, quelques pas plus loin, en deux grandes branches, qui toutes deux conduisent au Sinaï, le ouadi Selaf en face, et à gauche le ouadi ech-Cheik qui, malgré l'angle considérable sous lequel il rencontre le ouadi Feiran, doit, à cause de ses grandes dimensions, être considéré comme le prolongement de ce dernier.

Cette rencontre des vallées et la passe d'el-Boueib, on le comprend, étaient pour les Hébreux campés à Raphidim un point stratégique de la plus haute importance. Moïse y mit sans doute une forte garde de ses meilleurs combattants, pour prévenir tout retour des Amalécites et assurer la liberté du passage. La prudence la plus commune l'indiquait, aucun général d'armée n'y eût manqué. On peut même croire que le camp d'Israël s'étendait jusqu'à la passe ; ce n'est pas trop pour le campement de deux millions d'hommes que les quatre ou cinq kilomètres carrés de superficie plane qu'offre la vallée entre Maharrad et el-Boueib.

La nuée qui guidait les enfants d'Israël ne les laissa pas s'attarder plus d'une dizaine de jours dans l'agréable campement de Raphidim, car, étant partis le 15 du second mois de Hélim (2), ils campèrent au pied du Sinaï le 3 du troisième mois (3).

Il est assez singulier qu'avant de parler de leur arrivée au Sinaï, à une grande journée de Raphidim, Moïse raconte son entrevue avec Jéthro dans le camp, auprès de la « montagne de Dieu », c'est-à-dire, d'après le langage des livres saints, auprès de la montagne où la loi fut donnée (4).

(1) Du 23 novembre 1868 au 22 avril 1869, ce qui embrasse toute la saison des pluies, il ne tomba au Sinaï que deux centimètres d'eau et trois dixièmes, d'après les observations de l'expédition anglaise.

(2) Ex., XVI, 1.

(3) Le troisième mois de la sortie d'Egypte, en ce jour là, ils vinrent au désert du Sinaï « dit le texte sacré (Ex, XIX, 1). Plusieurs interprètes pensent que les mots « en ce jour là » placés dans le texte immédiatement après « troisième mois, » signifient le même jour du mois, le troisième.

(4) Ex., XVIII.

Jéthro habitait, parait-il, le versant oriental de la péninsule. Informé des prodiges divins opérés en faveur de son gendre et d'Israël, de leur victoire sur les Amalécites, et jugeant par ces nouvelles que tout danger est passé pour le peuple voyageur et pour son chef, il prend avec lui la femme et les deux fils de Moïse confiés à sa garde pendant les tragiques événements de la sortie d'Egypte et les amène au camp. Sur son conseil, Moïse choisit parmi les sages du peuple un grand nombre de juges, auxquels il confie le soin de régler les affaires civiles de moindre importance, fixant à chacun l'étendue de sa juridiction ; quand toutes ces dispositions sont prises, il laisse partir son beau-père.

Le voyage de Jéthro, le choix des juges, l'organisation judiciaire nouvelle ne purent évidemment se faire dans les quelques jours que Moïse resta à Raphidim après la défaite des Amalécites. Ce fut donc au Sinaï et peut-être après les premières manifestations de Dieu sur la sainte montagne que Jéthro prit congé de Moïse. Il y a dans le récit de l'écrivain sacré une transposition partielle des temps. Moïse, comme bien d'autres historiens préoccupés d'un grand fait, d'une idée culminante, se sera déchargé d'abord d'un épisode qui, placé dans l'ordre des temps, aurait entravé l'exposé des faits se rattachant à l'idée principalement en vue. Dès qu'il est au Sinaï, il ne parle plus que des manifestations divines et de la loi sainte.

(A suivre).

LES MISSIONS CATHOLIQUES AU XIXᵉ SIÈCLE

PAR

M. Louis-Eugène LOUVET, des Missions Étrangères de Paris, Missionnaire en Cochinchine occidentale.

CHAPITRE XV

LES MISSIONS CATHOLIQUES DANS L'AMÉRIQUE DU NORD.
(1800-1890).

(Suite 1).

Il faut maintenant examiner de près tous ces chiffres, afin de nous rendre compte des progrès acquis au cours du XIXᵉ siècle.

Personnel. Nous trouvons en 1800, un évêque pour tout le Canada et un vicaire apostolique à Terre-Neuve. En 1891, 7 archevêques, 18 évêques, 3 vicaires et 4 préfets apostoliques. En moins d'un siècle, les titres de la sainte hiérarchie sont donc montés de *deux* à *trente*. Le progrès est encore plus accentué pour les simples prêtres, dont le nombre s'est élevé de *soixante* à près de deux mille cinq cents. Et la grande majorité de ces prêtres se recrutent dans le pays. A l'exception de quelques missions de fondation récente, l'Amérique anglaise est désormais en situation de se suffire à elle-même, ce qui est l'état normal d'une Église.

Quant aux communautés religieuses d'hommes, il n'y avait, en 1800, que les Sulpiciens à Montréal. Aujourd'hui

(1) Voir tous les numéros parus depuis le 14 mars jusqu'à fin octobre 1890, et 2, 9, 16, 23 et 30 janvier, 6 et 13 février, 24 avril, 1ᵉʳ, 8, 15, 22 et 29 mai, 5, 12, 19, 26 juin, 3, 10, 24 et 31 juillet, 7, 21 et 28 août, 4 et 11 septembre.

tous les grands Ordres du passé, sans parler des Congrégations nouvelles, se pressent sur ce sol béni. Je relève dans le tableau des différents diocèses plus d'un millier de religieux, appartenant à presque toutes les Sociétés qui existent dans l'Église catholique : Trappistes, Cisterciens, Basiliens, Carmes, Franciscains, Dominicains, Jésuites, Oblats de Marie, PP. de Sainte-Croix, PP. de la Résurrection, Sulpiciens, Rédemptoristes, Clercs de Saint-Viateur, Frères Maristes, Frères des écoles chrétiennes, Frères de Ploermel, Frères de Charité, Frères du Sacré-Cœur, Frères de Saint-Vincent de Paul. Tous les instituts, jeunes et vieux, rivalisent de zèle pour disputer les âmes aux ministres de l'erreur.

Le développement des congrégations religieuses de femmes est encore plus remarquable. Près de *trois mille* religieuses, appartenant à une *trentaine* de Congrégations, se partagent avec un dévoûment admirable le soin des pauvres et l'éducation des enfants. Un grand nombre se recrutent dans le pays et sont en face du protestantisme, impuissant à produire de pareils dévoûments, l'honneur de l'Église catholique.

Œuvres : Parlons d'abord de la maison de Dieu. En 1800, nous trouvons au Canada une centaine d'églises, élevées par la France, aux jours où elle occupait le pays. Sauf dans quelques grandes villes comme Montréal et Québec, aucun édifice religieux vraiment digne de ce nom n'abrite encore le divin prisonnier du tabernacle. Aujourd'hui, sur toute l'étendue du *Dominion*, on voit se dresser le clocher de l'Église catholique. Plus de *deux mille* églises ou chapelles, dont un tiers au moins sont de véritables monuments, attestent la générosité et la foi des populations, et jusqu'au fond des déserts glacés de l'ouest, le Seigneur Jésus daigne résider au milieu de ses enfants, comme pour prendre possession de cette terre que le paganisme et l'hérésie lui disputent.

Mais, à côté de ces belles églises qui témoignent hautement de la prospérité du catholicisme, il y a encore, dans l'Amérique anglaise, plus de *huit cents* stations qui n'ont pas d'églises et qui reçoivent seulement de temps en temps la visite du prêtre. Emportant avec lui les objets nécessaires à la célébration du divin sacrifice, celui-ci quitte sa résidence ; il s'enfonce dans les déserts glacés du pôle, pénètre au milieu des forêts, où l'industrie a ouvert ses chantiers, ou s'assied familièrement dans le wigwam du sauvage. Là, il redevient missionnaire comme aux premiers jours : avec quelques planches grossières, il dresse son autel, entend les confessions, fait le catéchisme aux petits et aux grands et, le jour venu, il distribue le pain des anges aux enfants de la solitude.

A côté de l'église, l'école. Chacun sait que notre époque a la passion de l'enseignement à tous les degrés. Il semble que l'A B C et la grammaire sont des panacées qui suffisent à assurer le bonheur de l'humanité. Sans partager cet engouement peut-être un peu factice, l'Église a toujours apprécié la culture de l'intelligence, et sur le terrain, aujourd'hui si disputé, de l'enseignement, elle ne redoute aucune concurrence. Les écoles catholiques, au cours de ce siècle, ont pris, dans l'Amérique anglaise, un magnifique essor. En 1800, il n'y avait encore qu'un séminaire

à Montréal, un collège à Québec, et quelques écoles primaires dans les centres franco-canadiens. Aujourd'hui, voici les chiffres que je relève dans le tableau des différents diocèses (1) :

20 séminaires	532 élèves ecclés.
1 université, à Québec, avec succursale à Montréal............... ...	600 »
32 collèges, études classiques........	5.512 »
44 écoles commerciales et industrielles	15.414 »
221 académies et pensionnats, jeunes filles.............................	12.800 »
4.765 écoles de paroisses...............	243.539 »
5.083 établissements d'enseignement et	278.397 enfants instruits par l'Église catholique.

Certes, voilà des chiffres qui font honneur au zèle des évêques de l'Amérique du Nord, et qui montrent à tous, amis et ennemis, que, sans décréter l'enseignement obligatoire, sans attenter au droit sacré des familles, le catholicisme, quand il est libre, tient un rang assez distingué comme éducateur. Mais pourquoi insister sur un point trop évident ? C'est précisément sa supériorité qui fait son crime. Il est plus facile, en effet, de se débarrasser par l'expulsion de concurrents qui gênent, que de lutter loyalement avec eux, sous le régime de la liberté commune. Heureusement l'Angleterre protestante, plus libérale en cela que la plupart des États catholiques, a respecté jusqu'ici les droits du père de famille. Elle donne à tous, même aux Jésuites, la vraie liberté d'enseignement. Aux plus habiles et aux plus dévoués, le succès !

Si le catholicisme sait triomphieusement tête à tous les ennemis dans la question de l'éducation, sur le terrain de la charité et du dévouement, il n'a pas même de rivaux capables d'entrer en lutte avec lui. On sait ce que la charité officielle de l'anglicanisme a fait pour le pauvre, qu'elle enferme comme un malfaiteur dans ses *Workhouses*. Sans doute on peut rencontrer chez les protestants des hommes de cœur, qui s'occupent avec intérêt de soulager la misère ; mais il leur manquera toujours ce que l'Ecriture appelle si bien *l'intelligence du pauvre*, je veux dire les délicatesses de la charité ; le don tout entier de soi-même, ces vues surnaturelles qui font voir dans celui qui souffre, le représentant même du Christ. Cela, je ne crains pas de l'affirmer, parce que c'est un fait indéniable, on ne le rencontre que dans l'Église catholique. Là seulement on trouve aussi des institutions publiques de charité, consacrées au soulagement de toutes les misères humaines. Que le protestantisme nous montre ses Sœurs de charité, ses Religieuses hospitalières, ses confrères de Saint-Vincent de Paul, ses Petites Sœurs des pauvres. Que peut-il opposer à ces milliers d'âmes héroïques, qui ont tout quitté, qui ont dit adieu à toutes les joies de ce monde, afin de se consacrer, uniquement et jusqu'à la mort, au service des membres souffrants de Jésus-Christ ?

Toutes ces œuvres du dévouement catholique s'épanouissent aujourd'hui dans les missions de l'Amérique du Nord. Près de *deux mille* institutions de charité : orphelinats, écoles d'enfants sauvages, maisons de préservation, refuges

(1) Ces chiffres, parfois incomplets, ont été contrôlés et complétés par ceux que j'ai trouvés dans d'autres publications sur le Canada.

pour les malheureuses que le vice a flétries, hôpitaux, asiles pour les vieillards, qui se multiplient chaque jour dans les nouveaux diocèses, pas une misère qui reste sans soulagement, pas une souffrance qui ne soit consolée. C'est l'éternel honneur du catholicisme d'avoir compris, selon le mot de Bossuet, « l'éminente dignité du pauvre dans l'Eglise » et c'est à ce signe sacré du dévouement et de la charité qu'on reconnaîtra toujours les vrais disciples de Jésus-Christ, comme il l'a dit dans l'Evangile.

Population catholique. Le peuple catholique s'est grandement multiplié dans l'Amérique anglaise, au cours de ce siècle. En 1800, nous trouvons environ 120,000 catholiques au Canada, et 17,000 à Terre-Neuve. Aujourd'hui ils sont plus de *deux millions.* Il est vrai qu'ils ont reçu environ *cent mille* émigrants irlandais ; mais comme un nombre au moins égal de Franco-Canadiens ont passé dans le même temps aux Etats-Unis, je crois qu'on peut négliger l'appoint de l'émigration irlandaise et tenir pour acquis le chiffre total de ce merveilleux accroissement, qui est dû presque uniquement à la fécondité des familles, car, à cause peut-être des antipathies de races, on a remarqué que le mouvement des conversions du protestantisme au catholicisme est moins accentué en Amérique qu'il ne l'est en Angleterre.

Ces catholiques sont très généralement fidèles aux enseignements de leur Eglise. Exposés aux attaques du protestantisme, placés sous la main d'une puissance hostile et jalouse, ils ont compris qu'ils devaient faire de leur foi la sauvegarde de leur nationalité menacée. C'est pourquoi le clergé catholique a constamment soutenu la lutte contre les envahissements de l'Anglo-Saxon. Le peuple canadien s'en souvient, et il est reconnaissant. Il se serre avec amour autour de ses évêques et de ses prêtres, et pourvoit généreusement, en donnant la dîme de ses biens, à tous les besoins du culte. Sans doute, sur une population qui dépasse *deux millions,* on aurait tort de s'attendre à ne rencontrer que des saints ; mais l'immense majorité du peuple canadien est demeurée fidèle aux enseignements de la foi.

Il y a cependant, surtout depuis une trentaine d'années, un certain nombre de points noirs que je tiens à signaler, en terminant cette étude sur les missions de l'Amérique du Nord. Je veux parler des progrès alarmants du libéralisme catholique, surtout dans les grandes villes, du développement des Sociétés secrètes, en particulier de la franc-maçonnerie, l'implacable adversaire du Christ, enfin des intrigues des politiciens qui, pour se donner de l'importance, rêvent l'annexion de leur pays aux Etats-Unis, ce qui serait un grand malheur pour l'Église canadienne, comme je le prouverai au chapitre suivant. Ces tendances fâcheuses, ne font, il est vrai, que de commencer, et le danger semble encore éloigné. Mais que nos frères du Canada y prennent garde. Pas de défaillances, pas de concessions à ce qu'on appelle les idées modernes. Si, comme je le disais au commencement, c'est la justice qui élève les nations, c'est l'abandon des principes catholiques, qui amène tôt ou tard mais infailliblement, leur décadence et leur ruine. Nous en faisons aujourd'hui, à nos dépens, l'expérience. Que notre exemple serve de leçon à nos frères du Canada !

(A suivre).

NÉCROLOGIE

Le R. P. VAN PAWORDT,
des Missions Africaines de Lyon, missionnaire au Dahomey.

On nous annonce la mort de ce vaillant missionnaire, qui avait été fait captif en même temps que le R. P. Dorgère par les hommes du roi Béhanzin. On le laissa enchaîné huit jours. La chaîne était lourde. Le pauvre Père ne pouvait plus se mouvoir. Un jour, un de ses geôliers, le voyant étendu à terre, presque sans vie, en eut pitié. Il ramassa la chaîne traînante et la disposa en forme d'oreiller : les missionnaires ont souvent un oreiller pareil ! Le Père y reposa sa tête, il dormit un peu. Le lendemain, on lui enleva ses fers. Il commença à revivre. Malheureusement, cette captivité avait beaucoup affaibli les forces du R. P. Van Pawordt, qui se ressentit toujours des souffrances endurées alors.

DONS
Pour l'Œuvre de la Propagation de la Foi

ÉDITION FRANÇAISE.

Mme Anna Chiappara, diocèse de Gênes......................	4 60
Un anonyme du diocèse de Périgueux......................	94
Mlle du Homme, diocèse de Coutances......................	3 20
Un prêtre du diocèse de Nantes......................	5
Mlle Amalina Mandrillon au Selmenberg, par Septmoncel (diocèse de Saint-Claude)......................	5
X., du diocèse de Laval, avec demande de prières pour les âmes du Purgatoire......................	100

Pour les missions les plus nécessiteuses (Fidji).

M. C Hoffmann, diocèse de Strasbourg......................	408 25
M. J. Scolacci, à Prague......................	13 20
M. J. Dell, diocèse de Bourges, demande de prières......................	15
M. l'Abbé L. R., Le Mans......................	10
Anonyme du diocèse de Nantes......................	40
Anonyme du diocèse de Versailles......................	60

Pour la mission la plus éprouvée par la famine (Maduré).

M. M. diocèse d'Arras, avec demande de prières......................	100

A Mgr Laouënan, (Pondichéry), pour les affamés.

Mlle R. à M.-s-S. diocèse de Nancy......................	35
Mme de Beauregard, diocèse de Bourges......................	10
Anonyme de Saint-Cyr-en-Pail, diocèse de Laval......................	300
Une abonnée du diocèse de Rouen......................	5
Anonyme de Chaumont, diocèse de Langres......................	10

Au R. P. Mengelle (Maduré).

M. M., diocèse d'Arras, demande de prières......................	50

A Mgr Riccaz, évêque de Nagpore, pour les veuves païennes.

Mlle R. à M-s S. diocèse de Nancy......................	25

A. M. Corre, missionnaire à Kumamoto (Japon méridional)

Au nom de la fraternité Franciscaine du tiers-ordre de Toulon (diocèse de Fréjus) par les Pères Franciscains de Saint-François-d'Assise......................	50
De la part de plusieurs personnes du diocèse de Viviers, qui s'intéressent à cette mission......................	100

A Mgr Cousin, pour le trimestre d'un séminariste.

Au nom de Sœur Thérèse de Jésus diocèse d'Angers.........	50

A Mgr Berlioz, au Japon.

M. M, diocèse d'Arras, avec demande de prières.............	50

Au R. P. Charles Colin, supérieur de la mission de Trincomalie, pour l'achat d'un bateau destiné aux chrétiens de Cotiar (Ceylan).

Anonyme de St-Just-en-Chevalet, pour la conversion des pécheurs et autres demandes......................	1000

(La suite des dons prochainement).

TH. MOREL, *Directeur-gérant.*

Lyon. — Imprimerie MOUGIN-RUSAND, rue Stella, 3.

ARABIE.— LE COUVENT SAINTE-CATHERINE AU SINAI, VU DU LEVANT, d'après une photographie envoyée par le R. P. JULLIEN, de la Compagnie de Jésus (voir page 514).

LA QUESTION RELIGIEUSE EN ABYSSINIE

Une visite à la mission française

Les Pères Lazaristes nous communiquent la traduction de quelques articles d'un journal italien relatifs à l'Abyssinie. On connaît la situation délicate des missionnaires, la plupart français, qui évangélisent le royaume du Négus, depuis que l'Italie a jeté les yeux sur cette portion de l'Afrique orientale pour agrandir son domaine colonial. Aussi les éloges décernés aux fils de saint Vincent de Paul et aux filles de la Charité par l'auteur de ces articles sont précieux à recueillir et nous avons tenu à les reproduire pour que nos lecteurs apprennent d'une bouche non suspecte de complaisance, l'importance des œuvres et le zèle admirable de nos missionnaires et de nos religieuses en Abyssinie.

EXTRAITS DU *Popolo Romano*, de Rome.

Il était naturel que, désireux d'étudier le problème de l'établissement des écoles dans la colonie, je connusse avant tout les maisons d'éducation déjà fondées.

La mission française tient incontestablement ici le premier rang. C'est la plus ancienne institution de propagande religieuse et civile implantée en Abyssinie et sur les côtes de la mer Rouge.

Hier matin, donc, je frappais à la porte de la pieuse demeure et demandais à être introduit. Je fus accueilli avec courtoisie et je pus à mon gré me livrer à un examen minutieux.

* *

La Mission appartient à la Congrégation fondée par saint Vincent de Paul et dont le siège est à Paris.

Elle pénétra, il y a un demi-siècle environ, en Abyssinie et y fonda un vicariat apostolique dont le siège est à Kéren.

Chose curieuse et digne de remarque, cette mission, si française qu'elle soit d'origine, compte de très hautes et très nobles traditions italiennes.

Mgr de Jacobis, vrai fondateur du premier établissement de la mission, a laissé, dans toute l'Abyssinie, une mémoire sainte et vénérée. Par lui la Congrégation a acquis ce grand ascendant qu'elle exerce sur les indigènes.

L'enthousiasme que son nom excite encore est tel, que la menacé seule d'enlever son corps qui repose dans un modeste tombeau a suffi pour jeter le trouble sur les hauts plateaux. Un homme seul a joui d'une influence égale : Mgr Massaia. Mgr de Jacobis, caractère unique et antique, était originaire de Naples.

* *

Le vicariat apostolique d'Abyssinie, à la tête duquel se trouve aujourd'hui Mgr Crouzet, homme jeune encore, aux initiatives hardies, possède trois résidences : une à Massauah, une à Kéren, une à Akrour.

Les missionnaires sont trois prêtres italiens, huit français, un indigène ; huit Frères français, deux allemands, un indigène et une trentaine de prêtres indigènes. De plus, à Massauah, il y a six filles de saint Vincent de Paul.

Les moyens dont la mission dispose sont considérables et en font une puissance morale formidable. Elle est très sagement organisée et dirigée avec un tact exquis.

J'ai commencé ma visite par l'église et la maison des missionnaires à Ras Medur. Les Sœurs ont un établissement particulier situé au centre de Massauah.

L'église, située, comme je l'ai dit, à la pointe extrême de Ras Medur, est très simple, rustique. C'est une construction blanche, en pierres, surmontée d'une petite coupole orientale au-dessus de laquelle s'élève une croix de fer. Elle ne renferme que peu d'ornementations. Deux Pères italiens et un Père indigène en font le service. La prédication sur le saint Évangile se fait en langue italienne.

Près de l'église se trouvent l'habitation des missionnaires et l'école. M. Abate, Napolitain cultivé et très aimable, est le supérieur, M. Giannone, également italien, est chargé de l'école. Le local est petit, bien aéré. Les élèves, tous jeunes, appartiennent à toutes les races de la côte et de l'intérieur. Ils sont environ cinquante.

L'école est pauvre et dépourvue de matériel. Quelques cartes murales et une planche-tableau en constituent l'ornement. En dehors de l'instruction religieuse, les enfants reçoivent des leçons de français et d'italien. Ces petits bonshommes apprennent bien et facilement. Ils lisent et parlent notre langue avec une clarté suffisante et sans gêne. En somme il s'agit d'une instruction rudimentaire et j'eus le plaisir de constater combien dans l'école les enfants recevaient l'influence de notre nationalité.

*
* *

C'est surtout de l'orphelinat des Sœurs de la Charité que j'ai rapporté une impression profonde, inoubliable.

Le P. Giannone eut la bonté de me présenter à la Supérieure, qui, avec une politesse exquise, me permit de visiter son établissement. La Sœur supérieure, une Française, qui, sous la blanche cornette de la fille de la charité, a conservé toutes les manières et la distinction de la société d'élite, me dit en français :

« Pardonnez-moi, Monsieur, si je ne parle point votre langue, elle est douce et harmonieuse comme votre beau pays, mais elle ne m'est point familière; au reste vous trouverez ici de vos compatriotes. »

Je fus en effet présenté aux Sœurs parmi lesquelles se trouvent une Piémontaise et une Napolitaine, la Sœur Volaso, nièce du député du même nom. Cette dernière me fit les honneurs de l'école. Le local est très beau, propre, plein d'air et de lumière...

Dans fort peu de nos écoles élémentaires on sent un tel esprit d'ordre, de bonne éducation et de tranquillité recueillie.

Les élèves européennes, divisées en deux classes, sont au nombre de vingt. Celles de nationalité italienne sont les plus nombreuses.

L'enseignement pour les classes élémentaires est conforme au programme ministériel. La langue parlée est l'italien, de plus le français est également enseigné. J'ai assisté à divers exercices de lecture qui m'ont convaincu non seulement du talent de la maîtresse, mais encore de la sérieuse valeur de sa méthode. Les cahiers sont parfaitement tenus. J'ai eu le plaisir de lire sur une feuille, indiquant la tâche du jour, une délicieuse poésie de Prati au drapeau national.

On ne peut flairer là une supercherie, ma visite n'ayant pas été annoncée.

J'insiste sur ces particularités, car elles ont une grande signification : il s'agit d'un institut français de propagande, tenu comme suspect d'hostilité nationale.

* *

J'ai ensuite visité l'ouvroir. Les enfants, toutes orphelines indigènes, étaient au travail. J'en ai compté plus de quarante.

La Directrice n'est autre que la Sœur piémontaise dont le nom m'échappe. Là, j'ai admiré ce miracle de patience et d'affection maternelle de cette Sœur, enveloppée d'une auréole de lumière et de charité chrétienne. J'ai examiné les ouvrages d'une

exécution parfaite, lingerie commune, élégante et solide, pièces marquées d'un goût artistique.

En pensant à ces pauvres enfants venus on ne sait d'où, appartenant à une race pour laquelle la femme n'est rien, j'ai compris la valeur de cette civilisation sainte et pure et je me suis senti pris d'un sentiment de vénération religieuse pour ces femmes humbles et modestes, qui abandonnent leur patrie, leurs plus nobles affections, pour se livrer avec simplicité au divin exercice du bien. Tout cela est haut, grand, même aux yeux d'un sceptique.

Je dirai peu de chose du dortoir : simplicité, propreté extrême, conditions de l'hygiène réunies.

A la cuisine tout brille et est à sa place : à la buanderie, à la dépense, partout le même ordre, le même soin, la même sensation de bien-être. Ce n'est pas un établissement, c'est un petit monde, dans lequel, pour la première fois, j'ai respiré un air vivifiant de progrès et de modernité européenne.

*
* *

L'établissement renferme en outre une pharmacie et un modeste laboratoire. La pharmacie est tenue par une Sœur française qui, à une expérience consommée, joint une vaillance remarquable.

Jusqu'à ces derniers temps, tous les matins la pharmacie était ouverte au public et la Sœur administrait les remèdes gratuitement, soignait les maladies communes de la peau, comme les plaies, qui mettent en danger la vie d'un si grand nombre de noirs et se montrait la providence des misérables.

Le mois dernier, le Gouverneur, par un ordre imprévu, fit fermer le dispensaire et défendre à la Sœur de se livrer à ce pieux office de médecin volontaire des pauvres auquel elle s'était dévouée avec tant d'amour. Je sais que le général Gandolfi est un homme de cœur, doué de sentiments très élevés, incapable de défendre ainsi, sans motif sérieux, l'exercice du bien. Il me semble cependant que, comme représailles nationales, une mesure qui frappe les Filles de la charité dans leurs traditions les plus nobles est bien mesquine. C'est tout au plus une pédanterie bureaucratique. Soyons juste. Il ne s'agit pas ici de faire du chauvinisme à tout propos.

Quel mal faisait cette Sœur, à soigner les malheureux couverts de plaies? On me répond que les lois s'opposent à cela !

D'abord il est au moins étrange de parler des lois du royaume dans une colonie où pas une n'a été publiée, et ensuite les conditions actuelles que qu'elles doivent conseiller un tantinet de tolérance. Je sais bien qu'il existe un hôpital gratuit, avec d'excellents médecins tenus à la visite quotidienne des malades et des infirmes pauvres; mais, depuis des années, les indigènes sont habitués à recourir à la bonne Sœur, ils préfèrent continuer à recevoir ses soins plutôt que d'aller à l'hôpital.

Pas de transaction quand l'intérêt de la patrie est menacé par un pouvoir hostile et souterrain, mais aussi pas de représailles inefficaces, inopportunes, odieuses. Voilà ma pensée qui est l'expression, je crois, de la conception élevée et correcte de nos rapports avec la mission française et en général avec les congrégations étrangères, dans nos possessions.

*
* *

Revenons à ma visite. Avant mon départ, la supérieure a voulu me montrer aussi la petite chapelle du pieux institut. Quand je suis entré, une lumière claire se répandait dans le blanc vaisseau. Une petite Sœur indigène priait, la tête inclinée, plongée, fervente et recueillie, dans son adoration.

Au fond, sur l'autel, une Vierge au Rosaire souriait doucement à travers les fleurs et les candélabres d'argent. Une simplicité sereine, un suave supérieur et mystique pénétrait le cœur d'une suave mélancolie. Dans cette chapelle toute blanche, embaumée du parfum de l'encens offert à la Vierge clémente, sur les degrés de l'autel, ces Sœurs viennent implorer force et courage pour l'accomplissement de leur mission divine.

Nulle récompense mondaine pour elles : la reconnaissance des bons, des malheureux, des soulagés et la protection du Ciel.

Moi, croyant tiède, je suis tout ému : il me semble que je sors meilleur.

* *

Dès le commencement de notre occupation, l'importance civile de l'institut des filles de la clarité sous la direction de la Mission française n'a pas échappé à nos chefs militaires. On voulut alors attirer cet institut dans le cercle de l'occupation et l'utiliser comme moyen de clarité et aussi d'éducation italienne. Il est de fait que l'établissement de Massauah avait reçu un certain nombre d'enfants abyssins abandonnés et se serait prêté à élever les filles des colons européens.

En compensation, l'autorité militaire lui fournissait chaque année une certaine quantité de denrées alimentaires. Dans la suite le général Orero remplaça le secours en nature par un secours de 12,000 fr. en numéraire. On eut tort, alors, de favoriser indirectement le développement et le prestige d'une institution qui, humanitaire tant qu'on voudra, reste française par son esprit et ses tendances et comme telle, peut devenir, un jour, être même en ce moment un obstacle à l'implantation de l'influence italienne.

Nous fîmes mal encore parce que, même sans le secours du gouvernement et sans nos écus, la maison aurait reçu et soigné les orphelins, comme c'est le but de son institution et comme elle a toujours fait.

Faut-il affirmer que, grâce aux secours pécuniaires du gouvernement italien, l'école de la colonie a pris un caractère particulièrement italien, en tant qu'on enseigne notre langue et que le personnel appartenant à notre nationalité a été augmenté. Cette conversion dans la direction générale devait se produire fatalement, puisque la Mission avait tout intérêt à ne pas se mettre en hostilité ouverte contre le gouvernement civil. Et puis nous étions les maîtres, et une fois constaté que la mission était payée par nous, nous avions le droit de prendre les moyens efficaces pour paralyser les menées et mettre obstacle aux conspirations. On a préféré faire, d'un institut français, dirigé par des Français, inspiré par la France, le principal organe enseignant de la colonie et s'attirer ses sympathies et son concours à prix d'argent et de protection morale. Ce fut un acte humanitaire mais ingénu.

La Mission, qui recevait de tous les côtés, souriait à nos bonnes intentions, soumise, conciliante, modérée, tendant à se maintenir dans les bonnes grâces et à recevoir nos écus. Nous, tout heureux, pensions avoir converti le diable, nous dormions entre quatre coussins. Le petit incident d'Akrour, insignifiant mais symptomatique, nous réveilla un peu, et nous comprîmes que la Mission était et restait française et que les prêtres français continuaient à aimer leur patrie et au besoin à la servir dans la personne de ses représentants. Il est difficile de trouver une chose plus naturelle ; il fallait dos neveux de Machiavel pour s'y tromper. Je ne prétends pas affirmer par là que la mission française en Abyssinie ait été un foyer de conspiration contre l'Italie. Au contraire, elle est bien gouvernée et par des hommes qui ont la tête à la bonne place, qui sont loin de se compromettre par des actes dus à une initiative inconsidérée et périlleuse.

Je dis seulement qu'elle reste une institution française jusqu'à la moelle. Le correctif apporté par l'introduction de l'élément italien dans le personnel, est un acte de sage politique, mais il ne change pas la tendance directive. Si nous avons l'intention, et c'est nécessaire, de dépenser des millions de francs, pour la diffusion et la culture de l'esprit national, il sera mieux de confier cet office à des instituts italiens purs et croisés, à des compatriotes honnêtes qui respirent l'italianisme en dehors de tout secours pécuniaire.

Dans tous les cas, nous avons posé des précédents que nous ne pouvons pas oublier. Nous avons fourni de l'argent et donné des encouragements de toute sorte à la mission française, nous en avons, impossible de le nier, reçu des résultats humanitaires, civils, évidents et bienfaisants.

Les filles de la Clarité, particulièrement, méritent tout le gouvernement, en dehors de toute autre considération politique, les protège et les aide. Il serait inopportun, dangereux de rompre tout à coup les rapports que nous avons avec elles et de refuser leurs bons offices.

Le général Gandolfi fut donc bien inspiré quand il proposa au ministère non pas de retrancher l'allocation de douze mille francs, mais de la réduire de moitié. Avec l'économie qui en résulte, on peut penser à un établissement vraiment italien ou pour mieux dire : à un établissement scolaire. Les six mille francs donnés aux Sœurs contribueront, dans une mesure plus juste et plus égale, à la prospérité d'un institut qui, français ou non, honore l'humanité et la lointaine Europe civilisée et chrétienne. — Au moins, ce ne sera pas de l'argent jeté au vent.

Conditions religieuses de la colonie.

..... Là où il est nécessaire et urgent que l'action du gouvernement se fasse sentir, c'est dans ses rapports avec l'élément catholique. Inutile de le taire. La propagande catholique, déjà très active, élargit tous les jours le champ de ses conquêtes. Dans la colonie elle-même se trouvent de nombreux catholiques, même indigènes. Les Européens seuls forment un nombre assez respectable. D'ailleurs, il suffirait de nos soldats (que leur foi soit aussi tiède que vous voudrez, ils sont toujours attachés au moins en apparence à la religion de leurs pères) pour démontrer la réelle nécessité du culte. Pour les soldats, le gouvernement y a pourvu par deux aumôniers militaires, le Père Piscopo Bonaventure, Franciscain ; le P. Bonomi, Salésien.

Pour tout le reste de la colonie, la juridiction appartient à la mission française. J'ai déjà parlé longuement de ce puissant institut ; aujourd'hui, je dois insister sur ses relations avec le gouvernement colonial, d'autant plus que le simple existence d'un tel moyen de propagande catholico-français est un fait de très grande importance.

Il n'est pas inutile de faire observer que la mission française d'Abyssinie est très influente, même à Rome, soit auprès de la Propagande, soit auprès du Saint-Siège, et cette influence, elle l'a répandue dans tous les coins de nos possessions. Elle a porté même les mains sur l'instruction publique, du consentement de notre gouvernement, qui toujours lui a accordé des gratifications en espèces sonnantes.

Tant à Kéren qu'à Akrour, la mission fait de nombreux prosélytes. Le terrain est favorable. Une grande partie des Boghos, le Dembesan, presque tous les Oculay-Gouzay sont catholiques. Du reste, on ne peut nier que la mission française n'ait de grands mérites. La raison de son prestige et de son autorité, on la trouve dans les bienfaits de toute nature qu'elle a prodigués autour d'elle. Elle est sagement organisée et dirigée avec un tempérament et une finesse extraordinaires.

Observez-la dans ses rapports avec les autorités de la colonie. Pendant cette dure période de tension violente entre la France et l'Italie, alors que ses relations avec nos frères trans-censiens étaient de plus en plus troublées, la mission d'Abyssinie, qui n'a jamais nié d'être française et de moelle et de sang, s'est toujours maintenue dans une finesse remarquable ; toujours elle a sauvé les apparences. Elle tient à ce qu'on sache qu'elle connaît et respecte les devoirs de l'hospitalité.

Elle a toujours cédé en présence de la nécessité et si quelqu'un de ses membres (comme lors de l'incident d'Akrour), fait acte d'hostilité à l'Italie, le vicaire apostolique ne manque point de tout excuser et justifier auprès du gouvernement de la colonie. La mission a augmenté le nombre de ses membres italiens. Dans l'église, elle fait prêcher en langue italienne. Dans l'école, elle emploie (trop peut-être, pour être sincère), des sentiments enthousiastes d'italianité. Poudre dans les yeux que tout cela ! Elle trouve son intérêt à battre cette route, elle n'hésite pas.

Naturellement, cet élan d'italianisme français est chose hybride. C'est un effort quotidien, un exercice d'équilibre qu'il faut corriger ou du moins atténuer. Le gouvernement de la colonie fera bien, s'il le peut, de penser à remettre les choses à leur place, en obtenant de la Propagande, des écoles, une instruction italienne, par des Italiens non suspects.

Ce qui est évident, c'est que, étant donnée l'existence d'un institut comme la mission française dans la colonie, il faut cier cier à neutraliser son influence qui nous est contraire, nous tenir toujours en éveil, mais conciliants.

Nous sommes les maîtres, il vaudra toujours mieux utiliser en notre faveur, ou du moins ne pas nous aliéner un institut bienfaisant et généreux, que nous mettre en lutte contre lui, aiguiser les rancunes, susciter des représailles odieuses. Briser tout, ainsi que je l'ai entendu murmurer, serait maladroit et odieux. Il faut trouver un moyen moins violent, plus raisonnable et moins dangereux.

DÉPARTS DE MISSIONNAIRES

Se son embarqués, à Marseille, le 6 septembre 1891, M. Viaud Jean-Marie, du diocèse de Nantes, pour la Mandchourie ; M. Picot Prosper, du diocèse de Coutances, pour le Maissour ; M. Guéno Jean-Marie, du diocèse de Nantes, pour la Cochinchine-Orientale ; M. Le Gendre Louis, du diocèse de Coutances, pour la Corée ; M. Seiller Théophile, du diocèse de Strasbourg, pour la Cochinchine-Orientale ; M. Délières Emile, du diocèse de Rodez, pour le Tong-King méridional ; M. Pelletier Emile, du diocèse du Mans, pour la Birmanie septentrionale ; M. Chatellier Pierre, du diocèse de Nantes, pour le Tonkin occidental.

Ces missionnaires appartiennent à la Société des Missions Etrangères de Paris.

— Se sont embarquées à Marseille le 17 octobre pour les missions de l'Asie-Mineure, pour la résidence de Kaïsarieh : Sœur Marie-de-la-Conception, née Godin, du diocèse de Lyon ; Sœur Louise-Philomène, née Bernard, du diocèse d'Autun ; Sœur Thérèse-Xavier, née Géronimi, du diocèse d'Ajaccio ; — pour Sivas : Sœur Marie-Thérèse, née Butscier, du diocèse de Strasbourg ; Sœur Baptistine-Marie, née Bourganel, du diocèse de Lyon, et Sœur Marie-Antoinette, née Gaudet, du diocèse de Lyon. — Partiront prochainement pour Adana : Sœur Séraphine-Marie, née Colombat, du diocèse de Lyon ; Sœur Marie-Gabriel, née Ferréol, du diocèse de Lyon, et Sœur Marie-de-la-Nativité, née Lassale, du diocèse de Lyon.

Ces religieuses appartiennent à la Congrégation de Saint-Joseph de Lyon.

INFORMATIONS DIVERSES

Danemark. Le 13 septembre, les catholiques de Copenhague ont eu une belle fête. Ce jour-là on posait la première pierre de la seconde église paroissiale de la capitale danoise, en attendant l'achèvement de la chapelle des RR. PP. jésuites de la Stenosgade et la construction des églises paroissiales des quartiers du Noerrebro et de l'Oesterbro.

La nouvelle paroisse s'appellera Notre-Dame du Rosaire. La cérémonie était présidée par le préfet apostolique, Mgr von Euch, en présence de la princesse Waldemar de Danemarc, née princesse Marie d'Orléans, qui s'intéresse vivement, en vraie petite-fille de saint Louis, à tout ce qui touche à la religion catholique. Auprès du préfet apostolique se tenaient plusieurs autres prélats.

Une foule énorme a assisté à la cérémonie. Près de la pierre à bénir on avait dressé une tente, décorée des armes et couleurs du Danemarc.

Le cortège qui s'est déployé processionnellement est parti du beau couvent des Sœurs de Saint-Joseph. Après le chant du *Veni Creator*, Mgr le préfet apostolique procéda aux cérémonies liturgiques de la bénédiction de la pierre. Ces cérémonies

finies, M. l'abbé Hasen, secrétaire du préfet apostolique, lut l'acte de fondation, écrit en latin et en danois sur du parchemin ; la lecture terminée, l'acte fut déposé dans une boîte en plomb, et on y ajouta un spécimen de toutes les monnaies courantes du royaume, ainsi que le dernier numéro de la *Semaine religieuse* de Copenhague et du *Moniteur officiel* du Danemarc.

Après la bénédiction de la pierre, Mgr von Euch prononça une allocution aussi touchante qu'élevée, dans laquelle il rappelait l'histoire de la résurrection de l'Eglise dans l'antique pays qui eut pour apôtre saint Anschaire, venu de Picardie pour y prêcher l'Evangile. Le chant du *Te Deum* clôtura cette belle fête, qui fut suivie d'un dîner de gala, auquel prirent part tous les personnages qui avaient eu rang dans la cérémonie ; des toasts chaleureux y furent portés en l'honneur de Léon XIII et du roi Christian IX.

Le soir, une procession en action de grâces eut lieu en l'église paroissiale de Saint-Anschaire.

Qui aurait pu croire à un pareil développement du catholicisme il y a cinquante ans, alors que l'on daignait à peine concéder aux catholiques étrangers le droit de construire une modeste chapelle dans la Bredegade, changée depuis en église paroissiale dédiée à saint Anschaire ? Aujourd'hui Copenhague a non seulement deux paroisses, mais aussi plusieurs communautés religieuses.

Hou-pé méridional *(Chine).* — Le R. P. Victor-Bernardin, des Mineurs Observantins, nous écrit de Paris :

« Nous recevons à l'instant de Mgr Benjamin Christiaens, vicaire apostolique du Hou-pé méridional, une lettre datée de Han-Kéou, 3 septembre, qui nous communique de bien affligeantes nouvelles. Je la reproduis textuellement :

« Descendu à Han-Kéou pour sacrer Mgr Hofman, j'ai reçu hier à six heures et quart un premier télégramme de Y-tchang, conçu en ces termes :

« *Orphelinat incendié ; les Sœurs à bord du steamer Pao-hua ,*
« *les enfants entre les mains des mandarins.* »

« A sept heures et demie, j'en recevais un second : «*Résidence*
« *détruite.* »

« Priez pour moi : détails plus tard. C'est donc toujours pour nos malheureux vicariats le temps des épreuves. Veuillez être assez bon pour les recommander aux prières et à la charité de vos lecteurs des *Missions catholiques.* »

Pondichéry *(Hindoustan).* — M. Darras, des Missions Etrangères de Paris, écrit de Chetput, le 10 août 1891 :

« Mon église de Notre-Dame de Lourdes est arrivée à la hauteur des corniches intérieures. Je croyais pouvoir la terminer plus tôt et avec moins de matériaux ; mais le cœur et le transept sont si compliqués qu'ils m'ont mené plus loin que je ne pensais.

« Mais, dans ce monde, il n'y a pas de joie sans tristesse, ni de consolations sans épreuves. Voici qu'une douleur profonde vient m'assaillir. Les récoltes sont entièrement perdues, et la population, qui vit au jour le jour, se trouve accablée par la souffrance. Les premières pluies avaient permis d'ensemencer les terres. Depuis, pas un nuage à l'horizon, pas une goutte de rosée ne vient vivifier les germes à peine sortis de terre. Depuis deux mois, nous attendons en vain. Un ciel d'airain, un soleil brûlant comme celui de l'Inde, un vent violent et continuel dessèchent le sol, qui ne laisse plus apparaître aucune trace de végétation. Aussi le pauvre cultivateur en est pour la semence qu'il a achetée et les frais de son travail, sans la moindre espérance de récolte. Les maîtres, qui avaient des ouvriers, les renvoient. C'est à cette classe qu'appartient la plupart de nos néophytes, et c'est vers le prêtre qu'ils tournent leurs regards. Je suis assailli par un grand nombre de ces malheureux, dont l'état fait pitié. Je suis assailli aussi par les païens, qui viennent demander les secours de la religion.

« Je ne saurais vous dire combien grande est la tristesse que j'éprouve en considérant l'avenir qui se prépare. Tout s'annonce comme à la grande famine de 1877. Priez et faites prier pour le pasteur et ses ouailles. »

Su-tchuen septentrional. — Mgr Pincion, de la Société des Missions Etrangères de Paris, vicaire apostolique du Su-tchuen septentrional, nous écrit le 14 août 1891 :

« Je ne puis terminer notre année pastorale sans vous remercier. Après Dieu, vous êtes les vrais soutiens de toutes nos œuvres au milieu du paganisme.

« Depuis plus de quarante ans, j'habite la province du Su-tchuen, j'ai été le témoin de bien de calamités ; néanmoins je dois le dire, je n'ai jamais vu ici de misères aussi grandes que celles que nous éprouvons. Depuis un an, la peste et la famine se disputent le champ de bataille ; des milliers et des milliers de victimes ont dû payer le tribut aux deux adversaires. Durant sept ou huit mois, chaque jour, plus de cent cercueils sortaient de la ville de Tchen-tou, capitale de la province du Su-tchuen. En outre, on rencontrait partout des centaines d'affamés ; ils se précipitaient sur les personnes et les familles qui avaient quelque chose, enlevaient les sacs de riz que l'on portait à la ville. Ces bandits profitaient de l'occasion pour répandre le désordre ; les missionnaires n'étaient pas épargnés, notre orphelinat de garçons fut incendié par une tourbe de scélérats. Tout ce que nous y possédions fut consumé par les flammes. On ne put sauver ni les habits de nos chers enfants, ni les provisions de bouche.

« Au milieu de tant de désastres causés par la peste et la famine, nous avons pu néanmoins travailler à la gloire de Dieu. Les pauvres faméliques nous tendaient la main, nous jetaient les petits enfants par dizaines, mais nous fournissaient par là même le moyen de faire beaucoup de bonnes œuvres. Notre hôpital et l'école attenante ne désemplissaient jamais, c'est par centaines que nous y comptons nos hôtes. Sans doute les dépenses sont considérables, même au-dessus de nos forces, mais le fruit qui en résulte est vraiment incomparable.

« Nos païens, voyant le bien que fait notre hôpital, ouvrent les yeux à la lumière, et viennent à nous. Nos mandarins eux-mêmes, qui, ordinairement, se montrent toujours persécuteurs, louent nos œuvres. Tout dernièrement l'un des sous-préfets de Tchen-tou, ayant à juger une affaire dans le quartier où se trouve notre hôpital, est allé en personne visiter notre établissement dans toutes ses parties sans omettre l'église. Il a loué grandement notre mission devant des centaines de païens qui l'écoutaient attentivement. Enfin, il a fini son discours par ces mots :

« Pour moi, tout mandarin que je suis, je ne pourrais faire
« à l'égard de tant de malheureux ce que fait l'évêque, avec cet
« hôpital. »

« Voici le tableau abrégé de nos œuvres de toute l'année.

Etat de la Mission depuis le 15 août 1890, jusqu'au 15 août 1891

Population païenne.................... de 15 à 20 millions.
Nombre des catholiques............... 30.478.
 — hérétiques ou schismatiques. quelques centaines.
Nombre des chrétientés............... 507.
 — églises ou chapelles....... 54.
 — élèves dans les 2 sémin. 98.
 — écoles de garçons........ 106.
 — élèves............... 1.324.
 — écoles de filles........... 98.
 — élèves............... 1.131.
Deux orphelinats proprement dits ; en outre 320 orphelins des deux sexes placés chez les chrétiens.
Nombre des missionnaires européens. 30.
 — prêtres indigènes......... 45.
 — catéchistes............. 70.
 — baptêmes de païens...... 1.265.
 — baptêmes d'enf. de païens. 37.079.
 — bap. d'enf. de chrétiens... 1.345.
 — confirmations........... 1.566.
 — confessions annuelles..... 26.934.
 — communions pascales.... 17.225.
 — saints viatiques.......... 916.
 — mariages .... 280.

« Vous le voyez, nos efforts n'ont pas été infructueux. L'honneur en revient en grande partie à l'Œuvre de la Propagation de la Foi. Daignez nous continuer toujours le secours de vos prières et de vos aumônes. »

LES INDIENS

DANS LES PLAINES DE L'AMÉRIQUE DU NORD

Par le R. P. **LEGAL**, missionnaire,

Oblat de Marie Immaculée.

(Suite 1)

LE VÊTEMENT.

Voici la description du vêtement de l'Indien des Prairies.

C'est d'abord la chemise ou habit de peau de biche décorée de broderies, rassades et franges, avec les mitasses ou jambières et les souliers ou mocassins, elle compose l'habillement complet du sauvage. Cependant il ne se considère pas comme décemment vêtu si, de plus, il ne s'est pas drapé dans sa robe de buffalo ou dans sa couverture.

La chemise est faite ordinairement avec la peau du cabri, du chevreuil, de la biche, ou du mouton de montagne. Ces peaux sont finement passées et malgré le rudimentaire outillage du sauvage, quelques spécimens pourraient sou-

VÊTEMENT INDIEN
Chemise de cuir chamoisé à rassades. — Mitasses ou jambières — Souliers ou mocassins

tenir la comparaison avec les meilleurs produits de l'art du chamoiseur. La forme générale est celle d'une chemise ordinaire avec manches suffisamment amples et une ouverture assez large pour laisser passer la tête ; le pourtour du bas est découpé en longues franges.

Quant à l'ornementation, elle consiste généralement en deux bandes, décorées de broderies larges de trois à quatre pouces de largeur, appliquées le long de chaque manche et de deux autres bandes du même genre passant sur les épaules. Une autre pièce servant de plastron est également décorée dans le même goût. De plus, le long des manches et des autres bandes de broderies, il y a une rangée de franges, faites de peau de biche, découpée en longues et étroites lanières, ou bien de peaux d'hermines, dans tout

(1) Voir les *Missions catholiques* du 16 octobre.

l'éclat de leur blancheur, ou enfin des mèches de cheveux, prises sur le scalp des ennemis tués à la guerre.

Les broderies, avant les communications avec les blancs, étaient ordinairement travaillées au moyen de soies de porc-épic, taillées en bandes très étroites et teintes de brillantes couleurs. Depuis que les relations se sont établies avec les Blancs et les Traiteurs, les Indiens ont renoncé partiellement à ce genre de décoration, pour adopter les rassades ou petites perles de verre qu'ils savent employer avec beaucoup de goût, pour représenter les mêmes dessins.

Ces dessins ont un caractère spécial, affectant généralement des formes géométriques, et avec les couleurs disposées d'une façon parfaitement entendue pour faire ressortir leur valeur. La chemise représentée dans la gravure p. 509 est un bon spécimen du genre; mais les mitasses ne donnent

pas une idée exacte de cette partie du costume telle qu'elle est usitée parmi les sauvages.

Les mitasses ou jambières étaient autrefois mieux décorées que ne le représente la même gravure. Elles étaient faites également de peau de cabri ou de chevreuil finement chamoisée avec une bande de rassades, comme aux manches de la chemise. Une autre pièce également décorée s'appliquait sur le devant de la jambe au bas. Les franges de peaux de belettes ou de mèches de scalps se continuaient également tout le long de la jambe.

Enfin les souliers ou mocassins étaient décorés dans le même genre, quelques-uns n'ayant qu'une simple pièce de rassades au-dessus du cou-de-pied, quelques autres étant littéralement recouverts de rassades sur tout le pourtour.

Il n'y a point, sur nos gravures, de représentation du costume des femmes; mais il était conçu dans le même

Couverture indienne avec ceinture de rassades à plumes.
Canot d'écorce de bouleau.

Ornements du costume ind en,
Collier et peau de chien ornée de plumes.

style et présentait la même richesse de décoration. On peut même le dire, le sexe étant, chez les sauvages comme ailleurs, naturellement porté à la coquetterie, la robe de gala de la belle sauvagesse, l'emporte encore en éclat sur celle des hommes. La robe de la femme est d'une coupe très simple ; elle est très ample et sans distinction de corsage avec des manches très larges, mais courtes. Ces manches, qui ne descendent qu'au coude, sont généralement fendues à la partie inférieure. La robe descend au moins jusqu'au milieu de la jambe entre le genou et le pied ; elle forme un vêtement très rationnel et très modeste. Cette robe était faite jadis de peaux de biche ou de chevreuil ; mais, depuis l'introduction du commerce avec les Blancs, on s'est servi beaucoup d'étoiles obtenues dans le trafic. Les étoffes choisies dans ce cas, sont naturellement les plus voyantes, des draps de couleurs rouge ou bleu foncé, par exemple, et, dans l'ajustement de ces étoffes, le sauvage fait preuve d'un goût qu'on ne lui soupçonnerait pas. Ainsi

une de ces robes pourra être faite de draps de deux couleurs mais combinées de manière à se faire opposition.

Le devant sera, d'un côté, bleu ; de l'autre, rouge ; et les soufflets dans les côtés pour donner plus d'ampleur au pourtour inférieur, seront également de deux couleurs ; mais en juxtaposant le bleu au rouge et le rouge au bleu. Les manches seront également de deux couleurs, mais disposées de chaque côté inversement.

Les décorations de porc-épic ou de rassades sont faites dans le sens horizontal, de manière à former, lorsque les manches sont étendues, deux larges bandes continues, l'une en avant, l'autre en arrière. Ces bandes de broderies ou de rassades sont quelquefois très larges et agrémentées de franges et de différents autres articles de décoration qu'il est impossible de mentionner en détail.

Un certain genre particulier aux robes des femmes est une décoration en dents de biches. Les rassades ou broderies sont remplacées par des rangées de dents de biches au nombre de cinq ou six, tellement rapprochées qu'elles se touchent presque. Les dents, percées d'un trou à la racine, sont cousues sur l'étoffe qui est généralement de couleur bleu foncé, sur laquelle elles se détachent avec une éclatante blancheur.

Cela constitue un genre de décoration très original et très frappant, mais aussi très coûteux. Ces dents sont les canines de la biche et il n'y en a que deux par chaque animal. Elles sont conséquemment très estimées par les sauvages, qui se les vendent entre eux à raison de une piastre la paire, lorsqu'ils paient en argent. Or, une robe de femme peut avoir jusqu'à cinq ou six cents de ces dents de biches, ce qui fait, pour cette partie de la décoration seulement, une valeur de 250 à 300 piastres (1,250 à 1,500 fr.). J'ai compté plus de 300 de ces dents de biche sur la robe d'une petite fille de dix à onze ans. Vous voyez que la coquetterie coûte cher, même dans un camp sauvage.

Une ceinture de cuir de quatre à cinq pouces de largeur, complète le costume de dessous de la femme, et retient sa robe autour des reins. Cette ceinture est ordinairement décorée de boutons de cuivre à tête brillante et en rangs serrés, qui la recouvrent tout entière ; une longue bande ressortant de la boucle retombe en avant.

Les mitasses de la femme sont moins décorées que celles des hommes et avec cette différence de plus qu'elles

sont plus courtes et beaucoup moins amples. Elles se rattachent au-dessus du genou et serrent étroitement la jambe. Elles sont aussi dépourvues de franges latérales. Les mocassins ressemblent en tout à ceux de l'autre sexe.

ARABIE. — NAWAMIS DANS LE OUADI SELAF, d'après un dessin du R. P. JULLIEN, de la Compagnie de Jésus (page 512).

Outre l'habit de dessous, il faut pour l'Indien, homme ou femme, le complément de la robe ou la couverture. Une de ces couvertures est représentée sur la grav. p. 510, avec une bande de rassades et une rangée de plumes d'aigle traversant la couverture dans toute sa largeur. Ce genre de décoration est réservé aux hommes. Les femmes ont pour tout ornement à leur couverture deux plaques rondes de rassades qui viennent s'appliquer sur la poitrine. La couverture a succédé à la robe de buffalo, depuis les relations établies avec les blancs. Il est même très difficile maintenant de trouver encore quelques-unes de ces robes de buffalo ; mais autrefois c'était surtout la robe de buffalo qui était en usage. Ces robes étaient amincies et assouplies en conservant tout le poil, ce qui formait un manteau très confortable dans la saison froide.

Le côté intérieur était souvent décoré de peintures et de dessins. Le guerrier y représentait ses exploits ou ses rêves.

ACCESSOIRES DU COSTUME.

Maintenant un mot 'des différents accessoires du costume, ajoutés, comme ornements ou marques de distinction, surtout à l'occasion des réjouissances nationales ou des cérémonies religieuses en rapport avec le culte superstitieux. Ces ornements sont représentés dans la gravure placée à la fin de cette colonne. Ce sont d'abord des colliers de perles, de métal et de verroteries. Ces colliers sont de formes très variables, en rapport avec le caprice de chaque individu ; ils retombent quelquefois sur la poitrine en une cascade régulière qui ne manque pas d'une certaine grâce.

Avant l'introduction des verroteries, les Indiens fabriquaient certaines perles au moyen de petits fragments de coquillages. Outre les rassades, les perles métalliques et les coquillages, ils savent employer une foule d'autres objets, en guise de parure et d'ornements, pour colliers, bracelets ou autres pièces des décoration. Ainsi on peut voir des colliers faits de dents de différents animaux, ou bien de griffes d'ours, de porc-épic, de blaireau, d'aigle, etc., etc.

Avec le collier, il faut aussi mentionner les pendants d'oreille, qui affectent une multitude de formes. Tous les Indiens ont les lobes des oreilles percés, dès le moment de leur naissance, de trois ou quatre trous, dans lesquels on maintient, pour un certain temps, [de petites aiguillettes de bois, jusqu'à ce que la cicatrisation ait eu lieu. Ils ont ainsi plus tard un moyen facile de s'accrocher, à triple ou quadruple étage, des pendants qui leur descendent jusque

Ornements du costume indien. — Pendants d'oreilles et colliers.

sur les épaules. Ce sont, la plupart du temps, des anneaux de cuivre, avec certains objets suspendus à ces anneaux, par exemple des coquillages enfilés. Quelques-uns aiment à avoir une large pièce de coquillage aux couleurs irisées tel que l'huître perlière, taillée en forme triangulaire.

Les sauvages des prairies n'étaient pas généralement dans l'habitude de se mettre des anneaux au nez, mais ils complétaient leur parure par une série de bracelets plus ou moins compliquée.

(À suivre).

VOYAGE AU SINAI

PAR LE

R. P. Michel JULLIEN, de la Compagnie de Jésus.

Suite (1)

XXI

De Raphidim au Sinaï.

Il s'éleva peut-être quelques murmures dans le camp d'Israël quand il fallut reprendre le chemin du désert. Mais, pour le pèlerin, il quitte Feiran sans regret et se remet en route avec entrain, sans s'inquiéter de la longue et pénible journée, songeant que le soir il sera au pied de la sainte montagne, terme et but principal de son rude voyage.

Les deux routes qu'ont pu prendre les enfants d'Israël pour se rendre d'el-Boueib au Sinaï, le ouadi ech-Cheikh et le ouadi Selaf suivi du ouadi Gasab, contournent un même massif de montagnes, la première par le nord, la seconde par le sud, et se rejoignent deux heures avant d'atteindre la ligne de rochers qui ferme au nord le désert du Sinaï ne laissant qu'une seule échancrure où puisse défiler une grande foule, la passe d'el-Ouatyeh. Une légende arabe fait passer Moïse par le ouadi Selaf, un peu mieux pourvu d'eau. Il lui eût été avantageux, ce semble, d'acheminer une partie de sa colonne par le ouadi ech-Cheikh, car les deux routes sont égales.

D'el-Boueib au Sinaï il y a environ cinquante kilomètres. C'est plus que ne peut faire commodément une telle multitude en un jour de marche. C'est deux fois la moyenne des étapes précédentes, car les enfants d'Israël ont marché neuf jours pour parcourir une distance de 220 kilomètres entre A'youn-Mouça et le lieu du combat de Raphidim, ce qui donne une journée moyenne de 24 kil. 1/2. Cependant le texte sacré n'indique aucune station intermédiaire entre Raphidim et le Sinaï (2). Réconfortés par le repos de Raphidim, animés d'un vif désir d'arriver le soir au terme du voyage, rassurés par la certitude de s'y reposer indéfiniment, les plus forts ont pu partir avant le jour, se ménager un repos dans le chemin et arriver le soir en face du Sinaï. N'oublions pas qu'il s'agit dans le texte sacré du quartier général de Moïse et non pas de la multitude tout entière. Celle-ci a dû mettre près d'une semaine pour défiler au travers de « la Petite Porte » et plus d'un jour pour traverser la passe d'el-Ouatyeh, large seulement de trente mètres.

Nous prenons notre route par le ouadi Selaf. Si ce n'étaient quelques échappées de vue assez pittoresques sur le Serbal au travers des ouadis qui en descendent, la vallée serait aussi monotone que le soporifique balancement du chameau. Mais voici qu'à un tournant, nos chameliers nous réveillent par leurs cris : Nawamis! Nawamis! nous montrant un groupe de huttes en pierres, que les savants font remonter aux temps bibliques et que nos Bédouins disent avoir servi de refuge aux Hébreux pour se garantir de la pluie des moustiques. Nawamis en arabe est le pluriel de namous, moustique.

(1) Voir les Missions Catholiques des 7, 14, 21, 23 août, 4, 11, 18, 25 septembre, 2, 9 et 16 octobre et la carte, p 417.

(2). Ex., XIX, 2.

Des murs circulaires formés de pierres qui n'ont reçu aucun travail, qu'aucun mortier ne réunit, s'élèvent verticalement à soixante centimètres du sol ; à partir de ce niveau les grandes pierres plates des assises avancent à l'intérieur les unes sur les autres formant une petite coupole de trois mètres d'élévation. Il n'est pas d'autre ouverture qu'une porte basse couverte d'un grossier linteau et un trou au sommet du dôme, fermé par une dalle.

Ces habitations en forme de ruches, faites en entassant les pierres qui couvrent le sol, présentent évidemment dans leur simplicité l'un des plus anciens types des demeures humaines. Les premiers habitants de plusieurs contrées de l'Europe se sont fait des habitations semblables, et encore de nos jours les pauvres bergers des montagnes pierreuses de la France centrale ne savent guère s'en construire d'autres.

Le bon état de conservation dans lequel se trouvent plusieurs de ces nawamis ne contredit pas la haute antiquité qu'on leur attribue. Le voyageur n'a-t-il pas vu dans ces déserts des inscriptions et des sculptures égyptiennes de dix-huit siècles avant l'Exode, moins usées par le temps que les inscriptions du siècle dernier dans nos climats d'Europe ? L'expédition anglaise a découvert des caractères sinaïtiques gravés sur le plat des pierres tombées d'un nawamis en ruines, et la position de ces pierres sur le sol paraissait être celle où les avait trouvées le graveur.

Un autre groupe de ces antiques demeures se voit à demi-lieure de là, au sud, dans le ouadi Hebran. Le nombre considérable de ces habitations répandues dans toutes les grandes vallées de la péninsule, rarement isolées, le plus souvent réunies en groupe de trente et plus encore ; leur situation toujours à une petite hauteur, comme les campements actuels des Bédouins, jamais au fond de la vallée ; les traces d'anciens jardins qu'on a cru reconnaître auprès de quelques-unes de ces habitations ; la position de plusieurs groupes, aujourd'hui fort éloignés des sources, tout cela montre qu'à une époque reculée, où le climat de la péninsule était moins sec que de nos jours, ces vallées eurent une population fixe, en partie agricole et relativement nombreuse. Souvenons-nous pourtant, afin de ne pas dépasser la vérité, que Moïse appelle souvent ce pays un désert au regard de l'Egypte. A ces populations appartenaient les Madianites, les Amalécites de l'Ecriture, les tribus de An nommées dans les inscriptions de Maghàrah.

Quelques nawamis ont une forme carrée, mais leur construction est toujours la même. On en rencontre qui ont été convertis en tombeaux ; la porte est bouchée, l'ouverture supérieure élargie ; les corps sont déposés à l'intérieur sous des couches de terre et de pierres, jusqu'à remplir la cavité. En fouillant sous les corps, on a trouvé au milieu de la chambre la petite fosse du foyer et quelques restes de bois carbonisé.

Nous avons repris notre route, et voici qu'Aoudi, revêtu de son solennel manteau rouge, devance à grands pas nos chameaux. Où va-t-il ? Un ouéli se dessine à gauche sur le sommet d'un mamelon. Notre conducteur, dont la piété nous est connue, va y déposer sa prière ; car on dit que le prophète Mahomet, âgé de neuf à douze ans, étant au service de son oncle Talib, a passé là en se rendant à Damas, et

s'y est reposé. Le ouéli, comme la vallée secondaire dont il marque l'entrée, se nomme Abou-Talib. Il est construit en pierres sèches et ressemble assez bien à un grand nawamis. Dans l'intérieur sont suspendus des mouchoirs de Bédouins ou *Keffyeh* et un manteau, offrandes auxquelles personne ne touche, bien que la porte reste ouverte et sans gardien.

Comment savoir la vérité sur le prétendu voyage de Mahomet au Sinaï ? Le Coran parle souvent du Sinaï et de Moïse, parfois de la manière la plus drôle (1) ; mais nulle part il ne dit nettement que le prophète a vu la sainte montagne. Les nombreuses Vies de Mahomet, si différentes les unes des autres, n'éclairent guère la question. Finalement, on se demande si les souvenirs du prophète que les indigènes montrent çà et là sur les chemins de la péninsule sont autre chose que des rêveries de ces pauvres ignorants, désireux de mêler Mahomet à tout ce qu'ils voient de grand et d'illustre.

Le ouadi Sélaf se termine au bas de hautes montagnes, à la sortie d'un abrupt et rapide ravin encaissé entre des rochers de deux à trois cents mètres, que les Bédouins nomment Nacb-el-Haoua, le défilé du vent. Les anciens moines ont construit dans le défilé un rude sentier pour relier le monastère du Sinaï avec la ville de Pharan. Il n'est en certains endroits qu'un escalier à marches irrégulières grimpant entre les blocs descendus de la montagne ; mais il abrège la route de deux heures. Aussi les voyageurs passent-ils d'ordinaire par le Nacb-el-Haoua, sauf à descendre de leurs chameaux dans les mauvais passages.

Assurément Moïse n'a pas engagé son peuple dans ce chemin difficile et probablement inconnu de son temps ; il a tourné au nord dans le ouadi Gasab.

En suivant ses traces, nous rencontrons bientôt un bouquet de palmiers à côté de ruines sans caractère, d'une origine inconnue, et deux heures plus loin, nous rejoignons le grand ouadi ech-Cheïc dans un vaste bois de tamarix, dont la vigoureuse végétation révèle un sous-sol plein d'eau. Moïse n'a pu trouver un meilleur site pour faire halte au milieu du jour, après avoir parcouru la grande moitié de l'étape. Nos guides nous y font reposer. Tarfa, c'est-à-dire Tamarix, est le nom géographique du lieu.

La vallée s'élargit au sortir du bois et apparaît bordée au nord des jorfs blancs dont nous avons déjà parlé, tandis qu'au sud la vue s'arrête sur une ligne de gigantesques rochers noirs s'étendant à perte de vue du sud-ouest au nord-est. Ces rochers s'élèvent à neuf cents mètres au-dessus du sol environnant et ne peuvent se comparer qu'à une immense vague de lave, droite et tourmentée comme les grandes lames d'une mer en furie. Le ouadi ech-Cheïc se dirige vers l'unique ouverture de cette prodigieuse enceinte et la traverse entre des rochers verticaux distants d'une trentaine de mètres. La passe d'el-Ouatyeh, c'est son nom, n'a que deux ou trois pas de long. A la sortie se dresse dans le milieu du chemin un rocher isolé, présentant assez exactement la forme d'un gigantesque siège avec dossier. Les Bédouins disent aux voyageurs que c'est

(1) « Par la figue, et l'olive et le mont Sinaï... Nous avons créé l'homme heureux », lit-on dans le Coran, sourate 05, V, 2.

le siège où se reposait Moïse quand il gardait les troupeaux de Jéthro; mais entre eux ils l'appellent le siège de Mahomet.

Au delà du passage, derrière le rempart de rochers, s'étend la contrée montagneuse, haute et froide, que les livres saints appellent particulièrement le désert du Sinaï (1), où le Seigneur voulut mettre son peuple à l'abri de ses ennemis et en parfaite sécurité, pendant qu'il lui donnait ses divins enseignements. Dans ce désert, en effet, les enfants d'Israël sont protégés au nord contre les Amalécites par une barrière d'audacieux et infranchissables rochers, où il n'est qu'un seul défilé très facile à défendre ; au midi, ils ont la mer et un chaos de hautes montagnes où nul ennemi n'osera s'engager ; à l'ouest, les Madianites sont pour eux des alliés dont l'amitié est cimentée par l'union de Moïse avec la fille de Jéthro, un de leurs chefs.

.*.

Vers la moitié du chemin el-Ouatyeh et le Sinaï, dans un vaste élargissement de la vallée, nous voyons à gauche une petite coupole blanche qui ressort comme un point de lumières sur les noires montagnes : « NébiSaleh » nous disent nos chameliers, et ils prennent les devants pour s'y rendre nous laissant seuls suivre le sentier avec l'enfant. Nébi Saleh est le lieu de prière le plus vénéré des Bédouins de la péninsule en dehors du Sinaï. Chaque année, au mois de mai, ils accourent en grand nombre à ce tombeau du cheik Saleh et célèbrent sa fête par des offrandes, des sacrifices, des repas, des danses où les femmes elles-mêmes prennent part. Une petite construction voisine du Nébi sert d'abri aux principaux personnages pendant ces cérémonies. Le cheik Saleh, disent-ils, était un saint personnage, un de leurs ancêtres. Ils n'en savent rien de plus et aucun voyageur n'a pu en découvrir davantage. E. H. Palmer, dans ses recherches, conclut que Saleh pourrait bien être Moïse, puisque, au sortir de la tête, les Bédouins vont se sommet du Sinaï, le djébel Mouça, offrir des sacrifices au Dieu de Moïse. D'autres ont dit que Saleh est probablement un très ancien et très éloquent prophète Salih, que le Coran appelle l'un des plus vénérables patriarches. dont il raconte de puériles et invraisemblables merveilles. Reste à savoir si le Salih du Coran a jamais existé.

Derrière le Nébi s'ouvre le grand ouadi Sa'al, le chemin d'A'kâbah et bien probablement la route des enfants d'Israël quand, au retour du Sinaï, ils allèrent errer dans les déserts de l'est et du nord.

.*.

Le Sinaï n'est plus qu'à deux heures de marche. Tout devient plus solennel, plus imposant ; le ouadi est de plus en plus vaste et uni, les montagnes s'élèvent toujours davantage. Enfin, la vallée tourne au sud-ouest à la rencontre du ouadi Sebaiyeh qui vient du midi, et aussitôt apparaît la sainte montagne, dont les sommets multiples se dressent verticalement dans les airs avec une sublime majesté.

Le ouadi se termine au pied de la montagne, ou plutôt, se bifurque à la rencontre du massif. Au nord il s'élargit dans la superbe plaine d'er-Rabah, où le peuple d'Israël

(1) Ex., XIX, 2. — Nomb., X 12 et ailleurs.

alla planter ses tentes, et pénétrant au midi entre de prodigieuses murailles de rochers, il forme l'étroit et sombre ouadi ed-Deir, où est bâti le couvent de Sainte-Catherine. Dès l'entrée de la vallée on aperçoit à un kilomètre et demi l'enclos du jardin et à travers les arbres, les grosses murailles du monastère (voir la gravure page 505).

Nous allons demander l'hospitalité aux moines grecs schismatiques, pour les huit jours que nous emploierons à visiter le Sinaï et ses alentours.

XXII

Le Couvent Sainte-Catherine, son histoire.

Le P. de Géramb, en 1832, pénétra dans le couvent, suspendu à une corde et hissé par un treuil sur une lucarne du mur, à dix mètres d'élévation. C'était alors la règle pour tous les voyageurs ; la petite porte du couvent était constamment murée et ne devait s'ouvrir que pour recevoir le patriarche de Constantinople. Aujourd'hui le voyageur n'a pas à faire cette gymnastique ; il met ses lettres d'introduction dans le panier descendu de la lucarne, et si elles sont agréées, on lui ouvrira la porte.

Il nous fallut attendre assez longtemps le résultat de l'examen de nos pièces. C'était l'heure de la distribution du pain aux Bédouins. Il y en avait une cinquantaine, hommes, femmes et enfants, au pied de la muraille. Chacun à son tour envoyait en haut un pauvre mouchoir, un chiffon quelconque, et on le lui jetait après y avoir noué sa ration de pain. Les hommes et les enfants recevaient trois petits pains noirs gros comme le poing et de forme irrégulière ; les femmes n'en recevaient que deux. Pourquoi ? on n'a pas su nous le dire. Pareille distribution se fait de deux jours l'un aux Djébeliyehs ; eux seuls y ont droit.

Enfin une grande porte neuve s'ouvre entre le couvent et le jardin ; nous entrons avec nos Bédouins et nos chameaux dans la cour latérale où se tiennent les gens de service. Un religieux en robe noire avec ceinture de cuir, nous introduit dans le couvent par une petite porte basse, bardée de fer.

L'entrée a quelque chose de mystérieux : une étroite et sombre galerie, creusée en Z dans l'épaisseur des énormes murailles et munie d'une seconde porte de fer au premier tournant. Au sortir de ce tunnel on traverse deux petites cours montantes, enfin par un vieil escalier extérieur on arrive à l'appartement des étrangers : une chapelle abandonnée, autrefois réservée aux pèlerins latins, une cuisine et trois ou quatre chambres qui ouvrent sur une galerie couverte et prennent jour au nord sur la cour de service, font toute l'hôtellerie.

.*.

Suivant la plus ancienne tradition, le couvent est bâti sur le lieu même où Dieu parla à Moïse du milieu du buisson ardent (1).

Sainte Silvie y vint en descendant la sainte montagne qu'elle avait gravie du côté opposé, y trouva une église et plusieurs demeures de moines, une source, un jardin et une église où elle fit célébrer une messe. « Ainsi donc, dit-elle,

(1) Ex., III.

après avoir descendu la montagne de Dieu, nous arrivâmes au buisson ; il était peut-être dix ieures. C'est le buisson dont j'ai déjà parlé, d'où le Seigneur parla à Moïse dans la flamme. Il y a là plusieurs monastères et une église, en tête de la vallée. Devant l'église est un jardin très agréable avec une abondante source d'une excellente eau ; le buisson est dans le jardin même. On nous montra tout procie la place où se tenait Moïse quand Dieu lui dit : « Délie la courroie de ta ciaussure, etc. (1) »

Justinien, nous l'avons rappelé, éleva en 527 l'enceinte fortifiée pour protéger l'église et les moines contre les tribus barbares de la contrée. Une inscription arabe du xiie ou xiiie siècle, plaquée sur la muraille, près de l'entrée, en conserve la mémoire.

« Le pieux roi Justinien, de l'Eglise grecque, dans l'attente du secours de Dieu et dans l'espoir des divines promesses, a bâti le couvent du mont Sina et l'église de la montagne du Colloque à son éternelle mémoire et à celle de son épouse Théodora, afin que la terre et tous ses iabitants deviennent l'héritage de Dieu ; car le Seigneur est le meilleur des maîtres. Il acieva la construction à la fin de la trentième année de son règne et donna au couvent un supérieur nommé Dhoulas. Cela eut lieu l'an 6021 après Adam, la cinq cent vingt-septième année de l'ère du Cirist Notie-Seigneur. »

.*.

Durant l'invasion musulmane, les religieux, protégés par un édit de Maiomet, éciappèrent aux massacres et aux violences des nouveaux sectaires. On raconte qu'ils avaient obtenu cet édit de Maiomet lui-même en reconnaissance de leur ciaritable iospitalité dans l'un de ses voyages ; dans la même occasion, un religieux aurait prédit au faux propiète sa future destinée.

L'original de l'édit était écrit sur peau de gazelle et signé du propiète par l'empreinte de deux doigts de sa main. Il fut porté à Constantinople par le sultan Sélim après la conquête de l'Egypte et placé dans le trésor du Grand-Seigneur. Les religieux reçurent en éciange une copie munie du sceau de Sélim. Mais cette pièce elle-même a disparu ; le couvent ne possède plus aujourd'iui qu'une transcription de seconde main et d'une fidélité douteuse, conservée au Caire dans les arciives de l'arcievêcié.

« Moiamed-ebn-Abdallai, est-il dit, a rehdu cet édit pour tout le monde en général.

« Si un prêtre ou un ermite se retire dans une montagne, grotte, plaine, désert, ville, village ou église, je serai derrière lui comme son protecteur contre tout ennemi, moi-même en personne, mes forces et mes sujets. Puisque ces prêtres sont mes rayas, j'éviterai de leur faire aucun dommage. On ne doit prendre d'eux que des contributions volontaires, sans les y contraindre. Il n'est pas permis de cianger un évêque de son évêcié, ni un prêtre de sa religion, ni un ermite de son ermitage ; aucun des objets de leurs églises ne doit entrer dans la construction des mosquées, pas même dans les iabitations des musulmans. Celui qui ne se conformerait pas à ceci, contrarierait la loi de Dieu et celle de son propiète.....

(1) Ex. III 5.

« Les cirétiens seront aidés à conserver leurs églises et leurs maisons, ce qui les aidera à conserver leur religion ; ils ne seront pas obligés de porter les armes ; mais les musulmans les porteront pour eux, et ils ne désobéiront pas à cette ordonnance jusqu'à la fin de ce monde.

« Cet édit a été écrit de la main d'Aby-Taleb, le 3 Moiaram, l'an 2 de l'Hégire, et de Jésus-Cirist, 1er août 622; il est signé par le propiète lui-même. Heureux celui qui fera et malieureux celui qui ne fera pas selon son contenu. »

Si ce texte est exact, il faut convenir que les disciples du propiète n'obéirent pas toujours à leur maître, et que les moines du Sinaï eurent bien quelque raison de ne pas se fier dans la suite à la signature de Maiomet. Ayant appris que le roi de Jérusalem, Baudouin Ier, se proposait de faire le pèlerinage du Sinaï, ils le supplièrent de renoncer à un projet qui pouvait exciter contre eux les susceptibilités de ces ennemis du nom cirétien. La peur les poussa même plus tard jusqu'à bâtir une mosquée dans l'enceinte du couvent, à côté de la grande église. L'édifice paraît être du xve siècle.

La mosquée avec son minaret est encore debout, à la honte de ces pauvres moines sciismatiques. Ils n'osent ni la détruire, ni la réparer, et l'utilisent comme grenier à grains en attendant qu'elle croule de vétusté. Il semble cependant qu'ils n'aient plus rien à craindre du fanatisme musulman. Depuis plusieurs siècles, les maîtres de l'Egypte n'ont pas cessé de leur montrer une spéciale bienveillance, et les Sultans de Constantinople, à leur avènement au trône, leur envoient des lettres de protection en souvenir de l'édit de Maiomet, par reconnaissance du bien qu'ils font aux tribus de la péninsule et aussi pour la vénération que les Musulmans eux-mêmes portent aux saints lieux dont ces religieux ont la garde. Ils jouissent en outre de la protection particulière et active de la Russie.

Un jour, nous manifestions à quelques religieux notre étonnement que, depuis tant de siècles, aucun des Djèbeliyehs protégés et nourris par le couvent, ne soit revenu à l'antique foi de ses pères, à celle de ses bienfaiteurs et maîtres.

« — Plusieurs de ces pauvres gens en ont eu bien certainement la pensée et le désir. Pourquoi ne les aideriez-vous pas, en les instruisant, à sortir de leurs ténèbres ? Les dangers d'autrefois n'existent plus sous le régime libéral de la nouvelle Egypte ?

« — Ces dangers peuvent revenir d'un jour à l'autre, nous répondit-on, et alors qui sera là pour nous défendre ? Nous l'avons bien vu au temps de la révolte d'Arabi ; si elle eût duré plus longtemps, on nous aurait tous massacrés. »

.*.

Les religieux du Sinaï furent l'objet de la paternelle sollicitude des papes tant qu'ils restèrent fidèles à la foi catholique. Parmi les lettres de saint Grégoire le Grand (590-604), il en est une adressée à Jean, abbé du mont Sina, où l'humble pontife se recommande aux prières des moines et mande à l'abbé qu'il lui envoie des meubles pour un iôpital qu'un étranger avait bâti au Sina, ou aux environs. En souvenir des bienfaits du saint Pape, les religieux célébraient ciaque année sa fête avec grande solennité, comme le rapporte Rudolphe, vicaire de Sucien en Westphalie, dans le récit de son pélerinage (1336-1341). Honorius III, par une bulle du 6 août 1218, rappelée et étendue le 20 janvier 1226, confirma l'abbé du Sinaï et l'évêque Simon dans la possession du mont Sina, du couvent situé au pied de la montagne de Roboé (les jardins du mont Rabbeh), Fucra (inconnu), Liiah de ouadi Ledja), Raythou (Thor) avec ses plantations de palmiers et bien d'autres terres, églises, maisons, fours, hôpitaux, etc., situés au Caire, à Alexandrie, Kérah, Jérusalem, Acre, Jaffa, Damas, Antioche, etc. (1). Dans plusieurs autres documents qui nous ont été conservés, le même Pontife prend la défense de l'évêque du Sinaï et des religieux, contre l'archevêque de Crète et son chapitre (2).

Le dernier acte pontifical constatant l'union des religieux du Sinaï avec Rome et venu à notre connaissance, est une lettre d'Innocent VI, du 16 décembre 1360, adressée aux Frères et à l'évêque du Sinaï, dans laquelle le pontife confirme la règle et les possessions du monastère (3).

En 1483, ils étaient déjà tombés dans le schisme grec, car ils traitèrent en excommuniés le dominicain Félix Fabre et les nobles allemands, ses compagnons de voyage, parce qu'ils appartenaient à l'Église romaine. Ils ne voulurent leur céder aucun autel pour y dire la messe, et se mirent eux-mêmes en interdit, cessant tout office divin durant le séjour des prêtres romains dans le monastère (4).

Ces dates et l'histoire du temps nous portent à croire que l'archevêque et les moines du Sinaï furent entraînés dans la recrudescence du schisme grec qui suivit le concile de Florence (1439).

..

Le couvent porta successivement plusieurs noms. Au commencement du neuvième siècle il s'appelait couvent Sainte-Marie (5), sans doute pour rappeler aux fidèles que le buisson ardent dont il marque le lieu fut la figure de la virginité de Marie conservée dans la conception du Verbe : *Rubum quem viderat Moises incombustum, conservatam agnovimus tuam laudabilem virginitatem,* chante l'Église dans l'office de la Sainte Vierge pour la samedi.

Dans les siècles suivants on l'appela le monastère de la Transfiguration, du vocable de sa grande église consacrée à ce mystère. La transfiguration sur le Thabor, en effet, répond dans la nouvelle loi aux manifestations divines du Sinaï. Jésus, Moïse et Elie vinrent annoncer sur le Thabor la consommation de la loi et des prophéties promulguées au Sinaï. Les deux montagnes ont vu la gloire de Dieu reposer sur leur sommet ; elles ont les mêmes illustrations : Moïse, Elie et Dieu qui leur parle.

Aujourd'hui la dévotion spéciale des moines et des Russes à l'illustre martyre dont ce monastère garde les reliques, apportées par les anges sur un sommet voisin, a fait prévaloir le nom de couvent Sainte-Catherine.

(*A suivre*).

(1) Pitra, *Analecta novissima Spicilegii Solesmensis, altera continuatio,* I, p. 562.
(2) Tobricht ; *Studien zur mitteralterlichen Geographie* dans le *Zeithschrift des Palaestina-Vereins,* T. X, 1887.
(3) Henricus Suarez. Manusc CXLI de la Bibl. Nat.
(4) Felicis Fabri. *Evagatorium,* T. II, p. 494 Stuttgard, 1843.
(5) *Commemoratorium de Casis Dei vel Monasteriis,* publié par G. B. de Rossi, dans le *Bulletino di Archeologia Cristiana,* 1865

DONS

Pour l'Œuvre de la Propagation de la Foi

—

ÉDITION FRANÇAISE.

Anonyme de Lyon, à l'intention d'une âme du Purgatoire, Jean E . . et des âmes abandonnées, don transmis par l'*Echo de Fourvière*		10
Famille C . , de Lyon, id.		25
Pour une mission (Mgr Navarre).		
Anonyme de Lyon, don transmis par l'*Echo de Fourvière*		10
Id.	Id.	100
Id.	Id.	50
Id.	Id.	135 30
Anonyme de M.. , diocèse de Carcassonne, qui demande des prières		200
Pour les missions de la Chine les plus éprouvées (Hou-pé méridional).		
Anonyme de Rennes		5
Pour la mission la plus éprouvée par la famine (Hou-pé méridional).		
Une anonyme de Lyon, avec demande de prières		20
A. M. de Poulangy, diocèse de Lyon, don transmis par l'*Echo de Fourvière*		25
Anonyme de M. , diocèse de Carcassonne, qui demande des prières		200
A Mgr Laouénan, pour les affamés du diocèse de Pondichéry.		
Un abonné de Liège (Belgique)		50
A. X. C. d'Autun, avec demande de prières pour deux défunts.		25
M. P. Rigaud, diocèse de Nantes		8
Pour M. Fourcade, missionnaire à Alladhy (Pondichéry).		
A. X. C. d'Autun, avec demande de prières pour le repos de l'âme de deux défunts		25
A M. Auvé, missionnaire à Akkampakam (Pondichéry), pour les affamés.		
Mme Veuve Colle, de Toulon, diocèse de Fréjus		50
A M. Verchery, missionnaire à Polur (Pondichéry), pour les affamés.		
Mme veuVe Colle, de Toulon, diocèse de Fréjus		50
A M. Darras, missionnaire dans le diocèse de Pondichéry, pour son église de Notre-Dame de Lourdes, à Cietput :		
M. P..., de Tourcoing, diocèse de Cambrai		20
Anonyme d'Armentières, diocèse de Cambrai		10
A M. Bricaud, missionnaire à Kalkaverry (Pondichéry), pour les victimes de la famine.		
De la part de Mme VeuVe Félix Julien, diocèse de Fréjus		50
A Mgr Riccaz, pour les Veuves païennes.		
Une anonyme de Lyon, avec demande de prières		10
A. M. de Poulangy, diocèse de Lyon, don transmis par l'*Echo de Fourvière*		25
Pour Mgr Barthe, vicaire apostolique du Maduré (Hindoustan).		
Anonyme de M., diocèse de Carcassonne, qui demande des prières		200
A Mgr Puginier, pour les missions du Tong-King.		
Mme R. de Lyon, don transmis par l'*Echo de Fourvière*		25
A Mgr Pinchon, pour les affamés du Su-tchuen occidental.		
Mme VeuVe Colle, de Toulon, diocèse de Fréjus		50
Anonyme de M. , diocèse de Carcassonne, qui demande de prières		200
A Mgr Crouzet, Lazariste, vicaire apostolique de l'Abyssinie.		
Anonyme de M , diocèse de Carcassonne, qui demande des prières		200
A Mgr Chausse, vicaire apostolique du Dahomey, pour rachat d'enfants nègres à baptiser sous les noms de Louis Armand et Laurent-Bénédict.		
Mme R. de Lyon, don transmis par l'*Echo de Fourvière*		25
A Mgr Couppé, pour la mission de la Nouvelle-Poméranie.		
Mme R. de Lyon, don transmis par l'*Echo de Fourvière*		25

(La suite des dons prochainement).

—

TH. MOREL, *Directeur-gérant.*

Lyon. — Imprimerie MOUGIN-RUSAND, rue Stella, 3.

AMÉRIQUE DU NORD. — BUFFALOS ET CHASSE AU BUFFALO; d'après un dessin envoyé par le R: P. LEGAL, Oblat de Marie-Immaculée (Voir page 521)

LA PERSÉCUTION EN CHINE

Le mouvement dirigé contre les établissements européens en Chine, après s'être déchaîné contre les missions des provinces maritimes, gagne l'intérieur de l'empire. Voici les nouvelles qu'envoie du centre de la Chine l'évêque franciscain du Hou-pé méridional. Que Dieu inspire à nos lecteurs de venir en aide à une si grande détresse !

LETTRE DU R. P. VICTOR BERNARDIN, DES MINEURS OBSERVANTINS.

Vous avez bien voulu reproduire dans votre dernier numéro les dépêches de Mgr Benjamin Christiaens annonçant la destruction de ses établissements et promettant des détails. Ces détails, nous les possédons aujourd'hui ; ils sont navrants. Trois orphelinats, sur cinq que compte le Hou-pé Méridional, ont été visités par les bandits et ces visites n'ont laissé que la désolation et la ruine.

. Le premier saccagé a été celui de Tchang-kin, le 21 juin. Avide de destruction, de flot envahisseur, composé d'un millier de forcenés, s'est porté au cimetière de nos enfants. Cinq sépultures ont été violées, les cercueils brisés, les cadavres profanés. Confus de trouver ces petits corps bien enveloppés, les yeux en place, le cœur

entier, les misérables se sont jetés sur l'établissement pour poursuivre leurs recherches. Ils perforèrent les murs, brisèrent les cloisons, enfoncèrent les portes, allèrent jusque sous le toit d'où ils enlevèrent les tuiles, tout cela pour trouver des enfants aux yeux crevés, au cœur arraché. Furieux de ne rien rencontrer, ils allaient mettre le feu aux bâtiments, quand survinrent les mandarins. Cette première fois, les vierges directrices et les enfants en furent quittes pour une forte émotion ; les missionnaires pour une forte dépense.

Mais ce n'était là qu'un début. Le 9 août, on mit le feu à l'orphelinat de Se-kong-kiou. C'était au point du jour. Les incendiaires percèrent le mur en terre, amoncelèrent de la paille à l'intérieur et par l'ouverture y mirent le feu en l'agitant avec un tube en bambou. Grâce a Dieu, une pauvre muette avait tout vu. Surexcitée par le danger, elle secoue sa voisine qui donne l'éveil à toute la maison. Il ne restait plus que le temps de s'échapper. Deux corps de bâtiments en bambou et en planches sèches devinrent rapidement la proie des flammes. La plupart des assistants empêchèrent qu'on portât secours, une quinzaine seulement se montrèrent favorables. Un grand nombre firent main basse sur tout ce qu'ils purent voler. Les maîtresses et les enfants demeurèrent sans abri, n'ayant pas même de quoi changer le peu de vêtements qu'elles portaient sur elles.

Le 2 septembre, ce fut le tour de l'orphelinat d'Y-tchang. Vers les dix heures du matin, les Sœurs aperçurent des attroupements d'hommes hostiles qui cernaient la résidence du ministre protestant ; quelques moments après, cette maison était en feu. Ce premier exploit accompli, la foule excitée se rendit chez les Sœurs et se mit à ébranler les portes et à jeter des pierres. La Supérieure, voyant le péril, réunit les Sœurs et les orphelines à la chapelle pour se recommander à Dieu et se défendre le mieux possible. En ce moment elles reçurent du R. P. Braun une dernière absolution et la sainte communion qui fortifia leur courage. Les petites orphelines, saisies de crainte, se réfugiaient contre les Sœurs, se cramponnant de leurs petites mains aux robes blanches de leurs mères d'adoption. Chose merveilleuse ! pas un cri ne se fit entendre, mais ces petites filles répétaient sans cesse... « Jésus, ayez pitié de nous ! Marie, sauvez-nous !... »

Au milieu de cet émouvant spectacle, les forcenés brisent les portes de la chapelle, fracassent à coups de bâton l'autel et tout ce qui leur tombe sous la main : les Pères et les Sœurs reçoivent de nombreuses contusions. Le Père pourtant, portant sur lui le ciboire avec les saintes hosties, et les Sœurs, qui le suivaient de près avec les orphelines, parviennent à sortir de la chapelle ; au milieu de la foule, les orphelines sont bientôt repoussées par les soldats.

Le mandarin arrive ; mais, incapable de réprimer la foule en délire, il fait conduire par la troupe le Père et les Sœurs à bord du steamer Pao-hua, d'où ils contemplent l'incendie de l'orphelinat et de la résidence.

Mgr Christiaens termine sa narration par ce cri de douleur :

« Quelle désolation ! J'ai employé, par ordre de mes supérieurs, dix ans à fonder le poste d'Y-tchang et à y établir nos Sœurs. Quelques heures ont suffi pour tout détruire, quelques jours pour continuer le pillage au vu et au su des autorités, sous les yeux des missionnaires et des Sœurs qui assistaient, impuissants, à ce déchirant spectacle. Ayez pitié d'un évêque désolé et réduit au plus affreux dénûment, puisqu'on n'a pu sauver qu'un ciboire avec le Saint-Sacrement : tout le reste, ornements d'église, vêtements pontificaux, chandeliers, croix, nappes, églises, résidences, orphelinat, tout est saccagé, tout est perdu ! »

CORRESPONDANCE

TONG-KING OCCIDENTAL

Epreuves et consolations.

M. Mollard, directeur au séminaire des Missions Etrangères de Paris, nous communique les lettres suivantes qu'il vient de recevoir de l'éminent vicaire apostolique du Tong-King occidental. Mgr Puginier nous fait part de ses épreuves et de ses consolations.

LETTRES DE MGR PUGINIER, VICAIRE APOSTOLIQUE DU TONG-KING OCCIDENTAL.

Hanoï, 7 août.

J'ai rencontré M. de Lanessan, notre gouverneur général, et j'ai tout lieu d'espérer que nos rapports seront bons, comme ils ont été d'ailleurs avec tous les gouverneurs ses prédécesseurs.

A la suite de mesures de justice prises par les autorités supérieures, tous les endroits qui avaient eu à souffrir de la persécution sont déjà revenus, ou reviennent peu à peu.

Le mouvement de conversions s'accentue de nouveau et plus fort encore qu'auparavant. Le dernier compte-rendu porte plus de cinq mille baptêmes d'infidèles. Aujourd'hui je me contente de vous donner ce total, n'ayant pas le temps d'entrer dans les détails.

Mais aux résultats consolants sont presque toujours jointes les épreuves. Aussi, quelques semaines plus tard, le prélat écrivait :

Hanoï, 4 septembre.

Il y a deux mois et demi, je vous annonçais l'enlèvement par les pirates, du P. Khoan, curé indigène de la paroisse de No-luc, dite aussi Bau-no. Depuis ce moment, il n'a pas été possible de savoir positivement où l'on avait conduit ce vénérable prêtre, ni d'entrer en relations avec lui. Déjà plusieurs nouvelles m'avaient annoncé que les pirates l'avaient mis à mort en l'emmenant ; mais je ne les trouve pas assez fondées pour y ajouter foi. Hier matin, j'ai reçu des renseignements du curé d'une paroisse voisine de Bau-no : ils confirment malheureusement l'assassinat du P. Khoan.

Ce curé m'écrivait une longue lettre pour me faire connaître la situation troublée de la région qui forme sa paroisse. Il avait confié cette lettre à un catéchiste qui se rendait à une annexe de la même paroisse, en compagnie d'un jeune élève et d'un domestique. Ces trois hommes de la mission furent arrêtés le 1er septembre par les pirates. Le domestique seul réussit à s'échapper, et je ne sais pas encore ce que l'on a fait des deux autres prisonniers.

La région, qui forme le district nord de ma mission, est de plus en plus troublée, et l'ennemi travaille à s'organiser et à se fortifier pour la défense. Je pense que, dans un mois, on pourra commencer les opérations militaires dans la haute région. Les autorités supérieures sont décidées à combattre activement le parti hostile et ses nombreuses bandes, tant les chinoises que les annamites. Si, comme je l'espère, on sait employer les moyens efficaces, on finira par disloquer les bandes et pacifier peu à peu le Tong-King. Mais il faudra encore du temps, du travail et du savoir-faire.

Vous verrez par les journaux qu'on a divisé le Tong-King en deux régions : la région militaire confiée à l'armée, et la région civile confiée à l'administration civile. Cette mesure était devenue nécessaire.

Prions Dieu de donner la tranquillité au pays.

DÉPARTS DE MISSIONNAIRES

Le 12 octobre, se sont embarqués à Marseille : le R. P. Jean Meynet, un scolastique et un Frère coadjuteur, de la Congrégation des missionnaires de Saint-François de Sales d'Annecy, pour le diocèse de Vizagapatam, et trois Sœurs de la Croix, du diocèse d'Annecy, pour celui de Nagpore.

INFORMATIONS DIVERSES

Japon méridional. — M. Marmand, missionnaire à Ocinosima, écrit à M. Compagnon, directeur au séminaire des Missions Étrangères :

« Depuis un an et demi, j'ai entrepris dans une de mes sept paroisses l'érection d'une église assez grande pour contenir tout mon peuple et surtout assez solide pour résister ,aux intempéries du climat japonais.

« Il n'est peut-être pas inutile de vous dire que dans ce village de Magome (Okinoshima), c'est la troisième fois qu'on se met en frais d'église ou de chapelle. Tout à fait au commencement, c'est-à-dire dès la découverte des chrétiens, l'installation d'un autel et d'un petit réduit pour le Père se fit dans une maison privée. La seconde fois, on fit plus de dépenses et l'on convertit une maison entière en chapelle ; mais elle est actuellement beaucoup trop petite et trop mal située pour le village.

« Enfin, cette fois, j'espère que saint Michel sera content du petit monument qu'on lui érige. Je croyais bien pouvoir au 29 septembre proclain en demander l'inauguration à Monseigneur, mais le manque d'argent a retardé déjà et va nous obliger à cesser les travaux pourtant bien avancés.

« Mes chrétiens ont fait et sont disposés à faire leur possible, et la preuve, c'est qu'ils ont contracté une dette de 350 yen (1,800 fr.). Je ne puis demander davantage, car *nemo dat quod non habet*. Ce que je peux exiger, c'est la main-d'œuvre, part très considérable dans ce genre de construction. Cela, on me l'accorde volontiers. Mais si les hommes manœuvrent pour l'église, il ne reste plus de temps pour gagner de l'argent à la pêche ou autrement. C'est donc à moi qu'il incombe de trouver la monnaie pour payer les matériaux et les ouvriers.

« Plein de confiance en la Providence, je fais travailler quand même parce qu'il faut achever ce qui est commencé, sous peine de devenir la risée des païens du voisinage qui nous appliqueraient les liens, sans la connaître, la parole de l'Évangile.

« Mais lorsque viendra le quart d'heure de Rabelais, je compte beaucoup sur vous car je sais que vous êtes généreux et en état de me venir en aide. Remarquez que, pour mener à bien mon entreprise, il ne me faudrait pas une somme énorme. A peu près une centaine de yen (500 fr.), et saint Michel a son église. »

LES INDIENS

DANS LES PLAINES DE L'AMÉRIQUE DU NORD

Par le R. P. LEGAL, missionnaire,

Oblat de Marie immaculée.

ACCESSOIRES DU COSTUME

(Suite 1)

La chevelure aussi joue un grand rôle dans la parure du sauvage, et à l'encontre de ce qui se pratique dans la civilisation, c'est l'homme ici surtout qui soigne sa chevelure avec une grande assiduité.

Le sauvage laisse toujours croître sa chevelure dans toute sa longueur ; il la peigne soigneusement et la maintient luisante au moyen d'onctions de graisse d'ours. Les hommes ont généralement deux petites tresses de cheveux très déliés, qui leur pendent de chaque côté de la figure près des tempes, avec de petits anneaux de fil de cuivre enroulé, qui les maintient en place. Le reste de la chevelure est souvent réuni en deux larges tresses, qui descendent de chaque côté, en arrière. Plusieurs parmi les hommes, ont également une troisième tresse faite des cheveux qui couvrent le sommet du front. Cette troisième tresse est rejetée en arrière. Chez quelques-unes des tribus indiennes de la Prairie, il était d'usage, pour les hommes, de raser une partie de la chevelure. Les femmes se séparent toujours les cheveux par le milieu du front ; quand elles sont jeunes, elles prennent aussi le soin de réunir leur chevelure en deux tresses latérales. En général, les parties du crâne mises à nu par la séparation des cheveux sont peintes de vermillon.

Cela nous amène à dire un mot de ce bizarre usage commun à tous les sauvages, et on peut le dire à presque tous les indigènes des autres contrées en dehors de l'Amérique, qui consiste à se peindre le visage et même quelquefois tout le corps. Il y a à distinguer le tatouage de la simple application de peinture superficielle. Quelques tribus avaient le vrai tatouage consistant à pratiquer dans la peau, au moyen d'une aiguille, une infinité de petits trous dans lesquels on laisse infiltrer une matière colorante généralement bleuâtre. Beaucoup d'autres parmi les sauvages des Prairies se contentent de se peindre le visage. Il y a certaines formes conventionnelles, usitées spécialement pour les cérémonies religieuses ; mais, la plupart du temps, elles sont laissées à la fantaisie de chaque individu. Toutes sortes de peintures peuvent être employées ; mais le rouge vermillon et le rouge brun sont les couleurs le plus en vogue, elles ont une signification de fête et de réjouissance. Le bleu et le jaune sont d'un usage moins fréquent, cette dernière couleur étant employée souvent en signe de moquerie ou de bravade. Quelquefois un sauvage se présentera avec un côté du visage peint d'une couleur, et l'autre non coloré ou peint d'une couleur différente ; quelquefois la face sera partagée par deux lignes en quatre quartiers, avec différentes couleurs et agrémentée encore de certaines hiéroglypies, qui

(1) Voir les *Missions catholiques* du 16 et du 23 octobre.

ne trouvent d'explications que dans un caprice ridicule ou enfantin.

Enfin le sauvage aura encore, attaché dans sa chevelure, quelque chose qui rappellera son génie particulier, c'est son féticie. Ce seront des plumes, la tête d'un oiseau, les oreilles ou les griffes d'un quadrupède, quelquefois la peau tout entière de l'animal, s'il est de petite taille, ou bien ce sera un objet quelconque, par exemple un fossile, qui aura frappé l'imagination de l'Indien en raison de son étrangeté ou de quelque propriété bizarre attribuée à cet objet. La femme ne porte jamais ainsi de signe de féticisme dans sa chevelure, excepté quand elle est jeune enfant.

Selle sauvage et baguette du scalp.

Enfin il y a encore, surtout pour les grandes circonstances de réjouissances publiques et de cérémonie du culte superstitieux, le fameux bonnet de médecine (v. la grav. p. 522). Il est étrangement nommé et s'appellerait plus justement bonnet de cérémonie, soit profane, soit religieuse. Il faut admettre d'ailleurs, que, dans l'esprit superstitieux du sauvage, l'idée religieuse est presque toujours liée à certaines pratiques de médecine ou de réjouissances publiques.

Il y a différentes sortes de coiffures de ce genre; cependant on peut les ramener à trois ou quatre types particuliers plus généralement employés.

Il y a le bonnet de plumes d'aigle, dressé et formant une couronne. Ce bonnet peut être porté également par les hommes ou par les femmes. Dans la grande fête du soleil, c'est la coiffure de la femme, qui est la figure importante de la fête, dans les fonctions superstitieuses qu'elle a à accomplir. — Le bonnet à cornes est particulier aux hommes. Il est ordinairement formé d'une multitude de peaux de belettes ou d'hermines recouvrant une calotte d'étoffes décorée en partie de rassades et de plaques métalliques. Deux tiges, en forme de cornes longues mais grêles, se dressent aux côtés. Quelquefois ces cornes sont de vraies cornes de buffalo bien polies et bien luisantes. Le bonnet à crinière ressemble au précédent avec cette différence qu'il

a une longue crinière ajoutée à la coiffe. Cette crinière est formée de longues plumes d'aigle, juxtaposées et maintenues, alignées à plat sur le bord d'une large bande d'étoffe de couleur rouge. Cette crinière, qui part du sommet du bonnet, retombe en arrière et va traîner jusqu'à terre.

Mais il ne faut pas croire que le sauvage se montre habituellement dans cet appareil majestueux. Ce n'est que dans les grandes circonstances qu'il se parera de tous ses ornements et se pavanera dans toute sa gloire. Mais alors, au cours de ces solennités publiques, quand le tambour frappe l'air de ses sons assourdissants, que les chants résonnent de toutes parts dans le camp, que les guerriers revêtus de leur brillant costume, parés de leurs insignes et de leurs trophées de guerre, chevauchent de côté et d'autre, montés sur leurs meilleurs chevaux de chasse ou de combat, peints eux-mêmes et décorés des marques de leur bravoure et des hauts faits d'armes dans lesquels ils ont joué leur rôle; quand les femmes aussi ont revêtu leurs plus beaux atours et montent également des chevaux entièrement caparaçonnés, dans le style de leurs propres costumes, avec une profusion de couleurs éclatantes, de rassades et de longues franges qui flottent au vent, le spectacle ne manque point de grandeur et de pittoresque.

C'est dans ces circonstances surtout, qu'il faut avoir vu l'Indien d'Amérique, l'heureux souverain de la vaste prairie, pour comprendre ce peuple étrange, heureux jusque là parce qu'il ne soupçonnait pas et n'avait pas de besoins qu'il ne pût satisfaire, et qu'il menait une vie relativement honnête et joyeuse. Et quand on voit ce qu'est devenu ce pauvre être humain mis en contact avec la prétendue civilisation qu'on a voulu lui imposer de force, il faut avouer qu'il a bien quelque raison de se plaindre et de regretter les beaux jours de sa liberté, ses vastes domaines, ses innombrables bandes de buffalos et de chevreuils, ressource inépuisable pour le plaisir de la chasse, l'alimentation et l'activité du commerce.

ARMES DE CHASSE ET DE GUERRE.

Ceci nous amène à considérer une autre partie du sujet, savoir : la chasse, au moyen de laquelle le sauvage avait à se procurer la nourriture, le vêtement et toutes les nécessités de la vie.

Le buffalo, ou plutôt le bison, était par excellence la richesse du sauvage des prairies. Le bison est en réalité, à ses yeux, un être si excellent, qu'il lui a voué un culte et que ce culte se mêle, d'une manière difficile à expliquer, à toutes ses pratiques superstitieuses. C'est qu'en effet le bison était tout pour lui. Il lui fournissait une nourriture saine et vraiment recherchée, qu'il pouvait manger fraîche ou séchée, ordinaire ou sous une forme spéciale appelée Pemikan qui permettait de la conserver très longtemps et de la transporter facilement en voyage. Outre la nourriture, le sauvage trouvait encore dans le buffalo de quoi subvenir aux autres nécessités de la vie. La peau lui fournissait le matériel de sa demeure, les principales pièces de son vêtement et de sa chaussure. Dans les tendons il trouvait un fil souple et fort, il s'en servait pour coudre ses vêtements et sa tente. Du cuir du buffalo, il fabriquait encore divers ustensiles, des selles pour chevaux, des boucliers, des tambours. Les cornes mêmes étaient façonnées en cuillers et en coupes, et les sabots de l'animal, dissous et convertis en colle, entraient dans la fabrication des arcs et d'autres armes. Le bison était un noble animal. Il faut dire *était* au passé, car il a à peu près entièrement disparu. Quelques dou-

Arcs. carquois et flèches.

zaines ont été capturés et sont conservés comme les derniers représentants de l'espèce. On dit aussi qu'il y en aurait peut-être encore une petite bande, errant à l'aventure dans cette partie du pays connue sous le nom de Mauvaises

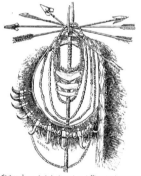

Armes, flèches, lance de bois de cerf. — Colliers de différentes formes entre autres colliers de griffes

Terres du Missouri, derniers et lamentables restes de ces immenses troupeaux, qui autrefois, en masses compactes, couvraient les plaines aussi loin que portait la vue. Cet animal pouvait atteindre la taille d'un bœuf de grande dimension. La partie antérieure était excessivement développée et paraissait encore exagérée par l'abondante cri-

nière ou plutôt l'épaisse toison qui recouvrait entièrement la tête, le cou et les épaules, retombant quelquefois jusqu'à terre. La partie postérieure de l'animal paraissait grêle auprès de ce développement exagéré des membres antérieurs. La tête disparaissait presque dans cette sombre fourrure, de laquelle sortaient deux cornes, noires, courtes, mais très robustes et menaçantes. Les yeux étincelaient et parfois s'enflammaient d'une rage effrayante, lorsque l'animal était irrité et rendu furieux par l'attaque. Le bison, en effet, provoqué et blessé, lorsqu'il s'apercevait que la fuite lui était impossible, et qu'il se décidait à charger lui-même son ennemi, présentait l'aspect le plus terrible et le plus effrayant qu'il soit possible d'imaginer. Ce noble animal est fidèlement représenté dans la gravure, page 517. La vache du buffalo ressemble au mâle pour la forme, mais elle est plus petite.

Le sauvage avait l'habitude d'attaquer ce puissant animal avec des armes de sa propre confection. Ces armes étaient : l'arc, la flèche et la lance ou le dard (v. les gravures de cette page).

Différentes formes de casse-tête ou massue de guerre, hache de guerre ou tomahawk.

L'*arc* était fait d'un arbrisseau assez dur. On choisissait une branche d'une certaine courbure destinée à occuper le milieu de l'arc et, aux deux extrémités, le bois aminci était ramené légèrement en contre-courbe. Pour rendre l'arc plus élastique, le dos était recouvert d'une couche de gélatine, provenant des sabots fondus du buffalo. De plus, cette couche de colle était souvent revêtue d'une peau de serpent à sonnettes qui s'étendait sur toute la longueur de l'arc, avec les grelots du crotale attachés aux deux extrémités. La corde de l'arc, faite de tendons, était très résistante. L'arc pouvait avoir environ trois pieds de longueur. On trouvait aussi parfois certains arcs faits d'une sorte de corne ou d'os, que les Indiens obtenaient, par échanges, des sauvages qui habitent le revers des Montagnes-Rocheuses. C'étaient, je suppose, des côtes de grands cétacés.

Les *flèches*, faites du même bois qui servait à confectionner les arcs et qui, pour cette raison, a été nommé bois de flèche, avaient environ deux pieds de longueur ; elles étaient légères et parfaitement dressées. La pointe, qui était primitivement un fragment de silex ou de quartz taillé en éclat, ou bien un os aiguisé, fut remplacé plus tard par de petites pièces de fer que les Indiens se procuraient en découpant les cordes de barils apportés par les blancs. Ces pointes de flèche affectaient des formes variées. Quelques-unes étaient pourvues de barbes, à un ou deux rangs, retournées en arrière, de façon à rendre très difficile l'extraction de la flèche lorsqu'elle avait pénétré dans les chairs. Mais ces flèches étaient celles qui étaient employées dans la guerre. De plus, la pointe, dans ce cas, était fixée de façon à soutenir parfaitement le choc, mais à se détacher facilement du bois, lorsqu'on essayait de la retirer, et à rester ainsi dans la blessure. Les flèches pour la chasse étaient construites d'après un autre principe. Les pointes étaient dépourvues de barbes et très solidement fixées au bois, ce qui permettait de les retirer facilement de la blessure et de s'en servir de nouveau.

A l'autre extrémité, la flèche était empennée de trois plumes : plumes d'aigle, de corbeau ou de hibou. Les plumes, ainsi que le fer de la flèche, sont attachées au bois au moyen de tendons effilés, parfaitement ramollis dans l'eau et ensuite enroulés autour des pièces qu'ils doivent assujettir. En séchant, ceux-ci forment une ligature parfaite,

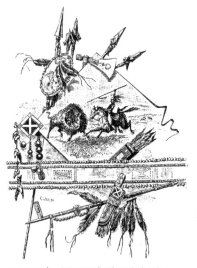

Chasse au buffalo. — Flèches, carquois, scalp, tomahawk, couteau et son étui. — Calumet. — Ceinture.

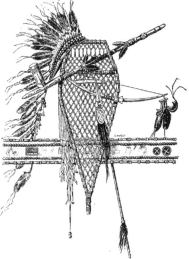

Bonnet de médecine. — Calumet, arc et baguette de scalp. Raquettes ou chaussures pour marcher sur la neige.

AMÉRIQUE DU NORD. — ARMES ET ORNEMENTS DES INDIENS; d'après des dessins envoyés par le R. P. LEGAL.

sans nœuds, unie et presque imperceptible, quoique très résistante.

La flèche est décorée de peintures et de petits ornements de plumes légères teintes de couleurs variées. Il y avait aussi certaines raies sinueuses pratiquées dans le sens de la longueur ; ces raies avaient le double but de servir d'ornements et de marques de propriété, chacun ayant sa manière particulière de tracer ces raies. Par ce moyen, il était facile de connaître quels étaient les différents possesseurs des animaux tués pendant la chasse.

Les flèches étaient conservées dans un carquois fait ordinairement de la peau d'un animal avec la fourrure à l'extérieur. Le lion ou tigre de montagne, le carcajou et le veau de buffalo fournissaient la peau du carquois. Une pièce en triangle allongé, pendant de l'ouverture, était décorée de rassades. Un autre fourreau attaché au carquois servait à renfermer l'arc lui-même ; une bande ou bricole de cuir servait à suspendre le carquois en bandoulière, l'ouverture se trouvant au-dessus de l'épaule droite.

L'arc et la flèche, malgré leur légèreté et leur apparente fragilité, étaient des armes redoutables dans la main des sauvages, qui manquaient rarement leur but. Et quand ils attaquaient l'animal, le buffalo lui-même, de la distance voulue et de la position la plus avantageuse, ils pouvaient, assure-t-on, lancer la flèche avec tant de vigueur que, rentrant en arrière de l'épaule droite, elle traversait le cœur et ressortait quelquefois entièrement du côté opposé, allant plus loin s'enfoncer dans le sol.

Une autre arme dont les sauvages savaient aussi se servir avec adresse était le dard ou lance, fabriqué de la même manière que la flèche, mais avec une tige beaucoup plus longue et plus forte. Le bout de la lance, primitivement de pierre ou d'os, fut remplacé plus tard par de larges lames de dagues ou de couteaux obtenus des Blancs. A défaut de lames spéciales, on se servait de ferrures quelconques plus ou moins bien façonnées par l'industrie du sauvage. La lance avait aussi ses décorations de peintures, de plumes d'aigles ou de chevelures.

On peut encore trouver quelques restes de cet ancien armement du sauvage. Les enfants continuent à se servir dans leurs jeux et leurs exercices, de flèches et d'arcs qu'ils fabriquent eux-mêmes et avec lesquels ils sont généralement très adroits. Mais pour la chasse et la guerre, ces armes primitives ont cédé le pas à d'autres plus perfectionnées et auxquelles est tout à fait étrangère l'industrie sauvage. Tous ces Indiens des Prairies sont actuellement armés, à la moderne, de magnifiques carabines Winchester qui leur permettent, par un simple mouvement de levier, de tirer douze ou quatorze coups sans être obligés de recharger leur arme. Avec ces fusils, les sauvages sont redoutables, et ils ont montré, malheureusement en trop de circonstances, qu'ils savent se servir des engins de destruction que la civilisation a mis entre leurs mains.

.*.

Avant de terminer ce chapitre, il faut mentionner aussi les quelques autres armes offensives et défensives qui jadis complétaient l'armement du sauvage. Les principales armes offensives étaient la hache de guerre ou tomahawk et la massue de guerre ou casse-tête, représentés pages 521 et 522. Le bouclier était l'arme défensive (voir page 524). Il y a une grande variété de haches de guerre, depuis la forme commune qui ressemble à la hache ordinaire et dont plusieurs spécimens sont donnés dans nos gravures, jusqu'à cette autre forme bizarre représentée page 521, qui consiste dans une lame de dague large et courte fixée à une massue de bois massive décorée de têtes de clous en cuivre.

R. P. MODESTE FAVENS,
De la Congrégation des Sacrés-Cœurs de Picpus, Provincial de la mission des îles Sandwich, Océanie (Voir p. 527).

Les casse-têtes dont plusieurs sont représentés sur la grav. p. 521 étaient composés d'un manche en bois plus ou moins orné de rassades et peint de différentes couleurs, et d'une pierre, d'une mâchoire d'animal ou d'un os fixé à l'extrémité au moyen d'une ligature de tendons. Ces tendons sont employés lorsqu'ils ont été ramollis par un séjour prolongé dans l'eau, et en séchant ils unissent les deux parties de l'arme de la façon la plus solide. Quelquefois le casse-tête était fait d'après un autre principe. La pierre, parfaitement arrondie et pesante, était enfermée dans une pièce de peau de chevreuil formant comme un sac, lequel était solidement fixé au manche, laissant un certain jeu à la boucle terminale. Au moyen de cette arme adroitement maniée, le sauvage pouvait asséner sur son ennemi un terrible coup qui suffisait à justifier le nom de casse-tête donné à l'arme.

Le bouclier, qui est représenté dans la gravure page 524, était la seule arme défensive du sauvage, qui souvent même la négligeait et se présentait au combat presque complètement nu. Le bouclier était fait de la partie la plus épaisse de la peau du buffalo recouvrant la bosse du dos. Elle était rendue plus épaisse encore, au moyen d'une couche de colle faite comme il a été dit précédemment. Le bouclier, lui aussi, était décoré de peintures, représentant quelques scènes des anciennes traditions ou les attributs du génie protecteur du guerrier. Au pourtour était attachée une pièce d'étoffe ordinairement rouge, de six à huit pouces de largeur. De plus, une rangée de longues mèches de chevelure ou de plumes d'aigle pendait tout autour. Le bouclier se portait sur le bras gauche, comme cela se pratiquait chez les Romains et les Grecs et généralement aussi chez tous les peuples qui employèrent ce moyen de protection dans les combats.

.*.

Il faut, en terminant, mentionner le couteau ou dague, qui était aussi une partie nécessaire de l'armement du guerrier indien. Ces couteaux avaient été primitivement faits de pierres dures ou de silex. Quelques sauvages étaient arrivés à se fabriquer des couteaux de cuivre, en se procurant le métal des régions du Lac Supérieur où l'on a trouvé des traces de leur exploitation. Mais, dès les premières relations avec les Européens, on reconnut bien vite l'avantage du fer et de l'acier, et le sauvage sut convertir en lames de couteau les pièces de fer qu'il put se procurer. Bientôt même il obtint facilement ces couteaux, tout fabriqués de la main des blancs. Cependant le sauvage aime encore quelquefois à se procurer seulement la lame et se réserve le soin de façonner la poignée à sa guise.

Le fourreau ou l'étui du couteau a aussi ses formes. Celle qui est la plus commune est représentée dans la gravure de la page 522. Le fourreau est fait d'une pièce de cuir repliée sur elle-même et cousue ou maintenue en place par des clous de cuivre à têtes brillantes, et ornée de rassades et de pendants de formes, diverses. Une ouverture triangulaire, qui ne paraît pas dans la gravure, permet de passer le ceinturon qui retient le fourreau appliqué contre les reins du côté droit. De la sorte le manche du couteau se trouvait immédiatement à portée de la main droite.

Le bouclier. — Hache de guerre.

C'est avec sa dague ou son couteau, que le sauvage, soit à la chasse, soit à la guerre, donnait le coup final. A la chasse, souvent il achevait d'un coup de dague, dans les reins, le buffalo que sa flèche ou sa balle n'avait fait que blesser grièvement. Et à la guerre c'était par un rapide tour de son couteau, qu'il enlevait le scalp de la tête de son ennemi terrassé. Le scalp, en effet, était le but principal de l'ambition du guerrier ; il était son principal trophée, la marque de son audace et la preuve indéniable de sa bravoure. En enlevant le scalp à son ennemi, il lui avait infligé le plus humiliant outrage, plus redoutable au guerrier sauvage que la mort même. Car, dans l'idée de l'Indien, cet affront se perpétue indéfiniment de l'autre côté de la vie présente et dans les mystérieuses régions des âmes.

Ces scalps étaient rapportés de l'expédition guerrière, fixés à de petits cercles de bois sur lesquels la peau du crâne était tendue, et attachés à l'extrémité de longues baguettes, comme il est représenté page 520. Le guerrier agitait ces scalps au-dessus de sa tête en chantant sa victoire.

(A suivre).

VOYAGE AU SINAI

PAR LE

R. P. Michel JULLIEN, de la Compagnie de Jésus.

Suite (1)

XXIII

La visite du couvent.

Le couvent est situé au côté ouest de l'étroite vallée, sur le sol incliné qui monte du talweg à la base des grands rochers du Sinaï. Son enceinte forme un carré irrégulier de quatre-vingts mètres de long sur soixante-dix de large. Les énormes murailles flanquées de tours sont en plusieurs places soutenues par des contreforts inclinés, en gros blocs de granit rouge, sans mortier. Les meurtrières au sommet, les guérites de gardes en avant-corps sur les angles lui conservent dans l'ensemble l'aspect d'une puissante forteresse des anciens temps, malgré les misérables masures que les moines ont élevées en plusieurs points sur la crête des murailles et les petites fenêtres qu'ils ont percées çà et là dans les parties hautes.

A voir la facture peu uniforme des murailles et les sculptures dont les ouvriers les ont parsemées, on reconnaît qu'elles furent refaites par morceaux à des époques bien différentes. On y rencontre, taillées en saillie sur le granit, des croix de toutes les formes usitées en divers pays, à différentes époques et conservées dans le blason : croix grecque, croix latine, croix de Malte, croix pattée, potencée, ancrée, pommetée, fourchée, etc... Dans un encadrement en trapèze on voit une croix de Malte au-dessus d'un croissant. Ailleurs un loup et un agneau semblent adorer ensemble une croix latine, le loup sur pied, l'agneau à genoux des pattes de devant : *Lupus et agnus pascentur simul*, dit le prophète Isaïe (2). Les moines nous montrèrent une portion des murailles rebâtie par le général Kléber au temps de l'expédition française en Egypte.

Vu de la galerie élevée sur laquelle ouvrent les chambres des étrangers, le couvent se présente comme un ancien village fortifié, comme un *castellum* du moyen âge, avec ses rues tortueuses et étroites, ses impasses, ses passages couverts, ses petites places sans symétrie, ses vieux canons de fer rouillé au sommet des murs d'enceinte. Les petites maisons des moines, les magasins, les bâtiments de service sont placés sans ordre, sans idée d'ensemble ; tout est assez mal construit, le plus souvent couvert d'un simple enduit de terre glaise, et dans un état de vétusté voisin du délabrement. Seule la grande église, située au milieu de l'enceinte, paraît solide et bien entretenue. Son bel escalier, sa façade propre, son toit neuf en zinc, son riche campanile italien, de construction récente, réjouissent l'œil et le cœur du pèlerin. Même chez ces pauvres moines égarés dans le schisme, l'église est donc encore le palais du Maître, le vestibule du ciel.

A chaque pas on rencontre des chapelles. Il y en a vingt-deux, nous dit-on, outre les nombreuses chapelles latérales de l'église. Elles sont distribuées un peu partout aux différe-

(1) Voir les *Missions Catholiques* des 7, 14, 21, 28 août, 4, 11, 18, 25 septembre, 2, 9, 16 et 23 octobre et la carte, p 417.

(2) LXV, 25.

rents étages, et ne servent guère qu'au jour de la fête du saint auquel le sanctuaire est dédié.

L'une des plus grandes est la chapelle de Saint-Michel. Les religieux eurent l'attention de m'inviter à l'office qu'ils y célébrèrent le jour de la fête de l'archange, mon saint patron. Tout y est propre, mais assez pauvre. L'iconostase et les vieux tableaux de style russe, pendus aux murailles n'ont rien de remarquable. Seuls le plafond à poutrelles et la corniche sont décorés avec une certaine richesse, à la manière des plafonds des vieilles mosquées du Caire, moins beaux cependant ; des arabesques de couleur et d'or encadrent des sentences arabes et y couvrent tous les bois.

L'office fut beau par la gravité, la précision dans les cérémonies, la splendeur des ornements sacerdotaux et surtout par les chants en faux-bourdon d'une admirable justesse ; ils nous rappelaient les chœurs si harmonieux des pèlerins russes à Jérusalem. Quant à nous rendre compte de la suite des cérémonies, ce fut chose impossible. Nous ne vîmes qu'une succession sans fin de psaumes chantés, de lectures, d'innombrables Kyrie eleison, entremêlés de profondes inclinations et d'encensements sans cesse renouvelés ; il y en eut pour deux ou trois heures. Durant tout ce temps, l'archevêque et les moines, rangés sur deux lignes latérales, se tinrent debout et sans appui ; car les Grecs ne se mettent jamais à genoux et ne s'asseoient pas à l'église. Deux seuls vieillards s'appuyaient sur un long bâton en T.

Au temps où les moines ne pouvaient se montrer en dehors de leurs murailles sans s'exposer aux mauvais traitements des Bédouins, toujours aux aguets pour les rançonner, on se rendait du couvent au jardin par un souterrain creusé dans l'intervalle des deux clôtures. Maintenant, cet intervalle est une cour fermée, tous font la traversée en plein air.

Avec ses plantations d'oliviers et d'arbres fruitiers de oute espèce, poiriers, abricotiers, citronniers, etc., ses ignes, sa fraîcheur entretenue par d'abondantes eaux, le rdin apparaît comme une petite oasis enchâssée entre les lus arides, les plus sombres rochers. Tout y est mieux aliné, mieux cultivé, mieux entretenu que dans les jardins de yrie soignés par des indigènes. Il y a de tout dans ces deux ectares de terrain, même de petites friandises, comme la etite pistache ronde, le botton de la haute Mésopotamie ; ais le palmier est absent et l'œil le regrette ; c'est que la atte mûrit à peine dans cette étroite gorge où le soleil se ève si tard et disparaît si vite.

Le cimetière est au milieu du jardin. Sa chapelle blanche, ouvellement reconstruite, perçant à travers de hauts yprès, est l'une des premières choses que remarque le oyageur en approchant du monastère. Elle est dédiée à aint Tryphon, un pauvre moine, élevé sur le siège patriaral de Constantinople et retourné dans un monastère pour finir ses jours.

Tout à côté sont les deux grands caveaux servant d'osaires. Le premier, long d'une quinzaine de mètres, conent une quantité énorme d'ossements entassés avec ordre, s membres le long des murs latéraux, les têtes dans le nd. Ce sont, pour la plus grande partie, les vénérables stes des anachorètes, des anciens solitaires du Sinaï, cueillis dans les cavernes, dans les ermitages abandon-

nés, dans les tombeaux des environs. On leur a joint les ossements des moines décédés dans le couvent ; car ceux-ci tiennent à reposer après leur mort avec les saints solitaires dont ils se disent les successeurs. Ils sont d'abord enterrés devant l'entrée du caveau, et, quand les chairs sont consumées, on transporte leurs os dans l'ossuaire commun.

Considérant avec vénération ces centaines de corps, dont plusieurs peut-être seraient sur les autels si l'on pouvait les distinguer, nous remarquons un grand nombre de mains et de pieds encore couverts d'une peau noircie, sans trace de corruption, et entre les ossements quelques instruments de pénitence trouvés dans les tombeaux des anciens solitaires, plusieurs ceintures de fer faites de petites plaques de tôle.

Le second caveau communique avec le premier. Il est réservé aux prêtres, et les ossements y sont entassés de la même manière. Seuls les corps des archevêques sont conservés à part, chacun dans un petit coffre sans fermeture. En soulevant le couvercle, on voit une étole pliée et au-dessous des os sans ordre.

Dans un coffre spécial on présente à notre vénération les restes de deux princes (en grec, fils de roi) morts parmi les solitaires de la sainte montagne. Ils habitaient proche de la chapelle de Saint-Pantaleimon dans deux grottes situées l'une au-dessus de l'autre, et s'étaient liés aux extrémités d'une même chaine de fer qu'ils agitaient tour à tour afin de ne pas se laisser gagner par le sommeil pendant la prière. La chaine se voit au milieu des ossements.

Un personnage momifié, vêtu de blanc, la tête couverte d'un bonnet de drap d'argent, assis sur un siège au milieu du caveau, semble juger en souverain dans cette assemblée des morts. Il se nomme Etienne, et nous avons son histoire écrite par saint Jean Climaque vers l'an 500, dans l'Échelle du Paradis (VIIe degré).

Etienne avait vécu quarante ans au pied du Sinaï, dans l'affreux désert de Siddim, célèbre entre tous les solitaires par ses jeûnes, ses éminentes vertus, le don des larmes et même des miracles ; ses compagnons assuraient qu'ils l'avaient vu dans le désert nourrir un léopard. La veille de sa mort, promenant ses yeux éteints tout autour de sa couche, il se mit à répondre tout tremblant à d'invisibles accusateurs, dont lui seul entendait la voix :

« — Il est vrai, j'ai commis cette faute, mais je l'ai expiée par tant d'années de jeûnes. — Cela, je ne l'ai pas fait, vous m'accusez faussement. — Ce défaut, je ne le nie pas, mais je l'ai compensé par tant de larmes et d'œuvres de piété. »

Parfois on l'entendait répondre : « J'avoue que j'ai fait cela et je n'ai rien à présenter pour ma défense ; il me reste pourtant la confiance dans la miséricorde de Dieu. »

Il expira, laissant tous ses frères dans l'ignorance de la sentence finale, pénétrés d'une sainte terreur des jugements de Dieu.

La vue de ce corps assis dans son sépulcre nous a rappelé une coutume encore subsistante dans plusieurs églises d'Orient, dont nous avons été témoin, il y a deux ans, à la mort du patriarche des Maronites. Les évêques et les personnages en vénération sont placés dans leur caveau mortuaire assis et revêtus de leurs ornements.

XXIV
La bibliothèque.

Pour voir la bibliothèque il nous fallut parlementer longtemps. C'étaient toujours de nouvelles difficultés, de puérils prétextes. Evidemment on se méfiait de nous ; non pas que nous puissions y dérober quelque manuscrit, puisqu'on ne nous perdait pas de vue ; mais ces pauvres moines, avec l'idée exagérée qu'ils se faisaient de notre science, ne craignaient-ils pas de nous donner l'occasion de constater leur ignorance profonde ? Ils nous paraissaient encore sous le coup de l'ineffaçable humiliation que leur infligea innocemment Tischendorf en 1844, quand il découvrit le *Codex Sinaïticus* dans une corbeille de vieux parchemins destinés au feu. On nous mena dans la chambre du trésor, où sont les quelques livres curieux qu'on montre communément aux étrangers, des livres de prière à jolies enluminures, un psautier complet écrit en caractères microscopiques sur six petits feuillets, etc...

Comme nous n'étions point satisfaits, on nous montra encore une collection de livres moins anciens, même modernes, dans une pièce attenante à l'appartement actuel de l'archevêque, beaucoup de livres grecs et russes et le magnifique fac-similé du *Codex Sinaïticus* en quatre volumes in-folio, imprimé à Leipsick aux frais de l'empereur de Russie.

Enfin, après plusieurs jours de sollicitations, nous fûmes introduits dans la bibliothèque proprement dite, une salle d'une centaine de mètres carrés, autrefois le divan des archevêques. Les placards où sont enfermés les livres, les portraits d'anciens archevêques et de quelques princes valaques en font tout l'ornement. A côté est une chapelle de la Vierge ou, comme disent les Grecs, de la *Panagia*, de la Toute Sainte. Les moines y conservent avec vénération, sous l'autel, une grosse pierre qui, en un temps de disette, répandit de l'huile en abondance par la vertu de la prière du pieux ermite George Arsélaïte (1).

« En visitant la bibliothèque, raconte Tischendorf (2), j'aperçus au milieu de cette vaste salle, une grande et large corbeille pleine de vieux parchemins, et le bibliothécaire me dit que deux autres semblables, remplies de papiers rongés par le temps, avaient été jetées au feu. Quel ne fut pas mon étonnement en découvrant parmi ces débris un nombre considérable de feuilles d'une vieille Bible grecque, qui me parut être l'une des plus anciennes que j'eusse jamais vues ? On m'en céda le tiers environ, quarante-trois feuilles, avec d'autant plus de facilité qu'on se disposait à brûler le tout. Cependant, malgré mes instances, je ne pus obtenir qu'on me donnât le reste ; la satisfaction profonde que j'avais laissé voir avait éveillé les soupçons sur la valeur ignorée de ce manuscrit. Je ne pus que transcrire une page d'Isaïe et de Jérémie dans les feuilles qu'on me refusait, et

(1) L'ermite George avait sa cellule sur le mont Arsélaï, aujourd'hui djébel Oum-Cchômer, superbe montagne de 2,575 mètres d'élévation, qu'on aperçoit de loin au sud du Sinaï.
(2) *De la date des Evangiles*, préface. — *Novum Testamentum Graece ex Sinaïtico Codice*, prolegomena.

je recommandai aux soins des religieux ces restes et tout ce qu'ils pourraient trouver de semblable. »

Tischendorf, à son retour, fit don à la bibliothèque de l'Université de Leipsick des quarante-trois feuilles contenant des fragments du premier livre des Paralipomènes, d'Esdras, de Tobie, des Lamentations, la plus grande partie de Jérémie, Néhémie et Esther. Elles y sont conservées sous le nom de *Codex Friderico-Augustanus*.

Dans un second voyage, en 1853, il ne put obtenir aucune nouvelle du précieux manuscrit ; il trouva seulement dans un rouleau un petit fragment de parchemin du même travail, contenant quelques lignes de la Genèse.

De plus en plus désireux de compléter sa découverte, Tischendorf s'adressa à l'empereur de Russie que les moines du Sinaï regardent comme leur plus haut protecteur. Son projet d'un troisième voyage fut agréé ; le gouvernement impérial mit à sa disposition tous les fonds nécessaires. En janvier 1859 il se présentait une troisième fois devant la porte du couvent Sainte-Catherine. « La mission dont j'étais chargé, raconte-t-il, m'avait valu d'être reçu avec une distinction toute particulière. Cependant, après avoir fouillé pendant plusieurs jours dans les rares manuscrits du couvent, désespérant de retrouver mon trésor, j'avais fait prévenir mes Bédouins de tenir les chameaux prêts pour retourner au Caire, quand une circonstance fortuite vint mettre le comble à mes vœux. L'après-midi de ce même jour, j'allai me promener avec l'économe du couvent sur un des sommets voisins, et comme nous rentrions au couvent vers le soir, le religieux me pria de le suivre dans sa cellule où il voulait m'offrir quelques rafraîchissements. A peine étions-nous entrés que, reprenant notre précédente conversation : « Et « moi aussi, dit-il, j'ai là une *Septuaginta*, une Bible des Sep-« tante. » Il alla prendre dans un coin de la chambre un volumineux paquet enveloppé d'un linge rouge et le plaça devant moi sur la table. J'ouvre et j'aperçois à ma grande surprise non seulement les fragments que, quinze ans auparavant, j'avais tirés de la corbeille, mais encore d'autres parties de l'Ancien Testament, puis le Nouveau Testament, tout entier, et enfin l'Epître de Barnabé et le livre du Pasteur par Hermas.

« Plein d'une joie que, cette fois, je sus contenir en présence des moines, je demandai et j'obtins la permission d'emporter le manuscrit dans ma chambre, afin de l'examiner à loisir. Et là, quand je fus seul, je m'abandonnai à l'élan de mon enthousiasme. Je tenais dans mes mains le plus grand trésor biblique, un document qui, par son âge et son importance, dépasse tous les manuscrits existants, objets de mes études depuis vingt ans. Je ne saurais retracer les émotions de cette heure de ravissement en présence de ce diamant biblique. En dépit d'une mauvaise lampe et d'une froide nuit, je me mis tout de suite à transcrire l'Epître de Barnabé. Depuis deux siècles on cherchait en vain l'original grec de la première partie, connue seulement par une traduction latine très défectueuse ; cependant cette épître avait joui, depuis la fin du second siècle jusqu'au commencement du quatrième, d'une si grande autorité que beaucoup de chrétiens lui accordaient, comme au *Pasteur* d'Hermas, une place à côté des documents sacrés de la nouvelle alliance. Nous avions une nouvelle preuve de cette antique opinion par la présence même des deux écrits dans la Bible sinaïtique, dont l'écriture remonte à la première moitié du quatrième siècle, au temps du premier empereur chrétien. »

L'archevêque du Sinaï était mort au Caire; le vicaire du couvent et les supérieurs des autres monastères de l'ordre, réunis à Constantinople pour l'élection de son successeur, avaient choisi à l'unanimité un sujet désagréable au patriarche grec schismatique de Jérusalem; celui-ci s'opposait énergiquement à la consécration de l'élu et agissait auprès de la Sublime Porte pour que le bérat de la reconnaissance officielle ne lui fût point accordé. Tischendorf partit pour Constantinople et avec le concours énergique de l'ambassadeur de Russie, il obtint que l'élection fût confirmée.

« Le 27 septembre 1859, dit il, j'étais de retour au Caire. Les religieux assemblés et leur archevêque me témoignèrent la plus vive reconnaissance pour mes soins empressés à défendre leur cause à Constantinople, et dès le lendemain je recevais d'eux, sous forme de prêt, avec les marques de la plus honorable confiance, la Bible sinaïtique pour la transporter à Saint-Pétersbourg et l'y reproduire aussi fidèlement que possible. »

L'empereur envoya de riches présents au monastère, et les moines ne réclamèrent point le manuscrit.

Le Codex Sinaïticus est sur des feuilles doubles de parchemin en peau de gazelle, écrit en grec avec un soin, une régularité, une beauté de caractères tout à fait remarquables. Il comprend la plupart des livres de l'Ancien Testament d'après la version des Septante, le Nouveau Testament au complet, la première partie du Pasteur d'Hermas et l'Épître de saint Barnabé. Au dire des savants, il remonte nviron à l'an 400 de notre ère et n'a d'égal en autorité que e fameux Codex Vaticanus. Deux fragments du manuscrit écouverts au Sinaï dans la reliure d'autres livres anciens t apportés à Saint-Pétersbourg par l'archimandrite Porphyrios, prouvent sa présence au couvent depuis bien des iècles.

Les manuscrits grecs nous ont paru former à eux seuls lus de la moitié de la bibliothèque ; après eux les plus ombreux sont les manuscrits arabes et syriaques. Les noines nous montrèrent encore bien des livres chaldéens, byssiniens, ibérites, nous demandant parfois la langue du nanuscrit.

A les entendre, ils ont le projet bien arrêté de construire ne bibliothèque, où ils réuniront tous leurs livres, et de organiser en vue des études des savants étrangers; mais argent leur manque, il faut qu'on les aide.

En attendant l'heureux jour où ce dessein sera réalisé, il ous fallut renoncer à l'article de notre programme de oyage, marquant quelques jours d'arrêt au couvent et avail dans la bibliothèque. Le P. Van Kasteren n'obtint as de fouiller lui-même bien des placards aux manuscrits, t quand il se mit à étudier je ne sais quel palimpseste, un oine s'assit en face, suivant ses gestes, épiant sa physionomie, comme ferait le surveillant d'une mine de diamants côté d'un chercheur suspect.

(A suivre).

NÉCROLOGIE

R. P. MODESTE FAVENS,

De la Congrégation des Sacrés-Cœurs de Picpus, Provincial de la Mission des Iles Sandwich (Océanie).

Le R. P. Alazard, procureur des missions des Pères des Sacrés-Cœurs de Picpus, nous envoie de Paris la notice suivante et le portrait que nous publions page 523.

Né le 11 février 1811 à Saint-Sernin (Lot), Pierre Favens entra dans la Congrégation des Sacrés-Cœurs en 1836, et partit pour la mission des Iles Sandwich au mois de juin 1845.

La première partie de sa vie apostolique s'écoula dans l'île Maui où la Providence lui ménageait à égale part les consolations et les épreuves : c'était l'époque des persécutions des protestants contre la foi. Le jeune missionnaire parlait à peine la langue indigène, que les Canaques venaient en foule se faire instruire, et c'est par centaines qu'on dut enregistrer les baptêmes qu'il administra dès les premiers mois de son apostolat.

La charge de vice-provincial lui ayant été conférée en 1850, il se fixa à Honolulu, capitale du petit royaume hawaïen. Mgr Maigret, vicaire apostolique, le choisit, en 1861, pour son provicaire, et, douze ans plus tard, il fut nommé provincial de la mission au moment même où le P. Damien entrait à la léproserie de Molokaï.

Impatient de visiter le pauvre séquestré, le R. P. Modeste saisit la première occasion de se rendre à Molokaï. Grande fut sa douleur lorsqu'il se vit en face de la léproserie sans pouvoir obtenir l'autorisation de descendre à terre. Le P. Damien l'avait heureusement reconnu du rivage : se jetant dans une pirogue, il avait gagné le navire et s'apprêtait déjà à monter à bord pour saluer son provincial et se confesser, lorsque le capitaine lui répondit obstinément que la chose était impossible.

« Nous fûmes bien contrariés, écrit le P. Modeste, il fallut nous contenter de nous regarder l'un et l'autre, et de causer tout haut. C'est ainsi que je le confessai. »

De retour à Honolulu, le R. P. Modeste ne négligea rien pour faire cesser un séquestre aussi intolérable ; il y réussit, grâce à l'intervention du consul français et du docteur Trousseau. Il continua à se dévouer, comme auparavant, au bien de la mission, édifiant les missionnaires et les fidèles; lorsque le poids des ans lui eut rendu impossible l'exercice du saint ministère, il contribuait encore au bien des âmes par ses prières.

Il est mort le 13 août 1891, dans sa 81e année, après avoir reçu les derniers sacrements.

L'estime et l'affection qu'il s'était acquises par ses vertus attiraient à ses funérailles une foule nombreuse. Elles eurent lieu dans la cathédrale de Honolulu. La reine, quoique protestante, tint à honneur d'envoyer au service religieux le corps de musique du gouvernement.

R. P. DENOIT,

missionnaire au Victoria Nyanza.

Mgr Hirti, vicaire apostolique, écrit à Mgr Liviniac, supérieur de la Congrégation des Pères Blancs :

Il y a quelques jours, je vous annonçais la mort de notre cier Frère Pierre, et rien ne me faisait pressentir alors que j'aurais dans le courant de ce même mois de mai, à vous communiquer une épreuve bien plus terrible encore qui vient frapper notre mission dans la personne du P. Denoit. Notre confrère est littéralement tombé sur la brèche. Aussi longtemps que ses forces ne l'ont pas trahi, il a fait son travail, soutenant à lui seul presque tout le poids de la mission de Roubaga. Ainsi, il n'a jamais voulu céder son grand catéchisme des catéchumènes, qui ramenait à ses pieds tous les jours une si grande foule ; il confessait durant de longues heures du jour et de la nuit, allait voir les malades, sans permettre jamais qu'un confrère prit son tour. C'était trop pour ses forces.

Une fièvre violente obligea le P. Denoit à renoncer enfin à son rude ministère. Les chrétiens furent fort surpris un matin de ne pas le voir les accueillir comme à l'ordinaire dans sa petite chambre qui ne désemplissait plus jusqu'au soir. C'était le 20 mai. Le Père voulut chasser sa fièvre avec un vomitif ordinaire ; mais la fièvre ne céda pas.

Le quatrième jour de la maladie, le Père recouvra un instant toute sa lucidité d'esprit ; il en profita pour demander les derniers secours de la sainte Eglise : c'était un dimanche, après vêpres. Avec quelle douleur nos chrétiens accompagnèrent le saint viatique que je portai au mourant. Enfin, le 26, à midi, il s'éteignit doucement.

Aujourd'hui, ses restes mortels reposent à côté de ceux du P. Lourdel ; nos chrétiens ont voulu creuser la tombe, porter le Père à sa dernière demeure et élever le petit monument consacré à perpétuer dans l'Ouganda le souvenir des personnages distingués et vénérés.

Ces hommages ont été touchants ; mais combien plus belle n'a pas dû être au ciel l'ovation qu'auront faite au Père, les milliers d'âmes auxquelles il a pu procurer le baptême !

BIBLIOGRAPHIE

Histoire du patriarcat arménien catholique par le R. P. Donat VERNIER, de la Compagnie de Jésus. — 1891, Delhomme et Briguet, éditeurs, Lyon, avenue de l'Archevêché, 3.

Depuis que les Pères de la Compagnie de Jésus ont été appelés par le Saint-Père à travailler en Arménie à la conversion des schismatiques, ces missionnaires ont dû étudier d'une manière spéciale l'histoire ecclésiastique de cette noble nation, qui a eu pour apôtre l'immortel saint Grégoire l'Illuminateur. Ces études ont enrichi déjà la littérature sacrée de plusieurs ouvrages dont nous avons signalé l'apparition et fait ressortir l'importance. Qu'il nous suffise de rappeler le *Coup d'œil sur l'Arménie* du R. P. de Damas. Dans ce beau volume le zélé supérieur des RR. PP. Jésuites de Constantinople, avait déjà présenté d'histoire du patriarcat arménien. Mais cette importante question, traitée inci-

demment et seulement dans ses grandes lignes, n'avait pas reçu tous les développements qu'elle mérite.

Le livre du R. P. Vernier, consacré, comme son titre l'indique, tout spécialement à ce sujet, donne d'une façon complète le tableau de l'établissement du catholicisme en Arménie, et les vicissitudes de l'histoire de cette Église depuis le VIe siècle jusqu'à nos jours. Chacun des soixante-quinze prédécesseurs de l'éminent pontife qui tient actuellement le sceptre patriarcal de saint Grégoire, Sa Béatitude Mgr Etienne-Pierre Azarian, est l'objet d'une notice biographique puisée aux meilleures sources. L'auteur a compulsé les annales de ce peuple illustre, le premier peuple chrétien de l'Orient, pour appuyer ses assertions historiques ; pour confirmer ses propositions dogmatiques, il a interrogé la liturgie arménienne et les enseignements des plus célèbres patriarches et docteurs de l'Église orientale, et c'est par une thèse magistrale sur la primauté d'honneur et de juridiction du Pontife romain qu'il ouvre son récit.

Dieu veuille bénir ce livre écrit par un zélé missionnaire dans le but d'éclairer les âmes droites encore engagées dans le schisme de Nersès !

DONS

Pour l'Œuvre de la Propagation de la Foi

ÉDITION FRANÇAISE.

Anonyme de Lyon, don transmis par l'*Echo de Fourvière*......	20
Id.	45
M. M. D. de Raucourt, diocèse de Cambrai....	8
De la part de défunte Joséphine Dervieux, d'Ampuis, diocèse de Lyon....................	300
Pour les missions franciscaines (Hou-pé méridional).	
Anonyme du diocèse de Lyon	40
Un aumônier de Lyon........	10
A Mgr Laouënan, pour les affamés du diocèse de Pondichéry.	
Une personne de la province de Liège se recommandant d'une manière spéciale aux prières des missionnaires et des chrétiens.	10
M. Maës, aux Muids, diocèse d'Orléans.....	50
J.-B. de Lyon..	10
Pour les missions de l'Inde éprouvées (Mgr Laouënan).	
Mme Missol, de Lyon, avec demande de prières..............	20
Anonyme de Grenoble..........................	20
A M. Verchery pour ses affamés de l'Inde.	
Un abonné du diocèse de Liège avec demande de prières pour elle et son fils défunt....	1.000
A R. P. Mengelle, missionnaire au Maduré.	
Un abonné du diocèse de Toulouse, se recommandant d'une manière spéciale aux prières des missionnaires et des chrétiens...................	40
A Mgr Puginier.	
Un aumônier de Lyon.......................	10
A M. Félix Girod, missionnaire au Tong-King occidental.	
Au nom d'un défunt du diocèse de Saint-Claude..............	10
Pour Mgr Berlioz.	
Anonyme de Paris.......................	2
Pour M. Tulpin (Japon septentrional).	
Anonyme de Paris	2
Pour entretien de catéchistes au Japon (Mgr Cousin).	
Un abonné de Clermont	25
A M. Corre, missionnaire à Kumamoto (Japon mérid.).	
MM. Mannet et Savy, prêtres du diocèse de Digne, et deux autres personnes des Basses-Alpes....................	30
Au R. P. Claucot, missionnaire dans l'Arizona.	
Une anonyme de Lyon, avec demande de prières.	10

(La suite des dons prochainement).

TH. MOREL, *Directeur-gérant.*

BIRMANIE. — LA FAMILLE POILUE DE MANDALAY ; d'après une photographie. (Voir page 531).

CORRESPONDANCE

BAS-NIGER

Incendie de la mission d'Onitcha.

La station fondée récemment par les Pères du Saint-Esprit sur la rive gauche du Niger vient d'éprouver un véritable désastre. Nous nous empressons de mettre sous les yeux de nos lecteurs la lettre par laquelle le zélé supérieur de la mission nous informe de ce malheur.

LETTRE DU R. P. JOSEPH LUTZ, DE LA CONGRÉGATION DU SAINT-ESPRIT ET DU SAINT-CŒUR DE MARIE, VICE-PRÉFET APOSTOLIQUE DU BAS-NIGER.

Onitcha, le 11 septembre 1891.

Nous sommes sous le coup d'une terrible épreuve : un incendie a éclaté hier soir, à six heures et demie, dans notre magasin, où quelques-uns de nos jeunes gens étaient occupés à faire sécher du manioc. En moins d'une

heure, la plus grande partie de notre établissement était dévorée par les flammes : le magasin de provision, la menuiserie, tout récemment reconstruite, la remise qui contenait les planches, l'écurie et tout le bâtiment des orphelins, dortoir, école et matériel des classes, la chambre et tous les effets du P. Bubendorf, y compris son bréviaire. Tous les matériaux préparés pour la fondation d'Agoubéri, ainsi que pour l'hôpital ; des milliers de nattes de bambous, etc., ont été consumés. Cinq barriques de vin, que nous venions de recevoir, ont été perdues également, de sorte que nous serons même bientôt privés du bonheur de célébrer le Saint-Sacrifice, si les missionnaires de Lyon ne peuvent nous céder du vin de messe.

Notre maison d'habitation n'est éloignée que de deux mètres de la maison des enfants. Si le vent avait tant soit peu changé de direction, elle serait devenue, comme le reste, la proie des flammes.

Comme toutes nos constructions sont couvertes de feuilles de bambou, le feu s'est répandu si rapidement qu'il nous a été impossible de sauver pour ainsi dire quoi que ce soit. Les flammes avaient une telle intensité qu'elles atteignaient les arbres les plus élevés. Au moment de l'incendie, les indigènes des environs, nos chrétiens en tête, sont accourus de toutes parts pour tenter de l'arrêter ; mais leurs efforts vraiment admirables, sont restés infructueux, à cause de la violence du feu.

Les Sœurs, arrivées aussi à la hâte, ont éprouvé une peine indescriptible. D'eux d'entre elles, malades de la fièvre, avaient quitté leur lit pour tâcher de concourir au sauvetage.

Les garçons et les filles, ainsi que toutes les personnes rachetées par la mission, poussaient des cris lamentables. Quelques-uns se roulaient par terre, d'autres priaient à haute voix : « Jésus, Marie, Joseph, sauvez-nous ! O mon Dieu, ayez pitié de nous! » Effrayés par ce brasier de flammes et craignant que toute la mission ne fût engloutie, ils couraient, affolés, criant au secours ! .

Nous évaluons les pertes à plus de 8,000 francs ; et déjà nous ne savions comment arriver à couvrir nos dépenses les plus indispensables. Venez, je vous en supplie, au secours de nos pauvres enfants. Vous savez quel avenir consolant promet cette mission. Veuillez faire un chaleureux appel en notre faveur aux âmes généreuses, et particulièrement aux associés de la Propagation de la Foi. Le bon Dieu, je l'espère, ne nous abandonnera pas. C'est pour son œuvre que nous travaillons ; nous avons la confiance qu'il ne la laissera pas longtemps en détresse.

PERSE
—

Difficultés de l'apostolat. — L'Eglise chaldéenne.

Le nouveau délégué apostolique de Perse nous envoie d'Ourmia) cette lettre touchante. Le prélat mêle à l'expression de sa reconnaissance envers notre Œuvre le très intéressant exposé des difficultés et des besoins particuliers de la grande mission dont il vient de prendre possession.

LETTRE DE MGR MONTÉTY, ARCHEVÊQUE TITULAIRE DE BÉRYTE, DÉLÉGAT APOSTOLIQUE DE PERSE.

Avant d'arriver à sa destination, le missionnaire doit tourner ses regards et sa pensée vers la généreuse France, le principal soutien des œuvres apostoliques qu'il a à diriger, à développer ou à fonder.

A mon tour, je ne puis résister à ce sentiment de reconnaissance et je vous prie de faire agréer mes plus vifs remerciements à tous les membres de l'Œuvre de la Propagation de la Foi.

Dès qu'il me sera permis, grâce aux auxiliaires nouveaux que j'amène en Perse, de développer les œuvres déjà existantes, ce sera un devoir pour moi de mettre nos bienfaiteurs au courant de nos difficultés et des consolations que la divine Providence accorde aux ouvriers de bonne volonté.

Ma tâche est lourde, et si je ne comptais sur des grâces particulières du bon Dieu et sur les prières des âmes pieuses de l'Europe, je reculerais devant les nombreuses obligations qui m'incombent, tant comme délégué du Saint-Père que comme visiteur des missions de nos confrères. Pourtant, malgré mon âge et mes incapacités, j'ai confiance dans l'heureux résultat de nos communs efforts.

La mission latine est estimée en Perse ; les musulmans, aussi bien que les catholiques orientaux, aiment à fréquenter nos confrères et ne cessent de parler des vertus sacerdotales de nos anciens missionnaires et en particulier du premier délégué de la Perse, Mgr Cluzel, de sainte et très regrettée mémoire. Les autorités du pays savent, en effet, que le missionnaire catholique abhorre tout ce qui, de près ou de loin, touche à la politique, et qu'il enseigne à ses ouailles le respect des lois établies par le gouvernement persan. Les chrétiens indigènes à leur tour, Chaldéens et Arméniens, sympathisent beaucoup avec nous, quoique la majeure partie de ces peuples appartienne encore au schisme ou à l'hérésie. Ils comprennent très bien que, loin de nuire à leur nationalité et à leurs coutumes séculaires, notre but est de travailler à l'union de tous leurs membres au vicaire de Jésus-Christ, tout en respectant scrupuleusement leurs rites et leurs cérémonies. Ces pauvres gens tiennent à leur nationalité, or, pour la conserver, ils ne possèdent que le culte public célébré dans leur langue liturgique avec des cérémonies particulières. Ceci nous explique la ténacité des Orientaux et je ne vois pas pourquoi on désapprouverait chez eux le patriotisme, qui chez nous est considéré comme une chose sacrée.

. .

Il est, depuis plusieurs mois, question du retour à la véritable Église de la majeure partie des Nestoriens du Kurdistan et de la Perse. On dit même que le patriarche nestorien, à la tête de ses métropolites, doit faire sa soumission au Souverain Pontife. J'ignore si ce mouvement religieux de cette antique et noble nation aboutira au retour complet de ces pauvres égarés ; mais, ce qui est certain, c'est que, si la politique ne s'en mêle pas, les conversions seront aussi nombreuses que sincères ; le cœur du grand Léon XIII surabondera de joie et les pontifes qui le représentent à divers titres en Mésopotamie et en Perse recevront la juste récompense de leur zèle.

Permettez-moi de citer ici le nom de Sa Béatitude Mgr Elie Aboulionan, patriarche de Babylone pour les chaldéens catholiques. Dieu seul connaît les difficultés que ce digne prélat a à surmonter pour ménager les susceptibilités de l'autorité nestorienne. Avec quelle patience ne répond-il pas aux arguments souvent rétorqués de ces pauvres hérétiques ! J'ai déjà eu plusieurs fois l'occasion de m'entretenir avec Sa Béatitude, et, sans parler de ses qualités naturelles si connues de tous, j'ai admiré sa lucidité d'esprit, la connaissance approfondie des matières de controverse, et par dessus tout sa charité pour les âmes égarées qu'il lui reste à ramener à la véritable Église.

Que les chrétiens d'Occident prient pour la conversion des Nestoriens, et qu'ils n'oublient pas non plus les Arméniens schismatiques, eux aussi répandus en grand nombre dans ma délégation ! Voilà deux peuples que je dois évangéliser avec le concours de mes confrères les PP. Méchitaristes, des prêtres indigènes et des Filles de la Charité. Je les recommande avec instance aux prières de vos Associés. Tous les deux me sont également chers et, s'il plaît à Dieu, je serai fidèle à l'un et à l'autre, comme le publient mes armoiries, jusqu'à mon dernier soupir.

DÉPARTS DE MISSIONNAIRES

Se sont embarqués à Marseille le 1er novembre : MM. Ulysse Blondel, du diocèse de Rouen, pour le Yun-Nan ; Pierre Castanet, du diocèse de Bordeaux, pour le Su-tchuen méridional; Alphonse Couderc, du diocèse de Rodez, pour le Su-tchuen occidental ; Claudius Bailly, du diocèse de Lyon, pour le Yun-nan; François Bidan, du diocèse de Rennes, pour le Su-tchuen méridional; François Dürr, du diocèse de Strasbourg, et René Marchand, du diocèse d'Angers, pour le Kouy-tchéou ; Urbain Claval, du diocèse de Tulle, et César Thomas, du diocèse de Saint-Jean-de-Maurienne, pour le Su-tchuen oriental ; Jean Doumecq, du diocèse de Bayonne, pour Pulo-Pinang.

— Onze missionnaires de la Congrégation du Saint-Esprit et du Saint-Cœur de Marie sont partis dernièrement pour les missions : De Bordeaux, le 18 septembre, pour Haïti, le P. Alphonse Kuentzler, du diocèse de Strasbourg ; — de Lisbonne, le 6 octobre, pour la mission du Cunène, le P. Eugène Erhardt, du diocèse de Strasbourg, et le F. Gonzaga Cabral, du diocèse de Guarda ; — pour la Préfecture apostolique de la Cimbébasie, les PP. Julien Roupnel, du diocèse de Séez, Henri Aucopt, du diocèse de Moulins, et les FF. Géraldo Martins, du diocèse de Guarda, et le F. Ovidio, du diocèse de Porto ; — de Marseille, le 12 octobre, pour l'île Maurice, le P. Jacques Cotonéa, du diocèse de Quimper; — pour le Zanguebar, les FF. Damase Ruhardt, du diocèse de Strasbourg, et Éleuthère Deussen, du diocèse de Cologne ; — le 25, pour le Congo français, le P. Jean Derouet, du diocèse de Séez.

— Plusieurs religieuses Oblates de l'Assomption, dont la maison-mère est à Nîmes, se sont embarquées pour les missions de l'Asie-Mineure, confiées aux RR. PP. Jésuites : les unes pour la résidence de Tokat et les autres pour celle d'Amasia. Voici leurs noms : Sœur Angèle-Marie, née de Chanasulle, du diocèse de Nîmes ; Sœur Marie-Madeleine, née Damrer, du diocèse de Trèves ; Sœur Angèle de Jésus, née Viollet, du diocèse d'Alby ; Sœur Marie-Berckmans, née Ranc, du diocèse de Viviers, et Sœur Thérèse de Jésus, née Bancal, du diocèse d'Alby.

INFORMATIONS DIVERSES

Grèce. — Nous recevons d'Athènes une intéressante brochure en grec, O Καθολικος Κηρυος, par M. le baron de Lastic. Elle a été imprimée à Naxos. C'est un coup d'œil rapide sur les progrès de la vraie religion, le providentiel établissement de l'Œuvre de la Propagation de la Foi (συλλογος της διαδοσεως της πιστεως), et l'état actuel du catholicisme dans les diverses missions du monde. Cette dernière partie est la plus développée, car elle remplit plus de la moitié de la brochure. Puisse ce

lumineux exposé des conquêtes de l'Église romaine, écrit dans la langue des Basile et des Chrysostome, contribuer à ramener à l'unique Pasteur les partisans du schisme grec !

Mayssour (*Hindoustan*). — Le 30 août, les fidèles de la paroisse de Blackpally, de Bangalore, recevaient pour la première fois, Mgr Kleiner, leur nouvel évêque. De tout temps cette paroisse s'est distinguée par son respect et son amour pour ses pasteurs. Mgr Coadou, de vénérée mémoire, aimait à rappeler le mot de Mgr Agliardi, délégué pontifical dans l'Inde, après la touchante ovation qu'il y reçut : « Il serait difficile de trouver plus de foi dans un peuple. » Mais, le 30 août, les fidèles de Blackpally avaient une raison spéciale de se montrer enthousiastes et empressés. Pendant plus de dix-sept ans, Mgr Kleiner avait été à la tête de cette magnifique paroisse, la première et le modèle de toutes les missions du royaume de Mysore. En arrivant il avait trouvé une église, humble d'apparence et n'ayant d'autre titre à la dévotion particulière des fidèles que son ancienneté. Ce fut à Blackpally, en effet, que s'éleva sur les ruines d'un temple païen la première église chrétienne de Bangalore. Le P. Kleiner, architecte de valeur, conçut le projet de bâtir là un édifice capable d'exalter aux yeux de tous l'honneur de notre sainte religion et de soutenir la comparaison avec les mosquées superbes et les plus riches temples protestants de la ville. Cette œuvre, il l'exécuta au prix de mille difficultés matérielles et pécuniaires, au prix de sa santé qu'il ruina dans ce long travail et qui ne s'est jamais complétement rétabli depuis. Son église est un monument. Les évêques du Concile de Bangalore (1887) étaient unanimes à déclarer que c'est la plus belle de toute l'Inde.

Qu'ils doivent cette église à Mgr Kleiner, les fidèles de Blackpally ne l'ont point oublié et ne l'oublieront jamais. Aussi, à la première nouvelle que Monseigneur, suffisamment rétabli par quelques mois de séjour en France, rentrait dans l'Inde avec la consécration épiscopale, crurent-ils de leur devoir de lui préparer une réception digne de leur vénération et de leur reconnaissance. Le 30 août donc, vers les huit heures du matin, toutes les cloches de l'église célébraient à l'envi l'entrée triomphale du Pasteur. Le prélat s'avançait lentement sous un dais porté par des soldats indigènes du génie. La musique des sapeurs et de deux autres régiments jouait tout le long du parcours. La route était semée de fleurs. « Béni soit notre Évêque! Longus vie à Mgr Kleiner! Ad multos annos! et d'autres inscriptions en tamoul, en canara, en sanscrit, en latin, en français et en anglais, se détachaient sur les arcs de triomphe.

L'église avait revêtu une parure de fête. A l'extérieur comme à l'intérieur, ce n'étaient que drapeaux, bouquets et guirlandes. Dans l'après-midi, les chrétiens, ayant à leur tête les catéchistes et les maîtres d'école, vinrent saluer Sa Grandeur, lui souhaiter la bienvenue et lui offrir une croix pastorale.

A la cérémonie du soir, Monseigneur, malgré sa fatigue, voulut bien ouvrir, par un sermon en langue tamoule, la neuvaine qui précède la fête patronale de Blackpally.

Enfin, pour couronner cette journée, un feu d'artifice fut tiré. La tour de l'église enflammée éclaira la contrée; les fusées et les bombes se succédèrent à la grande joie de tous et ainsi se célébra à Blackpally la première ovation de l'honneur de celui que les chrétiens de cette belle paroisse appellent avec une légitime fierté : ienguel mettrâniâr (notre évêque).

Birmanie septentrionale. — Notre gravure, page 529, représente une famille de Mandalay dont tous les membres offrent la singulière particularité d'avoir le corps et le visage velus. Nous avons publié, il y a six ans, le portrait d'une jeune fille appartenant à cette famille (1).

Voici sur ce sujet quelques détails empruntés à une lettre d'une religieuse de Saint-Joseph de l'Apparition, fixée depuis de longues années dans la capitale de l'empire birman :

« Il n'existe en Birmanie qu'une seule famille de cette curieuse espèce. Tous les membres qui la composent ont le visage couvert de poils très fins, ainsi que tout le corps. Le père étant mort, la famille tomba dans la misère. Une fille succomba peu

(1) Voir le numéro du 11 septembre 1885.

après ; mais il reste encore le frère et la mère, que j'ai vus bien des fois dans notre maison de Mandalay. Ils ne sont pas plus sauvages que les autres ; ils sont, au contraire, bien gentils, un peu timides et tout honteux de n'être pas comme le reste des humains. L'an passé, un riche lord anglais, assez haut placé, vint demander cette famille au roi et à la reine. Il offrait en compensation une somme énorme. Le croiriez-vous ? Leurs Majestés birmanes sont tellement fières de leurs monstres qu'elles n'ont pas voulu entendre les propositions séduisantes de l'Anglais... »

Japon méridional. — M. Corre, des Missions Étrangères de Paris, missionnaire à Kumamoto, écrit le 26 juillet :

« Le Japon semble s'acheminer à grands pas vers le christianisme. Quel beau champ pour le père de famille ! Quelle magnifique moisson à faire! Mais; hélas ! le protestantisme envahit tout avec ses écoles, ses ministres et ses trésors formidables. Les meilleures classes de la société sont déjà entre ses mains. La province japonaise la plus ravagée par ce fléau, est celle du Higo dont je suis chargé. Les protestants ont commencé à y travailler, il y a plus de vingt ans. Dès le principe, ils ont envoyé beaucoup de jeunes gens dans leurs écoles en Amérique ou ailleurs; plusieurs sont revenus pour convertir leurs proches.

« La province de Higo forme le département de Kumamoto. Il est divisé en quinze arrondissements, dont quatorze sont sous ma juridiction. La ville de Kumamoto a un beau château-fort avec une garnison. Le peuple de Higo est renommé pour son énergie et son esprit de zèle. On est bien disposé en général à l'égard de la religion chrétienne ; seulement les gens ne font pas encore de distinction entre catholiques, protestants et schismatiques russes ; et comme nous sommes venus ici longtemps après les autres (il n'y a que deux ans que cette province a un missionnaire), nous avons bien de la peine pour attirer l'attention de notre côté. J'ai pour m'aider un prêtre indigène; avec ce que je reçois de la Propagation de la Foi, je puis juste louer un catéchiste. Nous sommes comme perdus dans l'immensité de notre besogne ; aussi nous n'avons pu obtenir jusqu'ici presque aucun résultat.

« Cependant, avec un peuple si intelligent, il serait facile de faire triompher la vérité et d'amener de beaux jours pour la religion catholique. Le moyen est bien simple : c'est de multiplier les catéchistes. Le missionnaire est un instrument indispensable ; mais, lui-même, il ne peut presque rien ; il faut qu'il emploie des ouvriers pris dans le pays. Plus il en aura, plus vite la besogne se fera. Pour lui, sa tâche principale, je dirai même unique, c'est de veiller sur eux, de les diriger et de les appliquer au travail. Or, il serait aisé de trouver des coopérateurs; car nos néophytes sont en général pleins de zèle; on en a vu qui se sont montrés de vrais apôtres lors de leur baptême.

« Tout cela est vrai ; mais la grande difficulté, la voici : c'est que, pour employer des catéchistes, il faut les nourrir, et nous n'avons pas de ressources. Ah! si les âmes généreuses d'Europe savaient tout le bien qu'on peut faire au Japon, elles nous aideraient de tout leur pouvoir. Une aumône, si minime qu'elle soit, peut nous rendre beaucoup de service. Mais ce que je voudrais par dessus tout, c'est de trouver des personnes de bonne volonté, qui se chargent de l'entretien d'un catéchiste en particulier. Aujourd'hui, pour un catéchiste qui travaille dans la campagne ou dans les petites villes de l'intérieur, il faut 35 francs par mois, ou 420 francs par an ; dans cette grande ville de Kumamoto, il faudrait 50 francs par mois.

« Pour qu'on voie encore mieux l'intérêt spécial que mérite en ce moment le Japon, je rapporterai les paroles du P. André Pradel. Ce célèbre religieux dit : «La conversion du Japon au catholi-
« cisme a une importance particulière. Ce peuple est le premier
« des peuples de l'Extrême-Orient. S'il entre dans le bercail de
« l'Église, il imprimera un élan prodigieux à la prédication chré-
« tienne dans tous les pays qui l'environnent. Il sera capable de
« fournir des missionnaires et des apôtres à la Corée, à la Chine,
« au Tong-King, à la Cochinchine et à l'Inde. L'Asie entière peut
« être, pour ainsi dire, prise entre deux feux, attaquée d'un côté

« par les missionnaires de l'Occident et de l'autre par ceux de
« l'Orient.» Dans une allocution prononcée à Lyon, le 3 décembre dernier, devant S. Em. le cardinal Foulon et les membres du Conseil de la Propagation de la foi, par un ecclésiastique distingué, M. F. Marnas, qui venait de passer quelque temps au Japon, nous trouvons ces remarques dignes d'attention, que « le Japon
« est comme le champ de bataille où se débat à cette heure dans
« l'Extrême-Orient stationnaire, l'avenir de la civilisation chré-
« tienne... et que Dieu semble le destiner (car il y a en lui une
« âme de prosélyte) à devenir la lumière et l'apôtre de l'Asie. » Ah ! si les catholiques généreux savaient ces choses, ils ne négligeraient sans doute pas pour cela les autres missions, mais ils secour-raient un peu plus le Japon.

« Je n'ai ni église, ni chapelle. J'ai loué une petite maison japonaise, et je célèbre la messe dans une chambre, sur une table. De Kumamoto, je circule dans l'intérieur du pays, allant d'une ville où d'une bourgade à l'autre, faisant porter mon petit bagage (objets nécessaires pour la célébration du saint sacrifice et quelques effets personnels) dans une voiture à bras spéciale au Japon, ou sur un cheval (dans les pays de montagnes). Je reste deux ou trois jours dans chaque endroit, réunissant les gens, principalement le soir après les travaux pour leur faire entendre la parole de Dieu. Ces voyages, quoique faits bien simplement, coûtent encore très cher, et je ne puis pas, faute de moyens, aller partout où il faudrait. »

Etats-Unis. — On compte actuellement cent cinquante-un mille six cent quatorze catholiques nègres aux Etats-Unis, répartis entre une vingtaine de diocèses. Ils ont vingt-sept églises pour leur usage exclusif, cent dix écoles fréquentées par près de sept mille enfants. Ils possèdent en outre huit asiles pour les orphelins, une maison pour les enfants trouvés, et un hôpital. Dans le cours de l'année dernière, on a administré le baptême à quatre mille cent cinquante-huit enfants et à cinq cent quatre-vingt-dix adultes.

LES INDIENS

DANS LES PLAINES DE L'AMÉRIQUE DU NORD

Par le R. P. **LEGAL**, missionnaire,

Oblat de Marie Immaculée.

(Suite et fin) 1

LE CALUMET.

Le calumet mérite une mention spéciale, car il joue un grand rôle dans toutes les phases de la vie sauvage. Le calumet est représenté sur notre gravure page 533, où il est associé au sac à tabac fait d'une peau d'animal. Le calumet affecte une grande variété de formes. Cependant le spécimen donné plus loin représente le type principal. Dans tous les cas, le fourneau et le tuyau, dans le calumet sauvage, sont toujours deux pièces entièrement distinctes, le fourneau étant de pierre et le tuyau en bois. Les pierres que les sauvages taillent pour en fabriquer des calumets, sont ordinairement de couleur rouge ou noire. Les calumets de pierre rouge sont les plus estimés. Ils sont généralement tels que l'illustration les représente. Dans un bloc de pierre, taillé en forme de T renversé, dont les branches, égales entre elles, auraient 3 ou 4 pouces de longueur, l'une de ces branches est creusée pour recevoir le tabac, c'est le

(1) Voir les *Missions catholiques* des 16, 23 et 30 octobre.

fourneau du calumet ; la seconde est perforée pour recevoir le tube d'aspiration, c'est la douille de l'appareil ; la troisième, qui n'est que le prolongement en ligne droite de la seconde, n'est perforée qu'à moitié et se termine en pointe ; c'est dans sa cavité que s'amasse le culot bien connu des fumeurs.

Calumet et sac à tabac

Les calumets en pierre noire sont de formes beaucoup plus variées, selon la fantaisie de l'artiste. Ils sont généralement beaucoup plus courts, affectent des formes moins géométriques, mais se rapprochent davantage de la forme d'une petite coupe, rétrécie à la base et rattachée par cette base à une autre pièce assez massive, découpée d'une manière plus ou moins artistique. C'est dans cette autre pièce que vient s'adapter le tuyau.

Ce tuyau est souvent richement sculpté et orné de têtes de clous, de fils de cuivre, de peintures, de rassades, et, dans le cas du calumet de médecine ou calumet sacré, de deux séries de plumes d'aigles, étalées en éventail ayant l'apparence de deux ailes, ce qui fait de cet objet une sorte de caducée. On orne aussi le calumet de crins de différentes couleurs, de chevelures scalpées sur la tête des ennemis tués à la guerre, de plumes variées, de peaux de belettes, de têtes d'oiseaux et autres curiosités dans le génie sauvage. Lorsqu'il s'agit du calumet sacré, c'est le tuyau du calumet, plus que le fourneau, qui est considéré comme le principal objet de vénération.

Le calumet est d'un usage absolument universel parmi les sauvages. Rien ne se fait d'important; dans les conseils aucune délibération sérieuse ne peut avoir lieu qu'au milieu des nuages de l'herbe odorante. Les cérémonies religieuses, les purifications, les bains de vapeur, les incantations des sorciers médecins sont nécessairement accompagnés de l'usage perpétuel du calumet. C'est en fumant le calumet que les expéditions guerrières sont décidées, c'est encore en fumant le calumet de paix que les traités sont garantis et les relations d'amitié assurées entre les différentes tribus jadis ennemies. De plus, le sauvage fait encore un usage constant et, on peut le dire, abusif, du tabac, en recevant ses amis, ou pour sa satisfaction personnelle.

Dans les conseils de la nation, dans les cérémonies superstitieuses et les incantations, on observe certaines pratiques particulières en se servant du calumet. C'est le principal chef ou conjureur qui fume le premier, après, cependant, avoir fait allumer le calumet par un de ceux à qui leur rang d'initiation permet cet honneur. Alors le chef ou conjureur, en recevant le calumet allumé, envoie une bouffée vers le soleil et une autre vers la terre, en marmottant certaines prières au soleil, à la lune ou à quelque génie inconnu. D'autres fois il enverra une bouffée vers les quatre points cardinaux.

Avant que le vrai tabac fût répandu parmi les nations sauvages, toutes ne fumaient pas absolument les mêmes herbes. Plusieurs cultivaient cependant une certaine espèce de plante qui, usée dans le calumet, donnait une fumée quelque peu semblable à celle du tabac. Depuis que le tabac est importé de tous côtés, les Indiens continuent cependant encore à y mêler certaines herbes ou écorces, qui adoucissent l'âcreté du tabac. Ils conservent tabac et herbe à fumer dans de petits sacs de cuir, ornés, eux aussi, et de rassades et de franges, ce qui ne manque pas d'élégance. Quelquefois, ces sacs sont faits de fourrures de petits animaux et agrémentés de nombreux ornements.

CONCLUSION

Toutes les gravures que je vous ai envoyées donnent une idée parfaitement exacte des objets à l'usage des sauvages. Je ne les décrirai pas plus longuement, d'abord parce qu'ils n'ont pas été d'un usage général parmi toutes les nations que j'ai désignées sous le nom de sauvages des Prairies, puis, parce que je m'aperçois que les notes, que je voulais donner très courtes, ont pris un développement imprévu.

Combien il y aurait encore à dire pour faire connaître à ceux qui n'en ont qu'une idée imparfaite les étranges coutumes de ces peuplades bizarres, qui ont vécu si longtemps entièrement séparées du reste du monde et qui, même depuis leur contact avec la civilisation, se montrent obstinées à garder, avec leurs anciennes traditions, les usages qui leur viennent des aïeux !

Malheureusement, plusieurs de ces peuplades montrent un égal entêtement à conserver, avec les usages ordinaires de la vie, tous les restes de superstitions que leur ont léguées leurs ancêtres. C'est notre tâche de dissiper ces ténèbres. C'est notre tâche de répandre sur ces débris, la bonne semence qui donnera plus tard des fleurs et des fruits de vertu chrétienne : tâche difficile entre toutes et possible seulement avec le secours de la grâce et le concours de la puissance divine. Que les associés de la Propagation de la Foi s'efforcent de nous obtenir du Ciel ce secours, dont nous avons tant besoin ! Qu'ils continuent, par leurs prières et leurs aumônes, de concourir à cette grande œuvre de la civilisation et de l'évangélisation des peuples sauvages ! Ils ont par là le moyen de prendre part à nos travaux, de soutenir notre courage et de mériter, avec nous, la récompense des bons et fidèles serviteurs.

FIN

AU DAHOMEY

Premier voyage de M. Blanchely aîné, gérant de la factorerie de M. Régis, de Marseille, à Whydah (1848).

Un ancien missionnaire du Dahomey, actuellement curé d'une importante paroisse de Lyon, nous communique la précieuse relation qu'on va lire. Il nous paraît opportun, maintenant que le Dahomey est tout à fait à l'ordre du jour, de publier ce récit. Sa date, relativement ancienne, n'en diminue aucunement l'intérêt. Les détails un peu minutieux que l'auteur prodigue sur chacune des étapes de son itinéraire, n'ont rien perdu de leur

importance, vu la rareté et l'insuffisance des documents géographiques sur l'intérieur du terrible pays des sacrifices humains.

Je suis parti de Whydah, pour mon premier voyage à la capitale, le 30 septembre 1848, vers 7 heures du matin. J'emmenais avec moi douze hamacaires, quelques *moces* ou serviteurs pour me tenir lieu d'interprètes et quelques noirs, porteurs des bagages. Ceux-ci comprenaient mes effets, mes provisions de route et de séjour, et surtout les cadeaux qui doivent être faits au roi de Dahomey et à quelques chefs.

A 8 heures du matin environ, je traversai le village de *Savi*, qui est administré par un *cabécère* ou chef.

DAHOMEY. — Victimes pour les sacrifices; d'après un dessin communiqué par M. Courdioux, ancien missionnaire au Dahomey.

(Voir page 536)

Vers 10 heures, j'arrivai à *Tobi*. Cette localité est un peu plus importante que la première. Elle est gouvernée par un cabécère d'un grade plus élevé, qui, en sus du cheval dont il est autorisé à se servir dans ses voyages, a aussi le droit héréditaire de pouvoir se faire transporter en hamac.

Tous les cinq jours, il y a, à cet endroit, un grand marché, où les habitants de Whydah viennent échanger du poisson sec et des marchandises diverses contre de l'huile de palme, des calebasses, des pots de terre, qu'ils revendent sur le marché de Whydah.

J'ai quitté *Tobi* à 2 heures du soir, et à 4 heures j'atteignais *Allada* où je passai la nuit. Comme j'étais accompagné d'un envoyé du roi, celui-ci me fit ouvrir la maison

que Sa Majesté possède dans cette ville et qu'on appelle un palais. C'est une maison à un étage, entourée d'un vaste mur, habitée par des femmes désignées sous le nom de femmes du roi (*ahosi*).

La ville d'*Allada* est assez considérable, à cause de sa résidence royale. Bien qu'elle ait moins de population que *Tobi*, elle a aussi des marchés, qui se tiennent tous les quatre jours, mais de manière qu'ils ne correspondent pas avec ceux des villages voisins. Le commerce y est le même. Les habitants se livrent à la culture,quand ils ne sont pas à la guerre ou n'assistent pas aux fêtes du roi.

Le roi vient rarement dans cette ville, et seulement dans des circonstances extraordinaires.

Le 1er octobre, au matin, vers 5 heures, je quittai *Allada* et continuai ma route. A 7 heures environ je traversai le village d'*Antagon* qui ne renferme que quelques cases ; à 9 heures je passais celui de *Henri* et à 11 heures j'arrivai à *Hébou* où je déjeunais; ce dernier village est peu important.

Je ne me remis en route qu'à 3 heures du soir, pour éviter les grandes chaleurs, et j'étais à *Acpé* à 5 heures et demie. Je fus logé dans une petite maison du roi, que je m'abstiendrai de décrire, car elle était encore plus mauvaise que la première. On m'offrit de l'eau et des gâteaux ou pains du pays, faits avec de la farine de maïs, pour être distribués à mes hamacaires et à mon escorte. Je passai la nuit en cet endroit.

.*.

Le 2 octobre, au matin, à six heures trente, je me remis en route. Je traversai un chemin excessivement mauvais, creusé à travers les bois et rempli de boue ; mes porteurs en avaient jusqu'à mi-jambes. Enfin j'arrivai à *Agrimé* vers dix heures. Je m'y arrêtai pour déjeuner. La maison du roi où je descendis, n'était pas mieux tenue que les précédentes.

Je remontai en hamac à onze heures trente du matin et à une heure trente j'entrais à *Cana*. Je fus reçu dans une

DAHOMEY. — ESTRADE ROYALE. — DISTRIBUTION DE CADEAUX ET DE VICTIMES AU PEUPLE; d'après un dessin communiqué par M. COURDIOUX, ancien missionnaire au Dahomey. (Voir page 536).

des maisons du *Kangbodé*, qui est ministre du roi et chargé des finances.

Cana est l'ancienne capitale du royaume du *Dahomey*, à l'époque où ce roi était tributaire de l'empereur des *Eyos* que les indigènes appellent aussi *Nagôs*. Cette ville est assez considérable à cause de sa résidence royale et des autres grandes cases appartenant aux ministres et aux autres personnages de la cour. Elle est cependant inhabitée les trois quarts de l'année. Le roi n'y vient qu'une fois par an, au retour de la guerre ; il y séjourne un mois pour célébrer les funérailles des aïeux. Sa suite et les grands l'accompagnent. A son départ, la ville est déserte. Il ne reste que quelques habitants chargés des plantations.

Le marché, qui a des jours fixés, est peu important. Le maïs qu'on récolte est de la petite espèce, semblable à celle de la Sénégambie.

Une fois à *Cana*, j'envoyai mon bâton au roi pour lui annoncer mon arrivée. A six heures du soir, je reçus le bâton du roi et celui de son ministre *Méhou*, qui me présentaient de nombreuses salutations et m'engageaient à me rendre à la capitale le lendemain. Ils devaient m'avertir de l'heure de mon départ, attendu qu'ils voulaient me faire une magnifique réception.

Le 3 octobre, dans la matinée, on me présenta de nouveau le bâton du roi, me fixant l'après-midi pour mon départ de *Cana*. A midi, je me mis en route et je n'arrivai à *Bécon* que vers trois ¹eures. Avant d'être présenté au roi, je reçus plusieurs *vacadères* ou envoyés, un entre autres, par lequel le roi me faisait demander si j'étais porteur de quelque message du roi de France. Je m'annonçai comme Directeur de la factorerie française. Vingt et un coups de canon furent tirés pour le roi et neuf coups pour moi, comme représentant du Fort français de *Whydah*.

Après avoir fait dire au roi que j'avais des paroles amicales à lui communiquer et de plus une lettre de MM. Régis frères, on me fit faire trois fois le tour de la place de *Bécon* et je fus présenté au roi.

Ce roi du Daiomey est appelé *Guézo*. Il se trouvait sous un *apatame* ou galerie couverte de chaume ; il était assis sur un fauteuil du pays, garni de satin.

Auprès ¸de lui, à quelque distance j'aperçus Ignacio de Souza, accompagné du grand moce, ou domestique, de son père (Dosu Evo', et le sieur Ciristopie Colomb, accompagné de Grimaud, mulâtre indigène, ex-commandant du fort Saint-Louis avant que ma maison ne l'occupât.

Ce même jour, je fus présenté aux femmes du roi, elles me montrèrent assez de bonne grâce. Un grand nombre étaient rangées sur la place avec armes et bagages.

Le palais de *Bécon* est séparé par un mur de celui d'*Abômé*. Il a été construit du vivant du roi *Guézo* que les indigènes nomment *Dada* (le père des pères). En face du palais se trouve une grande place. Sur cette place, presque en face d'une des portes du palais, il y a un arbre au ¹aut duquel, au moment des palabres royales, on arbore un drapeau. A peu de distance de cet arbre s'élève une espèce de tribune ronde et couverte, qui est ornée de tous les féticles du roi. Il n'en manque pas. A cela rien d'étonnant, puisqu'il est le cief religieux et politique du pays. Il serait fastidieux d'en donner le détail. Je dirai seulement que tout ce que le roi désigne est féticie.

Cette tribune sert au roi pour distribuer à son peuple des cadeaux. C'est ce qui a lieu dans certaines occasions et principalement à l'époque des funérailles de ses ancêtres. (Voir les gravures pages 534 et 535.) D'ailleurs ici tout est fête, qu'il s'agisse des funérailles, de mariages, de naissances. Dans toutes ces circonstances, on fait parler la poudre, on boit et on danse.

On remarque aussi sur cette même place des supports ou gradins sur lesquels, dans les grandes occasions, on expose les corps des animaux, tels qu'éléphants, ours, etc. qui ont été tués par les amazones et les soldats. Les ossements des bêtes qui ont été sacrifiés y demeurent exposés, ainsi que les têtes des ennemis tués à la guerre et celles des malheureux qui ont fait partie des sacrifices humains.

Bécon est encore depuis le règne de *Guézo*, la place, où le roi fait assembler son peuple pour le iaranguer et le passer en revue pour la guerre. C'est là qu'il lui fait un cours public sur la meilleure métiode de mettre à sac une population ennemie.

Pour cela il partage son armée en trois corps ou divisions. Le premier est confié au *Mingan* ; le deuxième au *Méhou* et le troisième prend le titre de corps des femmes du roi. Ciaque corps a la parole à son tour. Tantôt c'est une division qui prétend avoir mieux opéré ; tantôt c'est une autre ; souvent aussi les femmes du roi réclament

l'avantage sur les troupes masculines. Ces sortes de discussions sont iabituellement très animées ; le roi intervient à la fin et donne une décision qui clôt le débat.

Lors de ma présentation au roi, nous portâmes aussitôt deux santés en buvant ciacun deux verres. C'est un proverbe local que l'on ne s'en va pas sur un seul pied.

Toutes les fois que le roi boit en public, il est entouré de manière qu'aucun de ses sujets ne le voit. Ses plus près voisins se tournent ou ferment les yeux, les moces et les femmes qui le dérobent aux regards en font autant. Alors tout le monde crie : il fait nuit ! il faut dormir ! On tire une salve de coups de fusil ; on bat les tambours. On crie aussi quelquefois : Celui qui boit est le plus grand de tous ! On cite ses exploits, et, lorsqu'il a fini, on crie de nouveau : il fait jour ! Au même moment, de nouvelles salves bien nourries se font entendre, les tambours battent et le silence se rétablit.

Peu après, le roi me fit dire que, devant être fatigué du voyage, je pouvais me retirer. Il m'accompagna à une certaine distance, en me présentant, ciemin faisant, à ses principales femmes. Il me fit conduire à l'une des maisons du *Méhou*, destinée aux blancs qui viennent de *Whydah*.

Les mêmes personnes qui avaient été envoyées au devant de moi pour ma réception officielle, m'accompagnèrent à ma demeure ; je leur donnai quelques bouteilles d'eau-de-vie et des flacons de liqueurs.

**

Le 4 octobre, rien d'intéressant. Dans la matinée, eut lieu l'éciange des bâtons, c'est-à-dire de nos saluts avec le roi, ses ministres, etc.

Je reçus de l'eau ; ensuite, on m'apporta des vivres apprêtés à la mode du pays, et un bœuf, cadeau du roi et du *Méhou*, pour ma nourriture et celle de mes gens.

J'ai fait préparer tous mes cadeaux.

Le 5 et le 6 octobre, rien de nouveau.

J'ai envoyé demander l'autorisation de faire des promenades ; le premier ministre m'a répondu que cette permission ne me serait donnée qne lorsque j'aurais obtenu une audience particulière du roi.

Le 7, après avoir, comme d'iabitude, fait saluer le roi et ses ministres, le *Méhou* me fit prévenir de me rendre vers midi sur la place de *Bécon*, cù le roi donne ses audiences publiques.

Je trouvai la tribune du roi ornée et tout entourée des féticies royaux et de drapeaux. Le nombre en est considérable. Il serait vraiment trop long d'en donner le détail. Je fus alors présenté au roi qui m'engagea à assister à ses palabres. Nous portâmes deux santés, comme précédemment.

Dans la soirée de ce même jour, je fis remettre mes cadeaux, destinés au roi, à ses ministres et à une partie de son entourage.

Je fis la remarque que tout ce que l'on offre au roi, est introduit ciez lui de nuit. Il ne faut pas en parler. De la sorte, on ne sait jamais ce qu'il a reçu et ce qu'il possède, mais lui sait tout ce que l'on donne à ses sujets. Encore une ciose remarquable ; il ne vous dit jamais rien de ce qu'il a reçu de vous et ne vous adresse pas le plus petit iemerciement.

Cette même soirée, le *Méhou* vint me voir. Je causai longtemps avec lui de ses demandes, de l'entretien que je dési-
rais avoir avec le. roi. De son côté, il me fit comprendre
qu'étant chargé du gouvernement de *Whydah*, il ne devait
rien ignorer de ce que j'avais à dire .au roi ; que, dans
tous les cas, il le saurait, puisque mon audience ne pouvait
avoir lieu qu'en sa présence et que l'exécution des décisions
prises dépendait de lui.

(*A suivre*).

VOYAGE AU SINAI

PAR LE

R. P. Michel JULLIEN, de la Compagnie de Jésus.

Suite (1)

XXV

L'église de la Transfiguration.

La grande et antique basilique de la Transfiguration,
élevée sur l'emplacement du Buisson Ardent, est l'un des
plus vénérables sanctuaires du monde. Bâtie au centre du
monastère, séparée de toutes les autres constructions, elle
les domine toutes ; on sent que le couvent tout entier est
pour elle ; aussi bien les moines la gardent-ils avec un
soin jaloux. Ils ne nous permirent d'y entrer que sous bonne
garde, nous suivant pas à pas.

Exactement orientée au levant, comme toutes les églises
grecques, elle n'est point parallèle au mur d'enceinte, dirigé
comme la vallée du nord-ouest au sud-est. On s'y rend par
un large escalier extérieur, parallèle à la façade. De grandes
lettres grecques gravées sur le devant des marches
donnent par leur ensemble le nom de l'empereur qui l'a
fait construire, Jakobos. En face de l'escalier, entre la façade
et le mur d'enceinte, on montre le puits de la rencontre de
Moïse avec les filles de Jéthro (2). Moïse a tué un Egyptien
qui maltraitait un Israélite ; pour se soustraire à la vengeance de Pharaon, il fuit dans la terre de Madian et s'as-
seoit auprès d'un puits. Or, les sept filles d'un prêtre de
Madian vinrent puiser de l'eau. Elles avaient rempli les
canaux construits autour du puits et allaient y abreuver les
brebis de leur père, quand survinrent des bergers qui les
chassèrent. Moïse indigné se lève, prend la défense des
jeunes filles et fait boire leurs troupeaux. Rentrées chez
leur père Raguel (nommé autrement Jéthro),elles lui racontent ce qui leur est arrivé : — Où est cet homme ? leur dit-il,
pourquoi l'avez-vous laissé ? Appelez-le et qu'il mange le
pain avec nous. — Moïse, ayant consenti à se fixer chez
Raguel, reçut sa fille Séphora en mariage.

Le puits est aujourd'hui dans la buanderie des moines.
Quand nous entrâmes, ils étaient occupés tout autour à
laver leurs linges.

La même source alimente à l'extérieur de l'enceinte un
réservoir souterrain, où les Bédouins du voisinage viennent
constamment puiser une eau excellente. Ceux-ci appellent

(1) Voir les *Missions Catholiques* des 7, 14,,21, 28 août, 4, 11, 18, 25 septembre, 2, 9, 16, 23 et 30 octobre et la carte, p 417.

(2) Ex , II

parfois le ouadi ed-Deir (la vallée du couvent), du nom de
la source qui les y attire, ouadi Chou'eib, c'est-à-dire la
vallée de Jéthro, car Chou'eib est chez eux le nom du beau-
père de Moïse. Ils perpétuent ainsi dans leur langage la
tradition qui place en ce lieu la rencontre de Moïse avec les
filles de Jéthro.

Avant de pénétrer dans l'église on doit traverser un vestibule fermé, un *nartex*, occupant toute la largeur de l'édifice,
comme à Saint-Pierre de Rome et dans les grandes basiliques
grecques. Les amateurs d'art antique pourront s'y arrêter
longtemps à admirer la splendide porte de l'église, et
écrire bien des pages sur ce chef-d'œuvre. Dans ses immenses
vantaux de deux mètres cinquante de large et de quatre à
cinq mètres de haut, pas un espace qui ne soit couvert de
riches ornements de bronze, variés à l'infini, ou d'émaux
d'une incomparable délicatesse. Ceux-ci, sont assemblés en
des tableaux multiples formant des panneaux splendidement
encadrés par les montants et les traverses de la porte.

A gauche de la porte s'élève un superbe bénitier, de travail moderne. Trois vasques de marbre blanc, superposées
et ornées de colombes d'argent en gargouilles, sont destinées à recevoir l'eau sainte, bénite une fois l'an, au jour de
l'Epiphanie.

Qu'elle est imposante, au premier coup d'œil, belle, splendide, la basilique justinienne avec ses puissantes colonnes
aux riches chapiteaux, son pavé de marbres de couleurs et
de porphyre sinaïtique, son abside couverte de mosaïques,
son plafond à poutres dorées, à panneaux vert et or, ses
quarante lampes d'argent, ses dix grands lustres, ses tapis
et ses mille ornements ! Tout cela paraît encore plus beau
quand on vient du désert et qu'on le trouve dans un sombre
couvent.

La nef du milieu, plus élevée que les nefs latérales, est
portée par douze colonnes, images des apôtres soutenant
l'église de Dieu. Saint Paul n'écrit-il pas aux Galates en
parlant des apôtres : «ils paraissaient être des colonnes »(1).
La plus rapprochée de la porte a par devant une vieille
rondelle de fer marquée d'une croix en saillie; les autres
n'ont qu'une croix peinte sur l'enduit dont on a revêtu leur
fût dépoli par les siècles. Nous prenions ces croix pour la
marque des onctions saintes usitées dans la consécration
des églises ; mais les moines nous dirent qu'elles
signalaient à leur vénération les nombreuses reliques
cachées dans les piliers. Autrefois chaque colonne portait
les images des saints dont elle renferme les restes ; un
jour chaque mois était désigné pour faire successivement
la fête de chaque groupe de reliques.

Comme dans toutes les églises grecques, le chœur est
fermé par une riche iconostase de bois doré, chargé de tableaux moscovites ; mais rien dans la construction de l'édifice n'a été disposé pour recevoir cette cloison, elle ne
se distingue en rien des autres piliers de la nef. Ne
pourrait-on pas en conclure qu'à l'origine l'iconostase était
un simple rideau ?

(1). II, 9.

La sainte Eucharistie se conserve en dehors de l'autel, au fond de l'abside, dans une urne de marbre fixée sur deux gradins, antique usage dont on voit la trace dans plusieurs anciennes églises de Rome. Le jeudi saint on enferme les saintes espèces dans l'urne ; on ne l'ouvrira que pour donner le viatique aux mourants ; les saintes hosties ne seront pas renouvelées de toute l'année.

Au point de vue de l'art antique rien n'est plus remarquable que les mosaïques de l'abside, œuvre du viie ou viiie siècle, à peine inférieure aux chefs-d'œuvre du même genre qu'on admire à Sainte-Sophie de Constantinople et à Saint-Marc de Venise.

La mosaïque du pourtour de l'abside représente la Transfiguration du Sauveur, antique vocable de l'église : Jésus, sous l'aspect d'un jeune homme aux formes élancées, monte au ciel ; Moïse et Elie le montrent aux apôtres, comme pour leur dire : Voici celui que figure la loi, qu'annoncent les prophètes. Pierre étendu sur le sol, Jacques et Jean à genoux, regardent stupéfaits, éblouis. Autour du tableau, dans une guirlande de médaillons, sont les douze apôtres, les seize prophètes bibliques (sauf que Jonas est remplacé par David) et entre les deux séries, le saint supérieur ou igoumène du couvent, le prêtre Longin. Tout est sur un fond d'or, où sont écrits les noms des personnages à côté de leur figure.

Sur la voûte en cul-de-four qui couvre l'abside, on voit au milieu le Buisson ardent, à droite Moïse ôtant sa chaussure, à gauche Moïse portant les tables de la loi et au fond du tableau la montagne du Sinaï. Plus haut sont deux anges et deux médaillons. Ceux-ci, au dire des moines, représenteraient Justinien et son épouse Théodora ; mais il faut convenir que les figures ne ressemblent guère aux portraits de ces personnages, tels qu'on les voit sur les monnaies du temps et dans les mosaïques de Saint-Vital à Ravenne, de Sainte-Sophie à Constantinople.

Il est encore dans cette superbe basilique bien d'autres objets devant lesquels le visiteur voudrait s'arrêter à loisir : le grand ciborium de l'autel tout plaqué d'écaille avec incrustations de nacre, exécuté en 1682 sous l'archevêque Joanichios, le siège de l'archevêque avec une ancienne représentation du couvent, deux lions de bronze d'un admirable travail et d'une haute antiquité, soutenant des candélabres à l'entrée du chœur, etc. A ces chefs-d'œuvre sont mêlés sans goût quantité de tableaux et d'images de nulle valeur, la plupart avec ces figures froides, sans expression, au nez rectiligne et étiré qu'on retrouve dans toute l'imagerie de Constantinople et de Moscou. Les moines pourtant paraissent y attacher du prix ; ils ont mis à chaque tableau un numéro et une étiquette indiquant le sujet.

Mais le trésor dont surtout ils se font gloire et aiment à prendre le nom, celui qui réunit leurs affections à l'égal du Buisson ardent, leur conserve les vives sympathies de la Russie, attire les pèlerins et les offrandes du grand empire du nord, ce sont les précieux restes de sainte Catherine, vierge, philosophe et martyre d'Alexandrie. « Son corps fut porté par les anges sur le mont Sina en Arabie », disent le martyrologe et le bréviaire romains.

Elle souffrit le martyre sous l'empereur Maximin, vers l'an 237. Aussitôt les chrétiens cherchèrent son corps pour l'enterrer ; mais ils ne purent jamais le trouver, et pendant trois siècles personne ne sut ce qu'il était devenu. Après ce temps, Dieu fit connaître au supérieur du couvent du Sinaï, homme bon et vraiment père de ses moines, qu'un trésor précieux pour l'Eglise entière d'Orient et d'Occident était caché dans les montagnes voisines, qu'il eût à le chercher avec ses religieux.

Partis à la découverte, ils rencontrèrent dans une caverne fort élevée un vieillard inconnu qui leur dit :

« Et moi aussi, j'ai été plusieurs fois averti de chercher ce trésor de l'Église de Dieu ; mais j'ai craint que ce ne fût un artifice du démon pour me faire sortir de ma retraite. En votre compagnie je ne crains rien. Allons sur cette haute montagne où j'ai vu souvent briller une lumière ; elle doit avoir au sommet quelque chose de divin. »

Il leur montrait le plus haut pic de la péninsule, le djebel Katherin, situé à peu de distance du sud du Sinaï.

Les moines avaient toujours considéré cette montagne comme inaccessible. Ils parvinrent cependant avec beaucoup d'efforts à gravir le sommet, et ils y trouvèrent le corps d'une vierge sans corruption, déposé dans un creux du rocher. Nul doute que ce ne fût le trésor promis. Ils se mirent en prière, remerciant Dieu et lui demandant de leur manifester le nom et les mérites de la sainte. Et voici que, pendant leur prière, un autre vieux solitaire arrive en gravissant les rochers :

« Mes frères, leur dit-il, le Seigneur m'envoie vous dire le nom, la vie, les mérites et la gloire de cette vierge, comment les anges l'ont transportée ici et l'ont gardée jusqu'à ce jour. »

Puis il leur ordonna de transporter le saint corps dans leur monastère de Sainte-Marie-au-Buisson-Ardent ; « car, ajouta-t-il, on viendra des extrémités de la terre vénérer ce précieux dépôt. » Il baisa dévotement le corps et, descendant rapidement la montagne, disparut pour toujours.

Telle est l'histoire que nous racontèrent les moines du couvent ; tel est le récit que nous ont laissé les pèlerins d'autrefois (1).

Le tombeau de la sainte se trouve à l'extrémité sud du demi-cercle absidial ; c'est un sarcophage de marbre blanc orné de bas-reliefs ; l'un d'eux représente deux cerfs adorant une croix grecque. Ce fut toute une cérémonie pour ouvrir le tombeau et nous faire vénérer les saintes reliques. La communauté presque entière était rangée en cercle et chantait des hymnes ; le Père Sacristain officiait. Il ouvrit le sarcophage en faisant tourner horizontalement le couvercle de marbre et en tira deux beaux reliquaires de métal doré qu'il exposa sur une table entre des lumières. L'un des reliquaires contient la tête de sainte Catherine, brûne et sans cheveux, l'autre une main encore couverte d'une peau sombre et ridée. Il nous les donna à baiser après quelques instants de prière.

(1) Fr. Felicis Fabri Evagatorium, Tome II, p. 493, Stuttgard, 1843.

Ces deux reliquaires sont à peù près tout ce qui reste au Sinaï du corps de sainte Catherine ; les autres parties du corps ont été cédées dans la suite des siècles à d'illustres bienfaiteurs du couvent ou envoyées en Russie (1).

A la fin de la cérémonie, le Père sacristain offrit à chacun de nous une boule de coton et une bague argentée qui avaient touché les saintes reliques. Ces bagues, fort recherchées en Russie, portent sur le chaton le monogramme du couvent où l'on peut lire *Aikatheria*, nom de la sainte chez les Grecs.

Il n'y a rien à dire des nombreuses chapelles latérales de la basilique, constructions sans style, surajoutées à l'édifice, ne communiquant avec les nefs que par de simples portes.

XXVI

La chapelle du Buisson Ardent.

La superbe basilique de la Transfiguration n'est pour ainsi dire que le parvis, le vestibule d'un plus antique, d'un plus vénéré sanctuaire, sorte de saint des saints dans lequel il n'est permis de pénétrer qu'après avoir enlevé sa chaussure. Nous parlons de l'antique chapelle élevée sur l'emplacement du Buisson Ardent, derrière l'abside et dans l'axe de la basilique.

« Moïse faisait paître les troupeaux de Jéthro, son beau-père, prêtre de Madian ; s'enfonçant dans le désert il vint à la montagne de Dieu, à Horeb. Et l'ange de Dieu lui apparut dans une flamme au milieu d'un buisson, et il voyait le buisson brûler sans se consumer. Moïse dit donc : J'irai et je considérerai cette grande vision, comment le buisson ne se consume pas. Mais le Seigneur voyait qu'il s'approchait pour voir, et il l'appela du milieu du buisson : Moïse, Moïse. Et celui-ci répondit : Me voici. N'approche pas d'ici, lui dit le Seigneur, ôte tes chaussures de tes pieds, car le lieu où tu te trouves est une terre de sainteté. Et il dit : Je suis le Dieu de ton père, le Dieu d'Abraham, le Dieu d'Isaac, le Dieu de Jacob. Et Moïse se couvrit le visage, car il craignait de regarder Dieu » (2).

C'est la doctrine des premiers Pères qu'avant la venue du Messie, Dieu, par ses apparitions sous forme humaine, manifestait le Verbe invisible en tant que Dieu, afin d'habituer les hommes à voir une créature humaine ne faisant qu'un avec lui. « Dieu nous préparait ainsi le grand mystère de l'Incarnation, dit Bossuet, le commençait en quelque façon, en faisant voir comme une espèce d'apprentissage et comme un essai. » Ici la préparation à l'incarnation est plus accentuée, le voile plus transparent, la figure plus ressemblante que dans les précédentes théophanies. Le buisson non consumé est Marie restée Vierge, la flamme et l'Esprit saint opérant en elle, l'Ange du Seigneur est le Verbe fait chair sortant du chaste sein de sa mère.

<hr/>

(1) Au xie siècle, le moine Siméon, du Sinaï, venu à Rouen pour recevoir l'aumône annuelle du duc Richard de Normandie, lui laissa d'insignes reliques de sainte Catherine.

Le père d'Henri V, comte de Champagne, reçut au Sinaï une main de la sainte en chair et en os et en fit présent à l'église de Saint-Jean-de-Vertus, dans la Marne.

(2) Ex., III, 1-6.

Pour arriver au sanctuaire de l'Apparition, il nous faut traverser une sorte de sacristie, située au fond de la nef méridionale, lieu vénérable, où sont conservés, derrière le mur de la nef, les restes d'anciens moines du couvent, martyrisés par les infidèles. Nous laissons là nos chaussures et, descendant quelques marches, nous entrons par une petite baie fermée de tentures dans l'auguste sanctuaire, une chapelle basse, demi-circulaire, que rempliraient une vingtaine de personnes, éclairée seulement par quelques lampes. De riches tapis persans couvrent le sol, des faïences peintes ornent les parois. L'autel, qui, dit-on, marque l'endroit précis de l'apparition, est situé contre le mur au fond du demi-cercle. Comme au sanctuaire de l'Annonciation à Nazareth, de la Nativité à Bethléem, sous la table de marbre portée par deux colonnettes, pendent trois lampes constamment allumées, éclairant une riche plaque d'argent ornée de croix que baisent les pèlerins. Les moines nous montrent au fond de la petite niche, au-dessus de l'autel, une toute petite ouverture en forme de meurtrière qu'un rayon de soleil traverse une fois l'an en passant dans une fente de la rocher de la montagne voisine. Ils ont planté une croix au sommet de la montagne et lui donnent le nom de djébel Salib, le mont de la Croix.

.*.

Nous aurions voulu prier à notre aise Jésus et Marie dans ce Bethléem de l'Ancien Testament ; mais il nous fallait avoir égard aux moines qui nous suivaient et paraissaient déjà trouver notre dévotion un peu longue. Il parut bientôt qu'ils avaient sur notre compte d'étranges idées. Nous étions rentrés dans la basilique ; du bas de l'église, je considérais l'ensemble de l'édifice ; le P. Van Kasteren, resté dans le chœur, se dirigea tout tranquillement vers la chapelle du Buisson pour revoir un détail. Aussitôt, trois des moines qui m'entouraient s'élancèrent à sa poursuite, courant de toutes leurs forces au travers de l'église, comme pour arrêter un assassin. Pauvres gens !

.*.

Quelle date assigner à ces édifices ? Pour la basilique de la Transfiguration, la tradition locale répond, le règne de Justinien (527-565). La construction, le style de l'édifice rappellent, en effet, cette époque, et une récente découverte est venue confirmer, préciser cette tradition. Ebers (1) trouva sur de vieux madriers qui avaient appartenu à l'ancien plafond de l'église trois inscriptions grecques, dont voici la traduction :

« Pour la conservation de notre pieux roi Justinien le Grand. »
« A la mémoire de notre défunte reine Théodora. »
« Seigneur, que nous adorons en ce lieu, sauvez votre serviteur Etienne, l'architecte de ce monastère, Ailisios, et Nonnas ; ayez pitié d'eux. »

L'ouvrage aurait donc été terminé sous le règne de Justinien, après la mort de son épouse Théodora, Etienne étant supérieur du couvent, Ailisios l'architecte, et un nommé Nonnas, à ce qu'il semble, aurait tracé l'inscription.

<hr/>

(1) *Durch Gosen zum Sinai.*

La chapelle du Buisson Ardent est certainement plus ancienne ; sa construction, la simplicité de ses formes, le niveau du pavé en contre-bas du sol de l'église, tout l'indique. On peut y voir avec vraisemblance l'église où pria sainte Silvie au IVe siècle.

Comme au temps de notre illustre pèlerine, les moines montrent à quelques pas derrière la petite chapelle une vieille ronce du genre *rubus*, cultivée avec soin, qui leur rappelle le buisson sacré de l'apparition. Les pèlerins russes sont, disent-ils, très désireux d'emporter de ses feuilles et les vénèrent à l'égal d'une relique.

Evidemment cette ronce grimpante sur le mur du moulin du monastère n'a pas trente-deux siècles, ni même les 1,500 ans qui nous séparent de sainte Silvie.

Est-elle du moins de la même espèce que le buisson où le Seigneur apparut à Moïse ? — Nous en doutons. La Vulgate dit bien Rubus et la version grecque Batos, mais le texte hébreu porte *Séneh*, qui signifie piquant, comme le mot arabe correspondant, *sanna*, et ne désigne aucun arbre en particulier. Ce mot générique, dans le fait, ne peut pas s'appliquer au rubus, car cette ronce de nos haies ne se trouve pas au Sinaï ; nous n'en avons jamais rencontré aucune dans toute la péninsule ; d'ailleurs elle ne s'élève de terre qu'en s'attachant à d'autres arbustes et ne forme pas par elle-même un buisson. Il ne paraît pas non plus convenir ici à l'acacia seyal, l'acacia gommier, comme l'ont pensé quelques savants voyageurs (1) à la vue des innombrables et impénétrables buissons d'acacias qu'on rencontre dans la contrée. Moïse connaissait le nom propre de cet arbre, chittah et au pluriel chittim ; il le nomme vingt-cinq fois dans l'Exode ; car ce fut l'arbre choisi par le Seigneur pour la confection de l'arche et du tabernacle. Si le Buisson Ardent eût été du même bois, Moïse l'aurait probablement appelé par son nom.

Parmi les arbrisseaux de ces montagnes, il en est un particulièrement beau et fréquent autour des cellules et des jardins des anciens solitaires du Sinaï, le *cratoegus sinaica* (Boiss.), une aubépine plus vigoureuse, plus haute, à plus belles fleurs, à plus gros fruits que l'aubépine de France. Il nous vint à la pensée que le buisson où parut le Dieu de Moïse pourrait bien être de cette belle espèce. Nous fûmes heureux plus tard de constater que d'illustres voyageurs, Pococke (2), Robinson (3), avaient eu la même idée.

(*A suivre*).

Dans son étude si remarquable sur les Missions catholiques au XIXe siècle, M. Louvet est arrivé au chapitre des Etats-Unis. Ne pouvant pas terminer avant la fin de l'année et ne voulant pas partager entre deux volumes cet important chapitre, nous préférons ne reprendre qu'au mois de janvier 1892 la suite du beau travail de M. Louvet. Il ne subira ensuite plus d'interruption.

(1) *Beschreibung des Morgenlandes*, T. I, p. 147.
(2) *Palestina*, T. I. p 175.
(3) Tristram, *The Land of Israël*.

DONS

Pour l'Œuvre de la Propagation de la Foi

ÉDITION FRANÇAISE.

M. Bourgeat	50
Anonyme du diocèse d'Avignon	1 15
Pour la mission la plus nécessiteuse (Onitcha).	
M. Moyzant, curé de Cherveux, diocèse de Poitiers	20
Pour Mgr Fallize.	
M. C C. Charaux, de Grenoble	20
A Mgr Laouënan, pour les affamés.	
Au nom de Mme Sophie Nagelmackers, de Liège	200
Mme de la Perraudière, à Laval	4 00
Pour le R. P. Mengelle, missionnaire au Maduré.	
Au nom de Mme Sophie Nagelmackers, du diocèse de Liège	800
A Mgr Pinchon	
M. Moyzant, curé de Cherveux, diocèse de Poitiers	20
Pour les missions de Chine, les plus éprouvées (Hou-pé méridional).	
Anonyme de Paris, aVec demande de prières	4
Pour Mgr Christiaens (Hou-pé méridional).	
Au nom de Mme Sophie Nagelmackers, du diocèse de Liège	200
Pour Mgr Mutel :	
M. C. C. Charaux, de Grenoble	20
A Mgr Midon, pour son séminaire et ses catéchistes :	
M. C. C. Charaux, de Grenoble	20
M. l'abbé V. Charaux, de Nancy	20
Pour les missions du Japon (M. Corre).	
M. Marquaire, curé de Saint-Nabord, diocèse de Saint-Dié	5
Pour la mission du Tanganica :	
M. C. C. Charaux, de Grenoble	20

(La suite des dons prochainement).

ÉDITION ITALIENNE

(3e trimestre 1891.)

Pour l'Œuvre	79 56
» les missions les plus nécessiteuses (Mgr Volonteri)	119 67
» les catéchistes du Japon (Mgr Berlioz)	494 40
» les missions de Pondichéry	58 86
» » du Japon (Mgr Onate)	9 81
» » de Mgr Crouzet (Abyssinie)	53 95
» » du R. P. Havret, au Kiang-nan	49 05
» rachat d'esclaves en Afrique (Abyssinie)	9 81
» les missions du R. P. Fourcade	325 07
» » éprouvées par la famine (au même)	19 62
» » d'Afrique (Mgr Crouzet)	380 96
» Mgr Pinchon	98 09
» la chrétienté de Chine la plus éprouvée (Hou-pé méridional)	49 05
	TOTAL........ 2.347 90

ÉDITION ANGLAISE

Pour l'Œuvre de la Propagation de la Foi	241 20
» la mission la plus nécessiteuse (Bornéo)	41 70
» l'école Saint-Joseph de Trevandrum	11 25
» la mission de Sierra Leone	5 60
» les lépreux de Bangalore	12 60
» la mission du Japon (R. P. Vigroux)	50 70
» une mission de l'Inde (R. P. Fourcade)	0 60
» un orphelinat (R. P. Fourcade)	150 60
» la mission du Niger (Onitcha)	21 25
» les affamés de la Chine (Mgr Christiaens)	133 10
» l'éducation des jeunes filles noires à Asaba	4 85
» rachat de cinq jeunes filles africaines (Onitcha)	125
» les missions africaines de la Congrégation du Saint-Esprit (Onitcha)	25
A l'archevêque de Madras pour ses orphelinats et son séminaire ecclésiastique	250
A Mgr Medlycott, vicaire apostolique de Trichoor	250
Au RR. PP. Laporte et Fabre, missionnaires au Maduré	500

TH. MOREL, *Directeur-gérant*.

Lyon. — Imprimerie MOUGIN-RUSAND, rue Stella, 3.

DAHOMEY. — AMAZONES DU DAHOMEY, d'après un vieux dessin communiqué par M. COURDIOUX, ancien missionnaire au Dahomey.
(Voir page 548)

CORRESPONDANCE

JAPON

Le cyclone d'Hakodaté.

Le 25 septembre dernier, nous avons publié une dépêche de Mgr Berlioz, annonçant en quelques mots une terrible épreuve pour la mission d'Hakodaté. Le télégramme était ainsi conçu : « Typhon. — Eglise défoncée. — Dégâts immenses. » Le nouvel évêque raconte le désastre dans la lettre suivant qui vient de parvenir au séminaire de la rue du Bac.

LETTRE DE Mgr BERLIOZ, ÉVÊQUE D'HAKODATÉ, A M. DELPECH, SUPÉRIEUR DU SÉMINAIRE DES MISSIONS ÉTRANGÈRES DE PARIS.

Le 13 septembre, en clôturant les exercices de la retraite annuelle par la consécration de la nouvelle mission au Sacré-Cœur, nous pensions bien que la modeste église dans laquelle s'accomplissait ce grand acte, conserverait longtemps encore l'honneur d'être église-cathédrale, église en bois, il est vrai, et vieille déjà de quatorze ans ; mais, en pays de mission, on se contente de peu.

Deux jours après, nous nous sommes réveillés avec un vent d'une violence extraordinaire et toujours croissante. Bientôt on vit voler de partout les petites planchettes qui forment la toiture des maisonnettes japonaises. Un peu après, les toits en tuiles furent entamés ; puis vint le tour des maisons construites à l'européenne.

Notre pauvre église, qui a résisté jusqu'à présent à tant d'orages, eut d'abord la moitié du toit du sanctuaire emportée ; les feuilles de zinc s'envolèrent à une centaine de mètres et tout le reste de la toiture fut tellement secoué, désagrégé et déchiré, que les voûtes de l'église ne sont plus maintenant à couvert de la pluie. Bientôt un autre coup de vent défonça deux verrières du côté est et en ébrécha une troisième. Il se produisit ensuite un grand ébranlement dans tout l'édifice, nous crûmes que la voûte allait être soulevée, et nous nous empressâmes d'enlever le Saint-Sacrement. Le vent continuant à faire rage pendant plusieurs heures, les ruines se multiplièrent : la paroi extérieure fut entamée à quatre endroits différents, et les colonnes ont tellement joué que le plâtre qui recouvrait l'intérieur apparait maintenant tout lézardé et ne tenant plus qu'aux petits roseaux sur lesquels il a été appliqué.

En ville, la plupart des maisons ont plus ou moins souffert; quelques-unes ont été renversées; le muséum du jardin public, grande construction en bois, de style chalet suisse, a glissé sur ses fondations tout d'une pièce et très régulièrement.

Sur mer, la scène a été plus terrible : il y a eu beaucoup de victimes on n'en sait pas encore le nombre.

Plusieurs bateaux ont sombré, entre autres le vapeur que devaient prendre nos confrères qui desservent les districts d'Akta, Yamergata et Niigata.

* *

Comme il nous faudrait une quinzaine de mille francs pour refaire à neuf la toiture de l'église, réparer la voûte et reconstruire le côté est, tous mes confrères me conseillent de faire démolir ce qui reste et de rebâtir, car les réparations ne suffiront pas pour consolider la charpente ébranlée, et d'ailleurs la base des colonnes de bois en contact avec le sol depuis quatorze ans, commence à faiblir.

Mais alors comment nous tirer d'affaire avec ces 15,000 francs dont nous ne possédons pas d'ailleurs le premier centime ? Nos ressources actuelles ne représentent strictement que le pain quotidien et il nous est impossible de rien entreprendre en dehors des œuvres existantes.

Jusqu'à ce que des secours nous arrivent, nous n'aurons pas d'autre cathédrale que cette méchante bâtisse en ruines et ouverte au vent, à la pluie et à la neige.

* *

Hakodaté étant devenu cette année centre de mission, ce n'est pas seulement une église qu'il nous faut, nous aurions grandement besoin d'une maison pour loger les missionnaires, car l'installation actuelle n'offre de place que pour quatre confrères. Le moment est venu aussi de songer à la création d'un séminaire : nous n'avons encore que deux élèves ecclésiastiques ; mais nous n'en sommes qu'au commencement.

Quoique tout nous manque, nous comptons fermement sur la Providence de Celui qui nous a envoyés; nous savons que, pour subvenir aux besoins de ses ouvriers, des cœurs généreux comprennent leur obligation de coopérer efficacement au salut des pauvres païens. C'est à ces vrais disciples de Notre-Seigneur que je présente aujourd'hui les besoins de la mission croissante de Hakodaté et les paroles dont il se servira un jour pour juger le monde : « J'étais nu et vous m'avez vêtu ; j'étais sans abri et vous m'avez recueilli. »

NOUVELLES DE LA PROPAGANDE

Le 5 novembre a été inaugurée solennellement la reprise des études au Collège Urbain de la Propagande. Après la messe du Saint-Esprit à laquelle assistaient tous les élèves, les professeurs ont fait la profession de foi.

Des lettres du Japon annoncent que des fêtes solennelles ont eu lieu à l'occcasion de l'érection de Tokio en archidiocèse métropolitain et des trois sièges épiscopaux suffragants de Nagasaki, d'Osaka et d'Hakodaté.

DÉPARTS DE MISSIONNAIRES

Voici les noms des missionnaires de la Compagnie de Jésus partis pour les missions d'Egypte et de Syrie, depuis le 1er janvier 1891 :

RR. PP. Baille Lucien ; Benoit Lucien ; Blanc Jules ; Brémond André ; Buisson Francois ; Collangettes Maurice ; Crey Auguste ; Décompoix François ; Dillenregen Joseph ; Dupoux Joseph ; Fabre Alphonse ; Favier Clément ; Feraié Raphaël ; Ferchat Joseph ; Kersanti Jules ; Laperrière Louis ; Malouf Louis ; Michel Edouard ; Pain Joseph ; Peireyre Siméon ; Perrachon Stéphane ; Rolland Emmanuel ; Tamisier Michel ; Valfort Denis et Waille Alexis.

INFORMATIONS DIVERSES

Pondichéry (*Hindoustan*). — M. Fourcade, des Missions Étrangères de Paris, nous écrit d'Alladhy, le 8 octobre 1891 :

« Combien durera la famine ? Impossible de le préciser. Grâce à quelques pluies trop légères, on a remé du *Solam* (menu grain). Il n'a pas germé partout. Avant-hier une autre pluie a redonné vie & ce qui avait germé ; on laboure et on en sème d'autre. S'il pleut encore, on aura cette récolte dans quatre mois. On compte beaucoup sur elle pour porter un adoucissement à notre sort.

« Quant à la moisson du riz de bonne qualité, la saison est passée ; mais, si les étangs se remplissent, on sèmera du riz de qualité inférieure. Dans ce cas, au temps de la maturité, en février, les étangs se sèchent, il faudra arroser. Heureux ceux qui auront des puits ! Si la pluie ne continue pas, c'est la fin du monde pour nous. Cependant cette famine a ceci de bon qu'elle n'est pas générale comme en 1877. Les grains arrivent du nord et surtout du sud, mais à un prix très élevé.

« Il me semble vous avoir dit que le choléra avait dispersé mes catéchumènes. Après cet orage, il y eut une accalmie, j'avais rappelé mes catéchumènes, quand une autre bourrasque de choléra les dispersait encore. Ils étaient bien deux cents. Le bon Dieu nous éprouve beaucoup. On dirait que le diable a demandé la permission de nous « cribler ». Il doit être en fureur à la vue des conversions opérées par ici.

« Je dois vous dire tout doucement à l'oreille que j'ai dépensé toutes les richesses que vous m'aviez envoyées. J'avais dû contracter des dettes en juin et juillet pour faire face à la famine. Une autre raison de si grandes dépenses, c'est que j'ai environ six mille chrétiens, et plus il y a de bouches, plus il y a de dépenses. Aidez-moi encore jusqu'à la fin de la tourmente. »

Maduré (*Hindoustan*). — Le R. P. Larmey, de la Compagnie de Jésus, missionnaire à Kodeïkanel, nous écrit le 23 août 1891 :

« Depuis le commencement de 1876, je suis chargé du *Pangou* de Panjampatty. C'était un district assez mal famé dans la mission ; grâce à Dieu, les choses vont beaucoup mieux main-tenant. Du Pangou de la Panjampatty qui s'étendait dans toute la vallée de Dindigul et dans celle de Combay jusqu'aux fron-tières du royaume de Travancore, on en a fait trois ; j'ai la partie qui environne Panjampatty.

« Le diable est furieux de voir que ces chrétiens deviennent de plus en plus dociles à la voix du missionnaire ; aussi il vient de manifester sa rage en causant des désastres. Le 11 juin, il a mis le feu à ma provision de fourrage et a fait périr un de mes bœufs dans les flammes. Le lundi 22 juin, il a incendié l'église et a causé beaucoup de dommages. Le lendemain, c'était le tour de mon école ; les flammes ont paru tout à coup et d'une manière tout à fait inexplicable. Ensuite le démon est allé la nuit faire du vacarme chez mes deux catéchistes.

« Le 6 juillet, l'école d'Attour a brûlé et l'incendie s'est com-muniqué à onze maisons de chrétiens. Vous concevez dans quel état je suis, ayant eu quatre incendies en moins d'un mois et me trouvant maintenant sans église et sans écoles.

« Les païens triomphent. Ils disent que c'est un de leurs dieux, Ancy-Carouppen, qui a causé ces incendies pour se venger de quelque manque de respect. Ils l'ont raconté dans les journaux anglais et tamouls. Nous avions, disent-ils, défiguré une idole et jeté à sa face des peaux de bananes. Ces assertions sont fausses. Mais il fallait bien trouver une cause à ces incen-dies. Tout mûrement examiné, je ne crois pas qu'on puisse attribuer ces sinistres à un autre qu'à Satan. Ce que je dis pourra étonner bien des personnes qui me taxeront de crédu-lité ; mais vous savez que les incendies de villages entiers causés par le diable sont choses fréquentes dans l'Inde et si bien prou-vées qu'il est impossible de les révoquer en doute.

« Pour la plus grande gloire de Dieu et la confusion de Satan, il est nécessaire de bâtir au plus tôt une église convenable assez grande pour contenir les gens qui viennent à la messe les dimanches et jours de fête ; l'église que le diable m'a brûlée n'en pouvait pas contenir un sixième. Puisque Notre-Seigneur a permis cette épreuve, j'espère qu'il inspirera à ceux qui l'ai-ment de venir à mon secours. »

Tong-King occidental. — Mgr Puginier, vicaire apostolique du Tong-King occidental, nous écrit d'Hanoï, le 18 septembre 1891 :

« Il y a près de trois mois, j'annonçais l'enlèvement par une bande de pirates d'un de mes prêtres indigènes, Pierre Coan, curé de la paroisse de Bau-nô, dite aussi de Nô-luc. En recevant cette nouvelle, je m'empressai d'écrire à tous les missionnaires de la région pour leur recommander de prendre des renseigne-ments sur l'endroit où les pirates avaient conduit leur captif âgé de soixante-cinq ans et déjà fatigué par les pénibles tra-vaux de son ministère. Je ne pus avoir aucune nouvelle certaine et j'étais dans l'anxiété.

« Ces jours derniers, j'ai appris par trois voies différentes que ce bon prêtre avait été tué par les pirates, le 21 juillet. On m'a rapporté des actes de cruauté commis sur lui : je ne les men-tionne pas parce qu'il n'est pas nécessaire de les faire connaître en détail.

« Le P. Khoan avait reçu l'ordination sacerdotale depuis 26 ans, et il y a 16 ans que je lui confiai la direction de la paroisse de Bau-Nô. Là il a continuellement en butte aux bandes de pirates, qui, à diverses reprises, ont ravagé les chrétientés. Tan-tôt c'étaient les Pavillons jaunes, tantôt les Pavillons noirs de Chine. Depuis 1884 il avait affaire aux rebelles annamites, qui ont fini par s'emparer de lui et l'assassiner.

« C'était un prêtre de devoir et il ne connaissait pas les dis-tractions, mêmes les plus légitimes. Le missionnaire du district le surprenait ordinairement le chapelet à la main, dans ses mo-ments de loisir. Le Seigneur l'a déjà récompensé pour son dévoû-ment à sa cause. »

LA MISSION DES DEUX-GUINÉES

ET

L'ESCLAVAGE

Par un Père de la Congrégation du St-Esprit et du St-Cœur de Marie

L'une des meilleures gloires de l'apostolat sera toujours d'avoir pris en main la cause des esclaves et lutté pour leur affranchis-sement avec un dévouement auquel les esprits même les plus prévenus ne peuvent refuser leur admiration. Les pages qu'on va lire sont le récit des efforts héroïques de toute une Congré-gation, qui a sacrifié à cette œuvre sublime l'élite de ses premiers ouvriers. Ce sont de réconfortants souvenirs et il est bon de rappeler que c'est sur la tombe de nombreux martyrs de la cha-rité qu'a été élevé l'édifice, aujourd'hui prospère, des missions du Gabon.

___

« L'esprit apostolique consiste plutôt à étendre les bornes de l'Église qu'à perfectionner une petite portion. Si nous parvenons à réaliser cette extension, je crois que nous aurons fait quelque chose de stable pour les siècles à venir... Comptant donc sur la Providence, allons en Guinée. Le sol est fort malsain ; nous n'avons pas encore assez d'expérience pour nous garantir du mauvais climat et nous perdrons des sujets avant que nous ayons eu le temps de conquérir le pays ; n'importe, allons en Guinée. » Telles étaient les belles paroles du Vénérable Libermann quand il entreprit l'évangélisation de la côte occidentale d'Afrique.

I° Les premiers missionnaires.

C'était en 1843, le P. Bessieux, caractère énergique, volonté ferme, patience à toute épreuve et piété admi-rable, est chargé d'une caravane de sept missionnaires. Ils arrivent au cap des Palmes ; mais, à peine débarqués, l'un d'eux, M. de Régnier, d'Alençon, est enlevé par une fièvre paludéenne et meurt en disant : « Quand ce serait à recommencer, je le ferais pour l'amour de Jésus et de Marie ; je ne changerais pas ma position pour tous les biens du monde. »

Les autres missionnaires tombent tous malades. A cette nouvelle, le Vénérable Libermann de s'écrier : « Faut-il se décourager et abandonner tant de millions de malheureux ? Souvenons-nous que nous sommes les derniers venus dans l'Église de Dieu et que Dieu nous donne ce que personne ne veut. »

Ils resteront donc et devant les fièvres, la faim, les hos-tilités des indigènes, tombent tour à tour jusqu'au dernier.

Un mois après la nouvelle de la mort de M. de Régnier, arrive celle de la mort des PP. Audebert et Boucher, et le Vénérable Fondateur d'écrire : « Mon désir pour le salut de ces vastes contrées est plus violent que jamais et je suis bien décidé, par la grâce de Dieu, à ne jamais abandonner ces pauvres peuples. ».

Enfin, le 8 décembre 1844, on reçoit cette dépêche terrible : « La mission qui avait bien commencé à Grand-Bassam et à Assinie n'existe plus ; un seul missionnaire reste et il est à bout de forces ; tous les autres sont morts. »

Voilà donc la mission anéantie ; l'unique missionnaire survivant est mourant. Pendant deux ans, on ne reçoit aucune nouvelle ; on le croit mort, et des messes sont dites pour le repos de son âme.

Ce n'est plus alors que réclamations de tous côtés. On ne peut pas s'exposer ainsi à une mort certaine ; c'est un crime de sacrifier des vies si précieuses pour une œuvre qu'il est impossible de mener à bonne fin.

Ecoutons le fondateur après tous ces désastres : « La Guinée sera toujours notre mission chérie ; j'aimerais mieux abandonner tout le reste que la Guinée ; la Guinée est et sera toujours notre principale mission. »

.*.

A ce moment, les missions de Maurice, de Bourbon et d'Haïti étaient en pleine prospérité; de Bourbon, on demandait du personnel, et Maurice disait qu'un champ immense était ouvert au zèle des missionnaires, Haïti parlait des nombreuses conversions déjà obtenues, et en face de ces succès, la Guinée est et doit être la principale mission de la jeune Congrégation !

Mais tant de désastres ne devaient-ils pas décourager tous ceux qui désormais désireraient se vouer au salut des nègres ? Non; c'était, parmi les enfants du P. Libermann, une pieuse émulation, à qui partirait le premier. La Guinée avait maintenant des protecteurs au ciel, la mission de Guinée devait vivre.

Une lettre arrive, le missionnaire que l'on croyait mort vit encore ; il est au Gabon, mais miné, épuisé par la fièvre, les souffrances et les privations ; il vit, et il demande du secours.

Après mille périls et après avoir erré longtemps sur la côte, M. Bessieux avait réussi à gagner un brick anglais à destination du Gabon.

Au fond de l'estuaire, sur une petite colline près du grand village Louis, un évêque, Mgr Baron, était descendu un jour par hasard. Le Prélat avait dit : « Là s'élèvera bientôt une œuvre de civilisation, une mission qui portera de grands fruits et remédiera aux maux causés par l'esclavage. »

Le moment était arrivé, l'apôtre y avait été miraculeusement conduit par la Providence.

CE QU'ÉTAIT L'ESCLAVAGE A CETTE ÉPOQUE AU GABON.

C'était l'époque de la traite des esclaves. De nombreux négriers venaient d'être capturés dans le golfe de Guinée par la division navale britannique commandée par l'amiral Robert Mengs. En un seul jour il put délivrer deux mille de ces malheureux qui devaient être immédiatement transportés à la Havane, à la Martinique et à Bourbon. Tous étaient liés et entassés à fond de cale sans la possibilité de faire aucun mouvement.

Dans chaque navire ainsi capturé, il y avait de trois cents à trois cent cinquante de ces malheureux couchés, les uns tout à fait au fond du bâtiment, les autres un peu au-dessus, étendus sur le dos sur une plate-forme très étroite. Mais entre ceux qui étaient ainsi couchés et qui avaient le cou, les mains et les pieds chargés de lourdes chaines, il s'en trouvait beaucoup assis les uns derrière les autres et les jambes entrelacées. Enfin, dans les rares intervalles qui pouvaient rester libres, on obligeait un grand nombre d'entre eux à se tenir accroupis.

Les femmes étaient séparées des hommes, mais entassées et enchaînées comme eux. Sur un seul des navires on en trouva cent vingt, couchées toutes dans des compartiments de 4 m. 35 de longueur, 6 m. de largeur et 1 m. 44 de hauteur. La plate-forme avait 1 m. 50 de largeur.

Les traversées étaient très longues. Elles duraient jusqu'à trois mois. La moitié de ces malheureux seulement arrivait à destination ; les autres mouraient, épuisés par la faim, les mauvais traitements et l'odeur infecte de la cale.

Le principal commerce de la côte de Guinée n'était donc pas comme aujourd'hui : l'or, l'ébène, le caoutchouc et l'ivoire, mais c'était bien le commerce des esclaves.

La France, informée de toutes ces atrocités par la condamnation à la prison des capitaines du *Vigilant* et de la *Petite-Betzy*, la France s'émut et entreprit une magnifique campagne anti-esclavagiste qui devait avoir pour résultat la suppression presque entière de toute traite au Congo, au Gabon, au cap des Palmes, à Bonny, etc.

Vingt-six navires furent placés sous les ordres du contre-amiral Montagnès de la Roque, et leur rôle était de battre constamment et de fouiller tour à tour les baies et les fleuves.

L'Angleterre, à la suite de traités signés en 1833, était autorisée à visiter les vaisseaux marchands portant pavillon français, afin de délivrer les esclaves qui pourraient s'y trouver. La flotte française avait le même droit quant aux navires marchands britanniques. Les esclaves capturés devaient être conduits à Sierra-Leone, colonie anglaise la plus rapprochée. Ainsi, la France contribua beaucoup à peupler la capitale de cette colonie, *Freetown* (ville libre).

Qu'avait-on besoin de travailler ainsi pour l'étranger ? Nous avions, nous aussi, une colonie à établir, le Gabon était à nous, pourquoi ne pas coloniser le Gabon ?

LE P. BESSIEUX ET LES ESCLAVES

Le P. Bessieux comprit de suite ce qu'il avait à faire. S'occuper principalement de tous ces malheureux, les soigner, les instruire et leur venir en aide dans tous leurs besoins tant matériels que spirituels.

Il écrivait en 1845 : « J'ai fait déjà trente-deux baptêmes, parmi lesquels plusieurs d'esclaves. Les maitres, il est vrai, trouvent extraordinaire que les esclaves soient mis à leur niveau; mais j'espère leur faire voir que nous sommes tous pétris de la même boue et que nous avons les mêmes espérances. »

Mais comment leur fera-t-il accepter cette vérité qui doit occasionner toute une révolution en Afrique ? Est-ce par les armes comme les gouvernements, ou bien, comme l'Église l'a fait dans les premiers siècles par la doctrine de la charité fraternelle ?

« J'avais chez moi, continue M. Bessieux dans une autre lettre, parmi mes chers esclaves, un petit enfant de sept à huit ans malade. Je le soignais depuis huit jours ; il eut la fantaisie d'aller au village, je le lui permis en lui recommandant de revenir. Ne le revoyant pas, j'allai le voir. Je le trouvai dans un état déplorable, tout nu, un verre d'eau à ses côtés. Il avait grand désir de retourner chez moi. Je priai les esclaves de me l'apporter et leur offris une récompense. C'était le soir, on me le promit, mais on n'en fit rien. Le lendemain à six heures, je le trouvai dans une vieille petite case tout ouverte aux vents et à la pluie ; le pauvre petit avait quitté sa robe pour ne point la salir. Je l'habille et prie une troisième fois hommes et femmes de me l'apporter; mais tout le monde s'en aller pour ne pas me donner un refus. Je le portai donc moi-même. Il vécut huit jours. Après sa mort, on l'habilla en blanc pour l'exposer dans la chapelle. Je le fis voir aux autres enfants ; ils n'en eurent aucune peur, ils le croyaient endormi. »

.˙.

Tant de charité, tant de soins pour ces misérables délaissés devaient relever l'esclave et faire comprendre qu'il était aux yeux de Dieu et du missionnaire autant que l'homme libre. Qu'il devait être beau, ce petit ange habillé de blanc, tout à l'heure esclave des hommes et du démon, et puis arraché à ce double esclavage par la main bénie de l'apôtre des noirs ! N'est-ce pas là la charité de saint Vincent de Paul recueillant les petits enfants abandonnés ou malades ?

Dans une autre lettre nous lisons : « Je soigne en ce moment une pauvre vieille esclave malade ; je lui fais comprendre combien je peux que le baptême a été institué pour les grands comme pour les petits, pour les esclaves comme pour les libres : Voilà que je l'entends qui s'écrie : « *Kokolo, Kokolo. Agnambie, noungouna mie.* » (O Dieu, je vous en supplie, ayez pitié de moi). Je la laisse répéter ces paroles; le Maître suprême parle à son cœur, je la baptise. »

Les autres esclaves devaient se demander ce qu'il y avait en eux de si grand pour qu'un Européen fût auprès d'eux, auprès de leurs malades surtout, si assidu et si dévoué. Voyant cet apôtre sans cesse au milieu d'eux, les soulager, les instruire, l'entendant répéter chaque jour qu'aux yeux de Dieu, esclaves, maîtres, blancs, noirs, rois sont égaux, ils s'attachaient à lui, le suivaient partout où il allait, et ne lui laissaient aucun repos.

Mais voici que toute la population s'ébranle et accourt en foule chez le missionnaire. Il n'a pas de local et cependant soixante-cinq enfants viennent chaque jour lui demander l'instruction. « Ma pauvre case ne désemplit pas, dit-il, les enfants arrivent à toute heure du jour. Ces enfants étaient encore pour la plupart des esclaves, car, dit M. Bessieux, ils arrivent sans avoir mangé, et il me faudrait les nourrir, les loger et les habiller. »

(*A suivre*).

AU DAHOMEY

Premier voyage de M. Blanchely aîné, gérant de la factorerie de M. Règis, de Marseille, à Whydah (1848).

(Suite 1)

Le 8 octobre, après le salut matinal, le Mébou m'avisa que je serais présenté au roi dans la matinée. Je fis mes préparatifs et vers neuf heures, je me rendis en toilette au domicile du Mébou, à *Bécon*. Nous allâmes ensemble, lui, à cheval, paré de ses habits de fête et escorté par ses gens, et, moi, dans mon hamac, à une des portes du palais. Là, le Méhou entra et, après quelque temps d'attente, je fus introduit dans un appartement bas, attenant à une chambre, que j'appelerai le petit salon. Cette pièce aurait pu être ornée, mais tous les objets qu'elle renfermait étaient dans un désordre tel, qu'il me suffira de dire que tout cela était entassé *à la nègre*. Le roi était placé ou pour mieux dire couché sur un canapé, recouvert d'une étoffe blanche très bariolée; il s'appuyait sur deux coussins de velours cramoisi à galons d'or. Quelques-unes de ses femmes, toutes parées, se tenaient autour de lui. L'une, à ses côtés, avait en main un linge blanc pour l'essuyer, une autre un foulard pour le moucher, une autre un éventail pour le rafraîchir, enfin, une autre encore un bol doré, contenant du sable fin, en guise de crachoir. A peu de distance du sofa se trouvait une table avec un plateau et des liqueurs.

Après les saluts, les poignées de main, consacrés par l'usage, et, après avoir bu et échangé un certain nombre de santés réciproques, on me fit asseoir à ma droite, assez rapproché de lui ; les *cabécères* et les gens de ma suite prirent place par terre derrière moi et mes interprètes près de moi. Mon entretien avec le roi fut long et assez sans gêne. Après avoir satisfait aux exigences du cérémonial habituel, l'intimité s'établit entre nous, et il me fut possible de présenter mes demandes successives.

Je commençai par lui communiquer une lettre de ma maison. Je lui en dis le contenu en la résumant. Je lui transmis beaucoup de compliments de la France, du chef de l'Etat, passant sous silence les événements de la République. Il eût été inconvenant d'en parler en présence d'un roi despote et absolu.

Je lui fis part de tout ce que j'avais projeté de lui dire et j'obtins à peu près tout ce que j'en attendais.

Toutes les fois qu'un *cabécère* se présente dans le palais pour une audience, il est toujours en grande tenue. Il revêt une tunique sans manches ; ses bras sont ornés de larges bracelets d'argent ; au cou, il porte des filières de coraux et de verroteries, en guise de colliers ; plus son rang est élevé, plus les grains des coraux et des verroteries sont gros et magnifiques. En entrant dans le palais, il se prosterne à terre, tout du long, en criant : « Agô ! agô ! agô ! » Il se redresse alors légèrement ; il n'est jamais debout pour parler au roi. Il a le soin, si le roi ne l'approuve pas sur quelque question, de se mettre aussitôt à plat ventre, de se frotter de poussière ou de boue la tête et les autres parties du corps.

(1) Voir le n° du 6 novembre 1901.

· Les audiences royales des blancs ont toujours lieu en présence du *Méhou*, du *Kangbodé* et du *Yévogan* (lorsqu'il se trouve à *Abomé*) ou d'un de ses moces et de quelques-unes des femmes du palais.

Si, par exemple, il vous plait de faire une visite au *Mingan*, ministre de la justice, à quelques frères du roi, ou à d'autres personnages de la cour, vous êtes accompagné d'un moce du *Méhou* et du *Yévogan*. L'Européen est ainsi, au Daiomey, toujours gardé à vue.

La famille du *chacha* de *Whydah*, *Fel'is de Souza*, prétend avoir des audiences particulières, de nuit, et, lors de la présence des cabécères. Cela est possible; je le crois même.

Cette famille a de puissantes ramifications dans le *Dahomey*. Un grand moce les introduit de nuit auprès du roi; ils n'ont, d'ailleurs, pas besoin d'interprète. Mais qu'on ne perde pas de vue que, pour jouir de tous ces avantages, il faut *faire manger* le roi. De tout temps, il en a été ainsi pour cette famille, aussi le roi lui a-t-il sucé le sang.

Domingo de Porto-Novo est également bien avec *Guézo*, quoiqu'il ne le voie que très rarement. Il n'est monté que quatre fois à la capitale, depuis son arrivée de Baïia. Son système, pour se faire bien voir, lui et ses gens, est de combler le roi de présents.

Mon audience dura longtemps. Après avoir longuement

DAHOMEY. — AUDIENCE PRIVÉE DU ROI, d'après un vieux dessin communiqué par M. COURDIOUX, ancien missionnaire au Daiomey.
(Voir page 545).

causé, nous nous séparâmes vers onze heures. Guézo m'engagea à assister à ses audiences publiques et à visiter les tombeaux de ses ancêtres. Je le lui promis.

Le même jour, vers une ieure, j'allai à *Bécon* et je pris place auprès du roi. Les palabres guerrières étaient ouvertes. Le premier ministre, le *Mingan*, le second ministre, le *Méhou*, ainsi que les principaux cabécères et ciefs militaires, furent appelés alternativement et conjointement à discuter sur les faits et gestes les plus remarquables de la dernière guerre.

À ce propos, on me fit observer une ciose digne d'attention. Le *Méhou* et ses troupes ont été, jusqu'à présent, les plus favorisés par les circonstances. Ce sont eux qui, dans

les excursions guerrières, ont fait le plus grand nombre de prisonniers et fourni le plus de victimes humaines. C'est pourquoi le *Méhou* est porteur d'un bâton d'ionneur, ayant la forme d'un fusil. Cet insigne est recouvert de cuivre rouge, et présente sur la crosse trente têtes de clou en cuivre, indiquant le nombre de têtes de ciefs ennemis tués par lui ou par ses gens. Sur un côté, ce bâton en avait dix-neuf et sur l'autre onze.

Dans son discours le roi prétendait que les captures de la dernière guerre n'avaient point été fameuses. Les troupes du *Méhou* accusaient de poltronnerie celles du *Mingan* et les défiaient. Le roi, dans son allocution finale, ayant jugé que le *Mingan* n'avait pas été aussi favorisé que le

Méhou, autorisa ce dernier à prendre l'arme du premier ministre ; c'était un grand et large coutelas portant dans ses découpures l'image du fétiche du roi.

Au Daromey, la supputation du temps ne s'effectue pas comme en Europe. Pour fixer une date, on dit par exemple : j'étais jeune à l'époque du commencement du règne de ce roi ; mon fils est né lorsque le roi a saccagé tel pays. Dans le salam frnnçais, à Why-dah, les anciens disent : c'était du temps de tel Français ; les jeunes ne re-montent pas au-delà de M. Provençal, ancien agent de MM. Régis frères.

Il y a quelque temps, le roi, au retour de la guerre, voulut disposer des captifs qu'il ramenait. Ils étaient au nombre de vingt. Dix furent destinés à la vente ; les dix autres, croisis parmi les principaux et les plus dangereux, de-vaient étre sacrifiés. Ils se trouvaient entre les mains du *Méhou*, parce que sa di-vision les avait capturés. Or, un jour de sacrifi-ces, le *Mingan* lui réclama ses dix victimes. Celui-ci n'en présenta que quatre et c'étaient les impotents, les moins propres à la vente ; il avait disposé des autres. De là une grande palabre entre les deux ministres, palabre qui, nécessaire-ment, fut portée devant le roi. Le roi, après avoir en-tendu l'affaire, prit la déci-sion suivante ; il dit au *Mingan* : « Ne te fâche pas, *Méhou* a outrepassé mes ordres ; il a vendu seize prisonniers au lieu de dix, il te remettra la valeur des six prisonniers auxquels tu as droit, et il y aura compensation. »

Le 9 octobre, Méhou m'a annoncé que, dans la journée, mous irions visiter les tombeaux des ancêtres du roi.

Vers deux ieures de l'après-midi, je me rendis au palais. Je fus introduit dans une grande cour. On attela une douzaine de voitures, calèches, chaises à porteurs, etc. J'en remar-quai deux surtout qui me parurent les plus belles ; l'une avait été donnée par le Ciacia, don Fellis de Souza, et

ARABIE. — LA CHAPELLE D'ÉLIE SUR LE SINAÏ ; d'après un dessin du R. P. JULLIEN (voir page 551)

l'autre par Domingo Jose Martinez, qui d'abord la destinait au roi d'*Ossine* ou de Lagos. Je vis encore un superbe lit à colonnes supportant un magnifique dôme en damas rouge. J'avais déjà vu ce lit crez don Fellis de Souza, qui avait dû en faire présent au roi depuis peu. Il était déjà bien détérioré pour le peu de temps depuis lequel il se trouvait entre les mains des noirs.

On m'introduisit ensuite dans une grande cour carrée où étaient les tombes royales. Voici les renseignements que j'ai pu recueillir sur cha-cune d'elles.

Première tombe. — Celle du roi *Dakô*. Toutes ces tombes sont de petites cases en-torcris, de forme circulaire et couvertes en paille. Le corps repose à l'intérieur dont le sol est élevé au-dessus de la cour d'environ vingt-cinq à trente centimètres. Il y règne une grande propreté. L'intérieur est couvert de crânes et d'ossements lumains.

Les parois sont garnies des têtes des ciefs princi-paux que le roi a tués pendant son règne. On y trouve aussi quelques pièces de cordage que j'ai, sup-posé provenir de quelques embarcations espagnoles venues à la côte. On y voit encore des fétices, des *gongons* ou sonnettes, sem-blables à celles qu'on pend sur les Alpes au cou des vacies. Le toit du tombeau supporte un petit crapeau crinois en argent, surmonté d'un volatile, coq ou pin-tade. Sur le seuil, on avait placé une pièce de soie damassée et de craque côté de superbes parasols de cabécère.

Deuxième tombe. — Celle du roi *Kaka Demenanou.*— Elle ressemble à la première.

Troisième tombe. — Celle d'*Akaba Huinc Tounébététon.* Il n'y a dans ce palais que ces trois tombes.

Nous rentràmes à *Abomé* et nous pénétràmes dans l'en-ceinte du palais de *Grigomé.*

Première tombe. — Celle de *Dosu Agajìa.* Ce roi est celui qui a pris *Savi* et *Whydah* au roi de *Quidda.*

Deuxième tombe. — Celle de *Tebessou Oudjiagunapa.* Ce roi avait l'habitude de faire couper les nez à ses victimes.

Troisième tombe. — Celle de *Penga Mandjiavino.* C'es

sous ce roi que le Dahomey a fini par détruire la source de tous les Cabécères de la population de *Quidda* ; le dernier de ces Cabécères se nommait *Abamou*. Ce même roi s'était emparé de *Badagry*.

Quatrième tombe. — Celle de *Dado Gongro*, père de Guézo, roi actuel. Il s'était emparé du pays de *Gangolé* et du cabécère *Anginou*.

Ce tombeau l'emporte sur tous les autres ; les parasols de cabécère y sont splendides ; le chapeau chinois est superbe ; comme les autres, il est garni de crânes humains. Il renferme de plus une ancre et un câble de vaisseau.

Voici les tombeaux élevés aux mères de chaque roi :

1º *Adonou Kériké, mère du roi Dakô.*

2º *Na Anhilé Na* ;

3º *Onliou Tchaïna* ;

4º *Sénoumé Guba Outodjiè* ;

5º *Sénouména Agotonnè.*

6º *Ahosi Evo Djia Artisne,* mère de Guézo.

La cour intérieure est très grande ; elle est entourée d'une marquise ou *appatame* et elle est pavée de crânes et de mâchoires humaines. Dans ses moments de loisirs, lorsque le roi à l'intérieur, de son palais, veut prendre un peu de délassement, il vient danser là sur ces lugubres débris. Les familiers, pendant qu'il danse, chantent ses louanges : « Il est si grand, qu'après avoir combattu ses ennemis, il les a tués et peut savourer le plaisir de danser sur leurs têtes ! »

Le 10 octobre à midi, je me rendis sur la place de *Bècon.* J'assistai aux parades royales. Le thème des exercices militaires était le simulacre de l'attaque et de la prise d'une ville ; après l'assaut venait le pillage.

Voici la tactique ordinaire.

Arrivées discrètement à quelque distance du point à assaillir, les troupes se concentrent. Quelques centaines d'hommes partent en tirailleurs, cernent la place, et, au premier coup de feu, le gros de l'armée s'élance pour s'en emparer. L'essentiel est de faire de nombreux prisonniers.

Au retour de ce simulacre d'attaque, je vis des soldats qui boitaient, ne pouvant presque plus marcher ; mais on les y forçait à grands coups de cravache. Ceux qui s'arrêtaient, ne pouvant plus avancer, avaient la tête tranchée. Ces têtes étaient ensuite présentées au roi.

Mon séjour au Dahomey se prolongea encore jusqu'au 12 octobre. Enfin le roi me congédia le 13 octobre, après m'avoir fait cadeau d'une petite négresse, d'une étoffe ou pagne du pays, et de quelques cauris que j'abandonnai à mes hamacaires. Le même jour je partis pour *Cana.*

J'étais accompagné d'un des grands moces du *Méhou,* nommé *Boko,* porteur d'un ordre pour me permettre de visiter le palais de *Cana.*

J'arrivai dans cette ville à 10 heures. Après avoir pris un petit repas et fait manger mes hamacaires, j'allai au palais royal. Je fus introduit sans difficultés, et, comme il n'y a rien de remarquable que les tombeaux des rois, c'est par eux que la visite commença.

Dans une grande cour se trouvent réunis les tombeaux de tous les rois connus. Ils ressemblent à ceux d'Abomé et

sont tous construits de même, mais ils sont plus beaux ; ils m'ont paru n'avoir pas plus d'un an d'existence.

Le chapeau chinois de Dakô est surmonté d'une poule ou d'une pintade. Celui de *Kako Deminarou* d'une enclume et d'un oiseau ; celui d'*Akaba,* d'une espèce de singe ; celui de *Dasou* d'une croix, dont les bras horizontaux sont un peu allongés ; de chaque côté du bras vertical supérieur se trouvent deux vases, dans l'un d'eux on remarque un loup auquel on a coupé la tête ; celui de *Tebessou* est surmonté d'un grand oiseau de proie ; celui de *Pengra,* d'une espèce de biche ; enfin celui de *Gongro,* le plus beau de tous et qui porte plusieurs tiges, de deux noirs pendus. Une autre barre de fer traverse ce chapeau chinois ; à une de ses extrémités était un éléphant et sur l'autre un pot rempli d'huile de palme.

Après avoir visité tous ces tombeaux, je fus conduit dans une autre cour intérieure qui ne renfermait qu'un seul sépulcre, celui de la mère du roi actuel. Il ressemblait à tous les autres. Mais quel ne fut pas mon étonnement de trouver là une garde spéciale, composée d'une vingtaine d'amazones, armées de sabres et de fusils ! (Voir la gravure, page 541). Il n'était pas surmonté du chapeau chinois traditionnel pour les rois. Une grande quantité de tableaux, la plupart religieux, en garnissait la partie extérieure.

Mon voyage de retour à *Whydah* n'offrit rien de particulier, c'est pourquoi je le passerai sous silence.

FIN DU PREMIER VOYAGE DE M. BLANCHELY.

VOYAGE AU SINAI

PAR LE
R. P. Michel JULLIEN, de la Compagnie de Jésus.

Suite (1)

XXVII

Les Moines.

Les moines suivent la règle de saint Basile et appartiennent à la congrégation sinaïtique, dont l'antique souche, plantée au pied du Sinaï, étend encore ses branches sur plusieurs contrées de l'Orient, le Caire, Constantinople, la Grèce, l'Archipel, la Serbie, la Roumanie et même les Indes. L'autorité suprême appartient à l'archevêque, élu par les moines et l'un des quatre archevêques indépendants, du schisme grec (2). Depuis qu'il réside au Caire, il délègue son autorité à un vicaire choisi parmi les religieux du couvent. Mais, celui-ci étant toujours révocable, il arrive d'ordinaire que le sacristain, dont la charge est à vie, prend dans l'administration une influence prépondérante. Après le sacristain vient l'économe chargé des affaires temporelles.

Les revenus de la communauté proviennent principalement des terres qu'elle possède dans les îles de Crète, de Chypre et dans les provinces danubiennes. Devenue moins

(1) Voir les *Missions Catholiques* des 7, 14, 21, 28 août, 4, 11, 18, 25 septembre, 2, 9, 16, 23, 30 octobre et 6 novembre, et la carte, p 417.
(2) Les autres archevêques indépendants des patriarches sont ceux de Moscou, de Chypre et d'Ochrida en Roumélie.

ricie qu'autrefois par la sécularisation de ses biens en Russie et en Valachie, elle est encore largement à l'aise.

Cependant les cellules, le mobilier, les vêtements des moines, leur nourriture, tout a la couleur de la pauvreté. Ils ne boivent pas de vin, ne mangent jamais de viande et même n'en laissent jamais entrer dans le couvent. Si, pour un malade, les aliments gras sont jugés tout à fait nécessaires, on le transporte dans un ermitage voisin, plutôt que de violer cette règle. Aux pèlerins eux-mêmes on ne sert que du maigre. Pendant leur carême, les moines s'interdisent encore l'huile, ne vivent que de légumes cuits à l'eau et de poisson salé.

Toutes les nuits, ils se lèvent à une heure et demie et se rendent dans l'église pour chanter l'office. Vraiment singulier est le signal du réveil. Un moine monté au premier étage du clocher joue un air assez gai en frappant d'un marteau sur une planche de bois dur suspendue par ses extrémités. Cinq minutes plus tard, il répète la même mélodie plus accentuée en frappant sur une bande de fer. Ce n'est point seulement une cadence, il y a dans les sons une certaine variété résultant du mode et de l'endroit de la percussion. Enfin, après cinq autres minutes, un gai carillon annonce le commencement de l'office. L'habile sonneur, monté au troisième étage, le joue à son aise sans clavier et sans leviers sur les huit cloches de la tour. Nous avons vu à la porte d'une chapelle du couvent une longue plaque de granit pendue par les bouts qui sert également de cloche. Ils en tirent des sons presque métalliques en la frappant d'un maillet de bois.

Quel que soit le nombre de prêtres, il ne se dit qu'une messe par jour ; le samedi cependant, on dit une seconde messe dans la chapelle du Buisson Ardent pour les bienfaiteurs, et une autre pour les morts dans la chapelle du cimetière ; le samedi est dans leur rite le jour consacré à la prière pour les morts.

Les clercs communient le samedi et s'y préparent par trois jours de jeûne. Les laïques ne font la sainte communion qu'une fois dans le mois et doivent jeûner une semaine entière pour s'y disposer.

En dehors des temps consacrés à la prière, les moines ne sont point oisifs. Si loin des centres de population, ils doivent se suffire en beaucoup de choses ; celui-ci fait le cordonnier, celui-là le tailleur, d'autres s'occupent du jardin, du moulin tourné par un mulet, de la distillerie où ils font une excellente eau-de-vie de dattes, et surtout de l'église entretenue avec un soin digne d'éloge. Comme nous demandions s'il n'y avait pas parmi eux un médecin : « Nous n'avons ni médecin ni pharmacie, nous répondirent-ils, car nous n'avons presque jamais de malades ; nous mourons de vieillesse. » Nous vîmes, en effet, plusieurs vieillards encore verts. Du reste, les moines ne sont pas nombreux : six prêtres, quatre diacres et vingt Frères laïques font toute la communauté. Ils étaient le même nombre, trente, au temps de Félix Fabre, en 1480, et aussi dans les premières années du IXe siècle. D'anciens documents nous disent qu'à d'autres époques leur nombre s'élevait à 200 et 300.

L'aspect de la communauté est correct, d'une irréprochable régularité, mais empreint de tristesse ; nous n'y avons pas rencontré un visage souriant. Ne serait-ce pas

commun à tous les schismes d'assombrir la vie du chrétien ? Un publiciste anglais écrivait récemment : « Peu s'en faut que l'Angleterre ne soit en train de se faire catholique. Je ne le regretterais pas beaucoup, au moins elle deviendrait plus gaie. »

Aucun des religieux ne parle le français, aucun ne connaît le latin, deux ou trois seulement savent tant soit peu d'arabe. Venus tous de la Grèce ou de l'Archipel, ils parlent entre eux le grec moderne.

Les rapports avec nos hôtes eussent été difficiles sans un personnage mystérieux, qui vint aussitôt à notre aide en assez bon français et voulut bien nous servir de drogman jusqu'au bout. Il se nomme l'archimandrite Photius, est né à Mitylène, a gouverné le couvent de Sainte-Croix à Jérusalem sans être prêtre, et habite le couvent du Sinaï depuis sept ans sans être moine. Nous ne pûmes rien apprendre de plus au monastère sur notre aimable drogman ; mais ses manières aisées et polies, son instruction, les égards dont l'entouraient les religieux nous disaient que nous ne savions pas tout. On nous apprit le reste plus tard à Jérusalem.

Photius y exerçait les fonctions de secrétaire du précédent patriarche grec schismatique, et fut choisi à la pluralité des voix pour lui succéder. Son élection déplut à un parti puissant, le parti russe, dit-on. Les opposants chauffèrent un semblant d'émeute dans la ville, et le firent saisir par l'autorité qui le transporta en exil au Sinaï. Il est jeune encore et pourrait bien revoir de meilleurs jours, car les grecs ne sont guère satisfaits du patriarche intronisé à sa place et beaucoup sont encore attachés à son parti (1).

L'archevêque du Sinaï, dont la résidence habituelle est au Caire, se trouvait par extraordinaire dans le couvent. Nous allâmes le saluer à notre arrivée. Mgr Porphyrios est un homme de cinquante-six ans, calme et bienveillant. Il nous parla de ses prédécesseurs, Callistratos, Kirillos, Constantios. Le premier eut une élection orageuse. Il vint au Sinaï en 1872, ce qu'aucun archevêque n'avait fait depuis plus d'un siècle, et mourut en 1885. Constantios était un savant ; il écrivit un livre sur l'Egypte et un autre sur l'histoire de Constantinople. Elevé dans la suite au patriarcat de Constantinople, il se démit de cette dignité et s'éteignit en 1850.

Apprenant que nous avions Beyrouth, l'archevêque mit la conversation sur la question du calendrier, qui causa dans cette ville en 1859 une émotion à peine calmée de nos jours. Le patriarche des grecs unis avait porté un décret introduisant le calendrier Grégorien dans son Église. Plusieurs familles virent dans cet ordre une nouveauté latine, une atteinte portée à l'ancien rite, et plutôt que de se soumettre, rompirent toute communion avec leur légitime pasteur. Le peuple les appelle aujourd'hui les schismatiques du calendrier.

« Vous avez raison, nous dit l'archevêque, votre calendrier est le vrai. Il faudra bien qu'un jour nous le prenions ; mais le moment n'est pas venu ; nos populations sont encore trop ignorantes. Que diraient vos fidèles, si l'on venait raccourcir dans les douze jours qu'il nous faut supprimer pour

(1) Photius est aujourd'hui évêque et réside à Jérusalem auprès du nouveau patriarche grec (mai 1891).

nous mettre d'accord avec vous? Ils nous accuseraient de changer la religion et se révolteraient contre nous.

« — La difficulté a déjà été prévue, Monseigneur, lui dit mon compagnon. Le pape Grégoire XII, quand il dut supprimer dix jours pour corriger le calendrier, eut soin de choisir une période, du 5 au 16 octobre, dans laquelle ne tombait aucune fête. »

Comme nous cherchions à lui dire quelque chose d'agréable des familles grecques schismatiques de Beyrouth dont nous élevons les enfants, il nous fit comprendre aussitôt que notre politesse faisait fausse route. « Ce ne sont point des Hellènes, interrompit-il, ce sont des Arabes. » Bien habile qui sait s'y reconnaître dans ce dédale de sympathies et d'antipathies, que les religions, les schismes, les rites, les nationalités diverses, entretiennent dans la société orientale.

XXVIII

La grotte d'Elie sur le mont Sinaï.

Le mont Sinaï forme un massif rectangulaire long de quatre kilomètres, large de deux, dirigé du nord-ouest au sud-est, complètement isolé des montagnes environnantes par de profondes vallées : la plaine d'er-Raha au nord, le

S I N A Ï Echelle 1/100 000

ouadi ed-Deir au levant, le ouadi Ledja au couchant, un col assez tourmenté joignant ces deux vallées au midi. Le pic le plus élevé, le véritable sommet du Sinaï, termine la montagne au sud. Il se nomme djébel Mouça, le mont de Moïse. C'est là que Dieu donna les tables de la loi à son fidèle serviteur. A l'extrémité nord du massif s'élèvent trois énormes et superbes pitons de rochers, dominant la plaine d'er-Raha où campait Israël. Ce fut probablement de ces cimes que le Seigneur proclama lui-même le décalogue au milieu du feu, de la nuée et des ténèbres. On les nomme Ras-Safsafeh. Entre les deux extrémités la montagne forme un plateau très accidenté, riche aussi en souvenirs. On y voit la grotte d'Elie. Enfin, pour compléter la description sommaire de la montagne, disons qu'une étroite vallée, le ouadi ech-Chreich, descend du djébel Mouça parallèlement au ouadi Ledja, dont elle n'est séparée que par une arête de rochers, et débouche au nord dans la plaine d'er-Raha. Ce fut vrai-

semblablement le chemin que suivit Moïse quand il descendit du sommet du Sinaï dans le camp, portant les tables de la loi.

Une route, une vraie route, où les voitures pourraient passer, si voitures il y avait, monte du couvent au plateau, en faisant mille circuits sur le flanc méridional de la montagne. Elle fut construite, il y a trente-cinq ans, par le viceroi d'Egypte Abbas-Pacha. Ce prince, fils d'une Bédouine, conçut le singulier projet de se construire une villa sur le Sinaï et prétendit y venir en voiture du Caire. Une mort violente, en 1854, l'arrêta dans sa folle entreprise. Il ne reste de ses travaux que le tronçon de route, les ruines d'un village construit par ses ouvriers à l'entrée du ouadi-ed-Deir et une maison blanche qu'on aperçoit dans la direction du couchant sur une haute montagne, le djébel Zerca, la montagne bleue.

Les pèlerins n'aiment pas à prendre la longue et monotone route d'Abbas-Pacha. Ils préfèrent gravir la sainte montagne par l'ancien sentier des solitaires, qui monte presque à pic dans une affreuse crevasse du rocher, tout proche du couvent. D'en bas il nous paraît impossible de gravir la montagne cette fente ; mais on nous assure que l'ascension se fait sans danger et même assez commodément.

Le 18 novembre, aux premières lueurs du jour, tout est prêt. La montée se fera au frais, presque au froid ; à la porte de notre chambre le thermomètre marque un degré au-dessus de zéro. Frère Euthymios, l'hôtelier du monastère, un petit homme décidé, au jarret nerveux, qui connaît tous les replis de la montagne, sera notre guide. Malheureusement cet enfant du Péloponèse ne sait de français que trois mots peu utiles : Bonjour, bonsoir, comment allez-vous ? et pas davantage d'arabe. N'importe, il a si bonne volonté que nous nous entendons quand même.

Une petite porte dans le mur ouest du jardin nous met immédiatement sur le sentier, et bientôt nous commençons à enjamber les hautes marches du grossier escalier qu'ont dressé les anciens moines avec les pierres accumulées dans la passe. D'après d'anciens auteurs (1) nous aurions 7,700 marches à monter pour atteindre le sommet du djébel Mouça. Heureusement qu'ils exagèrent ; un voyageur du siècle dernier (2) n'en a trouvé que 3000. Bien entendu que nous ne les compterons pas ; le chemin a bien d'autres choses qui nous intéressent davantage.

Après vingt minutes d'ascension, un médiocre peuplier, sortant des rochers au fond de l'étroit ravin, signale une petite source, la source de Jéthro, de Chou'eib dans le langage des indigènes. La tradition dit que Moïse venait à cette source quand il paissait les troupeaux de son beau-père.

Souvent, en prenant haleine pour la rude montée, nous jetons en arrière un regard dans le sauvage ouadi ed-Deir. Cette vue d'aéronaute sur le couvent, son jardin, sa chapelle des morts, perdus au fond d'un océan de bruns rochers, sous d'immenses montagnes qui menacent les écraser, a quelque chose de saisissant, dont on se détache avec peine.

(1) Voir Tobler ; descriptiones Terrae Sanctae ex saec. VIII. - XV. — Le moine Epiphane de Jérusalem (956-970). — Commemoratorium. de Casis Dei du IXe siècle dans le Bulletino d'Archeologia Cristiana de Rossi.

(2) Pococke ; Beschreibung des Morgenlandes.

Mais voici une chapelle de la Vierge, assez bien entretenue et garnie à l'intérieur d'ex-voto des pèlerins. L'histoire locale raconte que, il y a bien des siècles, les moines dévorés par les punaises qui avaient envahi le couvent, résolurent d'abandonner pour un temps leur monastère. Mais avant de s'éloigner, ils se rendirent une dernière fois en procession aux saints lieux de la montagne. Quand ils passalent en cet endroit du chemin, la Vierge leur apparut et leur ordonna de rentrer dans leur couvent, promettant que les fâcheux insectes ne les molesteraient jamais plus. Ils assurent que la grâce promise dure encore. Nous n'avons pas senti de preuve du contraire, quoi qu'en aient écrit certains voyageurs à peau tendre.

A quelques pas de là, le sentier, ou plutôt l'escalier, devenu plus correct, traverse successivement deux arcades en bonne maçonnerie de pierres taillées. Elles étaient jadis les deux portes de la sainte montagne, où l'on rappelait aux pèlerins l'avis du roi prophète : « Qui montera sur la montagne du Seigneur ? Et qui s'arrêtera dans ce saint lieu ? Celui dont les mains sont innocentes et le cœur pur » (1). A la première porte les pèlerins qui ne s'étaient pas déjà confessés trouvaient un prêtre pour les entendre ; à la seconde, un moine demandait à tous le billet de confession, carte d'entrée obligatoire sur la sainte montagne. Le moine Etienne, dont nous avons vu le corps dans le caveau mortuaire du couvent, aimait à entendre les confessions des pèlerins au premier portail et mourut dans ce saint ministère, aussi la première arcade s'appelle-t-elle la porte d'Etienne.

Enfin nous arrivons sur le plateau, à cinq cent cinquante mètres au-dessus du couvent qui est lui-même à une altitude de mille cinq cent vingt-huit mètres d'après les mesures de l'expédition anglaise. Là, dans le creux d'un amphithéâtre de gros rochers en granit rouge, les eaux de la montagne entretiennent un peu de verdure, font pousser quelques joncs, les moines cultivent au printemps un petit jardin entouré d'un mauvais mur, et un superbe cyprès au tronc demi-nu, large d'un mètre, élève sa cime dans les airs pour chercher le soleil au-dessus des rochers. A quelques pas au midi, sur la pente qui descend du djébel Mouça, deux chapelles jointes l'une à l'autre, la chapelle d'Elie et celle de Moïse, avec leurs blanches murailles, égayent un peu le sombre paysage.

Le F. Euthymios nous fait asseoir sur une grande roche plate presque au centre de l'amphithéâtre, nous disant que les soixante-dix anciens d'Israël se sont reposés à cette place. L'histoire est au chapitre XXIV de l'Exode.

« Dieu dit encore à Moïse : monte vers le Seigneur, toi et Aaron, Nadab et Abiu, et soixante-dix anciens d'Israël, et vous adorerez de loin. Et Moïse seul montera vers le Seigneur, et le peuple ne montera pas avec lui (2) ».

« Et Moïse et Aaron, Nadab et Abiu, et les soixante-dix anciens d'Israël montèrent, et virent le Dieu d'Israël, et sous ses pieds comme un ouvrage de saphir, et comme le ciel lorsqu'il est serein. Et le Seigneur n'étendit point sa main sur ces princes des enfants d'Israël, et ils virent Dieu

(1) Ps. XXIII, 3, 4.
(2) V. 1, 2.

et ils burent et ils mangèrent. Et le Seigneur dit à Moïse : Monte vers moi sur la montagne, et sois là, et je te donnerai des tables de pierre (1) ».

On pense que la petite plaine où nous sommes arrivés fut la station des soixante-dix vieillards. En fait, aucun site ne s'harmonise mieux avec le récit sacré que ce petit plateau situé sur le chemin du sommet, où l'eau d'une source et l'abri des rochers permettent un séjour commode, en vue du djébel Mouça, le trône sur lequel se montra le Seigneur quand les anciens l'adorèrent. La chapelle dédiée à Moïse rappelle ce souvenir.

De ce modeste sanctuaire nous passons par une porte latérale dans la chapelle d'Elie, une simple salle de huit mètres et demi de long sur trois et demi de large et parfaitement propre. Derrière l'autel est la petite caverne où le prophète Elie, fuyant la colère de Jézabel, reçut la visite du Seigneur. Fortifié par le pain que l'ange lui avait apporté, « il marcha quarante jours et quarante nuits, jusqu'à la montagne de Dieu, Horeb. Etant arrivé là, il demeura dans une caverne ; et le Seigneur lui parla, et lui dit : Que fais-tu ici, Elie ? Or Elie répondit : Je brûle de zèle pour vous, Seigneur, Dieu des armées : car les enfants d'Israël ont abandonné votre alliance, détruit vos autels, tué vos prophètes par le glaive, et je suis demeuré seul, et après le feu on entendit le souffle d'un petit zéphir. Lorsqu'Elie eut entendu, il se couvrit le visage de son manteau, et, étant sorti, il se tint à l'entrée de la caverne, et voilà qu'une voix vint à lui, disant : « Que fais-tu là, Elie ? » (2) Et le prophète répéta sa première réponse.

Apparition mystérieuse et changeante que Tertullien appelle un *scintillement de la Divinité, scintillatio Divinitatis*, dans laquelle tous les Pères voient l'annonce de la loi d'amour succédant à la loi de crainte. L'amour attendu ne fera pas entendre les tonnerres, éclater les éclairs, il n'embrasera pas la montagne et ne la fera pas trembler comme le Seigneur donnant la loi au Sinaï. Une vierge ignorée le concevra par le souffle doux et silencieux de l'Esprit Saint, il naîtra dans la solitude et la paix. Il ne disputera pas, ne criera point, on n'entendra pas sa voix dans la place publique (3) ; il mourra comme un agneau qui se laisse tondre sans se plaindre (4).

A peine pouvons-nous pénétrer dans la grotte d'Elie pour y déposer notre prière et l'hommage de notre reconnaissance au doux Rédempteur ; elle n'a que quatre-vingt-dix centimètres de haut, un mètre vingt de large, deux mètres

(1) V. 9, 12.
(2). III Rois, XIX, 8-13.
(3). Is., XLII, 2 — Mat. XII, 19.
(4) Is , LIII, 7 — Act , VIII, 32.

cinquante de long, encore est-elle divisée en deux par une cloison.

Sainte Silvie visita ces lieux et y recueillit de la bouche des solitaires les traditions que nous retrouvons sans altération à la distance de quinze siècles.

« Ayant donc satisfait le désir qui nous pressait de gravir le mont sacré, dit-elle, nous commençâmes à descendre du sommet de la montagne de Dieu, où nous étions montées, à une autre montagne qui en est le prolongement, lieu qui s'appelle Choreb.

« Là est une église ; car c'est l'endroit nommé Choreb, où s'arrêta le saint prophète Elie, quand il fuyait devant le roi Achab, et où Dieu lui parla, disant : Que fais-tu ici, Élie? comme il est écrit dans le Livre des Règnes. En effet, on montre aujourd'hui devant la porte de l'église, la grotte où se cacha saint Élie. On montre aussi au même lieu l'autel de pierre qu'éleva saint Elie pour sacrifier au Seigneur ; et c'est ainsi que les saints dont nous étions accompagnées daignaient tout nous montrer. Nous fimes donc là notre offrande, et la plus fervente prière ; on lut le passage du Livre des Règnes. Ce fut toujours notre plus grand bonheur, en quelque lieu que nous venions, de lire le passage de la Bible qui s'y rapporte. Ayant donc fait notre oblation, nous allâmes à un autre lieu que les prêtres et les moines nous montrèrent non loin de là, c'est-à-dire au lieu où s'arrêta saint Aaron avec les soixante-dix anciens, lorsque saint Moïse reçut du Seigneur la loi pour les enfants d'Israël. En cet endroit il n'y a pas de construction, mais seulement un grand rocher plat sur lequel, dit-on, s'arrêtèrent ces saints et au milieu s'élève comme un autel de pierre. On lut le passage du Livre de Moïse, et on récita un psaume approprié à la circonstance. Ainsi, après avoir fait notre prière, nous descendimes dans la vallée, à l'église du Buisson. »

Les pèlerins qui vinrent après sainte Sylvie parlent tous de la grotte et nous apprennent par leurs récits qu'outre la chapelle d'Élie, il y eut là un ou deux autres sanctuaires plusieurs fois reconstruits sous divers vocables (1). Du reste, les oratoires actuels ne présentent aucun caractère particulier d'antiquité.

NÉCROLOGIE

MGR JANSSEN, VICAIRE APOSTOLIQUE DE TAHITI

Le R. P. Alazard, de la Congrégation des Sacrés-Cœurs, nous écrit le 8 novembre :

« Nous avons encore un décès à enregistrer pour nos missions, et je me hâte de vous le communiquer, remettant à plus tard la notice biographique qu'il y aura lieu de faire.

« Mgr Florentin-Tepano Janssen, évêque d'Axiéri et premier vicaire apostolique de Tahiti, est passé à une vie meilleure, le 9 septembre, à quatre heures du matin, après avoir reçu les derniers sacrements. »

(1) Antonin martyr ne parle pas des chapelles. Le manuscrit du IX⁰ siècle déjà cité signale une seconde chapelle dédiée au prophète Elisée. Félix Fabre vit une chapelle dédiée à sainte Marine. Quaresmius (Elucidatio Terrae Sanctae) dit que l'une des chapelles était sous le Vocable de sainte Marie Egyptienne.

DONS
Pour l'Œuvre de la Propagation de la Foi

ÉDITION FRANÇAISE.

M. Olivier Eschoyer, diocèse de Tournai......	4
M. E. de J., *Echo de Fourvière*	100
Anonyme id.	2 00

Pour les missions les plus nécessiteuses (Haçodaté).

M. A. Renac, diocèse de Nancy............................	39 20
Famille B , à Nantes.	12 85
M. le Chanoine Rousselot, à Lunéville, diocèse de Nancy........	5
M Pierre-Marie Pique, du diocèse de Rouen......................	10
Un abonné de Sainte-Marguerite-Lafigère, diocèse de Viviers	50
M. l'abbé Lubiez-Rowicki, à Montpellier......	10

A une mission nécessiteuse (Hou-pé méridional).

M. le Chanoine Rousselot, à Lunéville, diocèse de Nancy........	5
Un abonné de Sainte-Marguerite-Lafigère, diocèse de Viviers...	50

A une mission nécessiteuse (Su-tchuen septentrional).

Un abonné de Sainte-Marguerite-Lafigère, diocèse de Viviers.....	50

A Mgr Christiaens (Hou-pé méridional).

Anonyme d'Anvers, diocèse de Malines	500
M. le chanoine Jourde, à Marseille.	10
Anonyme de Paris......	2

A Mgr Pinchon (Su-tchuen septentrional).

Anonyme d. l. P. à Alger, avec demande de prières	10

Au R. P. Charles Collin, pour l'église St-Antoine-de-Padoue, à Ganegama.

Anonyme de Saumur, diocèse d'Angers.....	10

A Mgr Laouënan, pour les affamés (Pondichéry).

Anonyme de Cassis, diocèse de Marseille....................	500

A M. Fourcade (Pondichéry), pour les affamés.

Mme de Ch., à Paray-le-Monial, diocèse d'Autun........	10

A M. Marmand, missionnaire à Okinoshima, pour l'église St-Michel (Japon méridional).

Anonyme de Saumur, diocèse d'Angers...................... ...	3

Pour les missions les plus éprouvées de la Chine (Houpé méridional).

C. J. de Toulouse........................	30

Pour les missions les plus éprouvées du Japon (Hakodaté).

C. J. de Toulouse...................	30

A Mgr Midon (Japon central).

M. le chanoine Rousselot, à Lunéville, diocèse de Nancy........	10

A M. Corre, à Kummamoto (Japon méridional), pour ses catéchistes.

Aumônes recueillies par M. P. Pica, de Paris.....	25
M. Poupel, à Pau, diocèse de Bayonne....	10

A Mgr Altmayer, pour les missions de Mésopotamie.

M. Authier, chapelain à Toulouse.	10

A Mgr Pascal, vicaire apostolique de la Saskatchewan (Canada).

Un abonné de Sainte-Marguerite-Lafigère, diocèse de Viviers.....	50

Pour le Bulletin.

M. l'abbé Pron, à Pont-d'Ain.............	9

(La suite des dons prochainement).

TH. MOREL, *Directeur-gérant.*

Lyon. — Imprimerie MOUGIN-RUSAND, rue Stella, 3.

AFRIQUE. — PAYSAGE AU GABON (Voir page 560)

LA PERSÉCUTION AU HOU-PÉ MÉRIDIONAL

Son Eminence le Cardinal Siméoni, Préfet de la Sacrée Congré-gation de la Propagande, nous communique la lettre suivante et recommande à la charité de nos lecteurs cette mission si éprouvée.

LETTRE DE MGR BENJAMIN CHRISTIAENS, VICAIRE APOSTOLIQUE DU HOU-PÉ MÉRIDIONAL, A S. EM. LE CARDINAL SIMEONI

Han-kéou, 6 septembre 1891.

Le 6 septembre a été un jour de grande joie pour notre mission. Je donnai, ce jour-là, la consécration épiscopale à Mgr Jean Hofmann, vicaire apostolique du Chan-si mé-ridional. La cérémonie s'accomplit au milieu d'une sainte allégresse; vingt prêtres y assistaient et l'église était pleine de fidèles. Hélas! aux douces consolations de cette journée devait succéder brusquement la plus amère tris-tesse. *Extrema gaudii luctus occupat.*

: Sur les quatre heures du soir, nous arrivèrent de I-tchang-fou sept Sœurs franciscaines accompagnées du

N 1172. — 20 NOVEMBRE 1891.

R. P. Braun. Quel triste spectacle ! Le missionnaire avait la tête enveloppée : il portait le saint ciboire tout taché de son sang. Les Sœurs avaient leurs robes déchirées et ensanglantées, car elles n'avaient pas été plus ménagées que leur directeur et avaient été comme lui, accablées de coups. Mais elles étaient heureuses d'avoir été jugées dignes de souffrir pour le nom de Jésus.

Voici ce qui était arrivé :

Jusqu'au 1er septembre, tout était tranquille à I-tchang. Ce jour-là un mendiant se présenta à l'orphelinat, il amenait une petite fille de deux ans, dont la mère, veuve malade et chargée de famille, dit-il, était obligée de se défaire à cause de son extrême pauvreté. Les femmes chinoises de l'asile acceptèrent l'enfant ; mais grand fut leur étonnement quand elles découvrirent en le revêtant de nouveaux vêtements, que ce n'était pas une fille mais un garçon. Elles redoutèrent quelque piège et coururent à la recherche du mendiant ; mais il avait disparu.

Le lendemain, les Sœurs apprirent qu'une femme er-rait dans le quartier, à la recherche de son fils qu'on lui avait dérobé. On la fit appeler à l'orphelinat. A peine entrée, elle reconnut son enfant dans l'enfant apporté la veille et pleine de joie elle le serra dans ses bras en remerciant mille fois les Sœurs.

Au même instant, on entendit au dehors de grands cris ; c'était une multitude immense, accourue de tous côtés qui poussait ces clameurs. Les religieuses s'étant approchées d'une fenêtre, virent que la maison voisine de la leur était tout en flammes. Comprenant l'imminence du danger, elles réunirent à la hâte leurs orphelines, les emmenèrent à la chapelle, sollicitèrent du missionnaire l'absolution et reçurent la communion ; le prêtre consomma ensuite toutes les saintes espèces.

Pendant ce temps, la foule envahissait la maison, la populace furieuse mettait en pièces avec rage tout ce qu'elle rencontrait. Le missionnaire et les Sœurs furent ensuite frappés à coups de bâton et horriblement maltraités.

Heureusement le mandarin arriva avec une forte escorte de satellites. Il fit ouvrir un passage et le Père et les Sœurs purent ainsi se retirer sains et saufs. Mais les petites filles ne voulaient pas se séparer de leurs mères ; elles se serraient contre elles et se cramponnaient à leurs robes, Des mains cruelles leur firent lâcher prise et les retinrent.

Sur la place, le missionnaire et les religieuses furent assaillis par une grêle de pierres. Le R. P. Braun fut si grièvement blessé, qu'il tomba comme mort; les soldats l'emportèrent et il reprit peu à peu ses sens. La fureur de la populace n'était pas assouvie et poursuivit jusqu'au fleuve les malheureux fugitifs.

Sous la poussée des forcenés, une des religieuses tomba à l'eau et elle se serait noyée si un officier européen, qui se trouvait là par hasard sur un bâtiment, ne se fût empressé de lui porter secours. Il prit à son bord les autres Sœurs et le missionnaire et leur fit donner des soins. Deux médecins pansèrent les blessés et leur offrirent des vêtements et des couvertures pour remplacer leurs robes toutes déchirées et tachées de sang.

Pendant que les vénérables victimes trouvaient ainsi un abri assuré, les furieux continuaient leurs clameurs assourdissantes et mettaient le feu à tous les établissements de la mission. En quelques instants, la résidence épiscopale, le séminaire et tout ce qui nous appartient étaient entièrement anéantis ; on stimulait l'ardeur du feu à l'aide de pétrole ; les établissements incendiés ressemblaient à une fournaise infernale. Par bonheur, le R. P. Franzoni, mon provicaire, avait, au premier indice du danger, emporté de l'église le Saint Sacrement et emmené furtivement à la faveur des ténèbres tous les élèves du séminaire.

Grâce à Dieu, les vies sont sauves ; mais tout le reste est perdue : les archives, les meubles, les ornements,

les vases sacrés, nos petites épargnes. Il nous reste seulement les vêtements que nous portons. Mais que la volonté de Dieu soit faite, pourvu que vous preniez pitié de nous! *Fiat voluntas Dei ! Miserere nostri !*.

DÉPARTS DE MISSIONNAIRES

Le 15 octobre, trois missionnaires du séminaire de St-Calocère, MM. Ange Fasque, Jean Bricco et Charles Elli, sont partis de Milan pour le Ho-nan méridional, vicaire apostolique, qui, après quelques mois de séjour en Europe est retourné dans sa mission.

— Sont partis de Marseille, le 1er novembre, pour le Hou-pé oriental, les RR. PP. Gaspard ; Jean Pellegrin ; Cyrille Gaudence ; Jean-Baptiste Crêtes; et les Frères Gratien, diacre, et Michel-Marie sous-diacre, tous de l'Ordre des Mineurs Observantins.

— Le 28 octobre dernier, sont parties de Bordeaux (à bord de la Normandie) trois religieuses dominicaines de la Congrégation de Ste Catherine de Sienne, dont la maison mère est à Etrépagny (Eure) pour la léproserie de Cocorite (île de la Trininad); ce sont les sœurs Marie de la Croix, Marie-Hyacinthe, Marie Bertrand. Sont parties pour : Mayotte et Nossi-bé, le 12 septembre 1891, Sœurs Julia des Anges, Delahy diocèse de Soissons ; Louis-Bertrand Ténier, diocèse de Vannes.— Pour Landana (Congo portugais), le 15 septembre : Sœurs Joseph d'Arimathie Le Brec, diocèse de Vannes, et Prosper du Sacré-Cœur Calvet, diocèse de Rodez. — Pour Haïti, le 18 septembre : Sœurs Marie-Eustachie Philibert Georges du St-Sauveur Desgranges; Evoald Buisson, diocèse d'Autun; Anne-Marie du Sacré-Cœur Guillemin; Germinien Bourdot, diocèse de Dijon; Jean-Marie de St-Joseph Kermaidic; Laurencine-Marie Caradic; Paulina Bouzic, diocèse de Quimper; Bernard Claraz, diocèse d'Annecy; Augustin Durante, diocèse de Constantine; Cécilienne Juéry, diocèse de Rodez; Béatrix de l'Incarnation Doll, diocèse de Fribourg; François de St-Jean Varraud, diocèse de Viviers; Odilie du St-Esprit de Friberg, diocèse de Basse-Terre ; Lucie de Ste-Marie Rota; Amélia du St-Esprit Durand, ciocèse de Strasbourg; Ange de l'Eucharistie Regeffe, diocèse de Lyon ; Félicité des Saints Boyle, du diocèse de Dublin. Toutes ces religieuses appartiennent à la Congré5ation de St-Joseph de Cluny.

INFORMATIONS DIVERSES

Belgique. — Trois prêtres du diocèse de Gand, MM. Janssens, Dhooghe et Buysse, viennent de partir d'Anvers pour le Congo belge. Avant le départ, ils ont eu l'honneur d'être reçus en audience par S. M. le roi Léopold.

Le souverain a fait aux trois missionnaires un accueil empreint de la plus grande cordialité.

« Je vous félicite et je vous remercie, messieurs, a dit en substance Sa Majesté, de votre courageux dessein, particulièrement digne d'admiration par les motifs élevés qui l'inspirent. Soyez au Congo les pionniers de l'Evangile et faites-le aimer par votre douceur et par votre dévouement. Souvenez-vous surtout des petits enfants que le Christ appelait à lui par prédilection. Vous rencontrerez, sans doute, de grandes difficultés, des hostilités peut-être; mais ce n'est pas à moi à vous apprendre que la foi transporte les montagnes.

« Dans cette grande œuvre du Congo à laquelle vous apportez votre dévouement, chacun a un peu sa spécialité. La mienne es surtout d'ouvrir ces vastes régions aux conquêtes matérielles de la civilisation ; la vôtre est d'y gagner, d'y régénérer, d'y sauver les âmes.

« J'espère que vos efforts seront couronnés de succès ; je souhaite aussi que vous démentiez par votre exemple les préjugés trop accrédités contre les conditions hygiéniques du Congo. Cette terre, représentée comme insalubre, deviendra, quelque jour, j'en ai la persuasion, une grande station sanitaire. Vous pourrez, d'ailleurs, juger par vous-mêmes des ressources du pays et des débouchés qu'il peut offrir à l'industrie nationale.

« Votre dévouement est un nouveau gage du précieux concours que l'Église catholique a toujours accordé [à l'œuvre que j'ai entreprise en Afrique. Je garde le reconnaissant souvenir des témoignages efficaces de sympathie que j'ai reçus de S. S. Pie IX, le S. S. Léon XIII, de l'épiscopat belge, en particulier, de feu Mgr Bracq et du saint et inoubliable évêque, prématurément enlevé au diocèse de Gand. Votre évêque actuel suit et développe encore ces généreuses traditions. Il m'en donne actuellement une preuve pour laquelle je vous prie de réitérer tout spécialement à Mgr Stillemans le témoignage de ma vive gratitude. Adieu, messieurs, priez pour moi, priez pour la patrie, priez pour mon œuvre. »

MM. Janssens, Dhooghe et Buysse se sont retirés enchantés et émus de l'accueil qui leur avait été fait par S. M. Léopold II.

Au commencement de décembre un premier départ de Sœurs de charité, formées spécialement pour le Congo par le noviciat de Quatrecht, aura lieu à Anvers.

Mongolie sud-ouest. — Le R. P. Lemmens, de la Société du Cœur-immaculée de Marie de Scheut-lez-Bruxelles, nous écrit :

« Au commencement de 1888 la mission fit l'acquisition d'un terrain à Siao-Noor. Quelques chrétiens d'Eulche-seu-(ing-ti vinrent aussitôt s'y établir, parce qu'il n'y avait pas chez eux assez de terres cultivables. Les commencements furent pénibles. La sécheresse anéantit la première récolte, et nous soldâmes, en pure perte, une contribution de près de mille francs.

« En 1889, la récolte fut favorable ; les catéchumènes étaient venus en bon nombre, et les redevances en natures fournies par nos cultivateurs nous eussent mis à même de payer les deux tiers de l'impôt, si nous n'avions eu à secourir de nouveaux convertis qui nous arrivaient complètement dénués de tout.

« En 1890, nous pensions être à flot, puisque le nombre des cultivateurs suffisait à la mise en culture de tout le terrain. Mais hélas ! dès janvier, nos beaux rêves commencèrent à se dissiper. Onze de nos bœufs succombèrent à la stomatite. Or nos animaux n'étaient déjà que trop peu nombreux, d'où il arriva qu'on ne put labourer et ensemencer que fort peu de terres. C'était donc, pour nos convertis, une disette inévitable, et pour moi, la cruelle impossibilité de recevoir de nouveaux chrétiens.

« Pour comble de misère, la mison manqua jusqu'à la fin de juin, et beaucoup de semis avortèrent complètement. Puis les 7 et 18 juillet, deux orages ininterrompus firent descendre des hauteurs qui nous entourent, de telles masses liquides que non seulement tous les champs furent submergés, mais qu'il fallut en toute hâte élever une digue autour du village. La conséquence c'est que, pour 1892, il ne me reste rien, ou presque rien, pour les malheureux néophytes.

« Ce malheur serait encore supportable, s'il devait se borner à une seule année. Mais il s'agit de considérer l'avenir, et de ouvrir à nous garantir contre ces affreuses inondations.

« A tout prix, il nous faut une digue, pour protéger d'une façon permanente nos champs et nos demeures. L'eau nous arrive d'une distance de vingt et trente lieues, par des pentes assez adoucies pour qu'il ne soit pas difficile de la faire dévier, moyennant une digue d'environ une lieue. Les travaux de ce genre ne s'iraient guère qu'à 1,500 ou 2,000 francs. Or, si peu que ce soit, et bien qu'il s'agisse de la vie pour toute une génération, j'ai beau me tâter les poches, je n'y trouve pas la valeur de 10 centimes.

« Notre vénérable évêque, Mgr Hamer, retourné en Europe pour motif de santé, va, dit-on, nous revenir prochainement parfaitement rétabli. Que n'ai-je pu lui faire connaître plus tôt la détresse de ses enfants de Siao-Noor ! Je lui eusse crié : « Une digue, Monseigneur, une digue, s'il vous plaît ! » Mon Dieu, inspirez donc à une bonne âme la pensée de m'envoyer de quoi la construire ! Je lui donnerai un certificat de réception, avec lequel elle pourra se présenter un jour avec assurance au tribunal du Souverain Juge,. »

Sénégal. — Le R. P. de Gigord, supérieur de l'école libre de N.-D. de Mont-Roland nous communique la lettre suivante que lui adresse de Dakar Mgr Barthet, évêque d'Abdère, vicaire apostolique de la Sénégambie.

« … Je vous remercie d'avoir lancé le projet de faire construire une chapelle de N.-D. de Mont-Roland au Sénégal. Ce projet fera son chemin, car il vient du Ciel ; je viens vous en apporter un témoignage significatif. C'est la célébration de la première messe, le dimanche fête du patronage de saint Joseph (19 avril), dans le pays des Diobas où je me propose d'ériger la future chapelle de N.-D. de Mont-Roland au Sénégal. Voici les circonstances assez extraordinaires qui ont amené ce fait.

« Dernièrement, le gouvernement français, qui a le protectorat de tous les pays du Sénégal, a voulu les placer sous la domination d'un chef musulman, Sanor, à qui est confiée l'administration des provinces du Dièghem, du Badane et du Sandobk.

« Les Diobas qui détestent cordialement tous les musulmans, n'ont pas voulu accepter la suzeraineté de Sanor. Ne pouvant s'assujettir les Diobas par la persuasion, ce chef résolut de les dominer par la force ; il nous prévint de son entrée en campagne et nous demanda même des prières pour le succès de ses armes. La première journée de combat fut meurtrière de part et d'autre ; Sanor eut vingt de ses meilleurs guerriers tués et plus de soixante blessés. C'est alors qu'il nous fit part de sa situation critique en même temps qu'il envoya un message au gouvernement pour demander du secours. C'était le 14 avril dernier. Je crus entrevoir dans cette circonstance une ouverture pour nous introduire dans le pays des Diobas. J'y envoyai aussitôt un de nos frères avec deux indigènes, un clerc et un catéchiste, pour donner leurs soins aux nombreux blessés, et j'écrivis à Dakar pour faire venir un prêtre sachant la langue indigène. Ce missionnaire, le P. Lacombe, ne put arriver à Thiès que trois jours après le départ de nos infirmiers pour le camp de Sanor. Sur ces entrefaites, le gouvernement avait envoyé une colonne expéditionnaire au secours de Sanor. Jusqu'à l'arrivée de la colonne à Babak, une colonne entre les Diobas et l'armée de Sanor, de sorte que nos ambulanciers eurent jusqu'à cent vingt blessés à panser à la fois. Le P. Phocas qui était le plus expérimenté des trois infirmiers improvisés dut se faire chirurgien en la circonstance ; il put extraire un bon nombre de balles logées en peu partout, à la tête, dans la poitrine, dans les bras et les jambes des infortunés soldats ; il réussit même à guérir le plus grand nombre ; quelques-uns succombèrent après avoir reçu le baptême dans d'admirables dispositions. A l'arrivée de la colonne, les Diobas terrifiés déclarèrent qu'ils ne voulaient pas faire la guerre aux blancs, et ils demandèrent la paix.

Le P. Lacombe, avait réussi à rejoindre nos ambulanciers. Le troisième dimanche après Pâques, il dressait au milieu de l'ambulance un autel portatif sur lequel il célébra le saint sacrifice. Quelle ne fut pas son émotion au moment où Notre-Seigneur descendit pour la première fois sur cette terre inhospitalière et où il mêla en quelque sorte le sang divin à celui des nombreuses victimes de la guerre ! Avant ce jour, aucun missionnaire n'avait encore jamais pénétré dans cette région.

« Je vais m'occuper de faire explorer le pays des Diobas pour me rendre compte des divers groupes de population qu'il contient. J'irai déterminer moi-même l'emplacement qu'il y aura lieu de choisir comme convenant le mieux pour l'érection de la future chapelle. J'espère bien que N.-D. de Mont-Roland au Sénégal aura un jour ses pèlerinages comme en Franche-Comté. Demandons ensemble au bon Dieu qu'il hâte l'avènement de ce jour en nous envoyant les ressources nécessaires.»

VOYAGE AU SINAI

PAR LE

R. P. Michel JULLIEN, de la Compagnie de Jésus.

Suite (1)

XXIX

Le sommet du Sinaï, Djébel Mouça, où Dieu donna les Tables.

Moïse était encore sur le plateau avec les anciens, quand Dieu lui dit :

« Monte vers moi sur la montagne, et sois là, et je te donnerai les tables de pierres, et la loi, et les commandements que j'ai écrits, afin que tu enseignes les enfants d'Israël. » Moïse se leva, et Josué, son ministre ; et Moïse, montant sur la montagne du Seigneur, dit aux anciens : Attendez-nous ici jusqu'à ce que nous retournions à vous... Et lorsque Moïse fut monté, la nuée couvrit la montagne ; et la gloire du Seigneur reposa sur le mont Sinaï, le couvrant d'une nuée durant six jours, et au septième jour, le Seigneur appela Moïse du milieu de la nuée. Or, l'aspect de la gloire du Seigneur était comme un feu ardent sur le sommet de la montagne, à la vue des enfants d'Israël (2). »

Nous gravissons en silence l'antique sentier à degrés qui monte droit sur la croupe de la montagne, songeant à la gloire du Très-Haut qui reposa sur ces hauteurs, et à Moïse qui foula sans doute plusieurs fois ces rochers sous ses pas, car toute autre route pour monter du plateau sur le sommet serait plus longue sans être plus commode.

Le granit de la montagne d'abord rouge et à gros grains, comme dans la plus grande partie du massif, prend ensuite une teinte bleuâtre de plus en plus claire, et, au sommet, c'est un granit blanc à petits grains noirs. Après un trois quarts d'heure, nous atteignons le petit plateau terminal, le vrai sommet du Sinaï, son point culminant, d'où l'on domine la montagne entière. Il est à cent cinquante mètres audessus de la chapelle d'Elie, à deux mille deux cent quarante-quatre mètres d'altitude.

Dieu, descendu sur le Sinaï (3), y appela cinq fois Moïse pour lui donner les ordres qu'il devait porter au peuple campé au bas, vis-à-vis la montagne. Dans les trois premiers entretiens (4), le but des messages divins fut de préparer le peuple à la solennelle publication du décalogue que Dieu allait proclamer lui-même (5). Les deux dernières ascensions furent pour recevoir par deux fois les tables de la loi ; à chacune d'elles, Moïse resta quarante jours sur la montagne. L'historien sacré dit expressément pour son récit qu'aux trois dernières ascensions le Seigneur l'appela au sommet de la montagne (6), et rien dans la relation de ses deux premiers entretiens avec Dieu (7), n'indique qu'ils eurent lieu sur un autre point.

Nous sommes donc sur le lieu le plus souvent sanctifié par la présence du Seigneur et par ses divines communi-

(1) Voir les *Missions Catholiques* des 7, 14, 21, 28 août, 4, 11, 18, 25 septembre, 2, 9, 16, 23, 30 octobre et 6 novembre, et la carte, p 417.
(2) Ex., XXIV, 12... 17.
(3) Ex., XIX. 20.
(4) Ex., XIX, 2, 8 et suiv. — 8, 9 et suiv. — 20, 21 et suiv.
(5) Ex., XX.
(6) Ex., XIX, 20. — XXIV, 17, 18. — XXXIV, 2, 4.
(7) Ex., XIX, 3. — XIX, 8.

cations avec le législateur d'Israël. Nous sommes au saint des saints du Sinaï, au sommet sacré sur lequel la gloire de Dieu reposa plusieurs fois et longtemps, comme sur le marchepied terrestre de son céleste trône, où il voulut bien descendre pour sceller la première alliance préparant celle du Golgotha. Des milliers de saints anachorètes, de pieux pèlerins, se succédant d'âge en âge, ont entouré ce rocher de leur vénération. La voix du peuple a désigné ce sommet, entre toutes les proéminences de la montagne, par le nom de Moïse. Djébel Mouça, le mont de Moïse, est son nom.

Frère Euthymios se hâte d'ouvrir la chapelle, allume des cierges, fait brûler de l'encens et nous laisse seuls remercier humblement le Seigneur de nous avoir amenés en cet auguste lieu, pour lui offrir nos adorations et lui présenter nos humbles requêtes. L'archevêque nous avait spontanément donné l'autorisation de célébrer la sainte messe, non pas dans la chapelle, mais dans une pièce contiguë qui remplace, à ce qu'il paraît, l'ancienne chapelle des Latins (1). Faire descendre le Verbe fait chair sur ce Bethléem, ce Thabor, ce cénacle de l'Ancien Testament et l'y offrir à Dieu son Père, d'un tel bonheur il doit rester au coeur un inaltérable souvenir exhalant reconnaissance et amour !

A l'intérieur, la chapelle est une salle de neuf mètres cinquante de largeur vingt-cinq, large de la chaux, avec plafond en planches. L'autel est à l'orient. Une draperie haute d'un mètre court le long des murs ; des mouchoirs de couleurs, des châles offerts par les pèlerins russes pendent aux murailles.

La plate-forme du sommet, sur laquelle elle est construite, n'a que vingt-cinq à trente mètres en tous sens. A quelques pas au sud de la chapelle, est une grotte assez spacieuse pour servir de demeure à un solitaire ; son entrée, tournée au midi, a été régularisée par une arcade en maçonnerie. Suivant l'antique tradition rapportée par sainte Silvie et conservée jusqu'à nos jours, c'est la caverne où le Seigneur cacha Moïse quand il fit passer sa gloire devant lui.

Moïse avait obtenu miséricorde pour le peuple prévaricateur, après avoir détruit le veau d'or. Il s'enhardit jusqu'à demander au Seigneur une preuve du pardon. « Je vous en supplie, dit-il, montrez-moi votre gloire. Dieu répondit : je ferai passer toute ma gloire devant toi, et je prononcerai en ta présence le nom du Seigneur ; car je ferai grâce à qui je voudrai, et miséricorde à qui il me plaira. Mais tu ne pourras voir ma face ; car l'homme ne me verra pas sans mourir. Et il ajouta : Voici un lieu près de moi ; tu te tiendras là sur ce rocher. Lorsque ma gloire passera, je te placerai dans un creux du rocher, et te couvrirai de ma main, jusqu'à ce que ma gloire soit passée. Ensuite je retirerai ma main, et tu me verras par derrière, mais il ne sera pas donné de voir ma face (2). »

La même grotte a encore d'autres titres à notre vénération. Par deux fois, avons-nous dit, Moïse demeura quarante jours et quarante nuits sur le Sinaï, ne mangeant pas de pain ; ne buvant pas d'eau (3), et le texte sacré nous indique assez clairement que pendant ces longs jeûnes il

(1) Quaresmius; *Elucidatio Terrae Sanctae*, 1616-1615.
(2) Ex , XXXIII, 18-23.
(3) Ex., XXIV, 18 — XXXIV, 28 — Deut., IX, 9, 18.

abita le sommet de la montagne. Naturellement il dut chercher dans la caverne un abri contre les ardeurs du soleil et la froideur des nuits, en faire sa demeure.

C'est sur le même sommet qu'après ces quarante jours de pénitence Dieu lui donna les premières tables (1), et écrivit sur les secondes (2).

Le reste du plateau est occupé par les fondements d'anciennes chapelles, une mosquée en ruines et une citerne. Les Bédouins montrent sous l'angle sud-est de la mosquée un trou, où, disent-ils, Moïse aurait demeuré, mais les anciens pèlerins, ceux-mêmes qui parlent de la mosquée, ne disent rien de cette seconde grotte. Elle n'est probablement qu'une cavité naturelle servant autrefois de citerne pour les ablutions des musulmans avant la prière.

Le rocier de l'auguste sommet fut toujours religieusement respecté. On n'y voit aucune inscription, aucune entaille ; les pierres des constructions qui le recouvrent, toutes de granit rouge, ont été prises plus bas dans la montagne. Aucun des saints anachorètes du Sinaï n'a osé fixer sa demeure sur le roc sacré, dit Antonin Martyr, personne ne l'a jamais habité.

Les fondements de divers édifices détruits, le nombre et la variété des anciens matériaux utilisés dans la construction des chapelles et de la mosquée, montrent que bien des sanctuaires différents se sont succédé en ce lieu. Ici on voit une base de pilier, là une demi-colonne, ailleurs une corniche à riches moulures, et même un vantail de porte en pierre, semblable à ceux du Hauran et de la haute Syrie, dont on a fait le montant d'une baie sous la mosquée. Au temps de Sainte Silvie il y avait une église, non pas grande, dit-elle, mais d'une grande grâce. Deux siècles plus tard, Antonin Martyr ne trouva sur la montagne qu'un oratoire de six pieds en tout sens. La chapelle actuelle, couverte d'une simple terrasse en terre, ne durera pas plus que celles qui l'ont précédée.

De la hauteur où nous sommes les mille sommets des montagnes sinaïtiques, pressés comme les vagues de l'océan, offrent un imposant spectacle. Au nord, les trois pics de Ras Safsâfeh se détachent sur un horizon de montagnes sans fin se perdant dans les déserts du Tih ; à l'est, plusieurs sommets, en vue du couvent, portent dans les airs de grandes croix de bois, la plupart inclinées par les orages ; plus loin brille la longue ligne blanche du golfe d'Akábah surmontée des montagnes d'Arabie. Au couchant, des arêtes le montagnes, horriblement déchiquetées, cachent le golfe le Suez, laissant apercevoir cependant les hauteurs de la rive égyptienne. Au midi la vue s'arrête à peu de distance ur les deux plus hauts pics des monts sinaïtiques, le djébel Katherin et le djébel Zébir, deux pics jumeaux d'une même montagne, élevant dans le ciel leurs pointes effilées ; on dit qu'ils dominent le djébel Mouça de trois cent cinquante mètres. Dans ce tableau les vallées disparaissent ; à peine i l'on peut suivre le sillon du grand ouadi ech-Cheik, et econnaître l'ouverture du Naqb el-Hàoua ; seul, le large uadi Sebaiyeh s'étale sous les pieds, au levant, à sa jonction avec le ouadi ed-Deir ; de ce côté la montagne tombe à pic à une effrayante profondeur.

(1) Ex., XXXI, 18.
(2) Ex., XXXIV, 28.

Un mot en terminant sur les tables de la loi. L'Ecriture nous donne à ce sujet quelques détails. Il y en avait deux (1), écrites des deux côtés de la pierre (2) ; elles contenaient les dix paroles que Dieu fit entendre du haut de la montagne, du milieu du feu, lorsque le peuple était rassemblé (3), paroles consignées au chapitre XX de l'Exode, versets 2 — 17, et avec quelques petites différences au chapitre V du Deutéronome, versets 6 — 21.

Les tables avaient au plus 1 m. 30 de haut sur 0 m. 78, de large, car telles étaient les dimensions de l'arche d'alliance dans laquelle Moïse les plaça (4), deux coudées et demi en longueur, une coudée et demi en largeur et en hauteur (5). Les premières tables n'étaient pas différentes des secondes (6).

Pour les autres particularités, elles restent livrées à nos conjectures, tant que l'arche sera cachée dans la caverne du mont Nébo où Jérémie l'a fermée sur l'ordre de Dieu ; et cette caverne restera inconnue jusqu'au temps où le Seigneur rassemblera de nouveau son peuple et lui pardonnera (7).

Moïse se trouvait au camp d'Israël, dans la plaine d'Er-Raha ou bien dans le ouadi ed-Deir où il avait transporté sa tente (8), quand il coupa les deux pierres destinées aux secondes tables. Les montagnes qui bordent ces vallées, les pointes de rocher soulevées au-dessus du sol, tout est de roches primitives, granit, syénite, porphyre, feldspath compacte ou orthose, avec quelques rares amas d'aphanite verte. Or, parmi ces roches, l'orthose seule est d'une pâte homogène, unicolore, comme il convient pour une inscription, et se détache facilement par plaques. Elle dut naturellement se présenter au choix de Moïse. Nous nous sommes permis, en parcourant ces vallées, de conjecturer, sous toute réserve, que les tables de la loi conservées dans l'arche sont d'orthose rouge, d'une teinte pareille à celle des carreaux de terre cuite dont on pare les appartements dans le midi de la France.

On a coutume de représenter les tables de la loi avec une forme allongée, arrondie dans le haut. Telle est, en effet, la forme la plus commune des stèles égyptiennes, celles des nombreuses stèles que nous verrons autour du temple de Sarbout el-Khadim, à deux journées du Sinaï. Il y a pourtant cette différence que les tables égyptiennes sont communément écrites d'un seul côté.

On pense que la première table contenait les deux premiers commandements, qui se rapportent particulièrement à Dieu ; la seconde, les huit autres concernant plus spécialement les hommes, y compris la loi du sabbat, car, dit un jour Jésus, le sabbat a été fait pour l'homme (9). Ce partage assez naturel attribue trois cent trente-sept ou trois cent trente-huit lettres à la seconde table, d'après le texte de l'Exode, et seulement deux cent soixante-seize à la pre-

(1) Ex , XXXI, 18.
(2) Ex., XXXII, 15.
(3) Deut , X, 4.
(4) Deut., X, 5.
(5) Ex., XXXVII, 1.
(6) Ex , XXXIV, 4.
(7) II Mach , 4, 8 et Deut , XXXIV, 1, 4.
(8) Ex , XXXIII, 7, 8.
(9) Marc, II, 27.

mière, où le nom de Dieu (1) était peut-être écrit en plus gros caractères que les préceptes.

XXX

Ras Safsâfeh, pointe septentrionale du Sinaï où Dieu proclama le décalogue.

Tandis que nous cherchions à nous représenter la gloire de Dieu reposant sur cet auguste sommet du djébel Mouça et que nous y adorons le Seigneur, la parole des anges aux disciples de Jésus sur le mont de l'Ascension nous revient à l'esprit : « Que restez-vous ici en regardant le ciel ? Ce Jésus, qui vous a quittés pour remonter dans les cieux en reviendra comme vous l'avez vu monter (1). »

Il faut nous éloigner de ces lieux. La gloire du Seigneur, nous la verrons au dernier jour du monde!

Nous descendons par l'escalier des moines à la chapelle d'Elie. A mi-chemin, le Bédouin qui nous a suivis depuis le couvent veut nous montrer, à droite, sur un rocher à fleur de terre, un creux imitant assez bien l'empreinte d'un pied de chameau. Pauvres Bédouins, qui ont dévotion à cette pierre, et disent que le chameau de Mahomet, quand l'archange enleva le prophète au ciel, posait là un pied et les trois autres à Damas, au Caire et à la Mecque ! N'est-ce

ARABIE. — LE RAS SAFSAFEH (SINAI), VU DE LA PLAINE D'ER-RAHA ; d'après un dessin du R. P. JULLIEN.

pas pitié de les entendre gâter par de pareilles insanités la haute vénération dont ils entourent le théâtre des manifestations divines ?

Plusieurs ermitages, des maisonnettes, des chapelles, de petits enclos où poussent quelques arbres fruitiers redevenus sauvages, des travaux nombreux pour la retenue et la distribution des eaux nous reportent au temps où les prêtres et les ermites de la sainte montagne vinrent au devant de sainte Silvie et lui offrirent comme eulogies, au sortir de la messe, les fruits de leurs jardins. Aujourd'hui tout est abandonné et désert, mais dans un état de conservation qui dans un autre pays accuserait une occupation peu éloignée.

(1) Ex., XX, 2.

Notre guide nous fait reposer une demi-lieue au-delà de la chapelle d'Elie sous un vieil amandier, auprès d'une citerne d'excellente eau, taillée de main d'homme dans le roc vif. La vue sur le djébel Mouça est splendide. Tout proche de nous s'élèvent deux petites maisons à trois chambres, l'ermitage de saint Grégoire. Aux alentours, des rigoles taillées avec art ou bâties sur les rochers, amènent les eaux pluviales dans de larges crevasses de la montagne fermées par des barrages en excellente maçonnerie. L'un de ces barrages a dix mètres de haut et cinq de long. A une centaine de pas au levant est la chapelle de Saint-Jean et du côté opposé, un peu plus loin, celle de St-Pantaleimon.

(1) Actes, I. 11.

La forte épaisseur des murailles et de la voûte en pierres nous explique comment ces sanctuaires ont pu traverser tant de siècles sans grandes dégradations. Parfaitement orientés au levant, ils se terminent par une petite abside circulaire prise dans l'épaisseur du mur. Un simple cube de maçonnerie fait l'autel ; une marche en avant marque le chœur ; une banquette de pierre à droite de l'autel servait de siège aux officiants ; le jour ne vient guère que par la porte. Toutes les chapelles de la montagne ont à peu près les mêmes dimensions : huit à neuf mètres sur trois et demi.

En s'avançant au nord le sentier descend et se perd dans une petite plaine au pied des énormes pics coniques et rougeâtres du Ras-Safsâfeh. Quelques petits jardins abandonnés à l'extrémité est de la plaine, une vieille chapelle, dite de la ceinture de la Vierge, semblable à celles que nous avons vues, une petite source, quelques aubépines et un saule sont tout ce que le voyageur peut y remarquer.

Les indigènes et les moines disent que la célèbre verge de Moïse qui se changea en serpent au Sinaï et devant Pharaon, ouvrit les flots de la mer Rouge, fit sortir l'eau du rocher à Raphidim, était une branche de saule coupée en ce lieu, et ils attachent un intérêt particulier à l'arbre qui en rappelle le souvenir. Bien que, dans le Lévitique (1), Moïse ordonne de couper des branches de saule pour la fête des Tabernacles, nous pensons que pour sa verge, il prit un meilleur bois ; au reste les plus anciens pèlerins et les solitaires, dans leurs écrits, ne parlent pas de cet arbre. Quoi qu'il en soit, ce saule a sa célébrité ; il donne son nom aux pics voisins ; Ras-Safsâfeh signifie la tête du saule.

Le promontoire de Ras-Safsâfeh offre un tout autre intérêt. Front majestueux de la sainte montagne, seul exposé aux regards du peuple d'Israël campé au bas dans la plaine d'er-Raha, imitant la trinité divine par ses trois sommets égaux issus d'une même masse, il fut le trône de Dieu quand le Seigneur vint donner à Israël et au monde ses dix commandements. Il fut cette montagne fumante d'où partaient les tonnerres, les éclairs et le son de la trompette (1). Sur ces cimes Dieu parla. à tout le peuple assemblé, du milieu du feu, de la nuée et des ténèbres, avec une voix forte, n'ajoutant rien de plus (2). Et les enfants d'Israël épouvantés, saisis de terreur, se tenaient au loin, disant à Moïse : Parle-nous et nous t'écouterons ; mais que le Seigneur ne nous parle point, de peur que nous ne mourions (3).

Cette auguste scène de la promulgation du Décalogue se passe cinquante jours après l'immolation de l'agneau pascal à la sortie d'Egypte. Dans le règne des figures, elle correspond à la manifestation de l'Esprit de Dieu sur les apôtres réunis au cénacle ; la pentecôte d'Israël figure celle des chrétiens ; Ras Safsâfeh et la plaine d'er-Raha sont le cénacle de l'Ancien Testament !

ARABIE.— DJÉBEL MOUÇA, vu du Ouadi Sebaigeh ; d'après un dessin du R. P. JULLIEN. (Voir page 556).

Les roches de granit rouge de Syène sont à pic devant nous; seul un éboulis de rochers entre la dent de l'est et celle du milieu peut permettre de s'élever dans le massif. L'ascension est pénible, il n'y a aucune trace d'escalier ni d'une piste quelconque, et bientôt il faut s'aider des mains, monter à quatre pattes comme les bouquetins de la montagne. Rien ne décourage mon intrépide compagnon, un enfant de la Hollande, qui pourtant, jusqu'à vingt-cinq ans, me dit-il, n'a pas vu de montagne et ne doit pas dans sa langue mettre un nom propre de lieu après le verbe monter à..

Enfin, à travers une de ces crevasses presque verticales que les ascensionistes des Alpes appellent une cheminée, on arrive à une fissure ouverte comme une fenêtre sur la plaine d'er-Raha. Le sommet du pic oriental est encore une quarantaine de mètres plus haut ; mais pour y monter il faudrait se mettre pieds nus et faire des tours de force, tant la roche est noire et glissante.

Le camp d'Israël s'élargit sous nos pieds à cinq cents mètres de profondeur et s'allonge au loin devant nous entre de gigantesques murailles de sombres rochers, coupées seulement à l'extrémité par la brèche du défilé des vents Nacb-Hâoua. Etonnante perspective, unique au monde, devant

(1) Ex. XX, 18.
(2) Deut., V, 22.
(3) Ex. XX, 18, 19.

(1) XXIII, 40.

laquelle l'âme sent comme une impression de la toute-puissance et de la majesté divine. Dieu seul a pu imaginer et préparer un si beau théâtre pour l'auguste scène de la proclamation du Décalogue, une si belle place pour les deux millions d'hommes auxquels il veut montrer quelque chose de sa majesté, de si hauts rochers pour répercuter sa grande voix, une enceinte aussi forte pour rassurer son peuple contre les ennemis pendant qu'il lui enseignait sa loi.

Quand la grande voix du Seigneur proclamait les dix commmandements, Moïse se tenait dans le camp, au bas de la montagne (1). A la fin de la proclamation le peuple terrifiée par la voix de Dieu « se tint au loin ; mais Moïse s'approcha de l'obscurité en laquelle Dieu était » (2), c'est-à-dire qu'il s'approcha plus près de la nuée où Dieu parlait, tandis que le peuple s'en éloignait (3). Il ne monta pas au sommet d'où partait la voix du Seigneur, puisque le texte sacré ne dit pas dans la suite qu'il eut à descendre.

Est-ce parce que Moïse n'est pas monté sur les hauteurs de Ras-Safsâfeh que la vénération des anciens n'y a laissé aucun monument, aucune inscription ? Le voyageur qui visite ces lieux, la Bible à la main, ne peut cependant concevoir aucun doute sur l'auguste souvenir qui s'y rattache.

Pour descendre dans le camp des Hébreux le plus court serait le chemin de Jéthro, sikket Chou'eib, une fente de la montagne à l'est de la petite plaine, dans laquelle on peut se glisser sur les blocs de pierres jusqu'au rapide talus du ouadi ed-Deir et atteindre le fond de la vallée en dessous du couvent. Nous préférons un autre chemin, celui du ouadi ech-Chreich.

Une ancienne tradition, à laquelle les savants anglais donnent leur assentiment (4), le tient pour le chemin suivi par Moïse quand il descendit du djébel Mouça, portant les premières tables dans ses deux mains (5). Il est en effet plus court pour descendre du sommet au camp d'Israël que les trois autres chemins, l'escalier des moines, le sentier de Jéthro, celui du ouadi Ledja à l'ouest, et il paraît présenter moins de difficultés. N'est-il pas naturel que Moïse l'ait choisi pour descendre chargé de son pesant et précieux fardeau ?

Le sentier commence, comme la petite vallée, aux environs du djébel Mouça ; mais Fr. Euthymios, pour nous éviter de revenir si loin sur nos pas, nous fait descendre dans le ouadi en face de la chapelle de Saint-Pantaleimon. Ce ne fut pas aisé : plus d'une fois notre sage conducteur s'arrêta devant des sauts de rocher que nous n'aurions pas pu remonter, si un obstacle nous avait arrêtés plus bas, et revint sur ses hauteurs. Enfin avec un peu de gymnastique pour contourner les proéminences du rocher et quelques glissades sur des coulées de pierres mouvantes, nous arrivâmes au fond du ouadi sur le chemin de Moïse. On a dit (6), qu'il est plus facile de monter au Sinaï que d'en descendre ; le mot sonnerait mal dans un livre de piété, mais ici il est physiquement vrai.

(A suivre).

(1) Ex., XIX, 24, 25.
(2) Ex., XX, 21.
(3) L'abbé Crelier ; Commentaire de l'Exode, XXIV, 1, dans la Bible Le thielleux.
(4) H. Spencer Palmer ; Sinaï p. 180.
(5) Deut IX 15-17.
(6) Recba au Templier, dans le drame de Nathan le Sage par Lessing.

LA MISSION DES DEUX-GUINÉES

ET

L'ESCLAVAGE

Par un Père de la Congrégation du St-Esprit et du St-Cœur de Marie

(Suite 1)

L'ESCLAVAGE ET LE TRAVAIL.

Le zélé missionnaire usait de tous les moyens pour intéresser tous ces jeunes sauvages et les attirer en plus grand nombre. Continuons les citations des lettres écrites par lui : « Je leur chante des cantiques, je les fais prier, puis travailler, puis jouer, puis je leur enseigne : *France*, c'est-à-dire le français. Etant naturellement fainéants, je m'applique beaucoup à les faire travailler. »

Or, comme le dit très bien le docteur Barret (1), M. Bessieux travailla lui-même de ses bras afin de montrer à ces indolents que le travail ne souille pas l'homme.

« On le voyait, dit Compiègne (2), on le voyait partir au lever du jour, une pioche sur le dos, accrocher sa soutane aux broussailles, entonner le *Gloria Patri* et se mettre à l'œuvre. Depuis l'aurore jusqu'à la nuit, il travaillait, comme un nègre ne travaille pas. Quand l'amiral ou le commandant venaient le demander, on courait vers les broussailles et on se dirigeait vers l'endroit d'où partait une voix forte chantant des hymnes. Il arrivait alors tout couvert de sueur et de poussière, mais avec une distinction suprême, recevoir ses visiteurs.

Verba movent, exempla trahunt. M. Bessieux aurait eu beau parler, conseiller, exciter au travail, il n'aurait obtenu aucun résultat ; mais comment résister à pareil entraînement ? Comment ne pas travailler avec un Européen, un missionnaire qui se dépensait si généreusement sous un climat si fiévreux et si brûlant pour procurer un peu de bien-être à ses pauvres, à ses enfants, à ses malheureux esclaves. Aussi bientôt on put compter sur la mission pour avoir des travailleurs.

LE ZÈLE DE L'APOTRE VEUT LE CONDUIRE PLUS LOIN.

Grâce à tous ces travaux, M. Bessieux bien que seul et abandonné de tout le monde pensait déjà pouvoir étendre son influence plus loin. Le Gabon ne lui suffisait pas, il voulait abolir les horreurs de la traite jusqu'au Dahomey. « Il nous faut faire, disait-il, la quête des enfants sur toute la côte jusqu'au delà de Grand-Bassam. Visitant ainsi la côte, nous trouverons beaucoup de bien à faire ; je tâcherai de lier connaissance avec le roi de Dahomey et de lui demander des enfants ; si cela ne lui agrée pas, j'obtiendrai certainement d'en racheter. Les enfants de six à dix ans coûtent de quarante à soixante francs ; dans certaines circonstances, pour un vil prix, on pourrait sauver la vie à des centaines de malheureux qu'on égorge quand on ne peut les vendre. »

(1) Voir les *missions catholiques* du 6 novembre.
(2) *L'Afrique occidentale*, la nature et l'homme noir, par le Dr Barret.
(3) *L'Afrique équatoriale*, par le marquis de Compiègne.

Nous voyons, en effet, à plusieurs reprises, les navires français revenir du Dahomey et des environs avec des esclaves et les confier aux soins de l'apôtre.

COMMENT LE PÈRE BESSIEUX SE TRAITAIT-IL ?

Il était seul, sans lettres de France depuis deux ans, sans vivres, par conséquent sans le plus strict nécessaire. Ecoutons le premier confrère qu'il reçut pour l'aider dans sa mission pénible, le Frère Pierre. « Quand M. Bessieux est arrivé au Gabon on lui donna un petit bout de baracon qui servait alors de magasin ; il avait trois brasses de long sur une brasse et demie de large ; c'était là où il couchait, mangeait et célébrait la sainte Messe ; il est resté ainsi pendant plusieurs mois au bout desquels le gouvernement lui fit construire une petite case ; mais cette case était si mal couverte que lorsqu'il pleuvait, il fallait se promener dans la maison le parapluie à la main. Etant couché, il était encore obligé de tenir le parapluie sur son lit ; cette maison était assise sur la terre, aussi elle n'était jamais sèche, et par conséquent était très malsaine. »

Le vaillant missionnaire tomba bientôt épuisé ; il resta ainsi malade pendant plusieurs semaines, à deux doigts de la mort. Tous les Européens le croyaient perdu ; un miracle seul pouvait le sauver. Marie le fit, ce miracle, et déjà M. Bessieux commençait à reprendre des forces quand lui arriva un secours depuis si longtemps attendu, les PP. Briot et le Berre qui avaient demandé comme une faveur signalée d'être envoyés dans les colonies les plus difficiles.

GUERRE PRATIQUE A L'ESCLAVAGE.

A leur arrivée, la mission prend une véritable importance. Bientôt, Mgr Bessieux devenu évêque ne se contente plus d'une seule mission, c'est pourquoi il laisse le soin de celle qu'il avait fondée aux nouveaux venus, et va commencer *Intyo-gni-ntyouwa* dans le Remboé, à quarante kilomètres du Gabon.

Les Boulous et les Mpongoués, habitants des environs, étaient riches en esclaves qu'ils allaient chercher dans l'Ogooué par le chemin de terre et le lac Azingo, ou bien par un autre chemin à l'embouchure même de l'Ogooué. Toutes ces rivières et tous ces fleuves étaient bien fouillés jusque dans les moindres recoins par les navires français, mais malgré cette surveillance active, la traite se faisait néanmoins. Les négriers Portugais et Brésiliens se tenaient au loin, en haute mer ou derrière la pointe Denis, et pendant la nuit des pirogues entières d'esclaves leur étaient livrées.

Mgr Bessieux ne manqua pas d'inspirer à tous ces sauvages l'horreur d'un pareil trafic, et il parvint, au moins en partie, à l'abolir. Monseigneur se trouvait-il dans un village ? les traitants se gardaient bien de descendre dans ce village ; ils avaient peur d'être dénoncés à l'autorité française. Or, comme le prélat visitait tous les villages, toutes les cases, parcourait tous les coins et recoins des forêts avoisinantes, il était bien difficile d'échapper à ses investigations.

Les enfants, il les délivrait pour les envoyer à son école du Gabon dirigée par le P. Le Berre ; les malades, au petit hôpital que l'on avait bâti ; les petites filles esclaves, chez

les Sœurs arrivées depuis peu, et les femmes malades, dans les hôpitaux des Sœurs. Quant aux jeunes gens vigoureux, il les armait d'un sabre et d'une pioche, et partait à leur tête au défrichement des immenses forêts.

Or, ce qui se faisait dans ce temps contre l'esclavagisme est encore peut-être ce qu'il y a de plus pratique aujourd'hui ; il faut que les gouvernements favorisent les expéditions chez les tribus les plus riches en esclaves ; il faut que, de place en place, ils établissent des postes avec des forces armées pour repousser les attaques des sauvages. Mais près de chaque poste doit exister une mission avec des missionnaires, dont le seul et unique rôle sera de recueillir les pauvres esclaves délivrés, de les soigner, de les instruire et de leur apprendre à travailler. Mais, à notre avis, le rôle du missionnaire doit se borner à cela. Qu'il laisse aux puissances séculières les fusils et la poudre, qu'il soit là seulement auprès d'elles, protégé par elles et les secondant par des écoles professionnelles surtout, en instruisant la jeunesse et en montrant à tous le chemin du ciel.

Une pauvre case est bâtie à Intyo-gni-ntyouvva ; le plus fort est fait. Monseigneur s'en revient alors à Sainte-Marie-du-Gabon et confie le soin de la nouvelle mission aux PP. Le Berre et Peureux. Dans les lettres adressées par ces derniers en France, on trouve des détails curieux sur la barbarie dont usaient les maîtres envers leurs esclaves. Ils étaient enchaînés au pied d'un arbre avec une lourde chaîne au cou. On leur donnait à peine de quoi manger ; aussi, ils étaient d'une maigreur extrême. Le P. Peureux nous a raconté qu'il avait trouvé un jour dans une maison soixante esclaves ainsi enchaînés.

* *

Bientôt Monseigneur jette les yeux d'un autre côté. C'était à Denis qu'avait eu lieu de tout temps le principal marché. A ce moment, la traite était presque partout supprimée, mais à Denis, grâce à la ruse et à l'intelligence plus qu'ordinaire du vieux roi, elle se faisait tous les jours et de plus belle. Les négriers étaient encore bien loin au large que déjà Denis était averti de leur arrivée. Il ramassait alors ses esclaves, et du haut de la pointe Pingara faisait tirer quelques coups de canon, et de suite les négriers d'approcher. Voici comment les autorités françaises étaient alors dupes des interprètes gagnés par Denis et largement rétribués par les capitaines. C'était librement que ces pauvres esclaves étaient censés partir. On leur demandait : Veux-tu t'engager ? Veux-tu partir ? Oui, répondaient-ils aussitôt. C'est bien de ton propre mouvement que tu t'engages ? Oui. Tu n'est contraint par personne ? Non. Mais auparavant on leur avait dit : Si tu ne veux pas, on te tue. Les interprètes allaient même jusqu'à ajouter : Si tu ne veux pas, le commandant va te tuer. Et les pauvres officiers, ne comprenant pas un mot de Pongoumé, laissaient partir.

Les PP. Le Berre et Peureux, au courant de la langue s'aperçurent de suite de toutes ces infamies, et leurs révélations amenèrent bientôt la cessation de toute traite à Denis. Il n'y eut plus que les pirogues qui se hasardant en pleine mer jusqu'au caps Lopez et San-Tomé, firent l'office des négriers.

(A suivre).

AU DAHOMEY

(Suite 1)

Relation du deuxième voyage fait, en 1850, dans le royaume du Dahomé, par Blanchely aîné, en compagnie de M. Esprit Cases, nouvel agent de la Factorerie française Régis aîné, de Whydah.

Le 2 août 1850, à neuf heures du matin, nous sommes partis du Fort français de Whydah, accompagnés de nos porteurs. Nous avons atteint *Hevi*, village situé un peu au nord d'*Alada*, à sept heures trente du soir; nous y avons passé la nuit.

Le lendemain, nous nous remîmes en route à quatre heures du matin. A cinq heures, nous nous sommes arrêtés à Houêbo, afin de réparer le bâton d'un de nos hamacs, qui était cassé. Nous y rencontrâmes les *moces*, porteurs des bâtons du roi, qui nous avaient été donnés comme escorte. Nous étions à Apaé à sept heures, où nous déjeunâmes. A huit heures, nous prîmes le chemin boueux de la *Lama*.

Cette fois, les *moces* nous firent passer par un nouveau chemin, pratiqué dans la forêt. Au milieu, nous avons traversé un village, appelé *Hinveji*. Nous étions à Agrimé à une heure du soir. Enfin, à cinq heures du soir nous sommes arrivés à *Cana*. Nous envoyâmes nos bâtons au roi. Nous avons couché dans cette ville.

Le dimanche, 4 août, à deux heures de l'après-midi, ayant reçu les bâtons du roi du Dahomé, nous nous sommes remis en route et nous sommes entrés à Abomé à quatre heures du soir.

Nous nous rendîmes à la maison du Méou, que je savais être affectée au logement des blancs. Une heure plus tard, le ministre Méou est venu nous faire sa visite. Après cela, nous avons envoyé nos bâtons au roi et au *chacha*, Isidoro Fellis de Sousa, qui se trouvait depuis quelque temps déjà à la capitale.

Le 5, le roi nous a fait prévenir qu'il y aurait réunion, à son palais d'Abomé, de tous les blancs, à l'exception du *chacha* et de ses deux frères Ignacio et Antonio.

Les portes du palais s'ouvrirent à huit heures. On nous introduisit dans une des salles basses, ornée de parasols de cabécères et de pagnes du pays. Dans cette séance, il s'est agi de fixer et de faire connaître l'autorité du *chacha* relativement aux blancs de Whydah. Le *chacha* étant nouveau, il était nécessaire de préciser ses pouvoirs et de les rendre bien nets vis-à-vis de ses frères Ignacio et Antonio; 2° des affaires du pays en général ; 3° enfin des droits de police dont le *chacha* est investi.

Le roi nous fit savoir que le *chacha* défunt n'était point une autorité du pays; qu'à cause des bons rapports qu'il avait eus avec lui, de son vivant, il l'avait nommé cabécère ; qu'il avait été son ami et qu'il avait été négociant comme tous les autres blancs de Whydah. A sa mort, il a laissé trois fils principaux ; tous les trois désiraient le remplacer dans ses titres et dignités, ce qui n'est pas possible. C'est pourquoi Isidoro, en sa qualité d'aîné, le remplaçait comme cha-

(1) Voir les nos des 6 et 13 novembre 1901.

cha. Ignacio recevrait le titre de cabécère et Antonio le remplacerait comme ami. Mais aucun d'eux n'aurait le droit de se mêler des affaires des blancs. Il appartient aux blancs d'accorder le degré de confiance qu'ils voudraient à celui qui la mériterait. A une heure l'audience avait pris fin.

Le 6 août, nous nous sommes rendus chez le roi en compagnie du *chacha* et de ses deux frères. Le roi nous répéta en leur présence ce qu'il nous avait dit la veille.

Dans la soirée j'ai distribué en cadeaux quelques marchandises que j'avais apportées à mon compte personnel.

Le 7, la journée commença comme les jours précédents. Le roi n'avait pas eu le temps de faire, dès notre arrivée, les honneurs de la réception officielle à M. Cases. Elle n'a eu lieu que ce même jour à huit heures du matin. Nous nous rendîmes au dehors de la porte d'Abomé ; là, comme si nous n'avions fait que d'arriver, le Yévagan, accompagné de plusieurs cabécères, et suivi de détachements nombreux des troupes du roi, est venu à notre rencontre.

Il a été fait un salut de vingt-un coup de canon pour le roi de France et deux salves de neuf coups chacune pour nous deux. Précédés des tambours et des drapeaux du Dahomé, et escortés par cette multitude de chefs et de soldats, nous fûmes conduits sur une des places du palais d'Abomé où tous les cabécères du roi, entourés de ses soldats, se trouvaient réunis. Ils nous furent présentés et à tous il nous a fallu donner une poignée de main. Cette réception dura jusqu'à midi.

Je dois dire que nous n'étions venus à la capitale que sur l'invitation du roi et sur celle du *chacha* de Whydah. Tous les autres blancs avaient été invités comme nous. Le motif mis en avant par les autorités était de constater que nous étions satisfait de la nomination du nouveau *chacha* de Whydah faite par le roi et aussi de manifester notre désir qu'il n'y eut qu'un seul *chacha* et non trois, comme on le craignait, afin que ses pouvoirs ne fussent pas divisés. Arrivés au Dahomé, nous nous aperçûmes bien vite que par suite des intrigues des frères du *chacha* toute la question avait été déplacée. Le roi dit même aux autres blancs qui nous accompagnaient que ce n'était pas lui, mais le *chacha* qui les avait invités et qu'il n'avait mandés auprès de lui que les Français.

Le même jour, vers deux heures de l'après-midi, nous nous sommes rendus en compagnie du *chacha*, de ses frères et des blancs présents à Abomey au domicile du Méou, que nous avons trouvé avec le Yévogan et ses *moces*. Le but de cette réunion était de s'entendre sur divers projets de loi déjà soumis au roi. Tout spécialement il devait être question des droits d'ancrage que les négociants ont à payer à Whydah. Comme d'habitude, aucune affaire n'a reçu de solution et tout ce que nous avons pu apprendre de positif c'est que l'ancrage des navires serait augmenté. La séance avait duré deux heures.

Le 8, rien de nouveau ; pas de réunion ce jour-là ; seuls le *chacha* et ses frères ont eu une convocation particulière.

Le 9, le *chacha* et tous les autres Européens sont partis pour Whydah.

Vers huit heures du matin, le roi nous fait dire qu'il lui serait impossible aujourd'hui de nous accorder une audience.

privée, bien que nous fussions depuis le matin à la porte du palais.

Dans la journée, M. Cases fit préparer ses cadeaux.

A quatre heures du soir, nous visitâmes Ignacio de Sousa qui est logé dans le voisinage du palais de Bécon, dans une des maisons appartenant à un des grands moces du roi, nommé Matunso, qui remplit à la cour l'office de médecin. Ignacio nous engagea à faire une promenade à l'ouest du palais. Arrivés à environ quatre milles, nous nous sommes trouvés sur une colline d'où nous pûmes découvrir un paysage ondulé, montagneux, entrecoupé de superbes vallées qui s'étendaient devant nous à une très grande distance. Nous ne rentrâmes en ville qu'à huit heures du soir.

Le 10, samedi matin, nous nous rendîmes au palais du roi en compagnie du Méou, du Yévogan, du Combodé, de plusieurs moces de la Cour, et de nos interprètes.

Le roi nous dit qu'il nous avait convoqués pour féliciter M. Cases de son heureuse arrivée et aussi pour me voir avant mon départ pour la France. Il voulait me donner ses commissions. Il tenait aussi à me charger d'une lettre pour le *roi de France*.

J'écrivis sous sa dictée une lettre destinée au Président de la République et j'en conservai une copie.

Quand aux diverses questions que nous lui avions soumises, il nous fit savoir que le Méou et le Yévogan, présents à l'audience et chargés du gouvernement de Whydah, nous réuniraient chez le Méou ; nous traiterions de nos affaires commerciales avec eux. Quant aux gens du Salam français, il était essentiel de les satisfaire et de les payer convenablement.

Dans l'après-midi du même jour, nous nous rendîmes chez le Méou où se trouvaient déjà le Yévogan, Naoui et leur suite. Après d'interminables pourparlers, il nous fut impossible de nous mettre d'accord. En définitive, nous avons dû abandonner nos réclamations pour ne pas tout compromettre.

Avant de nous séparer, le Méou nous prévint qu'il ne nous appartenait pas de punir Daho le grand *moce*, ou premier domestique du fort français, dont nous avions eu à nous plaindre. Le Yévogan ajouta que les dignitaires ou Dahomé ne peuvent pas être châtiés par nous et que, dans le cas où nous aurions à nous plaindre d'eux, il fallait les faire punir par les autorités locales.

Ce grand *moce* est imposé par le roi ; c'est un espion. C'est presque un crime de supposer qu'il puisse, en nous servant, tromper la confiance du roi.

Il avait été négligent dans son service et les agents du Fort s'en étant plaint aux autorités, il avait été mis en prison. Créature du Méou, il s'était adressé à lui pour se faire rendre justice. Celui-ci, qui flairait une aubaine, s'est dit : il faut soulever une palabre à propos de cette affaire.

L'on entend par palabre, au Dahomé, toute prévention de délit ou de crime entraînant une punition. Les natifs aisés la terminent comme les blancs en payant une amende ; ceux qui n'en ont pas le moyen s'en tirent avec de la prison et souvent même paient avec leurs têtes.

· Avec nous il fallait tâcher d'obtenir quelque chose. Ils résolurent de nous imposer une amende de soixante onces d'or et de punir le grand *moce* de plusieurs jours de prison.

Pour en finir ce jour-là nous renvoyâmes cette palabre à un autre moment.

Le 11, dans la matinée, rien de nouveau.

Vers midi, nous avons été faire une visite à M. Antonio Felis de Souza pour lui demander de nous servir d'interprète auprès de Méou.

Le même soir, vers cinq heures, le Méou nous prévint que le roi allait sortir pour se promener aux alentours de son palais. Nous allâmes à la porte de Gringomé. Là nous trouvâmes une grande partie de ses troupes avec les cabécères en tenue ; un fort détachement de l'armée féminine était aussi là sous les armes. Peu de temps après le hamac royal parut ; on lui fit les mêmes honneurs exactement que si la personne du roi s'y était trouvée.

Je dois faire ici une remarque nécessaire relativement aux troupes royales. Ces troupes sont rangées par division, ayant chacune à sa tête un des chefs supérieurs. Ces divisions sont au nombre de quatre : celle du roi, celle du Mingan, celle du Méou et enfin l'arrière-garde commandée par Cambodé, qui est chargé des vivres, etc. Il y a aussi un grand nombre de chefs subalternes prenant le titre de cabécères. On les distingue par leur nom, par les bracelets, les colliers de coraux, le parasol.

Les mêmes officiers supérieurs et inférieurs existent dans l'armée féminine qui occupe le centre et se trouve ainsi rapprochée du corps du roi.

L'armée, avec armes et bagages, s'ébranla tout entière, fit le tour du palais et revint sur la place principale. On tira de nombreuses salves d'artillerie. L'eau-de-vie fut distribuée à profusion, comme chaque fois que le roi passe.

Le 12, dans la journée, n'ayant rien à faire et attendant toujours que le ministre Méou soit disposé à préparer le traité que nous désirions, nous allâmes visiter le ministre Mingan, qui se trouvait malade dans son domicile d'Abomé.

Il est à noter que nous n'avons pu parvenir à le voir qu'à la condition d'être accompagnés par un moce de Méou et du Yévogan. J'avais déjà remarqué cela dans mon précédent voyage. On ne peut visiter un personnage officiel qu'accompagné, à moins de le faire en cachette.

Nous nous rendîmes également chez le Cambodé, que nous pûmes voir, parce qu'il était à une des portes de son palais haranguant son peuple.

Chemin faisant nous visitâmes un gros tas de pierres calcaires qui étaient amoncelées sur une place au nord ouest du palais d'Abomé. Cette place est couverte de grands fétiches. Ces pierres ont été apportées là une à une par les captifs d'un pays éloigné d'au moins quinze journées de marche dans l'intérieur.

Voici le récit qui m'en a été fait :

Il y a quelques années, un certain M. Dankon, sergent-major de la Garde de la reine d'Angleterre vint à Whydah, envoyé par la Chambre de Commerce de Londres, en qualité de naturaliste. Il était recommandé à Francisco Fellis de Souza, et put obtenir du roi, la permission de voyager dans l'intérieur. Guézo lui donna des guides, le munit d'un de ses bâtons, et il s'avança jusque chez les Macis ou chez les Haoussas, qui ne lui permirent pas d'aller plus loin. Il changea son itinéraire. A son retour à Abomé, il dut faire son rapport au roi et l'on ne fut pas peu étonné l'année suivante d'apprendre que celui-ci se rendait dans ce pays même pour lui déclarer la guerre. De nombreux ennemis tombèrent entre les mains des Daioméens et tous durent rapporter une pierre qui servit à élever ce curieux trophée. Il y en a de quoi bâtir une assez grande maison.

Le 13, dans la matinée, j'ai reçu les bâtons des ministres. Le Méou nous a fait prévenir que la palabre qu'il avait soulevée concernant notre grand Moce Dakô était terminée, qu'il le faisait sortir de prison et nous le rendait.

M. Cases fit observer au Méou que ce moce ne lui convenait pas et qu'il n'en avait plus besoin. A une heure de l'après-midi, M. Cases s'est décidé à faire relâcher le grand Moce Namadi qui avait été de le temps mis en prison. Dans ce but nous nous sommes rendus ciez Antonio de Sousa. Celui-ci nous promit qu'en faisant manger clandestinement quelque ciose au roi à l'insu des ministres, il se ciargeait de faire destituer Dakô et de nous faire rendre Namadi.

Vers 5 ieures du soir, nous nous rendîmes à la porte du palais du roi ; il haranguait son peuple.

Il nous a renvoyés au lendemain. Le 15, envoi du salut journalier comme à l'ordinaire. A sept ieures nous allâmes ciez Antonio de Sousa afin d'apprendre de lui si une décision nous concernant avait enfin été prise. Nous envoyons plusieurs récades ou messages au Méou sans aucun résultat. Enfin, nous nous sommes rendus ciez lui avec Antonio de Sousa pour arriver à une conclusion. Nous voulions une convention quelconque pour ne plus être exposés ciaque jour à de nouvelles tracasseries. Jamais le Méou et les autres ministres n'ont voulu aborder la question, se contentant de nous répondre qu'ils avaient fait connaître leurs décisions en présence de tous les blancs et que c'était tout ce qu'ils avaient à dire.

        (A suivre).

NÉCROLOGIE

La mission du Soudan français, dirigée par les PP. du Saint-Esprit et du Saint-Cœur de Marie, vient d'être de nouveau cruellement éprouvée.

Au mois d'août 1889, avait été emporté le fondateur de l'œuvre, le R. P. Etienne Montel, décédé à Kita (Haut-Sénégal), par suite de dysenterie.

L'an dernier au mois de décembre, succombait, également à Kita, le premier supérieur de la mission, le R. P. Guillet.

Et cette année, le 21 octobre, son successeur, le R. P. Joseph Marcot le suivait dans la tombe, emporté par un accès pernicieux de fièvre typio-malarienne. Cette nouvelle perte est d'autant plus cruelle que le R. P. Marcot était tout jeune encore, il n'avait que trente-trois ans, et que par ses talents remaiquables, son zèle et son dévouement apostolique, il paraissait appelé à faire un grand bien.

Nous recommandons aux prières de nos lecteurs cette importante mission, entreprise au milieu des populations fétichistes du Haut-Sénégal, Bambaras et Toucouleurs, pour les préserver de l'invasion du fléau le plus funeste de l'Afrique, le Mahométisme.

NOS ALMANACHS

POUR 1892 (1)

L'Univers consacre à nos Almanacis cet article :

« Nous avons déjà parlé des deux Almanacis des Missions Catioliques et de la Propagation de la Foi, mais il est des publications qu'on ne saurait trop signaler. Nous rappelons donc à nos lecteurs ces deux Almanacis dont la place est marquée dans toute famille cirétienne. Ils se recommandent par le texte comme par l'illustration : les récits, de voyage comme les dessins, les vues, sont l'œuvre de missionnaires qui ont vécu de la vie des populations qu'ils nous font connaître. De plus, les almanacis se vendent au profit de l'œuvre de la Propagation de la Foi, de sorte qu'en se procurant un recueil agréable, ciarmant, on a encore le mérite de contribuer à une bonne œuvre. Donc qu'on ré. pande ces almanacis dont la lecture amènera certainement. en même temps que des ressources immédiates, de nou_ veaux associés à l'Œuvre de la Propagation de la Foi. »

(1) Voir les conditions de vente sur la couverture.

DONS

Pour l'Œuvre de la Propagation de la Foi

ÉDITION FRANÇAISE.

Anonyme, don recueilli par l'*Echo de Fourvière*.	50
Id. Id. Id.	10
Un anonyme du diocèse d'Avignon.	30
Pour un orphelinat agricole (Saint-Josepi de Tocpo).	
V. B. d'Antoigne, du diocèse d'Angers, avec demande de prières.	5
Pour la mission de l'Annam ou du Tong-King, qui offre de grandes espérances de conversions (A Mgr Onate).	
X. Y. Z. avec demande de prières.	200
Pour le baptême d'une petite Cinoise, sous les noms de Marie-Joséphine (Houpé-méridional).	
Anonyme du diocèse de Séez.	10
Pour la mission la plus éprouvée par la famine (Hou_ pé-méridional).	
Un prêtre du diocèse de Malines.	100
A Mgr Midon (Japon méridional), pour l'œuvre des ca_ téchistes.	
X. Y. Z., avec demande de prières.	300
A M. Corre (Japon méridional), pour l'aider à payer un catéchiste.	
Pour le repos de l'âme de mes parents. M. O. de Paris.	20
Mme de L'Abadie, à St-Justin, diocèse d'Aire.	5
Un prêtre, du diocèse de Malines.	100
Pour la mission d'Onitcha, détruite par un incendie.	
Un prêtre, de Lyon.	20
Un anonyme, du diocèse, avec demande de prières.	10
M. E de Chambure, du diocèse de Dijon.	20
Pour les Oblats de Marie à Iegersfontaine (Cimberley).	
M. Crétinon-Belmont, de Lyon.	100

(La suite des dons prochainement).

     TH. MOREL, *Directeur-gérant.*

Lyon. — Imprimerie MOUGIN-RUSAND, rue Stella. 3.

MEXIQUE.— VUE DE L'HACIENDA DE SAN BLAS, PRÈS TOLTEPEC, ETAT DE TLAXCALA, d'après une photographie communiquée par le R. P. BOUTRY. (Voir page 566).

CORRESPONDANCE

MEXIQUE.

Les Haciendas mexicaines.

Nous entretenons volontiers nos lecteurs de la mission confiée au R. P. Terrien et à ses deux confrères dans le Mexique. Partout, à Mexico comme à Vera-Cruz, comme à Puebla et à San-Luis de Potosi, ils ont été bénis de Dieu et ont assuré à notre Œuvre un avenir fécond. Dans ce dernier diocèse, Sa Grandeur Mgr Montes de Oca a daigné leur donner une lettre qui augmentera encore la dette de notre reconnaissance vis-à-vis de l'épiscopat mexicain. En voici le texte :

« *Nous, Docteur en Droit et en Théologie, Ignace Montes de Oca et Obrégon, par la grâce de Dieu et du Saint-Siège Apostolique, évêque de San-Luis Potosi, prélat domestique de Sa Sainteté et Assistant au Trône Pontifical.*

« A tous nos diocésains qui verront les présentes et en auront connaissance, Salut et Bénédiction.

« Légitimement envoyés par les Conseils centraux de l'Œuvre de la Propagation de la Foi, dûment autorisés par le cardinal préfet de la Propagande, munis des recommandations de LL. EE. les cardinaux Rampolla, secrétaire d'État de Sa Sainteté; Lavigerie, archevêque de Carthage et primat d'Afrique ; Richard,

archevêque de Paris, Foulon, archevêque de Lyon, ainsi que de NN. SS. les archevêques et évêques de Mexico, de Puebla, de Queretaro, de Léon, de Vera-Cruz, d'Antequera, de Michoacan, de Nantes, de Yucatan, de New-York et d'un grand nombre d'autres cardinaux et prélats, des généraux des Dominicains, des Jésuites, des Lazaristes, des Augustins et des Rédemptoristes, les RR. PP. Ferdinand Terrien et Louis Boutry, missionnaires apostoliques, sont arrivés dans cette capitale et reçoivent l'hospitalité dans notre palais épiscopal. Ils ont pour but de recueillir des aumônes pour la Propagation de la Foi dans les régions secourues par l'Institution et d'établir d'une manière permanente une cotisation pour un si saint objet. Nous les autorisons pour ces deux fins, et nous ajoutons Notre recommandation à toutes celles dont ils sont porteurs. Ils expliqueront d'une manière plus complète leur mission, soit en prêchant dans nos églises, soit en communiquant les Lettres pastorales données en leur faveur par plusieurs de Nos Vénérables Frères. Messieurs les Curés pourront donner la publicité à ces lettres, aussi bien qu'aux règlements que les missionnaires leur montreront, comme bon leur semblera ; de plus, nous leur permettons de les lire à la grand'messe, et de les afficher.»

* *

Entre temps, nos chers délégués ont entretenu nos lecteurs des mœurs et des coutumes de l'ancien empire des Incas et nous savons que ces récits ont vivement intéressé. Voici une nouvelle lettre du R. P. Boutry qui ne sera pas moins goûtée.

Nous venons de nous séparer momentanément, le
P. Terrien et moi. Nous étions venus ensemble il y a
quelques jours, à Puebla, premier et inoubliable théâtre
de nos humbles travaux comme délégués de la Propagation de la Foi au Mexique, puis l'intérêt de l'Œuvre a
dirigé les pas de mon cher confrère vers l'un de nos
vénérés et dévoués Protecteurs, Monseigneur l'évêque
de Vera-Cruz. Notre compagnon, le P. François Devoucoux, travaille bravement dans le diocèse de S.-Luis
Potosi, et moi je vais revoir les haciendas des llanos
(plaines) de Apam et celles de la vallée de Saint-Martin.
La bonne Providence nous réunira bientôt tous les trois
à Zamora sur le versant de l'Océan Pacifique.

Dans l'hacienda ou ferme de S.-Blas, j'ai de nouveau reçu, au sein de l'excellente famille Izquierdo, cette
aimable hospitalité qui me rappelle le cher Béthanie où
le Sauveur se reposait quelquefois de ses courses apostoliques. Heureux le voyageur auquel la bonté divine
ménage, de temps en temps, sur la terre étrangère, avec
l'édification d'une famille franchement chrétienne, les
moyens de locomotion nécessaires pour remplir la
mission confiée à son zèle et à sa bonne volonté.

Quand le calme succède à la tempête, le marin oublie
vite ses fatigues passées et les laisse au fond du Léthé,
pour reprendre vaillamment sa course périlleuse sur
l'onde amère. De même, le délégué de la Propagation de
la Foi continue plus généreusement ses pérégrinations,
quand, au milieu des difficultés inhérentes à sa mission,
des cœurs nobles et généreux, des voix autorisées lui
montrent de la sympathie ou lui donnent des encouragements pour la grande Œuvre dont il est l'humble
représentant.

Dans l'hacienda de S.-Blas, non seulement on m'a
comblé des attentions les plus délicates; mais encore on
m'a facilité l'accès des fermes voisines. Aujourd'hui, on
me prêtera une calèche attelée de quatre mules à l'œil
vif, au pied léger ; demain, un véhicule à deux roues,
appelé Run about aux États-Unis, me permettra de
passer comme le vent sur des bourbiers parfois un peu
traîtres. Ici, en effet, les routes laissent beaucoup à désirer et, si bien souvent elles ne brillent pas par leur absence, elles sont des plus primitives.

Il ne faudrait pas comparer les haciendas mexicaines
aux fermes de notre France dont le territoire, surtout
en Normandie, est si morcelé ! Dans certaines parties du
Mexique, pays trois fois grand comme la France, il y a
des haciendas qui ont plus de cinquante lieues d'étendue;
ici elles n'ont pas la même importance.

La maison du maître avec ses dépendances est entourée d'une quantité de chaumières, habitées par trois
cents, quatre cents, parfois par plus de mille individus

employés à l'exploitation de la ferme. Généralement, les
propriétaires ont une chapelle, souvent très coquette,
et tiennent à faciliter à leurs vassaux tous les secours
de la Religion. J'en connais qui aiment à présider tous
les soirs la récitation du Rosaire.

Comme il est touchant de voir le matin et le soir les
peones jeter à tous les échos d'alentour quelques-uns de
ces chants si beaux et si pieux que l'Eglise fait monter
de notre cœur à nos lèvres en attendant que, pauvres
exilés, nous unissions nos voix à celles des Bienheureux
dans la céleste Patrie !

Pour bien faire cet exercice, les peones se rangent sur
une ligne, la tête découverte. On croirait assister à une
revue de soldats.

On ne traite pas ces braves gens comme des machines,
mais comme des êtres raisonnables. Aussi voient-ils
dans leurs patrons des pères qu'ils respectent.

Je voudrais avoir le temps de me reposer, ne fût-ce
qu'une semaine, dans une de ces haciendas, admirables
par les mœurs patriarcales et la franchise de leurs
hôtes. Mais le proverbe anglais : time is money ne
doit-il pas être tout particulièrement la devise d'un délégué de la grande Œuvre, quand ses frères d'outre-mer
poussent des cris de détresse en faveur de leurs missions
nécessiteuses, quand il sait que partout les moissons
s'annoncent magnifiques, mais que les ouvriers évangéliques font défaut pour les récolter. Oh oui, time is
money ! Donc en avant ! Duc in altum, prenons le large,
puisque nous ne sommes que trois pour visiter un pays
si vaste, puisque nous rencontrons des familles si
bonnes et des populations si bien disposées à être apôtres
par la prière et l'aumône. Vraiment nous n'avons pas le
temps d'être malades non plus que de nous soigner.
Nous nous reposerons au ciel, s'il plaît à Dieu.

.   .

C'est dans les llanos de Apam que l'on fabrique le
meilleur et le plus renommé pulque de la grande République mexicaine. Cette boisson, faite avec le maguey ou
agave (appelé en mexicain metl), remplace le vin pour
les habitants des hauts plateaux et des terres tempérées.
C'est un liquide blanc comme le lait, vaporeux comme
le vin et d'une odeur peu agréable. Breuvage hygié-
nique, nourrissant et diurétique, on le recommande
beaucoup aux personnes éprouvées si cruellement
parfois par les maux d'estomac.

Dans certaines haciendas, il y a des plantations de
magueys qui peuvent atteindre le chiffre de quatre ou
cinq cent mille pieds. C'est, en dehors des immenses
champs de blé, de maïs, d'orge, de haricots, de fèves,
etc., une véritable fortune pour l'amo (propriétaire). Un
pied de maguey rapporte un bénéfice de cinq francs
environ au bout de huit ou dix ans. Il va sans dire qu'on
lui retire la vie en le privant de sa sève, mais il ne meurt

pas complètement, car il laisse toujours plusieurs rejetons qui seront, comme lui, utiles à l'humanité. De plus, réduit en cendres, il fournit un très bon engrais et l'on en tire parti comme combustible. Je pourrais ajouter : Qui sait les autres services qu'il rendra encore à l'industrie et au commerce? La Nature, pour l'ordinaire, ne nous révèle que lentement ses secrets.

JAPON

(diocèse de Tôkiô).

Nous avons annoncé la mort du P. Testevuide, qui reproduisait si bien dans le Japon les exemples laissés en Océanie par le P. Damien. Voici deux lettres qui montrent que, dans l'armée apostolique, un soldat qui succombe ne laisse jamais inoccupée la place du dévouement et de l'héroïsme.

LETTRE DE MGR OSOUF, ARCHEVÊQUE DE TOKIO, A M. VIGROUX

Tôkiô, le 5 août 1891.

La mort du P. Testevuide ne me remplit pas seulement d'émotion, elle me crée aussi un très grave souci.

Vous savez quel lourd fardeau sa charité et son zèle lui avaient fait accepter en sus de l'évangélisation de son vaste district. L'hôpital pour les lépreux, qu'il a ouvert près de Gotemba, au prix de tant de peines, ne se soutient que par de continuels efforts du plus généreux dévouement, de la part de celui qui en a la charge. C'est beaucoup, sans doute, d'avoir déjà réussi à bâtir ce qui existe aujourd'hui, d'y entretenir présentement plus de trente malades, sur les seules aumônes sollicitées presque journellement pour ces infortunés lépreux. Mais, hélas ! la tâche n'est que commencée: il s'agit de la continuer en y consacrant le même dévouement, la même abnégation.

C'est sur vous, cher P. Vigroux, que je compte pour remplir cette noble mission. Je n'ai pas besoin de vous détailler tout le bien à faire et au corps et à l'âme des malheureux reçus à l'hôpital ; vous le savez aussi bien que moi. Si leur infirmité corporelle se montre incurable, du moins leurs souffrances physiques et morales peuvent être notablement adoucies ; leur âme, surtout, peut être élevée au-dessus des épreuves de la vie présente et préparée aux joies de l'éternité.

Quant aux ressources matérielles nécessaires pour vêtir, nourrir et entretenir tous ces malades, il serait superflu aussi de vous dire que la mission ne saurait vous les procurer ; elle est elle-même trop pauvre. Il vous faudra les chercher, ces ressources, là où le P. Testevuide a puisé toutes les siennes, dans les fonds de la Providence. Pour vos chers lépreux, faites-vous aussi mendiant, puisque vous n'avez pas d'autre moyen de les secourir. Les âmes généreuses qui l'ont déjà aidé seront heureuses de soutenir encore, si elles le peuvent, la

bonne œuvre qu'elles ont contribué à établir ; d'autres voudront s'y associer de même. Il n'est pas possible qu'une aussi belle œuvre que celle de l'assistance de ces pauvres lépreux ne touche profondément un cœur sensible aux souffrances de l'humanité.

Que Dieu vous accorde ses meilleures bénédictions dans ce nouveau ministère de zèle, et qu'il les répande aussi en abondance sur toutes les personnes qui vous prêteront leur généreux concours !

LETTRE DU P. VIGROUX, A MGR OSOUF, ARCHEVÊQUE DE TOKIO

Tôkiô, le 15 août 1891.

Vous voulez bien me confier la direction de l'hôpital des lépreux, fondé par le si regretté P. Testevuide et par de généreux bienfaiteurs. J'en remercie Dieu et, si j'ai lieu de craindre de n'être pas assez à la hauteur de la tâche, je ne l'accepte pas moins avec la plus grande confiance.

Selon votre désir, je viens de visiter l'hôpital et me rendre compte de l'état dans lequel il se trouve. Je vais consigner ici le résultat de mes observations.

Le nombre des lépreux actuellement à l'hôpital est de trente-quatre. D'autres avaient sollicité leur entrée ; ils attendaient avec impatience le retour du P. Testevuide pour renouveler une pressante requête. Le cher Père ne revenait pas, et ne devait pas revenir !

Dès ma première visite à la léproserie, cette requête m'a été présentée. Comment ne pas l'accueillir favorablement ? Pouvais-je dès le début me montrer insensible et presque cruel en rejetant toutes les demandes ? Non, j'ai préféré entrer en charge par un acte de miséricorde et de confiance : dix nouveaux lépreux ont été admis à prendre place à côté des anciens, ce qui porte à quarante-quatre le nombre de nos malades. D'autres encore attendent leur admission, et il est bien pénible de les refuser, même pour quelque temps.

Que dire de l'état physique et moral de nos chers malades? D'abord leur mal est affreux ; ils inspirent l'horreur et la pitié. Les uns ont les mains enflées, les doigts rongés, des bras et des jambes qui ne seront bientôt que des moignons, les autres ont des visages qui n'ont plus guère l'aspect d'un visage humain : des lèvres tuméfiées, des yeux sanguinolents, des paupières retournées et déchirées, des joues boursouflées, couvertes de taches blanchâtres. Ceux-ci ont le corps bouffi, n'offrant, au premier regard, qu'une masse de chair informe ; ceux-là l'ont tout couvert de petits furoncles ou de boutons, comme après une éruption de rougeole. Quel spectacle et quelle misère !

Néanmoins, à l'heure présente, ces infortunés ont une demeure ; si leur mal est grand, ils ont trouvé quelqu'un pour les soulager. Naguère chassés de leur maison, repoussés par leurs propres parents, ils erraient sur tous les chemins, couverts de haillons, exposés à mourir de faim et de désespoir. S'ils rencontraient un passant qui leur jetât une ou deux sapèques, s'il leur arrivait de recevoir, à une porte, un bol de riz, ils n'avaient jamais la bonne fortune de trouver une âme qui aimât à leur donner l'hospitalité et qui eût pour eux une parole de consolation. Aujourd'hui, ces pauvres délaissés ont un abri, un vêtement, une subsistance assurés : ils ont enfin rencontré des âmes qui compatissent à leur malheur.

Chez un certain nombre, la résignation part d'un motif supérieur ; ceux là ne sont pas seulement résignés, ils sont heureux. Onze lépreux déjà sont chrétiens. Presque tous les anciens se préparent au baptème ; les derniers venus étudient la doctrine chrétienne, et nul doute qu'ils ne goûtent, à leur tour, une religion si bien faite pour consoler dans le malheur. Il est à croire que tous un jour seront chrétiens : alors ils comprendront qu'une part de bonheur leur est encore réservée.

Les derniers comptes attestent que l'entretien d'un malade, médicaments compris, revient à près de 5 Yen (21 Frs) par mois ; soit donc, pour quarante-quatre malades, 220 Y. (920 F.) par mois, et 2,600 Y. (11,000 F.) par an. A ce chiffre il faut ajouter celui des dépenses pour aménagements, réparations et pour l'entretien des nouveaux malades, à mesure que leur nombre augmente.

Puisque l'entretien d'un malade coûte environ 60 Y. ou 250 F. annuellement, quiconque verserait cette somme aurait la satisfaction de fonder un lit ; il obtiendrait le titre de bienfaiteur insigne, et, comme tel, aurait une part spéciale — et c'est ce qu'il y a de plus précieux — aux prières et aux mérites des lépreux, ces membres souffrants et si méritants de Jésus-Christ.

DÉPARTS DE MISSIONNAIRES

Plusieurs missionnaires de la Congrégation du Saint-Esprit et du Saint Cœur de Marie sont partis pour la Sénégambie :
De Bordeaux, le 5 novembre : Le Père Alexandre Alaux, du diocèse de Rodez ;
De Marseille, le 15 novembre : Les Pères Michel Helmer et Louis Unverzagt, du diocèse de Strasbourg ; François Rialland, du diocèse de Nantes ; René Bodo, du diocèse de Quimper ; les Frères Athanase Lustig, Cécilien Cress, Convoyon Ebel, tous les trois du diocèse de Strasbourg.

INFORMATIONS DIVERSES

Angleterre. — Dans l'armée anglaise le service religieux est assuré aux soldats catholiques par deux aumôniers.
L'un d'eux, le P. Reginald Collins, a été récemment élu membre du Sénat de l'université de Malte. Ce prêtre est populaire dans toute l'armée depuis l'héroïsme qu'il a déployé à la bataille de Tofrek, dans le Soudan. A l'occasion de sa nomination, le *Piccadilly* publie la note que voici :

« Ce prêtre militant de l'Eglise de Rome est aussi distingué par sa science que par son courage. Il possède à fond neuf langues. Pendant les cinq années qu'il a guerroyé en Egypte et au Soudan, il s'est tellement rendu maître de la langue arabique que, dans un concours organisé par les autorités militaires et auquel devaient prendre part tous les officiers en campagne, c'est lui qui remporta avec beaucoup d'honneur la prime offerte au vainqueur.

« Le P. Collins, disait un célèbre général, vaut à lui seul tous « les évêques missionnaires protestants. »

« L'officier qui parlait ainsi du courageux aumônier n'était autre que lord Wolseley. Aussi, dit en terminant le *Piccadilly*, le portrait du P. Collins était un des rares tableaux appendus aux murs des bureaux de travail du général lorsqu'il habitait Londres. »

Dans un de ses numéros, le *Daily Graphic* représente sur une de ses gravures la célébration de la messe au camp d'East-Meon, près de Petersfield, où les troupes anglaises font en ce moment les manœuvres d'automne. Le journal anglais et protestant trouve tout naturel que, sous un gouvernement qui a quelque souci de la liberté des consciences, des catholiques puissent entendre la messe et remplir leurs devoirs de chrétiens au camp où les retient leur devoir de soldats.

Syrie. — Sœur Gélas, Supérieure de la Miséricorde de Beyrouth, nous écrit différentes lettres dont nous extrayons les passages suivants :

« Nous voilà menacés du choléra qui sévit à Damas ; toutes communications sont interrompues entre cette ville et nous. Je ne serais pas sans inquiétudes pour nos deux familles, si je n'avais fait l'expérience qu'en nous dévouant à soigner les cholériques, nous avons toujours été préservées comme par miracle.

« 21 octobre.

« Le choléra n'est pas encore à Beyrouth, mais d'après l'extension qu'il prend à Damas, nous ne pourrons l'éviter. Ici, toutes nos Sœurs sont disposées à le recevoir et à soigner les cholériques.

« 23 octobre.

« Le choléra continue ses ravages à Damas ; je viens de recevoir une lettre de ma Sœur Marcotte, qui me dit que les fièvres s'ajoutant au choléra font beaucoup de victimes. Nos Sœurs, comme toujours, sont très courageuses ; nous aimons à espérer que le bon Dieu les conservera, ainsi que les missionnaires qui sont sans cesse en course pour assister les mourants.

« 31 octobre.

« Ma Sœur Marcotte m'écrit que Missionnaires et Sœurs vont bien ; nos Sœurs parcourent la ville pour soigner les malheureux atteints de l'épidémie. D'autre part, j'apprends que nos Missionnaires et nos Sœurs font, par leur zèle et leur dévouement, l'admiration des Turcs, des Juifs et des schismatiques, voyant que la plupart de leurs médecins ont pris la fuite et que les Sœurs sont restées à leur poste. Les Turcs surtout sont si émerveillés qu'ils ne savent comment exprimer leur reconnaissance. Ils ont écrit à ceux de Beyrouth et ceux-ci se préparent à venir nous remercier. Ils comprennent que nous sommes solidaires des bonnes actions aussi bien que des mauvaises.

« Tous nos médecins attendent le choléra à Beyrouth : ils assurent que nous ne pouvons lui échapper, malgré les quatre cordons que le Pacha ont établis entre les deux villes. Si le bon Dieu veut nous donner ce châtiment, nous tâcherons d'imiter nos Sœurs de Damas en nous dévouant pour soulager les malheureux. Ce qu'il y a de plus triste, c'est la profonde misère qui suit le fléau. Malheureusement les riches dans ce pays-ci ne comprennent pas qu'en reconnaissance de ce qu'ils ont été épargnés, ils devraient soulager les pauvres, ainsi que cela se voit en France. La charité n'a pas encore fait de grands progrès parmi nos populations arabes. »

LA MISSION DES DEUX-GUINÉES

ET

L'ESCLAVAGE

Par un Père de la Congrégation du St-Esprit et du St-Cœur de Marie

(Suite 1)

QUELQUES TRAITS DE CRUAUTÉ INOUIE

Écoutons maintenant le P. Peureux nous raconter un trait de sacrifice d'esclaves aux mânes.

« Il y a quelque temps, un jeune homme, considérant la grande renommée dont jouissait son père, attentait à sa vie afin de s'assurer les avantages. Mais, ayant manqué son coup, il éprouva de sa déception un trouble si violent qu'il en perdit l'esprit. Le mal. heureux père s'empressa de consulter le féticheur afin de faire recouvrer la raison à ce fils dénaturé. Elle devait se retrouver dans le sang des esclaves, et le prince, en immola trente. »

* * *

Une coutume horrible existait aussi dans ce pays et dans les environs, c'était le sacrifice de plusieurs esclaves à la mort des chefs et des personnages les plus importants. Du Chaillu rapporte qu'en 1858, soixante esclaves furent égorgés autour du tombeau du roi Lopez. Souvent, ce sont des jeunes filles, qui sont enterrées vives sous la sépulture.

Un des parents du roi Denis étant venu à mourir, la amille, au su du vieux roi, prit un esclave du défunt, nommé Olimbo, enfant de quinze ans, élevé à la mission, lui coupa la langue, et l'enterra vif sous le cercueil.

On le voit, il y avait à faire pour adoucir ces mœurs sauvages et délivrer toutes ces victimes de la tyrannie qui les opprimait. Il y avait à faire, et c'est fait au moins dans les villages évangélisés. Des traits semblables à ceux qui viennent d'être racontés se passaient tous les jours. Aujourd'hui, il est excessivement rare d'entendre parler dans les environs de pareilles atrocités.

(1) Voir les n⁰ˢ des 6 et 13 novembre 1891.

L'ÉLIZIA

En 1849, un navire de guerre amène un chargement de nègres capturés sur le brick de commerce l'Elizia. D'autres captures, mais non moins importantes, ont lieu également sur plusieurs points de la côte. Le gouverneur déclare libres tous ces esclaves et leur concède un terrain près du poste pour s'établir. La fondation de Libreville (voir la gravure page 571) date de cette époque.

Mais que faire des enfants ? Chose bien simple, les envoyer peupler les écoles des garçons et des filles. Et les malades ? Il faut agrandir l'hôpital pour les recevoir tous. Et les jeunes gens plus vigoureux ? leur enseigner différents métiers. La mission est donc chargée de toutes ces œuvres. De plus, les Pères se mettent en relation avec les nouveaux libérés, les baptisent, les marient, et voilà une chrétienté florissante, la plus florissante, certes, qui fût à cette époque sur la côte occidentale d'Afrique.

La capture de l'Elizia porta le coup mortel à la traite. De toute part, les esclaves fuient pour venir se mettre sous la protection du drapeau français et de la croix. Les villages chrétiens de Sainte-Anne, Saint-Jean, la montagne sainte, Saint - Benoit, Saint-Pierre sont installés. Les esclaves du village de Denis affluaient ; ceux d'Intyo-gni-Ntyouwoa se sauvaient pendant la nuit ; ceux du cap Esteiras arrivaient tous les jours. Il en venait du Kombé, du cap Lopez, de l'Ogowé même. Les enfants se hasardaient sur les flots de l'Océan, seuls, avec de mauvaises pirogues et venaient, après deux ou trois jours de traversée, s'offrir pour travailler sous les ordres du minissé des blancs.

Cet exemple prouve clairement une chose, c'est que l'esclavage peut être aboli partout. On ne pouvait le trouver nulle part plus dur, plus cruel et plus général qu'au Gabon et dans les environs. C'était la richesse du pays. Or, la France a voulu combattre cette horrible traite ; la France s'est adressée au dévouement des missionnaires et la France a maintenant la gloire d'avoir réussi.

DÉVELOPPEMENT DE LA MISSION

Un homme d'un dévouement à toute épreuve, un saint missionnaire était arrivé depuis quelque temps dans la

CAVALIER MEXICAIN EN COSTUME DE *Charro* ET INDIEN PUISANT L'HYDROMEL DU MAGUEY
d'après un dessin du R. P. GALLEN (Voir page 566).

mission des Deux-Guinées. D'une prudence consommée, d'un zèle digne des premiers apôtres, et d'un amour ardent pour les nègres, le R. P. Le Berre fut le collaborateur de Mgr Bessieux. Nommé vicaire général et administrateur, sa seule ambition fut la prospérité de l'œuvre déjà établie. Les esclaves abondaient, nécessité fut donc de bâtir et de cultiver en grand. Mais donnons la parole au marquis de Compiègne : « D'une terre inculte et sauvage, les Pères ont su faire un vaste jardin.

Alors que personne n'a su jusqu'ici rien tirer du sol du Gabon, si riche cependant, les Pères comptent dans leurs plantations des arbres fruitiers en plein rapport : avocatiers, arbres à pain, goyaviers, orangers, mandariniers, citronniers et bananiers ; ils ont mille quatre cent quatre-vingt-trois cocotiers, huit cent trente pieds de caféiers, des ananas en quantité innombrable ; ils ensemencent chaque année cinq ou six hectares en manioc, autant en riz, quatre en cannes à sucre ; ils ont commencé la culture du cacao dans deux grandes plantations, celle du coton et même celle de la vigne. Enfin, dans le potager, ils cultivent avec succès, choux, aubergines, carottes, navets, persil, salade, tomates, haricots et oignons, produits vulgaires dont le nom ne fixe sans doute guère votre attention... Mais dans ces pays où l'on attend avec impatience l'arrivée du paquebot pour manger quelques pommes de terre, où les neuf dixièmes de l'année il est impossible d'avoir pour or ou pour argent d'autres légumes que du manioc ou des choux palmistes, on ne saurait croire quelle valeur acquiert un plat des plus vulgaires légumes de France.

« C'est aussi à la mission, et à une exception près, à la mission seulement, qu'on élève avec succès bœufs, porcs, canards, lapins, pigeons etc., qui font absolument défaut dans cette colonie. »

Relevons cette parole : « Alors que personne n'a su jusqu'ici rien tirer du sol. » Ce ne sont pas les essais qui ont fait défaut, que de commerçants qui ont commencé ! Que

d'employés payés par le gouvernement qui n'ont eu pour toute gloire que d'échouer. Beaucoup ont essayé pendant un an ou deux, et puis se sont découragés.

Aujourd'hui cependant on peut voir à Libreville un assez joli jardin d'essais dirigé par M. Pierre. Il a réussi bien des choses, grâce à son talent incontesté, mais aussi aux conseils des missionnaires, du P. Klaine en particulier.

Mais poursuivons notre citation : « Grâce à la grammaire du P. Le Berre et aux travaux des autres Pères sur le pongoué, tous les missionnaires parlent couramment cette langue. Aussi leur a-t-il été facile d'apprendre le français à leurs élèves, dont le nombre va toujours croissant. »

Depuis M. de Compiègne les PP. du Saint-Esprit on publié un dictionnaire pongoué-français et français-pongoué ; une bible illustrée, et plusieurs ouvrages de piété. Enfin ils ont maintenant sous presse un dictionnaire pahouin et une grammaire de la même langue.

« Les Pères ont plus de deux cents élèves, Gabonnais, Boulous, Batékés, Bakélés et Pahouins. L'immense majorité de ces élèves quitte la mission, sachant non seulement parler français, mais encore lire et écrire. Il n'est pas jusqu'à la musique qu'on ne leur enseigne avec succès. Il y a des organistes et des choristes au grand complet, et de plus un orchestre d'environ vingt-cinq musiciens munis de tous les instruments de cuivre possible, qui ferait certainement une concurrence sérieuse à beaucoup de nos orphéons de campagne.

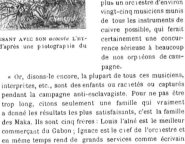

MEXIQUE. — INDIEN DE MEXICO PUISANT AVEC SON *acocota* L'HYDROMEL DU CŒUR DU MANGUEY; d'après une photographie du R. P. BOUTRY (voir page 566).

« Or, disons-le encore, la plupart de tous ces musiciens, interprètes, etc., sont des enfants ou rachetés ou capturés pendant la campagne anti-esclavagiste. Pour ne pas être trop long, citons seulement une famille qui vraiment a donné les résultats les plus satisfaisants, c'est la famille des Maka. Ils sont cinq frères : Louis l'aîné est le meilleur commerçant du Gabon ; Ignace est le chef de l'orchestre et en même temps rend de grands services comme écrivain au secrétariat de la colonie ; Charles travaille avec Ignace dans les bureaux ; Victor fait sa seconde et se destine à la prêtrise; le petit Pierre, âgé de treize ans seulement, est en sixième et donne les meilleures espérances pour l'avenir. »

Laissons maintenant Compiègne et ouvrons l'ouvrage le plus autorisé qui ait paru jusqu'ici sur la région gabonaise, celui du docteur Barret.

« A quelque distance du village Louis, à deux cilomètres de Libreville, la mission s'élève, sur une petite hauteur exposée aux brises de la mer et déploie ses dépendances sur un magnifique quadrilatère coupé dans la forêt. A mesure que les besoins s'accroissent, les plantations s'allongent à nouveau, les constructions neuves s'ajoutent aux anciennes

avec une unité de vues qui laisse prévoir, à tant d'années d'intervalle, une même pensée présidant à la régularité de l'ensemble.

« L'église en pierres bâtie avec l'obole de la Propagation de la Foi serait enviée par beaucoup de nos bourgades en France ; une grande croix de santal la surmonte, et sa cloche dont la mise en branle fut tout un événement dans le pays retentit au loin sur les villages éloignés. Le corps principal du bâtiment habité par les missionnaires, en pierres également, est entouré d'une galerie circulaire jouissant d'une vue agréable sur l'estuaire et sur la campagne. Derrière s'étendent les dortoirs et les classes, les ateliers de menui-

GABON. —VUE DE LA PLACE DE LIBREVILLE, d'après une photographie (voir page 569).

serie et de charpentage ; les chantiers pour les bois et la chaux, la forge et de vastes jardins pointés de ci de là de parcs aux bestiaux et basses-cours. Une très belle fontaine à la bretonne ne tarissant jamais, fournit amplement aux besoins des cultures et d'un nombreux personnel.

« Ouvriers apostoliques, comme ils s'intitulent eux-mêmes, qui travaillent à la fois de leur pensée et de leurs bras, cet Ordre pratique, avec l'aide de quelques frères et des apprentis qu'il a formés, met en œuvre le bois, le feu, la pierre, bâtit et défriche ; il a élevé lui-même sa mission. Il a fondé dans le pays une véritable école d'agriculture et d'industrie, laquelle, chaque année, libère un certain nombre de sujets tout formés et pourvoit à sa disette. Il prêche d'exemple,

et cet exemple ne doit pas être sans influence, en même temps qu'il est appuyé par de très beaux résultats.

« Ces apprentis, ces ouvriers, qui ont été pour les missionnaires d'un si grand secours, quels sont-ils ? Toujours les libérés, toujours les esclaves. Le fier Gabonais ne met pas souvent la main à un rabot ou à une scie. Scier. raboter, piocher, maçonner, c'est, dit-il, de l'ouvrage d'esclaves. Les esclaves délivrés par les missionnaires ont appris chez eux le travail, la culture et les métiers; aussi aujourd'hui beaucoup de Gabonais crèvent de faim et de nudité, pourrissent dans une misérable case, tandis qu'un grand nombre de leurs esclaves d'autrefois travaillent, gagnent de l'argent, habitent des maisons qui seraient enviées par beaucoup de personnes aisées en France, et sont habillés comme de véritables bourgeois.

« Les missionnaires, continue Barret, parcourant les villages éloignés pour administrer les mourants, voient toutes les misères de leurs propres yeux, s'enquièrent des besoins et avec leurs consolations procurent aux nécessiteux les secours immédiats les plus nécessaires. Les secours donnés au corps rendent plus facile ensuite le but auquel ils veulent tendre. Dans ces régions le prêtre se fait accepter, en étant d'abord médecin. L'humanité se trouve d'accord avec l'apostolat, l'une et l'autre se prêtent une aide mutuelle, et la mission recueille, année moyenne, soixante à quatre-vingts infirmes ou pauvres vieux captifs des deux sexes abandonnés dans la forêt pour y mourir. »

(A suivre).

VOYAGE AU SINAI

PAR LE
R. P. Michel JULLIEN, de la Compagnie de Jésus.

Suite (1)

XXXI

Le camp d'Israël dans la plaine d'er-Raha.

Moïse avait reçu des mains de Dieu les premières tables au sommet du djébel Mouça, et le Seigneur lui avait dit : Va, descends ; le peuple a péché. Ils se sont fondu un veau de métal et l'adorent. Moïse descendit donc, portant en ses mains les tables du témoignage. Son ministre Josué, monté avec lui sur la montagne, l'accompagnait. « Or Josué, entendant le tumulte et les cris du peuple, dit à Moïse : On entend les cris d'un combat dans le camp. — Non, lui répondit-il, ce ne sont pas des cris comme on en pousse pour s'animer au combat ou pour exciter à la fuite ; ce sont des chants que j'entends. Et s'étant approché du camp, il vit le veau et les danses ; et il fut très irrité, et il jeta les tables de ses mains et il les brisa au pied de la montagne. Et prenant le veau qu'ils avaient fait, il le brûla et le broya, jusqu'à le réduire en poudre qu'il répandit dans l'eau, et la fit boire aux enfants d'Israël (2). »

Que ce récit se place bien sur notre chemin ! Nous pouvons en suivre pas à pas tous les incidents. Des pierres roulées, des traces d'eaux courantes au fond du ouadi, nous disent qu'ils pouvait bien y avoir là un ruisseau dans les temps bibliques. Du reste, près de l'ouverture de la vallée, des eaux assez abondantes, réunies dans un réservoir par les anciens solitaires, dont on voit encore les petits jardins abandonnés et les ermitages en ruine, sont désignées par l'antique tradition comme les eaux où Moïse répandit la poussière du veau d'or. Il avait brûlé d'abord l'idole, faite probablement d'un noyau de bois recouvert de lames d'or, et ensuite broyé l'or calciné par le feu.

Au sortir de la gorge on n'aperçoit pas encore la plaine, cachée derrière des monticules de débris descendus de la

(1) Voir les *Missions Catholiques* des 7, 14, 21, 28 août, 4, 11, 18, 25 septembre, 2, 9, 16, 23, 30 octobre et 6, 13 et 20 novembre, et la carte, p 417.
(2) Ex , XXXII, 17-20.

montagne. De là, bien avant de voir la foule réunie autour de l'idole, Josué, put entendre confusément le tumulte et les cris du peuple répercutés par la haute enceinte des rochers ; des voyageurs se sont donné la satisfaction de le constater par expérience.

Enfin le sentier tourne la base du Ras-Safsâfeh, et nous arrivons sur un plateau légèrement soulevé, formant socle aux gigantesques rochers. Toute la plaine est en vue, largement étendue autour de nous, rétrécie et se perdant dans le lointain entre d'immenses murailles de granit. Nous la dominons, comme de la scène d'un théâtre on en domine le parterre ; mais ici le théâtre est fait des mains de Dieu pour deux millions de spectateurs. Nous devons être proche de l'endroit où Moïse brisa les tables.

L'idole s'élevait au milieu du plateau ; tout autour les chœurs de danse se développaient à l'aise sur cette immense scène en vue du peuple, avec toute la pompe d'un culte idolâtrique imité des fêtes égyptiennes, et Israël enivré de ses chants oubliait son Dieu.

Il faut voir les rochers nus et unis du Ras-Safsâfeh s'élançant à pic du plateau ondulé qui leur sert de base, jusqu'à une hauteur de cinq cents mètres au-dessus de la plaine, pour comprendre l'ordre donné par le Seigneur avant la promulgation des commandements :

« Tu placeras une barrière pour le peuple autour de la montagne, dit-il à Moïse, et tu diras : Gardez-vous de monter sur la montagne et de toucher ses limites. Quiconque touchera la montagne mourra de mort..., homme ou bête il ne vivra pas » (1). On pourrait presque à coup sûr désigner la place de la haie de branchages qui séparait le peuple du roc sacré.

Sur l'ordre du Seigneur les enfants d'Israël, repentants de leur idolâtrie, déposèrent leurs ornements au pied de la montagne. « Alors Moïse, levant le tabernacle (c'est-à-dire, d'après les Septante, la tente qui lui servait d'oratoire ; car le tabernacle qui devait renfermer l'arche d'alliance fut érigé plus tard), le dressa au loin hors du camp... Et lorsque Moïse allait vers ce tabernacle, tout le peuple se levait et chacun se tenait debout à l'entrée de sa tente, et ils suivaient Moïse des yeux, jusqu'à ce qu'il fût entré dans le tabernacle. Et quand Moïse était entré, la colonne de nuée descendait et s'arrêtait à la porte ; et le Seigneur parlait à Moïse » (2).

Notre guide nous montre la place de ce premier tabernacle sur une montagne qui porte encore le nom de montagne du colloque, djébel Mounadjat. Elle est à quelques minutes au delà du couvent sur le versant oriental du ouadi ed-Deir, juste dans l'axe de la plaine, en vue de tout le camp ; chacun pouvait voir le tabernacle de la porte de sa tente.

Ainsi dans la plaine d'er-Raha, comme sur la montagne du Sinaï, le voyageur retrouve la place de toutes les principales scènes qui ont accompagné la promulgation de la loi. Tous ces lieux désignés par l'antique tradition s'accordent si parfaitement avec le récit de Moïse, qu'il ne vient pas même à la pensée de chercher une autre localisation.

(1) Ex., XIX, 12, 13.
(2) Ex., XXXIII, 7, 8.

Est-il un seul fait de l'histoire ancienne dont la restitution topographique soit aussi minutieusement complète dans tous les détails ? Assurément, parmi les faits antérieurs de plus de dix siècles à l'ère chrétienne, il n'en est aucun autre. Si quelque incrédule niait que le livre de l'Exode a été écrit par un auteur contemporain et témoin des choses qu'il raconte, cette conformité si parfaite des lieux avec le récit ne suffirait-elle pas à le confondre ?

Des voyageurs ont remarqué que, dans l'atmosphère absolument sèche et généralement tranquille des monts sinaïtiques, la voix prend une portée extraordinaire, et que la plaine d'er-Raha, avec son enceinte de rochers s'élargissant en éventail autour du Ras-Safsâfeh, présente les meilleures conditions acoustiques pour que la voix, partie de la sainte montagne, s'y fasse entendre au loin. Evidemment, le Seigneur n'eut pas besoin de ces propriétés acoustiques pour faire entendre à tous sa grande voix dans la proclamation du décalogue. Mais Moïse sut probablement en profiter, se plaçant à la base des rochers pour parler au peuple. Rien cependant ne nous oblige de croire que tous entendaient sa voix. Il pouvait bien ne parler qu'aux chefs chargés de transmettre ses paroles à la foule, comme un général parle à son armée.

La plaine d'er-Raha a deux kilomètres et demi de long avec une largeur moyenne d'un kilomètre. Sa superficie plane est de deux cent cinquante-cinq hectares. En ajoutant les bords inclinés facilement accessibles, on trouve un total de trois cent quatre-vingts hectares. Tout le peuple d'Israël put s'y ranger à l'aise en vue de la sainte montagne ; les tentes et les troupeaux s'étendaient probablement au delà dans les prolongements de la plaine formés par les ouadis qui s'y rendent.

Tous les voyageurs qui sont venus au Sinaï par le Nakb-el-Hâoua parlent avec enthousiasme de leur saisissement quand, au débouché du ravin, ils virent devant eux cette magnifique plaine et au fond le Sinaï. Sainte Silvie raconte qu'à cette vue elle se mit en prière, puis elle ne se lasse pas de répéter combien la plaine vue de ce point paraît plane, grande et belle. « C'est la vallée grande et très plate, dit-elle, où demeurèrent les enfants d'Israël, quand Moïse gravit la montagne du Seigneur et y resta quarante jours et quarante nuits. C'est la vallée où fut élevé le veau d'or... C'est la vallée en tête de laquelle le Seigneur parla à Moïse dans le feu du buisson, lorsqu'il paissait les brebis de son beau-père. »

Deux fois nous nous sommes rendus à l'extrémité de la plaine pour contempler dans toute son étendue l'inimaginable théâtre de la plus imposante manifestation de Dieu au peuple d'Israël.

L'immense avenue de rochers inaccessibles, gigartesques, et au fond les trois pics majestueux d'où la loi divine fut proclamée au monde, se dessinant rougeâtres sur un ciel plein de lumière, ont quelque chose de divin qui élève et écrase à la fois ; nous ne savons rien dire de plus.

Ces vues sinaïtiques ont je ne sais quoi d'étrange, dont on ne se rend pas compte aisément, qui laisse dans l'esprit comme un vague doute sur la réalité de ce qu'on voit. Dans cet air sans poussières, sans vapeurs, d'une

parfaite transparence, les détails apparaissent de loin comme de près, rien ne fait pâlir les teintes du lointain horizon, rien n'en vaporise les contours. On dirait un paysage sans atmosphère, comme peuvent être les paysages lunaires. Aussi les vues photographiques du Sinaï n'ont-elles guère plus de profondeur que les peintures chinoises ; elles paraissent prises dans le vide ; les photographies s'en plaignent. Vainement le spectateur cherche-t-il à apprécier les distances, à distinguer les plans de fond du tableau. Il n'est pas un arbre, pas un ruisseau, pas un édifice, pas un être vivant dont la petitesse apparente accuse la distance, rien que des rochers, tous également colorés, dont la grandeur réelle est tout à fait inconnue, et que l'œil met à la distance qu'il veut.

Le djébel Mouça ne se voit d'aucun endroit du camp. Aussi les enfants d'Israël sans nouvelle de leur illustre chef, pendant son long séjour sur ce sommet sacré, disaient-ils à Aaron : Nous ne savons pas ce qu'il est arrivé à Moïse (1).

En retournant de l'extrémité de la plaine au couvent, on marche quelques centaines de pas sur un sol incliné au nord qui verse ses eaux pluviales dans le Nacb el-Hâoua ; mais la plus grande partie de la vallée verse au sud dans le ouadi ech-Cheic. Le sol est en partie couvert d'une maigre végétation de montagne. On y rencontre des terres noires contenant de l'antimoine et, sur le bord, un puits d'une assez bonne eau.

Dans la partie de la plaine la plus basse, à l'entrée du ouadi ed-Deir, s'élève à une vingtaine de mètres, un monticule formé d'alluvions, sur lequel les Bédouins ont placé un nébi décoré du nom d'Hâroun, c'est-à-dire Aaron. Ce n'est cependant pas là qu'Aaron éleva le veau d'or. Il n'eût pas été en vue de la plus grande partie du camp.

XXXII

Le rocher de Moïse au ouadi Ledja.

Il nous reste à visiter les principaux ouadis des environs du Sinaï. Les enfants d'Israël, pendant leur séjour d'au moins une année dans le camp d'er-Raha (2), durent fréquenter ces vallées. L'eau, le bois, l'ombre et les pâturages les y attiraient. Les saints anachorètes des premiers siècles du christianisme les ont illustrées par l'éclat de leurs vertus et plusieurs les ont arrosées de leur sang.

Du couvent au ouadi Ledja le sentier passe devant le front septentrional de la sainte montagne, divisé en deux parties inégales par le petit ouadi ech-Chreich, et tournant au midi, entre aussitôt dans la vallée. On a devant le Sinaï, à droite le mont Rabbeh. Des ruines et trois ou quatre petits jardins d'anciens solitaires se voient sur les dernières pentes des montagnes. Le plus vaste se nomme el-Bostan, le jardin. La ruine située au pied du mont Rabbeh, plus importante que les autres, appelée le couvent des apôtres Pierre et Paul, marque probablement la place de l'ancien monastère de Bethrambé ou Bethrabbé, c'est-à-dire la maison de Rabbé, monastère plusieurs fois cité dans les chroniques des anciens solitaires du Sinaï et illustré par de

(1) Ex., XXXII, 1.
(2). Nomb., I, 1.

nombreux martyrs. Le couvent avait encore des moines en 1558-61 (1).

Au-dessus des jardins on trouve un petit courant d'eau dans le fond de la vallée et une belle fontaine, la fontaine de l'Ermite, maçonnée sous un rocher dans le lit du ruisseau.

. .

Enfin voici le fameux rocher de Moïse, Hadjar Mouça, que les moines tiennent pour le rocher miraculeux de Raphidim et entourent de leur vénération. F. Euthymios nous le montre avec enthousiasme au bord du chemin.

Le rocher est beau et singulier, un bloc de granit rouge, entièrement isolé, haut de trois mètres soixante et mesurant près de cent mètres cubes. La face occidentale tournée vers le sentier est partagée de bas en haut en parties égales par une veine de porphyre gris et vert, large de quarante centimètres. Douze sillons naturels semblables à des ébauches de bouches humaines traversent la veine à différentes hauteurs. Il en sortit, dit-on, douze fontaines, une pour chaque tribu d'Israël, quand Moïse frappa la pierre de sa verge.

Seuls quelques voyageurs modernes se sont permis de graver leur nom sur ce rocher (2). Les pèlerins d'autrefois l'ont respecté; ils ont marqué leur vénération sur les rochers d'alentour en une quinzaine d'inscriptions sinaïtiques ou grecques, mêlées de croix, et les religieux de Sainte-Catherine y ont martelé le monogramme du couvent.

Si ce rocher est bien celui de Raphidim, comment se fait-il qu'il se trouve aujourd'hui si loin de ce lieu ? A cette question les moines nous répondent : « Le rocher accompagna longtemps les enfants d'Israël dans le désert, pour leur fournir l'eau dont ils avaient journellement besoin. Quand il eut terminé sa mission divine, il vint se fixer au pied du Sinaï. N'avez-vous pas lu cela dans saint Paul : *Et omnes eumdem potum spiritalem biberunt; bibebant autem de spiritali, consequente eos petra : petra autem erat Christus* (3). Ils buvaient tous de la même eau divine, car ils étaient miraculeusement désaltérés, la pierre les accompagnant, et cette pierre était le (type du) Christ. « C'est, du reste, ajoutent-ils, une tradition mosaïque, consignée dans les livres des rabbins antérieurs au christianisme, que le rocher d'où jaillirent les eaux à Raphidim accompagna les Hébreux dans leur voyage à travers le désert, du moins jusqu'à Cadès, où Dieu pour la seconde fois fit couler des eaux d'un rocher aride (4). »

Avouons cette réponse des moines, donnée avec la plus complète assurance, nous fit un instant l'agréable effet du mirage, comme si elle enlevait d'un coup la grave difficulté dont nous étions préoccupés depuis longtemps : Comment deux millions d'hommes et leurs troupeaux, si Dieu ne leur donna que deux fois les eaux miraculeuses, ont-ils pu s'abreuver quarante ans dans ces déserts où nous avons tant de peine à nous procurer une eau nécessaire, le plus

(1). *Pèlerinage du marchand Basile Posniakov* dans les *Itinéraires russes* publiés par la Société de l'Orient Latin p. 285; Genève 1889.
(2). Le nom de J.-B. Vincent de Besançon, écrit avec luxe au marteau, à la manière des inscriptions sinaïtiques, frappe surtout les regards.
(3). I. Cor., X, 4.
(4). Nomb., XX, 10 et suiv.

souvent saumâtre? Au lieu de diminuer les miracles de l'Exode, comme le désirent les rationalistes, ne faut-il pas les multiplier, les agrandir ? Moïse, du reste, n'affirme point qu'il les ait tous racontés.

Mais le mirage s'évanouit quand le voyageur change de point de vue. L'interprétation du texte de saint Paul donnée par les moines ne se trouve pas dans les saints Pères, ni dans la tradition ecclésiastique. L'admettre serait une témérité à laquelle nous ne pouvons pas souscrire. Au reste, cette interprétation n'est pas nouvelle. Cornelius à Lapide la discute à fond, et conclut avec les saints Pères que la pierre spirituelle où tous buvaient, n'est point le rocher matériel, figure du Christ, mais le Christ lui-même, qui, en vertu de sa divinité, accompagnait les enfants d'Israël, dans la nuée miraculeuse, se manifestait sur la montagne du Sinaï et dans le tabernacle.

Saint Paul, probablement instruit de la tradition judaïque relative au rocher, avait ici une excellente occasion de la confirmer. S'il ne l'a pas fait, n'est-ce pas une preuve qu'il n'y ajoutait aucune foi ? (1).

*
* *

Il serait, d'ailleurs, bien surprenant que Moïse, constamment préoccupé de rappeler aux enfants d'Israël le détail des bienfaits de Dieu, pour exciter leur reconnaissance et entretenir leur fidélité aux lois du Seigneur, ait passé sous silence un prodige de la bonté divine comparable à celui de la manne. Si dans ses livres, faits pour les générations futures, il a écrit : « Je vous ai conduits quarante ans dans le désert, vos vêtements ne se sont point usés sur vous, et votre chaussure ne s'est pas consumée avec le temps sous vos pas (1), » comment admettre qu'il n'y ait point consigné le miracle d'une source suivant le peuple dans tous ses errements pour l'abreuver ? C'en est donc fait avec le rocher du ouadi el-Ledja ; il n'est point la pierre miraculeuse de Raphidim. Le rocher d'où Moïse fit jaillir les eaux est resté inconnu aux générations de l'avenir.

D'ailleurs, la tradition qui s'attache au rocher du ouadi Ledja ne paraît pas remonter au-delà du moyen âge. Sainte Sylvie n'en parle pas, bien qu'elle ait passé devant le rocher en se rendant au sommet du Sinaï par le chemin du ouadi Ledja. Nous ne connaissons en faveur de cette tradition aucun document plus ancien qu'une vignette d'un manuscrit du livre de Cosmas Indicopleuste appartenant à la bibliothèque du couvent Sainte-Catherine et remontant au XIe siècle (2). Le rocher, exactement figuré tel qu'on le voit aujourd'hui, verse de l'eau par ses douze bouches en présence de Moïse, d'Aaron et d'autres personnages. Cette vignette est d'autant plus singulière en ce lieu que Cosmas rejette expressément l'interprétation du texte de saint Paul sur laquelle s'appuie la tradition du rocher.

*
* *

La difficulté de la boisson des Hébreux et de leurs troupeaux dans le désert reste donc tout entière. Elle est grave, car il s'agit de deux millions d'hommes qui, s'ils étaient répartis sur toute la péninsule, lui donneraient à eux seuls

(1) Voir le commentaire des Epîtres de saint Paul, par l'abbé Drach dans la Bible de Lethielleux ; Paris.
(2) Deut., XXIX, 5.

une population moyenne supérieure à celle de plusieurs Etats de l'Europe, soixante-sept habitants par kilomètre carré. Le Seigneur a miraculeusement pourvu son peuple de nourriture quotidienne dans le désert, de chaussure sur les rochers tranchants, de vêtements contre les froidures de l'hiver et des nuits, de guide dans ces solitudes peu connues. Comment lui a-t-il donné chaque jour l'eau si rare aujourd'hui dans ces arides montagnes et ces sables désolés ? — Moïse ne le dit pas.

On sait l'influence de la végétation et surtout des forêts sur la quantité annuelle de la pluie. Nul doute que, depuis les temps de l'Exode, la dénudation progressive des montagnes par les pluies d'orage qui entraînent les terres dans les vallées et dans la mer, le déboisement du sol activé par les grandes exploitations minières de Sarbout el-Khadim, le rétrécissement des cultures dans les contrées voisines, la vallée du Nil et la Palestine méridionale, n'aient diminué considérablement les pluies et par conséquent les sources dans la péninsule sinaïtique et dans le désert qui la sépare de la Terre promise.

On ne s'étonnera donc pas que les Amalécites, les Madianites aient vécu dans ces contrées plus nombreux que les Bédouins d'aujourd'hui, que des restes d'anciennes habitations s'y rencontrent en des lieux où l'eau manque complètement, que Jéthro ait envoyé ses troupeaux paître dans des vallées où l'on ne rencontre qu'une misérable végétation. N'est-il pas en Orient bien d'autres contrées où les eaux seraient aujourd'hui très insuffisantes pour une population aussi dense que celle d'autrefois ?

Mais que deux millions d'hommes et leurs troupeaux, massés en un même lieu, aient trouvé durant quarante ans les quatre mille mètres cubes d'eau dont ils avaient besoin chaque jour, en un pays où la moyenne annuelle de la pluie est vingt fois plus faible qu'en France, assurément de plus vastes forêts, des cultures plus multipliées, une végétation plus abondante ne suffisent pas à l'expliquer. Les savants de l'expédition anglaise l'ont senti : E. S. Palmer, après avoir énuméré les causes naturelles de la diminution des pluies dans la péninsule depuis le temps de l'Exode, termine par ces mots : « Si ces considérations ne résolvent pas toute la difficulté, du moins elles en diminuent la force. »

Pour nous, il n'est qu'une explication suffisante : Dieu, qui a posé des lois aux phénomènes de la nature et tient encore dans sa main les mille circonstances desquelles ils dépendent, a pu disposer les agents naturels de la pluie et de la rosée pour donner à son peuple, sans miracle évident, l'eau qui lui était nécessaire durant les quarante années de son pèlerinage. Moïse ne nous dit-il pas deux fois que la rosée tombait la nuit autour du camp, avant que la manne couvrît la terre (1) ? Et David ne fait-il pas allusion à cette providence spéciale de Dieu dans le psaume LXVII : « Quand tu traversais le désert, la terre s'est émue, et les cieux ont distillé la pluie à la face de Dieu, du Dieu du Sinar, du Dieu d'Israël. Vous faites tomber, Seigneur, avec une très grande libéralité les eaux du ciel sur votre héritage (2). »

(A suivre).

(1) Ex., XVI, 14. — Nomb., XI, 9.
(2) 8, 9, 10.

AU DAHOMEY

Relation du deuxième voyage fait, en 1850, dans le royaume du Dahomey, par M. Blanchely aîné, en compagnie de M. Esprit Cases, nouvel agent de la Factorerie française Régis aîné, de Whydah.

(Suite 1)

Le 16, dans l'après-midi, nous sommes allés à la porte du palais. Le roi était occupé à danser. Nous avons fait savoir au Méou qu'il fallait absolument que nous partions pour des affaires très importantes, qui exigeaient notre présence à Whydah.

Le 17, dans la matinée, nous avons vu le Méou et le Yévogan. Ils nous ont déclaré qu'ils ne pouvaient pas accéder à notre désir et que nous aurions à payer l'ancrage des navires comme les autres Européens.

Voulant prendre congé du roi et lui faire signer la lettre pour le chef de l'État, nous sommes rendus au palais. Il nous fit dire qu'il nous verrait le soir, à la porte.

Un de ses moces lui a remis notre lettre sur laquelle il a fait une croix. Nous avons de nouveau insisté pour obtenir notre départ. Le roi nous l'a enfin accordé.

Le 18, dans la matinée, le Méou nous a expédiés, selon leur manière de parler. Nous avions préparé nos bagages et nous allions nous mettre en route lorsque le Méou nous a fait prévenir que le roi allait donner une fête et qu'il serait bien aise que nous y assistions. J'engageai M. Cases à différer notre départ. Avec ces gens là il convient de se prêter à bien des exigences et de ne rien brusquer. C'est de bonne politique, l'expérience l'a toujours montré.

Nous nous rendîmes donc, vers 10 heures du matin, sur la place principale du palais d'Ahomé. Nous y trouvâmes toutes les troupes masculines et féminines, rangées en bataille. Un grand pavillon avait été construit au centre de la place pour servir d'abri au roi pendant qu'il distribuerait des cadeaux à son peuple. Sur cette estrade, assez spacieuse d'ailleurs, se trouvait un navire de quatre à cinq tonneaux, mâté en goélette. Il était là pour faire comprendre au peuple que, lorsque le roi n'avait plus assez de marchandises, il lui en arrivait des vaisseaux européens.

A midi environ, le roi sortit du palais, précédé de six cents femmes, portant chacune sur la tête un plat contenant trois cauris, cent femmes, portant un cauris, seize femmes portant dix cauris, cent femmes portant chacune quatre petites pièces de tissus fantaisie, vingt autres, quatre petites pièces de madopolam, quinze enfin portant divers autres objets, et six captifs enchaînés et baillonnés, qui devaient être jetés au peuple et être mis en pièces.

Il est d'usage, au Dahomey, à l'époque des « Coutumes annuelles » célébrées par le roi en l'honneur de ses ancêtres défunts, de distribuer au peuple des cadeaux que celui-ci se partage à attrape qui peut. Guézo, à cette occasion, dépense environ huit mille piastres de cauris.

Lors des funérailles du chacha de Whydah, le roi fit distribuer au moins deux mille piastres et à la même époque Domingo Martinez, de Porto-Novo, fit distribuer lui seul environ quatre mille piastres.

Quant aux hommes et aux femmes qui sont destinés à être jetés à la foule, il est horrible d'y penser. Ils sont tous attaciés dans des paniers qui servent au transport des pots d'huile de palme. Le peuple se les arracie, les dépèce et ciacun se fait gloire d'en avoir un morceau. La fête finie, les restes des victimes sont abandonnés aux vautours.

Les cadeaux du roi à son peuple sont bien peu de ciose. Aux principaux ciefs, il donnera une ou deux négresses, un ou deux pagnes du pays et quelques piastres de cauris. Les autres dépenses royales sont considérables, mais elles sont loin de dépasser ses revenus. Au moment des coutumes, tous les sujets ricies ou pauvres lui font des présents en cauris ; Queinum entre autres à Wiydai lui offre jusqu'à trois mille cinq cents piastres par an et fournit trois cents hommes équipés et armés pour le temps de guerre.

Ayant manifesté au roi le besoin de partir au plus tôt pour Wiydai, il nous fit appeler et nous dit que, puisque nous ne serions pas là lorsqu'il aurait fini la distribution des cadeaux à son peuplé, il nous faisait présent d'un pagne du pays et de quelques piastres de cauris que nous distribuâmes à nos hamacaires.

A 2 ieures 30, ce même jour, nous nous mimes en route pour Wydah. Arrivés à Agrimé à 6 ieures du soir, nous y passâmes la nuit.

Le 19, au jour, nous quittions Agrimé à pied, parce que nos hamacaires n'avaient pas voulu suivre nos ordres, et à 6 ieures du soir nous arrivions à Alada.

Le 20 à minuit, nous nous sommes remis en route et nous sommes arrivée à Whydah le même jour à 9 ieures du matin.

FIN DU DEUXIÈME VOYAGE

NÉCROLOGIE

MGR PINCHON

Des Missions Étrangères de Paris, évêque titulaire de Polémonium, vicaire apostolique du Su-tchuen septentrional.

Un télégramme a apporté dernièrement au séminaire de la rue du Bac la nouvelle de la mort de ce vénérable prélat. Mgr Pincion était né dans le diocèse de Limoges, le 7 janvier 1814 ; il était parti en 1846 pour la Ciine, avait été élevé à l'épiscopat en qualité de coadjuteur de Mgr Perrocheau le 23 avril 1858 ; et par la mort de ce saint évêque, il était devenu au mois de mai 1861, vicaire apostolique de la grande mission de Su-tchuen septentrional.

Nous publierons prociainement une biograpiie et le portrait du regretté prélat qui gouverna depuis de si longues années un des plus importants vicariats apostoliques de l'ouest de la Ciine.

Au moment de mettre sous presse nous apprenons la mort de Mgr Jacopi, arcievêque d'Agra, décédé le 14 octobre.

DONS

Pour l'Œuvre de la Propagation de la Foi

ÉDITION FRANÇAISE.

M. l'abbé Fouccade, du diocèse de Tarbes	4 00
M. Langlois, curé à St-Martinville (Louisiane)	3
Un anonyme du diocèse de Laval	100
M. P. Collas, à Paris	5
Une jeune fille de St-Symphorien-de-Lay, diocèse de Lyon	150
Anonyme de Poitiers	10

Pour les missions les plus nécessiteuses (Hou-pé méridional).

M. l'abbé Nicolas, à Petsquen, diocèse de Vannes	10
Anonyme du diocèse de Lyon	5
Anonyme de Bordeaux, au nom des âmes du Purgatoire	50
Une enfant de Marie, diocèse de Séez	16 05
Mme Marie Jullien, diocèse de Nevers, avec demande de prières pour son père décédé	5 10

A Mgr Laouënan, pour les affamés de l'ondichéry.

Deux anonymes d'Aubigné, diocèse du Mans	20
Un enfant de St-François d'Aubigné, diocèse du Mans	3
L. D de Lyon	25

Au R. P. Darras, pour l'église de Notre-Dame de Lourdes à Cietput.

Anonyme de St-Claude avec demande de prières	20

A M. Borey, missionnaire à Tindinavam (Indes), pour les affamés.

M. R. L. A., à Marseille	50

A Mgr Puginier (Tong-king occidental).

L. D. de Lyon	50

A M. Le Gall, missionnaire à Tinh-hli, par Vini (Tong-King méridional).

Communauté de Ste-Anne à Lannion, diocèse de Saint-Brieuc	100

Pour la mission du Hou-pé méridional éprouvée par la famine.

M. l'abbé Schmitt, à Bisping, diocèse de Metz	197 15
L. D. de Lyon	25

Pour l'hôpital de Ning-Po (Tché-kiang).

L. D de Lyon	25

Pour les missions de Ciine (Hou-pé-méridional).

Anonyme d'Avranches, diocèse de Coutances	10

Pour Mgr Berlioz, évêque d'Hakodaté.

M. l'abbé G., du diocèse de Lyon	3
Une enfant de Marie, diocèse de Séez	10
Anonyme D. L. F. à Alger	10

Pour la léproserie du Japon (Tokio).

L. D. de Lyon	25

A M. Aimé Villion, missionnaire à Osaka, pour l'érection d'une croix sur le tombeau des martyrs japonais.

De C. J. de Lyon	10
De M. B. de Lyon	5

A M. Corre, à Nagasaki, pour ses catéciistes.

M. l'abbé G., du diocèse de Lyon	4 50
Deux anonymes de la Flèche, diocèse du Mans	45

Pour la mission d'Onitcha, détruite par l'incendie.

Une enfant de Marie, diocèse de Séez	10
L. D. de Lyon	25

Au R. P. Lejeune, missionnaire au Gabon, pour ses hôpitaux.

Mme Vve Nanette Ruedin, canton de Neufchatel	5
Un abonné du diocèse de Rennes, avec demande de prières spéciales	100

Pour la mission des îles Fidji.

L. D. de Lyon	25

(La suite des dons prochainement).

TH. MOREL, *Directeur-gérant.*

Lyon. — Imprimerie MOUGIN-RUSAND, rue Stella, 3.

DEUX-GUINÉES. — Mission de Saint-François-Xavier de l'Ogowé; d'après une photographie. (voir page 581)

CORRESPONDANCE

TONG-KING OCCIDENTAL

La mission de Cua-Bang.

Nous insérons avec empressement la lettre suivante. Elle a pour but de recommander à la pieuse sollicitude des fidèles une mission du Tong-King illustrée par le séjour qu'y fit, il y a trois siècles et demi, le patron de notre Œuvre, l'admirable saint dont nous célébrions hier la fête.

Lettre de M. Robert, de la Société des Missions Etrangères de Paris, missionnaire apostolique au Tong-King occidental, a M. le Supérieur du séminaire des Missions Etrangères.

Cuà Bang, 1er septembre, 1891.

Comme le loup, qui, pressé par la faim, sort de sa forêt pour chercher sa nourriture, je viens, moi aussi, glaner en faveur d'une œuvre commencée et dont je viens d'hériter avant son achèvement.

Mgr Puginier a jugé bon de me donner le district de

Thanh-hoa, où mon prédécesseur, le P. Idiart, avait entrepris plusieurs œuvres bien dignes d'intérêt.

Parmi les six paroisses dont se compose le district, il en est une, celle de Cuà-Bang, qui mérite une attention particulière. Cuà-Bang est, en effet, le berceau de la prédication du saint Evangile au Tong-King et, d'après une tradition des plus respectables, saint François Xavier lui-même, abordant à Cuà-Bang dans son premier voyage au Japon, y aurait accompli un miracle.

Le P. A. de Rhodes y a fait ses premières conversions et c'est de là, comme d'une source vivifiante, que la Bonne Nouvelle s'est répandue dans le Tong-King.

Pressé par toutes ces considérations, et désolé de voir dans la première chrétienté du Tong-King une misérable chaumière servir de chapelle, le P. Idiart avait conçu le dessein de construire à Cuà-Bang une église digne de l'origine antique de cette mission.

Nous avons ici une population de deux mille âmes, et, avec les chrétientés excentriques, le chiffre total de la paroisse s'élève à trois mille cinq cents. Les ressources trouvées sur place et les aumônes recueillies en France par le P. Idiart montent à une somme de cinq mille francs ou à peu près. Une partie des matériaux a été achetée, et, d'après mes calculs, il me faudrait encore une somme de huit à dix mille francs.

Je suis dans la nécessité de commencer les travaux sous peu, car je ne puis laisser les matériaux se détériorer en pure perte. Aussi bien vais-je me confier à la divine Providence et aller de l'avant.

A l'exception des églises de Hanói et de Késo, les deux résidences épiscopales, nous n'avons pas encore au Tong-King d'église paroissiale digne de ce nom. N'est-il pas juste alors de commencer par la plus ancienne de nos paroisses, celle qui est comme la mère de toutes les autres ?

.

Je ne vous cacherai pas que j'ai une grande confiance en la Providence, et j'imagine que saint François Xavier ne peut manquer de bénir pareille entreprise.

En passant par Cuà-Bang, il a dû prier sur cette terre où il abordait par un dessein caché de Dieu à la suite d'une tempête, afin que, par le mérite et la prière du grand apôtre des Indes, le Tong-King fût vivifié.

On raconte d'ailleurs à Cuà-Bang une pieuse légende qui s'est perpétuée d'âge en âge, mais je n'oserais cependant garantir l'authenticité du fait. Le saint, rejeté sur la plage par la tempête, ayant laissé tomber un jour son crucifix à la mer, se mit en prières et quelques instants après, un crabe sortit des eaux, tenant le crucifix et le déposa aux pieds du saint.

Saint François Xavier, pour l'en récompenser, le prit dans ses mains, le bénit et avec le pouce traça sur la coquille un signe de croix. Depuis ce temps-là, on trouve à Cuà-Bang une espèce de crabe qui porte sur sa coque rouge une croix blanche très nettement dessinée.

.

Je me réjouis déjà à la pensée de la future église qui va dominer la belle plage de Cuà-Bang. De la haute mer, du plus loin qu'ils l'apercevront, les navires qui passent à quelques kilomètres, sauront que c'est là le point où commença au Tong-King la prédication de l'Évangile.

COTE DES ESCLAVES (Afrique occidentale).

L'article suivant de l'*Ywe Irohin Eko*, journal protestant de Lagos, montre dans quels sentiments de respectueuse sympathie a été accueillie, même par nos frères séparés, la nouvelle de la promotion à l'épiscopat de Mgr Clausse. Nous sommes heureux de le reproduire comme un hommage impartial rendu à l'éminent missionnaire et comme une éloquente introduction au récit que nous publions plus loin.

«Le Pape de Rome a constitué le Yoruba en vicariat apostolique ; le sacre du nouvel évêque a eu lieu le 12 juillet et

son arrivée ne se fera pas attendre. Le palais épiscopal est en voie d'érection sur le terrain de la mission catholique et les missionnaires de la résidence attendent impatiemment leur chef.

« Le T.Révérend, maintenant Mgr Clausse, est originaire de Lyon en France ; il appartient à une respectable et pieuse famille, il a atteint sa quarante-quatrième année, et il a travaillé pendant vingt ans dans la mission du Yoruba ; durant ce temps il visita deux fois son pays. Depuis plusieurs années il est à la tête de la mission et ses progrès visibles se sont opérés sous sa direction. Dans ces derniers temps particulièrement son activité a eu pour résultats : la construction d'une belle église ; une maison convenable pour les missionnaires, avec des bâtiments attenants pour école de garçons ; de plus un grand couvent de religieuses et une magnifique école de filles ; une large extension de la mission dans l'intérieur, comprenant plusieurs territoires d'Abeokuta, d'Oyo, de Porto-Novo, de Badagri, etc., enfin un grand nombre de convertis et de néophytes, et une affluence de plus en plus prononcée dans les écoles.

« Avec des moyens bien adaptés, le travail de la mission est plus ou moins conduit selon la manière de voir des indigènes, car l'Église catholique se rappelle les conquêtes qu'elle a faites autrefois en Afrique et elle est résolue à reprendre tout ce qui a été perdu. Elle emploie l'idiome du pays, et les nouvelles générations reçoivent l'enseignement de ses croyances dans leur langue maternelle. Pour les besoins locaux, les fidèles de l'endroit sont mis à contribution, et on s'efforce de faire entrer les convertis dans cette manière de voir au sujet de la mission.

« Malheureusement pour l'Église catholique, elle n'a pas encore réussi à engager dans la voie de son ministère aucun des jeunes gens noirs; la difficulté principale, c'est l'obligation du célibat imposé au prêtre catholique.

« C'est un sujet de regret que, tandis que les efforts de l'Église anglicane pour constituer un évêché indigène dans le Yoruba ont échoué, au contraire l'Église de Rome réussit à y ériger un évêché et à mettre à sa tête un étranger.

« Nés et élevés dans le protestantisme, nous avouons nos nombreux préjugés envers l'Église catholique ; mais nous ne pouvons nous empêcher d'admirer sa politique, son esprit entreprenant, son zèle, son intelligence, sa science, l'esprit de sacrifice de ses missionnaires, son activité invincible , sa persévérance , enfin son principe de ne méconnaître aucun homme, à quelque race qu'il appartienne.

« Tandis que, d'après la constitution de l'Église de Rome, un Africain peut aspirer même à la Papauté, il n'a à peu près aucune chance de devenir jamais archevêque anglican de Cantorbery.

« Dans le cours de ce siècle, l'Église de Rome a mis un frein à l'intolérance religieuse engendrée par la Réforme en Angleterre, et elle a fait triompher son esprit dans la libre Amérique.

« Une organisation religieuse qui a exercé une influence incontestable sur l'humanité dans les deux mondes, mérite notre attention. Les destinées des colonies anglaises ont été confiées de temps à autre à des gouverneurs, administrateurs, officiers, en communion avec l'Église de Rome;

plusieurs de ces fonctionnaires ont laissé de profonds souvenirs ; ainsi les Hennessy et les Moloneys étaient catholiques.

« Nous regardons l'action présente de l'Église de Rome comme un stimulant et une invite aux corporations protestantes à travailler de toutes leurs forces dans cette colonie et dans ce pays. Nous croyons à l'utilité d'Églises africaines indépendantes, d'Églises desservies par les Africains et gouvernées par eux, d'Églises libres des liens et des entraves imposées par l'Europe ou l'Amérique, et nous avons une pleine confiance que la création de pareilles Églises résoudrait le problème de l'évangélisation africaine.

« A part donc le point de vue religieux, cette nouveauté d'un évêque catholique est intéressante, et nous félicitons la mission catholique de ce que le Vatican a reconnu ses travaux. Nous félicitons surtout Mgr Chausse de son élévation à l'épiscopat.»

Réception à Lagos de Mgr Chausse.

Voici maintenant, empruntés à une lettre d'un missionnaire de Lagos, d'intéressants détails sur l'arrivée dans cette ville du premier vicaire apostolique de la Côte de Bénin.

LETTRE DU R. P. V. GALLAND AU T. R. P. PLANQUE, SUPÉRIEUR
GÉNÉRAL DES MISSIONS AFRICAINES.

Lagos, le 20 octobre 1891.

Notre bien-aimé vicaire apostolique a mis fin à notre longue attente. Il est arrivé le 15 octobre. Catholiques, protestants, mahométans, païens même ont témoigné ce jour-là l'amour et la vénération qu'ils ont pour Sa Grandeur. Quelques jours avant avait eu lieu l'arrivée du nouveau gouverneur de la colonie de Lagos. S'il y avait eu alors plus de coups de canon, il y avait eu aussi beaucoup moins d'enthousiasme. La foule qui se pressait sur la *Marina* et les rues aboutissantes en étaient littéralement noires. Aussi quand Monseigneur, debout sur la passerelle du steamer, en habit violet, a échangé des salutations avec les personnes qui avaient l'honneur d'être le plus rapprochées de lui, une immense acclamation s'est élevée du milieu de la foule et des hourras enthousiastes ont envoyé aux quatre vents du ciel un magnifique témoignage d'estime et d'allégresse. Alors tout le monde se précipite au devant de Monseigneur ; chacun veut le voir, le toucher, lui adresser une parole de bienvenue. Enfin on arrive à l'église dix fois trop petite et le prélat donne un salut solennel. Après la bénédiction, Monseigneur se dérobe à grand'peine à la multitude qui veut le suivre partout.

。 。

Le dimanche 18 octobre nous avons eu la première messe pontificale qui ait été célébrée ici depuis le commencement du monde.

Nous avions reçu des confrères de Porto-Novo, d'Abéokouta et de Tocpo, ce qui faisait autour de Monseigneur une couronne de dix prêtres. Inutile de dire que les assistants étaient émerveillés de la pompe des cérémonies, et que l'église était remplie longtemps à l'avance.

Dans l'après-midi il y eut une réunion pour la lecture des différentes adresses présentées au prélat au nom du clergé, au nom de tous les catholiques, au nom des élèves français, au nom des enfants de Marie ; l'une était en anglais, une autre en yoruba, la troisième en français. Monseigneur, très ému, a répondu en portugais dans les termes les plus affectueux. Tous les anciens Brésiliens étaient suspendus à ses lèvres, écoutant la parole paternelle de leur bien-aimé pasteur. On se rappelait le temps peu éloigné où Lagos n'avait pas de missionnaires, où l'on recevait les rares visites des Pères de Porto-Novo qui venaient ici baptiser les enfants et donner la communion pascale. On se réjouissait du chemin que la mission avait parcouru depuis lors, du nombre toujours croissant des catholiques ; on se félicitait mutuellement pour la nouvelle dignité que le Saint-Siège venait de conférer au « bon Père Chausse ».

Après la lecture de la seconde adresse, une bourse de 73 livres sterling (1,800 fr.) fut présentée à Monseigneur. L'idée première de cette offrande appartient à M. le juge Richards : les catholiques seuls pouvaient y contribuer, sans cela on aurait facilement triplé la somme. Si l'on considère que les catholiques sont pauvres pour la plupart, que le gros commerce est entre les mains des protestants, on verra que nos chrétiens ont fait preuve d'une générosité peu commune : hommes, femmes, enfants, tout le monde a voulu donner sa pièce de monnaie. Que le bon Dieu leur en tienne compte !

La population de Lagos tout entière conservera longtemps le souvenir de l'arrivée du premier vicaire apostolique de Bénin. Puisse cet événement centupler le nombre des enfants de Dieu à la Côte des Esclaves !

Nous recommandons aux prières et aux suffrages des missionnaires et de nos lecteurs l'âme de M. le baron Aimé DE BELLEROCHE, vice-président honoraire du Conseil central de Lyon, commandeur de l'Ordre pontifical de Saint-Grégoire-le-Grand, rappelé à Dieu le 30 novembre, dans sa quatre-vingt-neuvième année.

M. de Belleroche faisait partie du Conseil central depuis le 20 décembre 1854; il en était par conséquent le plus ancien membre. Le 1er juillet 1859, il fut nommé vice-président et remplit ces hautes fonctions pendant trente ans. Si, depuis quelques années, le vénéré défunt n'assistait plus aux séances du Conseil, il était resté attaché par le cœur à la grande Œuvre, à la prospérité de laquelle il s'intéressait vivement.

NOUVELLES DE LA PROPAGANDE

Le R. P. Théodore Dalhoff, de la Compagnie de Jésus, vient d'être nommé archevêque de Bombay.
— Mgr Louis-Nazaire Bégin, précédemment évêque de Chicoutimi, a été nommé coadjuteur (mais sans droit de succession) de S. Em. le cardinal Taschereau, archevêque de Québec.

DÉPARTS DE MISSIONNAIRES

Se sont embarqués, à Marseille, le 15 novembre 1891, pour la Birmanie septentrionale : M. Bérard Pierre, du diocèse de Grenoble, pour Pondichéry : MM. Mendiondo Arnauld, du diocèse de Bayonne, et Bonnefond Antoine, de Lyon, et Delestre Henri, du diocèse d'Angers, pour la Birmanie méridionale : M. Dutard Marie, du diocèse d'Amiens; pour Siam : M. Guignard Léon, du diocèse de Besançon ; pour Coimbatore : MM. Vieillard François-Xavier, du diocèse d'Autun, et Gaucier Jean-Marie, de Lyon; pour la Mayssour . M. Froger Louis, du diocèse d'Angers; pour Siam : M. Peyrical Augustin, du diocèse de Tulle.
Se sont embarqués, le 20 novembre, à Marseille, pour Nagazaki: M. Ferrand Claudius, du diocèse de Mende ; pour la Corée : M. Martin Léon, du diocèse d'Angers; pour le Kouang-si : M. Streicher Georges, du diocèse de Strasbourg; pour Tocio : MM. Fournier Victor, du diocèse de Laval, et Guyon Paul, du diocèse de Cambray; pour Osaka:M. Charron Isidore, du diocèse de Séez ; pour Hakodaté : M. Rispal Henri, du diocèse de Lyon; pour le Kouang-si : M. Collonge Antoine, du diocèse de Lyon; pour Malacca : M. Renard Victor-Marie, du diocèse de Rennes; pour le Kouang-tong : M. Michel Henri-Marie, du même diocèse.
S'embarqueront, le 13 décembre, à Marseille, pour la Cochinchine occidentale : M. Hay Ernest, du diocèse de Cambrai; pour le Cambodge : M. Bernard Jean-Baptiste, du diocèse du Puy; pour le Tong-King occidental : MM. Barbier Alfred, du diocèse de Paris, et Brossier Eugène, du diocèse d'Angers ; pour le Tong-King méridional : Vieu Elie, du diocèse d'Albi ; pour la Cochinchine orientale : Dubulle Gustave, de Besançon ; pour la Cochinchine septentrionale : Neyer Charles, du diocèse de Strasbourg.
Tous ces missionnaires appartiennent à la Société des Missions Étrangères de Paris.

INFORMATIONS DIVERSES

France. — M. l'abbé Hamet, directeur diocésain de notre Œuvre à Saint-Brieuc, adressait dernièrement un chaleureux appel en faveur des missions. On sait que ce diocèse de la catholique Bretagne occupe sur nos listes chaque année une place d'honneur. Mgr Fallières, évêque de Saint-Brieuc, vient de féliciter de son zèle M. le chanoine Hamet et de s'associer aux éloges mérités par les divers membres de l'Œuvre de la Propagation de la Foi. « Rien ne révèle mieux, dit-il, la vivacité de la foi en Bretagne, que ces générosités que le malheur des temps ne décourage pas, en faveur de la grande Œuvre catholique destinée à étendre la connaissance de Jésus-Christ et le règne de son Evangile. »

Bulgarie. — Le 4 octobre dernier, a été bénite très solennellement l'église de Kalaclie, près de Philippopoli. Mgr Mennini, Capucin, célébra pontificalement la messe, après avoir accompli tous les rites de l'imposante cérémonie, au milieu d'un concours nombreux de missionnaires Capucins.
Le même jour et dans la même localité, Mgr Reynaudi l'objet des plus touchantes démonstrations de vénération et d'affection, à l'occasion du cinquantième anniversaire de son apostolat chez les Bulgares. Le vénérable archevêque de Stauropoli, qui a remis à Mgr Mennini, depuis six ans à cause de son grand Age, le fardeau de l'administration du vicariat apostolique de Sofia, jouit d'une bonne santé malgré ses 84 ans et les RR. PP. Capucins espèrent le conserver longtemps encore.

Jaffna (*Ceylan*). — Mgr Mélizan, évêque de Jaffna, nous écrit de Vauni, le 25 octobre 1891 :
« Un terrible fléau vient de s'abattre sur une partie de mon diocèse. Le P. Ch. Massiet, supérieur du district de Mannar-Mantotte, m'écrit que le choléra décime ces pauvres populations et il nous reste le devoir de venir au secours des orphelins que la mort de leurs parents laisse dans le plus complet dénûment.
« Nous faisons appel à la charité de nos frères d'Europe et nous les supplions de nous aider de leurs aumônes pour pourvoir à l'entretien de ces pauvres enfants. Dieu récompensera leur bonne action en faisant prospérer leurs familles ! »
Nous publierons prochainement la lettre émouvante du R. P. Massiet.

Osaka (*Japon central*). — M. Marie, de la Société des Missions Étrangères de Paris, écrit d'Osaka :
« Depuis un an, une trentaine d'orphelins, autrefois dispersés dans les différents postes de la mission du Japon central, ont été réunis à Osaka, dans un établissement, qui porte le nom d'orphelinat Saint-Joseph. Un peu étonnés, au début, de se trouver ainsi subitement réunis, et astreints à la vie régulière d'une communauté, ils sont aujourd'hui joyeux et contents.
« L'avenir de ces enfants ne laisse pas de m'inquiéter. S'il s'agissait seulement de les conduire jusqu'à leur première communion, ce serait relativement chose facile. Mais il faut les soustraire à l'influence, fatale à cet âge, du milieu païen dans lequel ils retombent nécessairement si nous ne les gardons pas; il faut qu'ils puissent apprendre près de nous et chez nous le métier qui sera leur gagne-riz. Devenus bons ouvriers, ils pourront alors s'établir et fonder des familles chrétiennes : leur foi et leurs mœurs restées pures rayonneront autour d'eux.
« Voilà le but ! Mais, pour l'atteindre, que de soucis et de déboires ! Malgré ma courte expérience d'une année, je sais ce qu'il en coûte. Vu l'âge avancé de plusieurs de mes orphelins, j'ai dû songer à établir un premier atelier. Jugeant les circonstances favorables, et comptant sur l'assistance de saint Joseph, j'ai, de concert avec Mgr Midon, donné la préférence à un atelier de charpentiers. Après les sacrifices exigés par la construction de l'orphelinat, nous n'avions pas le premier sou. Il fut décidé que les gages du professeur seraient prélevés sur l'allocation destinée à l'orphelinat. Monseigneur et moi, nous achetâmes les

outils strictement nécessaires pour trois ouvriers, auxquels bientôt après deux autres vinrent s'adjoindre. Je n'avais guère prévu la difficulté d'un local. Nos apprentis, installés tant bien que mal dans un réduit de quatre mètres carrés, durent, au bout de quelques jours, envahir le hangar, qui protège les enfants contre la pluie, aux heures de récréation.

« Après les outils il fallut trouver de l'ouvrage. Nous étions entrés dans l'orphelinat sans un seul meuble, sauf les lits. Nous commençâmes donc par fabriquer des tables, des bancs, tout le matériel nécessaire aux classes, au réfectoire, etc. Mais il fallut bientôt quêter du travail au dehors, chez des païens. Or, pour un bon nombre d'entre eux, nous ne sommes encore que les disciples méprisés et détestés de Jésus. Je rencontrai cent difficultés.

« Un jour cependant, je rentrai joyeux auprès de mes enfants : un brave homme m'avait offert du travail à volonté. Hélas! ce ne fut là qu'une cruelle déception. Pour entreprendre l'affaire, il eût fallu trois cents piastres d'avance. J'étais bien loin d'une telle abondance.

« Je dus renoncer à cette brillante perspective. Je tournai alors mes regards d'un autre côté. Une maisonnette était nécessaire pour le portier, je la fis construire par mon chef charpentier et ses élèves. Ce n'est pas un château, mais elle s'est trouvée assez réussie pour qu'on se proposât d'entreprendre la construction non moins nécessaire d'un bâtiment destiné à servir d'abri définitif aux charpentiers et aux autres ouvriers, qui viendront, je l'espère, se grouper dans d'autres ateliers. Il y a là du travail pour longtemps ; resterait à trouver l'argent indispensable à l'achat des bois.

« Cinq de mes orphelins ont embrassé le métier de saint Joseph. Tous les autres n'ont pas la vocation de charpentiers. L'eussent-ils, la besogne ne leur suffirait pas. Et pourtant, j'ai là sept ou huit enfants arrivés à l'âge de treize ou quatorze ans, et qui attendent qu'un autre atelier soit ouvert. Sans argent, que faire pour eux? Nous vivons avec la plus stricte économie, et nos ressources suffisent à peine à maintenir ce qui existe.

« Ce serait à se décourager, si je ne savais que la divine Providence veille sur nous, et que ceux que j'appelle mes enfants sont avant tous les siens. Ah! si je pouvais faire entendre ma voix aux mères si chrétiennes de France! je leur dirais qu'avec 2,000 ou 3,000 francs je puis bâtir un abri et avec une somme à peu près égale, installer deux nouveaux métiers. Je leur dirais que tout est prêt, que dès demain nous pouvons sortir de la triste situation où nous sommes ; il ne nous manque qu'un peu d'argent.

« Il y a trois ans, en prévision des ateliers futurs, deux enfants ont été mis en apprentissage. Ils attendent depuis plusieurs mois que je les rappelle. Mais, je le répète, je n'ai pas de quoi les mettre à même de travailler. Ils n'ont rien, tous les outils sont à acheter. S'il suffisait d'une aiguille et d'une paire de ciseaux pour un tailleur, ce serait vite trouvé. De même pour un cordonnier. Mais ici, dans la dernière boutique de tailleur ou de cordonnier, chaque ouvrier possède sa machine à coudre et le reste à l'avenant. Comment rivaliser, soit pour la qualité, soit pour le prix du travail, si nous ne sommes pas outillés?

« J'ai pu me rendre compte de ce que coûte l'installation d'un atelier quand il faut le monter de toutes pièces ; je sais ce que les charpentiers m'ont coûté, bien qu'ils n'aient pas besoin d'instruments perfectionnés. Que sera-ce des tailleurs et des cordonniers? Au bas mot, il faudrait pour chaque atelier 1,500 francs.

« Pauvres missionnaires du Japon, nous tendons souvent la main au monde catholique. C'est tantôt pour nos églises, nos séminaires et nos écoles, tantôt pour multiplier le nombre de nos catéchistes. Hier, c'était pour nos lépreux ; aujourd'hui, c'est pour nos petits orphelins. Puisse la charité ne se point lasser, car, sans elle, dans cette mission si jeune où tout serait à créer à la fois, nous ne pouvons suffire à rien ! »

LA MISSION DES DEUX-GUINÉES

ET

L'ESCLAVAGE

Par un Père de la Congrégation du St-Esprit et du St-Cœur de Marie

DÉVELOPPEMENT DE LA MISSION

(Suite 1)

Ceux qui ont visité Libreville n'ont pas été sans remarquer une religieuse qu'on rencontrait à toute heure du jour dans les sentiers, sous le soleil, courant d'un pas déterminé à la conquête des malades et des âmes. Les captifs, les misérables, les abandonnés, auprès desquels elle passe la nuit dans une case isolée, sans souci d'elle-même, la connaissent bien.

Ajoutons que c'est surtout par nos hôpitaux que les missionnaires se sont acquis un grand crédit auprès des esclaves. Ceux-ci ont sans cesse des plaies à panser ou des maladies à faire soigner. Leur confiance aux remèdes européens étant sans borne, ils viennent tous les jours demander des soins. Naturellement, ils assistent aux catéchismes et instructions quotidiennes ; ils se plaignent des mauvais traitements qu'ils ont reçus chez leurs maîtres ; qu'y a-t-il de plus simple alors que de leur dire : « Vous êtes libres ; l'esclavage est aboli ; aux yeux de Dieu vous êtes autant que vos maîtres? »

Enfin, pour terminer ce paragraphe, citons encore Barret : « Sur la droite de la mission, il est un fort joli sentier bordé de manguiers. Ce sentier conduit à une belle statue de sainte Anne ; il est comme une, le long de laquelle s'éparpille une fourmilière de cases pauvres, mais propres et bien tenues. Elles sont habitées par les amis des Pères : esclaves rachetés au prix de cent à deux cents francs, femmes dont les maris polygames sont vendues sans qu'elles s'en plaignent, anciens élèves tombés dans l'indigence. Tous ceux qui viennent le demander reçoivent en présent un champ avec sa maison toute bâtie, et naturellement, le nombre en augmente chaque jour. »

Ces dernières lignes de Barret inspirent naturellement cette réflexion : Ce que l'on a fait à sainte Anne, pourquoi ne pas le faire autre part? pourquoi ne pas le faire dans tout cet immense Congo, dans l'Oubanghi, dans tous ces pays aujourd'hui conquis à la France et chez toutes les peuplades soumises à l'autorité française? Les difficultés ne sont pas plus grandes, soit dans le Congo, soit dans l'Ogowé, soit dans l'Oubanghi même, soit n'importe où, jusqu'au lac Tchad, qu'elles ne l'étaient en 1843 au Gabon. Jamais pays ne fut plus désolé par l'esclavage que le Gabon, puisque c'était par milliers que se comptaient les esclaves embarqués chaque semaine sur les négriers. Qu'a fait le gouvernement? il a défendu la traite, il l'a abolie *sans tirer un coup de fusil*. Qu'a-t-il à faire aujourd'hui? fonder des postes dans les principaux centres ; défendre la traite en même temps qu'il protège le commerce ; il l'a fait dans tout l'Ogowé et le Congo ; et dans ces deux grands fleuves

(1) Voir les n° des 6, 13, 20 et 27 novembre 1891.

le mot esclave n'existe plus ; il est remplacé par celui d'enfant. Mais il faut multiplier ces postes, et il ne faut pas que les expéditions des Crampel et des Fourneau restent sans conséquences. Des traités doivent être conclus avec les différentes peuplades. Brazza en a conclu avec les Papouins anthropophages, les Batékés cannibales ; Dolisie, avec les farouches et terribles habitants de l'Oubanghi ; il est impossible que les populations qui avoisinent le lac Tchad soient plus terribles. Ces traités conclus, les administrateurs n'ont qu'à partir ; ils seront protégés par les braves tirailleurs de la tribu des Papouins, la plupart anciens élèves et apprentis de nos différentes missions. Qu'a fait la mission de concert avec le gouvernement? Nous l'avons vu, elle a contribué beaucoup à l'extinction complète de tout commerce d'esclaves ; nous l'avons vu, elle a pleinement réussi, mais comment ? en prêchant, en fondant des écoles, des orphelinats, en recueillant et rachetant les esclaves ; ajoutons en convertissant un grand nombre de maîtres qui, s'ils n'ont pas affranchi tous leurs esclaves, les considèrent comme de véritables domestiques.

A la suite donc des explorateurs, que les missionnaires s'avancent! Ils sont loin déjà, bien loin ; ils craignent moins les fatigues et les privations que ceux-là ; ils peuvent s'en vanter, ils ont plus de patience et sont aussi courageux.

DEUX-GUINÉES. — FORÊT DE LAMBARÉNÉ; d'après une photographie (voir le texte).

MGR LE BERRE ET LES NOUVELLES FONDATIONS

Mgr Bessieux était épuisé. Depuis longtemps déjà il avait cédé le fardeau de l'administration à son vicaire général, le P. Le Berre et c'est avec ce modèle des apôtres que la mission de Sainte-Marie a tant prospéré. Mgr Bessieux rend sa belle âme à Dieu. Son successeur était tout désigné, il devait être Mgr Le Berre qui fut sacré en 1877. Du vivant de ce saint prélat nous n'aurions jamais osé publier le bien qu'il a opéré, son humilité ne l'aurait pas souffert. Aujourd'hui nous pouvons et c'est notre devoir, nous pouvons affirmer hautement que son œuvre est une des plus belles, sinon la plus belle de toute l'Afrique.

Avec ce vaillant évêque en effet, la mission du Gabon prend une extension prodigieuse. Désormais, chaque rivière et chaque fleuve placés sous sa juridiction aura sa mission, et l'influence des missionnaires, ses collaborateurs, s'étendra à plus de cinquante jours de marche dans l'intérieur, œuvre gigantesque, accomplie en moins de quinze ans.

.

C'est d'abord à Donghila, dans le Congo, chez la tribu des Fangs anthropophages et des Akellés féticheurs. On ne saurait dire combien cette mission a soigné de malades et de délaissés, combien d'enfants surtout elle a envoyés au ciel ! Les deux Pères à qui cette mission est confiée, sont loin de suffire à toute la besogne, c'est pourquoi le supérieur envoie ciaque semaine, soit par son canot, soit par les bateaux du gouvernement, les esclaves qu'il a recueillis et les délaissés, peupler les 1ôpitaux de Sainte-Marie et de Saint-Pierre de Libreville. Ils sont souvent sept, 1uit, dix.

C'est ensuite Lambaréné, belle mission située à trois cents kilomètres de la côte, sur le fleuve Ogowé. Qui ne sait que l'Ogowé était autrefois la principale route des esclaves? Le vieux roi de N'gola, petit village à l'embouciure du fleuve, en possédait de trois à cinq cents, et ciaque fois qu'un négrier mouillait devant son village, c'était toujours vingt, trente ou cinquante esclaves qui étaient vendus. On dit que ce vieux roi noir possède plus de 60,000 francs en pièces d'or. Cet or remplit un baril de poudre caché dans les environs de sa case. Ce qui est certain, c'est que très souvent les Européens l'ont vu marciander des tissus et de l'eau-de-vie et offrir pour payement des pièces d'or portugaises.

Le roi de N'gola avait des sous-traitants dans le Fernan-Vaz, les lacs Zonangué, Ajingo, jusque dans la rivière Ngougnié, aux ciutes Samba, à N'dyolé et ciez les Okandés.

DEUX-GUINÉES. — RANAKE, ROI DE LAMBARÉNÉ; d'après une piotograpiie. (voir le texte)

Brazza a remonté le fleuve, il a établi un poste à Lambaréné, un autre au cap Lopez. Auparavant un douanier avait sa demeure à N'gola. Les missionnaires ont fondé des établissements au Fernan-Vaz et à Lambaréné, et la traite ne se fait plus.

Le *Marabout*, le *Basilic*, avisos du gouvernement, ont recueilli beaucoup d'esclaves qui se sont sauvés de tous les villages, et ces esclaves ont évidemment peuplé les villages chrétiens, les écoles et les ateliers.

.*.

Une race qui a fourni le plus grand nombre d'esclaves est sans contredit la race Adouma. Que l'on demande dans les villages aux esclaves : De quel pays êtes-vous? les trois quarts du temps ils répondent : « *Moue Adouma*. Je suis un Adouma. »

Les rapides sont francis par les expéditionnaires et par les PP. Davezac et Bichet ; un poste, une mission sont fondés au cœur même de la nation, et aujourd'1ui, ce pauvre peuple ne vend plus pour un vil pagne, quelques assiettes de sel, son fils, son frère, son père, sa mère, etc. Oui, les Adoumas vendaient leurs enfants quand ceux-ci devenaient trop nombreux ou qu'ils naissaient tant soit peu difformes. Les enfants, devenus les maitres, se débarrassaient à leur tour un peu plus tard des auteurs de leurs jours.

Mgr Le Berre et les deux intrépides PP. Biciet et Davezac avaient deviné juste : une mission, une importante mission, devait être fondée là.

Mais le vicariat apostolique des Deux-Guinées s'étend jusqu'au Niger, jusqu'au Bénoué. Là encore sont des populations innombrables rachetées, comme toutes les autres, par le Sang de Notre-Seigneur. Mgr Le Berre ne considère ni la difficulté de l'entreprise ni les sacrifices pécuniaires qu'il devra faire, et il entreprend la fondation d'Onitcha sur le Niger. Cette mission grandit, prend une véritable importance. Si loin, elle devra souffrir des difficultés d'administration, aussi ce saint évêque est-il le premier à demander son érection en préfecture apostolique.

Il y a quelques mois, les Annales de la Propagation de la Foi et de la Sainte-Enfance publiaient les merveilleuses victoires remportées déjà sur l'esclavage.

.*.

Bata près de la rivière Campo est aussi un centre très important de population. Les rapports des missionnaires établis à Bénito décidèrent encore Monseigneur à fonder Bata.

Le Muny est une grande rivière dont les rives sont peuplées de nombreux villages pahouins. Un champ immense est encore ouvert là au zèle des missionnaires, et la onzième mission du vicariat apostolique est fondée à Muny.

.*.

On le voit, chaque année, une nouvelle mission, et avec ces nouveaux établissements, de nouveaux chrétiens, et la destruction de l'esclavage.

Monseigneur vient de rendre sa belle âme à Dieu au mois de juillet dernier. L'année prochaine aurait vu le Haut-Congo et les nombreuses populations des environs de N'dyolé évangélisées. Ces nouvelles fondations étaient décidées.

DEUX-GUINÉES. — La mission de Sainte-Anne au Fernan Vaz, d'après une photographie (voir page 583)

.*.

On a dit que ce saint Prélat n'allait pas assez de l'avant. Mgr Le Berre, nous l'avouons, n'aimait pas le bruit.

« On sait bien, nous disait-il, que nous sommes là, que nous avons besoin, autant et plus que les autres vicariats, puisque celui des Deux-Guinées est un des plus populeux et des plus pauvres ; on sait bien que nos missions de Lambaréné, des Adoumas et de l'intérieur exigent beaucoup de dépenses ; on sait bien que nous rachetons les pauvres esclaves, qui, après leur rachat, nous restent à charge ; peut-on nous oublier ? ».

Mgr Le Berre évidemment n'était pas dans l'erreur, on ne l'oubliait pas ; la Propagation de la Foi et la Sainte-Enfance ne l'oubliaient pas.

Ce prélat avait surtout confiance en Dieu : Nisi Dominus ædificaverit domum, in vanum laboraverunt qui ædificant eam, disait-il sans cesse. Confiance en Dieu et non en l'argent. C'est Dieu qui établit les missions et non l'argent.

Mgr Le Berre avait raison. Mais Dieu se sert aussi de l'argent pour établir ses œuvres. L'argent est le nerf de la guerre : c'est aussi le nerf des missions ; car sans argent, pas de maisons, pas d'églises, pas d'écoles, pas d'hôpitaux, pas d'orphelinats, pas de séminaires, pas de missionnaires. Les maisons et les églises ne se bâtissent pas toutes seules ; les orphelins, les malades et les séminaristes imposent pour leur entretien de lourds sacrifices, et les missionnaires ont besoin pour maintenir leur santé de n'être pas trop maltraités par les privations.

Mais Mgr Le Berre était allé de l'avant quand même et, des missions évangélisées par les Pères du Saint-Esprit, son vicariat est sans contredit le plus beau après celui du Sénégal. Chaque année de cinq à six cents païens sont régénérés dans les eaux du baptême.

(A suivre).

VOYAGE AU SINAI

PAR LE

R. P. Michel JULLIEN, de la Compagnie de Jésus.

Suite (1)

XXXIII

Deir el-Arbaïn et djébel Katherin.

En remontant la vallée, nous arrivons, en moins d'une demi-leure, à de belles plantations d'oliviers, de figuiers et d'autres arbres, au milieu desquelles se cacie le joli petit couvent des Quarante-Martyrs, Deir el-Arbaïn. Il n'a pas d'autre cuverture extérieure qu'une porte basse. Nous n'y trouvons qu'une famille de Bédouins Djébeliyeh, chargés de la culture des terres. Les religieux ont quitté le couvent depuis plus d'un siècle ; de temps à autre seulement deux ou trois moines de Sainte Catherine s'y rendent pour surveiller la propriété ou recevoir les pèlerins.

La petite église voûtée, sombre et pieuse, le minuscule cloître avec ses cellules bien propres à l'étage supérieur, les hauts cyprès, paratonnerres traditionnels des vieux couvents, et surtout le site solitaire, grandiose, plein de pieux et illustres souvenirs, en font une gracieuse miniature de monastère, à faire envie à bien des pieux contemplatifs.

Le couvent est dédié à quarante martyrs, solitaires de ces montagnes, mis à mort par les barbares au temps de Dioclétien ; peut-être l'église recouvre-t-elle leurs saintes reliques. Ammonius, venu de Palestine au mont Sinaï pour s'édifier auprès des saints anachorètes qui l'habitaient, fut témoin de ces scènes de carnage et nous en a laissé le récit.

Ces grands serviteurs de Dieu menaient dans un corps mortel une vie plus angélique qu'humaine. Ils étaient pâles d'abstinences, ne vivaient que de dattes et d'autres fruits de la contrée, s'interdisant le vin, l'huile et même le pain. Il n'y avait de pain que dans la cellule de leur supérieur pour donner aux étrangers, qu'ils recevaient toujours avec grande charité. Ils passaient toute la semaine dans leurs cellules, et s'assemblaient seulement le samedi au soir à l'église pour y faire en commun les prières de la nuit. Le dimancie au matin ils communiaient ensemble et, fortifiés par la céleste nourriture, allaient reprendre le silence et les austérités de leurs cellules.

Tandis que ces iommes de paix glorifiaient Dieu par leurs louanges et la pureté de leur vie, une troupe de Sarrasins vinrent tout d'un coup, le 28 décembre, envaiir leur solitude. Ils massacrèrent d'abord impitoyablement tous ceux qu'ils rencontrèrent dans des cellules écartées, puis ils s'approchèrent de la tour où s'étaient retirés l'abbé Dulas, Ammonius et quelques autres moines accourus des cellules les plus proches. Il eût été fort aisé à ces barbares de se rendre maîtres de la tour et de les tuer tous. Mais le Seigneur vint au secours de ses serviteurs. Il fit paraître sur la montagne une flamme prodigieuse mêlée

(1) Voir les *Missions Catholiques* des 7, 14, 21, 28 août, 4, 11, 18, 25 septembre, 2, 9, 16, 23, 30 octobre et 6, 13, 20 et 27 novembre, et la carte, p 417.

de fumée, qui s'élevait jusqu'aux nues. A cette vue, les barbares épouvantés prirent la fuite, abandonnant leurs armes et leurs chameaux.

L'abbé Dulas, Ammonius et leurs compagnons, ayant rendu grâces à Dieu de leur délivrance, se mirent à parcourir les cellules ravagées. Outre douze religieux mis à mort par les barbares dans le monastère de Bethrabbé, ils trouvèrent dans les cellules trente-nuit morts et deux blessés, Isaïe et Sabas, les seuls dont nous ayons les noms. Isaïe expira peu d'ieures après. Sabas paraissait devoir guérir de ses blessures ; mais ce parfait religieux, n'aspirant qu'à la vie immortelle, conjura Dieu de le joindre à ses frères martyrs, afin qu'il ne manquât rien au nombre mystérieux de quarante (1) ; et il expira le quatrième jour.

A cent cinquante pas du couvent, de l'autre côté du ruisseau, procie d'une retenue d'eau, se trouve l'ermitage de saint Onuphre, joli modèle de ce que pouvaient être les meilleures cellules des anciens solitaires. Un passage tortueux entre deux rociers conduit à une petite cour sur laquelle ouvrent le petit oratoire et la grotte de l'ermite ; celle-ci est large de quatre mètres, iaute seulement d'un mètre et demi et terminée par un enfoncement où la lumière ne pénètre pas.

L'anachorète saint Onuphre, dont l'Église fait la fête au 12 juin, vécut loin du Sinaï, dans les déserts au couciant du Nil ; mais il fut sans doute en ionneur dès les premiers temps parmi les solitaires de ces montagnes, car un moine qui l'avait rencontré dans ses pérégrinations au désert vint raconter sa merveilleuse iistoire aux solitaires d'Elim ; sa relation nous a été conservée (2).

* *

C'est de Déir el-Arbain qu'il convient de partir pour faire en un jour l'ascension du djébel Katierin et retourner au grand couvent. On a déjà fait deux ieures de ciemin ; il n'en reste plus que quatre pour arriver au sommet. Mais quelles ieures de fatigues effrayantes ! F. Euthymios nous propose donc de passer la nuit dans les petites cellules de Deir el-Arbaïn; il insiste même : « Pour des pèlerins comme vous, le voyage ne serait pas complet, si vous n'alliez pas voir le pic sur lequel les anges portèrent le corps de sainte Catierine. »

Le ciemin suit d'abord une gorge rocieuse, étranglée par moments. On y rencontre quelques inscriptions. A une

(1) « Que le nombre quarante nous soit sacré et se recommande par une sorte de perfection, c'est chose counue de Votre charité, et souvent attestée par les divines Écritures », dit saint Augustin (*Truct.* 17 *in Joan.*) Ce nombre, en effet, paraît spécialement consacré à la pénitence par la Volonté divine. Le Seigneur condamna Israël aux privations du désert pendant quarante ans avant de le mettre en possession de la terre promise. Il voulut qu'Élie et Moïse jeûnassent quarante jours avant de recevoir ses plus intimes communications. Dieu fait homme lui-même inaugura par un jeûne de quarante jours sa vie de miracles et de divines prédications. Pour les chrétiens d'Orient, le nombre quarante n'est pas seulement celui de la pénitence, il est le nombre parfait, il'ajoute du prix à toute chose ; aussi aiment-ils à le trouver ou à le faire venir dans tout ce qui excite leur admiration. Peut-être a-t-il une part dans la vénération toute particulière que les Églises orientales, si riches en martyrs, professent pour les quarante martyrs de Sébaste. Leur fête est chômée chez les Grecs et les Maronites.

(2). Bollandistes, T. XXIII, p 10.

ıeure et demie de marche on trouve une source de belle eau, la source des Perdrix, Bir ech-Chounnar. De là un raide sentier, marqué surtout par des tas de pierres élevés de distance en distance sur les rocıers en vue, monte sur l'arête de rocıers par laquelle seule on peut atteindre le sommet. Le coup d'œil s'annonce splendide ; mais vraiment pour entreprendre pareille ascension, il faut compter sur la reconnaissance de sainte Catıerine ; la vue ne payera jamais toute la fatigue. L'arête bordée de précipices insondables n'est pas dangereuse, mais gare au vertige pour peu qu'on y soit sujet.

Au sommet, la plate-forme a seulement quelques mètres de large et la petite cıapelle en pierres sèches de Sainte-Catıerine en occupe la moitié. Quelques inégalités du rocıer autour de la cıapelle passent pour l'empreinte du corps de la sainte qui y séjourna trois siècles.

De ce sommet, le plus élevé de toute la péninsule (2,602 m.), le panorama est complet dans toutes les directions aussi loin que porte la vue ; seul le massif du djébel Oumm-Cıômer (la mère du fenouil), fait écran au sud-ouest.

Cette montagne, d'après les mesures du *Sinaï-Surrey*, n'a que vingt-sept mètres de moins que le djébel Katherin. Au nord, le Serbal et le djébel el-Bénât se projettent sur les ıauteurs blancıâtres du désert de Tih. Au couchant s'étalent les steppes désolées d'el-Qa'a, puis le golfe de Suez et sa rive africaine. Au levant, sur un océan de pics rocıeux, brille le golfe d'Akabah et s'estompent les montagnes d'Arabie dans le plus lointain ıorizon.

XXXIV

Saint Jean Climaque

Saint Jean Climaque vint au Sinaï à l'âge de seize ans pour apprendre la perfection sous la conduite des solitaires. Son maitre fut un saint vieillard nommé Martyrius.

Après un noviciat de quatre années, il fit la profession religieuse dans le couvent ; à la mort de Martyrius, arrivée en 500, ıeuz d'embrasser la vie des anacıorètes, il se retira dans une cellule de la vallée de Tıola, au bas du Sinaï, à cinq milles de l'église. Pour s'éloigner encore davantage du commerce des ıommes, il se fit une grotte dans un rocıer du voisinage, où il s'enfermait de temps en temps et se livrait à la plus ıaute contemplation.

Vers l'an 600, notre saint fut élu, d'une voix unanime, abbé du mont Sinaï, supérieur de tous les moines et de tous les anacıorètes du pays. Peu après son élévation, une grande sécıeresse et la famine désolèrent la contrée ; par ses prières, il fit cesser le fléau.

Sur les instances du Bienıeureux Jean, abbé de Raitıe, c'est-à-dire de Tıor, il écrivit un excellent recueil des règles de la perfection cırétienne, et l'appela *Climax* ou Ecıelle. De là son nom de Climaque. Parmi les nombreux exemples de perfection qu'il mêle aux préceptes, il décrit la vie de saints pénitents au monastère de la Prison, situé à un mille au-dessus de son ermitage de Tıola.

Quelque temps avant sa mort, il se démit de sa dignité, se retira à Tıola et y mourut le 30 mars 605, à l'âge de quatre-vingts ans.

.*.

Allons visiter ces lieux. La vallée de Tıola, aujourd'ıuı ouadi et-Tla'a, est une vallée profonde à l'ouest de la plaine d'er-Raıa et du Nacb-el-Haoua. Elle descend parallèlement à ces deux vallées, dont elle n'est séparée que par une étroite cıaine de ıauts rocıers, et se jette dans le ouadı Selaf après un parcours de quinze cilomètres.

Nous franchissons la cıaine en face de l'ouverture du ouadi Ledja, dans un col étroit formé par une faille des rocıers. Les anciens solitaires y ont taillé dans le granit un escalier de marcıes à peu près réguliéres, travail considérable qui prouve l'énergie et la patience de ces ıommes de prière. Nous nous encourageons dans cette pénible montée à la pensée que saint Jean Climaque et bien d'autres saints ignorés du monde ont gravi ces marcıes, cıaque semaine, par la cıaleur et par la neige, pour se rendre à l'église du couvent.

Au sommet du col, la fente s'élargit et disparait ; les degrés se rencontrent plus que de distance en distance sur les rocıes plates et inclinées du versant. Bientôt se montre, au milieu de la verdure des arbres qui couvrent le fond de la vallée, le petit couvent des saints Côme et Damien. F. Euthymios, comme tous les Grecs, appelle ces saints, *anargyres* ou Ἀνάργυροι ce qui veut dire *sans argent.* On rapporte en effet que ces deux frères, arabes, médecins de leur profession, reçurent de l'Esprit Saint le don des guérisons miraculeuses et dès lors ne firent pas payer leurs services, se souvenant de la recommandation du Sauveur à ses apôtres : *gratis accepistis, gratis date*, ce que vous avez reçu gratuitement, donnez-le gratis (1).

Nous trouvons au pied, quelques arbres fruitiers et une plantation d'oliviers couvrant un ıectare de terrain autour du couvent. Celui-ci est inıabité, mais convenablement entretenu. Du deıors, ce n'est qu'une médiocre enceinte de ıautes murailles. A l'intérieur on voit une chapelle, quelques maisonnettes adossées à la muraille et un assez joli jardin où croissent des orangers, des abricotiers enlacés de vignes.

Ce doit être l'ancienne laure de saints ermites pénitents que notre saint et plusieurs pèlerins des siècles passés (2) appellent La Prison. Les solitaires pouvaient, sans sortir de leurs murailles, respirer l'air pur, jouir du soleil et même se distraire un peu dans le petit jardin, agréable préau de leur prison volontaire.

Le sentier qui conduit à l'ermitage de saint Jean Climaque, suit à mi-côte le versant occidental de la vallée durant une demi-ıeure. Deux magnifiques caroubiers, sur un petit plateau, à cent mètres au-dessus du fond de la vallée, marquent l'emplacement de la cellule du saint. Ils ont cıacun deux mètres de large, appartiennent l'un à un Grec de Tıor, l'autre à un Bédouin de la montagne. Une petite source coule à leur pied.

Le site est beau. De cette ıauteur les petites clôtures de verdures, s'écıelonnant par intervalles dans le bois de la vallée, au milieu des rocıers bruns, font l'effet de flaques d'eau ou d'ıerbes perdues dans une contrée couverte de

(1) Mathieu. X, 8.
(2) *Pélerinage de Basile Poniakow* (1558-1561) ; dans les *Itinéraires Russes* publiés par la Société de l'Orient Latin. Genève, 1889.

ve. Chaque petite clôture a sa source, et l'ensemble de
ses eaux forme un petit ruisseau qu'on voit briller çà et là
dans les rochers.

La grotte du saint se trouve une quarantaine de mètres
au haut, à cent ou deux cents pas de la cellule, si bien
qu'il serait difficile de la trouver sans guide. Par un
trou d'un quart de mètre carré, on entre sous une grande
roche plate et inclinée, qui paraît descendue de la mon-
gne, et on se trouve dans une chambre à peu près circulaire, large de cinq mètres, dont les parois sont en majeure
partie bâtis de pierres sèches. On y a pratiqué du côté
du nord trois fenêtres, larges seulement de vingt centimètres, et six petits enfoncements qui ont pu servir d'éta-
gères pour le petit mobilier de l'ermite. A peine peut-on
y tenir debout dans la partie où le plafond est le plus
élevé. Nous avons prié et remercié le saint solitaire de la
grotte pour les précieuses leçons qu'il nous a laissées dans
ses ouvrages.

Une demi-heure plus loin nous traversons le ruisseau
dans un petit verger d'abricotiers, où habite une pauvre
Bédouine avec ses jeunes enfants, et nous montons par un
ravin secondaire à l'extrémité de la plaine d'er-Rana.

Comme nous nous étonnions de trouver une pauvre
femme seule dans ces déserts et tant de petits vergers sans
gardiens, F. Euthymios nous dit qu'un Bédouin fait la garde
dans la vallée, moins contre les hommes que contre les
bêtes, car on n'entend jamais parler de maraudeurs ou
autres malfaiteurs, tant est sûre l'honnêteté des Bédouins
de ces montagnes.

(A suivre).

AU DAHOMEY

(Suite et fin 1)

---

*Relation du troisième voyage fait en 1850 dans le royaume
du Dahomey, par M. Blanchély aîné, agent de la Factorerie
française de Whydah.*

Le 28 septembre 1850, des affaires pressantes concernant
la factorerie, m'obligèrent de retourner à Abomé.

Je quittai Whydah ce jour-là à six heures du soir avec
un hamacaire et un domestique. J'atteignis Tolli à neuf
heures ; il pleuvait à verse et le temps était très obscur. J'y
passai la nuit.

Le 20, au matin, je me remis en route et à cinq heures du
soir, le même jour, j'étais à Abomé, logé chez le Méou.
Mon arrivée le surprit beaucoup.

La journée du premier octobre fut employée à traiter mes
affaires avec le roi. Tout fut terminé avant la nuit, à ma
grande satisfaction.

Le 2, je vis le Méou et je le priai de m'expédier aujour-
d'hui, s'il était possible. Vers les huit heures du matin, ce

ministre me fit dire que dans la journée il y aurait une
cérémonie et que, le roi étant occupé, je devais attendre pour
partir. A son invitation je me rendis à midi, sur la place
principale du palais royal ; là, je trouvai toutes les troupes
sous les armes et tous les cabécères en grande tenue.
On m'apprit qu'un sacrifice allait avoir lieu. Le Méou et le
Yévogan m'engagèrent beaucoup à le voir.

A trois heures, nous allâmes hors de la ville, sur la route
de Cana, au-delà des cases féticies. Peu de temps après
nous vîmes arriver toute la troupe mâle, accompagnée de
tous les cabécères. Ils précédaient la victime qui était gar-
rottée et bâillonnée et qu'on portait comme en triomphe.
C'était un homme d'environ soixante ans.

Arrivés à l'endroit désigné, on attacha ce malheureux
condamné à deux piquets plantés droit devant la bouche
d'un canon. On mit le feu à la pièce. Le Mingan, ministre
de la justice, s'apercevant qu'il bougeait encore, le fit placer devant la bouche d'un second canon qui lui emporta la
poitrine, puis on lui coupa la tête. Cette tête fut apportée
au Mingan et celui-ci la montra aux cabécères pour bien
constater l'identité du supplicié. Elle fut ensuite présentée
au roi dans une calebasse. Le reste du corps fut abandonné
aux vautours.

Je ferai remarquer qu'il ne me fut pas possible de ne pas
assister à ce supplice et à mon grand regret je ne pus pas
l'empêcher. J'avais proposé au roi et à ses ministres d'acheter ce pauvre noir, mais on ne voulut pas y consentir. Le
roi me fit dire que cet homme était condamné à mort
depuis longtemps, que c'était un cabécère capturé à Attac-
pamé, pendant la dernière guerre, et que sa mort était juste
puisqu'il avait tué un nombre considérable de ses sujets.

Sitôt après cette exécution, une tornade éclata et fut
accompagnée d'une grande pluie. Les soldats revinrent sur
la place du palais; on se livra à une danse effrénée malgré
la pluie. Comme je m'en étonnais, on m'en donna l'explication suivante.

Chaque fois que le roi fait quelque chose de bien, Dieu l'approuve et en donne un témoignage certain. Cette forte pluie
prouve bien que cet homme exécuté était un grand crimi-
nel et que le roi a eu raison de le faire mourir.

Mon interlocuteur ajouta :

« N'avez-vous pas remarqué hier lorsque les gongons
résonnaient et que les héros chantaient des louanges en
l'honneur du roi? Ils lui disaient : « Tu es le roi des rois, qui
« conquiers tous les pays, vends des esclaves, distribues des
« tissus, de l'eau-de-vie, des cauris à ton peuple et nourris
« tout le monde. » Le roi répondit : « Si ce que vous dites
« est vrai, le roi des cieux (Maou) le sait. » Comme, peu de
temps après, il tomba quelques gouttes de pluie, le peuple
se mit à crier : « Tu vois, ô roi, que Dieu vient de
« répondre.»

A la fin de cette cérémonie, le roi fit distribuer aux cabécères d'abord, puis aux soldats, un certain nombre de bouteilles de tafia. Remarquons que, toutes les fois que le roi
donne quelque chose au peuple, ne serait-ce presque d'aucune valeur, celui-ci le considère comme un cadeau très
précieux.

Le 3 octobre 1850, à nuit neures du matin, ayant obtenu la permission de partir, je quittai la capitale ; le même jour j'arrivai à Appac où je passai la nuit.

Le 4, au jour, je me remis en cıemin, et j'arrivai à nuit neures du soir à Wıydan ; tous mes porteurs de bagages arrivèrent en même temps que moi.

FIN DU TROISIÈME ET DERNIER VOYAGE DE M. BLANCHELY.

NÉCROLOGIE

Mgr Micıel-Ange JACOPI,
Capucin, archevêque d'Agra.

Ce prélat, qui a évangélisé durant plus de quarante années le nord de l'Inde, était né à Serraveza (Toscane), le 16 décembre 1812. Entré à l'âge de dix-nuit ans dans l'Ordre sérapıique, il reçut l'onction sacerdotale, le 5 février 1837. Trois ans après, il s'embarquait à Legıorn pour Bombay, où il débarqua au commencement du mois de janvier 1841. Ses mérites, son zèle, sa prudence attirèrent sur lui l'attention de ses supérieurs ; il ne tarda pas à être nommé provicaire apostolique du Penjab, et à la mort de Mgr Bénédict (novembre 1865), il devint supérieur et provicaire apostolique de toute la mission d'Agra. Préconisé évêque titulaire de Pentacomie le 9 février 1868, il reçut la consécration épiscopale des mains de Mgr Steins. Cette éminente dignité augmenta encore, s'il était possible, le zèle du prélat : il donna à toutes les œuvres apostoliques une impulsion énergique, multipliant les églises, les écoles, les orphelinats, etc. A l'établissement de la niérarcıie dans l'Inde, en 1886, Mgr Jacopi fut promu arcievêque. C'est le 14 octobre dernier qu'après un mois de maladie le premier arcıevêque d'Agra a rendu à Dieu sa sainte âme.

Nous avons publié en 1882 le portrait de l'éminent prélat.

DONS
Pour l'Œuvre de la Propagation de la Foi

ÉDITION FRANÇAISE.

M. J.-B. Moreau, à Etables, diocèse de St-Brieuc, ...	39 25
Au nom de Mme Auguste Frécon (*Echo de Fourvière*)...	500
Mlle P.	5
Sœur Marguerite, »	10
Une famille de St-Etienne, »	30
M. de F., de Paris....	50
M. Tuffay, du diocèse d'Évreux, avec demande de prières.....	2
Mlle Queyroulet, à New-York.....	11 70
Deux petits protestants, à New-Yorı, demande de prières....	5

Pour les missions les plus nécessiteuses (Bas-Niger, Onitcha).

Un anonyme de Port-Lesney, diocèse de St-Claude..........	5
Anonyme de Chalon-sur-Saône, diocèse d'Autun...	3

A la Sœur Sion, supérieure des Filles de la Cıarité, à Jérusalem, pour l'nôpital des incurables et Dispensaire.

M. de M., du diocèse de Grenoıle	20

Pour les Religieuses Oblates de l'Assomption, pour leur maison de Constantinople.

C. V M., du diocèse de Tournai.........	25

Aux Pères Jésuites, pour leurs missions de Syrie.

C V M., du diocèse de Tournai............................	25

Aux Pères Jésuites, pour leurs missions d'Arménie.

C. V. M., du diocèse de Tournai.........................	25

Aux Pères Lazaristes, pour leurs missions de Perse.

C. V. M., du diocèse de Tournai...	25

Aux Pères Dominicains, pour leur mission de Mossoul.

C. V. M., du diocèss de Tournai...................?.	50

Aux Pères Jésuites, pour leurs missions du Maduré.

C. V. M , du diocèse de Tournai............................	25

Aux Pères Dominicains Espagnols, pour leurs missions du Tong-Cing (Mgr Ferrès).

C. V. M., du diocese de Tournai........	25

Aux Pères Dominicains Espagnols, pour leurs missions du Fo-Cien (Cıine).

C V. M., du diocèse de Tournai..........................	25

A Mgr Christiaens (Hou-pé méridional), pour les affamés.

M. Robert de LouVencourt, diocèse d'Arras, pour une intention particulière........	2
Au nom et en souVenir de Louis Cte de Stainlein Saalenstein	300
M. Moyzant, curé de ChefVeux, diocèse de Poitiers...........	10

Au R. P. Cıarles Collin, pour l'église de St-Antoine de Padoue à Ganegama (Ceylan).

En reconnaissance de grâces obtenues par l'intercession de ce grand saint. M. O., de Paris.........................	10

Au R. P. Lemmens, mission de Siao-noor (Mongolie sud-ouest).

Anonyme de Grenoble, avec demande de prières.............	43

A M. Corre, à Kummamoto (Nagasaci).

M. James Walsh, séminariste au séminaire de Brighton (Boston).....	100
M. Tuffay, du diocèse d'Evreux, avec demande de prières.....	3

A Mgr Berlioz, évêque d'Hakodaté.

M. Moyzant, curé de ChefVeux, diocèse de Poitiers.............	10
M. de Haffrengue, du diocèse d'Arras.......	10

A la léproserie la plus nécessiteuse (Tokio).

De la part d'un malade qui se recommande aux prières des missionnaires et des lépreux, diocèse de Versailles	50

Pour la mission incendiée d'Onitcha (Bas-Niger).

Un anonyme du diocèse de Troyes, avec demande de prières...	1 50
Au nom et en souvenir de Louis Cte de Stainlein Saalenstein..	300

A Mgr Hirtı, pour la mission de l'Afrique équatoriale.

C. V. M., du diocèse de Tournai.	25

Au R. P. Lejeune (Gabon), pour la conversion des Palouins.

Anonyme de Paris...............................	5

Pour le racıat et l'entretien d'une petite fille sous les noms de Marie-Laure et d'un garçon, Marie-Léon en Afrique (Bas-Niger).

Anonyme du diocèse de Rennes, au nom de ses parents défunts	200

Pour les missions d'Afrique (au même).

Anonyme de St-Georges, Lyon.................	10

[La suite des dons prochainement].

TH. MOREL, *Directeur-gérant.*

Lyon. — Imprimerie MOUGIN-RUSAND, rue Stella. 3.

ILES CANARIES. — GRANDE CANARIE. — CATHÉDRALE ET VILLE DE LAS PALMAS, d'après une photographie envoyée par
M. l'abbé CULLIERET, aumônier de la marine (voir page 599)

CORRESPONDANCE

VICTORIA NYANZA

Progrès de la foi

La difficulté des communications nous empêche de publier souvent des nouvelles de l'intéressante et féconde mission du Victoria Nyanza. Cette lettre répondra à la légitime impatience des amis de l'apostolat.

LETTRE DE MGR HIRTH, VICAIRE APOSTOLIQUE DU VICTORIA NYANZA, A S. EM. LE CARDINAL LAVIGERIE.

Sainte Marie de Rubaga, 22 mai 1891.

Trop souvent nos lettres se ressentent des tristesses et des inquiétudes par lesquelles nous passons, pour que je ne me fasse pas un devoir de vous communiquer aussi nos consolations et nos espérances.

Ces consolations nous viennent de la part de nos chrétiens. Longtemps éprouvés par tous les malheurs et tous les fléaux, nos Bagandas ont été naturellement préparés à la pratique des vertus les plus héroïques. Sous le coup de la colère divine qui ne les a châtiés que pour

les éclairer, nos noirs du Nord du Nyanza se sont tournés en masse vers notre sainte religion. Ce mouvement, commencé surtout avec la persécution de Mwanga en 1886, s'est propagé davantage en 1888, à la suite de la révolution qui rendit, pour quelques mois, les Musulmans maîtres du pays, et qui fit tant de victimes.

Ceux qui purent sauver leur vie en ces jours terribles, où le fanatisme des fils de l'Islam s'était joint à la cruauté barbare, innée chez tous nos noirs, réussirent à se grouper dans l'Usagara, une des provinces méridionales tributaires de l'Uganda. C'est là que commença à se manifester l'esprit de prosélytisme qui caractérise aujourd'hui nos néophytes.

La politique se joignant à la religion, chacun chercha à donner de nouvelles forces au parti, qui s'accrut peu à peu de tous les mécontents jusqu'au moment où il se jugea assez fort pour entrer dans l'Uganda et rendre le pays à Mwanga. Ce prince ne put même remonter sur le trône, que parce qu'il était devenu catéchumène. La lutte entre chrétiens et musulmans dure depuis plus de deux ans ; elle a toujours été sanglante et pleine de périls pour notre sainte religion plusieurs fois menacée de disparaître par l'extermination complète du parti catholique ; elle n'est pas terminée encore, mais nous avons du moins pour l'avenir l'espoir de vivre.

Nous recueillons déjà les fruits que cette longue lutte et toutes les calamités qui l'accompagnaient ont produits. Des milliers de pauvres païens ont appris à connaître notre foi ; ils se sont jetés dans l'Église pour y trouver leur salut. Les premiers ont achevé leur instruction et leur temps d'épreuve ; l'heure du baptême est venue pour eux.

Depuis quelque temps déjà, nous baptisons tous les mois de quarante à soixante adultes, sans compter une centaine d'autres succombant à la peste et régénérés au moment de la mort. Quelques-uns ont plus de quatre ans de probation. Le choix est parfois difficile dans ce flot de trois à quatre mille hommes qui fréquentent le catéchisme de la seule mission de Rubaga ; mais nous sommes aidés par les grands chefs des différentes familles auxquelles se rattachent nos aspirants ; chaque chef connaît ses hommes et en répond.

Les derniers baptêmes devant se faire à la Pentecôte, nous avons voulu leur donner plus de solennité, pour mieux nous conformer aux anciennes traditions de l'Église. Ce jour-là, cinquante catéchumènes me furent présentés : ce ne fut pas une petite consolation de verser moi-même l'eau sainte sur le front des élus.

Je voyais représentés devant moi tous les âges et toutes les conditions, toutes les infortunes surtout : quelques adolescents de douze à quinze ans ; beaucoup de jeunes hommes dans toute la force de l'âge (c'est cette classe surtout qui est avide d'instruction) ; quelques rares nègres plus âgés, comme cette vieille Léta, dont le fils Léon, si dévoué à Mgr Livinhac, est aujourd'hui au Noviciat des Frères de la Mission, à Maison-Carrée ; la grand'mère me présentait en même temps un de ses petits-fils de cinq ans, orphelin depuis sa naissance, qu'elle avait élevé elle-même, le nourrissant, à défaut de lait, d'un peu de jus de bananes. Je voyais encore sur les rangs un jeune protestant converti.

Parmi les femmes, on distinguait surtout la sœur du roi Mwanga ; nos chrétiens étaient fiers de la présenter. Cette femme distinguée occupe, après la Namasolé, mère du roi, la plus haute dignité dans tout l'Uganda ; son baptême est un événement. D'après les mœurs du pays, elle règne avec le roi, non point qu'elle ait à se mêler des affaires politiques ; mais elle possède le quart du royaume à titre de propriété ; ses gens sont donc nombreux, et c'est ce qui la rend influente.

Catéchumène depuis les jours d'exil qui ont commencé avec la fuite des chrétiens dans l'Usagara, elle a été très assidue à nos instructions, qu'elle fréquentait presque tous les jours avec bon nombre de ses suivantes. Le temps de l'épreuve a été abrégé pour elle, parce que, le roi l'ayant fiancée au chrétien Gabriel, général en chef de l'armée, nous tenions à préparer un mariage chrétien.

Autrefois, celle de ses sœurs que le roi choisit toujours librement pour se l'associer comme co-roi, et qui a sa capitale, ses officiers et toute sa cour, ne devait point se marier ou bien, en se mariant, elle perdait sa dignité ; mais Mwanga a voulu faire en faveur de notre néophyte une exception. On voit quel progrès les mœurs chrétiennes ont fait déjà sur les coutumes les plus sacrées de notre vieux paganisme : plus de Vestales.

Au baptême, cette illustre fille de Mtésa a voulu se présenter sans distinction aucune, vêtue simplement de l'étoffe d'écorce d'arbre, costume traditionnel que les femmes gardent, même maintenant que l'étoffe devient plus commune. Elle répondit au nom de Sara, qu'elle a demandé elle-même. Ah ! puisse-t-elle engendrer à notre jeune Église une postérité de fidèles croyants, aussi nombreux que la postérité de la Sara ancienne !

J'ai pu les admettre tous sans défiance, car leur bonne volonté a été suffisamment éprouvée par l'exil, par la perte de tous leurs biens, comme aussi par les dangers du martyre.

Ils se présentaient d'ailleurs sans hésitation, malgré le préjugé : « le baptême fait mourir », que le démon jaloux sème depuis quelque temps parmi nos infidèles, beaucoup d'entre eux mourant en effet de la peste, quelques instants seulement après avoir été régénérés.

La cérémonie du Baptême, suivie de la Confirmation et de la réception de la sainte Eucharistie, fut rehaussée par la présence de la plupart de nos chrétiens de la capitale. La Providence nous avait ramené, la veille même, des frontières de l'Unyoro, toute notre armée, victorieuse pour la troisième fois des Musulmans.

C'est le seul éclat extérieur, qui se soit ajouté à cette fête.

Nous sommes, en effet, environnés de trop de dangers encore, et nous touchons de trop près aux jours de la persécution, pour que nous ayons pu songer à déployer d'autres pompes. Il y a quelques jours à peine, l'armée des musulmans était presque à la porte de la capitale, et nous pouvions voir, du haut de notre colline de Rubaga, le feu des huttes qu'ils incendiaient à trois lieues seulement de la Mission. Tous nos effets, non indispensables pour le moment, avaient donc été mis en sécurité dans une des îles du Nyanza. Pour la fête, le Pontife n'apparaissait qu'avec de pauvres ornements, et la grande hutte que nous avons décorée du nom de cathédrale, laissait paraître comme toujours les roseaux nus de ses pauvres murs et le chaume de son toit. Mais, par contre, tous les cœurs priaient et étaient dans l'allégresse ; il n'en fallait pas plus pour récompenser le missionnaire et honorer surtout la divine Majesté.

Cette touchante cérémonie, coïncidant avec un nouveau triomphe sur les Musulmans, semble de bon augure à tous nos néophytes, qui ont trouvé en ce jour que Notre-Seigneur et sa divine Mère récompensaient singulièrement leur foi. Depuis le commencement de ce mois de mai, ils s'étaient mis à prier Marie pour qu'elle écrasât encore une fois l'islamisme ; ils ont été exaucés et ils achèveront le mois en rendant à la divine Mère leurs dignes actions de grâces.

Depuis quelques mois, plusieurs officiers anglais sont arrivés au nord du Nyanza, avec une troupe de Soudanais et de gens de la côte. Après avoir créé un commencement de sécurité, en réprimant un peu l'audace du parti protestant, toujours passionné contre les catholiques, ils ont voulu marcher en avant sur l'Unyoro, précédés de l'armée de Mwanga.

Celle-ci, forte de vingt à vingt-cinq mille hommes, dont sept à huit mille, armés de fusils, a rencontré dans l'Unyoro même, l'armée musulmane, qui ne compte que quatre mille guerriers et qui était appuyée par trois mille Banyoros de Kabaréga. Il n'y eut qu'un commencement de combat où l'ennemi perdit environ deux cents hommes ; voyant la lutte très inégale, Musulmans et Banyoros se dispersèrent. L'armée des Anglais n'eut même pas le temps de donner ; d'ailleurs, elle n'est pas dressée pour tenir contre les noirs, qui ont soin de se retrancher derrière quelque marais, ou de s'éparpiller dans la savane.

On ne pouvait songer à poursuivre l'ennemi dans le pays de Kabaréga ; notre armée aurait péri de faim : ce roi est insaisissable, et laisse toujours le désert derrière lui. Le campement et la nouvelle capitale des Musulmans furent d'ailleurs rasés, et les officiers anglais, qui purent entrer en pourparlers avec les chefs musulmans, espèrent nous débarrasser bientôt de leur présence, en allant les cantonner à l'ouest du lac Albert-Edouard. Je ne sais s'il leur sera possible de déplacer cette troupe qui compte bien dix mille personnes, y compris femmes et enfants ; je ne sais surtout s'ils pourront les contenir dans les limites d'un pays inhabité comme doit être la région de l'Usongora dont on parle ; car ces Musulmans n'ont vécu depuis deux ans que de razzias de bœufs et d'êtres humains dans les plus riches provinces de l'Uganda.

Espérons quelques semaines au moins de répit, pendant lesquelles nous pourrons travailler à affermir dans la foi nos chrétiens qui se multiplient rapidement.

Cette œuvre est bien difficile, et exigerait de nombreux missionnaires. Beaucoup de nos jeunes néophytes, en effet, vivent loin d'ici, à plusieurs journées. Pour le moment, nous sommes enfermés chez nous, car c'est la saison des grandes pluies et presque un tiers de l'Uganda est transformé en marais pour plusieurs mois. De temps en temps, nos chrétiens viennent nous voir ; mais que de femmes, d'enfants, de vieillards, qui ne le peuvent pas ! Ces visites nous réservent même souvent les plus consolantes surprises, et nous font toucher du doigt l'action de la grâce de Dieu. Pas plus tard qu'hier,

nous arrivait ainsi, de l'extrême pointe sud de la grande île de Sésé, un chef assez puissant, accompagné de quinze jeunes gens sachant tout leur catéchisme. Depuis un an que quelque bon ange, messager inconnu, a été porter la semence de la foi dans le district de ce chef, plus de quatre cents de ses sujets ont embrassé notre sainte religion. « Les femmes mêmes, me dit-il avec une naïve conviction, ne veulent plus cuire la nourriture, si leurs maris refusent de les instruire. »

Qui a opéré ce prodige au milieu de ces pauvres gens ? ... C'est sans doute une œuvre posthume de Mgr Livinhac, qui, l'année dernière, a édifié si péniblement Notre-Dame de Bon-Secours, à plus de deux journées de là. C'est l'œuvre aussi du P. Chantemerle, qui, après trois mois seulement de travaux et de souffrances dans cette station, a offert généreusement sa vie. Pendant les jours si courts qu'il a passés dans sa mission, il n'a pu réunir qu'un nombre bien restreint de catéchumènes, et voilà que, du haut du ciel, en moins d'une année, il en a trouvé, outre les quatre cents d'hier, presque un millier d'autres, répartis sur différents points du groupe des îles Sésé, tous convertis et demandant le baptème.

Tant de bonne volonté mériterait bien à ces chers noirs la présence d'un missionnaire ; cependant, vu notre petit nombre, nous ne pouvons encore songer à reprendre Notre-Dame de Bon-Secours.

Ce que je rapporte de Sésé, je puis le dire également de toutes les provinces de l'Uganda, car partout la foi germe dans les cœurs avec la même vigueur.

Pour nous, nous bénissons le Ciel qui fait une telle miséricorde à nos pauvres païens, et nous le prions humblement de continuer à faire son œuvre.

Le jour est venu où les stations de missionnaires et les églises et chapelles devront se multiplier dans l'Uganda et ses pays tributaires. Comment ferons-nous pour subvenir à tout ? Quels hommes suscitera la Providence ? Quelles ressources nous enverra-t-elle ?

Pour nous, nous ne pouvons que hâter par nos vœux et le mérite de nos petites souffrances de tous les jours le moment du triomphe complet de notre foi, dans cette terre bénie.

NOUVELLES DE LA PROPAGANDE

Le Saint Père vient de pourvoir de nouveaux évêques les diocèses de Green-Bay, de La Crosse et de Cleveland (Etats-Unis) :

M. Sébastien Mesmer, Suisse de naissance, mais incorporé au diocèse de Newark et professeur de théologie, a été nommé évêque de Green-Bay ;

M. Jacques Schwbach, né dans le grand-duché de Luxembourg, ancien vicaire général et, depuis la vacance du siège, administrateur du diocèse de La Crosse, a été nommé évêque de ce diocèse ;

M. Ignace Horstman, originaire de la Pennsylvanie, chancelier du diocèse de Philadelphie et professeur de philosophie et de théologie, a été nommé évêque de Cleveland.

— Les journaux catholiques de Rome ont publié le 5 décembre un document par lequel le Pape, à la demande du clergé et des notables maronites, rétablit l'ancien collège maronite fondé à Rome en 1584, par Sa Sainteté Grégoire XIII.

DÉPARTS DE MISSIONNAIRES

Voici les noms et la destination des religieux Oblats de Marie-Immaculée partis dernièrement pour les missions :

Pour le diocèse de Saint-Albert (Amérique du nord), les RR. PP. Cyprien Bouienc, du diocèse de Rodez, Oscar Perrault, du diocèse de Montréal, Joseph Comiré, du diocèse de Nicolet.

Pour le vicariat de la Saskatchewan (Amérique du nord), Mgr Pascal, vicaire apostolique, le Frère scolastique Adrien Maisonneuve, du diocèse de Viviers ; le Frère convers Joseph Lacroix, du diocèse de Laval, et le postulant convers Edouard Courbis, du diocèse de Viviers.

Pour le diocèse de New-Westminster (Amérique du nord), le R. P. Emile Bunoz, du diocèse d'Annecy.

Pour le vicariat de Natal (Afrique méridionale), Mgr Jolivet, vicaire apostolique, les RR. PP. Anselme Rousset, du diocèse de Mende, Casimir Le Bras, du diocèse de Quimper, et le Frère scolastique François Weinrich, du diocèse de Paderborn.

— Huit religieuses Augustines sont parties en même temps que Mgr Jolivet, pour le vicariat de Natal, où elles vont faire leur première fondation. Voici leurs noms : Sœurs Thérèse de Jésus, Marie du Sacré-Cœur, Sainte-Agnès, Saint-Félix et Sainte-Dorothée, du monastère de Pont-l'Abbé : Saint-Irénée et Marie de la Croix, du monastère de Vitré ; Sainte-Marthe, du monastère de Fougères, et Sainte-Claire, du monastère de Dieppe.

— Deux religieuses de la Sainte-Famille de Bordeaux se sont embarquées à Marseille pour le diocèse de Jaffna (Ceylan).

— Se sont embarqués, à Marseille pour Sydney et la Nouvelle-Guinée, le 3 novembre 1891, le R. P. Marie Tréand, d'Hermance (Suisse) et les FF. Constant Van Cam, d'Anvers (Belgique), et François Van de Sand, de Berlaer (Belgique), missionnaires du Sacré-Cœur d'Issoudun, et les Sœurs Clotilde-Anne (en religion Sœur M. Joachim) : Yvonne le Roux (en religion Sœur Marie-Yvonne) ; Rosalie Baluçon (en religion Sœur Marie-Rosalie) et Marie Brizals (en religion Sœur M. Bernardette).

Ces religieuses appartiennent à la communauté des filles de Notre Dame du Sacré-Cœur d'Issoudun.

INFORMATIONS DIVERSES

France. — Jeudi dernier, la fête de saint François Xavier a été célébrée avec la plus grande solennité.

A Lyon, la cérémonie a eu lieu à Saint-Polycarpe, paroisse où ont été recueillies les premières dizaines et qui, par conséquent, peut être considérée comme le berceau de l'Œuvre.

Son Eminence le cardinal archevêque de Lyon a célébré la sainte messe à l'issue de laquelle le R. P. Monnot, de la Compagnie de Jésus, a prononcé une éloquente allocution en présence des membres du Conseil central. L'église était remplie comme aux grands jours de fête et une quête fructueuse a attesté l'amour de cette excellente population pour la grande Œuvre qui est toujours la gloire de Lyon.

A Paris, la fête a eu lieu dans la chapelle du séminaire des Missions Etrangères. Les membres du Conseil central y assistaient. Une grand'messe pontificale a été chantée par Mgr Vidal, mariste, vicaire apostolique des îles Fidji. L'éminent prélat, dans une allocution, a fait ressortir combien la présence de tous ces

jeunes gens, qui aspirent à la vie apostolique, donnait quelque chose de touchant et d'actuel à la cérémonie, puis il a souhaité à la charité catholique d'apporter à l'Œuvre de la Propagation de la Foi des ressources égales à celles que recueillent pour l'erreur l'Angleterre et les Etats-Unis.

Par les nouvelles qui nous arrivent de toutes parts, nous savons que partout la fête du grand apôtre des Indes a été célébrée avec pompe et la plus édifiante piété.

Palestine. — On écrit de Jérusalem au *Temps* :

« L'érection du consulat de France en consulat général a causé ici une grande satisfaction. Ce sentiment s'est fait jour dès la première nouvelle de cette promotion. Le R. P. custode de Terre-Sainte, au nom de la custodie, s'est empressé d'adresser au représentant de la France une lettre dans laquelle il insiste sur la valeur d'une telle décision au point de vue des intérêts dont la garde est confiée au gouvernement français.

« Il s'est en outre rendu en visite officielle au consulat général, accompagné de tous les membres de son conseil, et il a réitéré à M. Ledoulx l'expression de sa gratitude à l'égard du gouvernement de la République.

« Cette manifestation a été d'autant plus importante qu'elle a eu lieu en présence de la plupart des supérieurs de nos établissements nationaux, venus pour le même motif, et qu'elle a été précédée et suivie des visites du patriarcat latin, du gouverneur de la Palestine, de toutes nos écoles et institutions, ainsi que de celles des notables français et étrangers. »

Calcutta. — Dans le travail intéressant de M. Louvet, travail dont nous reprendrons la publication avec 1892, nous avons remarqué le nombre vraiment extraordinaire de conversions que compte le diocèse de Calcutta. De dix-sept mille cinq cents, le chiffre des catholiques s'est élevé, depuis 1886, à cinquante-cinq mille. Ajoutons trente-sept mille catéchumènes qui attendent le baptême. Les Koles entrent en masse dans la véritable Eglise, et, comme ce peuple dépasse cinq cent mille âmes, tout fait espérer des succès plus grands encore pour la vaillante Compagnie de Jésus dans cette portion du champ du père de famille confiée à son zèle.

Mongolie. — Nous avons écrit au supérieur général des Missions belges en Mongolie, M. Van Aertslaer, à Scheut, près Bruxelles, pour avoir des détails sur les récents massacres dont tous les journaux ont parlé. Le vénérable supérieur n'a pas encore reçu de renseignements positifs, et il nous communiquera les lettres de ses missionnaires aussitôt qu'elles lui parviendront. Nous ne publierons ainsi que des nouvelles absolument certaines, authentiques et complètes sur le grave mouvement insurrectionnel qui trouble le nord de l'empire chinois.

Chine. — Sœur Gilbert, fille de la Charité et supérieure de l'Hôpital Saint-Joseph, à Ning-po (Tché-ciang), a déjà adressé à nos lecteurs un appel qui a été entendu. Elle nous écrit pour remercier au nom de ses pauvres malades les bienfaiteurs de son œuvre. Nous nous faisons un devoir de publier une partie de sa lettre.

« Grâce à deux mille francs que vous nous avez envoyés, nous pourrons instruire nos deux premiers vieillards et les préparer au saint baptême. Il y en a un qui a soixante-trois ans et qui est aveugle; le second a soixante-dix ans, il a un chancre à l'oreille, je crois qu'il ne vivra pas de longues années. A mesure que la bonne providence nous donnera mille francs, nous pourrons ouvrir la porte du paradis à une âme! Quel bonheur, si le Cœur de Jésus suscitait une grande générosité parmi les saintes âmes de notre chère Europe. C'est sur votre charitable concours que je mets toute ma confiance pour m'aider à sauver, à arracher toutes les âmes qui sont entre les mains du démon. Ah ! que ne puis-je faire entendre ma faible voix aux personnes désireuses de la gloire de Dieu! Qu'il est facile en Chine d'ouvrir le paradis aux gens simples et droits ! Que vos lecteurs se laissent toujours toucher de commisération pour nos bons vieillards. Nos prières quotidiennes monteront au ciel pour ceux qui, par votre zèle, nous auront procuré un si grand bienfait. »

États-Unis. — — On·vient d'inaugurer à Washington, une statue de Sa Sainteté le pape Léon XIII, don d'un riche négociant de New-York, M. Joseph Loubat, et œuvre du sculpteur Luchetti, de Pérouse. Cette solennité a eu lieu, dans la salle principale de l'Université catholique, à l'ouverture de l'année scolaire, en présence de Son Eminence le Cardinal Gibbons et de Mgr Corrigan, archevêque de New-York. La statue qui coûte 20,000 dollars, est en marbre: elle mesure 4 m. 20 de hauteur et représente le Souverain Pontife assis et dans l'attitude de la bénédiction. Au cours de la cérémonie, les prélats présents ont prononcé des discours et l'éminentissime cardinal Gibbons a remercié le donateur, au nom de tous les catholiques des États-Unis.

JEAN-CHRYSOSTOME KHO

Prêtre chinois lazariste, à Péking.

M. Alphonse Favier, vicaire général de la mission de Péking, nous envoie, avec le portrait que nous publions page 594, cette intéressante notice biographique sur le plus ancien prêtre indigène lazariste existant encore en Chine.

Jean-Chrysostome Kho est un bon vieillard de quatre-vingt-quatre ans. Issu d'une famille tartare naturalisée chinoise depuis la conquête, il est né en 1807 dans la préfecture de Youn-ping-fou, dépendant de cette province du Tche-ly Nord. Désirant se faire prêtre, il entra dans la Congrégation de la Mission ; il fut reçu au noviciat vers l'âge de quinze ans à la résidence française du Pétang à Péking. Il y connut Mgr Pirès, MM. Lauriot, Serra, Ribeyro et le vieux Père Siccé qui fut son directeur. C'est le seul homme vivant ayant vu le premier établissement du Pétang donné par l'Empereur Kan-ghi. Cette maison n'était ni vaste, ni très belle, mais située dans la ville impériale, comme le Pétang actuel. J'ai retrouvé les fondations de l'église, qui mesurait soixante-dix pieds de long sur trente de large et autant de haut. L'esplanade existait encore lors de mon arrivée en 1862. Un beau portique, chargé de peintures religieuses, précédait cette église, qui, elle-même, était entièrement peinte. Derrière l'autel, se trouvait une tour d'environ trente-cinq pieds servant aux observations et contenant la bibliothèque; la sacristie était sur le côté, près d'un des autels latéraux. Le maître-autel était consacré au Saint Sauveur dont on voyait au-dessus l'image fort belle. Je tiens ces détails du bon P. Kho qui, chaque jour, entendait la messe dans cette église. A l'ouest se trouvait une verrerie considérable où les missionnaires préparaient les objets demandés par l'Empereur ; j'en ai vu encore les restes. Près de là, était une petite cour avec quelques chambres où fut emprisonné pendant sept années M. Appiacci, secrétaire du cardinal de Tournon.

M. Lauriot, Français, de la Maison du Pétang, fut impliqué dans le procès du Vénérable Clet en 1828 ; à force d'argent on sauva sa vie, mais il dut se retirer à Macao où il mourut peu après. Bientôt tous les missionnaires européens disparurent et le vieux P. Siccé demeura seul supérieur.

Enfin on dut abandonner la place. Chassé par le Gouverneur chinois, le P. Siccé se retira en Mongolie, emmenant son petit troupeau de novices parmi lesquels se trouvait M. Kho, et emportant quelques reliques de la résidence française.

M. Kho partit de là pour aller à Macao faire ses études théologiques ; il y vit le Bienheureux Perboyre et fut son disciple. Au bout de trois ans, M. Tourette, supérieur de la mission, envoya les jeunes gens se faire ordonner prêtres à Manille. C'est là que M. Kho reçut la prêtrise des mains de l'archevêque ; puis il revint en Chine et repartit de suite pour la Mongolie. Que de temps, que de dangers, que de fatigue pour aller et revenir à pied ou en barque de la Mongolie à Macao! Mgr Mouly chargea M. Kho de toutes les missions de la capitale. Il y resta quinze ans, entouré de périls journaliers, toujours sous la menace d'être arrêté et exécuté ! sa tête était mise à prix, mais il n'y a peut-être jamais pensé ! C'était un saut jeune homme, comme c'est maintenant un saint vieillard.

Des jours meilleurs revinrent ; en 1860, après la prise de Péking, l'Evêque put enfin rentrer dans la capitale ; l'ancien Pétang, ou plutôt les ruines qui en restaient, nous fut rendu et nous construisîmes la nouvelle église du Saint-Sauveur. L'ancienne cathédrale restaurée fut confiée au bon M. Kho, elle était sous l'invocation de l'Immaculée-Conception ; enfin une superbe église dédiée à saint Joseph s'éleva bientôt à l'est de la ville, près des Légations. Que ce fois notre vénérable confrère a pleuré de joie en voyant toutes ces merveilles !

Plus récemment, en 1885, le Pétang fut cédé à l'Empereur par le Souverain Pontife, pour compléter les jardins impériaux. Mais un troisième Pétang plus beau, plus grand, mieux situé encore et toujours dans la ville impériale, fut élevé aux frais et par ordre de l'Empereur. Cette nouvelle église si près du Palais, nous ne la devons plus à la force, mais à la volonté impériale ; nous n'y sommes plus tolérés, mais placés par l'Empereur lui-même, de son plein gré ! Les grands caractères *Tche-Kien-Tien-tchou-tang* se lisent sur le fronton ; ils signifient : « Eglise du Seigneur du ciel, bâtie par ordre impérial » ! Le Décret rendu par l'Empereur est publié dans tout l'Empire, décret faisant l'éloge des missionnaires et de la religion, et gravé sur marbre abrité par deux Pavillons impériaux, recouverts de tuiles jaunes réservées à l'Empereur seul.

Quel étonnement ! quelle joie pour le bon P. Kho de voir tous ces honneurs rendus à la religion ! Il n'en revenait pas et répétait sans cesse : « Qui l'eût pensé ! qui l'eût espéré ! Que Dieu est bon ! »

Hélas, les infirmités et le grand âge de ce vieux pionnier de l'Evangile ne lui permettent plus, depuis plusieurs années, de célébrer la sainte messe. Il me disait, il y a peu de jours : « Je n'ai pu dire la messe au premier Pétang, parce que j'étais trop jeune ; au troisième, je ne puis plus parce que je suis trop vieux ! »

Malgré cela, ce bon vieillard est encore le premier levé à quatre heures du matin, restant, comme il l'a toujours été, un modèle de régularité et de charité parfaite. Lorsqu'il s'éteindra, et cela ne saurait tarder beaucoup, le dernier trait d'union entre le passé et le présent sera effacé. J'ai pensé qu'il serait bon de conserver les traits de ce saint homme, c'est ce qui m'a décidé à vous envoyer sa photographie avec cette courte notice.

LA MISSION DES DEUX-GUINÉES
ET
L'ESCLAVAGE

Par un Père de la Congrégation du St-Esprit et du St-Cœur de Marie

(Suite 1)

CE QU'EST ACTUELLEMENT L'ESCLAVAGE AU GABON

Dans le seul Ogowé, de N'dyolé à Lambaréné, il y a quinze cents petites filles de quatre à douze ans, et dix mille femmes. Leur condition est des plus misérables, comme on peut s'en assurer en reli-ant les récits publiés en juillet 1891 dans les *Annales* de la Propagation de la Foi.

Or, les Pahouins sont aussi nombreux dans le Komo, aussi nombreux dans le Mun, dans le Monda), le Gilagône, le Remboé, aussi nombreux dans la rivière Boindo, dans le Tomboni.

Les razzias n'existent plus dans tout le Gabon ; les tribus des Adoumas, des Akoas et des Ivilis ne sont plus décimées comme autrefois par l'horrible traite. A Libreville surtout et dans tous les endroits qui sont immédiatement sous la surveillance des canonnières françaises, ou voisins des missions, les esclaves ne sont plus immolés par douzaine comme autrefois à la mort des chefs, des femmes de chefs, pour un mariage ou la visite de gros bonnets nègres. Magnifique résultat dont la gloire revient aux deux saints évêques, NN. SS. Bessieux et Le Berre, protégés et puissamment aidés par les différents gouverneurs de la colonie.

Mais, à quelque distance de Libreville, à trois, cinq ou dix lieues dans l'intérieur, il y a de nombreux *ompinidi*, villages d'esclaves, où résident une cinquantaine de ces malheureuses créatures. Parfois même, principalement chez la race des Boulous, on immole de vieilles femmes que l'on fait griller ensuite ou que l'on empale.

Les traitants de Denis ont conservé leurs anciennes relations avec les habitants de l'Ogowé ; ce sont eux qui fournissent les Mpongoués et les Bengas des esclaves qui leur sont nécessaires.

(1) Voir les *Missions catholiques* des 6, 13, 20, 27 novembre et 4 décembre.

Le rôle de l'esclave est de cultiver les champs, d'apporter tous les jours la nourriture et le bois de chauffage à son maître, de lui préparer les bambous, les lianes, les piquets et tout ce qui sert à bâtir sa case, de faire en un mot tout l'ouvrage.

. *.

C'est lui également qui abat les arbres des forêts, défriche et plante. Il n'est pas rétribué et ne songe pas à l'être ; s'il veut un pagne, il faut qu'il se crée des industries particulières, et encore sur ce maigre profit, le maître prélèvera ce qu'il croira devoir lui appartenir, c'est-à-dire presque tout.

Tue-t-il une gazelle ou un sanglier, les trois quarts de l'animal sont pour le maître, et le reste est partagé encore. La mission, le poste ou une factorerie l'engagent-ils comme manœuvre, il doit songer que *oma wanivi yè* a droit à presque tout son salaire ; car si, après la paie de chaque mois, il n'apporte pas au *lion* sa part, parce qu'il est *lion*, la sienne encore parce qu'il est roi, et encore les trois quarts de la dernière parce qu'il est censé y avoir droit, que de misères il aura à supporter! souvent des coups, puis le séquestre, la privation de nourriture, enfin le poison.

LES COUPS

Ils se donnent avec une lanière d'hippopotame, séchée et durcie au soleil ; ces lanières sont divisées en deux ou trois branches nouées chacune aux extrémités. Chaque fois que l'instrument, tenu par un maître féroce, tombe sur le dos de son esclave, il emporte le morceau. La place de cette lanière est le lit du Gabonnais, quand il est couché, sa table quand il mange ; c'est sa compagne fidèle qui ne le quitte jamais dans ses jardins, ses champs, ses voyages en pirogue ou à pied. Souvent même c'est un esclave, un enfant, qui est chargé de la porter derrière lui. Dix coups de cet instrument sont donnés pour une faute très légère : lorsque le travail n'a pas été fait assez promptement ; quand le malheureux n'arrive pas assez vite à l'appel, ou même, en voyageant lorsque, pliant sous une énorme faix, il reste trop loin par derrière. Vingt, trente, cinquante et cent coups sont donnés pour une petite désobéissance, une assiette cassée, une bouteille d'huile de palme renversée ou une pipe perdue.

LE VIEUX PÈRE KHO,
lazariste chinois, doyen d'âge, 84 ans (voir page 595)

Il n'est pas une femme pahouine ou esclave qui ne porte sur le dos, les joues, et les seins des traces de coups infligés avec ce cruel instrument, de déchirures avec un coutelas ou de brûlures avec un fer rougi au feu. Bien souvent les missionnaires ont à soigner de pauvres malheureux ainsi martyrisés. Ils arrivent meurtris, ensanglantés depuis les pieds jusqu'à la tête. Dans les villages, ils se soignent avec de l'huile de palme ou du goudron dont ils se frottent tout le corps.

LE SÉQUESTRE.

Le séquestre est terrible; c'est une lourde chaîne passée au cou, ou autour des reins, le pied coulé dans un arbre troué et traversé ensuite par une barre de fer afin d'empêcher de le retirer; enfin, les mains liées ensemble derrière le dos avec des lianes solides. En cette position le patient ne peut faire aucun mouvement, ni se lever, ni se coucher, ni se tourner à droite ou à gauche. Tous ses membres se trouvent engourdis et comme paralysés; il pousse des cris affreux, essaye de soulever le tronc d'arbre qui pèse sur ses pieds, se

ILES CANARIES. — GRANDE CANARIE. — VILLAGE DE SANTA BRIGIDA, d'après une photographie envoyée par M. l'abbé CULLIERET (voir page 599).

démène pour tâcher de briser les lianes qui retiennent ses mains, mord sa chaîne avec les dents, implore la pitié des passants, ne reçoit que les rires moqueurs de celui-ci, avec des coups de cravache. Les esclaves restent quelquefois des semaines entières dans cette affreuse position.

LE POISON

Le poison jouait autrefois un grand rôle entre maîtres et esclaves. Ce rôle aujourd'hui est devenu plus grand. Les Gabonnais ou les Galons n'osent plus martyriser leurs esclaves, les enterrer vivants, leur fendre la tête, les griller; ils ont peur de la police. Ces faits sont devenus très rares; mais ils usent du poison chaque jour; sous prétexte de récompenser un vieillard dont ils sont fatigués ou qu'ils craignent, ils lui donnent un verre d'eau-de-vie empoisonnée.

On est surpris de l'air hébété de ces pauvres hères. Leurs yeux continuellement hagards comme ceux de la brute, leur bouche toujours ouverte, montrant des dents limées en pointe, leur tête penchée vers la terre, leurs réponses insensées, leurs demandes absurdes, les font de suite reconnaître. Cet hébétement est causé par un breuvage empoisonné que leur donne le maître pour se les attacher davantage. Abrutis, ils ne pensent plus à se sauver.

À chaque instant, on les fait passer par l'épreuve du « Mboundou ». Quelqu'un est-il mort dans le village ? Vite les féticheurs accusent cinq ou six esclaves d'empoisonnement. Chacun doit boire un verre de ce breuvage empoisonné, et celui qui tombe est le coupable. Ce Mboundou est un petit arbuste de 1 m. à 1 m. 50 de hauteur qui se trouve dans la forêt et dont la racine contient un poison assez violent. Il y a des esclaves qui boivent ce poison à chaque instant ; aussi il n'est pas du tout surprenant de voir en peu de temps leur santé complètement délabrée.

QUE DEVIENT L'ESCLAVE A LA FIN DE SES JOURS ?

Usé, ne pouvant plus rendre aucun service, soit en allant chercher le bois de chauffage, soit couché et rampant, en nettoyant les abords de la case, le pauvre esclave est complètement abandonné. Sa présence dans le village excite le dégoût et il est bien vite transporté au loin dans la forêt. On le laisse là, sous un arbre, sur la terre nue, sans natte, sans couverture, sans feu, sans pagne, sans nourriture, et puis, c'est fini... On chercherait en vain une personne qui voudrait s'occuper de lui.

Les autres esclaves eux-mêmes le regardent comme une bête morte, et, au lieu de lui apporter à manger et de lui donner quelques misérables soins, ils ne trouvent à son égard que des injures et des malédictions.

Bientôt les fourmis se promènent sur tout son corps ; les moustiques et les mouches boivent le peu de sang qui lui reste ; les vers pullulent dans ses plaies ; des myriades d'insectes sucent ce pus infect, et lui, souffrant un martyre indicible, sans soulagement, sans espoir, il expire... Son corps pourrit là et cette pourriture devient la proie des panthères et des vautours.

HOPITAUX

Les hôpitaux de Libreville et de Sainte-Marie recueillent un grand nombre de ces pauvres créatures. Le nombre d'esclaves soignés et guéris dans ces maisons de la charité est incalculable. Aussi grand est celui qui peuple nos cimetières catholiques. A Sainte-Marie du Gabon, il y a quelquefois trois ou quatre enterrements le même jour.

Le bon Frère Henri est chargé du grand hôpital de Sainte-Marie. Il a là à soigner toutes les maladies et il s'acquitte de sa besogne avec le plus grand dévouement. Les plaies hideuses et puantes, il les lave lui-même, et en exprime tout le pus ; c'est à faire bondir. Plus d'un missionnaire, et celui qui écrit ces lignes en particulier, ne pouvait assister à ce spectacle sans en être malade; mais le bon Frère habitué à ces horreurs continuait tranquillement son travail.

Veut-on voir des lépreux ? ils ne manquent pas chez le Frère, et ils sont soignés comme les autres ; des éléphantiasis, des pieds gros comme des tambours ; des têtes à demi rongées par des cancers affreux, des culs-de-jatte, des muets, des aveugles, des phtisiques, et surtout un grand nombre d'enfants atteints de la maladie du sommeil ! il n'y a qu'à entrer dans les différents appartements de l'hôpital. On ne raconte encore aucun remède contre cette dernière maladie qui enlève à l'Afrique le sixième de ses enfants.

Enfin. la chique, le *pulex penetrans*, a rongé beaucoup de doigts de pieds, beaucoup de pieds même en entier ; autant d'infirmes qui viendront recevoir les soins du Frère. La Sœur Saint-Charles, dont parle Barret avec tant d'éloges, fait à Libreville ce que le Frère fait à Sainte-Marie. Si *Charles*, comme disent les noirs, est la Providence des esclaves. Rien ne l'arrête, ni le soleil, ni la pluie, ni les forêts, ni les montagnes, ni les fleuves, ni la nuit.

Elle est toujours par monts et par vaux, portant à quelque pauvre perclus et abandonné un morceau de manioc, avec ses soins ; elle reste des heures entières à son chevet et le prépare à recevoir le saint baptême.

Un jour, elle allait loin, loin, sous un soleil de plomb, visiter une pauvre infirme ; une rivière l'arrête : comment faire ? Se déchausser est l'affaire d'un instant, et la voilà qui s'apprête à passer la rivière peuplée de crocodiles et de caimans. Un officier de la marine la rencontre :

« Ma Sœur ! que faites-vous là ? Ces affreux crocodiles vont vous manger.

« — Oh ! monsieur ! il faut que je me dépêche ; mon malade presse.

« — Attendez, ma Sœur, je vais vous passer; montez sur mon dos.

« — Du tout, du tout, vous seriez exposé à être mangé comme moi, donnez-moi seulement vos bottes. »

Et voilà la bonne Sœur qui chausse les larges bottes du brave officier. Elle fut bientôt de l'autre côté. Les crocodiles, raconte le témoin, la regardèrent passer.

Dans les missions de l'Ogowé, du Fernan-Vaz, des Adoumas, de Donguila, etc., les ressources ne nous permettent pas de faire les dépenses d'un hôpital comme ceux du Gabon. Les esclaves malades n'en fournillent pas moins, tous les matins et tous les soirs aux abords de l'habitation des missionnaires, demandant : les uns, un purgatif, un vomitif ; les autres, des pansements, des remèdes pour toutes les infirmités. Les plus malades sont visités à domicile. Ah ! quand pourrons-nous marcher dans toutes ces stations de pair avec Libreville !

(A suivre).

VOYAGE AU SINAI

PAR LE

R. P. Michel JULLIEN, de la Compagnie de Jésus.

Suite (1)

XXXV

Saint Nil.

Le couvent du Sinaï et les lieux que nous parcourons furent le théâtre de la pieuse et dramatique histoire de saint Nil et de son fils Théodule racontée par lui-même (2). Elle s'impose au souvenir du pèlerin ; elle augmente sa vénération pour ces montagnes et pour les solitaires qui achetaient au prix des plus grands dangers le bonheur d'y prier et d'y terminer saintement leurs jours.

Saint Nil avait été gouverneur de Constantinople ou, selon d'autres, préfet du prétoire. Pénétré de la vanité de ce monde, il partit vers la fin du IVᵉ siècle pour le désert du Sinaï, emmenant avec lui l'un de ses fils, Théodule, désireux de partager sa vie de prière et de pénitence. Il

(1) Voir les *Missions Catholiques* des 7, 14, 21, 28 août, 4, 11, 18, 25 septembre, 2, 9, 16, 23, 30 octobre, 6, 13, 2) et 27 novembre et 4 décembre, et 1 erre. p. 417.

(2) *Nili monachi Narrationes*; dans la *Patrologie grecque* de Migne, T. LXXIX.

cioisit pour sa retraite la montagne même du Sinaï habitée par des anachorètes d'une vie toute céleste.

« Les uns, dit-il, demeurent dans de petites cabanes de pierres, les autres dans des cavernes naturelles. Ils se fixent toujours à une petite distance les uns des autres, en sorte qu'ils peuvent vivre dans une sainte union, s'aider dans leurs besoins, sans rompre leur rigoureux silence. De même qu'on ne connaît pas chez eux les assaisonnements qui flattent le goût, on n'y connaît pas l'image de César gravée sur l'argent ; car dans cette sainte société on ne vend pas, on n'achète pas, mais on se porte secours mutuellement avec la plus grande charité. Ils s'assemblent tous les dimanches à l'église pour participer aux divins mystères, et s'animer les uns les autres à la pratique des vertus par de saints entretiens. Ces réunions ont encore l'avantage de les conserver dans la charité et la douceur, loin de toute tristesse sauvage. Pour juger de la patience et de la force de ces saints moines, il faut songer qu'ils passent librement toute leur vie dans ces mêmes solitudes, où les Israélites ne purent supporter pendant quarante jours l'absence de leur chef sans tomber de la crainte dans l'impiété, où ils ne purent voyager sans murmurer contre le Seigneur, encore que chaque jour ils trouvassent préparée une céleste nourriture.

« J'étais descendu depuis peu de temps de la montagne avec mon fils, raconte-t-il, pour visiter selon ma coutume les saints qui habitaient au Buisson. De grand matin, quand les Pères terminaient l'office de la nuit, une troupe de barbares se précipite comme une tempête dans le monastère, poussant des cris terribles dans une langue que nous ne comprenions pas. Ils nous jettent hors de l'église, nous arrachent nos vêtements et rangent en ligne les plus âgés en brandissant leurs épées avec des yeux pleins de rage. Ils se précipitent d'abord sur le prêtre du couvent, lui fendent le crâne d'un coup porté par derrière, sans que le saint homme donne un signe de douleur. Il fit seulement le signe de la croix en murmurant : « Que le Seigneur soit « béni ! » Un second coup lui ouvrit l'épaule jusqu'à la poitrine, et il tomba sur le visage avec la plus parfaite modestie. Ils massacrèrent également un autre vieillard, le compagnon du prêtre, et un jeune homme. Ils lui avaient ordonné de ramasser les dattes étendues à terre pour sécher, et il s'employait à ce travail avec une grande activité, peut-être dans l'espoir que, le voyant si actif, ils l'épargneraient pour en faire leur serviteur ; mais d'un coup de lance ils lui traversèrent l'épaule et la poitrine.

« Nous n'attendions que le coup de la mort, quand ces bárbares, de leurs mains pleines de sang, nous firent signe de partir, donnant en même temps aux plus jeunes l'ordre de rester avec eux. Les moines s'enfuirent aussitôt par les ravins qui montent à la sainte montagne ; on n'y a pas tracé de chemins par respect pour le sommet où Dieu s'est reposé et a traité avec son peuple.

« Mon fils Théodule restait entre les mains de ces barbares, je ne pouvais me résoudre à m'éloigner, mon cœur me retenait à côté de lui, car son danger me préoccupait plus que ma vie ; mais lui, des yeux, me faisait signe de fuir. Enfin je me décidai à suivre les autres moines. Il me semblait en marchant que mon esprit, tout occupé de mon

fils, était séparé de mon corps. Théodule était beau, bien fait, jeune encore, il n'avait pas trente ans ; n'allaient-ils pas en faire une victime de leurs abominables sacrifices ?

« La nuit était venue, les barbares s'étaient retirés. Nous descendîmes de la montagne pour rendre les derniers devoirs à nos morts. Le prêtre respirait encore. Il profita de son reste de vie pour nous exhorter à adorer sans trouble les jugements de Dieu, nous parlant de Job et des incomparables récompenses réservées à ceux qui ont combattu pour l'amour du Seigneur. Il nous donna le baiser de paix et rendit son âme à Dieu. Il se nommait Théodule, comme mon fils. Les deux autres religieux tués avec lui s'appelaient Paul et Jean.

« Cette même nuit nous partîmes pour Pharan. Nous y étions depuis quelque temps, quand arriva un captif échappé du camp des barbares. Il nous apprit que ces infidèles avaient tué plusieurs autres solitaires dans les montagnes et nous conta ainsi l'histoire de sa délivrance :

« Un jour que j'étais dans le camp, un esclave de ces « barbares qui entendait leur langue me prévint qu'ils « avaient résolu de nous sacrifier le lendemain à l'étoile de « Vénus, moi et le jeune Théodule, dès que l'étoile se « lèverait à l'horizon. J'avertis aussitôt Théodule, lui com- « muniquant ma résolution de m'enfuir pendant la nuit. « Mais Théodule n'osa pas me suivre, de peur d'être repris « par les barbares qui ne manqueraient pas de nous pour- « suivre. Je ne sais ce qui lui est arrivé dans la suite. »

« A ce récit, continue saint Nil, ma douleur fut au comble, je promis au Seigneur de le servir avec plus de ferveur, dans de plus grandes austérités, si je retrouvais mon fils vivant. Dieu voulut bien me rassurer par une voix qu'il me fit entendre durant mon sommeil : « Dieu a écouté la prière « que vous lui avez adressée. »

« Le captif raconta bien d'autres horreurs commises par les barbares. Ils lapidèrent un saint vieillard, qu'ils avaient trouvé dans une cellule à peu de distance du camp où ils avaient laissé leurs armes. Ailleurs, c'est un autre solitaire qu'ils brûlèrent à petit feu après l'avoir percé de traits. Ils massacrèrent même traîtreusement un sénateur de Pharan, nommé Magadon, et son fils, les faisant assassiner par deux des leurs qu'ils avaient donnés pour guides. Le conseil des citoyens de Pharan résolut d'en porter plainte au roi des barbares comme d'une violation des traités faits avec lui, et lui députèrent deux messagers.

« En attendant le retour des envoyés, continue saint Nil, nous nous mîmes à parcourir le pays pour retrouver les corps des solitaires tués par ces infidèles. Il nous fallut marcher pendant cinq jours. Ces bienheureux martyrs n'avaient aucun signe de corruption, aucune morsure des bêtes féroces ou des oiseaux de proie, quoique bien des jours eussent passé sur leurs saints corps.

« Voici leurs noms et le lieu de leur mort : Proclus à Beti rambé ; Hypatius dans la station de Salaël (peut-être Nébi Salei dans le ouadi ech-Cheik), Macaire et Marc au désert loin des habitations, Benjamin dans le désert autour d'Elim, Eusèbe à Thola, Elias à Azé. Ce dernier respirait encore. Nous le transportâmes dans une cellule et nous nous écartâmes un instant pour ensevelir un mort ; quand nous rentrâmes, il était à genoux et sans vie.

« De retour à F iaran, nous apprimes des messagers que lè roi des barbares, Ammane, désireux d'entretenir la paix avec les iabitants, s'offrait à réparer les dommages causés par ses gens contre la foi des traités. On lui envoya donc des ambassadeurs pour renouveler la paix et lui présenter ceux qui avaient des réclamations à lui faire. Je me joignis à eux pour tâcher de retrouver mon fils.

» Il y avait douze journées de marcie de Piaran à la résidence du roi. Le quatrième jour, comme nous étions séparés pour cercier de l'eau, en franchissant une hauteur, je me trouvai tout à coup en face des barbares campés autour de la source que nous cierciions ; ils se précipitèrent sur moi et m'emmenèrent garrotté dans leur camp. Mais les soldats de notre escorte s'étant montrés sur la colline, ils prirent la fuite, laissant tout ce qu'ils avaient dans le camp. Je fus sauvé.

« J'appris à la cour du roi que mon fils vivait encore et se trouvait à Eluse (aujourd'iui Kialasai, à mi-ciemin entre el-Arici et l'extrémité méridionale de la mer Morte). On me donna deux guides pour m'y conduire. En ciemin je rencontrai un jeune muletier, qui de loin accourut vers moi tout joyeux et me remit une lettre de Théodule. Il m'avait connu autrefois, et comme il était d'Eluse. il s'était offert à mon fils pour me porter de ses nouvelles. N'ayant rien à lui donner, il dut se contenter de mes remerciements.

« En entrant à Eluse, j'allai d'abord à l'église rendre grâce au Seigneur avec beaucoup de larmes. Grand nombre de personnes s'étaient assemblées pendant ma prière. Elles me conduisirent à la demeure de l'évêque, où était mon fils. Théodule iésita à me reconnaître, tant la douleur et les fatigues du ciemin m'avaient défait, tant mes iabits étaient misérables, malpropres et déciirés. Mais moi, je n'eus pas à réfléciir pour reconnaître les traits de mon fils, restés toujours présents à mon esprit. Je l'embrassai sans pouvoir proférer une parole, et, ne pouvant soutenir tant de joie, je tombai en défaillance.

« Je voulus ensuite savoir de lui les dangers et les souffrances de sa captivité.

« Les barbares, me dit-il, avaient résolu, comme vous le « savez, de m'immoler à leur infâme divinité. Dès le soir « même ils avaient préparé un autel, un glaive, des vases, « de l'encens et les liqueurs qu'ils devaient répandre ; je ne « m'attendais plus qu'à la mort, à moins que Dieu ne l'em. « pêciât par un coup de sa toute puissance. Voyant donc « que l'esclave mon compagnon s'était enfui, et n'ayant « pas eu le courage de le suivre, je m'abandonnai à la « divine Providence et passai la nuit couciié le visage contre « terre, versant des larmes non abondante, le cœur pour- « tant élevé vers Dieu. Enfin l'étoile de Vénus parut sur « l'iorizon ; je me levai de terre, m'assis les mains croi- « sées autour des genoux et continuai à prier, arrosant ma « poitrine de mes pleurs jusqu'à ce que le soleil se levât. « Peu de temps après, les barbares, qui s'étaient remplis de « vin avant des'endormir, se réveillèrent en tumulte, fâchés « de n'avoir pas prévenu l'astre du jour, parce qu'il n'était « plus temps de faire leur impie sacrifice. Ils furent aussi « fort étonnés de me voir seul, et me demandèrent ce que « l'autre était devenu. Je leur répondis que je n'en savais « rien. Ils n'en devinrent pas plus furieux, semblèrent

« même s'adoucir et ne me maltraitèrent point. Ils voulu- « rent me faire manger des viandes offertes à leurs divi- « nités et m'engager dans de mauvaises cioses. Dieu me « fit la grâce de me soutenir dans mon devoir. »

« Enfin je ne sais ce qu'ils concertèrent entre eux ; mais « s'étant approciés des lieux iabités, ils m'exposèrent en- « vente au bourg de Suca.

« Comme personne ne voulait m'acieter au prix qu'ils- « demandaient, ils me placèrent à la porte du bourg avec « une épée nue sous le cou, marquant par là que, si on ne- « se iâtait de me prendre, ils me couperaient la tête. Je. « fus alors plus en danger que jamais, et je me mis à- « conjurer avec larmes les passants de vouloir bien m'acie- « ter, leur promettant qu'ils n'y perdraient rien. Enfin un « iomme fut touché de compassion et traita avec eux de « ma rançon. Voilà comment j'ai été délivré. Celui qui « m'aciieta me revendit à l'évêque d'Eluse ; ce prélat m'a « comblé de ses bontés, jusqu'à m'élever à la cléricaca- « ture et me confier le ministère de sacristain et de por- « tier. »

« Tel fut en substance le récit de Théodule.

« L'évêque, ému de notre bonieur, fit tout ses efforts pour nous faire oublier par ses attentions nos souffrances passées, et nous pressa de rester avec lui. Cependant, nous soupirions après notre ancienne solitude, et il voulut. bien n'user de son autorité et du droit qu'il avait acquis. sur mon fils que pour nous obliger à recevoir la prêtrise- de ses mains. Ce fut en vain que nous le priâmes avec larmes de ne pas nous élever à une si iaute dignité dont nous nous sentions bien indignes. Il nous conféra les saints ordres, et nous donnant de l'argent pour le voyage, il nous congédia avec les témoignages d'une vive et parti- culière affection. »

Saint Nil ouvrit à son fils du vœu qu'il avait fait, dans. le temps de l'affliction, d'embrasser une piété plus par- faite, une vie plus austère. Ils retournèrent ensemble au. Sinaï et y vécurent encore plusieurs années dans l'exercice des plus iautes vertus. Nil continua à instruire par ses écrits, à édifier par sa vie les saints anaciorètes de ces- déserts, jusqu'à l'an 430 environ.

(*A suivre*).

NÉCROLOGIE

MGR FLORENTIN-TEPANÓ (1) JAUSSEN

Evêque d'Axièri, premier vicaire apostolique de Tahiti, membre de la Congrégation des SS. Cœurs, dite de Picpus..

C'est le 9 septembre, à quatre ieures du matin, que Mgr Jaussen, est passé à une vie meilleure, après avoir reçu les derniers sacrements en pleine connaissance.

Florentin-Etienne Jaussen naquit à Rocles (Ardècie), le- 12 avril 1815:

Elève des séminaires de Périgueux et de Sarlat, ordonné prêtre à Tulle en 1840, il entra peu après dans la Congré gation des Sacrés-Cœurs, et prononça ses vœux de religion-

(1) Son nom Ete ino traduit en langue indigine. '

le 7 mars 1845. Quatre mois plus tard, l'obéissance l'envoyait au Chili, où il exerça,pendant trois ans, les fonctions de professeur au collège des SS. Cœurs de Valparaiso. C'est là que Dieu vint le prendre pour l'envoyer comme son prophète, vers les peuplades sauvages de l'Océanie.

Elu vicaire apostolique de Taïti et sacré évêque titulaire d'Axiéri, à Santiago, le 27 août 1848, Mgr Jaussen prit trois prêtres avec lui, et se rendit aussitôt au chef-lieu de sa mission. Il n'y trouva pour tout clergé qu'un vieux missionnaire, remplissant les fonctions d'aumônier auprès de l'escadre française. A trois cents lieues de là, cependant, aux îles Gambier, il y avait une chrétienté très florissante, dirigée par deux missionnaires, et se hâta d'aller la visiter. Plusieurs mois durant, il put se croire dans un petit Paraguay, tant étaient admirables la ferveur des néophytes et la pieuse industrie de leurs pères spirituels. Malheureusement, c'était le seul noyau catholique que possédât son immense vicariat de plus de quatre cents lieues d'étendue.

Deux missionnaires se dirigèrent alors sur les Paumotu, tandis que lui-même reprenait le chemin de Taïti.

L'hérésie l'y avait précédé. Comme on le pense bien, elle n'avait rien omis pour éloigner le catholicisme de ces parages. Mgr d'Axiéri répondit aux calomnies par la conduite d'un apôtre. On le vit s'abaisser jusqu'à faire la classe aux petits enfants, leur apprenant à épeler les mots et à balbutier les premières pages du syllabaire.

Aux Paumotu, la moisson commençait à lever. Une première chapelle était construite à Fakarava, et la Providence portait le bon grain jusqu'à Anaa, l'île principale de l'archipel.

En 1856, un renfort de missionnaires permit enfin au vicaire apostolique d'embrasser dans un même apostolat toute l'étendue de son immense diocèse, même les îles de l'Est, jusqu'alors anthropophages et inaccessibles.

Presque à la même époque (1863-1866), l'île de Pâques était amenée à la lumière de l'Evangile par la courageuse tentative d'un simple Frère laïque, le Frère Eugène Eyraud, dont les *Annales* ont publié les intéressants récits (1866-1867-1878).

Mgr d'Axiéri pouvait dire enfin que la Mission de Taïti était fondée, et qu'il ne s'agissait plus que la rendre prospère.

Vrai bienfaiteur du peuple, il ne se contentait pas d'évangéliser ces pauvres insulaires, il les civilisait, et leur enseignait à tirer parti des ressources que la nature, trop souvent avare à leur égard, leur avait cependant ménagées.

Les Taïtiens l'aimaient et le vénéraient à l'égal d'un père. On le vit bien aujour de ses *Noces d'or*. Tout Taïti se mit en frais de réjouissances; les délégations accoururent de toutes parts. Aussi la nouvelle de sa mort causa une douleur universelle. Le Conseil Général suspendit aussitôt le cours de ses délibérations, vota au nom de la colonie les crédits nécessaires aux funérailles du vénérable Prélat, et leva immédiatement la séance en signe de deuil.

Bien qu'en majeure partie protestante, la famille royale, représentée par le prince Hinoi, vint déposer aux pieds de l'illustre défunt l'hommage de ses vifs regrets et de sa profonde vénération.

Les obsèques, aussi grandioses que touchantes, furent un vrai triomphe pour la religion catholique. Elles groupèrent autour de la dépouille mortelle du premier vicaire apostolique de Taïti tout ce que la colonie a de plus distingué dans l'administration, la magistrature et l'armée.

Au cimetière, M. Cardella, président du Conseil Général et maire de Papeete, prenant la parole au nom de la population de Taïti, paya un tribut de reconnaissance à la mémoire de ce « Serviteur de Dieu, qui fut en même temps citoyen sans reproche et patriote éclairé; qui ne cessa jamais de faire marcher d'accord ses convictions religieuses avec ses devoirs d'enfant de la France. »

M. le gouverneur Lacascade, à son tour, dans un langage plein de noblesse, fit l'éloge du civilisateur, du patriote et du savant, et termina en ces termes : « La mort de Mgr Tepano laisse un vide profond et un grand deuil parmi nous !... Au nom de la colonie et au nom de la France, je lui dis une dernière fois : Merci et Adieu ! »

VARIÉTÉS

AUX ILES CANARIES

Nous devons la courte notice qu'on va lire et les gravures des pages 589 et 593 à l'obligeance d'un aumônier de la marine, M. l'abbé Cullieret, dont nous annoncions cette année la mort prématurée. Ce prêtre savant et distingué est mort à Hobart-Town le 25 décembre 1890. Au cours de son dernier voyage sur le croiseur *le Dubourdieu*, il nous envoyait des Canaries une lettre dont nous détachons ces passages :

Aujourd'hui, solennité de l'Epiphanie, jour férié en Espagne et dans les colonies espagnoles, j'ai pensé qu'en allant à la cathédrale de Las Palmas, dans l'après-midi ou dans la soirée, j'assisterais à un office quelconque, à une *funcion*. Dans ce but, à trois heures de l'après-midi, j'étais à la cathédrale. Les vêpres commençaient, les chanoines, cachés, enfermés dans leur jubé, chantaient l'office, les orgues touchées par un artiste, comme le sont tous les organistes espagnols, faisaient résonner la voûte du vaste édifice. Dans cette immense église, à ces vêpres de l'Epiphanie, ne manquait que l'assistance, uniquement composée de votre ami et d'un bedeau, bedeau portant soutane et un surplis microscopique et tenant à la main une canne noire à pomme d'argent. Maintenir l'ordre dans les églises, telle est la fonction des bedeaux, et vous pourrez convenir avec moi que ledit bedeau de la cathédrale de Las Palmas n'a pas à se donner beaucoup de peine pour remplir ses fonctions pendant l'office des vêpres du moins.

Après les complies, je m'attendais au salut, et mon attente a été vaine. Si, en France, les saluts sont souvent répétés, ils le sont trop rarement dans les colonies espagnoles, sauf là où se trouvent des religieux ou des religieuses appartenant à notre nationalité. Je me suis informé si dans la soirée il y aurait *funcion* dans une des quatre paroisses de la ville. Il m'a été répondu qu'il n'y avait de vêpres qu'à la cathédrale. Enfin, passant devant la petite chapelle (*Ermita*) de Saint-Telme, je vis une foule endimanchée attendre devant les portes fermées. Cette fois, je crois avoir ma bénédiction. La foule se presse, les portes s'ouvrent, je me précipite avec la foule ; mais dans cette église point de salut ! Une crèche représentant l'adoration des Mages était ce qui attirait les habitants de Las Palmas. L'heure étant venue de rentrer à bord, je monte dans une *tartana*, méchante voiture à deux roues, et pour cinq sous, je retourne à La Luz.

* *

Les habitants des îles Canaries appartiennent tous à la religion catholique, sauf un petit nombre d'étrangers protestants, anglicans pour la plupart, composant la colonie anglaise, et quelques luthériens allemands. Ces dissidents ne possèdent aucun temple dans les îles.

Les îles Canaries sont divisées en deux diocèses, celui de Canarie et celui de Ténériffe.

Le diocèse de Canarie comprend les îles de Grande Canarie, Fuerteventura et Lanzarote. Il a comme évêque Mgr José Pozuelo y Herrero.

Le séminaire de l'Immaculée-Conception, fondé à Las Palmas en 1777, dirigé autrefois par les RR. PP. jésuites, et depuis la révolution de 1868, par des prêtres du diocèse, a comme personnel un recteur, un vice-recteur, trois professeurs de latin et d'humanités, quatre professeurs de philosophie, quatre de théologie et un de droit canonique. Ce diocèse ne possède que deux couvents : un couvent de religieuses Bernardines de Saint-Alphonse, et un de religieux, le couvent de l'Immaculé-Cœur de Marie.

Le diocèse de Ténériffe est formé des îles Ténériffe, Palma, Gomera et Hiérro.

A cause de la trop grande extension territoriale du diocèse de Canarie, le diocèse de Ténériffe fut érigé le 12 décembre 1817 par une Bulle du Souverain Pontife Pie VII.

Les malades des hôpitaux de Las Palmas et de Santa-Cruz de Ténériffe sont soignés par les Sœurs de Saint-Vincent-de-Paul appartenant à la branche espagnole de cette congrégation. Elles suivent la règle du saint Fondateur des Filles de la Charité, une des gloires de la France, mais ne portent point le même costume. Cette différence consiste surtout dans la coiffure étalée chez les Sœurs françaises comme des ailes (des ailes d'ange, disent les poètes), et dont les pans tombent contre les joues et sur les épaules, chez les Sœurs espagnoles. Elles reconnaissent comme supérieurs généraux de leur Congrégation le supérieur général des Prêtres de la Mission, à Paris, et la supérieure générale des Filles de la Charité, dans la même capitale. Mais l'autorité de M. Fiat, supérieur général des Lazaristes n'est que nominative et purement morale ; au point de vue du personnel et de l'administration temporelle autant que de la direction spirituelle, elles sont complètement indépendantes.

Cette branche des Sœurs de la Charité compte trois cent six maisons tant en Espagne que dans les colonies espagnoles, et toutes ces maisons sont tenues par des Sœurs exclusivement espagnoles. Elles y a cependant en Espagne un grand nombre de maisons dirigées par les Sœurs françaises, et dépendant directement de la maison mère de la rue du Bac.

DONS

Pour l'Œuvre de la Propagation de la Foi

ÉDITION FRANÇAISE.

Plusieurs anonymes de Maurausson, diocèse de Nantes...... ...	24
Anonyme de Saint-Etienne, diocèse de Lyon....	10
M. L. Bois, du diocèse de Fréjus, demande de prières...	10
Anonyme de Pomeys, don recueilli par l'*Echo de Fourvière*...	10
V B. M. C. »	50
Mme Vve Berthier »	5
M Berthiau, à la Ferté-Bernard, Le Mans.................. .	2.60
M. Berseaux, à Pexonne, diocèse de Nancy.....	20
Sœur Eyschen à Metz............	7
Pour les missions les plus nécessiteuses (Mgr Hirth)	
M. l'abbé Lubicz Rowiecki, à Montpellier, avec demande de prières...	5
Anonyme du diocèse de Clermont...	20
M Ledieu-Gérard, curé de Bonneville, diocèse d'Amiens.....	5
M Alfred Le Taillandier, à Rouen	50 15
Mlle wartin, à Saint-Quentin, diocèse de Soissons....	40
M Sébastien Lamblin, du diocèse de Dijon..........	15
Pour l'érection d'une église sous le vocable de Saint-Joseph (Mgr Crouzet).	
S. M. A., de Bruges	1 000
A Mgr Laouénan (Pondichéry), pour les victimes de la famine.	
Mlle Marie Servant, de Lyon	50
C V., du diocèse d'Autun...........	46
Au R. P. Arokianader (Pondichéry), pour ses chrétiens.	
Une anonyme de Sérz....	9.75
A Mgr Riccaz, pour les veuves indiennes.	
Anonyme de Lyon....	5
A Mgr Mélizan, pour sa mission ravagée par le choléra.	
Anonyme de Cassis (diocèse de Marseille).........	500
A M. Butard, missionnaire à Siam.	
Un anonyme d'Amiens....	5
A Mgr Clerc, évêque de Vizagapatam.	
Mlle Marie Servant, de Lyon....	100
A Mgr Christiaens (Hou-pé-méridional), pour les affamés).	
Anonyme de Paris.....	2
Mme la Comtesse de Chabannes, à Chartres	10
M. Lacger, du diocèse d'Albi........	7 05
Pour la mission la plus nécessiteuse de Chine (Au même.)	
Anonyme de Paris, avec demande de prières...	4
Pour l'hôpital Saint-Joseph à Ning-Po (Tché-chiang).	
Mlle Marie Servant, à Lyon...	100
Pour l'œuvre des catéchistes au Japon (Mgr Cousin).	
Anonyme d'Autun.............	100
Pour la léproserie du Japon (Mgr Osouf).	
M. Forget, curé du Fief-Sauvin, diocèse d'Angers..............	1 50
Pour M. Corre, missionnaire à Kummamoto, Japon méridional.	
M. l'abbé André, du diocèse de Bayeux..........	5
R. C. à Alger....	10
R. P. Pierik, à Maestricht	15.20
M le Chanoine Letessier, au Mans.	25
Pour une mission où l'on construit un grand séminaire (Mgr Cousin).	
M. Louis-Thomas-Lacroix, du diocèse de Bayeux...........	5
Pour les missions de Mgr Augouard (Haut-Congo).	
Une anonyme de Londres..........	27
Pour les lépreux de Madagascar.	
Mme de Mouspey, don recueilli par l'*Echo de Fourvière*...... ..	30
Au R. P. Dellour, à Natal.	
Mlle Marie Servant, à Lyon.	50
Pour les missions du Groenland et de l'Amérique du Nord (Mgr Grouard).	
De la part d'une mère de famille qui se recommande avec les siens aux prières des missionnaires, diocèse de Versailles......	50

(La suite des dons prochainement).

Th. MOREL, *Directeur-gérant.*

DEUX-GUINÉES. — VILLAGE ET PALABRE CHEZ LES PAHOUINS; d'après une photographié (voir page 605)

CORRESPONDANCE

COTE DE BENIN

Ministère de charité des missionnaires d'Abéokouta.

On ne lira pas sans émotion la lettre suivante qui donne de si touchants détails sur les misères auxquelles porte remède le zèle des Pères des Missions Africaines de Lyon dans la grande ville d'Abéokouta. Puisse la charité de nos lecteurs venir en aide à ces vaillants apôtres dans leur admirable ministère !

LETTRE DE M. COQUARD, DES MISSIONS AFRICAINES DE LYON

14 septembre 1891.

Quoique nous soyons dans la bonne saison, mes malades sont toujours nombreux, et vous serez heureux d'apprendre que, depuis le 1er septembre 1890 jusqu'au 1er septembre 1891, l'art médical nous a fourni l'occasion d'augmenter de trois cent vingt le nombre de nos baptêmes, dont quinze à vingt adultes baptisés à l'article de la mort.

Près de la moitié des petits enfants sont déjà partis pour le ciel.

La médecine promet beaucoup. Comme vous le voyez, en effet, nos efforts et nos soins n'ont pas été perdus. Je vous parlais, il y a quelque temps, d'un hôpital à bâtir. Nos ressources ne nous ont pas encore permis de le faire. Cependant que de bien et que d'avantages nous en retirerions! Nous n'y recevrions que les plus délaissés et nous serions sûrs du salut de leurs âmes.

L'hôpital serait vite rempli. Nous sommes dans l'obligation de refuser l'hospitalité à ces pauvres déshérités qui viennent nous supplier en pleurant. Quelquefois pourtant nous réussissons à leur trouver une place dans la case du voisin où chaque jour nous allons leur donner nos soins. C'est ainsi que nous recueillîmes, entre tant d'autres, une pauvre femme, jeune encore, mais esclave d'un riche païen.

« — Père, je suis ton enfant, ton esclave, me disait-elle, en se prosternant le front jusque dans la poussière, et en joignant les mains dans l'attitude de la prière, aie pitié de moi. Mon maître est méchant, il me laisse mourir de faim parce que je suis malade, et que je ne puis plus travailler. Je n'ai plus ni père ni mère, il n'y a personne qui pense à moi sur la terre. Il n'y a plus que toi, Père ; c'est toi qui es mon père, c'est toi qui es ma mère, donne-moi de la bonne médecine, guéris-moi et achète-moi à mon maître.

« — Père, toi, tu es bon, me disait-elle quelques jours plus tard, je ne veux plus te quitter, et elle me sup-pliait encore de l'acheter ; mais regarde, ajoutait-elle, la faim me tue. »

« — Je vais menacer ton maître pour qu'il t'envoie de la nourriture.

« — Je n'ai pas de maître, Père, il n'y a que le bon Dieu, c'est lui qui est mon maître. »

Elle commençait à aller mieux, quand son maître, apprenant qu'elle avait la lèpre, vint l'enlever pour la conduire sans doute au village des lépreux, et nous ne l'avons plus revue.

Puisque j'ai parlé de lépreux, permettez-moi de vous entretenir un peu en faveur de ces malheureux.

Ici, ils sont nombreux. Il y a plusieurs villages qui se composent uniquement de lépreux. Ils se marient ensemble, forment des familles dont les enfants naissent lépreux ; mais cette terrible maladie emporte ordinaire-ment bien vite ces petits.

C'est quelque chose de navrant que de voir ces pauvres gens, la plupart manquant de pieds, d'autres manquant de mains et le corps couvert d'ulcères. Mais ce qu'il y a de plus triste encore, c'est que ceux qui deviennent très malades sont impitoyablement expulsés des villages et condamnés à errer çà et là, et à se réfugier où ils peu-vent. Ils se retirent ordinairement dans le creux des rochers. Abandonnés à la tristesse qui est la compagne inséparable de cette maladie, ils meurent de souffrances et de faim. Pas un cœur humain pour les secourir, pas une âme amie pour les consoler et leur parler de Dieu.

Mais, consolez-vous, âmes affligées, le Seigneur vous enverra bientôt ses anges.

Ces anges sont les missionnaires qui viendront vous secourir. Ils sont pauvres, eux aussi ; mais le bon Dieu inspirera à des cœurs généreux de les aider dans cette œuvre de charité et de miséricorde.

Nous avons plusieurs fois visité ces villages de lépreux ; chaque fois, nous avons fait quelques baptêmes. Nous avons de grandes espérances ; mais il faut que nous soyons secondés.

Encore une fois, notre pauvreté limite trop nos désirs. Ce ne serait pas assez de leur donner nos soins et des remèdes, il faudrait aussi leur procurer quelques moyens d'existence.

Ces pauvres gens meurent de faim. Donner quelques cauris à chacun d'eux tous les jours, les réunir en une maison commune, leur faire le catéchisme, leur parler de Dieu et de ses grandes miséricordes, nous serait chose facile. Ainsi, tout en améliorant leur sort, nous leur rendrions la vie moins amère à cause des consola-tions de la religion et nous les préparerions pour le Ciel.

._..

Le fait qui suit nous montrera comment nous fûmes attirés vers ces déshérités.

En revenant de faire une visite au roi Onilado, le Père trouva accroupie sur le bord du chemin une femme qui demandait l'aumône. Près d'elle était un petit enfant de trois ou quatre ans, la tête tout ensanglantée. N'ayant rien sur lui, le Père lui dit de venir à la mission. Elle y vint le lendemain et raconta sa triste histoire.

Elle était d'une bonne famille et vivait heureuse avec son mari et ses quatre enfants. Elle venait de mettre au monde le cinquième quand on s'aperçut qu'elle avait sur le corps quelques taches de lèpre. Elle fut aussitôt impitoyablement chassée de sa maison, n'emportant pour toutes ressources que son nourrisson. Depuis ce temps, elle courait les rues, attendant de la charité des passants quelques cauris qui l'empêchaient de mourir de faim.

Bien souvent, hélas ! au lieu d'être secourue, elle était chassée à coups de pierres. Ce jour-là même, elle avait été assaillie et l'enfant portait une large blessure au front ; mais le pauvre petit, habitué à la souffrance, ne pleurait pas. La mère et l'enfant furent soignés. Après avoir bap-tisé l'enfant, nous donnâmes à la mère une aumône, en lui recommandant de revenir chaque semaine au moins, pour que nous puissions l'instruire et la baptiser.

Quelques semaines plus tard, elle ne revint plus. Le Père la chercha longtemps. Enfin un jeune lépreux le conduisit à une misérable cabane à plus d'un kilomètre hors des murs de la ville. Là, il trouva sur la terre nue et humide la lépreuse et son enfant. Elle n'avait plus la force de se lever. Une autre femme, les pieds et les mains rongés par la maladie, partageait avec elle les quelques cauris qu'elle pouvait recueillir et les herbes qu'elle pouvait ramasser aux alentours. Impossible de dire sa joie en revoyant son bienfaiteur ; ce n'étaient que bénédictions et remerciements. Elle demanda et reçut le saint baptême. Elle supplia ensuite le Père de ne pas partir sans avoir vu et salué ses compagnons d'in-fortune. Tout semblait désert ; mais, dès qu'elle se mit à frapper des mains et à appeler, on vit sortir du pied du rocher une douzaine des infortunés. Eux aussi désiraient notre visite dans leurs cabanes.

Bientôt la maladie augmenta. La pauvre baptisée fut de nouveau chassée avec son enfant. Qu'allait-elle devenir ? Le bon Dieu conduira encore son protec-teur près d'elle. En revenant de porter secours à quel-ques âmes, il passait par un sentier étroit, quand, tout à coup, il entendit crier : « *baba, baba*, Père, Père. » Il se retourne ; mais n'apercevant rien, il croit s'être trompé lorsque les cris de *baba, baba* se font de nouveau en-tendre. C'était le petit lépreux que nous connaissons léjà, qui, en voyant la soutane blanche du Père, avait reconnu son bienfaiteur, et l'appelait à son secours.

Le pauvre petit était là, caché dans un épais buisson avec sa mère qui n'avait plus la force de parler. Tous deux furent recueillis et logés dans une cabane bâtie exprès pour eux près de la mission. Chaque matin, la sœur allait laver les ulcères de la lépreuse et arracher les vers qui dévoraient son corps. Enfin, après bien des souffrances, la pauvre femme alla recevoir sa récompense. L'enfant ne tarda pas à rejoindre sa mère. Ils prient maintenant pour leurs bienfaiteurs. Combien d'autres, près avoir souffert autant, n'ont pas eu la grâce du baptême au moment de la mort.

.•.

Vous le voyez, il y a bien des misères sur cette malheureuse terre d'Afrique, et, pour faire le bien, il faut parfois une grande abnégation ; mais la pensée de ce que vaut une âme fortifie le cœur du missionnaire.

O vous, âmes chrétiennes et généreuses, qui avez reçu du ciel la grâce de la foi et les consolations de la religion, en reconnaissance de ce que le bon Dieu a fait pour vous, si vous ne pouvez, comme nous, donner votre existence, votre vie, pour sauver des âmes, aidez-nous du moins par vos aumônes, par vos prières et par vos travaux, si faibles qu'ils puissent être, à faire connaître à ces délaissés, le nom et les bontés de notre Dieu, et à arracher à l'enfer ces âmes pour qui Jésus-Christ a répandu jusqu'à la dernière goutte de son sang.

BULGARIE

Progrès de la foi. — Une consécration d'église.

Grâce au zèle de Mgr Petcoff et de ses dignes collaborateurs, la foi catholique fait en Bulgarie des projets très consolants. Les détails touchants que nous donne le vénérable évêque sur les besoins de sa mission engageront sans doute nos lecteurs à faire dans leurs aumônes une part pour les églises bulgares de la Thrace si dignes d'intérêt.

Lettre de Mgr Petcoff, évêque titulaire d'Hébron, Vicaire apostolique des Bulgares catholiques de la Thrace.

Andrinople, le 5 novembre 1891.

Dieu bénit visiblement nos efforts. Dans notre vicariat apostolique de la Thrace, le catholicisme s'affirme et s'établit solidement de jour en jour.

Le 20 septembre dernier, nous avons pu le constater avec joie. Le R. P. Luc Vronowski, supérieur des Pères de la Résurrection et mon vicaire général, suivi de la plupart de nos curés uniates, m'accompagnait dans un voyage à Topouzlar près Yamboli. Nous allions consacrer l'église de Topouzlar. Le curé, Mgr Michel Miroff, y a travaillé plusieurs années et Dieu a béni ses efforts. Malgré mille difficultés, il a réussi à bâtir une église en pierres de taille avec toutes les décorations que comporte notre rite oriental. Sa dévotion envers la Mère de Dieu l'a soutenu : Notre-Dame a maintenant un temple sous le vocable de la sainte Nativité.

Cette année, la fête de la Nativité, ou, comme disent les Bulgares, la Petite Mère de Dieu (*Mala Bogoroditza*), — la grande, c'est l'Assomption, — tombait un dimanche: ce qui a empêché quelques-uns des curés de se rendre à la consécration. Nous étions cependant huit prêtres et deux diacres.

Le jour de la fête, au lever du soleil, tous les prêtres, revêtus de leurs plus beaux ornements, viennent en procession chez l'évêque. Ils l'aident à revêtir les insignes pontificaux et le conduisent à la porte de la nouvelle église qui reste fermée. Personne ne se trouve au-dedans, sauf un chantre qui doit répondre et ouvrir au « Roi de gloire ». Le Seigneur prend possession de son temple. C'est le moment de commencer les rites sacrés. L'évêque dépose les reliques avec l'acte écrit dans l'excavation pratiquée au haut de la colonne qui soutiendra la table d'autel. Il y verse un ciment. On recouvre le tout d'une plaque de marbre blanc et on roule par dessus la grande pierre qui sera la table de sacrifice ; l'évêque humecte cette pierre ; chaque prêtre tenant du savon odoriférant et une éponge, la lave soigneusement. On y répand ensuite de l'eau de roses, on colle aux quatre angles les images des évangélistes ; le consécrateur l'oint du saint-chrème et cette pierre est enveloppée d'une nappe qui descend sur la colonne, sur laquelle elle est fortement scellée pour toujours. Le consécrateur fait ensuite les onctions au haut des murailles du temple : à l'orient, à l'occident, au nord et au midi, pendant que les concélébrants, restés dans le sanctuaire, ornent l'autel et placent les objets nécessaires au saint sacrifice. Le chant continue, les prières se poursuivent, la consécration est terminée, la messe solennelle va commencer. Par dessus ses ornements, l'évêque porte une simple aube de lin en forme de large tunique. Cette aube est mise en pièces par les prêtres ; chacun désire en emporter un morceau ; le peuple s'en dispute les restes ; il se produit alors dans l'église un désordre apparent, qui, grâce à Dieu, ne dure pas longtemps.

Tout le monde se recueille ; car la sainte messe est annoncée par le diacre. Tout se passe selon les cérémonies ordinaires à la messe pontificale, sauf que l'évêque reste à l'autel, car la foule compacte l'empêche d'aller au trône. Après le chant de l'Évangile, le P. Luc Vronowski prend la parole et prononce une émouvante allocution.

Quelle consolation pour nous de voir la sainte Union s'établir définitivement sur ce point de la Bulgarie.

Quelle consolation pour le prédicateur de voir un des premiers enfants du séminaire qu'il dirige, vainqueur du schisme dans le village où il est né. Le P. Michel Miroff, honoré par le Pape du titre de Prélat, a été élève des Pères Résurrectionnistes. Quelle joie pour les prêtres présents à cette consécration !

Après cette magnifique cérémonie, ont lieu les agapes fraternelles. Catholiques et schismatiques sont invités à y prendre part. Autour de l'église, en plein air sont étendus des tapis longs servant de tables. Sur ces tables improvisées sont placés le pain et le sel, la viande et les légumes. Des vases pleins de vin circulent ; car l'usage d'un verre pour chaque convive est inconnu. Tous boivent au même récipient. Avant de tremper ses lèvres au vin commun, chaque convive se croit obligé de souhaiter la santé au Pape, à l'Evêque, au curé, à tous les assistants.

Le lendemain, nous allons tous, évêque, prêtres, diacres et chantres, à l'autre village : Dovroukli, distant d'une heure. Nous visitons tous nos catholiques ; nous bénissons l'eau solennellement ; nous nous asseyons à la même table, encourageant nos fidèles à persévérer dans la vraie foi.

De cette consécration, de ces visites, nous espérons de grands fruits de salut pour nos uniates, pour leurs frères les dissidents. Nous comptons beaucoup et surtout sur la grâce de Dieu, aidée par le zèle de Mgr Michel Miroff, le digne curé. Il nous faut maintenant un presbytère avec son école, à côté de la nouvelle église. Il nous faut aussi une autre église pour Dovroukli. Par le mauvais temps, les fidèles assez nombreux de ce village ne peuvent aller à Topouzlar et leur pasteur ne peut non plus les visiter aussi souvent qu'il le voudrait. Les enfants de Topouzlar et de Dovroukli se montrent studieux et intelligents. Un grand nombre fréquentent les écoles des Pères Augustins de l'Assomption et des Pères de la Résurrection. Il en faudrait davantage, car la moisson est immense et les ouvriers toujours en petit nombre. Quelle œuvre méritoire, que d'aider les missionnaires à élever la jeunesse, à la former selon l'esprit de Dieu !

De retour de notre visite pastorale, nous avons eu la douleur d'apprendre la mort d'un jeune séminariste de ce même village de Dovroukli. Il y avait à peine un an que les Pères Augustins de l'Assomption le recevaient en leur petit séminaire de Caragatch près Andrinople. Ce pauvre enfant a été emporté en trois jours par le croup. Nos regrets au sujet de cette mort prématurée durent encore, car l'intelligence et la piété de l'enfant étaient vraiment remarquables. Nous ne doutons point qu'il ne soit déjà devenu notre protecteur au ciel. Puisse-t-il nous obtenir du Seigneur force et courage dans le dur labeur de la conversion de ses compatriotes.

INFORMATIONS DIVERSES

France. — Un officier supérieur des plus distingués, dont nos lecteurs n'ont pas oublié les intéressants articles sur le Niger et le Bénoué, M. le commandant Mattei, commissaire du gouvernement près le conseil de guerre de Grenoble, vient de demander au gouvernement l'autorisation d'organiser une expédition pour aller au Niger, explorer les contrées arrosées par ce fleuve et conclure des traités avec les chefs des tribus du Soudan occidental.

Arménie. — Le *Cosmos* annonce que, grâce à l'initiative du chef religieux et politique des Arméniens catholiques, Mgr Azarian, patriarche de Cilicie, il a été admis en principe et à l'unanimité, dans un synode réuni à Constantinople au mois de juin 1890, que tous les Arméniens catholiques adopteraient le calendrier grégorien. Les trois diocèses de Mélytène, d'Angora et de Brousse l'ont déjà adopté à partir du 7 janvier (vieux style) de cette année. Attendu la différence de douze jours, le lendemain de l'Épiphanie devint ainsi pour eux le 19 janvier. Ni la presse arménienne, ni la presse grecque ne montrèrent aucune hostilité. Il est bien à désirer que, de ces provinces de l'Asie-Mineure, l'unification du calendrier s'étende à la Russie.

Palestine. — On nous écrit de Jérusalem, le 2 décembre 1891 :

« Les Franciscains peuvent se promettre une ère de paix à Bethléem ; l'évêque grec de cette ville vient d'être élu patriarche schismatique d'Antioche et va résider à Damas comme ses prédécesseurs.

« Mgr Spiridion a été la cause première de tous les démêlés et débats qui ont eu lieu dans ces dernières années entre Grecs et Latins à Bethléem. D'un caractère fougueux, ce prélat ne reculait devant aucun acte d'audace ; la haine séculaire du moine grec contre l'Église Latine avait à son service, en sa personne, les immenses richesses qu'il avait acquises et qu'il savait prodiguer quand il s'agissait d'une usurpation quelconque des droits des Latins.

« Huit Sœurs Carmélites du couvent d'Ecully sont arrivées à Jérusalem pour vénérer le Saint Sépulcre avant d'aller s'enfermer dans leur monastère bâti aux pieds du Carmel, à côté de Caïffa. On ne peut s'imaginer les difficultés qu'ont rencontrées ces pauvres Sœurs dans la construction de leur monastère. Il a fallu toute l'habileté et l'influence de Mgr Azarian, patriarche arménien catholique, pour obtenir de la Sublime Porte la permission de bâtir en ce lieu, qu'on avait déclaré position stratégique. La maison a été construite au nom de l'usage de Mgr Azarian, et toutes les fois que les bas employés du gouvernement local ont cherché querelle et suscité des tracas en vue du bakchiche traditionnel, il a fallu que le prêtre arménien de Jérusalem fit le voyage de Caïffa pour leur répondre et aplanir les difficultés au nom de son patriarche.

« Le choléra est en décroissance à Damas ; on dit même que cette ville en est tout à fait délivrée, mais que plusieurs villages voisins ont été dernièrement atteints par le fléau. Quoi qu'il en soit, les quarantaines et cordons sanitaires sont toujours en vigueur. Cet état de choses paralyse toutes les transactions en Palestine. Les missionnaires du Patriarcat étaient en retraite à Jérusalem quand éclata le fléau à Damas. Plusieurs d'entre eux n'ont pu regagner leurs missions qu'après un long retard. Mgr le Patriarche se trouvait au Liban, il n'a pas encore pu revenir à Jérusalem. Il faudrait pour cela aller faire dix jours de quarantaine à Alexandrie.... »

Mongolie. — M. Van Aertslaer, supérieur général des Missionnaires belges, nous écrit de Scheut, le 8 décembre 1891 : « Un télégramme de Tien-tsin, se rapportant aux massacres de notre mission de Mongolie orientale, me donne la nouvelle laconique suivante : « *Belges sauvés, nombreux chrétiens tués.* » J'ignore si mon correspondant, le R. M. Wynhoven, est suffisamment renseigné sur toute l'étendue du désastre. »

Tong-King méridional. — Mgr Pineau, des Missions Étrangères de Paris, nous écrit de Xà-Doai :

« Vous connaissez le magnifique mouvement de conversions qui s'est produit dans cette mission jusqu'au mois de janvier 1891. Ce mouvement est allé en augmentant. Dans un seul district, plus de six mille catéchumènes se préparaient au saint baptême. Les mandarins effrayés résolurent d'empêcher à tout prix les conversions. C'est alors qu'éclata une persécution en tout semblable à celle dont les chrétiens du Tong-King occidental ont été victimes.

« Pendant six mois nous avons subi une crise des plus pénibles. Trois chrétiens ont été assassinés en plein jour en haine de la foi, sans que nous ayons pu obtenir la moindre justice ; d'autres ont été mis à la torture. Quinze catéchuménats ont été détruits par les païens, et grand nombre de familles de catéchumènes ont été obligées d'abandonner leurs maisons pour se réfugier dans les villages d'anciens chrétiens, où la mission a dû pourvoir à leur entretien.

« En ce moment, il se produit un certain apaisement. Nous allons en profiter pour faire un nouvel effort, afin de réparer les ruines, reprendre les œuvres renversées, rendre l'espérance aux néophytes découragés par tant d'épreuves et venger nos chrétiens persécutés en convertissant encore une fois leurs détracteurs et leurs bourreaux.

« Tout cela nous occasionnéra de nombreuses dépenses, car c'est la mission qui doit entretenir les catéchistes et pourvoir aux frais nécessités par le rapatriement des confesseurs de la foi qui ont préféré sacrifier tous leurs biens plutôt que de renier leur religion.

« Voilà que la Providence, au lieu de diminuer les difficultés, a permis qu'elles augmentent en frappant le pays d'un nouveau malheur.

« La dernière quinzaine de septembre a été marquée par des pluies torrentielles qui ont déterminé une crue extraordinaire de tous les cours d'eau de la région. La récolte d'automne est presque partout entièrement perdue. Un grand nombre des bœufs et buffles qu'après l'épizootie nous avions dû procurer à nos chrétiens ruinés, ont été noyés dans les étables, emportés par le courant ou sont morts de faim.

« Notre séminaire dont l'installation est d'ailleurs insuffisante, a eu particulièrement à souffrir de l'inondation. Pendant dix jours, c'était pitié de voir nos vingt-deux théologiens rangés autour d'une table dépassant à peine de quelques centimètres le niveau de l'eau, prendre leur repas à la hâte, debout, ayant de l'eau jusqu'à la ceinture.

« Sous peu nous aurons certainement la famine. Déjà beaucoup d'affamés viennent implorer notre pitié ; bon nombre de païens demandent à se convertir. Qui nous donnera les moyens de leur venir en aide, tout en empêchant nos anciens chrétiens de mourir de faim? C'est au nom des uns et des autres, que je vous adresse ce cri de détresse : puisse-t-il être entendu!»

LA MISSION DES DEUX-GUINÉES
ET
L'ESCLAVAGE

Par un Père de la Congrégation du St-Esprit et du St-Cœur de Marie

(Suite 1)

L'OGOWÉ.

L'Ogowé, autant et plus peut-être que le Congo, est la route des esclaves. Ils descendent du chez les Ivilis, les Batékés, les Ivéas, les Powé, les Ishogo ; puis du Haut-Ogowé, des Adoumas et des Okandés. Ces derniers sont les grands traitants ; ce sont eux qui les achètent chez les Adoumas et les tribus de l'intérieur pour les revendre ensuite aux Galoas, aux Adyoumbas, aux N'komis et aux Oroungous. On reconnaît les esclaves à leurs dents limées en pointe, à leurs oreilles et à leur nez coupés, à leur langage qui ne ressemble en rien à celui des autres races.

Les N'komis surtout, une des plus sanguinaires races de l'Ogowé, sont forts pour couper les oreilles de leurs esclaves. Une velléité d'évasion, une infidélité quelconque est punie de cet atroce châtiment.

Dans un village de trois cents habitants, il y a dix ou douze hommes libres ; avec les femmes et les enfants, comptons quatre-vingts. Le reste de la population est esclave.

DEUX-GUINÉES. — UNE FAMILLE CHRÉTIENNE DU GABON COMMERÇANT DANS L'OGOWÉ; d'après une photographie.

Mais chaque homme libre a des champs et des jardins et c'est là qu'habite la majorité de ses esclaves. S'il n'en a, que trois ou quatre, il n'est pas riche et on le plaindra ; la moyenne est de sept à dix ; les chefs en ont jusqu'à cinquante. Ranoké, le chef de Lambaréné, est seul libre dans son village avec deux ou trois femmes. Quarante cases entourent la sienne : ce sont les cases de ses esclaves, des fils de ses esclaves et des esclaves de ses esclaves.

LE N'GOUGNIÉ.

Cette rivière, plus large que la Seine à Paris, est un des principaux affluents de l'Ogowé. Les bords en sont très

(1) Voir les n° des 6, 13, 20, 27 novembre, 4 et 11 décembre.

peuplés ; l'intérieur surtout, à deux ou trois ïilom. de la rive, est couvert de très grands villages Ivilis et Bakélés.

Les Ivilis, peuplade fort douce et aussi fort persécutée, se rapprocient beaucoup par le type et par le langage des Adoumas et des Loango. Les Bakélés, plus sauvages, leur lont souvent la guerre, attaquent leurs esclaves dans les ciamps, les font prisonniers pour les revendre ensuite aux Galoas et aux Adyoumbas.

Une mission près de la cascade, Samba, pourrait recevoir de nombreux, de très nombreux enfants esclaves, malades ou estropiés.

C'est là, dans ce Haut-N'gougnié, que les Galoas, au service des factoreries pour l'ébène et le caoutchouc, achètent ces pauvres gens qu'ils font descendre ensuite par le lac Azingo, et le Remboé au Gabon.

Le gérant d'une factorerie allemande, nous a raconté qu'étant entré un jour dans une case de chef, il trouva là vingt-cinq esclaves enchaînés les uns aux autres, couverts de plaies et criant la faim. Emu de pitié, il essaya d'en marchander quelques-uns ; mais il lui fut répondu qu'ils étaient vendus et devaient être expédiés au Fernan-Vaz. Un petit enfant était presque mourant.

« — Donnez-moi au moins celui-ci, dit-il, je le soignerai et le guérirai ; tenez, voilà une pièce d'étoffe.

« — Impossible, il est vendu comme les autres, il devra faire la route ou mourir. »

Ce n'est pas d'aujourd'hui que l'on parle d'une mission dans le N'gougnié. En 1882, le P. Bichet demandait déjà des secours pour commencer. Le P. Picarda en demandait encore en 1883. Depuis 1883 nous attendons.

DEUX-GUINÉES. — Vue générale de la station de Franceville, dans le Haut-Ogowé, d'après un dessin.

LES PAHOUINS. — L'ENFANT.

Les Pahouins forment les trois quarts des populations de l'Ogowé, du Ngougnié, de l'Ivindo, du Remboé, du Komo, du Billagone, de Mondai, de Muny, de tous les lacs de la région. Fourneau et Crampel les ont trouvés innombrables dans tout le pays parcouru par eux des Adoumas à Bata. Combien sont-ils ? peut-être six à huit millions !

Les Pahouins n'ont pas d'esclaves proprement dits, comme toutes les autres races ; mais leurs enfants, leurs femmes et leurs vieillards sont plus malheureux que les esclaves.

L'orphelin surtout fait pitié ; il est le serviteur de tous et ne mange que les restes de bananes jetés aux chiens, ou le morceau de manioc qu'il peut voler.

L'enfant pahouin, jusqu'à l'âge de dix à douze ans, n'a d'autres soins que ceux de sa mère ; s'il la perd, malheur

à lui ; son père ne s'en occupe pas plus que de son chien.

Abandonné ainsi, qu'arrive-t-il ? Il est bientôt couvert de plaies, et pour laver ces plaies, personne ; ses doigts de pieds sont entièrement mangés, et pour les soigner, encore personne.

Une maladie, appelée dans le pays aboukoué, sorte de furoncles, le couvre des pieds à la tête. Le voilà comme un squelette. Son père lui-même le rebute ; tous les hommes, toutes les femmes, s'en éloignent dès qu'il paraît.

Réduit à se tenir derrière les cases, dans la bananerie, il n'a pour couche que la terre nue et pour abri que quelques feuilles. En quelques semaines, il meurt de misère.

Un de nos chrétiens de Lambaréné, nommé Paul, vint un matin nous réveiller à quatre heures :

« — Mon Père, dit-il, en secouant fortement la porte de ma chambre, viens vite, on veut tuer un petit enfant dans un village rapproché ; viens vite le sauver. »

Et moi de partir avec ma bouteille d'eau baptismale.

« — Qu'y a-t-il? » demandai-je en entrant dans la case.

Et une vieille femme,tenant un petit enfant de deux jours dans les bras, chantait cette chanson :

« Esprits, mauvais esprits, esprits qui avez tué ma sœur, éloignez-vous, fuyez loin de nous. »

Puis elle plaçait le corps du petit enfant près du cadavre de sa sœur étendu au milieu de la case ; elle continuait en chantant :

« C'est ta mère, c'est ta mère; les esprits, les mauvais esprits l'ont tuée. »

Laissant alors reposer l'enfant sur le corps inanimé :

« Entrez, esprits, entrez, mauvais esprits, dans le corps de cet enfant né hier de cette femme. »

Et le pauvre petit cherchait de sa main le sein de sa mère.

« Bois, bois ce lait! Que les mauvais esprits de ta mère entrent tous en toi. »

Bientôt quatre hommes du village pénètrent dans la case avec un cercueil, le cadavre est placé dedans, et la chanteuse, la tante du pauvre enfant, de le prendre dans ses bras et de vouloir le déposer dans le cercueil.

« — Mon Père, me dit Paul, sauve-le, on veut l'enterrer vivant avec sa mère. »

Jeune Bulgare

Jeune fille, élève des Sœurs de St-Vincent-de-Paul

BULGARIE. _ TYPES BULGARES D'ANDRINOPLE, d'après des photographies envoyées par Mgr FETKOFF (voir page 603).

Et nous l'arrachâmes des bras de la vieille femme en disant :

« — Cet enfant est à nous: nous le soignerons ; il vivra.

« — Mais il est possédé par les mauvais esprits; mais il sera la cause de notre mort à tous?

« — Peu importe; superstition que tout cela! »

Et je partis emportant mon petit Pierre-Marie que je baptisai de suite en arrivant à la mission. Pierre-Marie a tété une chèvre pendant plusieurs mois. Nous l'avons élevé au lait de conserves. Il a maintenant dix-huit mois.

Rénkanga, chef d'un village situé tout près de Lamba-réné, avait besoin d'argent. Une de ses esclaves passe portant dans ses bras un tout petit enfant d'un mois. Un traitant marchandait avec Rénkanga.

« — Arrête, commanda celui-ci à l'esclave, tu es vendue ; pars tout de suite. Dépose là ton enfant et en route.

« — Oh ! de grâce, ne me séparez pas de mon enfant. Qui le soignera? qui le nourrira? dans deux jours il sera mort !

« — Peu t'importe, cet enfant est à moi puisque toi,tu es à moi. »

La pauvre femme se tourne vers le traitant et le supplie à deux genoux d'acheter aussi son enfant.

« — J'en donne un pagne, dit celui-ci.

« — Un pagne ne suffit pas.

« — Deux.

« — Deux ne suffisent pas ; donne-m'en quatre, une pipe et une assiette de sel.

« — Impossible, c'est trop cier. »

Et la pauvre mère fut ainsi séparée de son enfant. Quelques jours après, le R. P. Facé traversait ce village ; il aperçoit nu comme un ver et mangeant la poussière un tout petit enfant qui n'avait plus qu'un souffle.

« — A qui est cet enfant ? demande-t-il.

« — A personne.

« — Comment à personne ? Sa mère, où est-elle ?

« — Sa mère est morte.

« — Donnez-le-moi, alors. ».

Gorille élevé à la mission de Lambaréné.

Le bon Père nous amena un petit compagnon à Pierre-Marie. Adolphe a quatorze mois et commence à marcher tout seul.

Quelques jours après nous arrivaient Edmond, âgé de quinze jours, la petite Marie, née pendant la nuit, et plusieurs autres que nous avons élevés tous au lait de chèvres et de conserves. La petite Marie nous a quittés après cinq mois pour aller au ciel.

(A suivre).

VOYAGE AU SINAI

PAR LE

R. P. Michel JULLIEN, de la Compagnie de Jésus.

Suite (1)

XXXVI

La nature.

Nous avons déjà remarqué que les vallées du Sinaï, croisies par le Seigneur pour l'école d'Israël, où, durant une année entière, il devait lui enseigner la loi sainte de son alliance, offraient une sécurité particulière à ce peuple entouré d'ennemis et étranger au métier des armes. Israël s'y trouvait isolé des nations ; mieux encore qu'à Jérusalem, Dieu pouvait dire à son peuple : « Je lui serai un mur de feu (2) tout autour, et ma gloire habitera au milieu de lui (3). »

Ajoutons que le climat est d'une salubrité exceptionnelle, que nulle part les vallées ne présentent un aussi large développement dans un espace restreint, que l'eau et la verdure, sans y abonder, sont moins rares que dans les autres contrées de l'aride péninsule.

Dans ces vallées, d'une altitude supérieure à 1,500 mètres, la chaleur n'a rien d'excessif, l'atmosphère pure et sèche (4) n'a rien d'accablant. En toute saison les nuits sont relativement fraîches, mêmes froides (5). Durant l'hiver il gèle toutes les nuits, le thermomètre descend à cinq ou six degrés au-dessous de zéro. Aussi le Seigneur eut-il le soin de faire dire à son peuple : « Si vous avez pris en gage le vêtement de votre prochain, rendez le au coucher du soleil, car il est sa couverture, et il peut se faire qu'il n'ait pas d'autre pour dormir ; s'il devait avoir recours à moi, je l'exaucerais, parce que je suis miséricordieux (6). »

Pour le voyageur, il n'est pas d'autre précaution sanitaire spéciale que de se prémunir contre les variations de température, souvent excessives. Il n'emportera pas avec lui la petite pharmacie de voyage bien utile dans les autres contrées peu habitées de l'Orient ; car il n'aura pas à s'en servir pour lui-même, sauf accident, et, bien qu'auprès des Bédouins tout Européen passe pour médecin, aucun ne viendra le consulter ou lui demander des remèdes. Les indigènes de la péninsule ne connaissent guère d'autre maladie que les rhumatismes et les maux de poitrine, auxquels les expose l'insuffisance de leurs vêtements et de leurs abris. Sur ces montagnes de granit et de porphyre tranchants, le voyageur apprécie vite la paternelle et prodigieuse attention du Seigneur pour la chaussure des enfants d'Israël.

(1) Voir les Missions Catholiques des 7, 14, 21, 28 août, 4, 11, 18, 25 septembre, 2, 9, 16, 23, 30 octobre, 6, 13, 20, 27 novembre, 4 et 11 décembre, et la carte, page 417.

(2) Les chaînes de montagne qui entouraient les enfants d'Israël au Sinaï sont toutes des roches ignées.

(3) Zach., II, 5.

(4) L'état hygrométrique de l'air, mesuré en mars au pied du Sinaï par les savants de l'expédition anglaise, est assez exactement représenté par la fraction 1/3.

(5) D'après les mêmes observateurs, la variation diurne de la température est en moyenne de 17 à 18 degrés durant l'hiver, et dépasse parfois 26 degrés. Est-il surprenant que sous un ciel sans nuages, dans une atmosphère extrêmement sèche, le rayonnement de calorique abaisse à ce point la température des nuits ?

(6) Ex., XXII, 26, 27.

Pendant les quarante années de voyage dans le désert, leurs pieds ne se sont pas enflés (1), leurs chaussures ne se sont pas consumées en vieillissant sous leurs pas (2). Nos souliers, capables de résister ailleurs aux plus rudes épreuves, eurent bientôt besoin du moine cordonnier ; à la fin de notre séjour ils n'étaient plus réparables. Les Bédouins marchent le plus souvent pieds nus dans les ouadis, à moins que la chaleur du sable leur devienne insupportable ; mais, dans les rochers, ils chaussent des sandales en peau de requin : la peau de chameau elle-même serait vite coupée.

Les animaux sont naturellement peu nombreux dans un pays à végétation rare. Bien des touristes aiment à rapporter du Sinaï quelque belle tête de bouquetin aux énormes cornes ondulées et rejetées en arrière, avec la longue barbe noire qui distingue le mâle ; mais peu ont eu la bonne fortune de rencontrer ce bel animal dans les montagnes où pourtant il n'est point rare. Il habite par petits troupeaux les plus hautes régions, et apparaît le plus souvent au sommet des précipices à des centaines de mètres au-dessus du chasseur. Très craintif, il s'alarme au moindre bruit, fait entendre un léger sifflement et fuit dans les rochers avec une étonnante agilité. On ne peut guère l'atteindre qu'en se plaçant à l'affût près des sources où il va boire le matin.

Le bouquetin, *Ibex sinaicus* des naturalistes, est l'*ya'el* biblique, que le Livre des Proverbes appelle « une chèvre sauvage très gracieuse » (3), et dont il est écrit dans les psaumes : « Les montagnes élevées sont pour les bouquetins, et les rochers servent de refuge aux damans » (4).

Quel joli petit animal que le daman ou *Hyrax syriacus !* Il n'est guère plus gros que le cobaye ou cochon d'Inde, et les naturalistes le placent entre l'hippopotame et le rhinocéros, dans la famille des pachydermes. Sa couleur est celle du lièvre. Timide comme une souris, vivant en troupes, il habite les amas de pierres des vallées. « Les damans, peuple sans puissance, placent leurs demeures dans les pierres, » disent les Proverbes (5). Les Hébreux ne devaient pas manger le daman (6), et les Bédouins ne le mangent pas davantage. Serait-ce une suite de l'antique défense ?

Le lièvre doit être rare dans le pays, à en juger par l'enthousiasme de nos chameliers quand ils en virent un dans la plaine sablonneuse de Debbet er-Ramlek. Aoudi nous demanda la permission de le poursuivre. Il rapporta l'animal sans vie et sans blessures. Probablement il le prit à la course, car la pauvre bête avait grand'peine à courir dans les sables mouvants ; cependant il tint absolument à nous faire croire qu'il l'avait tué au fusil. Le lièvre du Sinaï a une physionomie particulière, de grands yeux de gazelle, des naseaux saillants et ouverts comme ceux du cheval. Nos Bédouins, pour si bon gibier, n'eurent pas égard à l'impureté mosaïque du lièvre (7). Ils firent rougir deux

(1). Deut., VIII. 4.
(2). Deut., XXIX, 5.
(3) V. 19.
(4) CHI. 18.
(5) XXX. 26
(6) Lév., XI, 5. — Deut, XIV, 7.
(7) Lev., XI. 6.

pierres plates dans un feu de broussailles ; les dressant ensuite, inclinées l'une contre l'autre, ils en firent un petit four où le lièvre se rôtit à point, une heure durant, sous un monceau de cendres chaudes. Il fut excellent.

.·.

La flore du Sinaï jouit à un haut degré de la faveur des botanistes, soit par la rareté de plusieurs espèces, soit par la beauté particulière que prennent les plantes sous ce ciel, dans les terres vierges des ouadis. Ils ont donné l'épithète de sinaïtique à plus de quarante espèces ou variétés ·

Les arbres sont peu nombreux. Nous en avons nommé plusieurs. Signalons encore, dans les vallées humides, un figuier à écorce blanche comme les bouleaux du Nord, à fruits coriaces, de la grosseur d'un petit pois, le *ficus pseudosycomorus* (Denc), et encore le Bèn ou l'Ân, dont les graines donnent l'huile de bèn autrefois employée en médecine, aujourd'hui recherchée des parfumeurs comme fixant à merveille les parfums les plus fugitifs et ne rancissant jamais. Le *Moringa aptera* (Gaertn), c'est son nom, se trouve surtout dans les ravins de la région moyenne, aux environs de Feiran. Ses feuilles, réduites en aiguilles par la chute des folioles, pendent en gracieux pinceaux ; durant l'été, ses fleurs blanches sont un ornement des sombres vallées.

Entre les rochers de la sainte montagne et des ouadis d'alentour brillent de tous côtés les beaux épis argentés d'une superbe marjolaine, *origanum sinaicum* (B.), remarquable variété de l'*origanum maru* (L.), si commun en Palestine et dans tout le Liban. A cette vue la pensée se reporte sur l'hysope biblique, que Dieu désigna pour servir d'aspersoir du sang et de l'eau dans le rite de la purification du lépreux et du contaminé par attouchement d'un cadavre (1).

Les savants cherchent encore l'hysope des Hébreux ; assurément il n'est point l'*hysopus officinalis* de l'Europe méridionale, qui ne se trouve pas au Sinaï ni en Palestine. On croit avec raison que l'*ézob* de la Bible est une plante du Sinaï et de la Palestine, aromatique et suffrutescente comme il convient à un aspersoir. Aucune plante, ce semble, ne remplit mieux ces conditions que l'*origanum maru* et sa variété sinaïtique. Du reste, il peut bien se faire que, sous le nom d'hysope, le Seigneur ait compris plusieurs plantes de la même famille des labiées, odorantes et d'un aspect peu différent aux yeux du vulgaire. Le *timbra spicata* (L.) pourrait être du nombre ; ses tiges raides, terminées par des épis de fleurs, couvertes de petites feuilles linéaires et fermes, sont si bien faites pour asperger d'un liquide ; son arôme est si durable et si pénétrant. Quand l'Ecriture dit que Salomon discourait sur toutes les plantes, depuis le cèdre du Liban, jusqu'à l'hysope qui croit sur la muraille (2), il s'agit peut-être de la *micromeria graeca* (B.), ou *satureia graeca* (L.), qu'on trouve sur les vieux murs en Palestine et en Syrie. Les pharmaciens de Beyrouth donnent cette plante pour l'hysope.

Partout où il est un peu de terre sur les pentes des vallées sinaïtiques, les hautes touffes couleur de rouille du *phlomis aurea* (Dcne), attirent les regards par leurs splendides ver-

(1) Lév., XIX, 6. — Nombr., XIX, 11, 18
(2) I. Rois, V, 13.

ticilles de grandes fleurs labiées du plus beau jaune d'or. Le philomis du Liban, *phlomis viscosa* (Poir.) ou *Russelliana* (Lag.), cultivé dans nos jardins, n'en donne qu'une pâle image.

Citons encore une belle asclépiadée à fleurs blanches qui se rencontre tout proche du couvent, le *gomphocarphus sinaicus* (B.), assez semblable au *gomphocarpus fruticosus* des jardins.

Mais nous serions trop longs, si nous voulions dire toutes les belles plantes que nous avons admirées pour la première fois au Sinaï. Bien que voyageant dans la mauvaise saison des botanistes, nous avons rapporté quatre-vingt-dix espèces en fleur, sans tenir compte de celles qu'on trouve communément en Égypte ou en Syrie.

XXXVII
Les habitants.

Il ne faut pas manquer l'occasion de dire du bien des Bédouins, puisqu'on en dit communément tant de mal dans les livres des voyageurs. Les Djébeliyeh, même tous les Bédouins de la région méridionale et montagneuse de la péninsule, méritent qu'on sache leurs vertus. Issus d'ancètres chrétiens, vivant sous le patronage des religieux, souvent au service des pèlerins et des voyageurs qu'ils ont tout intérêt à satisfaire, les Djébeliyeh nous ont paru posséder plusieurs vertus naturelles à un degré qu'une pauvre nation musulmane peut difficilement atteindre. Leur exemple a manifestement influé sur les tribus voisines.

A part les moines de Sainte-Catherine et vingt ou trente familles arabes au village de Thor, dont neuf professent le schisme grec, tous les habitants de la péninsule sont des Bédouins. On estime leur nombre à quatre mille hommes. Pour les femmes et les enfants, comme au temps de Moïse, on ne les compte pas. Ils forment onze tribus, dont quatre habitent le Tih. De celles-ci nous n'avons aucun bien à dire. Pillardes envers les étrangers, elles sont souvent en querelle les unes contre les autres, ne manquent aucune occasion de faire razzia sur les troupeaux et les chameaux, quand les gardiens ne sont pas en force. Ils ont cependant cela de mieux que les Bédouins de la Chaldée au temps de Job [1], que d'ordinaire ils ne tuent pas les bergers.

Parlons des sept tribus du sud, nommées collectivement Thowarah ou habitants du Thor.

Chaque tribu a son territoire parfaitement défini, dont les limites sont quelquefois marquées sur le rocher par de grossières inscriptions. Peuple essentiellement pasteur, ces Bédouins n'ont point de maisons, habitent sous des tentes ou dans des cavernes naturelles, réunis en groupes de quinze à vingt familles, et se déplacent dans les limites de leur territoire selon les besoins de leurs troupeaux. Ces déplacements sont si réguliers que tous les Bédouins savent, sans qu'on les en informe, où se trouvent à telle époque les campements de leur tribu et des tribus voisines.

Entre les tribus, il n'est d'autre unité administrative que l'autorité commune de l'A'gyd, auquel elles doivent toutes

obéir en temps de guerre. Dans la paix, chaque tribu n'a d'autres maitres que ses trois cheiks, encore sont-ils moins des chefs que des arbitres, chargés de régler les différends des membres de la tribu entre eux ou avec les étrangers. Leur dignité est héréditaire.

Bien que nominalement soumis au gouvernement égyptien, les Bédouins de la péninsule n'ont pas d'autre devoir à son égard que de porter annuellement à Suez un petit tribut de charbon de bois.

Leurs moyens d'existence sont misérables. De maigres troupeaux de chèvres, quelques moutons, des dattes dans les lieux les moins élevés, sont à peu près toute la nourriture qu'ils peuvent trouver dans la contrée. Le blé leur manque absolument ; leur grande préoccupation est de se procurer, par leur petit commerce de charbon de bois, de gomme et de manne ou par le transport des voyageurs, assez d'argent pour acheter en Egypte le blé de la famille. On conçoit dès lors que le chameau, nécessaire à tous les transports, leur soit indispensable, et devienne le principal agent de leur petite fortune. Un Bédouin qui possède trois ou quatre chameaux s'estime riche ; celui qui n'en possède aucun est dans la misère.

D'une rare sobriété, ils n'ont guère d'autre régal que le café, d'autre plaisir que la cigarette. Aussi, le papier à cigarettes est-il, des produits de la civilisation moderne, celui dont les traces se rencontrent le plus loin dans le désert.

Les Bédouins du Sinaï sont, en général, de beaux hommes, à nobles traits, nerveux, intrépides, aux manières graves et dignes.

Les hommes ont pour vêtement une chemise de coton blanc serrée autour des reins par une ceinture de cuir. En hiver, ils ajoutent l'a'bba, tunique fort épaisse en poils de chèvre ou de chameau de la forme d'une dalmatique, ordinairement rayée noir et blanc. La coiffure est une calotte de feutre entourée d'un turban blanc.

Les femmes portent une longue et ample robe en cotonnade bleue retenue et relevée par une ceinture, et sur la tête un long voile de même étoffe. De leurs cheveux fortement tressés, elles font sur le front une corne qui s'avance horizontale à une dizaine de centimètres devant la face, se relève un peu à l'extrémité et se termine par une grosse perle en verroterie. Cette singulière corne sert à porter le voile en avant de la figure, comme la flèche de lit porte le rideau. A part cela, elles ressemblent à toutes les Bédouines de l'Orient par le tatouage de la face et des mains, par les nombreux et gros anneaux qui pendent des oreilles et du nez, par les bracelets et les colliers sans nombre de cuivre ou de verroterie et aussi par leur coutume de porter leurs petits enfants dans une pièce d'étoffe derrière le dos comme une besace.

Quand deux Bédouins se rencontrent, ils s'approchent l'un de l'autre pour s'embrasser ou se dire quelque petite amitié à l'oreille, comme firent Moïse et Jéthro [1] ; mais si une Bédouine rencontre un homme, quel qu'il soit, elle commence par lui tourner le dos et ne lui répond que dans cette orientation peu favorable pour converser.

La femme reste près de la tente. La jeune fille conduit le troupeau paître dans la montagne, c'est son office. Il serait indigne d'un homme, même d'un garçon, de faire le berger.

Ces braves gens sont d'une patience admirable dans les nombreuses privations de leur pauvreté, dans les souffrances parfois fort dures de l'hiver ou des grandes chaleurs. Jamais ils ne se plaignent, jamais ils ne reculent devant une fatigue. On ne saurait en voyage désirer des guides et des serviteurs plus infatigables, plus dévoués.

On dit qu'ils sont raides, presque violents dans les marchés ; mais une fois les conditions réglées, ils s'y tiennent scrupuleusement. Nous en avons eu la preuve à notre départ du couvent. L'économe qui traitait avec eux de notre retour à Suez, était une fois nouveau dans sa charge. Ils en profitèrent si bien que nous désespérions d'obtenir des conditions acceptables. Cependant tout finit par s'arranger à notre gré. Durant tout le voyage, ils furent on ne peut plus accommodants et ne demandèrent pas un para de plus qu'il n'était convenu.

Le vol et la fraude sont à peu près inconnus parmi eux. Nous trouvâmes un jour dans un ouadi solitaire un manteau, une couverture et une sacoche de voyage déposés au pied d'un arbre sur le bord du sentier. Nos chameliers nous dirent que sans doute un Bédouin en voyage avait trouvé commode de déposer là ces objets pour les prendre au retour. « Nous faisons souvent ainsi, ajoutèrent-ils, et jamais rien ne nous manque. » Pour la première fois dans nos diverses excursions orientales, rien de notre petit mobilier ou de nos provisions n'a disparu sans notre consentement.

La justice criminelle de ces Bédouins est toute dans la loi du talion. Le sang versé se venge par le sang, suivant l'antique loi que le Seigneur donna à Noé : « Quiconque aura répandu le sang de l'homme, son sang sera répandu ; car l'homme a été fait à l'image de Dieu (1). » Un homicide est-il commis dans la tribu, le plus proche parent mâle de la victime est tenu de faire tous ses efforts pour tuer le meurtrier ; l'obligation est stricte, il ne peut s'y soustraire sous aucun prétexte. Cette rigoureuse *vendetta* a l'avantage de rendre les homicides fort rares.

La mort tragique d'E. H. Palmer, dont nous avons parlé, ne fut dans l'intention de ses meurtriers que la vengeance légale pour trois ou quatre Bédouins mis à mort par les Anglais dans les affaires d'Arabi-Pacha, comme on l'a su plus tard d'un de ces tribus voisines.

Il n'est jamais question entre eux, nous assure-t-on, de crimes de mœurs. Cependant il faut bien qu'il y ait quelques scandales dans ce petit monde. Où n'y en a-t-il pas ? Un soir, nous entendîmes nos chameliers se dire dans leur conversation nocturne autour du feu, en parlant d'autres Bédouins : « Ils ne sont que quarante, et pourtant ils sont si méchants qu'ils nous font peur ! »

La tribu des Djébeliyeh ne compte que trois cents hommes. Son territoire est autour du couvent ; il ne va pas plus loin que le bois de Tarfa dans le ouadi ech-Cheik. Ils doivent toujours rester à la portée du couvent pour secourir les moines et les défendre au besoin. Les moines les

(1) Gen., IX, 6.

nomment leurs vassaux, et eux se nomment les protecteurs des moines. Nous avons dit qu'ils ont du sang européen et chrétien. Leurs traits, leur démarche, leurs manières le rappellent. Ce sont eux surtout qui ont conservé les traditions mosaïques chez les indigènes. Un quart des Djébeliyeh porte le nom de Mouça ou Moïse.

Quant à leur religion, ils ne savent guère de Mahomet et de son livre que le nom ; mais, comme les anciens patriarches, ils ont une haute idée de la présence et de l'action de Dieu en toute chose. Tout ce qui arrive, instinctivement ils l'attribuent à Dieu, comme récompense ou châtiment, et à tout propos invoquent Allah avec respect. Il en faudrait peu, ce semble, pour les faire chrétiens exemplaires. Mais les pauvres moines schismatiques, seuls chrétiens de ces lieux, ne peuvent les conduire au bercail du Bon Pasteur, qu'ils ignorent eux-mêmes.

(*A suivre*).

NÉCROLOGIE

MGR MOCCAGATTA, LE DOYEN DES ÉVÊQUES DE LA CHINE.

Nous publierons dans notre prochain numéro une notice biographique sur ce vénérable évêque franciscain, vicaire apostolique du Chan-si septentrional, décédé à Taï-iuen-fou, le 6 septembre dernier.

Mgr Louis Moccagatta, Franciscain Observantin, évêque titulaire de Zénopoli, était né à Castellazzo, diocèse d'Alexandrie (Piémont), le 9 octobre 1809.

BIBLIOGRAPHIE

L'homme aux yeux de verre. — *Aventures au Dahomey*, par MM. Rossi et Meaulle.— Mame, Tours, 1892.

Ce livre, magnifiquement illustré et imprimé avec un grand luxe, offre une peinture extrêmement attachante des hommes et des pays de la Côte des Esclaves. Des péripéties habilement racontées soutiennent l'attention du lecteur de Marseille à Abomey. Chemin faisant, on fait connaissance avec les différentes escales échelonnées entre ces deux termes de l'itinéraire, et l'on soulève le voile qui, jusqu'au milieu de ce siècle, dérobait à l'Europe les abominations du royaume des sacrifices humains, pour le faire bien connaître. C'est un superbe livre d'étrennes ; il sera d'autant mieux accueilli, que la question dahoméenne, toujours en suspens, en fait un ouvrage d'actualité.

DONS
Pour l'Œuvre de la Propagation de la Foi

ÉDITION FRANÇAISE

M. Louis Bonfils, diocèse de Marseille....	4 30
Un abonné du diocèse de Reims	10
M. Burdin, à Lyon..	55
M. de la Bastide, à Angers....	5
Mme Veuve Gosselin, à Paris..........................	4 50
M. Jean-Baptiste Audouard, de la paroisse Saint-Pothin, Lyon...................	2 000
Une famille pieuse de Tessy-sur-Vire, diocèse de Coutances...	2
Une servante » »	1
M. Phélut, curé doyen de Menat, diocèse de Clermont.......	5
M. Siulio Finetti, à Cervia...............................	63
Anonyme de Perpignan............................ ..	5
Anonyme de Viviers.....	4
M. le chanoine Blanc, à Marseille	10
C. B., abonné de Niort, diocèse de Poitiers.	2 65
R. P. Gendronneau, à Paris........	8
Congrégation de la bonne mort, université St-Joseph, à Beyrouth	101

Pour les missions les plus nécessiteuses (A Mgr Clausse, Côte de Bénin, pour M. Coquard).

Un abonné du diocèse de Saint-Claude, demande de prières spéciales	50
Anonyme du diocèse de Clermont, avec demande de prières...	10
M. Roux, au Creuzot, diocèse d'Autun...	30
M. E. Weis, à Granvillars, diocèse de Nancy.	3
Mme Belbeoch, du diocèse de Quimper	5
M. l'abbé Amonte Michel, diocèse de Brescia, demande de prières	7 30
Anonyme de Belleville, diocèse de Lyon, demande de prières ,.	5
Anonyme de Como (Italie)......	45 85
Un abonné de Chevrières, diocèse de Lyon........... .	4
M. Restif, recteur de Vern, diocèse de Rennes...............	5
Anonyme du diocèse de Nantes, demande de prières........ ..	9
M. Picard, à Lorient, diocèse de Vannes.	10

Pour les missions de Suède et de Norwège.

Un abonné du diocèse de Nantes, demande de prières	200

Pour les missions de Palestine (Mgr Piavi).

Un abonné du diocèse de Nantes, demande de prières........	200

A M. Robert pour la future église du Cua-Bang (Tong-King occidental).

Mlle Véronique Pittet, à Fribourg, diocèse de Lausanne..... ..	5
M. l'abbé Briand, à Nantes.......	8

Au R. P. Ambroise Robert, missionnaire à Tian-Hoa (Tong-King occidental).

M. Jean-Baptiste Audouard, de la paroisse Saint-Pothin, Lyon.	1.000

A Mgr Laouënan (Pondichéry), pour les victimes de la famine.

Mme C., d'Autun, demande de prières pour un défunt........	2 40

Pour la mission la plus nécessiteuse de Cochinchine (Mgr Colombert).

Un abonné d'Alsace, diocèse de Strasbourg...................	3

Pour les missions de l'Inde (Maduré).

Un abonné du diocèse de Nantes, demande de prières..........	200

Pour les missions les plus éprouvées de Chine (Hou-pé méridional).

Un abonné du diocèse de Nantes, demande de prières.	200
Un abonné d'Alsace, diocèse de Strasbourg...................	3

Au R. P. Cosserat, provicaire de la mission du Tong-King occidental.

Un abonné du diocèse de Lausanne.......................	6
Mlle Véronique Pittet, à Fribourg, diocèse de Lausanne........	10

Pour la mission la plus nécessiteuse d'Asie (Hou-pé méridional).

M. Gralle, curé d'Estrun, diocèse de Cambrai	5

Au R. P. Jean-Victor Humbert, missionnaire au Kouang-si.

Mme D..., à Carouge.......	30
Mme Mauris, à Carouge.....	20
Mlle Bertuet, à Compesières	10
Mme Maigre, à Genève....	5

M. Sage, à Genève............	5
Mme Charnay, à Carouge	5
Mme Bussat, à Genève..............	5
Mlle Brasset, à Carouge..........	3 50

Pour le rachat de petits Chinois (Hou-pé méridional).

M. Th. Fougeray, diocèse d'Angers, avec demande de prières.	20

A Mgr Christiaens (Hou-pé méridional).

A. X . , d'Autun, avec demande de prières pour deux défuntes.	20
Une anonyme de Bordeaux, demande de prières.......... ...	10
Une chrétienne par un Père Jésuite heureux de cet hommage à la recommandation du cardinal Siméoni..........	3.000
M. Pierre-Marie Pique, diocèse de Rouen.	10

A Mgr Biet, vicaire apostolique du Thibet.

M. Desgodins, à Nancy (produit de la vente de volumes le Thibet).	51

A M. Desgodins, provicaire du Thibet.

Mme Veuve Cornu, à Verdun...	100
M. le Vicomte du Coëtlosquet, id.........................	20
Trois anonymes id.	47
X... id.	32 50
M. Desgodins id.	58 50

A M. Pierre Pasquier, missionnaire en Corée.

Mlle Véronique Pittet, à Fribourg, diocèse de Lausanne........	10

Pour les lépreux les plus nécessiteux (P. Vigroux).

Une anonyme de Bordeaux, demande de prières......... ...	3

Pour la mission la plus nécessiteuse du Japon (Mgr Cousin).

Un abonné d'Alsace, diocèse de Strasbourg..................	3

A M. Marmand, missionnaire à Okinoshima (Japon méridional), pour contribuer à l'achèvement de son église dédiée à saint Michel.

Une anonyme de Bordeaux, demande de prières	5

A Mgr Berlioz, pour la mission d'Hakodaté.

Un abonné de Chaumont, diocèse de Langres	10
Anonyme E. de Paris.....	20

Au R. P. Vigroux (Japon septentrional) pour sa léproserie.

M. Faneau, à Batz, diocèse de Nantes.	5 20

A M. Corre, à Kummamoto (Japon méridional), pour ses catéchistes.

Par l'entremise de M. Freyburger, à Ribeauvillé, diocèse de Strasbourg	38

Pour l'orphelinat d'Osaka (Japon central).

Mme Joyant, à Paris........	30

Pour le séminaire de Nagasaki (Japon méridional).

Deux jeunes époux, de Coutances, demandant des prières pour obtenir la santé...........	10

Pour rachat d'enfants nègres (P. Lejeune, Gabon).

Anonyme de Londres...	38

Pour la mission la plus nécessiteuse d'Afrique (au même).

M. Gralle, curé d'Estrun, diocèse de Cambrai...............	5
Un abonné d'Alsace, diocèse de Strasbourg.........	3

Pour les missions de Mgr Lavigerie au Tanganika et au Victoria Nyanza.

Un abonné de Nantes, demande de prières...............	200

Pour les religieuses de N.-D. de la Délivrance à la Martinique.

Mme la comtesse de Chabannes, à Chartres...............	10

A Mgr Couppé (Nouvelle-Poméranie), pour rachat d'esclaves.

Mlle Marie Servant, de Lyon.	100
Mme Veuve Bunel, à Fresnes, diocèse de Séez·············	10
Un vicaire du diocèse de Séez.........................	13 50

Au R. P. Robert (îles Fidji).

Mlle Marie Servant, de Lyon.	100

[La suite des dons prochainement].

TH. MOREL, *Directeur-gérant.*

Lyon. — Imprimerie MOUGIN-RUSAND, rue Stella, 3.

ARABIE. — LE SERBAL, VU DU OUADI ECH-CHEIK; d'après une photographie envoyée par le R. P. JULLIEN (voir page 617)

CORRESPONDANCE

TRICHINOPOLY (Hindoustan).

La famine au Maduré.

La correspondance qu'on va lire est bien de nature à émou-voir la pitié. Le vénérable évêque de la grande mission du Ma-duré fait connaître les épreuves qu'il a plu à Dieu d'envoyer, pendant cette année, à une partie de ses chrétientés.

LETTRE DE MGR BARTHE, DE LA COMPAGNIE DE JÉSUS, ÉVÊQUE DE TRICHINOPOLY.

Trichinopoly, 23 novembre 1891.

Dans le sud de la mission, les pluies ont fait complète-ment défaut pendant plus d'un an. Aussi les récoltes ont été brûlées par le soleil, et tout a péri dans les champs. Nos pauvres cultivateurs ne recueillent guère que ce qu'il leur faut pour arriver au temps de la prochaine moisson. Aussi, quand les récoltes viennent à manquer, c'est la misère et la famine pour le pays.

Les palmiers sont la principale richesse de certains districts; mais la sécheresse a été telle que les

palmiers eux-mêmes ont péri par milliers. Ceux qui ne sont pas morts ont tellement souffert qu'il faudra trois ou quatre ans de bonne pluie avant qu'ils puissent don-ner de nouveau leur fruit.

Sur plusieurs points, des villages entiers se sont déter-minés à émigrer, espérant trouver dans d'autres parages de quoi ne pas mourir de faim. Quant aux familles qui ont refusé d'abandonner leurs foyers, dans quelle pro-fonde misère elles sont plongées !

« A tout moment m'écrivait, de Sattanculam, le P. Guchen, le 14 de ce mois, nous voyons arriver de pauvres affamés qui se jettent à nos pieds en criant : « Père, il y a deux jours, il y a trois jours, que je n'ai « rien mangé ; ayez pitié de moi ! » Et à ces pauvres malheureux souvent je puis donner à peine un sou ! Quelquefois même les larmes me montent aux yeux, je suis obligé de leur refuser ce modique secours, toutes mes ressources étant épuisées. Rien pour manger, rien pour se vêtir! Que de pauvres femmes ne peuvent plus, faute de vêtements, décemment sortir de leur cabane et se présenter en public !

Touchons-nous à la fin de tant de misères ? Nous l'avons espéré un instant quand les pluies ont commencé dans les premiers jours d'octobre. Mais, hélas ! aux souffrances causées par la sécheresse s'adjoignent maintenant celles non moins douloureuses créées par des pluies torrentielles pendant plus d'un mois. Dans plusieurs endroits, les terrains, qui avaient été ensemencés aux premières ondées, ont été emportés ou ensablés ; ailleurs, les graines qui avaient germé ont pourri sous l'eau. Partout c'est la ruine des récoltes, et par suite c'est, pour l'année prochaine, encore la famine avec toutes ses horreurs.

Au milieu de tant de misères, nos pauvres chrétiens, surtout les néophytes, sont soumis à de bien grandes épreuves. Le mois dernier, notre missionnaire de Tuticorin ayant converti et baptisé un village de païens, un riche propriétaire proposa aux néophytes de leur donner gratis de quoi ensemencer leurs terres, s'ils retournaient à leur première religion. Mais tous repoussèrent avec horreur une pareille proposition.

Dans un autre village, nouvellement converti aussi, un païen pressait un néophyte de payer une somme qu'il lui devait ou de renoncer à la religion catholique. Le pauvre néophyte, sans hésiter, vend aussitôt le peu de terres qu'il possède, donne l'argent au créancier et dit ensuite avec joie au catéchiste : « Je préfère laisser en héritage à mes enfants la foi de Jésus-Christ que les champs de mes ancêtres ! »

La partie de notre mission ainsi éprouvée par la famine est celle où le mouvement de conversions est le plus accentué. Un Père qui a établi cette année quinze nouveaux postes, m'écrivait la semaine dernière : « Partout, au milieu des souffrances qui nous affligent, la grâce de Notre-Seigneur suscite un mouvement extraordinaire de conversions. Des villages entiers sollicitent la faveur de passer à notre sainte religion et de recevoir le baptême. Si j'avais des ressources, je pourrais fonder en quelques mois plus de vingt nouvelles chrétientés ! »

Puisse le Sacré Cœur de Jésus venir à notre secours ; puisse-t-il nous envoyer les ressources nécessaires pour soulager dans leur misère nos pauvres chrétiens et répandre de plus en plus le règne de Notre-Seigneur parmi les milliers de païens qui nous entourent !

LES MASSACRES EN CHINE

Le Séminaire de missions de Scheut-lez-Bruxelles a reçu de Chine, le télégramme suivant de Mgr Rutjes, vicaire apostolique de la Mongolie orientale :

Le Père Minn, prêtre chinois, et mille chrétiens ont été tués, dans les récents troubles, pour des motifs religieux. Tous nos confrères ont été sauvés. La protection est arrivée.

RUTJES, *vicaire apostolique.*

INFORMATIONS DIVERSES

France. — *Une bonne pensée.* — Un prêtre du diocèse de Grenoble nous communique une pensée heureuse et qui devient pratique à cette époque. Combien de nos enfants de France vont voir se renouveler leurs jouets quand les anges de Noël les visiteront pendant ces jours bénis !... Alors, avec l'inconstance ordinaire à la nature humaine, les jouets nouveaux feront oublier et dédaigner les anciens.

Qu'ils soient à leurs frères des missions, moins heureux, à tous ces petits sauvages que l'affection n'entoure pas comme eux, et qui feraient leurs délices de ce qu'ils vont laisser dans l'oubli. Nous avons cru devoir donner la publicité à un projet qui montre une fois de plus combien nos amis dans leur dévouement à notre Œuvre cherchent à favoriser par les moyens les plus ingénieux l'apostolat des missionnaires.

Pondichéry (*Hindoustan*). — M. Fourcade, des Missions Étrangères de Paris, nous écrit d'Alladhy :

« L'autre jour, le choléra a dispersé pour la seconde fois mes catéchumènes. Je les ai ondoyés avant leur départ. Le 24 octobre, la pluie torrentielle et rupture des étangs dans plusieurs villages. Cinq jours après, la pluie recommence et jusqu'ici a rendu le travail impossible. La trop grande humidité fait jaunir le *sôlam* qui devait sauver le pays. Les Indiens le disent aux trois quarts perdu. De légères ondées en auraient fait une belle moisson. Apparition de vers innombrables qui dévorent l'herbe et les semis de riz. Affluence d'affamés grelottant et me demandant de la toile. Cabanes des indiens dans le plus triste état de délabrement et d'humidité. De là, rhumes, fièvres et recrudescence du choléra.

« La semaine dernière, treize extrêmes-onctions de pestiférés à Sambody : mort de huit chrétiens ; baptême de dix païens *in articulo mortis*. Voyant que je les soignais comme mes enfants, les quatorze familles encore païennes me prient de les inscrire sur le registre des catéchumènes. Ces jours-ci, et pour la troisième fois, invasion du choléra à Alladhy. Nombreux malades ; jusqu'ici trois morts. Ici, pour ainsi dire devant ma porte, un adolescent de quinze ans vient de recevoir l'extrême-onction et est sur le point d'expirer. Une vieille que j'assistais de mon mieux est morte la nuit dernière sans que personne s'en aperçoive. Depuis trois jours je n'avais pas d'argent. C'est la faim qui l'a emportée. Le ciel s'éclaircit, la pluie semble devoir cesser. Oh ! va semer le riz, ou le planter. Mais d'ici à la moisson, n'y a-t-il pas quatre bons mois ? D'ici là, que de souffrances ! Les païens se présentent en grand nombre comme catéchumènes ; j'en ajourne beaucoup jusqu'à l'arrivée de nouveaux secours. De quatre boisseaux à la roupie, le *Kévrou* est descendu à trois un quart, et de quatre et demi, le riz est descendu à quatre. Il baissera encore, dit-on.

« Nous avons failli faire une grande perte. Le P. Darras s'est battu en duel avec le choléra. Pendant deux jours, notre confrère a paru blessé à mort. Au moment décisif, Notre-Dame de Lourdes n'a pas permis à l'agresseur d'achever le brave missionnaire qui lui bâtit un sanctuaire. Et le Père a repris vie, il continue son église, il court sur le choléra partout où il se trouve et le déloge à coups de pilules et de drogues. »

États-Unis. — On compte actuellement 120,000 catholiques nègres aux États-Unis, ainsi répartis dans divers diocèses : Alton, 300 ; Baltimore, 3,500 ; Charleston, 800 ; Leavenworth, 135 ; Little Rock, 100 : Louisville, 5,794 ; Mobile, 2,500 ; Nashville, 35 : Natchez, 1,500 ; Natchitoches, 12,000 ; Nouvelle-Orléans, 80,000 ; New-York, 3,500 ; Caroline du Nord, 150 ; Philadelphie, 1,500 ; Pittsburg, 500 ; Richmond, 600 ; Saint-Augustin, 1,100 ; Saint-Louis, 3,700 ; San Antonio, 150 ; Savannah, 1,300 ; Wilmington, 100. Les Noirs ont 27 églises pour leur usage exclusif, 110 écoles fréquentées par près de 7,000 enfants. Ils possèdent en outre 8 asiles pour orphelins ; une maison pour les enfants trouvés et un hôpital.

LA MISSION DES DEUX-GUINÉES
ET
L'ESCLAVAGE

Par un Père de la Congrégation du St-Esprit et du St-Cœur de Marie

Suite et fin (1)

LA FEMME.

La petite fille, dès sa naissance, est l'objet d'une spéculation sordide ; elle n'a pas deux jours que déjà trente ou quarante francs de notre monnaie ont été donnés à son père pour l'avoir plus tard en mariage.

Souvent elle appartient de droit au gendre de son père ; le cas se présente quand celui-ci est devenu veuf ou que sa femme, sœur de la petite fille, a réussi à faire casser son mariage.

Quelquefois, si le père est endetté, il donne son enfant pour acquitter ses dettes.

A l'âge de quatre ans environ, la petite fille est promise en mariage. Ordinairement elle est vendue à un chef déjà dix, ou cinquante fois polygame, car les chefs seuls, vu la quantité énorme de marchandises à donner, peuvent acheter des femmes.

Souvent le père, poussé par une cupidité sordide, promet sa fille à plusieurs prétendants. Il reçoit des marchandises de tous, et, quand vient pour la fille l'âge de sept huit ans, elle suivra celui qui aura donné le plus.

De là une cause perpétuelle de guerres, de là des coups de fusils, des morts, quelquefois des villages entiers brûlés et plusieurs femmes volées.

Sous le toit paternel, tous les caprices de l'enfant sont obéis par sa mère ; la séparation arrivera si vite !

Cette mère lui couvre le corps de fétiches fabriqués avec des cheveux, des ongles, de la crasse râclée sur son corps, cornes de fauves, poils de cabris, etc. Les uns sont destinés à la faire grandir, les autres la préservent contre la maladie, le poison et les animaux féroces ; quelques-uns sont des fétiches de beautés, d'autres doivent lui attirer un grand nombre de prétendants.

Puis, vient l'époque du tatouage, à cinq ou six ans. Les unes portent au milieu du front un soleil, encadré de deux croissants ; d'autres fois c'est une guirlande qui part du front, descend de chaque côté sur les joues et va se rejoindre sous le menton.

Le cou est tatoué, la poitrine surtout, le dos encore mieux ; c'est quelquefois une suite de fers à cheval qui vont du cou à la ceinture en longeant l'épine dorsale, ou de la gorge au nombril ; plus souvent ces fers à cheval forment sept à huit cercles autour de la taille. Beaucoup portent sur tout le corps des croix rouges et noires symétriquement disposées. On rencontre aussi des serpents, des oiseaux, des limaçons, des caméléons dessinés sur la poitrine, les joues et les reins.

Or le tatouage est un véritable supplice ; la pauvre enfant est tailladée avec des ciseaux, et toutes ses plaies sont lavées avec de l'eau saturée de bois d'ébène ou de santal.

(1) Voyez n°ˢ des 6, 13, 20, 27 novembre, 4, 11 et 18 décembre.

Enfin, vient le moment de se séparer de sa mère. La petite a sept ans, huit au plus. Les marchandises sont apportées et étalées sous les yeux du père. Celui-ci les examine, en discute la valeur, et, s'il est satisfait, livre sa fille.

Oh ! que de petites filles qui refusent de partir et de se séparer de leur mère !

« — Mais je suis trop jeune, disent-elles ; mais cet homme me fait peur ; mais je vais mourir ! Oh ! mère ! ne me laisse pas aller, je ne veux pas me séparer de toi. »

Et la mère refuse de se dessaisir de sa fille ; elle prie, supplie de lui laisser son enfant.

Le père, vrai bourreau, n'est ému ni de ces supplications, ni de ces pleurs ; il arrache de force la pauvrette aux embrassements de sa mère et la livre à celui qui va bientôt devenir son tyran..

Souvent, pour éviter une scène, c'est pendant la nuit que le marché est conclu. La petite fille dort d'un sommeil très profond ; on l'enlève, on la dépose dans une pirogue, et le lendemain elle se réveille dans un village étranger qu'elle n'a jamais vu. Elle ouvre les yeux, cherche sa mère, l'appelle ; personne ne répond.

« — Où suis-je ? demande-t-elle.

« — Chez toi, répond le mari.

« — Et ma mère? Mère! Mère! Nana! Nana ! » crie-t-elle de toutes ses forces !

Et sa mère ne vient pas ! Puis elle demande son frère, ses sœurs, toutes les personnes qu'elle a connues ! personne, personne ne vient ! Elle se prend à pleurer, elle se sauve. Hélas ! bien vite elle est atteinte, enfermée, mise aux fers et frappée.

Une jeune fille de douze ans s'est pendue de désespoir parce que son père la forçait à suivre un mari qu'elle détestait ; une deuxième s'est noyée pour le même motif, une troisième, après s'être évadée six fois et avoir été ramenée six fois par son père, a été couchée en croix par son mari qui lui a lié les pieds et les mains, et lui a coupé les oreilles, le nez et les lèvres.

Bien souvent, ces femmes sont prises dans les guerres entre villages. Des Fangs armés se cachent pendant la nuit près d'un jardin de bananiers, et au petit jour, quand les femmes arrivent au travail, ils tuent les hommes qui les accompagnent et enlèvent celles qui n'ont pas pu réussir à se sauver.

Les femmes ainsi prises dans les guerres sont d'abord gardées longtemps, des mois entiers, en prison. Souvent elles cherchent à fuir, et alors commence pour celles qui sont reprises un véritable martyre. On lui brûle la peau, la poitrine et les joues avec un fer rougi au feu, on la frappe, on l'enchaîne plus étroitement, on la prive de nourriture ; après l'avoir ainsi martyrisée, si elle tente encore une fois de s'évader, on la tue.

La plus jeune des femmes, étant naturellement la plus faible, est aussi l'esclave de toutes les autres.

A elle toutes les plus fortes corvées, les plus lourds fardeaux, les travaux les plus pénibles.

A elle encore d'arriver la première aux champs avec sa hotte bondée de bananes et de manioc pour faire la cuisine à son mari et aux amis de son mari ; à elle de ramasser le bois de la forêt et d'aller puiser l'eau à la fontaine. A elle, en un mot, tous les plus gros travaux.

Le mari va-t-il aux factoreries vendre son ébène ou son caoutchouc? il est toujours armé et chargé de son fusil, tandis que ses femmes et surtout la plus jeune plient sous le poids de leur charge.

Il arrive, hélas! que quelquefois ces pauvres femmes oublient leurs devoirs et se rendent coupables d'infidélité ; une première fois,elles sont emprisonnées pendant de longs mois ; une seconde fois, on leur laboure le dos avec un coutelas et, dans la plaie, on verse du jus de piment ; puis on les brûle avec un fer rouge, on leur mutile le corps ou on leur coupe le nez et les lèvres ; enfin, on les tue.

Toutes ces pauvres femmes sont esclaves, et leur mari les vend quand elles ont cessé de lui plaire ou qu'il désire se procurer des marchandises.

Enfin, les coutumes confèrent au Pahouin le droit de vie et de mort sur sa femme.

Un jour, Ndhothouma, chef d'un village voisin de Lambaréné, attendait sa femme, silencieux et tenant son fusil entre ses jambes. Elle était dans les champs.

Bientôt elle apparaît courbée sous un énorme panier rempli de bananes et de patates, et Ndhothouma de commencer à l'invectiver et à la menacer de la crosse de son fusil.

Effrayée,la femme cherche à fuir. Elle n'avait pas fait dix pas qu'elle tombait inanimée, percée de quatre balles. Il y eut palabre,les parents de la femme demandèrent la tête de ce barbare à la justice des Fangs, mais cette justice trancha ainsi l'affaire : Ndhothouma était dans son droit et la famille de la défunte devait lui donner une autre femme ou bien rendre la dot offerte pour le mariage de la première.

Le remède à employer, c'est celui qui nous a déjà si bien réussi ; c'est simplement d'attirer dans les missions et chez les Européens toutes ces malheureuses créatures. Habituées à être durement menées, elles trouveront douce l'autorité du blanc, et, par leurs rapports avec leurs compagnons d'infortune, elles les attireront chez nous.

Oui, guerre à l'esclavage. Les Pères du Saint-Esprit la font depuis tantôt cinquante ans et avec un plein succès. Ils la font près du tiers de l'Afrique, dans tout le Sénégal, depuis le cap Blanc jusqu'à la côte d'Ivoire et indéfiniment dans l'intérieur jusqu'à Tombouctou. Ils la font dans le Bas-Niger, dans le Bénoué, sur toute la côte, au Gabon, dans l'Ogowé, le Congo, l'Oubanghi, la Sanga, le Benguéla, le Cunène, la Cimbébasie, le Betshouanaland, et dans l'intérieur, tout près des Nyams-Nyams ; enfin dans le Zanguebar, le pays des Somalis et les îles avoisinantes.

Ils ont dans tous ces pays soixante-une missions ! et pour toutes ces missions, deux cents missionnaires prêtres et cent Frères. Grâce à eux et à leurs frères des autres Congrégations, la guerre est déclarée à l'esclavage ; une guerre sans une goutte de sang versé, une guerre d'où les combattants sont assurés de sortir vainqueurs.

FIN

VOYAGE AU SINAI

PAR LE

R. P. Michel JULLIEN, de la Compagnie de Jésus.

Suite et fin (1)

XXXVIII

Du Sinaï à Sarbout el-Khadim.

Il faut songer à reprendre le long chemin du désert pour le retour. On nous présente le livre des voyageurs en nous priant d'y inscrire nos noms. Le livre est intéressant ; on voudrait le feuilleter longtemps, car il y a des noms illustres et d'originales observations. A la date du 9 septembre 1823, on lit la signature de Fréd. Burckhardt, le célèbre voyageur suisse qui pensa expliquer le miracle de Mara par du jus de nitraria et de grenades :

« Nous sommes venus ici, écrit-il, non pour voir le mont Sinaï, mais dans un but d'utilité. »

Voici un autre savant qui n'a pas peur d'être pris pour un pèlerin et nous plaît mieux : « Au mont Saint-Bernard en Europe, j'ai reçu la plus douce hospitalité chez des religieux auprès desquels mon nom me faisait passer pour un protestant. Au mont Sinaï en Asie, j'ai été pareillement bien reçu par des moines grecs qui me savaient de la religion catholique, religion libérale, sublime, qui enseigne à pratiquer tant de tolérance et de charité. » — 19 juin 1830, Baron Taylor.

Les voyageurs sont cependant peu nombreux et la grosse moitié est de langue anglaise. Dans les six dernières années, nous comptons dix-sept Anglais ou Américains du nord, quatre Allemands, quatre Russes, trois Français, deux Italiens, un Belge et un Hollandais. Il faut ajouter presque chaque année une cinquantaine de paysans russes venus au Sinaï par la voie de Thor, après avoir visité la Terre-Sainte ; mais ceux-ci n'écrivent pas leurs noms.

Nous remercions de notre mieux nos charitables hôtes, leur souhaitant dans le silence du cœur, en récompense de leur charité et de leur vie austère, la foi catholique entière et l'union avec la sainte Église. Ils nous confient le volumineux courrier du couvent pour le porter à Suez, et nous partons le 22 novembre 1889, vers le milieu du jour.

Cette fois, c'est toute une caravane ; plusieurs Bédouins partent avec nous pour diverses destinations et nous quitteront en route. Il y a cinq chameaux, neuf hommes et deux enfants, Rabah et l'un de ses amis. L'actif et dévot Aoudi est toujours notre chef.

Notre chemin est le ouadi ech-Cheik, déjà connu. Nous le suivrons longtemps, puis, laissant à l'ouest Feiran et les contrées déjà parcourues, nous irons droit dans la direction du nord-ouest jusqu'aux ruines de Sarbout-el-Khadim.

Que la première nuit fut belle à l'extrémité du bois de Tarfa, sur le doux sable d'une clairière entourée du gracieux feuillage des tamarix et dominée par de hauts rochers, vrai palais de la nature où l'homme n'a rien rape-

(1) Voir les Missions Catholiques des 7, 14, 21, 28 août, 4, 11, 18, 25 septembre, 2, 9, 16, 23, 30 octobre, 6, 13, 20, 27 novembre, 4,11 et 18 décembre, et la carte, page 417.

tissé des œuvres de Dieu pour les mettre à sa mesure. Après avoir pétri le pain, les deux petits se firent un jeu à part pour s'amuser ensemble, tandis que les hommes causaient de leurs graves affaires.

Le lendemain nous marchons encore trois heures et plus dans le ouadi ech-Cheich, en vue du Serbal qui s'élève avec toute sa majesté dans l'alignement de la vallée (voir la gravure page 143). Sur les montagnes de granit en vue, de nombreuses veines sombres, presque toutes dirigées du nord au sud, font un singulier effet. On dirait des fils noirs flottant sur des vagues de lave brune. Il en est qu'on peut suivre du regard sur une longueur de plusieurs lieues. Ces veines de diorite et de porphyre, plus dures que les roches environnantes, ont mieux résisté que le corps de la montagne à l'action de l'air et de la pluie et ont fini par faire saillie. Rarement leur épaisseur dépasse trois ou quatre mètres ; leur couleur, généralement sombre, varie du rouge brique au noir verdâtre. On les rencontre dans tout le massif des monts sinaïtiques ; mais nulle part elles ne nous ont paru aussi remarquables par leur étendue et par l'uniformité de leur direction.

En quittant le grand ouadi, on sort des hautes montagnes sinaïtiques, le paysage devient moins sombre et ressemble un peu plus à ce qu'on voit dans d'autres pays montagneux. Le chemin, fort accidenté, monte d'abord dans un misérable ravin méritant à peine le nom de ouadi Solef, coupe ensuite de beaux ouadis dirigés de l'est à l'ouest, après avoir traversé les hauteurs qui les séparent.

La montée qu'on rencontre après avoir coupé le ouadi Bérah est singulièrement belle ; c'est un beau paysage des Alpes, moins la fraîcheur. Le long d'une muraille de rochers droits, on gravit le flanc d'une belle montagne parfaitement uni et tapissé sur une grande largeur d'herbes délicieuses aux chameaux. Devant les yeux, sur la hauteur, s'élève une gracieuse colline en cône effilé d'une étonnante régularité géométrique, et, si l'on regarde en arrière, on a une vue incomparable sur les grands ouadis, le Sinaï et les hauts sommets qui lui font couronne au sud. Une ou deux belles inscriptions sinaïtiques s'étalent sur la paroi de rochers. Nous en rencontrerons quelques autres le long du chemin.

Sur le col, au pied de la colline en cône, commence le ouadi Leboueh que nous allons descendre durant deux heures. Au bas, il devient plat, étroit et sinueux comme le lit d'une rivière circulant entre de hautes collines, et tourne brusquement au couchant. Alors notre sentier l'abandonne pour suivre un de ses affluents venant du nord. Là se trouve un cimetière de Bédouins assez bien entretenu ; il y a des tombes encore fraîches, garnies des bouquets de Rétam qu'on y a déposés. Singulière rencontre que celle des morts dans un pays où l'on ne voit pas de vivants ! Nous trouvons sur notre route deux autres cimetières semblables. Tous sont situés à une petite hauteur au-dessus du fond de la vallée. Une grossière enceinte de rochers entoure l'emplacement, et des pierres plates, posées sur les tombes, garantissent les corps contre les hyènes ou les chacals. Il est bien rare, dit-on, que le Bédouin soit enterré hors du cimetière.

Un sentier raide et pierreux conduit sur un col où l'on voit quelques nawamis. Là, prend naissance le long ouadi Barak qui doit nous conduire presque à destination. Ce

n'est d'abord qu'une gorge pierreuse garnie de broussailles et d'acacias seyal. Nous y passons la nuit près d'une épaisse muraille en grosses pierres, sans ciment, bâtie en travers de la vallée comme serait un barrage destiné à retenir les eaux. D'après les Bédouins, ils auraient fait ce mur pour arrêter les soldats égyptiens chargés par Méhémet-Ali de venger le pillage d'une caravane ; mais l'ouvrage est manifestement plus ancien. Une large brèche donne passage au sentier et au lit du torrent.

Il reste encore six heures de marche pour arriver à Sarbout-el-Khadim. Nos hommes hâtent le pas des chameaux pour que nous ayons le temps de visiter les ruines dans la soirée. Deux heures avant d'arriver, on voit devant soi une grosse et haute montagne de grès à bandes horizontales et sombres, djébel Gharabi. Bientôt l'aspect du pays change complètement, on rentre dans les grès de Nubie aux couleurs sombres, étranges, aux coupes singulières, formant ceinture autour du massif central de roches primitives. Le sentier contourne la montagne au levant sur un sol bouleversé, et aboutit enfin à une petite plaine de sable et de broussailles, dominée au midi et au couchant par les hauts rochers à assises horizontales qui portent le plateau de Sarbout-el-Khadim. C'est là que nous campons.

XXXIX

Sarbout el-Khadim.

Sarbout, au pluriel *sarabit*, signifie en arabe une hauteur, un sommet de montagne. *Khadim* paraît venir de l'ancien mot égyptien *Khatem*, forteresse. Sarbout el-Khadim peut donc se traduire: la montagne de la forteresse.

Il n'est pas facile d'y monter. Un Bédouin du pays, qui nous a rejoints en route et se donne pour un guide attitré, nous propose d'abord un chemin à faire tourner la tête d'en bas ; il consent enfin à nous conduire par une voie moins effrayante, mais à son avis tout aussi difficile : elle grimpe en zigzag sur trois terrasses superposées, dont les rochers à pic ne sont séparés que par des corniches fort inclinées et remplies de pierres roulantes. Il faudra circuler sur ces corniches et gravir les rochers par d'étroites fentes peu distinctes de loin. Les Egyptiens, qui avaient là-haut leur temple, y montaient sans doute par un meilleur chemin disparu sous les éboulements de la montagne.

En une heure on atteint le temple situé au point culminant du plateau, près du bord oriental, à 210 mètres au-dessus de la petite plaine où nous avons campé, à 807 mètres d'altitude. Le plateau est vaste, plusieurs kilomètres en tout sens, fort accidenté et coupé de profondes crevasses.

Dans une enceinte presque entièrement écroulée, on voit une quantité de stèles, les unes debout, les autres couchées et brisées, présentant tout à fait l'aspect de pierres funéraires, puis un amas confus de pierres taillées, de linteaux, de colonnes et de chapiteaux à tête de vache représentant la déesse Athor ; enfin le naos et pronaos, sanctuaire et vestibule d'un petit temple, creusés dans le roc. L'aspect général est celui d'un cimetière autour d'un temple ruiné, et telle fut la pensée de Niebuhr, le premier des modernes qui signala ces ruines en 1762.

L'enceinte a 52 mètres sur 21. Le petit temple,taillé dans le rocier,est évidemment la partie la plus ancienne. Ses parois portent encore des traces de bardes colorées et ornées de hiéroglypies qui devaient être d'une grande beauté. Son vestibule est ouvert par devant. Les grands, débris accumulés autour appartiennent évidemment à un second temple construit plus tard sur un autre alignement. Il est tout entier bâti de pierres de taille assemblées sans mortier. On y voit des sculptures représentant des scènes' égyptiennes ; mais tout est bouleversé et a beaucoup souffert du temps. E. H. Palmer y a trouvé des inscriptions, des verres, des terres cuites, des fragments de vases employés

au service du temple et les a transportés au Britis) Museum.

Les stèles sont toutes de longues pierres plates, arrondies en demi-cercle au sommet. L'une d'elles prise au hasard, mesure 2 m. 50 en lauteur, 0 m. 70 en largeur et 0 m. 30 d'épaisseur. Une autre nous a donné des chiffres peu différents : 2 m. × 0,60 × 0,20. Toutes portent des inscriptions hiéroglyphiques ; quelques-unes sont écrites sur les quatre faces. Elles sont l'œuvre de chefs des mineurs désireux de transmettre aux générations futures, avec leur nom et celui du pharaon régnant, le témoignage de leur activité dans les travaux et des services qu'ils ont rendus.

L'un d'eux dit qu'avec quinze ouvriers il a produit plus de

SYRIE. — ÉGLISE DE GÉDAIDAH: d'après un dessin envoyé par Mgr GÉRAIGINY (Voir page 621)

métal que n'en donnait Magiaran au temps de Snefrou. Un surintendant des mines parle de troupes venues pour défendre les ouvriers contre les tribus voisines, et se vante de n'avoir jamais interrompu le travail ni perdu une veine. D'autres parlent de convois de blé, de bestiaux, de volaille, de gibier, de légumes amenés d'Egypte pour approvisionner les travailleurs.

Ces inscriptions et celles des temples font connaître l'histoire du district minier. Les mines furent ouvertes par Amenemhât III, pharaon de la XIIe dynastie, et définitivement abandonnées, à ce qu'il semble, sous Ramsès III, le second roi de la XXe dynastie vers l'an 1200 avant Jésus-Christ. Dans ce laps de temps, l'exploitation fut trois fois

interrompue, d'abord durant toute la période où les tribus asiatiques envahirent l'Egypte et lui donnèrent les rois Pasteurs ou Hycsos, puis d'Aménhotep III à Séti Ier, deuxième pharaon de la XIXe dynastie et enfin pendant le règne de Ménephtah et de ses trois successeurs, intervalle qui comprend les quarante années du séjour des Hébreux dans le désert. Encore ici nous trouvons vérifiée la promesse de Moïse à son peuple, faite au moment du passage de la mer Rouge : « Les Egyptiens que vous voyez à présent, vous ne les verrez plus jamais » (1).

Il n'est sur le plateau aucune autre ruine ; on y rencontre seulement quelques excavations minières pratiquées pour la

(1) Ex ,XIV, 13.

recierere des turquoises. Les mines de cuivre et de ter, ainsi que les bâtiments d'exploitation, sont plus loin sur les talus du plateau et dans les montagnes auxquelles il s'adosse à l'ouest. Demain nous passerons tout procie.

Nous allons marcier à l'ouest pour rejoindre le ciemin des Hébreux que nous avons suivi en venant de Suez. Le sentier tourne au nord la montagne de Sarbout el-Kiadim et descend un bel ouadi, plat et uni comme une grande route. De temps à autre on passe sous de beaux et vieux acacias seyal étalés en parasols, juste à la iauteur où ne peuvent plus atteindre les ciameaux. De larges coulées de pierres noires descendant du plateau font croire à d'im-

menses dépôts de scories, restes des exploitations métallurgiques. Il y a, en effet, quelque? scories artificielles, mais ici la plupart sont naturelles.

Après deux ieures, les rociers s'abaissent, l'iorizon s'ouvre, on est à la jonction du ouadi Nasb, une légère dépression qui vient de en longeant le talus occidental des montagnes minières. Nos iommes s'arrêtent en face d'une grande rocie ferrugineuse, rappelant par sa forme singulière le célèbre spiinx de Giizei et se mettent à décirarger les ciameaux. Ces bonnes bêtes n'ont pas bu depuis le Sinaï; n'est-il pas juste de leur accorder le temps d'aller à la source qui se trouve à une ieure plus loin?

JAPON. — MANIÈRE DE PORTER LES POIDS AU JAPON: d'après une piotograpiie (voir page 622).

Ce ouadi, à la belle source ombragée de palmiers, fut vraisemblablement le principal centre des travaux, tant pour l'extraction du minerai que pour sa réduction en métal. On voit sur ses bords de grands amas de scories rejetées des fourneaux, des restes d'iabitations pour les ouvriers, un vieil obélisque égyptien dont les iiéroglypies sont à demi effacés, et dans les coteaux environnants de vastes galeries où l'on a réservé des piliers pour supporter le plafond. Le minerai le plus abondant est un oxyde de cuivre, noir et terreux. Quelques gisements paraissent épuisés; mais il reste ailleurs des veines d'une grande puissance, capables d'alimenter une importante exploitation. L'une d'elles a plus de soixante mètres d'épaisseur.

Il paraît que les voyageurs de quinze ou vingt siècles en arrière s'arrêtaient comme nous près de la grande rocie pour envoyer boire leurs ciameaux, et employaient les loisirs de leur attente à graver leurs noms, à figurer leurs chameaux. Nulle part, sauf au ouadi Mokatteb, nous n'avons vu des inscriptions sinaïtiques plus belles, plus variées, plus nombreuses. Il y a tous les genres de caractères, toutes les façons de traits, et cela paraît fait d'ier; tous les coups de pointe qui les ont creusées ou martelées se reconnaissent. Ces voyageurs n'ont pas ciercié pour leurs inscriptions les surfaces du rocier les plus planes, mais celles dont la situation était la plus commode au graveur la mieux en vue des passants.

Non loin de ce rocier commence une plaine de sables mouvants nommée avec redondance Debbet er-Ramlei, terre sablonneuse de sable. Elle s'étend le long de la ciaîne du Tih sur une longueur de cinquante cilomètres, jusqu'à la pointe méridionale de la ciaine ; c'est la seule étendue de sable un peu considérable qui se rencontre dans l'intérieur dela péninsule au sud du Tih. Nous la traversons en biais durant trois ieures, sans autre distraction que la rencontre d'un lièvre et d'une splendide amaryllidée blancie, d'une incomparable délicatesse, perçant le sable en maints endroits, le *Pancratium Sickenbergeri* (Asci. et Schweinf.) ; puis nous descendons dans le large ouadi Homr, bordé de falaises çalcaires et ricie en fleurs. La nuit se passe dans le ouadi, procie de la grosse montagne du ciameau, Sarbout el-Djémal.

Le lendemain, ce ne sont que d'interminables collines nues et monotones. Enfin, vers le milieu du jour, nous retrouvons le ciemin connu de l'Exode, près du ouadi Thal, entre la station de la mer et celle d'Elim. Après une nuit passée sous les tamarix du ouadi Gharandel, encore deux grandes journées de marcie, nous rentrons de nuit à Suez, jouir de la douce iospitalité des Pères Franciscains, de leur incomparable ciarité pour les pèlerins du Sinaï. Qu'ils en soient remerciés !

FIN

ÉPILOGUE

A la fin de son très intéressant Journal de voyage, le R. P. Jullien place en appendice une savante étude sur la route suivie par les Hébreux, depuis le Sinaï, jusqu'à Cadesbarné.

Quand Israël fut instruit de la loi et de tous les préceptes du Seigneur son Dieu, quand il eut édifié le tabernacle et organisé le culte conformément aux prescriptions divines, il dut prendre le ciemin de la Terre Promise. Mais avant de s'enfoncer dans les solitudes inconnues du désert, où il pouvait rencontrer des tribus ennemies, le sage Moïse, saciant que la confiance au Seigneur n'exclut point la prudence iumaine, s'adressa à son beau-frère Hobab, un iabitué du désert : « Nous allons au pays que le Seigneur nous a promis, viens avec nous. » — Hobab s'excusa. — Et Moïse lui dit : « Ne nous abandonne pas, car tu connais les lieux où nous devons camper dans le désert, et tu seras notre guide. Et quand tu seras venu avec nous, nous te donnerons la meilleure part des biens que le Seigneur nous aura accordés » (1). Comme Hobab ne répliqua pas, on peut croire qu'il consentit à les accompagner.

« La seconde année, après la sortie d'Egypte, le second mois, le vingt du mois, la nuée se leva de dessus le tabernacle, et les enfants d'Israël partirent, division par division, du désert du Sinaï (2). »

Quel spectacle dut être ce départ ! « Lorsqu'on élevait l'arcie, Moïse disait : Levez-vous, Seigneur, que vos ennemis soient dissipés, que ceux qui vous haïssent fuient devant votre face (3). »

« Ils partirent donc de la montagne du Seigneur, et mar-

(1). Nomb., X, 29, 31, 32.
(2) Nomb., X, 11, 12.
(3) Nomb., X. 35.

chèrent pendant trois jours ; et durant ces trois jours, l'arcie de l'alliance du Seignéur allait devant eux, et leur marquait le lieu où ils devaient camper. La nuée du Seigneur les couvrait dans le jour, tandis qu'ils marchaient. Et lorsqu'on posait l'arcie, Moïse disait : Revenez, Seigneur, vers la multitude de l'armée d'Israël (1). Et la nuée s'arrêta au désert de Piaran (2). »

« Cependant un murmure s'éleva parmi le peuple, qui se plaignait contre le Seigneur de ses longues fatigues. Le Seigneur l'ayant entendu fut irrité, et le feu du Seigneur s'allumant contre eux, consuma toute l'extrémité du camp. Et le peuple ayant crié vers Moïse, Moïse pria le Seigneur, et le feu disparut. Et il appela ce lieu Thabérah, c'est-à-dire *brûlant* (3). »

Bientôt s'élevèrent de nouvelles plaintes, suivies d'un second ciâtiment. Le petit peuple qui les avait suivis d'Egypte se mit à pleurer en demandant de la viande, et les enfants d'Israël pleuraient aussi ciacun à la porte de sa tente. Le Seigneur, pour faire cesser ces plaintes,envoya un second passage de cailles sur le camp. « Ces viandes étaient encore entre leurs dents, et ils ne les avaient pas acievées, quand la colère de Dieu s'alluma contre le peuple, et il le frappa d'une plaie très grande, et ce lieu fut appelé Qibroth-Hattaavah ou *Sépulcres de Concupiscence*; là on ensevelit ceux qui s'étaient abandonnés à la convoitise. Et, partis de Qibroth-Hattaavah, ils vinrent à Hazéroth et y demeurèrent (4). »

Hazéroth en iébreu, Hazhirah en arabe, signifie enclos, et tous les savants modernes s'accordent à reconnaître ce nom dans celui d'une source appelée A'in-Houdhérah,située à soixante-deux cilomètres nord-est du Sinaï sur la route d'A'kàbah. A'in Houdhérah marque donc la station d'Haséroth, où les enfants d'Israël s'arrêtèrent au moins sept jours, attendant que le Seigneur eût guéri Marie, sœur de Moïse, frappée delèpre pour avoir parlé contre son frère.

Le nom de la station précédente, Qibroth-Hattaavah ou les Sépulcres de Concupiscence, a disparu des lieux. Il faut naturellement ciercier son emplacement sur la route du Sinaï à A'in Houdhérah, une journée de marcie, c'est-à-dire environ vingt-quatre cilomètres en deçà du terme ; car telle fut la moyenne des étapes d'Israël en se rendant au Sinaï. Or, précisément à vingt-quatre kilomètres en arrière d'A'in Houdhérah, est un lieu nommé Eroueis-el-Ebeirig, où l'on voit des vestiges d'un ancien camp et des tumulus. Les Bédouins attribuent ces restes à une grande caravane de pèlerins qui aurait passé là se rendant à Haséroth, et se serait ensuite enfoncée dans le Tih, sans qu'on ait jamais plus entendu parler d'elle. Aussi les savants de l'expédition anglaise ont-ils proposé avec raison d'identifier les Sépulcres de Concupiscence avec Eroueis-el-Ebeirig. Quant au lieu nommé Thabérah dans le texte sacré, il n'est pas vraisemblablement que la partie consumée par le feu dans le même camp qu'on appela, après le second ciâtiment, les Sépulcres de Concupiscence.

L'emplacement des six stations suivantes est resté inconnu ; personne jusqu'ici n'a retrouvé dans ces déserts

(1) Nomb., X. 33, 31, 36.
(2) Nomb., X, 12.
(3) Nomb., X, 1, 2, 3.
(4) Nomb., XI, 33, 34.

les noms que leur donne le texte sacré (3). Israël, peuple étranger et voyageur, est resté trop peu de temps dans ces contrées pour en fixer la nomenclature. Les moines des premiers siècles n'ont pas habité ces déserts de l'est, et ne nous en ont rien appris, si ce n'est qu'ils étaient infestés de tribus barbares et cruelles dont ils redoutaient les incursions. Les anciens pèlerins ont évité ces parages ; et pour les voyageurs d'aujourd'hui, ils sont encore pleins de dangers. Y a-t-il lieu de s'étonner que l'oubli se soit fait sur les lieux où Israël a campé ?

On croit que la station d'Aradah, qui vient ensuite, est marquée par le djébel Aradeh, montagne située au delà d'Aïn Houdhérah dans la direction d'A'Kâbah. Suivent dix campements sur la situation desquels on n'a aucune donnée positive. On conjecture seulement qu'ils se trouvent sur le plateau du Tih, où les Hébreux purent se rendre par un chemin assez commode en quittant le pied du djébel Aradeh.

Les enfants d'Israël campèrent ensuite à Asiongaber, port connu, situé près de l'extrémité du golfe d'A'Kabah, et d'Asiongaber ils vinrent à Cadès ou Cadesbarné, campement célèbre où ils restèrent longtemps (1). De là ils envoyèrent des hommes choisis explorer la terre promise et leur faire un rapport ; quand, au retour des envoyés, le peuple, oubliant les miracles du Seigneur, se mit à désespérer de la conquête et redemander l'Égypte, Dieu lui lança une terrible sentence de mort: « Tous les hommes qui ont vu ma majesté et les miracles que j'ai faits en Égypte et au désert... ne verront pas la terre que j'ai promise à leurs pères... Vos corps seront gisants dans le désert, vous tous qui avez été comptés depuis l'âge de vingt ans et au dessus.... excepté Caleb, fils de Jéphoné et Josué, fils de Nun (2) ». C'est encore à Cadesbarné que, pour la seconde fois, Moïse fit couler du rocher une eau miraculeuse.

Cadesbarné est retrouvé depuis peu d'années. Un Anglais, J. Rowland, allant d'Hébron à Gaza, en 1842, entendit un cheik qui l'accompagnait, parler de Cadès. Dans un second voyage, entrepris à la recherche de cette localité biblique, il arriva à une petite oasis du nom de A'ïn Kadis, située à peu près au milieu de la distance rectiligne qui sépare el-Arich d'A'Kâbah, et plus exactement à 31° 34' de latitude, 38° 21' de longitude. La découverte fut d'abord contestée. Mais aujourd'hui, la description des lieux donnée en 1881 par un voyageur américain, H. Clay Trumbull, ne laisse guère de doute sur l'identité de Cadesbarné avec A'ïn Kadis (3). Il y a vu une vallée cultivée, assez vaste pour le campement de tout le peuple d'Israël, et tout proche, une oasis telle qu'il n'en avait pas rencontrée d'aussi fraîche depuis Feiran, avec des sources de la meilleure eau qu'il avait bue depuis le Nil. Des colonnes, des auges de marbre, des citernes, des restes d'habitations de la plus haute antiquité prouvent l'importance du lieu dans les temps anciens.

(1) Nomb. XXXIII, 8 et suiv.
(2) Deut., I, 46.
(3) Nomb., XIV, 22, 23, 29, 30.
(4) On trouve l'histoire complète de cette importante découverte dans le *Zeitschrift des Deutschen Palestina-Vereins*, B. VIII, 1885.

VARIÉTÉS

L'ÉGLISE DE GÉDAIDAH (*Syrie*).

Nous avons publié l'année dernière, page 577, une gravure représentant cette église en construction : les murs ne s'élevaient alors qu'à une hauteur de six mètres. Aujourd'hui, le gros œuvre est achevé, ainsi qu'on en jugera par la gravure reproduite p. 618 et les fidèles peuvent y assister à l'office divin.

Une personne qui a fait cette année un pèlerinage aux Lieux Saints, la décrit en ces termes :

La cathédrale bâtie à Gédaidah par Mgr Géraigiry, évêque grec-melchite de Panéas, mesure 29 mètres de long, sur 18 de large et 14 de haut ; elle est surmontée d'une coupole octogone que termine une croix ; quarante piliers en saillie la soutiennent, et aux quatre coins, quatre clochetons, — figure des quatre Évangélistes, — appellent les fidèles à la prière.

Tout est symbolique dans les églises grecques, comme tout est imagé et poétique en Orient : il y a trois portes, en l'honneur de la Sainte Trinité ; dix fenêtres, pour rappeler les dix commandements, douze œils de bœuf, comme il y avait douze apôtres. Au-dessus de la porte principale, un Évangile marbre sur lequel est écrit en grec et en arabe: « *Tu es Petrus, etc.* » et au-dessous : « *Je suis la porte, celui qui entre par moi sera sauvé.* » Sur le haut de la porte, le monogramme du Christ d'un côté, l'*Alpha* et l'*Oméga* de l'autre. Une petite porte latérale de chaque côté avec des cartouches symboliques.

Il y a trois autels ; le maître-autel dédié à saint Pierre (patron du diocèse, de l'église et de l'évêque) ; l'autel de droite, à saint Nicolas de Myre (patron des écoles), l'autel de gauche, à saint Joseph. Entre les autels, deux *Prothèses* (autels de la préparation du saint sacrifice). Une sacristie se trouve de chaque côté ; puis un autel latéral, celui des femmes, sera dédié à Notre-Dame de la Délivrande, par suite d'une promesse faite en France dans ce sanctuaire vénéré, par Mgr Géraigiry, s'il avait le bonheur de construire son église ; celui de gauche, à saint Joachim et sainte Anne, en l'honneur de Léon XIII, bienfaiteur de l'église. Devant l'iconostase, à droite, la stalle de l'évêque ; la chaire, à gauche. Le trône de l'évêque est placé au fond de l'abside, derrière le maître-autel. Encore devant l'iconostase, une haute balustrade en demi-cercle est destinée à recevoir 24 lampes, symbole des 24 vieillards de l'Apocalypse. Enfin, à gauche, la petite porte des hommes ; et, de ce même côté, outre les fonds baptismaux, un petit autel adossé au pilier et dédié à saint Pierre, le patron de l'église, que les orientaux vénèrent toujours en entrant.

Une allée de douze mètres cinquante de large entoure l'église et permet de faire au dehors la procession du saint-sacrement. Un mur ferme cette espèce de promenoir, qui sera planté d'arbres et mettra ainsi l'église au milieu de la verdure tout en l'isolant des habitations profanes ; l'évêché seul y est attenant par son jardin.

LE JAPON DE NOS JOURS.

Dans la plupart des villes maritimes de l'empire du Mikado, dans tous les ports japonais ouverts au commerce cosmopolite, on distingue trois quartiers bien différents : le quartier européen, le quartier chinois, le quartier japonais. Composé de rues parallèles ou perpendiculaires, bien propres et bien alignées, le quartier européen offre un saisissant contraste avec les deux autres. Le quartier chinois, toujours pauvrement construit, est ordinairement d'une malpropreté sordide.

« C'est là, écrit M. Georges Bousquet, que la race fourmillante et grouillante des *Nankinsan* se livre à la petite banque et aux diverses industries de tailleurs, cordonniers, vanniers, etc. On les voit toute la journée peser des marchandises (voir la gravure page 610) et faire sonner les piastres pour en vérifier le métal. Ils portent la longue queue, la petite toque d'enfant de chœur, le costume national dans toute sa pureté ; ce sont, en un mot, les Chinois cosmopolites, toujours identiques à eux-mêmes, qui en ce moment semblent être les mêmes dans le monde entier, depuis l'océan Indien jusqu'à l'Atlantique. Race infatigable et insatiable, ce sont ces Chinois qui ont établi à Yédo même les premières échoppes où un étranger ait pu se faire faire un pantalon ou une paire de bottes. Ce sont, à l'exclusion même des Européens, les garde-magasins et comptables de toutes les maisons de commerce. Dans la même partie de la ville se trouvent les débits de boissons, les cafés borgnes, où les marins des diverses nations viennent se griser, se battre et faire tapage.

« Le quartier japonais, aux rues étroites, aux boutiques innombrables, étale aux yeux des étrangers qui y circulent sans cesse, ses montagnes de bibelots, dont la plupart aujourd'hui sont fabriqués à leur intention. Laques, porcelaines, terres de Hizen et de Satsuma, soieries, bronzes, armures, sabres, bijoux d'or ciselé ou d'ivoire sculpté, tout sollicite la curiosité du novice, dont les piastres, une fois l'élan donné, sautent en déroute lors de sa poche, comme les moutons de Panurge.

« La ville européenne est infiniment moins animée que la ville japonaise ; à peine y voit-on quelques *stores*, sortes de bazars où l'on trouve des objets de toute espèce réunis dans la même boutique et vendus par le même individu, depuis des boîtes de sardines jusqu'à des varnais de voiture, depuis des chaussettes de laine jusqu'aux romans arrivés par la dernière malle... »

DONS

Pour l'Œuvre de la Propagation de la Foi

ÉDITION FRANÇAISE.

En mémoire d'un prêtre abonné aux *Missions Catholiques*	4.456
Anonyme de Lillebonne, diocèse de Rouen	10
M. Roth Legentil, à Niergnies, diocèse de Cambrai	5
M. Dehulster, à Courtrai	6 50
Une abonnée de Lourdes	15
Un aumônier du diocèse de Lyon	10
M. Raymond Mercat, diocèse d'Agen	50
M. Pierre Coste, diocèse de Viviers	0 70
Anonyme du diocèse de Dijon	8 35
L'École spéciale de Saint-Louis (*Écho de Fourvière*)	30 30
Mlle M. D.., de Condrieu	5
Anonyme id.	5
Anonyme, pour deux conversions et une grâce temporelle id...	5
Anonyme id.	2 50

Anonyme de Valence	5
Un abonné de Tarfin	57
MM. Ffatelli Agius et Cie, à Malte	243 10
M. Jean de Balanda, diocèse de Perpignan	44
M. Jean Renard Le Mans	10
Une enfant de Marie de la paroisse N.-D à Grenoble	9 70
Au nom de M. Louis Chardigny, décédé, de Lyon	50

Pour les missions les plus nécessiteuses (Abéokouta).

M. Henri Cézal, curé à Pinsaguel, diocèse de Toulouse	10
Deux anonymes du Saint-Nazora, diocèse de Saint-Dié	10
M. Simsin, curé de Carnoy, diocèse de Cambrai	5
M. R.., du diocèse d'Arras	4 15
M. Bourgeois, curé des Grangettes, diocèse de Besançon	5
Anonyme du diocèse de Lyon	5
M. A. B. de Nogent, diocèse de Paris	5
M. Rouxel, à Vitré, diocèse de Rennes	10
Anonyme G F..., de [Paris	100
M. Pierre Gaikos, Cinq-Églises (Hongrie	8
M. l'abbé Boehn, à Colmar, diocèse de Strasbourg	14
J. R.., diocèse de Chambéry	1 40

Pour la sœur Sion, à Jérusalem.

Un abonné du diocèse de Toulouse, se recommandant spécialement aux prières des missionnaires et des enfétiens	8

À Mgr Laouënan (Pondichéry), pour les affamés.

M. l'abbé Geoffray, à Pierre-Bénie, près Lyon	50

Pour les victimes de la famine dans l'Inde (au même).

Une abonnée du diocèse de Saint-Claude, au nom de Mlle Julie Jourdy	100

À Mgr Barlue, évêque de Trichinopoly.

Mme A. M. C. de M., de Lyon	400

Pour Mgr Van Camelbeke (Cochinchine orientale).

Anonyme de Lyon	200

À Mgr Puginier (Tong-King occidental).

Un ancien soldat du Tong-King, du diocèse de Séez	10

À Mgr Pineau (Tong-King méridional).

Mme A. M. C. de M., de Lyon	40
M. Durst, diocèse de Versailles	5

À Mgr Christiaens (Hou-pé méridional), pour les affamés.

Un groupe d'élèves du Petit Séminaire de Saint-Lô, diocèse de Coutances	11 05
Un abonné de Toulouse se recommandant spécialement aux prières des missionnaires et des chrétiens	5

Pour le baptême de trois Chinois sous les noms d'Anne, François, Étienne (au même).

M. de Marmier, du diocèse de Besançon	14

Pour la léproserie de Tocio (Japon).

Au nom de M. et Mme Dejaud, à Paris, avec demande de prières pour leur famille et spécialement pour la conversion de trois très proches parents	200
Un abonné du diocèse de Toulouse, se recommandant spécialement aux prières des missionnaires et des chrétiens	5

À Mgr Berlioz, évêque de Hakodaté, pour aider à la construction d'une église ou d'un autel sous le vocable de Saint-Pierre.

Un prêtre du diocèse d'Annecy	15

Pour les victimes du typhus à Hakodaté.

M. Legrand, aumônier à Isigny, diocèse de Bayeux	100

À M. Corre, missionnaire à Kummamoto (Japon méridional), pour l'Œuvre des catéchistes.

M. le baron de Hoedenb' ke, diocèse de Blois	20
Anonyme d'Avallon, diocèse de Sens, ce mois-ci de prières	77
Anonyme du diocèse de Montpellier	10
P. P., à Tours	5
M. l'abbé Kuehn, à Colmar, diocèse de Strasbourg	25

Au R. P. Lejeune (Gabon).

Mme A. M. C. de M., de Lyon	400

Pour la mission d'Onitcha (Bas-Niger).

Un abonné du diocèse de Toulouse se recommandant spécialement aux prières des missionnaires et des chrétiens	5

Pour rachat d'esclaves en Afrique (Tanganica).

Une abonnée du diocèse de Saint-Claude, au nom de Mlle Julie Jourdy	100

Aux Pères Blancs, pour le rachat de petits noirs (Tanganika).

M. Arnaud, à la Mûre, diocèse de Grenoble	20

Pour la cathédrale de Tunis.

Mme Roche, diocèse de Lyon	5
Une anonyme, diocèse de Lyon	2

[La suite des dons prochainement].

NÉCROLOGE DES MISSIONS
1890

NOMS ET PRÉNOMS	NAISSANCE	PAYS ou DIOCÈSE D'ORIGINE	SOCIÉTÉ	DÉPART	MISSIONS	LIEU ET DATE DE LA MORT	OBSERVATIONS
Damen (R. P. Arnold).	1815	Hollande.	Compagnie de Jésus.		Monts Rocheux.	Omaha, 1er janv.	Compagnon de l'illustre P. de Smet.
Grando (R. P. Michel).	1853	Italie	Salésien. de Turin	1888	Uruguay.	Villa Colon. 8 janv.	
Cherbonnel (M. Amand).	1851	Rennes.	Miss. Etr. de Paris.	1888	Tong-King occid.	Tong-King, 10 janv.	
Guira (R. F. Nicolas).		Kspagne.	Frères Prêcheurs.		Fo-kien sud.	Amoy, 11 janv.	
Feune (R P. François).	1835	Suisse.	Compagnie de Jésus	1855	Guyane.	Angleterre, 12 janv.	
Rabassi (R. P. Antoine)	1820	Italie.	Salésien	1889	Patagonie.	Buenos-Ayres, 14 janv.	
Sestini (R. P. Benoit)	1816	Florence.	Compagnie de Jésus.		Etats-Unis.	Maryland,17 janv.	
Gaitier (R. P. Etienne)	1802	Rodez.	Saint-Esprit.	1898	Cimbébasie.	Huilla, 21 janv.	
Northman (R. P. Ulrich).		Allemagne.	Bénédictin.		Etats-Unis.	Minnesota, 21 janv.	
Cauvin (R. P. Eugène).	1826	Fréjus.	Oblat de Marie.	1810	Canada.	Hull-Ottawa, 25 janv.	
† Coupat (Mgr Paul).	1842	Clermont.	Miss. Etr de Paris	1867	Su-tchuen oriental.	Tchong-King, 26 janv.	
Androuard (R. P. Victor).	1852	Laval	Compagnie de Jésus	1876	Kiang-nan.	Lille, 27 janv.	
Strub (R. P. Joseph).	1833	Strasbourg.	Saint-Esprit.	1857	Sénégambie, puis Etats-Unis.	Pittsburg, 27 janv.	Supérieur provincial aux Etats-Unis.
Eterno (M. Joseph).	1869	Italie.	Salésien de Turin.	1889	Colombie.	Guayra, 28 janv.	
Dresh (R. P. Sylvestre).		Allemagne.	Franciscain.		Etats-Unis.	Louisville, 29 janv.	
Gachel (R P. Antoine)	1822	Suisse.	Capucin	1857	Etats-Unis.puis Inde	Fribourg, 31 janv.	
Saucet (R. P. Emile).	1819	Rodez.	Miss. d'Alger.	1882	Tunisie.	Porto-Farina, 2 fév.	
Parguel (M. Placide)	1841	Rodez.	Miss. Étr. de Paris.	1866	Yun-nan.	Yun-nan, 3 fév.	
Laboursy (R.P Etienne).	1803	Poitiers.	Compagnie de Jésus.	1884	Kiang-nan.	Péking, 9 fév.	
-ourgeois (M. Franc. X).	1820	Poitiers.	Miss. Étr. de Paris.	1864	Yun-nan.	Yun-nan, 15 fév.	
Wogtmann (R. P. L.).	1828	Bavière.	Compagnie de Jésus.		Etats-Unis.	Baltimore, 18 fév.	
† Blanc (Mgr Gustave).	1844	Besançon.	Miss. Etr. de Paris.	1867	Corée.	Séoul, 21 fév.	
Dardenne (R. P. Louis).	1860	Coutances.	Saint-Esprit.	1886	Zanguebar.	Zanguebar, 18 fév.	
Ballsieper (Mgr Jourdain)	1855	Cologne.	Bénédictin.	1878	Bengale.	Subiaco, 1er mars.	Vicaire apostolique du Bengale oriental
Van Vaerembergh (R. P.)	1862	Belgique.	Miss. Etr Bruxelles.	1889	Mongolie centrale.	Shanghai, 3 mars.	
Murphy (R. P. Mich-l).	1842	Irlande.	Compagnie de Jésus		Etats-Unis.	New-York, 3 mars.	
† Tagliabue (Mgr F)	1822	-oissons.	Lazariste.	1853	Chine	Péking, 12 mars.	
Charles-Marie (R. P.).	1839	Trente	Capucin	1879	Bulgarie.	Danglovil, 13 mars.	
Jacques (R P).		France.	Compagnie de Jésus		Australie.	Melbourne, 17 mars.	
Vannée (M. Clément).	1841	Bruges.	Miss. Etr. de Paris	1867	Pondichéry.	Pondichéry, 18 mars.	
† Dardel (Mgr Edmond)	1845	Annecy.	Capucin.		Seychelles.	Port-Victoria, 21 mars.	Nommé vicaire apostolique de Zoare ; mort avant son sacre.
Grassi (R. P. Urbain).	1830	Piémont.	Compagnie de Jésus.	1866	Monts Roc..eux.	Orégon, 21 mars.	
Giova (R P. Vincent).	1854	Italie.	Salésien de Turin.	1887	Répuhl. Argentine.	Talca (Chili), 24 mars.	
Cabanel (M. Emmanuel)	1827	St-Flour.	Lazariste.	1887	Brésil.	Rio-de-Janeiro,24 mars.	
Macedo (M. Vincent de).	1826	Brésil.	Lazariste.		Brésil.	Rio-de-Janeiro,24 mars.	
Aubert (M. Pierre).	1814	Digne.	Oblat de Marie.	1842	Canada.	Paris, 25 mars.	
† Heiss (Mgr Michel).	1818	Bavière.		1843	Etats-Unis.	Milwaukee, 26 mars.	Evêque de la Crosse (1869) ; en 1880, coadjuteur et en 1881 archevêque de Milwaukee.
Carmol (R. P. Auguste).	1857	Saint-Brieuc.	Missionn. d'Alger.	1879	Tanganika?	Karema, 27 mars.	
Closset (M Jean).	1857	Metz.	Miss. Étr. de Paris.	1882	Cochinchine septen.	Cochinchine, 1er avril.	
Strosser (R. P. Jean)	1840	Alsace.	Compagnie de Jésus.	1867	Kiang-nan.	Shanghai, 1er avril.	
Chantemerle (R. P. P.J.).	1856	Lyon	Mission. d'Alger		Victoria Nyanza.	Ile Sésé, 1er avril.	
André (M. Jacques).	1861	Le Puy	Miss Étr de Paris.	1887	Corée.	Corée, 13 avril.	
Pope (R. P. Guillaume).	1830	Ecosse.	Mariste.	1867	Nouvelle-Zélande.	Meanee, 14 avril.	
Grosselin (R P. Antoine).	1833	Lyon.	Mariste.	1862	Fidji.	Zalaneokou, 20 avril.	
Plevnik (R. P. François)	1852	Prusse.	Miss. Étr. de Paris.	1890	Salonique.	Salonique. 26 avril.	
† Borgess (Mgr Gaspard).	1834	Hanovre.			Etats-Unis.	Détroit. 3 mai.	Evêque de Détroit depuis 1870.
Rensvey (M. Pierre).	1850	Lausanne.	Miss. Étr. de Paris	1887	Tong-King occid.	Tong-King, 2 mai.	
Serihan (M. Lucien).	1857	Toulouse	Lazariste.	1886	Chine.	Péking, 4 mai.	
Duby (R. P. Martin).	1821	Strasbourg.	Saint-Esprit.	1849	Sénégambie.	Paris, 8 mai.	
Saleur (M Louis).	1861	Verdun.	Miss. Étr de Paris	1884	Thibet.	Darjeeling, 8 mai.	
Chaix (R. P. Pierre).	1857	Saint Brieuc.	Mariste	1883	Fidji	Meanee, 10 mai.	
Lourdel (R. P. Siméon).	1853	Arras.	Miss. d'Alger.	1875	Victoria Nyanza.	Rubaga, 12 mai.	
Gaëtan (R P).	1810	Messine	Capucin.	1843	Brésil.	Rio, 18 mai.	
Salioi (M. Aimé).	1860	Saint-Brieuc.	Miss. Étr. de Paris.	1889	Siam.	Siam. 20 mai.	
Muller (M. Balthasar).	1865	Strasbourg.	Miss. Étr. de Paris	1889	Pondichéry.	Pondichéry, 20 mai.	
Jean (M Gabriel .	1810	Rodez.	Lazariste	1877	Chine.	Ning, 22 mai.	
Peyrot (R P. Alfred)	1866	Bourges	Miss. d'Issoudun	1889	Equateur	Quito, 22 mai.	
Chalmeton(M.Alphonse).	1847	Viviers.	Miss. Étr. de Paris	1873	Tong-King mérid.	Tong-King, 23 mai.	
Hab (M. François).	1840	Metz	Lazariste	1877	Malaisie	Malacca, 24 mai.	
† O'Connor (Mgr J.).	1823	Irlande	Miss. Étr. de Paris	1839	Etats-Unis.	Omaha, 27 mai.	Vicaire apostolique du Nébraska (1876), puis évêque d'Omaha (1885).
Nagel (R. P. Jean).	1804	Allemagne.	Compagnie de Jésus.		Etats-Unis.	Buffalo, 28 mai.	
Roustit (R. P Justinien)	1829	Rodez.	S -Cœurs de Picpus	1856	Chili.	Santiago, 2 juin.	
Buisson(R. P. François).	1828	Rodez?	Compagnie de Jésus.	1862	Maduré.	Maduré, 30 mai.	
† Herbomez (Mgr L. d').	1822	Cambrai.	Oblat de Marie.	1849	Colombie britann.	New-Westminster,3 juin.	Evêque de Mélitopolis et vicaire apostolique de la Colombie britannique, le 22 décembre 1863.

NOMS ET PRÉNOMS	NAISSANCE	PAYS ou DIOCÈSE D'ORIGINE	SOCIÉTÉ	DÉPART	MISSIONS	LIEU ET DATE DE LA MORT	OBSERVATIONS
Cremer (M. Hubert).	1825	Prusse.	Lazariste	1877	Syrie.	Beyrouth, 6 juin.	
Rathous (R. P. Charles).	1838	Nantes.	Compagnie de Jésus		Kiang-nan.	Shanghaï, 8 juin.	
Brandstetter (R. P. Fréd.).	1830	Bavière.	Rédemptoriste		Etats-Unis.	Pittsburg, 8 juin.	
Bisson (M. Victor).	1844	Séez.	Miss. Etr. de Paris.	1869	Mandchourie.	Mandchourie, 13 juin.	
Benoit (R. P.)	1817	Italie	Capucin.	1848	Brésil.	Rio, 19 juin	
Pouillard (M. Charles).	1854	Saint-Claude.	Miss. Etr. de Paris	1880	Mandchourie.	Mandchourie, 23 juin.	
Donat (R. P.).	1837	Italie.	Capucin.	1866	Mésopotamie.	Beyrouth. 29 juin.	Préfet apostolique.
Moncorget (R. P. Firmin)	1803	Lyon	Miss. d'Issoudun	1800	Equateur	Quito, 28 juin	
Meier (R. P. Anselme).		Allemagne.	Bénédictin.		Etats-Unis.	Indiana, 29 juin.	
Cochet (M. Gilbert).	1866	Moulins.	Lazariste.	1889	Algérie.	Alger, 2 juillet	
Ludovic (R. P.).	1861	Italie.	Franciscain.	1898	Haute-Egypte.	Syout, 3 juillet	
Mucielak (M. Antoine).	1886	Autriche.	Lazariste.	1890	Salonique.	Salonique, 5 juillet.	
Orcz (M. Emmanuel).		Prusse.	Lazariste.	1860	Brésil.	Campo-Bello, juillet.	
Victorin (R. P.).	1810	Florence.	Capucin.	1808	Trébizonde.	Trébizonde, 5 juillet.	
Lenoir (M. Hubert).	1843	Reims.	Miss. Etr. de Paris.	1889	Su-tchuen.	Su-tchuen, 5 juillet.	
Bernard (M. Jean).	1861	Grenoble.	Miss. Etr. de Paris	1882	Pondichéry.	Pondichéry, 5 juillet.	
Murcier (M. Louis).	1857	Lyon.	Miss. Etr. de Paris		Canton.	Canton, 5 juillet.	
Prachansky (R. P. J.).	1822	Pologne.	Compagnie de Jésus	1859	Etats-Unis.	New-York, 7 juillet.	
† Mouard (Mgr Symp.).	1828	Somuernon.	Capucin.		Agra, puis Seychelles.	Lahore, 14 juillet.	Vicaire apostolique des îles Seychelles, puis évêque de Lahore.
Forzani (R. P. François).	1814	Italie.	Franciscain.	1888	Ismaïlia.	Ismaïlia, 14 juillet.	
Rise (M. Eugène).	1861	Clermont.	Miss. Etr. de Paris.	1886	Couang-si.	Couang-si, 17 juillet	Ancien supérieur du Zambèze
Weld (R. P. Alfred).	1823	Angleterre.	Compagnie de Jésus	1883	Afrique australe.	Grahamstown, 26 juillet.	Abbé de la Trappe de Gethsémani.
Benoît (R. P.).	1820	France	Trappiste	1850	Etats-Unis	Kentucky, 10 août.	
Bonnet (R. P. Eugène).	1802	Angers.	Compagnie de Jésus.	1889	Kiang-nan.	Shanghaï, 10 août.	
Louis (R. P.).	1828	Saint-Etienne.	Capucin.	1880	Etats-Unis.	Lahore, 12 août.	
Webber (R. P. Joseph).	1848	Allemagne.	Compagnie de Jésus.	1810	Kiang-nan.	Saint-Louis, 10 août.	
André (R. P. Alexandre).	1844	Quimper	Compagnie de Jésus.	1880	Kiang-nan.	Shanghaï, 17 août.	
Simonin (R. P. Louis).	1851	France.	Compagnie de Jésus.	1855	Chine	Suangh-i, 31 août.	
Rizzi (M. Joseph).	1810	Italie	Lazariste.	1889	Chine.	Ning-po, fin août.	
Béal (M. Claudius).	1861	Clermont	Lazariste		Chine.	Kiou-kiang, fin août.	
Woolahan (R. P. J.-J.)	1804	Angleterre.	Compagnie de Jésus.		Etats-Unis.	Charleston, 5 sept.	
Stuenberger (R. P. A.)	1841	Allemagne.	Bénédictin.		Etats-Unis.	Maryland, 5 sept.	
Dourieboure (M. Pierre)	1825	Bayonne.	Miss. Etr. de Paris.	1849	Cochinchine orient.	Mars-lîle, 8 sept.	
Joseph (R. P.).	1813	Italie	Franciscain.	1845	Haute-Egypte.	Farséïout, 11 sept.	
† Coadou (Mgr Jean).	1819	Quimper.	Miss. Etr. de Paris.	1845	Maïssour.	Bangalore, 14 sept.	Vicaire apostolique, puis évêque de Mysore.
† Faraud (Mgr Henri).	1823	Avignon.	Oblat de Marie.	1846	Athabaska.	Saint-Boniface, 14 sept.	Premier vicaire aposto-lique de l'Athabaska (1862)
Miles (R. P. Guillaume)	1848	Irlande.	Compagnie de Jésus.		Etats-Unis.	N.-Orléans, 14 sept.	
Cussonneau (M. J.-M.).	1860	Angers	Miss. Etr. de Paris.	1886	Japon septentrional	Japon, 15 sept.	
Sottiez (R. P. Arthur.)	1861	Vannes.	Compagnie de Jésus.	1889	Sénégambie.	Marseille, 17 sept.	
Taco (R. P. Arthur).	1864	Belgique.	M.-E. de Bruxelles	1890	Congo belge.	Léopoldville, 21 sept.	
Galeron (R. P. Alain).	1861	Quimper	Saint-Esprit	1886	Cimbébasie.	Huilla, 25 sept.	
† Tissot (Mgr J.-M.)	1810	Annecy	St François de Sales d'Annecy.	1845	Vizagapatam.	Souradah, 27 sept.	Vicaire apostolique, puis évêque de Vizagapatam.
Arbinet (M. J.-B.)	1841	Dijon	Miss. Etr. de Paris.	1886	Couy-tchéou	Kouy-tcheou, 27 sept.	
Puntsher (R. P. Ferd.)	1830	Sicile.	Compagnie de Jésus.	1875	Kiang-nan.	Port-Louis, 3 oct.	
Etcheverry (R. P. Justin).	1815	Bayonne.	Compagnie de Jésus	1855	Maurice.	Edimbourg, 6 oct.	
Léa (R. P. Jean).	1838	Angleterre.	Compagnie de Jésus.		Zambèze.	Chan-si, 6 oct.	
Agostini (R. P. Alb n).	1843	Italie.	Franciscain.	1867	Chan-si	Perryville, 10 oct.	
Mac-Carthy (M. Daniel).	1824	Irlande	Lazariste.		Etats-Unis.	Cap Girardeau, 10 oct.	
O'Brien (M. Maurice).	1842	Irlande.	Lazariste.		Etats-Unis.	Baltimore, 12 oct.	
Schaffer (R. P. Albert).	1809	Allemagne.	Rédemptoriste.		Etats-Unis.	Ibanga, 23 oct.	Vicaire apostolique du Tanganica.
† Bridoux (Mgr Léonce).	1852	Arras.	Missionn. d'Alger.	1874	Tanganica.		
Maraval (M. J.-R.)	1860	Albi.	Miss. Etr. de Paris.	1889	Corée.	Corée. 24 oct.	
Baudre (R. P. Julien).	1818	Laval.	Oblat de Marie.	1856	Colombie britann.	New-Westminster, 19 oct	
Gommenginger (R. P. C.)	1833	Strasbourg.	Saint-Esprit.	1867	Sierra-Leone, puis Mombase, 31 oct	Mombase, 31 oct	
Brunet (R. P. H.).	1863	Montréal.	Oblat de Marie.	1889	Athabasca-Mackenz.	Dunvegan, 3 nov.	
Hivet (R. P. J. B.)	1854	Soissons	Saint-Esprit.	1884	Congo français.	Loango, 4 nov.	
Fattori (M. Bélisaire)	1831	Italie.	Miss. Etr. de Milan.	1861	Hydérabad.	Hydérabad, 4 nov.	
Bienvenu (R. P. Clovis).	1849	Séez	Compagnie de Jésus.	1884	Kiang-nan.	Shanghaï, 7 nov.	
Seckinger (R. P. Joseph).	1839	Als-ce	Compagnie de Jésus.	1860	Kiang nan.	Shanghaï, 15 nov.	
Quénard (M. Charles)	1855	Chambéry.	Miss. Etr. de Paris.	1878	Maïssour.	Bangalore, 15 nov.	
Dompieri (R. P. Simon).	1815	Italie.	Compagnie de Jésus.		Etats-Unis.	Boston, 17 nov.	
Lenoble (M. Ernest).	1853	Rouen	Miss. Etr. de Paris.	1890	Pondichéry.	Pondichéry, 18 nov.	
Heller (R. P. Eugène).	1801	Strasbourg.	Saint-Esprit.	1886	Zanguebar.	Morgoro, 19 nov.	
Gonzalès (M. Philippe).	1850	Pérou	Lazariste.	1873	Amérique centrale.	Popayan, 27 nov.	
Lecuyer (R. P. François).	1861	Quimper	Saint-Esprit.	1887	Bas-Niger	On-itcha, 26 nov	
Courtaux (R. P. Paul).	1846	Metz.	Compagnie de Jésus	1881	Pé-tché-ly sud-est.	Chine, fin nov.	
Braga (R. P.).	1808	Espagne.	Frères Prêcheurs.		Philippines.	Ocana, fin nov.	
Mesini (R. P. Emmanuel).	1842	Italie	Franciscain.	1867	Hou-pé oriental.	Han-kéou, 1er déc.	
Doucet (R. P. Edouard).	1815	France.	Saint-Esprit.		Etats-Unis.	Fordham, 9 déc.	
François-Antoine (R. P.).	1843	Césène	Capucin	1838	Seychelles, puis Chili.	Bas-Congo.	
Thomas (R. P. Louis).	1843	Vannes.	Saint-Esprit.	1873	Nemiao, 15 déc.	Nemiao, 15 déc.	
Doucet (R. P. F.).	1854	Munster.	Saint-Esprit.	1884	Trinidad.	Port-d'Espagne, 16 déc.	
Billy (R. P.).	1865	Poitiers.	Missionn. d'Alger.	1887	Tunisie.	Carthage, 19 déc.	
Murnane (R. P. Benoît).	1845		Passioniste.		Etats-Unis.	Dunkirk, 23 déc.	Provincial des Passion-nistes.
Guillet (R. P. Edmond)	1854	Nantes.	Saint-Esprit.	1870	Sénégambie.	Kita, 27 déc.	

Th. MOREL, directeur-gérant.

Lyon. — Imprimerie Mougin-Rusand, rue Stella, 3.

TABLE ALPHABÉTIQUE DES MATIÈRES

CONTENUES

DANS LE TOME VINGT-TROISIÈME DES MISSIONS CATHOLIQUES

JANVIER-DÉCEMBRE 1891

M

GRAVURES

PUBLIÉES DANS LE TOME VINGT-TROISIÈME

Janvier-Décembre 1891

ÉGLISES ET MONUMENTS

VUES

VUES (*Suite*)

VUES (*Suite*)

TYPES ET SUJETS DIVERS

TYPES ET SUJETS DIVERS (*Suite*)

PORTRAITS

CARTES

ERRATA

TOME VINGT-TROISIÈME — Janvier-Décembre 1891

Page 112, colonne 1, ligne 28, *au lieu de : orientale*.................. *lire : septentrionale.*

  — 137,   — 1,   — 4,   —   *empire*..................   —   *royaume.*

  — 137,   — 1,   — 4,   —   *dix*.....................   —   *six.*

  — 220,   — 1,   — 20,   —   1847....................   —   9 octobre 1846.

  — 280,   — 1,   — 28,   —   *Cernana*..................   —   *Comana.*

  — 280,   — 1,   — 31,   —   *Nerschaert*..............   —   *Meerschaert.*

  - 352,   folio   —   152..................   —   352.

  — 352,   colonne 1,   — 61,   —   *Ney*....................   —   *Vey.*

  — 352,   — 2,   — 53,   —   1555....................   —   1655.

  — 426,   — 1,   — 10,   —   *septentrional*.............   —   *central.*

  — 473,   — 2,   — 15,   —   *une* cathédrale...........   —   *la* cathédrale *des Schismatiques russes.*

  — 552,   — 1,   — 42 et 48, —   *Janssen*..................   —   *Jaussen.*